中国科学技术协会
年　鉴

2016

中国科学技术出版社
·北　京·

图书在版编目（CIP）数据

中国科学技术协会年鉴．2016 / 中国科学技术协会组织编写．—北京：中国科学技术出版社，2017.12

ISBN 978-7-5046-7859-1

Ⅰ．①中…　Ⅱ．①中…　Ⅲ．①中国科学技术协会—2016—年鉴　Ⅳ．①G322.25-54

中国版本图书馆 CIP 数据核字（2017）第 305963 号

责任编辑　韩　颖　许　慧
责任校对　焦　宁
责任印制　马宇晨
装帧设计　中文天地

出　　版　中国科学技术出版社
发　　行　中国科学技术出版社发行部
地　　址　北京市海淀区中关村南大街16号
邮　　编　100081
发行电话　010-62173865
传　　真　010-62179148
网　　址　http://www.cspbooks.com.cn

开　　本　889mm × 1194mm　1/16
字　　数　2589千字
印　　张　73.5
印　　数　1-1600册
版　　次　2017年12月第1版
印　　次　2017年12月第1次印刷
印　　刷　北京华联印刷有限公司
书　　号　ISBN 978-7-5046-7859-1/G · 771
定　　价　150.00元

编辑说明

一、《中国科学技术协会年鉴》是一部综合性资料性工具书，由中国科学技术协会主办，2001 年创刊，每年出版一卷，旨在全面、系统地反映中国科协系统内部学会建设、学术交流、科普研究等各项事业发展变化的基本情况和发生的大事、要事、新事及有影响的事，为各方面了解中国科协提供信息和资料。

二、《中国科学技术协会年鉴》采用分类编辑法，主体内容设类目、分目、条目三个结构层次，以条目为表现内容的基本形式，全书条目的标题统一用黑体加【 】表示。

三、《中国科学技术协会年鉴》（2016）着重反映 2015 年中国科协系统的基本情况。全书设领导同志的讲话、重要文件、专题文章、主要活动和重要事件、人物、表彰奖励、统计公报、全国学会（协会、研究会）简况、省（自治区、直辖市）科协简况、大事记、附录等 12 个类目。

四、本年鉴配备双重检索系统，书前刊有目录，书后配有索引。索引采用主题分析法，款目按汉语拼音字母顺序排列。

五、本年鉴的编辑出版工作得到中国科协领导的大力支持和各撰稿单位的通力合作，谨此致谢。本卷疏漏之处，敬请批评指正。

《中国科学技术协会年鉴（2016）》编辑委员会

《中国科学技术协会年鉴（2016）》编辑部

目　录

领导同志贺信批示讲话

中国科协主席党组书记讲话

重要文件

专题文章

中国科协扎实开展“三严三实”专题教育

中国科协扎实推进科普信息化建设

中国科协 2015 年主要活动和重要事件

人　物

表彰奖励

中国科协 2015 年度事业发展统计公报

全国学会、协会、研究会（含受委托管理的学会）简况

省、自治区、直辖市科协，新疆生产建设兵团科协简况

大事记

附　录

索　引

中国科学技术协会章程

（2011 年 5 月 29 日中国科学技术协会第八次全国代表大会通过）

第一章　总　则

第一条　中国科学技术协会是中国科学技术工作者的群众组织，是中国共产党领导下的人民团体，是党和政府联系科学技术工作者的桥梁和纽带，是国家推动科学技术事业发展的重要力量。

第二条　中国科学技术协会的宗旨是：坚持以马克思列宁主义、毛泽东思想、邓小平理论和“三个代表”重要思想为指导，深入贯彻落实科学发展观，团结和动员科学技术工作者以经济建设为中心，坚持科学技术是第一生产力和人才资源是第一资源的思想，推动实施科教兴国战略、人才强国战略和可持续发展战略，建设创新型国家。促进科学技术的繁荣和发展，促进科学技术的普及和推广，促进科学技术人才的成长和提高，促进科学技术与经济的结合。反映科学技术工作者的意见，维护科学技术工作者的合法权益。为经济社会发展服务，为提高全民科学素质服务，为科学技术工作者服务，推动社会主义经济建设、政治建设、文化建设、社会建设以及生态文明建设，构建社会主义和谐社会，为实现中华民族伟大复兴而努力奋斗。

第三条　中国科学技术协会由全国学会、协会、研究会（以下学会、协会、研究会简称学会）和地方科学技术协会组成。

地方科学技术协会由同级学会和下一级科学技术协会及基层组织组成。

第四条　中国科学技术协会贯彻国家科学技术工作自主创新、重点跨越、支撑发展、引领未来的指导方针，弘扬尊重劳动、尊重知识、尊重人才、尊重创造的风尚，倡导献身、创新、求实、协作的精神，坚持独立自主、民主办会的原则和“百花齐放、百家争鸣”的方针。

第五条　中国科学技术协会高举爱国主义旗帜，加强与香港特别行政区、澳门特别行政区和台湾地区的科学技术交流，维护民族团结，促进祖国统一。

第二章　任　务

第六条　开展学术交流，活跃学术思想，促进学科发展，推动自主创新。

第七条　组织科学技术工作者为建立以企业为主体的技术创新体系、全面提升企业的自主创新能力作贡献。

第八条　依照《中华人民共和国科学技术普及法》，弘扬科学精神，普及科学知识，传播科学思想和科学方法。捍卫科学尊严，推广先进技术，开展青少年科学技术教育活动，提高全民科学素质。

第九条　反映科学技术工作者的建议、意见和诉求，维护科学技术工作者的合法权益。

第十条　推动建立和完善科学研究诚信监督机制，促进科学道德建设和学风建设。

第十一条　组织科学技术工作者参与国家科学技术政策、法规制定和国家事务的政治协商、科学决策、民主监督工作。

第十二条　表彰奖励优秀科学技术工作者，举荐科学技术人才。

第十三条　开展科学论证、咨询服务，提出政策建议，促进科学技术成果的转化；接受委托承担项目评估、成果鉴定，参与技术标准制定、专业技术资格评审和认证等任务。

第十四条　开展民间国际科学技术交流活动，促进国际科学技术合作，发展同国外的科学技术团体和科学技术工作者的友好交往。

第十五条　开展继续教育和培训工作。

第十六条　兴办符合中国科学技术协会宗旨的社会公益性事业。

第三章　会　员

第十七条　全国学会是中国科学技术协会的团体会员。各级地方学会是同级地方科学技术协会的团体会员。县级以上科学技术协会发展团体会员。基层组织发展个人会员。

第十八条　团体会员的义务和权利：

团体会员的义务：遵守本章程，执行科学技术协会的决议和决定，开展符合章程规定的各项活动。

团体会员的权利：推选代表参加科学技术协会代表大会，参加科学技术协会的活动，对科学技术协会的工作提出建议和批评并进行监督。

第十九条　基层组织规定个人会员的义务和权利。

第二十条　中国科学技术协会会员日定为每年12月15日。

第四章　全国领导机构

第二十一条　全国代表大会和它选举产生的全国委员会是中国科学技术协会全国领导机构。

第二十二条　全国代表大会每五年举行一次，由全国委员会召集。特殊情况下，可以提前或延期举行。

第二十三条　全国代表大会的代表名额和选举办法由常务委员会决定，其代表经全国学会和省、自治区、直辖市科学技术协会及有关方面民主协商，选举产生。

代表大会代表实行任期制。

第二十四条　全国代表大会行使下列职权：

一、决定中国科学技术协会的工作方针和任务；

二、审议和批准全国委员会的工作报告；

三、制定和修改中国科学技术协会章程；

四、选举产生全国委员会；

五、决定其他重大事项。

第二十五条　全国委员会会议每年举行一次，由常务委员会召集。

第二十六条　全国委员会行使下列职权：

一、执行全国代表大会的决议；

二、选举主席、副主席和常务委员；

三、审议中国科学技术协会年度工作报告；

四、决定授予荣誉职务；

五、决定其他重大事项。

第二十七条　全国委员会闭会期间，常务委员会领导中国科学技术协会的工作，实施全国委员会确定的任务，批准全国委员会委员的变更或增补、团体会员的接纳或退出。

常务委员会会议一般每半年举行一次，由主席召集，也可委托副主席召集。

第二十八条　常务委员会下设书记处。书记处由第一书记和书记若干人组成，人选由主席提名，经常务委员会通过。书记处在常务委员会领导下主持中国科学技术协会的日常工作。

第二十九条　常务委员会设置若干工作委员会和专门委员会，协助审议需经常务委员会审定的有关事项。

第三十条　常务委员会根据需要，聘请有关部门的负责人为中国科学技术协会顾问。

第五章　全国学会

第三十一条　本章程所称全国学会是按自然科学、技术科学、工程技术及其相关科学的学科组建或以促进科学技术发展和普及为宗旨的学术性、科普性社会团体。

第三十二条　加入中国科学技术协会的全国学会的基本条件：

一、承认中国科学技术协会章程；

二、按照国务院有关社会团体登记管理规定依法登记；

三、有学术带头人和相当数量的会员；

四、经常开展国内外学术交流活动及科普活动，编辑出版科学技术或科学普及刊物；

五、有健全的办事机构和经费来源。

第三十三条 符合本章程第三十二条规定的全国学会，向中国科学技术协会提出申请，经常务委员会批准，即为中国科学技术协会的团体会员。

第三十四条 全国学会接受中国科学技术协会的领导，执行中国科学技术协会的决议，承担并完成中国科学技术协会委托的任务，选举代表参加中国科学技术协会全国代表大会。

全国学会退出中国科学技术协会，须经中国科学技术协会常务委员会批准。

第三十五条 全国学会会员代表大会每三至五年举行一次，决定学会的工作方针和任务，审议和批准学会理事会的工作报告和财务报告，制定、修改会章，选举新的理事会。

第三十六条 全国学会办事机构在理事会领导下开展工作，接受学会支撑单位的管理。

第三十七条 全国学会凡严重违反中国科学技术协会章程，经中国科学技术协会常务委员会通过，给予警告、限期整顿、除名等处罚。

第六章　地方科学技术协会

第三十八条 省、自治区、直辖市科学技术协会是省、自治区、直辖市党委领导下的人民团体，是中国科学技术协会的地方组织。

第三十九条 省、自治区、直辖市科学技术协会接受中国科学技术协会的业务指导。

省级学会接受省级科学技术协会领导，业务上受相应的全国学会的指导。

第四十条 省、自治区、直辖市科学技术协会由省级学会和市（地）科学技术协会组成。

市（地）科学技术协会由同级学会和县（市）、区科学技术协会组成。

县（市）、区科学技术协会由同级学会和基层组织组成。

第四十一条 地方科学技术协会执行中国科学技术协会的章程和决议，推选代表参加上级科学技术协会代表大会。

第四十二条 地方科学技术协会代表大会每五年举行一次，决定本地区科学技术协会的工作方针和任务，审议地方科学技术协会委员会的工作报告，选举地方科学技术协会委员会。

第七章　基层组织

第四十三条 科学技术工作者集中的企业事业单位和有条件的乡镇、街道社区等建立的科学技术协会（科学技术普及协会）是中国科学技术协会的基层组织，接受地方科学技术协会的业务指导。

乡镇科学技术协会（科学技术普及协会）联系指导农村专业技术协会。

第四十四条 主要任务：

一、开展社会化科学技术普及活动，引导人民群众崇尚科学，抵制迷信，移风易俗，破除陋习，倡导科学健康的生活方式和文明节约的消费模式，促进资源节约型、环境友好型社会建设；

二、组织和动员科学技术工作者积极参加学术交流和科学技术普及活动，促进讲科学、爱科学、学科学、用科学社会风尚的形成与发展；

三、开展农村实用技术培训和推广，引导农民树立科学发展理念，培养有文化、懂技术、会经营的新型农民，提高农民科学文化素质，促进社会主义新农村建设；

四、开展技术咨询、技术服务等科学技术活动，促进技术开发、技术转让，增强企业自主创新能力，促进以企业为主体的技术创新体系的建立；

五、反映基层科学技术工作者的建议、意见和诉求，维护其合法权益，促进其生活和工作条件的改善。

第八章　工作人员

第四十五条　各级科学技术协会机关对其工作人员按照国家有关规定进行管理。

第四十六条　各级科学技术协会所属学会对其工作人员根据其编制性质和管理的需要，执行相应的干部人事管理制度。

第四十七条　各级科学技术协会所属事业单位的工作人员按国家对事业单位的管理规定进行管理。

第四十八条　各级科学技术协会工作人员应热爱科学技术协会的事业，树立为科学技术工作者服务的思想，具有较高的政策水平和较广的专业知识、较强的组织和社会活动能力。

第四十九条　各级科学技术协会要加强对工作人员的培养和教育，有计划有组织地开展培训工作，提高工作人员的政治和业务素质。

第九章　经费及资产管理

第五十条　经费来源：

一、财政拨款；

二、资助；

三、捐赠；

四、会费；

五、企事业收入；

六、其他收入。

第五十一条　建立学术交流、科学技术普及和奖励等专项基金。

第五十二条　建立常务委员会领导下的民主理财管理体制。

第五十三条　各级科学技术协会的经费、资产及国家和地方拨给科学技术协会的不动产受法律保护，任何单位和个人不得侵占、挪用和任意调拨；各级科学技术协会所属企业、事业的资产隶属关系不得随意改变。

第十章　会　徽

第五十四条　中国科学技术协会会徽由古天象仪、航天器、齿轮、麦穗、蛇杖以及中文和英文标出的中国科学技术协会名称组成。

第五十五条　中国科学技术协会会徽可在办公地点、活动场所、会议会场悬挂，在出版物上印制，也可制作成徽章佩戴。

第十一章　附　则

第五十六条

中国科学技术协会简称中国科协。

中国科学技术协会会址设在北京。

中国科学技术协会的英文全称是CHINA ASSOCIATION FOR SCIENCE AND TECHNOLOGY，缩写为CAST。

第五十七条　全国委员会依照本章程制定《全国学会组织通则》。

第五十八条　全国学会可根据国务院有关社会团体登记管理规定、本章程和民政部《社会团体章程示范文本》制定章程。

地方科学技术协会可根据本章程制定实施细则。

第五十九条　本章程解释权属中国科学技术协会。

第六十条　本章程经中国科学技术协会全国代表大会通过实施。

中国科学技术协会会徽

中国科学技术协会会徽由古天象仪、航天器、齿轮、麦穗、蛇杖以及中文和英文标出的中国科学技术协会名称组成。

中国科学技术协会会徽可在办公地点、活动场所、会议会场悬挂，在出版物上印制，也可制作成徽章佩戴。

中国科学技术协会标识

中国科学技术协会标识图案为双面拓扑图形，造型富于变化，富有动感。舞动的丝带寓意中国科协是党和政府联系广大科技工作者的桥梁和纽带，象征科协组织具有蓬勃的生命力和创造力。

中国科学技术协会简介

中国科学技术协会是中国科技工作者的群众组织，是中国共产党领导下的人民团体，是党和政府联系科技工作者的桥梁和纽带，是国家推动科技事业发展的重要力量。中国科协成立于1958年9月，由中华全国自然科学专门学会联合会和中华全国科学技术普及协会合并成立，截至2016年，已经发展成为一个拥有207个代表国内自然科学、技术科学和工程技术类最高专业水平的全国学会、覆盖全国3100多个县及县以上地方科协、近20万个各类基层组织的团体。

50多年来，中国科协认真履行党和政府联系科技工作者的桥梁纽带职责，团结带领全国广大科技工作者，凝心聚力、开拓创新，在促进学术交流、普及科学知识、举荐科技人才、开展决策咨询、扩大对外民间科技合作等方面做了大量富有成效的工作，成为推动我国科技事业发展的重要力量，受到党和人民的高度评价，赢得社会的广泛赞誉。展望未来，我国现代化建设的两个百年目标令人振奋、催人奋发，对科技界提出了新的任务和要求，为广大科技工作者发挥作用提供了广阔舞台。中国科协将认真贯彻落实第八次全国代表大会部署，更加广泛、更加紧密地团结带领科技工作者，坚持为经济社会发展服务、为提高全民科学素质服务、为科技工作者服务，努力当好科技工作者之家，为加快建设创新型国家、夺取全面建设小康社会新胜利、实现两个百年的宏伟目标而努力奋斗。

中国科协的历届主席分别是李四光（地质学家，中国科协第一届全国委员会主席），周培源（物理学家、教育家，中国科协第二届全国委员会主席），钱学森（应用力学、工程控制论和系统工程学家，中国科协第三届全国委员会主席），朱光亚（核物理学家，中国科协第四届全国委员会主席），周光召（理论物理学家，中国科协第五、第六届全国委员会主席），韩启德（医学家，中国科协第七、第八届全国委员会主席）。

中国科协的宗旨是：坚持以马克思列宁主义、毛泽东思想、邓小平理论和“三个代表”重要思想为指导，深入贯彻落实科学发展观，团结和动员科学技术工作者以经济建设为中心，坚持科学技术是第一生产力和人才资源是第一资源的思想，推动实施科教兴国战略、人才强国战略和可持续发展战略，建设创新型国家。促进科学技术的繁荣和发展，促进科学技术的普及和推广，促进科学技术人才的成长和提高，促进科学技术与经济的结合。反映科学技术工作者的意见，维护科学技术工作者的合法权益。为经济社会发展服务，为提高全民科学素质服务，为科学技术工作者服务，推动社会主义经济建设、政治建设、文化建设、社会建设以及生态文明建设，构建社会主义和谐社会，为实现中华民族伟大复兴而努力奋斗。

中国科协的基本任务是：开展学术交流，活跃学术思想，促进学科发展，推动自主创新。组织科学技术工作者为建立以企业为主体的技术创新体系、全面提升企业的自主创新能力作贡献。依照《中华人民共和国科学技术普及法》，弘扬科学精神，普及科学知识，传播科学思想和科学方法。捍卫科学尊严，推广先进技术，开展青少年科学技术教育活动，提高全民科学素质。反映科学技术工作者的建议、意见和诉求，维护科学技术工作者的合法权益。推动建立和完善科学研究诚信监督机制，促进科学道德建设和学风建设。组织科学技术工作者参与国家科学技术政策、法规制定和国家事务的政治协商、科学决策、民主监督工作。表彰奖励优秀科学技术工作者，举荐科学技术人才。开展科学论证、咨询服务，提出政策建议，促进科学技术成果的转化；接受委托承担项目评估、成果鉴定，参与技术标准制定、专业技术资格评审和认证等任务。开展民间国际科学技术交流活动，促进国际科学技术合作，发展同国外的科学技术团体和科学技术工作者的友好交往。开展继续教育和培训工作。兴办符合中国科学技术协会宗旨的社会公益性事业。

中国科学技术协会由全国学会、协会、研究会和地方科学技术协会组成。地方科学技术协会由同级学会、协会、研究会和下一级科学技术协会及基层组织组成。截至2013年，中国科协所属全国学会共有200个，其中作为中国科协团体会员的全国学会181个，还有19个非团体会员全国学会为中国科协业务主管。全国学会拥有个人会员428万人。县级以上科学技术协会发展团体会员。基层组织发展个人会员。全国代表大会和它选举产生的全国委员会是中国科学技术协会全国领导机构。全国委员会闭会期间，常务委员会领导中国科学技术协会的工作。常务委员会下设书记处，设置若干专门委员会。书记处在常务委员会的领导下主持中国科学技术协会的日常工作。

中国科协的主要职能包括：

●为经济社会发展服务

一是促进学术繁荣发展。与地方政府联合举办中国科协年会，为科技工作者开展学术交流、服务经济社会发展搭建平台；组织学科进展研究和发布活动，举办中国科协论坛、青年科学家论坛、新观点新学说学术沙龙、博士生学术年会等小型高端前沿学术交流，帮助科技工作者及时准确了解把握学科前沿动态；培育精品科技期刊，推动科技期刊国际影响力提升，着力培育世界一流精品科技期刊。

二是推进企业技术创新。开展“讲理想、比贡献”活动，推动群众性技术创新活动不断深入；发展专家企业工作站和专家服务中心，引导专家深入企业一线进行合作，开展创新方法培训，引导创新要素向企业集聚。

三是助力社会主义新农村建设。实施“科普惠农兴村计划”，表彰奖励有突出贡献的农村专业技术协会、农村科普先进集体和先进个人，引导农民实现科技致富；推进农村专业技术协会发展和科普惠农服务站建设，实现科技服务农民生活、服务农业发展和服务农村文化建设的综合效果。

四是建设国家级科技思想库。组织科技工作者围绕经济社会发展中的重大问题以及关系人民群众切身利益的突出问题，深入调查研究，积极建言献策，把科技工作者个体智慧凝聚上升为有组织的集体智慧；推动地方科协和学会的决策咨询能力水平不断提高；完善决策咨询信息平台，为科协组织充分发挥服务党和国家事业发展的科技思想库作用提供支撑。

五是促进对外民间科技交流与合作，开展双边和多边民间科技交流，巩固和拓展与国外对口组织的双边合作关系，积极承办重要国际科技会议；参与联合国经济和社会理事会咨商工作，在重要国际科技组织中发挥国家会员作用，支持全国学会和中国科学家积极参与国际科技事务；推动工程教育和工程师资格国际互认；巩固和发展与港澳台地区的民间科技交流，不断提高层次和水平，为维护港澳地区的繁荣稳定和两岸关系和平发展作贡献。

●为提高全民科学素质服务

一是履行科学素质纲要办公室职责。牵头实施全民科学素质行动计划，做好《全民科学素质行动计划纲要》实施工作的综合协调服务和督导检查，推动形成“政府推动、多部门联合协作、社会和公众广泛参与”的全民科学素质工作格局。

二是广泛开展主题科普活动。以未成年人、农民、城镇劳动人口、领导干部和公务员、社区居民为重点，以“节约能源资源、保护生态环境、保障安全健康、促进创新创造”为主题，广泛开展群众性、社会性、经常性科普活动，深入实施“社区科普益民计划”，把优质科普资源更多地引向农村、社区和中小学校，引入基层，以重点人群科学素质行动带动全民科学素质整体提升；组织全国科普日系列活动，组织专家学者围绕社会热点焦点问题向公众解疑释惑，营造讲科学、爱科学、学科学、用科学的社会风尚。

三是推进科普资源共建共享。广泛动员社会力量参与科普资源开发，搭建科普资源共享信息平台。促进科研、教育与科普有机结合，有效集成优质科普资源，使人民群众获得更多的优质科普资源和科普服务。组织应急科普资源开发储备。推动科普出版、科普旅游馆园、科普影视与动漫、商业科普网络等发展，提高科普产品的服务效能。

四是加强科普基础设施建设。积极推动科技馆、专业和产业科技博物馆以及中国数字科技馆建设，为社会化科普活动提供支持；加强流动科技馆建设，共建科普示范县（市、区）和全国科普教育基地，推动基层科普活动站（室）、科普画廊（宣传栏）、科普员建设，构筑覆盖城乡的科普阵地。

●为科技工作者服务

一是表彰奖励举荐优秀科技工作者。开展全国优秀科技工作者、中国青年科技奖、中国青年女科学家奖和中国科协求是杰出青年奖评选表彰活动；发现和举荐各类优秀科技人才，组织两院院士初遴选工作，承担国家科技奖励项目推荐工作，推荐我国科学家担任民间国际科技组织领导职务；实施“海外智力为国服务行动计划”，发挥好“千人计划”窗口单位的作用，引进海外高层次科技人才为国服务。

二是宣传优秀科技工作者。宣传在科技创新和普及方面作出突出贡献的优秀科技工作者和创新团队，重点宣传基层一线科技工作者和青年科技工作者，推动形成有利于人才成长提高的良好社会氛围；实施“老科学家学术成长资料采集工程”，大力宣传老一辈科学家的光辉事迹和崇高精神。

三是开展科技工作者状况调查。以多种形式开展科技工作者状况调查，及时了解科技工作者的基本状况和变动趋势，反映科技工作者的意见和诉求；开展科技人力资源发展研究，为党和政府制定科技人才政策提供依据；建立科学规范的科技工作者状况调查站点体系，进一步密切与科技工作者的情感交流与联系。

四是开展科技人才教育培训。开展继续教育和专门培训，推动完善科技人才评价体系，推动形成不同层次的科技人才培养体系；大力培养急需紧缺的工程技术人才、实用技术人才、农业技术致富能手和科普人才；开展工程教育专业认证和专业技术资格认证，促进科技人才成长和提高。

五是加强科学道德与学风建设。深入开展科学道德和学风宣讲，按照全覆盖、制度化、重实效的要求，广泛宣讲科学精神、科学道德、科研伦理和学术规范，引导科技工作者严谨治学、诚实做人；推动制定预防和惩治学术不端行为的政策法规，推进科学道德规范的实施，在全社会营造严谨求实、诚信守责的良好氛围。

●加强自身建设

一是提升学会服务能力。引导和支持学会开展学术交流和科技成果转化，提高服务科技创新的能力；积极承接政府转移的社会化服务职能，广泛开展科学普及、科技奖励、科技评价和科技人才评价活动，提高服务政府和社会的能力；完善会员服务制度，促进人才成长提高，提升服务科技工作者能力；打造高素质学会专职工作人员队伍，完善内部治理，促进体制机制创新，增强自主发展能力，努力建设适应社会主义市场经济体制，符合科技社团发展规律的现代科技社团。

二是扩大科协组织覆盖面。加强科协组织建设，促进企业、高校、街道、社区、乡镇以及各类开发区的科协基层组织健康发展，大力发展农村专业技术协会，为进一步密切同广大科技工作者的思想沟通、情感交流和工作联系，建立稳固的组织基础。

三是开展建家交友工作。广泛开展“建科技工作者之家，交科技工作者之友”工作，努力实现“哪里有科技工作者，科协工作就做到哪里；哪里科技工作者密集，科协组织就建到哪里；哪里建立起科协组织，建家交友活动就开展到哪里”的目标；加强科协理论研究和文化建设，不断提高信息化水平，加强科协系统队伍建设。

A Brief Introduction to the China Association for Science and Technology

The China Association for Science and Technology (CAST) is a mass organization of Chinese scientific and technological workers, a bridge linking the government with the science and technology community, and an indispensible force in advancing the country's scientific and technological development.

CAST was officially founded in September 1958 by merging the two largest scientific organizations in China-All-China Federation of Scientific Societies and All-China Association for Science Popularization. By the end of 2016, CAST has grown into an organization with 207 national societies representing the top level activities of science and technology in China, a network of branches covering all parts of the country and nearly 200,000 grass-roots organizations.

Over the past 56 years, CAST has been faithfully fulfilling its duty as a bridge linking the government with the science and technology community and has made significant achievements by uniting the country-s science and technology community in promoting academic exchange, science popularization, citation of professional talents, providing policy-making consultancy, and strengthening international exchange and cooperation and has won a high reputation and respect from the public.

The present situation in China's modernization drive has set new tasks and requirement for the country-s science and technology community and at the same time has offered a wider stage for it to better play its role. CAST will conscientiously implement and put in effect the overall plan adopted at its 8th National Congress held in 2011, unite and lead all scientific and technological workers of the country in its endeavor to promote China's economic and social development, enhance science literacy of the whole nation, render a better service to scientific and technological workers and try to make new contributions to the building of an innovation-oriented nation and a well-off society in an all-round way.

Since the founding of CAST, six renowned scientists have successively served as the president of its National Committee, who are Li Siguang (a geologist, President of the first National Committee), Zhou Peiyuan (a physicist and educator, President of the second National Committee), Qian Xuesen (an expert in applied mechanics, engineering cybernetics and systems engineering, President of the third National Committee), Zhu Guangya (a nuclear physicist, President of the fourth National Committee), Zhou Guangzhao (a theoretical physicist, President of the fifth and sixth National Committee), and Han Qide (a medical scientist, President of the seventh and eighth National Committee).

The purposes of CAST

To promoting the prosperous development and popularization of science and technology, promote the upbringing of scientific and technological workers and promote the combination of science and technology with economy; reflect the opinions of scientific and technological workers and safeguard their lawful rights and interests; render service to the economic and social development of the country, to the enhancement of scientific literacy for the whole nation and to the needs of scientific and technological workers.

The basic tasks of CAST

—To develop academic exchange, enliven academic ideas, promote development of all scientific disciplines and encourage innovations;

— Organize the scientific and technological workers to make contributions to the establishment of a technologically innovative system with the enterprise as its principal part to raise overall capabilities of innovation of enterprises;

— Uphold scientific spirit, popularize scientific knowledge, and disseminate scientific ideas and methods. Defend the dignity of science, popularize the advanced technology, and develop scientific and educational activities for the young people, so as to improve the scientific literacy of the whole nation;

— Reflect the opinions and appeals of scientific and technological workers and safeguard their legitimate rights and interests;

— Work for the establishment and perfection of a mechanism for ensuring honesty and integrity in scientific research, and promote the ethical construction in science;

— Organize the scientific and technological workers to participate in the making of policies and laws concerning science and technology and in the political consultation and democratic supervision over the state affairs;

— Award outstanding scientific and technological workers and recommend to the appropriate departments or institutions the talented people in science and technology;

— Provide advisory and consulting services on science-and technology-related issues, and promote the transfer of scientific and technological achievements;

— Organize continued education and training programs;

— Organize international science and technology exchanges, promote international cooperation, and develop friendly relations with overseas scientific and technological organizations and scientists;

— Develop undertakings in accordance with the objectives of CAST.

The China Association for Science and Technology is composed of national scientific and technological societies and the branch associations at the provincial level. Hierarchically, the local associations for science and technology are composed of societies at the same local level and associations for science and technology of a lower level, as well as various grass-roots organizations. At present, there are 200 national societies under the jurisdiction of CAST, of which 181 are its corporate members while the remaining 19 are under mandatory administration. The total number of individual members of the national societies under CAST has reached 4.28 million. Branches at the county level or above is composed of corporate members at the corresponding level while the grass-roots organizations are formed by individual members. The National Congress of CAST and the National Committee elected at the National Congress are the highest authority of CAST. When the National Committee is not in session, its Standing Committee oversees the operation of CAST. A Secretariat and a number of specific committees are set up under the Standing Committee. The Secretariat is in charge of the daily administration of CAST under the leadership of the Standing Committee.

Highlights of the current work of CAST:

In the area of academic exchange and serving economic and social development

One of the most important activities in the area of academic exchange is the Annual Meeting of CAST, which aims to boost academic exchange and provide assistance for the country's economic and social development. CAST also sponsors various kinds of conferences, symposia and forums to address issues important to science and economic and social development, and help its members with the publishing of scientific and technological journals to maintain high standards of science and technology of the country.

In industrial enterprises, CAST organizes mass innovation activities such as the campaign of making greater contributions to enterprises' innovation, regular meetings between outside experts and technical personnel of the enterprises, and innovation-related training courses.

To help improve farmers' living and promote the development in rural areas CAST has initialed and organizes the implementation of the project *Science for Farmers*, and helps villagers develop rural special technique associations and science service stations.

As one of China's top think-tanks in science and technology, CAST organizes science and technology professionals to conduct investigations on important issues concerning the country's economic and social development and people's livelihood, and providing advice for decision-making.

CAST develops bilateral and multilateral scientific cooperation and maintains friendly relations with science and technology bodies of various countries. It hosts international science and technology conferences, supports its member societies and scientists to actively engage themselves in international science and technology activities. CAST participates in the consultation the UN Economic and Social Council and facilitates the mutual and international recognition of engineering education accreditation. It also maintains friendly relations with scientific communities in Hong Kong, Macao and Taiwan.

In the area of enhancing science literacy of the whole nation

CAST has been appointed by the State Council the coordinating institution for the implementation of *the Outline of the National Scheme for Scientific Literacy* and is in charge of the coordination of *the Outline*.

It sponsors and organizes science popularization activities with youth and children, farmers, urban workers, leading cadres and public servants and community residents as targeted people, such as National Science Day and the campaign Science Goes to Urban Communities.

It also emphasizes mobilizing and relying on various social sectors to develop science popularization resources. In the building of science popularization infrastructure, CAST is pushing for the sound development of science and technology museums, specialized and industrial museums throughout the country and is managing the China Digital Science Museum to support the socialized science popularization activities.

In the area of serving science and technological workers

CAST sponsors and organizes rewarding activities such as Outstanding Scientists of China, Chinese Young Scientists Award, Chinese Young Women Scientists Award, and the CAST Qiushi Outstanding Young Scholars Award. It cites outstanding scientific and technological talents as well as nominates candidates for CAS and CAE election. It also proposes to the related government authority projects for National Science and Technology Award. It has initialed and leads the implementation of HOME Program (Help Our Motherland through Elite Intellectual Resources from Overseas) to attract advanced Chinese scientific talents from abroad.

CAST conducts in various forms investigations on the present conditions of the country's science and technology workers so as to keep abreast their basic status and trend of change, and to voice their opinions and demands. It organizes research on the human resources development in the domain of science and technology so as to provide bases for the government in relevant decision-making.

CAST organizes continued education and professional training, implements project on knowledge updating and innovative talents cultivation. It promotes the improvement of the science and technology talent evaluation system and formulation of a talent cultivation system. CAST cultivates talents in urgent need, such as engineers, technicians, agricultural technicians and science popularization talents. It makes engineering education accreditation and specialized technology qualification identification.

CAST carries out science ethics education among science and technology professionals as well as students so as to foster among them a correct attitude towards their career. It promotes the formulation of policies and regulations to curb and punish academic misconduct and pushes for the practice of code of norms in science so as to create an academic environment of integrity.

In the area of its own capacity building

National scientific and technological societies are the basic constituents of CAST, so to strengthen the role of these societies in the advancement of science and technology and economic and social development is of utter importance to the capacity building of CAST itself.

CAST provides guidance and support to its member societies to facilitate the commercialization of scientists' research results and strengthen their ability to serve innovative activities. It encourages member societies to undertake some of the functions transferred from the government, such as organizing science and technology rewarding, evaluation of scientific research projects and achievements, and help them enhancing their ability to serve their members.

CAST encourages science and technology professionals working in industrial enterprises, institutions of higher education, neighborhood communities, rural areas to set up grassroots organizations under the framework of CAST.

As a mass organization of science and technology professionals, CAST has always maintained a close link with them and has defined a goal of building itself a "home for science and technology workers", aiming at "wherever there are science and technology workers, the work of CAST will follow", "wherever science and technology workers are concentrated, there is CAST organizations" and "wherever there is a CAST organization, a home for science and technology workers will be built".

领导同志贺信批示讲话

习近平向 2015 世界机器人大会致贺信

11 月 20 日，国家主席习近平致信，向 2015 世界机器人大会的召开表示热烈祝贺，向出席会议的各方来宾表示诚挚欢迎。贺信全文如下：

值此 2015 世界机器人大会开幕之际，我谨代表中国政府和人民，并以我个人的名义，向大会的召开，表示热烈的祝贺！向出席会议的国际机构负责人及专家学者、企业家等各方来宾，表示诚挚的欢迎！

在人类发展进程中，诞生了大量具有里程碑意义的创新成果。巴比伦的计时漏壶、古希腊的自动机、中国的指南车等，就是古代人类创造的自动装置中的精妙之作。这些创造发明源于丰富多彩的生产生活实践，体现了人类创造生活、利用自然的执着追求和非凡智慧。

当前，世界正处在新科技革命和产业革命的交汇点上。科学技术在广泛交叉和深度融合中不断创新，特别是以信息、生命、纳米、材料等科技为基础的系统集成创新，以前所未有的力量驱动着经济社会发展。随着信息化、工业化不断融合，以机器人科技为代表的智能产业蓬勃兴起，成为现时代科技创新的一个重要标志。

中国将机器人和智能制造纳入了国家科技创新的优先重点领域，我们愿加强同各国科技界、产业界的合作，推动机器人科技研发和产业化进程，使机器人科技及其产品更好地为推动发展、造福人民服务。

本次大会以“协同融合共赢，引领智能社会”为主题，体现了各国协同创新、多学科融合共赢的发展趋势，体现了全球科技界、产业界的共识。我希望各国科学家和企业家携起手来，共同推进机器人科技创新发展，为开创人类社会更加美好的未来作出积极贡献。

预祝大会圆满成功！

中华人民共和国主席　习近平

2015 年 11 月 20 日

李克强对2015世界机器人大会作出批示

11月19日，国务院总理李克强向2015世界机器人大会召开表示祝贺并作出批示：

机器人是衡量现代科技和高端制造业水平的重要标志，也是抢占智能社会发展先机的战略领域。世界机器人大会在北京召开，对促进中国和全球机器人技术与产业发展具有重要意义。中国正在实施创新驱动发展战略，大力推动大众创业、万众创新、“互联网+”“中国制造2025”，这将有力促进机器人新兴市场的成长，创造世界上最大的机器人市场。希望各国科学家、企业家携手加强合作，共享智慧成果，推动机器人科技创新和产业发展实现更大的突破，为全球经济注入新动力，为开创人类社会的智能时代作出新贡献。

在出席 2015 年全国科普日北京主场活动时的讲话

2015 年 9 月 19 日，根据记录整理

刘云山

今天是全国科普日，我和奇葆、源潮、金龙、启德同志一起参加北京主场活动。从 2004 年起，我每年都参加科普日活动，2015 年是第 12 次了，感到年年都有新亮点，一年比一年好。2015 年的活动更精彩，内容丰富、形式生动，给人耳目一新的感觉。特别是主题设计得好，“科技成就梦想　拥抱智慧生活”，把科技与中国梦、百姓梦结合起来，把科技创新和人们生产生活结合起来，很接地气。

大家知道，党的十八大提出实施创新驱动发展战略，习近平总书记就推进科技创新和创新驱动发展战略多次发表重要讲话、作出重要指示。要适应和引领经济发展新常态，协调推进“四个全面”战略布局，根本动力在科技创新。推进科技创新，一项基础性工作是普及科学知识、弘扬科学精神、提高全民科学文化素养。科普兴，科技才会兴，国家才会强。刚才看了 2015 年中国公民科学素质调查结果，现在我国公民具备科学素质的比例已达 6.2%，超过了“十二五”规划确定的目标。到 2020 年建成创新型国家时，这一比例要超过 10%，还需要付出不小的努力。因为我国是一个有 13 亿人口的大国，公民科学素质还很不平衡，城市和乡村、东部和西部都存在着差距，还需要扎扎实实地做好科学知识的普及、科学精神的培育。做好科普工作，我感到重要的有这样几个方面：

一是科普工作要持之以恒地做。公民思想道德素质和科学文化素质的提升不是仅靠一两次活动、一两次教育就能实现的。这同修路、架桥、盖房子不一样，加班加点突击一下就可以完成，而科普工作需要坚持不懈、一步一个脚印地去做。所以，要有长抓的韧劲、抓常的恒心，持之以恒、久久为功，真正让科学理念、科学精神在人们心里扎下根来。

二是科普工作要抓重点，也就是抓好面向青少年的科学普及。青少年代表未来，现在十几岁的孩子以后就是社会的主力。青少年科普要从学校抓起、从家庭抓起，发挥好社会各方面的积极性，更好地激发青少年的科学兴趣和科学热情。

三是科普工作要全社会参与，要有体制、有机制、有队伍，把全社会的力量动员起来。各级党委和政府要把科普工作摆上重要位置，完善体制机制，提供有力的政策支持和法律保障。科协要当好科普工作主力军，发挥好牵头作用。科普工作队伍既要有专业队伍，包括科技工作者、科普工作者；又要有业余队伍，包括教师、新闻工作者、科普作家等。目前，我国科普作家还是太少，像获得“雨果奖”的刘慈欣这样的科幻作家要多一些鼓励，推动整个科普队伍积极倡导科学思想、传播科学知识，为建设创新型国家贡献力量。

最后，借全国科普日的机会，向广大科技工作者、科普工作者表示慰问。祝 2015 年全国科普日活动圆满成功！

坚持中国特色社会主义群团组织发展方向 在促进科技创新上发挥更大作用

——与中国科协全委会委员座谈时的讲话

2015年1月8日

李源潮

中国科协召开八届七次全委会，贯彻党中央要求和习近平总书记系列重要讲话精神，部署2015年工作，很有必要。前面，传达了刘云山同志主持中央书记处会议对科协工作的重要指示，我们要很好地学习贯彻落实。启德主席作了一个很好的工作报告。刚才5位同志作了发言，都讲得很好，特别是中国化学会、中国汽车工程学会承接政府转移职能试点工作做得好，提出的建议也很好，听了很受启发；中国麻风防治协会的同志发言情真意切，充满了对患者的关心爱护和彻底消灭麻风病的工作热情，听了很受鼓舞。

过去一年，在党中央、国务院正确领导下，在启德主席、尚勇同志的带领下，中国科协认真学习贯彻中央决策部署和习近平总书记系列重要讲话精神特别是关于科技创新的重要论述，围绕党和国家工作大局，动员凝聚广大科技工作者力量，在促进经济转型升级、推动全面深化改革、建设创新型国家等方面发挥了重要作用。一是围绕经济转型升级，实施创新驱动助力工程，服务发展取得新成效。全国学会与深圳、广州、保定等10多个城市签订合作协议。二是顺应全面深化改革要求，积极承接政府职能转移，参与院士制度改革，激发广大科技工作者创新创造活力。习近平总书记等中央领导同志对学会承接政府转移职能工作作出重要指示。三是着力加强国家级科技思想库建设，深化科技调研，服务科学决策能力不断提升。关于建立第三方创新评估制度、发展机器人技术和产业等建议，李克强总理等中央领导同志作出批示。四是大力推进科普信息化，着眼提高公民科学素质，精心组织全国科普日活动。网上“公众创新擂台”点击量4000万次，实施科普信息化“1+6”方案，《知识就是力量》探索发展网络全媒体。五是配合国家人才战略，在凝聚和培养人才方面取得新进展。加强高校、企业科协组织建设，实施海外人才离岸创业工程。六是宣传赵忠贤、杨衍忠、高福团队等先进事迹，倡导科技工作者践行社会主义核心价值观。2014年年底，中央书记处听取了中国科协党组工作汇报，对科协的工作给予充分肯定。广大科技工作者对科协工作是满意的。

中央政治局会议已经审议通过《关于加强和改进党的群团工作的意见》，即将正式印发。文件对加强党的领导、推动群团工作改革创新作出全面部署。中央指出，新形势下党的群团工作更为重要和紧迫，只能加强，不能削弱；只能改进提高，不能停滞不前。

这个文件的核心是要坚定不移走中国特色社会主义群团发展道路，主要内容是“六个坚持”：坚持党对群团工作的统一领导，坚持发挥桥梁和纽带作用，坚持围绕中心、服务大局，坚持服务群众的工作生命线，坚持与时俱进、改革创新，坚持依法依章程独立自主开展工作。习近平总书记强调，各级党委党组、各群团组织要认真学习贯彻好文件精神，结合实际制定实施方案，确保中央决策落地生根。2015 年中央还将召开群团工作会议，推动文件贯彻落实，解决存在的突出问题，把群团工作提高到新水平。中国科协要结合实际，认真抓好这个文件的贯彻落实。

关于 2015 年科协工作，中央书记处明确要求：全面贯彻党的十八大和十八届三中、四中全会精神，贯彻习近平总书记系列重要讲话精神特别是关于科技创新的重要论述，贯彻中央经济工作会议精神，围绕提高经济发展质量和效益这个中心，聚焦转方式、调结构这个重点，突出科协的科技特色和群团优势，更好履行“三服务一加强”工作职责，在促进科技创新和经济建设上发挥更大作用。下面，我就贯彻中央要求、做好科协工作讲几点意见，供大家讨论。

一、深入学习领会中央重大部署和习近平总书记系列重要讲话精神，坚持中国特色社会主义群团组织的发展方向

坚持正确的政治方向是中国科协这样的人民团体健康发展的重要保证。所谓正确方向，首先是要围绕中心、服务大局，自觉主动跟党走。党的十八大以来，党中央对全面建成小康社会、全面深化改革、全面推进依法治国、全面从严治党作出重大部署。前不久，中央经济工作会议对经济发展新常态进行了研究部署。习近平总书记系列重要讲话对这些重大部署作了全面论述，是我们做好新形势下党和国家各项工作的行动指南。中国科协要认真学习领会习近平总书记系列重要讲话精神，深刻把握、自觉贯彻党中央对科协工作的新要求。深刻认识全面建成小康社会的新形势，把握经济发展新常态的大逻辑，用中央的科学判断和决策部署统一思想，找准科协服务科技创新和经济建设的切入点、着力点。深刻认识全面深化改革特别是深化科技体制改革的目标任务，凝聚科技工作者改革共识，共同为改革想招、一起为改革发力。深刻认识全面推进依法治国的目标原则和主要任务，把握科协在推进法治社会建设中的职责作用，组织引导科技工作者学法尊法守法用法，为科学立法、严格执法、公正司法服好务。深刻认识全面从严治党的目标要求，增强抓科协党建工作的自觉性、紧迫性，落实党风廉政和反腐败的主体责任和监督责任，树立良好群众作风。深刻认识中国特色社会主义群团发展道路的重要意义，增强理论自信、道路自信、制度自信。中国科协全委会委员和各级科协干部要带头深入学习中央重大部署和习近平总书记系列重要讲话精神，同时面向科技工作者组织好学习宣传，引导广大科技工作者为实现中国梦团结奋斗。

二、引导广大科技工作者积极创新创业创优，为推动经济持续健康发展作贡献

我国经济发展进入新常态，经济增长将更多依靠人力资本质量和技术进步。习近平总书记指出，必须让创新成为驱动发展的新引擎。希望科协发挥自身优势，在服务创新驱动上发挥更大作用。一是更好地组织动员科技工作者进军经济建设主战场。目前，我国发明专利申请量居世界第一，但科技成果的转化率较低，主要是科技与经济的结合还不够紧密，科技成果转化的渠道还不够畅通。习近平总书记强调，创新必须落实到创造新的增长点，把创新成果变成实实在在的产业活动。我认为，你们启动实施创新驱动助力工程抓得很准，22 个省的 27 个城市提出申请，从深圳、广州等经济比较发达的地方到保定、鄂尔多斯、德阳等中西部三线城市都很有积极性。希望科协组织更多科技工作者以更多形式走出高校院所，深入经济建设一线，到科技需求最迫切、市场反应最敏锐、产业前景最广阔的地方去开展科技服务、推进科技合作、寻找科技创业机会。二是更好地鼓励引导科技工作者进军科技创新前沿。现在新一轮科技革命和产业革命正在孕育兴起，大数据、云计算、移动互联、3D 打印、人工智能等新技术不断涌现，世界各国都在集中力量抢占科技创新制高点，欧盟有 2020 战略，美国有 21 世纪大挑战计划，日本有科学技术基本计划。各国的科技发展战略有 3 个共同点：一是增加科技开支，二是争夺全球科技人才，三是开发新兴科技领域。美国学者托夫勒认为新一轮科技和产业革命甚至会产生新的社会形态，《第三次工业革命》的作者里夫金创造了“零边际成本社会”的概念。在互联网技术的推动下，中国的电子商务几年间就从千亿量级增长到万亿量级，增加的网络边际成本很小。随着信息化的深入发展，如果生产的边际成本趋近于零，生产活动将成为自由生产、消费式生产和兴趣化生产，甚至出现类似共产主义设想的不以利润为目标的生产方式。当年美国硅谷的科技创业者中很多还是在校大学生，创造了微软、Facebook 等著名企业，全世界都被年轻人的创新所震惊。最近，奥巴马提出要给美国中学生配备 3D 打印机，让他们把想象到的东西打印出来，他们中间会不会也有像盖茨、扎克伯格那样的创新企业家？能不能抓住世界发展机遇，决定中国的未来命运。中国前 300 年错失了科学大发现和工业大革命的机遇，国力急剧衰落；前 30 年的改革开放抓住了经济全球化的机遇，实现了历史性的发展赶超；今后一个时期，我国发展还处于重要的战略机遇期。中国能不能抓住新一轮科技革命机遇，关键看中国的科技工作者能不能站在世界科技进步的前沿创新创业创优。深圳科协支持一批海外优秀人才回来创业开办了深圳光启研究院，开展超材料研究，已取得世界领先成果。希望科协围绕国家创新体系建设，在搭建创新平台、优化创新环境、聚集创新资源、拓宽成果转化渠道、培育新的经济增长点上取得新进展。三是更好地组织动员科技工作者为经济社会发展建言献策。在经济发展新常态下，不仅经济领域包括社会领域面临的发展任务更加复杂艰巨，国家治理也需要社会各界特别是科技工作者群策群力。2014 年年底中央政治局会议审议《关于加强社会主义协商民主的意见》，提出加强人民团体协商，中国科协是其中的重要一部分。中共中央办公厅、国务院办公厅下发《加强中国特色新型智库建设的意见》，明确要求科协建设成为高水平科技创新智库。2014 年，中国电子学会牵头完成的机器人技术和产业研究报告为中央相关决策提供了重要依据。2015 年国家要启动制定“十三五”规划，希望科协围绕国家重大产业发展、区域发展战略组织开展对策研究，提供更多有价值的建议。

三、适应改革发展需要，推进科协工作改革创新

改革创新是中央对群团工作的明确要求，也是群团事业发展的必由之路。现在，科协的工作对象、工作任务、工作环境都在发生新的变化。全国科技工作者总数达到 6800 万人，大约每年增长 10%；40 岁以下的青年科技工作者占 60%；海外归国人才已成为科技创新创业领域的一支重要新生力量，2013 年回来了 35 万人。科技工作者群体差别也在扩大，思想观念和利益诉求也日益多样。如果科协工作不创新，就不能适应中国发展大局的需要和科技工作者的需要，就会在改革发展的大潮中被边缘化。希望大家抓住机遇，积极主动推进科协工作的改革创新。一是稳妥推进所承担的改革任务。学会承接政府转移职能是一项重大改革，党中央高度重视。目前，试点工作进展顺利，要认真总结经验，稳妥有序推进。改革中遇到什么问题，及时与有关部门沟通。第三方创新评估是一项新的工作，需要加强研究谋划，在试点基础上扎实推进。二是推进科普信息化。普及科学知识、弘扬科学精神是科协一项基础性工作。现在群众特别是青少年成天都在网上，科普信息化只能加快，不能滞后。一个月前，中国科协网直播高福关于埃博拉与流感的报告、张小曳关于雾霾成因与对策的报告，80 多万网民在线收看互动，这么大规模的科技报告会以前都不敢想象。中国科协是科普的主力军和先锋队，不能落后于科技发展潮流。现在发展最快的是移动网络终端，手机已成为中国多数人离不开的信息接收器，更新换代不是以 10 年计，而是以一两年计。网络技术的发展和应用空间无限，推进科普信息化要有开阔的眼界、开阔的思路、开阔的胸襟，紧跟信息化前进步伐，依托科技界的力量，争取政府支持，向市场和企业借力，不断创新科普的内容、形式和运行机制，更好地走进大众、普及科学。为此，中国科协要重点加快建设新理念、高水平、信息化的国家科技传播中心。三是大力推进学会工作创新。学会直接联系着广大科技工作者，是科协工作的主体。长期以来，学会工作形成了一套比较有效的制度机制，积累了很好的经验方法。中国电机工程学会参与电力系统安全标准制定；中国硅酸盐学会举办国际玻璃工业技术博览会，在全球都很有影响。同时也要看到，与承担改革任务的需要相比、与科技工作者的期待相比、与国际先进同行的能力影响相比，学会还要加快改革创新，加紧提升能力。希望以实施学会创新和服务能力提升工程为抓手，推进学会运行、服务、自律等机制的创新完善，培育一批世界一流的科技学会。积极推荐我国优秀科学家到国际学术学会组织任职，扩大中国科学家在国际科技界的发言权，更好地参与国际科技交流合作。这是机遇也是任务，中国科协要作出规划，有章法地到国际上去争取。四是探索推进科协组织自身改革。中央群团工作文件明确提出，群团组织要适应完成党的中心任务和基层工作、群众工作需要，改革和改进机关机构设置、管理模式、运行机制，充分体现政治性、群众性特点。科协要按照中央要求，总结这些年各地和基层的创新经验，积极探索推进自身改革。

四、加强科协服务能力建设，更好培养和凝聚科技人才

科技工作者搞创新本事很大，小能够解析微观粒子、破解生命密码，大能够洞察宇宙空间，可以说无所不能、难以想象，但工作生活中他们常常面临许多困难，需要别人的帮助和服务。科协是党和政府联系服务科技工作者的桥梁和纽带，要有邓小平同志提倡的“后勤部长”精神，增强服务意识，提升服务能力，做好服务科技人才工作。一是发挥参与决策、熟悉政策的优势，为科技工作者创新创业搞好服务。你们开展科技工作者状况调查，从政策上推动解决科技工作者反映强烈的问题，做得很好。现在，国家和各地不断出台鼓励科技创新创业的政策，但很多科技工作者由于埋头科研等原因不能及时了解、很好理解，科协应该加强政策宣传和解读服务。比如说，汇编一本国家和各地鼓励创新创业的政策和服务流程图，可能会大受欢迎。二是发挥知才识才的优势，帮助优秀科技人才特别是青年科技人才脱颖而出。中国青年科技奖设立27年，共奖励优秀青年科学家1297人，其中有70人已经是两院院士。中国青年女科学家奖举办了10届，近100名女科学家受到奖励。像建筑学会的“梁思成建筑奖”、农学会的“神农奖”都很有影响。科协应该是科技人才的知音和伯乐，应更好地发挥同行认可、权威推介优势，积极推动人才培养方式、人才评价机制创新。现在，成名成家的高端人才拿奖励、拿项目很容易，但最需要支持奖励的35岁以下青年科技人才往往才崭露头角甚至无名少闻，很难被发现和认可。希望科协多关注青年科技工作者的成长，特别是支持有潜力的优秀青年人才有条件潜心钻研大题目。三是把弘扬科学精神与践行社会主义核心价值观结合起来，引导科技工作者健康成长。人类社会进步的科技需要和科学家追求发现发明的兴趣是科技发展的健康动力。如果把科技活动完全变成个人名利竞争的手段，就可能走上邪路。这几年，学术造假、经费挪用、道德失范等事件在科技界屡有发生，社会影响尤其是对青少年的影响很坏。优秀科学家不仅应是学术大师，也应是道德楷模。希望科协大力宣传优秀科技工作者典型事迹，正面引导、正面弘扬，发挥科学精神对社会主义核心价值观的滋养和传播作用，引导广大科技工作者弘扬追求进步、热爱创新、服务国家、造福人民的价值追求，以一流学问、一流品行赢得同行信服、社会尊重、后人崇敬。

加强党的领导是做好科协工作的根本保证。习近平总书记要求，重视群团组织领导班子和干部队伍建设，注意解决机关化、脱离群众问题。中央书记处提出，切实抓好科协党的建设，把从严治党落到实处。希望中国科协高度重视、切实加强党的建设，巩固和拓展群众路线教育实践活动成果，认真践行“三严三实”，持续改进作风。加强学会党组织建设，更好地发挥战斗堡垒作用。科协干部特别是领导干部要带头落实从严治党要求，带头树立群众作风，带头履行清正廉洁，密切联系科技工作者，认真听取意见建议，帮助解决实际困难，把广大科技工作者更紧密地团结在党的周围。

春节即将来临，祝广大科技工作者和科协工作者新春愉快、工作顺利，在新的一年里为建设创新型国家、推进经济社会发展作出更大贡献！

自觉接受党的领导 坚持走中国特色社会主义群团发展道路
——在研究落实中央群团工作文件精神座谈会上的讲话

李源潮

经中央批准,《中共中央关于加强和改进党的群团工作的意见》以中发〔2015〕4号文件正式下发。这是全党工作的一件大事，更是群团工作的大事。今天请团中央、全国妇联、中国科协、中国侨联的领导同志来，主要是研究群团组织尤其是人民团体如何学习领会、贯彻落实文件精神。

这个文件是以中央名义下发的全覆盖群团工作的重要文件，习近平总书记主持中央政治局会议和中央政治局常委会会议审议通过并作重要讲话。刘云山同志主持中央书记处办公会议进行了详细审议和修改。我们要认真学习领会中央文件精神和习近平总书记重要讲话精神，把学习理解、贯彻落实中央文件精神作为当前群团工作的首要大事来抓。这个文件主要有两个方面的内容，一是党要加强对群团工作的领导，二是群团组织必须自觉服从和接受党的领导。习近平总书记强调，文件下发后各地区各部门各单位要主动贯彻落实。群团组织怎样主动贯彻落实？首先应有最基本的认识、最基本的态度。刚才，宜智、秀岩、尚勇、林军同志等都讲得很好，把握了文件对群团组织的基本要求。我们要抓住机遇、抓好落实，把落实文件精神作为群团组织改革发展的强劲动力。

我们党始终高度重视群团工作，把群团工作看作是巩固和加强党的执政基础和群众基础的重要内容。习近平总书记指出，新形势下，党的群团工作只能加强，不能削弱；只能改进提高，不能停滞不前。这明确了今后一个时期党的群团工作的总基调。“党有号召，群有行动”，是党领导的工会、共青团、妇联、科协、侨联等人民团体的优良传统。各群团组织尤其是人民团体要把学习贯彻中央群团工作文件精神作为2015年第一件大事，把思想统一起来，把文件精神落实到学习理解、武装干部、逐级部署、推动工作的各个环节中去。学习领会、贯彻落实中央群团工作文件精神，最重要的是把握好以下四个方面。

第一，坚定不移走中国特色社会主义群团发展道路

中央群团工作文件有11个部分、125项政策措施或工作要求，既继承了我们党关于群团工作一贯的思想、理论和经验，又提出不少新思想新论断，其中最核心的是坚持走中国特色社会主义群团发展道路。习近平总书记指出，走中国特色社会主义群团发展道路是这个文件的灵魂和主线，要深入阐述、广泛宣传，使之成为党的群团工作的基本遵循和定海神针。中国特色社会主义群团发展道路是我们党总结群团工作历史经验特别是改革开放以来的崭新实践提出的。十八大前，中央明确提出坚持走中国特色社会主义工会发展道路；十八大后，又强调了坚持中国特色社会主义青年运动方向，坚持走中国特色社会主义妇女发展道

路。这一次，党中央明确提出走中国特色社会主义群团发展道路，这是党的群团工作理论的重要创新。中国特色社会主义群团发展道路是中国特色社会主义道路的重要组成部分，主要内容是“六个坚持”：一是坚持党对群团工作的统一领导，二是坚持发挥桥梁和纽带作用，三是坚持围绕中心、服务大局，四是坚持服务群众的工作生命线，五是坚持与时俱进、改革创新，六是坚持依法依章程独立自主开展工作。这是党中央对群团工作的总体要求，也是改革开放尤其是党的十八大以来群团组织基本实践、基本经验的总结和系统化，我们要很好地坚持、运用和发展。

第二，自觉主动接受党对群团工作的统一领导

党的领导是中国特色社会主义道路最本质的特征。中国特色社会主义群团发展道路“六个坚持”的第一条，就是“坚持党对群团工作的统一领导”。对于群团组织来讲，自觉主动接受党的领导是坚持走中国特色社会主义群团发展道路的第一特征、第一要求，是做好群团组织工作、保证群团组织健康发展的根本保证。党的群团组织的领导是全面的，包括政治领导、思想领导、组织领导。群团组织尤其是人民团体怎么做到自觉接受和服从党的领导？一是要把自觉接受和服从党的领导作为政治方向、政治原则、政治规矩、政治纪律来遵循，主动贯彻党的意志和主张，在政治上、思想上、行动上始终同以习近平同志为总书记的党中央保持一致，不断增强中国特色社会主义道路自信、理论自信、制度自信。二是群团组织中的党组要充分发挥领导核心作用，切实保证党对本群团组织的领导，引导群众正确理解和自觉支持党的理论和路线方针政策以及中央决策部署。三是群团组织中的党员干部要主动贯彻和坚持党的主张和决定，发挥先锋模范和骨干带头作用，影响和带动周围干部群众努力完成党和国家交给的任务。

第三，响应党的号召，充分发挥群团组织在中国特色社会主义事业中的五大职能作用

党赋予群团组织的职能作用是具体的、历史的。改革开放初期，主要是强调对群众的动员、引导作用，后来又逐渐强调了为群众的服务职能、维权职能，从两大职能、三大职能发展到四大职能。这次中央群团工作文件实际上强调了群团组织在中国特色社会主义事业中的五大职能作用。这是党的执政理论的丰富发展，是党的群团工作的与时俱进。

一是团结动员广大群众围绕经济社会发展的中心任务建功立业。“建功立业”这个词是群团组织的专用词，最早是20世纪80年代从共青团开始使用的，然后各个群团组织包括工青妇等人民团体都开始使用。这次中央群团工作文件使用了这个提法，进一步明确了要求。群团组织团结动员广大群众在经济社会发展中建功立业，首要任务是围绕党和国家的中心任务、把握社会发展的时代主题，为实现“两个一百年”奋斗目标和中华民族伟大复兴的中国梦贡献力量。还要在建设创新型国家、建设法治国家、建设美丽中国等各个方面，改革发展稳定各个领域，发挥组织优势、积极展现作为。还有许多具体工作，比如维护民族团结、反对民族分裂、促进祖国统一、开展对外交流等，也要充分发挥群团组织的独特作用。

二是在培育和践行社会主义核心价值观中走在前头。社会主义核心价值观应成为人民群众的价值观，这是一个很艰巨的任务，也是一个必须实现的目标任务。群团组织尤其是人民团体与广大群众联系紧密，有广泛的群众基础，在培育和践行社会主义核心价值观中要发挥优势、走在前头。工会大力倡导的劳模精神、劳动精神、工人阶级伟大品格，共青团开展的青少年理想信念教育、道德教育、“五爱”教育，妇联开展的传统美德教育、“四自”精神教育、良好家风培育，科协引导科技工作者弘扬科学精神，侨联引导侨胞侨眷弘扬爱国主义精神等，都是弘扬社会主义核心价值观的具体实践。近两年共青团、妇联等开展“最美人物”“最美家庭”评选的经验，中央文件都吸收了。实践充分证明，把社会主义核心价值观内化成为人民群众的价值观，群团组织大有可为。

三是在服务群众和维护群众合法权益中团结吸引群众。为人民群众服务，维护群众的合法权益，是党和政府赋予群团组织的重要职能。这与党和政府的根本宗旨相符，与群团组织的自身职能、自身责任和组织依托紧密连在一起。工人、青年、妇女、少年儿童、科技工作者、侨胞侨眷等各有不同的具体利益。群团组织服务群众、维护群众，就要在维护全国人民总体利益的同时，更好地维护各自所联系群众的具体利益。群团组织要代表所联系群众参与相关法律法规和政策的制定，群众合法权益受到侵害时要主动代表所联系群众说话，表达他们的意见，合理伸张利益诉求；同时，要引导群众识大体、顾大局，自觉维护社会和谐稳定。

四是依法在社会主义民主中发挥积极作用。这一部分特别强调人民团体的作用。首先，依法参与管理国家事务和社会事务。我们国家的各级人大都有工会、共青团、妇联等人民团体推荐产生的代表，各级政协都有人民团体界别。人民团体应该依据法律规定，很好履行职责、发挥作用，落实人民当家做主。其次，积极参与协商民主。中央最近下发了《关于加强社会主义协商民主的意见》，其中对人民团体参与民主协商有专门的要求。各人民团体要主动代表所联系群众参与民主协商。再次，推动基层民主健康发展。要代表本组织的基本群众积极地参加城乡基层群众自治和企事业单位民主管理。

五是主动参与创新社会治理和维护社会和谐稳定。中央群团工作文件明确提出，把适合群团组织承担的一些社会管理服务职能按照法定程序转由群团组织行使，其中吸收了中国科协推进学会承接政府职能转移的经验。文件还提出，支持群团组织以合适方式参与政府购买服务，这就要求各地给群团组织一定的条件，包括事权和人财物，支持群团组织做好相关工作。国务院正在推进科技评价第三方评估。在政府的许多社会事务管理工作中，群团组织就是第三方。第三方参与社会事务管理的空间很大，群团组织要深入研究、积极争取。关于政府部门职能转移，十八届三中全会决定有总体部署，党中央、国务院有明确要求。群团组织承接政府转移职能要主动，要做好准备，要培养能负责、能问责的本领。文件还提出，支持群团组织通过服务来引导和促进社会组织健康有序发展。现在社会组织迅猛发展，群团组织要在党组织领导下加强对社会组织的政治引领、示范带动。群团组织要在法治社会建设中积极发挥作用，开展群众性法治文化活动，推动全社会学法、尊法、守法、用法。

第四，主动改革创新，增强发展活力

推进群团组织自身的改革创新是中央群团工作文件很重要的一个内容。习近平总书记明确指出，要坚持问题导向，以改革增动力，以创新促发展，看群团工作要重实效，由人民群众来评价。文件指出，现在群团组织有不少不适应新形势新任务要求的问题，突出的表现为：一是不适应经济社会的发展变化，对群众的有效覆盖不够。计划经济时期，所有的中国人都在工、农、商、学、兵等单位中工作生活，群团组织基本做到了对群众的全覆盖。现在人们的工作生活方式多样化了，原有全覆盖的网破了，尤其是在非公经济组织、社会组织和新兴群体中力量薄弱，影响到巩固党的群众基础。二是不适应时代的发展进步，吸引力、凝聚力不够强。随着互联网的普及，人们的生产方式、生活方式、社会活动方式甚至政治活动方式都在变化。现在从小孩到老年人都在网上，走路、买东西、交水费电费、领工资、买火车票等都在用手机和网络。群众都在网上，你不到网上做群众工作，不就脱离了群众吗？三是活动方式单一，进取和创新精神不足。现在社会上电子游戏和影视作品推陈出新、日新月异，看都看不过来，相比较而言，群团组织的宣传、教育、活动方式还是比较陈旧单一、亟待创新。

中央群团工作文件指出了群团干部在能力、素质和作风方面存在的问题，强调要主动改革创新，克服和防止机关化、脱离群众的危险。对于党来讲，现在面临精神懈怠、能力不足、脱离群众、消极腐败“四大危险”，党中央正在下大决心、花大力气解决和克服这些问题。对于群团组织来讲，也存在需要克服和防止的“四大危险”，就是动摇政治方向的危险、脱离基本群众的危险、被社会发展边缘化的危险、干部素质能力落后的危险。群团组织要改革创新，必须解决这些问题、克服这些危险，切实增强发展活力。对此，中央群团工作文件有明确要求，可以概括为5个方面。一是以群为本。群团组织联系和服务群众，重心应是最大多数的基层普通群众，关键是把基本群众服务好、联系好、引导好，而不能只盯着少数名人。二是加强基层。主要是扩大基层组织覆盖面，提高基层组织的吸引力，增强基层组织的凝聚力。三是用好网络。网络正在改变人们的生活、生产、文化，甚至在改变社会形态。从正面来讲，网络信息、网络服务、网络电商给人们的生活带来广泛便利和经济利益，也给中国经济发展带来巨大活力。从负面来讲，网络传播、网络动员的风险性也很大，现在网上谣言、网上极端言论、网上假消息都对社会秩序和群众情绪产生破坏性影响，西亚、北非一些国家发生“颜色革命”，基地组织进行恐怖袭击，很大程度上就是通过网络进行煽动组织的。网络影响社会的每一个方面，也影响到所有群团组织的工作。群团组织要很好地认识网络，不要认为管网、用网只是党政部门的事。文件对打造网上网下相互促进、有机融合的群团工作新格局，提高网上群众工作水平有专门要求。群团组

织要认真落实，积极地上网用网建网，占领网络阵地，弘扬网上主旋律，增强网上正能量。四是加强干部。文件明确要求加强群团组织领导班子和干部队伍建设，坚持德才兼备、以德为先，培养信念坚定、为民服务、勤政务实、敢于担当、清正廉洁的群团好干部。选拔群众工作经验丰富、在所联系群众中威信高的同志，推荐作为群团组织主要负责人，这不仅是对党组织的要求，也是对群团组织的要求。五是改革机制。文件明确要求，改革和改进群团组织机关的机构设置、管理模式、运行机制，确保充分体现群团组织的政治性、群众性特点，防止机关化、娱乐化倾向发生。

习近平总书记指出，制定文件只是万里长征走出的第一步，如果不沉下心来抓落实，再好的目标、再好的蓝图也是镜中花、水中月。中央群团工作文件重点讲了对党委的要求，也对各群团组织提出了共性要求。但作为群团组织，贯彻落实不能等靠要，不能唯条件论。要增强机遇意识、责任意识、担当意识、改革意识，积极行动起来，主动有所作为，有为才有位。群团组织要抓住党加强对群团组织领导的机遇，主动接受党委领导，主动争取党政支持，争取解决一些长期没能解决或者不易解决的难题。

中央群团工作文件明确要求，各省区市党委和全国总工会、共青团中央、全国妇联等中央管理的群团组织要根据本意见要求提出实施方案。中央各部委、国家机关各部委党组（党委）要结合各自实际研究，提出贯彻落实本意见的具体措施。我们要按照中央要求，首先自己部门要提出贯彻落实的具体意见，同时积极推动地方党委和群团组织制定实施方案或具体措施，上下联动、左右协调，形成落实合力。各省区市党委制定落实文件精神的实施方案，主要是两个依据，一是中央的文件，二是地方群团组织需要解决的问题。中央管理的群团组织要加强指导。群团组织制定实施方案要把握 4 个方面：一是对文件指明的群团组织存在问题，要很好调查研究，以改革创新精神提出改进措施。二是对推动群团组织发挥作用和支持保障的政策措施，要认真研究、主动协调、推动落实。三是对强调群团组织改革创新、增加活力的要求，要总结基层实践，及早研究谋划，争取党委和政府批准。四是对从严治党、改进作风的要求，要在领导班子和干部队伍中认真落实。实施方案和措施不能照抄照转，应该根据实际情况细化和具体化。

中央政治局常委会 2015 年工作要点明确，2015 年适当的时候中央要召开党的群团工作会议。对于会议的筹备，中央将作具体部署，群团组织要很好配合、主动参与。我们要积极、主动、自觉地贯彻落实文件精神，将之与贯彻中央重大工作部署结合起来，推动党的群团工作不断开创新局面，为党和国家事业发展、为服务所联系群众作出更大贡献。

积极投身科技创新创业创优 为实现中国梦提供强大动力

——在第十七届中国科协年会上的讲话

2015年5月23日

李源潮

今天，第十七届中国科协年会在广州召开。我受中央委托，向各位科技专家、各位嘉宾和广大科技工作者致以亲切的问候！向广东省委、省政府对年会的支持表示感谢！

刚才，启德主席和小丹省长作了很好的讲话，我听了很受启发。广东尤其是深圳的转型发展、创新驱动给人印象深刻，令人倍感振奋，广东正在走一条“创新驱动先行”的发展路子。本届年会以“创新驱动先行”为主题，很有意义。我国经济发展进入新常态，迫切需要加快从要素驱动、投资规模驱动为主向以创新驱动为主转变。中国改革开放30多年来，经济快速发展，主要优势来自低成本优质劳动力，引进资金、技术和先进管理，利用国外资源和国际市场。在快速发展过程中，我们付出了巨大的资源环境代价，原有的发展优势正在逐渐减弱，发展动力的转换要求日益迫切。习近平总书记强调，老路走不通，新路在哪里？就在科技创新上。也就是说，方式转换、创新驱动，科技要先行。希望广大科技工作者牢记习近平总书记的重托，深刻认识实现创新驱动的时代责任，弘扬老一辈科技工作者爱国奉献、锐意创新的精神，奋力投身科技创新创业创优，在推动创新型国家建设、推进“四个全面”战略布局中作出应有的贡献。

第一，希望广大科技工作者抓住科技创新的时代机遇，多出世界一流的原创性科技成果

当前，世界新一轮科技革命和产业变革正在孕育兴起。里夫金的《第三次工业革命》《零边际成本社会》，布莱恩约弗森的《第二次机器革命》，描绘了新一轮技术革命的发展图景，及其对社会制度的深刻影响。尽管对科技发展的趋势还众说不一，但各国之间争夺未来科技经济战略制高点的竞争已日趋激烈。欧盟实施“地平线2020”科研规划，美国实施“再工业化”战略，德国启动“工业4.0平台”。谁能抓住新一轮科技革命的机遇，谁就能在未来的竞争中占据主动。

科技落后是近代中国贫穷落后的重要根源，科技追赶是中国现代化追赶的重要任务。中国科技现代化的追赶是从新中国成立后全面起步的，独立的国防和工业体系、“两弹一星”为代表的重大科技成果造就了一大批各行各业的科技领军人物和骨干人才。改革开放开启了中国科技事业奋起追赶的新征程，尊重知识、尊重人才，实施科教兴国战略，建设创新型国

家，科学技术的第一生产力作用日益突出。在航空航天、高速铁路、深海探测、北斗导航、生物技术、超导材料等许多领域，中国科技工作者取得了举世瞩目的成绩。但总的来说，中国的科技现代化仍走在追赶的道路上。科技界对我国科技当前的创新水平有一个“三跑并存”的判断：在1500多项主流科技中，处于领跑水平的10%，处于并跑水平的20%，处于跟跑水平的70%。这表明，我国原创性科技创新能力还亟待增强。如果关键核心技术受制于人的局面得不到根本转变，中华民族伟大复兴的梦想就难以实现。

在全国人民为实现中国梦而奋斗的今天，当代科技工作者赶上了中华民族伟大复兴的好时代。从我国目前的科技条件积累和人才储备看，应该也完全能够在新一轮科技革命中自立于世界优秀民族之林。改革开放以来，我国先后实施了“863”“973”、重大科技专项等计划，累计建设国家工程研究中心132个、国家实验室154个，认定企业技术中心1098家，很多科研设备都是全球最先进的。2014年，全社会研发投入1.33万亿元，占GDP比重超过了2%，已经与欧盟国家持平。中国的科技人才有6800万人，35岁以下的超过1/3，每年新增理工科大学毕业生500多万人。这几年，留学回国人员每年超过30万。乔布斯曾对奥巴马说，苹果公司在中国生产，是因为不仅能招到70万员工，还能聘到3万工程师，如果美国能为苹果提供这么多工程师，他就把生产线迁回美国。现在的中国是科技创新的沃土。希望广大科技工作者把握创新机遇，增强创新自信，瞄准世界科技前沿，立足国家发展需要，潜心钻研、刻苦攻关，努力取得更多世界一流的原创性科技成果。

第二，希望广大科技工作者积极投身科技创业，为推动经济社会发展作出更大贡献

科技创业是科技创新转化为现实生产力的必然需要，也是科技人员实现人生价值的重要途径。改革开放以来，中国的科技创业潮一波高过一波。第一次是20世纪80年代的科技人员下海潮，柳传志创办联想，王选创办方正，段永基创办四通，中关村电子一条街名扬海内外，上海的“星期天”工程师在苏南一带大受欢迎。第二次是90年代的新科技创业潮，通过引进消化吸收再创新，以海尔、长虹等为代表的国有企业实现了二次创业，留学海外的张朝阳、李彦宏、邓中翰等借鉴国际先进技术、先进经验回国创办高科技企业。第三次是新世纪以来的互联网创业潮，阿里巴巴、腾讯、京东、小米等一批科技企业迅速成长起来，马云、马化腾、刘强东、雷军成为青年创业的偶像。科技创业为中国经济发展不断注入新的活力，开辟新的增长点。

当今中国的科技创业正进入一个“互联网+”的新时代。昨天展览的三维海洋信息平台、脑卒中评估系统都很了不起。移动互联、人工智能、大数据、云计算等新技术与各种新产业、新业态、新商业模式融合发展，科技创业的空间更加广阔。十八届三中全会以来，深化科技体制改革的举措不断出台，科技创业的政策环境更加优化。中央《关于加快实施创新驱动发展战略的若干意见》明确了科技人员离岗创业、科技成果入股分红、职务发明转化收益等一系列政策鼓励科技创业。中国科协实施创新驱动助力工程，为科技人员走出高校院所，到地方和企业开展创业服务搭建了平台；建立“海外人才离岸创业基地”，吸引了一批海外人才来华创业。社会各界对科技人员创业充满期待，天使投资看好互联网IT企业，股民追捧科技创业股。“好风凭借力，送我上青云”，希望广大科技工作者抓住高科技、新产业、大市场融合发展的产业创新机遇，抓住全面深化改革，鼓励大众创业万众创新的优惠政策机遇，把握市场需求和社会需要，积极领办创办科技企业，以更多更好的产品和服务造福百姓生活、推动经济发展。

第三，希望广大科技工作者树立科技创优的追求，努力让科学技术的效益发挥到最大最好

创优是创新创业的基础。科技事业的发展，既需要大批从事科技创新创业的领军人物和骨干力量，又需要大批把技术应用、技术革新、技术推广、人才培养和科学普及工作做到最优的一线科技工作者。江西地矿局高级工程师杨衍忠，退休后20年如一日，整理了近600万字的地质勘探资料，为赣南地区找矿工作提供了科学依据。甘肃庄浪县农技推广中心吴永斌，跑遍西北5省，推广自己精心培育的高产抗病马铃薯“庄薯3号”3300多万亩。四方车辆厂研磨工宁允展，手工研磨高铁转向架精度达到0.05毫米，保证了中国高铁核心部件的质量。南京军区总医院黎介寿教授，爱才惜才、提携后学，亲自培训了近两万名学生。中国科技馆原馆长李象益，从科学研究转向科学普及，一干就是几十年，他的贡献得到国际认可，获得了科普界最高奖“卡林加”奖。

与世界先进国家相比，中国科技水平的差距既有创新能力的不足，也有创优能力的不足。我们需要更多的杨衍忠、吴永斌、宁允展、黎介寿、李象益。希望广大科技工作者发扬严谨求实、追求卓越的科学精神，立足本职岗位创先争优，为推广最新科技成果、提高科技应用效益、提升公民科学素质扎实工作。中国科协采集的老科学家学术成长资料已出版50册，科学家的先进事迹要大力弘扬。同时，还要大力宣传那些在田间地头、工厂车间、深山老林等基层一线精益求精、默默奉献的优秀科技工作者。我们要在全社会倡导追求科学、追求进步、追求奉献的新风正气，促进社会主义核心价值观成为全民的精神支柱。

2015年初，中央下发了《关于加强和改进党的群团工作的意见》(以下简称《意见》)。各级科协组织要认真贯彻落实中央精神，创新科协工作，扎实改进作风，认真听取科技工作者的意见建议，为他们创新创业创优搞好服务。各级党委、政府要按照中央《意见》要求，加强对科协工作的领导和支持，为广大科技工作者创新创业创优当好“后勤部长”。

2015年是中国人民抗日战争暨世界反法西斯战争胜利70周年，中国的独立富强凝聚着千千万万中华儿女的鲜血和汗水，凝聚着一代又一代科技工作者的牺牲和奉献。希望广大科技工作者紧密团结在以习近平同志为总书记的党中央周围，以国家富强、民族振兴、人民幸福为己任，积极投身创新型国家建设，为实现“两个一百年”奋斗目标和中华民族伟大复兴的中国梦作出更大贡献。

贯彻落实中央党的群团工作会议精神大力推进科协工作改革创新

——在中国科协工作会议上的讲话

2015年7月23日

李源潮

中国科协召开这次工作会议，主要是学习贯彻中央党的群团工作会议精神。刚才，尚勇同志作了全面传达。习近平总书记的重要讲话阐明了党的群团工作的一系列重大理论和现实问题，具有很强的战略性、思想性、针对性，是做好新形势下党的群团工作的纲领性文件。刘云山同志提出了“提高认识、明确责任、抓好落实”的要求，我们要很好贯彻。下面，我就学习贯彻中央党的群团工作会议精神，推进科协工作改革创新，谈几点意见。

第一，深入学习领会习近平总书记重要讲话精神，把握新形势下群团工作的行动指南

习近平总书记的重要讲话统揽全党全国工作大局，从理论和实践上指明了党的群团工作的发展方向。全国科协系统和广大科协干部要深入学习领会，把握精神实质。一要充分认识群团组织在党的群众工作“众星拱月”格局中所处的重要地位，增强联系服务科技工作者、当好党与科技工作者桥梁纽带的责任感和使命感。二要牢牢把握正确方向，坚持走中国特色社会主义群团发展道路，自觉接受党的领导，坚持为中国梦奋斗的时代主题，坚持为广大科技工作者服务的组织生命线。三要深刻认识加强和改进新形势下党的群团工作最重要的是保持和增强政治性、先进性、群众性，切实担负起引导广大科技工作者听党话、跟党走的政治任务，组织动员广大科技工作者在建设创新型国家、推动创新驱动发展第一线建功立业。四要清醒认识和自觉克服群团组织中存在的脱离群众的倾向，抓住“三严三实”专题教育的有利时机，下大气力解决“四化”等突出问题，满腔热情做好服务科技工作者工作。五要深刻认识推进群团工作改革创新的紧迫性，加快科协工作和科协组织的自我革新。当前，要在科协系统深入开展中央党的群团工作会议精神的学习宣传，引导科协干部深刻领会习近平总书记重要讲话精神，联系实际提高认识，统一思想和行动，抓好贯彻落实。

第二，坚持正确方向，坚定不移走党指引的中国特色社会主义群团发展道路

习近平总书记指出，“坚持党的领导是做好党的群团工作的根本保证，是必须坚持的正确方向”。“做好群团工作，必须毫不动摇坚持中国特色社会主义群团发展道路。”历史地看，接受党的领导、拥护党的领导是广大中国科技工作者的自觉选择，引领科技工作者坚定不移跟党走是中国科协工作必须牢牢把握的正确方向。对于科协组织来说，中国特色社会主义群团发展道路的具体体现和要求是什么，要很好地实践和总结。钱学森同志曾讲过，我国的科技体制有自己的特点，科技部是政府部门，中科院是事业单位、科研单位，中国科协是科技工作者之家，这种特点是其他国家没有的。做好科协工作，要坚定不移走党指引的中国特色社会主义群团发展道路，全面把握、切实贯彻“六个坚持”和“三统一”的基本要求，在实际工作中把自觉接受党的领导、团结服务科技工作者、依法依章程开展工作有机统一起来。中国科协是党领导的人民团体，要自觉把自己置于党中央的领导之下，在思想上、政治上、行动上始终同以习近平同志为总书记的党中央保持一致，坚决贯彻党中央的指示和要求，团结带领广大科技工作者坚定不移跟着党为中国特色社会主义共同理想而奋斗。

第三，切实保持和增强科协工作和科协组织的政治性、先进性、群众性。习近平总书记鲜明提出并深刻论述了保持和增强群团工作政治性和群团组织先进性、群众性这一重要思想，明确了新形势下加强和改进党的群团工作的基本原则和现实任务

我们要按照保持和增强“三性”的目标要求，切实加强和改进科协工作。一要切实保持和增强科协工作的政治性。科技工作者是我们党执政的重要社会基础，对社会政治生活的影响很大。能不能把科技工作者紧紧团结在党的周围，是衡量科协工作好不好的政治标准。科协组织要加强与科技工作者联系，密切关注他们的思想动态，加强思想引导，切实担负起引领科技工作者听党话、跟党走的政治任务。二要切实保持和增强科协组织的先进性。动员科技工作者向科学进军、向科技现代化进军，在建设创新型国家、推进创新驱动发展中建功立业，是科协组织先进性的集中体现。新形势下，科协组织保持和增强先进性，就是要引导广大科技工作者走在新一轮科技革命和产业变革的时代前列，充分发挥科技第一生产力和人才第一资源的作用，为经济社会的创新发展，为协调推进“四个全面”战略布局、实现中华民族伟大复兴的中国梦提供强有力的科技支撑。三要切实保持和增强科协组织的群众性。科协是科技工作者自己的组织，要把科技工作者作为开展工作和活动的中心，更多关心支持中青年科技工作者和基层一线科技工作者。要注意科协组织机构的代表性，更多地把基层一线的优秀科技工作者纳入进来。通过保持和增强“三性”，更好发挥科协组织作为党和政府联系科技工作者桥梁纽带的作用。

第四，满腔热情为科技工作者服务，切实解决群团组织脱离群众的突出问题

服务科技工作者是科协组织的基本职责。长期以来，各级科协组织在开展学术交流、推动成果转化、培养举荐人才、端正学术风气等方面为科技工作者成长和发展提供了很好的服务。但目前科技工作者的工作、学习、生活中还面临不少实际问题，比如，新经济组织中科技工作者的职称评定、项目申报、成果评价问题，青年科技人员创新创业的扶持问题，留学归国人才的就业创业和团队融入问题，都需要科协组织帮助做工作。科协组织服务资源不少，每年有近 3 万场学术会议、千余种科技期刊，联系着各个学科领域的领军人才，要努力把科协的资源优势变成实实在在的服务。希望科协组织进一步强化服务意识，提升服务能力，挖掘服务资源，为科技工作者成长发展和有所作为提供更多高质量的服务。

保持与群众的密切联系，是群众组织的生命之本。习近平总书记指出的“机关化、行政化、贵族化、娱乐化”现象，在不同的群团组织和不同的层次有不同表现，其共同的实质是脱离群众。你们 2014 年在调查报告中反映，不少科技工作者与科协不亲和，这应引起高度重视。科协组织要切实按总书记的要求，抓住巩固和拓展党的群众路线教育实践活动成果、开展“三严三实”专题教育的时机，把自己组织内的各种脱离群众现象作为“四风”和“不严不实”在群团工作中的具体表现，有针对性地开展思想教育、问题整改、体制创新，下大气力转变作风。要建立科协干部直接联系科技工作者的制度，经常深入基层科技工作者中去，听取他们的意见建议，有针对性地搞好服务。服务得好不好，要请科技工作者来评价。

第五，顺应时代要求，积极推进科协工作改革创新

中央党的群团工作会议也是一个群团工作改革创新的动员会。习近平总书记对推进党的群团工作改革创新提出了明确要求，科协系统要认真贯彻落实。一是积极稳妥推进学会有序承接政府转移职能工作。这项改革是在习近平总书记和李克强总理的指示下开展

的，首批试点取得了很好的效果，扩大试点方案已经中央批准，并以中共中央办公厅国务院办公厅文件公开印发。今天下午，我们还要开会部署。要精心组织扩大试点工作，探索形成可复制可推广的经验模式。在这项改革中，要牢记总书记的告诫，承接政府转移职能不能变成“二政府”，不能利用承接职能的机会揽权争利。二是大力推进科普信息化。中国科协从2014年开始启动这项工作，中国数字科技馆浏览量在国内网站排进200位，“科普中国”在“互联网+科普”上作了有益探索。习近平总书记对群团组织开展网上工作高度重视。科协组织有得天独厚的人才和技术优势，应该在这方面走在前列，让科普插上互联网的翅膀，面向社会特别是青少年，大力传播科学知识，弘扬科学精神。三是积极谋划科协组织自身改革。当然，群团工作的改革创新要注重总结实践、顶层设计、试点探索、循序推进。前段时间，中国科协已着手研究制定改革要点，现在要对照总书记讲话要求，坚持问题导向，对科协的组织体制、干部管理、服务机制等问题及早研究谋划，提出改革方案或建议，适当时候报中央深改办统筹推进。

中央党的群团工作会议开启了群团事业改革发展的新征程。科协组织要坚决贯彻中央要求，坚定不移走中国特色社会主义群团发展道路，解放思想、改革创新、锐意进取、扎实苦干，更好地团结服务广大科技工作者，为实现“两个一百年”奋斗目标和中华民族伟大复兴中国梦作出新的历史贡献！

在中国科协所属学会有序承接政府转移职能扩大试点工作座谈会上的讲话

2015年7月23日

李源潮

今天，我们召开中国科协所属学会有序承接政府转移职能扩大试点工作座谈会，主要是学习领会习近平总书记在中央党的群团工作会议上关于群团组织承接政府转移职能的重要指示精神，部署落实中央全面深化改革领导小组审议通过、以中共中央办公厅国务院办公厅文件印发的《中国科协所属学会有序承接政府转移职能扩大试点工作实施方案》。全国政协副主席、中国科协主席韩启德同志出席并主持座谈会。刚才，国务院副秘书长江小涓同志受杨晶同志委托作了讲话，尚勇同志汇报了扩大试点工作的总体安排。李萌、李金生、田世宏3位同志谈了政府部门的意见，中国环境科学学会的王玉庆同志和中国土木工程学会的张玉平同志介绍了首批试点情况和下步打算，江苏科协的陈惠娟同志和重庆科协的黄明会同志介绍了两地的试点探索，都讲得很好，听了很受启发。这里，我讲4点意见。

第一，从全面深化改革大局的高度，认识扩大试点的重要意义，增强做好工作的责任感

习近平总书记在中央党的群团工作会议上指出，转变政府职能是全面深化改革的一项重要任务，群团组织要抓住机遇，承担适合群团组织承担的社会治理服务职能。中国科协在承接政府转移职能上走在了群团组织的前头。2013年下半年，中国科协启动了所属学会有序承接政府转移职能工作，习近平总书记、李克强总理、刘云山同志和刘延东、杨晶同志作出批示给予指导；2014年6月，中国科协会同科技部等7个部门在39家学会开展首批试点；2015年2月，召开了首批试点工作总结会，杨晶同志出席会议并代表国务院作了重要讲话。随后，中国科协制定了扩大试点方案，5月经中央全面深化改革领导小组第十二次会议审议通过，7月以中共中央办公厅、国务院办公厅文件印发，这标志着学会有序承接政府转移职能改革纳入全面深化改革总体部署。

专项改革方案经中央深改组会议审议通过并以中共中央办公厅、国务院办公厅文件印发，中国科协在群团组织中是第一家，这充分体现了以习近平同志为总书记的党中央对科协工作的高度重视。学习贯彻习近平总书记重要指示精神和中共中央办公厅、国务院办公厅文件，一要把握学会有序承接政府转移职能改革在全面深化改革大局中的重要地位。中共中央办公厅、国务院办公厅文件指出，围绕全面深化改革的总体部署，充分发挥科技社团独特优势有序承接政府转移职能，对深化行政体制和科技体制改革、加强和改进群团工作具有重要意义。二要把握学会有序承接政府转移职能改革的目标任务。中共中央办公厅、国务

院办公厅文件提出，要着眼简政放权中心需求，坚持稳妥有序的总体原则，发挥党领导下的群团组织重要作用，承接好科技评估、工程技术领域职业资格认定、技术标准研制、国家科技奖励推荐等科技类公共服务职能，为全面深化改革、推进国家治理能力现代化提供示范案例。文件中提出的4类改革在不同学会的具体形式不同，涉及的项目范围广、工作空间大，要做的事情很多，现实生活中的需求也很强。比如，中国土木工程学会开展的团体标准研制、科技奖励与人才推荐、科技评估、资质评鉴4项具体改革内容，就是文件中4类改革试点在学会的具体体现。三要把握学会有序承接政府转移职能的工作要求。中共中央办公厅、国务院办公厅文件对扩大试点的工作原则、主要内容、组织实施、工作制度等作出了具体部署，是扩大试点工作的基本遵循。希望中国科协及所属学会从全面深化改革大局的高度认识扩大试点工作的重要意义，认真落实党中央、国务院的决策部署，以高度的责任感，稳妥有序推进扩大试点工作，促进科协事业创新发展。

第二，坚持试点推进，探索形成可复制可推广的经验模式

试点先行是我国改革的成功经验。习近平总书记在中央深改组第十三次会议上指出，试点能否迈开步子、趟出路子，直接关系改革成效，要发挥好试点对全局性改革的示范、突破、带动作用。学会承接政府转移职能的首批试点积极稳妥、有序可控，试点总体是成功的，但这些探索还是初步的，改革的运行机制和一些深层次问题尚需深入探索和验证。比如，承接以后怎么建立经费保障政策，形成可持续的运行机制，既不能让学会做无米之炊，又不能变成创收手段；怎么根据政府简政放权进程，常态化、规范化、制度化地开展承接工作。这些都需要以改革精神、创新方法来探索。这次扩大试点工作的目的在于复制和推广改革的经验模式，而不是简单地扩大试点范围。要对试点中的实践进行分类指导，对试点的经验进行分类总结，为下步工作提供可操作的改革样本。特别要注意总结最基础、最普遍的经验，形成可复制可推广的经验和模式，作为扩大试点的重要成果。

第三，建立完善可负责可问责的职能转接机制和转移后的服务机制

习近平总书记指出，群团组织不能离开自身职能定位来承接政府转移职能，不能变成“二政府”，不能利用承接职能的机会揽权争利。一些政府部门担心学会承接职能后服务水平和质量可能会下降，社会上也担心学会成为“红顶中介”。我们在试点工作一开始就强调，学会承接政府转移职能，一个目的是抓住改革机遇，创新发展科协组织。但更重要的是更好发挥科技工作者作用，为社会提供更低成本、更高效率、更加优质的公共服务。因此，建立可负责可问责的职能转接机制和转移后的服务机制，是试点改革成功的关键。可负责针对学会的能力，可问责针对学会的责任，这两方面是试点成功的重要约束。要建立规范的运行机制和严格的约束机制，确保学会承接政府转移职能程序严密、运作规范、权责明确、公开透明、制约有效。简政放权，政府放的主要是公共服务，学会接的主要是责任和服务。要坚持服务为本，不能照搬原有的管理机制，不能翻版成为“二政府”，更不能借机揽权牟利。要不断提升服务水平和质量，努力让政府满意、行业社会满意、科技工作者满意。

第四，与原职能主管部门加强协调配合，接受指导监督，为这些部门的改革服务

这一轮扩大试点工作，对应国家发展改革委、科技部等17个部门，有50多家学会参与。改革涉及面越广，越要加强协作。中国科协及所属学会要特别注意与原职能主管部门的协调配合，为这些部门的改革服务，接受这些部门的指导，遵守这些部门制定的监管规则，使接受政府转移职能的过程成为公共服务水平和质量提高的过程。原职能主管部门在试点改革中要承担起转移和监管的双重任务。刚才有同志讲，简政放权求实效、监管服务求创新，这很好。试点学会也要进一步提升自身能力，提高影响力公信力，确保能接得住、接得好。学会承接政府转移职能改革，政府部门是“发球方”，学会是“接球方”，“发球方”和“接球方”要想办法把“球”打起来，不能打成“死球”。中央有关部门要高度重视，按照中共中央办公厅、国务院办公厅文件要求，主动向有关学会转移或委托公共服务职能；同时，强化监管、规范运行，提供必要的经费和政策支持，做到职能放得出、接得住、监管得好，确保扩大试点工作取得预期成果。中国科协还要加强对省级科协改革试点的指导，形成上下同步探索的良好局面。江苏科协的“双创”工作表明，学会和基层科协组织在服务促进科技创新创业中大有可为。要抓住难得机遇，以更加开阔的眼界、更加开阔的思路、更加开阔的胸襟探索推进基层科协组织改革创新。要积极总结宣传改革试点的成功案例，为改革营造良好环境。

我们要深入学习贯彻中央党的群团工作会议精神，认真落实中共中央办公厅、国务院办公厅文件部署，积极稳妥有序推进扩大试点工作，为学会承接政府转移职能改革探索出一条路子，为全面深化改革大局作出积极贡献。扩大试点工作的进展情况和重大改革举措要及时向中央全面深化改革领导小组报告。

繁荣科普科幻创作　为实现中国梦注入科学正能量

——在与科普科幻创作者代表座谈时的讲话

2015年9月14日，根据记录整理

李源潮

上周，习近平总书记主持中央政治局会议审议通过了《关于繁荣发展社会主义文艺的意见》，对繁荣发展社会主义文艺事业作出了全面部署。中国梦是国家富强梦、民族振兴梦、人民幸福梦，也是科技腾飞梦。科普科幻创作是社会主义文艺事业的一个重要方面，为人民群众特别是青少年展现中国梦，是我们的重要责任和特殊价值所在。刘慈欣同志创作的《三体》荣获世界科幻小说大会雨果奖，这是中国科普科幻事业发展的一个标志性事件，也是中华民族自立于世界民族之林在科普科幻领域的一个具体表现。今天请大家来，主要是借慈欣同志获奖的东风，一起商讨如何贯彻落实中央关于繁荣发展社会主义文艺事业的意见，搞好科普科幻创作，为实现中国梦注入科学正能量。

刚才，尚勇、延豪同志介绍了中国科普科幻创作的有关情况，慈欣同志介绍了从事科幻创作的体会，刘嘉麒、周文武贝、吴岩、姚海军等同志都谈了很好的意见建议，听了很受启发。这个周末我没安排别的事，本打算把《三体》三部曲都看完，结果只看了一本。因为，这部科幻小说信息量大，亮点多，一边读还要一边想、一边注。《三体》不仅有很好的科学想象，而且有深刻的人文内涵和哲学思考，体现了科学性、艺术性、思想性的统一。好的科幻作品，一要在情感上紧扣人心，有引人入胜的故事情节。讲述的是向善向美向真的人情故事，情节不荒诞、不矫情、不冷酷、不残忍。冷酷、残忍的故事情节，读者看着不舒服，对青少年的影响也不好。科幻创作是真情第一，还是真理第一？要我说，还是真情第一，真情是真理的基础，真理是真情的拓展。当然，对现实社会来说，真理还是第一位的。二要有合理的想象。好的科幻作品既要有超前的科学题材，又要浅显、直观、易懂。为什么《阿凡达》比《黑客帝国》的票房高？因为它的想象更加合情合理。三要有正面的思想内容，有一种精神的光辉。艺术的最低层次是技巧，最高层次是精神。好的科幻作品总要给人留下一些思想或精神的东西，比如面对灾难的同情心、正义必胜的信念、集体主义思想、奉献牺牲精神等。我也同意刚才大家的意见，科幻创作也反映国家的科技实力和民族的创造力。中国30多年改革开放特别是科技事业的发展，为科幻创作提供了很好的条件和广阔的想象空间，希望大家珍惜历史机遇，创作更多的优秀作品，推动科普科幻事业繁荣发展。这里，我谈几点认识，向大家请教。

第一，对美好未来的想象是人类进步的精神动力

从远古到今天，想象推动着人类的实践，实践也不断激发着人类的想象。从中国的后羿射日、精卫填海，到西方的普罗米修斯盗火、诺亚方舟救世，人类在想象中探索未知、描绘未来，摸索规律、酝酿变革。想象引领人类走上探索科学真理的道路。对太空的向往，催生了飞机、火箭、载人飞船的发明；对大海的向往，催生了轮船、潜艇、“蛟龙”号的创造。哪吒的“风火轮”正部分成为现实，独轮电动车虽然还飞不起来，但已经能到处跑了。想象引领人类走上追求社会进步的道路。对自由平等、富裕文明的向往，推动了封建社会代替奴隶社会、资本主义代替封建专制，推动了社会主义从空想到科学的理论和实践。所以说，没有想象，就没有人类的发展进步。中华民族是最富想象力的民族，古代诸子百家，老子对宇宙自然的想象、孔子对社会伦理的想象、墨子对科学技术的想象，与西方的苏格拉底、柏拉图、亚里士多德相比，或许更胜一筹。到了近代，中华民族的想象力被封建专制和帝国主义侵略所压抑。实现中国梦是中华民族的百年梦想，这一伟大历史进程将充分展现中国人民的想象力和创造力。希望有更多像慈欣同志这样的优秀科普科幻创作者，写出更多像《三体》这样的好作品，为在青少年心中种下科学的种子，为激发全民族特别是青少年的想象力创造力，为实现中国梦作出应有的贡献。

第二，科学幻想是科技发展和社会进步中不可或缺的引导力量

在人类所有想象中，科学幻想以科学的精神、科学的思维探究未来，在科技发展和社会进步中发挥着日益突出、不可替代的启示性作用。科学幻想为什么有如此巨大的力量？一是源于真实的人类生活。《三体》描绘了人口膨胀、过度工业化、环境污染、资源枯竭等极端情况下的未来人类生活，这些都是当下困扰人类的现实问题。克隆人、粮食危机、气候变暖、基因突变、电脑黑客、机器人等都是很多科幻作品的主题背景，关注现实、反思现实是科学幻想的基石和魅力所在。二是激发新奇的科学发现。开普勒关于天体引力的猜想，启发了牛顿等人对万有引力定律的研究。威尔斯在《获得自由的世界》对“超级炸弹”的设想，启发物理学家西拉德推算出原子可控链式反应方程式。凡尔纳《海底两万里》中的“鹦鹉螺”号，为“现代潜水艇之父”西蒙·莱克提供了灵感。立足科学、敢于猜想，激发最新奇的科学发现，是科学幻想的本质和力量所在。三是展开广阔的自由想象。科学幻想与现实生活最大的区别，就是不受任何条条框框的限制，不止步于已有的定律和公式，想前人之不曾想，想今人之不敢想。叶永烈在《小灵通漫游未来》中设想的隐形眼镜、飘行车、人造月亮等，在当时以致后来很长时间都被人们认为是天方夜谭。诺兰在《星际穿越》中设想的黑洞逃逸、《死神永生》中不可捉摸的白纸条都特别“烧脑”，半天都想不明白。越是这样，就越能激发广大读者特别是青少年的科学好奇。放飞想象、自由驰骋，是科学幻想的核心和生命所在。

第三，繁荣科普科幻创作，为实现中国梦注入科学正能量

科普科幻创作是社会主义文艺的重要组成部分。新中国成立特别是改革开放以来，科普科幻创作事业取得长足进步，一代又一代科普科幻工作者作出了重要贡献。但也要看到，目前我们的科普科幻创作在整体上与国家发展的水平、与人民群众日益增长的科学文化需求还不相适应，与先进国家还有很大差距。中国的电影院线放的还主要是美国的科幻大片，中国观众耳熟能详的还是美国的科幻故事。习近平总书记指出，人民有信仰，民族有希望，国家有力量。科普科幻创作是展现中国梦的重要载体，是引导人民群众坚定理想追求的重要力量。希望广大科普科幻工作者牢记总书记教导，高扬理想旗帜、科学旗帜，创作更多为人民群众特别是青少年喜爱的优秀作品，为实现中国梦注入科学正能量。一是坚持以人为中心，着力点燃青少年的科学梦想。以人民为中心，是习近平总书记对广大文艺工作者的要求，也是对科普科幻创作者的要求。实现中国梦是当代中国人民的根本利益和共同追求，科普科幻创作要紧紧把握这一时代主题，讲好人民群众的追梦故事，反映人民群众的进步心声。青少年是民族的希望，是科学的未来。无论时代怎么变，科普科幻创作始终肩负着点燃青少年科学梦想的使命。小灵通、机器猫、超能特战队这些不同时代的科幻形象，对当年的孩子们影响很深。20世纪50、60年代的青少年，饿着肚子也要看科幻小说。现在孩子们学习科学知识的广度和深度大大提升了，有书有网，条件很好，但追求科学、探索科学的热情却在降低，这种情况值得忧虑。科普科幻创作者要成为托起青少年登高望远的巨人肩膀，让孩

子们的目光看到科技发展的最前沿，看到人类进步的最前沿，激励他们从小热爱科学、追求科学，树立为国家、为社会、为人民创新创造的志向。二是既要超人超物超史又要合情合理合法。超人超物超史是人类幻想的共同特征，合情合理合法是科学幻想要把握的基本准则。离开了人类的基本情感，离开了事物的普遍规律，离开了社会进步的根本逻辑，超人超物超史就会变得荒诞不经，成为负能量。把科学精神与社会主义核心价值观相结合，是科幻创作的正确方向。三是把科学幻想、人类情思、社会理想融为一体。这是科幻创作的最高境界。从某种意义上说，科学幻想是沟通科学与人文、自然与社会的桥梁，科幻创作也是对物质世界、人的思维和人类社会规律的探索。我感到，优秀的科幻作品应该是科学性、艺术性、思想性的有机统一，既要有科学的味道，激发好奇心和想象力；又要有动人的情感，给人以艺术的享受；还要有思想的力量，引导人追求美好理想。中国社会主义现代化建设的生动实践、科技事业的跨越发展，为科普科幻创作提供了丰富的题材。希望广大科普科幻工作者向实践学习、向人民学习，不断开阔眼界、开阔思路、开阔胸襟，开创中国科普科幻事业更加美好的未来。

各级科协组织要在党委、政府的领导下，切实肩负起繁荣发展科普科幻事业的重任。要大力宣传像刘慈欣同志这样的优秀科普科幻工作者，大力支持科普科幻创作，热心为科普科幻工作者干事创业服务，重点鼓励开发科幻电影和互联网科幻，拍摄中国自己的科幻大片。要加强与作协、文联等部门的沟通协作，调动各方面积极性，共同推动科普科幻事业发展。

加快推进科普信息化建设
为全面建成小康社会作出更大贡献

——在科普信息化工作座谈会上的讲话

2015 年 11 月 17 日，根据记录整理

李源潮

今天，中国科协召开科普信息化工作座谈会很有意义，这项工作确实需要加紧推动。上午，我和尚勇等同志一起到北京 35 中高中部、金融街街道看了科普信息化应用情况，然后到新华网网络科普事业部看了科普信息化平台。刚才，延豪同志全面介绍了科普信息化建设的进展和下一步打算，丁平、刘勇、刘敏、嵇晓华、杨建荣、李春阳和范志红同志作了很好的发言，听得很有味道，很受启发。我有两个感觉，一是科普信息化大有空间，二是科普信息化大有可为。我们要适应信息传播方式的革命性变革，赶上科普信息化的时代潮流。

进入信息时代，信息化成为科技和生产力进步的主动力。从党的十六大提出的工业化、信息化、城镇化“三化”，到十七大的工业化、信息化、城镇化、市场化、国际化“五化”，再到十八大的工业化、信息化、城镇化、农业现代化“四化”，信息化一直都是党推进经济社会建设的重要战略。党的十八大以来，中国科协认真贯彻党和国家关于信息化建设的战略部署，以实施《全民科学素质行动计划纲要（2006—2010—2020 年）》为统领，带领各级科协组织和广大科普工作者积极推进“互联网 + 科普”行动，取得了显著成效。一是推出“科普中国”品牌战略，目前已接入全国 62 家优秀科普网站，新建 20 个科普信息化专栏；二是拓展网上科普渠道，包括网上科普专栏和手机 APP、微信公众号等 20 多项移动科普渠道，中国数字科技馆也进行了虚拟体验方面的探索；三是积极构建开放协作的科普信息化工作格局。在财政部的支持下，通过战略合作、招投标等方式引进新华网、腾讯、百度、果壳等互联网知名企业；通过学会组织、项目引导等方式调动科技工作者积极性，范志红同志就是积极献身于科普事业的优秀科技工作者代表；通过科普创客空间、竞赛活动等方式吸引群众特别是青少年广泛参与。总的来看，科普信息化建设呈现蓬勃发展的好势头，对各方面的贡献要给予表扬，对各级科协组织和广大科普工作者的努力要充分肯定。

党中央对科普工作高度重视。中央党的群团工作会议为科协工作包括科普工作创新发展指明了方向。十八届五中全会关于制定“十三五”规划的建议对全面建成小康社会决胜阶段的科普工作提出了更高的要求。树立和落实“五个发展”特别是创新发展，必然要求以人为本的创新，这也是科普事业改革创新的重

要指导。下面，我就科普工作贯彻落实中央精神，与时俱进、改革创新，更好地服务发展大局、服务人民群众，讲几点意见。

第一，落实中央党的群团工作会议精神，保持科普工作的先进性和群众性

保持和增强政治性、先进性、群众性，是习近平总书记在中央党的群团工作会议上讲话的核心要求。不同群团组织、不同工作领域，贯彻落实“三性”要求的重点有所不同。对科普工作来说，保持和增强“三性”，最重要的是跟上科技发展的步伐，适应群众不断增长变化的需求。一是要与时俱进保持科普传播的先进性，包括技术先进性、手段先进性和理念先进性。科学技术是先进生产力。科普要传播先进生产力，自身必须保持先进性，否则就会落后时代，无法完成担负的责任。目前，科普信息传播技术的发展和社会信息化进程相比，技术、手段、理念都还显得滞后。保持科普的先进性，从技术上看，目前重点是数字技术与全息技术的应用。比如，腾讯网介绍的科普移动化、游戏化、视频化，都是利用新技术的有益尝试。从手段上看，重点是网络手段与电视手段，互联网增长最快，电视受众最多。比如电视节目“最强大脑”，以娱乐化的方式激发观众的兴趣，也是很好的科普创新。从理念上看，重点是强化体验与互动。上午在北京35中，我问两个高一学生科普游戏怎么样？他们说比考试有趣，但与网络游戏相比还是枯燥一些。看来，在体验和互动上还要下工夫。二是科普要适应社会的变化，紧密联系群众，有效服务群众。过去搞科普，先是到马路边办专栏，后来建科技馆，搞科普大篷车下农村，都很受群众欢迎。现在群众特别是青少年大多在网上、在手机上，科普要跟着群众走，科普阵地要与群众活动的空间一起转移。目前，中国网民达到6.68亿，通过网络获取科技信息的公众比例从2010年的26.6%提高到2015年的53.4%，也就是说，多数科普对象在网上。科普工作上网，建设“网上科普”或“互联网+科普”，才能与科普对象保持紧密联系，提供有效服务。青少年是科普的重点，科普工作要追着青少年的兴趣走，不仅要上网，还要有知有趣有用，否则青少年就会“过门不入”。无论是网上科技馆，还是数字科技馆，“门”要开在群众特别是青少年的兴趣上。当然，青少年的兴趣也要科普来引导。

第二，抓住难得的时代机遇，推进科普事业特别是科普信息化加快发展

中国科普事业是一个紧跟时代进步、不断创新发展的过程。20世纪50年代主要是办科普宣传栏、黑板报、报刊连环画，60年代科普读物、科普电影成了主流，70、80年代开始建科技馆、科普基地，90年代有了流动科技馆、科普大篷车、电视节目。新世纪以来，科普信息化成为科普事业发展的时代标志，很多高校、科研院所、企业都办科技网站，开展网上科普服务。目前来看，科普信息化建设又面临一波难得的时代机遇。一是国家发展的机遇。我们正处于全面建成小康社会的决胜阶段，创新发展、协调发展、绿色发展、开放发展、共享发展，将推动科普事业特别是科普信息化的大发展。2010年中国具备科学素质的公民比例为3.27%，2015年提升到了6.20%，2020年的目标是达到10%——这是进入创新型国家的门槛。上午从新华网看到“科普中国实时探针”统计分析，网民关心的科普内容，第一位是健康，第二位是环保，“五个发展”将带来对科普信息化的强大需求。二是社会建设的政策机遇。科普是面向大众的科技教育，对教育、科技、人才、文化事业发展有重要的支撑作用。建设教育强国、科技强国、人才强国、文化强国，各种投入和政策支持的力度越来越大，其中都要给科普留有相应的份额。三是社会信息化发展的机遇。大数据、云计算、物联网、人工智能等新技术广泛应用，移动互联、社交网络、线上线下（O2O）等传播方式异军突起，互联网给人类的生产方式、生活方式都带来革命性的变革。科普中国要乘上社会信息化的时代快车，在社会信息化进程中有为有位。四是市场机制创新的机遇。市场机制创新配置资源的动力是巨大的，互联网时代近似“零边际成本”的扩容不断造就数以亿计、活力旺盛的信息化市场力量。像百度新开发的科学大观园，投入边际成本很小，但产生的效益是巨大的。科普不能光靠政府和群团干，还要善于运用市场机制调动全社会的积极性和创造性。

第三，以科普信息化为核心，制定好“十三五”时期科普发展规划并且纳入国家规划

任何一项国家事业的发展，都要有规划，这也是国家治理的经验。国家正在制定“十三五”规划，中国科协制定科协事业发展规划，包括科普发展子规划，很有必要。你们起草的科普发展规划（2015—2020年）讨论稿总结得很好，一个核心、两个目标、四个理念、六项工程、四大保障，系统全面，重点突出，前瞻性、指导性和操作性都比较强。制定科普发展规划要以国家创新为导向，为建设创新型国家这个大局服务；以群众关切为主题，满足群众的科普需求，特别是青少年的科学兴趣和获取科技知识的需求；以政府政策为支柱，发挥好科协等群团组织参与社会建设的职能；以市场机制为动力，充分调动各方面力量投入科普事业，最关键的是以科普信息化为核心，引领建设中国现代科普体系。科普发展规划要发挥应有作用，一要与国家规划合拍，二要符合科普事业的发展规律，有鲜明的时代特征。你们这一期科普发展规划可以叫科普信息化发展规划，这样目标明确、用力集中、重点突出，可以取得比较好的效果。一是规划的指导思想要突出科普信息化的引擎地位，使信息化成为科普创新、提升、协同、普惠的强大引擎。二是重点科普工程要突出信息化引领作用。规划稿提出的六项重点工程，有的本身就是信息化建设工程，比如排在第一位的“互联网+科普”建设工程；有些是传统科普工作，像科普创作、科技馆体系建设、科技教育体系提升、科普传播协作、科普惠民服务拓展，这些工程也要以信息化建设为引领。你们在腾讯网上创办的科普创客空间，激发了科普创作者的创意和热情，探索了繁荣科普创作的新路子。三是通过改革创新解决制约科普信息化的难题，推进科普机制创新。科普信息化将带来科普机制的创新变革，比如，建立扁平化、跨界融合的组织机制，个性化、泛在化的服务机制，众筹、众包、众享的参与机制等。我们要转变观念、解放思想，推进改革、探索创新，解决机构设置、资源配置、工作模式、工作习惯等方面的不适应问题。比如，很多地方包括一些欠发达地区都花不少钱建了科技馆，这是科普事业发展的重要基础，但现在面临信息化的挑战，怎么用好这些科技馆为群众服务，要有机制甚至是体制上的创新。四是科普队伍建设要突出提升信息化能力这个关键。科普信息化建设离不开资金、技术、政策，但是关键在人才。“知乎”网有1000多万用户，经常回答问题的占10%，能得到认同和点赞的占1%，也就是10万人。如果全国按6亿网民算，“科普中国”至少需要有数百万高素质的科普信息化骨干。建议研究预测未来科普信息化人才发展需要，不仅要定总量目标，还要定分类目标，提出实现目标的政策措施。

总之，制定科普发展规划是个系统工程，要与国家“十三五”规划要求相一致，要与部门制定的科技、教育、文化等事业发展规划相衔接。中国科协要加强与有关部门的协调，将科普发展规划纳入国家和相关事业发展规划中去。要加强对全系统制定科普发展规划的指导，统筹利用科普资源，避免重复建设。地方科协要根据本地发展需要制定科普发展规划，使之纳入地方发展总规划。

第四，加大建设力度，把科普信息化的目标任务落到实处

科普信息化要靠建设，要落在应用上，确保见实效。要围绕科普信息化的目标任务，抓几件实事。一是要落实科普信息化建设的财政支持。2015年你们搞的20个信息化专项，财政投入了2.1亿元。规划稿提出到2020年东中西人均科普经费的标准，这个标准怎么定，经费怎么落实？既要有一个整数，也要有一个合理增长机制，科目列支是在科技预算还是教育预算，还是分列在几个预算中，要同财政部门研究协商予以落实。二是要抓好科普信息化建设的龙头工程和示范项目。规划稿提出的“互联网+科普”建设工程是科普信息化的领头工程，要做好项目策划，合理布局，加快建设。我这次去上海，看到正在拍“三体”科幻电影。“三体”这个题材很好，希望能拍出一部或几部有较多科技内容、较高科普水平的大片。除了科幻电影，科普游戏、科普动漫也都大有可为，要加快推进，实现突破。三是要动员各方力量建设依托网络的数字科技馆。要用数字化、信息化的手段改造提升数字科技馆，增强体验、互动、服务，把科普信息服务与网络连起来，争取办成线上线下融合，做到在家上网也能进馆、进馆也能用网，靠网上资源大大丰富科普内容，让群众特别是青少年觉得能用、好用，经常使用。地方科技馆开发科普内容的手段有限，也可以考虑由中国科技馆组织力量创作信息化的科普内容，各地科技馆一同分享共创。四是要抓好科普信息化的落地。科普信息化要进社区、进乡村、进中小学、进家庭，尤其要努力覆盖基层和偏远地区。基层和偏远地区对科普的需求很强烈，但科普资源要比大城市落后很多，要发挥信息化的传播优势，加强基层和偏远地区的科普服务。要大力宣传表彰为科普信息化事业热忱奉献的优秀科技工作者特别是面向基层群

众、深受青少年欢迎的先进典型，鼓励更多科技工作者加入科普创作和服务队伍。要注意采用群众推荐、群众评选的方式，发现和激励科普爱好者、科普创作者、科普志愿者，发动群众发掘壮大科普力量。要探索建立众筹、众创、众扶的科普信息化工作机制，把地方、部门、企事业单位和广大科普工作者、志愿者、社会各界的积极性充分调动起来，合力推进科普信息化。

科普信息化建设关系国家的创新发展。各级党委、政府要高度重视，加大支持和保障力度，领导干部要当好科普的“后勤部长”。中国科协和各级科协组织要解放思想、推进改革、大胆创新，加快推进科普信息化建设，为提升全民科学素质、全面建成小康社会作出应有的贡献。

与青妇科侨负责同志谈扶贫攻坚工作

2015年11月30日，根据记录整理

李源潮

今天请大家来，主要是商量研究中央扶贫开发工作会议精神的贯彻落实工作。习近平总书记明确指出，要动员全党全国全社会力量，齐心协力打赢脱贫攻坚战。中央有号召，群团有行动，这是人民团体的优良传统。群团组织作为全党全国全社会力量的一个重要组成部分，要深刻认识中央提出的任务要求，积极行动起来，运用自身的机制和力量，动员自己联系的群众和社会各界，为打赢脱贫攻坚战贡献智慧和力量。这里，我谈几点意见，请你们研究。

第一，贫困地区的青妇科侨干部要带领群众走在扶贫攻坚战的前列

在扶贫工作中，党是领导，国家定规划，政府给政策，社会各界支持关爱，但脱贫的主体仍然是贫困群众。脱贫要靠创造性的劳动，不能只等着别人来扶贫，如果完全等着政府来扶贫，要想彻底脱贫就难了。当然，没有劳动力的贫困群众，社会保障可以包起来兜底，但在7000万贫困人口中，丧失劳动力的群众不是主体部分。扶贫攻坚如果脱离了脱贫主体的积极性、主动性、创造性，就难以取得决定性的成功。激发贫困群众劳动脱贫的积极性、主动性、创造性，政府可以做，但政府主要是出钱、给政策、创造条件、改善环境、建基础设施。群团组织做动员群众工作有特长，青妇科侨的干部要带领群众树立脱贫志向，坚定脱贫信心，实施脱贫项目，提高贫困地区群众的积极性、主动性、创造性。

第二，贫困地区的青妇科侨组织要积极开展关爱贫困家庭、服务贫困群众的帮困互助行动

贫困地区的群众不都是贫困群众，贫困地区的群众之间要主动互助互救。前段时间，四川大凉山有个小女孩写了一篇“最悲伤的作文”，她的父母都去世了，生活面临很大的困难。虽然当地政府解决了她家五姐弟的吃穿和上学问题，但她们的长期关爱谁来管？还是要靠当地群众。和远处城里人偶尔来献几次爱心不一样，当地群众可以每天帮助照顾她们，关照这些孤儿健康成长。因此，贫困地区的青妇科侨组织要积极开展帮困扶贫、关爱贫困家庭、服务贫困群众的行动，共青团、妇联包括少先队都应积极发挥作用，关爱贫困家庭的儿童，尤其是对父母都不在身边的留守儿童与孤儿要做好心理上的关爱和引导工作。

第三，青妇科侨组织要推动贫困地区和非贫困地区的交友互助活动

贫困地区的群众与外界联系少，不太了解外界情况。青妇科侨组织要激发所联系群众发扬互助精神，推动贫困地区和非贫困地区的交友互助。交友互助不仅对扶贫有好处，而且对在全社会弘扬社会主义核心价值观也有好处。社会主义核心价值观从渊源上看，包含了人类的共同价值、中国的传统价值和社会主义的独特价值。社会主义的独特价值是什么？是平等、和谐、公正、互助，尤其互助和公正是社会主义特有的，在扶贫攻坚中应当很好地发扬互助精神。

第四，青妇科侨组织要设立具体的精准扶贫项目

习近平总书记强调精准扶贫、精准脱贫。怎么才叫精准？怎么才能使扶贫落实到户、落实到人、见到成效？群团组织要根据中央的精神设立新的精准扶贫项目，脱贫情况要具体到户到人。要注意广泛动员组织吸引社会力量参与，发挥好青年企业家、妇女企业家、海归人才和华商的作用。比如，华商出钱扶贫，拿 100 万帮助了 100 人，要搞清楚这 100 人是谁，公之于众，这对出钱的华商也是很有意义的鼓励。

第五，侨联组织的扶贫攻坚工作要深入研究解决归侨贫困的特殊问题

与青妇科 3 家不同，侨界群众的扶贫工作有很强的特殊性。据中国侨联摸底调查，现在归侨里还有 40 万贫困人口。我到广西北海调研时，虽然那里不是贫困地区，但归难侨中长期存在的贫困现象还没有完全解决。侨联要抓住全党全国全社会打脱贫攻坚战的机遇，认真推动落实这 40 万人到 2020 年的精准脱贫。要提出具体的工作计划，不能只是被动地等着地方党委、政府“随大流”解决归侨贫困问题。归侨的贫困问题特殊在哪里？比如，北海市侨港镇的归难侨从越南回来后，国家给他们盖了楼，生活条件原本比本地人好，但后来在创业大潮中落伍了。分析原因，一是因为人脉不广，在本地亲人又少，缺少做生意的人脉资源；二是不了解当地习俗，不知道当地自主创业的道道，抓不住进入当地市场的机遇；三是与当地干部不熟，获得的特殊便利与照顾不多。40 万贫困归侨在侨联这里是很大的数字，但在 7000 万贫困人口中只是很小的一个局部，地方党委、政府不一定能特别关注到贫困归侨这个特殊群体。因此，侨联抓精准扶贫，一要主动调查研究贫困归侨贫困的特殊性；二要推动地方党委、政府出台针对困难归侨的特殊扶助政策；三要紧盯政策落实情况，向党政汇报。要建立起贫困归侨精准脱贫机制，精准到每个贫困归侨的特殊性，精准到贫困归侨中的特殊群体。

青妇科侨组织开展扶贫攻坚工作，要在以下几个方面有所行动。在工作方法上，要注意动员群众、协助党政，形成组织特色，不要互抢资源。设计的扶贫内容、项目要有新的创意，有切实的效果，落实到具体的户和人，防止产生形式主义，不要搞成口号型扶贫。要发挥各自优势，加强扶贫协作。科协搞科技扶贫的效果很好，可以和青年脱贫、妇女脱贫联手。目前，多数的贫困地区是山区、旱区，科技特别是农业科技对这些地区脱贫致富很管用，但那里缺的是实用科技带头人、脱贫创业带头人。比如，“十三五”规划建议中提出探索实行耕地轮作休耕制度试点，轮作的土地搞其他作物，一要有科学技术，二要有人牵头，共青团和妇联要组织有能力的青年人和妇女来承接科技扶贫工作。青妇科侨的中央机关还应注意兼顾本系统扶贫和作为中央单位的扶贫，一个是全系统的扶贫工作，另一个是中央分配给中央部门的扶贫任务，都要部署实施好，确保取得实效。

中国科协主席党组书记讲话

在中国科协八届全国委员会第七次会议上的工作报告

2015 年 1 月 8 日

韩启德

各位委员：

现在，我受中国科协第八届全国委员会常务委员会委托，向大会报告工作，请予审议，并请与会同志提出意见。

关于 2014 年的主要工作

2014 年，在党中央、国务院的正确领导下，中国科协认真学习贯彻党的十八大和十八届三中、四中全会精神，学习贯彻习近平总书记系列重要讲话精神，按照中央书记处关于科协工作的重要指示，坚持在继承中发展、在落实中提升的工作原则，坚持进军科技创新和经济建设主战场、成为国家创新体系重要组成部分的工作方向，坚持“想事干、创新招、求人帮、务实效”的工作态度，坚持以服务科技工作者为本、以学会建设为主体的工作理念，认真履行“三服务一加强”工作职能，统筹推进各项工作，在促进经济转型升级、推动全面深化改革、服务科学决策、促进全民科学素质提升、凝聚培养人才等方面成效明显，重点工作取得新的进展。

第一，深入学习贯彻中央重大决策部署，自觉在思想上政治上行动上与以习近平同志为总书记的党中央保持高度一致

把深入学习习近平总书记系列重要讲话精神贯穿全年工作始终，进一步强化理论武装，化为指导实践的自觉行动。深入学习领会习近平总书记关于科技创新的重要论述，8 月中旬在《人民日报》和《科技日报》连续发表学习体会文章，动员科技界把习近平总书记重要讲话精神切实转化为创新驱动发展的自觉实践。举办中国科协八大代表学习习近平总书记系列重要讲话精神读书班，31 个省、区、市近 5000 名科技工作者代表参加学习，引导科技工作者进一步增强“三个自信”，把广大科技工作者紧密团结在以习近平同志为总书记的党中央周围，巩固党在科技界的执政基础。积极支持配合中央巡视组开展专项巡视，巩固群众路线教育实践活动成果，坚决贯彻落实中央八项规定，以钉钉子精神狠抓整改落实，专项整治“庸、懒、散、浮、拖”等作风顽疾，初步形成防止“四风”问题反弹的长效机制。围绕学习贯彻党的十八届四中全会精神及时作出安排部署，加强学会党建工作，学会党组织的政治保障和战斗堡垒作用进一步发挥。

第二，全力做好中央交付的改革任务，积极承接政府转移职能

积极参与推进院士制度改革工作，与“两院”达成共识，研究制定院士候选人推荐（提名）实施办法，召开工作会议进行专门部署，及时向中央分管领导作专题汇报，并报送国家科技体制改革领导小组。以高度的责任感做好学会有序承接政府转移职能试点工作，明确22个政府部门拟转移的88项职能清单，首批开展科研项目评审、职业资格认定、科技奖励推荐等10项试点工作，7个政府部门、39个全国学会参与试点，中国化学会、中华中医药学会等认真履行承接的政府转移职能，得到有关政府部门的肯定和好评。在及时总结试点经验的基础上，指导地方科协开展形式多样的探索工作，江苏、贵州、陕西、四川、广西等近20个省级科协扎实推进有序承接政府转移职能工作，浙江省科协所属40家省级学会承担84项政府转移职能，11个设区市科协所属114家学会承接188项政府转移职能，社会反响良好。

第三，深化学会改革，提升服务创新驱动发展能力

认真总结“学会能力提升专项”和“科技期刊国际影响力提升计划”的成功经验，启动实施学会创新和服务能力提升工程，以学会治理方式改革创新为切入点，全面提升学会在学术引领、组织协同创新、促进成果转化、培养举荐人才、强化咨询评估功能等方面的能力，激发学会和广大科技工作者的创新活力，进军科技创新和经济建设主战场，努力成为国家创新体系的重要力量，形成以学会为主体的全新科协工作格局。联合云南省人民政府成功主办第十六届中国科协年会，举办首届夏季科学展，以学科群方式发布学科发展新趋势。适应新科技革命和产业变革的新趋势以及行政管理体制改革的新要求，创新学会管理方式和运营机制，推动建立以学科为纽带、以重大创新方向为引领的学会联盟，切实把科技工作者的智慧和力量凝聚到服务创新驱动发展战略上来。中国科协学会能力提升专项圆满完成三年预定目标，带动了江苏、吉林等近25个省级政府部门出台文件，设立专项，形成上下联动、协同发展的新局面。

第四，实施创新驱动助力工程，进军服务经济建设主战场

贯彻落实习近平总书记关于加快实施创新驱动发展战略的系列重要讲话精神，着力打通科技工作者进军科技创新主战场的通道，启动创新驱动助力工程，从来自22个省的27个申请城市中，首批选择保定、深圳、广州等10个城市作为试点，与地方联手打造创新驱动发展示范城市，组织全国学会带动科研机构和科技专家围绕地方经济转型升级和科技创新需求实施协同创新，促进科技成果、智力资源与区域经济发展深度对接，中国化工学会、中国农业工程学会等一批全国学会与试点城市签订对口合作协议。召开科协系统对口援藏工作会议，联合统战部共同实施援藏科技增效工程，以动员科技人才援藏带动项目合作和创新能力提升，充分发挥科技推动西藏经济社会发展的倍增效应。联合国家发展改革委、科技部、国资委和全国总工会，开展“讲、比”评比表彰，促进企业科协建设，通过学会服务站、专家工作站、专利信息推送等平台，架设学会科技资源与企业需求对接的桥梁，引导创新要素向企业聚集，带动企业技术人员以更大的创新热情和创新成果服务企业发展。

第五，启动独立第三方创新评估试点，提升国家级科技思想库的能力和水平

着眼于健全完善国家创新基础制度和国家科技决策咨询制度，积极推动国家创新评估制度建设，加强顶层设计，成立以徐匡迪院士为主任的创新评估指导委员会，开展我国科研环境评估等试点。认真落实习近平总书记在两院院士大会上的重要讲话精神，组织力量开展中国机器人技术和产业发展战略研究，形成建议，得到中央领导同志的充分肯定。加强国家级科技思想库建设，围绕京津冀协同发展、“一带一路”建设、贵州草海治理、国内外科技领军人才发展状况等中央关注的重大问题深入调查研究，扎实开展科技工作者状况调查，一批调研成果获得中央领导重要批示。及时回应科技界关切，研究提交《关于建立法律框架下的容错纠错机制、保护科技人员成果转化积极性的建议》，得到党中央、国务院和中央纪委、中央政法委领导高度重视和批示。深入实施学会决策咨询资助计划，推动学术研讨成果及时转化为决策咨询建议，中国气象学会、中国宇航学会、中国老科技工作者协会、中国国土经济学会等提交了一批高质量的决策咨询建议。积极推进地方科协科技思想库建设试点工作，支持各地科协组织科技工作者围绕党委政府关注的重大问题深入调查研究，湖北、北京、新疆、青海、上海等试点单位在领导体制、工作机制、管理制度、决策咨询形式、人才队伍、条件保障和工作成效等各方面都取得了可喜的进展，服务科学决策的能力

和水平明显提升。

第六，着力推进科普信息化，实现科普方式方法的变革升级

在李源潮同志的倡议和推动下，深入开展调研谋划，印发《关于加强科普信息化建设的意见》，出台“1+6”科普信息化实施方案，运用数字化、网络化、智能化等现代技术，着力推进科普内容、表达形式、传播方式、运营管理机制重大变革。启动科普信息化建设工程和“科普中国”品牌设计，官方微博、微信等微平台覆盖3.8亿人次。依托新华网、百度网等企业建设科普中国研发与传播基地，建立多元机构协同运营、线上线下紧密互动的科普新机制，“科技前沿大师谈”等专题频道上线运行。健全完善中国特色现代科技馆体系，流动科技馆巡展350个县，参观人数达1524万人次，中国数字科技馆日均页面浏览量超过220万。以“创新发展全民行动”为主题，成功举办2014年全国科普日活动，刘云山、刘奇葆、李源潮、郭金龙等中央领导同志亲临北京主场活动，极大地鼓舞了社会公众参与科普活动的热情，受到中央领导同志的充分肯定和社会公众的热烈欢迎。

第七，完善公民科学素质建设推进机制，创新公民科学素质工作模式

认真履行全民科学素质行动计划纲要实施工作办公室职责，调动社会各方面参与科学素质建设工作，全民科学素质纲要实施部门成员单位增加到33家，签署《落实全民科学素质行动计划纲要共建协议》的省份达到28个。联合有关方面共同推动制定和颁布公民科学素质基准，启动全民科学素质行动“十三五”规划编制和中国特色公民科学素质发展现代化指数研究工作。推动科普资源开发开放，加强全国科普教育基地建设，启动公民科学素质读本编纂工作，出版《知识就是力量》藏文、维文版，成功举办第六届中国（芜湖）科普产品博览交易会，多渠道精准推送科学素质教育服务。推进科普人才队伍建设，92个全国学会组建科学传播专家团队341个。联合教育部开展英才计划，改进青少年科技创新大赛和高校科学营活动，筹办全国青少年创意大赛，为具有创新潜质的青少年不断涌现提供机会，全国各级青少年科技创新活动参赛人次达1000余万。

第八，实施海外人才离岸创业工程，大力引进全球创新资源

提升“海智计划”水平，依托深圳前海、上海自贸区、武汉光谷等创新创业密集区，建设海外人才离岸创业基地，运用更加灵活的支持手段和更有吸引力的政策措施，吸引各类海外高端人才来华创新创业，全年接待海外专家为国服务4309人次。配合国家人才战略，积极引进海外人才为国内经济社会发展服务，协助各级政府组织726场人才项目洽谈会，以民办非企业方式培育出以深圳光启高等理工研究院、国创新能源研究院等为代表的一批新型科研机构。深化对外民间科技交流与合作，成功召开“2014年中俄工程技术论坛”“第三十一届国际无线电科学（联盟）大会”“第十三届中国国际核工业展览会”“第18届国际解剖学工作者协会联合会大会”等一批大型国际科技会议。支持我国科学家参加重要国际学术会议和国际组织活动，900余人在国际民间科技组织中担任各类职务，李静海院士成功当选国际科联副主席，我国科技界国际话语权进一步提升。江苏、广东、福建、浙江、安徽等地方科协积极推动“海智计划”提质增效，使之成为服务人才工作和创新驱动发展战略的重要抓手。

第九，狠抓科协基层组织建设，完善各层级科技工作者发挥才智的创新平台

适应经济发展新常态，联合国资委等有关部门起草相关文件，推动科技工作者密集的国企以及民营企业、高新技术园区科协组织建设，不断创新“讲、比”活动形式，推动群众性技术创新活动深入开展。着眼于发展现代农业、构建新型农业技术推广服务体系，对962个农村专业技术协会、386个农村科协示范基地、588个农村科普带头人进行奖补，通过涉农学会纵向到底、新经营主体全覆盖的机制着力打造农村科普推广服务2.0版，协同农业部建设适应现代农业新经营形式的技术服务网络。联合教育部加强高校科协组织建设，努力推动高校特别是有影响力的高校成立科协组织，支持有关省市建立“高校科协联合会”，为高校师生开展学术交流、创新创业提供平台。

第十，加强科学文化建设，引导科技工作者率先垂范践行社会主义核心价值观

准确把握当代中国科技工作者的历史命运、历史责任和历史担当，及时发布《科技工作者践行社会主义核心价值观倡议书》，引导科技工作者努力做爱国的公民、敬业的学者、诚信的同行、友善的专家。联合教育部、中科院、工程院等部门单位累计开展近370位老科学家学术成长资料采集工作，通过举办中国现代科学家主题展、科学大师名校宣传工程汇演大力宣传钱学森等老科学家的先进事迹，观展观演人员达30余万人次；举办“乡村情·科技梦——优秀农村基层科技工作者推选宣传活动”，集中宣传基层一线优秀科技工作者，推出赵忠贤、杨衍忠等先进典型，社会反响良好。举办30余场“弘扬科学道德践行‘三个倡导’奋力实现中国梦”报告会，扎实推进科学道德和学风建设工作，一个倡导求实创新、反对不端行为、竞相为实现中国梦作贡献的良好氛围正在形成。

关于2015年的工作安排

2015年中国科协工作的总要求是：深入贯彻落实党的十八大和十八届三中、四中全会精神，贯彻落实习近平总书记系列重要讲话精神，围绕做好党的群众工作和国家科技工作，以学会工作为主体，以科技人才工作、决策咨询工作和科学素质工作为重点，以科学文化建设为基础，以钉钉子精神认真落实各项工作部署，团结带领广大科技工作者以改革创新的精神积极进军科技创新和经济建设主战场，努力在实施创新驱动发展战略、实现中国梦的伟大征程中更加奋发有为。

第一，深入学习贯彻中央重大决策部署，切实把习近平总书记科技创新思想化作创新驱动发展的自觉实践

坚持把习近平总书记关于科技创新的重要论述作为新时期推动科技创新的行动指南，开展科协发展战略研讨，牢固树立辩证思维、系统思维、战略思维、法治思维、底线思维和创新思维，强化大局意识和使命担当，引导科技工作者自觉肩负起为实现中国梦提供科技支撑的历史使命。深入学习中央经济工作会议精神，准确把握我国经济发展新常态带来的趋势性变化，进一步认清科协工作在党和国家全局工作中的重要作用，围绕服务全面深化改革、全面推进依法治国和实施创新驱动发展战略，以更广阔的视野研究制定好科协事业发展“十三五”规划，更好地把科技工作者的智慧和力量凝聚到党领导的中国特色社会主义事业中来。

第二，以实施学会创新和服务能力提升工程为抓手，在积极进军科技创新和经济建设主战场方面更加奋发有为

进一步突出学会在科协工作中的主体作用，按照加强学会能力建设、助力创新驱动发展、开展学术交流示范、引导学科发展、承接政府转移职能、打造精品科技期刊、培养举荐青年人才、夯实学会发展基础等“1+7”的工作部署，发挥好学会横向联系广泛的优势，做好跨学科跨领域的协同创新工作，更加积极主动挺进科技创新和经济建设主战场。加强学会改革创新，以创新学会治理方式为突破口，规范学会章程和职能，选择学科相近、工作相关的全国学会组建一批学会联盟，在深化改革中提升学会创新发展和服务能力。积极稳妥有序推进承接政府转移职能工作，树立一批“能负责、可问责”的先进典型，适时进入试点推广阶段，进一步扩大覆盖面和影响力。大力推进创新驱动助力工程，在认真做好试点工作的基础上，及时总结经验，研究建立长效机制，在更大范围和更高层次上扎实推进，拓宽科技成果转移转化通道，争取创新驱动示范城市在全国各省（自治区、直辖市）实现全覆盖，组织带领全国学会参与协同创新，促进创新要素向企业聚集，推进科技创新资源、创新成果与经济发展深度对接，发挥好科技支撑发展、引领未来的重要作用。按照“大科普、学科交叉、为举办地服务”的年会定位，与广东省人民政府共同办好第十七届中国科协年会，搭建高水平学术交流平台，激荡自主创新的源头活水。积极开展企会协作创新计划试点工作，加强服务企业技术创新工作，深入开展“讲理想、比创新、比贡献”活动，完善专家工作站制度，务求实效。

第三，以加快推进科普信息化为抓手，在提升全民科学素质方面更加奋发有为

实施科普信息化建设工程，全力打造“科普中国”品牌，建立网络科普大超市、搭建网络科普互动空间，创新科普运营模式，推进信息化与科普活动深度融合，促进科普资源广泛应用。进一步加强实体馆、流动馆、科普大篷车、数字科技馆等科普基础条件建设，加快推进科技馆免费开放，编制《科普基础设施发展规划（2016—2020年）》，推动中国特色现

代科技馆体系创新升级。推进科普人才队伍建设，加强科普志愿服务工作，继续办好“全国科普日”等重点主题活动，实施好基层科普行动计划，加大对公众参与生态保护活动提供科技支撑的力度，把优质高效科普服务精准送达基层人民群众。完善科学素质纲要实施长效机制，面向重点人群组织编发公民科学素质系列读本，做好公众科学素质调查和结果发布，启动“十二五”全民科学素质工作督查和总结。推动编制发布公民科学素质基准，制定全民科学素质行动计划纲要实施方案（2016—2020年），推动将“到2020年我国公民具备基本科学素质的比例超过10%”等相关目标任务纳入到国家和各地各部门“十三五”发展规划。

第四，以开展独立第三方创新评估为抓手，在打造高水平科技创新智库方面更加奋发有为

认真落实党中央、国务院中国特色新型智库建设的工作部署，充分发挥中国科协在推动科技创新方面的优势，深化国家级科技思想库建设工作，启动高端智库建设试点，指导地方科协找准定位和切入点，提升科协作为科技创新智库的水平，在国家科技战略、规划、布局、政策等方面发挥支撑作用。积极稳妥推进第三方创新评估工作，精心选择评估试点项目，切实加强制度建设，紧紧抓住中央出台《关于深化中央财政科技计划（专项、基金等）管理改革的方案》的契机，支持有条件的学会承担科技计划绩效评估委托任务，发挥好创新评估作为推动科技进步与创新重要手段的作用。完善科技工作者状况调查制度，拓展全国科技工作者状况调查站点功能，深入开展专项调查，全面了解广大科技工作者发挥作用情况，为党和政府制定科学有效的科技人才政策提供支撑。充分发挥学科齐全、人才荟萃优势，进一步加强科技发展战略研究，积极主动参与“十三五”科技发展规划的研究编制工作，为深入实施创新驱动发展战略、全面深化科技体制改革、推进科技治理体系和治理能力现代化建言献策。

第五，以加强科技人才队伍建设为抓手，在服务科技工作者创新创业方面更加奋发有为

充分发挥同行评议在院士候选人推荐中的基础性作用，全力做好院士推荐工作，提高公信力。着眼于造就一批世界水平的科学家、科技领军人才、工程师和高水平创新团队，联合中组部、科技部等部门出台文件，推动采取一揽子措施改进科技人才培养方式和评价机制，促进高校、企业与科研院所之间的人才流动，提升科技人才队伍创新能力。千方百计抓好科技人才特别是青年科技人才队伍建设，实施“科技新星计划”，以35岁以下的一线创新人才和青年人才为重点，在科研资源配置、科技人才评价、国际交流合作等方面加大对“小人物”的支持力度，帮助他们在人生创造力最旺盛的黄金时期作出突出业绩。改革调整科协奖励项目，优化结构、加大力度，着力打造具有学术权威性和社会影响力的科协奖励品牌，争取在国家科学技术奖励大会上颁奖。推动厘清科技成果转化方面的政策边界，按照法律框架下的容错纠错机制，切实保护科技工作者转移转化科技成果的积极性，维护科技工作者合法权益。

第六，以举办世界机器人大会为抓手，在搭建创新前沿国际合作平台方面更加奋发有为

以“协同融合共赢，引领智能社会”为主题，精心办好世界机器人大会，邀请世界一流科学家、研究机构、企业参会，促进机器人领域国际合作，吸引人才、信息、技术等创新要素向国内集聚，推动形成不同层次、不同形式的产业联盟和协同创新共同体，将这次会议开成机器人领域的奥林匹克大会。会议期间举办青少年机器人国际邀请赛，培育创新创业后备人才。创新“海智计划”体制机制，大力推动海外人才离岸创业基地建设，千方百计凝聚更多海外高端科技人才为我国经济社会发展服务。坚持引进来与走出去相结合，争取在华召开更多高层次国际学术会议特别是高技术大会，引进更多世界一流学者来华开展学术交流，推动中国科学家在国际组织中担任领导职务，加大中国科学家获得国际大奖的推荐力度，支持更多的优秀青年科学家走向国际舞台，增强我国科技界的国际话语权。深化国际科技交流合作，进一步加强与国际科联及31个国际科技联合会、世界工程组织联合会等重要国际组织的联系和交流，争取在2015年转为《华盛顿协议》正式成员，为实现成员国之间工程师资格国际互认打下基础。围绕“一带一路”建设，加强与国际科技社团的交流。

第七，以做好优秀科技工作者宣传工作为抓手，在引导践行社会主义核心价值观方面更加奋发有为

继续通过资料采集、专题展示等多种形式做好科技人物宣传，完成中国现代科学家主题展全国巡展任务，举办“共和国的脊梁——科学大师名校宣传工程”汇演活动，加大基层一线科技工作者和创新团队的宣传力度，推出一批有代表性、事迹突出的先进典型，大力宣传优秀科技工作者的重要贡献和先进事迹，在全社会营造爱科学、学科学、用科学的浓厚氛围。加大国际宣传力度，讲好中国故事，传播好中国声音，塑造科技中国的良好形象。发挥科学精神对践行社会主义核心价值观的滋养促进作用，研究出台科学文化建设纲要和科技工作者行为规范，深入开展科学道德和学风建设宣讲，加强法制宣传，引导科技工作者自觉坚守科学精神与学术道德，依法依规开展科技活动，努力做科技创新、遵纪守法和道德引领的模范。

第八，以贯彻落实中央关于群团工作的意见为抓手，在建科技工作者之家、交科技工作者之友方面更加奋发有为

按照中央关于加强群团工作的指示精神，抓紧研究制定中国科协学习贯彻中央部署、加强和改进科协工作的实施意见，推动建设科协搭台、党政领导参与的科技界定期协商机制，建设以促进交流共享、加快成果转化为导向的中国科技创新网，建设以大学科为依托、邻近学会参与的学会联盟，建设学会为主导、官产学研用金参与的协同创新共同体，建设全国科协基层组织网，坚定不移走中国特色群团发展道路。紧紧抓住中国科协与统战部、农业部、教育部、国资委等联合发文的契机，按照“六个哪里”的要求，加快在企业、高校、园区等科技工作者密集的地方建立科协基层组织的步伐，拓展农村专业技术协会发挥作用的空间，扩大基层组织覆盖面，增强凝聚力和吸引力。认真做好国家科技传播中心筹建工作，努力建设成为弘扬科学精神、推动科技成果转化的示范工程，成为国家级科学文化公共服务平台。健全完善学会治理结构和治理方式，规范学会财政性专项经费管理，加强学会党建工作，发挥好学会党组织的战斗堡垒作用，努力把学会这个科协系统的组织基础夯实筑牢。

各位委员、同志们！伟大的时代、艰巨的任务，赋予广大科技工作者和各级科协组织光荣的使命。让我们高举中国特色社会主义伟大旗帜，更加紧密地团结在以习近平同志为总书记的党中央周围，同心同德、振奋精神，求真务实、锐意进取，为全面建成小康社会、实现中华民族伟大复兴的中国梦而努力奋斗！

在第十七届中国科协年会开幕式上的致辞

2015年5月23日

韩启德

尊敬的李源潮副主席，各位来宾，同志们、朋友们：

今天，我们在美丽的花城——广州，以“创新驱动先行”为主题，召开第十七届中国科协年会，通过搭建学术交流、科普活动、咨询服务三大平台，服务转型升级，深化协同创新，促进优质增长，为实施创新驱动发展战略、建设创新型国家贡献力量。在这里，我谨代表中国科协，向出席年会的各位专家学者以及海内外来宾，表示热烈的欢迎！向给予本届年会大力支持的广东省委省政府以及各有关单位，表示衷心的感谢！

广东是近代科学技术传入中国最早的窗口。16世纪，西方科学就随传教士从澳门经广州进入中国。中国留学生之父容闳就是广东人，早期走出国门的中国人许多来自广东，“睁眼看世界”让他们接触到最新科学技术并带回国内，詹天佑就是他们的杰出代表。梁启超先生也是广东人，他提出废除科举制度、开办新式学堂、培养科技人才，开启了中国科技教育体制化的进程。他曾深刻论述学会对西方科技发展的重要作用，提出“今欲振中国，在广人才；欲广人才，在兴学会”，赋予了学会“科学救国”的重任。正是在他的倡导之下，我国各类学会大量涌现，开风气、广民智，在中国近代科技发展中发挥了重要作用。生于广东的建筑学家梁思成先生、物理学家马大猷先生、化学家梁树权先生、植物学家陈焕镛先生、生理学家蔡翘先生等，都为我国现当代科技事业的发展作出了突出贡献。改革开放以来，广东在我国科技领域再开风气之先，创新科研机制，广聚天下人才，形成了大量科研成果，并涌现了华为等一批世界一流科技企业。2014年，广东省有45个项目获得国家科学技术奖，创历年新高。这是广东科技界的骄傲，也是广东人民的骄傲。

当今世界，唯改革者进，唯创新者强，唯改革创新者胜。党中央国务院对新时期科技工作和科协工作提出了新的更高的要求。科协要紧紧围绕“四个全面”战略布局，认真落实中央关于深化科技体制改革的各项部署，助力“一带一路”战略的实施，努力在科技创新和经济建设主战场更有作为，并以改革创新精神谋划好“十三五”科协事业发展规划。要紧紧抓住新一轮科技革命和产业变革带来的重大机遇，充分发挥学会工作在科协工作中的主体作用，全面实施创新驱动助力工程。要紧紧抓住科技人才队伍建设这个关键，更加关心关注科技工作者的工作生活状况，推动优化科技人才成长和创新环境，调动激发科技人才的创新创业活力，调整优化科协奖励结构，更多向青年和基层一线科技人才倾斜。要充分发挥群团组织的职责和功能，加强中国特色新型科技智库建设，推动工程师资格国际互认，积极参与和推进院士制度改革，逐步扩大学会有序承接政府转移职能试点，扎实做好创新评估试点工作，切实维护科技工作者合法权益，积极推动中外科技人员交流，支持协助各个学会、地方科协参与国际合作，并在代表和组织广大科技工作者参与民主协商等方面发挥应有作用。

组织和推动科学普及工作是科协的重要任务。近年来，科协的科普工作取得了可喜的成绩，但与经济社会的发展和日益增长的需求仍不相称。加强和改进科普工作，需要多方面的共同努力，我认为，当务之急是充分发挥新媒体的作用。

当下，人们拿着手机和平板电脑，随时随地通过微博、微信分享身边出现的新生事物或者热点问题，表达对社会事件的看法。我国网民已达6.5亿，其中手机网民5.6亿，移动端应用已成为主力军。在微信平台上，平均每天人均阅读文章5.86篇。但大家也有怨言，认为网上有“四个太多”：一是道听途说的八卦谣言太多；二是缺乏理性的极端情绪宣泄太多；三是故作高深或假托名人的“心灵鸡汤”太多；四是违背科学原理的生活常识，尤其是似是而非的养生保健知识太多。要改变这样的状况，需要在全社会弘扬科学精神，需要在网上更多地传播科学思想、科学方法和科学知识，对此科协责无旁贷。同时，我们的科普工作不能再墨守成规，满足于传统的途径和手段，而要充分发挥微博、微信等新媒体的作用，让群众自发参与，乐在其中，而不是被动接受。只有这样，科普工作才有可能取得好的效果。

2014年，美国导演克里斯托弗·诺兰执导的科幻影片《星际穿越》在国内上映，由于这部影片是以太空穿梭和时空旅行为题材的，涉及大量物理学前沿理论，很多观众看不懂。这时，“看懂《星际穿越》必备科普常识”等链接在微信朋友圈里广为流传。这些文章解释了什么是黑洞、虫洞、五维空间、弹弓效应、引力红移等前沿概念，使很多人获得了相关的宇宙科学知识，因而很受欢迎。

我看了一下这些科普小文章，有的是美国人为配合电影发行制作的，有的是国内记者改写或采写的，但我没有看到一篇文章是由我国某位科学家或某个学会发表的。作为科协主席，我多少有些失望。科普是科协的职责之一，是我们的一个主业，但我们“该出手时没出手”。在人人都是麦克风的新媒体时代，尽管每个人都有发表言论的机会，但只有最优质的信息资源才能脱颖而出，获得指数级传播。现在，我们很多学会、地方科协都有自己的科技成果信息库，海量的信息资源“养在深闺人未识”，这太可惜了！酒香也怕巷子深，怎么通过新媒体把这些沉默的优质科普资源用好用活，使它转化成能在群众中广为传播的科普信息，是摆在我们面前的现实课题。

2014年6月，中国科学院官方“中科院之声”微博、微信正式开通，公众可以通过这个平台和中国科学院进行交流互动。我们科协在科普工作上要有危机意识，要有紧迫感。下一步，要鼓励相关学会、地方科协开设微信公共账号和客户端，定期发布科学信息，并结合当下公众关注的科学问题，邀请科学家和科普作家撰写深入浅出、生动有趣的文章，制作大众喜闻乐见的声像作品，通过我们的平台发布出去，为公众答疑解惑、增长知识。同时，对于新媒体上出现的大量戴着科学帽子的伪科学谣言，比如“七大营养素助您延年益寿”“酸性体质容易得癌症”等，也要及时澄清，并有针对性地传播正确的、有说服力的科普知识，以正确引导舆论。

同志们、朋友们！国家经济的转型升级需要科技，中华民族的伟大复兴需要创新。中国科协作为党领导的人民团体，作为广大科技工作者的群众组织，要强化桥梁纽带作用，紧跟时代步伐，用创新的思维、创新的手段、创新的方式推进工作，着力提高履职能力和社会服务能力，让科技人员在改革发展的浪潮中大显身手、勇立潮头。

预祝第十七届中国科协年会圆满成功！

谢谢大家！

在地方科协党组书记年度工作研讨会上的讲话

2015 年 1 月 9 日

尚　勇

同志们:

今天听了 18 位同志的交流发言，同时还有 47 个地方科协提交了交流材料。从提交的材料和同志们的发言看，我们 2014 年的工作丰富多彩，既体现了各地的工作特色，也有大家对全局工作的战略思考。过去的一年，各级科协自觉围绕中心、服务大局，认真履行“三服务一加强”职能，主动谋划新思路，创新工作机制和手段，可以说亮点频出，可圈可点。这次大家交流经验，相互学习，要从经验中吸收营养并纳入到我们的工作部署中。我认为经验主要体现在以下几个方面：一是坚持围绕中心、服务大局、奋发有为，始终把科协事业融入党和国家的事业发展全局中，从战略高度谋划和设计工作；二是主动进取、开拓创新，在继承中发展，在落实中提升，与时俱进开启事业发展新局面；三是发扬优势、突出特色，联合协作、形成合力，在创新驱动发展大合唱中不断体现科协组织的优势和担当；四是精心设计、务实操作、突出实效，以钉钉子精神把各项任务落到实处；五是着力转变作风、强化自身建设，以优良的作风团结凝聚广大科技工作者，展现群团组织的优良风貌。2014 年的成绩确实来之不易，要充分肯定。过去一年的实践证明，我们科协系统是一支素质高、作风实、敢创新、善创新的队伍，是党和科技界完全可以信赖的力量。这些成绩和经验，凝聚着我们各级科协组织，特别是领导班子和全体科协人员的心血。在此，我代表中国科协党组书记处，向大家表示衷心的感谢和崇高的敬意!

2015 年对科协工作是非同寻常的一年，任务十分繁重。关键是我们要适应经济发展新常态下创新驱动发展的新要求，要抓住全面深化改革和全面推进依法治国的新机遇，科协工作需要创新转型。2014 年下半年，中国科协党组书记处围绕怎样适应新形势、新变化、新要求来谋篇布局，工作思路得到了中央肯定，中央书记处的指示、源潮同志的讲话、启德主席的报告充分体现了这一点。这次会议的一个主要目的，就是要转变观念、转变职能、转变工作方式、转变工作作风，实现上下统一思想、统一步调。今天我主要结合地方实际，着重就贯彻落实中央书记处指示精神、源潮同志重要讲话精神，落实好启德主席工作报告，对 2015 年工作的部署谈几点意见。

一、以习近平总书记系列重要讲话精神为统领，担负起党领导的人民团体的政治责任

党的十八大以来，以习近平同志为总书记的党中央，高举中国特色社会主义伟大旗帜，勇立时代潮头，把握发展规律，以与时俱进的创新精神，带领全党全国不断推进党的建设和国家事业发展向新的更高水平迈进。习近平总书记的系列重要讲话，为我们做好新时期的各项工作提供了指针。以习近平总书记系列重要讲话精神为统领，全面贯彻落实中央的重大战

略部署，担负起科协作为党领导的人民团体的政治责任，是做好2015年工作的第一要求。

一是深入学习中央决策部署和习近平总书记系列重要讲话精神，在领会贯彻习近平总书记科技创新思想方面走在前列。党的十八大以来，中央先后就全面建成小康社会、全面深化改革、全面推进依法治国、全面从严治党、深入实施创新驱动发展战略等作出了一系列重大部署，在实现“两个一百年”奋斗目标和中华民族伟大复兴中国梦的进程中不断迈出坚实步伐。习近平总书记围绕内政国防外交、治党治国治军发表的系列重要讲话，是中国特色社会主义理论的最新发展，也是指导中国特色社会主义事业的基本遵循。特别是习近平总书记关于科技创新的系列重要讲话，深刻洞察当代世界科技和产业变革的发展规律，对人才队伍建设、科技体制改革、国家创新体系建设等提出了一系列重要论断，为我国依靠创新驱动后来居上、跨越发展指明了路径和方向，形成了较为系统完整的科技创新思想。这不仅是马克思主义科技学说的重大创新，也是创新型国家建设的行动指南。我们必须把学习领会好中央的重大决策部署，全面把握总书记系列重要讲话的丰富内涵和精神实质作为首要任务，坚持用党的最新理论武装头脑，确保在政治上、行动上始终与以习近平同志为总书记的党中央保持高度一致，始终牢记科协作为党领导的人民团体的政治责任，做到在党言党、在党忧党、在党爱党。近期，我们准备把习近平总书记关于科技创新的重要论述汇编成册，按规定程序印发学习。要通过学习研讨，准确把握科协组织在做好党的群众工作和国家科技工作中的地位和作用，准确把握科协组织在科技创新和经济建设中的地位和作用，结合科协事业发展“十三五”规划的研究制定，精心设计、整体谋划，提出科协改革发展的新思路、新举措。要发挥好科协及所属学会主办的报刊、网站等媒体的作用，做好宣传解读，引导广大科技工作者认真学习领会，不断提高对宏观战略和政策的把握能力，切实把广大科技工作者的思想统一到党的重大路线方针政策上来，把广大科技工作者的智慧和力量凝聚到中国特色社会主义事业上来。

二是学习贯彻好中央《关于加强和改进党的群团工作的意见》，在走中国特色社会主义群团发展道路中作出重要贡献。不久前，中共中央政治局会议审议通过了《关于加强和改进党的群团工作的意见》，这是指导群团发展的纲领性文件，要认真学习贯彻落实。中国科协将按照中央精神，结合科技群团特点，出台中国科协学习贯彻中央部署、加强和改进科协工作的实施意见。要通过意见的制定，把中央关于群团工作的总体部署落实到科协的事业发展中，在走中国特色群团发展道路上作出科协应有的贡献。各级科协要积极参与地方党委政府对中央意见的贯彻落实工作，带头学习好、领会好，全面把握中央对群团工作的新要求，紧紧围绕党委政府工作重心谋划自身工作定位。既要打好传统优势牌，又要根据新的任务和要求，提升服务能力，拓展服务渠道，创新服务手段，不断创造出新的工作空间，以更大的作为赢得更多的重视和更大的信任，推动科协工作不断迈上新台阶。要不断增强依法治会的意识，提高科协组织科学治理能力，适应群团组织发展的新要求，加强自身建设，增强科协的凝聚力。

三是增强党的意识和政治责任，切实把广大科技工作者紧密团结在党中央周围。我们要牢记科协是科技工作者的群众组织、党领导下的人民团体、党和政府联系科技工作者的桥梁纽带、国家推动科技事业发展的重要力量这四个属性，特别是党领导人民团体的政治属性绝不能有丝毫的削弱。建设科技工作者之家，胜任科技工作者之家，是科协的工作根本。让党放心、让科技工作者满意是衡量科协工作的总标准。“建家交友”永远在路上，不能有丝毫懈怠。科协的每一位同志都要成为全面把握党和国家政策的行家，不仅要做到对中央的重大部署和政策烂熟于心，还要能够针对科技工作者的不同特点解疑释惑，凝聚共识，形成创新发展的强大合力。要用好调查研究这一法宝，既要当好科技发展的“望远镜”，又要把握科技创新和科技工作者的宏观动态，也要当好“放大镜”，深入科技创新一线，体察科技工作者的创新实践和所思所想，把他们的意见、建议和诉求总结归纳上升为改进工作和政策制定的重要依据。要发挥科协优势，建立经常性的协商机制，不断密切党委政府与科技工作者的联系。任何时候，科协都要抱着对党和国家无限忠诚、对科技工作者充满热爱的情怀，秉持“苟利国家生死以，岂因祸福避趋之”的担当精神，为科技创新鼓与呼，切实维护广大科技工作者切身利益，真正成为党可以信赖、广大科技工作者充分信任的群团组织。要把科技工作者团结好，必须维护好他们的权益，在关键时候我们要敢于为科技工作者说话，这样科技工作者才能和我们同心同德，才能真正

和党同心同德，这方面要把握好政策。

四是引导科技工作者率先垂范践行社会主义核心价值观。社会主义核心价值观承载着中华民族和国家的精神追求，是中华优秀传统文化的传承和升华，是实现中华民族伟大复兴中国梦的强大精神支柱。广大科技工作者不仅是社会生产力的开拓者，也是科学精神和科学文化的创造者，在践行社会主义核心价值观中发挥着重要作用。中国科协已经发出了倡议书，引导科技工作者争做爱国的公民、敬业的学者、诚信的同行、友善的专家。中央书记处明确提出要把弘扬科学精神和践行社会主义核心价值观结合起来，发挥科学精神对核心价值观的滋养和传播作用，引导科技工作者自觉坚守科学精神与学术道德，努力做科技创新和道德引领的模范。我们要充分发挥科协组织在建设社会主义核心价值体系中的独特作用，继续推进老科学家学术成长资料采集工程的实施，加大二次开发力度，精心组织科学大师名校宣传工程汇演活动，高质量完成中国现代科学家主题展全国巡展活动，大力弘扬老一辈科学家为国家富强和民族进步忘我奉献、至死不渝的爱国情怀，深入挖掘当代优秀科技工作者矢志创新、事业报国的时代精神，向全社会充分展示当代科技工作者的创新风采，引导广大科技工作者在践行社会主义核心价值观中走在前列，努力把核心价值观的要求变成日常的行为准则，成为自觉奉行的信念理念，以优良的学术道德和个人美德，引领和促进全社会职业道德和社会公德的好转。

二、高举“创新驱动助力工程”旗帜，在科技创新和经济建设主战场奋发有为

创新驱动发展是经济发展新常态下的核心战略，对走出“三期叠加”困局、跨越“中等收入陷阱”起着决定性作用。实施创新驱动发展战略，到2020年把我国建成创新型国家，是中央赋予科技界的重大使命，国家对科技工作者寄予厚望。我们要以只争朝夕的紧迫感，打好动力转换这一重大战役，这是天赋人责，更是科协义不容辞的担当。实施“创新驱动助力工程”，是科协举起的一面旗帜，得到了地方和科技界的广泛关注和欢迎，成效初显。这只是万里长征第一步，我们要在总结试点的基础上，以更加务实的态度推动工程的全面深入实施，使其成为广大科技工作者进入科技创新和转型升级主战场的引领性工程。

一是进一步聚焦区域创新驱动发展的重大方向，合力推动工程的深入实施。区域创新体系是国家创新体系的核心，实现发展动力转换的根本在区域，潜力也在区域。实施创新驱动助力工程，区域经济发展是主战场，科协搭台、地方主导，全国学会是主角，核心是引创新之源头活水，灌区域转型发展之田。其中，服务机制和模式是工程实施的关键。2014年10月启动试点以来，有关全国学会认真组织与地方需求对接，探索了很多行之有效的合作模式和路子。2015年的工作重点是扩大实施的覆盖面，继续按照合作共赢、学会提能、集聚资源的原则，深化服务机制和模式创新，力争在战略咨询、组织关键技术攻关、人才引进、建立产学研协同创新平台、促进成果转化等方面有突破性进展。各地科协要抓紧研究制定本地区的“创新驱动助力工程”实施意见，做好顶层设计，围绕本地区转型发展的热点难点，找准助力的需求。省级科协要做好上下沟通协调，配合中国科协与省政府签订有关合作协议。学会要进一步提升能力，发挥助力工程的平台优势，围绕区域产业链、创新链、资金链的发展整合人才、技术、资本等创新要素。特别是要发挥学会联盟跨学科、跨领域集成创新的优势，加强对区域特色产业集群、转型升级关键共性技术的供给，延展服务链，创新服务形式，打好组合拳，为区域转型升级提供更大支持。

二是发挥人才优势，组织专家积极参与“十三五”规划，当好党委政府科学决策的智库。“十三五”是全面建成小康社会的决定性阶段，破解改革发展稳定难题的复杂性艰巨性前所未有，提高各级党委政府的科学决策能力，应对发展的挑战，急需一大批能够在战略、规划、政策等方面发挥咨询作用的高水平智库。突出特色和优势，建设中国特色的科技创新智库，是中央对中国科协未来发展的新定位，是“三服务一加强”职能的深化和提升，也是科协在全面深化改革进程中谋篇布局的战略方向。各级科协要把服务党和政府工作大局作为开展决策咨询工作的立足点、着眼点和切入点，围绕科技创新和经济发展中的战略性、前瞻性、基础性问题选好题目，组织专家团队，在充分调研的基础上，根据国家政策导向，结合地方实际情况，组织学会开展战略研究和决策咨询，特别是要围绕区域发展、产业转型升级等提出专业建议，为政府部门做好规划提供支持，打造决策咨询品牌。2015年，要重点围绕“十三五”规划的制定，积极组织学会专家参与各领域相关规划的研究制定。

三是上下联动，做好成果转化文章。联系专家广泛、网络健全是科协在促进成果转化中的独特优势。要做好成果转化这篇大文章，必须上下联动，贯通创新链、产业链、资金链等各环节，形成网络化、系统推进的工作机制。科协要认真研究如何在市场配置资源的基础性作用下，推动国家需要、人民要求和市场需求紧密结合的方式，做好成果转化的“接力手”，推动从科学研究、实验开发到推广应用的三级跳。要针对科技成果上游存在“堰塞湖”、中部“梗阻”、下游转化渠道不畅三大瓶颈制约，以科技成果信息的互联互通为突破口，整合学会人才、技术资源，建立全国联网共享的科技成果库及信息服务平台，提高对企业技术创新的战略信息和智力支撑能力。在这方面，中国科协正在部署，先从学会抓起，每个学会首先集成各自领域的成果形成数据库，实现互联互通。各地也有自己的成果，但是还很不完善，我们要把国家的成果库和各地的成果库互联互通、上下联动。下一步，我们要继续开发国外的科技专利信息，建立科技资源库、项目库等，和成果库一同构成全国性的科技创新网。如果科协系统把这项基础设施建好，我们的优势将进一步凸显，服务能力会大幅度加强。要充分发挥市场在创新资源配置中的决定性作用，鼓励社会专业化机构依托信息服务平台，围绕产业链开展专利分析挖掘和运营服务，将产学研通过资本手段进行紧密焊接，有效激活沉淀的成果，提高转化效率。各级科协要充分发挥成果转化的网络枢纽作用，强化高校、企业科协的服务能力，促进产学研需求的有效对接，利用学会服务站、专家工作站、科技信息服务站等平台，做好科技成果转化的落地工作。

四是协同农业部门提升农技协服务水平。推进四化同步，农业发展方式的转变是关键。“充分发挥农村技术协会在农业技术普及和服务中的作用”已写入2015年中央一号文件，成为一条硬的政策，这是激励我们在现代农业技术普及和服务主战场奋发有为的一面旗帜。中国科协、农业部联合下发的《关于支持农村技术协会开展农技社会化服务的意见》明确了具体的工作任务和举措。各地要结合当地实际贯彻落实好文件精神，既要主动作为，又要与农业主管部门协调配合，适应各类经营主体对农业科技服务需求多元化的趋势，积极进入建设现代农业、转变农业发展方式这一主战场，协同农业部门将农技协纳入基层农技推广体系，打造农村科普推广服务2.0版。提升的主要方向一是要把农民专业合作社等各类农业新型经营主体作为技术服务的主要对象，引领和支撑现代农业经营组织的发展；二是与各级涉农学会、农业技术推广机构和服务机制相结合，形成社会化的现代农业技术普及服务网络。各地农技协要发挥主体作用，深入田间地头、科技园区、农业企业生产一线，科学研判需求，快速汇集成果，精准推送信息，充分利用先进信息技术提高服务效率，打通农业科技成果转化“最后一公里”的瓶颈，使农村科普推广服务真正接地气，上档次。各级农口学会、协会要在科技创新驱动农业发展中发挥有效催化、组织协调和促进协同的作用，强化专家库和农业科技成果资源数据库的建设，为农业各类经营主体提供高质量的信息服务；同时，要积极进入农业科技协同创新联盟，密切与国家农业科技园、农业产业化龙头企业的战略合作，引导科技人员积极投身农业科技成果转化，在农业科技成果交易、信息、品牌服务中发挥更大作用。

五是联手做好援疆、援藏科技增效工程。援疆、援藏工作是科协系统的一项重要政治任务，要高度重视，务求实效。科协系统自身掌握的资源较少，在援疆、援藏工作中不能和其他部门拼经费和物质资源，必须扬长避短，体现我们的优势和特色。授之以鱼，不如授之以渔。我们联合中央统战部等有关部门共同实施援疆、援藏科技增效工程，主要的特点就是发挥科协人才密集的优势，动员科技人员进入新疆、西藏经济社会发展一线，或带项目就地转化，或以各种形式与当地深度合作，带动地方的经济转型和特色产业发展，增强持续发展能力。这种新型的合作方式，与以往的项目资金、设施设备、科普资源等对口支援工作相比，是从输血向造血的转变，具有很强的倍增效应。下一步，要以增效工程实施为主要平台，进一步明确科协系统援疆、援藏工作的目标任务和措施要求，着力提升援疆、援藏项目的科技含量，着力强化人才、技术、项目、资金的集成，着力强化先进适用技术与地方特色产业发展的结合。中国科协要做好统筹，用好各地科协的优势资源，建立长效机制，联手推进增效工程的实施，为促进新疆、西藏地区经济社会发展和维护民族团结作出更大贡献。

三、以科普信息化为龙头，全面提升公民科学素质纲要实施水平

推进科普信息化，是应信息科技迅猛发展之势，积极响应公民信息获取方式变化，提升传统工作的重大创新。要以更加开放的理念和视野，搭建内容生产、传播上下游互通互联的工作平台，使科学普及更加适应时代要求，全面提升公民科学素质纲要的实施水平。

一是以“互联网思维”抓好科普信息化实施方案落实，在资源共享协作中推动科普工作变革升级。在移动互联、大数据、云计算等新技术快速发展的背景下，科普工作面临的需求、受众、产品、传播链乃至社会环境都发生了深刻变化，必须以新的思维来变革传统工作方式，有效动员社会力量和资源，丰富科普内容，创新表达形式，通过多种网络便捷传播，利用市场机制，建立多元化运营模式，满足公众的个性化需求，提高科普的时效性和覆盖面。要不断强化“以人为本、开放协同”的互联网思维，以促进开放、实现共享、强化协作、增进参与为核心，在理念、内容、制作方式、传播方式、经营机制等方面大胆创新，加快适应科普工作平台从门户时代、搜索/社交时代向大互联时代转变的要求，真正实现“每个个体、时刻联网、各取所需、实时互动”，使科学普及更紧密地与公众联系，更深地融入中国经济社会发展。

二是以《公民科学素质读本》精准推送为抓手，加快提升公众科学素质水平。要按照“十三五”全民科学素质工作目标，结合公民科学素质调查工作，以需求为导向，针对中小学生、农民、城镇劳动者、领导干部和公务员、社区居民等不同人群需求开展《公民科学素质读本》编撰工作。读本要充分体现时代特色，把“两个一百年”奋斗目标、中华民族伟大复兴的“中国梦”、创新驱动、转型升级等国家重大发展战略贯穿其中，把现代科技与人民对更加美好生活的追求紧密结合，特别是要把激发青少年的科学热情，营造全社会理解科学、支持科学的良好环境作为重要内容，使不同的人群开卷有益。各地要从现有人力、财力等现实情况出发，加大对偏远乡村、欠发达地区、民族地区公众的定向免费发送力度。要重视传播方式创新，促进线上线下结合，充分发挥新媒体的作用，强化精准推送能力，提高读本的影响力和覆盖面。

三是精心组织青少年创新创意大赛、全国科普日等各项活动。“青少年创新创意大赛”和“全国科普日”等活动是集中展示和推送科普内容的重要平台，对激发青少年创新热情、推动公众科普活动开展具有引领示范作用。青少年中蕴藏着无限的创意和创新能力，要尊重他们的创新激情，在活动的策划组织各环节体现开放性、包容性，鼓励他们的奇思妙想，使各种创新的思想火花竞相迸发。特别是要多选择创新一线的科技人员、科技企业家和创业投资机构担任评价专家，加强咨询指导，使更多的创意从一开始就被企业“认领”和投入，引导风险投资的关注并提前介入，使大赛成为创新人才开放创新的平台，成为更多的青少年把创新理想变为未来现实的舞台。要继续抓好“全国青少年高校科学营”“中学生英才计划”，按照“早谋划早宣传、建制度搭平台”的工作思路，精心组织2015年全国科普日等重点主题活动，及早与相关部门沟通并完成活动方案设计，围绕社会热点焦点问题及时在主流媒体开展科学传播，加强网络在线活动，吸引带动各方参与，使全国科普日成为科普工作集成展现的大平台。

四是在全国科技馆体系建设方面取得新突破。中国科协正在积极联系沟通中宣部、财政部，商请共同推动科技馆免费开放工作。地方科协要与有关部门积极沟通，实现科技馆归口科协管理。要抓紧探索免费开放情况下科技馆的运行管理模式，确保科技馆功能与管理水平不断提升。我们要建立全国科技馆体系，要制定国家级科技馆以及一类馆、二类馆等的标准，要大量应用现代技术成果，创新展品设计和特色活动策划，吸引更多中小学生到科技馆开展科学实践活动。各地科协要与有关部门积极开展合作，在自然科学博物馆协会所属会员单位、旅游景点、人文景观等公共场所，开发特色科普资源，深化公共场所展教功能，实现协作共赢。要以信息化为先导，用实体馆带动流动馆、数字馆建设水平并促进共享，推进实体馆、流动馆、科普大篷车、数字科技馆等中国特色现代科技馆体系的升级和创新，推动科普基础条件建设不断迈上新台阶。

2015年各级科协要按照《落实全民科学素质行动计划纲要共建协议》有关要求，加强督导，继承创新，深入做好全民科学素质纲要实施工作，把确保完成“十二五”全民科学素质工作的目标作为工作的重中之重，重点做好公民科学素质建设跨越式发展的谋篇布局，早动手、深研究，充分论证到2020年我国公民具备基本科学素质的目标值，编制“十三五”科学素质行动的实施方案，并推动将相关目标任务纳入各地“十三五”国民经济和社会发展规划中。

四、以“学会创新和服务能力提升工程”为载体，全面加强各级学会的能力建设

学会工作是科协工作的主体。要根据创新驱动发展的任务要求，主动适应科技和经济社会发展新形势，重点围绕服务创新、服务社会和政府、服务科技工作者和自我发展能力提升四个方面，进一步强化职能、改进作风，提高治理水平和服务能力，激化各级学会的活力，真正担负起进军科技创新和经济建设主战场的主力军作用，在促进科技与经济融合、学术引领、决策咨询、人才培养举荐等方面有更大作为。

一是加快“学会创新和服务能力提升工程”在各地的推广实施。“学会能力提升专项”实施三年来，已圆满完成预定目标，初步形成了一流学会集群，深化拓展了多项重点工作，取得了阶段性成果。在此基础上，为进一步聚焦改革难点、深化学会能力与机制建设、拓展创新和服务职能，中国科协启动了“学会创新和服务能力提升工程”，优化整合项目，稳步扩大规模，以奖代补、以奖促建，持续稳定支持，下一步要做好工程在各地方的推广实施。各地科协要充分认识学会工作的主体地位，积极争取和用好奖补政策，争取经费支持，以学会综合能力建设为基础，发挥优秀学会群的“火车头”牵引带动作用，支持创新驱动助力、学术交流示范、学科发展引领与资源整合集成、承接政府转移职能、精品科技期刊、青年人才托举、学会发展基础培育等7项重点和品牌工作，形成“1+7”的工作格局，努力推进“学会创新和服务能力提升工程”，夯实科协工作的主体基础。

二是积极主动做好承接政府转移职能工作。组织学会承接政府转移职能既是学会发展的巨大机遇，更是严峻考验。承接政府职能转移是大势所趋，但科协能否高质量完成好，精心设计、周密组织是关键。做这项工作既要积极主动，又要稳妥推进，不能简单化、想当然，要认真研究职能转移后新的组织管理机制，要符合改革的要求，体现第三方特点，有的还要进行流程再造，进行方式方法的重大创新。我们必须未雨绸缪，做好周密部署，打牢内在基础，任务来了方可从容不迫、有条不紊。在总结试点工作经验基础上，中国科协要与各地科协加强协作，成熟的模式和方法要加快推广，形成科协系统承接职能转移的合力。2015年在做好试点工作总结的基础上，积极推动学会有序承接政府转移职能扩大试点工作；同时，要配合政府职能转变需要，抓紧落实已形成的政府职能转移清单，积极稳妥推进学会有序承接政府转移职能，坚持政府主导、科协主动、规则公开、严格监督，建立完善职能转移后的长效运营机制和监管机制，学会做到能问责、能负责，接得住、接得好。要重点支持学会开展决策咨询、科技评价、科技奖励、技术标准规范制定、专业技术人员职业水平评价和继续教育培训、技术鉴定、专业机构水平评价等方面的工作。

三是着力抓好创新评估工作，发挥好党委政府智库作用。创新评估是中国特色科技创新智库建设的重要内容，也是科协在全面深化改革中扩展工作空间的重要抓手。科协作为第三方力量，开展创新评估工作符合改革的趋势、符合中央开展第三方评估的精神，但挑战也很大，推动起来仍然困难重重。从当前国际科技评估的发展趋势看，应加快从传统的经验化评估向可视化评估转变，将评估流程建立在事实数据基础之上，增强公开透明和客观权威。我们开展创新评估，既是对现有科技评估的继承，更要有新的内涵，必须建立符合创新规律和国家发展实际的评估理论、方法及技术体系。通过创新评估，建立对科学创造力、技术创新力、产业竞争力为核心的国家创新力的“全球定位系统”，做到知己知彼，明确优势和差距，为创新战略方向确定和资源配置提供决策依据。同时，通过创新评估，搭建起科技成果转化桥梁、科技金融结合纽带，维护经济、科技和产业安全。

目前，中国科协已成立了以徐匡迪院士为主任的创新评估指导委员会，印发了《中国科协创新评估组织体系建设方案》和《中国科协关于开展创新评估试点的工作方案》，做好了开展试点的准备。2015年，我们将优先选择关系全局和长远发展、科技界普遍关心、社会关注度高、目前条件切实可行、实施创新驱动发展战略迫切需要的重大科技创新战略或相关政策问题开展评估。包括科技和产业变革重大领域的发展状况评估、高端科技人才生存状况的评估、重点科研基地发展创新力评价等，通过试点评估项目的实施，逐步积累经验，验证方法和模型。在创新评估工作体系中，地方科协是重要一环。地方科协要根据当地创新评估需求，适时开展相关组织体系建设，精选题目开展各具特色的创新评估实践。中国科协将加大与各地方科协的工作联动，搭建互联互通的信息共享平台，在专家资源、信息、方法等方面加强共享，为各地科协承担地方创新评估任务提供方法和工具上的

支撑。

四是做好全国学会与地方学会联动工作。全国学会和地方学会有的联系很密切，但有的联系比较松散。要通过我们中国科协和各省市科协的协作，加强两级学会的密切联系，真正形成全国学会和地方学会有机联系、互补协作的系统。地方科协要通过“创新驱动助力工程”“学会创新和服务能力提升工程”等具体项目，动员地方学会和相关组织积极与有关全国学会对接，提升地方学会服务经济社会发展的能力。全国学会在顶级专家组织和专业水平上具有明显优势，地方学会则更加了解当地创新发展的需求，从这方面看，全国学会与地方学会具有较强的互补性，加强联动与协作，能够有效提升各级学会工作水平与能力。地方学会要充分利用全国学会的人才优势与专业服务能力，有针对性地开展人才和项目对接，为地方引进人才和智力提供支撑；全国学会要通过地方学会切实拓展职能，整合科研院所、高等院校、国有企业的各类创新要素，为地方经济社会发展提供技术、人才、项目服务。

五、以科技人才队伍建设为重点，激发科技工作者的创新活力

科技人才是科协安身立业、有所作为的基础所在。要进一步突出以科技工作者为本这一工作主线，在人才举荐、奖励、创造事业发展舞台、激发科技人才创新创业活力、维护科技人员权益等方面加大工作力度，提高科协对科技工作者的凝聚力，引导广大科技工作者在创新驱动发展中建功立业。

一是着力抓好科技人才举荐工作。院士推荐（提名）工作是院士制度改革的一项重要工作，政策性极强，备受科技界关注，既是提高科协公信力的机遇，也是一个很大的挑战。为切实做好院士推荐（提名）工作，中国科协制定出台了《中国科协推荐（提名）院士候选人工作实施办法》，规定了工作机构组成原则和基本工作流程，在评审规则、惩戒机制、回避制度、投诉处理、保密制度和行为规范等方面提出了明确要求。院士推荐工作对省级科协来说是一项新事物，要高度重视，充分做好打硬仗的准备，认真设计工作流程，确立高的工作水准，在程序和流程上，做到客观公正，确保推荐的权威性。要充分认识到推荐（提名）工作的敏感性，强化纪律意识、注重廉洁高效，严格规范工作程序，制定问责制度，确保能问责、能负责，保证所有的流程都在阳光下运行，坚持学术性、独立性，最大限度避免非学术因素的干扰，及时发现问题和化解矛盾，把问题处置在萌芽中。我们要着力扶持有潜力的青年优秀创新人才成长，依托全国学会实施科技新星资助计划，目标要聚焦到青年优秀人才特别是35岁左右的人才上，在科研资源配置、科技人才评价、国际交流合作等方面通过持续稳定支持，为他们成长成才、脱颖而出创造良好条件，切实帮助他们在创造力黄金时期作出突出业绩。要加大“走出去”“请进来”力度，支持更多的中国科学家特别是年轻科学家更多地参与高水平国际学术交流、在有影响的国际民间科技组织任职，邀请更多的世界一流科学家到国内讲学、交流或任职，把国际科技资源引向国内。要着眼于造就一批世界水平的科学家、科技领军人才、工程师和高水平创新团队，联合有关部门出台文件，推动采取一揽子措施抓好科技人才队伍创新能力的提升。

二是改革人才奖励工作，发挥好激励作用。科协是科技工作者的群众组织，开展表彰奖励活动，是科协组织为科技工作者服务的基本职责，也是强化人才培养举荐作用、服务经济社会发展的重要任务。我们要加强联合协作，围绕表彰奖励宣传优秀科技人才、营造科技人才健康成长的良好环境等目标，改革调整科协奖励项目，优化结构、加大力度，着力打造面向全体科技工作者、具有学术权威性和广泛社会影响力的科协奖励品牌。全国学会和地方科协要积极参与、共同努力，通过具有权威性的评选表彰活动，发挥发现举荐作用和培养孵化作用，进一步提升人才评价的科学性、公正性，成为优秀科技工作者的“伯乐”，激发广大科技工作者的创新精神和创新活力，向全社会宣传有代表性、贡献突出的先进典型。要根据国家科技奖励改革的要求，发挥同行评议在人才举荐中的作用，精选学会组织推荐优秀科技人员特别是青年科技人员参与国家奖励评审，强化对人物的奖励，优化国家科技奖励结构。

三是及时反映科技人才队伍状况，做好政策建议，优化科技人员成长环境。做好科技人才队伍调查工作，全面了解我国科技工作者队伍的总体状况，及时准确掌握科技工作者在就业方式、科研环境、生活状况、流动趋势、思想观念等方面出现的新情况新问题，及时向党中央、国务院反映人才队伍状况，反映科技工作者呼声与诉求，是进一步开发利用好科技人力资源，为党委、政府制定科技人才政策提供支撑的重要工作。现在我们已经拥有国家级科技工作者状况调查站点504个，如果再加上各省（自治区、直辖市）设立的省级站点（比如广西已经建设80多个省级站点），总量应该达到1000多个。任何社会问题研究机构都没有这么完整的调查体系，我们尤其应该想办法将其作用发挥得更好。各地科协要继续完善科技工作者状况调查制度，拓展科技工作者状况调查站点功能，深入开展专项调查，全面了解广大科技工作者发挥作用情况，及时了解和把握科技创新创业政策的落实情况，发现制约科技人员创新创业的政策环境障碍，重大问题要深入研究提出对策，供政策制定部门决策参考。特别是在维护广大科技人员正当权益方面要敢于发声，为他们放手创新营造有利的环境。

四是提升“海智计划”水平，拓展海外人才服务的渠道。经过多年发展，“海智计划”已成为我国引进海外高层次人才的重要平台。当前，世界经济发展正进入以科技和产业变革为引领的新阶段，国际竞争日趋激烈，能否拥有大批创新人才特别是高端人才，决定着自主创新的成效和国家发展的命运。“海智计划”要顺应新形势，在现有工作基础上调整工作定位，总体策略是按照点面结合、对接供需、拓宽途径、健全网络的要求，加快实现“海智计划”的创新升级，形成吸引海外人才服务国家创新驱动发展的重要渠道。概括起来说，一是要试点先行，着力推动海外人才离岸创业基地建设；二是要重点布局，围绕创新驱动助力工程发挥“海智计划”作用；三是要围绕企业走出去战略，搭建海外人才发挥才能的平台；四是要把引进一批世界级科技专家来华交流、工作当作突破点，建立多样化合作关系。海外人才离岸创业基地建设是以更加灵活的方式吸引海外人才来华创新创业的新尝试，基地的建设要与“创新驱动助力工程”互为支撑，以“海智计划”为牵引，搭建海外人才发挥才能的综合性平台。各地科协要发挥人才引进的主渠道作用，在知识产权保护、创新创业配套服务体系建设、完善相关政策等方面加大服务力度，营造良好的创新创业环境。

五是抓好优秀科技人才宣传工作，促进科学道德和学风建设。大力宣传优秀科技工作者，帮助他们更快地从同行认可走向社会认可和政府认可，是科协组织义不容辞的社会责任，也是中央领导同志对科协组织的明确要求。要大力加强对优秀科技人才的宣传，大力弘扬科学精神、培育科学文化、养成优良学风，为科技人才创新创业鼓与呼，不断拓展人才成长的通道。既要眼睛向上，宣传好老科学家的突出成就和感人事迹，也要眼睛向下，宣传好基层一线普通科技工作者的突出贡献和拼搏精神，塑造科技界的良好形象，增强科协组织的吸引力、凝聚力。在这方面各级科协要加强交流协作，真正把更多的基层和创新一线的优秀科技人才纳入工作视野。要大力开展科学道德和学风建设宣讲，培育优秀科学文化。中国科协要切实履行宣讲教育领导小组办公室职责，精心策划、创新形式、丰富载体，联合有关部门和地方共同推动宣讲教育活动的深入开展。

六、以贯彻落实中央加强群团建设文件为契机，切实推进科协的自身建设

中央政治局会议审议通过《关于加强和改进党的群团工作的意见》，体现了党中央对群团工作的高度重视和深切关怀。我们要坚定不移走中国特色社会主义群团发展道路，奋发有为，勇于以改革创新增活力、促发展，带头贯彻党的群众路线，把党的决策部署变成科技工作者的自觉行动，把广大科技工作者更加紧密地团结在党的周围，汇聚起实现“两个一百年”奋斗目标、实现中华民族伟大复兴中国梦的强大正能量。

一是抓紧研究制定本地的实施意见，争取党委政府的支持。一般来说，中央发了文件，各地党委政府也会结合当地实际下发相应的文件，召开相关会议，贯彻落实文件精神。对于科协来说，要紧紧抓住出台文件的契机，在组织学习好这个文件、推动当地党委政府出台的文件中加大对科协工作论述的同时，抓紧研究制定加强本地区科协工作的实施意见，争取党委政府支持、积极争取更多的政策空间，为推进学会建设创造良好环境条件，推动科协工作再上新台阶、开创新局面，使科协在坚定不移走中国特色社会主义群团发展道路方面走在前面，发挥好先锋模范作用。要推动科协服务区域经济创新发展、科普及人才队伍建设、决策咨询等工作常态化、规范化。要健全完善领导体制，以改革创新精神推进自身建设，切实做好新形势下的群团工作，让科协组织在承接政府转移职能、服务地方创新发展方面发挥更大作用。

二是抓好基层科协组织建设。企业科协是技术创新的重要环节。目前，中国科协正会同国资委研究

制定关于加强企业科协工作的意见，各级科协要进一步推动科技工作者密集的国企以及民营企业、高新技术园区加强科协组织建设。企业科协的发展要服务于企业科技创新的大局，充分调动广大科技人员的积极性，凝聚创新合力，成为科技人员创新交流的平台、企业创新集成的纽带、激励科技人员创新的助推器、企业战略发展的参谋部、企业开放创新的桥梁、科技人员创新活动的护航员、展示产业科技创新的普及平台。中国科协已会同教育部印发《关于加强和改进高等学校科协工作的意见》，省级科协要联合当地教育部门加强高校科协组织建设，努力推动高校特别是有影响力的高校成立科协组织，支持有关省市建立“高校科协联合会”，为高校师生开展学术交流、创新创业提供平台，利用科协的组织网络优势和高校的人才智力优势，服务学术繁荣，营造良好的学术环境，推动知识创新和原始创新，促进高校科普资源的开发共享，发挥科技思想库作用服务转型升级，推进校际、校地、校企之间的协同创新与合作，促进产学研用结合等。

三是锲而不舍地抓好机关作风建设，增强战斗力。作为人民团体和群众组织，科协组织要带头改变机关化、行政化、衙门化作风，放下架子、沉下心来、深入基层，自觉主动与普通科技工作者广交朋友，不断增强科协组织对科技工作者的凝聚力、吸引力。要以踏石留印、抓铁有痕的工作作风，狠抓各项工作任务的落实，坚决整治“庸、懒、散、浮、拖”等作风顽疾，推进作风建设监督检查工作常态化、制度化。要进一步加强科协组织的能力建设，建设一支高素质的干部队伍，不断增强战斗力。

四是从严治党，抓好党的建设和廉政建设。要认真学习领会习近平总书记在党的群众路线教育实践活动总结大会上对从严治党提出的明确要求，充分认识从严治党的重大意义，准确把握党中央对党风廉政建设的要求，切实加强党建工作。坚持党要管党，落实党风廉政建设党组主体责任和纪委监督责任，以更加严格的标准和要求管理干部，严明党的纪律，用制度管人管事。要巩固党的群众路线教育实践活动成果，深入贯彻落实中央八项规定，坚决反对“四风”，坚决防止和克服不良风气。

五是加强全国科协系统的联系协作。中国科协已经部署的重大工程，都要采取上下联动的方式携手地方科协共同实施。2015年将启动五项基础性工作建设。一是以学会为主体，在现有学会网络数据库的基础上建设中国科技创新网，促进交流共享、加快成果转化；二是以大学科为依托启动学会联合体建设；三是围绕京津冀协同发展和重点区域战略，建设一批以学会为主导、官产学研用金紧密合作的协同创新共同体；四是人民团体协商机制建设，建立科协搭台、党政领导参与的科技界定期协商机制；五是建设全国科协基层组织网。全国和地方学会、科协之间要加强联系协作、形成合力，共同推进五大基础性工作的建设，使科协系统的联系更加紧密，形成更强的工作合力。

同志们！完成2015年科协各项工作，任务繁重，使命光荣。让我们紧密团结在以习近平同志为总书记的党中央周围，求真务实、开拓创新，积极投身实施创新驱动发展战略的征程中，为全面建成小康社会、实现中华民族伟大复兴的中国梦作出更大的贡献！

新春将至，我代表中国科协，向大家致以节日的问候，并祝福全国科协系统干部职工新春快乐，阖家幸福！

在中国科协2015年科普工作会上的讲话

2015年2月13日

尚 勇

同志们：

刚才听了科普工作报告和大会发言，很受启发和鼓舞。2014年科普战线上的同志们，根据科协党组和书记处的部署，努力发奋，开拓进取，工作成绩斐然，呈现出很多亮点和创新点，使整个科普事业取得了显著的进步。这其中凝聚了科普战线广大干部职工的心血、辛劳和智慧，蕴含着大家的创新和奉献。党组和书记处对科普口的工作给予充分肯定。我借此机会代表党组和书记处对科普战线上的全体同志，并通过你们向全国科普战线的同志们致以衷心的感谢和崇高的敬意！

关于2015年的科普工作，徐延豪同志带领大家制定了工作计划，我都同意。借此机会我再强调几点。

一、始终不渝地强化科普工作这个老本行

科普是科协的看家本领，有着光荣的传统和辉煌的历史。特别是从新中国成立到改革开放，各个历史时期科普工作都得到了党中央、国务院的高度重视，取得了一系列重大成就，为我国社会主义建设和改革开放，为科技繁荣和全民文化科学素质的提高作出了卓越贡献。所以科普工作任何时候只能加强，不能削弱，更不能有丝毫的放松。我们要在继承中发展、在落实中提升，不断推进科普事业的发展。

我们既要看到我们的历史辉煌，也要看到新的形势对我们新的需求，认识到我们的机遇和挑战。当今创新驱动发展战略的实施，需要领导干部和劳动者的科学素质的提升，建设创新型国家更需要全民科学素质的比例有大幅度提高，要达到一定的标准；实施自主创新的战略，需要我们弘扬科学精神，强化创新思维，优化创新环境，营造浓厚的创新文化氛围；实现“两个一百年”的奋斗目标，更需要我们把科普、把全民科学素质的提高作为精神文明建设、民主文明程度提升的一个重要标志。应该来讲虽然我们成就辉煌，但下一步任重道远，需要我们适应新的形势，抓住新的机遇，迎接新的挑战，开拓创新，把整个科普工作再上一个新的台阶。

科普工作总体上要紧扣提高全民科学素质这个总体目标，抓住全民科学素质纲要实施这个主线，努力推动把科普工作摆上科技工作全局更加重要的位置，真正使创新和普及成为科技工作的鸟之两翼，车之两轮。我们要通过努力进一步发挥科协在科普工作中的牵头和主力作用，关键要增强我们科协在科普工作中的话语权和影响力。要继续争取加大对科普工作的支持，2015年预算中科普经费总量以及占科协经费的比例增长幅度都比较大，其他政策我们也要积极建设支持。所以在这方面大家不要有丝毫的模糊认识，党组书记处的态度坚定不移，这是第一点。

二、与时俱进地推进科普工作创新

科技创新突飞猛进，给经济社会发展带来的变化

日新月异，创新成为时代鲜明的特征。科普工作必须适应这个创新的大形势，加强自身的创新。

第一，科普观念的创新。像杨文志同志提出的，我们要有现代互联网的思维，不能按照原来的观念去灌输，而是要用互动、平面式的、个性需求、多元化形式等新观念。这些新的观念作为科普工作推动者必须要重视。

第二，科普内容的创新。创作上要适应新需求，一是对现代的先进的科技成果和最新的科技知识，要及时给予诠释、传播，把科技语言、专业语言变成大众语言；二是对社会公众关注的热点，要解疑释惑、正确引导；三是要在科技发展的畅想中，对有些科幻和预测要正确引导、引领方向。我们坚持需求导向、问题导向，更要有前瞻性的发展，在内容上要加快创作步伐，与时俱进。在这方面任务是很重的，关键要有好的内容。

第三，表达方式要创新。现在的信息技术为科普表达方式提供了多样化的先进手段，我们要善于利用这种手段，特别是把信息技术手段利用好。原来我们有文字、声音和小的图画，现在是多媒体、动漫、游戏、仿真、虚拟现实等技术要运用好，给科普增加生命力。

第四，传播方式的创新。特别是利用移动互联网和综合的传播方式，利用好的渠道，扩大我们科普的覆盖面和影响力。

第五，科普活动的创新。原来很多是比较呆板的讲座，现在是整个活动的组织形式要使更多人参与，专家和公众平等互动，更多公众参与体验，不是被灌输，而是在体验中增加乐趣，实际上是用乐趣吸引公众。

第六，科普资源动员方式的创新。原来我们做科普，大部分是几个熟悉的科普专家参与。现在不是，科学家要参与，科研院所、大学这些资源要利用，更多的企业要参与，更多社会公众通过微信、微博这种平台成为一个科普的传播者。当然，有的传播的是正确的，也有传播荒谬的，对比要强化审查引导。科普的整个资源和力量动员方式要创新。

第七，科普的平台创新。原来我们的平台多是讲堂、科技馆，现在的平台多样化，我们自己有很多体系，有实体馆、流动馆、大篷车等。下一步国家科研院所对外开放、民营企业作为科普基地等，这些平台要进行创新，科研设施要充分利用起来进行科普。

第八，科普的运行、运营机制的创新。刚才大家都谈到这个问题，要运用社会力量来运营，利用现在的热门门户网站，发挥它们的作用，发挥“大V”等各方面的作用，更要发挥科技界的作用，强化科普专业团体优势。

这些创新应该说是多层次、全方位的，关键要强化创新的意识，创新关键是思维的创新、制度的创新、机制的创新，通过这几个创新才能导致我们内容的创新以及表达和制作方式的创新，这样科普才有生命力。科普本身就是一种创新，所以我们一定用创新的思维、创新的方式、创新的机制推动科普事业。

三、善于抓好科普信息化这个“龙头”

科普信息化是创新的综合载体。刚才杨文志同志讲它不是单项工程，是贯穿科普各个环节、各个层次的一个龙头，2014年在广泛调研基础上谋篇布局，整个战略蓝图有了，2015年关键是如何实施。

面临第一个任务，怎么样运营并打亮“科普中国”品牌，现在LOGO有了，但是这里面内容真正构架起来需要我们加快步伐。特别是网络科普大超市、网络科普互动空间这些大板块，内容要真正充实好、运营起来，让大家喜欢，我们是万里长征刚刚走到第一步，不光数量起来了，关键内容要新颖，表达方式要生动，要有很强的吸引力，引起大家的兴趣。在现在信息爆炸的情况下，怎么做到让大家愿意去看，觉得这些节目趣味性、知识性、教育性都很强？譬如“科技前沿大师谈”，我看了几期，现在我们的思维还是比较传统的，还是科学家在那里谈，还是有点单向思维模式、灌输教育模式，怎么把现在这些手段都用起来更吸引人，还需要下工夫。这是创新主要的载体的一个范例。比如，怎么样利用我们的学会、研究所、大学等方面的力量参与到我们制作上来，怎么发挥好现有网站的作用，特别是公众和社会力量的作用应该好好地利用。

所以2015年我同意你们提出来的目标，就是使科普大超市基本上初见成效，关键“初见成效”四个字将来里面要充实什么内容，我觉得在这个方面我们很多精力要在抓实上。“1+6”的方案有了，在抓实上要下工夫。关键是整个运作机制、管理机制要大胆创新，也就是说，我们还是要利用社会力量，利用我们传统的优势和这些新的技术手段有机地融合，充分发挥这些声光电的技术，特别是现代网络的作用，比如用大数据预测公众需求，这种精准推送也应该成为科普信息化的亮点。虽然经费支持力度不够，但是总体上还是提供了一定的保障，加上我们机制创新，动用社会力量和社会资源，通过金点子挖掘潜力，把“科普信息化”这个龙头高高扬起。只有整个科普工作的提升，科普工作影响力的提升才能真正体现。

四、诚心统筹发挥好科学家在科普中的主体作用

我们始终要明白，科普主体不是我们在座的和各个系统的科普管理者，而是科学家，我们是为他们搭建平台、拓展渠道、提供服务的。延东同志讲话提出了明确的要求，特别要求院士们做科普，这是院士义不容辞的责任，各个科技规划中也都要有科普的内容。怎么发挥好科学家的作用，就是要加强学会建设。把科普工作作为科协老本行做好，与把学会建设作为科协主体，是辩证统一的而不是对立的。大家对这个观念总体上很赞成，也有同志有担心、有忧虑，是不是意味着整个科普工作要削弱？我认为，不是削弱，而是加强。在中国科协八届七次全委会的讨论中我很受感动，各个学会都把科普能力的提升作为整个学会创新和服务能力提升的重要内容，作为重点工作来抓，包括学会部提出的夏季科学展，实际上也是发挥学会作用来科普。现在我们要通过学会的力量来广泛动员科学家特别是青年科技工作者参与科普工作，不要光埋头钻研自己的学问，也要走向社会，向公众来普及。在这个方面我们还刚刚起步，所以学会建设是一个大平台，怎么样在大舞台上使科学家在各个方面发挥好作用，包括协同创新的作用、学科引领的作用、助力创新驱动服务经济社会发展的作用等，但是始终要强化科学普及、提高公民素质这方面的作用。我们科普口的同志们，要善于利用好这个平台，包括现在科普信息化的制作、传播等各个环节都离不开这些科学家的参与，学会都是一支重要力量，因为学会是科学家的一个载体和一个组织。要诚心发挥科技工作者的作用，包括谋划出主意、各种科普作品的制作、科普活动的开展等，都要把他们作为主体。各个方面、不同年龄层次科学家要统筹兼顾，调动他们的积极性，这样科普工作才能做好。

五、扎实有效地加强科普队伍的建设

我们科普队伍是宏大的，但是我们科普管理队伍在这方面至关重要，应该是精干高效、高水平、高素质的队伍，包括在座的各位，要加强自身建设，才能真正提升整体科普工作的水平。

第一，要加强思想建设，加快观念转变。思想建设是根本，我们一定要把科普工作作为一个神圣的使命，要有责任感意识。同时，我们要转变一些观念，强化创新意识，强化服务意识，强化互联网意识，强化共同进取意识，这些观念都要转变。我们每个人在这些方面都要看到自己的责任。

第二，要加强能力建设，加快工作方式转变。科普工作对我们每一个科普管理者的素质都是一个挑战。首先科技的信息快速增长变化、日新月异，大家得有捕捉科技趋势和信息的能力，能知道最新的科技发现、发明、最新的科技成果。其次是把这些比较生疏生硬的知识转化成科普语言的能力。还有整个科普工作的策划谋划能力、真正推动落实的执行力。最后还有动员能力，科普要善于组织动员社会上大量的资源和力量。这些方面的能力对每个人来说都是一个挑战，所以我们要转变我们的工作方式，绝不能在我们群团组织出现行政化、机关化的倾向，我们真正作为一个公仆、公勤人员，要做好服务，尽职尽责。

第三，要加强作风建设，加快作风转变。做好科普工作首先要有敬业精神，热爱这个岗位，热爱这个职业，兴趣是最大的动力，只有爱岗敬业，才能有更多的创新思维，才有更多的工作热情。要有攻坚克难的毅力，科普工作无论在哪个阶段，最后见到社会效果都很难，所以我们要善于攻坚克难，百折不挠，锲而不舍，用这种精神抓好工作。要有奉献的精神，我也知道2014年大家经常加班加点，“五加二，白加黑”，牺牲个人的利益，大家也有很多挫折和委屈，但大家不计较个人得失，只有这种奉献精神才取得我们现在的成就。但是下一步的工作要做好，我们更要强化这种奉献精神。还有，要有协作意识，科普创作要张扬个性，但是更多要强化协作，我们很多工作无论是上下游、纵向还是横向，都得要靠团结协作。我们科普战线和整个科协系统各个部门要密切合作，跟学会部、调宣部、组织人事部、计财部、办公厅等，我们要善于和科学家合作，和各个部委协作，科学素质纲要办涉及部委33个，协作就要有好的办法和好的主意。最后要有廉洁的品格，我们没有多少钱，但是也有一些经费，怎么使用好，把少量资金真正用到刀刃上，而不是徇私舞弊，每个人都要严格要求。要从小事做起，强化自律，增强廉洁意识。

第四，加强组织建设，完善人才结构。科普队

伍是老中青结合的队伍，科普的希望在青年一代。老科普工作者，特别是老科普管理工作者，要把好的经验、好的作风传帮带，中年要承上启下，青年要脱颖而出。特别是我们讲互联网思维，就是我们组织结构要扁平式，而不是搞官僚主义塔式结构，大家都要平等，讨论问题的时候要广泛地发扬学术民主，干起来每个人发挥各自的作用，关键要形成团队能力，形成组织力、凝聚力，充分发挥系统的作用。科普队伍年龄结构要改变，要让年轻人脱颖而出，吸引优秀毕业生到我们队伍工作。大家知识结构要改变，既要是专家，又要是多面手。

总而言之，2015 年对整个科协来讲是关键之年，前面一段时期谋篇布局较多，但是一分部署、九分落实，把任务落到实处，十分繁重艰巨。要以党的十八大、十八届三中、四中全会精神为指引，以习近平总书记系列讲话精神武装头脑、指导行动，团结奋进，开拓创新，苦干实干，竭诚奉献，再创 2015 新辉煌，争取整个科普工作再上一个大的台阶！

春节将至，我代表党组和书记处向科普战线的全体同志拜个早年，祝大家工作进步，身体健康，精神愉快，合家欢乐，羊年快乐！

谢谢大家！

在中国科协事业发展“十三五”规划研究与编制工作会议上的讲话

2015年3月11日根据速记整理

尚 勇

同志们：

今天我们邀请发改委、科技部的专家就“十三五”规划作了专题报告，开阔了眼界，拓展了思路。刚才，中国力学会、北京市科协、山东省科协关于“十三五”规划的交流发言，也都很有特色。在这里，我就如何做好科协“十三五”规划编制工作讲几点意见，供大家参考。

一、准确把握中国科协“十三五”规划的要求和特色

“十三五”是我国经济社会发展非常重要的关键时期，全面建设小康社会、全面深化改革、全面推进依法治国、全面从严治党将迈出新的步伐。同时，随着经济发展进入新常态，经济发展将越来越依靠科技进步，培育新的增长点将越来越依靠科技创新。这些大的背景为科协工作提供了更加广阔的舞台，也对中国科协“十三五”规划提出了特殊的、新的更高要求。总的来说，我们要全面贯彻党的十八大和十八届三中、四中全会精神，以习近平总书记系列重要讲话特别是关于科技创新的重要论述为指南，以“四个全面”战略布局为统领，结合科协工作实际，把中央的重大决策部署在“十三五”规划中贯彻体现出来。我认为要注意以下几点，才能体现规划的时代特色、体现国家的战略要求、体现我们的创新点。

第一，要围绕和服务国家的总体目标和战略需求。科协系统的“十三五”规划必须和国家经济、社会、科技发展的总体规划密切衔接，它要服务于全面建成小康社会等国家“十三五”规划的总目标，要体现到2020年进入创新型国家的战略目标要求。这些目标对科技界有什么样的具体要求？围绕这些目标科协系统要做些什么？我们要好好研究并在科协系统的“十三五”规划中具体体现出来。同时，我们不仅要把全民科学素质水平达到10%这个目标写进科协系统“十三五”规划，还要争取把它列入国家的“十三五”规划目标。除此之外，还有哪些目标要进入国家的“十三五”规划目标？我们要研究清楚，积极作为。另外，我们的“十三五”规划要符合经济新常态的特点，要服务于创新驱动发展战略。经济发展进入新常态，不仅是发展速度换挡，更是发展动力的根本转换，关键是要实现创新驱动。如何更好地发挥科协组织优势为科技创新和经济建设做好服务？如何更好地服务于经济社会发展的重点任务？围绕这些重点任务科协组织怎么做？有些方面，我们要紧盯国家“十三五”规划编制工作，根据国家规划来明确我们的规划定位、目标、任务。

第二，要顺应全面深化改革的新要求。全面深化

改革是“十三五”时期国家的重点任务，“十三五”是全面深化改革的攻坚期。我们的“十三五”规划要突出改革创新思维，强化改革创新动力，规划编制中要突出问题导向。也就是说，对科协来讲需要改革创新的问题在哪儿？一些制度安排上的深层次问题特别是体制机制问题，要把它找出来。只有找准了问题才能明确方向，才能深化科协系统的改革。“十三五”规划是对发展目标的规划，更重要的是要对改革提出顶层设计，既要配合国家的重点改革战略和任务，又要提出我们科协组织全面系统改革的总体设计。

第三，要顺应世界科技革命和社会变革的新趋势。刚才，大家都谈到了国际、国内的大背景，“十三五”期间，从世界上来看可能正面临深刻的变革。我们的规划一定要有前瞻性，只有看得准、把握准，才能使规划更加与时俱进。这些年来，大家一直在提新科技革命正在不断孕育或蓬勃开展，整个产业、经济、社会正面临重大变革。至于变革是什么？仁者见仁、智者见智。从各国动向和专家见解来看，趋向已经清晰，智能社会渐露端倪，也就是在工业化基础上，随着信息化的不断推进，工业化和信息化的融合向智能化方向延伸，给社会生产、消费和生活方式带来新的变革，思想观念为之发生深刻变化，互联共享成为新的常态，在互联网基础上人类开始进入智能大互联时代。李克强总理在 2015 年两会政府工作报告中提出，要实施“中国制造 2025”，要实现创新驱动、智能转型，在特征上是从信息互联网逐步走向智能化物联网、智能能源互联网、智能交通互联网、智能制造互联网。对科协来讲，我们要注意研究并把握准这些趋势，在工作方式上要注重互联、共享、协同。

第四，要适应人才发展的新要求。创新驱动本质上是人才驱动，创新驱动更多是靠人才。在经济发展新常态下，原有的一般红利正在逐步减弱或者消失，要想办法怎样把我们的劳动者变成人才，这就需要努力提高全民科学素质和创新意识。以前，我们科协组织在这方面的呼吁比较多，现在它已经变成经济社会发展的硬性要求。目前，整个社会的创新能力、意识和氛围还不够，我们应该怎么办？人才培养要从娃娃抓起，青少年的创新思维怎么培育？科技领域的领军人才、尖子人才怎么培养、怎么成长？创新生态环境怎么优化？科协组织要围绕科学家、围绕提高全民科学素质这两个方面，把握好这些问题给我们提出的新要求。

第五，要贯彻好中央对群团建设的新要求。中央《关于加强和改进党的群团工作的意见》对加强群团自身建设，包括组织建设、作风建设、能力建设等提出了重要要求，这是我们编制“十三五”规划的重要依据。科协组织的自身建设非常重要，要在“十三五”规划编制中贯彻这些要求，面临“十三五”时期新的使命，我们要有新作为。

二、科学凝练中国科协“十三五”规划的目标和重点任务

科协“十二五”规划凝练提出了六个方面三十四项重点任务，很有特色。落实中提升、继承中发展，是编制科协“十三五”规划的基本原则，我们既要吸取“十二五”规划中好的东西，也要在继承的基础上体现更多的创新性。科协“十三五”规划要在把握上述要求和特点的基础上，按照在科技创新和经济社会发展主战场上奋发有为这一要求，突出深化改革，增强社团的活力，提升服务能力，真正使科技社团成为国家创新体系中的重要组成部分、成为推动创新驱动发展的重要力量这些要求来凝练目标。同时，还要围绕我们的主题任务——“三服务一加强”，即为广大科技工作者服务，为经济社会全面协调可持续发展服务，为提高公众科学文化素质服务，加强自身建设来更清晰地凝练好目标，但是内容要不断创新，水平要不断提高。

在任务考虑上，我提出几个问题供大家研究探讨，但并不是说规划只包含这些方面。

一是如何在实施创新驱动发展上更加有所作为？我们要研究创新驱动发展战略在“十三五”时期的实施重点，特别要围绕习近平总书记提出的传统产业转型升级、我国经济社会的协调和可持续发展、增强我国原始创新能力等，如何发挥科协优势更加有所作为。

二是如何在提升自主创新能力上发挥更大作用？现在我们进入了“三跑”，即跟跑、领跑、并行的时期，这是实现跨越和转换的关键时期，核心还是要提高自主创新能力，特别是要在深化国家重大战略和命脉的主体产业核心技术上提升创新能力。加强学术交流、引导开放合作、推动协同创新是我们科协的优势，学会就是平台，我们要发挥学会的作用，在人才上面做文章。

三是如何在提升全民科学素质、加快科普信息化普及中取得新的进展？我们提出 10% 的全民科学素质目标，主要途径还是以更加精准的、运用现代信息手段来进行的科学普及为主。

四是如何在激发人才创新活力、提升科技人才队伍建设水平上取得新的成效？既包括人才培养，也包括如何激发人才的创新能力和科技成果转化能力等。

五是如何在国家科技制度建设中强化新的优势？中央在《关于加强中国特色新型智库建设的意见》中，要求中国科协等率先开展高水平科技创新智库建设试点。在这方面，我们既要发挥科协组织的专家优势为各级党委政府的决策服好务，也要担当好赋予科协组织的第三方创新评估责任，还要在科技发展、人才政策等方面提出好的建议。应该说，在这方面我们已经取得了很大的成绩，但是与国外著名智库相比我们差距还很大，尤其要加强自我发展能力建设。

六是如何在深化学会治理体系改革、强化科技组织体系上形成新的机制？目前，全国学会的能力虽然在不断提升，但是在凝聚力、向心力、影响力等方面距离国家的要求差距还很大，最大的问题是改革不到位。在全面深化改革中，我们要研究如何在改革中解决科协系统存在的凝聚力不强、战斗力不强问题。

七是如何在推进国际创新合作交流中展示新的作用？在全面深化改革中，无论是引进来还是走出去，科协组织的民间科技合作交流展示了更大的空间。1978年改革开放以来，我们出国留学的很多优秀科学家都留在了国外，怎样以多种形式把他们引进来为我们的创新驱动发展服务？科协组织如何推荐更多的科学家到国际组织中任职，加强国际科技交流，提高影响力？怎样在国际科技合作中提高我们的话语权？这些都要注意研究。

八是如何在基础平台建设上取得新的成果？我们提出要在科协组织网络的基础上建立中国科技创新网，在现有基础上进一步互联互通，并利用这个网络进行互联化的创新合作，通过这个网络进行科技服务、转化科技成果、加强交流合作。我们要进一步强化基层科协组织网络，包括高校科协、企业科协、农技协以及基层县乡镇、社区的科协组织。同时，要在学会基础上建立大学科学会联盟或联合会，建立协同创新的产学研共同体，等等。另外，我们要在科普基础设施建设、科技馆体系建设等方面取得新的成果。

三、要确保中国科协“十三五”规划的高质量

为确保科协“十三五”规划的高质量，增强权威性，应注意以下几个方面。

一是要突出规划的战略性和全局性。战略性就是要站在国家发展的高度和改革发展的高度，准确定位我们的“十三五”规划，强化指导作用。全局性就是既要站在为国家整体发展规划服务、为经济社会发展和科技创新服务来考虑，也要考虑覆盖各地方科协、全国学会发展的需要。

二是要突出规划的连续性和创新性。中国科协事业发展“十三五”规划与“十二五”规划是密切连续的，但是时代在变化，在连续的基础上更要突出创新性。

三是要突出规划的开放性和关联性。规划不是闭门造车，在凝练目标和任务时需要国际视野和前瞻性，要开放。同时，既要和国家的国民经济与社会发展“十三五”规划、科技部牵头制定的科技创新发展“十三五”规划、中组部牵头制定的“十三五”人才规划衔接起来，也要和各中央部门的相关规划有机衔接，还要和科协系统各全国学会、各地方科协的规划关联起来，要强调关联性。

四是突出规划的实用性和可操作性。规划一定要实用、要具有可操作性，它是一个大的目标，在其指导下我们还要制定具体的工作方案。在具体操作上，要注重编制工作的民主化、科学化，特别是要把广大科技工作者、各个学会和各地方科协的智慧凝聚起来，进一步升华，才能保障规划的高质量。

要制定高质量的规划，必须要有高度的责任心。科协各部门、各单位要高度重视规划编制工作，进一步强化责任意识，把“十三五”规划编制当作本职工作和主体工作，结合自身职责提出创新点、凝练出清晰的目标和任务，这是作好规划编制的基本要求。规划编制的时间紧、任务重，大家要有高度的责任心才能把这项工作做好。

在中国共产党中国科协机关第八次代表大会上的讲话

2015年7月17日

尚　勇

尊敬的建平书记，各位代表，同志们：

今天，中国科协机关第八次党员代表大会隆重开幕了。这次大会是在深入贯彻落实中央党的群团工作会议精神、按照“四个全面”战略布局奋勇前进、加快实现中华民族伟大复兴中国梦的新形势下召开的一次重要会议，对于进一步加强科协机关的思想建设、组织建设、作风建设、制度建设和能力建设，团结动员全体党员和广大干部群众推进科协事业的发展，具有十分重要的意义。在此，我代表中国科协党组，对大会的召开表示热烈祝贺！向张建平书记等领导同志莅临大会指导表示衷心感谢！

不久前，中央召开了党的群团工作会议，这在党的历史上还是第一次，习近平总书记在大会上发表了重要讲话。讲话统揽全党全国大局，针对党的群团工作实际，提出了许多新理念、新论断、新方针、新原则，有很强的思想性、理论性、针对性和指导性。特别是总书记明确提出党密切联系群众要形成“众星拱月”的局面，强调引导群众听党话、跟党走是群团工作最重要的政治标准；明确提出要切实保持和增强群团组织的政治性、先进性、群众性，坚持党的领导，坚持中国特色社会主义发展方向，坚持为实现中国梦而奋斗的时代主题和带领群众在改革发展稳定第一线建功立业的基本任务；明确提出群团组织要自觉践行党的群众路线，满腔热情做好服务群众工作。习总书记的重要讲话从理论和实践上指明了党的群团工作发展方向，是指导新时期新形势下群团工作的纲领性文件，是科协组织开展工作的行动纲领，是我们加强科协系统党建工作的指南。传达学习、贯彻落实好习近平总书记重要讲话精神，将作为科协当前和今后一个时期的首要政治任务，广大党员干部要带头认真学习、深刻领会、贯彻落实。

过去五年，在中央直属机关工委的正确领导下，中国科协七届机关党委带领机关和直属单位全体党员，扎实开展创先争优活动、党的群众路线教育实践活动和“三严三实”专题教育，组织党员干部深入学习贯彻习近平总书记系列重要讲话精神，加强思想建设和理论武装，切实做到“三个表率”，坚定不移地把思想和行动统一到以习近平同志为总书记的党中央周围；紧紧抓住中央专项巡视这一契机，以钉钉子精神狠抓整改落实，加快推进党风廉政建设；加强机关和直属单位党建工作，建设坚强政治堡垒，为科协事业发展提供了重要的思想和政治保证。待会，张建平同志将代表中央直属机关工委作重要讲话，对科协机关党的工作提出指示和要求，我们要认真学习领会，深入贯彻落实。下面，我就加强科协机关党的建设讲三点意见，供大家参考。

一、紧紧围绕“四个全面”战略布局，牢牢把握全面从严治党这一全局枢纽，切实加强科协机关党的建设

“四个全面”战略布局源于中国特色社会主义发展的实践要求，是十八大战略部署、“两个一百年”和中国梦的奋斗目标的深化和发展，是以习近平同志为总书记的党中央治国理政的系统逻辑和主线轨迹，是“十三五”科协事业发展必须遵循的指南。“四个全面”是有机联系、相互贯通的顶层设计，其中，全面从严治党是执政党加强自身建设的必然要求，是协调推进战略布局的关键和核心。中国科协作为党领导下的人民团体，作为中央直属机构，必须始终强化党的意识，以党建为核心加强自身建设，增强党对广大科技工作者的凝聚力，在全面从严治党方面率先垂范。

一要站在“四个全面”战略布局高度认清全面从严治党的地位和意义。中国共产党与中华民族的前途命运，构成了当代中国最为关键的命运共同体。中华民族走向繁荣富强和和谐文明，必须有一个坚强的领导核心，这个领导核心无可替代，就是执政的中国共产党。作为一个领导13多亿人口大国的执政党，党的形象和威望、党的创造力凝聚力战斗力不仅直接关系党的前途，还直接关系国家、人民和民族的命运。特别是在新形势下，我们党面临着长期复杂严峻的执政考验、改革开放考验、市场经济考验和外部环境考验，面临着精神懈怠危险、能力不足危险、脱离群众危险、消极腐败危险，只有坚持全面从严治党，及时解决影响党的创造力凝聚力战斗力的问题，认真抑制损害党的先进性和纯洁性的病症，坚决去除滋生在党健康肌体上的毒瘤，才能始终保持党同人民群众的血肉联系，确保党始终成为中国特色社会主义事业的坚强领导核心。“四个全面”战略布局中，全面从严治党体现了伟大事业与伟大工程的统一，体现了党的建设与治国理政的统一，协调推进“四个全面”战略布局，最根本的是坚持党的领导不动摇。因此，广大党员干部一定要站在“四个全面”战略布局高度，认清全面从严治党的重要地位和重大意义，不断加强和改善党的领导，使党始终成为广大科技工作者的主心骨，持之以恒地当好“三个表率”，为协调推进“四个全面”提供政治保障，为实现“两个一百年”奋斗目标凝聚共识、凝聚力量。

二要围绕科协主体工作加强党的建设，把党建作为科协工作的方向和引领，作为主体工作的动力和保证。党的十八大后，中央提出实施创新驱动发展战略，把科技创新摆在国家发展全局的核心位置，作为全面建成小康社会的重要目标和任务。习近平总书记关于科技创新的一系列重要论述，赋予了科技界更加艰巨、更加光荣的任务，对科协加强自身建设提出了新的更高要求。习总书记在中央党的群团工作会议上的重要讲话强调，保持和增强政治性是党的群团工作的灵魂和第一位要求，群团组织必须自觉坚持党的领导，承担起引导群众听党话、跟党走的政治任务，为夯实党执政的阶级基础和群众基础作出贡献。面对新形势新要求，从科协队伍自身建设与承担的任务来看，不适应的问题还很突出。工欲善其事，必先利其器。只有以党建为龙头，不断加强思想政治建设，不断提升工作能力和水平，把中央的各项要求全面贯彻到位，科协才能把握方向、保持轨道，在落实中提升、在继承中发展、在科技工作主战场上占有一席之地，进一步增强对广大科技工作者的吸引力和凝聚力。

要坚持问题导向，聚焦党建工作重点，以“三严三实”为准绳，不断加大党建工作力度。一是针对“四风”残余，机关化、行政化、贵族化、娱乐化等问题，以及“庸、懒、散、浮、拖”等作风顽疾，深入开展大排查、大整顿、大扫除，不断加强作风建设。二是针对制度不健全、执纪不严格等问题，特别是中央专项巡视发现的违纪违法问题、经费管理使用和选人用人等方面存在的问题，坚持标本兼治，着力加强制度建设和纪律建设，扎牢反腐倡廉制度的笼子，推动广大党员干部由“不敢”“不能”到“不想”转变。三是针对当今社会信息纷杂、思想多元等问题，切实加强党员干部思想建设，牢固树立共产主义理想信念，自觉抵制不良思潮影响，确保从思想上政治上行动上与党中央保持高度一致。四是针对个别党组织战斗力不强、能力不够等问题，切实加强组织建设，下大力气整顿软弱涣散的基层党组织，充分发挥党的核心作用和党员模范作用，推动各级党组织切实履行“两个责任”，为开创科协工作新局面提供强大动力和保障。

三要站在服务凝聚科技工作者的高度加强党的建设，发挥桥梁纽带作用，把广大科技工作者团结凝聚在党中央周围。科协作为党领导下的人民团体，党和国家联系科技工作者的桥梁和纽带，必须发挥好党组织的政治核心作用，必须始终牢记政治属性，牢记科技人才是生命之源，为科技工作者服务是根本宗

旨，把科技工作者摆在我们心中的最高位置，做好科技工作者的服务工作，团结带领广大科技工作者紧紧跟党走，永远听党话。要不断拓展党和政府同科技工作者之间的双向沟通渠道，大力宣传党的理论和路线方针政策，及时反映科技工作者的意见和呼声，让党放心，让科技工作者满意。要建立密切联系广大科技工作者的长效机制，真正做科技工作者的“知心人”“娘家人”。要从科技工作者的现实需求出发，全面了解创新创业一线需求，不断丰富和发展为科技工作者服务的内容和手段，继续增强在科技队伍建设中的话语权、主导权。要大力弘扬老一辈科学家科技报国的高尚情操和无私奉献的爱国情怀，广泛宣传基层一线优秀科技工作者和创新团队的先进事迹，加强对科技工作者的人文关怀和情感联系，把科协组织打造成为让党放心、让科技工作者满意的“科技工作者之家”，把科技工作者的聪明才智引导凝聚到党所领导的中国特色社会主义事业中来。

加强中国科协党的建设，必须落实各级党组织党建责任制，特别是党组书记、党委书记、党总支书记、党支部书记必须恪尽第一责任人的职责，牢固树立不重视抓党建、抓不好党建就是失职的理念，充分认识到即便业务工作抓得有成绩也只能是沙滩上的城堡，党建工作抓不好就要一票否决。抓好党建责任制，关键要履行好党风廉政建设的主体责任和监督责任，使抓党建成为各级领导干部的自觉行动，努力成为抓党建工作的内行。

二、夯实学会党建基础，为学会提升能力、进军科技创新和经济建设主战场提供坚强政治保证

“十三五”科协事业发展的动力和源泉在于全面深化改革，这是走中国特色群团发展道路的关键。学会是科协的组织基础，其改革创新的成效直接决定着科协组织能否做好党的科技工作者工作，能否担当起推进国家治理体系和治理能力现代化、服务党和国家大局的历史重任。党的领导是学会治理的核心，要始终坚持正确政治方向，始终站在科技创新和时代发展前沿，植根科技界，服务科技工作者，下大力气把最广大科技工作者紧密团结在党的周围。

一要以党的建设为统领，通过全面深化体制机制改革，全面提升学会治理能力。学会要适应新一轮科技和产业变革对创新治理形态的新要求，适应科技工作者诉求多元化、创新创业扁平化的现代治理要求，最重要的就是要依法依章治会、全面深化改革，最关键的就是要加强和改进党对学会的领导。要加快推进学会治理方式和能力现代化，把健全党的组织体系、扩大覆盖面、提升工作质量和水平作为切入点，创新学会组织方式、服务供给方式、活动参与方式，鼓励学会大胆实践，勇于突破，成为全面深化改革的重要力量。要加强对学会改革的领导，注重改革的系统性、整体性、协调性，使学会活力竞相迸发，治理更加规范、科学、高效。要加强学会党风廉政建设，结合正在进行的“三严三实”专题教育，从学会自身特点和实际情况出发，探索切实可行的教育载体、活动内容和工作方式，把以学会秘书处党员为主体的临时性、小规模党建活动，逐步提升为覆盖学会全部大型活动和重点工作的党建活动，不断强化党的意识和使命担当，以对改革负责、对人民负责、对科技工作者负责的信念，认真完成好承接政府转移职能等各项工作，依法规范和约束管理权力，确保权力在阳光下运行。

二要紧密结合学会联合体建设，推进党的组织覆盖和工作覆盖，增强学会影响力凝聚力。当前，学科交叉、技术融合和集成创新成为推动科技和产业变革的强大动力。人才的成长和重大创新的出现更多的源于学科的深度交叉和融合。学会联合体是顺应这一发展态势，加强跨学科、跨领域学会协同发展的重要举措。“十三五”期间，要在信息、能源、生命科学和生物技术、材料、制造等领域，建设一批学会联合体，借船出海，提升学会的开放创新能力和国际影响力。要积极扩大学会党组织覆盖面，以“抓组建、促规范”为重点，通过责任部门领导包建、党建工作指导员帮建、科协职能部门助建、支撑单位党组织协建等方式，为学会党建提供业务指导和支撑服务。要积极推动制度创新，探索研究如何在学会层面建设党组织，与理事会、常务理事会等学会领导机构形成分权制衡关系，发挥好学会党组织参与重大决策、完善学会治理结构、把握政治方向、保障政治安全的作用。要遵循学科发展规律，以提升协同创新能力为目标，把学会联合体党组织建设作为重要内容，探索建立分党组，加强对理事会和学会基层党组织的领导，以促进深入合作和有效协同为着力点，推进学会治理能力现代化。

三要坚持理论与实践的双重探索，努力走出一条中国特色科技社团党建工作新路子。中国特色社会主义群团发展道路的核心，就是要坚持党的领导。要认真贯彻落实中央关于加强和改进群团工作的意见和责任分工方案，结合科协和学会实际，完善党建带群建工作机制，把党建带群建作为党建工作责任制的重要内容，加强对学会以及相关社会组织的政治引领、示范带动、联系服务，引导促进学会健康有序发展。要充分考虑科技工作者的需求，丰富和发展学会功能、服务质量、影响力、管理能力、动员能力等现代化治理体系，抓紧制定实施“科技工作者之家”建设标准，把学会党建工作融入“建家”标准之中，把“软要求”变成“硬约束”，选取有代表性的学会进行试点，不断深化对学会党建规律的认识。要认真总结“党建强会计划”经验，进一步丰富内涵，特别是在“强会”上做文章，把学会党建工作与学会业务工作有机结合起来，以党建工作带动学会做实做强各项工作。要加强学会党建工作的理论研究，充分发挥中国科协学会党建研究会的作用，为加强新形势下中国特色科技社团党建工作提供理论指导，推动学会不断提升服务创新能力、服务社会和政府能力、服务科技工作者能力和自我发展能力。

三、大力推进基层党组织建设，夯实科协事业创新发展的政治、思想和组织基础

加强科协机关党的建设，最重要的就是要把机关各部门和各直属单位基层党组织建好，引导和支持它们健全组织、完善制度、改进作风，找准基层党建工作与业务工作的结合点，切实把基层党组织的战斗堡垒作用充分发挥出来，以扎实有效的基层党建工作带动科协各项工作上台阶、上水平。

一要分类指导、统筹协调，加强科协党的基层组织建设。科协机关各部门普遍人数不多、党员比例较高，承担着推动科协事业发展的重要职能，要特别处理好业务工作与党务工作之间的关系，自觉把科协工作放在党和国家工作大局中去思考、把党务工作放到科协工作全局中去把握，努力为科协工作提供坚实的政治思想保障。科协直属单位情况多样，党组织设置从支部、总支到党委形式不尽相同，必须丰富工作内容和创新活动方式，结合自身特点和业务实际开展党建工作。人员较少的直属单位要着重从健全完善规章制度入手，拓宽党员开展活动的渠道，实现党建工作制度化、规范化。人员较多的直属单位要着重完善党的工作制度，不断健全组织构成、优化内部结构、扩大组织和工作覆盖，团结组织全体党员干部高水平地完成好各项工作任务，以党建促事业发展。基层党组织必须把严格党的生活作为基本职责，确保“三会一课”的健康开展和质量提升，不准以业务活动替代或冲淡党的活动。

二要发挥好党支部书记和支部委员的模范带头作用。支部工作做得好不好，关键看支部书记的“火车头”作用发挥得怎么样，支部委员的模范带头作用发挥得怎么样。支部书记要带头学习，支部委员要以身作则，带领党员干部加强党性修养，坚定理想信念，切实增强“三个自信”，坚定不移与以习近平同志为总书记的党中央保持高度一致。要带头坚定政治立场，牢固树立正确的世界观、人生观、价值观，以及权力观、地位观、利益观，把一切工作的出发点和落脚点都聚焦到为人民群众谋福祉上来。要带头加强道德修养，保持高尚情操，公而忘私，坦荡做人，谨慎用权。要结合巡视整改工作和正在进行的“三严三实”专题教育，切实加强基层党组织的作风建设和反腐倡廉建设，把握事业发展规律，增强各项工作的前瞻性、主动性，真正把党支部建设成为学习型、服务型、创新型基层党组织。需要强调的是，科协绝大部分支部书记都是由各部门、各单位的行政“一把手”兼任，但“兼职”绝不是“业余”,“一把手”决不能把党建工作视为“副业”，决不能重业务轻党建，要切实做到一手抓党建、一手抓业务，实现“两手都要抓、两手都要硬”。党的基层组织要切实履行党风廉政建设主体责任，明确分工，细化责任，对抓党建不上心、组织交办的任务完不成、党风廉政建设效果不明显的要坚决问责。

三要注重加强纪检组织建设，形成上下联动的纪律监督体系。当前科协纪检工作普遍存在的一个问题，就是越到基层纪检工作越薄弱、越不受重视。要大力加强纪检组织建设，在设党委的直属单位成立纪委，配备专职纪委书记或副书记；在设总支、支部的机关部门和直属单位，明确一名领导班子成员兼任纪检委员。要将纪检工作作为基层党组织的重要工作，加强对领导班子的约束和监督，畅通群众反映问题渠道。要建立并完善上下联动的监督检查办案机制，统筹使用直属单位纪检力量，努力做到资源集中、信息共享、联合办案。要织密纪检监察制度的笼子，建立抓早抓小机制，防止小问题拖成大问题。要完善责任追究制度，实行“一案双查”；建立纪检工作报告制度和廉政纪实档案，从制度上预防腐败，形成高压震慑作用，以更加有力的监督执纪问责把纪律挺在法律前面。

科协党组要认真贯彻《中国共产党党组工作条例（试行）》，切实加强对机关和直属单位党组织工作的指导，大力支持机关党委履行对机关部门和直属单位党建工作的领导职责。要经常研究科协党建工作，定期听取机关党委、纪委工作汇报，研究分析党风廉政建设新情况新问题，及时作出部署安排。要建立述职述廉制度，结合年终工作总结，集中听取各部门各单位党组织书记述职述廉报告，重点考核党风廉政建设工作情况和主体责任落实情况。要保障各级党组织的工作条件，选配有能力、有水平的干部进入机关党委和基层党组织工作，重视青年党务干部的培养使用，为优秀党务干部提拔任用创造条件。

各位代表和即将选举产生的新一届机关党委、纪委委员肩负着科协1342名党员的重托，一定要珍惜荣誉，尽职守责，不断强化党的意识、党员意识和责任意识，在党言党、在党兴党，严守党的政治纪律和政治规矩；要持之以恒地当好“三个表率”，把学习贯彻习近平总书记系列重要讲话精神、同以习近平同志为总书记的党中央保持高度一致、贯彻落实党中央各项决策部署变成每个党员的自觉行动；要带头加强政治学习和理论武装，将党章特别是党员必须履行的八条义务和入党誓词烂熟于心，用习近平同志治国理政思想武装头脑；要带头坚定方向和信念，做政治上的明白人；要带头遵纪守法，保持清正廉洁，用模范的实际行动践行自己在庄严的党旗下许下的神圣誓言。

同志们！前瞻“十三五”，党的群团工作会议已经为我们指明了前进方向，科协事业正面临着十分难得的战略发展机遇期，希望全体党员干部不负重托，肩负起推进科协事业向新的更高目标迈进的神圣使命，更广泛地团结和凝聚广大科技工作者，更加紧密地团结在以习近平同志为总书记的党中央周围，在中国特色社会主义群团发展道路上不断谱写科协事业新篇章。

预祝大会圆满成功！

谢谢大家！

在中国科协系统贯彻落实
中央党的群团工作会议精神工作会议上的讲话

2015年7月23日

尚　勇

同志们：

7月6—7日，中央党的群团工作会议在北京胜利召开，中共中央总书记、国家主席、中央军委主席习近平出席会议并发表重要讲话。这次会议是党的群团工作的重要里程碑，习近平总书记的重要讲话是指导新时期党的群团工作的极为重要的纲领性文件，从巩固党执政的阶级基础、群众基础的战略高度，从党和国家事业长远发展的全局高度，深刻阐明了党的群团工作的一系列重大理论和实践问题，是做好新时期党的群团工作的指导纲领和基本遵循。

7月8日，中央党的群团工作会议刚刚闭幕，源潮同志就在第一时间召集共青团中央、全国妇联、中国科协和中国侨联领导班子座谈，明确指示我们要认真学习领会习近平总书记重要讲话精神，全面贯彻中央党的群团工作会议战略部署。

今天，我们召开这次工作会议，就是对在科协系统深入学习领会习近平总书记重要讲话精神、全面贯彻落实党的群团工作会议精神进行工作部署。刚才源潮同志就贯彻落实中央党的群团工作会议精神，针对科协实际，强调了五个主要问题，从科协事业发展的战略高度进行指导，提出了明确的要求和重点任务，具有很强的思想性、针对性、指导性，让我们受益匪浅，大家一定要结合中央党的群团工作会议精神，认真学习领会、贯彻落实。下面我对科协系统下一步抓好学习贯彻落实工作再讲几点意见。

一、要深入学习领会会议精神，认清科协发展的历史使命，勇担时代重任

中央党的群团工作会议是党的历史上第一次专门围绕群团工作召开的重要会议，对于坚持正确政治方向、不断开创党的群团工作新局面，具有重要的里程碑意义。科协是党领导的人民团体，是党和政府联系广大科技工作者的桥梁和纽带，各级科协和学会必须自觉坚持中国特色社会主义群团发展道路，始终同党和国家的前途命运紧密相连。要使科协这颗星在“众星拱月”中更加明亮灿烂。要认清中央和总书记赋予科协系统的光荣使命，抓住千载难逢的历史机遇，以中央党的群团工作会议精神为遵循，继承传统、明确责任，组织动员、密切联系和团结服务好广大科技工作者，精心设计好改革创新的路线图和时间表，以钉钉子精神坚定不移、坚持不懈地落实下去，努力走出一条具有科协特点的中国特色社会主义群团发展道路，担当起助力创新驱动发展、建设创新型国家的重任。

二、增强忧患意识，聚焦“四化”问题，加大整改力度

我们要清醒地认识到，“四化”现象在科协系统还是比较普遍不同程度地存在着，尤其是行政化、机关化现象更为突出。如依赖开会、发文等行政手段推动工作，内容往往与行政职权之间存在交叉重叠，一定程度上存在松松垮垮、揽权推责、流于形式等衙门化作风，往往注重联系“大牌”科学家，对中青年和基层一线科技工作者服务不够等，这里我就不一一列举了。各位全国学会和地方科协的领导，一定要主动对照检查，深刻反思自身存在的问题。这里我要提醒大家，“科技工作者与科协组织不亲”是我们面临的最大问题和最大危险。长此以往，科协就有脱离科技工作者的危险，就会向空壳化、官僚化的趋势发展，甚至走向组织的消亡。因此，全科协系统都要深刻认识到“四化”对科协事业的危害性，结合自身实际深刻剖析，多听取科技工作者意见，找准病症、追溯病源，抓住“三严三实”专题教育的时机，把“四化”现象作为“不严不实”的具体问题，下大力气整改解决。

三、坚持“三性”要求，保持和增强科协组织健康活力

群团组织最重要的是要保持和增强政治性、先进性、群众性，这是群团工作本质属性和基本定位。其中，政治性是灵魂、是第一位要求；先进性是科协组织属性的应有之义和内在要求；群众性是根本特点和本色，是生命线。

一要将政治性的灵魂之火点亮点旺。科协组织要增强党的意识、责任意识，牢记党领导的人民团体这一政治属性，始终把自己置于党的领导之下，坚决维护党的权威，坚决维护党中央权威，坚决维护习近平总书记的权威。要在科技界做好思想政治工作，成为党联系科技工作者，尤其是在思想上引领科技工作者的重要纽带，把科技工作者紧密团结在以习近平同志为总书记的党中央周围，听党话、跟党走，使科技工作者不断增强中国特色社会主义的“道路自信”“理论自信”“制度自信”。

二要将先进性的要求转化成改革创新实践中的先锋作用。科协的先进性体现在贯彻落实党中央战略部署中的率先垂范，体现在紧紧服务国家改革发展大局中的奋发有为，要凝聚并激活科技人才这个第一资源，奋力创新和发展科学技术这个第一生产力，创造和传播科学精神科技知识这一先进文化，团结带领广大科技工作者增强跻身世界科技强国的雄心壮志，瞄准世界科技前沿奋力创新拼搏，为建设创新型国家奉献智慧力量；聚焦制约国家发展和安全的重大科技问题奋力攻坚克难，为创新驱动发展提供强大动力和支撑；要把人民对美好生活的向往作为我们的创新奋斗目标，使科技造福人民群众、引领社会文明，汇聚起广大科技工作者的智慧和能量，用科技创新托举起中华民族伟大复兴的中国梦。

三要将群众性的本色发扬光大。全国7000多万科技工作者是科协组织的根本，是科协的工作生命线，服务广大科技工作者是我们的宗旨和本色。我们必须转变工作机制和工作作风。要着力补上与中青年科技工作者、基层科技工作者联系不够这一短板，重心下移，以有效方式联系最广大的科技工作者，把最广大的科技工作者满意作为衡量科协工作好坏的标准。与科技工作者面对面、心贴心，做到急科技工作者之所急、想科技工作者之所想，切实为科技工作者排忧解难，维护好、实现好他们的权益，努力优化学术和创新生态环境，为激发广大科技工作者创新激情尽心尽力，在为科技工作者做好服务中体现科协的作用和价值。

四、大胆改革创新，努力激发科协组织战斗力

这次群团工作会议的召开，既是加强群团工作的“冲锋号”，也是群团组织改革创新的“指路灯”。刚才源潮同志对我们改革创新工作提出新的要求，特别是对所属学会有序承接政府转移职能工作提出了鼓励，这与中央的正确领导、源潮同志的直接关怀密不可分，也是科协同志们共同努力的结果，我们要以此为动力把改革继续推向深化。

一是完成党中央交办的学会有序承接政府转移职能工作任务。这项工作下午还要召开座谈会贯彻落实部署扩大试点相关工作。我们一定要按照中央精神积极稳妥有序地做好扩大试点工作，探索形成可复制可推广的经验模式。要明确自身职能定位，不能借机揽权争利，建立完善可负责可问责的职能转接机制和转移后的服务机制，避免“红顶中介”“二政府”现象。要特别注意与原职能主管部门的协调配合，遵守这些部门制定的监管规则，得到政府、行业社会和科技工作者三方满意的结果。

二是加大对学会治理结构和治理方式的改革力度。时代的发展和社会的需求对学会提出了新的更高要求。新时期下，改革是学会发展的核心，能力提升是学会发展的关键。我们要按照政社分开新形势的需要，推动学会依法按章独立自主开展活动，建立健全分权制衡的组织体制和工作机制，建设实体办事机构和职业化工作队伍，探索经营学会新机制，努力推出更多适应科技工作者和社会需要的服务产品。

三是各级科协要强化自身改革，形成克服“四化”的长效机制。科协组织作为“三性”突出的群团组织和活跃的社会组织，在改革创新方面要勇于走在群团组织的前列。下一步中国科协将在以往改革创新的基础上，提出推进科协治理方式和治理体系改革等一揽子改革要点，形成一个中国科协深化改革文件向源潮同志汇报，并在源潮同志批准后印发。各级科协和全国学会也要根据有关文件精神陆续制定符合本系统、本单位、本学会切实可行的改革方案，形成可操作性的系列文件，让改革沿着科学化的道路顺利发展。

同志们！习近平总书记在讲话中明确指出，中央党的群团工作会议是党的群团工作改革创新的动员会。我们要以习近平总书记的重要讲话精神为指引，进一步学习贯彻党的群团工作会议精神，按照源潮同志的要求做好各项工作，以贯彻落实中央党的群团工作会议为新的起点，把习总书记和党中央的部署和要求化为自觉实践和工作实效，要在群团工作改革创新中走在前列，在联系和凝聚广大科技工作者方面创新机制、创造经验，在团结带领广大科技工作者服务创新驱动发展中奋发有为、建功立业，在提高全民科学文化素质、推进精神文明建设方面率先垂范，奋力开创科协工作新局面。

在全国科协系统对口援疆工作会议上的讲话

2015年7月27日

尚　勇

尊敬的雪克来提·扎克尔主席、艾尔肯副主席、刘新齐司令员、王永明主席、卢晓峰政委，同志们：

2015年是新疆维吾尔自治区成立60周年，值此之际我们在乌鲁木齐召开全国科协系统对口援疆会议，有着特殊的意义。党中央历来高度重视新疆工作，时刻关心新疆的经济社会发展与和谐稳定，对口援疆工作就是党中央从战略全局高度作出的重大决策。这次会议是为了贯彻落实中央第二次新疆工作座谈会精神和一系列部署，发挥科协的群团组织优势和资源优势，深入实施“援疆科技增效工程”而进行的动员部署。

中央部署新一轮对口援疆工作以来，科协系统的对口援疆工作得到了各方面的大力支持。特别是全国19个援疆省市科协认真贯彻落实中央决策部署，在当地党委领导下，在援疆办、民委等系统的支持帮助下，调研考察，精心谋划，为科协系统扎实做好对口援疆的各项工作打下了良好基础。新疆各级科协组织和广大科协干部在自治区党委的领导下，坚持服务大局、履职尽责，为促进新疆经济发展、社会和谐、民族团结和科技进步作出了积极贡献。借此机会，我代表中国科协，向长期关心重视支持科协援疆工作的自治区和生产建设兵团党委、政府以及国家民委等有关方面表示衷心的感谢！向参与援疆工作的全国学会、各级科协组织及专家们表示亲切的慰问！向新疆广大科技工作者致以诚挚的问候！

下面，我就做好科协系统对口援疆工作讲几点意见。

一、统一思想、担当责任，切实完成好科协系统对口援疆这一重大政治任务

新疆是我国西北的战略屏障，是我国对外开放的重要门户，是我国战略资源的重要基地，也是丝绸之路经济带上的核心区和排头兵。新疆社会稳定和长治久安，关系全国改革发展稳定大局、民族团结、国家安全，关系中华民族伟大复兴。党中央在各个历史时期相继作出一系列重大决策部署，不断丰富治疆方略。党的十八大以来，习近平总书记立足新疆改革、发展、稳定面临的新形势，提出了一系列重要论断，他强调新疆工作在党和国家工作全局中具有特殊重要的战略地位，做好新疆工作是全党全国的大事，必须从战略全局高度，谋长远之策，行固本之举，建久安之势，成长治之业。习近平总书记明确指出，对口援疆是国家战略，必须长期坚持，要把对口援疆工作打造成加强民族团结的工程。我们要认真学习、深入贯彻习近平总书记重要讲话精神，站在全局和战略高度，充分认识肩负的重要政治责任和重大历史使命，更加自觉主动地做好科协系统对口援疆的各项工作，切实以实际行动落实好中央的决策部署。

习近平总书记在前不久召开的中央党的群团工作会议上发表重要讲话时强调，要切实保持和增强党的群团工作和群团组织的政治性、先进性、群众性，要

着眼党和国家工作大局，强化服务意识。我们要把学习贯彻党的群团工作会议精神和中央第二次新疆工作座谈会议精神有机结合起来，牢固树立政治意识、大局意识和责任意识，把习近平总书记和党中央的部署转化为自觉实践和工作实效。要充分发挥人才资源和科技资源丰富的优势，努力把科技人才资源汇聚到促进新疆科技能力提升上来，立足新疆经济社会发展战略高度，着眼新疆产业升级需要，明确认识新疆在“一带一路”战略中的独特地位，为新疆创新驱动发展建功立业。要广泛联系服务新疆各民族群众，发挥科普的独特作用，把科学精神和科学知识在新疆各民族群众特别是青少年中广泛传播，用科学战胜愚昧，提高他们抵御极端宗教和迷信思想的侵蚀，提高辨别真伪的能力，促进公民科学文化素质提升。同时，利用国家和对口省的科技资源及人才优势，加大基层科技人才培养力度，加强各民族同胞的融合交流，促进民族团结、和谐稳定。

二、明确任务，扎实推进科协系统对口援疆各项工作

科协系统开展对口援疆工作要紧紧围绕党和国家工作大局，进一步明确重点任务，围绕新疆的实际需求，认真谋划、多措并举，从五个方面着手，做好十八项实事，确保实效，努力形成对口援疆工作新局面。

一是把提高新疆公民科学素质作为首要任务，为新疆社会长治久安筑牢思想基础。

第二次中央新疆工作座谈会明确指出，维护社会稳定和长治久安是新疆工作的总目标。科普援疆是科协系统对口援疆工作中的首要任务，要充分发挥科协系统科普援疆的优势，积极开展科普工作，提高新疆各族人民特别是青少年的科学意识和科学精神，抵制宗教极端思想，发挥科普工作在维护地区安全稳定中的重要作用。

（1）帮助拓展新疆科普渠道、平台。要充分运用中国科协已有网络平台、传播渠道传播少数民族语言文字科普资源，扩大科普影响力。重点建设“科普新疆”信息化平台，推动新疆科普全媒体传播渠道、平台建设，支持新疆提升科普信息化水平。同时，要针对新疆实际需求，在中国科协科普项目规划中，帮助新疆着力打造一批手段先进、具有传播力公信力影响力的新型科技传播主流媒介。

（2）加大对新疆青少年科学素质提升的支持力度。组织开展新疆地区青少年高校科学营活动、青少年科技创新大赛等科技创新活动，实施青少年科技创新拔尖人才培养计划。在全国青少年高校科学营活动中增加新疆高中生特别是少数民族学生参加名额。定期组织青少年科技教育专家进疆开展科技传播和师资培训活动，支持新疆科技特色学校和科普示范社区青少年科学工作室建设。支持新疆与周边国家和港澳台开展青少年科技交流和科技竞赛等活动。

（3）加大对新疆的科普项目支持和投入。“十二五”期间，中国科协在新疆大力实施“科普惠农兴村计划”和“社区科普益民计划”、科普示范县建设等项目，投入资金共7000万元，收到了很好的成效，对提升新疆公民科学素质、提高农民收入起到了积极作用。“十三五”期间，要进一步加大投入和支持力度，通过科普项目支持等举措，切实提高新疆广大群众的科技意识和信科技、学科技、用科技的积极性和主动性。

（4）加大支持新疆科普资源和设施建设力度。2015年，中国科协继续加大科普援疆力度，对尚未配备大篷车的新疆每个县市一次性配齐科普大篷车，实现全覆盖。“十三五”期间，要争取在新疆和兵团地区实现科普大篷车、流动科技馆的全覆盖。安排中国科技馆和19个对口援疆省市科技馆系统，为新疆科技馆和受援地科技馆提供科普展品支持，特别为新疆制作一批针对抵御极端宗教思想和适于新疆地区的科教片，发放到全新疆。同时，积极推进新疆全区农村中小学科技馆建设工作。19个对口援疆省（市）在所对口支援的县（市）至少支持建设一个科普信息化的社区和中学。支持指导新疆双语科普资源（含数字科普资源）开发工作，支持新疆实施《知识—力量》等少数民族语言文字科普杂志在乡村、社区、学校、宗教场所全覆盖，定期更新科普中国微平台维语专区。让新疆各族人民特别是所有的青少年能沐浴到科学的阳光雨露，能了解世界科学前沿发展动向。

二是围绕“一带一路”战略，助力新疆提升科技创新和成果转化能力。

党中央制定的“一带一路”战略，为新疆提供了难得的发展机遇。科协系统对口援疆工作一定要抓住这个着力点，围绕新疆建设丝绸之路经济带核心区的目标，助推新疆成为中亚地区具有重要影响力和辐射力的科技中心。

（1）在帮助新疆实施“创新驱动助力工程”上重点发力。实施创新驱动助力工程是科协系统对口援疆

的重要任务，要找准需求、突出重点、集中发力。要围绕新疆能源丰富特点，积极组织相关全国学会广泛开展产学研用合作和科技成果转化，推动新型综合能源基地建设。围绕新疆生产建设兵团大力推进城镇化、新型工业化、农业现代化建设的目标，重点聚焦化工新材料、纺织、食品、能源、建材、农业装备等支柱产业发展，推动节水灌溉示范、现代农业示范、农业机械化推广“三大基地”建设，助力兵团从“屯垦戍边”向“建城戍边”转变。同时，在此基础上，进一步扩大实施覆盖面，发挥试点示范效用，大力支持新疆各地州市实施创新驱动助力工程。

（2）为新疆加强企业技术创新、成果转化搭建平台。“十三五”期间，要在新疆高新技术企业、高新技术产业园区、经济开发区、产业集群中培育一批示范性专家工作站、学会服务站和成果转化服务中心，吸引高端人才创新创业，切实提高企业技术创新能力。同时，要发挥全国学会、企业人才和科技工作者各自优势，帮助新疆培育一批跨学科、跨地域的产学研创新平台，共同承接和实施国家和省部级科研项目，共同促进科技研发和成果转化。要加大支持新疆开展“科技信息推广应用”项目，为企业创新发展提供科技信息服务。要继续支持新疆“企业创新专家支持平台”建设，通过提供技术保障，提供行业关键核心共性技术信息库，加速新疆企业科技新成果的推广应用。

（3）支持新疆实施学会创新和服务能力提升工程。要动员组织全国学会在新疆举办各类学术交流活动，推动新疆学术繁荣与学科发展。全国学会、19个对口援疆省市科协要有计划安排自治区学会干部跟班学习、考察交流，帮助提升学会发展能力。要积极主动支持新疆科协和兵团科协系统做好学会承接政府转移职能工作。中国科协有关部门要指导新疆科协配合政府职能转变需要，积极推动学会稳妥、有序承接政府转移职能，要重点支持新疆地区学会开展决策咨询、科技评价、科技奖励、技术标准规范制定、专业技术人员职业水平评价和继续教育培训、技术鉴定等方面工作，为提升学会能力，促进新疆科技进步、经济发展发挥作用。

（4）支持新疆提高决策咨询工作水平。地方科协科技思想库建设试点工作开展以来，新疆作为试点省份之一在领导体制、工作机制、管理制度、决策咨询形式、人才队伍、条件保障和工作成效等各方面已取得了可喜的进步，服务党委政府科学决策的能力和水平也有了明显提升。我们要继续支持新疆“天山南北院士行”等主题科技活动，继续引导鼓励内地和新疆科技工作者，组建跨学科、具有综合科技咨询能力的团队，围绕新疆产业转型升级、城镇化、生态保护等方面关系民生、社会关注的重大问题、热点问题开展决策咨询，为党委、政府今后制定新疆发展规划和科学决策提供参考。

（5）支持新疆充分发挥科普在实施“一带一路”战略中的辐射作用。支持新疆地区在实施“一带一路”战略中将科普工作辐射到中亚地区方面大有作为。重点支持克拉玛依市的科技馆、青少年科技活动中心等设施在现有基础上提升水平，将“科技节”活动打造成国家品牌、辐射到中亚各国，使其成为在实施“一带一路”战略中具有国际影响力的重要科技活动基地。

三是改善民生、惠及当地，为新疆各族人民生产生活水平提高提供更好服务。

习近平总书记在第二次中央新疆工作座谈会上指出，要坚定不移地推动新疆更好更快发展，同时发展要落实到改善民生上、落实到惠及当地上。科协系统要认真贯彻习近平总书记重要指示精神，在创业就业、教育培训以及民生科技创新上，支持新疆发展民生工程，促进新疆各族人民生产生活水平的提高。

（1）支持新疆搭建科技创新创业和就业平台。要积极开展创新驱动助力工程，支持新疆在未来五年中搭建一批面向当地的科技创业平台，创造一批科技就业岗位。此外，19个对口援疆省市科协要与受援地科协、政府部门、学校建立创业、就业协作机制，积极提供内地创业机会、就业岗位，组织新疆地区劳动力特别是科技人员到对口援疆省市工作。

（2）加大继续教育、就业培训工作的支援力度。协同新疆教育有关部门，积极帮助新疆做好少数民族群众的就业培训工作。对口援疆省市科协要每年定期组织内地科技工作者、专家，对新疆少数民族地区科技工作者开展科技创业与科技岗位技能方面的培训，切实提升他们创业、就业、科技执业的能力。北京、天津、上海以及沿海省市和有条件的中部省市等都要举办新疆基层科技工作者重点是少数民族科技工作者培训班，采用请过来、走进去等多种方式培训帮扶。

（3）加强支持农村科技服务体系建设，帮助农民脱贫致富。依靠农业技术脱贫致富，是新疆农村地区特别是在干旱地区最大的民生问题。农村专业技术协会要发挥主体作用，深入田间地头、农业科技园区、农业企业一线，科学研判需求，快速汇集成果，精准推送信息，使农技推广真正接地气、上档次。同时，还要协同当地科协切实把农户、农技协、龙头企业组织起来，从技术的协作、培训、推广、示范，到多种方式结成生产经营的联合体，19个对口援疆省市科协争取帮扶建成一批这样的生产经营联合体。中国科协将通过积极为新疆各级农技协发展搭建融资服务平台，努力加快新疆地区农民脱贫致富步伐。中国科协已与中国邮政储蓄银行签署战略合作协议，中国邮政储蓄银行同意对中国科协所属的农技协发放500亿元人民币受信额度，用于支持农技协发展，带动农民致富奔小康。2015年给新疆各级农技协的授信额度为12.5亿元，希望自治区科协和兵团科协充分用好这个金融服务平台，助力新疆农牧业向规模化、集约化、现代化发展。

（4）提高民生科技创新能力和服务水平。要以新疆地区人口健康、防灾减灾、公共安全、安全生产、山地城镇交通规划建设等重大民生科技问题为核心，加强科技研发和集成示范，同时发动全国学会、企业科协，针对发展新疆民生科技，联合举办主题学术论坛、报告会、技术交流会，搭建民生科技研究交流平台，促进新疆民生科技创新，服务民生科技成果转化，促进新疆各族人民生活水平和生活质量的提高。

四是支持新疆科技人才队伍建设，努力为创新型新疆提供智力支撑。

科技要发展，人才是核心。新疆的创新驱动发展亟需各类创新型科技人才。培育科技人才队伍要重点帮助新疆培养一批扎根于新疆的优秀科技创新团队和科技人才，特别是乡土技术人才。

（1）为新疆优秀科技人才提供更多脱颖而出的机会。“十二五”期间，在“一线创新工程师培养”等项目中，中国科协为乌鲁木齐、克拉玛依、石河子、伊犁等地及“八一”钢厂、油田、石化等企业培训了3000多名“一线创新工程师”，效果显著。今后，将加大“一线创新工程师培养”、知识产权巡讲等人才培养项目向新疆的倾斜力度。在全国优秀科技工作者、中国青年科技奖、中国青年女科学家奖、求是杰出青年奖等奖项评选工作中，重点向长期工作在新疆基层一线的各族优秀科技工作者倾斜。并积极向国家重点人才工程和国内外重大奖项推荐新疆科技工作者人选。进一步加大对新疆中青年科技人才培养、扶持力度。

（2）为新疆少数民族地区引进智力资源牵线搭桥。依托新疆重大科技项目、重要科研基地、成果转化企业示范基地，帮助引进新疆发展亟需的战略性人才和创新创业领军人才。重点加大“海智计划”向新疆的倾斜力度，帮助新疆创建一批海外人才离岸创业基地，大力引进海外人才和技术项目为新疆创新驱动发展服务。全国学会要尽快制定推荐相关领域顶尖专家“赴疆驻站”工作计划，为新疆招才引智、引入创新方法理论与实践经验，发挥应有作用。

（3）支援新疆科普人才队伍建设。帮助新疆培养造就结构优化、素质优良、具备较高专业水平和创新创业能力的科普人才队伍。大力培养新疆青少年科技辅导员和农村、城镇社区和企业的科普人才。加大力度推动科普专家和科普志愿者队伍建设，重点支撑新疆培养科普场馆建设运营、科普创作设计、科普融媒体传播、科普活动策划等方面的急需紧缺人才。大力开发和集成双语科普教材。加大培养科普双语师资力量的投入，为新疆民族地区干部群众学习科学知识、生产技能创造良好平台和条件。

五是支持新疆科协部门加强自身建设，提升服务能力。

（1）鼓励科协对口援疆单位充分利用各种资源，帮助受援方解决硬件建设中存在的具体困难。科协系统组织人事部门要积极为受援方尤其是基层干部创造到东中部发达省市培训学习、参观考察的机会，帮助他们拓展视野，进一步提升服务科技工作者的工作能力和水平。落实好新疆少数民族专业骨干特殊培养计划，在中国科协人才发展规划和干部教育培训规划实施过程中加大对新疆的倾斜力度。根据新疆科协和兵团科协提出的实际需要，开展专题培训工作。

（2）根据新疆需求，继续做好援疆干部的选派工作。在中国科协实施干部对口援疆以来，已从科协机关、直属单位选派多名干部赴疆挂职工作。今后将继续加大干部选派力度、创新援疆工作形式，大力支持新疆选派当地干部到对口援疆单位挂职锻炼，支持新疆维吾尔自治区科协和兵团科协选派干部到中国科协挂职锻炼。

三、健全机制，努力推动援疆科技增效工程取得实效

实施推进援疆科技增效工程是助力新疆创新驱动

发展，实现社会稳定和长治久安的重要举措。科协系统各对口援疆部门和单位，要高度重视，健全机制，发挥好各方积极性，协同配合、确保实效。

（1）加强组织领导，建立长效工作机制。中国科协已经成立了由书记处领导任组长，科协有关部门、直属单位负责同志为成员的援疆工作领导小组，负责制定中国科协对口援疆工作方案，指导全国学会和地方科协开展援疆工作，协调解决援疆工作有关重大事项。各援疆省市科协、全国学会要成立相应工作机构，做到责任到位、措施到位。各援疆省市科协要积极争取本地党委和政府对援疆科技增效工程的重视和支持，努力将援疆科技增效工作纳入本地援疆工作总体规划，并努力争取必要的经费保障和政策支持。

（2）周密部署，建立援疆措施执行保障机制。各支援方科协系统要会同新疆受援地区科协，进一步制定完善对口支援工作计划，细化和尽快签订对口支援工作协议。会后，各省市科协领导要去各自对口地市进行衔接，使对口支援工作有个坚实的起步和良好的开端。要积极组织动员有关企业、高校、科研院所等社会力量积极参加援疆科技增效工程，扩大社会参与面，提高实施效果。

（3）及时评估，建立考核评价机制。对援疆科技增效工程的实施进展情况要进行定期评估，并依照评估结果进行及时调整。要加强对援疆科技增效项目跟踪和督促，加强项目经费管理，提高资金使用效率，确保专款专用。中国科协将适时总结交流经验，宣传表彰对口援疆工作中涌现出的先进单位和个人。

同志们！对口支援新疆是党中央作出的重大战略决策。开展对口援疆科技增效工程，是新时期科协系统肩负的重要政治任务和光荣使命。我们一定要深入学习贯彻习近平总书记系列重要讲话精神，以中央党的群团工作会议精神为指引，按照党中央的统一部署和要求，进一步统一思想、凝聚共识，充分发挥全国科协系统的独特优势，为新疆实现社会稳定和长治久安，为实现中华民族伟大复兴的中国梦作出新的更大的贡献！

谢谢大家！

重要文件

中国科协办公厅关于学习贯彻党的十八届五中全会精神的通知

科协办发学字〔2015〕36号

各全国学会、协会、研究会：

党的十八届五中全会是在我国全面建成小康社会的决胜阶段召开的一次继往开来的重要会议，会议审议通过的《中共中央关于制定国民经济和社会发展第十三个五年规划的建议》，是我国全面建成小康社会的纲领性文件和行动指南。中国科协所属全国学会、协会、研究会（以下简称全国学会）要学习贯彻落实好党的十八届五中全会精神，特别是习近平总书记重要讲话精神，积极行动起来，主动投身到全面建成小康社会的伟大事业中来。

一、把学习贯彻好党的十八届五中全会精神作为当前一个阶段的重要政治任务抓紧抓好

各全国学会要积极行动起来，认真组织、深入学习党的十八届五中全会公报和《中共中央关于制定国民经济和社会发展第十三个五年规划的建议》，尤其是习近平总书记的重要讲话精神，深刻理解科学内涵和精神实质。要结合学会和科技工作者实际，深入研究学会贯彻落实党的十八届五中全会精神的具体措施，把学习贯彻落实党的十八届五中全会精神与学习习近平总书记系列重要讲话精神结合起来，与学习《中国共产党廉洁自律准则》和《中国共产党纪律处分条例》结合起来，与开展"三严三实"专题教育学习密切结合起来，真正用党的十八届五中全会精神特别是习近平总书记重要讲话精神统一思想，提高认识。

二、用党的十八届五中全会精神指导制定好学会事业发展"十三五"规划

各全国学会要深刻理解全面建成小康社会、实现"两个一百年"目标的重大战略意义，增强实现中华民族伟大复兴的中国梦的信心和决心，自觉将学会发展融入国民经济和社会发展第十三个五年规划的战略部署中，融入中国科协"十三五"事业发展规划中。准确把握、深刻理解、牢固树立并切实贯彻"创新、协调、绿色、开放、共享"的发展理念，自觉贯彻到学会事业发展规划制定的全过程，使学会"十三五"规划更加科学可行。要按照十八届五中全会关于创新驱动发展的战略部署，在更高的层次、以更广的视野来谋划学会工作，根据中国科协党组总体部署，加强谋篇布局，主动有所作为。要把学习贯彻党的十八届五中全会精神与贯彻落实党的中央群团工作会议精神结合起来，进一步加大改革力度，勇做走中国特色社会主义科技群团道路的先锋。

要始终牢记创新是引领发展的第一动力，人才是支撑发展的第一资源，自觉把创新摆在全面发展的核心位置，充分认识学会在创新驱动发展战略和国家治理体系现代化中的责任和使命，进一步增强责任感、使命感和紧迫感。积极组织本学科领域专家科技工作者对重大科技问题进行专门研究，围绕着实施一批国家重大科技项目、在重大创新领域组建一批国家实验室、提出并牵头组织国际大科学计划和大科学工程等重要任务，给党和国家提出切实可行的咨询建议。要继续深入实施好创新驱动助力工程，主动参与构建产业技术联盟，建立产业协同创新共同体，推动科技成果转化，推动跨行业协同创新，有效服务大众创业万众创新。要按照中央关于有序承接政府转移职能扩大试点工作的方案部署，组织研究深化科技体制改革的思路和方案，围绕着优化科技资源配置、科技评价体系建设、人才制度改革等问题，向党中央和国务院提出建议，向社会提供更加丰富多样的科技类公共服务产品，打造科技社团智库品牌，更好地服务党和政府科学决策。

三、进一步加强党的建设

突出和增强科协组织的政治性，必须加强党的领导特别是学会党建工作，通过强有力的学会党组织建设把科技工作者紧紧团结在党的周围，自觉坚定理想信念，对党绝对忠诚，在思想上、行动上与以习近平同志为总书记的党中央保持高度一致，严守党的政治纪律和政治规矩。各全国学会要以党的制度建设促进党的思想建设、组织建设、作风建设和反腐倡廉建设，巩固党在科技界的执政基础，把广大科技工作者紧密团结在以习近平同志为总书记的党中央周围，听党话、跟党走。要把学习贯彻好《中国共产党廉洁自律准则》和《中国共产党纪律处分条例》作为当前和今后一段时期学会工作的一项重要政治任务，切实提高广大党员干部严守党的纪律的主动性和自觉性。要按照《关于加强社会组织党的建设工作的意见（试行）》要求，明确学会党组织功能定位，着力扩大学会党组织的覆盖范围，始终把学会置于党的领导之下，增强学会党组织政治影响力，加强对科技工作者的思想引领，切实保持学会党组织和全体党员干部在思想上政治上的先进性和纯洁性，在制定实施学会“十三五”事业发展规划、组织助力创新驱动发展过程中发挥好党的领导核心作用。

请各全国学会认真组织学习贯彻党的十八届五中全会精神和习近平总书记重要讲话精神，将有关学习贯彻落实情况及时报告中国科协。

中国科协办公厅
2015年11月4日

中国科协印发《中国科协关于贯彻落实中央群团工作部署　加强和改进科协工作的意见》的通知

科协发调字〔2015〕25号

各全国学会、协会、研究会，各省、自治区、直辖市、副省级城市科协，新疆生产建设兵团科协：

《中国科协关于贯彻落实中央群团工作部署　加强和改进科协工作的意见》已经中国科协党组讨论通过。现印发给你们，请结合实际，认真贯彻落实。

中国科协
2015年3月25日

中国科协关于贯彻落实中央群团工作部署加强和改进科协工作的意见

为深入贯彻落实《中共中央关于加强和改进党的群团工作的意见》精神和习近平总书记系列重要讲话精神，坚定不移地走中国特色社会主义群团发展道路，充分发挥科协作为党和政府联系科技工作者的桥梁纽带作用，引导广大科技工作者在科技创新和经济建设主战场更加奋发有为，为实施创新驱动发展战略、实现“两个一百年”奋斗目标和中华民族伟大复兴中国梦提供强大科技和人才支撑，现就加强和改进科协工作提出如下意见。

一、充分认识加强和改进科协工作的重要性和紧迫性

实现“两个一百年”和中华民族伟大复兴中国梦的宏伟目标，根本上要靠包括科技工作者在内的全体人民的劳动、创造和奉献。科协是科技工作者的群众组织，是党领导下的人民团体，是党和政府联系科技工作者的桥梁和纽带。在新形势下，加强和改进科协工作，对引导科技工作者自觉践行社会主义核心价值观、牢固树立“三个自信”、不断增强党在科技界的执政基础，具有十分重大的意义。

当前，全球新一轮科技革命和产业变革正在孕育兴起，以科技创新为核心的综合国力竞争日趋激烈。我国经济发展进入新常态，加快实现从要素驱动向创新驱动的动力转换，培育和发展新的经济增长点，迫切需要把科学技术作为第一生产力的作用充分发挥出来，把科技工作者作为先进生产力开拓者和先进文化传播者的作用充分发挥出来，把科技社团作为国家创新体系重要组成部分的作用充分发挥出来。实施创新驱动发展战略，引领经济发展新常态，必须紧紧抓住党和政府联系科技工作者的桥梁纽带这个核心和关键，充分发挥科协群团组织优势，调动激发广大科技工作者的创新创业热情和创造活力，推动科技力量和资源的集成，推进协同创新，加速科技成果转化，助力经济转型升级。

长期以来，科协组织坚持以科技工作者为本，认真履行“三服务一加强”工作职能，着力促进科学技术的繁荣和发展，促进科学技术的普及和推广，促进科技人才的成长和提高，促进科学技术与经济的结合，广泛开展建科技工作者之家、交科技工作者之友工作，在畅通党和政府与科技工作者之间的双向沟通渠道、推动国家科技事业发展方面发挥了不可替代的独特作用。以习近平同志为总书记的党中央明确提出全面建成小康社会、全面深化改革、全面依法治国、全面从严治党的战略布局，确立了新形势下做好党和国家工作的战略目标和战略举措，为科协及所属学会改革发展指明了方向、提供了舞台。同时应该看到，与新形势新任务要求相比，科协工作仍存在许多不符合不适应的问题，主要表现在：对科协组织在党和国家“四个全面”战略布局中应担负职能和发挥作用的认识还不够充分，有些地方科协融入党委和政府工作大局不够，科协组织作用没有充分发挥出来，科协工作边缘化的问题突出；科协基层组织覆盖面不够，对基层一线科技工作者的凝聚力不强；科协工作机制和手段比较单一，与社会活动方式尤其是网络信息传播方式的发展要求相比还有不小差距，围绕中心、服务大局的能力亟待加强；有的科协组织及所属团体存在机关化、贵族化、娱乐化倾向，与广大科技工作者特别是基层一线科技工作者联系不紧、不亲的问题还比较突出。各级科协组织必须充分认识做好新形势下科协工作的重要性和紧迫性，全面提高水平，切实解决问题，充分发挥科协组织在全面建成小康社会、全面深化改革、全面依法治国、全面从严治党进程中的独特作用，不断开创科协工作新局面。

二、坚定不移地走中国特色社会主义群团发展道路

牢牢把握党的领导这一群团发展的核心和灵魂。坚持把自觉接受党的领导、团结服务科技工作者、依法依章程开展工作有机统一起来，认真学习领会中央重大部署和习近平总书记系列重要讲话精神，始终坚持正确的政治方向，把党的理论和路线方针政策贯彻落实到科协工作的各个环节，把广大科技工作者更加紧密地团结在以习近平同志为总书记的党中央周围，夯实党在科技界的执政基础。

不断强化党和政府联系科技工作者的桥梁纽带作用。充分发挥广泛联系科技工作者的组织优势和工作优势，引导科技工作者不断增强“三个自信”，在思想上政治上行动上坚决与以习近平同志为总书记的党中央保持高度一致。坚决克服机关化、贵族化、娱乐化倾向，深入开展“建家交友”活动，不断拓展党和政府同科技工作者之间的双向沟通渠道，大力宣传党的理论和路线方针政策，及时反映科技工作者的意见和呼声，让党放心，让科技工作者满意。

切实担负起围绕中心、服务大局的使命。强化大局意识和使命担当，紧紧围绕中国特色社会主义经济建设、政治建设、文化建设、社会建设、生态文明建设，围绕外交工作大局和祖国统一大业，找准工作的结合点和着力点，发挥优势，突出特色。组织引导广大科技工作者积极挺进科技创新和经济建设主战场，繁荣科技事业，助力创新驱动发展，促进科技与经济紧密结合，在适应和引领经济新常态中发挥生力军作用。

始终坚持服务科技工作者的工作主线。全面贯彻党的群众路线，努力为科技工作者提供优质高效服务，积极推动地方党委和政府制定有利于激发广大科技工作者创新创造活力的政策。不断强化以科技工作者为本的理念，心系广大科技工作者，全面了解创新创业一线的需求，不断丰富和发展为科技工作者服务的内容和手段，不懈坚持“建家交友”，不断增强科协组织的凝聚力和生命力。

坚持与时俱进、改革创新。努力适应新形势新任务新要求，加大改革力度、体现改革精神，不断增强发展活力和内生动力，在党和人民事业发展中勇担重任。以服务创新驱动发展为导向，不断创新工作思路、手段和机制，以活跃有效的学术交流激荡自主创新的源头活水，大胆进军科技创新和经济建设主战场，使科协工作紧跟时代，始终与党和人民事业同步前进，永不停滞，永不僵化。

坚持依法依章程独立自主开展工作。全面准确把握群团组织特点和工作规律，依照法律和章程独立自主开展工作，扎实推进国家治理体系和治理能力现代化。自觉强化法治思维和法治意识，坚持依法依章程开展工作，提高民主管理、民主办会能力，把广大科技工作者更加紧密地团结起来、更加广泛地动员起来、更加有效地组织起来。

三、在服务科技创新和经济建设的主战场更加奋发有为

促进学术交流，繁荣科学技术。坚持把学术交流作为科协组织服务创新驱动发展的主要抓手，不断提升学会的社会公信力和学术服务能力。坚持突出实效、培育品牌，积极搭建多形式、多层次的学术交流平台，着力提升学术期刊的质量和水平，积极组织好高水平的学术会议和论坛，鼓励跨学科、跨领域的交叉和融合，发挥学术团体在组织协调协同创新中的积极作用，保障科技工作者学术自由，努力营造良好的创新生态和浓厚的学术氛围。

发挥独特优势，引领学科进步。充分发挥科协组织学科齐全、资源丰富、人才汇聚的优势，关注、适应科技的新变化和社会的新需求，持续开展学科发展研究，准确把握学科发展态势和规律，深度解析重大科学问题，为明确科技发展的重点领域和突破方向、优化学科布局和科技资源配置、抢占科技发展制高点提出决策建议，支撑和引导国家发展战略。

助力创新驱动发展，推动国家创新体系建设。准确把握经济新常态下动力转换和创新驱动的关键环节，以创新驱动助力工程为载体，组织各级学会和学会联盟围绕经济转型升级发挥支撑引领作用。整合学会人才、技术资源，广泛连接企业、高校和高新区科协，建立互联互通的科技成果信息服务平台，促进产学研用有效对接。加强学会服务站、专家工作站、科技信息服务站建设，引导学会创新资源融入产业链，助力企业技术创新能力建设。

四、充分发挥科协组织联系服务科技工作者的关键独特作用

加强科技人才队伍建设，支持优秀科技人才脱颖而出。坚持党管人才原则，重视加强科技人才的政治思想引领和感情联系，做好团结、服务工作。推动完善科技人才培养举荐、评价发现、选拔使用、流动配置、激励保障机制，为创新人才脱颖而出创造条件、搭建平台。实施支持“小人物”脱颖成才的“育苗工程”，大力扶持青年优秀创新人才成长，帮助他们在科研资源配置、评价奖励、国际交流合作等方面得到持续稳定支持，让他们在创造力黄金时期作出突出业绩。加强基层科技人才队伍建设，鼓励他们在创新一线和经济建设主战场建功立业。发挥高层次专家在决策咨询和科学普及中的重要作用。

健全科技工作者状况调查制度，及时反映意见建议和呼声。建立完善深入实际、深入基层、深入广大科技工作者的长效机制，多层次、多方位、多渠道地开展调查研究，了解真实情况，既要及时准确宣传党的路线方针政策特别是科技创新相关政策，又要推动出台有利于激发科技工作者创新活力和创造热情的政策法规，为科技工作者提供优质高效的政策服务。建立经常化制度化规范化的科技工作者状况调查制度，及时了解和准确把握科技工作者的思想、工作状况，反映他们的共性合理诉求，推动解决科技工作者最关心最直接最现实的共性利益问题。

维护科技工作者合法权益，营造有利于创新创业的法治环境。积极做好科技相关法律法规和政策的宣传，引导广大科技工作者不断增强法律意识，在法律框架内大胆创新创业，加速科技成果转化，保障其合法的知识产权权益，实现其价值和抱负。引导广大科技工作者理性表达诉求、依法维护权益，通过法律程序、运用法律手段有效解决工作生活中遇到的政治权益、知识产权等各种问题，正确化解矛盾，依法解决问题。推动建立依法维护科技工作者权益的体制机制，畅通科技工作者利益协调、权益保障法律渠道，保障广大科技工作者的合法权益得到落实、不受侵犯。

大力推动对外民间科技交流，汇聚海外智力为国服务。发挥科协在促进对外民间科技合作与交流中的独特作用，创造条件鼓励我国科学家走出去，加强与国际科技界的交流与合作，推动我国更多优秀科学家到国际科技组织任职，不断增强我国科技界的国际影响力和话语权。发挥“海智计划”的平台作用，推进海外人才离岸创业基地建设，拓宽海外优秀人才来华创新创业的渠道，吸引动员更多海外优秀人才和团队来华创新创业。加强同港澳台地区科技工作者的协同创新，在紧密交流中增进情感联系，为实现中国梦汇聚起强大正能量。

五、充分发挥科协组织在公民科学素质建设中的牵头引领作用

深入实施全民科学素质行动计划纲要。积极推动党委和政府将公民科学素质建设目标和重点任务纳入相应工作规划和计划，支持科协履行《科学素质纲要》实施工作牵头部门职责，在组织、队伍、经费、设施等各方面给予保障，实现“十三五”期间全民科学素质达标率超过 10% 的目标。动员组织广大科技工作者和各类科普组织广泛开展群众性、社会性、经常性科普活动，支持有关社会组织和企事业单位开展科普活动，推动形成社会化科普工作新格局。

努力提高科普工作能力和水平。适应网络信息传播方式发展趋势，以科普信息化建设为龙头，充分运用互联网和先进信息技术，推动科普产品的深度研发、立体传播和广泛应用，积极用网、占网、建网，促进科技知识在网络和现实生活中广泛传播。发挥市场机制的作用，形成社会各方力量充分参与的工作机制和运营模式，进一步推动形成社会化科普工作新格局。

六、不断提高科协组织服务科学决策、民主决策的能力和水平

加强科技创新智库建设。认真落实党中央关于中国特色新型智库建设的部署，发挥好科协组织在科技战略、规划、布局、政策等方面的决策咨询作用，加大科技创新智库建设力度，努力成为创新引领、国家倚重、社会信任、国际知名的高端科技创新智库。围绕科技发展重大问题以及国家重大产业发展和区域发展战略，深入调查研究，提出有价值的对策建议。着眼于推动健全完善国家科技决策咨询制度，积极开展第三方创新评估，提高科学性、权威性，服务科学决策。

拓宽民主协商渠道。不断拓宽参与民主协商的渠道，与党委和政府有关部门建立定期沟通机制，加强决策之前和决策实施之中的协商。发挥政协科协界委员作用，围绕科技相关重大问题，积极开展界别协商和专题协商，探索开展人民团体协商，把科技工作者的个体智慧凝聚上升为有组织的集体智慧，为推进决策科学化、民主化贡献力量，推动国家治理体系和治理能力现代化。

七、推动科协组织在践行社会主义核心价值观中率先垂范

持续开展“作精神文明表率”活动。广泛开展中国特色社会主义和中国梦宣讲教育。充分发挥科技工作者在践行社会主义核心价值观中的示范带动作用，通过多种方式组织开展中国特色社会主义和中国梦宣讲教育，加强科学道德和学风建设，开展创新驱动发展战略宣讲活动，用富有时代特点和中国特色的社会主义核心价值观主导社会舆论、凝聚社会共识，激励广大科技工作者不断增强创新自信和创新创业热情。通过行之有效的措施，带领广大科技工作者作坚定理想信念的表率、践行社会主义核心价值观的表率、为国创新奉献的表率、思想道德建设的表率、尊法守法的表率、科学文化建设的表率。

宣传塑造一批科技界先进典型。把宣传老一辈科学家的高尚品质、科学成就和先进事迹作为弘扬科学精神、培育科学文化和创新文化的有力抓手，引导科技工作者坚定理想信念、树立“三个自信”，自觉践行社会主义核心价值观，努力成为爱国的公民、敬业的学者、诚信的同行、友善的专家。推出一批事迹突出的基层一线优秀科技工作者先进典型，帮助他们更快地从同行认可走向社会认可和政府认可，用他们的事迹作为激励科技创新的生动素材，讲好创新驱动发展的中国故事，塑造科技中国的良好形象。

八、全面推进学会深化改革和发展

创新学会治理结构和治理方式。把学会工作作为科协主体工作，大力推动学会建立健全现代法人治理结构和运行机制，指导推动所属学会健全规范章程和职能，自主治理、自主运行、自主发展，依法依章程办事。围绕战略性新兴产业和重大学科交叉前沿，支持学会联盟和专业学会群发展。针对科技社团特点，积极向有关部门提出开展分类管理的意见和建议，为学会发展提供良好的法规政策环境。

积极服务全面深化改革。围绕政府职能转变、科技体制改革、社会治理创新需求，指导学会积极稳妥有序承接政府转移职能，努力拓展社会服务领域，深入探索承接政府转移职能的有效途径和成熟模式，建立符合公共服务特点的运行机制和监管机制，树立一批“能负责、可问责”的先进典型，推动承接政府转移职能工作进入常态化、规范化、制度化的轨道，做到政府放心、社会认可、科技工作者满意。

加强学会党建工作。进一步加强学会党的组织建设，探索推动成立科技社团党工委，以党建带群建，扩大学会党的组织覆盖和工作覆盖。深入实施“党建强会”计划，树立学会党建活动品牌，充分发挥基层党组织的战斗堡垒作用和党员干部的先锋模范作用，不断增强政治保障能力。

九、切实加强科协组织建设

加强学会组织建设。重视发挥科协所属学会在促进社会和谐、推动社会治理中的作用，通过购买专业化服务等机制为它们参与科技相关社会事务创造条件、提供机会。加大会员发展力度，加强会员管理和服务，不断增强对科技工作者的吸引力和凝聚力。支持学会民主办会，发挥好会员代表大会、理事会、常务理事会的重要作用，不断增强组织发展能力和社会服务能力。

加强县级科协建设。推动县级党委和政府确保县级科协有独立机构建制和人员编制，并明确一位党委领导分管科协工作、一位政府领导联系科协工作，支持县级科协组织依法依章程开展工作，提供基本条件保障。省、市科协组织要加强对县级科协的业务指导，督促县级科协按时换届。发挥科协大团体的优势，将上级科协组织开展的活动向县级科协组织延伸，为县级科协开展工作提供支持和帮助。

加强基层组织建设。按照“哪里有科技工作者，科协工作就做到哪里；哪里科技工作者密集，科协组织就建到哪里；哪里有科协组织，建家交友活动就开展到哪里”的要求，联合有关部门统筹推进企业、园区、高校科协组织建设和农村专业技术协会建设，加强乡镇街道、农村社区科普组织建设，支持帮助它们发挥作用、产生影响，把更多的科技工作者吸引凝聚到科协基层组织中来，不断扩大覆盖面、提高影响力。

加强科协系统工作平台建设。发挥科协系统整体优势，以学会为主体，建设中国科技创新网，促进交流共享、加快成果转化；以大学科为依托，建设学会联盟和学会群；建设一批以学会为主导、官产学研用金紧密合作的协同创新共同体；建设全国科协基层组织网。全国学会和地方学会、各级科协之间要加强联系协作，上下联动，形成推动科协事业创新发展的强大合力。

广泛开展建家交友活动。深入开展“创建科技工作者之家、争当优秀科协工作者”活动，把加强党和政府同科技工作者的联系作为基本职责，把竭诚为科技工作者服务作为根本任务，把科技工作者是否满意作为衡量科协工作的主要标准，不断密切与广大科技工作者的思想沟通、情感交流和工作联系，努力让科协组织成为名副其实的“科技工作者之家”。建立科协干部直接联系科技工作者制度，与科技工作者广交朋友，从根本上解决科技工作者与科协组织联系不紧、不亲的问题，使每个科协及所属团体工作人员成为科技工作者可亲可信、知心知意的“科技工作者之友”。建立科技工作者评议制度，把科技工作者对科协组织的知晓面、参与度、受益率、满意度作为评价科协工作成效的重要标准，不断提高科技工作者对科协工作的参与率和认可率，增强科协组织对科技工作者的凝聚力、吸引力。

十、加强党的领导

健全完善党委领导的体制机制。积极争取党委和政府关心重视科协工作，加强对科协组织的领导和指导。定期向党委和政府汇报工作，在经费、人员、政策等方面积极争取支持。在党委领导下依照法律和章程独立自主地开展工作。及时向分管领导汇报阶段性工作，推动解决科协事业发展遇到的困难和问题，为科协开展工作、发挥作用积极创造条件、营造氛围。

提高科协工作保障水平。坚持“想事干、创新招、求人帮、重实效”的进取精神和积极主动的工作态度，以创新实干、奋发有为的实绩赢得党委和政府和有关部门的重视支持。争取政府加大对科协财政经费的投入力度，支持科协履行好“三服务一加强”工作职能，积极争取加强科普基本公共服务设施建设，加大对科协所属科技社团的支持和资助，将科技社团的学术活动纳入科技创新税收优惠政策范围，为科技社团提供有利的工作条件。

加强科协干部队伍建设。坚持党管干部原则，积极推举政治觉悟高、工作能力强的同志担任科协领导班子成员，优化科协领导班子结构，增强活力。关心科协干部成长，把群众工作能力和科技工作者认可度作为干部考核晋升的重要标准，推动加大科协系统与党政部门、企事业单位之间干部双向交流力度，调动科协干部谋事干事的积极性。坚持不懈地抓好科协组织的从严治党工作，履行好主体责任和监督责任，切实加强科协组织作风建设和党风廉政建设，健全防止和克服“四风”问题的长效机制，健全高效优质服务、廉洁清正干事的制度保障，建设一支高素质的干部队伍。

中国科协贯彻落实《中共中央办公厅　国务院办公厅关于印发〈中国科协所属学会有序承接政府转移职能扩大试点工作实施方案〉的通知》的意见

科协发学字〔2015〕60号

各全国学会、协会、研究会，各省、自治区、直辖市、副省级城市科协，新疆生产建设兵团科协：

为深入贯彻落实《中共中央办公厅　国务院办公厅关于印发〈中国科协所属学会有序承接政府转移职能扩大试点工作实施方案〉的通知》(厅字〔2015〕15号)(以下简称《方案》)精神，切实做好学会有序承接政府转移职能工作，提出工作指导意见。

一、深刻学习领会中央精神

推进学会有序承接政府转移职能，是中央围绕全面深化改革作出的重要部署，是科协系统落实党的十八届三中、四中全会精神的重要举措，是落实“四个全面”战略部署的重要任务，是加强和改进党的群团工作的突破口。全国学会、协会、研究会(以下简称全国学会)和各省、自治区、直辖市、副省级城市科协及新疆生产建设兵团科协(以下简称省级科协)要深刻学习领会，将贯彻落实《方案》与学习贯彻习近平总书记系列重要讲话精神结合起来，统一思想，提高认识，抓住学会改革发展的历史机遇，积极承接政府转移的科技类社会化公共服务职能，拓展服务领域，提升学会能力，扩大社会影响，服务改革大局。

二、扎实完成各项试点任务

纳入扩大试点工作的全国学会，要切实增强作为改革先锋队的责任感、使命感和紧迫感，把承接政府转移职能作为学会当前第一位的工作，抓紧、抓好、抓实。要把探索新途径、积累新经验作为重要任务，突出问题导向，深化改革探索，不断向全面深化改革的“主战场”“深水区”推进。要把创新可负责、可问责的工作机制作为重要任务，制定中国科协所属学会承接政府转移科技评估、工程技术领域职业资格认定、技术标准制定、国家科技奖励推荐等四类分职能领域操作规范，促进“行政职能”向“社会化公共服务职能”的制度机制改造，努力形成可复制、可推广的经验模式。要切实按照《方案》要求，在中国科协

和有关政府部门的指导监督下，以高度负责的态度，积极主动、求真务实、不折不扣、全力以赴落实推进，努力在2015年底完成扩大试点工作，向中央、向广大科技工作者交上满意的答卷。

三、统筹推进承接工作

全国学会要认真梳理本学会的优势领域，明确本学会开展承接政府转移职能工作的总体安排和目标任务。要主动与政府有关行政管理部门汇报沟通，积极争取和承接政府转移职能和政府购买服务工作。省级科协要参照《方案》要求，参考分职能领域操作规范，因地制宜地研究和编制推进所属省级学会和市级科协有序承接政府转移职能工作的总体规划。要密切关注本地区简政放权的内容步骤，主动向同级党委政府汇报，与政府有关行政管理部门对接，围绕区域深化改革需要，部署开展各类试点，只能进不能退，只能扩不能缩，力争让更多学会参与、涉及更多项目、纳入更多类型，探索形成更多模式案例。

四、着力提升学会创新和服务能力

全国学会和省级科协要以能力建设支撑政府转移职能的有序承接，以承接工作促进学会创新和服务能力提升。要以改革创新为动力，着力提升学会服务科技创新、服务社会发展与科学决策、服务科技工作者成长提高的能力，推动学会发展壮大。要把学会治理结构和治理机制改革作为能力建设的核心内容，在承接政府转移职能工作实践中，深化学会组织体制与管理方式改革，创新工作机制，增强学会活力，加快推进办事机构实体化、职业化、专业化进程。要加强学会党的建设，坚持依法依规、照章办事，建立健全现代法人治理结构和运行机制。

五、坚决避免“红顶中介”和“二政府”现象

全国学会和省级科协要树立责任意识和公共服务理念，发挥学会特色和优势，坚决避免“红顶中介”“二政府”现象，严防借机敛财和乱收费、乱摊派等行为。参与转接工作的学会要具备履职能力和条件，在工作中要严格按照有关政策法规和制度要求，遵照分职能领域操作规范，主动接受有关政府部门和社会监督，不抢跑、不拔高，不断章取义，不跑调走偏，确保承接政府转移职能工作稳妥有序进行，真正取得实效。

六、积极宣传强化引导

全国学会和省级科协要采取多种形式，积极宣传学会有序承接政府转移职能的改革亮点、经验模式和典型案例，扩大工作影响，树立良好形象。要主动将有关工作的标准、程序、过程和结果公开或公示，接受社会监督。要加强舆情监测和信息收集，引导媒体准确解读学会承接政府转移职能工作的指导方针和内容，让社会更加充分地了解科技社团开展科技类社会化公共服务的独特优势，为全面深化改革营造良好舆论环境，提供有力舆论支持。

各省级科协2015年10月底前，要将贯彻落实《方案》的有关情况和文件报中国科协推进学会有序承接政府转移职能领导小组办公室。

中国科协
2015年7月17日

中国科协　国资委
关于加强国有企业科协组织建设的意见

科协发计字〔2015〕27号

各省、自治区、直辖市、副省级城市科协、国资委，新疆生产建设兵团科协、国资委，各中央企业：

为深入贯彻党的十八大和十八届三中、四中全会精神和习近平总书记系列重要讲话精神，认真贯彻落实《中共中央、国务院关于深化科技体制改革　加快国家创新体系建设的意见》和《中共中央关于加强和改进党的群团工作的意见》，充分调动和激发企业科技人员创新热情和创造活力，大力实施创新驱动发展战略，着力提升企业自主创新能力和科技人才成长提高，增强企业科协组织的凝聚力和号召力，中国科协、国资委决定，就加强国有企业科协组织建设工作提出如下意见。

一、加强国有企业科协组织建设的重要意义

（1）加强企业科协组织建设，是推动企业成为技术创新主体的重要举措。国有企业是国民经济的重要支柱和技术创新的骨干力量，科技工作者密集，科技资源丰富，技术设备先进，肩负着发展经济、造福人民、回报社会、保障民生等重要使命。企业科协是企业科技工作者的群众组织，是推动企业科技进步和技术创新的重要力量。大力加强企业科协组织建设，是更好地贯彻落实中央关于全面深化改革、推动企业成为技术创新主体的重要举措，符合党中央关于“哪里有科技工作者，科协工作就做到哪里；哪里科技工作者密集，科协组织就建到哪里；哪里建立起科协组织，建家交友活动就开展到哪里”的工作要求。

（2）加强企业科协组织建设，是充分调动广大企业科技工作者积极性和创造性的重要保证。国有企业科协是服务企业科技创新发展的群众组织，是企业党组织和管理决策层联系企业科技工作者的桥梁和纽带，是团结、凝聚企业科技人员力量的坚强阵地。企业科协工作是对主体科技工作的补充和丰富，在企业建立和发展科协组织，努力建设好“企业科技工作者之家”，是党的群众工作和科技工作的需要。有利于团结和动员企业科技工作者投身经济建设主战场，最广泛、最充分地调动他们的积极性和创造性，更好地把企业科技人员的聪明才智与增强企业自主创新能力结合起来。

（3）加强企业科协组织建设，有利于发挥企业和科技社团各自优势。组织开展学术研讨和技术交流活动，帮助企业准确把握科技前沿和产业技术动向；有利于搭建企业与科研院所、各类高校之间合作交流平台，加强协同创新；有利于促进科技资源开放共享，促进科技成果传播转化，推动科学技术普及，提高员工科学素质；有利于落实党的人才政策，举荐和培养企业优秀科技人才，做好知识产权工作，维护科技工作者的合法权益，培育良好的创新文化氛围。

（4）加强企业科协组织建设，要以邓小平理论、“三个代表”重要思想和科学发展观为指导，深入贯彻党的十八大和十八届三中、四中全会精神，贯彻落实习近平总书记系列重要讲话精神，围绕实施创新驱动发展战略、全面深化改革的重大部署，坚持服务企业技术创新、服务企业科技工作者、服务企业员工科学素质提高，大力促进科技创新要素向企业集聚，大力促进科技与经济相结合，为加快建设创新型国家作出积极贡献。

二、国有企业科协的主要任务

（1）深化“讲理想、比创新、比贡献”活动。“讲理想、比创新、比贡献”活动（以下简称“讲、比”活动），是中国科协、发展改革委、科技部、国资委和全国总工会联合在企业中广泛开展的一项企业群众性技术创新活动。要大力组织企业科技人员开展群众性技术创新竞赛活动，充分激发企业科技人员的创新热情，实现国家需要、社会进步、企业发展、个人成长的有机统一。新时期，要不断创新“讲、比”活动内容和方式；大力组织开展创新竞赛及合理化建议，鼓励开展小设计、小革新、小发明、小创造、小论文等活动，不断拓展“讲、比”活动工作内容；要逐步完善活动管理办法、考核评估办法，健全“讲、比”活动工作制度。

（2）开展学术交流。围绕企业战略目标和产业转型升级，紧跟国际科技前沿，帮助企业科技工作者了解最新科技信息，把握国际国内产业科技发展趋势。引入优质学术资源，不断扩大学术交流的层次和范围，举办学术交流论坛，搭建跨行业、跨学科、跨地域的学术交流平台和技术传播平台，破解企业技术创新难题，活跃学术思想，激发创新灵感。

（3）搭建创新平台。建立与学会、科研院所间的产学研用协作机制，构建以企业为主导、市场为导向、产学研用相结合的创新体系，发挥组织优势，促进产学研用深度融合，解决企业发展的重大技术难题，切实推动企业科技成果转化和应用。建立健全依托学会、科研院所、企业科协的科技支撑体系，把科技人才引入企业。帮助企业科技工作者加入相关科技团体，不断拓宽他们的学术视野、增强他们的学术能力。

（4）开放科普资源。充分发挥国有企业在产品研发、科普设施、宣讲人才等方面的优势，将企业经营活动与科普活动有机结合起来，面向公众开展开放式科普。整合科普资源，建立区域合作机制，逐步形成一定范围内科普资源互通共享的格局，提高企业科普资源的利用率。要把开展科普活动与履行企业社会责任结合起来，将开展具有企业特色的科普活动作为企业社会形象展示的重要窗口，把企业产品和服务的社会附加值充分挖掘出来，使企业能够享受科普活动带来的经济价值和社会价值的双丰收。

（5）广交科技人才。认真履行企业科协职责，畅通企业党组织、企业负责人与企业科技工作者之间的联系，广建科技工作者之家、广交科技工作者之友，及时了解企业科技工作者的思想、工作和生活状况，积极反映他们的建议、意见和诉求，维护他们的合法权益，帮助他们解决实际问题。动员和组织科技工作者围绕企业发展，积极参加评估论证、建言献策，推动企业决策科学化、民主化。向企业科技工作者宣传企业发展战略和工作部署，激励企业科技工作者把实现企业发展目标转化为自觉行动，真正把企业科协建设成为有归属感、荣誉感、使命感的群众组织。

三、国有企业科协组织建设的方法措施

（1）坚持组织建设模式创新。要根据国有企业的地区分布、行业特点、规模大小、科技人员数量等，分别采取单独组建、区域联建、行业统建、依托组建等多种方式成立企业科协。科技人员总数达到100人以上（含100人）、条件成熟的企业，应单独组建科协组织。中小企业集中的区域，要根据企业的所属行业分布情况，采取区域联建、行业统建等方式成立科协组织。高新技术开发区和经济技术开发区所在区域，要采取单独组建和依托园区组建等方式，实现龙头企业辐射产业上下游企业，实现园区科协组织的全覆盖。

（2）坚持以活动促进组织建设。围绕企业转型升级实现创新驱动发展、为科研生产一线科技人员成长提供服务，是企业科协组织的职责所在。要通过为企业搭建学会服务站、院士专家工作站、企会协作创新联盟、“海智计划”基地等多种形式的服务载体，促进产学研协同创新，以活动促进企业科协组织建设，不断扩大科协的组织覆盖和工作覆盖。

（3）坚持科协工作联系点制度。对未建立科协组织的企业、园区，要充分发挥科协工作联系点制度的作用，选择确定企业科协工作指导员和联络员，确保科协工作的覆盖；对已经建立科协组织的企业、园区等，各级地方科协、国资委要加强联络和服务，指导已建立的企业科协组织发挥好服务功能。

（4）坚持典型示范带动。要深入调查研究，及时总结经验，充分挖掘企业科协组织建设的先进典型；要充分发挥先进典型的示范引领带动作用，加强宣传和表彰，营造良好的舆论氛围，积极推动企业科协组织建设迈上新台阶。

四、加强组织领导

（1）中国科协及各级科协应加强对企业科协工作的宏观指导、制定企业科协组织建设的总体规划、积极研究探索不同类型企业的科协组织体制机制。国务院国资委及各级国资委应推动所监管企业积极发挥国有企业在创新驱动发展中的主力军作用，支持企业科协开展工作。

（2）各级科协和国资委要指导推动企业加强企业科协、园区科协组织建设，健全工作机制，搭建工作平台，指导企业科协开展工作。加强与企业联系，积极争取企业领导对企业科协工作支持。加大对企业科协工作的扶持力度，帮助优化政策环境，在活动安排以及项目申报、评选表彰、经费支持等方面予以倾斜支持。

（3）企业要重视和支持科协工作，定期听取科协工作汇报。企业有关科技工作的重要决策、重大项目的确定、技术改造和技术职称的评定等工作，要吸收科协组织参与，听取科协组织的意见。支持科协组织独立自主地开展活动，为企业科协开展工作创造有利条件，提供必要的经费、办公设施和场所。企业要将科协组织建设工作纳入相关单位和个人的工作考核内容，并对工作成效显著的单位和个人给予表彰。

（4）企业科协要加强自身规范化建设，切实提高服务企业科技工作者的能力和服务企业技术创新的能力。要制定年度工作计划，明确工作目标，健全工作制度。企业科协专兼职干部要加强学习，勤奋工作，不断提高政治素质和业务能力。

中国科协　国资委

2015年4月13日

中国科协　教育部
关于加强高等学校科协工作的意见

科协发组字〔2015〕1号

各省、自治区、直辖市科协、教育厅（教委），新疆生产建设兵团科协、教育局，各高等学校：

为深入贯彻党的十八大和十八届三中、四中全会精神，落实中央关于教育工作、科技工作和科协工作的指示精神，充分发挥高等学校科学技术协会（以下简称高校科协）在推动科学技术创新、促进教育事业发展中的作用，提升高校科技工作和服务经济社会的水平，增强科协组织的凝聚力和影响力，推动高校科协工作开展，现就加强高校科协工作提出如下意见。

一、高校科协工作的重要意义和指导思想

高校担负着培养人才、创新科技、服务社会和传承文化的使命，科技工作者密集，科技资源丰富，是我国教育和科研中心，是国家科技创新体系的重要组成部分。科协是科技工作者的群众组织，是党领导下的人民团体，是党和政府联系科技工作者的桥梁和纽带，是国家推动科技事业发展的重要力量，承担着为经济社会发展服务、为提高全民科学素质服务、为科技工作者服务的职能。

加强高校科协工作，是实施《国家中长期教育改革和发展规划纲要（2010—2020年）》、调动高校科技人员的积极性和创造性、完善高校治理结构、深化高校管理改革的具体举措，符合中央书记处提出的“哪里有科技工作者，科协工作就做到哪里；哪里科技工作者密集，科协组织就建到哪里；哪里有科协组织，建家交友活动就开展到哪里”的要求。

加强高校科协工作，有利于发挥高校和科协两方面的组织优势，建设科技工作者之家，做好党的群众工作；有利于推动高校学术交流，激发师生创新活力，提高科研水平，加强协同创新，发展国家科技事业；有利于促进科技资源开放共享，促进科技成果传播转化，推动科学技术普及，提升高校科技创新能力和服务经济社会发展能力，提高全民科学素质；有利于落实党的各项人才政策，举荐和培养高校优秀科技人才，做好知识产权工作，维护科技工作者的合法权益，培育良好的科学文化和学术氛围。

高校科协工作要坚持以邓小平理论、“三个代表”重要思想和科学发展观为指导，坚持科学技术是第一生产力的思想，坚持科教兴国、人才强国和创新驱动发展战略，以提升能力建设为保障，以服务科技创新为重点，为高校教育事业和科技工作服务，为高校科技工作者服务，为提升全民科学素质服务，促进高校与社会、科研与生产、科技与经济的结合，为加快建设创新型国家作出积极贡献。

高校科协在高校党委领导下开展工作，贯彻党的教育方针和科技工作方针，坚持民主办会原则，坚持大联合、大协作的工作方式。建立高校科协应按照新时期党对教育工作、科技工作、科协工作的要求，根据高校的工作实际，充分依靠高校科技工作者，遵循积极稳妥的方针，积极做好引导和动员工作，加快高校科协组织的建立，支持高校科协开展工作、发挥作用、科学发展。

二、高校科协的主要任务

（1）推动学术交流与合作。充分发挥高校学科覆盖面广、科技资源丰富的优势，积极配合科技管理部门，开展跨院系、跨学科、跨领域的学术交流活动，活跃学术思想，促进交叉学科和边缘科学的发展。促进高校之间、高校与其他科研机构、企业之间的交流合作。拓宽国际学术交流渠道，丰富交流形式，帮助高校科技工作者追踪和掌握世界科技发展的方向、趋势，推动高校教育和科研的发展。引导组织高校科技工作者围绕国家创新体系建设中的关键问题和经济社会发展中的热点难点问题，组织开展决策咨询，促进科技成果转化。

（2）开展科学技术普及活动。贯彻《全民科学素质行动计划纲要》，组织师生面向公众开展科学技术普及活动。运用高校科普资源，开放实验室、标本室、博物馆、实验示范基地等场所，面向公众普及科学知识。组织师生参与科技周、科普日、科普征文、科普报告、科普创作等活动。整合大学生科普志愿者、科普宣讲团、校内科技社团等力量，深入社区、农村、企业、学校开展科普服务。

（3）举荐和培养优秀科技人才。鼓励老科技工作者发扬甘为人梯的精神，发挥“传、帮、带”作用；不拘一格选拔青年科技人才，鼓励青年科技人才勇挑重担，支持他们上大舞台、干大事业。配合挂靠在高校的全国和省级、市级学会（协会、研究会）开展工作，支持高校科技工作者加入学术团体，为高校科技工作者参加学术交流活动搭建平台、提供服务。组织高校科技工作者参加“中国科协会员日”等活动，举荐优秀科技人才参加科技奖项的评选表彰，挖掘和宣传高校科技人才中的先进典型。加强与高校科技工作者联系，及时反映科技工作者的建议、意见和诉求。

（4）加强科学道德和学风建设宣讲教育。组织高校德才双馨的院士、教师，按照社会主义核心价值体系的要求，向本科生、研究生、青年教师进行科学道德和学风建设宣讲教育，引导其遵守学术规范，坚守学术诚信，完善学术人格，维护学术尊严，摒弃学术不端行为，强化诚信意识和社会责任，弘扬高尚的科学道德，培养优良的科学精神，倡导严谨求实的科学态度，营造健康和谐的科研环境。

（5）指导学生科技实践活动。指导大学生科协、研究生科协开展活动，鼓励和引导学生崇尚科学，支持和组织在校生参加课外学术科技活动，指导在校生参与科研工作，组织中学生到大学参加“青少年科学营”“中学生英才计划”等特色科技实践活动，提升学生科技素质，培养科技后备力量。

三、高校科协的组织建设和工作机制

高校科协是中国科协的基层组织，高校成立科协组织，须承认《中国科学技术协会章程》，应拥有一定数量的科技工作者，具备独立负责地开展工作的条件，有适合做科协工作的人选，并经高校党的隶属关系所在地科协批准成立，成为其团体会员并接受其业务指导。

高校科协会员（代表）大会和它选举产生的委员会是高校科协的领导机构。会员（代表）大会一般每三至五年召开一次，委员会会议每年召开一次。会员（代表）大会闭会期间，委员会领导高校科协工作。委员会设主席一人，副主席若干人，主席、副主席应由校级领导或知名专家担任。根据需要，高校科协可设立常务委员会，常务委员会会议每年召开一至两次。

高校科协会员由团体会员和个人会员构成。高校建立的大学生科协、研究生科协、青年教师科协、离退休教师科协以及高校院系建立的科协组织等，为高校科协的团体会员。在高校工作的各级科协所属学会（协会、研究会）会员，可自然成为高校科协个人会员；具有中级以上专业技术职务的教学、科研、科技管理人员，可成为高校科协个人会员。会员的入会程序和会员的权利、义务，由高校科协根据高校实际情况规定。

高校科协的办事机构为秘书处，在委员会的领导下开展工作。秘书处设在高校科研管理部门。秘书处一般应设秘书长 1 人，主持秘书处的日常工作，可由科研管理部门负责人兼任。秘书长人选由主席提名，经委员会或常务委员会审议通过。

四、加强对高校科协的组织领导

中国科协、教育部重视并鼓励高校成立科协组织，加强对高校科协工作的指导，充分发挥中国科协常委会组织建设专门委员会和教育部科学技术委员会对高校科协相关工作的咨询作用，发挥中国科协组织人事部、教育部科技司等有关职能部门统筹协调、具体指导的作用。积极研究探索不同类型高校科协的组织体制、运行机制和活动方式，坚持分类指导，推动高校科协科学发展。总结工作经验，推广先进典型，解决存在的问题，营造高校科协良好的工作局面。

省（区、市）科协和教育行政部门要把加强高校科协组织建设、推动高校科协工作开展作为重要工作，明确分管高校科协工作的职能部门，健全工作机制，搭建工作平台，指导高校科协开展工作。加强与高校联系，积极争取高校领导和相关部门对高校科协工作支持。高校数量较多且高校科协数量较多的省（区、市），可以建立高校科协联合组织，由高校领导或知名专家担任负责人，在省（区、市）科协和教育行政部门指导下开展工作，推动高校科协更好地发挥作用。

高校党委和行政领导班子应重视和支持高校科协组织建设和发展，支持科技工作者密集的高校建立科协组织，开展科协工作。高校科协专兼职干部要加强学习，勤奋工作，不断提高政治素质和业务能力。

中国科协　教育部

2015 年 1 月 4 日

中国科学技术协会　教育部
国家新闻出版广电总局　中国科学院
中国工程院关于准确把握科技期刊在学术评价中作用的若干意见

科协发学字〔2015〕83 号

为贯彻落实党的十八大和十八届三中、四中、五中全会精神，更好地服务国家的创新驱动发展战略，推动我国科技发展和学术繁荣，进一步提高我国科技期刊的学术质量、学术影响力和国际竞争力，合理引导科技工作者科研成果传播行为，不断优化学术生态，现就准确把握科技期刊在学术评价中的作用提出以下意见。

一、充分认识科技期刊及其在学术评价中的独特作用

（1）科技期刊是原始创新的重要平台。科技期刊是科研成果集中记录和交流传播的基本载体，是发现和培养科技人才的重要手段，也是国家科技软实力的重要标志，在推动科技创新和国家创新体系建设中发挥着十分重要的作用。近年来，随着国家科技投入持续加大、科研水平不断提高和出版事业的快速发展，我国科技期刊取得了长足发展，学术水平、总体质量和国际认知度不断提升，为推动我国科技发展和学术创新作出了突出贡献。但科技期刊在国家创新体系中的功能定位还不够清晰，在论文学术质量、信息传播时效性以及市场竞争力等方面与发达国家相比尚存在一定差距，在学术评价中还存在着标准单一化、程序程式化、方法简单化、方式机械化的现象。进一步加强我国科技期刊建设，提升科技期刊服务创新驱动发展战略的能力，是新时期我国科技期刊和全社会面临的一项十分重要的任务。

（2）学术评价是科技期刊的一项基本功能。科技期刊是科技发展和学科建设的风向标，是学术交流的主渠道，具有科研成果记录保存、传播交流、评议审核的重要功能。科技期刊通过同行评议判断科研成果的学术水平和创新价值，是对科研成果的一种客观检验，是科技工作者获得同行认可、学术认定和社会认同的重要途径。合理使用科技期刊的学术评价功能，既要充分重视科技期刊与论文的特殊作用，又要防止出现唯期刊、唯论文的倾向，避免科技期刊学术交流与学术评价功能的失衡。恰当运用评价指标和评价方法，遵循科学、合理、公正的原则，坚持评价标准多元性、评价指标科学性、评价体系综合性、评价过程严谨性和评价结果可靠性。

二、准确把握科技期刊在学术评价中的功能定位

（1）坚持科技期刊对科研成果的首发作用。积极鼓励我国科技工作者与国际学术界开展平等的学术交流，强化在国际学术活动中的话语权。大力支持我国各类公共资金资助的优秀科研成果优先在我国中英文科技期刊上发表，便于国内学术界第一时间获取和利用，着力解决我国科研成果在国外科技期刊发表后带来的知识产权、使用权、传播权等问题，增强我国科技期刊在国际学术界的地位。探索建立科研机构和科研资助机构对重要的核心科研成果在我国科技期刊上发表的管理机制，并作为项目结题验收和考核评价的必要条件。

（2）发挥科技期刊在学术评价中的把关作用。进一步完善同行专家评议机制，形成公正、客观、严格、规范的论文质量控制体系，在编辑出版环节杜绝学术不端行为的发生，从源头上严把论文评审关口，确保学术评价的科学性、权威性和公信力。发挥同行专家特别是小同行专家的质量控制作用，切实提升审稿质量和审稿效率。倡导专家学者参与办刊和出版工作，努力引进、吸收一批既精通学科领域专业知识、又熟悉科技期刊发展规律的科学家，进入期刊编委会和审稿队伍，参与办刊方向的确定、主题策划、内容审议等重大办刊活动。

（3）增强科技期刊在学术发展中的推动作用。科技期刊客观记录科研过程和科研成果，展示科技人员创新能力和智慧结晶，具有启迪科学思想、发挥科研潜力、提高科研效率的重要作用。要加强内容策划和约稿组稿，及时把握前沿科技信息和学科发展动态，及时发现和发表科学前沿的创新成果，及时评述有突破性、创造性、建树性的学术新观点、新理论、新成就，引导科研方向，激励发明创造，推动学术创新，促进创新人才成长，为建设创新型国家提供人才和智力支撑。

（4）加强科技期刊在学术传播中的主导作用。科技期刊联结并推动科技创新从生产到传播的各个环节，要积极参与本学科领域的国内外重要学术活动，有机嵌入科学研究的全过程。积极应用新技术、新媒体、新手段，强化科技期刊数字出版和网络传播，探索新型出版方式，推动传统出版和新兴出版融合发展，提高对科研成果与信息的传播质量和传播效率。大力推进将科研成果在发表的一定期限内存储到开放的公共知识库，实现科研成果的公共利益最大化。加快出版业态的迁移和变革，实现从传统出版传媒向现代出版传媒的战略转型，推动科技期刊从编辑出版向知识服务转变。

（5）把握科技期刊在学术伦理中的监控作用。充分发挥科技期刊在学术出版全过程的预警、监督和纠错功能，加强对学术不端行为的抵制和惩戒，完善学术诚信制度，维护良好的学术秩序。强化期刊的自律行为，建立期刊伦理规范，使科技期刊成为倡导科学道德和优良学风、荟萃优秀成果、培育优秀人才的净土沃土。期刊出版单位和数据库收录机构要采取先进的技术手段和严格的制度，优化遴选程序，强化期刊和论文的质量监控机制，保障期刊的编辑质量和出版质量。进一步建立完善期刊主管、主办、出版单位、数据库收录机构、科研管理部门等多方参与、有效防控学术不端行为的责任体系和诚信制度，及时发现并严肃处理伪造、篡改、抄袭、剽窃、代写代发等学术不端行为，采取撤稿和公开通报等多种惩戒措施，并记录到作者个人的学术诚信档案。加强对期刊出版机构和人员队伍的管理，落实科技论文发表过程中的保密审查制度，保障国家战略利益和信息安全。

三、大力营造科技期刊可持续发展的良好氛围

（1）加强科技期刊人才队伍建设。进一步完善教育培训、评价考核等制度，加强编辑出版专业技术人员的职业资格认证和准入机制，改善编辑队伍的学科结构、学历结构和能力结构，吸收有较好的学科背景或科研经历的人员充实编辑出版队伍。建立体现编辑出版职业特点的晋升晋级和职业发展通道，形成能进能出的人才流动机制。建立不同层次和类型的期刊编辑与出版奖励制度，形成有吸引力的薪酬制度和绩效考核评价与激励体系，激发科技期刊编辑爱岗敬业的

职业精神和创新能力。支持和鼓励期刊编辑深入科研一线，走向实验室和学术会场，实现由文字编辑向科学编辑的转变，努力建设一支学术视野广阔、办刊理念先进、专业基础扎实、管理运营能力强的复合型科技期刊编辑出版人才队伍。

（2）建立健全公正合理的学术评价体系。积极推动学术评价制度改革，建立健全代表性成果评价制度，采取定性评价与定量评价相结合的评价办法，改变各类学术评价中片面规定期刊等级和论文数量等简单化、绝对化的做法。将期刊论文评价与期刊评价适度分离，将中文期刊评价与外文期刊评价适度分离，客观认识和对待国外的期刊评价系统，把握学术评价的主动权。建立针对不同期刊、不同主体、不同需求的个性化和创新性的分类评价体系，针对不同学科的教学、科研和技术人员的特点，实行期刊论文与其他多种科研成果相结合的多元评价方法。重视科研成果的创新意义和应用价值，弱化学术评价中的功利色彩，从重视期刊论文的数量向重视科研成果的质量转变，从看重所发表论文的期刊国别、影响因子和期刊等级向看重论文本身的创新性和社会价值转变。定期开展中国科技期刊优秀论文评选活动，吸引国内外优秀科研成果在我国科技期刊上发表，推进我国科技期刊快速健康发展。

（3）加大对科技期刊的扶持力度。有关部门应加大对科技期刊的支持力度，协同推进，形成合力，对科技期刊给予必要的条件保障，并将对期刊的支持力度和效果作为本单位考核评估的重要内容。重视精品科技期刊建设，大力推进中国科技期刊国际影响力提升计划，打造一批在专业学科领域具有较强学术影响力的一流中文科技期刊和一批具有国际竞争力的外文科技期刊。进一步深化体制机制改革，积极稳妥推进不具有独立法人资格的科技期刊编辑部体制改革，促进我国科技期刊的健康持续发展。高校、科研机构、学协会等相关单位要加强学术评价制度与机制改革，增强学术评价的正面引导和创新激励作用，建立自由宽松的科研学术环境，引导和培养科研人员的内在科研动机。充分发挥科学共同体在学术评价中的主体作用，杜绝学术评价中非学术因素的干预。

中国科学技术协会　教育部
国家新闻出版广电总局　中国科学院
中国工程院
2015 年 11 月 3 日

中国科协　中国邮政储蓄银行
关于加快推进“银会合作”的通知

科协发计字〔2015〕71 号

各省、自治区、直辖市科协，新疆生产建设兵团科协，中国邮政储蓄银行各一级分行：

为贯彻落实中共中央《关于全面深化农村改革加快推进农业现代化的若干意见》、国务院办公厅《关于金融支持小微企业发展的实施意见》文件精神，按照银会双方签署的《合作框架协议书》以及全国推进“银会合作”工作现场会的工作要求，经中国科协与中国邮政储蓄银行共同研究决定，在全国进一步加快推进“银会合作”工作，现将有关事项通知如下：

一、明确合作目标

由各级科协为邮储银行推荐会员客户，邮储银行在未来三年内对全国 12 万个基层农技协授信总额为 500 亿元（见附件），用以提高农业生产经营专业化、标准化、规模化、集约化水平，形成科技与金融共同引导、推进“三农”发展的良好局面。双方建立定期跟踪机制，对业务发展情况进行通报。对业务发展较好的机构，可在原授信额度基础上增加授信额度。

二、明确重点服务对象

各级科协和邮储银行要重点做好农户、新型农业经营主体、小微企业的服务，支持农技协会员开展适度规模经营。特别是对中国科协、财政部“科普惠农兴村计划”奖补的农技协、科普示范基地、农村科普带头人等作为重点服务对象加以支持。由科协加强农业技术普及，推进先进农业科技的运用及推广；由邮储银行加强金融支持，提供小额贷款、新型农业经营主体贷款等产品，解决农业生产经营的技术问题和资金问题。同时，双方将努力把创新驱动示范市打造成为合作的典型范本，围绕重要产业、重点项目，取得突破、作出特色，形成可供推广和复制的模式。

三、创新服务方式

一是推进科技奖励资金的有效使用，与贷款担保、贴息政策相结合。银会双方要联合向政府部门沟通汇报合作方案和合作情况，努力争取更多的科技奖励资金。各级科协、农技协要积极促进科技奖励资金使用方式的多样化，将科技奖励资金转为向协会会员提供担保或贴息。各级邮储银行要加强调研，掌握辖内农技协会员的金融服务需求，通过优化业务流程、创新担保模式、调整产品要素、丰富产品类型等方式提升金融服务效率和服务质量。

二是开展送科技、金融知识下乡活动。各级科协、农技协与邮储银行要密切配合，将科技知识和金融知识打包，积极开展送知识上门活动。通过开展科普及金融知识培训、技术及业务指导、发放科普及金融读物、举办科普及金融展览等形式，不断提升农户科学素质，提高农村地区的金融服务水平。

三是共建农村诚信信用体系。双方共同在农村地区开展信用体系建设活动，鼓励诚实守信意识，倡导良好信用环境。各级科协、农技协要充分发挥组织优势，形成互相监督、互相促进的良好氛围。各级邮储银行要积极开展信用村镇建设，并将会员的诚信情况及时通报给对应层级的科协、农技协。双方共同推行信用奖惩机制，对诚实守信客户予以简化流程、贷款贴息、利率优惠、吸纳入会等一系列优惠政策，对失信客户严厉进行惩处，不再享受银会合作下的服务。

四、加强合作保障

一是加强组织领导。各级科协、农技协和邮储银行要认真学习中国科协与邮储银行总行签订的合作框架协议书，贯彻落实双方银会合作工作现场会会议精神，及时跟进，主动联系，搭建好合作平台，要把银会合作列入重大议事日程。已实现对接的机构，要做好日常营销宣传、业务管理等工作，要协调合作，共同协调解决合作过程中存在的问题。尚未启动合作的机构，要抓住总部签约及银会合作现场工作会契机，尽快搭建起合作平台，实现对农技协会员的批量服务。

二是建立沟通协调机制。各级科协、农技协要主动向各级邮储银行提供掌握的会员信息，沟通会员的金融需求情况；各级邮储银行要主动向各级科协、农技协介绍服务“三农”、小微企业的情况和思路，以及可提供的产品和服务。双方共同研究具有地方特色的银会合作方案，力争为农技协会员提供针对性的服务。在日常合作中，各级科协、农技协和邮储银行要建立沟通协调会商机制，明确合作的工作目标、任务及措施，定期对合作的情况进行梳理和总结，共同解决合作中遇到的困难和问题。双方要主动向地方党委政府汇报银会合作进展情况，在地方党委政府指导下，共同研究解决基层农技协会员培育及金融服务支持方面的问题。

三是培育典型案例，开展宣传引导。各级科协、农技协及邮储银行均要安排专人跟踪掌握辖内银会合作的进展情况，不断探索和总结好经验、好做法，与社会主流新闻媒体进行沟通交流，加强引导、宣传与推广。要将好的案例、典型经验在全辖范围内推广。中国科协、中国农技协、邮储银行总行要协助各级科协、农技协和邮储银行做好宣传工作。

五、做好风险控制

各级科协、农技协要定期对推荐给邮储银行会员的生产经营情况进行考察，若出现可能影响贷款偿还的风险信号，各级科协、农技协应及时告知邮储银行，共同对会员进行帮扶。各级邮储银行要定期对银会合作发放的贷款进行风险检查，做好重点行业的监测和风险预警。在业务推进过程中，双方要坚持风控优先的原则，循序渐进、稳步发展，确保合作质量。

附件：邮储银行支持农技协授信额度分配表

中国科协　中国邮政储蓄银行
2015 年 8 月 26 日

附件

邮储银行支持农技协授信额度分配表

省份名称	2014 年农技协数量（个）	授信额度（万元）
四川省	10913	515000
山东省	8682	400000
河南省	8285	400000
黑龙江省	7531	300000
云南省	6617	300000
甘肃省	6173	300000
辽宁省（含：大连市）	5868（含：大连市 120 个）	200000（含：大连市 10000）
江苏省	5396	200000
山西省	4626	200000
陕西省	4574	200000
湖南省	4300	210000
安徽省	3816	190000
湖北省	3565	170000
广西壮族自治区	3393	160000

续表

省份名称	2014 年农技协数量（个）	授信额度（万元）
内蒙古自治区	3126	150000
河北省	3097	150000
贵州省	2786	120000
吉林省	2694	130000
江西省	2598	120000
新疆维吾尔自治区	2306	110000
福建省（含：厦门市）	2191（含：厦门市 1 个）	100000（含：厦门市 40）
浙江省	1964	90000
重庆市	1829	90000
广东省	1391	60000
宁夏回族自治区	959	40000
海南省	448	20000
新疆生产建设兵团	308	15000
北京市	305	15000
西藏自治区	263	15000
青海省	242	10000
天津市	171	10000
上海市	25	10000
合计	120000	5000000

注：2014 年各省农技协数量来源于《中国科协统计年鉴（2015）》。

中国科协　国家民委印发《关于组织实施“援疆科技增效工程”的意见》的通知

科协发计字〔2015〕86 号

各有关全国学会、协会、研究会，各对口援疆省（直辖市）、计划单列市科协、民委，新疆维吾尔自治区科协、民委，新疆生产建设兵团科协、民委：

为深入贯彻落实第二次中央新疆工作座谈会、第五次全国对口支援新疆工作会议精神和《中共中央关于进一步维护新疆社会稳定和实现长治久安的意见》，充分发挥科协和民委系统的特点和优势，为促进新疆民族团结、社会稳定和长治久安，提供坚强有力的人才、技术和公民科学素质保障，现将《关于组织实施“援疆科技增效工程”的意见》印发给你们，请结合实际，认真组织实施。

中国科协　国家民委

2015 年 11 月 5 日

关于组织实施“援疆科技增效工程”的意见

为深入贯彻落实第二次中央新疆工作座谈会、第五次全国对口支援新疆工作会议精神和《中共中央关于进一步维护新疆社会稳定和实现长治久安的意见》，充分发挥科协和民委系统的特点和优势，为促进新疆民族团结、社会稳定和长治久安，提供坚强有力的人才、技术和公民科学素质保障。中国科协、国家民委决定联合组织实施“援疆科技增效工程”，现提出以下意见。

一、总体要求

（1）重要意义。对口支援新疆是党中央从战略全局作出的重大决策。做好对口援疆工作是科协组织应肩负的重要政治责任和重大历史使命。组织实施“援疆科技增效工程”是全面提升新疆公民科学素质、去除宗教极端思想影响的迫切需要；是大力促进新疆科技进步、民生改善的迫切需要；是加快推动新疆经济社会发展、维护社会稳定和长治久安的迫切需要。

（2）主要目标。着力提升援疆项目的科技含量，全面加强科普资源、优秀科技人才、前沿科技信息、先进优势产业等方面对新疆的支援，充分发挥科技创新“倍增器”的作用，大力提高新疆地区全民科学素质，大力提升新疆科技创新和成果转化能力，大力培养新疆创新型人才队伍，为新疆社会稳定和长治久安作出新贡献。

二、重点工作

（1）拓宽新疆科普渠道、平台。要大力提高新疆各族人民特别是青少年的科学意识和科学精神，抵制宗教极端思想，充分发挥科普工作在维护地区安全稳定中的重要作用。要充分运用中国科协已有网络平台、传播渠道传播少数民族语言文字科普资源，扩大科普影响力。重点以建设“科普新疆”信息化平台，推动新疆科普全媒体传播渠道、平台建设，支持新疆提升科普信息化水平。针对新疆实际需求，在中国科协科普项目规划中，帮助新疆着力打造一批手段先进、具有传播力公信力影响力的新型科技传播主流媒介。

（2）加大对新疆青少年科学素质提升的支持力度。大力支持新疆地区青少年高校科学营活动、青少年科技创新大赛等科技创新活动，实施青少年科技创新拔尖人才培养计划。在全国青少年高校科学营活动中，增加新疆高中生特别是少数民族学生的参加名额。定期组织青少年科技教育专家进疆开展科技传播和师资培训活动，支持新疆科技特色学校和科普示范社区青少年科学工作室内容建设。支持新疆与周边国家和港澳台开展青少年科技交流和科技竞赛等活动。

（3）加大对新疆的科普项目支持和投入。“十三五”期间，要进一步加大“科普惠农兴村计划”和“社区科普益民计划”等项目的投入和支持力度，通过科普项目支持等举措，切实提高新疆广大群众的科技意识和信科技、学科技、用科技的积极性和主动性。

（4）支持新疆科普资源和设施建设。“十三五”期间，争取在新疆地区实现科普大篷车、流动科技馆的全覆盖。安排中国科技馆和19个对口援疆省市科技馆系统，为新疆科技馆和受援地科技馆提供科普资源支持，特别是要为新疆制作针对抵御极端宗教思想和适于新疆地区的科教片。积极推进新疆全区农村中小学科技馆建设工作。19个对口援疆省（市）在所对口支援的县（市）至少支持建设一个科普信息化的社区和中学。支持指导新疆双语科普资源（含数字科普资源）开发工作，支持新疆实施《知识—力量》等少数民族语言文字科普杂志在乡村、社区、学校、宗教场所全覆盖。定期更新科普中国微平台维语专区。

（5）支持新疆实施“创新驱动助力工程”。围绕新疆建设丝绸之路经济带核心区的目标，助推新疆成为中亚地区具有重要影响力和辐射力的科技中心。围绕新疆能源丰富特点，积极组织相关全国学会广泛开展产学研用合作和科技成果转化，推动新型综合能源基地建设。围绕新疆生产建设兵团大力推进城镇化、新型工业化、农业现代化建设的目标，重点聚焦化工新材料、纺织、食品、能源、建材、农业装备等支柱产业发展，推动节水灌溉示范、现代农业示范、农业机械化推广“三大基地”建设，助力兵团从“屯垦戍边”向“建城戍边”转变。进一步扩大实施覆盖面，发挥试点示范效应，大力支持新疆各地州市实施创新驱动助力工程。

（6）为新疆加强企业技术创新、成果转化搭建平台。“十三五”期间，在新疆高新技术企业、高新技术产业园区、经济开发区、产业集群中培育一批示范性专家工作站、学会服务站和成果转化服务中心，吸引高端人才创新创业，切实提高企业技术创新能力。发挥全国学会、企业人才和科技工作者各自优势，帮助新疆培育一批跨学科、跨地域的产学研创新平台，共同承接和实施国家和省部级科研项目，共同促进科技研发和成果转化。加大支持新疆开展“科技信息推广应用”项目的力度，为企业创新发展提供科技信息服务。继续支持新疆“企业创新专家支持平台”建设，通过提供技术保障，提供行业关键核心共性技术信息库，加速新疆企业科技新成果的推广应用。

（7）支持新疆实施学会创新和服务能力提升工程。动员组织全国学会在新疆举办各类学术交流活动，推动新疆学术繁荣与学科发展。全国学会、19个对口援疆省市科协要有计划安排自治区学会干部跟班学习、考察交流，帮助提升学会发展能力。指导新疆科协和兵团科协积极稳妥地推动学会承接政府职能，重点支持新疆地区学会开展决策咨询、科技评价、科技奖励、技术标准规范制定、专业技术人员职业水平评价和继续教育培训、技术鉴定等方面工作，为提升学会能力，促进新疆科技进步、经济发展发挥作用。

（8）支持新疆提高决策咨询工作水平。继续支持新疆“天山南北院士行”等主题科技活动。引导鼓励内地和新疆的科技工作者，组建跨学科、具有综合科技咨询能力的团队，围绕新疆产业转型升级、城镇化、生态保护等方面关系民生、社会关注的重大问题、热点问题开展决策咨询，为党委、政府制定新疆发展规划和科学决策提供参考。对口援疆省市科协要组织专家到对口市州和县进行咨询、辅导和培训。

（9）支持新疆充分发挥科普在实施“一带一路”战略中的辐射作用。支持新疆地区在实施“一带一路”战略中将科普工作辐射到中亚地区。重点支持克拉玛依市的科技馆、青少年科技活动中心等设施在现有基础上提升水平，将“科技节”活动打造成国家品牌、辐射到中亚各国，使其成为在实施“一带一路”战略中具有国际影响力的重要科技活动基地。

（10）着力搭建科技创新创业和就业平台。19个对口援疆省市科协要与受援地科协、政府部门、学校建立创业、就业协作机制，积极提供内地就业机会。协同新疆教育、民委等有关部门，积极帮助新疆做好少数民族群众的就业培训工作。对口援疆省市科协要每

年定期组织内地科技工作者、专家，对新疆少数民族地区科技工作者开展科技就业、创业与科技岗位技能方面的培训，切实提升他们就业、创业、科技执业的能力。北京、上海、天津及有条件的中部省市，每年至少组织两次新疆基层科技工作者培训班，重点是举办少数民族科技工作者的培训班，采用请过来、走进去等多种方式培训帮扶。

（11）加强农村科技服务体系建设。支持新疆农村专业技术协会的发展壮大，把农户、农技协、龙头企业组织起来，从技术的联合、培训、推广、示范，到生产经营的联合体，加快农民脱贫致富步伐。大力发展农村科技服务中介机构，提高农村科技服务信息化水平和农业生产组织化水平。积极为新疆各级农技协发展搭建融资服务平台。

（12）提高民生科技创新能力和服务水平。要以新疆地区人口健康、防灾减灾、公共安全、安全生产、山地城镇交通规划建设等重大民生科技问题为核心，加强科技研发和集成示范，同时发动全国学会、企业科协，针对发展新疆民生科技，联合举办主题学术论坛、报告会、技术交流会，搭建民生科技研究交流平台，促进新疆民生科技创新，服务民生科技成果转化，促进新疆各族人民生活水平和生活质量的提高。

（13）为新疆优秀科技人才提供更多脱颖而出的机会。要重点帮助新疆培养一批扎根于新疆的优秀科技创新团队和科技人才，特别是乡土技术人才。加大“一线创新工程师培养”、知识产权巡讲等人才培养项目向新疆的倾斜力度。在全国优秀科技工作者、中国青年科技奖、中国青年女科学家奖、中国科协求是杰出青年奖等奖项评选工作中，侧重向长期工作在新疆基层一线的优秀科技工作者倾斜。要积极向国家重点人才工程和国内外重大奖项等推荐新疆科技工作者人选，进一步加大对新疆中青年科技人才培养、扶持力度，鼓励科技工作者扎根边疆，创新创业。

（14）为新疆少数民族地区引进智力资源牵线搭桥。依托新疆重大科技项目、重要科研基地、成果转化企业示范基地，帮助引进新疆发展急需的战略性人才和创新创业领军人才。重点加大“海智计划”向新疆的倾斜力度，大力引进海外人才和技术项目为新疆创新驱动发展服务。全国学会要尽快制定推荐相关领域顶尖专家“赴疆驻站”工作计划，为新疆招才引智、引入创新方法理论与实践经验，发挥应有作用。

（15）加强新疆科普人才队伍建设。帮助新疆培养造就结构优化、素质优良、具备较高专业水平和创新创业能力的科普人才队伍。大力培养新疆青少年科技辅导员和农村、城镇社区和企业的科普人才。加大力度推动科普专家和科普志愿者队伍建设，重点支撑新疆培养科普场馆建设运营、科普创作设计、科普融媒体传播、科普活动策划等方面的急需人才。大力开发和集成双语科普教材。加大培养科普双语师资力量的投入，为新疆民族地区干部群众学习科学知识、生产技能创造良好平台和条件。

（16）鼓励科协对口援疆单位充分利用各种资源，帮助受援方做好干部培训工作。要积极为受援方，尤其是基层科协干部创造到东中部发达省市培训学习、参观考察的机会，帮助他们拓展视野，进一步提升服务科技工作者的能力和水平。在中国科协人才发展规划和干部教育培训规划实施过程中加大对新疆的倾斜力度。根据新疆科协和兵团科协提出的实际需要，开展专题培训工作。

（17）根据新疆需求，继续做好援疆干部的选派工作。继续加大干部选派力度，选派政治素质高、业务能力强的科协干部，到新疆对口支援、挂职锻炼。支持新疆科协和兵团科协选派干部到中国科协和有关省市科协挂职锻炼。

三、组织保障

（1）加强组织领导。对口援疆省市科协、民委要积极争取当地党委政府对“科技援疆增效工程”的重视和支持，加强对“科技援疆增效工程”的领导，将科技援疆增效任务纳入当地援疆工作总体规划，争取必要的经费保障和政策支持。受援地要积极主动做好配合工作，建立健全与对口支援相适应的组织领导机制和责任机制，确保对接工作有序进行。

（2）建立长效机制。各级科协、民委要发挥自身特色和优势，加强科技援疆增效工作与其他部门援疆工作的协调配合和协作分工，形成紧密结合、协同推进的良好格局。积极鼓励支持有关企业、高校、科研院所等社会力量参加科技援疆增效工作，扩大科技援疆增效工作的社会参与面，提高实施效果。

（3）建立考评机制。对援疆科技增效工程的实施进展情况要进行定期评估，并按照评估结果进行及时调整。要加强对援疆科技增效项目的跟踪和督促，加强项目经费管理，提高资金使用效率，确保专款专用。中国科协和国家民委将适时总结交流经验，宣传表彰对口援疆工作中涌现出的先进集体和个人。

中国科协　中宣部　财政部
关于全国科技馆免费开放的通知

科协发普字〔2015〕20号

各省、自治区、直辖市、计划单列市科协、党委宣传部、财政厅（局），新疆生产建设兵团科协、党委宣传部、财务局：

为贯彻落实党的十八大提出的“普及科学知识，弘扬科学精神，提高全民科学素养”精神，充分发挥科技馆在提高公民科学素质中的重要作用，深入实施全民科学素质行动计划，积极培育和践行社会主义核心价值观，现就全国科技馆免费开放工作有关事宜通知如下。

一、科技馆免费开放的重要意义

科技馆是普及科学技术知识、倡导科学方法、传播科学思想、弘扬科学精神、提高全民科学素质的重要公共设施。推动科技馆免费开放，是全面贯彻落实党的十八大精神，向公众提供公平均等科普公共服务的重要内容，对于提高我国全民科学素质，丰富人民群众精神文化生活，建设创新型国家、文化强国、美丽中国，推进社会主义核心价值观建设具有重大意义。

各地区、各有关部门要统一思想，提高认识，积极行动，切实把科技馆免费开放工作做实、做细、做好，为公众提供更多、更好的科普公共产品和服务。

二、科技馆免费开放的工作原则

（一）分步实施，逐步完善

把推进科技馆免费开放作为改善文化民生、丰富城乡基层人民群众精神文化生活的重要任务，立足长远发展，分步实施，逐步健全完善科技馆基本公共服务项目，增强科技馆公共科普服务能力。

（二）坚持公益，保障基本

科技馆免费开放是国家的重要惠民举措。对与科技馆功能相适应、体现科技馆特点的基本科普公共服务项目，实行免费开放。对于非基本服务项目，要坚持公益性，降低收费标准，不得以营利为目的。

（三）深化改革，创新机制

要按照中央关于推进事业单位分类改革的总体部署，推动科技馆管理体制和运行机制创新，改进内部管理，创新服务方式，提高运营效率。以免费开放为重要契机，加强科技馆能力建设和制度建设，促进服务能力明显提高，为提高全民科学素质发挥重要作用。

（四）统筹协调，分工负责

中国科协、中宣部、财政部共同推动科技馆免费开放工作。中国科协主要负责组织实施和业务指导；中宣部负责统筹指导，协调各有关部门解决推进免费开放工作中的重大问题；财政部主要负责安排中央财政补助资金。各地和各有关部门积极组织实施，加强对免费开放工作方案的制度设计和科学研究，保证免费开放工作有序开展。

（五）扩大宣传，树立形象

免费开放的根本目的是保证广大公众享有科普公共服务的权益。各级宣传部门要充分发挥职能，联合各级科协加强科技馆免费开放的宣传工作，通过形式多样的宣传，吸引更多公众走进科技馆，了解科技馆的功能和作用，积极参与科技馆的活动，享受更多更好的科普公共服务，同时树立科技馆的良好社会形象。

三、科技馆免费开放的实施范围和实施步骤

（一）科技馆免费开放的实施范围

免费开放的科技馆应是科协系统所属的具备基本常设展览和教育活动条件，并配套有一定的观众服务功能，能够正常开展科普工作，符合国家有关规划并由相关部门批准立项建设的县级（含）以上公益性科技馆。

（二）科技馆免费开放的实施步骤

2015年，结合科技馆的运行状态，原则上常设展厅面积1000平方米以上，符合免费开放实施范围的科技馆实行免费开放。

2016年以后，鼓励和推动符合免费开放实施范围的其他科技馆实行免费开放。

四、科技馆免费开放的内容和要求

（一）科技馆免费开放的内容

科技馆免费开放的科普公共服务内容主要包括：

（1）常设展厅等公共科普展教项目。

（2）科普讲座、科普论坛、科普巡展活动等基本科普服务项目。

（3）体现基本科普公共服务的相关讲解、科技教育活动，以及卫生、寄存、参观指引材料等基本服务项目。

（二）科技馆免费开放的要求

（1）取消常设展厅的门票收费。

（2）取消科普讲座、科普报告等活动的门票收费。

（3）取消辅助性服务如参观指南、卫生设施、物品寄存及休息查阅等服务收费。

（4）降低非基本科普公共服务的收费，如特效影院、高端培训、餐饮、纪念品销售等。

（5）维护好科技馆的公益性质，不得以拍卖、租赁等任何形式改变科技馆常设展厅用途。

（6）加大免费开放的宣传力度，在当地主流媒体公示免费开放内容，扩大免费开放知晓度，吸引广大公众参观。

（7）加强在窗口接待、导引标识系统、资料提供以及内容讲解等方面提供优质服务。

（8）制定免费开放后应对突发事件的应急预案和处置机制，充分考虑免费开放后观众量短时间内急剧增加，对科技馆的管理、运行造成的巨大压力，科学测定科技馆的接待能力，建立每日参观人数总量控制和疏导制度，确保免费开放后的公众安全、资源安全及设施设备安全。

五、科技馆免费开放的保障机制

（一）加强组织保障

在各级党委、政府的领导下，各级科协、各级宣传和财政部门要加强对科技馆免费开放工作的组织领导，将科技馆免费开放作为提高公民科学素质的重要举措，纳入公共文化服务体系建设，纳入重要议事日程。要建立统筹协调、密切配合、分工协作的工作机制，及时制定各地科技馆免费开放工作方案，做好科技馆免费开放的组织实施和管理工作。

（二）建立完善经费保障机制

各级财政部门要将科技馆免费开放所需经费纳入财政预算，切实予以保障。中央财政安排补助资金，对地方科技馆免费开放所需资金给予补助，主要用于科技馆免费开放门票收入减少部分、绩效考核奖励、运行保障增量部分、展品更新等方面。地方财政部门要承担相应职责，保障当地科技馆免费开放的资金投入。

（三）建立完善绩效考核制度

各级科协、各级宣传部门和财政部门分别侧重从社会服务、资金使用、运行管理等方面，对各单位免费开放实施情况进行督促检查和考评，提高经费管理水平和资金使用效益，同时对免费开放中出现的问题和困难及时沟通并协调解决。中国科协、中宣部、财政部对绩效考核为优秀的科技馆进行表扬和奖励，支持其进一步提升服务能力。

（四）加强管理，完善科普公共服务功能

各地要按照《科普基础设施发展规划（2008—2010—2015）》和《科学技术馆建设标准》的有关要求，积极推动当地科技馆的健康发展，避免超标建设，不断规范展教内容，明确管理要求，整合业务流程，合理调配资源，转变运行方式，提高服务效能。应准确把握免费开放后公众及其科普需求呈现出多层次、多方面、多样式的特点，根据实际情况制定各科技馆的免费开放运行管理办法，不断拓展服务领域、方式和手段，全面增强科普辐射力，提供更加人性化的科普公共服务设施和项目，促进科技馆科普公共服务能力的提升。

中国科协　中宣部　财政部
2015 年 3 月 4 日

中国科协　财政部关于公布 2015 年“基层科普行动计划”奖补单位和个人的通知

科协发普字〔2015〕49 号

各省（自治区、直辖市）科协、财政厅（局），新疆生产建设兵团科协、财务局：

为贯彻党的十八大和十八届三中、四中全会精神，落实《全民科学素质行动计划纲要（2006—2010—2020 年）》，充分发挥基层科普组织和带头人的引领示范作用，激发广大群众学科学、用科学的积极性和创新热情，提高城乡居民科学文化素质，助力社会主义新农村和社会主义和谐社区建设，中国科协、财政部 2015 年继续联合实施“基层科普行动计划”。经过推荐、评审，中国科协、财政部决定，2015“基层科普行动计划”对北京市平谷区大华山镇大桃产销协会等 962 个农村专业技术协会、北京绿菜园科普示范基地（延庆县）等 386 个农村科普示范基地、王合亮等 558 名农村科普带头人、河北省平泉县少数民族科普工作队等 5 个少数民族科普工作队、北京市朝阳区来广营地区清苑路第一社区等 500 个科普示范社区进行奖补。

希望受奖补的单位和个人再接再厉，通过实施“基层科普行动计划”，进一步发挥辐射带动作用，引导和帮助更多的农民和社区居民建立起科学、文明、健康的生产和生活方式，激发广大公众创新创造热情，提高科学文化素质，让科普公共服务持续惠及广大基层群众。

各地科协和财政部门要大力宣传受奖补单位和个人的事迹，发挥好奖补对象的引领示范作用，提升基层科普组织和个人科普服务能力和水平，完善基层科普工作长效机制。广大基层科普组织要积极实施“基层科普行动计划”，创新科普工作内容、形式和方法，激发全社会创新创业的活力，为农业现代化和助力城镇化发展、服务创新驱动发展战略、全面建成小康社会作出更大贡献。

附件：2015 年“基层科普行动计划”奖补单位和个人名单

中国科协　财政部

2015 年 6 月 9 日

附件

2015 年“基层科普行动计划”奖补单位和个人名单

（一）农村专业技术协会（962 个）

1 北京市平谷区大华山镇大桃产销协会
2 北京市房山区张坊镇蜜蜂产业协会
3 天津市宁河县神农棉花协会
4 河北省石家庄市新乐市无公害蔬菜种植协会
5 河北省石家庄市元氏县全蝎养殖协会
6 河北省承德市承德县上谷乡养猪协会
7 河北省张家口市崇礼县石窑子乡种养业联合总会
8 河北省秦皇岛市昌黎县朱各庄镇大白菜协会
9 河北省唐山市乐亭县唐健果菜产业协会
10 河北省保定市顺平县新优果品产业协会
11 河北省邯郸市大名县肉羊养殖协会
12 河北省沧州市河间市柴鸡散养协会
13 河北省邢台市临西县润华蔬菜技术协会
14 河北省衡水市武邑县衡洲蔬菜种植协会
15 河北省景县颜兴特色农业种植技术协会
16 河北省涿州市填鸭养殖协会
17 河北省石家庄市井陉县生态农业研发协会
18 河北省唐山市迁西县休闲农业协会
19 河北省石家庄市赞皇县养蜂协会
20 河北省衡水市冀州市经济作物研究推广协会
21 河北省石家庄市晋州市高丰果业藏储行业协会
22 河北省廊坊市大城县枣粮间作科技协会
23 河北省唐山市滦南县方陈生猪养殖协会
24 河北省邢台市沙河市农业技术推广协会
25 河北省邯郸市邱县农业产业技术服务协会
26 河北省沧州市沧县枣树研究会
27 河北省石家庄市灵寿县养鸡协会
28 河北省沧州市盐山县兴林养猪协会
29 河北省唐山市开平区北湖养殖协会
30 河北省承德市丰宁满族自治县农民合作经济组织联合会
31 河北省沧州市青县生态源野猪养殖协会
32 河北省保定市易县中药材种植行业协会
33 河北省廊坊市固安县鲜桃产业协会
34 河北省唐山市玉田县林头屯乡无公害果菜协会
35 河北省邯郸市永年县果蔬农技服务协会
36 河北省邢台市任县盛世兴农农村服务协会
37 河北省衡水市枣强县泰农养猪服务协会
38 河北省张家口市张北县兴农食用菌农民专业协会
39 河北省秦皇岛市卢龙县蔬菜行业发展联合会
40 河北省石家庄市栾城区食用菌技术研究会
41 河北省石家庄市藁城区葡萄协会
42 河北省廊坊市永清县蔬菜协会
43 河北省张家口市涿鹿县葡萄协会
44 河北省定州市大鹿庄乡农业技术推广协会
45 河北省邢台市绿野枣业研究协会
46 山西省太原市古交市果药农协会
47 山西省大同市新荣区精耘畜禽养殖专业协会
48 山西省朔州市怀仁县蔬菜协会
49 山西省忻州市忻府区甘薯专业协会
50 山西省吕梁市兴县黑茶山林牧协会
51 山西省晋中市太谷县小王堡养猪协会
52 山西省阳泉市平定县科普惠农服务协会
53 山西省长治市长子县夏阳白菜种植营销协会
54 山西省运城市永济市侯孟科技协会
55 山西省临汾市蒲县马铃薯协会
56 山西省临汾市侯马市卫农乐种植科技服务协会
57 山西省临汾市古县中药材发展协会
58 山西省长治市黎城县洪井乡核桃种植协会
59 山西省晋中市介休市蜂业协会
60 山西省运城市万荣县果业科技协会
61 山西省太原市小店区蔬菜协会
62 山西省大同市浑源县恒丰农业技术推广与应用研究协会
63 山西省忻州市静乐县波尔山羊协会
64 山西省吕梁市临县牧民养殖业协会
65 山西省晋城市阳城县小杂粮协会
66 山西省晋中市左权县山里香小杂粮协会
67 山西省长治市郊区崔漳中药材种植协会
68 山西省临汾市大宁县名特优农产品协会
69 山西省晋中市榆次区水果玉米种植协会
70 山西省晋中市寿阳县养麦协会
71 山西省长治市襄垣县养羊产业协会
72 山西省临汾市洪洞县药材种植技术协会
73 山西省太原市清徐县拔奎村葡萄协会
74 山西省朔州市山阴县蔬菜产业协会
75 山西省朔州市山阴县油桃种植协会
76 山西省运城市临猗县昌荣核桃协会
77 山西省运城市万荣县养鹿协会
78 山西省运城市芮城县韩国梨协会
79 山西省长治市长子县蔬菜产销协会
80 山西省长治市沁县林木种苗花卉协会
81 山西省阳泉市盂县种子推广协会
82 山西省阳泉市平定县娘子关金禾种养协会

83 山西省长治市武乡县养羊协会
84 山西省长治市潞城市成家川办事处旱地西红柿专业技术协会
85 山西省长治市沁源县信义核桃种植协会
86 山西省吕梁市石楼县惠农养猪协会
87 山西省吕梁市方山县峪口镇蔬菜协会
88 山西省晋中市昔阳县晓宇养鸡协会
89 山西省晋中市榆社县云湖残疾人养殖协会
90 山西省晋中市左权县绵核桃产业协会
91 山西省临汾市乡宁县智民中蜂养殖产业协会
92 山西省晋城市高平市蜂业协会
93 山西省临汾市浮山县振东辣椒协会
94 山西省忻州市定襄县经济作物协会
95 山西省运城市万荣县养鸡协会
96 山西省运城市新绛县旭旭养猪协会
97 山西省阳泉市平定益牧养猪协会
98 山西省长治市壶关县农林产品技术协会
99 山西省晋城市陵川县养羊协会
100 山西省吕梁市文水县石安葫芦种植加工协会
101 内蒙古自治区呼和浩特市武川县宝川丰农业技术协会
102 内蒙古自治区呼伦贝尔市扎兰屯市野生绿色沙果产业协会（扎兰屯市）
103 内蒙古自治区包头市固阳县启源种养殖专业技术协会
104 内蒙古自治区鄂尔多斯市东胜区折家梁活畜交易种养殖协会
105 内蒙古自治区呼伦贝尔市鄂温克族自治旗伊敏苏木萨嘎淋养牛协会
106 内蒙古自治区兴安盟科尔沁右翼中旗永和土鸡养殖专业技术协会
107 内蒙古自治区通辽市扎鲁特旗巴彦塔拉苏木太平山无公害蔬菜协会
108 内蒙古自治区兴安盟科尔沁右翼前旗额尔格图镇好田嘎查肉羊养殖专业技术协会
109 内蒙古自治区呼伦贝尔市额尔古纳市兴旺家畜饲养协会
110 内蒙古自治区通辽市科尔沁左翼中旗巴彦塔拉镇南巴村珍禽养殖协会
111 内蒙古自治区赤峰市巴林右旗萨如拉育肥牛羊养殖协会
112 内蒙古自治区巴彦淖尔市五原县五原新光农机协会
113 内蒙古自治区通辽市奈曼旗青龙山旺业养殖协会
114 内蒙古自治区通辽市开鲁县设施蔬菜协会
115 内蒙古自治区赤峰市林西县宏达种养殖专业技术协会
116 内蒙古自治区乌兰察布市兴和县城关镇南关村肉羊养殖专业技术协会
117 内蒙古自治区赤峰市宁城县富民养殖协会
118 内蒙古自治区锡林郭勒盟多伦县大北沟镇天祥养殖协会
119 内蒙古自治区鄂尔多斯市准格尔旗兴农绿色产业协会
120 内蒙古自治区乌兰察布市四子王旗山丹杜泊肉羊养殖协会
121 内蒙古自治区巴彦淖尔市乌拉特中旗石哈河镇土豆协会
122 内蒙古自治区鄂尔多斯市达拉特旗荣丰食用菌种植协会
123 内蒙古自治区巴彦淖尔市乌拉特后旗果蔬专业技术生产经营协会
124 内蒙古自治区乌兰察布市丰镇市永民种养殖专业技术协会
125 内蒙古自治区巴彦淖尔市乌拉特前旗益生圆农贸养殖协会
126 内蒙古自治区呼伦贝尔市阿荣旗那吉镇无公害蔬菜经销协会
127 辽宁省本溪市本溪满族自治县特种鱼养殖协会
128 辽宁省营口市老边区满意养殖协会
129 辽宁省葫芦岛市绥中县鹿业协会
130 辽宁省丹东市东港市红鳍东方鲀养殖协会
131 辽宁省铁岭市昌图县曲家店镇嘎甲村中草药协会
132 辽宁省沈阳市辽中县大光绿色农业技术协会
133 辽宁省铁岭市西丰县肉鸡养殖协会
134 辽宁省朝阳市凌源市三道河子乡食用菌协会
135 辽宁省大连市旅顺口区绿缘蔬菜专业技术协会
136 辽宁省葫芦岛市建昌县小德营子乡农村专业技术协会
137 辽宁省丹东市宽甸满族自治县黄牛养殖协会
138 辽宁省抚顺市新宾满族自治县肉鸡养殖业协会
139 辽宁省阜新市太平区水泉镇绿色生态种植养殖专业技术协会
140 辽宁省锦州市义县水木天成养羊协会
141 辽宁省鞍山市千山区绿野食用菌协会
142 辽宁省盘锦市盘山县家园种植协会
143 辽宁省铁岭市铁岭县木林森生态养殖种植协会
144 吉林省长春市德惠市马铃薯产业协会
145 吉林省长春市榆树市鲜食玉米产业协会
146 吉林省吉林市舒兰市养蜂技术协会
147 吉林省吉林市桦甸市常山镇淡水鱼养殖协会
148 吉林省延边朝鲜族自治州延吉市小营镇长东大葱协会
149 吉林省辽源市东丰县小四平金红苹果协会
150 吉林省通化市辉南县通天荷食用菌协会
151 吉林省白山市靖宇县返魂草药材种植协会
152 吉林省通化市柳河县向阳红五味子协会
153 吉林省延边朝鲜族自治州安图县长白山食药用菌合作发展协会
154 吉林省白城市镇赉县建平甜瓜产业协会
155 吉林省松原市扶余市增盛镇福源农产品农民专业技术协会
156 吉林省四平市双辽市天仓有机种植科技协会
157 黑龙江省齐齐哈尔市克山县绿大豆产业协会
158 黑龙江省鹤岗市萝北县金豆马铃薯协会
159 黑龙江省黑河市孙吴县桦林现代农机专业技术协会
160 黑龙江省牡丹江市宁安市板香源水稻种植技术协会
161 黑龙江省绥化市庆安县丰收水稻种植协会
162 黑龙江省牡丹江市林口县特产协会
163 黑龙江省绥化市海伦市永耕马铃薯产业协会
164 黑龙江省黑河市五大连池市革命老区食用菌协会
165 黑龙江省大庆市肇州县老街基特色杂粮协会
166 黑龙江省佳木斯市富锦市上街基镇林河村水稻专业技术协会

167 黑龙江省绥化市明水县通泉生猪养殖协会
168 黑龙江省哈尔滨市阿城区亚沟粘豆包协会
169 上海市奉贤区畜牧兽医学会
170 江苏省徐州市丰县华山果业协会
171 江苏省南京市栖霞区靖安野生蔬菜协会
172 江苏省连云港市灌云县大南猪业协会
173 江苏省盐城市东台市蚕业协会
174 江苏省苏州市吴中区东山镇吴巷蔬菜产业协会
175 江苏省无锡市宜兴市草莓协会
176 江苏省泰州市靖江市香沙芋产销协会
177 江苏省南通市通州区天泰粮食专业技术协会
178 江苏省淮安市淮阴区武梅蔬菜专业协会
179 江苏省扬州市高邮市郭集镇养鸭专业技术协会
180 江苏省宿迁市泗洪县稻米协会
181 江苏省南通市如皋市蚕桑协会
182 江苏省连云港市东海县富民优质稻麦产业化协会
183 浙江省杭州市桐庐县雪水云绿茶产业协会
184 浙江省金华市磐安县食用菌协会
185 浙江省宁波市慈溪市虾业协会
186 浙江省湖州市长兴县虹星桥镇特种水产养殖专业技术协会
187 浙江省温州市瓯海区丽岙镇花卉专业经济协会
188 浙江省衢州市龙游县小竹笋产业协会
189 浙江省舟山市岱山县岱东海岛生态农业协会
190 浙江省金华市东阳市席草行业协会
191 浙江省台州市温岭市蔬菜协会
192 浙江省台州市仙居县步路乡西炉村杨梅专业技术协会
193 安徽省黄山市屯溪区茶桑协会
194 安徽省六安市舒城县油茶产业协会
195 安徽省芜湖市繁昌县峨山镇雨润花卉种植协会
196 安徽省马鞍山市和县善厚蔬菜种子协会
197 安徽省阜阳市颍泉区农机维修协会
198 安徽省合肥市肥西县果蔬协会
199 安徽省蚌埠市固镇县花生协会
200 安徽省芜湖市无为县坤友特种水产养殖协会
201 安徽省安庆市岳西县来榜镇花墩茶叶协会
202 安徽省合肥市庐阳区食用菌协会
203 安徽省宿州市灵璧县养牛协会
204 安徽省宿州市砀山县三泰果业名优梨生产协会
205 安徽省滁州市天长市虾鳝联作产业化协会
206 安徽省池州市青阳县茧丝绸行业协会
207 安徽省宿松县柳坪乡茶叶协会
208 安徽省六安市霍山县但家庙村油茶产业协会
209 安徽省宣城市旌德县特种畜禽养殖协会
210 安徽省安庆市太湖县油脂协会
211 安徽省亳州市谯城区鑫富园中药材种植协会
212 安徽省蚌埠市怀远县茨淮黑鱼养殖协会
213 安徽省淮南市谢家集区孙庙乡红菱水产开发协会
214 安徽省阜阳市颍州区大地园林协会
215 安徽省芜湖市芜湖县生猪生态养殖协会
216 安徽省宿州市萧县金皖鹅业养殖协会
217 安徽省马鞍山市雨山区向山花卉苗木协会
218 安徽省广德县广德县猕猴桃协会
219 福建省福州市仓山区花卉联合会
220 福建省三明市尤溪县生猪产销协会
221 福建省泉州市晋江市内坑镇食用菌协会
222 福建省莆田市仙游县度尾镇仙溪果业协会
223 福建省南平市建瓯市蔬菜协会
224 福建省宁德市蕉城区支提山芦柑专业协会
225 福建省龙岩市新罗区铁山葡萄产业协会
226 福建省漳州市云霄县水产养殖协会
227 福建省三明市宁化县蔬菜协会
228 福建省宁德市柘荣县白术协会
229 福建省南平市顺昌县花木协会
230 福建省龙岩市连城县文亨镇红衣花生协会
231 福建省福州市长乐市潭头镇福星渔业协会
232 福建省漳州市龙文区蓝田镇蓝田蔬菜协会
233 福建省泉州市南安市油茶产业协会
234 福建省莆田市仙游县花卉产业协会
235 福建省漳州市龙海市港尾镇浯屿村渔业协会
236 福建省福州市闽侯县白沙镇桔橙协会
237 福建省三明市三元区西际柑桔协会
238 福建省宁德市屏南县代溪镇樟源村竹业开发技术协会
239 福建省南平市武夷山市星村茶叶协会
240 福建省龙岩市漳平市和平镇东坑村蔬菜协会
241 福建省泉州市永春县横口乡茶农协会
242 福建省福州市罗源县茶叶协会
243 福建省三明市清流县水果营销协会
244 福建省南平市浦城县石陂土鸡协会
245 福建省漳州市诏安县鳗业协会
246 福建省宁德市霞浦县坝头红肉蜜柚协会
247 福建省泉州市洛江区虹山乡果蔬行业协会
248 福建省龙岩市新罗区蔬菜协会
249 福建省泉州市安溪县西坪铁观音制作技术研究会
250 福建省宁德市寿宁县食用菌协会
251 福建省三明市明溪县木薯协会
252 福建省龙岩市武平县无公害瓜果蔬菜协会
253 福建省南平市政和县星溪乡东峰蔬菜协会
254 福建省三明市建宁县食用菌协会
255 福建省三明市泰宁县茶叶行业协会
256 福建省漳州市长泰县坂里乡特莱协会
257 福建省泉州市惠安县三山油茶专业技术协会
258 福建省南平市松溪县农副产品流通协会
259 福建省宁德市福鼎市槟榔芋协会
260 江西省抚州市临川区金银花合作协会
261 江西省南昌市南昌县南昌鄱湖水产品科技协会
262 江西省上饶市余干县小明大棚蔬菜种植协会
263 江西省景德镇市浮梁县茶叶协会
264 江西省萍乡市安源区高坑镇中药材种植协会
265 江西省宜春市宜丰县特种水稻种植专业技术协会
266 江西省鹰潭市余江县养鱼协会
267 江西省上饶市上饶县江西盛水草鱼协会
268 江西省赣州市上犹县桂花苗木协会
269 江西省九江市九江县马回岭朝阳生猪养殖专业技术协会

270 江西省景德镇市乐平市接渡镇山里生态养殖农村专业技术协会
271 江西省吉安市安福县瓜畲乡西瓜生产技术协会
272 江西省宜春市高安市上游水库综合养殖场水产协会
273 江西省吉安市峡江县青池蒿菜协会
274 江西省九江市彭泽县定山镇联塘村蔬菜种植专业技术协会
275 江西省萍乡市莲花县闪石乡太源西瓜种植协会
276 江西省新余市分宜县鑫龙杨梅种植协会
277 江西省赣州市瑞金市瑞林镇油茶专业技术协会
278 江西省抚州市资溪县竹业民营协会
279 江西省九江市德安县磨溪乡蚕桑专业技术协会
280 山东省济南市长清区马山栝楼协会
281 山东省潍坊市寿光市绿色食品协会
282 山东省潍坊市青州市兰花协会
283 山东省临沂市兰陵县富硒农特产品协会
284 山东省菏泽市郓城县丰景养猪协会
285 山东省泰安市新泰市肉牛协会
286 山东省枣庄市滕州市东郭云龙蔬菜产销协会
287 山东省潍坊市安丘市辉渠镇小米协会
288 山东省德州市禹城市向阳坡蔬菜协会
289 山东省烟台市海阳市小纪镇大刁家村银杏协会
290 山东省青岛市莱西市武备镇岘沽村葡萄协会
291 山东省临沂市沂水县绿洲绿化苗木协会
292 山东省济宁市金乡县辣椒产业协会
293 山东省威海市乳山市蓝莓协会
294 山东省德州市夏津县香赵庄镇瑞丰源果蔬协会
295 山东省威海市文登区花生协会
296 山东省东营市河口区特种禽类养殖协会
297 山东省烟台市长岛县黑山乡海参育保苗协会
298 山东省潍坊市昌乐县肥料协会
299 山东省济宁市汶上县南旺镇灌溉用水协会
300 山东省泰安市东平县接山镇苗木花卉生产协会
301 山东省莱芜市莱城区苗山镇果树协会
302 山东省临沂市沂南县桑产品综合研发协会
303 山东省德州市平原县王庙镇前王明村养鸡协会
304 山东省德州市庆云县春华秋实葡萄种植协会
305 山东省滨州市无棣县俊棣树木种植协会
306 山东省菏泽市成武县优质小麦示范推广协会
307 山东省聊城市东昌府区侯营镇农业科技协会
308 山东省聊城市莘县农业新技术推广协会
309 山东省济南市商河县韩庙乡养兔协会
310 山东省青岛市胶州市洋河镇袁家小庄葡萄协会
311 山东省淄博市张店区昭明蔬菜种植协会
312 山东省淄博市临淄区凤凰镇养鸡协会
313 山东省青岛市平度市绿色蛋鸡协会
314 山东省淄博市高青县丝绸协会
315 山东省枣庄市山亭区休闲食品协会
316 山东省菏泽市曹县青堌集镇芦笋种植协会
317 山东省潍坊市临朐县蒋峪镇丹参协会
318 山东省济宁市泗水县泗水玉环林果专业技术协会
319 山东省淄博市沂源县鲁村芹菜种植协会
320 山东省潍坊市临朐县沼气协会
321 山东省威海市荣成市虎山农业种植协会
322 山东省日照市莒县桂花协会
323 山东省临沂市平邑县地方镇水果种植协会
324 山东省聊城市冠县养猪协会
325 山东省临沂市郯城县花园乡草莓产业协会
326 山东省菏泽市鄄城县惠民农业技术推广协会
327 山东省烟台市栖霞市大樱桃协会
328 山东省烟台市莱阳市五龙鹅专业技术协会
329 山东省济宁市嘉祥县纸坊镇药用白菊花协会
330 山东省滨州市惠民县蔬菜协会
331 山东省济南市历城区西营生态农业协会
332 山东省东营市利津县农业技术开发推广协会
333 山东省泰安市宁阳县葛石镇黑石村葡萄协会
334 山东省德州市乐陵市东树村苗木种植协会
335 山东省菏泽市巨野县茂源果蔬种植协会
336 山东省烟台市龙口市石良镇尹村葡萄协会
337 山东省烟台市莱州市郭家店镇红富士苹果协会
338 山东省临沂市临沭县晨宇生态种养协会
339 山东省菏泽市单县玉米协会
340 山东省烟台市莱山区大樱桃协会
341 山东省济宁市邹城市高新农业种植技术推广协会
342 山东省临沂市罗庄区花卉协会
343 山东省临沂市蒙阴县板栗行业协会
344 山东省聊城市东阿县渔业协会
345 山东省滨州市阳信县早熟梨栽培协会
346 山东省菏泽市东明县生态养猪协会
347 山东省滨州市邹平县凯信特色种养协会
348 山东省滨州市沾化区沾化冬枣协会
349 山东省德州市齐河县瓜菜协会
350 山东省临沂市莒南县养兔协会
351 山东省潍坊市昌邑市北孟镇大蒜协会
352 山东省枣庄市台儿庄区鑫源泥鳅养殖专业协会
353 山东省临沂市费县大田庄乡优质果品协会
354 山东省潍坊市青州市谭坊镇蔬菜协会
355 山东省东营市东营区麒麟食用菌技术研究推广协会
356 河南省郑州市中牟县冷藏保鲜协会
357 河南省开封市金明区观赏鱼养殖协会
358 河南省平顶山市宝丰县农业科技 110 协会
359 河南省安阳市林州市临淇镇存龙村林果业协会
360 河南省鹤壁市淇滨区中邦蛋鸡养殖协会
361 河南省新乡市原阳县大河甜园果树种植协会
362 河南省焦作市武陟县菡香农业技术协会
363 河南省濮阳市濮阳县养殖协会
364 河南省许昌市许昌县许昌食用菌协会
365 河南省漯河市源汇区博大名优果蔬种植协会
366 河南省三门峡市湖滨区胜源农牧协会
367 河南省南阳市桐柏县宇中中药材协会
368 河南省商丘市柘城县起台镇科技养殖协会
369 河南省信阳市平桥区金鑫肉牛养殖专业技术交流协会
370 河南省周口市郸城县虎岗乡经济作物种植协会
371 河南省驻马店市泌阳县农村专业技术协会

372 河南省开封市兰考县长江种养殖协会
373 河南省平顶山市汝州市大峪乡果业协会
374 河南省安阳市滑县果树园林协会
375 河南省新乡市长垣县食用菌技术协会
376 河南省南阳市邓州市兴华科学技术协会
377 河南省信阳市固始县油茶技术协会
378 河南省驻马店市新蔡县金银花种植协会
379 河南省驻马店市驿城区禾绿蔬菜瓜果种植协会
380 河南省信阳市息县香稻丸品种保护与研究科学技术协会
381 河南省商丘市宁陵县葡萄协会
382 河南省南阳市南召县花木协会
383 河南省三门峡市卢氏县白芨种植协会
384 河南省漯河市临颍县园林苗木种植协会
385 河南省商丘市夏邑县火店乡道鑫果树技术协会
386 河南省濮阳市清丰县兴建菌业技术协会
387 河南省焦作市沁阳市南里红林果协会
388 河南省新乡市新乡县绿之源花卉协会
389 河南省安阳市文峰区宝莲寺镇梁家庄村蔬菜种植协会
390 河南省平顶山市舞钢市食用菌专业技术协会
391 河南省开封市尉氏县小友养殖协会
392 河南省洛阳市洛宁县金珠果协会
393 河南省郑州市登封市唐庄乡康峰蔬菜种植协会
394 河南省许昌市长葛市丰田农业种植协会
395 河南省驻马店市上蔡县大路李乡中药材种植协会
396 河南省周口市西华县富华果蔬专业技术协会
397 河南省信阳市罗山县尤店乡养猪专业协会
398 河南省南阳市西峡县丁河镇猕猴桃协会
399 河南省许昌市禹州市鸠山镇沼气综合利用协会
400 河南省焦作市博爱县牛博博肉牛专业协会
401 河南省周口市太康县养羊行业协会
402 河南省安阳市汤阴县宜沟镇万山养殖协会
403 河南省平顶山市鲁山县食用菌研究会
404 河南省洛阳市孟津县三高养殖协会
405 河南省开封市杞县大丰收农业科技协会
406 河南省郑州市中牟县春峰草莓协会
407 河南省商丘市虞城县兴民果业协会
408 河南省驻马店市西平县盆尧镇无公害蔬菜生产合作协会
409 河南省周口市项城市丁集镇沼气综合利用协会
410 河南省南阳市唐河县农业服务协会
411 河南省濮阳市台前县鸿祥养猪协会
412 河南省洛阳市新安县仓头新兴养猪协会
413 河南省开封市开封县花生种植技术协会
414 河南省郑州市荥阳市乔楼镇养殖协会
415 河南省平顶山市湛河区有机农业种植协会
416 河南省新乡市新乡县合河乡无公害蔬菜农民协会
417 河南省洛阳市偃师市林果协会
418 河南省商丘市梁园区孙福集乡山药专业协会
419 河南省南阳市社旗县饶良镇彩麦种植协会
420 河南省三门峡市灵宝市果品产业协会
421 湖北省武汉市黄陂区大潭原种场墩子河村种子生产协会
422 湖北省咸宁市崇阳县茶叶协会
423 湖北省荆州市江陵县马家寨乡葡萄种植协会
424 湖北省黄冈市麻城市木子店老米酒协会
425 湖北省鄂州市蔬菜协会
426 湖北省襄阳市宜城市小南河养猪协会
427 湖北省随州市广水市小龙虾养殖协会
428 湖北省宜昌市当阳市绿意食用菌协会
429 湖北省黄石市大冶市食用菌产业协会
430 湖北省荆门市东宝区牌楼生猪养殖协会
431 湖北省孝感市大悟县东新乡养猪专业技术协会
432 湖北省宜昌市五峰土家族自治县五峰红花玉兰产业科技推广协会
433 湖北省十堰市郧阳区连翘产业协会
434 湖北省鄂州市养蜂协会
435 湖北省黄冈市浠水县散花镇董河茶叶专业技术协会
436 湖北省黄冈市蕲春县赤东镇渔业养殖协会
437 湖北省咸宁市赤壁市神山镇熊岭村虾莲共生专业技术协会
438 湖北省恩施土家族苗族自治州利川市毛坝茶叶协会
439 湖北省荆州市荆州区纪山米产销协会
440 湖北省十堰市郧西县涧池乡畜牧业协会
441 湖北省襄阳市谷城县油茶产业协会
442 湖北省潜江市龙湾镇蛋鸡产销协会
443 湖北省仙桃市陈场镇蔬菜协会
444 湖北省神农架林区野生茶树保护协会
445 湖北省十堰市竹溪县县河镇百里长廊苗木协会
446 湖北省随州市曾都区泡泡青专业技术协会
447 湖北省荆州市石首市果品协会
448 湖北省咸宁市崇阳县肖岭乡霞星村优质稻种植协会
449 湖北省恩施土家族苗族自治州来凤县利民牧业协会
450 湖北省黄冈市团风县谢河辣椒技术协会
451 湖北省孝感市孝昌县周巷镇新龙花卉苗木协会
452 湖北省宜昌市秭归县优良种猪养殖协会
453 湖北省襄阳市枣阳市玫瑰产业协会
454 湖北省十堰市郧阳区郧阳松针蛋专业协会
455 湖北省黄冈市武穴市下彭村绿康再生稻种植协会
456 湖北省鄂州市梁子湖区特色农产品产销协会
457 湖北省宜昌市宜都市松木坪镇无公害茶叶协会
458 湖北省荆门市沙洋县荆凤源绿壳蛋鸡协会
459 湖北省襄阳市襄州区双丰收农机专业协会
460 湖北省咸宁市通城县柑桔协会
461 湖北省孝感市孝南区福良山菜果茶种苗技术协会
462 湖北省宜昌市远安县农村能源技术服务协会
463 湖北省荆州市松滋市蜜柚产销协会
464 湖北省十堰市张湾区西沟乡忆农蔬菜协会
465 湖北省鄂州市牡丹产业协会
466 湖北省襄阳市南漳县神农顶天麻种植协会
467 湖北省随州市随县茶叶协会
468 湖北省黄石市大冶市金阳林果协会
469 湖北省咸宁市嘉鱼县大禾农业果蔬技术协会
470 湖北省黄冈市红安县红薯协会
471 湖北省孝感市汉川市洪福水产养殖协会
472 湖北省十堰市竹山县宝丰镇曹家湾村茶叶协会
473 湖北省宜昌市夷陵区鸦鹊岭镇柑桔协会

474 湖北省荆州市洪湖市滨湖办事处大口村河蟹养殖协会
475 湖北省恩施土家族苗族自治州巴东县易达聚农杂粮蔬菜专业技术协会
476 湖南省郴州市嘉禾县禾仓香优质稻种植专业技术协会
477 湖南省常德市澧县食用菌协会
478 湖南省岳阳市华容县富民肉牛养殖协会
479 湖南省岳阳市岳阳县油茶产业技术协会
480 湖南省湘潭市湘乡市定达油茶种植专业协会
481 湖南省永州市江永县蔬菜产销行业协会
482 湖南省长沙市望城区渔业协会
483 湖南省株洲市醴陵市青蛙蔬菜种养协会
484 湖南省岳阳市云溪区蜂业协会
485 湖南省湘西土家族苗族自治州保靖县清水坪镇竹鼠特种养殖专业技术协会
486 湖南省怀化市洪江市养猪协会
487 湖南省衡阳市衡阳县兴旺养殖协会
488 湖南省岳阳市汨罗市长乐甜酒富硒糯稻种植协会
489 湖南省永州市祁阳县百合种植专业技术协会
490 湖南省怀化市靖州苗族侗族自治县茯苓专业协会
491 湖南省永州市东安县水产联农协会
492 湖南省益阳市赫山区绿海园林苗木协会
493 湖南省常德市桃源县百合产业协会
494 湖南省湘潭市韶山市特种金银花种植专业技术协会
495 湖南省衡阳市蒸湘区松陂果蔬产业协会
496 湖南省衡南县日本野漆树种植协会
497 湖南省郴州市安仁县安都油茶种植产业协会
498 湖南省湘西土家族苗族自治州永顺县首车镇柑桔协会
499 湖南省永州市江华瑶族自治食用菌专业技术合作协会
500 湖南省株洲市炎陵县霞阳镇养殖协会
501 湖南省衡阳市祁东县翠园生态蔬果开发协会
502 湖南省邵阳市洞口县笋竹两用林产业协会
503 湖南省益阳市桃江县修山水产养殖科技协会
504 湖南省怀化市麻阳苗族自治县葛根行业协会
505 湖南省湘西土家族苗族自治州龙山县盆景研究会
506 湖南省郴州市临武县湘港油茶专业技术协会
507 湖南省张家界市慈利县朝天寺黄花专业技术协会
508 湖南省长沙市宁乡县新建苗木经纪人协会
509 广东省潮州市饶平县水产协会
510 广东省佛山市三水区芦苞养猪协会
511 广东省江门市江海区花木盆景协会
512 广东省汕头市潮南区井都镇上南社区蔬菜协会
513 广东省梅州市梅县区松口沙田柚协会
514 广东省佛山市高明区蔬菜协会
515 广东省阳江市阳西县江海养殖协会
516 广东省韶关市浈江区赖家香芋种植技术协会
517 广东省云浮市郁南县东坝镇蚕桑生产者协会
518 广东省河源市连平县高莞镇花生专业技术协会
519 广东省阳江市阳东区大沟镇三丫村对虾养殖协会
520 广东省韶关市始兴县养蜂协会
521 广东省湛江市徐闻县南山镇槟榔村番木瓜技术协会
522 广西壮族自治区桂林市全州县优质水稻种植协会
523 广西壮族自治区桂林市荔浦县大塘镇惠民砂糖桔种植协会
524 广西壮族自治区柳州市柳北区双季葡萄科技种植协会
525 广西壮族自治区梧州市苍梧县六堡镇茶叶协会
526 广西壮族自治区北海市合浦县廉州镇大江村蔬菜协会
527 广西壮族自治区防城港市港口区企沙镇海洋渔业协会
528 广西壮族自治区贵港市桂平市木根平合水库网箱养殖协会
529 广西壮族自治区百色市乐业县高野刺梨协会
530 广西壮族自治区柳州市柳城县古砦乡向阳食用菌协会
531 广西壮族自治区河池市宜州市德胜花卉协会
532 广西壮族自治区来宾市武宣县远景农业机械技术协会
533 广西壮族自治区崇左市天等县天等镇高山养羊协会
534 广西壮族自治区桂林市兴安县湘漓镇珍香优质柑橙技术协会
535 广西壮族自治区桂林市资源县车田苗族乡鸿福生态瓜果协会
536 广西壮族自治区贵港市覃塘区农产品药村经纪人协会
537 广西壮族自治区百色市靖西县其龙凤英野猪养殖专业技术协会
538 广西壮族自治区柳州市融安县浮石镇隘口村桑蚕协会
539 广西壮族自治区梧州市岑溪市糯垌镇绿云村水果协会
540 广西壮族自治区桂林市恭城瑶族自治县月柿种植技术协会
541 广西壮族自治区玉林市博白县火龙果种植技术协会
542 广西壮族自治区河池市天峨县山茶油协会
543 广西壮族自治区来宾市合山市河里乡河里村提子种植协会
544 广西壮族自治区桂林市平乐县沙子镇中田大山楂产销协会
545 广西壮族自治区梧州市藤县塘步镇黑皮冬瓜协会
546 广西壮族自治区南宁市武鸣县大明山特色农产品协会
547 广西壮族自治区贵港市港南区贵港市竹产业技术协会
548 广西壮族自治区桂林市阳朔县白沙镇石塘村委农技促进协会
549 广西壮族自治区柳州市融水苗族自治县油茶种植协会
550 广西壮族自治区百色市隆林各族自治县克长乡优果协会
551 广西壮族自治区贵港市港北区贵港市养鸡协会
552 广西壮族自治区百色市西林县姜晶生产销售协会
553 广西壮族自治区贺州市钟山县两安瑶族乡中草药种植协会
554 广西壮族自治区桂林市灵川县青狮潭镇甘草村果蔬协会
555 广西壮族自治区南宁市宾阳县和吉镇志广村葡萄协会
556 广西壮族自治区桂林市全州县安和乡芋头协会
557 广西壮族自治区百色市平果县旧城镇红心蜜柚协会
558 广西壮族自治区玉林市容县石头镇养殖业协会
559 广西壮族自治区桂林市平乐县养猪协会
560 广西壮族自治区来宾市金秀瑶族自治县六巷青山生姜种植协会
561 广西壮族自治区桂林市恭城瑶族自治县平安乡邓扒村生态果蔬技术协会
562 广西壮族自治区来宾市象州县大乐镇庙鸡村桑蚕协会
563 广西壮族自治区河池市罗城仫佬族自治县养蜂协会

564 广西壮族自治区河池市凤山县乔音乡同乐生态油茶低产改造协会
565 广西壮族自治区贵港市港南区八塘镇苏岗村桑蚕协会
566 广西壮族自治区贺州市八步区信都镇两合村红瓜子协会
567 广西壮族自治区来宾市合山市北泗镇东亭村果蔬协会
568 广西壮族自治区南宁市武鸣县城厢镇平等村西瓜协会
569 广西壮族自治区梧州市长洲区梧州市景泰养鳖技术协会
570 广西壮族自治区梧州市苍梧县京南镇砂糖桔协会
571 广西壮族自治区玉林市北流市大同果业协会
572 海南省儋州市白马井镇渔业协会
573 海南省琼海市石榴专业技术协会
574 海南省乐东黎族自治县哈密瓜技术协会
575 海南省文昌市养蜂协会
576 海南省保亭黎族苗族自治县八村槟榔行业协会
577 重庆市万州区长滩镇蔬菜协会
578 重庆市黔江区桑枝食用菌协会
579 重庆市涪陵区大木乡高山食用菌技术协会
580 重庆市合川区沙鱼镇蚕桑经济专业协会
581 重庆市永川区家禽养殖协会
582 重庆市永川区圣水湖桃树协会
583 重庆市綦江区永新凤凰梨子专业技术协会
584 重庆市铜梁区石鱼镇兴发小水果协会
585 重庆市潼南县太安镇有机蔬菜专业技术协会
586 重庆市垫江县中药材种植专业技术协会
587 重庆市开县水竹凉席工艺协会
588 重庆市云阳县平湖渔公水产养殖协会
589 重庆市云阳县蓬勃山羊养殖协会
590 重庆市奉节县云长中药材生产技术专业协会
591 重庆市巫山县官渡镇天灯村生猪养殖技术协会
592 重庆市石柱土家族自治县辣椒行业协会
593 重庆市彭水苗族土家族自治县彭水县薯业协会
594 重庆市万盛经开区万盛南桐花椒专业技术协会
595 四川省雅安市名山区致富畜禽养殖协会
596 四川省巴中市巴州区大罗镇众乐黄花产销协会
597 四川省雅安市雨城区合江镇茶叶协会
598 四川省巴中市平昌县北山翠茗茶叶生产协会
599 四川省凉山彝族自治州宁南县蚕桑生产技术协会
600 四川省雅安市荥经县林业生态特种蜂蜜开发协会
601 四川省泸州市叙永县龙泉粉业技术协会
602 四川省宜宾市南溪区蔬菜专业协会
603 四川省巴中市南江县天池金银花专业协会
604 四川省眉山市青神县白果乡甘家沟村柑桔协会
605 四川省宜宾市珙县绞股蓝种植加工协会
606 四川省巴中市通江县众康天麻产销协会
607 四川省德阳市什邡市洛水镇大蒜协会
608 四川省成都市郫县唐元韭黄协会
609 四川省自贡市荣县长山镇花龙沟白茶协会
610 四川省自贡市沿滩区养鸡协会
611 四川省泸州市古蔺县丫杈猪专业技术协会
612 四川省德阳市广汉市绿色生态农产品协会
613 四川省绵阳市平武县野生动植物保护协会
614 四川省广元市剑阁县剑门关茶叶协会
615 四川省遂宁市蓬溪县养蜂技术协会
616 四川省内江市市中区韭菜专业技术协会
617 四川省广元市旺苍县龙凤乡畜禽养殖协会
618 四川省乐山市沐川县魔芋协会
619 四川省达州市大竹县黑花生产业协会
620 四川省广元市朝天区曾家山甘蓝产业协会
621 四川省达州市万源市石塘杨寺岭核桃协会
622 四川省巴中市平昌县巴山青蔬菜协会
623 四川省雅安市汉源县乌斯河镇干果协会
624 四川省眉山市丹棱县生态源果业协会
625 四川省达州市宣汉县食用菌协会
626 四川省资阳市安岳县鑫粮仓现代农业科技联合协会
627 四川省德阳市绵竹市汉旺镇渔业养殖协会
628 四川省宜宾市高县桫椤生态土鸡养殖协会
629 四川省德阳市罗江县新盛镇珍禽养殖协会
630 四川省遂宁市射洪县江龙水产养殖专业技术协会
631 四川省广安市岳池县镇龙乡三合葡萄协会
632 四川省遂宁市船山区遂宁市中药材种植协会
633 四川省南充市西充县凤鸣镇竹业协会
634 四川省宜宾市兴文县巨龙水产畜禽养殖服务协会
635 四川省自贡市富顺县竹业产业协会
636 四川省攀枝花市仁和区前进镇芒果专业技术协会
637 四川省泸州市纳溪区打古镇手功茗粉协会
638 四川省绵阳市盐亭县龙珠葡萄种植协会
639 四川省广元市青川县关庄长毛兔协会
640 四川省广安市广安区新农养鸭协会
641 四川省达州市渠县山羊养殖协会
642 四川省达州市开江县鑫旺养殖协会
643 四川省达州市通川区巴山脆李协会
644 四川省雅安市石棉县宰羊乡黄果柑协会
645 四川省成都市蒲江县复兴猕猴桃协会
646 四川省南充市营山县宏林油桃种植开发技术协会
647 四川省成都市天府新区永兴镇水产养殖技术协会
648 四川省绵阳市安县界牌健绿水果协会
649 四川省宜宾市江安县江川南黑山羊养殖协会
650 四川省成都市金堂县三溪镇脐橙产业协会
651 四川省广安市华蓥市海棠专业技术协会
652 四川省成都市青白江区微生物协会
653 四川省自贡市大安区庙坝镇肉牛养殖协会
654 四川省攀枝花市盐边县惠民瓜果协会
655 四川省泸州市江阳区况场劳保制品专业技术协会
656 四川省遂宁市大英县润和养鱼协会
657 四川省内江市隆昌县蚕桑协会
658 四川省乐山市夹江县甘霖镇新生葡萄协会
659 四川省南充市阆中市沙参协会
660 四川省宜宾市屏山县大乘镇双峰村茶叶协会
661 四川省乐山市犍为县舞雩乡高龙茶业协会
662 四川省眉山市彭山区谢家镇润之泽泻协会
663 四川省资阳市雁江区石牛生态循环种养殖协会
664 四川省阿坝藏族羌族自治州九寨沟县猪苓人工种植专业技术协会
665 四川省甘孜藏族自治州白玉县金沙乡八吉村蔬菜协会

666 四川省绵阳市涪城区金峰镇莲花池种植养殖业协会
667 四川省资阳市简阳市简阳华东高科农业协会
668 四川省南充市蓬安县领头羊羊业协会
669 四川省绵阳市梓潼县丹参专业协会
670 四川省南充市仪陇县九岭场枇杷协会
671 四川省成都市崇州市燎原乡华强种植业协会
672 四川省攀枝花市米易县药材种植专业技术协会
673 四川省内江市东兴区蒲葵协会
674 四川省阿坝藏族羌族自治州马尔康县阿坝蜜蜂养殖协会
675 四川省阿坝藏族羌族自治州黑水县大黄种植专业技术协会
676 四川省甘孜藏族自治州泸定县冷碛镇梅子坪村渐强坚果种植协会
677 四川省凉山彝族自治州德昌县养兔协会
678 四川省凉山彝族自治州昭觉县农产品协会
679 四川省遂宁市安居区沙田柚协会
680 四川省南充市南部县瑞农果业农民专业协会
681 四川省广安市前锋区伍山猕猴桃产业协会
682 四川省自贡市贡井区白庙镇果树协会
683 贵州省贵阳市息烽县石硐镇前丰村番茄协会
684 贵州省遵义市道真仡佬族苗族自治县花椒种植业协会
685 贵州省六盘水市盘县响水镇车田村果树协会
686 贵州省安顺市西秀区七眼桥镇山岚种养业协会
687 贵州省毕节市七星关区毕节市梨树镇二堡村养猪协会
688 贵州省铜仁市思南县喜旺绿色种养专业协会
689 贵州省黔南布依族苗族自治州荔波县弘信土枇杷专业技术协会
690 贵州省黔东南苗族侗族自治州从江县金银花标准化种植协会
691 贵州省黔西南布依族苗族自治州贞丰县白层镇果蔬协会
692 贵州省省直管县威宁彝族回族苗族自治县玉龙种植养殖专业技术协会
693 贵州省贵阳市南明区永乐乡科技兴农志愿者协会
694 贵州省遵义市绥阳县吊瓜种植专业技术协会
695 贵州省铜仁市江口县农业园区水果协会
696 贵州省安顺市普定县化处镇元波种养殖协会
697 贵州省黔南布依族苗族自治州龙里县富农养殖协会
698 贵州省黔东南苗族侗族自治州雷山县望丰乡公统村果品协会
699 贵州省毕节市金沙县后山乡水产健康养殖协会
700 贵州省铜仁市德江县华丰辣椒协会
701 贵州省贵阳市修文县六屯乡新浦村顺祥肉牛生猪品种改良养殖协会
702 贵州省遵义市湄潭县茅坝米种养业协会
703 贵州省黔东南苗族侗族自治州施秉县城关镇舞阳河养猪协会
704 贵州省黔西南布依族苗族自治州安龙县种子协会
705 贵州省贵阳市清镇市犁倭乡岩脚村生态种植协会
706 贵州省六盘水市六枝特区新华乡马铃薯产业协会
707 贵州省黔南布依族苗族自治州惠水县断杉镇新场村经果林种植协会
708 贵州省安顺市镇宁布依族苗族自治县朵卜陇乡新河村宏发养殖协会
709 贵州省铜仁市印江土家族苗族自治县朗溪镇宏源生态茶叶协会
710 贵州省黔南布依族苗族自治州长顺县馨兴园果蔬种植协会
711 贵州省黔东南苗族侗族自治州剑河县久仪中草药种植协会
712 贵州省黔南布依族苗族自治州罗甸县渔业协会
713 贵州省遵义市正安县天楼山果蔬协会
714 贵州省黔东南苗族侗族自治州黎平县茅贡乡流芳村有机农业协会
715 贵州省黔南布依族苗族自治州贵定县云雾镇茶叶协会
716 贵州省黔东南苗族侗族自治州麻江县蓝莓产业协会
717 贵州省黔南布依族苗族自治州瓮安县白花生态农业种植协会
718 贵州省铜仁市石阡县五德镇茶叶协会
719 云南省昭通市鲁甸县文屏镇花卉、蔬菜栽培协会
720 云南省曲靖市宣威市龙潭镇得基村委会旱烟种植协会
721 云南省玉溪市澄江县蓝莓种植协会
722 云南省红河哈尼族彝族自治州泸西县白水镇女能人养鸡协会
723 云南省文山壮族苗族自治州麻栗坡县濒危野生药用植物保育协会
724 云南省普洱市宁洱哈尼族彝族自治县石斛种植协会
725 云南省大理白族自治州云龙县民建乡坡脚核桃产业协会
726 云南省保山市龙陵县龙新乡勐冒村养猪专业协会
727 云南省德宏傣族景颇族自治州陇川县茶叶农村专业技术协会
728 云南省丽江市华坪县茶叶技术协会
729 云南省怒江傈僳族自治州福贡县云黄连草果种植协会
730 云南省迪庆藏族自治州维西傈僳族自治县塔城镇种养业农村技术经济合作协会
731 云南省临沧市凤庆县凤山镇清水河村龙胆草种植协会
732 云南省昆明市东川区遍地红辣椒种植专业协会
733 云南省昭通市绥江县旺盛特种养殖技术协会
734 云南省曲靖市沾益县盘江镇蚕桑生产技术服务协会
735 云南省曲靖市会泽县驾车乡养殖业协会
736 云南省楚雄彝族自治州牟定县腐乳协会
737 云南省楚雄彝族自治州元谋县丙华三元杂交瘦肉型仔猪繁育协会
738 云南省楚雄彝族自治州楚雄市三街镇背阴村委会魔芋种植协会
739 云南省玉溪市易门县泡核桃专业技术协会
740 云南省玉溪市红塔区研和镇蔬菜生产协会
741 云南省玉溪市通海县竹子协会
742 云南省红河哈尼族彝族自治州绿春县平河乡大头村委会草果协会
743 云南省红河哈尼族彝族自治州石屏县哨冲镇水瓜冲花椒协会
744 云南省红河哈尼族彝族自治州弥勒市西二镇象山生态养殖协会
745 云南省临沧市云县爱华镇兴农养殖协会

746 云南省文山壮族苗族自治州西畴县西洒镇中药材种植技术专业协会
747 云南省文山壮族苗族自治州丘北县宏科生猪养殖协会
748 云南省文山壮族苗族自治州文山市道地药材种植销售协会
749 云南省普洱市江城哈尼族彝族自治县嘉禾乡联合村茶叶种植协会
750 云南省普洱市景谷傣族彝族自治县正兴镇养殖协会
751 云南省普洱市镇沅彝族哈尼族拉祜族自治县田坝乡瓦桥村海塘茶叶协会
752 云南省大理白族自治州宾川县红鑫葡萄专业技术研究协会
753 云南省大理白族自治州漾濞彝族自治县鸡街乡水果种植协会
754 云南省大理白族自治州鹤庆县金墩乡晓明中药材种植产业协会
755 云南省保山市昌宁县珠街乡岔河村泡核桃生产专业技术协会
756 云南省保山市隆阳区潞江镇登高明茂果蔬种植技术协会
757 云南省保山市龙陵县木城乡鱼塘哑口咖啡协会
758 云南省德宏傣族景颇族自治州盈江县旧城养牛协会
759 云南省丽江市宁蒗彝族自治县西川乡花椒协会
760 云南省丽江市古城区良种肉牛养殖协会
761 云南省迪庆藏族自治州香格里拉县金江镇优质生态商品猪养殖协会
762 云南省临沧市永德县茶叶协会
763 云南省临沧市镇康县南伞镇田坝村澳洲坚果协会
764 云南省临沧市临翔区核桃种植协会
765 云南省昆明市富民县罗免养鹅专业协会
766 云南省昆明市宜良县南羊镇陈家山生态优质草莓协会
767 云南省昭通市彝良县小草坝国营林场天麻产业协会
768 云南省昭通市水富县养蜂协会
769 云南省昭通市绥江县鑫鑫种兔养殖技术研究会
770 云南省曲靖市师宗县烤烟生产科技服务协会
771 云南省曲靖市陆良县龙海乡蔬菜协会
772 云南省曲靖市罗平县九龙镇把洪村委会以苦村养殖协会
773 云南省楚雄彝族自治州武定县武狮火腿加工协会
774 云南省玉溪市华宁县核桃产业协会
775 云南省玉溪市元江哈尼族彝族傣族自治县平昌林果协会
776 云南省玉溪市峨山彝族自治县双江镇养鸡协会
777 云南省玉溪市江川县江川茂晟美椒产销技术协会
778 云南省红河哈尼族彝族自治州金平苗族瑶族傣族自治县香蕉协会
779 云南省红河哈尼族彝族自治州个旧市大屯镇小寨村委会果蔬种植协会
780 云南省红河哈尼族彝族自治州建水县李浩寨乡畜禽养殖协会
781 云南省文山壮族苗族自治州文山市古木镇农民果业种植协会
782 云南省文山壮族苗族自治州富宁县剥隘三江库区移民联合水产养殖协会
783 云南省普洱市西盟佤族自治县力所乡南亢彩云茶叶种植协会
784 云南省大理白族自治州巍山彝族回族自治县庙街渔业协会
785 云南省大理白族自治州洱源县海源生猪养殖技术协会
786 云南省保山市施甸县甜柿协会
787 云南省保山市隆阳区芒宽乡百花岭村高黎贡山农民生物多样性保护协会
788 云南省大理白族自治州弥渡县牛街彝族乡核桃产业协会
789 云南省临沧市耿马傣族佤族自治县勐简乡大寨村坚果产业协会
790 云南省楚雄彝族自治州永仁县高原特色商品蔬菜种植营销专业协会
791 云南省保山市腾冲县中和镇东山中蜂养殖协会
792 云南省普洱市孟连傣族拉祜族佤族自治县勐马镇勐马村惠民蔬菜专业技术协会
793 云南省楚雄彝族自治州姚安县前场果蔬协会
794 云南省玉溪市红塔区灵秀村委会林果协会
795 云南省红河哈尼族彝族自治州红河县垤玛乡河玛村葛根种植协会
796 云南省文山壮族苗族自治州麻栗坡县农村贫困资金互助协会
797 云南省文山壮族苗族自治州丘北县金鑫科技养殖协会
798 云南省普洱市澜沧拉祜族自治县澜沧达佳养殖专业技术协会
799 西藏自治区日喀则市江孜县热索乡努康村种养协会
800 西藏自治区山南地区扎囊县扎其乡藏毯（氆氇）协会
801 西藏自治区拉萨市曲水县达嘎乡马铃薯种植专业协会
802 西藏自治区日喀则市拉孜县扎西岗乡响卓石材加工技术协会
803 陕西省宝鸡市千阳县张家塬镇有机王果蔬专业技术协会
804 陕西省宝鸡市陇县天成镇上寨子村秦氏生态养殖专业技术协会
805 陕西省咸阳市三原县新兴郁源苗木栽培协会
806 陕西省咸阳市旬邑县湫坡头镇利民果业协会
807 陕西省咸阳市淳化县官庄镇畜牧养殖协会
808 陕西省渭南市大荔县农家织女手工织品协会
809 陕西省渭南市潼关县田园生态养鸡协会
810 陕西省渭南市澄城县庄头醍醐村樱桃协会
811 陕西省延安市甘泉县甘泉三利养鸡专业技术协会
812 陕西省榆林市榆阳区金顺达养殖协会
813 陕西省榆林市横山县横山镇华瑞养羊协会
814 陕西省汉中市勉县食用菌协会
815 陕西省汉中市宁强县胡家坝镇茶叶专业合作协会
816 陕西省安康市宁陕县梅子镇生凤村天麻协会
817 陕西省安康市紫阳县广城镇林下养鸡协会
818 陕西省安康市镇坪县曾家镇化龙山云雾茶产业协会
819 陕西省商洛市商南县富水镇黄柏村茶叶协会
820 陕西省商洛市镇安县板栗产业协会
821 陕西省商洛市洛南县桥河良种核桃科技协会
822 陕西省渭南市韩城市金城办东彭村果业协会
823 陕西省宝鸡市陈仓区新街镇东沟门养牛专业技术协会

824 陕西省宝鸡市太白县黄菜花产销专业技术协会
825 陕西省咸阳市长武县地掌镇西坡村林果生产行业协会
826 陕西省咸阳市乾县永生果业协会
827 陕西省咸阳市渭城区北杜镇欧亚养猪协会
828 陕西省咸阳市礼泉县畜牧养殖协会
829 陕西省铜川市王益区黄堡镇孟家塬村桃产业协会
830 陕西省渭南市白水县富卓养鸡专业技术协会
831 陕西省渭南市蒲城县兔业协会
832 陕西省延安市黄陵县黄陵英华果业协会
833 陕西省延安市宝塔区柳林镇富翔果蔬协会
834 陕西省榆林市清涧县核桃协会
835 陕西省榆林市子洲县京红蛋鸡养殖专业技术协会
836 陕西省榆林市米脂县沙店镇金晨农业产业协会
837 陕西省榆林市佳县草产业协会
838 陕西省汉中市西乡县罗镇三合村茶叶协会
839 陕西省汉中市镇巴县兴隆镇青狮茶叶协会
840 陕西省汉中市略阳县食用菌协会
841 陕西省汉中市留坝县青桥驿天麻协会
842 陕西省安康市石泉县曾溪乡兴隆村网箱养鱼协会
843 陕西省商洛市柞水县曹坪镇沙岭村药业产业协会
844 陕西省西安市灞桥区欣绿果蔬协会
845 陕西省西安市阎良区武屯镇东孙蔬菜产销协会
846 陕西省西安市周至县骆峪油桃专业技术协会
847 陕西省西安市长安区灵沼乡马腾养鸡产业协会
848 陕西省西安市蓝田县三里镇核桃种养协会
849 陕西省宝鸡市麟游县九成宫镇良舍蔬菜专业技术协会
850 陕西省宝鸡市渭滨区高家镇上川村干杂果专业协会
851 陕西省宝鸡市岐山县林丰干杂果产业协会
852 陕西省咸阳市彬县芦寨三川牛羊养殖协会
853 陕西省咸阳市秦都区咸阳鑫农果友协会
854 陕西省铜川市宜君县鸿程果蔬产业协会
855 陕西省渭南市华阴市金荣药材协会
856 陕西省渭南市华县塔山中药材协会
857 陕西省延安市延长县蓝耳朵畜禽养殖专业协会
858 陕西省延安市宜川县阳光果农协会
859 陕西省延安市志丹县保安镇麻地坪苗木专业技术协会
860 陕西省延安市洛川县天然苹果专业协会
861 陕西省榆林市府谷县马铃薯产业协会
862 陕西省汉中市洋县绿江苗木协会
863 陕西省安康市白河县中厂镇宽坪村“宏实”蔬菜协会
864 陕西省安康市汉滨区张滩镇畜牧专业技术协会
865 陕西省渭南市合阳县雨阳富硒农产品科技协会
866 陕西省渭南市富平县流曲果业协会
867 陕西省西安市户县秦镇凉皮协会
868 陕西省延安市子长县热寺湾乡果树协会
869 陕西省延安市延川海东蔬菜协会
870 陕西省榆林市绥德县种苗协会
871 陕西省汉中市城固县设施果树专业技术协会
872 陕西省安康市旬阳县赤岩镇宏展生态养殖协会
873 甘肃省武威市凉州区大西洋马铃薯产业协会
874 甘肃省兰州市榆中县小康乡王保营村蔬菜种植协会
875 甘肃省白银市平川区恒昌养殖协会
876 甘肃省张掖市山丹县盛江源养羊协会
877 甘肃省酒泉市瓜州县沙河回族乡民和村养殖协会
878 甘肃省酒泉市肃州区酒泉市农副产品流通协会
879 甘肃省平凉市庄浪县养牛协会
880 甘肃省临夏回族自治州临夏县民主养猪协会
881 甘肃省陇南市礼县东庄亚林养羊协会
882 甘肃省定西市岷县梅川镇獭兔养殖协会
883 甘肃省张掖市高台县合黎乡宏丰蔬菜加工农民协会
884 甘肃省平凉市华亭县马峡中药材协会
885 甘肃省酒泉市玉门市金农牧业科技协会
886 甘肃省陇南市文县彼得养殖协会
887 甘肃省金昌市永昌县乾丰蔬菜产业营销专业技术协会
888 甘肃省白银市靖远县五合远发农业生态种养协会
889 甘肃省陇南市宕昌县理川马铃薯良种繁育协会
890 甘肃省白银市白银区兴盛种植协会
891 甘肃省兰州市永登县柳树蔬菜产销协会
892 甘肃省天水市张家川回族自治县大阳乡云景苑种养殖专业技术协会
893 甘肃省陇南市康县兴源土特产协会
894 甘肃省临夏回族自治州永靖县安华獭兔养殖协会
895 甘肃省庆阳市合水县板桥乡果树协会
896 甘肃省定西市安定区香泉镇牛羊养殖协会
897 甘肃省定西市渭源县锹峪乡良种洋芋技术协会
898 甘肃省临夏回族自治州广河县买家巷镇王家村牛羊养殖协会
899 甘肃省庆阳市华池县李庄村绒山羊养殖协会
900 甘肃省临夏回族自治州康乐县雍家生态农业综合发展协会
901 甘肃省白银市景泰县五佛乡红枣协会
902 甘肃省天水市麦积区甘泉镇包家沟村果农协会
903 甘肃省平凉市泾川县王村镇蔬菜专业技术协会
904 甘肃省酒泉市金塔县金塔镇玉春农产品种植技术协会
905 甘肃省庆阳市庆城县驿马养鸡协会
906 甘肃省定西市通渭县益民养殖技术协会
907 甘肃省定西市陇西县柯寨乡中药材产业协会
908 甘肃省定西市漳县武当乡干果协会
909 甘肃省庆阳市西峰区西汇蜜蜂养殖协会
910 甘肃省兰州市皋兰县水阜乡老鹳村西甜瓜协会
911 青海省海东市化隆回族自治县永兴种养殖专业协会
912 青海省海南藏族自治州同德县河北乡格什格高原鹿繁育营销协会
913 青海省海北藏族自治州刚察县泉吉乡富盛养殖业协会
914 青海省海东市互助土族自治县葱花土鸡养殖技术协会
915 青海省西宁市大通回族土族自治县科技发展协会
916 青海省西宁市湟中县拦隆口镇旺财中药材种植营销协会
917 青海省海东市化隆回族自治县春生种养殖农民协会
918 青海省海东市循化撒拉族自治县秸秆青贮协会
919 青海省海南藏族自治州共和县龙羊峡镇聚湖生态獭兔养殖协会
920 青海省海东市循化撒拉族自治县手工制品协会
921 青海省海南藏族自治州贵德县乌骨羊养殖协会
922 宁夏回族自治区中卫市中宁县大战场乡青山特色产品

产销协会
923 宁夏回族自治区石嘴山市平罗县鑫伟辉羊产业发展协会
924 宁夏回族自治区吴忠市利通区马莲渠乡千头奶牛生态养殖协会
925 宁夏回族自治区固原市原州区头营镇富源牛羊养殖协会
926 宁夏回族自治区石嘴山市惠农区简泉村甜瓜、果菜产销协会
927 宁夏回族自治区吴忠市盐池县柠条平茬加工销售协会
928 宁夏回族自治区固原市西吉县通达蔬菜保鲜购销协会
929 宁夏回族自治区中卫市沙坡头区东园镇晨曦果蔬产销协会
930 宁夏回族自治区吴忠市青铜峡市叶盛华标设施园艺果品销售协会
931 宁夏回族自治区固原市彭阳县顺民果蔬种植专业技术协会
932 宁夏回族自治区吴忠市同心县启秾瓜果蔬菜协会
933 宁夏回族自治区吴忠市红寺堡区肉牛产业协会
934 新疆维吾尔自治区乌鲁木齐市米东区羊毛工镇老龙河牛羊育肥协会
935 新疆维吾尔自治区阿勒泰地区青河县青龙脱毒马铃薯协会
936 新疆维吾尔自治区阿勒泰地区富蕴县黑宝鸡生态养殖育种协会
937 新疆维吾尔自治区哈密地区哈密市养殖协会
938 新疆维吾尔自治区昌吉回族自治州呼图壁县大丰镇鸵鸟养殖协会
939 新疆维吾尔自治区昌吉回族自治州奇台县吉布库镇生猪养殖协会
940 新疆维吾尔自治区昌吉回族自治州玛纳斯县特色林果业协会
941 新疆维吾尔自治区吐鲁番地区鄯善县鲁克沁镇哈密瓜协会
942 新疆维吾尔自治区吐鲁番地区吐鲁番市葡萄乡刺绣协会
943 新疆维吾尔自治区塔城地区乌苏市养牛奶业协会
944 新疆维吾尔自治区巴音郭楞蒙古自治州和静县黑瓜籽协会
945 新疆维吾尔自治区巴音郭楞蒙古自治州焉耆回族自治县四十里城子镇店孜葡萄种植协会
946 新疆维吾尔自治区巴音郭楞蒙古自治州尉犁县琼库勒村司地克·吐尔地养殖协会
947 新疆维吾尔自治区博尔塔拉蒙古自治州精河县天通棉花种植协会
948 新疆维吾尔自治区伊犁哈萨克自治州尼勒克县马场大棚蔬菜种植协会
949 新疆维吾尔自治区伊犁哈萨克自治州新源县塔勒德镇喀拉托别村灌区用水者协会
950 新疆维吾尔自治区阿克苏地区阿克苏市奶牛养殖协会
951 新疆维吾尔自治区吐鲁番地区托克逊县郭勒布依乡硝尔村蔬菜协会
952 新疆维吾尔自治区喀什地区疏附县西甜瓜种植营销协会
953 新疆维吾尔自治区喀什地区英吉沙县色买提杏产销协会
954 新疆维吾尔自治区和田地区墨玉县度蓝畜牧养殖技术协会
955 新疆维吾尔自治区阿克苏地区新和县土特雅农民特色农产品专业协会
956 新疆维吾尔自治区和田地区策勒县润疆食用菌协会
957 新疆维吾尔自治区哈密地区巴里坤哈萨克自治县德润奶驴养殖协会
958 新疆维吾尔自治区巴音郭楞蒙古自治州和硕县乃仁克尔乡绒山羊协会
959 新疆维吾尔自治区伊犁哈萨克自治州霍城县惠远无公害胡萝卜产业协会
960 新疆生产建设兵团第四师76团牛羊育肥养殖协会
961 新疆生产建设兵团第十二师三坪农场蔬菜协会
962 新疆生产建设兵团第十三师红星一场兴牧养殖协会

（二）农村科普示范基地（386个）

1 北京绿菜园科普示范基地（延庆县）
2 北京瓜草地生态观光园科普示范基地（门头沟区）
3 天津市名洋湖蔬菜地种植示范基地（津南区）
4 天津市宝坻区渔翁水产养殖基地
5 天津市龙顺投资集团有限公司科普示范基地（北辰区）
6 河北省沧州市南大港天华农业盐碱地设施蔬菜科普示范基地
7 河北省衡水市武强县佳苑生态农业开发有限公司科普示范基地
8 河北省承德市滦平县热河黄芩道地药材种植示范基地
9 河北省辛集市马庄乡保高丰农场科普示范基地
10 河北省廊坊市大厂回族自治县沁心农业发展有限公司科普示范基地
11 河北省保定市涞水县和庆益水果种植农民专业合作社科普示范基地
12 河北省唐山水清木华薄皮核桃科普示范基地（丰润区）
13 河北省魏县新世纪林果花卉良种实验场科普示范基地
14 河北省承德市宽城满族自治县广盛居功能性饮料项目食用菌种植基地
15 河北省邯郸市武安市智寿源林牧有限公司科普示范基地
16 河北富岗苹果科普示范基地（邢台市内丘县）
17 河北省唐山市滦县绿叶蚕桑试验农场科普示范基地
18 山西省太原市阳曲县林园种苗有限公司科普示范基地
19 山西省运城市盐湖区会荣富硒水果科普示范基地
20 山西省晋中市科普惠农农贸专业合作社科普示范基地（榆次区）
21 山西省长治市城区长根蛋鸡养殖科普示范基地
22 山西省吕梁市中阳县兴乐龙养猪专业合作社科普示范基地
23 山西省朔州市平朔兴绿农牧开发有限公司科普示范基地（平鲁区）
24 山西省忻州市偏关县天峰谷子种植加工科普示范基地
25 山西省晋中市太谷县金谷养蜂科普示范基地
26 山西梅芝园艺有限公司科普示范基地（太原市晋源区）
27 山西省朔州市右玉县惠农民间工艺专业合作社科普示范基地
28 山西省临汾市侯马市兴林特色苗木科普示范基地
29 山西省临汾市汾西县山区巴旦木科普示范基地

30　山西康农薯业有限公司科普示范基地（吕梁市岚县）
31　内蒙古民丰薯业科普示范基地（乌兰察布市集宁区）
32　内蒙古自治区包头市丰闰园肉羊养殖科普示范基地（土默特右旗）
33　内蒙古自治区呼伦贝尔市陈巴尔虎旗八一社金城蔬菜水果种植销售科普示范基地
34　内蒙古自治区呼和浩特市万业丰种养殖科普示范基地（清水河县）
35　内蒙古自治区巴彦淖尔市临河区嘉禾天成农牧业科普示范基地
36　内蒙古自治区兴安盟科尔沁右翼前旗索伦镇乌敦嘎查肉羊养殖科普示范基地
37　内蒙古自治区通辽市科尔沁左翼后旗朝鲁吐镇恰克图要斯吐基础母牛养殖基地
38　内蒙古自治区通辽市库伦旗库伦镇黄牛养殖基地
39　内蒙古自治区赤峰市喀喇沁旗三泰种业有限公司科普示范基地
40　内蒙古自治区锡林郭勒盟正蓝旗上都镇青格勒图牛羊繁育科普示范基地
41　内蒙古自治区鄂尔多斯市乌审旗大牛地肉羊养殖科普示范基地
42　内蒙古自治区阿拉善盟阿拉善右旗雅布赖镇白绒山羊肉羊养殖基地
43　内蒙古自治区乌兰察布市察哈尔右翼中旗广益隆镇马铃薯种植科普示范基地
44　内蒙古自治区兴安盟突泉县水泉镇草原黑猪养殖科普示范基地
45　内蒙古自治区呼伦贝尔市鄂伦春自治旗瑞杨种业科普示范基地
46　辽宁省辽阳市辽阳县唐马寨镇大榛子种植基地
47　辽宁省鞍山市台安县高力房镇乔坨村大成甜瓜协会基地
48　辽宁省沈阳市康平县方家屯镇寒富苹果科普示范基地
49　辽宁省阜新市彰武县丰田乡繁盛园肉羊养殖基地
50　辽宁省锦州市北镇市绿色山野菜科普示范基地
51　辽宁省大连市庄河市海参养殖科普示范基地
52　辽宁省朝阳市北票市兴顺德兴红经济林产业化科普示范基地
53　辽宁省本溪市桓仁满族自治县优质水稻繁育基地
54　辽宁省铁岭市调兵山市太平山红薯示范基地
55　辽宁省营口市大石桥市黄丫口林下种植产业协会科普示范基地
56　辽宁省丹东市凤城市田园果菜科普示范基地
57　辽宁省盘锦市双台子区金花源泥鳅繁养科普示范基地
58　辽宁省葫芦岛市连山区山神庙子乡林下苦参科普示范基地
59　辽宁省大连市瓦房店市东马屯绿色苹果科普示范基地
60　吉林省四平市伊通满族自治县百合产业示范基地
61　吉林省延边朝鲜族自治州珲春市神怡菌业香菇生产科普示范基地
62　吉林省松原市前郭尔罗斯查干湖旅游经济开发区余热鱼苗繁殖科普示范基地
63　吉林省白山市抚松人参种植与加工技术交流中心科普示范基地
64　吉林省辽源市东辽县鹭系列有机农产品科普示范基地
65　黑龙江省齐齐哈尔市泰来县汤池镇水稻示范基地
66　黑龙江省大庆市肇源县和平乡寒地玫瑰出口科普示范基地
67　黑龙江省齐齐哈尔市讷河市马铃薯科普示范基地
68　黑龙江省伊春市嘉荫县立顺水产养殖基地
69　黑龙江省抚远县寒葱沟镇红卫村水稻试验示范基地
70　上海市施泉葡萄专业合作社科普示范基地（金山区）
71　江苏省镇江市丹徒区永利蔬菜专业合作社科普示范基地
72　江苏省盐城仰徐现代农业科技有限公司科普示范基地（盐都区）
73　江苏省南京市溧水严景万茶场科普示范基地
74　江苏开启牧业科普示范基地（徐州市睢宁县）
75　江苏省扬州市江都区绿园蔬菜产销有限公司科普示范基地
76　江苏省苏州市新巷农艺科技园科普示范基地（相城区）
77　江苏省南通市九畦生态农业有限公司（味之原有机农场）科普示范基地（海门市）
78　江苏省宿迁市泗阳县百春锦蔬菜专业合作社科普示范基地
79　浙江省嘉兴碧云花园农村科普示范基地（嘉善县）
80　浙江省丽水市松阳县茗春茶叶示范基地
81　浙江省杭州市富阳市富阳区矮子鲜桃科普示范基地
82　安徽省蚌埠市五河县金塘水产养殖有限公司科普示范基地
83　安徽肥东蜂业产业协会科普示范基地（合肥市）
84　安徽省淮南市毛集实验区焦岗湖水产养殖科普示范基地
85　安徽四洋养殖有限责任公司科普示范基地（铜陵市铜陵县）
86　安徽省黄山市休宁县休宁县齐云山食品科普基地
87　安徽省芜湖市南陵县紫云英科普示范基地
88　安徽省六安市霍邱少志畜禽养殖有限公司科普示范基地
89　安徽省滁州市定远县池河镇养猪科普示范基地
90　安徽省马鞍山市含山县好再来水产养殖科普示范基地
91　安徽省阜阳市界首市齐岗种植专业合作社科普示范基地
92　安徽省宿州市泗县农村脱毒山芋科普示范基地
93　福建省宁德市富发水产有限公司大黄鱼苗种繁育科普示范基地（蕉城区）
94　福建哈龙峰有机生态茶观园科普示范基地（漳州市华安县）
95　福建省龙岩市长汀县四都镇万亩丰产油茶林基地
96　福建正茸农业发展有限公司瓶栽杏鲍菇工厂化生产科普示范基地（宁德市古田县）
97　福建省南平市延平区茫荡镇坎下果场科普示范基地
98　福建省平潭县绿色农业综合开发有限公司科普示范基地（平潭综合实验区）
99　福建省三明市沙县天峰生态农场科普示范基地
100　福建亚森农林牧科普示范基地（泉州市南安市）
101　福建优康种猪科技开发有限公司科普示范基地（福州市闽侯县）
102　福建省恒祥农牧集团有限公司科普示范基地（三明市三元区）

103 江西省宜春市铜鼓县棋坪镇种禽养殖科普示范基地
104 江西省九江市都昌县现代农业科技示范园科普示范基地
105 江西省上饶市德兴市红花油茶科普示范基地
106 江西绿能农业发展有限公司科普基地（南昌市安义县）
107 江西省南昌和博生态农业开发有限公司科普示范基地（新建县）
108 江西省赣州市龙南县（里仁）花卉苗木科普示范基地
109 江西省赣州市宁都县赖村镇兴旺生猪养殖科普示范基地
110 江西远山苗木畜禽科普示范基地申报材料（抚州市南城县）
111 江西省抚州市广昌青龙生态园苗木花卉生产科普示范基地
112 江西省九江市瑞昌市恒洲果蔬科普示范基地
113 江西省宜春市丰城市黄金生态养殖基地
114 江西省宜春市万载县盟发苗木培育科普示范基地
115 江西省赣州市寻乌县富源果园科普示范基地
116 江西省赣州市全南县古韵梅园生态科技示范基地
117 山东省德州市陵城区滋镇德强农场科普示范基地
118 山东省威海市文登区秀德猕猴桃科普示范基地
119 山东省青岛海葡萄引种研发推广示范基地（崂山区）
120 山东省济南禾宝中药材科普示范基地（平阴县）
121 山东省枣庄市山亭区北庄镇铁山好家家庭农场科普示范基地
122 山东龙业农业科普示范基地（潍坊市高密市）
123 山东省德州市庆云县东辛店农业高产示范基地
124 山东省淄博市周村区中天玫瑰科普示范基地
125 山东省济南市济阳县新市镇尖椒基地
126 山东省烟台蓝湾生态蔬菜园生产基地（福山区）
127 山东省菏泽市定陶县富硒甘薯科普示范基地
128 山东省临沂市河东区祥瑞葡萄种植基地
129 山东省济宁市蜀湖园林科普基地（任城区）
130 山东省枣庄市峄城区阴平镇黑花生种植科普示范基地
131 山东省潍坊市寒亭区开轩花卉科普示范基地
132 山东省德州市禹城市鳌龙农村科普示范基地
133 山东省济南市章丘市辛寨胡家有机韭菜特色品牌基地
134 山东省莱芜地方鸡种质资源库实验基地（钢城区）
135 山东省聊城市阳谷县宇航乌鸡养殖示范基地
136 山东省临沂现代渔业科普示范基地（沂南县）
137 山东省枣庄祥和有机蔬菜科普示范基地（台儿庄区）
138 山东省潍坊市诸城市碧龙春绿茶科普示范基地
139 山东省烟台市牟平区食用菌示范基地
140 河南省焦作市温县珍珠菊科普示范基地
141 河南省濮阳市范县昊天生态农业基地
142 河南省许昌市枫叶花木基地（魏都区）
143 河南省漯河市临颍县鑫苑绿化苗木基地
144 河南省三门峡市灵宝市鼎原樱桃科技示范基地
145 河南省南阳市新野县晚秋黄梨种植科普示范基地
146 河南省商丘市民权县亿丰有机黑猪养殖示范基地
147 河南省信阳市新县绿康生态园科普示范基地
148 河南省周口市郸城县众鑫养殖基地
149 河南省驻马店市正阳县杰恒生物养殖科普示范基地
150 河南省济源市“春美”桃新品种种植基地
151 河南省周口市鹿邑县红果果果蔬种植示范基地
152 河南省农业高新科技园有限公司科普示范基地（郑州市中牟县）
153 河南省开封市杞县金绿色有机蔬菜种植基地
154 河南省洛阳市洛宁县现代农业科技园区
155 河南省平顶山市舞钢市豫超安果蔬种植科普示范基地
156 河南省安阳市林州市万泉湖生态园科普示范基地
157 河南省鹤壁市淇县大农源蔬菜科普基地
158 河南省信阳市商城县兄弟食品开发科普示范基地
159 河南省焦作市武陟县锦田种植基地
160 河南省新乡市封丘县鑫达农牧科普示范基地
161 河南省周口市新陆春天生态农业科普示范基地（淮阳县）
162 湖北省黄冈市麻城市邹家牌楼村绿壳蛋鸡生态养殖科普示范基地
163 湖北省孝感市安陆市三棵松特色苗木科普示范基地
164 湖北满园果生态农业有限公司果蔬种植科普示范基地（潜江市）
165 湖北省黄冈市罗田县九资河茯苓科普示范基地
166 湖北省荆门市民峰油脂基地化种植加工科普示范基地（掇刀区）
167 湖北省荆州市江陵县沙岗镇九甲湖村黄鳝繁殖养殖基地
168 湖北省十堰市丹江口市蒿坪镇清香核桃基地
169 湖北省仙桃市五湖渔场黄颡鱼养殖科普示范基地
170 湖北省鄂州市鄂城区杨叶村草莓科普示范基地
171 湖北省咸宁市咸安区金泉有机油茶白云山科普示范基地
172 湖北省恩施土家族苗族自治州建始县大洪寨富硒冷水鱼养殖科普示范基地
173 湖北省咸宁市通山县熊家湾生态种养科普示范基地
174 湖北省襄阳市保康县生态有机茶科普示范基地
175 湖北省宜昌市夷陵区扬子果园生态科普示范基地
176 湖南省娄底市涟源市超琅农业开发有限公司农产品深加工科普基地
177 湖南省郴州市桂阳县子龙泥鳅种苗孵化科普示范基地
178 湖南省常德市津市市五风杨梅种植科普示范基地
179 湖南省邵阳市邵东县皇帝岭天邦种植基地
180 湖南省常德市安乡县安康安兴生态蔬菜科技示范基地
181 湖南省湘西土家族苗族自治州吉首市特种养殖科普示范基地
182 湖南省株洲市荷塘区柏春水果种植基地
183 湖南省株洲市攸县贤桂园生态农场基地
184 湖南省邵阳市邵阳县金山生猪新品种养殖科普示范基地
185 湖南省湘潭市岳塘区山里来生态种养加工产业基地
186 湖南省衡山县春发食用菌科普示范基地
187 湖南省长沙市长沙县沃园迷你香薯种植示范基地
188 湖南省邵阳市武冈市佳佳香生态茶籽油种植示范基地
189 湖南省邵阳市新邵县特色养殖培训示范基地
190 湖南省怀化市鹤城区贺家田乡高桥村香菇基地
191 湖南省娄底市新化县南山油茶林种植基地
192 湖南省衡阳市常宁市塔山瑶胞特种养殖专业合作社科普示范基地

193　湖南省衡阳市耒阳市金鑫油茶种植基地
194　广东省汕头市潮阳区金灶镇绿色水果科普示范基地
195　广东省惠州市四季绿农业科技示范园科普示范基地（惠阳区）
196　广东橘乡农业开发有限公司化橘红种植科普示范基地（湛江市吴川市）
197　广东省茂名市电白区金阳热带海珍养殖科普示范基地
198　广东省河源市紫金县好义镇伟业种养场科普示范基地
199　广东省肇庆市高要市大兴罗非鱼黑鬃鹅养殖场农村科普示范基地
200　广东省清远市清新区根本农业科技扶贫有限公司红不让农业科技园科普示范基地
201　广西壮族自治区桂林市龙胜各族自治县龙脊辣椒种植科普示范基地
202　广西壮族自治区南宁市隆安县凤冠养鸡科普示范基地
203　广西壮族自治区桂林市荔浦县修仁镇砂糖桔示范基地
204　广西壮族自治区贵港市港南区扬翔龙宝 1 号猪养殖示范基地
205　广西壮族自治区百色市右江区大楞乡娃娃鱼养殖示范基地
206　广西壮族自治区北海市合浦佳永金花茶种植示范基地
207　广西壮族自治区钦州市浦北南国水果种植示范基地
208　广西壮族自治区贺州市富川瑶族自治县白沙镇木江村大坪农庄特早柑沼肥综合利用科普示范基地
209　广西壮族自治区贵港市富生生态养殖科普示范基地（港北区）
210　广西壮族自治区梧州市蒙山县黑土猪专业养殖基地
211　广西壮族自治区崇左市龙州县下冻镇峡岗村食用菌基地
212　广西壮族自治区百色市隆林各族自治县天生桥网箱养鱼示范基地
213　广西壮族自治区桂林市灌阳县黄关镇超级稻高产科普示范基地
214　广西国茗金花茶科技有限公司防城金花茶种植基地（防城港市防城区）
215　广西壮族自治区来宾市忻城县佛手瓜种植科普示范基地
216　广西壮族自治区百色市田东县香蕉科普示范基地
217　广西壮族自治区河池市南丹县罗富乡纳翁科普示范基地
218　广西壮族自治区柳州市柳南区鑫阳无公害韭黄生产基地
219　广西壮族自治区贵港市覃塘区龙凤江莲藕种植科普示范基地
220　广西壮族自治区钦州市钦北区新棠镇江厂鸡嘴荔枝基地
221　广西壮族自治区河池市巴马生态柑橘科普示范基地
222　广西壮族自治区贺州市昭平县桂江无公害养鱼基地
223　广西壮族自治区南宁市兴宁区五塘镇国翠农业科普示范基地
224　广西壮族自治区桂林市资源县石头坪金银花示范基地
225　广西壮族自治区崇左市大新县榄圩乡上吉光瑜葡萄种植示范基地
226　广西壮族自治区来宾市兴宾区绿色蔬菜科普示范基地
227　海南省定安县定安黄竹彩虹生态农业科普示范基地
228　海南省万宁市万宁北大六角岭山鸡养殖基地
229　重庆市长寿区大洪湖健康水产养殖科普示范基地
230　重庆市江津区嘉平镇富硒笋竹科普示范基地
231　重庆吉冠水产养殖科普示范基地（合川区）
232　重庆市南川区木凉镇生猪标准化养殖示范基地
233　重庆市綦江区赶水镇花生种植科普示范基地
234　重庆市璧山区福禄镇红山水果基地
235　重庆市同盟农业开发有限公司名优鱼养殖科普示范基地（梁平县）
236　重庆市武隆县文凤畜禽养殖科普示范基地
237　重庆市巫溪县甜乐西瓜种植专业合作社科普示范基地
238　重庆市秀山土家族苗族自治县里仁镇红香椿科普示范基地
239　重庆市酉阳土家族苗族自治县花果山苹果桃种植科普示范基地
240　四川省成都市邛崃市蠡鑫蜂业科普示范基地
241　四川省成都市新津兴天地水产良种基地
242　四川省自贡市旭龙蔬菜有限公司万亩绿色蔬菜科技示范基地（贡井区）
243　四川省泸州市叙永县山地农业种植科普示范基地
244　四川省德阳市什邡市湔氐镇食用菌科普示范基地
245　四川省雅安市宝兴县中药材种植科普示范基地
246　四川省雅安市天全县猕猴桃科普示范基地
247　四川省遂宁市船山区可士可柑桔种植科普示范基地
248　四川省宜宾市长宁县井水养殖科普示范基地
249　中国中药材种子繁育科普基地（四川省遂宁市大英县）
250　四川省巴中市恩阳区恩阳镇必成养殖基地
251　四川省德阳市中江县通济镇肉鸽养殖基地
252　四川省资阳市安岳县鑫源柠檬科普示范基地
253　四川省内江市威远县无花果种植科普示范基地
254　四川省达州市大竹县黄荆叶种植科普示范基地
255　四川省广元市元吉特种养殖业科普示范基地（利州区）
256　四川省南充市高坪区团结果蔬科普示范基地
257　四川省南充市嘉陵区大通果蔬科普示范基地
258　四川省广安市武胜县街子翠冠梨种植科普示范基地
259　四川省乐山市沙湾区畜牧兽医协会张湾村有机放牧鸡科普示范基地
260　四川省绵阳市深蓝水产生态养殖科普示范基地（游仙区）
261　四川省眉山市东坡区太和永丰村稻菜轮作示范基地
262　四川省眉山市洪雅县中保镇史华村长毛兔养殖基地
263　四川省资阳市乐至县白乌鱼养殖科普示范基地
264　四川省攀枝花市仁和区中坝果业科普示范基地
265　四川省攀枝花市盐边县箐河傈僳湾野猪养殖科普示范基地
266　四川省成都市彭州市浅丘农业结构调整科普示范基地
267　四川省宜宾市南溪区氧鑫园苗木种植示范基地
268　四川省凉山彝族自治州会理县天泽农业科技示范基地
269　四川省成都市蒲江县光明乡樱桃产业科普示范基地
270　四川省乐山市马边彝族自治县石梁乡周家沟有机茶基地
271　四川省达州市达川区石梯银宏生猪养殖基地
272　四川省阿坝藏族羌族自治州汶川县高峰村科技特色产业发展示范基地

273 四川省甘孜藏族自治州康定县前溪乡羊肚菌科普示范基地
274 四川省甘孜藏族自治州乡城县青麦乡巴麦村葡萄科普示范基地
275 四川省阿坝藏族羌族自治州若尔盖县辖曼乡藏系绵羊养殖基地
276 四川省广元市朝天区平溪农业（蔬菜）科普示范园区
277 贵州省贵阳市白云区现代农业科普示范基地
278 贵州省遵义市凤冈县黔韵福茶业“猪—沼—茶”生态循环科普示范基地
279 贵州省安顺市关岭布依族苗族自治县会友农机农民专业合作社养殖基地
280 贵州省六盘水市水城县峡谷现代农业生态科技观光园
281 贵州省毕节市七星关区杨梅种植科普示范基地
282 贵州省铜仁市沿河土家族自治县利民金银花科普示范基地
283 贵州省黔南布依族苗族自治州龙里县茶香刺梨种植科普示范基地
284 贵州省黔东南苗族侗族自治州榕江县蓬发生猪养殖科普示范基地
285 贵州省黔西南布依族苗族自治州普安县林下天麻种植繁育科普示范基地
286 贵州省仁怀市学孔黄花种植科普示范基地
287 贵州省贵阳市南明区永乐乡干井村食用菌基地
288 贵州省遵义市余庆县小腮镇迎春村苗寨绿茶科普示范基地
289 贵州省安顺市平坝高寨村巾帼金刺梨种植科普示范基地
290 贵州省铜仁市石阡县枫香乡鸳鸯湖村原生态养鸡基地
291 贵州省毕节市金沙县富甲食用菌种植科普示范基地
292 贵州省黔东南苗族侗族自治州天柱县永兴油茶种植专业基地
293 贵州省遵义市正安县和溪镇马鞍村蔬果科普示范基地
294 贵州省铜仁市松桃苗族自治县孟溪镇生态香菇种植基地
295 云南省德宏傣族景颇族自治州陇川县福睿精米厂 2 万亩绿色精米优质稻科普示范基地
296 云南省大理白族自治州云龙县溪史登中药材种植示范基地
297 云南省楚雄彝族自治州南华县三七种植示范培训基地
298 云南省大理白族自治州祥云县泰鑫现代农业科普示范基地
299 云南省德宏傣族景颇族自治州瑞丽市热带作物间套种高效科普示范基地
300 云南省保山市龙陵县松山抗战科普文化教育示范基地
301 云南省迪庆藏族自治州德钦燕门茨中葡萄种植科普兴农示范园
302 云南和创药业武定县中药材种植科普示范基地（楚雄彝族自治州）
303 云南省文山壮族苗族自治州砚山县宏茂芦笋种植科普示范基地
304 云南省保山市腾冲县固东镇忠益高原特色立体农业科普示范基地
305 云南省玉溪市华宁县盘溪镇新村柑桔标准化种植科普示范基地
306 云南省红河哈尼族彝族自治州屏边苗族自治县木瓜种植综合示范基地
307 云南省滇中产业新区嵩明县龙街社区奶牛养殖示范基地
308 云南省普洱市江城哈尼族彝族自治县康平镇种养殖示范基地
309 云南省文山壮族苗族自治州西畴县青龙山茶叶种植与加工基地
310 云南省临沧市耿马傣族佤族自治县华侨管理区肉牛蔗稍青贮氨化养殖科普示范基地
311 云南省红河哈尼族彝族自治州蒙自市珍稀名优茶种植科普示范基地
312 云南省丽江市华坪县荣将镇龙头果子山千亩优质晚熟芒果生产科普示范基地
313 云南省玉溪市元江哈尼族彝族傣族自治县农场田村三华李示范基地
314 云南省普洱市思茅区倚象永庆无公害蔬菜科普示范基地
315 云南省曲靖市师宗县彩云镇烟草科普示范基地
316 西藏自治区林芝地区林芝县布久乡简切村爱民藏药材种植基地
317 西藏自治区日喀则市拉孜县芒普乡乃村大棚蔬菜种植示范及销售基地
318 西藏自治区昌都市芒康县玛卡种植基地
319 西藏自治区拉萨市墨竹工卡县龙雪金达农畜产品加工基地
320 西藏自治区那曲地区申扎县下过乡 3 村奶渣野葱生产加工科普示范基地
321 西藏自治区山南地区琼结县加麻乡白松村彭波半细毛羊品种推广示范基地
322 西藏自治区阿里地区措勤县绒山羊良种扩繁基地
323 西藏自治区日喀则市康马县弘康食用野生香料细加工基地
324 陕西省咸阳市武功县盛源苗木繁育示范基地
325 陕西省汉中市宝森生猪产业化繁育科普示范基地（汉台区）
326 陕西省汉中市留坝县火烧店猪苓露地栽培示范基地
327 陕西省商洛市丹凤县月日镇马炉村山茱萸科普示范基地
328 陕西省西安市阎良区农业新品种试验站
329 陕西秦皇园生态农业科普示范基地（宝鸡市眉县）
330 陕西省宝鸡市凤翔县绿宝果业科普示范基地
331 陕西省延安市吴起县青年创业科普示范基地
332 陕西省榆林市定边县霄扬奶牛养殖基地
333 陕西省安康市汉滨区吉河镇炭沟村核桃种植科普示范基地
334 陕西省安康市宁陕县绿宝生态农业科普示范基地
335 陕西省渭南市韩城市芝阳王村千亩核桃基地
336 陕西省西安市灞桥区洪庆山虎子绿色生态养殖基地
337 陕西省咸阳市泾阳县天人合一现代农业科普示范基地
338 陕西省渭南市大荔县绿丰高石脆瓜科普示范基地
339 陕西省渭南地势坤红豆杉科普示范基地（临渭区）

340 陕西省延安市延长县丰泽有机苹果科普示范基地
341 陕西省渭南市富平县荆山果业示范园科普示范基地
342 陕西省榆林市靖边县东坑镇小桥畔东润种植科普示范基地
343 陕西省汉中市镇巴县双低杂交油菜制种科普示范基地
344 陕西省安康市平利县长安镇魔芋科普示范基地
345 甘肃省平凉市静宁县甘沟乡苹果良种种植基地
346 甘肃省张掖市民乐县六坝现代农业示范园区
347 甘肃省天水市秦州区中梁乡果树种植科普示范基地
348 甘肃省金昌市金川区蛋鸡生态养殖科普示范基地
349 甘肃省兰州伏羲康乐市民农园科普示范基地（红古区）
350 甘肃省白银市会宁县党家岘药材种植基地
351 甘肃省张掖市临泽县鸭暖镇淘金科技新村农业综合科普示范基地
352 甘肃省庆阳市西峰区肖金千亩中药材种植示范基地
353 甘肃省定西市临洮县佳源畜禽养殖科技示范园
354 甘肃省陇南市武都区太泉蜂业科普示范基地
355 甘肃省临夏回族自治州东乡族自治县汪集脱毒马铃薯种植科普示范基地
356 甘肃省甘南藏族自治州碌曲县宗元中藏药材种植示范基地
357 甘肃省甘南藏族自治州临潭县长川乡农业科技综合示范基地
358 甘肃省张掖市肃南裕固族自治县祁连山牦牛养殖科普示范基地
359 甘肃省酒泉市肃州区西洞镇千亩食用菌科普示范基地
360 甘肃省金昌市永昌县优质胡萝卜生产科普示范基地
361 青海省西宁山雨种养殖有限责任公司科普示范基地（城北区）
362 青海省海西蒙古族藏族自治州德令哈金丰农业开发有限责任公司蔬菜种植基地
363 青海省海东市互助土族自治县林川牛羊养殖科普示范基地
364 青海省海东市平安金源马铃薯种植科普示范基地
365 宁夏回族自治区银川市灵武市金涪园农林牧开发专业合作社科普示范基地
366 宁夏回族自治区吴忠市红寺堡区瑞丰酿酒葡萄种植加工科普示范基地
367 宁夏回族自治区固原市隆德县康鲜中药材种植科普示范基地
368 宁夏回族自治区银川绿之川园艺专业合作社科普示范基地（兴庆区）
369 宁夏回族自治区银川市永宁县胜利乡园林村甜源葡萄种植科普示范基地
370 新疆维吾尔自治区乌鲁木齐市米东区古牧地镇锅底坑村设施农业蔬菜大棚种植基地
371 新疆维吾尔自治区乌鲁木齐益农家园种植有限公司蔬菜林果科普示范基地（新市区）
372 新疆维吾尔自治区阿勒泰地区阿勒泰市畜牧科普示范基地
373 新疆维吾尔自治区昌吉回族自治州阜康市城关镇美丽冰湖休闲农业农村科普示范基地
374 新疆维吾尔自治区和田地区民丰县安迪尔乡尼雅黑鸡养殖科普基地
375 新疆维吾尔自治区和田地区皮山县家禽养殖繁育基地
376 新疆维吾尔自治区吐鲁番地区吐鲁番市宋峰工贸葡萄干加工示范基地
377 新疆维吾尔自治区塔城地区乌苏市四棵树镇万亩无公害水稻基地
378 新疆维吾尔自治区巴音郭楞蒙古自治州且末县英吾斯塘乡黄牛改良科普示范基地
379 新疆维吾尔自治区巴音郭楞蒙古自治州博湖县红果蔬科技示范基地
380 新疆维吾尔自治区博尔塔拉蒙古自治州温泉县昆得仑牧场昆丰养殖育肥基地
381 新疆维吾尔自治区伊犁哈萨克自治州昭苏县洪纳海乡中药材科普示范种植基地
382 新疆维吾尔自治区阿克苏地区柯坪县金戈壁无公害蔬菜基地
383 新疆维吾尔自治区伊犁哈萨克自治州伊宁县温亚尔乡伊地里于孜标准化育肥羊科普示范基地
384 新疆维吾尔自治区喀什地区巴楚县恰尔巴格乡巴尔楚克羊繁育科普示范基地
385 新疆生产建设兵团第五师八十四团色素菊花科技示范基地
386 新疆兵团第六师奇台农场高产高效玉米种植示范基地

（三）农村科普带头人（558 名）

1 王合亮，北京市延庆县张山营镇前黑龙庙村
2 李专平，北京市通州区永乐店镇柴厂屯村
3 张世同，北京市大兴区庞各庄镇东义堂村
4 吴军伶（女），北京市怀柔区北房镇韦里村
5 穆德林（回族），北京市密云县穆家峪镇北穆家峪回族村
6 于克立，北京市门头沟区妙峰山镇
7 张春红（女），北京市顺义区建新西街
8 姜玉荣（女），北京市房山区良乡镇南刘庄村
9 高建忠，天津市宝坻区八门城镇杨岗庄村
10 李文平，河北省石家庄市行唐县玉亭乡西桥村
11 盖宗杰，河北省承德市承德县大营子乡全宝河村
12 李　森，河北省张家口市万全县膳房堡乡新开口村
13 王平忠，河北省秦皇岛市抚宁县驻操营镇大道岭村
14 鲁小苹（女），河北省唐山市玉田县杨家套乡高马头村
15 张文峰，河北省唐山市滦南县胡各庄镇东庄店村
16 葛凤刚，河北省廊坊市安次区杨税务乡西小韩村
17 刘少辉，河北省保定市曲阳县下河乡刘家马村
18 郄陆军，河北省保定市满城县满城镇北陵山村
19 司焕新，河北省沧州市东光县大单镇
20 乔良志，河北省衡水市桃城区何家庄乡乔家村
21 赵汉朝，河北省邢台市广宗县件只乡东张魏村
22 李春英（女），河北省邯郸市广平县南韩村乡南韩村
23 陈金泉，山西省忻州市岢岚县岚漪镇牛家庄村
24 韩长青，山西省忻州市繁峙县杏园乡杏园村
25 任耀明，山西省晋中市灵石县静升镇南浦村
26 闫俊林，山西省长治市沁县定昌镇下曲峪村
27 田福其，山西省临汾市隰县午城镇桑梓村

28 郭有义，山西省朔州市应县南河种镇接马峪村
29 王建福，山西省晋中市榆社县河峪乡河峪村
30 曹和平，山西省阳泉市郊区河底镇曹家掌村
31 牛江林，山西省晋城市城区西上庄办事处牛山村
32 光立虎，山西省运城市新绛县北张镇西行庄
33 杜月新，山西省太原市尖草坪区柏板乡宇文村
34 杨润平，山西省吕梁市离石区信义镇任家沟村
35 刘俊辰，内蒙古自治区呼和浩特市清水河县高茂泉村
36 张　婧（女），内蒙古自治区呼和浩特市土默特左旗台阁牧镇达尔架大西营村
37 郭利军，内蒙古自治区鄂尔多斯市杭锦旗锡尼镇
38 石卫东，内蒙古自治区包头市九原区哈业胡同镇永丰村
39 郭建勋，内蒙古自治区包头市达尔罕茂明安联合旗石宝镇
40 苏　和（蒙古族），内蒙古自治区呼伦贝尔市新巴尔虎右旗达赉苏木巴彦布拉格嘎查
41 础伦巴根（蒙古族），内蒙古自治区呼伦贝尔市新巴尔虎右旗呼伦镇伊和诺尔嘎查
42 王孟和（蒙古族），内蒙古自治区兴安盟科尔沁右翼前旗察尔森镇前进嘎查
43 特木尔巴根（蒙古族），内蒙古自治区呼伦贝尔市新巴尔虎左旗阿木古郎镇奶牛村
44 刘宝君，内蒙古自治区呼伦贝尔市扎兰屯市
45 包春杰（蒙古族），内蒙古自治区兴安盟扎赉特旗阿尔本格勒镇阿尔本格勒嘎哈
46 李海龙，内蒙古自治区通辽市扎鲁特旗香山镇五段地村
47 许景书（女），内蒙古自治区赤峰市翁牛特旗乌丹镇
48 包清明（蒙古族），内蒙古自治区通辽市科尔沁左翼中旗舍伯吐镇中腰忙哈村
49 扎　那（蒙古族），内蒙古自治区鄂尔多斯市鄂托克旗阿尔巴斯苏木敖伦其日嘎嘎查
50 邱桂凤（女），内蒙古自治区赤峰市巴林左旗林东镇井子沟村
51 姜　明，内蒙古自治区通辽市开鲁县大榆树镇秉礼村
52 钢苏和（蒙古族），内蒙古自治区锡林郭勒盟苏尼特左旗满都拉图镇巴彦淖尔嘎查
53 王庆东，内蒙古自治区赤峰市松山区哈拉道口镇王家地村
54 斯琴毕力格（蒙古族），内蒙古自治区锡林郭勒盟苏尼特右旗赛罕塔拉镇巴彦高毕嘎查
55 刘转玲（女，满族），内蒙古自治区乌兰察布市凉城县岱海镇
56 王子堂，内蒙古自治区赤峰市元宝山区风水沟镇风水沟村
57 李　杰，内蒙古自治区巴彦淖尔市杭锦后旗陕坝镇中南渠村
58 杨巨才，内蒙古自治区乌兰察布市察哈尔右翼前旗三岔口乡
59 李林善，内蒙古自治区阿拉善盟阿拉善左旗巴彦浩特镇扎海乌素嘎查
60 斯琴花（女，蒙古族），内蒙古自治区锡林郭勒盟阿巴嘎旗洪格尔高勒镇萨如拉锡力嘎查
61 黄爱山，内蒙古自治区乌兰察布市商都县小海子镇麻尼卜村
62 代方平，内蒙古自治区巴彦淖尔市磴口县巴彦高勒镇
63 孙春龙，内蒙古自治区满洲里市新开河街道办事处
64 余　娟（女），内蒙古自治区阿拉善盟额济纳旗东风镇额很查干嘎查
65 麻三占，内蒙古自治区鄂尔多斯市达拉特旗树林召镇林原村
66 张　军（蒙古族），内蒙古自治区兴安盟科尔沁右翼中旗额木庭高勒苏木巴彦敖宝嘎查
67 阿拉腾乌拉（蒙古族），内蒙古自治区阿拉善盟阿拉善右旗阿拉腾敖包镇贡达来嘎查
68 田旺荣，内蒙古自治区乌海市海南区巴音陶亥乡赛汉乌素村
69 王春花（女），辽宁省丹东市东港市长山镇七股顶村
70 邓守哲（满族），辽宁省本溪市本溪满族自治县南甸子镇沟口村
71 侯新伟，辽宁省沈阳市苏家屯区永乐街道永胜村
72 孟宪威，辽宁省大连市瓦房店市万家岭镇万家岭村
73 于虎元，辽宁省朝阳市朝阳县大庙镇贝子胡同村
74 张学忠，辽宁省锦州市凌海市大业镇老沟村
75 刘文波，辽宁省铁岭市经济开发区原顾官屯分场
76 郭志强，辽宁省阜新市海州区韩家店镇民主村
77 马连军，辽宁省辽阳市辽阳县柳壕镇柳壕村
78 李希林（满族），辽宁省葫芦岛市兴城市三道沟乡三道沟里村
79 邵世平，辽宁省丹东市东港市小甸子镇三道林子村
80 张健玲（女），辽宁省大连市长海县广鹿乡塘洼村
81 白万军（满族），辽宁省丹东市宽甸满族自治县鸭绿江大街城南产业园区
82 王宪伟（满族），辽宁省抚顺市新宾满族自治县榆树乡何家村
83 王宝明，辽宁省营口市大石桥市周家镇周家村
84 刘兴义，辽宁省营口市老边区边城镇金屯村
85 王　鑫，辽宁省辽阳市太子河区东宁卫乡新立村
86 陈卫新（女），辽宁省盘锦市盘山县胡家镇
87 宋秀霞（女），辽宁省朝阳市朝阳县清风岭镇孟杖子村
88 刘忠毅，吉林省长春市农安县农安镇群众村
89 朱　博，吉林省长春市朝阳区乐山乡杨木村
90 王明江，吉林省吉林市船营区越北镇沙河子村
91 穆　祥，吉林省吉林市蛟河市河南街新胜村
92 栾玉霞（女），吉林省吉林市磐石市取柴河乡王家村
93 刘贵祥，吉林省省直管县公主岭市陶家屯镇同庆村
94 琚　文，吉林省四平市铁东区叶赫满族镇叶赫村
95 孙　英（女，满族），吉林省四平市伊通满族自治县营城子镇新家村
96 刘洪春，吉林省松原市乾安县让字镇小贤村
97 周　刚，吉林省辽源市东辽县白泉镇白泉村
98 段树义，吉林省辽源市龙山区安国村
99 金国虎（朝鲜族），吉林省白山市长白朝鲜族自治县八道沟镇葫芦套村
100 王进军，吉林省白山市临江市闹枝镇义和村

101　贺业清，吉林省省直管县梅河口市杏岭乡团山村
102　曹　发，吉林省通化市辉南县石道河镇爱林村
103　高　伟，吉林省通化市通化县快大茂镇三合堡村
104　潘京斌，吉林省通化市集安市青石镇黄柏村
105　万　平，吉林省白城市通榆县同发乡新合村
106　徐景林，吉林省白城市大安市四棵树乡新立村
107　籍万宏，吉林省白城市洮南市洮府乡增胜村
108　徐保龙（蒙古族），吉林省白城市洮北区平台镇红塔村
109　申境赫（朝鲜族），吉林省延边朝鲜族自治州延吉市依兰镇春兴村
110　刘永成，吉林省延边朝鲜族自治州图们市石岘镇陆池村
111　朴范哲（朝鲜族），吉林省延边朝鲜族自治州汪清县汪清镇
112　金王桢（朝鲜族），吉林省延边朝鲜族自治州龙井市三合镇北兴村
113　姜良义，吉林省延边朝鲜族自治州安图县两江镇东江村
114　吕景秀（女），吉林省延边朝鲜族自治州珲春市英安镇新地方村
115　赵海军，吉林省松原市长岭县利发盛镇利发盛村
116　朱志国，吉林省松原市宁江区新城乡联合村
117　张　涛，黑龙江省哈尔滨市依兰县宏克力镇马鞍山村
118　王永玲，黑龙江省哈尔滨市延寿县延寿镇永兴生态养殖场
119　纪振生，黑龙江省哈尔滨市方正县大罗密乡西南村
120　于海波，黑龙江省哈尔滨市木兰县新民乡新胜村
121　高　波（女），黑龙江省牡丹江市宁安市宁安市兰岗镇永政村
122　姜占文，黑龙江省大庆市林甸县红旗镇先进村
123　肖云龙，黑龙江省鸡西市鸡东县平阳镇平阳村
124　王宝昌，黑龙江省绥化市庆安县新胜乡新光村
125　王雪英（女），黑龙江省双鸭山市友谊县友谊镇
126　来桂山，黑龙江省齐齐哈尔市泰来县克利镇隆庆村
127　刘　君，黑龙江省伊春市嘉荫县红光乡常青村
128　寇长青，黑龙江省伊春市铁力市年丰乡长山村
129　田作林，黑龙江省七台河市勃利县青山乡奋斗村
130　王沛华，黑龙江省鹤岗市萝北县团结镇勤俭村
131　席成龙（满族），黑龙江省鹤岗市绥滨县富强乡五道岗村
132　邵　鹏（达斡尔族），黑龙江省黑河市爱辉区西岗子镇坤站村
133　李富强，黑龙江省黑河市北安市城郊乡革命村
134　于恒江，黑龙江省黑河市孙吴县群山乡十里岗村
135　赵清义，黑龙江省黑河市逊克县宝山乡宝山村
136　朱乃贤（女），黑龙江省黑河市嫩江县嫩江镇
137　李玉忠，黑龙江省大兴安岭地区呼玛县呼玛镇
138　马丽英（女），黑龙江省大兴安岭地区塔河县塔河镇
139　杨秀清，黑龙江省绥芬河市前进村
140　吕洪安，黑龙江省抚远县寒葱沟乡东岗村
141　陈士杰，黑龙江省齐齐哈尔市讷河市和盛乡农乐村
142　刘凤勇，黑龙江省齐齐哈尔市依安县新发乡新发村
143　孙树明，黑龙江省大庆市肇源县松花江大街
144　沈英隆，上海市浦东新区老港镇
145　马　文，江苏省南京市高淳区花联村
146　蒋　岩，江苏省徐州市沛县沛城镇
147　徐宗进，江苏省连云港市东海县振兴北路
148　包秀金（女），江苏省无锡市江阴市徐霞客镇阳庄村
149　余庆贵，江苏省常州市溧阳市上兴镇龙峰村
150　王建宏，江苏省苏州市太仓市沙溪镇半泾村
151　季玲玲（女），江苏省南通市如皋市如城镇解放路
152　金得平，江苏省淮安市涟水县大东镇
153　韩品成，江苏省盐城市响水县大有镇
154　朱荣平，江苏省镇江市润州区官塘桥街道官塘桥村
155　乔　明，江苏省宿迁市沭阳县汤涧镇汤南村
156　项亚茜（女），江苏省无锡市宜兴市张渚镇茗岭村
157　陈焕章，浙江省温州市平阳县昆阳镇平瑞路
158　周惠英（女），浙江省嘉兴市秀洲区油车港镇杨溪村
159　薛国贤，浙江省杭州市萧山区金惠路
160　沈建良，浙江省湖州市南浔区善琏镇港南村
161　毛荣利（女），浙江省丽水市景宁畲族自治县澄照乡东畔村
162　王焕贤，浙江省舟山市岱山县高亭镇
163　付美贞（女），浙江省金华市永康市石柱镇
164　孙艳伟（女），安徽省宿州市砀山县官庄坝镇徐楼村张庄
165　王宗开，安徽省合肥市肥东县梁园镇梁园社区
166　姜德民，安徽省蚌埠市淮上区八大集良种场
167　姚进升，安徽省铜陵市铜陵县铜陵市北京中路人防大楼
168　缪振余，安徽省芜湖市三山区三山街道公路街
169　胡黎明，安徽省黄山市黄山区仙源镇政府农技站
170　卢廷军，安徽省亳州市涡阳县城关镇建设路10号涡阳县农业技术推广中心
171　任功平，安徽省马鞍山市当涂县姑孰镇滨河路418号
172　黄　斌，安徽省六安市金寨县梅山镇小南京村
173　李志玲（女），安徽省阜阳市临泉县范兴集乡刘营村
174　何秀兰（女），安徽省池州市青阳县新河镇菖蒲圩农场
175　汤焰南，安徽省宿松县宿松县二郎镇界岭村
176　张永宜，安徽省合肥市庐江县柯坦镇陈埠街道
177　苏　亚，安徽省淮南市潘集区田集街道
178　曹长才，安徽省安庆市大观区山口乡百子山村
179　孙　琴（女），安徽省马鞍山市含山县铜闸镇长岗村
180　周福红，安徽省滁州市明光市池河大道98号农技推广中心
181　李向雪，福建省福州市长乐市古槐乡屿南村
182　叶长泰，福建省厦门市同安区莲花镇后埔村
183　杨冬发，福建省漳州市东山县美山村
184　林连国，福建省泉州市洛江区马甲镇梅岭村
185　邱　虎，福建省南平市建阳市将口镇
186　蒋承伟，福建省三明市大田县武陵乡百束村
187　林双林，福建省莆田市仙游县象林村
188　曾璞玉（女），福建省龙岩市漳平市双洋镇中村村
189　高镇权，福建省宁德市周宁县狮城镇
190　林金标，福建省平潭综合实验区平潭县澳前镇前进村
191　郑云开，福建省福州市罗源县西洋村
192　张国雄，福建省漳州市平和县小溪（镇）宝善村
193　蔡芳田，福建省泉州市石狮市祥芝镇祥农村
194　杨锦銮，福建省三明市将乐县黄潭镇祖教村

195 林集华，福建省南平市光泽县鸾凤乡坪山村
196 周翠梅（女），江西省萍乡市芦溪县银河镇
197 舒惠东，江西省宜春市袁州区洪塘镇
198 邱水胜，江西省景德镇市浮梁县寿安镇鸿兴村
199 汤忠华，江西省吉安市永丰县水南背村委会下程村
200 朱学明，江西省赣州市寻乌县水源乡大湖村
201 陆　军，江西省上饶市德兴市万村乡新屋村
202 林朝楷，江西省赣州市崇义县
203 陈小红，江西省新余市分宜县凤阳乡大路边村
204 徐树明，江西省赣州市定南县历市镇
205 蒋永九，江西省吉安市吉安县永阳镇蒋坊村
206 叶荣裕，江西省抚州市临川区河埠乡
207 刘玖凰（女），江西省南昌市安义县新民乡乌溪村
208 吴世民，江西省九江市修水县大椿乡大港村
209 姜　波（女），山东省青岛市即墨市移风店镇黄戈庄村
210 宋世强，山东省枣庄市滕州市龙阳镇龙山村
211 郝炎辉，山东省潍坊市青州市谭坊镇庄庙村
212 万克敏，山东省济南市长清区归德镇万庄村
213 刘　祥，山东省青岛市崂山区沙子口街道
214 崔学恒，山东省淄博市沂源县南鲁山镇龙泉村
215 丁乐赴，山东省威海市乳山市大孤山镇上夼村
216 高慎华，山东省泰安市新泰市刘杜镇高家圈村
217 孙绪春，山东省济宁市梁山县韩岗镇
218 刘仁众，山东省烟台市海阳市东村街道黑石埠河村
219 李辉军，山东省德州市庆云县常家镇北板营村
220 霍新生（女），山东省德州市夏津县新盛店镇西季庄村
221 王成武，山东省莱芜市莱城区羊里镇东土屋村
222 田　龙，山东省淄博市高青县唐坊镇方家村
223 李东生，山东省临沂市兰陵县车辋镇车辋村
224 刘云生，山东省烟台市龙口市新嘉办事处王格庄村
225 闫文娟（女），山东省济宁市金乡县
226 王继伟，山东省临沂市费县费城街道
227 路富强，山东省济宁市汶上县汶上镇王庄村
228 王建军，山东省淄博市博山区池上镇小峰口村
229 于彩洪，山东省聊城市高唐县清平乡桑园村
230 宋百满，山东省日照市岚山区巨峰镇后崖下村
231 赵竹青（女），山东省烟台市牟平区鱼鸟河街道办事处五里头村
232 李红刚，山东省东营市广饶县广饶街道西李村
233 庞群山，山东省菏泽市开发区佃户屯办事处庞庄村
234 邱芳芳（女），山东省滨州市滨州高新技术产业开发区小营街道办事处代家村
235 于　静（女），山东省聊城市临清市大辛庄办事处
236 侯三元，河南省济源市王屋镇柏木洼村
237 王付生，河南省驻马店市上蔡县和店乡后王村
238 田向东，河南省周口市项城市丁集乡小田营村
239 王长海，河南省信阳市潢川县卜塔集乡塘埂村
240 朱　智，河南省商丘市虞城县城关镇
241 任建成，河南省南阳市方城县二郎庙乡利山岗村
242 李敬农，河南省三门峡市陕县大营镇寺古洼村
243 常发民，河南省漯河市召陵区老窝镇双杨村
244 高许超，河南省许昌市许昌县五女店镇北街村
245 赵亚权，河南省濮阳市南乐县城关镇岳固村
246 许小喜，河南省焦作市马村区演马街道办事处赵屯村
247 王新军，河南省新乡市辉县市冀屯乡岳村
248 郝广玲（女），河南省鹤壁市浚县新镇镇蒋村
249 武秋荣（女），河南省安阳市安阳县洪河屯乡上营村
250 常天黎，河南省平顶山市宝丰县肖旗乡枣庄村
251 王建粉（女），河南省洛阳市嵩县闫庄镇闫庄村
252 李月华（女），河南省开封市金明区水稻乡马头村
253 许治业，河南省郑州市新郑市辛店镇辛店村
254 于培康，河南省周口市郸城县工农路中段
255 张丙孝，河南省商丘市民权县城关镇车站北路北段
256 裴生民，河南省南阳市镇平县晁陂镇裴营村
257 杨　冰，河南省濮阳市台前县打渔陈镇杨井村
258 赵　坤，河南省焦作市温县岳村乡吕村
259 陈聚京，河南省平顶山市鲁山县马楼乡山岔口村
260 张清理，河南省洛阳市洛宁县河底镇城村村
261 苏艳伟，河南省开封市顺河回族区土柏岗乡土柏岗村
262 施剑涛，湖北省鄂州市华容区华容区庙岭镇大屋村
263 熊国荣，湖北省潜江市泰丰办事处白窑村
264 杨小平，湖北省随州市广水市城郊街道办事处杨河村
265 刘书亮，湖北省咸宁市赤壁市茶庵岭镇金峰村
266 金昌喜，湖北省荆州市监利县汪桥镇金熊村
267 费久兴，湖北省黄石市阳新县兴国镇
268 鲁　锋，湖北省孝感市孝南区广场街道
269 阮吉洲，湖北省襄阳市襄州区古驿镇新庄村
270 张剑刚，湖北省宜昌市兴山县水月寺镇高家坪村
271 谢辉银，湖北省神农架林区红坪镇官封村
272 邵国平，湖北省黄冈市黄州区小汉湖
273 杨新华，湖北省仙桃市郭河镇邵湾村
274 周田甜（女），湖北省荆门市沙洋县纪山镇
275 徐国斌，湖南省长沙市开福区捞刀河镇沙坪村
276 袁长水，湖南省株洲市株洲县砖桥乡庙湾村
277 甘　英（女），湖南省岳阳市湘阴县长康镇大金村
278 刘成伟，湖南省衡阳市珠晖区鄠湖乡湖东村
279 欧　姣（女），湖南省衡阳市衡南县洪山镇五塘村
280 张海前，湖南省郴州市永兴县便江镇同心村
281 高德典，湖南省常德市鼎城区红云街道
282 谢肇金，湖南省娄底市娄星区黄泥塘办事处东来村
283 龙景光（苗族），湖南省邵阳市绥宁县长铺镇
284 杨运光，湖南省邵阳市武冈市马坪乡白羊村
285 梁丽珍（女，苗族），湖南省湘西土家族苗族自治州花垣县长乐乡牙八溪村
286 叶闪祥（土家族），湖南省张家界市武陵源区军地坪街道办事处
287 李修满（土家族），湖南省张家界市慈利县苗市乡荷花村
288 杨圣良，湖南省怀化市中方县桐木镇楠木铺村
289 潘云姿（女，壮族），湖南省永州市双牌县平福头乡禄寿村
290 王尊群，湖南省永州市宁远县天堂镇平口源村
291 张活强，广东省江门市开平市苍城镇
292 赖秋萍（女），广东省梅州市蕉岭县蕉城镇乡陂角村
293 余远征，广东省汕头市南澳县后花园村
294 彭武林，广东省汕尾市陆河县河田镇

295 刘　炳（女），广东省韶关市南雄市坪田镇长坑村委会长坑村
296 黄基文，广东省珠海市斗门区莲洲镇粉洲村
297 刘财灵，广东省惠州市惠城区马安镇横河村
298 颜欧能，广东省湛江市雷州市雷高镇雷高村
299 程小华，广东省肇庆市封开县杏花镇和平村
300 黄振源，广东省中山市民众镇
301 陈斯叶，广东省汕头市澄海区溪南镇银北村
302 郑家美（女），广东省茂名市信宜市怀乡镇中堂村
303 麦洪长，广东省江门市鹤山市址山镇昆阳村民委员会塘辽村
304 陈海潮，广东省清远市连州市连州镇龙咀村民委员会塘湾肚村
305 陈　韬，广东省揭阳市揭西县河婆镇
306 罗松涛，广东省揭阳市普宁市南径镇南径村
307 徐荣琴（女），广西壮族自治区桂林市永福县堡里乡堡里村
308 刘玉燕（女，壮族），广西壮族自治区百色市田东县祥周镇中平村
309 陈文松，广西壮族自治区贺州市钟山县钟山镇榕马村
310 赵习福，广西壮族自治区河池市宜州市怀远镇怀远村
311 何以安（壮族），广西壮族自治区柳州市柳南区太阳村镇老房村
312 黄山珍（女，壮族），广西壮族自治区南宁市横县校椅镇校椅村
313 凌安元（壮族），广西壮族自治区百色市田林县六隆镇镇供央村
314 杨煜钦，广西壮族自治区北海市合浦县石康镇鲤鱼村
315 朱世聪，广西壮族自治区钦州市钦南区黄屋屯镇屯安村
316 廖志周，广西壮族自治区防城港市防城区滩营乡石合村
317 施密林（壮族），广西壮族自治区崇左市天等县宁干乡台利村
318 覃　敏（壮族），广西壮族自治区河池市大化瑶族自治县乙圩乡乙圩村
319 梁富斌，广西壮族自治区贵港市平南县大成村
320 李孔荣，广西壮族自治区梧州市藤县藤州镇礼秀村
321 邱德国（壮族），广西壮族自治区防城港市东兴市马路镇大旺村
322 陈　奇（壮族），广西壮族自治区崇左市龙州县龙州镇利民街
323 王明松，广西壮族自治区河池市天峨县八腊乡八腊村
324 黄文学（壮族），广西壮族自治区百色市靖西县南坡乡南坡街
325 陆仕兰（女，壮族），广西壮族自治区贵港市港北区庆丰镇都炉村
326 杜明忠（苗族），广西壮族自治区柳州市融水苗族自治县安太乡小桑村
327 王　燕，海南省琼海市塔洋镇
328 胡信连（黎族），海南省万宁市南桥镇桥南村
329 陈　贤，海南省临高县东英镇和新村
330 袁　美（女），重庆市万州区太龙镇龙滩村
331 孙章文（土家族），重庆市黔江区金溪镇金溪居委会
332 何士祥，重庆市江津区石蟆镇
333 邓邦明，重庆市大足区石马镇白光村
334 刘辅波，重庆市璧山区健龙镇白果村
335 陈长剑，重庆市潼南县梓潼街道办事处新生村
336 张　雪（女），重庆市荣昌县安富街道通安村
337 李志红（女），重庆市武隆县平桥镇中村村
338 申建忠，重庆市武隆县火炉镇筏子村
339 张晓仙（女，土家族），重庆市酉阳土家族苗族自治县花田乡生基村
340 汪汉成，重庆市奉节县平安乡咏梧村
341 余新民，四川省眉山市仁寿县曹家乡梨树村
342 张清霞，四川省雅安市汉源县皇木镇岩口村
343 冯建国，四川省遂宁市安居区玉丰镇拦河村
344 何德明，四川省巴中市通江县诺江镇城南村
345 孙传辉，四川省资阳市雁江区松涛镇宰山村
346 何天友（羌族），四川省阿坝藏族羌族自治州茂县太平乡木耳村
347 武万琼（女），四川省泸州市泸县云龙镇英雄村
348 熊素华（女），四川省广安市前锋区观塘镇望八村
349 刘玉兰（女），四川省德阳市中江县南华镇幸福路
350 王振均，四川省广元市昭化区太公镇大树村
351 邹蔼福，四川省凉山彝族自治州会东县大崇乡崇兴村
352 吉木石批（彝族），四川省凉山彝族自治州美姑县巴古乡三岗村
353 高天睿，四川省南充市南部县定水镇徐家桥村
354 刘　奎，四川省攀枝花市米易县撒莲镇海塔村
355 童林林，四川省凉山彝族自治州喜德县两河口镇两河口村
356 泽仁邓珠（藏族），四川省甘孜藏族自治州雅江县呷拉乡基俄村
357 黄荣全，四川省内江市隆昌县界市镇包家山村
358 付崇英（女，藏族），四川省甘孜藏族自治州泸定县烹坝乡二村
359 王利川，四川省乐山市峨边彝族自治县大堡镇火花村
360 项朝富，贵州省贵阳市花溪区久安乡久安村
361 梅静霞（女），贵州省遵义市余庆县小腮镇迎春村
362 朱国安，贵州省安顺市镇宁布依族苗族自治县丁旗镇凉水井村
363 李文峰，贵州省六盘水市盘县鸡场坪乡罩子河村
364 肖生华，贵州省毕节市大方县雨冲乡红旗村
365 王永飞（苗族），贵州省铜仁市碧江区川硐镇尖岩村
366 罗银春（女，布依族），贵州省黔南布依族苗族自治州荔波县玉屏街道水利村
367 田仁忠（苗族），贵州省黔东南苗族侗族自治州凯里市下司镇
368 易洪芳，贵州省黔西南布依族苗族自治州晴隆县鸡场镇学官村
369 徐启玄，贵州省省直管县仁怀市高大坪乡尧坝村
370 锁银宵（回族），贵州省省直管县威宁彝族回族苗族自治县哈喇河乡海外村
371 蔡　梅（女），贵州省贵阳市开阳县南龙乡田坎村
372 王忠友（白族），贵州省六盘水市钟山区大湾镇安乐村

373 张仕慧（女，侗族），贵州省铜仁市石阡县龙塘镇大屯村
374 桂增云，贵州省安顺市西秀区宁谷镇木山村
375 杨荣富（布依族），贵州省黔南布依族苗族自治州平塘县平舟镇新寨村
376 张龙敏（女，苗族），贵州省毕节市织金县熊家场乡白马村
377 王美芳（女，苗族），云南省楚雄彝族自治州禄丰县和平镇大德村委会
378 周　群（女），云南省昆明市五华区西翥办事处大村
379 王起帆，云南省昆明市东川区铜都镇龙潭村
380 李树美，云南省昆明市富民县环城西路
381 卢荣才，云南省曲靖市富源县竹园镇新街村委会
382 洪大忠，云南省昭通市大关县玉碗镇老街村
383 饶红金（哈尼族），云南省楚雄彝族自治州双柏县大庄镇杞木塘村
384 杨宗德，云南省楚雄彝族自治州楚雄市苍岭镇李家村委会
385 朱燕林（女），云南省曲靖市罗平县罗雄街道大明居委会
386 杨　华（傣族），云南省玉溪市元江哈尼族彝族傣族自治县澧江街道办事处
387 罗贵付（彝族），云南省红河哈尼族彝族自治州石屏县龙朋镇己冲村委会
388 陈石安（彝族），云南省文山壮族苗族自治州砚山县稼依镇店房村
389 郑继青（女），云南省文山壮族苗族自治州广南县杨柳井乡西洋村民委员会
390 辛长平，云南省玉溪市红塔区大营街街道
391 郭永文，云南省红河哈尼族彝族自治州元阳县马街乡啊路嘎村委会
392 李　石（拉祜族），云南省普洱市西盟佤族自治县勐梭镇秧落村
393 谢志强，云南省普洱市思茅区云仙乡挖令村
394 王徐强（哈尼族），云南省普洱市澜沧拉祜族自治县发展河乡发展河村
395 三　章（傣族），云南省普洱市孟连傣族拉祜族佤族自治县景信乡朗勒村
396 岩温龙（傣族），云南省西双版纳傣族自治州勐海县打洛镇勐板村委会
397 李春荣（哈尼族），云南省西双版纳傣族自治州勐腊县瑶区乡沙仁村委会
398 茶恒忠（彝族），云南省大理白族自治州南涧彝族自治县小湾东镇岔江村
399 罗　刚，云南省大理白族自治州永平县水泄乡文库村
400 陈建华，云南省迪庆藏族自治州香格里拉县小中甸镇联合村
401 品布次里（藏族），云南省迪庆藏族自治州德钦县拖顶乡拖顶村
402 和志敏（普米族），云南省迪庆藏族自治州维西傈僳族自治县永春乡拖枝村
403 郑　茜（女），云南省临沧市云县爱华镇
404 姬　杰，云南省临沧市临翔区凤翔街道
405 杨永寿，云南省临沧市凤庆县营盘镇景杏村
406 卫明祥（佤族），云南省临沧市沧源佤族自治县糯良乡怕拍村
407 杨恩铁，云南省德宏傣族景颇族自治州梁河县遮岛镇水箐村
408 任尚周，云南省丽江市宁蒗彝族自治县宁利乡玉鹿村委会
409 和耀红（纳西族），云南省丽江市玉龙纳西族自治县黄山镇南溪村委会
410 丰前珍（傈僳族），云南省怒江傈僳族自治州福贡县马吉乡旺基独村
411 李青艳（女，白族），云南省怒江傈僳族自治州兰坪白族普米族自治县人民东路
412 余钰苇（傈僳族），云南省怒江傈僳族自治州贡山独龙族怒族自治县普拉底其达村
413 胡建堂（彝族），云南省文山壮族苗族自治州丘北县八道哨乡八道哨村
414 李国鑫（哈尼族），云南省普洱市墨江哈尼族自治县雅邑镇坝利村
415 李沅骏（彝族），云南省文山壮族苗族自治州马关县坡脚镇
416 陈金慧（女，傈僳族），云南省保山市昌宁县更戛乡立达村
417 李华昌，云南省保山市施甸县仁和镇勒平村
418 张其忠，云南省滇中产业新区嵩明县嵩阳街道
419 杨红星，云南省德宏傣族景颇族自治州瑞丽市姐相乡暖波村
420 莫岩凹保（傣族），云南省德宏傣族景颇族自治州芒市轩岗乡芒蚌村
421 曹灿云，云南省玉溪市华宁县青龙镇山岐村委会
422 陈　炯，云南省昭通市绥江县新滩乡石溪村
423 郑国华，云南省昆明市呈贡县斗南街道
424 赵丕鼎（白族），云南省大理白族自治州大理市喜洲镇作邑村
425 王加洪，云南省滇中产业新区安宁市八街街道
426 尹培荣（傣族），云南省德宏傣族景颇族自治州盈江县太平镇芒允村
427 罗　布（藏族），西藏自治区林芝地区林芝县布久乡简切村
428 边　觉（藏族），西藏自治区林芝地区工布江达县中萨乡宾久村
429 李　忠（门巴族），西藏自治区林芝地区墨脱县背崩乡地东村
430 根松丹增（藏族），西藏自治区昌都市贡觉县哈加乡果托村
431 多　扎（藏族），西藏自治区昌都市丁青县觉恩乡巴河村
432 张小麦（藏族），西藏自治区昌都市八宿县吉达乡拉然村
433 曾　旺（藏族），西藏自治区阿里地区措勤县曲洛乡曲洛村
434 索朗多吉（藏族），西藏自治区阿里地区札达县香孜乡热布加林村
435 普布次仁（藏族），西藏自治区日喀则市聂拉木县聂拉木镇宗塔村

436 格桑占堆（藏族），西藏自治区日喀则市仲巴县吉拉乡革青村
437 普次仁（藏族），西藏自治区日喀则市康马县涅如麦乡白顿村
438 多吉扎巴（藏族），西藏自治区那曲地区申扎县下过乡四村
439 阿玉（藏族），西藏自治区那曲地区尼玛县申亚乡甲隆村
440 巴桑（藏族），西藏自治区山南地区乃东县泽当居委会
441 土登格桑（藏族），西藏自治区山南地区琼结县琼结镇雪康村
442 仁增赤列（藏族），西藏自治区山南地区贡嘎县朗杰学乡岗则村
443 阿旺塔金（藏族），西藏自治区拉萨市林周县甘曲镇居荣村
444 德庆伦珠（藏族），西藏自治区拉萨市当雄县格达加多村
445 西　热（藏族），西藏自治区拉萨市尼木县帕古乡帕古村
446 尼　玛（藏族），西藏自治区林芝地区米林县米林镇雪卡村
447 阿果果（藏族），西藏自治区林芝地区波密县扎木镇桑登村
448 次巴郎加（藏族），西藏自治区昌都市丁青县协雄乡协麦村
449 丹增多吉（藏族），西藏自治区日喀则市拉孜县芒普乡秋古村
450 赤　列（藏族），西藏自治区日喀则市仁布县仁布乡仁布村
451 普　琼（藏族），西藏自治区日喀则市江孜县藏改乡杂吾村
452 边　巴（藏族），西藏自治区拉萨市曲水县江村
453 罗　布（藏族），西藏自治区拉萨市堆龙德庆县羊达乡羊达村
454 洛桑平措（藏族），西藏自治区拉萨市达孜县唐噶乡
455 嘎玛扎西（藏族），西藏自治区林芝地区察隅县上察隅镇格拥村
456 旺　堆（藏族），西藏自治区林芝地区朗县洞嘎镇嘎贡村
457 高海贤，陕西省西安市蓝田县三里镇南王村八组
458 郝亚梅（女），陕西省铜川市耀州区董家河镇党家河村
459 明炳臻，陕西省汉中市略阳县五龙洞镇班竹院村
460 霍开智，陕西省商洛市柞水县乾佑镇马房子村
461 樊亚锋，陕西省商洛市洛南县城关镇中心村
462 温来宏，陕西省西安市户县蒋村镇同兴村
463 陈忠宽，陕西省宝鸡市扶风县杏林镇三官庙村
464 史延江，陕西省咸阳市兴平市东城办庄头村
465 曹虎平，陕西省咸阳市长武县洪家镇曹公村
466 袁君贞，陕西省渭南市潼关县代字营镇东马村
467 陈振海，陕西省渭南市澄城县庄头乡璞地村
468 薛顺国，陕西省延安市子长县玉家湾镇刘来沟村
469 王向娃，陕西省榆林市佳县乌镇王家焉村
470 符代芳（女），陕西省安康市紫阳县双桥镇六河村
471 杨　锰，陕西省安康市白河县宋家镇双喜村
472 徐玉林，陕西省宝鸡市岐山县枣林镇张家沟村
473 封　磊，陕西省汉中市勉县金泉镇拥西村
474 宁蒋娟（女），陕西省西安市长安区大兆街办大兆村
475 李忠清（藏族），甘肃省武威市天祝藏族自治县石门镇马营坡村
476 李成春，甘肃省张掖市高台县城关镇行政新区农业委员会
477 樊治琦，甘肃省金昌市金川区双湾镇
478 常学荣，甘肃省定西市陇西县文峰镇
479 刘雄玺，甘肃省白银市会宁县杨集乡刘咀村
480 王芙兰（女），甘肃省武威市古浪县
481 葛怀贵，甘肃省酒泉市阿克塞哈萨克族自治县红柳湾镇
482 方丰泰，甘肃省庆阳市庆城县驿马镇夏涝池村
483 虎国荣，甘肃省临夏回族自治州和政县城关镇教场村
484 李　鹏，甘肃省张掖市山丹县位奇镇十里堡村
485 马永峰，甘肃省平凉市静宁县城川乡红旗村
486 孟高举，甘肃省平凉市崇信县锦屏镇九功村
487 刘想娃，甘肃省定西市岷县申都乡龙泉村
488 李鸿章，青海省海东市互助土族自治县东沟乡姚马村
489 次成达杰（蒙古族），青海省海北藏族自治州祁连县扎沙村
490 冶玉兰（女，回族），青海省海南藏族自治州贵德县新街乡下卡力岗村
491 索南才让（藏族），青海省海西蒙古族藏族自治州天峻县新源镇
492 刘宁燕（女），宁夏回族自治区中卫市沙坡头区镇罗镇镇西村
493 王学义（回族），宁夏回族自治区银川市贺兰县立岗镇兰光村
494 喇玉琴（女，回族），宁夏回族自治区固原市泾源县香水镇惠台村
495 李　进，新疆维吾尔自治区阿勒泰地区青河县青河镇
496 阿斯里别克·哈力哈依（哈萨克族），新疆维吾尔自治区哈密地区伊吾县前山乡石磨沟村
497 田　莉（女），新疆维吾尔自治区昌吉回族自治州吉木萨尔县庆阳湖乡武功街村
498 热西提·热苏力（维吾尔族），新疆维吾尔自治区吐鲁番地区托克逊县郭勒布依乡河东村
499 解新垒，新疆维吾尔自治区塔城地区塔城市也门勒乡三工村
500 孙天罡，新疆维吾尔自治区博尔塔拉蒙古自治州精河县
501 高东翔，新疆维吾尔自治区克孜勒苏柯尔克孜自治州阿克陶县阿克陶镇
502 杜兰英（女），新疆维吾尔自治区哈密地区哈密市天山北路
503 宋红伟，新疆维吾尔自治区塔城地区额敏县上户乡库尔布拉克四村
504 孟克巴依尔（蒙古族），新疆维吾尔自治区博尔塔拉蒙古自治州阿拉山口市艾比湖乡艾比湖村
505 海热拉·阿布都苏甫尔（维吾尔族），新疆维吾尔自治区克孜勒苏柯尔克孜自治州阿图什市
506 姜爱民，新疆维吾尔自治区哈密地区巴里坤哈萨克自治县花园乡

507 李建平，新疆维吾尔自治区塔城地区裕民县江格斯乡切格尔村
508 张泉年，新疆维吾尔自治区博尔塔拉蒙古自治州博乐市小营盘镇塔翁哈木尔村
509 麦麦提吐尔逊·胡达拜迪（维吾尔族），新疆维吾尔自治区喀什地区疏附县站敏乡1村
510 买力古娃·夏衣毛拉（女，哈萨克族），新疆维吾尔自治区塔城地区沙湾县博尔通古乡博尔通古村
511 陈林先，新疆维吾尔自治区阿克苏地区阿克苏市
512 向 阳，新疆维吾尔自治区伊犁哈萨克自治州察布查尔锡伯自治县托布中心帕尔哈舍里村
513 黄沂珍（女），新疆维吾尔自治区塔城地区乌苏市八十四户乡巴海村
514 冯 龙，新疆维吾尔自治区伊犁哈萨克自治州巩留县阿尕尔森镇沙尔乌泽克村
515 王晓明，新疆维吾尔自治区和田地区皮山县
516 阿吉姑丽·买买提艾力（女，维吾尔族），新疆维吾尔自治区喀什地区岳普湖县艾西曼镇
517 牙森·阿布拉（维吾尔族），新疆维吾尔自治区阿克苏地区沙雅县红旗镇巴扎村
518 艾山艾力·托和托尔巴依（柯尔克孜族），新疆维吾尔自治区克孜勒苏柯尔克孜自治州阿合奇县哈拉布拉克乡
519 沙依兰别克·塔比哈提（哈萨克族），新疆维吾尔自治区阿勒泰地区福海县人民东路
520 买吐送·沙吾提（维吾尔族），新疆维吾尔自治区和田地区和田县布扎克乡
521 阿凡提·阿布都日合曼（维吾尔族），新疆维吾尔自治区克孜勒苏柯尔克孜自治州阿图什市阿扎克乡提坚村
522 木拉提（哈萨克族），新疆维吾尔自治区博尔塔拉蒙古自治州温泉县扎勒木特乡博格达尔村
523 宋 礼，新疆维吾尔自治区巴音郭楞蒙古自治州若羌县吾塔木乡库尔贵村
524 博拉提·加那合买提（哈萨克族），新疆维吾尔自治区阿勒泰地区吉木乃县阿合加尔村
525 张金武，新疆维吾尔自治区和田地区于田县英巴格乡吐西塔河村
526 韩松涛，新疆维吾尔自治区乌鲁木齐县永丰乡永新村
527 阿不力克木·斯拉吉（维吾尔族），新疆维吾尔自治区和田地区和田市肖尔巴格乡阿尔要勒村
528 黄英杰，新疆维吾尔自治区喀什地区麦盖提县库木库萨尔乡
529 沈 波，新疆维吾尔自治区昌吉回族自治州玛纳斯县凉州户镇葡萄协会
530 高伟东，新疆维吾尔自治区阿勒泰地区青河县青河镇
531 孙锦程，新疆维吾尔自治区和田地区洛浦县拜什托格拉克乡斯格墩村
532 岳全治，新疆维吾尔自治区克孜勒苏柯尔克孜自治州乌恰县
533 木塔力甫·卡德尔（维吾尔族），新疆维吾尔自治区阿克苏地区温宿县依希来木其乡
534 王 义，新疆维吾尔自治区伊犁哈萨克自治州伊宁市托格拉克乡
535 贾景亮，新疆维吾尔自治区昌吉回族自治州木垒哈萨克自治县雀仁乡雀仁村
536 古丽沙拉·加别力（女，哈萨克族），新疆维吾尔自治区阿勒泰地区阿勒泰市文化路社区
537 巴合提古丽·俄依沙（女，哈萨克族），新疆维吾尔自治区阿勒泰地区哈巴河县加依勒玛乡阿克托别村
538 侯东方，新疆维吾尔自治区伊犁哈萨克自治州奎屯市开干齐乡梧桐树村
539 唐小川，新疆维吾尔自治区塔城地区和布克赛尔蒙古自治县和什托洛盖镇
540 周生斌，新疆维吾尔自治区阿克苏地区阿瓦提县英艾日克乡
541 吴吉辉，新疆生产建设兵团第一师第一师12团
542 李宏彬，新疆生产建设兵团第二师33团
543 卡森木·吐森（维吾尔族），新疆生产建设兵团第三师51团
544 韩 海，新疆生产建设兵团第四师70团
545 齐文亮，新疆生产建设兵团第五师89团一连
546 丁 卫，新疆生产建设兵团第六师103团蔡家湖镇
547 王秀红（女），新疆生产建设兵团第七师130团
548 黄建国，新疆生产建设兵团第八师148团西营镇
549 杜 军，新疆生产建设兵团第九师162团
550 魏 冰，新疆生产建设兵团第十师181团
551 景招宏，新疆生产建设兵团第十三师淖毛湖农场
552 沙木沙克·玉山（维吾尔族），新疆生产建设兵团第一师托喀依乡喀尔墩村
553 鲍靖成，新疆生产建设兵团第九师166团
554 李建平，新疆生产建设兵团第十师183团
555 陈利华，新疆生产建设兵团第四师73团
556 张 洋，新疆生产建设兵团第六师106团
557 李益鲜（女），新疆生产建设兵团第七师125团
558 李永鹏，新疆生产建设兵团第八师石河子乡四工村

（四）少数民族科普工作队（5个）

1 河北省平泉县少数民族科普工作队
2 广西壮族自治区柳州市融水苗族自治县少数民族科普工作队
3 云南省红河哈尼族彝族自治州少数民族科普工作队
4 青海省海东市少数民族科普服务工作队
5 宁夏回族自治区中卫市少数民族科普工作队

（五）科普示范社区（500个）

1 北京市朝阳区来广营地区清苑路第一社区
2 北京市西城区西长安街街道北新华街社区
3 北京市丰台区长辛店街道装技所社区
4 北京市东城区和平里街道东河沿社区
5 北京市大兴区兴丰街道清城南区社区
6 北京市昌平区城北街道东关社区
7 北京市怀柔区泉河街道金台园社区
8 北京市顺义区空港街道万科城市花园社区
9 北京市平谷区滨河街道滨河社区
10 北京市通州区玉桥街道玉桥东里南社区
11 北京市门头沟区城子街道市场街社区
12 北京市房山区长阳镇加州水郡东区社区

13 北京市密云县鼓楼街道白檀社区
14 北京市延庆县香水园街道高塔社区
15 北京市石景山区五里坨街道西山机械厂社区
16 北京市海淀区中关村街道东里北社区
17 天津市滨海新区杭州道街吉庆里社区
18 天津市和平区新兴街卫津路社区
19 天津市武清区东蒲洼街蒲瑞馨园西区社区
20 天津市河东区二号桥街道红旗巷社区
21 天津市东丽区华明示范镇第一居委会
22 天津市北辰区瑞景街瞰景园社区
23 天津市津南区双桥河镇聚和园社区
24 天津市蓟县文昌街阳光社区
25 天津市西青区中北镇溪秀苑社区
26 天津市宝坻区海滨街苏北路社区
27 河北省石家庄市裕华区建华南街道办事处凤凰社区
28 河北省承德市双滦区钢城街道行宫社区
29 河北省承德市围场满族蒙古族自治县围场镇凤凰社区
30 河北省张家口市经开区南站街道办事处开发区社区
31 河北省张家口市桥西区南瓦盆窑第一社区
32 河北省秦皇岛市海港区燕山大街街道办事处天洋新城社区
33 河北省秦皇岛市山海关区路南街道海景社区
34 河北省唐山市路北区翔云道街道天元骏景社区
35 河北省唐山市路南区文北街道文北西楼社区居委会
36 河北省廊坊市安次区馨语社区居民委员会
37 河北省保定市雄县将台社区居民委员会
38 河北省保定市北市区金昌西社区居民委员会
39 河北省沧州市新华区华油社区居民委员会
40 河北省沧州市运河区民主社区居民委员会
41 河北省邢台市南和县建设大街居委会
42 河北省邯郸市峰峰矿区临水镇铁东社区
43 河北省怀来县沙城镇工业街社区
44 河北省任丘市裕华社区居民委员会
45 河北省衡水市桃城区河西街道萃景社区
46 山西省长治市郊区王庄煤矿社区
47 山西省太原市迎泽区南海街二社区
48 山西省临汾市襄汾县城区卧龙社区居民委员会
49 山西省吕梁市孝义市山西省崇文街道留义社区
50 山西省晋城市沁水县龙港镇杨河社区
51 山西省忻州市忻府区秀容办事处东大街社区
52 山西省晋中市寿阳县滨河城区管理委员会南港社区
53 山西省朔州市应县金城镇东南角社区服务中心
54 山西省运城市万荣县宝鼎社区居民委员会
55 内蒙古自治区呼和浩特市赛罕区中专路街道办事处展览馆社区
56 内蒙古自治区呼伦贝尔市海拉尔区靠山街道办事处梅园社区
57 内蒙古自治区巴彦淖尔市磴口县巴彦高勒镇贺兰社区
58 内蒙古自治区包头市东河区铁西街道办事处豪德社区
59 内蒙古自治区呼和浩特市新城区东街办事处老缸房社区
60 内蒙古自治区鄂尔多斯市伊金霍洛旗王府路社区
61 内蒙古自治区通辽市霍林郭勒市莫斯台街道振兴社区
62 内蒙古自治区满洲里市南区街道办事处阜城社区
63 内蒙古自治区赤峰市克什克腾旗应昌街道云杉社区（原经棚路社区）
64 内蒙古自治区乌兰察布市察哈尔右翼前旗察右前旗土贵乌拉镇光明社区
65 内蒙古自治区锡林郭勒盟锡林浩特市希办新华社区
66 内蒙古自治区兴安盟乌兰浩特市和平街红通社区
67 内蒙古自治区乌海市海南区拉僧仲办事处华苑社区
68 内蒙古自治区阿拉善盟额济纳旗额济纳旗吉日嘎郎图路社区
69 辽宁省沈阳市和平区南湖街道新世界花园社区
70 辽宁省大连市甘井子区辛寨子街道由家社区
71 辽宁省铁岭市银州区岭东街文荟社区
72 辽宁省本溪市平山区北台街道矿山社区
73 辽宁省鞍山市立山区沙河街道家园社区
74 辽宁省阜新市细河区中苑街道育新社区
75 辽宁省丹东市振兴区红房一社区
76 辽宁省沈阳市浑南区五三街道河畔新城社区
77 辽宁省辽阳市白塔区六一社区
78 辽宁省盘锦市兴隆台区新生街道新风社区
79 辽宁省抚顺市顺城区长春街道抚挖社区
80 辽宁省葫芦岛市连山区连山街道东城社区
81 辽宁省葫芦岛市绥中县文化社区
82 辽宁省锦州市凌河区紫荆街道风华社区
83 辽宁省抚顺市新抚区南阳街道南苑社区
84 辽宁省营口市西市区得胜街道办事处红运社区
85 辽宁省朝阳市双塔区朝柴社区
86 辽宁省沈阳市和平区集贤街道湖畔社区
87 辽宁省大连市旅顺口区登峰街道高升社区
88 辽宁省沈阳市大东区上园街道高教社区
89 辽宁省沈阳市皇姑区三台子街道泰北社区
90 辽宁省大连市西岗区人民广场街道胜利社区
91 辽宁省鞍山市铁东区解放街道教工社区
92 吉林省长春市宽城区东广街道黄河路北社区
93 吉林省长春市绿园区正阳街道丰和社区
94 吉林省吉林市桦甸市启新街道南环社区
95 吉林省吉林市昌邑区哈达湾街道绿地社区
96 吉林省四平市铁西区站前街新铁社区
97 吉林省延边朝鲜族自治州敦化市渤海街红旗社区
98 吉林省延边朝鲜族自治州和龙市文化街道文慧社区
99 吉林省松原市前郭尔罗斯蒙古族自治县前郭尔罗斯镇荷芽社区
100 吉林省白城市大安市慧阳街道办事处城南社区
101 吉林省辽源市西安区安康社区
102 吉林省白山市浑江区新建街道向江社区
103 吉林省省直管县公主岭市东三街道先锋社区
104 吉林省通化市通化县长安社区
105 黑龙江省哈尔滨市阿城区金城街道办事处北顺社区居民委员会
106 黑龙江省哈尔滨市香坊区健康路街道办事处乐园社区居委会

107 黑龙江省哈尔滨市松北区松北街道办事处军安社区居民委员会
108 黑龙江省齐齐哈尔市铁锋区龙华街道办事处和平社区居民委员会
109 黑龙江省齐齐哈尔市龙江县龙江镇青华社区居民委员会
110 黑龙江省牡丹江市东安区建福社区居民委员会
111 黑龙江省牡丹江市爱民区北山社区
112 黑龙江省佳木斯市同江市城市社区和平居民委员会
113 黑龙江省大庆市红岗区红岗街道办事处伟业社区居民委员会
114 黑龙江省鸡西市鸡冠区南山街道办事处康新社区
115 黑龙江省双鸭山市宝清县亨利社区居民委员会
116 黑龙江省伊春市南岔区新建社区居民委员会（原铁工社区）
117 黑龙江省七台河市勃利县新起街道顺天社区居民委员会
118 黑龙江省鹤岗市南山区六安社区居民委员会
119 黑龙江省绥化市青冈县靖城街道民主社区
120 黑龙江省大兴安岭地区塔河县林缘社区
121 上海市徐汇区枫林路街道徐汇苑居委会
122 上海市徐汇区虹梅路街道航天新苑居委会
123 上海市杨浦区五角场街道仁德居委会
124 上海市嘉定区嘉定镇街道汇龙潭社区居民委员会
125 上海市闵行区江川路街道汽轮新村第三居委会
126 上海市宝山区友谊路街道宝钢七村居民委员会
127 上海市浦东新区东明路街道品华苑居民委员会
128 上海市青浦区朱家角镇西湖新村居民委员会
129 上海市金山区张堰镇人民政府富民居民委员会
130 上海市金山区石化街道海棠居民委员会
131 上海市虹口区江湾镇街道韶嘉路第二居民委员会
132 上海市嘉定区安亭镇迎春社区居民委员会
133 上海市静安区南京西路街道中凯居民委员会
134 上海市长宁区仙霞新村街道仙逸居民委员会
135 上海市松江区泗泾镇景港居民委员会
136 上海市虹口区凉城新村街道梦湖苑居民委员会
137 上海市奉贤区金汇镇金碧社区居民委员会
138 上海市崇明县新海镇长征居民委员会
139 上海市长宁区新华路街道梅安居民委员会
140 上海市黄浦区外滩街道山东北路居民委员会
141 上海市浦东新区三林镇世博家园北二居民委员会
142 江苏省南京市鼓楼区挹江门街道妙峰庵社区
143 江苏省苏州市姑苏区留园街道硕房庄社区
144 江苏省无锡市新区江溪街道太湖花园第二社区居民委员会
145 江苏省常州市新北区春江镇春江社区
146 江苏省南通市崇川区钟秀街道百花村社区
147 江苏省镇江市京口区健康路街道气象里社区
148 江苏省徐州市鼓楼区牌楼办事处雅园社区居民委员会
149 江苏省扬州市邗江区邗上街道五里社区
150 江苏省淮安市盱眙县盱城镇新湾社区
151 江苏省连云港市海州区新东街道东苑社区居委会
152 江苏省盐城市大丰市大中镇人民北路社区居民委员会
153 江苏省泰州市海陵区城西街道闸南社区居民委员会
154 江苏省宿迁市宿城区项里街道项里社区居民委员会
155 江苏省南京市秦淮区朝天宫办事处张府园社区居民委员会
156 江苏省苏州市太仓市城厢镇梅园社区
157 江苏省无锡市锡山区东亭街道春星社区居民委员会
158 江苏省南通市如皋市如城街道花园社区居民委员会
159 江苏省南京市江宁区东山街道泥塘社区居民委员会
160 江苏省苏州市常熟市碧溪新区（街道办事处）浒浦集镇社区
161 江苏省常州市金坛市西城街道文化社区居民委员会
162 江苏省徐州市邳州市运河街道光明社区居民委员会
163 江苏省苏州市吴中区长桥街道南区社区
164 江苏省南通市港闸区永兴街道永和佳苑社区居委会
165 江苏省连云港市连云区海州湾街道办事处海棠社区居民委员会
166 江苏省盐城市阜宁县现代服务业园区顾庄居委会
167 江苏省淮安市清浦区清江街道南门社区
168 江苏省扬州市广陵区东关街道教场社区
169 江苏省泰州市泰兴市济川街道跃进社区居民委员会
170 江苏省镇江市润州区七里甸街道万科社区
171 江苏省宿迁市宿豫区顺河街道文昌社区居民委员会
172 江苏省徐州市新沂市新安街道新兴社区居委会居民委员会
173 浙江省杭州市拱墅区和睦街道李家桥社区
174 浙江省杭州市上城区南星街道美政桥社区
175 浙江省嘉兴市南湖区南湖街道桂苑社区
176 浙江省杭州市西湖区灵隐街道东山弄社区
177 浙江省宁波市江东区白鹤街道丹凤社区居委会
178 浙江省温州市鹿城区松台街道菱藕社区居民委员会
179 浙江省温州市瑞安市安阳街道育才社区
180 浙江省宁波市江北区文教街道北岸琴森社区
181 浙江省衢州市龙游县龙洲街道方门街社区居民委员会
182 浙江省宁波市镇海区招宝山街道后大街社区居民委员会
183 浙江省嘉兴市平湖市当湖街道梅兰苑社区
184 浙江省衢州市开化县芹阳办事处芹南社区
185 浙江省湖州市吴兴区凤凰街道凤凰一社区
186 浙江省舟山市定海区昌国街道合源社区
187 浙江省台州市玉环县大麦屿街道双峰社区
188 浙江省湖州市吴兴区龙泉街道白鱼潭社区
189 浙江省绍兴市新昌县南明街道钟楼社区
190 浙江省金华市婺城区白龙桥镇金奥社区
191 浙江省绍兴市越城区蕺山街道八字桥社区
192 浙江省丽水市遂昌县妙高街道城中社区居民委员会
193 浙江省丽水市莲都区岩泉街道丽阳社区
194 浙江省舟山市普陀区沈家门街道西河社区
195 浙江省杭州市滨江区长河街道闻涛社区
196 安徽省芜湖市鸠江区清水街道清苑社区
197 安徽省合肥市蜀山区琥珀街道奥林花园社区
198 安徽省合肥市包河区滨湖世纪社区
199 安徽省蚌埠市五河县城关镇西苑社区
200 安徽省马鞍山市当涂县姑孰镇东营社区居民委员会
201 安徽省广德县桃州镇苏觉社区
202 安徽省黄山市祁门县三里街社区
203 安徽省亳州市蒙城县城关镇学院社区
204 安徽省安庆市大观区大观亭社区居民委员会

205 安徽省铜陵市铜官山区朝阳社区
206 安徽省池州市石台县仁里镇城东社区
207 安徽省六安市裕安区西市街道落水桥社区
208 安徽省芜湖市镜湖区花园社区
209 安徽省宿州市桥区南关街道一中社区
210 安徽省宣城市绩溪县华阳镇来苏社区
211 安徽省黄山市徽州区丰乐社区
212 安徽省淮南市凤台县城关镇古城社区
213 安徽省马鞍山市花山区瑞南社区居民委员会
214 安徽省蚌埠市蚌山区宏业村街道第一社区居委会
215 福建省福州市晋安区新店镇金城社区
216 福建省福州市福清市玉屏街道步行街社区
217 福建省厦门市湖里区金山街道金安社区
218 福建省厦门市思明区筼筜街道育秀社区
219 福建省漳州市东山县西埔镇龙舞社区居委会
220 福建省泉州市鲤城区鲤中街道清正社区
221 福建省泉州市洛江区万安街道万福社区
222 福建省泉州市安溪县凤城镇城东社区居民委员会
223 福建省泉州市德化县龙浔镇兴南社区
224 福建省莆田市城厢区龙桥街道万辉社区
225 福建省三明市永安市燕西街道新安社区
226 福建省南平市浦城县河滨街道爱民社区
227 福建省龙岩市漳平市菁城街道北郊社区居委会
228 福建省宁德市周宁县狮城镇中兴社区
229 江西省赣州市章贡区南外街道滨江社区
230 江西省鹰潭市月湖区交通街道化工厂社区
231 江西省赣州市赣县梅林镇城东社区
232 江西省赣州市兴国县平川社区
233 江西省宜春市袁州区凤凰街道林桥社区居委会
234 江西省南昌市青山湖区塘山镇高新社区
235 江西省萍乡市芦溪县芦溪镇麦园社区
236 江西省赣州市南康市南康区蓉江街道东门社区
237 江西省南昌市西湖区广润门街道惠民门社区
238 江西省九江市庐山区海会镇庐星社区
239 江西省吉安市吉州区文山街道思源社区
240 江西省景德镇市昌江区新枫街道韭菜园社区
241 江西省萍乡市上栗县桐木社区
242 江西省新余市渝水区西街社区
243 江西省九江市浔阳区九龙社区
244 江西省九江市武宁县豫宁街道樟树下社区居民委员会
245 江西省南昌市湾里区站前街道东方红社区
246 江西省上饶市鄱阳县鄱阳镇山水天下社区
247 山东省济南市市中区魏家庄街道馆驿街社区居民委员会
248 山东省青岛市市南区八大湖街道天台路社区
249 山东省青岛市市北区登州路街道广饶路社区居民委员会
250 山东省济南市历下区趵突泉街道青年东路社区居民委员会
251 山东省青岛市李沧区浮山路街道办事处河东社区居民委员会
252 山东省济南市天桥区泺口街道香磨李社区居民委员会
253 山东省青岛市黄岛区辛安街道办事处蝌叉泊社区居民委员会
254 山东省德州市德城区新湖街道南龙社区
255 山东省潍坊市奎文区北苑街道卧龙社区
256 山东省济南市历城区东风街道辛甸社区居民委员会
257 山东省烟台市芝罘区世回尧街道南尧社区居民委员会
258 山东省威海市环翠区孙家疃街道海祥社区居民委员会
259 山东省泰安市肥城市新城街道办事处巧山社区
260 山东省济宁市兖州区鼓楼街道奎星楼社区
261 山东省潍坊市奎文区北海路街道北宫东街社区
262 山东省淄博市桓台县城区街道少海社区居民委员会
263 山东省潍坊市坊子区凤凰街道双羊社区
264 山东省烟台市海阳市东村街道办事处北山社区居民委员会
265 山东省烟台市蓬莱市登州街道韩家疃社区居民委员会
266 山东省枣庄市滕州市荆河街道马号街社区
267 山东省烟台市福山区清洋街道福惠社区居民委员会
268 山东省临沂市临沂临港经济开发区坪上镇朝阳社区
269 山东省滨州市滨城区市西街道彩虹湖社区居委会
270 山东省日照市日照经济技术开发区北京路街道春天花园社区居民委员会
271 山东省枣庄市峄城区坛山街道鹭鸣山庄社区
272 山东省聊城市茌平县振兴街道办事处御东社区
273 山东省淄博市淄川区松龄路街道城三社区居民委员会
274 山东省菏泽市牡丹区南城办事处程堤口社区居民委员会
275 山东省威海市火炬高技术产业开发区西涝台社区居委会
276 山东省济宁市任城区仙营街道仙营社区居委会
277 山东省淄博市张店区车站街道办事处齐林家园社区居民委员会
278 山东省枣庄市薛城区巨山街道（筹）四季菁华社区
279 山东省东营市垦利县垦利县和平社居民委员会
280 河南省郑州市惠济区长兴路街道宏达社区
281 河南省开封市龙亭区孙李唐社区
282 河南省洛阳市涧西区徐家营办事处北方社区
283 河南省平顶山市湛河区轻工路街道锦绣社区
284 河南省安阳市北关区机场南社区居民委员会
285 河南省鹤壁市淇滨区九州路办事处兰苑社区
286 河南省新乡市牧野区东干道办事处茹岗社区
287 河南省焦作市解放区七百间街道陶瓷路社区
288 河南省濮阳市华龙区中原路街道办事处瑞景社区
289 河南省许昌市魏都区北大街道办事处西湖社区
290 河南省漯河市郾城区城关镇淞江社区居委会
291 河南省三门峡市陕县神泉苑社区居委会
292 河南省南阳市宛城区仲景街道牛王庙社区
293 河南省商丘市睢县东苑社区
294 河南省信阳市浉河区湖东办事处报晓新村社区
295 河南省周口市沈丘县槐店回族镇蔡河社区
296 河南省驻马店市经济开发区金河办事处东高社区居委会
297 河南省济源市济源市望春园社区居民委员会
298 河南省郑州市中原区绿东村街道四季园社区
299 河南省洛阳市洛龙区开元路办事处定鼎门社区
300 河南省焦作市山阳区焦东办事处新东苑社区
301 湖北省武汉市武昌区中南路街百瑞景社区

302 湖北省荆门市东宝区龙泉街道办事处西门社区居民委员会
303 湖北省随州市曾都区北郊办事处亚通社区居民委员会
304 湖北省襄阳市樊城区星火路社区居民委员会
305 湖北省咸宁市咸安区温泉街道办事处金叶社区居委会
306 湖北省鄂州市鄂城区古楼街道花园社区
307 湖北省武汉市江岸区车站街华清社区
308 湖北省宜昌市枝江市马家店街办丰坪巷社区居民委员会
309 湖北省十堰市丹江口市均州路办事处奥华御园社区
310 湖北省荆州市沙市区人民政府胜利街街道办事处王板桥社区居民委员会
311 湖北省黄冈市英山县温泉镇东门社区居民委员会
312 湖北省省直辖县潜江市园林办事处喻家台社区
313 湖北省随州市广水市应山街道办事处许家井社区居民委员会
314 湖北省武汉市洪山区珞南街博苑社区
315 湖北省黄石市下陆区团结社区
316 湖北省孝感市云梦县城关镇曲阳社区
317 湖北省省直辖县仙桃市干河街道办事处德政园社区
318 湖北省武汉市江汉区常青街扬子社区
319 湖北省荆州市公安县斗湖堤镇宏泰社区居民委员会
320 湖北省荆门市掇刀区掇刀石街道办事处名泉社区
321 湖北省省直辖县神农架林区松柏镇百花坪社区
322 湖北省省直辖县天门市多宝镇多宝社区居民委员会
323 湖南省株洲市石峰区田心街道田心社区居民委员会
324 湖南省衡阳市雁峰区雨花亭社区
325 湖南省长沙市开福区清水塘街道清水塘路社区
326 湖南省岳阳市岳阳楼区岳阳楼街道九华山社区
327 湖南省永州市蓝山县塔峰镇三蓝社区
328 湖南省长沙市浏阳市淮川街道朝阳社区居委会
329 湖南省长沙市芙蓉区湘湖街道车站北路社区
330 湖南省长沙市雨花区侯家塘街道廖家湾社区
331 湖南省株洲市芦淞区建设街道办事处操坪社区
332 湖南省岳阳市临湘市桃矿街道办事处金鑫社区
333 湖南省郴州市资兴市唐洞街道大全路社区居委会
334 湖南省益阳市南县南洲镇东红社区
335 湖南省娄底市双峰县永丰镇城中社区
336 湖南省怀化市会同县林城镇东门社区居民委员会
337 湖南省永州市零陵区朝阳办事处杨梓塘社区
338 湖南省娄底市涟源市石马山镇梅园社区
339 湖南省张家界市永定区永定街道解放社区
340 湖南省常德市石门县楚江镇观山社区居委会
341 湖南省邵阳市隆回县桃洪镇大井社区
342 湖南省怀化市溆浦县卢峰镇解放社区
343 湖南省湘潭市雨湖区羊牯塘街道羊牯塘社区居委会
344 湖南省益阳市资阳区汽车路街道办事处建设街社区居民委员会
345 湖南省湘西土家族苗族自治州凤凰县沱江镇三王阁社区居民委员会
346 湖南省怀化市通道侗族自治县双江镇城南社区居民委员会
347 湖南省湘潭市湘潭县易俗河镇城塘社区居民委员会
348 广东省广州市越秀区东山街五羊南社区居民委员会
349 广东省广州市越秀区流花街桂花岗社区居民委员会
350 广东省汕头市龙湖区金霞街道丹霞社区居民委员会
351 广东省深圳市罗湖区翠竹街道办事处翠竹社区工作站
352 广东省深圳市龙岗区横岗街道银荷社区工作站
353 广东省江门市蓬江区仓后街范罗岗社区居民委员会
354 广东省汕头市金平区石炮台街道滨港社区居民委员会
355 广东省江门市新会区会城街道南园社区居民委员会
356 广东省东莞市莞城街道办事处罗沙社区居民委员会
357 广东省深圳市罗湖区东湖街道办事处大望社区工作站
358 广东省广州市荔湾区昌华街西关大屋社区居民委员会
359 广东省汕头市澄海区澄华街道华冠社区居民委员会
360 广东省韶关市乳源瑶族自治县乳城镇云峰社区居民委员会
361 广东省中山市西区彩虹社区居民委员会
362 广东省惠州市惠阳区秋长社区居民委员会
363 广东省清远市阳山县阳城镇城南东社区居民委员会
364 广东省梅州市梅江区江南街道办事处红光社区居民委员会
365 广东省佛山市禅城区石湾镇街丽银社区居民委员会
366 广东省佛山市顺德区容桂街振华社区居民委员会
367 广东省深圳市宝安区新安街道海富社区工作站
368 广东省东莞市南城区周溪社区居委会
369 广东省惠州市博罗县罗阳镇观园社区居民委员会
370 广东省肇庆市端州区城东街塔脚社区居民委员会
371 广东省茂名市茂南区官渡街坡咀社区居民委员会
372 广东省河源市东源县仙塘镇街镇社区居民委员会
373 广东省阳江市阳春市合水镇合北社区居民委员会
374 广东省肇庆市四会市东城街道陶丽社区居民委员会
375 广东省珠海市香洲区梅华街仁恒社区居民委员会
376 广东省揭阳市榕城区中山街永革社区居民委员会
377 广东省韶关市乐昌市廊田镇廊田街社区居民委员会
378 广东省云浮市罗定市黎少镇黎少社区居民委员会
379 广东省潮州市湘桥区湘桥街道开元社区居委会
380 广东省河源市和平县优胜镇街镇社区居民委员会
381 广西壮族自治区南宁市西乡塘区北湖街道明秀南社区
382 广西壮族自治区柳州市柳南区航星社区
383 广西壮族自治区桂林市象山区将军桥社区
384 广西壮族自治区北海市合浦县廉州镇平田社区
385 广西壮族自治区防城港市东兴市江平镇城北社区
386 广西壮族自治区贺州市八步区城东街道灵峰社区
387 广西壮族自治区河池市大化瑶族自治县大化镇大化社区
388 广西壮族自治区钦州市钦北区子材街道白水塘社区
389 广西壮族自治区来宾市兴宾区河西街道长梅社区
390 海南省白沙黎族自治县邦溪镇中心社区居民委员会
391 海南省临高县临城镇跃进居民委员会
392 海南省儋州市那大镇东风社区居民委员会
393 海南省东方市八所镇永安社区居民委员会
394 海南省乐东黎族自治县莺歌海镇新兴社区
395 海南省海口市琼山区凤翔街道办事处凤翔社区居民委员会
396 重庆市渝中区解放碑街道民生路社区

397 重庆市渝中区七星岗街道临华路社区
398 重庆市大渡口区新山村街道新一社区
399 重庆市江北区寸滩街道兰溪社区
400 重庆市江北区五里店街道红土地社区
401 重庆市沙坪坝区双碑街道勤居村社区
402 重庆市九龙坡区九龙镇彩云湖社区
403 重庆市南岸区花园路街道南湖社区居民委员会
404 重庆市北碚区水土镇和欣家园社区
405 重庆市渝北区双凤桥街道桃源社区居民委员会
406 重庆市巴南区龙洲湾街道梅家梁社区
407 重庆市涪陵区敦仁街道杨家湾社区居民委员会
408 重庆市南川区东城街道灌坝社区
409 重庆市荣昌县昌元街道桂花社区
410 重庆市大渡口区九宫庙街道新工社区
411 四川省泸州市泸县玉蟾街道办事处清溪社区居民委员会
412 四川省绵阳市江油市涪滨社区居民委员会
413 四川省雅安市雨城区东城街道上坝路社区居委会
414 四川省眉山市彭山区观音镇观音铺社区居民委员会
415 四川省自贡市富顺县富世镇后街社区居民委员会
416 四川省自贡市贡井区筱溪街青杠林社区居民委员会
417 四川省宜宾市翠屏区南城街道滨江社区居民委员会
418 四川省绵阳市涪城区朝阳街道办事处剑门路西段社区
419 四川省攀枝花市东区向阳村街道办事处向阳五村社区居民委员会
420 四川省广元市利州区宝轮镇云峰社区居民委员会
421 四川省成都市锦江区成龙路街道办事处国槐路社区居民委员会
422 四川省达州市宣汉县清溪镇望山社区居民委员会
423 四川省德阳市广汉市雒城镇佛山路社区居民委员会
424 四川省巴中市南江县南江镇西佛山社区居民委员会
425 四川省成都市青白江区大弯街道办事处化工路社区居民委员会
426 四川省遂宁市船山区和平西路社区居民委员会
427 四川省内江市威远县严陵镇接官亭社区居民委员会
428 四川省资阳市简阳市人民政府简城街道办事处政府街社区居民委员会
429 四川省成都市金牛区驷马桥街道一环路北四段社区居民委员会
430 四川省凉山彝族自治州西昌市海河社区居民委员会
431 四川省乐山市市中区泊水街街道黄家山社区居民委员会
432 四川省广安市广安区北辰街道渠江北路社区居民委员会
433 四川省成都市新都区龙桥镇瑞云社区居民委员会
434 四川省达州市通川区北外镇高家坝社区居民委员会
435 四川省南充市高坪区清溪街道办事处祖师庙社区居民委员会
436 四川省甘孜藏族自治州炉霍县新都镇霍尔社区居民委员会
437 四川省阿坝藏族羌族自治州金川县金川镇社区居委会
438 四川省南充市仪陇县马鞍镇永兴社区居民委员会
439 四川省成都市成华区保和街道办事处团结社区居民委员会
440 四川省宜宾市江安县江安镇一社区居民委员会
441 贵州省贵阳市白云区铝兴社区服务中心
442 贵州省遵义市汇川区上海路街道航宇社区
443 贵州省安顺市西秀区东关办事处虹轴北社区居民委员会
444 贵州省六盘水市六枝特区平寨镇文化路社区居委会
445 贵州省贵阳市白云区大山洞社区服务中心
446 贵州省铜仁市松桃苗族自治县蓼皋镇滨江社区
447 贵州省黔东南苗族侗族自治州丹寨县龙泉镇双槐社区
448 贵州省毕节市大方县红旗街道办事处城南社区
449 贵州省黔西南布依族苗族自治州兴仁县城北街道民主社区
450 云南省昆明市五华区虹山中路社区
451 云南省昆明市官渡区明通路社区
452 云南省昭通市水富县安江社区
453 云南省曲靖市陆良县召夸镇召夸社区居民委员会
454 云南省玉溪市新平彝族傣族自治县桂山街道五桂社区居民委员会
455 云南省红河哈尼族彝族自治州开远市星光社区
456 云南省文山壮族苗族自治州文山市开化街道永通社区
457 云南省大理白族自治州大理市大理镇银苍社区居民委员会
458 云南省丽江市永胜县永北镇凉水社区居委会
459 西藏自治区拉萨市城关区公德林街道雪社区居委会
460 西藏自治区日喀则地区江孜县江孜镇加日郊居委会
461 陕西省宝鸡市金台区中山西路街道南门口社区居民委员会
462 陕西省铜川市印台区城关街道办事处鑫光社区
463 陕西省商洛市镇安县永乐镇青槐社区
464 陕西省西安市雁塔区兴科社区
465 陕西省榆林市定边县定边镇长城街社区
466 陕西省西安市新城区西一路街道民乐社区
467 陕西省西安市碑林区柏树林街道办事处三学街社区
468 陕西省咸阳市秦都区水厂路社区
469 陕西省渭南市蒲城县孙镇东陈社区居民委员会
470 陕西省延安市黄陵县城区街道办事处河西社区居民委员会
471 陕西省汉中市城固县博望镇胜利街社区
472 陕西省杨凌示范区管委会杨陵区李台街道办阳光社区居委会
473 甘肃省兰州市安宁区十里店街道南街社区
474 甘肃省嘉峪关市镜铁区明珠社区
475 甘肃省武威市天祝藏族自治县华藏寺镇中街社区
476 甘肃省平凉市崆峒区西郊街道办事处广场社区
477 甘肃省临夏回族自治州临夏市红园街道西门社区
478 甘肃省甘南藏族自治州合作市当周街道办知合玛路社区
479 甘肃省天水市秦州区东关街道办事处尚义巷社区
480 青海省西宁市城东区火车站社区公共服务中心
481 青海省海东市平安县平安镇乐都路社区
482 青海省海东市民和回族土族自治县西大街社区居民委员会
483 宁夏回族自治区吴忠市利通区金星镇金花园社区
484 宁夏回族自治区中卫市沙坡头区文昌镇华西社区
485 宁夏回族自治区固原市彭阳县白阳镇政府街社区

486 新疆维吾尔自治区乌鲁木齐市水磨沟区南湖北路片区管委会苏州路立交桥社区
487 新疆维吾尔自治区乌鲁木齐市沙依巴克区八一街道办事处南昌路社区
488 新疆维吾尔自治区克拉玛依市白碱滩区沁苑社区
489 新疆维吾尔自治区巴音郭楞蒙古自治州库尔勒市库尔勒市建设街道凌达社区居委会
490 新疆维吾尔自治区乌鲁木齐市天山区幸福路片区管委会幸福园社区
491 新疆维吾尔自治区伊犁哈萨克自治州伊宁市解放路街道赛里木社区
492 新疆维吾尔自治区阿克苏地区拜城县拜城镇新苑社区
493 新疆维吾尔自治区昌吉回族自治州昌吉市延安北路街道办事处天池社区
494 新疆维吾尔自治区博尔塔拉蒙古自治州博乐市南城区街道南苑社区
495 新疆维吾尔自治区和田地区和田市古勒巴格街道办事处木甫提霍加社区居民委员会
496 新疆维吾尔自治区塔城地区沙湾县三道河子镇广场路社区
497 新疆维吾尔自治区阿勒泰地区布尔津县布尔津镇友谊峰社区居民委员会
498 新疆生产建设兵团第八师新城七社区新城街道七社区
499 新疆生产建设兵团第六师五家渠市青湖路街道龙河湾社区
500 新疆生产建设兵团第二师铁门关市二十九团孔雀社区

中国科协印发《中国科协关于建设高水平科技创新智库的意见》的通知

科协发调字〔2015〕73号

各全国学会、协会、研究会，各省、自治区、直辖市、副省级城市科协，新疆生产建设兵团科协：

为落实中共中央办公厅、国务院办公厅印发的《关于加强中国特色新型智库建设的意见》，加强科协系统高水平科技创新智库建设工作，中国科协组织有关全国学会及中国科协科技思想库试点单位，在认真研究国家科技经济社会发展需要、群团组织特色、科协系统工作实际、决策咨询工作经验、征求有关部门意见的基础上，形成了《中国科协关于建设高水平科技创新智库的意见》（以下简称《意见》），经中国科协书记处会议审议通过，现印发给你们，请结合本单位本部门工作实际，认真贯彻落实。

中国科协

2015年9月6日

中国科协关于建设高水平科技创新智库的意见

建设高水平科技创新智库，是中国科协落实“四个全面”战略布局，在科技创新和经济建设主战场更加奋发有为，走中国特色群团发展道路的重大举措。为扎实推进中国科协建设高水平状，根据中央《关于加强中国特色新型智库建设的意见》，结合科协工作实际，提出意见如下。

一、建设高水平科技创新智库是科协事业拓展升级的战略支点

（1）建设高水平科技创新智库是中央赋予科协组织的重要职责。习近平同志在中国科协八大祝辞中明确要求中国科协积极推动科学家同决策者和社会公众之间的交流，充分发挥党和人民事业发展的思想库作用。中央书记处也一再强调中国科协要加强决策咨询和建言献策工作，提供更多有价值的咨询建议。中共中央办公厅国务院办公厅《关于加强中国特色新型智库建设的意见》要求中国科协在国家科技战略、规划、布局、政策等方面发挥支撑作用，努力成为创新引领、国家倚重、社会信任、国际知名的高端科技智库。党中央的重要指示，进一步明确了科协组织在中国特色新型智库建设中的战略定位和发展目标，为中国科协建设高水平科技创新智库指明了方向。

（2）建设高水平科技创新智库是中国科协围绕中心、服务大局的重大任务。当前，世界新一轮科技和产业变革风起云涌，科技经济社会发展相互交织，全球创新竞争格局深刻调整，战略决策与政策制定的复杂性日益增强。作为具有重要影响的科技大国，我国要深入实施创新驱动发展战略，建设创新型国家，到2050年迈进科技强国行列，必须全面准确把握科技创新的发展规律和战略动向，不断提升科技战略、规划和政策制定的能力。建设高水平科技创新智库，为党和国家科学决策提供支撑，强化对全社会提供公共战略信息产品的能力，是推进国家创新治理体系和治理能力现代化的迫切需要，也是科协组织服务国家发展的重要战略任务。

（3）建设高水平科技创新智库是彰显科协决策咨询优势拓展工作空间的战略举措。长期以来，中国科协广泛联系所属学会及高层次专家学者，积极促进智力优势向决策者转化，在服务科学决策、引领社会思潮方面发挥了重要作用，形成了独特的决策咨询品牌

和资源积累。面临新的任务和要求，科协组织要充分发挥广泛联系科技工作者的独特优势，集成学会专业资源，加强顶层设计和资源整合，进一步提升学会服务科学决策能力，把学科门类齐全、领域交叉充分、智力资源密集的资源优势转化为决策咨询的战略优势，把建设高水平科技创新智库作为新时期科协事业拓展升级的战略支点，不断拓展科协组织事业发展的新空间。

二、加强顶层设计，以改革创新精神谋划建设中国特色高水平科技创新智库

（1）突出“科”字特色。聚焦科技领域，坚持问题导向，以全球视野和中国视角谋划智库建设，把广泛分布在各类学会的专家学者作为智库发展的第一战略资源，把充分有效地凝聚科技工作者智慧作为智库工作的首要任务，积极参与并推动完善国家科技决策咨询制度建设。坚持正确政治方向，紧紧围绕准确把握科技界情况、做好科技工作者工作做文章，围绕准确把握科技和创新趋势、重点方向做文章，围绕全面深化科技体制改革、促进科技与经济社会发展紧密结合做文章，广聚智慧，广开言路，集成科技工作者专业智慧，加强预判评估，着力打造具有中国特色的科技社团决策咨询品牌，力争到“十三五”末期把中国科协建成特色鲜明、国内一流、国际知名的中国特色高端科技智库，在国家科技创新战略和重大决策中发挥有力支撑，在国际科技创新领域中拥有较大话语权。

（2）打造小中心、大外围的科技社团智库体系。做实做强中国科协创新战略研究院，发挥好在重大选题、组织策划、咨询形式、专家队伍建设等方面的核心引领作用和在决策咨询理论、方法、数据和平台建设中的关键支撑作用。围绕科技创新和产业变革的关键领域，依托学会联盟建设若干专业研究所，鼓励支持其向精深特方向发展。围绕京津冀协同发展、“一带一路”、长江经济带建设等国家战略，发挥地方科协的联系和纽带作用，建立若干研究基地，为区域发展战略提供决策支撑。加强院、所、研究基地间的联系，推动学术交流平台、资源转化平台、信息汇交平台、成果发布平台的互联互通，加强人员流动，形成扁平高效、资源共享的科技创新智库发展格局。

（3）建立专兼职结合的专家队伍。高度重视高端人才对高水平科技创新智库的极端重要性，坚持开放办智库，建立开放竞争、引进与培养并重的人才队伍建设机制，以改革创新的精神，下大决心、采取有力措施吸引凝聚一批高端领军人才，支持建设一批骨干业务力量，发现培养一批年轻科研人员，努力形成一支规模适中、年龄和专业结构合理、富有创新精神和活力的专职研究队伍。充分发挥全国学会作为高端人才“蓄水池”的功能，以重大项目为纽带，把更多的科研院所知名专家学者、企业界精英和卸任政府官员以及海外高层次专家等纳入智库专家队伍中来，稳定联系一批专业功底扎实、学术水平精湛、具有战略思维的高端决策咨询专家。按照人才发展的市场规律，建设智库发展的人才、科研特区，强化团队建设，汇聚国内外高端人才。

（4）建设多层次学术交流平台和成果转化渠道。发挥中国科协年会在学术交流平台中的高端引领作用，举办系列有针对性的高端战略论坛，组织跨学科领域的高层次专家聚焦国家科技经济社会发展重大战略，进行专题协商，开展战略研讨，积极建言献策。提升学会决策咨询意识和能力，加强学会重要学术交流活动信息数据的汇交挖掘，建立健全学术交流成果提炼转化机制，及时把科技工作者的个体智慧凝聚上升为有组织的集体智慧。办好《科技界情况》《科技工作者建议》和《调研动态》等智库专刊，形成一批高质量的有重大影响的智库研究报告，畅通成果报送渠道，健全发布机制。

（5）健全完善信息采集分析系统。加强科技工作者状况调查站点建设，健全老科学家学术成长资料采集体制机制，整合科协系统现有科技人才数据资源，充分运用新一代信息技术提高数据采集的覆盖面和效率，努力建设时间跨度大、权威性高、历史数据与现实数据并存的多重数据系列，形成特色研究数据库。加强公民科学素养调查体系建设，形成面向社会公众的评估监测调查体系，及时了解、准确把握社会公众对科技发展和科技界的看法和期待。充分运用互联网思维和现代信息技术，依托中国科技创新云，建设高端科技创新智库专家平台和数据平台，形成线上线下结合的数据挖掘和共享机制，以数据集成服务决策分析，健全决策支持系统。

（6）建立完善治理结构和治理方式。制定发布符合科协特点的科技创新智库章程，明确功能定位、组织体制和管理机制，健全工作规范，探索灵活多样的经费管理、人员配置、激励和评价模式，促进智库实现规范化、科学化、内涵式的可持续发展。合理划分行政权力和学术权力，严格按章程办事，避免以行政权力干预专家基于专业作出的判断。注重专家个体判断与集体判断相结合，充分平衡个体判断与集体研判、专业判断与组织审核之间的关系，确保结论严谨科学、理性中道。充分发挥中国科协决策咨询专门委员会的指导把关作用，引导和组织不同学科、不同专业科技工作者联合协作，有针对性地提出意见和建议。

三、围绕中心突出重点，努力在服务国家科技经济社会发展中有所作为

（1）科学预判科技前沿发展趋势。深刻洞察世界科技和产业变革前沿趋势，深入研究我国科技发展面临的形势和问题，客观评估我国科技发展在全球创新格局中的方位，前瞻性地提出未来竞争优势的攸关领域和重点布局。瞄准世界科技前沿，开展学科发展技术路线图研究，准确把握我国科技发展的现状和需求，为制定科技战略、规划和政策提供依据。科学评估学科发展新理论、新方法和新技术，预判发展趋势，展望发展前景，开展学科发展的经费规模、资源配置和条件保障等重大政策问题专题研究，为学科调整、学科规划和人才培养提供决策参考。

（2）准确把握科技界发展动向。深入开展科技工作者状况调查，及时了解科技工作者在就业方式、业务方向、生活状况、流动趋势、价值观念等方面的新变化新问题，准确把握我国科技界的新动向新趋势，反映科技工作者的意见、建议和呼声，为巩固强化党和政府联系科技工作者的桥梁纽带作用服务。紧紧围绕创新型国家建设的科技人才支撑这一关键，深入研究人才培养使用吸引环节的体制机制和战略、政策问题，着力破解科技人才队伍建设的重大问题，为党的科技人才工作战略决策提供支撑。

（3）扎实开展第三方评估。高度重视创新评估在科技创新智库建设中的基础和牵引作用，坚持以科学的方法对科技相关的政府行为及其影响进行科学评估，对科技政策执行情况、实施效果和社会影响进行评估，推动调整科技资源配置的方向、规模和速度。扎实推进第三方创新评估工作，建立符合创新规律和国家发展实际的评估理论、方法及技术体系，通过创新评估建立对科学创造力、技术创新力、产业竞争力为核心的国家创新力的“全球定位系统”，服务创新驱动发展战略。

（4）着力服务创新驱动发展。聚集国家和地方的重大需求，努力做到顶天立地。紧密结合实施创新驱动发展战略的时代特征，深入研究动力转换和经济转型升级的重大体制机制和政策环境，围绕区域发展布局、产业转型升级、重大项目咨询论证提供专业建议，让研究成果找准问题、落地生根。准确把握科技经济结合的新规律，面向大众创业万众创新，服务科技工作者进军科技创新和经济建设主战场，加大政策分析和体制机制研究，组织学会积极承接科学论证、项目评估、行业标准制定、职业资格认定等任务，参与重大工程项目、行业技术标准的咨询研究和决策论证。

（5）扎实推进创新文化研究。准确把握科技发展与社会之间的复杂关系，深入探讨社会制度和思想文化环境对科技发展的影响方式、途径和机制，及时了解社会公众对科技进步的态度变化，客观评估科技发展及其应用引发的社会伦理问题，引导社会公众树立正确的创新价值观。加强科研诚信和科技伦理研究，探索以科学计量学方法深入研究科技人物成长规律和社会文化条件，探索新中国科学传统的形成特点和演进规律，开展科学文化监测评估，编制科学精神指数，准确把握科技工作者公众形象的新变化，引导科技工作者牢固树立对科学负责、对同行负责、对社会负责的意识。加强科普理论、科普实践、科普政策和科普战略研究，为我国科普事业发展提供理论基础、政策依据和决策支撑。

（6）加强决策咨询理论和方法研究。充分发挥科协跨学科的组织优势，积极探讨学科交叉领域融合的新思维，创新研究视角、研究理念和研究方法，促进科协重大理论创新。重点发展科学计量学科，充分利用大数据技术手段，采用定性和定量综合集成方法，建立专家系统和大数据中心，加强基于事实性数据的循证决策方法体系研究，使专家经验与数据分析更好地结合。组建多学科、多领域背景的创新团队，推进研究方法、政策分析工具和技术手段创新，为开展科学评估、进行预测预判提供技术支撑。

（7）搭建民间智库交流平台。多渠道多层次加强与国际组织、知名智库、名牌高校和权威专家之间的联系，建立伙伴关系和合作交流机制，拓宽智库成果对外传播渠道，不断提升对外传播能力和话语权。坚持引进来与走出去相结合，加强与国外知名智库的人才流动，推荐智库专家到国际组织任职，开展合作研究。围绕中美、中欧创新对话，加强与相关国家智库的交流合作，积极参与高端智库平台对话，定期举办国际论坛，力争在事关全球发展的重大科技问题上发出声音。依托“一带一路”研究院，建立与相关国家

的智库合作网络，拓展民间交流渠道，搭建咨询和培训平台，服务国家外交战略。

四、建设高水平科技创新智库的重大举措

（1）整合战略研究资源。建设由德高望重的战略科学家和知名专家组成的中国科协创新评估指导委员会，聘请具有丰富领导经验、学术造诣精湛、德高望重的战略科学家担任委员会领导，从高层次、广视角指导创新评估工作。充分发挥中国科协常委会决策咨询专门委员会的指导作用，对智库建设重大事项提供咨询建议。依托中国科协创新战略研究院建设创新战略研究网络，广泛联络国内外智库同行，培育发展特色鲜明的专家网络和信息情报网络，面向科技界开放战略研究资源，集成社会智慧，实现共建共享。

（2）柔性布局建设一批新型研究院（所）。依托学会联盟，围绕新能源、信息、智能制造、生命科学等关系国民经济发展的重大前沿领域，建立一批跨学科的专业研究所。围绕京津冀协同发展、“一带一路”、长江经济带等国家战略，由区位优势明显、决策咨询工作较好的地方科协，牵头建设一批跨区域的创新战略研究基地。充分发挥中国科协创新战略研究院的协同作用，以任务为纽带，推动创新评估方法、分析工具、技术手段等方面协同一致，努力形成广覆盖、联系紧、跨学科、多领域的战略研究联合体。

（3）开展高端科技创新智库建设试点。按照“科技特色、战略导向、重点突破、协同创新”的原则，遴选若干工作基础好、社会影响力大、有强烈意愿的全国学会和地方科协作为试点单位。鼓励和支持试点单位结合科协和学会实际，大胆地试、大胆地闯，重点开展智库管理体制、运行机制、组织模式和重大政策措施的先行先试。加强试点单位之间的交流和合作，及时总结试点单位的有效做法，形成可复制可推广的经验，推荐一批效果好、影响大的试点单位进入国家高端智库试点行列，发挥好带动引领作用。

（4）办好“中国创新50人论坛”等论坛。以开放和前沿为导向，汇聚熟悉创新问题、研究创新政策、热心学术交流的政产学研高层次专家，组建中国创新50人论坛。围绕创新发展和政策管理方面的重大战略问题，加强与政府有关部门的双向沟通联系，定期开展研讨交流，形成专家建议，打造中国科协高水平科技创新智库的标志性载体。发布年度中国创新报告，发布重大研究成果，服务科学决策，引领社会思潮，不断提高论坛的影响力。

（5）制定中国科协高水平科技创新智库建设规划。按照立足当前、适度超前的原则，抓紧研究制定智库建设的总体规划，进一步明确发展目标、重点任务、重大举措和保障条件，努力形成符合科协实际的智库发展路线图，纳入各级科协事业发展的总体规划。准确把握智库建设的整体进程和关键节点，适时组织规划纲要实施情况的评估和调整，努力把更多的智慧和力量凝聚到建设中国特色高水平科技创新智库中来。

五、建设科技创新智库的条件保障

（1）加强组织领导。各级科协及所属团体领导班子要把智库建设作为新时期提升科协群团社会影响力的战略举措，切实把科协智库建设摆上重要议事日程，定期听取工作汇报，解决突出问题。明确智库建设的牵头部门，建立健全工作落实和监督检查制度，配齐配强配优干部，着力打造一支政治强、业务精、作风硬、敢负责的智库干部队伍。健全绩效考核制度、以质量创新和实际贡献为导向的成果评价机制，强化用户评价、同行评价、社会评价相结合，把智库建设成效作为学会能力提升专项考核的重要指标。

（2）加大投入力度。健全稳定支持为主、竞争性配置为辅的经费投入机制，逐步形成多元化、多渠道、多层次的投入体系。设立高端智库试点专项，稳定支持信息数据采集分析、智库试点单位经费保障，使稳定支持经费比例能够达到合理比例。推动决策咨询报告、政策方案、规划设计、调研数据等纳入政府采购范围和政府购买指导目录，引导学会通过市场化途径开展专业咨询服务，获取经费支持。积极探索社会捐赠捐助渠道，运用社会资金支持开展政策研究和创新评估工程，努力形成多渠道的投入机制。

（3）加强人才队伍建设。面向社会公开遴选智库高端人才，采取全职聘用和兼职合作等方式，择优引进。建立智库人才评价体系，完善智库人才职称评定制度和业绩评价机制，制定实施有利于调动智库人才积极性、主动性、创造性的政策措施。实施政策伙伴计划，举荐智库优秀人才进入党政部门挂职任职，参与有关政策措施研究制定，提供全程决策咨询服务。实施智库高端人才培训资助计划，定期举办决策咨询培训班，建好博士后流动站，支持智库人才参与国内外交流合作，打造一支稳定的专业化职业化智库人才队伍。

（4）塑造专业化负责任的社会形象。建立健全智库成果发布机制，建立成果发布平台，加强学术把关，通过研究成果出版、网络发表、线上共享、公众论坛、交流研讨等方式，以客观独立、理性中道的声音，及时回应社会关切。重视研究成果的推广和传播，准确把握和运用智库—媒体互动规律，充分运用传统媒体和新媒体的手段，"向上""向下""对内""对外"多维度传播推广智库成果，提升影响力，争取话语权。设立中国科协决策咨询奖，定期评选表彰"优秀决策咨询成果"，重视智库成果的公开出版和对外交流工作，努力形成有影响力的机构品牌。

中国科协关于印发《在国际学术期刊发表论文的"五不"行为守则》的通知

科协发组字〔2015〕77号

各全国学会、协会、研究会：

2015年3月27日，美国《华盛顿邮报》报道称，英国现代生物出版集团Bio Med Central（简称BMC）宣布撤销旗下12种期刊43篇论文，其中41篇是中国作者的论文，撤稿主要原因是发现"第三方"机构有组织地为这些论文提供了虚假同行评审服务。撤稿事件引起强烈反响，全国政协副主席、中国科协主席韩启德和中国科协党组、书记处高度重视。中国科协常委会科技工作者道德与权益专委会先后通过实地走访、电话沟通被撤论文作者及所在单位有关负责人，与有关部委和BMC出版社交流等方式进行了调研。调研发现，撤稿事件中大多数被撤论文作者确实存在委托"第三方"投稿问题，被撤论文涉及的"第三方"机构确实存在同行评审不实问题，"第三方"提供学术论文润色、代投、代写服务确实存在灰色产业链，撤稿事件已对我国国际学术声誉造成影响。

中国科协作为党领导下的科技工作者的群众组织，在加强科学道德和学风建设、抵制学术不端行为方面具有义不容辞的责任。为弘扬求真务实、创新奉献精神，营造风清气正的良好学术生态环境，维护广大科技工作者的合法权益，深化科技体制和科技评价机制改革，促进创新驱动发展，中国科协常委会科技工作者道德与权益专委会针对科技工作者在学术期刊特别是国际学术期刊发表论文的主要环节，研究制定了《在国际学术期刊发表论文的"五不"行为守则》（以下简称《"五不"行为守则》），重申科技工作者应该遵守的道德规范，要求广大科技工作者特别是全国学会会员，要自觉抵制"第三方"代写、代投论文，提供虚假同行评审人信息，违反论文署名规范等问题，加强学术道德自律，树立良好学风。

现将《"五不"行为守则》印发给你们，并就做好学习宣传贯彻落实工作提出如下意见。

一、深入学习，广泛宣传

各全国学会要通过多种方式向广大会员通报BMC撤稿事件，旗帜鲜明地反对学术不端行为，认真开展《"五不"行为守则》学习宣传工作，引导广大会员共同遵守道德规范。同时，通过适当方式向本学科领域科技工作者重申《"五不"行为守则》。

二、对照检查，严肃整改

各全国学会要组织会员对照《"五不"行为守则》，认真检查以往发表的学术论文是否存在委托"第三方"代写论文、代投论文，提供虚假同行评审人信息，违反论文署名规范等问题。若存在问题，应及时主动纠正，包括主动申请撤稿等。同时，各全国学会要积极动员会员所在科研团队对照《"五不"行为守则》认真开展自查工作。医学领域学会要积极推动撤稿事件涉事作者单位调查处理，组织召开座谈会，分析事件原因，提出改革医务人员评价体系建议。各全国学会主管期刊要认真查清期刊出版过程中是否存在由"第三方"引发的学术不端行为，制定相应的制度和规范。

三、抓好落实，及时报告

各全国学会要高度重视，将此次学习宣传贯彻落实《"五不"行为守则》作为加强科学道德和学风建设工作的有力抓手。加强宣传教育，统一认识，明确要求，抓好落实，边查边改，注意及时总结经验教训，发现典型案例，分析问题原因。以适当的方式适时发出科技团体对撤稿事件的声音，表明鲜明态度。探索提出为科技工作者解决学术论文发表过程中的困难的相关举措。逐步建立科学道德和学风建设长效机制，树立良好学术风气。

各全国学会要在2015年年底前完成学习宣传和对照检查工作，中国科协将组织有关专家赴全国学会开展调研。

中国科协

2015年9月23日

在国际学术期刊发表论文的“五不”行为守则

中国科协常委会科技工作者道德与权益专门委员会

2015年9月

近年来，我国科技事业取得了长足的发展，在国际学术期刊发表论文数量大幅增长，质量显著提升。在取得成绩的同时，也暴露出一些问题，如在国际学术期刊发表论文时存在不规范行为。对此，我们有必要重申和明确科技工作者的一些科学道德行为规范。中国科协在商有关方面后，制定了“五不”行为守则。本“五不”行为守则中所述“第三方”指除作者和期刊以外的任何机构和个人；“论文代写”指论文署名作者未基于自身研究工作和真实的实验数据亲自完成论文撰写而由他人代理的行为；“论文代投”指论文署名作者未亲自完成提交论文、回应评审意见等全过程而由他人代理的行为。现发布“五不”行为守则，望科技工作者共同遵守。

（1）不由“第三方”代写论文。科技工作者应基于自身研究工作和真实的实验数据完成论文撰写，坚决抵制“第三方”提供论文代写服务。

（2）不由“第三方”代投论文。科技工作者应学习、掌握国际学术期刊投稿程序，亲自完成提交论文、回应评审意见的全过程，坚决抵制“第三方”提供论文代投服务。

（3）不由“第三方”对论文内容进行修改。论文作者委托“第三方”进行论文语言润色，应基于作者完成的论文原稿，且仅限于对语言表达方式的完善，坚决抵制以语言润色的名义修改论文的实质内容。

（4）不提供虚假同行评审人信息。科技工作者在国际学术期刊发表论文如需推荐同行评审人，应确保所提供的评审人姓名、联系方式等信息真实可靠，坚决抵制同行评审环节的任何弄虚作假行为。

（5）不违反论文署名规范。所有论文署名作者应事先审阅并同意署名发表论文，并对论文内容负有知情同意的责任；论文起草人必须事先征求署名作者对论文全文的意见并征得其署名同意。论文署名的每一位作者都必须对论文有实质性学术贡献，坚决抵制无实质性学术贡献者在论文上署名。

中国科协办公厅关于开展“青年人才托举工程”项目实施工作的通知

科协办发学字〔2015〕31号

各全国学会、协会、研究会：

按照《中国科协关于实施学会创新和服务能力提升工程的意见》的要求，中国科协决定启动实施“青年人才托举工程”项目（附件1），引导、支持学会探索、创新青年科技人才的选拔机制、培养模式、评价标准，培育造就大批优秀青年科技人才，打造国家高层次科技创新人才后备队伍，成为建设创新型国家实现中国梦的重要人力资源保障。

一、项目目标

充分发挥学会“小同行”和高水平学术大师聚集的专业优势，强化对青年人才苗子的发现举荐作用，及早发现、重点扶持、加快培养年龄在30岁上下，有较大发展潜力的“小人物”，为他们潜心研究提供经费、政策、工作等方面的更多支持，营造更宽松的环境，指导青年人才过好“科研黄金期”，打好职业基础，激发职业认同感和归属感，成长为德才兼备、勇于创新的国家科技领军人才重要后备力量。引导、推动学会组建学会联合体开展“青年人才托举工程”，实现面向大学科领域和完整创新链的人才选育体系，形成具有某一学科、某一行业特色的人才成长模式和人才评价标准。

项目重点支持200名左右30岁上下青年科技人才潜心研究，采用以奖代补、稳定支持的方式，对每一位扶持培养的青年科技人才稳定支持三年。实施工作主要分为学会申报、评审、实施、检查验收等阶段。

二、项目申报

（1）申报条件：2012—2014年未出现年检不合格或连续两年基本合格的中国科协所属全国学会、协会、研究会，均可自愿申报。重点支持学会组建学会联合体进行申报。

（2）申报要求：学会应按照“三重一大”工作程序，经理事会（常务理事会）审议同意后，进行项目申报。

（3）提交申报书：本通知及申报书可从网上下载（网址：http://www.cast.org.cn 通知通告栏）。《项目申报书》（附件2）纸质文本一式20份，须按要求签字并加盖公章后，报送至中国科协学会服务中心，请注明“青年人才托举工程项目申报”字样。报送截止日期为2015年10月15日12:00（邮寄以邮戳时间为准），逾期不再受理。以学会联合体形式申报项目的，还须同时填写《学会联合体组建说明》（附件3），随同《项目申报书》一并报送。以上材料请同时提交电子版。

三、社会公示

（1）学会应客观真实填写申报书等有关材料，不得谎报业绩、编造材料。

（2）所有申报材料自申报截止第二日起公示，公示期为5个工作日。

（3）如在公示期间受到举报并查实，取消申报资格。

四、进度安排

（1）9月底，下发通知启动项目申报工作。

（2）10月中下旬，组织项目专家评审。

（3）10月下旬，完成立项，拨付经费。

（4）11月上旬，组织启动项目执行。

（5）12月中上旬，汇总立项试点学会联合体、学会扶持的青年科技人才名单。

附件：1.“青年人才托举工程”项目实施方案

2.“青年人才托举工程”项目申报书（略）

3. 学会联合体组建说明（略）

中国科协办公厅

2015年9月29日

附件1

“青年人才托举工程”项目实施方案

按照《中国科协关于实施学会创新和服务能力提升工程的意见》的要求，中国科协决定启动实施“青年人才托举工程”项目，引导、支持学会探索、创新青年科技人才的选拔机制、培养模式、评价标准，培育造就大批优秀青年科技人才，打造国家高层次科技创新人才后备队伍，成为建设创新型国家实现中国梦的重要人力资源保障。

一、目标任务

实施“青年人才托举工程”项目，旨在创新科协系统对青年科技人才的挖潜方式、评价体系、培育模式，与杰出青年科学家奖、杰出科学家奖一起，形成中国科协系统选拔、培育、评价、奖励卓越科技人才的创新体系。

（1）组建工作平台。引导、推动学会组建学会联合体，重点支持学会以学会联合体为平台积极参与“青年人才托举工程”，充分发挥平台集聚基础研究、应用研究、技术开发、工程设计资源，跨学科、行业、地域、组织界限，机制灵活、多元协同等优势，创新科技人才资源开发新途径。

（2）创新工作机制。鼓励学会联合体、学会积极探索对科技人才职业生涯早期扶持的有效路径，自主设计、改革创新，形成具有科学共同体特色、小同行认可，由崇高学术声望和高尚人格风范的高水平科学大师保举和指导，精准专业培养与科技视野拓展、职业精神养成相结合，学术操守和道德理念、学问和人格融合发展的青年科技人才发现、举荐和培养、评价机制。

（3）突出工作重点。大力扶持有较大创新能力和发展潜力的“小人物”，采用以奖代补、稳定支持的方式，支持200名左右30岁上下青年科技人才潜心研究、深入探索，帮助他们在创造力黄金时期作出突出业绩，努力成长为品德优秀、专业能力出类拔萃、社会责任感强、综合素质全面、具有国际视野的学术技术带头人，成为国家主要科技领域高层次领军人才和高水平创新团队的重要后备力量。

二、实施原则

（1）服务大局，明确目标。坚持把学会服务国家全面深化改革大局作为根本出发点和落脚点，推动学会持续改革创新，不断提升学会服务凝聚科技工作者，特别是扶持青年科技人才成长成才的能力。引导学会面向大学科领域或全产业链组建学会联合体，以学会联合体为工作载体，积极探索对青年科技人才选拔、扶持和评价的有效路径和创新模式。

（2）探索路径，创新模式。试点先行，支持学会转变观念、更新理念，把人才资源开发放在科技创新最优先的位置，形成鼓励青年学者大胆创新、勇于创新、包容创新，可复制、可推广的青年人才扶持和培育模式；突破体制机制束缚，不拘一格、不唯常规传统，建立更为灵活多样的青年人才选拔机制；针对不同学科领域、不同专业类型人才特点，创新人才评价体系和标准，分类探索形成拔尖创新青年科技人才健康成长的良好氛围，为国家人才制度改革探索路径、

积累经验、提供案例。

（3）稳定支持，加强监管。在中央财政资金支持基础上，积极募集社会资金，连续3年对试点工作进行持续稳定支持，不断激发学会的积极性和创造性，努力营造适合青年科技人才潜心研究、激发创新、崇尚道德的良好环境。项目实行年度绩效检查，优胜劣汰滚动机制；项目结束后邀请第三方机构，对效果进行评估。

三、项目重点

（1）支持范围。围绕国家科技发展前沿和重大战略需求，重点支持聚焦装备制造、电子信息、能源材料、生命科技、资源环境、土木建工以及基础学科等领域的学会联合体，以及遴选若干优秀的大综合性学科特点的学会开展试点，有相关自筹经费以及工作基础的优先立项支持。

（2）支持重点。重点支持学会联合体、学会举荐、扶持、评价青年科技人才职业生涯早期发展的工作方案，引导学会发挥好小同行聚集和学术权威性优势，创新人才遴选方式，建立人才扶持机制，改进人才评价方法，拓宽人才培养资金募集途径，建立人才、专家数据库等，形成在创新实践中发现人才、在创新活动中培育人才、在创新事业中凝聚人才的工作机制，推动学会服务科技工作者、凝聚科技工作者的能力显著提升。

（3）支持内容。重点支持青年科技人才自主进行科研设计、选题，在促进产学研合作中发挥重要作用，更多地参与高水平国际学术交流，在有影响的国际民间科技组织任职等，为他们脱颖而出开辟“绿色通道”，为他们潜心研究提供更有力的保障，激励青年科技人才树立科学精神、培养创新思维、挖掘创新潜能、提高创新能力，在继承前人的基础上不断超越。

四、立项条件

（1）平台制度化。学会联合体申报项目不是学会联合申报项目。学会自愿组建非法人联合组织，重在创建学科和人才间有机互动、协同高效、资源开放共享的长效机制，形成共谋发展、联合攻关、协同改革的稳定体系，探索解决分散封闭、交叉重复等碎片化、“孤岛”现象的有效途径。学会联合体须具备章程协议、组织架构、运行规程、功能规划等基本要素，每年度要有一个明确的学会承担联合工作、功能实现的法人责任。

（2）学会有能力。学会联合体、学会须具备支持青年科技人才发展的学科优势、专家优势、资源优势、制度优势和综合实力，在人才举荐、扶持、评价方面具有良好的工作基础。学会联合体、学会应深入设计切实可行的青年科技人才发现、举荐和培养工作方案，探索建立青年科技人才扶持、服务长效机制，为青年科技人才成长成才搭建平台。学会联合体、学会在申请材料中应明确工作思路、发展重点、方案设计、组织保障、能力基础、工作进度安排、考核指标以及资金使用方向等内容，为项目实施、完成提供必要的条件。

（3）青年富潜质。学会联合体、学会拟扶持的优秀青年科技人才年龄原则上在30岁上下，科研一线潜心工作，具有求实创新、协作奉献的科学精神，具有坚实的理论基础和较强的创新能力，具有学术研究或创业潜质，学风道德优秀，应由不少于3名同行专家进行评议并具名同意推荐，其中至少1名专家承担指导、扶持责任。

（4）托举靠专家。学会联合体、学会须建立青年科技人才托举的专家团队，倡导学术大家不仅要做科技创新的开拓者，更要做提携后学的领路人，自觉肩负起培养青年科技人才的重任，甘为人梯，言传身教，慧眼识才，勇于担当，变程序选人评人、程序培养人，为学术大家选人评人、学术大家培养人，不断发现、培养、举荐人才，为拔尖创新青年科技人才脱颖而出铺路搭桥。

五、工作计划

“青年人才托举工程”项目，按照学会申报、答辩评审、立项实施、检查验收等四个阶段组织实施。

（1）学会申报。中国科协向所属全国学会发布“青年人才托举工程”项目实施工作的通知，公布实施方案，启动申报工作。全国学会、协会、研究会根据申报条件自愿申报，重点支持学会联合体进行申报。申报材料对社会公示5个工作日。

（2）答辩评审。按照中国科协“学会创新和服务能力提升工程”有关要求，根据“青年人才托举工程”项目目标任务、工作原则、支持重点等内容，制定评审办法，研制评审指标，召开评审会议。评审会采用学会联合体、学会现场答辩，专家评议的方式进行。

（3）立项实施。立项试点支持的学会联合体、学会，应按要求提供获支持的青年科技人才名单及其科研成果、创新性业绩，以及学会联合体、学会对其的扶持措施、组织保障和绩效考核报告等相关书面材料，建立长期跟踪评价人才数据库及培养扶持专家库，做好数据积累和工作总结。

（4）检查验收。试点学会联合体、学会要按要求提交年度绩效报告，项目结束后提交自评报告、经费使用财务审计报告。中国科协委托第三方评估机构，对试点学会工作进行阶段性检查和成果评估验收。

六、实施步骤

“青年人才托举工程”项目实施分三个阶段组织开展：

（1）2015年，部署启动阶段。发布“青年人才托举工程”项目实施方案，启动具体组织实施工作，遴选一批学会联合体、学会进行试点，培育200名左右青年科技人才。中国科协设立专项资金，对立项的试点学会联合体、学会提供资助经费，支持其选拔扶持的青年科技人才成长，资助标准按每人15万元安排。

（2）2016年，全面实施阶段。进一步完善相关政策措施和管理办法。根据社会资金募集情况，对立项试点学会联合体、学会资助进行动态调整。

（3）2017年，总结完善阶段。完成“青年人才托举工程”项目资助目标，对试点学会联合体、学会工作进行评估总结，凝练出科协系统对青年科技人才选拔、扶持和评价的有效路径和创新模式，对典型案例进行有序复制、初步推广，为进一步扩大试点积累经验。

中国科协印发《中国科协关于在科技界开展“作精神文明表率”活动的意见》的通知

科协发调字〔2015〕14号

各全国学会、协会、研究会，各省、自治区、直辖市、副省级城市科协，新疆生产建设兵团科协：

《中国科协关于在科技界开展“作精神文明表率”活动的意见》已经中国科协党组研究审定，现印发给你们，请结合实际，认真贯彻落实。

中国科协

2015年2月27日

中国科协关于在科技界开展“作精神文明表率”活动的意见

精神文明是一个社会发展进步的精神动力和智慧源泉，社会主义精神文明是实现社会主义现代化的思想保证和重要目标。科技工作者作为科技知识和科学精神的直接载体，对社会变化和科技发展的观察细致敏锐，言行举止具有很高的权威性和很强的示范性，对社会公众的思维方式和行为模式有着直接而重要的导向作用，理应在社会主义精神文明建设中走在前列、作出表率。鉴此，根据中央关于加强社会主义精神文明建设的总体要求，中国科协决定广泛开展“作精神文明表率”活动，并要求广大科技工作者作出如下表率。

一、作坚定理想信念的表率

坚定维护中国特色社会主义这个当代中国发展进步的旗帜，不断增强对中国特色社会主义的道路自信、理论自信和制度自信，严格遵守政治纪律和政治规矩，在大是大非面前站稳脚跟、保持清醒，自觉在思想上、政治上、行动上与以习近平同志为总书记的党中央保持高度一致。认真学习习近平总书记系列重要讲话精神，准确把握世情国情党情科情的新变化新特点新趋势，坚持用马克思主义中国化的最新成果武装头脑、推动工作，旗帜鲜明地坚决抵制西方意识形态的渗透和影响。结合岗位特点和工作实际，积极主动宣传中华民族伟大复兴的中国梦，宣传中央路线方针政策和重大决策部署，宣传创新驱动发展战略，讲好中国故事，传播好中国声音，塑造科技中国的良好形象，为实现“两个一百年”的宏伟目标汇聚起磅礴的正能量。

二、作践行社会主义核心价值观的表率

坚持把爱国、敬业、诚信、友善作为立身行事必须坚守的行为准则，立志高远，脚踏实地，敢于提出新理论、开辟新领域、探寻新路径，不断在攻坚克难中追求卓越，努力做爱国的公民、敬业的学者、诚信的同行、友善的专家。坚持把自由、平等、公正、法治作为履行社会责任必须坚守的价值追求，准确把握当代中国科学家的历史命运、历史责任和历史担当，自觉运用所掌握的科技知识服务社会、造福人民，努力用科学技术帮助人们到达自由王国。坚持把富强、民主、文明、和谐作为在服务祖国中实现个人价值必须坚守的精神引领，自觉把个人价值追求同国家富

强、民族振兴、人民幸福有机统一起来，坚定不移地走中国特色自主创新道路，用科技梦助推中国梦。

三、作为国创新奉献的表率

坚持把国家繁荣富强和人民幸福作为科技创新的最高目标，把个人事业发展与爱国奉献紧密结合，以强大的使命感和责任感投身到建设创新型国家的伟大实践，在推进“四个全面”的战略布局中作出积极贡献。热爱本职岗位，脚踏祖国大地，胸怀人民期盼，找准专业优势和社会发展的结合点，找准科技前沿和我国实际的结合点，加快提升我国的自主创新能力，为经济转型和动力转换提供强大的创新支撑。要积极瞄准当代世界科技创新前沿，不畏艰险，不计名利，甘心寂寞，乐于奉献，勇攀科技高峰，推动科技应用普及，在激烈的国际竞争中奋力创新创造创业，谱写中国科技工作者的时代篇章，为人类文明进步作出应有的贡献。

四、作思想道德建设的表率

大力弘扬中华民族的传统美德，把提高学术水平和塑造高尚人格有机结合起来，加强个人品德修养，坚持德学双馨，塑造维护科技界崇尚真理、求真务实、开拓创新的良好社会形象。时刻牢记建制化的科技活动是社会分工的产物，牢固树立对社会负责、对纳税人负责的意识，恪守社会公德，自觉把学术自由与社会需求有机结合起来，利用科技促进社会公益，切实避免和防止科技成果的不当使用。坚持对同行负责、对科技发展负责，坚守科学道德，坚决反对科学研究中的浮躁风气和不端行为，牢固树立优良学风，尊重专家、尊重专业，强化团结协作，民主讨论、平等待人，亲贤爱才、甘当人梯，努力成为科技创新和道德引领的模范。以高尚的科学道德促进社会公德建设，以优良的学风促进清正社会风气的形成。

五、作尊法守法的表率

牢固树立法治思维，强化法律意识，始终保持对宪法和法律的敬畏心态，自觉把科技意识和法治意识有机结合起来，干工作、想事情既要从科技角度着眼看可行性，也要从法律角度着眼看合法性，懂规矩、按程序办事。积极运用专业知识参与立法咨询论证，参与对涉及科技界共性问题的法律法规的立、改、废、释以及司法鉴定工作，推动科学立法、公正司法。合理申请科研经费，依法依规使用科研经费，配合司法部门严肃查处科技活动的违法违规行为，维护宪法和法律的权威和尊严。坚持在法律框架下开展创新创业活动，善于运用法律武器维护合法权益，严格按照法律程序、运用法律手段解决工作生活中遇到的各种问题，保护好自己的知识产权，尊重他人知识产权，以自己尊法守法的模范行为推动全社会形成尊重法律、崇尚法治的良好氛围。

六、作科学文化建设的表率

继承发扬老一辈科学家爱国、拼搏、奉献的光荣传统，带头弘扬“两弹一星精神”和“载人航天精神”等民族精神，为在全社会弘扬科学精神树立典范。把帮助人民群众深入了解科技知识、推动提高全民科学文化素质作为义不容辞的社会责任，自觉把科研和科普有机结合起来，参与科普活动，开展科普创作，通过多种渠道、多种方式积极向社会公众介绍最新科技创新成果，主动释疑解惑，引导社会公众了解科技知识，理解科技活动，参与科技决策，享受科学生活。积极参与科学共同体活动，珍惜科学共同体声誉，推动科学共同体以不同方式在经济社会生活和国家治理体系与治理能力现代化进程中发挥作用、扩大影响，实现持续健康发展。大力弘扬科学精神，引导社会公众以科学思想观察问题、以科学态度看待问题、以科学方法处理问题，培养理性平和的社会心态，推动形成讲科学、爱科学、学科学、用科学的良好社会风尚。

各级科协组织要始终牢记党领导的人民团体的政治责任，自觉从党和人民事业发展的战略高度，充分认识推进社会主义精神文明建设的重大意义，积极行动起来，认真谋划、统筹协调，创造条件、大力推进，理直气壮地把在实践中坚守精神文明作为评比表彰优秀科技工作者的必备条件，旗帜鲜明地推举宣传一批在社会主义精神文明建设中表现突出的先进典型，通过有力有效地推举宣传活动造成声势、产生影响，形成主流社会舆论，切实发挥好科技工作者在社会主义精神文明建设中的示范引领作用。

各全国学会和各省级、副省级城市科协有关工作情况要及时报送中国科协。

中国科协办公厅关于发挥全国学会作用促进女性高层次科技人才成长的通知

科协办发学字〔2015〕10号

各全国学会、协会、研究会：

为贯彻《国家中长期人才发展规划纲要（2010—

2020)》要求，落实中国科协八届全国委员会常务委员会部署，充分发挥女性高层次科技人才的作用，提高决策的质量和水平，促进性别平等，推动社会文明进步，现就有关事项通知如下。

一、完善措施，发挥女科技工作者独特优势

全国学会要以党的十八大和十八届三中、四中全会精神为指导，着眼“四个全面”战略布局，积极采取多种有效措施，充分发挥学术团体中女科技工作者的独特优势，更好地发挥科学共同体和国家创新体系重要组成部分的作用。

二、创新体制，推动提高女性高层次科技人才的任职比例

鼓励全国学会适当提高学术团体理事会及常务理事会中女性高层次科技人才的任职比例。

三、科学设计，鼓励设立女科技工作者委员会

推动全国学会创造条件设立女科技工作者委员会，将其作为常务理事会领导下促进女性科技人才成长和提高的工作机构，为促进女性科技人才成长和发展，充分发挥女性科技人才推动学科发展、服务社会的作用提供组织保障。

四、搭建平台，举办适合女科技工作者的学术活动

倡导全国学会积极组织举办女科学家论坛、女科学家学术沙龙以及女科学家、女工程师学术服务活动，提供展示才华的机遇和舞台，促进女科技工作者学术成长，为推动科学技术事业发展、加速地方经济转型升级提供智力支持和科技支撑。

中国科协办公厅

2015年4月3日

中国科协关于申报2015年度学会创新与服务能力提升引领奖励项目的通知

科协发学字〔2015〕43号

各省、自治区、直辖市、副省级城市科协，新疆生产建设兵团科协：

为贯彻落实党的十八大和十八届三中、四中全会精神，适应国家创新体系建设和社会管理创新的要求，充分发挥科协的组织体系优势，进一步引导地方科协加强顶层设计，促进地方学会综合能力提升，积极承接政府转移职能，助力创新驱动发展，形成中国科协和地方科协上下联动，全国学会和地方学会协同创新可持续发展机制，加快地方学会向现代科技社团迈进的步伐，中国科协启动实施2015年学会创新与服务能力提升引领奖励项目（以下简称引领奖励项目）。为保证项目顺利实施，现将项目申报有关事宜通知如下：

一、指导思想、总体目标和实施原则

（一）指导思想

全面贯彻落实党的十八大和十八届三中、四中全会精神，服务创新驱动发展、科技体制改革、政府职能转变、社会管理创新的重大需求，以提升地方学会创新与服务能力为主线，评价激励和示范带动相结合，突出发展方向，强化改革意识，进一步激发地方科协推动学会能力提升的主动性、创造性，不断增强地方学会的学术影响力、会员凝聚力、社会公信力、自主发展能力和自主创新能力，促进地方学会积极承接政府转移职能，助力行业企业创新驱动发展，更好地为地方经济社会发展提供科技服务和人才支撑，在全面建成小康社会、实现中国梦的伟大进程中发挥积极作用。

（二）总体目标

激励地方科协推动所属学会能力提升工作，通过以奖促建和示范带动，奖励一批积极实践、勇于探索、工作突出、成效显著的地方科协，培育一批目标明确、措施得力、特色鲜明、效果突出的学会创新与服务能力提升项目，建成一批社会信誉好、发展能力强、服务水平高、内部管理规范的学会，推动建立分类分层、联合协作、全面覆盖的中国特色现代科技社团体系，形成科协系统上下联动、齐抓共建、重点突破、全面提升的工作局面。

（三）实施原则

（1）以奖促建，鼓励创新。遴选出一批在学会创新与服务能力提升工作方面有思路、有举措的地方科协，通过以奖促建的方式，奖补结合，促进改革，激发地方科协开展学会能力提升工作的自主性和能动性，推动地方科协学会能力建设工作。

（2）注重实效，引领发展。建立科学规范、注重实效的目标管理体系，引领学会夯实发展基础，带动学会全面提升综合实力和竞争能力，为服务区域经济社会发展和社会管理创新创造条件。

（3）突出特色，整体推动。发挥引领奖励项目的辐射带动作用，激励地方科协突出特色，因地制宜开展学会能力提升工作，结合区域特点和发展阶段，统筹分片布局，逐年滚动，推动地方学会能力整体提高。

二、重点任务和实施方式

（一）重点任务

（1）提升地方学会服务社会管理创新能力。以承接政府转移职能为突破口，进一步提升地方学会服务社会管理创新的能力，支持和帮助地方学会加强与政府部门沟通，积极承接政府转移职能，积极开展社会化服务，做好科技评价、人才评价、科技奖励、标准制定、决策咨询、科学普及等工作，发挥学会组织服务社会和政府的独特作用，拓展地方学会发展领域和空间。

（2）提升地方学会服务科技创新能力。推动实施创新驱动助力工程，发挥学会人才和技术资源优势，面向产业转型升级和企业科技需求，支持学会开展科技服务活动，搭建产学研联合创新平台，促进科技成果和创新要素向一线聚集，助力地方经济转型升级，助力行业企业创新驱动发展；支持学会围绕区域产业发展要求和当地科技工作者需求，搭建学术交流平台，打造学术活动精品；深化学会人才培养举荐作用，聚焦科技工作者成长愿景，服务会员专业发展，促进科技人才成长。

（3）提升地方学会自我发展能力。规范学会组织管理，推进学会机制改革和活力增强，激励地方学会坚持民主办会，坚持依法依章办会，深化学会治理方式改革，健全会员代表大会、理事会和常务理事会决策议事机制；加强会员管理和服务，完善学会联系服务科技工作者机制，做好服务科技工作者和维护科技工作者权益工作；推进学会党建工作，提高学会中党的组织和工作覆盖面，指导学会坚持党建强会；促进办事机构职业化建设，提高学会工作人员的专业化、职业化水平，大力提升地方学会自我发展能力。

（4）提升地方科协服务学会发展能力。加强顶层设计，创新服务学会的内容、形式和方法，增强地方科协对学会的凝聚力；抓住深化行政体制改革、转变政府职能机遇，积极争取同级党委和政府支持，完善沟通协调机制，优化学会发展环境，促进地方学会在服务区域经济社会发展中发挥更大作用；整合系统资源，搭建工作平台，培育学会精品，不断提升学会的实力和影响力。

（二）实施方式

引领奖励项目采用以奖代补、以奖促建方式，围绕提升地方学会服务社会管理创新能力、服务科技创新能力、提升自我发展能力以及提升地方科协服务学会发展能力，立项支持开展学会能力建设、促进学会能力提升工作突出的地方科协。

项目每年一评，项目周期 1 年。2015 年拟立项名额为 10 个。

三、申报范围和条件

各省、自治区、直辖市、副省级城市科协，新疆生产建设兵团科协，具备以下条件均可以申报：

（1）在学会能力提升方面积极探索创新，有思路、有举措，提出整体工作方案。组织领导有力，责任部门明确，一位主要负责同志作为责任人，配有较强执行力的工作团队。

（2）已在同级财政设立学会创新与服务能力提升相关专项或取得同级财政新增专项资金支持，且制定有完备的实施方案、相关管理办法和奖建资金使用计划，工作思路清晰、重点任务明确、项目管理规范、绩效考核具体。同等条件下，优先考虑在同级财政已设立专项的地方科协。

（3）主动向当地党政部门汇报，争取到除专项资金外的其他政策支持，如争取到当地有关政府部门转移职能、出台相关政策文件等。

优先支持未获得过本项目支持的地方科协；优先支持服务创新驱动发展战略、承接政府转移职能方面工作突出的地方科协。2013 年度引领地方学会能力提升项目立项单位可以申报，2014 年度引领地方学会能力提升项目立项单位隔一年后可以申报。

四、组织实施

引领奖励项目实施分为自愿申报、专家评审、立项实施、评价总结四个阶段。

（一）申报阶段

地方科协可根据自身情况以及申报通知的要求自愿申报，并提供相应材料。

（二）评审阶段

包括形式审查和专家评审两个环节。形式审查由专项办公室负责。专家评审由相关领域专家组成评审委员会进行评审。评审结果在相关媒体公示，公示期为 5 个工作日。

（三）实施阶段

公示期满无异议的，公布立项单位名单，拨付奖建资金。获得支持的地方科协，与中国科协签订项目任务书，按照奖建资金使用计划中确定的工作思路、发展重点、工作进度安排、年度考核指标以及资金使用方向组织实施。

（四）总结阶段

获得支持的地方科协，项目期满，需接受评价验收，并按要求提供相关总结材料。

五、有关要求

（1）各地科协要高度重视引领奖励项目实施工作，加强对所属学会创新与服务能力提升工作的组织领导，完善工作机制，落实有关责任。主动向当地党政部门汇报，加强沟通协调，积极争取相关支持。引领奖励项目申报要经地方科协党组研究同意，以地方科协名义上报。

（2）各地科协应结合自身特点和发展阶段，认真梳理工作内容，准备相关申报材料；申报材料应客观真实，不得谎报业绩、编造事迹。

（3）各地科协要结合本单位工作安排，确定一位主要负责同志作为责任人，明确责任部门和具体联系人。

（4）引领奖励项目申报材料包括：①正式报送函（一式一份）；②申报书（见附件，一式两份）；③需要补充说明的材料（一式两份，需与申报书合订成册）；④刻录以上材料的电子版光盘（一份）。

（5）申报书请在中国科协网站（www.cast.org.cn）下载。请于2015年6月23日之前，将纸质申报材料及电子版申报材料光盘报送至中国科协学会服务中心学会服务工作处（以寄发地邮戳为准），逾期不予受理。

附件：2015年度学会创新与服务能力提升引领奖励项目申报书（略）

中国科协
2015年5月27日

中国科协办公厅　教育部办公厅
关于继续开展2016年中学生英才计划
试点工作的通知

科协办发青字〔2015〕38号

各有关省（直辖市）科协、教育厅（教委），各有关高校：

为贯彻全国科技创新大会精神，落实《国家中长期教育改革和发展规划纲要（2010—2020）》的有关要求，切实促进高校优质科技教育资源开发开放，进一步建立高校与中学联合发现和培养青少年科技创新人才的有效方式和机制，中国科协、教育部于2013年起，在部分高校试点开展了中学生科技创新后备人才培养计划（以下简称“中学生英才计划”）试点工作。经过三年的实践，中学生英才计划试点工作基本达到预期效果。

经中国科协和教育部商定，2016年将继续组织开展中学生英才计划试点工作。请各地科协、教育行政部门和有关高校充分认识中学生英才计划对于探索建立高校与中学联合发现和培养青少年科技创新人才的工作机制、促进国家青少年科技创新人才培养的重要意义，严格按照《2016年中学生英才计划试点工作实施方案》（见附件）的要求，在认真总结2013—2015年工作的基础上，精心策划组织，及时沟通协调，加强监督管理，确保2016年中学生英才计划试点工作取得成效。

附件：2016年中学生英才计划试点工作实施方案

中国科协办公厅　教育部办公厅
2015年11月13日

附件

2016年中学生英才计划试点工作实施方案

一、目的意义

在认真总结前三年试点工作的基础上，进一步探索建立高校与中学联合发现和培养青少年科技创新人才的有效模式，为青少年科技创新人才不断涌现和成长营造良好的社会氛围。

二、工作内容

（一）试点城市（共15个）

北京、上海、天津、哈尔滨、长春、南京、杭州、合肥、厦门、济南、武汉、广州、成都、兰州、西安。

（二）试点高校（共20所）

北京大学、清华大学、中国科学院大学、北京师范大学、北京航空航天大学、南开大学、哈尔滨工业大学、吉林大学、复旦大学、上海交通大学、南京大学、浙江大学、中国科学技术大学、厦门大学、山东大学、武汉大学、中山大学、四川大学、兰州大学、西安交通大学。

（三）试点学科

数学、物理、化学、生物、计算机共五学科。

（四）导师遴选与推荐

试点高校推荐本校在上述五学科领域内具有崇高的学术威望和专业造诣、并热心青少年科技创新后备人才培养的著名科学家作为导师人选，经学科工作委员会审定后，正式成为英才计划导师，并获发主办单位制作的导师聘书。

原则上，英才计划导师应从两院院士、“千人计划”国家特聘专家、长江学者特聘教授、国家杰出青年科学基金获得者、国家级教学名师中推荐。导师应能够保证必要的时间和精力投入，原则上每月与学生见面不少于一次。导师可组建培养团队，团队成员原则上应具备博士学位或副高以上职称。导师团队协助导师完成每三个月填写一次学生《成长记录》等日常培养工作。

（五）学生遴选

学生遴选由试点高校与省级科协、教育行政部门共同负责。中学负责推荐品学兼优、学有余力、对基础学科具有浓厚兴趣的高中一年级学生参加申报。学生根据个人兴趣爱好及高校导师的研究领域选报导师，并提交相应材料，通过网上初审、面试等程序后进入培养环节。

2016 年计划培养中学生 500 名。每位导师培养学生数不超过 5 人。

2015 年入选学生如希望继续参加培养，也需重新进行网上申报，程序同上。

（六）培养方式

英才计划学生培养应摒弃一切功利因素，完全从中学生的兴趣爱好出发，遵循因材施教原则，尊重科技创新后备人才成长规律，不断探索优秀学生培养的方式方法。一般来说，英才计划学生培养方式大致有三类：兴趣导向型、项目导向型和联合培养型。

兴趣导向型通常是指学生进入计划时尚没有明确的研究项目，仅仅是对某一学科表现出了浓厚的兴趣。导师的培养方式主要是指定阅读书目、组织参观实验室、参加学术沙龙、参与导师科研课题、听取学术报告等形式，以进一步巩固和加强学生对该学科的兴趣，进而帮助其找准目标和方向。

项目导向型通常是指学生在进入计划时已经有较为明确的科研课题或项目，在学期间主要是在导师的实验室里，通过导师的指导和帮助开展科学研究，完成研究课题或项目。

联合培养型是指针对那些个人兴趣爱好或科研项目属于交叉学科或边缘学科，由高校内部不同学科导师、不同实验室或校际间的合作共同培养的方式。

进入“英才计划”的学生，必须要对计划的目的和意义有深刻认识，必须保证充分的时间和精力参与培养活动，必须积极主动与导师沟通联系，必须认真完成导师交给的各项任务，并及时填报《成长日志》。

培养周期原则上为一年，从 2016 年 1 月至 12 月底结束。

（七）强制评估与动态调整机制

为加强对项目运行的过程监管，自 2016 年起开始实施强制评估与动态调整机制。即在当年下达招生名额的基础上，各省可在导师同意的前提下，按 10% 的比例增加候补名额。候补名额不单独追加经费，暂时不列入计划，但可以跟随导师学习。学习期间亦可以参加“英才计划”活动，填报网络记录。省级管理办公室 6 月底进行一次强制评估，评估后重新上报一次名单。不合格者自动退出，候补名额自动成为正式成员。评估依据包括：学生成长记录填报情况；完成导师指定任务情况；导师及所在中学意见。若候补学生一直跟随学习，且表现优异，最终可自动取得正式学员资格，发给相关证书。

三、组织保障

2016 年中学生英才计划试点工作由中国科协、教育部共同组织实施，相关高校、省（市）科协、教育行政部门和中学共同参与实施。具体职责如下：

（一）中国科协和教育部

由中国科协和教育部共同组成的全国试点工作管理办公室负责制定实施方案；确定试点高校；提供试点经费资助；组织专家对项目实施提供咨询指导和监测评估；为项目实施提供相关资源支持。

中国科协成立由国内知名专家和学术带头人组成的“英才计划专家咨询委员会”，负责对计划实施提供指导、建议、评估。专家咨询委员会下设五个学科工作委员会，负责确认导师名单并对学生培养工作进行调研、督导；组织学科交流活动和学科论坛；对本学科培养工作进行评估。

（二）试点高校

试点高校负责确定具体部门（如教务处、科研处等）协调和组织试点工作实施，并将中学生“英才计划”与“基础学科拔尖创新人才培养试验计划”纳入学校基础学科拔尖创新人才培养总体计划。具体职责包括推荐导师人选；协助省级办公室组织学生选拔；协调重点实验室、图书馆、博物馆等设施场所资源向学生开放，提供相关资源保障；协助导师推进培养工作；制定工作评价标准，对导师及培养团队工作量、工作成绩等方面给予评定；完成学校试点工作总结。

（三）省（市）科协、教育行政部门

省（市）科协、教育行政部门与试点高校共同组成试点工作省级管理办公室，负责将中学生“英才计划”纳入本地区青少年科技创新人才培养整体规划；制定本地区中学生“英才计划”试点工作实施方案；组织重点中学参与，分配中学生推荐名额；组织和推进本地中学生的推荐、选拔、培养工作；组织本地区试点工作总结评估等。

（四）参与中学

参与中学负责推荐品学兼优、学有余力、对基础学科具有浓厚兴趣的中学生；指定专人负责学生日常联系，对学生培养活动进行督促和检查；保证学生培养时间，提供校内实验设施等相关支持；对往年培养的学生进行跟踪联系。

四、工作安排

（一）推荐导师

2015 年 12 月 1 日前：各省级管理办公室制定试点工作实施方案，推荐符合条件的高校导师，报中国科协确认。

（二）导师填报信息

2015 年 12 月 1—10 日：导师登录中学生英才计划网络工作平台（www.ycjh.org），录入或更新个人及培养团队信息。

（三）学生网上报名

2015 年 12 月 11—20 日：中学推荐品学兼优、学有余力、有科学潜质、对基础学科研究有浓厚兴趣的优秀高一学生。学生根据个人兴趣爱好、学科特长在英才计划网络工作平台上选报相关导师。

（四）导师网上审核，高校确认

2015 年 12 月 21—31 日：导师根据学生申报情况，确定拟培养学生名单。高校审核确认导师初审结果，发布面试信息。

（五）面试与拜师仪式

2016 年 1 月 1—10 日：各省级管理办公室按学科组织面试工作。每位导师拟培养的正式学生数应不超过 5 名，候补学生不超过 1 名。

入选名单由省级管理办公室汇总后报全国管理办公室审定。审定通过后，各省负责组织拜师仪式，邀请学生家长、中学老师等相关人员参加，通过拜师仪式进一步统一思想，提高认识，进一步把握英才计划试点的目的和意义，进一步明确培养期间的任务和要求，确保培养活动的顺利实施。

（六）培养与强制评估

2016 年 1—12 月：拜师仪式后，学生即进入正式培养阶段。由导师根据学生实际情况提出指导意见，师生共同实施。6 月底前各省负责组织开展强制评估。评估后重新上报一次名单。评估不合格者自动退出，候补学生自动成为正式成员。

中国科协办公厅关于命名 2015—2019 年度全国科普教育基地的通知

科协办发青字〔2015〕19 号

各相关全国学会、协会、研究会，各省、自治区、直辖市科协，新疆生产建设兵团科协，各有关单位：

为贯彻落实《全民科学素质行动计划纲要（2006—2010—2020 年）》，加强全国科普教育基地建设，鼓励社会力量参与科普工作，根据《全国科普教育基地认定与管理试行办法》，中国科协组织开展了 2015—2019 年度全国科普教育基地的认定工作。

通过各地申报，全国学会、协会、研究会，各省、自治区、直辖市科协，新疆生产建设兵团科协和国家相关部门初评和推荐，中国科协组织评审，专家实地抽查，公示等程序，中国科协决定命名《科学世界》杂志社有限责任公司等 649 家单位为 2015—2019 年度全国科普教育基地。

各推荐单位应加强对全国科普教育基地日常工作的指导，各地全民科学素质纲要实施工作办公室应加强与本地的全国科普教育基地的联系，充分发挥全国科普教育基地的科普宣传和教育功能。

希望获得命名的全国科普教育基地不断完善科普条件和功能，注重运用信息化手段和新媒体提高科普实效。同时，要主动加强与各方特别是学校、社区等的联系，使更多的公众能走入科普教育基地接触科学体验科学，享受科普服务，激发科学兴趣，为提高全民科学素质作出积极贡献。

中国科协将于近期将全国科普教育基地牌匾和证书发至各推荐单位，请各推荐单位协助做好发放工作。

附件：2015—2019 年度全国科普教育基地认定名单

中国科协办公厅

2015 年 6 月 19 日

附件

2015—2019 年度全国科普教育基地认定名单

（按行政区划排序，同一区域内按名称笔画排序）

序号	基地名称	推荐单位名称	所在区域
1	《科学世界》杂志社有限责任公司	中国科学院	北京市
2	少年科学画报杂志社	北京市科学技术协会	北京市
3	中日友好医院	国家卫生和计划生育委员会	北京市
4	中国儿童中心	中华全国妇女联合会	北京市
5	中国气象科技展厅	中国气象学会	北京市
6	中国电影博物馆	北京市科学技术协会	北京市
7	中国地质大学博物馆	中国地球物理学会	北京市
8	中国地质博物馆	北京市科学技术协会	北京市
9	中国协和医科大学出版社	国家卫生和计划生育委员会	北京市
10	中国农业博物馆	北京市科学技术协会	北京市
11	中国妇女儿童博物馆	中华全国妇女联合会	北京市
12	中国医学科学院北京协和医院	国家卫生和计划生育委员会	北京市
13	中国邮政邮票博物馆	中国通信学会	北京市
14	中国科学技术馆	北京市科学技术协会	北京市
15	中国科学院计算机网络信息中心	中国科学院	北京市
16	中国科学院国家天文台兴隆观测基地	中国天文学会	北京市
17	中国科学院高能物理研究所	中国科学院	北京市
18	中国科学院植物研究所北京植物园	中国科学院	北京市

续表

序号	基地名称	推荐单位名称	所在区域
19	中国测绘科技馆	国家测绘地理信息局	北京市
20	中国铁道博物馆	中国铁道学会	北京市
21	中国航空博物馆	北京市科学技术协会	北京市
22	中国消防博物馆	中华人民共和国公安部	北京市
23	中国第四纪冰川遗迹陈列馆	北京市科学技术协会	北京市
24	北京七彩蝶创意文化有限公司	北京市科学技术协会	北京市
25	北京八达岭国家森林公园	中国林学会	北京市
26	北京工体富国海底世界娱乐有限公司	北京市科学技术协会	北京市
27	北京大学第一医院	中华医学会	北京市
28	北京天文馆	北京市科学技术协会	北京市
29	北京天文馆《天文爱好者》杂志社	北京市科学技术协会	北京市
30	北京中农富通园艺有限公司	中国农村专业技术协会	北京市
31	北京古代建筑博物馆	北京市科学技术协会	北京市
32	北京市小汤山地区地热开发公司	中国农学会	北京市
33	北京市水生野生动植物救护中心	中国水产学会	北京市
34	北京市气象台	中国气象学会	北京市
35	北京市东城区青少年科技馆	中国青少年宫协会	北京市
36	北京市东城区崇文青少年科技馆	中国青少年宫协会	北京市
37	北京市观象台	中国气象学会	北京市
38	北京市规划展览馆	北京市科学技术协会	北京市
39	北京市朝阳区青少年活动中心	中国青少年宫协会	北京市
40	北京市朝阳循环经济产业园	北京市科学技术协会	北京市
41	北京延庆世界地质公园	中华人民共和国国土资源部	北京市
42	北京自然博物馆	北京市科学技术协会	北京市
43	北京农业信息技术研究中心	中国农学会	北京市

续表

序号	基地名称	推荐单位名称	所在区域
44	北京邮电大学信息通信动态新技术科普教育基地	北京市科学技术协会	北京市
45	北京果壳互动科技传媒有限公司	北京市科学技术协会	北京市
46	北京城市生态系统研究站	中国生态学学会	北京市
47	北京科技大学工程训练中心	北京市科学技术协会	北京市
48	北京科技报社	北京市科学技术协会	北京市
49	北京航空航天博物馆	中国航空学会	北京市
50	北京通信电信博物馆	中国通信学会	北京市
51	北京教学植物园	北京市科学技术协会	北京市
52	北京绿神鹿业有限责任公司	中国农学会	北京市
53	北京蓝天城投资有限公司	北京市科学技术协会	北京市
54	北京鹫峰国家森林公园	北京市科学技术协会	北京市
55	北京麋鹿生态实验中心	北京市科学技术协会	北京市
56	电子工业出版社	北京市科学技术协会	北京市
57	汉能清洁能源展示中心	中国工业设计协会	北京市
58	全国 12320 管理中心	国家卫生和计划生育委员会	北京市
59	我们爱科学杂志社	北京市科学技术协会	北京市
60	国土资源部农用地质量与监控重点实验室	中华人民共和国国土资源部	北京市
61	国家电力科技展示中心	北京市科学技术协会	北京市
62	首都医科大学附属北京安贞医院	北京市科学技术协会	北京市
63	首都医科大学附属北京安定医院	中国心理卫生协会	北京市
64	首都图书馆	北京市科学技术协会	北京市
65	首都博物馆	北京市科学技术协会	北京市
66	索尼探梦科技馆	北京市科学技术协会	北京市
67	海淀公共安全馆	北京市科学技术协会	北京市

续表

序号	基地名称	推荐单位名称	所在区域
68	詹天佑纪念馆	中国铁道学会	北京市
69	天津万源龙顺度假庄园	天津市科学技术协会	天津市
70	天津古海岸与湿地国家级自然保护区	天津市科学技术协会	天津市
71	天津电力科技博物馆	天津市科学技术协会	天津市
72	天津市东丽区育才中学	天津市科学技术协会	天津市
73	天津市青少年科技中心（天津市青少年科技俱乐部）	天津市科学技术协会	天津市
74	天津市诺恩水产技术发展有限公司	天津市科学技术协会	天津市
75	天津市滨海新区气象预警中心	天津市科学技术协会	天津市
76	天津自然博物馆	天津市科学技术协会	天津市
77	天津希乐城企业管理有限公司	天津市科学技术协会	天津市
78	天津科学技术馆	天津市科学技术协会	天津市
79	天津泰达低碳经济促进中心有限公司	天津市科学技术协会	天津市
80	天津热带植物观光园	天津市科学技术协会	天津市
81	天津航天长征火箭制造有限公司	天津市科学技术协会	天津市
82	天津膜天膜科技股份有限公司	天津市科学技术协会	天津市
83	中新药业自然人文陈列馆	天津市科学技术协会	天津市
84	开滦博物馆	河北省科学技术协会	河北省
85	石家庄市动物园	河北省科学技术协会	河北省
86	石家庄经济学院地球科学博物馆	河北省科学技术协会	河北省
87	国土资源实物地质资料中心	中华人民共和国国土资源部	河北省
88	河北大学博物馆	河北省科学技术协会	河北省
89	河北师大博物馆	河北省科学技术协会	河北省
90	河北省正定县科技馆	河北省科学技术协会	河北省
91	河北省地矿中心实验室	中华人民共和国国土资源部	河北省

续表

序号	基地名称	推荐单位名称	所在区域
92	河北省血液中心无偿献血科普馆	河北省科学技术协会	河北省
93	河北省科学技术馆	河北省科学技术协会	河北省
94	河北科技师范学院生物标本馆	河北省科学技术协会	河北省
95	河北富岗食品有限责任公司	河北省科学技术协会	河北省
96	总参炮兵训练基地陈列馆	河北省科学技术协会	河北省
97	秦皇岛开发区云科普运营及体验中心	河北省科学技术协会	河北省
98	山西省科学技术馆	山西省科学技术协会	山西省
99	山西榆社古生物化石省级地质公园	中华人民共和国国土资源部	山西省
100	中北大学	山西省科学技术协会	山西省
101	中国煤炭博物馆	中国煤炭学会	山西省
102	长治气象科技馆	中国气象学会	山西省
103	壶关太行山大峡谷国家地质公园博物馆	中华人民共和国国土资源部	山西省
104	晋中市丰润泽科技农业开发有限公司	山西省科学技术协会	山西省
105	内蒙古乌兰察布市察右中旗辉腾锡勒草原风景区	内蒙古自治区科学技术协会	内蒙古自治区
106	内蒙古巴彦淖尔市青少年科学技术馆	内蒙古自治区科学技术协会	内蒙古自治区
107	内蒙古阿拉善沙漠世界地质公园	内蒙古自治区科学技术协会	内蒙古自治区
108	乌海科学技术馆	内蒙古自治区科学技术协会	内蒙古自治区
109	包头市南海湿地	内蒙古自治区科学技术协会	内蒙古自治区
110	呼伦贝尔市中东铁路博物馆	内蒙古自治区科学技术协会	内蒙古自治区
111	鄂尔多斯市科学技术馆	内蒙古自治区科学技术协会	内蒙古自治区
112	赛罕乌拉国家级自然保护区	中国野生动物保护协会	内蒙古自治区
113	大连贝壳博物馆	辽宁省科学技术协会	辽宁省

续表

序号	基地名称	推荐单位名称	所在区域
114	大连市沙河口区中小学生科技中心	辽宁省科学技术协会	辽宁省
115	大连汇美园艺有限公司	辽宁省科学技术协会	辽宁省
116	中国农业科学院果树研究所	中国农学会	辽宁省
117	本溪水洞风景名胜区	辽宁省科学技术协会	辽宁省
118	东北大学机器人科普基地	国家安全生产监督管理总局	辽宁省
119	生命奥秘博物馆	中国解剖学会	辽宁省
120	辽宁老秃顶子国家级自然保护区	辽宁省科学技术协会	辽宁省
121	辽宁省丹东市天文科普教育基地	辽宁省科学技术协会	辽宁省
122	辽宁核电科普展厅	中国核学会	辽宁省
123	辽阳市科学技术馆	辽宁省科学技术协会	辽宁省
124	沈阳儿童活动中心	中华全国妇女联合会	辽宁省
125	沈阳理工大学兵器博物馆	中国兵工学会	辽宁省
126	铁岭市科学馆	辽宁省科学技术协会	辽宁省
127	中国科学院国家天文台长春人造卫星观测站	吉林省科学技术协会	吉林省
128	中国满族民间美术研究中心	吉林省科学技术协会	吉林省
129	长春市朝阳区当当城儿童素质教育培训学校	吉林省科学技术协会	吉林省
130	长春农业博览园	吉林省科学技术协会	吉林省
131	白山市江源长白山松花石博物馆	吉林省科学技术协会	吉林省
132	吉林大学博物馆	吉林省科学技术协会	吉林省
133	吉林世纪阿姆斯生物技术有限公司	吉林省科学技术协会	吉林省
134	吉林龙湾国家级自然保护区	吉林省科学技术协会	吉林省
135	吉林市消防科普教育馆	吉林省科学技术协会	吉林省
136	吉林市博物馆	吉林省科学技术协会	吉林省
137	吉林农业大学菌菜基地	吉林省科学技术协会	吉林省
138	吉林农业科技学院	吉林省科学技术协会	吉林省

续表

序号	基地名称	推荐单位名称	所在区域
139	吉林省中医药博物馆	吉林省科学技术协会	吉林省
140	吉林省白城市气象台	吉林省科学技术协会	吉林省
141	吉林省地震局陈列馆	吉林省科学技术协会	吉林省
142	吉林省延吉市科学技术馆	吉林省科学技术协会	吉林省
143	吉林省自然博物馆	吉林省科学技术协会	吉林省
144	吉林省妇女儿童活动中心	中华全国妇女联合会	吉林省
145	吉林省金穗国防教育实践基地	吉林省科学技术协会	吉林省
146	吉林省蚁神动漫文化传播有限责任公司	吉林省科学技术协会	吉林省
147	吉林莫莫格国家级自然保护区	吉林省科学技术协会	吉林省
148	靖宇火山矿泉群地质博物馆	吉林省科学技术协会	吉林省
149	大庆市博物馆	黑龙江省科学技术协会	黑龙江省
150	大庆科技馆	黑龙江省科学技术协会	黑龙江省
151	大庆铁人王进喜纪念馆	黑龙江省科学技术协会	黑龙江省
152	齐齐哈尔大学生命科学馆	黑龙江省科学技术协会	黑龙江省
153	呼兰国家级森林公园	黑龙江省科学技术协会	黑龙江省
154	哈尔滨工程大学启航活动中心科普基地	黑龙江省科学技术协会	黑龙江省
155	哈尔滨北方森林动物园	黑龙江省科学技术协会	黑龙江省
156	哈尔滨市儿童少年活动中心	中华全国妇女联合会	黑龙江省
157	哈尔滨市农业科学院	中国农学会	黑龙江省
158	哈尔滨圣亚极地公园	黑龙江省科学技术协会	黑龙江省
159	哈尔滨科学宫	黑龙江省科学技术协会	黑龙江省
160	黑龙江农业经济职业学院设施农业基地	黑龙江省科学技术协会	黑龙江省
161	黑龙江农业经济职业学院花卉新特品种引种、驯化和展示智能温室	黑龙江省科学技术协会	黑龙江省

续表

序号	基地名称	推荐单位名称	所在区域
162	黑龙江省地质博物馆	黑龙江省科学技术协会	黑龙江省
163	黑龙江省齐齐哈尔市碾子山区青少年活动中心	黑龙江省科学技术协会	黑龙江省
164	黑龙江省农业科学院绥化分院绥农科技园区	黑龙江省科学技术协会	黑龙江省
165	黑龙江省农垦科学院	黑龙江省科学技术协会	黑龙江省
166	黑龙江省科学技术馆	黑龙江省科学技术协会	黑龙江省
167	黑龙江省森林植物园	黑龙江省科学技术协会	黑龙江省
168	黑龙江流域博物馆	黑龙江省科学技术协会	黑龙江省
169	黑龙江黑宝药业股份有限公司	黑龙江省科学技术协会	黑龙江省
170	渤海稻作文化主题公园	黑龙江省科学技术协会	黑龙江省
171	上海儿童博物馆	上海市科学技术协会	上海市
172	上海工程技术大学科普教育基地	上海市科学技术协会	上海市
173	上海大自然野生昆虫馆	上海市科学技术协会	上海市
174	上海马陆葡萄公园	上海市科学技术协会	上海市
175	上海天文台佘山科普教育基地	上海市科学技术协会	上海市
176	上海无线电科普教育基地	中国通信学会	上海市
177	上海中医药大学附属岳阳中西医结合医院	上海市科学技术协会	上海市
178	上海中医药博物馆	上海市科学技术协会	上海市
179	上海公安博物馆	上海市科学技术协会	上海市
180	上海风电科普馆	上海市科学技术协会	上海市
181	上海正义园艺科普教育基地	上海市科学技术协会	上海市
182	上海古猗园	上海市科学技术协会	上海市
183	上海东方地质科普馆	上海市科学技术协会	上海市
184	上海东方假日田园	上海市科学技术协会	上海市
185	上海电机学院机械原理与先进制造技术展示厅	上海市科学技术协会	上海市
186	上海市民防教育培训中心	上海市科学技术协会	上海市
187	上海市血液中心	上海市科学技术协会	上海市

续表

序号	基地名称	推荐单位名称	所在区域
188	上海市农业科学院	上海市科学技术协会	上海市
189	上海市闵行区博物馆	上海市科学技术协会	上海市
190	上海市青浦区博物馆	上海市科学技术协会	上海市
191	上海市宝山区气象局	中国气象学会	上海市
192	上海市禁毒科普教育馆	上海市科学技术协会	上海市
193	上海动物园	上海市科学技术协会	上海市
194	上海交大生物转基因科普教育基地	上海市科学技术协会	上海市
195	上海交通大学农业与生物学院	上海市科学技术协会	上海市
196	上海农业科普馆松江馆	中国农学会	上海市
197	上海邮政博物馆	中国通信学会	上海市
198	上海闵行区浦江镇青少年教育培训中心	上海市科学技术协会	上海市
199	上海汽车博物馆	上海市科学技术协会	上海市
200	上海纺织服饰博物馆	上海市科学技术协会	上海市
201	上海纺织博物馆	上海市科学技术协会	上海市
202	上海城市规划展示馆	上海市科学技术协会	上海市
203	上海城市蔬菜产销专业合作社	上海市科学技术协会	上海市
204	上海科技馆	上海市科学技术协会	上海市
205	上海都市新天地企业管理有限公司	中国农学会	上海市
206	上海桃源科技发展有限公司	上海市科学技术协会	上海市
207	上海铁路博物馆	上海市科学技术协会	上海市
208	上海航宇科普中心	中国航空学会	上海市
209	上海益大药用植物种植有限公司	上海市科学技术协会	上海市
210	上海浦东气象科普馆（上海市浦东新区气象局）	上海市科学技术协会	上海市
211	上海海洋水族馆	上海市科学技术协会	上海市
212	上海野生动物园发展有限责任公司	上海市科学技术协会	上海市
213	上海崇明东滩鸟类国家级自然保护区	上海市科学技术协会	上海市
214	上海超级计算中心	上海市科学技术协会	上海市
215	上海植物园	上海市科学技术协会	上海市
216	上海磁浮交通发展有限公司	上海市科学技术协会	上海市
217	上海鲜花港花卉新品科普展示有限公司	上海市科学技术协会	上海市
218	上海鑫广企业发展有限公司	上海市科学技术协会	上海市
219	中国水产科学研究院东海水产研究所鱼类标本馆	中国水产学会	上海市
220	中国电信股份有限公司上海分公司信息生活体验馆	上海市科学技术协会	上海市
221	中国极地研究中心极地科普馆	上海市科学技术协会	上海市
222	中国武术博物馆	上海市科学技术协会	上海市
223	中国科学院上海昆虫博物馆	上海市科学技术协会	上海市
224	中国福利会少年宫	上海市科学技术协会	上海市
225	吴淞炮台湾湿地森林公园	上海市科学技术协会	上海市
226	青浦枇杷教育基地（上海沪香果业专业合作社）	中国农村专业技术协会	上海市
227	星期8小镇（上海童梦企业管理有限公司）	上海市科学技术协会	上海市
228	海军上海博览馆	上海市科学技术协会	上海市
229	展讯通信（上海）有限公司	上海市科学技术协会	上海市
230	曼可顿食品（上海）有限公司	上海市科学技术协会	上海市
231	鑫广再生资源（上海）有限公司	上海市科学技术协会	上海市
232	大丰港海洋世界	江苏省科学技术协会	江苏省
233	无锡科技馆	江苏省科学技术协会	江苏省
234	中国北极阁气象博物馆	江苏省科学技术协会	江苏省
235	中国电信未来信息馆	中国通信学会	江苏省
236	中国科学院南京土壤研究所	江苏省科学技术协会	江苏省

续表

序号	基地名称	推荐单位名称	所在区域
237	中国科学院南京地质古生物研究所	江苏省科学技术协会	江苏省
238	中国科学院紫金山天文台	江苏省科学技术协会	江苏省
239	东台市仙湖现代农业示范园有限公司	江苏省科学技术协会	江苏省
240	江苏工程职业技术学院文博馆	江苏省科学技术协会	江苏省
241	江苏丰县人防馆	江苏省科学技术协会	江苏省
242	江苏禾木农博园有限公司	江苏省科学技术协会	江苏省
243	江苏华佳控股集团有限公司	江苏省科学技术协会	江苏省
244	南京邮电大学物联网国家大学科技园	江苏省科学技术协会	江苏省
245	江苏省大丰麋鹿国家级自然保护区	江苏省科学技术协会	江苏省
246	江苏省无锡未成年人社会实践基地	江苏省科学技术协会	江苏省
247	江苏省扬州市宝应青少年活动中心	江苏省科学技术协会	江苏省
248	江苏省有色金属华东地勘局地质找矿虚拟实验室	中华人民共和国国土资源部	江苏省
249	江苏省妇女儿童活动中心	中华全国妇女联合会	江苏省
250	江苏省连云港未成人社会实践基地	江苏省科学技术协会	江苏省
251	江苏省沭阳县第二实验小学	江苏省科学技术协会	江苏省
252	江苏省科学技术馆	江苏省科学技术协会	江苏省
253	江苏省赣榆第一中学	江苏省科学技术协会	江苏省
254	江苏景瑞农业科技发展有限公司	江苏省科学技术协会	江苏省
255	江南大学附属医院（无锡市第四人民医院）	国家卫生和计划生育委员会	江苏省
256	兴化市千垛景区旅游发展有限公司	江苏省科学技术协会	江苏省
257	如皋市图书馆	江苏省科学技术协会	江苏省

续表

序号	基地名称	推荐单位名称	所在区域
258	远东国际电线电缆体验式博物馆	江苏省科学技术协会	江苏省
259	连云港海州湾海洋乐园有限公司	江苏省科学技术协会	江苏省
260	沙家浜国家湿地公园（苏州沙家浜旅游发展有限公司）	江苏省科学技术协会	江苏省
261	启东市大江中学	江苏省科学技术协会	江苏省
262	金坛市江南农耕园有限公司	江苏省科学技术协会	江苏省
263	金湖县荷花荡荷产业基地	江苏省科学技术协会	江苏省
264	南京中山植物园	江苏省科学技术协会	江苏省
265	南京方山森林公园管理有限公司	江苏省科学技术协会	江苏省
266	南京市青少年宫	中国青少年宫协会	江苏省
267	南京地质博物馆	江苏省科学技术协会	江苏省
268	南京师范大学珍稀动植物博物馆	江苏省科学技术协会	江苏省
269	南京科技馆	江苏省科学技术协会	江苏省
270	南京理工大学兵器博物馆	中国兵工学会	江苏省
271	南通华强商业运营管理有限公司	江苏省科学技术协会	江苏省
272	南通科技职业学院农业教育博物馆	江苏省科学技术协会	江苏省
273	南通博物苑	江苏省科学技术协会	江苏省
274	盐城市气象科普馆	中国气象学会	江苏省
275	盐城市低碳社区体验展示中心	江苏省科学技术协会	江苏省
276	徐州市水族展览馆	江苏省科学技术协会	江苏省
277	徐州市气象台	江苏省科学技术协会	江苏省
278	航海仿真科普教育基地（航海技术学院）	江苏省科学技术协会	江苏省
279	常州市武进区星河小学	江苏省科学技术协会	江苏省
280	宿迁嬉戏谷动漫王国管理有限公司	江苏省科学技术协会	江苏省
281	溧阳市天目湖南山竹海旅游有限公司	江苏省科学技术协会	江苏省

续表

序号	基地名称	推荐单位名称	所在区域
282	三门核电公众展厅	中国核学会	浙江省
283	中国杭州低碳科技馆	中国自然科学博物馆协会	浙江省
284	中南百草原集团有限公司	浙江省科学技术协会	浙江省
285	长兴仙山湖国家湿地公园	浙江省科学技术协会	浙江省
286	平湖市澳多奇农庄有限公司	浙江省科学技术协会	浙江省
287	宁波市青少年绿色学校	浙江省科学技术协会	浙江省
288	宁波海洋世界	中国水产学会	浙江省
289	台州市秀岭野生动植物发展有限公司	浙江省科学技术协会	浙江省
290	奉化市滕头学生社会实践基地	浙江省科学技术协会	浙江省
291	杭州动物园	浙江省科学技术协会	浙江省
292	杭州西溪湿地公园	浙江省科学技术协会	浙江省
293	杭州植物园	浙江省科学技术协会	浙江省
294	绍兴市气象台	中国气象学会	浙江省
295	桐乡市振兴农业科技开发有限公司	浙江省科学技术协会	浙江省
296	浙江天目山国家级自然保护区	浙江省科学技术协会	浙江省
297	浙江自然博物馆	浙江省科学技术协会	浙江省
298	浙江省兰溪市第三中学	浙江省科学技术协会	浙江省
299	浙江省绍兴市农业科学研究院	浙江省科学技术协会	浙江省
300	浙江省科技馆	浙江省科学技术协会	浙江省
301	浙江省新昌中学	浙江省科学技术协会	浙江省
302	浙江海洋学院海洋生物博物馆	浙江省科学技术协会	浙江省
303	景宁畲族自治县望东垟高山湿地自然保护区	浙江省科学技术协会	浙江省
304	景宁畲族自治县景宁中学生物馆	浙江省科学技术协会	浙江省
305	新昌硅化木国家地质公园	浙江省科学技术协会	浙江省

续表

序号	基地名称	推荐单位名称	所在区域
306	嘉兴市科技馆	浙江省科学技术协会	浙江省
307	嘉兴碧云花园有限公司	浙江省科学技术协会	浙江省
308	马鞍山市气象局气象科技馆	安徽省科学技术协会	安徽省
309	天柱山风景名胜区	安徽省科学技术协会	安徽省
310	中国科学技术大学火灾科学国家重点实验室	安徽省科学技术协会	安徽省
311	中国科学技术大学国家同步辐射实验室	安徽省科学技术协会	安徽省
312	世纪生态植物博览园	安徽省科学技术协会	安徽省
313	合肥气象科普馆	安徽省科学技术协会	安徽省
314	合肥市科技馆	安徽省科学技术协会	安徽省
315	合肥市桃蹊生态科普示范基地	安徽省科学技术协会	安徽省
316	合肥植物园	安徽省科学技术协会	安徽省
317	安徽扬子鳄国家级自然保护区	中国林学会	安徽省
318	安徽质量认证培训中心	安徽省科学技术协会	安徽省
319	安徽省和县台湾农民创业园	安徽省科学技术协会	安徽省
320	安徽省科学技术馆	安徽省科学技术协会	安徽省
321	安徽省淮北地震台	安徽省科学技术协会	安徽省
322	芜湖方特梦幻王国	安徽省科学技术协会	安徽省
323	芜湖科技馆	安徽省科学技术协会	安徽省
324	蚌埠市科学技术馆	安徽省科学技术协会	安徽省
325	黄山谢裕大茶叶博物馆	安徽省科学技术协会	安徽省
326	龙岩市农业科学研究所	福建省科学技术协会	福建省
327	宁德核电核能会展中心	中国电机工程学会	福建省
328	永春县牛姆林省级自然保护区	福建省科学技术协会	福建省
329	光泽县鸿建科技农庄	福建省科学技术协会	福建省
330	连城县冠豸山国家地质公园	中华人民共和国国土资源部	福建省
331	武夷山市武夷蛇类研究所	福建省科学技术协会	福建省

续表

序号	基地名称	推荐单位名称	所在区域
332	泉州市科技馆	福建省科学技术协会	福建省
333	泉州武陵农业综合开发有限公司	福建省科学技术协会	福建省
334	泰宁世界地质公园	福建省科学技术协会	福建省
335	海峡（福州）大熊猫研究交流中心	福建省科学技术协会	福建省
336	厦门市园林植物园	福建省科学技术协会	福建省
337	厦门市青少年天文气象馆	福建省科学技术协会	福建省
338	厦门市图书馆	福建省科学技术协会	福建省
339	厦门科技馆管理有限公司	福建省科学技术协会	福建省
340	厦门桥梁博物馆	福建省科学技术协会	福建省
341	厦门消防科技教育馆	福建省科学技术协会	福建省
342	厦门海底世界	福建省科学技术协会	福建省
343	紫金地质矿产博物馆	福建省科学技术协会	福建省
344	福州科技馆	福建省科学技术协会	福建省
345	福州植物园（福州国家森林公园）	福建省科学技术协会	福建省
346	福建龙栖山国家级自然保护区	福建省科学技术协会	福建省
347	福建龙翔科普教育基地	福建省科学技术协会	福建省
348	福建农林大学中华名特优植物园	福建省科学技术协会	福建省
349	福建农林大学蜂疗研究所	福建省科学技术协会	福建省
350	福建省三明仙人谷国家森林公园	中国林学会	福建省
351	福建省气象台	福建省科学技术协会	福建省
352	福建省科技馆	福建省科学技术协会	福建省
353	福鼎市青少年宫	中国青少年宫协会	福建省
354	上饶市科技馆	江西省科学技术协会	江西省
355	中国科学院庐山植物园	江西省科学技术协会	江西省
356	石城地质公园	中华人民共和国国土资源部	江西省
357	江西井冈山国家级自然保护区	中国林学会	江西省

续表

序号	基地名称	推荐单位名称	所在区域
358	江西矿冶博物馆	江西省科学技术协会	江西省
359	江西省赣州市林业科学研究所	江西省科学技术协会	江西省
360	南昌星期8小镇（上海童梦企业管理有限公司南昌分公司）	江西省科学技术协会	江西省
361	景德镇陶瓷历史博览区	江西省科学技术协会	江西省
362	大运河南旺枢纽博物馆	山东省科学技术协会	山东省
363	山东山旺国家地质公园	山东省科学技术协会	山东省
364	山东月亮湾国家湿地公园	山东省科学技术协会	山东省
365	山东龙山森林公园	山东省科学技术协会	山东省
366	山东时风集团科普教育基地	山东省科学技术协会	山东省
367	山东沂蒙钻石国家矿山公园	中华人民共和国国土资源部	山东省
368	山东省泰山气象站	山东省科学技术协会	山东省
369	山东省烟台第三中学	山东省科学技术协会	山东省
370	山东省淄博市周村古商城	山东省科学技术协会	山东省
371	山东省淄博市淄川区中小学社会实践活动基地	山东省科学技术协会	山东省
372	山东禹王大豆未来馆	山东省科学技术协会	山东省
373	山东济宁南阳湖农场	山东省科学技术协会	山东省
374	山东济南气象科普馆	山东省科学技术协会	山东省
375	山东聊城市气象科普教育基地	中国气象学会	山东省
376	山东黄河三角洲国家级自然保护区湿地博物馆	山东省科学技术协会	山东省
377	五莲县博物馆	山东省科学技术协会	山东省
378	日照少年宫	山东省科学技术协会	山东省
379	日照市公安消防支队经济技术开发区大队	山东省科学技术协会	山东省
380	日照市城市规划展览馆	山东省科学技术协会	山东省

续表

序号	基地名称	推荐单位名称	所在区域
381	日照竹洞天风景区	山东省科学技术协会	山东省
382	日照港（集团）有限公司展览馆	山东省科学技术协会	山东省
383	中矿黄金实景博览苑	山东省科学技术协会	山东省
384	东营市博瑞安达智能机械技术培训中心	山东省科学技术协会	山东省
385	台儿庄古城	山东省科学技术协会	山东省
386	寿光市洛城绿色食品示范基地	山东省科学技术协会	山东省
387	寿光市蔬菜高科技示范园	山东省科学技术协会	山东省
388	坊子区九龙涧生态科普教育基地	山东省科学技术协会	山东省
389	医学影像博物馆	山东省科学技术协会	山东省
390	沂河·天翼航模科技活动中心	山东省科学技术协会	山东省
391	青岛市妇女儿童活动中心	中华全国妇女联合会	山东省
392	青岛邮电博物馆	山东省科学技术协会	山东省
393	青岛明月海藻集团有限公司	山东省科学技术协会	山东省
394	青岛消防博物馆	山东省科学技术协会	山东省
395	青岛海洋科技馆	山东省科学技术协会	山东省
396	青岛啤酒文化传播有限公司青岛啤酒博物馆	山东省科学技术协会	山东省
397	青岛森林野生动物世界有限公司	山东省科学技术协会	山东省
398	青岛滨海学院世界动物标本艺术馆	山东省科学技术协会	山东省
399	枣庄市抱犊崮国家森林公园	山东省科学技术协会	山东省
400	枣庄台儿庄运河湿地公园	山东省科学技术协会	山东省
401	昌邑市绿博园科普教育基地	山东省科学技术协会	山东省
402	金乡县羊山青少年地质科普教育基地	山东省科学技术协会	山东省
403	乳山市消防科普教育基地	山东省科学技术协会	山东省

续表

序号	基地名称	推荐单位名称	所在区域
404	荣成市中小学生综合实践教育中心	山东省科学技术协会	山东省
405	临沂市科技馆	山东省科学技术协会	山东省
406	临沂市科学探索实验室	山东省科学技术协会	山东省
407	临沂动植物园	山东省科学技术协会	山东省
408	临清市中小学生科技创新教育实践基地	山东省科学技术协会	山东省
409	临淄足球博物馆	山东省科学技术协会	山东省
410	保龄宝营养科学传播中心	山东省科学技术协会	山东省
411	皇明太阳谷	山东省科学技术协会	山东省
412	济宁国家高新技术产业开发区科技中心	山东省科学技术协会	山东省
413	济南动物园	山东省科学技术协会	山东省
414	济南泉城公园	山东省科学技术协会	山东省
415	费县中华奇石城	山东省科学技术协会	山东省
416	泰安市科技馆	山东省科学技术协会	山东省
417	烟台北极星钟表文化博物馆	山东省科学技术协会	山东省
418	烟台地震科普教育基地	山东省科学技术协会	山东省
419	烟台塔山旅游风景区	山东省科学技术协会	山东省
420	诸城恐龙国家地质公园	山东省科学技术协会	山东省
421	聊城中国运河文化博物馆	山东省科学技术协会	山东省
422	淄博中国陶瓷馆	山东省科学技术协会	山东省
423	博山陶瓷琉璃艺术博物馆	山东省科学技术协会	山东省
424	登海种业科普教育基地	山东省科学技术协会	山东省
425	滨州学院黄河三角洲生态环境研究中心暨山东省黄河三角洲生态环境重点实验室	山东省科学技术协会	山东省
426	潍坊市科技馆	山东省科学技术协会	山东省
427	熊耳山国家地质公园	山东省科学技术协会	山东省
428	滕州市莲青山地质生态旅游科普教育基地	山东省科学技术协会	山东省

续表

序号	基地名称	推荐单位名称	所在区域
429	薛城奚仲中学	山东省科学技术协会	山东省
430	王屋山－黛眉山世界地质公园	中华人民共和国国土资源部	河南省
431	开封市气象台	河南省科学技术协会	河南省
432	安阳县职业中等专业学校	河南省科学技术协会	河南省
433	好想你枣业股份有限公司	河南省科学技术协会	河南省
434	周口市新陆春天农业发展有限公司	中国农学会	河南省
435	郑州气象科普馆	河南省科学技术协会	河南省
436	郑州市天园农业生态循环股份有限公司	河南省科学技术协会	河南省
437	郑州市第七中学科普教育基地	河南省科学技术协会	河南省
438	郑州现代农业示范区	河南省科学技术协会	河南省
439	郑州科学技术馆	河南省科学技术协会	河南省
440	郑州绿博园	中国林学会	河南省
441	河南师范大学生物标本馆	河南省科学技术协会	河南省
442	河南宝天曼国家级自然保护区	河南省科学技术协会	河南省
443	河南省地质博物馆	河南省科学技术协会	河南省
444	河南省国有焦作林场（焦作市森林公园）	河南省科学技术协会	河南省
445	河南省洛阳白云山国家森林公园	河南省科学技术协会	河南省
446	河南博物院	河南省科学技术协会	河南省
447	孟津县生态水保科技园	河南省科学技术协会	河南省
448	洛阳万山湖旅游有限公司	河南省科学技术协会	河南省
449	洛阳龙门海洋馆有限责任公司	中国海洋学会	河南省
450	济源市科学技术馆	河南省科学技术协会	河南省
451	焦作市科技馆	河南省科学技术协会	河南省
452	嵩县天池山国家森林公园	河南省科学技术协会	河南省

续表

序号	基地名称	推荐单位名称	所在区域
453	漯河市气象科普馆	中国气象学会	河南省
454	漯河医学高等专科学校生命科学馆	河南省科学技术协会	河南省
455	濮阳气象科技馆	河南省科学技术协会	河南省
456	濮阳市地震台	河南省科学技术协会	河南省
457	中国长江三峡集团公司中华鲟研究所	湖北省科学技术协会	湖北省
458	中国地质大学逸夫博物馆	湖北省科学技术协会	湖北省
459	中国科学院水生生物博物馆	湖北省科学技术协会	湖北省
460	中国科学院武汉植物园	湖北省科学技术协会	湖北省
461	中南民族大学民族学博物馆	湖北省科学技术协会	湖北省
462	华中农业大学	湖北省科学技术协会	湖北省
463	华中农业大学博物馆	湖北省科学技术协会	湖北省
464	武汉中心气象台	湖北省科学技术协会	湖北省
465	武汉东湖海洋世界	湖北省科学技术协会	湖北省
466	武汉市妇女儿童活动中心未成年人安全教育体验馆	中华全国妇女联合会	湖北省
467	武汉科学技术馆	湖北省科学技术协会	湖北省
468	郧阳地质博物馆	湖北省科学技术协会	湖北省
469	黄石国家矿山公园	湖北省科学技术协会	湖北省
470	湖北省现代农业展示中心	中国农学会	湖北省
471	湖北省博物馆	湖北省科学技术协会	湖北省
472	中南大学人体形态学科技馆	湖南省科学技术协会	湖南省
473	长沙生态动物园	湖南省科学技术协会	湖南省
474	怀化职业技术学院	湖南省科学技术协会	湖南省
475	炎陵县桃源洞自然保护区	湖南省科学技术协会	湖南省
476	宜章县第一中学	湖南省科学技术协会	湖南省
477	娄底职院农林实训基地	湖南省科学技术协会	湖南省
478	莽山国家森林公园	湖南省科学技术协会	湖南省

续表

序号	基地名称	推荐单位名称	所在区域
479	株洲方特欢乐世界	湖南省科学技术协会	湖南省
480	涟源市第一中学	湖南省科学技术协会	湖南省
481	湖南省东安县舜皇山国家森林公园	湖南省科学技术协会	湖南省
482	湖南省地质博物馆	湖南省科学技术协会	湖南省
483	湖南桃花江核电有限公司核电科技馆	湖南省科学技术协会	湖南省
484	新田县孝文化公园	湖南省科学技术协会	湖南省
485	大亚湾核电基地	中国电机工程学会	广东省
486	广东广宁碧翠湖宝锭山景区	广东省科学技术协会	广东省
487	广东中医药博物馆	广东省科学技术协会	广东省
488	广东邦普循环科技有限公司环保科普教育基地	广东省科学技术协会	广东省
489	广东茂名森林公园	广东省科学技术协会	广东省
490	广东南岭国家级自然保护区	中国林学会	广东省
491	广东省中山国防教育训练基地	广东省科学技术协会	广东省
492	广东省地震科普教育馆	广东省科学技术协会	广东省
493	广东省农业科学院农业科研试验示范场	广东省科学技术协会	广东省
494	广东省韶关市丹霞山	中华人民共和国国土资源部	广东省
495	广东科学中心	广东省科学技术协会	广东省
496	广东盈香生态园科普教育基地	广东省科学技术协会	广东省
497	广东海洋大学水生生物博物馆	广东省科学技术协会	广东省
498	广东新会现代农业科普基地	广东省科学技术协会	广东省
499	广州气象卫星地面站	广东省科学技术协会	广东省
500	广州市农业科学研究院	中国农村专业技术协会	广东省
501	广州市流溪河国家森林公园	中国林学会	广东省
502	广州海洋馆科普教育基地	广东省科学技术协会	广东省
503	中山大学生物博物馆	广东省科学技术协会	广东省

续表

序号	基地名称	推荐单位名称	所在区域
504	中山市气象科普教育基地	中国气象学会	广东省
505	中国科学院华南植物园	广东省科学技术协会	广东省
506	中国热带农业科学院南亚热带作物研究所	中国农学会	广东省
507	东莞市科学技术博物馆	广东省科学技术协会	广东省
508	华夏博物馆	广东省科学技术协会	广东省
509	江门市新会区圭峰山国家森林公园	广东省科学技术协会	广东省
510	汕头气象科普基地	广东省科学技术协会	广东省
511	汕头市方特欢乐世界蓝水星科普教育基地	广东省科学技术协会	广东省
512	汕头市快畅智能机器人科普教育基地	广东省科学技术协会	广东省
513	汕头农业科学园	广东省科学技术协会	广东省
514	阳江气象科普基地	广东省科学技术协会	广东省
515	佛山市海天（高明）调味食品有限公司科普教育基地	广东省科学技术协会	广东省
516	佛山科学馆	广东省科学技术协会	广东省
517	珠江－英博国际啤酒博物馆	广东省科学技术协会	广东省
518	珠海市农业科学研究中心	广东省科学技术协会	广东省
519	珠海市青少年妇女儿童活动中心	中华全国妇女联合会	广东省
520	珠海罗西尼钟表文化科普教育基地	广东省科学技术协会	广东省
521	深圳市力嘉创意文化产业发展有限公司	中国印刷技术协会	广东省
522	深圳市中丝园科普教育基地	广东省科学技术协会	广东省
523	深圳市仙湖植物园	广东省科学技术协会	广东省
524	深圳市野生动物园科普教育基地	广东省科学技术协会	广东省
525	惠州市绿湖园艺工程有限公司	中国农学会	广东省
526	福田红树林保护区	广东省科学技术协会	广东省

续表

序号	基地名称	推荐单位名称	所在区域
527	韶关市科技馆	广东省科学技术协会	广东省
528	韶关市粤凰生态农业科普教育基地	广东省科学技术协会	广东省
529	广西中医药大学医药会展中心	广西壮族自治区科学技术协会	广西壮族自治区
530	广西壮族自治区中国科学院桂林植物园	广西壮族自治区科学技术协会	广西壮族自治区
531	广西壮族自治区农业科学院花卉研究所	广西壮族自治区科学技术协会	广西壮族自治区
532	广西壮族自治区南宁良凤江国家森林公园（南宁树木园）	广西壮族自治区科学技术协会	广西壮族自治区
533	广西壮族自治区科学技术馆	广西壮族自治区科学技术协会	广西壮族自治区
534	广西壮族自治区桂林图书馆	广西壮族自治区科学技术协会	广西壮族自治区
535	广西现代农业技术展示中心	广西壮族自治区科学技术协会	广西壮族自治区
536	广西南宁海之新旅游投资有限公司（南宁海底世界）	广西壮族自治区科学技术协会	广西壮族自治区
537	广西钦州农业学校	中国农学会	广西壮族自治区
538	广西钦州坭兴陶艺有限公司	广西壮族自治区科学技术协会	广西壮族自治区
539	北海市海洋之窗生物科技展览有限公司	广西壮族自治区科学技术协会	广西壮族自治区
540	柳州工业博物馆	广西壮族自治区科学技术协会	广西壮族自治区
541	柳州市园博园	广西壮族自治区科学技术协会	广西壮族自治区
542	钦州市工程抗震设防技术咨询服务中心	广西壮族自治区科学技术协会	广西壮族自治区
543	桂林科苑生态自然艺术博物馆	广西壮族自治区科学技术协会	广西壮族自治区
544	三亚海螺姑娘创意文化园有限公司	中国水产学会	海南省
545	兴隆热带植物园	海南省科学技术协会	海南省
546	海南三道圆融旅业有限公司	海南省科学技术协会	海南省

续表

序号	基地名称	推荐单位名称	所在区域
547	海南农垦博物馆（天然橡胶博物馆）	海南省科学技术协会	海南省
548	海南省规划展览馆	海南省科学技术协会	海南省
549	海南热带野生动植物园有限公司	海南省科学技术协会	海南省
550	海南热带植物园	海南省科学技术协会	海南省
551	重庆市中药研究院	重庆市科学技术协会	重庆市
552	重庆市永川区人口与计划生育生殖健康中心	重庆市科学技术协会	重庆市
553	重庆市实验中学科技馆	重庆市科学技术协会	重庆市
554	重庆市鳄鱼养殖中心	重庆市科学技术协会	重庆市
555	重庆綦江国家地质公园	中华人民共和国国土资源部	重庆市
556	5·12汶川特大地震纪念馆	四川省科学技术协会	四川省
557	双流县永安四友葡萄农庄	四川省科学技术协会	四川省
558	四川省大竹中学	四川省科学技术协会	四川省
559	四川省农业科学院农产品加工研究所	中国农学会	四川省
560	四川科技馆	四川省科学技术协会	四川省
561	成都农业科技职业学院	四川省科学技术协会	四川省
562	成都理工大学博物馆	四川省科学技术协会	四川省
563	成都绿舟博物馆	四川省科学技术协会	四川省
564	自贡市盐业历史博物馆	四川省科学技术协会	四川省
565	金沙江溪洛渡向家坝水电站珍稀特有鱼类增殖放流站	四川省科学技术协会	四川省
566	峨眉山博物馆	四川省科学技术协会	四川省
567	绵阳中学英才学校	四川省科学技术协会	四川省
568	绵阳市农业科学研究院	中国农学会	四川省
569	绵阳科技馆	四川省科学技术协会	四川省
570	攀枝花市青少年科技活动中心	四川省科学技术协会	四川省
571	乌江渡发电厂	贵州省科学技术协会	贵州省
572	贵州大学地球科学实验实习科普基地	贵州省科学技术协会	贵州省

续表

序号	基地名称	推荐单位名称	所在区域
573	贵州思南乌江喀斯特国家地质公园	贵州省科学技术协会	贵州省
574	贵州科技馆	贵州省科学技术协会	贵州省
575	贵州消防教育馆	贵州省科学技术协会	贵州省
576	贵州黔东南苗岭国家地质公园博物馆	贵州省科学技术协会	贵州省
577	贵阳中医中药、民族医药标本馆	贵州省科学技术协会	贵州省
578	黔东南州民族医药研究院	贵州省科学技术协会	贵州省
579	黔东南州民族博物馆	贵州省科学技术协会	贵州省
580	大理白族自治州鹤庆县青少年校外活动中心	云南省科学技术协会	云南省
581	云南省大理市气象局	云南省科学技术协会	云南省
582	云南省气象台	云南省科学技术协会	云南省
583	云南省青少年科技中心	云南省科学技术协会	云南省
584	云南省科学技术馆	云南省科学技术协会	云南省
585	云南省热带作物科学研究所	云南省科学技术协会	云南省
586	云南旅游职业学院旅游地学博物馆	云南省科学技术协会	云南省
587	中国医学科学院药用植物研究所云南分所	云南省科学技术协会	云南省
588	中国科学院云南天文台	云南省科学技术协会	云南省
589	中国科学院西双版纳热带植物园	云南省科学技术协会	云南省
590	中国科学院昆明植物研究所昆明植物园	云南省科学技术协会	云南省
591	玉溪市博物馆	云南省科学技术协会	云南省
592	石林地质公园	中华人民共和国国土资源部	云南省
593	昆明动物博物馆	云南省科学技术协会	云南省
594	楚雄州博物馆	云南省科学技术协会	云南省
595	漾濞马厂核桃林场	云南省科学技术协会	云南省
596	德宏傣族景颇族自治州气象局	云南省科学技术协会	云南省
597	澄江化石科学研究博物馆	云南省科学技术协会	云南省

续表

序号	基地名称	推荐单位名称	所在区域
598	西藏自治区气象台	西藏自治区科学技术协会	西藏自治区
599	西藏自治区地质矿产勘查开发局中心实验室	西藏自治区科学技术协会	西藏自治区
600	西北农林科技大学博览园	陕西省科学技术协会	陕西省
601	西安大唐西市博物馆	陕西省科学技术协会	陕西省
602	西安曲江文化旅游股份有限公司海洋极地公园分公司	中国海洋学会	陕西省
603	延安劳山国家森林公园	陕西省科学技术协会	陕西省
604	吴起县退耕还林森林公园	陕西省科学技术协会	陕西省
605	陕西师范大学博物馆	陕西省科学技术协会	陕西省
606	渭南市气象科普教育基地	陕西省科学技术协会	陕西省
607	甘肃地质博物馆	甘肃省科学技术协会	甘肃省
608	甘肃安西极旱荒漠国家级自然保护区	中国生态学学会	甘肃省
609	甘肃省博物馆	甘肃省科学技术协会	甘肃省
610	兰州大学半干旱气候与环境观测站	中国气象学会	甘肃省
611	兰州市地震博物馆	甘肃省科学技术协会	甘肃省
612	兰州重离子加速器国家实验室	甘肃省科学技术协会	甘肃省
613	兰州资源环境职业技术学院	甘肃省科学技术协会	甘肃省
614	沙漠都江堰祁连冰川冷水鱼科普教育基地	甘肃省科学技术协会	甘肃省
615	国家林业局甘肃濒危动物保护中心	甘肃省科学技术协会	甘肃省
616	和政古动物化石博物馆	甘肃省科学技术协会	甘肃省
617	定西市气象台	甘肃省科学技术协会	甘肃省
618	嘉峪关市气象局雷达气象塔	甘肃省科学技术协会	甘肃省
619	互助县高原特色现代农业示范园区	青海省科学技术协会	青海省
620	中国科学院西北高原生物研究所青藏高原生物标本馆	青海省科学技术协会	青海省

续表

序号	基地名称	推荐单位名称	所在区域
621	青海阳光医学历史博物馆	青海省科学技术协会	青海省
622	青海青藏高原自然博物馆	青海省科学技术协会	青海省
623	青海省国土资源博物馆	青海省科学技术协会	青海省
624	青海省科学技术馆	青海省科学技术协会	青海省
625	中国移动宁夏科技馆	中国通信学会	宁夏回族自治区
626	中科院寒旱所沙坡头沙漠试验研究站	宁夏回族自治区科学技术协会	宁夏回族自治区
627	石嘴山市科技馆	宁夏回族自治区科学技术协会	宁夏回族自治区
628	北方民族大学化工及机械基础科普基地	宁夏回族自治区科学技术协会	宁夏回族自治区
629	宁夏气象科普教育基地	宁夏回族自治区科学技术协会	宁夏回族自治区
630	宁夏六盘山国家级自然保护区	宁夏回族自治区科学技术协会	宁夏回族自治区
631	宁夏回族自治区科学技术馆	宁夏回族自治区科学技术协会	宁夏回族自治区
632	宁夏医科大学大众医学科普教育基地	宁夏回族自治区科学技术协会	宁夏回族自治区
633	宁夏邮政博物馆	宁夏回族自治区科学技术协会	宁夏回族自治区
634	吴忠市气象台	宁夏回族自治区科学技术协会	宁夏回族自治区
635	枸杞历史文化及现代生产技术科普教育基地	宁夏回族自治区科学技术协会	宁夏回族自治区
636	贺兰山自然博物馆	宁夏回族自治区科学技术协会	宁夏回族自治区
637	银川地震基准台	宁夏回族自治区科学技术协会	宁夏回族自治区
638	中国科学院新疆天文台南山观测基地	新疆维吾尔自治区科学技术协会	新疆维吾尔自治区
639	中国科学院新疆生态与地理研究所标本馆	新疆维吾尔自治区科学技术协会	新疆维吾尔自治区
640	石河子大学博物馆	新疆生产建设兵团科学技术协会	新疆维吾尔自治区
641	塔里木大学西域文化博物馆	新疆生产建设兵团科学技术协会	新疆维吾尔自治区

续表

序号	基地名称	推荐单位名称	所在区域
642	塔城地区农业科学研究所	新疆维吾尔自治区科学技术协会	新疆维吾尔自治区
643	新疆生产建设兵团第四师第一中学	新疆生产建设兵团科学技术协会	新疆维吾尔自治区
644	新疆地质矿产博物馆	新疆维吾尔自治区科学技术协会	新疆维吾尔自治区
645	新疆师范大学生物标本馆	新疆维吾尔自治区科学技术协会	新疆维吾尔自治区
646	新疆华联现代农业科技示范园	新疆维吾尔自治区科学技术协会	新疆维吾尔自治区
647	新疆兵团第七师一二五团农业技术推广中心	新疆生产建设兵团科学技术协会	新疆维吾尔自治区
648	新疆油田公司勘探开发研究院地质陈列馆	新疆维吾尔自治区科学技术协会	新疆维吾尔自治区
649	新疆科技馆	新疆维吾尔自治区科学技术协会	新疆维吾尔自治区

中国科协办公厅关于印发《中国科协 2015 年工作要点》的通知

科协办发调字〔2015〕8 号

各全国学会、协会、研究会，各省、自治区、直辖市、副省级城市科协，新疆生产建设兵团科协：

现将《中国科协 2015 年工作要点》印发给你们，请按照中央书记处对科协工作的要求，结合中国科协八届七次全委会议精神，联系本地区本单位实际情况，认真贯彻落实。

中国科协办公厅
2015 年 2 月 16 日

中国科协 2015 年工作要点

2015 年中国科协工作的总要求是：深入贯彻落实党的十八大和十八届三中、四中全会精神，贯彻落实习近平总书记系列重要讲话精神，围绕做好党的群众工作和国家科技工作，以学会工作为主体，以科技人才工作、决策咨询工作和科学素质工作为重点，以

科学文化建设为基础，以钉钉子精神认真落实各项工作部署，团结带领广大科技工作者以改革创新的精神积极进军科技创新和经济建设主战场，努力在实施创新驱动发展战略、实现中国梦的伟大征程中更加奋发有为。

一、深入学习贯彻中央重大决策部署，切实把习近平总书记科技创新思想化作创新驱动发展的自觉实践

（1）深入开展学习宣传和贯彻落实工作。持续深入学习贯彻党的十八届三中、四中全会和习近平总书记系列重要讲话精神，把习近平总书记关于科技创新的重要论述汇编成册，按规定程序印发学习，在领会贯彻习近平科技创新思想方面走在前列。做好宣传解读，引导广大科技工作者认真学习领会，自觉把习近平总书记科技创新思想化作新时期推动科技创新的行动，切实肩负起为实现中国梦提供科技支撑的历史使命。

（2）开展科协发展战略研讨。立足科协实际，加强对科协工作的规律和特点研究，开展科协发展战略研讨，牢固树立辩证思维、系统思维、战略思维、法治思维、底线思维和创新思维，找准科技服务、科技创新和经济建设的切入点、着力点，全面提升科协围绕党和国家事业大局谋划工作的能力。

（3）以更广阔的视野研究制定好科协事业发展“十三五”规划。准确把握我国经济发展新常态带来的趋势性变化，围绕服务全面建成小康社会、全面深化改革、全面推进依法治国和全面从严治党的目标要求，精心设计、整体谋划，提出科协改革发展的新思路、新举措，研究制定好科协事业发展“十三五”规划。

二、以实施学会创新和服务能力提升工程为抓手，在积极进军科技创新和经济建设主战场方面更加奋发有为

（1）推进学会创新和服务能力提升工程。进一步突出学会在科协工作中的主体作用，按照“1+7”的工作部署加快“学会创新和服务能力提升工程”在各地的推广实施，全面加强各级学会的能力建设。以健全完善学会治理结构、优化学会治理方式为突破口，规范学会章程和职能，在深化改革中进一步提升学会创新发展和服务能力。要加强全国学会与地方学会的密切联系，真正形成两级学会有机联系、互补协作的系统。

（2）做好学会承接政府转移职能工作。积极推动学会有序承接政府转移职能扩大试点，抓紧落实已形成的政府职能转移清单，重点支持学会开展决策咨询、科技评价、科技奖励、技术标准规范制定、专业技术人员职业资格认证和继续教育培训、技术鉴定、专业机构水平评价等方面工作。坚持政府主导、科协主动、规则公开、严格监督，建立完善承接转移职能后的长效运营机制和监管机制，树立一批“能负责、能问责，接得住、接得好”的先进典型。

（3）深入实施学会创新驱动助力工程。扩大“创新驱动助力工程”实施覆盖面，争取创新驱动示范城市在全国各省（自治区、直辖市）实现全覆盖。推动地方科协研究制定本地区的“创新驱动助力工程”实施意见，围绕本地区转型发展热点难点，找准助力需求。发挥学会联盟跨学科、跨领域集成创新的优势，加强对区域特色产业集群、转型升级关键共性技术的供给，延展服务链，创新服务形式，为区域转型升级提供更大支持。

（4）促进科技成果转化。以科技信息的互联互通为突破口，整合学会人才、技术资源，建立全国联网共享的科技成果库及信息服务平台，提高对企业技术创新的战略信息和智力支撑能力。强化高校、企业科协的服务能力，促进产学研需求的有效对接，利用学会服务站、专家工作站、科技信息服务站等平台，做好科技成果转化的落地工作。

（5）提升农技协服务水平。协同农业部门将农技协纳入基层农技推广体系，把农民专业合作社等各类农业新型经营主体作为技术服务的主要对象，与各级涉农学会、农业技术推广机构和服务机制相结合，形成社会化的现代农业技术普及服务网络，引领和支撑现代农业经营组织的发展。

（6）务求援疆、援藏科技增效工程取得实效。进一步明确科协系统援疆、援藏工作的目标任务和措施要求，着力提升援疆、援藏项目的科技含量，着力强化人才、技术、项目、资金的集成，着力强化先进适用技术与地方特色产业发展的结合，统筹用好各地科协的优势资源，联手推进增效工程的实施，为促进新疆、西藏地区经济社会发展和维护民族团结作出更大贡献。

（7）办好第十七届中国科协年会。按照“大科普、学科交叉、为举办地服务”的年会定位，与广东省人民政府共同办好第十七届中国科协年会，搭建高水平学术交流平台，激荡自主创新的源头活水。

（8）加强服务企业技术创新工作。创新“讲、比”活动形式，丰富时代内涵，提升为企业科技创新服务的能力。按照更加贴近产业实际、更加贴近企业战略的要求，完善专家工作站制度，组织专家深入企业参与技术攻关，开展技术咨询、技术诊断、项目合作和创新方法培训，为企业技术创新提供服务。

三、以加快推进科普信息化为抓手，在提升全民科学素质方面更加奋发有为

（1）抓好科普信息化实施方案落实。全力打造“科普中国”品牌，建立网络科普大超市，搭建网络科普互动空间，创新科普运营模式，促进科普资源广泛应用，在资源共享协作中推动科普工作变革升级。推进信息化与科普活动深度融合，使科学普及更紧密地贴近公众，提高科普的时效性和覆盖面。

（2）加强科普基础条件建设。以信息化为先导，进一步加强实体馆、流动馆、科普大篷车、数字科技馆等科普基础条件建设，编制《科普基础设施发展规划（2016—2020 年）》，推动中国特色现代科技馆体系创新升级。加快推进科技馆免费开放，推进全国科普教育基地资源以及教育、科研、企业科普资源开发开放。

（3）完善科学素质纲要实施长效机制。针对中小学生、农民、城镇劳动者、领导干部和公务员、社区居民等重点人群组织编发《公民科学素质系列读本》。做好公众科学素质调查和结果发布。启动“十二五”全民科学素质工作督查和总结。推动编制发布公民科学素质基准，制定全民科学素质行动计划纲要实施方案（2016—2020 年），推动将“到 2020 年我国公民具备基本科学素质的比例超过 10%”等相关目标任务纳入到国家“十三五”发展规划。

（4）深化基层科普工作。精心组织好“青少年创新创意大赛”“全国青少年高校科学营”和“中学生英才计划”等工作，激发青少年创新热情。抓好“全国科普日”等重点主题活动，推动公众科普活动开展。实施好基层科普行动计划，加大对公众参与生态保护活动提供科技支撑的力度，把优质高效科普服务精准送达基层人民群众。推进科普人才队伍建设，加强科普志愿服务工作。

四、以开展独立第三方创新评估为抓手，在打造高水平科技创新智库方面更加奋发有为

（1）启动高端智库建设试点。认真落实党中央、国务院关于中国特色新型智库建设的战略部署，深化国家级科技思想库建设，启动高端智库建设试点。充分发挥学科齐全、人才荟萃优势，做好“创新 50 人论坛”相关工作，进一步加强科技发展战略研究，积极主动参与“十三五”科技发展规划的研究编制工作。指导地方科协开展战略研究和决策咨询，围绕区域发展、产业转型升级等提出专业建议，为政府部门做好规划提供支撑，打造决策咨询品牌。积极组织学会专家参与“十三五”各领域相关规划的研究制定。

（2）积极稳妥推进第三方创新评估。优先选择开展重点学科领域发展水平评估、产业变革重大方向发展状况评估、高端科技人才创新创业状况的评估、重点科研基地创新力评价等试点工作，创新评估理论和方法，逐步积累经验，完善机制。抓住中央出台《关于深化中央财政科技计划（专项、基金等）管理改革的方案》契机，支持有条件的学会承担科技计划绩效评估委托任务，发挥好创新评估作为推动科技进步与创新重要手段的作用。支持地方科协根据当地创新评估需求，适时开展相关组织体系建设，精选题目开展各具特色的创新评估实践。

（3）继续完善科技工作者状况调查制度。拓展全国科技工作者状况调查站点功能，深入开展专项调查，及时准确了解广大科技工作者发挥作用情况、科技创新创业政策的落实情况，研究提出对策建议，为党和政府制定科学有效的科技人才政策提供支撑。

五、以加强科技人才队伍建设为抓手，在服务科技工作者创新创业方面更加奋发有为

（1）做好院士推荐（提名）工作。充分发挥同行评议在院士候选人推荐（提名）中的基础性作用，强化纪律意识，注重廉洁高效，严格工作程序，制定问责制度，保证所有流程在阳光下运行，坚持学术性、独立性，最大限度避免非学术因素的干扰，确保推荐（提名）的权威性、公正性。

（2）加强科技人才队伍建设。联合中组部、科技部等部门出台文件，推动采取一揽子措施改进科技人才培养方式和评价机制，促进高校、企业与科研院所之间的人才流动，提升科技人才队伍创新能力。千方百计抓好科技人才特别是青年科技人才队伍建设，依托全国学会实施科技新星计划，以 35 岁以下的一线创新人才和青年人才为重点，在科研资源配置、科技人才评价、国际交流合作等方面持续稳定支持，为青年科技人才成长成才、脱颖而出创造良好条件。

（3）改革调整科协奖励项目。改革调整科协奖励项目，优化结构、加大力度，着力打造具有学术权威

性和社会影响力的科协奖励品牌，争取在国家科学技术奖励大会上颁奖。根据国家科技奖励改革的要求，发挥同行评议在人才举荐中的作用，精选学会组织推荐优秀科技人员特别是青年科技人员参与国家奖励评审，强化对科技人物的奖励，优化国家科技奖励结构。

（4）优化科技人才成长环境。做好科技人才队伍调查工作，及时向党中央、国务院反映人才队伍状况，反映科技工作者呼声与诉求。在维护广大科技人员正当权益方面积极发声，为科技人才放手创新营造有利环境。推动厘清科技成果转化方面的政策边界，按照法律框架下的容错纠错机制，切实保护科技工作者转移转化科技成果的积极性。

六、以举办世界机器人大会为抓手，在搭建创新前沿国际合作平台方面更加奋发有为

（1）努力办好世界机器人大会。以“协同融合共赢，引领智能社会”为主题，精心办好世界机器人大会，邀请世界一流科学家、研究机构、企业参会，将这次会议开成机器人领域的奥林匹克大会。促进机器人领域国际合作，吸引人才、信息、技术等创新要素向国内集聚，推动形成不同层次、不同形式的产业联盟和协同创新共同体。会议期间举办青少年机器人国际邀请赛，培育创新创业后备人才。

（2）提升“海智计划”水平。按照点面结合、对接供需，拓宽途径、健全网络的要求，加快实现“海智计划”创新升级，着力推动海外人才离岸创业基地建设。重点布局，围绕创新驱动助力工程发挥“海智计划”作用。围绕企业走出去战略，搭建海外人才发挥才能的平台。把引进一批世界级科技专家来华交流、工作当作突破点，建立多样化合作关系。在知识产权保护、创新创业配套服务体系建设、完善相关政策等方面加大服务力度，营造良好的创新创业环境。

（3）深化国际科技交流合作。坚持“引进来”与“走出去”相结合，引进更多世界一流学者来华开展学术交流，推动中国科学家在国际组织中担任领导职务，加大中国科学家获得国际大奖的推荐力度，支持更多的优秀青年科学家走向国际舞台。进一步加强与国际科联及31个国际科技联合会、世界工程组织联合会等重要国际组织的联系和交流。争取在2015年转为《华盛顿协议》正式成员，为实现成员国之间工程师资格国际互认打下基础。围绕“一带一路”建设，加强与国际科技社团的交流。

七、以做好优秀科技工作者宣传工作为抓手，在引导践行社会主义核心价值观方面更加奋发有为

（1）深化科技人物和创新团队宣传。继续通过资料采集、专题展示等多种形式做好科技人物宣传，完成中国现代科学家主题展全国巡展任务，举办“共和国的脊梁——科学大师名校宣传工程”汇演活动，加大基层一线科技工作者和创新团队的宣传力度，推出一批有代表性、事迹突出的先进典型，大力宣传优秀科技工作者的突出贡献和先进事迹，在全社会营造爱科学、学科学、用科学的浓厚氛围。加大对外宣传力度，讲好中国故事，传播好中国声音，塑造科技中国的良好形象。

（2）引导科技工作者践行社会主义核心价值观。把弘扬科学精神和践行社会主义核心价值观结合起来，发挥科学精神对践行社会主义核心价值观的滋养促进作用，研究出台科学文化建设纲要和科技工作者行为规范。深入开展科学道德和学风建设宣讲，加强法制宣传，引导科技工作者自觉坚守科学精神与学术道德，依法依规开展科技活动，努力做科技创新、遵纪守法和道德引领的模范。

八、以贯彻落实中央关于群团工作的意见为抓手，在建科技工作者之家、交科技工作者之友方面更加奋发有为

（1）研究制定中国科协学习贯彻中央部署、加强和改进科协工作的实施意见。按照中央关于加强群团工作的指示精神，抓紧研究制定中国科协学习贯彻中央部署、加强和改进科协工作的实施意见。组织各级科协学习贯彻中央《关于加强和改进群体工作的意见》，研究制定加强本地区科协工作的实施意见，争取党委政府支持，提升服务能力、拓展服务渠道，使科协组织在走中国特色社会主义群团发展道路中作出重要贡献。

（2）加强重大工作平台和事业载体建设。要启动五项基础性工作平台和事业载体建设。一是以学会为主体，在现有学会网络数据库的基础上建设中国科技创新网，促进交流共享、加快成果转化；二是以大学科为依托启动学会联合体建设；三是围绕京津冀协同发展和重点区域战略，建设一批以学会为主导、官产学研用金紧密合作的产业协同创新共同体；四是人民团体协商机制建设，建立科协搭台、党政领导参与的科技界定期协商机制；五是建设全国科协基层组织网。全国和地方学会、科协之间要加强联系协作、形成合力，共同推进五大基础性工作的建设，使科协系统的联系更加紧密，形成更强的工作合力。

（3）加强科协基层组织建设。抓住中国科协与统战部、农业部、教育部、国资委等联合发文的契机，按照“六个哪里”的要求，加快在企业、园区、高校等科技工作者密集的地方建立科协基层组织的步伐，拓展农村专业技术协会发挥作用的空间，扩大基层组织覆盖面，增强凝聚力和吸引力。

（4）切实抓好党的建设和廉政建设。加强党的建设特别是学会党建工作，推动在学会领导机构层面成立党组织，推动学会党建工作科学化、制度化、规范化发展，健全学会治理结构、优化学会治理方式，通过党组织加强学会与科协的组织联系，通过学会把科技工作者紧密团结在党的周围。坚持党要管党，落实党风廉政建设党组主体责任和纪委监督责任，以更加严格的标准和要求管理干部，严明党的纪律，用制度管人管事。巩固和拓展群众路线教育实践活动成果，深入贯彻落实中央“八项规定”，坚决反对“四风”，坚决防止和克服不良风气。

（5）切实抓好机关作风建设。着力改变行政化、机关化作风，放下架子、沉下心来、深入基层，自觉主动与普通科技工作者广交朋友，不断增强科协组织对科技工作者的凝聚力吸引力。以钉钉子精神狠抓各项工作任务的落实，坚决整治“庸、懒、散、浮、拖”等作风顽疾，推进作风建设监督检查工作常态化、制度化。

（6）积极推动国家科技传播中心筹建工作。抓好项目建设前期工作，努力将国家科技传播中心建设成为弘扬科学精神、推动科技成果转化的示范工程和国家级科学文化公共服务平台。

（7）做好中国科协“九大”筹备等工作。

专题文章

让创新成为驱动发展新引擎

中国科协党组书记、常务副主席、书记处第一书记　尚　勇

当前，我国经济面对增速下行和转型升级的双重压力，迫切需要寻找和增强经济发展驱动力。2014年12月召开的中央经济工作会议全面分析了我国经济发展的趋势性变化，指出要素的规模驱动力减弱，经济增长将更多依靠人力资本质量和技术进步，必须让创新成为驱动发展新引擎。这抓住了化解经济下行压力、推动转型升级的要害。那么，怎样让创新成为驱动发展新引擎？从根本上看，要靠全面深化改革。

只有创新驱动才能跨越"中等收入陷阱"

保持经济中高速增长，避免落入"中等收入陷阱"，关键在于实现创新驱动发展，促进经济发展方式从规模速度型粗放增长向质量效益型集约增长转变。改变过多依靠资源要素投入的增长方式，加快形成新的内生增长动力，核心是使高素质人力资本得到充分利用、科技创新作用得到充分发挥。一些国家之所以落入"中等收入陷阱"，一个重要原因就是对资源和外来技术过于依赖，经济发展长期建立在低水平规模扩张上，以自主创新为主的内生动力不强。当前，我国经济发展所处的历史方位和国际背景都发生了深刻变化。经济全球化推动下的新一轮科技革命和产业变革正在孕育兴起，世界产业分工和竞争格局深度调整。我国转型发展与这一时代潮流不期而遇，能否乘势而上、推动发展迈上更高台阶，关键在于能否实现科技创新和体制创新双轮驱动，把发展动力及时切换到创新引擎上来。

我国转型发展虽然面临巨大挑战，但已具备较好基础和独特优势。从国际看，全球经济增长缓慢复苏的特征将保持较长时间，欧美等主要发达经济体处于金融危机后的深度结构调整期，期望通过创新启动新一轮经济增长，进而重塑国际竞争秩序。从国内看，新型工业化、城镇化、信息化、农业现代化不断推进，为动力转换提供了巨大潜力和空间，我们完全有条件保持较长时期的中高速增长，把经济下行、结构调整压力转化为发展动力。从动力转换的科技创新基础看，我国有比较明显的优势。总体上看，我国已经成为具有重要影响的科技大国，研发投入仅次于美国，位居世界第二；研发人数达到360万人/年，位居世界第一；发表论文、申请专利等数量居于世界前列；创新基础设施日益完善。新形势下，我们必须以更大力度推进重点领域改革，努力破除束缚创新的体制机制障碍，充分释放创新潜力，有效激发创新活力，不断提高创新能力，加快实现发展动力转换。

只有准确把握创新驱动发展的战略重点才能从跟跑到领跑

适应和引领经济发展新常态，必须把转方式、调结构放到更加重要的位置，围绕国家竞争力和综合国力提升，确定创新驱动发展的战略重点。

围绕培育新增长点聚焦创新重点。目前，人类正处于工业社会向知识社会特别是智能社会演进的重要关头，科技和产业正处在深刻变革中。新增长点也是国际竞争的战略制高点，主要集中在科技创新的新突破极其迅速转化成的新业态上。新一代移动互联网产业、服务机器人产业、个性化智能制造业、生物医疗及医药产业、数据产业、空间科技产业、高端服务业、文化创意产业等新的产业形态，将迅速成长为引领世界经济的新增长极。这些新产业的共同特点是以创新为基础、知识人才密集、高端制造与现代服务业相融合、创新与创业一体化。在这些领域，我国科研基础与国际先进水平差距不是太大，面临弯道超车、后来居上和迎头赶上的难得机遇。

突破产业转型升级的关键技术瓶颈。创新驱动发展的重点之一是推动现有支柱产业技术升级。应紧紧围绕破解传统产业升级存在的核心元器件和重大装备工艺主要依赖进口、制造业“缺芯少魂”等重大制约，加快突破基本工艺、技术装备、关键基础部件、基本材料等产业升级关键共性技术，推动制造业向全球价值链中高端攀升。特别是围绕能源、冶金、石化等主导产业，加快构建清洁生产、提质增效的技术支撑体系。依靠新一代信息技术的创新突破及转化应用，带动现代服务业快速发展壮大。围绕农业结构调整和竞争力提升，突破种业、农业全产业链升级的技术制约，创新农业技术转化和服务体系，促进现代农业发展。

为生态文明建设、民生改善和可持续发展提供科技支撑。创新驱动发展的重要使命是为协同推进“五位一体”建设提供科技支撑。转变经济发展方式是保护生态环境的根本。应坚持源头严防，为生产方式清洁化、绿色化提供系统的技术解决方案。围绕大气、水污染治理等重大环境难题加大科技攻关力度，为实现蓝天净水目标提供技术保障。围绕食品安全、医疗卫生、公共安全、教育等领域的重大问题进行系统部署，促进问题解决和民生改善。

夯实科技创新基础，努力形成更多领跑优势。创新驱动发展必须建立在持续增强的科技创新实力和能力基础上。一个国家创新实力和创新能力的重要标志是从基础性研究到形成市场竞争力的效率，是与价值链有机联系、紧凑衔接的高效创新链。应瞄准世界科技革命前沿，加强对基础研究和战略高技术研究的投入，努力在重大学科交叉、集成创新、跨界融合等方面实现更大突破，力争实现从跟跑向并行乃至领跑转变。

只有全面深化改革才能实现创新驱动发展

应当看到，让创新成为驱动发展新引擎，必须以解决动力转换的关键问题为导向，着力突破以下瓶颈制约。一是自主创新能力不足、高端人才缺乏。我国科技人员总量虽居世界第一，但就业人口中研发人员比重明显低于发达国家，特别是人才结构与欧美等创新强国差距巨大。从全球顶尖科学家分布看，美国以52.9%的比例占有绝对优势，英、德随后占据近15%的份额，我国仅占4.7%。二是技术创新主体能力不强。企业尚未成为研发投入主体、技术创新主体和人才集聚主体，总体上还不能发挥动力转换主力军作用。三是创新成果转化不畅。以人才为本的技术、资本、企业有机融合的创新生态系统尚未形成，产学研结合、协同创新携手转化的机制尚不健全。四是创新和产业化环境不优。宏观管理体制不顺，有利于创新驱动发展的管理方式尚未形成。科技管理中重物轻人的倾向没有根本改变，科技成果转化的政策支撑依然不足。

让创新成为驱动发展新引擎，核心是形成创新驱动的体制机制。要全面深化改革，破除制约科技创新和成果转化的体制机制弊端，激发全社会创新活力，推动动力转换和发展转型。建立科技与经济有机结合的宏观管理体制。以提高创新治理能力为重点，改革科技宏观管理，使之与宏观经济管理有机结合、良性互动，加快建立科技与经济结合、着重环境营造、有利力量集成、统筹高效的国家创新治理体系。适应经济发展动力转换要求，进一步强化国家创新体系的开放性，强化创新主体的联系和互动，强化产业、金融、贸易、科技等政策工具围绕创新驱动这一核心目标的协同，减少相互掣肘和彼此脱节，形成有机衔接的政策体系。

改革科技管理体制，激发科研机构和科技人员创新活力。深化科技管理体制改革，营造良好的创新环境，最大限度地调动各类人才创新创业的积极性。在深化科技计划体系改革基础上，改革经费拨付方式，加快从竞争性项目支持为主向科研基地预算稳定支持为主转变，打造一批具有国际影响的顶尖科研机构。形成以国家重点科研基地为骨干、企业为技术创新主体、探索性研究为生力军、竞争协同机制为纽带的科研开发体系。完善符合创新规律和市场经济规律、财政资金与社会资本交融支持、稳定投入与竞争支持互补、绩效挂钩的科技投入和政策体系。健全上下游通畅、产学研金结合的创新和转化体系。完善科技成果评价奖励等创新导向机制。完善创新人才培养、引进、使用机制。借科技成果转化法修改机会，在职务成果所有权、支配权、收益权等方面加大对创新团队和个人的倾斜。

把强化技术创新体系建设作为企业改革的重点。把建设技术创新体系、激发内在创新动力作为深化国有企业改革的重要内容，强化其研发投入主体、创新人才集聚主体、引领产学研协同创新主体三大功能，围绕商业模式、管理方法、品牌、营销创新，重构企业发展战略、组织、文化、人才体系，提升核心竞争力。营造公平竞争的市场环境，最大限度释放微观主体活力，形成中小企业灵活发展、大型企业优势突出的格局，提高上下游企业创新协作水平，形成产业转型升级合力，增强产业国际竞争力。

着眼于区域转型升级建设一批协同创新共同体。着眼于区域发展转型升级，按照围绕产业链部署创新链的要求，建设一批具有较强国际竞争力的产业协同创新共同体。比如，围绕高端制造业发展，打造一批具有国际竞争力、带动制造业向价值链高端攀升的先进制造产业协同创新共同体；围绕低碳绿色发展，打造一批破解资源环境瓶颈、保障生态安全的产业协同创新共同体；围绕下一代信息技术发展，超前培育一批具有较强产业关联度、引领信息化智能化发展的产业协同创新共同体。通过建设协同创新共同体，激发和释放区域科技创新潜力和能量，打破部门和单位界限，建立开放合作的科研开发体制，有效整合创新资源，提高创新效率。打通从科研院所、高等院校到创新企业、产业园区的成果转化通道，完善从基础研究、应用研究到产业化的创新链条，拓宽人才、成果、资金顺畅流动的通道，促进科研与产业有机衔接、创新成果快速转化。

来源:《人民日报》(2015年2月25日7版)

尚勇接受新华社专访谈承接政府转移职能扩大试点

中共中央办公厅、国务院办公厅近日印发了《中国科协所属学会有序承接政府转移职能扩大试点工作实施方案》。中国科协所属学会承接政府转移职能（简称“承转”）有何意义？有哪些重点任务？怎样承接，如何管理？如何消除“机关化”倾向，避免“二政府”现象？中国科协党组书记、常务副主席尚勇7月16日就此接受了新华社记者书面专访。

“放接结合”“政社分开”

问：方案出台有何深意？

答：方案的出台是中央围绕全面深化改革、加强和改进群团工作作出的重要部署，也是科技社团深化改革的重要突破口，促使中国科协进入发展“主战场”和改革“深水区”。“承转”是党对群团工作不断加强的重要体现，是政府职能转变的重要协同性改革，是创新驱动发展的重要助力，是社会管理创新的重要力量。

作为科技工作者的社会团体，中国科协目前主管204个全国学会，占我国科技社团总数的70%以上，是党和政府联系广大科技工作者的桥梁和纽带。学会将科技和人才作为两个重要发力点，通过团结、引领、依靠、服务科技工作者，促进科技创新和服务产业转型升级，激发科技工作者创新活力，助力创新驱动发展战略。

问：“承转”如何协调政府和社会的关系？

答：“承转”是贯彻十八大号召和十八届三中全会精神，正确处理政府和社会关系，加快实施“政社分开”所迈出的实质性步伐。中国科协围绕“放接”紧密衔接，以学会为纽带，可以形成政府和社会协调配合、有缓冲的弹性工作结构，使社会发展的生态结构和发展方向更加合理。

加快政府职能转变的一个重要目的，是要使市场在资源配置中起决定性作用，在公共服务领域更多地利用社会力量，释放市场活力和社会创造力。推进“政社分开”，要在公共服务领域更多地利用社会力量，释放市场活力和社会创造力，学会应更多地承担适合科技社团特点的公共服务事项，让政府从具体和微观事务中脱身。

去行政化增服务性　涉改革“深水区”

问：方案有哪些政策亮点？总体目标和主要任务是什么？

答：扩大试点工作的总体目标是服务深化改革需求，与国家各项改革相衔接，突出问题导向，着力于“行政职能”向“社会公共服务职能”的制度机制改造。方案明确围绕相关科技评估、工程技术领域职业资格认定、技术标准研制、国家科技奖励推荐开展扩大试点工作。这四项重点任务均涉及改革的“深水区”，是“承转”中有价值、有意义、有影响的业务领域，有较大“含金量”。

以业界最关注的科技评价为例，我国目前采取的同行评议方式中，评审组多是一次性的、松散的组织形式。如果评价结果产生错误，实际上无人承担责任。方案要求充分发挥科技社团的第三方科技评价作用，学会作为独立社团法人，可以对科技评价的结果承担法律责任。

问：如何使学会真正成为自立、自治、自律的社团法人？

答：过去在研项目评审、人才评价、机构评估工作中，政府部门集管、办、评三重职能于一身的评估模式，既不利于人才培养开发，也不利于政府职能转变。“承转”后，政府“不该管”的职能，由各类社会主体自主承接；政府“管不好”的职能，以政府购买服务、委托授权等方式，由各类社会主体竞争性承接。

我国社会组织发展还处于培养初期，学会能力不足，造成政府和社会对转移职能抱有疑虑。打铁还需自身硬，要着力提升学会创新和服务能力，发挥一流学会集群的“火车头”的牵引带动作用，使学会真正成为自立、自治、自律的社团法人。

放权不是“自由落体” 坚决避免“二政府”现象

问：“承转”中如何避免出现“红顶中介”“二政府”现象？

答：承接政府转移职能，承接的是责任，而不是权力。学会承接后，就变成了社会化的公共服务职能，不再具有行政权力性质。尤其要消除“机关化”倾向，坚决避免成为“红顶中介”“二政府”，严防借机敛财和乱收费、乱摊派等行为。

应把“行政管理”职能转“公共服务”职能作为重点，开展去行政化再造，形成可负责、可问责的运行机制和约束机制。从长远看，要实现政府放心、市场认可，学会需要发挥专业权威性优势，坚持中立立场，多提供“专业性”服务，少承接“事务性”工作。

问：如何实现可负责、可问责？

答：简政放权不是一放了之，更不意味着不和政府打交道。确保职能转接后社会服务不放空、持续监管不放松，就要坚持行政体制改革“放管结合”，避免简政放权“自由落体”。学会要主动接受有关政府部门和社会监督，不抢跑、不拔高，不断章取义，不跑调走偏，确保承接政府转移职能工作稳妥有序进行，取得实效。一手抓监督，一手抓扶持，确保接得住、接得好，形成合理、完善的监管体系。

尚勇解读国务院办公厅优化学术环境的指导意见

为进一步优化学术环境，落实扩大科研机构自主权，国务院办公厅发布了《关于优化学术环境的指导意见》(以下简称《意见》)。中国科协党组书记、常务副主席、书记处第一书记尚勇针对《意见》，在接受记者采访时作出了相应的解读。

一、问：《关于优化学术环境的指导意见》出台的背景和意义是什么

答：为深入贯彻习近平总书记关于科技创新的系列重要论述，全面落实党的十八届五中全会精神，推动实施创新驱动发展战略，不断激发科技工作者的创新热情和创造活力，根据国家科技体制改革领导小组工作部署，中国科协会同科技部等部门，针对目前存在的学术生态滞后、科学研究自律规范不足、学术不端行为时有发生、学术活动受外部干预过多、学术评价体系和导向机制不完善等问题，深入开展调研，研究起草了《关于优化学术环境的指导意见》，明确了优化学术环境的总体思路、基本原则、重点任务和落实举措。

习近平总书记十分重视创新人才和学术环境建设，明确指出，"千秋基业，人才为先""人是科技创新最关键的因素"，强调"环境好，则人才聚、事业兴；环境不好，则人才散、事业衰"，创新思维和创新成果的产生，需要活跃的学术思想、宽松的学术氛围、优良的学术环境。尽管这些年来我国科技体制改革和科技创新取得了重要成就，但学术环境不优仍是制约科学家创造活力、阻碍我国创新能力提升的突出问题。因此，优化学术环境是激发释放科技人员创新活力、提升创新能力的关键一招。

出台优化学术环境的指导意见是深化科技体制改革的一项重要举措。《中共中央、国务院关于深化科技体制改革 加快国家创新体系建设的意见》2012年下发。2014年以来，《关于深化中央财政科技计划(专项、基金等)管理改革的方案》《国务院关于加快科技服务业发展的若干意见》《中共中央国务院关于深化体制机制改革加快实施创新驱动发展战略的若干意见》《深化科技体制改革实施方案》等一系列文件相继出台，深化科技体制改革的顶层设计逐步形成，具体的改革措施也正在进一步落实。《关于优化学术环境的指导意见》正是中央办公厅、国务院办公厅印发的《深化科技体制改革实施方案》的配套文件和具体措施。

中国科协作为中国科学技术工作者的群众组织和党领导下的人民团体，是推动国家科技事业发展的重要力量，一直以维护科技工作者合法权益、反映科技工作者呼声、调动科技工作者积极性创造性为己任，优化学术环境、促进科技创新是中国科协的基本职责，也是重要工作内容。

二、问：《意见》有什么主要特点

答：《意见》的特点主要有：

一是问题导向鲜明。当前的学术环境主要存在两类问题：一类是管理体制等方面存在一系列干扰、束缚学术自主权的固有弊端，特别是行政化干预过多、"官本位"等陋习，影响了科技人才创新积极性的发挥；另外一类是科技界内生的评价方式被行政化、指标化的方式取代，部分科技工作者自律不够，学术不

端行为时有发生。《意见》直面影响学术创新的制度障碍和机制藩篱，列出负面问题清单，围绕科技工作者反映强烈的焦点、难点问题，不回避、不绕弯，对每一个问题都明确标志性举措，聚焦问题，解决问题，防止不作为。

二是硬化措施。《意见》按照问题导向与目标导向相结合、宏观目标与具体任务相结合、政府推动与社会协同相结合的原则，系统梳理提炼我国目前在学术创新环境方面存在的主要问题，明确解决思路和努力方向，突出内容的涵盖性、措施的针对性，提出了5个方面28项具体措施、5个责任主体23项分工职责。可以说《意见》是一份定位高、重操作的文件。

三是覆盖面宽。内容涉及优化学术环境的总体思路、宏观管理、微观政策等，每部分都有针对性的指向、任务与措施；责任主体涉及科技工作者、高校和科研院所、科技社团、政府部门、企业等，每一个责任主体都有相应的任务；既有正面引导，又有负面惩戒，基本上涵盖了与学术环境有关的各个方面，是一张优化学术环境的设计施工图。

三、问：优化学术环境有哪些重点任务

答：根据目前优化学术环境亟待解决的问题，主线是深化科技体制改革、解决制度层面深层次的障碍问题，《意见》提出了科研管理、宏观政策、学术民主、学术诚信和人才成长五方面的重点任务，体现了改革的精神。

（1）从微观管理上，强调要优化科研管理环境，扩大科研机构自主权。一是消除科研机构管理中存在的“行政化”和“官本位”弊端，突出管理“扁平化”，实行有利于开放、协同、高效创新的现代科研管理制度。二是推广以项目负责人制为核心的科研团队组织模式，赋予创新领军人才更大的决定权和支配权。三是给予更多自主权，采用更加开放的用人制度，自主决定聘用流动人员。四是搭建学术交流和合作的平台，推动科研团队开展多种形式的学术交流活动，多交流才能活跃学术氛围，强化合作协同，克服碎片化、孤岛现象等弊端。

（2）从宏观政策上，强调要优化宏观政策环境，减少对科研机构和学术活动的直接干预，重点是推动政府职能从研发管理向创新服务转变。提出要改革科技拨款制度、科研评价制度，使科技人员能安心专心搞科研。改革科研人员薪酬体系，优化科研管理流程，推动科研设施等科技资源开放共享。同时，提出要放宽对学术性会议规模、数量等方面的限制，为科技人员参加更多的国际学术交流提供政策保障。

（3）从学术上，强调要优化学术民主环境，营造浓厚的学术氛围。提出要打破定式思维，鼓励标新立异，倡导科学面前人人平等，鼓励学术争鸣和质疑批判，容忍“异端学说”，宽容失败，培育敢为人先、敢冒风险、竞争共生的学术生态。

（4）从学风上，强调要优化学术诚信环境，树立良好学风。一要完善科研机构学术道德和学风监督机制，建立学术诚信档案。二要发挥小同行评议和第三方评价的作用，科学合理使用评价结果。三要引导科技工作者践行社会主义核心价值观，严谨治学、诚实做人。

（5）在人才成长方面，强调要优化人才成长环境，促进优秀科研人才脱颖而出。重点要打破年龄资历限制，在课题、项目等方面多给青年人创造机会，完善青年科学家奖励制度，支持青年科研人员开展原始性创新研究，为优秀人才搭建成长平台。

四、问：文中有五项基本原则，为什么是这五项，五项原则之间的顺序有什么关系

答：文件提出优化学术环境的“创新导向、学术自主、自律为本、依法治学、宽松包容”五项基本原则。

创新导向是优化学术环境的最高目标和首要原则。“自主、自律”和“依法、包容”则分别体现了学术环境建设的特点和两面性。强调学术自主是突出科技工作者在科研活动中的主体地位，是文件的核心；强调自律为本，是对科技工作者的要求和对现实存在问题的正视。依法治学既保障科技工作者开展学术活动的权利，也要求学术活动必须遵守基本社会制度。提倡宽松包容，则是鼓励学术争鸣，激发科技工作者创新激情和创造潜能。

五项基本原则的顺序是经过精心考虑的，创新导向和学术自主是优化学术环境的前提和基础；自律为本和依法治学强调要在道德和法律框架下的实现学术自由；宽松包容则是要求遵循学术规律，防止限制过多过死的补充原则。

五、问：文件中有一处连续使用了四个“不得”排比句，有一处使用了五个“不准”排比句，为什么要如此强调

答：四个“不得”是对科研管理部门、高校和科研院所的要求，针对的是解决目前科技工作者反映比较集中的学术行政化、官本位问题。前两个“不得”，即：不得以出成果名义干涉科学家研究工作，不得动辄用行政化的“参公管理”约束科学家，基本引用了习近平总书记的原话。用“不得”这种否定语气，是设立一道“警戒线”，规范科研管理部门、高校和科研院所的行为边界。从思想上树立起边界意识，统一认识、统一思想，才能推动操作层面更好地落实。

五个“不准”是对科技工作者提出的自律要求，是针对学术不端行为所做的具体规定，是科技工作者在科研行为中不可逾越的“红线”。对违反科学道德行为的严格限制，就是对科技工作者学术自由的保障。文件还专门对违反科学道德的行为增加了惩处措施，如“向社会公布”“在项目申报、职位晋升、奖励评定等方面采取限制措施”等，以起到警示作用。

六、问：文件中提到允许科学家采用弹性工作方式，确保用于科研和学术的时间不少于工作时间的六分之五，这个六分之五是依据什么算出来的，弹性工作制和六分之五在实际中能实现吗

答：“确保用于科研和学术的时间不少于工作时间的六分之五”这个提法最早源于 1961 年中共中央批准的《关于自然科学研究机构当前工作的若干意见》，也称“科学十四条”。其中的第六条是“保证科技人员每周有 5 天时间搞科研工作”。因为当时是六天工作制，所以又有人说“科研的时间不少于六分之五”。在当时的“科学十四条”保障了科技工作者的工作条件、必要的选题自由度，提出要保证科技工作者有六分之五的工作日用于科学研究，为我国科学事业的发展起到了重要的保障作用。

《意见》起草过程中，各方面对“六分之五”的规定也有不同看法，有的认为比例低了，应该 100% 用于科研；也有的认为比例高了，难以保证；也有的建议应该笼统地提。但现实情况是，时至今日，很多科学家还不得不为了非科研工作花费大量时间。中国科学院、中国科协和九三学社近年来的调查均表明：大部分科学家真正用于科研的时间不足 1/3。因此，减少行政化、社会化活动对科研工作的干扰，给科学家更多的科研时间，使他们能够解除后顾之忧、排除名利扰动、专心学术研究，对于科技创新非常重要。如果规定过于笼统化，则相当于没有要求，因此我们旗帜鲜明地重提“六分之五”。

七、问：文件中在“促进优秀科研人才脱颖而出”部分，以大量篇幅提到促进青年科技人才成长的措施，为什么要特别强调青年科技人才这一群体

答：原因主要有两点：一是青年科技人员目前在科技工作者总数中占有比例比较大。1997 年高等教育扩招以来，科研机构的人才年龄结构发生了巨大的变化。根据调研，目前大多数科研机构的人才结构偏向年轻化，不少科研机构 35 岁以下的年轻人比例已经超过 70%。二是青年阶段是科技人员发挥创造力的黄金时期。国内外的研究均表明，30—40 岁左右是科技人员精力最为丰富、创造力最为活跃的阶段，也是出成果的关键阶段。

现实问题是青年科技人员在创新最活跃时期恰恰难以获得成长的资源和机会。比如，青年科技人员在获得项目、奖励，参加学术活动等方面都处于劣势。同年龄段人才相对集中，又容易出现“堰塞湖效应”、成长出口狭窄等。因此，我们特别提出了针对青年人才的相关措施。从全国优秀青年科学家、青年科学基金到国家“千人计划”青年项目，形成系列性、面广类多的有利于青年人才涌现和成长的政策举措，为青年人脱颖而出创造更好的学术环境。

八、问：中国科协及所属全国学会在发挥学术自律方面做了哪些工作，发挥了哪些作用

答：全国学会在学术自律方面一直发挥着重要作用。主要做法包括：制定本学科、本领域的科学道德规范实施细则，完善科研诚信制度和科学道德规范，规范会员行为，及时纠正在职业道德等方面存在的问题，按照标准和程序认真处理对学术不端行为的举报和投诉，等等。

2015 年以来，为抵制第三方提供论文代写代投、同行评审环节弄虚作假、无实质性学术贡献者署名、以语言润色名义修改论文等学术不端行为，中国科协联合教育部、科技部、国家卫生和计划生育委员会、中国科学院、中国工程院和国家自然科学基金委员会等部门，牵头制定《发表学术论文“五不准”》，重申和明确科技工作者在发表学术论文过程中的科学道德行为规范。针对科技期刊在国家创新体系中的功能定位还不够清晰，在论文学术质量、信息传播时效性以及市场竞争力等方面与发达国家相比尚存在一定差距，在学术评价中还存在标准单一化、程序程式化、方法简单化、方式机械化等现象问题，联合教育部等部门出台《关于准确把握科技期刊在学术评价中作用的若干意见》，明确科技期刊在学术评价中的功能定位，合理引导科技工作者科研成果传播行为。本次文件的出台也将学术自律列为优化学术环境的基本原则。另外，中国科协也积极开展科学道德和学风建设宣讲，与教育部等发起并连续五年举办的高校科学道德和学风建设宣讲教育报告会，已在全国举办7万余场，接受教育的研究生、高年级本科生、新入职研究生导师和科技工作者超过1300万人次。

九、问：怎么保障这个有用的文件得以贯彻实施、取得成效

答：前面谈到，这个文件实质是深化改革的文件，而且涉及“啃骨头”“除顽疾”的深水区改革。学术环境质量取决于改革的成效。深化改革、优化环境不可能一蹴而就，要锲而不舍推进、久久为功。文件实施的关键在于有关政府部门和科研院所、高校的管理层，相信他们会以对党和国家、对科技事业高度负责的精神，结合各自实际贯彻落实到位，以解决问题导向真抓实干、攻坚克难。

中国科协将组织有关全国学会，发挥第三方评估职能，对文件落实的成效和问题进行评估，实施动态监测，并将评估情况如实向党中央、国务院报告，并将相关结果向全社会公布，促进各项政策措施真正落地、见到实效。

尚勇：迎接即将到来的智能社会

2015世界机器人大会将于2015年11月23—25日在北京举行。《经济日报》记者就机器人产业发展状况及面对的挑战等问题采访了中国科协党组书记、常务副主席、书记处第一书记尚勇。

记者：世界机器人大会是我国机器人技术与产业领域的一次盛会。中国科协如何办好这样一场盛会？

尚勇：本次大会的主题是“协同融合共赢，引领智能社会”。大会将充分体现面向未来的特征，增强国内外专家学者与国际同行在产学研方面的研讨交流，把我国专家学者推向国际学术舞台，让社会公众了解机器人创新和产业发展的未来，力争每一项活动都能取得不同形式的成果。

同时，中国科协将与工信部建立长效机制，在机器人领域开展全方位、多层次的合作，实现资源共享、优势互补，共同推进我国机器人技术与产业的健康发展。

记者：机器人产业的发展现状如何？

尚勇：从产业现状来看，全球机器人发展有四个特点。

首先，全球市场快速增长，工业应用独占鳌头。据国际机器人联合会（IFR）统计，2013年全球机器人市场总规模达342.7亿美元。其中，工业机器人市场规模约为290亿美元，同比增长11.5%。

其次，服务应用渐成热点。国外工业机器人企业的业务大多起源于汽车制造。近年来，工业机器人企业开始高度关注电子信息制造、食品加工、化工等传统行业中的机器人应用。机器人应用也正从工业领域向国防军事、医疗康复、助老助残、居家服务等领域迅速拓展。

再次，跨国企业优势明显，大型企业发展全面。目前，跨国企业在核心零部件、整机、系统集成等机器人产业链的各个环节均有明显优势。

最后，互联网企业频发力，机器人技术助发展。近两年，国际互联网企业大举进军机器人领域。

记者：机器人产业和技术目前处于快速发展期，各国都十分重视，主要原因是什么？

尚勇：机器人是“制造业皇冠顶端的明珠”，更是衡量国家创新能力和产业竞争优势的重要标志。纵观当今科技和产业发展态势及主要国家的战略走向，机器人技术及应用已成为必争领域和未来竞争的制高点。无论是美国机器人技术路线图、欧盟“火花”计划、德国工业4.0计划、日本机器人白皮书等，均折射出各国在新的竞争赛场中抢夺游戏规则主导权和塑造新优势的决心。

而在更大范围内看，以机器人技术为代表的信息、制造、能源、材料、认知等科技的融合汇聚创新，正启动一场新的变革浪潮。

记者：在您心目中，未来的智能社会是什么样子？

尚勇：智能社会是工业社会与信息社会广泛深度融合、技术全面更新换代、产业系统升级、经济社会结构深刻调整演进而成的新的经济社会发展形态，融合、协同、共享、共治是其鲜明特征，对人类生产、工作、生活方式将带来新的深刻变革。

以新型广义互联网为核心，构成智能社会发展的公共基础设施。以大数据和云技术、智能识别和操控、最优配置等技术为主导，跨学科汇聚融合创新为核心动力，以资源全面共享和社会协同互利为特征，既形成一批新产业又带动传统和新兴产业全面升级，创造众多新业态、就业岗位和财富增长点，推进生产生活方式、经济社会结构和治理方式的重大变化。

前瞻未来，智能化将成为经济发展新的引擎，成为企业和国家发展层级的重要分水岭。拥有核心优势的平台型企业成为产业全球化竞争的主导者，技术优势、平台效应、规模经济效益成为创新力核心，进而推动智能经济体和传统经济体两大国际竞争阵营的形成。

记者：在这样的激烈竞争中，我们将迎接怎样的挑战？

尚勇：从工业社会向信息社会的跃迁，不断释放出经济社会发展的巨大空间。新一轮科技和产业变革的兴起，正推动人类社会向智能化的新形态演进，其速度将大大超越前几次社会形态的演进进程，其对人类社会发展影响程度也将前所未有。

我国的政治制度、发展阶段、市场需求、科技创新基础等对智能社会的创新发展具有独特优势。我国有巨大的工业和服务型机器人潜在市场，在关键技术上不断取得新突破，可以讲，我们服务型机器人发展水平与世界各国处在同一起跑线上。抓住未来10年智能社会发展的战略窗口期，加速换挡，在这一轮深刻调整中迎头赶上，向新的发展平台跃迁，不仅是实现创新驱动发展的必由之路，也将为实现中华民族伟大复兴中国梦提供强大动力。

记者：怎样才能抓住智能社会的机遇？

尚勇：为即将到来的智能社会作准备，必须牢牢抓住智能科技创新发展的龙头，以更加广阔的全球视野，选择竞争发展的突破口，特别是在融合汇聚技术创新中把握机遇，在智能社会的关键领域和方向谋求更多的领跑地位，形成一批智能产业创新的引领性企业群体。

更为重要的是，要加快体制机制创新的步伐，以企业为主导构建产学研紧密协同的战略联系，建立高效灵活的国家创新治理体系，以全面激发人才的创新创业活力为核心，营造优良的创新生态环境，使我国成为吸引和凝聚全球尖端人才的创新乐园，成为大众创业、万众创新的国度。

中国科协扎实开展
“三严三实”专题教育

2015年4月，中共中央办公厅印发《关于在县处级以上领导干部中开展“三严三实”专题教育方案》，对2015年在县处级以上领导干部中开展“三严三实”专题教育作出安排。中国科协党组按照深入学习教育、突出问题导向、贯彻从严标准、坚持以上率下、确保取得实效的要求，结合自身实际，推动专题教育与学习习近平总书记系列重要讲话精神紧密结合，与落实从严治党各项举措紧密结合，与贯彻落实《中国共产党廉洁自律准则》和《中国共产党纪律处分条例》紧密结合，与推进业务工作紧密结合，深入实施，稳步推进。

【进行专题教育顶层设计】 中国科协党组把抓好“三严三实”专题教育作为一项重要政治任务，成立“三严三实”专题教育领导小组，全面领导科协“三严三实”专题教育工作；党组、书记处领导同志为领导小组成员，督促指导分管部门和单位开展“三严三实”专题教育。成立“三严三实”专题教育领导小组办公室，办公室设在机关党委。以党组文件形式印发《中国科协开展“三严三实”专题教育实施方案》，指导机关党委分别制定“严以修身”“严以用权”“严以律己”阶段专题学习实施方案，明确目标要求，确保专题教育顺利有序开展。

【开展集中学习】 中国科协党组始终把学习习近平总书记系列重要讲话精神特别是关于科技创新重要论述放在首位，采取党组理论学习中心组集中学习、党组书记领学、个人自学相结合的方式，深入学习《习近平论治国理政》等理论文献，学习《党章》《中国共产党廉洁自律准则》和《中国共产党纪律处分条例》等党内法规，学习党的十八届五中全会精神等中央重大决策部署，学习《优秀领导干部先进事迹选编》《领导干部违纪违法典型案例警示录》等正反面典型事例。结合学习体会，先后在人民日报“声音”栏目发表《以“三严三实”促拼搏实干》等文章、在《中直党建》杂志发表《全面掌握“三严三实”的内涵和要求》署名文章。通过深入学习，科协全体党员干部在把握“三严三实”内涵和要求上有了新的提高，为开展专题教育打牢了思想和理论基础。

【党组主要领导带头讲专题党课】 5月13日，中国科协党组书记、常务副主席、书记处第一书记尚勇带头讲“三严三实”专题党课。会议由中国科协党组副书记、副主席、书记处书记张勤主持。党组成员、书记处书记徐延豪，党组成员、办公厅主任吴海鹰，党组成员、中国科技馆馆长束为，科协机关全体党员干部、直属单位处级以上干部、科协直属学会副处级及以上干部共300余人参加，中央组织部干部四局有关同志专程出席指导。

尚勇结合自己的学习体会和科协干部作风的实际，引用大量案例，围绕习近平总书记“三严三实”重要论述、刘云山同志重要讲话精神、中共中央办公厅《关于在县处级以上领导干部中开展“三严三实”专题教育方案的通知》要求，从深刻认识“三严三实”专题教育的重要意义、怎样准确全面掌握“三严三实”内涵和要求、怎样以严的标准开展好专题教育取得实效三大方面进行了阐述和解读。

尚勇指出，要深刻认识“三严三实”专题教育的重要意义，一是要正确认识这次专题教育的必要性，“三严三实”专题教育是党的群众路线教育实践活动的延伸和深化，是持续推进党的思想政治建设和作风建设的一个重要举措。“三严三实”专题教育是深化作风建设的一个长效性举措，是强化守纪律讲规矩、营造良好政治生态的重要举措，是锻造过硬队伍、推进事业发展的重要举措。二是要准确把握总体要求，深入学习十八大、十八届三中、四中全会和习近平总书记系列重要讲话精神，紧紧围绕“四个全面”战略布局，达到思想教育、党性分析、整改落实、立规执纪的目标。党员干部要做到心中有党不忘恩，心中有民不忘本，心中有责不懈怠，心中有戒不妄为。三是要正确把握好方法措施。主要的方法措施是以上带下，示范带动，党组领导带头，各部门、各单位的主要负责同志也要以上带下，示范带动。专题教育包括党委（党组）书记带头讲专题党课、分3个专题组织开展“专题学习研讨”、年底召开“三严三实”的专题民主生活会和组织生活会等。

尚勇指出，要全面掌握“三严三实”的内涵和要求。一是党员干部要严以修身，加强党性修养，把牢“总开关”。党员干部要加强自身修养，坚定理想信念。革命先辈秉持坚定理想信念，抛头颅、洒热血，为人们所永远铭记。缺失了理想信念，就会造成思想的退化、道德的滑坡。要立场坚定，保持高尚的情操和健康情趣，坚守共产党人精神家园。二是要严以律己，严守党的纪律和政治规矩，自觉作政治上的明白人。做到“五个必须”，即必须维护党中央的权威，必须维护党的团结，必须遵循组织程序，必须服从组织决定，必须管好亲属和身边工作人员。三是严以用权，敬法畏纪，为政清廉。权力是人民赋予的，绝不能用于谋私利，要牢记权为民所用、为民谋利。四是践行“三实”，在务实上狠下工夫。“三严三实”是当干部的基本素质，是共产党人的基本修养，是做人的人生境界，是干事的基本要求，我们要牢牢把握住“三严三实”基本的内涵和要求。

尚勇强调，要以严的标准搞好“三严三实”的专题教育。一是要认真抓好专题学习，围绕《习近平谈治国理政》《习近平关于党风廉政建设和反腐败斗争论述摘编》《习近平关于科技创新论述摘编》等学习材料，读原著、学原文、悟原理，真正把我们的思想统一到总书记讲话中，真正使总书记的指示入脑入心，外化于形。还要学习好党章，通过学习加强纪律性，强化纪律意识，坚定对马克思主义信仰和中国特色社会主义信念，增强“三个自信”。二是结合科协实际，解决突出问题。这次学习和专题教育必须联系实际，解决实际问题，要按照坚持问题导向，找准问题，解决问题，要与巡视问题的整改有机结合，一步步落实。通过专项教育要把专项整治和作风建设常态化，边整边改，立行立改，注重治本，做好建章立制，强化监督检查机制。针对“不严不实”的问题，特别是针对“慵、懒、散、浮、拖”等作风顽疾开展专项整治工作。三是加强领导，精心组织，率先垂范。贯彻好中央的要求，以上率下，示范带动。一把手要担负起第一责任人的责任，带头接受教育，深学细照笃行。要加强检查，特别是民主生活会的时候要作为各级党组织履行党建工作述职评议考核的重要内容，作为党建工作述职评议考核的内容，作为业绩评定、年度考核、奖励惩处和干部选拔任用的重要依据。四是努力提高专项教育的成效。通过专项教育，使得党的建设和干部队伍建设得到加强，党性修养明显提高。营造干事创业的氛围，想事干、创新招、重实效的精神状态进一步提升，工作的水平和质量明显提高，使得党的建设、干部队伍建设、党员干部的个人素质的提高、个人修养的提升上一个新的台阶。

【开展专题学习研讨】 按照中央统一部署，中国科协自6月开始，按照两月一专题、一月一研讨的进度开展专题研讨，在剖析反思、交流碰撞中统一思想、提高认识。一是“严以修身”专题，党组中心组安排2个整天集中学习研讨，组织机关各部门、各直属单位副处级以上党员干部集中观看专题教育片《永恒的信念》，切实加强党性修养，坚定理想信念。尚勇以普通党员身份参加办公厅支部“严以修身”专题学习讨论，为班子其他同志作出榜样。二是“严以用权”专题，面向机关副处级以上党员干部、直属单位领导班子成员召开专题研讨动员会；联系反面典型，召开党组理论学习中心组学习扩大会深入研讨，对存在不严不实问题进行深入剖析；带领各部门各直属单位班子成员参观北京市反腐倡廉警示教育基地和纪念中国人民抗日战争暨世界反法西斯战争胜利70周年主题展览，实地接受教育。三是“严以律己”专题，面向机关全体党员干部、直属单位处以上干部召开专题研讨动员会、党的十八届五中全会精神宣讲报告会、学习《中国共产党廉洁自律准则》和《中国共产党纪律处分条例》辅导报告会；召开党组理论学习中心组学习会进行深入研讨；召开“三严三实”主题组织生活会，党组成员均以普通党员身份参加所在支部组织生活会；举办贯彻落实“两个责任”专题培训班，对机关党委、纪委委员，机关各部门、各直属单位党组织书记和纪检干部进行封闭式培训，进一步增强政治意识、大局意识、核心意识、党的意识、廉洁自律意识和遵纪守法观念，严守党的政治纪律和政治规矩。

【中国科协党组围绕“严以修身”开展专题学习研讨】 6月4—5日，中国科协党组召开理论学习中心组学习扩大会，围绕“严以修身”开展专题学习研讨。党组书记、常务副主席、书记处第一书记尚勇主持会议，党组副书记、副主席、书记处书记张勤，党组成员、书记处书记徐延豪、王春法、吴海鹰，党组成员束为、王延祜出席会议，机关各部门、各直属单位主要负责同志参加会议。

6月4日上午，尚勇对专题学习作出部署。他指出，围绕“严以修身”开展专题学习研讨，党组要以上率下，充分发挥示范带动作用。要注重读原著、学原文、悟原理，重点学习《习近平谈治国理政》《习近平关于党风廉政建设和反腐败斗争论述摘编》，认真研读《习近平总书记在党的群众路线教育实践活动总结大会上的讲话》《中国科协党组关于深入学习贯彻习近平总书记系列重要讲话精神、全面推进从严治党工作的意见》等书目、文章和文件。

尚勇指出，《习近平谈治国理政》一书收录了党的十八大以来习近平总书记站在时代发展和战略全局高度，着眼国际国内新形势新特点，围绕治党治国治军、内政外交国防发表的一系列重要讲话，提出许多

新思想新观点新论断，内容全面系统、博大精深，深刻回答了新的历史条件下党和国家发展的重大理论和现实问题，集中论述了“四个全面”战略布局，形成了坚持和发展中国特色社会主义的最新理论成果。

尚勇强调，这次专题学习，一要深刻理解和把握习近平总书记“四个全面”的重大战略思想，认清“四个全面”战略布局对于实现中华民族伟大复兴中国梦的伟大意义，从宏观上战略上了解和把握“四个全面”的相互关系，特别是对推动创新驱动发展和科协事业发展的重大指导意义。二要通过学习习近平总书记系列重要讲话，了解习近平总书记治国理政的思想精髓。总书记的讲话覆盖面非常广，饱含鲜明的政治观点、坚定的理想信念、敢于担当的政治品质、求实创新的思想路线以及对人民无限热爱的情怀等，要深入学习总书记讲话的思想精髓，通过学习对照我们的工作、对照我们自己，确立“严以修身”的标准。三要把自学和交流研讨结合起来，学深学透、学以致用、注重效果。

6月5日，与会同志围绕“严以修身”专题进行了分组交流研讨。尚勇在充分听取大家发言后作了讲话。他指出，“四个全面”的重大战略思想立足治国理政的全局，抓住了改革发展稳定的关键，确立了新形势下党和国家各项工作的战略方向、重点领域、主攻目标，是习近平总书记系列重要讲话精神的高度凝练。他强调，科协广大党员干部要努力做到“严以修身”。一是深刻理解“四个全面”战略布局，切实加强理论修养。要着眼全面小康理解发展新常态，深刻认识全面改革是实现中国梦的必需动力，深刻认识全面依法治国是国家治理的新境界，深刻认识全面从严治党是战略布局的关键和核心。二是以习近平总书记的政治品格为标杆，切实加强党性修养。要坚定理想信念，补足精神上的“钙”；要勇于担当，敢于攻坚碰硬；要抱定为民情怀，当好人民的公仆；要弘扬务实作风，崇尚实干实效；要善于科学思维，提高战略谋划能力。三是联系实际，有的放矢，切实加强自我修炼。要做好自我诊断，找准自身病灶，追溯病源，洗洗澡、治治病，有时甚至要有刮骨疗毒的精神，对工作和自身思想状况进行认真反思，按照高标准、严要求进行深刻对照检查，找出短板，明确自己的使命和责任；要强化理论修养，提升政治素质；要强化道德修养，锤炼优良作风；要强化业务修炼，提高工作能力，无论从思想上、作风上、业务上都要加强“严以修身”。

根据会议安排，全体与会同志认真研读了《习近平谈治国理政》《习近平关于党风廉政建设和反腐败斗争论述摘编》等学习书目，并进行了深入交流研讨，党组、书记处领导班子成员结合各自学习体会作了重点发言。

【中国科协党员干部集中观看专题教育片《永恒的信念》】 6月26日下午，中国科协党组书记、常务副主席、书记处第一书记尚勇，党组、书记处其他在京领导，机关各部门、木樨地办公区直属单位副处级以上党员干部在中国科技会堂观看了专题教育片《永恒的信念》。

专题教育片《永恒的信念》由尚勇同志担任总策划，江西省委党史研究室和江西省电视台联合摄制，以井冈山革命斗争史为背景，通过全景展现了毛泽东、朱德、彭德怀等老一辈无产阶级革命家及红军先烈们的事迹，围绕“信念”这一主题，引导广大党员干部以史为鉴，珍惜革命先烈留下的宝贵财富，大力弘扬伟大的井冈山精神，树立正确的世界观与人生观，坚守共产主义理想信念。

大家认真观看教育片后，在感动与震撼的同时纷纷表示，通过观看教育片，接受了一次深刻的党性洗礼和爱国主义教育，今后要以革命先烈为榜样，始终坚定共产主义政治信仰，永葆共产党人的政治本色，努力践行全心全意为人民服务的宗旨，牢固树立正确的世界观、人生观、价值观，坚定不移同以习近平同志为总书记的党中央保持高度一致，切实把思想和行动统一到中央部署和要求上来，切实增强责任感、使命感，以饱满的热情和有力的举措做好本职工作，为党旗增光添彩。

【启动“严以用权”专题学习研讨】 8月13—14日，按照中央统一部署，结合《中国科协开展“三严三实”专题教育方案》要求，中国科协召开“严以用权”专题学习研讨动员会，并召开中国科协党组理论学习中心组学习扩大会议。中国科协党组书记、常务副主席、书记处第一书记尚勇，中国科协党组副书记、副主席、书记处书记张勤，党组成员、书记处书记徐延豪、王春法、吴海鹰，党组成员束为、王延祜出席会议，中国科协机关副处级以上党员干部、直属单位党员领导班子成员参加会议。

在“严以用权”专题学习动员会上，尚勇对2015

年6月、7月开展的“严以修身”专题学习研讨进行总结，部署“严以用权”专题学习研讨并提出具体要求。尚勇指出,“严以修身”专题学习研讨的核心是加强党性修养，坚定理想信念，把牢思想和行动的“总开关”，做矢志不渝的共产党人。通过两个月的“严以修身”专题学习研讨，科协广大党员干部统一了思想，提高了认识，达成了共识，收到了预期效果。一是党组领导班子以上率下，充分发挥示范带动作用，围绕“严以修身”专题，带头讲专题党课，带头组织学习，带头开展专题研讨。党组成员分别在分管部门和单位副处级及以上领导干部范围讲专题党课，机关各部门、各直属单位党组织书记在本部门、本单位全体党员范围讲党课。通过讲专题党课，要求广大党员干部深刻认识“三严三实”专题教育的重要意义，全面准确掌握“三严三实”内涵和要求，增强践行“三严三实”要求的思想自觉和行动自觉。党组理论学习中心组学习扩大会围绕“严以修身”专题用两个整天集中学习研讨，以习近平总书记的政治品格为标杆，深刻理解总书记治国理政的思想精髓，进一步加强党性修养，进一步坚定理想信念，把牢思想和行动的“总开关”。二是精心谋划安排，确保落在实处。机关党委牵头制定“严以修身”专题学习研讨方案，精心组织实施，有效推动专题学习研讨各个环节落在实处。机关各部门、各直属单位和直属学会通过举办务虚会和座谈会、重温入党誓词、重走红军路、参观爱国主义教育基地和反腐倡廉警示教育基地等形式，积极组织党员干部开展专题学习探讨，进一步坚定科协广大党员干部的理想信念，不断增强中国特色社会主义的“三个自信”；以组织党员干部观看《永恒的信念》教育片为契机，开展理想信念大讨论，引导党员干部弘扬党的优良传统，牢固树立正确的权力观、地位观、利益观；组织开展深入学习贯彻习近平总书记系列重要讲话精神、争做“三个表率”理论征文活动，教育引导广大党员干部深刻领会讲话的精神实质和核心要义，牢牢把握讲话所蕴含的政治立场、价值追求、思想风范和担当精神；开展思想政治工作创新案例征集活动，充分发挥思想政治工作统一思想、凝聚力量的重要作用。三是在“严以修身”专题学习研讨阶段，各级党组织和党员干部以问题为导向，结合自身工作一一比对，认真查摆剖析所存在的“不严不实”问题，做到直面问题、勇于担责，为下一步的整改落实打下了基础。

尚勇强调,“三严”之间相互联系、相辅相成、不可分割,“严以用权”专题学习研讨既是前段时期“严以修身”专题学习研讨的延伸和继续，又是做好后续“严以律已”专题学习研讨的铺垫和基础，机关各部门、各直属单位要做好各个专题学习研讨的衔接工作，交替进行，构筑“三严三实”专题教育的有机整体。“严以用权”专题学习研讨仍然要以深化学习、统一思想、提高认识为首要任务；要结合科协实际、本部门本单位实际、党员领导干部个人实际，认真查摆科协系统、本部门本单位尤其是党员领导干部个人存在的“不严不实”问题；要把边学边查、边学边改、以知促行、知行合一贯穿专题教育的始终；要贯彻从严从实的精神，高标准严要求，聚焦主题，把握核心，求真务实，力求实效，坚决防止形式主义，坚决防止走过场。

尚勇对“严以用权”专题学习研讨进行了具体部署。一是要深化学习、统一思想、提高认识，筑牢“严以用权”的思想基础。要在继续深入学习习近平总书记系列重要讲话精神上下工夫，在深入学习、全面掌握党章和党的纪律规定上下工夫，在以周永康、薄熙来等反面典型案例为镜自省自警上下工夫，在运用先进典型人物开展思想教育上下工夫。二是要结合思想认识和工作实际，认真查找、解决存在的“不严不实”问题。要对照习近平总书记关于“严以用权”的10个要求，查摆、解决党员干部在思想上、认识上和行动上存在的“不严不实”问题。要通过学习习近平总书记在中纪委十八届五中全会上的重要讲话精神、《党员领导干部廉洁从政若干准则》，查摆、解决党员干部在执行党的政治纪律和政治规矩上存在的“不严不实”问题。要对照中央八项规定、中央党的群团工作会议精神等，查摆、解决科协系统存在的“四化”现象和“四风”残余问题。要结合专项整治机关“庸、懒、散、浮、拖”工作，查摆、解决机关和直属单位工作作风“不严不实”问题。要对照《党章》、老一辈革命家和优秀领导干部“三严三实”事迹，查摆、解决党员干部“做人要实”上存在的“不严不实”问题。三是坚持以上率下，示范带动，确保“严以用权”专题教育取得实效。要求对查摆出的“不严不实”问题，属于党组的问题，由党组书记召集党组专题会议进行集体“会诊”，研究处理意见，党组每位成员都要主动认领责任；属于各部门各单位领导班子的问题，主要负责同志要主动担责，班子其

他成员要主动认领；属于党员干部个人的问题，领导干部要对号入座、积极整改。要通过开展“三严三实”专题教育，从制度上、作风上、纪律上解决科协系统存在的“不严不实”问题。

在党组理论学习中心组学习扩大会议上，党组理论学习中心组成员都作了认真发言。尚勇作总结发言，他认为，要从严的态度、严的要求来查摆问题，作为一个警示。科协现在存在着八个方面比较突出的“不严不实”的问题：一是思想要求不严格，二是遵纪守规不严明，三是创新攻坚不担当，四是情况调研不求实，五是谋划决策不严谨，六是落实操作不务实，七是联系群众不紧密，八是做人修身不实诚。这是认识的第一步，下一步继续坚持问题导向，针对这些问题进行学习研讨，从习近平总书记的系列讲话中找答案，从党章党纪中找答案，从反面教材中找答案，从先进人物的先进事迹、优良品质中找答案，为进一步深入查找问题，以实的举措来整改问题打好基础。

为扎实推进“三严三实”专题教育，进一步深化“严以用权”专题学习研讨，根据中央推进“三严三实”专题教育工作座谈会有关精神，中国科协结合《中国科协开展“三严三实”专题教育方案》，制定了“严以用权”专题学习实施方案。8—9月，举办机关各部门、各直属单位学习研讨，组织举办贯彻落实“两个责任”专题培训班，组织参观抗日战争胜利70周年主题展览，组织参观北京市反腐倡廉警示教育基地等系列专题活动，围绕“树立正确的权力观地位观利益观，切实做到权为民所用、情为民所系、利为民所谋；严守党的政治纪律和政治规矩，自觉做政治上的‘明白人’”的主题，掀起专题学习热潮。

【结合实际查找不严不实问题】 坚持问题导向，结合科协实际，以严的态度、严的要求，查找出科协8个方面共24个不严不实问题。一是思想要求不严格，表现在党员意识和领导干部表率意识淡漠，政治理论学习的效果不佳，在世界观、人生观、价值观的改造上放松。二是遵纪守规不严明，表现在对党的纪律、党的规矩、规章条例学习了解不够，主体监督责任落实不到位，遵纪守规意识较差。三是创新攻坚不担当，表现在责任心、事业心不强，创新精神不够、怕险畏难打不开工作局面，能力低弱、工作懈怠。四是情况调研不求实，表现在对实际问题把握不深、不透，调研不深入、不具体，走马观花、浮光掠影，形式主义、官僚主义残余仍然不同程度存在。五是谋划决策不严谨，表现在大局、中心工作和基层实际结合得不紧，在程序上操之过急、仓促决策，任务布置过多过重、节奏过快。六是落实操作不务实，表现在干工作重皮不重里、重形式轻落实，心浮气躁、沉不下心，工作不深入、操作力执行力薄弱。七是联系群众不紧密，表现在工作重心不下沉、联系面小，还没有真正建立与科技工作者联系的机制，听取科技工作者意见建议的渠道不畅。八是做人修身不实诚，表现在道德修养不够，做两面人、当面一套背后一套，心胸不宽格局小。明确要求各级领导干部切实把自己摆进去、把职责和工作摆进去、把思想摆进去，一一检视，对号入座，有则改之，无则加勉。

【中国科协党组召开“三严三实”专题民主生活会】 12月29日，中国科协党组召开“三严三实”专题民主生活会，中国科协党组全体成员参会，中组部、中纪委、中直工委有关部门同志到会指导。会上，中国科协党组书记、常务副主席、书记处第一书记尚勇代表党组，对党组存在的问题及其表现进行了认真深入的查摆；每位党组成员紧密结合自身实际，认真查找问题，深刻剖析思想根源，提出具体整改措施；党组各成员逐一对发言同志对照检查和自我批评内容进行评议并开展批评。相互批评既真诚坦率、推心置腹，又坚持原则、敢于较真，被批评同志都表示正确对待、诚恳接受。专题民主生活会后，中国科协党组指出，下一步要重点做好五方面的工作。一是要结合科协实际，对征求到的意见建议进行认真细化，制定整改任务方案，抓好落实；必须清醒地认识到有的问题不可能一蹴而就，要做好打持久战、攻坚战的思想准备。二是要将“三严三实”专题教育作为常态化长效化机制坚持下去，常抓不懈。三是要将“三严三实”专题教育与遵规守纪结合起来，深入学习贯彻，进思想见行动；机关纪委要注意加强与中央纪委派驻纪检组、中央纪委三室、中直纪工委等上级纪检监察部门的沟通联系，形成联动机制。四是要加快科协深化改革步伐，特别要对中国科协所属全国学会在执行中央八项规定方面暴露出的问题予以高度重视，加强监督管理。五是中国科协党组成员在工作协作中要进一步加强思想交流，多交心、多提醒，多做些“扯扯袖子、提提领子”的工作，及时发现问题、纠正问题，营造健康民主的党内政治生活氛围。

【专题教育成果初显】 在专题教育开展过程中，

中国科协党组聚焦不严不实问题，不等不拖、立行立改，推动新老问题一并解决。

一是认真履行党风廉政建设主体责任，将从严治党要求落在实处。着力加强制度建设，制定印发《中共中国科学技术协会党组工作规则（试行）》，推动党组工作科学化、规范化、制度化。指导制定《中国科协机关直属单位基层党组织落实“两个责任”实施办法（试行）》，切实加强对基层党组织履职尽责的支持力度。强化经费监管体系，在调查研究的基础上针对预算调整、支出审批、动态监控等，制定出台一系列规章制度，有效堵塞财务管理漏洞。着力加强干部队伍建设，强化选人用人制度，制定《关于〈中国科协实施〈干部任用条例〉工作细则〉的若干实施意见》；严格选人用人程序，建立干部选拔任用全程纪实制度，切实提高选人用人公信力，干部满意度明显提高。深化科协机关和事业单位改革，精简优化机构和人员编制，所属事业单位压缩25%，精简事业编制180名左右，压缩15%。加大力量配置和服务资源向基层倾斜力度，在压缩撤并部分直属单位基础上，重组成立企业创新服务中心、科学技术传播中心（全国“双创”服务中心）、农村专业技术服务中心等，更加突出服务基层一线科技工作者职能。妥善解决中国对外应用技术交流促进会云南工作局历史遗留问题，稳步推进科普出版社等企业改制工作，切实把主体责任紧紧扛在肩上。严格落实中央八项规定精神，严格执行领导干部出差报告制度，加强年度会议计划审核工作，从严掌握出访审批，加大作风整治力度，针对“庸、懒、散、浮、拖”等作风顽疾开展专项治理工作，机关作风出现明显转变，干部职工干事创业热情充分激发。

二是将专题教育与巡视整改相结合，切实将纪律挺在前面。针对中央第十巡视组反馈的信访举报和问题线索，中国科协党组坚决支持机关纪委履行监督责任，组织力量深入开展核查处理工作，以事实为依据，以党纪为准绳，做到有案必查、有错必纠，已对8人进行函询，对7人进行诫勉谈话，对6人作出党纪处分，移交司法机关2件，责令2个直属单位进行专项整改。此外，根据核查结果，还对7人的问题及时进行查清了解，真正形成了风清气正的政治生态。截至目前，巡视组反馈的35个具体问题已全部办结。

三是勇于开拓敢于担当，干事创业氛围初步形成。2015年科协的大事多任务重，通过专题教育的“补钙”“加油”，科协广大党员干部力戒懈怠、力戒漂浮、力戒圆滑，重新燃烧实干打拼激情，认真贯彻落实中央群团工作部署，率先制定下发《关于贯彻落实中央群团工作部署　加强和改进科协工作的意见》，研究提出《科协系统深化改革实施方案》，全面启动自身改革；成功举办全国大众创业万众创新活动周、2015世界机器人大会、全国科普日和第十七届中国科协年会等一批重大活动；圆满完成国务院交办的第三方评估和推荐（提名）院士候选人工作，各项工作取得较大进展，社会显示度显著提升，初步形成了干事创业的浓厚氛围。

7个多月的“三严三实”专题教育，使中国科协广大党员干部思想状态、精神面貌、工作作风等方面发生明显变化，形成了“忠诚、清廉、拼搏、实干”的鲜明特色，专题教育成果已经初步显现。

中国科协扎实推进
科普信息化建设

中国科协把2015年作为科普信息化推进年，提升“科普中国”品牌影响力，启动实施基于政府和社会资本合作（PPP）模式的科普信息化建设专项，实施“互联网＋科普”行动，科普信息化建设取得显著成效。

“科普中国”品牌引领作用提升。4月，印发《“科普中国”品牌使用与维护管理办法（暂行）》和《“科普中国”视觉形象应用手册》，对“科普中国”的品牌形象、品牌管理、品牌规范用法等作出规定。9月14日，“科普中国”导航站正式上线运行，入驻了新开通的科技前沿大师谈等20个科普频道（栏目）、炫彩科普中国APP等24个移动端科普应用，链接62家全国优秀科普网站、20个优秀科普栏目，实现优质科普内容的互联互通。在“科普中国”品牌的引领下，“众创、众包、众扶、众筹、分享”的科普生态逐渐形成，“科普中国”有效连接政府与市场、需求与生产、内容与渠道、事业与产业的倍增效应显现。

采用PPP模式开启科普公共服务供给的新模式。在财政部支持下，中国科协启动实施基于政府和社会资本合作（PPP）模式的科普信息化建设专项。2015年，专项财政资金投入2.1亿元，启动设立包括科技前沿大师谈、科学原理一点通、科技让生活更美好、科学为你解疑释惑、实用技术助你成才、军事科技前沿、科技名家风采录、科技创新里程碑8个网络科普大超市栏目，科普创客空间、玩转科学、科学大观园、科普影视厅等7个网络科普互动空间栏目，科普中国APP推送、科普中国头条推送、移动端科普融合创作、科学“答”人4个科普精准推送服务应用。通过招投标遴选新华网、腾讯、百度、光明网、果壳网、天极网等12家机构承担项目实施，在政府采购合同中明确PPP模式的有关规定，调动各机构投入渠道（平台）、硬件、软件、通信电路租赁、人员、土地使用权、办公场所、知识产权等，估值近6000万元，提升了专项实施力度和财政资金使用效益。科普信息化建设专项的实施有效调动了企业、社会力量参与科普公共服务产品生产的积极性，发挥市场在配置资源方面的基础性作用，鼓励引导社会机构投入科普事业。参与项目实施的机构、组织20个，项目团队共计557人，聘请来自科技社团、科普专业机构、科研教育单位等的940名专家参与科普创作和内容审核。通过采用PPP模式，科普信息化建设专项促进了科普信息化产业发展相关政策、体系和激励机制的建立和完善，引导互联网企业形成将科普融入企业发展的理念，引导传统科普的改革创新，促进信息技术与科普领域的融合创新，培育和发展了科普新兴业态。截至2015年12月底，科普信息化建设专项产生原创优质科普内容资源总量超过1.47TB，支持155个团队进行355个选题的移动端科普创作；2015年9月14日开通的“科技前沿大师谈”等20个科普频道（栏目）、炫彩科普中国APP等24个移动端科普应用，实现页面浏览量17.6亿人次（移动端占80%以上）。

大力实施“互联网＋科普”行动计划，推动形成开放协作的科普信息化建设格局。树立借助为主、自建为辅的科学传播渠道建设理念，充分调动社会力量参与科普信息化建设，推动企业将科普传播作为自身的责任和义务。在与新华网、百度等签订战略合作框架协议后，2015年4月，与腾讯签订《“互联网＋科普”战略合作框架协议》，开展微信科普辟谣，支持举办“互联网＋科普”峰会；与百度合作研究和发布3期《中国网民科普需求搜索行为报告》，组织编撰百度百科科技词条2万多条，日均浏览60万人次。

【中国科协与新华网、腾讯、百度合作推进科普信息化】 在财政部支持下，中国科协启动实施PPP模式的科普信息化建设专项，通过招投标遴选新华网、腾讯、百度等12家机构承担项目实施。

5月26日，中国科协与新华网推进科普信息化建设座谈会召开。中国科协党组书记、常务副主席、书记处第一书记尚勇，中国科协党组成员、书记处书记徐延豪，中国科协党组成员、中国科技馆馆长束为，新华网董事长兼总裁田舒斌出席会议。

尚勇肯定了新华网在科普信息化建设方面取得的成效。他表示，要进一步推进科普信息化建设工作，不断加深对网络传播规律的认识，在工作中注入新闻导入、兴趣吸引、好奇心驱动的科普传播理念；要注重科普表现形式的创新，抓住兴趣点，增强科普传播的吸引力，要注重专题运作，在热点新闻的解读中融入科普知识，如“互联网＋”、智能社会、机器人、青少年科技创新大赛等专题，要精心准备、精心策划。希望新华网发挥新闻报道的优势，进一步释放在科技传播方面的创新潜力，在注重用户体验、创新表现形式、进行专题运作等方面大胆创新和尝试，真正让科技知识在网上和生活中流行起来。

4月30日，中国科协与腾讯公司在北京签署“互联网＋科普”合作框架协议。中国科协党组书记、常务副主席、书记处第一书记尚勇，腾讯公司董事会主席兼首席执行官马化腾出席签字仪式并座谈。签约仪式由中国科协党组成员、书记处书记徐延豪主持。

根据协议，双方将全面推进“互联网＋科普”战略合作，着眼于移动互联网的发展趋势，增强科普在社交媒体中的影响力，推动科普内容、活动、产品等在腾讯多平台、跨终端的全媒体推送，推动科技知识在移动互联网和社交圈中的流行，共同营造“互联网＋科普”创新环境，推动大数据、云计算等在科学传播领域的发展与应用，提升科普的社会影响力，促进全民科学素质提升，引领移动互联网科普浪潮。

尚勇介绍了中国科协推进科普信息化建设的有关考虑和工作安排。他指出，中国科协和腾讯开展“互联网＋科普”的合作，是对科普模式的一次大的创新，要通过“互联网＋科普”的合作，利用腾讯这个连接每一个公众的连接器，发挥腾讯在把握公众需求和技术手段上的优势，以公众喜闻乐见的形式，把科普工作做得更有针对性、更加深入人心。他表示，中国科协将在合作过程中顺应科学规律和市场规律，充分发挥科学家和科技人才队伍的优势，主动为腾讯提供素材支持，支持腾讯放开手脚发挥优势，通过合作达到1+1>2的效果，创造更大的社会效益。

7月21日，“科普中国＋百度”战略合作成果发布活动在北京举行。活动发布了首份《中国网民科普需求搜索行为报告》的首期成果，宣布启动了“智慧＋科普”计划。中国科协党组书记、常务副主席、书记处第一书记尚勇和百度公司副总裁朱光共同为科普中国百度科学院揭牌。

《中国网民科普需求搜索行为报告》显示，2011年到2015年第一季度，科普搜索指数由日均251万增长到700万，前沿技术和能源利用两大主题科普需求持续增长。以移动端为代表的即时型搜索以应急避险、健康与医疗主题为主，以PC端为代表的学习型搜索以前沿技术、气候与环境主题为主。健康与医疗成为最受关注的科普主题，互联网成为常见疾病的问询平台，2015年第一季度，关于健康与医疗的科普主题搜索占到全部搜索需求的57%，其中咳嗽、感冒等常见病是第一季度关注的热点。应急避险也备受关注，地震频发掀起了应急避险的新一轮搜索热潮。结合该报告，中国科协提出了具有针对性的工作指导意见，进一步加强移动互联网的科普，大力提高互联网络科普信息的科学性和准确性，紧密围绕健康医疗、应急避险、前沿科技等网民关切主题开展科普，进一步缩小地域间、代际间的科普信息“鸿沟”。

结合百度百科平台以及中国科协权威内容，百度百科“科学百科专题页”在会上正式发布。科学百科专题以词条为核心，集合了人工智能、转基因技术、新能源汽车等网友关心的热门科学内容，专题页所汇集的2万个权威编辑词条全部由中国科协所属全国学会及权威专家编辑审核完成，通过全球最大中文百科平台百度百科呈现给亿万网民。

中国科协和百度公司还共同发布了“智慧＋科普”计划，并宣布科普中国百度科学院正式成立，计划通过互联网技术和百度平台，利用百度科学大脑，实现现有科普资源智能化，发展智慧科普，构建科普中国开源生态系统。科普中国百度科学院计划发挥百度指数搜索大数据平台的优势，抓取翔实可靠的基础数据，发挥中国科普研究所在科普研究及对数据整理、分析、处理方面的业务优势，建立公众科普需求数据平台，利用云计算、大数据分析、搜索引擎抓取等技术，开展公众科普需求监测，进行科普需求监测、分析和评价，进行符合中国网民网络检索、学习的需求和习惯的信息化科学传播方式、方法研究，为科普信息化建设提供决策依据服务。开展科普信息化业务培训、科技交流与科普沟通活动，促进科技成果转化，提高科普策划能力。开展科普智能化、深度学习，探索科普创作新技术与新应用，创新科普产品表现形式，提升科普信息化技术开发应用与服务产品推广效果。

【中国科协科普信息化建设领导小组第六次会议】 12月23日，中国科协科普信息化建设领导小组（以下简称领导小组）第六次会议在北京中国科技会堂召开。中国科协党组成员、书记处书记徐延豪主持会议。中国科协党组成员、中国科技馆馆长束为，中国科协党组成员、计划财务部部长、机关党委书记王延祜出席会议。领导小组成员，科普部有关负责人参加会议。

会议听取了科普部部长杨文志关于科普信息化建设2015年工作总结及2016年工作设想和科普中国服务云建设方案的汇报。与会人员进行了研究、讨论，提出了相关意见和建议。

徐延豪在讲话中指出，2015年领导小组办公室按照中国科协党组书记处的指示要求，狠抓落实，全力以赴实施科普信息化建设专项和“互联网＋科普”行动，各项工作取得显著进展。下一步要继续抓好专项的组织实施工作，采用迭代发展、开放合作的理念，

推进科普信息化工作的改革创新，调动各方积极参与科普信息化建设，着力做好科普中国品牌推广，扩大品牌影响力。

束为在讲话中强调，2016 年要加强指导力度，进一步推进地方科协、全国学会的科普信息化工作，全方位推动相关部门、科研院所、社会机构等参与科普信息化建设。要加强队伍建设，凝聚核心团队，发现一批网络科普的领军人物，通过辐射、示范和带动，推进科普信息资源的传播和推广。

王延祜在讲话中表示，2015 年科普信息化建设取得重大成绩，是 PPP 模式在社会公共服务方面的积极探索和尝试，要将相关经验和成绩向财政部汇报，争取将科普信息化建设专项做成跨年度项目，更好发挥社会效益。

【科普中国导航页上线试运行】 9 月 14 日，科普中国导航页（www.kepuchina.org）上线试运行，广泛征求社会各方面对科普中国导航页及科普中国系列频道的意见和建议。

中国科协于 2014 年开始会同社会各方面，大力推动“互联网 + 科普”行动计划和科普信息化建设工程，强化互联网思维，以“科普中国”品牌为引领，大力推进科普信息化建设。科普中国导航页是“科普中国”品牌的集中展现，秉承“众创、严谨、共享”宗旨，携同社会各方，着力科普内容建设和表达形式创新，借助传播渠道，向全社会提供科学、权威、准确的科普信息内容和相关资讯，让科技知识在网上和生活中流行。

科普中国导航页作为科普中国系列频道的网络入口和集中呈现，主要包含科普头条 · 热点 · 要闻、科普大超市、网络互动空间，并汇聚了我国优秀科普网站、科普栏目、移动端科普应用等。

【科普信息化建设工程项目集体签约仪式】 6 月 15 日，2015 年科普信息化建设工程集体签约仪式在北京中国科技会堂举行。中国科协党组成员、书记处书记、科普信息化建设领导小组组长徐延豪出席签约仪式。中国科协党组成员兼计划财务部部长、科普信息化建设领导小组成员王延祜主持仪式。中国科协科学普及部部长、科普信息化建设领导小组成员杨文志代表中国科协在合同书上签字。

新华网股份有限公司、北京果壳互动科技传媒有限公司、深圳市腾讯计算机系统有限公司、光明网传媒有限公司、互动在线（北京）科技有限公司、北京百度网讯科技有限公司、嘉星一族科技发展（北京）有限公司、重庆天极网络有限公司、中国科学院计算机网络信息中心、北京科技报社 10 家单位与中国科协集体签约。合同对中标单位的项目建设目标，项目内容、要求和进度，项目实施、监管与验收，成果使用和知识产权等各方面作了明确要求。

中国科协 2015 年启动实施科普信息化建设工程项目。按照国家有关规定和项目实施安排，通过公开招投标，从参与投标的 141 家机构中遴选出新华网等 10 家单位承担科普信息化建设工程“科技前沿大师谈”等 18 个子项目的建设。

中国科协计划财务部、科学普及部、中国科普研究所、青少年科技中心、中国科技馆、农技中心、科普出版社等部门和单位相关负责人参加签约仪式。

【科普信息化建设工程项目实施座谈会】 6 月 15 日，2015 年科普信息化建设工程项目实施座谈会在北京召开。中国科协党组成员、书记处书记徐延豪出席并讲话，中国科协党组成员兼计划财务部部长王延祜主持会议，中国科协科普信息化建设领导小组部分成员，计划财务部、科普部、科普口事业单位相关负责人，新华网股份有限公司等 10 家项目实施单位的负责人及业务人员共 60 余人参会。

座谈会上，科学普及部部长杨文志介绍了 2015 年科普信息化建设工程实施情况及近期实施安排，参会人员结合项目准备情况和实施设想作交流发言，提出相关意见和建议。

徐延豪在讲话中指出，科普信息化建设是当前全民科学素质工作的重要举措，要进一步深化对科普信息化建设的认识。要充分运用互联网思维，根据信息技术发展特点来运作项目实施，不断校正项目实施方向。

王延祜强调，2015 年科普信息化建设工程项目签约已经完成，项目实施单位要以钉钉子的精神，抓好落实，近期要抓紧做好在全国科普日期间充分展示科普信息化建设成效的精品力作。

中国科协从 2015 年开始会同社会各方面启动实施科普信息化建设工程。项目采用先期以政府投入为主，借助社会力量开展工程建设，建立政府与社会资本合作（PPP 模式）、互利共赢、良性互动、持续发展的科普服务产品供给新模式。项目建设内容包括建立网络科普大超市、搭建网络科普互动空间、开展科普精准推送服务、科普信息化建设运行保障。2015 年项目依法委托采购代理机构，分“科技前沿大师谈”等 19 包，采取公开招投标方式确定实施机构。

11 月 23 日，全国政协副主席、中国科协主席韩启德参观 2015 世界机器人博览会

5 月 22 日，全国政协副主席、中国科协主席韩启德出席第一届创新科技成果交流会启动仪式并观展

5月23日，全国政协副主席、中国科协主席韩启德出席第十七届中国科协年会开幕式并致辞

9月16日，全国政协副主席、中国科协主席韩启德出席2015年首都高校科学道德和学风建设宣讲教育报告会并致辞

11 月 13 日，全国政协副主席、中国科协主席韩启德出席卢兴、杨继声教授学术思想研讨会暨病理生理学高端论坛，与卢兴教授亲切交谈

8 月 22—24 日，全国政协副主席、中国科协主席韩启德率团访问香港特别行政区，会见香港特别行政区政府行政长官梁振英

中国科协系统贯彻落实中央党的群团工作会议精神工作会议

中央第十巡视组专项巡视中国科学技术协会情况反馈会

中国科协第八届全国委员会第七次会议

中国科协八届常委会第十二次会议

中国科协党组书记、
常务副主席、
书记处第一书记尚勇
在浙江省就实施创新驱动
助力工程等调研

中国科协党组书记、
常务副主席、
书记处第一书记尚勇
为上海自贸试验区海外人才
离岸创新创业基地揭牌

中国科协党组书记、
常务副主席、
书记处第一书记尚勇
为中国科协（深圳）海外人才
离岸创新创业基地揭牌

中国科协党组书记、
常务副主席、
书记处第一书记尚勇
参观全国科普日主场活动
“华龙一号”展区

中国科协党组书记、
常务副主席、
书记处第一书记尚勇等
到百度公司调研

中国科协党组书记、
常务副主席、
书记处第一书记尚勇
在北京市就社区科普和
科技成果转化工作调研

中国科协党组副书记、副主席、书记处书记张勤率中国科协促进企业自主创新专门委员会有关专家就服务企业科技创新工作在四川省东方汽轮机有限公司调研

中国科协党组成员、书记处书记徐延豪到甘肃省督查全民科学素质行动计划纲要实施工作并调研

中国科协党组成员、书记处书记王春法带队第三方评估工作调研组到浙江省就“大众创业、万众创新”政策措施落实情况调研

中国科协党组成员、
书记处书记沈爱民
赴安徽省芜湖市开展创新
驱动助力工程调研对接

中国科协党组成员、
书记处书记吴海鹰
出席在宁夏回族自治区银川市
举办的“科技梦·中国梦
——中国现代科学家主题展”
巡展活动

中国科协党组成员、
计划财务部部长、
机关党委书记王延祐
赴陕西省进行“双创”
评估专项调研

中国科协所属学会有序承接政府转移职能扩大试点工作座谈会

2015 年全民科学素质纲要实施工作会

中国共产党中国科协机关第八次代表大会

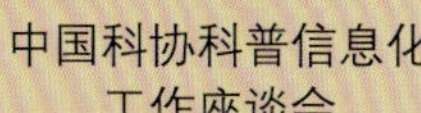

中国科协科普信息化
工作座谈会

中国科协事业发展
“十三五”规划研究编制
工作会议

全国科协系统
对口援疆工作会议

地方科协党组书记
年度工作研讨会

地方科协党组书记座谈会

中国科协 2015 年海智计划
联席会议

中国科协与山西省政府签署
战略合作协议

中国科协与广州市政府
签署战略合作框架协议

中国科协与腾讯公司签署
“互联网 + 科普”合作框架协议

中国科协围绕科技成果转化
中的若干政策与法律问题
举办人民团体协商座谈会

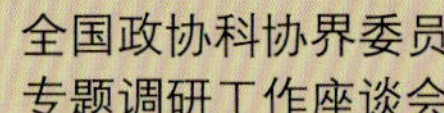

全国政协科协界委员
专题调研工作座谈会

全国政协科协界委员
专题调研组在青海大学就西部
科学素质状况、西部科技人才
创新环境、大众创业的环境和
需求等进行专题调研

中国科协推荐（提名）院士候选人评审会全体会议

科技界祝贺屠呦呦荣获诺贝尔医学奖座谈会

中国科协生命科学学会联合体成立大会

10月19—25日，2015年全国大众创业万众创新活动周在北京启动。活动周以“创业创新·汇聚发展新动能”为主题，主会场设在中关村国家自主创新示范区的展示中心。活动周期间，主会场、分会场、各部委共组织投资对接活动350场，签署协议963项，达成合作意向1890项，合计投资金额361.04亿元，引进高层次人才1399人。

2015 年全国大众创业万众创新活动周宣传解读国务院以及各部委和各地方促进双创政策措施，展示全国各地创业创新成果。主会场共举办 48 场活动，共有 22000 多人次参观了主题展示。全国 8 个地方分会场共接待观众 170 余万人次。

2015 世界机器人大会主论坛

2015 世界机器人大会专题论坛

2015 世界机器人大会专题论坛

11 月 23 日，为期 3 天的 2015 世界机器人大会在北京国家会议中心开幕。大会由中国科学技术协会、工业和信息化部、北京市人民政府主办。12 个机器人国际组织、58 个国内科研机构参与大会。来自 10 多个国家及我国港澳台地区的 100 多名专家、学者参与主旨报告会和专题论坛。

100 多家国内外企业参加 2015 世界机器人博览会，集中展示领先的机器人产品。

2015 世界机器人博览会

2015 世界机器人博览会

2015 世界机器人博览会

16 个国家和地区的 145 支青少年代表队参加为期两天的世界机器人青少年邀请赛。

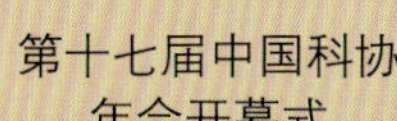

第十七届中国科协年会开幕式

首届创新科技成果交流会

两岸四地科技合作论坛

中国科协组织召开精准医疗座谈会，临床医学、分子生物学、生物信息学等相关领域专家参加座谈

第十三届全国博士生学术年会

2015 年国际科技期刊高峰论坛

2015 全国科普日
北京主场活动

“科普中国 + 百度”
战略合作成果
发布活动

“典赞 · 2015 中国
科学传播”主题
发布会

第三十届全国青少年科技创新大赛

2015 年全国青少年科技创意大赛颁奖典礼

2015 年青少年高校科学营北京营开营仪式

2015 年首都高校科学道德和学风建设宣讲教育报告会

第十一届中国青年女科学家奖颁奖典礼

第十二届中国青年女科学家颁奖典礼

第十七届中国科协年会科学道德建设论坛

中国科协求是杰出青年奖获奖者座谈会

2015 海外人才离岸创新创业国际研讨会暨中国海归创业联盟成立仪式

“共和国的脊梁”主题晚会

2015 年“共和国的脊梁——科学大师名校宣传工程”汇演活动在西安电子科技大学启动

中国科协党组书记、常务副主席、书记处第一书记尚勇在北京会见国际华人科技工商协会主席李大西一行

中国科协党组书记、常务副主席、书记处第一书记尚勇访问国际商业机器公司（IBM）Watson研究中心

中国科协党组书记、常务副主席、书记处第一书记尚勇访问日中产学官交流机构

中国科协副主席、党组副书记、书记处书记张勤
会见世界工程组织联合会主席马万・阿卜杜拉哈米德

中国科协党组成员、书记处书记徐延豪率团访问捷克科学技术学会联合会

中国科协党组成员、
书记处书记王春法
率团访问瑞典皇家理工学院

中国科协党组成员、
书记处书记沈爱民
率代表团赴美国参加
美国科促会 2015 年年会，
与美国科促会卸任执行主任
Alan Leshner、新任执行主任
Rush Holt 举行会谈

中国科协党组成员、
书记处书记吴海鹰
率团出席在巴西召开的
互联网管理和开放数据管理
倡议论坛并致辞

国际哲学与人文科学理事会
第三十二届大会

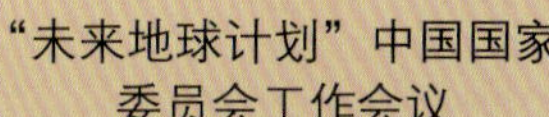

“未来地球计划”中国国家
委员会工作会议

中国科协举办联合国气候变化
框架公约缔约方大会边会

中国科协党组书记、
常务副主席、
书记处第一书记尚勇
率中国科协高层代表团访问
香港特别行政区，
与香港科技社团代表合影

中国科协党组书记、
常务副主席、
书记处第一书记尚勇
率中国科协高层代表团访问
澳门特别行政区，
与澳门科技社团代表合影

中国科协党组副书记、
副主席、书记处书记张勤
出席协同创新澳门论坛
并在开幕式上致辞

中国科协 2015 年
主要活动和重要事件

中国科协 2015 年工作概况

2015 年，在党中央、国务院的正确领导下，中国科协党组认真学习党的十八大和十八届三中、四中、五中全会精神，全面贯彻习近平总书记系列重要讲话精神，积极落实中央书记处关于科协工作的重要指示，着力为科技工作者服务、为创新驱动发展服务、为提高全民科学素质服务、为党和政府科学决策服务，团结带领广大科技工作者积极进军科技创新和经济建设主战场，坚持“想事干、创新招、求人帮、重实效”的积极进取态度，充分激发广大干部职工干事创业打拼热情，各项工作取得较大进展。

第一，深入贯彻中央重大决策部署特别是党的群团工作会议精神，全面推进科协系统深化改革

一是强化理论武装，确保正确的政治方向。按照中央部署要求，切实把深入学习党的十八大和十八届三中、四中、五中全会精神和习近平总书记系列重要讲话精神贯穿全年工作始终，先后组织 25 次党组理论学习中心组学习，与中央文献研究室联合编辑《习近平科技创新论述摘编》，组织在全国科协系统学习。在《人民日报》先后发表《把广大群众更紧密团结在党的周围》等 3 篇署名文章，分 4 批对机关和直属单位处以上领导干部 300 余人进行集中轮训。把《中国共产党入党誓词》和《中国共产党廉洁自律准则》挂在每个办公室，使之入脑入心，引导广大党员干部对以习近平同志为总书记的党中央绝对忠诚、坚决在思想上政治上行动上保持高度一致。

二是贯彻落实中央群团工作部署扎实深入。根据《中共中央关于加强和改进党的群团工作的意见》要求，迅速制定下发《关于贯彻落实中央群团工作部署　加强和改进科协工作的意见》，将涉及中国科协的任务分解为 105 条具体举措，抓紧落实。及时召开科协系统贯彻落实中央党的群团工作会议精神工作会议，研究提出《科协系统深化改革实施方案》，着重从改革联系服务科技工作者的体制机制、全面改革学会治理结构和治理方式、创新面向社会提供公共服务产品的机制、加强对科技工作者的政治引领四个方面入手，全面深化改革，力争从根本上解决机关化、行政化、贵族化、娱乐化等脱离群众的突出问题，进一步突出科协组织的政治性、先进性和群众性，努力成为党领导下团结联系广大科技工作者的人民团体、提供科技类公共服务产品的社会组织、国家创新体系的重要组成部分，为走出一条中国特色科技群团发展道路作出示范。

三是有序承接政府转移职能扩大试点工作取得突破性进展。按照中央全面深化改革总体部署，以抓铁有痕的精神积极推进中办国办《中国科协所属学会有序承接政府转移职能扩大试点工作实施方案》落实。邀请 24 个政府部门召开扩大试点工作启动部署会议，李源潮同志出席会议并作重要讲话。积极参与科技评估、团体标准研制、职业资格认定、国家科技奖励推荐等工作，已完成 17 个国家工程研究中心的定性评估，在 3D 打印、工业机器人等 14 个领域开展团体标准研制试点，参与信息、软件等领域职业资格认定工作，推荐 10 个学会作为国家自然科学奖推荐提名单位，并与国家发展改革委、科技部和国家质量监督检验检疫总局等部门分别形成工作进展报告联合呈送中央全面深化改革领导小组。

第二，以提升学术交流质量为突破口，努力在服务创新驱动发展中增强科协组织的先进性

一是搭建高水平学术交流平台，提升服务层次。把提升科技创新水平作为联系服务科技工作者的主要抓手，适应学科交叉融合的发展趋势，鼓励学科相近、联系密切的学会成立学会联合体。中国生物物理学会等 18 家全国学会率先成立生命科学学会联合体，陈竺等 81 位 70 岁以下知名专家应邀担任专家委员会委员，联合体将在学术交流、人才举荐、承接政府转移职能、决策咨询等方面发挥重要作用。以“创新驱动先行”为主题，与广东省人民政府共同举办第十七届中国科协年会，1520 位国内外专家学者聚焦学科前沿和广东经济社会发展重点问题深入交流，举办广东省党政领导与院士专家座谈会、智能社会科技专家论坛、第一届创新科技成果交流会等 11 个特色鲜明的专项活动，中国科协年会的龙头作用进一步突显。中国化工学会、中国电机工程学会等 40 多个全国学会的学术年会已经成为本学科领域标志性学术支撑平台，中国仪器仪表学会、中国硅酸盐学会等举办的 50 多个展会在行业科技交流中发挥着重要作用，青年科学家论坛、新观点新学说学术沙龙、中国科技论坛等高端前沿小型学术会议深受科技工作者欢迎，山地城镇化发展、湖泊生态建设等区域性经济社会发展论坛示范作用不断显现。全国学会学术活动国际化元素不断增强，“一带一路”土木工程国际论坛、第一届亚洲地理学大会、第六届太平洋能源峰会等大型国际科技会议成功举办，国际学术交流平台进一步拓展。

二是全方位打造中国科技期刊第一方阵。科技期刊国际影响力提升计划支持的135种英文科技期刊引证指标明显提升，刊均被引频次从2012年的28%提升到2014年的近50%。全面启动新一轮精品科技期刊工程，通过“以奖代补”方式，遴选支持以“中国科协精品科技期刊TOP50”为代表的一批重点中文期刊。与国际科技和医学出版商协会共同主办主题为“中国在国际舞台上：科技期刊出版与中国”的国际科技期刊主编交流活动，与国家新闻出版广电总局联合举办第十一届中国科技期刊发展论坛，努力探索新常态下科技期刊融合发展之路。联合教育部等五部门出台《关于准确把握科技期刊在学术评价中作用的若干意见》，合理引导科技工作者科研成果发表和传播行为。

三是深入实施创新驱动助力工程。按照“点状分布、链状延伸、面状辐射”的推进模式，确定保定、鄂尔多斯等19个创新驱动示范市，深圳、广州和宁波3个副省级城市试点，山东、辽宁、福建和浙江4个省级试点，中国兵工学会、中国茶叶学会等14个学会试点，77家全国学会进行280次对接活动，累计建立425个学会服务站（专家工作站），签订515项合作协议，促成259个项目落地，项目金额达88.9亿元；组织建立一批联合实验室、国家级企业技术联盟和创新服务基地，成立一批服务科技工作者创新创业的“创客之家”“创新驿站”，企业找学会寻求支持、学会帮企业解决难题、会企牵手对接联合攻关的良好态势已经形成。

四是成功举办全国大众创业万众创新活动周，跻身服务“双创”主战场。由国务院统一部署、国家发展改革委牵头主办、中国科协具体承办的2015年全国大众创业万众创新活动周获得圆满成功，李克强、张高丽、刘延东、马凯、李源潮、杨晶等中央领导同志出席活动并给予高度评价，社会反响强烈。活动周期间，主会场和8个分会场合计举办各类活动1000余场，参与人数达170余万人次，各部委组织活动签署合作协议246项，合计投资金额163.6亿元。中国科协与中国邮政储蓄银行签署合作备忘录，共同探索金融支持科技创新的具体措施和方法。与国家发展改革委联合发布关于共同推进双创工作的实施意见，形成协同推动全国双创的常态长效机制。

五是科技助力边疆和贫困地区发展的倍增效应初步显现。与国家民委、中央统战部等共同实施援疆、援藏科技增效工程，提升项目科技含量，启动建立新疆洁净能源技术研究院，打造西部洁净能源研发转化中心。深化科技人才合作机制，引导新疆各科研院所、厂矿企业与院士专家签订长期合作协议或开展合作项目，推动科技成果转化，提高当地造血能力。拓宽科普援疆援藏的渠道和平台，提高边疆民族地区的全民科学素质，促进长治久安和跨越式发展。开展科技扶贫精准推送，以示范基地及龙头企业为载体，加大面向农民的实用技术供给，转变农业生产方式，提高农民收入。围绕构建新型农业技术推广服务体系，优化奖补机制，对962个农村专业技术协会、386个农村科普示范基地、558名农村科普带头人、5个少数民族科普工作队进行奖补，服务现代农业发展。

第三，以推进科普信息化为龙头，全力开创公民科学素质提升的新局面

一是科普信息化建设取得重大突破。把信息化作为科普工作全面创新提升的引擎，积极进军网络特别是移动互联网主战场，实施科普信息化建设专项和“互联网+科普”行动，打造科普中国品牌。新开通科技前沿大师谈等10多个科普频道（栏目）、炫彩科普中国等20多个移动端APP，与62家全国优秀科普网站链接，原创科普视频、图文、游戏等达到1TB，页面浏览量超过12亿人次（其中移动端占80%），科普中国微平台阅读量超过4.6亿人次。中国数字科技馆ALEXA国内网站排名从2014年2000多位快速跻身200位左右。与新华网、光明网、百度、腾讯签订战略合作协议，形成开放协作的科普信息化建设格局。

二是科学素质纲要实施工作大步推进。开展科学素质纲要实施情况督查，充分调动各方参与科普工作的积极性。完成第九次中国公民科学素质调查，2015年我国公民具备基本科学素质的比例达到6.2%，与2010年的3.27%相比提高90%，超额完成“十二五”时期超过5%的既定目标。积极与国家发展改革委、科技部等沟通，推动将全民科学素质相关内容纳入“十三五”规划，确保到2020年实现我国公民具备基本科学素质的比例达到10%。完成中小学生、农民、城镇劳动者、领导干部和公务员、社区居民科学素质读本的编辑出版工作。强化联合协作，联合科技部、环境保护部共同印发《关于加强环保科普工作的意见》，与国家民委、中国地震局联合印发关于加强少

数民族和民族地区防震减灾科普宣教工作意见。

三是创新全国科普日等主题科普活动，扩大社会影响力。围绕“科技成就梦想　拥抱智慧生活”主题，精心打造全国科普日升级版，全国各地共组织重点活动 7923 项，活动受益人数超过 1.59 亿人次，创历史新高，仅北京主场活动就吸引 10 万余名公众参加。刘云山、刘奇葆、李源潮、郭金龙、韩启德等领导同志参加北京主场活动，给予充分肯定。“阳光动力科普中国行”活动引起广泛关注，与中央电视台联合制作科普纪录片 4 集 90 分钟，收视人次近 6.8 亿。在香港成功举办第三十届全国青少年科技创新大赛等青少年科技教育活动，影响力进一步扩大。

四是现代科技馆体系建设取得新进展。全国 92 个科技馆免费开放，取得良好社会反响。完成 206 辆科普大篷车的配发，新疆维吾尔自治区实现县市级全覆盖。完成中西部地区 56 套流动科技馆巡展资源的配发，推动辽宁、江苏、浙江、山东等东部省份自行研制 16 套。目前，科普大篷车全国保有量 1071 辆，全国流动科技馆保有量 220 套，全国农村中学科技馆保有量 171 个，全国科普教育基地 1045 个，中国特色现代科技馆体系建设不断向基层拓展延伸。

第四，以第三方评估为重点，高水平科技创新智库建设开局良好

一是第三方评估对智库建设的支撑引领作用凸显。贯彻落实中央办公厅、国务院办公厅《关于加强中国特色新型智库建设的意见》，立足科协实际，制定《中国科协关于建设高水平科技创新智库的意见》，刘延东、李源潮等中央领导同志作出重要指示。高质量完成国务院办公厅委托的“大众创业、万众创新”政策措施落实情况和“基层公共医疗设施建设、使用和管理”政策措施落实情况评估工作，受到李克强、张高丽、刘延东等国务院领导同志的充分肯定，在社会各界引起强烈反响。目前，正积极推进国家科技体制改革领导小组办公室委托的职称制度改革和事业单位高层次人才收入分配激励机制的政策落实情况的评估工作，与国家发展改革委就京津冀地区消化过剩产能政策措施落实情况评估等达成初步意向。

二是国家科技智库体系初步成型。按照“小中心、大外围”的建设思路，组建中国科协创新战略研究院，柔性布局一批研究基地，以开放协作的姿态，广泛集成学会、专家、部门、大学、研究院所、地方的智库资源，形成网络化的科技智库格局。充分发挥科技工作者状况调查站点体系在智库建设中的基础和支撑作用，为第三方评估工作提供强有力的数据支撑；及时收集科技工作者的思想观念、利益表达、工作诉求等情况，全年编发近百期《站点信息》，报送有关部门决策参考。深入实施学会决策咨询资助计划，努力把科协系统丰富的学术交流资源转化为决策咨询资源。扎实推进地方科协科技思想库建设试点工作，支持地方科协围绕本地区经济社会发展面临的重点难点问题开展调查研究，积极建言献策，科协系统服务科学决策的能力和水平明显提升。

三是智库成果转化能力进一步增强。围绕人才发展和科技成果转化等重大问题，形成“科技工作者关注的十个问题”“关于华人高端科技人才发展状况的报告”等一批决策咨询成果。围绕智能社会发展，在信息、材料、能源、制造等国际科技前沿领域开展创新评估，着力构建以科学创造力、技术创新力、产业竞争力为核心的国家创新力评价方法。围绕国家区域发展战略，服务京津冀协同发展，提出建设产业协同创新共同体的建议，与国家发展改革委联合推进相关工作。支持全国学会积极参与立法咨询，组织专家围绕《中华人民共和国促进科技成果转化法修正案（草案）》中的相关问题开展人民团体协商，努力为制定科技战略、规划和政策提供依据。

第五，积极服务科技人才队伍建设，着力拓展科技工作者成长成才通道

一是圆满完成院士候选人推荐提名工作。按照中央有关部署和要求，在反复研究沟通的基础上，研究制定《中国科协推荐（提名）院士候选人工作实施办法》，确立学术导向、客观公正、专家主导、学科平衡的原则，强调同行评议、学术本位，并对惩戒、回避、投诉处理、保密、行为规范等事项作出明确规定，使推选提名工作的制度设计科学严密、程序规范合理。在 870 多位院士专家的共同参与下，最终形成合计 264 人的两院院士推荐名单提交两院，整个过程严谨有序、进展顺利，得到科技界和有关部门的好评。习近平、李克强、刘云山和王沪宁同志圈阅了总结报告，刘延东、李源潮同志分别作出重要批示，予以充分肯定。

二是推动出台《关于优化学术环境的指导意见》意义重大。贯彻习近平总书记讲话、党的十八届五中全会精神，根据国家科技体制改革领导小组分工，针对当前学术环境存在的突出问题，积极研究制定

《关于优化学术环境的指导意见》，从优化科研管理环境、宏观政策环境、学术民主环境、学术诚信环境、人才成长环境五个方面提出改革和制度建设重点，推动科研机构去“行政化”弊端、推行扁平化管理、扩大自主权改革，减少政府部门对科研机构的行政干预和学术活动束缚，列出负面清单，提出科研管理“四个不得”和科研人员“五个不准”，明确各方面在优化学术环境中协同推进的责任和落实举措，营造良好的学术创新氛围。文件已经国家科技体制改革领导小组审议通过，以国务院办公厅文件印发实施。

三是启动实施青年人才托举工程。支持所属全国学会探索创新青年科技人才的选拔机制、培养模式和评价标准，首批选取177名年龄在32岁以下、具有较大发展潜力的“小人物”，连续3年给予稳定支持，引导基层一线青年科技工作者在“科研黄金期”心无旁骛、潜心工作，全力打造国家高层次科技创新人才后备队伍。鼓励学会设置人才奖项，配合国家科学技术奖励制度改革，扩大全国学会推荐范围，拟在基础研究领域开展以学术组织和学科专家推荐提名为主、省市和部门推荐为辅的推荐提名试点工作，充分发挥同行评价在科技奖励中的重要作用。

四是着力加强对基层科技工作者的服务。深入贯彻落实“六个哪里”指示要求，强化基层建家交友机制建设，加强高校科协、企业科协和农村专业技术协会等科协基层组织建设。联合教育部印发《关于加强高等学校科协工作的意见》，推动各省、自治区、直辖市加强高校科协领导体制和工作机制建设。与农业部联合出台《关于支持农村专业技术协会开展农技社会化服务的意见》，打造农村专业技术协会2.0版，切实提高农业技术到位率。与国资委联合印发《关于加强国有企业科协组织建设的意见》，着力推动企业（园区）科协组织建设。

五是积极作为，改革完善中国科协奖励体系。积极推进科协奖励体系改革，重点突出对科技人物的奖励，在“全国优秀科技工作者”中增设“全国杰出科技人才”奖，重点奖励成果特别突出、在科技创新中起到核心领军作用的著名科学家；在“中国青年科技奖”中增设“中国优秀青年科技人才”奖，表彰在国家经济发展、社会进步和科技创新中作出突出成就的青年科技人才。支持全国学会、地方科协按照规定表彰奖励优秀科技人才，奖励对象向基层一线倾斜，形成以中国科协为示范，全国学会、地方科协为主体，社会各方参与支持的多元化、多层次科技人才奖励体系。

第六，加强政治思想引领，发挥科技界在精神文明建设中的表率作用

一是积极引导践行社会主义核心价值观。研究出台《中国科协关于在科技界开展“作精神文明表率”活动的意见》，号召广大科技工作者作坚定理想信念的表率、践行社会主义核心价值观的表率、为国创新奉献的表率、思想道德建设的表率、尊法守法的表率、科学文化建设的表率，在科技界引起强烈反响。联合教育部、共青团中央、中国科学院、中国工程院在陕西省西安市共同举办“共和国的脊梁——科学大师名校宣传工程”汇演活动，北京大学、清华大学等9所高校合计演出27场，观众达4万余人次；在北京人民大会堂举办“共和国的脊梁”专题节目，近百位两院院士、近万名首都高校师生和军工科技企业代表到场观演，科学家家属和科技界、教育界以及高校师生给予高度评价和充分肯定，央视三套黄金时段播出后收视率达1.62%。配合纪念中国人民抗日战争暨世界反法西斯战争胜利70周年，与《科技日报》合作推出16期“抗日战场上的中国科学家”专栏，在哈尔滨、石家庄等15个城市举办“科技梦·中国梦——中国现代科学家主题展”，大力弘扬老一辈科学家的科学精神和爱国情怀，受到广泛好评。

二是大力宣传基层一线优秀科技工作者和创新团队。在中央电视台黄金时段推出赵忠贤、高福、施一公、薛其坤、潘建伟、王晓东等一批优秀科技工作者和创新团队典型，受到刘云山、刘奇葆等中央领导同志的表扬。大力宣传国家最高科技奖获得者于敏、国医大师国药泰斗金世元、著名植物学家吴征镒等30位优秀科技人物，组织科技界祝贺屠呦呦荣获诺贝尔生理学或医学奖座谈会，社会反响强烈。以“企业一线创新力量”为主题，推选103位扎根企业科研生产一线、在创新实践中取得重要成果的优秀企业基层科技工作者，并对其中21位进行重点宣传，用他们的先进事迹作为激励科技创新的生动素材。

三是在科学道德和学风建设方面果断亮剑。始终坚持政治引领，在北京人民大会堂举办2015年首都高校科学道德和学风建设宣讲教育报告会，全国各地开展科学道德宣讲教育活动2万余场，接受教育的师生和科技工作者达200多万人次。将科学道德教育纳入研究生培养环节和课程体系，并作为考核研究生导师

主体责任和监督责任的重要内容。针对百余篇学术论文被国际出版集团撤稿事件果断亮剑，联合教育部等六部委牵头制定《发表学术论文“五不准”》，明确科技工作者在发表论文过程中的科学道德行为规范，维护中国科技界的国际形象，营造风清气正的良好学术生态环境。

第七，提升国际民间科技交流合作层次，充分利用国际资源服务国内创新发展

一是成功举办2015世界机器人大会。以“协同融合共赢，引领智能社会”为主题，联合工业和信息化部、北京市政府共同举办2015世界机器人大会，通过论坛、博览会和青少年邀请赛三个板块积极搭建在创新前沿主导国际合作的平台，习近平总书记致贺信，李克强总理作出重要批示，刘延东同志参观展览并观摩世界青少年机器人邀请赛，李源潮同志在大会开幕式作重要讲话并专程参观博览会。在为期2天的会展期间，来自13个国家及我国港澳台地区的200多名世界一流专家、学者参与主旨报告会和专题论坛，209个国内外企业、科研机构和高校展示了最新技术和产品，16个国家和地区的145支青少年代表队参加邀请赛，4000多名科技工作者与会，参观人数超过5万人次。本次大会是我国首次举办的国际机器人领域综合性大会，也是世界上首次举办的集“会、展、赛”“产、学、研”为一体的机器人大会，在国内外学术界、产业界以及社会上产生了广泛影响。

二是海外人才离岸创新创业基地试点工作初见成效。推动将离岸基地建设纳入《国务院关于大力推进大众创业万众创新若干政策措施的意见》(国发〔2015〕32号)和上海市《关于加快建设具有全球影响力的科技创新中心的意见》重点工作。依托深圳、上海自贸区、武汉光谷、苏州高新区等创新创业密集区，建设海外人才离岸创业基地。通过探索“区内注册、海内外经营”等离岸模式，打造一批具有引才引智、创业孵化、专业服务保障等功能的国际化综合性创业平台。

三是推动成立“海归创业联盟”。着眼于打造“海智计划”升级版，加强海外人才数据库建设，保持“海智计划”专家队伍的活跃度、参与度。全年接待海外专家为国服务3174人次，引进海外人才297名，其中国家千人计划46名、省级千人计划99名；协助各级政府组织招聘会159场，落地项目287项，设立21个海外引智中心(工作站)。探索建立新型的两岸四地协同创新体制机制，推动成立海峡两岸暨港澳协同创新联盟，与澳门科技协进会共同主办“两岸四地协同创新路演大赛”，加速项目产业化进程。

四是一大批优秀科学家进入国际组织担任领导职务。与民政部联合做好国际民间科技组织人才培养和推送工作，开展任职专家及后备人员国内交流和培训活动，逐步建设一支掌握政策、业务精湛、精通外语、善于交往的科学家外交队伍。截至目前，已有900余名科学家在国际民间科技组织中担任各类职务，其中20人在国际科联及所属联合会任职。

第八，认真开展巡视整改和“三严三实”专题教育，自身建设展现新气象

一是扎实开展巡视整改工作。根据中央第十巡视组的反馈意见，迅速成立以党组书记为组长的巡视整改工作领导小组，研究制定整改工作实施方案，切实做到任务到处、责任到人。深入开展“三查、三压、三严”系列整改活动，以钉钉子精神狠抓整改落实。针对巡视组反馈的信访举报和问题线索，及时组织精干力量深入开展核查处理工作，以事实为依据，以党纪为准绳，做到有案必查、有错必纠。截至目前，中央巡视组反馈的35个具体问题已全部办结。

二是“三严三实”专题教育对症下药成效显现。按照中央统一部署，突出“以三严三实促忠诚清廉、拼搏实干”的科协特色主题，坚持以上率下、示范带动，党组班子成员带头上专题党课、以普通党员身份参加所在支部组织生活会，组织参观北京市反腐倡廉警示教育基地和纪念中国人民抗日战争暨世界反法西斯战争胜利70周年主题展览，对照正反两方面典型进行深入学习研讨。坚持从严要求，强化问题导向，分专题召开学习研讨动员会，严格开展“三严三实”专题民主生活会，查摆出“不严不实”8类24个突出问题，开展专项整治，加强立规执纪，推动专题教育与落实从严治党各项举措紧密结合、与贯彻落实《中国共产党廉洁自律准则》和《中国共产党纪律处分条例》紧密结合、与推进业务工作紧密结合，引导科协系统党员干部牢固树立党章党规党纪意识，自觉做守纪律、讲规矩的模范。

三是将履行党风廉政建设主体责任和从严治党要求落在实处。中国科协党组在“中直机关党委履行两个责任交流会”上做典型发言。充实加强纪检队伍，加大从严治党、执纪查处力度，对6人作出党纪处分，移交司法机关2件，对7人进行诫勉谈话和组织处理，对8人进行函询，责令2个直属单位进行专项整改，真正形成了风清气正的政治生态。着力加强制度建设，制定印发《中共中国科学技术协会党组工作规则（试行）》，推动党组工作科学化、规范化、制度化。指导制定《中国科协机关直属单位基层党组织落实“两个责任”实施办法（试行）》，切实加强对基层党组织履职尽责的支持力度。强化经费监管体系，针对预算调整、支出审批、动态监控等制定出台规章制度，堵塞财务管理漏洞。

四是从严格选人用人制度着手加强干部队伍建设。制定《关于〈中国科协实施〈干部任用条例〉工作细则〉的若干实施意见》；严格选人用人程序，建立干部选拔任用全程阳光纪实制度，切实提高选人用人公信力，干部满意度大幅度提高。注重干部教育培养的常态化，严格对干部的管理监督。严格执行领导干部出差报告制度，加强年度会议计划审核和出访审批，针对“庸、懒、散、浮、拖”等作风顽疾开展专项治理工作，机关作风和政治生态出现明显转变，干部职工干事创业热情得以激发。

综　合

【李克强出席全国大众创业万众创新活动周并作重要讲话】 10月19日，中共中央政治局常委、国务院总理李克强在北京出席首届“全国大众创业万众创新活动周”，并考察主题展区。

为推动实施创新驱动发展战略、展示“双创”成果、提供平台促进创业创新要素聚集对接，在全社会营造良好氛围，经国务院批准，从2015年开始举办“全国大众创业万众创新活动周”，期间，北京、沈阳、上海、合肥、武汉、深圳、成都、西安等城市同步开展形式多样的系列活动。

李克强来到中关村活动周启动仪式主会场，北京、辽宁、上海、安徽、湖北、四川、陕西、深圳等省市和计划单列市政府主要负责人通过视频汇报了多地创业创新相关情况。5位创业创新者上台以点赞手势推出“双创”活动周标识。李克强发表即席讲话，他说，当前我国发展进入新常态，正处在发展方式和新旧动能转换关键期，要以大众创业万众创新这一结构性改革激发全社会创造力，打造发展新引擎。2015年在世界经济低迷和金融市场动荡的情况下，前三季度我国经济增长6.9%，保持在7%左右，尤其是就业比较充分，其中“双创”起了重要支撑作用。“双创”也有力促进了结构调整，将推动发展从过度依赖自然资源转向更多依靠人力资源，促进经济中高速增长、迈向中高端水平。

李克强分别来到科技人员、基层群体和青年创业项目展区，看到高校师生研发的国内首台金属3D打印设备、脑起搏器等项目，以及基层工人和返乡农民等的创新成果，他勉励大家说，大众创业万众创新首要在“创”，核心在“众”。在今天的互联网时代，无论“草根”还是精英，都可以投身创业创新，一展长才。“双创”也是收入分配改革和促进社会公正的切入点，可以增加大量就业岗位，为创新创业者提供更加公平的机会和通畅的上升通道，特别是让青年人有广阔的空间驰骋，让更多人通过自己的努力富起来。

在大型企业创业平台展区，海尔集团等企业介绍，他们借助“双创”实现升级发展，带来边际效应递增。李克强说，“双创”不是小微企业的专利，也是大企业的优势，要主动拥抱“双创”，通过众创、众包、众扶、众筹等新模式，带来大中小企业生产方式和组织管理模式变革，催生新的工业革命，这不仅将促进传统产业改造升级，也会推动现代服务业等新兴业态加快成长。

在听取几位海归博士的超薄柔性显示项目介绍后，李克强指出，“双创”需要全方位对外开放，不能闭门造车，要登高望远、放开胸怀，面向全球引进各种要素资源尤其是人才资源，发展颠覆性技术，与世界科技革命和产业革命深度融合，与各国创新彼此对接，实现合作共赢。

随着李克强现场按下按钮，全国首个专门服务于创新创业的网络众扶平台正式启动上线。他说，政府要做创业创新者的“后台服务器”，通过不断完善所需的公共产品和服务，不断清除制约“双创”的障碍，不断织牢民生保障之网，增强创业创新者试错的底气和勇气。同时，推进“双创”要注重实效，提高政策的协调性和针对性，把“双创”与简政放权、放管结合、优化服务有机结合，防止一阵风、走过场，尊重市场规律，注意保护知识产权，保护消费者权益，维护公平竞争，使产品和服务质量有保证、可提升，让“双创”扎扎实实向前推进。

李克强向围拢过来的创客们说，以创新赢得未来已成为这个时代的新共识，“双创”精神正在塑造当代中国人的新品格。“双创”活动周要成为创意交流、思想碰撞和成果转化的平台。祝愿那些优秀的初创项目，能在这里遇见各自的“天使”。希望大家用更多创业创新的故事为我们这个时代立传，续写中国发展新辉煌。

中国科协党组书记、常务副主席、书记处第一书记尚勇出席活动周启动仪式并陪同李克强总理考察了主题展示。中国科协党组成员、书记处书记王春法出席了活动周启动仪式。

本届活动周组委会由国家发展改革委任组长单位，科技部、人力资源和社会保障部、财政部、工业和信息化部、教育部、中央宣传部、中国科协、共青团中央、北京市政府等为副组长单位，推进大众创业万众创新部际联席会议其他成员单位为组委会成员单位。活动周由中国科协和分会场所在城市政府具体承办。

【刘云山等中央领导同志参加全国科普日北京主场活动】 9 月 19 日晚，中共中央政治局常委、中央书记处书记刘云山和刘奇葆、李源潮、郭金龙、韩启德等领导同志在北京奥林匹克公园参加全国科普日北京主场活动。刘云山强调，要持之以恒做好科普工作，不断提高全民科学文化素养，激发全社会创新创造活力，为实施创新驱动发展战略、实现中华民族伟大复兴的中国梦提供有力支撑。

2015 年的全国科普日北京主场活动内容丰富、体验性强，吸引了各界群众和青少年前来参观。19 时 30 分许，刘云山等来到奥林匹克公园中心区，与现场观众一起观看科技巡游。海、陆、空科技成果造型展车和机器人、空气炮、激光舞等，生动展示了我国“十二五”时期的科技成就，凸显了“科技托起中国梦”的内涵。

在“魅力科学，权威表达”展区，“3D 漫画科技长河”项目让观众在行进中了解了中西方科技创新的历史，刘云山称赞这种展现科学史的方式新颖直观、吸引力强。在“走进虚拟现实世界”展区，工作人员生动演示了 2015 年我国九三阅兵地理环境仿真，刘云山说科技重在应用，只有服务经济社会发展和人们生产生活，才能展现科技价值。在青少年创新空间展区，小学生们正在自制液压挖掘机，刘云山饶有兴趣地了解和体验制作过程，鼓励小“创客”们放飞想象、大胆创新，用自己的双手实现创意和梦想。刘云山还听取了 2015 年中国公民科学素质调查情况介绍，并与贵州毕节、新疆乌鲁木齐、西藏阿里等地科普日活动现场连线互动，询问活动情况，鼓励各族青少年从小学科学爱科学。

参观结束时，刘云山说，适应和引领经济发展新常态，协调推进“四个全面”战略布局，根本动力在创新。推进科技创新，一项基础性工作是普及科学知识、弘扬科学精神、提高全民科学文化素养。科普兴，科技才会兴，国家才会强。开展科学普及，要有长抓的韧劲、抓常的恒心，持之以恒、久久为功，真正让科学理念、科学精神在人们心里扎下根来。要突出抓好面向青少年的科学普及，从学校抓起、从家庭抓起，发挥社会各方面的积极性，更好地激发青少年的科学兴趣和科学热情。做好科普工作，需要有体制、有机制、有队伍。各级党委和政府要把科普工作摆上重要位置，提供有力政策支持和法律保障，科协要发挥科普工作主力军作用，科技、教育和媒体工作者、科普作家都要积极倡导科学思想、传播科学知识，为建设创新型国家贡献力量。

中国科协党组书记处领导同志尚勇、张勤、徐延豪、王春法、吴海鹰、束为、王延祜，北京市教育部，科技部，工业和信息化部，中国科学院等主办单位领导同志，以及全民科学素质纲要实施工作办公室各成员单位有关负责人和首都群众代表 4000 余人参加了北京主场活动。

2015 年全国科普日的主题是“科技成就梦想，拥抱智慧生活”。围绕这一主题，各地组织开展近万场科普活动。

【张高丽出席大众创业万众创新高峰论坛并作重要讲话】 中共中央政治局常委、国务院副总理张高丽 10 月 19 日出席在北京举办的 2015 年大众创业万众创新高峰论坛并讲话。

张高丽说，党的十八大作出了实施创新驱动发展战略的重大部署。习近平总书记指出，实施创新驱动发展战略刻不容缓，必须紧紧抓住科技创新这个“牛鼻子”，切实营造实施创新驱动发展战略的体制机制和良好环境，加快形成我国发展新动源。李克强总理多次对加快实施创新驱动发展战略，推动大众创业万众创新作出指示批示和进行重要部署。在党中央、国务院正确领导下，通过实施一系列重大举措，极大地调动了广大人民群众的创业创新热情，大众创业万众创新热潮正在中国大地蓬勃兴起，取得的成绩值得充分肯定。

张高丽强调，我国经济发展进入新常态，必须加快实施创新驱动发展战略，在更大范围、更高层次、更深程度上推进大众创业万众创新，促进经济持续健康发展。要以大众创业万众创新激发新活力、新动力，使各种要素更加公平、自由、快捷地进行有效配置，促进经济保持中高速增长。要以大众创业万众创新培育新产业、新业态，结合实施“互联网+”行动计划和“中国制造2025”，着力把一批新兴产业培育成主导产业，促进移动互联网、云计算、大数据、物联网等与现代制造业融合，推动经济迈向中高端水平。要以大众创业万众创新催生新职业、新岗位，实现更加充分更高质量的就业，让更多的人富起来，实现机会公平、权利公平、人人参与又人人受益的包容性增长。要完善体制机制、加大政策支持、强化人才支撑、营造良好氛围，为大众创业万众创新提供有力保障。

张高丽表示，国家的繁荣发展离不开人民群众的创造力。我们要更加紧密地团结在以习近平同志为总书记的党中央周围，加快实施创新驱动发展战略，持续推进大众创业万众创新，为全面建成小康社会、实现中华民族伟大复兴的中国梦作出新的更大贡献。

大众创业万众创新高峰论坛由“全国大众创业万众创新活动周”组委会主办，国家发展改革委和中国科协承办，主题为“实施创新驱动发展战略，推动大众创业万众创新”。中国科协党组书记、常务副主席、书记处第一书记尚勇陪同张高丽副总理参观了活动周主题展示，并在高峰论坛上作“释放科技人员创新创业的能量和活力”专题发言。国家发展改革委、科技部、人力资源和社会保障部、财政部、工业和信息化部、教育部、共青团中央等部门领导在高峰论坛作专题发言。有关部委、专家学者、投资机构、企业及创客、高校学生代表和媒体人员约400人参加了本次论坛。

【刘延东听取《全民科学素质行动计划纲要》实施情况汇报】 1月28日下午，中共中央政治局委员、国务院副总理刘延东主持召开会议，听取《全民科学素质行动计划纲要》实施情况汇报。国务院副秘书长江小涓，中国科协党组书记、常务副主席、书记处第一书记尚勇，中央组织部副部长王京清，中央宣传部副部长王世明，国家发展改革委副秘书长范恒山，教育部部长助理林蕙青，科技部副部长李萌，财政部部长助理余蔚平，人力资源和社会保障部副部长汤涛，国土资源部副部长汪民，环境保护部核安全总工程师刘华，农业部总农艺师孙中华，国家卫生和计划生育委员会副主任王培安，中国科学院副院长李静海，中国气象局副局长沈晓农，以及14个部委的科学素质纲要办成员共计40余人参加会议。尚勇对2014年《全民科学素质行动计划纲要》实施情况和2015年工作安排作了汇报，其他部委与会领导作了补充发言。

刘延东指出，过去一年各地各部门围绕《全民科学素质行动计划纲要》目标任务，突出工作主题，契合公众需求，大联合大协作，蹄疾步稳、扎实工作，科普工作取得新进展，科普信息化建设迈出新步伐，科学素质公共服务建设取得新进步，大联合大协作推动科普有了新突破，全民科学素质工作取得新成效。

刘延东强调，实施创新驱动发展战略，关键靠科技创新，基础在于提高公民科学素质。各地各部门要围绕创新驱动发展战略需求，扎实推进全民科学素质工作，帮助社会公众理解、掌握和运用科学技术，激发公众的科技兴趣和创新热情，紧密团结和依靠社会公众特别是科技工作者广泛开展创新创造创业。要把全民科学素质工作和全面深化改革紧密结合起来，发挥地方、基层、群众首创精神，积极广泛宣传改革，引导公众科学理性对待改革中出现的各种问题，引导公众更好地认识改革、支持改革、参与改革，形成良好的改革发展环境。要推进全民科学素质工作本身改革，从制度、政策、机制三个方面加强改革，完善政策激励机制，加强监测评估和督查落实，适应公众对全民科学素质工作的新需求、新期待，推动形成全民科学素质跨越提升的新局面。

刘延东要求，全民科学素质工作要广泛开展科普宣传教育活动，编好公民科学素质系列读本，积极稳妥推进各项重点任务；要改进完善科普工作机制，进一步加强科普信息化建设，推动全民科学素质跨越提升；要着力完善支撑服务政策措施，颁布《中国公民科学素质基准》，建立符合我国国情的科学素质发展监测指标体系；要深入开展“十二五”科学素质纲要实施工作自查和专项督查，开展公民科学素质调查，编制好“十三五”全民科学素质行动规划，扎实做好“十三五”全民科学素质谋篇布局。

尚勇在汇报中回顾总结了2014年工作，提出了2015年的重点任务。2015年全民科学素质纲要实施工

作将围绕深入贯彻落实党的十八大和十八届三中、四中全会精神以及习近平总书记系列重要讲话精神，进一步推进科普信息化建设，编发公民科学素质读本，颁布公民科学素质基准，加快在国家科技计划中增加科普任务机制建设，广泛开展科普宣传活动，加强督导落实，确保“十二五”公民科学素质建设各项目标任务圆满完成，切实做好“十三五”公民科学素质谋篇布局，推动公民科学素质建设不断取得新成效，为实施创新驱动发展战略，全面建成小康社会，加快实现中华民族伟大复兴的中国梦作出新的更大贡献。

中国科协党组成员、书记处书记徐延豪，中国科协党组成员、办公厅主任吴海鹰，中国科协党组成员、中国科技馆馆长束为出席会议。

【李源潮出席中国科协系统贯彻落实中央党的群团工作会议精神工作会议】 7 月 23 日，中国科协在北京举行工作会议，对在中国科协系统深入学习领会习近平总书记重要讲话精神、全面贯彻落实党的群团工作会议精神进行动员部署。中共中央政治局委员、国家副主席李源潮出席并讲话。全国政协副主席、中国科协主席韩启德出席会议。会议由中国科协党组书记、常务副主席、书记处第一书记尚勇主持。

李源潮在讲话中指出，中国科协要深入学习领会习近平总书记重要讲话精神，联系实际提高认识，统一思想和行动，抓好贯彻落实。坚定不移走党指引的中国特色社会主义群团发展道路，团结带领广大科技工作者为中国特色社会主义共同理想而奋斗。切实保持和增强科协工作和科协组织的政治性、先进性、群众性，更好发挥党和政府联系科技工作者的桥梁纽带作用。关注科技工作者实际需求，强化服务意识、挖掘服务资源，为他们成长发展和有所作为提供更多高质量的服务。顺应时代要求，积极推进学会承接政府转移职能、科普信息化等方面的改革创新，努力开创科协工作新局面。

尚勇传达了中央党的群团工作会议精神，并作工作部署。一是要深入学习领会会议精神，认清科协发展的历史使命，勇担时代重任。二是要增强忧患意识，聚焦突出问题，加大整改力度。三是要坚持“三性”要求，保持和增强科协组织健康活力，将政治性的灵魂之火点亮点旺，将先进性的要求转化成改革创新实践中的先锋作用，将群众性的本色弘扬光大。四是要大胆改革创新，努力激发科协组织战斗力，完成学会有序承接政府转移职能工作任务，加大学会治理结构和治理方式改革力度，强化各级科协的自身改革。

部分在北京的中国科协常委，中国科协党组、书记处全体成员，中国科协所属全国学会、协会、研究会理事长和部分秘书长，各省、自治区、直辖市和新疆生产建设兵团科协、副省级城市科协党组书记，以及中国科协机关、直属单位有关负责人参加会议。

【李源潮出席中国科协第八届全国委员会第七次会议】 1 月 8 日，中国科协第八届全国委员会第七次会议在北京召开。中共中央政治局委员、国家副主席李源潮出席会议并与中国科协全委会委员座谈。会议传达了中央书记处对科协工作的重要指示精神，审议并通过了中国科协常委会工作报告，选举尚勇同志为中国科协第八届全国委员会常务委员会委员、第八届全国委员会副主席（主持常务工作）。全国政协副主席、中国科协主席韩启德主持开幕式并作工作报告。中国科协党组书记、常务副主席、书记处第一书记尚勇主持闭幕式并作总结讲话。

李源潮在与中国科协全委会委员座谈时指出，希望中国科协深入学习领会习近平总书记系列重要讲话精神，坚持中国特色社会主义群团组织的发展方向，引领广大科技工作者在促进科技创新上发挥更大作用。

座谈中，大家围绕学会有序承接政府转移职能、创新驱动助力工程、科技人才培养、海外人才引进等作了发言。李源潮说，希望中国科协引导广大科技工作者积极创新创业创优，进军经济建设主战场、进军科技创新前沿，为推动经济社会持续健康发展作贡献。

李源潮说，改革创新是中央对群团工作的明确要求，也是群团事业发展的必由之路。希望中国科协抓住机遇，推进承担的改革任务、科普信息化、学会工作创新和科协组织自身改革。加强服务能力建设，发挥知才识才优势，帮助优秀科技人才特别是青年科技人才脱颖而出。把弘扬科学精神与践行社会主义核心价值观结合起来，引导科技工作者健康成长。落实从严治党要求，持续改进作风，密切联系科技工作者，把广大科技工作者更紧密地团结在党的周围。

韩启德在工作报告中回顾总结了 2014 年工作，提出了 2015 年的重点任务，要求各级科协组织深入贯彻落实党的十八大和十八届三中、四中全会精神，贯彻落实习近平总书记系列重要讲话精神，围绕做好党的群众工作和国家科技工作，以学会工作为主体，以科技人才工作、决策咨询工作和科学素质工作为重点，以科学文化建设为基础，以钉钉子精神认真落实各项工作部署，团结带领广大科技工作者以改革创新的精神积极进军科技创新和经济建设主战场，努力在实施创新驱动发展战略、实现中国梦的伟大征程中更加奋发有为。

尚勇在总结讲话中强调，当前，科协事业发展面临十分难得、极其宝贵的战略机遇，任务繁重、使命光荣。要坚持坚定正确的政治方向，坚持中国特色社会主义群团发展道路，坚持服务创新驱动发展这个大局，坚持以科技工作者为本、学会为主体的工作主线，坚持继承中发展、落实中提升的工作理念，坚持“想事干、创新招、求人帮、务实效”的工作态度，以时不我待的精神状态，团结一致，狠抓落实，不断开创科协工作的新局面。

中国科协副主席邓中翰、卢锡城、冯长根、刘玠、李静海、沈岩、张勤、陈赛娟、唐启升、黄伯云、程东红、谢克昌，部分在京中国科协荣誉委员，中国科协党组成员、书记处书记徐延豪、王春法、沈爱民，中国科协党组成员吴海鹰、束为，中国科协第八届全国委员会委员，以及中国科协机关、直属单位负责人和全国学会、省级科协有关负责人500余人出席、列席会议。

【李源潮出席中国科协所属学会有序承接政府转移职能扩大试点工作座谈会】 7月23日，中国科协所属学会有序承接政府转移职能扩大试点工作座谈会在北京召开。中共中央政治局委员、国家副主席李源潮出席会议并作重要讲话。会议由全国政协副主席、中国科协主席韩启德主持。国务院副秘书长江小涓出席会议并讲话。中国科协党组、书记处领导同志和有关部门负责人，试点参与学会负责人代表，省级科协负责人代表等共约130人参加会议。

李源潮指出，要深刻领会习近平总书记在中央党的群团工作会议上的重要指示精神，认真落实党中央部署，稳妥有序推进扩大试点工作，为全面深化改革大局作出积极贡献。

李源潮强调，要从全面深化改革发展大局高度认识学会有序承接政府转移职能的重要意义，准确把握扩大试点的目标任务和工作要求，增强责任感使命感。要坚持试点推进，注意总结最基础最普遍的经验，探索形成可复制可推广的经验模式。注意加强与职能主管部门协调配合，建立完善可负责可问责的职能转接机制和转移后的服务机制，确保学会承接政府转移职能程序严密、运作规范、权责明确、公开透明、制约有效，提升公共服务水平和质量，努力让政府、行业社会、科技工作者“三方满意”。

韩启德在会上要求，中国科协及试点学会要按照习近平总书记重要指示，积极配合政府有关部门，以钉钉子精神深入推进试点工作。要坚决贯彻中央部署，逐条逐项落实试点任务，不折不扣落实好中共中央办公厅、国务院办公厅文件中部署的每一项任务。要加快实施，用半年左右时间，力争高质量地完成好扩大试点工作，力争形成具有改革创新意义的工作成果。要深化协调配合，展示科技社团良好形象，坚持政府部门主导、科协学会主动，服从和服务于改革大局，充分发挥学会的联合协作优势，以协作凝聚力量，以协作优化服务，团结带领广大科技工作者，积极进军科技创新和经济建设主战场。

江小涓在讲话中指出，本届政府深化行政审批制度改革，取得了重要进展和积极成效。中国科协及所属学会具有自身特色和优势，前期试点工作取得了明显成效。中国科协的扩大试点工作，是贯彻落实中央关于深化行政审批制度改革，正确处理政府与社会关系的重要举措，也是党中央、国务院交给科协承担的一项重要任务。希望中国科协找准定位，厘清边界，把承接的任务抓实抓好，抓出特色和水平，创出可复制、可推广的经验，形成制度性成果，更好地推动政府简政放权和转移职能。国务院办公厅将认真贯彻中央统一部署，加强协调、积极推动，对科协扩大试点工作给予实实在在的支持和帮助。

中国科协党组书记、常务副主席、书记处第一书记尚勇就扩大试点工作安排作了汇报。他表示，中央全面深化改革领导小组第十二次会议审议通过中国科协的扩大试点实施方案，中共中央办公厅、国务院办公厅印发方案，标志着试点工作纳入中央全面深化改革总体部署，试点的对象从原来分散、单个的试点扩大为重点职能的整体转接，试点更加突出问题导向，协调的广度、深度和难度大大增加。中国科协将会同配合有关政府部门，全力以赴做好扩大试点的协调对接工作，分类制定职能转接操作规范，指导督促科协系统贯彻落实工作，推进学会治理结构与治理方式改革，加强宣传推广，营造良好氛围，努力以更低的成本、更高的效率提供更好的公共服务产品，完成好中央交给科协的这一重要任务。

科技部、人力资源社会保障部和国家标准委3个国务院部门单位，中国环境科学学会、中国土木工程学会2个试点学会，江苏省科协、重庆市科协2个地方科协在大会上作了交流发言。

【李源潮调研科普信息化建设并出席中国科协科普信息化工作座谈会】 11月17日，中共中央政治局委员、国家副主席李源潮在北京调研科普信息化建设，出席中国科协科普信息化工作座谈会。他指出，要落实十八届五中全会和中央党的群团工作会议精神，抓住机遇加快推进科普信息化建设，为全面建成小康社会作出更大贡献。

李源潮来到北京35中学高中部，看了3D打印、纳米与化学可视化试验、科普游戏设计等兴趣班，勉励同学们保持科学兴趣，追求创意创造。在金融街智慧科学生活馆，李源潮观看社区科普视频，询问居民对哪些内容感兴趣，提出要围绕居民关切搞科普，让更多群众参与受益，生活和谐美满。在新华网“科普中国”项目基地，李源潮充分肯定新闻导入网上科普的做法，希望科协与网站加强合作，让科普插上网络的翅膀，建设一流网上科普平台。

座谈时，中国科协党组成员、书记处书记徐延豪代表中国科协作了科普信息化进展情况的汇报，新华网、腾讯、百度等企业，上海、新疆科协负责人，科技工作者代表发言交流。李源潮说，科普工作要与时俱进保持技术先进性、手段先进性和理念先进性，适应社会变化，保持与群众的紧密联系，科普方式、科普阵地要与群众活动空间一起转移，特别要跟着青少年的兴趣走。要抓住国家事业发展、社会信息化建设和市场机制创新的机遇，推动科普事业加快发展。以科普信息化为核心，制定好“十三五”时期科普发展规划并纳入国家发展规划。抓好科普信息化龙头工程和示范项目，建好网上科技馆，提升数字科技馆，线上线下有机结合，进社区、进乡村、进中小学、进家庭，让群众特别是青少年能用、好用、常用。宣传表彰和鼓励更多科技工作者献身科普事业，做科普志愿者。

中国科协党组书记、常务副主席、书记处第一书记尚勇主持座谈会。他表示，中国科协将认真贯彻落实党的十八届五中全会精神，研究制定并落实好《中国科协科普发展规划（2016—2020年）》，进一步加强科普信息化，全面创新提升科普工作，为实现中国梦作出应有的贡献。

北京市委副书记、市长王安顺，新华社党组书记、社长蔡名照，北京市委常委、教育工委书记苟仲文，中国科协党组成员、书记处书记吴海鹰，中国科协党组成员、计划财务部部长王延祜，北京市科协党组书记、常务副主席夏强，北京市西城区区长王少峰参加了调研和座谈会。部分全民科学素质纲要实施工作办公室成员单位负责人，中国科协有关部门和单位负责人，地方科协代表，全国学会代表和科普信息化建设企业代表等参加了座谈会。

【李源潮出席科幻创作座谈会】 9月14日，中共中央政治局委员、国家副主席李源潮在北京与刘慈欣等科普科幻创作者座谈。他希望大家认真贯彻中央关于繁荣发展社会主义文艺的意见，高扬理想和科学旗帜，创作更多受人民群众特别是青少年喜爱的优秀作品，为实现中华民族伟大复兴的中国梦注入科学正能量。

2015年8月刘慈欣的科幻小说《三体》荣获第73届世界科幻小说大会雨果奖，中国科普科幻界深受鼓舞。座谈中，大家就繁荣科普科幻创作、加强人才培养、发展科幻影视、开展国际交流等问题谈了意见建议。

李源潮认真听取大家发言。他说，对美好未来的想象是人类进步的精神动力。科学幻想因其源于现实生活、激发新奇发现、放飞自由想象，对科技发展和社会进步发挥了重要的引导作用。科普科幻创作肩负着展现中国梦的时代责任，要坚持以人民为中心，努力点燃青少年科学梦想，激发全民族实现中国梦的想象力创造力。要坚持科学性、艺术性、思想性相统一，既超人超物超史，又合情合理合法，把科学幻想与人类情思、社会理想融为一体，增强全社会实现中国梦的理想信念。各级科协组织要大力支持科普科幻创作，宣传表彰先进典型，鼓励发展影视、互联网等科普产业，开创中国科普科幻事业新局面。

中国科协党组书记、常务副主席、书记处第一书记尚勇主持座谈。他表示，中国科协将加强顶层设计，加大支持力度，推动政策保障，为科幻创作营造更好的生态环境和更浓厚的社会氛围，为繁荣科幻创作作出更大的贡献。

中国科协党组成员、书记处书记徐延豪，中国科协党组成员、书记处书记吴海鹰，中国科协党组成员束为，中国科学院院士、中国科普作家协会理事长刘嘉麒，科幻电影导演、制片人周文武贝，北京师范大学教授、科幻文学专业博士生导师吴岩，《科幻世界》主编姚海军等参加座谈。

【韩启德倡议广大科技工作者弘扬高士其精神】 9月7日，全国政协副主席、中国科协主席韩启德接受高士其学术成长资料采集小组专访。他高度赞扬了高士其对科普事业发展作出的历史性贡献，充分肯定了弘扬高士其精神对推动当前科普事业发展的重要意义，并殷切希望全国广大科技工作者以高士其为榜样，积极投身实施创新驱动发展战略和建设创新型国家伟大实践，为全面建成小康社会建功立业。

韩启德指出，高士其先生是一名科学家，更是著名的科普作家。他早年在美国感染了脑炎病毒以致终身残疾，从此将全部的精力投入到科普创作和科普工作中，引导了一代又一代人热爱科学，走上科学研究的道路。我们国家非常需要他这样的科普专家。2015年是他诞辰110周年，大家都很怀念他。高士其先生不同时期的科普作品都体现了他强烈的社会责任感，当前的科普工作也要结合社会的实际情况，结合热点、焦点问题，这样才能把科普工作做得喜闻乐见，取得良好的传播效果。

韩启德强调，中国的科技工作者正生活在一个非常伟大的时代，同时也面临很大的挑战，创新驱动是转变发展方式和经济结构的唯一出路。科技工作者应该发扬高士其先生的精神，在完成科学研究和技术发明之外，还要肩负起科学传播的社会责任，传播科学知识和科学方法，弘扬科学精神，提高全民族的科学素质，为国家的科技发展提供肥沃的土壤。

【全国政协“提高全民科学素质　促进创新驱动发展”座谈会】 9月8日，全国政协人口资源环境委员会在北京召开“提高全民科学素质　促进创新驱动发展”座谈会。全国政协副主席马培华出席并讲话。全国政协常委、人口资源环境委员会主任贾治邦主持座谈会。

马培华指出，全民科学素质是实施创新驱动发展战略和全面建成小康社会的基础，是国家综合国力的体现。要把科技创新摆在国家发展的核心位置，就必须高度重视全民科学素质的提高。党的十八大以来，习近平总书记就治国理政提出包括“四个全面”和创新驱动发展等一系列新思想、新观点和新论断，成为凝聚中华民族奋进力量、夺取中国特色社会主义新胜利、实现中华民族伟大复兴中国梦的强大思想武器。我们要认真学习贯彻习近平总书记系列讲话精神，领会好中央的重大战略部署，以提高全民科学素质来促进创新驱动发展，助力“四个全面”建设。

马培华表示，创新驱动战略是现阶段我国创新发展的不竭动力，培育有核心竞争力的创新企业是实现创新驱动发展的核心要求，提高全民素质要从娃娃抓起。要提高认识，统一思想，各级领导带头抓该项工作；要围绕中心，把握大局，科学制定好全民科学素质“十三五”规划；要突出重点，精准发力，确保“十三五”公民科学素质建设目标的实现；要完善机制，齐抓共管，为进一步加强公民科学素质建设提供保障。

座谈会上，中国科协党组成员、书记处书记、全民科学素质纲要实施工作办公室主任徐延豪作了题为《科学谋划全民科学素质工作　筑牢创新驱动发展战略基础》的工作汇报。中央组织部、教育部、科技部、农业部就本系统开展的有关工作情况作了介绍，全国政协委员、民主党派代表和专家就提高全民科学素质、促进创新驱动发展作了深入交流探讨。

《科学素质纲要》颁布实施十年来，在党中央、国务院的正确领导下，各地各部门紧紧围绕党和国家的中心工作，根据《科学素质纲要》实施工作的总体部署，按照“政府推动、全民参与、提升素质、促进和谐”的方针，面向基层、服务民生，组织开展了大量各具特色的群众性科技教育、传播和普及活动，未成年人、农民、城镇劳动者、领导干部和公务员、社区居民等重点人群科学素质行动扎实推进，科学教育与培训、科普资源开发与共享、大众传媒科技传播能力建设、科普基础设施、科普人才建设等基础工程建设不断加强，科普公共服务能力明显提高，坚持大联合大协作，逐步形成了中央和地方联合协作、共建共担、层层分解目标责任的矩阵式工作格局。我国具备科学素养的公民比例从2005年的1.60%提高到2010年的3.27%，根据目前抽样调查初步统计，2015年将实现超过5%的目标，圆满完成“十二五”的目标任务。

全国政协常委、副秘书长刘家强，全国政协人口资源环境委员会副主任庄国荣，全国政协人口资源环境委员会副主任、中国科协决策咨询专委会主任齐让，全国政协常委、人口资源环境委员会副主任、中国科协副主席、中国科学院院士秦大河，全国政协人口资源环境委员会副主任李成玉，全国政协人口资源环境委员会驻会副主任凌振国，全国政协常委何为荣，全国政协委员王云峰、王训练、王兆海、史玉波、严慧英、杨志明、沈瑾、沈小南、姜耀东、姚中民、秦升益、聂振邦、黄国柱、谢正观、沈保根、欧阳钟灿、包为民，以及王元丰、吴循、汤书昆、叶浅草、陈钢等党派同志和专家学者参加座谈会。

【全国政协“大力加强科普教育”座谈会】 12 月 9 日，九三学社中央和全国政协教科文卫体委员会在北京联合召开“大力加强科普教育”座谈会。全国政协教科文卫体委员会主任张玉台、全国政协副秘书长张秋俭、全国政协人口资源环境委员会副主任齐让、九三学社中央副主席赖明和部分在京全国政协委员、九三学社中央以及全民科学素质纲要实施工作办公室成员单位相关负责人参加会议，座谈会由全国政协教科文卫体委员会副主任陈小娅主持。

张玉台强调，要达到“到 2020 年，科技教育、传播与普及长足发展，建成适应全面小康社会和创新型国家的现代公民科学素质建设的组织实施、基础设施、条件保障、监测评估等体系，公民科学素质建设的公共服务能力显著增强，公民具备科学素质的比例达到 10%，达到创新型国家水平”这一“十三五”全民科学素质行动的目标，必须继续坚持“政府推动、全民参与、提升素质、促进和谐”的工作方针，围绕“节约能源资源、保护生态环境、保障安全健康、促进创新创造”的工作主题，抓住五大重点人群，精准发力、全面跨越，推动科学技术的教育、传播与普及，扎实推进全民科学素质的提升。

中国科协党组成员、书记处书记、全民科学素质纲要实施工作办公室主任徐延豪在会上介绍了“十二五”我国在推进公民科学素质、科学技术教育、传播与普及工作方面取得的成效，介绍了目前面临的主要困难和下一步工作目标，并提出关于推进“十三五”全民科学素质工作的五点建议。中央组织部、教育部、科技部、财政部、人力资源和社会保障部就本系统开展的有关工作情况作了介绍，委员们围绕《全民科学素质行动计划纲要》实施情况、科普相关政策制度落实情况以及推进社区居民、未成年人、城镇劳动者、农民、领导干部和公务员五类重点人群科普教育等内容展开座谈讨论，并就加强“十三五”全民科学素质工作提出意见建议。

【中国科协第八届全国委员会常务委员会第十二次会议】 1 月 7 日，中国科协八届常委会第十二次会议在北京中国科技会堂召开。会议由全国政协副主席、中国科协主席韩启德主持。

中国科协党组书记、书记处第一书记尚勇传达了中央书记处对中国科协工作的指示精神，报告中国科协八届全委会第七次会议日程安排。

会议审议了中国科协常委会工作报告，讨论了有关学会申请加入中国科协团体会员的事项。

会议听取了关于实施学会创新和服务能力提升工程及创新驱动助力工程进展情况的汇报；听取了中国科协第八届常委会科技工作者道德与权益专门委员会、决策咨询专门委员会、促进农村和少数民族地区发展专门委员会工作情况的汇报。

会议书面审阅了《中国科协第八届常委会各专门委员会 2014 年工作总结和 2015 年工作计划》。

会议审议通过了拟提交中国科协第八届全国委员会第七次会议的有关选举事项。

中国科协副主席邓中翰、卢锡城、冯长根、刘玠、李静海、沈岩、张勤、张桃林、陈章良、陈赛娟、赵沁平、秦大河、唐启升、黄伯云、程东红、谢克昌，常委干勇、王小兰、王诗宬、王春法、方新、吕植、许振超、孙家广、李洪、杨劼、吴明江、沈爱民、张玉卓、欧阳竹、易小刚、郑南宁、哈木拉提·吾甫尔、饶子和、夏强、徐延豪、高福、曹振全、屠海令出席会议。

中国科协党组书记、书记处第一书记尚勇，中国科协党组成员吴海鹰、束为，中国科协决策咨询专门委员会主任齐让列席会议。中国科协办公厅、计划财务部、组织人事部、调研宣传部、学会学术部、科学普及部、国际联络部、机关党委、发展研究中心、青少年科技中心等有关部门、直属单位负责人列席会议。

【中国科协第八届全国委员会常务委员会第十三次会议】 5 月 22 日，中国科协八届常委会第十三次会议在广东省广州市召开。会议由全国政协副主席、中国科协主席韩启德主持。

会议听取了关于第十七届中国科协年会筹备情况及第十八届中国科协年会方案框架的汇报，关于中国科协所属全国学会有序承接政府转移职能扩大试点情况的汇报，关于中国科协推荐（提名）院士候选人工作情况的汇报，关于中国科协八届常委会女科技工作者专门委员会推动女科技工作者参与创新驱动发展战略的汇报。

会议审议通过了中国遥感应用协会、中国研究型医院学会、中国海洋工程咨询协会申请加入中国科协团体会员事项。

根据《中国科学技术协会章程》的规定，经韩启德主席提名，会议表决通过，吴海鹰同志任中国科协第八届全国委员会常务委员会书记处书记。

中国科协常务副主席尚勇，中国科协副主席邓中翰、卢锡城、冯长根、刘玠、李静海、沈岩、张勤、陈章良、陈赛娟、秦大河、黄伯云、程东红、谢克昌，常委干勇、王小兰、王春法、方新、吕植、许振超、杨卫、杨劼、沈爱民、欧阳竹、郑南宁、哈木拉提·吾甫尔、饶子和、夏强、徐延豪、高福、曹淑敏、龚克、谢和平等出席会议。

陕西省委副书记胡和平，中国科协党组成员、办公厅主任吴海鹰，中组部干部四局副局长陈玉明，各省、自治区、直辖市、副省级城市科协和新疆生产建设兵团科协党组书记，中国科协机关各部门及有关直属单位负责人列席会议。

【中国科协党组传达学习2015年全国两会和中央有关精神】 3月23日，中国科协党组在北京召开理论学习中心组学习扩大会，传达学习2015年全国两会精神、李源潮副主席在与群团组织领导班子成员座谈会上的重要讲话精神。中国科协党组书记、常务副主席、书记处第一书记尚勇主持会议。中国科协党组副书记、副主席、书记处书记张勤，中国科协党组成员、书记处书记徐延豪、王春法、沈爱民，中国科协党组成员吴海鹰、束为出席会议，机关各部门、各直属单位主要负责人参加会议。

会议传达了十二届全国人大三次会议和全国政协十二届三次会议情况。尚勇强调，这次全国两会是在全面深化改革的关键之年、全面推进依法治国的开局之年和“十二五”规划的收官之年召开的一次非常重要的会议，会议汇聚改革正能量，凝聚发展新共识，对于动员和激励全国各族人民共同协调推进“四个全面”的战略布局、实现中华民族伟大复兴的中国梦具有十分重要的意义，也为我们在新的起点上加强中国科协工作进一步明确了方向，提出了更高的要求。要把学习贯彻全国两会精神作为现阶段一项重要政治任务，切实把思想和行动统一到党中央、国务院对2015年工作的部署要求上来。要结合科协工作职能，在实施创新驱动发展战略，打通科技成果转化通道，营造激励大众创业、万众创新大环境，提高公民科学素质等方面，充分发挥中国科协优势，尽职尽责、主动作为。

尚勇还传达了李源潮副主席在与群团组织领导班子成员座谈会上的重要讲话精神。尚勇强调，要认真学习领会李源潮同志在座谈会上的重要讲话精神和中央《关于加强和改进党的群团工作的意见》(以下简称《意见》)，积极行动起来，充分发挥职能作用，积极进军科技创新和经济建设主战场。《意见》赋予群团组织新的任务和使命，带来重大机遇和动力。中国科协要贯彻落实好《意见》要求，为中央群团工作会议的召开做好充分准备，以更大的工作热情、更加饱满的精神状态投入到科协事业发展中。

【中国科协党组传达学习中央党的群团工作会议精神　研究部署贯彻落实工作】 7月8日下午，中国科协党组召开会议，传达学习中央党的群团工作会议精神，研究部署贯彻落实工作。中国科协党组书记、常务副主席、书记处第一书记尚勇主持会议，党组副书记、副主席、书记处书记张勤，党组成员、书记处书记徐延豪、王春法、吴海鹰，党组成员束为、王延祜出席会议。

会议重点传达学习了习近平总书记重要讲话精神，传达学习了刘云山同志总结讲话精神，以及李源潮同志关于贯彻落实工作的部署要求。与会同志一致认为，党的群团工作会议是党的群团工作的重要里程碑。习近平总书记重要讲话是指导新时期党的群团工作的极为重要的纲领性文献，从巩固党执政的阶级基础、群众基础的战略高度，从党和国家事业长远发展的全局高度，深刻阐明了党的群团工作的一系列重大理论和实践问题，是做好新时期党的群团工作的指导纲领和基本遵循。

会议对中国科协进一步学习贯彻落实工作进行了部署。一是采取多种形式在中国科协系统深入传达学习，认真贯彻落实党的群团工作会议精神，特别是习近平总书记重要讲话精神。在有关《中共中央办公厅通报》下发后，及时召开科协系统贯彻落实党的群团工作会议精神工作会，组织地方科协和全国学会领导认真学习领会党的群团工作会议精神和习近平总书记重要讲话精神，通过深入学习，找准问题，认清群团组织的历史使命和发展建设的方向，动员和部署整个科协系统开展深入学习贯彻落实活动；以党组中心组学习的形式，专门组织中国科协机关部门和直属事业单位领导深入学习，并在自学的基础上组织研讨，充分领会、吃透精神、统一思想、提高认识，把群团工作会议精神落到实处。

二是进一步落实好中央交给中国科协的有序承接政府转移职能的任务。组织召开承接政府转移职能扩大试点工作推进座谈会，学习贯彻习近平总书记关于群团组织承接政府转移职能方面的指示精神，进一步深化改革，在有序承接政府转移职能方面更加大胆地探索，把中央赋予中国科协的任务落到实处。

三是以筹备中国科协“九大”为契机，全面贯彻落实好习近平总书记的重要讲话精神和中央关于加强和改进群团工作的意见，通过《中国科协章程》修改等环节，把领导体制、组织架构、人事安排等方面改革的措施固化在法规中，体现在中国科协“九大”报告里；在依法治会、坚持党的领导、联系群众等方面实现“三统一”，充分体现改革精神。

四是积极采取有力措施，大力推进科协系统的改革创新。通过进一步开展调查研究，聚焦问题，加强顶层设计，提出推进科协治理方式和治理体系改革等一揽子要点，形成中国科协深化改革的初步方案。特别要按照这次大会的要求，从整个科协系统的治理体制、治理机制、工作方式、工作作风等方面入手，进行自我革命，尤其要在改革工作方式上充分体现出“转机制、转作风、转职能、强服务”的改革理念和改革举措，深入探索科协发展的新路子，切实担负起中央赋予科协组织的崇高使命和光荣任务。

【中国科协召开干部会宣布领导班子成员调整推进下半年工作】 5月26日，中国科协召开干部会，宣布党组、书记处领导同志职务任免事项，推进下半年主要工作。会议由党组书记、常务副主席、书记处第一书记尚勇主持。党组、书记处其他领导，沈爱民同志以及机关各部门、各直属单位的主要负责人参加了会议。

会上，尚勇宣布了中共中央组织部关于中国科协党组、书记处领导同志的职务任免的通知。按照通知要求和中国科学技术协会章程规定，5月22日经中国科协主席韩启德同志提名，中国科协第八届常委会第十三次会议通过，吴海鹰同志任中国科协书记处书记，沈爱民同志因年龄原因不再担任中国科协书记处书记职务。根据通知，免去沈爱民同志的中国科协党组成员职务，王延祜同志任中国科协党组成员。尚勇代表中国科协党组、书记处领导班子，对沈爱民同志多年来对中国科协事业作出的辛勤努力和重要贡献给予高度评价，表示衷心感谢。新任书记处书记吴海鹰、新任党组成员王延祜分别作了表态发言，沈爱民作了讲话。

尚勇表示，2015年以来，随着巡视整改工作的不断深入和科协工作的转型升级，机关工作作风和整体精神面貌发生了较大转变，取得了成效，中国科协工作的影响力得到提升，工作作风和工作方式明显好转。他强调，面对取得的工作成效，我们要清醒地认识到，科协系统干部队伍的综合素质与整体能力还有待提高、地方科协和基层科协组织的地位还有待提高，这是今后一段时期科协组织面临的亟待解决的两个问题。

尚勇强调，科协系统要振奋精神、抓好落实。从现在起到年底，各项工作要“加大力度，下大功夫，见大实效”，要把高质量开展好“三严三实”专题教育摆在一切工作突出位置：一是要着力抓好“三严三实”专题学习研讨，切实解决突出问题，推动从严治党取得显著成效；二是要抓好巡视问题整改落实到位；三是要认真做好干部选拔任用工作，落实好“三个统筹兼顾”的原则，做到“公开、公平、公正”；四是要做好机关党委、纪委的换届工作，通过组织建设带动思想建设、作风建设、党风廉政建设和制度建设；五是要锲而不舍地抓好中央八项规定各项要求的落实，坚决防止“四风”问题的反弹，通过制度建设和督促检查落实使工作作风得到进一步好转。

尚勇指出，要着力抓好2015年的几项重要工作和重大活动：一是要做好即将召开的中央关于加强群团工作有关会议精神的贯彻落实；二是要做好中国科协所属学会有序承接政府转移职能扩大试点工作动员座谈会的有关工作；三是要筹备召开好科协系统援疆工作会议；四是要办好在香港特别行政区举行的第三十届全国青少年科技创新大赛；五是要继续办好全国科普日活动；六是要办好京津冀协同创新共同体建设论坛；七是要办好智能社会高端论坛；八是要筹备组织好科学大师名校宣传工程精品汇集演出；九是要办好世界机器人大会和博览会。

尚勇强调，要着力在几个重点工作上取得突破性进展：一是基本完成中国科协“十三五”规划的编制工作；二是科普信息化工作要取得显著进展，要在全国科普日前夕组织召开一次全国科普信息化工作会议；科普内容和形式等要有大的突破，并要在全国科普日期间充分展示出来；三是科技馆展品要有新突破，凸显科技前沿，同时要抓紧启动全国科技馆展品标准的研究编制工作；四是《公民科学素质学习应知应会读本》要完成发行工作，同时做好公民科学素质评测工作；五是在强化学会管理方式和运营机制改革方面要取得一揽子突破；六是在学会联合体建设上要有新突破；七是启动实施青年人才托举工程；八是要在中国科协的科技人才奖励制度方面取得新突破；九是要完成包括创新评估和智库建设等在内的上报中央的重要建议报告；十是科技传播中心要完成立项并力争开工。

尚勇指出，要着力抓好已经部署实施的工作的落实与督查：一是关于推进高校科协和企业科协组织建设的工作情况，年底前要做好调查统计，通报有关进展情况；二是关于支持农村专业技术协会开展农技社会化服务的意见的执行情况，要抓好落实，要有明显提升；三是创新驱动助力工程试点的推进情况，要推动做好对接和落实工作，要见成效；四是要启动《中国科学技术协会章程》的修订和中国科协第九次全国代表大会的筹备工作；五是要做好2015年预算执行情况的检查和2016年预算的编制工作；六是要完成“一带一路”国际科技合作会议的报批工作。

【中国科协召开地方科协党组书记年度工作研讨会】 1月9日，中国科协在北京召开地方科协党组书记年度工作研讨会。中国科协党组书记、常务副主席、书记处第一书记尚勇出席会议并讲话。中国科协党组副书记、副主席、书记处书记张勤，中国科协党组成员、书记处书记徐延豪、王春法、沈爱民，中国科协党组成员吴海鹰、束为等出席会议。各省、自治区、直辖市、副省级城市科协和新疆生产建设兵团科协党组书记出席会议，18位地方科协党组书记在大会上发言，交流了2014年工作开展情况和2015年工作设想。中国科协机关各部门和各直属单位主要负责人列席会议。

尚勇在讲话中指出，过去的一年，各级科协自觉围绕中心、服务大局，认真履行“三服务一加强”工作职能，积极进军科技创新和经济建设主战场，主动谋划新思路，创新工作机制和手段，亮点频出，可圈可点，创造了很多宝贵经验。2015年是科协事业发展中具有重要意义的一年。适应、引领经济新常态，实施创新驱动发展战略，尽快实现从要素驱动为主向创新驱动的动力转换，赋予科技界更加重要的使命，科协面临的任务将更加繁重。处于新的发展起点，各级科协必须以更加奋发有为的精神投身到国家科技创新和经济建设的主战场中，更好地担负起党联系广大科技工作者的桥梁纽带作用，团结和凝聚广大科技工作者在创新驱动发展中不断作出新贡献。

尚勇结合地方实际，着重就贯彻落实中央书记处指示精神和李源潮同志重要讲话、落实好韩启德主席工作报告，对2015年科协重点工作提出了如下要求：一是以习近平总书记系列重要讲话精神为统领，担负起党领导的人民团体的政治责任；二是高举“创新驱动助力工程”旗帜，在科技创新和经济建设主战场奋发有为；三是以科普信息化为龙头，全面提升公民科学素质纲要实施水平；四是以“学会创新和服务能力提升工程”为载体，全面加强各级学会的能力建设；五是以科技人才队伍建设为重点，激发科技工作者的创新活力；六是以贯彻落实中央加强群团建设文件为契机，切实推进科协的自身建设。

尚勇强调，各级科协一定要组织好学习好习近平总书记系列重要讲话精神，特别是关于科技创新思想的讲话，真正学习好领会好，武装头脑，统一思想，变成自觉行动，指导实践。要坚持“想事干、创新招、求人帮、重实效”，特别要注重虚功实做，切实转变观念、转变职能、转变工作方式、转变工作作风。要和中国科协对好表，定好调，创新进取，奋发有为，真正统一思想、统一步调，把2015年的工作落到实处。

【地方科协党组书记贯彻落实中央群团工作意见座谈会】 5月23日，地方科协党组书记贯彻落实中央群团工作意见座谈会在广东省广州市召开。会议围绕深入贯彻落实《中共中央关于加强和改进党的群团工作的意见》（以下简称《意见》）工作开展深入座谈交流。座谈会由中国科协党组书记、常务副主席、书记处第一书记尚勇主持。中国科协党组副书记、副主席、书记处书记张勤，党组成员、书记处书记王春法、吴海鹰，各省、自治区、直辖市、副省级城市科协和新疆生产建设兵团科协党组书记和有关负责人出席会议，中国科协机关各部门、直属单位负责人参加座谈会。

座谈会上，北京等8位地方科协党组书记围绕深入贯彻落实中央群团工作意见、充分发挥科协组织在创新驱动发展战略中的独特作用，进行了深入交流座谈。

尚勇在总结讲话中指出，中央对于中国科协发展高度重视，中央深化改革领导小组会议审议了中国科协所属学会承接政府转移职能问题，院士推荐工作也圆满结束，中央领导分别作出批示表示肯定。目前，各地科协想干事、能干事、干实事的能力普遍提升，有了崭新的精神面貌。但从整体来讲，科协的精神状态、工作能力和队伍状态，离党中央国务院、各级党委政府的要求还有差距。

针对下一步工作，尚勇强调，一是在服务创新驱动发展上取得更大作为，要实施好创新驱动助力工程，围绕万众创新，抓好试点、服务企业、发挥作用。二是要在承接政府转移职能上拓展新阵地，中国科协将发布具体的操作细则、贯彻实施方案意见，并召开承接政府转移职能扩大试点动员会，大家要做好充分准备。三是要在科普升级中取得新成效，同步推进科普信息化工作，抓好科普进社区工作，改造提升科技馆建设，做好全民科学素质提升考核工作。四是要在基层组织建设中取得新突破，企业科协、高校科协、农技协，特别是省（自治区、直辖市）所属学会自身建设和能力提升要抓出新成效。五是科技人才工作要再上新台阶，建家交友是科协的老本行，要通过宣传科技工作者事迹，增强科协影响力，通过奖励、举荐人才、维护科技工作者权益来增强我们对科技工作者的凝聚力。六是要把援疆援藏工作作为政治任务抓好，各省（自治区、直辖市）要做好对口县的扶持工作。希望大家迎难而上，振奋精神，务实实干，取得新成效。

充分发挥科协组织在创新驱动发展战略中的独特作用，座谈会前各地方科协党组书记考察了深圳市高科技创新企业和研究机构，出席了第一届创新科技成果交流会开幕式、中国科协第十七届年会开幕式暨大会特邀报告会、智能社会科技专家论坛等活动。

【尚勇春节前看望慰问科技工作者和科协老同志】

在新春佳节即将到来之际，中国科协党组书记、常务副主席、书记处第一书记尚勇分别走访看望著名科学家、一线科技工作者以及中国科协老领导和离退休干部等，代表广大科技工作者和科协干部职工向他们送去节日的问候和祝福。中国科协党组成员、办公厅主任吴海鹰陪同看望。

2 月 9 日，尚勇首先到北京医院和复兴医院，分别看望了中国科协名誉主席周光召和中国科协书记处原书记曹令中，向他们拜年，并与家属亲切交谈，送去关心和慰问。在北京医院，尚勇向周光召同志的女儿周莹、女婿卢世川详细询问了周光召同志的康复状况，看到周光召同志身体日渐好转，感到非常高兴，他说周光召同志是科技界的泰斗，也是杰出的领导人，为推动中国科技事业的发展作出了很大的贡献，衷心希望他能早日康复。

尚勇还看望了中国科协荣誉委员张玉台同志，并就中国科协的工作交流了意见和看法。2 月 10 日，尚勇先后走访看望了中国探月工程首任总指挥、中国工程院院士栾恩杰，中国工程院原常务副院长、工程院院士朱高峰，小麦遗传与远缘杂交育种专家、中国科学院遗传发育所研究员、2006 年国家最高科技奖获得者李振声院士，国家自然科学基金委员会原主任、2013 年国家最高科技奖获得者、中国科学院院士张存浩，北京大学原校长、国家自然科学基金委员会原主任、中国科学院院士陈佳洱，并与他们亲切交谈，认真听取他们对科技工作和科协工作的意见和建议。

在与几位科学家的交谈中，尚勇说，各位科学家满怀爱国热情和创新激情，潜心研究，勇于探索，为中国的科技事业作出了突出贡献。当前新阶段新形势下，党和国家对中国科协工作提出了新的、更高的要求，也为广大科技工作者发挥聪明才智提供了更广阔的空间。每一位科学家都是我们党和国家的宝贵财富，你们为我国科技工作和科协工作发展作出了巨大贡献，感谢你们一直以来对科协工作的大力支持，希望你们继续关心、关注和支持中国科协在国家创新驱动发展战略实施过程中所开展的各项工作，多建真言、多献良策，发挥自身优势，积极参与和支持中国科协做好第三方评估、院士推荐（提名）等工作，为我国科技工作和中国科协事业的发展多提宝贵意见和建议，贡献智慧和力量。

科学家们表示，长期以来中国科协大力发挥桥梁纽带的作用，坚持以科技工作者为本，为促进科学技术的繁荣和发展服务做了大量扎实有效的工作，特别是 2014 年以来，中国科协突出重点，真抓实干，各项重点工作都取得了新进展。春节前，中国科协送来的慰问和祝福，让大家充分感受到来自科技工作者之家的温暖。他们将继续关注、支持科协事业的发展，也相信在尚勇书记的带领下，中国科协将继续发挥自身优势，不断迈上新台阶。

在中国科普研究所离休干部李元家中，尚勇向他颁发了中共中央组织部全国离退休干部先进个人证书，并代表中国科协党组表示祝贺。李元表示，自己从事科普工作70年，为一辈子做科普人而自豪。尚勇说，李元同志受到党和国家的如此重视，这是我们科普事业的荣耀，也是科普人的荣耀。党和国家历来重视科普工作，将科学素质工作作为一个大的工程进行推进。我们要继承老一辈科普工作者优良的传统，尤其是奉献和敬业精神，将他们的科普接力棒接稳接好，一辈辈传承下去。

【纪念王大珩先生百年诞辰座谈会】 2月26日，是“两弹一星功勋奖章”获得者、我国现代光学和光学工程事业的开拓者和领导者、著名光学家、两院院士王大珩先生百年诞辰日。为纪念王大珩先生，中国光学学会、中国仪器仪表学会、中国计量测试学会、中国物理学会联合在北京召开纪念王大珩先生百年诞辰座谈会。中国科协党组书记、常务副主席、书记处第一书记尚勇，中国光学学会理事长、中国科学院院士郭光灿，中国工程院原副院长、中国工程院院士杜祥琬，中国物理学会原理事长、北京大学原校长、中国科学院院士陈佳洱，中国仪器仪表学会理事长、中国工程院院士李天初，北京光学学会名誉理事长、中国工程院院士周立伟，中国科学院院士简水生，中国工程院院士姚骏恩，中国工程院院士张钟华，中国仪器仪表学会常务副理事长吴幼华，中国计量测试学会副理事长兼秘书长马爱文出席座谈会。会议由中国光学学会副理事长兼秘书长龚旗煌院士主持。

尚勇在讲话中高度评价了王大珩先生对我国科技事业、尤其是光学科技事业所作出的重要贡献，对王大珩先生担任中国科协副主席期间，为中国科协成为全国政协的组成部分所作出的努力，以及在学术交流、科学普及等方面所作出的成绩给予了肯定。尚勇强调，我们要缅怀和追思王大珩先生的丰功伟绩，总结和梳理他的科学思想，更要学习他治学严谨、勇于创新的科学精神，热爱祖国、献身科学的高尚品格。我们要把学习纪念的成果转化为激发调动广大科技工作者积极性创造性的精神力量，引导广大科技工作者不断增强“三个自信”，始终与党同心同德，积极投身国家科技和改革发展，自觉把个人前途与国家命运、人民需要紧密结合起来，把实现自身价值与服务祖国人民统一起来，支持广大科技工作者坚持严肃的科学态度和严密的科学方法，积极倡导敢于提出新观点、新思想、新方法、新理论的创新精神和发扬甘为人梯的奉献精神，团结带领广大科技工作者在践行社会主义核心价值观中率先垂范，以良好的科学道德带动社会公德建设，以优良的学风带动社会风气的好转。

郭光灿从雄才大略的科学家、硕果累累的学术泰斗、桃李芬芳的教育家、为人师表的一代宗师、创建和领导中国光学学会五个方面全面介绍了王大珩先生的丰功伟绩。杜祥琬、陈佳洱、周立伟、简水生、姚骏恩、张钟华、李天初等分别从激光技术和激光核聚变、光学工程、光通信、电子显微镜、计量和测试、人才培养等不同角度介绍了王大珩先生所作出的杰出贡献，提出的“863”计划等战略思想，同时也介绍了王大珩先生高尚的人文情怀和提携青年才俊的感人事迹。吴幼华、马爱文等代表各自单位从不同侧面缅怀了王大珩先生在创建和壮大光学科研院所和学术组织方面的功勋。

【第十八届中国科协求是杰出青年奖评审会议】 4月7日，第十八届中国科协求是杰出青年奖评审会议在北京召开。会议由评审会召集人、中国科协副主席、中国科学院副院长李静海院士主持。尚勇、邓楠、张玉台、孙家栋、左铁镛、李家洋等评委出席会议，中国科协党组成员、办公厅主任吴海鹰，评委会办公室及有关单位负责人列席会议。经评委会审议通过，共有25名青年科技工作者获得第十八届中国科协求是杰出青年奖，其中实用工程奖15名，成果转化奖10名。

【尚勇会见求是科技基金会主席查懋声】 4月3日，中国科协党组书记、常务副主席、书记处第一书记尚勇在北京会见求是科技基金会主席查懋声一行。尚勇对查懋声一行的到访表示热烈欢迎，并高度赞扬了查济民先生对于科技奖励事业的贡献。尚勇说，民间科技激励意义重大，在联系科技人才、做好科技人才服务方面有着深远影响和重要作用，具有极大的经济效益和社会效益。中国科协将与基金会加大合作力度、扩展合作领域、提高合作水平，与时俱进推动科技奖励工作。

尚勇指出，今后将加大对于青年团队集体奖励力度，加大对离岸创业工程的扶持，通过基金会项目吸引人才，搭建平台，为青年创新创业创造条件。要依靠市场机制，在体制机制上创新，促进科技成果转化。中国科协将与国家自然科学基金委员会、科技部等部门合作推动杰出青年科学家的培养和选拔，为具有研究潜力的青年科学家提供资金保障。此外，将通过在香港举办“青少年科技创新大赛”等活动，加强交流合作，扩大科技合作的影响力。

查懋声先生感谢中国科协对于求是科技基金会一直以来的支持，他介绍了求是科技基金会的宗旨，即“实事求是、科技强国、雪中送炭”。他表示，近年来，政府对于科技事业更加重视，大力支持科学家科研及创新性研究，取得了一系列成效。求是科技基金会愿配合国家科技奖励的宗旨和方向，对实用成果转化和科技发明转化方面，加大支持力度，发挥关键作用。

中国科协党组成员、办公厅主任吴海鹰，中国科协国际联络部部长张建生，香港名力集团总经理金晓铮，求是科技基金会运营总监陈列辉参加会见。

【中国科协与中国邮政储蓄银行签署战略合作协议】 5 月 11 日，中国科协与中国邮政储蓄银行在北京签署金融支持农村专业技术协会战略合作协议书。中国科协党组书记、常务副主席、书记处第一书记尚勇，中国邮政储蓄银行董事长李国华出席签字仪式。签约仪式由中国科协党组成员、办公厅主任吴海鹰主持。

尚勇在致辞中指出，目前现代农业不断发展，新型农业经营主体不断涌现并快速发展，对金融的需求更加强烈。经济发展的主要引擎依靠创新，创新能否成功依靠资本，技术转化为财富和生产力的过程需要金融支持。中国科协凝聚了广大科技工作者，拥有数百万会员，通过发挥科技工作者的力量为地方服务。我们通过实施创新驱动助力工程等项目动员协会、学会解决技术难题，带动地方产业转型升级。双方的合作模式通过科技人员严格把关，使金融资本流向更加精准，保险系数更大。希望双方的真诚合作结出新的硕果，不断探讨合作方式、拓宽合作渠道，为地方经济发展助力、加油，使得“科技 + 金融”成为地方经济腾飞的两翼。

李国华表示，中国邮政储蓄银行高度重视现代农业建设，自 2007 年成立以来，始终坚持把“三农”金融服务放在改革发展的战略位置，不断推进涉农金融产品推广和服务方式创新，在农村地区金融服务、民生保障等方面作出了积极贡献。中国邮政储蓄银行历来重视与科协合作，此次签订战略合作协议是双方积极落实党中央、国务院大力扶持三农的要求，鼓励大众创业万众创新，探索“科技 + 金融”联合支农模式的重要举措。既有利于对小微企业和农户的贷款支持，缓解贷款难的问题，又有利于小微企业和农户提高科学素养、掌握生产技术、增强创新支付能力，相信双方的合作一定会在推动小微企业发展、三农方面作出更大贡献。

根据协议，中国科协与中国邮政储蓄银行将积极围绕农技协、企业科协和创新驱动助力示范市发展的金融需求，破解农技协发展过程中的金融服务难题，共同探索金融支持农技协发展的具体措施和方法，创新融资模式和服务方式，降低成本，防控风险，提升力度。双方将按照“优势互补、合作共赢、突出重点、分步实施”的合作原则，共同探索创新贷款融资模式、风险防范机制和激励约束机制。

【中国科协与广州市人民政府签署战略合作框架协议】 3 月 6 日，中国科协党组书记、常务副主席、书记处第一书记尚勇，广州市委副书记、市长陈建华分别代表中国科协、广州市人民政府，在北京签署了《中国科学技术协会　广州市人民政府战略合作框架协议》，确定中国科协和广州市政府在框架协议基础上重点开展创新驱动助力试点工作。签约仪式由中国科协党组成员、书记处书记沈爱民主持。

尚勇在致辞中表示，刚刚开幕的十二届全国人大三次会议的政府工作报告对依靠创新驱动、促进转型升级作了深刻论述。中国科协推出的创新驱动助力工程是落实中央一系列重大战略部署的重要举措，工程实施以来，得到了各地党委政府的高度重视和全国学会的热烈响应。实施创新驱动助力工程过程中，科协要做好科技和经济结合的桥梁，要做好科技成果转化、新技术推广、新产业催生的促进者，还要做好科技界服务经济发展、服务地方和企业的组织者。同时，要在实践中不断地提升创新能力和服务能力。

中国科协与广州市政府的战略合作主要包括以下几方面：一是把中国创新科技成果交流会打造成高品质的创新驱动助力合作平台，推进科技成果和专利技术推广应用。以互联网思维，加强资源集成共享，把科技创新网办成“永不落幕的交易会”。二是要建立合作长效机制。通过学会服务站、院士专家工作站等，组织大院、大所、大学的科技工作者解决技术难题，结合成果转化、产业转型升级、公共服务等重大选题，开展研讨，做好咨询。三是要共同营造创新合作政策环境，争取更多的国家政策支持，促进地方经济社会发展，让助力工程有实效。

陈建华在致辞中表示，广州市政府与中国科协签署战略合作框架协议，标志着广州依靠科技进步和创新驱动进入了一个新的发展阶段。广州市政府将以此为契机，借助即将召开的第十七届中国科协年会和第一届中国创新科技成果交流会，积极搭建交流平台，聚集科技人才，促进科技成果转化，加大对科技的投入，更好地为广大科技人员提供施展才干的舞台，在经济发展新常态下，做到提质增效。

【全国科协系统对口援疆工作会议】 7月27日，全国科协系统对口援疆工作会议在新疆维吾尔自治区乌鲁木齐市召开。这次会议的主要任务是：深入贯彻落实习近平总书记系列重要讲话精神、第二次中央新疆工作座谈会精神，发挥科协的群团组织优势和资源优势，对深入实施“援疆科技增效工程”进行动员部署。中国科协党组书记、常务副主席、书记处第一书记尚勇，新疆维吾尔自治区党委副书记、自治区主席雪克来提·扎克尔，中国科协党组成员、书记处书记徐延豪，中国科协党组成员、计划财务部部长王延祜出席会议。

尚勇强调，对口支援新疆是党中央从战略全局高度作出的重大决策。做好对口援疆工作是科协组织应肩负的重要政治责任和重大历史使命。全国科协系统要把学习贯彻中央党的群团工作会议精神和第二次中央新疆工作座谈会议精神紧密结合起来，牢固树立政治意识、大局意识和责任意识，把习近平总书记和党中央的部署转化为自觉实践和工作实效；要坚持把援疆工作的着力点放在民族团结、社会稳定和长治久安上，团结各族人民尤其是在疆科技工作者紧密围绕在党的周围，为新疆的经济发展、社会稳定发挥积极作用。

尚勇指出，科协系统开展对口援疆工作要围绕党和国家工作大局，进一步明确重点任务，从新疆的实际需求出发，认真谋划、多措并举、确保实效，努力形成对口援疆工作新局面。全国科协系统对口援疆工作要把提高新疆公民科学素质作为首要任务，为新疆社会稳定和长治久安筑牢思想基础；要围绕“一带一路”战略，助力新疆提升科技创新和成果转化能力；要着力改善民生、惠及当地，为新疆各族人民生产生活水平提高提供更好服务；要支持新疆科技人才队伍建设，努力为创新型新疆提供智力支撑；要支持新疆科协组织加强自身建设，提升服务能力。科协系统各对口援疆部门和单位，要高度重视，加强组织领导，建立长效工作机制；要周密部署，建立援疆保障机制；要及时评估，建立考核评价机制；要对援疆科协增效项目跟踪和督促，确保取得实效。

雪克来提·扎克尔说，面对新形势、新任务、新使命，新疆比内地比以往任何时候都更加需要坚实的科技支撑和人才智力支撑，更加需要广大科技工作者的艰苦探索和创新实践。新疆将与中国科协和各援疆省市一道，共同贯彻落实好第二次中央新疆工作座谈会精神，共同推动新疆科协工作再上新水平。一是依托科协学科齐全、人才荟萃、智力密集、联系广泛的优势，推进丝绸之路经济带核心区建设。二是依托科普工作，在积极引导各族群众走向现代文明方面取得新成效。三是依托联系科技工作者的桥梁纽带作用，加大新疆科技人才培养力度。四是依托全国学会优势，为有序承接政府转移职能创造条件。

截至2014年年底，全国对口支援省（直辖市）科协以投入资金400余万元、邀请专家、捐赠科普资源等形式，从组织保障、改善办公条件、开展科普活动和培训等多个方面大力支持新疆地区科协开展工作。中国科协援疆援藏领导小组成员单位投入近6000万元，从科普能力建设、青少年科学素质提高、学会能力提升、基层科普组织建设和提高信息工作能力等方面支持了新疆维吾尔自治区科协和兵团科协事业发展。会上，举行了科普大篷车交钥匙仪式。2015年，中国科协为新疆配发48辆科普大篷车，实现科普大篷车在新疆的全覆盖。

19个对口援疆省（直辖市）科协，新疆维吾尔自治区全民科学素质领导小组成员单位，新疆各地州市分管领导、科协，新疆生产建设兵团各师科协等部门和单位的有关负责人近200人参加会议。

【全国政协科协界委员专题调研工作座谈会】 10月27日，全国政协科协界委员专题调研工作座谈会在北京召开。全国政协教科文卫体委员会副主任、中国科协原常务副主席、党组书记、书记处第一书记邓楠，全国政协教科文卫体委员会副主任、科技部原副部长陈小娅，全国政协常委、教科文卫体委员会委员、空军原副司令员何为荣，中国科学院软件所研究员、中国科学院院士林惠民，中国科学院数学与系统科学研究院研究员、中国科学院院士袁亚湘，中国科学院副秘书长兼中国科学院学部主席团秘书长曹效业，中国科学院文献情报中心副主任张薇，北京航空航天大学科协副主席、宇航学院教授徐世杰，中国航天科技集团公司第十一研究院研究员周伟江，中国石

油大学（北京）石油工程学院教授、长江学者邓金根等全国政协委员，中国科协党组成员、书记处书记吴海鹰出席座谈会。全国政协人口资源环境委员会副主任、中国科协决策咨询专委会主任齐让主持座谈会。

中国科协办公厅对专题调研总体情况作了汇报。中国科协组织人事部、调研宣传部、科学技术普及部分别就《关于加强西部科技人才创新环境建设的调研报告》《关于西部大众创业环境的调研报告》《关于西部科学素质状况的调研报告》起草情况和征求委员意见的情况进行了汇报，特别对所提出的相关建议作了重点阐述。在听取情况汇报后，与会委员给予了充分肯定并进行了交流与讨论，对调研报告从立意高度、内容提炼、语言表述等方面提出了修改意见和建议，并对如何使用好政协科协界2015年调研成果，充分发挥界别参政议政、建言献策作用提出了明确意见。

邓楠指出，实施创新驱动发展战略关键是要提升自主创新能力，人才是创新、创业的根本，人的素质是基础，2015年全国政协科协界围绕西部人才创新环境、西部大众创业的需求和环境、西部科学素质状况进行专题调研并形成了调研报告，总体上很好。调研报告要实事求是地反映西部实际情况，对存在的问题进行客观分析，意见和建议要紧扣经济社会发展形势和“十三五”规划的研究和制定。下一步，要对调研报告进一步修改完善，突出建议的针对性和可操作性，将调研报告以全国两会大会发言、委员联名提案的形式报送全国政协，以更好地发挥科协界别作用，促进科技、科协事业发展，为服务创新驱动发展战略贡献力量。

2015年3月，全国两会期间，经政协科协界委员认真研究确定，科协界分别围绕“西部科技人才创新环境”“大众创业的环境和需求”“西部农村居民科学素质状况”三方面开展专题调研，齐让为调研活动的总牵头人。7—8月，齐让和中国科协党组副书记、副主席、书记处书记张勤带队分赴青海、宁夏、内蒙古等西部地区开展实地调研，共有25名委员先后参加了实地调研工作和座谈会。专题调研组先后调研考察了近40个部门和单位，举办11次座谈会，与400余名科技工作者、科协工作者、创业者等座谈交流，了解情况、听取意见建议。

【中国科协第八届常委会组织建设专门委员会第四次会议】 1月7日，中国科协第八届常委会组织建设专门委员会第四次会议在中国科技会堂召开。中国科协党组副书记、副主席、书记处书记、组织建设专门委员会主任张勤主持会议。专委会顾问栾恩杰，专委会副主任齐让、姚建年、曹振全，委员王晓民、王静康、刘华平、刘国胜、宋南平、李森、李新亚、张爱林、郑纬民、呼燕、赵继、夏强出席会议。

会议审议了中国遥感应用协会、中国研究型医院学会、中国海洋工程咨询协会、中国工程教育专业认证协会（筹）加入中国科协团体会员的申请，分别听取了全国学会组织建设情况、地方科协和科协基层组织建设情况、企业（园区）科协组织建设情况、基层科普组织建设情况、中国农村专业技术协会基层组织建设情况，审议通过了《中国科协第八届常务委员会组织建设专门委员会2014年工作总结和2015年工作要点》。会议研究讨论了中国科协第九次全国代表大会筹备工作组织建设研究重点以及“十三五”科协组织建设规划编制研究重点。

在讨论中，委员们谈到，2015年中国科协组织建设工作要紧跟社会发展的新形势、新任务、新特征，充分利用创新驱动发展战略给科协工作带来的发展机遇，加强对科协工作的理论研究，做好顶层设计，完善体制机制。推进学会治理改革，提升学会承接政府职能转移的能力；加强地方科协特别是县级科协组织建设，扩大科协组织的影响力；推进企业科协组织建设，促进产学研相结合，推动产业升级；强化对高校科协组织的指导，推动更多有影响力的高校建立科协组织；继续推进乡镇、农村科普组织和农技协组织的发展。中国科协组织人事部等相关部门和单位负责人参加会议。

【中国科协第八届常委会科技工作者道德与权益专门委员会第五次会议】 1月7日，中国科协第八届常委会科技工作者道德与权益专门委员会第五次会议在中国科技会堂召开。专委会主任黄伯云主持会议，专委会顾问杨乐、杜祥琬，专委会副主任李静海、杨卫、龚克，专委会委员王兴、王乃彦、田静、严纯华、朱邦芬、杨玉芳、汪寿阳、吴常信、沈岩、胡海岩、高福、康克军出席会议。会议通报了2014年全国科学道德和学风建设宣讲教育工作情况，审议了专委会2014年工作总结和2015年工作要点，重点研究了第十七届中国科协年会科学道德建设论坛和“十三五”科学道德事业发展规划。

中国科协副主席、中国科学院副院长、专委会副主任李静海在通报2014年全国宣讲教育工作情况时指出，中国科协、教育部、中国科学院、中国社会科学院、中国工程院认真落实中央领导同志重要批示精神，继续按照“全覆盖、制度化、重实效”的总体要求，统筹谋划，周密部署，广泛开展形式多样的宣讲教育活动，不断加强能力建设，推动建立长效机制，圆满完成了2014年各项工作任务。

国家自然科学基金委员会主任、专委会副主任杨卫汇报了科技工作者道德与权益专委会2014年工作总结和2015年工作要点。2015年，专委会将重点开展五方面工作：一是加强自身建设，发挥专委会委员的作用，积极开展调查研究；二是推动全国宣讲教育工作建立长效机制；三是组织好科学道德建设论坛；四是积极开展科学道德国际交流；五是支持科学道德相关读本教程的编写。

讨论中，委员们提到，要继续推动全国科学道德和学风建设宣讲教育工作，在重实效上下工夫；认真做好北京人民大会堂的集中宣讲报告会，不断创新形式、丰富内容，使活动更加符合受教育对象的特点和需求；进一步推动建立和完善分学科的学术规范，在此基础上，推动科技、教育部门对科技工作者进行学术规范考试认证；进一步深入研究科技团体开展第三方科研不端行为调查处理机制。

【中国科协第八届常委会科技工作者道德与权益专门委员会第六次会议】 5月21日，中国科协常委会科技工作者道德与权益专门委员会第六次会议在广东省广州市召开，就英国现代生物出版集团（BioMed Central，BMC）撤稿事件进行了专题讨论。会议由专委会主任黄伯云院士主持，中国科协党组副书记、副主席、书记处书记张勤，专委会顾问王志珍院士，专委会委员杨卫、龚克、王乃彦、高福、谢和平、杨玉芳以及其他专家刘人怀、赵继宗、邹广田、陈德敏、昌增益出席会议。

专委会办公室王进展汇报了前期开展撤稿事件调研的情况。专委会贯彻落实韩启德主席关于撤稿事件的批示精神，通过多方努力，与BMC北京办事处有关人员进行交流，逐一与涉事作者及所在单位沟通，赴苏州、南京、上海实地走访部分涉事作者及所在单位，开展了大量调研工作，形成了《BMC撤稿事件调研报告》，初步掌握了撤稿事件的基本情况。

与会人员围绕《BMC撤稿事件调研报告》认真研讨，对下一步工作提出了意见建议。大家表示，BMC撤稿事件影响大，涉及作者、出版集团和“第三方”多个主体，情况比较复杂，中国科协应进一步加强调查研究，提出对策建议。要坚决抵制学术不端行为，维护风清气正的学术生态环境，维护广大科技工作者的合法权益，维护我国科技界的国际形象。

【中国科协第八届常委会科技工作者道德与权益专门委员会第七次会议】 9月7日，中国科协常委会科技工作者道德与权益专门委员会第七次会议在中国科技会堂召开。会议由专委会主任黄伯云院士主持，中国科协党组副书记、副主席、书记处书记张勤，专委会顾问王志珍、杨乐，专委会委员李静海、杨卫、龚克、林蕙青、王兴、王乃彦、王红阳、田静、杨玉芳、汪寿阳、吴常信、沈岩、胡海岩、柯炳生、高福出席会议。

会议听取了专委会办公室主任王守东关于英国现代生物出版集团撤稿事件调研情况的汇报。根据专委会前期的调查研究分析，基本可以得出以下结论：大多数涉事作者确有委托第三方投稿问题，涉事第三方机构确有同行评审不实问题，学术论文润色、代投、代写确实存在一条灰色产业链。论文作者对英文期刊投稿程序不清楚也是导致撤稿的重要原因之一。撤稿事件已对我国国际学术声誉造成影响，作者所在单位对撤稿事件认识处理不统一。

与会人员对前期开展的大量调查研究工作给予充分肯定，并就下一步工作提出了意见建议，特别是针对制定在国际学术期刊发表论文规范充分发表了意见。会议根据各位委员的意见建议，形成了《在国际学术期刊发表论文的“五不”行为守则》，即不由“第三方”代写论文，不由“第三方”代投论文，不由“第三方”对论文内容进行修改，不提供虚假同行评审人信息，不违反论文署名规范。

【中国科协第八届常委会青年工作专门委员会第五次会议】 1月7日，中国科协第八届常委会青年工作专门委员会第五次会议在北京召开。会议审议了青年工作专门委员会2014年工作总结，部署了青年工作专委会2015年工作安排，研究了第十三届全国博士生学术年会筹备工作方案。中国科协副主席、党组副书记、书记处书记、专委会副主任张勤主持会议。专委会副主任冯长根、杨劼，委员毛大庆、张广军、陈山枝、高松、唐志敏、储富祥、邢念增等出席会议。与会委员一致认为专委会2014年工作扎实有序、成效显著，2015年的工作安排内容丰富、特色鲜明。会议审议通过了《中国科协第八届常委会青年工作专门委员

会 2014 年工作总结》。原则上同意专委会 2015 年工作打算和第十三届全国博士生学术年会筹备方案。

会议提议，在专委会组织的活动中，可在中国青年科技奖、中国青年女科学家奖获奖者为主的基础上，适当邀请“千人计划”入选者、杰出青年基金获得者、长江学者等其他类别的优秀中青年科学家参加，进一步扩大专委会工作的覆盖面；青年科学家沙龙坚持学科交叉特色，每个专委会委员根据情况选择参加一次沙龙活动。

【中国科协第八届常务委员会促进国际合作专门委员会暨促进港澳台交流专门委员会会议】 1 月 8 日，中国科协第八届常务委员会促进国际合作专门委员会暨促进与港澳台交流专门委员会（以下简称专委会）会议在北京召开。中国科协党组副书记、副主席、书记处书记张勤出席会议。会议由专委会主任、南开大学校长龚克主持，专委会顾问、中国科学院院士赵忠贤，专委会副主任、中国科学院院士吴国雄等出席会议。

会议听取了 2014 年中国科协国际及对港澳台交流工作情况总结及 2015 年工作设想的报告。委员们对中国科协国际联络部 2014 年的工作予以肯定，对 2015 年的工作计划表示认可。与会委员就我国加入华盛顿协议及如何创新性开展工程师国际互认工作、国际科技交流、海外人才离岸创业工程、两岸四地协同创新澳门论坛等工作进行了讨论，提出了具体意见和建议。

龚克在总结讲话中表示，中国科协国际交流及对港澳台交流工作要配合国家外交大局主动开展，配合国家“一带一路”战略，做好与周边国家的科技交流和科技人文交流；要积极推进工程教育与世界接轨，特别是工程教育认证工作；要积极开展调研工作，进一步了解科学家在国际科技交流中遇到的突出问题和困难，积极努力给予帮助和解决；要加强与企业的合作，充分发挥企业在国际科技交流中的作用。

【中国科协第八届常委会促进企业自主创新专门委员会赴四川省、重庆市调研】 7 月 6—10 日，中国科协第八届常委会促进企业自主创新专门委员会赴四川省、重庆市调研企业技术创新情况，了解科协服务企业创新工作成效。中国科协党组副书记、副主席、书记处书记、专委会副主任张勤，中国可再生能源学会理事长、专委会副主任石定环，中国科技新闻学会理事长、专委会副主任宋南平，全国人大常委、全国总工会副主席许振超，中国高新技术产业开发区协会理事长张景安，中国科技新闻学会副理事长、安徽省政协常委、科教文卫专委会副主任周建强，中国科学院科技战略咨询研究院执行副院长穆荣平等专委会委员参加调研。

专委会在中国工程物理研究院召开座谈会，就中国科协组织体系建设前瞻性研究的若干问题与中国工程物理研究院有关领导和专家沟通了意见，中国工程物理研究院党委书记张克俭、副院长王洋、院科协主席谭志昕等参加了座谈。专委会一行在四川省先后赴东方汽轮机有限公司、东方电气集团、成都玉龙化工股份有限公司调研；在重庆市实地调研了重庆蓝黛动力传动机械股份有限公司、重庆山青机械制造有限公司、重庆轨道交通（集团）有限公司、长安汽车股份有限公司。参加调研的专委会委员们详细询问了解企业技术创新、科技信息推送、院士专家工作站、科技成果转化、科技人员职称评定、创新方法应用等工作的具体情况，以及企业科协工作中存在的实际困难和问题，考察科协组织服务企业创新工作实效。

调研期间，专委会在多地分别召开了相关企业科协工作座谈会，先后听取了中国工程物理研究院、四川省科协、成都市科协、成都市青白江区科协、德阳市科协、重庆市科协、重庆市璧山区科协服务企业创新的书面工作汇报，以及相关企业科协开展科技创新的工作汇报。参加调研的专委会委员对四川、重庆两地科协组织牢牢把握服务企业创新驱动发展这条主线、助推企业开展科技创新活动等方面的做法及成效给予充分肯定，并与多家企业科协的负责人就开展企业科技创新工作进行了研讨。

张勤在调研中指出，科协工作要贴近国家科技创新的主战场，深入基层企业服务科技创新，科协组织要充分发挥自身的专业优势、组织优势、资源优势，为企业科技人员开展创新活动提供资源，搭建施展才能的平台。希望四川省、重庆市科协组织进一步总结经验，突出特色，在助推企业科技创新方面多探索、出实招、见实效。希望企业科协主动作为，充分利用科协组织资源，提供优质服务，为推动企业科技创新、提高产品科技含量和技术附加值、提升企业经济效益和科技竞争力作贡献。

【中国科协第八届常委会学术与学会工作专门委员会调研组赴河南省调研】 9 月 21—23 日，中国科协第八届常委会学术与学会工作专门委员会调研组赴河南省就实施创新驱动助力工程进行调研。全国人大常委、中国科协副主席、北京理工大学火炸药研究院院长冯长根，中国工程院院士、总参谋部科技委常委钱七虎，中国工程院院士、清华大学公共安全研究院院长范维澄，河南省科协党组成员、副主席李宝红等参加调研。

调研组实地调研了郑州宇通客车股份有限公司、许昌市河南万杰食品有限公司、方城县产业集聚区、天冠集团、南阳利欣制药股份有限公司、信阳工业城，并听取了河南省科协及部分市科协关于创新驱动助力工程的工作汇报，查阅了相关资料，详细了解了河南省学术与学会发展现状，并从专业角度提出了发展建议。

冯长根表示，通过调研，看到了企业对科技创新的需求和投入、学会对企业的帮助和支持。河南省科协采取的设立创新驱动助力工程交流基地的形式很好。新环境下，学会学术工作必须与产业相结合。要充分发挥科协及所属学会的整体优势，促进科技工作者进入科技创新和经济建设主战场。河南省有关部门领导及企业认为调研组的意见和建议，符合河南省广大科技工作者的期望，对河南省深入推进创新驱动助力工程意义重大。

【中国科协第八届常委会青年工作专门委员会赴浙江省开展“双创”考察调研】 10月9—10日，中国科协第八届常委会青年工作专门委员会围绕“大众创业、万众创新”及青年科技人才工作赴浙江省杭州市考察调研，并与浙江省优秀青年科技工作者座谈。中国科协副主席、专委会主任、浙江省委常委、常务副省长袁家军，全国人大常委、中国科协副主席、专委会副主任冯长根，中国科协党组副书记、副主席、书记处书记、专委会副主任张勤，以及大唐电信科技产业集团副总裁陈山枝、曙光信息产业股份有限公司首席技术官唐志敏、总装备部电子信息基础部航天装备局副局长黄卫东、中国林业科学研究院副院长储富祥、北京朝阳医院副院长邢念增等专委会委员参加了考察调研活动。

调研组在杭州市西湖区互联网金融大厦，考察了“挖财”和“爱学贷”两家金融服务平台公司，了解了两家公司的主要产品、业务对象、公司架构、业务发展等情况。随后，调研组在互联网金融大厦与入住大厦的主要互联网金融企业的创业者、管理者进行座谈。

在梦想小镇，调研组考察了小镇总体规划、运作模式、青年人才创业队伍等情况。在阿里巴巴，调研组听取了公司整体业务发展、互联网+创新创业开展情况。期间，委员们特别关注技术创新在互联网企业发展中所发挥中的作用，并与企业负责人进行了探讨。

调研组还召开青年科技人才座谈会，与来自在浙江省高校、科研院所、医疗机构、企业的中国青年科技奖获奖者、国家“千人计划”专家、浙江省青年科技奖获奖者、浙江省科协“育才工程”受资助者等优秀青年科技工作者代表座谈。座谈会由张勤主持，他表示，围绕大众创业万众创新召开这次座谈会，旨在深入了解青年人在创新创业中遇到的问题，探讨科协组织在政策、法律等层面可以发挥的作用。与会青年科学家分别介绍了各自在国内外求学、回国历程以及科研工作和个人发展情况，表达了希望在科研上有所成就的追求和报效祖国的理想，并就加大海外人才引进和支持力度、帮助青年科技人才加入国际组织、合理推动科研成果转化、“互联网+”与实体开发研究并重、出台更加明晰的停薪留职政策细则等问题提出了意见建议。

专委会委员就鼓励年轻人创业并帮助其解决实际问题、进一步促进国家重大科技领域创新等问题发表了意见。袁家军在讲话中鼓励年轻同志一定要树立远大理想和明确目标，不为名、不为利，通过一线工作，培养骨干；长期积累，培养专才；一专多能，培养将才；艰辛历练，培养帅才；重德修身，成为大家。他谈到，现在是中国创新创业一个最好的时期，国家作出了许多重大战略部署，科协组织作为科技工作者之家，要帮助有志于科学研究和创新创业的年轻人才，把政策、技术、人才紧密联合起来，搭建起政府与产业、产业与产业合作的桥梁。

【中国科协事业发展“十三五”规划研究编制工作会议】 3月11日，中国科协事业发展“十三五”规划研究编制工作会议在北京召开。中国科协党组书记、常务副主席、书记处第一书记、“十三五”规划领导小组组长尚勇出席会议并讲话。中国科协党组成员、书记处书记王春法、沈爱民，中国科协党组成员吴海鹰、束为等出席会议。

会议邀请国家发改委规划司副司长周南，中国科学技术发展战略研究院院长胡志坚分别介绍了国家“十三五”规划和科技创新“十三五”规划研究情况。中国科协计划财务部部长王延祜汇报了中国科协“十三五”规划前期研究和专题研究等工作进展情况。中国力学学会、北京市科协、山东省科协在会上作交流发言。

尚勇在讲话中强调，中国科协“十三五”规划研究与编制工作，要坚持以党的十八大、十八届三中、四中全会和习近平总书记系列重要讲话精神为指南，以“四个全面”的战略布局作为统领，围绕和服务国家的总目标和总的战略，进一步明确科协规划定位、目标和任务。突出问题导向，顺应全面深化改革的新要求，顺应世界科技革命和社会变革的新趋势，适应人才发展的新需求，贯彻好中央对群团工作的新要求。要把中央重大决策部署同科协系统实际情况相结合，体现出中国科协“十三五”规划的时代特色，体现科协的创新点，体现国家的战略要求。

尚勇指出，要科学凝练中国科协“十三五”规划的发展目标，突出深化改革，增强社团活力，提升能力，推动科协在科技创新和经济社会发展主战场上更加奋发有为，真正使科技社团成为国家创新体系中的重要组成部分，成为推动创新驱动发展的重要力量。在重点任务考虑上，要认真研究和探讨八个问题：一是科协组织如何在实施创新性驱动上更有作为；二是科协组织如何在提升自主创新能力上发挥更大作用；三是科协组织如何在提高全民科学素质，加快科普信息化普及取得新的进展；四是科协组织如何在激发人才创新活力，提升科技人才队伍建设水平上取得新的进展；五是科协组织如何在国家科技制度建设中强化新的优势；六是科协组织如何在深化学会治理体系改革，强化科技组织体系上形成新的机制；七是科协组织如何在推进国际创新合作交流中展示新的作用；八是科协组织如何在基础平台建设上取得新的成果。

尚勇要求，要切实确保中国科协“十三五”规划制定的高质量。要突出规划的战略性和全局性，连续性和创新性，开放性和关联性，实用性和可操作性。在规划编制上要注重民主化、科学化，凝聚广大科技工作者、各级学会、各级科协的智慧。各部门各单位要以高度的责任心把中国科协“十三五”规划研究与编制工作做好。

10 月 22—29 日，中国科协在上海、哈尔滨和北京分别召开了中国科协事业发展“十三五”规划（征求意见稿）征求意见座谈会，中国科协党组成员、机关党委书记、计划财务部部长王延祜主持座谈会。中国科协调研宣传部副部长、中国科协“十三五”规划编制组组长郭哲简要介绍了中国科协事业发展“十三五”规划（征求意见稿）的前期工作情况及主要内容。与会代表认为中国科协事业发展“十三五”规划（征求意见稿）充分体现了“十三五”科协事业发展的要求，紧紧围绕“四个全面”的战略布局，并紧密结合了科协工作的实际，把中央的一系列重大决策部署都在“十三五”规划中贯彻体现出来，具有站位高、创新性强、内涵丰富三个特点。同时，围绕如何进一步编制好中国科协事业发展“十三五”规划，与会代表踊跃发言，提出了“进一步提炼规划的主线”“增加对中国科协事业发展‘十二五’事业的总结和评估”“增加量化指标”“明确规划实施步骤、进度、时间节点”等上百条意见建议。

上海市科协、江苏省科协、浙江省科协、黑龙江省科协、吉林省科协、辽宁省科协、内蒙古自治区科协、北京市科协、天津市科协、河北省科协和部分全国学会负责人，部分中国科协八大代表，以及来自高校、科研院所、企业科协的科技工作者代表参加座谈会。

【财务监督管理制度建设】 为贯彻落实《中国科协关于加强财政经费管理的意见》（科协发计字〔2014〕101 号），进一步加强对中国科协经费的监督管理，经中国科协党组书记处同意，印发了《中国科协经费动态监督管理办法（试行）》《中国科协经费支出审批审核管理规定（试行）》《中国科协机关加班误餐费报销管理暂行办法（试行）》《关于坚决杜绝使用虚假发票报销的通知》等财务监督管理制度和办法。

5 月，计划财务部设立经费资产监督处，主要负责研究制定科协内部控制管理制度并组织实施，负责对财政专项经费的跟踪、检查，负责中国科协合同管理，开展对机关、直属事业单位和直属学会财经法规制度执行情况的督查工作，对经费和资产的管理使用情况进行动态监控，归口管理政府采购业务，承担机关、直属事业单位和直属学会资产的管理、监督工作。通过设立机构全面加强经费资产监督工作。

根据单位资金规模、人员配置、财务基础等因素，中国科技馆、学会服务中心、科学普及出版社、中国科技会堂（科技会堂）确定为科协首批内控建设实施单位。12 月 3 日，中国科协内控体系建设正式启动。

【“创新力量”——优秀企业基层科技工作者推选宣传活动】 为进一步做好基层一线科技工作者宣

传，更好地发掘和宣传广大科技工作者扎根企业的创新实践和可贵精神，发挥先进典型的榜样作用，为科技界投身创新驱动发展战略优化舆论氛围、提供精神动力，从4月开始，中国科协在全国开展了“创新力量”——优秀企业基层科技工作者推选宣传活动，并与《科技日报》合作，推出“企业一线创新力量”专栏。经过地方科协层层遴选和“讲理想、比贡献”活动办公室推荐，共推选出103名优秀的基层一线科技工作者，并在103人名单基础上推荐产生21人的重点宣传名单，用他们的先进事迹作为激励科技创新的生动素材。

【“抗日战场上的中国科学家”专栏】 8月，为纪念抗战胜利70周年，大力宣扬中国科学家在抗日战争中义无反顾、与祖国共赴危难、为挽救民族危亡付出自己宝贵的科学智慧乃至生命的崇高精神，再现这段鲜为人知的历史，中国科协与《科技日报》合作，推出16期“抗日战场上的中国科学家”专栏。专栏以故事化的文字、图片为主体内容，以文说图、以图证史，以丰富、生动的故事，全景式呈现中国科学家投身救亡图存的民族大潮之中，为抗日战争的胜利所作出的牺牲与贡献。

【2015年“共和国的脊梁——科学大师名校宣传工程”西安汇演活动】 5月，中国科协联合教育部、共青团中央、中国科学院、中国工程院在陕西省西安市共同举办“共和国的脊梁——科学大师名校宣传工程”汇演活动，北京大学、清华大学、北京交通大学、上海交通大学、浙江大学、厦门大学、中国地质大学（武汉）、中国科技大学、北京航空航天大学9所高校用真挚的情感和唯美的艺术完美呈现了王选、邓稼先、茅以升、钱学森、竺可桢、陈景润、李四光、郭永怀、罗阳9位科学大师和科技界民族英雄的突出成就和科学人生。

汇演活动面向高校师生、中学生和社会公众共演出27场，历时20天，观众达4万余人次。

【“共和国的脊梁”主题晚会】 9月25—26日，由中国科协联合教育部、团中央、中国科学院、中国工程院共同主办的“共和国的脊梁”主题晚会在北京人民大会堂大礼堂举行。十二届全国政协副主席、科技部部长万钢，十一届全国人大常委会副委员长陈至立，中国科协党组书记、常务副主席、书记处第一书记尚勇，中国工程院院长周济，中宣部、人力资源和社会保障部、农业部、中国文联等单位有关负责人，中国科协副主席、中国科协荣誉委员、中国科协党组书记处成员，9所演出高校负责人，近100位院士、近万名首都高校师生和军工科技企业代表到场观看。

“共和国的脊梁”主题晚会依托2012年由中国科协发起的“共和国的脊梁——科学大师名校宣传工程”的成果，以中国现代科学家的群体奋斗为叙事背景，以舞蹈、诗朗诵、主题歌和多媒体呈现为烘托，浓墨重彩地讴歌了中国现代科学家群体的科学精神和爱国情怀。节目采用戏剧的方式进行编排，分为序篇、科技报国、科技兴国、科技强国和尾声五个篇章，并创作了主题曲《共和国的脊梁》和《科技托起中国梦》。400余名演职人员为来自北京大学、清华大学、北京航空航天大学、北京交通大学、浙江大学、上海交通大学、中国科学技术大学、中国地质大学（武汉）和厦门大学9所高校的师生。

【“推动大众创业、万众创新政策措施落实情况”的第三方评估工作】 2015年，受国务院委托开展“推动大众创业、万众创新政策措施落实情况”的第三方评估工作，中国科协组织专家团队分赴青海、福建、广东等20个省（自治区、直辖市）开展专题评估调研，指导重庆、四川、湖南3个省（直辖市）开展自评估，中国地理学会、中国机械工程学会、中国汽车工程学会等11个全国学会完成本行业评估，完成了评估任务。

受国务院委托，中国科协组织4个全国学会和16个地方科协开展了“基层公共医疗设施建设、使用和管理政策措施落实情况”的第三方评估任务。随后，陆续承接了由科技部委托的“国家863计划‘十二五’绩效”、由国家科改办委托的“职称制度改革和事业单位高层次人才收入分配激励机制情况”等第三方评估任务。

【科技创新智库建设工作】 1月，中共中央办公厅国务院办公厅《关于加强中国特色新型智库建设的意见》，要求中国科协在国家科技战略、规划、布局、政策等方面发挥支撑作用，努力成为创新引领、国家倚重、社会信任、国际知名的高端科技智库。

8月，中国科协印发《中国科协关于建设高水平科技创新智库的意见》，全面展开了中国科协高水平科技创新智库建设工作，并着力推动建立中国科协创新战略研究院作为智库核心。编制完成《中国科协高水平科技创新智库建设“十三五”规划》，为中国科协智库工作制定了路线图和时间表。相继推出了《华

人高端科技人才发展状况研究报告》《京津冀产业协同创新共同体试点建设规划》《关于加快推进国家实验室建设的建议》《智能生活领域创新力评估》《智能制造领域创新力评估》《智能材料领域创新力评估》《信息领域创新力评估》等一批研究报告。

【科技工作者状况调查工作】 2015年，继续深入开展科技工作者状况调查工作，组织开展科技工作者专项调查，做好10个调查类课题的立项与中评工作，组织出版《第三次科技工作者状况调查报告》，及时反映科技工作者在就业方式、科研环境、生活状况、流动趋势、思想观念等方面出现的新情况新问题。加强全国科技工作者状况调查站点建设，分别在贵州省贵阳市、广西壮族自治区南宁市举办全国科技工作者状况调查站点培训班，参训人员达580余人次，提高站点业务工作水平，进一步畅通党和政府与科技工作者之间双向沟通的联系渠道。充分发挥科技工作者状况调查站点体系在智库建设中的基础和支撑作用，为第三方评估工作提供强有力的数据支撑；及时收集科技工作者的思想观念、利益表达、工作诉求等情况，全年编发100期《站点信息》，及时反映基层科技工作者的意见建议。参加密切联系科技工作者调研并起草调研报告。继续开展科协工作规律和相关理论研究，举办第四届中国科技政策论坛，组织全国科技政策制定者、专业政策研究人员、科学家及学术界、省级科协和相关机构代表200余人就科技体制改革、创新驱动发展战略、财政科技政策与财政科技改革等问题进行探讨。

【2015年“科技梦·中国梦——中国现代科学家主题展”全国巡展活动】 为贯彻落实中央领导指示精神，进一步弘扬科学精神，推动发展创新文化，培育践行社会主义核心价值观，2015年，中国科协在石家庄、太原、呼和浩特、沈阳、长春、哈尔滨、合肥、厦门、临沂、南宁、昆明、银川、固原、石河子、阿拉尔、库尔勒16个城市举办“科技梦·中国梦——中国现代科学家主题展”全国巡展。

通过开展“科技梦·中国梦——中国现代科学家主题展”全国巡展，帮助公众更好地了解中国现代科学家群体诞生、发展、壮大的成长史，展示我国科学家为科技进步、国家发展所作出的突出贡献，弘扬他们求真务实、爱国奉献的崇高精神和与国家民族荣辱与共的高尚情怀，引导社会公众更好地理解科学、参与科学、支持科学，帮助广大青年学生和科技工作者进一步坚定道路自信、理论自信和制度自信，为培育践行社会主义核心价值观、实现中华民族伟大复兴的中国梦凝聚正能量。

【老科学家学术成长资料采集工程】 2015年，继续推进老科学家学术成长资料采集工程。完善馆藏基地和特藏室建设，组织完成老科学家学术成长资料的收集、数字化整理、储藏工作，截至2015年年底，累计启动近420位老科学家采集工作，共获得各类手稿、书信、笔记、图片等实物原件资料7.5万余件，数字化资料20.4万余件，视频资料4000多小时，音频资料5000多小时，集中扫描10位科学家的手稿、书信等珍贵资料共6万多页。开展采集资料的宣传和二次开发工作，累计出版采集工程传记57种，在编23种，累计完成中国科学报“印刻”专栏100期，先后推出《中国科学家的抗战》《竺可桢的抗战年代》等专题丛书。探索开发制作文献资料片并完成《百年泽慧》，启动制作大型政论片《大国脊梁》，组织《科技日报》开展抗日战场上的科学家专题报道16篇。科学家博物馆（网络版）正式上线。

人　才

【全国科学道德和学风建设宣讲教育领导小组工作会议】 2月6日，全国科学道德和学风建设宣讲教育领导小组2015年第一次工作会议在中国科技会堂召开，中国科协副主席、党组副书记、书记处书记、全国宣讲教育领导小组组长张勤主持会议。全国宣讲教育领导小组副组长林蕙青、邓勇，小组成员兼办公室主任王守东，副主任张国春、王元晶等出席会议。会议听取了全国科学道德和学风建设宣讲教育2014年工作总结，研究了2015年工作要点，审议了全国宣讲教育领导小组及办公室部分成员调整的相关事项。

张勤在讲话中说，四年来全国科学道德和学风建设宣讲教育工作取得了积极成效，要继续坚持过去那些行之有效的做法，并在细节上加以改进；要在全国各地开展科学道德和学风建设宣讲教育效果评价；要深入高校调研，提炼总结优秀经验，制作典型案例视频，创新宣讲教育工作模式。

据不完全统计，2014年共举办各类宣讲教育活动2.8万余场，接受宣讲教育的研究生123万人次，本科生179万人次，新上岗研究生导师、新入职教师和其他教师及科技工作者18.6万人次。会议认为，2015年全国宣讲教育工作要继续按照“全覆盖、制度化、重实效”的总体要求，在巩固已有成果的基础上，继续推进长效机制建设，强化组织领导，加强宣讲教育领导小组成员单位之间的沟通协调，做好顶层设计，落实工作部署；抓好集中宣讲，继续在人民大会堂举办首都高校科学道德和学风建设宣讲教育报告会，树立品牌，扩大影响；将宣讲教育纳入学生培养计划和课程设置，促进宣讲教育常态化；加强宣讲专家队伍建设，丰富宣讲教育内容，提升宣讲教育效果；创新宣讲教育形式，搭建网络平台，实现资源共享；开展宣讲教育工作效果评估，扩大宣讲教育工作的社会影响。

讨论中，小组成员们谈到，科学道德和学风建设宣讲教育工作已经进入了第五年，“全覆盖”的目标已基本达到，从研究生拓展到了本科生，从学校拓展到了科研院所，从自然科学拓展到了社会科学，今后应着力加强“重实效”和“制度化”；进一步强化组织领导，提高重视程度，各成员单位把宣讲教育列入年度重点工作，每年都要持续推进，避免宣讲教育工作越做越疲；对前四年的工作进行总结评估，从多个角度了解宣讲教育工作开展的实际效果，进行整体评判和把握；降低工作重心，推动一线单位开展宣讲教育工作；进一步做好集中宣讲，创新形式，改进细节，选择宣讲风格鲜活、宣讲内容生动的报告专家，使集中宣讲更具感染力和吸引力；利用信息化手段，搭建网络平台，公开调查评估报告和相关数据，构建无形的激励、监督机制；增加案例教育，宣传先进人物的优秀事迹，选取典型的负面案例，增强警示效果，建立正向引导与负面评价相结合的宣讲教育工作模式；加强与媒体的沟通交流，引导正面的宣传报道，传递正能量，扩大宣讲教育工作的影响力。

8月19日，全国科学道德和学风建设宣讲教育领导小组2015年第二次工作会议在中国科技会堂召开。会议由领导小组组长、中国科协党组副书记、副主席、书记处书记张勤主持。领导小组副组长、教育部副部长、党组成员林蕙青，领导小组副组长、中国科学院副秘书长邓勇出席会议。经研究，同意增加国家自然科学基金委员会为领导小组成员单位，国家自然科学基金委员会副主任何鸣鸿担任领导小组副组长，国家自然科学基金委员会纪检监察审计局局长陈越、中国科协调研宣传部副部长（主持工作）郭哲、中国科协发展研究中心主任罗晖担任领导小组成员兼办公室副主任。

会议研究确定了《2015年首都高校科学道德和学风建设宣讲教育报告会方案》和《2015年科学道德和学风建设宣讲教育专题研究班方案》，围绕科学道德和学风建设宣讲教育工作进行了讨论。与会人员对2011年以来科学道德和学风建设宣讲教育工作取得的成效给予了充分肯定，同时提出了几点意见建议：一是做好首都高校科学道德和学风建设宣讲教育报告会报告的前期准备工作，确保报告会效果；二是研究班要突出交流研讨特色，以问题为导向，增强实效性；三是结合当前学术界发生的典型学术不端案例，开展案例教育，制作警示教育片，建立正面引导和反面警示并重的宣讲教育方式；四是建立学术不端行为曝光平台，形成威慑力，逐渐探索建立学术不端行为“不敢、不能、不想”的制度体系。

【中国科协对BMC撤稿事件开展调查　提出意见建议】 2015年3月27日，美国《华盛顿邮报》报道称，英国现代生物出版集团宣布撤销旗下12种期刊43篇论文，其中41篇是中国作者的论文，撤稿主要原因是发现第三方机构有组织地为这些论文提供了虚假同行评审服务，撤稿事件引起强烈反响。全国政协副主席、中国科协主席韩启德和中国科协党组书记处高度重视，多次作出批示和听取汇报，召开专题会议进行研究，提出明确要求，要求中国科协常委会科技工作者道德与权益专门委员会认真组织调研，提出意见建议。

中国科协常委会科技工作者道德与权益专委会专家均对撤稿事件给予高度关注，多位专家亲自参与调研工作。专委会两次召开专题会议，研究听取院士专家对撤稿事件的意见建议，先后与教育部、国家卫生和计划生育委员会、国家自然科学基金委员会、科技部诚信办、国家工商行政管理总局、中央网信办、解放军总后勤部等有关部门沟通交流了解情况，通过电话沟通、实地走访被撤稿作者及所在单位有关负责人，与施普林格集团及BMC出版社进行沟通交流，初步了解掌握了31篇被撤论文的基本情况。中国科协常委会科技工作者道德与权益专委会认为，撤稿事件反映出我国科技工作者在国际学术期刊发表论文过程中主要存在五个方面的问题：大多数被撤稿作者确实存在委托第三方投稿问题；被撤论文涉及的第三方机构确实存在同行评审不实问题；第三方提供学术论文润色、代投、代写服务确实存在灰色产业链；撤稿事件已对我国国际学术声誉造成恶劣影响；部分被撤稿作者所在单位对撤稿事件认识处理不统一。

归纳被撤稿作者及所在单位有关负责人的调研情况、BMC 出版集团反馈的情况以及有关院士专家的意见，撤稿事件的发生主要由三方面原因引起。一是论文作者自律意识、规矩意识淡薄。专家表示，论文作者亲自完成论文撰写、投稿、回应评审意见等全过程是科技界长期以来形成的惯例，在此过程中确保包括推荐的同行评审人信息等所有信息的真实性是基本的科学规范。但是 41 篇被撤论文中绝大多数作者不同程度地违反了这些基本惯例和规范，导致了撤稿事件的发生。二是临床医生考核评价体系不尽合理。被撤稿作者反映，现行的临床医生考核评价标准与职业特点不适合，职务晋升考核注重论文发表数量和科研成果，过分追求 SCI 论文，缺乏对临床医生手术数量、质量等指标的考核。许多临床医生由于没有充分的时间和精力搞科研，发表论文的数量、质量达不到晋升提职考核要求。三是对第三方提供论文润色、代投、代写等服务缺乏规范管理。目前，我国并没有对第三方开展“科技服务”作出明确规定，企业从事这方面的经营活动也无须行政许可，企业监管部门无法判定第三方是否在合法合规的范围内经营。国内这些“科技服务”企业也没有行业性自律组织，没有明确的监管机构和处罚依据，缺乏规范管理，使得该行业乱象丛生。

中国科协是党领导下的人民团体，是党和政府联系科技工作者的桥梁和纽带，在弘扬科学精神、维护科技工作者合法权益、营造良好学术生态环境等方面具有义不容辞的责任。中国科协从多方面采取措施，抵制学术不端行为，积极应对撤稿事件。一是制定《“五不”行为守则》，重申和强调科技工作者在国际学术期刊发表论文的行为规范。中国科协常委会科技工作者道德与权益专委会针对我国科技工作者在国际学术期刊发表论文的主要环节，提出了《“五不”行为守则》，并征求了教育部、科技部、国家卫生与计划生育委员会、中国科学院、中国社会科学院、中国工程院、国家自然科学基金委员会的意见建议。9 月 16 日，在人民大会堂举行的“2015 年首都高校科学道德和学风建设宣讲教育报告会”上，韩启德主席重申了《“五不”行为守则》，要求广大科技工作者共同遵守。二是向所属全国学会及学会主管的科技期刊印发《“五不”行为守则》通知，引导科技工作者加强道德自律。《通知》要求全国学会认真组织学习宣传《“五不”行为守则》，引导学会会员对照《“五不”行为守则》率先开展自查，带动本学科领域科技工作者开展对照检查；要求全国学会主管的科技期刊认真查清期刊出版过程中是否存在由第三方引发的学术不端行为，制定相应的制度和规范；发挥科学共同体作用，形成舆论压力，造成学术界反对学术不端行为的声势。同时，要求全国学会维护科技工作者的正当权益，积极采取措施为科技工作者在国际学术期刊发表论文提供教育培训，发挥好科学共同体服务科技工作者的职能作用。三是推动有关部门和单位对撤稿事件进行调查处理。积极推动有关部门和单位深入被撤稿作者所在单位开展调查，根据不端行为具体情节，依法依规作出处理，以此次撤稿事件为抓手，不断深化科技体制和科技评价机制改革。四是利用新闻媒体加强舆论宣传，组织专家学者全面披露撤稿事件。

9 月 16 日，新华社、《光明日报》《科技日报》《中国青年报》、新华网、人民网等 70 余家新闻媒体刊发或转载了《“五不”行为守则》，记者围绕撤稿事件专题采访中国科协常委会科技工作者道德与权益专委会有关院士专家和一些临床医学专家，并组织不同领域的科学家在新闻媒体上刊发系列文章，详细披露借助“第三方”发表论文的危害，引导科技工作者遵守《“五不”行为守则》，呼吁加快建立防治学术不端行为的长效机制，推动科技体制改革和评价机制改革。

【中国科协青年科技创新沙龙】 5 月 16 日，第一期中国科协青年科技创新沙龙在中国科技会堂举办。中国科协党组副书记、副主席、书记处书记、第八届常委会青年工作专门委员会副主任张勤出席沙龙并与青年科学家面对面交流。中央组织部人才工作局、中国科协组织人事部有关负责人以及 20 余位青年科学家参加了沙龙活动。沙龙由北京航空航天大学教授段海滨主持。

中国科协青年科技创新沙龙是中国科协第八届常委会青年工作专门委员会为更好地服务创新型国家建设和青年科技人才成长而新增设的一项活动，沙龙以“创新驱动发展与创新人才成长”为主题，采取主题发言和自由讨论相结合的方式，重点围绕科技发展前沿和科技工作者关注的热点焦点问题进行交流研讨，旨在通过沙龙的形式，搭建青年科技工作者之间、青年科技工作者与有关部门之间的相互交流渠道，使沙龙成为了解青年科技工作者成长动态的重要窗口、联系服务科技工作者的重要载体、探索科技人才发展体制机制改革思路的重要平台。

张勤强调，青年科学家是国家科技工作的生力军和中坚力量，不仅要在学术上有所建树，还要在思维上有广阔的视野，举办跨学科的青年科技创新沙龙活动就是要帮助青年科学家们开阔思路视野、碰撞思想火花、促进学科交叉融合、促成相互间的交流与合作。

中国航天科工集团第三研究院研究员张红文、北京工业大学教授乔俊飞、哈尔滨工业大学教授高会军、北京大学教授侯仰龙、军事医学科学院研究员周钢桥、中国航天员科研训练中心研究员李英贤6位青年科学家分别结合各自学科、行业或产业发展的前沿、热点问题作了主题发言。主题发言结束后，与会青年科学家重点围绕我国青年科技人才成长环境和机制体制改革、如何办好青年科技创新沙龙等内容进行了讨论。

8月8日，由中国科协第八届常委会青年工作专门委员会、中国科协组织人事部主办的中国科协第二期青年科技创新沙龙在中国科技馆举办。中国人工智能学会理事长、中国工程院院士李德毅，中国科技法学会会长段瑞春应邀作主题报告。中国科协第八届常委会青年工作专委会委员、曙光信息产业股份有限公司首席技术官唐志敏，中国青年科技奖获奖者、中国青年女科学家奖获奖者、国家杰出科学基金获得者等青年科技工作者代表共40余人出席沙龙活动。沙龙由中国青年科技奖获得者、中国科学院数学与系统科学研究院研究员吕金虎主持。

本期沙龙以“围绕脑科学与认知科学，推动学科交叉与协同创新”作为主题进行研讨交流。围绕沙龙主题，李德毅、段瑞春分别以“脑认知的形式化”“产学研协同创新战略思考”为题作特邀报告，并解答青年科学家提出的相关问题。北京航空航天大学计算机学院教授陈小武、中国科学院生物物理研究所副所长刘力、中国科学院微电子研究所研究员刘明分别作《数据驱动的可视内容智能计算》《小果蝇，大乾坤》《新型存储器技术》互动报告。在研讨交流环节，与会青年科技工作者重点围绕如何促进学科领域交叉实现协同创新、如何加强青年科技人才创新环境建设等问题进行了深入讨论，提出了意见建议。

9月14日，由中国科协第八届常委会青年工作专门委员会、中国科协组织人事部主办的第三期青年科技创新沙龙在西安交通大学机械制造系统工程国家重点实验室举办。本次沙龙围绕我国实施制造强国战略“中国制造2025”展开。“高档数控机床与基础制造装备”重大专项技术总师、西安交通大学机械工程学院院长、中国工程院院士卢秉恒，西安电子科技大学原校长、中国工程院院士段宝岩应邀出席沙龙并作主题报告。中国青年科技奖获奖者、国家杰出青年科学基金获得者、“长江学者”特聘教授、“千人计划”特聘专家等30余人出席沙龙活动。沙龙由国家杰出青年科学基金获得者、国家自然科学基金委创新研究群体项目负责人、西安交通大学教授林京主持。

卢秉恒院士作为我国机械制造领域著名专家，曾于8月21日应邀在李克强总理主持的题为“先进制造与3D打印”国务院专题讲座上进行主讲，此次沙龙他围绕“智能装备的创新途径”和与会青年科研人员作了交流。段宝岩院士作为世界最大全可动射电望远镜“新疆110米口径全可动射电望远镜（QTT）”的主要参与者，作了题为“大射电望远镜与天文视察、深空探测”的报告。同时，两位院士还交流了探求学科发展方向、科研合作与共享、科研团队管理与发展等方面的经验和感受，鼓励青年科研人员不仅要在学术研究上有作为，还要努力成为出色的科技领军人才。

在互动报告环节，西安电子科技大学综合业务网理论及关键技术国家重点试验室主任高新波、西安交通大学机械制造系统工程国家重点实验室主任李涤尘、西安电子科技大学智能感知与图像理解教育部重点实验室主任焦李成、西北工业大学材料学院“长江学者”特聘教授刘峰、西安交通大学航空航天学院院长申胜平、西安交通大学“腾飞人才计划”特聘教授陈雪峰分别作《基于三元空间融合的模式识别新范式》《3D打印——创新与创业的利器》《当深度学习遇到大数据》《纳米晶材料中相变和晶粒长大共生现象》《力电滑雪耦合的理论分析与计算》《机械装备智能故障诊断》互动报告。与会人员结合自己的专业领域就有关问题进行了提问，并就可能开展的学科交叉进行了探讨。大家还围绕如何实现协同创新、如何加强西部科技创新环境建设提出了意见建议。活动期间，与会人员应邀参观了机械制造系统工程国家重点实验室、快速制造国家工程研究中心、陕西省机械产品质量保障与诊断重点实验室。

12月5日，由中国科协第八届常委会青年工作专门委员会、中国科协组织人事部主办的第四期青年科技创新沙龙在东北大学举办。本次沙龙围绕“学科交叉促进传统产业科技创新”主题展开，包括特邀报告、互动报告、自由讨论、参观实验室等环节。全国人大常委、中国科协副主席、专委会副主任冯长根，中国科协党组副书记、副主席、书记处书记、专委会副主任张勤，东北大学校长赵继，东北大学学术委员会主任、国家自然科学基金委信息科学部主任、中国工程院院士柴天佑出席沙龙并与青年科学家面对面交流。中国科协青年工作专委会委员代表、中国青年科技奖或中国青年女科学家奖获得者、“长江学者”“国家杰出青年科学基金获得者”等优秀青年科技工作者代表 30 余人出席沙龙。沙龙由东北大学资源与土木工程学院教授朱万成、北京航空航天大学自动化科学与电气工程学院教授段海滨主持。

在报告环节，柴天佑院士以“智能制造与智能优化制造”为题，介绍了智能制造的核心技术和多学科技术挑战，分享了从事科学研究的体会和感悟，并向在座青年科学家提出了完善学术生涯的建议。北京大学教授黄罡、东华大学教授朱美芳、东北大学教授朱万成、北京航空航天大学教授宋凝芳、中国科学院地质与地球物理研究所研究员王彦飞、中国石油大学（华东）教授戴彩丽、大连理工大学教授王同敏、东北大学教授张颖伟、中国科学院数学与系统科学研究院研究员杨翠红分别围绕“大数据的孤岛危机与开放之道”“紧密结合国际前沿与国家需求，创建基础与应用创新材料团队”“矿业发展趋势与多学科交叉”“从陀螺技术谈传承、发展与创新”“地球物理反问题”“提高油气采收率方法的哲学思考”“高能同步辐射在铜合金加工中的应用”“复杂工业流程建模与监控”“中国打喷嚏，全球就感冒吗——全球经济一体化浅议”作了互动报告。

【第十三届全国博士生学术年会】 5 月 22 日，第十三届全国博士生学术年会开幕式暨特邀报告会在广东省广州市召开。中国科协党组书记、常务副主席、书记处第一书记尚勇，广东省人民政府副省长陈云贤，中船重工集团公司七一九研究所研究员、中国工程院院士黄旭华，中国科学院广州能源研究所研究员、中国工程院院士陈勇，华南理工大学校长王迎军，“千人计划”专家、宁波江丰电子材料有限公司董事长姚力军，以及来自全国高校和科研院所、广东省高校的博士生代表参加了开幕式。年会开幕式及报告会由中国科协副主席冯长根主持。

全国博士生学术年会以高年级在读博士生为对象，是面向优秀青年科技人才的一次盛会。博士生学术年会与中国科协年会同期同地举办，将共享中国科协年会的高端人才资源与学术氛围，使博士生们在相互交流学习的同时，能够与包括诺贝尔奖获得者在内的国际科学大师和众多国内外院士专家交流互动，助力他们在创新创业、成长成才的道路上奋力前行。

尚勇指出，博士生阶段是一生中创造力非常旺盛的阶段，是一名科技人才打下坚实学术基础、实现宏伟抱负的关键阶段，也是可以大有作为的阶段。博士生作为科技界的新生力量和后备人才，是科学发展的未来，承载着祖国崛起的希望。许多科学大师的科研成果就是在博士生阶段取得的。

他希望广大博士生要坚定理想信念和雄心壮志，把个人目标与国家需求相结合，为实现中国梦树立报国之志；要坚持正确的创新路径，胸怀大志，把使命导向与兴趣驱动结合起来，把握科技创新大势，瞄准科技前沿；要增强创新勇气和攻坚毅力，敢为人先，不畏艰险，直面挫折，勇攀科技高峰；要弘扬科学精神和科学道德，求真求实，脚踏实地，淡泊名利，不务虚名。

开幕式结束后，黄旭华和姚力军分别向参加年会的博士生作了道德学风报告和人才成长报告。

全国博士生学术年会由中国科协常委会青年工作专门委员会和中国科协组织人事部共同主办，旨在提高博士生的科研、创新、创业能力，促进青年科技人才健康成长。第十三届博士生学术年会在为期 3 天多的时间里，分别举办专题学术交流、人才推介及参观高新技术开发区等活动。结合举办地广东省重点产业发展需求，本届博士生年会的学术交流聚焦在智能制造装备、新能源、新材料、物联网 4 个专题。

【第十七届中国科协年会科学道德建设论坛】 5 月 22 日，由中国科协、教育部、广东省人民政府共同主办的第十七届中国科协年会科学道德建设论坛在广州举行。全国政协副主席、中国科协主席韩启德院士出席论坛并致辞，十一届全国政协副主席、中国科协常委会科技工作者道德与权益专委会顾问王志珍院士，中国科协副主席、党组副书记、书记处书记张勤，广东省政协副主席姚志彬出席论坛。教育部科学技术司司长王延觉主持论坛开幕式。论坛主题为“科学道德和学风建设长效机制建设”。

韩启德在致辞中指出，经过多年的共同努力，科学道德和学风建设工作取得了一定成效，但学术不端现象是长期存在的，也是严重的。我们要像中央反腐败那样坚决，让学术不端行为“不敢”“不能”“不想”。首先要有坚定打击学术不端行为的决心，做到“不敢”。英国现代生物出版集团公开撤销 43 篇论文，其中有 41 篇来自中国大陆。面对这样震惊学术界的严重事件，我们要像反腐败斗争一样，秉承宗旨，发现一起查一起，坚决惩治学术不端行为。第二要完善制度建设，做到“不能”。要进一步深化科技体制改革，从这次 BMC 撤稿事件涉及的医学和生命科学领域入手，进一步优化科技资源配置机制，不断完善学术评价体制和人才评价机制，强化学术规范，健全出版管理等方面的法规制度，让学术不端行为为不能实现。第三要加强科学道德教育，使科技工作者认识到学术不端行为的丑恶，做到“不想”。要强调道德的重要性，教师以身作则，教导学生诚实守信，把道德教育贯穿教学工作的始终。从精神层面上杜绝学术不端行为是更加艰巨的任务，也是长远目标。

韩启德指出，中国科协在学风建设和反对学术不端方面肩负着重大责任。作为科技工作者自己的组织，中国科协要发挥自我规范作用、自我教育作用、自我监督作用，要在科学道德和学风建设方面发挥引导作用。中国科协组织的各项活动中要强调诚信，要加强学风建设。中国科协还要肩负起科技团体的监督责任，针对此次 BMC 撤稿事件，中国科协和科技工作者道德与权益专委会要在前期调查的基础上，深入开展调查研究，实事求是，一抓到底，维护科学道德和良好的学术生态，维护科技工作者的合法权益。此外，科协还应该加强对科学道德和学风建设的研究工作，发挥更大的引导作用。

论坛分为上午和下午两个单元。中国科协副主席黄伯云院士、中国疾病预防控制中心副主任高福院士主持第一单元专题报告。国家自然科学基金委主任杨卫院士作了题为“重塑评价体系，加强研究诚信”的报告，北京大学副教务长严纯华院士作了题为“研究生的学术规范教育”的报告，四川大学校长谢和平院士作了题为“以加强学术诚信建设为引领，筑牢大学道德围墙”的报告，美国《科学》杂志高级编辑 JelenaStajic 博士作了题为“科学出版的伦理问题”的报告，北京协和医院主任医师邱贵兴院士作了题为“学科带头人核心能力构建与培养”的报告。

暨南大学校董刘人怀院士、中国原子能科学研究院王乃彦院士主持第二单元专题报告。中山大学副校长马骏教授作了题为“强化学术自律，建立优良学风和学术环境，推动科学道德建设”的报告，美国恩波里亚州立大学 John Richard Schrock 教授作了题为“科学出版中浮现的问题”的报告，北京大学昌增益教授作了题为“美国对学术不端行为的监管机制：对中国学术道德体系建设的启示”的报告，教育部科学技术委员会常务副主任吴常信院士作了题为“建立科研诚信长效机制重在落实”的报告，美国《细胞》杂志高级编辑杨晓红宣读了杂志主编 Emilie Marcus 题为“筑起科学信誉的长城”的报告。

论坛共设置了四次开放式讨论，分别由南开大学校长龚克教授、中科院心理研究所杨玉芳教授、解放军第二军医大学王红阳院士、中国科学院监审局局长李定教授主持。在开放式讨论环节，与会代表们围绕论坛主题“科学道德和学风建设长效机制建设”展开了广泛而深入的交流研讨，就如何建立良好的科研体系、如何更好地发挥科技评价作用、如何加强教育调动科技工作者的积极性，更好地发挥科技工作者聪明才智推动创新，促进科技工作者坚守科学道德提出了意见和建议。

北京大学常务副校长柯杨教授作了论坛闭幕总结。柯杨提出了三个观点：第一，科学道德建设是需要长期坚持的工作，要从国家、社会和文化背景出发，做好充分准备，打持久战，一步一步改进。第二，教育可以在科学道德和诚信建设方面发挥重要作用，包括家庭教育、学校教育和社会影响。要重视对学生的教育，从思想方法、科学精神方面加强引导。第三，科学道德建设需要全社会的共同努力。要自上而下地完善评估体系，避免过分强调 SCI，避免把不可量化的因素量化，要充分尊重科学研究规律。

中国科协副主席、中国科学院副院长李静海院士，中国科协副主席、国家自然科学基金委副主任沈岩院士，吉林大学教授邹广田院士，重庆大学可持续发展研究院院长陈德敏教授，北京天坛医院主任医师赵继宗院士等专家，以及来自中国科协、教育部、科技部、国家卫生和计划生育委员会、国家自然科学基金委员会、中国科学院、中国社会科学院、中国工程院、广东省科协、广东省教育厅和国内近百所高校、科研院所的相关负责人共计 240 余人参加论坛。

【青年科技领军人才国情研修班】 为落实《高层次专家国情研修规划（2012—2020 年）》，按照中央组织部统一部署，中国科协联合中国浦东干部学院举办青年科技领军人才国情研修班。这是继 2014 年在中国井冈山干部学院举办青年科技领军人才国情研修班后，中国科协再次承担该项任务。来自全国重点高校和科研院所的近 50 名青年科技领军人才参加了本次研修班。中国科协党组副书记、副主席、书记处书记张勤代表中国科协党组看望学员并授课。中央组织部人才工作局巡视员、副局长王维平向学员宣讲习近平总书记关于人才工作重要论述和人才战略。中国浦东干部学院副院长姜海山出席开班式并讲话。

本次研修班的学员是在继续选调历届中国青年科技奖、中国青年女科学家奖获奖者的基础上，增加了国家杰出青年科学基金获得者、"长江学者"特聘教授、"千人计划"专家等，并充分考虑了学科背景、年龄层次、单位类别搭配的合理性。按照了解国情、加强交流、服务创新驱动发展战略的目标，研修班采取专题讲座、现场教学、行为训练、视频课程、小组研讨、学员论坛等形式，重点安排了中国梦、"三严三实"、国家安全、知识产权、创新文化、经济形势、心理调试、浦东开发开放等授课内容，并组织学员到钱学森图书馆、航天八院、上海院士风采馆开展现场教学。参训学员普遍感到，通过研修班的学习，更加全面地认识了我国在新的历史条件下面临的发展机遇与挑战，更加坚定了勇于担当、勇于超越、科技报国、无私奉献的信念。

【2015 年首都高校科学道德和学风建设宣讲教育报告会】 为引导广大科技工作者勇于追求真理、执着科学探索、珍视学术声誉，9 月 16 日，2015 年首都高校科学道德和学风建设宣讲教育报告会在人民大会堂举行。报告会由中国科协、教育部、中国科学院、中国社会科学院、中国工程院、国家自然科学基金委员会和北京市人民政府共同主办。全国政协副主席、中国科协主席韩启德院士代表主办单位致辞，中国科协党组书记、常务副主席、书记处第一书记尚勇主持报告会，吴孟超院士、薛其坤院士和潘建伟院士作宣讲报告。

韩启德指出，科学道德和学风建设宣讲教育工作自 2011 年开展以来，在全社会引起了广泛反响，传递了正能量。然而，学术不端现象仍然屡禁不止，2015 年接连发生的撤稿事件给我国国际学术声誉造成严重的负面影响。中国科协常委会科技工作者道德与权益专委会对撤稿事件进行了初步调查，调查显示被撤稿作者在国际学术期刊发表论文过程中确实存在因借助"第三方"而产生的学术不端行为，学术界、科技界仍然面临着学风浮躁、学术失范的严峻挑战。针对撤稿事件暴露的问题，他郑重重申了我国科技工作者在国际学术期刊发表论文的"五不"行为守则，要求广大科技工作者不由第三方代写论文，不由第三方代投论文，不由第三方对论文内容进行修改，不提供虚假同行评审人信息，不违反论文署名规范，并希望广大科技工作者共同遵守。

他强调，"人无诚信不立，业无诚信不兴，国无诚信不强"，抵制学术不端行为，加强科学道德和学风建设是促进我国科技事业健康发展，推动大众创新、万众创业，培养造就优秀创新人才，加快建设人才强国的关键举措，也是培育创新文化、加快构建社会主义核心价值体系的重要内容。他呼吁社会各方共同行动，对学术不端行为形成"过街老鼠、人人喊打"的效应，建立学术不端行为"不敢、不能、不想"的制度体系，捍卫学术尊严、维护良好学风。

他勉励同学们要常怀报国之志，把人生理想融入国家和民族事业中；要克服浮躁，多一份淡然，把献身科学、追求真理内化为创新求索的力量源泉；要守住道德底线，像珍惜自己的眼睛一样珍惜自己的学术品格，做遵守学术道德的楷模。

国家最高科学技术奖获得者、世界著名肝胆外科学家 94 岁高龄的吴孟超院士报告的题目为《一生为理想去奋斗》。他向同学们讲述了自己建立肝脏外科并与肝癌斗争一生的传奇经历，告诉同学们做人要诚实，做事情要踏实，做学问要扎实，心怀对祖国和人民的热爱，用实际行动为我们的国家争光。针对目前学术界出现的心态浮躁、急功近利、抄袭剽窃等学术不端行为，吴孟超院士告诉同学们科学的道路没有坦途和捷径，不要幻想走小道、抄近路，而是要诚实、踏实、扎实，要吃得了苦、受得了罪、耐得了寂寞，要干一行爱一行、钻一行精一行，这样才能有所收获、有所成就。

国际著名实验物理学家、清华大学副校长薛其坤院士报告的题目为《胸怀理想，追求卓越，做一个学风严谨的科学工作者》。他用自己的科研成就和人生经历告诉同学们，做研究就要厚积薄发，一步一个脚印、踏踏实实练好基本功，不急于求成，培养勤奋努力、积极乐观的生活态度；建立精益求精、追求极致的科研风格；拥有敢于创新、实事求是的科学态度；追求团结友爱、互相尊重的道德风尚；树立胸怀使命、为国争气的远大志向。并通过“舍恩学术丑闻”告诉同学们一定要坚守科研道德的底线，珍惜自己的数据和成果，保持它们的纯洁性。最后他勉励同学们在科学研究的道路上一定要诚实，不欺骗合作者，不欺骗同行，不欺骗自己！

著名物理学家、中国科学技术大学常务副校长潘建伟院士报告的题目为《梦想与责任》。他向同学们展示了自己在量子物理和量子信息领域取得的巨大成就，诠释了他对科学研究的满腔热爱，对心中梦想的执着坚守，对肩头责任的义无反顾。他谦虚地告诉同学们科学家最幸福的感受就是在自己感兴趣的领域作出一点成绩，并为祖国的科技进步尽一份力。潘院士严谨谦逊的治学态度、精益求精的学术作风、实事求是的科学精神感动了在场的所有学生。

三位科学家用各自的科研经历展示了在实现中华民族伟大复兴中国梦的征程中，我国优秀科技工作者为国家科技事业拼搏奉献、不懈奋斗的辉煌事迹，诠释了求真务实、勇于创新的科学精神，不畏艰险、勇攀高峰的探索精神，团结协作、淡泊名利的团队精神，报效祖国、服务社会的奉献精神。

【中国科协会员日贺信】 12 月 15 日，中国科协发出《中国科协会员日贺信》。全文如下：

值此 2015 年中国科协会员日来临之际，中国科协谨向全体会员和广大科技工作者致以节日的问候和崇高的敬意！向全体会员和广大科技工作者长期以来对中国科协的关心和支持表示衷心的感谢！

即将过去的 2015 年，广大科技工作者在党中央、国务院的正确领导下，积极实施国家创新驱动发展战略，自觉提高自主创新能力、弘扬创新文化，攻坚克难、拼搏实干，取得了一大批事关经济社会发展全局、具有重大国际影响的科技成果，持续推动我国在科技创新道路上快速前进。在广大科技工作者的支持和参与下，中国科协紧紧抓住党的十八届四中、五中全会和中央党的群团工作会议给科协工作带来的新机遇，认真贯彻落实中央重大决策部署，扎实履行工作职能，积极为广大科技工作者服务、为创新驱动发展服务、为提高全民科学素质服务、为党和政府决策服务，在学术交流、科学普及、人才举荐、决策咨询、组织建设等方面取得了新的进展。

当前，以习近平同志为总书记的党中央，正团结带领全国各族人民，紧紧围绕“四个全面”战略布局，为实现“两个一百年”奋斗目标、实现中华民族伟大复兴的中国梦而努力奋斗。党的十八届五中全会通过的“十三五”规划建议，描绘了国民经济和社会发展的宏伟蓝图，提出了“创新、协调、绿色、开放、共享”的发展理念。五大发展理念的贯彻落实迫切需要强大的科技支撑，这是时代赋予广大科技工作者光荣和神圣的历史使命，广大科技工作者作为国家科技创新体系中的中坚力量，应当牢记使命、勇担重任，在新的历史条件下施展才干、再创佳绩。

在新的一年里，中国科协将继续高举中国特色社会主义伟大旗帜，以邓小平理论、“三个代表”重要思想、科学发展观为指导，全面贯彻落实党的十八大和十八届三中、四中、五中全会精神，深入学习贯彻习近平总书记系列重要讲话精神，团结带领广大科技工作者，紧紧抓住新一轮科技革命和产业变革蓄势待发的历史机遇，紧紧围绕国家创新驱动发展战略，大力推进大众创业、万众创新，积极实施“互联网 +”“中国制造 2025”行动计划；按照“推动创新、强化服务、拓展提升、开放协同、普惠共享”要求，不断创新工作机制、拓展工作思路，在服务科技、经济、社会发展的主战场上奋发有为、再建新功。希望广大科技工作者进一步增强自主创新的决心和信心，坚定不移走中国特色社会主义自主创新发展道路，矢志拼搏、锐意进取，为祖国的科技事业发展作出新的更大的贡献。

【中国科协院士专家考察休假活动】 8 月 24—27 日，2015 年中国科协院士专家暑期考察休假活动在北京市怀柔区举行，参加活动的院士在修养身心的同时，积极为新形势下科技、科协事业发展建言献策，并为怀柔高新技术企业在技术方面提出宝贵咨询建议，受到怀柔区政府及企事业单位的欢迎和好评。

25 日，中国科协党组副书记、副主席、书记处书记张勤专程赴考察休假住地看望考察休假院士并座谈。与会院士、专家畅所欲言，围绕进一步密切科协组织与科技工作者联系、积极推进学会承接政府转移职能等问题发表了意见和建议。

考察休假期间，院士们考察了怀柔区高新技术企业、园区，并与区政府有关负责人座谈。在考察中科合成油技术有限公司期间，院士专家深入了解企业的技术发展和应用情况，在企业技术人员提出遇到的有关技术难题时，参加考察的相关领域院士发挥自身专长，提出了非常有针对性的解决办法，并表示可以提供后续帮助，令在场企业负责人和技术人员受益匪浅，深受感动。在考察雁栖经济技术开发区管委会时，院士、专家就发挥好驻在开发区的中国科学院研究所的作用、统筹好开发区产业的循环互补等问题提出了建议。

【2015科学道德和学风建设宣讲教育专题研究班】 11月25—27日，由全国科学道德和学风建设宣讲教育领导小组主办，四川省科协、四川省教育厅、四川大学联合承办的2015科学道德和学风建设宣讲教育专题研究班在成都举办。全国科学道德和学风建设宣讲教育领导小组组长、中国科协党组副书记、副主席、书记处书记张勤，国家自然科学基金委员会副主任、中国科协副主席、中国科学院院士沈岩，全国科学道德和学风建设宣讲教育领导小组副组长、中国社会科学院原副秘书长晋保平，中国工程院院士、四川大学校长、四川省科协主席谢和平出席研究班开班仪式。

开班仪式上，张勤代表主办单位讲话。他指出，科学道德宣讲教育工作近五年来取得了显著成效，各培养单位开展此项工作的主动性、自觉性显著增强，做好工作的信心明显提高。宣讲教育工作主要形成了如下经验：一是始终坚持政治引领，二是不断完善工作机制，三是不断创新活动形式，四是不断建立长效机制。五年来，宣讲教育工作取得了一定成绩和经验，但仍然要清醒地认识到加强科学道德和学风建设任重道远。持续开展宣讲教育动力不强、后劲不足的问题亟需解决；部分地区和单位对宣讲教育的重要性、长期性和艰巨性认识仍需提高；宣讲教育工作有时候还停留在活动层面流于形式，与人才培养、科学研究的深度融合不够。他强调，要在促进宣讲教育与学校、科研院所的人才培养、科学研究相结合，将宣讲教育融入单位的主业并采取有效措施；要在完善宣讲教育工作机制，推动宣讲教育常态化、长效化上狠下工夫。要以加强领导为基础，宣讲教育工作要求“实”；以集中宣讲为抓手，宣讲教育工作要求“精”；以师德建设为重点，宣讲教育工作要求“细”；以制度建设为支撑，宣讲教育工作要求“深”。

专题研究班上，四川大学校长谢和平院士以“以加强学术诚信建设为引领，筑牢大学道德围墙”为题，美国卫生与公共服务部科研诚信办公室原主任大卫·赖特教授以“互联网和数字技术改变全球科研环境，设计科研体系以促进诚信卓越与多产”为题，南开大学校长龚克教授以“关于有效地进行科研诚信教育的几点思考”为题，中国农业大学吴常信院士以“持之以恒，建立科研诚信长效机制”为题，施普林格中国区自然科学与工程编辑总监叶路先生以“学术出版不端行为与查处程序”为题作了专题报告。同时，邀请了北京市科协、上海市科协、北京大学、清华大学、北京理工大学、复旦大学、大连理工大学7家单位作大会交流发言。研究班交流讨论环节，学员积极参与，围绕如何建立科学道德和学风建设宣讲教育的常态化、长效化工作机制，如何开展科学道德和学风建设案例教学，如何建立科研诚信和科学伦理学科体系，如何建立和培养科学道德和学风建设教育专业人才队伍，如何发挥研究生导师在科学道德和学风建设中的主导作用等问题进行交流讨论，提出了意见建议。

25日下午，张勤主持召开了全国科学道德和学风建设宣讲教育工作座谈会。全国和省级科学道德宣讲教育领导小组成员围绕4个议题座谈：发挥省、自治区、直辖市宣讲教育领导小组作用，按照全国宣讲教育领导小组部署，承上启下做好推进，抓好落实；进一步增强做好宣讲教育工作的动力和信心，不懈怠不松动，将宣讲教育工作不断推向深入；以问题为导向，进一步提高宣讲教育工作的针对性和精准化，在“实效性”上下工夫；推动宣讲教育与监督惩处和制度建设相结合。

【第十二届“中国青年女科学家奖”颁奖典礼】 12月22日，由全国妇联、中国科协、中国联合国教科文组织全国委员会以及欧莱雅中国共同主办的第十二届“中国青年女科学家奖”颁奖典礼在北京举行。全国人大常委会副委员长、全国妇联主席沈跃跃出席颁奖典礼并为获奖青年女科学家颁奖。中国科协党组书记、常务副主席、书记处第一书记尚勇出席颁奖典礼并代表主办单位讲话。全国妇联副主席、书记处第一书记宋秀岩，中国科协副主席、书记处书记张勤，中国科协副主席、国家自然科学基金委员会副主任、中国科学院院士沈岩，中国联合国教科文组织全国委员会秘书长杜越，法国驻华大使馆科技专员白沙滩，欧莱雅中国副总裁兰珍珍，清华大学化学工程系教授、中国科学院院士费维扬，2015年“世界杰出女科学家成就奖”获得者、中国科学技术大学教授、中国科学院院士谢毅，2016年“世界杰出女科学家成就奖”获得者、中国农业科学院哈尔滨兽医研究所研究员陈化兰出席颁奖典礼并为获奖者颁奖。全国妇联副主席、书记处书记焦扬主持颁奖典礼。

沈岩院士介绍了中国青年女科学家奖评审情况。本届评审委员会由38位院士、专家组成，从98个单位和17名专家推荐、提名的172名候选人中，评选产生了9位获奖者，她们是：中国科学技术大学物理学院教授彭新华、浙江大学神经科学中心教授胡海岚、北京大学地球与空间科学学院研究员王玲华、中国医学科学院肿瘤医院研究员吴晨、西安电子科技大学综合业务网理论与关键技术（ISN）国家重点实验室教授李赞、中国科学院大连化学物理研究所研究员张丽华、南京农业大学农学院教授郭旺珍、中国科学院上海药物研究所研究员吴蓓丽、第四军医大学神经外科教授杨倩。

在颁奖典礼后举办的中国青年女科学家论坛上，9位获奖青年女科学家与高中女生以及广大网友通过数字化在线平台进行了对话和精彩互动。女科学家们围绕“世界因科学而美”讲述了她们如何发现、探索、享受科学的无限乐趣，分享她们的科研成果对社会的贡献；启发高中女生发现科学对世界的改变，感受科学之美，为高中女生注入科学正能量。

本次颁奖典礼同时为首届“未来女科学家计划”5位入选者颁发了证书，她们分别是来自清华大学、华东理工大学、中国科学院广州地球化学研究所、中山大学和南京农业大学的在读博士后黄银、应佚伦、曾艳红、崔艳梅和党小景。

“未来女科学家计划”由中国科协于2015年设立，是欧莱雅—联合国教科文组织设立的“世界最具潜力女科学家”项目在中国的发展和延伸。“未来女科学家计划”每年评选5位处于博士及博士后阶段的女性科研人员，并推荐1人作为“世界最具潜力女科学家”项目中国区域候选人。经中国科协推荐，华东理工大学博士后应佚伦成功入选2015年“世界最具潜力女科学家”项目。

学术交流与学会建设

【第十七届中国科协年会】 5月23日，第十七届中国科协年会在广东省广州市开幕。中共中央政治局委员、国家副主席李源潮出席并讲话，中共中央政治局委员、广东省委书记胡春华出席。全国政协副主席、中国科协主席韩启德致辞。全国政协副主席、科技部部长万钢，十一届全国政协副主席王志珍，中央和国务院有关部委领导同志，广东省、陕西省有关领导同志，解放军有关方面负责同志，包括中国科学院院士、中国工程院院士在内的著名专家学者，来自科研、生产、教学第一线的科技工作者，诺贝尔奖等国际科技领域知名奖项获得者，以及来自我国港澳台地区和美国、英国、法国、以色列、日本等16个国家和地区的专家、学者和科技组织代表共2500余人出席大会开幕式。开幕式由中国科协党组书记、常务副主席、书记处第一书记尚勇主持。广东省委副书记、省长朱小丹致欢迎辞。

开幕式上颁发了第八届周光召基金会科技奖和第十八届中国科协求是杰出青年奖。

开幕式结束后举行了大会特邀报告会，报告会由中国科协副主席、中国科协第八届常委会学术与学会专门委员会主任李静海主持。全国政协副主席、科技部部长万钢，国家发展与改革委员会副主任林念修，工业和信息化部副部长怀进鹏和中国铁路总公司副总经理卢春房分别作《深化科技体制改革，推进大众创新创业》《改革释放活力，创新驱动发展》《把握“互联网+”新趋势，加快制造强国建设》和《中国高速铁路技术特点》大会特邀报告。

本届年会由中国科协和广东省人民政府共同主办，以“创新驱动先行”为主题，体现“层次高”“内容精”“效果实”的主要特点。年会邀请了国内外科技界一流、一线的学者，尤其是具有学科交叉背景和国际学术背景的学者出席，精准设计、压缩规模，力求让参会的科技工作者在学术上有收获、在科普上有贡献、在服务政府和企业上有作为。年会紧扣广东省经济社会发展最迫切、党委政府最关注的问题，找专家、找项目、找方向，瞄准广东省产业转型升级的瓶颈问题、热点问题，提炼较高质量的学术成果和政策建议，提供决策参考，力求为广东省服务取得实效。与广州市政府共同举办的第一届创新科技成果交流会，展出675家单位的1100多项创新成果，组织一批企业与科研机构、学会专家签订合作协议，支持供需双方在网上对接交流、线下见面转化。

年会期间共举行5个板块364项活动。其中有：开幕式暨大会特邀报告会、广东省党政领导与院士专家座谈会、16场学术交流分会场活动、3个系列335

项科普活动、23项咨询服务活动、11个专项活动。

【2015世界机器人大会】 11月23—25日，中国科协、工业和信息化部、北京市人民政府在北京国家会议中心共同主办2015世界机器人大会。大会主题为“协同融合共赢，引领智能社会”。大会分为“2015世界机器人论坛”“2015世界机器人博览会”及“2015世界青少年机器人邀请赛”三个部分。

国家主席习近平致信，向大会的召开表示热烈祝贺，向出席会议的各方来宾表示诚挚欢迎。国务院总理李克强作出批示向大会召开表示祝贺。

国家副主席李源潮在2015世界机器人大会开幕式上宣读了习近平的贺信、李克强的批示并致辞，欢迎世界机器人领域的专家学者和企业家来华交流合作，为推动世界机器人技术和产业发展，为人类文明进步作出更大贡献。刘延东参观世界机器人博览会并发表讲话。她要求进一步加强机器人领域的国内外合作和交流，为机器人技术创新和产业发展创造更好的生态环境。

大会开幕式由全国政协副主席、中国科协主席韩启德主持。

12个机器人国际组织、58家国内科研机构参与大会。来自10多个国家及港澳台地区的100多名专家学者，参与主旨报告会和专题论坛。100多家国内外企业参加机器人博览会，集中展示领先的机器人产品。16个国家和地区的145支青少年代表队参加为期两天的世界青少年机器人邀请赛。

11月23日晚，2015世界机器人大会“机器人创新之夜”在北京国家会议中心举行。中国科协党组书记、常务副主席、书记处第一书记尚勇出席并讲话。国际机器人联盟主席Arturo Baroncelli致辞。电气与电子工程师协会、机器人与自动化学会主席Raja Chatila，工业和信息化部副部长辛国斌，北京市副市长隋振江，中国科协党组成员、书记处书记吴海鹰，以及来自中国、日本、韩国、意大利、以色列、德国、捷克等国机器人领域的专家、学者出席活动。活动由中国科协党组成员、书记处书记王春法主持。

【中国科协2015年全国学会秘书长工作会议】 1月13日，中国科协2015年全国学会秘书长工作会议在北京中国科技会堂召开。中国科协党组成员、书记处书记沈爱民出席会议并讲话。来自中国科协所属190个全国学会的秘书长，中国科协有关部门、单位的负责人共240余人参加会议。

沈爱民在总结讲话中指出，党的十八大以来，党和政府从加快构建现代社会组织体制和构建政策扶持体系入手，加大了对社会组织的支持力度。2014年，中国科协党组书记处提出把学会工作作为科协主体工作，并启动了学会创新和服务能力提升工程相关工作，形成了学会工作的新格局。目前学会发展处于关键时期，要牢牢把握这一历史机遇，乘势而上。学会工作者要有知识、有见识、有胆识，做到既要敬业，也要专业，既要当成职业，更要当成事业。随着学会的发展，科协与学会的关系将面临新的转变，需要重新审视和构架，要加强对学会的政治引领、示范带动、联系服务，推动学会有序、健康发展。

学会学术部部长宋军传达了中央书记处对中国科协工作的指示精神，以及中国科协第八届常委会十二次会议、第八届全国委员会第七次会议精神，总结了2014年学会学术工作情况，部署了2015年重点工作安排。学会学术部有关负责人介绍了创新驱动助力工程的实施情况。

【创新驱动助力工程鄂尔多斯市与全国学会对接活动】 2月11日，中国科协举办创新驱动助力工程鄂尔多斯市与全国学会对接活动。中国科协党组书记、常务副主席、书记处第一书记尚勇出席活动并颁发了中国科协创新驱动助力工程示范市批复，标志着鄂尔多斯市成为中国科协创新驱动助力工程示范市。

中国科协党组成员、办公厅主任吴海鹰，中国科协常委、神华集团董事长、党组书记张玉卓，内蒙古自治区政协副主席、自治区科协主席牛广明，内蒙古自治区科协党组书记、副主席马强等出席活动。鄂尔多斯10家企业的代表、9个全国学会的负责人和专家、中国科协有关部门和直属单位负责人近60人参加对接活动。活动由中国科协学会学术部部长宋军主持。

尚勇表示，中国科协要积极为创新驱动引领新常态助力献智。要紧密联系广大科技人员，以大院所、大学、大企业这“三大”资源为支撑，发挥桥梁纽带作用。创新驱动的主体是企业，我们要把国家的科技、智力资源和创新驱动的主体对接起来，把优势真正结合起来。实施创新驱动助力工程要接地气、重实效，要选择创新意识强的城市作为试点，带动地方经济发展，发挥示范引领作用。

尚勇表示，中国科协要在助力鄂尔多斯实现创新驱动转型升级上作出示范。要通过相关学会，组织专家帮助鄂尔多斯市制定好经济发展“十三五”规划，进一步研究主导产业转型升级，依靠创新驱动培育新兴产业，依靠科技创新支撑经济建设、社会建设、文化建设和生态文明建设，实现可持续发展、绿色发展。

尚勇强调，要在深化改革中建立协同创新的长效机制。要把国家级的科技资源和鄂尔多斯市的实际需求协同起来创新，为整个经济社会发展提供动力支撑。要协同研究鄂尔多斯产业转型升级和新产业培育中急需解决的重大科技问题，促进科技成果在鄂尔多斯转化和产业化，建立相关开发和研究基地，建立学会服务站、服务中心、院士服务站等。

中国电机工程学会理事长郑宝森，中国仪器仪表学会常务副理事长吴幼华，中国煤炭学会副理事长田会，内蒙古伊泰煤制油有限公司主任工程师张相端，中国纺织工程学会副理事长龚进礼，内蒙古鄂尔多斯羊绒集团有限责任公司技术研发部长庞瑞冬分别进行交流发言。张玉卓、牛广明、王森表示，将积极支持中国科协与鄂尔多斯市的创新驱动助力工程工作。鄂尔多斯企业技术负责人还与全国学会专家进行了面对面的对接交流。

【中国科协精品科技期刊工程第四期项目评审会】 5月18日，中国科协精品科技期刊工程第四期项目评审会在北京召开，中国科协党组成员、书记处书记沈爱民出席评审会并讲话。中华口腔医学会会长、中国科协第八届常委会科技工作者道德与权益专门委员会委员、评审监督小组组长王兴，中国科学院院士、中国科协第八届常委会科技工作者道德与权益专门委员会委员、评审监督小组成员王乃彦出席评审会。中国科协学会学术部副部长、评审办公室副主任刘兴平介绍了项目申报情况及评审原则、程序和评审要求。会议由评审委员会主任委员、中国科协第八届常委会学术与学会工作专门委员会委员、中国科学院院士陈运泰主持。60余位来自各个学科领域的评审委员会专家参加会议。

沈爱民表示，多年来，中国科协一如既往地支持科技期刊工作。从2006年起实施的中国科协精品科技期刊工程对中国科协科技期刊的发展起到了巨大的促进作用，扶植了一批具有较强发展潜力和示范带动作用、辐射性强、代表我国前沿学科和具有中国特色的科技期刊，逐步走上了精品化、国际化的发展轨道。中国科协将在认真总结前期工作经验的基础上，继续实施好第四期精品科技期刊工程，以培育精品、打造品牌为核心，着力提升学术质量和水平，大力加强数字化、集群化和人才队伍建设，以“以奖代补、以奖促建”为手段，切实提高项目管理水平和项目实施效益。他希望各位评审专家认真评审，以公平、公正和对中国科技期刊发展负责的原则，切实把优秀的精品期刊遴选出来，促进项目示范作用的进一步发挥。

中国科协精品科技期刊工程自2006年起，三年为一周期，至2014年年底已实施三期，累计支持期刊1064项次，项目实施以来，中国科协科技期刊学术质量稳步提高，学术影响力持续增强。获支持期刊发展基础进一步夯实，办刊能力大幅度提高，发挥了示范带动作用。

【中国科技期刊国际影响力提升计划评审会】 5月19日，中国科技期刊国际影响力提升计划2015年度D类项目专家委员会评审会在北京举行。中国科协党组成员、书记处书记王春法出席评审会并讲话。会议由中国科协第八届常委会学术与学会工作专门委员会委员、中国科学院院士、中国科技期刊国际影响力提升计划专家委员会主任陈运泰主持。评审委员会的29名院士、专家、学者参加会议。

本次评审分为3个学科组，分别是基础科学、农业、综合组，医药学组和工程技术组。评审专家通过审阅申报材料、听取陈述答辩等，从73项申报期刊中择优遴选出10种新创办英文科技期刊入围名单。本次评审由监督小组全程负责纪检工作。

【首届军民融合技术装备博览会】 7月7日，首届军民融合技术装备博览会在北京开幕。来自中国科协、科技部、国防科工局等有关部门，总参谋部、总后勤部、总装备部、武警等军队系统，清华大学、北京理工大学等院校，中国航天科工集团、中国电子科技集团等企业，以及深圳市等有关方面代表共800余人参加开幕式。

中国科协党组成员、书记处书记王春法出席开幕式并致辞。他指出，中国科协与中国兵器工业集团共同主办此次博览会，充分展示了贯彻落实习近平总书记关于推进军民融合深度发展重要指示精神的最新成果；充分展示了我国军民融合技术装备领域的最新进展和发展趋势；充分展示了我国强大的技术装备研发能力和制造能力。在新时期新形势下，中国科协将积极响应习近平总书记关于“同心协力做好军民融合深度发展这篇大文章”的伟大号召，充分发挥全国学会的协同效应，用创新的思维、创新的手段、创新的方式，促进国防科技资源和民用科技资源的相互融合

和优化配置，推动形成军民两大科技体系之间信息互通、资源共享、良性互动、融合发展的良好格局。

本届博览会展出面积 10000 多平方米，近 200 家单位参展。展览内容涵盖自主可控平台、指挥信息系统、数字化士兵、网络信息安全、无人系统、北斗位置服务、红外夜视装备、应急救援系统、边防监控指挥系统、虚拟现实技术、模拟仿真系统等军民两用高新技术成果。3 天展期内，来自全国各地、各行业和领域的观众近 20000 人次参观了展览。

博览会采取了展览、论坛和专题互为一体的新型会展模式。博览会期间举办的中国指挥控制大会、中国军民融合创新发展论坛、网络安全与自主可控论坛等，百余位院士、专家汇聚一堂，举办学术报告近百场，共同探讨军民融合、自主创新发展之路。

【京保科技成果转化项目推介会】 7 月 30 日，保定国家高新区管委会主办的京保科技成果转化项目推介会暨中国科协创新驱动科技成果转化服务中心保定分中心揭牌仪式在保定大学科技园举办。会议旨在深入贯彻落实京津冀协同发展战略，进一步将中国科协所属全国学会和中关村天合科技成果转化促进中心的科技成果汇聚到保定产业链上，促进高端科研成果、科技项目在保定转化、应用、落地。

会上，中国科协学会学术部部长、企业工作办公室主任宋军，中关村天合科技成果转促中心主任朱希铎，保定市委常委、农工委书记、统战部长王惠欣，共同为中国科协创新驱动科技成果转化服务中心保定分中心揭牌。宋军说，中国科协企业工作办公室授牌中关村天合科技成果转化促进中心为创新驱动科技成果转化服务中心，在中国科协创新驱动示范市保定设立首个分中心，并逐步在全国进行推广，建立中国科协创新驱动助力工程科技成果转化公共服务平台，通过汇集全国学会的科技资源到这个平台，对科技成果进行有效转化。他表示，今后要以分中心为依托，统筹资源、找准需求、突出重点，为科技成果找到孵化沃土，真正为保定企业做实事。中国科协将以天合模式打造遍及全国的“互联网 + 科技成果转化”的科技成果公共服务平台，努力建成服务“大众创业、万众创新”的有效载体。中国科协企业工作办公室副主任、中国科学技术咨询服务中心副主任郑浩峻出席了会议和揭牌仪式。

中关村天合科技成果转化促进中心主任朱希铎作大会主题报告，介绍了天合在科技成果转化方面的先进理念和成功经验，提出了创新驱动科技成果转化服务中心的工作目标和发展方向。要求保定分中心要针对本地企业和产业需求，提供深度挖掘专业化评测、全程跟进转化过程、进行资源优化配置等服务，完成项目技术报告、商业报告、评价报告等深度分析研究，以全新的理念和机制全面提高科技成果转化的成功率，为后续全国分中心的建设发挥示范带动作用。

会上，中国银行保定分行与保定市科协、河北中康韦尔环境科技有限公司、中国科技创新驱动科技成果转化服务中心保定分中心分别签署了战略合作协议。法国温替艾尔斯有限公司与河北中康韦尔环境科技有限公司、北京奥达清环境质量检测有限公司与保定市净天环境科技有限公司、华银集团与华北电力大学分别签署战略合作协议。智慧化物流仓储及配送成套解决方案项目也在会上签约。

在科技成果与科技需求对接洽谈环节，中关村天河科技成果转化促进中心现场发布了智慧化物流仓储及配送成套解决方案，企业能效检测与管理车载移动服务平台推广应用项目，新能源、新城镇智能微电网成套解决方案应用项目，药用植物种植与检测综合服务平台，药食同源有机饲养产业应用示范项目 5 个科技成果项目；中国科协创新驱动科技成果转化服务中心保定分中心发布了色彩搭配师国家职业技能培训与考评、新能源汽车用单体大容量固态聚合物动力锂电池、大棚蔬菜种植机械化生产技术、秸秆腐熟还田技术、农药安全使用技术、海水鱼封闭循环水高效绿色生产技术、“红心牌”红龙果 7 个科技成果项目，分别向保定市上百家企业进行了现场推介，并与企业就科技需求进行对接洽谈。

【第四届山地城镇可持续发展专家论坛】 8 月 13—14 日，第四届山地城镇可持续发展专家论坛在新疆维吾尔自治区伊宁市召开，本次论坛主题为“‘一带一路’战略与山地城镇交通规划建设”。中国科协学会学术部部长、企业工作办公室主任宋军，新疆维吾尔自治区住房和城乡建设厅、新疆生产建设兵团科协及伊宁市人民政府有关领导出席大会并致辞。中国城市规划学会副理事长兼秘书长、国际城市与区域规划师学会副主席石楠主持开幕式。

宋军在致辞中谈到，“一带一路”战略规划中明确了新疆丝绸之路经济带核心区的战略定位，使山地面积占一半的新疆面临新的发展机遇和动力。中国科协于 2015 年 7 月 27 日在乌鲁木齐市召开了全国科协系统对口援疆工作会议。要充分调动各学科专家的积极性，鼓励各位科技工作者自由畅想、大胆假设、认真求证；要大力倡导多学科交叉融合、跨学科跨区域交流的学术论坛；要深化决策咨询的作用，将学术交流与服务政府和服务社会紧密结合。

开幕式后，举办了学术报告会。中国城市规划学会副理事长、中国科学院可持续发展研究中心主任樊杰，重庆市科协副主席、中国公路学会常务理事、重庆交通大学校长唐伯明，中国岩石力学与工程学会常务理事、中国科学院页岩气与地质工程重点实验室主任李晓，中国水利学会理事、中国水利科学研究院减灾中心主任、减灾所所长丁留谦等专家分别从“一带一路”战略对我国发展格局的影响及内陆对外通道体系建设策略、山地城镇交通建设面临的隧道地质灾害问题、山洪灾害问题等方面作了大会学术报告。

大会还举办了两个专题分论坛。中国城市规划学会副理事长、同济大学副校长吴志强等专家、学者和与会代表先后围绕“‘一带一路’战略与山地城镇交通规划策略与方法”和“‘一带一路’战略与山地城镇交通设施建设”两个主题，展开了深入研讨并进行了充分互动。

来自城乡规划、经济学、生态环境、交通、区域城镇化等学术领域的240余位专家、学者紧紧围绕“‘一带一路’战略与山地城镇交通规划建设”的主题，深入交流“一带一路”交通规划、产业发展等一系列重大问题的基础理论与科学技术。

会议采用微信、微博等新兴媒体进行了实时图文报道。此外，论坛专门举办了专家闭门会议，围绕主题起草了专家建议书。

此次论坛由中国科协主办，中国城市规划学会、新疆生产建设兵团科协、新疆维吾尔自治区住房和城乡建设厅、伊宁市人民政府共同承办，中国岩石力学与工程学会、中国公路学会、中国航空学会、中国铁道学会、中国水利学会、中国国土经济学会、中国地理学会、国际城市与区域规划师学会、香港规划师学会、重庆大学建筑城规学院、中国城市规划学会山地城乡规划学术委员会等10余家单位共同协办。

【行业协会商会脱钩试点工作学会座谈会】 8月21日，中国科协组织召开中国科协行业协会商会脱钩试点工作学会座谈会。中国科协党组成员、书记处书记王春法出席会议并讲话。26家中国科协所属有关学会负责人参加会议。座谈会由中国科协学会学术部部长、企业工作办公室主任宋军主持。

王春法在座谈会上指出，行业协会商会脱钩改革是大势所趋，各有关学会要提前做好准备，积极配合脱钩试点工作。他强调，各有关学会要充分认识脱钩试点工作的重要意义，高度重视脱钩试点工作；要准确评估脱钩工作对学会机构、职能、资产财务、人员、党建外事等方面带来的影响；要加强对策研究，妥善应对行业协会商会脱钩后挂靠学会所面临的突出问题，积极主动提出应对措施。会议同时部署了近期中国科协所属学会（协会、研究会）脱钩试点有关任务。

会上，中国科协学会学术部有关负责人传达了全国性行业协会商会脱钩试点工作的有关文件、会议精神和工作要求，通报了脱钩工作的重要意义、重点任务、脱钩内容、脱钩方式、试点工作安排等内容。座谈期间，中国工业设计协会负责人汇报了积极参加脱钩试点工作的思路和改革做法，其他与会学会负责人也就脱钩试点工作中遇到的问题、困难等进行了交流讨论。

【中国科协召开座谈会调研进一步加强科技期刊工作】 9月11日，中国科协召开座谈会调研加强科技期刊工作。中国科协党组成员、书记处书记王春法出席会议并做总结讲话，有关全国学会负责人、期刊负责人、期刊研究专家，以及中国科协学会学术部、科学普及出版社、科技导报社有关负责人参加，学会学术部部长、企业工作办公室主任宋军主持会议。

王春法在讲话中指出，科技期刊是学会工作的重要组成部分，期刊是学会服务科技工作者的一个重要载体。中国科协在推动科技期刊发展方面做了很多工作，中国科协科技期刊已经成为目前我国规模较大、质量较好的期刊群体之一。但是，中国科协期刊工作还存在很多需要改进的地方。一是中国科协的期刊工作要突出重点，明确支持和引导的方向；二是各级学会和科协都要从守土有责的角度筹划期刊工作，保留学会在期刊发展方面的存量资源；三是期刊工作要强调分类指导、分类管理，引导不同种类的期刊走出符合自身特色的发展之路；四是要解放思想、实事求是、改革创新，建立符合科协期刊工作实际的评价和管理体系。

各位与会代表根据自己工作的实际，深入探讨了中国科协科技期刊所面临的问题和困难、加强中国科协主管科技期刊管理的有效办法以及加快中国科协科

技期刊发展的有效途径等内容。对进一步明确期刊工作的对象和期刊工作主要内容，以及加强中国科协科技期刊管理工作提出了改进建议。

【学会创新和服务能力提升工程优秀科技社团建设项目工作部署会】 9月17日，中国科协在北京召开“学会创新和服务能力提升工程优秀科技社团建设项目工作”部署会，交流学会能力建设经验，明确新时期学会深化改革工作思路和目标任务，启动部署新一期优秀科技社团建设工作。中国科协所属近200个全国学会、协会、研究会（以下简称学会）的理事长、秘书长，中国科协机关、有关事业单位负责人共200余人参加了会议。中国科协党组成员、书记处书记王春法，党组成员、计财部部长王延祜出席会议并讲话。学会学术部部长、企业工作办公室主任宋军主持会议。

王春法肯定了一期学会能力提升专项取得的显著成效，认为学会的改革创新活力初步激发，服务能力明显提升，社会影响更为广泛，得到了中央领导、政府部门和科技界的高度认可。他在讲话中指出，科技社团发展面临新的机遇和挑战。科协所属学会要切实认清形势使命，进一步增强改革创新的紧迫感、责任感，加快落实中央对科协所属学会改革创新的新要求，把握住全面深化改革为学会改革创新提供的新机遇，善于利用改革创新手段解决学会面临的突出问题。

王春法强调，各学会要明确目标任务，深入推进学会创新和服务能力提升，要紧紧抓住“提能”、创新、服务三个核心方面，认真研究学会深化改革和能力提升“提什么能”“怎么提能”的关键问题，全方位提升学会的综合业务水平，增强学会核心竞争力。他指出，50个优秀学会肩负着改革突破、引领示范的重任，要作改革创新的先锋表率，作学会治理结构和治理方式改革的表率，作科技创新和科学普及公共服务品牌的示范，作国家创新体系和科技智库建设的生力军。他还强调，在项目实施中要花好财政经费，参与改革实践，支持科协工作。

王延祜在讲话中强调严格按照中央财政对学会能力提升工作的安排，遵循“以奖代补、以奖促建”的原则，花好每一分钱，提升学会项目管理和财务管理的能力，把学会能力提升工作做扎实。希望各学会积极贯彻落实党的群团工作会议精神，加强学会内部建设，包括学会党建工作。

会上，王春法、王延祜为获得优秀科技社团的50个学会颁发了证书。中国化学会秘书长杨国强、中国公路学会秘书长刘文杰作为学会代表，分别作交流发言。

2012—2014年，中国科协联合财政部，实施了学会能力提升专项，作为支持学会改革创新的骨干工程，取得了突出成效。2015年，中国科协与财政部继续联合实施新一轮学会创新和服务能力提升工程优秀科技社团建设项目，按照中国科协领导指示要求，制定了工作方案，坚持扶优扶强、兼顾平衡、公平公正的导向，经111个学会积极踊跃申报，组织70余名专家开展函评和会评，中国科协评选出中国力学学会等50个优秀科技社团建设项目学会，按照“以建代奖、以建促改、建奖结合、重在建设”的原则，推动学会围绕国家创新社会治理体制、实施创新驱动发展战略的重大部署，着力自身改革创新，进一步聚焦改革难点，勇于承担各项改革任务，开展特色和品牌工作，提升学会综合能力，打造更多社会信誉好、发展能力强、学术水平高、服务成效显著、内部管理规范、市场竞争力强、国际知名的示范学会。

【第五届中国湖泊论坛】 9月22—23日，以“湖泊湿地与绿色发展”为主题的第五届中国湖泊论坛在吉林省长春市举行。22日上午，中国科协党组成员、书记处书记王春法，吉林省副省长隋忠诚出席开幕式并致辞。吉林省科协主席、中国科学院院士冯守华主持开幕式。中国工程院院士王浩、美国南佛罗里达州水资源管理署高级专家古滨河、中国环境科学研究院副院长郑丙辉、中国科学院东北地理与农业生态研究所副所长张平宇等应邀为论坛作主题报告。

王春法强调指出，我国从事湖泊综合治理和研究工作的专家学者，要深入探讨和关注湖泊湿地问题，要紧紧围绕科技前沿开展研讨交流，自觉站在世界科技前沿，充分利用先进手段和理论方法，平等交流、理性质疑，为深化对湖泊湿地发展规律的认识、推动保护和管理体制改革提供坚实的科技支撑，服务吉林湖泊湿地研究、管理和保护、开发事业。把研讨交流成果转化凝练成为切实可行的政策建议，把最新的理论观点、科学判断和科技成果转化为服务湖泊健康发展的具体方案和政策建议，为建设美丽吉林、推动绿色发展贡献我们科技工作者的智慧和力量，为社会发展提供启迪，为党和政府科学决策、治国理政提供良策。

在论坛主题报告会上，中国水利水电科学研究院教授级高工王芳代表王浩院士作了题为“中国水生态现状与未来挑战”的主题报告，从自然条件变化和人为因素等方面分析了中国水生态的现状，并就如何应对未来的挑战提出相应对策。古滨河博士作了题为“浅水湖泊的保护和治理：以美国佛罗里达的阿珀卡湖为例”的主题报告，介绍了阿珀卡湖管理的成功经验以及对中国流域水体治理的借鉴作用。郑丙辉研究员作了题为“太湖流域环境问题与防治策略”的主题报告，介绍了太湖流域治理方面的成功经验和取得的成效。张平宇研究员作了题为“吉林西部水土资源优化配置与生态经济发展”的主题报告，提出了东北地区农业土地资源潜力综合评价应用模型和农业水资源可持续利用评价指标体系，构建了农业水土匹配系数，提出了东北地区商品粮基地建设布局和农业水土资源优化配置的初步方案。

与会专家和代表围绕湖泊与湿地流域生态环境管理、湖泊与湿地水污染防治理论与技术、湖泊与湿地生态环境恢复与保护、河湖水系连通与流域水资源优化配置理论与技术4个专题，开展跨学科、跨行业、综合性的交流和研讨。论坛还邀请部分专家针对吉林省西部河湖连通工程座谈交流，提出意见和建议。

本届中国湖泊论坛由中国科协和吉林省人民政府联合主办，吉林省科协、省水利厅、省环境保护厅、省林业厅、中国科学院东北地理与农业生态研究所共同承办，11个相关全国学会、12个环湖省市科协以及相关部门、科研院所联合协办。论坛得到科技工作者的积极响应，共征集论文136篇，经专家评审，精选辑录了97篇论文汇编成集，由吉林人民出版社出版发行。论坛形成了《关于东北粮食主产区松嫩—三江平原湖泊与湿地水安全保障及合理开发利用的对策建议》，经论坛全体代表讨论修改后报送有关部门，供决策参考。

【第十一届中国科技期刊发展论坛】 9月24—25日，由中国科协、国家新闻出版广电总局联合主办，青海省科协、青海省文化和新闻出版厅承办的第十一届中国科技期刊发展论坛在青海省西宁市举行。本届论坛的主题为“融合发展：新常态下科技期刊的发展之路”。国家新闻出版广电总局副局长吴尚之，青海省委常委马顺清，国家自然科学基金委员会主任杨卫院士，中国工程院副院长刘旭院士，中国科协荣誉委员、北京大学地球与空间科学学院名誉院长陈运泰院士，青海大学校长王光谦院士等出席会议。来自相关领域的院士、专家、学者以及科技期刊工作者380余人参加会议。本届论坛包括开幕式及大会主报告、高峰论坛、专题分论坛、科技期刊展览、科技期刊主编与科技工作者面对面活动等内容。

会议认为，创新驱动发展战略的实施，对作为国家创新体系重要组成部分的科技期刊提出了新的要求和任务，要进一步发挥科技期刊的学术导向作用，引导科技工作者确立正确的科研方向，面向经济建设主战场，开展科研攻关，助力创新型国家建设。要进一步发挥科技期刊的科技传播作用，充分利用大数据、云计算、移动互联等前沿技术，创新媒体传播方式，占领科技信息传播制高点。进一步发挥科技期刊的引领创新作用，激发新理论、新观点、新方法、新成效，推动形成创新成果和创新人才竞相涌现的浓厚氛围。要进一步准确把握科技期刊的学术评价作用，从根本上解决当前我国科技期刊和学术评价中重数量、重国际、重眼前等问题，有效发挥学术评价的导向作用，进一步推动科技发展和科技创新。

会议强调，要充分发挥学会的办刊优势，大力提高科技期刊的质量和水平，把科技期刊办成学会凝聚科技工作者、开展学术交流、引领科技创新的重要平台。发挥学会主体作用，大力支持科技期刊实现战略转型，利用学会的学术优势和组织优势，坚持专家办刊，密切跟踪科技前沿，不断提升期刊的科学性、权威性和竞争力。“十三五”期间，科技期刊要更加积极适应国家创新驱动发展战略的需要，实现科技期刊的跨越发展。要大力加强科技期刊质量建设与品牌建设，加快期刊出版与新媒体的融合，促进科技期刊人才队伍建设，特别是进一步发挥科技期刊的社会责任，坚持科学、严谨、透明、公正原则，在预防和揭露学术不端行为方面带好头、把好关，推动科学道德和学风建设。

近年来，随着国家科技事业和出版事业的蓬勃发展，我国科技期刊取得了长足发展和可喜成绩。从目前来看，我国虽然是科技期刊大国，但还不能称为科技期刊强国，科技期刊的发展仍不适应建设创新型国家的战略需求。会议提出，为了进一步推动科技期刊的发展，要以内容建设为核心，提升科技期刊学术质量；以深化改革为动力，推动科技期刊集群化发展；以数字化转型为手段，推进传统出版与新兴出版融合发展；以精品建设为抓手，为优秀科技期刊发展创造

良好环境；以传播力建设为先导，推动科技期刊“走出去”。

杨卫院士作了题为“走向转型期的中国科技期刊论文”的大会报告，对我国科技期刊发展现状、科研道德诚信等问题进行了详细剖析。杨卫指出，到 2020 年，中国大陆科技期刊论文的整体质量和影响力有望达到世界平均水平，而要达到这一目标需要整个科技界凝聚共识，进一步提高科研诚信，提高我国科技期刊论文的可信性。

全国政协委员、中国编辑学会会长、中国新闻出版研究院原院长郝振省作了题为“从学术出版到知识服务——科技期刊融合发展的特点与趋势”的大会报告。日本国家科技信息研究院知识基础信息部部长水野充作了题为“日本学术期刊出版现状与出版平台 J-stage”的报告。马顺清致欢迎辞，陈运泰主持大会报告。

在高峰论坛上，与会专家围绕科技期刊质量与品牌建设、科技期刊与科研诚信、科技期刊与全媒体三个主题进行了深入研讨，刘旭院士等 9 位专家、学者分别作报告。王光谦院士等主持高峰论坛。

针对当前科技期刊发展态势，论坛还设置了大数据、媒体融合与科技期刊，科技期刊与科学道德建设，科技期刊国际化发展策略，区域科技期刊品牌建设与西部创新驱动发展 4 个分论坛。论坛结束后，第十一届中国科技期刊发展论坛组委会向青海省科技情报信息研究所赠送了 310 类 4000 余册科技期刊。

【中国科协承办 2015 年全国大众创业万众创新活动周】 根据国务院的统一部署，2015 年全国大众创业万众创新活动周（以下简称“活动周”）于 10 月 19—25 日举办。活动周全方位解读国家和各地政府出台的一系列政策措施，展示全国各地创业创新成果，为创业创新者提供了解政策、交流经验、集中展示、项目融资等全方位服务，成为创意交流、思想碰撞和成果转化的综合性平台。本届活动周充分体现了“政府搭台、创业者唱戏”的理念。活动周期间，重大活动丰富多彩，创意创新百花齐放，主题展示人流不息，投资对接喜讯频传。

中央领导同志给予亲切关怀和指导。10 月 19 日上午，中共中央政治局常委、国务院总理李克强出席活动周启动仪式并发表重要讲话。李克强总理指出，当前我国经济发展进入新常态，正处在发展方式和新旧动能转换的关键期，要以大众创业万众创新这一结构性改革激发全社会创造力，打造发展新引擎。李克强总理强调，活动周要成为创意交流、思想碰撞和成果转化的平台，希望大家用更多创业创新的故事为我们这个时代立传，续写中国发展新辉煌。10 月 19 日下午，中共中央政治局常委、国务院副总理张高丽出席 2015 年大众创业万众创新高峰论坛，并发表重要讲话。张高丽副总理强调，要以大众创业万众创新激发新活力、新动力，使各种要素更加公平、自由、快捷地进行有效配置，促进经济保持中高速增长。中共中央政治局委员、国务院副总理刘延东、马凯，中共中央政治局委员、国家副主席李源潮，国务委员杨晶等领导同志出席了活动周，参观了主题展示，对深入推进大众创业万众创新作出重要指示。

各部门、地方政府高度重视。中央企业作为双创工作的重要力量，积极参加活动周。活动周期间，国务院有关部门负责人约 120 人次、中央企业负责人约 30 人次出席活动。国务院 28 个有关部门主要负责人出席了活动周启动仪式，并通过高层论坛等各类活动解读和阐释国家政策。活动周组委会各部门集中组织干部职工和各类群体参观主题展示。活动周启动仪式上，北京、上海、沈阳、武汉、成都、西安、深圳、合肥 8 个分会场与主会场视频互动，同步启动，地方党委政府主要负责人出席启动仪式和活动。李克强总理与创业者共同启动的中关村创新创业服务平台（网上会客厅）为国内首个服务创新创业的全要素网上“四众”平台，通过政府引导、企业建设、市场化运营的方式，融合了政策、技术、人才、金融、知识产权等 208 个服务机构的 1264 项服务。有些地方有关部门领导带队到主会场参观学习。

本届活动周推出了各类系列活动，包括主题展示、论坛、专题活动等。主会场的主题展示，全面展现了“双创”活动中涌现出的代表人物和典型事迹，以及为“双创”活动提供支撑和服务的各类众创空间及公共平台，多角度、宽视野地宣传全国双创活动成果。主题展示分为“双创”新时代、“双创”新风采、“双创”新生态、“双创”梦工场和“双创汇”5 个部分，共展示 112 个项目，重点展现创业者的创业历程和创业成果，其中包括科技人员、青年和大学生、返乡人员、基层人员、外国人来华创业以及海外留学归国创业人员代表，并展示了国家层面和各地政府出台的推动“双创”的一系列政策措施。据抽样调查，参展单位对主办方承办方的工作表示肯定和盛赞，认为展览效果远超预期，展览规模档次前所未有，平台效益突显，推动了合作，受益匪浅，满意度达到90%以上，所有项目均希望报名参加下届活动周。展商纷纷加印宣传资料，平均每家参展单位接待部级以上领导达到3人次以上，各级领导30余人次，平均接待观众近千人次。50%以上的参展单位达成了合作意向。组委会举办的大众创业万众创新高峰论坛、“双创交流汇——奔跑吧，创客”等活动，为创业者们提供了了解政策、交流经验的平台，创业成功人士、投资家与年轻创业者充分交流，使创业者在扶持政策、资金投入、创业经验等方面有了更加深入的了解。组委会成员单位结合各自职能，也举办了一系列活动，其中，国家发展改革委举办了第三届中国创业投资行业峰会，科技部举办了科技引领创新创业座谈会，人力资源和社会保障部举办了“中国创翼”青年创业创新大赛总决赛，中国科协与邮储银行举行了“创新驱动助力工程”合作备忘录签约仪式，团中央举办了中国青年创新创业论坛，教育部在吉林省举办了首届中国“互联网+”大学生创新创业大赛全国总决赛、深入推进高校创新创业教育改革座谈会，工业和信息化部在广东省广州市举办了中国国际中小企业博览会，中国银行业协会、贵阳市政府在贵州省贵阳市联合举办了世界众筹大会等。8个地方分会场同时举办创业论坛、创新大赛、项目路演等活动。据统计，地方分会场共举行专题活动1000余场。

推动创业创新项目与资本对接是本届活动周的重要内容。一批著名投资机构高度关注参展项目，全程参与项目对接。活动周期间，主会场、分会场、各部委举办了多场投资对接、签约发布、项目路演等活动，促进了创投机构与创新项目的沟通互动，拓宽了创业者融资渠道，提升了公众对参展项目和投融资活动的关注了解。活动周期间，主会场、分会场、各部委共组织投资对接活动350场，签署协议963项，达成合作意向1890项，合计投资金额361.04亿元，引进高层次人才1399人。其中，主会场共开展投资对接活动28场，签署合作协议38项，特别是红杉资本、IDG、鼎晖创投等著名投资机构高度关注参展项目，全程参与项目对接。邮储银行向中国科协提供服务企业创新的授信额度达1000亿元。作为展示项目之一的天津市华通寰昊水务科技有限公司，获得创投机构意向投资达1.5亿元。返乡大学生创业发起的九寨沟民俗风情街项目得到多位著名投资人的关注。参展单位苏州信亨自动化科技有限公司在展示会场与吉林省元力药业、江西药都两家公司达成合作意向，与中国健康产业基金所属子基金、国发创投等2家风险投资公司进行了谈判，初步达成投资意向。各部委组织活动签署合作协议246项，达成合作意向429项，合计投资金额163.6亿元。分会场开展投资对接活动311场，签署合作协议679项，达成合作意向1460项，投资金额187.24亿元。其中，北京市全市各区县创业创新主体累计发布各类平台和项目686个，达成合作意向108项，签订合作协议117项，投资金额超过20亿元。沈阳分会场于洪区“大众创业万众创新”银企对接会上，华夏银行、交通银行、盛京银行等18家银行负责人与150多名于洪区企业代表面对面交流、洽谈，共签署意向协议13项，意向融资额1.95亿元。

本届活动周公众参与热情高，社会各界反应强烈。据统计，活动周期间，主会场共举办48场活动，尽管遇到了阴雨和降温的不良天气，观众热情依然持续高涨，甚至一度出现一票难求的现象，许多年轻创业者和青年学生冒雨在门口排队领票。应社会各界强烈要求，活动周主会场先后两次延长展示时间，主题展示截止时间从10月21日延长到10月25日，截至10月25日下午3点，共有22000多人次参观了主题展示。全国8个地方分会场共接待观众170余万人次。

【“双创”交流汇——奔跑吧创客活动】 由“全国大众创业万众创新活动周”组委会主办，国家发展改革委、中国科协共同承办的系列专题活动之一“双创”交流汇——奔跑吧创客于10月20日上午在北京举行。这次活动主题为“创业创新，拥抱梦想”。

新希望集团董事长刘永好、启迪创业投资管理有限公司董事长罗茁、中民国际资本有限公司首席执行官廖锋等创业创投领域的领军人物；中国柔宇科技有限公司董事长刘自鸿、今日头条创始人张一鸣、中国网库董事长王海波、深圳大疆创新科技有限公司副总裁潘农菲等青年成功创业者；以及柴火创客空间创始人潘昊、政商汇创始人朱瑾、天使汇CEO兰宁羽、“清华创+”负责人宁博等创新服务机构与孵化器代表作为演讲嘉宾与大家分享了创业心路，共同探讨了对创业创新政策的理解、投资孵化新模式的开发、以市场需求为导向的创业趋势等话题。国家发展改革委高技术产业司副巡视员孟宪棠、中国科协学会学术部部长宋军应邀出席。中央电视台财经频道主持人陈伟鸿主持了活动。

与会嘉宾们和现场听众就“如何发掘、定位最适合自己的创业创新方向”“如何克服创业过程中的困难和挑战”“如何发挥、调动更多的企业和民间力量、资本，支持大众创业万众创新”等话题进行了热烈的讨论，交流了意见。

“双创”交流汇——奔跑吧创客活动旨在为广大青年创客提供经验学习与交流平台，通过创业成功人士与青年创客面对面交流，加强创业创新知识普及教育，带动全社会形成“双创”新高潮，释放每一个社会细胞的创造活力。来自创业创新领域的 400 多位专家学者、投资人、企业代表、创客及高校学生代表参加了活动。

【中国科协“青年人才托举工程”项目评审会】 11 月 5 日，中国科协“青年人才托举工程”项目评审会在北京召开，中国科协党组成员、书记处书记王春法出席会议并讲话。中国科协副主席、中国工程院院士卢锡城，中国科协副主席、中国科学院院士秦大河，中国科协荣誉委员、中国科学院院士陈运泰，中国科协常委会道德与权益专门委员会委员、中国科学院院士王乃彦等 33 位专家担任评审委员会评委。

“青年人才托举工程”项目旨在探索青年科技人才选拔、扶持和评价的有效路径和创新模式，培育和造就大批优秀青年科技人才，打造国家高层次科技创新人才后备队伍，发挥人力资源在建设创新型国家实现中国梦中的重要保障作用。

此次评审会共有 57 个申报项目参加了答辩。

【全国学会理事长、秘书长培训班】 12 月 1—4 日，2015 年全国学会理事长、秘书长培训班在北京举办，100 余位学会理事长、秘书长参加培训。培训班由中国科协学会学术部主办，中国科协学会服务中心承办。

中国科协党组成员、书记处书记王春法为全体学员作了开班第一讲《深化科协系统改革提升学会能力》。王春法深入解读了中央群团工作会议精神，深刻分析了科协面临的突出问题，全面阐述了“四个全面”战略布局和十八届五中全会对科协工作提出的新要求，详细讲解了科协系统深化改革实施方案的工作思路。王春法强调，科协要以大胸怀、大格局，推动大联合、大协作，用大思路、大手笔，做成大科技、大事业，为科协及所属学会创造一个共同的美好未来。

民政部民间组织管理局副局长李勇作《社会团体的改革发展与管理》报告。他详细阐述了国家对社团治理改革的顶层制度设计、加强党建工作、开展脱钩试点、改革登记管理制度等 11 个方面的业务工作内容，解读了当前党和政府对深化社会组织改革的指导思想、制度思考和政策走向。

中国科协机关党委常务副书记、机关纪委书记苏青，调研宣传部副部长郭哲，中国科协创新战略研究院院长罗晖，学会学术部副部长范唯，分别作《新形势下学会党建工作任务、要求与思考》《中国科协事业发展“十三五”规划研究——变革时期的科技社团及其使命》《科技社团智库体系建设与创新评估工作研究》《学会与学术工作创新发展》主题报告。全体学员还就学会改革与发展、人才队伍建设、分支机构管理、国际交流工作等方面进行了研讨和交流。

【第十二期中国科协学会改革发展论坛】 12 月 8 日，以“学会能力标准体系建设”为主题的第十二期中国科协学会改革发展论坛在北京召开。中国科协党组成员、书记处书记王春法出席论坛并讲话。中国科协所属全国学会及地方科协等 66 位代表参加论坛。本期论坛由中国科协学会学术部主办，中国电子学会承办。中国科协学会学术部有关负责人参加论坛。

王春法指出，学会能力建设应主要提升学会的会员发展能力、学术服务能力、资源保障能力和办事机构支撑能力等，学会应注重把学会能力建设经费用于提升学会核心竞争力，避免产生对原有学会专项活动经费的“挤出”效应。他强调，面对新形势，学会应深化会员制度改革，建立规模适中的理事会或常务理事会、权责明晰的监事会和实体化的秘书处，实现秘书处专业化、职业化，加强会员服务，增加会员的获得感，承接好政府转移的职能，在实践中不断充实提高自身的发展能力，更好地为社会服务。

中国电子学会副理事长兼秘书长徐晓兰以“抓住改革红利，提升学会能力”为主题，提出了学会能力提升的思路和建议，从内部治理和学会发展规划的角度分享了学会全面改革的做法与经验。中国化学会副秘书长郑素萍以“提升学会四个能力服务化学创新发展”为主题，围绕服务创新能力、服务社会与政府能力、服务科技工作者能力和服务自身发展能力，结合学会的具体工作案例，分享了中国化学会的成功经验和特色做法。清华大学教授邓国胜以“学会能力建设与评估”为主题，分析了国内外大环境背景下学会能力建设现状，探讨了学会的基本资源、管治能力和服务能力内涵，提出了学会能力建设的途径和方法建议。

中国细胞生物学学会副理事长丁小燕、中国汽车工程学会常务副理事长兼秘书长张进华、中国纺织工程学会副理事长龚进礼、中国免疫学会常务副秘书长高扬、中华护理学会常务副秘书长黄叶莉、中国核学会副秘书长申立新、中国电工技术学会副秘书长奚大华、中国力学学会办公室副主任陈杰等作了专题发言。围绕学会能力建设的经验、面临的问题及对策建议等，与会代表进行了交流讨论。

【创新驱动助力工程调研座谈活动】 12 月 24 日，2015 中国科协创新驱动助力工程调研座谈活动在福建省福州市举办。中国科协党组成员、书记处书记王春法发表讲话。4 个创新驱动示范市所在地的省科协党组书记、副主席，19 个创新驱动示范市的科协主席，70 个有关全国学会的理事长、秘书长，47 个省、自治区、直辖市科协和副省级城市科协的学会部长，中国科协学会服务中心、企业创新服务中心的有关负责人，中关村天合科技成果转化促进中心、中国邮政储蓄银行代表等，约 150 人出席活动。中国科协学会学术部部长、企业工作办公室主任宋军主持活动。

王春法指出，当前科协工作面临的新形势，对创新驱动助力工程的实践提出了新要求。一是党的十八届五中全会提出了推动国家发展的新理念。要求把创新作为引领发展的第一动力、人才作为支撑发展的第一资源，推动创新是科协的基本使命，科协各级组织必须在推动科学技术研究开发、成果转化、大众创业万众创新等方面奋发有为。二是中央群团工作会议对发挥群团作用提出了新的要求。科协要担负起中央交付的任务，必须创新联系服务科技工作者的机制，改革服务和创新发展的方式，在助推产业转型升级、实现创新发展、科学发展中展现独特优势。三是中央经济工作会议对做好 2016 年各项工作提出了新部署。认识新常态、适应新常态、引领新常态，坚持稳中求进工作总基调，坚持稳增长、调结构、惠民生、防风险，着力加强结构性改革，提高供给体系质量和效率，对科协工作提出了新要求。四是中央关于大众创业万众创新的战略部署提出了新要求。科协必须积极促进助力工程与大众创业万众创新深度融合，调动更多科技创新资源共同推进双创工作，汇聚创新发展新动能，打造地方经济社会发展新引擎。五是创新驱动助力工程的丰富实践提出了新要求。助力工程还不能充分满足地方经济社会发展和企业转型升级需求，还不能有效适应科技工作者创新创业需求，还不能有力承载科协系统进入经济主战场、彰显作为和地位的需求。全国学会、地方科协要认清形势，明确任务，切实把服务创新发展作为科协围绕中心、服务大局的重要方向。

助力工程实施一年来取得了显著成效：一是“点链面”工作格局初步形成，二是“四方为主”的工作模式初见成效，三是科协服务地方和企业创新的新渠道初步打通，四是凝聚吸引科技工作者的新平台初步建立，五是服务创新发展的新领域初步明确。科协在实施助力工程过程中探索总结了服务（工作）站、会展推介、企业创新合作、信息集成平台、科研基地共建、产业协同创新共同体、智库服务、科技金融汇聚、人才培养、项目攻关 10 种工作模式。

王春法对下一步助力工程的组织实施提出了要求，要积极探索组织动员科技工作者服务地方和企业创新的长效机制和服务模式，引导全国学会和地方科协探索适合自身实际的创新驱动发展服务方式，形成富有科协特色的创新驱动服务体系，为更大范围、更富成效地开展助力工程提供可借鉴、能复制、易推广的助力工程模式。让创新助力工程渐成燎原之势，更具有推广价值和社会显示度。

在座谈交流活动中，工作成效显著、具有鲜明特色的 8 个助力工程典型单位代表介绍了主要经验和做法。

全民科学素质工作与科普活动

【“十二五”公民科学素质建设目标超额完成】 据第九次中国公民科学素质抽样调查结果显示，2015 年我国公民具备科学素质的比例达到了 6.20%，比 2010 年的 3.27% 提高了近 90%，超额完成了“十二五”我国公民具备科学素质的比例超过 5% 的目标任务。

我国公民科学素质建设之所以取得这样好的成绩，主要是党中央国务院正确领导的结果，是各地区各部门联合协作的结果，是全社会共同努力奋斗的结果。具体来说体现在以下四个方面：

一是党中央国务院高度重视，加强了指导和支持。“十二五”以来，国务院办公厅印发《全民科学素质行动计划纲要实施方案（2011—2015 年）》，明确了“十二五”时期全民科学素质纲要实施工作的指导方针、目标任务和重要举措。国民经济和社会发展第十二个五年规划纲要明确把“深入实施全民科学素质行动计划，加强科普基础设施建设，强化面向公众的科学普及”纳入进去。党的十八大报告强调“普及科学知识，弘扬科学精神，提高全民科学素养”。《中共中央　国务院关于深化科技体制改革加快国家创新体系建设的意见》更是明确了“十二五”全民科学素质纲要实施工作的具体目标任务。这些举措为全民科学素质纲要实施工作提供了很好的政策环境，极大地鼓舞了各地区各部门开展全民科学素质纲要实施工作的积极性。特别是，陈至立、刘延东同志先后7次专题听取了全民科学素质纲要实施工作的汇报，会后形成的全年全民科学素质纲要实施工作的指导性文件，对指导各地区各部门开展年度全民科学素质纲要实施工作提出了更高的明确的要求，极大地促进了全民科学素质纲要实施工作。

二是强化了工作职责，完善了工作机制。首先是完善了联合协作机制，形成矩阵式工作格局。全民科学素质纲要实施部门达到33个，广泛形成了工作合力。各部门通过完善政策措施、建立全民科学素质纲要实施工作内部联席会议制度等方式加强了本部门本系统的工作力度。同时，各地区党委政府也高度重视全民科学素质纲要实施工作。全国绝大多数地区都成立全民科学素质纲要实施工作机构，建立了相应工作制度，明确了工作目标、重点任务和各部门的职责分工。政府着力推动、社会广泛参与，中央和地方联合推动的矩阵式工作格局初步形成，各项工作向基层扎实推进。其次是完善共建机制，推动形成层层落实的工作局面。中国科协会同全民科学素质纲要实施部门于2012年启动建立公民科学素质建设共建机制工作，截至目前已与北京等27个省（自治区、直辖市）人民政府及新疆生产建设兵团签署了共建协议。各地区更加重视此项工作，14个省（自治区、直辖市）与所辖地市签署共建协议，加快全民科学素质纲要实施工作的深入推进。最后是全民科学素质纲要实施工作投入不断增加，保障条件进一步完善。据统计，2013年科普经费达到132.19亿元，比2010年提高32.83%，其中人均科普专项经费达3.41元，是2006年的1.89倍，提供了有力的经费支持。

三是拓宽了公民科学素质建设服务渠道，提升了科普公共服务能力。首先是加强优质科普资源开发开放，科普资源开发与共享服务能力有所提升。2014年全国有6583个科研机构和大学的优质科普资源面向公众开放。其次是科普基础设施快速发展，公共服务能力明显提升。到2014年年底，全国共建有科技馆410个，科技博物馆678个，开发制作流动科技馆134个，全国科普大篷车保有量865辆，对全国92个科技馆进行免费开放试点。最后是科技工作者做科普的积极性进一步发挥，科普人才建设取得初步成效。推动全国学会发动3951名科技专家，组建341个科学传播专家团队，大力开展科学传播活动。科普志愿者队伍不断发展，据最新的科普统计，全国注册科普志愿者已达337.28万人。

四是信息技术的高速发展为公民科学素质提升提供了更加便捷的渠道。当前，科技创新突飞猛进，特别是以数字化、网络化、智能化为标志的信息技术革命日新月异，给经济社会发展带来了巨大的变化和机遇，广大公众通过互联网等手段，非常便捷地参与科技教育、传播和普及活动，提高了包括科学素质在内的综合素质。各地区各部门也紧紧顺应时代发展潮流，实施“互联网＋科普”行动计划，不断创新方式方法，加强工作统筹整合，以信息化为重点，不断创新工作方式方法，全面提高全民科学素质。中国科协印发了《关于加强科普信息化建设的意见》，联合财政部实施科普信息化建设工程，引导各地大力加强科普信息化建设。各有关部门开通了科普中国微信微博、共青团微博、科普“三农”、环保科普365等新媒体阵地，拓宽了科普渠道。同时，广播、电视、报纸等各类媒体的科技宣传力度也不断加强。可以说，主动把各项科普服务都做到互联网上，加强科普信息化建设成为当前和今后开展全民科学素质纲要实施工作的重要举措和方法，也必将进一步为公民科学素质建设作出重要贡献。

【中国科协　财政部启动2015年“基层科普行动计划”】 4月1日，中国科协、财政部联合下发了《关于组织实施2015年“基层科普行动计划”的通知》，正式启动实施2015年“基层科普行动计划”。2015年，中央财政继续投入“基层科普行动计划”专项资金4亿元，在全国奖补962个农村专业技术协会，386个农村科普示范基地，558名农村科普带头人，5个少数民族科普工作队和500个科普示范社区。

2015年“基层科普行动计划”将重点落实中央农村工作会议、中央一号文件精神和国家新型城镇化规划要求，充分发挥推荐单位和个人的示范引导作用，力争取得实实在在的效果。

一是重点关注在开展农技社会化服务，满足家庭农场、种养大户、合作社等新型农业经营主体的科技需求方面作出突出贡献的农村专业技术协会。

二是重点关注在发展农业产业化、多种形式适度规模经营，建设资源节约、环境友好农业等方面作出突出贡献的单位和个人。

三是重点关注发展粮食生产，为国家粮食安全作出积极贡献的单位和个人。

四是重点关注在民族地区普及新技术、推广新品种、开展科普宣传的优秀单位和个人，重点关注少数民族科普带头人。

五是重点关注已建立党组织并积极帮扶群众、带领群众依靠科技致富的农村专业技术协会、农村科普示范基地以及农村党员科普带头人。

六是重点关注已建立科普惠农服务站、技术协作网，能发挥科普惠农长效机制的农村专业技术协会、农村科普示范基地和农村科普带头人。

七是重点关注为推进人的城镇化开展科普服务的社区，科普工作卓有成效、弱势群体集中的老旧社区。

2015 年“基层科普行动计划”继续由各级科协和财政部门共同完成。通过该“计划”的实施，进一步把科技要素引入农村和城镇社区，促进基层科普活动的广泛开展，提高基层科普服务能力，提高基层群众的科学文化素质，助力社会主义新农村建设及新型城镇化建设，推进创新驱动发展和生态文明建设，为全面建成小康社会作出贡献。

【中国科协　财政部启动 2016 年“基层科普行动计划”】 11 月 3 日，中国科协、财政部联合下发《关于组织实施 2016 年“基层科普行动计划”的通知》，正式启动 2016 年“基层科普行动计划”。2016 年，中央财政继续投入“基层科普行动计划”专项资金 4 亿元，在全国奖补 962 个农村专业技术协会，386 个农村科普示范基地，558 名农村科普带头人，5 个少数民族科普工作队和 500 个科普示范社区。

2016 年“基层科普行动计划”将重点关注：在开展农技社会化服务，满足家庭农场、种养大户、合作社等新型农业经营主体的科技需求方面作出突出贡献的农村专业技术协会。重点关注利用邮储银行等金融资金，在发展农业产业化、多种形式适度规模经营，建设资源节约、环境友好农业等方面作出突出贡献的单位和个人。重点关注发展粮食生产，为国家粮食安全作出积极贡献的单位和个人。重点推荐懂经营、善管理、素质高、沉得下、留得住的农民创新创业人才。重点关注在民族地区普及新技术、推广新品种、开展科普宣传的优秀单位和个人，重点关注少数民族科普带头人。重点关注已建立党组织并积极帮扶群众、带领群众依靠科技致富的农村专业技术协会、农村科普示范基地以及农村党员科普带头人。重点关注已建立科普惠农服务站、技术协作网，能发挥科普惠农长效机制的农村专业技术协会、农村科普示范基地和农村科普带头人。鼓励支持家庭农场、专业合作社开展农村科普工作。家庭农场、专业合作社符合《“科普惠农兴村计划”实施方案》规定条件的，作为农村科普示范基地申报。重点关注为推进人的城镇化开展科普服务的社区，科普工作卓有成效、弱势群体集中的老旧社区。重点关注科普信息化建设成效显著，运用信息化手段开展科普工作的社区。

【2015 年全国科普日北京主场活动】 9 月 19 日，中国科协党组书记、常务副主席、书记处第一书记尚勇，中国科协党组副书记、副主席、书记处书记张勤，党组成员、书记处书记徐延豪、王春法、吴海鹰，党组成员束为、王延祜来到中国科技馆，与首都群众共同参加 2015 年全国科普日北京主场 B 区活动。中国航天科技集团公司董事长、党组书记雷凡培等一同参加活动。

2015 年全国科普日北京主场活动 B 区设在中国科技馆，围绕北京主场活动“科技成就梦想，拥抱智慧生活”的主题，中国科技馆设有“展航天风采　圆飞天梦想”“感·触科学——前沿科技魅力”“第七届科技摄影展”等科普展览，同时开展“创客运动会”“科学实验汇演”“科普报告”等多种形式的科普活动。

尚勇一行来到活动现场，观看中国科技馆在主展厅二层中央广场和一层短期展厅设立的专题展览。在“展航天风采　圆飞天梦想”展区，仔细观摩我国首台自主研制的大推力 50 吨级液氢液氧发动机实物、“翱翔一号”和“翱翔之星”立方星，深入了解我国航天事业的发展历程，对我国科研人员在航天领域的研发能力和创新精神给予高度评价。尚勇一行观看了青少年“创客运动会”，并为比赛获奖的小选手们颁奖，鼓励他们从小树立科学精神，培养对科学的浓厚

兴趣，增强动手实践能力。

随后，尚勇步入短期展厅，参观“感·触科学——前沿科技魅力主题展”。领导同志先后参观了“海洋科技展区”，在智能芯片、海洋石油钻井平台、远洋及深海科考、3D 医疗辅助技术、智能机器人、针灸医疗、无人机技术等展区先后驻足观看、听取介绍，并重点了解我国自主化三代百万千瓦级核电技术的“华龙一号”，对其安全设计理念及其具有自主知识产权的大型商用核电站堆芯及燃料技术以及我国核电发展的巨大成就给予充分肯定。

尚勇观看了“2015 年第四届全国科技馆辅导员大赛”获奖项目汇演。在观摩中国科技馆自主创作的“科学大爆炸”实验表演后，尚勇对科学趣味实验表演的形式和内容给予了充分肯定，并赞扬科学趣味实验表演在激发青少年学习科普知识的好奇心和求知欲的同时，也为科普日活动增添了新的内容。

9 月 21 日，中国科协邀请俄罗斯、英国、法国、日本、韩国等 20 多个国家的驻华使节和驻华机构代表参加了 2015 年全国科普日北京主场活动暨第五届北京科学嘉年华。活动旨在让更多国家了解中国科普事业的发展，寻求更多的交流机会。

在新华网“魅力科学，权威表达”展区，俄罗斯驻华大使馆科技参赞莫罗金体验了利用虚拟现实技术研发的腹腔镜手术模拟器以及雾幕成像技术。他表示，全国科普日北京主场活动非常生动有趣，参与到活动中的公众能够真正地走近展出的科普产品，通过情景体验、人机交互等互动模式，在体验中快乐地感受科学带来的魅力，这与他过去参加的类似科技展有很大的不同。他说，俄罗斯与中国建立了全面战略协作伙伴关系，在科技领域有相当广阔的合作空间。

日本科学振兴机构（JST）北京代表处副所长岩城拓表示，举办科普日活动意义重大，能让普通民众走近科学、了解科学，是科学传播的重要组成部分。近年来，中日两国在政府和民间层面都加强了科技领域的合作与交流，他认为像科普日这样的活动应该在更多的地方进行推广。

土耳其哈西德佩大学科学教育教授 Gultekin Cakmakci 参加活动时说，青少年是推动未来科技发展的“主力军”，因此激发青少年对科学的热情是科普工作中的重要环节。他很高兴看到有许多青少年参与到此次全国科普日活动中来，了解前沿技术，并询问科技未来发展的趋势，这是全国科普日活动最成功的地方之一。

【全国科技馆工作会】 12 月 17—18 日，为期两天的全国科技馆工作会在北京召开。中国科协党组书记、常务副主席、书记处第一书记尚勇，全国政协常委、教科文卫体委员会副主任、中国科技馆发展基金会名誉理事长邓楠，中国工程院院士、中国科协副主席赵沁平，中国科协党组成员、书记处书记徐延豪，党组成员、中国科技馆馆长束为，国务院参事室特约研究员、中国科技馆发展基金会顾问鲍红，中国工程院院士李冠兴，以及来自住建部、中国气象局、国家标准委等单位和相关学会的负责人出席会议。

尚勇要求，各级科协和科技馆要努力实现中国特色现代科技馆体系创新升级，突出信息化、时代化、体验化、标准化、体系化、普惠化、社会化等。要加强 3D 技术、虚拟现实技术的应用和线上线下活动的开展；加强前沿科技在科技馆的展示，不断更新展览内容；注重寓教于乐，增强公众体验和兴趣；制定科技馆行业国家标准体系，规范科技馆建设；流动科技馆、科普大篷车和农村中学科技馆要和实体馆齐头并进，增强体系融合；加强援疆、援藏等科普扶贫工作，通过“流动的”科技馆普惠不发达地区群众，让他们也能看到世界前沿科技；动员社会力量、调动企业积极性参与科技馆建设，在社会化方面实现机制创新。要认清使命、振奋精神，把科技馆发展作为一项神圣的事业和光荣的职责，全力以赴奉献智慧和力量，为实现中华民族伟大复兴的中国梦作出新的更大贡献。

束为作题为“着力升级融合，服务创新驱动，开创中国特色现代科技馆体系新局面”的工作报告，回顾了中国特色现代科技馆体系“十二五”期间的实施情况，总结了科技馆体系“十二五”期间取得的主要经验和面临的挑战，从目标任务和重点工作两方面展望“十三五”期间中国特色现代科技馆体系建设。

会上，福建、山东、重庆、青海、上海、黑龙江、浙江、广西、四川 9 省（自治区、直辖市）的科协、科技馆代表，结合自身特点，围绕中国特色现代科技馆体系在本地区的整体布局、发展态势和今后安排，作了典型发言。全体会议代表分成 4 个小组进行了热烈而充分的讨论，并向大会汇报了讨论成果。

全国政协人口资源环境委员会副主任、中国科技馆发展基金会顾问齐让向与会代表深入解读介绍了“农村中学科技馆公益项目”。

徐延豪在总结讲话中充分肯定了会议的重要意义和宝贵成果，要求科技馆全体干部职工准确把握中国特色现代科技馆体系建设和全国科技馆事业发展在提升公众科学素质、服务创新驱动发展中的地位和作用，夯实思想基础、明确工作方向。徐延豪强调，要大力推动中国特色现代科技馆体系建设，以改革创新精神推动科技馆事业深度发展。第一，要坚持问题导向，深化改革、锐意创新，推动中国特色现代科技馆体系全面发展；第二，要坚持互联网思维，开拓进取、奋发有为，统筹中国特色现代科技馆体系建设各项工作；第三，要加强全局意识、发挥核心作用，服务“双创”活动，为经济社会发展作出更多贡献。徐延豪还就加强科技馆人才队伍建设和免费开放等方面工作提出了具体要求。

此次会议系统总结了中国特色现代科技馆体系“十二五”建设情况，研究部署了“十三五”工作。各省、自治区、直辖市和新疆生产建设兵团科协和科技馆负责人，部分计划单列市、副省级城市和省会城市科技馆负责人参加会议。

【“典赞·2015中国科学传播”主题发布会】 12月30日，由中国科协主办的“典赞·2015中国科学传播”主题发布会于北京清华科技园阳光厅举行。中国科协党组书记、常务副主席、书记处第一书记尚勇，中国科协党组成员、书记处书记徐延豪，中国科协党组成员、中国科技馆馆长束为出席发布会。活动以“定格精彩记忆　传播科学精神”为主线，现场发布了2015年度“十大科学传播事件”“十大‘科学’流言终结榜”和“十大科学传播人”。本次主题晚会云集众多科学界、科普界“大腕”，为公众带来一场科学传播盛宴。

发布会揭晓了“十大科学传播事件”，屠呦呦获诺贝尔奖、公民科学素质调查结果公布、“我们恨化学”广告被批判等事件入选，北京大学教授周公度作为传播事件当事人发言。

中国科学院院士曹春晓、滕吉文宣布了“十大‘科学’流言终结榜”名单，“内蒙古风电偷走了北京大风导致雾霾？”“草莓农残超标可能致癌？”“儿童定位手表辐射超手机千倍？”等10条年度热点流言入选，中国工程院院士陈君石以“火腿培根是致癌物与砒霜同列？”这条流言为典型进行了解读。北京科技记者编辑协会理事长黄天祥现场讲解了网络流言的规律、特点及辟谣建议等。

徐延豪和北京市科协党组书记、常务副主席夏强共同揭晓“十大科学传播人”，陈君石、李淼、吐尼亚孜·沙吾提、饶毅、王乃彦、范志红等10人获评。王乃彦、吐尼亚孜·沙吾提、饶毅、范志红作为获奖人物代表与公众分享了参与科学传播的幕后故事，以及如何做好科普工作的想法和建议。

发布会互动环节，参加者纷纷拿起手机，担当科学传播的志愿者，把刚刚发布的三件科学传播大事的相关资讯分享到自己的朋友圈，现场比拼一下“科学传播影响力”。

本次活动发布的三大榜单中，“科学传播事件”是指含有科学传播元素并且具有较强的传播力和广泛社会影响力的事件，“科学传播人”是指热心科学普及、直接面向公众推动科学传播的并具有社会知晓度和美誉度的各界人士。而“‘科学’流言终结榜”，则是以北京市科协等单位联合发布的每月“科学”流言榜为基础，汇集打着“科学”幌子、传播较为广泛的流言，加入了多家权威媒体的解读或验证，以榜单形式帮助公众增强对各种流言的辨别力。

“典赞·2015中国科学传播”活动从11月初开始向社会各界公开征集2015年具有影响力和科学传播元素的事件、人物和流言，截至11月30日，共征集相关条目300多条，根据大赛规则遴选出事件、人物和流言各25条。在此基础上，经初评委员会评议，选出事件、人物和流言各15条进入网络“点赞”环节。12月4—8日，公众通过新华网、新浪网、科普中国APP、微信公众号“科普中国”和“科通社”等入口进入，参与点赞投票活动。5天时间里，共吸引了600多万人次参与网络投票。

本次活动由北京市科协承办，北京科技报社协办。40余家媒体代表参与了发布会，发布会通过新华网、央视网、人民网和中国科协网现场视频直播，腾讯网现场图文直播。

【《中国网民科普需求搜索行为报告》首期发布】 7月21日，中国科协与百度公司举行了“科普中国＋百度”战略合作成果发布活动，共同发布了首期《中国网民科普需求搜索行为报告》研究成果。

《中国网民科普需求搜索行为报告》研究成果内容可上溯至2011年的数据，实现不同分析时间区间环比或同比，以在百度搜索的中国网民为分析对象，从健康与医疗、食品安全、航空航天、信息科技、前沿技术、气候与环境、能源利用和应急避险8大科学主

题，对 1000 个种子词、10000 个衍生词的检索数据进行了分析。首期报告显示，2011 年到 2015 年第一季度，科普搜索指数由日均 251 万增长到 700 万，前沿技术和能源利用两大主题科普需求持续增长。以移动端为代表的即时型搜索以应急避险、健康与医疗主题为主，以 PC 端为代表的学习型搜索以前沿技术、气候与环境主题为主。健康与医疗成为最受关注的科普主题，互联网成为常见疾病的问询平台。

首期报告通过获取和分析全国网民对科普相关内容的搜索行为，为科普工作的开展提出了很有针对性的意见：进一步加强移动互联网的科普，大力提高互联网络科普信息的科学性和准确性，紧密围绕健康医疗、应急避险、前沿科技等网民关切主题开展科普，进一步缩小地域间、代际间的科普信息“鸿沟”。

发布会当晚中央电视台新闻直播间对发布会新闻进行了报道。当天，赛迪网、比特网、光明网、环球网、DONEWS 等 9 个媒体在网站首页首屏发布了相关新闻，并对《中国网民科普需求搜索行为报告》给予了较高的评价。网易财经、凤凰财经、和讯网、21CN、中国经济网、参考消息网、南方网、大公网等 17 个主流媒体进行主动转载。

发布会召开后一周内，百度新闻搜索“科普需求报告”可找到相关新闻 338 篇。发布会两周后，百度网页搜索“科普需求报告”，有相关结果 77 万条，首屏 10 条搜索结果均是此次发布的《中国网民科普需求搜索行为报告》。

中国科学院计算机网络信息中心反映，“本报告首次对中国网民的科普需求搜索行为进行了画像，对于我们开展科普信息化建设特别是面向网民需求、更加有针对性地开展移动端科普融合选题创作提供了有价值的参考信息”。

【2015 年全民科学素质纲要实施工作会】 3 月 26—27 日，2015 年全民科学素质纲要实施工作会在北京召开。会议传达了刘延东副总理听取《全民科学素质行动计划纲要》实施情况汇报会的讲话。印发了中国科协党组书记、常务副主席、书记处第一书记尚勇的书面讲话。中国科协党组成员、书记处书记、全民科学素质纲要实施工作办公室主任徐延豪出席会议。中国科协党组成员、中国科技馆馆长束为，全民科学素质纲要实施工作办公室副主任、人力资源社会保障部副巡视员胡文忠，全民科学素质纲要实施工作办公室副主任、中国科协科普部部长杨文志分别主持会议。

尚勇在书面讲话中指出，2014 年在党中央、国务院的坚强领导下，各地区各部门围绕全民科学素质行动计划纲要目标任务，突出工作主题，契合公众需求，加强科普宣传力度，科学普及取得明显进展，科普信息化建设迈出了新步伐，科学素质公共服务建设取得新进步，大联合大协作推动科普有了新突破。尚勇强调，要适应新形势新要求，重新认识新常态下全民科学素质工作的重要性；要以科普信息化为龙头，开创全民科学素质工作 2.0 时代；要时不我待，扎实做好“十二五”全民科学素质工作的圆满收官；要继承创新，做好“十三五”全民科学素质工作的谋篇布局。

徐延豪在会上作《全民科学素质行动计划纲要》实施工作报告。北京市纲要办、辽宁省纲要办、重庆市科协、福建省教育厅、陕西省卫生和计划生育委员会、中国环境科学学会在会上作典型交流发言。

中国科协科普部部长、全民科学素质纲要实施工作办公室副主任杨文志作《加快科普信息化建设开启公民科学素质精准服务新时代》专题报告，中国科普研究所所长罗晖作《“十三五”全民科学素质行动专题研究》专题报告，中国科学院科学传播局局长周德进作《履行科普职责，传播科学文化》专题报告，国家卫生和计划生育委员会宣传司健康促进处处长石琦作《健康中国行——全民健康素养促进行动》专题报告，全国总工会宣教部职工教育处处长彭艺作《推进规划实施，全面提升职工素质》专题报告。会议围绕 2015 年全民科学素质纲要实施工作分三个组进行了研讨，交流了经验，提出了很好的建议。

会议对 2015 年全民科学素质工作进行了部署：一是深入学习贯彻中央重大决策部署，切实把习近平总书记系列重要讲话精神内化为全民科学素质纲要实施工作的自觉行动；二是以科普信息化建设为抓手，提升公民科学素质服务能力；三是精准发力，满足公众提升自身素质的需求；四是加强总结和督查，确保“十二五”全民科学素质工作任务圆满完成；五是承上启下，继承创新，切实做好“十三五”公民科学素质谋篇布局。

全民科学素质纲要实施工作办公室的成员和联络员，各省、自治区、直辖市、副省级城市及新疆生产建设兵团纲要办的有关负责人，全国学会、协会有关负责人，中国科协机关和事业单位有关负责人等 280

余人出席会议。

【“十三五”科学素质行动发展规划研究汇报会】 4月29日，“十三五”全民科学素质行动发展规划研究汇报会在北京中国科技会堂召开。全国政协人口资源环境委员会副主任、中国科协决策咨询专委会主任齐让，中国科协副主席、中国学位与研究生教育学会会长赵沁平，全国政协常委、中国科协副主席秦大河，中国科协副主席、中国自然科学博物馆协会理事长程东红出席会议。会议由中国科协党组成员、书记处书记、全民科学素质纲要实施工作办公室主任徐延豪主持。

会议听取了中国科协科普部部长、全民科学素质纲要实施工作办公室副主任杨文志关于“十三五”全民科学素质行动发展规划情况的汇报，中国科普研究所所长罗晖关于专题研究组研究工作情况的汇报，科普部副部长钱岩关于《全民科学素质行动计划纲要实施方案（2016—2020年）》编制工作方案（讨论稿）的介绍。

与会专家对前期工作开展情况表示了充分肯定，认为前期工作扎实而富有成效，积累了大量深入调研和科学论证后的基础性材料；研究报告和工作方案是经精心组织和统筹考虑后的宝贵成果，具有较高的质量，为“十三五”全民科学素质行动发展规划研究提供了科学依据，为下一步规划工作奠定了可靠基础。

专家们希望，下一步《全民科学素质行动计划纲要实施方案（2016—2020年）》编制工作能够继续坚持“服务大局、突出重点，继承创新、跨越发展，联合协作、精准发力”的编制原则。要充分体现提高全民科学素质工作在实施创新驱动发展战略中的基础作用，推动创新驱动发展战略与全民科学素质工作的深度融合。要体现全面建成小康社会的迫切要求，特别是重点关注青少年、农民、领导干部和公务员等重点人群科学素质的提升，更加关注农村妇女、少数民族等薄弱环节，有针对性地开展公民科学素质工作。要体现全面深化改革的迫切要求，充分把握信息技术快速发展的机遇，以信息化手段推动全民科学素质工作，运用好市场机制，动员全社会参与到科普工作中。

“十三五”全民科学素质行动发展规划编制指导组成员、专题研究组主要成员、规划编写组成员、中国科协科普部相关负责人、中国科普研究所课题参与相关负责人共50余人参加会议。

【签订中国公民科学素质调查实施委托协议】 4月10日，中国科普研究所与国家统计局社情民意调查中心在北京正式签订2015年中国公民科学素质调查实施委托协议。中国科协党组成员、书记处书记、全民科学素质实施工作办公室主任徐延豪和国家统计局总经济师李晓超出席签约仪式。

中国科协已组织实施了八次全国公民科学素质调查。此次公民科学素质调查暨第九次全国公民科学素质调查是首次将全国调查实施工作委托给国家级专业调查队伍，对于进一步提升调查的科学性、客观性、权威性具有重要意义。此次全国公民科学素质调查是评价“十二五”公民科学素质发展情况的重要举措，一方面通过调查考核各地公民科学素质建设的成绩；另一方面通过调查找出短板、制定相应措施，加快各地公民科学素质水平的提升。

中国科普研究所所长罗晖和国家统计局社情民意调查中心主任严建辉作为双方法人代表签署了委托协议。中国科协计划财务部、国家统计局社情民意调查中心有关负责人，双方调查项目组成员参加签约仪式。

【中国科协2015年科普工作会】 2月13日，中国科协2015年科普工作会在北京中国科技会堂召开。中国科协党组书记、常务副主席、书记处第一书记尚勇出席会议并讲话。中国科协党组成员、书记处书记徐延豪，中国科协党组成员、办公厅主任吴海鹰，中国科协党组成员、中国科技馆馆长束为出席会议。

尚勇在讲话中肯定了2014年科普工作，对于2015年的科普工作，尚勇强调，一要始终不渝地强化科普工作这个老本行。科普是科协看家本领，有着光荣的传统和辉煌的历史，在各个历史时期科普工作都得到了党中央、国务院的高度重视，为科技的繁荣和全民科学文化素质的提高作出了卓越贡献。所以对科普工作任何时候只能加强，不能削弱，更不能有丝毫的放松，要在继承中发展、在落实中提升，不断推进科普事业的发展。二要与时俱进地推进科普工作创新。要注意科普观念的创新、科普内容的创新、表达方式的创新、传播方式的创新、科普活动的创新、科普资源动员方式的创新、科普平台的创新。创新关键是思维的创新、制度的创新、机制的创新，通过这几个创新才能导致科普内容的创新以及表达和制作方式创新，这样科普才有生命力。科普本身就是一种创新，要用创新的思维、创新的方式、创新的机制推动科普事业。三要抓好科普信息化这个龙头。要利用社会力量，使传统的优势和新的技术手段有机融合，要注重机制创新，运用社会力量和社会资源共同做好科普工作。四要统筹发挥好科学家在科普中的主体作用。为科学家搭建平台，拓展渠道，提供服务。要通过学会的力量来广泛动员科学家，特别是青年科技工作者参与科普工作，鼓励他们走向社会，向公众来普及。五要扎实有效地加强科普队伍建设。要打造一支精干高效、高水平、高素质的队伍，加强自身的建设，提升整体科普工作的水平；要加强思想建设，加快观念的转变；要加强能力建设，加快工作方式的转变；要加强精神建设，加快作风转变；要加强组织建设，实现人才结构完善。

中国科普研究所、青少年科技中心、中国科技馆、农村专业技术服务中心、科学普及出版社、相关学会等单位的班子成员、处室负责人围绕科普信息化建设和 2015 年重点工作落实措施进行了交流研讨，提出了意见和建议。

【高层次科普专门人才培养试点工作研讨会】 4 月 1 日，全国高层次科普专门人才培养试点工作研讨会在北京召开。全国高层次科普专门人才培养指导委员会主任、中国科协党组成员、书记处书记徐延豪，国务院学位办副主任、教育部学位管理与研究生教育司副司长黄宝印，教指委顾问委员会主任徐善衍，顾问陈皓明、李象益、王恒，教指委副主任、中国科协科普部部长杨文志，教指委副主任、清华大学副校长姜胜耀，教指委副主任、上海科技馆馆长王小明，教指委部分委员，试点高校和科技馆的相关专家等 40 余人出席会议。会议由杨文志主持。

为了进一步推进高层次科普专门人才的培养工作，受教指委委托，2014 年 12 月至 2015 年 1 月，教指委顾问委员会主任徐善衍、教指委顾问李象益分别带队，赴清华大学、北京航空航天大学、北京师范大学、华东师范大学、浙江大学、华中科技大学 6 所试点高校，华中师范大学、中国科技大学、南京信息工程大学 3 个有着科普方向人才培养工作基础的高校，以及中国科技馆、上海科技馆、山东科技馆、浙江科技馆、湖北科技馆、广东科学中心 6 个试点场馆，围绕招生、就业、师资、实习、课程设置、馆校合作等方面进行了深入调研。

徐善衍、李象益代表各自调研组分别汇报了调研的情况，充分肯定了试点工作取得的成绩，分析了存在的问题和原因，并提出了有针对性的意见和建议。与会代表开展交流研讨，认为试点工作取得了显著成绩，各试点高校和科技馆结合各自条件和专长进行了有益尝试，卓有成效。与会代表从如何扩大科普工作的知名度、抓住科普工作的落脚点、共享资源、培训师资、加强课程建设、建立培养学校进出机制等不同角度提出了对策建议。

【第 15 届“明天小小科学家”奖励活动】 10 月 26 日，由中国科协、中国科学院、中国工程院、国家自然科学基金委员会和香港周凯旋基金会共同主办的第 15 届“明天小小科学家”奖励活动颁奖典礼在北京市第三十五中学举行。中国科协党组书记、常务副主席、书记处第一书记尚勇出席颁奖典礼，代表主办单位致辞并为获得“明天小小科学家”称号的选手颁奖。活动荣誉顾问韦钰院士，评审委员会主任王乃彦院士，评审监督委员会主任黎乐民院士，评审委员会副主任吴岳良院士等科学家，国家自然科学基金委员会副主任高瑞平，中国科协党组成员、书记处书记徐延豪，香港周凯旋基金会董事张培薇，中国科学院、中国工程院等有关部门负责人出席颁奖典礼并为获奖选手颁奖。颁奖典礼由中国科协青少年科技中心常务副主任刘阳主持。

尚勇在致辞中表示，“明天小小科学家”奖励活动经过 10 多年的发展，在各主办单位和社会各界的大力支持下，组织程序日益完善，社会影响力不断提升，培养了一大批具有社会责任感和科学潜质的青年学子，为我国选拔和培养科技创新人才发挥了积极作用。科技创新是推动国家发展的核心和关键，以创新赢得未来已成为这个时代的新共识。学生时代是最富于创造力的时期，科技创新和民族的未来与希望寄托在年轻人身上。他希望同学们在以后的科学研究道路上，永远保持对科学的兴趣和爱好，坚持不懈、脚踏实地，用自己的创新成果服务社会、造福大众，同时成就自己的事业与梦想。

王乃彦代表评审委员会作了评审工作报告。本届活动共有 719 名高中学生报名参加。经 90 余名专家初评，100 名学生入围终评。终评阶段，国内重点高校和科研院所的 48 位院士、专家组成终评评审委员会，通过研究项目问辩、综合素质考察、知识水平测试等多种方式的测评，最终确定了“明天小小科学家”称号获得者 3 名，一等奖 12 名，二等奖 35 名，三等奖

46名。评审监督委员会对各阶段的评审工作进行了全程监督。荣获本届“明天小小科学家”称号的同学是：北京市第四中学于惠然、上海市复旦大学附属中学孔天煜、重庆市巴蜀中学许登钦。

【第三十届全国青少年科技创新大赛】 8月20日，由中国科协和香港特区政府共同主办的第三十届全国青少年科技创新大赛在香港亚洲国际博览馆正式拉开帷幕。香港特别行政区行政长官梁振英，中国科协党组书记、常务副主席、书记处第一书记尚勇，分别代表主办单位出席开幕式并致辞。香港中联办主任张晓明，国务院港澳办副主任周波，中国科协副主席、中国工程院院士邓中翰，中国科协党组成员、书记处书记徐延豪，中国科协党组成员、中国科技馆馆长束为，香港特别行政区教育局局长吴克俭，行政长官创新及科技顾问、行政会议成员杨伟雄，行政会议成员、香港科学园主席罗范椒芬，香港赛马会董事、行政会议成员廖长江，香港特别行政区政府创新科技署署长蔡淑贤，香港新一代文化协会主席郑利明，香港新一代文化协会总干事苏祉祺，王乃彦、黎乐民、姚期智等院士专家以及香港高校负责人出席开幕式。来自全国31个省、自治区、直辖市，新疆生产建设兵团和中国香港特别行政区、中国澳门特别行政区的34个代表队，以及来自印度、德国、巴西等12个国家的青少年代表，参赛科技辅导员、评委、观摩团、香港中小学师生及香港社会公众约3000人参加开幕式。

尚勇在致辞中指出，2015年第三十届全国青少年科技创新大赛在香港举办，充分体现了中央政府对于香港和青少年科技教育的赞赏和重视。希望通过此次大赛，能进一步促进内地和香港的青少年科技交流，提升香港社会对科技创新和人才培养的关注和支持。尚勇深情寄语参赛青少年选手，希望他们坚持对科学的兴趣和追求，刻苦学习，脚踏实地，不断创新，为实现中华民族伟大复兴的中国梦贡献青春力量!

梁振英在致辞中说，香港拥有一国两制的独特优势，是内地与世界科技接轨的超级联系人。科技创新是祖国的未来，青少年是国家的希望，希望参赛选手通过比赛建立联系，加深友谊，在科技创新的道路上共同努力，为国家、为人类取得更大的成就。

启动仪式之后，大赛组委会举办了创新论坛。中国科学院院士、图灵奖得主、清华大学交叉信息研究院院长姚期智和中国科协副主席、中国工程院院士邓中翰分别作了题为“科学家的创新精神”“梦想与成功”的主旨报告。

本届大赛由中国科协青少年科技中心和香港新一代文化协会共同承办。香港社会各界对大赛予以大力支持，香港公开大学、香港中文大学等9所高校参与办会，11家香港机构设立专项奖，13名香港著名科学家担任评审工作，30余家香港企业、协会、学会对大赛给予了支持和赞助。

本届大赛为期4天，分为青少年科技创新、科技创意、辅导员科技创新三个板块大赛，期间还举办创新大赛三十届回顾展览、科技作品展览、科学论坛、专家论坛暨科学讨论会、科技教育论坛、“太空奥秘”分享会等一系列科技教育交流活动。

8月23日，历时4天的第三十届全国青少年科技创新大赛在香港圆满落下帷幕。全国政协副主席、中国科协主席韩启德，教育部副部长郝平，香港中联办副主任仇鸿，中国科协党组成员、书记处书记徐延豪，中国科协党组成员、中国科技馆馆长束为，中国科学院院士王乃彦、黎乐民，香港中联办教育科技部部长李鲁，教育部港澳台事务办公室常务副主任赵灵山，香港特别行政区行政长官创新及科技顾问、行政会议成员杨伟雄，行政会议成员、香港科学园主席罗范椒芬，香港特别行政区政府创新科技署署长蔡淑贤，香港新一代文化协会主席郑利明，航天员聂海胜、刘旺以及香港高校负责人出席闭幕式暨颁奖典礼并为获奖选手颁奖。

韩启德在为选手颁奖后的讲话中殷切指出，学生时代是最富于创造力的时期。科技创新的未来和希望寄托在年轻人身上。科学研究的道路漫长而艰辛，但也充满探索真知的乐趣。希望今天产生出的一个个科技创新火花最终都将会汇集成为明天推动科技进步和时代发展的巨大动力。同时，他希望和呼吁广大科技工作者能够大手拉小手，在做好科研工作的同时，用自己的经验和学识帮助和指导广大青少年热爱科学、掌握科研方法、体验科学精神，感受科学魅力。

据大赛评委会主任、中国科学院院士王乃彦介绍，本届大赛经省级赛事选拔推荐和高校自由申报，共有483个青少年科技创新项目、1331个青少年科技创意作品和651个科技辅导员科技创新项目参加全国阶段比赛。其中，184个青少年科技创新项目、105个科技辅导员科技创新项目和47个青少年科技创意作品最终参加终评。同时，来自印度、德国、瑞典、丹麦、泰国、韩国、巴西、日本等12个国家的

57 名国外青少年受邀参加了终评阶段的展示和交流活动。

经由来自内地以及香港特别行政区、英国、美国等重点高校和科研机构的 68 位科技专家组成的终评评审委员会对参赛作品的材料审阅、现场问辩和综合素质测评，本届大赛最终评出青少年创新项目一等奖 70 项、二等奖 153 项、三等奖 210 项，青少年科技创意作品一等奖 79 项、二等奖 131 项、三等奖 154 项，优秀科技辅导员创新项目一等奖 33 项、二等奖 72 项、三等奖 95 项以及 10 项“十佳科技辅导员奖”，10 项“十佳科技创意之星”和“中国科协主席奖”。大赛还评选出由组委会、高校、基金会等单位设立的 20 余类专项奖。

闭幕式上，组委会向长期参与青少年科技创新活动、致力于青少年科技教育事业的王乃彦院士颁发“终身成就奖”。航天员聂海胜和刘旺还与参赛代表和香港青少年及公众亲切会面交流互动，共同分享了太空经历。

【第十五届中国青少年机器人竞赛】 7 月 22 日，第十五届中国青少年机器人竞赛正式开赛。来自全国 30 个省、自治区、直辖市，新疆生产建设兵团和澳门特别行政区的 502 支代表队约 1500 名选手汇聚内蒙古自治区鄂尔多斯市，开展机器人技能大比拼。本届竞赛由中国科协主办，中国科协青少年科技中心、内蒙古自治区科协、鄂尔多斯市人民政府共同承办，于 7 月 20—25 日在鄂尔多斯市第一中学举行。

本届竞赛包括五个比赛项目，分别是主题为“嫦娥登月”的机器人综合技能比赛，主题为“环保机器人”的机器人创意比赛、机器人足球比赛，主题为“无界课堂”的 FLL 机器人工程挑战赛，主题为“立地顶天”的 VEX 机器人工程挑战赛。各项赛事均分小学组、初中组、高中组，经过循环赛和淘汰赛决出一、二、三等奖，再从一等奖中最终决出金、银、铜牌。同时，从 FLL 机器人工程挑战赛和 VEX 机器人工程挑战赛中，选拔优秀代表队参加相关国际比赛。创意比赛由专家评委会评选出一、二、三等奖。

为了让更多人看到赛事，本届竞赛首次建立了在线直播频道，在网络上同步直播各项赛事。支持机器人竞赛的企业在校园内设立了展示区，为参赛学生和教练员提供了最新最有趣的机器人信息和互动体验。同时，该项赛事首次落户非省会城市，是机器人竞赛活动举办模式的一次新尝试，对推动当地青少年机器人知识普及，提升青少年科技创新意识，增进全国各族青少年互相学习交流，培养科技创新后备人才具有重要意义。

本届赛事从申报、报到、抽签、赛程安排、检录到计分管理、成绩统计、成绩审核、成绩公布，所有环节全部通过计算机和平板电脑完成，使管理全面实现无纸化。

【2015 年全国青少年科技创意大赛】 12 月 12—13 日，2015 年全国青少年科技创意大赛颁奖典礼暨作品成果展示在中国科技馆举行。中国科协党组成员、中国科技馆馆长束为出席颁奖典礼，代表主办方致辞并为获奖者颁奖。中国科协科普部部长杨文志、中国科协青少年科技中心主任刘阳、中国科技馆党委书记、副馆长殷皓等相关部门负责人出席颁奖典礼。

束为在致辞中指出，科技创新关键是有具备创新精神和能力的人。青少年科技创意大赛是中国科协发起的一项鼓励青少年创新创造的新活动，希望让更多的青少年有机会参与其中，培养创新精神、想象力和创新思维，在展现自己创意的过程中获得更多的自信。

活动期间，经初评选出的 240 件获奖作品在中国科技馆临时展厅内进行了公开展示，来自全国的百余位参赛选手齐聚北京，将自己的创意作品展示给公众，并在现场与公众互动交流。这些作品既有对现有问题的优化方案，也有对未来生活的奇妙畅想。活动还组织开展了“十佳创意之星”的评选。最终，儿童组周弋翔的“可折叠伸缩的机械救援逃生通道”、少年组凌一舟的“全自动电磁控制式碉堡”、青年组黄子帆的“桌面彩色 3D 打印机”等 10 项作品获得“十佳创意之星”奖项。

“2015 年全国青少年科技创意大赛”由中国科协主办，中国科协青少年科技中心承办，互动百科独家推广的一项青少年竞赛活动。比赛通过网络面向全国 10 ~ 35 岁的科技爱好者征集科技创意想法，是在“科普中国”品牌引领下、利用互联网进行推广的一项公益竞赛活动。自 7 月比赛启动以来，利用多种新媒体手段进行了多方位整体宣传推广，通过活动微博、微信平台开展热点科技话题在线讨论，向“创意粉丝”推送新潮炫酷的科技创意，引导青少年在网络互动交流中关注科技发展，激发创意灵感，营造鼓励创新的网络氛围。活动得到了青少年的踊跃参与，活动的官方网站浏览量超过 400 万人次。共收到全国各地大、中、小学生1万余件创意方案和作品。来自高校、科研院所、社会创新组织以及企业等不同领域的29名专家通过网络评审、线下会评，评选出一等奖30项，二等奖60项，三等奖150项。

【第六届全国青少年科学影像节展映展评活动】11月9—13日，第六届全国青少年科学影像节展映展评活动在广西壮族自治区南宁市举办。中国科协党组成员、书记处书记徐延豪，广西壮族自治区副主席黄日波，中国工程院院士龙乐豪，广西壮族自治区副秘书长唐宁，广西壮族自治区科协党组书记、副主席叶宗波，中国科协青少年科技中心、中国青少年科技辅导员协会有关负责人，以及中国国际教育电视台、中国电影家协会、中国科教电影电视协会、中国科普作家协会、新华网等相关单位领导和嘉宾参加展映展评活动并出席颁奖典礼暨闭幕式。

闭幕式上，中国工程院院士龙乐豪代表评审委员会作了评审工作报告，他表示，本届科学影像节展映展评活动在评审工作上保证了公平、公正、公开、透明，使活动朝着科学性、规范性、专业性、常态化、品牌化方向又前进了一大步。龙乐豪认为，本届活动作品数量和质量均比往年有新的提高，充分展示了我国青少年和科技教师在新媒体科普活动方面取得的新成绩、新突破。龙乐豪院士还现场赋诗，表达自己的内心感受："龙腾八桂南宁城，喜看新星夺桂冠。少年英才多睿智，中国梦圆待后生。"

中国科协党组成员、书记处书记徐延豪在闭幕式上为获得最佳"科学万花筒"奖的选手颁奖并讲话。徐延豪指出，要进入创新型国家行列，最关键的因素是人才，特别是创新型人才，国家综合实力的竞争也是人才的竞争，未来的希望在青少年身上，全社会要为青少年营造一个好的学习氛围和学习环境，鼓励他们去探究未知、探究世界、追求科学，这样才能有利于创新型国家的建设。

第六届全国青少年科学影像节展映展评活动由中国科协青少年科技中心、中国青少年科技辅导员协会和广西壮族自治区科协共同主办，广西壮族自治区科协青少年科技中心和广西科技馆承办。来自27个省、自治区、直辖市，新疆生产建设兵团和香港特别行政区的29个代表队、300余名学生和科技辅导员代表携带79部作品参加本届活动。通过技能测试、作品审阅、现场问辩等评审环节，共评选出93个奖项，其中3个"科学万花筒"最佳作品奖、10个"科学万花筒"最佳单项奖、35个"科学万花筒"提名奖、30个专项奖、15个优秀组织单位奖。

【"弘扬高士其精神　繁荣科普创作"座谈会】2015年是高士其先生诞辰110周年，为缅怀高士其先生对我国科普事业所作出的历史性贡献，学习他坚忍不拔传播科学的博爱胸襟，弘扬他严谨崇高的科学精神，12月7日，由中国科普研究所、中国科普作家协会和中国医学救援协会联合举办的"弘扬高士其精神　繁荣科普创作"座谈会在北京中国科技会堂举行。中国科协党组成员、书记处书记徐延豪出席座谈会并讲话。中国科普作家协会理事长刘嘉麒院士、中国科普研究所所长王康友、中华医学救援会会长李宗浩等发言。中国科协办公厅主任任福君、科普部部长杨文志、中国科协创新战略研究院院长罗晖、科普出版社党委书记辛兵及30余位科普作家代表出席了座谈会。会议由刘嘉麒院士主持。

座谈会选播了中央电视台拍摄的《高士其》专题片。回顾了高士其先生作为中国科普事业的先驱和奠基人的人生经历。高士其原名高仕錤，他"去掉人旁不做官，去掉金旁不要钱"，矢志投身为了广大民众的科学事业。令人景仰的是，高士其先生在风华正茂的年纪不幸染疾，全身瘫痪，以其深厚的学识学养坚持科普创作，毕生致力于把科学传播给人民和青少年，写下了数百万字的科学小品、科学童话故事和多种形式的科普文章，影响了数代人。

徐延豪提出缅怀高士其，弘扬高士其精神，要努力做到：一是深刻认识高士其精神的思想内涵和时代价值。要学习高士其先生矢志不渝、无私奉献的科学报国精神，顽强拼搏、越挫越勇的道德人格风范以及科学严谨、勤勉敬业的科普创作态度。二是要肩负起新时期科普工作的历史使命。高士其先生所处的年代，科学技术相对落后，使得科普只能是以诗歌、小品、小短文这样的方式来展示，然而随着信息时代的到来，科普作品的表现方式和传播媒介多样化，要与时俱进地保持科普传播在技术、手段和理念上的先进性，把科学传播的内容生动地展现在公众面前。三是要更加充分地调动科技工作者参与科普工作的积极性。高士其先生在从事科普创作之外，还非常重视科普创作队伍的建设。缅怀高士其，不仅要把科普创作队伍建好、用好，更要调动更多的科技工作者参与到科普创作中来，使科普创作不断有源头活水，竞相奔流。

著名科普作家叶永烈向座谈会发来致辞，称赞高士其先生是他心中“中国的霍金”。紧急救援专家李宗浩在发言中说，高士其先生是“一位真正的身残志坚的勇士、一位精通科学又有艺术素养的人”。高士其先生的儿子高志其长期从事高士其思想的研究工作，他认为，高士其之所以在科普领域取得骄人的成就，是因为他将广博的人类文化成果融入到科普创作中，树立起宏大的“大科普观”，展现出一种立意高远的科普创作气象。中国科普研究所原所长居云峰，中国科普作家协会副理事长李欣，中国科普作家协会荣誉理事刘仁庆、王直华，科技日报社评论理论部副主任尹传红，中国科普研究所助理研究员陈晓红等分别发言。与会的“科普人”表示要共同努力，学习高士其精神，弘扬和传承高士其精神，创作出更多、更好的科普精品，为提升全民族科学素质、助力创新驱动发展战略、建设创新型国家、实现中华民族伟大复兴的中国梦作出不懈努力。

【中国科技馆发展基金会科技馆发展奖颁奖】 12 月 17 日，中国科技馆发展基金会 2015 年度科技馆发展奖颁奖典礼在北京举行。中国科协党组书记、常务副主席、书记处第一书记尚勇，全国政协常委、教科文卫体委员会副主任、中国科技馆发展基金会名誉理事长邓楠，中国工程院院士、中国科协副主席赵沁平，全国政协人口资源环境委员会副主任、中国科技馆发展基金会顾问齐让，国务院参事室特约研究员、中国科技馆发展基金会顾问鲍红，中国工程院院士、中国核学会理事长李冠兴等为获奖个人和团队颁发 2015 年度科技馆发展奖“辅导奖”“展品奖”及提名奖。

颁奖典礼由中国科协党组成员、书记处书记徐延豪主持，中国科技馆发展基金会理事长殷皓宣读了颁奖决定。通过奖励提名委员会推荐和专家委员会评审，中国科技馆基金会授予王田浩等 9 名个人（团队）2015 年度科技馆发展奖“辅导奖”，授予“物联网创客——比特实验室”等 3 个展项 2015 年度科技馆发展奖“展品奖”，授予刘晓蕾等 11 名个人 2015 年度科技馆发展奖“辅导奖提名奖”，授予“魔方机器人”等 3 个展项 2015 年度科技馆发展奖“展品奖提名奖”。

“科技馆发展奖”旨在促进中国的科技馆事业蓬勃发展，鼓励有关组织和个人在推动科技馆事业发展中求真务实、勇于创新，并动员全社会的力量为科技馆事业的发展作出贡献。科技馆发展奖设立“辅导奖”“展品奖”“创意奖”“贡献奖”和“展教奖”，2015 年度颁发的是第三届“辅导奖”和“展品奖”。

【中国科协与中国航天科技集团公司签署合作协议】 9 月 19 日，中国科协与中国航天科技集团公司共建中国科技馆“太空探索”展厅合作协议签约仪式在中国科技馆举行。中国科协党组书记、常务副主席、书记处第一书记尚勇，中国航天科技集团公司董事长、党组书记雷凡培出席签约仪式。中国科协党组成员、中国科技馆馆长束为和中国航天科技集团公司副总经理、党组成员袁洁，分别代表双方在合作协议上签字。

近年来，中国航天事业的快速发展使我国从航天大国向航天强国的目标迈进，不仅受到党和国家的高度重视，也成为广大公众关心的社会热点。航天科普是航天事业发展的助推器，对于加快实现航天强国目标具有不可替代的促进作用。

中国科协党组成员、书记处书记徐延豪，中国科协党组成员、中国科技馆馆长束为，中国航天科技集团公司副总经理、党组成员袁洁出席签约仪式。

根据协议，双方将发挥各自优势，深化航天科技实物展示、航天活动实时直播、天地互动科普活动等航天科普全方位的合作与交流，将中国科技馆“太空探索”展厅打造成我国航天科普教育基地，成为航天科技最新成果面向公众展示的重要窗口，实现双方资源共建共享、互助互利的新局面，促进航天科技与航天科普事业共同发展的新跨越。

【全国青年科普创新实验暨作品大赛】 5 月 6 日，“SOLVE FOR TOMORROW 探知未来”2015 年全国青年科普创新实验暨作品大赛启动仪式在中国科技馆举行。中国科协党组成员、书记处书记徐延豪，中国科协党组成员、中国科学技术馆馆长束为，中国工程院院士倪光南，三星电子大中华区总裁朴载淳，以及来自地方科技馆、三星电子、互动百科的领导和大赛专家顾问团的老师出席启动仪式。百余家媒体和 200 余名学生代表参加启动仪式。

青年科普创新实验暨作品大赛已成功举办两届，2015 年进行了较大创新和突破，尤其对命题进行了全面升级，已成为全国青少年科技活动的又一优秀品牌，成为具备“趣味与挑战”的精彩舞台。2015 年大赛继续以“节能、环保、健康”为主题，北京、上海、广州、哈尔滨、成都五个赛区联动，进行“科普实验单元”和“创意作品单元”的比赛。

【2016—2020 年度全国科普示范县（市、区）创建检查验收】 6 月 9 日，中国科协办公厅印发《关于开展 2016—2020 年度全国科普示范县（市、区）创建单位检查验收工作的通知》，要求各省报送创建名单和创建方案、各创建县开展自我审查、各省开展检查验收等材料。截至 2015 年 11 月 30 日，共收到 31 个省、自治区、直辖市及新疆生产建设兵团的上报创建单位共计 463 个。

根据全国科普示范县（市、区）创建工作的部署，中国科协科普部于 2015 年 7 月 24 日印发《关于 2016—2020 年度全国科普示范县（市、区）创建单位实地抽查工作的通知》，并于 2015 年 11 月底组织开展 2016—2020 年度全国科普示范县（市、区）实地抽查工作，由重庆、河南、黑龙江三省（直辖市）科协担任组长单位，其余各省作为组员单位分 4 个组赴 8 个省进行抽查（12 月 20—26 日第二组河南省科协带队赴江苏、浙江；11 月 23—28 日第三组重庆市科协带队赴河北、山西；12 月 7—12 日第四组黑龙江省科协带队赴湖北、江西；2016 年 1 月 10—16 日第一组重庆市科协带队赴甘肃、山西），四个工作组均由组长单位的分管副主席带队，组员由其余相关省份科普部部长以及中国科协科普部和科普口事业单位相关负责人组成。检查结束后，工作组对抽查工作进行了总结，四个组均对被检查单位（共计 16 个）的创建工作表示认可，符合全国科普示范县创建标准。

【全国科技馆免费开放试点】 3 月 4 日，中国科协、中央宣传部、财政部联合下发《关于全国科技馆免费开放的通知》，对常设展厅面积 1000 平方米以上、具有相当科普公共服务能力、具备免费开放条件的各级科技馆，陆续实现免费开放。

科技馆免费开放采取分步实施、逐步完善的原则。2015 年在各地申报的基础上，按照《关于全国科技馆免费开放的通知》中明确的实施范围，结合科技馆的运行状态，先行选择 92 家科技馆进行试点，在 2015 年 5 月 16 日起统一对外免费开放。实行免费开放后，公众到科技馆参观常设展厅，参加科普讲座、科普报告等活动以及辅助性服务如参观指南、卫生设施、物品寄存及休息查阅等将不再收费，同时降低非基本服务项目收费标准，如特效影院、高端培训、餐饮、纪念品销售等，更加突出科技馆的公益性和非营利性。

本次科技馆免费开放试点工作本着“以人为本，观众至上”的原则，实行免费不免票制度，凭参观券入场。各试点科技馆将根据实际情况，采取电话、网络或现场预约等方式，发放参观券，确保免费开放后的公众安全、资源安全及设施设备安全。今后还将结合实施效果，科学、动态管理免费开放科技馆试点范围和补助经费额度，并推动和支持符合免费开放实施范围的其他科技馆实行免费开放。

【“科技馆展品创新关键技术与标准研发及信息化平台建设应用示范”项目成功申报国家科技支撑计划项目】 10 月 14 日，由中国科协作为项目组织单位、中国科技馆负责组织实施的国家科技支撑计划“科技馆展品创新关键技术与标准研发及信息化平台建设应用示范”项目正式获得科技部立项批复，标志着历时 1 年零 7 个月的项目申报工作取得圆满成功。该项目申报成功，对我国科技馆事业发展具有里程碑意义。国家科技支撑计划第一次将科技馆展品研发项目纳入其中，体现出科学普及已被视为一项重要内容纳入国家发展战略。

该项目的设立旨在充分发挥国家科技支撑计划项目的支撑及引领示范作用，有效提高我国科技馆展品研发能力和创新水平，促进国家科普能力建设。项目总批复经费 2231 万元，周期从 2015 年 7 月至 2017 年 12 月。包括 5 个课题，涵盖了基础科学、高新技术以及机器人技术等方面创新展品的展示技术研发、展品开发标准、展品研发与创新信息化共享平台建设等内容。项目由中国科技馆、清华大学、中国科学院自动化所、自贡挚诚科技有限公司等 16 家机构共同参与，充分体现了产、学、研、用相结合的实施理念。

下一步将进入项目实施阶段，项目工作组将严格按照国家科技支撑计划相关管理办法和各项规章制度的要求，根据研究任务、考核指标和进度计划，积极开展各课题的研发，确保按时、高标准完成各项工作。

【全国科普教育基地认定】 为贯彻落实《全民科学素质行动计划纲要（2006—2010—2020 年）》，加强全国科普教育基地建设，鼓励社会力量参与科普工作，根据《全国科普教育基地认定与管理试行办法》，中国科协组织开展了 2015—2019 年度全国科普教育基地的认定工作。

通过各地申报，全国学会、协会、研究会，各省、自治区、直辖市科协，新疆生产建设兵团科协和

国家相关部门初评和推荐，中国科协组织评审，专家实地抽查，公示等程序，2015 年 6 月 19 日，中国科协决定命名《科学世界》杂志社有限责任公司等 649 家单位为 2015—2019 年度全国科普教育基地。

部分未通过首批全国科普教育基地命名的单位通过努力开展科普教育工作，达到全国科普教育基地标准，经学会、省市科协推荐和专家评审，2015 年 12 月 31 日，中国科协决定增补天津市滨海新区大港青少年活动中心等 41 家单位为 2015—2019 年度全国科普教育基地。目前共有 1086 家全国科普教育基地。

【全国食品安全宣传周中国科协主题日活动】 6 月 19 日，全国食品安全宣传周中国科协主题日活动在中国科技馆举行。中国科协党组成员、中国科技馆馆长束为，国家食品药品监督管理总局党组成员、药品安全总监孙咸泽出席活动并致辞。活动由中国科协科学技术普及部副部长刘亚东主持。

孙咸泽在致辞中表示，中国科协具有丰富的科普资源、专业的科普队伍、完善的科普网络，是食品安全宣传的重要力量之一。通过中国科协主题日活动，扩大了食品安全科普的范围，提升了公众食品安全科学素质，提振了消费者信心，促使公众更主动地参与食品安全社会共治。

束为在致辞中说，食品安全科普工作贴近公众、惠及民生，不仅是中国科协科普信息化建设工程中的重要内容，也是提升国家科普公共服务水平、推动公民科学素质再上新台阶的重要任务之一。

中国科协主题日活动包括“食行天下，食者无忧——科普中国食品安全万里行”活动启动仪式、“食今不昧”微信公众号发布活动、食品安全科学沙龙等方面内容。“食行天下，食者无忧——科普中国食品安全万里行”活动由 1 号店与中国食品科学技术学会共同承办，1 号店的部分商品销售页面加入中国食品科学技术学会科普专家委员会编写的相关科普信息，丰富了消费者的食品安全科普知识。“食今不昧”微信公众号，由北京青年报、中国食品科学技术学会、中国疾病预防控制中心食物强化办公室联合主办，传播科学，解答疑惑，粉碎谣言，用百姓“听得懂”的语言，阐述大家关心的食品安全话题。科学沙龙由中国食品科学技术学会、知识就是力量杂志社、科普中国微平台共同承办，中国食品科学技术学会副理事长、国际食品科技联盟前任主席饶平凡，中国农业大学食品科学与营养工程学院教授沈群，国家食品安全风险评估中心风险交流部副主任钟凯，天津科技大学食品学院教授王书军等专家参与互动，与现场观众一起讨论了不消化的方便面、黄曲霉素、有毒草莓、防腐剂添加剂、转基因等近期食品安全热点问题。

【中国科协发布 2015“十大科学传播事件”】 12 月 30 日，中国科协发布 2015“十大科学传播事件”。经过专家初选、网络投票和专家终评，最终评选出“十大科学传播事件”。以下为最后入选的 10 起科学传播事件名单（按事件发生时间排序）。

1.“阳光动力 2 号”中国巡游，公众直观体会未来能源应用

3 月 9 日，目前世界上最大的太阳能飞机“阳光动力 2 号”开始环球飞行，途中在重庆、南京短暂停留，并在名古屋和夏威夷之间创下了 118 小时不间断飞行的纪录。这一事件引起公众的广泛关注，为宣传普及新能源、新材料相关知识和节能环保技术提供了有利时机。“阳光动力 2 号”中国巡游还倡导了探索精神，激发公众特别是青少年的科学探索兴趣和创新热情。

2. MERS 疫情传入中国，及时科学传播减少大众恐慌

5 月，中东呼吸综合征（MERS）从西亚传入韩国，又被一位逃避隔离的患者家属带到中国。面对致死率高达 40% 的恶疾，中国比起 12 年前“非典”来袭时，已经有了更多心理准备和应对措施。在海量的中东呼吸综合征科普作品中，相关图示、漫画和视频的使用大大增加了其可读性和科学性，全面覆盖了包括病毒来源、症状、应对措施等内容，相关知识在新媒体的高效传播让公众在这次疫情中较为充分地掌握了信息，免于遭受信息不透明导致的恐慌。

3.《三体》获雨果奖，科幻成公众关注科学的独特路径

8 月 23 日，中国当代科幻的领军人物刘慈欣凭借代表作《三体》的英译本，荣获世界科幻界最高奖项之一的“雨果奖”。刘慈欣的瑰丽想象，促使大众抬起头仰望星空，科幻作为一种科普的形式，成为引导公众关注科学的独特路径。在另一层面，科幻更大的价值或许在于以思想实验的方式，探讨人与技术进步可能的关系，这为思索科技提供了另一个维度。

4. 最新调查结果公布，中国公民科学素养水平提升令人振奋

9 月 19 日，中国科协发布第九次中国公民科学素

质调查结果。调查显示，2015年我国具备科学素质的公民比例达到6.20%，比2010年的3.27%提高了近90%。“十二五”我国公民科学素质发展趋势也表明，我国公民科学素质水平已经进入快速增长阶段，为我国到2020年进入创新型国家行列奠定了坚实的基础。这一结果令社会尤其是科普工作者倍感振奋。调查结果在新媒体上被广泛传播、多层次解读，也让全社会更加认识到科学普及工作的重要性。

5. 火星发现“卤水”，太空探索新成果让公众仰望星空

9月28日，美国宇航局（NASA）宣布，现有证据表明火星上有液态盐水间歇性地流动。这一结果虽然在很多人的预测中，却仍然颇具轰动效应。中国媒体甚至给浓盐水翻译成一个中国化的称谓“卤水”。从NASA发现火星存在流动“卤水”，到年底大热的科幻电影《火星救援》，再到中国计划在2020年发射火星探测器，这颗红色星球成功引起中国公众的注意和对宇宙的无尽遐想。2015年，同样引起中国公众好奇的类似科学事件还包括：发现地球“大表哥”、迄今最像地球的系外行星开普勒452b和“新视野”号近距离飞过在太空深处神秘的冥王星。

6. 药学家屠呦呦荣获诺贝尔奖，激励国人在科技创新中勇攀高峰

10月5日，药学家屠呦呦女士凭借她40多年前找到的青蒿素提取方法，成为中国第一位获得诺贝尔生理学或医学奖的女科学家。也因为该奖项，使中国的“青蒿素”研究更引人注目，从1967年开始，堪比“两弹一星”研究的“523”项目逐渐“浮出水面”。她和“523项目组”的研究工作，使千千万万被疟疾威胁的生命得到拯救。她的科研成果得到世界范围的认可，背后漫长艰辛的科研之路同样让公众认识到科学的伟大价值和科学精神的不朽内涵。屠呦呦获得诺贝尔奖，极大地激励了国人在科技创新中勇攀高峰的信心，激发了公众了解和支持中国科研发展的热情。

7. 放开“二孩”政策落地，孕产妇知识成科普大热门

10月下旬的党的十八届五中全会上，放开“二孩”从传闻中正式落地。消息一出，引发各界热烈讨论。为了更好地提倡和践行优生优育政策，许多医生和专家以开讲座、写专栏、接受媒体访问、与网民互动的方式进行科普宣教。从高龄孕产妇的安全、怀孕前的体检工作，到长子或长女的心理安抚，在“二孩”政策颁布之后，相关人群在短时间内掀起了学习相关医学知识的热潮，可谓新政未启，科普先行。

8. 世界机器人大会召开，机器人服务社会脚步越来越近

11月下旬，世界机器人大会首次在中国举办。从12个机器人国际组织、58家国内科研机构的庞大参会规模，足可窥见智能机器人行业对人类科技发展、对中国智能制造业的影响。从年初电影《超能陆战队》中医疗机器人“大白”受到热捧，到本届机器人大会上卖萌的各种真实的机器人，智能机器人风潮席卷全球，各种类型的智能机器人（包括智能机械臂、智能无人机等）进入人们的视野，已引起社会的关注。由于智能机器人在制造业、建筑业、服务业、娱乐业以及医疗、军事、太空、教育等领域中都有重要用途，社会大众对智能机器人的好奇心在不断膨胀，机器人服务社会的脚步也越来越近。

9. “我们恨化学”广告遭科学家抗议，商业宣传违反科学常识误导公众

11月底，《结构化学基础》的作者、北京大学教授周公度公开信批评某化妆品牌广告语“我们恨化学”违反科学常识，引起舆论热议和共鸣，也得到了相关专业学会的声援。化学是现代科学中最基础的一门学科，没有化学就没有化妆品卖，“我们恨化学”的广告是反常识的。近年来，不少商家为了标榜“纯天然”“有机”等概念，不时通过各种媒体发布违反科学常识的宣传和广告，误导消费者，目的是吸引眼球和获取不正当利益。“我们恨化学”广告事件，提醒公众和有关部门面对违反科学常识的误导性宣传，要增强辨别能力，避免被“忽悠”。

10. 探测卫星升空前征名，“悟空”寻找宇宙暗物质引大众好奇

12月17日，中国的第一颗暗物质粒子探测卫星“悟空”飞向太空。此前的研究告诉我们，人类能直接看到的各种天体，仅占宇宙的4%；不发射任何光与电磁辐射的暗物质，则要占据23%的份额。虽然我们无法直接看到暗物质的模样，却深知它们和宇宙本质的关联。这颗卫星，把我们的目光再度引向了无垠的星空。在发射前，这颗暗物质粒子探测卫星面向公众征集名字，部分获奖者将有机会获得现场观摩卫星发射的机会。它甚至还有自己的微博“暗物质粒子探测卫星－悟空”，并用第一人称的方式和网友进行互

动，这种传播方式大大提升了公众对暗物质卫星的关注度，激发了全国民众和海外同胞对空间科学的兴趣和热爱。

【中国科协发布2015“十大科学传播人”】 12月30日，中国科协发布2015“十大科学传播人”。经过专家初选、网络投票和专家终评，评选出“十大科学传播人”。以下为最后入选的10名科学传播人名单（按姓名拼音首字母排序）。

1. 陈君石

身份：中国工程院院士，国家食品安全风险评估中心研究员

领域：食品安全

陈君石是国内外享有盛誉的营养和食品安全专家，作为我国食品毒理学学科的创始人之一，他在食品安全领域备受尊重。他一直努力构建政府、科学家和媒体之间良好的沟通机制，是我国食品安全风险交流工作最早的倡导者和引路人。在我国当前错综复杂的食品安全环境下，他意识到，公众得到的食品安全信息和食品安全科学知识中间存在严重的不对称。于是，从反对“妖魔化”食品添加剂、解读国家食品安全标准再到力挺转基因食品，他长年通过各类媒体和科普讲座，解答公众对热点食品安全事件的疑惑，勇于还原事件真相。他敢言能言，犀利的观点中，展现了一位科学家应有的时代担当。

2. 邓涛

身份：中国科学院古脊椎动物与古人类研究所副所长

领域：生物

邓涛研究员以深厚的科学研究背景为基础，长期持续不断地开展古生物地层学方面的科普工作，以深入浅出、科学严谨的表述将在古生物学、进化论、地质学等方面近年来取得的新知迅速及时地传播给广大公众。他积极参与各地众多自然科学类博物馆的建设，如中国古动物馆、上海科技馆；以独著的形式出版了《追寻远古兽类的踪迹》和《西行札达——发现冰期动物的高原始祖》两本科普著作，并在杂志、报纸、书籍上发表90多篇科普文章；他主讲了大量科普报告，直接向广大公众进行古生物学、地质学、进化论等学科知识的传播，同时通过担任撰稿人、科学顾问、采访嘉宾等角色，参与创作了一系列古生物专题科教片。他的科普活动以化石研究为主要载体，宣扬了科学自然观和辨证唯物史观，取得了良好的社会效益。

3. 范志红

身份：中国农业大学食品学院营养与食品安全系副教授

领域：食品健康

她是十多家报纸杂志的特约专家及专栏作者，先后给40多家报纸杂志撰写食品营养方面的文章600多篇。她在“健康北京”“万家灯火”等全国多个健康类电视栏目作为主讲嘉宾出镜近200集。哪里有食品谣言，哪里就有范志红战斗的身影。她出版的15本食品营养科普著作，从营养专家、消费者的双重立场出发，结合专业知识和生活经验，解答了大众关心的日常饮食问题。从大蒜到植物油到关东煮，从天上飞的地上跑的到海里游的，她将食物里的营养知识娓娓道来。她还身体力行，以最健康的形象示范“吃货有道”，润物细无声地促使人们在饮食习惯上作出改变。

4. 李光

身份：黑龙江省知名校外科技辅导员

领域：航天航空

从事科学传播工作20多年，10年在基层从事青少年科普工作。李光是中国宇航学会科普处认定的宇航小技师高级培训导师，先后组织承办过四次国家级宇航小技师导师培训，培训科技辅导员2000多人，培训宇航小技师30000多人，三次带领中小学生参加全国青少年航天科技体验活动，队员个人获奖达1000多人次。他自费建立了全国首家社区航天科技体验馆，担任当地社区航天火箭模型赛赛前指导，组织社区航天科普讲座，为青少年讲解了我国“神舟号”系列火箭模型和“天宫一号”对接“神舟九号”的有关知识，组织航天火箭模型制作比赛和放飞实践比赛等。由于他对航天火箭的痴迷，在网上也被称为“火箭李光”。

5. 李淼

身份：中山大学天文与空间科学研究院院长

领域：物理

他可能是写诗的人当中物理学得最好的。他在网络上拥有几十万的粉丝，从博客“闲谈物理”到微博再到专栏文章，唯一不变的是他用讲故事甚至是谈八卦的方式讲科学道理。他纵论热点事件，爱在网络平台上与网友互动，乐于将自己关于物理的思考传播给公众。他的文章中，学术名词可能冷僻，却他总能用一种生动有趣的口吻谈物理。他出版的《三体中的物

理学》从科幻出发带领读者领略有趣、深邃的物理学，另一部科普作品《越弱越暗越美丽》则从生活的最细微处着手，讲述物质世界中简洁又美丽的法则。他让公众看到了物理学家感性、多情的一面。李淼，用才情为科学代言。

6. 马冠生

身份：北京大学公共卫生学院营养与食品卫生系教授

领域：食品健康

作为专业学者，马冠生的食品营养与健康科普既权威又“有料”，作为中国营养学会的理事，他做科普工作充满热情又接地气。马冠生一直战斗在普及营养与健康知识的最前线，他较早地利用媒体、自媒体进行营养和食品安全科普。他在微博上坚持每日更新热门话题“每日涨营养姿势”，为公众解读各类营养谣言，开设“马博士谈营养专栏”，利用业余时间来写科普文章，六年多的时间里，他创作的数百篇科普文，每篇都是各大媒体争抢的热稿；他出版了《健康大百科》《孩子营养午餐100例》等多本畅销营养与健康书籍，并在各大场合开办科普讲座向公众慷慨赠书。他是公众心目中真正的营养大咖。

7. 饶毅

身份：北京大学生命科学学院教授

领域：生命科学

作为一名科技工作者，饶毅工作并不局限于实验室，他很早就在互联网乃至新媒体上传播科学知识和科学精神。他参与创办的《知识分子》微信号，将《知识分子》打造为一个科学共同体的发声平台，推出优质的科普文章，以期改善中国科学文化环境，让“科学精神进入中国文化的内核”。而在各种科学讲座、论坛中，他敢于在转基因等社会热点话题上传递科学家的立场和观点。在接受各类媒体的采访中，他多次议论并建言中国科学教育和科研体制问题，为科技工作者发声，重新建立起科学在公众心中的地位。

8. 吐尼亚孜·沙吾提

身份：新疆维吾尔自治区地震局副局长

领域：防震减灾

精通维、汉、英三语的他是《汉英维哈地震学词典》《汉英维地球物理学词典》《中华人民共和国防震减灾法》维吾尔文译本等书籍的第一作者或审稿人。工作之余，他不但多次深入自治区党校、新疆军区司令部、自治区人大机关、新疆大学、监狱等政府机关、大学进行汉维双语地震科普讲座，还提议促成新疆地震部门与残联系统联合开发针对特殊群体的防灾科普文化产品，推动少数民族地区防震减灾科普工作，增强这项事业的全民性。他为科普资源极为稀缺的少数民族边远地区撑起了地震科普的一片天地。

9. 王乃彦

身份：中国科学院院士，中国原子能科学研究院研究员

领域：核能

王乃彦院士是第一位获得世界核科学理事会全球奖的中国人，并参加了我国第一颗氢弹的研制和地下核试验。如今，80岁的他不仅没有退下科研一线，还十分热衷于青少年的科普和培养工作。他是北京青少年科技活动俱乐部副主任，多年来，他频繁为全国大中学生及核工作者科普核电知识，担任各大青少年科技竞赛评委，为提升青少年科学素质和能力奉献力量。同时，他在“科学家与媒体面对面”等活动中还积极接受媒体采访传播科学理念，提出创新人才培养要“大手拉小手”等科普理念。2015年8月24日，在第三十届全国青少年科技创新大赛闭幕式上，连续十年担任大赛评委员主任、为青少年科技创新工作作出杰出贡献的王乃彦院士获颁终身成就奖。

10. 朱定真

身份：中国气象局正研级高级工程师

领域：气象

朱定真是全国观众熟知且信服的气象大使。主持央视《天气预报》和凤凰卫视的《定真科普时间》让他为大家所熟识。作为一位气象传媒人，他还是活跃在银屏上的年纪最长的“气象主播”，他的出现意味着权威、重要与警示。每逢重大气象灾害发生，他即受邀在各类主流媒体上解读天气、答疑解惑。他充分发挥自身专业优势与影响力，数十年如一日地致力于气象科普工作，多年来坚持随九三学社中央院士专家科普团深入学校、贫困地区进行科普。而在2011年，他任总策划的大型科普电影《变暖的地球》获得第28届中国电影金鸡奖最佳科教片奖。另一部同样由他担任总策划的宣传片《应对气候变化——中国在行动》则被翻译成四种语言，在历次的“世界气候大会”上播放。

【中国科协发布2015“十大‘科学’流言终结榜”】12月30日，中国科协发布2015“十大‘科学’流言终结榜”。该榜单以北京市科协、北京地区网站联合

辟谣平台、北京科技记者编辑协会联合发布的每月“科学”流言榜为基础，经过专家初选、网络投票和专家终评，评选出“十大‘科学’流言终结榜”。以下为最终入选的 10 条“科学”流言名单（按流言或辟谣发生时间排序）。

1. 内蒙古风电偷走了北京大风，导致雾霾？

流言：有媒体报道，内蒙古建设了大量风电站，偷走了北京大风，导致雾霾。

真相：风碰到障碍物绕流是可以恢复的，局部风力发电或局部防护林不会对距离较远的下游风力造成影响，雾、霾形成的根本原因还是因为地面污染物碰上大气的静稳条件。目前，没有任何的科学研究显示风电场与雾霾的形成之间有因果关系。

2. 自制水果酵素能瘦身美容？

流言：想瘦身美容，自己在家就能做到：把各类营养丰富的水果洗净切块，添加辅料后装箱密封，标注日期，三个月（100 天）后酵素形成即可食用。

真相：自制的所谓“水果酵素”其实只是水果发酵得到的复杂混合物，其中可能会有多种酶产生，但是无法控制，也无法分辨那些酶能够有什么功能。要想发挥水果对健康的积极作用，把水果吃掉就是最直接、简单、有效的做法。

3. “55 度水杯”是温水神器？

流言：一种名为“55 度水杯”的“高科技产品”在微博和微信朋友圈广为流传。往这种水杯中倒满热水或冷水，都可以得到温度为 55 度的温水。

真相：“55 度水杯”所用材料只是普通的铝合金，夹层中是大量盐水，所谓的温度变化使用的就是物理知识中最简单的热传导原理。如果不经开水预热，直接倒冷水是没有升温效果的。

4. 跑步比久坐死亡率更高？

流言：一项在丹麦进行的长达 12 年、涉及近 1500 人的研究，证明了跑步比久坐死亡率高。

真相：实际上，这项研究有三项重要结论：第一，与久坐不动的人相比，即使每周只跑步 1 次，也有非常大的获益，死亡率明显下降。第二，每周跑步 60 ~ 80 分钟，分成 2 次或 3 次跑完，是最佳的跑步方式。第三，每周要是以较快的速度跑步 3 次以上，时间达到了 150 分钟的话，与久坐者相比，没有取得获益。但流言中只强调了第三个。完整地看这项研究，跑步只要适度，仍然是很有益健康的。

5. 草莓农残超标可能致癌？

流言：草莓种植过程中会使用乙草胺，而乙草胺被列为 B2 类致癌物，长期大量食用可能会致癌。

真相：正常情况下，种植草莓是用不到乙草胺的。监管部门针对草莓市场进行了大规模检测，均未检出乙草胺。从安全性上来讲，国际癌症研究机构和美国国家毒物学研究项目都没有将乙草胺列到可疑的致癌物清单中，消费者不必担心。

6. 2030 年太阳将“休眠”？

流言：英国科学家瓦伦蒂娜·扎尔科夫预测，太阳活动在第 26 个太阳活动周，也就是 2030 年会减弱至当前活动周峰值的 40%，地球将很有可能进入小冰期。对此，有媒体将该结论解读成太阳“休眠”。

真相：英国科学家进行的是一项严肃的科学研究，结果也发表在影响因子比较高的学术杂志上。不过，这是科学家对太阳活动进行的预测，并不意味着太阳就不再发光发热了，太阳“休眠”可能是某些大众媒体的误读。科学家们观测发现，无论是太阳活动最激烈的时候，还是最平静的时候，太阳辐射能量的变化都不会超过千分之二。这样的变化，是人类很难直接感受到的，用专门仪器才能检测出来。

7. 天津爆炸现场氰化钠可能导致毒雨？

流言：天津爆炸事故后，一则据称来自美国大使馆的微信提醒，“在北京、天津的朋友近期不要淋雨，以免因雨水中含有氰化钠导致中毒”。

真相：氰化钠本身是固态的，有剧毒，遇水可溶解；条件适合的情况下，溶液中的氰化钠还有转化成其他有毒化合物的可能性；但氰化钠在常规环境下没有气态形式，不可能进入空气随风扩散，所以也没有与大气中的其他成分混合、降水形成毒雨的可能性。美国大使馆也在第一时间进行了澄清。

8. 儿童定位手表辐射超手机千倍？

流言：儿童定位手表虽然热销，但其实有隐患，其辐射量远超手机千倍。

真相：儿童智能手表主要是由定位模块和 GSM 通信模块组成。定位模块是个接收信号设备，是不会发出辐射信号的。GSM 通信模块实际上是个 2G 手机模块，会进行信号的收发，是会向外辐射信号的，但辐射量和一款手机相当，一般不会超过国家标准，更不可能会出现超过手机千倍的情况，所以儿童智能手表其实是和手机一样的安全。

9. 火腿、培根是致癌物与砒霜同列？

流言：一则“火腿、培根、香肠将被世卫组织列为致癌物”的消息引发了很大关注，甚至称其“与砒霜同列”。

真相：火腿、培根、香肠等加工肉类制品由于使用烟熏、腌渍、添加防腐剂等方式处理过，所以会增加癌症风险，这在食品营养界早已得到了普遍认可。但致癌风险增加不等于一定致癌，癌症的发生和基因遗传、环境等很多因素有关，某种物质是否致癌还跟暴露剂量有关。火腿、培根、香肠等确实不宜多吃，但少量食用并不值得担忧。而砒霜毒性很强，少量摄入也会危及健康，所以不能相提并论。

10. 使用植物油做饭可致癌？

流言：英国科学家称，用玉米油或葵花籽油等植物油做饭，可能导致包括癌症在内的多种疾病。科学家推荐使用橄榄油、椰子油、黄油甚至猪油替代普通植物油。

真相：科学合理食用植物油，关键是要采用健康的烹饪方式，如控制食用油的摄入总量和避免过高的油温。中国人的饮食习惯、烹调习惯、油品情况和其他国家有一定差异，总体上中式烹调比西式烹调方式更多样化，欧美国家以煎、炸为主，中式方法如急炒、清蒸等方式中植物油的受热温度和时间一般不会达到有危害的程度。

国际学术交流

【基于实证的科技政策与评估论坛】 5月22日，由中国科协和广东省人民政府共同主办的“基于实证的科技政策与评估”论坛在广州市举行。中国科协党组副书记、副主席、书记处书记张勤出席论坛并致辞。来自中国国家科技评估中心、中国科学院科技政策与管理科学研究所、中国科学技术发展战略研究院、美国科促会、英国皇家学会、马里兰大学、日本科技振兴机构、韩国科技评估与规划研究院、缅甸工程师学会、“下一个爱因斯坦论坛”（The Next Einstein Forum）等机构的约80位专家、学者参加论坛。

张勤在致辞中谈到，基于实证的科技政策与评估的研究受到许多国家和国际机构的重视。中国科协与美国科促会、巴西科促会、欧洲科学开放论坛、印度科学大会协会共同倡导探讨该领域的研究成果，并建立了合作机制。近年来，中国基于实证的科技政策与评估取得了一定的进展。中国目前特别重视科学决策和智库的作用，中国科协在为政府机构提供科学决策建议方面一直发挥着重要的作用。尽管基于实证的政策制定在不同的地区会体现出各自的特点，但仍需要通过区域和全球协调一致的努力才能得到更好的解决。

与会专家围绕产业技术变革与优先项目遴选、国立科研机构绩效评估、高层次科技人才政策评估等三个主题的理论和实践进行了研讨。7位专家作了特邀报告。

中国科学技术发展战略研究院科技预测与评价研究所副所长王革关于《中国的技术预见》的研究回顾了中国技术预见活动的历史及其演变，对当前技术预见研究的组织实施特点、结论及其意义作了系统的总结。来自日本科技振兴机构的学者 Tateo Arimoto 就日本科技创新政策制定、技术预见、优先项目遴选和评价体系的最新发展趋势进行了讲解。美国桑迪亚国家实验室前技术组重要成员 Gretchen Jordan 以美国能源部实验室为例，讲述了美国政府研究机构和改革项目评价的最新实践和实施情况。韩国科技评价与规划研究院副研究员 Jaeho Shin 就韩国基于目标的国家研究和发展评价体系的绩效谈了自己的观点。英国皇家学会的 Donna Lammie 女士谈了英国皇家学会对科学家早期职业生涯管理方面的研究成果。国家科技评估中心科技评估学术委员会主任方衍以“南京321人才计划”为案例，介绍了创新创业人才政策评价。中国科学院科技政策与管理科学研究所研究员周建中报告了科技人才政策评价的方法论研究，并以中国博士后政策为例进行了深入探讨。

【第十七届中国科协年会国际科学大师论坛】 5月23日，第十七届中国科协年会国际科学大师论坛在广东省广州市举办。中国科协党组副书记、副主席、书记处书记张勤出席论坛并致辞，中国科协副主席冯长根，中国科协荣誉委员、中国工程院院士左铁镛等出席论坛。2000年图灵奖获得者、清华大学高等研究中心教授姚期智主持论坛。

论坛邀请2004年诺贝尔化学奖获得者、以色列理工学院特聘教授阿夫拉姆·赫什科，2010年诺贝尔化学奖获得者、美国普渡大学特聘教授根岸英一，2011年狄拉克奖获得者、法国巴黎高等师范学院荣誉教授爱德华·布列桑，2004年图灵奖获得者、谷歌副总裁温顿·瑟夫，2011年诺贝尔化学奖获得者、以色列海法工学院教授丹·舍特曼5位国际科学大师作主旨

演讲。

阿夫拉姆·赫什科教授、根岸英一教授、爱德华·布列桑教授、温顿·瑟夫博士、丹·舍特曼教授分别作了题为“泛素系统在健康与疾病中的作用”“过渡金属的魔力：过去、现在和未来”“从玛丽·居里到希格斯·玻色：关于放射性的世纪之谜”“数字化‘羊皮纸’：为时代保存数字化内容”“准周期材料：晶体学的范式转变”的特邀报告，介绍了各自领域科学技术的发展，分享了他们的科研经历和科学人生。

上千名科技工作者和青年学子聆听了大师们精彩的报告。在提问环节，与会嘉宾和青年学子针对泛素系统对疾病的控制效果、物理学能否促进核电站废料处理、网络时代的信息安全，以及青年学子如何更好地开展科研工作等问题与大师们进行了现场交流。

【2015中俄工程技术论坛】 10月9日，2015中俄工程技术论坛在浙江省杭州市举行。中国科协党组副书记、副主席、书记处书记张勤，俄罗斯科学工程学会联合会主席、俄罗斯科学院院士尤里·瓦西里耶维奇·古利亚耶夫，杭州市副市长张耕，浙江省科协党组书记、副主席李德忠等出席论坛并致辞。中国科协原副主席、中俄友协原副会长刘恕，俄罗斯国家对外经济事务发展银行评审分析局局长、俄罗斯自然科学院院士沃尔科夫·维亚切斯拉夫·伊凡诺维奇，俄罗斯科学院联邦信息与管理研究中心副主任扎查林·亚历山大·列克谢耶维，俄罗斯专家技能提高与再教育研究所所长列索维克·瓦列里等出席论坛。中国科协国际联络部副部长陈剑主持开幕式。中俄工程界的专家、学者和科技人员共300余人参加论坛。

张勤在致辞中指出，当前，在“一带一路”建设中，中俄科技合作对于双方的发展繁荣都具有重要意义。中俄在科技方面的合作是深化中俄经济走廊建设的“龙头”。中俄在基础科学、能源、资源、航空航天、先进制造、交通、新材料、信息通信、海洋、极地等领域的科技创新，具有广阔的情景。同样，中国科技创新合作也为中俄工程技术合作提供了新契机。中俄工程技术论坛是中俄两国工程技术界开展技术交流和项目对接的重要平台，希望两国工程技术界的合作展现出和平合作、开放包容、相互学习、互利共赢的“丝绸之路精神”。

尤里·瓦西里耶维奇·古利亚耶夫院士在致辞中表示，俄中两国之间长期在科学技术领域进行合作，科技创新取得了很大进步。希望俄中两国进一步开展科学技术合作，促进俄中两国经济、科学技术的发展。

李德忠在致辞中说，当前，浙江正处于“互联网+”背景下的“大众创业、万众创新”的新时代，科技创新迎来了前所未有的黄金时期，希望参加本次论坛的专家、学者、企业家、工程师通过本次论坛建立长效机制，开展各种形式的实质性的合作。

论坛开幕式上，中国驻俄罗斯使馆原科技参赞孙万湖作题为“在‘一带一路’建设中中俄科技合作和有关政策的建议”的专题发言。他阐述了中俄科技合作在“一带一路”建设中所处的重要位置，介绍了在“一带一路”建设中两国科技合作的新进展。他说，中俄科技合作在“一带一路”建设中发挥了不可替代的先导作用。双方应增强信任，进一步推进“一带一路”建设中的中俄科技合作和经济技术合作。

尤里·瓦西里耶维奇·古利亚耶夫院士，沃尔科夫·维亚切斯拉夫·伊凡诺维奇院士，浙江大学计算机学院教授、杭州市信息安全协会会长张森，中国工程院院士、浙江大学现代控制工程研究所所长孙优贤等分别以“物理场与人体辐射：非侵入性医疗诊断新方法”“中俄经济和金融合作热点问题探讨”“信息安全的挑战与对策”“工业信息物理融合系统”为题作大会报告。杭州市科协副主席、杭州市自动化学会理事长、杭州市自动化技术研究所所长徐赤主持报告会。

大会报告后，中俄工程技术专家按专业分组，参加了“互联网+与信息安全”和“自动化生产、机器人与创新电子技术”两场分会，10多位中俄专家、教授作了专题发言。

本次论坛由中国科协和俄罗斯科工联主办，论坛还将在南京、绵阳等地召开。论坛旨在推动中俄在信息网络安全、智慧制造和电子技术领域的合作，促进两国科技产业发展，助推“一带一路”战略实施。

【2015信息化应用国际会议】 10月12日，由中国科协与俄罗斯国际科学工作联合会共同主办的2015信息化应用国际会议暨第二届中俄信息安全技术高峰论坛在四川省绵阳市举行。中国科协副主席冯长根，中国电子学会名誉理事长、原信息产业部部长吴基传，国际科学工作联合会主席尤弗吉利亚耶夫，四川省副省长刘捷等出席论坛开幕式并致辞。中国科协原副主席刘恕，俄罗斯自然科学院院士、俄罗斯国家对外经济事务发展银行评审分析局局长沃尔科夫·伊万诺维奇等出席开幕式。来自中国工程院、中国科学

院、俄罗斯国际科学工作联合会、俄罗斯科学院、俄罗斯联邦信息与管理研究中心的400余位专家、学者参加会议，共同探讨信息技术在数字能源、移动互联网、医疗卫生、信息网络与信息安全等领域的应用，以及信息技术如何更好地为新兴生产性服务业和科技服务业服务等议题。

冯长根在致辞中指出，近年来，信息技术发展取得长足进展，经济社会信息化水平全面提升，信息技术已成为支撑今天经济活动和社会生活的基石。当前，新一代信息技术和通信技术加快融合，云计算、物联网、移动互联网等蓬勃发展。随着产业转型升级、技术进步、信息交互的深层次需求不断凸显，信息的广泛应用和深度渗透也面临着巨大挑战。随着中俄在信息技术和能源领域合作的不断深入，服务于新兴行业的生产性服务业和科技服务业也势必成为今后中俄深入合作需要探讨的话题。

尤弗吉利亚耶夫在致辞中表示，自2008年俄中两国启动能源谈判机制以来，两国已签署了涉及石油、天然气、煤炭、核电站等多领域政府间和企业间的合作协议、备忘录，希望俄中在未来网络信息安全标准、网络安全保障体系、网络信息安全技术等方面深入合作。

吴基传在致辞中表示，要维护各国网络空间的主权不受侵犯，也要保护个人信息通信的自由和自主权。在网络中人人都是信息的消费者，也是信息的发布者，建议建立维护网络安全的专门队伍，防止黑客的侵入，防止网络病毒的攻击。

天睿公司大中华区副总裁黄北宁分享了通用汽车、墨西哥电信公司等企业在信息安全领域方面的案例，提出维护信息安全除了技术方面的努力，还应在人员、组织、设备等方面建立责权明确的考核机制，以及对无形资产的安全管控和长效机制。

本次会议作为中俄工程技术论坛绵阳专场，会议为期两天，与会专家、学者就“新一代信息技术发展趋势”“智慧能源的发展趋势”“云计算的安全性研究”等议题进行了研讨。

外事活动

【韩启德会见日本学术会议代表团并签署合作备忘录】 9月7日，全国政协副主席、中国科协主席韩启德在北京会见日本学术会议（Science Council of Japan，SCJ）会长大西隆先生一行。双方签署了中国科协与日本学术会议合作备忘录。中国科协党组副书记、副主席、书记处书记张勤一同会见。

韩启德对日本学术会议代表团来访中国科协表示欢迎。他表示，中国科协与日本学术会议自20世纪90年代初建立联系后，双方一直保持高层互访和工作沟通。韩启德说，中国科协与日本学术会议在宗旨、任务和具体工作方面存在很多相似之处，为双方的合作提供了良好基础和广阔空间，希望双方以此次签署合作备忘录为契机，在学术交流、决策咨询、科学普及等方面开展务实合作，为促进中日民间科技交流作出贡献。

日本学术会议是人文社会科学、生命科学、自然科学、工程学等所有科学研究领域的日本科技工作者的代表机构，主要在为政府提供政策建议、构建科技工作者之间的联系网络、提高公众对科技角色的认知、国际合作等方面开展工作。大西隆会长希望，日本学术会议能与中国科协进一步加强合作，促进中日之间的科技交流与合作。

会见后，韩启德主席和大西隆会长分别代表中国科协和日本学术会议签署了合作备忘录。双方将进一步加强学术出版物互换和学术会议信息交流，促进双方在学术交流和学者互访、共同举办学术会议、分享决策咨询信息和经验、促进公众理解科学等方面进一步加强合作。

【韩启德率团访问香港特别行政区】 8月22—24日，全国政协副主席、中国科协主席韩启德率团赴香港特别行政区访问并出席第三十届全国青少年科技创新大赛闭幕式相关活动。

在香港期间，韩启德会见了全国政协副主席、前香港特区政府行政长官董建华，现任香港特区政府行政长官梁振英，就青少年科技教育及科技、教育体制改革等议题交换了意见。韩启德还会见了金利来集团有限公司创始人曾宪梓、香港恒基兆业地产有限公司主席李兆基等香港企业界知名人士，了解香港科技、教育现状，听取香港企业家的意见建议。

在香港期间，韩启德出席了第三十届全国青少年科技创新大赛闭幕式。他为获得“中国科协主席奖”的三位青少年选手颁奖。在随后的致辞中，韩启德勉励广大参赛青少年，发挥学生时代的创造力，创造出更多的科技创新火花，推动未来的科技进步和时代发

展。韩启德希望广大科技工作者能够大手拉小手，在做好科研工作的同时，用自己的经验和学识帮助和指导广大青少年热爱科学，掌握科研方法、体验科学精神、感受科学魅力。

访问香港期间，韩启德与香港医学会代表、居港大陆海外学人联合会主要负责人进行了座谈，并赴香港大学医学院参观新发传染性疾病国家重点实验室、浙江大学传染病诊治国家重点实验室和香港大学器官移植与再生实验室联合实验室，与学校领导和教师进行专业交流。

教育部副部长、党组成员郝平，中国科协党组成员、书记处书记徐延豪，中国科协交流部部长张建生，教育部港澳台办常务副主任赵灵山等中国科协及教育部相关领导和工作人员一同出访。

【尚勇应邀赴美国、日本访问】 4 月 8—15 日，应美国电气和电子工程师学会（Institute of Electrical and Electronics Engineers，IEEE）及日本科技振兴机构（Japan Science and Technology Agency，JST）的邀请，中国科协党组书记、常务副主席、书记处第一书记尚勇率代表团赴美国、日本访问。

代表团此行的主要任务是围绕“2015 世界机器人大会”的筹备工作邀请世界机器人领域一流专家、一流研究机构以及一流机器人企业参会。代表团在美、日期间先后访问了电气和电子工程师协会（IEEE）、国际商业机器公司（IBM）、麻省理工学院（MIT）、日本科学技术振兴机构（JST）、日中产学官交流机构等，协商围绕“2015 世界机器人大会”开展合作及后续长期合作机制的建立。尚勇一行还参观了 IBM 认知计算实验室、麻省理工学院媒体实验室、计算机科学与人工智能实验室、纳米实验室、东京大学稻叶研究室、日本产业技术综合研究所机器人研究室等研究工作处于相关领域世界最前沿的实验室，了解项目最新进展，同时邀请研究团队及其成果参加“2015 世界机器人大会”的博览会。尚勇还广泛接触了“2015 世界机器人大会”拟邀请的美、日两国机器人领域专家，并发出参会邀请。

访问期间，代表团还与在美国、日本两国的近 30 家华人科技社团代表分别进行了座谈，宣传中国科协“海外人才离岸创业基地”工作，听取广大海外科技工作者的意见和建议。

此次访问巩固和深化了中国科协与美国、日本主要对口组织的合作关系，拓宽了“2015 世界机器人大会”对外邀请渠道，推动了会议筹备工作，同时启动了双边长期磋商合作机制。

国际联络部部长张建生、调研宣传部有关负责人等一同出访。

【尚勇会见国际机器人研究领域专家】 4 月 28 日，中国科协党组书记、常务副主席、书记处第一书记尚勇在北京会见国际机器人研究领域专家。

国家“外专千人计划”（国家“千人计划”高层次外国专家项目）特聘教授、电气和电子工程师协会（IEEE）第十区（亚太区）主席福田敏男，美国华盛顿大学教授、IEEE 机器人与自动化协会前主席谈自忠，日本早稻田大学仿人机器人研究所所长、日本机器人协会会长高西淳夫，意大利比萨圣安娜大学仿生机器人研究所所长保罗·达里奥教授，日本早稻田大学教授、日本机械协会副会长藤江正克，日本早稻田大学教授、理工学术研究院院长菅野重树，国家“千人计划”特聘教授、香港中文大学智能机器人中心主任刘云辉，国家“千人计划”特聘教授吴景龙，国家“千人计划”特聘教授郭书祥，北京理工大学机器人研究所所长黄强等出席会见。

尚勇首先就将于 2015 年 11 月举办的世界机器人大会的相关情况进行了介绍，并与各位专家进行了深入交流。尚勇表示，中国政府高度重视机器人技术和产业的发展，这次大会也是为了贯彻落实习近平总书记在 2014 年两院院士大会上的讲话精神，推动创新驱动发展战略，实现我国机器人技术与产业的跨越发展。尚勇说，近年来，机器人的发展势头非常迅猛，中国正成为最大的机器人需求市场，中国也正以更加开放的姿态开展机器人技术的基础研究，促进机器人在科研、产业化、国际合作方面的发展。世界机器人大会不仅将为机器人研究提供国际化的学术交流平台，也将为机器人技术创新和产业发展搭建开放、共赢的国际合作平台。

尚勇说，世界机器人大会提出的主题是“协同融合共赢，引领未来智能社会”，“协同”一方面是指研究机构与产业界的协同，另一方面是指国际社会之间的协同和各国机器人专家之间的联合创新；“融合”是指机器人技术是多学科的交叉和融合，需要多领域、多学科的专家共同参与创新；“共赢”意味着目前机器人产业快速兴起，机器人技术和产品与人们生活息息相关，它是造福人类的重要科技，机器人技术的发展与每个国家都紧密相关。因此，广泛开展合作对每个国家、研究机构和企业都有利。“引领未来智能社会”意味着从更高的战略层面来看，人类智能社会即将来临，它是工业社会和信息社会的高度融合，人工智能技术、认知技术、大数据技术、云计算技术等正是实现智能社会的关键，各国专家应以“协同、融合、共赢”的精神，在机器人技术创新和产业发展上有所作为，引领未来智能社会。尚勇邀请机器人研究领域的专家、科研机构、企业积极参加世界机器人大会，共同将世界机器人大会办成机器人领域的奥林匹克大会。

与会专家介绍了各自在机器人研究领域开展的工作，并就世界机器人大会的举办提出了相关建议。与会专家表示，他们愿意帮助邀请各国机器人领域的一流专家、科研机构和企业参会。

国际联络部部长张建生等参加会见。

【尚勇会见国际华人科技工商协会代表团】 5月4日，中国科协党组书记、常务副主席、书记处第一书记尚勇在北京中国科技会堂会见国际华人科技工商协会主席李大西、美国国家工程院院士邓文中一行。

尚勇首先对国际华人科技工商协会代表团的来访表示欢迎。他表示，当前，我国加快了改革开放的步伐，特别是在创新驱动发展大战略下，国家非常重视与海外华人在科技产业方面进行合作。希望海内外华人协同并进，在创新驱动发展、经济升级转型中，实现中华民族伟大复兴的中国梦。尚勇说，中国科协不仅是中国科技工作者之家，也是全球华人科技工作者之家。近年来，中国科协陆续实施了“海智计划”、海外人才离岸创新创业工程等项目，努力为海外华人科技工作者回国贡献智慧搭建平台，取得了很好的效果。中国科协将进一步发挥桥梁纽带作用，吸引更多海外华人科技人员回到国内，抓住科技产业创新发展的机遇，通过各种合作方式，为国内经济社会发展服务。

李大西对中国科协长期以来给予的支持和帮助表示感谢。他介绍了国际华人科技工商协会近期在国内重点开展的科技合作项目。李大西表示，国际华人科技工商协会将会进一步推动海外华人的创新技术和优势产业走入中国，为科技产业的创新发展作出贡献。

双方还就风能发电技术、污染治理技术、通信技术、芯片技术、虚拟现实、智慧城市、信息安全、新药制备技术等项目在国内的发展前景进行了深入交流。

中国科协国际联络部部长张建生、中国科协“海智计划”办公室相关人员参加会见。

【尚勇会见诺贝尔奖获得者丹·谢赫特曼教授】 10月23日，中国科协党组书记、常务副主席、书记处第一书记尚勇在北京中国科技会堂会见以色列理工学院材料科学系教授、2011年诺贝尔化学奖得主丹·谢赫特曼。中国科协党组成员、书记处书记徐延豪一同会见。

尚勇首先代表中国科协欢迎谢赫特曼教授访问中国科协，参加中国科协、中国科学院、中国工程院、国家自然科学基金会、香港周凯旋基金会共同举办的“明天小小科学家”活动。尚勇说，当前，中国非常重视创业创新，中国经济正从依赖资源促进发展转向依靠创新创业促进发展。本周正在北京等地举行的全国大众创业万众创新活动周活动掀起了创新创业的热潮，得到社会各界的高度重视。尚勇表示，青少年时期是形成创新思维和创新精神的关键阶段，创新创业需要从小开始培养。中国科协正通过互联网+科普、移动互联网等新的传播平台全面提升全民科学素质，通过“明天小小科学家”、青少年高校科学营、中学生英才计划等活动培养青少年科技创新人才。中国科协下一步要将创新创业与青少年科技教育结合起来，注重青少年创新创业精神的培养。尚勇对谢赫特曼教授为中国青少年科技教育所作的贡献表示赞赏，希望谢赫特曼教授继续支持中国科协的工作，共同促进青少年科技教育的发展。

谢赫特曼教授表示，自1987年开始至今，他多次来中国访问，目睹了中国在科技方面取得的巨大进步。他认为中国在科技领域有着非常好的发展前景。谢赫特曼教授分享了他在以色列开展的青少年科技教育项目的成功经验和感悟。他谈到，对于一个国家的科技发展来说，如何吸引青少年热爱科学非常重要。此外，教师在科学教育中发挥着至关重要的因素，科学教育想要成功，必须培养最优秀的科学教师。谢赫特曼教授期待与中国科协进一步展开合作，与更多的中国青少年分享成为科学家的经验和对科学的感悟。

中国科协国际联络部部长张建生、中国科协青少年科技中心常务副主任刘阳、香港周凯旋基金会代表等参加会见。

【尚勇会见香港科技协进会访问团】 11月25日，中国科协党组书记、常务副主席、书记处第一书记尚勇在北京中国科技会堂会见香港科技协进会会长陈少琼一行，双方就进一步促进内地和香港的科技交流等事宜进行会谈。

尚勇首先代表中国科协欢迎香港科技协进会的来访。尚勇表示，党的十八届五中全会提出“创新、协调、绿色、开放、共享”的新的发展理念，强调创新是引领发展的第一动力，人才是支撑发展的第一资源，要把科技创新摆在国家发展全局的核心位置。中国科协要大力推动创新，推动创新环境的优化和科研体制机制方面的变革。

陈少琼表示，香港科技协进会一直致力于推动科技促进工商界和教育界的发展，为稳定、繁荣香港经济作出贡献。近年来，协进会在学术交流、科技成果转化、青少年科技交流活动等方面开展了很多工作。陈少琼表示，青少年是香港的未来，协进会尤其注重香港青少年科技素质培养，2015 年组织香港学生到内地考察，举办“小科学家科技创意比赛”等活动，希望通过这些活动促进更多的香港青年有兴趣走向科技行业，推动科技界的传承。协进会希望与中国科协在科技合作、青少年科技交流等方面加强合作，促进香港和内地的科技交流。

会谈中，中国科协交流部、中国科协青少年科技中心和中国机械工程学会有关负责人分别就中国科协 2015 年开始的海峡两岸及港澳协同创新工程、中国科协青少年科技创新人才的选拔与培养以及大学生创业实习活动项目、中国机械工程学会参与编写《中国制造 2025》项目以及创新设计发展战略等方面进行了介绍，与来访的香港代表进行互动和交流。

尚勇在总结讲话中指出，当前内地和香港都面临着经济发展升级转型，虽然转型的模式不一样，但目标都是要转到创新驱动上来，希望内地与香港携手共进，共同提高国际竞争力，实现双赢。尚勇对香港正式成立创新与科技局表示欣慰，并对杨伟雄博士被任命为局长表示祝贺。关于中国科协与香港今后科技交流与合作，尚勇提出六点意见：第一，坚持把香港学生参加全国高校科学营的人数维持在 1000 人，双方共同努力寻求更多的经费支持；第二，可参照拟启动的与美国、英国、日本和瑞典等发达国家科学家高层对话的方案，2016 年启动两岸四地青年科学家论坛，吸引更多的港澳台及内地的青年科学家围绕前沿科技、政策环境等共同感兴趣的话题，分学科展开研讨，为此，中国科协将筹措更多的经费，以安排更多的香港青年科学家参与；第三，希望香港方面参考中国科协正在开展的青年人才托举工程，筹措经费，采取更灵活的政策支持香港青年科技人才成长，并在这个项目上与中国科协展开合作；第四，进一步推动内地和香港创新创业政策环境的调研工作，用分税制的方法鼓励香港科技人才到深圳等地创新创业；第五，学习香港在工程师认证方面的经验，推动专业同行认证工作；第六，真诚地邀请香港科技协进会积极组织会员参加 2016 年将在陕西省西安市举办的第十八届中国科协年会。

香港中联办教育科技部副巡视员刘志明、中国科协交流部部长张建生、中国科协青少年科技中心常务副主任刘阳、香港特区政府前立法会委员何钟泰博士等 25 位香港科技协进会代表参加会见。

【尚勇率中国科协高层代表团访问香港、澳门特别行政区】 8 月 17—21 日，应香港特别行政区政府中央政策组和澳门科技协进会的邀请，中国科协党组书记、常务副主席、书记处第一书记尚勇率中国科协高层代表团访问香港和澳门。

在香港访问期间，尚勇会见了香港特区政府行政长官梁振英，就进一步加强内地与香港科技合作，特别是青少年科技交流等议题交换了意见。梁振英对长期以来中国科协给予香港科技发展、学术交流以及科普等方面的大力支持表示感谢，并希望与中国科协建立更加广泛的合作关系。尚勇表示，中国科协与香港科技界的合作有很好的基础和广阔的前景，在未来的合作中应搭建好内地与香港的科技创新合作平台，建立互惠共赢、利益分享的合作机制。

尚勇出席了香港特区政府中央政策组组织召开的座谈会，作了题为“创新驱动发展战略”的专题报告。香港特区政府环境局局长黄锦星等高层领导，香港科技大学校长陈繁昌、香港应用科技研究院董事局主席王明鑫等香港科技界、教育界知名专家学者，以及香港立法会议员吴亮星等重要人士共计 100 余人与会，并与尚勇进行了一个多小时的深度互动。香港特区政府中央政策组首席顾问邵善波担任本次座谈会主持人。

中国科协代表团出席了由京港学术交流中心组织的中国科协与香港科技社团座谈会，尚勇在致辞中着重介绍了中国科协近期重点工作，并与香港立法会议员卢伟国、香港科技园董事局主席罗范椒芬、香港工程师学会会长陈志超等香港科技社团主要领导，就青少年科技交流、服务创新驱动发展战略、服务“一带一路”战略等进行了交流。此外，尚勇代表中国科协，陈志超代表香港工程师学会续签了双方的合作协议。

访问香港期间，尚勇出席了第三十届全国青少年科技创新大赛开幕式并致辞。尚勇还参加了创新论坛并参观了青少年科技创新成果展示，与大赛评委、专家代表、中外学生等进行了交流。

在港期间，代表团还访问了香港大学、香港科技大学和香港科技园，重点参观了机器人研究项目。尚勇高度赞扬了两所大学和科技园为培养科技人才、营造科技创新环境所作的努力和取得的成效。访问中尚勇多次鼓励香港科技人员去内地创新创业。代表团还访问了香港中联办等相关部门。

在澳门期间，尚勇会见了澳门特区政府行政长官崔世安。尚勇表示，中国科协将充分发挥科技人才优势，促进两地科技创新合作，支持澳门经济适度多元发展。尚勇希望澳门特区政府继续支持两岸四地协同创新工作，积极推动两地青少年的科技交流。崔世安对尚勇的建议表示赞同，他希望内地与澳门加大科技合作力度，在两岸四地协同创新和支持青年科技人员创新创业等方面拿出具体合作方案，先行先试。

在澳门访问期间，尚勇出席了由澳门科技协进会组织的中国科协高层代表团与澳门科技团体的座谈会。尚勇着重介绍了中国科协在组织科技界投身创新驱动发展等方面的重点工作，认真听取了澳门科技团体领导对中国科协工作的建议，并就进一步推动中国科协与澳门科技团体的合作和青少年科技交流等交换了意见。

尚勇出席了两岸四地协同创新路演大赛开赛式并致辞。尚勇在致辞中表示，当前，“大众创业万众创新”犹如一股春潮，在祖国大地上涌动，创新创业将为祖国发展提供不竭的动力，而青年人注定是创新创业大潮中最具活力、最具前途的一支主要力量。尚勇勉励所有参赛的两岸四地青年在比赛中相互学习，优势互补，赛出水平，赛出风格，赛出自己的创新创业之路。尚勇表示，今后中国科协将更加注重为两岸四地的青年在创新创业方面搭建更好的合作平台。

澳门特别行政区政府经济财政司司长代表经济局代局长陈子慧女士在路演大赛开幕式的致辞中表示，鼓励两岸四地青年学生充分利用好中国科协与澳门特区政府共同搭建的这个路演大赛平台创新创业，使之成为事业上的合作伙伴。

本届大赛邀请两岸四地知名投资机构、天使投资家、风险投资家和私募基金合伙人聚首一堂，为来自两岸四地的25个创新创业入围项目进行评审。江苏省付晓所作的“资料安全回收技术项目”最终摘得最高奖，澳门特别行政区黄鑫所作的“基于图像匹配技术的室内定位及移动平台开发”项目、香港特别行政区林世聪所作的“Air Button”项目和江苏省杨毅所作的“新型净氧健身车”项目获得优异奖。

澳门中联办副主任姚坚、澳门基金会行政委员会委员区荣智、澳门科技协进会理事长崔世平、中国科协办公厅主任任福君、中国科协交流部副部长陈剑等相关负责人出席大赛。

代表团还访问了澳门大学、澳门科技大学和澳门科学馆。尚勇对澳门大学注重培养学生综合素质的办学理念表示赞赏。对澳门科技大学注重科技与产业融合等给予了肯定。对澳门科学馆充满知识与趣味的展览表示称赞。尚勇一行还访问了澳门中联办等相关部门。

代表团此次访问推进了内地与港澳在学科发展、协同创新以及青少年科技交流等方面的合作，通过与港澳政、产、学、研等相关界别的重要人士进行深度交流，进一步密切了中国科协与港澳科技界的感情并拓宽了未来合作的渠道。

【中国科协代表团赴印度、斯里兰卡和缅甸访问】 为增进我国与“一带一路”沿线国家在工程技术领域的国际交流，加快我国成为《华盛顿协议》正式成员的进程，3月16—25日，中国科协代表团访问了印度、斯里兰卡和缅甸，对相关组织进行工作访问。

代表团访问了印度认证国家委员会（NBA），该委员会于2014年代表印度成为《华盛顿协议》的正式成员。代表团与印度认证国家委员会主席Surendra Prasad教授、秘书长Anil Kumar Nassa、印度人力资源开发部高等教育局局长R.Srinivasan，以及来自印度高校和企业的代表进行了会谈。代表团向印度认证国家委员会介绍了我国工程教育认证的历史沿革、体系架构、认证领域、认证程序和认证标准，阐述了我国成为《华盛顿协议》预备成员后，为达到《华盛顿协议》要求的实质等效标准作出的相应调整情况。印度认证国家委员会感谢中国科协代表团的正式到访，对中国工程教育和开展工程教育认证所取得的进展和成绩表示赞赏，并对我国工程教育的专业和课程设置、工程和技术专业的区别、教育认证与工程师注册的关系、认证的具体程序、各专业领域的认证组织、认证经费、专家管理等多个方面进行了详细了解。

代表团访问了斯里兰卡工程师学会，该学会是斯里兰卡最高级别的全国性工程师组织，于2014年代表斯里兰卡成为《华盛顿协议》正式成员。代表团与斯里兰卡工程师学会主席S.B.Wijekoon、执行主席W.Gamage及主要负责人员进行了会谈。代表团介绍了我国工程教育概况、工程教育认证体系和认证实施情况。代表团特别介绍了中国正在通过实施“卓越工程师计划”等一系列改革举措，提升工程教育质量，并希望斯里兰卡工程师学会能够分享工程教育认证的优秀经验。斯里兰卡工程师学会介绍了斯里兰卡工程教育、质量保障和工程教育认证的基本情况，并对我国工程教育认证规模和质量保障进行了了解。

代表团还对印度工程师学会、缅甸工程师学会和缅甸食品安全工作组等科技工程类组织进行了访问。在访问印度工程师学会时，代表团介绍了中国的工程教育认证及中国科协争取成为《华盛顿协议》正式成员的相关情况，并对互相支持承办下一届世界工程组织联合会专委会议等进行了交流。在访问缅甸工程师学会期间，代表团就工程教育认证与缅方进行了交流，缅甸工程师学会介绍了该学会对公众生活安全相关的工程部门，如结构工程、核工程、环境工程等进行职业认证的情况。在访问缅甸食品安全工作组时，双方对中缅两国食品安全状况及相应政策导向等进行了交流。

通过此次出访，进一步加强了中国科协与印度、斯里兰卡和缅甸工程技术组织的友好关系，为今后在工程技术领域的合作奠定了良好基础。

【张勤率中国科协代表团赴法国、德国访问】 6月16—25日，中国科协党组副书记、副主席、书记处书记张勤应世界科技工作者联合会、世界工程组织联合会、国际科学理事会以及国际智能机器人与系统会议的邀请，赴法国、德国进行访问。

世界科技工作者联合会，Dr. Jean-Paul Lainé主席介绍了世界科技工作者联合会的基本情况，以及刚刚结束的世界科技工作者联合会第85届执行委员会会议。张勤介绍了中国科协的情况。中国科协已经参与国际科学理事会灾害风险综合研究计划等国际项目，希望中国科协与世界科技工作者联合会进一步增强学术交流。

由世界科技工作者联合会安排，张勤与法国主要机器人公司代表进行了机器人主题见面会。张勤介绍了中国科协11月将在北京召开的世界机器人大会的情况，并向与会者发出邀请。Abdebaran Robotics公司、Innoecho公司、法国集成机器人中心代表分别介绍了机器人的产业发展情况。

张勤一行还访问了世界工程组织联合会，与执行主任Tahani Youssef进行会谈。

中国驻法国特命全权大使兼驻摩纳哥公国特命全权大使翟隽在中国驻法国大使馆总部会见了代表团。翟隽与张勤就世界机器人大会事宜进行深入交流，机器人的研发、制造、应用是衡量一个国家科技创新和高端制造业水平的重要标志，翟隽大使对中国科协的国际交流取得的成就表示赞赏。

在国际科学理事会秘书处，张勤一行与国际科学理事会执行主任Heide Hackmann女士及秘书处成员进行会面。张勤介绍了中国科协参与国际科学理事会发起的科学计划的情况，以及全球地表覆盖遥感制图数据集Globe Land 30与应用项目的基本情况，希望通过协同创新的方式，汇聚国内外多方资源和力量，进一步扩大应用范围，做大做强，为国家发展战略、为国际社会提供更好的服务。Heide Hackmann女士介绍了“未来地球计划”的项目设计情况，并对中国科协在国际科学理事会系统的活动表现表示称赞。

张勤还参加了6月18—20日在德国慕尼黑举行的国际智能机器人与系统会议。本次会议机器人领域的顶级专家云集，张勤利用会议期间宣传了2015年世界机器人大会，并针对不同领域专家进行了具体细致的介绍，成功邀请本次参会代表参与世界机器人大会。在德国访问期间，张勤还会见德国工程、信息科学、自然科学和数学专业认证机构代表，了解德国信息科学、自然科学和数学专业认证机构的情况以及对中国科协的建议。

【张勤会见美国物理联合会首席出版官】 5月5日，中国科协党组副书记、副主席、书记处书记张勤在北京中国科技会堂会见美国物理联合会（AIP）首席出版官杰森·王尔德博士。

张勤代表中国科协对杰森·王尔德的来访表示欢迎。张勤简要介绍了中国科协的组织结构和在学术交流、科学普及、决策咨询、国际交流等方面开展的工作。张勤说，中国科协及所属全国学会主办了1056种科技期刊，涉及自然科学、工程技术等各个学科领域，是中国科技期刊最具代表性的期刊集群之一。美国物理联合会在期刊出版方面拥有先进的经验，希望双方相互促进，共同推动科技期刊的国际化发展。张勤还邀请王尔德博士参加将于9月在青海省西宁市举行的中国科技期刊发展论坛，就期刊的国际化问题进行交流。

杰森·王尔德对张勤的邀请表示感谢。他介绍了美国物理联合会及期刊的基本情况。AIP是世界上物理科学领域最大的出版者之一。在学术期刊电子出版领域，AIP为科学与工程的学会和组织提供专业的出版方案。目前，AIP出版了《美国物理联合会进展》《应用物理快报》等17种期刊、杂志。杰森·王尔德希望能在学术期刊发展领域与中国科协加强合作。

双方就中国科技期刊发展的现状和趋势进行了探讨，围绕科研成果评价机制、科技期刊开放获取、期刊发展评估体系、中国科技期刊发展支持项目等方面进行了交流。双方还就为中国科技期刊编辑和国内作者英文学术论文写作进行培训等潜在的合作进行了交流。

【张勤会见埃及科研部代表团】 5月8日，中国科协党组副书记、副主席、书记处书记张勤在北京中国科技会堂会见埃及科研部部长助理、国际关系顾问、研发创新计划主任 Hazem Mansour 一行。

张勤代表中国科协对 Hazem Mansour 一行的来访表示欢迎。张勤表示，近年来，中国科协在国际交流与合作方面开展了大量工作，代表中国科技界加入了世界工程组织联合会（WFEO）和国际科学理事会（ICSU）等国际科技组织，积极参与 ICSU 发起的“未来地球计划”、灾害风险综合研究计划等国际科学计划，与30多个国家建立了民间科技交流合作。同时，中国科协在学术交流、科学普及、决策咨询和促进青年科技人才成长等方面开展了各种活动。张勤表示，希望通过非政府组织之间的交流与合作，促进双方科学技术的发展。

Hazem Mansour 先生介绍了埃及科研部、埃及科技创新体制及埃及非政府科技组织的基本情况。埃及科研部是埃及政府科技和创新政策的执行机构，是埃及科学、技术、创新体制中的重要机构，负责制定国家科学、技术、创新战略和工业发展路线图等任务。他希望双方进一步增进交流，并通过非政府组织在科技领域展开合作。

中国科协学会学术部相关负责人、国际联络部相关工作人员，埃及国家研究中心主任 Ashraf Shaalan、埃及科技发展基金会执行主任 Amr Adly、埃及研究中心与院所高等委员会秘书长 Yasser Refaat、埃及研发创新计划执行主任 Zeinab El-Sadr 参加会见。

【张勤会见世界工程组织联合会主席】 5月8日，中国科协党组副书记、副主席、书记处书记张勤在北京中国科技会堂会见世界工程组织联合会（World Federation of Engineering Organizations，WFEO）主席 Marwan Abdelhamid。

张勤首先对 Marwan Abdelhamid 主席的来访表示欢迎。张勤表示，工程科技与人类社会的发展息息相关。近年来，中国的快速发展受益于工程技术，工程技术在中国的经济社会的众多领域中扮演了重要角色。张勤说，中国科协是中国科学技术工作者的群众组织，中国科协所属200多个全国学会涵盖了工程科技等各个领域，中国科协非常荣幸能够代表中国工程技术界加入 WFEO。张勤感谢 WFEO 近年来在工程技术领域对中国的支持，中国科协通过 WFEO 与各国工程技术领域组织建立了广泛联系。

Marwan Abdelhamid 介绍了 WFEO 近期计划开展的重要工作和项目。目前，WFEO 正在推动建立一个旨在为工程界、企业界、政府及其他利益相关方搭建合作平台的世界工程论坛，促进各国工程界和企业界的国际交流。同时，WFEO 还致力于促进第三世界工程技术领域的发展，发起了一个援助非洲工程技术发展的项目。Marwan Abdelhamid 希望，中国科协在新项目中发挥积极的推动作用，促进 WFEO 的发展。

张勤表示，中国科协非常愿意积极支持世界工程论坛和对第三世界的援助等活动。中国科协将一如既往地在 WFEO 中发挥积极作用，努力在国际工程领域作出中国的贡献。

中国科协国际联络部部长张建生，国际联络部、国际科技会议中心相关负责人等参加会议。

【张勤会见日本工学会会长佐藤顺一】 7月2日，中国科协党组副书记、副主席、书记处书记张勤在北京中国科技会堂会见日本工学会会长佐藤顺一。

张勤代表中国科协对佐藤顺一先生的来访表示欢迎。他说，2015年世界工程师大会即将在日本京都举行，中国科协鼓励并支持中国工程领域专家、学者、机构和企业等参加此次大会，希望日本工学会为参加此次大会的中方代表提供便利和支持。

佐藤顺一对中国科协给予世界工程师大会的大力支持表示感谢。他介绍了此次大会的筹备情况。佐藤顺一表示，日本工学会作为此次大会的主办方，欢迎中国工程界人士积极参加大会论坛活动，欢迎中国企业参展。

2015 年世界工程师大会（World Engineering Conference and Convention 2015）将于 2015 年 11 月 29 日至 12 月 2 日在日本京都举行，主题是“工程：创新与社会”。世界工程师大会是由世界工程组织联合会（WFEO）和联合国教科文组织（UNESCO）于 2000 年共同发起并主办的全球工程技术界的盛会，被誉为“工程界的奥林匹克”。

中国科协国际联络部相关负责人参加会见。

【张勤会见土耳其科技研究委员会主席埃尔金】 7 月 30 日，中国科协党组副书记、副主席、书记处书记张勤在北京中国科技会堂会见土耳其科技研究委员会主席阿里夫·埃尔金。

张勤首先代表中国科协对阿里夫·埃尔金的来访表示欢迎。他说，中国政府正在实施“一带一路”战略，土耳其作为“一带一路”沿线重要国家将扮演重要角色。张勤表示，中国科协作为党和政府联系科技工作者的桥梁和纽带，在学术交流、科学传播、决策咨询、对外科技交流等方面发挥了重要作用。当前，世界各国越来越重视国际科技合作，中国科协近年来积极参与的“未来地球计划”就是多国开展科技合作的一个典范。张勤表示，中国科协希望与土耳其科技研究委员会建立联系，以“一带一路”战略为契机，在科技交流方面开展多层次合作。

阿里夫·埃尔金简要介绍了土耳其科技研究委员会的基本情况，土耳其科技研究委员会隶属于土耳其科学、工业和技术部，是土耳其主要的科研管理、资助和组织机构，多年来，在促进科技进步、为政府提供科技决策咨询、支持土耳其研究人员等方面发挥了积极作用。他表示，非常高兴借随土耳其总统访华的机会，专程来中国科协访问，加深了解，寻求共识，促进双方的交流与合作。

中国科协国际联络部相关负责人参加会见。

【张勤会见日本科学技术与社会论坛理事长尾身幸次】 10 月 21 日，中国科协党组副书记、副主席、书记处书记张勤在北京中国科技会堂会见日本科学技术与社会论坛（Science and Technology in Society Forum，STS 论坛）理事长尾身幸次先生一行。

尾身幸次对 STS 论坛的背景和主要议题进行了简要介绍。他表示，希望进一步扩大与中国科协等机构的合作，提高中方机构和人员的参与度。他特别介绍了 STS 论坛的“青年领袖论坛”，希望中国科协积极推荐年轻的优秀科学家参加。

张勤对尾身幸次来访中国科协表示欢迎。他表示，STS 论坛将世界各国的政府首脑、科学大师、商界领袖、媒体人士等聚集在一起，探讨如何应对人类共同面对的科技迅速发展带来的问题，其主旨和议题都非常重要。张勤对尾身幸次邀请中国科协率团出席论坛表示感谢，他表示，中国科协将鼓励中国科学家尤其是优秀的青年科学家积极参加论坛。

尾身幸次是 STS 论坛的创始者，曾担任日本科技政策大臣、财务大臣，并担任过 8 届众议院议员。STS 论坛被誉为“科技版的达沃斯论坛”。在刚刚闭幕的 2015 年论坛上，来自全球 100 多个国家、地区和国际组织的 1000 多名科技界、政界、商界和媒体界人士就能源与环境、研发和创新、信息技术与智慧城市、人类健康、资源保护、科技合作、科技教育等话题展开了讨论。

中国科协国际联络部相关负责人一同会见。

【张勤会见澳大利亚工程师学会认证专家罗宾·金】 10 月 26 日，中国科协党组副书记、副主席、书记处书记张勤在北京中国科技会堂会见澳大利亚工程师学会《华盛顿协议》认证专家罗宾·金（Robin King）教授。罗宾·金教授为澳大利亚工程师协会认证委员会前主席，此次受澳大利亚工程师学会委托，前来协助改进中国工程教育专业认证工作。

张勤首先代表中国科协对澳大利亚工程师学会在我国申请加入《华盛顿协议》过程中给予的支持表示感谢。他表示，当前，中国工程教育专业认证工作正在不断完善。目前，中国政府正在推进的深化改革和政府职能转变，为中国专业学会的发展及工程教育专业认证工作的开展提供了良好的契机。张勤说，罗宾·金教授有着丰富的工程教育认证经验，希望罗宾·金教授此次来访期间，与中方专家进一步交流，共同促进中国工程教育专业认证工作。

罗宾·金教授表示，中国在工程教育专业认证方面有很大的发展潜力，他本人在澳大利亚从事工程教育和认证工作多年，愿将在此方面的经验分享给中国同行，推动中国工程教育专业认证工作的开展。

中国科协国际联络部相关负责人陪同会见。

【张勤会见国际哲学与人文科学理事会执委会成员】 12 月 8 日，中国科协党组副书记、副主席、书记处书记张勤在北京会见出席国际哲学与人文科学理事会第 32 届大会的国际哲学与人文科学理事会现任主席朝戈金、前任主席阿达玛·萨马赛扣（Adama Samassekou）、副主席罗萨琳德·哈克特（Rosalind Hackett）、秘书长路易兹·奥斯特毕克（Luiz Oosterbeek）教授、执委孙小淳、中国科学技术史学会秘书长鲁大龙。联合国教科文组织社会与人文科学部助理干事长阿勒－纳西夫·纳达（Nada Al-Nashif）代表联合国教科文组织出席会议。

张勤代表中国科协欢迎国际哲学与人文科学理事会在中国举办会议。张勤表示，中国科协一贯通过多种方式，鼓励所属学会积极开展国际合作，鼓励中国科技史学会与联合国教科文组织社会与人文科学部、国际哲学与人文科学理事会及其所属14个联合会的联系、交流与合作。中国科协鼓励我国科技工作者与国际哲学人文学者就自然科学和哲学与人文科学协同解决国际经济全球化发展过程中所面临的问题展开深入的学术研究。

路易兹·奥斯特毕克代表国际哲学与人文科学理事会感谢中国社会科学院、中国科学院和中国科技史学会在中国主办此次大会。他表示，大会为自然科学领域的科学家和人文科学的学者提供了一个共同合作的平台，探讨人类社会面临的挑战，应对人类未来可持续发展等重大问题。

阿勒－纳西夫·纳达代表联合国教科文组织对大会的召开表示祝贺。她说，联合国教科文组织支持国际哲学与人文科学理事会搭建多层次的对话平台，促进人类社会哲学和人文科学发展。

中国科协国际联络部相关负责人参加会见。

【张勤率中国科协代表团赴港澳进行工作访问】 2月1—4日，中国科协党组副书记、副主席、书记处书记张勤率中国科协代表团赴澳门出席“协同创新澳门论坛”期间，对香港、澳门相关机构进行工作访问。

香港工程师学会会长张志刚会见代表团一行，双方就中国科协申请成为《华盛顿协议》正式会员及学会承接政府转移职能等事宜进行沟通。在香港期间，张勤还出席了由京港学术交流中心组织的与香港IT界人士座谈会。在香港期间，中国科协学会学术部部长宋军、交流部副部长王庆林等一同访问。

在澳门期间，张勤应邀担任“协同创新澳门论坛”主礼嘉宾并在开幕式致辞，并赴澳门大学访问，与该校科技学院师生围绕人工智能进行了交流。

【张勤出席协同创新澳门论坛】 2月3—4日，由中国科协和澳门特区政府联合主办，澳门科技协进会承办的“协同创新澳门论坛”（以下简称论坛）在澳门科学馆举行。本次论坛作为庆祝澳门回归十五周年系列活动之一，旨在促进两岸四地整合科技创新资源，开展产学研协同创新，推动澳门经济适度多元发展，更好地服务国家创新驱动发展战略。

中国科协党组副书记、副主席、书记处书记张勤应邀担任论坛主礼嘉宾并在开幕式致辞。澳门特别行政区行政长官崔世安、澳门中联办副主任姚坚、中国产学研合作促进会执行副会长王建华、香港产学研合作促进会会长谭伟豪、澳门科技协进会理事长崔世平、台湾玉山科技协会理事长王伯元等出席论坛并担任主礼嘉宾。包括中国科学院院士、中国工程院院士在内的内地专家学者，国务院港澳办、澳门中联办相关人员，中国香港特别行政区、澳门特别行政区和台湾地区，以及来自韩国的科技工作者共300余人出席论坛开幕式。中国科协交流部副部长陈剑主持开幕式。

张勤在致辞中阐述了论坛举办的重大意义。他说，习近平总书记在庆祝澳门回归十五周年讲话中指出，澳门要走经济适度多元可持续发展道路，要深化同祖国内地特别是广东省和泛珠三角地区的合作，在区域合作中拓宽澳门发展空间，增强澳门发展动力。当前，国家正在加快实施创新驱动发展战略，强调科技创新是提高社会生产力和综合国力的战略支撑，必须摆在国家发展全局的核心位置。内地和港澳台在科技创新资源方面有较强的互补性，两岸四地同根同族，使用同样的语言，所以更应当携起手来，大力开展协同创新，为中华民族的伟大复兴贡献才智。

开幕式结束后举行了主旨演讲，中山大学创业投资研究中心主任任荣伟、中国工程院院士邬贺铨、香港应用科技研究院有限公司行政总裁汤复基、台湾玉山科技协会理事长王伯元、奇虎360有限公司总裁齐向东分别作特邀报告。

论坛设三个分论坛，领域分别为科技与金融、信息化与智慧城市、科技与文化创意。两岸四地金融界、资讯界、工程界、文化产业界专家、学者共400余人出席各分论坛，20位各领域知名专家作报告。论坛设三项重点科普活动，包括院士进校区、院士进社区、院士进企业，共有来自两岸四地的10余位院士、专家、学者、业界领袖参与到活动中，吸引了22个澳门本地中学、9个澳门社区及2个澳门企业的1.2万人次参与。

论坛期间还举办了两岸四地协同创新路演大赛，各地经选拔共推荐了 21 个科技创新项目参赛，其中内地 3 个、香港 4 个、澳门 10 个、台湾 4 个。来自两岸四地创新投资界的专家担任评委，来自澳门的“极视角有限公司”团队项目最终摘得最高奖。

中国科协学会学术部部长宋军，调研宣传部、国际交流部有关负责人参加论坛。

【张勤会见出席中国科协年会的台湾代表】 5 月 24 日，中国科协党组副书记、副主席、书记处书记张勤在广州市会见了出席第十七届中国科协年会的台湾代表。广州市政府副市长王东主持会见。

张勤首先代表中国科协对出席第十七届中国科协年会的台湾代表团表示欢迎，对台湾玉山科技协会等友好科技团体多年来对中国科协工作的支持表示感谢。张勤说，上午举行的“两岸四地科技合作论坛”是为港澳台代表量身打造的科技合作论坛，旨在推进两岸四地协同创新。希望台湾代表在今后的交流与合作中，一如既往地关心支持科技事业的发展，为海峡两岸的经济发展、社会进步与科技创新作出新的贡献。

台湾玉山科技协会理事长王伯元代表台湾参会代表对中国科协和广东省科协在年会期间的接待表示感谢。他说，台湾代表在本届年会中收获很大，我们可以用“创投”来落实“创新、创业”，也希望两岸四地加强合作，共同开创更好的未来。

中国科协交流部相关负责人、广东省科协相关负责人、20 多位出席中国科协年会的台湾代表等参加会见。

【张勤会见出席中国科协年会的港澳代表】 5 月 23 日，中国科协党组副书记、副主席、书记处书记张勤在广州市会见了出席第十七届中国科协年会的港澳代表。广东省委常委林雄，中央政府驻香港联络办教育科技部部长李鲁等出席会见，广州市政府副市长王东主持会见。

张勤首先代表中国科协对出席第十七届中国科协年会的港澳代表团表示欢迎。张勤表示，在本届年会中，中国科协与广东省政府、广州市政府将共同举办“两岸四地科技合作论坛”，希望港澳代表在论坛上畅所欲言，共同推进两岸四地协同创新。

张勤说，参加本届中国科协年会的港澳代表人数创历届之最，希望港澳代表在今后的交流与合作中一如既往地关心支持科技事业的发展，为国家的经济发展、社会进步和科技创新作出新的贡献。

香港立法会议员卢伟国、香港产学研合作促进会会长谭伟豪、京港学术交流中心总裁李乃尧、香港工程师学会会长张志刚、香港科技协进会会长陈少琼、香港资讯科技联合会副会长黄锦辉、澳门科技协进会会长许敖敖、澳门科技协进会理事长崔世平、澳门科技大学校长刘良等 200 余位港澳代表出席会见。

【张勤会见香港工程师学会工业制造分部代表团】 6 月 10 日，中国科协党组副书记、副主席、书记处书记张勤会见香港工程师学会工业及制造分部专家代表团。香港工程师学会会长张志刚，香港工程师学会工业及制造分部主席何守昭，中央人民政府驻香港联络办公室教育科技部副巡视员刘志明等出席会见。

张勤对香港工程师学会工业及制造分部专家代表团访问中国科协表示欢迎。他说，国家非常重视制造业的发展，最近发布了总体性规划《中国制造 2025》，就是要把我国建设成制造强国。为了助力智能制造工程的发展，中国科协联合工业和信息化部将于 11 月底在北京举办 2015 世界机器人大会，希望香港工程师学会组织专家、企业、科研机构参加。张勤还介绍了工程师资格认证、第三十届青少年科技创新大赛、学会承接政府转移职能等中国科协当前的相关工作。

张志刚对中国科协给予香港工程师学会的支持表示感谢。他表示，香港工程师学会工业及制造分部此次组织专家来北京和天津考察，就是希望更深入地感受祖国的发展，以期在国家发展中更好地发挥作用。

何守昭简要介绍了香港工程师学会工业及制造分部的情况。他表示，香港工程界对国家实施《中国制造 2025》很感兴趣，希望通过此次考察，深入了解国家在工业和制造业方面的发展和整体规划，了解香港科技界如何更好地参与到国家制造业的升级发展中。

会见后，中国科协与香港工程师学会专家代表团举行了座谈会。会议特别邀请中国机械工程学会副理事长兼秘书长张彦敏介绍了《中国制造 2025》的相关情况。与会专家围绕香港方面如何更好地参与《中国制造 2025》进行了交流。张彦敏认为，香港在众多领域具有独特优势，拥有一流的设计人才和国际化背景，香港可以在创新设计、服务型制造、国际化战略等方面有所作为，促进国家制造业的升级发展。与会专家还就香港工程师学会如何更好地在世界机器人大会、“一带一路”战略、两岸四地协同创新等方面发挥积极作用进行了交流与互动。

【张勤率中国科协高层代表团赴台湾地区进行工作访问】 11月7—12日，应台湾李国鼎科技发展基金会和台湾“中华公共事务管理学会”的邀请，中国科协党组副书记、副主席、书记处书记张勤率中国科协高层代表团赴台湾地区进行工作访问，并出席由中国科协与李国鼎科技发展基金会共同举办的第五届海峡两岸科学传播论坛开幕式。

在台湾地区访问期间，张勤与《华盛顿协议》国际工程教育认证组织主席、台湾“中华工程教育学会”副秘书长胡文聪教授，台湾“中华工程教育学会”理事长林聪明，台湾“中华工程教育学会认证委员会”执行长颜家钰教授、副执行长吕良正教授等，就中国科协申请转正成为《华盛顿协议》正式成员的相关事项进行了交流，并就如何促进双方今后进一步合作交换了意见。张勤表示，中国科协将努力做好相关工作，争取早日成为《华盛顿协议》正式成员，积极参与和促进国际工程教育领域的交流合作。胡文聪对近年来中国科协为加入《华盛顿协议》组织所开展的工作表示称赞，相信中国科协的加入会给该组织带来更多的活力。

中国科协代表团与台湾“中华公共事务管理学会”就“一带一路”合作进行座谈。台方提出在“一带一路”沿线国家和地区开展“一带一路”国家历史文化艺术和科技展的建议方案。张勤表示，中国科协将会认真研究这个方案，推动在“一带一路”沿线国家和地区进行中华文化和自然科学传播的设想早日实现。

11月12日，张勤出席了由中国科协与台湾李国鼎科技发展基金会共同召开的第五届海峡两岸科学传播论坛开幕式并致辞。

在台期间，代表团访问了新竹清华大学、台湾南华大学和台湾东华大学，重点调研了台湾地区在工程教育认证、人才培养以及产学研合作等方面的情况，为今后中国科协与台湾地区大学之间的合作开辟了渠道。代表团还访问了台湾玉山科技协会、“中华青年交流协会”、中技社、“中华平面设计协会”，看望了与中国科协交往多年的老朋友。

代表团此次访问推进了海峡两岸在工程教育认证、协同创新以及青少年科技交流等方面的合作，通过与台湾地区的大学、社团和企业等相关组织重要人士的深度交流，进一步密切了中国科协与台湾地区科技社团、高校和企业的关系，拓宽了未来合作的渠道。

中国科协交流部副部长王庆林等一同出访。

【徐延豪率中国科协代表团赴捷克、俄罗斯访问】 5月27日—6月3日，应捷克科技联、俄罗斯科工联邀请，中国科协党组成员、书记处书记徐延豪率中国科协代表团对捷克、俄罗斯进行了工作访问。

访问期间，中国科协代表团出席了捷克科技联成立25周年庆典大会，并与相关科技组织进行了会谈。徐延豪向捷克科技联成立25周年表示祝贺，希望与该组织加深联系，扩大合作，把业已建立的友谊延续下去。徐延豪还邀请捷克科技联主席贾罗米尔·沃尔夫（Jaromir Volf）率专家代表团参加中国科协将于2015年11月举办的世界机器人大会，并邀请捷克青少年参加中国科协举办的全国青少年科技创新大赛。捷克科技联是捷克最大的民间科技组织，下属67家学协会，拥有50万会员，与中国科协交往密切，双方曾多次举行交流活动。

会议期间，徐延豪还分别与世界工程师协会联合会主席马尔万·阿卜杜勒·哈米德（Marwan Abdelhamid）、欧洲工程师协会联合会主席若泽·曼努埃尔·佩雷拉·维埃拉（Jose Manuel Pereira Vieira）等相关组织负责人进行了简短会谈。徐延豪表示，中国科协一贯重视与世界及欧洲有关工程师组织的交往与合作，希望有关组织适时实地考察中国的工程教育和认证情况，并支持中国加入《华盛顿协议》。中国科协对欧洲工程师教育认证体系（EUR-ACE）也有浓厚兴趣，相信欧洲工程师教育认证体系对中国完善工程师教育认证体系具有重要的借鉴价值，中国科协希望与欧洲工程师协会联合会保持联系。

会后，捷克科技联贾罗米尔·沃尔夫主席陪同代表团访问了捷克泰克马尼亚科学中心。

在俄罗斯，中国科协代表团访问了俄罗斯科工联，与俄罗斯科工联主席尤·弗·古利亚耶夫、副主席顾问兹旺尼果夫·安德烈、国际部部长布拉夫采夫·弗拉基米尔等举行了会谈。徐延豪向俄方介绍了此次来访目的，希望俄方支持中国加入《华盛顿协议》，并具体介绍了2015年中俄工程技术论坛的筹备情况以及世界机器人大会的情况，邀请俄方派员参加上述活动。徐延豪表示，中国科协与俄罗斯科工联有着长期友好的交往历史，双方多次互派团组，多次举办中俄科学家论坛，对于推动中俄两国民间科技界的友好合作关系起到了非常积极的作用，希望俄方一如既往地支持中国科协举办的活动，进一步推动中俄两国科技界的合作与交流。

【王春法率中国科协代表团赴瑞典、芬兰、荷兰访问　邀请参加 2015 世界机器人大会】 6 月 14—23 日，应瑞典皇家理工学院（The Royal Institute of Technology）、芬兰阿尔托大学（Aalto University）、荷兰代尔夫特理工大学（Delft University of Technology）的邀请，中国科协党组成员、书记处书记王春法率代表团赴瑞典、芬兰、荷兰访问。

代表团此行的主要任务是邀请世界机器人领域一流专家、一流研究机构以及一流机器人企业参加中国科协与工业和信息化部共同举办的 2015 世界机器人大会。代表团先后访问了瑞典皇家理工学院、ABB 公司、Robotdalen 机器人创新园区、阿尔托大学、芬兰创新基金署（TEKES）、代尔夫特理工大学、特温特大学（University of Twente）等机构，向其详细介绍了“2015 世界机器人大会”主要目的及筹备情况，并发出参会邀请，同时与上述机构探讨了如何围绕“2015 世界机器人大会”开展全方位合作并建立长期合作机制的方式。

代表团一行还参观了瑞典皇家理工学院计算机视图与主动感知实验室、阿尔托大学智能机器人实验室、代尔夫特理工大学外骨骼机器人实验室、特温特大学侦查机器人实验室、Robotdalen 创新园区机器人成果展等，了解了西北欧科研机构和企业在机器人领域的前沿技术和最新成果，并邀请各研究团队携最新成果参加“2015 世界机器人大会”博览会。

此次访问进一步扩大了 2015 世界机器人大会的宣传范围，促进了西北欧科研机构和企业参与到大会中，同时深化了中国科协与瑞典、芬兰、荷兰知名大学和企业的联系，奠定了中国科协与上述机构建立长期磋商合作机制的基础。参访单位、企业和科学家普遍对中国科协与工业和信息化部牵头举办“2015 世界机器人大会”给予高度评价，表现出强烈的参会意愿，部分大学和机构还明确提出与中国科协签订长期合作协议的建议。

【沈爱民会见美国科促会两任执行主任】 应美国科促会邀请，中国科协党组成员、书记处书记沈爱民率中国科协代表团赴美国参加美国科促会 2015 年年会。本届年会正值美国科促会执行主任交替之际，为推动中国科协与美国科促会的持续合作，2 月 12 日，沈爱民及代表团全体成员与美国科促会卸任执行主任 Alan Leshner、新任执行主任 Rush Holt 及国际事务主要负责人举行了会谈。

沈爱民向 Rush Holt 的当选表示祝贺，向 Alan Leshner 在任期间为推动美国科促会与中国科协紧密合作作出的不懈努力表示感谢，并向他们递交了中国科协的贺信和感谢信。沈爱民表示，美国科促会是中国科协非常重要的合作伙伴，希望 Holt 博士带领下的美国科促会一如既往地推进与中国科协的合作，并取得更多更富有实效的成果。Alan Leshner 深表赞同，他认为两组织间丰硕的合作成果会进一步推动中美两国关系的发展。Rush Holt 表示，美国科促会从董事会到工作人员和会员单位，都对与中国科协发展友好关系给予高度重视，他将继续推动两组织的进一步合作。

会谈期间，沈爱民邀请两任执行主任率团出席第十七届中国科协年会及期间举办的基于实证的科技政策与评估论坛和科研诚信建设论坛。双方还就将于 11 月在北京举办的 2015 世界机器人大会的宣传推广交换意见。美国科促会表示，将向其会员传递相关信息，并在其官方网站上公布相关信息。

【吴海鹰率中国科协代表团出访美国、巴西】 11 月 5—14 日，中国科协党组成员、书记处书记吴海鹰率团访问联合国总部，并赴巴西参加第十届互联网治理大会。

访问联合国期间，吴海鹰会见了联合国经社部经社理事会助理和协调办公室非政府组织处代处长阿尔伯托·帕多瓦（Alberto Padova）先生。吴海鹰向帕多瓦介绍了中国科协的组织架构、主要职能，在取得联合国特别咨商地位后所做的工作及赴巴西参加第十届互联网治理大会的基本情况。双方就共同关心的问题交换了意见。中国科协信息中心主任高勘、中国常驻联合国代表团科技参赞刘俊等一同参加会见。

赴巴西参会期间，吴海鹰出席互联网管理和开放数据管理倡议论坛并致辞，还分别与联合国经社部负责经济发展的助理秘书长雷尼·蒙蒂埃尔（Lenni Montiel）先生、联合国公共事务与发展管理司司长朱巨望先生，以及谷歌公司副总裁、“互联网之父”温顿·瑟夫（Vinton G. Cerf）博士举行了简短会谈，阐释了中国科协在推动中国科技发展的作用和地位。

中国代表团团长、外交部田林参赞代表中国政府在大会开幕式上发表了演讲。中国在此次会议上申请到两个研讨会，一个是中国科协与加纳公开数据倡议机构共同主办的“互联网管理和开放数据管理倡议”；另一个是中国互联网络信息中心主办的“移动支付促进网络经济发展及面临的挑战”。会议还设有展台，中国科协展示了中国政府提出的“互联网 +”行动的实施情况以及中国科协利用互联网开展科普、助力创新驱动发展等工作。

【束为会见日本科学未来馆馆长毛利卫】 3 月 23 日，中国科协党组成员、中国科技馆馆长束为会见了日本科学未来馆馆长毛利卫、日本科学振兴机构（JST）顾问冲村宪树一行。

毛利卫是中国科技馆的名誉顾问，为中国科技馆的建设与发展作出了突出贡献。束为表示，2015 世界机器人大会由中国科协与工业和信息化部共同举办，是中国科协 2015 年重点工作之一。日本在该领域已有丰硕成果，希望日本科技振兴机构能够协助中国科协邀请日方机器人专家参会并转交专家名单，也希望双方今后能在机器人领域开展更加紧密的合作。

毛利卫对中国科协的热情接待表示感谢，同时也肯定了日本科学未来馆与中国科技馆之间的合作成果。冲村宪树表示，将积极支持中国科协举办 2015 世界机器人大会，并感谢中国科协大力支持“樱花科技计划”。双方还围绕中日科技发展等问题展开进一步探讨。

中国科协国际部、中国国际科技会议中心相关负责人，日本科技振兴机构理事伊藤宗太郎、中国研究中心米山春子等参加会见。

【6 位中国科学家当选国际大地测量与地球物理学联合会（IUGG）首批会士】 1 月，在国际大地测量与地球物理学联合会中国委员会（IUGG 中国委员会）的支持下，中国科学院院士、国家测绘局地理信息科学技术委员会主任陈俊勇，中国科学院院士、中国地震局地球物理研究所研究员陈运泰，中国科学院院士、中国科学院大气物理研究所研究员吴国雄，中国地震局地球物理研究所研究员吴忠良，北京师范大学教授李建平，中国科技大学教授陈晓非 6 位中国科学家当选国际大地测量与地球物理学联合会（IUGG）首批会士。

本次当选的 6 位中国科学家分别来自大地测量学、地震学、大气科学和空间物理学领域。他们不仅在各自的专业领域内取得了非凡的成就，而且还在担任 IUGG 执行局、IUGG 中国委员会领导期间积极为促进我国地球科学界的国际学术交流作出了无私的、卓有成效的贡献。他们的当选彰显了近年来中国科学家在国际地球科技舞台上不断增强的影响力。

IUGG 会士（IUGG Fellow）由 IUGG 于 2013 年设立，旨在表彰在大地测量学或地球物理学国际合作中作出特殊贡献，并在地球和空间科学领域取得卓越成就的科学家。为了充分做好首批会士的遴选工作，国际 IUGG 专门成立了遴选委员会，经过 IUGG 下属 8 个协会和各国家委员会广泛推荐，遴选委员会严格评议，最终评选出首批 79 位 IUGG 会士。中国科学家当选比例位居前列。据悉，当选者将受邀出席于 6 月在捷克首都布拉格召开的第 26 届 IUGG 大会，并在会上授予证书和奖章。

国际大地测量和地球物理学联合会中国委员会（Chinese National Committee for International Union of Geodesy and Geophysics，IUGG 中国委员会），由中国科学院和中国科协于 1979 年筹建，旨在发展我国的地球物理科学，加强我国与国际上相关科学组织的交流与合作，宣传我国地球物理科研成果，扩大中国地学研究的国际影响力。学科涵盖大气科学、水文学、海洋物理学、大地测量、固体地球科学、火山和地球内部化学、空间与行星以及冰冻圈科学等。中国科协积极支持 IUGG 中国委员会的工作，为 IUGG 中国委员会参与国际组织活动，开展国际学术交流提供相应支撑与保障。

【灾害风险综合研究计划工作协调委员会（IRDR CHINA）换届】 2 月 2 日，中国科协灾害风险综合研究计划工作协调委员会（IRDR CHINA）换届会议在北京召开，第二届 IRDR-CHINA 正式成立并召开了第一次会议。来自中国科协、中国科学院、中国社会科学院和高校以及 IRDR 国际办公室的相关领导和专家 50 余人出席会议。第二届 IRDR-CHINA 主席、中国科学院院士郭华东主持会议。

中国科协国际联络部部长张建生向新一届 IRDR CHINA 委员颁发了聘书。张建生表示，中国科协一直致力于推动有效利用国际科技资源，促进我国科学技术的发展，IRDR CHINA 自成立以来积极推动了我国灾害风险综合研究工作的开展，希望新一届委员会更好地集成我国自然和社会科学领域的优势科技资源，凝聚智慧，为我国减灾工作作出贡献。

郭华东介绍了 IRDR 与 IRDR CHINA 的背景情况及工作机制。他表示，IRDR 是全球范围内面向自然灾害重大挑战的跨学科的科学计划。IRDR CHINA 的

重要使命是深化综合减灾理念，与国内减灾计划熔融合作，开展我国灾害风险综合研究科学智库的建设，促进我国减灾科学研究的发展，为我国可持续发展决策提供科学服务和支持，为国际综合减灾研究的发展贡献具有引领作用的新理论、新思路。

IRDR 国际办公室主任 Rüdiger Klein 介绍了 IRDR 四大研究计划及各国家委员会和卓越中心的工作进展，希望同 IRDR CHINA 实现更加紧密的合作，向国际灾害风险综合研究领域介绍中国的优秀研究和工作成果，共同促进综合减灾研究工作的发展。IRDR CHINA 副秘书长冯强、秘书长陈方分别作第一届 IRDR CHINA 工作总结、第二届 IRDR CHINA 工作目标与计划建议的汇报。

经过会议讨论，决定成立相关工作组，启动我国灾害风险综合研究科学智库建设，通过多学科交叉协作的方式，储备、提供有影响力的灾害风险综合研究发展建议和战略报告，通过科技思想库建设工作，为国家综合减灾发展政策提供重要依据。

在下午召开的 2015 年度综合减灾学术研讨会上，与会专家围绕综合减灾的需求分析、理念认识与实践意义、环境风险分析与管理、灾害系统复杂性与综合灾害风险防范以及灾害风险综合对策等主题，结合我国灾害风险综合研究的现状、发展中面临的问题、未来工作的建议进行了深入研讨。

【“未来地球计划”中国委员会工作会议】 2 月 9 日，“未来地球计划”中国委员会（Chinese National Committee for Future Earth，以下简称“未来地球计划”中委会）在北京召开工作会议。中国科协主席、“未来地球计划”中委会指导委员会主席韩启德，中国科学院院士、“未来地球计划”中委会指导委员会委员陈宜瑜，中国科学院大气物理研究所研究员、“未来地球计划”中委会副主席吴国雄，中国科协党组副书记、副主席、书记处书记、“未来地球计划”中委会副主席张勤等出席会议。中国科协副主席、“未来地球计划”中委会主席秦大河主持会议。“未来地球计划”中委会委员及中国科协有关人员参加会议。

韩启德在讲话中指出，“未来地球计划”中委会要扩大参与者群体，不仅将科研人员吸纳进来，也要将商业机构和其他社会载体纳入其中，发挥“未来地球计划”协同设计、协同实施、协同推广的优势。“未来地球计划”中委会要制定好计划，每年启动几项具有代表性的旗舰项目，提升“未来地球计划”的社会影响力。目前，国家正在制定“十三五”规划，“未来地球计划”中委会可以结合我国的生态文明和城镇化建设等工作，为“十三五”规划提出具有科学依据的可行性建议。

吴国雄介绍了“未来地球计划”的背景。“未来地球计划”是由国际科学理事会（ICSU）和国际社会科学理事会（ISSC）发起，由联合国教科文组织（UNESCO）、联合国环境署（UNEP）、联合国大学（UNU）、Belmont 论坛和国际全球变化研究资助机构（IGFA）等组织共同牵头组建的为期 10 年的大型科学计划，目的是为应对全球环境变化给各区域、国家和社会带来的挑战，加强自然科学与社会科学的沟通与合作，为全球可持续发展提供必要的理论知识、研究手段和方法。该计划通过科学家、政府、企业、资助机构、用户等利益攸关者协同设计、协同实施、协同推广科研成果和解决方案，增强全球可持续性发展的能力，应对全球环境变化带来的挑战。

秦大河对“未来地球计划”的架构建设、战略设计、FE 项目进展等进行了介绍。“未来地球计划”在加拿大、日本、美国、瑞典、法国设秘书处。目前，“未来地球计划”科学委员会和过渡参与委员会已发布了《未来地球 2025 愿景》，对未来地球计划的目的、成果产出、开展方式、人才培养等战略设计以及未来 10 年研究活动的框架体系进行了定位。根据《战略研究规划 2014》，“未来地球计划”分为动态行星地球、全球可持续发展、可持续性转型 3 大研究主题，细化为 9 个子研究方向，未来 3—5 年将围绕全球变化与可持续发展的 62 个具体的问题开展研究。

有关负责人先后汇报了“未来地球计划”中委会的前期筹备、成立以及目前开展的主要工作，介绍了全球地表覆盖遥感制图数据集 Globe Land 30 与应用项目的基本情况、应用领域和未来发展等。

会议对如何协调“协同设计、协同实施、协同推广”各部门工作，推动研究为可持续发展目标服务，以及“未来地球计划”中委会 2015 年工作计划进行了讨论。委员们提出，要发挥中国科协优势，将国内已有的相关国际科学计划中委会工作与“未来地球计划”中委会工作相结合，利用好“未来地球计划”中委会这一平台，集成资源，形成合力。

【中国科协在巴黎举办联合国气候变化大会边会】 第二十一届联合国气候变化框架公约缔约方大会（COP

21）于11月30日—12月11日在巴黎召开，中国科协组团出席此次会议，并于12月1日召开主题为“气候变化和恢复力：协同设计中国城镇化”的边会。

本次边会由代表团团长、“未来地球计划”中国国家委员会（CNC-FE）副主席、中国科学院院士吴国雄主持，“未来地球计划”中国国家委员会副主席、国家气候变化专家委员会主任、中国工程院前副院长、中国工程院院士杜祥琬，中国科学院科技政策战略咨询研究院执行副院长、中国科学院科技政策与管理科学研究所研究员穆荣平，中国社会科学院城市发展与环境研究所博士王谋，“未来地球计划”核心项目国际综合风险防范项目执行主任北京师范大学教授叶谦，国家气候中心博士黄磊分别围绕能源低碳转型、城镇化政策与实践、气候变化和灾害风险管理、应对城镇化风险及适应策略分别作了精彩报告。“未来地球计划”总部、联合国经济社会理事会科技合作组织COBASE、中国民间组织国际交流促进会等非政府组织代表，北京电视台、光明日报等多家新闻媒体代表以及来自欧洲、美洲、非洲和亚洲的80余位代表参会。

吴国雄致开幕词，并作了题为“中国未来地球计划活动”的报告，全面介绍了“未来地球计划”的科学主题和“协同设计、协同实施、协同推广”推动向可持续发展转型的创新理念。吴国雄指出，未来地球计划中国国家委员会自2014年成立以来，在中国科协的领导下，在组织协调中国科学家参与“未来地球计划”，利用国际资源促进我国生态文明建设开展了一系列活动，并重点介绍了近期在福建省厦门市召开的中国及亚太地区城镇化协同设计国际研讨会会议成果。

吴国雄代表CNC-FE向“未来地球计划”总部秘书处负责全球交流的Lizzie Sayer女士赠送了《未来地球计划战略研究规划2014》中译本。Lizzie Sayer女士在致辞中对“未来地球计划”中国国家委员会在推动“未来地球计划”在中国的开展所作出的积极努力表示高度肯定，并代表“未来地球计划”对“未来地球计划”中国国家委员会在宣传、推动和协同设计等方面卓有成效的工作表示感谢。

在专家报告阶段，杜祥琬以“中国能源向低碳发展转型”为题作了主旨发言，介绍了中国能源消耗的高碳特征，结合《中国国家自主贡献》阐述了中国城镇化低碳发展转型需要采取的措施。王谋在报告中聚焦中国城镇化发展面临的机遇与挑战，阐述了未来城市可持续发展的各项理念。穆荣平作了题为“城镇化创新：政策与实践”的报告，提出城镇化发展的重要标志是公共服务提供能力，系统介绍了中国政府推进公共服务领域创新能力建设相关政策，并用创新型城市和智慧城市试点作为案例，阐述了创新促进经济社会发展，驱动应对气候变化和实现绿色城镇化健康发展的理念。黄磊基于即将正式出版的《中国极端天气气候事件和灾害风险管理与适应国家评估报告》的主要结论，介绍了气候变化背景下中国在减轻极端气候灾害风险、提高适应气候变化能力方面的实践和效益。叶谦作了题为“有序适应：应对快速城镇化的新风险挑战”的报告，基于叶笃正所提出的有序人类活动概念，围绕“未来地球”科学规划的科学思想，结合中国在气候变化适应规划领域的具体实践，介绍了中国科学家在气候变化风险研究领域的新进展。

与会者对中国科学家协同设计探索有效应对气候变化，提高社会恢复力的实践经验表示浓厚的兴趣。在报告之后的问题环节，来自联合国经济社会理事会科技合作组织COBASE、英国苏塞克斯大学、布拉德福德大学可持续环境研究中心、巴基斯坦气象局、中国科学院兰州文献情报研究中心等多名中外与会者踊跃提问，与专家交流沟通。吴国雄院士在作会议总结时指出，中国城镇化进程进入快速发展阶段，国家提出了绿色循环低碳发展目标，要实现这一目标，需要来自不同学科领域的研究者、决策者、企业等利益相关者协同设计适合本国发展的转型路径。亚太地区在应对气候变化、向可持续发展转型过程中面临很多相似的问题，中国在提高社会恢复力方面积累了一定实践经验，愿意与国际社会一起加强交流合作，为亚太地区乃至世界应对气候变化、防灾减灾的共同努力作出贡献。

本次气候大会边会由中国科协主办，由设在中国科学院大气物理研究所大气科学和地球流体力学数值模拟国家重点实验室的“未来地球计划”中国委员会秘书处（暨中国科协联合国咨商工作环境技术专业委员会秘书处）承办。

【中国承办世界工程组织联合会专委会并获执委席位】 11月28日—12月4日，在日本京都举行的世界工程师大会（World Engineering Conference and Convention，WECC）暨世界工程组织联合会（World Federation of Engineering Organizations，WFEO）大会上，中国科协成功获得世界工程组织联合会创新专

委会承办权。现任中国科协常委、南开大学校长龚克教授以专委会主席身份连任 WFEO 副主席，并获得 WFEO 杰出服务奖。中国电机工程学会原秘书长李若梅高票当选 WFEO 执委会成员（National Member 国家代表）。

WFEO 下设创新、信息与通信、工程教育、减灾、能源等共计 10 个专业委员会，各专业委员会为推动 WFEO 各项工作的核心机构，独立开展学术活动。根据 WFEO 既定规则，每个专委会由一个会员国承办，每届承办期为 4 年，最多承办两届共 8 年。中国科协于 2008—2015 年连续承办两届信息与通信专委会（WFEO CIC），秘书处设在中国计算机学会，至 2015 年 WFEO 大会已承办届满。创新专委会（WFEO CEIT）是我国首次承办，秘书处设在中国电子学会。该专委会将致力于服务创新驱动发展战略，搭建高层国际交流平台，为我国工程技术领域更多参与国际活动创造条件。

本次世界工程师大会的主题是“工程：创新与社会”（Engineering: Innovation and Society），由日本学术会议（Science Council of Japan，SCJ）和日本工学会（Japan Federation of Engineering Societies）共同承办。来自 80 多个国家和地区的 2000 多名代表参加了会议。龚克作为团长率领中国科协代表团参加了此次会议。会议分为开幕式、大会报告、分组会、闭幕式和展览几个板块；会议期间共有 50 多名大陆代表进行了口头宣讲和展板展示。

世界工程师大会是由 WFEO 和联合国教科文组织于 2000 年共同发起并主办的全球工程技术界的盛会，被誉为“工程界的奥林匹克”。中国科协曾于 2004 年在上海举办了第二届世界工程师大会（WEC 2004）。

WFEO 成立于 1968 年，是在联合国教科文组织的倡议和支持下成立的世界上最大的非政府工程组织。该组织是联合国教科文组织的 A 级咨询机构，也是联合国工业发展和经社理事会等组织的顾问机构。

【中国工程专家获世界工程组织联合会两项大奖】 11 月 28 日—12 月 4 日，在日本京都举行的 2015 世界工程师大会（World Engineering Conference and Convention，WECC 2015）暨世界工程组织联合会全体会议（World Federation of Engineering Organizations，WFEO）上，经中国科协推荐，中国长江三峡集团公司教授级高级工程师、中国工程院院士陆佑楣被评为 2015 年 WFEO 杰出工程奖（WFEO Medal of Engineering Excellence）获奖人。雅砻江流域水电开发有限公司锦屏项目团队获得 2015 年 WFEO 杰出工程建设奖（Hassib J. Sabbagh Award for Engineering Construction Excellence）。

WFEO 杰出工程奖，又称工程成就奖（Engineering Achievement Award），设立于 1989 年第 12 届世界工程组织联合会全体大会。该奖项每两年颁发一次，旨在提高全世界对工程实践、理论和社会贡献的关注。获奖人一般为实践、理论和社会地位方面都有突出成就的工程师。2015 年奖项主要关注服务人类的杰出成就。陆佑楣教授是中国著名水电工程专家，他把近 60 年的职业生涯全部奉献给了中国水坝和水力发电事业，成功参与和主持了中国多座巨型水力发电工程建设，电站总装机达 25940MW，其中包括当今世界最大的水利枢纽——长江三峡工程。陆佑楣教授曾担任过中国能源部副部长、CTGPC 总经理、中国大坝委员会主席等职务，兼具能源开发和工程管理等多重经验，在业内外具有广泛的影响力。

WFEO 杰出工程建设奖设立于 2002 年，以多年致力于工程和建筑事业的 Hassib J. Sabbagh 先生的名字命名，每两年颁发一次，授予在五年间完成杰出重大工程项目的工程师或工程团队。此奖项的设立是为了引起全世界对工程在可持续发展中重要作用的关注。陈云华博士领导的雅砻江流域水电开发有限公司锦屏项目团队获得该奖项，该团队经过十余年的努力，攻克了特高拱坝和深埋地下洞室群建设的诸多世界级难题，取得了世界第一高坝、世界规模最大的水工隧洞群等多项世界领先成就，成功建成了两个世界级的巨型水电工程，为中国和世界能源建设与发展作出了积极贡献。

【中国科协世界工程组织联合会工作协调委员会会议】 12 月 18 日，中国科协世界工程组织联合会工作协调委员会在北京中国科技会堂召开工作会议。世界工程组织联合会副主席、世界工程组织联合会创新专委会主席、WFEO CHINA 负责人、南开大学校长龚克，WFEO 执委（国家会员代表）李若梅等 WFEO CHINA 成员，中国科协国际联络部部长张建生等有关人员出席会议。会议由龚克主持。

会议首先对中国代表参加 11 月 28 日至 12 月 4 日于日本京都举行的世界工程师大会暨世界工程组

织联合会全体会议情况进行了总结。与会专家介绍了参与 WFEO 全体会议及创新、信息与通信、工程教育、减灾、能源、妇女及青年专门委员会相关会议的情况。与会专家表示，WFEO 作为联合国教科文组织支持建立的世界工程组织联盟，在国际上拥有广泛的会员，WFEO CHINA 应利用好这一平台，进一步增强我国科学家在 WFEO 的力量，在 WFEO 中发挥更加积极的作用，推动 WFEO 工作的开展；应积极关注和参与 WFEO 及各专委会活动，结合中国发展过程中的重要议题，促进国内与国际同行的交流与合作；中国科学家可通过参加 WFEO 各类活动，积极发出中国科学家的声音，提高中国科学家的国际话语权；与 WFEO 各专委会积极合作，在中国举办有关论坛；承办好创新工程专委会，利用这一新的平台，开展高质量的学术交流、工程教育等活动，打造 WFEO CHINA 品牌，提升 WFEO 的国际影响力。

中国科协国际联络部副部长王庆林介绍了 WFEO CHINA2015 年度工作总结及 2016 年度工作计划。2015 年，中国科协在 WFEO 方面的工作取得了显著成效。经中国科协推荐，中国科协常委、南开大学校长龚克教授以专委会主席身份连任 WFEO 副主席；中国电机工程学会原秘书长李若梅高票当选 WFEO 执委会成员；中国科协完成了信息与通信专委会的承办工作，专委会主席龚克获得 WFEO 杰出服务奖；成功申请获得了世界工程组织联合会创新专委会承办权。经中国科协推荐，中国长江三峡集团公司教授级高级工程师、中国工程院院士陆佑楣获得 2015 年 WFEO 杰出工程奖，雅砻江流域水电开发有限公司锦屏项目团队获得 2015 年 WFEO 杰出工程建设奖。2016 年，中国科协将进一步做好国际组织任职专家的推荐工作，筹备好 2016 年 WFEO CHINA 换届工作，吸引一批有能力有思路有资源的专家参与到 WFEO 工作中；组织我国科学家积极参加 2016 年 WFEO 执委会和工程减灾会议，开展好 WFEO2017 年换届选举的人选推荐、WFEO 50 周年纪念活动、WFEO 舆情监控项目等工作。

中国电子学会副秘书长林润华介绍了创新工程专委会的工作规划，对创新工程专委会的目标、任务、组织结构、工作议题和 2016 年工作目标进行了阐述。与会专家对如何办好创新工程专委会提出了建设性意见。

龚克在会议总结中表示，2016 年 WFEO CHINA 要重点开展好以下几方面工作：要设计好创新工程专委会的工作框架，提出凝练的概念，聚焦重要议题；要利用好创新工程专委会这个平台，在努力提升 WFEO 国际影响力的同时，服务我国创新创业和创新助力工程；要积极参加 WFEO 工程教育、妇女和青年等专委会工作，展现中国在工程教育、妇女和青年工作等方面的突出成就，培养出一批优秀的国际组织任职人员。

港澳台

【两岸四地科技合作论坛】 5 月 24 日，两岸四地科技合作论坛在广东省广州市举行。中国科协党组副书记、副主席、书记处书记张勤，广东省委常委林雄等出席开幕式。广州市政府副市长王东主持开幕式。来自两岸四地的 500 余名科技界、工商界、金融界的专家、学者汇聚一堂，围绕“协同　创新　合作共赢”这一主题进行交流。

张勤在开幕式讲话中说，国家正在实施创新驱动发展战略，加快产业升级和经济转型，用创业创新为中国经济注入新的动力。港澳台与大陆是命运共同体，祖国大陆的发展为两岸四地协同创新提供了巨大空间。目前，为助推创新驱动发展战略和“一带一路”战略，中国科协正筹划推出重大举措，希望两岸四地科技合作能够顺应时势，把握机遇，不断取得实质性成果。

此次论坛分别设立了“科技金融”“互联网”“生物医药”和“通用航空”4 个单元。尚高资本中国基金副主席路跃兵、香港数码港技术总监钟伟强、台湾工业研究院前院长李锺熙、中国航空学会常务理事张聚恩分别作了题为《两岸四地协同创新基金框架设计》《互联网 + 发展方向及投资》《结合信息与基因科技，带动下一波医疗革新》《大陆通用航空产业发展的现状和未来》的主旨演讲。中国科协交流部副部长陈剑主持论坛主题研讨环节。与会专家、学者采取开放性会议模式，对两岸四地协同创新的科技金融模式，以及两岸四地在互联网、生物医药、通用航空三个领域的技术前景、投资策略和重要项目进行深入研讨。

开幕式上，穗港澳台相关科技团体还分别签署了合作协议。

【2015两岸四地机器人协同创新论坛】 8月17日，由中国科协、深圳市人民政府支持，深圳市科协、深圳市科技创新委员会、深圳市南山区人民政府联合主办的2015两岸四地机器人协同创新论坛在广东省深圳市举办。中国科协党组副书记、副主席、书记处书记张勤，深圳市委常委、统战部部长林洁，香港特别行政区政府行政长官创新及科技顾问杨伟雄出席论坛并致辞。

张勤在致辞中表示，在机器人领域开展协同创新是两岸四地协同创新工作的又一次努力尝试，也是中国科协与深圳市政府签署战略合作框架协议后的又一务实举措。张勤表示，希望两岸四地在机器人关键技术和核心零部件研发上取得突破，在机器人产业化上作出特色，在机器人协同创新的体制机制上勇于创新。

林洁表示，深圳将以此次论坛为契机，着力为机器人行业相关组织和人才来深圳发展营造更加市场化、法治化、国际化的环境，提供更加广阔的发展空间。

杨伟雄在致辞中表示，内地尤其是深圳具有很好的产业基础和配套环境，香港特别行政区、澳门特别行政区和台湾地区具有丰富的大学和科技资源，希望此次论坛能够为两岸四地的科技合作与交流搭建桥梁，促进互利共赢、共同发展。

在本次论坛上，台湾大学机器人研究中心主任罗仁权发布“两岸四地机器人协同创新路线图”，两岸四地各方共同签署“发起成立两岸四地机器人协同创新中心倡议书”，以期整合两岸四地机器人科技创新资源，协力推动中国机器人科技与产业达到世界先进水平，将论坛成果落到实处。

本次论坛由深圳产学研合作促进会、两岸四地协同创新联盟内地工作站、深圳市智能机器人研究院共同承办，来自工业和信息化部、中国科学院、清华大学、香港大学、澳门大学、台湾大学、三诺集团等两岸四地机器人领域的专家、知名企业、金融机构以及相关管理部门人员共300余人参加论坛。

【2015海峡科技专家论坛】 6月14日，第七届海峡论坛在福建省厦门市举行，中国科协党组副书记、副主席、书记处书记张勤出席了第七届海峡论坛开幕式。作为第七届海峡论坛的子论坛，2015海峡科技专家论坛同期举行，该论坛由中国科协主办、福建省科协承办，海峡两岸44家单位共同协办，论坛的主题为“海峡两岸协同创新新机遇”。张勤、福建省人民政府副省长洪捷序、台湾玉山科技协会理事长王伯元出席论坛开幕式并致辞。福建省政协副主席、科协主席郑兰荪院士主持开幕式。来自海峡两岸的500多位科技专家、学者参加论坛主会场活动。

张勤在致辞中表示，“一带一路”战略的提出、福建自由贸易示范区的设立，开启了两岸经贸合作的新机遇。在2015海峡科技专家论坛上，两岸代表将就“一带一路”建设、福建自由贸易示范区建设、亚洲基础设施投资银行等问题，深入研讨，探寻可行的参与和合作方式。张勤希望两岸科技界、产业界携起手来，抓住全球科技、产业、经济深度融合的重要机遇期，共同整合海峡两岸人才、技术、资金、市场的创新资源，开展协同创新，争取取得更多、更具实质性的成果，为推动两岸关系的和平发展贡献智慧和力量。

开幕式后，中山大学教授任荣伟、台湾科技大学专任特聘教授卢希鹏分别作了题为“海峡两岸协同创新打造CMIA新型产业群”和“随经济：‘互联网+’时代下两岸协同创新机会”的主题报告。

2015海峡科技专家论坛被列为第七届海峡论坛的重要子论坛。论坛突出“新常态”，围绕“一带一路”“自贸区”“生态文明”“新兴产业”“互联网+”“健康中国”等主题，下设海峡科技专家论坛主会场和海峡两岸管理论坛等11个分会场，分别在厦门、福州、德化、沙县等地举行，来自海峡两岸的1000多位科技专家和产业界人士参加论坛活动。

开幕式上，还举行了由全国学会、福建省级学会、厦门市科协推荐的12个两岸科技经济合作项目的签约仪式。通过2015海峡科技专家论坛，福建省科协共征集到“关于共同推进自由软体产业基地建设”“闽台传统与新生艺术文化交流合作”“传统料理量化工艺与配料标准化之研究”“关于设立创新产品发布及产业对接中心”等两岸科技经济合作项目25个。

【第十四届海峡两岸大学生辩论赛】 7月17—20日，第十四届海峡两岸大学生辩论赛在福建省福州市举行。本届海峡两岸大学生辩论赛由福建省科协牵头，联合四川、上海、山东、浙江、甘肃、云南六省（市）科协，福建省教育交流协会和台湾“中华青年交流协会”共同主办。中国科协党组成员、书记处书记吴海鹰，台湾“中华青年交流协会”创办人、真善美基金会董事长李锺桂出席冠亚军决赛、颁奖活动并致辞。福建省副省长洪捷序应邀出席颁奖活动。

吴海鹰在致辞中表示，海峡两岸大学生辩论赛经过连续十四届的成功举办和多次入岛交流，已发展成为两岸青年情感交融、心灵互动的交流平台。她希望通过举办辩论赛这样一次次零距离、深层次的对话，能够增进两岸青年对同根的历史传统、同祖的血脉亲情、同龄的时代文化和同心的民族愿景的高度认同，从而为两岸共创未来，为中华民族伟大复兴营造良好氛围，汇集青春力量，浇筑坚实基础。

李锺桂在致辞中表示，海峡两岸大学生辩论赛已经成为两岸青年交流交往的品牌项目，培养了一大批优秀青年才俊，得到了两岸民众的认同。她希望，两岸青年能够携手并进，为了美好的未来共同努力。

来自海峡两岸16所高校的代表队参赛。参赛的100多位辩手围绕“科技发展让生活更简单 / 更复杂”“网购风潮给生活带来的是惊喜 / 是烦恼”“超越别人比超越自己难 / 超越自己比超越别人难”3个辩题展开辩论。经过紧张激烈的小组赛、复赛、决赛，最终，台湾大学获冠军，四川大学获亚军，东吴大学获季军；台湾大学丁冠羽和山东师范大学宋晓倩荣获本届比赛最佳辩手，上海交通大学曹靖、浙江大学卢侃等16位同学获本届比赛优秀辩手。

中国科协交流部副部长陈剑，福建省政府副秘书长陈照瑜，福建省科协党组书记、副主席梁晋阳，福建省政府台湾事务办公室副主任宋志强，台湾“中华青年交流协会”名誉理事长、台湾政治大学副校长张昌吉等分别为获奖代表队和个人颁奖。

辩论赛结束后，两岸青年大学生还自编自演举行了联欢晚会。台湾地区青年学生于7月21—26日赴四川省参观访问，其间将与四川大学进行交流座谈。

【第五届海峡两岸科学传播论坛】 11月12—13日，为期两天的第五届海峡两岸科学传播论坛在台湾地区举办。中国科协党组副书记、副主席、书记处书记张勤出席开幕式并致辞。本届论坛的主题是“网络科普暨互动游戏的创新与发展”，由中国科协和台湾李国鼎科技发展基金会联合举办。

张勤在致辞中指出，创新驱动与转型发展是当前世界经济发展中的核心问题，创新与转型的根本支撑在于科技的进步与普及，推动学术交流与科技普及是科技组织服务社会的基本责任。海峡两岸科学传播论坛不仅为两岸科学传播组织和专家搭建交流平台、沟通交流两岸科学传播工作进展、分享理论和实践成果、探寻合作和互动模式，也为推动海峡两岸科学传播共同繁荣发展、促进两岸公众科学素养与创新能力的提升作出了积极贡献。张勤希望，两岸科技工作者和科学传播人能够抓住机遇，努力为科技创新发展、为人类福祉作出贡献。

台湾科技界负责人陈德新博士代表台湾主办方出席开幕式并致辞，他说，在互联网迅速发展以及数字技术广泛应用的今天，网络已成为科学教育不可忽视的重要媒介，科学知识如何运用网络的即时性与开放性进行传播和发展、科学知识如何借助游戏或艺术的互动体验而深入人心，是科学传播在网络时代的课题与契机。海峡两岸科学传播论坛自2010年首次举办以来，为两岸专家学者搭建了交流合作的平台。他希望本届论坛在“网络科普暨互动游戏创新与发展”的主题下，能够取得前瞻性成果。

中国科普研究所所长王康友在论坛上作了题为“网络科普的创新与发展”的主旨报告，台湾中央大学资讯工程学教授陈国栋作了题为“数位汇流下的科普教育”的主题报告。论坛期间，两岸专家学者聚焦网络科普创新与实践、互动游戏创新与实践、青年科技创新人才培育与创业三个分论坛主题进行了交流和讨论，来自大陆和台湾地区的36名专家、学者作了主题演讲。中国科协科普部副部长刘亚东和台湾李国鼎科技发展基金会秘书长万其超作了总结发言。双方希望明年在大陆召开的第六届两岸科学传播论坛进一步聚焦两岸科学传播领域共同关注的议题，并期望取得更多的共识与合作结果。

中国科协科普部、台湾李国鼎科技发展基金会有关负责人，以及来自大陆、台湾地区科技传播界的近百位专家、学者出席了论坛活动。在台期间，中国科协参会代表团还参访了台湾科学教育馆、松山文创园区、三创园区和华山1914文创园区，出席了由台湾李国鼎科技发展基金会举办的第十届“李国鼎（KT）科技艺术奖”颁奖仪式。

海智计划

【中科领航启航一周年暨中国科协海智创新创业论坛】 3月28日，由中国科协海智办主办、浙江省科协及浙江中科领航汽车电子有限公司承办的“庆祝中科领航启航一周年暨中国科协海智创新创业论坛”

在杭州市举行。中国科学院院士、"海智计划"专家委员会主席赵忠贤带领海智办一行 5 人参加了本次活动。杭州市临江高新区党工委委员、管委会主任许昌到会致辞，党工委委员、党群工作部（组织部）部长王江出席论坛。

位于临江高新区的浙江中科领航汽车电子有限公司，由临江高新区、中国科学院、海智专家金星团队三家单位共同投资创建，以产学研用模式为依托，致力于研发和生产具有自主知识产权的车身智能控制系统及相关芯片，是一家集研发与应用于一体的知识密集型高新技术企业。中科领航以"突破国外公司的行业垄断"为宗旨，从 2014 年成立之初就获得科技部、浙江省政府、中国科协等部门领导的关注，支持成立"浙江省中科领航汽车电子研究院"，并列入中国科协"海智计划"示范项目。中科领航最初的核心创业团队全部来自海外，团队成员从开始的 19 人发展到现在的 91 人，其中专业技术人员 55 人，80% 以上拥有硕士及以上学历。

据中科领航董事长金星博士介绍，凭借已有核心技术并依托强有力的团队，中科领航成功研发出多款具有世界领先水平的产品，短短一年时间实现了跨越式发展。2014 年实现销售产值 895 万元，比最初规划的 339 万元翻了将近 3 倍；2015 年的销售产值目标为 4600 万元，有望翻 5 倍。中科领航还成功入选浙江省重点企业研究院，与徐州重工、吉利汽车、中国铁路通信集团、华泰汽车集团等 11 家企业建立了紧密合作。

随后，中国科协海智创新创业论坛在该公司举行。本次论坛移师中科领航，正如赵忠贤院士所说，旨在以中科领航金星团队的成功案例，激励更多"海智计划"的参与者创新创业，实现理想。海归代表和海智专家张少先、斯航、杨少东、杨海峰等分享了将一流技术转移到中国的切实可行的想法和经验，并进行各自高新项目的推介。

【中国科协（深圳）海外人才离岸创新创业基地揭牌】 5 月 21 日，由中国科协和深圳市政府共同推动建设的中国科协（深圳）海外人才离岸创新创业基地在深圳市正式揭牌，标志着中国科协与深圳市政府共同签署的战略合作框架协议迈出了坚实的一步。中国科协党组书记、常务副主席、书记处第一书记尚勇，广东省委副书记、深圳市市委书记马兴瑞，深圳市市长许勤，中国科协党组成员、办公厅主任吴海鹰等出席揭牌仪式。

尚勇在致辞中指出，深圳海外人才离岸创新创业基地的共建是落实中央创新驱动发展战略和推动大众创业、万众创新的有力举措。尚勇在谈到离岸基地建设时表示，创新的资源最容易向创新生态最优的地方流动，而深圳是世界上创新便利、富有活力、最有效率的地方，必然要成为世界知名的创新创业中心之一。中国科协将利用自身优势搭建桥梁，借离岸基地的建设，让更多的海外人才到深圳创新创业。同时，希望借科协渠道推动国际著名大学与深圳建立联合研发中心，通过研发中心构建平台以进一步实现产业化、商业化，还要引进国际风险投资，特别是支持创新创业的天使投资。尚勇表示，今后中国科协会密切配合深圳市委市政府，把这项工作扎扎实实做好，让深圳在离岸基地建设方面为全国提供经验。

中国科协国际联络部部长、海智办主任张建生，调研宣传部副部长郭哲，深圳市委副书记戴北方，深圳市委常委、市委秘书长李华楠，深圳市人大常委会副主任、市科协主席蒋宇扬，深圳市科协党组书记马建文，以及深圳市委市政府相关部门负责人、各区科协及学会代表出席揭牌仪式。

【2015 年城市环境与气候变化国际研讨会】 7 月 18 日，2015 年城市环境与气候变化国际研讨会在北京召开。该研讨会是由清华大学—剑桥大学—麻省理工学院低碳能源大学联盟未来交通研究中心与中国科协海智办共同发起主办的"绿色城市与未来交通"系列国际研讨会在 2015 年的年度会议。会议邀请来自英国、印度、菲律宾，以及中国北京、天津、河北、香港地区的专家学者，围绕城市环境、低碳能源、气候变化、城市减灾等主题开展学术研讨，发挥海外智力资源优势为京津冀大气污染治理和环保协调发展建言献策，调动海外和京津冀科研及产业资源，促进区域创新创业。来自环保企业、科研院所、高等院校等机构的 80 余人参加了会议。

上午的会议主要围绕城市环境与气候变化的主要问题与最新发展趋势展开专业学术交流，中国科协海智办常务副主任梁英南、清华大学土木水利学院院长石永久致辞，北京市科协副主席田文、河北省科协副巡视员张建辉等出席会议。会议由清华大学—剑桥大学—麻省理工学院低碳能源大学联盟未来交通研究中心主任吴建平教授主持。英国皇家科学院院士 Lord Julian Hunt 教授、印度理工学院 Sagnik Dey 教授、菲律宾大学 Alfredo M.F.A. Lagmay 教授、香港大学李玉国教授、香港城市大学陈仲良教授、香港城市大学宁治副教授、香港科技大学姚腾博士等专家学者分别作了主题报告。

下午分为两个分会场，一是“大气污染治理与城市发展”专家咨询会，二是“环境保护与污染治理”技术项目推介交流会。“大气污染治理与城市发展”专家咨询会主要围绕京津冀地区的大气污染成因分析与诊断、法规和标准、经济和公共政策、区域协同治理规划四个议题展开务实研讨、提出咨询建议；在“环境保护与污染治理”技术项目推介交流会上，四个重点推介项目的负责人对各自项目的核心技术、优势特色、融资需求等进行了详细介绍，并与现场的投资机构及科技成果转化促进中心进行了深入交流。

【上海自贸试验区海外人才离岸创新创业基地揭牌】 8月12日，中国科协党组书记、常务副主席、书记处第一书记尚勇在上海浦东国际人才城与上海市委副书记应勇共同为上海自贸试验区海外人才离岸创新创业基地揭牌。这是全国首个在自贸试验区内试点设立的离岸创新创业基地。上海市委常委、浦东新区区委书记沈晓明，副市长周波，市委副秘书长陈寅，市政府副秘书长徐逸波，市政府副秘书长、浦东新区区长孙继伟等出席。

上海自贸试验区海外人才离岸创新创业基地（以下简称基地）由上海市科协、上海自贸试验区管委会、浦东新区政府等单位协同推进建设，是中国科协“海智计划”落地上海自贸试验区的重大举措。基地通过探索“区内注册、海内外经营”的离岸模式，开发和培育专业服务能力，通过模式创新和政策支持，促进海外优质创新资源集聚。在创业孵化方面，离岸基地将对有意向在上海自贸试验区创业的海外人才进行政策、知识产权、技术、投资对接等整体前置服务，通过“海外预孵化”，使海外人才在海外完善创业团队或创业项目，显著提高海外人才落地创业的成功率，减少海外人才来华创业的顾虑。对于基地内注册的企业，基地将导入优质服务机构，为人才创新创业提供全方位的托管式服务，对海外创业项目，协助其注册企业后进行正式孵化，形成灵活便利的创业模式。

揭牌仪式后，基地的协调管理机构浦东科技创业中心与首批3个空间的运营机构和全欧华人专业协会联合会、澳华科学技术协会签署了共同建设基地的合作备忘录。

【第一届中欧生命科学论坛】 8月10—15日，由中国科协海智办、全欧华人专业联合会、宁波市委组织部（市委人才办）、宁波市科协、深圳市科协、广东省科协、中山市科协联合主办的第一届中欧生命科学论坛先后在宁波、深圳、中山三地举行。中国科协国际联络部部长、海智办主任张建生等出席论坛。

在宁波站，海外专家们就欧洲医疗器械市场、体外诊断系统及耗材、老龄产业、生物医药研发四个方面发展现状等问题作专题报告。15位海外专家携带的14个项目在会进行了发布，并与参会的企业代表进行了对接洽谈。在深圳站，海外专家介绍了欧洲老龄产业发展情况、欧洲医疗器械研发和市场情况、欧洲体外诊断系统与试剂的研发情况，同时发布了一批欧洲生物医药、医疗器械和诊断试剂等研究成果，寻求与深圳企业、研究机构和投资机构合作，近50家知名高校、研究机构、创投机构和企业的近百名专家参会进行学术交流，洽谈合作。在中山站，海外专家与来自中山市各镇区的40多家企业及90多名科技工作者进行了分组洽谈，围绕项目落户、产业对接和科研合作展开全面交流和深入探讨。

【“海智计划”联席会议】 9月9日，2015年“海智计划”联席会议在山东省济南市召开。中国科协党组副书记、副主席、书记处书记张勤参加会议并讲话，济南市委副书记雷杰致欢迎词。济南市政协副主席、市科协主席刘梦海，山东省科协副主席纪洪波，济南市科协党组书记雷卫国出席会议。海外华人科技团体负责人、海外专家学者、优秀归国创业海归代表，以及离岸创新创业基地负责人、山东省各级科协代表等110余人参加了会议。

张勤在讲话中回顾并肯定了一年来“海智计划”开展工作的成绩，并详细介绍了中国科协为贯彻国家创新驱动发展战略而实施的创新助力工程以及中国科协所属全国学会有序承接政府转移职能工作，让广大海外科技工作者进一步了解国家和地方的人才政策，抓住新形势下海外高层次人才回国创新创业的良好机遇和发展空间。会议期间，张勤还与海外代表就离岸创新创业问题进行了专题座谈。

会上，中国科协海智办副主任方进和中国科协国际联络部部长、海智办主任张建生分别报告了海智办年度工作情况和离岸创新创业基地试点工作；深圳市科协、上海市科协、湖北省科协分别介绍了离岸基地建设试点工作情况；10位海智专家先后报告了承接中国科协海智办组织举办的专项调研、海智论坛情况以及推进实施海智示范项目建设情况等。会后30多位海智专家还参加了随后举办的“海智专家泉城行”活动，与园区、企业及学会、高校、研究机构等进行技术项目考察对接和学术研讨交流，助力济南市科技创新和经济社会发展。

【第三届海智创新创业论坛】 9月11日，中国科协“第三届海智创新创业论坛暨海智年会宜兴分会”在江苏省宜兴大酒店举行。中国科协国际联络部部长、海智办主任张建生，江苏省科协副主席阮仁良，宜兴市委副书记周中平，宜兴市副市长戈林兴等出席了活动。

活动由中国科协海智办主办，宜兴市科协和无锡践行中欧科技有限公司共同承办，主要目的是通过活动引进海外高层次创新创业团队和领军人才，搭建海外留学人员来宜兴创业平台，促进宜兴高新产业发展、助推“宜兴英才工程”全面实施，为宜兴市争创国家级“海智”基地奠定基础。这次邀请来的14名海智专家分别来自美国、英国、法国、新加坡、比利时、加拿大、荷兰、日本等国，在所在领域均取得了较高的成就，与宜兴市经济发展主导产业和重要企业契合度较高，将对园区企业提供有效的技术指导。

论坛上，海智专家分别推介了相关项目和技术，与园区的分管负责人进行了对接、洽谈，宜兴市科协与专家们签订了合作协议。论坛结束后，海智专家实地参观考察了海智专家张少先博士的环保技术引进示范项目和宜兴市环保科技工业园区。

【海智专家吴建平当选英国工程技术学会会士】 9月，中国科协“海智计划”特聘专家、清华大学及英国南安普顿大学教授吴建平当选英国工程技术学会（The Institution of Engineering and Technology，IET）会士。

IET是英国工程技术学会，系英国电气工程师学会和英国企业工程师学会于2006年初合并组建而成，现拥有16万多会员，遍布全球128个国家，涉及科技领域广泛，覆盖60个专业和多个新型交叉学科，是欧洲规模之最、全球第二的综合性专业科技学会。在近140年的历史中，IET对人类的科技进步作出了巨大的贡献，会员中涌现了大量的优秀人物，其中包括2009年获诺贝尔物理奖的高锟先生。IET会士是IET授予在科学与工程技术领域内取得重要成就的杰出高级专业技术人员的至高荣誉。

【中国科协“海智计划”专家巨鹿工作站挂牌】 9月25日，中国科协“海智计划”专家巨鹿工作站揭牌仪式在河北省巨鹿县举行，4名“海智计划”专家受聘为巨鹿县人民政府经济发展顾问、巨鹿县人民政府科技顾问。受聘的专家分别是新西兰皇家科学院生物活性研究中心首席科学家兼梅西大学Riddet学院高级研究员、教授高益槐，比利时生物物理学硕士、比利时金海园艺有限公司总裁高继明，美国麻省理工学院电子与计算机系博士、麻省理工学院智能交通系统研究中心研究科学家方亚隽，美国麻省理工学院地球物理系博士、麻省理工学院研究教授、美国Abitech公司总裁孙友顺。

4位专家学者参观考察了巨鹿县的特色农业、新能源产业、城市建设等，每到一处，他们都详细了解情况，根据自己的研究专长为巨鹿县农业、新能源产业的发展提出意见和建议。“海智计划”专家高继明教授还作了题为“现代农业与服务体系”的专题讲座，来自全县各重点村的种植大户、农业产业致富带头人、农民合作社负责人、社员等千余人参加了讲座。

【2015“海智宁波之旅”活动】 10月15日，2015中国浙江·宁波人才科技周“海智宁波之旅”活动举行。活动由宁波市科协与宁波市委组织部（市委人才办）共同举办，中国科协国际联络部部长、海智办主任张建生，浙江省科协副主席梁细弟，宁波市委常委、组织部长杨立平，宁波市科协主席杨志达等领导出席了此次活动。宁波市各海智基地工作站、各园区、部分企事业单位等80多人参加了项目推介和对接交流。

本次活动共邀请英国、德国、美国、日本等9个国家的22名海外专家（其中特邀嘉宾2名，海外科技社团负责人4名）携18个项目进行对接交流，项目涉及计算机、互联网、新材料、新能源、生物医药、医疗器械六大领域。期间，中国科协领导和宁波市委领导共同会见了特邀嘉宾德国工程科学院、瑞士工程科学院院士克里斯汀·万德莱先生一行，还分别为浙江“千人计划”余姚产业园海智基地工作站、宁波生物产业园海智基地工作站授牌。

全体海外专家赴浙江“千人计划”余姚产业园进行了为期两天的考察对接，已有4个项目与宁波企业达成了初步合作意向。活动期间，宁波市科协还分别与德国留德学者医学学会主席周捷博士、法中整和协会会长贺毅博士签订了合作协议，并聘任贺毅博士为宁波市科协引才顾问。

【“中国海归创业联盟”筹备会】 10月21日，“中国海归创业联盟”筹备会在北京梅地亚新闻中心召开。会议由中国科协海智办召集，来自美国、英国、法国、德国、新加坡、比利时、加拿大、荷兰、日本等国家及中国香港特别行政区的15位海智专家参与筹备会，中国科协国际联络部部长、海智办主任张建生主持会议，中国科协荣誉委员、“海智计划”专家委员会主席赵忠贤院士出席会议并作总结讲话。

“中国海归创业联盟”的设想，基于中国科协海智办组织并延续了7年的“海归企业创新专项调研”。调研组由赵忠贤院士领衔，成员由改革开放后出国留学、并在各自领域有所建树的专业人士组成，从2009年开始先后有59人次参加，访问近150家海归企业。调研组对海归企业的创业环境、创新能力、知识产权保护、对国家科技创新和经济发展的贡献等方面进行了较系统的分析。调研发现，有相当数量的海归企业拥有原创技术及产品，在带动中国创造出口方面表现突出。中国科协海智办编发的多期海归企业创新创业调研报告，曾得到李克强、李源潮和刘延东的批示。

以组织的形式团结带领海归企业，发挥他们在技术创新、中国原创出口等方面的生力军作用的时机业已成熟。为此，在部分海智专家的倡议下，“中国海归创业联盟”的设想初步形成，并得到中国科协的支持。

筹备会上，与会人员就联盟名称、章程、会员制度、开展活动方式等相关事宜进行热烈讨论，最后在联盟章程的重要概念、条款上达成了共识，并议定多项相关事宜。

赵忠贤院士在总结讲话中表示，“海归创业联盟”的成立为海归创业者及企业提供了一个联谊交流、资源共享、合作互助、维护权益的平台，认真务实发展，必将有所作为。

【国际应用能源会议】 11月14—17日，由国际期刊《应用能源》杂志、中国科协海智办、福建省科协共同主办的2015国际应用能源会议在福建省福州市举行，大会主席、瑞典籍海智专家严晋跃和福建省副省长洪捷序分别致辞。会议特邀中国科学院院士、中国工程院院士、瑞典皇家科学院院士等嘉宾及来自近20个国家和地区的170多位专家学者参加会议，中国科协国际联络部部长、海智办主任张建生，福建省科协党组书记梁晋阳等出席会议开幕式。

本次会议围绕“低碳城市和城市能源”主题，探讨应用能源先进技术、可再生能源开发利用、城市节能与能源管理等问题，并针对福建省的新兴产业发展提出咨询建议。

会议期间，福建省科协专门组织了“创新驱动助力工程——国际应用能源创新峰会暨技术项目对接”活动。与会海外专家带来12个高新项目，与福建省企业进行洽谈对接。其中，新加坡国立大学教授邹绍强的“快速充电电动车智能包”项目、瑞典梅拉达伦大学教授埃里克·达尔奎斯特的“测量生物质中含水量的射频传感器—实现生物质贸易和电站发电量最大化的技术”项目、瑞典皇家理工学院教授安德斯·伦布拉德的“用于自动电力系统的微型燃料电池技术”项目与福建省相关企业达成合作意向。

【“海智计划”基地工作会议】 11月27日，2015年中国科协“海智计划”基地工作会议在浙江省杭州市召开。各省、直辖市及计划单列市科协、中国科协“海智计划”工作基地代表、中国科协海外人才离岸创新创业基地代表以及部分回国创业的海智专家共150余人参加会议。浙江省科协副主席梁细弟致欢迎词，中国科协国际联络部部长、海智办主任张建生受中国科协党组副书记、副主席、书记处书记张勤委托作大会讲话。会议由中国国际科技交流中心主任纳翔主持。

张建生在讲话中转达了中国科协党组书记、常务副主席、书记处第一书记尚勇和张勤对各省（直辖市）海智工作人员和海外专家的问候，以及尚勇对海智工作下一步的定位和要求。会议对过去两年开展海智工作表现突出的7家省级科协和23家工作基地进行了表彰。梁细弟和张建生为获奖单位代表颁发了锦旗。随后海智办副主任方进就海智办年度工作情况作了报告，3家海外人才离岸创新创业基地代表、3家“海智计划”工作基地代表发言介绍工作经验，7位海外专家进行了项目推介。参会代表分组座谈，就更好推进各地“海智计划”工作相互交流，开拓思路。与会人员纷纷表示要积极工作，加强各地科协和海智基地的联系，共同努力打造好“海智计划”升级版，推动海外人才离岸创新创业，努力在“十三五”期间推动“海智计划”跃上新台阶。

【2015 中国（江苏）国际科技与人才合作大会】 11 月 30 日，由中国科协海智办、江苏省科协共同主办，以“集聚海外智力，助力创新创业”为主题的 2015 中国（江苏）国际科技与人才合作大会在江苏省南京市开幕。中国科协党组副书记、副主席、书记处书记张勤，省委组织部副部长、省人才办主任胡金波出席会议并讲话。省科协党组书记、副主席陈惠娟致欢迎词，中德工业 4.0 联盟会长周向前，欧洲商业与创新联盟国际部部长罗伯特·桑德斯，中国旅美科技工作者协会华盛顿分会会长薄智泉分别致辞。会议由省科协副主席阮仁良主持。省人力资源和社会保障厅、省人才办、省科协等有关单位负责人，以及来自欧洲、美国、日本和中国台湾地区科技社团的代表共计 500 余人参加大会。

每年一届的中国（江苏）国际科技与人才合作大会，旨在加强与海外华人科技团体的联系，充分发挥海外人才智力优势，通过开展多种形式的学术交流、项目合作、技术咨询和技术引进活动，为海外人才回国创新创业搭建平台，为江苏创新驱动发展战略贡献力量。首届大会举办以来，江苏省先后建成海外人才工作站 20 家，开发中欧国际科技资源网和国际科技频道，建立中欧科技合作园 10 个、国家级海智基地 13 个（总量居全国之首）、省级海智基地 39 个、重点培育海智园区 24 个、海智企业 45 个。先后在无锡市等地举办海智大会，辐射带动全省举办海智活动 406 场，接待国际及港澳台来宾 3000 多人次，落地项目 360 个，引进创新创业人才近 200 人，大会品牌效应持续彰显。本届海智大会共遴选邀请 150 多名海智人才，携带 120 多个项目参会，围绕新一代通信技术等主题举办高端报告会。

开幕式现场还举行了海外合作项目签约仪式，中德产业技术合作中心、中美生物医药技术合作中心、数字艺术创新实业中心等 8 个优秀合作项目代表现场签约。东南大学教授、移动通信国家重点实验室主任、信息科学与工程学院院长尤肖虎和德国 SAP 高级副总裁、SAP 中国研究院院长李瑞成博士分别带来了“新一代通讯技术的创新发展”“数字经济时代的产业机遇”两场精彩的高端报告。

海智企业创业路演、中国旅美科技协会创新创业大赛优秀项目推介会、中德工业 4.0 创新发展论坛、中欧科技企业交流洽谈会等活动同期举行。大会还在各市设立 8 个分会场，各地结合自身发展优势，围绕创客路演、电子信息材料、“互联网 +”协同制造、智能装备制造等主题开展了系列洽谈对接活动。

本次大会，全省 8 个市科协及海智基地围绕电子信息、装备制造、“互联网 +”、科技创新等专题，在同一时间开展了形式多样的分会场活动，进一步扩大辐射带动作用，在会议内容上突出为“大众创业万众创新”服务的时代主题。会议除邀请专家、企业家进行专场报告会以外，还首次开展了海智企业创新创业路演、海外创新创业大赛优秀项目推介会等活动，参加活动的企业达到 80 多个，风投机构 20 多个。同时，还邀请了欧洲商业与创新联盟、中德工业 4.0 联盟等海外重要组织，举办专场交流洽谈会，100 多个开发区、园区参加了路演、对接等活动。

【2015 海外人才离岸创新创业国际研讨会暨中国海归创业联盟成立仪式】 12 月 3 日，“2015 海外人才离岸创新创业国际研讨会暨中国海归创业联盟成立仪式”在深圳市举行，中国科协党组书记、常务副主席、书记处第一书记尚勇出席会议并致辞。国家外专局党组副书记、副局长孙照华，深圳市委常委、统战部部长林洁出席会议并致辞。

尚勇在致辞中指出，深圳具有良好的创新创业环境、浓厚的创新创业氛围以及完备的配套服务体系，选择在深圳建立离岸创业基地，是希望深圳先行先试，积累经验后再扩大范围。尚勇指出，当前中国的发展正进入创新驱动发展、科技引领发展的新阶段，这为来华创新创业提供了新的机遇。我们应把握这个机遇，搭建更多更好的平台和桥梁，使更多的海外智力资源回国或来华创业，为创新驱动发展提供持续的人才和智力支撑。尚勇强调，离岸创新创业的核心是为国际人才营造世界一流的创新创业生态环境和服务平台。通过离岸创新创业基地建设，创造进出便利、来去自由的环境，让人才、创意和思想充分涌动和交流，快速转化为创新产品，形成具有竞争力的新产业。本次大会宣布成立的中国海归创业联盟，是海外人才为国服务的新标志，也是海外人才参与国家创新驱动发展的新举措，本身就是一种创新。希望中国海归创业联盟充分发挥好生力军作用，为推动中国自主创新、提高中国企业全球竞争力，吸引更多海外人才回国工作、为国服务作出更大贡献。

孙照华在致辞中指出，海外人才离岸创新创业基地建设是落实习近平总书记实施“更积极、更开放、更有效”引进人才政策和十八届五中全会精神的有力举措，也是落实中央创新驱动发展战略和推动大众创业、万众创新的重要抓手。国家外专局将在职责范围内，密切配合中国科协，提供全力支持，共同将海外人才离岸创新创业基地打造成为引进海外人才和智力工作的重要平台。

大会上，由中国科协海智办倡议发起，经中国科协书记处批准的中国海归创业联盟宣布成立。联盟发起人之一、“千人计划”特聘专家、美时医疗技术有限公司董事长马启元介绍了“中国海归创业联盟”成立的背景、目的、宗旨和任务，中国科学院院士、中国科协荣誉委员赵忠贤为首届联盟理事会成员颁发证书。

西班牙驻广州总领事馆经济商务领事 Alfonso Noriega Gomez、瑞士联邦政府科技文化中心主任 Pascal Marmier、美国 EBO 深科技投资基金资深顾问 Jengfeng Lee 先生、芬兰种子基金 Koppi Catch 执行主席 Inka Mero 分别在大会上作主旨发言。

中国海归创业联盟第一届理事会选举出联盟会长、副会长、秘书长，并就联盟 2016 年主要开展活动进行探讨。

大会由中国科协海智办、深圳市科学技术协会和深圳市罗湖区人民政府共同主办。中国科协办公厅主任任福君，学术学会部（企业科协工作办公室）部长（主任）宋军，国际联络部部长张建生，调研宣传部副部长郭哲，广东省科协党组书记、常务副主席何真，深圳市人大常委会副主任、市科协主席蒋宇扬，深圳市科协党组书记、副主席马建文等有关负责人参加研讨会相关活动。

党　建

【自觉与以习近平同志为总书记的党中央保持高度一致】 2015 年，中国科协机关党委落实中央指示精神，按照中国科协党组要求，围绕习近平总书记在中国共产党第十八届中央纪律检查委员会第五次全体会议上的讲话、在省部级主要领导干部学习贯彻党的十八届四中全会精神全面推进依法治国专题研讨班上的讲话、在中央党的群团工作会议上的讲话、在中央政治局第二十六次集体学习会上的讲话、在党的十八届五中全会上的讲话等重要讲话精神，组织党组理论学习中心组开展学习。截至 12 月 31 日，先后组织党组中心组学习 30 次，并按照“一学一报”要求，及时将每次学习情况以书面形式报送中直工委。

加强科协党员干部培训，引导广大党员干部坚定理想信念、争做“三个表率”。3—4 月，举办“学习贯彻习近平总书记系列重要讲话精神，严明党的政治纪律和政治规矩”培训班，对机关和直属单位副处级以上干部 300 人，分四批进行集中轮训，并以党委、总支、支部为单位组织开展形式多样的学习教育活动，加强党员干部的思想理论武装，教育、引导广大党员干部自我警省、自我约束、自我克制，引导广大党员领导干部在党言党、在党爱党、在党忧党，努力做“三个表率”。为增强学习效果，机关党委编印了《中国科协关于全面从严治党、加强党风廉政建设工作学习材料汇编》，为机关和直属单位全体党员干部职工购买《习近平谈治国理政》《习近平关于协调推进“四个全面”战略布局论述摘编》《中共中央关于制定国民经济和社会发展第十三个五年规划的建议辅导读本》等学习书籍。

机关党委充分发挥党建网站、宣传栏作用，营造宣传教育的良好氛围。运用中国科协网“党的建设”二级栏目平台，及时发布中国科协机关和直属单位、地方科协、全国学会党建工作动态，通过不断更新建设，该网页已成为科协系统重要的党建宣传阵地。截至 2015 年 12 月 31 日，共编辑发布各类信息 467 篇。支持指导机关部门、直属单位、学会设立的《党建通讯》《活动通讯》《学会党建通讯》等宣传阵地。制作并在机关每层电梯口宣传栏张贴《百位共产党员百篇小传》《〈中国共产党廉洁自律准则〉和〈中国共产党纪律处分条例〉图解》，制作《入党誓词》和《准则》宣传挂图，在机关所有办公室、会议室悬挂张贴，发挥了积极的宣传教育及舆论监督作用。

【认真履行“两个责任”　切实加强党风廉政建设】 7 月 16—17 日，中国科协机关党委组织召开中国科协机关第八次党员代表大会，中直工委常务副书记张建平，中国科协党组书记、常务副主席、书记处第一书记尚勇出席大会开幕式并讲话。会议审议通过了中国科协机关第七届党委和第六届纪委工作报告，选举产生了中国科协机关第八届党委委员和第七届纪委委员，为全面从严治党、切实履行“两个责任”打牢组织基础。

着力加强制度建设，扎紧制度笼子。本着重在治本的原则，在中直工委和中国科协党组的领导下，中国科协机关党委狠抓反腐倡廉制度建设，努力健全各项规章制度，加固制度链条、补齐短板，形成制度体系，切实把权力关进制度的笼子。研究制定《中国科协机关直属单位基层党组织落实“两个责任”实施办法（试行）》，明确基层党组织落实“两个责任”的具体任务、保障措施和责任追究办法，切实加强对基层党组织履职尽责的支持力度。加强述职述廉制度建设，开展党委书记抓基层党建工作述职评议考核，重点围绕全面从严治党责任、践行“三严三实”要求、加强基层党建工作各项任务进行述职评议，设党委单位党委书记重点汇报，随机选取部分总支、支部书记汇报，其他党组织书记书面述职。12月22日，机关党委召开机关直属单位党组织书记抓党建暨“三严三实”专题教育检查工作会议，学会服务中心党委、中国科技馆党委、中国科技会堂党委等7个基层党组织书记述廉述职，由机关党委委员进行现场测评，会后及时反馈测评结果，并向上级有关部门报告，推动“一把手”自觉把主体责任紧紧扛在肩上。

按照中国科协党组统一部署，中国科协机关党委、纪委认真谋划、精心安排，及时召开机关党委八届四次会议传达学习《中国共产党廉洁自律准则》和《中国共产党纪律处分条例》；印发《关于学习贯彻〈中国共产党廉洁自律准则〉和〈中国共产党纪律处分条例〉的通知》；结合实际制定《中国科协学习贯彻〈中国共产党廉洁自律准则〉和〈中国共产党纪律处分条例〉工作方案》，提出具体落实措施；举办中国科协贯彻落实党风廉政建设“两个责任”专题培训班，对机关党委委员、机关纪委委员、各部门各单位党组织主要负责人和纪检委员进行培训，举办学习贯彻《中国共产党廉洁自律准则》和《中国共产党纪律处分条例》辅导报告会，牢固树立将党纪挺在法律前面的意识，切实将中国科协党组要求落在实处。

2015年，机关纪委把落实中央八项规定精神反“四风”始终作为履行党风廉政建设监督责任的重要抓手，持续不断狠刹节日期间不正之风，严格监督执纪问责，坚决防止“四风”反弹。在元旦、春节、五一、端午、中秋、国庆等重要时间节点开展廉洁教育，及时传达贯彻中央纪委、中直纪工委有关精神，先后印发《关于元旦春节期间认真贯彻中央八项规定精神 严防“四风”反弹的通知》《关于贯彻落实中央纪委“强化监督执纪问责 深入纠正‘四风’”电视电话会议精神的通知》《关于做好中秋国庆节期间严防“四风”反弹工作的通知》，重申强调有关纪律；同时，以联席会、倡议书、手机廉政短信等形式，提醒、督促党员干部特别是各级领导干部严守党纪政纪，并开通群众监督举报电话和邮箱，加强监督执纪力度，在科协机关各部门、各直属单位范围内开展自查自纠，做到“零报告”。集中排查用公款以各种名义滥发津贴、补贴、奖金、实物和商业预付卡等各种支付凭证问题，对中央三令五申禁止的领导干部公款吃喝、公款旅游、公款送礼、公车私用、收受礼金、出入私人会所、借婚丧喜庆敛财、在培训中心搞奢靡享乐、违规出国（境）等问题进行重点监督和整治。科协各级党组织、纪检组织切实履行职责，认真落实相关规定，及时向机关纪委报送自查自纠报告，形成齐抓共管局面。

机关党委、纪委始终坚持把对党员干部反腐倡廉宣传教育作为加强党风廉政建设和反腐败斗争的一项基础性工作常抓不懈，深化反腐倡廉教育，筑牢思想道德防线。通过各种不同形式的学习宣传教育活动，不断营造自觉遵守党的政治纪律和政治规矩的氛围，党员干部廉政意识得到加强，不断筑牢拒腐防变防线。

2015年，按照《中国科协党组关于加强领导干部经济责任审计和监督工作的意见（试行）》，根据中国科协组织人事部离任审计函，中国科协机关党委审计室先后对中国科普研究所、创新战略研究院、科普出版社、科技导报社、青少年科技中心、企业创新服务中心6个直属单位的法定代表人开展了任期经济责任审计。通过审计，增强了直属单位法定代表人及班子成员对依法依规履行经济责任的重要性的认识，分清了原任与现任法定代表人的经济责任，对各直属单位完善内部控制制度、加强经济管理工作起到积极的促进作用。完成了对2个直属单位贯彻执行中央八项规定和“小金库”治理的专项审计，完成了对1个直属学会的专项审计。

面对当前反腐倡廉工作新形势、新任务，机关纪委迫切需要加强自身建设。7月，中国科协机关纪委完成换届工作，健全机构设置，增加1名副局级领导职数，设置专职纪委副书记岗位，调入优秀年轻干部充实纪检力量。在设党委的直属单位成立纪委，配备专职纪委书记或副书记，在设总支、支部的直属单位设立纪检委员。中国科协机关各部门、各直属单位明确一名领导班子成员负责纪检工作，不断强化执纪问责职能。建立监督检查办案联动机制，在排查重要问题线索和查办重大案件时，由中国科协机关纪委统筹协调各部门各单位纪检力量，集中办案资源，加强配合与协作，切实增强办案能力。

【实施党建强会计划】 2015 年，中国科协机关党委及时传达学习中央党的群团工作会议和全国社会组织党的建设工作座谈会精神。组建中国科协学会党建工作领导小组，由中国科协党组有关领导担任组长，成员由机关党委、学会学术部、计划财务部、组织人事部、学会服务中心党组织负责人组成，定期召开联席工作会议，有针对性地开展调查研究，就学会改革和党建工作同步推进作出安排部署。研究提出全国学会党建工作方案，选择部分学会作为党建工作试点，摸索规律、总结经验，向中直工委提供有价值的参考建议。

深入贯彻落实党中央关于加强社会组织党建工作的部署，以“加强基层服务型党组织建设”为主线，继续推动全国学会党的组织和党的工作双覆盖，进一步提升学会履职能力和为会员服务能力。以“业务相近、地域相邻”的原则，推动中国感光学会、中国农业机械学会、中国毒理学会分别成立独立的学会党支部。截至 2015 年 12 月底，204 个全国学会中，已建立党组织 97 个，覆盖 112 个学会；建立党建活动小组 8 个，覆盖 12 个学会，党组织覆盖率达到 60.8%。在湖北红安干部学院举办 2015 年全国学会党务干部党性教育培训班，全国学会党务干部、党建通讯员 70 余人参加培训。

2015 年，深化“党建强会”特色活动品牌，重点资助一批基础较好、组织健全、能力较强的学会党组织发挥示范引领作用，将党建活动继续做大做强，形成规模和品牌效应；依据“重点扶植，广泛参与”的原则，经过学会党组织的积极申报及评选，共有 58 家全国学会党组织获得 2015 年的专项经费资助，全年开展活动 200 多项，组织参与活动专家达 1200 余人次，惠及群众 190 余万人次。

2015 年，充分发挥中国科协学会党建研究会的作用，共有 22 个学会及相关单位参与 12 个课题的调研活动，完成《中国共产党和政府社团党建政策资料汇编》，为做好社团党建工作提供了重要参考依据和工作指南。不断发展扩大团体会员，新增中国水利学会党支部、中国宇航学会党支部、北航科协全国学会联合党支部（中国复合材料学会、中国图学学会、中国系统仿真学会）及吉林省科技社团党建研究会 4 个团体会员。目前，拥有团体会员及理事单位 100 个。全年编辑印发《学会党建通讯》12 期。

人 物

2015 年新当选的全国学会、协会、研究会理事长

（按中国科协团体会员序列排序）

袁亚湘，中国数学会理事长，中国科学院院士。

1960 年 1 月出生，湖南资兴人。现任中国科学院数学与系统科学研究院研究员。在非线性优化的算法以及理论，在信赖域法、拟牛顿方法、共轭梯度法等方面取得了一系列重要成果，著有学术专著 4 本（其中 1 本在 Springer 出英文版），发表学术论文 100 多篇。1985 年在英国伦敦获首届青年国际数值分析奖（L.Fox）二等奖，1990 年被评为“有突出贡献的中青年专家”，1991 年被评为“有突出贡献的回国人员”，1993 年获中国科学院青年科学家奖一等奖，1995 年获首届“冯康科学计算奖”，1996 年获第三届“中国青年科学家奖”，1998 年获“中国十大杰出青年”称号，2004 年获北京市科学技术一等奖，2005 年获中国科协“全国优秀科技工作者”称号，2006 年获国家自然科学奖二等奖（排名第一），2011 年获中国数学会“陈省身应用数学奖”。2011 年当选美国工业与应用数学会会士（Fellow），2012 年当选美国数学会会士。

詹文龙，中国物理学会理事长，中国科学院院士。

1955 年 10 月出生，福建厦门人。中国科学院副院长、党组成员，第十七届、十八届中共中央委员会候补委员。1982 年毕业于兰州大学现代物理系。1982 年至 2007 年中国科学院近代物理所研究室主任、副所长、所长，兰州重离子加速器国家实验室副主任（其间：1986 年至 1988 年在法国大加速器国家实验室、1991 年至 1993 年在美国哥伦比亚大学做访问学者）。

主要从事重离子实验核物理研究和大科学工程建造。先后参加低能重离子反应机制研究、中能重离子核物理研究、相对论重离子碰撞研究。20 世纪 90 年代后期负责国家大科学工程“兰州重离子加速器冷却储存环”的研制。近年来组织基于兰州重离子加速器的重离子治癌临床研究。

陈连增，中国海洋学会理事长。

1956年5月出生，山东人。1993年7月至1996年3月，国家海洋局科技司科技综合处处长。1996年3月至1996年10月，国家海洋局管理司副司长。1996年10月至1997年4月，国家海洋局南海分局副局长。1997年4月至1999年1月，国家海洋局天津海水淡化与综合利用研究所所长。1999年1月至今，国家海洋局副局长。曾获中国青年科学家奖、求是杰出青年奖、国家杰出青年基金、陈省身数学奖、国家自然科学奖二等奖。

主要从事海洋科技、国际合作、南北极科学考察管理工作，具有丰富的海洋科技管理工作经验。主持撰写出版了《中国海岛志》《中国近海海洋图集》《中国近海海洋》《中国近海海洋基本现状》《中国海洋物种多样性》《中国海洋生物图集》等。

张培震，中国地震学会理事长，中国科学院院士。

1955年12月出生，河南淮滨人。1979年毕业于长春地质学院，1982年在中国科技大学获硕士学位，1987年在美国麻省理工学院获博士学位，1991年在美国内华达大学完成博士后工作。1991年任中国地震局地质研究所研究员。三次获国家科技进步奖二等奖、李四光地质科学奖等奖项。

主要通过不同时间尺度的构造变形，研究大陆动力过程与强震活动习性，并将研究结果应用于地震危险性评价。以十年时间尺度的现代地壳运动为对象，提出了中国大陆的现今构造变形是一种既有刚性地块的整体运动、又有非刚性连续变形的耦合模型；提出了所谓青藏高原“向东挤出”实际是高原内部地壳物质的向东流动和顺时针旋转。以万年时间尺度的活动构造为对象，在国际上较早给出了青藏高原周边低速率、分散式构造变形的实际证据；提出了“古地震事件年代的逐次限定”等研究方法。以百万年时间尺度的新生代构造为对象，发现了高原周边晚新生代发生了准同期、分布广泛、影响深远的构造变形；提出了全球气候冰期—间冰期大幅度波动是导致2～4百万年沉积速率增加的新观点。在汶川地震的发震构造、孕震模式及其动力学方面提出了一系列新认识。

陈晔光，中国细胞生物学学会理事长。

1964年8月出生，江西乐安人。1983年毕业于江西大学生物系，1996年获美国纽约爱因斯坦医学院博士学位。2000年至2002年任美国加州大学Riverside分校Assistant Professor，2002年起任清华大学教授。曾任清华大学生物科学与技术系副主任、生命科学学院副院长、生物膜与膜生物工程国家重点实验室主任等职务。担任国家自然科学基金委员会生命科学部第三届和第六届专家咨询委员会委员、《“十三五”生物学学科发展战略报告》编写工作专家组副组长和重大研究计划专家组副组长，《细胞研究》（*Cell Research*）、《生物化学杂志》（*J Biol Chem*）、《实验细胞研究》（*Experimental Cell Research*）等期刊编委和中国细胞生物学学报副主编。

长期从事细胞生物学研究与教学工作，揭示了细胞自嗜调控Wnt信号转导的新机制，发现了TGF-β信号受多层面调控和维持胚胎干细胞自我更新的分子机制。作为通讯作者在*Science*等期刊发表100多篇研究论文。主编的《分子细胞生物学》入选“‘十一五’国家级规划教材”。先后获何梁何利科学与技术进步奖、中国青年科技奖、教育部“长江学者奖励计划”特聘教授和国家杰出青年基金。

游旭群，中国心理学会理事长。

1963年9月出生，湖南新化人。1993年9月至1996年7月在华东师范大学心理系获博士学位。1989年7月至2000年5月任第四军医大学航空航天医学系讲师、副教授（其间：1997年9月至1998年8月德国宇航中心博士后）。2000年6月至今任陕西师范大学心理学科带头人，国家教学团队、国家特色专业负责人，国家级心理学虚拟仿真实验教学中心主任，陕西省行为与认知神经科学重点实验室主任,《心理学报》副主编，陕西省心理学会理事长。

提出飞行定向的高水平视觉表象加工及飞行错觉水平的模糊评价模型；建立国家921工程项目航天员情绪稳定性评价标准、高科技高风险作业环境下安全预警模型以及航线飞行员心理选拔与人因训练标准。主持国家自然科学和社科基金课题、教育部重大攻关课题等20余项；在国内外发表论文100余篇，主编教材5部；获中国高校优秀成果二等奖、中国民航总局科技进步奖二等奖、宝钢教育基金会优秀教师、陕西省人民政府教学成果一等奖等；入选教育部“新世纪人才支持计划”“百千万人才工程”国家级人选第一、第二层次，享受国务院政府特殊津贴专家。

段树民，中国神经科学学会理事长，中国科学院院士。

1957年10月出生，安徽蒙城人。1978年2月至1982年8月，蚌埠医学院医疗系本科。1982年9月至1985年8月，南通医学院生理学专业硕士研究生。1985年9月至2000年1月，南通医学院航海医学研究所教师。1988年10月至1991年3月，日本九州大学医学部生理学专业博士研究生。1992年1月至1994年2月，中国科学院上海脑研究所博士后。1994年3月至1995年3月南通医学院航海医学研究所工作。1995年4月至1996年4月日本九州大学医学部世川医学奖学金特别研究员。1996年7月至1999年12月分别在美国夏威夷大学和美国加州大学旧金山分校做访问学者。2000年1月至2009年3月中国科学院神经科学研究所研究员。2009年3月至2009年9月中国科学院神经科学研究所副所长。2009年9月至今浙江大学医学部主任。2013年7月至今浙江大学医学院院长。

长期从事神经生物学研究，在神经元—胶质细胞相互作用、突触发育和功能等研究领域作出系统的创新工作，尤其在胶质细胞信号分子释放机制、胶质细胞对神经环路和突触可塑性的调控等方面取得重要研究成果。以通讯作者在 *Science* 等国际著名杂志发表系列研究论文。获上海市科技精英奖、何梁何利科学与技术进步奖、国家自然科学奖二等奖。任《神经生理学杂志》（*Journal of Neurophysiology*）等国际神经科学杂志编委，中国神经科学学会会刊 *Neuroscience Bulletin* 主编，国际脑研究组织理事，第三世界科学院院士。

杨庆新，中国电工技术学会理事长。

1961年4月出生，河北滦南人。1995年11月至1998年8月任河北工业大学电气工程系教授、系主任，1998年8月至1999年8月任河北工业大学副校长，1999年8月至2003年3月任河北省科学技术厅党组书记、厅长，2003年3月至2008年2月任河北工业大学党委副书记、副校长（正厅级），2008年2月至今任天津工业大学党委副书记、校长。

我国电磁场计算学领域学科带头人，代表我国在国际电磁场计算学会担任理事，中国分会主席。兼任教育部、国家自然基金委员会电气工程学科项目评审组组长等职务。作为我国电气工程电磁场领域专家出版学术专著多部，承担了国家多项科研项目的研究与实验工作，多项研究成果获得国家级奖励。

胡四一，中国水利学会理事长。

1954年5月出生，四川天全人。1974年9月至1978年2月华东水利学院水文水资源专业学习。1978年2月至1978年9月华东水利学院数学教研室工作。1978年9月至1983年9月华东水利学院硕士研究生。1980年9月至1983年8月德国鲁尔大学土木工程系学习。1993年10月至1995年5月南京水文水资源所第四研究室主任。1995年6月至1999年5月南京水文水资源所副总工程师兼第四研究所主任。1999年5月至2001年11月南京水文水资源所副所长兼总工程师。2001年11月至2005年12月南京水利科学研究院副院长。2005年12月至2015年1月水利部副部长。2003年2月至2008年1月第十届全国人大代表。2008年1月至2013年1月第十一届全国政协常委。2013年2月第十二届全国政协委员。2014年2月增补第十二届全国政协提案委员会副主任。

蒲长城，中国计量测试学会理事长。

1952年8月出生，陕西绥德人。1968年12月参加工作，1972年至1975年在杭州大学外语系英语专业学习。1995年至1996年在美国印第安纳州立大学做访问学者。曾担任共青团陕西省委书记，国家质量技术监督局办公室主任，国家质量技术监督局党组成员、副局长。2001年任国家质量监督检验检疫总局党组成员、副局长。2006年至2013年担任国家科学技术进步奖励评委暨“标准计量、文体科技”评审组组长。2013年任第十二届全国人大环境与资源保护委员会委员。

曾组织制定《中华人民共和国认证认可条例》《特种设备安全监察条例》《中华人民共和国工业产品生产许可条例》《棉花质量监督管理条例》《地理标志产品保护规定》的调研、起草和协调工作；组织修改《中华人民共和国产品质量法》《中华人民共和国进出口商品检验法》《中华人民共和国进出口商品检验法实施条例》的调研和协调工作。

孙家广，中国图学学会理事长，中国工程院院士。

1946 年 1 月出生，江苏镇江人。现任清华大学信息学院院长、教授，国家企业信息化应用支撑软件工程技术研究中心主任，清华信息科学与技术国家实验室（筹）主任，教育部软件工程教指委主任，第十二届全国人大代表、教科文卫委员会委员。

长期从事计算机图形学、计算机辅助设计、软件形式化验证及软件工程与系统的教学、研究、开发与产业化，负责研制了具有我国自主知识产权的计算机辅助设计绘图、三维产品与工程造型及数字建模、集成化 CAD/CAM 支撑软件、工程图档电子化管理和产品数据管理（PDM/PLM）系统等大型软件，并在数百家大中型企业中得到应用；先后当选北京市总工会爱国立功标兵、国家级有突出贡献的中青年专家、国家高技术研究发展计划先进个人，获国家、部委科技进步奖和自然科学奖 10 余项。先后执教《计算机图形学》《软件工程》《算法设计及其复杂性分析》等课程，主编多部教材,《软件工程》2007 年荣获国家级精品课程，提议成立国家示范性软件学院，先后当选北京市优秀教师、北京市教育创新标兵、北京市高等学校教学名师。

高文，中国计算机学会理事长，中国工程院院士。

1956 年 3 月出生，辽宁大连人。北京大学教授、信息与工程科学部主任，国家自然科学基金委员会副主任，第十届、十一届、十二届全国政协委员。1988 年获哈尔滨工业大学计算机应用博士学位，1991 年获日本东京大学电子学博士学位。曾在美国卡内基梅隆大学机器人研究所、美国麻省理工学院人工智能实验室等做过访问学者。1992 年进入国家 863 智能计算机主题专家组，担任智能计算机接口领域责任专家，1996 年至 2000 年任专家组组长。1998 年至 1999 年担任中国科学院计算所所长，2000 年至 2004 年担任中国科学院研究生院常务副院长（其间：2000 年至 2003 年兼任中国科技大学副校长）。曾担任国务院学科评议组计算机学科成员、计算机学报主编。兼任 *IEEE T-CSVT* 等著名国际期刊编委。

长期从事计算机视觉、模式识别与图像处理、多媒体数据压缩、多模式接口以及虚拟现实等的研究。主持 2 项国家“973 计划”（任项目首席科学家）、1 项国家自然科学基金创新群体项目，以及 20 余项国家“863 计划”、国家自然科学基金等项目。出版著作 5 部，在本领域重要期刊和国际会议发表论文 700 余篇，其中 IEEE 会刊论文 100 余篇。作为第一完成人，1 次获国家技术发明奖二等奖，5 次获得国家科技进步奖二等奖。2008 年当选 IEEE Fellow，2010 年当选中国计算机学会王选奖，2013 年当选 ACM Fellow。

黄有方，中国航海学会理事长。

1959 年 6 月出生，上海人。现任上海海事大学校长，中国（上海）自贸区供应链研究院院长。1989 年进入上海海运学院任教，1993 年至 1999 年先后任系副主任、人事处副处长、上海海运学院院长助理，1999 年任上海海运学院副院长，2004 年任上海海事大学副校长，2011 年 12 月起任上海海事大学校长。

2003 年度获上海市科学技术进步奖一等奖，2004 年度获国家科学进步奖二等奖，2004 年起享受国务院政府特殊津贴。先后获“首届中国有突出贡献的物流专家”“上海市优秀学术带头人”“中国物流改革开放 30 年突出贡献人物”“中国物流十大风云人物”“上海市领军人才”“2013 中国航运十大影响力人物”等称号。发表论文、著作 200 余篇（部），国内外大会邀请报告 100 余场。负责或为主完成国家级、省部级和企业委托科研项目近 100 项。

翁孟勇，中国公路学会理事长。

1955 年 7 月出生，浙江鄞县人。工程师。上海海事大学硕士研究生毕业。先后在交通部上海航道局、中国港湾建设总公司驻墨西哥办事处工作。1996 年 1 月起任交通部上海航道局局长、中国港湾（集团）总公司上海航道局局长。2000 年 4 月起任交通部副部长、党组成员。2006 年 11 月起任交通部党组副书记、副部长。2008 年 3 月至 2015 年 10 月任交通运输部党组副书记、副部长。

干勇，中国金属学会理事长，中国工程院院士。

1947 年 8 月出生，四川内江人。教授级高级工程师，中国科协常委。1970 年 8 月毕业于东北工学院（现东北大学）热能工程专业，1982 年在上海工业大学（现上海大学）获硕士学位，1987 年获冶金部钢铁研究总院工学博士学位。1994 年至今任连铸技术国家工程研究中心主任，1995 年 4 月任钢铁研究总院常务副院长，2001 年 4 月至今任钢铁研究总院院长。2002 年当选中国共产党十六大代表、主席团成员，2007 年当选中国共产党十七大代表。2010 年 6 月当选中国工程院副院长，现任第十二届全国政协委员及人口资源与环境委员会副主任。

长期从事冶金、新材料及现代钢铁流程技术研究，是我国材料冶金、现代钢铁流程的学术带头人之一。主持国家十一五重大支撑计划项目“新一代可循环钢铁流程工艺技术”的研究工作。曾获国家科技进步奖二等奖 2 项及省部级科技进步奖一等奖 5 项，获准专利 24 项，其中发明专利 15 项，发表论文 140 余篇，出版著作 3 部。先后获得国务院政府特殊津贴、国家级有突出贡献中青年专家，获国家“八五”科技攻关计划“全国先进工作者”称号、国家“九五”科技攻关计划“全国突出贡献者”称号。

吴新雄，中国能源研究会理事长。

1949年10月出生，江苏江阴人。全国政协经济委员会副主任，国家发改委原副主任，国家能源局原局长。2001年6月至2001年12月任江西省南昌市委书记。2001年12月至2002年9月任江西省委常委、南昌市委书记。2002年9月至2003年1月任江西省委副书记、南昌市委书记。2003年1月至2003年4月任江西省委副书记、常务副省长、南昌市委书记。2003年4月至2006年10月任江西省委副书记、常务副省长。2006年10月至2007年1月任江西省委副书记、代省长。2007年1月至2011年6月任江西省委副书记、省长。2011年6月至2013年3月任国家电力监管委员会主席、党组书记，国家能源委员会委员。2013年至2014年12月，国家发展和改革委员会副主任、党组成员（正部长级），兼任国家能源局局长、党组书记。2015年1月至今，任全国政协经济委员会副主任。中共十六届中央候补委员，十七届、十八届中央委员，九届、十届、十一届全国人大代表。

修龙，中国建筑学会理事长。

1957年5月出生，北京人。1984年毕业于哈尔滨建筑工程学院建筑工程系，硕士研究生学历，研究员，享受国务院政府特殊津贴专家。曾任中国建筑科学研究院副院长，现任中国建筑设计研究院院长、中国建设科技集团股份有限公司董事长。

作为中国建筑设计研究院院长、中国建设科技集团董事长，带领企业实现跨越式发展，经济效益屡创历史新高，企业收入由2006年的11.7亿元，增长到2013年的70亿元，连续6年保持以年均30%以上的增速高速发展，出色地完成了国有资产保值增值任务，企业排名稳居中国勘察设计企业前列。2012年，在修龙的直接领导下，中国建筑设计研究院成功收购了新加坡CPG集团，成为中国勘察设计行业海外并购的第一案例，实现了中国智力型高端服务业企业海外并购的突破，有效地推动了中国勘察设计行业国际化进程。

高福，中国生物工程学会理事长，中国科学院院士。

1961年11月出生，山西应县人。先后在山西农业大学和北京农业大学获学士与硕士学位，1995年获英国牛津大学博士学位，相继在英国牛津大学、加拿大卡尔加里大学、美国哈佛大学/哈佛医学院从事博士后研究工作。2001年至2004年在英国牛津大学任讲师、实验室主任、博士生导师，2004年至2008年任中国科学院微生物研究所所长。现任发展中国家科学院院士，美国微生物科学院院士。中国科学院微生物研究所研究员，中国科学院病原微生物与免疫学重点实验室主任，中国科学院大学医学院院长，中国科学院北京生命科学研究院副院长，中国疾病预防控制中心副主任，中华医学会副会长，牛津大学访问教授。

主要从事病原微生物跨宿主传播、感染机制与宿主细胞免疫研究以及公共卫生政策与全球健康策略研究。中国科学院“百人计划”入选者，国家杰出青年基金获得者，国家“973”项目首席科学家。曾获发展中国家科学院（TWAS）基础医学奖、日本日经亚洲奖（Nikkei Asia Prize）、中国科学院杰出科技成就奖、国家科学技术进步奖一等奖和二等奖、何梁何利基金科学与技术进步奖、吴阶平－保罗·杨森医学药学奖及日本外务大臣表彰等。在SCI国际刊物上发表论文350余篇。

孙瑞哲，中国纺织工程学会理事长。

1963年11月出生，北京人。毕业于华东纺织工学院（现东华大学）染整专业，获学士学位；长江商学院EMBA硕士学位。教授级高级工程师，享受国务院政府特殊津贴。现任中国纺织工业联合会副会长、党委副书记，中国服装协会会长，中国纺织工业联合会社会责任建设推广委员会主任。曾任纺织工业部科学技术情报所所长、国家纺织产品开发中心主任、中国纺织信息中心主任等职。

主要研究领域为纺织科技管理、纺织产品开发、纺织宏观经济、纺织产业政策、纺织行业统计分析、企业社会责任、品牌建设等。组织实施了多项促进纺织行业可持续发展的重点项目，例如，纺织期刊市场化运营，纺织流行趋势研究与发布，纺织工业检测网络建立，中国流行面料工程建设，中国应用色彩体系建立，纺织产业集群公共服务体系建立，中国纺织企业社会责任管理体系CSC9000T建设等。

王岩镔，中国印刷技术协会理事长。

1956年12月出生，北京人。研究生学历。历任新闻出版署办公室副主任、音像和电子出版物管理司副司长，国家新闻出版总署印刷复制管理司司长、印刷发行管理司司长。现任国家新闻出版广电总局印刷发行司司长。

王德学，中国职业安全健康协会理事长。

1954年3月出生，吉林榆树人。教授级高级工程师。国务院安委会成员、专家咨询委员会主任。1972年10月参加工作，历任吉林省水曲柳粘土矿团委专职委员兼机关团支部书记、东坑口党支部书记兼坑长、党委委员、政治处主任，吉林省冶金局矿山处负责人，中国黄金总公司吉林海沟金矿矿长，国家黄金局（中国黄金总公司）体改处处长，河南省黄金局（中国黄金河南公司）副局长、副经理兼中原冶炼厂厂长，中国黄金总公司副总经理，冶金工业部黄金管理局局长，国家经贸委黄金管理局（中国黄金总公司）局长（总经理）、党委书记，国家安全生产监督管理局（国家煤矿安全监察局）副局长、党组成员，国家安全生产监督管理总局副局长、党组副书记，兼国家安全生产应急救援指挥中心主任。

苏义脑，中国振动工程学会理事长，中国工程院院士。

1949 年 7 月出生，河南偃师人。1976 年毕业于武汉钢铁学院，1982 年、1988 年分别获硕士学位和博士学位，1990 年由北京航空航天大学博士后流动站（力学）出站。中国石油集团钻井工程技术研究院原副院长，教授级高工，国家油气钻井工程实验室主任。兼任北京市振动工程学会理事长，北京市科协常委，中国石油学会常务理事，《石油学报》等刊物编委。

主要从事钻井技术研究与应用，在钻井力学、轨道控制和井下工具研究中多项创新成果居国际先进水平，形成体系用于生产效益显著。作为主研人员参加多项国家重点科技项目攻关，项目成果获国家科技进步奖一等奖 2 项、二等奖 1 项，国家技术发明奖二等奖 1 项；省部级一等奖以上 5 项。获国家专利 29 项（发明 11 项），出版专著 9 部，编译著 4 部，主编参编 10 部；发表论文 200 余篇。被授予“作出突出贡献的中国博士学位获得者”称号，获全国首届博士后奖和“全国优秀博士后”称号，中国石油天然气集团公司科技铁人奖，中央企业劳动模范，中国石油天然气集团公司特等劳动模范和“首届铁人奖章获得者”称号、何梁何利科学技术奖和光华工程科技奖。

邴树奎，中国照明学会理事长。

1951 年出生，辽宁本溪人。1996 年获得北京市优秀科技工作者荣誉称号，2003 年荣获由国际照明委员会（CIE）主席亲笔签署的表彰证书。2008 年荣获中国科协抗震救灾先进个人，多次荣获学会先进工作者。从事设计工作 30 多年，参加设计的军内外工程项目数百项，审核、审定的工程项目数百项，其中参加设计的军内外工程项目中，3 项工程获得全军优秀设计一等奖，3 项工程获得全军优秀设计二等奖，2 项工程获得军队优秀设计三等奖。荣获军队科技进步三等奖 2 项。主编《电气设备施工图集》《建筑电气工程安装图集》《建筑电气设计实例图册》（第 1 册）、《建筑电气设计实例图册》（第 2 册）、《建筑电气设计实例图册》（医院建筑篇、消防篇），主编国家标准图集《特殊灯具安装》（03D702–3）、国家标准图集《用户终端箱》（05D702–4）、华北地区标准图集《照明装置》（09BD6）、华北地区标准图集《低压配电装置》（09BD3）。参加编写《照明设计手册》任编委会主任，参加编写《北京市夜景照明技术规范》。在军内外各种刊物上发表论文 28 篇，译文 8 篇。参加国内、军内重大工程项目、科技项目的论证、评审、技术鉴和技术咨询工作。

陈伟明，中国消防协会会长。

1957 年 3 月出生，山东济宁人。1974 年 7 月至 1977 年 2 月在山东泗水县下乡，1977 年 2 月至 1980 年 7 月就读于北京大学俄语系，1980 年 7 月至 1985 年 9 月分别在公安部五局、办公厅工作，1985 年 9 月至 2000 年 5 月在公安部边防局历任副处长、处长、副局长，2000 年 5 月至 2003 年 4 月任云南边防总队总队长，2004 年 4 月至 2008 年 12 月在公安部边防局任局长，2008 年 12 月至 2014 年 11 月在公安部消防局任局长。

李尚兰，中国热带作物学会理事长。

1963年12月出生，湖南益阳人。1987年7月获华中农业大学农学学士学位，2000年7月至2002年9月中国人民大学农业经济专业研究生。参加工作以来，历任农业部农业区划司资源处副主任、主任科员，中央纪委监察部驻农业部纪检组监察局主任科员、副处级、正处级、副局长级纪检检查员（监察员），农业部直属机关党委常委、纪委书记（正局级），中国热带农业科学院党组书记、副院长。参与编写《土地大词典》《多语种土地词汇手册》《中国耕地资源及其开发利用》等著作。荣获2006年度中央纪委监察部三等功、2006年度全国纪检监察系统嘉奖，1997—1998年度农业部“最佳公务员”称号。

马晓伟，中华医学会会长。

1959年12月出生，山西五台人。1977年8月参加工作。1978年4月至1982年12月在中国医科大学医疗系学习，毕业后历任卫生部科学教育司干部、办公厅秘书，中国医科大学附属第一医院副研究员、研究员、副院长、院长、党委书记，中国医科大学副校长，辽宁省卫生厅厅长、党组书记等职务。2001年10月任卫生部副部长、党组成员。2013年4月任国家卫生和计划生育委员会副主任、党组成员。

陈香美，中国中西医结合学会会长，中国工程院院士。

1951年1月出生，山东蓬莱人。1990年至今，解放军总医院肾科主任医师、教授、科主任、名誉主任。历任解放军肾病中心主任，全军肾脏病研究所所长，肾脏病国家重点学科学术带头人，解放军总医院肾脏病医院院长，肾脏疾病国家重点实验室主任，国家慢性肾病临床医学研究中心主任。兼任中国医师协会肾脏病医师分会会长、亚太肾脏病学会理事、中华医学会常务理事等职。

主持或参加20多项国内外中西医结合的前瞻性多中心临床试验或专家共识的制定，担任“973”衰老项目首席科学家、“十二五”科技支撑计划首席专家、国家自然科学基金“创新研究群体”学术带头人各2次，担任解放军“科技创新群体”学术带头人1次。2014年领衔获国家科学技术进步创新团队奖，以第一完成人获国家科学技术进步奖二等奖4项、中国中西医结合学会科学技术一等奖2项、北京市科学技术一等奖3项、中华医学科技一等奖2项、中国人民解放军科学技术进步奖一等奖1项。获中国人民解放军“杰出专业技术人才奖”、中国人民解放军总后勤部“科技金星”，荣立个人二等功2次、集体二等功1次。入选国家百千万人才工程第一、二层次。2006年获何梁何利科学与技术进步奖。以第一作者和通讯作者在国内外杂志发表论著1000余篇（SCI收录260多篇），主编专著15部。

曹雪涛，中国生物医学工程学会理事长，中国工程院院士。

1964年7月出生，山东济南人。1981年至1990年在第二军医大学攻读本科、硕士、博士学位；1990年至2010年任第二军医大学免疫学教研室讲师、教授，免疫学教研室副主任、主任，第二军医大学副校长兼免疫学研究所所长、全军免疫与基因治疗重点实验室主任、医学免疫学国家重点实验室主任；2010年8月至2011年8月任中国医学科学院北京协和医学院副院校长；2011年8月至2015年11月任中国医学科学院院长北京协和医学院副校长；2015年11月至今，任中国医学科学院院长、北京协和医学院校长。2013年当选德国科学院外籍院士。

主要从事天然免疫与免疫调节基础研究、免疫治疗应用研究。以通讯作者在*Cell*、*Nature*等发表SCI论文230余篇，SCI他引6000余次。兼任亚太免疫学会联盟秘书长（2012—2015担任主席），创办《中国肿瘤生物治疗杂志》并任主编，兼任*Cellular and Molecular Immunology*等著名国际期刊主编、副主编、编委等。以第一完成人获国家自然科学奖二等奖1项、中华医学科技奖一等奖2项、军队和上海市科技进步一等奖2项、上海市自然科学一等奖4项，获得国家发明专利16项，获得国家Ⅱ类新药证书2个。获得中国工程院光华工程奖、首届树兰医学奖成就奖、教育部长江学者成就奖、中国青年科学家奖等。获得首届中国研究生教育特等奖、Nature杰出导师终身成就奖。

张幼怡，中国病理生理学会理事长。

1956年1月出生，新疆乌鲁木齐人。1982年毕业于新疆医学院医疗系，获医学学士学位；1988年毕业于新疆医学院医疗系，获医学硕士学位；1992年由新疆医学院与日本大学医学部联合培养博士生，获医学博士学位；此后在北京医科大学第三医院血管医学研究所做博士后；1994年至今在北京医科大学第三医院血管医学研究所工作（其间：在美国埃默里大学药理系学系工作两年）。兼任中国病理生理学会受体专业委员会主任委员、中国病理生理学会心血管专业委员会副主任委员、国际病理生理学会理事长。任《中国科学：生命科学》常务编委、《中国药理与毒理》等杂志编委。

主要从事心血管病理生理学研究。作为项目主持人先后承担10余项国家科学基金课题。发表学术论文252篇，其中SCI收录165篇。2013年获国务院政府特殊津贴。

刘剑君，中国防痨协会理事长。

1962年12月出生，北京人。1986年毕业于北京医科大学公共卫生学院，获学士学位，并先后获得苏州大学管理学院研究生学历，英国利物浦大学热带病学院硕士学位。2006年起任中国疾病预防控制中心副主任、研究员。兼任《中国防痨杂志》和《结核病与肺部健康杂志》总负责人，以及国家卫生计生委卫生应急专家咨询委员会保障组组长。曾获原卫生部全国先进工作者称号、世界银行行长奖、全球公共卫生大奖，以及中华预防医学会科学技术奖。

长期致力于公共卫生策略的研究与实践，涉及结核病防控、农业伤害、卫生应急保障体系和技术转化等领域。承担了“中国结核病防治效果监测及影响因素分析”“结核病防控创新技术探索”“新发突发传染病现场应急防控机动装备平台顶层设计”等10余项国家级课题或国际合作研究。以第一作者和通讯作者名义在“柳叶刀”等国内外杂志发表文章70余篇，主编出版《结核病防治》《现代结核病监测》《结核病防治规划系列手册》《酒后驾驶干预》和《卫生应急物资保障》等10余部专著。

张国成，中国麻风防治协会会长。

1952年6月出生，江苏泰兴人。历任中国医学科学院皮肤病研究所医士、医师、主治医师、副主任医师、主任医师、教授、硕导、康复室主任、副所长等职，1998年至今，任中国疾病预防控制中心麻风控制中心常务副主任。1987年在菲律宾美国伍德麻风研究研究中心进修，1992年在印度Karigiri WHO麻风康复培训中心和埃塞俄比亚全非麻风康复培训中心进修，1998年至2000年在南京大学政治与行政管理系研究生班学习，2000年在荷兰皇家热带病医学研究所（地理信息系统）进修。

1988年获中国首届青年科技奖，1997年获吴阶平医学研究奖（皮肤科）一等奖，1998年获卫生部科技进步奖二等奖（第一完成人），1999年获国家科技进步奖二等奖（第一完成人），2001年获国家科技进步奖一等奖（完成人之一），2014年2月获2013年度国际甘地奖。

方国恩，中国康复医学会会长。

1956年2月出生，河南方城人。外科学教授，主任医师，博士研究生导师，少将军衔。1983年毕业于第二军医大学军医系并获得医学学士学位，后分别于1988年、1993年获得医学硕士和博士学位。历任第二军医大学长海医院普外科主任、副院长，第二军医大学训练部部长，解放军原总后勤部卫生部副部长等职。

长期从事临床医疗工作。临床专业是普通外科，在胃肠道疾病、甲状腺和乳腺等疾病以及创伤救治、普外科疑难疾病的诊断和治疗等方面积累了丰富经验，具有较高造诣。主编、副主编学术专著10余部，发表学术论文150余篇。曾负责多项军队及国家科研项目，获得军队和国家科技奖多项。同时，长期从事军队院校和军队卫生医政管理工作，为军队院校建设和军队卫生工作发展作出了贡献。曾任中国药学会副会长，多个学术期刊主编、副主编和编委等职。

石勇，中国管理现代化研究会联职理事长。

1956年8月出生，湖南古丈人，苗族。1982年获得中国西南石油大学数学学士学位。1983年就读于中美两国政府合办的中国科技管理培训中心（大连理工大学）MBA。1991年获得美国堪萨斯大学管理科学和计算机系统博士学位。1991年至2004年任美国内布拉斯加州立大学管理学院助理教授、信息科学和技术学院副教授、查尔斯–马克丽·德信息技术杰出讲座教授。现任中国科学院虚拟经济与数据科学研究中心主任、中国科学院大数据挖掘与知识管理重点实验室主任、中国科学院大学经管学院副院长、国际信息技术和量化管理学会主席、发展中国家科学院院士。

主要从事最优化理论、数据挖掘以及信用评分领域科研工作。曾获国际康托学术奖、复旦管理学杰出贡献奖、中国科学院百人计划、国家杰出青年科学基金、美国内布拉斯加州立大学卓越研究奖、电子电气工程师协会（IEEE）卓越演讲者。

李维安，中国管理现代化研究会联职理事长。

1957年1月出生，山东青岛人。1993年7月获南开大学经济学博士。1996年3月获日本庆应义塾大学商学博士。历任南开大学经济系讲师、教授、商学院院长，中国公司治理研究院院长，东北财经大学校长。现任天津财经大学校长。兼任国务院学位委员会第六届学科评议组（工商管理）召集人、教育部工商管理教学指导委员会副主任委员、全国MBA教学指导委员会委员、中国企业管理研究会常务副会长等学术职务。

在国内较早开展对公司治理的理论与实务研究。曾获孙冶方经济科学著作奖、复旦管理学杰出贡献奖、蒋一苇改革与发展基金优秀著作奖、教育部人文社会科学优秀成果一等奖等，并获高等学校教学名师、全国五一劳动奖章、宝钢全国优秀教师奖等荣誉称号，长江学者特聘教授。

杨善林，中国管理现代化研究会联职理事长，中国工程院院士。

1948年10月出生，安徽怀宁人。1982年6月合肥工业大学计算机科学与技术专业本科毕业，1985年1月合肥工业大学计算机应用专业研究生毕业。1985年2月至1993年12月合肥工业大学计算机与信息学院助教、讲师、副教授。1994年1月至今合肥工业大学管理学院副教授、教授（其间：1986年7月至1987年9月，在澳大利亚墨尔本大学开展合作研究；1988年10月至1989年12月，在德国德累斯顿工业大学做访问学者）。

主要从事智能决策理论与方法、信息系统理论与技术，以及复杂产品开发和先进制造工程管理的理论方法与技术的研究工作，对复杂产品开发的工程管理理论框架的构建、先进制造工程管理中的优化理论与方法作出了重要贡献。承担过国家“863”重点项目、国防“973”项目以及国家自然科学基金委、国家发改委等重点项目。先后获国家科技进步奖二等奖2项，省部级科学技术一等奖6项，教育部自然科学奖一等奖1项，撰写出版学术著作5部，在国内外重要期刊和国际学术会议上发表学术论文300余篇。曾获复旦管理学杰出贡献奖、国家级高等学校教学名师奖、全国五一劳动奖章。

席西民，中国管理现代化研究会联职理事长。

1957年4月出生，陕西西安人。1982年获得陕西机械学院物理学学士学位，1984年获得西安交通大学系统工程硕士学位，1987年获管理工程博士学位。现任西交利物浦大学执行校长，英国利物浦大学副校长。曾任西安交通大学党委常委、副校长、管理学院院长，西安交大城市学院创立院长。兼任教育部工商管理教育指导委员会主任委员、教育部科技委委员兼管理学科部常务副主任、国家自然科学基金委员会管理学部咨询委员会委员、中国企业现代化研究会副会长，苏州市人大代表,《管理学家》(实践版)(学术版）主编以及多个学术期刊编委等。

主要从事战略管理及政策分析、决策与决策支持系统、管理行为与企业理论等领域的研究和教学。研究工作先后获国家教委“跨世纪人才重点跟踪支持基金”、国家自然科学基金会“国家杰出青年基金”“国家优秀创新团队基金”的支持，主持和参加各类科研课题60余项，其中国家攻关、重大、重点项目30余项，曾获“国家级有突出贡献中青年专家”等荣誉称号，以及“中国青年科技奖”“中国青年科学家奖”等综合性奖励。

张维，中国管理现代化研究会联职理事长。

1958年5月出生，天津人。1988年获天津大学系统工程工学博士学位。1988年10月至今任天津大学管理与经济学部（原管理学院）讲师、副教授、教授（其间：1994年至1995年在美国加州大学伯克利分校作为访问学者），现任学部主任。兼任 *Journal of Management Science and Engineering* 执行主编。

主要从事金融工程、创业与中小企业融资等领域的研究，是我国最早从事金融工程教育和研究的学者之一。翻译出版了国内第一本实物期权理论著作，获国家基金资助开展实物期权及期权博弈研究、计算实验金融研究，并出版计算实验金融专著。曾获天津青年科学奖、天津社科奖一等奖等。1997年获教育部首批经济管理学科的“跨世纪优秀人才”称号，2011年成为教育部“创新团队”带头人。

戴国强，中国科学技术情报学会理事长。

1961年1月出生，河北文安人。1979年9月至1984年7月清华大学水力机械专业本科，1984月8月至1986年6月清华大学管理工程研究生。1986年至1991年清华大学水电工程系讲师、教务科长，从事教学、科研和管理工作。1991年至2010年在国家科委工业司、科技部高新技术发展及产业化司，从事项目管理、计划管理和产业化管理工作。2010年6月至2014年11月任国家基础条件平台中心主任。2014年11月至今任中国科学技术信息研究所所长。

组织并参加1995—2010中长期科技发展规划研究，组织并参加2006—2020中长期科技发展规划研究及中长期科技发展纲要的编制。组织“极大规模集成电路”等多项国家重大科技专项的任务研究、论证和实施工作。组织实施了“蛟龙”号的论证、研究与开发制造。组织并参加了科技攻关计划、科技支撑计划和“863”计划相关领域的多个五年计划研究与制定。组织国家基础条件平台认证和绩效考核体系研究并实施。组织研究并发布了“中国射频识别（RFID）技术政策白皮书”。组织实施“国家工程技术研究中心”和“国家大学科技园”工作。

穆荣平，中国科学学与科技政策研究会理事长。

1960年10月出生，安徽合肥人。现任中国科学院科技政策与管理科学研究所研究员，中国科学院科技战略咨询研究院书记，中国科学院大学公共政策与管理学院常务副院长，中国科学院创新发展研究中心主任，中国科学院知识产权研究与培训中心主任，北京市政府专家咨询委员会委员，中国高技术产业发展促进会理事长。

长期从事科技政策、技术预见、创新政策与管理等研究。参与《国家中长期科学和技术发展规划战略研究》《〈国家中长期科学和技术发展规划纲要（2006—2020年）〉若干配套政策》研究起草，承担完成了国务院办公厅转发的《国家自主创新基础能力建设“十一五”规划》和国务院发布的《“十二五”国家自主创新能力建设规划》《国家重大科技基础设施建设中长期规划（2011—2030年）》等重要文件研究起草，参与了《国务院关于加快培育和发展战略性新兴产业的决定》和《“十二五”国家战略性新兴产业发展规划》等重要文件研究起草，完成了企业技术开发支出加计扣除等激励企业创新的政策文件研究起草。为深圳、广州等城市研究编制了《国家创新型城市规划》。在国内外核心期刊发表学术论文40余篇，出版学术专著4部，获得北京市和中国科学院科技进步奖4项。

刘宁，中国工业设计协会会长。

1971年出生，山东人。1996年参加工作，历任海尔集团工业设计中心总经理，中央研究院总经理，技术中心主任，数字产品集团全球营销总监，互联网云服务总监，科技部数字家庭国家重点实验室副主任。主持或参与完成国家“863”计划、国家科技支撑计划、发改委重大专项等9项国家级课题，参与制定4项国际、国家标准，个人拥有专利136项。

近年来致力于推动中国工业设计发展，提升我国工业设计发展水平，打造工业设计创新服务平台，服务于国家创新战略。曾获日本G-MARK设计大奖、首届中国设计业十大杰出青年、德国IF设计大奖、中国设计红星奖至尊奖、德国IF设计大奖、美国IDEA设计大奖、德国红点设计大奖等。

陈赛娟，中国青少年科技辅导员协会理事长，中国工程院院士。

1951年5月出生，浙江鄞县人。上海交通大学医学院附属瑞金医院上海血液学研究所研究员、所长，医学基因组学国家重点实验室主任，国家转化医学研究中心（上海）主任，中华医学会副会长，中国病理生理学会实验血液学专业委员会主任委员，中国女科技工作者协会副会长，上海医学会副会长，发展中国家科学院院士，法国医学科学院外籍院士，英国皇家内科医师学院院士，第十届、十一届全国人大代表，第十二届全国政协委员，中国科协第八届全国委员会副主席。

长期致力于白血病发病机理与治疗研究。率先提出并实施了白血病基因组解剖学计划，发现了一批新的白血病发病相关的突变基因与融合基因，揭示了白血病发病的新机制，为临床诊断、预后判断和靶向治疗提供了新的生物分子标志和靶标，并建立了急性髓性白血病（AML）预后相关的分子分型体系，进一步完善和丰富了白血病发病的分子机理，为制定分子靶向治疗策略提供了理论依据。她领导的研究团队在*Nature*、*Science*等著名国际期刊发表论文300多篇，被引证数达20000余次。获得国家自然科学奖二等奖、上海市自然科学奖特等奖等国家和省部级科技奖10余项。

朱邦芬，中国科学技术期刊编辑学会理事长，中国科学院院士。

1948年1月出生，上海人。1970年毕业于清华大学工程物理系，1981年获清华大学固体物理学硕士学位，1981年3月至2000年1月先后任中国科学院半导体研究所助理研究员、副研究员、研究员，期间曾多次出访，曾任美国伊利诺伊大学厄巴纳－香槟分校、加利福尼亚大学圣迭戈分校等5所大学客座教授。2000年1月起任清华大学高等研究中心教授和清华大学物理系教授。曾任清华大学物理系系主任、理学院院长、中国物理学会凝聚态理论与统计物理专业委员会主任。现任中国物理学会副理事长、国家自然科学基金委监督委员会常委、《中国物理快报》（*Chinese Physics Letters*）主编、《物理》副主编以及其他10个学术刊物编委，多个研究所和国家重点实验室学术委员。

主要从事凝聚态物理研究，发表科学论文约100篇，著作3本，编书7本，论文被他人引用2000余次。他曾获国家自然科学奖二等奖2项、中国科学院自然科学奖一等奖1项，中国科学院自然科学奖二等奖2项，第八届全国优秀科技图书一等奖和香港求是科技基金会杰出青年学者奖。

陈至立，中国老科学技术工作者协会会长。

1942年11月出生，福建仙游人。中共第十三、十四届中央候补委员，第十五、十六、十七届中央委员。1964年毕业于复旦大学物理系。1964年至1968年中国科学院上海硅酸盐研究所研究生，毕业后在上海硅酸盐研究所长期从事铁电、压电材料，器件及相变行为研究。1980年至1982年在美国宾夕法尼亚州立大学材料研究所做访问学者。1983年起历任上海硅酸盐所党委副书记，上海市科技工作委员会副书记、书记，上海市委宣传部部长、市委常委、市委副书记。1997年7月任国家教委党组书记、副主任，1998年3月至2003年3月任教育部部长、党组书记。2003年3月至2008年3月任国务委员，兼任国务院学位委员会主任、国家科教领导小组副组长、中央宣传思想工作领导小组副组长、中央精神文明建设指导委员会副主任、北京奥组委副主席等。2008年3月至2013年3月任第十一届全国人民代表大会常务委员会副委员长，兼任中华全国妇女联合会主席。

现任《辞海》主编。先后获莫斯科大学名誉教授称号，英国诺丁汉大学、韩国淑明女子大学、泰国皇太后大学、泰国易三仓大学荣誉博士称号。

秦大河，全国政协常委，中国科学探险学会主席，中国科学院院士。

1947年1月出生，山东泰安人。1965年9月至1970年7月兰州大学地质地理系自然地理专业学习，1970年7月参加工作，1978年9月至1981年12月兰州大学地理科学系自然地理专业硕士研究生，1991年1月至1992年12月兰州大学地理科学系自然地理专业博士研究生。曾任中国气象局局长、党组书记，中国科协副主席，中国气象学会理事长等。现任全国政协人口资源环境委员会副主任，国家自然科学基金重大项目《中国冰冻圈服务功能形成机理与综合区划研究》首席科学家，中国科学院学术委员会主任。第三世界科学院院士。

参与和领导的联合国政府间气候变化专业委员会（IPCC）第三、第四和第五次评估报告，以及领导中国气候环境演变评估，为深刻认识气候变化科学作出了重要贡献。积极倡导冰冻圈科学概念，创建冰冻圈科学国家重点实验室。主持中国科学院重大项目、科技部“973”项目，主持《中国气象事业发展战略研究》。发表论著400余篇（部），参与领导的IPCC工作获诺贝尔和平奖，曾获国际气象组织奖（IMO）、2013年沃尔沃环境奖、国家自然科学奖二等奖、甘肃省自然科学奖一等奖等。

王迎军，中国生物材料学会理事长，中国工程院院士。

1954年7月出生，河北唐县人。1978年华南理工大学无机非金属材料专业本科毕业，1981年获华南理工大学无机非金属材料专业硕士学位，1997年获无机非金属材料专业博士学位。1984年10月至今任华南理工大学材料学院讲师、副教授、教授。1998年12月任华南理工大学材料学院副院长，2003年9月任华南理工大学副校长，2007年11月任华南理工大学党委书记，2011年12月起任华南理工大学校长。先后获广州市三八红旗手、教育部“高等学校优秀骨干教师”、中国陶瓷工业协会“有突出贡献陶瓷科技专家奖”，2008年被国际生物材料科学与工程学会联合会授予生物材料科学与工程会士。

主要从事生物材料研究与教学工作，研制出多种新型生物医用材料，并实现工程化。主持国家“973”重大基础研究项目（首席科学家）等科研项目60余项。获国家技术发明奖二等奖、教育部自然科学奖一等奖、广东省技术发明奖一等奖等奖励10余项。授权国家发明专利23项，发表SCI论文172篇，专著《生物医用陶瓷》入选国家新闻出版总署“三个一百”原创出版工程。

韩芳，中国睡眠研究会理事长。

1968年12月出生，山西天镇人。1987年9月至1992年7月山东滨州医学院医学学士，1992年9月至1997年8月北京大学医学部研究生院医学博士，1997年8月至1999年8月北京大学人民医院呼吸科主治医师，1999年8月至2001年8月美国凯斯西储大学（Case Western Reserve University）医学院助理教授，2001年8月至今北京大学人民医院呼吸科主任医师、教授、博士研究生导师。北京大学医学部睡眠医学中心主任，北大人民医院睡眠中心主任，亚洲睡眠医学会副主席，中华医学会呼吸疾病分会睡眠学组副组长。*Sleep and Breathing*副主编，《中华医学杂志》《中华结核和呼吸杂志》等杂志编委。

主要研究方向为睡眠呼吸障碍的发病机理及发作性睡病的易感遗传基因，研究工作得到"973"计划、国际合作专项、国家自然科学基金重点项目、北京科技新星计划、教育部新世纪优秀人才计划及国家自然科学基金委中德中心的资助。在国内外学术期刊发表学术论文130余篇，其中SCI收录50篇。

朱志国，中国微量元素科学研究会理事长。

1951年6月出生，河北河间人。1973年至1977年就读于华东理工大学。1977年2月至1981年3月国防科委第十三研究院和军事医学科学院实习研究员。1981年3月至2004年5月第四军医大学吉林军医学院讲师、副教授、教授。2004年5月至今，吉林医药学院教授、博士研究生导师，吉林省微量元素科学研究会理事长。

主要从事微量元素研究，涉及合成、检测、中草药等领域。在金属配合物合成方面有深入研究，主持完成L-赖氨酸锌配合物课题，发现了锌五配位化合物，对配位化学的发展作出了贡献。完成国家自然科学基金课题1项。在SCI、科学通报等学术刊物上发表论文289篇。曾获军队科技进步奖二等奖、军队育才银奖、全军优秀教师。

杨春光，中国国际经济技术合作促进会理事长。

1954年2月出生，山东兰陵县人。1969年3月参加工作。毕业于山东大学中文系，中央党校省部级干部在职研究生班政治学专业硕士研究生。先后在山东省委组织部、山东省委高校工委、中共中央组织部工作。1996年12月起任中共新疆巴音郭楞蒙古自治州党委副书记（挂职），1998年12月任宁夏回族自治区党委组织部副部长，2000年12月任石嘴山市委副书记，2002年12月任石嘴山市委书记（2003年2月兼任石嘴山市人大常委会主任），2007年3月任宁夏回族自治区党委宣传部部长，2007年6月任宁夏回族自治区党委常委、宣传部部长，2012年1月任国家公务员局党组成员、副局长（副部长级），现为第十二届全国政协委员，中国作家协会会员。

著作有《走科学发展之路》《石嘴山赋》《宁夏文化的源与流探析》《大地与脚印》《浩然龙年风》《长歌伴我行》《溪流沧海间》等。

殷皓，中国科技馆发展基金会理事长。

1965 年 8 月出生，山东广饶人。1988 年毕业于北京钢铁学院，1994 年研究生毕业于北京科技大学。曾在天津无缝钢管工程指挥部工作，曾任中国科协办公厅副主任，科学技术普及部副部长，科普资源共建共享办公室副主任，中国自然科学博物馆协会科技馆专门委员会副主任，中国互联网协会网络科普联盟副主任。现任中国科技馆党委书记、副馆长，中国科教电影电视协会副理事长。参与制定和实施《全民科学素质行动计划纲要（2005—2010—2020 年）》《全民科学素质行动计划纲要实施方案（2011—2015 年）》和科普资源共建共享、科普基础设施工程等工作；参与全国科普日、全国防灾减灾日、全国食品安全宣传周和国际化学年、国际光及光基年等重点科普活动的策划、组织和实施；参与国家科技基础平台——中国数字科技馆建设、运营和管理；参与中组部“全国党员干部现代远程教育”节目项目；参与中国特色现代科技馆体系建设研究和实施；作为项目负责人参与科技部“基于科技馆平台的创新方法培训研究与实践”项目和“公益性科普事业和经营性科普产业”等研究；参与编辑《中国科普报告》等。

2015年新当选的省、自治区、直辖市科协主席

陈骏，江苏省科协第九届委员会主席，中国科学院院士。

1954年11月出生，江苏扬州人。研究生学历，博士学位，教授。1973年3月参加工作。1997年以后，先后任南京大学副校长、党委常委、常务副校长（正厅级）、南京大学校长（副部长级）。第十一届全国人大常委会委员。

长期从事表生地球化学和矿床地球化学研究。用矿物学和同位素地球化学方法揭示亚洲风尘潜在源区，发现中国黄土和北太平洋深海风尘沉积物质具二源性特征；创建指示古季风气候变化的风尘地球化学指标，明确指出亚洲季风对大陆风化过程和全球变冷的重要影响；从20世纪80年代开始围绕华南含锡花岗岩的物源性质、演化程度、成矿能力和找矿标志开展研究，系统揭示华南锡矿成矿地球化学过程，提出华南最重要原生锡矿三阶段成矿模式和锡石—硫化物矿床找矿模型。曾获国家自然科学奖二等奖和省部级一等奖等奖项。

李秀珍，西藏自治区科协第六届委员会主席。

1962年9月出生，山东诸城人。1979年12月参加工作。1979年12月至1981年2月在拉萨市农机局工作。1981年3月至1985年2月在拉萨市委办公厅工作。1985年3月至1996年3月在拉萨市政府办公厅工作，任办公室副主任、秘书一处处长。1996年4月至1996年8月在拉萨市委、市政府接待处工作，任副主任（副县级）。1996年9月至2001年4月在西藏自治区政府办公厅工作，任副县级秘书。2001年5月至2003年2月在西藏自治区政府办公厅工作，任正县级秘书。2003年3月至2003年12月在西藏自治区政府办公厅秘书三处工作，任正县级秘书。2004年1月至2008年3月在西藏自治区政府办公厅任秘书一处处长。2008年4月至2011年3月任西藏自治区政府办公厅党组成员、纪检组长。2011年4月至2015年6月任西藏自治区人民政府副秘书长。2015年7月至今任西藏自治区科协党组副书记、主席。

夏红民，甘肃省科协主席。

1961 年 12 月出生，湖北监利人。1982 年 8 月参加工作。1978 年 10 月至 1982 年 7 月在华中农学院植物保护专业学习。1982 年 8 月至 1989 年 8 月任农牧渔业部农业局、办公厅科员、副处级秘书，农业部武陵山区扶贫开发领导小组办公室副主任、农艺师（其间：1987 年 4 月至 1988 年 4 挂职湖北省鄂西土家族苗族自治州政府扶贫办副主任）。1989 年 8 月至 1993 年 10 月任农业部综合计划司区域开发处、办公室、投资基建处负责人、副主任、主任、处长，农业部高等农业院校基本建设学会常务理事。1993 年 10 月至 1998 年 7 月任农业部动植物检疫总所（局）党组成员、副所长（副局长），高级农艺师（其间：1996 年 3 月至 1996 年 7 月在中央党校地厅级进修班学习）。1998 年 7 月至 2000 年 12 月任国家出入境检验检疫局动植物监管司司长。2000 年 12 月至 2001 年 3 月任国家出入境检验检疫局党组成员、副局长。2001 年 3 月至 2001 年 8 月任国家质量监督检验检疫总局党组成员。2001 年 8 月至 2004 年 9 月任国家质量监督检验检疫总局党组成员兼动植物检疫监管司司长。2004 年 9 月至 2006 年 5 月任国家质量监督检验检疫总局党组成员（其间：2005 年 9 月至 2006 年 1 月中央党校省部级进修班学习）。2006 年 5 月至 2006 年 6 月甘肃省人民政府党组成员。2006 年 6 月至 2012 年 8 月任甘肃省人民政府党组成员、省长助理。2012 年 8 月至 2014 年 7 月任甘肃省人民政府党组成员、省长助理，中共庆阳市委委员、常委、书记，庆阳军分区党委第一书记。2014 年 7 月至 2014 年 11 月任甘肃省人民政府党组成员、副省长，中共庆阳市委委员、常委、书记，庆阳军分区党委第一书记。2014 年 11 月任甘肃省人民政府党组成员、副省长。第十二届全国人大代表，第十一届、第十二届甘肃省委委员。

2015年去世的中国科协荣誉委员生平

中国工程院原副院长、党组成员，内蒙古大学原校长，中国科协原副主席旭日干同志，因病医治无效，于2015年12月24日在北京逝世，享年75岁。

旭日干同志出生于1940年8月，内蒙古兴安盟科右前旗人，蒙古族。1965年毕业于内蒙古大学生物系，同年8月参加工作。1968年后，先后任内蒙古自治区生产建设委员会科技组组长、准格尔旗沙圪堵公社科技干事等。1980年5月加入中国共产党。1982年至1984年公派赴日本留学，获兽医学博士学位。1985年回国后，主持创建内蒙古大学实验动物研究中心。1993年至2006年，担任内蒙古大学校长。1990年至1996年兼任教育部科技委委员。1995年，当选为中国工程院院士。1996年任中国科协副主席。2006年6月，任中国工程院副院长、党组成员，兼任中国工程院院士增选政策委员会主任。

旭日干同志是中国共产党第十五次、第十六次全国代表大会代表，政协第十届、第十一届全国委员会委员。

旭日干同志长期从事以家畜生殖生物学为中心的现代畜牧业高技术的研究。首次探索出山羊、绵羊和牛精子体外诱导获能的途径，培育出世界首例试管山羊和国内首胎、首批试管绵羊、试管牛，并建立了规模化生产试管牛、羊的整套技术工艺。系统地观察和记录了牛、羊卵巢卵细胞的体外成熟、体外受精和早期发育的形态学变化及其规律，为揭开哺乳类动物受精之谜提供了大量的科学依据。在家畜育种研究中创造性地应用体外受精的理论与技术，在国际上首次提出了试管内杂交育种技术，为家畜改良和育种开创了新的技术途径。曾获内蒙古自治区科技进步奖三等奖、一等奖、特等奖，国家科技进步奖二等奖和乌兰夫奖金奖，台湾光华科技基金奖，何梁何利基金科学与技术进步奖，美国杜邦科技创新奖。获全国“五一”劳动奖章和国家“863”高科技计划突出贡献奖，两次荣获国家有突出贡献的中青年专家、有突出贡献的留学回国人员等荣誉称号，并享受国务院政府特殊津贴。

杰出的核技术工程专家、科技管理专家，中国科协原党组书记、副主席、书记处书记高潮同志，因病医治无效，于2015年12月20日9时40分在北京逝世，享年83岁。

高潮同志，原名高善义，1932年10月13日出生，吉林延吉人。1948年1月参加革命工作，1949年2月加入中国共产党。1948年1月至1952年10月，高潮同志先后在吉林省粮食局军粮总厂、吉林南下工作干部大队供给科、江西赣州地委工作。1952年10月至1955年8月，在江西工农速成中学调干学习。1955年8月至1960年8月，先后在北京俄语学院留苏预备部、苏联列宁格勒大学物理系学习，任中共列宁格勒留学党总支委员、物理系党支部书记。1960年8月至1970年6月，先后任二机部九院理论部实习研究员、科学技术部干部管理科科长。1970年6月至1975年11月，先后任二机部九院科学技术部副处长、处长。1975年11月至1985年9月，先后任二机部（后改为核工业部）九院副院长、学术委员会副主任，常务副院长兼学术委员会副主任（其间：1980年8月至1981年7月，在中央党校第一期中青年干部培训班学习）。1985年9月任中国科协党组副书记、书记处书记，并当选中国科协第三届常务委员会委员。1991年5月至1996年5月，任中国科协党组书记、副主席、书记处书记（其间：1992年9月至12月，在中央党校第十三期省部级干部进修班学习），1991年7月兼任国家科委党组成员。1996年5月当选为中国科协第五届常务委员会委员。2001年6月，授予中国科协荣誉委员职务。2003年12月离职休养。

高潮同志是中国共产党第十三、第十四次全国代表大会代表，第八届全国人大代表、教科文卫委员会委员，政协第七届全国委员会委员。

高潮同志长期从事核物理理论研究设计、科技组织管理工作，参与组织了六次国家核试验任务，为我国原子弹、氢弹、中子弹的研制作出了重要贡献，荣获国家科技进步奖特等奖。离职休养后，依然关心党和国家大事，心系科技、科协事业发展，先后出版了《原子能及其在国防方面的应用简介》《高潮文集》等著作，发表了《高新技术产业与创业投资》《企业科技进步与技术创新》《技术创新是产品质量源泉》等文章。

表彰奖励

中国科协关于授予徐崇彦等15位同志第十八届中国科协求是杰出青年实用工程奖的决定

科协发厅字〔2015〕28号

为鼓励奋斗在工程技术科研和生产一线上的优秀青年科技人员，根据《中国科协求是杰出青年奖条例》规定，经中国科协求是杰出青年奖评审委员会审议通过，决定授予徐崇彦等15位同志第十八届中国科协求是杰出青年实用工程奖。

荣获本届中国科协求是杰出青年实用工程奖的同志，热爱祖国，甘于奉献，在工程技术相关领域作出了突出贡献。希望获奖同志珍惜荣誉、认清使命、再接再厉、锐意进取，在科技创新的道路上不断创造新成就。希望广大青年科技工作者向获奖同志学习，坚定理想信念、牢记创新使命、勇于创新创造，牢固树立创新科技、服务国家、造福人民的思想，为深入实施创新驱动发展战略、加快建设创新型国家、奋力实现中华民族伟大复兴的中国梦贡献智慧和力量。

获奖人员名单如下：

徐崇彦　谢永强　李立顺　刘　兵　高晓强
李海涛　聂子玲　朱志刚　孟海东　窦　强
郑　静　解国洪　樊毫军　范晓强　王　健

中国科协
2015年4月16日

中国科协关于授予王大轶等10位同志第十八届中国科协求是杰出青年成果转化奖的决定

科协发厅字〔2015〕29号

为鼓励在科技成果转化工作中作出优异成绩的青年科技人员，根据《中国科协求是杰出青年奖条例》规定，经中国科协求是杰出青年奖评审委员会审议通过，决定授予王大轶等10位同志第十八届中国科协求是杰出青年成果转化奖。

荣获本届中国科协求是杰出青年成果转化奖的同志，热爱祖国，勇于创新，在科技成果向现实生产力转化等方面作出了突出贡献。希望获奖同志珍惜荣誉、认清使命、再接再厉、锐意进取，在科技创新的道路上不断创造新成就。希望广大青年科技工作者向获奖同志学习，坚定理想信念、牢记创新使命、勇于创新创造，牢固树立创新科技、服务国家、造福人民的思想，为深入实施创新驱动发展战略、加快建设创新型国家、奋力实现中华民族伟大复兴的中国梦贡献智慧和力量。

获奖人员名单如下：

王大轶　王　维　朱光有　陈瑞爱　沈　立
宋文波　何金江　贾宏杰　曾勇军　籍国东

中国科协
2015年4月16日

中国科协办公厅关于公布2014年度优秀全国科普教育基地的通知

科协办发普字〔2015〕6号

各有关全国学会、协会、研究会，各省、自治区、直辖市科协，新疆生产建设兵团科协，各有关单位：

根据《中国科协办公厅关于开展全国科普教育基地2014年度工作考核的通知》（科协办发普字〔2014〕43号）的要求，各有关全国学会、协会、研究会，各省、自治区、直辖市科协，新疆生产建设兵团科协及有关单位高度重视，积极组织相关全国科普教育基地参与年度考核工作。

截至2014年12月26日，共收到53个推荐单位申报的363个基地材料参加考核。经中国科协组织专家评审，共评出75个2014年度优秀全国科普教育基地（名单见附件）。

希望各优秀全国科普教育基地充分发挥示范作用，进一步为公众提供更多更好的科普公共服务。全国科普教育基地要以优秀基地为榜样，互相学习交流促进，各推荐单位要积极发挥指导和服务作用，逐步提升科普教育基地的科普公共服务能力，为提高公民科学素质作出更大贡献。

附件：2014年度优秀全国科普教育基地名单

中国科协办公厅
2015年2月10日

附件

2014 年度优秀全国科普教育基地名单

（按推荐单位排序）

（续表）

序号	单位名称	推荐单位
1	福建省龙岩市新罗区中小学生社会实践教育基地	国家安全生产监督管理总局
2	上海市气象科普教育基地	中国气象学会
3	国家动物博物馆	中国动物学会
4	陈塘庄美术科技馆	中国感光学会
5	北京市野生动物救护中心	中国野生动物保护协会
6	河南科技大学中国轴承陈列馆	中国机械工程学会
7	大连九成测绘信息有限公司	中国测绘地理信息学会
8	泉州海外交通史博物馆	中国航海学会
9	西安阎良航空科技馆	中国航空学会
10	北方兵器城	中国兵工学会
11	武钢博物馆	中国金属学会
12	宁夏回乡文化实业有限公司（中华回乡文化园）	中国建筑学会
13	桂林市农业科学研究所	中国农学会
14	陕西长青国家级自然保护区	中国林学会
15	株洲千金药业股份有限公司	中国药学会
16	福建省图书馆	中国图书馆学会
17	东台蚕业技术交流中心	中国农村专业技术协会
18	北京汽车博物馆	北京市科学技术协会
19	中国印刷博物馆	北京市科学技术协会
20	北京工业大学科技与艺术博物馆	北京市科学技术协会
21	天津市华泰现代农业开发有限公司	天津市科学技术协会
22	河北省图书馆	河北省科学技术协会
23	黄骅博物馆	河北省科学技术协会
24	太原迎泽公园海底世界	山西省科学技术协会
25	莫旗达斡尔民族博物馆	内蒙古自治区科学技术协会
26	沈飞航空博览园	辽宁省科学技术协会
27	大连市西岗区中小学综合素质教育中心	辽宁省科学技术协会
28	吉林省前郭县郭尔罗斯博物馆	吉林省科学技术协会
29	黑龙江测绘地理信息科技馆	黑龙江省科学技术协会
30	上海长江河口科技馆	上海市科学技术协会
31	上海中国航海博物馆	上海市科学技术协会
32	上海辰山植物园	上海市科学技术协会
33	苏州河梦清园环保主题公园（上海梦清园林管理有限公司）	上海市科学技术协会
34	江苏省东海县青少年科技活动中心	江苏省科学技术协会
35	南通市中小学生素质教育实践基地	江苏省科学技术协会
36	昆山市城市生态森林公园有限公司	江苏省科学技术协会
37	常州嬉戏谷有限公司	江苏省科学技术协会
38	南京市红山森林动物园	江苏省科学技术协会
39	中国湿地博物馆	浙江省科学技术协会
40	浙江师范大学科技馆	浙江省科学技术协会
41	安徽古生物化石博物馆	安徽省科学技术协会

（续表）

序号	单位名称	推荐单位
42	厦门市同安区科学技术馆	福建省科学技术协会
43	福州市鼓楼区少年科学艺术宫	福建省科学技术协会
44	龙岩市（长汀县）水土保持科教园	福建省科学技术协会
45	景德镇陶瓷馆	江西省科学技术协会
46	滕州市鲁班纪念馆	山东省科学技术协会
47	德州青少年宫	山东省科学技术协会
48	山东大学威海天文台（暨威海市天文台）	山东省科学技术协会
49	中国科学院紫金山天文台青岛观象台	山东省科学技术协会
50	济南市疾病预防控制中心	山东省科学技术协会
51	沂水县青少年综合实践基地	山东省科学技术协会
52	昌乐县远古火山口地质公园	山东省科学技术协会
53	嵩山地质博物馆	河南省科学技术协会
54	郑州市动物园	河南省科学技术协会
55	国家电网公司特高压交流试验基地	湖北省科学技术协会
56	湖南省沙坪湘绣博物馆	湖南省科学技术协会
57	广州神农草堂中医药博物馆	广东省科学技术协会
58	广东省惠州科技馆	广东省科学技术协会

（续表）

序号	单位名称	推荐单位
59	柳州科技馆	广西壮族自治区科学技术协会
60	重庆市酉阳县青少年科普教育活动中心	重庆市科学技术协会
61	重庆缙云山国家级自然保护区	重庆市科学技术协会
62	成都市植物园	四川省科学技术协会
63	贵州民族大学	贵州省科学技术协会
64	中国石林喀斯特地质博物馆	云南省科学技术协会
65	汉阳陵博物馆	陕西省科学技术协会
66	张掖国家湿地公园	甘肃省科学技术协会
67	青海藏医药文化博物馆	青海省科学技术协会
68	宁夏地质博物馆	宁夏回族自治区科学技术协会
69	新疆生产建设兵团农业建设第十二师五一农场	新疆生产建设兵团科学技术协会
70	克拉玛依市白碱滩区文化科技中心	新疆维吾尔自治区科学技术协会
71	新疆阜康市青少年活动中心	新疆维吾尔自治区科学技术协会
72	大连市青少年宫	中国青少年宫协会
73	安徽博物院	中国博物馆协会
74	上海鲁迅纪念馆	中国博物馆协会
75	自贡恐龙博物馆	中国博物馆协会

中国科协 2015 年度事业发展统计公报

中国科协 2015 年度事业发展统计公报

2015 年，在党中央、国务院的正确领导下，中国科协认真学习贯彻党的十八大和十八届三中、四中、五中全会精神，学习贯彻习近平总书记系列重要讲话精神，自觉履行为科技工作者服务、为创新驱动发展服务、为全民科学素质服务和为党和政府科学决策服务的工作职能，带领科技工作者积极投身科技创新和经济建设主战场，深化科协系统改革，创新工作机制和手段，各方面工作取得了新的成绩。

一、组织建设

截至 2015 年年底，各级科协组织 3215 个；中国科协所属全国学会和委托管理学会 204 个；各省级科协所属省级学会 3745 个。

各级科协从业人员 38512 人；中国科协所属全国学会从业人员 3366 人，委托管理学会从业人员 180 人；各省级科协所属省级学会从业人员 27140 人。

全国学会个人会员 495 万人，比 2014 年增加 58 万人；省级学会个人会员 868 万人，比 2014 年增加 156 万人。全国学会团体会员 57550 个，比 2014 年增加 1379 个；省级学会团体会员 179031 个，比 2014 年减少 5326 个。

企业科协 23929 个，比 2014 年增加 1998 个；个人会员 374 万人，比 2014 年增加 24 万人。

高校科协 831 个，比 2014 年增加 128 个；个人会员 86 万人，比 2014 年增加 10 万人。

街道科协（社区科协）13636 个，比 2014 年增加 2457 个；个人会员 70 万人，比 2014 年增加 3 万人；乡镇科协 29911 个，比 2014 年减少 325 个，个人会员 213 万人，与 2014 年相比增加 1 万人。

农技协 110476 个，比 2014 年增加 39 个；个人会员 1487 万人，比 2014 年增加 21 万人。其中，在民政部门注册的农技协 42662 个，占农技协总数的 38.6%。

在基层直接为公众提供科普服务的专兼职科普工作者 74 万人，比 2014 年增加 7 万人。

二、学术交流活动

各级科协和两级学会举办学术会议共 29105 次。其中，高端前沿学术会议 8083 次，占 27.8%；综合交叉学术会议 9447 次，占 32.5%；学术服务会议 11575 次，占 39.8%；参加人数 502.7 万人次。其中，企业科技工作者 114.5 万人次，占 22.8%。交流论文 96.8 万篇。

举办国内学术会议 26455 次。其中，高端前沿学术会议 6681 次，占 25.2%；综合交叉学术会议 8661 次，占 32.7%；学术服务会议 11113 次，占 42.0%；参加人数 441 万人次。其中，企业科技工作者 93 万人次，占 21.1%，比 2014 年增加 13 万人；交流论文 86.3 万篇。

举办境内国际学术会议 2278 次。其中，高端前沿学术会议 1230 次，占 54.0%；综合交叉学术会议 667 次，占 29.3%；学术服务会议 381 次，占 16.7%；参加人数 57.7 万人次，其中，企业科技工作者 20.2 万人次，占 35.0%，比 2014 年增加 6.8 万人次；境外专家学者 4.3 万人次，占 7.5%。交流论文 9.6 万篇。

举办港澳台地区学术会议 372 次。其中，高端前沿学术会议 172 次，占 46.2%；综合交叉学术会议 119 次，占 32.0%；学术服务会议 81 次，占 21.8%；参加人数 4 万人次。其中，企业科技工作者 1.3 万人次，占 32.5%，比 2014 年增加 797 人次；交流论文 1.0 万篇。

中国科协机关、省级科协 2015 年共举办学术年会 44 次；全国学会举办学术年会 1505 次。

三、科技期刊

各级科协及两级学会主办科技期刊 2670 种，比 2014 年增加 95 种。其中，各级科协主办科技期刊 468 种，占 17.5%；全国学会主办科技期刊 1064 种，占 39.9%；省级学会主办科技期刊 1138 种，占 42.6%。

2670 种科技期刊包括中文学术期刊、科普期刊、技术期刊和英文学术期刊。其中，中文学术期刊 1500 种，占 56.2%；科普期刊 574 种，占 21.5%；技术期刊 393 种，占 14.7%；英文学术期刊 203 种，占 7.6%。

科技期刊总印数 12425 万册。其中，各级科协主办科技期刊总印数 4227 万册，占 34.0%；全国学会主办科技期刊总印数 4929 万册，占 39.7%；省级学会主办科技期刊总印数 3269 万册，占 26.3%。

科技期刊总印数中：中文学术期刊印数 3964 万册，占 31.9%；科普期刊印数 7291 万册，占 58.7%；技术期刊印数 1102 万册，占 8.9%；英文学术期刊印数 67 万册，占 0.5%。

发表论文总数 54.6 万篇，比 2014 年减少 8.9 万篇。其中，英文期刊发表论文数 1.6 万篇，与 2014 年持平。

四、科普活动

各级科协及两级学会全年举办科普宣讲活动 38.1 万次，比 2014 年增加 6.3 万次。科普宣讲活动受众人数 3.2 亿人次，与 2014 年持平；播放科技广播及影视节目 22.4 万小时，比 2014 年增加 3.2 万小时；举办实用技术培训 27.1 万次，比 2014 年增加 1 万次，共有 3178 万人次接受培训；推广新技术新品种 67358 项；参加各类科普活动的科技人员 407 万人次。

各类科普活动覆盖村 52.4 万个。其中，科普日进村 11.4 万个；科技周进村 9.4 万个；日常科普活动进村 31.7 万个。各级科协举办的各类科普活动覆盖村 46.6 万个；两级学会举办的各类科普活动覆盖村 5.8 万个。

各类科普活动覆盖社区 14.4 万个。其中，科普日进社区 3.6 万个；科技周进社区 4.4 万个；日常科普活动进社区 6.4 万个。各级科协举办的各类科普活动覆盖社区 10.4 万个；两级学会举办的各类科普活动覆盖社区 3.9 万个。

五、青少年科技教育

各级科协及两级学会全年举办青少年科普宣讲活动 4.4 万次，比 2014 年增加 0.4 万次，参加活动青少年人数 3552 万人次，增加 637 万人次；播放青少年广播及影视节目 3 万小时，比 2014 年增加 0.8 万小时；举办青少年科技竞赛 1.3 万项，参加竞赛活动的青少年 4956 万人次，获奖人数达 126 万人次；组织 1.4 万人次青少年参加 396 次国际及港澳台科技交流活动，平均每次活动 36 人次参加；组织 49.4 万青少年参加 3010 次青少年科学营活动，平均每次活动 164 人次参加；编印青少年科技教育资料 5019 种，总印数 1810 万册；举办青少年科技教育培训 2.2 万次，比 2014 年增加 0.1 万次，培训人数 630 万人次，比 2014 年增加 84 万人次。

六、科普基础设施建设

截至 2015 年年底，各级科协拥有所有权或使用权的科技馆 445 个。其中，建筑面积 8000 平方米以上的 76 个，比 2014 年增加 11 个；科技馆全年参观人数达 4218 万人次，比 2014 年增加 887 万人次。其中，少年儿童参观人数 2371 万人次，占全年参观人数的 56.2%；科普活动站（中心、室）17 万个，全年参加活动（培训）人数达 4735 万人次；科普画廊建筑面积（宣传栏、宣传橱窗）276 万平方米。其中，2015 年新增 17 万平方米；全年展示面积 633 万平方米，比 2014 年增加 31 万平方米。

截至 2015 年年底，中国科协配发给地方科协用于科普活动的大篷车共 933 辆。其中，2015 年配发 125 辆；科普大篷车全年下乡行驶里程 642 万千米，比 2014 年增加 74 万千米。

截至 2015 年年底，中国科协命名的全国科普教育基地 1401 个；省级科协命名的省级科普教育基地 4192 个；各级科协命名的科普示范县（市、区）2445 个，其中，中国科协命名的 898 个，省级科协命名的 965 个，副省级、省会城市科协命名的 76 个，地级科协命名的 506 个。科普示范户 266 万户。

七、科技传播

各级科协及两级学会编著科技图书 4325 种，比 2014 年增加 838 种，总印数 2579 万册，增加 111 万册；主办科技报纸 220 种，与 2014 年持平，总印数 11517 万份，减少 1811 万份；制作科普挂图 10626 种，比 2014 年增加 1479 种，总印数 2068 万张，增加 291 万张。

制作科技广播影视节目 6147 套，比 2014 年增加 194 套，总播放时间 12159 小时，平均 2 小时 / 套；制作科技光盘 3369 种，比 2014 年增加 411 种，光盘总数 140 万张，减少 9 万张，平均约 416 张 / 种；制作科普动漫作品 620 套，总播放时间 777 小时，平均 1.3 小时 / 套。

主办科技网站 2631 个，比 2014 年增加 108 个，浏览人数 211790 万人次，减少 16755 万人次，平均 80.5 万人次 / 个。

八、科技开放与交流

各级科协及两级学会加入国际民间科技组织 1161 个。其中，所属全国学会加入的组织 408 个，占 35.1%；省级学会加入的组织392个，占33.8%；在国际民间科技组织中任职专家2032人。其中，所属全国学会任职专家832人，占40.9%；省级学会任职专家646人，占31.8%。

各级科协和两级学会参加国际科学计划331项。其中，两级学会参加的国际科学计划321项，占97.0%；促成科技合作项目1397项，比2014年增加404项。引进优质科技资源692项，占合作项目的49.5%。其中，两级学会促进科技合作项目944项，占67.6%；参加国外、港澳台地区科技活动3.2万人次；接待国外、港澳台地区专家学者3.8万人次。

九、科技服务

各级科协和两级学会提供决策咨询报告11895篇。其中，获上级领导批示3524篇，占报告总数的29.6%；举办决策咨询活动7531次，参加活动专家6.4万人次，平均每次参加活动专家约9人次；开展科技评价10372项，比2014年增加1295项。其中，所属全国学会开展科技评价3069项，占29.6%；科技人才评价58073人。其中，所属全国学会开展科技人才评价12300人，占21.2%。

2015年，中央财政和地方财政投入科普惠农兴村奖补资金约5亿元，比2014年增加250万元。其中，中央财政投入3亿元，与2014年持平。地方财政投入2亿元；各级科协会同财政部门表彰奖励10194个（人）有突出贡献的农村专业技术协会、农村科普示范基地、农村科普带头人、少数民族科普工作队。其中，中国科协会同财政部表彰奖励1911个（人）。

全年有30115个企业开展“讲理想、比贡献”活动，组织191万人次科技人员参与。

截至2015年年底，各级科协指导组建专家工作站5139个。其中，2015年新增939个；全年组织进站专家达33675人次，平均进站专家约7人次/站；组建专家服务团队4249个，比2014年增加864个。参加服务团队专家69853人次，平均参加专家约16人次/团队。

十、为科技工作者服务

各级科协和两级学会引进海外高层次人才1569人，比2014年增加660人；反映科技工作者建议27970条。其中，获得上级领导批示的建议6383条，占22.8%；答复人大、政协代表（委员）提案2327件；走访看望（慰问）科技工作者82413人次。

中国科协机关，省级、副省级、省会城市科协和两级学会开展科学道德与学风建设宣讲活动共351场次，宣讲活动受众人数达20万人次，参加活动的专家达803人次；举办技术创新方法培训班498场次。其中，全国学会举办268场次。

中国科协机关，省级、副省级、地级科协和两级学会共举办继续教育培训班11053场次，培训结业人数161万人次；宣传科技工作者57313人。

各级科协和两级学会表彰奖励科技工作者12.6万人次。其中，女性科技工作者3.7万人次，占29.4%，40岁以下科技工作者5.3万人次，占42.1%。

注：

1. 各项统计数据均未包括香港特别行政区、澳门特别行政区和台湾省。

2. 本公报中各种范围所表述的含义：

各级科协：指中国科协机关及直属单位、省级科协、副省级与省会城市科协、地级科协、县级科协。

地方科协：指省级科协、副省级与省会城市科协、地级科协、县级科协。

两级学会：指全国学会、省级学会。

全国学会：指中国科协所属全国学会、中国科协委托管理学会。

中国科协基层组织：指科学技术工作者集中的企业事业单位和有条件的乡镇街道社区等建立的科学技术协会（科学技术普及协会）。

3. 学会、协会、研究会简称学会。

4. 统计数据因四舍五入，存在着分项与合计不等的情况。

中国力学学会
中国力学大会－2015

中国光学学会
2015 年中国光学学会学术大会

中国地质学会
中国地质学会 2015 年学术年会

中国海洋学会
中国海洋学会2015年学术会议暨2014年海洋科学技术奖颁奖仪式

中国生物物理学会
第九届亚洲生物物理大会

中国生态学学会
第十四届中国生态学大会

中国环境科学学会
2015 两岸环保高层专家论坛

中国电机工程学会
2015 年中国电机工程学会年会

中国金属学会
第六届国际炼钢科技大会

中国制冷学会
中国制冷学会与印度制冷学会签约

中国电子学会
2015 全球信息技术主管大会

中国图学学会
中国图学学会第七次全国会员代表大会暨
第五届中国图学大会

中国计算机学会
中国计算机学会与韩国信息科学学会
签订合作备忘录

中国航海学会
中国航海日论坛

中国公路学会
国际道路联盟中国研讨会暨中国公路学会 2015 年学术年会

中国宇航学会
中国宇航学会·中国空间法学会2015年学术年会

中国有色金属学会
学会副理事长邱定蕃在第十三届中俄双边新工艺新技术研讨会上作报告

中国腐蚀与防护学会
第八届全国腐蚀大会颁发杰出青年学术奖

中国化工学会
学会理事长戴厚良在 2015 中国化工学会年会开幕式上发言

中国核学会
2015 年核科普公众开放周活动暨第三届“魅力之光”杯全国中学生核电科普夏令营启动仪式

中国石油学会
第六届中国石油地质年会

中国硅酸盐学会
第 14 届国际水泥
化学大会

中国建筑学会
2015 海峡两岸
建筑院校学生交流
工作坊颁奖典礼

中国土木工程学会
2015 “一带一路”
土木工程国际论坛

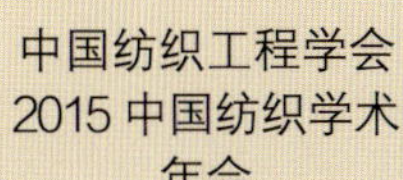

中国纺织工程学会
2015 中国纺织学术年会

中国复合材料学会
第二届中国国际复合材料科技大会

中国消防学会
第十六届国际消防设备技术交流展览会

中国林学会
2015’现代林业发展高层论坛——中国林业智库建设启动

中国作物学会
2015 年中国作物学会学术年会

中华中医药学会
第三届岐黄论坛

中国女医师协会
中国女医师协会五洲女子科技奖
第四届颁奖大会

中国管理现代化研究会
2015 中国管理学青年奖颁奖典礼

中国未来研究会
第十二届中国科学家论坛

中国工业设计协会
中国工业设计协会第五次会员代表大会

中国科普作家协会
弘扬高士其精神
繁荣科普创作
座谈会

中国青少年科技
辅导员协会
2015 科学教育
国际论坛

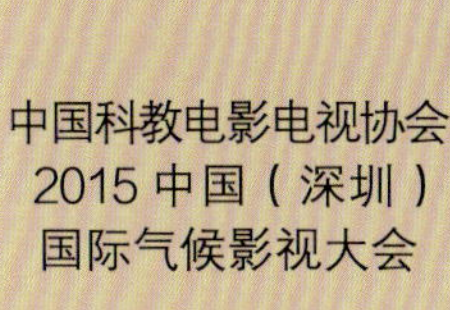

中国科教电影电视协会
2015 中国（深圳）
国际气候影视大会

中国科学技术期刊
编辑学会
中国科学技术期刊
编辑学会第 6 次
全国会员代表大会
暨学术报告会

中国土地学会
2015 年海峡两岸
土地学术交流会

中国知识产权研究会
知识产权保护与
互联网未来发展
研讨会

中国密码学会
中国密码学会 2015 年会

中国睡眠研究会
中国睡眠研究会第四次
全国会员代表大会

全国学会、协会、研究会（含受委托管理的学会）简况

中国数学会

学会建设 2015 年，学会举办 14 次学术会议，其中国际会议 10 次，参加会议人数 2400 人次，交流论文 1402 篇。

2015 年，学会召开了十二届一次理事会议，十一届九次、十次常务理事会议，学会正副理事长秘书长会议，学会学术交流工作委员会会议等。会议分别讨论了推荐国家自然科学奖人选、中国数学会 2015 年学术年会报告及筹备中国数学会第十二次全国代表大会暨 80 周年纪念学术会议召开、评选中国数学会华罗庚数学奖、陈省身数学奖、钟家庆数学奖等事宜。

科普活动 2015 年，学会普及工作委员会分别举办第 14 届中国女子数学奥林匹克竞赛和第 30 届全国中学生冬令营，并率队参加第 56 届国际数学奥林匹克竞赛，取得了团体总分第一名。学会女数学家工作委员会和西部数学工作委员会 8 月在贵州民族大学召开了 2015 年工作会议，会后分别到贵州安顺少数民族地区部分中学作科普报告并与老师们座谈交流。

【中国数学会第十二次全国会员代表大会暨 80 周年纪念学术会议】 11 月 21—24 日，中国数学会第十二次全国会员代表大会暨 80 周年纪念学术会议在北京举行。来自全国高等院校、科研院所、新闻出版等单位的 900 余位专家、学者出席会议。

在开幕式上，中国科协党组书记、常务副主席、书记处第一书记尚勇出席会议并讲话，学会理事长王诗宬院士致开幕词。在开幕式上致辞和讲话的还有国际数学联盟主席 Shigefumi Mori 教授、秘书长 Helge Holden 教授，学会前任理事长杨乐院士、文兰院士，国家自然科学基金委员会数学物理学部主任孟庆国，中国科学院前沿科学与教育局局长黄敏，首都师范大学党委书记郑萼。开幕式由中国数学会秘书长张立群主持。

学会前任理事长王元院士、张恭庆院士，中国科学院院士姜伯驹、万哲先、王梓坤、石钟慈、林群、陈翰馥、陆汝钤、严加安、龙以明、李安民、陈恕行，中国工程院院士崔俊芝，首都师范大学宫辉力校长，国际数学联盟执委 Vasudevan Srinivas 教授（印度），东南亚数学联盟代表 Edy Tri Baskoro 教授（印度尼西亚），中国数学会历届副理事长和秘书长严士健、侯自新、王跃飞、巩馥洲、吴宗敏、李文林、彭立中，华罗庚数学奖出资单位代表、湖南教育出版社黄步高社长，陈省身数学奖出资人代表、香港亿利达工业发展集团有限公司副总经理汤雪林等出席开幕式。

2015 年是中国数学会成立 80 周年，学会第六届理事会理事长杨乐对中国数学会的辉煌历程进行了回顾，并希望在学会的带领下，全体数学工作者特别是年轻的学者要更加努力，在短时间内实现中国数学强国的梦想。

开幕式上揭晓并颁发了“中国数学会第十二届华罗庚数学奖”和“第十五届陈省身数学奖”两大奖项，中国科学院院士林群、刘应明获得第十二届华罗庚数学奖，奖励他们在计算数学方面以及拓扑学与模糊性数学处理方面杰出的研究与贡献。中国科学院数学与系统科学研究院研究员陈志明和复旦大学教授傅吉祥获得陈省身数学奖，分别奖励他们在计算数学方面以及复几何、特别是在非凯勒复几何研究领域的一系列工作和贡献。另外，复旦大学的丁琪、曲鹏，天津大学的徐甜和湖南大学的周泽获得第十二届钟家庆数学奖优秀博士论文奖。

会议期间召开了中国数学会第十二次全国代表大会第一次全体会议，大会代表听取了理事长王诗宬院士作题为“促进中国数学事业稳步发展、努力建设数学强国”的第十一届理事会工作报告，经过无记名投票的方式，选举产生了中国数学会第十二届理事会理事、常务理事，正副理事长及秘书长分别是：袁亚湘院士任第十二届理事会理事长，王万义、王跃飞、韦维（女）、叶向东、田刚、扶磊、陈敏、罗懋康、高小山、程晋为副理事长，陈大岳为秘书长。

会议期间中国科学院院士袁亚湘、美国加州大学教授郁彬、山东大学教授刘建亚分别作大会报告。张恭庆、国际数学联盟执委 Vasudevan Srinivas 教授分别作公众报告。另外，179 位邀请报告人分代数与数论、几何与拓扑、分析数学、计算数学、概率和统计、运筹与控制、组合与计算机数学等七个领域分别作分组报告。

会议期间还举行了首次女数学家论坛。论坛由女数学家工作委员会发起组织，委员会主任李星主持。出席论坛的有女数学家工作委员会委员及参会的女数学工作者，还特别邀请了中国科学院院士、中国女科技工作者协会会长王志珍院士出席。会议就女性与数学之美、女数学家在科研中的魅力、女数学家分享科研乐趣与奋斗历程和经验、青年女性数学工作者成长中的需求与困惑等主题进行了讨论。王志珍院士作了题为“做好人，做有追求、认真而勤奋的人”的主旨演讲，清华大学王小云教授作了题为“密码比特分析法”的学术报告，上海交通大学肖冬梅教授介绍了2014IMU女数学家论坛的情况。

（撰稿人：李　冬）

中国物理学会

服务创新型国家和社会建设　2015年，学会承担了数理领域国家重点实验室的评估工作，组织专家对参评实验室进行了初评、现场考察和综合评议，提出专家组评估意见和实验室排名，提交评估工作总结，完成了委托任务。

学会建设　2015年，学会召开了第十一次全国会员代表大会，选举产生第十一届理事会理事100人，常务理事33人，詹文龙当选第十一届理事会理事长，王玉鹏、朱少平、朱邦芬、陈和生、龚旗煌当选副理事长，方忠当选秘书长。学会召开4次常务理事会会议，任命谷冬梅、何伟为第十一届理事会副秘书长。

学会发展个人会员400余人。学会所属液晶分会、表面与界面物理专业委员会、静电专业委员会、内耗与力学谱专业委员会、原子与分子物理专业委员会分别进行了换届改选。

科技期刊国际影响力提升计划　2015年，学会主办的英文期刊《中国物理B》和《中国物理快报》分别获得中国科协优秀国际期刊奖延续项目一等奖、二等奖，《理论物理通讯》获得中国科技期刊国际影响力提升计划B类项目支持。

学术期刊　学会主办的科技期刊共11种。2015年，《物理学报》《物理》和《大学物理》分别获得中国科协精品期刊工程四期项目（2015—2017年）中的学术质量提升、期刊集群（联盟）建设和期刊出版人才培育项目。自2015年起，《物理教学》增加上海市物理学会为其联合主办单位。《物理》编委会以及《物理学报》《中国物理B》两刊编委会的正副主编在2015年分别进行了换届。截至2015年年底，《中国物理B》和《中国物理快报》与英国物理学会出版集团（IOPP）签订的海外发行业务合同期满，经双方协商，拟续签2016—2020年合约。

决策咨询　学会女物理工作者委员会在2014年开展《我国物理基本情况问卷调查》，先后发出问卷约1300份，收回近600份，2015年4月形成调查报告，提交有关部门。

国际学术会议　2015年，学会及其分支机构共组织召开各类国际学术会议22次，包括：第19届国际磁共振大会、2015年杭州量子物质及亚太地区强关联系统研讨会、第四届液晶光子学国际会议、第二届国际量子光学与量子信息前沿研讨会、纪念广义相对论100周年国际会议、“非晶材料日”学术研讨会、第九届西湖国际研讨会、第八届计算纳米科学与新能源国际研讨会、强子奇特态国际研讨会、第13届物质起源与星系演化国际研讨会、第一届无序材料中子散射谱仪国际会议、第七届国际信息光学与光子学学术会议、第十二届介观国际会议、2015年核结构计算与核力国际研讨会、2015年国际物理教育大会、2015年强相互作用物理研讨会、酶与分子机制动力学国际研讨会、材料设计国际研讨会、第一届英国散裂中子源研讨会、第三届国际量子光学与量子信息前沿研讨会、二维材料理论和计算研究最新进展国际研讨会等。

8月16—21日，由国际磁共振学会（ISMAR）主办、华东师范大学承办、中国物理学会协办的第19届国际磁共振大会在上海市举行。来自全球30余个国家、地区的近700位专家、学者参加会议。

8月10—14日，国际纯粹与应用物理联合会（IUPAP）和中国物理学会在北京联合举办2015年国际物理教育大会（ICPE 2015）。来自全球20个国家、地区的300余名物理教育专家和教师参加会议。

国内主要学术会议　2015年，学会及分支机构共举办各类国内学术活动76次。

9月10—13日，学会2015年秋季学术会议在吉林省长春市召开。来自全国各地的近2500名专家、学者及学生参加会议。

国际交往　1月19—20日，学会副理事长张闯、副秘书长谷冬梅赴法国巴黎参加2015国际光年启动大会，与各国参会代表及同行进行了交流。

4月25—26日，IUPAP副主席、学会理事长詹文龙，IUPAP磁学专业委员会主任金晓峰，IUPAP计算物理专业委员会主任林海青赴意大利参加在的里雅斯特举行的IUPAP执行委员会及专业委员会主任联席会议。

8月10—14日，IUPAP物理教育专业委员会委员陈强等在北京组织召开2015年国际物理教育大会，并成功推荐北京大学赵凯华教授获得2016年度ICPE

奖章。

8 月 17—22 日，IUPAP 粒子与场专业委员会委员邢志忠赴斯洛文尼亚参加在卢布尔雅那举行的第 27 届国际高能轻子光子相互作用会议和粒子与场专业委员会会议。

9 月 4 日，IUPAP 物理与发展专业委员会副主任龙桂鲁赴意大利参加在的里雅斯特举行的物理与发展专业委员会会议。

2 月 28 日—3 月 1 日，学会与美国物理学会（APS）在美国圣安东尼奥联合举办首届中美青年物理学家论坛。中美双方各选派 30 名博士生参加会议。论坛聚焦凝聚态物理和材料物理领域。中美两国知名物理学家以及具有物理背景的企业家应邀作大会报告。36 名博士生作口头报告，4 人获得最佳墙报奖。

3 月 4 日，经美国物理学会提议，两学会在美国物理学会 2015 年春季会议期间召开第四届中美物理学会负责人早餐会。中美两国物理学会负责人以及中国部分主要物理科研机构负责人等约 20 人参加会议。

2 月 6—7 日，AAPPS 副主席、学会常务理事龙桂鲁，AAPPS 理事、学会常务理事朱星等赴韩国参加在首尔举行的第 31 次 AAPPS 理事会会议。

科普活动 2015 年，学会依托各分支机构开展科学普及和科普宣传活动，举办科普展览、科普报告会等。

5 月 8—12 日，学会在广西壮族自治区举行第三届中国物理学会女科学家巡回报告会。来自北京大学、清华大学、中国科学院物理研究所等单位的 9 位女科学家分别在广西师范大学、桂林理工大学、广西大学、广西民族大学和玉林师范学院举办了 14 场学术报告会。

5 月 16 日，学会依托中国科学院高能物理研究所开展以“微观世界探秘之旅”为主题的第十一届公众科学日活动。向公众展示北京正负电子对撞机、北京谱仪、北京同步辐射装置、计算中心、核技术考古实验室、纳米药物研究等科研成果。首次开放高能所博展馆，安排三场科普报告，1500 名公众参加了活动。

表彰举荐优秀科技工作者 学会组织开展了 2014—2015 年度胡刚复、饶毓泰、叶企孙、吴有训、王淦昌物理奖，第五届谢希德物理奖，第四届黄昆物理奖，以及第十届周培源物理奖的评选及颁奖活动，获奖者共 13 名，他们及所获奖项分别是：中国科学院物理研究所白雪冬、中国科学院近代物理研究所何源获得胡刚复物理奖，北京大学刘运全获得饶毓泰物理奖，中国人民大学卢仲毅、中国科学院物理研究所靳常青获得叶企孙物理奖，中国原子能科学研究院林承键获得吴有训物理奖，清华大学何红建、中国科学院高能物理研究所苑长征获得王淦昌物理奖，中国科学院高能物理研究所沈肖雁、中国科学院物理研究所厚美瑛获得谢希德物理奖，清华大学王亚愚、中国科学院半导体研究所谭平恒获得黄昆物理奖，北京大学叶沿林获得周培源物理奖。

2015 年，学会向教育部“2015 年度高等学校科学研究优秀成果奖青年科学奖”“第十二届中国青年女科学家奖”、科技部“2015 年中青年科技创新领军人才”“第十四届中国青年科技奖”等举荐科技工作者共计 8 人次；向国家奖励办公室推荐“2015 年度国家自然科学奖”候选项目 1 项；向中国科协推荐 2015 年度中国科学院院士候选人 9 人。

经学会推荐，中国科学院高能物理研究所王贻芳研究员入选 2015 年度中国科学院院士。

经林海青推荐，中国科学院物理所王伟民博士荣获 2015 年度 IUPAP 计算物理专业委员会青年科学家奖，经凝聚态结构和动力学专业委员会委员王牧推荐，复旦大学包文中教授荣获 2016 年度 IUPAP 凝聚态结构和动力学专业委员会青年科学家奖。

【中国物理学会 2015 年秋季学术会议】 9 月 10—13 日，中国物理学会 2015 年秋季学术会议在吉林省长春市举行。来自全国各地的近 2500 名专家、学者参加会议。

作为 2015 年“国际光年”的纪念活动之一，大会邀请中国科学技术大学郭光灿院士作了题为“百年光量子”的公众报告。新加坡国立大学教授洪明辉、北京计算科学研究中心教授林海青、北京大学教授彭练矛，以及中国科学院紫金山天文台研究员常进应邀作大会邀请报告。

大会设粒子物理、场论与宇宙学，核物理与加速器物理，原子分子物理，光物理，等离子体物理，纳米与介观物理，表面与低维物理，半导体物理，强关联与超导物理，磁学，软凝聚态物理与生物物理，量子信息，计算物理，统计物理与复杂体系，电介质物理，液晶，极端条件物理，以及超快物理等 18 个专题，共安排了 313 个邀请报告、405 个口头报告、699 个张贴报告，组织评出优秀海报奖 65 篇。

会议期间，召开 2014—2015 年度中国物理学会物理奖颁奖会。学会副理事长朱邦芬致颁奖词。共有

13名优秀学者分享了胡刚复、饶毓泰、叶企孙、吴有训、王淦昌物理奖，谢希德物理奖，周培源物理奖，以及黄昆物理奖。

与“秋季会议”同期召开的，还有中国物理学会第十一次全国会员代表大会、物理学院（系）院长（主任）联谊会、女物理学家圆桌讨论会、秋季会议组委会会议等。

【第19届国际磁共振大会】 8月16—21日，第19届国际磁共振大会在上海市举行。该会议是国际磁共振领域最重要的学术会议，由国际磁共振学会（ISMAR）主办，每两年召开一次。本届会议是首次在中国大陆召开。

会议由华东师范大学承办，中国物理学会等单位协办。来自全球30余个国家、地区的近700名专家、学者参加会议。本届会议的主题是“磁共振技术发展与生命科学”。

与会代表深入交流了在生物大分子核磁共振、固体核磁共振方法、液体核磁共振方法、磁共振成像、功能磁共振成像/分子成像、电子自旋共振/四极共振/磁共振谱、核磁共振超极化技术等热点领域的最新科研成果。会议期间，组织颁发了“国际磁共振大会奖（ISMAR Prize）”，获奖者为德国马普高分子研究所Hans Wolfgang Spiess教授和以色列魏兹曼研究所Shimon Vega教授。

【第三届中国物理学会女科学家巡回报告会】 5月8—12日，第三届中国物理学会女科学家巡回报告会在广西壮族自治区举办。参加本届报告会的专家有中国科学院物理研究所研究员吴令安、厚美瑛，上海交通大学教授严燕来，北京工业大学教授隋曼龄，清华大学教授李群庆，浙江大学教授王森，吉林大学教授刘冰冰，山西师范大学教授许小红，以及贵州大学教授胡林。

专家们分组分别在广西师范大学、桂林理工大学、广西大学、广西民族大学和玉林师范学院举办了14场学术报告会，隋曼龄作了题为“原位透射电子显微镜下材料的新奇行为”的报告、李群庆作了题为“神奇的纳米世界”的报告、刘冰冰作了题为“奇妙的高压世界”的报告、严燕来作了题为“人从大爆炸中来？——从希腊三贤谈起”的报告、吴令安作了题为“庆祝2015国际光年：光学的过去、现在和将来”的报告、许小红作了题为“超高密度磁存储的魅力”的报告、王森作了题为“纳米碳管场致发射平面显示技术”的报告、胡林作了题为“奇妙的颗粒物质”的报告、厚美瑛作了题为“物理学家的沙箱”的报告。

每所高校组织了400名左右的师生聆听报告会，并组织师生，特别是女教师和女研究生与专家们进行座谈。座谈会围绕“当初为何选择物理并坚守至今”“科技创新需要怎样的素质”“大学生怎样才能成为创新型人才”“女性如何让生活与事业比翼齐飞”等主题展开交流讨论。

【2015年国际物理教育大会】 8月10—14日，2015年国际物理教育大会（ICPE 2015）在北京举行。学会理事长詹文龙出席开幕式并致辞，学会副理事长朱邦芬出席欢迎大会并讲话，学会物理教学委员会主任叶沿林教授作首场大会报告。来自19个国家、地区的300余位物理教育专家和教师参加会议，其中，境外专家、学者近60人。

本届会议由学会承办，清华大学、北京大学等单位协办。

会议组织了11个大会报告、60余个口头报告、50余个张贴报告、4场专题研讨会、1场专题报告会。与会代表围绕“让学生参与物理研究和实践”的主题，交流物理教育教学的研究成果和实践经验。会议内容涵盖各级各类学校物理教育教学发展动向、新型物理教学模式改革状况和分析、实验演示、物理教学新技术发展与研究、物理教师职业发展研究等。

ICPE是国际纯粹与应用物理联合会（IUPAP）主办的系列会议，是国际物理教育领域最重要的学术会议，每年召开一次。

【中国物理学会第十一次全国会员代表大会】 9月10日，学会第十一次全国会员代表大会在吉林省长春市举行。来自全国30个省、自治区、直辖市以及香港特别行政区的153位专家、学者出席会议。会议由吉林大学承办。吉林大学副校长陈岗、吉林省物理学会理事长邹广田先后在开幕式上致辞。

学会理事长詹文龙代表第十届理事会作工作报告，副理事长兼秘书长王玉鹏作财务工作报告，副理事长张闯作题为“十一大代表和十一届理事候选人分配方案及选举办法的说明”的报告。学会副理事长朱邦芬、高能物理分会秘书长赵强、女物理工作者委员会副主任彭茹雯、山东省物理学会副理事长兼秘书长张承琚应邀分别作专题报告。

会议通过等额选举产生第十一届理事会理事100人、常务理事33人。詹文龙当选为第十一届理事会理

事长，王玉鹏、朱少平、朱邦芬、陈和生、龚旗煌当选副理事长，方忠当选秘书长。会议表决并通过了第十届理事会工作报告、财务报告，以及关于变更个人会员会费标准的提案。

会议期间，召开了学会十一届一次常务理事会会议，讨论新一届理事会的工作及分工，任命新一届理事会副秘书长以及各工作委员会主任等。

【承担2015年度数理领域国家重点实验室评估工作】 受科技部的委托，学会承担了2015年度数理领域16个国家重点实验室的评估工作。

评估工作于2月11日正式启动。学会成立了以理事长为组长的评估领导小组、以副理事长兼秘书长为组长的评估工作小组，学会前理事长监督了评估工作的全过程。

评估工作分初评、现场考察和综合评议三个阶段进行。5月11—15日在北京召开初评会议，邀请31位评估专家听取参评实验室的工作汇报，审阅评估材料，撰写专家组意见和打分。

6月1—5日，组织11位专家分成两组，对8个实验室进行了现场考察。

6月17—18日在北京组织召开综合评议会议，邀请26位评估专家对每个参评实验室提出专家组评估意见，并对实验室排名。综合评议结束后，协助科技部组织召开了评估工作讨论会。按科技部的要求，学会就评估结果征求了每个参评实验室的反馈意见。9月向科技部提交了评估工作总结。

（撰稿人：谷冬梅）

中国力学学会

服务创新型国家和社会建设 2015年，学会依托产学研工作委员会和计算力学专业委员会实施中国科协“创新驱动助力工程”项目，与河北锐迅水射流技术开发公司合作，协助该公司开发新一代智能化水切割装备，帮助企业解决核心的产品研发平台和具有网络、感知和信息集成的云平台建设，促成河北锐迅水射流技术开发公司与中科院计算所顺德分所签署项目。以座谈交流和实地考察等方式向风神轮胎股份有限公司提供有限元分析技术咨询，对轮胎性能测试的力学模型给出了建议方案。

7月和9月，学会波纹管及管道力学专业委员会围绕企业需求，分别与航天六院十一所、华能玉环电厂围绕管件密封环的密封性能问题和水冷壁检修挂架安全问题进行专题研讨，提炼研究课题，向企业提供改进意见。

5月15—18日，学会实验力学专业委员会以“实验力学方法标准化、产业化和未来发展”为议题，在浙江省杭州市召开全国实验力学发展与工程应用研讨会，邀请本领域专家介绍国内外实验力学标准化方面的相关情况，分析我国实验力学的应用需求和发展方向。

2015年，学会面向会员开设培训班、短期课程、暑期学校4次，讲授内容包括固体的多尺度力学理论、实验和建模，非线性有限元，薄膜材料的疲劳损伤，湍流多相流。全年培训人数300余人次。

获得国家科学技术奖励推荐指标，推荐自然科学奖项目“考虑不确定性的结构优化理论与方法”。参与力学领域2015年度国家重点实验室评估的部分组织工作。学会完成中国力学奖评选工作，颁发了“第一届钱学森力学奖”“第九届周培源力学奖”“第一届中国力学科学技术奖”和“第十四届中国力学青年科技奖”。

学会能力提升计划 9月，学会获得中国科协“学会创新和服务能力提升工程”一类优秀科技社团（2015—2017年），在提升服务创新能力、服务社会与政府能力、服务科技工作者能力以及自我发展能力等方面取得成效。

依托北京国际力学中心，面向亚太地区举办国际研讨会5次、短期课程2次，邀请国外教授短期来访9人次，主题聚焦软物质、纳米材料、二相湍流建模、超润滑等力学前沿和热点问题。增设“国际理论与应用力学联盟工作组”，加强与国际组织的联系。两次邀请国际理论与应用力学联盟（IUTAM）秘书长F. Dias教授来华参加会议，安排Dias教授与学会对外交流与合作工作委员会座谈，就学会与IUTAM开展国际合作进行商议，推动学会从参与到主导国际组织事务的转变。

以“面向国家重大需求、致力前沿基础研究”为主题召开中国力学大会－2015，以聚焦当前流体力学基础和交叉领域重大问题为目标召开第七届国际流体力学会议（ICFM7）。针对重大工程项目协办“轨道交通工程”科学与技术前沿论坛，研讨高速铁路、重载铁路、城市轨道交通、磁悬浮交通四大重点领域的工程科学与技术前沿问题。

学会融合新媒体展现形式，打造“力学科普”微信公众号，在“科普中国”微信平台评选中进入活力榜。建立中国力学学会科普网门户网站，被中国科协评为首批“科普中国”品牌认定网站，网站是仅有的以学会为主体的入围单位。参与“科普中国”与百度百科合作的科学词条编写和审核工作，承担1250条力学词条的编审，参与中国大百科全书力学卷的编纂工作。学会“趣味力学科普展室”在原有展示内容的基础上，增加“超导磁浮模型”“高速列车模型”“风洞模型”“可测控火箭模型”和“动手玩力学拼装制作套件”等演示项目，接待观众近3000人次。

开展工程教育认证筹备工作，在秘书处自身能力建设、专家队伍建设、文件体系建设、认证理念宣传等方面取得进展。首次颁发钱学森力学奖和中国力学科学技术奖，在力学界引起广泛关注。

学会建设 学会修订《中国力学学会专业委员会/工作委员会/编委会管理规定》，完成分支机构换届工作，涉及23个专业委员会、6个工作委员会、2个工作组和11个期刊编委会。增设国际理论与应用力学联盟工作组。

3月，《中国力学学会年报2014》出版，学会官方微信开通。

12月，学会第4次常务理事会讨论决定，聘任学会新一届理事会秘书长兼任理事会司库，聘任会计师事务所注册会计师兼任理事会财务监事。

科技期刊国际影响力提升计划 学会主办期刊 *Acta Mechanica Sinica*（简称AMS）、*Applied Mathematics and Mechanics*（English Edition）（简称AMM）、*Theoretical and Applied Mechanics Letters*（简称TAML）、*Acta Mechanica Solida Sinica*（简称AMSS）获得科技期刊国际影响力提升计划资助。2015年，四刊引证指标均有上升，AMM的SCI影响因子首次突破1，上升至1.128；AMS的SCI影响因子上升至0.887，较上一年提高43.9%，创历史最高；AMSS的SCI影响因子为0.775，较上一年增长19%；TAML新增两个收录数据库，分别是Scopus以及CSCD。

AMS策划了创刊30周年系列活动，举办AMS创刊30周年暨力学学科战略研讨会。向全球力学界顶级科学家约稿，评选“AMS创刊30周年优秀论文特别奖”6篇。

AMM新聘15名海外编委，国际编委比例上升至25%。期刊下载量最高的10篇文章中，有8篇发表于2013年和2014年，表明AMM在国际影响力提升计划支持下取得成效。

TAML与Elsevier联手合作实施Gold Open Access出版模式，全面开放获取出版。针对重点学科热点组约实验流体力学、生物推进力学、海洋离岸结构、流动稳定性转捩等专题文章。

AMS和AMM荣获2015年“百强科技期刊”称号，AMS、AMM、AMSS、PST和《岩土工程学报》荣获“2015中国最具国际影响力学术期刊”称号。

学术期刊 1月，学会在北京召开中国力学学会所属期刊编辑部工作座谈会，15个期刊编辑部派代表参加，座谈会围绕办刊经验、办刊思路以及办刊过程中遇到的问题等内容进行交流。

完善中国力学学会期刊网平台，完成11种力学期刊数据共享和期刊数据更新，实现力学论文资源的集中宣传和推广。

《力学进展》以国家重大项目“高铁”为专题，邀请3个单位，29位作者合作撰写《高速列车的关键力学问题》，全文244页，对高速列车研制和运行过程中典型力学问题的研究进展以及国内外高速列车发展趋势进行了梳理。

《力学学报》《力学进展》、TAML、《工程力学》荣获“2015中国国际影响力优秀学术期刊”称号，《力学学报》荣获“中国科协精品科技期刊TOP50项目”资助，《力学进展》《工程力学》和《岩土工程学报》荣获“中国科协精品科技期刊工程——学术质量提升项目”资助，《工程力学》荣获“百种中国杰出学术期刊”称号。

国际学术会议 2015年，学会及所属分支机构举办国际会议8次，参会人数1000余人次。其中，国外代表近200人，交流论文近700篇。

5月24—27日，第七届国际流体力学会议（ICFM7）在山东省青岛市召开。来自澳大利亚、加拿大、日本、爱尔兰、挪威、俄罗斯、新加坡、西班牙、荷兰、英国和美国等12个国家的240名专家、学者参会。会议交流报告185篇，论文集在Elsevier在线平台以开放获取形式对外发行。会议安排8篇大会邀请报告，设立流动稳定性与湍流等9个专题分会场，以及极端海洋环境、微纳尺度流动和页岩气渗流等3个学科前沿研讨会。会议聚焦当前流体力学基础和交叉领域重大问题，涵盖了当今流体力学研究的前沿领域。

6 月 1—4 日，软物质中的分岔与失稳国际研讨会在天津市召开，来自国内外的 85 位专家、学者参会。美国哈佛大学教授锁志刚、英国基尔大学教授傅依斌共同担任会议主席。会议特别邀请了美国哈佛大学 J.W. Hutchinson 教授、法国巴黎高等师范学院 M. Ben Amar 教授、意大利特兰托大学 D. Bigoni 教授、马萨诸塞大学阿姆赫斯特分校 R.C. Hayward 教授等软物质研究领域内国际知名专家、学者到会交流。

国内主要学术会议 2015 年，学会及所属分支机构举办国内会议 30 次，累计参会人数 7300 余人次，交流论文 4900 余篇。

8 月 15—18 日，由学会和上海交通大学共同主办的中国力学大会在上海市召开，3400 余名专家、学者参会。

学会分别在北京、成都等地举办 6 次青年学术沙龙活动、37 个学术报告。

5 月 8—10 日，动力学与控制专业委员会在湖南省长沙市主办第十五届全国非线性振动暨第十二届全国非线性动力学和运动稳定性学术会议，参会人员超过 560 人。

10 月 10—14 日，生物力学专业委员会在山西省太原市主办“第十一届全国生物力学学术会议暨第十三届全国生物流变学学术会议”，全国 570 余位专家、学者和研究生参会，是我国历次生物力学领域学术交流活动中参加人数和交流论文篇数最多的一届，集中展示和检阅了近 3 年来我国生物力学与力学生物学领域取得的研究成果。

7 月 28—30 日，实验力学专业委员会在重庆市举办第十四届全国实验力学学术会议，参会专家、学者 396 人，是历届全国会议中参会人数最多的一次，促进了实验力学与机械、土木、交通、仪器仪表、兵器等学科的交叉与合作，为相关学科的交叉及学术交流搭建了新型平台。

10 月 22—23 日，固体力学专业委员会、计算力学专业委员会和流体力学专业委员会共同主办第二届页岩油气高效开采力学问题研讨会，吸引了国内外 37 所高校和科研机构近 120 名专家、学者参会，会议集中报告了页岩油气开采中的一系列力学研究成果，研讨了页岩油气开采中的关键力学研究方向与挑战。

两岸交流 7 月 27—29 日，第七届海峡两岸实验力学研讨会暨海峡两岸实验力学青年科学家学术研讨会在重庆市举行。来自清华大学、天津大学、中国科技大学、中兴大学、成功大学、清华大学（新竹）等 30 余所高等院校和科研院所的 42 名高层次青年科学家和工程应用领域专家围绕 21 世纪以来微纳米技术、信息技术以及生物工程技术的快速发展给实验力学学科发展带来的新挑战及机遇、新测试方法及应用等内容进行了研讨，交流了实验力学领域研究取得的新进展。

国际组织任职 中国科学院院士程耿东新当选为国际结构与多学科优化学会（ISSMO）主席。

科普活动 2015 年，学会举办的科普品牌活动包括“力学·创新·未来”2015 年科技周，参加人数近 800 人次。第十届全国周培源大学生力学竞赛，参赛人数 21350 人次，创历史最高。第八届全国中学生趣味力学制作邀请赛，报名队伍创纪录达到 44 支队伍。

天津大学和北京理工大学分别完成《力学诗趣》和《力学概论》国家精品视频公开课录制，在网易爱课程网站上线。天津大学流体力学实验室与天津电视台少儿频道合作录制了多集少儿科普节目“锋狂实验室”。

学会科普工作委员会先后走进北京市牛栏山第一中学、上海市松江二中、天津一中等学校为中小学生作科普报告。

表彰举荐优秀科技工作者 学会完成 2015 年度两院院士候选人遴选、创新人才推进计划、世界工程组织联合会奖项、教育部高等学校科学研究优秀成果奖青年科学奖、第十一届光华工程科技奖、中央电视台 2015 年度科技创新人物、第十四届中国青年科技奖、2016 年度国家科技奖励的推荐工作，共举荐科技工作者 11 人次。

党建强会 学会以“弘扬女科学家精神，彰显巾帼创新风采”为主题，组织策划了党建强会特色活动——“因力学而美丽”青年女科学家专题论坛暨第 83 次中国力学学会青年学术沙龙，3 月在北京召开。沙龙邀请 5 位在力学界取得突出成绩的女科学家分享科研和生活经历，近 150 名专家、学者参会。

会员服务 学会在会员中评选出 80 位“中国力学学会全国徐芝纶优秀教师奖”，激励更多的力学科技工作者在教师岗位上坚守、奉献，为培育祖国人才贡献力量。

学会期刊网、学会科普网面向会员开放，开通学会会员全文下载权限，为会员免费提供文献查询服务。

学会依托《中国力学学会会讯》《中国力学学会

会员专刊》《中国力学学会年报》等纸质和电子介质，及时向会员传递力学界资讯。

【2015年中国力学奖评选】 学会开展了2015年中国力学奖评选工作，包括“第一届钱学森力学奖”“第九届周培源力学奖”“第十四届中国力学青年科技奖”“第一届中国力学科学技术奖”。颁奖典礼在中国力学大会开幕式上举行。

中国科学院院士俞鸿儒获得“第一届钱学森力学奖”。中国科学院院士胡海岩获得“第九届周培源力学奖”。

北京大学研究员李法新、清华大学副研究员柳占立、北京航空航天大学研究员潘兵获得“第十四届中国力学青年科技奖”。

中国科学技术大学教授张青川的《合金材料锯齿形塑形失稳剪切带实验观察研究和机制与理论分析》，北京大学的研究员段慧玲、教授王建祥、黄筑平的《具有表面效应的细观力学理论》获得“第一届中国力学自然科学奖二等奖”。

中国科学院力学研究所研究员姜宗林、赵伟，中国科学院院士俞鸿儒的《复现高超声速飞行条件激波风洞》获得“第一届中国力学科技进步奖一等奖”。

北京大学教授武际可的《大众力学丛书》获得“第一届中国力学科普教育奖。”

【中国力学学会“青年人才托举工程”】 学会获得中国科协首批“青年人才托举工程”实施资格，获得6个资助名额。采取理事联名推荐和分支机构推荐两种推荐方式，收到41份有效候选人推荐。分管青年工作的学会副理事长牵头组成项目工作委员会，经过通讯初审、现场答辩、公示等环节，最终确定推荐6位青年，分别是北京航空航天大学副教授冯立好、北京理工大学助理研究员何汝杰、大连理工大学副教授李锐、浙江大学副教授李铁风、西安交通大学副教授徐光魁、中国科学院力学研究所副研究员袁泉子。

【中国力学大会2015】 8月15—18日，由学会和上海交通大学共同主办，全国50家高等院校和研究机构参与协办的中国力学大会2015在上海市举办。中国力学学会理事长杨卫、中国科协学会学术部部长宋军、国家自然科学基金委员会数理科学部常务副主任孟庆国、上海交通大学校长张杰出席开幕式并致辞。学会副理事长方岱宁主持开幕式。学会理事长杨卫担任大会主席。

3400余名专家、学者参会，包括25位中国科学院院士、中国工程院院士，以及多位海外代表，参与人数和交流论文篇数是历届会议之最，是我国力学界在2015年最为重要的学术盛会。会议主题为“面向国家重大需求、致力前沿基础研究”。

会议设1个主会场，15个分会场，76个专题研讨会，收录论文2800余篇。与会专家、学者围绕力学学科的基础、前沿、热点问题，以及与国民经济建设密切相关的应用问题进行了交流。邀请中国载人航天工程总设计师周建平，中国科学院院士胡海岩、翟婉明，中国科学院力学研究所研究员樊菁，美国塔夫茨大学教授曲建民，上海交通大学教授刘桦，香港科技大学教授李贻昆，浙江大学教授陈伟作大会特邀报告，主题涉及航天与力学、气动弹性力学、高速铁路、高超声障、水动力学、软物质力学等多个方面。

【*Acta Mechanica Sinica* 创刊30周年座谈会暨力学学科战略发展研讨会】 6月8—9日，国际期刊 *Acta Mechanica Sinica* 创刊30周年座谈会暨力学学科战略发展研讨会在北京召开。

Acta Mechanica Sinica 创刊30周年座谈会

国家自然科学基金委员会主任、中国力学学会理事会现任理事长、AMS第五任主编杨卫，中国科协学会学术部部长宋军，中国力学学会理事会第二任理事长郑哲敏，第六任理事长白以龙，第八任理事长李家春，第九任理事长胡海岩，AMS第二任主编黄克智，第三任主编吴承康，第四任主编王自强、高华健以及对AMS作出贡献的专家、学者应邀出席会议，会议还邀请到海外力学界科学家出席会议并作学术报告。会议由AMS第七任主编郑泉水、史维、锁志刚共同主持。

学会历任和现任理事长、AMS历任和现任主编分别就期刊发展进行座谈，回顾了期刊的历史，对期刊今后的发展提出了建议。

会议邀请美国布朗大学教授高华健、美国哈佛大学教授 John W. Hutchinson、美国伊利诺伊大学教授 John A. Rogers、美国西北大学教授黄永刚、美国普林斯顿大学教授 Alexander Smits、美国斯坦福大学教授 Sanjiva K. Lele 以及美国加利福尼亚大学教授孙建桥作学术报告。会议对国际力学学科的前沿问题和发展方向进行研讨，结合力学学科的发展趋势，探讨了 AMS 的办刊思路。

（撰稿人：刘　洋）

中国光学学会

服务创新型国家和社会建设　2015 年，学会组织 15 名专家参加中国科协创新助力工程活动 2 次。6 月，学会组织 4 名专家赴江苏省张家港市进行了创新助力对接活动。11 月，学会组织光电、红外、测试、激光等方面的 11 名专家赴安徽省芜湖市进行了对接活动。

5 月 22—23 日，学会参加在广东省广州市举办的第一届中国创新科技成果交流会，光栅衍射成像技术与 ZWP 光栅衍射成像仪、非跟踪光纤导光装置、超精密光学系统、无人机载动态旋翼系统 4 个项目参加展览。首届科交会主展区共有 1100 个创新科技成果项目，600 多家参展单位，按行业和地区分 20 个版块进行功能布展，其中中国光学学会推荐的展览项目主要分布在仪器仪表展区。

学会组织培训活动 6 次，接受培训的人员 495 人次。9 月，学会在四川省成都市举办光电科技信息资源培训班，100 人参加培训。10 月，学会在上海举办第三届红外热成像系统、图像处理及测试学培训班，第十二届光学设计培训班，第七届光学检测与加工培训班，130 人参加培训。11 月，学会在上海市举办第十一期光学薄膜技术培训班，35 人参加培训；在北京举办 PLDD 新技术培训班，230 人参加培训。

学会建设　12 月，学会常务理事、解放军 301 医院激光科主任顾瑛当选为中国科学院院士，学会常务理事、长春理工大学学术委员会主任姜会林当选为中国工程院院士。

经学会常务理事会讨论通过，4 月报请中国科协学会学术部通过备案，学会空间光学专委会正式成立，中国工程院院士龚惠兴任专委会主任委员，北京空间机电研究所所长岳涛任常务副主任委员，王家骐院士等 9 人为副主任委员，刘兆军为秘书长。专委会挂靠在北京空间机电研究所。

3 月，学会红外与光电器件专委会召开了通讯形式的换届会议，选举方家熊院士为专委会主任委员，蔡毅等 6 人为副主任委员，邵秀梅为秘书长。8 月，学会在四川省成都市召开第一次委员会议。

7 月，学会全息与光信息处理专委会在江苏省苏州市召开换届大会，选举赵建林教授为主任委员，王涌天等 7 人为副主任委员，桑新柱兼任秘书长。

12 月，学会分子医学光子学专委会在湖北省武汉市召开换届大会，选举屈君乐教授为主任委员，朱丹等 5 人为副主任委员，朱丹兼任秘书长。

学会及各专委会全年共举办各种学术会议、论坛、交流会、研讨会等 38 次，参会达 8726 人次，交流论文 3938 篇。全年发展个人会员 199 人，单位会员 3 家。

10 月，学会主办刊物《中国激光》和《光学学报》被中国科学技术信息研究所评为 2014 年“中国百种杰出学术期刊”。

科技期刊国际影响力提升计划　由学会主办的 *Chinese Optics Letters*（《中国光学快报（英文版）》）获中国科协科技期刊国际影响力提升计划 B 类资助。影响因子从 2013 年的 1.073 提高到 2014 年的 1.851。

学科发展研究　由学会组织 30 多位两院院士、100 多位专家、数十家科研院所及高等院校历时 5 年撰写完成的《中国光学工程学科史》于 2016 年上半年正式出版发行。

国际学术会议　学会全年举办各类国际学术会议 16 次，参会人数 3477 人次，境外参会人数 864 人次，收录论文 1650 篇。其中学会在英国曼彻斯特召开学术会议 1 次，在福建省福州市召开中德双边学术研讨会 1 次。

5 月 25—28 日，由美国光学学会（OSA）主办、学会激光专委会承办的数字全息与三维成像学术会议在上海市举办。学会副理事长、专委会主任委员李儒新研究员致欢迎辞。来自美国、德国、法国，英国、日本、加拿大、韩国、新加坡、俄罗斯、匈牙利、西班牙、土耳其、波兰、印度、中国等国家的 189 名专家、学者（其中境外专家、学者 110 人）参加会议，参会人数达到美国光学学会该专题会议历史最高纪录。会议收到国内外学者投稿 125 篇，其中邀请报告 8 篇、口头报告 88 篇、张贴报告 29 篇。本届会议议题包括：计算机全息图中新技术、压缩感知计算机全息方法、全息数字显微镜、数字全息光学处理技术、三维成像与显示、数字全息应用、计量与测量等，集中展示了数字全息与三维成像领域国内外同行最新的研究成果。

国内主要学术会议 学会全年举办各类国内学术交流活动22次，参会人数5249人次，收录论文2288篇。

8月15—17日，学会在四川省成都市召开2015年中国光学学会学术大会，10余位院士和来自国内科研院所、大专院校和光学企业的光学科技工作者1280人出席大会，会议经严格筛选后收录论文890篇，分17个分会场进行交流。

9月17—19日，学会激光加工专委会在广东省中山市举办了以“深化激光应用、搭建交流平台、推进产业升级”为主题的第十一届全国激光加工产业论坛。来自国内高等院校、研究机构及激光企业的500余名科技工作者参加论坛。这是激光加工专委会自1991年成立以来举办的第十一次产业论坛，也是规模和参会人数最多的一次论坛。

10月17—19日，由学会高速摄影与光子学专委会和陕西省光学学会联合主办的第七届西部光子学学术会议在陕西省西安市召开，200余名科技工作者参加会议，会议收到学术论文100余篇。大会邀请了崔铁军、屈军乐、施卫和刘圣4位国内知名专家分别作了以“超材料和超表面对电磁波的调控及应用”“生物医学光学成像在活细胞动态功能信息获取和疾病诊疗中的应用及研究进展”“雪崩倍增GaAs光电导THz辐射源研究进展”“矢量光束产生的类自旋霍尔效应”为题的大会报告。会议设50余个论文交流报告，共设2个分会场，分会场1以光学成像、光学检测、光谱技术、图像处理交流为主；分会场2以激光技术、光电子器件、光与物质相互作用交流为主。

7月21—25日，学会光学教育专委会在河北省秦皇岛市燕山大学举办了2015年全国高校光电信息类课程教师研修班（总第1期），邀请了天津大学郁道银，浙江大学叶子，北京理工大学白廷柱，华中科技大学刘德明、张新亮等高校教学名师，就“工程光学”“光电成像技术”“光纤光学”等相关课程的教学重点与难点、内容组织与实施、教学技能与方法等问题开展培训研讨，就光电类课程资源共享新方式进行培训交流。同时还邀请浙江大学刘向东、岑兆丰及元课程网站运维团队就应用光学课程资源共享O2O新模式进行了专题培训交流。来自全国30多所高校的100余名专业课程教师参加研讨。

表彰奖励优秀科技工作者 1月，学会在安徽省合肥市召开王大珩光学奖理事会会议，对申报第11届王大珩光学奖中青年奖和学生奖的申报者进行了评审，南京大学刘辉教授获得中青年奖，北京大学黎敏博士等21位大学生获学生奖。8月，学会在四川省成都市召开的学会学术大会上对获奖者进行颁奖。

2月，学会在北京召开两院院士候选人推选专家委员会会议，出席会议的专家（均为两院院士）经过民主评议和无记名投票，评选中国科学院半导体研究所祝宁华研究员、华东师范大学张卫平教授为中国科学院院士候选人，中国科学院上海微系统与信息技术研究所王跃林研究员为中国工程院院士候选人，张卫平和王跃林通过了中国科协组织的两院院士候选人的评审。

学会创新发展 学会专委会创新学术会议形式。1月，光谱学专委会与分析测试百科网合作举办了首届光谱学网络研讨会，1000多名专家、学者参加网络研讨会。

1月10日，学会在安徽省合肥市召开的七届五次常务理事会上通过了《中国光学学会会士条例》，通过首批会士22位，他们均为院士、会龄5年以上、为学会和我国光学事业作出突出贡献的科学家。8月15日，在学会2015年学术大会上，学会理事长郭光灿院士、副理事长兼秘书长龚旗煌院士、学会会士遴选委员会主任周炳琨院士为会士代表干福熹院士、姜文汉院士颁发了会士牌匾。

党建强会 11月10日，学会与中国科教电影电视协会、中国科技期刊编辑学会联合党支部和中国未来研究会、中国技术经济研究会党支部在北京召开了缅怀革命先烈继承革命传统座谈会，邀请未来研究会常务理事曲琪玉向与会党员干部讲述了中国共产党的建立过程以及严守党的组织性、纪律性的意义。曲琪玉是有74年党龄的党员，曾任毛泽东警卫处处长、中直管理局副局长。

会员服务 联合国2013年12月20日第68次会议通过2015年为国际光年的决议。学会在2014年9月在京召开的七届四次常务理事会上决定，学会和中国物理学会共同创办一个新的网站，即国际光年网站，具体设计制作实施由中国光学学会完成，网站由学会管理，网站在2014年12月开通试运行，2015年1月正式对外运行，全年访问量超过10万人次。

【2015年中国光学学会学术大会】 8月15日，由中国光学学会、中国科学院信息技术科学部、中国工程院信息与电子工程学部主办，中国科学院光电技术研究所承办的2015年中国光学学会学术大会在四川省成都市召开。中国光学学会理事长郭光灿院士，副理事长兼秘书长龚旗煌院士，学会副理事长刘旭、倪国强、李儒新，中国科学院院士周炳琨、干福熹、黄维，中国工程院院士刘文清、李天初、姜文汉、范滇元、方家熊，以及来自高校、科研院所、光学企业的专家、学者1300多人出席会议。

龚旗煌主持开幕式，郭光灿代表学会对会议表示祝贺，学会常务理事、四川省政协副主席、中国科学院光电研究所所长张雨东代表承办单位致辞。周炳琨院士代表会士评审委员会宣读了首批会士名单，郭光灿院士和周炳琨院士共同为会士代表干福熹院士、姜文汉院士颁发了会士牌匾，周炳琨代表王大珩光学奖理事会宣读王大珩中青年光学奖和学生奖获奖名单，并与郭光灿、龚旗煌共同为获奖者颁奖，刘旭教授代表中国光学学会宣读“光与青春的交响”——2015国际光年大学生摄影比赛的获奖人员名单。

会议举行了特邀报告会。中国计量科学院首席研究员李天初作题为“国际基本单位量子化和中国计量院的应对研究”的报告，南京工业大学校长黄维作题为“有机光电子研究进展”的报告，王大珩中青年光学奖获得者、南京大学刘辉教授作题为“光学芯片上弯曲时空的模拟与光子的操控”的报告。会议录用论文890篇。除282篇张贴报告，其他报告在17个分会场进行交流，会议评选出优秀学生报告38个。

【纪念王大珩先生百年诞辰座谈会】 2月26日是“两弹一星功勋奖章”获得者、我国现代光学和光学工程事业的开拓者和领导者、著名光学家、两院院士王大珩先生百年诞辰日。为纪念王大珩先生，中国光学学会、中国仪器仪表学会、中国计量测试学会、中国物理学会联合在京召开纪念王大珩先生百年诞辰座谈会。中国科协党组书记、常务副主席、书记处第一书记尚勇，中国光学学会理事长、中国科学院院士郭光灿，中国工程院原副院长、中国工程院院士杜祥琬，中国物理学会原理事长、北京大学原校长、中国科学院院士陈佳洱，中国仪器仪表学会理事长、中国工程院院士李天初，北京光学学会名誉理事长、中国工程院院士周立伟，中国科学院院士简水生，中国工程院院士姚骏恩，中国工程院院士张钟华，中国仪器仪表学会常务副理事长吴幼华，中国计量测试学会副理事长兼秘书长马爱文出席座谈会。会议由中国光学学会副理事长兼秘书长龚旗煌主持。

尚勇在讲话中高度评价了王大珩先生对我国科技事业、尤其是光学科技事业所作出的重要贡献，对王大珩先生担任中国科协副主席期间，为中国科协成为全国政协的组成部分所作出的努力以及在学术交流、科学普及等方面所作出的成绩给予肯定。尚勇表示，要缅怀和追思王大珩先生的丰功伟绩，总结和梳理他的科学思想，更要学习他治学严谨、勇于创新的科学精神，热爱祖国、献身科学的高尚品格。要把学习纪念的成果转化为激发调动广大科技工作者积极性、创造性的精神力量，引导广大科技工作者不断增强“三个自信”，始终与党同心同德，积极投身国家科技和改革发展，自觉把个人前途与国家命运、人民需要紧密结合起来，把实现自身价值与服务祖国人民统一起来，支持广大科技工作者坚持严肃的科学态度和严密的科学方法，积极倡导敢于提出新观点、新思想、新方法、新理论的创新精神和发扬甘为人梯的奉献精神，团结带领广大科技工作者在践行社会主义核心价值观中率先垂范，以良好的科学道德带动社会公德建设，以优良的学风带动社会风气的好转。

郭光灿从雄才大略的科学家、硕果累累的学术泰斗、桃李芬芳的教育家、为人师表的一代宗师、创建和领导中国光学学会五个方面全面介绍了王大珩先生的丰功伟绩。杜祥琬、陈佳洱、周立伟、简水生、姚骏恩、张钟华、李天初等分别从激光技术和激光核聚变、光学工程、光通信、电子显微镜、计量和测试、人才培养等不同角度介绍了王大珩先生所作出的杰出贡献，提出的“863”计划等战略思想，介绍了王大珩先生高尚的人文情怀和提携青年才俊的感人事迹。吴幼华、马爱文等从不同侧面缅怀了王大珩先生在创建和壮大光学科研院所和学术组织方面的功勋。

会上，中国区国际光年总协调人龚旗煌院士宣布2015国际光年中国区活动正式启动。各主办单位的常务理事、副秘书长、理事，中国科协学会学术部、学会服务中心有关负责人，中国科学院长春光机所、长春理工大学等单位的专家、学者30余人参加座谈会。

【国际机体组织氧运输学会第43次年会】 7月11—16日，由国际机体组织氧运输学会（ISOTT）主办、学会生物医学光子学专委会承办的国际机体组织氧运输学会第43次年会在湖北省武汉市举行。学会专委会主任委员、华中科技大学副校长骆清铭和宾夕法尼亚大学教授李琳担任会议主席。

来自中国、美国、加拿大、英国、德国、日本、澳大利亚、俄罗斯、韩国等109名专家、学者（其中境外专家、学者76名）及研究人员注册参会。会议设置了16个专题，议题涵盖组织氧运输的理论、模型、技术发展及医学和临床应用等各方面，具体包括线粒体医学、肿瘤氧化、氧代谢及自由基、微循环及血流动力学、脑机接口及重症医学等。

会上，中国科学院外籍院士、日本工程院副院长小泉英明，美国宾夕法尼亚大学医学院教授、美国科学院、医学院、艺术与科学学院院士 Doug Wallace，德国美因兹大学医学中心教授、德国美因茨科学与人文学院院士 Peter Vaupel 及美国圣路易斯华盛顿大学教授、AIMBE、OSA、IEEE、SPIE 会士汪立宏教授作主旨发言。美国东卡莱罗纳大学、ISOTT 会议创始人 Duane F.Bruley 受邀作报告，讲述 ISOTT 会议的创建与发展历程。

自1973年第一届会议召开至今，ISOTT 年会每年在美国、加拿大、日本与欧洲各国轮流举办，2015年首次在中国召开。会议设报告109个，包括4个主题报告，22个特邀报告，33个口头报告，47个粘贴报告。

【2015年国际光年】 联合国在2013年12月20日第68次会议通过了全世界100多个学术团体（含中国光学学会和中国物理学会）的提议，确定2015年为国际光年。学会与中国物理学会协商，由学会副理事长兼秘书长龚旗煌院士作为中国区活动的总协调人，围绕国际光年，学会开展了一系列科普活动。

国际光年期间，有33位光学界院士在大中小学校、科研院所、党政机关、展览会、社区等作科普报告113场。学会领导带头身先力行，学会理事长郭光灿院士作光学科普报告13场，副理事长兼秘书长龚旗煌院士也作了8场科普报告。在学会领导的影响下，学会常务理事、理事和会员中的院士、会士（学会首批22位会士均为院士）也积极响应。作为学会副理事长、常务理事、理事的专家也充分利用电视、网络、报纸、杂志等各种媒体，在各种场合、对不同人群作科普报告，受众人群已超过10万人次。

制作“追光逐梦”科普动漫微视频。微视频是一种新的宣传方式，为此学会委托副理事长、中科院上海光机所所长李儒新研究员负责制作15集，每集3—5分钟的光学科普动漫微视频。上海光机所制作的“追光逐梦”科普动漫微视频被放到学会与中国物理学会、*Light* 编辑部共同主办、学会负责日常管理的国际光年网站上，点击率已达数千次。

组织院士专家撰写科普文章。为使社会公众更多地了解国际光年、宣传光学科普知识，《知识就是力量》《物理与工程》等杂志社与学会合作，出版了由学会组织的院士专家所撰写的科普文章，刊发成国际光年特辑，《科技导报》等杂志也出版了学会组织的院士专家的文章。有些杂志派出记者参加学会组织的学术大会、论坛等，直接与院士专家见面，对他们进行访谈或直接进行约稿。学会理事长郭光灿院士、副理事长兼秘书长龚旗煌院士等院士专家亲自撰写科普文章，宣传光学科普知识。

制作发放“光耀世界”科普便携图册。在学会的倡议下，学会教育专业委员会组织中国科技大学学生编写了光学知识简介、光学领域诺贝尔奖获得者、光学技术在各个领域的应用的便携图册。学会理事长郭光灿院士、副理事长兼秘书长龚旗煌院士、常务副秘书长李焱教授等院士专家都给予了指导。

学会与中国物理学会联合主办“光与青春的交响”——2015国际光年大学生摄影比赛。活动由浙江大学承办，摄影比赛自4月15日开始征稿，3个月共收到参赛作品130余幅，大赛组委会经过评审，评选出30幅获奖作品，其中一等奖2名、二等奖4名、三等奖8名、优秀奖15名、最佳创意奖1名。

组织大中学生参观科研院所、大专院校光学实验室。学会理事和会员单位所在的科研院所、大专院校有众多的光学实验室，可配合有关部门组织光学科普展览。由学会等单位共同主办，7月在京举办的2015城市科学节300余项科学互动活动，80多场科学表演秀，近50场科普讲座及众多科技竞赛、科技电影等吸引了公众参与，尤其是学会与科研院所、大学等设计制作的“中国古代光学史”受到公众欢迎。

清华大学、北京大学、浙江大学等国内数10所高校都举办国际光年宣传活动，他们采取邀请院士专家作科普报告、张贴各种宣传海报、走进光学实验室、播放制作的光学科普短片、举办光学论坛、散发宣传材料等形式进行宣传。

学会组织“嫦娥奔月”大学生夏令营，80名大学生参加夏令营，期间还组织了4场科普报告。组织中学生暑期夏令营，50名中学生参加夏令营。

（撰稿人：张建萍）

中国声学学会

服务创新型国家和社会建设 学会举办了6次实用技术培训班：变电站、换流器噪声预测讲座，声频工程专业高级培训，第十二届乳腺超声新技术新理论学习班，第十届神经外科术中超声应用学习班，外周神经与骨骼肌腱超声诊断学习班。参加培训人数220人次。

学会建设 2015年，学会组织召开了八届二次、三次常务理事会议及八届二次理事会议。在健全学会会议制度的基础上，加强民主决策与监督，制定和完善学会管理制度，进一步完善了内部治理结构，形成了学会管理制度体系。

学科发展研究 学会继续与科学出版社合作，组织国内外专家、学者，编写出版《现代声学科学与技术丛书》。2015年出版《人工听觉——新视野》，总印数量1200册。

国际学术会议 学会与其他学会及境外的学术团体联合举办了2次境内国际会议。

国内主要学术会议 2015年学会组织召开了14次学术活动，征集交流学术论文972篇，2016人次参加活动，参加会议的企业科技工作者约619人。

学会举办的学术活动包括4次高端前沿学术研讨：第六届全国储层声学与测井技术前沿研讨会、第八届海峡两岸声学学术交流研讨会、海洋声学技术与水下考古交叉研究、声表面波（SAW）技术发展及规划研讨。

学会召开的学术交流会议有：中国声学学会第十一届青年学术会议、2015年度全国检测声学会议、2015年中国西部声学学术交流会、中国生物医学超声联合学术年会、第十二届音响技术交流大会、2015年声频工程分会学术交流年会、第十四届全国噪声与振动控制工程学术会议、中国声学学会水声学分会2015年学术会议、中国声学学会功率超声学术年会、2015年全国物理声学会议等。

国际组织任职 12月6—10日，第12届西太平洋声学会议在新加坡举行。学会常务副秘书长李风华选任西太平洋声学委员会第一副主席。西太平洋声学会议（简称WESPAC）是世界上最具影响力的声学学术会议之一，自1982年起每三年召开一次，目的在于加强西太平洋地区声学及相关所有领域的学术交流活动。

国际交往 10月30日—11月2日，由美国电子电气工程师协会超声波、铁电与频率控制学会（IEEE UFFC）分会、中国声学学会、中国力学学会发起，山东大学、宁波大学、晶体材料国家重点实验室和物理学院共同承办的2015年全国压电和声波理论及器件应用研讨会（SPAWDA 2015）在山东省济南市召开，来自中国、美国、加拿大、日本、俄罗斯、德国、韩国等国内外的230余名专家、学者参加会议。中国声学学会教授何世堂、中国力学学会教授高存法，IEEE-UFFC-S会议代表、美国宾夕法尼亚州立大学Shujun Zhang教授，大会主席、晶体材料国家重点实验室主任陶绪堂分别致辞。会议共邀请了18位国内外压电和声波领域的专家作大会报告和分会场邀请报告。研讨会还进行了学生论文竞赛，60位学生作者参赛并作了学术报告，会议评选出10名最佳优秀论文报告奖。

11月13—15日，学会生物医学超声工程分会与中华医学会超声医学分会等学会联合主办的第七届亚洲超声造影会议在广东省广州市举行，会议内容包括超声造影诊断、超声分子成像、超声介导药物/基因治疗等领域的最新研究成果及发展方向。40多名国内外知名专家作特邀报告。会议共征集交流学术论文165篇，总计430人次参加活动，参加会议的企业科技工作者约220人，参会的境外专家50余人。

表彰举荐优秀科技工作者 学会在第十一届青年学术会议上进行了青年优秀论文奖的评选活动。经过学会青年学术委员会提名，组织专家评审，共评选出10名青年优秀论文奖，获奖人员都是40岁以下的青年科技工作者，其中女性占5名。

科普活动 5月16日，学会与中国科学院声学所联合举办了第十一届公众科学日活动。活动中设立了超声展区、语音识别展区，开展了超声在工业中的应用、医学超声成像科普讲座以及网络科普讲座，从网的构成延伸到互联网构成，以微信传播信息为例演示互联网信息传输过程。《神秘的水下声世界》展示了声音的物理本质，24名专家、1500名观众参加活动。

学会先后2次在中国人民大学附属小学进行了噪声危害科普讲座，培训人数100人。

【中国声学学会第十一届青年学术会议】 10月15—17日，由学会和学会青年工作委员会主办，西北工业大学承办的学会第十一届青年学术会议在陕西省西安市召开。中国工程院院士杨士莪、马远良，学会理事长王小民，学会副理事长张春华、邱小军、谢菠荪、李琪，西北工业大学科学技术管理部副部长张开富出席开幕式。来自全国各地的200余名专家、学者以"创新·融合"为主题，展开学术研讨与交流。

会议邀请了4名声学专家进行主题报告。国家杰出青年基金获得者、中国科学院声学研究所副所长李风华作题为"水声逆问题研究进展"的报告，报告重点介绍了水声监测台风、海底声学参数反演、海洋声学层析等方面取得的进展。

国家杰出青年基金获得者、南京大学教授程建春作题为"基于超构材料的声波调控"的报告，报告主要介绍了基于空间折叠结构的低频声聚焦和被动相控阵，基于变换声学理论的声场旋转，宽带声学超表面和基于超表面的声能量单向传输。

中国科学院声学研究所噪声与振动研究室副主任李晓东作了题为"通信声学新进展"的报告，报告介绍了通信声学发展现状以及相关技术的实际应用情况，并基于相关交叉学科的研究进展和技术进步，分析展望了通信声学未来的发展趋势和研究重点。国家杰出青年基金获得者、国家"千人计划"学者、西北工业大学陈景东教授作了题为"复杂声学环境中的麦克风阵列处理方法"的报告，报告主要介绍了麦克风阵列的设计及处理原理以及相关领域的进展情况，重点介绍了具有频率不变波束图的小型麦克风阵列及其应用。

会议录用论文163篇，现场交流论文142篇，分6个分会场进行交流。交流内容包括水声、超声物理、物理声学、噪声与振动控制、通信声学与音频信号处理、声学测量、声学换能器等技术领域。分会场交流内容涵盖了声学的各个分支，展示了声学学科在各个方向做出的成果。

【第六届全国储层声学与测井技术前沿研讨会】 10月9—11日，由学会和中国科学院海洋信息技术创新研究院（筹）联合主办的第六届全国储层声学与测井技术前沿研讨会在北京召开。来自中国科学院、国内相关高校和中石油、中石化、中海油等40家企业单位的159名专家、学者参会。

开幕式上，学会副理事长兼秘书长张春华代表主办单位致开幕词。澳大利亚科廷大学勘探地球物理系主任Boris Gurevich教授代表主讲专家致辞。中国石油天然气集团公司中油测井公司海外事业部书记李长文代表企业发言，他介绍了中油测井公司近年来在测井仪器和软件开发方面取得的系列成果，同时提出了油田现场遇到的若干问题。

研讨会共邀请了来自中国、美国、澳大利亚的18位专家主讲，他们是：澳大利亚科廷大学的教授Gurevich、中油测井公司总经理李剑浩、美国埃克森美孚公司的高级地球科学顾问尹赫柱、中国石油大学（华东）的千人计划学者唐晓明、中石油测井公司的千人计划学者王灿云、中石油东方物探公司的千人计划学者余刚、中国科学院地质与地球物理所的国家杰出青年基金获得者符力耘、吉林大学的王克协教授、三纪兰德公司的张玉金博士等。会议涵盖了储层声学的理论、方法、应用和测井技术前沿的多个领域或方向。主讲专家的报告得到了从事测井方法研究、仪器开发和研制、数据处理与解释、地质评价和储层声学探测等方面的专家、学者及生产一线骨干技术人员的欢迎。

（撰稿人：刘　臻）

中国化学会

学会能力提升计划 2015年，学会获得"中国科协学会能力提升工程"优秀科技社团建设项目一类建设学会。在项目资助下，学会围绕服务创新、服务社会与政府、服务科技工作者和服务自身发展四个能力，聚焦改革难点，开展特色和品牌建设，抓好学术交流、科学普及、科技奖励、学术期刊等各项工作。

学会建设 学会承担中国科协学会发展基础培育工程、学会治理结构与职业化建设项目，研究出台符合学会实际需求的《中国化学会分支机构管理办法》。通过邀请全体理事担任奖励推荐委员会委员、集体研讨学会重大事务等途径，提升理事对学会工作的参与度。学会秘书长班子召开5次秘书长工作会议，增补北京大学化学与分子工程学院教授高毅勤、中国科学院化学研究所研究员范青华为副秘书长。

12月，学会首次举办以"学会的发展与创新"为主题的地方学会理事长联席研讨会。学会理事长与各地方学会理事长参加会议。

学会参与中国科协"十三五"规划制定、"创新驱动助力工程"等工作，并申请承担多项学会基础培育和学会改革创新项目。

4 月，“中国化学会奖励申请季”正式启动，学会开展 4 项科技奖励：中国化学会 - 赢创化学创新奖、中国化学会 - 英国皇家化学会青年化学奖、中国化学会 - 巴斯夫公司青年知识创新奖、中国化学会青年化学奖的申报和评选工作，实施“推荐申请制”的创新申报机制。学会奖励申报工作正式启用中国化学会学术奖励推荐、申报、评审系统，申请人、奖励推荐委员会委员、评审专家三方实现工作平台统一，实现统计、分析，更加精准、实时掌握化学人才状况。据统计，约 550 人使用了该系统，其中包括 170 名奖励候选人，298 名推荐人，55 名函评专家及其分奖励评审委员会委员等。

学会学术奖励二级网址全新改版，整理增设分支机构设奖展示板块，加强学会奖励统一管理，提升学会各项奖励的质量和规范性。

学术期刊 2015 年，学会主办或联合主办学术期刊达 24 种，其中 SCI 收录期刊达 15 种。与英国皇家化学会合作期刊《有机化学前沿》（OCF）和《无机化学前沿》（ICF）先后被 Scopus 和 SCI 两个数据库收录。学会期刊中，10 种期刊影响因子实现增长，其中 6 种杂志超过 1.0，参与 Wiley-VCH 共同创办的《亚洲化学杂志》影响因子突破 4.5，与清华大学共同主办的《纳米研究》（*Nano Research*）达 7.0。

学会期刊网络平台建设正式启动，以学会现有学术期刊为基础，建设化学期刊集群（CCS Publishing），实现平台统一、信息共享、数据积累和跟踪分析各项功能。2015 年年底，期刊集群网络平台已完成搭建，2 种期刊已完成数据导入，3 种期刊正在进行数据导入端口配置。

学科发展研究 学会继续承担《2014—2015 化学学科发展报告》的编撰工作。学会发动各学科、专业委员会，以及各领域专家，梳理两年期间化学学科进展，研究热点、焦点及经济发展和民生相关领域，展望未来发展方向，撰写了 20 余万字研究报告。

国际学术会议 6 月，学会与清华大学化学系共同组织第十五届国际量子化学大会。来自全球 41 个国家、地区的 1000 余位理论化学研究人员参会，其中包括 2 位诺贝尔奖获得者和 50 位国际量子分子科学院院士，会议规模和参会人数创历届大会之最。

国内主要学术会议 学会及分支机构举办学术会议 31 项，参会人数达 2.8 万余人次，交流论文 1.6 万余篇。11 项学术会议参会人数超过 1000 人，第八届全国环境化学大会、2015 年全国高分子学术论文报告会、第九届全国化学生物学学术会议、第二届全国质谱分析学术研讨会等参会规模均创下历史新高。

6 月，学会召开中国化学会关注西部化学发展论坛，组织 7 个西部省（区）的省级学会理事长、秘书长研讨如何在中国化学会层面上推动西部学会的健康发展。试点性成立“西部化学会联盟”，学会在此基础上设立西部工作站，搭建学习平台和信息平台。

第十八期中国科协所属全国学会秘书长沙龙

学会承办以“学会专职人员聘任制改革与创新”为主题的第十八期中国科协所属全国学会秘书长沙龙，组织全国 37 家全国学会秘书长深入研讨学会职业化和社会化改革的方向与实施途径，学会承办第十一期中国科协学会改革发展论坛，邀请 60 余位全国学会及地方科协专家、学者参加，学会结合承接科技部化学领域国家重点实验室评估的实施情况，传授学术团体开展机构评估的有效经验。

国际组织任职 8 月，第 48 届国际纯粹与应用化学联合会理事会会议在韩国釜山举行，学会助推副理事长周其凤院士当选 IUPAC 副主席。周其凤院士将于 2016—2017 年担任 IUPAC 副主席，2018 年 1 月起将自动升任 IUPAC 主席。自 1919 年 IUPAC 成立及 1979 年学会代表中国加入 IUPAC 以来，中国化学家首次当选 IUPAC（副）主席。

科普活动 9 月，第 29 届中国化学奥林匹克初赛在全国 31 个省、自治区、直辖市同时举行，约 14 万学生参加初赛。11 月，决赛暨冬令营活动在中国科学技术大学举办，来自包括澳门特别行政区的 30 个省、自治区、直辖市的 339 位学生参加。学会择优选拔 4 名队员参加在阿塞拜疆举行的第 47 届国际化学奥林匹克竞赛，4 名队员全部获得金牌，名列国际奥赛总成绩前四名，创下中国队在化学奥林匹克国际竞赛史上最好成绩。随后学会组织4名国际奥赛金牌获得者参加公益科普活动，指导民工子弟学校学生体验化学趣味实验。

12月，学会开展中国化学会会员日——化学实验室安全知识挑战赛活动，旨在提升广大科技工作者的实验室安全意识，关注实验安全问题，收到回复近7000份。

5月，学会举办“化学嘉年华”综合科普活动，在中国科学院化学研究所举办“趣味化学实验体验”活动，400余名中小学生参加活动。

学会牵头10家全国学会共同承担“人才举荐”项目。学会对奖励和人才举荐模式改革，在学会奖励获奖人中，筛选符合条件的人选，再以同行评议方式产生最终推荐人选，先后推荐了“中国科协青年科学家奖”“中国科协青年女科学家奖”“科技部科技领军人才”、教育部“高等学校科学研究优秀成果青年科学奖”等。

会员服务 2015年，学会通过保障会员注册费优惠、改进会员邮件系统功能确保联络渠道通畅、加强学会官网和微信平台等建设措施，更新完善《中国化学会单位会员管理办法》，新入会个人会员3000余名，新增单位会员5个。

【中国化学会“青年人才托举工程”】 中国化学会获得中国科协“青年人才托举工程”立项支持，大力扶持有较大创新能力和发展潜力的32岁以下青年科技人才，帮助他们在创造力黄金时期作出突出业绩，成长为国家主要科技领域高层次领军人才和高水平创新团队的重要后备力量。11月，学会启动报名工作，来自145个单位的318名青年化学工作者申报。经过初评学科小同行集中评价和复评现场答辩方式，最终评选出6名“青年人才托举工程”入选者。学会将对入选的“托举人才”予以资助，并根据“托举人才”实际需求，利用学会智力资源和学术平台、国际交流平台，建立长效沟通、服务机制，助力人才成长。

【针对“我们恨化学”不当商品广告事件发声】 11月，中央电视台循环播放“我们恨化学”不当商品广告，错误引导公众对化学的认知，严重损害化学名誉，引起化学工作者及社会的强烈不满，造成恶劣影响。

学会针对此事件及时反应，代表全国化学工作者对其进行严肃批判，为化学发声，维护化学积极正面形象。公函引起中央电视台和化妆品公司重视，多次与学会沟通，致歉并撤销广告播放。此事在中国化学会理事会、会员和全国化学工作者中引起强烈反响，并被新华网、新浪网、网易等许多媒体予以报道。

（撰稿人：郑素萍　郝临晓）

中国天文学会

学会建设 2015年，学会组织召开2次常务理事会议，1次理事会议，1次组织工作会议，1次评审工作会议。学会发展新会员160名，国际天文学联合会（IAU）新会员37名，新增团体会员单位1个。

国内主要学术会议 2015年，学会共组织15次学术活动，其中举办大型综合性学术会议1次，学术会议参加人数达1540多人，交流论文506多篇。其中主要包括：学会第四届伽利略－徐光启会议、学会射电天文前沿与技术研讨会、学会激光测距技术现状与应用发展研讨会、学会天文教育研讨会、学会第十届张衡学术研讨会、学会第二届“南极星”青年科学家论坛、学会天文学名词研讨会暨第十届审定委员会第一次会议、学会2015年学术年会、学会天文科普研讨会、学会2014年天文期刊与文献情报研讨会、学会第二届时域天文研讨会、学会李淳风天文学史与天文科普教学研讨会暨纪念《麟德历》颁布1350周年、学会第19届郭守敬学术研讨会——2015年星系宇宙前沿研讨会。

10月19日，学会2015年学术年会在北京大学举办，来自全国各天文单位750余名专家、学者、学生出席年会。

学术期刊 RAA（*Research in Astronomy and Astrophysics*）完成中国科技期刊国际影响力提升计划2015年增延项目。加强学会期刊的管理工作，提高中英文期刊质量，RAA、《天文学报》《天文爱好者》通过2015年期刊出版年度核验。《天文爱好者》科普期刊完成中国科协精品科普期刊项目。

科普活动 8月，学会举办天文爱好者星空大会、2015年全国科普日活动等。学会加强国家科普基础设施建设，开展全国科普教育基地——中国科学院国家天文台兴隆观测基地科普宣传活动。

表彰举荐优秀科技工作者 学会推荐和表彰先进工作者8人，包括：学会第五届黄授书奖、学会第一届黄润乾天体物理基础研究奖、第十二届中国青年女科学家奖、第十四届中国青年科技奖、2014年度十大

天文科技进展、推荐中国科协国际民间科技组织后备专家、推荐院士候选人。

【中国天文学会 2015 年学术年会】 10 月 19 日，学会 2015 年学术年会在北京大学举行，来自全国天文单位的 750 余名专家、学者出席会议。开幕式上，颁发了学会第五届黄授书奖、第一届黄润乾天体物理基础研究奖。

开幕式后各相关领域专家作 12 篇大会特邀报告。学术年会为期 3 天，在射电天文、恒星与银河系、天文仪器、时间与频率、天体力学与卫星动力、天体测量、空间天文和高能天体物理、星系、宇宙学、天文学史、教育与科普等领域组织 8 个分会场，开展交流和讨论。年会交流口头报告 316 篇，张贴报告 31 篇，编辑年会报告摘要集一册。

学会特邀北京大学林潮教授作题为“寻找太阳系外的行星与生命”的高级科普报告。

【国际天文学联合会 IAU 第 29 届大会】 8 月 3—14 日，国际天文学联合会 IAU 第 29 届大会在美国夏威夷举行。学会组织 90 多名专家、学者参加会议，并参与到学术交流、委员会工作会议等与各天文组织间进行交流。大会期间，30 多名学者作了学术交流报告。

会前，学会广泛征集，组织由国家天文台、紫金山天文台、上海天文台、新疆天文台、南京天光所、云南天文台、高能物理研究所、南京大学、北京大学等单位参加的展览，在 IAU 大会期间集中展现了中国天文学会的成就。

中国天文学家北京大学教授刘晓为连任 IAU 副主席，有 10 多名中国学者在新一届委员会中的任职，学会推荐的 37 位会员全被 IAU 批准为 IAU 会员。

（撰稿人：孟红宇）

中国气象学会

服务创新型国家和社会建设 2015 年，学会成功申报中国科协学会创新和服务能力提升专项工程优秀科技社团建设项目 1 项、承接政府转移职能专项 3 项、青年人才托举工程 1 项、中国科协精品期刊工程第四期项目 1 项、中国科协前沿高端学术交流活动项目 1 项等。学会项目经费、会费收入创历史新高，协助做好创新助力地方经济发展工作，围绕内蒙古乌兰察布地方经济发展需求授予“中国草原避暑之都”称号。

学会建设 2015 年，学会组织召开理事会通讯会议 1 次、常务理事会议 3 次（通讯会议 2 次），全国气象学会秘书长会议 1 次、理事长办公会 2 次、秘书长办公会 5 次。4 月 29 日，学会召开学科（工作）委员会工作会议，新一届 35 个学科专业委员会和 4 个工作委员会相继组建完成，新组建天气、气候等 7 个学科组。召开全国气象学会秘书长会议传达科协和中国气象局有关精神，讨论学会发展及会员服务工作。学会财务管理制度进一步规范，获得中国科协优秀科技社团、科普工作优秀学会、2015 年全国科普日特色活动组织单位，《气象学报》中、英文版获得最具国际影响力的科技期刊，《气象学报》中文版入选 2015 年国家新闻出版广电总局的“百强报刊”称号等。

学术期刊 学会完成《气象学报》中、英文版 2015 年编辑出版工作。《气象学报》中、英文版连续第 4 年入选“中国最具国际影响力学术期刊”。

学会成立新一届期刊工作委员会。学会副理事长宇如聪担任主任委员，委员包括 22 名专家、43 名编辑，涵盖全国 48 家气象科技期刊。启用气象期刊联盟标识，学会成为《大气科学》等 4 种知名期刊的第二主办单位。

学会召开 JMR/ 气象期刊编辑作者研讨会。邀请美国气象学会出版委员会主任、出版部主任、部门经理和技术及文字总监等 6 名专家参会作报告，介绍了美国气象期刊的总体情况和运作模式。4 位中国气象英文期刊代表和 9 位中文期刊代表就科学组稿、期刊精品和国际化建设、作者服务、期刊发展近况等议题进行了报告。中国、美国的编辑及部分读者、作者等还进行了圆桌讨论形式的互动交流，内容涉及期刊的出版周期、期刊影响力计量指标界定、AMS 期刊文章中译版权等问题。

两岸交流 6 月 13—15 日，由学会、台湾大学、台湾中央大学联合主办，福建省气象学会承办的第七届海峡论坛·两岸民生气象论坛在福建省厦门市举行。论坛立足促进两岸友好往来、造福两岸民生福祉的宗旨，围绕“探索气象防灾科学，普及产品个性化应用”活动主题，关注现代社会对气象信息专业化、精细化、个性化的需求导向，交流新技术、新媒体、新手段在新时期气象服务中的应用成果和经验，同时聚焦台湾海峡区域，共同探讨气象监测预报预警，气象信息共享、气象灾害联防联动以及应急救援气象保障等。论坛征集到 69 篇学术论文，其中邀请 20 位专家参加大会交流，18 篇论文墙报交流。来自海峡两岸 100 多位气象业界、学界、农学会、消防等方面的民团组织和行业机构的知名人士、专家、学者参加论坛。

12 月 10 日，2015 年海峡两岸气象科学技术研讨会在北京召开，来自海峡两岸气象领域的 70 余位专家学者围绕台风、暴雨等灾害性天气监测、预警、预报和减灾服务等方面开展了学术交流和研讨。

国际交往 学会年内先后接待韩国、美国气象学会代表团来访，签署合作协议，组织召开大气科学前沿发展研讨会，引领学科发展。派员参加美国气象学会年会，联合韩国、日本两国气象学会共同主办第一届亚洲气象大会。授予世界气象组织（WMO）候任秘书长、芬兰气象局局长佩蒂瑞·塔拉斯教授“中国气象学会荣誉会员”称号。启动热带气象和海洋科学技术国际研讨会和第二届中国大地测量与地球物理学学术大会筹备工作。

科普活动 7 月 8 日，学会第二十八届理事会气象科学普及工作委员会召开成立大会，主任委员、中国气象局副局长许小峰及来自气象部门、科研院所、大学、传媒界、省气象学会等 30 多名委员以及特聘顾问中国工程院院士许健民、丁一汇等参加会议。10 月 14 日，在第 32 届中国气象学会年会期间，学会举办了第六届气象科普论坛，来自气象行业、中小学校园气象站等有关 70 多名科技工作者参加。

气象日期间，围绕世界气象日“气候知识服务气候行动”主题，动员 25 位气象科技传播团队专家，联合山西、吉林等 17 个省（区、市）气象学会，组织举办了 26 场以“关注气候，有你有我”为主题的全国气象科普系列报告会，7000 余名学生和社会公众参与，发放近万份《气候知识服务气候行动》《雾、霾知识——你问我来答》科普折页等材料。科技周期间联合北京、吉林等 14 个省（区、市）气象学会举办航空气象和空间天气系列报告会。魏奉思、汪景琇 2 名院士和 24 位气象专家走进 28 所学校，6000 多名大中小学生受益，发放近万份航空气象和空间天气等科普资料；同时联合中国天气网举办了以“谁在伴你飞行”为主题的航空气象知识网络竞答活动，8000 余人次参与答题，大大提高了社会公众对航空气象知识的认知与理解。

5 月 8—9 日，由中国气象局、学会首次主办的 2015 年全国气象科普讲解大赛举行，活动以“气象创新　科技惠民”为主题，来自全国各省（区、市）的 62 名选手参加了比赛。比赛的获奖选手被推荐参加“2015 年全国科普讲解大赛”，并有 8 名选手获奖，其中来自中国气象局公共气象服务中心的张娟获得一等奖，被授予“全国十佳科普使者”称号。

7 月 25 日—8 月 1 日，第 34 届全国青少年气象夏令营在黑龙江省哈尔滨市举办，来自 25 个省（区、市）的 204 位营员和辅导员参加了为期 8 天、主题为“珍惜气候资源、感受绿色龙江”的气象夏令营。学会理事长王会军院士担任本届夏令营总营营长。在开营式上王会军作了题为“什么是气候变化？怎样预测？”的科普报告。自气象夏令营举办以来，这也是院士首次为夏令营的营员作科普报告。夏令营由中国气象局、中国气象学会主办，黑龙江省气象局、气象学会承办，哈尔滨铁道国际旅行社全程协办。

3 月 21 日，学会联合中国气象局共同举办了主题为“气象达人我来了”中学生气象知识电视竞赛活动，来自北京、西藏等 6 省（区、市）的 8 支代表队参加。清华附中、北京理工大学附中等 6 所学校的 200 多名中学生参加了竞赛活动。

全国科普日期间开展了“智慧气象　助力生活”——全国气象科普教育基地联合开放活动。北京、河北、新疆等 15 个省（区、市）的 22 个全国气象科普教育基地开展开放活动。加强科普基地信息化建设进程，设计开发“全国气象科普教育基地”管理平台建设工作。

表彰举荐优秀科技工作者 学会新一届气象科技奖励与人才举荐工作委员组建完成，王会军理事长担任主任委员，聘请 30 余名行业知名专家担任副主任委员和委员。委员会成立后，根据学会发展新形势新要求，进一步完善了《气象科技奖励与人才举荐工作委员会工作条例》《邹竞蒙气象科技人才奖奖励办法》《涂长望青年气象科技奖奖励办法》等，提出了新设大气科学基础研究成果奖、气象科学技术进步成果奖的提议并得到常务理事会批准，制定了奖励办法。

承接中国气象局“气象科技成果转化奖”组织评审工作，纳入学会气象科学技术进步成果奖评选。2015 年受理 55 项，评选出 2015 年气象科学技术进步成果奖一等奖 1 项、二等奖 9 项，并在学会第 32 届年会上颁奖。组织完成了本会“第十六届（2014—2015 年度）涂长望青年气象科技奖”推荐、评选工作，受理 30 份推荐材料，评选出一等奖 1 人，二等奖 4 人。

学会完成中国科协组织推荐（提名）两院院士候选人推荐评选工作，推荐中国科学院院士候选人 2 人。推荐“第十二届中国青年女科学家奖”候选人推荐评选工作，推荐候选人 1 人，报中国科协。组织完成了中国科协“第十一届光华工程科学技术奖”候选人推荐评选工作，推荐候选人 1 人上报中国科协。组织完成中国科协“2015 年创新人才推进计划（中青年科技创新领军人才）”候选人推荐评选工作，推荐 2 人上报中国科协。组织完成中国科协“第十四届中国青年科技奖”候选人推荐评选工作，受理 22 份推荐材料，推荐 3 人上报中国科协。

会员服务 学会会员服务系统成功与科协会员管理系统对接，初步实现了网上在线支付会员会费、年会注册费等功能以及 POS 机收费等新方式。编发会讯 4 期及制作会员工作手册等发放注册会员 8000 余册，首次编印学会英文宣传手册。启动学会奖励评审系统、科普基地管理系统设计开发工作，启动气象水文仪器展和防雷设备展筹备工作。截至 2015 年年底，会员 19233 人，其中注册会员 1049 人。

【第 32 届中国气象学会年会】 10 月 14 日，第 32 届中国气象学会年会在天津市召开。年会的主题为“推进科技创新、支撑气象现代化”。年会开幕式由学会理事长王会军主持，中国气象局党组成员、副局长沈晓农，天津市政府副秘书长朱清相等应邀出席并致辞。年会还特别邀请了中国气象局原局长、中国气象学会名誉理事长秦大河，中国工程院原副院长、国家气候变化专家委员会主任杜祥琬，中国工程院院士丁一汇，天津市科协党组书记杨鑫传、副主席白景美，天津市气象局局长权循刚等出席会议。

会议特邀国家信息中心专家委员会主任宁家骏、南京信息工程大学教授李旭晖、天津市气象局首席预报员易笑园、北京师范大学教授李占清等专家分别作了题为“信息化发展新趋势”“美国玉米带氧化亚氮排放：IPCC 排放清单存在的问题及改进方案”“渤海西岸准圆形暴雨中尺度对流系统的结构演变特征”“中国的气溶胶与气候变化”的特邀报告。

开幕式上举行了颁奖仪式，并为“FY-3 大气探测仪器观测系统偏差诊断与订正技术”等 10 项成果颁发了中国气象学会“2015 年气象科学技术进步成果奖”，为林金泰、陆春松、陈昊明、陈活泼、徐娜等 5 人颁发了“中国气象学会第十六届（2014—1015 年度）涂长望青年气象科技奖”，为刘健文、陆其峰、张强等 3 人颁发了“第六届全国优秀科技工作者奖”。

为期 3 天的分会场交流中，来自中国气象局各直属单位，各省（区、市）气象局、各大科研院所和高等院校、有关企业及国内外气象领域相关期刊编辑部的 1300 多名专家、学者分别在 23 个分会场围绕灾害天气监测、分析与预报，应对气候变化，低碳发展与生态文明建设，水文气象预报最新理论方法及应用研究，科技创新保障农业提质增效，气象卫星遥感资料应用，气象信息化等多领域、多学科热点问题开展交流和研讨。

年会期间，学会举办了大气科学前沿发展暨气象期刊发展国际研讨会，维萨拉公司、国睿科技股份有限公司、北京航天宏图信息技术有限责任公司分别组织了专题讲座。无锡中科光电技术有限公司、中国知网、北京雨根科技有限公司借年会这一平台展示了相关的气象探测产品，并与参会代表进行了现场交流。《气象学报》、*Journal of Meteorological Research*、《气象科学》《气象与环境科学》《热带气象学报》《应用气象学报》《气候变化研究进展》《气象》《气象科技进展》《高原气象》《气象知识》等气象期刊以特有的方式向与会代表展示了期刊产品，并与作者进行了面对面的交流。

年会参会人数 1348 人次，提交论文总数 1969 篇，CNKI 光盘收录 1614 篇（收入率 80%），现场交流 650 篇，墙报交流 315 篇，评出优秀论文 24 篇、优秀墙报 20 篇。

天津市政府、天津市科协对本届年会给予高度重视，并将其列为第十三届天津市科技交流学术月的主会场。

【2015 年海峡两岸气象科学技术研讨会】 12 月 10 日，2015 年海峡两岸气象科学技术研讨会在中国气象局召开。来自海峡两岸气象领域的 70 余位专家学者围绕台风、暴雨等灾害性天气监测、预警、预报和减灾服务等方面开展了学术交流和研讨。研讨会开幕式由学会秘书长翟盘茂主持，学会副理事长宇如聪以及台湾地区代表团团长张修武先生先后致辞。

宇如聪在致辞中表示，中国气象学会 90 余年的历史，见证了两岸气象事业的发展和气象科技的不断进步，学会愿意与台湾气象同仁一道共同探索新的合作领域，继续推进在更高层次上的两岸气象科学技术合作，以适应新时期气象科学全球发展的战略需求。希望在《海峡两岸气象合作协议》框架下，两岸气象业务主管部门进一步加强务实合作，为两岸经济、社会、民生发展提供更好的气象服务，提升两岸气象观测、预报及气象灾害预警能力，切实保障两岸人民福祉及生命财产安全，让气象合作的成果惠及百姓。

张修武在致辞中表示，气象科学研究和气象预报是为了民生福祉，两岸专家学者在气象领域前辈们的引领下，开展了多年的学术交流，开创了双赢的局面，希望两岸气象领域专家学者既要有全球观又保持地方特色，围绕精确预报以及气象服务进行深入研究和探讨。

开幕式后，来自两岸气象科研与业务单位的24位专家学者分别以“台北市闪洪雷暴的观测与预报”“CRsSS模式在台湾地区梅雨季之定量降水预报：预报能力评估与分辨率之影响”“夏季大别山地区中尺度漩涡的合成结构特征”“长江中游中尺度暴雨观测系统的建立”“登陆台风近地边界层的风廓线特征”“龙王台风登陆福建大暴雨的观测和模拟研究”，以及“卫星雷达资料应用”“气象预报服务信息的发布途径及手段”等为题进行了专题研讨。

【大气科学前沿发展暨JMR/气象期刊编辑作者研讨会】 10月14—15日，由学会主办、气象期刊工作委员会和JMR（《气象学报（英文版）》）编辑部承办的大气科学前沿发展暨JMR/气象期刊编辑作者研讨会在天津市召开。会议开幕式由学会秘书长翟盘茂主持，学会理事长王会军，美国气象学会2014年主席Bill Gail，美国气象学会秘书长Keith Seitter，美国气象学会出版委员会主任、出版部主任、生产和技术总管等6人，以及《气象学报》副主编张大林教授等100余名专家、学者参加会议。

王会军在开幕式致辞中表示，这是首次邀请大气科学领域前沿科学家与期刊的编辑作者们一起开会，会议还特别邀请了美国气象学会出版部的6位同行参与交流和研讨。

在大气科学前沿问题研讨部分，李天明、张大林、邹晓蕾、李占清、刘征宇、李旭辉、李俊、林金泰、王东晓等9位科学家的报告为参会的科研人员和期刊编辑提供了最新的国际前沿学术动态和学科发展信息。在JMR/气象期刊编辑作者研讨部分，李占清教授介绍了美国地球物理联盟期刊JGR-Atmosphere，美国气象学会出版委员会主任、出版部主任、部门经理和技术及文字总监等先后介绍了美国气象期刊的总体情况和运作模式，主要包括同行评议的科学监管和协作、期刊生产制作、技术编辑和高质量出版、文字编辑等方面的工作概况、流程、发展方向等，扩大了国内气象期刊编辑的视野。在中国气象期刊报告会部分，张人禾、伊兰、朱江等就科学组稿、期刊精品和国际化建设及作者服务等议题进行了报告，9位编辑介绍了其所办期刊的发展近况。中国、美国的编辑以及读者、作者等就共同感兴趣的问题进行了互动交流。会议期间还发放了会议效果调查问卷。

【中韩气象学会第一次联合座谈会】 4月5—8日，韩国气象学会Joong-Bae Ahn会长一行5人访问学会，并参加中韩气象学会第一次联合座谈会。

4月7日，座谈会在学会秘书处召开，由学会理事长王会军、韩国气象学会Joong-Bae Ahn会长联合主持。韩国气象学会常务理事Myong-In Lee教授、学会秘书长翟盘茂分别介绍了两个气象学会的发展历程、目前开展的重点工作以及未来发展方向，双方就有关学术交流、科研合作、青年学者交流等方面的议题进行了讨论。

会上，王会军与Joong-Bae Ahn会长共同签署了座谈会纪要。座谈会后举行了学术报告会，韩国气象学会代表团为来自中国气象科学研究院、国家气象中心、中国科学院大气物理研究所等单位的40余名科研人员作学术报告。报告会由翟盘茂秘书长主持，王会军理事长、张人禾常务理事出席会议。

韩国气象学会代表团先后访问了中国科学院大气物理研究所、北京大学和中国气象科学研究院。

【生态文明贵阳国际论坛】 6月27日，生态文明贵阳国际论坛在贵州省贵阳市举办，年会的主题是“走向生态文明新时代——新议程、新常态、新行动”，会议设置了30个左右的主题论坛。

在全球低碳转型与可持续发展专题高峰会议上，中国气象局局长郑国光作了题为“重视气候安全　建设生态文明”的报告，呼吁社会各界高度重视气候安全，树立全球安全观，主动顺应气候规律，大力推进生态文明建设。

在生态文明建设与气候安全主题论坛上，全国政协常委、中国科协副主席、中科院院士秦大河担任论坛主席，中央电视台天气预报主持人、“金话筒奖”得主宋英杰主持论坛。

英国外交大臣气候变化特别代表、利物浦大学名誉校长David King，IPCC第一工作组联合主席、瑞士伯尔尼大学教授Thomas Stocker，瑞典皇家科学院院士

陈德亮，国家气候中心主任宋连春，中国气象学会秘书长翟盘茂，北京师范大学地表过程与资源生态国家重点试验室副主任董文杰，国家气候中心气候评估室首席专家姜彤等中外气象专家，围绕 IPCC 第五次评估报告、生态文明与气候安全、巴黎气候大会谈判前景等开展对话。

论坛认为，全球气候系统变暖的事实更为确凿，人类活动对气候系统的影响更为明显，信度进一步增强；未来温室气体继续排放将导致全球气候系统进一步变暖。全球气候系统变暖对自然生态系统和人类社会造成了广泛影响。随着未来气候进一步变暖，自然生态系统和人类社会面临的风险将加大。适应与减缓气候变化相辅相成，与其他社会目标相结合，将促进可持续发展。

论坛指出，中国气候也呈现出变暖的趋势，极端天气气候事件趋多增强、影响程度加重，农业生产、水资源安全、自然生态系统、重大工程等的风险加大。未来随着气候的进一步暖化，气候风险将进一步加剧，经济、粮食、水资源、生态、能源安全以及重大工程安全等将遭受重大威胁。据此，论坛发出了《生态文明建设与气候安全》倡议。

【“75·8”暴雨·洪水 40 周年学术研讨会】 8 月 25 日，由学会主办，国家气象中心、河南省气象局、河南省防汛抗旱指挥部办公室承办，黄河水利委员会水文局、中国气象科学研究院等多家单位协办的“75·8”暴雨·洪水 40 周年学术研讨会在河南省郑州市召开，会议旨在总结 40 年来气象、水文、自然灾害防御等方面的技术进展，研讨如何提高暴雨洪水灾害的防御水平，以增强全社会气象防灾减灾能力。

国家防总副秘书长、中国气象局副局长矫梅燕，河南省人民政府副秘书长胡向阳，中国工程院院士李泽椿、丁一汇，学会副理事长、中国气象科学研究院院长端义宏，国家气象中心主任毕宝贵，河南省水利厅副厅长杨大勇，学会副秘书长冯雪竹出席研讨会开幕式，河南省气象局局长王建国主持开幕式。来自全国各地气象、水文及相关领域的 170 名专家、学者参加了为期 1 天的研讨会。

矫梅燕在致辞中表示，“75·8”灾难留下了不可忘却的惨痛记忆，提高暴雨洪涝等气象灾害的防御水平是一项系统性工程，既需要依靠科技进步和气象现代化建设，不断提高气象灾害监测预警水平，也需要强化科学管理，健全防灾减灾政策机制，提高全社会气象灾害防御水平。面对新时期气象防灾减灾工作，矫梅燕提出，要加强科学研究，提高把握和认知气候规律的能力；要加强气象现代化建设，提高气象灾害监测预警服务科技水平；要强化科学管理，健全防灾减灾工作机制。

研讨会上，李泽椿、丁一汇、端义宏分别作了题为“河南‘75·8’特大暴雨40年来的思考”“‘75·8’特大暴雨与暴雨数值预报”“台风暴雨预报及其科学问题”的特邀报告。

会议收到投稿论文 156 篇，文集收录 85 篇。大会报告 6 个，3 个分会场报告 30 个，展示了气象、水文工作者利用卫星雷达等遥感监测资料、数值模拟等方式对致灾性天气中小尺度系统、致灾过程和机理、暴雨灾害风险分布等开展分析和研究的成果。

【首次中学生气象知识电视竞赛】 3 月 21 日，中国气象局、中国气象学会共同主办了以“气象达人我来了”为主题的首次中学生气象知识电视竞赛活动，此次活动被列为中国气象局世界气象日重点活动。

首次中学生气象知识电视竞赛

活动从 2014 年年底开始启动，北京、吉林、上海、浙江、安徽、西藏的 9 所中学师生参与活动。经过 3 个月的筹备与学校自主选拔，来自 6 省市的 8 支代表队参加了电视竞赛活动。竞赛分为 2 场半决赛和 1 场决赛。8 支代表队以抽签的方式分为 2 组，进行 2 场半决赛比赛，每场分数领先的 2 支代表队获得晋级决赛的资格。

北京理工大学附中代表队最终获得一等奖，安徽省安庆市石化第一中学代表队获得二等奖，吉林省榆树市刘家镇第一中学代表队、上海市曹杨中学代表队获得三等奖，北京首师大附中代表队、浙江省上虞竺可桢中学代表队、安徽省滁州市第五中学代表队、西藏自治区拉萨市第八中学和拉萨市第一中学联队获得优秀奖。中国气象局副局长许小峰、中国气象学会副理事长端义宏等领导分别为获奖代表队颁奖。

【2015年气象防灾减灾宣传志愿者中国行活动】 7月4日，由中国气象局、学会、教育部、共青团中央、中国科协共同主办，成都信息工程大学、中国气象局公共气象服务中心、中国气象局气象宣传与科普中心承办的2015年气象防灾减灾宣传志愿者中国行活动在成都信息工程大学正式启动。

中国气象局办公室副主任洪兰江，中国气象学会副秘书长冯雪竹，四川省气象局副局长马力，成都信息工程大学校长周激流、副校长于世祥等相关人员出席启动仪式。启动仪式由成都信息工程大学党委副书记敬枫蓉主持。

活动以“气候　行动　未来”为主题，来自北京大学、南京大学、浙江大学、南京信息工程大学、成都信息工程大学等11所高校的气象及相关专业2000余名师生志愿者组成200个宣传小分队，奔赴全国各地开展气象防灾减灾和应对气候变化科普宣传。学会秘书处积极参与组织协调工作，并为志愿者小分队提供了《气候知识服务气候行动》《雾、霾知识——你问我来答》《人与气候》等5000余份气象防灾减灾宣传资料。

学会副秘书长冯雪竹在致辞中表示，大学生通过志愿者活动，利用暑期赴各地开展气象科普宣传，向社会宣传科普知识，提高民众气象防灾减灾意识和能力，增长了才干，提升了自身综合素质和社会责任意识。

暑假期间，宣传队深入700余个基层乡镇，进入12000余家农户和400余所中小学校、夏令营、少年军校，发放210余万份宣传资料，覆盖人群近百万人次。

活动从2007年开始，8年来，共有15000余名志愿者组成1300余支小分队奔赴全国除香港、澳门、台湾外的所有省（区、市）开展气象科普宣传工作，深入到8000余个行政村、2500余所学校、400余家企业，发放1500余万份宣传资料，受众超过620余万人次。

（撰稿人：刘文泉）

中国空间科学学会

服务创新型国家和社会建设　4月7日，全国空间科学及其应用标准化技术委员会标准审查会在北京召开。会议审定了《空间科学实验　生物样品加载技术要求》《空间科学实验转动部件规范　第2部分：润滑设计要求》《空间科学实验转动部件规范　第3部分：滚动轴承验收》《空间科学实验转动部件规范　第4部分：轮滑油验收》《空间科学实验转动部件规范　第5部分：电机验收》《空间科学实验转动部件规范　第6部分：性能测试》《空间科学实验转动部件规范　第7部分：可靠性试验》《空间科学实验转动部件规范　第8部分：装配》《空间科学照明用大功率LED筛选规范》《空间生命科学实验装置通用设计规范》10项标准。

学会向中国科学院重大科技局申请在“实践十号”卫星上搭载微生物菌种获得批准，并通过专家组评审。经过菌种筛选、实验以及装置设计等，满足总体设计要求，完成正样验收。“实践十号”科学卫星拟于2016年4月发射。

学会建设　2015年，学会发展130名新会员，召开2次常务理事会议、1次理事扩大会议、2次专业委员会秘书工作会议。学会空间生命专业委员会成立由11名成员组成的青年委员工作组。学会完成分支机构一年一度的年审工作。

学会建立微信平台，通过微信平台开展科普教育、科技传播等，年内通过微信平台发布了太阳表面活动（小视频）、中国10位飞天航天员、话说北斗卫星、听“两弹一星”元勋回忆中国第一颗人造卫星研制之路、遥感卫星商业之路、量子瞬间传输技术重大突破等。

学术期刊　《空间科学学报》刊发学术论文90篇，收到投稿150篇。《空间科学学报》获得中国科技出版传媒股份有限公司“期刊出版质量优秀奖”，成为Scopus数据库收录中国优秀科技期刊的待评价期刊之一，现已完成第一阶段审核。推送《嫦娥三号着陆器有效载荷》《嫦娥三号巡视器有效载荷》两篇论文成为“领跑者5000——中国精品科技期刊顶尖学术论文”。《空间科学学报》获得中国科技出版传媒股份有限公司（科学出版社）“期刊出版质量优秀奖”。

学科发展研究　学会完成《2014—2015年空间科学学科发展报告》的撰写工作，10月30日前上报中国科协。

8月21日，学会召开空间科学学科发展研讨会，对“空间科学学科发展报告”讨论稿进行研讨，广泛

征求意见。研讨会由学会理事长顾逸东院士主持。报告总执笔人刘志恒研究员就编写报告的总体构思、进度以及撰写情况向与会专家作了汇报。来自不同学科领域的50余名专家对“空间科学学科发展报告”的框架结构、内容提出了很好的意见和建议。

理事长顾逸东院士就大家提出的意见和建议进行了归纳，要求撰写组就专家们提出的意见和建议进行修改补充。经过各专业委员会和专家组的努力，完成了《2014—2015年空间科学学科发展报告》约38万字的撰写工作。

国内主要学术会议 2015年，学会与专业委员会召开11次学术交流会议，分别是第十六届全国日地空间物理学研讨会、我国空间科学及探测技术发展战略目标及思考学术沙龙、以大数据驱动下的协同创新专题研讨会、第四届微波遥感技术研讨会、第二十八届全国空间探测学术研讨会、国家重大科技基础设施LHAASO项目与空间天气地基探测合作研讨会、中国空间科学学会理事扩大会议及学术年会、2015年红外遥感技术与应用研究会暨交叉学科论坛、第九届全国微重力科学学术会议。

6月3—6日，第十六届全国日地空间物理学研讨会在湖南省长沙市举办。国内36所高等院校、科研院所的300多名科研工作者参加会议。会议收到论文、摘要247篇，涉及的方向包括：太阳风、行星际物理，磁层物理，电离层物理，中高层大气物理，空间天气与环境应用和等离子体基本物理等领域。大会邀请中国科学院院士涂传诒、北京大学地球与空间科学学院教授肖佐、武汉大学教授张绍东、中国科学院国家空间科学中心研究员王赤、中国科学院地质地球所研究员刘立波作大会特邀报告，并依照学科特点分成4个小组进行了160余个分组报告，布置70余幅Poster展示。

8月11—14日，学会在甘肃省酒泉东风航天城召开以“大数据驱动下的协同创新”为主题的专题研讨会，组织青年委员工作组成员交流和走进发射场活动，参会的委员、青年委员工作组成员等共计30多名。东风航天城是我国最早创建、规模最大的航天发射场，多次完成“神舟五号”至“神舟十号”载人发射任务。

9月10—11日，第二十八届全国空间探测学术交流会在甘肃省兰州市召开，来自科研机构、大学等30余家单位的120余名专家、学者参加了会议，会议收到论文80篇。根据报告研究内容不同，分为任务总体设计、分析与仿真技术组，平台、测控、数据处理等公共技术组，探测器技术组，火箭与气球探空技术组4个专题组开展学术交流活动。

9月22—23日，学会理事扩大会议暨学术年会在河南省郑州市召开，到会的理事及专家、学者115人。会议由常务副理事长吴季主持。中国科学院院士赵玉芬作题为“火星上的磷是否来自生命”的报告，欧空局前副局长Bonnet作题为“欧洲‘罗塞塔（Rosetta）’彗星探测计划”的报告，中国科学院国家天文台研究员、探月办主任研究员邹永廖作题为“‘嫦娥3号’取得的部分成果及‘嫦娥4号’科学问题”的报告，学会理事长顾逸东作题为“我国载人航天空间科学任务进展和空间站空间科学项目安排”的报告。

科普活动 5月16日，学会以“宇宙那么大，我想约你来看看！”为主题，举办走近空间科学系列科普活动，500多名大中小学生及社会公众参观东方红一号专题展览，听取空间科学科普报告《走进暗物质的神秘世界》，参观复杂航天重点实验室、子午工程科学运行中心、微波遥感技术院重点实验室、空间环境研究预报中心，与科研人员互动交流。

2015年空间物理科学、空间探测科学、航天医学与空间生命科学3支科学传播专家团队，开展了主题为空间天气变化对人类的影响、空间探测技术发展、空间生命探索等3次科普活动。

学会组织4位具有科学传播专长的工作在科研一线的中青年科技工作者，到北京市牛栏山一中讲授《空间微波遥感——技术与应用》《量子信息科学及量子科学实验卫星工程》《空间天气学——太空风云变幻对人类活动的影响》《空间科学实验》等空间科学系列科学课程。

学会以航天员中心承担的973项目为背景策划组织了首届“太空梦想”青少年科技营活动，来自清华附中、人大附中等8所中学的60多名中学生参加了为期30天的科普活动。学会组织4批来自香港、澳门、航天员家乡及边远山区的青少年来航天员中心参加“航天夏令营”，开展航天科普及体验活动，接待夏令营营员220人次，体验了包括用于航天员健康防护研究的悬吊跑台、自行车功量计、空间细胞学实验、航天食品等。

中国科学院国家天文台、探月首席科学家欧阳自远院士，中国科学院国家空间科学中心研究员张厚英、潘厚任，中国科学院微生物所研究员刘志恒，中国科学院遥感与数字地球所研究员潘习哲等在全国巡回进行科普讲座。

2015年，学会副理事长陈善广研究员主编的《飞天英雄》入选国家“十一五”重点图书出版规划和2014年国家新闻出版广电总局（第十一届）向全国青少年推荐百种优秀图书。

表彰举荐优秀科技工作者 学会开展院士候选人的推选（提名）工作，经推选专家委员会无记名投票，空间机电与光学专业委员会推选的候选人任建岳获得全票通过，推选专家委员会确定任建岳作为学会推选的院士候选人，向中国科协推荐。

2015年向中国科协推荐创新人才候选人1名，推荐光华奖候选人3名，推荐第十四届青年科技奖候选人3名。

2015年学会推荐的候选人王玲华研究员荣获“第十二届中国青年女科学家奖”。

学会进行申请和答辩，最终中国科协遴选了177名青年科技人才，中国科学院国家空间科学中心博士何杰颖、中国航天员科研训练中心博士杨超获得青年人才托举支持。

党建强会 6月，学会在湖南省长沙市召开的空间物理学术会议期间，组织青年党员开展了“学党史，讲党性，促创新，强学会”的党建特色活动。

5月22—27日，学会党支部与中国科学院国家空间科学中心研究生党总支及中国环境新闻工作者协会联合举办了地球站公益捐赠活动，活动旨在推进循环经济、垃圾减量、物尽其用的环保理念。

以中国空间科学学会网站为平台，开通了“党建园地”栏目。

【第十六届全国日地空间物理学研讨会】 6月3—6日，第十六届全国日地空间物理学研讨会在湖南省长沙市召开。这是我国空间物理学界每两年一次的学术研讨和交流盛会。国内36所高等院校、科研院所的300多名科研工作者参加了此次会议。中国空间科学学会空间物理专业委员会主任王赤主持开幕式。

研讨会收到会议论文和摘要247篇，涉及的学科领域方向包括：太阳风、行星际物理，磁层物理，电离层物理，中高层大气物理，空间天气与环境应用和等离子体基本物理等领域。大会以特邀报告、专题研讨相结合的形式开展学术交流。大会邀请了中国科学院院士涂传诒、北京大学地球与空间科学学院教授肖佐、武汉大学教授张绍东、中国科学院国家空间科学中心研究员王赤、中国科学院地质地球所研究员刘立波分别作了题为“在弓形激波上游发现的具有幂率谱的上传阿尔芬波”“低层大气波动和电离层扩展–F之间的相关”、*A robust and nearly universal vertical wave number spectral structure of vertical wind fluctuation*、*Introduction to SMILE*（*Solar wind-Magnetosphere-Ionosphere Link Explorer*）*Mission*、*Climatology of the Ionosphere at a Chinese low latitude station*，*Sanya* 的大会特邀报告，报告基本涵盖了我国空间物理学科领域取得的新成果、新发现、新进展。大会报告后依照学科特点分成六个专题研讨会，分别是太阳风、行星际物理，磁层物理，电离层物理，等离子体基本物理，中高层大气物理，空间天气与环境。专题报告共宣读交流了160余篇报告，学会在会场区域布置了70余幅Poster展示。

会议学术委员会依据《第十六届全国日地空间物理学研讨会青年优秀论文奖评选标准》，从45岁以下的青年科技工作者中的160篇报告中评选出16篇优秀报告，鼓励青年科技工作者参加会议交流。第十六届全国日地空间物理学研讨会青年优秀论文奖名单：赵金松，李金星，王德栋，袁焕只，高新亮，王铮，郭瑞龙，刘宇，贾越，刘瑾，巴金，田天，高玉竹，王铁砚，姚淑涛，张瑞龙。

【第四届微波遥感技术研讨会】 9月7—10日，第四届微波遥感技术研讨会在吉林省延吉市召开。来自科技部国家遥感中心、国家卫星海洋应用中心、国家卫星气象中心、中国科学院国家空间科学中心、电子所、遥感与数字地球所、大气所、海洋所等近40家单位的140余名专家、学者参加会议。

会议收到论文近140篇，经过会议学术委员会遴选，90余篇文章在分组交流会上作口头报告。会议总结了近年来中国微波遥感探测与成像的理论与方法，成像雷达、雷达高度计、微波散射计、微波辐射计和其他新型微波遥感技术研发，微波遥感信息处理及应用等方面的研究进展和所取得的成果。会议评选了3篇优秀研究生论文奖，大会主席姜景山院士为获奖研究生颁发奖状。

在9月8日举行的会议开幕式和大会报告上，孟新副主任代表主办单位致辞，中国工程院院士姜景山、中国科学院院士金亚秋、国家卫星海洋应用中心主任蒋兴伟、国家卫星气象中心研究员卢乃锰、中国科学院电子所研究员洪文和国家空间中心研究员董晓龙作特邀学术报告。

会议由学会空间遥感专业委员会与 IEEE 地球科学与遥感学会北京分会（GRSS Beijing Chapter）主办，中国科学院微波遥感技术重点实验室与中国科学院国家空间科学中心承办，会议的主题是“面向国家需求和技术前沿，共绘微波遥感创新发展蓝图”。

【王玲华获得第十二届中国青年女科学家奖】 学会推荐的北京大学地球与空间科学学院的研究员王玲华荣获第十二届中国青年女科学家奖。王玲华是空间物理领域杰出的青年科学家，她的关于磁层中性原子探测的研究工作为北京大学成功申请到 2015 年度国家重大科研仪器研制项目奠定了坚实的基础，她还是 2014 年获批的国家自然科学基金委创新研究群体核心成员。以第一作者 / 通讯作者发表论文 12 篇，总共发表 SCI 论文 34 篇，引用 379 次，有三方面的重大成果。

第一，发现日球层边界区中存在中等能量的中性原子，改正了以往关于日球层边界区物理过程的理论，对研究日球层边界区具有重要意义，其结果发表在 *NATURE* 上，王玲华是该文的第一作者和通讯作者。

第二，开辟中性原子成像的空间探测新方法，对来自磁层环电流的低能中性原子进行高分辨率的成像观测，获得多项有关磁层粒子加速的首次观测的结果，推动了新的空间探测计划，以第一作者和通讯作者在国际地球物理学科顶级期刊 *Geophysical Research Letter* 上发表相关成果。在王玲华开辟的方法的基础上，美国加州大学伯克利分校空间科学实验室提出了一个名为 CINEMA 的近地轨道小卫星项目，获得美国国家科学基金的资助。

第三，发现在日球层中存在一种新的高能电子成分——晕外电子，其起源、加速和传播机制与已知的日球层高能电子成分不同。这一发现开辟了空间高能粒子物理的一个新的研究方向。王玲华以第一作者和通讯作者在天体物理学顶级期刊 *Astrophysical Journal Letter* 发表了相关研究成果。

（撰稿人：邱　理）

中国地质学会

服务创新型国家和社会建设　学会城市地质专业委员会举办污染场地土壤及地下水修复技术专题培训班，就地下水污染防治修复技术、场地土壤与地下水环境、评价与修复技术、场地环境调查技术方法与案例分析，我国污染场地修复技术体系与实践、电动修复技术的发展、体系与应用，我国土壤环境监管政策法规和标准体系建设、污染场地人体健康风险评估技术方法与案例等方面解析，来自全国各地生产一线的 80 多名学员参加专题培训。学会探矿工程专业委员会举办第十八届全国探矿工程（岩土钻掘工程）学术交流年会，围绕深部地球探测技术、页岩气勘探与开采技术、工程勘察与施工技术等内容，交流研究解决复杂地层钻探难题，进行技术交流和学术探讨，促进资源勘探技术水平的提升。工程地质专业委员会召开第八届全国工程地质高层论坛，探讨了目前工程地质学科的发展前景及人才培养教育等问题。洞穴专业委员通过组织通江诺水河岩溶流域典型洞穴群考察和现场研讨，对推动通江诺水河洞穴群发育特征、演化规律研究以及洞穴旅游发展和价值提升起到积极作用。旅游地学与地质公园研究分会召开第 30 届年会，探讨旅游地学如何发挥在地质公园领域中的学科支撑作用，推广专业机构为地质公园服务的经验。

学会能力提升计划　围绕中国科协资助实施的能力建设项目设定目标，通过各项管理制度的强化实施，服务能力和水平进一步提高。按中国科协要求，通过材料申报、初评、答辩等考评环节，学会荣获中国科协“学会创新和能力提升工程优秀科技社团建设团队”，在向中国科协提出申报的 111 个全国性学会中，综合评价排名第 11 位，并在未来三年获中国科协“学会创新与服务能力提升专项”经费支持。

学会建设　坚持民主办会和民主议事制度。全年共召开常务理事会议、理事会议 8 次（含通讯会议），行业秘书长会议 5 次，学会重要工作事项均由秘书长会议充分讨论并提交常务理事会议研究决定。

根据地质学科发展的新态势和学科发展布局，成立了核地质专业委员会、洁净煤地质专业委员会、化石保护研究分会，恢复成立了妇女工作委员会。新增江苏鹏信亿德投资管理有限公司、河北工程大学、济南国土资源局、中国石油大学（北京）等四家理事单位。组建了 3S 技术与地学、山区城镇地质环境保护、地貌学及第四纪地质学、自然环境变迁与古脊椎生物衍化等 4 个科学传播专家团队。

科技期刊国际影响力提升计划　《地质学报》（英

文版）继续获得中国科协中国科技期刊国际影响力提升专项一等奖资助；该刊继续被SCI收录，影响因子1.687，仍居我国地学刊物之首，影响力指数排名第28位。《地质学报》中文版登载的古生物部分，被汤森路透旗下数据库收录，为今后进入SCI奠定了基础。《地质学报》中英文版、《地质论评》三刊还同时荣获2015年度中国最具国际影响力学术期刊称号。与水文专业委员会共同创办的英文刊物《地下水科学与工程杂志》入选美国地质参考文献数据库*GeoRef*；与江苏省地质学会合办的《地质学刊》被美国《化学文摘》（光盘版）收录；石油专业委员会主办的《石油与天然气地质》被美国*EI*检索系统收录。

学术期刊 2015年，学会科技期刊收来稿1126篇，发表543篇。其中，英文版收310篇（国内篇），发表204篇；中文版收373篇，发表209篇；地质论评收443篇，发表130篇。

《地质论评》编辑部主任章雨旭研究员被国家新闻出版广电总局授予第四届全国新闻出版行业领军人才称号。《中国地学期刊网》社会影响越来越大，整个网站的浏览量达356万次。

决策咨询 21世纪分会围绕国家地质工作改革发展的战略需求，通过调查研究，完成云南、甘肃、新疆、黑龙江、广东、浙江地勘单位体制改革调研报告，为行业体制研究和改革发展提供了参考。地质教育专委会受教育部委托，制定并提交了9项专业认定标准；旅游地学与地质公园研究分会受国家旅游局委托，编制《全国地学旅游发展纲要（2015—2025）》，提高了“地学”在旅游业中的地位；矿产资源保护综合利用专委会受国土资源部委托成功承办了东盟国家低品位铝土矿综合利用技术培训班，履行国土资源部对东盟国家的承诺，促进地质矿产领域的务实合作；岩溶地质专委会助力贵州织金洞顺利通过联合国教科文组织世界地质公园评估；地质灾害研究分会在兰州举办“城市化与地质灾害防治”战略学术论坛，为兰州城市化地质灾害防治献计献策。

国际学术会议 与中国台湾中央研究院地球科学研究所在台北联合组织召开了第八届世界华人地质科学研讨会，吸引了大陆、港、澳、台及海外相关地学机构300余名华人地质科学家出席，两岸三地及世界华人地质学家就共同关心的问题广泛深入地开展学术交流。与美国地质学会在美国马里兰州巴尔的摩共同组织举办了第二届中美地质学会联合学术会议，大陆100余位地质学者参会。地质学史专业委员会召开第40届国际地质科学史学术研讨会，研讨地质科学与人类社会可持续发展的现实与未来，来自中国、澳大利亚、俄罗斯、德国、意大利、奥地利、波兰、亚美尼亚、日本、墨西哥、巴西和尼日利亚等国家的120位地质学史研究专家参加了会议。岩溶地质专业委员会协办第二届亚洲跨学科岩溶学术会议，来自亚洲、欧洲等22个国家和地区的180余名专家、学者参会。会议交流了世界范围内尤其是亚洲地区岩溶景观开发保护与洞穴生物和生态系统等科考成果。组织开展第35届国际地质大会筹备工作。

国内主要学术会议 10月，学会2015年学术年会在陕西省西安市召开，会议主题为“推动地质科技创新，支撑找矿突破实践，服务美丽中国建设”，2000余人参会，收到论文摘要700余篇，学术年会聚焦地质找矿及相关学科发展，探讨新理念，交流新进步、新成果。

青年工作委员会围绕“青年地质工作者——争做生态文明建设的践行者”的主题组织召开第二届青年地质大会，吸引了全国地勘行业科研与生产一线的500多名青年地质工作者参会。石油地质专业委员会召开第六届中国石油地质年会，围绕“更深、更广、更复杂——油气勘探新领域与新技术”的主题，充分展现了石油地质研究的突出进展和技术突破。同位素地质专业委员会成立三十周年——暨同位素地质应用成果学术讨论会吸引了400多名专家学者参加会议。沉积地质专业委员会主办2015全国沉积学大会，以“沉积学与非常规资源”为主题吸引了来自全国各地的900多位专家、学者，共同交流沉积学理论和实践经验，探索沉积地球科学如何更好地为经济社会可持续发展服务。地热专业委员会主办第二届年会，全面讨论了地热发展的现状、存在的问题及未来的展望，特别是针对干热岩进行了探讨。水文地质专业委员会召开2015年年会暨地下水高效利用和可持续发展研讨会，征集论文80多篇。地学哲学委员会以“深化地学哲学研究，推进生态文明建设”为主题，召开第15届学术年会，会议内容既有政策解读和理论研究，又有实践总结。岩溶地质专业委员会召开岩溶环境问题与对策学术研讨会，针对岩溶环境问题提出了可供决策参考的对策建议。

国际组织任职 中国地质科学院地质研究所曹汇助理研究员当选世界青年地球科学家（Young Earth

Scientists）联盟第三届中国委员会主席。

朱立新秘书长、岩溶学首席科学传播专家蒋忠诚和地热学首席传播专家王贵玲等三位科学家当选俄罗斯自然科学院外籍院士。

国际交往 学会岩矿测试专委会举办现代光谱技术和制样技术高级研讨培训班，邀请了来自奥地利、日本、加拿大等国家的著名XRS分析和应用专家讲解XRS的最新技术及其最前沿应用的新进展和研究思路，开拓了国内分析测试科研人员的思路，对国内学者跟踪国际XRS分析新进展产生深远影响。

科普活动 以“世界地球日”、科普展览会等为平台，开展科普活动。第46个“世界地球日”期间，学会联合七家单位在紫竹院公园广场举行主题科普宣传和咨询活动，制作展板40余块，介绍我国资源概况，介绍最新找矿成果，开展宝玉石标本鉴别知识普及活动，开展地质灾害应急自救设备展览，举办第三届在京高校大学生地球日主题演讲比赛，来自首都九所高校的300余名选手参赛。在科普日活动期间，派出科技减灾科学传播专家团队赴青海省果洛藏族自治州玛沁县开展地质灾害预防知识讲座，赠送科普图书。参与中国科协全国科普日北京主场活动——科学嘉年华。学会地质灾害科技减灾科学传播专家团队为公众讲解展示四旋翼及六旋翼地质灾害勘查无人机，珠宝玉石专家团队为公众展示地质标本等。创新科普工作的形式，陆续开通微博微信公众平台。

学会科普传播专家团队科普工作成绩显著。珠宝玉石团队及首席专家荣获科普中国科普认证微平台活力榜及优秀科普传播人称号。团队开通的微博微信平台粉丝累计达17万，年累计阅读量逾百万。该团队凭借优质的科普活动，经过公众网络票选，荣获科普中国科普认证微平台活力榜及优秀科普传播人称号。地质灾害科技减灾科学传播专家团队，以地球日、防灾减灾日等纪念日为抓手，开展科普进社区、进学校幼儿园、进灾区等多种形式的科普活动，并建成地质灾害科普网站。网站以文字与视频及动漫相结合，能满足不同年龄层公众的需求。古生物演化与地质学科学传播专家团队坚持多元化科普传播，展览、开放博物馆、讲座等形式亮点纷呈，并自主设计制作了《生命演化》系列动漫。分支机构立足学科优势开展科普工作，突出科普活动的精准性。地质科学普及专业委员会参加全国科技活动周“振兴东北服务三农科技列车丹东行”活动，分别在丹东市区、宽甸县、凤城市等地开展了多场科普宣传；洞穴研究分会利用桂林海洋寨底研究基地三维实体模型，以及地下河总排泄口、地下河总出水口，讲解介绍该地下河系统的水文地质概况及相关知识，加深了公众对保护环境、保护地球资源的责任意识；旅游地学与地质公园分会，编辑出版了《北京石花洞》《安徽太极洞》《福建冠豸山》《山东莱阳》《湖南湄江》5册丛书介绍宣传地质公园；数学地质与地质信息专业委员会，结合中国地质大学（武汉）的《寻找李四光·卓越地质师成长营》开展“数学地质与地学信息”科普展览。

表彰举荐优秀科技工作者 组织开展科技成果和人才评奖、推荐工作，促进地质科技发展和地质科技人才成长。2015年，作为中国科协确定的十家学会之一，学会荣获2016年国家自然科学奖直接推荐单位。按照国家科学技术奖励工作办公室的工作部署和要求，圆满完成了2016年国家科技奖的推荐工作。开展了中国地质学会2015年度十大地质科技进展和十大地质找矿成果评选工作，评选产生了“天然金属铀的首次发现”等十大地质科技进展，“山东省莱州市三山岛北部海域探获特大型金矿”等十大地质找矿成果。组织完成了国土资源奖、国家科学技术奖等奖项的评选推荐工作。按照中国科协部署，首次顺利完成两院院士候选人的推荐（提名）工作；开展第七届黄汲清青年地质科学技术奖评选，15位优秀的青年地质科技工作者脱颖而出；开展了第十五届“青年地质科技奖”（金银锤奖）评选工作，在296名有效候选人中，评选产生金锤奖10名、银锤奖40名；完成了中国青年科技奖、中国青年女科学家奖、中国科协光华工程科技奖等不同奖项的组织推荐工作。

学会创新发展 地质类专业工程教育认证工作有序开展。按中国工程教育认证委员会要求，秉承国际实质等效原则，全面、积极、稳妥地推进地质类高校专业工程教育认证工作，按计划完成了合肥工业大学、中国地质大学（北京）、中国石油大学（华东）等6所高校的现场考察等。承接成果鉴定和应急服务等工作，提高服务社会能力。组织召开了“陆域天然气水合物冷钻热采技术”研究成果鉴定会；组织专家参加中国科协赴甘肃庆阳开展的创新咨询活动；组织应急专家组在贵州省贵阳市5月20日滑坡、陕西省山阳县8月12日滑坡和浙江省丽水市11月13日滑坡等现场开展应急支撑服务。

党建强会 扎实开展“三严三实”专题教育。坚持从严从实、认真开展“三严三实”专题教育，取得显著成效。通过学习先进典型、开展警示教育，把握用“严”的要求和“实”的作风做好工作的核心要义，认真听取科技工作者的意见建议，了解一线地质科研人员的所思所想，进一步强化了科学管理，转变了工作作风。

会员服务 秘书处加强学会网站建设，加强对会员和会员单位的报道力度，加强了会员数据库建设，向社会各界推介优秀人才，加大《会讯》《情况通报》的宣传力度，让会员和会员单位及时了解新动态。国土资源部授予学会2015年度信息化优秀单位称号。

【中国地质学会2015年学术年会】 10月，学会2015年学术年会在陕西省西安市召开，会议以“推动地质科技创新，支撑找矿突破实践，服务美丽中国建设”为主题，2000余名产、学、研、管、用各方面的专家参会，收到论文摘要700余篇。学术年会聚焦地质找矿及相关学科发展，探讨新理念，交流新进步、新成果，为促进地质科技创新搭建平台，为推动地质工作更好地服务于经济社会发展新常态发挥引领作用。中国工程院院士安芷生、舒德干、马永生，国家自然科学基金委员会地球科学部常务副主任柴育成，中国地质调查局副局长李金发等专家分别就中国大陆环境科学钻探研究的进展、我国古生物研究的一些进展、中国西部大型盆地碳酸盐岩层系油气资源调查及勘探进展、我国地球科学现状发展战略、新形势下我国地质调查工作的新思路新战略等议题作大会主题报告。大会设26个分会场，水文地质、地质期刊、勘探地球物理、境外地质、遥感地质、石油地质岩溶、矿产勘查等分支机构和省级学会组织了分会场学术交流，分别就京津冀一体化对地下水及生态环境的影响、铀成矿作用与勘查技术、胶东地区金矿深部找矿理论及方法、丝绸之路经济带地质环境与生态文明、境外地质矿产勘查等区域经济热点问题进行了交流与研讨。年会展示了近年来我国地质科学领域的研究现状和最新成果，推动了多学科之间的交流，使与会者受到启发，得到鼓舞。青年工作委员会围绕“青年地质工作者——争做生态文明建设的践行者”的主题组织召开第二届青年地质大会，吸引了全国地勘行业科研与生产一线的500多名青年地质工作者参会，提交论文200余篇。会议还特别设置了城镇化过程中地下水环境问题与对策和广义断层模式及其应用两个学术沙龙。

【第六届中国石油地质年会】 6月16—18日，由中国石油学会石油地质专业委员会、中国地质学会石油地质专业委员会主办，中国石油、中国石化、中国中化、陕西延长石油四大公司协办，中国海油承办的第六届中国石油地质年会在北京召开。年会围绕“更深、更广、更复杂——油气勘探新领域与新技术”的主题，对石油实验技术与应用、实验研发和改进等方面开展了深入交流，内容涉及非常规油气实验技术、油气地球化学与成藏实验技术、沉积储层实验分析技术、油气田开发实验技术和实验室建设、管理与仪器装备研发等多个领域。研究石油地质专业的科技工作者如何主动适应经济发展新常态，不断形成科技新优势，在深层、深水、非常规油气等领域加大勘探开发力度，为确保国家能源安全做贡献的问题。1200人参加了会议，会议收到688篇论文及摘要。

根据会议日程，主会场安排了战略论坛、勘探进展和专家论坛3个版块共计26个大会报告，7个分会场按照“深水、深层、非常规、碳酸盐岩、成熟盆地、基础与前沿理论”6个主题安排了156个报告（其中包括青年专场报告22个），以“深水”和“非常规”为主题举办了两次学术沙龙活动，展出展板论文215篇，为历届之最。

【第40届国际地质科学史年会】 6月24—27日，第40届国际地质科学史委员会（INHIGEO）学术年会暨工作会议在中国地质大学（北京）的国际会议中心召开。本次会议由学会地质学史专业委员会、国际地质科学史委员会和中国地质大学（北京）联合主办，中国地质大学（北京）承办。学会常务副理事长孟宪来，国际地质科学史秘书长Barry J. Cooper，中国科学院孙枢、赵鹏大、翟裕生、莫宣学院士，国际地质科学史刊物主编，亚洲、非洲等多位副主席，中国地质学史专业委员会主任、副主任、秘书长等出席会议。来自中国、澳大利亚、俄罗斯、德国、意大利、奥地利、波兰、亚美尼亚、日本、墨西哥、巴西和尼日利亚等国家的120位学者参加了会议。

会议的主题是“地质科学与经济社会可持续发展”。围绕会议主题，与会专家、学者提交了82篇学术报告。主要涉及：地质科学交流史研究，包括地质科学史研究的中外交流、西方地质学家在中国的工作等；地学人物研究，包括黄汲清对中国地质学史研究的贡献，蔡元培与中国地质调查所从矿务顾问、化石采集者到考古学家——安特生在中国的科学活动，葛利普——中国地质古生物学家的良师益友等；地质学学科、教育与区域地质事业史，主要报告有南高加索地区史前利用铜矿石以及早期冶金术的传播；1916年以前中国地质标本的采集与陈列，抗战时期大学地质系课程的传承与变革等；矿业发展史研究及其资源、环境保护的认识与思考，主要包括西非次区域的矿产和石油发现史，中国矿业城市可持续发展研究简史，1950年代的中国石油普查和大庆油田的发现，北京城的发展与水资源关系等；地质遗迹保护的有效措施及其可持续发展研究，主要报告有周口店百年地质科学史、从长江三峡国家地质公园看我国地质遗迹的保护等。

（撰稿人：唐　序）

中国地理学会

服务创新型国家和社会建设　受科技部委托，学会承担了2015年度地学领域国家重点实验室的评估工作，完成了地学领域46家国家重点实验室的初评、现场考察和综合评议工作，提交了评审工作报告，评审结果受到科技部的认可。

受中国科协委托，学会参加了大众创业万众创新政策落实情况的评估工作，组织开展社会调查和专家研讨，提交评估报告。学会入选“中国科协所属学会有序承接政府转移职能扩大试点单位”，开展了科技奖励推荐办法改革研究与试点工作。

学会承担了《中国大百科全书》第三版地理学科的编写组织工作。

学会农业地理与乡村发展专业委员会专家代表承担了国务院关于“精准扶贫”第三方评估任务。

学会能力提升计划　2015年，在中国科协组织实施学会创新和服务能力提升工程优秀科技社团项目建设项目评选中，中国地理学会被评为二类项目建设单位。学会积极开展高水平学术交流，大力开展决策咨询工作，创新科普活动，并在建立完善会员管理系统、分支机构管理评估制度、加强网站建设等方面取得了一定成效。

学会开展国际学术交流，提升学会国际影响力，举办第一届亚洲地理学大会。在全国召开6次区域学术年会，选派专家到基层地理机构进行学术交流，进一步提升学会在普通会员中的影响力。在学会创新与服务能力提升工程项目的引领下，学会开创了第一届中国高校地理科学展示大赛和第十三届大赛思维两个创新品牌。

11月28日，学会在中山大学举办了第一届中国高校地理科学展示大赛。来自全国各地不同高校的31支队伍和专家、学者300余人参加了大赛。大赛主题为“重新发现地理学”。

学会建设　截至2015年12月，学会发展个人会员543人，学会会员总数超过10000人，团体会员31个。学会新成立分支机构3个，下设分支机构共49个。学会召开全体理事会议1次、常务理事会议2次、全国地理学会秘书长工作会议1次。设立学会科技评估工作委员会（筹备），修改了《中国地理学会分支机构管理办法》，并确定了一批资深会员。完成了7个区域代表处，人文地理专业委员会、编辑出版工作委员会等9个分支机构，以及《地理学报》等6个学术刊物编委会的换届工作。

11月7日，学会在北京召开了中国地理学会产业政策与发展地理学工作组成立会议。与会专家就产业政策与发展地理学的功能定位、发展内涵以及关键科学问题展开了讨论。

11月21—23日，学会在江苏省南京市召开了中国地理学会湖泊与湿地分会成立大会暨2015年学术年会。会议研究了分会成员组成和工作安排，并围绕“湖泊与湿地：面临的挑战及未来的发展”主题开展了学术研讨，探讨了中国湖泊与湿地生态环境变化与保护等重大科学问题和国家需求。

12月26日，学会在海南省海口市举办了2015全国地理学会秘书长工作会议，就学会能力建设、地方学会发展、全国学会分支机构评估等方面展开研究讨论，群策群力，取得实效。

12月27日，学会协同有关单位在北京创立了“中国城乡发展智库联盟”，并举办了专家学术研讨会。

科技期刊国际影响力提升计划　2015年，学会主办的期刊《地理学报》（英文版）继续得到中国科协科技期刊国际影响力提升计划支持，期刊国际影响力不断提升，影响因子达到1.3，从Q4跻身Q3行列。该刊在中国科技期刊的国际影响力排名由2012年的第110名提高到2015年的第69名，在3722种中国科技期刊中位居TOP5%，连续入选中国最具国际影响力学术期刊。

学会重点加强中国地理资源期刊数字传媒网建设，加强学会学术期刊方阵建设和对外宣传，探索优秀学术成果的推广与出版。

学会组团参加美国地理学会2015年会和国际地理联合会2015年区域会议，印发学会科技期刊简介等宣传品，加强国际宣传。

学术期刊 2015年，《地理学报》和《遥感学报》继续获得中国科协精品科技期刊资助（连续3年）。中国地理资源期刊数字传媒网获得中国科协资助（连续3年）。

据CNKI发布的2015年中国学术期刊影响因子年报显示，《地理学报》（中文版）复合他引影响因子为4.311，复合总被引为17931次，排名均为地学期刊第一名。

《地理学报》（中文版）、《地理学报》（英文版）、《中国地理科学》（英文版）、《冰川冻土》等学会主办期刊入选“2015中国最具国际影响力学术期刊”（TOP5%）。《遥感学报》《地理研究》《地理科学》《中国沙漠》《地理科学进展》等期刊入选“2015中国国际影响力优秀学术期刊”（TOP10%）。

学会主办各刊紧密跟踪国际地理学前沿和热点问题，围绕京津冀协同发展、“一带一路”和“长江经济带”等国家战略，组织刊发了一系列优秀论文。

7月18—19日，学会在在青海省西宁市举办了2015年中国地理编辑出版年会。来自全国80多个单位的200余名相关学科的专家、学者、学术期刊编辑参加年会。

学科发展研究 2015年，为了配合2016年北京第三十三届国际地理大会，学会组织开展了《地理科学30年：从经典到前沿》《中国人文地理学学术探究与社会贡献》和《中国地理学的发展：历史地理学》3本学科发展报告的编写工作，完成了调研和资料收集工作。

决策咨询 2015年，学会依托决策咨询工作委员会和相关专业委员会，围绕“一带一路”“京津冀协同发展”“长江经济带”和三大国家战略，积极开展研究与研讨，与有关单位协同建立了两个智库机构，推出一批高质量有影响的智库成果，聚焦国家发展重点领域，积极建言献策。

1月24日，学会在北京召开《国情与发展》战略研究组成立暨“十三五”国家区域战略研讨会。成立了《国情与发展》战略研究组，围绕“十三五”国家区域战略和《国情与发展》战略研究组工作进行研讨，出版了《国情与发展》专辑（第一期）。

7月1日，学会在北京召开了《国情与发展》战略研究组系列报告会第二次会议，报告会邀请中国科学院学部咨询项目“中国经济增长速度的基本要素和支撑系统研究”专家团队成员作专题报告。项目组成员及有关专家、学者、媒体记者等共计40余人参加了会议。咨询报告《关于中国经济增长（速度）支撑系统的分析与建议》于6月2日上报国务院。

国际学术会议 5月20—23日，中国地理学会旅游地理专业委员会2015年学术年会暨第十届旅游前沿国际学术研讨会在江西省三清山市召开，会议主题是“世界遗产地OUV保护与旅游发展”。来自中美英三国的专家、学者及研究生170余人参加了会议，54位学者作分会场报告，展示最新研究成果。

7月16—20日，学会在云南省昆明市举办了第四期中国地理学会“社会文化地理”国际高级研修班。来自荷兰阿姆斯特丹大学、香港大学、中山大学、北京师范大学等数十所高校及科研机构的100多位海内外专家、学者等参加。

10月9—11日，学会在上海市主办了第十届中日韩地理学国际研讨会暨第一届亚洲地理学大会。会议主题为“城市化中的亚洲：多样性对应全球化”，来自中国、日本、韩国、印度、蒙古、巴基斯坦、尼泊尔、老挝8个亚洲国家以及美国、瑞典、英国等国家的323名地理工作者参加了会议。

国内主要学术会议 学会及分支机构共举办国内学术交流活动20余次，提交学术交流论文2000多篇。与往年相比，参会人数、学术水平和社会影响力均显著提升。

6月26—28日，2015年中国地理学会经济地理专业委员会学术研讨会在吉林省长春市召开，会议主题是“全球化的新格局与经济地理理论创新”，会议设立了5个专题，近120位学者作分会场报告，并展示最新研究成果。来自50余个科研单位的专家及研究生200余人参加了会议。

7月4—6日，学会城市地理专业委员会在辽宁省大连市主办了2015年中国城市地理学术年会，会议主题为“城市生态·人居环境与城市化”。来自国内外85所高校与科研机构的城市地理学者、研究生及中学地理教师近300人参加了会议。会议期间，召开了《大百科全书·中国城市地理》编撰工作会议。

8 月 9—10 日，学会在吉林省长春市举办了中国地理学会 2015 年（东北地区）学术年会，东北三省地理学界专家、学者等 300 余人参加会议。年会主题为“地理学与东北地区可持续发展”。

8 月 14—15 日，学会在新疆维吾尔自治区伊宁市召开中国地理学会 2015 年西北地区学术年会暨环境变化讨论会，来自国内外的专家、学者 130 余人参加会议。会议的主题为“丝绸之路经济带建设和环境变化”。

9 月，学会参与主办了孙鸿烈先生学术思想研讨会、刘昌明先生学术思想研讨会。

9 月 19—20 日，学会在陕西省西安市召开 2015 年中国人文地理学术年会，来自全国 150 多所高校和科研院所的专家、学者及研究生 650 余人出席了大会。会议主题为“中国人文地理学的创新与实践”“丝绸之路经济带与西部新型城镇化”。

9 月 25—28 日，学会在山东省济南市召开 2015 年中国地理学会（华北地区）暨黄河分会学术年会。来自全国近 80 个单位的 400 多名专家、学者等参加了会议。年会主题为“面向‘新五化’的地理学机遇与创新”。

9 月 27—29 日，学会在贵州省贵阳市召开了中国地理学会 2015 年（西南地区）学术年会，300 余名地理科技工作者、地理教育工作者等参会。会议主题为“中国南方喀斯特环境与山区可持续发展”。

10 月 23—25 日，学会在河南省信阳市召开了 2015 年中国地理学会（华中地区）学术年会，专家、学者 200 余人出席了年会，会议主题为“地理科学与区域创新发展”。

11 月 29—30 日，学会在广西壮族自治区南宁市召开了 2015 年中国地理学会（华南片区）学术年会，200 余名学者参加会议。年会主题为“海上丝绸之路华南沿线区域节点功能发挥与生态文明建设”。

12 月 12—13 日，学会在北京举办第三届地理学与中国全球战略高层论坛暨《国情与发展》战略研究组第二届年会，来自海内外 30 多所高校和科研机构的近百位专家、学者参加会议。论坛围绕“中国地缘政治学的理论与实践”和“地理学与‘一路一带’”两大议题进行了学术报告与讨论。

两岸交流 7 月 5 日，学会乡村景观与休闲产业研究组在广西壮族自治区桂林市召开了第十三届海峡两岸休闲产业与乡村旅游学术研讨会，会议主题为“休闲产业与乡村旅游发展”。与会学者 177 人，交流论文论文 61 篇，宣讲论文 54 篇。

8 月 29 日，学会海洋地理专业委员会组团赴台湾地区参加了第十六届海峡两岸地貌学研讨会。

12 月 16—18 日，首届两岸四地青年地理学者学术沙龙在广东省广州市举办，来自两岸四地 30 多个高校院所的 60 多名青年地理学者参加。沙龙主题为“全球化中的地理学：两岸四地地理学的本土化与国际化”。

国际交往 4 月 21—25 日，学会理事长傅伯杰、秘书长刘毅带队，组织中国大陆地理学者近百人赴美国芝加哥出席了美国地理学家协会 2015 年学术年会，学会在展览区设立了展台，宣传中国地理学会、中国地理期刊，以及 2016 年北京第三十三届国际地理大会。4 月 28 日，学会理事长傅伯杰和秘书长刘毅等赴墨西哥参加首届中国—墨西哥城镇化发展战略国际学术研讨会。

8 月 17—21 日，学会组团参加了在俄罗斯莫斯科举行的国际地理联合会 2015 年区域会议。学会理事长、中国科学院院士傅伯杰，国际地理联合会（IGU）副主席、中国科学院院士周成虎，中国科学院遥感与数字地球研究所所长、中国科学院院士郭华东等 170 余位中国地理学者出席会议。傅伯杰等应邀出席了俄罗斯地理学会 170 周年庆典活动。郭华东获得俄罗斯地理学会授予的 N.M. Przewalski 金质奖章和证书，以表彰其在全球变化背景下对遥感方法研究作出的卓越贡献，以及对建立数字地球模型、推动数字地球发展作出的突出贡献。王民教授等带领中国中学生代表队参加了第十二届国际中学生地理奥林匹克竞赛，获得铜牌。

科普活动 2015 年，学会举办第九届“地球小博士”全国地理科普大赛。来自全国 1000 多所学校的 10 多万名青少年学生参加了大赛活动。

《中国国家地理》大讲堂 2015 年举办了 22 期科技讲座。大讲堂立足自然科学，涉及地理、天文、生物、环保等学科，涵盖和地理相关的考古、探险、历史等多个学科领域，兼科学性、趣味性、大众性于一体，面向社会公众免费开放。

学会主办的全球可持续发展城市信息网制作的多个“长江江豚”专题促进了长江江豚的科普传播，取得了良好社会效果。

学会出版组织出版《美丽中国》地理科普丛书系

列。该丛书整套共35册，立足于自然地理、经济地理和人文地理三大版块，插配与内容相关的精美图片，立体展现中国的壮美山河、民风民俗、经济成就、文化古迹等。

8月，学会派队参加了在俄罗斯特威尔举行的第十二届国际中学生地理奥林匹克竞赛，获得铜牌。代表队由学会2014年第六届中学生地理奥林匹克竞赛的4名优胜者组成。

11月14—15日，学会主办的“天成·华附杯”第七届全国中学生地理奥林匹克竞赛暨第十三届国际中学生地理奥林匹克竞赛选拔赛在广东省广州市举行。来自18个省（市）的81支参赛队以及个人参赛者共计357位中学生参加竞赛。

12月5日，学会主办的“SuperMap杯”第十三届全国高校地理信息系统大赛决赛答辩会暨总颁奖典礼在北京举行。第十三届全国高校地理信息系统（GIS）大赛以“奔跑吧，GISer”为主题。大赛设立了云平台移动开发组、地理分析组、三维应用组、桌面制图组以及论文组五大竞赛组别，共吸引了129所有关GIS院校的2500余名学生参赛，组成了1200支参赛队伍，涌现出313件优秀的参赛作品。

表彰举荐优秀科技工作者　学会开展了第六届中国地理科学成就奖评选工作，授予许世远、许学强第六届中国地理科学成就奖。

开展了第十三届全国青年地理科技奖评选工作，授予陈明星、程亮、丁士明、董广辉、董卫华、王军、卫伟、温智、叶超、周素红第十三届全国青年地理科技奖。

开展了第八届全国优秀中学地理教育工作者评选工作，授予蔡建明等101人第八届“全国优秀中学地理教育工作者”荣誉称号。

会员服务　学会编纂《中国地理学会会讯》，每两月出版一期，便于会员了解相关信息，增强会员荣誉感。学会会员在优先参与学会活动和在学会期刊发表论文等优惠政策的基础上，还可通过会员网站和电子邮件办理入会，通过分类会员QQ群、学会官方微博、微信等平台了解学会活动。

中国科协会员日　12月，学会召开2015年全国地理学会秘书长工作会议和2015年中国地理学会科普工作会议暨会员日活动，开展了全国地方地理学会秘书长研讨会、全国地理科普工作交流会、地理科普活动展示等活动。

【地球科学领域国家重点实验室评估工作】　受科技部基础研究司委托，学会联合国家遥感中心作为第三方评估机构承担了2015年度地学领域国家重点实验室的评估工作。评估工作于2月启动，专家组分别于5月、6月、7月开展了初评、现场考察和综合评议三个环节，最终形成综合评议意见。

地球科学领域国家重点实验室评估工作会议

学会在承担评估工作过程中，通过深入了解地学领域国家重点实验室的整体情况，形成了一套评估管理及服务工作经验，组织编写了《中国地学领域国家重点实验室五年综合分析报告》。

【第十届中日韩地理学术研讨会暨第一届亚洲地理学大会】　10月9—11日，第十届中日韩地理学术研讨会暨第一届亚洲地理学大会在上海华东师范大学举行。大会主题为“城市化中的亚洲：多样性对应全球化”，来自中国、日本、韩国、印度、蒙古、巴基斯坦、尼泊尔、老挝，以及美国、瑞典、英国等国家的100余所高校和研究机构的323名地理工作者和学生代表参会。亚洲地理学大会是中国地理学会为亚太地区地理学家搭建的一个更广泛的学术交流平台。

开幕式上，学会理事长、中国科学院院士傅伯杰围绕“中日韩地理学术研讨会”提出“一D两E”发展理念：“一D”指“deepen”，应当不断深化地理学基础研究，强化对地理学作为一门独立学科的自我认同；“两E”指“expand”和“extend”，一方面要扩大地理学研究的视野，充分发挥地理学“综合性”的学科特色，另一方面也要扩大国际合作，共同塑造未来的亚洲、地球。IGU副主席Ram Babu Singh教授在致辞中介绍了印度地理学的发展史及重点研究方向等。韩国地理学会会长Bo-Kyung Yang教授、日本Kenta

Yamamoto 教授、蒙古科学院巴图宝音教授先后致辞。阿塞拜疆地理学会理事长 Ramiz M. Mammadov 院士、巴基斯坦地理学会理事长 Abdul Ghaffar 教授、哈萨克斯坦地理学会主席 Kanat Baigarin 教授发来书面致辞，分别介绍了各国地理学的发展历程和研究成果，交流了最前沿的研究热点与未来愿同亚洲其他国家一起推动亚洲地理学发展的愿景。

大会专题演讲环节，韩国首尔国立大学荣誉教授 Woo Ik Yu、日本东京大学教授 Yoshio Arai、中国科学院地理科学与资源研究所研究员刘卫东、印度德里大学德里经济学院教授 Ram Babu Singh、华东师范大学中国现代城市研究中心教授宁越敏分别作了大会主题报告。

大会学术研讨会共设 13 个分会场，与会专家围绕人口与城市化、超大城市转变进程、生态城市和城市的可持续发展、城市文化和经济、低碳城市和气候变化、城市环境污染和人类健康、城市灾害模拟预防以及风险预估、城市应急系统和城市管治等 18 个主题展开了近 100 场专题报告。大会还首创两个特色单元——“Women in Geography”（地理学中的女性从业者）和“Youth Gala”（青年联欢会）。

【中国地理学会 2015 年系列区域年会】 2015 年，学会先后在长春、伊宁、济南、贵阳、信阳、南宁召开了 6 次区域学术年会，参加人数近 2000 人次，大会专题报告超过 300 个，征集论文超过 1000 篇。会议分别由东北地区代表处、西北地区代表处、华北地区代表处、西南地区代表处、华中地区代表处和华南地区代表处与有关单位联合承办。

年会学术交流聚焦京津冀协同发展、长江经济带、“一带一路”重大战略，与会专家、学者作《新疆黄土记录的亚洲中部干旱区全新世气候逐步湿润及其可能机制》《主体功能区的地理学研究》《丝绸之路关键区水资源利用与生态安全》《丝绸之路经济带和新疆交通基础设施的发展》《一带一路：中国地缘大战略》《“互联网 +”时代的地理时空大数据与地理信息科学》《中国经济新常态下区域经济的不平衡发展及其治理》等高水平学术报告。年会主题关注区域焦点问题，如东北地区的年会主题为“地理学与东北地区可持续发展”，西北地区的年会主题为“丝绸之路经济带建设”，华北地区的年会主题为“面向‘新五化’的地理学机遇与创新”，西南地区的主题为“中国南方喀斯特环境与山区可持续发展”，为经济发展与生态文明建设、城乡一体化发展、区域经济协调与可持续发展献计献策。

（撰稿人：林　琳　张国友）

中国地球物理学会

学会建设　2015 年，学会新加入会员 342 人，其中女会员 51 人；截至 12 月 31 日，会员总数为 15760 人，其中女会员 2221 人。新增普通单位会员 6 个，常务理事单位会员 6 个，截至 12 月 31 日，单位会员总数共计 74 个。增补常务理事 4 人、理事 3 人，成立了中国地球物理学会岩石物理专业委员会和中国地球物理学会科技推广中心。

组织召开会议 33 个，其中计划内会议 19 个，计划外会议 14 个。

召开常务理事会议 3 次、秘书长工作会议 1 次、春节座谈会议 1 次、全国秘书长联席会议 1 次、理事扩大会议 1 次、中国科协会员日工作会议 1 次。

启动《中国地球物理学会史》撰写工作。

学术期刊　《地球物理学报》获得中国数字化百强期刊称号，获得中国科协精品科技期刊工程 TOP50 项目资助。

Applied Geophysics（《应用地球物理》）投稿量逐年增加，增加了对投稿论文检测查重工作。首次在中国地球科学联合学术年会上开辟了应用地球物理学前沿专题。通过学会加强与本学科国内外重点高校和科研院所的联系，组约优秀稿件，提高期刊的稿源质量和学术影响力。

学科发展研究　启动《中国大百科全书》第三版地球物理学科编纂工作，中国科学院院士陈运泰担任第三版地球物理学科编委会主任。

国际学术会议　4 月 19—22 日，由学会与美国勘探地球物理学家学会（SEG）联合主办的第二届重磁电方法及应用国际研讨会（GEM 2015 成都）在四川省成都市召开，本次会议论文涉及重磁电方法原理及技术、油气勘探与生产、矿产与地热资源、环境与工程等与地震勘探研究等方面内容。

国际交往　3 月 26 日，学会秘书长郭建与美国地球物理联合会首席执行官 Chris McEntee 作为代表签署合作备忘录，就今后有关合作事宜达成一致。

7 月 7—10 日，中国地球物理学会代表团 42 人参加在美国夏威夷举行的第二届亚太区近地表地球物理学术研讨会暨展览。学会在展区设立展台，向各国地球物理专家介绍中国地球物理学会。

11月15—18日，学会代表团一行13人参加了在阿联酋举行的国际工程地球物理研讨会。

科普活动 中国科协授予学会“2015年度科普工作优秀学会”称号。

学会组建的一支科学传播专家团队，以及“地球探秘”和“上天入地”两个科普微信平台获中国科协资助。学会利用“地球探秘”和“上天入地”两个科普微信公众号等新媒体开展科普知识传播工作。在第17届中国科协年会期间，学会5支科学传播专家团队的6名专家为广州市中小学生举办8场科普报告，报告内容涉及海洋、地震、天文、生物等。

世界地球日科普活动期间，学会组织6名专家举办系列科普报告，活动期间科普讲座受众人数超过6000人次。

4月22日，由山东省科协主办、山东省地球物理学会承办的世界地球日主场活动在山东省科技馆顺利召开。学会理事长、中国科学院院士陈颙，中国科学院院士滕吉文，全国海洋资源与环境科学传播专家团队首席专家张训华，全国航空地球物理科学传播专家团队专家吴海成，山东省地球物理学会理事长刘元生分别作了科普报告。山东省相关单位职工代表、学生及公众共500多人来到报告会现场聆听了科普报告。

4月14日，全国海洋地球物理科学传播专家团队首席专家、学会科普委员会秘书长周坚鑫来到北京大学附属小学为小学生举办了一场题为“海洋国土与海洋探宝”的科普讲座。周坚鑫介绍了我国的海洋国土概况、海权现状、天然气水合物及航空物探技术等知识，讲解了利用地球磁场、重力场、电磁场及放射性特征寻找资源能源的方法和原理等。

世界地球日“海洋国土与海洋探宝”科普讲座

航空地球物理科学传播专家团队专家吴海成于世界地球日活动周期间受《知识就是力量》杂志邀请，参与在中国科技馆举办的“探测地球资源 聚焦南水北调”专题系列科普讲座。

学会组织4名专家参加“院士专家科普报告彩云行”科普活动，科普讲座受众人数超过9000人次。全国科普日活动期间，全国海洋地球物理科学传播专家团队举办海洋资源勘探科普讲座，活动受众人数约6000人次。

学会主办、北京桔灯地球物理勘探有限公司等单位承办的“桔灯杯”地球物理全国联赛于4月中旬结束，来自吉林大学的“地心引力”代表队摘取桂冠。

学会新设立沈阳五中科普基地，加强和完善了中国地质大学博物馆、青岛海洋地质研究所、国土资源实物地质资料中心、首都师范大学附属中学房山分校和抚顺雷锋小学等科普基地建设。

表彰举荐优秀科技工作者 学会组织开展“中国地球物理科学技术奖”“顾功叙地球物理科技发展奖”等奖项的评选。

8个项目获得“中国地球物理科学技术奖”。其中，“航空物探遥感多方法综合勘查系统研制与集成”等3个项目获得一等奖，“渤海新近系油田开发中后期地震技术创新与应用”等4个项目获得二等奖，“城市地质调查地震勘探关键技术及其应用”获得三等奖。吉林大学殷长春获得科技创新一等奖。

中国石油集团东方地球物理勘探有限责任公司王小牧教授荣获2015年“顾功叙地球物理科技发展奖”。中国科学院地质与地球物理研究所李金华、中国科学院测量与地球物理研究所郑伟、中国科学技术大学地球和空间科学学院吴忠庆、南京大学地球科学与工程学院王涛、中国科学院地质与地球物理研究所戎昭金5名会员荣获2015年“傅承义青年科技奖”。

中国地质大学（武汉）毛娅丹、中国石油大学（北京）赵建国、同济大学刘玉柱、吉林大学郭智奇、东华理工大学李红星5名青年学者获得“第六届刘光鼎地球物理青年科学技术奖”。

根据期刊权威检索系统对论文引用率查询统计的结果，《四川盆地钻孔温度测量及现今地热特征》（作者：徐明、朱传庆、田云涛等）、《我国深部探测技术与实验研究进展综述》（作者：董树文、李廷栋、陈宣华、高锐等）、《4·20地震破裂过程及其致灾特征初步分析》（作者：张勇、许力生、陈运泰等）、《地球物

理资料群体智能反演》（作者：袁三一、王尚旭、田楠等）4 篇论文荣获 2015 年“陈宗器地球物理优秀论文奖”。

会员服务 学会推荐的中国科学技术大学教授陈晓非当选为 2015 年中国科学院院士。

学会为会员单位评定正高级职称 2 人、副高级职称 7 人、中级职称 28 人。

中国科协会员日 12 月 9—11 日，学会在河北省涿州市举办了“2015 年中国科协会员日活动暨中国地球物理学会 2015 年工作会议”。学会分支机构代表、单位会员代表、学会有关领导及学会办公室工作人员近 70 人参加会议。

【中国地球科学联合学术年会】 由学会与全国岩石学与地球动力学研讨会组委会、中国地质学会构造地质学与地球动力学专业委员会、中国地质学会区域地质与成矿专业委员会、中国科学院地质与地球物理研究所共同主办的中国地球科学联合学术年会于 10 月 11—14 日在北京举行，约 1500 位专家、学者参加会议。会议共设置了 23 个分会场、分为 72 个专题进行，口头报告 1239 篇，张贴报告 483 篇，收录论文 1761 篇。

中国地球科学联合学术年会

中国地球物理学会第 31 届学术年会作为本次年会的分会场同期进行。中国科学院大气物理研究所研究员曾庆存、中国石化石油勘探开发研究院研究员金之钧、美国伍兹霍尔海洋研究所研究员林间、中国科学院测量与地球物理研究所研究员倪四道、2015 年度顾功叙奖候选人王小牧分别作了题为“地球数值模拟装置”“页岩气勘探开发对地球物理技术的挑战”“深海地球科学技术前沿与创新突破的展望”“爆炸与撞击的地震波特征分析”“海洋物探之路”的报告。

【重磁电方法及应用国际研讨会】 由学会与美国勘探地球物理学家学会（SEG）联合主办的重磁电方法及应用国际研讨会（GEM Chengdu 2015）于 4 月 19—22 日在四川省成都市举行。来自中国、美国、澳大利亚、法国、德国、意大利等国的专家、学者共 281 人参加会议。会议收到论文 189 篇，录用论文 132 篇。两个分会场进行口头报告 65 篇，两个单元张贴报告 67 篇。其中国外论文 40 篇，国内论文 92 篇。论文内容涉及重磁电方法原理及技术、油气勘探与生产、矿产与地热资源、环境与工程等与地震勘探研究等内容，与会代表围绕重、磁、电等地球物理方法在勘探自然资源和解决工程与环境方面的技术和应用进行研讨。

（撰稿人：乔忠梅）

中国矿物岩石地球化学学会

学会建设 2015 年，学会召开了第八届理事会第三次会议、第八届理事会第五次常务理事（扩大）会议、2015 年秘书长工作会议、第八届理事会第六次常务理事（扩大）会议，对学会工作进行讨论部署。

7 月 27—28 日，学会在贵州省兴义市召开 2015 年秘书长工作会议。会议着重讨论了《学会秘书处工作改革设想》和《关于推进学会分支机构管理的意见》，提出了修改意见。讨论、修订了《中国矿物岩石地球化学学会优秀科技论文奖实施办法（草案）》。

学会新发展会员 25 人。截至 2015 年年底，学会会员总数 7433 人，其中终身会员 1074 人，其余为年度会员和学生会员。学会创办了《学会会员通讯》，定期向会员推送。

学术期刊 学会主办的《岩石学报》获得了中国科协精品科技期刊 TOP50 项目资助，并申请了电子刊号。学会主办的《矿物岩石地球化学通报》获得了中国科协精品期刊“期刊数字出版与传播建设项目”资助，期刊从 2015 年第 1 期开始改版，每期均设立主题，并辅以封面图片进行宣传，同时增加信息量和科普类文章。

国际学术会议 9 月 24 日，学会主办的第二届中－日地球化学和天体化学论坛在北京举行。学会名誉理事长、国家自然科学基金委员会副主任、中国科学院院士刘丛强，学会理事长、中国科学院地球化学所所长胡瑞忠，学会常务理事、中国科学院院士郑永飞，日本地球化学学会主席、东京大学教授Kawahata，日本地球化学学会前任主席、东京工业大学 Yoshida 教授等二十余名中日专家、学者参加论坛。论坛交流学术报告 14 个，涉及岩石学、同位素地球化学、环境地球化学、天体化学、海洋化学和理论及计算地球化学。第三届中日地球化学和宇宙化学论坛将由东京工业大学主办。

国内主要学术会议 2015 年学术活动全部按照计划完成，学会共组织召开了 9 次全国性学术会议。

中国矿物岩石地球化学学会第 15 届学术年会于 6 月 23—29 日在吉林省长春市召开。第二届中—日地球化学和天体化学论坛于 9 月 24 日在北京举行。由学会矿床地球化学专业委员会主办的第七届全国成矿理论与找矿方法学术讨论会于 12 月 11—14 日在湖南省长沙市召开。由学会沉积学专业委员会主办的 2015 年全国沉积学大会于 10 月 24—26 日在湖北省武汉市召开。由学会成因矿物学与找矿矿物学专业委员会主办的 2015 年全国矿物学发展战略研讨会于 11 月 28 日在北京召开。由学会变质岩专业委员会和中国地质科学院地质研究所联合主办的 2015 年变质岩学术研讨会暨第八届变质岩专业委员会 2015 年会于 5 月 8—10 日在辽宁省丹东市召开。由学会矿物材料专业委员会参与举办的第 6 届尾矿与冶金渣综合利用技术研讨会于 8 月 20—21 日在浙江省衢州市召开。由学会岩相古地理专业委员会参与主办的第二届国际古地理学会议于 10 月 10—13 日在北京召开。由学会火山及地球内部化学专业委员会主办的火山与地热学术研讨会于 11 月 1—3 日在陕西省西安市召开。

科普活动 5 月 16 日，学会与中国科学院地球化学研究所举办了主题为“科技生活　创新圆梦”的科普开放日活动，来自贵州省内各大高校、重点中小学及科研院所共 500 余人亲身体验，感受科学魅力。

学会名誉理事长欧阳自远院士先后在北京、天津、贵州、云南、湖北、云南、山东等省开展了“中国探月梦”系列科普讲座。他从“月球探测的历程与成果”“揭开月球神秘的面纱”“世界末日、地球‘死亡’和地球毁灭”“月球的重大军事战略地位”“月球能源开发的利用前景和实施方案”“月球与火星环境及探测”“月球探测与中国人的嫦娥工程”等方面阐述了中国人的探月梦。受众人数约 7000 余人次。

【中国矿物岩石地球化学学会第 15 届学术年会】 6 月 24 日，由学会主办、吉林大学、中国科学院地球化学研究所、东北亚矿产资源评价国土资源部重点实验室联合承办的第 15 届学术年会在吉林省长春市开幕，学会秘书长李世杰主持会议，学会理事长胡瑞忠致开幕词。近千名专家、学者参加会议。

中国科学院院士王成善作了题为“走在新世纪路口的中国沉积学”的报告，对我国沉积学的现状进行了系统总结并指出了发展方向。徐义刚、许文良、王汝成、钟宏和邹才能分别作题为“二叠纪峨眉山和塔里木大火成岩省：地幔柱—岩石圈相互作用的产物”“古太平洋板块在欧亚大陆下的俯冲历史：火成岩与陆缘增生杂岩证据”“华南大陆形成与稀有金属矿物演化”“峨眉山地幔柱成矿系统”“我国能源的第二次跨越”的大会报告。

中国矿物岩石地球化学学会第 15 届学术年会

各分会场开展了 20 个专题、500 余个学术报告，并以展板形式展出 20 多个成果。

开幕式上，学会举行了第 15 届侯德封奖颁奖仪式。

（撰稿人：刘　莹）

中国古生物学会

学会建设 2015 年，学会召开中国古生物学会第十一届理事会第三次理事会议，第六次、第七次常务理事会议。全年发展会员 15 人，团体会员单位 5 个。

学会及所属分支机构共举办国内外学术会议 4 次，征集论文摘要 560 篇，710 余人参加会议，390 人作会议报告，出版了《中国古生物学会第 28 届学术年会论文摘要集》等 3 部论文集。

学会授予朝阳鸟化石国家地质公园博物馆、本溪国家地质公园博物馆、大连自然博物馆、河南省地质博物馆、广东河源恐龙蛋博物馆等 5 个单位“中国古生物学会全国科普教育基地”称号。

学术期刊 学会主办的《古生物学报》当选中国学术期刊（光盘版）电子杂志社、中国科学文献计量评价研究中心与清华大学图书馆发布的“2015中国最具国际影响力学术期刊”。

国际学术会议 第12届中生代陆地生态系统国际学术研讨会（MTE-12）于8月16—20日在辽宁省沈阳市举行。来自中国、美国、德国、法国、英国、俄罗斯等18个国家的160多名专家、学者参加会议。本次国际会议由中国古生物学会、国家自然科学基金委员会地学部、国际地球科学计划（IGCP）、中国古生物化石保护基金会等机构发起和支持。

本次会议收录论文摘要150余篇，包括4个大会特邀报告、90个口头报告（含18个主题报告）、37个墙报，共设7个分会场。会议对中生代陆地生态系统生物多样性、地质与环境变迁、脊椎动物演化与鸟类起源、中生代植物与多样性、气候与环境变化、古生物足迹等主题进行研讨。

MTE是全球中生代地学领域的权威性国际会议，已在欧美、非洲、澳洲及亚洲举行了11次。

国内主要学术会议 10月16—19日，中国古生物学会孢粉学分会在贵州省贵阳市召开第九届二次学术年会暨理事会议，150余人参加。会议共收到了论文摘要88篇、学术报告71个，涉及孢粉分析与化石观察技术、孢粉与植硅石形态与分类、孢粉现代过程、表土花粉与植被关系、孢粉地层学、古植被与古气候、古生态、全球变化与环境修复、考古、孢粉数据库、植硅石、孢粉植物区系与古地理、古植物等领域。会议评选了3篇优秀学生论文。

科普活动 11月21—22日，学会科普工作委员会第四次全体委员（扩大）会议在上海市和江苏省昆山市举行。出席的委员中包括13名自然类（包括地质古生物）博物馆馆长。王丽霞以“为了不该忘却的宝库——丝绸之路化石保护研究”为题，为委员们作科普报告，报告围绕“一带一路”的国家战略构想，提出了如何通过古生物化石保护和利用、适应国家发展战略需求并做好科普教育的许多积极设想与建议。

本次会议围绕“如何将化石活起来”和“古生物科普文化产业”的主题分别展开研讨。

表彰举荐优秀科技工作者 学会推荐的中国科学院古脊椎动物与古人类研究所研究员邓涛当选中国科协公布的2015“十大科学传播人”。

【中国古生物学会第28届学术年会】 由学会主办、沈阳师范大学、辽宁古生物博物馆和中国科学院南京古生物所联合承办的中国古生物学会第28届学术年会于8月11—14日在辽宁省沈阳举行，450余名专家、学者出席本次年会。会议收到论文摘要近300篇，安排学术报告21场计267个，其中大会报告6个、分会场报告215个、主题报告40个、展板报告46个，涵盖古生物学及其相关研究领域、古生物教学、博物馆与科普以及古生物化石保护等领域。

会议特邀罗哲西、金小赤、孙革、张克信、汪筱林、黄迪颖6位专家、学者作大会特邀学术报告，报告涉及侏罗纪哺乳形动物、二叠纪古地理演化、白垩纪植物群、中国洋板块地层研究、翼龙研究以及昆虫和脊椎动物的关系等主题。

（撰稿人：唐玉刚）

中国海洋湖沼学会

学会建设 2015年，学会召开了常务理事会议和分支机构秘书长会议，召开了科技期刊分会的成立大会，藻类学分会和贝类学分会完成了理事换届改选工作，批准成立微生物海洋学分会。学会学术交流项目、科普项目、精品期刊工程项目中获得中国科协项目资金支持。

学术期刊 学会主办《中国海洋湖沼学报（英文版）》《海洋与湖沼》《水生生物学报》《湖泊科学》4种科技期刊。《湖泊科学》荣获“中国百种杰出学术期刊”称号。《中国海洋湖沼学报》《海洋与湖沼》《水生生物学报》被评为2015中国国际影响力优秀学术期刊。《湖泊科学》和《水生生物学报》获得中国科协精品科技期刊工程项目资助。

国内主要学术会议 学会及分支机构举办了海洋化学研究进展与展望学术研讨会、海洋化学分会海洋监测新技术交流会、第二届水文气象夏季学术交流会等15次国内学术会议，共有3414人次参会，征集论文1294篇，交流论文927篇。

10月9日，由学会科技期刊分会主办的提高水科学领域期刊国际影响力学术研讨会在山东省青岛市召开，来自科研院所、高校和企业的130余名学者、编辑参加会议。研讨内容涉及国际期刊出版趋势、传统媒体与新兴媒体融合出版、网络科技期刊的研究、科技期刊APP应用中存在的问题和发展模式等多个方面。

10月14—16日，学会贝类学分会第十七次全国学术讨论会在湖南省长沙市召开。来自高校、研究院所的321名专家、学者参加会议。大会共收到会议摘要201篇，墙报60个。大会设置口头报告68个，包括特邀报告3个、大会报告3个、专题报告62个。

10月15—17日，由学会海洋化学分会主办的海洋监测新技术交流会在广东省广州市召开，来自中国科学院系统的海洋研究所等6个海洋监测单位的20余名技术与管理人员参加会议。交流主题包括分析测试技术、测试设备共享运行机制等内容。会议就样品前处理、色谱、质谱、光谱、核磁共振等技术应用，海洋生物代谢产物MSn数据库的建立及其应用，EA-AMS-14C微量碳（Mini-Carbon）石墨合成系统开发等进行了交流。

10月23—26日，由学会甲壳动物学分会主办、山西大学生命科学学院承办的中国甲壳动物学会第十三次学术研讨会在山西省太原市举行，280多名专家、学者出席会议。会议主要围绕甲壳动物的病害与免疫学、生理生化与分子生物学、生物多样性与发育生物学等进行学术交流。会议共设置了大会口头报告96个，其中大会特邀报告11个，墙报40多个。

10月26日，由学会海洋遥感专业委员会主办的主题为“海洋遥感及应用技术发展”的交流会在北京召开，来自国家海洋局局属单位、中国科学院、高校和涉海企事业单位等单位的专家、学者近50人参加会议。学会海洋遥感专业委员会主任委员蒋兴伟作题为“我国海洋微波遥感技术及典型应用”的主题报告。与会者就高分辨率卫星、激光雷达、微波遥感和航空遥感等相关的多个学科和应用领域的前沿问题进行探讨。

10月26—27日，由学会药物学分会与中国药学会海洋药物专业委员会联合举办的第12届海洋药物学术年会在浙江省舟山市召开。300多名专家、学者围绕“加快海洋创新药物研发，提升蓝色经济发展水平”的主题进行探讨。

11月26—27日，由学会化学分会主办的海洋化学研究进展与展望学术研讨会在山东省青岛市召开，98名专家、学者围绕河口、近岸和海湾海域生源要素的生物地球化学，重金属的生物地球化学，同位素的地球化学，有机污染物的生物地球化学，有机地球化学，温室气体的生物地球化学，海洋生物资源的高值化利用等7个议题进行研讨，共交流论文45篇。

11月28—30日，中国海洋湖沼学会藻类学分会第九届会员大会暨第十八次讨论会在福建省厦门市召开。中国科学院院士、中国科学院水生生物研究所研究员赵进东，中国科学院院士、厦门大学教授焦念志，学会常务副秘书长任建明，藻类学分会第八届理事长宋立荣等700名从事藻类学领域研究的专家、学者参加。会议安排大会报告9项，收到论文摘要并口头报告424篇，墙报226篇。大会设立了藻类多样性与系统进化、藻类生理生化与分子生物学、藻类生态与环境及变化、藻类生物技术和能源藻类及大型藻类生物学与资源应用5个专题。

科普活动 5月16日，学会与中国科学院海洋研究所联合开展公众科学日活动，免费向市民开放海洋生物标本馆、海洋科普展厅等展馆，组织了“青岛市第八届中、小学生‘我心目中的海洋’主题绘画比赛”、海洋湖沼科普知识有奖问答、“我是小小海洋科学家”海洋科学小实验、“海洋生物的启示”科普讲座等主题活动。

“我心目中的海洋”主题绘画比赛

5月15日，学会在全国科技活动周期间，组织科普专家到青岛市第七中学开展“科普进校园”活动，围绕“蛟龙号”载人深潜器为学生作科普讲座。

9月17—25日，学会参加了中国科协“感·触科学——前沿科技魅力主题展”活动，展出了“科学”号科学考察船及发现号ROV深海机器人等调查设备模型、“科学”号科学考察船模拟动画、“科学”号科考成果视频等成果，邀请多次参加深海科考的科学家与公众面对面交流。

2015年学会科学传播团队分别赴河北大学、曲阜师范大学、天津市自然历史博物馆、南开大学生命科学学院、中国海洋大学环境工程学院、国家博物馆动物博物馆等进行科学传播，受众人数达9000余人次。

学会与山东省青岛市第39中学联合评选颁发了“海洋科学未来之星奖”。

会员服务 学会每周向理事会员发送展示国外同行最新研究进展的情报资料《海洋科学快报》，发送潮汐与海平面专业委员会内部刊物《气候变化与海平面上升研究动态》月刊，定期向理事会员提供学会《中国海洋湖沼学报》(英文)、《海洋与湖沼》《水生生物学报》和《湖泊科学》4种科技期刊目录。为会员提供贝类养殖、浮游生物监测、基准潮位核定、计量认证知识等方面的培训活动40余次，2000多名会员参加。

中国科协会员日 学会于中国科协会员日期间分别组织了会员座谈会、专家学术报告会、参观反腐倡廉教育基地、羽毛球挑战赛等一系列活动。12月21日，学会组织了会员座谈会，学会常务副秘书长任建明、首席科学传播专家李新正、科普企业负责人及热心科普的会员参加了座谈会。12月11日，学会联合挂靠单位中国科学院海洋研究所，邀请国家自然科学基金委员会地球科学部常务副主任柴育成为会员作学术报告。

【2015年度中国海洋与湖沼十大科技成果评选】 学会组织评选2015年度中国海洋与湖沼十大科技成果，评选范围为2015年度在国际或国内产生重大影响的海洋湖沼领域的科技成果。经过海洋与湖沼领域相关单位、专家学者推荐，以投票方式，评选出“2015年度中国海洋与湖沼十大科技成果”：①深海探测与研究平台体系建设；②西太平洋至东印度洋海域大规模深海潜标观测阵列成功建成；③中国近海海洋科学观测研究网络多学科观测系统的构建及其科学发现；④中国大陆架划界关键科学技术研究及应用；⑤全球变暖导致极端拉尼娜事件发生频率增加；⑥深海资源与环境综合调查研究取得重要进展；⑦刺参健康养殖综合技术研究及产业化应用；⑧深海可控源电磁探测技术与装备研制取得重大突破；⑨黄东海沙海蜇数量分布格局、种群动态与生态系统变异之间的关系；⑩我国海洋工程设施腐蚀研究与防护技术取得重要进展。

（撰稿人：潘文静）

中国海洋学会

服务创新型国家和社会建设 学会创新科技评价功能，承接“海洋科技专项招投标实施”。4月，学会在北京组织召开了全球变化与海气相互作用专项任务和年度任务公开招投标工作，扩大了学会的科技评价影响力和权威性。

11月，学会与励展博览集团共同主办了2015 OI中国水下机器人大赛和上海国际海洋技术与工程设备展览会（第三届OI中国展）。OI中国水下机器人大赛最终产生一等奖1队、二等奖3队、三等奖5队，经济性、便携性、展示性单项奖各7队，优胜奖8队，最受欢迎奖1队。第三届OI中国展吸引了来自34个国家和地区的5535名行业人士及219个参展商参展，共展出200多种最新设备及服务，其中53%的参展商来自海外。

学会能力提升计划 学会全面实施“学会能力提升专项优秀科技社团奖项目”计划。2015年，学会在学术交流工作中突出“精品”和“融合”意识。主办中国海洋学会学术年会，500多名专家、学者进行了65个专题交流，扩大了学会在海洋自然科学领域的影响力，举办专业性、综合性的学术交流能力得到显著增强。主办中韩学术研讨会、海峡两岸学术研讨会、国际院士高峰论坛、青年科学家论坛等学术会议，国际（地区）化运作能力得到显著增强，提升了学会的国际（地区）视野，提高了学会在海洋系统的知名度。

学会建设 学会所属分支机构海洋经济分会、海洋物理分会、海冰专家委员会等5个分支机构完成了换届工作，新增加海洋旅游分会。

2015年，学会新增团体会员2个，会员接近300人。

11月，学会组织专家撰写编制了中国海洋学会“十三五”规划提纲。规划提纲紧紧围绕中国科协有关“十三五”规划方案的通知要求，全面统筹安排八届理事会工作。

科技期刊国际影响力提升计划 学会主办的《海洋学报》(英文版）继续获得中国科协“中国科技期刊国际影响力提升计划项目”的资助。2015年，《海洋学报》JCR期刊影响因子为0.747，总被引频次1081次。《海洋学报》(英文版）编委会由80人组成，国际编委所占比例为18.7%。该刊使用汤森路透ScholarOne Manuscripts在线投审稿平台，通过德国施普林格数据库进行国际发行，截至2015年11月，下载次数已达18520次。

学术期刊 《海洋学报》获得中国科协“精品科技期刊工程项目”的资助。1月16日，《海洋学报》特邀国际著名期刊《加拿大渔业和水产科学》(*Canadian*

Journal of Fisheris and Aquatic Science）主编、美国缅因大学教授陈勇就中加科技期刊合作进行交流和研讨。陈勇详细介绍了《加拿大渔业和水产科学》的稿件处理流程，分享了国际化办刊经验，并对《海洋学报》的发展提出建议。

学科发展研究 学会获得中国科协 2014—2015 年学科发展研究项目支持，承担《2014—2015 年海洋科学学科发展报告》的编写工作。8 月 31 日，《2014—2015 海洋科学学科发展报告（第二稿）》评审会在山东省青岛市召开。会上，专家组围绕研究动态、前沿性成果等方面，针对海洋学科发展情况进行研讨，提出学科发展战略。

国际学术会议 学会、分支机构共举办国际会议 4 次。

4 月 25 日，学会在浙江省舟山市主办了 2015 中国（舟山）海洋产业发展国际峰会。本次峰会围绕“创新驱动发展海洋战略性新兴产业”的主题，就海洋产业发展、江海联运服务、海工装备制造、海洋生物医药、金融资本运作等课题展开交流。

5 月 13 日，学会参与主办的“2015·中国航海日文化论坛”报告会在上海市举行。同济大学教授夏立平在会上引入共生系统理论概念，提出共生理论可以对推进“一带一路”的建设发挥重要参考作用，并对“21 世纪海上丝绸之路”的基本定位及内涵进行解读，列举实施“21 世纪海上丝绸之路”需要优先处理的关系。

11 月初，中国海洋学会与韩国海洋学会（KSO）共同主办的第五届中韩海洋学会科学技术学术研讨会在韩国釜山举行。研讨会主题为“推动海洋科技创新，支撑蓝色经济发展”。研讨会达成共识，将联合更多科学组织解决全球共同关注的海洋重大科学问题，将海洋基础研究与两国海洋合作紧密结合起来。

11 月 5—6 日，学会参与主办的“2015（第三届）西湖国际海水淡化与水再利用院士高峰论坛暨《水处理技术》创刊四十周年庆典仪式”在浙江省杭州市举行。400 多名专家、学者围绕“创新驱动发展，环境改变未来”的主题，对海水淡化、五水共治、水分离与资源化管理等行业热点话题展开讨论。

国内主要学术会议 学会及所属分支机构举办了中国海洋学会 2015 年学术年会等大型学术研讨会 2 个，大型学术论坛 2 次，收到学术交流论文 400 余篇。

中国海洋学会 2015 年学术年会

10 月 26—27 日，中国海洋学会 2015 年学术年会暨海洋科学技术奖颁奖仪式在北京举行。来自国内海洋科技领域的 500 多名专家围绕“‘一带一路’战略与海洋科技创新”的会议主题进行研讨。年会的 5 个分会场分别就相关海洋热点问题作了 65 个专题报告。海洋科学技术奖励委员会有关领导专家向 540 名获奖者及获奖单位的 40 名代表颁发了奖励证书。

11 月 28 日，中国海洋学会第七届海洋青年科学家论坛暨首届海水淡化与膜技术研究青年科学家论坛在江苏省南京市召开。150 位青年科技工作者围绕海水淡化与膜技术的应用与创新进行研讨。

11 月 5—6 日，学会主办的第十二届军事海洋战略与发展论坛在湖南省长沙市举行。与会专家围绕“军民融合条件下的战场海洋环境建设与保障”这一主题，展示国防建设、战场海洋环境建设与保障、海洋技术发展的最新思考和最新成果。会议共收到论文 360 多篇，经过专家审查入选由海洋出版社正式出版的论文集 213 篇，会议评选出优秀论文 40 篇。

第十二届军事海洋战略与发展论坛

两岸交流 10 月 15—18 日，中国海洋学会代表团参加台湾地区高雄海洋科技大学和台湾民俗学会主

办的“2015·海洋文化国际学术论坛暨海峡两岸海洋文化学术研讨会”。大会设置了特邀报告、专题报告、口头报告等形式。100多名专家、学者对大陆海洋科技发展历史、现状及其发展进行交流。

10月18—20日，中国海洋学会与淡江大学共同举办了第一届海峡两岸海上丝绸之路学术研讨会。会议以“21世纪海上丝绸之路：地缘战略、文化及两岸与挑战”为主题，100多名专家、学者参加会议。与会专家、学者结合21世纪海上丝绸之路与区域发展、“一带一路”战略与美国“亚太再平衡”的互动关系、21世纪海上丝绸之路对台湾的影响与挑战等进行探讨。

科普活动 学会新发展全国海洋科普教育基地12个。开展近500场次的科普活动，参与活动的科技人员203人次，其中专家有67人次。制作科普挂图4种、科普动漫作品1套。学会被中国科协评为“2015年度全国学会科普工作优秀单位”“2015年度全国科普日特色活动组织单位”。

学会新成立18个海洋学科首席科学家传播团队，涉及海洋化学、海洋物理、海洋遥感等多个学科。

5·12防灾减灾日期间，学会以“科学减灾，依法应对”主题，整合编写海洋防灾减灾相关材料，并下发到各海洋科普教育基地。各海洋科普教育基地根据实际情况组织进校园、开放场馆，面向公众开展海洋防灾减灾知识宣传、防灾减灾演练等活动。

6·8海洋日期间，各海洋科普基地举办了各种科普活动。杭州水处理技术中心联合所在地高校、研究所的志愿者共同发起“关爱海洋·绿色骑行”海洋科普公益宣传活动，用低碳骑行的方式向市民宣传普及海洋知识；青岛同安路小学组织“我是小小海岛设计师”汇报会等活动；中国海监83号船等场馆类科普基地在海洋日面向社会公众开放、举办科普讲座等。

全国科普日期间，学会组织了一系列海洋科普宣传活动，通过展览、讲座、互动等方式分别将海洋知识带进了海岛、社区。学会联合海域海岛分会、天津科技馆组织了以“保护蓝海绿岛，共建生态文明”为主题的海洋科普进校园活动；联合学院路街道地大一社区、中国地质大学（北京）蓝色海洋协会组织了“普及海洋知识，‘慧’及百姓生活”为主题的海洋科普进社区活动。各海洋科普基地结合自身特点，组织开展了形式多样的海洋科普活动。西安曲江海洋极地公园通过线上线下活动相结合的方式，一方面走进学校、社区开展科普活动，向公众传播海洋知识；另一方面通过微信公众平台，开设“Exploration海洋极地探索”频道，通过移动端进行海洋科普。

2015年中国海洋学会与中国造船工程学会等单位共同主办第四届全国海洋航行器设计与制作大赛，吸引了大陆29所高校和台湾高雄大学参加，共有340件参赛作品进入决赛环节。

在北京大学海洋协会“扬帆深蓝”暑期社会实践活动中，学会帮助北大海洋协会与科普基地青岛城阳区第二中学、北海监测中心建立联系，并提供实践机会，有效加强了高校社团与科普基地之间的交流。

【中国海洋学会第八次全国会员代表大会】 10月25日，学会在北京召开了第八次全国会员代表大会。会议选举产生新一届的学会领导班子成员，完成学会换届工作。国家海洋局党组成员、副局长陈连增当选为学会第八届理事会理事长，国家海洋局科技司司长、中国海洋学会办公室主任雷波当选为常务副理事长兼秘书长，于志刚、窦希萍、孙松、张海文、罗季燕、蒋兴伟、戴民汉当选为副理事长。

中国海洋学会第八次全国会员代表大会

大会同时还对获得第七届优秀分支机构、优秀科普基地和优秀学会工作者颁发了证书和奖牌。

【2015年度中国海洋十大科技进展项目评选】 中国海洋学会、中国太平洋学会、中国海洋湖沼学会联合组织常务理事、理事、同行领域专家及相关单位，经过广泛推荐、专家评议及投票排序，评选出“2015年度中国海洋十大科技进展”项目：①我国科学家首次在《自然》杂志发表海洋领域评述文章，系统综述太平洋西边界流与气候相关研究重要成果；②我国科研人员在大黄鱼遗传与抗病/逆的分子机制研究方面取得重要进展，并绘制完成大黄鱼全基因组精细图谱；

③我国首次在印度洋发现大面积富稀土沉积；④ 7000米深海高精度水下综合定位系统研发成功；⑤我国建成首个深海多学科观测系统——西沙观测网，并取得重要科学发现；⑥我国科研人员在黄海大规模浒苔绿潮起源与发生原因研究方面取得重要进展；⑦我国管辖海域首次实现 1 : 100 万海洋区域地质调查全覆盖；⑧我国膜法海水淡化工艺装备和系统集成关键技术取得重大突破；⑨我国首口超深水探井南海测试成功；⑩我国国际海底地理实体命名取得重大进展。

【2015 年度海洋科学技术奖】 11 月 26—27 日，2015 年度海洋科学技术奖评审委员会在上海市召开。由中国工程院院士潘德炉、丁德文、高从堦等 32 名专家组成的评审委员会对 36 个研究类项目、23 个转化类项目、29 部海洋优秀科技图书进行了评审。

2015 年度海洋科学技术奖

海洋科学技术研究类共有 16 项成果获奖，其中特等奖 1 项、一等奖 4 项、二等奖 11 项。获得特等奖项目为“中国近海二氧化碳通量遥感监测与示范系统”。获得一等奖项目为：①苏北浅滩“怪潮”灾害监测预警关键技术研究及示范应用；②全球业务化海洋学预报系统与应用；③我国近海底质调查与研究；④黄渤海生物资源养护关键技术与应用示范。

海洋科技转化类共有 9 项成果获奖，其中一等奖 2 项，二等奖 7 项。获得一等奖项目为：海洋无脊椎动物中活性物质的发现及关键技术和水生生物胶原蛋白研究开发及产业化。

海洋科技图书共有 15 项成果获奖：北极航行指南（东北航道）2014；论南海九段线的历史、地位和作用；主要沿海国家的海洋战略研究；钓鱼岛列屿之历史与法理研究；海洋生态文明示范区架构体系研究；海洋动力环境卫星基础理论与工程应用；军队维护国家海外利益法律保障研究；中国刺胞动物门水螅虫总纲；中国海岛志；海底构造与地球物理学；太平洋西北部生物多样性与生态系统动力学研究（英文版）；魅力中国海系列丛书；工程海岸学；海藻学；“中国海洋”丛书。

海洋科学技术奖是由科技部和国家奖励办正式批准，在国家海洋局支持指导下，由学会、中国太平洋学会和中国海洋湖沼学会共同设立，是面向全国海洋各领域的综合性科学技术奖。该奖主要奖励在海洋环境保护、海洋综合管理、海洋公益服务、海洋安全保障与权益维护、海洋资源开发利用以及海洋经济与社会可持续发展等领域海洋科学技术研究与成果转化取得突出贡献的科技成果。

（撰稿人：李　静）

中国地震学会

学会建设　中国地震学会第九次全国会员代表大会在甘肃省兰州市召开。来自全国各地的 273 名会员代表参加了这次大会。全年召开常务理事会会议 4 次、理事会会议 1 次、全国秘书长工作会议 2 次。

学会新入会会员 162 人。截至 2015 年 12 月 31 日，学会共有个人会员 1758 人，无团体会员。

国内主要学术会议　学会举办了中国地震学会第十五次学术大会。学会下属专业委员会分别召开了 8 次不同类型的学术会议，参加会议人数约 410 人次，交流学术论文 204 篇。

8 月 21—22 日，学会地震预报专业委员会在河南省郑州市召开了中国地震预报论坛—— 2015 年郑州学术交流会。此次会议共有 62 名专家、学者参加。会议邀请了 14 个大会报告，共接收了 65 篇专题论文摘要。

10 月 28—30 日，由学会地震工程专业委员会等单位主办，大连大学承办的首届全国城市灾害防御学术会议在辽宁省大连市召开，160 多名专家、学者参加会议。学会常务理事孙柏涛、常务理事李山有分别作了题为“尼泊尔地震震害”和“中国地震预警进展”的大会特邀报告。7 位科研人员分别作了地震灾害防御分会场专题报告。

10 月 12—14 日，学会地震观测技术专业委员会主办的 2015 年度地震观测技术学术研讨会在江西省西昌市举行，60 多名专家、学者参加研讨会。大会收到

学术论文 20 余篇，涵盖测震、前兆观测技术与数据处理等各方面内容。与会专家、学者围绕测震与前兆观测仪器观测技术新方法与问题研讨，数字地震台站、台网运行维护技术（含井下观测），结合国家地震烈度速报与预警工程探讨地震观测技术发展，地震烈度速报与预警仪器及软件系统研制应用进展，数字地震观测数据产品加工与服务，地震观测仪器检测、检定新方法与试验等 6 个主题进行交流。

11 月 17—18 日，由学会地壳深部探测专业委员会、国地震局物探中心和南省地球物理学会共同举办的北地震带北段科学台阵剖面探测研究进展学术研讨会在河南省郑州市召开。来自地震系统的 40 多名专家、学者参会。与会专家围绕人工地震测深、流动台阵观测、重力剖面探测、流磁剖面探测等方法技术在深部构造探测中的应用情况作了报告。

国际交往 11 月 4—10 日，应第十届太平洋地震工程大会（10PCEE）组委会的邀请，学会强震动观测技术与应用专业委员会主任李小军，委员温增平、刘爱文出席会议并通过学术报告的方式，就经验格林函数概率方法以及地震动场模拟等议题与环太平洋地区地震工程学同行进行学术交流。

8 月 9—11 日，应地质灾害减灾国际联合会邀请，学会工程勘察专业委员会主任薄景山出席了第 13 届世界地质灾害减灾国际研讨会。

5 月 18 日—6 月 17 日，学会强震动观测技术与应用专业委员会秘书王玉石副研究员获“中新科学家交流计划”批准前往新西兰地质与核科学研究所（GNS Science）进行为期一个月的学术交流。

学术期刊 《地震学报》出版 6 期，发表论文 92 篇。所发表文章针对震源机制、接收函数、高空卫星观测、地磁、地电等方面，比较全面地记录了地震学领域近期的研究进展。据万方数据 2015 年版中国期刊核心版引证报告显示，《地震学报》被引频次 1265，核心影响因子 0.687，在地球物理学类期刊中排名第六名；综合评价总分 58.6，排名第五名。《地震学报》加入了中国 DOI 中心，实现了 DOI（数字对象唯一标识）的直接解译，通过每篇文章的 DOI 码可以直接链接到该刊网站。

Earthquake Science（《地震学报》英文版）实现整刊 OA（开放获取）出版，所有稿件都在 Springerlink 上 OA 出版，免费浏览，使读者可以更加便利地阅读该刊出版内容。

科普活动 4 月 21 日，学会普及工作委员会与中国地震局宣教中心、中国地震局地球物理研究所联合组织首都师范大学附属房山中学的师生参观了北京国家地球观象台。

4 月 28—29 日，学会普及工作委员会与等多家单位联合主办了题目为“走近地震、远离灾难”和“跳出来、走进去”的科普报告会。科普报告会从尼泊尔 8.1 级大地震的特征讲起，讲述了地震的孕育、发生的地震科学知识以及地震成灾的特点。

5 月 18—19 日，中国地震学会等十多个单位联合在江苏省徐州市铜山区伊庄镇卢套村举办“卢套文化园”开园仪式暨地震科普活动。“卢套文化园”是中国地震局退休干部卢振恒教授创办的家庭式科普文化园、防震减灾科普教育基地。学会向卢套小学和村民赠送了防震减灾光盘、挂图和科普书籍 500 余册（份）。学会派出多名专家作了题为“怎样应对地震灾害”“增强防灾意识，科学应对灾害”“地震科普课”的科普讲座，围绕抗震救灾、发生地震时如何自救、农村房屋建造等方面的防震科普知识与听众进行了互动。

“卢套文化园”开园仪式暨地震科普活动

4 月 15 日，内蒙古自治区阿拉善左旗巴彦木仁发生 5.8 级地震。震后，根据灾区社会民众对地震防震知识的需求，学会于 7 月 8—10 日与中国地震灾害防御中心、内蒙古地震局等多家单位在内蒙古自治区乌海市举办了“震后灾区科普行”系列科普活动。专家们作了题为“增强防灾意识，科学应对灾害”的科普报告及防震减灾和地震救援知识的现场培训，500 多人次参加活动。

9 月 15—18 日，学会参加了由全国政协和中国科协及相关学会组织的“送科技下基层”科普活动。

学会向四川省甘孜州捐赠科普图书15种共计3000余册，科普挂图3种共计260套，光盘6种145张，共计捐赠价值近4万元的科普宣传品。

10月27—28日，为纪念第26个“国际减灾日”，应江苏省淮安市地震局要求，学会开展了“地震科普下基层”系列活动。学会派专家为淮安市级机关干部和淮安市第一中学等单位分别作题为“增强防震意识，科学减轻灾害”的专题讲座和培训活动。专家从我国目前震情现状、发展趋势、市县层面，就如何应对防震减灾等方面课题进行了阐述。此次活动参加人数达1000多人次，发放科普资料600份。

表彰举荐优秀科技工作者 学会与中国地球物理学会联合推选的中国科学技术大学地球和空间科学学院教授陈晓非当选中国科学院院士。

学会组织评选了“第九届李善邦青年优秀地震科技论文奖”，陈鲲博士、任治坤博士、付媛媛博士获二等奖（一等奖空缺），任俊杰博士、田晓峰博士等5位青年获三等奖。

【中国地震学会第九次全国会员代表大会】 9月21日，中国地震学会第九次全国会员代表大会在甘肃省兰州市召开。来自全国各地的273名会员代表参加了这次大会。

开幕式上，中国科学院院士、第八届理事会理事长陈运泰，甘肃省地震局局长王兰民致辞。学会秘书长郝记川代表第八届理事会作了《中国地震学会第八届理事会工作报告》。经审议，通过了《中国地震学会第八届理事会工作报告》、关于《中国地震学会章程》的修改意见等文件。

会议选举出中国地震学会第九届理事会成员130人。其中，新当选的理事有69人，常务理事19人。张培震当选为理事长，陈晓非、吴忠良、孙柏涛、高孟潭当选为副理事长，李小军当选为秘书长。本届理事会理事的平均年龄为51.8岁，更新率为53%。会议授予陈运泰为名誉理事长。

大会期间，学会授予天津市地震学会、湖北省地震学会、山西省地震学会、江苏省地震学会、湖南省地震学会、四川省地震学会、福建省地震学会、河南省地震学会 海南省地震学会、甘肃省地震学会、内蒙古自治区地震学会、中国地震局第二地形变监测中心、北京大学理论与应用地球物理研究所等13家单位“2015年度中国地震学会优秀学会（会员单位）”的荣誉称号。授予赵阳、马丽娜、王建宇、郑小菁、王林、龚凯虹、胡凤英、应实、于萍、凌晔等10名同志“2015年度中国地震学会先进工作者”的荣誉称号。

【中国地震学会第十五次学术大会】 9月21—23日，中国地震学会第十五次学术大会在甘肃省兰州市举办。来自全国各地的科研院所、院校等32个单位的280余名专家、学者参加会议。会议共收到论文摘要211篇。经专家评审，最后共收录科技论文摘要206篇，汇编成《中国地震学会第十五次学术大会论文摘要集》出版。

中国地震学会第十五次学术大会

大会特邀中国科学院院士陈运泰、中国科学院院士张培震、中国地震局地球物理研究所副所长高孟潭、中国地震局兰州地震研究所所长王兰民4位专家作了题为“可操作的地震预测预报”“中国大陆现今构造形变与强震活动”“建立国家防震减灾体系”“黄土场地地震动效应及抗震设计方法”的大会报告。

大会还设立了“断层相互作用、震源过程、地震活动性分析与地震危险性估计”“强震与深浅构造的关系”“地震与断层力学——观测、实验与模拟”“地形与地震动力环境及过程”“地震观测技术与地震资料应用研究”“卫星地震观测技术及应用”“地面及空间电磁综合观测研究”“地震作用、震害与评估，场地条件与地震震害”“地震救援理论、方法、技术，地震预警及社会、经济影响”“动力学地震预测预报进展与新方法新技术”及“地球动力学与地震的产物——地壳和地幔流体”11个分会场进行学术交流讨论。

中国地震学会“第九届李善邦青年优秀地震科技论文奖”的二等奖获奖者陈鲲博士、任志坤博士及付媛媛博士，三等奖获得者任俊杰博士及田晓峰博士在学术大会上分别作了“震动图的偏差校正方法研究”“2008年汶川MW7.9地震引起地貌变化研究——震前震后DEM做差法”“Rio Grande地堑地壳剪切波速度及径向各向异性”“龙日坝断裂带晚第四纪滑动速率和古地震复发行为”“华北克拉通地壳结构研究——长观测距地震测深剖面的结果”的大会报告。

（撰稿人：顾　玲）

中国动物学会

服务创新型国家和社会建设　2015年，学会贝类学分会成员在贝类良种培育及示范推广方面开展系列工作，共培育国家级水产新品种4个，菲律宾蛤仔“斑马蛤”通过国家水产原良种委员会审定，成为世界上首个人工培育的菲律宾蛤仔新品种。建立贝类病原菌高通量检测技术，构建贝类病害防控技术体系。示范推广贝类高效生态养殖模式，推进产业转型。研发贝类精深加工新产品，研制鱼保活流通运输技术及装备。

9月，贝类产业可持续发展高层论坛在山东省滨州市无棣县举行，论坛针对滩涂贝类全产业技术链，开展了专家与地方技术推广部门、企业的对话和咨询交流。在学会贝类学分会的指导下，无棣县成立了贝类产业协会和贝类产业技术研发中心。

学会建设　2015年学会被评为“《中国科学技术协会年鉴》优秀组织单位”“2015年度全国科普工作优秀单位”“党建强会计划，建家交友计划优秀组织单位”“中国科协系统收藏文献提交优秀单位”。

学会新成立了动物行为学专业委员会。贝类学分会、寄生虫学专业委员会、蛛形学专业委员会3个分支机构完成换届改选。

召开1次通讯理事会议、2次常务理事会议，就学会“十三五”发展规划等33个涉及学会建设发展的议题进行讨论，并形成决议。

科技期刊国际影响力提升计划　《动物学报》（*Current Zoology*）本年度获得JCR影响因子为1.594，属于Q2区期刊，在动物学领域排位前31%（47/153）；入选“2015中国最具国际影响力学术期刊”。通过牛津大学出版社的学术评估，成为该出版社的合作期刊。

《动物分类学报》（*Zoological Systematics*）2015年被评为“中国国际影响力优秀学术期刊”（中国知网评选）。

根据中国知网（CNKI）发布的学术期刊影响因子年报，《兽类学报》影响力指数在同学科97种期刊中排名第30名；期刊综合影响因子0.837，排名第20名，影响因子比2014年的0.776有所提高。

《寄生虫与医学昆虫学报》2015年首次入选《中文核心要目总览（2014年版）》。

《动物学研究》（*Zoological Research*）入选2015年“百强科技期刊”。

《动物学杂志》进入中国科学院科学出版基金科技期刊排行榜（三等），排名第91名。

《鸟类学研究（英文）》（*Avian Research*）共发表论文30篇。作者地域分布较2014年有明显提高。该刊入选“2015中国国际影响力优秀学术期刊”。

《蛛形学报》入选2015《中国学术期刊影响因子年报》统计源期刊。

《生物学通报》针对读者关心的热点问题，邀请美国南加州大学医学院教授朱钦士撰写了12篇文章。编辑部充分利用网络优势通过网站和微信公众平台对教师进行专业知识的辅导，加强刊物宣传。

决策咨询　学会主办的西北珍稀动物保护利用学术论坛及平台建设于9月20—23日在青海省西宁市召开。论坛期间组织西北珍稀动物保护利用专家座谈会，由中国工程院院士林浩然主持。与会专家、学者围绕西北珍稀动物生存状况和保护对策、野生动物保护与畜牧业发展矛盾冲突、未来西北动物学学科发展重点和高层次人才培养3个议题展开讨论和交流，并就专家建议形成书面材料上报相关部门。

学科发展研究　《中国动物学学科史发展研究》自2014年开题，撰写周期为两年，截至2015年年底已完成初稿35万余字。学会承担国家科技名词审定委员会的“动物学名词审定释义”项目。2015年共组织6次分学科动物学名词专家审定会议，进行词条的审校和修改工作。

国际学术会议　主办国际会议1次。8月21—25日，亚洲鱼类多样性会议暨中国动物学会鱼类学分会专题研讨会在广西壮族自治区桂林市召开。来自12个国家的150名专家、学者就亚洲鱼类多样性、近年来人类活动对生态系统的破坏对鱼类生物多样性的影响等问题展开讨论。

国际交往　学会组织3个代表团15人次参加国际学术会议，11名会员参加了3个贝类学专业国际学术会议并进行交流。

7月30日—8月3日，学会组织6人代表团参加在美国堪萨斯大学举办的两栖爬行动物学大会。来自

40多个国家的800位专家、学者参加会议。南京师范大学教授计翔在会上介绍了2016年将在我国杭州市举办的第八届世界两栖爬行学大会筹备情况，并与相关专家讨论了大会主题、大会报告人员邀请、专题研讨会组织等重要问题。

7月5—10日，学会组织3人代表团参加在美国举办的2015年度美国实验生物学会联合会纤毛虫分子生物学大会，学会3名会员在会上分别作学术报告。

8月24—28日，学会组织6人代表团参加在西班牙巴达霍斯举办的欧洲鸟类学大会，来自欧亚大陆的500余名鸟类学工作者参会，北京师范大学雷维蟠展示的题为“黄海区域的南浦盐池对在东亚澳大利西亚迁徙水鸟的重要性”的墙报引起了与会专家对黄海区域鸻鹬类保护的极大关注。

2名会员参加了在韩国丽水举行的第九届国际鲍鱼大会并作了口头报告，4名会员参加了在美国召开的第6届国际牡蛎学术研讨会并作口头报告，5名会员参加了在爱尔兰高威举行的第20届国际扇贝大会并作了4个口头报告。

国内主要学术会议 学会组织召开了16次国内学术会议，共有3794人次参加，交流学术论文1817篇，编辑出版论文集、摘要集10部。

7月24—26日，中国动物学会第六届北方七省市区动物学科研与教学研讨会在天津市举行。会议由中国动物学会、天津市科协主办，天津市动物学会、南开大学、天津师范大学承办。163名专家、学者参加研讨会。本次会议设置了12个大会报告、44个交流研讨报告、8份展示墙报，覆盖了哺乳类、鸟类、两栖爬行类、昆虫以及甲壳类、原生动物等类群，涉及分类学、生物学、生态学、生理生化、分子生物学等研究范畴。会议正式发表学术论文44篇、教学论文34篇。会议期间，评选出优秀论文23篇、优秀报告8项、优秀墙报3份。

9月20—23日，西北珍稀动物保护利用学术论坛及平台建设在青海省西宁市召开，330多名代表参加。11月11—12日，中国青年鸟类学家研讨会暨第十一届翠鸟论坛在安徽省合肥市召开，近百名专家参加。11月12—15日，第13届全国鸟类学术研讨会在安徽省合肥市召开，500余名专家、学者参加。11月16—19日，第十一届全国野生动物生态与资源保护学术研讨会在江苏省南京市召开，500多名专家参加。6月19—21日，蛛形学专业委员会第七届全国会员代表大会暨学术研讨会在江西省吉安市井冈山大学召开，120多名专家、学者参加，其中3名专家分别来自澳大利亚、德国、新加坡。8月12—16日，中国动物学会寄生虫学专业委员会第八届全国会员代表大会暨第十五次全国学术研讨会在甘肃省兰州市举行，270名代表参会，来自海外的10名学者及国内的64名学者作了学术报告。8月15—17日，学会两栖爬行学分会2015年学术研讨会在内蒙古自治区呼和浩特市召开，160多名代表参会。8月24—27日，学会原生动物学分会第十八次学术讨论会在山东省烟台市召开，270多名专家、学者参加会议。10月14—16日，学会第十七次全国贝类学术讨论会暨贝类学分会第十次会员代表大会在湖南省长沙市召开，321名代表参会。10月14—17日，学会生殖生物学分会第十五次学术交流会在陕西省西安市召开，此次会议与中国生理学会生殖科学专业委员会联合召开，430多名专家、学者参会。10月23—26日，学会甲壳动物学分会第十三次学术研讨会在山西大学召开，150多名代表参会。10月11—14日，学会动物行为学专业委员会成立大会暨第五届中国动物行为学研讨会和培训班在北京召开，会上，动物行为学专业委员会（ABSC）成立。9月23—26日，第七届中国发育生物学研讨会在江苏省南京市召开，60多名专家、学者参加会议。

科普活动 5月10日，学会组织了2015年全国中学生生物学联赛，赛事同时在29个省、自治区、直辖市进行，有效参赛学生52366名。按照成绩，评出一等奖980名、二等奖5632名、三等奖8500名。8月16—20日，学会在江西省鹰潭市第一中学举办了第二十四届全国中学生生物学竞赛，来自29个省、自治区、直辖市的30个代表队的238名选手以及领队、教练员和指导老师等500多人参加。经过比赛，72名选手获得一等奖、72名选手获得二等奖、92名选手获得三等奖。

5月16—17日，学会与中国科学院动物研究所国家动物博物馆共同举办以“干细胞与再生医学科普展暨动物学书籍首发式”为主题的科技周活动。3300多名观众参与，其中儿童475名。发送宣传资料2000余本，小奖品200余件。活动期间，学会举办精品图书首发式，全面展现了我国野生动物研究与保护的主要成就、科研成果。

4月19日，学会科普工作委员会与中国科学院科学传播局、国家动物博物馆共同主办了“名馆精品展——让梦想在天空中飞翔”珍稀鸟类标本展。

10月22—24日，学会组织了“第五届全国自然科学类场馆科普培训班”，共62名学员参会。培训主题为“科普创作与科普创意”。

12月，学会完成纪录片《神话之鸟》的拍摄、录制剪辑工作。纪录片共3集，每集半小时左右，在中央电视台科教频道播出，并在浙江自然博物馆的影视播放厅播放。

由学会哺乳动物科学知识传播专家团队首席专家黄乘明研究员等主创的《熊猫壮壮历险记》《高原上的藏羚羊》两部科普剧于2015年11月完成创作、编导、排练和录制，并陆续向社会推广。

1月，学会鸟类多样性保护与生态文明科学传播专家团队开发了东亚水鸟和湿地网站，并面向青少年特别是中小学生开发了“东亚水鸟与湿地科普实验室”平台。学会开发与手机结合的候鸟辨识软件、系列视频以及立体书手工课程，并编制了相应的教程。学会与湖北省科技馆合作撰写了“候鸟与湿地”主题教案。

表彰举荐优秀科技工作者 10月20日—11月3日，学会组织了中国动物学会第六届青年科技奖及第十四届中国青年科技奖候选人的推荐、评审工作，杜震宇、屈延华、李家堂、张士霞、聂永刚5名获奖者获得中国动物学会第六届青年科技奖。

学会开展了中国科协“青年人才托举工程”候选人的推选和评审工作，经过生命科学学会联合体专家组评审，中国动物学会推荐的高亚威、董路、董锋3名青年人才获得资助。

学会发育生物学专业委员会与卡尔蔡司（上海）管理有限公司共同设立“蔡司—斑马鱼科学研究奖”，潘巍峻、靳大庆、韦永龙等17名青年科技工作者和学生获奖。

学会原生动物学分会副主任委员缪炜研究员获2015年度国家杰出青年科学基金资助。

党建强会 10月22—24日，学会组织第五届全国自然科学类场馆科普培训班暨党建强会活动，来自全国博物馆、科研院所、高校、教育公司等单位的共62名学员参会。学会党建活动小组全额资助西部地区两名学员参加培训，将党的温暖送给边远地区的科普工作者。3—9月，学会承担中国科协学会党建研究会2015年度调研课题，开展了培养支持优秀人才到国际组织任职的研究，为其他学会及各个以学术交流和国际事务往来的组织提供可行性方案建议和参考。

会员服务 11月25日，学会承接中国科协所属学会个人会员管理系统应用示范交流，来自全国学会的70多名负责个人会员管理系统的人员参加。

学会通过会员系统向会员发布重要活动信息。会员参加学会主办的学术会议、培训等享有优先参加和实施注册费优惠等政策。

【西北珍稀动物保护利用学术论坛及平台建设】 9月20—23日，学会在青海省西宁市召开西北珍稀动物保护利用学术论坛及平台建设。论坛由中国科协资助，中国动物学会主办，青海、甘肃、新疆三省区动物学会等协办。全国61个科研院所、高等院校和野生动物保护管理部门330多名专家、学者参加。论坛设置了青海主会场，特邀请中国工程院院士桂建芳等11名专家作特邀报告。论坛还在新疆、甘肃设置了分会场活动。论坛对西北部地区动物资源保护与开发利用进行了研讨。论坛还搭建了一个以西北地区的动物学研究和保护利用为主的综合网络平台（西北珍稀动物保护与利用智平台），该平台计划为青海、甘肃、新疆三省的会员、科技工作者、生产经营者及西北地区民众的提供交流互动平台。论坛期间，组织了西北珍稀动物保护利用专家座谈会，由中国工程院院士林浩然主持。与会专家学者围绕西北珍稀动物生存状况和保护对策、野生动物保护与畜牧业发展矛盾冲突、未来西北动物学学科发展重点和高层次人才培养3个议题展开了深入的讨论和交流。

【第十三届全国鸟类学术研讨会】 11月12—15日，第十三届全国鸟类学术研讨会在安徽省合肥市召开。会议由学会鸟类学分会主办，安徽大学、安徽科学技术协会承办。500余名鸟类学者参加会议。大会的主题是“鸟类的生态、进化与保护”，会议共收到论文摘要70篇、墙报83篇。大会邀请7位国内知名专家和3位国内鸟类学杰出青年分别作了大会报告和大会青年报告。

第十三届全国鸟类学术研讨会

会议就鸟类谱系地理、鸟类分子进化、鸟类生理与发育等20个专题举行了120场报告。会议期间，还就机场鸟类研究与鸟撞、观鸟与鸟类资源监测、陆地鸟类监测、鸟类基因组学研究、迁徙水鸟监测与保护和鸟类保护与自然保护区建设等议题展开圆桌讨论。

（撰稿人：张永文）

中国植物学会

学会建设 2015年学会共召开学术会议11次，其中国际会议4次，参加人数达3330多人次。

2015年，学会发展高级会员20人。对学会网站进行了全新设计，增加了搜索功能和会员系统，新建英文网站。出版了4期《中国植物学会会讯》，全面、客观地反映学会活动，为会员提供学术交流和沟通园地。制定了《中国植物学会办公室专职人员薪酬管理办法（试行）》。学会被评为“全国学会财务决算工作先进单位”。

科技期刊国际影响力提升计划 2015年*Journal of Integrative Plant Biology*（《植物学报》英文版，简称JIPB）、*Journal of Systematics and Evolution*（《植物分类学报》英文版，简称JSE）分别获得中国科协“优秀国际科技期刊”二等奖。*Journal of Plant Ecology*（《植物生态学报》英文版，简称JPE）获得中国科协“优秀国际科技期刊”三等奖。

根据2015年《期刊引用报告》（*Journal Citation Reports*，JCR）发布的数据，JIPB最新影响因子为3.335，在植物科学排名第31名（共200个期刊），在国际植物科学领域位居前15.5%，已连续三年位于Q1区。国际全文下载量持续上升，每年全文下载量达27万次。JIPB入选“2015中国最具国际影响力学术期刊”、2015年中国科学院科学出版基金科技期刊排行榜，获得中国科学院科学出版一等基金择优支持，被国家新闻出版广电总局评为“百强报刊”。JIPB推进国际化发展，现有编委80人，其中来自美国、英国、德国等16个国家的外籍编委49人，占比上升为61%。JIPB根据植物学领域研究热点，策划出版了3期主题专刊，开展优秀论文评选活动，全年投稿总数增加。海外作者地域覆盖率扩大为17个国家，海外作者占比达到32%，主要来自英国、美国等发达国家。6月，JIPB赞助并参加2015美国植物生物大会（Plant Biology 2015），首次在国际会议单独设置JIPB展位，全方位宣传期刊。

根据2015年JCR发布的数据，JSE最新影响因子为1.488。JSE入选“2015中国最具国际影响力学术期刊”、2015年中国科学院科学出版基金科技期刊排行榜。JSE组织发表了一系列优秀文章，包括特约综述5篇。其中，由国际著名禾本科专家Robert Soreng作为第一作者组织撰写的*A worldwide phylogenetic classification of the Poaceae*（*Gramineae*）一文发表在第2期上，该文在传统形态学和现代分子生物学的研究的基础上，在世界范围内对禾本科进行了系统分类。文章发表后即受到学界的关注，发表不到一年就被国际知名期刊如*Molecular Phylogenetics Evolution*、*Taxon*等引用了10次。9月，组织出版了生命之树专辑（*Phylogenomic Approaches to Deciphering the Tree of Life*），该专辑发表了1篇评述、2篇综述、7篇原始研究论文。创立了JSE优秀论文奖，从2008—2013年所发表的370篇论文里遴选20篇论文，颁发了第一届JSE优秀论文奖。

根据2015年JCR发布的数据，JPE最新影响因子为2.646，比上一年度提升了16%，在SCI收录的144种生态学期刊中排名第51名；在SCI收录的200种植物学期刊中排名第47名，首次进入Q1区。JPE入选“2015中国最具国际影响力学术期刊”、2015年中国科学院科学出版基金科技期刊排行榜，获得中国科学院科学出版一等基金择优支持。

学术期刊 学会共主办《植物生态学报》《植物学报》《生物多样性》《植物分类与资源学报》《生命世界》《生物学通报》、*Journal of Integrative Plant Biology*（JIPB）、*Journal of Systematics and Evolution*（JSE）、*Journal of Plant Ecology*（JPE）9种期刊。全年出版78期，发表论文1082篇，发行量为122231册，《生命世界》电子版发行约30万册。

《植物生态学报》和《生物多样性》获得“中国科协精品科技期刊TOP50项目”资助。《植物学报》和《植物分类与资源学报》获得“期刊学术质量提升项目”资助。《植物生态学报》和《生物多样性》获得中国科学院科学出版三等基金择优支持。《生物多样性》《植物分类与资源学报》入选“2015中国国际影响力优秀学术期刊”。

据2015年中国科技信息所《中国科技期刊引证报告》，《植物生态学报》《生物多样性》《植物学报》《植物分类与资源学报》影响因子分别为 1.695、1.017、0.932、0.484。

国际学术会议 6 月 15 日，国际儿童植物园建设学术交流会在湖南省植物园召开，来自国内外 18 个植物园及有关国际组织的 30 多名代表参加了会议。此次学术交流会围绕儿童植物园发展历史与现状、规划与设计、教育功能、植物配置与园艺设计等领域进行了探讨和研究，并对湖南森林植物园的儿童园进行了实地考察。

8 月 3—7 日，第四届植物生殖发育与育性暑期班暨国际研讨会在上海市举办，40 多名相关专家、学者作报告和讲课，200 多名师生参与了交流。会议从功能基因组学、蛋白质组学、代谢组学和生物信息学等多角度，就植物信号转导、抗病、抗逆、生长发育和代谢调节等方面进行了交流和讨论。

9 月 29—30 日，第四届中国兰花大会国际学术研讨会在北京召开，200 多人参加会议。会议邀请了世界兰花大会主席桑德拉女士等多名国际知名兰花研究专家。18 名国内外兰科专家从兰科植物基础研究、兰科植物产业和应用研究、兰科植物技术人才培养三个方面作大会报告。会议探讨了兰科植物的研究与应用，以及兰科植物专业和职业技术人才的培养。

学会筹备 2017 年第 19 届国际植物学大会，组建了由 43 名专家组成的顾问委员会和 47 名专家组成的科学委员会，委员会委员来自 12 个国家。设立了科学委员会执行工作组。中国植物生理与植物分子生物学学会、细胞生物学学会、作物学会、生态学学会、菌物学会、热带作物学会、生物物理学会、林学会、植物病理、遗传学会和草学会等 11 家学会成为大会的合作学会。

国内主要学术会议 8 月 21—23 日，2015 年全国苔藓植物学学术研讨会在云南省昆明市召开，130 名专家、学者参会，收录论文摘要 50 篇，18 名专家作了大会报告。

10 月 9—12 日，2015 年全国植物生物学大会在吉林省长春市召开，1500 余名专家、学者参加会议。中国科学院院士许智宏、匡廷云、孙大业、陈晓亚、武维华、林鸿宣、朱玉贤，中国工程院院士李玉等出席会议。大会共收录论文摘要 453 篇、展示墙报 281 篇。11 名院士、专家作了大会报告，近 100 名中青年学者作了学术报告。大会还设立了基金申请、科技论文写作、教学与科普 3 个专题论坛，同时设立墙报交流、评选环节，评选出优秀墙报一二三等奖共 17 名。

11 月 8 日，学会古植物学分会第十九届学术年会在北京召开，48 名专家、学者参加会议，加拿大古植物学家 James F. Basinger 教授参加会议。13 名专家、学者作学术演讲，内容涉及早期种子植物研究、晚古生代维管植物物种多样性与形态变异度、青藏高原北部古海拔研究等。

12 月 18—20 日，2015 年全国植物细胞生物学大会在浙江省金华市召开，会议主题是“植物细胞生物学：从显微镜走向田间”。大会邀请了中国科学院院士许智宏等作学术报告，共有 200 多名专家、学者参加会议。会议就最近几年在植物细胞生物学领域中的教学和研究的最新成果、进展动态、发展方向等进行研讨和交流。

国际会议 6 月 26—27 日，由学会植物器官发生专业委员会、中国植物学会植物生理及分子生物学专业委员会、JIPB 编辑部联合组织的从生态系统到现代农业国际高端学术研讨会在甘肃省兰州市召开。来自 9 个国家的 150 多名专家、学者参加了会议。中国科学院院士李家洋、美国科学院院士邓兴旺等分别作大会特邀报告，国内外 27 名专家作分会场报告。会议聚焦从生态系统到现代农业研究的前沿问题，强调生态系统的平衡对人类的重要性，展示植物细胞与器官发生、信号转导与环境应答以及基因组学等领域的最新成果。

国际交往 5 月 2—20 日，由北京植物园等 7 个国内植物园的 9 名成员组成的访问团对美国莫顿树木园等 10 个知名植物园和 2 个私家园林进行了访问与交流，对各植物园的经营管理、科研科普以及物种保育等内容进行了深入了解，与部分植物园之间达成了初步合作意向。

1 月 7 日，美国史密斯研究院国家自然历史博物馆植物部主任文军教授访问了中国植物学会，就 2017 年国际植物学大会的筹备工作进行了交流。

科普活动 3 月 10—13 日，全国中学生生物学冬令营在北京大学举行，共有 50 名在 2014 年全国中学生生物学竞赛中获得一等奖的学生参加。经过理论测试、实验考试和面试，张思睿、孙楚、陈展鸿和张一帆 4 名学生取得参加 2015 年国际奥林匹克生物学竞赛的资格。

7 月 11—20 日，第 26 届国际生物奥林匹克竞赛在丹麦奥胡斯举行，来自 62 个国家和地区的 244 名选手参加了比赛，最终决出金牌26枚、银牌48枚、铜牌72枚。我国选手张思睿、陈展鸿、孙楚、张一帆共取得了4块金牌，分别荣获金牌第3名、第6名、第13名、第19名，总分排名第一。

9月29日—10月10日，第四届中国兰花大会在北京举行。以“高洁品性、兰蕙人生”为主题，12个展区展览面积近1万平方米。国内外37家兰花生产企业、协会共展出24个兰属近400个品种，约8万余株。大会共接待各界游客20多万人次。

2月11日—3月5日，第十一届北京兰花展在北京植物园展览温室举办，展示200余种近万株洋兰，70多种花型和颜色各异的蝴蝶兰杂交新品种以及百余盆高雅的国兰。“国泰”郁金香首次在展览温室与游客见面。“国泰”郁金香是一种极为珍贵的紫色鹦鹉型郁金香。2014年国家主席习近平和夫人彭丽媛访问荷兰时，应荷兰国王和王后之邀，将该品种命名为国泰（Cathay），寓意国家昌盛、人民安康。

年内，珍稀濒危植物保护科普巡展在北京等26个城市的30多个植物园陆续开展。该科普展以实物和展板展示相结合，并结合各地植物园的特色进行珍稀濒危植物展示。共开展科普讲座30余场，总听众数约5000人次，参观展览人数近10万人次，科普系列活动参加人数1500多人次。

8月29—30日，学会在广东鼎湖山自然保护区举行了珍稀濒危植物保护与恢复夏令营。40多名中学生参加。

5月18日，西双版纳傣药植物保护培训活动在云南省西双版纳傣族自治州开展，中国科学院昆明植物研究所研究员裴盛基向参会人员作了题为“传承傣医药文化”的科普报告，专业人员进行了傣药植物种植的病虫害防治技术指导。西双版纳傣医药是我国四大少数民族医药系统之一，目前傣医药面临断代的危险，学会组织开展傣药植物保护培训，以抢救傣医药植物及相关传统知识。

表彰举荐优秀科技工作者　学会推荐的北京大学钟上威、中国科学院昆明植物研究所马朋飞、武汉大学赵鹏、中国农业大学施怡婷获得中国科协“青年人才托举工程”资助。

中国生命科学学会联合体开展评选2015年度“中国生命科学领域十大进展”，学会推选的“发现水稻低温感受复合物COLD1—RGA及其作用机制”项目当选。

【国际植物系统与进化学术研讨会】　10月9—12日，国际植物系统与进化学术研讨会在四川省成都市召开，主题为“物种多样性：理论和实践”。来自国内外从事物种多样性研究的230多名专家、学者参加会议。中国科学院院士、中国科学院植物研究所研究员洪德元，美国密西根大学教授仇寅龙等22名学者受邀作了大会报告。2017年国际植物学大会秘书长、中国科学院植物研究所研究员葛颂在会上介绍了2017年国际植物学大会的筹备情况、组织形式、主要议题等，并召开了专家委员会。

【中国植物学会第十三届全国药用植物及植物药学术研讨会暨2015年海峡两岸中医药科学交流会】　7月12—14日，中国植物学会第十三届全国药用植物及植物药学术研讨会暨2015年海峡两岸中医药科学交流会在福建省福州市召开，会议主题为“药用植物与中药现代化”。共有345名专家、学者参会。中国科学院院士孙汉董、北京大学天然药物学院教授艾铁民、中国中医科学院中药资源中心研究员黄璐琦、福建农林大学副校长林文雄、台湾成功大学药学系特聘教授吴天赏、中国科学院昆明植物研究所研究员邱明华、台湾成功大学生命科学系生物科技中心主任蒋镇宇、成都中医药大学中药资源与中药鉴定系教授严铸云等作了题为“以继承和创新思路研发植物药大会”“老骥伏枥　志在千里”“第四次全国中药资源普查试点工作进展”“药用植物连作介导根际微生物结构灾变机理与修复技术”“药用植物连作介导根际微生物结构灾变机理与修复技术”“高效制备药用植物化学成分的新技术平台——串联智能制备色谱仪器研制及其应用”、*Incipientspeciation of Miscanthus floridulus/sinensis complex*、“我国药用植物学发展的回顾与展望”的主题报告。

中国中医科学院中药资源中心教授秦路平等54人围绕国内外药用植物与中药现代化方面研究的发展趋势、最新进展及热点领域、热点问题作了大会交流报告，233人提交了论文摘要，全部收入论文摘要集。

会议分析研究了重点资源的开发和利用情况，研究探索中药资源保护和合理利用的发展思路。会议提出，“十三五”计划中，国家应更加重视生物产业的发展，尤其是新药和大健康产业的发展。会议建议，要从我国丰富的植物药中不断研发出安全有效、毒副作用低的新药：①进一步增强从丰富的药用植物中不断研发出安全有效、质量可控、防病治病新药的自信；

②加强产业链的建设，多学科交叉和紧密合作是快出药、出好药的前提之一；③加强对我国特有药用植物资源的深度研发，尤其是对一些丰富的、高含量天然产物及其衍生物的新应用、新作用机制进行研究；④加强对适应证明确、临床疗效显著药物的二次深度开发，生产出品质更高、疗效独特的药物；⑤加强“大健康产业”的研发，对于治未病、改善和提高人们的生活质量，药用植物大有可为。

【2015年中国植物园学术年会】 11月11—13日，2015年中国植物园学术年会在云南省西双版纳傣族自治州中国科学院西双版纳热带植物园召开。来自全国62个植物园（树木园）、26所科研院所和大学、24个国内外学术组织和国家部委的410多名专家、学者参加年会。会议围绕“生态文明建设：植物园的使命”主题展开研讨。

会议共举办了6场特邀大会报告、82场专题报告和20个展板报告，主要探讨植物园在生态文明建设中的责任和使命、生物多样性保护、植物园科学研究、科普教育、园林建设、园艺品种培育、植物园资源开发等。国际植物园协会（IABG）前任主席、南京中山植物园名誉主任贺善安，国际植物园保护联盟（BGCI）主席、原英国爱丁堡皇家植物园主任Stephen Blackmore等国内外从事植物园事业的资深专家在特邀大会报告中分享了植物园发展的历史、进程、使命以及未来挑战，为中国植物园的发展提出了建设性的意见和建议。大会共收录论文48篇，同步发表于《中国植物园》第十八期。

开幕式和闭幕式上，分别举行了“中国植物园终身成就奖”“优秀青年报告奖”的颁奖仪式。年会期间举行了中国植物园联盟建设专家咨询会、浙江三门县亚热带植物园筹建咨询会、中国生物多样性保护与绿色发展基金会培训班等系列活动。

（撰稿人：蔡瑞娜）

中国昆虫学会

服务创新型国家和社会建设 2015年，学会组织专家开展秦岭动物志编研工作。组织专家先后承担了国家公益性行业专项和陕西省“13115”项目，开展了苹果蠹蛾监测和防控技术研究，并协助陕西省植保总站和有关地市开展了苹果蠹蛾入侵的监测和防控技术的示范推广，在基层植保技术人员培训、标本鉴定、防治方案制定等方面做了大量工作。围绕陕西农林业发生的主要害虫，学会组织专家重点开展了重大害虫——小麦吸浆虫、果树食心虫、钻蛀性害虫的发生规律、防治技术的研究，并深入田间和果区进行了监测和防治工作，有效地保障了陕西省小麦和果品生产的安全。

学会能力提升计划 学会重点培育中国昆虫学会学术年会品牌建设。中国昆虫学会2015年学术年会于9月23—26日在辽宁省沈阳市召开。此次会议由中国昆虫学会主办，沈阳农业大学和辽宁省昆虫学会承办。会议得到中国科协、辽宁省科协和沈阳市科协的支持。美国昆虫学会理事长菲利普·穆德（Phillip Mulder）博士出席年会。来自全国29个省、自治区、直辖市从事科研、教育和应用推广工作的620多名专家、学者参加会议。会议共收到论文摘要174篇，并编印了会议论文摘要集。年会安排了11个大会报告，涵盖了昆虫学的主要领域。

学会建设 学会于10月加入由18个学会组成的生命科学学会联合体，这是我国首个学会联合体。

截至2015年12月，学会共有单位会员5个，个人会员10894个。学会专业委员会由原来的16个增至19个，新增昆虫发育与遗传专业委员会、化学生态学专业委员会、传粉昆虫专业委员会。

科技期刊国际影响力提升计划 学会主办的学术期刊*Insect Science*（《昆虫科学》）获得中国科协科技期刊国际影响力提升计划的项目支持。在该项目的支持下，*Insect Science*注重国际化发展，策划出版学术专集与专栏，完善期刊数字化出版。该刊影响因子达到2.144（JCR，2014），在国际昆虫学期刊中位于Q1区，进入国际昆虫学领域TOP15%（12/92）。该刊获2015年中国科学院科学出版基金（一等）择优支持。

学术期刊 学会主办《昆虫科学》（英文版）、《昆虫学报》《动物分类学报》（英文版）（合办）、《应用昆虫学报》《昆虫分类学报》（英文版）、《寄生虫与医学昆虫学报》（合办）和《环境昆虫学报》（合办）7种期刊，共发行31400册，发表文章725篇。各刊采取缩短出版周期、增加页码和加大稿件筛选力度等措施，增加论文刊载量，提高期刊学术质量。其中，《昆虫学报》获2015年中国科学院科学出版基金（三等）择优支持。

国际学术会议 学会召开了第五届国际昆虫生

理生化与分子生物学学术研讨会、第四届国际蚊虫及蚊媒病监测防治学术研讨会暨第十届全国医学昆虫学学术讨论会、害虫天敌的可持续利用国际研讨会等3次国际会议，共689人次出席会议，其中来自国外的专家、学者107人次。共有270人作了学术报告。

国内会议 2015年，学会举办了中国昆虫学会2015年学术年会、第14届中国昆虫学会昆虫分类区系学术年会、全国棉花害虫抗药性监测与治理技术研讨会、中国昆虫学会青年工作委员会第十届学术研讨会暨第一届昆虫物种多样性监测网络研讨会、第二届“全国昆虫生态学与害虫防治青年科技工作者创新论坛”、苹果害螨防治调研与培训会、全国第十届城市昆虫学术研讨会、昆虫对食物网内信号物质的适应机制专题研讨会、全国害虫生物防治学术研讨会等。共有1426名会员出席会议，交流论文372篇。

科普活动 学会出版专著《指尖上的探索》（第四辑）——《不可思议的蝴蝶》《常见天牛野外识别手册》。学会重视科普社会动员机制建设，充分发挥学会专家优势，联合中国昆虫学会蝴蝶分会（西北农林科技大学）的昆虫学专家开展科普工作。在学会官网、华商网、陕西省青少年服务网开设“自然科普大讲堂”，刊发科普知识1000多条；利用官方网站、微博、微信等自媒体平台和其他常规媒体平台累计发布科普知识各3000多条，图片10000多张，为普及科学知识提供素材。

学会联合各媒体、教育机构、学校等相关单位开展科普大篷车百校巡展、科普专家百校巡讲、春耕体验、蝴蝶文化季、昆虫音乐季、暖冬行动等各类主题科普活动及夏令营。

表彰举荐优秀科技工作者 学会颁发了中国昆虫学会第七届青年科学技术奖，北方民族大学顾俊杰、浙江大学徐海君、中国计量学院张蓬军、中山大学师超凡、中科院上海生科院植生所詹帅、中国农业大学赵紫华、北京林业大学张东、扬州大学戈林泉等8名青年昆虫学工作者获奖。

经学会推荐，生命科学学会联合体评审，报中国科协审批，首都师范大学高太平、中国科学院动物研究所郭慧娟、南阳师范学院李丹丹获得中国科协青年人才托举项目资助。

会员服务 学会通过网站为会员提供服务，编辑出版《中国昆虫学会2015年学术年会论文集》和《中国昆虫学会通讯》第38期，并将电子版发布在学会网站上，为广大会员和不能参加会议的会员提供了解学会动态和学术交流的机会。

【中国昆虫学会2015年学术年会】 中国昆虫学会2015年学术年会于9月23—26日在辽宁省沈阳市召开。此次会议由中国昆虫学会主办，会议得到中国科协、辽宁省科协和沈阳市科协的支持。来自全国29个省、自治区、直辖市从事科研、教育和应用推广工作的620多名专家、学者参加会议。美国昆虫学会理事长Phillip Mulder和副理事长出席年会。会议共收到论文摘要174篇，会前出版了论文摘要集。

中国昆虫学会2015年学术年会

中国科学院院士康乐、浙江大学教授张传溪、福建农林科技大学教授魏太云、美国昆虫学会理事长Phillip Mulder、沈阳农业大学教授丛斌、中国农业大学教授赵章武、中国科学院动物研究所研究员朱朝东等11人分别作了题为“中国昆虫学近十年发展评述”“褐飞虱功能基因组与翅型分化研究”“水稻病毒在媒介昆虫体内扩散的机制”“改善人类状况的昆虫学的议题”（*An Entomology Agenda to Improve the Human Condition*）、“节肢动物共生菌Wolbachia调控昆虫生殖型式及其在寄生性天敌昆虫改良中的作用”“果蝇活动节律和睡眠的调控机理研究”“昆虫物种分子界定与多样性研究”的报告。

康乐在报告中对我国昆虫学近十年来在各分支领域的研究进展进行了分析总结，通过图表展示了我国昆虫学近十年取得的成就。从2011年开始，我国昆虫学家发表的SCI论文数量、高质量论文数及引用数都稳居世界的第二至第三位。

会议还设置了分组讨论会，分为昆虫分类、古昆

虫与青工委，昆虫生理生化，昆虫生态与农业昆虫，生物防治、蜱螨及城市昆虫，昆虫发育与遗传专业委员会，外来入侵与植物检疫，林业昆虫与资源昆虫7个专业学组进行交流。

【第五届国际昆虫生理生化与分子生物学学术研讨会】 6月15—18日，第五届国际昆虫生理生化与分子生物学学术研讨会于在广东省广州市举行。会议由学会昆虫生理生化与分子生物学专业委员会、中山大学有害生物控制与资源利用国家重点实验室和生命科学大学院主办。会议主题为昆虫生理生化、分子生物学与害虫控制，会议议题涉及昆虫生理生化、昆虫分子生物学和昆虫发育与遗传，强调微观与宏观的交叉。

本次会议有329人参加，其中来自美国、加拿大、德国、意大利、比利时、捷克、日本、印度、巴基斯坦、越南、柬埔寨等国的专家、学者37人。美国科学院院士 Alexander Raikhel、David Denlinger，意大利科学院院士 Francesco Pennacchio，中国科学院院士康乐，中山大学“千人计划”人才容益康教授作为特邀嘉宾出席了会议并作特邀报告。与会专家、学者共作110个口头报告，分为昆虫生理生化、昆虫分子生物学、昆虫发育与遗传3组。共设墙报51个。

5个大会报告重点介绍了黑腹果蝇、埃及伊蚊、东亚飞蝗、意大利蜜蜂以及农业害虫的滞育、生殖、免疫、生态基因组和遗传操作等最新成果。Denlinger 全面总结了影响昆虫滞育的环境因子以及激素在其中的重要作用。康乐系统阐述了东亚飞蝗型变（迁飞型和滞留型）的分子和代谢网络，特别是多巴胺的重要作用，为研究昆虫其他行为的遗传和代谢基础提供了范例。Raikhel 详细介绍了昆虫生殖的调控网络，特别是昆虫激素和 miRNA 的重要作用。Pennacchio 介绍了蜜蜂种群丧失的主要原因，杀虫剂等外部压力影响到蜜蜂的免疫，并提出了一个分析蜜蜂种群丧失的新分子网络。容益康介绍了果蝇基因组编辑技术以及在研究果蝇生殖中的应用，这些新方法可用于农业害虫的相关研究。

国际昆虫生理生化与分子生物学学术研讨会是国际昆虫学领域在中国境内每两年举办一次的大型学术盛会。自2007年迄今已成功举办四届。本领域的主流 SCI 期刊 *Archives of Insect Biochemistry and Physiology* 为每届会议出版论文专辑。

（撰稿人：孟晓星）

中国微生物学会

学会建设 2015年5月8—10日，全国各省、自治区、直辖市微生物学会秘书长工作会议在浙江省杭州市召开。会议讨论了学会第十一届理事会理事分配方案及换届方案，并认为可适当调整会费标准，探讨了如何为会员服务等方面的内容。

10月24日，学会第十届理事会第九次常务理事会议在湖北省宜昌市召开，会议讨论通过了学会第十一届理事会负责人候选人名单、专业委员会主任委员候选人名单和工作委员会主任委员候选人名单，并确定2016年学会学术年会于10月在陕西省西安市召开。讨论通过了学会农业微生物学专业委员会申请成立“中国农业微生物科技馆”的事宜。

学会召开了2次常务理事会，发展个人会员300余名。学会各专业委员会充分利用学术研讨会举办之时召开专业委员会委员会议，调整委员组成结构，制定各阶段发展计划。

2015年10月，中国科协生命科学学会联合体成立，由18个生命科学领域相关的国家一级学会组成，学会加入了该联合体。12月14日，召开了联合体主席团第二次会议，中国科协希望联合体要集成力量，协同创新，为提升我国生命科学领域的学术水平、创新能力作出积极贡献，力争将2016年世界生命科学大会办成一次具有战略高度的国际学术会议，扩大中国生命科学领域在国际上的影响力和话语权。

学术期刊 学会主办的期刊有《微生物学报》《病毒学报》、*Virologica Sinica*（《中国病毒学》英文版）等7种。

2015年5月，*Virologica Sinica* 正式被世界权威检索数据库 SCI 收录，成为中国病毒学领域第一本被 SCI 收录的期刊，将为国内病毒学领域科研成果的展示和国际交流的分享提供一个高效的新平台。

《微生物学报》《生物工程学报》《中国人兽共患病学报》和《微生物学通报》获得了中国科协精品科技期刊工程项目的资助，项目资助周期为3年。

《中国人兽共患病学报》入选2015年福建省品牌刊社种子期刊，并在2014版《中文核心期刊要目总览》中跃居基础医学类学科第1位。

国际学术会议 2015年，学会举办境内国际学术会议2次。8月27—30日，第七届全国微生物资源学术暨国际微生物系统与分类学研讨会在浙江省杭州市召开，来自国内150多个单位的400多名专家与代表，以及来自美国、加拿大、日本、韩国、德国、英国、丹麦、以色列、西班牙和爱尔兰共10个国家近30位国际同行参加了本次会议。10月23—25日，第十一届全国病毒学学术研讨会暨第六届武汉现代病毒学国际研讨会在湖北武汉召开，来自中国、德国、美国、法国、芬兰等国家以及中国香港地区的1388位病毒学领域的知名专家、学者出席了本次会议。

国内主要学术会议 2015年，学会及所属专业委员会共组织各类学术会议12次，参加人数5350人次，交流论文2340篇，其中2015年学会学术年会规模达到1200余人。

科普活动 2015年度学会科普进课堂活动主要面向中国人民大学附属中学、北京市三十五中学等高中学生开展。为了有针对性地进行科普教育，学校把科普讲座的主题公布出来供学生选修。学会被中国科协评为“2015年度全国学会科普工作优秀单位”。

表彰举荐优秀科技工作者 2015年学会根据中国科协要求，推选两院院士候选人、第十二届中国青年女科学家奖候选人、第十四届中国青年科技奖候选人等共计7人次。2015年2月，推荐中国科协高层次人才库专家6名。

【2015年中国微生物学会学术年会】 10月23—27日，2015年中国微生物学会学术年会在湖北省宜昌市召开，年会的主题是“微生物与可持续发展”。24日上午，大会开幕式在宜昌市举行，学会秘书长东秀珠主持开幕式，学会理事长邓子新致开幕词。来自全国的1200多位代表参加了本次大会。大会收集和编录了《2015年中国微生物学会学术年会论文摘要集》，其中包括1个“纪念中国微生物学界前辈事迹报告”、4个大会报告、42个主旨报告、98个分会场报告的摘要及392篇论文摘要。

中国疾病预防控制中心传染病预防控制所徐建国院士、中国科学院微生物研究所黄力研究员、中国科学院生物物理研究所张先恩研究员和上海交通大学赵立平教授，分别作了题为“微生物和国家安全”“微生物在重要元素生物地球化学循环中的驱动作用”“分子生物传感与细胞分子事件的可视化”和“肠道微生物组对人体代谢表型的影响”的大会报告，使参会代表了解到微生物学科国际前沿和国家对未来微生物学领域支持的方向，对年轻科研人员有引导作用。

本次学术年会围绕“微生物与可持续发展”主题，设置了“微生物资源挖掘与利用”“病原微生物与人类健康”“微生物与环境健康及保护”“微生物合成生物学”“微生物代谢与生物技术创新”和“青年科学家论坛”六个分会主题，共有140位代表在六个主题中作了主旨报告和分会报告，共评出28位优秀报告人，有5位代表获得优秀墙报奖。

【组织“家禽主要病毒病防制关键技术创新与应用”评价会】 12月29日，学会受山东省农业科学院家禽研究所的委托，组织9名专家在中国科学院大学国际会议中心对科技成果“家禽主要病毒病防制关键技术创新与应用”进行了会议评价。

该成果针对我国家禽生产中新城疫、传染性支气管炎、低致病性禽流感H9N2亚型、传染性法氏囊和禽脑脊髓炎等家禽主要病毒病防控的需求，开展了病毒分离鉴定、遗传演化、变异规律、新型疫苗、诊断试剂及综合防控措施的研究，为上述疫病的防控提供了重要的理论依据、技术手段、试验材料与防控相关产品，成果经推广应用，产生了显著的经济效益与社会效益。该成果共获得国家二类新兽药证书2个、国家三类新兽药证书6个、国家发明专利22项、实用新型专利8项、行业/地方标准4套、软件著作权7项；发表研究论文173篇，其中SCI收录56篇；出版著作19部，科教片1部；培养博士、硕士共计68名。本项目研制的灭活疫苗已转让多家企业，并成功实现了产业化，在全国20多个省（区、市）推广应用。

会议共邀请9名专家进行评价，其中有4位院士。专家对该科技成果进行了质询和充分的讨论，并从成果的形式和内容上提出了建设性的意见和建议，形成了评价结论。此次科技成果评价会议是学会首次对专业项目进行第三方评价。

（撰稿人：王　旭）

中国生物化学与分子生物学会

学会建设 2015年，学会及下属分支机构共组织学术交流活动19次，内容涵盖临床应用、多糖多肽、脂质、医学、中医药、工业、酶学、蛋白质、农业、基因、教学、系统生物学、核酸等多个专题领域。其中，国内学术会议15次，国际学术会议4次，参与人数4300人次，交流论文1500篇。

召开常务理事会会议2次、理事会议1次。新成立“代谢专业委员会”，“基因与基因组专业委员会”更名为“基因专业委员会”。制定分支机构评估办法，落实分支机构财务统一管理制度。

10月，召开2015年度分支机构负责人会议1次，18个分支机构22名负责人参加。

10月，召开省市学会联席会议1次，共有25个省市学会35名负责人参加。

学会对网站进行改版，为学会所有分支机构建立独立网站。

编撰出版了《中国生物化学与分子生物学会2015年工作年报》，同时发行纸质及电子版材料。

国际学术会议 8月10—12日，第四届吴宪吴瑞国际学术研讨会暨第九届全国医学生物化学与分子生物学年会在北京市召开。10月9日，第一届海藻牧场与生态修复国际学术会议暨第二届绿潮研究国际研讨会在上海市召开。10月14—16日，2015年《自然》会议——大数据时代的生命科学在北京市召开。10月26—27日，2015年脂质代谢与器官损害国际学术研讨会在重庆市召开。

国内主要学术会议 2015年学会共组织召开15次国内学术会议，参会代表逾4000人次，主要包括：

7月10—12日，临床应用生物化学与分子生物学分会第二届全体大会暨2015年学术年会在吉林省长春市召开。

7月24—27日，2015年第二届全国海洋和陆地多糖多肽及天然创新药物研发学术讨论会暨海洋生物技术高级论坛在黑龙江省漠河县召开。

8月5—7日，“纪念人工全合成结晶牛胰岛素50周年”生命科学前沿论坛在上海市召开。

8月19—20日，2015年全国中医药生物化学与分子生物学分会会议在甘肃省兰州市召开。

8月27—30日，2015年工业生物化学与分子生物学分会年会在湖北省恩施市召开。

9月12—14日，第五届中国小核酸技术与应用学术会议在江苏省昆山市召开。

9月18—20日，第十二届全国酶学学术讨论会在山东省威海市召开。

10月13—16日，第十一次全国基因功能与表观遗传调控学术研讨会在上海市召开。

10月16日，青年教师生物化学教学交流会在北京市召开。

10月16—19日，第五届全国“跨学科蛋白质研究”学术讨论会在山东省济宁市召开。

10月23—25日，第十二届海洋药物学术年会在浙江省舟山市召开。

11月27日—12月2日，全国农业生化与分子生物学第十四届学术研讨会在浙江省温州市召开。

12月11—13日，生命组学与精准医学大会暨第一届精准医学大会在北京市召开。

12月19—20日，“系统生物学与精确医学”学术讨论会在上海市召开。

国际组织任职 学会副理事长昌增益当选亚洲及大洋洲生物化学家与分子生物学家联盟（The Federation of Asian and Oceanian Biochemists and Molecular Biologists，简称FAOBMB）第十六任主席，任期2017—2019年。

学会常务理事周丛照担任FAOBMB中国代表，任期2016—2019年。

国际交往 学会副理事长昌增益参加了8月28日在巴西伊瓜苏召开的IUBMB General Assembly。

学会应邀编写*IUBMB Life*中国专刊。本专刊是继2009年为纪念第21届IUBMB Congress在上海举行而出版*IUBMB Life*专刊后的又一中国专刊。应IUBMB前任主席、*IUBMB Life*主编Angelo Azzi教授邀请，北京大学教授昌增益、中国科学院生物物理所院士王志珍和中国科学院上海生命科学研究院院士李林担任该专刊的客座主编。本专刊将全部为综述文章，邀请近年在分子和细胞生物学领域获得突出成果的中国科学家撰稿共约12篇，拟在2016年8月份之前出刊。

科普活动 5月，学会积极响应科技部、中宣部、中国科协举办2015年科技活动周号召，在全国各省市学会、学会各分支机构发出开展2015年学会科普活动月倡议。共有15个省、直辖市30家大专院校实验室及医院以科普报告、实验观摩、展板介绍、疑问解答、动手操作、发放宣传手册、免费检测等形式举办相关主题科普活动。部分单位还免费提供了人体科学馆、中医药标本馆等科普场馆。受众10000余人次。

10月17日，组织“中国生物化学与分子生物学会科普报告——济宁站”活动。活动由学会蛋白质专业委员会组织。学会副理事长、北京大学跨院系蛋白质科学中心主任、蛋白质专业委员会主任昌增益，北京大学化学与分子工程学院副院长、“长江学者”特聘教授来鲁华，“长江学者”特聘教授、清华大学生命科学学院教授、博士生导师颜宁，清华大学生命科学学院教授、博士生导师王宏伟等科学家分别作了题为“从熟鸡蛋变生鸡蛋谈起”“我们为什么呼吸”及“一只蚊子引发的思考”等科普报告。

10月23日，组织“中国生物化学与分子生物学会科普报告——泰安站”活动。学会理事北京生命科学研究所资深研究员邵峰、中国科学院上海生科院生化与细胞所研究员许琛琦、复旦大学医学院基础医学院生物化学与分子生物学系教授雷群英、上海交通大学医学院医学科学研究院教授程金科为当地学生作了科普报告。

表彰举荐优秀科技工作者 经学会推荐，华东理工大学赵玉政等5人获得“青年人才托举工程”资助。学会推荐的四项成果入选生命科学联合体“2015年生命科学十大进展”，包括：武汉大学宋保亮研究团队（细胞内胆固醇运输的新机制）、第三军医大学邹全明研究团队（口服重组幽门螺杆菌疫苗研究）、清华大学施一公研究团队（剪接体的三维结构以及RNA剪接的分子结构基础研究）、北京生命科学研究所邵峰研究团队（细胞炎性坏死机制研究）。

学会创新发展 本年度，学会开展“创新驱动”服务社会活动，分别选派不同领域专家到湖南省岳阳市、吉林省通化市、福建省福州市进行调研座谈，全面启动学会服务社会的新的工作方式。

10月，包括学会在内的11家生命科学领域的全国学会联合发起成立生命科学学会联合体，力争形成合力，协同发展，不断壮大和完善学会职能，共同提升服务社会能力。

会员服务 学会网站进行改版，网上在线会员注册平台更加便捷、方便。学会年会论文、部分视频、学会年报电子版上传至网站供会员下载，收到广大会员的好评。提供多种在线缴费渠道，同时在会议注册费方面为学生会员提供优惠政策。学会联合各省市学会，加强会员联合发展模式。为了加强与学会会员的沟通，学会免费提供学会会刊《生命的化学》，每期都直接邮寄给会员。为体现会员权益，学会继续实行会员优先优惠政策，会员在学会主办期刊发表文章，同等条件下，会员享受优先、版面费优惠；会员参加学会主办的学术活动，会议费实行会员优惠政策等。

党建强会 4月30日，学会联合党支部组织开展2015年学会青年健步走活动。徒步穿越老上海，探寻一大会址活动。活动主题为“党建引领、建家交友、服务青年、友爱春天”。5月，倡议开展“爱心用手绘，环保集善款”主题系列党员活动，本次活动主要包括环保包DIY手绘、手绘包义拍以及爱心善款捐赠三个部分。分别捐赠至四川省凉山彝族自治州越西县瓦岩乡蓝鹰公益协会项目以及西藏昌都地区类乌齐县桑多镇第二中心小学（恩达小学）。体现了学会“积极向上、和谐奋进”的创新文化氛围。

中国科协会员日 为响应中国科协会员日活动，学会结合自己本职工作，充分发挥学会各分支机构优势，采取总体部署、统一行动、分头实施的原则，深入开展形式多样、内容丰富、会员广泛参与的会员日活动。活动内容包括：

吸纳会员：学会根据中国科协会员日的时间，提出12月份为学会“会员月”，凡12月入会的会员提供赠送学会资料（学科发展报告书籍、宣传片、会刊、中文期刊数据库卡等活动）的优惠。当月吸纳会员100余人。

慰问看望：学会老一代专职工作人员为学会工作付出了很多，利用会员日活动期间前往他们家中进行看望，听取他们以前的工作故事、吸取他们好的工作经验，让他们体会到学会大家庭的温馨。学会负责人带队，慰问看望了老一辈科学家及一线科技工作者，向他们介绍了学会工作发展，听取了他们对学会建设等方面的意见和建议。

【中国生物化学与分子生物学会科普月活动】 2015年5月，学会响应科技部、中宣部、中国科协举办2015年科技活动周号召，有效整合资源，充分发挥学会的社会职能，在全国各省市学会、学会各分支机构发出开展2015年学会科普活动月倡议。5月，共有14个省、直辖市40余家大专院校实验室及医院结合自身特色举办相关主题科普活动。此次活动主题精彩纷呈，如：诺奖百年与生物化学；生命的奥秘；激发兴趣，探索“心”的领域；分子医学研究的秘密武器；蛋白质与人类健康；科学应用医学信息；生命与科学；肿瘤与健康；高脂血症动脉粥样硬化性心脑血管疾病防治；脂肪酸与脂肪肝等。活动形式包括科普报告、实验观摩、展板介绍、疑问解答、动手操作、发放宣传手册、免费检测等。部分单位还免费提供了诸如人体科学馆、中医药标本馆等科普场馆。科普受众包括研究生、大学生、中小学生、学龄前儿童、社区居民等，共计10000余人次，真正实现了公众了解科学、科学走近大众的活动目的。此次科普活动产生了长远影响，其中部分高校和当地高中签署了“生物与生命

科学教育实践基地”协议；部分重点实验室将每个月的固定一天段设立为实验室的常规开放日；部分省市科协将帮助实验室打造为科普教育基地等，实现了学会将科普工作常态化的工作目标。

【第十一次全国基因功能与表观遗传调控学术研讨会】 10月13—16日，第十一次全国基因功能与表观遗传调控学术研讨会在上海市召开。本次会议主题为“基因功能与表观遗传调控”，由学会基因专业委员会主办，中国科学院上海生物科学院，生化与细胞所分子生物学国家重点实验室承办。会议共吸引国内外30多所高校及科研院所近200位基因领域的专家、学者参会。本次会议围绕DNA功能调控、RNA功能调控、基因表达调控和表观遗传调控等学术内容展开。会议共邀请28位专家学者作大会报告，14位青年学者作青年论坛报告并颁发“青年论坛口头报告奖”。

（撰稿人：孙晓丽）

中国细胞生物学学会

服务创新型国家和社会建设 学会与中国化学会等12家学会共同承担了中国科协“创新人才推进计划推荐试点项目”，组织专业人员就目前国内人才计划的现状进行了统计和分类概述，提交了《国内外主要创新人才计划调研》报告，总结了我国人才计划的特点，并与发达国家各类人才计划进行比较，提炼总结了我国创新人才计划中可借鉴的经验，为试点工作的开展提供了数据支持，为探索适合学会的人才评价与推荐制度奠定了基础。

学会与中国建筑学会等12家学会共同承担了中国科协“社会科技奖励试点项目”，组织专业人员就目前国内外科技奖励工作开展调研，总结国内外本领域相关重要奖项的特点、差异，同时与学会自设的奖项进行对比，开展分析研讨，提交了《国内外主要生物医学奖项情况调研》报告，为探索适合生物学科领域的奖励设置、评奖机制与流程奠定了基础，开拓了思路。

在中国科协生命科学学会联合体组织的2015年中国生命科学领域十大进展评选中，学会作为发起学会之一，共成功推荐四项科研进展入围。

学会面向科技工作者共组织了11次继续教育培训班，其中干细胞技术培训班共举办了9期，另举办首届新PI团队管理运行研修班、第三届高校细胞生物学骨干师资教学研修班，总计培训结业人数264人。学会根据国内许多青年科学家在独立运行实验室之初缺乏专业管理培训、文章投稿、基金申请的经验技巧情况，首次开办“新PI团队管理运行研修班”，邀请权威专家进行专业培训和解读，为青年研究人员搭建交流平台。首期学员共26人，受到了参加者的好评。

学会能力提升计划 学会于2015年被评为中国科协学会创新和服务能力提升工程“优秀科技社团”。学会在保证原有学术会议高水平、高质量的基础上，创新并推广新的会议模式，引入“互联网+”的概念，使广大科技工作者有更好的参会体验的同时，也可以有更多收获。积极拓展学会品牌科普活动——全国联动实验室开放日活动和诺贝尔奖解读活动。针对青年PI开展了职业生涯方面的培训，进一步完善了学会的整体分层次培训体系。

学会建设 2015年学会承担了中国科协“创新人才推进计划”和“社会科技奖励”两项承接政府职能转移试点项目，被评为中国科协学会创新和服务能力提升工程“优秀科技社团”，并被中国科协科普部评选为“2015年全国学会科普工作优秀单位”。

2015年学会共召开理事会工作会议3次，包括十届理事会第五次会议、十一届理事会第一次会议、2015年常务理事会会议；青年工作委员会、细胞信号转导分会、功能基因组信息学与系统生物学分会、医学细胞生物学分会、干细胞生物学再生细胞生物学分会等6个分支机构分别召开工作会议。

4月2日上午，学会召开第15次全国会员代表大会，经过全体会员代表投票选举，顺利产生第十一届理事会理事122位，陈晔光教授担任第十一届理事长。并通过学会章程修改，成立第一届监事会，现有7位监事组成，高翔教授任第一届监事长。4月2日下午，学会召开第十一届理事会第一次会议，选举出37位常务理事。通过第十一届理事会社团负责人，裴钢院士提名为本届理事会名誉理事长。

2015年，学会新成立了生物节律分会，徐璎教授担任首届分会会长。同时进一步细化分工，增设奖励工作委员会，对外交流工作委员会。经过常务理事会会议审议通过，细胞信号转导分会、神经细胞生物学分会、植物器官发生分会、干细胞生物学分会、青年工作委员会、细胞生物学教学与普及工作委员会、学术工作委员会等7个分支机构于2015年完成了换届。11月3日，学会在上海召开2015年学会理事长暨各分支机构负责人工作会议，共有24位学会领导、监事和分支机构主要负责人出席。会议使学会领导层和各分支机构负责人及时了解学会各项工作进展情况，重申了分支机构管理规定，明确了各工作委员会的职责分工，规范了管理操作流程。

学会于4月3日、8月9日分别召开了第四期、第五期全国各省、自治区、直辖市细胞生物学学会秘书长沙龙会议，各学会间增进了解，分享了社团组织管理的经验，为今后各学会间交流合作奠定了良好基础。在学会与地方科协、地方民政厅等单位的共同努力下，内蒙古细胞生物学学会、贵州省细胞生物学学会于2015年正式成立。

2015年，学会及下属各专业分会共举办各类活动184次，参加人数44894人次，其中外籍专家123人次，交流论文数1527篇；国内学术会议10次，国际学术会议5次，港澳台地区学术会议1次；科普讲座155次，专业技术培训11次，实用技术培训1次，走访慰问活动1次。

学会与中国动物学会等11家生命科学领域的全国学会联合发起成立中国科协生命科学学会联合体，目前已发展为18家成员学会。学会理事长陈晔光教授当选为首届执行秘书长。

科技期刊国际影响力提升计划 学会主办的英文期刊 *Cell Research*（CR，中文刊名《细胞研究》）于2012年获得中国科技期刊国际影响力提升计划A类项目支持。CR还同国际高端刊物同时发表新兴研究领域的文章，改变了以往我们只能跟随国际研究潮流，追赶高端期刊的发表趋势，并根据科研动态约写权威综述。加强期刊的宣传推广：自2012年起，CR陆续在国际著名的生物医学系列会议 Gordon Research Conferences（在其一年的会议中选择五个和CR密切相关的会议）、Keystone Symposia（在其一年的会议中选择25个和CR密切相关的会议）、Cold Spring Harbor Asia（全年的会议）、美国细胞生物学年会等上进行宣传，同时针对热门研究领域的权威会议进行宣传，极大拓展了CR在国际科学团体尤其是欧美科学家中的影响力，吸引欧美科学家的优秀稿件，真正成为一本国际一流刊物。设立奖项表彰和鼓励在CR发表优秀论文的科学家。

学会主办英文期刊 *Journal of Molecular Cell Biology*（JMCB，中文刊名《分子细胞生物学学报》）于2013年获得中国科技期刊国际影响力提升计划B类项目支持。项目实施中，JMCB在SCI检索系统中引证指标稳中有升，除2015年影响因子略有下降，基本完成在国际知名检索系统的期刊学科排名进一步提升，保持在Q1区的项目总目标。JMCB现有编委78人，为各专业学科领域的国际知名专家；项目执行期间，审稿专家库规模翻一番，其中国外专家比例超过70%。投稿并发表在JMCB上的国内高质量研究成果增多，2013—2015年发表论文中来自我国财政支持的科研项目所占比例分别为33.3%、40%、48.5%。期刊的国际宣传与推广力度加大，编辑人员参加国际化培训及国际学术交流活动频次增加，JMCB的国际显示度得到极大提升。来稿量、论文下载量均有显著增加，其中国际来稿比例保持在70%以上。JMCB投稿、审稿、编校实行全程网上进行，采用国际上最广泛使用的 ScholarOne Manuscripts 稿件处理系统。期刊官方网站 jmcb.oxfordjournals.org 是具有多元化信息服务功能的国际化数字出版平台，目前编辑部自主建设的独立期刊门户网站 www.jmcb.info 也已具备网络发布功能，并有稳定的点击量。

学术期刊 学会与中国科学院上海生化细胞所共同主办了 *Cell Research*（中文刊名《细胞研究》）、*Journal of Molecular Cell Biology*（中文刊名《分子细胞生物学学报》）和《中国细胞生物学学报》三本科技期刊。

为支持期刊建设，学会设立学科发展专项基金，用于资助期刊的人才发展。在专项基金的资助下，期刊获得明显提升。其中 *Cell Research*、*Journal of Molecular Cell Biology* 双双入选2015中国最具国际影响力学术期刊。

Cell Research 本年度共发表论文152篇，其中追踪学科热点组织约稿17篇。期刊影响因子从2011年的8.19升至2014年的12.413，呈逐年上升趋势，在SCI收录的184种国际细胞生物学领域期刊中影响因子排名第13位，在亚洲同领域学术期刊中排名第1位，相应总引频次和排名也在不断提高，继续保持上升态势的同时也基本形成了同 *Cell*、*Nature* 等国际权威品牌期刊的子刊同台竞争的态势。

Journal of Molecular Cell Biology 2015年的发表论文75篇，其中追踪学科热点组织约稿12篇，总被引频次达1141次。期刊最新影响因子为6.87，在SCI收录的185种国际细胞生物学领域期刊中影响因子排名第31位，较2014年略有下降，但在国际知名检索系

统的期刊学科排名中始终保持在Q1区水平，逐步成为国内外细胞生物学及其他生命科学核心领域的科学家相互交流与展示的优秀学术平台。

《中国细胞生物学报》本年度共发表论文237篇。2015年，该刊侧重于数字化建设，包括对本刊内容在官网进行全文上传，免费阅读；搭建了“细胞话吧”专业网络交流平台；采用电子目录的形式及时传播最新发表内容。还借助网络平台和信息化手段，完善对专业核心领域内读者、作者的动态服务。

国际学术会议 2015年，学会举办了5次国际学术会议，共有1460人次参会，其中境外专家、学者123人次，收到交流论文423篇。其中，DNA损伤应答与人类疾病国际研讨会、广州国际干细胞与再生医学论坛两个会议分别固定在每年的10月和12月召开，具有较高的学术水准，已逐渐成为领域内的品牌学术会议。

12月18—19日，第八届广州国际干细胞与再生医学论坛在广东省广州市举行，本届论坛主题是“干细胞从基础研究到转化应用”。20日，由香港科技园和再生细胞生物学分会共同举办的同主题香港卫星会议在香港科技园举行，香港特别行政区行政长官梁振英出席并致辞。

国内主要学术会议 2015年，学会举办了10次国内学术会议，共有4126人次专家、学者参会，交流论文1071篇。

4月1—4日，学会第15次全国会员代表大会暨“2015年全国学术大会·深圳”在广东省深圳市召开。会议主题为“细胞——生命的体现”。2000余名来自全国各地科研院所、高等院校等单位的代表参加了本次大会。学会理事长、同济大学校长裴钢院士和南方科技大学校长陈十一教授等致开幕辞。本届大会设立了20个分会场，有204位国内外知名科学家和青年科学家作分会场报告。本届大会还设立了资深科学家与青年科学家面对面、圆桌讨论2个特色活动以及肿瘤研究学术交流暖场会、新技术新产品推广专场、iBioChina推介专场、CST信号通路创新技术演示会等4个暖场活动。会议论文集共收录532篇最新论文摘要，包括305篇墙报摘要，并在会期中安排专门的墙报展示时间，为参会代表提供更为广泛的交流平台。大会同期还举办了仪器、试剂和耗材展览活动，有62家知名厂商参展。

两岸交流 作为中国科协海峡两岸青年科学家学术活动月系列活动之一，9月11—14日，第十一届海峡两岸细胞生物学学术研讨会在山西省太原市召开，共有100位专家、学者和会议列席代表参与，其中有23位专家、学者来自台湾地区。由15位台湾学者和16位大陆学者分别围绕“细胞代谢与肿瘤发生”“细胞信号的化学生物学研究”以及“表观基因组重组和细胞重构”三个主题作了学术交流报告。此次研讨会共收到论文摘要32篇、墙报7篇。

国际组织任职 学会副理事长丁小燕研究员现任第七届APOCB大会秘书长，任期2014—2017年。

在亚太地区细胞生物学组织（APOCB）2015年国际执委会会议上，一致讨论通过了在中国设置APOCB常驻秘书处的决定，该秘书处计划设置在中国细胞生物学学会秘书处，由学会指派一位工作人员负责APOCB的各项事务。

国际交往 学会继续在美国细胞生物学学会年会上组织中国专场，宣传介绍中国细胞生物学的发展，吸引人才加入中国的细胞生物学研究队伍，有近百人参加会议。

韩家淮院士和欧光朔研究员代表学会同期出席了亚太地区细胞生物学组织（APOCB）2015年国际执委会会议，汇报APOCB网站的筹建进展。

2015年，学会负责筹建APOCB网站，该网站现已正式上线运行，网站发布了历届大会的会议信息和目前已收集到的历史资料。

为鼓励青年科技工作者积极参加国内外学术交流活动，学会设立青年学者旅费资助项目，2015年共资助5位青年学者参加2015美国细胞生物学学会（ASCB）年会、第11届韩国干细胞学会年会等国际学术会议。

科普活动 学会细胞生物学教学与普及工作委员会向学会理事、分支机构，以及多个省、市细胞生物学学会发出举办2015年“全国实验室开放日”活动的倡议，得到了积极响应，共在全国18个省、直辖市的52个高校、科研院所内举办实验室开放日活动117场次，举办科普讲座76场，公众参与1.43万人次，活动在电视科普宣传栏目报道3次，国家级媒体报道9次，省级媒体报道19次。

全国科普日期间，学会在新疆阿勒泰地区开展各民族多发病早期防治科普活动。完成1市、1县、4个乡镇、3个社区的科普活动，举办讲座3次，举办展板活动、义诊3次，发放宣传单1.25万余份，受众达

2万人次以上，并获得福海县三个民族儿童佝偻病的早期防治资料。

学会医学细胞生物学分会联合浙江省细胞生物学学会等单位于1月、3月、6月共同举办禁毒知识进社区活动，覆盖3个社区，通过发放宣传册，展示禁毒知识展板和常见毒品的仿真样品，受众450人次。

11月4日—12月14日，学会联合地方细胞生物学会、学会专业分会连续第三年在全国多个城市共同举办“2015年诺贝尔生理学或医学奖/化学奖解读讲座”共25场，吸引了3656人次在校师生、科研人员以及市民的参与，取得了良好的科普宣传效果。

学会注重科普信息化建设。2015年，学会微信平台获得中国科协的择优资助，围绕转基因、人类基因编辑等公众关注的热门话题，学会邀请专家撰写人类基因编辑的科普文章，组织推荐转基因植物利弊的系列文章10篇，通过学会微信平台传播，累计阅读点击量达3611次。学会微信平台还入驻“腾讯微信辟谣平台”和“科普中国”微平台，实现科普资源的共享。

学会鼓励专家利用自身的研究背景和技术优势，积极投入科普创作。朱学良研究员创作的《显微镜下的生命之美》与王立铭教授创作的《糖尿病：过去、现在和未来》顺利入选中国科协移动端科普融合创作选题，两部作品在经“科普中国”平台完成首发后，在新华网、人民网、环球网20多家国内主流媒体上进行了转载，累计点击量超过43万次，为学会科普信息化传播注入了新活力。其中由王立铭教授的作品改编的5集系列短片《糖尿病的科学传奇》入选中国科协移动端科普融合创作重大选题，计划于2016年1月上线。

学会与新华网“科普中国——科技前沿大师谈”栏目组合作拍摄，邀请四位专家分别对当年的诺贝尔生理学或医学奖、诺贝尔化学奖进行深度科普解读，以微视频的形式在新华网及其他主流门户网站、微信平台等传播，累计点击量超过400万次。

学会被中国科协科普部评选为“2015年全国学会科普工作优秀单位”。

表彰举荐优秀科技工作者　2015年，学会评选出终身贡献奖1人、杰出成就奖2人、青年研究员奖1人、青年优秀论文奖3人、优秀墙报奖29人、普洛麦格创新奖2人、干细胞成果转化奖1人、干细胞研究创新奖3人、干细胞青年研究员奖5人，以及优秀青年报告人5人、青年学者旅费支持17人。

2015年，学会向中国科协推荐5位院士候选人。学会还推荐第十一届光华科技工程奖候选人2人、第十四届中国青年科技奖候选人2人、第十二届中国青年女科学家奖候选人1人和2015创新人才推进计划团队1个。学会两位副理事长周琪研究员、张旭研究员当选为中国科学院院士。

学会作为中国科协生命科学学会联合体成员学会之一，成功推荐3位候选人获得中国科协“青年人才托举项目”资助。

学会创新发展　在前期科普活动深入开展的工作基础上，学会理事、专业分会和地方细胞生物学学会已充分达成共识，形成了从动员组织、活动开展到总结上报、优秀评选等成熟的工作响应机制。学会注重活动的前期宣传，除在学会和活动单位的自有网站发布通知外，部分地区还通过微信、报纸等媒体机构发布渠道，吸引媒体代表参加，多家网媒、报纸、电视台对活动进行了报道，获得了广泛的社会关注。为调动活动参与的积极性，除按照惯例评选优秀活动组织单位外，学会还设置专项经费，对参加活动的实验室、科普报告人提供部分的材料费、报告费的补贴。

学会注重青年科技人才的发展和成长，成立专门工作小组研究探索青年科技人才的选拔机制、培养模式和评价标准，认真实施中国科协“青年人才托举项目”。学会于10月上旬启动“青年人才”候选人选拔工作，组织专家对候选人进行初评和现场答辩复评。

学会首次开办“新PI团队管理运行研修班”，邀请权威专家进行专业培训和解读，通过专题报告、分组讨论、案例分析、互动游戏等创新性教学模式，为青年研究人员搭建交流平台。首期学员共26人。

学会每两年举办一次的全国学术大会是国内细胞生物学领域内的学术盛会，学会在保证原有品牌会议高水平、高质量的基础上，从科技工作者的需求出发，针对不同的参会人群设计了2类特色活动和4个暖场活动，提高了参会者的活动参与度。本次全国学术大会参会人数，交流的论文和墙报的数量刷新了历史纪录，学会在会议筹备中，创新性利用了“互联网+”技术，如现场二维码扫描报到、开发会议APP、现场微信互动，使无法至现场的科研人员也有机会通过网络参与现场的交流互动。

党建强会　2015年5月，学会党组织倡议开展“爱心用手绘，环保集善款”主题系列党员活动，本次活动主要包括环保包DIY手绘、手绘包义拍以及爱

心善款捐赠三个部分。学会通过“小桔灯”等公益网站，选择急需帮助的捐赠点，分别捐赠至四川省凉山彝族自治州越西县瓦岩乡蓝鹰公益协会项目以及西藏昌都地区类乌齐县桑多镇第二中心小学。

为充分体现党组织对青年科技工作者的关怀，拓宽“党建强会计划”的服务渠道，营造“建家交友”的良好氛围，增强学会的凝聚力及学会工作人员的归属感，学会联合党支部以“党建强会计划项目”为活动平台，通过有重点、常态化、多形式的文体活动，开展“2015 学会青年健步走”活动，并参观了活动终点“中共一大会址”纪念馆。

会员服务 截至 2015 年年底，学会个人会员数总数达到 8700 人，同比 2014 年增长了 600 余人。

学会在设计建设 2015 年全国学术大会网站时，创新性地将学会会员库与注册参会数据库相关联，优化会议注册缴费流程，使会员注册参会更加便捷，并能自动将个人最新信息同步更新到会员库，完成会员信息重新登记。使 2015 年新增会员中的高层次会员比例从 2014 年的 25% 提升至 43%。缴费会员还能享受注册费会员价，有效体现会员福利。同时也提醒未缴费会员在缴纳注册费时，及时缴纳会费。为加强对各地区会员的跟踪管理，发展新会员，及时收缴会费，学会于 2015 年设立地区学会团体会员，已有 18 家地方细胞生物学学会申请加入。

在学会第 15 次会员代表大会上通过了设立学会永久会费的决定。凡注册为学会正式会员，一次性缴纳永久会费 500 元，或已连续缴纳 10 年正式会员会费后，可自动免除续缴会费，永久享受学会会员各项福利。

2015 年，学会共制作 12 期电子简讯，平均每月一期邮件推送给会员。

中国科协会员日 2015 年，学会以“家的温馨节日的问候”为主题，结合学会实际情况，积极筹备，共组织了 27 场中国细胞生物学 2015 年会员日活动，包括 1 场走访慰问一线科技工作者的冬令进补中医开膏方活动，和 26 场面向公众的 2015 年度诺贝尔奖解读科普报告会。

本年度学会会员日活动与学会特色科普活动、移动端科普平台相结合，受众面广，参与人数累计达 3840 人次，科普报告会也得到了 12 家媒体的报道和转载，科普视频浏览量超过 400 万。

其中解读科普活动中的亮点之一，就是与上海东方讲坛等单位共同开展的科技与人文对话活动，围绕 2015 年诺贝尔生理学或医学奖的获奖成果，以“呦呦屠鸣，以启学林——民族复兴视野下的科技与人文”为主题，邀请到中国科学院上海药物研究所俞强研究员、浙江大学生命科学研究院王立铭教授、复旦大学葛剑雄教授、上海市科学技术协会主席陈凯先院士等自然科学和社会科学两界权威专家学者走进讲坛，从中华文化的世界化、中医药与科研体制、科学家的社会责任和人文追求、中医药科技成果与民族复兴等角度，分别作了精彩演讲，分享他们各自对屠呦呦获诺奖的看法和认识，共有 300 人参加。还特邀 SMG 东方广播中心首席主持人秦畅主持。

科技与人文对话活动

另一亮点是学会首次与新华网“科普中国—科技前沿大师谈”栏目组合作，特邀请清华大学教授周兵、中国科学院上海药物研究所研究员俞强作为诺贝尔生理医学奖解读嘉宾，浙江大学教授黄俊、中国科学院北京基因组研究所研究员杨运桂作为诺贝尔化学奖解读嘉宾接受栏目组专访。节目以视频加图文的形式在新华网及其他主流门户网站、微信公众号等移动端平台推送后，得到了广泛传播，累计浏览量超 400 万次。

【中国细胞生物学学会第 15 次全国会员代表大会暨 2015 年全国学术大会·深圳】 4 月 1—4 日，学会第 15 次全国会员代表大会暨 2015 年全国学术大会·深圳在广东省深圳市召开。2000 余名来自全国各地科研院所、高等院校等单位的代表参加了本次大会。

4 月 1 日，学会召开第十届理事会第五次会议，审议通过了《第十届理事会工作报告》、学会《章程》《章程修改报告》和《第十届理事会财务报告》，并通过了第十一届理事会理事候选人名单和第一届监事会监事候选人名单。

4月2日上午，学会召开第15次全国会员代表大会，第十届理事会理事长裴钢汇报第十届理事会工作报告和财务报告，副理事长陈晔光作学会章程修改说明和学会会费调整说明，副理事长刘春明作选举、投票说明。经过全体会员代表投票选举，产生第十一届理事会理事122位和第一届监事会监事7位，并投票通过学会章程修改和会费调整报告。

4月2日下午，学会第十一届理事会第一次会议召开，出席会议的理事共118人，由王纲研究员主持。会议选举出37位常务理事，通过了第十一届理事会社团负责人：陈晔光教授担任理事长，丁小燕、韩家淮、李朝军、宋纯鹏、张旭、周琪为副理事长，王纲研究员任秘书长。会议提名裴钢院士担任本届理事会名誉理事长。会议讨论通过了《2015—2019年学会工作计划》。

同期召开的2015年全国学术大会主题：细胞－生命的体现。学会理事长、同济大学校长裴钢院士和南方科技大学校长陈十一教授分别致开幕辞。

大会开幕式颁发了中国细胞生物学学会－CST终身贡献奖和中国细胞生物学学会－R&D Systems杰出成就奖。终身贡献奖由生物医学动物模型国家地方联合工程研究中心主任季维智研究员获得。杰出成就奖分别由中国科学院上海生科院生物化学与细胞生物学研究所研究员李劲松和中国科学院广州生物医药与健康研究院研究员裴端卿获得。

会议特别邀请了日本科学院院士广川信隆（Hirokawa Nobutaka）、程和平院士、董晨教授、邓宏魁教授、韩家淮院士、美国科学院院士朱健康和朱学良研究员作大会特邀报告。本届大会还设立了20个分会场，有204位国内外知名科学家和青年科学家作分会场报告。除了开展分主题学术交流外，本届大会还设立了资深科学家与青年科学家面对面、圆桌讨论2个特色活动以及肿瘤研究学术交流暖场会、新技术新产品推广专场、iBioChina推介专场、CST信号通路创新技术演示会4个暖场活动。

本次大会会议论文集共收录532篇最新论文摘要，包括305篇墙报摘要，并在会期中安排专门的墙报展示时间，为参会代表提供更为广泛的交流平台。大会同期还举办了仪器、试剂和耗材展览活动，有62家知名厂商参展。

为使更多的青年学者能够有机会参加本次学术大会，会议设立“青年学者参会旅费支持”，共资助12位国内优秀青年学者参会。

大会闭幕式颁发了中国细胞生物学学会－CST青年研究员奖，中国细胞生物学学会－CST青年优秀论文奖，普洛麦格创新奖，“天能”青年教师讲课评比一、二等奖以及优秀墙报奖，并宣布下一次大会举办地点为福建省厦门市。

（撰稿人：林晓静）

中国植物生理与植物分子生物学学会

服务创新型国家和社会建设　3月，学会先后两次组织专家团队前往上海浦东国家农业科技园区开展调研，针对成果转化示范与推广工作提出建议与对策。

学会建设　2015年，学会共召开理事会议一次，常务理事会议两次，科普工作会议三次。现有分支机构17个，专业委员会10个，分会4个，工作委员会3个。

截至12月底，学会共有会员5962名，比上年增加320名。

学会网站发布动态66条，微信、微博发布消息400条，浏览量上万次。向会员发放工作简报4期，赠阅期刊300份。

2015年，学会被评为全国学会科普工作优秀单位。“国际植物日”上海系列宣传活动获得“推进公民科学素质示范项目”称号。

科技期刊国际影响力提升计划　学会主办杂志《分子植物》（英文版）获得中国科协优秀国际科技期刊二等奖。根据2015年汤森路透集团公布的统计报告，2014年《分子植物》（英文版）SCI影响因子为6.337，在国际植物科学领域204本SCI期刊中排名第9，在本学科研究类期刊中排名第5，进入本学科领域SCI期刊的前5%。

2015年，《分子植物》与国际著名的《细胞》出版社合作出版，进入国际一流科技期刊的出版和发行渠道。截至12月，《分子植物》在ScienceDirect数据库中有超过8000个机构订户，全文下载量超过50万次。

创办了以“分子植物”命名的国际会议，推动《分子植物》（英文版）快速成长为国际植物科学领域的顶级期刊。2015年，该杂志获得国家新闻出版广电总局评选的“百强报刊”奖。在中国学术期刊（光盘

版）电子杂志社和清华大学图书馆组织的国际影响力期刊评选中，该杂志入选 2015 年中国最具国际影响力学术期刊。

学术期刊 《植物生理学报》是学会主办的中文核心期刊。全年来稿 730 篇，比上一年增长 9.0%；发表论文 299 篇，比上一年增长 14%；中国科学技术信息研究所《科技期刊引证报告》影响因子 0.833，比上一年增长 22.7%。2015 年期刊继续获得中国科协精品科技期刊学术质量提升项目支持。

国际学术会议 2015 年，学会及各分支机构共主办国际会议 4 个，共计参会人数 1628 人次，其中国外参会学者 288 人次，交流论文 409 篇。

5 月 20—22 日，第二届国际油菜素甾醇会议在湖北省武汉市召开。与会专家、学者围绕油菜素甾醇信号的合成与代谢、信号的感知和受体激活、信号转导、信号通路与其他激素或者信号的互作等方面开展了口头报告交流与墙报交流。

8 月 1—3 日，第四届植物—生物互作国际会议在江苏省南京市召开。会议以“生物互作与粮食安全”为主题，来自美国、英国、德国、中国等国家的 928 名专家、学者参加了会议。会议设立了植物与细菌互作、植物与真菌和卵菌互作、植物与病毒互作、植物与线虫和昆虫互作、益生菌和共生菌、植物抗性基础和利用 6 个专题。

8 月 5—8 日，首届“分子植物”国际研讨会在上海市召开。本次研讨会围绕“从模式植物到作物”这一主题，33 位国内外知名专家分别就基因组和系统生物学、植物激素、细胞器生成和信号交流、细胞信号转导、光信号和植物生长、非生物胁迫和营养感知及转化生物学和作物改良 7 个专题作了报告，与会代表还提交了 90 余份摘要和 42 份墙报进行展示和交流。

12 月 12—14 日，上海辰山“药食同源与植物代谢”国际学术研讨会在上海市召开。来自中国、美国 51 个科研单位约 180 名专家、学者围绕功能性食品与植物天然产物、植物代谢与调控、植物营养与基因组学三大主题进行了交流研讨。

国内主要学术会议 2015 年，学会及各分支机构共召开年会、研讨会等 6 次，参会人数 2170 人次，征集论文 516 篇。

4 月 23—26 日，第二届植物生物学女科学家学术交流会在江西省吉安市井冈山大学召开，来自全国各地的 80 余位植物生物学女科技工作者与会交流。会议以“植物科学与人类生活”为主题，设立 30 个大会报告。

10 月 9—12 日，2015 全国植物生物学大会在吉林省长春市召开，来自全国 106 家单位的 1500 余名专家、学者与会交流。会议内容包括 11 个大会特邀报告，100 个分会报告。设置基因组结构与功能演化、表观遗传学、植物细胞与发育、植物激素与发育、光合作用与光信号调控、植物营养与代谢调控、植物—生物互作机制、非生物胁迫适应机理、植物转基因技术与产业化 9 个分会场，开设基金申请、科技论文写作、教学与科普 3 个专题论坛。共收录论文摘要 453 篇，展示墙报 281 篇。

两岸交流 11 月 27—29 日，应台湾植物学会邀请，学会组织 10 名科技工作者代表参加了在台湾地区召开的转译植物科学研讨会。与会专家、学者围绕形态与发育、微生物与植物交互作用、作物科学、资料库与新技术等方面进行了交流与研讨。

科普活动 5 月，学会组织开展“国际植物日”全国主题科普活动，全国共有 15 家单位参与，举办科普讲座 16 场，科普展览 30 场，科普进社区 9 次，受众上万人次，发放宣传材料 1 万份，共有数百位科普志愿者参与活动。

学会与《新作文》杂志社合作举办了全国中小学生“亲近植物关注健康”主题征文大赛，参与人数两万余人，评选出一等奖 10 名、二等奖 40 名、三等奖 60 名。

学会组织开展了“植物生物学女科学家科普校园行”系列活动，30 余位热心科普工作的资深女科学家先后走进北京师范大学和山东大学等，采用专家与学生面对面的形式，普及植物科学知识和最新前沿进展，解答学科疑问，倡导生活智慧。

学会创新发展 2015 年，学会制定了《科普信息化建设方案》，组建科普专家团队，创作了一批时效性强、质量高、传播性好的微信、微博作品，尤其是对于公众比较关心的转基因问题进行了解答。截至 12 月 31 日，学会微信、微博累计发送科普图文消息 1000 余篇，粉丝人数超过 5000 人，单个图文消息的转发量最高超过 1000 次。8 月，学会承接中国科协“2015 年度微信科普及辟谣工作资助项目”，并与“腾讯微信辟谣平台”合作，组织科学传播专家和科普志愿者对于微信公众平台中的伪科学内容进行辟谣。

9月，学会微博、微信正式入驻“科普中国”微平台。12月，学会官方微博入围“科普中国”科普微平台第四季度科普认证潜力榜榜单。

会员服务 学会与美国植物学家学会达成共识，学会会员参加对方学会年会可享受注册费优惠价。

中国科协会员日 中国科协会员日期间，学会通过微信公众平台向会员发放中国科学技术馆、北京汽车博物馆、北京天文馆、中国铁道博物馆四馆联票80张。

12月，学会举办会员日主题活动——植物生物学实验摄影大赛，共65幅作品参加最终评选。经过专家评审，评选出一等奖5名、二等奖10名、三等奖16名。另外通过学会微信平台开展网络投票，评选出2名最佳人气奖，网络投票环节共有1200余人参与。获奖人员获得了实用工具书《基因X》等精美奖品，学会在公众微信号上对优秀作品进行了展示与宣传。

【组织开展2015年国际植物日全国大型科普活动】 在5月全国科技活动周期间，学会组织协调了“国际植物日”全国大型科普活动，中国科学院西双版纳热带植物园、上海自然博物馆、上海辰山植物园、中国科学院华南植物园、云南省植物学会、南开大学等十余家单位同期举办各具特色的科普系列活动，参与人数超过10万人次。

本次科普活动中，多位知名科学家为公众带来科普知识讲座。在中国科学院西双版纳热带植物园，中国科学院院士许智宏带来了“植物和人类生活”科普讲座，从植物遗传学的曲折发展、第一次绿色革命、作物育种的重大进展等多个角度，细数植物科学为人类作出的贡献。在上海自然博物馆，中国科学院院士陈晓亚与金杏宝研究员为大家带来《城市中的自然》主题科普报告，从植物学、昆虫学等领域出发，带领公众探寻和认识生活在我们身边的生物，详细介绍了城市中的生物对于人类生活的影响。在华南植物园，李跃林博士为大家带来了一场主题为“基于全球环境变化背景与森林生态学观点的科学研究与科普探究”的科普知识讲座；在深圳国家兰科植物种质资源保护中心“兰花的魅力”植物科普讲座吸引了大批公众。

在科普展览方面，在上海自然博物馆展出了植物与人类主题展板65块，内容包括植物营养与健康、芳香植物与药用植物、薯类作物、濒危植物。展示实物40余种，为参观者免费发放花种1000份，免费发放的蚕宝宝和桑叶1200份；在西双版纳热带植物园，科学家们带领学生参观中国植物园联盟公众科普计划——濒危珍稀植物科普展，并现场解答学生们的问题。

本次活动中发放科普资料上万册，包括少儿科普画册《一棵植物的生命》、科普知识手册《珍稀濒危植物》《月季》等。

由中国科学院西双版纳热带植物园组织的“科学人生”座谈会被评选为本届科普活动的特色活动。座谈会邀请院士、科学家与小朋友们面对面交流，中国科学院院士许智宏等专家接受了小朋友们的提问，从科学家们的人生经历到西双版纳热带雨林的保护，从转基因食品的安全到南方推广土豆的可行性，解答了小朋友们关注的植物科学知识。

【创办以英文期刊《分子植物》命名的国际会议】 8月5—8日，首届“分子植物”国际研讨会：从模式植物到作物在上海市举办。来自美国、德国、英国、丹麦、瑞士、加拿大、法国、以色列、澳大利亚、墨西哥、韩国、日本和中国等10多个国家的300余名专家、学者参加了会议，33位国内外知名专家围绕基因组和系统生物学、植物激素、细胞器生成和信号交流、细胞信号转导、光信号和植物生长、非生物胁迫和营养感知及转化生物学和作物改良7个专题作了精彩报告，与会代表还提交了90余份摘要和42份墙报进行了展示和交流。

会议期间召开了《分子植物》(英文刊)第8次编委会，国内外编委、出版经理以及高级编辑等共52人参加了编委会，就《分子植物》(英文刊)国际影响力的提升、投审稿系统、同行评审、稿件和出版质量提升等多个方面进行了热烈的讨论，为《分子植物》(英文刊)更快、更好发展建言献策。

(撰稿人：周　丽　郑亚洁　冷　冰)

中国生物物理学会

服务创新型国家和社会建设 在中国科协的支持和指导下，作为牵头学会之一，组建了中国科协生命科学学会联合体。联合体由生命科学领域18家全国学会组成，开展了生命科学领域“青年人才托举工程”项目，完成了“2015年度生命科学十大进展”的评选，提交了“国际科技合作重点项目评估机制”“生命科学领域国家科技重大专项过程管理与评估制度机

制”“国家重大基础研究和技术前沿（生命科学领域）战略研究建议”“生命科学领域国家重点实验室评估制度机制”等承接政府转移职能扩大试点项目的可行性报告，正在筹备2016年11月1—3日在北京召开的2016年世界生命科学大会。

完成了全国名词审定委员会委托的《生物物理学名词》（第二版）编撰工作，终稿已提交全国名词审定委员会网上审核。作为牵头学会参与了中国科协《京津冀生物医药与健康产业协同创新共同体建设方案》的编写，并作为首批支持单位，参与《中国大百科全书》第三版的编写工作。

11月17日，在云南省昆明市邀请中国科学院院士、医学分子遗传学家沈岩主讲第三期“青年科研生涯规划系列讲座”。沈岩阐述了人才成长的重要阶段与科研产出的微妙关系，科学研究应该具备的思想和素质以及如何应对科学研究过程中所遇到的若干矛盾和困惑，引起了与会青年学者的热烈讨论和深刻反思。

5月9日和11月16日，召开了两场主题为“女性与生物物理之美”的系列女科学家论坛。论坛由中国科协副主席、中国科协女科技工作者专门委员会主任程东红主持，邀请了十一届全国政协副主席、中国女科技工作者协会会长王志珍等十余位嘉宾出席，与100多名来自生物物理领域的年轻科技工作者们分享了她们成长、成才的经历，为女科技工作者们搭建了一个倾听、倾诉和分享的平台。

5月29日—6月3日，由中国生物物理学会、中国科学院生物物理研究所、清华大学和飞雅（FEI）公司联合主办的第一次中国结构生物学冷冻电镜培训班在北京中国科学院生物物理所举办。培训班为期四天，旨在为零基础学员提供全面了解和学习电镜三维重构理论和技术的机会，系统地将冷冻电镜前沿技术带给国内的相关研究人员。

6月3—7日，在清华大学举办了国际冷冻电子显微镜高级图像处理研讨会。教师队伍由英国医学研究委员会分子生物学实验室 Alan Brown 教授、Leifu Chang 教授、Sjors Scheres 教授、白晓晨博士，美国布兰迪斯大学徐晨教授、美国科罗拉多大学波德分校 David Mastronarde 教授、德国脑科研究所 Daniel Castaño-Díez 教授、瑞士巴塞尔大学 Misha Kudryashev 教授等专家组成。研讨会为期五天，围绕近原子分辨率单颗粒重构技术、三维模型建立与精修、电子断层扫描与 sub-tomo 平均计算等主要议题，分别就 DED 图像的信息分析与处理方法、单颗粒锐化及电子密度图校正、低分辨率冷冻电镜图像的模型建立与验证、冷冻电镜图谱原子模型的搭建、近原子分辨率冷冻电镜图谱的结构细化与验证、电子断层扫描技术的理论与原理、电子断层扫描数据采集与处理中重要影响因素、sub-tomo 平均计算的流程与应用及其理论、方法与前景等多项话题展开深入的交流与细节探讨。来自日本、印度、美国等多个国家140余名学员参加了本次培训班的学习。

学会建设 2015年学会会员人数显著增加，较2014年增幅高达43%。

2015年，学会下属的14个专业委员会中，分别成立了分子生物物理分会、膜生物学分会、自由基生物学与自由基医学分会、脂质代谢与生物能学分会、辐射与环境生物物理分会，并新组建了单分子生物学分会、女科学家分会等5个专业分会。

11月16日，学会单分子生物物理分会在云南省昆明市召开成立大会，会议推选哈佛大学、北京大学谢晓亮教授担任名誉理事长，北京大学苏晓东教授任首届分会理事长，中国科学院力学研究所龙勉研究员、中国科学技术大学杜江峰教授任分会副理事长，中国科学院动物研究所李明研究员为分会秘书长。

11月16日，学会女科学家分会在云南省昆明市成立，学会常务理事陈畅主持会议。出席会议的女科学家代表选举产生了女科学家分会理事会并审议通过了分会宗旨（章程）、会徽会歌方案等。中国科学院院士阎锡蕴当选分会理事长，陈畅、韩敬东、蒋澄宇、李蓬、吴乔、肖瑞平等教授当选副理事长，陈畅研究员当选秘书长。

科技期刊国际影响力提升计划 学会参与主办的英文期刊 *Protein & Cell*（《蛋白质与细胞》）利用“中国科技期刊国际影响力提升计划项目”奖补资金，完成编委会重组，优化学科和地域分布，突出干细胞、免疫等热点学科，重点吸收海外编委的加入，完成重组的新编委会中，海外编委占比达62%。

学术期刊 《生物物理学报》自2015年8月起，由中文双月刊改版为英文双月刊，刊名 *Biophysics Reports*。*Protein & Cell*（《蛋白质与细胞》）自2014年起实现全开放获取（OA）出版，2015年下载量17.4万次，较2014年增幅高达100%，继续获评“2015中国最具国际影响力学术期刊”（简称TOP 5%期刊，影响因子 3.25）。《生物化学与生物物理进展》2014—2015 年连续 2 年入选 CNKI 中国最具国际影响力学术期刊（TOP 5%）或中国国际学术影响力优秀学术期刊（TOP 10%）。

学科发展研究 8 月 12—16 日，学会自由基生物学与自由基医学分会在吉林省长春市召开了第六届自由基生物学与自由基医学战略研讨会。会议围绕自由基生物医学基础与应用相结合的关键科学问题，充分研讨了国内外自由基生物医学的发展动向及我国在该领域内的作用及特色。并邀请了国家自然科学基金委有关专家为大家介绍了自由基生物学学科所在生物物理学领域的发展动向。与会专家、学者就自由基生物医学的战略发展方向，协作参与国家级重要科研项目、自由基生物医学与其他学科交叉融合和孕育创新的可行性达成共识。

国际学术会议 学会及其下属专业委员会共主办、承办国际会议 9 个，参会人数 2485 人次，邀请到包含数位美国科学院院士在内的国外知名专家学者 275 位，共交流学术论文 996 篇。

3 月 19—23 日，第七届国际细胞自噬会议在安徽省休宁县召开。来自全球 21 个国家和地区的 250 余位专家、学者参加了会议，其中外宾人数超过 120 人。会议围绕细胞自噬分子机制的研究、细胞自噬的调控机理的研究、模式生物中的细胞自噬、细胞自噬与疾病的关系等主题，邀请东京工业大学 Yoshinori Ohsumi 教授、美国西南医学中心 Beth Levine 教授、英国剑桥大学 David C. Rubinsztein 教授、纽约大学 Ralph A. Nixon 教授等 29 位国际著名学者介绍了细胞自噬领域的最新研究进展。

国内主要学术会议 举办国内学术会议 12 个，参会人数 2601 人次，交流学术论文 1140 篇，参会人数及论文数量较 2014 年分别增加 200% 和 544%。

11 月 16—20 日，由学会主办，云南大学协办的第十四次中国暨国际生物物理大会在云南省昆明市举行。中国科协党组副书记、副主席、书记处书记张勤，中国科协副主席、国家自然基金委副主任沈岩应邀出席大会开幕式。组委会邀请到包括十余位中外院士在内的 135 位专家、学者，在为期 4 天会议中，与参会科技工作者共享最新科研进展。此次大会吸引了来自全国各主要高校和研究机构，以及海外的近千位专家、学者参加。大会同期举办的“女科学家论坛”和“青年科研生涯规划讲座”等特色品牌活动，得到了与会代表的特别关注和积极参与。

两岸交流 1 月 18—23 日，在台湾地区参加了海峡两岸磁共振学术会议。

国际组织任职 5 月 10 日，在浙江省绍兴市举办的亚洲生物物理联合会（Asian Biophysics Association，简称 ABA）第 9 次代表大会上，学会副理事长兼秘书长阎锡蕴当选 ABA 主席，任期 2015 年至 2018 年，成为该组织自成立以来的首位女科学家主席。

国际交往 5 月 9—11 日，第二届中俄院士高层论坛在浙江省绍兴市举行。论坛由清华大学饶子和院士和莫斯科国立大学 Andrey B. Rubin 院士主持，中国科学院院士、中国科学院生物物理研究所 / 上海神经所郭爱克，中国科学院院士、中国科学技术大学施蕴渝，中国科学院院士、厦门大学韩家淮，台北中研院王惠钧（Andrew H.-J. Wang）院士以及俄罗斯科学院 Deev Sergey 院士，莫斯科国立大学 Finkelstein Alexey 院士等中俄学者到会并作了学术报告。双方专家就生物物理前沿发展和中俄合作前景进行了讨论。

5 月 24—29 日，在韩国首尔参加了第十五届生物流变学暨第八届临床血液流变学国际大会。8 月 13—16 日，在中国香港特别行政区参加了第 6 届亚太磁共振研讨会。9 月 2—5 日，在美国夏威夷参加了世界分子影像大会，在大会上，学会分子影像专业委员会与中美核医学及分子影像学会共同组织了“中国之夜”活动，并举办了首届“WMIC 中国学生论文奖”的评奖，共评出口头报告金奖 1 名，银奖 2 名；海报展示金奖 1 名，银奖 4 名，在大会上展示了我国科学家在分子影像领域的研究地位。11 月 29 日—12 月 2 日，在泰国清迈参加了亚洲自由基生物学大会。

科普活动 组织以“生活中隐形杀手——高血压”“诺如病毒的致病机理、临床表现及防治”“麻疹病毒的特性和防治”“非法进口胎盘注射液的危害”“食品安全到万家”“病原微生物实验室安全管理”“动物实验室生物安全知识”“炫彩牛奶”“大脑的奥秘”等为主题的科普宣讲活动 13 场，高端科技培训班 2 个，受众人数 2500 余人次。

组建以中青年科学家为主的移动端科普传播团队，获得中国科协移动端科普融合创作项目支持，开办了“生物医学大讲堂”，利用网络移动端定期推送世界著名科学家的个人经历和科研进展情况。创作“免疫卫士在行动”之《肺泡之湖》《死亡脓城》《痢疾战场》等系列科普漫画作品，编撰《基因的故

事——解读生命的密码》《城市核化生爆医学救援指南》《脑科学的故事》《脑海探险》《意识探秘》等科普读物，将科学知识以通俗易懂的表现方式呈现给青少年及广大读者，受众人数两万余人次。

表彰举荐优秀科技工作者　学会推荐的候选人中国科学院上海药物研究所吴蓓丽研究员获得了“第十二届中国青年女科学家奖”。美国科学院院士、北京大学教授谢晓亮和中国科学院院士、清华大学教授施一公获得了第四届贝时璋奖；东京工业大学教授Yoshinori Ohsumi获得贝时璋国际奖；中国科学院生物物理所青年科学家研究员王祥喜获得了贝时璋青年生物物理学家奖。

参与中国科协“青年人才托举工程”项目，5人入选中国科协“青年人才托举工程”项目。

学会创新发展　在第四届“贝时璋奖”奖励项目中，正式设立并颁发了“贝时璋国际奖”，用以提升该奖项国际影响力，并首次在全国生物物理大会上设立特别报告，邀请获得者莅临会议讲座。

引进外籍学者加入学会秘书处工作，同时外派学会工作人员访问美国生物物理学会学习、交流，提高学会秘书处国际交流能力及服务水平。

会员服务　编撰出版了《中国生物物理学会2015年工作年报》，纸质版发行700册，电子版寄送4000余份。编制《学会简报》（*Newsletter*），每季度以电子版形式向全体会员推送。开通公众微信平台，及时发布学会动态、学科进展、传播科普知识。开通意见反馈邮箱，方便会员向学会反映意见或建议。

中国科协会员日　会员日期间，学会邀请60名会员参观了中国科学技术馆。学会负责人带队，看望了老一辈科学家及一线科技工作者，悉心听取他们对学科发展、学会建设方面的意见和建议。

【阎锡蕴副理事长兼秘书长当选ABA主席】5月10日，亚洲生物物理联合会（Asian Biophysics Association，ABA）代表大会召开，中国生物物理学会副理事长兼秘书长、中国科学院生物物理研究所蛋白质与多肽药物重点实验室主任阎锡蕴凭借其在纳米酶的发现和应用方面的科学贡献及其在国际科技组织工作中的长期奉献，成功当选为ABA主席，任期为2015—2018年，成为该组织自成立以来的首位女科学家主席。

阎锡蕴简介：从科学发现、技术发明到成果转化，阎锡蕴在纳米生物学领域作出了创新和系统性贡献。她发现新靶点CD146，成为迄今肿瘤研究领域为数不多的由中国人发现、被国际同行认可并实现成果转化的范例。为此，她被遴选为国家863肿瘤抗体药物重大课题负责人，率领全国20家单位联合攻关，推动两种创新抗体药物进入临床。继而，她将纳米技术引入CD146应用研究，又发现了纳米酶及其新应用，论文2007年发表于*Nature Nanotech*后，单篇SCI他引761次，被誉为纳米酶新领域的奠基之作。共发表SCI论文135篇，专利转让合同总额1.682亿元，两次入选中国重大科学进展，2008年、2010年、2014年获得3次北京市科学技术一等奖，2012年获得国家自然科学二等奖，被评为中国科学院十大女杰。2015年11月，当选中国科学院院士。

【推动中国科协生命科学学会联合体成立】10月15日，在中国科协的倡导和支持下，由中国生物物理学会发起，联合中国科协所属生命科学领域全国学会，在北京召开成立大会，正式成立了中国科协生命科学学会联合体。中国科协党组书记、常务副主席、书记处第一书记尚勇出席成立大会并讲话，重点阐述了学会联合体的地位作用和重要意义。中国生物物理学会理事长饶子和主持了会议。

中国科协生命科学学会联合体成立大会

随后，联合体组成了由中国动物学会、中国植物学会、中国昆虫学会、中国微生物学会、中国生物化学与分子生物学学会、中国细胞生物学学会、中国植物生理与植物分子生物学学会、中国生物物理学会、中国遗传学会、中国实验动物学会、中国神经科学学会、中国生物工程学会、中国生理学会、中国解剖学会、中国生物医学工程学会、中国营养学会、中国免疫学会、中国认知科学学会18家学会理事长为成员的联合体主席团。同时，在广泛征求联合体主席团各学会意见的基础上，邀请81位生命科学领域知名专家学者担任联合体学术咨询顾问委员会委员，对联合体发展和学术活动提出咨询建议和指导。

在成立的短短2个月时间里，已经顺利开展了中国科协“青年人才托举工程”项目人才推荐（联合体成员学会中45位青年学者获得重点支持和培养）；开展了2015年度中国生命科学十大进展推选；承接政府评估项目可行性论证四项以及2016年世界生命科学大会筹备等工作，努力在联合体大平台的层面上加大学科发展力度，推进科研创新和科技资源集成共享，承接政府任务，提升国际话语权和影响力。

【第九届亚洲生物物理大会】 5月9—12日，第九届亚洲生物物理大会（9th Asian Biophysics Association Symposium）在浙江省绍兴市召开。来自11个国家和地区的400余位专家、学者参加了本届大会。十一届全国政协副主席、中国女科技工作者协会会长王志珍，中国科协副主席程东红，国际纯粹与应用生物物理联盟主席饶子和，亚洲生物物理联合会主席Young Kee Kang，中国生物物理学会名誉理事长梁栋材，副理事长程和平等出席了会议并致辞。

本届大会由亚洲生物物理联合会主办，中国生物物理学会承办，学会副理事长兼秘书长阎锡蕴担任大会主席，副理事长程和平担任学术委员会主席。会议历时4天，10余位中外院士及150余位国内外知名学者分别介绍本领域的最新研究进展及发展趋势。会议通过大会特邀报告、专题邀请报告、口头报告和学术墙报等形式，充分展示和交流亚太地区乃至全球当前生物物理领域最新的科研进展和学术成果，为从事生物物理科学研究的科技同仁提供面对面的学术交流平台。本届会议参会人数及学术水平均傲居历届会议之冠，成为2015年亚洲生物物理学领域的一场学术盛会。

会议同期还组织了各种内容丰富的特色研讨会，由中国科学院院士饶子和主持的中俄院士高层论坛，就生物物理前沿发展和中俄合作前景进行了讨论。由中国科学院院士王志珍和中国科协副主席程东红主持的题为“女性与生物物理之美”的女科学家论坛，分享了成功经验，鼓励女科技工作者热爱科学、享受科学。大会组委会特别设立青年学者差旅奖50名，鼓励青年科研人员广泛参与，快速成长。

【《生物物理学报》改版】 中文版《生物物理学报》已不适应我国生物物理学发展的需要。按照新闻出版总署统计，在生物物理学领域，SCI数据库2012年收录的生物物理学期刊共有72种，而其中在我国主办的该领域英文期刊却只有*Acta Biochimica et Biophysica Sinica*一种，且其刊登的稿件大部分集中在生物化学和分子生物学领域。

经国家新闻出版广电总局批准，自2015年8起，中国生物物理学会会刊《生物物理学报》的文种由中文变更为英文，英文刊名由拉丁文*Acta Biophysica Sinica*变更为英文*Biophysics Reports*，中文刊名不变，新刊号变更为CN10—1302/Q。

这是《生物物理学报》自1985年创刊以来一次最重大的变革。改版后的*Biophysics Reports*为英文双月刊，由中国科协主管，中国生物物理学会主办，第一届编委会由中国科学院生物物理研究所所长徐涛担任主编，编委会共计73人，其中海外编委比例达到了50%。

*Biophysics Reports*定位为一本国际化生命科学技术方法专业期刊，将主要关注生命科学领域的新理论、新技术、新方法（*New theory/New technology/New method*），并与德国Springer出版商合作进行在线出版和发行工作，采用国际通用的ScholarOne投审稿平台进行稿件审理，在SpringerLink国际发布平台上采取全开放获取（Open Access，OA）模式出版。

（撰稿人：王 悦）

中国遗传学会

学会建设 2015年，学会个人会员总数12000名。全年召开学会九届四次、五次常务理事会，九届三次理事会，审议和研究学会工作。

学会和各专业（工作）委员会2015年在国内共主办8次学术交流会议，其中1次国际学术交流会议，会议交流论文1423篇，参加会议人数为4265人次。

科技期刊国际影响力提升计划 《遗传学报》（*Journal of Genetics and Genomics*，JGG）2014年9月被中国科学技术研究所评为中国国际化精品科技期刊。2015年，JGG认真执行中国科技期刊国际影响力提升计划项目和中国科学院出版基金项目规定的各项目标任务，进一步提升JGG的学术质量和国际影响力。2015年1月组织召开了JGG期刊工作会议，12月在深圳组织召开JGG编委会。为加强团队建设，公开招聘编辑1名，加入JGG编辑队伍中，充实了编辑力量。

《基因组蛋白质组与生物信息学报》（*Genomics, Proteomics & Bioinformatics*，简称GPB）2015年增聘了副主编，聘请了新编委和国际兼职编辑，加大了约

稿力度，加强了出版规范，期刊转为 OA 出版模式后，在 Elsevier 的 ScienceDirect 平台下载量达到历年最高，与 2014 年同期相比下载量增加了约 20%。进行了期刊四封改版，提高了期刊显示度和吸引力。定向推送潜在读者，共推送 4 次，累计 2 万余人次。制作宣传材料进行期刊宣传，建设了期刊网站。

学术期刊 《遗传》2015 年 6 月获得中国科协精品科技期刊项目学术质量提升项目资助（每年 15 万，连续 3 年）。10 月，《中国科技期刊引证报告（核心版）》最新数据显示，2014 年《遗传》核心影响因子为 0.858，核心总被引频次 2102，在 27 种生物学基础学科期刊中，核心影响因子排名第 3，核心总被引频次排名第 1，核心综合评价总排名第 1，在 2383 种科技学术类期刊综合排名第 68，荣获 2014 年“百种杰出学术期刊”称号。11 月《遗传》微信公众号正式开通。

《激光生物学报》全年共出版期刊 6 期，共收到来稿 158 篇，正式刊出 98 篇。

国际学术会议 10 月 23—25 日，2015 国际基因组学大会在陕西省西安市举办，本次大会的主题是“基因组学的发展与未来”，围绕基因组学研究的最新进展，突出基因组学技术在生命、医药等研究领域的创新性突破和应用，参会人数 400 人次，提交论文摘要 95 篇。

国内主要学术会议 4 月 24—27 日，由学会主办的“第十二届全国激光生物学学术会议”在福建师范大学举行。大会共收到 100 余篇投稿，来自全国各地的 40 多所高校和研究所的 150 多位专家、学者出席了会议。

5 月 22—24 日，2015 基因检测与健康产业论坛在江苏省泰州市举办。会议邀请 60 余位产、学、研、政各界专家，安排了 16 场不同主题的沙龙，共同推动专家共识、行业标准、产业名录等公共利益项目的规划实施。

6 月 12—14 日，第八届中国模式真菌研讨会在山东省济南市举行。共收到会议摘要 64 篇，会议报告 23 个，墙报交流 40 个。会议期间还召开了中国模式真菌研讨会组织委员会会议，部署委员会下一步工作重点及相关事宜。来自全国各地的 180 多名专家、学者参加了此次研讨会。

8 月 19—22 日，第十六届全国植物基因组学大会在陕西省杨凌市召开，近 700 人参加会议。会议设置 6 个专题，收录了与会代表提交的论文摘要 159 篇。

8 月 14—17 日，2015 中国遗传学会大会在云南省昆明市召开，全面展示中国遗传学的最新研究进展。来自全国 28 个省、自治区、直辖市的代表 700 余人参加了会议。会议出版了《中国的遗传学研究》论文集，收录摘要 265 篇。

10 月 9—12 日，2015 全国植物生物学大会在吉林省长春市召开，来自全国各科研院所、高等院校的 1500 余名代表参加了本次会议。大会主题为“植物科学与粮食安全”，共收录论文摘要 453 篇、展示墙报 281 篇。

11 月 1—3 日，第十四次全国医学遗传学学术会议在广西召开，参会总人数为 385 人，分别来自全国各地高校、科研院所、各大综合医院及妇幼保健院的 146 个单位。本次会议共收到 287 篇论文，遴选出 45 篇优秀论文，分别在基础、临床、青年分会场进行大会发言，其余论文以汇编形式进行了交流。

11 月 12 日，第二届法医 DNA 鉴定技术研讨会在江苏省苏州市召开，专家、学者 50 余人参加了本次会议。司法部司法鉴定科学技术研究所法医物证学研究室副主任李成涛汇报了分会 2015 年的工作进展，并提出了 2016 年的工作设想，各位委员积极为分会今后的发展建言献策。

科普活动 1 月 26 日，学会专家在学会科普教育基地一六六中学开展了关于“昆虫研究与科考”的科普讲座，中国科学院动物研究所的刘晔博士为一六六中初一年级近 300 名学生作了报告。

2 月 12 日，为一六六中学翱翔计划的师生举办“中学生走进博物馆动手做标本”寒假科普活动，启发和培养同学从小热爱科学、热爱自然的兴趣和品质。

10 月 12 日，“中国遗传学会科普教育基地——府学胡同小学”挂牌仪式在府学胡同小学举行。杨焕明老师为府学胡同小学作了题为“生命、基因和我”的科普报告。学会和府学胡同小学正式建立了科普工作合作关系。

10 月 22 日，2015“大科普”跨界科学传播研讨会在哈尔滨工业大学深圳研究生院举行，数十位著名科学家、科普工作者、科幻作家出席会议，研讨了新形势下科学传播的创新方向与模式。

表彰举荐优秀科技工作者 开展学会第十六届“李汝祺动物遗传奖”、第二届“吴旻人类与医学遗传奖”和第三届“谈家桢遗传教育奖”的申报评审工作。在2015中国遗传学会大会闭幕式上举行了“第十六届李汝祺动物遗传奖”“第二届吴旻人类与医学遗传奖”和“第三届谈家桢遗传教育奖”颁奖仪式。中国科学院北京基因组所刘江、中国科学院上海生命科学研究院陈玲玲荣获“第十五届李汝祺动物遗传奖”。中国医学科学院基础医学研究所许琪、山东大学医学院邹永新荣获“第二届吴旻人类与医学遗传奖”。兰州大学王亚馥教授荣获第三届“谈家桢遗传教育杰出贡献奖”，复旦大学卢大儒、内蒙古大学邢万金荣获第三届“谈家桢遗传教育奖”。

学会创新发展 学会在组织开展常规学术活动的基础上，进一步打造学术会议品牌。全国植物基因组学大会已举办16届，全国医学遗传学学术会议已举办14届。

会员服务 12月22日，学会会员日活动在中国科学院北京基因组所顺利召开，内容包括科普报告和科普参观。

【2015中国遗传学会大会】 8月14—17日，2015中国遗传学会大会在云南省昆明市召开，大会主题是“遗传多样性：前沿与挑战”。本次会议包括大会报告和分会场报告，分会场报告含5个主题：植物遗传学、人类和医学遗传学、动物遗传学、微生物遗传学和环境、发育和表观遗传学。来自全国28个省、自治区、直辖市的代表700余人参加了会议，共有10人作了大会报告，32人作了主题报告，71人做了分组报告。会议出版了《中国的遗传学研究》论文集，收录摘要265篇。会议还通过墙报等方式展现了我国遗传学领域最新研究进展。

【2015基因检测与健康产业论坛】 5月22—24日，2015基因检测与健康产业论坛在江苏省泰州市举办。会议邀请60余位专家、学者发表专题演讲、主持论坛交流，并汇集了大量业界相关人士参与论坛交流。参与圆桌讨论的嘉宾为来自基因健康产业生态链的各个环节的典型代表，表达了本环节对产业生态合作的观点和需求，各界间加深了相互了解，奠定了更为坚实的合作基础。本次会议安排了16场不同主题的沙龙，包括早期创业者沙龙、投资机构与融资企业对接、遗传咨询体系建设与推动等。中国遗传学会产业促进委员会的3位委员，代表委员会呼吁产业界建立长期的互动协作平台，共同推动专家共识、行业标准、产业名录等公共利益项目的规划实施。

【中国遗传学会科普工作恳谈会】 10月22日，2015年“大科普”跨界科学传播研讨会在哈尔滨工业大学举行，会议由中国遗传学会、深圳科协和华大基因共同主办。中国科协科普部部长杨文志，中国遗传学会副理事长杨焕明、科普委员会主任张小为，副秘书长卢大儒，国家教育咨询委员会委员王渝生，中国科普研究所所长王康友，联合国教科文组织卡林加奖获奖者、中国自然科学博物馆协会名誉理事长李象益，中国科技出版传媒集团董事长、总裁柳建尧，果壳网副主编吴欧等数十位著名科学家、科普工作者、科幻作家出席会议。大会围绕“科普研究、科学教育、科幻创作、科学出版”四大主题，交流分享了国内科学传播理论和实践。

（撰稿人：肖明杰）

中国心理学会

学会能力提升计划 根据《中国科协关于实施学会创新和服务能力提升工程的意见》（科协发学字〔2014〕86号）工作部署，在前期工作的基础上，学会积极组织优秀科技社团项目申报工作。经过一系列申报、公示、答辩、评审环节，被评为学会创新和服务能力提升工程优秀科技社团项目三类建设单位。

学会建设 10月16日，学会第十一届三次会员代表大会在天津市召开。大会依照学会章程履行民主选举程序，通过全体与会代表无记名投票，差额选举天津师范大学白学军教授为学会新一任候任理事长，增选上海师范大学卢家楣教授为副理事长。

10月16日，第十一届理事会第三次全体会议在天津召开。会议听取了一系列学会相关工作汇报，CEO梅建作题为“能力提升专项总结”报告；副秘书长黄端作题为“第二期能力提升专项部署”报告；副秘书长韩布新作题为“国际合作与交流工作”报告；副理事长张建新作题为“灾后心理危机干预和心理援助工作”的总结报告；司库孙向红研究员作题为“心理学学科进展报告”相关工作报告。

2015年发展新会员843人。截至2015年年底，学会会员约11500人。

民族心理学专业委员会、护理心理学专业委员会、语言心理学专业委员会、社区心理学专业委员会等4个分支机构正式成立。至此，学会共有22个专业委员会和10个工作委员会。

科技期刊国际影响力提升计划 学会主办的《心理科学》获中国科协精品科技期刊工程第四期学术质量提升项目支持。项目总目标是提升刊物的整体稿件质量、建设一流的专家队伍、扩大刊物的国际影响力。

学术期刊 学会主办《心理科学》，与中国科学院联合主办《心理学报》。2015 年,《心理科学》印数 24080 册，发表论文 225 篇;《心理学报》印数 38400 册，发表论文 134 篇。两刊均入选“2015 年中国最具国际影响力学术期刊”（在人文社会科学）,《心理学报》排名第 4 位、《心理科学》排名第 13 位。

学科发展研究 学会完成“2014—2015 年度心理学学科发展报告”编写工作，全书包括 1 篇题为《脑科学时代的心理学》的综合报告以及《精神分裂症谱系的内表型》《认知、情绪与社会行为的遗传基础及其神经相关物》《应激状态下的心理行为特征》《神经影像计算方法和应用进展》4 篇专题报告。

国内主要学术会议 2015 年，学会及所属分支机构举办国内学术会议 21 次，其中学术年会 1 次，参加人数 6060 次，包括企业科技工作者 80 人，交流论文 2570 篇。

国际交往 学会向国际应用心理协会（International Association of Applied Psychology，IAAP）提交了 2022ICAP 大会申请报告材料。

学会申报了国际心理科学联合会青年研究者奖（Young Investigator Award）、终身成就奖（The Achievement Against the Odds Award）等奖项。

科普活动 心理学普及工作委员会在 2015 年 5 月“全国科技活动周”和 9 月“全国科普日”期间组织开展了一系列心理学科普活动，日常依托全国各地的委员举办科普宣讲活动 419 次，其中举办院士科普报告会 3 次、专题展览 46 次、流动科技馆巡展 32 次、开展科技咨询 338 次。宣讲活动受众 15 万人次，参加活动科技人员 1750 人次。

学会被评为 2015 年度全国学会科普工作优秀单位。

表彰举荐优秀科技工作者 华东师范大学李其维教授、华中师范大学刘华山教授、中国科学院心理研究所杨玉芳研究员获得中国心理学会终身成就奖；中国科学院心理研究所吴振云研究员、李德明研究员获得中国心理学会学科建设成就奖（老年心理专业委员会提名）。

党建强会 2015 年，学会秘书处党支部连续第三年深入开展“党建强会计划”十百千特色活动，根据“激发学会党组织活力，发挥桥梁纽带作用”的主题，策划了“弘扬社会主义核心价值观　展示优秀心理学家风采”系列宣传活动。活动遵循“爱国、敬业、诚信、友善”的价值准则，大力弘扬科学精神。活动首批宣传对象包括中国心理学会会士、“中国心理学终身成就奖”获得者和“中国心理学会学科建设成就奖”获得者 38 人。

会员服务 12 月 22—24 日，由学会主办、学会青年工作委员会承办的第八期“青年学者研究能力建设培训班”在北京举办。来自全国各高校的 33 名青年学者参加了培训。此次培训邀请国家自然科学基金委生命学部负责心理学方向的主管罗文波老师与年青学者交流国家自然科学基金项目申请书撰写等方面问题。此外，北京大学心理学系教授韩世辉、中国科学院心理研究所副研究员杨志、中国科学院心理研究所组织与员工促进中心执行主任李旭培、中国科学院心理研究所国家公务员心理与行为促进中心博士卢敏分别为参加培训的青年学者带来了相关领域研究前沿的报告。

学会秘书处加强“中国心理学会个人会员管理系统”数据和信息的日常维护，及时与省级学会、专业委员会沟通管理系统使用情况，参考部分可行性建议和需求，不断修改和增加系统功能。定期通过邮件、短信等方式提醒新入会尚未缴费者缴纳会费。

中国科协会员日 12 月 15 日，中国科协会员日前后，学会围绕活动主题“‘家’的温馨　节日的问候”，开展了“弘扬社会主义核心价值观　展示优秀心理学家风采”系列宣传活动、发放科技文化场馆参观券等活动。还通过学会官方微信发布了中国科协会员日贺信。

【第十八届全国心理学学术会议】 10 月 17—18 日，第十八届全国心理学学术会议在天津师范大学举行，近 1500 名来自全国各高校、科研机构的专家、学者和青年学生参加了大会。本次会议由学会主办，天津师范大学承办，天津市心理学会协办。大会的主题为“心理学与社会发展”。

大会共交流论文 1079 篇，包括 6 个大会特邀报告、46 场专题报告（含 26 场专委会专题报告和 20 场专题讨论会）、85 场分组口头报告、4 场研究生论坛、4 场分组展贴报告。会议期间还举办了两场学术论坛，开设 10 个工作坊。

第十八届全国心理学学术会议

10月17日，会议开幕式在天津师范大学主校区体育馆举行。开幕式由大会执行主席、天津师范大学副校长梁福成主持。天津师范大学校长高玉葆、中国心理学会理事长沈模卫、天津市委教育工委常务副书记于立军分别致辞。学会前任理事长乐国安宣布了“中国心理学会终身成就奖”“中国心理学会学科建设成就奖”获奖名单并颁奖，还宣布了学会新认定的16名心理学家名单。《心理学报》与 *PsyCh Journal* 主编张侃宣布了两个刊物2014年度优秀论文奖并为获奖者颁奖。《心理科学》主编李其维宣布了该刊物2014年度优秀论文奖并为获奖者颁奖。

会议期间，北京师范大学教授林崇德、中国科学院心理研究所研究员叶铮、上海师范大学教授卢家楣、中南大学教授张静平、北京大学研究员朱露莎、西南大学研究员胡理分别作了题为“学生核心素养的研究”“动作抑制的神经机制”“以社会需要为导向，开拓情感教学心理学领域”“失独者心理弹性的潜在类别及其抑郁差异比较”“诚实的认知与大脑机制”“脑神经信号分析：在反思中进步”的大会特邀报告。

会议期间，临床心理学注册工作委员会、临床与咨询心理学专业委员会联合组织了“伦理规范在应用心理学中的重要意义：从APA高层因其成员参与虐囚事件辞职谈起”的主题论坛。中国科学院学部、中国科学院心理研究所和中国心理学会共同举办了“潘菽学术思想研讨会”，从潘菽院士的生平、治学精神、应用心理学学科发展的学术思想、对心理学事业的挚爱、对学生的关爱之情等多方面进行回顾和解读。

10月18日，会议闭幕式在天津师范大学会议中心大报告厅举行。大会执行主席、天津师范大学副校长梁福成作大会总结，学会理事长游旭群代表学会向天津师范大学成功举办本届学术大会表示感谢。新当选的学会候任理事长白学军教授宣读了“第十八届全国心理学学术会议优秀研究生论文奖”，张厚粲教授、沈模卫教授、游旭群教授、白学军教授为28位获奖的博士生和硕士生颁奖。

【中国心理学会第十一届三次会员代表大会】 10月16日，学会第十一届三次会员代表大会在天津师范大学召开。本届代表大会由学会108位理事候选人以及各省、自治区、直辖市心理学会推选的代表组成，共计302人，实际出席本次代表大会的代表共210人。

大会由学会秘书长傅小兰主持。会议进行了学会新任候任理事长、副理事长的选举。学会理事长沈模卫宣读了科协函学字〔2015〕200号《中国科协关于同意中国心理学会第十一届理事会理事长、副理事长候选人的批复》，天津师范大学白学军教授和中国科学院心理研究所张建新研究员分别作为候任理事长候选人进行了5分钟的竞选演说。会员代表大会正式选举天津师范大学白学军教授为中国心理学会新任候任理事长，选举上海师范大学卢家楣教授为新任副理事长。

大会计票期间，中国科学院心理研究所科研处处长陈雪峰和所长助理、认知与发展心理学研究室主任刘勋研究员分别作了题为“重要科技计划简介”和“新时期国家和中科院主要人才政策介绍”的报告。

（撰稿人：张　蔓　黄　端）

中国生态学学会

服务创新型国家和社会建设　2015年，学会及所属专业委员会为《中华人民共和国国家安全法》、国家环保部《自然保护区管理评估规范》、全国人大法工委《中华人民共和国野生动物保护法》《中国科协事业发展“十三五”规划》等草案或征求意见稿，累计提供政策性建议30余项。参与中国科协组织的“科协年会——南岭山地生态资源保护与跨省合作治理研究”、中国科协创新驱动助力工程晋中市和福建省相关地市的咨询服务和专题调研，为南岭山地生态资源保护、晋中市果树生产总体水平提升和三明市生态新城建设提供意见建议。依托分支机构和理事专家，针对国家政府和社会关注的热点问题，组织了天然林资源保护和永续利用、丝绸之路经济带生态文明建设、绿色基础设施与生态弹性城市建设等热点问题学术沙龙，凝聚专家意见提炼的专报《农业生物灾害监测预警亟需技术革新和政策保障》《摒弃盲目人工造林，科学有效推进我国旱区生态建设》《关于入侵生物科

学管理与生物多样性保护的建议》等政策建议先后在《中国科协科技工作者建议》刊发。

2015年开展了国际青年生态学者论坛、数字出版与学术传播生态资源环境论坛、长期生态、民族生态、淡水生态、微生物生态、中药资源生态等讲座论坛和新知识新技术培训活动12场次，受训人数1980人次。

学会能力提升计划 按照新时期科技社团改革发展要求，2015年学会在完成首期学会能力提升专项基础上，着力创新发展，精心谋划发展蓝图，获评中国科协学会创新和服务能力提升工程项目三类优秀科技社团建设单位。通过举办院士学术思想研讨会、开展生态学重点分支学科前沿和动态研究，弘扬老一辈生态学家的学术思想和完善生态学学科发展体系，引领学科发展。通过改进学术交流的方式方法，巩固和提高生态学综合年会、高层生态专家论坛、国际前沿生态论坛等品牌活动的学术水平和影响力。学会着眼于精心打造科技期刊，推进期刊国际化。《生态学报》《应用生态学报》的总被引频次和影响因子，一直处生态学期刊排名之冠，引证指标稳居全国科技期刊前列。中美生态学会合作的首个生态学国际期刊正式上线，首年发表论文36篇。为政府部门在维护国家安全、野生动物保护、自然保护区管理等法规制定的重大决策建言献策30余项。开展生态科技创新驱动助力工程。主动与地方政府合作，在甘肃省合作市、浙江省武义县建立了学会专家服务工作站，通过实地调研和学术研讨相结合，指导和服务于地方的生态文明建设、社会经济发展和培育创建生态文明建设示范县等工作。承担了联合国开发计划署全球环境基金第六期中国国家项目战略开发项目，并积极推进SUC可持续城市与社区中国项目和本会企业团体会员的合作及开展社会公益活动。

学会建设 学会及所属分支机构主办和参与国内外学术研讨会、高层论坛、学术沙龙等37次，累计参会人数7246人次，交流论文2488篇。

2015年召开了两次常务理事会议，一次全体理事会议。完善和制定了《中国生态学学会院士推选工作细则》《2015年推选院士候选人工作方案》。规范学会的内部管理，鼓励分支机构积极适应政府职能转变和学会规范化管理的需要，制定了《中国生态学学会分支机构财务管理规定》，进一步加强对分支机构的管理、监督和指导。全年发展新会员400名，个人会员总数9449名。

学会获评中国科协“2015年度全国学会科普工作优秀单位”，这是学会连续5年获此殊荣。

学术期刊 2015年，学会主办刊物整体质量稳中有升,《生态学报》被引频次连续5年位列全国科技期刊第1名，综合排名由上年的第28名跃升至第18名。《生态学报》《应用生态学报》和《生态学杂志》的总被引频次分别为1.673、1.142、和0.5873，位列生态学科第1、第2、第3名。《应用生态学报》《生态学报》和《生态学杂志》的影响因子分别为1.527、1.471和1.011，分别位居国内生态学类核心期刊第1、第2和第4名。

3月18日，中美生态学会联合创办的*Ecosystem Health and Sustainability*正式上线。首年在线发表论文33篇，有效提高了中国生态学在国际期刊出版市场的竞争力，为我国生态学科技期刊国际化进程积累了经验。

决策咨询 主动与地方政府合作，在甘肃省合作市、浙江省武义县建立了学会专家服务工作站。2015年8月在合作市举办了第六届中国生态文明腊子口论坛，组织38位专家针对甘南实际情况，开展了12个主旨演讲、两次实地调研以及与当地管理干部面对面和专项咨询等活动。

2015年1月起，先后四次组织10余名专家调研和指导浙江省武义县生态文明建设总体规划和生态文明示范县创建工作。借助学会专家的智力优势，积极为生态相关的中小科技型企业搭建桥梁和主动提供服务。2015年，有效推进了国际组织——联合国环境署“SUC可持续城市与社区中国项目”和本会企业团体会员单位——北京嘉博文生物科技有限公司进行合作，共同开展科技协同创新和社会公益服务。

国际交往 2015年，学会进一步强化和国际生态学会的联络与合作，以邀请国际生态学会主要领导来访，学会领导出访、多次召开网络会议等形式，商议2016年9月在常熟举办的第十届国际湿地大会、2017年将在北京举办的第十二届国际生态学大会，以及中美生态学会创办的国际生态学期刊的有关事宜。本年度学会与其他相关组织和单位，联合举办了“第八届现代生态学讲座暨第六届国际青年生态学者论坛”等7场国际学术交流会。

科普活动 2015年，学会及所属分支机构全年举办主题科普活动171次，举办科普讲座50次，举办科普展览32次，举办其他形式科普宣传89次。主题科普活动受众人数13.72万人次。通过“生态科普校园行”品牌教育活动，进一步扩大了学会科普的覆盖面，2015年学会面向地方学会征集合作意向，多地生态学会积极响应。9月起先后在北京、厦门、成都、杭州、南昌、济南等地陆续举办活动，主题涉及“美丽中国”“水——生命之源”“PM2.5与雾霾”和“生态道德”等，累计受众5.42人次。结合全国科技活动周，生态学相关纪念日等，学会及所属分支机构联合地方生态学会组织开展了创新创业与低碳生活——生态科普知识大赛、环境文化节环境教育宣传、世界水日——节水宣传进社区、海洋主题冬令营、田间观摩会、生态环境认知考察、天文知识进校园、荒漠化知识课堂教学、红树林探秘、助力《本草纲目》之旅拍摄等活动。

生态科普进校园

表彰举荐优秀科技工作者 2015年学会修订了院士评审制度，开展了院士候选人推选，中国青年科技奖、中国青年女科学家奖、中青年科技创新领军人才等候选人推选工作。组织开展了学会青年科技奖评选表彰工作。结合第十四届中国生态学大会、全国生态学研究生论坛和分支机构年度学术会议，开展了青年优秀报告奖、优秀墙报奖、研究生优秀报告奖和各专业领域的青年生态学科技工作者评选表彰，累计68名生态学工作者获奖。

会员服务 2015年，学会开发中国生态学学会电子通讯，每半个月出版一期，及时反映学会信息和生态学最新资讯，供会员参考。组织会员参加中国科协“党建强会计划——学会青年会员联谊活动”，体现党组织对青年科技工作者的关怀，增强学会会员的归属感。

依托生态科学专家咨询服务团队，为团体会员搭建桥梁和主动提供服务，共同开展科技协同创新和社会公益服务。

组建生态科学传播专家团队，开展科普活动创新和集成开发生态科普资源包，激发科研人员对普及生态学科普知识，将科技成果转化为科普资源的兴趣，并将这些科普资源直接应用于学会科普活动中，加速科技成果科普化进程。

中国科协会员日 12月中国科协会员日期间，学会开展了纪念学会创始人马世骏诞辰100周年——马世骏院士学术思想研讨会和图片展；向会员赠书、发放中国科学技术馆、中国铁道博物馆（正阳门馆）、北京天文馆、北京汽车博物馆门票；组织参加中国科协会员日乒乓球赛等，了解需求，提升质量，进一步增强了学会对广大生态学工作者的凝聚力和向心力。

【第十四届中国生态学大会】 9月24—25日，第十四届中国生态学大会在四川省成都市召开，会议由中国科学院成都生物研究所、四川省生态学会承办，来自全国各地的1500名生态学工作者参加会议。大会邀请了崔鹏院士等共作大会特邀报告10个，安排了330个专题报告，69个学术墙报，编印了大会文集，收录论文摘要572篇。会议前期举办了生态资源环境期刊论坛，40位期刊编辑和100多名青年生态学工作者进行了面对面交流，并围绕数字出版和学术传播的主题展开了热烈讨论。大会同期还举办了“全国生态学研究生论坛”，72位硕博士研究生作了口头报告。大会共评选出27个青年优秀报告奖、16个研究生优秀报告奖和10个优秀墙报奖。

【中国生态文明腊子口论坛】 8月4—5日，学会与甘南藏族自治州州委、州政府在甘肃省合作市举办了以“建设生态文明，发展生态经济”为主题的第六届中国生态文明腊子口论坛，来自国内相关领域的38位专家、学者及当地农业、林业、畜牧、环保、国土、水电、旅游等部门的管理人员和一线科技工作者共计300余人参加了会议。

中国科学院院士傅伯杰作了题为“生态系统服务与生态文明建设”的主旨演讲，将生态系统服务的国际热点、前沿，目前的主要任务与生态文明建设紧密结合，分析了我国生态文明建设面临的挑战，强调建设生态文明应依靠科技创新，改变生产生活方式，完善法律法规，创新体制机制，建设生态文化，提高人的素质。华南农业大学骆世明教授在《为甘南生态农业建设建立红线制度和绿色清单制度》的报告中，提

出了基于分析问题，划定生态红线，建立绿色清单，对遵守红线，尽量采用绿色清单行动的企业和农户给予生态认证和税收、贷款等优惠的建议。中国科学院地理科学与资源研究所董锁成研究员结合甘南藏族自治州高原特色生态文明规划实践，剖析了甘南藏族自治州国家生态文明先行示范区与主体功能区建设的问题、机遇、挑战与发展模式。

专家们还结合多年教学科研经验和甘南地区实际，探讨了“生态文明示范区建设与精准扶贫”“生态循环农业发展”“民族生态文化保护与传承”“新常态下生态旅游发展”与经济发展的关系。

会议前后，专家们调研了针阔混交林带－针叶林带－高原草地的自然生态交错地带、汉族－藏族的人类社会文化生态交错地带、农林业－农林牧混作－纯牧业的经济结构生态交错地带等典型地区，对当地发展给予了现场指导和建议。

【纪念学会创始人马世骏诞辰 100 周年活动】 12 月 5 日是学会创始人马世骏先生诞辰 100 周年纪念日。学会与中国科学院生态环境研究中心、中国科学院动物研究所共同在北京举办了马世骏院士学术思想研讨会、马世骏院士图片展等活动。中国科学院院士李文华、傅伯杰、江桂斌，中国科学院学部工作局生命地学办公室副主任薛淮，学会理事长刘世荣及副理事长、秘书长，马世骏院士的女儿马媛、马玮等亲属，马世骏院士生前同事、朋友与研究生，以及相关单位的科研骨干近百人共同追忆马世骏院士不平凡的一生，缅怀和弘扬马世骏院士的杰出贡献和学术思想。

马世骏院士创建了中国生态学学会与《生态学报》，并任中国生态学学会第一、第二届理事长，参与创建了中国环境科学学会、中国生态经济学会、国际科联中国环境问题科学委员会（SCOPE）。曾任国务院环境保护委员会顾问、中国科学院生物学部副主任、中国科学院环境科学委员会主任、自然灾害研究委员会委员。

（撰稿人：施　茜）

中国环境科学学会

服务创新型国家和社会建设　2015 年，学会建立了“中国科协创新驱动助力工程中国环境科学学会工作站保定服务中心”，并与保定市净天环境科技有限公司建立了首个企业服务站。免费为河北省保定市涞水县做大气污染源解析，提供环境友好咨询服务，共同开展大气污染治理、污水治理等工作。

在中国科协和环保部支持下，将“验证评价”工作列入由学会承接的转移职能，由学会牵头开展验证评价试点、编制发布实验评价（验证评价，简称：ETV）团体标准，成立了由 25 家成员单位组成的环境保护技术验证评价联盟；首次发布学会团体标准——《环境保护技术验证评价通用规范》和《环境保护技术验证评价　测试通用规范》。开展 9 例国内评价案例，与丹麦、韩国开展合作。

2015 年组织评价各项环境相关理论、技术、产品、方案等共计 29 项，涵盖了环境管理、生态保护、水体污染控制技术等各个领域，在促进环保科技创新方面，起到了积极的推动和示范作用。

为了提高环境专业技术人员素质，学会在主管部门支持下，与国家开放大学、中国继续工程教育协会等分别合作建设“国家公开大学环境学院”等环境继续教育平台。

开展了“场地环境修复与评价专业技术人才培训”“环境监理工程师”“企业环境监督员”“环境法医及损害鉴定评估”等专业培训工作，2015 年累计培训 9000 余人，部分项目纳入了国家人力资源和社会保障部（以下简称人社部）人才知识更新工程。申请承担了人社部高级研修班项目，10 月下旬，在江苏省常州市举办了大气污染防治技术高级研修班，60 余名高级专业人员参加了培训和工程现场学习交流。

学会能力提升计划　学会在获得中国科协学会能力提升专项第一期资助的基础上，申报并获得中国科协第二期“优秀科技社团”一等奖，将连续三年每年获得资金用于学会能力提升发展。

学会以深化实施能力提升专项为抓手，加强业务平台和综合能力建设，提升自主发展能力。积极开展学术交流活动，全力打造学术交流品牌，逐步形成了学会的学术核心竞争力。着重发挥环境科普工作主力军的作用，创新市场运营机制，打造学会自有知识产权的科普品牌并逐步形成品牌优势。扎实推进开展科技评价、举荐人才和咨询服务等重要工作，全面提升了学会市场竞争实力。动员各方面力量发展学会会员，提高会员服务水平，不断推进学会办事机构职业化队伍建设和学会组织建设，明显增强了学会整合社会资源的能力。

学会建设 8月6日，第七届理事会第四次会议（扩大）及第十次常务理事会在广东省深圳市召开，环境保护部污防司副司长陈永清介绍“水污染防治行动计划”背景、实施情况及下一步工作思路。七届十次常务理事会审议通过了新设分支机构的决定，成立了科技评价工作委员会、环境信息分会、能源与环境分会和生态食材及环境保护专业委员会、环境史专业委员会、水处理与回用专业委员会、环境损害鉴定评估专业委员会共7个分支机构。

4月23日，2015年分支机构工作会议在京召开，共70余人参会。会议对分支机构工作进行了研讨交流，部署了年度工作，传达研讨了国家关于社团分支机构改革的相关问题。

11月19日，2015年全国环境科学学会秘书长工作交流会在云南省昆明市召开，会上传达了国家关于社团改革、承接政府职能转移的精神，就新形势下学会参与社会管理创新、交流学会工作经验等议题展开了讨论。

学会与清华大学公共管理学院NGO研究所合作开展了“社团管理专题培训”，秘书处工作人员及分支机构人员参加研修并进行考核，参加人数300余人次。

学术期刊 《中国环境科学》将出版周期由8～9个月缩短至7个月，共发表优质论文约500篇，核心影响因子1.595，自2012年以来连续四年学科排名第一，获评RCCSE中国权威学术期刊前5%的A+评级，获《中国科协精品期刊TOP50项目》资助，22篇论文入选中国精品科技期刊顶尖学术论文《领跑者5000》最高水平论文。启动了双语数字出版工作（每期翻译论文15篇左右）推动期刊走向国际化。

学科发展研究 完成《“十二五”中国环境学科发展报告》，包括1篇综合报告和和24篇学科（领域）专题报告；完成《中国环境学科发展报告》，包括1篇综合报告和5篇专题报告。近十位中国科学院院士、中国工程院院士及200余位环境领域专家参与撰写，对“十二五”期间科学研究进展、技术研发进展、管理实践进展等进行了深入总结和分析评价，引领学科发展与科技创新。

决策咨询 受环境保护部科技司委托，在开展环保部系统环境与健康素养问卷调查的基础上，起草环境与健康素养调查方案，开发了调查题库，构建我国环境与健康素养调查和评估方法体系。与北京大学人口所合作，在甘肃、湖北和北京三个省（市）完成6个地市3600人现场问卷调查，基本完成数据库录入工作并计划于年底完成环境与健康素养报告初稿。

组织召开了环境保护部全民科学素质工作联席会，明确加强环保科普资源的创作工作，将活动和新媒体传播有机结合，扩大环保科普活动覆盖面，推进网络科普和科研成果科普化。牵头编写《关于进一步加强环保科普工作的指导意见》，2015年6月由环境保护部、科学技术部、中国科协技术协会联合颁布。

完成科学技术部委托的《节水治污水生态修复先进适用技术指导目录》的征集、专家评审和编制等工作，遴选出152项技术成果，12月1日由科学技术部、环境保护部、住房和城乡建设部、水利部联合发布。

接受国家发展和改革委员会委托，承担了环保领域国家创新平台建设方案设计工作，完善了平台布局，拟定了平台申报、评审实施方案，为即将开展的平台评估工作做好了准备。该项目已列入中国科协第二批承接政府职能转移工作，并给予了经费资助。

国际学术会议 10月16—17日，第六届传统文化与生态文明国际研讨会在黑龙江省佳木斯市举办。来自俄罗斯、瑞士、新加坡、韩国、泰国等国家和地区的400余名国内外专家、学者参加。

10月30—31日，2015土壤及地下水污染整治与管理国际研讨会在北京召开。会议由学会和美国南加州华人环保协会共同主办。来自中国、英国、美国等国家和地区100余位专家、学者出席会议，会议围绕“健康土壤和水带来健康生活”的主题，以及政策、制度及法律法规，修复技术、评价与管理、产业融投资等方面进行研讨和交流。

国内主要学术会议 8月6—7日，2015年学术年会在广东省深圳市举办。环境保护部副部长吴晓青、学会理事长王玉庆等领导出席开幕式并讲话。共设16个专题研讨会，约300名专家学者作了报告。会议集中介绍了相应领域的技术进展，近1600位专家、学者参加了本届年会。

2015年，学会举办了第十九届SO_2、NO_x、PM2.5、Hg污染防治技术研讨会，第五届中国湖泊论坛，2015年水资源生态保护与水污染控制研讨会，2015年汞污染防治与履行国际汞公约研讨会等，发挥了活跃学术思想、启迪创新思维、推出原创成果的重要作用，成为学科交叉融合的重要平台。

学会各分支机构积极组织高层次学术会议，主办、联合主办学术会议40余场次，参会人数8000余人次，收到论文约2000篇。如环境化学分会“2015环境化学年会”有近4000名国内外代表参加；水环境分会的“水环境污染控制与生态修复技术高级研讨会”、大气环境分会的“中国大气环境科学与技术大会”、固废分会的“固体废物管理与技术国际会议”等连续多年举办，均成为各自领域最具影响力的学术交流活动。学会2015年学术年会共有11个分支机构承办了年会分会场，组织领域内主流专家、学者参会收到了很好的效果。

两岸交流 9月21—26日，2015两岸环保高层专家论坛在北京举办。学会理事长王玉庆、台湾环境永续发展基金会董事长陈龙吉、中国工程院院士侯立安、台湾中研院院士刘绍臣等出席论坛开幕式，两岸大学、科研院所、环保企业150余人出席会议。论坛主要从大气、固体废物回收、水环境、环境影响评价等方面进行了深入研讨交流。

科普活动 深入动员开展千乡万村环保科普活动，15个省环境科学学会、全国80多所学校7000余名志愿者走进全国近1000个村庄开展科普活动，受众近20万人。该活动继续列入“十三五”国家全民科学素质行动实施方案。

继续开展环保科普创意大赛活动，共征集动画、漫画、微电影摄影作品2000多件（套），评选出各类奖项90多个（套）。编辑出版了《全国环保科普创意大赛获奖作品精选集（2012—2014）》，设计制作了以获奖作品为背景的科普挂历，并集中进行大赛获奖作品精品展览进20个社区、进20所学校和电视展播等活动，社会反响良好。

开展环保科研院所（站）开放试点。为构建环保科学传播和公众参与平台，2015年学会联合中国环境科学研究院、中国环境监测总站等18家单位发起环保科研院所公众开放活动，于科技周至环境日期间在京津冀、长三角和珠三角地区开展试点，包括科普讲座、参观、实验、咨询等多种形式。

与南方周末绿色新闻部建立了长期合作关系，整合了学会专家资源与媒体记者资源，摸索出一套较成熟的合作模式，举办京津冀灰霾成因科普沙龙、环境与健康风险认知科普沙龙、燃煤锅炉超低排放技术与应用发展沙龙。

在环保科普资源开发方面，学会自2011年启动了环保科普丛书的编写工作，推动34本图书，目前已完成20余本书稿的编写，正式出版10本图书。开展了漫画图书的二次开发，目前已完成10本漫画图书，正式出版5本。此外，完成了《中国大百科全书》环境卷第三版综论部分350余条条目编审工作；承接中国科协百度百科词条项目，围绕环境污染对人体健康的损害完成了500条科学词条的筛选、编辑、审核和上传等工作，共计70余万字。

学会科普部荣获中国科协“科普工作先进集体”荣誉称号，受到中国科协、中宣部等九部门联合表彰。

表彰举荐优秀科技工作者 组织开展两院院士推选工作，学会推选的吴丰昌等4位候选人均通过科协评审，推荐到工程院。组织开展全国优秀青年科技工作者推荐，对学会和环保部系统推荐的30余份申报材料进行了评审推荐。开展了中国科协创新群体项目评审工作，评选推荐的中国环境科学研究院项目获得创新群体项目。

全国165个项目参加了2015年度环保科技奖申报。9月，环保科技奖专家评审会在北京召开，共评选出一等奖6项、二等奖24项、三等奖32项，并首次增设科普类奖项，两个作品获奖。推荐国家技术发明奖1项，推荐国家科技进步奖2项。推荐发明专利2项，推荐实用新型专利1项。

学会创新发展 实施“‘互联网+’学会”工程，加强网络信息服务工作。做好网站和微信、微博平台信息服务工作，一年来共发布各类新闻500多条，制作网站和微博专题宣传15个，对学会重要活动都进行了微博直播和微信专题宣传，上传各类图片资料2000多份。学会官方微博目前粉丝达到2万人。

在中国科协企业创新学会支持平台项目支持下，完成了国际环境科技专利信息3000项的遴选工作。通过互联网平台和咨询服务方式为会员提供专利推广和技术创新服务。

推进环境类工程教育认证，完成了25所学校的资格审查和报批及8所院校的环境工程专业认证，并对天津大学等5所已认证高校进行持续改进指导。增补了22位新认证专家，组织48位专家参加了认证协会的2次专家培训，组织召开了160人参加环境工程专业认证培训，召开2次环境类专业认证委员会全体会议等。

党建强会 申请了中国科协“党建强会计划”和

中国科协党建研究会项目，结合学会实际设计了“学术引领、科技创新、科普共建—— 2015 环境学会党建强会计划”十百千特色活动，研究完成了《科技工作者的“中国梦”以及实现“中国梦”的问卷研究调研报告》。

会员服务 通过分支机构等渠道和学会业务活动平台积极发展会员，新发展单位会员数 163 家，目前共有单位会员 1028 家。

召开 2015 中国环博会暨第四届单位会员交流年会，专家、国际国内组织机构代表等与学会单位会员代表共计 600 余人，围绕“十三五”环保科技进展为主题展开了广泛交流和讨论。同期举办的“IE expo 2014 中国环博会”为亚洲最大专业环保展，有 1200 多家参展单位，展区面积达 6 万平方米，参观客流达 6 万人次。

11 月 19—20 日在昆明举办“2015 国际环境专利技术推介暨环境创新技术应用推广交流会”。邀请了中国科协盛小列主任和专家介绍国家科技创新政策和“创新驱动助力工程”等有关情况。

【中国环境科学学会 2015 年学术年会】 8 月 6—7 日，2015 年学术年会在广东省深圳市召开。会议由学会副理事长兼秘书长任官平主持，环境保护部副部长吴晓青、深圳市副市长张虎、学会理事长王玉庆等领导出席开幕式并讲话。中国科学院广州地球化学研究所研究员、中国科学院院士彭平安，中国水利水电科学研究院水资源研究所名誉所长、中国工程院院士王浩，清华大学环境学院院长贺克斌，环境保护部环境规划院副院长吴舜泽等专家分别作了主旨报告演讲。

本次年会的主题是“迈向良好生态的环境科技创新”。本次年会设置 1 个主会场、16 个分会场和 1 个论坛，分别围绕环境经济政策创新、生态产业可持续发展、水污染防治与生态修复、污水资源再生利用、大气污染综合防治等主题展开研讨。本次年会在开展优秀环保技术推介展示的同时，增加了技术交流推广会，推广优秀环保技术和成功经验，促进行业间科研与实践的沟通交流。

年会邀请了 74 位一线从事国家重大课题研究行业专家在专题分会场作了主旨报告，集中介绍了相应领域的技术进展。共有约 300 名专家、学者作了报告，组委会共收到来自全国各地环保科技工作者、研究人员以及企业界环保专家等提交的各类论文 1534 篇，本届学术年会共录用学术论文 915 篇，并评选出 27 篇优秀论文。全国环保界专家、学者近 1600 人参加了本届年会。

【2015 年汞污染防治与履行国际汞公约研讨会】 12 月 8—9 日，由学会联合清华大学、中国科学院地球化学研究所、环境保护部环境保护对外合作中心、国家环境保护汞污染防治工程技术中心共同主办的 2015 年汞污染防治与履行国际汞公约研讨会在北京召开。会议由学会副理事长兼秘书长任官平先生主持，清华大学环境科学与工程研究院院长、中国工程院郝吉明院士，中国科学院地球化学研究所副所长冯新斌，国家环境保护汞污染防治工程技术中心副主任陈杨，清华大学教授王书肖，挪威水研究所教授 Thorjorn Larssen，国际能源署博士 Lesley Sloss，延世大学教授 Yong-Chil Seo 等专家作了学术报告。

除特邀主旨报告外，研讨会还设有中国汞污染及履约需求、汞排放及其环境影响、汞的环境过程、汞污染监测 / 汞的有意使用、汞污染治理技术共 5 个学术专题。来自中国内地、香港特别行政区、台湾地区，美国、瑞典、挪威、以色列、韩国等国家和地区的 50 余位汞污染防治及国际汞公约方面的专家同与会代表分享了他们最新的研究成果，200 余位专家、学者参加了本次研讨会。

【第四届中国环境院所长论坛】 9 月 26 日，学会和教育部环境科学与工程教学指导委员会、环保部华南所共同主办的第四届中国环境院所长论坛在安徽省合肥市召开。中国工程院院士郝吉明、孟伟、曲久辉，国家自然基金委副主任何鸣鸿等 9 位专家作大会报告，国内环境领域大专院校、科研设计院所、环保企业负责人代表 130 余人出席论坛。环境保护部科技司司长熊跃辉介绍了国家科技体制改革的最新精神及“十三五”环境科技发展的总体思路。论坛就我国环保科技发展预测、协同创新推动学科发展、“十三五”环境形势与科技需求等进行了深入研讨。

【2015 两岸环保高层专家论坛】 9 月 21—26 日，由中国科协主办，中国环境科学学会和台湾环境永续发展基金会联合承办的 2015 两岸环保高层专家论坛在北京召开。本届论坛是中国科协 2015 海峡两岸青年科学家学术活动月的学术系列活动之一。学会理事长王玉庆，台湾环境永续发展基金会董事长陈龙吉，学会副理事长兼秘书长任官平，中国工程院院士侯立安，

台湾中研院院士刘绍臣，台湾金门县环保局局长傅玉东等出席论坛开幕式。来自海峡两岸环境保护领域科研院所、高校、环境保护管理部门以及企业界代表和青年学者共计150人出席会议。本届论坛以“推动两岸交流，实现环境永续发展”为主题，聚焦两岸共同关注的环境空气质量管理、固体废物回收及资源化、水环境保护及生态修复、环境影响评价等环境保护热点和难点问题开展研讨和交流。

侯立安和刘绍臣分别作了题为“大陆地下水污染控制研究进展”和“全球暖化对两岸水资源的影响”的主旨报告。论坛分别从大陆“十三五”环境保护规划中水污染防治（“水十条”）、大气污染防治（“气十条”）、固体废物管理以及人工闭合生态系统实现物质循环再利用和台湾空气质量保护、农地污染治理、两岸服务业发展以及固体废物管理等方面作了专题主旨报告。论坛开设了四个专题分会场，两岸共计33位青年学者代表根据自己的研究领域作了专题发言，分会场主持人及邀请点评专家也分别对以上专题发言进行了点评并提出建议。

论坛同期还举办了环境服务业及产业发展交流会，邀请了台湾环保企业的代表以及中国环境科学学会会员单位企业界代表共同进行了交流和研讨。

【“环境保护技术验证评价联盟”成立】 为了打开验证评价试点工作的局面，有效推广ETV评价模式，充分发挥科技社团优势，发挥第三方评价机构在科技评价工作中独特作用，推进环保创新技术成果产业化发展，学会牵头组织了“环境保护技术验证评价联盟”（以下简称联盟）。联盟发起单位共计25家，包括大型科研单位、重点院校、省级环境科研院所及大型专业测试机构，覆盖了水、气、噪声、固废、土壤修复、环境监测技术等领域。

6月30日，在北京召开了“环境保护技术验证评价联盟成立会”，同时，联盟管理委员会和技术委员会正式成立。参会代表表决通过了《联盟章程》《验证评价实施指南》等管理文件。环境保护技术验证评价联盟是在中央进一步深化科技评价制度改革背景下产生的新兴事物，其评价业务的运行机制，体现了科技评价制度社会化、市场化改革的总体方向，并率先在评价机制、管理形式、评价方法等方面进行了大胆探索。

【科普传播专家团队资源开发工作】 学会继续以“大气污染防治科学传播专家团队”和“环境与健康科学传播专家团队”为核心，以资源开发为重点开展科普工作。其中大气污染防治科学传播专家团队副团长柴发合主编了科普图书《大气污染防治科普知识问答》；环境与健康科学传播专家团队副团长阚海东主编了科普图书《环境与健康科普知识问答》；环境与健康科学传播专家团队首席专家郭新彪及其团队积极参加应急科普资料开发，编写了《危险化学品事故公众防护知识》科普手册。

【全国环保科普创意大赛】 2—11月，学会举办了2015年“新环保，新生活”全国环保科普创意大赛活动。活动得到了中国科协、环境保护部、科学技术部、共青团中央和教育部相关司局和机构的支持，并在北京、沈阳、石家庄、南京、昆明、西宁设立六个分赛区，共征集动画、漫画、微电影摄影作品2000多件（套），评选出各类奖项90多个（套）。大赛在深圳进行了颁奖活动。此外，大赛还编辑出版了《全国环保科普创意大赛获奖作品精选集（2012—2014）》，设计制作了以获奖作品为背景的科普挂历，并集中进行了大赛获奖作品精品展览进社区（20个）、进学校（20所）和电视展播等活动。

全国环保科普创意大赛获奖作品展览

【国家环保科普基地建设】 学会加强对现有基地的管理和能力提升，对命名满4年的12家单位进行评估，督促科普基地发挥基本职能；继续组织基地开展环保科普活动，分为“走出去”（进农村、进社区、进集市和进学校）和“请进来”（如邀请中科院许智宏院士等科学家和公众共同走进西双版纳植物园），仅沙湖“国际观鸟节”活动就吸引了10万多名中小学生参加。开展第五批科普基地申报与评审工作，共63家单位积极申报，目前已完成材料评审，确定了现场考察名单，基地队伍规模将进一步扩大。

（撰稿人：张宏亮）

中国自然资源学会

学会能力提升计划 2015年学会完成“学会能力提升专项——优秀科技社团奖”第一期项目组织工作，实现各项既定工作目标及工作总结，在培育学术交流品牌、自然资源学科信息新平台建设、决策咨询、科技奖励、分支机构考评等方面取得了明显进步，学会综合实力得到显著提升。

2015年学会再次获得“中国科协学会创新和服务能力提升工程”奖励，以全面提升学会服务能力和管理水平为重点，以提高学术交流水平、开展特色项目研究为抓手，培植精品学术交流品牌、创造新的学术增长点；净化学术生态，学术交流回归学术本真；组织纪念新疆自然资源综合考察30周年系列纪念活动；开展《资源科学学科史》研究项目；组织开展第三方评价工作；承办“中国科协第297期青年科学家论坛”。

学会建设 2015年学会召开理事会议4次（含通讯会议3次），常务理事会议2次，对学会重大事项进行民主审议。学会现有理事143人。个人会员6040人，团体会员37个，专业委员会19个，工作委员会3个。

2015年城市废弃物资源化专业委员会成立；土地资源研究专业委员会、湿地资源保护专业委员会、热带亚热带资源研究专业委员会、资源循环利用专业委员会进行了换届改选。

学会制定了《分支机构年度开展活动评价指标》，对分支机构开展业务活动及组织建设的规范性进行全面评价。该指标分为9个二级指标、20个三级指标，各指标赋予不同分值。2015年年底采用该评价指标对22个分支机构运行状况进行了评价，根据评价结果表彰了6个优秀分支机构。

12月14日，召开“第二期分支机构主任秘书长培训班”，学会副理事长沈镭、濮励杰及学会17个分支机构、省级学会的主任、秘书长、业务骨干等39人参加了培训班活动。土地资源研究专业委员会主任杨子生、热带亚热带地区资源研究专业委员会主任陈松林分别介绍了工作经验和体会。

学术期刊 学会现主办5种学术期刊:《自然资源学报》《资源科学》《应用基础与工程科学学报》、*Journal of Resources and Ecology*（资源与生态学报）、*Journal of Arid Land*（干旱区科学）。

《自然资源学报》2015年收到稿件1445篇，完成了第30卷12期共2140个版面的编辑出版任务，发表文章183篇。据《2015年中国科技期刊引证报告（核心版）》，该刊影响因子为1.533，保持在环境科学技术及资源科学技术类期刊的第2名；总被引频次4204。获得2015年中国科协精品科技期刊工程学术质量提升项目和中国科学院三等出版基金资助。被评为“2015中国国际影响力优秀学术期刊”。

《资源科学》2015年收到稿件1822篇，完成了第37卷共12期2524个版面的编辑出版任务，发表文章267篇。2014年度该刊影响因子保持在1.267，期刊核心总被引频次3967次，比上年度提高19.96%；综合评价得分70.6，总排名140位（全国1989种核心期刊），比上一年度提高5位。获得由中国科学文献计量评价研究中心等单位联合发布2014年度“中国国际影响力优秀学术期刊”；中国科学院科学出版基金科技期刊排行榜（三等）；中国期刊协会颁布的“2015期刊数字影响力100强”；科学出版社颁布的“期刊出版质量优秀奖”。

《应用基础与工程科学学报》2015年入选“中国科协精品科技期刊工程项目”。已被*Engineering Index*（EI）收录为核心期刊。根据中国知网公布该刊影响因子从2014年的0.904提高到2015年的0.949，在工程与技术科学基础学科52个刊物中综合排名第8。

8月3—6日学会期刊工作委员会组织召开期刊编辑年会，就“如何突出期刊特色”组织了研讨。

学科发展研究 学会继续组织“中国资源科学学科史研究项目”，2015年召开了五次项目研讨会。在9月23日召开的研讨会上，特邀专家、编写组成员50余人参加。专家们提出要把学科史研究上升到为“资源科学安身立命而立传”的高度，深刻认识到厘清学科孕育、发生、发展的脉络，以及对于夯实资源科学的学理基础的重要意义。

10月16日举办的“资源学院院长论坛”，30多位资源学院院长围绕资源环境类学科与平台建设，团队与师资队伍建设，专业、学位点、实习实践基地建设以及人才培养等议题展开交流研讨。

决策咨询 2015年第11期《科技工作者建议》刊发了一篇《关于规范我国湿地公园开发利用的建议》，该报告对国内湿地公园开发利用过程中出现的盲目建设、跟风“造园”、过度开发等问题进行深入

研究，认真分析问题产生的主要原因，并提出相关对策建议。该报告由湿地资源保护专业委员会刘红玉等撰写。

学会及时总结在“一带一路”沿线地区开展的基础科技研究和国际学术交流活动，提交相关建议报告给中国科协。学会荣誉理事长刘纪远承担了中国科协《东南亚周边国家资源环境科技布局调查》研究。

12月，学会组织了部分常务理事参加“2015—2016学会决策咨询建议选题”研讨，学习十八届五中全会公报相关内容，确定开展课题研究，并提交咨询建议报告。学会在制定《分支机构考核评价指标》时把决策咨询工作作为评估分支机构活动的重要考核指标。

国内主要学术会议 2015年学会及分支机构组织各类学术会议30场次，合计2450人次参会，交流论文1350篇。

2015年8月22—23日，第十三届中国水论坛在河北省石家庄市召开，主题是“水科学前沿与中国水问题对策”，论坛设置了7个大会特邀报告，5个分会场计130个分会场报告，530名专家、学者参加会议，其中包括来自台湾大学、香港中文大学、日本千叶大学、日本金刚大学、日本国立环境研究所的专家。论坛针对我国面临的水问题，基于现代化技术手段对水循环过程各关键要素进行监测和估算，从多学科、多角度开展水文预测与水资源管理的科学探讨，为我国水问题以及与水相关的生态环境、粮食安全、人类健康等复杂社会经济问题提出建设性对策。

7月25—26日，2015全国土地资源开发整治与新型城镇化建设学术研讨会在河南省安阳市召开。研讨会设置大会主题报告13个，两个分会场计48个分会场报告，391名专家、学者参加会议。大会交流论文150篇。专家、学者们深入研讨了土地资源开发、利用、整治、保护与新型城镇化建设过程中出现的突出矛盾，并提出对策建议。

12月5—6日，学会承办的中国科协第297次青年科学家论坛在江苏省南京市举行。论坛主题为“生态文明与自然资源可持续管理”，专家、学者围绕“生态文明与水资源管理”“生态文明与土地资源管理”“生态文明与农林资源管理”“生态文明与能矿资源管理”“生态文明与旅游资源管理”五个专题分别进行了深入讨论。90余名青年学者参加了此次论坛。

2015年学会还举办了首届中国青年旅游论坛、全国湿地资源保护年会、第三届景观可持续性科学国际论坛、热带亚热带学术年会、资源科学研究生论坛、资源产业发展论坛、全国资源地理学术年会、污泥高峰论坛、资源期刊编辑年会、资源工程学术年会、旅游资源研究学术年会、资源循环利用学术研讨会等。

科普活动 5月17日，学会参加支撑单位组织的“2015年公众科普日”活动，制作了科普展板“关注您身边的资源”，发放宣传资料200余份，受众400多人。学会理事长成升魁、副理事长沈镭、副秘书长王捷和学会志愿者一同参加活动，宣传资源节约的理念。

学会科普专家雷梅及学生吴洋协助清华大学创作完成科普展板《废弃矿山的修复与利用》，在北京市科协举办的科普活动中多次展出，被评为北京市科协近年来最佳的展板系列。

7月25日，学会科普专家雷梅受邀参加“创新驱动发展，科技引领未来——中国科学院科技创新年度巡展2015”系列讲座，作了题为“为大地解毒的清洁工——神奇的超富集植物”的科普讲座，共有83名听众参加活动。

9—10月，分支机构组织了“基本农田保护知识普及”“农村土地流转知识普及”等科普活动，邀请专家为农民传授实用科学知识。9月14—18日，“资源科学科普专家团队”十余人赴新疆塔城地区乌苏市、沙湾县开展了“科普进校园”活动，向10所中小学校近5000名师生传授自然、地理、植物、动物、天文知识等。

学会在微信公众平台“自然资源学科信息平台”开设“资源百科”“资源考察”“热点聚焦”等栏目，跟踪、捕捉社会热点，解答公众疑惑。2015年共发布科普类信息30余篇。

表彰举荐优秀科技工作者 2015年学会理事会修订了《中国自然资源学会评选表彰管理办法》及《实施细则》，奖项由申报制改为推荐制；每位候选人必须由三位同行专家、工作单位、分支机构共同签署推荐意见。

2015年组织开展了“优秀科技奖”“青年科技奖”“优秀编辑”“分支机构活动先进个人”评选，60名科技工作者受到表彰。为了解科技工作者的需求及学会开展科技奖励的社会影响，提升学会的科技奖励工作，学会秘书处专门组织了“获奖人员问卷调查”。

学会创新发展 2015年首次开展第三方评价工

作，组织“资源与生态科技示范基地评价”研究，选取典型资源与生态开发试验站，对其运行情况、工作水平及管理机制进行独立的第三方评价。学会组建了独立的第三方评估团队、专家团队、工作团队，借鉴、吸收国外及国内其他机构和组织的有益经验，根据评价对象的类型、性质、特点，提出了一个适合我国国情的“科技示范基地评价技术规程”。据此规程对中国科学院 / 江西省千烟洲红壤丘陵综合开发试验站进行了现场实地考察、评估，并完成了《评估报告》。

学会还开展了技能培训服务工作，承办了“中国能源与矿业部门高级培训班”，邀请澳大利亚的专家授课，了解国际上先进科技进展；举办“国际论文写作与投稿学术报告会”，满足了即将走向科研岗位的青年学生的职业发展需要。

会员服务　在学会第七次会员代表大会上新修订了会费标准，对学生会员免收会费；鼓励分支机构和团体会员单位发展会员。在云南师范大学建立了学会第八个志愿者工作站，开展志愿者服务活动；组织会员培训、参观企业等，为会员的职业发展提供指导。

党建强会　7 月 4 日，学会联合党支部组织全体党员、积极分子赴门头沟“冀热察挺进军司令部”旧址参观学习，进行爱国主义教育。

10 月 16 日，学会组织参加年会的党员代表、积极分子 30 余人参观了“西南联大旧址博物馆”，缅怀在民族存亡的紧要关头“爱国、民主、科学”和“刚毅坚卓”的西南联大精神。

中国科协会员日　12 月 14—15 日，学会 2015 年会员日活动在北京举行，学会副理事长沈镭、濮励杰及 17 个分支机构、省级学会的主任、秘书长、业务骨干等 39 人参加了会员日活动。会上表彰了 2015 年度分支机构活动先进单位和先进个人。与会人员赴河北省保定市科技局调研，考察了产学研示范基地河北晨阳工贸集团公司。

【中国自然资源学会 2015 年学术年会】 10 月 16—18 日，学会 2015 年学术年会在云南省昆明市召开，年会主题是“新常态和新思路战略下的资源科技创新与区域发展”。年会由学会和云南师范大学共同主办，云南师范大学旅游与地理科学学院承办，700 位专家、学者参加了学术交流。

中国科学院院士傅伯杰、崔鹏，学会理事长成升魁，云南师范大学校长蒋永文，中国科学院地理科学与资源研究所所长葛全胜，学会副理事长陈曦、沈镭、江源、林家彬、夏军、高峻、濮励杰等出席了开幕式。云南师范大学副校长李松林主持开幕式，蒋永文校长致欢迎词。学会理事长成升魁致辞。傅伯杰院士、崔鹏院士、世界旅游城市联合会专家委员会主任魏小安教授、中国科学院地理科学与资源研究所刘卫东研究员、云南师范大学骆华松教授、云南省社科联主席范建华研究员、成升魁理事长分别作大会主旨报告。

年会设置了“城乡一体化与土地制度”“水资源安全保障理论、方法及应用”“丝绸之路国际旅游带建设”“山地水土资源管理：发展与流域安全”“自然资源信息获取与分析技术”“生态过渡带资源持续利用与景观 / 区域可持续性”“资源循环科学与工程学科的发展与西部环境保护”“资源生态与生物多样性”“新常态下的资源配置与学科支撑”“土壤修复与资源化”“面向国家战略的旅游资源可持续发展”“国家‘一带一路’战略与西南地缘环境”“新常态下资源产业改革发展”13 个分会场，以及“第九届资源学院院长论坛——资源环境类学科建设与人才培养”“第十届资源科学研究生论坛”和“哈尼梯田（农业）文化遗产保护与区域发展论坛”3 个专题论坛。

【纪念新疆自然资源综合考察 30 周年研讨会】 9 月 17 日，学会举办了纪念新疆资源开发综合考察 30 周年座谈会，原新疆考察队骨干成员 44 人受邀参加座谈会。

纪念新疆自然资源综合考察 30 周年研讨会

中国工程院院士石玉林代表考察队回顾了新疆资源开发综合考察的历史背景，梳理了考察取得的成就及主要贡献，着重介绍了已发挥作用的一些重要观点、看法和建议及正在实现的重要观点和建议，并且介绍了考察队总结的七点结论和五点成功经验。王立新副研究员介绍了自己通过几年的科考实践对新疆资源与生态环境的五点认识；张文尝研究员重点讲述了

新疆经济与区划、工业发展与布局的考察情况；郭长福副队长总结了考察队的组织与管理工作的成功经验。

纪念活动还挖掘、整理了一批新疆资源科学考察的重要历史文献，不仅对老科学家们的工作业绩给予充分肯定，更是对他们历史贡献的高度认可。此次活动对于宣传老一辈科学家，大力弘扬科学精神，培育科学道德，推动社会主义创新文化建设具有十分重要的意义。

（撰稿人：刘丽娜）

中国感光学会

服务创新型国家和社会建设 2015 年，学会牵线搭桥，促进了中国科学院理化技术研究所、北京化工大学、山东省科学院、中国航天集团乐凯公司、乐凯华光印刷科技有限公司、天津世纪天感公司、上海艺影数码科技有限公司、汕头公元有限公司、汕头市华天富工业发展有限公司等开展产学研协作。

学会牵头促进了单位会员——天津世纪天感影像科技发展有限公司联合中国科学院理化研究所的佟振合院士在天津组建成立了“院士专家工作站”，促进院企产学研交流合作。

学会影像保护专委会组织科技人员对中国第二历史档案馆、河南省档案馆、湖南省档案馆、陕西省档案馆、西安市档案馆等收藏的黑白照片进行了病害调研，并进行了抢救修复。

学会建设 2015 年，学会新增个人会员 53 名，个人会员总数为 3927 名，单位会员 64 个。

2015 年，学会召开了理事会 2 次，常务理事会 2 次，理事长联合办公会 1 次。成立继续教育专业委员会。特种照相专业委员会变更名称为视频侦查技术与特种照相专业委员会。副理事长邱勇变更为杨建文。

学会各专业委员会组织了辐射固化技术基础培训班、特种照相技术培训班、视频侦查技术培训班、光催化基础培训班等 4 次继续教育培训班，累计参加培训人员达 560 余人次。

学会第九届二次理事扩大会议审议通过了《中国感光学会理事会议事规则》《关于理事会、学术年会联合组织召开的原则规范》等文件。

学术期刊 《影像科学与光化学》和《影像技术》是学会的主要刊物，2015 年两种刊物按计划编辑出版了 12 期，刊登主要文章 200 余篇。《影像科学与光化学》数字化推广和宣传取得一定成效，发表文章的电子版网站提供免费全文下载，2015 全文下载量比 2014 年上升了 45.8%。《影像技术》积极改进栏目设置，加大组稿约稿力度，努力提高办刊质量。

国际学术会议 9 月 12—13 日，学会特种照相专业委员会协同中国刑事警察学院、辽宁网络安全执法协同创新中心在辽宁省沈阳市举办了 2015 公安技术信息化国际论坛。来自 15 个国家和地区的 36 名国际知名专家、学者和近百名国内公安技术信息化和电子数据取证领域学者参加了会议。会议主要议题包括电子数据取证与调查、法庭科学量化技术、物证信息化应用、大数据与公安情报应用、视频数据挖掘、人物信息识别等热点、难点问题。中国刑事警察学院副院长单大国、美国萨姆休斯敦州立大学刑事司法学院安全学系主任 Jurg Gerber、北京航空航天大学教授刘建伟等分别作了大会报告。

国内主要学术会议 2015 年，学会及各专业委员会组织召开了第十六届中国辐射固化年会暨中国感光学会 2015 年学术年会、2015 第四届中国印刷与包装学术会议、2015 年全国非银盐成像材料及光刻胶发展论坛、2015 中国光催化论坛及产业大会、全国影像与视频侦查技术高端论坛、生物医学与材料工程学术研讨会、民用机场目视助航灯光系统安全可靠运行技术研讨会等 12 次学术交流活动，参会专家、学者 1300 余人，发表论文 300 余篇。

7 月 29—31 日，学会光催化专业委员会和四川省新能源产业促进会在成都市联合主办 2015 中国光催化论坛及产业大会。大会以“科学合作　产研并进　服务社会”为主题。来自国内光催化领域 100 多家单位的 230 名专家、学者参加了会议。

9 月 21—25 日，学会在广东省广州市召开第十六届中国辐射固化年会暨中国感光学会 2015 年学术年会。年会主题是“抓住机遇、直面挑战、合作创新、永续发展”。来自辐射固化及相关领域的 325 名专家、学者出席会议。

10 月 23—24 日，学会印刷技术专业委员会联合中国印刷科学技术研究院、北京印刷学院、杭州电子科技大学等单位在浙江省杭州市举办 2015 第四届中国印刷与包装学术会议。来自国内外 50 多个知名印刷包装相关院校、机构、企业的 200 余名专家、学者参加会议。

11 月 19—22 日，学会非银盐专业委员会在江苏省苏州市举办2015年全国非银盐成像材料及光刻胶发展论坛。来自国内40余个单位的80余名专家、学者参加了学术研讨会。

两岸交流 8月3日，学会辐射固化专业委员会协同台湾成功大学、长兴材料工业股份有限公司等单位在台湾共同召开2015第四届海峡两岸辐射固化技术研讨会。近百名海峡两岸UV行业专家、学者和技术人员参加研讨会。来自海峡两岸12名知名大学的学者以及企业技术人员就UV光固化行业的最新应用情况进行了交流，主要涉及智能UV材料、3D打印、新型光引发剂、UV-LED、UV材料在电子行业中的新应用、UV技术前沿热点问题分析以及UV材料新市场等。

国际交往 6月17—19日，学会组织专家一行8人，出席了在日本东京举行的第一届先进影像国际会议（ICAI2015）。学会专家参加了6月17—19日大会的学术活动，提交了9篇会议论文，发表1篇口头报告，5篇交互式报告，介绍了中国在传统卤化银全息干板技术、3D打印、绿色印刷、光固化光引发剂等领域的现状和最新研究成果。会议期间，学会专家参观了日本“Grapac Japan”印刷包装公司，就透镜片材（HALS）、动感印刷表现技术（Wedys）、微细表面装饰技术（Bri-o-coat）等3D印刷技术进行了充分的交流与研讨，找到了许多可以技术共享、资源共享、相互合作的切入点。

科普活动 学会开设了“中国感光学会科普传播”微信公众号，并承担了中国科协“微信科普及辟谣工作”项目。学会与腾讯公司、《知识就是力量》杂志社合作，“中国感光学会科普传播”微信账号先后入驻“腾讯微信辟谣平台”“科普中国微平台”，参与科普辟谣任务，与“科普中国”资源共享，联合开展科普。

5月，学会和中国科学院理化技术研究所联合举办“理化技术、创新为民”2015年公众科学日活动。来自北京、天津、河北等地多所学校的800余青少年和社会公众参加了活动。公众科学日的主要活动包括科普讲座、科普实验、互动体验、科普画廊、实验室参观等。

9月，在全国科普教育基地——天津陈塘庄美术科技馆举办了“环太平洋地区艺术交流展览”。展览展出了包括加拿大艺术家联盟主席安德鲁·麦克德莫特在内的12位艺术家的100多幅油画作品。

10月，在天津陈塘庄美术科技馆举办“赏文化、悦心智、尚文明”文化惠民季——百名书画名家走进百姓社区系列活动。

12月，在上海市举办“3D智能立体影像展”，展出了21副3D立体影像作品。

2015年，学会线下全年累计参加活动人数达1500余人，邀请了2位专家作科普报告，学会40余位专家学者参与了科普活动，展出科普展板35块次，赠送科普3D立体书签500余张，赠送价值50元的中国知网CNKI数字图书馆全文数据库检索卡100张。

党建强会 5月19日，学会党支部成立大会在北京召开。中国科学院理化技术研究所党委书记、中国感光学会秘书长黄勇，中国科学院理化技术研究所光化学党总支书记贺军辉，中国科协学会服务中心，学会秘书处及分支机构党员等16人出席会议。会议选举牛桂萍担任党支部书记。

会员服务 学会及各专业委员会召开的学术会议，对会员都会实行会议注册费减免制度，减免幅度一般为15%—20%左右。学会对会员实行期刊版面费优惠制度，同时还提供免费寄送刊物、免费发放CNKI论文数据库检索卡等服务。2015年为会员免费寄送刊物《影像技术》3000余份，免费发放论文数据检索卡1000份。

中国科协2015年会员日期间，学会通过学术报告、慰问科技工作者、寄送博物馆门票、组织参观美术科技馆等方式，增加会员之间的沟通和联系，增进友谊。

【第十六届中国辐射固化年会暨中国感光学会2015年学术年会】 9月21—25日，第十六届中国辐射固化年会暨中国感光学会2015年学术年会在广东省广州市召开。年会主题是“抓住机遇、直面挑战、合作创新、永续发展”。来自辐射固化及相关领域的325名专家、学者出席会议。

学会常务副理事长张丽萍出席大会开幕式并致辞。

会议通过主题报告、分会场交流、企业产品信息发布、展览等形式，交流探讨了辐射固化技术前沿及进展、综合创新，为与会专家学者搭建了交流平台。

在主题报告单元，北美辐射固化协会前任主席David Harbourne、RAHN美国公司Sean Raymond Des Roches、韩国科学技术研究所教授Kwang-Duk Ahn、中山大学副教授杨建文、Sartomer公司技术总监范明信、四川大学教授王跃川、天津久日新材料股份有限

公司总经理赵国锋、江苏三木集团有限公司高级工程师罗侃、江南大学教授刘仁、北京师范大学教授邹应全分别作了题为“辐射固化未来市场趋势”“紫外光固化树脂研发”“光刻胶技术研究”“国内外光固化技术与产业发展趋势——技术与挑战”“电子显示领域的紫外固化技术”“UV固化的新技术与新增长”“光固化行业的发展机遇与对策”“光固化树脂研发进展及产业化研究”“光固化抗菌剂及其抗菌涂层研究”“含氟乙烯基醚阳离子光固化单体的开发与应用研究”的报告。

分会场报告内容涉及光固化应用技术、UV新型涂料应用、UV树脂研发、3D打印技术与应用、微波无极紫外光源开发及应用、LED光源、光刻胶、紫外固化等领域。会议评选出优秀论文5篇。

年会同期举办了第六届中国国际紫外光/电子束固化材料、设备及产品展览会。展览会同期还举办了辐射固化技术基础培训班和技术讲座。

【2015中国光催化论坛及产业大会】 7月29—31日，学会光催化专业委员会和四川省新能源产业促进会在成都市联合主办2015中国光催化论坛及产业大会。大会以“科学合作　产研并进　服务社会”为主题，充分展示了国内光催化行业的新技术、新成果、新产品。来自国内光催化领域100多家单位的230名专家、学者参加了会议。

2015中国光催化论坛及产业大会

大会论坛共分为大会特邀报告、光催化论坛报告专场、青年主题邀请报告专场、研究生报告专场共80多个报告。华中师范大学教授张礼知、中国科学院化学研究所研究员马万红、清华大学教授朱永法应邀作特邀报告。大会报告分别从不同角度展示了中国光催化研究领域、市场应用、标准制定等方面的最新进展和成果。大会在研究生报告专场特设了专家点评和评奖活动，6名学生获得活动的优秀奖。

会议同期举办了大气污染防治专题公益科普展。中国光催化行业十大领导品牌联合发起“PIAC光钛治霾行动”并发布成都宣言，拿出具体行动向雾霾宣战。

（撰稿人：周云霞）

中国优选法统筹法与经济数学研究会

学会建设 2015年，研究会召开理事工作会议1次、常务理事工作会议2次、秘书长工作扩大会议8次、分支机构会议1次；个人会员累计达到5783人；完成网站改版升级工作以及会员数据库的更新与维护；制定了《分支机构管理办法》。

7月31日，研究会第九届一次分支机构工作会议，在内蒙古呼和浩特市举行，研究会负责人及秘书处工作人员与分支机构负责人等36人参加了会议。研究会秘书长李建平研究员主持了会议。研究会理事长池宏讲话，他传达了近期中央领导、民政部、中国科协对学会改革、今后工作作出的指示和要求。会议对研究会制定的《分支机构管理办法》进行了逐条讨论和进一步修订；并对分支机构未来工作的开展进行了深入讨论，对下一步将要开展的评估准备工作进行了讨论，并取得一致意见。

学术期刊 研究会主办、出版期刊5种，其中学术期刊3种（中文1种，英文2种），印发总数203450册；科普期刊2种，印发总数175150册。

由研究会主办的学术期刊《中国管理科学》2015年成功申请到中国科协“2015—2017年中国科协精品科技期刊工程项目”，并采取了一系列改革措施。与中国知网签署“学术期刊中外文对照数字出版（精品双百期刊翻译数字出工程）合作协议”，自2015年开始正式在海外出版英文翻译版（每期选5篇）。同时与中国知网签署“DOI协议”，自2015年起每篇刊载的文章都增加了“DOI编码”。

举办了“第二届《中国管理科学》最具影响力论文奖”评选工作，最终有10篇论文入选，并在第十七届中国科协年会上颁发了证书和奖金。

8月1日，第二届管理科学类期刊编辑、作者论坛在内蒙古呼和浩特市举办，近200名学者参加了会议。

《中国管理科学》连续4年获得中国知网评选的“2015中国最具国际影响力学术期刊”。

由研究会灰色专业委员会出版的 *Grey System: Theory and Application* 国际期刊，组稿 3 期，发表学术论文 30 篇；出版 *The Journal of Grey System*（SCI 源刊）国际期刊，组稿 4 期，发表论文 40 篇。

国际学术会议 2015 年举办国际学术会议 6 次，参加会议人数 1007 人次，其中外国专家、学者近 100 位，交流论文 147 篇。

10 月 24—25 日，由研究会项目管理研究委员会（PMRC）联合全国项目管理领域工程硕士教育协作组和西北工业大学共同主办的“2015（第十三届）中国项目管理大会暨中国特色与跨文化项目管理国际论坛”在陕西省西安市举行。大会以“项目管理与组织环境”为主题，就项目与组织战略的关系、项目管理与企业管理之间的关系、项目管理与环境和文化之间的关系等广泛内容展开交流与探讨。来自政府部门、高等院校、科研院所、企事业单位的国内、外项目管理专家和专业工作者近 300 人参与了本次大会的交流。

11 月 7—8 日，由研究会应急管理专业委员会、中国科学院大学、中央财经大学等单位联合主办的“第十届国际应急管理论坛暨中国（双法）应急管理专业委员会第十一届年会”在北京举行。来自国内外 120 位应急管理的专家学者及青年研究人员参加了大会。会议邀请国内外知名专家学者进行广泛深入的讨论。南加州大学教授 Eric J. Heikkila 作大会主题报告。会议围绕我国应急管理发展的经验总结与政策建议、灾害与风险管理中经济分析、协同应急体系与机制建设、城市基础设施安全运行监测理论与关键技术、政府应急管理的现状、问题与对策等议题进行了学术研讨。

6 月 27—28 日，由研究会高等教育分会、中国数量经济学会、中国科学院预测科学研究中心等单位联合举办的“第五届经济计量分析与预测国际学术会议”在东北财经大学召开。来自美国康奈尔大学、美国佛罗里达大学、美国堪萨斯大学、英国斯特莱斯克莱德大学、中国社会科学院、中国人民大学、华中科技大学、西安交通大学、南开大学等 17 所国际、国内高校的 200 余名专家、学者参加了本次会议。

6 月 20—21 日，由 Leverhulme Trust 基金会资助，研究会灰色系统专业委员会、南京航空航天大学灰色系统研究所承办的“Leverhulme Trust 灰色系统学术会议”在江苏省南京市召开。来自英国 De Montfort University、波兰 Poznan University of Technology、南京航空航天大学、东南大学等 20 余所高校和研究机构的 100 余位专家、学者和研究生参加了本次会议，共同研讨灰色系统理论的最新进展和发展方向。本次会议共安排三场主题报告和五场专题报告，以及两场论坛讨论。

国内主要学术会议 2015 年，研究会举办国内学术会议 25 次，其中学术年会 14 次。参加会议人数 3813 人次，其中企业科技工作者 383 位，交流论文 1932 篇。

7 月 31 日—8 月 3 日，由研究会、内蒙古工业大学等单位联合主办的“第十七届中国管理科学学术年会”在内蒙古工业大学召开。近 600 位专家、学者参加了会议，国家自然科学基金委员会和主办单位的领导出席了会议并在开幕式上讲话。本届年会以“管理创新推动企业转型升级”为主题，针对当前管理科学领域研究的热点问题和我国经济科技社会发展中所面临的新问题进行交流研讨。大会特邀中国工程院院士杨善林、国家自然科学基金委管理科学部杨列勋教授、天津大学管理与经济学部齐二石教授等 8 位专家作了大会主题学术演讲。

会议设九个专题分会场开展了学术交流和优秀论文评选，并举办了三场以“管理创新　转型升级”为主题的企业家与学者论坛；《中国管理科学》期刊与学者学术交流论坛；以“学生创新培养与学科认证评估”为主题的院长论坛。本次会议共收到论文近 400 篇，经过会议研讨交流，专家组评审选出 25 篇论文获得优秀论文报告奖。

8 月 28—29 日，由研究会主办，研究会低碳发展管理专业委员会承办的“第三届全国低碳发展管理学术年会”在中国地质大学（北京）召开。会议邀请清华大学原常务副校长、国家应对气候变化专家委员会副主任何建坤教授、国家发改委气候中心徐华清副主任、上海国际能源交易中心袁开洪总监、中科院能源与环境政策研究中心主任范英作大会报告，会议设 4 个专题分会场进行了研讨，来自全国各地的研究人员和研究生 200 余人参加了会议。

11 月 11—13 日，由研究会能源经济与管理研究分会、国家自然科学基金委管理科学部、暨南大学联合主办的“第六届中国能源经济与管理学术年会暨第九届中国能源资源开发利用战略学术研讨会”在广东省广州市召开。300 余位专家、学者参加了该学术年会。暨南大学校长胡军、国家自然科学基金委管理科学部宏观管理与政策学科处长杨列勋、研究会副理事

长兼能源经济与管理研究分会理事长、北理工管理与经济学院院长魏一鸣在大会开幕式上分别致辞。

本次会议以“新全球减排协议与能源政策”为主题，会议共收到论文或摘要投稿210篇，其中160余名作者在14个分会场上报告了论文。大会特邀国家发改委能源研究所副所长戴彦德、国家自然科学基金委管理科学部项目主任霍红、国家“千人计划”特聘专家严晋跃、美国康奈尔大学终身副教授李善军等8位专家作了大会报告和主题报告。

8月19日，由研究会青年工作委员会联合中国管理现代化研究会青年工作委员会、中国系统工程学会青年工作委员会，以及复旦管理学基金会共同举办的“2015中国管理学青年论坛”在哈尔滨工业大学召开。近200位专家、学者参加了会议。会议同期还召开了青年工作委员会第二届第一次代表大会，完成青年工作委员会换届工作。

7月21日，由研究会计算机模拟分会主办，湖南大学工商管理学院承办，华中科技大学管理学院等单位协办的“第十五届全国计算机模拟与信息技术学术会议”在湖南省长沙市召开。华中科技大学教授鲁耀斌、湖南商学院校长陈晓红、法国里昂大学里昂商学院副教授龚业明等专家学者分别在大会上作了主题报告，来自全国各地的研究人员和研究生近200人参加了会议，收到论文近百篇。会议设分会场就多个议题进行了研讨交流。

6月5—6日，由国家自然科学基金委管理科学部、研究会能源经济与管理研究分会主办，中国人民大学经济学院能源经济系承办的第二届全国青年能源环境政策与管理学术会议在中国人民大学举办。本届会议得到了能源环境政策与管理学科广大青年学者的积极响应，来自北京大学、清华大学、北京理工大学、中国社科院、复旦大学等50余所高校和科研机构的200余名专家、学者、研究生参加了本次会议。会议共收到投稿近百篇。

6月27—28日，由研究会项目管理研究委员会（PMRC）主办的2015（第八届）中国项目管理应用与实践论坛在北京举行，来自全国各地的专家、学者、企业代表逾300人出席了会议。

国际组织任职 研究会秘书长李建平研究员担任国际信息技术与量化管理研究会（International Academy of Information Technology and Quantitative Management，IAITQM）执行委员兼秘书长，常务理事寇纲教授任执行委员兼出版委员会主席。

研究会常务理事刘思峰教授担任电器和电子工程师学会系统、人与控制学会（Systems，Man，and Cybernetics Society of Institute of Electrical and Electronic Engineers，IEEE SMC）主席。

常务理事欧立雄教授担任国际项目管理协会（International Project Management Association，IPMA）战略顾问委员会委员，分支机构项目管理研究委员会戚安邦教授担任研究管理委员会主席，丁荣贵教授担任大奖管理委员会委员。

国际交往 8月18—20日，研究会在英国De Montfort University举办了第5届灰色系统与智能服务国际会议（The 5th IEEE International Grey System and Intelligent Services），出席人数121人，交流报告53人次，出版会议论文集和配套光盘1套。

参加2015年9月在巴拿马召开的IPMA理事会及第29届全球项目管理大会成立50周年、青年俱乐部（Young Crew）成立10周年纪念活动。并组织专家参与了IPMA国际认证标准的修订工作。

科普活动 11月25—29日，由研究会数学教育委员会主办的第六届世界数学团体锦标赛（World Mathematics Team Championship，WMTC）在北京举行。共有来自中国（包括港、澳、台）、美国、保加利亚、西班牙、澳大利亚等国家的110个参赛队共计661名选手参加了竞赛。本届新成员西班牙、埃及、澳大利亚的加入使得WMTC参赛国家的总数达到了15个。

2015年4—7月举办的全国第20届“华罗庚”少年数学邀请赛，经过初赛、复赛、总决赛后在7月份落下帷幕，全国有近30万中小学生参赛。

4—8月，由研究会主办，清华大学等25所高校共同发起，中国“双法”学会低碳发展管理分会等单位共同承办的“INE杯第一届全国大学生能源经济学术创意大赛”。本届大赛组委会收到全国47所高校的271支队伍报名参赛的作品。经专家评审委员会评审，53支参赛队伍获奖。其中18支队伍参加8月28日举行的总决赛，现场产生了特等奖、一等奖和二等奖。

由研究会主办，数学教育委员会负责编辑、发行的《数理天地》杂志。全年共出版期刊24期（初中版、高中版各12期），发表文章617篇，印刷17.52万册。

表彰举荐优秀科技工作者 根据中国科协《关于开展第十四届中国青年科技奖候选人推荐与评选工作

的通知》的要求，经认真遴选向中国科协推荐研究会秘书长、青年工作委员会主任李建平研究员为第十四届中国青年科技奖候选人。

根据中国科协《国家科学技术奖励工作办公室关于2016年度国家科学技术奖励推荐工作的通知》文件要求，研究会按推荐程序推荐四川大学《高温高压油气井管柱特征分析模型、理论及算法》项目为2016年度国家科学技术奖励的候选项目。

研究会设立的"《中国管理科学》最具影响力论文奖"，最终有10篇论文入选，并在第十七届中国科协年会上颁发了证书和奖金。

会员服务 在做好推荐先进集体和个人候选工作的同时，研究会积极做好中国青年科技奖候选人、2016年度国家科学技术奖励的候选项目。同时，每月为理事和高级会员寄送《中国管理科学》学术期刊。

【第十七届中国管理科学学术年会】 7月31日—8月3日，由研究会、内蒙古工业大学、中国科学院科技政策与管理科学研究所、《中国管理科学》编辑部联合主办，内蒙古工业大学管理学院承办的第十七届中国管理科学学术年会在内蒙古工业大学召开。国家自然科学基金委员会和主办单位的领导出席了会议并讲话，来自中科院和全国各高校的近600位专家、学者参加了会议，与会的专家、学者针对当前管理科学领域研究的热点问题和我国经济科技社会发展中所面临的新问题进行交流研讨。

8月1日上午，大会开幕式在内蒙古呼和浩特市召开，研究会秘书长李建平主持了会议，内蒙古工业大学校长邢永明、内蒙古社会科学界联合会主席杭栓柱、研究会理事长池宏分别在开幕式上致辞。在开幕式上颁发了"《中国管理科学》最具影响力论文奖"，该奖项依据中国知网（CNKI）对《中国管理科学》发表的文章的引用次数与下载数据以及《中国管理科学》网站等统计数据，同时辅助专家的定性分析，遴选出"2015年度《中国管理科学》最具影响力论文"10篇。

本届年会以"管理创新推动企业转型升级"为主题，针对当前管理科学领域研究的热点问题和我国经济科技社会发展中所面临的新问题进行交流研讨。大会特邀中国工程院院士杨善林、国家自然科学基金委管理科学部教授杨列勋、天津大学管理与经济学部教授、齐二石哈尔滨工业大学管理学院院长叶强等8位专家学者作了大会主题学术演讲。围绕着大会主题设10个不同专题分会场开展了学术交流和优秀论文评选。大会还分别举行了以"管理创新 转型升级"为主题的企业家与学者论坛、《中国管理科学》期刊与学者学术交流论坛、以"学生创新培养与学科认证评估"为主题的院长论坛。本次会议共收到论文近400篇，其中25篇论文获得优秀论文报告奖。获奖论文将在2016年《中国管理科学》期刊上发表。

在大会期间，召开了研究会分支机构工作会议听取了各个分支机构的工作汇报，对分支机构管理办法进行了讨论和进一步修订，并对分支机构未来工作的开展进行了讨论。同时还召开了研究会第九届二次常务理事、理事工作会议，听取了池宏理事长的对研究会2015年上半年工作总结汇报；听取了4个申请成立分支机构的申述报告，会议审议并通过了筹建分支机构申请和《分支机构管理办法》。

【2015（第十三届）中国项目管理大会暨中国特色与跨文化项目管理国际论坛】 10月24—25日，2015（第十三届）中国项目管理大会暨中国特色与跨文化项目管理国际论坛在陕西西北工业大学举行。本届大会由研究会项目管理研究委员会（PMRC）联合全国项目管理领域工程硕士教育协作组和西北工业大学共同主办，由西北工业大学管理学院、西北工业大学国际项目管理研究院和西安工业大学项目管理与区域经济发展研究中心承办，上海普华科技发展有限公司、西安华鼎项目管理咨询公司等单位协办。来自政府部门、高等院校、科研院所、企事业单位的国内外项目管理专家、学者近300人参与了本次大会的交流。

2015（第十三届）中国项目管理大会

10月24日上午，大会开幕式在西北工业大学举行。开幕式由PMRC副主任委员、西北工业大学管理学院院长、国际项目管理研究院院长赵嵩正教授主持。在开幕式上，西北工业大学副校长张卫红代表主办方对与会代表和嘉宾表示热烈欢迎并致开幕词。随

后，全国项目管理领域工程硕士教育协作组组长、清华大学国际工程项目管理研究院副院长王守清，研究会副秘书长、中央财经大学管理科学与工程学院副院长林则夫，国际项目管理协会（IPMA）研究委员会主席、南开大学商学院教授戚安邦，陕西省发展与改革委员会副主任徐强等致辞。大会围绕“项目管理与组织环境”这一主题，就项目与组织战略的关系、项目管理与企业管理之间的关系、项目管理与环境和文化之间的关系等内容展开了深入交流与探讨。

【第六届中国能源经济与管理学术年会暨第九届中国能源开发利用战略学术研讨会】 11月11—13日，由国家自然科学基金委管理科学部、中国“双法”研究会能源经济与管理研究分会、暨南大学联合主办的第六届中国能源经济与管理学术年会暨第九届中国能源开发利用战略学术研讨会在广东省广州市召开。300余位来自全国高等院校和科研院所从事能源经济与管理的专家、学者和研究生参加了年会。暨南大学校长胡军、国家自然科学基金委管理科学部宏观管理与政策学科处长杨列勋、研究会副理事长兼能源经济与管理研究分会理事长、北京理工大学管理与经济学院院长魏一鸣在大会开幕式上分别致辞。

本次会议以“新全球减排协议与能源政策”为主题，共收到论文或摘要投稿210篇，其中160余名作者在14个分会场上报告了论文。大会特邀报告和主题报告共有8个，其中，国家发改委能源研究所副所长戴彦德，国家自然科学基金委管理科学部项目主任霍红，国家“千人计划”特聘专家严晋跃，美国康奈尔大学终身副教授李善军，国家杰出青年科学基金获得者、复旦大学陈诗一，广州碳排放权交易所董事长刘晓鸿，英国东英吉利亚大学教授关大博，国家杰出青年获得者、清华大学教授王灿分别作了题为“中国的能源经济形势与转型”“能源经济管理领域科学基金的资助情况”“未来的能源系统”“应用微观数据分析了新能源汽车的消费行为及其政策启示”“中国的能源环境与经济转型”“碳市场的发展状况与展望”“气候变化与国际贸易的关系”“能源与水资源关系问题”的报告。北京理工大学管理与经济学院院长魏一鸣主持了大会邀请报告。

本届会议还现场评选了2015年度中国能源经济与管理优秀研究生论文奖12篇，其中一等奖1篇、二等奖3篇、三等奖8篇。会议期间，学会召开了理事会扩大会议，讨论了理事会换届安排和理事候选人推荐办法，决定了第七届会议举办地点和时间。能源经济与管理研究分会秘书长、北京理工大学管理与经济学院常务副院长王兆华在闭幕式上发言，北京理工大学能源与环境政策研究中心副主任廖华主持闭幕式。

（撰稿人：张　玲）

中国岩石力学与工程学会

服务创新型国家和社会建设 2015年，“中国矿业科学协同创新联盟”运行良好，成效逐渐显现；围绕“一带一路”中巴经济走廊建设，学会积极建言献策；同时开展“一带一路”沿线发展中国家技术服务，组织了尼泊尔震后地质灾害考察和古遗址保护；学会还承办了“提升学会能力，集成创新资源”中国科协第十六期改革发展论坛等。

2015年，学会在有序承接政府转移职能扩大试点项目方面取得突破，由学会牵头，与中华预防医学会和中华护理学会共同承担了中国科协所属学会有序承接政府转移职能扩大试点项目“科研诚信档案建设”，并取得阶段性成果。

学会科技成果鉴定已常态化、制度化，并已在形成品牌优势。2015年，根据相关单位要求，学会以“组织鉴定单位”的名义，先后组织完成了8项科技成果鉴定，分别是：“大型地下水封石洞油库水封性评价及水幕系统优化研究”科技成果鉴定会；“塑料套管微型桩复合地基技术与工程应用”科技成果鉴定会；“深埋水工隧洞重大地质灾害风险识别关键技术及应用”科技成果鉴定会；“大型地下水封洞库围岩系统稳定性研究及其示范应用”科技成果鉴定会；“全断面硬塑膨胀性黏土层超大直径泥水盾构隧道施工关键技术”科技成果鉴定会；“地下水封能源洞库水－力特性和安全控制及综合数字平台研究”科技成果鉴定会；“哈拉沟煤矿浅埋深含煤复合顶板切顶卸压自动成巷无煤柱开采关键技术”科技成果鉴定会；以及“膨胀土地区深基坑工程综合施工技术研究”科技成果鉴定会。

12月5—7日，2015年“陈宗基讲座”在湖北省武汉市举行。来自全国几十家单位的230余名代表参加了讲座。邀请著名岩石力学与工程专家、中国科学院院士谢和平作为“陈宗基讲座”第七讲的主讲人，作了题为“深部资源开发的基础理论研究探索”的报告。还邀请中国科学院院士、中国矿业大学（北京）何满潮和姜耀东教授分别作了主题报告。

12月15日，由学会主办的岩土工程BIM研讨会暨第一期岩土工程BIM技术应用培训班在云南省昆明市召开。活动吸引了来自业内26家涉及设计、施工、科研、相关大专院校等单位的100多名专家、学者参加。其中，有17家单位59个学员参加了第一期岩土工程BIM技术应用培训班。培训班旨在培养学员了解工程地质三维模型技术发展情况、Autodesk InfraWorks 360三维建模和可视化技术，建立岩土工程BIM概念，了解岩土工程BIM技术的最新进展，掌握岩土工程BIM的基础工具——Autodesk Civil 3D。

学会能力提升计划 学会获2015年全国“学会创新和服务能力提升工程优秀科技社团项目”二等奖。2015年，中国科协与财政部继续联合实施第二轮学会创新和服务能力提升工程优秀科技社团建设项目，坚持扶优扶强、兼顾平衡、公平公正的导向，经111个学会申报，组织70余名专家开展函评和会评，评选出中国力学学会等50个优秀科技社团建设项目学会，学会位列13，荣获中国科协优秀科技社团项目建设二等奖。

2015年是学会创新和服务能力提升工程二期的第一年，学会围绕创新和全面提升“四个能力”建设，开拓创新、拼搏进取、推动学会各项工作全面开展，在创建优秀科技社团的进程中迈出了坚定步伐。

学会建设 1月4日，学会召开了七届八次常务理事会。常务理事审议通过了《中国岩石力学与工程学会推荐两院院士候选人工作实施细则（试行）》以及“推选专家委员会、材料审核小组、推选院士候选人工作小组”的建议名单。

1月22日，学会2014年度秘书长联席会议在广西壮族自治区北海市召开。学会各分支机构及省学会的秘书长和部分主任委员，以及学会秘书处相关人员等72人参加了会议。会上传达了中国科协的有关文件，并对2014年的工作进行了总结，对2015年度重点工作进行了研究讨论，开启“1+7”工作新格局，做了重点工作动员。

8月5日，学会七届五次理事长办公会议在山东省威海市举行。会议主要传达了“中国科协系统贯彻落实中央党的群团工作会议精神”“中国科协所属学会有序承接政府转移职能扩大试点工作座谈会精神”，汇报了近期开展的几项重要工作。各位理事长就承接政府职能和群团工作开展发表意见。

9月30日，学会召开了七届九次常务理事会。会议审议通过了2015年“中国岩石力学与工程学会优秀博士学位论文奖”、第六届“中国岩石力学与工程学会科学技术奖”评审结果。审议通过了《中国岩石力学与工程学会科普教育基地管理办法》及浙江省温岭市方山—长屿硐天风景名胜区（世界地质公园）成为学会的科普教育基地的申请。

10月30日，学会首届秘书长沙龙在浙江省温岭市举办。学会各分支机构、地方学会的52位秘书长或秘书处相关人员参加。会议邀请中国科学院院士何满潮作创新发展的党建报告，研讨学会二级机构建设与管理、学会近期重要工作的汇报和研讨。

12月3—5日，中国岩石力学与工程学会岩土工程信息技术与应用分会成立大会在上海市同济大学召开。来自地质、建筑、市政、交通、水利等多个行业的科研、设计、管理单位、生产企业以及高等院校的100多家单位360余位会员代表参会。

12月21日，学会召开了七届十次常务理事会。会议审议通过以同意推荐2015获我学会技术发明一等奖项目“软土地基沉降 控制刚性桩复合地基新技术与应用”（原名：塑料套管微型桩复合地基技术与工程应用）参加2016年度国家技术发明奖评审；同意学会“青年人才托举工程”项目评选结果，决定向中国科协“青年人才托举工程”项目推荐人选，确定了推荐人和学会“青年人才托举工程”项目资助对象。

科技期刊国际影响力提升计划 《岩石力学与岩土工程学报》英文版2015年3月被Scopus收录，并荣获“2015中国国际影响力优秀科技期刊”，国际他引影响因子提升至0.567，国际影响力指数CI为36.712，国内CI学科排序为33/142。学会近年来还出版了几十种专业书籍，得到学术界积极关注。

学术期刊 学会进一步推进精品科技期刊建设，主办《岩石力学与工程学报》《地下空间与工程学报》《岩石力学与岩土工程学报》英文版、《岩石力学与工程动态》四种期刊。其中《岩石力学与工程学报》在2015年力学类和土木工程类核心期刊总被引频次、核心影响因子和学科综合评价总分均排名第1；在175种TOP5%学术期刊中排名62；非SCI中文刊排名第5。《岩石力学与工程学报》获得中国科协精品科技期刊TOP50奖。

学科发展研究 近年来，随着学科发展和工程实例成果积累，在岩石力学与工程基本特性、理论与建模、智能分析与计算、设计与虚拟仿真、施工控制与

信息化、测试与监测、灾害性防治、工程建设与环境协调等诸多学科方向都取得了不少进展，为记录学科发展的进程，学会撰写出版了《岩石力学与工程研究著作》丛书，2015 年丛书出版《岩石爆破损伤机理及对围岩的操作作用》和《双（多）层反翘滑坡成灾机理及控制方法》二卷。

决策咨询 10 月 15—16 日，中巴经济走廊地质适宜性科技创新论坛在新疆维吾尔自治区乌鲁木齐市举办。论坛由学会、自治区科学技术协会主办，新疆工程学院、新疆岩石力学与工程学会、新疆农业大学、中国科学院地质与地球物理研究所等单位承办。论坛围绕“一带一路重大工程选线的挑战和机遇”这一主题，组织了会议的特邀报告和主题报告，在组织开展地球科学综合考察研究，采集和建立高山峡谷研究薄弱区基础数据等方面达成共识。

会议决定认真总结论坛的成果，形成了一份建议书，向中国科协和国家有关部门建言献策。论坛达成的一些共识，是国家和自治区政府确定“十三五”规划、线路避灾减灾的重大举措，对减轻和避免地质灾害风险等具有重要意义。

国际学术会议 学会积极开展大量学术活动，在国际学术交流方面作了顶层设计，形成系列化、多方位的学术交流格局。除组团参加国际岩石力学学会 2015 年年会暨第 13 届国际岩石力学大会（蒙特利尔）外，学会主办或承办的主要国际学术会议有：中俄系列高层论坛、2015 年中国页岩气（CSG）开采国际会议、大型古地下工程科学问题及长期保护国际学术研讨会等。

国内主要学术会议 国内“精品学术会议”实施品牌建设，成果丰硕。如第十届全国采矿学术大会（北京）、第十三届全国青年岩石力学与工程学术大会（武汉）、不良地质超前预报与突水突泥灾害防治学术系列会议（恩施）、岩土锚固技术高端论坛（大连）、第十四届全国岩石动力学学术会议暨工程安全与防护专题研讨会（广州）、第十四届海峡两岸隧道与地下工程学术及技术系列研讨会（宜兰）、第一届全国岩土工程信息技术与应用学术交流会（上海）、中巴经济走廊地质适宜性科技创新论坛（乌鲁木齐）等。

两岸交流 11 月 4—6 日，第十四届海峡两岸隧道与地下工程学术与技术研讨会在台湾宜兰召开。本次大会由台湾隧道协会、中国岩石力学与工程学会地下工程分会、中国土木工程学会隧道及地下工程分会共同主办。大会主题为“隧道技术与永续发展、地下工程与工艺文明”。为了促进海峡两岸岩石力学学者的学术交流，双方商定每年召开一次海峡两岸学术研讨会。

国际组织任职 中国科学院院士、学会副理事长何满潮当选国际学会副主席。中国学者相继分别担任国际岩石力学学会下设的古遗址保护专业委员会、地震与地应力专业委员会、教育专业委员会、废物地下处置专业委员会、岩石动力学专业委员会、软岩专业委员会等主席或副主席职务。

国际交往 国际岩石力学学会中国国家小组启动了 2016 年度罗哈奖申报评选工作。经评审委员会评审，理事长批准，确定了该奖项推荐人选。

学会首次参加国际岩石力学学会举办的岩石力学知识竞赛（Rockbowl 2015）的活动，国际组织也是首次举办此类活动，旨在鼓励年轻学者积极参与国际组织的活动。学会组织 4 名学生会员组成竞赛队代表中国国家小组参赛。

国际岩石力学学会在 2015 年首次设立了“国际岩石力学学会最佳国家小组”奖和“国际岩石力学学会杰出工作委员会”奖。经过理事会的投票选举，中国国家小组获得“最佳国家小组”奖；国际岩石力学学会地震与地应力专委会获得“杰出工作委员会”奖。

国际岩石力学学会在 2014 年理事会上决定授予学会前理事长孙钧院士等 10 位在岩石力学界有突出贡献和重大成就的专家为会士，并在 2015 年第 13 届国际岩石力学大会期间举办了授奖仪式。孙钧院士是继学会理事长钱七虎后第二个获此殊荣的中国专家。

12 月 9—18 日，在国际岩石力学学会中国国家小组的组织协调下，国际岩石力学学会中国国家小组和尼泊尔国家小组共同组织了尼泊尔震后地质灾害考察和古遗址国际科考活动。本次考察由中国科学院院士、学会副理事长何满潮和 Seakwon Jeon 教授两位国际组织副主席共同领导，由中国专家担任主席的国际组织专委会地壳应力与地震专委会和古遗址保护专委会为工作组具体实施。

科普活动 5 月 20—22 日，学会参与了第十七届中国科协年会系列活动“科学家科普报告校园行”。经学会推荐，科协审批，学会选派 3 名首席科学传播专家参与本次活动。3 位首席科普传播专家以“播种科学种子，点燃科学梦想”为主题，走进中小学校，通过科普讲座、面对面座谈交流等形式，为广大青少年讲授科技前沿的科普文化知识，指导学校师生更好地组织开展青少年科技教育活动，培养广大青少年的科学兴趣和科学实践能力。

2015 年，经与浙江省温岭市科协等单位的共同努力，“长屿硐天” 世界地质公园成为学会首个科普教育基地。

12 月 1 日，中国科协发文通知，授予学会 “2015 年度全国学会科普工作优秀单位” 的称号。

表彰举荐优秀科技工作者 1 月，由学会推荐的学会理事长冯夏庭、副理事长李宁获得 “全国优秀科技工作者” 称号。

2 月 27 日，学会团体会员单位北京水工资环新技术开发有限公司自主研发的原创性岩土工程地质勘查新技术 “极小震 – 检距超宽频带弹性波反射单点连续剖面法技术及装备”（以下简称 “陆地声纳法”）荣获北京市科学技术二等奖，陆地声纳法是本次科技奖励大会中唯一获奖的岩土工程地质勘查技术。

7 月 24 日，2015 年第六届中国岩石力学与工程学会科学技术奖评审会在北京召开。经评审，最终对 33 个科研项目，共计 300 多名科技工作者进行表彰奖励。

学会开展了 2015 年优秀博士学位论文奖评审活动，最终选出 7 位博士研究生获奖。

1 月 9 日上午，国家科技奖励大会在北京举行。学会常务理事、山西省学会理事长赵阳升教授主持完成的 “低渗透煤层高压水力割缝强化瓦斯抽采成套技术与装备” 项目获国家技术发明二等奖。

学会创新发展 学会不断加强自身能力建设，在固定会议制度、坚持民主办会，规范学会管理、完善规章制度，加强办事机构的职业化建设，筹办新的专业委员会以及开展党建强会等方面，都取得了长足的进步。

1 月 27 日，学会首个联盟——“中国矿业科学协同创新联盟” 成立大会在北京召开。创新联盟由创新载体（高校国家重点实验室、高新技术制造企业）和驱动载体（行业重点企业、行业大型企业）组成。其目标是通过协同创新建立技术高地，推动产业转型，带动经济发展，促进我国向 “矿业强国” 迈进。

10 月 10 日，为了能全面参与中国科协组织的承接政府转移职能扩大试点工作，并争取正式承接相关转移职能，学会组织开展了团体标准研制、重点实验室评估和民营企业技术职称评定三个方面的先期调研工作。

12 月 27 日，学会承办了 “中国科协的第十六期改革发展论坛”。本次论坛的主题是 “提升学会能力，集成创新资源”。中国科协学会学术部部长、企业工作办公室主任宋军出席并讲话，学会理事长钱七虎院士主持论坛，副理事长何满潮院士作了开场报告。中国科协所属全国学会及地方科协等 52 位代表参加了论坛。

党建强会 学会以 “弘扬社会主义核心价值观、奋力实现中国科技梦” 为主题开展宣讲活动。结合学会的实际情况和特点，整理了副理事长、软岩分会理事长何满潮院士的先进典型事例。

9 月 2 日，学会党建活动小组参观了北京卢沟桥畔的中国人民抗日战争纪念馆。这次活动是学会 2015 年党建活动的重要组成部分。

会员服务 2015 年，学会个人会员由 2014 年的 9259 人上升到 9601 人，团体会员 40 个。

11 月 20 日，学会成立三十周年纪念活动在湖北省武汉市举行。来自全国 20 多个省、自治区、直辖市的高等院校、科研、设计及施工等单位 510 余人参加了庆典活动。在会上，学会理事长钱七虎院士和冯夏庭研究员分别致辞。庆典活动前，钱七虎院士等领导会见了为学会工作作出突出贡献的老同志及有关专家学者。

中国科协会员日 在中国科协会员日期间，各级组织各分支机构开展会员服务及科普宣传工作，制作了科普宣传展板，编写科普宣传小册子。

【中国矿业科学协同创新联盟】 1 月 27 日，学会首个联盟——“中国矿业科学协同创新联盟” 成立大会在北京召开。创新联盟由创新载体（高校国家重点实验室、高新技术制造企业）和驱动载体（行业重点企业、行业大型企业）组成。其目标是通过协同创新建立技术高地，推动产业转型带动经济发展，促进我国向 “矿业强国” 迈进。

中国矿业科学协同创新联盟成立大会

【第七届国际矿业科学与技术大会】 4 月 26—29 日，第七届国际矿业科学与技术大会在中国矿业大学

举行。深部岩土力学与地下工程国家重点实验室承办“岩土力学与环境岩土工程”分会场会议。分会场主席由实验室特聘教授、英国皇家工程院院士余海岁教授和中国工程院院士谢和平教授共同担任，10余名海外学者和国内20余所高校和科研院所师生参加会议，就相关主题展开研讨。

【第五届中俄矿山深部开采岩石动力学高层论坛暨中俄深部岩石力学与工程科技联合常设论坛】 8月6日，第五届中俄矿山深部开采岩石动力学高层论坛暨中俄深部岩石力学与工程科技联合常设论坛在山东省威海市举行。该论坛由中俄双方轮流承办，旨在加强两国技术积累和经验交流，研究并解决矿山深部开采理论与技术难题。本次会议由学会、中国工程院土木、水利与建筑工程学部、俄罗斯科学院西伯利亚分院、俄罗斯科学院远东分院等多家单位联合主办。论坛汇集了包括5位院士、12位国家杰出青年科学基金获得者和长江学者在内的170多位领域内知名专家参会。来自中俄两国的专家、学者作了50多场学术报告。会议期间，还举办了全国“海右”博士生学术论坛，13位来自全国各高校、科研院所的博士生围绕复杂地层及深部下空间开发对工程技术的挑战与对策进行了学术交流与研讨。

【第四届山地城镇可持续发展专家论坛】 8月13—14日，第四届山地城镇可持续发展专家论坛在新疆维吾尔自治区伊宁市召开，本次论坛主题为“‘一带一路’战略与山地城镇交通规划建设”。中国科协学会学术部部长、企业工作办公室主任宋军，新疆维吾尔自治区住房和城乡建设厅、新疆生产建设兵团科协及伊宁市人民政府有关负责人出席大会并致辞。中国城市规划学会副理事长兼秘书长石楠主持开幕式。

学会秘书长刘大安、副秘书长张维出席此次论坛，并在专家闭门会议上发言。学会常务理事、中国科学院页岩气与地质工程重点实验室主任李晓研究员作了主题报告。

【2015年中国页岩气开采国际会议】 9月6—8日，2015年中国页岩气开采国际会议在湖北省武汉市召开。会议由国际岩石力学学会主办、中国科学院武汉岩土力学研究所岩土力学与工程国家重点实验室承办。参会专家、学者围绕中国页岩气、煤层气和石油气开采过程中所涉及的关键科学问题和技术难题展开深入研讨。61名专家、学者作分会场报告，31名专家、学者作了展板展示。来自中国、美国、德国、澳大利亚、韩国、巴西等国家的260人参加会议。中国页岩气开采大会每两年举办一次，为国内从事煤层气、石油气开采以及页岩气开采等领域研究的科学家和青年学者提供了一个与国外同行进行交流和合作的机会。

【第十届全国采矿学术会议】 9月9—11日，第十届全国采矿学术会议在内蒙古自治区鄂尔多斯市召开。这是学会联合中国煤炭学会、中国工程院能源与矿业工程学部、中国金属学会、中国有色金属学会、中国化学学会等10个单位，以“绿色开发、科学利用、创新发展”为主题组织的会议。

会议吸引了包括煤炭、金属、建材、化工、核工业等行业的400多家龙头企事业单位共计900余人参会，其中两院院士11人。会议期间，举办了“能源与矿业发展高层论坛”和“绿色安全智能采矿”“矿业装备制造2025”“‘一带一路’与矿业国际化”“矿业物联网与电子商务”“矿业学术期刊主编圆桌会议”6个论坛活动，各行业知名专家共作54个精彩学术报告。会议收录论文288篇，评出80篇优秀论文并进行表彰。

【中巴经济走廊地质适宜性科技创新论坛】 10月15—16日，中巴经济走廊地质适宜性科技创新论坛在新疆维吾尔自治区乌鲁木齐市举办。论坛由学会、自治区科学技术协会主办，新疆工程学院、新疆岩石力学与工程学会、新疆农业大学、中国科学院地质与地球物理研究所等单位承办。来自新疆维吾尔自治区以及全国各省市、各研究院所、高校等不同单位100余位负责人和专家出席。论坛围绕“‘一带一路’重大工程选线的挑战和机遇”这一主题，组织了会议的特邀报告和主题报告，在组织开展地球科学综合考察研究，采集和建立高山峡谷研究薄弱区基础数据等方面达成共识。

会议认真总结论坛的成果，最终形成一份建议书，向中国科协和国家有关部门建言献策。中巴经济走廊地质适宜性科技创新论坛进一步明确了这一重大工程建设项目的开展及自治区新型工业化建设所面临的地质安全性重大问题，同时有助于不同部门单位的相互了解和交流。

【大型古地下工程科学问题及长期保护国际学术研讨会】 10月23—26日，大型古地下工程科学问题及长期保护国际学术研讨会在浙江省龙游县召开。会议由学会、国际岩石力学学会古遗址保护专委会和浙江省龙游县人民政府共同主办。来自中国、德国、意大利、葡萄牙、日本、以色列、中国香港等国家和地区的130多位海内外专家学者齐聚一堂，就龙游石窟及其他古地下工程所蕴含的古工程科学问题和所面临的古工程保护问题开展讨论和研究。

【第十四届海峡两岸隧道与地下工程学术与技术研讨会】 11月4—6日，第十四届海峡两岸隧道与地下工程学术与技术研讨会在台湾宜兰召开。本次大会由台湾隧道协会、中国岩石力学与工程学会地下工程分会、中国土木工程学会隧道及地下工程分会共同主办。

大会主题为“隧道技术与永续发展、地下工程与工艺文明”，进行了《卵砾石地层中潜盾施工引致振动之探讨》《盾构隧道结构全寿命设计理论和方法》《因应气候变迁利用防淤隧道进行水库有效库容改善介绍》《隧道突水突泥灾害源超前地质预报研究新进展》4项主题报告；另外分两个会场进行隧道与地下工程专题报告，有38位专家发言。来自海峡两岸的专家、学者167人参加会议。

【岩土工程信息技术与应用分会成立大会暨第一届全国岩土工程信息技术与应用学术交流会】 12月3—5日，学会岩土工程信息技术与应用分会成立大会暨第一届全国岩土工程信息技术与应用学术交流会在上海市同济大学召开。来自地质、建筑、市政、交通、水利等多个行业的科研、设计、管理单位、生产企业以及高等院校的100多家单位360余人参会。会议主题是加强我国岩土工程信息技术领域的学术交流与合作，促进岩土工程信息技术的发展与工程应用，提高我国在岩土工程信息技术领域的国际地位和影响力。学术交流会期间，来自不同行业的28位特邀报告人就岩土工程信息技术与应用主题作了发言，会议专家、学者就岩土工程数字化、信息化、“互联网+”、大数据、BIM技术等展开了热烈讨论。

【尼泊尔震后地质灾害考察和古遗址国际科考】 12月9—18日期间，在国际岩石力学学会中国国家小组的组织协调下，国际岩石力学学会中国国家小组和尼泊尔国家小组共同组织了尼泊尔震后地质灾害考察和古遗址国际科考活动。本次考察由学会副理事长何满潮院士和Seakwon Jeon教授两位国际组织副主席共同领导。

本次考察学会组织了中国矿业大学、中国地震局地壳应力所、敦煌研究院等中国专家11人，韩国首尔大学专家1人；尼泊尔岩石力学学会组织了尼泊尔特里布文大学地质系专家、尼泊尔地震科技学会、尼泊尔政府考古部等专家8人。

本次考察的两个主要任务是地质灾害考察和古遗址保护考察。本次由学会具体组织对尼泊尔进行地震地质灾害和古遗址保护跨境联合科学考察的实施。

【中国科协的第十六期改革发展论坛】 12月27日，学会承办了“中国科协的第十六期改革发展论坛”。本次论坛的主题是“提升学会能力，集成创新资源”。中国科协学会学术部部长、企业工作办公室主任宋军出席并讲话，学会理事长钱七虎院士主持论坛，副理事长何满潮院士作了开场报告。中国科协所属全国学会及地方科协等52位代表参加了论坛。

中国科学院院士、学会副理事长何满潮以“汇聚创新资源，提升学会实力”为主题，以“中国矿业科学协同创新联盟”为实例，介绍了“矿业联盟”（简称）的主要做法和成果，给出了“技术高地”的定义和内涵，提供了构建联盟方面的新思路，总结了一系列可复制可推广的经验，展望了学会凝聚国际资源、投身“十三五”大科学行动计划。中国汽车工程学会办公室副主任、中国城市规划学会副理事长、神华集团生产部处长、延安车村煤业集团副总工程师等特邀代表分别作了专题发言。

（撰稿人：胡　威　张　维）

中国野生动物保护协会

学会建设 2015年，协会切实加强组织建设截至2015年10月底，全国会员总数为36万多人，团体会员为3895个，全国各级协会达到819个。

12月21日，协会野生动物疫源疫病专业委员会在湖北省武汉市召开成立大会，来自各省、自治区、直辖市，内蒙古、龙江、大兴安岭森工（林业）集团公司、新疆生产建设兵团野生动物保护管理和疫源疫病防控主管部门及相关科技支撑机构共45家单位的59名代表参加了会议。会议由国家林业局调查规划设计院副院长唐小平主持，协会副秘书长赵胜利致辞，副处长王宁宣读了中国野生动物保护协会关于成立《中国野生动物保护协会野生动物疫源疫病专业委员会》的决定。国家林业局野生动植物保护与自然保护区管理司罗颖介绍了野生动物疫源疫病专业委员会委员形成过程，国家林业局调查规划设计院阮向东介绍了《中国野生动物保护协会野生动物疫源疫病专业委员会工作规则》，国家林业局野生动植物保护与自然保护区管理司副司长贾建生作总结讲话。

国内主要学术会议 10月24日—11月1日，协会在北京举办了"奇境中国·中国珍稀野生动物摄影展""燕京飞羽·北京野生鸟类摄影展"和"野性北欧·芬兰挪威野生动物摄影展"，此次摄影展展出了来自25个国家的100多幅摄影作品，参观人数达10万人次。

2015年11月，由协会与中国工程院农业学部、中国渔业协会龟鳖产业分会联合主办的全国龟鳖产业发展高峰论坛在广东省深圳市举行，就龟鳖产业的发展现状和前景进行了探讨和交流。

国际交往 6月26日，协会副秘书长李青文与泰国动物园机构主席在泰国曼谷签署了中泰大熊猫保护研究合作延期协议，参加了在清迈市举办的盛大的延期协议庆祝仪式。

7月13日，协会与日本神户市立王子动物园签署中日大熊猫保护研究合作延期协议。

8月22日，旅居华盛顿国家动物园的熊猫"美香"产下幼崽"贝贝"，习近平主席访美期间，中美第一夫人到访命名，表达祝福。

10月26日，协会秘书长臧春林与荷兰欧维汉动物园董事长霍克在习近平主席和荷兰国王威廉·亚历山大的共同见证下，在北京签署了中荷大熊猫保护合作研究协议。

10月31日，协会与韩国三星物产株式会社签署了为期15年的中韩大熊猫保护研究合作协议。

12月6日，协会与美国华盛顿国家动物园签署了为期5年的大熊猫繁育研究延期协议。

截至2015年年底，协会对外大熊猫合作项目达11个国家13家合作单位，为推动大熊猫及濒危野生动物保护作出了积极贡献。

11月16—21日，协会组团，由国家林业局陈凤学副局长担任团长，中宣部新闻局副局长陈晓林、协会副秘书长李青文参加，并携国内青年志愿者及社会人士一行13人赴南非组织开展野生动物保护宣传活动。该团先后在南非比勒陀利亚市茨瓦尼科技大学举办了"中南青年志愿者自然保护论坛"和"中国-非洲野生动物摄影展"，与南非环境事务部进行了工作座谈，走访了南非克鲁格国家公园、南非反犀牛盗猎联合行动中心和南非犀牛救护中心，并与南非青年志愿者进行了友好交流与沟通。

科普活动 3月，协会积极筹划出版了《我的动物园》一书，该书作为2015年"六一"儿童节礼物于6月1日前夕在全国各大书店发行。

5月、7月、9月，由协会和斯巴鲁汽车（中国）有限公司共同组织的斯巴鲁生态保护之旅活动，先后走进河北省怀来县、广西壮族自治区大瑶山、湖北省神农架，开展了义务植树、为保护区义诊、组织希望小学学生森林写生等公益活动。10月在北京国家体育馆举办了"森林音乐会"，并在北京饭店和王府井步行街举办了"31座森林绿色生态文化展"活动。

8月10日，协会与浙江省野生动植物保护协会、浙江横店"四共委"联合主办了横店野生动物标本馆开馆仪式暨全国野生动物保护与生态文明建设交流宣传系列活动，国家林业局副局长陈凤学及来自全国各省级林业主管部门、省级协会、有关科研教学、野生动物保护繁育及新闻媒体代表160多人参加了上述活动。通过举办野生动物保护创新与发展大讲堂、野生动物摄影精品展等活动，推动生态文明建设与发展。

10月24日—11月1日，协会在北京中华世纪坛举办了"奇境中国·中国珍稀野生动物摄影展""燕京飞羽·北京野生鸟类摄影展"和"野性北欧·芬兰挪威野生动物摄影展"，此次摄影展展出了来自25个国家的100多幅摄影作品，参观人数达10万人次。

【"世界野生动植物日"公益宣传活动】 3月1日，由国家林业局与协会共同举办的"世界野生动植物日"大型公益宣传活动在北京动物园举行。国家林业局机关和直属单位负责人、美国驻华使馆，中国野生动物保护协会会长、中国野生植物保护协会会长、国际野生生物保护学会和中国绿色碳汇基金会等国内外NGO组织以及100多名志愿者参加了活动。活动现场国家木偶剧院表演了野生动物保护小剧目，展示了野生动植物保护成果图片，开展了内容丰富、形式新颖的"世界野生动物大寻踪"互动活动，吸引了千余名现场观众踊跃参加。

【全国"爱鸟周"系列宣传活动】 3—5月，协会积极倡导和组织各级野生动植物保护协会开展形式多样、精彩纷呈的"爱鸟周"系列活动，并联合陕西省野生动植物保护协会，在陕西省铜川市举办了全国"爱鸟周"活动启动仪式，协会会长赵学敏，陕西省副省长祝列克出席了仪式。据统计，2015年全国30个省（区、市）、1203个市（区、县）组织开展了"爱鸟周"系列活动。在全国"爱鸟周"期间，共举办科普知识讲座762次、科普展览766次，制作、摆放宣传展板232471块，开展保护区“爱鸟周”活动2828次，开展社区“爱鸟周”活动1816次，开展观鸟活动377次，在2780所学校开展“爱鸟周”活动9106次，组织征文比赛97次，组织演讲比赛54次。同时，协会与搜狐网共同开展的“网络爱鸟周”有数百万人参与网络互动。

【自然保护区管理与发展论坛】 5月29日，协会保护区委员会自然保护区管理与发展论坛暨2015年度年会在贵州省荔波县召开。国家林业局保护司巡视员、保护区委员会主任孟沙，贵州省林业厅副厅长黎平，国家林业局宣传办副主任李天送，协会副秘书长赵胜利，协会科学考察委员会主任陈建伟以及来自全国83个自然保护区（保护区委员会成员单位）、22个省、自治区、直辖市野生动植物保护协会等单位的220多名代表参加了论坛和年会活动。论坛就自然保护区开展生态旅游进行了深入探讨，年会选举产生了新的轮值主席和通过了2015年度工作计划和新成员单位名单。

【非洲狮“津津”和“菲菲”安居上海野生动物园】 10月16日，由协会承办，津巴布韦总统穆加贝代表津巴布韦人民赠送给中国人民的一对非洲幼狮顺利抵达上海野生动物园。12月12日，上海野生动物园为来自津巴布韦的这对非洲幼狮举行了开放仪式，上海市政府副秘书长黄融和津巴布韦驻华使馆临时代办凯臣出席仪式并致辞。中方将它们命名为“津津”和“菲菲”，寓意中津和中非友好。

【第十一届全国野生动物生态与资源保护学术研讨会】 11月16—19日，由协会、中国动物学会兽类学分会、中国生态学会动物生态专业委员会、中国野生动物保护协会科技委员会和国际动物学会联合主办的第十一届全国野生动物生态与资源保护学术研讨会在江苏省举行。本次大会共收到论文摘要304篇，195个报告，28个墙报。评选出董路、葛德燕、孙宝珺和周友兵为第十一届“优秀生态工作者”以及5个优秀墙报。

（撰稿人：曹丽萍）

中国系统工程学会

学会建设 截至2015年年底，学会个人会员数已达到4320人，单位会员数为126家。

2015年，新成立4个分支机构，分别是能源资源系统工程分会、船舶和海洋系统工程专业委员会、服务系统工程分会和物流系统专业委员会。迄今为止，学会共设有专业委员会21个、工作委员会6个。系统科学与工程与农业、军事、信息、交通、金融等众多领域交叉融合，保持着旺盛的生命力。

11月15日，学会九届二次理事会在北京召开，学会理事长汪寿阳，副理事长狄增如、黄海军、李一军、王红卫、杨新民、朱桂龙及理事共计117人参加会议，会议由学会秘书长杨晓光主持。学会理事长汪寿阳就2015年以来学会活动情况，从能力建设、规章制度建设、学术期刊、学术活动情况（包括国际、国内学术交流）、分支机构会议活动五个方面作了汇报。本次会议主要讨论了第19届学术年会工作安排通报；年会论文与期刊合作签约仪式；审议《学会发展基础培育项目——学会治理结构与职业化建设》中涉及的学会各项规章制度；熊熊副秘书长对增选的吴德胜、冯育强理事进行了介绍，会议对增选吴德胜、冯育强为学会理事的个人情况进行了审议；对学会三项制度及两名理事进行无记名投票表决。

12月31日—1月7日，学会九届三次常务理事会以通讯会议的形式召开，学会理事长汪寿阳，副理事长张纪峰、凌文、杨新民、高自友、黄海军、李一军、王红卫、狄增如、陈国青、朱桂龙及全体常务理事共计63人参加本次会议。本次会议主要征求各位常务理事关于《中国系统工程学会推荐（提名）院士候选人工作实施细则（运行）》（讨论稿）、《2015年推荐（提名）院士候选人工作方案（试行）》（讨论稿）和推选专家委员会名单（共15名）的意见。

3月27日，学会九届四次常务理事会召开。会议由学会秘书长杨晓光主持，学会理事长汪寿阳、副理事长狄增如、王红卫、张纪峰、朱桂龙及常务理事共计43人参加会议，部分分支机构代表、团体会员单位代表和学会办公室部分人员列席了会议。学会理事长汪寿阳对学会2015年工作进行了部署，提出了学会近几年工作的愿景，重新回到学会20世纪八九十年代的辉煌。会议对相关议题进行了审议：分支机构管理条例和办法；关于第19届学术年会的情况；院士推选工作情况；学科发展报告进展情况；新增分支机构的情况；副秘书长及办公室主任人选情况。

11月15日，学会九届五次常务理事会在北京召开。学会理事长汪寿阳，副理事长狄增如、黄海军、李一军、王红卫、杨新民、朱桂龙，常务理事共计53

人参加会议，会议由学会副秘书长毛保华主持。本次常务理事会议主要讨论了学会 2016 年“科学技术奖”评选工作以及新设立学会青年科技奖情况；副秘书长赵秋红通报了学会与全球最大科学出版社 SPRINGER 在专著出版、会议论文集及合作期刊方面的合作意向；新申请 2 家分支机构的情况；2015 年学会各专业委员会工作总结和 2016 年工作计划；学科发展项目情况；对青年科技奖励及新成立分支机构的表决情况。

学术期刊 目前，学会主办期刊有 8 种，其中作为第一主办单位的期刊有 5 种:《系统工程理论与实践》《系统工程学报》《交通运输系统工程与信息》《系统科学与系统工程学报》和《系统科学与信息学报》(英文版)。

学会加强了对系列期刊的管理工作。学会所属期刊，在作者队伍、审者队伍、学术内容、专题策划、学术会议、网络化建设和多种经营等方面开展了多项工作，不仅进一步提高了各期刊的整体质量和水平，还增强了各期刊的核心竞争力，使得期刊的发展得以全面提升。学会加强期刊管理的组织建设和制度建设，于 2015 年换届成立了第七届编辑出版工作委员会。

为了正确领导和督察各期刊贯彻执行国家有关期刊工作的政策、法律、法规情况，健全科学的管理制度，建立系列期刊管理档案，考核期刊的社会效益和经济效益，学会对系列期刊编委会领导、成员及编辑部负责人的人选进行备案，并签订了“中国系统工程学会系列期刊委托承办协议书”。

《系统工程理论与实践》在中国科学院科学出版基金科技期刊排行榜中名次不断提升，被国家自然科学基金委员会管理科学部评为 A 级重要学术期刊。连续多年被评为中国科协精品科技期刊，并多次获得中国科技信息研究所评选的“百种中国杰出学术期刊”称号。2015 年获得中国科协精品科技期刊 TOP50 项目资助，该奖项是管理类期刊唯一入选 TOP50 项目资助的期刊。

《系统工程理论与实践》于 2013 年年底创办英文刊 *Journal of Systems Science and Information*，致力于办成在国际系统科学领域有重要影响的学术刊物。2015 年选入中国科学引文数据库（CSCD）核心库。

《系统工程学报》发表的文章包括复杂系统及大规模系统理论、方法及应用，系统建模、预测、控制、优化、评价与决策及运筹学的各个分支领域，人工智能技术在系统工程中的应用以及系统工程领域中的新概念、新原理、新方法等，涉及社会经济系统、交通系统、金融工程、教育、环境及城市系统等。随着被引量的持续增加，国内外学术影响力也持续提升。目前该刊已被英国科学文摘 SA/INSPEC、全国中文核心期刊等国内外重要检索系统收录。

《交通运输系统工程与信息》设有决策论坛、综合交通运输体系论坛、智能交通系统与信息技术、系统工程理论与方法、案例分析等栏目。期刊的学术质量及期刊影响力得到了明显提升，2015 年期刊录用论文修改率达到 100%，基金论文比例提高到 94% 以上。“中国科技期刊数据库”全文、“SCOPUS 文摘引文数据库”收录。

《系统科学与系统工程学报》(英文版) *Journal of Systems Science and Systems Engineering* 2015 年总计收稿 337 篇，其中海外撰稿人的比例达 72%。期刊质量不断提高的另一个直接表现就是已经被 SCIE、EI Compendex、INSPEC 等国外知名检索机构和 CNKI、万方数据等国内知名检索机构收录。

国内主要学术会议 学会在 2015 年共组织参加各类学术活动 36 场。其中，组织国际学术交流 5 场，国内学术活动 25 场，论坛及继续教育类讲座 6 场，出版会议论文集、研究报告、书籍等 7 部。

国际学术会议 5 月在丹麦参加了国际 2015PSE/CAPE；7 月在美国参加了国际 SD 年会；6 月在广州召开了 The 12th International Conference on Service Systems and Service Management(ICSSSM 2015)；8 月在安徽省芜湖市召开了第十三届金融系统工程与风险管理国际年会；10 月在浙江省召开了第十五届国际人 – 机 – 环境系统工程大会等。

表彰举荐优秀科技工作者 1 月，学会组织推荐院士候选人工作；10 月，组织推荐第十四届中国青年科技奖候选人工作；12 月，学会与中国自动化学会、中国双法与统筹学会等成立了学会联合体，中国系统工程学会获得 1 名正式候选人和 1 名增补候选人。学会选举决定推荐人为：正式候选人张新雨，增补候选人吕欣。

学会创新发展 2015 年学会向中国科协申报了《学会发展基础培育工程项目》，并获得了资助。在项目的推动下，制定了《理事会民主管理办法》《行政人员人事管理制度》和《学会财务管理办法》，并在九届二次理事会上审议通过。其间，学会组织 19 个专业委员会参与本学科发展研究项目，总人数达 85 人，其中院士2人，共同完成不同领域不同学科之间关于系统工程学科发展项目的研究。在九届一次常务理事会上，还继续研讨《2014—2015年学科发展报告》。如期完成了《2014—2015系统科学与系统工程学科发展研究项目》。

【2014—2015系统科学与系统工程学科发展报告研讨会】 6月12—14日，2014—2015系统科学与系统工程学科发展报告研讨会在广东省广州市举行。该研讨会由学会主办，广东技术师范学院计算机科学学院承办。会议由学科发展报告牵头人、学会秘书长杨晓光研究员主持，广东技术师范学院校长王乐夫教授，广东省系统工程学会理事长、广东工业大学副校长张光宇教授，广东技术师范学院计算机科学学院院长陈潮填教授，综合报告写作组、各分报告执笔人，以及学会19个分支机构选派的领域资深专家等52人参加了会议。会上，杨晓光秘书长对学会学科发展报告工作进展总体情况进行了介绍，强调了学科发展报告的重要性，明确了中国科协的具体要求。中国科学院数学与系统科学研究院房勇副研究员代表总体组作了系统科学与系统工程学科发展的综合报告，就目前的写作进度和碰到的问题跟各位专家做了汇报。接着各分支机构负责人对专题发展报告分别做了汇报。会上，同济大学教授贾建国、华南农业大学教授俞守华、中国林业科学研究院研究员陆元昌、暨南大学特聘一级教授孙东川、中国航天系统科学与工程研究院副院长薛惠锋教授等对报告的内容提出修改意见。其间，学会组织资深专家分别对各专题报告和总体报告进行了讨论并提出意见建议。最后，杨晓光秘书长对目前所面临的写作规范、写作内容等问题进行了解读，并对下一步的学科发展报告工作进行了总体部署。

【2014—2015系统科学与系统工程学科发展报告审读会议】 9月9日，2014—2015系统科学与系统工程学科发展报告审读会议在北京中国科学院数学与系统科学研究院举行。本次会议由学科发展报告牵头人、学会秘书长杨晓光研究员主持，24位专家、学者参加了会议。

熊熊教授介绍了金融系统工程专题发展报告，卢毅老师介绍了系统科学理论与系统工程方法专题发展报告，赵存如研究员介绍了军事系统工程专题发展报告，毛保华教授介绍了交通运输系统工程专题发展报告，许伟副教授介绍了信息系统工程专题发展报告，任爱胜教授介绍了农业系统工程专题发展报告，鱼敏教授介绍了医药卫生系统工程专题发展报告，杨翠红研究员介绍了社会经济系统专题发展报告，徐福缘教授介绍了教育科技系统工程专题发展报告，房勇副研究员介绍了系统科学与系统工程学科发展综合报告学会。

杨晓光秘书长对学会学科发展报告审读会议作了总结，强调了学科发展报告要明确每个学科的写作内容，不能偏离系统工程学科发展报告，强调了科协写作要求。

（撰稿人：南晋华）

中国实验动物学会

服务创新型国家和社会建设 2月5日，学会组织专家在北京召开实验动物行业“十三五”规划研讨会。与会专家对我国实验动物的发展现状、形势与需求、存在的问题、发展思路与目标、重点任务、保障措施等进行了讨论。学会秘书处对专家意见进行了整理，提交了科学技术部、中国科协等部门。

为贯彻落实《国务院关于印发深化标准化工作改革方案的通知》要求，开展好团体标准试点工作，国家标准化管理委员会办公室向学会下发了《国家标准委办公室关于开展团体标准试点工作的通知》，要求学会制定《中国实验动物学会团体标准管理办法》等文件，以及信息报送、信息公开等方面的配套制度，建立团体标准化相关制度。在实验动物技术、管理等领域制定和实施团体标准50项。根据国家标准委的要求，学会正在完善学会实验动物标准化专业委员会的组织建设，即将全面开展团体标准的研究、制定、实施工作。

根据国家人才发展战略的要求，结合实验动物科学技术人才岗位需求的特点和队伍现状，学会依据《实验动物从业人员要求》（TB），逐步筹划开展专业技术人员等级培训和资格认定工作。

学会组织相关专家编写了专业技术人员等级培训系列教材，并不断修改完善。2月6—7日，实验动物专业技术人员等级培训教材审定会议在北京召开。各分册主审和主编通过调整结构、梳理文字、弥补缺漏，使文稿在语言表达，逻辑关系等方面进一步丰富和优化。目前，经过与出版社的沟通，三册教材均已进入出版前的审校阶段。

为了能够进一步提升从业人员综合素质及实用技

能，学会整合已有继续教育资源，拟开通网络培训平台。利用“互联网+”与网络多媒体等新的培训理念与技术手段，建设实验动物行业继续教育网络培训平台，为从业人员提供网上学习的便利，促进人才队伍建设。现处于初步构建中，计划于2016年试运行。

5月20—22日，在上海举办了“实验动物医师培训班”。来自北京、上海、广东等14个省、自治区、直辖市的82名专业技术人员参加了培训。通过专家的报告，使学员对实验动物医师的职责、作用有了更加清晰的理解。

11月19—20日，实验动物国家标准宣贯培训班在河北省石家庄市举办。来自北京、上海、广东等19个省、自治区、直辖市的109人参加了培训。通过此次培训对于我国实验动物国家标准制定和修改的过程，以及内容和历史沿革都有了进一步的认识。

12月2—4日，动物生物安全实验室生物安全技术培训班在广东省深圳市举办。来自北京、上海、广东等14个省、自治区、直辖市的82名专业技术人员参加了培训。学员反映，通过学习，对实验室生物安全所涉及的内容、相关的法律法规有了更加清晰的理解，对工作中涉及的具体操作技术也有了新的认识。

学会建设 依照学会章程规定及工作计划，本年度学会召开了两次常务理事会会议、一次理事会会议，以及一次地方联席会议，并成立了一个新专业委员会，两个专业委员会进行了换届选举。

8月6日，第六届理事会常务理事会第四次会议在北京召开。会议审议并通过了学会2015年上半年度工作报告和下半年主要工作重点及学会有关管理办法内容的修订。同时讨论通过了关于成立“实验动物医师工作委员会”“实验动物从业人员资格等级认可工作委员会”“实验动物机构评估工作委员会”“实验动物新资源鉴定与评价工作委员会”等建议。

11月19日，学会与省市实验动物学会在河北省石家庄市举办了联席会议。会议由学会理事长秦川主持。会议由学会提出了联合举办“中国实验动物科学年会”的倡议，得到了地方学会与会人员的积极响应。

12月25日，学会第六届理事会常务理事会第五次会议在北京召开。会议审议通过了2015年工作报告和2016年工作重点，以及学会年会管理办法、团体标准管理办法等，通过了学会发布的第一项团体标准。

12月30日，学会以通讯方式召开第三次理事会会议，审议学会2015年工作总结和2016年工作计划及相关管理办法等。

1月25日，学会实验动物设备工程专业委员会第三届委员会进行了换届选举。

7月25日，学会实验病理学专业委员会成立大会暨第一次全体会议在山西省太原市召开。新一届委员会由34名委员组成。

11月19日，学会实验动物标准化专业委员会换届会议在河北省石家庄市召开。新一届委员会由36名委员组成。

学术期刊 2015年，按时完成《中国实验动物学报》6期、《中国比较医学杂志》12期的出版任务，并顺利通过国家新闻出版广电总局的年检。7月，两刊被收入《中文核心期刊要目总览》2014年版。

《中国实验动物学报》再次获得中国科协精品期刊项目第四期资助，为期3年。

7月24日，《中华医学百科全书·医学实验动物学卷》第二次编委会议在北京召开。与会专家希望将《中华医学百科全书·医学实验动物学卷》写成一部划时代的、具有权威性的重要工具书。目前出版社已基本完成审校。

《中华医学百科全书·医学实验动物学卷》第二次编委会议

学科发展研究 学会承担了中国科协《2014—2015实验动物学学科发展研究》的编撰工作。8月7日，学会在北京召开了《2014—2015实验动物学学科发展研究》研讨会。项目首席科学家秦川教授、各编写组组长、部分编写专家、实验动物及其相关领域专家、秘书组成员等共50余人参加了会议。

项目首席科学家和各组组长充分依照科协领导和专家的建议，会同编写专家将初稿进行了调整和完善，并按照科协要求提交，待2016年统一发布。

国际学术会议 3月17—19日，中英第二届实验动物福利伦理国际论坛在北京召开。来自英国、美国、丹麦、挪威、中国等国家相关行业的专家、学者近200人参加了本次国际论坛。与会专家、学者分别就实验动物福利伦理管理法规与技术标准进展、善待实验动物、3R理念的实践、实验动物的疼痛管理、麻醉镇痛、福利伦理审查中的利弊分析、仁慈终点、替代技术、福利伦理审查及认证的国际合作等相关议题和技术细节进行了广泛而深入的交流研讨。

国内主要学术会议 1月25日，实验动物产业发展论坛在北京召开。来自全国各相关单位150余人参加了会议。内容涉及培育和发展现代实验动物产业、实验动物法律法规对实验动物质量的保障作用、实验动物产业发展前景、实验动物产业化的核心——标准化、规模化等。

11月19日，由中国实验动物学会、全国实验动物标准化专业技术委员会、《中国实验动物学报》《中国比较医学杂志》、河北省实验动物学会共同主办的实验动物标准化研讨会在河北省石家庄市举办。来自北京、上海、广东等19个省、自治区、直辖市的109名专家、学者及有关人员参加了会议。

会议就我国实验动物标准体系建设、定义“SPF”级实验大小鼠和制定健康监测方案时需考虑的因素、国外部分动物设施小鼠微生物和寄生虫质量分析以及实验动物微生物国家标准等议题展开了研讨。

国际组织任职 5月31日，国际实验动物科学理事会（ICLAS）全体会员大会在加拿大魁北克召开。按ICLAS规定，作为ICLAS成员，学会理事长秦川参加了本次大会。本次大会选举产生了新一届理事会。学会理事长秦川荣获ICLAS科学家理事一职。

11月1日，ICLAS理事会会议在美国菲尼克斯召开。学会理事长秦川代表高苒博士参加了会议，并参与了讨论。秦川被选为ICLAS教育与培训委员会负责人及ICLAS伦理与动物福利委员会委员。

11月28日，亚洲实验动物学会联合会（AFLAS）理事会会议在新加坡召开。按AFLAS章程规定，学会理事长秦川作为AFLAS副主席，出席了本次会议。会议讨论了新成员组织加入、2020年会议举办地、启动教育培训项目、亚洲学术期刊等重要议题，听取了2016年AFLAS大会举办方新加坡实验动物学会对于大会筹备情况的汇报。

国际交往 5月28—31日，学会组织了5位专家赴日本京都参加了第62届日本实验动物学会年会。由学会推荐的青年实验动物科技工作者，来自首都医科大学的李振坤博士获得了日本实验动物学会颁发的国际奖，并在会上作了学术报告。专家们还参观了京都大学医学研究科附属实验动物设施，对日本实验动物机构的整体情况有了基本了解，探讨了可能的合作模式。

科普活动 5月的科技周活动期间，学会联合中国营养学会、中国麻风防治协会、中国睡眠研究会等多家单位，在北京龙潭湖公园举办了大型科普宣传活动。9月的全国科普日活动期间，学会与中国营养学会、北京植物学会、北京电力展示厅、崇文青少年科技馆等单位，在北京自然博物馆进行了科普宣传，受众接近万人次。

在科普日期间，学会主办了“中学生走进科研院所”活动，该活动在中国医学科学院医学实验动物研究所进行。学会邀请了中国医学科学院医学实验动物研究所的专家参与此次活动，来自北京八中和北师大实验中学的学生参与此次活动。活动包括基础知识的讲解和实验室参观学习两大部分。

9月，学会精心制作了“如何打败手足口病”“正确洗手”“预防狂犬病”“从奥森大鼠说起”等健康知识展板，安放在社区和街道公共宣传栏，引得周围社区居民纷纷驻足观看，受到社区居民的欢迎和称赞。

党建强会 学会党支部承担了《在学会理事会、常务理事会层面建立党组织的必要性和可行性研究》调研项目。召开数次座谈会，撰写了调研报告。

为深入贯彻党的十八大精神，发挥党组织在学会的作用，服务科技创新，为基层企（事）业单位排忧解难，推动“会企”合作，提升学会的公信力和影响力，学会党支部2015年开展了“党建强会”计划“十百千”特色活动，以“发挥社团党组织作用，服务企（事）业科技创新”为主题，组织国内实验动物领域的专家，走基层，下一线，为企（事）业发展献计献策，提供技术支持，为我国实验动物行业发展起到强有力的助推作用。组织专家分别到“北京市龙东海科研设备制造有限公司”和“北京市琉璃河科兴实验动物养殖中心”开展活动。

会员服务 学会一直致力于为会员提供交流和自我发展的平台，除学术交流、继续教育、国际交流、科技奖励等活动，以及会员应享受的权益，如信息共享、活动优惠等以外，2015年学会还通过多种新的方式与会员加强互动和沟通，3月，学会向全体会员免费寄送了一期刊物。一是进一步增强学会与会员之间

的联系，二是让会员充分了解学会两刊近几年来的进步和变化。11月28—29日学会组织会员参加了“2015年中国科协会员日乒乓球赛（第六届）”。于媛娜获得55岁以上女子组单打并列第三名的成绩。

（撰稿人：童桂兰　宋　晶）

中国环境诱变剂学会

学会建设　5月10日和11月21日，学会在北京、浙江省嘉兴市嘉善县分别召开了第六届第六、第七次常务理事会议，第四次理事会议，对学会的各项工作进行了研究部署，确定了2016年学会换届方案及第十七届学术大会召开的相关事宜，同时商讨了学会今后的经营发展方向。

6月10日，学会风险评价专业委员会、致癌专业委员会在江西省南昌市分别召开第五届第五次专业委员会议。

2015年，学会参加各种国外学术、科技活动16人次，国际会议接待外宾30人。

学会期刊　学会《癌变·畸变·突变》杂志，每年发行6000册，收录本刊的数据库有14种。根据中国科学技术信息研究所的《2014年版中国科技期刊引证报告》，该刊总被引频次496次，影响因子0.423，基金论文比0.742，可发表英文稿件。网络版实现全文上网并开启稿件远程办公系统。

国内主要学术会议　2015年，学会举办重点学术会议5次，其中前沿高端会议4次，综合交叉会议1次。参会专家、学者984人次，交流论文583篇。

4月26—29日，学会活性氧生物学效应专委会在四川省成都市举办第二届全国活性氧生物学效应学术会议，参会专家、学者120人，交流论文127篇。

6月10—14日，学会风险评价专业委员会、出生缺陷与防治专业委员会、致癌专业委员会、《癌变·突变·畸变》杂志社，在江西省南昌市联合举办全国环境与健康风险评估年会，参会专家、学者175人，交流论文134篇。

10月8—9日，学会致突变专委会在北京举办遗传毒性新技术新方法交流会，参会专家、学者83人，交流论文55篇。

6月17日，学会毒性测试与替代方法专业委员会在北京举办动物实验替代方法与产品安全检验研讨会，参会专家、学者130人，交流论文50篇。

6月26—29日，学会性测试与替代方法专业委员会在陕西省西安市举办2015毒性测试替代方法与转化毒理学（国际）学术会议，参会专家、学者476人，其中外宾30人，交流论文217篇。

国际组织任职　曹佳、郝卫东、杨军当选为国际环境诱变剂联合会、亚洲环境诱变剂联合会执委。

科普活动　2015年，学会组织科普活动5次，106位科技工作者（其中31位专家）参加了主题科普活动，科普活动受众约3000人次，覆盖多个社区。5月、9月，学会抗诱变剂和抗癌剂专委会在黑龙江省哈尔滨市举办环境污染与健康、植物化学物的肿瘤预防作用专题讲座。

6月，活性氧生物学效应专委会在陕西省西安市举办转基因食品学术沙龙科普活动。

9月，致癌专委会在河南省郑州市举办癌症预防科普活动；8月，学会组织“宣科普知识，助健康管理”的科普活动。活动分别在陕西省西安市、内蒙古自治区乌海市、甘肃省酒泉卫星发射中心以科普宣传、发放宣传册、专题讲座的形式展开。

党建强会　8月，学会党支部开展了“宣科普知识，助健康管理”的科普活动。活动旨在发挥支部党员毒理学及营养与食品卫生学的专业知识，将专业知识服务于社会，向基层群众宣传环境化学品安全、药品安全、营养与健康知识以及转基因食品安全性知识，增强群众健康意识。

“宣科普知识，助健康管理”科普活动

7月26—29日，学会毒性测试与替代方法专委会在西安举办2015年毒性测试替代方法与转化毒理学国际学术研讨会期间，支部成员在西安历史博物馆前向排队的群众发放、讲解宣传册，会后在从西安赴内蒙古自治区乌海市的火车上向旅客发放宣传册、回答群众提出的问题。

在乌海市市卫计委、市疾控中心、市文明办的配合下，7 月 30 日，学会在内蒙古自治区乌海市进行了题为“宣科普知识，助健康管理”的专题讲座。副理事长兼秘书长郝卫东作了题为“化学品、药品安全与健康”的讲座，理事许雅君作了题为“吃的营养，吃的安全”的讲座，副秘书长魏雪涛作了题为“转基因食品安全性”的讲座。

讲座由乌海市卫生局党委副书记李普联主持，来自乌海市直属机关、医疗卫生单位、社区居民等 400 余人参加活动。乌海广播电视台和《乌海日报》对活动进行了采访，在乌海广播电视台都市生活频道《关注健康》栏目行业快报板块、《乌海日报》综合新闻版《乌海卫生》栏目进行了报道。

活动的最后一站参观酒泉卫星发射中心，7 名党员参加活动。

【2015 毒性测试替代方法与转化毒理学（国际）学术会议】 7 月 26—29 日，由学会主办，第四军医大学预防医学院和军事医学科学院疾病预防控制所联合承办的 2015 毒性测试替代方法与转化毒理学（国际）学术会议在陕西省西安市举行。来自国内外毒理学、环境科学、药学等学科领域的近 500 名专家、学者及 30 多名来自美国、欧盟等的海外专家、学者参加会议。

会议就 21 世纪毒性测试策略（TT21C）及其进展、有害结局路径（AOP）框架与健康风险评估、毒理学替代法的发展与应用以及转化毒理学研究前沿 4 个专题进行了交流。国家环境保护部、中国食品药品检定研究院、第四军医大学、中国疾病预防控制中心、军事医学科学院及中国科学院等单位的 7 位国内专家，以及来自经济合作与发展组织（OECD）环境健康与安全部测试指导原则规划组、美国霍普金斯大学、美国布朗大学、英国国家实验动物替代中心（NC3Rs）、美国体外科学研究所、美国哈姆纳健康科学研究院、美国环境保护部国家计算毒理学中心以及 Shell 健康国际中心等单位的 13 名外籍专家作大会报告。

除大会报告外，设了 3 个专题会场，32 名专家作专题发言。大会特别开辟了“中国 TT21C/AOP 蓝图发展”专场，会议成立了中国 AOP 研究工作组。12 篇论文荣获“2015 毒性测试替代方法与转化毒理学（国际）学术研讨会优秀青年论文奖”。

（撰稿人：高苏堤）

中国运筹学会

学会建设 7 月 1—2 日，经第九届五次常务理事会批准，学会随机服务与运作管理分会在北京召开学术年会并完成了理事会换届工作。会议期间，通过参会人员的投票选举，选出新一届理事。会后召开了第一次理事会议，经选举产生了理事会的正、副理事长，正、副秘书长，常务理事。通过讨论，分会设立了 5 个委员会，分别是学术委员会、教学及科普委员会、对外交流委员会、企业合作委员会、青年工作委员会。

经过常务理事会批准，学会 2016 年发展了 2 个新的分支机构。

10 月 24—25 日，第一届智能工业数据解析与优化国际研讨会暨中国运筹学会智能工业数据解析与优化专业委员会成立大会在辽宁省沈阳市召开。研讨会的主题为智能工厂与大数据，大会主席由东北大学工业工程与物流优化研究所所长唐立新教授担任，来自国内外的专家、学者参加会议。

12 月 19—20 日，第 7 届行为运筹管理国际研讨会暨中国运筹学会行为运筹与管理分会成立大会在天津市召开。来自国内外科研院校的 450 多名专家、学者参加会议。组委会邀请了 5 位行为运筹管理领域的专家作主题报告。

12 月 20 日，学会召开行为运筹与管理分会第一届代表大会。与会代表共同审议了若干议程。会议由清华大学教授赵晓波主持，学会理事长胡晓东到会致辞。赵晓波介绍和说明了分会成立前的筹备工作，会议审议了筹委会拟定的分会章程，该章程经全体会员表决后通过。

经过选举，表决通过了赵晓波担任分会理事长，崔海涛、胡祥培、孙绍荣、谢金星、赵道致、赵林度担任分会副理事长，姜海为秘书长。

学术期刊 学会主办 3 个学术期刊。《运筹与管理》2015 年收到稿件 1147 篇，刊出论文 223 篇，刊出率小于 20%，反映了当前我国运筹学理论研究及其在管理中应用的最高水平。2015 年获中国科协“期刊数字出版与传播建设项目”资助，对原有的稿件电子处理系统进行优化。年内在全国各地召开了五次部分编委会成员会议，由主编和执行副主编听取编委、审稿专家和作者意见。杂志正在进行由双月刊发展为月

刊的准备工作。

2015 年，《运筹学学报》收到文章 134 篇，刊出文章 57 篇。

《中国运筹学会会刊》收稿 108 篇，印刷版正式出版 33 篇文章，优先在线出版 43 篇文章，被中国科学引文数据库列为核心期刊。目前在 Web or Science 核心数据库中的引用次数提升。《中国运筹学会会刊》2015 年出版专辑 2 个，分别为 *Data-driven optimization models and algorithms*、*Sparse and low rank optimization*。2014 年刊物正式接受北京市新闻出版局年检，顺利通过第一次年检。《中国运筹学会会刊》与《运筹学学报》共同召开联合编委会，13 名编委参加会议。《中国运筹学会会刊》还召开期刊发展研讨会，30 多名审稿人、作者和编委参加。

国际学术会议 8 月 10—14 日，第八届国际工业与应用数学大会（ICIAM2015）在北京召开。会议由中国工业与应用数学会承办，中国数学会、中国计算数学会和中国运筹学会协办。郭雷院士担任大会执委会主席，马志明院士担任大会学术委员会主席，李大潜院士担任大会指导委员会主席。在为期五天的大会中，国家副主席李源潮出席开幕式并作了鼓舞人心的重要讲话。会议设立大会邀请报告和获奖报告 31 个、公众报告 1 个、分组报告 2900 余个、展板报告 200 余个等，来自 70 余个国家与地区的 3400 余人参会。会议论文报告数、参会人数为历届大会之最。

7 月 28 日—8 月 2 日，北京工业大学数理学院和学会数学规划分会在北京共同举办组合优化及其在交通和物流中的应用高级讲习班。讲习班邀请德国柏林祖斯研究所 Ralf Borndörfer 教授，柏林工业大学 Sebastian Stiller 教授，加拿大新布伦瑞克大学杜东雷教授和北京科学与工程计算研究院 Rolf Möhring 教授出任讲习班授课讲师。讲习班学员包括来自多个省、自治区、直辖市的 30 多所高校和科研院所的青年教师和博士研究生 90 余人。

8 月 4—6 日，第二十一届国际计算与组合会议（The 21st Annual International Computing and Combinatorics Conference，COCOON 2015）在北京举行。120 多名专家、学者出席，其中国外高校与科研院所专家、学者 38 名，国内高校与科研院所专家、学者 82 名。会议收到论文 102 篇，录用 49 篇论文和 11 篇研讨短文等。会议论文集被德国 Springer 出版社旗下的 *Lecture Notes in Computer Science* 系列正式出版。

7 月 21—24 日，由学会可靠性分会主办的 2015 年质量、可靠性、风险、维修性及安全性工程国际学术会议（International Conference on Quality，Reliability，Risk，Maintenance，and Safety Engineering，QR2MSE 2015）在北京召开。来自美国、加拿大、英国、日本、韩国、法国、新加坡、葡萄牙、挪威、卡塔尔、印度、德国、西班牙等 16 个国家和地区的 186 名专家、学者、研究生等参加会议（其中国外学者 70 人），会议收录了 135 篇学术论文。

6 月 1—4 日，在学会可靠性分会副理事长崔利荣的带领下，可靠性分会 30 余人参加了在日本东京召开的第九届可靠性数学方法国际学术会议（9th International Conference on Mathematical Methods in Reliability，MMR 2015），通过学术报告等多种形式与国际可靠性专业优秀学者进行了学术研讨。

8 月 21—24 日，第 9 届系统生物学国际研讨会（ISB2015）暨第 12 届运筹学及其应用国际研讨会（ISORA2015）在河南省洛阳市举办，国内外 150 名专家、学者到会。ISB2015/ISORA2015 邀请到 7 位大会报告人，组织了专题报告 50 多篇。会议由 IET 出版了专业论文集，收录论文 40 余篇。会议得到河南科技大学的大力支持，承办单位为会议的成功召开做了大量工作。会议期间召开了计算系统生物学分会理事会和换届会，选举产生了新一届理事会。

6 月 22—24 日，随机服务与运作管理分会主办的第三届供应链管理和快递物流国际研讨会在中国科学技术大学举行。会议邀请了陈滨桐佳等 12 位国内外知名专家、学者和周宝昌等 6 位物流企业经理与会。来自国内大专院校及企业界人士 120 余人参加了会议。会议期间，国内外专家、学者介绍了最新的研究成果，会议收到交流论文 20 余篇。

国内主要学术会议 7 月 17—20 日，第六届图论与组合算法国际研讨会暨中国运筹学会图论组合分会代表大会在甘肃省兰州市召开。来自中国、美国、法国、德国和马来西亚的 50 余所科研院校共计 300 多名专家、学者参加会议。会议期间完成了图论组合分会理事会的换届工作。7 月 18 日，图论组合分会第三届理事长闫桂英代表第三届理事会作工作报告，总结了 2011 年以来所做的工作和取得的成绩，并提出今后工作希望。

300 余名专家、学者以无记名投票的方式选举产生了新一届理事会。会议期间召开了中国运筹学会图论组合分会第四届理事会第一次会议。82位理事和代表选举产生了新一届的正副理事长、秘书长和常务理事。

新当选的图论组合分会第四届理事长郭田德教授提出了“图论与组合并举，理论、算法和应用共进”的工作设想，34位新当选的青年理事组成青年工作委员会。

6月6—7日，运筹学学科发展与研究生培养研讨会在中国科学院大学举行。会议由学会、中国科学院大学数学科学学院、中国科学院大学数据挖掘与知识管理重点实验室共同举办。研讨会旨在进一步推动我国运筹学学科快速健康发展，规范我国运筹学学科研究生培养目标和课程设置方案。研讨会开幕式由中国科学院大学数学科学学院郭田德教授主持，中国科学院大学副校长王艳芬到会致辞，并介绍了中国科学院大学的办学理念、现状和发展态势。基金委数理学部雷天刚处长介绍了数理学部受理和资助数学学科各类基金项目的整体情况，指出运筹学相关领域和方向近些年来出现的一些问题，并对运筹学中多个研究方向的项目组织和人才培养提出了具体的建议。学会理事长胡晓东、副理事长杨新民、数学规划分会理事长戴彧虹分别作了题为“运筹学的研究与教学——从组合优化谈起”“重庆师范大学运筹学科及基金委‘双新’论坛”“优化理论、算法与应用若干思考”的报告。8个培养单位介绍了运筹学学科课程设置的情况，会议历时2天，安排10余个专题报告。来自大学等研究所及高校运筹学学科带头人共40余人参加会议。

8月19—20日，运筹学与医疗管理高峰论坛在上海市召开，论坛由上海市第一人民医院和上海交通大学公济－安泰医院全质量管理研究中心主办。来自全国17个省（自治区、直辖市）的100多位运筹学、工业工程、管理科学、计算机科学等领域的专家、师生和具备丰富实践经验的医院管理者出席论坛。上海市第一人民医院院长王兴鹏在论坛开幕式上致辞。学会理事长胡晓东宣布成立中国运筹学会医疗管理分会筹备。上海交通大学安泰经济与管理学院万国华教授介绍了学会医疗管理分会筹备组的工作打算。论坛向王兴鹏和上海第二工业大学教授唐国春颁发筹备组顾问证书。东北财经大学管理科学与工程学院院长唐加福和华中科技大学自动化学院教授沈吟东分别作了题为“医疗门诊预约服务管理研究进展”“多级别医院护理人员优化排班”的大会学术报告。15名专家聚焦运筹学在医疗管理中的实践应用案例和理论支持，在手术排程、医务人员排班、预约调度、医疗资源分派、患者流管理等方面，开展交流。

国际组织任职　11月18日，发展中国家科学院（原第三世界科学院）第26届院士大会在奥地利首都维也纳召开，学会前任理事长袁亚湘院士在会上当选为发展中国家科学院院士。

科普活动　5月22日，在全国科技活动周里，学会科普工作委员会组织了科普进校园活动——运筹学走近高中生活动。学会和北京青少年科技俱乐部为北京师范大学第二附属中学送去20余块运筹学科普知识展板。

5月22日，中国科学院数学与系统研究院运筹学专业研究员和博士生一行10人，为北京师范大学第二附属中学的同学开设了2场运筹学科普讲座，300人参加讲座。由中国科学院数学与系统科学研究院研究员闫桂英和戴彧虹分别作了题为“运筹学——把事情做到最好”和“一类常见的资源分配问题”的报告。

会员服务　在中国科协学会改革基础工程项目的支持下，学会成立了会员工作委员会。工作委员会由秘书长刘克负责，常务副秘书长刘德刚负责具体实施，5位委员负责制定和监督会员管理规范的制定和执行，提出会员发展计划，并实施信息化会员系统的设计、运行和维护工作，修改并制定了会员工作条例、会员管理条例、团体会员发展与管理办法等制度文件。新的会员条例梳理和增加的会员类别（终生会员）。

学会网站www.orsc.org.cn，及时发布学会学术信息，推出网上会员管理系统，为会员入会、交费、会员核查、国际组织活动中的会员互认，会员信息的反馈等提供方便快捷的服务。通过本项目，整理了会员信息。推出会员管理系统，可实现网上入会，会员信息更新，网上缴纳会费，会员认证等功能。2015年有210人新加入学会成为会员或终生会员，在线会员人数不断扩大，已达到1200多名，会员系统为会员交流提供有价值的信息。

【中欧2015年连续优化国际研讨会】 5月10—12日，经历约一年时间的准备，由中国运筹学会（Operations Research Society of China，ORSC）、欧洲联合运筹学会（Association of European Operational Research Societies，EURO）、上海大学三家联合举办的首届中欧运筹学会议—连续优化会议在上海市举行。学会理事长胡晓东和欧洲联合运筹学会前理事长 Gerhard Wascher 教授担任会议主席，学会数学规划分会理事长、国家杰出青年基金获得者、中国科学院冯康讲座教授戴彧虹与欧洲运筹学会优化分会理事长 Julius Zilinskas 教授担任程序委员会协同主席，上海大学理学院数学系白延琴教授和中东技术大学 Gerhard-Wilhelm Weber 博士担任组委会协同主席。

开幕式由上海大学教授白延琴主持。上海大学副校长丛玉豪致辞，简要介绍了上海大学的发展与现状，向代表报告了新近出炉的上海大学在 2015 年 QS 世界大学学科排行 400 强中的 8 个优势学科和 6 个优势专业。其中，上海大学的运筹学和数学名列前茅。胡晓东代表学会致欢迎辞，Gerhard Wascher 教授代表欧洲方致辞。

会议的主题是运筹学各个分支和相关研究方向。来自欧洲联合运筹学会的主席 Gerhard Wascher 教授以及他带领的欧洲运筹学会代表团、胡晓东为首的中国运筹学会代表团、以中国科学院院士袁亚湘为代表的 4 位大会报告人，来自世界各地 15 个国家与地区的 200 多名专家、学者出席首届中欧连续优化国际会议。中国科学院袁亚湘院士在内的 4 位杰出学者的特邀报告，来自世界各地 16 个国家的专家、学者作了关于稀疏优化、非线性优化、全局优化与控制、随机优化、锥优化与张量优化、优化与应用等很多前沿方向的 42 个邀请报告和 40 个分组报告。报告反映了学科前沿、交叉领域所取得的重要研究进展。

【智能工业数据解析与优化专业委员会成立大会】 10 月 24 日，学会副秘书长刘德刚主持召开智能工业数据解析与优化专业委员会成立大会，会议经过选举，确定东北大学唐立新教授担任专业委员会第一届理事长，宝山工程技术集团公司有限公司副总经理胡国奋先生和国家千人计划专家、麻省理工学院（MIT）博士、香港中文大学（深圳）副校长罗智泉担任副理事长，挂靠单位为东北大学工业工程与物流优化研究所。

智能工业数据解析与优化专业委员会，主要致力于搭建学术界和工业界的一个常态化的交流平台，旨在通过数据解析技术充分利用和挖掘工业过程的大数据资源，实现决策的科学化与运行优化，从而推动智能工厂的发展。胡晓东代表学会向本次大会的召开表示祝贺，希望所有的与会专家以及业界的朋友能够齐心协力，共同推动智能工业数据解析与优化的发展。

会议还设立了智能钢铁、智能石化 & 有色、智能能源 & 电网、智能矿山 & 物流系统四个工业论坛分别进行深入交流。

（撰稿人：胡　洁）

中国菌物学会

服务创新型国家和社会建设　2015 年，学会筹划和举办了系列菌物产业专题论坛 4 个，涵盖猪苓、冬虫夏草、灵芝、香菇等多个食药用菌领域，参会人数 1800 人次。

2015 年，学会举办 6 个专业领域技术培训班，包含菌物多样性及系统学、现代真菌分类系统及命名、菌物遗传及分子生物学前沿及研究技术、医学真菌学、真菌次级代谢产物、医学真菌学基础与实验技术等多个专业领域，通过讲座、实验演示、野外采集等多种形式开展，受益人数约 400 人次。

学会建设　截至 12 月 31 日，学会个人会员 3034 名，会员人数比 2014 年增加 58 名，团体会员单位 18 个，比 2014 年增加 2 个单位。

学术期刊　学会主办学术期刊 3 种，其中英文期刊 *Mycology* 自开放电子版免费下载后，2015 年在线下载量增加。中文核心期刊《菌物学报》发表文章数量 140 篇，其中综述 20 篇、论文 98 篇、简报 11 篇，英文文章 11 篇。2015 年,《菌物学报》入选首批中国知网中文精品学术期刊外文版数字出版工程，获得 2015 年度“科学出版社期刊出版质量优秀奖”及中国具国际影响力学术期刊等。

国内主要学术会议　2015 年，学会举办国内学术会议 8 次，其中学术类会议 4 次，分别是 2015 年中国菌物学会学术年会、第十二届海峡两岸菌物学学术研讨会、第七届地衣生物学研讨会、马拉色菌相关疾病指南修订高峰论坛会；举办菌物产业专题论坛 4 次，1945 人次参加会议。交流学术报告 225 个，收录论文摘要 437 篇。

国际组织任职　学会是国际真菌协会（IMA）国家成员、亚洲菌物协会（AMA）国家成员。学会理事长刘杏忠担任亚洲菌物协会（AMA）主席（2015—2019），学会副秘书长蔡磊担任亚洲菌物协会（AMA）秘书长（2015—2019），同时担任国际真菌分类委员会委员。

科普活动 2015年，学会举办的科普展览“菌物世界”长期对外开放。“菌物世界”中的“真菌与人类”部分，受众人数约850人次。

表彰举荐优秀科技工作者 9月22日，学会首届戴芳澜科学技术奖颁奖仪式，在上海光大会展中心举行的学会学术年会闭幕式上举行。2015年度，学会名誉理事长、吉林农业大学李玉和、中国医学科学院皮肤病研究所教授吴绍熙荣获戴芳澜终身成就奖。中国科学院微生物研究所真菌学国家重点实验室主任刘杏忠、云南大学副校长张克勤荣获戴芳澜杰出成就奖。中国科学院微生物研究所研究员蔡磊、北京林业大学教授崔宝凯荣获戴芳澜优秀青年奖。戴芳澜优秀学生奖依据参会研究生在学术年会学生组的口头报告及相关教育背景，由评委老师进行现场评分，依据得分评出了本届6位获奖者——中国科学院微生物研究所陈亮，中国科学院上海植物生理生态研究所卢玉珍、刘睿，中国科学院昆明植物研究所韩利红，山东农业大学马英瑞，西北农林科技大学彭海霞。

学会开展2015年两院院士候选人推荐工作及中国青年科学家推荐工作，利用学会官方网站宣传本年度科技工作者12人次。

【第十二届海峡两岸菌物学学术研讨会】 11月7—11日，由学会与台湾真菌学会共同主办，台湾东海大学承办的第十二届海峡两岸菌物学学术研讨会在台湾地区台中举行。来自海峡两岸的100多名专家、学者参加研讨会，其中来自大陆高等院校及科研单位的专家、学者33人。

研讨会特邀4名学者作大会报告，学会理事长王成树，常务副秘书长、中国科学院微生物所研究员蔡磊分别作《虫生真菌次级代谢机理研究》和“*Speciation of Macalpinomyces Eriachnes, a Complex of 10 Host Specific Species*”的特邀报告。

研讨会分别设立真菌系统与多样性、生理调节机制、真菌环境适应与调控3个专题讨论组，30名专家作口头报告。会议收录论文摘要80余篇，海报展示30余幅。

会议期间，学会与台湾真菌学会举行了两岸合作论坛，34位产业界专家、学者参加论坛，论坛分别从学会合作、研究项目合作、产业促进合作三个方面进行了讨论。经过双方商定讨论，就两岸学会之间信息互通、会员互认、合作申办大型国际会议、建立专题研究小组、联合培养研究生以及产业领域内信息互通和互助等方面达成共识或合作意向。

【《菌物遗传与分子生物学》前沿及研究技术讲习班】 7月19—24日，由学会与中国科学院微生物研究所真菌学国家重点实验室联合举办的第二期《菌物遗传与分子生物学》前沿及研究技术讲习班在中国科学院微生物所举办。来自全国科研院所、高等院校以及中国科学院微生物所内的80余名学生、青年老师参加了培训。

培训班邀请了海归科学家和在制药、酶制剂等生物产业的一线专家等共14名主讲老师。讲课内容围绕他们取得研究成果所积累的研究心得、试验设计与先进技术运用等。

3天讲座之后，学会安排了2天实验培训，涵盖基因敲除、遗传转化、生理生化以及细胞生物学研究等目前先进的菌物遗传与分子生物学技术。这部分内容邀请了在科研一线，熟悉掌握具体技术的助理研究员和博士研究生为主讲者，从Protocol入手，讲解新技术方法，带领学员在实验室进行操作。

（撰稿人：蒋　娜）

中国晶体学会

学科发展 《中国晶体学学科史》2014年6月底获得批准，加入到中国科协2014—2015年度6个学科史研究项目中。截至2015年年底，学会收到10多万字的初稿，48名专家和学者参与撰稿，其中院士9名，学会和专业委员会召开的工作会议12次，其中30人以上会议3次。

5月29日，*Science* 期刊以长文（Article）的形式并作为封面文章发表了中国科学院植物研究所沈建仁和匡廷云研究团队的突破性研究成果——高等植物光系统 I（PSI）光合膜蛋白超分子复合物2.8 Å的世界最高分辨率晶体结构，文章题为 *Structural Basis for Energy Transfer Pathways in the Plant PSI-LHCI Supercomplex*。此研究成果“高等植物光系统 I 光合膜蛋白超分子复合物晶体结构解析”入选中国科协生命科学学会联合体评选的2015年度“中国生命科学领域十大进展”。

8月21日，清华大学生命科学学院施一公教授研究组在国际顶级期刊 *Science* 同时在线发表了两篇背靠背研究长文，题目分别为 *Structure of a Yeast Spliceosome at 3.6 Angstrom Resolution*（《3.6埃的酵母剪接体结构》）

和 *Structural Basis of Pre-mRNA Splicing*（《前体信使RNA 剪接的结构基础》）。此研究成果“剪接体的三维结构以及 RNA 剪接的分子结构基础研究”入选中国科协生命科学学会联合体评选的 2015 年度“中国生命科学领域十大进展”。施一公研究组对剪接体近原子分辨率结构的解析，不仅初步解答了这一基础生命科学领域长期以来备受关注的核心问题，又为进一步揭示与剪接体相关疾病的发病机理提供了结构基础和理论指导。

国内主要学术会议 11 月 6—8 日，由学会极端条件晶体材料专业委员会主办的极端条件材料国际研讨会在中国科学院物理研究所召开。来自美国、欧洲、日本等国内外 100 余名专家、学者参加会议，会议设邀请报告 30 个，学会资助了 6 名最佳墙报奖。会议促进了极端条件材料与晶体学之间的交流。

10 月 26 日，由中国物理学会 X 射线衍射专业委员会、中国晶体学会粉末衍射专业委员会联合委员会举办 2015 年全国 X 射线衍射结构分析培训班，来自 30 多个单位的 150 余名青年学者参加了培训。

【第十七届全国晶体生长与材料学术会议】 8 月 11—15 日，由中国硅酸盐学会晶体生长与材料分会和中国晶体学会晶体生长与表征专业委员会联合主办，哈尔滨工业大学和长春理工大学承办的第十七届全国晶体生长与材料学术会议（CCCG-17）在黑龙江省哈尔滨市召开。来自国内外晶体材料研究领域的专家、学者、青年学生、企业界人士等共 840 余人参加会议。

会议围绕人工晶体的基础科学问题和应用技术进行了探讨。会议收到论文投稿 448 篇，设立大会邀请报告 7 个、大会论坛邀请报告 5 个、专题邀请报告 86 个、张贴报告 248 个。

会议期间，学会还举办了新技术、新产品与新仪器成果展览以及人才交流活动，30 家晶体生长与材料相关企业参展。

【第十二届全国 X- 射线衍射学术大会暨国际衍射数据中心（ICDD）研讨会】 11 月 26—29 日，第十二届全国 X- 射线衍射学术大会暨国际衍射数据中心（ICDD）研讨会在四川省绵阳市举行。

会议由中国物理学会 X 射线衍射专业委员会、中国晶体学会粉末衍射专业委员会、国家自然科学基金委员会工程与材料科学部、中国工程物理研究院、北京市硅酸盐学会、中国科学院物理研究所和国际衍射数据中心（International Centre for Diffraction Data, ICDD）共同主办，中国工程物理研究院材料研究所、表面物理与化学重点实验室、重庆大学共同承办。

来自美国、俄罗斯、德国、日本等国家的特邀嘉宾及全国高等院校、科研院所、企业的 300 余名专家、学者参加会议，其中青年研究工作者占 65% 以上。会议收到论文或摘要 148 篇。

会议设立了“粉末衍射理论与方法”“粉末衍射应用”和“低维材料与其他”3 个分会场，共有 69 人在各分会场作了口头学术报告，有 46 张 Poster 进行了展示。

（撰稿人：陈　冲）

中国神经科学学会

服务创新型国家和社会建设 2015 年，学会执行民政部社会服务示范项目，组织由全国百余名疼痛专家组成的专家团队，依托理事单位的医疗机构开展服务活动。学会选择具有代表性的陕西省、甘肃省、内蒙古自治区、新疆维吾尔自治区作为服务合作目标区域，对当地肿瘤患者进行 3 次义诊，发放 3000 人次救济性药品，开展患者及家属宣教工作，为贫困患者进行免费神经阻滞和免费体检 3 次，受益人数 510 人次。

学会开展医务人员的癌痛规范治疗培训 34 次，发放《癌痛规范化诊疗医护人员口袋书》1003 册。项目实际直接服务总人数为 6335 人次。

学会建设 9 月 21 日，学会在浙江省嘉兴市乌镇召开了第六次会员代表大会。学会建立了理事会动态管理制度，根据理事反馈表或者考评表，对从不参加理事会的理事或常务理事视为取消其理事资格，去掉了 16 位不积极的理事，规定了理事不能连任三届，规范理事和常务理事届中调整，及时调整不称职的理事、更换因人事变更需要调整的单位理事，增补本行业、本学科的杰出专家。

截至 12 月 31 日，学会统计会员人数为 2452 人，新增了神经肿瘤分会、神经影像学分会，学会下属分会由原来的 14 个增加到 16 个。湖南省新成立神经科学学会。

学会改革 2015 年年会注册签到，全部实行网上签到。网上注册缴费系统加开支付宝通道，制作会议 APP，便于会员在手机上查看会议议程等信息。

学会期刊 中国科学院上海生命科学研究院和学

会主办的英文学术期刊*Neuroscience Bulletin*出版6期，共775页，发表论文77篇，其中4期是学术专辑，全部链接到学会网站上供会员下载。根据汤森路透2015年公布的JCR，*Neuroscience Bulletin*影响因子为2.509。

学科发展研究 学会理事长段树民院士担任顾问，中国科学院院士赵继宗，中国工程院院士周良辅，解放军总医院神经外科主任、博士生导师周定标担任首席科学家，国内50位神经外科各领域的医师负责各分报告撰写，完成《2014—2015神经外科学科发展报告》。

国际学术会议 2015年，学会及其分会举办国际会议5次：第五届国际离子通道大会、第六届亚太神经科学联合会学术会议、第六届亚洲疼痛会议、神经科学与技术交叉国际前沿研讨会、2015情感神经环路国际学术研讨会，参会人数4180人次，交流论文1316篇。会议邀请诺贝尔奖获得者、美国科学院院士等在内的国外知名专家、学者70人参加。

国内主要学术会议 2015年，学会及分会举办年会、研讨会、论坛等学术活动10次，感觉和运动、精神病学基础与临床、离子通道与受体、神经损伤与修复、神经影像学、神经肿瘤和突触可塑性分会分别召开了学术会议。

9月20日，神经损伤与修复分会主办了3个专题讨论会，就神经损伤基础研究、神经创伤的临床治疗研究以及神经损伤后意识障碍病的研究方面，邀请国内外15名专家作专题报告，最终形成《脑损伤神经功能损害与修复专家共识》初稿。

国际组织任职 学会理事长段树民院士担任亚太神经科学联合会主席。学会常务理事陈应城教授担任国际脑研究组织亚太区主席。

国际交往 1月，与日本神经科学学会合作，学会承担推荐Travel awards for the annual meeting of the Japan Neuroscience Society（JNS）。学会组织9位评委对39份申请材料进行了评审选拔，最终向JNS推荐了6名优秀青年学生。

学会在年会上与国际组织合作设奖设立旅费资助，日本3个名额，斯里兰卡3个名额。

7月7—11日，学会副理事长张旭参加国际脑研究组织（IBRO）2015年年会，竞选2019年年会在中国的举办权。

与欧洲神经科学联盟（FENS）合作设立FENS-CNS Young Researchers Exchange Support Programme，相互资助优秀学生出国培训。

科普活动 5月18日，学会在复旦大学基础医学院中西医结合系开展了实验室对中学生开放日活动。来自上海向明初级中学的同学通过参观人体科学馆、聆听医生讲述学医从医感悟、了解传统医学针刺镇痛等活动，感受传统医学和现代医学的魅力。

5月，学会在山西医科大学举办“科技开放活动周”主题活动，与知名企业亚宝药业集团重点实验室开展交流活动，面向在校大学生进行实验室开放，参加人数70余人次。

表彰举荐优秀科技工作者 2015年学会开展多渠道社会评奖，分别与基金会、企业和国际组织联合设立7个奖项，评选出青年科学家奖5名和优秀学生奖33名，以资助不同层次的神经科学工作者争取更多的激励。同时建立在线评奖系统，完善评奖制度和公平公开监督体系。

党建强会 学会与中国生物化学与分子生物学学会、中国植物生理与植物分子生物学学会建立联合党支部。

4月30日，学会联合党组织开展2015学会青年健步走活动，活动主题为“党建引领、建家交友、服务青年、友爱春天”。

5月，学会倡议开展“爱心用手绘，环保集善款”主题系列党员活动，活动包括环保包DIY手绘、手绘包义拍以及爱心善款捐赠3个部分。学会通过“小桔灯”等公益网站，选择急需帮助的捐赠点，分别捐赠至四川省凉山彝族自治州越西县瓦岩乡蓝鹰公益协会项目以及西藏昌都地区类乌齐县桑多镇第二中心小学（恩达小学）。

会员服务 学会开始向会员发布学会简报，反映学会年度工作的综合信息。

1月19—23日，第8期静息态脑成像原理、方法与应用培训班在浙江省杭州市举行，30名学员参加培训。

7月18—19日，Python在认知神经科学和心理学实验中的应用技术培训班在浙江省杭州市举办，20名学员参加培训。

11月27—30日，学会在浙江省杭州市举办第一届ASL Perfusion MRI培训班，30名学员参加培训。

【中国神经科学学会第六次会员代表大会】 9月21日，学会第六次会员代表大会在浙江省桐乡市召

开。学会理事长段树民院士代表学会作第五届理事会工作报告，学会副理事长张旭院士作财务报告，学会副理事长陈生弟作章程修改说明的报告。会议审议通过了会费标准和章程，近400名代表参会。

代表们以无记名投票的方式选举产生第六届理事会，共132位理事。六届一次理事会选举出41位常务理事，段树民院士再次当选学会理事长，陈生弟等9人任学会副理事长，何成任秘书长。

9月21日，六届一次常务理事会选举出各分支机构负责人，并对每位副理事长的工作进行分工。

【第六届亚太神经科学联合会学术会议暨中国神经科学学会第十一届全国学术会议】 9月20—23日，第六届亚太神经科学联合会学术会议暨中国神经科学学会第十一届全国学术会议在浙江省乌镇召开。

中国科学院院士杨雄里、陈宜张等3131名专家、学者参加会议。会议邀请到诺贝尔奖获得者、美国科学院院士作大会报告，题目为“神经环路的分子机制：对孤独症和精神分裂症的提示”“成年哺乳动物海马神经的调节和功能”“哺乳动物大脑的全部连接映射模式”。学会组织了JNS-CNS（中日）、FAONS（亚太神经科学联合会）等13个国际研讨会。

会议围绕神经发育，神经递质、受体、离子通道和神经元兴奋性，突触传递及突触可塑性，胶质细胞，学习记忆，认知、行为及神经环路，感觉系统，运动系统，内稳态、神经免疫、内分泌，神经变性疾病，脑缺血与保护，癫痫与先天性神经疾病，心理、成瘾及精神疾病，神经损伤和再生，神经生物学教学15个主题展开讨论。

会议设9个会场，255个口头报告，6个卫星会议，44个小型研讨会，818个墙报展示，75个展位。

（撰稿人：傅　璐　韩　雪）

中国机械工程学会

服务创新型国家和社会建设　2015年，学会参与的中国工程院重大咨询项目“制造强国战略研究”第一期研究成果正式发布，该成果编撰成四卷丛书，于4—9月间陆续出版。学会承担的“机械制造强国战略研究”“中国工业机器人产业发展战略研究”“工程机械行业数字化网络化智能化制造技术路线图”等成果收录其中。

8月，依托学会、历时两年的中国工程院重大咨询项目“创新设计战略研究”全面完成并结题验收。其阶段性成果《关于大力发展创新设计的建议》于2015年2月上报国务院。“提高创新设计能力”已作为提高我国制造业创新能力的重要举措纳入“中国制造2025”。

8月21日，学会组织相关专家在北京召开了《中国机械工程技术路线图》修订工作启动会，会议明确了分工和进度，要求修订版在2016年11月前出版。

中国机械工程分技术领域路线图研究完成机械制造、创新设计、塑性工程、设备工程、特种加工技术5个领域路线图的研究工作并形成初稿。启动铸造技术、焊接技术、再制造技术、增材制造技术、高端轴承技术5个分技术领域路线图的研究。

2015年，学会铸造分会完成《铸造行业“十三五”技术发展规划纲要》的编制，这是一部对铸造行业各专业领域提出重点发展项目及关键技术的指导性文件。

11月，由学会物流工程分会编写的《物流工程技术路线图》出版发行。

11月13日，学会联合山西省科技厅、山西省科协举办了山西省“数控一代”机械产品创新示范应用推进会。

11月26日，学会副理事长兼秘书长张彦敏在工作总部会见了由陈少琼女士率领的香港科技协进会访京团一行，向香港学者介绍了学会、《中国制造2025》的背景、学会参与机械制造强国战略研究等情况。陈少琼介绍了香港科技协进会的有关情况。双方代表就未来在制造业领域合作的可能交换了意见。

学会组织编写的“十二五”国家重点图书出版计划项目《中国机械史》之《中国机械史　技术卷》《中国机械史　行业卷》（全三册）、《中国机械史　通史卷》（上下册）由中国科学技术出版社出版。至此，启动于2002年的《中国机械史》编撰出版工作全部完成，全书分4卷7册和1册中英文对照的彩印图册。

学会组织编写的《数控一代案例集　山东卷》和《数控一代案例集　山西卷》由中国科学技术出版社出版。机械工程技术路线图系列图书之一《物流工程技术路线图》，由中国科学技术出版社出版。

焊接分会编写完成了《焊接手册焊接结构　第3卷（第3版修订本）》，学会无损检测分会编写完成了《无损检测2级培训教材：磁粉检测（第2版）》，以上图书均由机械工业出版社出版。

学会组织完成了对清华大学等16所高校的21个机械类专业点的认证考查工作。

学会组织召开第十二次机械工程师资格认证工作会议，举办2015年机械工程师资格认证全国统考和近10次各专业工程师资格考试。开展了机械制造和机械控制领域见习工程师认证试点，以及材料成型与改性工程师职业水平评价工作试点。2015年共认证各类工程师2699人。

学会承办的"绿色制造技术、装备的研发及其应用高级"和"现代制造节能减排技术与企业能源管理高级研修班"等两期人力资源和社会保障部专业技术人员知识更新工程高级研修班，共计培训159人次。举办3期"高等学校机械类专业实验实训设备与安全管理培训班"，共计培训199人次。

承接中国科协"行业继续教育基地的专业能力建设与水平提升"项目，开发学会继续教育培训网络在线学习平台软件，整理汇集了近3年举办的先进技术高级研修班培训课程大纲。

学会建设 2015年，学会召开理事会议1次，常务理事会议2次，全国总干事秘书长工作会议1次。

2月6日，学会2015年总干事秘书长工作会议在四川省成都市召开。学会各专业分会总干事、各省区市机械工程学会秘书长以及工作总部相关工作人员共90多人出席会议。会议部署了2015年学会工作，对学会系统2014年度最具影响力学术会议、最具影响力综合活动平台、2014年度先进分会和先进省区市学会进行了表彰。会上5个分会和3个省级机械工程学会进行了工作经验交流。

6月27日，中国机械工程学会十届八次常务理事（扩大）会议于在天津市举行。45名常务理事到会，学会监事，部分理事、部分专业分会总干事、省区市学会秘书长以及工作总部工作人员共30人列席会议。会议由学会理事长周济主持。中国科协原党组成员、书记处书记沈爱民应邀到会作题为"关于学会承接政府转移职能情况"的报告。会议全票通过了《关于成立中国机械工程学会第十一次全国会员代表大会筹备领导小组的提案》。

11月20日，学会十届九次常务理事（扩大）会议在广西壮族自治区南宁市召开。学会理事长周济，包起帆等7名副理事长以及常务理事及常务理事代表共40人出席会议。会议由周济主持。会议审议通过了十届五次理事（扩大）会议议程、增材制造技术分会第一届委员会组成方案和热处理等专业分会换届方案及部分分会委员调整方案。

11月20日，学会十届五次理事（扩大）会议在广西壮族自治区南宁市召开。学会理事长周济、卢秉恒等7名副理事长、副理事长兼秘书长张彦敏和理事及理事代表共132人出席会议。会议由周济主持。会议原则通过了《中国机械工程学会2015年工作汇报及2016年重点任务》的报告，表决通过了中国机械工程学会换届方案、成立《会章》修订及会费调整工作组、筹备成立中国机械工程学会标准化工作委员会，以及增补第十届理事会理事等4项提案和议案。

2015年，学会所属6个专业分会完成换届，成立了增材制造技术分会第一届委员会，7个分会委员会作了调整。

2015年，学会编辑出版了《机械工程导报》《学会动态》《机械工程师资格认证工作通讯》《中国机械工程学会年鉴》（2014）和《中国机械工程学会服务指南2014》等内部刊物和资料。

截至2015年年底，学会微信公众号关注用户达到26810人。

2015年，学会共组织各类学术会议97次，15960人次出席，交流论文3708篇。

2015年，学会通过民政部组织的中国社会组织评估，获得全国性学术类社团评估5A等级，获得民政部授予的"全国先进社会组织"称号，获得中国科协"学会创新和服务能力提升工程优秀科技社团"一等奖，获得"2015年度中国科协创新驱动助力工程优秀单位"称号。

学术期刊 2015年，学会主办科技期刊36种，总印数1858600册，刊载论文10965篇。根据中国科学技术信息研究所发布的《2015年版中国科技期刊引证报告（核心版）》,《机械工程学报》和《中国机械工程》主要计量指标综合排名继续保持同类期刊前两名，且与《压力容器》《中国表面工程》《焊接学报》《包装与食品机械》4种学会主办期刊一起，包揽同类期刊前10%。在2015年中国科协精品科技期刊工程第四期项目中,《机械工程学报》获得中国科协精品科技期刊TOP50项目资助,《中国机械工程》《中国表面工程》《焊接学报》《材料热处理学报》获得学术质量提升项目资助,《汽车知识》获得精品科普期刊项目资助。学会还获得期刊集群（联盟）建设项目资助。

在国家新闻出版广电总局推出的2015年“百强报刊”评选中，学会主办的《中国机械工程》《金属热处理》《铸造》入选“百强科技期刊”，这是继2013年首次入选后三刊再次获得此项荣誉。

《机械工程学报》和《中国机械工程》入选中国科学技术信息研究所发布的“百种中国杰出学术期刊”，两刊多年蝉联此项荣誉。2015年，学会主办的英文期刊《中国机械工程学报》(英文版)再次获得“中国科技期刊国际影响力提升计划”项目资助。

学科发展研究 2015年继续承担中国科协学科发展研究项目，以国际摩擦学理事会副主席、学会摩擦学分会前主任委员雒建斌院士和中国机械工程学会摩擦学分会主任委员刘维民院士共同为首席科学家的项目组积极努力，继续开展“机械工程学科发展研究(摩擦学)”研究工作，并于2015年完成了研究报告的撰写，计划于2016年4月出版。

国际学术会议 2015年学会组织召开了2015智能制造国际会议、第七届流体动力及机电一体化国际学术会议、第14届国际压力容器技术会议(ICPVT-14)、第十六届国际制造大会(IMCC2015)等较有影响的国际会议。

国内主要学术会议 2015年，学会举办了第七届全国青年表面工程学术会议、2015年(第28届)全国机械行业可靠性技术学术交流会、2015年全国失效分析学术会议、第二十次全国焊接学术会议、第十二届全国摩擦学大会暨2015年全国摩擦学青年会议、第16届全国特种加工学术会议、第十一次全国热处理大会、第十八届全国机械设计年会、2015中国铸造活动周、2015年中国机械工程学会年会等会议。

8月8—9日，第十八届全国机械设计年会在浙江省杭州市举行。会议由学会机械设计分会主办，浙江理工大学、浙江工业大学、浙江大学承办，机械工业出版社、《中国机械工程》杂志社、《机电工程》杂志社协办，300多位专家、学者参加会议。卢秉恒院士、谢友柏院士、浙江大学教授冯培恩、国家自然科学基金委教授赖一楠、北京理工大学副校长项昌乐、合肥通用机械研究院范志超、浙江吉利动力总成研究院副院长陈勇等19位专家、学者，分别以“创新驱动，三维打印”“设计的知识资源与设计竞争力”“机械对称性理论及其在创新设计中应用的研究进展”“‘机械设计学’领域国家自然科学基金项目资助浅析”“车辆传动发展与设计的基础问题”“重型压力容器轻量化设计制造技术与应用”“中国轿车自动变数器技术的现状与发展”等为题作大会主题报告。会议期间还分别举办了“国家自然科学基金交流”和“中国制造2025”两个学术沙龙，就国家自然科学基金申请和项目建设的经验体会、“中国制造2025”的相关问题进行了充分探讨和交流。

10月14—17日，由学会摩擦学分会主办、西南交通大学承办、清华大学等单位协办的第十二届全国摩擦学大会暨2015年全国摩擦学青年会议在四川省成都市举行，会议主题包括材料的摩擦磨损、润滑与摩擦化学、工业摩擦学、生物摩擦学、微纳摩擦学、涂层、表面/界面摩擦学、制造过程摩擦学、摩擦学分析测试、摩擦学设计等。来自全国各地摩擦学及相关领域的专家、学者近1000人参加会议。

大会共收到论文或摘要720余篇，410余篇在会上进行了交流。大会邀请清华大学温诗铸院士、中国科学院兰州化学物理研究所研究员周峰、哈尔滨工业大学教授王黎钦、西南交通大学研究员郑靖、国家自然科学基金委员会工程与材料学部机械学科负责人赖一楠5位专家、学者，分别作了题为“承前启后，继往开来”“软物质界面的润滑减阻和摩擦控”“固液复合润滑表面/界面的损伤行为及寿命修正”“人牙釉质的磨损机制”“NSFC机械工程学科摩擦学类项目资助情况浅析”的大会主旨报告。清华大学教授孟永钢等17名专家、学者作了大会主题报告，中国科学院宁波材料技术与工程研究所王立平研究员等7位学者在青年摩擦学学术会议上作了主题报告。北京科技大学教授李疆和中国科学院兰州化学物理研究所固体润滑国家重点实验室研究员周峰获“2013—2014”年度“摩擦学最佳论文奖”，清华大学纪佳馨、西南交通大学米雪等11位研究生获得2015年摩擦学青年会议优秀论文奖。

两岸交流 3月，应台湾上银科技股份有限公司邀请，学会派副秘书长左晓卫赴中国台湾地区，就继续合作开展“第五届上银优秀机械博士论文奖”的评选工作等进行了商谈，签署了双方合作的补充协议。

国际组织任职 在11月20—26日西班牙毕尔巴鄂召开的世界铸造组织(WFO)执委会会议上，学会表面工程分会原主任委员、西安交通大学教授徐可为，学会焊接分会副主任委员、上海交通大学教授吴毅雄，学会常务理事、IFToMM中国委员会主席、天津大学教授黄田分别当选新一届IFHTSE、IIW、

IFToMM 执委。

国际交往 5月，学会荣誉理事长路甬祥、理事长周济会见来北京参加“2015 国际智能制造会议”及“中德高端研讨会”的德国机械制造商协会（VDMA）代表和德国企业界代表。

4月24日、5月12日、12月1日，学会理事长周济在京先后会见了来访的美国机械工程师学会（ASME）理事长罗伯特·西蒙斯（J. Robert Sims）一行、英国机械工程师学会（IMechE）秘书长斯蒂芬·提特勒（Stephan Tetlow）、Julio C. Guerrero 理事长率领的 ASME 理事会代表团。

学会派团参加了5月20—22日在意大利威尼斯召开的第22届国际热处理与表面工程联合会（IFHTSE）大会暨欧洲热处理会议、6月14—18日在加拿大魁北克召开的第十二届国际食品工程世界大会及国际食品工程学会（IAEF）执委会工作会议、6月15—20日在德国杜塞尔多夫召开的世界铸造组织（WFO）国际技术委员会会议及世界铸造组织技术论坛、6月28日至7月3日在芬兰赫尔辛基召开的国际焊接学会（IIW）第68届年会、10月25—30日在中国台湾地区召开的国际机构学和机器科学联合会（IFToMM）执委会2015年度工作会议、11月20—26日在西班牙毕尔巴鄂召开的世界铸造组织（WFO）执委会会议。

2015年，学会组织了两次创新设计考察交流。5月，学会派团赴韩国参加中韩好设计交流会。10月，学会副理事长兼秘书长张彦敏率团赴欧洲访问，与芬兰、德国、瑞士的企业、高校、政府有关机构的专家、学者进行交流。

2015年，学会派团参加了在日本举行的第五届中日韩机械工程学会联席会议、在美国举行的2015国际机械工程大会、在日本举行的第五届东亚焊接技术论坛等，并与日韩焊接学会领导层就如何为会员提供更好的服务等问题进行交流探讨，同时对将于2017年在华召开的国际焊接学会年会及国际焊接会议进行了宣传。

表彰举荐优秀科技工作者 2015年，学会共受理中国机械工业科学技术奖申报项目723项，共有366个项目获奖，其中，特等奖1项、一等奖33项、二等奖127项、三等奖205项。

通过中国机械工业科学技术奖项目向国家科学技术奖推荐候选项目13项，最终获得3项国家科学技术奖，其中国家科技进步奖一等奖1项，二等奖2项。另有1项联合申报项目获得国家科学技术进步二等奖。

学会评审出中国机械工程学会科技奖2015年度中国机械工程学会科技成就奖1人（王玉明院士），中国机械工程学会青年科技成就奖6人（王乾廷、张显程、赵立波、张大庆、胡久韶、董红刚），中国机械工程学会优秀论文奖76篇。

2015年向中国科协推荐两院院士候选人8人，其中，中国工程院院士候选人5人、中国科学院院士候选人3人。

2015年向中国科协推荐第十四届中国青年科技奖候选人6人。

2015年推荐光华工程科技奖（工程奖）候选人1人，向科技部推荐中青年科技创新领军人才候选人1人，向教育部推荐2015年度高等学校科学研究优秀成果奖青年科学奖候选人1人。

2015年，学会进行了第五届上银优秀机械博士论文奖评选，共有20篇论文获奖，其中银奖论文2篇、铜奖论文3篇、优秀奖论文5篇、佳作奖论文10篇，金奖空缺。

学会组织的2015年度“绿色制造科学技术进步奖”共授予9个项目，其中，一等奖1项、二等奖2项、三等奖3项、优秀奖3项。

【2015年中国机械工程学会年会】 11月19—21日，由学会、广西科协主办的2015年中国机械工程学会年会在广西壮族自治区南宁市召开。本届年会以“创新引领发展　迈向制造强国”为主题，来自全国各地的500多名机械科技工作者参加会议。

学会理事长、中国工程院院长周济院士，广西壮族自治区人大常委会副主任高雄出席开幕式并致辞，并与到会嘉宾向获得2015年度中国机械工业科学技术奖、第5届“绿色制造科学技术进步奖”、第5届“上银优秀机械博士论文奖”和中国机械工程学会科技奖的获得者颁奖。

在主旨报告环节，学会副理事长、华中科技大学教授李培根院士作了题为“传统制造业转型浅析”的报告。他认为，“互联网＋先进制造业＋现代服务业”可以推动新技术、新产业、新模式、新业态发展。但很多中国企业还处于工业2.0后期，所以在“十三五”期间，要补课2.0、普及3.0、示范4.0。他指出，中国企业在大力投资智能装备的同时，不能忽略产业工人素质的提升，否则将很难实现制造强国的目标。

学会副理事长、西安交通大学教授卢秉恒院士作了题为"'中国制造 2025'与 3D 打印"的报告。报告从分析我国制造业发展现状入手，提出我国制造业发展目前存在的问题，在此基础上，介绍"中国制造 2025 "的主要内容，强调协调创新推进"中国制造 2025"，并以 3D 打印为主要案例，解析"'互联网+'3D 打印"模式催生大众创新、万众创业。报告以"智能制造——制造大数据"说明如何实现工艺更优化、设计更完善，以及新型人才培养的问题。

学会副理事长、浙江大学教授谭建荣院士作了题为"设计与创新设计若干问题的思考与探索"的报告。报告结合设计类科研项目的研究，思考和探索了设计与创新设计中若干重要问题，如设计的基本概念、设计与创新设计的联系与区别，数字化设计与智能化设计的内涵等，在此基础上，论述了产品创新对设计技术提出的需求与挑战、大数据下支持产品创新创意的智能设计、虚拟环境下产品性能仿真与交互创新和网络环境下创新设计与定制设计。

学会常务理事、中国科学院院士雒建斌作了题为"我国摩擦学研究新进展"的报告。报告阐述了摩擦学研究的意义和我国摩擦学研究取得的进展，并用实例说明我国摩擦学领域目前在国际上所处的领先地位。

广西南南铝集团董事长郑玉林以"从高端铝合金需求看汽车轻量化新能源带来的发展机遇"为题作主旨报告。

年会期间还举办了青年学术论坛、绿色制造科技成果交流会、中国机械工程学会增材制造技术分会成立会议、第五届上银优秀机械博士论文颁奖典礼、3D 打印专题报告会、中国机械工程技术路线图（2016 版）专题研讨会等专题活动。

【2015 智能制造国际会议】 5 月 13—14 日，由中国工程院、工业和信息化部、中国科学院主办，中国工程院机械与运载工程学部、中国机械工程学会、德国机械设备制造业联合会（VDMA）、西安交通大学共同承办的 2015 智能制造国际会议在京举行。中外专家、学者、政府官员和企业家等共 700 多人出席会议。

学会荣誉理事长路甬祥作了题为"互联互通、共创分享、合作共赢"的致辞。他提出，德国推出"工业 4.0"，中国实施"中国制造 2025"，都将网络智能制造视为振兴实体经济和新兴产业的支柱和核心、提升竞争力和可持续发展能力的基础和关键。在全球知识网络时代，互联互通、共创分享、合作共赢将成为新常态，全球绿色智能制造需要全方位合作，中德双方需要加强基础前沿和应用研究合作；共同探索创造科技与产业合作的新方式、新机制；深化工程教育、职业教育合作，培养新一代创新创业人才。全球绿色智能制造需要完整的产业生态，不仅需要推动大企业之间的互利合作，更需要为中小制造服务企业合作搭建平台、提供支持，推动投融资合作，鼓励支持大众创新、万众创业。还需要加强政府间在法律、政策、工业技术标准等公共服务合作，进一步密切制造学会、协会、行业，产学研、媒用金之间的交流合作，共同构建形成互联互通、开放自由、安全可靠、诚信合作、多样包容的全球制造服务生态环境和先进制造文化。

工业和信息化部部长苗圩作了题为"合作共创中德制造业的美好明天"的主题发言。他指出，"中国制造 2025"是我国第一次从国家战略层面描绘建设制造强国的宏伟蓝图。制定"中国制造 2025"是迎来新一轮科技革命和产业变革的战略举措；实施"中国制造 2025"必须坚持创新驱动、智能转型、强化基础、绿色发展。苗圩部长还就中德双方合作提出六点建议：启动政府指导下对话机制；开展战略研究合作；加强标准化方面的合作；开展试点示范及经验交流；加强人员交流和培训；共建产业示范园区。

学会理事长周济院士作了题为"智能制造——'中国制造 2025'的主攻方向"的主题报告。他指出，智能制造是新一轮工业革命的核心技术，应该作为制造业创新驱动、转型升级的制高点、突破口和主攻方向，要从产品、过程、模式、基础四个维度合力推进智能制造。

德国机械设备制造业联合会（VDMA）Stephanie Heydolph 女士、英国机械工程师学会（IMechE）秘书长 Stephen Tetlow 先生到会致辞。

德国联邦经济与能源事务部（BMWi）工业政策司司长 Wolfgang Scheremet 先生作了题为"'工业 4.0'——德国制造经济的数字化"的主题报告。

来自中德双方制造业领域的专家及企业代表，从"工业 4.0"平台、智能云制造、工业安全、自动化物流等方面，分享了践行"工业 4.0"和"中国制造 2025"的实战经验，共同探讨对"工业 4.0"与"中国制造 2025"的理解以及中德双方合作的机遇与挑战。

会议还设立了中德高端研讨会和"连续输送技

术的信息化、智能化及其应用”“制造工艺的智能化、网络化与机器换人”“智能制造系统与装备技术高级研修班”3个分会场。

【中国创新论坛之走进天津】 6月27日，由学会和天津市科协主办，天津市机械工程学会、天津百利装备集团承办的“中国创新论坛之走进天津”在天津市举行。学会理事长、中国工程院院长周济院士出席论坛并作主旨报告。天津市副市长何树山出席论坛并致辞。会议由天津市科协主席、中国科学院院士饶子和主持。中国机械工程学会十届八次常务理事（扩大）会议的代表及天津市科技工作者近400人出席。

周济作了题为“智能制造——‘中国制造2025’的主攻方向”的主旨报告报告。报告指出，实施“中国制造2025”，主题是创新驱动发展，主线是工业化和信息化两化深度融合，主攻方向是智能制造。智能制造——制造业数字化网络化智能化是新一轮工业革命的核心技术，应该作为制造业创新驱动、转型升级的制高点、突破口和主攻方向。实施智能制造工程要从产品、生产、模式、基础四个维度系统推进；要采取“总体规划、分步实施、重点突破、全面推进”的发展策略，“十年规划，两个阶段”，分阶段实现工业2.0、3.0、4.0的同步发展。

中国工程院院士陈予恕作了题为“机械运载装备的安全运行与机械动力学——轨道车辆和航空发动机”的报告。他指出，“中国制造2025”作为我国制造业未来十年的行动纲领，对“行业基础和共性关键技术研发”项目给予了极大的重视和安排，而机械动力学及其控制技术是许多行业的基础和共性关键技术。陈予恕就我国轨道交通车辆和航空发动机领域影响安全运行的动力学问题的研究现状、已取得成果和存在问题作了介绍。

【第十一次全国热处理大会】 7月17—20日，第十一次全国热处理大会在陕西山西省太原市召开。会议由中国机械工程学会热处理分会主办，太原理工大学、山西省热处理学会、全国热处理标准化技术委员会协办。

大会主题为“材料·构件·热处理——创新与超越”。热处理分会主任委员、北京航空材料研究院赵振业院士，太钢集团王一德院士，东北大学王国栋院士，哈尔滨工业大学校长周玉院士，热处理分会副主任委员、太原理工大学副校长许并社，郑州机械研究所原总工程师陈国民研究员，热处理分会副主任委员、北京机电研究所副所长徐跃明，浙江工业大学教授姚建华，美国应达公司 Valery Rudnev 分别以“落实‘路线图’，实践中国梦”“热处理新技术在高性能不锈钢研发和实际生产中的应用”“金属材料先进热处理装备、工艺和产品研发”“碳化物基超高温陶瓷及其复合材料——制备与处理、组织与性能”“薄膜光电材料及器件的界面研究”“对齿轮表面硬化热处理物理冶金因素的评述”“热处理技术进展”“激光热处理技术及其产业化应用进展”“感应热处理领域最新发明与技术创新”为题作主题报告。

大会以先进材料、化学热处理、真空热处理、感应热处理、数学建模与计算机模拟、零件热处理、组织与性能、热处理工艺装备技术、有色金属热处理等为主题组织了分论坛，并举行十四省市热处理技术交流会等分会场活动。

会议期间，与会人员参观了太原重型机械集团公司展览馆和轨道公司。

会议收到论文280篇，共有600多名科技工作者参加大会，其中来自高校的代表有296名，来自科研院所、企业等代表363名。18家国内外质量检测仪器生产商、设备制造商参加了产品展示和技术宣讲。大会总结和交流了自2011年以来，材料热处理科研生产领域的新进展，进一步明晰了中国热处理技术发展路线图，引导热处理科技事业与行业的进一步发展。

【第七届流体传动与机电一体化国际会议】 8月5—7日，主题为“‘智能集成’的流体动力与机电一体化”的第七届流体传动与机电一体化国际会议（7th International Conference on Fluid Power and Mechatronics，FPM2015）在黑龙江省哈尔滨市召开。会议由学会流体传动与控制分会主办，哈尔滨工业大学承办。来自国内外高校和企业的专家、学者、工程技术人员、学生共340多人参加会议。

本次会议共有15个大会特邀报告，其中中国报告7篇，国外报告8篇。中国工程院院士院士杨华勇、英国巴斯大学教授安德鲁·普卢默、哈尔滨工业大学机器人技术与系统国家重点实验室教授刘洪、芬兰行坦佩雷理工大学教授索尔萨、博世力士乐李信健、北方车辆研究所车辆传动重点实验室教授周广明、日本东京工业大学教授香川利春、印度坎普尔理工大学 E. Rathakrishnan、北京航空航天大学教授焦宗夏、俄罗斯共青城－阿穆尔国立技术大学教授尼古拉、芬兰拉彭兰塔理工大学教授里奇·汉德罗斯、俄罗斯共青

城－阿穆尔国立技术大学教授斯坦尼斯拉夫、巴西联邦大学教授维克多、哈尔滨工业大学教授韩俊伟、燕山大学教授孔祥东，分别以“隧道岩石掘进机液粘离合器的开发”“应用流体驱动并联机构的新理念”“中国空间机器人技术的研究进展”“行走机械的自动化程度和经济性”“博世力士乐的关联产业”“重型轨道车辆液压转向结构的研究”“气动系统能源使用与节能技术”“应用矩形调节板控制椭圆射流的技术”“电液线性驱动器的优势与挑战”“应用模块单元算法解决船舶复合系统的水弹性问题”“沉浸式虚拟环境下的流体动力驱动机电系统的设计与实验”“具有树状动力结构的电液驱动系统的数学模型”“水力发电和风力发电中的液压与气动技术”“多功能测试系统的研究”“四足机器人液压传动系统灵敏度和控制方法分析”为题作报告。

72篇学术论文在分会场进行交流研讨。

会议期间，举办了“10000个科学难题－制造篇”专题研讨、中国机械工程学会流体传动与控制分会换届大会暨第六届委员会第一次会议、《液压与气动》杂志第八届编委会第三次会议、《“数控一代”案例集液压技术数字化》编委会第一次会议等。

【第14届国际压力容器技术会议】 9月23—26日，第14届国际压力容器技术会议（The 14th International Conference on Pressure Vessel Technology，ICPVT-14）在上海市召开。会议由中国机械工程学会压力容器分会、国际压力容器理事会亚太地区委员会（ICPVT-AORC）主办，华东理工大学、合肥通用机械研究院、中国特种设备检测研究院、南京工业大学、浙江大学、西安交通大学等单位承办。来自亚洲、欧洲、美洲和大洋洲18个国家的500多名专家、学者出席了会议。

大会主题为“压力容器技术让生活更美好”。会议共征集论文308篇，会议文集收录论文177篇，其中征集学生竞赛论文57篇，入围决赛获奖论文12篇。会议期间，与会代表围绕压力容器的材料、设计、制造、维护及评定等议题开展广泛交流与讨论，共有196篇论文作口头报告，37篇论文作墙报交流。本次会议共设立8个议题，49个分议题，8个议题分别是：设计与分析；材料与制造；工程失效分析；合于使用；核电站中的压力容器；标准与规范的发展；无损检测与结构健康监测；承压部件结构完整性。

本次大会邀请到3位压力容器领域专家作大会报告。合肥通用机械研究院研究员陈学东作了题为*Progress of Chinese Pressure Vessel Technology in the Past Decade*的报告，全面回顾了十年来中国压力容器设计制造与维护技术进展，指出中国已迈入了基于全寿命风险控制的设计制造与维护的新时期。面向未来十年中国新兴工业不断发展、工业化与信息化深度融合以及节能减排、绿色设计等国家战略要求，报告提出了一些新的研究方向建议，如压力容器典型材料基因组技术，基于失效模式的数字化、智能化设计制造技术，多场耦合条件下的失效预防与调控技术，基于物联网的智能维护技术，复合材料压力容器设计制造与维护技术，基于泄漏速率控制的密封技术等。

国际压力容器理事会欧非地区委员会主席、英国斯特拉斯克莱德大学教授David Nash，国际冶金协会前主席、加拿大冶金咨询服务有限公司Iain Le May博士分别作了题为*Challenges to Pressure Vessel Codes in Europe*和*Sixty Years of Pressure*的大会报告。

会议邀请来自英国、美国、中国、日本、韩国等国家的18位专家、学者作分会场主旨报告。

会议还举行了以“未来的机遇”和“未来工程师教育”为主题的论坛以及学生论文竞赛和技术创新竞赛。其中学生论文竞赛和技术创新竞赛是首次在ICPVT会议期间举办的面向学生的竞赛活动。大赛共收到参加竞赛作品72项，通过现场答辩和综合评审，来自中国、韩国、日本、英国的20名优秀代表获得嘉奖。

【第二十次全国焊接学术会议】 10月13—15日，第二十次全国焊接学术会议在甘肃省兰州市召开。会议由学会焊接分会及其切割专业委员会、压力焊专业委员会、高能束及特种焊接专业委员会、熔焊工艺及设备专业委员会、计算机辅助焊接工程专业委员会、机器人与自动化专业委员会、唐山开元电器集团、昆山京群焊材科技有限公司、成都熊谷加世电器有限公司联合主办，由兰州理工大学及甘肃省焊接学会承办。400多名专家、学者出席会议。

开幕式上举行颁奖仪式，单平教授荣获“中国焊接终身成就奖”，6名学者获得“优秀论文奖”。

会议邀请3位专家作主题报告。美国肯塔基大学教授张裕明作了题为“智能焊接中3D熔池表面的传感和控制——机器学习和人机协同方法”的报告，详细介绍了3D熔池表面传感及实时分析方案、3D熔池表面的特征与控制以及焊工对3D熔池表面的模拟与分析等，引起了代表的广泛关注。

兰州理工大学教授陈剑虹作了题为“金属及焊接接头解理断裂的微观机理”的报告，详细介绍了解理断裂的特征、作用、驱动力、过程和临界事件、解理断裂的准则以及典型实例分析，得到代表们的一致好评。

北京工业大学教授李晓延作了题为“国际焊接学会第68届年会及国际会议报告”的报告，介绍了国际焊接学会（IIW）68届年会的整体情况及中国代表的活动，并重点介绍了IIW 16个专业委员会和5个特别委员会在本次会议中体现出的学术热点问题。

会议设压力焊、熔焊工艺及设备、计算机辅助焊接工程、机器人与自动化、高能束及特种焊接等5个分会场进行了论文交流活动。代表围绕相应的技术专题，就前沿发展、技术进步及解决方案等内容进行了学术及技术报告的交流活动。压力焊专业委员会、熔焊工艺及设备专业委员会、计算机辅助焊接工程专业委员会还召开了专委会工作会议，对本年度的工作进行了总结，对新一年的工作进行了探讨与规划。

会议共征集论文212篇，交流论文110篇，以先进焊接制造及控制为主题，内容涉及切割、压力焊、高能束及特种焊接、计算机辅助焊接设计与制造、焊接机器人与智能化等技术在相关领域内的最新研究与应用成果。

【第十六届国际制造大会】 10月22—25日，第十六届国际制造大会（IMCC2015）在浙江省杭州市举行。会议由国际生产工程院（CIRP）、学会（CMES）和韩国制造技术工程师协会（KSMTE）共同主办，学会生产工程分会、浙江工业大学承办，共有来自11个国家和地区的690多名代表参加。CIRP主席K. Ueda教授，候任主席E.Brinksmeier教授，前主席L. Monostori教授、A. M. van Houten教授、R.Wertheim教授，国际计量技术联合会几何量测量分会主席、CIRP精密工程委员会主席A. Weckenmann教授，北美制造工程学会主席S. Smith教授，美国制造工程师学会2008年度主席N. Duffie教授，爱尔兰工程院院士、英国皇家工程院院士、德国国家科学与工程院院士G. Byrne教授，中国机械工程学会副理事长兼生产工程分会主任委员、大连理工大学校长郭东明院士，韩国制造技术工程师学会主席Dong-Young Jang教授等专家、学者出席大会。

大会共计安排了11个大会主题报告、12个分会场特邀报告、13个国家自然科学基金重点杰青项目报告、226个口头报告，分为48个分会场进行，内容涵盖先进制造技术与装备、材料成型技术、数字制造系统和管理、现代设计理论和方法、超精密制造以及机械制造业生产工程相关领域等。

会议期间，与会代表参观了浙江工业大学特种装备制造与先进加工技术教育部重点实验室和浙江大学流体动力与机电系统国家重点实验室。

【山西省“数控一代”机械产品创新示范工程推进会】 11月13日，山西省“数控一代”机械产品创新示范工程推进会在山西省太原市召开。本次活动由学会与山西省科技厅、山西省科协共同主办，山省机械工程学会、太原科技大学承办。学会理事长周济院士，中共山西省委常委、统战部部长孙绍骋，山西省副省长张复明等出席会议。

开幕式上，举行了《“数控一代”案例集（山西卷）》首发仪式，周济向山西省实施“数控一代”先进单位赠送了《“数控一代”案例集（山西卷）》。

会议期间，举办了院士专家学术报告会。卢秉桓院士就国内外3D打印产业的发展情况和未来规划作了详细介绍。丁荣军院士从六个方面阐述了我国轨道交通装备的发展和未来。彭芳瑜教授通过具体案例，解读了国家“数控一代”创新应用示范工程规划及实施情况。胡正寰院士就北京科技大学近期的研究成果和与山西太重集团的合作项目情况作了说明。关杰院士就重型机械制造和冶金行业目前存在的问题和解决途径等内容进行了探讨。山西省科技厅有关负责人汇报了山西省实施“数控一代”示范工程的具体做法、取得的成效和今后的规划。

（撰稿人：陈超志）

中国汽车工程学会

服务创新型国家和社会建设 学会在中国科协的部署和指导下，承担了大众创业万众创新政策在汽车行业落实情况的评估工作。学会综合运用专家访谈、专题调研及座谈、问卷调查等3种方式，收集整理了学会所掌握的汽车行业大众创业万众创新政策落实情况的相关信息，共开展专题调研及座谈2次，专家访谈3次，最终形成意见建议10项。

学会数次派出专家随同中国科协组织的全国各学会专家组，赴芜湖、四平、襄阳、苏州、鹤壁等创新

驱动助力工程示范市开展调研及对接服务，其间与当地相关企业座谈交流，了解企业需求，解答企业提出的技术难题，解读相关政策等。利用所掌握的行业技术发展趋势，有针对性地为企业进行技术咨询和引导。

2015年，学会积极参与相关政府部门工作。参与科技部相关工作，针对政协提案、人大建议中涉及的部分新能源汽车研发内容进行回复。组织编制“十三五”“新能源汽车试点专项——纯电动力系统概算编制”，开展2015年创新人才推进计划——新能源汽车领域，提交《电动汽车充电基础设施发展情况及“十三五”科技研发建议》的汇报材料，对国内外燃料电池汽车进行分析和总结，提交《国内外氢能及燃料电池汽车创新情况及建议》的汇报材料。组织甲醇汽车方面的行业专家，对我国甲醇汽车发展情况进行论证，并提交《我国甲醇汽车发展情况和建议》的汇报材料。参与国家发展改革委相关工作，根据国家发展改革委战略性新兴产业办公室的来函，组织编写了《新能源汽车“十二五”发展情况及“十三五”政策建议》，对新能源汽车关键技术产业化专项实施方案（征求意见稿）意见回复。参与工信部相关工作，完成无线充电技术发展态势分析,《中国制造2025》节能与新能源汽车解读、技术路线图编制，节能与新能源汽车创新工程实施方案（2016—2020）及高端装备创新工程方案，转子发动机技术国内外现状与趋势研究，相关政协代表提案回复的准备工作，“节能与新能源汽车成果展”分论坛及成果展览，动力电池产业发展指导意见，“中国制造2025”——汽车产业行动计划等。

2015年，学会开展了3项科技成果评价工作。受同济大学智能型新能源汽车协同创新中心委托，召开了“电动汽车多源动力系统能效优化及综合控制技术”科技成果鉴定会；受山东联孚汽车电子有限公司委托，组织专家进行“新能源汽车用先进电机及驱动系统”项目评审；受湖南大学和湖南赛孚汽车科技股份有限公司委托，召开“汽车碰撞试验假人的研发与产业化”科技成果评价会。

学会推进电动汽车、汽车轻量化、汽车腐蚀老化和汽车转向4个技术领域共计30项技术标准和2项技术标准体系的研究。总计有处于不同阶段的单项技术标准项目66项，其中，52个项目为在研，14个项目处于申报过程中。

学会组织完成“科技文献信息加工与专家服务团项目2015”等7个项目的结题验收工作，组织开展“节能与新能源汽车技术路线图研究”等11个项目的研究工作。

组织编写《中国汽车产业技术发展报告2015—2016》，截至2015年年底，已完成初稿，进入编审阶段，计划于2016年4月正式发布。

2015年，学会举办培训班16期，学员共计925人次；参加认证考核101人，认证评审四个领域五个级别，通过223人。

2015年，学会承担“科普中国百科科学词条编写与应用工作项目”汽车相关1400条词条的编写、上传及认证工作，涵盖汽车专业技术类名词、汽车文化类名词及汽车科普类名词等方面，其中汽车专业技术类名词约占80%，其他类词条约占20%。截至2015年12月，学会编辑并上传的词条总字数约130万字，年总浏览量2200万人次。

学会能力提升计划 2015年，学会荣获中国科协学会创新与服务能力提升工程优秀科技社团建设项目一类建设学会。学会在2015年度能力提升项目中，在提升四个能力方面进行了探索。

服务创新能力方面，完成产业技术路线图框架，编制《汽车产业蓝皮书2015》《汽车技术发展报告（2014—2015）》，完善科技成果奖励和技术鉴定工作平台，筹备英文期刊。

服务社会和政府能力方面，加强产业技术联盟间合作，提升协同创新能力；提升社团标准，引领行业技术进步。

服务科技工作者能力方面，搭建职业教育与工程实践平台，创新培养模式；开展中国汽车文化史研究，构建中国特色汽车文化；搭建人才服务平台，构建服务新格局；组建G20组织，创新服务模式；开展“04专项”工作，指导行业发展；加强科学道德和学风建设，规范科技工作者科技活动。

学会建设 3月，学会荣获民政部全国学术类社团评估5A等级。

10月，召开八届四次常务理事会议、八届五次常务理事会议、八届四次理事会议。新增技术管理分会、防腐蚀老化分会、上海工作部3个分支机构。会员管理方面，修订《中国汽车工程学会个人会员管理办法》、制定《中国汽车工程学会会士管理办法》，2015年新增团体会员43个，团体会员达到1043个；发展个人会员251人，个人会员总计5087人。

启动信息化建设方案的实施工作，网站、会员系统和赛事系统进入软件开发阶段，等待进一步测试和上线。会议系统准备部署上线。

学术期刊 2015年《汽车工程》出版编辑工作顺利完成，出版12期，共刊出论文248篇，总印数25905册。据2015年10月中国科学技术信息研究所发布的2014年版《中国科技期刊引证报告（核心版）》中统计并综合评分，2014年《汽车工程》杂志综合评价总分74.8（2013年72.1），在中国科技核心期刊10种公路交通类期刊中综合评价总分排名中列第二位；影响因子0.481(2013年0.473)；总被引频次1570(2013年1287)。

2015年,《汽车工程》获得中国科协精品科技期刊工程项目“学术质量提升项目”资助。在中国科学技术信息研究所的“中国精品科技期刊顶尖学术论文-领跑者5000”项目中,《汽车工程》有5篇论文被评为2014年度F5000论文。

2015年，由学会各专业分会组织出版了《上海汽车》《专用汽车》《矿用汽车》《汽车工厂设计与建设》《齿轮传动》5种学术期刊。

学科发展研究 2015年，学会完成《汽车产业蓝皮书2015》和首部《汽车技术发展报告（2014—2015）》的编写及发布工作,《2015—2016版技术报告》已进入初审阶段。《2015汽车蓝皮书》的年度主题是“汽车产业管理体制机制改革”，提出了我国汽车产业管理体制改革的四项总体要求、四个主要方向、四大转变、两步走模式及十大政策措施等。

9月，由学会、中国汽车轻量化技术创新战略联盟、中国第一汽车股份有限公司技术中心联合组织编写完成了《汽车轻量化技术发展报告》。10月由吉林大学教授王登峰将战略研究课题报告和技术路径研究报告合编，形成了《中国汽车轻量化发展——战略与途径》一书，该书于2015年10月在上海中国汽车工程学会年会举办期间发布，是我国第一本系统阐述汽车轻量化意义、重要性以及我国汽车轻量化技术中长期发展方向与技术路线的专业著作。

决策咨询 3—8月，由学会牵头，联合国家电网、中国普天、同济大学等行业力量，完成《电动汽车充电基础设施相关问题研究》。基于主要研究成果，先后向国家能源局、科技部等相关部门提交了充电基础设施行业发展、“十三五”充电基础设施科技研发等方面的一系列政策建议。为科技部制定《新能源汽车重大研发计划》、国家能源局制定《电动汽车充电基础设施指导意见》《电动汽车充电基础设施发展指南》等政策文件提供研究支撑。

国际学术会议 2015年，学会及分支机构全年共举办第七届国际汽车变速器及驱动技术研讨会（TMC2015）、2015中国汽车工程学会年会暨展览会（2015 SAECCE）、2015中国（长春）国际汽车技术高层论坛、2015国际电动汽车示范城市及产业发展论坛、2015国际汽车关键技术论坛、2015数字化工厂国际研讨会、2015国际先进汽车制造及检测技术论坛、2015（第九届）中国汽车轻量化技术国际研讨会、2015(第三届）中国轻量化车身会议等国际会议30个，参会人数26670人次，交流论文1071篇。

4月23—24日，由学会主办的第七届国际汽车变速器及驱动技术研讨会（TMC2015）在上海市举行。

论坛组织了58场报告、57家公司的产品与服务展示，其中来自上汽、广汽、重汽、宇通、清华大学、吉林大学等自主品牌企业和国内高校的报告达到17个，来自中、美、德、日、韩等国家和地区的代表600余人参会。

会议研讨的内容分为传统动力、新能源和商用车三大版块，涉及政策法规和市场、创新技术和解决方案、研发工程实践经验级技术趋势和战略四大方面。

国内主要学术会议 2015年，学会及其分支机构共举办2015国际汽车关键技术论坛、2015数字化工厂国际研讨会、首届汽车可靠性技术研讨会、第十三届全国汽车职业教育年会等学术活动33次，共计参会人数4015人次，收录论文203篇。

5月7—8日，2015国际电动汽车示范城市及产业发展论坛在上海市召开。本届论坛由中国（上海）电动汽车国际示范城市领导小组主办，由学会、上海市科学技术委员会和上海市嘉定区政府承办。本届论坛的主题是“创新、参与、绿色出行”，由全体会议、“示范城市的创新实践案例”“电动汽车基础设施与商业模式创新”以及“电动汽车技术创新”4个部分组成。吸引了来自国内外政府、企业和研究机构的350余位专家、学者参会。华晨宝马顾玉总监，上汽集团程惊雷总工程师，特斯拉中国朱晓彤总经理，上海汽车城荣文伟总经理以及丰田（中国）研发中心松本真一副总经理，分别作了题为“新能源汽车研发进展与产业化趋势”“宝马电动出行战略”“上汽新能源汽车发展之路”“(特斯拉）植根中国开放共赢”“全力推

进新能源汽车在各领域的应用”“丰田下一代环保车的开发”的主题演讲。

会议还组织了分论坛专题演讲及电动汽车示范区参观。来自国内外政府及企业的演讲嘉宾分别演讲，内容涵盖示范城市案例介绍、基础设施及商业模式研究、政策标准法规及电驱动方案、动力电池及测试等多个方面的内容。

5 月 28—29 日，由学会主办的 2015 第三届中国汽车防腐蚀与老化技术论坛（VCAP 论坛）在安徽省合肥市召开。本届论坛围绕四大主题组织了 22 场次演讲，包括全体大会和技术分论坛两种形式，共吸引近百家单位约 200 名代表参加。论坛发布了“中国汽车防腐蚀与老化技术规范体系”，这是国内首个汽车领域的相关技术标准体系。论坛首次开设“耐老化技术分论坛”，与 5 月 29 日上午举办的“防腐蚀分论坛”并行。此分论坛由中国电器科学研究院协办，特邀国际领先的老化领域试验商就“亚太拉斯自然老化和实验室老化相关性与加速性研究”进行演讲，同时邀请中国一汽、东风神龙、北汽福田介绍本公司等整车制造商，在产品耐老化性能提升方面交流经验和做法。

9 月 16 日，由学会与汽车轻量化技术创新战略联盟主办，中信微合金化技术中心和中国汽车工程研究院股份有限公司承办的 2015 年（第三届）中国轻量化车身会议在重庆市举办。学会理事长付于武等专家，以及国内外汽车行业 20 多家汽车企业负责人共计 300 多人出席本次会议。会议期间，来自上汽、东风、吉利、江淮、长安、广汽和奇瑞的工程师，作了 7 场专业性的报告，分别从轻量化设计理念、制造工艺和用材、成本控制、性能评价等角度，对每款车型的整车关键数据、轻量化及重量数据、车身设计数据、用材数据、工艺数据和整车碰撞安全性数据等内容进行深度解读。

9 月 17—18 日，“2015（第九届）中国汽车轻量化技术国际研讨会”在重庆市举办。本届会议由汽车轻量化技术创新战略联盟和学会共同主办，中国汽车工程研究院股份有限公司承办。会议分为主会场和 4 个专题分会场。来自汽车轻量化相关各个领域的 60 余名专家、学者作了报告。来自国内外的 300 多位代表参会。

会议组织了全体大会和 4 个分会场。全体大会重点围绕汽车轻量化发展趋势、铝合金、树脂材料应用等方面的最新研究成果进行了交流。4 个分会场围绕高强钢、铝镁合金、非金属材料的开发及应用技术、汽车轻量化连接技术进行讨论。

会议同期还举办了轻量化技术展览。来自国内外的 10 余家单位在技术展览上展出了近百件量化零件。

国际交往 2015 年，学会共派 25 人次前往德国、美国、澳大利亚、日本等国家开展国际交流活动。

3 月 9—13 日，学会派员赴澳大利亚墨尔本参加第十八届亚太汽车工程大会（APAC 18），参加学术报告会议，交流行业最新技术发展，并学习 APAC 会议的组织经验。在大会闭幕上，学会副秘书长公维洁代表中国汽车工程学会，作为 APAC 19 的主办单位，接过会旗并发表演讲。

5 月 19—23 日，学会组团参加在日本举办的日本汽车工程学会（以下简称 JSAE）2015 年春季年会，并在会议前后与日本的汽车整车企业、零部件企业、有关材料企业进行了技术交流。

科普活动 2015 年，学会及其分支机构共开展第六届中国汽车造型设计大赛、2015 昆仑润滑油杯中国大学生方程式汽车大赛油车赛、2015“蔚来杯”中国大学生电动方程式大赛、2015 中国汽车工程学会巴哈大赛等 15 项科普活动。

表彰举荐优秀科技工作者 2015 年度共有 58 个项目获“中国汽车工业科学技术奖”，其中一等奖 6 项（含技术发明一等奖 1 项）、二等奖 16 项（含技术发明二等奖 2 项）、三等奖 36 项，有 2 人获得“中国汽车工业优秀科技人才奖”，2 人获得“中国汽车工业优秀青年科技人才奖”，2 人获得“中国汽车工业优秀归国人才奖”。

学会创新发展 2015 年，水平评价学会群共召开会议 16 次，发布公函 18 个，发布管理文件 4 项，完成课题 5 个，完成群网站第一期建设并启动第二期建设，完成相关证书设计印制并发至各成员单位使用，完成群宣传册设计印制并发至各成员单位使用。

会员服务 2015 年，学会完善和制定相关会员发展规定，修订《中国汽车工程学会个人会员管理办法》、制定《中国汽车工程学会会士管理办法》。学会开通官方微信平台，帮助会员及时了解学会信息。

【2015 中国汽车工程学会年会暨展览会】 10 月 27—29 日，由学会主办、中国汽车人才研究会和上海国际汽车城为特别合作伙伴、纽伦堡（中国）为展览协办单位的第 22 届中国汽车工程学会年会暨展览（2015SAECCE）在上海市召开。

在三天的会展期间，围绕“中国制造2025”“智能网联汽车”这两大主题，2015SAECCE共奉献2场全体大会高层访谈、28场专题分会、13场技术分会、4场并行会议、5场颁奖典礼、4条技术参观路线、5场次试乘试驾以及近120家展商共计10000平方米的专业技术展览。共有2202人注册参会，吸引观众9000多人次。

会议同期组织了“中国汽车技术战略国际咨询委员会（iTAC）”闭门工作会议，并邀请通用、丰田、宝马、日产等整车企业和博世、电装、AVL等零部件企业的全球CTO，以及FISITA主席Paul Mascarenas等参会。iTAC是国内目前唯一具有国际视野、高水平、国际化的民间汽车智库，打造了中外顶级技术专家对话平台。

【2015中国（长春）国际汽车技术论坛】 7月12—13日，“2015中国（长春）国际汽车技术论坛”在吉林省长春市召开。本届论坛以“中国制造2025——节能与新能源汽车发展目标与路径”为主题，包括中国工程院院士、吉林大学汽车工程学院名誉院长郭孔辉，中国工程院院士王哲荣等在内的550名专家、学者参加会议。

论坛期间，与会嘉宾紧扣主题，结合“中国汽车制造2025”，从“节能与新能源汽车以及智能网联”等三个方面分析和解读了未来10年汽车产业的发展趋势。中国工程院院士郭孔辉以“尊重市场，造就新兴产业，迎接电动车百花盛开的春天”为题，进行了演讲。他从低速电动车和美国特斯拉两个不同的发展路径入手，阐述了电动车发展应遵循“八字方针”和“四个尊重”的论点。李骏院士作了题为“中国制造2025与中国汽车制造2025”的报告。他从十个方面简单介绍了中国制造的要点、问题向导、行动纲领和目标、科学规划、坚强领导等。

【2015国际先进汽车制造及检测技术论坛】 由学会主办、中国第一汽车集团承办的2015国际先进汽车制造及检测技术论坛于6月10—11日在吉林省长春市举办。一汽股份有限公司检测、质保、生产、设计等各技术部门，以及集团下属来自大连、天津等多家汽车及零部件制造企业的技术人员代表100多人参会。

德国、美国和英国等技术先进国家的七家检测仪器和设备公司代表发表演讲，内容涵盖高精密检测计量、无损检测探伤、硬度检测等多个领域；中国第一汽车集团的专家围绕发动机缸体和缸盖制造工艺的技术方案，阐述了发动机工厂的精益设计和精益制造工艺；一汽轿车股份有限公司则重点介绍汽车发动机制造厂实验室检验设备的规划及应用实践；德国蔡司作为全球光学和光电行业的领导者和高精密计量检测设备的开发商，以典型案例提出对汽车动力总成变速器测量的解决方案；德国罗曼公司的智能涡流探伤及分选技术体现出针对复杂汽车零部件加工的技术特点。还有多家汽车企业介绍了自身领域的专长。

【2015中国智能网联汽车技术年会】 由学会主办的2015中国国际智能网联汽车年会（2015CICV）于10月28日在上海市举办。

会议共组织1场全体大会、9场专题分会和66篇技术报告，千余人参会。日产执行副总裁坂本秀行、电装常务董事加藤良文、大陆集团车身电子事业部中国区副总裁Juergen Heim、博世公司系统工程及先进工程部高级副总裁Stephan Honle、博泰集团董事长应宜伦和大唐电信总工程师王映民等发表主旨演讲，并进行了讨论。

与会专家认为，智能化和网联化是未来汽车向高度自动驾驶发展的两个技术路径，且两者缺一不可。智能网联汽车面临关键技术、标准、法规、基础设施、商业模式等一系列问题，需要按照一定的技术路线逐步发展，构建未来安全、高效、节能的新型汽车社会。

【加入先进燃料电池实施协议（AFCIA）】 10月，先进燃料电池实施协议在美国召开了2015年度第二次执委会议，会上经全体成员投票表决，同意中国汽车工程学会作为中方代表加入该实施协议。

该协议是国际能源署（IEA）设立的40个实施协议之一，目前已有奥地利、丹麦、芬兰、法国、德国、以色列、意大利、日本、韩国、瑞典、瑞士、美国等17个成员国。该协议的主要任务是加强燃料电池领域的国际合作研究与交流，推进产业化应用。主要机构是执行委员会和项目工作组，执行委员会主要负责战略、研究方向及任务设置；项目工作组主要负责具体研究内容的合作与交流。该实施协议的加入形式是由成员国政府部门或者是政府部门委托的国家机构、研究机构或企业作为缔约方申请加入。加入后，成员国的研究机构和企业可以参与任一工作小组的研究，在研究任务共享基础上，每个工作组的各国家参与者可一起开展合作研究与交流等活动。

（撰稿人：张　静）

中国农业机械学会

学会建设 2015年，分别召开了十届一次、十届二次常务理事（通讯）会议，对涉及学会工作总结和计划、重大活动方案和会员管理办法等学会重大事项进行民主协商、集体决策。召开理事会议1次。11月成立机械化养猪工程分会，12月成立现代物理农业工程分会，分支机构增加到23个。学会现有团体会员173个，理事会人数为178人，其中常务理事为60人。新增团体会员1个。

10月23日，学会党支部成立大会在北京召开。中国科协学会服务中心党委副书记吴晓琦，中国农业机械化科学研究院党委副书记李四章，学会副秘书长刘瑞雯、张振新以及学会办事机构党员及积极分子共14人参加会议。

4月13—15日，学会2015年工作会议在浙江省湖州市举行。来自学会耕作机械分会等15个分支机构和湖南等16个地方农机学会的40多名代表出席会议。会议传达了中国科协八届七次全委会主要精神、中国农机学会九届八次常务理事会议精神，简要总结了中国农机学会2014年主要工作，布置了2015年计划开展的重点工作及学会十届二次理事会暨学术研讨会的初步安排。会议还介绍了民政部社团评估评价指标和需准备的材料情况，并对学会分支机构应配合开展的工作提出了要求。

2015年在学会网站共发布各类通知、报道等65篇，在中国农机院网站主页发布相关新闻12篇，在《中国农机人》刊登学会活动报道6篇，向中国科协网报送新闻并发布8篇。

2015年获准执行中国科协“青年人才托举工程”项目，在2015—2017年连续三年获得资助，托举农机行业制造企业青年科技人员2人。

2015年，《农业机械学报》再次获得中国科协精品科技期刊工程（2015—2017）项目支持。

11月19—21日，学会机械化养猪工程分会成立大会在广东省清远市召开。

12月11—12日，学会现代物理农业工程分会成立大会在浙江省常山县召开。

11月18日，由腾讯主办的2015“‘互联网+’科普”峰会在北京召开。腾讯公司根据微信运营大数据分析，为优秀媒体机构或自媒体颁发了科普传播奖项。经学会推荐，学会普及工作委员会运营的农业机械微信公众号获“科普新媒体传播飞跃奖”。会上，农业机械微信公众号被评价为“严肃、活泼”的公众号。农业机械微信公众号依托腾讯微信庞大的用户量，以专业、易懂的科普知识，汇聚4万多高品质农机人，进行有效的科普传播。

该项目旨在发挥腾讯社交平台的优势，特别是微信和QQ对社会公众的全覆盖，将科普融入重大新闻事件和场景；同时充分利用中国科协的权威资源，有效地摒除伪科学，在腾讯平台上开展更加有效的科普传播。根据腾讯微信后台数据分析，全国共30个账号分获十大影响力自媒体、优秀辟谣单位和科普传播飞跃奖，农业机械微信公众号是涉农领域唯一获奖单位。

学术期刊 2015年，学会协助国际农业与生物系统工程学会出版CIGR Journal 5期，发表学术论文187篇；协助亚洲农业工程学会出版《国际农业工程学报》（IAEJ）3期，发表学术论文43篇。

2015年，《农业机械学报》出版正刊12期，增刊1期。全年正刊共刊出论文644篇，各类基金类论文比例达100%，国家级项目资助论文比例达94%。其中，国家自然科学基金、国家“863计划”“973计划”资助论文占比72%。共收到有效来稿2000余篇，来稿录用率为28%，平均审稿周期43天。

据中国科学技术信息研究所2015年版《中国科技期刊引证报告（核心版）》的数据，《农业机械学报》影响因子为1.229，比上年度提高8%；总被引频次为5617，比上年度提高23%，被引频次和影响因子均居学科排名第二。据中国学术期刊（光盘版）电子杂志社发布的《2015中国学术期刊影响因子年报》数据显示：《农业机械学报》复合总被引频次为14943，复合影响因子为1.904；期刊综合总被引频次为7178，期刊综合影响因子为1.336；技术研究影响因子为1.326。在农业工程类19种期刊中排名第2，再次被评为“2015中国国际影响力优秀期刊”。

决策咨询 9月21日，由学会、山东五征集团有限公司联合举办的“五征农业装备产业发展院士、专家高层论坛”举行。山东五征集团有限公司董事长姜卫东介绍了科技创新引领五征集团产品发展的情况及今后战略发展方向。围绕五征集团发展战略与措施，五征发展高端农装产品的定位与途径，如何落实“互联网+”行动，如何实现转型升级、创新设计、强化质量、提升工艺、拓展市场、延伸服务等多方面内容，中国工程院院士罗锡文从中国农机发展方向、“中国制造2025”农村建设规划等方面进行详细分析；中国工程院院士陈学庚提出应聚焦精品产品、培育优质协作厂家、提升企业管理水平以及做好售后服务等观点；中国农业机械化科学研究院院长李树君建议应加快“走出去”战略实施，并落实发展战略的实施等。

国际学术会议 11月16—19日，由学会和其他机构共同主办的第六届亚洲精准农业会议在广东省广州市召开。会议主题为“精耕细作，减少化肥农药的施用”。来自中国、美国等15个国家和地区的有关科研院所、高校、企业等单位的专家、学者400多人出席会议。

国内主要学术会议 2015年，学会及所属各分支机构举办各类学术活动17次，征集交流论文512篇，近3000人次参加了交流活动。

9月19—21日，2015中国农业机械学会学术研讨会暨学会十届二次理事会议在山东省日照市举行。300多名专家、学者出席会议。针对“科技创新促进新常态下的我国农机化发展”的主题，围绕“中国制造2025”、农业机械化和农机工业、农机科技创新等行业热点问题，8名专家作主题学术报告。

10月19—21日，由学会拖拉机分会主办，中国一拖集团有限公司和雪佛龙（中国）投资有限公司协办的2015拖拉机、农用车、农用发动机行业发展研讨会暨中国农机学会拖拉机分会换届会议在河南省洛阳市举行，来自各委员单位、各拖拉机主机企业、配套件企业、大专院校、科研院所、有关外企单位，以及相关媒体记者90多人参加会议。爱科（中国）投资有限公司李有吉作题为“全球拖拉机发展趋势探讨”的报告，中国农机院郑庆山代表国家农机具质检中心靳锁芳作题为“拖拉机与农机具匹配趋势探讨”的报告，洛阳拖拉机研究所冯春凌作题为“我国拖拉机产品技术发展趋势”的报告，雪佛龙（中国）投资有限公司訾守刚作题为“拖拉机多功能液力传动油液的对比模拟实验数据”的报告，全国拖拉机标准化委员会秘书长、洛阳拖拉机研究所尚项绳作题为“齿轮泵（恒流泵）标准贯彻实施情况质量摸底试验工作情况通报”的报告，一拖法国公司马涛作题为“法国拖拉机市场探讨”的报告。

11月2—4日，由学会地面机械系统分会和吉林大学工程仿生教育部重点实验室主办、河南科技大学承办的中国农业机械学会地面机器系统分会2015学术年会在河南科技大学举行，来自25个单位的70多名代表参加了会议。会议共收到学术论文45篇。河南科技大学教授郭志军、中国空间技术研究院研究员贾阳、中国北方车辆研究所研究员苏波、吉林大学教授王继新分别作了题为“触土曲面减阻性能研究”“火星车的平均自由程分析”“复杂地面环境的无人行走问题研究”“工程机械载荷谱测试与编制方法”的大会主题报告。报告围绕当前我国地面机器系统领域研究的前沿和热点，内容涉及深空探测地面力学问题、复杂条件无人行走问题、仿生行走、特种行走机械以及拖拉机设计等方面。

11月6—8日，学会农副产品加工机械分会联合其他有关机构在江苏省无锡市组织举办了2015年国际包装与食品工程、农产品加工学术年会。年会以“创新·智能·绿色·融合”为主题，围绕食品加工、包装领域新技术、新材料及装备开发开展学术交流和讨论。来自美国、韩国和国内食品科技领域的专家、学者、企业家代表和全国农业食品院校和科研院所的师生等共120多人参加会议。学会常务副理事长李树君作了题为“大力发展农产品加工业，延伸产业链，提升价值链”的主旨报告，来自美国、韩国和国内的4名专家分别就食品检测、智能包装、传感器、新型干燥技术作了主旨报告。大会设置了无损检测和食品加工及包装技术2个分会场，国内外共12名专家学者进行了专题发言，涉及智能包装技术、无损检测技术、食品干燥技术、家禽屠宰加工技术等技术装备的理论分析与应用研究。大会共征集论文94篇。

12月14—15日，学会耕作机械分会第八届委员大会暨学术交流会在江苏省镇江市召开，来自全国有关高等院校、科研院所、农机管理部门、农机企业等100多名代表出席了会议。会议由学会耕作机械分会主办，江苏大学、现代农装科技股份有限公司承办。中国工程院院士陈学庚、现代农装科技股份有限公司副总经理杨学军分别以“新疆兵团精准农业现状与展望”“从青岛展会看中国农机存在的问题”为题作大会主旨报告。会议还邀请了毛罕平等8位专家围绕穴盘苗机械化移栽技术及装备、我国玉米生产全程机械化现状及发展趋势、我国冷凉区玉米保护性耕作关键技术与成套装备、新疆地区作物移栽实践及移栽机关键技术与装备研究、水稻钵苗机械化栽植技术、航空植保关键技术研究、杂交稻机械化育插秧关键技术与实践、杂交水稻机械化制种相关设备的研究等方面作

报告。

国际交往 2015年学会共接待来访外宾团组38个，来自美国、日本、加拿大、西班牙等20个国家共65人次；共派出研究员、工程师53人共计17个团组赴俄罗斯、新西兰、巴西、美国、菲律宾等14个国家进行学术交流、参会参展、洽谈合作。

5月25日，学会常务副理事长李树君作为CIGR继任主席、国际部主任张兰芳研究员作为CIGR期刊主编受邀参加在俄罗斯召开的CIGR主席团和常务理事会议，分别汇报了2014年9月的CIGR第18届世界大会召开情况、大会学术论文发表及大会后续工作事宜，以及CIGR期刊工作。

科普活动 4月，学会开通了农业机械微信公众号；7月，开通了农机"知谷"客户端和知谷网站。11月，在由腾讯主办的2015"'互联网+'科普"峰会上，学会推荐的科普公众号——普及工作委员会农业机械微信公众号，荣获"科普新媒体传播飞跃奖"。

表彰举荐优秀科技工作者 2015年，学会推荐中国工程院院士候选人1名、第十四届中国青年科技奖候选人3名。

学会创新发展 学会在山东五征集团建立学会工作站。在建站仪式上，学会理事长罗锡文、山东五征集团董事长姜卫东分别代表双方签署建站协议书，并共同为工作站铭牌揭幕。

6月1日，学会与浙江省永康市人民政府在永康签署了国家级学会创新驿站框架协议。学会副秘书长张振新、永康市副市长吕群勇分别代表双方在协议书上签字。

中国科协会员日 12月28—29日，2015中国科协会员日活动暨2015年中国农业机械学会工作研讨会在天津市举行。来自分科学会和地方学会的近40名代表参加了会议。学会有关负责人分别介绍了学会分支机构2015年度工作总结和2016年度工作计划、2016年双年学术年会的初步设想、中国科协创新驱动助力工程项目工作及学会执行情况。

【2015中国农业机械学会学术研讨会暨学会十届二次理事会议】 9月19—21日，由学会和山东农业机械学会共同主办、山东五征集团有限公司承办的2015中国农业机械学会学术研讨会暨学会十届二次理事会议在山东省日照市举行。学会理事、理事代表、分支机构代表、学会会员和行业科技工作者等共300多人参会。

2015中国农业机械学会学术研讨会

学会理事长罗锡文致开幕词。会议同意杨建国、刘庆余、卢永泉三位同志替换担任十届理事会理事；张汝坤同志增选为十届理事会理事；刘恒新同志增选为十届理事会理事、常务理事，并担任副理事长。会议审议通过了学会拖拉机分会、地面机器系统分会的换届方案。会议还介绍了首届全国大学生智能农业装备创新大赛的简要情况。针对"科技创新促进新常态下的我国农机化发展"的主题，围绕"中国制造2025"、农业机械化和农机工业、农机科技创新等行业热点问题，李培根作题为"'中国制造2025'浅释"的报告、胡乐鸣作题为"'十三五'农机化发展思考"的报告、陈学庚作题为"科技创新，提升我国农机装备制造和使用水平"的报告、罗锡文作题为"提高农业机械化水平，促进现代农业建设"的报告、陈志作题为"农机制造2025的思考"的报告、李树君作题为"延伸产业链、提升价值链——现代农业生产全程解决方案"的报告、姜卫东作题为"依靠科技创新和管理创新，助推企业转型升级"的报告、钟波作题为"裹包青贮机械化技术装备研究"的报告。

9月21日，大会组织参观了山东五征集团有限公司。围绕企业战略发展方向、农业装备产品技术问题，在五征集团总部分别举办了五征农业装备产业发展院士、专家高层论坛、2015中国农业机械学会学术研讨会——收获机械分会场、2015中国农业机械学会学术研讨会——拖拉机分会场、2015中国农业机械学会学术研讨会——植保移栽机械分会场和青年科技人才成长论坛。380多名代表参加研讨。

【第六届亚洲精准农业会议】 11月16—19日，第六届亚洲精准农业会议在广东省广州市召开。会议主题是"精耕细作，减少化肥农药的施用"。来自中国、美国、英国、澳大利亚、日本、韩国、希腊、印度、马来西亚、印度尼西亚等15个国家和地区的400

余位专家、学者出席会议。会议由学会与中国农业工程学会、华南农业大学主办，由中国工程院农业学部、科技部中国农村技术开发中心、现代精细农业系统集成研究教育部重点实验室、国家农业信息化工程技术研究中心和浙江大学生物系统工程与食品科学学院协办，由南方农业机械与装备关键技术教育部重点实验室、广东省农业航空应用工程技术研究中心承办。

亚洲精准农业会议主席、中国工程院院士、学会理事长罗锡文致开幕词。他指出，中国耕地不足世界的10%，却使用了全世界超过1/3的化肥，化肥对粮食的增产效益正逐年下降。高强度、粗放的生产方式导致农田生态系统结构失衡；耕地过度开发，农药、化肥使用不科学，导致土壤板结、重金属污染、耕地退化严重。因此，发展高效、安全的现代生态农业是中国现代农业建设的重要目标，实施精准农业技术是实现这一目标的重要战略措施。

中国工程院院士汪懋华作题为“新一代信息技术革命助推智慧农业创新发展”的大会报告，国家农业信息化工程技术研究中心主任赵春江以及来自美国、韩国、日本等国的17名中外专家作大会报告，82名专家在农情信息获取与处理技术、智能农业装备与自动作业机械、精准农业航空关键技术三个分会场作了专题报告。

【小型农田作业机械视觉导航装置研制项目】 2015年6月，在山东省日照市科协大力支持下，学会派出专家赴日照市有关企业进行创新助力工程考察调研。在调研山东省日照市立盈机械制造有限公司过程中，学会专家发现该企业生产的微耕机虽然质量可靠，但产品自动化、智能化程度很低，不能满足在温室内由于空间狭窄从而要求微耕机能够实现自动行驶作业这一农业作业需求，该企业也希望在小型农田作业机械智能化方面进行创新发展。

经学会推荐，中国农业大学工学院专家与该企业多次协商，双方已签订协议，计划投资或申请支持资金100万元，在2016年开展“小型农田作业机械视觉导航装置研制”项目，利用中国农业大学现有的轮式拖拉机自动驾驶的成熟技术，选择该企业现有的微耕机产品，配置视觉导航装置，实现自动驾驶功能，满足在温室等使用条件下微耕机能够自动行驶的要求。

年内，该项目围绕筹措启动资金、选择适宜的视觉导航装置（国内外自动行驶研究的对象以汽车为多，对智能装置成本要求不高，但面对拖拉机这一农用条件，对智能装置成本控制的要求则大大强化）、技术经济可行性调研等方面开展工作。

【“东方红”杯第一届全国大学生智能农业装备创新大赛】 12月22—23日，“东方红”杯首届全国大学生智能农业装备创新大赛在江苏大学举行。“东方红”杯全国大赛指导委员会和评审委员会、各参赛高校师生代表、企业代表、新闻媒体人士700余人参加开幕式。

本次大赛以“现代农装、创新科技”为主题，由学会与中国农业工程学会、教育部高等学校农业工程类专业教学指导委员会和江苏省现代农业装备与技术协同创新中心共同主办，江苏大学承办。共有来自全国各地31个学校的291件作品进入终审决赛，最终评出A类本科生组南京农业大学“面向农情信息采集的小型四足柔性机器人”、研究生组西南大学“磁力轮式塑料大棚棚顶清洗装置”、B类江苏大学“田间行走机器人（16号）”等特等奖作品15件、一等奖作品45件、二等奖作品91件、优秀奖140个，67位教师获优秀指导教师奖。

（撰稿人：袁爱洁）

中国农业工程学会

服务创新型国家和社会建设 学会配合中国科协和教育部推进工程教育认证工作。与教育部农业工程类专业指导教学委员会联合召开首次认证工作研讨会，出台3项工作制度。

学会与农业部老科协、中国畜牧业协会等机构联合发起成立全国农业科技创业创新联盟。完成“水果糖酸度及农业残留快速无损检测技术研究与装备开发”项目成果评价工作。

学会与11个省、市、县科协建立联系，签订7个合作协议，共建学会服务站、创新驿站、科技成果转化基地。承办第39次中国科技论坛“小品种大产业——环首都现代农业带建设与京津冀协同创新发展论坛”，牵头联合中国园艺学会、中国沼气学会、中国农村能源行业协会，与河南省科协、河南省南阳市人民政府共同主办中国现代农业论坛，共议河北保定核桃产业发展及南水北调中线工程水源地现代农业建设和生态保护。

4月，学会与中国农业国际合作促进会联合主办第六届中国国际现代农业博览会及2015北京国际优

质农产品展示交易会，参展企业900余家，展出面积25000平方米，吸引观众40000多人次。

学会首次申请并承担人力资源与社会保障部“专业技术人才知识更新工程岗位培训”项目，于10月、11月分别举办工业化循环水养殖技术及农用无人机植保理论及技术培训班，培训学员191人次。农用无人机植保理论及技术培训是我国首个将农业植保与无人机相结合的专业系统性培训，为农业航空人才培养积累了实训经验。

学会建设 截至2015年12月31日，学会个人会员9880人，其中女性会员3255人，高级会员860人，学生会员597人，党员会员3710人，缴费会员人数比2015年增加165人。

全年召开理事会议1次、常务理事会议3次，学会理事长秘书长工作会议1次。

组建农业工程学科科学传播专家团队14个，开通科普微信公众平台1个，出版科普杂志36期。

完善网站、微信及手机报平台建设，探索调研分支机构评估制度，形成固定年度会员调研机制。

2015年，学会获“学会创新和服务能力提升工程”三类项目建设单位。

学术期刊 《农业工程学报》首次入选国家新闻出版广电总局推荐的“百强报刊”，入选中国科协精品科技期刊工程TOP50、“中国精品科技期刊”及“百种中国杰出学术期刊”，6篇论文入选“中国百篇最具影响优秀国内学术论文”。排名Google学术搜索高被引中文期刊第9：H5指数和H5中位数分别为37和45；入选TOP5% 2015中国最具国际影响力学术期刊。根据CJCR发布，学报核心总被引频次、影响因子分别为14005和1.732，在20种农业工程类期刊中继续排名第一。

英文期刊IJABE全年刊发论文100篇，其中国外及国际合作发表论文36篇，具有项目基金资助论文93篇。积极与SCI及EI检索机构沟通，采用FTP等新技术上传电子稿件，有效缩短收录检索时间。截至2015年年底，IJABE期刊总计刊发437篇论文，被引923次，篇均被引2.11，H指数11。据Google Scholar，IJABE期刊刊发文章累计被引2108次，H指数17。

学科发展研究 学会召开2015农业工程学科发展研讨会，完成2014—2015年度农业工程学科发展报告。报告系统总结了“十二五”期间本学科在学科、队伍及平台建设、科技创新、人才培养、学术交流、学术出版及重要科研立项等方面的进展。本次研究跨度由以往的两年变为五年，内容在延续以往综合报告及农业机械化工程、农业水土工程、农业生物环境工程、农村能源工程、农业电气化与信息化工程、农产品加工与贮藏工程及土地利用工程7个专题报告基础上，增加农业系统工程分支领域，并在原农业生物环境工程专题中增加设施水产养殖环境工程方向，更全面地体现了学科的交叉融合性及系统工程性。

国际学术会议 学会及下属专业委员会全年共举办国际会议7个：第六届亚洲精准农业会议、第九届国际计算机及计算技术在农业中的应用研讨会、第七届精准农业与航空施药技术国际学术研讨会、第五届畜禽健康环境和福利化养殖国际研讨会、2015年中加免耕播种机研讨会、农业智能装备和机器人国际研讨会、中国寿光国际设施园艺高层学术论坛。共计参会人数1780人次，其中国外学者200多人次，交流论文300多篇，出版论文集1部。

国内主要学术会议 2015年，学会及分支机构共举办国内学术活动27次，提交论文648篇，形成科学家建议8份，学术会议交流频次比2014年增长110%。

8月5—9日，农业信息与电气工程学科创新暨教育教学改革研讨会在黑龙江省哈尔滨市举行。来自全国20多家高校和企业单位的90多名代表参加会议，征集论文48篇，28篇为学生第一作者。会议围绕“信息与电气工程学科创新与教育教学改革”这一主题，提出了“用信息化武装农业机械化”这一新论点，研讨了“十三五”科技发展及重点方向，为今后农业电气化与信息化学科发展与科技创新提供了技术思路。

11月29—30日，由学会教育工作委员会、中国农业机械学会教育工作委员会、国务院学位委员会农业工程学科评议组主办的农业工程教育与现代农业发展研讨会在江西省南昌市召开。来自高等院校相关院系负责人、农业工程学科带头人、专业负责人、业务骨干教师等专家、学者共计90多人参加了会议。会议邀请中国工程院院士罗锡文、康绍忠、陈学庚及17个农业院校的代表进行了大会发言，20多位专家进行了讨论发言，研讨了农业工程教育未来发展趋势及改革方向。

国际组织任职 学会副理事长韩鲁佳任国际标准化组织饲料机械技术委员会主席，李树君任亚洲农业工程学会副主席，常务理事李洪文任亚太保护性农业联盟（CAAAP）副主席，刘鹰任国际水产工程学会（AES）荣誉主席，理事黄冠华任国际农业与生物系统工程学会荣誉副主席。

国际交往 5月25日，学会副理事长李树君作为国际农业和生物系统工程委员会（CIGR）继任主席，赴俄罗斯参加CIGR主席团会议和CIGR第70届执委会会议，汇报第十八届CIGR世界大会、CIGR期刊的相关情况。

5月26—28日，学会理事长朱明作为CIGR第四分会理事，赴俄罗斯参加第36届CIOSTA会议暨CIGR第五分会会议，担任会议学术委员会委员，宣传我国在农村能源领域的最新成就。

11月28日至12月4日，学会秘书长管小冬作为世界工程组织联合会创新委员会（WFEO-CEIT）委员，赴日本参加2015年世界工程师大会暨世界工程组织联合会专委会并执委会会议，为中国科协顺利承接WFEO-CEIT专委会发挥了积极的作用。

科普活动 依托中国国际现代农业博览会开展品牌科普活动，设立2个科普互动展区，展板视频相结合，介绍农业工程实用技术，受众25608人次；面向宁夏红寺堡区种养大户、农牧干部等开展科普报告会2场，受众100多人；结合学会学术会议、继续教育等活动，开展小型科普宣传活动，受众700多人。

完成36期科普杂志《农业工程技术》出版工作，制作《农业航空技术》3D科普动漫宣传片1部。

参与中国科协“科普中国”品牌建设，参与《知识就是力量》特别策划“最柔软的力量——世界水日特别专题”“科学前沿大师谈——机器人专题”工作。

开通科普微信公众订阅号“现代农业123”。

建立14个科学传播专家团队并向中国科协推荐14人农业工程及相关学科的首席科学传播专家。梳理完善了学会分支机构和科学传播专家团队的联系人信息，建成“科普工作委员会—秘书处—科学传播专家团队联系人＋分支机构科普联系人”的纵向联络网。

学会分别于8月、11月举办第三届全国大学生农业建筑环境与能源工程相关专业创新设计竞赛及第一届全国大学生智能农业装备大赛，共计1000多人参加比赛，收到作品368件。

表彰举荐优秀科技工作者 学会向“中国工程院两院院士候选人”“青年人才托举工程”“第十四届中国青年科技奖”“创新人才推进计划”“第十二届中国青年女科学家奖”等推荐科技工作者共计11人次。

第九届大北农科技奖学科（专业）评审范围新增农业工程类目，下设10个分支。学会作为推荐单位共推荐8项成果，1项获奖。

学会与中国农业机械学会、中国农机化导报以及河南豪丰机械制造有限公司共同主办，评选表彰第二届全国十佳农机教师。学会1位常务理事、2位理事获表彰。

学会创新发展 创办全国大学生智能农业装备创新大赛，291件作品计入终审决赛，700余人参加开幕式，中国教育报、新华日报、农民日报、江苏卫视等12家媒体对赛事盛况进行了报道。

建成《农业工程学报》微信公众平台。平台实现了与网站采编系统的对接，可实时进行过刊查询、论文下载、稿件查询、资讯发布、精品赏读等。现已有关注用户1000余人，发布信息281条，经统计发现微信平台推荐发布单篇论文摘要点击次数比无推荐论文平均高出10.33%，为学报打造“一种信息 多种载体复合出版”模式打下基础。

党建强会 作为全国学会党建强会服务平台系列活动，与中国科协学会服务中心党办、中国航空学会等7家学会走进全国最大的生态扶贫移民集中区宁夏红寺堡区及广西桂林开展活动，累计捐赠农业工程技术图书500余册，科普动漫片光盘120套，“低碳生活”科普挂图1套。结合当地农业发展实际面向种养大户作科普报告两场，实地走访十万亩葡萄种植区、现代畜牧业示范基地等，与当地农牧干部及领导座谈，研讨当地现代农业发展路径。

执行中国科协学会党建研究会调研课题，通过对学会党组织及个人会员两个群体抽样调研、结果比对的方式，明确了两者在建家交友工作上的认知及需求差异，提出了学会党组织需求分析导向，线上线下并举的建家交友工作模式，以此增强对科技工作者的吸引力和凝聚力。

会员服务 通过网站会员平台、手机报、微信等方式建立与会员沟通机制。学会主办的学术刊物《农业工程学报》、*International Journal of Agricultural and Biological Engineering*和《中国农业工程学会会讯》全文电子版会员可免费获取。资助1人任职科学家参加国际组织学术会议。向在京理事发放博物馆参观券。

【“东方红”杯第一届全国大学生智能农业装备创新大赛】 由中国农业机械学会、中国农业工程学会、教育部高等学校农业工程类专业教学指导委员会、江苏省现代农业装备与技术协同创新中心共同主办，江苏大学承办的“东方红”杯第一届全国大学生智能农业装备创新大赛于12月22—23日举行。大赛指导及

评审委员会代表、各参赛高校师生代表、企业代表、新闻媒体人士700多人参加开幕式。

大赛以“现代农装、创新科技”为主题，共收到终审作品291件，分为智能农业装备科技发明及智能田间行走机器人两类，最终评选出特等奖作品15件、一等奖作品45件、二等奖作品92件及优秀奖139个、优秀指导教师奖60个。江苏大学、华南农业大学、东北农业大学、山东理工大学、南京农业大学、沈阳农业大学、黑龙江八一农垦大学、福建农林大学、西南大学和中国农业大学荣获高校“优胜杯”。

【中国农业工程学会2015年学术年会】 8月5—7日，中国农业工程学会2015年学术年会在黑龙江省哈尔滨市举行。年会以“农业工程科技创新与转方式调结构”为主题，来自全国31个省市83个单位的1100多名代表参加会议，收到论文301篇，参会人数再创年会新高。

本届年会以主旨演讲、主题发言和分组讨论、墙报展示相结合的方式进行。中国工程院院士汪懋华、蒋亦元、罗锡文院士、康绍忠、陈学庚，国家发改委农村经济司巡视员胡恒洋，国家农业信息化工程技术研究中心主任赵春江，东北农业大学校长包军应邀作大会报告。结合现代农业发展实际及今后发展趋势，年会分设农业机械化与装备工程、水土资源高效利用、设施农业工程与技术、可再生能源利用与低碳农业、农产品加工贮藏与质量保障、农业信息与电气工程6个分会场，122人在分会场发言，其中学生代表发言人数81人，展出海报117篇。

会议评选表彰青年优秀学生论文20篇，同期举办了2015年全国农业工程博士后论坛、中国工程院咨询项目“我国农业全程全面机械化发展面临的新挑战和应对策略”阶段性交流会、农业装备展等特色活动。

【中国现代农业论坛】 9月13日，由学会与河南省科协、南阳市人民政府主办，中国园艺学会、中国沼气学会、中国农村能源行业协会、南阳市科学技术协会、河南省农业工程学会联合主办，中国植物保护学会、中国畜牧兽医学会、南阳市农业局协办，中国科协学会学术部作为指导单位的中国现代农业论坛在河南省南阳市召开。

论坛以“创新驱动　助力农业现代化——南水北调中线工程水源地现代农业建设和生态保护”为主题，来自农业工程领域产、学、研、政四方面共计140多名代表参加会议，10名专家受邀进行了主旨报告。

论坛作为学会创新驱动助力工程的重要举措之一，旨在围绕会议所在地南阳市农业产业需求，通过专家深度研讨，探寻符合当地农业发展的现代实用技术，助推科研成果走向生产一线，服务地方民生。

【中国农业工程学会工程教育专业认证工作研讨会（2015）】 11月30日—12月1日，学会会同教育部农业工程类专业指导教学委员会召开首次工程教育专业认证工作研讨会。会议邀请了农业工程专业认证委员会（筹）专家库成员、教育部农业工程类专业指导教学委员会委员、学会教育委员会委员及所属分支机构主任委员、相关专家共计80人参会，邀请中国机械工程学会继续教育处处长罗平、中国电工技术学会副秘书长王志华从宏观、微观两个角度向与会专家介绍了工程教育专业认证工作。

经会议审议研究，出台了3项工作制度，并就未来工作提出了“加大宣传力度，做好队伍建设、完善补充标准、积极参加培训、调研提升自我”五大工作方向，统一了农业工程界对认证工作的思想认识，加强了与本专业教学指导委员会的协同配合。

（撰稿人：武　耘　管小冬　秦京光）

中国电机工程学会

服务创新型国家和社会建设　2015年，学会出版并发布了《“十三五”电力科技重大技术方向研究报告》。报告提出了重点研究的九大技术方向、38项关键技术，梳理出“十二五”电力科技二十项重大技术进展和“十三五”电力科技二十项重点关注技术。

学会联合国家电网公司及国网河北省电力公司共同开展了“保定智能电网创新示范工程”建设工作，建成并展示了新能源管理、智能变电站、智能输电线路、配电自动化、智能故障抢修系统、用户用电智能交互系统等智能电网关键技术示范项目。编写了《保定“十三五”智能电网发展规划》。依托国家电网保定市供电公司建立了中国电机工程学会保定服务站。

学会完善了汇集行业内科研、高校、设计、生产、制造等领域2000多名专业技术人才的专家库，专家库实行动态更新维护，确保专家信息的准确性和有效性。

2015年共完成科技成果评价197项，开发建成了科技成果评价网上申报系统，实现了成果评价全业务工作的网上办理，全年共完成科技成果登记749项。

履行科技查新管理服务职能，确认并审核了覆盖全国25个省（自治区、直辖市）的39家查新机构的电力科技查新资质。建立并滚动扩充了中国电力科技成果数据库。

学会推荐的“电网雷击防护关键技术与应用”和“青藏电力联网工程”项目荣获国家科学技术进步奖二等奖。

学会能力提升计划 2015年，学会荣获了民政部“全国先进社会组织”和中国科协“学会创新与服务能力提升工程优秀社团”称号。

学会建设 2015年，学会编制完成《中国电机工程学会“十三五”发展规划》及学术研究、科普、编辑、信息化4个专题规划，探索学会持续健康发展的体制机制，科学设定规划目标，谋划学会未来发展。修订《中国电机工程学会工作委员会工作办法》，分支机构管理得到加强。

学会重点加强对合同、固定资产等的管理，重新修订并发布实施《合同管理办法》《固定资产管理办法》等。

学会加大对员工的培训力度和投入，根据工作需要和人员现状，分析培训需求，制定年度培训计划。全年完成了“微网与智能配电网”“新电改背景下的能源互联网技术”等10个专题的专业知识普及培训，234人次参加了培训。聘请外教每周对骨干员工进行个性化的英语面授培训，300多人次参加了面授课。

2015年学会全面推进信息化建设工作，搭建了包含数字化图书馆和人员信息库在内的学会自主数据中心，完成门户网站升级改造，实现了门户网站、人员信息库、数字化图书馆和部分业务系统的单点登录，完成移动端APP和微信公众号的初步建设。

学术期刊 根据中国科学技术信息研究所出版的《中国科技期刊引证报告》(核心版)，2015年度《中国电机工程学报》综合评价总分在动力与电力工程类期刊中已连续13年排名第一，再次荣获“百种中国杰出学术期刊”称号，4篇论文入选“中国百篇最具影响优秀国内学术论文”。在第四届《中国学术期刊评价研究报告（2015—2016）》中，获评“RCCSE中国权威学术期刊（A+）”，在动力与电气工程学科158种期刊中排名第一，31篇论文获得“领跑者5000——中国精品科技期刊顶尖论文”。《中国电机工程学报》获中国科协精品科技期刊工程2015年TOP 50项目资助。

2015年，学会创办了英文刊《中国电机工程学会电力与能源系统学报》（CSEE JPES）季刊。该刊采用国际在线投审稿系统ScholarOne，运用为全球电力科技工作者所熟知的IEEE Xplore数字图书馆发布期刊论文，采用开放获取（OA）形式发布。根据期刊定位与办刊宗旨，学会组建了由98位具有国际影响力的专家、学者组成的编委会及顾问团队，其中外籍编委34人，编委大部分为IEEE Fellow（电气与电子工程师学会会士）或IET Fellow（英国工程技术学会会士）。5月20日，在北京举办了创刊首发仪式。2015年，该刊出版4期，在IEEE Xplore（电气与电子工程师学会数字化图书馆）的下载量为300次/篇。

2015年，学会与中国电力科学研究院联合主办的《高电压技术》首次获得中国科协精品期刊项目资助。

学科发展研究 2015年，完成中国科协项目“2014—2015动力与电气工程学科发展研究”，编撰《2014—2015年动力与电气工程学科发展报告》。报告涉及发电、输电及配用电等各个环节。

决策咨询 完成“电网新技术应用前景研究——无线输电技术应用研究”项目，形成了总技术报告、总论、7个分报告及专利检索报告，共计约53万字。

完成中国工程院“三峡电力系统评估”咨询课题，形成了《三峡工程电力系统评估咨询报告》。

完成“电力新材料基础理论及新技术应用展望研究”项目的科研论证和前期工作。

国际学术会议 6月25—26日，2015变电站复合绝缘子技术及应用国际研讨会（SPIC 2015）在甘肃省敦煌市召开。自美国、意大利、瑞典等多个国家的140余位专家、学者参会。与会专家就变电站复合绝缘子的设计、试验、制造、应用等经验进行了交流。发言专家从各自的应用体验入手，围绕电网工程的设计、建设和运维等，讨论了变电站复合绝缘子防脆断坍塌、防爆炸、防污闪、全寿命周期运行等方面的技术特性。与会专家认为，随着变电站复合绝缘子在电网工程和国内外区域日益广泛的应用，复合外绝缘已经成为未来外绝缘领域的趋势。会议还组织与会专家参观了敦煌沙洲750kV全复合绝缘变电站。

9月21—23日，学会主办的第六届现代电力系统自动化和保护国际会议（APAP 2015）在江苏省南京市召开，来自国内外28个国家和地区的300多名专家、学者参会。中国工程院院士杨奇逊主持了会议的主旨报告，6位专家分别从电力系统三道防线、广域保护、就地安装保护、数据整合、数字仿真、保护技术发展等方面作了发言。

会议共收到国内外摘要268篇，最终录用174篇，中国水利水电出版社出版了专题论文集。

学会组织国际大电网委员会（CIGRE）的一系列活动，包括女工程师论坛、变压器专委会2015年度会议暨与高压设备和变电站专委会联合研讨会、保护与自动化专业委员会年度会议暨学术研讨会等国际学术交流活动。

国内主要学术会议 2015年，学会举办了2015年学术年会，联合其他社团共同组织开展了4项大型专题学术会议，与专委会等分支机构共完成了90多场学术交流活动。

2015年，学会围绕“能源革命与电力发展”主题召开学术年会，同期举行技术论坛、专题研讨会、专委会年会、技能竞赛等活动10多场，共计1100多人参加会议。

学会联合其他学会、企业、高校组织召开“2015全国高校电气工程学院院（校）长论坛”“首届中国太阳能热发电大会”等学术活动。

两岸交流 学会先后在福建省平潭县、台湾地区台北市、江苏省南京市、四川省成都市召开4次海峡两岸共通标准工作组会议。《配电自动化智能终端技术规范》和《电力用户需求响应节约电力测量与验证规范》两项共通标准已分别投票通过送审稿，进入报批审查程序。学会主办的海峡两岸智能电网共通标准工作组2015年第四次会议是第六届海峡两岸标准计量检验认证认可及消费品安全研讨会同期唯一召开的专业组会议。“两岸共通标准和国际标准互认”特色工作在中国科协第十五期学会改革发展论坛上作典型经验交流。

6月15日，学会在福建省厦门市组织召开海峡两岸智能电网暨清洁能源技术研讨会，该研讨会是第七届海峡论坛·2015海峡科技专家论坛的分会场之一，会议主题为“探索清洁能源发展　助推两岸电网合作”。会议共收到论文180多篇，经专家审核录取89篇，内容涵盖基础理论探讨、关键技术研究、设备研制及工程应用等方面。会议安排了“智能电网”和“清洁能源”两个分组讨论会。会上，厦门大学能源学院与深圳鑫明光实业有限公司就CIGS薄膜电池研发项目签署了合作协议。

9月8—9日，由中国科协主办，学会和台湾智慧型电网产业协会承办的海峡两岸智能配电网与新能源技术及应用研讨会在江苏省南京市召开。本次研讨会是中国科协2015海峡两岸青年科学家学术活动月的内容之一，也是活动月启动会议。此次研讨会分为“智能配电网技术发展”和“新能源技术及应用”两个专题研讨部分，涵盖技术报告15篇，其中台湾代表团5篇。来自两岸电力系统、科研院所、高校、电力设备制造企业以及标准工作组的120余位专家、学者到会交流研讨。

国际组织任职 学会副理事长兼秘书长谢明亮任国际大电网委员会（CIGRE）理事会成员、指导委员会委员，电机工程国际会议（ICEE）共同主席。2015年，学会推荐的39名专家加入国际大电网委员会（CIGRE）各工作组。

国际交往 学会与美国电气电子工程师学会（IEEE）、国际供电会议组织（CIRED）、国际大电网委员会（CIGRE）、英国工程技术学会（IET）、美国机械工程师协会（ASME）、美国电气电子工程师学会电力与能源分会（IEEE PES）高层进行会谈，就学会之间加强学术合作、制定国际标准、开展工程师认证、出版学术刊物等相关内容进行了交流和探讨，并与美国电气电子工程师学会（IEEE）达成了双方标准互认意向。

学会组织参加了2015年国际供电会议（CIRED 2015）、第二十一届电机工程国际会议（ICEE2015）、美国电气电子工程师学会电力与能源分会（IEEE PES）年会、2015年高压直流技术国际会议（HVDC2015）、世界工程师大会等国际会议。学会英国分会主办了2015中英智能电网论坛，推动了中英两国在智能电网建设方面的合作。

科普活动 学会组织的“‘电’亮智慧生活”展览获得中国科协授予的“2015年全国科普日北京主场优秀活动组织单位”称号。

经学会终审通过，“特高压直流试验基地”等11家单位被授予“电力科普教育基地”。

学会组织了“电力科普毕节行”“科普送书进凉山”“爱心助学”等活动，开展爱心捐赠、科普知识互动宣传，帮助少数民族地区中小学生和民众了解电力科技知识。

学会开展2013—2014年度优秀电力科普作品评选，鼓励原创科普作品。

表彰举荐优秀科技工作者 通过科协项目资助、学会资金支持、依托单位配套支撑、导师培养指导相结合的方式，开展“青年人才托举工程”24项。

经学会推荐，陈维江当选中国科学院院士，康重庆、王东入选科技部中青年科技创新领军人才。

设立“中国电力年度科技人物奖”，评选出“中国电力科学技术杰出贡献奖”获奖者 10 人、“中国电力优秀科技工作者奖”获奖者 50 人、“中国电力优秀青年工程师奖”获奖者 40 人。

完成 2015 年“顾毓琇电机工程奖”评审工作，并在学术年会上为 2014 年、2015 年的获奖者马伟明、张伯明，以及年度人物奖获奖代表颁奖。

学会创新发展 2015 年，调研了 IEEE 标准协会、IEC（国际电工委员会）、ISO（国际标准化委员会）等机构的组织机构、管理体系、申请流程、程序文件等，制定了学会团体标准管理办法，建立了团体标准化组织机构。完成了《1000 kV 交流特高压输电线路用带串联间隙金属氧化物避雷器技术规范》和《1000 kV 变压器 / 电抗器高压侧出线装置技术规范》标准的制定。

会员服务 构建一体化信息平台，完成会员信息管理系统改造，完善信息化服务方式，提升服务满意度。定期向会员推送学会编辑出版的《动力与电气工程师》《电信息》以及学术活动预报等信息及节日问候。

中国科协会员日 建立会员日专题网页，宣传学会的特色活动和中国电力科技人物奖。组织会员参加了中国科协摄影展、乒乓球赛及射击赛等活动，其中有 5 幅作品入选了中国科协摄影展并在中国科技馆展出，射击比赛获团体三等奖。

【2015 年中国电机工程学会年会】 11 月 17—20 日，中国电机工程学会年会在湖北省武汉市召开，年会主题为“能源革命与电力发展”，学会理事长郑宝森致开幕辞。中国科协党组成员、书记处书记王春法、湖北省人民政府副省长许克振和日本电气学会会长大西公平在开幕式上致辞。工业和信息化部副部长、中国科学院院士怀进鹏，中国工程院院士杜祥琬，国家电网公司副总经理王敏，中国工程院院士马伟明分别作主旨报告。学会副理事长兼秘书长谢明亮主持大会。

2015 年中国电机工程学会年会

专家、学者共计 1100 余人参会，10 位院士作报告。与会专家围绕能源革命和电力发展的有关重大问题展开交流讨论。年会共征集论文 2200 余篇，录用 790 篇，评选出优秀论文 57 篇。

年会过程中通过网站和微信公众号开展在线学术交流，实时更新年会内容，推送报告和专家信息。

【启动发布《“十三五”电力科技重大技术方向研究报告》和《2014—2015 动力与电气工程学科发展报告》】 11 月 18 日，在学会 2015 年学术年会期间，召开了《“十三五”电力科技重大技术方向研究报告》和《2014—2015 动力与电气工程学科发展报告》发布会。

发布会上，中国科学院院士、学会学术工作委员会主任委员周孝信发布了“我国‘十二五’电力科技二十项重大技术进展和‘十三五’电力科技二十项重点关注技术”，并作了关于“十三五”电力科技重大技术方向的研究报告。参与《2014—2015 动力与电气工程学科发展报告（2015）》编写的 9 位专家分别围绕“动力与电气工程学科发展综合分析”“清洁高效发电”“电力环保”“可再生能源发电”“核能发电”“输电系统”“输变电装备”“智能配用电”和“电力电子”9 个专题报告解读了相关的技术进展及发展趋势。

【国际大电网委员会（CIGRE）中国国家委员会会员代表会议】 9 月 7 日，国际大电网委员会（CIGRE）中国国家委员会会员代表会议在北京召开。会议产生了新一届 CIGRE 国家委员会指导委员会和技术委员会，明确了中国国家委员会的工作任务和目标。

7 月 7 日召开的 CIGRE 中国国家委员会指导委员会上产生了新一届 CIGRE 中国国家委员会主席、副主席、秘书长和副秘书长。国家电网公司董事长刘振亚担任国家委员会主席，学会理事长郑宝森和南方电网公司副总经理、学会副理事长王良友担任副主席，学会副理事长兼秘书长谢明亮担任秘书长。

会议通过了《关于 CIGRE 中国国家委员会指导委员会组成原则及人选建议的报告》和《关于 CIGRE 中国国家委员会技术委员会组成原则及人选建议的报告》。指导委员会主席、副主席分别由国家委员会主席、副主席兼任，指导委员会委员由国家委员会秘书长及技术委员会主任委员和副主任委员担任。技术委员会由周孝信担任主任委员，程时杰等 5 位院士和 21 名 CIGRE 专委会中方委员等担任副主任委员和委员。

【“十三五”电力科技规划专题研讨会】 5 月 8 日，学会在北京组织召开“十三五”电力科技规划专题研

讨会，60 多名专家、学者出席会议。

研讨会上，中国工程院院士潘垣提出了当前我国能源的主要矛盾还是“源”的判断，他指出“十三五”电力科技规划要立足于我国的国情，更要着眼于世界的格局，分层次、分远近进行规划。中国工程院院士雷清泉结合欧盟能源材料技术路线图指出了未来我国能源电力传输领域需要重点突破的关键技术。中国科学院院士周孝信对会议成果的总结和提炼提出了具体的建议，他提出要从动力与电气工程学科领域基础研究和当前与未来一段时间电力行业技术发展需求两个方面着手编写专报。把关于未来电力科技发展的意见和建议反馈给政府和各电力企业，为我国“十三五”电力科技规划出谋划策。

（撰稿人：闫文丽）

中国电工技术学会

服务创新型国家和社会建设　2015 年，学会召开了科技奖励工作研讨会，升级了网上办公系统。审议了《中国电工技术学会科学技术奖专家管理办法》《优秀科技工作者奖励评审办法》。探讨了设立《中国电工技术学会科学技术奖励基金》的必要性。推荐 1 项国家自然科学奖。

学会召开专业技术人员水平评价标准研讨会，研究电气工程专业技术人员专业水平评价标准，修订电气工程专业技术人员专业水平评价相关指导文件。发起并参与“全国学会专业技术人员水平评价工作群”的相关组织工作，牵头学会群监事会工作，参与标准工作委员会、组织工作委员会工作。开展了“电气工程师评价标准框架研究”“专业技术人员专业水平评价工作体系研究”、人力资源和社会保障部“职称制度历史沿革功能性作用和基本定位”“职称评价标准研究”并撰写了相关研究报告。

学会参与了由中国电子学会牵头的“机器人团体标准”工作组，开展了《机器人团体标准》相关管理制度、监督与评估机制制定的研究工作，并策划组织实施“伺服电机”的标准制定。

2015 年电子电气类认证分委会收到申请专业认证数量增加到 107 个，受理了 29 个申请，组织专家审阅 27 个专业的《自评报告》。培训和选派入校考查专家 81 人次，新增见习专家 27 人，承担了《华盛顿协议》3 名特派专家对中国工程教育认证的现场视察。对电子电气类专业认证委员会进行了换届，调换 2 名委员，新增 4 位委员。

学会对 2014 年度学会系统获得先进集体的专业委员会、省市学会，先进个人进行了表彰。

学会作为工程教育专业认证学会群 7 家发起单位之一，牵头组织专家开展了“工程教育专业认证工作现状与亟待解决的问题研究”专项课题，撰写了研究报告，并向中国工程教育认证协会提交了改进工程教育认证工作程序的建议。

6 月 8—10 日，第 20 届中国电磁兼容大会暨展览会在北京召开。中国工程院院士马伟明、亚太电磁兼容大会主席李尔平以及国家标准化管理委员会、电磁兼容标准化技术委员会的领导专家出席会议并作主旨演讲。会议采取大会报告、分组交流、产品展览相结合的形式，200 多名专家、学者参会交流，1200 多人参与展览交流。

8 月 10—14 日，学会在辽宁省大连市举办了工业机器人应用技术培训班，培训内容结合工业机器人最新技术发展现状，采取“讲授 + 示教 + 研讨 + 实操”的方式进行。共 12 家高职院校的 19 名教师参加了培训。

12 月 2—4 日，学会在安徽省芜湖市举办变压器节能关键技术高级研修班，邀请了中国电力科学研究院、沈阳变压器研究院、保定天威集团特变电气有限公司等单位的 8 名专家分别讲授了电力变压器、卷铁心变压器、非晶合金变压器和干式变压器的节能关键技术，变压器能效技术经济评价方法，以及节能变压器的未来发展方向等内容。来自全国各地的 30 个企业和高校的 50 名学员参加。

继续与欧姆龙自动化（中国）有限公司，合作开展“机电一体化”培训项目。项目合作单位已发展至 36 个，2015 年共计 835 人次参加培训。

学会组织专家赴辽宁朝阳、重庆永川、河南鹤壁、新疆哈密、四川德阳、安徽芜湖等地考察，为当地企业的科技创新能力提升、企业转型升级等提出了建设性意见和建议。

学会与辽宁省朝阳市、安徽省芜湖市、四川省德阳市等地方科协分别签署《中国科协创新驱动助力工程合作框架协议》。围绕区域产业共性技术问题，与芜湖市科协共同举办了全国电线电缆行业发展高层论坛、变压器节能关键技术研讨会，与德阳市科协共同举办电线电缆企业座谈会，组织与会专家集中开展技术咨询服务，助力区域产业共性技术突破。设立了辽宁（朝阳）新能源电器产业基地院士专家工作站、芜湖特种电缆学会专家工作站。

受中国大百科全书出版社委托，学会承担了《中国大百科全书（电气工程学科）》第三版的编撰工作，并于9月22日在北京召开了《中国大百科全书》第三版电气工程学科第一次编委会会议。

学会能力提升计划 学会完成了"学会能力提升专项—优秀科技社团奖"项目组织及总结工作。

学会建设 3月21日，学会在北京召开第八次全国会员代表大会，进行了理事会、常务理事会的改选。第八届理事有189名理事，其中常务理事57名。学会新增个人会员438名，团体会员由69个调整为96个。审核批复10个专委会的换届方案，审核批复了2个专委会委员的调整，审核批复了船舶电工专业委员会挂靠单位调整。

在中国科协的支持下，2015年学会成为国家非公领域进行职称评审工作的试点单位。

学术期刊 学会主办的《电工技术学报》再次获得中国科协精品科技期刊工程—学术质量提升项目，资助三年。《电工技术学报》在中国知网和万方数据库中的学科排名均为第4名，比2014年的第8名前进了4名。

国内主要学术会议 8月13—14日，学会与电机及系统节能技术创新产业联盟共同主办的变频电机绝缘系统专题研讨会在北京召开。来自绝缘等材料专业的18名专家作了专题发言，变频电机及材料企业代表共80多人参加会议。

10月25—27日，学会在湖北省武汉市举办了第13届中国电工技术学会学术年会。本届年会收到投稿论文426篇，录用了其中的296篇，参会专家、学者、技术人员和学生超过400人。年会设立4个分会场。分会场特邀报告4场、论文宣讲10场、论文张贴5场。

11月24日，学会承办的2015世界机器人大会"工业机器人与智能制造"专题论坛召开。来自芬兰、德国、中国、日本的6名工业机器人领域专家作特邀报告，近300人参加了会议。会后编制了报告集。

国际交往 学会有关负责人先后赴韩国参加国际电力电子会议，赴泰国参加第18届国际电机与系统会议，赴英国与英国分会共同举办2015中英智能电网装备技术论坛。

科普活动 学会共组织科普活动16次，参与人数7000多人次，获得"中国科协2015年度全国学会科普工作优秀单位"称号。

1月21日和5月28日，学会分别与三菱电机自动化（中国）有限公司、中国科学院电工研究所签署了科普教育基地合作协议，创建学会科普教育基地。

9月19日，学会理事长、天津工业大学校长杨庆新带领其工程电磁场与磁技术研究团队，参加了全国科普日北京主场"感 · 触科学——前沿科技魅力主题展"活动，主题为"基于风光互补智能微电网的电动汽车无线充电系统"。

学会组建的"高压放电及等离子体应用"科学传播专家团队，研发设计制作了"等离子体知识"的科普模型，通过"滑动放电装置""大气压等离子体射流装置""大面积弥散放电处理装置"和"介质阻挡放电装置"4个实际装置的演示活动。组织科学传播专家设计、开发、制作了《高压线变电站信号发射塔有辐射吗》《智能电网》《太阳能是如何为我家电器供电的》3个视频科普片和《未来电网需要储能做哪些事儿》《变压器技术》2套科普折页。

表彰举荐优秀科技工作者 12月18日，中国电工技术学会科学技术奖励评审委员会选出拟奖项目29项，其中，一等奖4项，二等奖10项，三等奖15项。另根据《电工行业—正泰科技奖评选奖励办法》的有关规定，评选出"科技成就奖"5人、"科技创新奖"10人。

学会推荐的西安交通大学"工程电介质陷阱介电表征和调控的研究"入选2016年度国家自然科学奖候选项目。

会员服务 2015年新增8位申请加入美国电气和电子工程师协会电力电子分会的高级会员。9月组织会员单位赴英国参加2015中英智能电网装备技术交流研讨会议，加强与英国电气工程领域智能电网技术研发交流合作。学会定期向会员、理事、团体会员单位发送《中国电工技术学会会讯》。

【中国电工技术学会第八次全国会员代表大会】 3月21日，中国电工技术学会第八次全国会员代表大会在北京召开。原机械工业部副部长、学会七届理事会理事长孙昌基，原机械工业部电工局局长、学会七届理事会名誉理事长周鹤良，中国机械工业联合会执行副会长赵驰，中国科协学会学术部有关负责人出席会议。来自学会系统的300多名会员代表、兄弟学会代表参加了会议。

会议听取审议了孙昌基代表第七届理事会作的工

作报告、第七届理事会秘书长裴相精作的报告。

会议选举产生第八届理事会领导机构，选举天津工业大学校长杨庆新为第八届理事会理事长，裴相精为第八届理事会秘书长。会议选举189人组成第八届理事会，选举丁立健、马伟明等57人为第八届理事会常务理事。第八届理事会聘任了各工作委员会主任委员。

【中国电工技术学会学术年会】 10月25—27日，2015年中国电工技术学会学术年会在湖北省武汉市召开。年会由武汉大学电气工程学院承办，美国电气和电子工程师协会电力电子学会、湖北省电工技术学会、北京人民电器厂有限公司、北京科锐配电自动化股份有限公司、常熟开关制造有限公司协办。

学会副理事长兼学术委员会主任梁曦东主持会议，学会副理事长兼秘书长裴相精、武汉大学党委副书记骆郁廷分别致欢迎辞。中国科学院院士程时杰、美国电气和电子工程师协会电力电子学会前主席谭方东博士、中国电力科学研究院配电所所长盛万兴、武汉大学电气工程学院院长唐炬、北京科锐配电自动化有限公司副总经理袁钦成在主会场作特邀报告。

本届年会收到投稿论文426篇，录用了其中的296篇，参会专家、学者、技术人员和学生超过400人，论文数量和参会人数均超过预期。年会设立了主会场及电气工程前沿学术论坛、分布式发电与主动配电网学术会议、无线电能传输技术及其应用学术会议、青年学术论坛4个分会场。分会场特邀报告4场、论文宣讲10场、论文张贴5场。其中，北京电力经济技术研究院院长张凯、华中科技大学教授尹项根、河海大学教授级高级工程师沈兵兵、中国电力科学研究院教授级高级工程师范明天、济南大学教授程新功、清华大学副教授程林、北京人民电器厂有限公司副总经理赵志群、常熟开关制造有限公司总工程师管瑞良在分布式发电与主动配电网学术会议作特邀报告，哈尔滨工业大学教授朱春波、重庆大学教授孙跃、华南理工大学教授张波、东南大学教授黄学良、华中科技大学教授刘明海、武汉大学教授王军华、中国科学院电工研究所研究员张国民、同济大学教授李云辉在无线电能传输技术及其应用学术会议分别作特邀报告。

（撰稿人：马佳佳）

中国水力发电工程学会

服务创新型国家和社会建设 学会与学会风险管理专委会共同组织编制《大中型水电站地质灾害预警及应急管理技术标准》，2015年已完成大纲审查并按分工陆续进行编写工作。

参与科技奖励第三方评价。学会秘书处于9月申报了“水力发电科学技术奖”有关评价材料，12月份进行了现场汇报和答辩。

开展科技成果评价工作。全年共受理承担了12个单位的22项成果的鉴定评价工作。

9月，学会与学会梯调专委会在四川省成都市举办了《流域梯级水电站集中控制规程》培训班，帮助行业有关单位学习和掌握梯级水电站集中控制相关要求，促进该规范在实践中更好地贯彻实施和推广，共有33个单位的120多名代表参加了培训。

8月份学会和美国大自然保护协会（TNC）、国际水电协会（IHA）共同在四川省成都市举办了第2期《水电可持续性评估规范》培训班，近50人参加了培训。该《规范》综合考虑水电开发的技术、经济、环境和社会要素，提出了一套水电可持续性的量化评估方法。

2015年，各专委会共举办各类培训班14期，参加培训人员1530人次。

学会建设 学会现有团体会员单位206个（包括下设的31个专委会和1个工作委员会），联系指导22个省级学会，有2个专委会完成了换届工作。

1月，学会在北京召开了全国各省级水电学会和各专业委员会秘书长及管理员工作会议，对2014年工作进行总结，并对2015年学会重点工作作出了部署安排。来自22个省级水电学会和31个专业（工作）委员会的秘书长、管理员和代表近80人参加会议。

10月，学会在北京召开了七届四次理事会议，185名理事和代表出席会议。学会理事长张基尧作题为“适应经济新常态，谋划发展新思路，努力促进我国水力发电事业可持续发展”的工作报告。

《中国水力发电年鉴》（第十九卷）和《中国水力发电信息（2015年报）》的编撰和按时出版，并将《中国水力发电信息（2015年报）》发布网上供会员下载。

开通微信公众号“中国水力发电工程学会”（CSHE1980）。

学术期刊 2015年《水力发电学报》由双月刊变更为月刊，共收到论文稿件560篇（比上一年增加109篇），录用刊登277篇。《水力发电学报》核心影响因子0.641，比上年有所提升，在21种水利工程类刊物中排名第三。完成了“2015年度《水力发电学报》优秀论文奖”评定工作，共评出一等奖2篇、二等奖3篇、三等奖5篇。

学会联合国务院发展研究中心、华能西藏公司、华电金沙江上游公司、国电大渡河公司、雅砻江公司、四川大学共同开展“新常态下中国水电可持续发展政策研究”课题，主要针对西南重点是藏区水电开发成本上升的矛盾，探讨具有可操作性的国家对水电开发的财税金融政策的支持渠道，以提升水电作为清洁能源的市场竞争力，提高水电企业开发水电的积极性，促进我国特别是西南地区水电开发的健康可持续发展。

学会开展了“四川大渡河大岗山水电站机组启动试运行技术咨询”课题，为电站机组能够按期安全高效投入商业运营提供技术支撑。此外，完成了“瀑布沟及以下梯级水电站群智能调度技术研究”“嘉陵江亭子口水利枢纽电站运行风险综合评估研究”等课题的结题工作。

7月，组织召开了澜沧江上游西藏段梯级水电开发经济性研究高层论坛，国务院有关部门、西藏自治区，以及多家企业集团、流域公司、设计院、高校、媒体等单位70多名领导和专家就澜沧江上游水电开发、远距离输电、电力消纳中的工程成本、社会成本、生态成本等进行了广泛交流和研讨，积极为促进藏东南水电开发和推动藏区社会稳定、经济可持续发展献计献策，为中央开好第六次西藏工作会议、政府有关部门制定“十三五”规划和能源发展政策提供决策参考。会后，形成了《关于澜沧江上游（西藏段）梯级水电开发经济性研究成果的报告》，报送国家发展和改革委、国家能源局、财政部、国家税务总局等有关部门。

8月组织召开了水力发电弃水问题座谈会，针对近三年来我国西南地区（主要为川、滇两省）水电弃水问题进行座谈研讨。来自政府部门、电网企业、水力发电企业、研究机构、行业协会、新闻媒体等单位的领导和专家参加了会议。与会人员分析原因，提出了减少弃水的建议，多家主流媒体进行了连续报道。会后学会形成了有关建议报告，报送国家发展和改革委和能源局，同时通过《电力决策与舆情参考》送有关领导和部门参阅。

国内主要学术会议 2015年学会所属31个专业委员会和1个工作委员会共举办各种学术年会或专题学术交流活动31场次，参加人数3900人次，交流论文986篇，编辑出版论文集17部，印发4000多册，发表论文840多篇，印制论文光盘550多张。

两岸交流 5月，学会理事长张基尧会见了来访的台湾中兴工程科技基金会理事长一行，双方就进一步推进海峡两岸水电水利科技交流与合作进行了会谈。会上双方互赠了学术资料书籍。

国际交往 2015年，在筹办国际水电大会期间，国际水电协会（IHA）高层5次访问学会，双方主要就大会筹办事项进行了沟通交流。

科普活动 3月22日，在第23届“世界水日”和第28届“中国水周”到来之际，学会和大坝协会联合在清华大学举办了水安全科普论坛，邀请行业知名专家作了“转变思路，加强水资源开发，为打造天蓝地绿水净的美好家园作出贡献”“龙头水电站的水安全保障作用”“中国水安全的关键科技问题”等报告。10多家媒体记者，清华水利学院的学生共40多人参加论坛。围绕我国水库大坝、水电站建设和保障水安全的问题，以及当前大众比较关心的清洁能源发展、雾霾治理等社会热点，媒体与专家进行了交流。

9月20日，学会联合中国科普作家协会举办了小水电的生态作用科普论坛，邀请有关专家作了小水电的历史作用与现实担当、发展小水电提升绿色能源影响力、世界小水电的发展状况与趋势、站在人类文明的高度看小水电的生态作用等报告，解答与会20多家媒体的提问。

表彰举荐优秀科技工作者 2015年，学会“水力发电科学技术奖”评审出49个拟授奖项，其中特等奖1项、一等奖12项、二等奖14项、三等奖22项，计划在2016中国水电发展论坛上进行了颁奖。学会编印了《水力发电科学技术奖获奖项目成果汇编（2015年度）》。

组织专家对通过学会渠道申报的两院院士人选进行了评审，推荐中国工程院院士候选人2人（经中国科协进一步推荐，成为有效候选人）和中国科学院院士候选人1人。

在中国科协领导下开展了世界工程组织联合会（WFEO，由联合国教科文组织赞助成立）杰出工程奖、哈西布·萨巴格（Hassib J. Sabbagh）杰出工程建设奖和杰出工程教育奖评选工作，学会组织专家对三个奖项的申报材料进行了评审和推荐，最终中国工程院院士陆佑楣荣获2015WFEO杰出工程奖，雅砻江公

司“锦屏水电工程项目团队”荣获2015WFEO杰出工程建设奖。12月3日在日本举行的世界工程师大会上进行了颁奖。

学会组织开展了第11届光华工程科技奖推选工作，评选推荐光华工程奖和光华青年奖候选人各1名并上报至中国科协。

【2015中国水电发展论坛暨水电科技奖颁奖典礼】 2月1日，2015中国水电发展论坛暨水力发电科学技术奖颁奖典礼在北京举行，大会由学会与中国能源建设集团有限公司联合主办。中国科学院院士张楚汉，中国工程院院士陈祖煜、朱伯芳、韩其为、陈厚群、王浩、胡春宏、张建云、钮新强、钟登华，以及来自全国水力发电行业80多个单位的300多名水电工作者代表出席会议。

学会理事长张基尧、中国能建集团董事长汪建平分别代表主办单位致辞。国家发展和改革委原副主任、国家能源局原局长张国宝，国务院三峡工程建设委员会办公室副主任陈飞，中国工程院院士、南京水利科学院院长张建云，中国电力建设集团有限公司副总经理王民浩分别讲话。

张基尧在致辞中指出，2014年水电投产创新高，达2185万千瓦，总装机已达3.02亿千瓦。我国水电事业已迈入大电站、大机组、高电压、自动化、信息化、智能化的全新时代，中国水电正以非凡的发展成就和强劲的综合实力雄冠全球。但在新建水电大量投产的同时，开工情况却远远不能满足规划的要求，水电工程的立项和建设面临经济增长减速换档带来的新矛盾新问题，电源建设与电网建设衔接相对滞后，水电消纳面临新矛盾，弃水情况时有发生；水电建设各项成本增加，水火同网同质同价呼声强烈；社会因素、环境因素、市场因素、技术因素等方面不断给我们提出新挑战；创新设计理念，保障质量安全，规范招投标程序，着力应对复杂地质条件、高寒极端气候和地震、泥石流等自然灾害给水电站建设运行带来的难题和风险等艰巨任务，已历史性地落到水电建设者肩上。

同期举行了2014年水力发电科学技术奖颁奖典礼。共有46个项目获奖，其中特等奖4项、一等奖6项、二等奖12项、三等奖24项。由中国三峡集团等承担的“300 m级溪洛渡拱坝智能化建设关键技术”项目，雅砻江流域公司等承担的“锦屏二级水电站深埋长大水工隧洞群建设关键技术”等项目获得特等奖。同时还进行了《水力发电学报》优秀论文奖颁奖。

大会还进行了“中国水电”会旗交接仪式，2016中国水电发展论坛暨水电科技奖颁奖典礼将由国家开发投资公司承办。

【2015世界水电大会】 5月19—21日，以“塑造未来，推动水电可持续发展”为主题的世界水电大会在北京召开，来自60多个国家和地区的政府、企业、民间团体、研究机构和金融机构等800多名专家、学者参会。大会由国际水电协会（IHA）主办，在中国国家能源局和中国科协支持下，由学会、中国长江三峡集团、中国大坝协会和中国水科院四家单位联合承办。

会议组织了5个主题全体大会和20多场分论坛，与会代表对水电发展趋势、技术热点、融资模式、水与能源、气候变化、社会及环境影响等进行了讨论。

国际水电协会发表了《北京水电宣言》，提出“2050年2050 GW”的世界水电发展目标，并确认“中国水电发展处于全球领先地位，在国际上发挥着越来越重要的作用”。

【全国高拱坝及大中型水电工程建设管理经验交流会】 7月29—31日，由学会主办、国电大渡河流域水电开发有限公司承办的全国高拱坝及大中型水电工程建设管理经验交流会在四川省石棉县召开。中国科学院院士张楚汉，中国工程院院士钟登华、缪昌文，学会常务副理事长兼代秘书长李菊根，中国三峡集团副总经理樊启祥，中国电建集团总工程师周建平，大渡河流域水电公司总经理涂扬举以及来自全国的水电开发、设计、施工企业、科研院和高校的100多名专家、学者参加大会。

会议期间，专家学者围绕高拱坝及大中型水电工程的枢纽布置和坝工设计、高拱坝设计分析的新理论和新方法、高拱坝的动力特性和抗震设计、大体积混凝土温控和坝体防裂技术、高拱坝基础处理的原则和方案、高拱坝建设的生态环境效应等专题进行了研讨与交流。

大会认为，我国水电高拱坝技术已达到世界领先水平，水电是当前技术条件成熟、规模效应明显、产业带动广泛、投资拉动明显的产业，呼吁各方关注支持水电健康和可持续发展，努力振兴实体经济，为国家发展作出贡献。但是，我国部分地区水电的消纳和开发依旧存在很大问题，“弃水电量”大、开发难度高、移民安置困难等影响行业健康发展。四川省作为我国第二水电大省，仅2014年调峰弃水电量就达96.8亿千瓦时，占丰水期水电发电量的14.93%。特别是大渡河由于外送通道受限，弃水损失更应引起各方高度重视。

会议期间，与会院士、专家、学者还到大岗山、瀑布沟、枕头坝一级、沙坪二级水电站大坝和厂房进行了实地调研。

【澜沧江上游（西藏段）梯级水电开发经济性研究高层论坛】 7月7日，学会在北京组织召开了“澜沧江上游（西藏段）梯级水电开发经济性研究高层论坛”。学会理事长张基尧、国家能源局电力司司长韩水等出席会议并讲话。来自政府有关部门、两大电网、电力企业、规划设计、流域开发、研究机构等单位的近70人参加会议。

会议认为，在保护生态环境的前提下开发西藏水能资源，这不仅是推动实现西藏经济社会跨越式发展的需要，也是我国能源战略的重要组成部分。澜沧江上游水电作为“藏电外送”和西藏水电开发的标志性工程，具有代表性和先导性。加快开发澜沧江上游水电资源，探索西藏水电资源开发中的技术、经济、生态、社会等方面的问题，构建国家西电东送接续能源基地，对优化调整能源结构、调整电源布局，保护生态环境、改善大气污染环境，变资源优势为发展优势，促进民生建设和藏区长治久安，都具有十分重要的意义。

会议对做好西藏水电开发提出建议：一是要加强规划统筹。根据中央西藏工作会议有关要求和西南水电开发战略定位，结合国家能源“十三五”规划以及电力新能源等“十三五”专项规划的研究工作，统筹水电开发政策、能源平衡、电力消纳和送出方案等做好规划，确保供需平衡、合理有序，促进水力资源科学、高效开发利用。二是要转变开发理念。一方面要进一步提高项目竞争优势，适应电力体制市场化改革的发展需要；另一方面也要针对藏区特殊情况，要坚持和谐开发理念，加强水温、生态等环评研究，特别注意保护耕地、宗教文化设施、自然生态保护区等敏感对象，研究完善移民政策，促进经济与生态环境、民族、宗教和社会的和谐发展。三是要加强技术攻关。川、藏水电开发，特别是西藏水电开发，对地质勘探、大坝施工、远距离\大容量\高海拔输电技术都提出了新的挑战，各有关企业要依托重大工程建设，坚持自主创新，开展相关专题研究，加强技术研发，提高项目经济性，确保工程的安全稳定运行。

（撰稿人：雷定演）

中国水利学会

服务创新型国家和社会建设 2015年，受水利部委托，学会承担水利部标准化日常工作，共完成了156项在编标准项目管理、239项水利技术标准复审、109项项目立项论证、101项会签材料审查、34项报批稿审定等工作。2015年学会被选定为国家标准化管理委员会和中国科协团体标准研制试点单位，完成了《中国水利学会团体标准管理办法》制定和多项团体标准的选题、编制工作，完成国家标准复审和国家标准转化为团体标准的试点工作。

学会配合水利部人事司、职改办，组织完成了2015年度水利部专业技术人员职称考试工作，共有3032人报名，4628人次参加考试。学会负责考试报名受理、组织试卷命题、考试组织、阅卷登分、成绩统计以及合格证制作与发放等考务工作。

截至2015年年底，学会有水利类专业认证专家68名，已对25所高校的32个水利类专业点进行了认证。至此，水利类的四个专业均已开展了认证，已认证专业点占全部水利类专业点的16.9%。

2015年，70多名水利类专家和教师参加了中国工程教育专业认证协会组织的3次培训班，其中培训新专家19名。分别于9月、10月和12月对学校专业点教师、西安理工大学水利水电学院、郑州大学水利与环境学院的部分教师共100多人进行了培训。学会主办了两期SL1及GB1.1标准化培训班，并承办两期水利部国科司主办的标准编写与审查培训班，共培训约300人次。

11月18—20日，学会与法兰克福展览（上海）有限公司在北京共同举办2015中国水博览会。博览会设立海绵城市建设、水利风景区等七大展区，首创股份、韩建河山、新兴铸管等国内上市公司，以及来自德国、比利时等国家的涉水企业参展，2015年度大禹水利科技奖获奖成果设立专区展出。展会面积2万平方米，26个国家和地区的328个企业参展，42个国家和地区的20411名专业观众参观水博会，其中包括来自挪威和莫桑比克共和国等56个海内外专业观众团。同期举办的中国第十届水务高峰论坛等学术活动，1866名代表参加。

学会能力提升计划 学会获得中国科协“学会创新和服务能力提升工程”二类“优秀科技社团”。

学会开展了科普创意大赛、知识竞赛等不同形式的科普活动；完成了一集《小水滴漫游记》等水利科普动漫作品的制作；完成《水利科普“十三五”规划》（初稿）、《全国水利科普教育基地认定管理办法》（修订稿）等文件的编制工作。

学会在2015中国水博览会上设立了大禹水利科技奖获奖成果展示专区。

开展期刊能力提升建设，有效提高学会主办的6个科技期刊的办刊质量与水平。

启动学科发展报告编制工作，推动水利学科的协调发展。

启动“青年人才托举工程”和“青年人才助力计划”。

启动“互联网+”工程建设，提高学会自身能力建设。

学会建设 6月30日，学会在北京召开了第十次会员代表大会。大会选举172人组成学会第十届理事会。

9月21日，学会在陕西省西安市举办了2015年单位会员学会工作负责人工作座谈会，来自会员单位的50多名代表参加了座谈会。

12月3日，学会在广东省深圳市召开了2015省级学会秘书长工作座谈会，学会秘书长于琪洋作了工作报告，分析学会当前面临的机遇与挑战，总结过去一年学会的各项工作，并对下一步工作进行安排部署。各省级学会50多名代表参加会议并进行了交流研讨。

2015年，学会召开了2次专委会工作座谈会，进一步加强了对专委会工作的领导和各专委会之间的沟通交流。同时针对专委会下一年的学术活动计划进行了讨论、交流，并研究部署《水利学科发展报告》及《参阅信息》的编写等工作。

2015年编印12期《中国水利学会通讯》，每月一期。

学术期刊 《水利学报》被国家新闻出版广电总局推荐为的2015年“百强报刊”称号，荣获“2015期刊数字影响力100强”称号。根据中国科技信息所最新的检索报告，《水利学报》综合排名在水利类科技期刊持续保持第一名。

9月19—21日，学会在陕西省西安市举办了第二届水利科技期刊发展研讨会，并同期召开了学会主办的6种期刊的工作座谈会。来自学会分支机构和省级水利学会主管（办）科技期刊（或内部刊物）的40多个科技期刊单位编辑部负责人共70余人参加了会议。会议邀请中国农学会专家作专题报告，各期刊与会代表作交流发言。座谈会上，学会主办6种期刊的代表就网络化和数字化环境下，水利科技期刊发展的困惑与出路等问题进行讨论。

国际学术会议 10月27—28日，中国水利学会2015学术年会国际分会在江苏省南京市举办。会议学会主办，南京水利科学研究院、河海大学、水文水资源与水利工程科学国家重点实验室共同承办，主题为“变化环境下的水科学与水安全”。来自加拿大、韩国、新加坡、日本的21名专家和国内高校、科研院所从事水科学教育、科研的50多名专家、学者参加本次会议。会议共征集49篇论文，5篇获年会优秀论文奖。遴选出的31篇论文分别作为特邀报告、会议报告进行了学术交流。

11月19日，学会在中国水博览会同期举办了第十届中国（国际）水务高峰论坛。设1个主论坛和4个分论坛，涉及水务政策与市场、水资源管理、水利信息化、海绵城市建设、智慧城市建设及云计算等内容，来自全国水利行业主管部门、科研院所、水博会参展企业、专业观众等400多人参加论坛。

国内主要学术会议 10月26—28日，中国水利学会2015学术年会在江苏省南京市召开，主题为“水安全与水科技”。水利部党组成员、副部长周学文出席年会开幕式并作题为“‘十三五’水利改革发展中需要重点解决的几个问题”的主旨报告。会议特邀来自清华大学、国家防办等单位的8名专家作报告。学会十届理事，各分支机构、省级学会、单位会员代表，有关高等院校、科研院所，设计、施工和管理等单位的技术骨干以及加拿大、韩国、日本及新加坡等国外友好学会代表670多人参加了此次年会。年会还设5个分会场（包括1个国际分会场），分别围绕饮用水安全、跨流域调水工程运行调度、地下水、疏浚与泥处理利用及变化环境下的水科学与水安全等内容展开交流研讨。会议共收到论文500余篇，经专家评审，256篇论文入选论文集。

7月23—24日，学会在广西壮族自治区南宁市举办了2015年城市水生态环境建设研讨会，主题为“城市水生态环境建设的理论与实践”。会议由学会主办，学会城市水利专委会、广西水利学会承办。来自科研院所、高校、设计院及施工单位等100多名专家、学者参加研讨会。研讨会邀请了来自中国水利水电科学研究院、中国科学院生态环境研究中心等单位的6

名专家作特邀报告，10 名优秀论文作者围绕海绵城市建设、水生态修复与保护等方面的内容进行了交流研讨。会议共征集论文 51 篇，经专家评审，19 篇论文被评为优秀论文，并在开幕式上为优秀论文作者颁奖。

9 月 22—23 日，以“湖泊湿地与绿色发展”为主题的第五届中国湖泊论坛在吉林省长春市举行。学会作为协办单位推荐中国水利水电科学研究院水资源所王芳教授作报告，并组织了论文征集等相关工作。

10 月 14 日，2015 年治淮论坛暨淮河研究会第六届学术研讨会在安徽省蚌埠市举办。会议由学会与水利部淮河水利委员会主办，学会淮河研究会承办，与会专家、学者 230 多人。会议围绕“新时期治淮发展战略”主题开展了学术交流与研讨，邀请了知名学者与水利专家作专题发言，部分专家及青年学者结合自身工作科研实际作了学术交流。同期还举行了新时期治淮发展战略座谈会，会上，与会专家、学者围绕治淮规划与重大水利工程建设、水资源节约保护与利用、水旱灾害防治、水生态文明建设、深化水利改革与流域综合管理等议题座谈交流。会后，学会就会议中专家的观点和意见，凝练成了第二期《参阅信息》。

11 月 27—28 日，学会在四川省绵阳市举办了中国近代水利史学术研讨会。会议由学会水利史研究会、绵阳市水务局联合承办。这是自 1990 年以来，由学会组织召开的又一次以近代水利史为主题的学术研讨会。来自海峡两岸高校、科研单位、流域机构，以及地方水利厅局的 100 多名专家、学者参加会议。会议围绕抗战时期水利事业及其对现代水利的影响，近现代水利规划、科研及教育起源与变革，以及近代水利工程及水利遗产保护与利用等议题开展研讨，16 位专家进行了学术交流，内容涉及河流规划、文献考证、技术探讨、工程建设、遗产保护等。会议共收到学术论文 40 多篇，内容了涵盖民国期间的国家工程、地方工程建设，流域规划制定，水利法规制定，水利思想演变，水利科学探讨以及水利文化遗产保护等方面。

国际交往 5 月 27—31 日，应韩国水文水资源学会邀请，学会派出 3 人代表团赴韩国参加韩国水资源学会 2015 年会，来自韩国的水资源相关各科研单位、高等院校、公司企业的代表共 1000 多人参加会议。会议同时邀请了来自中国、日本、新西兰、泰国、越南等国的 15 名代表参加。中方 3 位代表的 2 篇论文被大会论文集收录并在会议上进行了交流。

9 月 8—12 日，应日本水文水资源学会邀请，学会派出 3 人代表团赴日本东京参加日本水文水资源学会 2015 年会，3 名代表的 2 篇论文在会上进行了交流并被大会论文集收录，中方 2 位专家在国际分会上作了主旨报告及特邀报告。

科普活动 5 月 12—14 日，以“节水护水，保障水安全”为主题，学会联合北京水利学会举办了水利科技周活动暨北京节水周活动。系列活动共 3 场，分别选取农民、大学生和小学生群体作为对象，把宣讲课堂拓展到田间地头，学术讲堂和实验室，主要包括在北京顺义北郎中村的节水灌溉田间大课堂，北京师范大学南水北调名师大讲堂及联合北京市宣武区青少年科技馆举办的饮水思源——水科学课堂，300 余人参与了此次水利科技周活动。

7—10 月，由学会与中国环境科学学会、中华预防医学会、中国气象学会、中国测绘地理信息学会联合开展了“生态文明，我知我行”——2015（首届）资源与环境网络知识大赛和“战略决策，情报支撑”主题征文活动，全国生态环保、水利、气象、地震、海洋、国土资源管理、地质勘察、测绘地理信息、冶金等行业的 600 多个相关机构、3 万多人次参与了该项活动，共征集论文 257 篇。此次活动评选出三个奖项：优秀组织奖一等奖 10 个、二等奖 50 个；网络竞赛奖一等奖 10 个、二等奖 50 个、三等奖 500 个；征文奖一等奖 5 篇、二等奖 12 篇、三等奖 30 篇。

11 月 19 日，由学会组织，北京水利学会、中国水科院、水利部出版社等单位人员参与的“小水滴大课堂”水利科普进校园活动在北京市西城区白纸坊小学举行。来自中国水利学会、中国水利水电科学研究院等单位的老师们为学校四年级两个班 60 名学生上了生动的水知识科普课。

城市河流学组与人大附中翠微学校联合开设了水专题选修课，以水生态、水文化为题材，通过专家说水，说母亲河历史、水文化及治理、老师讲实景作文等形式举办了多场讲座。水利部原副部长王守强带队走上中学的讲台，为学生讲水利人的多彩人生。

表彰举荐优秀科技工作者 完成了 2015 年度大禹水利科学技术奖的评审，40 项成果获奖，其中特等奖 1 项、一等奖 7 项、二等奖 15 项、三等奖 17 项。

2015 年，完成了 2014 年度“刘光文奖学金”的评审。共评选出获 2014 年度“刘光文奖学金”本科优秀学生奖一等奖 3 名，二等奖 18 名，研究生优秀学生奖一等奖 3 名，二等奖 9 名。

9 月，经推荐及遴选，学会推荐贾为申报第十一届光华工程奖候选人。

10 月，研究制定了学会青年人才助力计划方案，开展“青年人才托举工程”和“青年人才助力计划”，共收到来自 16 个单位的 31 名青年人才申报书。12 月 13 日，学会召开了“青年人才托举工程”和“青年人才助力计划”推荐候选人评选会。经专家委员会评审评议，评选出“青年人才托举工程”6 人、“青年人才助力计划”5 人。

11 月 13 日，学会组织了 10 余名业内资深专家对申报候选人进行评审选拔，共评选出 9 名涉水行业的“第十四届中国青年科技奖”候选人报中国科协。

【中国水利学会第十次会员代表大会】 6 月 30 日，学会第十次会员代表大会在北京召开。中国科协党组书记、常务副主席、书记处第一书记尚勇，水利部党组书记、部长陈雷出席会议并讲话。学会第九届理事会理事长敬正书作工作报告，中国林学会副理事长兼秘书长陈幸良代表兄弟学会致辞。中国水利学会第十届理事会理事长胡四一作大会总结讲话。水利部有关司局和单位负责人、中国科协学会学术部负责人、水利界知名专家，兄弟学会、中国水利学会各理事单位、各专业委员会及各省（自治区、直辖市）水利学会 200 多名代表出席会议。

大会选举 172 人组成中国水利学会第十届理事会。大会通过了《中国水利学会会费标准及管理办法》修订草案。审议通过了敬正书代表第九届理事会所作的《凝心聚力　锐意进取　进一步开创学会工作新局面》的工作报告，第九次理事会财务报告和《中国水利学会章程》修改草案。

会员代表大会结束后召开了第十届常务理事会第一次会议，讨论通过《十届常务理事会议事规则》，讨论研究学会发展方向、思路和主要工作。

【中国水利学会 2015 学术年会】 10 月 26—28 日，中国水利学会 2015 学术年会在江苏省南京市召开，主题为“水安全与水科技”。学会十届理事，各分支机构、省级学会、单位会员代表，有关高等院校、科研院所，设计、施工和管理等单位的技术骨干以及加拿大、韩国、日本及新加坡等国外友好学会代表 670 多人参加年会。

学会理事长胡四一主持开幕式并致辞，水利部党组成员、副部长周学文出席年会开幕式并作题为“‘十三五’水利改革发展中需要重点解决的几个问题”的主旨报告。江苏省委常委、副省长徐鸣和河海大学校长徐辉到会致辞。会上对“2015 年度大禹水利科技奖”“2015 年会优秀论文奖”等优秀成果进行了表彰，并首次在年会上颁发了刘光文水文教育科技基金科技奖。“连续预应力组合结构理论与实践”等 40 项成果获 2015 年度大禹水利科学技术奖；“关于构建水生态文明城市水文化体系的探讨”等 49 篇论文被评为学会 2015 学术年会优秀论文；中国科学院院士、南京大学薛禹群获第二届（2013 年度）“刘光文科技成就奖”，获颁证书和金质奖章。

年会特邀中国科学院院士张楚汉、国家防汛抗旱总指挥部办公室主任张志彤、水利部农水司司长王爱国、中国科学院生态中心研究员李叙勇、水利部发展研究中心副主任金海、江苏省水利厅厅长李亚平、扬州大学教授刘超、大禹奖特等奖获奖单位代表中国水科院教授严登华共 8 名专家和代表，分别作题为“我国水安全关键科技问题”“山洪灾害防治措施与成效”“中国农村饮水发展”“基于水质目标管理的水环境综合治理理论与实践”“水安全国内外比较”“江苏水安全形式分析与思考”“淮河洪水安全的思辨”“气候变化对旱涝灾害的影响及风险评估技术”的特邀报告。大会还设 5 个分会场（包括一个国际分会场），分别围绕饮用水安全、跨流域调水工程运行调度、地下水、疏浚与泥处理利用及变化环境下的水科学与水安全等内容展开交流研讨。来自国内外的专家、学者围绕相关议题从不同的视角进行了交流。

本届年会共收到论文 500 多篇，经专家评审，256 篇论文入选论文集。

（撰稿人：王　琼）

中国内燃机学会

学会建设　学会共召开了 2 次常务理事会议、1 次理事会议、1 次秘书长工作会议。2015 年学会新增会员 96 人。

学术期刊　2015 年，学会编辑出版的《内燃机学报》（双月刊），共刊出学术论文 80 篇，《内燃机学报》2014 年总被引频次为 2592 次，影响因子为 1.19，基金论文比 0.97，在能源与动力工程类 44 种期刊中排名第 2 名。《内燃机工程》（双月刊），共刊出学术论文

151篇。《内燃机工程》2014年总被引频次为2197次，影响因子为1，基金论文比为0.82，在能源与动力工程类44种期刊中排名第4名。《内燃机》（双月刊）共刊出科普文章106篇。

国际学术会议 1月15—18日，学会在重庆市承办了2015年国际内燃机委员会第五届远东会议，学会副理事长、中国工程院院士金东寒和秘书处的有关人员出席。

5月28日，学会在上海市召开了国际内燃机委员会第19工作组筹备会议，会议由国际内燃机委员会常设委员会委员金东寒主持，来自中国、奥地利、芬兰、荷兰、英国、德国、日本、韩国的41名代表出席。会议讨论并通过工作组章程，选举上海船用柴油机研究所技术中心主任王锋为工作组主席，重庆ABB江津涡轮增压系统有限公司胡伯宗为工作组秘书长。会议特邀了中国船级社武汉规范所和广西玉柴机器股份有限公司的两位专家针对内河航运动力的状况以及发展趋势分别作了专题报告，与会代表就世界和中国内河航运的基本情况进行了讨论。

国内主要学术会议 2015年，学会及各分会共举办年会、研讨会、报告会、论坛等学术活动16次，交流学术论文896篇，参会代表2196人次。与往年相比，参会人数、学术水平和社会影响力均有提高。

国际交往 6月10—11日，学会副理事长、执行理事长金东寒，副秘书长陶陆根，赴芬兰赫尔辛基出席国际内燃机委员会2015年春季常设委员会会议。会议由国际内燃机委员会秘书长彼得主持，国际内燃机委员会主席克里特福致欢迎词，并对国际内燃机委员会本年度开展的各项工作进行了通报。金东寒汇报了学会开展的主要工作，以及于10月15—16日在浙江省杭州市承办“国际内燃机委员会第七届国际青年工程师论坛”的筹备情况。

7月16—19日，学会理事、大功率柴油机分会主任委员、中国船舶重工集团公司第七一一研究所副所长奚国伟等，赴韩国木浦参加了2015年国际内燃机委员会第六届远东会议。

10月27—28日，学会副理事长、西安交通大学教授黄佐华和中国船舶重工集团公司第七一一研究所王锋，赴德国法兰克福参加了2015年国际内燃机委员会秋季常设委员会会议，来自德国、法国、芬兰、奥地利、意大利、荷兰、英国、挪威、瑞典、中国、日本、韩国、美国、加拿大等国的30名理事出席。学会执行理事长、上海大学校长金东寒当选为下届执委、负责工作组工作的国际内燃机委员会副主席。

科普活动 学会及下属各分会共举办科普讲座9次，科普报告9篇，受众人数820人次。

2月，学会汽油机煤气机分会联合湖北省内燃机学会在湖北省武汉市举办了“重型柴油机节能与排放技术”的科普活动，60多人参加，学会副秘书长殷勇作了专题报告。

6月，学会大功率柴油机分会在湖北省武汉市举办了《关于船舶动力系统国家工程实验室》科普讲座，青年教师、研究生等30余名出席。中国船舶重工集团公司第七一一研究所副总工程师范建新作专题报告。

学会测试技术分会分别于2月、4月、5月、6月、7月和8月在天津举办了《CAMDA凸轮设计造型仿真分析系统》《质量信息化系统应用》《实施国防知识产权战略增强创新驱动发展动力》《可靠性评估方法》《MSC.ADAMS软件基础培训》《CFD在内燃机研发中的角色和重要性》《如何提高高速发动机的功能与效率》等科普讲座，分别特邀7名专家作专题报告，730人次参加了科普活动。

表彰举荐优秀科技工作者 2015年，申立中和李明海2名教授荣获2015年昆仑“突出贡献奖”，刘海峰和汤成龙2名青年副教授荣获2015年“史绍熙人才奖”。

【中国内燃机学会第六届青年学术年会】 10月12—15日，学会第六届青年学术年会在浙江省杭州市召开，年会的主题是“自主研发、人才培养”。来自全国近80个企业、高校及科研院所的234名内燃机青年科技工作者出席会议。

会议特邀浙江大学教授俞小莉、清华大学副教授郑新前、北京理工大学教授廖日东、中国第一汽车集团技术中心研究员级高级工程师窦慧莉、潍柴动力股份有限公司高级工程师李云强、天津大学教授王天友、山东大学教授李国祥和中国船舶重工集团公司第七一一研究所高级工程师金江善等8位“史绍熙人才奖”获得者，分别作了题为“创新需要清醒的头脑和独立的思考习惯”“内燃机高增压压气机流动失速机理及控制研究”“高强化柴油机结构仿真与分析的机遇与挑战”“天然气发动机开发的潜力与关键技术”“内燃机可靠性与润滑油质量相关性研究”“内燃机气流运动与气道”“利用CAE技术提高内燃机可靠性”“船用柴油机高压共轨燃油系统及集成电控的设计技术”的主题报告。会议还邀请中国石油润滑油公司大连研发中心高级工程师张杰、浙江银轮机械股份有限公司高级工程师唐韬、宁波威孚天力增压技术有限公司高级工程师徐建辉等3位青年科技工作者，分别作了题为“船用油复合剂技术及发展趋势”“柴油机PM2.5的控制技术及应用”“乘用车汽油机涡轮增压器开发”的专题报告。

年会共设燃烧与排放，燃料与润滑，测试与控制，设计与工艺，性能与应用等5个分会场。对125篇学术论文进行了宣读交流。与会青年科技人员、专家、教授就专题报告和内燃机研究领域的现状、所面临的焦点问题及挑战进行了互动式交流。

会议评选出优秀论文20篇，其中一等奖5篇，二等奖15篇。编辑出版了内燃机科技——中国内燃机学会第六届青年学术年会论文集。

【国际内燃机委员会第七届国际青年工程师论坛】 10月15—16日，国际内燃机委员会第七届国际青年工程师论坛在浙江省杭州市举行，这是继2013年中国圆满承办国际内燃机大会后的又一次内燃机国际盛会。会议吸引了来自德国、奥地利、中国、日本、韩国等国家的109名工程师参加。会议主题是“内河、沿海和近海船舶动力，双燃料或气体燃料发动机”。

中国船级社武汉研究所所长罗肖锋作*LNG as marine fuel and bunkering: technology & practice*的主题发言。奥地利AVL公司Harald Schlick、上海船用柴油机研究所李翔、日本新泻原动机株式会社Takanori Kuroiwa、芬兰瓦锡兰公司David Zhang、哈尔滨工程大学副教授杨立平、日本洋马公司Kazuyuki Hirasouzu、重庆ABB江津涡轮增压系统有限公司胡伯宗、中国石油集团济柴动力总厂李丹、韩国现代重工集团有限公司Seong Cheol Jeong分别作了题为“高速单缸双燃料发动机的实验研究”“大型天然气发动机的燃烧模拟研究”“新泻28AHX-DF船用双燃料直推发动机的开发”“新的里程碑：持续发展DF发动机，赢得未来”“进气均匀性对天然气发动机混合气形成与燃烧过程的影响”“船用天然气发动机的开发”“气体和双燃料发动机涡轮增压解决方案”“LNG发动机在内河航运中的应用”“HiMSEN 27/33双燃料发动机的开发”的主题报告。

来自日本新泻原动机株式会社的Zhide Xu获得大会优秀论文，并得到2016年国际内燃机委员会大会的免费入场资格。

（撰稿人：祝维瑾）

中国工程热物理学会

服务创新型国家和社会建设 2015年，学会承担中国科协调研课题“碳捕集封存技术在中国的早期机会分析”，已完成调研报告。学会承担中国科学院“工程热物理与能源利用”学科发展战略研究项目，分别就洁净煤技术、分布式供能系统、氢能、生物质、风能与太阳能利用、能源动力系统温室气体控制等开展了研究，已完成研究任务。

2015年学会开展“创新驱动助力工程”工作，与山东省日照市科协合作实施，组织学会有关专家与日照市企业进行面对面的交流，专家们针对企业提出的技术需求，进行了详细的“技术问诊”，为企业创新发展排忧解难，签署合作协议三项。

学会建设 2015年，学会召开理事长办公会12次，常务理事会议3次，理事会议1次。全年举办8次学术会议。

学术期刊 《工程热物理学报》2015年全年共刊登论文750篇，其中973计划和其他国家重点项目，各类国家、省、部级基金资助项目论文占发表论文总数约82%。为方便论文作者查阅文献，2015年编辑出版了学术论文全文光盘6种，收录论文2000多篇。

决策咨询 完成中国科协（全国学会）代表调研课题“碳捕集封存技术在中国的早期机会分析”项目。学会专家开展《分布式能源系统节能率的国家标准》制定工作。

国内主要学术会议 2015年，学会举办8个学术会议，参会人员近2500人次，会议交流论文2260篇。举办的主要学术会议有2015年传热学学术会议暨国家自然科学基金项目进展交流会、2015年多相流学术会议暨国家自然科学基金项目进展交流会等。

国际组织任职 学会常务理事郑日恒在以色列耶路撒冷举办的第66届国际宇航大会（IAC）上，当选为国际宇航联空间推进委员会副主席，成为我国首位在该委员会担任这一职务的专家。

表彰举荐优秀科技工作者 全年共表彰奖励各级各类科技工作者40人。学会推荐的学会常务理事何雅玲、宣益民当选中国科学院院士。学会执行《中国科协办公厅关于组织开展2015年创新人才推进计划推荐工作的通知》文件精神和要求，推荐陈蓉、王松涛为“中青年科技创新领军人才”；清华大学张扬军团队为“重点领域创新团队”。

开展“2015年吴仲华基金”评选活动，评选出2015年度“吴仲华优秀青年学者奖”4人，“吴仲华优秀学生奖”获得者13人。

党建强会 6月3日，在中国科协学会服务中心指导下，学会党建强会“宣讲推进技术新思维，弘扬践行社会主义核心价值观”活动在北京举行。学会名誉理事长徐建中、学会理事长金红光、学会副理事长郭烈锦等56人参加活动。

【2015年度中国工程热物理学会传热传质学术年会暨国家自然科学基金传热传质领域项目进展交流会议】 10月30日至11月2日，由学会和国家自然科学基金委员会主办，大连理工大学承办的中国工程热物理学会传热传质学术年会暨国家自然科学基金传热传质领域项目进展交流会议在辽宁省大连市召开，本次会议除大会报告外共设有8个分会场进行相关学术论文的专题研讨。其中，国家自然基金进展交流口头汇报16项，展报交流114项。会议交流论文709篇，包括口头报告交流131篇，张贴报告交流578篇，参会人员达1000多人。

10月31日至11月1日，会议进行了国家自然科学基金项目进展汇报、学术论文分会交流、推荐青年优秀论文口头汇报、国家自然科学基金项目展报交流及论文展报交流等会议议程。会议包含传热传质类国家自然科学基金项目交流、热传导、对流换热、相变换热、辐射换热、微小尺度传热、生物传热、多孔介质传热传质、测量及显示技术、数值模拟、工业应用、换热器及其他等11个专题。同时，大会设置了专门的展报展出会场，共计张贴展报692张。

【2015年中国工程热物理学会多相流学术年会暨国家自然科学基金进展交流会】 11月13—16日，由学会主办、东南大学承办的2015年中国工程热物理学会多相流学术年会暨国家自然科学基金进展交流会在江苏省南京市召开。来自国内外的近450名专家、学者出席。

本次国家自然科学基金进展交流会共有40个项目通过口头和墙报的方式汇报项目进展。

主旨报告会上，上海交通大学教授章明川、西安交通大学教授陈斌、哈尔滨工业大学教授何玉荣、西安交通大学教授吕友军，分别作了题为“一种与鼓泡床相比拟的快速床动力学工程模拟方法”“复杂物理场作用下的激光皮肤手术关键热物理问题及热损伤动力学机理研究”“多相流热物理学”“可再生能源利用中的工程热物理问题”的报告。

年会设置了气液两相流与沸腾传热传质、气固两相流与燃烧及其污染控制、多相流数理模型和数值方法、石油工程多相流、多相流测量技术、反应堆热工水力、两相流相变传热强化和节能、高新技术中的两相流与传热传质等8个专题。

年会组织了8个分会场进行分组报告会，共有300多篇论文的作者代表进行了口头报告。

共收到来自国内60余所大学与研究机构的330多篇论文，15篇论文入选“青年学者陈学俊优秀论文”奖。

（撰稿人：柯红缨）

中国空气动力学会

服务创新型国家和社会建设 10月28日，学会在北京组织召开了复现高超声速飞行条件激波风洞实验技术及其应用成果鉴定会。邀请业内多家单位的7名院士、5名教授和4名研究员组成鉴定委员会，中国科学院院士张涵信担任委员会主任。此次成果鉴定为学会更多承接政府转移职能作出了尝试。

学术期刊 2015年，学会主办的《空气动力学学报》刊载空气动力学科的理论、技术、实验、应用研究中的最新进展、最新成果、研究综述，也包括流体力学、风工程等方面的优秀论文共122篇，全年印发6000册。《实验流体力学》主要刊载实验流体力学，特别是空气动力学领域的新信息、新成果和新动态，重视理论与实践相结合，强调刊载论文的创新性、前沿性、实用性，共刊登论文96篇，全年共印发5400册。

2015年，根据专家审稿、编委投票以及网站阅读量、下载量等方面综合指标，在两刊2014年度发表的论文中各评选出10篇优秀论文，对论文作者进行了表彰奖励。

国内主要学术会议 1月16日，空气动力学春节学术座谈会在北京召开，来自20多个单位的130多人参加了会议。会议邀请北京航空航天大学教授孙茂作了题为“昆虫飞行的高升力机理”报告，中国空气动力研究与发展中心研究员何开锋作了题为“航空器带动力模型飞行试验技术研究进展”报告。

4 月 29—30 日，2030 年前中国空气动力学发展研讨会在四川省绵阳市召开，23 个单位的院士、专家共 65 名代表参加了会议。19 名院士、专家围绕先进飞行器对空气动力学的重大需求、气动基础与前沿领域重大问题、未来气动发展重点方向等作了大会报告。与会专家、学者就 2030 年前中国空气动力学的发展进行了研讨，达成了一系列共识。

5 月 9—10 日，第九届全国流体力学青年研讨会在湖南省长沙市召开。研讨会由学会、国家自然科学基金委员会数学物理科学部和中国力学学会联合主办，来自全国 24 个单位的青年代表参加会议，其中全国百篇优秀博士学位论文作者 8 人，国家自然科学基金优秀青年基金获得者 3 人，国家青年“千人计划”3 人。

8 月 13—17 日，学会低跨超声速专业委员会在辽宁省大连市举办了第五届近代实验空气动力学会议，来自 24 个单位的 130 多名专家、学者参会，交流论文 82 篇，其中大会邀请报告 5 篇。会议总结交流了近两年实验空气动力学的最新研究成果，展示了各单位新建和拟建风洞设备情况，研讨了新的发展方向，对进一步推动理论研究、实验研究和计算研究的相互融合起到了积极促进作用。会议评选出 13 篇 35 岁以下青年作者完成的“优秀青年学术论文”。

7 月 2—3 日，学会流动显示专业委员会在安徽省合肥市召开了压敏涂料光学测压技术（PSP）学术专题研讨会。45 名专家、学者参会，8 名专家作了大会交流报告。会议介绍了国内各单位 PSP 技术应用情况以及取得的最新成果。

8 月 5—8 日，学会风能空气动力学专业委员会在贵州省兴义市召开了第十二届全国风能应用技术年会。15 个单位的 45 名代表参加会议，围绕风能“973”项目、高海拔地区风能开发与利用、极端环境条件下风力机设计开发与应用等面临的关键技术问题进行了交流研讨。会议交流论文 17 篇。

8 月 26—28 日，由学会物理气体动力学专业委员会主办的物理气体动力学第十七届学术交流会在四川省成都市召开，国内从事物理气体动力学相关研究的 70 多名科技人员参加了会议。会议邀请从事国家重大科学工程研究的专家作大会报告，交流了近两年来在空气动力学物理气体动力学研究领域所取得的进展和成果，共同探讨了今后研究与发展思路。

11 月 6—8 日，全国风工程学术论坛在重庆市召开，33 个单位的近 80 名专家、学者参加了会议。会议交流报告 10 篇，内容涵盖风工程领域的各个方面，反映了当前风工程研究领域旺盛的需求，同时也反映出桥梁、建筑、车辆、大气污染等领域的大量空气动力学问题亟待解决。

10 月 22—23 日，学会计算空气动力学专业委员会在四川省西昌市组织召开了 2015 年度工作暨学术交流会，34 个单位的 60 名专家、学者参加了会议，围绕“非定常、分离和漩涡的数值模拟方法与技术研究”主题进行了交流研讨。

表彰举荐优秀科技工作者 7 月，学会开展了第十一届光华工程科技奖候选人推荐工作。经各团体会员单位推荐、组织专家评审，学会推荐中国空气动力研究与发展中心研究员唐志共作为工程奖候选人，中国运载火箭技术研究院研究发展中心研究员彭小波作为青年奖候选人。10 月，学会开展了第十四届中国青年科技奖候选人推荐工作，推荐中国空气动力研究与发展中心设备设计与测控技术研究所副研究员任泽斌和中国科学院力学研究所副研究员滕宏辉作为候选人。

【首届海内外华人 CFD 研讨会】 7 月 15—17 日，首届海内外华人 CFD（计算流体动力学）研讨会在四川省绵阳市召开，5 个国家的 79 名 CFD 专家、学者参加了会议，交流报告 40 篇，探讨了湍流数学物理模型、复杂多尺度流场产生机理、高阶精度数值格式设计与应用、复杂外形流场计算等 CFD 领域前沿焦点问题。期间还举行了 CFD 发展研讨座谈会，总结了中国 CFD 发展的三个典型特征——走冯卡门、钱学森坚持的力学发展道路，突出创新是灵魂、应用是归宿，注重把物理分析引入 CFD；并讨论了 CFD 面临的技术挑战和未来发展方向。

（撰稿人：刘金合　孟　琳）

中国制冷学会

服务创新型国家和社会建设 2015 年，学会通过中国科协申报人力资源与社会保障部项目课题，牵头与河南省制冷学会、福建省制冷学会于 11—12 月联合在河南省郑州市、福建省厦门市举办了全国冷库运营管理师培训班，培训相关人员 80 余人。经考核，为 70 名学员颁发了由人力资源与社会保障部统一编号印制的培训合格证书。

2015 年，学会完成北京工业大学“高效热泵型电动汽车空调研发项目”及“泵驱动热管自然冷却换热机组及在数据中心冷却项目应用”2 项技术成果鉴定。

6 月 1—12 日，为解决氨制冷技术在我国应用过程中存在的诸多安全隐患，指导涉氨制冷企业安全生产，避免升级改造过程中无原则的“以氟代氨”的做法，学会与丹佛斯公司共同举办“氨亦可安，氨制冷系统的现在与未来”系列路演技术研讨会，在北京市、上海市、吉林省、广东省等 10 个省市，为 1000 多名专业人士及相关机构工作人员进行宣讲培训。

2015 年，学会组织完成《二氧化碳制冷系统技术条件》GB 国家标准报批稿、《冷链配送中心技术要求》SB 行业标准报批稿、《氨制冷企业安全规范》AQ 行业标准送审稿，合作组织完成《制冷系统节能运行规程　第 1 部分：氨制冷系统》GB 国家标准报批稿。上述标准的制定有望推进天然工质制冷剂在工商领域的应用、规范行业安全生产、节能运行等方面发挥重要作用。

学会努力培养中国制冷空调行业优秀青年科技人才，鼓励人才培养创新模式。2015 年，学会与高等学校建筑环境与能源应用工程学科专业指导委员会和美国 ASHRAE（美国采暖、制冷与空调工程师学会）共同主办 CAR-ASHRAE 学生设计竞赛，在 4 月举行的中国制冷展上举行了颁奖仪式。中国制冷学会创新大赛重新设置了赛制，首次与教育部高等学校能源动力类专业教学指导委员会联合办赛，由恩布拉科公司独家赞助。学会与恩布拉科公司联合举办的第三届思布拉科创新大赛，经过专家两轮评审及最后答辩，评出特等奖 1 名及一、二、三等奖，并在中国制冷展期间举行颁奖仪式。

4 月 8—10 日，学会与中国贸促会北京分会、中国制冷空调工业协会、上海市制冷学会、上海市冷冻空调行业协会共同主办的第 26 届中国制冷展在上海市举办。展会主题为“合作共赢、同护蓝天”，展会总面积达 10.35 万平方米，33 个国家和地区的 1132 个企业参展，105 个国家和地区的 54102 人次参观展览。展会还举办了主题论坛、专题研讨会、技术交流会、总工论坛、新产品发布会等，举办了多场多边和双边会议和会谈。中国制冷展的规模和影响已在全球制冷行业名列前茅，成为全球制冷行业产、学、研、用交流的大平台。

学会建设　2015 年，学会发展单位会员 52 个，高级会员 34 人，普通会员 411 人，学生会员 1887 人。截至 2015 年年底，学会在籍单位会员 579 个，资深会员 88 人，高级会员 1031 人，普通会员 9945 人，学生会员 3080 人。

2015 年，学会加强了对专业委员会工作的领导、支持、督促，对专业委员会主办的学术会议给予相应的支持；加强与地方学会的合作与交流，与北京、湖北等学会开展合作，共同举办学术会议、安全培训、党建、科普等活动等。10 月 30 日，在湖南省长沙市召开了第 29 次地方学会秘书长会议，21 个省、自治区、直辖市制冷学会的代表参加，表彰了 6 个先进地方学会，颁发了 3 个科普单项奖。

学术期刊　学会主办的《制冷学报》入选第四期“中国科协精品科技期刊工程”。《制冷学报》通过设立 2015 年度优秀论文奖、“从创刊到 2010 年的高被引论文奖、杰出作者奖”“从创刊到 2015 年的突出贡献奖”等措施，为进一步提升《制冷学报》学术引证指标打下基础。

学会与上海制冷学会合作出版《制冷技术》期刊 6 期，发行 10 万册。

学科发展研究　学会成立了以中国工程院院士江亿为组长的课题研究组，编制《中国制冷空调行业技术发展报告》，指导行业的发展。编写组于 4 月、11 月分别召开工作会议，研讨相关内容。该报告计划于 2016 年 4 月完成。

决策咨询　2015 年，学会继续参与中国科学院学部咨询评议项目“我国冷链物流的技术现状和发展对策研究”课题，承担课题组冷链标准、氨制冷系统安全、冷冻冷藏等章节的调研及编写工作。

国际学术会议　10 月 16—18 日，学会与西安交通大学、中国制冷空调工业协会、美国空调制冷协会（AHRI）、日本冷冻空调工业协会（JRAIA）联合在陕西省西安市主办了第七届压缩机及制冷国际会议（The 7th International Conference on Compressors and Refrigeration）。来自中国、美国、英国、日本、巴西、加拿大、瑞典、比利时、澳大利亚的 150 多名专家、学者参加了会议。

中国科学院院士陶文铨、美国伊利诺伊大学教授 Predrag Hrnjak、英国城市大学教授 Ahmed Kovacevic、瑞典皇家理工学院教授 Bjorn Palm 等，分别就各类压缩机及其系统的技术、信息、问题及其解决方法，制

冷压缩机及制冷系统，压缩机润滑、密封技术、振动和噪声、自动控制和故障诊断技术，制冷空调系统及装备、食品冷冻冷藏技术，热泵技术与能量回收系统，暖通空调及建筑节能技术，气体液化和分离，制冷新工质等议题进行了研讨。ICCR2015 摘要论文集由西安交通大学出版社出版。

国内主要学术会议 2015 年 11 月，中国制冷学会学术年会在四川省成都市召开，主题为“节能低碳，绿色发展”。年会就节能、可再生能源的开采技术、低碳制冷剂、室内空气污染及控制问题、绿色建筑能源系统等 9 个热点问题分别邀请专家作主题报告。来自全国 25 个省、自治区、直辖市的 1256 名代表出席了会议，会议收录论文 249 篇，印刷了论文摘要集，制作了电子版论文集。

9 月，学会在浙江省宁波市联合国内贸易工程设计研究院、浙江省制冷学会主办了主题为“回顾展望、协同发展”的第十届全国食品冷藏链大会暨第七届全国冷冻冷藏产业创新发展年会，就我国“十三五”鲜活农产品冷链物流发展与思考、我国冷链物流技术现状和发展对策研究、冷链节能标准体系研究等内容组织了 14 个主题报告以及冷冻冷藏和冷链标准两个分会场研讨，对国内外冷链物流技术和标准的发展趋势进行了深入交流。随着我国食品冷藏链迅猛发展，全国食品冷藏链大会从 2015 年开始，由原两年召开一次改为每年召开一次，以适应行业快速发展的需要，并探索最新技术和研究成果与企业的对接。来自全国冷链各行业的设备制造企业、高校、研究机构、终端用户等单位的 310 名代表参加了会议。

第十届全国食品冷藏链大会

2015 年 3 月、7 月，学会分别召开“冷却技术驱动数据中心节能新价值论坛”和“数据中心冷却技术及系统设计高峰论坛暨中国制冷学会数据中心冷却工作组成立大会”。会议对数据中心空调技术现状和发展方向进行了广泛的研讨。根据该领域发展趋势，学会数据中心冷却工作组组长、中国工程院院士江亿提出了相关工作建议，并与工作组成员沟通商讨了工作计划，确定了实现低能耗数据中心冷却技术发展路线和具体工作任务。来自数据中心运营商、设备系统供应商、技术研发机构、数据分析机构及媒体的 500 多名代表出席了会议。

两岸交流 12 月 3—9 日，台湾地区冷冻空调工程工业同业公会等行业组织和中国制冷空调工业协会在台湾地区台中市共同主办了第十二届海峡两岸冷冻空调学术暨技术交流会。会议就“因应全球气候变迁——台湾绿能与环境科技发展”“制冷空调产品 HCFC 替代的现状与挑战”“冷冻空调产业现状及未来发展趋势”作主题报告，并就当前的再生能源发展、冷媒趋势包括 R290 新冷媒的发展方向、空调市场发展现状、未来趋势等展开研讨。会议设有传热传质、高能效建筑、系统节能等 4 个分会场。来自海峡两岸从事冷冻空调行业的研究人员、工程师，以及企业人员共 200 多人参加了会议，会议共收录论文 41 篇。

国际组织任职 2015 年，学会推荐 21 名专家在国际制冷学会（IIR）任职（任期：2015—2019 年），其中学会秘书长金嘉玮担任国际制冷学会执行委员会委员，学会副理事长李先庭担任 E1（空调）专业委员会主席，吴剑锋、张鹏、陈光明、王如竹、贾晓明、谢晶、申江、张晓东、张旭、张小松分别担任 A1（低温）专业委员会、A2(气体液化）专业委员会、B1(热力学）专业委员会、B2（设备）专业委员会、C1（低温医学）专业委员会、C2（食品技术）专业委员会、D1（冷冻冷藏）专业委员会、D2（冷藏运输）专业委员会、E1（空调）专业委员会、E2（热泵）专业委员会副主席，还有 10 名专家分别担任各专业委员会委员。

国际交往 1 月，学会派员赴美国参加了 ASHRAE（美国采暖、制冷与空调工程师学会）冬季年会；3 月，学会组团参加在美国召开的国际氨制冷学会年会，并就进一步加强有关氨安全标准合作达成协议；8 月，学会组团参加在日本横滨召开的第 24 届国际制冷大会，其间，学会秘书长金嘉玮出席了国际制冷学会执委会会议。

学会还派员参加了美国、印度、韩国、意大利、巴西制冷展，并在展会期间与到会行业组织、企业进行交流；在中国制冷展期间，学会与美国、德国、印度、韩国、土耳其、日本、英国、巴西、巴林和我国港澳台地区相关行业组织进行了沟通和交流，商讨相关合作事宜。

学会加强与国内外相关机构的合作，与 ASHRAE（美国采暖、制冷与空调工程师学会）联合出版《高能效建筑》（*High Performing Buildings* 中文版），与比利时 SHECCO 公司合作出版《中国天然工质市场调研报告》，与英国佰世越公司合作出版《中国制冷行业发展分析报告》。

科普活动 2015 年，学会开展了科普进校园活动，制冷常识走进中、小学科普助学活动，科普进社区制冷服务千家万户公益活动等。学会组织专家编写了制冷在你身边科普系列读物《制冷空调——供暖实用知识 365 问》，并在中国制冷展上举行签名送书首发式；制作完成了科普动漫宣传片。被中国科协评为“2015 年度全国学会科普工作优秀单位”。

表彰举荐优秀科技工作者 2015 年，按照学会相关评奖条例，经学会科学技术奖励委员会评审，评选出第七届中国制冷学会科技进步奖一等奖 2 项，二等奖 3 项，优秀奖 2 项；技术发明奖特等奖 1 项，一等奖 1 项，二等奖 2 项，优秀奖 1 项。

评选出第七届中国制冷学会贡献奖 1 人，青年奖 3 人。

评选出第六届中国制冷学会优秀论文奖一等奖 4 篇，二等奖 8 篇，三等奖 17 篇。

学会主办期刊《制冷学报》评选出首届 2015 年度优秀论文奖获奖论文 12 篇，从 1997 年创刊到 2010 年的高被引论文奖论文 10 篇、杰出作者奖 5 人，从创刊到 2015 年的突出贡献奖 5 个。

按照中国科协相关文件要求及学会推荐程序，推荐院士候选人 2 名、第十四届中国青年科技奖候选人 3 人、2016 年度国家科技奖励候选项目 1 项。

党建强会 学会将党建工作融入到学会日常工作中，并获得中国科协“党建强会”十百千特色活动项目资助，活动主题确定为“党建强会促发展，服务民生利国强”。4 月，学会重大活动中国制冷展期间，在展台摆放宣传材料，设置党员服务岗等为参观者服务。6 月，与湖北省制冷学会联合开展“党建强会暨制冷空调在你身边志愿者科普活动小分队湖北革命老区行”，实践“学先烈、见行动、传科普、送温暖”活动，深入老区湖北省红安县福利院、烈军属、特困企业和家庭、红军发源地，免费维修空调、冰箱等。

会员服务 学会每 2 年为会员定期出版《中国制冷空调行业名册》，介绍单位会员业务、省市学会概况、会员名单及联系方式以及我国制冷行业高等院校、科研机构等信息，为业内合作提供信息服务。2015 年年初，发行 2014 版《中国制冷空调行业名册》。

出版《中国制冷简报》（双月刊），刊发学会动态、企业纵览、专题、政策法规、国际资讯等栏目文章 183 篇，发行 3.45 万册。

学会建立微信平台，向会员发布学会活动信息，介绍学会工作动态，传播学会工作信息。

2015 年 5 月，在江苏省常州市举办了主题为“协同发展，共创未来”的 2015 中国制冷学会单位会员大会，来自 300 多个会员单位的 370 名代表参加了会议。大会特邀 14 个主题报告分析行业现状，介绍现代化企业的经营理念，为 40 个单位会员颁发五星优秀会员证书，60 多个单位会员被评为优秀单位会员。

中国科协会员日 12 月 15—25 日，学会举办“2015 年中国制冷学会会员日活动”系列活动。走访北京和上海两地的部分资深会员，听取资深会员对学会发展的意见和建议，了解科技工作者的诉求。向学会常务理事会邮寄中国科协会员日赠票。

【2015 中国制冷学会学术年会】 11 月 16—19 日，主题为“节能低碳，绿色发展”的 2015 年中国制冷学会学术年会在四川省成都市召开。学会副理事长孟庆国致开幕辞，中国科学院院士周远、陶文铨，中国工程院王浚院士出席了会议并作主题报告。来自全国 25 个省、自治区、直辖市的 1256 名代表出席了会议，会议收录论文 249 篇，印刷了论文摘要集，制作了电子版论文集。

2015 年中国制冷学会学术年会在四川省成都市召开

本届年会开展了多种形式的学术活动，主要有第六届、第七届中国制冷学会科学技术奖、第六届中国制冷学会优秀论文奖及首届2015年度《制冷学报》论文奖颁奖仪式，首届中国制冷空调行业创新成果交流展示会，“（控）制（寒）冷，走出困局”行业发展论坛，大会特邀报告、涉及行业发展热点的34个分会场，创新项目展示等。

院士论坛上，中国科学院院士周远介绍了低温未来技术发展方向及难点。他提出，加强低温技术基础研究的基础上，应进一步提高低温制冷的效率、可靠性和降低成本，并减小设备尺寸；解决低温制冷系统的漏冷问题、绝热问题、降低能耗，要在辐射、热导、真空、材料和结构上下工夫；研究各类型制冷机需用压缩机。中国工程院院士王浚介绍了人机环境技术发展方向及难点，提出围绕国家发展战略，以创新思维和理念，新的设计理念、设计方法，并考虑能源、资源及环境因素，形成集成系统供应（或产业）链；设计方法虚实结合，相互迭代，满足全系统综合最优进行创新发展。中国科学院院士陶文铨介绍了制冷系统和设备未来技术发展方向及难点，并提出在全面分析各类传热研究现状的基础上，特别针对家用空调两器提出制冷剂流路布置的改进及空气流场的均匀化是改进性能的途径；加强各类中冷器的强化翅片研究；进一步建立小管径内螺纹管的相变传热及管内水侧内螺纹管的换热系数计算公式；大型卧式冷凝器的管子上部可用三维强化管，下部分可采用高密度低肋管；研发同时适用于强化凝结与沸腾的表面结构等发展建议。

大会还特邀天津大学教授马一太、浙江大学教授陈光明、清华大学教授张寅平、上海交通大学教授王如竹、北京建筑大学教授王随林、合肥通用机械研究院教授级高级工程师张明圣、中国建筑西北设计研究院教授级高级工程师周敏、西南交通大学教授袁艳平分别作主题报告，并特邀伊利诺伊大学 Pega Hrnjak 教授作报告 *Towards Efficient, Cost Effective and Environmentally Sound Refrigeration*。

【2015中国制冷展】4月7—9日，学会与中国贸促会北京分会、中国制冷空调工业协会、上海市制冷学会、上海市冷冻空调行业协会共同主办的第26届中国制冷展在上海市举办。本届展会主题为“合作共赢、同护蓝天”，展会总面积达10.35万平方米，33个国家和地区的1132个企业参展，105个国家和地区的54102人次参观展览。

2015中国制冷展

中国制冷展的规模和影响已位居全球制冷展前茅，成为全球制冷空调行业产、学、研、用交流的大平台。

展会举办了主题论坛、专题研讨会、技术交流会、总工论坛、新产品发布会等，并且举办了多场多边、双边会议和会谈。举办2014年CAR-ASHRAE学生设计竞赛颁奖礼、第三届思布拉科创新大赛颁奖仪式、《中国制冷空调市场发展趋势分析报告》发布会等活动。

主题论坛特邀院士、著名专家围绕会议主题，就雾霾形成的机理及治理措施、暖通空调产业的能源应用革新、提升工业化的文化素养以及欧洲的节能环保政策及对产业的影响等作报告。

11场专题研讨会围绕制冷空调运行、管理和维护人才培养，制冷空调设备新标准制/修订，冷链建设的发展方向，暖通空调设计师论坛——大空间空调系统设计，机遇与挑战——欧盟法规及其对中国企业的影响等内容展开研讨。

举行81场技术交流会，围绕表冷器新一代全能控制方案、CO_2自然工质的拓展应用及氨全热回收系统解决方案、物联网大数据时代的全程冷链解决方案、可再生能源热泵、太阳能直流电制冷解决方案等内容进行交流研讨。

展会期间，学会与美国供热制冷空调工程师学会、国际制冷压缩机与控制件制造商协会、土耳其空调与制冷制造商协会、土耳其汉诺威展览公司、国际氨制冷学会、日本空调制冷新闻杂志、印度供热制冷空调工程师学会、纽伦堡展览公司举办了多场多边和双边会议和会谈。

（撰稿人：杨一凡）

中国真空学会

服务创新型国家和社会建设 学会参与了中国科协2015年度创新驱动助力工程，成为“点”类试点学会之一。

5月、10月，学会质谱分析与检漏专业委员会配合国防科技工业无损检测人员资格认证委员会进行了两次检漏人员资格培训。培训检漏专业Ⅰ、Ⅱ级学员50多人次。

7月13—17日，由学会表面与纳米科学专业委员会举办的2015年微纳米加工技术讲习班在北京举办。讲习班将微纳米加工技术基础知识的讲授与前沿专题讲座、先进微加工设备介绍相结合，吸引了61个单位的400多名科研人员和研究生参加。

8月15—22日，学会真空工程专业委员会、冶金专业委员会、咨询工作委员会在辽宁省沈阳市联合举办了第十二期真空技术培训班。来自18个城市的63名学员参加了培训。本次培训包括8个课程、19个专题，涵盖了真空技术的各主要领域。培训班结束，向毕业学员颁发了由中国真空学会签发的《继续教育证书》。

学会真空咨询工作委员会与沈阳市政府、IC装备产业技术创新战略联盟等于2015年1月31日召开了沈阳IC装备及零部件产业战略峰会。从全局的角度和战略的高度，进一步明确了沈阳IC装备产业的发展目标和产业定位，为全力打造集设计、制造、材料为一体的IC装备及零部件产业集群，推动沈阳IC装备及零部件产业快速发展奠定了基础。

2015年，学会显示专委会大力推动并完成把新型显示专项纳入新材料国家科技重大工程，并主导了“‘十三五’国家重点研发计划”印刷显示重点专项的编写。

学会建设 2015年，新入会的团体会员单位18个，目前团体会员已达363个。学会共召开两次办公会、两次常务理事会议、一次理事会议。八届二次常务理事会选定各专业委员会、工作委员会负责人，各分支机构全部按规定完成了专委会改选工作。

2015年，学会对网站进行了整合、改版，现设有38个版块。目前，学会QQ群用户已达4000人次，学会微信平台关注人数近1000人次。

学会内部刊物《学会动态》及时将中国科协精神和学会当期的工作计划、办公会纪要、学术会议、科普活动、培训班、会员发展等情况整理汇总，发至学会团体会员和个人会员，并在中国真空网刊登。

学术期刊 《真空科学与技术学报》杂志社按照学会关于换届的要求和规定完成了的换届工作，46名专家、学者获聘成为第八届编辑委员会成员。2015年，共收到论文稿件388篇，录用180篇，发表261篇。在第四届《中国学术期刊评价报告》中，《真空科学与技术学报》被评为“RCCSE中国核心学术期刊（A）”。

国际学术会议 7月13—17日，由学会电子材料与器件专业委员会承办的第二十八届真空纳电子学国际会议（IVNC 2015）在广东省广州市举行。来自19个国家和地区的109名专家、学者参加会议。学会电子材料与器件专业委员会主任邓少芝当选为国际真空纳电子学会理事会执委。会议交流了论文126篇，张贴报告79篇，并印发了大会论文集。

6月30日—7月2日，学会表面与纳米科学专业委员会举办了新型功能电子材料与器件国际研讨会。来自美国、德国、英国等国家20多名国际知名科学家和国内专家、学者作学术报告，就电子材料、纳米结构及其器件物理等相关问题和与会者进行了深入探讨。

4月18—19日，学会显示技术专业委员会举办的2015年第三届液晶光电子会议在深圳举行，国际信息显示学会（SID）参与协办，约150人出席会议，其中外国专家、学者42人。主要研讨内容是液晶光电子学、液晶透镜、液晶激光、3D和柔性显示等。

8月23—27日，学会工程专业委员会、真空冶金专业委员会联合举办了第十二届国际真空冶金与表面工程学术会议（ICVMSE 2015）。会议特邀了美、德、英、韩、日等国专家与会，210多名代表出席了本次会议。12名专家、学者作学术报告。会议共收到

第十二届国际真空冶金与表面工程学术会议

140 多篇投稿论文，精选 83 篇收入论文集。20 篇论文获得优秀论文奖并颁发荣誉证书。

国内主要学术会议 12 月 4—6 日，学会表面与纳米科学专业委员会举办的“介电衬底上高质量大面积石墨烯信息器件的构筑与特性”学术交流会在北京召开。会议围绕介电衬底上开发出具有自主知识产权的高性能新原理石墨烯信息器件、提升我国石墨烯信息器件的自主研发能力和在该领域的学术影响力等展开研讨。

8 月 21—24 日，TFC’15 全国薄膜技术学术研讨会湖北省武汉市举行。会议由学会薄膜专业委员会和中国硅酸盐学会薄膜与涂层委员会联合主办。学会薄膜专业委员会主任委员潘峰作题为“我国在‘十三五’规划中薄膜技术发展”的报告。本次会议邀请报告专家 10 人，71 人汇报了研究成果，12 篇报告被评为优秀论文。到会人数超过 250 人。

10 月 21—23 日，学会质谱分析与检漏专委会和中国计量测试学会真空计量专业委员会、陕西省真空学会联合举办全国学术年会。大会交流论文 65 篇，其中 4 篇为特邀报告，6 篇论文获得大会优秀论文。共 140 多人参加了会议。

国际交往 5 月 11—14 日，学会质谱分析与检漏专业委员会成员参加在法国梅斯举行的 2015 年国际超声检测国际会议，向大会提交超声泄漏检测的论文 2 篇。

科普活动 2015 年，学会科普委员会依托兰州 510 所，结合实际开展科普教育活动，先后组织人员到甘肃省兰州市科学院小学、甘肃省临夏州永靖县红泉镇小学等开展真空、航天知识科普讲座，共有 400 多名小学生和全省各地的 40 多名教师现场聆听。

2015 年，学会完成了《载人航天与太空旅游》科普图书的出版。该书主要面向中小学生，用通俗易懂的语言及故事、对话、图片等，介绍载人航天器和太空旅游方面的知识和进展。

表彰举荐优秀科技工作者 2015 年，学会颁发了“中国真空学会真空科学硕士、博士优秀论文奖学金”及“中国真空学会真空科学与技术硕士生奖学金”两项奖励。

中国科协会员日 学会于 1 月 30 日召开了会员日活动暨 2015 学会新春联谊会，活动围绕会员日主题“家的温馨，节日的问候”开展，共有 60 多名会员代表出席活动。

学会举办的会员日活动

【第十三届国际真空展览会】 2015 年 5 月 6—8 日，第十三届国际真空展览会在北京国家会议中心举办。展会总面积达 8000 平方米，设置 350 个展位。参展企业近 200 个，包括美国、德国、日本、英国、新加坡等国家的厂商和国内重点骨干企业、国有企业、民营企业等。

展会期间，学会与北京真空学会联合组织了学术论坛和技术交流活动，13 名专家、学者作了报告。

本届展会上，举办了第四届“真龙杯”真空行业摄影作品展，收到参展作品近 200 幅，评选出特等奖和一、二、三等奖。设立展墙展出了近百幅获奖和入选作品。

展会期间，学会领导与韩国真空界代表进行了会谈、交流。双方希望进一步加强两国真空界的科技合作，相互支持、共同提高。

展览会结束后，学会编制完成《展览会纪念册》，并邮发给学会领导及各参展商。

（撰稿人：刘　锋）

中国自动化学会

服务创新型国家和社会建设 2015 年，学会完成了内蒙古大唐国际托克托发电有限责任公司、艾默生过程控制有限公司等单位“高精度在线仿真与优化验证平台研究与应用”等多个项目技术成果的鉴定工作。

在团体标准相关工作方面，学会筹备成立了中国自动化学会标准工作委员会，开展了团体标准制定的相关工作，包括《电子皮带秤在线期间核查技术规范》等。

2015 年，学会共承担中国科协改革创新项目、学术交流项目、青年人才托举项目、学会联合体培育项目、特色学会内部治理项目、科技文献信息加工项目、学科方向预测技术路线图项目等7项任务。作为中国科协承能扩大试点单位，开展“智能装备与系统集成专业技术人员资格认定”前期调研，完成可行性分析报告。

在中国科协创新驱动助力工程指导下，学会先后组织百余名专家，深入安徽芜湖、吉林四平、宁夏石嘴山、江苏苏州、重庆永川、福建泉州等18个城市，与90多个企业进行了需求对接，产生合作意向15项；在芜湖、常熟、泉州、日照、保定、等10个城市建立学会服务工作站，签订11项框架性合作协议。

学会建设 2015年，学会共召开正副理事长工作会议6次，正副秘书长工作会议7次，全国秘书长工作会议1次，常务理事会议2次，通讯表决数次，理事会议1次，共形成决议60多项。适时修订了《中国自动化学会分支机构工作条例》和《中国自动化学会分支机构评估办法》，启动分支机构评估工作，实现《中国自动化学会通讯》从季刊到双月刊的过渡及内容改版。

学术期刊 《自动化学报》收稿891篇，发稿202篇。与2014年相比，发表周期缩短了近4个月。根据中国科学技术信息研究所最新发布的《2015年版中国科技期刊引证报告（核心版）》,《自动化学报》2014年影响因子为1.94，同比增长了40%；总被引频次为3022篇次，同比增长了23%。《自动化学报》荣获“2015年百强科技期刊”“百种杰出科技期刊”“2015中国最具国际影响力学术期刊”的称号。

IEEE/CAA Journal of Automatica Sinica（《自动化学报》英文版）作为2014年创办的新刊，截至2015年11月15日，共收到投稿301篇，是2014年的2.5倍。国际投稿来自22个国家，由2014年的4篇增至56篇。2015年1—10月，IEEE下载量已超过1万，下载用户来自78个国家，国际用户下载比例达53.1%。被EI、Scopus、Inspec三个重要数据库收录。

国际学术会议 学会及所属分支机构举办了第17届IFAC系统辨识会议、第15届中日韩神经生物学与神经信息学专家研讨会、第六届国际绿色智能交通系统与安全学术会议、智能产业系统安全问题前沿国际研讨会等国际学术会议。

6月3—5日，由学会、国家可信嵌入式工程技术研究中心等单位联合主办的2015中国（上海）国际智能制造大会暨嵌入式大会在上海市召开。大会围绕“智能互联，驱动工业革命”主题，安排了4个大会报告、3个技术分会和3个应用分会以及展览展示等环节，来自制造业、自动化、信息化领域的专家学者以及国内外企业代表等近600人参加会议。

11月24日，学会承办了机器人智能感知与先进控制专题论坛。论坛共有6个特邀主题报告，并设置了互动交流环节，来自瑞士、美国、韩国的学者与中国学者共同探讨有关机器人智能感知与先进控制方面的最新进展和研究成果。

国内主要学术会议 1月29日，由中国机电一体化技术应用协会和学会主办的2015国家智能制造新年论坛在北京召开。论坛安排了大会报告以及智能制造、智能机器人、智能工厂3个平行分论坛，学会副理事长、中国工程院院士柴天佑，中国科学院自动化研究所研究员王飞跃等作大会主旨报告。

4月13日，学会主办的2015国家机器人发展论坛在北京召开。共有7个特邀主旨报告、28个分会场报告和机器人应用及产业展示，科研院所、高等院校和企业界代表400多人与会。论坛邀请新松机器人自动化股份有限公司、中国科学院自动化研究所、三菱电机自动化（中国）有限公司等单位进行了智能机器人应用及产业展示。

11月14—15日，由国家自然科学基金委员会信息科学部和学会共同主办的2015中国智能车大会暨国家智能车发展论坛在江苏省常熟市召开。大会安排了7个特邀主题报告、15个分论坛报告，汽车、无人车驾驶以及相关领域的研发机构和企业代表200多人与会。

2015中国智能车大会暨国家智能车发展论坛

12月16日，由中国科协学会学术部主办，学会承办，以“从诸奖看国外科技奖励工作对我们的启示”为主题的第十四期中国科协学会改革发展论坛在北京召开。中国科协所属全国学会及地方科协的63名代表参加了论坛。

国际组织任职 学会是国际自动控制联合会（IFAC）最早的成员国组织之一，同时也是国际模式识别协会（IAPR）的成员国组织。2015年，学会进一步推进国际组织后备队伍建设，组织2017—2020 IFAC执委会等机构委员的推选工作、IFAC奖项推选工作以及IFAC世界大会报告人推荐工作。

据不完全统计，学会有43名科技工作者任职于自动化相关领域的国际学术组织，并有近30名科技工作者当选国际学术组织会员。

科普活动 学会被评为中国科协“2015年度全国学会科普工作优秀单位”。

2015年，学会开展第二批科普教育基地和科学传播专家团队申报工作。组织中国科学院自动化研究所“仿生机器鱼”、中国矿业大学“勘探机器人”等项目参加全国科普日北京主场活动。

2015年，学会微博荣登“科普中国平台移动互联科学传播榜”科普认证微博潜力榜。学会微信获得“2015科普新媒体传播飞跃奖”。

学会组织了2015中国机器人大赛暨RobotCup公开赛、第九届“三菱电机自动化杯”大学生自动化创新大赛、第二届“台达杯”两岸高校自动化设计大赛、“I Love Control”2015中国自动化大奖赛。部分赛事经过多年的积淀，已逐渐形成系列化和年度化。

学会主办《中国自动化学会通讯》《自动化博览》和《自动化信息》3种科普刊物。十余年来，学会始终坚持面向自动化科技工作者免费赠阅科普刊物，2015年累计赠阅9万多册。

党建强会 2015年，学会党支部再次获得中国科协党建强会计划“十百千”特色活动项目资助。在项目支持下，学会党支部围绕“激发学会党组织活力，发展桥梁纽带作用”主题，分别从制度、手段、内容三方面强化深化党建工作，切实推动学会党建工作深入开展，学会参与和开展的科普活动共17次，受众人数达2.5万余人次。

5月，学会党支部全体党员参加了由中国科学院自动化研究所举办的一年一度的“自动化之光”科学公众日活动。学会党员通过学会微博、微信等新媒体对活动进行了跟踪报道，提高了活动的品牌知名度。

10月12日，学会党支部全体党员到浙江省宁波市修人学校开展活动，向学校赠送了书籍、体育器材。学会党员围绕自动化、信息与智能科学的相关知识为修人学校的同学们作了内容丰富的科普报告。

会员服务 2015年，学会通过微博、微信公众号发布国内外科研技术动态、会员成就、学会信息等，受到学会会员的好评；实现了《中国自动化学会通讯》电子刊发布，丰富了会员服务内容，拓宽了会员服务的渠道。

学会进一步对会员进行信息采集和登记工作，呼吁老会员重新进行网站注册，并通过各种大型学术会议和科技活动等进行入会宣传。2015年度学会学生会员增加1034人，在库会员数量增加835人。

表彰举荐优秀科技工作者 经学会推荐，北京大学教授段志生、黄琳、李忠奎、王金枝和杨莹共同参与完成的“复杂耦合动态系统控制与应用”项目荣获2015年度国家自然科学奖二等奖。

2015年，学会完成了中国自动化学会科学技术奖、优博论文奖、青年科学家奖、青年女科学家奖、第四届杨嘉墀科技奖、中国自动化企业创新奖、杰出自动化工程师奖及中国自动化小微企业奖等共8项奖项的评审工作。

学会通过所属分支机构和省级自动化学会在部分重点学会会议和学术期刊上开展优秀论文等奖项的评选活动。在第34届中国控制会议（CCC2015）上评出关肇直奖获奖论文2篇，作者共计7人；评出张贴论文奖获奖论文2篇，作者共计7人。第26届中国过程控制会议（CPCC2015）上评出1篇张钟俊院士优秀论文奖和1篇学生优秀论文奖。

【2015中国自动化大会】 11月28—29日，由学会主办、华中科技大学承办的2015中国自动化大会在湖北省武汉市召开，来自国内外自动化领域的上千名专家、学者参会。

11月28日上午，2015中国自动化大会开幕，学会副理事长王飞跃主持开幕式。学会理事长、中国工程院院士郑南宁，华中科技大学校长丁烈云出席开幕式致欢迎词。

11月28—29日，2015中国自动化大会的15个专题论坛和4个特别论坛在武汉东湖国际会议中心同期进行。15个专题论坛报告内容囊括了大数据与自动化、机器人与智能装备、新能源与智能电网、智能感知与控制、计算智能与认知、无人系统自主控制、机器学习与计算机视觉、网络群集与协调控制、控制系统运行安全性、生物信息与医学图像处理、复杂系统优化与控制、CPS 与智能制造、物联网与云计算、运动体控制的理论、方法与应用，运动平台控制和综合操控等自动化领域内重点研究方向和热点。

大会共有 8 个大会报告、90 个专题特邀报告、4 个特别论坛、90 个会议论文报告以及 400 余篇张贴论文，会议规模创历次之最。

（撰稿人：王　坛）

中国仪器仪表学会

服务创新型国家和社会建设　2015 年，学会在有序承接政府转移职能扩大试点项目中，从科技评估、工程技术领域职业资格认定、技术标准研制、国家科技奖励推荐等工作着手，主动承接国家相关部门设立的研究课题。在中国科协组织的“推进大众创业、万众创新的政策措施落实情况”的第三方评估中，学会作为参加评估的 9 个全国学会之一，组织开展了仪器仪表行业的评估工作。承接科技部“科技规划战略研究与评估”项目，面向社会开展科技评价工作，包括：科技成果评审、新产品鉴定、技术方案可行性评估等。2015 年共开展科技评价 8 项。

学会牵头开展了人社部等部门组织的“职称评价标准研究”工作，承担了中国科协设立的“专业技术人员通用能力标准研究”等项目。学会委托智能车与机器人分会在广东省深圳市探索建立“智能装备工程师”专业水平评价培训与考试中心，开展国家急需的智能装备专业人员的培训及水平评价的考试试点工作。试点开展非公有制经济组织的专业技术人员职称评定工作，共完成资格认证 149 人。

5 月，学会标准委组织开展 3 项学会标准起草，分别为《T/CIS19001 罗经安全距离试验方法》《T/CIS47001 船舶气象仪器技术规范》《T/CIS17001 激光拉曼技术玉石矿物检测仪器》。

学会承担了中国大百科全书出版社委托的《中国大百科全书》第三版《仪器科学与技术卷》的编撰工作，初步设立了编委会组织架构，学科编委会开始设计学科条目框架和分支，制定选条标准等工作。该项目计划于 2016 年年底完成。

学会承担了中国工程院“中国工程科技 2035 发展战略研究”仪器仪表跨领域课题研究，课题从国家重大战略需求出发，对中国仪器仪表制造工程科技 2035 发展战略开展研究。项目完成了第一轮技术预测的调查及结果分析，2015 年年底完成各子领域初稿，2016 年结题。

学会承担了中国工程院“制造强国二期”仪器仪表产业路线图研究。该研究聚焦产业发展需求，关注产业成长和进化过程。核心目标是通过引导产业结构的调整和优化升级，实现产业量的突破和质的飞跃。研究成果计划于 2016 年下半年发布。

9 月 22—25 日，学会联合其他四家机械行业专业组织，在重庆国博会展中心共同举办中国（重庆）智能制造技术装备博览会。为此，学会专门调研了 26 家智能制造专项示范企业，并在中国（重庆）智能制造技术装备博览会上举办了国际智能制造技术高层论坛。

2015 年，学会成为工信部“智能制造综合标准化工作组”成员单位，参与智能制造综合标准体系研究和制定工作。

学会组织专家参加了中国科协组织的 10 个创新驱动助力示范城市的调研活动。在鄂尔多斯市召开了第二届煤化工自动化技术研讨会，积极推动“中国仪器仪表学会鄂尔多斯科技服务中心”挂牌。4 月、6 月、8 月，学会分别在扬子石化、胜利油田、吉林石化举办了 3 场以“石油化工行业分析检测技术与仪器技术交流”为主要内容的技术交流活动，组织 11 个科技创新项目参加第一届中国创新科技成果交流会。

学会能力提升计划　学会完成了“学会能力提升专项——优秀科技社团奖”第二期第一年项目组织及总结工作。

2015 年，学会共举办各类学术会议和技术交流、科普活动、会员日活动等 40 多场，组织重大赛事 2 场；发展个人会员 151 名、单位会员 47 个，认证工程师 149 名，认证高校测控专业 3 家，奖励科研成果 73 项，奖励青年学子 67 人。实现了学会能力提升的预期目标。

学会建设　2015 年，学会新增理事 10 人，常务理事 4 人。学会修订了新的分支机构管理办法，建立总会与分支机构挂靠单位定期碰头机制，鼓励分支机构建立联合体开展活动。2015 年，学会重点加强了对分支机构的组织管理、财务管理，对重点考察分支机构进行现场访谈。

科技期刊国际影响力提升计划　《仪器仪表学报（英文版）》全面投入使用在线投审稿系统，不仅包括远程投审稿、网刊发布、读者订阅等功能，还包含自

动推荐审稿人、论文二维码发布和微信公众账号等功能。学报编辑部积极发展国际审稿专家，通过拓展编辑部与国外知名院校、重点实验室合作、交流得到国际专家认可并邀请担任国际审稿专家。为提高期刊的影响力，学报编辑部每年举办一次国际会议（ICEMI和ISTAI国际会议），向有最新研究成果的专家进行高质量稿件的邀约。每年召开2—3次期刊专题研讨会，对领域内的研究方向及热点研究进行归纳梳理，邀请期刊编委及知名专家对期刊选题约稿方向进行探讨，帮助编辑部把握期刊方向及稿件质量。

国际学术会议 2015年10月，OA'2015办公自动化国际学术研讨暨展览会在北京举行。这次展览会是由学会主办的北京办公自动化杂志社组织国家信息中心、中国科学院网络中心、中国边贸协会等单位联合举办的。参加会议的代表人数共350人，其中来自美国、俄罗斯、马达加斯加、埃及等国家的代表20人。大会主报告5篇，分会场报告64篇。

9月21—22日，由学会与国际过程分析与控制论坛组委会（IFPAC）合作举办的2015年国际过程分析与控制中国区论坛（IFPAC-China Section）在重庆市举办，来自国内外的100多名专家参加会议。会议安排了《现代分析仪器的应用进展》《新型制造技术的实现与管理》《使用多种快检技术筛查保健品中潜在的添加物》《CMPPICS及其在中药生产过程中的应用》4个大会报告。设置了质量分析与质量保证的新技术、化学计量学及其在PAT中的应用、工艺知识和工艺控制方法进行监测等6个专题论坛。

国内主要学术会议 2015年学会及所属分支机构举办各类学术交流及研讨会40多场，承办2015世界机器人大会分论坛“智慧城市中的服务机器人技术与应用论坛”，举办精准医疗论坛，参与承办第三届国际（常州）传感器技术与应用高峰论坛等。各专业分会在各领域分层次召开多次学术交流及研讨会。

科普活动 学会参加了中国科协“2015年全国科普日”北京主场活动；特邀Art+798国际艺术教育中心承办艺术科普知识展示空间，7天的活动中每天接待观众2000人次。

表彰举荐优秀科技工作者 学会参与了2015年院士推荐工作，参与了中国光华工程奖、中国青年科技奖、创新人才推进计划、中国青年女科学家奖候选人推荐工作。

2015年，学会评选出中国仪器仪表学会科学技术奖一等奖4项、二等奖3项，科技创新奖10项、科技成果奖25项、优秀产品奖31项。

党建强会 2015年，学会加强党建工作，组织专家走访中小企业，到一线提供咨询。学会党组织有计划地邀请行业专家为学会工作人员作行业报告，提高学会的党员干部素质。2015年，学会获得中国科协“党建强会”组织奖，学会党支部被上级党委授予“先进基层党组织”称号。

会员服务 2015年，学会应用“互联网+”为会员设立“全职业生命周期会员服务平台”，对学会已有活动和服务进行梳理和整合，指导不同职业生命周期的会员找到相关阶段的会员服务活动。该平台正在建设阶段，计划通过开展“线上+线下”结合的会员活动，让会员之间互动起来，最终形成“会员服务会员”的良性循环。

【建设智能制造战略推进平台】 2015年2月，工信部成立“智能制造综合标准化工作组”，学会作为工作组成员单位，直接参加和承担国家智能制造综合标准化工作。学会参加了由工信部和国标委共同支持的“国家智能制造综合标准化体系建设指南”的评审工作，承担国家智能制造标准化专项“智能制造测控装备语义化描述和数据字典”子项任务。同时面向跨领域的多个行业开展有关智能制造综合标准化的培训和讲座。

为使智能制造装备专项的成果得到推广，学会2015年9月举办了智能制造装备专项成果示范展示。工信部、财政部有关负责人参观了成果示范展示，详细了解专项示范实施情况。示范展示期间，举办了2015国际智能制造高峰论坛、智能制造装备专项成果展示现场交流会、智能制造技术论坛，国内外制造业专家、企业家近1000人参加示范交流活动。

为推进国产传感器在智能装备中的应用，学会组织机床、纺织等行业的机械及自动化专家，组成了专家工作组，于12月13—15日赴上海蓝宝传感器技术股份有限公司、上海辰竹仪表股份有限公司开展“国产传感器产需对接、智能制造考察调研活动”。

智能制造战略推进平台以学会智能制造战略推进办公室为依托，引进专业人才，发挥学会学术与技术优势，从技术标准、示范展示、成果交流、产需对接等方面，将学会的资源整合打包，助推国家战略的落地实施执行，在业界取得了良好的反馈。尤其是产需对接活动，打破传统模式，跨行业交流，切实做到了需求导向、目标明确，产需双方都收益颇丰。通过对接，生产企业明确了发展目标，并与用户企业确定了进一步具体合作的意向和安排。

【科技奖励工作平台建设】 2015 年，学会推动设立了“中国仪器仪表学会青年科技人才奖”和“陆婉珍近红外光谱奖”，开展“测量控制与仪器仪表领域优秀博士论文”评选，扩大“中国仪器仪表奖学金”奖励范围，稳妥有序推进学会设奖，加大科技人才奖励及培养力度。

学会对现有的《中国仪器仪表学会科学技术奖奖励办法》进行了修订。按照新修订的奖励办法，2015 年学会评选出 4 项科学技术奖一等奖，分别是由清华大学申报的“恒温扩增微流控芯片核酸分析仪研究”项目、复旦大学和中国计量科学研究院联合申报的“应用混合高阶场的高性能四极离子阱质谱及其关键部件和技术”项目、中国科学院深圳先进技术研究院和香港中文大学（深圳）以及重庆大学联合申报的“面向‘互联网 +’的电动汽车智能管理与控制平台”项目、暨南大学与广州禾信分析仪器有限公司以及昆山禾信质谱技术有限公司联合申报的“PM2.5 在线源解析质谱监测系统”项目。

2015 年，学会构建了中国仪器仪表学会科技奖励综合业务处理平台，实现学会科技奖励管理工作从相对独立的管理模式向信息共享型的网络化统一管理模式跨越。学会科技奖励平台有效整合了资源，建立了一套分布式、网络化、信息化的科技奖励办公平台，不仅简化了工作业务，提高了工作效率，降低了运作成本，而且给学会其他部门提供了多种跨平台的服务接口，向科技工作者和公众提供了简便快捷的多元化服务，并实现了公平、公开、公正的科技奖励监督机制，提高了办公效率和服务管理质量。

根据科技奖励的实际需求和特点，学会科技奖励工作平台在可成长的开放体系框架基础上建立了 3 个子系统和 1 个数据库。分别是中国仪器仪表学会科学技术奖励申报评审系统、中国仪器仪表学会青年科技人才奖励推荐评审系统、中国仪器仪表学会奖学金申报评审系统。3 个子系统的功能主要是申请、推荐受理、形式审查、专家初审、备案、手机短信通讯等。

通过科技奖励工作平台建设、相应的奖励办法的修订、评价指标体系的制定，学会科技奖励工作中存在的评价制度不健全、评价体系不完善、评价方法不规范等问题得到了改善。

（撰稿人：王兰萍）

中国计量测试学会

学会建设 2 月 5 日，中国计量测试学会第七次全体会员代表大在北京召开会，选举产生中国计量测试学会第七届理事会。经选举，蒲长城任理事长，丁雪梅、于化东、张广军、林建忠、方向、钟新明、尤政、王巍、万立骏任副理事长，马爱文任秘书长。本届理事会共计 200 人，其中常务理事 56 人，女性理事 26 人。

截至 2015 年 12 月，学会下设分支机构 31 个，其中工作委员会 5 个、专业委员会及分会 26 个。

截至 2015 年 12 月底，学会共有 8500 多名会员、500 个团体会员。

学术期刊 截至 2015 年 11 月初，《计量学报》收到稿件 330 余篇，出版 6 期，刊发学术论文 142 篇，其中国家自然科学基金或 863 等国家级基金资助科研项目论文 80 余篇；每期刊发的论文中，国家级和省部级两项基金的论文数均占 70% 以上；全年刊发的论文中，论述基标准的研制或改进的约 40 篇，其余均属与国民经济密切相关的精密测试和工作测量方面，所刊发的论文被美国爱思唯尔出版社的 Scopus 数据库、中国核心期刊（遴选）数据库、中国期刊全文数据库等国内外 10 多个数据库或检索性期刊收录。年内出版《计量测试讯息》1 期，向学会会员赠送 950 余册。

国际学术会议 学会组织国内专家、学者参加第 58 届 IMEKO 总理事会会议、第 21 届 IMEKO 世界计量大会、第十届中日韩计量测试学术研讨会，研讨计量测试科学的重大发现和最新科技进展，参访澳大利亚国家计量院和新西兰商务与创新部贸易标准局，就国际计量现状及发展、计量体系建设、计量在工业和贸易中的作用相关问题进行研讨与交流。

国内主要学术会议 5 月 20—21 日，结合纪念“5 · 20 世界计量日”，学会在北京举办主题为“推动产业升级　创新驱动发展”的第二届计量测试科技成果推介会暨计量测试学术交流会。

9 月 16 日，学会举办“第三届国际检验检测技术与装备博览会——计量专题研讨会”，就计量与“工业 4.0”进行研讨交流。

2015 年，学会各专业委员会分专业举办第七届温

度测量与控制学术交流会、2015 年全国时间频率学术会议、光与计量学术研讨会议、先进制造中的几何量精密测量技术研讨会、2015 国际功能制造与机械动力学学术大会、新型碳纳米管阴极极高真空测量前沿学术会议、第二届中国生物计量发展研讨会、计量测试技术与“中国制造 2025”、多相流动检测技术发展趋势高端研讨会等会议，就相关领域的计量测试技术进行研讨，参会人数 2000 多人次。

两岸交流 3 月，学会与台湾计量工程学会共同举办海峡两岸计量检测科技学术研讨会，来自海峡两岸的计量专家、学者 100 余人参加了会议，就计量测试科学的重大发现和最新科技进展进行交流。

科普活动 7 月 24 日—8 月 3 日，中国计量测试学会与西藏自治区日喀则市教育局联合举办主题为“计量筑梦　我爱北京”的夏令营活动。此次夏令营活动历时 10 天，组织参观清华大学精仪实验室、中国计量科学研究院昌平实验基地、中国科技馆，举行计量科普讲座，以寻找计量文物为主题，参观故宫、国家博物馆、天安门升旗仪式等，以接受爱国主义教育为主题，参观长城、圆明园、中国人民抗日战争纪念馆等。

表彰举荐优秀科技工作者 经学会推荐，中国计量科学研究院冯晓娟、西安交通大学刘涛获得中国科协“青年人才托举工程”项目资助。

学会创新发展 学会加强对计量服务行业、企业发展的调查研究。针对能源计量、产业计量等领域开展调研工作，了解计量测试技术及管理需求，探索建立企业、行业与计量技术机构之间技术交流、科研合作、人才培养的协作平台。

受国家质量监督检验检疫总局计量司委托，学会开展全国计量技术法规的审定工作。2015 年，学会共接收各种计量技术法规草案 111 种，审查完毕并上报国家质量监督检验检疫总局计量司 87 种。学会开展标准物质受理、审核、复查换证、上报、批准发证工作，完善对标准物质的管理。截至 2015 年 12 月底，学会组织安排 2 次一级标准物质初审会、2 次一级标准物质终审会、20 次二级标准物质评审会和工作研讨会。新批准标准物质一级 65 种、二级 584 种；换发标准物质许可证一级 622 种、二级 1799 种。截至 2015 年底，发布标准物质一级 2185 种、二级 6863 种。

配合国家质量监督检验检疫总局起草《2015 年食品相关有证标准物质质量核查的实施方案》，学会组织开展对食品相关有证标准物质的质量核查工作，编写《食品及相关标准物质发展规划》。

2015 年，学会质量技术监督行业职业技能鉴定指导中心启动食品检验工等部分工种的教材、考试大纲的修订工作；重新修订职业技术鉴定试题库。参加国家职业分类大典质检行业职业的审定、汇总分析、终稿定稿等工作。组织举办考评人员和督导人员培训考核班，培训考评人员 314 名、督导员 52 名。全年鉴定计量、检验职业人员 14491 人，其中初级 1196 人、中级 2460 人、高级 10809 人、技师 11 人、高级技师 15 人。

学会开展注册计量师考试试题编制、考试阅卷和通过人员的注册工作。截至 2015 年底，取得国家一级注册计量师资格证书人员 5734 人。

2015 年，中国计量测试学会中启计量体系认证中心组织各行业在计量领域一线工作的专家编写新的测量管理体系教材。起草《中启计量体系认证中心测量管理体系审核员奖励办法》。开展优秀审核员评奖工作，评选出优秀外审员 20 名、优秀内审员 50 名。举办测量管理体系外审员培训班 4 期，培训审核员 209 人，通过 CCAA 确认审核员 3 批 199 人。各分支机构培训内审员 2603 人次。配合国家节能减排政策，增加能源计量审核内容。对年耗能 5000 吨标准煤以上企业，按照质检总局第 132 号令《能源计量监督管理办法》的要求，把 JJF 1356—2012《重点用能单位能源计量审查规范》及国家标准 GB 17167—2006《用能单位能源计量器具配备和管理通则》纳入审核准则。年内颁发测量管理体系 AAA 证书 104 家；AA 证书 175 家；A 证书 73 家。对 1373 家获证单位组织监督审核。

【“5·20 世界计量日”系列纪念活动】 学会以纪念“5·20 世界计量日”为契机，5 月 20—21 日在北京举办了第二届计量测试科技成果推介会暨计量测试学术交流会。本次推介会共设立 37 个展位，29 个单位参展，共计推介 155 个计量测试科技成果项目。其中，既有大专院校、国家和省级计量院、航天科工集团、铁道科学研究院等专业技术机构的科研项目，也有企业自主研发的计量器具等实用新型项目。这些项目涉及能源、环保、军工装备、航空航天、铁路、食品、电力、医疗卫生等十多个领域。

结合 2015 年世界计量日主题“计量与光”和“工业 4.0”，学会举办了院士报告会，中国工程院院士、上海理工大学教授庄松林作题为“太赫兹技术及其应用”的报告，中国工程院院士、浙江大学教授谭建荣作题为“计量测试与‘工业 4.0’”的报告。

学会举办了主题为“计量测试与产业升级发展”的专题报告会，邀请了 8 名专家分别就计量发展新趋势、信息计量新思考以及激光高精度快速测量、车身精度测量技术、高端精密仪器、纳米计量发展、智能制造、纳米光学器件在线测量等专业领域与大家分享了他们的研究成果。本次活动共有来自全国计量技术机构、科研院所、高等院校、企事业单位约 1000 名专家、学者参加。

【中国计量测试学会第七次全体会员代表大会】 2 月 5 日，中国计量测试学会第七次全体会员代表大会暨第七届理事会换届大会在北京召开，学会第六届理事会理事长王秦平、质检总局原副局长蒲长城，以及来自中国科学院、中国工程院的 8 位院士，全国 26 个高等院校、60 多个计量科研机构、21 家企业的 312 名代表参加会议。

会议完成第七届理事会换届选举工作。新一届理事会成员 200 人，其中副部级领导 1 人、院士 17 人、教授级高工 153 人。蒲长城任理事长，丁雪梅、于化东、张广军、林建忠、方向、钟新明、尤政、王巍、万立骏任副理事长，马爱文任秘书长。

（撰稿人：吕铭剑）

中国标准化协会

服务创新型国家和社会建设 2015 年，协会致力于促进标准化技术学科的建设、应用与发展，助力提高我国标准化的研究水平以及支撑服务产业技术、产品质量、社会管理的应用能力。

学会承担或参与了“海洋风能标准化体系研究”“我国产品可靠性标准研究与制定”“定性标准样品溯源性理论研究”“洁净室及相关受控环境节能关键技术标准研究”等政府公益性科研项目，为相关领域标准化技术管理提供了参考依据。

学会组织相关技术标准制定与实施，组织制定完成了《建筑物防雷装置检测技术规范》《雷电防护》系列国家标准。组织制定了《医院洁净室应用规范》等 9 项国家标准。组织评审 116 项、获批发布 80 项《辣椒碱标准样品》等国家标准样品。组织修订了《吉林长白山饮用天然矿泉水》等原产地产品国家标准。获得《洁净室能源管理》洁净室国际标准制定牵头权。推进家用燃气热水器和家用燃气灶具强制性国家标准制定，积极对接能效标准的制定，牵头研发了测试燃气热效率的标准器，广泛应用于国内众多单位的生产、检验、评价工作，凸显了制定标准同时拓展配套技术研发的综合效益，有效保障了该技术标准的推广实施。

学会围绕技术创新制定协会团体标准，2015 年成立了团体标准工作部，承担了国家国家标准委和中国科协的“社会团体标准研制试点”项目，通过研究团体标准管理政策、团体标准制定规范，探索学协会标准制定方法，为创新团体标准工作机制和提升自身能力建设奠定了基础。

学会建设 截至 2015 年 12 月，协会共有团体会员 1700 家，个人会员 1800 人。协会注重自身治理结构和职业化建设，建立管理体系约束下的自我管理模式，全面实施了 ISO9000 质量管理体系，各项工作内容制度化、程序化、标准化。协会促进人员队伍职业化，实行全员聘用制和统一的薪酬体系，推行目标责任制与绩效分配机制。

协会修改完善《分支机构管理办法》，制定分会财务统一管理制度，纤维分会、海洋分会已实现财务统一管理。组建成立了海洋分会，成立了金融设备委员会。

学术期刊 协会主办的 *China Standardization*（《中国标准化》英文版）、《中国标准化》《标准科学》《标准生活》《产品安全与召回》《ISO 焦点》等 6 种专业期刊。采取纸媒杂志、专刊和网站、公众微信号、电子期刊、网上销售等综合化运营方式推广期刊。

国内主要学术会议 9 月 21 日，学会在浙江省杭州市举办第 12 届标准化论坛，主题为“标准化改革发展之机遇”。论坛采取“1+1+3”形式，即 1 个综合性主论坛、1 个智慧城市国际论坛、3 个专业领域技术论坛。

5 月，协会在广东省广州市举办了第十七届中国科协年会第 4 分会场“信息传播与移动互联标准技术”国际研讨会，来自国内外的 130 名专家、学者参加。

3 月，协会协助欧洲技术传播协会 Tekom Europe 在上海市举办了首届“Tcworld 中国技术传播者会议”，60 多名中外学者参加。

6 月，协会主办了“第十二届中国标准化论坛分论坛暨第五届标准样品技术论坛”，70 多名专家、学者参会。

国际学术会议 学会承办了第 14 届东北亚标准

合作会议、第42届国际标准用户联盟（IFEN）会员大会。

国际交往 协会配合国家标准委参加第38届太平洋地区标准大会（PASC）。组织参加了第38届ISO/REMECO年会、第9届亚太雷电防护标准化合作会议、2015年度ISO/TC209年会。配合国家标准委、山东质监局举办了中韩自贸区标准化与认证认可研讨会。学会与来访的韩国标准化协会签署合作协议。

科普活动 第46届世界标准日期间，协会与中国质检报刊社联合举办了“世界标准日、深化标准化改革，践行‘三严三实’有奖知识竞赛”。100多个单位的370多人参加。

学会创新发展 为解决国内企业专业标准化人才短缺的问题，协会开设企业标准化师系统培训，该培训项目被人社部批准列入了“国家专业技术人才知识更新工程”。2014年，协会联合中国计量学院创设了企业标准化师系统培训课，建立联合培养机制，分设基础知识、应用知识、理论联系实践100学时课程，采用理论讲解、案例分析、互动答疑、研讨交流、学习实践、论文答辩等教学内容，开展标准化人才系统培训，助力企业标准化工作者职业发展。截至2015年年底，第一批29名学员毕业，2015年完成第二批企业标准化师培训工作，共培训242人。

协会围绕标准化基础知识及标准化应用等需求热点，围绕国家标准化工作重点，共组织“企业标准体系”“服务标准化”“社会团体、联盟标准与知识产权”“标准编写与制定”“政务服务与社会管理”“科技成果转化技术标准”等各类培训班30余期，培训总人数3000余人。

在国家国家标准委为大力推进国际标准化人才培养的工作背景下，协会承办了2期国际标准化综合知识培训班和1期国际标准化英语培训班，共培训300多人。

协会策划实施标准化进企业行动，积极贴合企业人才建设规划，结合企业标准化实践需求，深入东风鸿泰控股集团有限公司汽车零部件分公司、京能集团等大型企业开展标准化实用技能培训，培训230余人。

4月，协会与德国技术信息传播协会（Tekom Deutschland）联合举办了2015年首届技术传播师国际专业基础培训班。

会员服务 协会完善会员服务体系，设立了会员管理部门及会员服务专岗，推行大会员服务机制，提供标准查询和资料订购服务，提供企业标准体系建设咨询，开展会员满意度调查并为会员提供整体服务。

（撰稿人：高　威）

中国图学学会

服务创新型国家和社会建设 2015年，学会联合国际几何与图学学会在全国范围内共同开展“计算机辅助设计绘图员（CAD）技能等级”培训与考评工作，共有23个省、自治区、直辖市的50余个报名点、培训点组织开展了CAD相关培训考评工作。6月和12月分别举办了第十四、第十五期“CAD技能等级”考试，共有3.2万余名学员报名参加了考试。

8月16日，举办第六期全国CAD考评员培训班，50多名来自全国各培训点、报名点的教师参加会议。在同时举行的表彰奖励活动中，12个单位被评为CAD考评工作的先进单位，27名教师被评为先进个人。

为了配合学会CAD培训工作的开展，学会组织专家编写《全国CAD技能等级考试指导丛书》，2015年完成了《工业产品类CAD技能等级考试试题集》和《土木与建筑类CAD技能等级考试试题集》的编辑工作，由清华大学出版社出版，首次印刷各3000册。

中国图学学会、人力资源和社会保障部教育培训中心开展“全国建筑信息模型（BIM）技能等级考试”考评工作。年内考点数量和报名人数呈现出激增态势。6月和12月分别举办了第六、第七期“BIM技能等级”考试，报名人数过万，位于全国BIM同类考试之首，60余个考点遍布全国主要省市。12月13日，首次举办“全国BIM技能等级考试”二级建筑专业考试。

学会建设 3月21日，中国图学学会第六届第十三次常务理事会议在北京召开。会议商议讨论了学会换届筹备工作，审议了学会《章程》修改草案等换届文件。

学会新设立奖励工作委员会，合并、撤销3个分支机构。分支机构调整后，学会有分会、专业委员会14个，工作委员会8个。

8月14日，学会第六届第四次理事会议在北京召开，78名六届理事出席会议。会议审议通过了学会第七次全国会员代表大会议程、六届理事会工作报告等会议文件及理事候选人名单、表彰奖励名单等。8月18日，中国图学学会第七次全国会员代表大会召开，选举产生了由41位常务理事组成的第七届常务理事会。中国工程院院士孙家广当选为第七届理事会理事长。

2015年，学会发展个人会员359人，截至2015年底，学会个人会员总数达24373人。

学会首次设立“中国图学学会突出贡献奖”，贾焕明、童秉枢、何援军获得该奖项。土木工程图学分会等10个分支机构、地方学会获得“中国图学学会先进集体奖”。王静等29人获得“中国图学学会优秀学会工作者”称号。

学术期刊 2015年,《图学学报》被收录为《中文核心期刊要目总览》(第七版)核心期刊、中国科技核心期刊、中国科学引文数据库(CSCD)核心期刊。《图学学报》共出版正刊6期，刊发151篇论文978页；出版增刊1期，刊发30篇论文。8月,《图学学报》网站(http://www.txxb.com.cn)上线，初步实现编辑工作信息化。编辑部继续开展优秀论文评选活动，经专家推荐，评审组评审，10篇论文获得《图学学报》优秀论文奖。

《土木建筑工程信息技术》(双月刊)年内共出版6期，刊发文章120篇。该刊被收录在《中国学术期刊网络出版总库》及CNKI系列数据库、万方数据——数字化期刊群、维普资讯《中文科技期刊数据库》。2015年，该刊从美国、英国的著名建筑设计院与名校等吸纳新编委加入编辑委员会。发表一系列美国、英国BIM技术应用中英文互译稿件。

国内主要学术会议 10月31日—11月1日，学会建筑信息模型(BIM)专业委员会在北京组织召开了第一届全国BIM学术会议，200多名专家、学者参加会议。会议征集了50多篇学术论文，编辑印制了论文集。11月1日，由学会、中国建筑业协会工程建设质量管理分会、北京建筑业联合会联合主办，中建三局和腾讯科技(北京)公司承办，学会BIM专业委员会协办的全国工程建设BIM应用观摩会在北京举行，全面展示工程建设BIM技术创新与应用的最新成果。来自全国各地建筑领域的领导、专家及BIM技术相关研究单位的专家等近1000人参加观摩会。

11月19—20日，大数据时代的工程建设发展与创新——第五届工程建设计算机应用创新论坛在上海市召开。论坛由学会土木工程图学分会联合中国土木工程学会计算机应用分会、中国建筑学会建筑结构分会计算机应用专业委员会主办。300多名专家、学者参加会议，会议收录论文50余篇并编撰会议论文集，邀请19位专家学者作了专题报告。会议探讨大数据时代背景下，工程建设与工程管理的创新之路。

学会制图标准化专业委员会于4月、9月分别召开三维制图标准和文件管理标准研讨会。数字化设计与制造专业委员会于12月举办第一届数字化论坛。

国际组织任职 学会国际联络工作委员会主任韩宝玲连任国际几何与图学学会常务理事。

国际交往 学会组织16人代表团出席8月在新加坡举办的第二届亚太图学论坛。中国代表团作特邀报告1篇、大会报告13篇、发表论文15篇。学会国际联络工作委员会主任韩宝玲代表学会作大会致辞。

10月22日，学会计算机图学专业委员会在上海交通大学接待来访的日本图学学会会长、国际几何与图学学会副会长、东京大学教授山口泰。双方就共同关心的学术问题进行了交流与探讨。

科普活动 5月23日，学会在北京举办第四届“龙图杯”全国BIM大赛启动会暨第三届“龙图杯”全国BIM大赛颁奖与高峰论坛。大会颁发了第三届大赛的70个获奖项目，并正式启动第四届“龙图杯”全国BIM大赛。会议组织了BIM高峰论坛，300余人参加会议。

第四届“龙图杯”全国BIM大赛启动会暨第三届“龙图杯”全国BIM大赛颁奖与高峰论坛

第四届“龙图杯”全国BIM大赛共有165个单位参赛，共收到参赛作品251项。经过初审、复审、答辩、公示等环节，最终评出96项获奖作品，其中一等奖10项、二等奖19项、三等奖36项、优秀奖31项。编辑了《第四届“龙图杯”获奖工程应用文集》。

7月，学会制图技术专业委员会、产品信息技术专业委员会联合举办第八届全国大学生先进成图技术、产品信息建模创新大赛，参赛选手和指导教师超过 2000 人，大赛涵盖了机械、水利、建筑桥梁等专业。

表彰举荐优秀科技工作者 经学会推荐，张建平、洪建胜、赵罡获得中国科协授予的“全国优秀科技工作者”称号。

会员服务 学会主办的 3 个刊物《图学学报》《土木建筑工程信息技术》和《CADDM》免费发给理事、高级会员阅读。

【中国图学学会第七次全国会员代表大会】 中国图学学会第七次全国会员代表大会于 8 月 15 日在北京召开。来自全国各地的高校、科研院所、企事业单位的图学工作者共 300 多人参加会议，其中，中国图学会会员代表 183 人。

学会理事长孙家广代表第六届理事会作了题为“抓住创新时代机遇推进学会跨越发展”的工作报告。会议代表以举手表决的形式审议通过了《中国图学学会第六届理事会工作报告》《中国图学学会章程（草案）》《中国图学学会第六届理事会财务工作报告》及《中国图学学会会费标准和管理办法》。

会议代表经过无记名投票选举产生了由 123 人组成的学会第七届理事会。会员代表大会后，举行了第七届第一次理事会议。会议经过无记名投票，选举产生了由 41 名常务理事组成的第七届常务理事会。中国工程院院士孙家广当选为第七届理事会理事长，张广军、谭建荣当选为常务副理事长，许杰峰、孙林夫、李华、杨海成、陈锦昌、韩宝玲、强毅、魏小鹏当选为副理事长，罡当选为秘书长。

学会理事长孙家广为全体代表作了题为“努力开创中国图学学会群团工作新局面”的报告，传达了中央领导对学会群团工作的讲话精神。

【第五届中国图学大会】 8 月 14—16 日，学会在北京召开第五届中国图学大会，主题为图学与智慧制造。300 多名专家、学者出席会议。中国工程院院士孙家广、张广军、谭建荣，香港科技大学教授袁铭辉，新加坡南洋理工大学副教授郑建民，中国航天科技集团公司总工程师杨海成，美国南加州大学副教授陈勇等作了大会特邀报告，报告内容涉及动态视觉测量与工程应用、互联网工程图学、网格造型、3D 打印、智慧制造与图学发展等图学相关领域。大会共收到论文 82 篇，会议录用 62 篇，分别在《图学学报》等期刊上发表。

会议期间，还举办了“图学教育、理论及应用”“数字化设计制造理论及应用”“第六届东北、华北 8 省市区工程图学研讨会”等专题研讨会。

（撰稿人：杨 洁）

中国电子学会

服务创新型国家和社会建设 2015 年，学会承接了工业和信息化部“服务机器人技术产业研究”“大数据产业生态研究”等 7 项研究项目，承接了中国科协“团体标准研制”“智能社会创新能力评估”等 29 个研究项目，承接了 6 个中央与地方决策支撑项目。

2015 年，学会共发布团体标准 4 项，在研标准 5 项，参与了绿色数据中心、工业控制系统安全、洁净室及相关受控环境、公共广播系统工程规范等 11 项国家及行业标准的组织和研究起草工作。国家标准化管理委员会授权学会开展物联网和机器人团体标准试点工作。

学会作为“国家绿色数据中心试点工作”的支撑单位，起草编制《国家绿色数据中心试点工作方案》，对 15 家绿色数据中心试点地区和近百家单位的申报材料进行初审，开展 60 多项绿色数据中心先进适用技术征集与筛选工作。

学会承担了电子信息领域的“双创”评估工作。开展工作的过程中，学会商请各地方工业和信息化主管部门配合调查工作，回收有效问卷 1063 份。

6 月 9 日，在工业和信息化部的指导下，依托中国首席信息官联盟，由中国电子学会等六家单位发起的中国工业大数据创新发展联盟在北京成立。该联盟的成立有利于推进工业与信息化深度融合及工业互联网与大数据的发展，助推中国工业大数据的进一步发展。

学会能力提升计划 2015 年，学会获得中国科协学会能力提升专项奖。

学会作为国际信息处理联合会（IFIP）、国际无线电科学联盟（URSI）、国际污染控制联合会（ICCCS）、国际洁净室教育委员会（ICEB）的成员单位，以相应成员国身份参加国际信息处理联合会全体成员大会、国际信息处理联合会理事会会议、世界工程师大会。学会受中国科协委托，承接联合国咨商工作信息通讯技术专业委员会秘书处和世界工程组织联合会创新专委会秘书处的工作。学会组团参加 2015 年 11 月在巴西举办的第十届互联网治理论坛。

学会作为中国科协创新驱动助力工程14家试点学会之一，先后完成与10个省级科协、16个地级科协的对接工作。调研21个地市的52家企业，形成近10项技术开发等合作意向，开展咨询活动40余项，签署合作协议6项，为地方经济和企业创新发展提供专家资源和智力支持。

组建中国电子学会青年科学家俱乐部，举办“中国电子学会电子信息大讲堂走进清华”活动，邀请海军少将赵登平作“国家海上安全形势”的报告，与会师生共计220多位。

学会建设 9月10日，经学会九届五次全体理事会议民主选举，梅宏、徐晓兰当选为学会第九届理事会副理事长。11月13日，经学会九届六次全体理事会议民主选举，怀进鹏当选学会第九届理事会理事长。学会本届理事会共211名理事，常务理事46名。

学会发展个人会员1224人，新增单位会员152个，截至2015年底，会员总数达126625人，单位会员总数400个。新成立了电子线路教学与产业专家委员会，所属专家委员会增至7个。学会所属分会45个，其中4个分会完成换届。

学会举办了4期学会分会秘书长沙龙活动，分别以建好网站、提升能力、扩大影响、分会工作模式的建立与创新、“互联网+”与学会工作、分会创新特色与工作亮点为主题进行交流研讨。

学会建立了包含3978名高级职称专家的电子信息领域专家库。学会开发的科技成果转化平台成功上线。

科技期刊国际影响力提升计划 学会主办科技期刊 *Chinese Journal of Electronics*（《电子学报》英文版，简称CJE）2012—2015年的SCI影响因子数据分别为0.147、0.265、0.325、0.319，三年提升117%。12月，召开期刊编委换届大会，境外编委增加到了22人，实施编委责任制。学会与英国英国工程技术学会（IET）签署了协议，将CJE 2015年的电子版收录到英国工程技术学会数字图书馆。CJE全文收入知网数据库，摘要收入万方数据、中国学术期刊文摘、中国科学引文数据库等数据库。

学术期刊 学会主办科技期刊共14种，2015年全部期刊刊登论文篇数增长5%，总被引频次增长4%。根据2015年版的《中国科技期刊引证报告》，《电子测量与仪器学报》核心影响因子2.378，连续四年影响因子指标超过2，在电子技术类期刊中排名第一位。《电子学报》综合评价总分达到75.1分，在电子技术类期刊中排名第一名，总被引频次连续11年稳居第一名，影响因子在无线电与通信学科组中从第9名上升到第5名。《信号处理》综合评价总分为52.8分，在通信技术类期刊中排名第三名。《数据采集与处理》《电波科学学报》《微波学报》在通信技术类期刊中排名第5、第6和第9名。

学会主办的《电子学报》和《电子测量与仪器学报》继续获得中国科协精品科技期刊工程项目资助。《电子学报》入选2015中国最具国际影响力学术期刊，《电子测量与仪器学报》入编北京大学出版社出版的《中文核心期刊要目总览》（第七版）。

学会搭建了在线编辑出版管理系统和期刊门户网站，主办的全部期刊实现了数字化出版。学会与电子工业出版社合作搭建的中国电子信息科技期刊数字平台进入实施阶段。

学科发展研究 学会编写了《2014信息技术领域学科发展报告与专家建议》。出版了《迈向机器人时代的中国选择》和《机器人简史》两本图书，完成《漫谈机器人》书稿。组织编写了《服务与特种机器人发展战略研究》《我国云计算大数据发展报告》《我国机器人产业发展白皮书》《“互联网+”下我国制造业相关问题研究》《无人驾驶车创新力评估研究》《中国工业大数据创新发展绿皮书》等。

决策咨询 学会举办决策咨询活动25次，提供《“互联网+”下我国制造业发展战略研究》《基于新一代信息技术的产业变革基础设施构建之：我国当前重点任务与对策研究报告》《中国大数据产业创新力评估》等22篇决策咨询报告。

国际学术会议 2015年，学会举办2015世界机器人大会、第二届智能交通国际会议、中美绿色数据中心研讨会暨中美开放计算标准交流会、2015中韩科技创新论坛等21个国际会议，比上一年度增加11个，共计参加人数11698人次，交流论文2136篇。

11月23—25日，在北京举办的世界机器人大会邀请到了200多名著名专家、学者，12个国际机器人权威机构以及来自多个国家的145个青少年代表队。大会主论坛和在线直播收看人数60000人次，12场专题论坛参会人数4000人次，博览会参观人数50000人次。会上签署了《机器人创新合作北京共识》《机器人创新合作备忘录》。

9月10日，学会与开放计算项目（OCP）、美

国劳伦斯伯克利国家实验室联合举办的中美绿色数据中心研讨会暨中美开放计算标准交流会在上海市召开。Facebook 数据中心设计和建设副总裁 Jay Park 出席会议并介绍了开放计算项目的背景、探索和成效。Facebook 数据中心战略工程总监 Paul Hsu 介绍了 Facebook 数据中心电气设计的经验和发展。Facebook 机械和散热工程师 Veerendra Mulay 重点介绍了 Facebook 数据中心的冷却系统机械设计经验。

10 月 12 日，学会举办了 2015 信息化应用国际会议暨第二届中俄信息安全技术高峰论坛。俄罗斯科学院院士、国际科学工作联合会主席尤·弗·古利亚耶夫，俄罗斯自然科学院院士沃尔科夫·伊万诺维奇，建筑与工程院院士列索维克等 20 多名专家及企业家出席，共计 500 多人参加了本次论坛。

国内主要学术会议　学会举办了第七届中国云计算大会、第六届中国物联网大会、第十届中国电子信息技术年会、首届全国青少年智能创新大会、2015 年全国图形图像处理技术应用大会、2015 全国信号处理技术应用大会等 112 个国内学术会议，与会人数 28199 人次，交流论文 5110 篇。

两岸交流　3 月 25 日，学会和台湾电机电子工业同业公会共同搭建“海峡两岸电子行业绿色可持续发展交流平台”首次会议在北京召开。双方围绕两岸电子行业所关心的绿色供应链、节能环保政策法规、标准、废弃物处理、碳交易机制和模式等内容进行深入的探讨。

6 月 2 日，学会举办的第六届海峡两岸云计算合作论坛在北京召开，台湾云端运算产业协会专家团参会，分享了台湾地区云计算大数据应用创新的经验，展示云计算大数据行业应用最新成果。

国际组织任职　学会常务理事龚克担任世界工程师联盟（WFEO）副主席。学会副秘书长林润华当选国际信息处理联合会（IFIP）理事会成员。学会射电天文分会原主任委员颜毅华担任国际无线电科学联盟（URSI）协调委员会成员。学会洁净技术分会秘书长王大千担任国际污染控制学会联盟国际洁净室教育委员会执委、国际标准化组织洁净室及相关受控环境第十三工作组联合负责人。

国际交往　11 月 23 日，“机器人创新之夜”举办之际，学会与日本机器人协会、意大利机器人和自动化协会、以色列机器人学会、韩国机器人学会、电气与电子工程师协会、机器人与自动化学会 6 家单位签署了《机器人创新合作备忘录》，旨在聚合全球机器人产业链上下游各方力量。

10 月 23 日，学会赴美国参加第六届中美能效论坛，就进一步加强中美在工业能效提升、技术升级等领域的双边合作进行了讨论。

科普活动　学会举办科普宣讲活动 52 次，受众达 59385 人次，参加活动专家人数 242 人次。青少年科普宣讲活动 6 次，举办青少年科技竞赛 13 次，编著科技图书 14 种。学会打造了电子信息科普网络平台、研究生电子设计竞赛平台。参与中国科协“科普中国”系列信息化项目，完成电子信息类百科词条 2000 条的编辑认证工作。学会荣获 2015 年度全国学会科普工作优秀单位称号和科普中国——百科词条项目组 2015 年度公益科普奖。学会新设立 2 家电子信息科普创新教育基地。

表彰举荐优秀科技工作者　学会推荐了 9 个项目参加国家科学技术奖评选，其中“基于大数据的互联网机器翻译核心技术及产业化”“可视媒体几何计算的理论与方法”“面向社区共享的高可用云存储系统”“天线多频技术及在多模移动终端的应用”共 4 个项目荣获国家二等奖。

学会完善两院院士推荐工作，扩大了评审专家队伍，邀请业界 12 名院士任评委，包括 1 名资料审查院士。

开展“第二届中国电子学会优秀科技工作者”“中国电子学会科学技术奖”的评选工作，共评出 65 位优秀科技工作者、58 个获奖项目。

学会创新发展　学会开通了“OA 管理系统”，完善了“会员管理与服务系统”“组织机构管理系统”“会议活动管理系统”“论文管理系统”“科技奖申报与评审系统”。并为 45 个分会搭建了具有独立域名的网站。启动“知识共享与产业技术交流平台建设项目”。

建立了“电子行业节能减排专项服务平台”，实现线上电子产品绿色供应链数据服务，建立了电子产品生命周期数据库（ePCF 平台）、绿色数据中心服务系统、节能减排技术评价系统等。

党建强会　学会获得中国科协“党建强会”项目资助。学会党委与纪委结合实际工作，共同组织“领导讲课”“专题讲座”“每季一课”等学习教育活动。

学会首次开展了党建工作述职评议考核工作，并进一步落实党建工作责任制。党委书记代表学会与工信部签订了党风廉政建设责任书。开展了“三严三实”专题教育工作，党委书记带头讲党课，党政领导带头讲学习体会。

会员服务 学会在网站开通会员服务频道，为会员提供学会活动预告、会员日活动报道，介绍赠阅期刊、会员交流基地活动报名、电子信息大讲堂活动的预告和活动报道。为会员提供简报、会员服务手册等资料。

学会建立了会员信息管理平台，实现了资源共享，实现了统一审核批准、统一注册登记、统一会员编号、统一发证发卡、统一信息管理、统一收取会费的“六个统一”。目前，学会已建立会员学术技术交流基地20个，学生会员工作站28个。

中国科协会员日 学会获得中国科协颁发的“2014年中国科协会员日活动优秀组织单位”奖。学会和40个分会年内共举行了42项会员日活动，共有2000多名会员和科技工作者参与了活动。开展活动包括走访慰问科研、生产、教学一线会员和科技工作者，组织会员参观活动科技场所，宣传、表彰集成一线科技工作者，组织会员参加第六届中国科协乒乓球比赛并获“优秀组织奖”，举办座谈会、报告会、专题讲座，征求学会会员对学会的期望和服务要求。

【第十届中国电子信息技术年会】 4月19日，由中国电子学会和中国电子信息行业联合会共同主办的第十届中国电子信息技术年会在北京召开。本次会议由工业和信息化部、中国科协指导。年会主题为“电子信息技术引领智能化发展”。信息技术领域的350多名专家、学者围绕智能制造与新型工业化、云计算与移动互联、大数据、信息安全等热点话题展开探讨。大会邀请院士、专家共作30多场报告。

第十届中国电子信息技术年会

中国工程院院士、国家自然科学基金委员会副主任、学会常务理事高文，中国工程院院士、航天科工集团公司二院科技委常务副主任李伯虎，中国工程院院士、西安交通大学教授郑南宁分别作题为“智能化城市安防系统”“智慧云制造（云制造2.0）——互联网时代的一种智慧制造模式和手段”“‘碎片化’知识与网络化人工智能”的主题报告。中国工程院院士、中国科学院计算所研究员倪光南，中国工程院院士、海军计算技术研究所总工程师沈昌祥分别在大会的两个分论坛中作了题为“机器翻译的科学意义”“新型信息技术应用可信保障”的报告。

年会举办了互联网机器翻译论坛、智能机器人的创新创业论坛、信息安全保障信息化发展论坛，以及中国电子学会单位会员交流年会等一系列活动。举行了“2014年度中国电子学会科学技术奖”“2014年经中国电子学会推荐的‘全国优秀科技工作者’”“第二届中国电子学会优秀科技工作者”表彰仪式。

【2015（第六届）中国物联网大会】 5月21—22日，由中国电子学会主办的2015（第六届）中国物联网大会在上海市开幕。自国内外知名高校、科研院所的院士专家、企事业单位的负责人800余人参会，围绕物联网领域的前沿理论及应用技术问题进行探讨和交流。

工业和信息化部原副部长、中国首席信息官联盟技术专委会主任、中国信息化百人会学术委员会主席杨学山致辞。中国科学院院士、中国科学院上海微系统与信息技术研究所所长王曦作题为“半导体创新物联网发展”的专题报告。

此外，来自Google[X]、IBM中国研究院、上海仪电（集团）有限公司Intel物联网事业部、SAP等国内外物联网产业一线的企业代表分别就物联网、“工业4.0”、信息安全、智慧城市等主题作了演讲。

大会还举行了“物联网的产业融合实践之路”高峰对话，针对物联网的发展，分别从政策、技术、产业等进行分析。

【第七届中国云计算大会】 6月3—5日，由中国电子学会主办，中国云计算技术与产业联盟、中国大数据专家委员会、中国电子学会云计算专家委员会承办的第七届中国云计算大会在北京开幕。大会主题为“促进云计算创新发展、培育信息产业新业态”。

中国云计算技术与产业联盟理事长、原邮电部、信息产业部部长吴基传，学会理事长、陕西省省长娄勤俭，工业和信息化部副部长怀进鹏出席大会并讲话。大会主席、中国工程院院士李德毅作题为“云计算再认识”的主题报告。中国科学院院士李未、张钹，中国工程院院士高文、李伯虎等30多名云计算领

域的专家作大会报告。大会邀请国内外知名专家出席会议并作演讲。100多名国内外云计算领域的专家作演讲，涵盖IaaS、PaaS、SaaS平台的构建与应用，计算安全和自动化运维的设计与维护，海量数据深度挖掘的最佳实践，机器学习助力推荐算法的最新探索等方面。

大会设置了云计算核心技术架构、云计算平台构建与实践、大数据核心技术与应用、云计算IT基础设施与自动化运维论坛、云计算安全与可信计算、混合云应用与实践、云计算与云存储核心架构与应用、基于新技术的远程医疗建设与实践、云计算大数据智能交通行业应用、"互联网+""'互联网+'金融"等10多个分论坛，就最新的云技术应用和解决方案进行探讨。大会还组织了SaaS产业发展、第二届国际云计算标准化、第六届海峡两岸云计算合作、IFIP云计算专家委员会等特邀论坛，技术培训课程以及丰富的行业聚会、晚场沙龙等活动。

【2015全球信息技术主管大会】 12月10日，2015全球信息技术主管大会暨工业大数据创新发展高峰会议在北京召开。此次大会由中国电子学会、中国首席信息官联盟、中国工业大数据创新发展联盟3家单位主办。大会主题为"'互联网+'大数据驱动智能制造、创新红利重构产业生态"和"'互联网+'大数据时代的CIO选择"。工业和信息化部副部长、学会理事长怀进鹏为大会开幕致辞。800多名专家、学者参加会议。

大会设置了全体大会和专题论坛。中国工程院院士柴天佑、高文分别作题为"智能制造与智能优化制造""从无人驾驶汽车研究看未来产业生态的重构趋势"的演讲。腾讯云计算副总裁刘克鸿、IBM大中华区大数据总架构师林旭光、世纪互联蓝云总裁柯文达、SAP解决方案与构架技术部总经理李旭东、美国信息产业机构总裁Matt Roberts等大型企业管理者共同围绕"互联网+"、云计算、工业大数据等话题进行交流。

大会还设置了主题为"工业大数据时代制造业的创新与机遇"的高峰对话。北京航空航天大学计算机学院院长吕卫锋主持。

大会发布了《中国工业大数据创新发展绿皮书》和《两化融合行业创新应用模型（征求意见稿）》。《两化融合行业创新应用模型（征求意见稿）》是中国首席信息官联盟秘书处发起"两化融合行业创新应用模型及实践指南"研究项目中，用于指导各行业企业CIO进行众智活动的通用框架，旨在从两化融合高层框架、落地实施路径及对应解决方案多个层面，通过中国首席信息官联盟的组织、协调、收集和研究，以"经验众智""知识众智""实践众智"活动形式，将中国各行业首席信息官在各行业中两化融合创新应用的先进经验和知识，进行收集、整理、汇聚和提纯，为重点行业企业提供基于互联网的"体系化"群体智慧参考。

【中国电子学会青年科学家俱乐部成立大会】 12月26日，学会青年科学家俱乐部成立大会暨学术交流大会在北京召开。工业和信息化部副部长、学会理事长、中国科学院院士怀进鹏，学会副理事长、中国工程院院士邬贺铨，学会副理事长、中国家科学院院士梅宏，学会副理事长兼秘书长徐晓兰，中国科学院院士王占国、沈保根、刘明，中国工程院院士周立伟、毛二可、周寿桓、郭桂蓉、刘韵洁、戴浩、丁文华、吕跃广等33位青年科学家俱乐部顾问团的成员，学会总部有关部门的负责人，青年科学家俱乐部会员共300余人参加会议。

徐晓兰宣读了由40位院士和55位学会会士组成的青年科学家俱乐部顾问团名单、指导委员会名单、俱乐部第一届理事会45位理事和9位副主席的名单。

邬贺铨、刘韵洁、梅宏、吕跃广分别作了题为"网络强国的挑战""未来网络发展趋势及CENI项目探索""从我做起，'重建'中国科研生态""军事电子信息技术：挑战与思考"的报告。青年科学家俱乐部6位副主席高新波教授、刘艳格教授、王亮研究员、黄罡教授、彭木根教授、胡程教授分别作报告。学术交流部分涉及大数据、智能处理与类脑计算、未来网络、超材料、多维探测与成像5个专业方向的专题研讨。

学会青年科学家俱乐部拥有会员235人，涉及22个省（直辖市），其中长江学者7人、杰青9人、优青35人、千人/青千19人、新世纪人才64人、国家科学技术奖获得者32人、省（区）市评选的优秀的青年科技人才45人。在俱乐部中，正高级职称的会员达到209人。青年科学家俱乐部的主要活动内容包括：举办中国电子学会青年科学家学术年会、两院院士和学会会士与青年科学家的学术交流会、中国电子学会青年科学家（专题）论坛等。

（撰稿人：刘　静）

中国计算机学会

服务创新型国家和社会建设 2015年，学会举办了3次计算机软件能力认证考试（CSP），在全国30多个城市的50多所知名高校设立认证点，17500多人次参加了认证考试。自2014年3月，学会联合华为等9家企业、清华大学等13所著名高校共同发起CSP软件能力认证以来，已有23500余人参加了认证考试。

中国计算机学会学科前沿讲习班全年组织9期，涉及大数据、信息安全、图像处理、人机交互、深度学习等方面。学会还开办了1期计算机课程教改培训班。

学会能力提升计划 学会组织编写出版了《2014—2015中国计算机科学技术发展报告》。大数据专家委员会在2015年度举办了中国计算机学会大数据大会和大数据创新大赛。青年计算机科技论坛总部和分论坛全年共开展160场活动。

学会开展了计算机类专业工程教育认证，对11所高校计算机专业进行了认证。

学会与中关村产业技术联盟促进会签署战略合作框架。

学会举办IT女性沙龙和论坛，进行女性IT从业者调研。

学会开展专业委员会的改革试点，专委会按照学会的要求完善组织架构、规范决策制度；按照学会规定流程和要求举办学术年会、出版学术文集、做好学术年会的财务预决算。

学会建设 10月20—21日，中国计算机学会第十一次会员代表大会在安徽省合肥市举行。来自全国各地的会员代表、理事候选人共计450多人出席了大会。会员代表以无记名投票的方式，选举产生了学会第十一届理事长、副理事长、理事，以及监事长和监事。高文当选为中国计算机学会第十一届理事会理事长。

截至2014年12月31日，学会会员总数为27911人；截至2015年12月31日，学会会员人数为32991人，年度新增会员5000余人。

学会32个专业委员会完成换届，学会举办了专委会秘书长培训及专委会发展研讨会。

本年度共召开常务理事会议2次，理事大会1次。选举产生2015年常务理事会执行委员会的成员，审议通过对学会专委会条例、会员活动中心条例、奖励条例、中国计算机学会选举提名委员会条例、专委会换届选举条例、会士条例和两院院士推荐规则的修改，审议通过2014年度专委会评估结果，审议通过学会2014年度财务决算和2015年度财务预算，审议通过换届选举委员会和换届选举提名委员会候选人提名，审议通过2个专委会的更名动议。

学会成立了形式化方法专业组专业委员会、学会中小学计算机基础教育发展委员会。设立“学会杰出工程师奖”，授予在计算机领域工程方面作出杰出贡献的人士。

学会在2个城市新建了会员活动中心，截至2015年12月底，学会在25个城市建立了会员活动中心，在20所高校建立了学生分会。

9月25日，学会举办老专家座谈会，邀请为学会发展作出重要贡献的专家、学者参加，会议就创新体制、学科评估、政府职能转移等方面进行了讨论。

学科发展研究 10月，由学会主编的《2014—2015中国计算机科学技术发展报告》出版，报告包含《基础计算系统可靠性》《网络信息安全》《大数据机器学习》《新型数据管理系统》《软件工程》《知识型服务计算》《天地一体化网络研究》《深度学习与媒体计算》《文本自动生成》《抗恶劣环境计算机技术》《工业控制计算机》《“互联网+”战略的研究进展与趋势》12篇报告，介绍了相应研究方向的国际研究现状、国内研究进展、国内外研究进展的比较、发展趋势与展望等。

本年度完成《中国计算机发展史》（第一版）撰写并发布了网页版。

决策咨询 学会公共政策委员会就《网络安全法（草案）》存在的问题及修改建议召开专家座谈会，根据与会专家意见，学会公共政策委员会向全国人民代表大会常务委员会法制工作委员、国家互联网信息办公室、中国科协提交了《中国计算机学会关于〈网络安全法（草案）〉修改建议》。

3月12日，学会向全国人民代表大会常务委员会法制工作委员、国务院法制办公室提交了《中国计算机学会关于制定〈反禁运法〉的建议》，并同时将该建议抄送国家互联网信息办公室、商务部、工业和信息化部。学会建议有关部门尽快制定《反禁运法》，通过规定对我国禁运的装备、器材、技术及软件等在我国研发成功以后，一定时期不得进口或征收高额关税等反制措施，以保护我国的国家利益、民族产业利益和科技人员的积极性。

8月25日，学会向国家发展和改革委员会、科技部、中国科协提交了《制定国家科技规划应征询学会意见》的建议，建议有关部门在制定国家五年科技发展计划和其他有关规划时，除了征求中央政府部门和地方政府的意见外，还应充分发挥专业学会的作用，听取学会对整体规划以及与自身专业领域密切相关的具体规划的建议，就目标是否明确、任务设置是否合理、前沿趋势重点是否聚焦、是否有助于推动产学研结合等方面提出具体的咨询论证意见，为计划和规划的制定提供决策参考。

7月22日，学会公共政策委员会召开专题研讨会，来自学术界、产业界、法律界的专家学者围绕制定《网络安全法》的战略意义以及《网络安全法（草案）》中存在的问题充分发表意见，并展开深入讨论。根据与会专家意见，学会公共政策委员会撰写了《学会关于〈网络安全法〉的修改建议》，并提交给全国人民代表大会常务委员会法制工作委员、国务院法制办公室，同时通过中国人大网在线提交建议。

国际学术会议 学会主办的普适智能与计算国际会议（International Conference on Ubiquitous Intelligence and Computing，UIC2015）于8月10—14日在北京召开，来自国内外多所高校及科研单位的180多名学者参加会议。

学会主办的第十一届并行处理技术国际研讨会（11th International Symposium on Advanced Parallel Processing Technologies）于8月20—21日在山东省济南市召开，来自国内外高校及科研单位的120多名学者参加会议。

学会主办的第14届计算机辅助设计与图形学国际会议于8月26—28日在陕西省西安市召开，来自国内外多所高校及科研单位的160多名专家、学者参加了本次会议。

学会主办的第七届亚太地区网构软件研讨会（The Seventh Asia-Pacific Symposiu m on Internetware）于11月6日在湖北省武汉市召开，来自国内外高校及科研单位的110多名专家、学者参加会议。

学会主办的中国虚拟现实大会暨虚拟现实与可视化技术国际会议于10月17—18日在福建省厦门市召开，来自国内外高校及科研单位的300多名专家、学者参加会议。

国内学术会议 学会及下属专业委员会共组织学术会议58个，参加人数约13000人次。学会青年计算机科技论坛总部和分论坛全年共开展180场活动，其中报告会110场，论坛55场，特别论坛5场，其他类活动10次，参与人数超过万余人次。

学会主办的第四届自然语言处理与中文计算会议于10月9—13日在江西省南昌市召开。共有360余人参加了大会组织的学科前沿讲习班和研讨、技术评测研讨会、论文报告、专家论坛、论文海报、技术成果展示等各项学术交流活动。

国际交往 电气和电子工程师协会计算机分会（IEEE CS）分别于3月、4月、10月、2016年1月访问学会并受邀出席2015中国计算机大会、2015学会颁奖大会。双方进行了深入探讨，并签订合作备忘录，计划在服务会员、资源共享和出版等方面展开更深入合作。

10月，国际计算机学（ACM）主席Alex Wolf一行受邀出席2015中国计算机大会，与学会探讨未来合作与发展并签订合作备忘录。

3月，学会秘书长杜子德受邀访问日本信息处理学会（IPSJ）并在其学术大会上作特邀报告。双方签订合作备忘录后，学会代表团于12月访问日本信息处理学会。IPSJ代表团于10月受邀出席中国计算机大会和学会颁奖大会。经过深入探讨，双方表示将加强合作，推动中日两国计算专业的发展。

韩国信息科学学会（KIISE）理事长受邀出席2015中国计算机大会和2015学会颁奖大会，双方讨论了未来的合作模式，并正式签署合作备忘录。

科普活动 学会吕梁教育扶贫团于9月1日赴吕梁兴县、岚县进行为期数日的调研和支教活动，这是学会开启吕梁教育扶贫项目的第15年，此次扶贫活动志愿者报名人数达40多人。在吕梁期间，支教团共走访了7所中小学，为小学生上了生动的励志课与计算机科普课；与当地教育局领导、校长、教师进行座谈，探讨学会未来如何在当地开展教育扶贫工作；向学校和学生们捐赠了挂钟和爱心文具，向贫困家庭的留守儿童捐赠了助学金和文具。5月4—11日，学会组织第五批吕梁优秀教师到北京举行为期7天的观摩学习与交流活动。

学会组织了信息学奥林匹克冬令营、中国队选拔赛、亚太信息学奥林匹克中国赛区比赛、全国青少年信息学奥林匹克竞赛以及信息学奥林匹克联赛等活动，逾7万名青少年参与活动。在2015国际信息学奥林匹克竞赛中，中国队选手获得三枚金牌、一枚银牌以及总分第二的好成绩，其中宁波市镇海中学的杜瑜皓获得金牌第4名，绍兴一中的张恒捷获得金牌第8名，浙江省宁波市镇海蛟龙书院的卢啸尘获得金牌并列第10名，湖南长沙雅礼中学的刘研绎获得银牌。

表彰举荐优秀科技工作者 经学会推荐的中国科学院计算技术研究所研究员陈云霁和北京理工大学教授黄华获得第十四届中国青年科技奖。

学会授予中国工程院院士、中国科学院计算机技术研究所倪光南和国防科技大学教授周兴铭学会终身成就奖。授予哈尔滨工业大学李建中和汉王科技刘迎建学会王选奖。授予台湾清华大学教授刘炯朗学会海外杰出贡献奖。授予清华大学教授周立柱、哈尔滨工业大学胡铭学会杰出教育奖。授予南京大学副教授许畅、中国科学院计算技术研究所研究员山世光、上海交通大学教授陈海波学会青年科学家奖。授予中国科学院计算技术研究所研究员刘志勇和中国人民大学教授杜小勇学会卓越服务奖。授予美国俄亥俄州立大学教授张晓东、学会计算机术语审定委员会学会杰出贡献奖。授予中国人民大学教授王珊和中国科学院计算技术研究所研究员张兆庆学会夏培肃奖。南京大学黄圣君、东南大学凌振、西北工业大学张海超、上海交通大学陈全、中国科学技术大学梁红瑾、清华大学张兰、中国科学院自动化研究所李泽超、北京航空航天大学刘祥龙、清华大学姜宇、北京邮电大学赵东获得学会优秀博士学位论文奖。中国科学院计算技术研究所、龙芯中科技术有限公司的“龙芯处理器抗辐照设计关键技术”和中国人民大学、北京人大金仓信息有限公司的“数据库管理系统核心技术的创新与成果转化”项目获得2014学会科技进步奖一等奖，上海科泰世纪科技有限公司的“开源智能终端操作系统Elastos”获得2014学会自然科学奖二等奖。

会员服务 学会为会员免费提供《中国计算机学会通讯》《2014—2015中国计算机科学技术发展报告》，编辑并向会员发送电子刊物如学会动态、技术动态、学生园地等，会员参加学会主办的学术活动和培训班等可享受注册费优惠，会员在学会会刊发表论文享受版面费优惠。

学会加强城市会员活动中心的建立并支持会员中心的活动。截至2015年底，学会在25个城市建立了会员活动中心，在22所高校建立了学生分会。各会员活动中心结合当地的社会、经济发展，组织本地学术会议、专题论坛等活动211次。学会派遣专家支持地方的活动，并为会员中心组织活动提供部分经费。

学会评选出中国计算机学会优秀大学生奖103名，学会全额资助获奖者参加2015年中国计算机大会。

【中国计算机学会第十一次会员代表大会】 中国计算机学会第十一次会员代表大会于10月20—21日在安徽省合肥市举行。来自全国各地的会员代表、理事候选人共计450余人出席了大会。大会选举产生了新一届理事会。

学会理事长郑纬民代表第十届理事会作工作报告。学会监事长钱德沛代表第十届监事会作工作报告。大会表决通过了修订后的《中国计算机学会章程》《中国计算机学会会员条例》《中国计算机学会理事会条例》《中国计算机学会监事会条例》《中国计算机学会会员条例》等规章。与会代表表决通过了中国计算机学会会费标准，审议并通过了《理事会工作报告》《监事会工作报告》《学会财务报告》。

中国计算机学会第十一届一次理事大会

10月21日，会员代表以无记名投票的方式，选举产生了中国计算机学会第十一届理事长、副理事长、理事以及监事长和监事。高文当选为中国计算机学会第十一届理事会理事长。吕建、孙凝晖、王巨宏当选为中国计算机学会第十一届理事会副理事长。杨士强当选为中国计算机学会第十一届理事会监事长。侯紫峰、臧斌宇、陈益强当选为中国计算机学会第十一届理事会监事。152人当选为中国计算机学会第十一届理事会理事。

【2015中国计算机大会】 由学会主办的2015中国计算机大会于10月22—24日在安徽省合肥市举行。大会主题为“互联网催生新经济”。本次大会向企业界关注的热点技术和应用需求转型，高度关注创新创业和产业发展。大会由主题报告、主题论坛、专题论坛、颁奖晚宴、科技展览与专业参观等部分组成。大会参会人数超过4000人。

来自国内外的知名学者、专家、企业家在为期3天的大会上作了多场特邀报告。2014图灵奖获得者、美国麻省理工学院教授迈克尔·斯通布雷克（Michael Stonebraker）作了题为 *The Land Sharks are on the Squawk Box* 的报告。中国工程院院士柴天佑在题为“智能制造与智能优化制造”的报告中，分析了大数据时代如何实现我国流程工业智能优化制造。中国工程院院士李德毅的报告围绕大脑认知，介绍科学家在大脑认知的本质、机器脑的形成方面的最新研究成果。中国科学院院士潘建伟以“量子信息技术前沿进展”为题，阐述了当今量子科技的研究方向——量子通信、量子计算与模拟和量子精密测量的研究现状、基本原理、应用方向和未来的发展路线，并以图文并茂的形式为与会者展现了的量子科技发展的愿景。日本信息处理学会（IPSJ）前会长喜连川优（Masaru Kitsuregawa）在报告中指出，大数据分析技术除了有巨大的商业价值外，给社会带来的价值也非常重要，对提高社会效益的潜力巨大，需要各国的研究者加强合作，共享数据，共享研发方法，让更多的人享受科技带来的社会效益。

会议期间，还举办了为“互联网+”保驾护航、自主可控基础软硬件发展之路、类脑研究、计算机女性精英论坛、互联网时代的人工智能、工业大数据与“中国制造2025”、机器人时代的中国机遇与挑战、智慧健康与大数据、人体感知与自然交互、大数据开源生态系统、家电厂商该如何拥抱“互联网+”、新型存储技术与系统构建、中小学计算机教育、摩尔定律驱动的万众创新、互联网新经济学、“互联网+”创新成果转化、“互联网+”智慧健康医疗、人工智能离我们有多远与智能语音产业发展等19个专题论坛。来自各相关领域的180多名专家、学者开展关于互联网时代的跨界和融合的讨论，深入探讨互联网时代产业如何与互联网结合，催生新经济，创造新价值，就目前的热点话题和技术趋势展开交流。

由学会常务理事、中国人民大学教授杜小勇主持的CNCC PLUS活动成为业界交流、分享的平台。大会同期举办了技术成果展览。

（撰稿人：宋　欢）

中国通信学会

服务创新型国家和社会建设　学会完成“中国通信学会科学技术奖”评审和推荐国家级奖励项目评选工作。评审委员会选出“中国通信学会科学技术奖”特等奖1项、一等奖8项、二等奖26项、三等奖10项。其中3项获奖项目经工业和信息化部推荐参加2015年度国家科技奖励评选，“多流波束赋形的无线传输技术”项目获得国家技术发明奖二等奖，“高性能超强抗弯光纤关键技术、制造工艺及成套装备”“通信局（站）系统防雷接地理论突破及技术创新与国内外应用”2个项目获得国家科技进步奖二等奖。

学会能力提升计划　学会完成了“学会能力提升专项——优秀科技社团奖”第二期项目2015年度的项目组织及总结工作，完成年度全部任务指标，实现学会能力提升的预期目标。在为政府科学决策提供支撑、促进学术发展与产业进步密切结合、提升中国通信学会国际影响力、人才举荐、科技评价等方面取得了成效。

学会建设　截至2015年年底，学会会员总数67953人。2015年学会发展团体会员17个、高级会员17人、学生会员114人，核准地方学会发展的高级会员79人。

1月，学会召开七届四次常务理事会议，审议通过秘书长关于两位副秘书长的提名。2月，召开七届五次常务理事会议，审议通过2014年度秘书处工作报告，审批2014年度分支机构换届结果、第四届会士遴选委员会组成，审议关于调整理事会成员的建议、关于设立3个专业委员会的建议，以及推选院士候选人工作实施细则、工作方案和工作机构名单。4月，召开七届三次理事会议，审议通过关于理事会人选调整的提案，完成社团负责人的变更登记。学会组织进行了4个分支机构的换届工作。

1月，召开组织工作委员会六届二次会议，审批一批团体会员和高级会员。12月，召开组织工作委员会六届三次会议，审定通过《中国通信学会网络与信息安全杰出人才奖评选奖励办法（试行）》，审批申请入会的团体会员和高级会员。

科技期刊国际影响力提升计划　学会主办的期刊《中国通信》（英文版）更新了编委会成员，引进多名近年来热点研究领域的专家、学者进入编委团队，优化内部流程，提升文章质量。8月，召开了《中国通信》2015前沿热点研讨会，与会专家、学者及业内人士交流观点，分享通信领域的发展经验。2015年出版正刊12期、增刊2期，共印制1.2万册，发表文章242篇，全部进入SCI和Xplore检索。

学术期刊　2015年学会主办的《通信学报》《电

信科学》《现代通信》《中国电信业》共印制 23.28 万余册。发表论文数 1247 篇。《通信学报》申请并获得了精品期刊学术质量提升项目。

学科发展研究 学会工业和信息化部软课题项目研究，承担并完成“互联网资源管理”“基于互联网热点业务的管理”2 个研究课题和“宽带工程实施情况调研评估”项目。

决策咨询 学会完成中国科协“京津冀大数据产业发展政策建议”高端沙龙、“我国大数据产业面临的问题和挑战研究”项目。

学会参与中国科协立法咨询工作，对《中华人民共和国国家安全法（草案）》提出修改意见、建议，完成法案意见征集工作。

国际学术会议 8 月 26—27 日，学会举办 2015 中国国际大数据大会。工业和信息化部总工程师张峰出席大会并作讲话。中国工程院院士、学会副理事长邬贺铨，中国科学院院士鄂维南分别就大数据行业战略发展、最新趋势、技术与应用、关键问题等作专题报告。

11 月 2—4 日，学会与美国电气电子工程师协会（IEEE）合作举办第四届中国国际通信大会（ICCC 2015），大会以“用于连接网络空间的智能通信”为主题，设 4 个主题学术报告、8 个分会场、3 个产业论坛、8 个技术讲座。收到投稿论文 421 篇，录用 140 篇，评选出 5 篇大会最佳论文。大会邀请 40 篇特邀论文。近 300 名专家、学者、学生参加了本届大会。

学会举办了亚洲光纤通信与光电国际会议 2015（ACP2015）、第七届亚太环境电磁学学术会议（CEEM’2015）、2015 国际光纤通信论坛等。

国内主要学术会议 1 月，学会举办 2015 融合通信发展高层论坛。会议以“互联互通　创新共赢”为主题，围绕运营商业务转型理念及实施路径展开探讨。人民邮电报总编辑、学会常务理事武锁宁主持论坛全体大会。北京邮电大学网络技术研究院执行院长张平、工信部电信研究院通信标准所总工程师续合元等行业专家及电信运营企业代表作了主题报告。来自电信运营商、网络设备商、终端厂商以及软件开发商、应用提供商在内的全产业链代表 200 多人出席会议。

3 月 20 日，由中国通信学会主办，中国通信学会卫星通信委员会承办的第十一届卫星通信学术年会在北京召开。卫星通信委员会名誉主任委员杨千里教授任大会主席，学会副秘书长宋彤和卫星通信委员会副主任委员陆绥熙在开幕式上代表主办方致辞。本次年会邀请了政府、军队各主管部门，相关科研和教育机构，以及卫星通信企业和用户代表出席，参会人数 240 余人。

年会共邀请到 14 位专家到会演讲，内容主要有：广播电视直播卫星农村覆盖、民航空管和飞行安全以及在北斗导航等领域的应用；面向 5G 移动互联网的移动卫星通信发展新技术和低轨灵巧通信试验卫星技术发展；L 频段、S 频段和 Ka 频段卫星系统技术和应用需求；激光卫星通信、量子卫星通信以及空间太赫兹通信、涡旋电磁波通信等前沿技术发展动态。最后，杨千里教授作了卫星通信新技术、新业务发展报告并主持了专题研讨。

本届年会编印的《第十一届卫星通信学术年会论文集》共收录了 67 篇学术论文，其中评选出 5 篇优秀论文。名誉主任委员杨千里教授主持了优秀论文的颁奖仪式，以表彰获奖者的学术贡献。

5 月 26—29 日，学会承办“2015 贵阳国际大数据产业博览会暨全球大数据时代贵阳峰会”——“大数据学术分论坛”，与会专家近 50 人，参会代表近 800 人。

7 月 28 日，学会主办的 2015“宽带中国”网络建设与提速降费研讨会在成都中国西部信息中心举行。会议以“宽带 · 众创 ·‘互联网 +’”为主题，共同研究和探讨中国宽带发展的热点问题，交流地方宽带发展经验，旨在通过研讨活动带动各地区、各领域信息化应用水平提升，支撑“互联网 +”发展，服务地区经济发展和促进信息消费。会议由中国通信学会副理事长兼秘书长张新生主持，工业和信息化部信息通信发展司副司长陈家春、四川省通信管理局副局长林建祥、中国电信四川公司总经理赵麦庆、中国市长协会副秘书长杨捷为大会致辞。

中国工程院院士、中国联通科技委主任刘韵洁，中国电信科技委主任韦乐平，中国移动集团计划部副总经理边燕南，陕西省通信管理局局长高彩玲，中国信息通信研究院副院长刘多，国家发改委经济体制与管理研究所产业室主任史炜，北京邮电大学教授吕廷杰，人民邮电报社总编辑武锁宁，辽宁盘锦市委常委、副市长臧宝宁，中国电信四川公司副总经理冯杰，华为公司中国区首席网络专家邢涛等业内外专家在会上作了主题发言，充分交流了在宽带领域的最新

研究成果。

中国电信四川公司向大会介绍了实施宽带免费大提速、建设全光网省、加快落实“互联网+”行动计划和加快推进三网融合等方面所做的工作和取得的成效，分享了四川在推进“全光网省”建设过程中所采取的做法。

8月，学会组织召开2015年全国“互联网+”与工业制造高峰论坛。中国工程院院士柴天佑、中国科学院院士陆建华等到会发表技术报告。

经工业与信息化部批准，中国通信学会主办的第十七届中国卫星应用大会于10月28—30日在北京举行，同期举办展览会。大会围绕主题“打造适用的卫星系统与设备为大众服务”展开，汇集了广播、通信、交通、石油、证券、科技、医疗、教育、环境、气象、导航等诸多领域、多种行业卫星用户的信息资源。国家发改委、国家航天局、科技部、国家无线电管理局、工信部、广电总局的主管领导出席会议，就我国卫星应用的发展、政策、规划、前沿技术及尖端设备等作主旨演讲，并在会议期间进行了交流。

10月28日下午，举办了由大会主席杨千里教授主持的卫星技术讲座，诸位专家学者等卫星应用领域的最新技术发展作了演讲。29日上午，大会正式开幕，工业和信息化部领导、中国通信学会领导分别致辞，随后进行主旨演讲及主题报告，涉及微纳卫星，机动事业的蓬勃发展与创新，天地一体化信息融合应用，在轨卫星转发器频率资源管理，卫星移动通信系统等方面。30日，大会圆桌讨论围绕微小卫星的国内外发展、卫星导航与天基增强、机载宽带卫星通信与天基计划、应急通信等多个最新前沿议题展开讨论。

11月6—7日，由中国通信学会主办，中国通信学会通信软件技术委员会、滁州学院和北京邮电大学网络与交换技术国家重点实验室联合承办的2015年全国通信软件学术会议在安徽省滁州市召开。学会领导，科研院所、高校的专家、学者、企事业单位人员，滁州学院党委副书记、校长许志才及学校部分师生参加了会议。开幕式由滁州学院计算机与信息工程学院副院长赵生慧主持。

北京邮电大学教授、电子商务研究中心主任吕延杰作了题为“‘互联网+’的机遇与挑战”的学术报告，介绍了蓬勃发展的M-ICT时代和“+互联网”与“互联网+”的区别，提出了“互联网+”的六大机遇与挑战；中国科学技术大学计算机学院教授陈恩红以“面向个性化推荐的用户建模方法研究”为主题，强调个性化发展，着重介绍了个性化推荐与用户建模；南京航空航天大学教授虞湘宾从当前移动通信现状、传统MIMO和SM-MIMO介绍、前景与挑战三个方面讲解了无线通信中空间调制MIMO技术及其自适应传输。

由中国通信学会主办，中国通信学会青年工作委员会承办的第三届无线通信技术研讨会（WCW2015—Spring）于2015年3月27日至28日在北京邮电大学召开，来自国内近20所高校、研究所和企业的60余名专家、科技工作者和企业代表等参加了本次会议。

中国通信学会青年工作委员会委员、北京邮电大学李丽香教授主持会议。会议邀请东南大学金石教授作了题为“5G大规模MIMO无线传输关键理论与技术”的主题报告；南京邮电大学周亮教授作了题为“第五代移动通信中的多媒体技术展望”的主题报告；北京科技大学张中山教授作了题为“异构融合网络关键技术与无线接入网络架构演进”的主题报告；北京邮电大学彭木根教授作了题为“云无线网络研究现状和展望”的报告。

10月，学会举办主题为“‘互联网+’——信息通信技术走进新时代”的第十一届中国通信学会学术年会。围绕“互联网+”这一主题，6名活跃在科研一线的中年科学家分别从互联网技术发展趋势、互联网与信息通信技术融合发展、未来信息通信网络技术、下一代移动通信技术、认知无线电技术、物联网技术和无线电频谱资源管理等方面作了主题技术报告。

10月，学会举办2015（第六届）中国云计算学术大会，来自国内外高校、科研院所、企事业单位的300多名专家、学者、工程师参加了本次会议。

11月，学会召开2015年中国新型网络体系高端学术研讨会。邬江兴院士、刘韵洁院士、吴建明院士等该领域几支研究团队的学术带头人到会发表技术报告。

12月，学会受中国工程院和南京市政府委托，举办了2015（第五届）中国未来网络发展与创新论坛，到会院士10名、专家60多名，参会人数1000多人。

学会响应“大众创业、万众创新”的国家重大决策，先后举办了第一届全国移动互联创新大赛和第一届全国大学生物联网技术与应用三创（创意设计、创新技术、创业方案）大赛。

12月6日，由中国通信学会主办，中国通信学会青年工作委员会承办的第十届全国无线电应用与管理学术会议在南京召开。大会主席学会副理事长兼秘书长张新生以及大会组委会主席谢飞波到会并致辞。会议特别邀请姚建铨院士、张明高院士、吴培亨院士、于全院士、全军电磁频谱管理专家咨询委员会主任沈树章教授、谢飞波等12名专家、学者作大会主题报告，邀请了国家有关部委、行业、研究教学单位、生产制造企业、论文作者以及高校的部分师生参加会议。会议安排了6个专题分论坛，近40名专家学者交流了各自的研究成果。会议编辑出版了《无线通信与物联网》论文集。本次会议共收到学术论文150余篇，录用72篇，评选出7篇优秀论文，在大会上进行了嘉奖，并推荐到《通信学报》和《电信科学》学术期刊。

在大会开幕式上，中国通信学会对自2005年无线电通信与管理委员会创立至今，为委员会的发展与建设作出重要贡献的张乃通院士、谢飞波局长颁发突出贡献奖，为田效宁、薛永刚、朱洪波、吴诗元、李玉刚、席怀军、郑晓明、李建等8位已经离任的副主任颁发了重要贡献奖。

国际交往 10月，学会参与组织并参加了第21届亚太通信大会（APCC 2015），会议期间，学会副秘书长宋彤与日本电子信息通信工程师协会－通信协会（IEICE-CS）主席 Masahiro Umehira 先生在日本京都共同签署了《中国通信学会和日本电子信息通信工程师协会－通信协会合作协议》。

科普活动 2015年，学会在“全国科普日”“科技活动周”“全国防灾减灾日”期间举办5项科普活动，举办3项重点技术推广普及活动，举办“会员讲堂”1次；扩大并发展了信息通信科学传播专家团队；承担中国科协“微信科普及辟谣”和“中国科协科技文献信息加工”2项科普项目。学会被评为“2015年度全国学会科普工作优秀单位”“2015年全国科普日特色活动组织单位”“微信科普及辟谣”项目优秀单位。

5月15日，北京通信学会在京举办了“2015年世界电信和信息社会日纪念报告会”。报告会由北京通信学会副理事长、大唐电信科技产业集团副总裁陈山枝同志主持。北京通信学会的部分理事、会员代表、科技人员及来自全市通信行业的代表200多人参加了会议。

本次报告会是根据2015年世界电信和信息社会日（WTISD）的庆祝主题“电信与信息通信技术：创新的驱动力”及2015北京科技周主题“创新创业，科技惠民”计划安排的。

会上北京市通信管理局巡视员韩玮致辞。北京通信学会副理事长、中国信息通信研究院副院长刘多，北京通信学会常务理事、中国联通网络技术研究院首席专家唐雄燕，北京通信学会副理事长、中国电信北京研究院总工程师赵慧玲，中国移动研究院终端所所长于川，北京通信学会常务理事、中国铁塔北京市分公司副总经理吴晓梅分别作了题目为“信息通信网演进趋势”“加快光纤到户，成就宽带中国”“大数据发展及应用”“开启移动基站建设集约化发展新篇章”的报告。

5月20日，学会开展2015年中国通信学会全国防灾减灾日主题活动——应急通信产业大会。工信部、民政部、国家无线电监测中心、国家安全应急指挥中心、北京市经信委、北京市应急办、北京市民防局、北京市无线电管理局、北京市通信管理局、浙江省无线电管理局、大兴区应急办、中国交通通信应急与保障中心、北京民防浩天救援队等单位领导共同出席会议。

8月27日，学会秘书长、首席专家张新生在“会员讲堂”上作了题为“大数据三要素及其发展”的专题讲座，200多名学会会员聆听了讲座。

10月23日和12月16日，学会开展科普校园行活动，学会工作人员和科普志愿者分别到北京市史家七条小学与十一学校一分校开展了两期科普讲座，80多名小学生参加了科普活动。

科技活动周期间，学会组织大学生ICT创新展，来自北京邮电大学的学生们展示了创业类、创意类、可穿戴技术、数据挖掘、物联网5大方向的7个创新成果。

表彰举荐优秀科技工作者 学会组织开展了2015年院士候选人推选工作。

学会组织开展第14届中国青年科技奖候选人的推荐评选工作，推荐彭木根（北邮）、胡春明（北航）和崔嵬（北理工）三位同志为中国青年科技奖候选人。

根据《中国科协办公厅关于组织开展2015年创新人才推进计划推荐工作的通知》，学会推荐伍剑、王琴为中青年科技创新领军人才候选人，推荐北京邮电大学“无线信号处理与网络”科研团队为重点领域创新团队候选团队。

2015 年，教育部高等学校科学研究优秀成果奖（科学技术）增设了青年科学奖奖项，遴选中国通信学会为提名单位。学会向教育部推荐了吴永乐博士（北邮）为青年科学奖候选人。

党建强会 学会加强党建工作，并获得中国科协“党建强会”计划“十百千”特色活动的项目资助。学会党支部注重“党性教育”，持续开展“三严三实”主题教育活动，在学会网站上开辟了党建专栏。

为进一步发挥学会党组织的桥梁纽带作用，开展专家、学者进高校、进企业系列讲座活动。北京邮电大学教授曾剑秋为河北省联通、移动、电信、铁通各公司管理人员人作了题为“网络融合与大数据发展”的专题报告。国务院特殊津贴专家、中国联通研究院副院长张云勇、北京邮电大学副教授黄韬到河北科技大学为师生作了“大数据与电信运营商运营”“未来网络技术的研究情况及最新进展”专题讲座。学会党组织邀请专家参加 2015 信息通信网技术业务发展研讨会、2015 北京青年通信科技论坛等学术交流活动。

在纪念中国抗战胜利 70 周年之际，学会党支部组织党员干部职工到中国人民抗日战争纪念馆参观《伟大胜利　历史贡献》纪念中国人民抗日战争暨世界反法西斯战争胜利 70 周年主题展览”。

会员服务 学会组织团体会员、个人会员参加学会总部和专业委员会举办的学术、普及教育活动，共计 22 场、3500 人次。向团体会员单位、高级会员、会士寄送刊物一万余册。2015 年《会员通讯》每月出版一期，供会员参阅。

中国科协会员日 学会组织开展了 2015 年中国科协会员日活动。12 月，举办了中国通信学会会员工作座谈会，邀请团体会员单位联络员、会员代表座谈，就学会工作以及网络与信息安全优秀人才奖评选、大数据专业技术职业资格认定研究工作征求意见。

【第二十一届电信新技术新业务高级报告会】 2015 年中国通信学会“全国科普日”活动——“第二十一届电信新技术新业务高级报告会”于 9 月 24 日在北京召开。本次会议围绕“大数据中的互联网思维”的主题邀请六位专家作主题报告。中国通信学会副秘书长朱峰致欢迎词，工业和信息化部科技司副巡视员代晓慧到会并作主旨报告，人民邮电出版社副社长、中国通信学会普及与教育工作委员会副主任委员王晓丹出席会议。来自中央、国家机关和大型国有企业信息化部门的领导及相关人员、团体会员和学生会员代表 220 人出席了本次报告会。

朱峰致欢迎词，代晓慧副巡视员作主旨报告。会议还邀请了大唐电信科技股份有限公司副总经理杨勇；中国智慧城市研究院院长吴红辉；北京邮电大学教授、中国通信学会青年工作委员会主任委员亓峰；中国移动大数据总体架构师段云峰；中国电信北京研究院总工程师、中国通信学会赵慧玲常务理事分别作了题为“‘互联网 +’背景下的创业浪潮”“基于智慧城市大数据应用”“大数据的采集和分析”“大数据和大分析”“大数据发展趋势及其应用”的专题报告。参会代表还参观了学会团体单位大唐电信科技产业集团在“2015 中国国际信息通信展览会”的展位及相关展台，使参会人员亲身体验了信息通信科技前沿发展。

【2015 中国通信集成电路技术与应用研讨会】 由中国通信学会通信专用集成电路委员会、中国半导体行业协会集成电路设计分会、合肥市发展与改革委员会共同主办的“2015 中国通信集成电路技术与应用研讨会暨‘互联网 +’集成电路产业发展研讨会”（简称 CCIC2015）于 8 月 20—21 日在合肥召开。本届会议以“‘互联网 +’集成电路”为主题，邀请了行业主要专家及领先企业围绕物联网、可穿戴、智能制造、服务互联网等技术进行探讨。来自通信和集成电路领域的有关专家、企业、学者、科研技术人员约 260 人参加了会议。

中国通信学会通信专用集成电路委员会主任委员、中国半导体行业协会集成电路设计分会理事长、清华大学微电子所所长魏少军教授为大会致开幕词。中国科学院院士、中科院上海微系统与信息技术研究所所长王曦作了题为“物联网时代的半导体技术创新”的主旨报告。大唐电信集团总工程师王映民作了“5G 移动通信发展路线与关键技术”的学术报告。集成电路资深高级分析师芯谋公司总经理顾文军就中国集成电路产业发展趋势做了预测。会议还举办了“互联网 +”集成电路产学研互动论坛，来自高校、研究所及企业的七位专家就“互联网 +”集成电路技术及产业发展进行了解析并回答了听众的有关提问。

【2015（第九届）中国光通信发展与竞争力论坛】 11 月 26 日，由中国通信学会光通信委员会、工信部通信科技委传输与接入专家组等联合主办的“2015（第九届）中国光通信发展与竞争力论坛”在北京京仪大酒店举行。ODC 论坛由中国通信学会光通信委员会、亚太光通信委员会主办，已经成功举办了 9 届，

其影响力已经得到业界同仁的广泛认同。

本届论坛主题为“机遇与挑战”，工信部科技委常务副主任韦乐平、中国通信学会领导人张新生、工信部通信科技委专职常委、亚太光通信委员会主任委员、《网络电信》杂志社主编毛谦、北京邮电大学原校长林金桐、运营商高层代表张成良、唐雄燕、华为传送网副总裁王丽彪等各企业高层代表围绕该主题从不同角度进行了主题演讲。

【第十一届中国通信学会学术年会】 10月，学会举办了主题为“‘互联网+’——信息通信技术走进新时代”的第十一届中国通信学会学术年会。本次会议围绕“‘互联网+’——信息通信技术走进新时代”这一主题，邀请了中国信息通信研究院副院长刘多、中国联通网络技术研究院首席科学家唐雄燕、大唐电信科技集团副总裁陈山枝、电子科技大学“千人计划”特聘教授梁应敞、南京邮电大学副校长朱洪波、解放军理工大学教授吴启晖等6名科研一线的中年科学家，分别从互联网与信息通信技术融合发展、未来信息通信网络技术、下一代移动通信技术、认知无线电技术、物联网技术、无线电频谱资源管理等方面作了主题技术报告。学会副理事长兼秘书长张新生作了关于互联网总体发展趋势和战略部署的主题技术报告。

【第四届中国国际通信大会】 11月2—4日，由美国电气与电子工程师协会（IEEE）通信学会（ComSoc）和中国通信学会（CIC）主办的第四届中国国际通信大会（International Conference On Communications In China，ICCC）在广东省深圳市召开。本次IEEE/CIC ICCC大会由哈尔滨工业大学承办。学会副理事长兼秘书长张新生、哈尔滨工业大学电子信息工程学院院长顾学迈为本次大会共同主席。哈尔滨工业大学深圳研究生院电信学院的张钦宇教授、美国伊利诺伊理工大学教授程雨、中国通信学会学术工作部主任时光担任本次大会的技术程序委员会主席。

本届大会以“用于连接网络空间的智能通信”为主题，主要针对无线通信和网络、光通信和网络、通信和控制理论、多媒体通信、大数据和社交网络、通信安全和隐私、通信信号处理、下一代网络等通信领域的热点话题和前沿理论技术进行探讨。大会组委会邀请了香港科技大学教授Khaled Ben Letaief、美国明尼苏达大学教授Zhiquan（Tom）Luo、大唐电信科技产业集团执行副总裁陈山枝、西南交通大学副校长范平志作主题报告，同时也邀请了美国南加利福尼亚大学教授Andreas F. Molisch和麻省理工学院教授Moe Z. Win等两名通信领域的著名学者针对5G作了特邀报告。

会议设置了物联网、绿色通信、信息安全、大规模MIMO等专题的小型学术研讨会4个，涵盖通信热点研究领域的专题讲座7个。深圳共进电子、华为、日本富士通、美国NI、江苏物联网技术与应用系统创新中心还分别进行了4场工业学术讨论。会议专门邀请了香港科技大学、香港大学、香港城市大学、香港理工大学、香港中文大学等香港高校的教授和专家作分会邀请报告12场。

大会共收到投稿论文421篇，经过程序委员审稿和讨论，共录用140篇，并从中评选出5篇大会最佳论文；另外，大会邀请了40篇特邀论文。近300名专家、学者、学生参加了本届大会。

【2015中国国际大数据大会】 8月26—27日，学会主办的2015中国国际大数据大会在北京召开。学会副理事长兼秘书长张新生代表主办方致欢迎词。

工业和信息化部总工程师张峰出席大会并讲话。张峰分别从政府监管、产业规划、行业合作与发展、市场培育、数据安全等角度阐述了看法和今后工作重点。中国工程院院士、学会副理事长邬贺铨，中国科学院院士鄂维南分别就大数据行业战略发展、最新趋势、技术与应用、关键问题等作专题报告。

在高峰论坛上，来自中国电信、中国联通的领导，从运营商的角度分享了大数据所带来的挑战和机遇，以及面对大数据浪潮，运营商的战略布局和转型创新。晶赞科技董事长汤奇峰作主题演讲，分享了晶赞大数据方案在电信、金融等重点行业的创新与应用，以及如何通过大数据支持市场决策与精准营销。联想集团副总裁黄莹、爱立信商业咨询部总经理袁道唯、戴尔大中华区企业技术战略架构总监许良谋、IBM中国实验室大数据与分析业务拓展总经理顾世山分别作企业大数据的挑战与机遇、IoE-大数据和运营商的未来、大数据-炼数成金、大数据驱动洞察经济的演讲。

本届大会设置政府大数据与智慧城市、通信业大数据、大数据技术与应用、“互联网+”大数据、金融业大数据、大数据市场与商业价值等六大主题论坛，中国通信学会会员讲堂。大数据创新应用展、大数据优秀应用案例展示等活动。

来自国家部委、牛津大学、北京大学、德国中小企业联合会、电信管理论坛的50多名发言嘉宾，带来大数据创新应用、商业模式、技术方案、行业创新、跨界融合的观点。同期举行的大数据创新展和优秀应用案例展示，汇聚展现了五十多个行业最新的技术产品方案和创新应用案例实践。

【2015（第六届）中国云计算学术大会】 10月31日—11月2日，由学会主办的2015（第六届）中国云计算学术大会在广西壮族自治区桂林市召开。来自国内外高校、科研院所、企事业单位的300多名专家、学者、工程师出席参加了本次会议。

大会特专家中国科学院院士陈国良，中国工程院院士谭建荣，长江学者、国家杰青、华中科技大学教授金海，University Of Guelph In Canada教授Simon X.Yang，中国航天科工工程信息化技术中心主任柴旭东，解放军理工大学教授刘鹏分别在大会上作报告，从各自研究领域，对云计算与大数据的关系、大数据的内涵、大数据的应用、国家重点研发计划云计算和大数据重点专项实施方案等内容进行了解读和分析。

来自国内外行业、企业领域的学者、工程师于11月1日上午就云计算前沿理论研究和工程应用进行学术交流。其中，上海海事大学教授冯嘉礼论述了思维构建和智能模拟的属性论方法在未来云技术的应用；中国科学院计算所研究员张云泉阐述了操作系统OpenBLAS软件包在云计算、大数据和高性能计算之间的应用；北京奇虎360公司的云公司总工程师、技术与研发部总经理何万青介绍了大数据在未来的安全领域的发展方向和研究；湖南大学国家超级计算长沙中心副主任、湖南大学信息科学与工程学院副院长李肯立探讨了云服务效益最优化策略的研究方向；深圳市讯方技术股份有限公司总工程师丁振强讲解了O2O模式在云技术领域的构建；北京航空航天大学计算机学院副院长胡春明讲解了计算系统虚拟化在云技术的意义和应用；世纪龙信息网络有限责任公司产品总监严穗东和与会者分享了视频云服务方面的最新应用研究成果；哈尔滨工业大学的博导张伟哲教授论述了多虚拟机的自动存储控制技术在综合服务器的应用前景和最新研究成果。

本次大会共收到学术论文348篇，收录并推荐到SCI及EI检索期刊发表的有98篇。大会期间，与会专家、学者、技术人员还将围绕“云技术、云应用、云服务模式、云安全、云大数据处理、云存储、云解决方案”等相关前沿主题开展14场特邀报告和71场专题报告。

【首届全国移动互联创新大赛】 11月14—16日，首届全国移动互联创新大赛决赛暨创新创业展示交流会在中关村国际创客中心举行。学会副理事长兼秘书长张新生、北京创业公社投资发展有限公司董事长刘循序、北科建资产管理有限公司董事长张志高等分别为大会致辞。

中国科学院声学所原所长侯自强在主题发言中表示，推进大众创业、万众创新，是发展的动力之源，封闭创新正在走向开放创新，“中国制造2025”围绕创新驱动、智能转型、绿色发展等关键环节，以及先进制造、高端装备等重点领域，提出了加快制造业转型升级的重大战略任务。本次大赛组委会副秘书长戴茗从一个创业者的视角切入，围绕“如何打造移动互联网产业联盟为创业者服务”这一主题，与参会者进行了探讨。组委会副主任艾鹏、Pre-Angel合伙人李卓桓、PNP中国首席代表赵晨、创业公社副总裁董玉风、我爱方案网总裁刘杰、北科建资产管理公司常务副总官兰兰、北京房山高教园区管委会主任蔡本睿、汉能集团副总裁王道民等对创业者提出了建议。

在决赛现场，来自国内高校和初创企业的151支参赛队伍分六组进行了路演与项目答辩，他们带来了全国各地的创新及创业项目。来自清华大学、北京航空航天大学、北京邮电大学等高校的教师，腾讯、百度、京东、海尔、汉能、IBM、ARM、Atmel公司的专家，经纬中国、软银赛富、麟玺创投、中科乐创、中信建投等投资或金融机构总裁、合伙人或投资总监等共同组成的36人评委团队，从技术、市场及投资前景上对作品进行了评审。来自重庆大学的智能电子听诊器、翼开科技（北京）有限公司的Emokit两个项目分别获得高校组与社会组的特别奖，并获得“北科建”杯。

作为大赛的硕果，IBM中国研究院为大赛学生提供了实习录用函，IBM SmartCamp为大赛中的“趣舍”“方舟万宝可穿戴设备系统”“幼儿云”3个项目提供一年2.4万美元的免费云服务资源。麟玺创投、前海凤凰谷都宣布投资“摄汇主义O2O摄影项目”，并宣布对“那位APP”的投资意向。来自北京联合大学的“不离”APP获得Pre-Angel特别奖。“果仁宝”项目获得高榕资本的投资意向，“趣舍”获得中科乐创的投资意向，“新能源汽车超级充电系统”获得汉能集团的跟进及前海凤凰谷的投资意向，“英卓墨武士智能车载”获得汉能集团的跟进。此外，“天天农庄”“我是翻译”项目宣布入驻创业公社。“研鸿（上海）信息技术有限公司”“问库信息技术有限公司”宣布入驻北京市房山区良乡高教园区。

【2015年中国卫星应用大会】 经工业与信息化部批准，中国通信学会主办的第十七届中国卫星应用大会于10月28—30日在北京举行，同期举办展览会。大会围绕主题“打造适用的卫星系统与设备为大众服务”展开，汇集了广播、通信、交通、石油、证券、科技、医疗、教育、环境、气象、导航等诸多领域、多种行业卫星用户的信息资源。国家发改委、国家航天局、科技部、国家无线电管理局、工信部、广电总局的主管领导出席会议，就我国卫星应用的发展、政策、规划、前沿技术及尖端设备等作主旨演讲，并在会议期间进行了交流。

10月28日下午，举办了由大会主席杨千里教授主持的卫星技术讲座，诸位专家学者等卫星应用领域的最新技术发展作了演讲。29日上午，大会正式开幕，工业和信息化部领导、中国通信学会领导分别致辞，随后进行主旨演讲及主题报告，涉及微纳卫星，机动事业的蓬勃发展与创新，天地一体化信息融合应用，在轨卫星转发器频率资源管理，卫星移动通信系统等方面。30日，大会圆桌讨论围绕微小卫星的国内外发展、卫星导航与天基增强、机载宽带卫星通信与天基计划、应急通信等多个最新前沿议题展开讨论。

【第十一届卫星通信学术年会】 3月20日，由中国通信学会主办，中国通信学会卫星通信委员会承办的第十一届卫星通信学术年会在北京召开。卫星通信委员会名誉主任委员杨千里教授任大会主席，学会副秘书长宋彤和卫星通信委员会副主任委员陆绥熙在开幕式上代表主办方致辞。本次年会邀请了政府、军队各主管部门，相关科研和教育机构，以及卫星通信企业和用户代表出席，参会人数240余人。

年会共邀请到14位专家到会演讲，内容主要有：广播电视直播卫星农村覆盖、民航空管和飞行安全以及在北斗导航等领域的应用；面向5G移动互联网的移动卫星通信发展新技术和低轨灵巧通信试验卫星技术发展；L频段、S频段和Ka频段卫星系统技术和应用需求；激光卫星通信、量子卫星通信以及空间太赫兹通信、涡旋电磁波通信等前沿技术发展动态。最后，杨千里教授作了题为“卫星通信新技术、新业务发展”的报告并主持了专题研讨。

本届年会编印的《第十一届卫星通信学术年会论文集》共收录了67篇学术论文，其中评选出5篇优秀论文。名誉主任委员杨千里教授主持了优秀论文的颁奖仪式，以表彰获奖者的学术贡献。

【2015年全国无线电应用与管理学术会议】 12月6日，由中国通信学会主办，中国通信学会青年工作委员会承办的第十届全国无线电应用与管理学术会议在南京召开。大会主席学会副理事长兼秘书长张新生以及大会组委会主席谢飞波到会并致辞。会议特别邀请姚建铨院士、张明高院士、吴培亨院士、于全院士、全军电磁频谱管理专家咨询委员会主任沈树章教授、谢飞波等12名专家、学者作大会主题报告，邀请了国家有关部委、行业、研究教学单位、生产制造企业、论文作者以及高校的部分师生参加会议。会议安排了6个专题分论坛，近40名专家学者交流了各自的研究成果。会议编辑出版了《无线通信与物联网》论文集。本次会议共收到学术论文150余篇，录用72篇，评选出7篇优秀论文，在大会上进行了嘉奖，并推荐到《通信学报》和《电信科学》学术期刊。

在大会开幕式上，中国通信学会对自2005年无线电通信与管理委员会创立至今，为委员会的发展与建设作出重要贡献的张乃通院士、谢飞波局长颁发突出贡献奖，为田效宁、薛永刚、朱洪波、吴诗元、李玉刚、席怀军、郑晓明、李建等8位已经离任的副主任颁发了重要贡献奖。

【2015年全国通信软件学术会议】 11月6—7日，由中国通信学会主办，中国通信学会通信软件技术委员会、滁州学院和北京邮电大学网络与交换技术国家重点实验室联合承办的2015年全国通信软件学术会议在安徽省滁州市召开。学会领导，科研院所、高校的专家、学者、企事业单位人员，滁州学院党委副书记、校长许志才及学校部分师生参加了会议。

幕式由滁州学院计算机与信息工程学院副院长赵生慧主持。

北京邮电大学教授、电子商务研究中心主任吕延杰作了题为“‘互联网+’的机遇与挑战”的学术报告，介绍了蓬勃发展的M-ICT时代和“+互联网”与“互联网+”的区别，提出了“互联网+”的六大机遇与挑战；中国科学技术大学计算机学院教授陈恩红以“面向个性化推荐的用户建模方法研究”为主题，强调个性化发展，着重介绍了个性化推荐与用户建模；南京航空航天大学教授虞湘宾从当前移动通信现状、传统MIMO和SM-MIMO介绍、前景与挑战三个方面讲解了无线通信中空间调制MIMO技术及其自适应传输。

【第三届无线通信技术研讨会】 由中国通信学会主办，中国通信学会青年工作委员会承办的第三届无线通信技术研讨会（WCW2015—Spring）于2015年3月27—28日在北京邮电大学召开，来自国内近20所高校、研究所和企业的60余名专家、科技工作者和企业代表等参加了本次会议。

中国通信学会青年工作委员会委员、北京邮电大学李丽香教授主持会议。会议邀请东南大学金石教授作了题为“5G大规模MIMO无线传输关键理论与技术”的主题报告；南京邮电大学周亮教授作了题为“第五代移动通信中的多媒体技术展望”的主题报告；北京科技大学张中山教授作了题为“异构融合网络关键技术与无线接入网络架构演进”的主题报告；北京邮电大学彭木根教授作了题为“云无线网络研究现状和展望”的报告。

（撰稿人：徐智君）

中国中文信息学会

学会建设 2015年，学会召开了七届理事会第一次、第二次常务理事会议；11月，在广东省广州市召开第七届理事会全体会议，总结2015年学会工作及展望学会未来工作。学会共有专业委员会及工作委员会20个。

2015年，学会自主开发建设了会议注册系统，方便统计参会代表信息，提高工作效率，获得了与会人员的一致好评。

学术期刊 《中文信息学报》在信息与系统科学相关工程与技术学科18种核心期刊排名第3名，较前两年有所提升，影响因子也逐年提高。

6月,《中文信息学报》获得中国科协精品科技期刊工程第四期学术质量提升项目，工作重点是学报网站的电子化建设。目标为实现投审稿一体化、所有刊出文章实现免费下载浏览，以缩短审稿周期，扩大期刊影响力，提高网站服务功能。

国际学术会议 7月26—31日，学会在北京承办了第53届国际计算语言学年会（Annual Meeting of the Association for Computational Linguistics，ACL），此次年会是系列学术会议首次在中国大陆召开。1200多名（外宾约为750人）自然语言处理领域的国内外专家、学者参会。会议共收到692篇长文投稿，录用173篇；648篇短文投稿，通过遴选收录144篇。

ACL2015 会议现场

国内主要学术会议 学会及分支机构共举办研讨会、学术讲座、报告会、年会等学术活动20次，总参会人数约为2500人。

4月18—19日，第十二届自然语言处理青年学者研讨会（YSSNLP2015会议）在福建省福州市举办。会议由中国中文信息学会主办，学会青年工作委员会负责大会组织工作。本次会议采取邀请制，会议的主题为“加强产学研交流合作”。其宗旨是面向国家需要，面向国际上的学科发展趋势，建设成为国内智能信息处理领域的学术研究与学术交流、高层次科技人才培养的重要平台。研讨会安排了2个特邀报告、15个学术报告以及专题讨论和海报演示。与会国内自然语言处理领域的高校、科研机构、企业的青年学者，就自然语言处理研究工作在移动互联网时代、“互联网+”等新兴环境下所面临的机遇与挑战等方面展开讨论。

8月13—14日，第十五届少数民族语言文字信息处理学术研讨会在吉林省延边朝鲜族自治州延吉市召开。共有来自全国各省、自治区、直辖市的130多名代表参加，收到论文176篇，最终确定录用论文122篇。本届会议是历届“少数民族语言文字信息处理学术研讨会”参会人数最多、投稿数量最多的一次会议。会议邀请中国工程院院士倪光南、吾守尔等语言信息处理领域的知名学者作特邀报告，对国内民族语言文字信息处理研究及应用起到了引导、规范及示范作用。

8月22—25日，第二十一届全国信息检索学术会议（CCIR2015）在河南省洛阳市召开。该系列会议由中国中文信息学会和中国计算机学会联合主办，2015年CCIR会议主要由中国中文信息学会负责大会组织工作。参加本次会议的代表来自从事信息检索理论与应用研究的近 70 所高校和科研机构，共 260 多人，既有享誉国内外学术界和产业界的资深专家，也有崭露头角的青年学者。本次会议邀请中国科学院自动化研究所研究员王飞跃、华为公司诺亚方舟实验室主任李航、微软研究院首席研究员周明博士作大会特邀报告。微软亚洲研究院林钦佑博士等 3 人分别作了大会专题报告。由阿里 UC 移动事业群技术总监陈一宁博士等 4 人共同完成了主题为“移动搜索的产品与技术变革”的小组讨论会（panel）。此外，本次会议还进行了信息检索相关产品展示，举办了“第七届中文倾向性分析评测”（COAE 2015）。会议录用的所有论文均在分组会上进行了宣读和海报展示。会议期间，围绕信息检索、文本分类、聚类及挖掘、多媒体检索、社会媒体分析等学术前沿问题进行了讨论。

9 月 24—25 日，第十一届全国机器翻译研讨会（CWMT 2015）在安徽省合肥市召开。参会人数 100 多人，共收录论文 15 篇、评测报告 5 个。会议邀请了华为诺亚方舟实验室的吕正东博士、北京语言大学教授宋柔和苏州大学的教授张民作专家特邀报告；还邀请了 3 名青年学者作特邀报告。参会专家、学者围绕、机器翻译的词典、语料库加工技术和工具开发、机器翻译模型和方法、机器翻译的前处理和后处理技术、多引擎翻译系统实现、机器翻译系统评价方法、机器翻译基础问题研究等多个方面的研究以及机器翻译、语音识别、信息检索、标准测评等应用技术，介绍了研究成果和学习心得。

11 月 9—10 日，第三届全国中文知识图谱研讨会（KG 2015）在湖北省宜昌市召开。 本次会议着重探讨中文知识图谱构建的资源、技术、方案、策略以及待研究问题和挑战，促进研究单位之间以及研究界和产业界之间的学术交流，探索今后大规模中文知识图谱构建的研讨与合作机制。研讨会涵盖知识图谱的多个主题，包括：知识表示、知识构建、知识推理、基于知识图谱的问答系统、知识图谱在企业中的应用。本次研讨会得到了国内研究人员和工业界人员的广泛关注，成为了学术研究和企业应用的沟通桥梁。共有来自全国各地的 250 多位代表参加了本次研讨会，其中，2/3 参会人员来自学术界，1/3 参会人员来自工业界。

11 月 13—14 日中国中文信息学会 2015 年学术年会暨第十四届全国计算语言学会议与第三届基于自然标注大数据的自然语言处理国际学术研讨会在广东外语外贸大学举行。会议共吸引来自中国大陆和香港特别行政区、澳门特别行政区、台湾地区及海外专家、学者约 500 人参会，收到稿件 283 篇，录用口头报告论文 79 篇。会议评选出最佳英文论文 1 篇。本次会议，投稿数量为历届最多。世界著名语言学家、香港理工大学王士元教授和微软首席语音科学家黄学东博士作了大会主旨报告，台湾“中央研究院”苏克毅教授、澳大利亚昆士兰大学教授周晓方和广东外语外贸大学教授 Antony John Kunnan 作了大会特邀报告。本次会议还安排了 19 个口头报告分会场、1 个海报张贴分会场和 1 个系统展示分会场。特邀讲者详细地介绍了相关领域的国际前沿动态并展开了讨论，受到与会代表的广泛好评。

11 月 16—17 日，第四届全国社会媒体处理大会（SMP 2015）在广东省广州市召开。大会专注于以社会媒体处理为主题的科学研究与工程开发，为传播社会媒体处理最新的学术研究与技术展示提供交流的平台，旨在构建社会媒体处理领域的产学研生态圈。来自国内外的约 400 名研究人员和业界人士参会，收到投稿 105 篇。大会共举办 11 场特邀报告，邀请了国内外社会媒体处理领域的专家，围绕大数据人才培养、社交网络中的用户情感分析、新闻关注度的大数据分析、社交网络中谣言识别方法、社会化媒体营销与整合品牌传播等主题作报告，体现了社会媒体处理大会的特色，即领域交叉、文理交叉、产学研交叉、多种跨界交叉。大会设立两个专题论坛就社会媒体处理当下的研究热点展开讨论，分别为情感分析论坛和计算社会科学论坛。十多名专家分享了近期科研成果，并对未来的研究趋势进行了预测。

国际组织任职 学会有 4 人在国际组织中任职。其中，在领导层及管理委员会担任职务的有 3 人，分别为国际信息与通信处理联合会 2 人，国际计算语言学协会 1 人；在专委会担任职务的有 1 人。

科普活动 7 月 24—25 日，学会在北京举办第十届语言技术暑期学校。自 2005 年以来，该系列活动已成功举办了九届，是国内语言信息处理领域重要的学术活动之一。

本届语言技术暑期学校由北京大学计算语言学研究所承办，特邀讲师均是国际上在机器学习、自然语言处理领域有着较高知名度的华裔学者。24 日上午，来自美国布兰迪斯大学的薛念文教授讲解了语言学研究中语义分析方面的基本方法和算法；24 日下午，来自德克萨斯大学达拉斯分校的 Vincent Ng 教授介绍了

指代消解的相关技术成果；25 日上午，中国科学院信息工程研究所研究员王斌针对信息检索相关技术作了讲解并介绍了其团队针对传统方法的一些改进；25 日下午，在微博圈中享有很高人气的来自卡内基梅隆大学的王威廉博士梳理了信息抽取领域基础算法，并分享了自己团队的最新技术和成果；25 日晚上，由来自诺特丹大学的蒋伟教授，介绍了机器翻译的相关技术和成果，并针对具体问题进行了现场答疑。

来自全国各地高校，研究所和企业的 300 多名研究生、教师和研究人员参加了此次为期两天的暑期学校，学员数量为历届之多。

表彰举荐优秀科技工作者 7 月，国际计算语言学协会（ACL）将 2015 年“ACL 终身成就奖”授予了中国中文信息学会理事长、哈尔滨工业大学教授李生。ACL 每年会颁发“终身成就奖”，这是中国科学家首次获得该奖项。

11 月 15 日，学会组织完成了第十四届中国青年科技奖候选人工作，向中国科协推荐了 1 名青年科技奖候选人。

12 月，完成中国科协“青年人才托举工程”推选工作。学会作为自动化、信息与智能科学类学会联合体成员之一，经过初评和终评会议，推荐 2 名青年学者获得“青年人才托举工程”项目资助。

会员服务 2015 年，在向会员赠阅《中文信息学报》期刊的基础上，学会借助社交媒体平台加强对会员的服务。设立了学会微信公众平台，学会青年工作委员会和社会媒体专业委员会也开设微信公众号，发布相关学术领域的新闻、宣传学会的学术活动，加强与科技工作者的互动。

【第五十三届国际计算语言学年会】 7 月 26—31 日，第五十三届国际计算语言学年会（Annual Meeting of the Association for Computational Linguistics，ACL）在北京国家会议中心举办，本次会议由中国中文信息学会承办。1200 多名（外宾约为 750 人）自然语言处理领域的国内外知名专家、学者，包括谷歌、微软、Facebook 等多个国外知名 IT 企业以及百度、阿里巴巴、腾讯等国内知名 IT 企业的代表参加，是一次学术前沿和技术前沿交流研讨的国际学术盛会。

国际计算语言学年会（ACL）是自然语言处理领域最高级别的国际学术会议。本次会议创造了 ACL 会议投稿数量的新纪录，会议共收到 692 篇长文投稿，其中 173 篇被接受，648 篇短文投稿，其中 144 篇被接受。

会议安排了严谨的论文报告程序，包含论文口头报告和 Poster 展示环节。同时，会议还安排了 2 个特邀报告、8 个 Tutorial、15 个 Workshop 以及一个协办会。本次会议特别邀请了两位国际知名学者进行了特邀报告，分别是来自美国加州大学伯克利分校（UC Berkeley）的 Marti A. Hearst 教授和来自美国伊利诺伊大学厄巴纳－香槟分校（UIUC）的数据挖掘泰斗韩家炜教授。

ACL 是自然语言处理领域的顶级学术会议，本次会议是 ACL 自创办 53 年以来首次在中国大陆举办。

【学会理事长李生教授获得国际计算语言学协会终身成就奖】 7 月 29 日，在第 53 届国际计算语言学年会（Annual Meeting of the Association for Computational Linguistics，ACL）的闭幕式上，学会理事长李生教授荣获 ACL 终身成就奖，成为 50 多年来首位获得该奖项的中国科学家。

ACL 每年会颁发“终身成就奖”，向那些为自然语言处理领域作出杰出贡献的科学家致敬。学会理事长李生教授凭借数十年来在机器翻译等研究方向上的成就和贡献，荣获 ACL 终身成就奖，这是中国科学家首次获得该奖项。

（撰稿人：肖千慧）

中国测绘地理信息学会

服务创新型国家和社会建设 受国家测绘地理信息局委托，学会开展全国测绘地理信息市场信用信息管理工作。学会会同有关兄弟单位参与甲级测绘资质单位的信用信息管理工作，加快推进测绘地理信息市场信用体系建设。中国科协将学会承接测绘地理信息市场信用信息管理工作列入全国学会承接政府职能转移的示范试点工作。

推进测绘地理信息类教育专业认证工作。学会组织完成对北京建筑大学等 4 所大学测绘工程专业的认证工作，完成遥感科学与技术专业补充标准起草和测绘工程专业补充标准英文版修订工作，完成试点工作组向认证工作委员会的转变，为实现国际测绘地理信息类教育专业间的实质性互认奠定了基础。

学会举办测绘地理信息仪器装备检测及监督管理暨技术法规、智慧城市时空信息云平台技术大纲和评价指标体系、测绘成果档案电子化归档整理等专题培训，提高测绘地理信息科技工作者知识水平。

开展测绘地理信息创新产品认定工作，认定了7项产品为2014年测绘地理信息创新产品。在2012—2014年度测绘地理信息自主创新产品中投票选出十大产品并予以发布。

开展《〈中国大百科全书〉第三版测绘学科》编纂工作。完成了总体设计、编纂工作方案和组织形式，组建了由11名院士组成的编委会，参编专家计划将达到300多人，整体编纂工作按计划进行中。

学会组建完成科技成果测试评价国家测绘地理信息局工程技术研究中心。组织开展地理国情监测等国家重大项目工程评估，智慧城市建设体系、信息化测绘技术体系等标准制定。

12月28日，全国科学技术名词审定委员会第七届全国委员会全体会议在北京召开。中国测绘地理信息学会测绘学名词审定工作委员会获“先进集体”光荣称号，周琪研究员获“先进个人”荣誉。在全国科技名词委所属的近百个学科中，是唯一一个连续两届同时获此两项荣誉的学科。

10月22—23日，中国测绘地理信息学会2015年学术年会在江西省南昌市举行。会议以“自主创新，跨界融合”为主题展开交流与研讨，并颁发了测绘科技进步奖、全国优秀测绘工程奖、青年优秀论文奖等6个奖项。国家测绘地理信息局局长库热西·买合苏提，国家测绘地理信息局副局长、学会理事长李维森出席会议并讲话。江西省政府副秘书长张小平出席会议并致辞。来自国内科研、教育、生产等企事业单位及军队的有关领导、专家、学者，测绘地理信息、国土、规划、环保、水利等相关行业代表，国家局相关司室及直属单位代表，学会十一届理事、分支机构和省级学会有关负责人，学会团体会员单位代表以及国际测绘地理信息同行等1500多人参加会议。

李维森理事长在中国测绘地理信息学会2015年学术年会上讲话

年会邀请李德仁、刘先林、王家耀、龚健雅、杨元喜院士，国际摄影测量与遥感学会2016年捷克大会会议主席列娜·哈劳诺娃等国内外知名专家、学者作报告，并设立以倾斜摄影、现代海洋测绘技术、地理国情监测、测绘地理信息装备技术交流等为主题的7个分论坛，探讨测绘地理信息前沿科技和未来发展。

学会建设 中国测绘地理信息学会工作会议暨团体会员工作会议在云南省昆明市召开。各省级测绘（地理信息）学会、各团体会员单位以及有关测绘地理信息单位等240多人参会。会议对2014年学会工作进行了全面回顾总结，并明确了学会2015年要重点做好的几方面工作。

会议颁发了全国优秀科技工作者奖牌证书，进行了大会交流和分组讨论。同期召开了中国测绘地理信息学会十一届二次常务理事会议，审议研究了学会的重要事项和相关工作。

全年召开2次理事长会议、2次常务理事会议、1次理事会议，新发展团体会员单位15个。

表彰推荐 完成2015年度科技奖励工作。按照国家科技奖励新政策，结合测绘地理信息行业特点，健全完善了学会奖励评选程序和办法。评选出测绘科技进步奖项目106项、全国优秀测绘工程奖283项，青年优秀论文20篇。

学会制定了国家奖推选要求和程序，推荐的国家数字城市地理空间框架技术体系构建与应用项目最终获得国家科技进步奖二等奖。

学术期刊 10月21日，根据中国科学技术信息研究所公布的2014年百种中国杰出学术期刊名单，由学会主办、测绘出版社编辑出版的《测绘学报》获得2014年“百种中国杰出学术期刊”称号。是该刊继2004年入选“百种中国杰出学术期刊”后，第二次获此殊荣。

中国科学技术信息研究所2015年编制出版的《中国科技期刊引证报告》显示：2014年《测绘学报》核心影响因子为1.736，核心总被引频次为2210，综合评价总分为70.10，在全国测绘地理信息科技类期刊中其核心影响因子和综合评价总分均排名第一名。

学科发展研究 学会开展《测绘科学与技术学科发展报告（白皮书）》编撰工作。根据当前测绘地理信息学科发展趋势，组织开展编写工作，旨在展示测绘地理信息学科发展成就，总结学科的发展规律，摸清学科的存在问题，促进该学科的健康发展。

决策咨询 开展测绘地理信息科技评价。围绕事业发展、行业科技进步以及与科技发展相关的重大项目和关键问题，开展科技奖励、科技成果鉴定、人才举荐等工作。

国际学术会议 在第27届国际地图制图大会举行期间，以“我爱地图”为主题的2015国际地图年活动于8月24日在巴西里约热内卢正式拉开序幕。作为国际地图年重要活动之一，中国测绘地理信息成就展和中国地图展在巴西国际地图制图大会期间开幕，国家测绘地理信息局副局长、学会理事长李维森，国际地图制图协会主席乔格·加特纳及执行局全体成员，联合国全球地理信息管理专家委员会秘书处高级顾问格里高利·斯科特，巴西制图协会主席保罗·特里诺以及国际科联代表等出席了开幕式。

2015年9月29日，学会与新疆维吾尔自治区测绘地理信息局共同主办的中亚地理信息技术国际研讨会，在乌鲁木齐召开。来自俄罗斯、捷克、乌兹别克斯坦等国家的测绘地理信息领域专家参加了会议。

学会推荐的《美丽地球新视角》荣获国际地图制图大会其他地图产品类金奖，同时获得公众票选最佳作品奖。学会推荐的《中国西部地区典型地貌图集》和《和（荷）谐世界》分别荣获地图集类铜奖和芭芭拉·佩什尼克儿童手绘地图比赛12岁以上组金奖。

科普活动 学会举办2015年全国学生定向锦标赛暨“中国四维杯”第十一届全国测绘地理信息职工定向越野赛，来自全国近200所学校及40多个测绘单位90多支队伍近2100人参赛。

学会联合中国生态学学会等5家全国性学会开展“生态文明，我知我行——首届资源与环境网络知识大赛”，通过学习、宣传、普及生态文明和现代测绘地理信息的相关知识以及科技创新的方法，提高全国测绘地理信息科技领域的创新意识和知识水平。

学会参与科普日和防灾减灾日活动。在“感·触科学——2015年前沿科技魅力主题展”中展出全球地表覆盖遥感制图项目，向公众宣传和普及测绘地理信息部门的数据和成果应用。在第七个防灾减灾日期间，向公众普及防灾减灾知识和自救互救基本技能，使公众领略和感受到测绘地理信息高新技术、装备和产业的发展。

学会联合中国地理学会、中国地理信息产业协会和中国卫星导航定位协会发起的《“我爱地图”倡议书》在国际地图年启动当天向社会各界进行了发布，号召公众热爱地图，传承中华文化；善用地图，发现地理价值；科学测图，共享时空信息；用好地图，维护国家权益。

国内主要学术会议 7月22日，学会在中国测绘创新基地举办主题为“自主创新引领发展　跨界融合开创未来”的中国测绘地理信息高端论坛。国家测绘地理信息局副局长、学会理事长李维森出席论坛；中国工程院院士倪光南、刘先林，中国科学院院士童庆禧作主题报告。论坛设立了倾斜摄影与新一代三维GIS的发展、大地图与大数据整合下的跨界发展与应用、激光雷达立足测绘引领跨界融合新态势3个分论坛，500多名测绘地理信息科技工作者及各界人士参加论坛。

国际组织任职 学会与国家测绘地理信息局共同推荐的多名专家、学者，在国际地图制图协会2015—2019届执行局及专业委员会领导层选举中当选。其中，学会副理事长刘耀林当选国际地图制图协会副主席，多名专家当选专业委员会副主席。

国际交往 学会与英国皇家特许测量师学会在北京续签合作备忘录，推动两国的会员资格双重认证，强化高层交流与互访关系。

科技人才举荐 学会结合测绘地理信息学科（专业）、行业的实际，制定了院士推选制度、机构和方案，向中国科协推选院士候选人3名。开展了中国青年科技奖候选人、光华工程科技奖候选人、中国青年女科学家奖候选人的推荐工作。

学会创新发展 召开部分团体会员座谈会，探讨“企会联盟”工作新模式，与有关企事业单位签署合作协议。发挥学会在测绘地理信息企业技术创新和国家创新驱动发展战略中的重要作用。

党建强会 学会联合国家测绘地理信息局国土测绘司开展了“守纪律、强服务、促改革”党支部主题活动。国家测绘地理信息局副局长、学会理事长李维森参加本次主题活动。支部书记分别介绍了发挥支部书记第一责任人作用、加强党支部建设、组织党员进行理论学习的主要做法和成效，带领党员共同学习传达了《习近平总书记在省部级主要领导干部学习贯彻党的十八届四中全会精神全面推进依法治国专题研讨班上的讲话》精神，学习讨论了《中共国家测绘地理信息局党组贯彻落实〈中共中央关于全面推进依法治国若干重大问题的决定〉实施意见》，并强调了党风廉政建设面临的形势和任务。

在学习活动中，学会党支部致力于党风廉政建设，坚持按照制度办事，针对工作中容易发生腐败的薄弱环节和懒政庸政现象，与每位工作人员签署了《2015年度党风廉政建设责任承诺书》，以保障学会在科技奖励、科技评价、学术年会和技术装备展览会等全年各项目标任务的顺利完成。

【第五届全国测绘地理信息技术装备展览会暨全国测绘地理信息博览会】 10月22日，第五届全国测绘地理信息技术装备展览会暨全国测绘地理信息博览会在江西省南昌市开幕。国土资源部副部长、国家测绘地理信息局局长库热西·买合苏提出席会议，江西省副省长李贻煌出席会议并致辞，国家测绘地理信息局副局长、学会副理事长李维森出席会议。

博览会全面展示了测绘地理信息技术在陆、海、空、天、地的应用，涵盖了硬件和软件、系统集成和解决方案等最新技术及装备，展示跨界融合产生的新技术和新应用。同期举办多场专业技术论坛和分会场，增加第二届地图文化节、业务洽谈、人才招聘等活动。本届展览面积约3万平方米，有国内外300多个企业参展。

【科技成果测试评价国家测绘地理信息局工程技术研究中心第一次技术委员会会议】 6月15日，“科技成果测试评价国家测绘地理信息局工程技术研究中心”（以下简称“工程中心”）第一次技术委员会会议在中国测绘创新基地举行。国家测绘地理信息局副局长李朋德，杨元喜、刘先林院士等工程中心技术委员会委员及相关单位领导、专家出席会议，国家测绘地理信息局科技与国际合作司副司长燕琴主持会议。国家测绘地理信息局科技与国际合作司的有关部门负责人参加会议。

工程中心依托中国测绘地理信息学会、中测国检（北京）测绘仪器检测中心，并与香港理工大学、四川空间信息产业有限公司、北京四维空间数码科技有限公司等单位联合共建。工程中心技术委员会由杨元喜院士、刘先林院士、郭华东院士等13位专家组成。工程中心的建设是大力发展科技服务业等相关政策的要求，符合国家和测绘地理信息行业创新科技体系建设、提升科技服务对科技创新和产业发展支撑能力建设的重点方向。

【2015年测绘地理信息类专业认证试点工作组会议】 12月2日，2015年测绘地理信息类专业认证试点工作组会议在北京召开。受专业认证试点工作组组长宁津生院士委托，会议由副组长、中国工程院院士李建成主持。副组长、国家测绘地理信息局总工程师李志刚，副组长、学会副理事长兼秘书长彭震中出席会议。来自测绘地理信息系类专业认证试点工作组成员、赴学校现场考查的专家组成员、相关行业的专家以及秘书处工作人员参加了会议。

会议审议了同济大学、淮海工学院测绘工程专业认证报告，并对北京建筑大学、河海大学测绘工程专业认证结论建议进行了复审。会议还审议了测绘工程专业毕业要求达成度基本要求和测绘工程专业认证补充标准修订意见。

会议通过了彭震中作的2015年度教育认证工作总结报告和2016年教育认证工作思路和工作计划。

（撰稿人：马志勇　谢大尉）

中国造船工程学会

服务创新型国家和社会建设　10月19—25日，国家发改委会同中国科协（补充地点）举办了2015年全国大众创业万众创新活动周。中国科协委托学会承担活动周主会场主题展示工作。在项目招投标、经费管理、方案策划、展区设计、布展施工、组织协调等方面，学会完成了中国科协委托的工作。

9月16日，为进一步推动落实中国科协创新驱动助力工程工作，学会与福建造船学会、福建省福船海洋工程技术研究院有限公司、中国船舶工业集团公司第708研究所共同签订《共建中国科协创新驱动助力工程船舶产业会企合作创新联盟》协议。在协议框架下的第一个项目是“福建海上风电移动作业平台设计研究”，该项目研发投入2460万元，海上风电移动作业平台1座造价6亿元，投入使用（海上风力发电设备安装及维护作业）预计年产值1.6亿元左右。国家副主席李源潮在中国科协全国学会工作会议上讲话中，专门提到该项目实施得好。

受福建省福州市仓山区政府的委托，学会派出专家组对因城市改造需要拆迁的8个船厂的拆迁补偿评估报告进行审核，提出了过渡性生产安排方案和赔偿方案的书面意见和建议，并多次派出专家深入现场调研，与企业对话，提交了《拆迁船厂资产评估报告审核意见》《关于下洋船厂59米拖船设计费处置方案建议》《关于下洋船厂国际船舶订单问题

的处置建议》等，为拆迁工作有序进行提供了咨询服务。

受大连船舶重工集团有限公司委托，学会于12月29日在辽宁省大连市组织召开了“船舶制造数字化技术研究与应用”成果评价会。该成果提出了钢料加工、分段制造、吊装合拢等关键造船工艺中涉及数字化问题的解决方案，开发了多个设计工具和软件系统，应用中显著提高了造船企业在船舶生产设计、制造工艺、综合管理等方面的水平和效率。

大连船舶重工集团有限公司根据工业和信息化部、财政部《关于风帆技术示范应用开发等24个项目立项的批复》，委托学会开展“风帆－主机混合动力VLCC节能指标与经济性分析”专题的研究工作。2015年，学会按照计划进度完成了风帆－主机混合动力VLCC船价、运费、油运指数、成本和变化趋势分析。该项目计划将于2018年结题。

学会能力提升计划 中国科协于2015年8月启动了所属学会有序承接政府转移职能扩大试点工作。在中国科协“学会改革创新和能力建设交流与研究项目”支持下，学会作为扩大试点的学会进入了“国家科技创新人才推进计划推荐扩大试点项目专题研究”和“国家科技奖励推荐扩大试点项目专题研究”两个课题组。

学会建设 学会以制度建设为抓手，在承担中国科协有序承接政府转移职能扩大试点等项目中，制度建设先行，将学会工作实际与中国科协的目标要求相结合，研究起草了相关管理办法。

为规范和加强学会科技创新人才推进计划推荐的管理工作，根据国家科技部创新人才推进计划，学会制定了《中国造船工程学会科技创新人才推进计划推荐管理办法》。

根据《国家科学技术奖励条例》《国家科学技术奖励条例实施则》，学会制定了《中国造船工程学会推荐国家科学技术奖励办法》。

为了培养国防科技领域创新驱动发展的后备人才，实施国家海洋强国战略，促进船舶与海洋工程装备产业创新发展，依据《中国科协青年人才托举工程实施方案》和国防科技社团联盟“青年人才托举”工程实施方案，学会制定了《中国造船工程学会“青年人才托举”工程实施细则》。

科技期刊国际影响力提升计划 《中国造船》已被美国《工程索引》EI主动收录，收录率100％。2015年,《中国造船》编辑部推选240篇论文，发送给EI供收录。

学术期刊 2015年《船舶工程》由双月刊改为月刊，全年印发正刊12期，共发表文章295篇。增刊2期，第一期为自由来稿，发表文章85篇，已出版；第二期为企业专刊，计划发表文章45篇。截至2015年11月10日，收稿727篇，录用236篇。

学科发展研究 受国家发改委委托，学会组织专家撰写《2015年海洋工程装备产业发展年度报告》，供政府主管部门了解行业科技发展情况。

决策咨询 根据国家发改委“海洋工程装备工程包项目”的立项要求，学会受发改委高技术司委托，组织业内专家走访重点企业进行调研，编制了2015年海洋工程装备产业化专项指南，提出了国家在海洋工程装备领域支持的重点，并于9月15日组织专家对企业申报的2015海洋工程装备工程包项目进行了合规审查，提交了评估报告。

国际学术会议 第19届国际船舶暨海洋工程结构大会（ISSC 2015）于9月7—10日在葡萄牙里斯本举行，261人出席，中国有43人（其中台湾地区6人）出席会议。会议进行了常务委员会改选，学会首席专家陈映秋当选为常委。常委会重新调整了16个技术委员会，此外，常委会决定增设结构－水池技术协调委员会。我国有35人参加上述17个委员会工作。本次会议的主要收获：一是我国在各委员会的名额增加；二是中国石油大学教授段梦兰被任命为海底技术委员会主席；三是我国代表在会上积极发言，发言率达到70%以上，改变了过去极少人发言的情况；四是委员会成员与科研工作对口性得到加强；五是中国海洋大学教授董胜由于其突出的工作业绩得到ISSC常委会的表彰。

国内主要学术会议 5月23日，由学会承办、广东学会协办的中国科协第十七届年会第六分会场“中国海洋工程装备技术论坛”于当日下午至24日上午在广东省广州市举行，100多名专家、学者出席。本届论坛主题为“创新驱动、绿色发展”。10名专家分别就深海装备技术的发展方向、我国海洋工程装备发展概况、自升式钻井平台设计及建造关键技术、立式水下采油树的国产化自主研发、适合南海油气开发的张力腿平台设计研究等发表了演讲。

2015世界机器人大会于11月在北京举行，学会和哈尔滨工程大学联合承办“海洋机器人创新发展与开发应用专题论坛”，168名专家、学者出席。哈尔滨工程大学水下机器人重点实验室教授庞硕，英国SMD公司马赫什博士，美国田纳西大学教授林恩·帕克，加拿大 Clearpath Robotics 公司总经理朱利安·雷米·维若，天津海之星海洋科技发展有限公司副总经理桑恩方等5名国内外知名专家，分别就中国海洋机器人的研发现状与展望、深海作业型遥控水下机器人的装备应用与产业化发展、面向人和机器人的对等合作、便携式无人艇的设计准则与实际应用、国产ROV的自主研发与工程应用等作了演讲，并与参会同行进行了互动交流。

由学会与中国海洋学会、中国石油学会、中国高科技产业化研究会和台湾地区“中国土木水利工程学会”共同举办的2015深海能源大会于12月3日在海口举行。来自中国工程院、中国海洋装备工程科技发展战略研究院、中国南海研究院、海口市人民政府、中国石化、中国海油等300多名海洋及能源领域的专家、学者参会，围绕“开发深海能源，建设海洋强国”主题展开交流和讨论。中国工程院院士曾恒一以深海油气资源开发为主题发表演讲。会议交流了我国在“十二五”期间取得的一批海洋能源开发的最新技术成果，主要包括深水钻井船结构设计与优化、我国海洋可再生能源开发技术、水下生产系统水下连接器研制、适用于深海环境的油气水分离计量技术等。大会共收录论文81篇，入编《中国造船》增刊。

12月3日，学会主办、上海船舶工艺研究所承办的2015年国际船舶压载水管理技术专题研讨会在上海市召开。来自87个单位的121名国内外代表参加了会议，8名专家作了演讲。本次研讨会就港口国检查、压载水设备选型、压载水检测等议题进行研讨。本次会议还举行了《压载水管理及实施》新书发布会。

12月3日，“2015年中国船舶与海洋工程防腐涂装技术论坛”在上海市召开，国内外120多名专家出席会议。13名专家就分段扫砂、绿色涂装、聚乙烯粉末涂塑、涂装报验通过率等议题作了演讲，参会人员会上会下进行了广泛交流。

学会主办的“中国船舶与海洋工程装备知识产权工作研讨会”于12月2日在上海市召开。会议围绕船舶与海洋工程装备领域知识产权的现状、存在问题及发展思路进行了研讨和交流。会议就我国船舶行业专利存在的“量”与“质”之间的矛盾、专利布局与运用问题、各相关主体知识产权工作定位问题等进行了研讨。

两岸交流　为落实两岸造船工程学术界合作，推动与推广船舶科技实务学习，台湾地区“学生自制船模大赛”主办单位台湾高雄海洋科技大学邀请“全国海洋航行器设计与制作大赛”主办方中国造船工程学会以及参赛院校，赴台观摩交流。学会应邀组织了海洋航行器设计制作大赛技术代表团一行7人于5月26日至6月2日对台湾地区进行了访问。代表团重点考察和观摩了5月30—31日在高雄海洋科技大学举办的“第十届学生自制船模大赛”，走访了台湾地区造船学会、大学、企业等。

第四届全国海洋航行器设计与制作大赛于8月8—9日在青岛中国海洋大学崂山校区举行，来自全国29所高校及科研院所的339件作品参赛。台湾高雄海洋科技大学的师生们应邀首次参加了新概念创意和舰船模型智能航行类比赛，他们全手工自制的作品取得了良好的成绩，一项创意作品获得一等奖。

国际交往　第28届国际拖曳水池会议（ITTC）顾问委员会第一次工作会议、执行委员会第二次工作会议于9月21—22日在克罗地亚普拉（PULA）市召开。执行委员会主席、学会力学学委会主任翁震平出席会议，并对第28届ITTC大会的筹备工作进展情况作了全面陈述。国内ITTC委员会各工作小组成员出席会议并参加小组讨论及审议。会议共审议了14项议程，重点讨论了冰委员会委员的增补、“ITTC的未来”工作小组的人选、ITTC会费、ITTC会议文集及规程的出版号（ISBN）申领、与ISSC合作等问题。会议期间，翁震平与汉堡水池新任所长简·寒凝女士就进一步加强双方合作进行了会谈，签署了汉堡水池为中国机构提供试验技术培训的合作协议。

科普活动　9月19日，中国科协主办的2015年全国科普日北京主场活动“感·触科学——前沿科技魅力主题展”在中国科技馆开幕。学会承担了展览的主体设计和“感触海洋”板块的策划展示。感触海洋科技展区是一个扬帆出海的船型特装展区，主要包括“海洋石油981”深水半潜式钻井平台、“移动的海岛”极大型岛礁浮式结构物、深海空间站等前沿科技成果的图文介绍和模型展示。

学会主办的“2015年全国舰船及航海知识竞赛”

于7月11日举行，有20多个省、自治区、直辖市的参赛者登录中国造船工程学会网站参加竞赛活动。经过判阅和统计，有52人获奖。

全国青少年舰船夏令营于7月28日在广东省广州市广船国际南沙厂区开营，来自北京、辽宁、浙江、西安等省的55人参加了本次夏令营活动。本次夏令营活动以“了解舰船、认识航海、探索海洋”为主题，营员们参观了广船国际南沙厂区、广州市舰船科普基地、广州海洋馆、黄埔军校、黄埔军事博览中心、广州大学城、孙中山故居、太阳鸟游艇珠海基地、明斯克航空母舰等。本次活动邀请大连海洋大学的老师讲解舰船知识和船模制作知识，并带领营员制作船模。举行了“全国海洋航行器设计制作大赛中学生组邀请赛”，前八名获得参加8月8日在山东省青岛市举行的“全国海洋航行器设计制作大赛”资格。

由中国船舶重工集团公司、中国船舶工业集团公司、中国造船工程学会和中国海洋学会联合主办，中国海洋大学承办的第四届全国海洋航行器设计与制作大赛于8月8—9日在该校青岛崂山校区举行，来自29所高校及科研院所的339件作品参赛。其中，新概念创意类119件、航行器设计制作类70件、船模智能航行类42件、外观模型仿真制作类37件、船模竞速类56件、帆船模型竞速类16件，参赛作品数量比上届增加了三分之一。本届大赛增加了中学生自制船模竞速比赛项目，有6名中学生参加了比赛。大赛期间，邀请吴有生院士为参赛师生和有关单位科技人员作了“深海装备科技发展趋势和动态”的专题学术报告。根据大赛评委会的评审结果，经大赛组委会讨论通过，江苏科技大学“飞鱼三号”三栖无人艇概念设计等162件大学生作品分别获得特等奖、一等奖、二等奖。孟凡景等3名同学获中学生船模竞速比赛前三名。

表彰举荐优秀科技工作者 学会重新修订了《中国造船工程学会推选院士候选人实施细则》，并制定了《中国造船工程学会推选院士候选人工作方案》，组成了由学会理事长为主任委员的推选院士候选人专家委员会，副理事长为组长的材料审核小组和推选院士候选人工作小组。2月11日在北京召开中国造船工程学会推选院士候选人评审会议，决定推选朱石坚、王琦2人为中国工程院院士候选人人选。

2015年中国造船工程学会科学技术奖评审会议于12月22日在北京召开，15名专家组成评审专家组，对推荐申报的47项成果进行了评审。按照《学会科学技术奖励办法》规定的程序，会议评审出拟奖励项目共计33项。其中，一等奖3项、二等奖10项、三等奖20项。

11月6日，学会召开评审会，决定推荐中国船舶科学研究中心高级工程师叶聪、中国船舶重工集团公司第七一九研究所高级工程师许浒、中国船舶工业集团公司第七〇八研究所研究员毛献群、江南造船（集团）有限责任公司朱明华高级工程师等4人作为第十四届中国青年科技奖候选人选。

12月22日，学会召开优秀科技图书专家评审会议。本次评选工作按照初审、复审、终审三个阶段进行。评审出《现代潜艇结构强度的理论与试验》等4部图书为优秀科技图书。

12月4日，学会在上海市组织召开了2015专业技术职务任职资格评审会议。经过审阅材料、评议、打分、投票等程序，评审出正高职称1人、副高职称3人、中级职称1人。

按照国防科技社团联盟（兵工、航空、造船、宇航、核、电子）开展“青年人才托举工程”的要求，经学会专业学术委员会主任委员以及专家联合提名，国防科技社团联盟评审委员会评审，通过了中国船舶工业集团公司第七〇八研究所工程师次洪恩、中国船舶重工集团公司第七〇二研究所工程师严斌、哈尔滨工程大学船舶工程学院副教授赵彬彬等3人为青年人才托举工程人选。

会员服务 《会员通讯》是学会秘书处主办的面向会员的内部刊物。2015年起赠送给高级会员和团体会员阅读的同时，将《会员通讯》电子版发布在学会网站上，供会员阅读。

中国科协会员日 学会组织会员参加中国科协会员日活动，听国防专家作高级科普报告，还进行了实弹射击比赛。

（撰稿人：金向军）

中国航海学会

服务创新型国家和社会建设 学会组织实施年度全国船舶系列高级技术职务评审组织工作，125人取得海船高级职务相应任职资格，18人取得河船高级职务相应任职资格。召开磁罗经工作会议，通报了年度工作情况，审议通过了机构、人事调整建议方案和《中国航海学会关于加强和改进磁罗经技术服务工作的意见（征求意见稿）》，开展磁罗经技术服务年度考核工作，推进磁罗经在线填报规范管理。

向18所航海院校96名优秀学生发放“中国航海学会—中国船级社航海奖学金”15.25万元。向20所国内航海院校上船专业的140名贫困学生审核发放“中国航海学会—张荣发助学金”50万元。

完成中国科协2015年重点技术领域科技文献信息数据库建设项目，受到中国科协奖励。鉴定航海科技成果26项，评定并发布年度航海科学技术奖44项，其中特等奖1项、一等奖7项、二等奖25项、三等奖11项。

以航海文化建设为载体，鼓励和支持社会各界参与航海文化发掘、研究和传承活动。推动编写中国水路交通史丛书，参与主办航运企业论坛、航运文化节、港航论坛等，参与《中国港口》专题纪录片的编制工作，指导电视剧《碧海雄心》的编创，协调促成电视剧《卢作孚》创作合作，支持《黄金水道》专题纪录片创作。

参与开展我国海员现状调研活动，形成《全国海员现状调研报告》。全年继续教育培训12场次，培训结业人数606人次。

学会能力提升计划 入选第二期“全国学会创新和服务能力提升工程优秀科技社团建设项目”，荣获“全国优秀科技社团”表彰，被纳入国家重点科技社团建设计划。

学会建设 印发《中国航海学会规章制度汇编》，先后召开理事会议2次、常务理事会议2次、理事长办公会议3次、秘书长工作会议1次，集体审议、决策议题150余项。依托项目资金支持分支机构建设，分支机构开展活动173次。

召开中国航海学会第八次全国会员代表大会和八届一次理事会议，选举产生以黄有方为理事长的新一届理事会。本次换届工作是在学习贯彻中共中央办公厅国务院办公厅39号文件精神以及交通运输部强力推进部管社团脱钩并解除本团体与其挂靠关系的大背景下进行的，完成了与挂靠单位的脱钩任务；修订学会章程和相关办法，建立监事会制度；新一届理事会理事、常务理事以及学会领导人数分别比上届理事会减少38%、43%和47%。

发展单位会员37个，批准单位会员退会1个；发展个人会员18名，批准个人会员退会3名。学会及20个分支机构全年举办国内学术会议45次，比2014年增加19次；参加交流人数2907人次，比2014年大幅增加；交流论文661篇，比2014年增加302篇。举办国际学术会议10次，参加交流人数889人次，交流论文175篇，比2014年增加47篇。

全年组织参加国外科技活动29人次，参加港澳台科技活动11人次，接待国外专家、学者86人次，接待港澳台地区专家、学者18人次。

学术期刊 学会主办科技期刊总印数81100册，发表论文数365篇。《中国航海》和《航海技术》杂志共发表学术论文290篇，继续被《中文核心期刊要目总览》评为核心期刊并被国内外多家知名数据库收录。《中国航海》的各项技术指标在水路运输期刊中名列前茅。

决策咨询 学会提供决策咨询报告3篇，举办决策咨询活动2次，科技评价32项，科技人才评价605人。其中，学会与南通大学联合举办全国海员现状调研活动，内河海事专业委员会提供决策咨询报告《基于层次分析法的沙石运输船舶分级监管模式研究》，内河航运开发驾驶专业委员会提供决策咨询报告《加快武汉长江中游航运中心建设发展研究》。

国内主要学术会议 学会与交通运输部水运科学研究院和宁波市人民政府共同主办“2015年中国航海日论坛”，吸引了约300名国内有关政府机关、相关机构代表以及来自18个国家和地区近百名专家、学者参加。境内外媒体报道了论坛情况。

两岸交流 组团赴台湾地区出席海峡两岸海事安全及船舶交通管理研讨会，拓展与台湾地区航海学术团体的交流，促进了两岸民间交往。由学会救助打捞专业委员会组织的专业救助船“南海救101”轮赴台湾地区成功举办以“永续传承妈祖文化，携手护佑两岸民众”为主题的两岸妈祖文化和海上救捞技术交流的活动，向台湾民众展示大陆救捞系统近年来在保障两岸海上直航安全方面所做的努力和主要成果。

国际交往 学会组团赴捷克参加国际航行学会联合会第十五届大会，并应邀参与了大会执委会和论文审查等活动。由学会推荐的专家在会上作题为“北斗卫星导航系统运行与发展”的主旨发言，这是学会首次受邀在该项国际会议上的发言。学会组团赴日本参加2015年中日韩航海学会学术年会，推介一批最新学术成果，大连海事大学关巍的《基于闭环增益成形算法的船舶减摇鳍非线性自适应鲁棒控制》等 3 篇论文获评年度优秀论文奖。

10 月 20—23 日，国际航行学会联合会第 15 届世界大会在捷克布拉格召开，来自世界各国的导航及相关技术的专家 130 余人参加了会议，就导航技术在航海、航空和航天领域的应用展开了学术交流。中国航海学会委派了由上海海事大学肖宝家副校长为团长的 13 人代表团参加了会议。此次会议收录中国作者论文 10 篇，其中 7 篇论文作者到会演讲交流。在 2015 年的国际航联成员国会议上，代表团正式提交了承办 2024 年会议的申请，具体结果将在国际航联下一届主席团会议中讨论确定。

科普活动 2015 全年举办科普宣讲活动 44 次，比 2014 年增加 4 次；宣讲活动受众人数 2.9 万人次，比 2014 年增加 0.47 万人次；播放科技广播、影视节目 1320 分钟，比 2014 年增加 1200 分钟；举办实用技术培训 73 次，比 2014 年增加 24 次，培训人数 3883 人次，比 2014 年增加 1426 人次；推广新技术、新品种 5 项，比 2014 年增加 4 项；参加活动科技人员总数 464 人次。

举办青少年科普宣讲活动 14 次，比 2014 年增加 3 次；受众人数 2.58 万人次，比 2014 年增加 2.4 万人次。开展对第一批 26 个航海科普基地考核工作，评选优秀单位 11 个、合格单位 14 个。全国 34 个航海科普基地接待观众 31.5 万人次。举办“2015 中国航海夏令营”活动。与中国造船工程学会联合举办“2015 全国舰船与航海知识竞赛”，20 多个省、组织区、直辖市的青少年参加了竞赛活动。与中国船级社联合举办“第三届全国青少年优秀航海作品评选”活动，评选奖励优秀作品 131 个。举办首届全国青少年航海科普知识大赛，23 支代表队参赛，6 支代表队分获一、二、三等奖。

集中推荐 10 部航海科普读物。组织分支机构、航海科普基地和会员单位参与全国科普日活动、防灾减灾活动、科技周活动，协调中国航海博物馆参加 2015 中国科协夏季科学展和 2015 年全国科普讲解员大赛。

表彰举荐优秀科技工作者 由学会推荐的“耙吸挖泥船动力定位与动态跟踪系统”项目获得 2015 年国家技术发明奖，“极地综合航海保障研究与应用”和“内河水上交通智能管理系统开发及应用”项目入选第一届中国创新科技成果交流会参展项目。学会推荐的科技人才入选中国科协高层次人才库专家 8 人、中国科协“六个表率”重大典型人物 1 人、中国科协国际民间科技组织后备专家 8 人。组织完成第十一届光华青年科技奖、第十四届中国青年科技奖候选人推荐工作，组织完成中国科协科研创新团队和重点领域创新领军科技工作者推荐工作，表彰第六届全国优秀科技工作者和第一届中国航海学会青年科技奖获得者 10 人，并颁发了荣誉证书和奖牌；表彰奖励在航海科技创新和实践中作出突出贡献、35 周岁以下的青年航海科技工作者。树立上海打捞局 300 米饱和潜水作业队和永盛轮等新时代航海科技先进典型，授予其荣誉称号并加以宣传。全年宣传科技工作者 472 人次，表彰奖励科技工作者 594 人次。

支持并帮助帆船航海家郭川开创大型帆船不间断环球航行和穿越北冰洋东北航线不间断极限航行世界纪录的壮举，授予郭川中国航海学会“北极探险 航海勇士”荣誉称号。支持并帮助帆船航海家翟墨组织并圆满完成了“重走海上丝绸之路”帆船航海活动，授予翟墨“中国航海科普形象大使”荣誉称号。

会员服务 组织会员参加中国科协会员日活动，参加学术年会、航海日活动、国际或地区学术交流活动等。学会领导先后走访海军、中国远洋集团等 45 个会员单位，看望会员，听取对学会工作的意见和建议。建立会费缴纳公示制度，经全国会员代表大会审议通过了新的会员管理办法，开展了会员履行职责、义务情况清理，所收会费全部用于会员服务以及学术和科普工作。

中国科协会员日 被评为中国科协会员日活动优秀组织单位。

在 2015 年 12 月 14—20 日中国科协会员日活动期间，中国航海学会积极组织中国航海博物馆开展丰富多彩的科普活动，并组织相关航海科技人士来馆参观指导，加强业内交流。开展“蔚蓝行动，筑梦未来——中国航海博物馆 2015 感恩季”主题活动，努力在全社会营造关注航海的氛围，同时宣扬海洋环境保护意识。12 月 15 日，“蔚蓝行动 筑梦未来”中国航海博物馆海洋环保主题图文展在地铁四号线上海体育场站与市民见面。此外，该展还在上海图书馆、长宁图书馆及中国航海博物馆一层亲水平台区域同时展出，成为市民观众了解、关注海洋环保的良好媒介。

活动期间，中国航海博物馆接待了上海国防交通杂志、汕头湛江海事局、上海航道局以及英国劳氏船级社等国内外嘉宾来访，向航海科技工作者们展示了航海文化建设的发展历程与最新成果。

【2015年中国航海日论坛】 7月10—12日，学会与交通运输部水运科学研究院、宁波市人民政府共同主办的“2015年中国航海日论坛”在宁波市举办。理事长徐祖远、常务副理事长刘功臣、秘书长赵东野出席中国航海日论坛活动。

国际海事组织秘书长关水康司发来视频贺词。国际海事组织前秘书长米乔普勒斯和马来西亚交通部副部长阿卜杜拉·巴斯仑出席主论坛并发表演讲。

本次论坛围绕建设“21世纪海上丝绸之路”，以“再扬丝路风帆，共筑蓝色梦想”为主题，采取“一主加多专”的形式，由1个主论坛和若干专题论坛组成，在构建推进建设“21世纪海上丝绸之路”交流互动平台方面，进行了探索与尝试。

【中国航海学会2015年学术年会】 10月14—15日，由学会主办、上海海事大学承办的中国航海学会2015年学术年会在上海海事大学举办。理事长徐祖远、常务副理事长刘功臣、秘书长赵东野出席会议，来自各专业委员会、省市航海学会、科研机构和企业的领导、代表以及专家、学者与社会相关人士参加会议。

中国航海学会2015年学术年会

开幕式由刘功臣主持，上海海事大学校长黄有方致辞，理事长徐祖远发表讲话。年会围绕服务建设“海洋强国”战略，安排2个主题报告和7个专题报告，介绍我国在北斗系统航海应用和极地航行保障领域的最新科研成果，以及“航运业创新发展”“世界集运，看中国方阵的设想与优势”“极地水域航行的操纵技术研究”“长江干线航行突发事件系统特征及应对技术”“指引海上丝绸之路的明灯——南海灯塔建设的实践与展望”“重走海上丝绸之路的感悟”和“国产化VTS（船舶交通管理系统）的研究与应用”等专题，集中展现了过去一年我国航海界最新科研、学术成果。此次学术年会共收到应征论文461篇，有76篇论文获评优秀论文，其中一等奖1篇、二等奖2篇、三等奖6篇，有34篇优秀论文分别在3个分会场进行了交流。

【2015年中日韩航海学会学术年会】 11月19—21日，2015年中日韩航海学会学术年会在日本北九州举行。来自中国、日本、韩国的航海界专家、学者100余人开展了年度学术成果交流活动。学会派出了由学会副理事长、上海海事大学原党委书记於世成为团长的14人代表团出席会议。

此次会议主题是“应对下一次挑战的亚洲航海和港口技术学院”，会议作了“海事与空间技术的融合——空间技术对海事安全与保障的创新”方面的主旨报告。会上共交流论文62篇，其中日本航海学会推荐32篇，韩国航海与港口研究会推荐16篇，中国航海学会推荐11篇，其他国家和地区推荐3篇。大连海事大学关巍的《基于闭环增益成形算法的船舶减摇鳍非线性自适应鲁棒控制》等3篇论文获评年度优秀论文奖。

【中国航海学会第八次全国会员代表大会】 12月12日上午，中国航海学会第八次全国会员代表大会在北京举行。第七届理事会理事长徐祖远，常务副理事长刘功臣，副理事长丁小岗、王振亮、宋德星、苏新刚，秘书长赵东野，以及来自全国的158名会员代表出席会议。民政部、中国科协、交通运输部等部门领导人出席会议，学会原理事长、交通部原副部长林祖乙、洪善祥等老领导到会致贺指导，中国海员建设工会和有关科研院所、航海企业、社会团体的相关领导和嘉宾应邀出席会议。大会分别由徐祖远、刘功臣、丁小岗主持。

中国航海学会第八次全国会员代表大会

大会听取并审议通过了第七届理事会工作报告、第七届理事会财务报告、第八届理事会组成人员产生情况的报告；听取并审议了《中国航海学会章程》（修订草案）、《中国航海学会会员管理办法》（修订草案）、《中国航海学会监事会工作办法》（草案）的情况报告，并以无记名投票表决方式通过了3个草案；以差额选举方式产生了中国航海学会第八届理事会，丁农等131人当选为中国航海学会第八届理事会理事；以无记名投票方式等额选举产生了中国航海学会第一届监事会，郭洁平等3人当选为中国航海学会第一届监事会监事。

12月12日下午，学会第八届理事会第一次理事会议召开。会议选举产生了新一届理事会领导成员，上海海事大学校长黄有方当选中国航海学会第八届理事会理事长，于洪亮等44人当选第八届理事会常务理事。经黄有方提议，并经理事会审议通过由余世成担任常务副理事长、王群担任学会法定代表人。

黄有方阐述了第八届理事会工作思路，强调要锐意进取，改革创新，积极实现六个工作目标。黄有方指出，中国航海学会要在中国科协正确领导下，深刻理解、全面把握党和国家改革发展大局对学会事业发展的新要求，立足本团体实际，以改革创新的精神加强建设，努力开创中国航海学会事业发展新局面。

（撰稿人：江　伟）

中国铁道学会

服务创新型国家和社会建设　5月23—24日，学会承办中国科协在广东省广州市举办的第十七届中国科协年会第七分会场，该分会场主题为“综合轨道交通体系学术沙龙”。中国铁路总公司副总经理卢春房在年会开幕式上作题为“中国高速铁路的技术特点”的特邀报告。来自铁路、地方轨道交通领域的200多名专家和科技工作者参加第七分会场的学术沙龙活动，5位专家作专题报告、13位专家交流论文，内容涉及规划、标准、融资、设计、施工、装备制造、安全管理等问题，提出许多针对我国综合轨道交通体系建设的有关建议。第七分会场征集论文220篇，选定112篇收录分会场论文集。

学会组织开展重点技术课题研究，完成了“基于重载铁路线桥设备重点安全技术研究——GNSS技术的重载铁路路基沉降监测和预警系统研究”的课题验收，承接了“铁路运营安全关键技术研究——铁路车站危险品检测关键技术及设备配置管理研究”“铁路车站危险品检测关键技术及设备配置管理研究”重点课题。

学会建设　学会召开一次常务理事会会议、二次理事会会议。2月25—27日，召开常务理事会会议（通讯），审议并通过了“两院”院士候选人推荐人选。9月18日至10月10日，召开六届十五次理事会会议（通讯），审议并通过了关于增补马福海担任学会副理事长的议案。12月2—20日，召开六届十七次理事会会议（通讯），审议并通过了《设立中国铁道学会轨道交通工程分会，建议挂靠中国铁建》《设立中国铁道学会轨道交通装备分会，建议挂靠中国中车》的议案。

依据《中国铁道学会章程》及有关办法，召开6次组织工作会议，分别对工程分会、铁路文博、材料工艺等分支机构的委员增补、人员调整及换届申请，作出审议批复。

学会组织专门力量修订完善了《中国铁道学会分支机构管理办法》并对原有23个分支机构及挂靠单位进行合理调整和统筹设置。其中，13个分支机构和挂靠单位继续保留，7个继续保留的分支机构调整了挂靠单位，2个分支机构合二为一并调整了挂靠单位，1个分支机构更名并调整了挂靠单位。

学会继续筹备学会换届工作。起草第七届会员代表大会工作报告（初稿）、《中国铁道学会章程》修正案（初稿）、《关于修改〈章程〉的说明》（初稿）和学会财务报告（初稿），组织开展了第七届理事会成员候选人推荐工作等。

学会承担中国科协八大代表课题调研工作。理事长孙永福领衔主持“中国铁道学会分支机构管理”课题研究工作。先后召开16次座谈会，完成了调研报告撰写任务。调研报告从学习贯彻全面深化改革要求、学会发展及分支机构设置概况、分支机构工作情况及存在问题、分支机构改革的基本思路、加强学会能力建设等方面，系统阐述了学会分支机构管理状况，确定了分支机构设置的基本原则，制定了分支机构改革初步方案，提出了加强学会自身建设的建议。该调研报告获得中国科协发文表彰。

学术期刊　《铁道学报》加强论文编审工作，完善在线稿件处理系统，坚持网上投稿、审稿和两位以上同行专家双匿名审稿制度，增加中英文摘要信息量，实行摘要编写和参考文献中文期刊双语著录。完成编委会换届。在2015年中国科协举行的年度“百种中国杰出科技期刊”评选中,《铁道学报》在全国2380多家科技期刊评选中综合评价总分排名第一；12篇论文入选“精品期刊顶尖论文平台——领跑者5000”项目；荣获“百种中国杰出科技期刊”称号，再次收录“中国科技核心期刊”。全年审理稿件1000余篇，出版12期，刊载论文200余篇，共计260多万字。

为扩大中国铁道学术论文国际影响力，学会秘书处启动《铁道学报》英文版创刊筹备和调研工作，联系中国科协、国家新闻出版广电总局、北京新闻出版广电局等单位，走访《中国铁路》等期刊编辑部，掌握创刊政策依据，梳理办刊审批程序。

《铁道知识》坚持“围绕中心、服务大局”的办刊理念，创新工作机制，更新版面设计，联系中国铁路总公司相关部门和有关单位进行组稿，邀约科技工作者撰写科普文章，解读铁路主要技术政策、宣传铁路改革发展成就、普及铁路科学技术知识，出刊质量和发行数量稳步提升，年印数达24万册。

决策咨询 学会受蒙华铁路公司委托，组织铁道行业专家对蒙华铁路与路网连接工程建设投资及产权界定问题进行调研，完成了研究咨询报告，为蒙华公司创新建设和经营管理模式提供了重要参考，为相关部门推进合资铁路体制机制改革提供了决策依据，对全国合资铁路发展具有借鉴意义。

国内主要学术会议 11月12—14日，中国铁道学会军事运输专业委员会年会暨学术研讨会在海南省海口市召开。有关专家和论文作者120余人参加了会议。会议由学会副理事长、军事运输专业委员会理事长赵占平主持。与会人员围绕“利用铁路轮渡组织实施军事运输”和“应急投送铁路交通保障”的会议主题进行学术研讨。赵占平作了“推进铁路轮渡的不断完善和创新发展”的专题报告。会上，通报表彰了分获一、二、三等奖及优秀奖的57篇论文和64个获奖单位及117名获奖作者。5名专家在会上作“南海方向军事斗争态势及应对方略”“装备和危险品海上运输”“7·23动车事故教训及铁路交通安全思考”“粤海铁路轮渡军事运输需求分析及组织实施情况”“粤海铁路轮渡军事装备及危险品运输关键技术研究”的主旨报告，并组织与会人员参观了粤海铁路轮渡现场。

学会指导分支机构开展的学术活动包括重载、安全专业委员会联合举办的重载铁路建设养护与装备安全研讨会，材料工艺委员会六届委员会工作会议暨学术交流会，车辆专业委员会快捷货车制动和转向架技术交流会，铁路文博工作委员会2015年年会暨学术研讨会等。

国际交往 6月21—24日，学会组团赴澳大利亚参加国际重载协会2015年度理事会会议和2015年国际重载运输技术专题研讨会。中国铁路总公司铁科院研究员林晖在主题为“最佳铁路重载运营”的2015年国际重载运输技术专题研讨会上，发表了题为“中国ECP制动系统的研究与试验”的论文，被评为会议优秀论文，获得了国际重载运输技术领域的殊荣。

9月，学会会同中国铁路总公司运输局联合邀请国际重载协会原主席、加拿大CP铁路技术标准部原总经理Wichael Roney先生到中国铁路总公司进行钢轨保护研究和推广运用技术咨询，为铁路重载工务管理及科技人员举办讲座，对推广运用延长钢轨使用寿命技术措施，加快我国重载钢轨修程修制改革具有积极推动作用。

科普活动 5月16—24日，学会举办2015年铁路科技活动周活动。围绕“全面保障职工健康　共享改革发展成果”科技周主题，学会设计制作30块科普宣传展板，并将展板内容制成光盘，寄发给相关单位。全国各省会城市、各大车站、铁路枢纽、铁路站车和基层站段在全国科技周期间同步举办活动。国家铁路局政府网、《人民铁道》报、铁道影视中心、中国铁路微博、《铁道知识》杂志社等媒体集中报道活动情况。

9月19—26日，学会举办2015年铁路科普日活动主题为“体验智能高铁交通共享科技创新成果”。设计制作展现中国智能化高铁交通创新发展内容的30块科普宣传展板，刻录成光盘发送给各相关单位。9月19日，2015年铁路科普日活动在中国铁道博物馆正阳门馆举行启动仪式。各铁路局和省级学会在为期一周的科普日活动中，通过设置展板、发送资料、专题讲座、科技咨询、知识问答、广播宣传和技能竞赛等方式，重点宣传铁路在推进技术创新，发展智能高铁，建立人性化、智能化高铁运营服务和信息系统等方面取得的一系列成果，向铁路职工普及智能高铁知识，回应了社会公众关注的智能高铁交通热点问题。《人民铁道》报两次刊发头版新闻，并开设“2015年

铁路科普活动日巡礼”专版，进行重点宣传；铁道影视、《铁道知识》等媒体对铁路科普日活动进行了集中宣传。学会被中国科协评为2015年全国科普日特色活动组织单位。

2015年铁路科普日活动

学会积极开展“防灾减灾日”科普宣传活动。学会会同中国铁路总公司安全监督管理局和铁总服务中心，在中国铁路总公司机关和北京站、北京西站的醒目位置，悬挂和张贴主题标语。针对尼泊尔首都加德满都发生强烈地震灾害的情况，提出了健全震灾监测网络、普及地震防灾知识、提高震灾救助能力的相关建议。

表彰推荐优秀科技工作者 学会组织召开中国铁道学会科学技术奖、铁道环保奖、茅以升铁道工程师奖专业评审会。经过初步评审，从383个铁道科技奖推荐项目中，推荐拟授奖项目229项，其中特等奖6项、一等奖23项、二等奖85项、三等奖115项；铁道环保奖专业评审会从29个推荐候选人中，共向评审委员会推荐拟授奖人选26人；茅以升铁道工程师奖专业评审会从133个推荐候选人中，共向评审委员会推荐拟授奖人选85人。

2015年铁道学会科学技术奖评审委员会会议

实施“光华工程科技奖”推荐工作。学会在铁道行业开展“光华奖”候选人推荐工作，组织专家对相关单位推荐的6名候选人进行严格评审，推荐的中铁大桥勘测设计院工程师高宗余和铁道科学院铁建所工程师王继军通过了“光华奖”初选。

组织中国青年科技奖候选人推荐工作。根据中组部、人社部、中国科协《关于开展第十四届中国青年科技奖候选人推荐与评选工作的通知》精神，中国铁道学会按照分配给铁道行业的推荐名额，向有关企业发送了开展推荐与评选工作的通知。有关单位按照推荐标准和评选条件，向学会推荐了47名建议人选。经组织专家严格评审，报请中国铁路总公司党组研究同意，向中组部、人社部和中国科协上报了4名候选人推荐人选。

受中国科协委托，中国铁道学会按照新的院士推荐办法，组织开展2015年铁道行业工程院院士推荐工作。成立了推选委员会、材料委员会、工作小组等工作机构，制定了院士推荐工作方案和相关制度，多次召开材料审核会议，广泛征求有关单位对6名候选人的建议。

人选的意见，并邀请铁道行业和相关领域院士、专家召开评审会，确定了4名人选上报中国科协复审。

学会创新发展 学会申报团体标准试点任务，获得中国科协和国家标准委批准，被列入全国12家试点单位之一。学会秘书处向中国铁路总公司报送开展团体标准试点工作的请示，向中国科协提交项目实施方案，与中国科协签订试点项目任务书。设立了由铁道行业技术专家组成的中国铁道学会标准化委员会；制定了《中国铁道学会标准化委员会章程》（暂行）和《中国铁道学会标准管理办法》（暂行）；在秘书处内设的经营开发部加挂“标准与认证部”牌子，承担标准化委员会办公室的日常工作；联合中国铁路经济规划研究院开展4项团体标准研制工作；选派专人参加中国科协团体标准试点培训和论坛讲座，向上级主管部门汇报试点进展情况，按时向国家标准委和中国科协提交了阶段性成果总结报告。

联合北京交通大学共同实施中国科协“交通运输类专业工程教育认证中铁道学会重点工作”项目研究，完成了项目研究课题总结并上报中国科协。开展工程技术领域职业资格认定前期工作，提出了拟开展高铁动车组随车机械师职业资格认定的申请，被中国科协选定并列入工作计划，并与中国科协签订了可行性研究项目任务书。报送铁道科技奖有关资料和实施社会科技奖励第三方评价的评审材料，参加了社会科技奖励第三方评价答辩。

党建强会 学会及时组织学习党的群团工作会议精神，传达贯彻中国科协贯彻落实党的群团工作会议精神的工作部署。学习宣传贯彻党的十八届五中全会精神。学会秘书处及时组织全员学习《中国共产党第十八届中央委员会第五次全体会议公报》，全文学习《中共中央关于制定国民经济和社会发展第十三个五年规划的建议》。开展“三严三实”专题教育活动。完成了党支部换届选举，确保了在党支部领导下开展秘书处各项工作。

会员服务 9月，学会修订完善了《单位会员管理办法》《个人会员管理办法》，进一步明确了会员服务的具体内容和会员应享有的权利义务，对违反管理办法的行为提出了约束和处罚措施。

8月，向单位会员征求改进服务工作的意见和建议，提升会员服务质量和水平。

中国科协会员日 12月，中国铁道学会会同有关单位承办了中国科协会员日乒乓球比赛（第六届），并组成代表队参加比赛。中国铁道学会代表队获得55岁组男子单打前三名、秘书长组单打第一名和优秀组织奖。

在2015年中国科协会员日期间，学会为70余名在京理事及会员单位寄送博物馆参观券及学会主办的刊物。

（撰稿人：李　旭）

中国公路学会

服务创新型国家和社会建设 2015年，中国公路学会荣获了国家民政部表彰的“全国先进社会组织”称号和交通运输部直属机关党委“先进基层党组织”称号。

8月，中国公路学会被中国科协列为“中国科协创新驱动助力工程”试点学会，成立了创新驱动助力工程工作机构小组。

8月，中国公路学会组织召开了“第二届最美中国路姐专家评审会”，最终评选出“最美中国路姐”30名、“最美中国路姐团队”20名、“最美中国路姐”入围奖10名、“最美中国路姐团队”入围奖8名。

中国公路学会承担了国家标准委员会“团体工作”的研制。学会、部分分会和部分省级学会承担并开展了交通运输部及省级交通主管部门的行业标准和规范的制（修）订工作。除桥梁与结构工程分会的桥梁产品标准编制、客车分会新修订的营运客车类型划分及等级评定标准外，高速公路服务区工作委员会承担了全国高速公路服务区质量等级评定办法的起草和具体评定的组织实施工作。

中国公路学会推荐的湖南路桥项目“矮寨大桥大跨度悬索桥轨索滑移法架设新技术”荣获国际道路联合会（IRF）全球道路成就创新施工奖，这也是此次授奖的施工类别唯一获奖项目。

学会能力提升计划 中国公路学会成为中国科协承接政府转移职能扩大试点单位，并承担了高速公路服务区服务质量评定、团体标准的研制两项重要的政府职能。

中国公路学会获得（2015—2017）中国科协学会创新与服务能力提升专项二等奖。

8月，中国公路青年科技奖评选创新试点探索与实践项目在中国科协实施的社会化公共服务品牌孵化试点项目中获得批准实施，并通过了该项目的试点实施。

中国公路学会被国家标准化管理委员会确定为团体标准制定试点工作单位。

学会建设 2015年，中国公路学会发展会员1009人，新增会员单位102个，会员总数达65344人，单位会员总数达2072个。

中国公路学会召开了八届一次理事会议，选举产生了常务理事、理事长、副理事长和秘书长等理事会领导机构。经过选举，翁孟勇当选为中国公路学会八届理事会理事长，周纪昌、郑健龙、孟凤朝、陈奋健、游庆仲、冯西宁、刘文杰、邓仁杰、马建、唐伯明、王民、张喜刚12人当选为副理事长，刘文杰当选为秘书长，刁厚枝等73人当选为第八届理事会常务理事。

中国公路学会成立了中国公路学会城市交通分会。4月20日，在上海市召开了中国公路学会城市交通分会成立大会。

2015年，中国公路学会（包括各分会）共开展国内学术交流活动121次，国际和地区间学术交流活动16项。

学术期刊 在国家新闻出版广电总局举办的“全国百强报刊”评比中，中国公路学会主办的《中国公

路学报》和《中国交通信息化》杂志双双获“全国百强科技期刊”殊荣。

中国公路学会充分利用创办的《国际公路时讯》刊物，加强国内外公路科技信息交流，并向中国科协申报《公路交通工程》英文期刊。

决策咨询 中国公路学会和省级公路学会开展的成果鉴定、评审项目达到140多项，提出相关技术政策建议近100条。

国际学术会议 5月16日，由中国公路学会主办的“山区公路交通发展国际论坛”在重庆开幕，以“资源、环境、安全”为主旨，是国内首次举办的以“山区公路交通”为主题的国际性学术论坛。来自全国各地交通管理、科研、设计、施工等有关单位，以及日本、意大利、美国的专家、学者200余人参加论坛。论坛探讨了新常态下山区公路交通基础设施建设技术发展和管理创新。

9月21日，中国公路学会举办的“国际道路联盟中国研讨会暨中国公路学会2015年学术年会”在重庆市召开。此次会议主题为“公路融资、安全、环境与信息化管理”。来自国际道路联盟和各国政府、企业、高校、研究机构等的400多名代表参会并开展了为期两天的研讨交流。

本次大会开设了6个分论坛，与会者分别就公路设施安全、公路资产管理、生态公路建设、PPP与投融资、智慧交通、数据采集与应用等领域的热点问题进行研讨。

本届论坛以“优化交通及基建规划，配合一带一路发展”为主题，有两岸四地的9位专家、学者作了主题报告和专题报告。交通运输部公路局副局长王太、交通运输部科学研究院院长石宝林、重庆交通大学校长唐伯明代表大陆进行了演讲。论坛组织代表参观了澳门交通事务局交通控制及讯息中心，了解澳门交通运行及管理情况，并与有关人员进行了交流。

国内主要学术会议 4月21—22日，中国公路学会主办的“第七届中国公路科技创新高层论坛”在上海市举办，主题为“城市·交通·人”。来自全国各地近1500位公路、城市交通界的专家、学者、科技工作者以及美国、澳大利亚、意大利、印度、新加坡等国家的60多名专家参加了会议。

论坛共设有18个分论坛会场，其中国际分会场5个，分别就大城市交通、智慧交通、公路出行服务技术及管理、城市交通投资、国际路面养护决策及最新技术、桥梁快速施工技术等17个话题进行了探讨。

7月29日，中国公路学会举办的“2015年沥青道路建设与养护技术研讨会”在山东省青岛市召开，来自全国各地400多名专家、业内人士参加了会议。会上就加强路面养护技术的创新，加强路面耐久性材料与工艺的研究、路面行车安全技术研究、探索符合市场规律的养护体制，加快科技成果转化和产业化工作，进一步推动“四个交通”建设与发展等问题进行了探讨与研究。

8月26—27日，中国公路学会举办的“2015年全国绿色公路发展论坛”在江苏省南京市召开。来自全国各省、直辖市、自治区的近300名专家、学者就绿色公路的规划设计理念、技术与创新、未来发展方向等问题进行了探讨。论坛上，来自交通运输部科学研究院等单位的15名专家，围绕“绿色公路”这一主题作了报告，内容包括交通运输行业节能减排的未来发展方向、高速公路的低碳化建设、边坡生态防护、野生动物通道、现代公路知识资源总库建设等。

12月24日，中国公路学会主办的“第二届全国水下隧道建设与技术交流会”在广东省珠海市召开。

中国工程院院士钱七虎，中国工程院院士、同济大学教授孙钧应邀出席会议，并对目前我国隧道工程建设现状进行分析与指导。中交第二公路勘察设计研究院有限公司副总工程师、隧道院院长郭小红，招商局重庆交通科研设计院有限公司首席专家、学会隧道分会理事长蒋树屏，港珠澳大桥珠海连接线管理中心总工程师王文州，中铁十八局集团有限公司拱北隧道项目部总工程师高海东，中交公路规划设计院有限公司副总工程师刘晓东，深圳地铁集团有限公司总工程师陈湘生，中交第二公路勘察设计研究院有限公司隧道院副院长拓勇飞，上海市城市建设设计研究院副总工程师姜弘出席会议，并作报告。

交流会以港珠澳大桥珠海连接线拱北隧道为典型案例进行分析，围绕国内大型隧道工程建设项目开展技术交流。

12月18日，中国公路学会举办的以“文明服务·共建共享”为主题的“第九届中国高速公路服务区管理年会”在江西南昌举办，来自全国29个省（直辖市、自治区）近600名专家、学者参会，共同见证了27年来全国高速公路服务区建设与发展的良好成绩和2015年以来全国高速公路服务区文明服务质量创建工作的巨大成果。

会上，对此次服务区服务质量等级评定考核组的38名专家进行了表彰和颁奖，来自辽宁、河北、安徽、河南、新疆五省（直辖市、自治区）的“全国百佳示范服务区”代表就服务区创建经验作了发言。以“服务区的创新、开放与共享”“‘互联网 +’服务区的发展模式”为主题的两个交流论坛也于会议当天举行。

两岸交流 11月27—28日，由中国公路学会、中华道路协会、香港公路学会和澳门工程师学会共同主办，澳门工程师学会承办的第四届两岸四地公路交通发展论坛在澳门大学召开，此次论坛由来自内地和港澳台的120余位公路交通领域的科技工作者参加论坛。学会理事长胡希捷率由40余人组成的内地代表团出席论坛并在开幕式上致辞。原交通部部长黄镇东出席论坛。

国际交往 全年分别接待了十余批次、共计70多名来自10个国家和我国台湾地区、香港特别行政区的同行和科技工作者。邀请了18名国外专家到我国进行技术交流。学会和各分会组织了十几个代表团到国（境）外参加专题学术会议，特别是有针对性地为会员单位拓展海外业务，提供技术支持和信息服务。

11月，在澳门大学举办第四届两岸四地公路交通发展论坛；9月，在重庆召开国际路联中国研讨会暨2015年中国公路学会学术年会，备受行业内科技工作者们关注。

科普活动 学会推进公路交通的科普教育工作，继续开展了多个重点专题培训。2015年，继续开展以“增强公民爱路护路意识，服务公众安全便捷出行”为目的“平安出行，幸福人生”公路知识普及宣传活动。

4月，中国公路学会开展了全国公路科普教育基地认定活动。8月21日召开了首批“全国公路科普教育基地”专家评审会。经理事长办公会议审议通过，授予25个单位为首批“全国公路科普教育基地”称号，并制定了“全国公路科普教育基地管理规定”。9月，召开了全国公路科普教育基地发展研讨会。

组建了首批中国公路学会科学传播专家团队，共有64名科学传播专家，专业涵盖公路、桥梁、隧道、交通安全、养护、环保、公路法律路政等领域。

学会加强公路科普微信、微博建设，微信公众号多篇文章被转载，点击量和传播量创新高。

2015年年底，在全国各地陆续开展了第四届“中国公路公益广告大赛”主题宣讲会。来自高校和广告创意公司的近千名师生和创作者参加活动。

学会获得中国科协“科普工作优秀学会”的称号。

表彰举荐优秀科技工作者 2015年度中国公路学会科学技术奖评审工作受理申报项目446项，经过评审，162个项目获奖，其中特等奖5项、一等奖18项、二等奖69项、三等奖70项。

中国公路学会推荐的7名交通行业的青年科技人员入围中央组织部、人力资源社会保障部和中国科协共同设立了“中国青年科技奖”之“第十四届中国青年科技奖”推荐候选人。

9月，中国公路学会组织开展了第八届“中国公路百优工程师”评选活动。评选并表彰了100名“中国公路百名优秀工程师”。

会员服务 5月，学会秘书处领导走访了学会会员单位秦天科技发展有限公司等多家会员单位，深入了解会员单位的需求。

中国科协会员日 12月15—16日，中国公路学会举办的“2015年全国公路学会秘书长工作研讨会暨第七届会员日活动”在贵阳市举办。会员日活动期间，代表们赴遵义公路管理东段新蒲超限运输监测站慰问一线的公路超限监测人员。学会秘书处领导向监测站赠送了笔记本电脑和百余册书籍。

其间召开了2015年全国公路学会秘书长工作会。会上，各省级公路学会、各分会秘书长就学会在发展进程中面临的深层次难点和问题进行了探讨和研究，分享各自在工作中特别是在会员管理和服务方面的经验和体会，并对2015年的工作重点作了展望。

会上，还对在工作中成绩突出的2015年度中国公路学会十佳秘书长和22位优秀秘书长进行了表彰。

【全国大众创业万众创新活动周筹备工作】 中国公路学会作为中国科协指定的首届“全国大众创业万众创新活动周”筹备工作的服务学会，承担了活动周的后勤保障工作，并参与了安全保障和现场接待的相关工作。

9月30日至10月27日，中国公路学会高质量地完成了所承担的各项工作任务。中国科协常务副主席、书记处第一书记尚勇在双创周闭幕时表示，活动周的各项筹备工作很出色，“从细微之处找毛病也找不出什么大毛病”。中国科协党组成员、书记处书记王

春法在活动周筹备工作总结会上指出，中国公路学会的领导和同志们为活动周举办做了大量有效的工作，中国公路学会是一个“既能够拿来说事儿，又能够拿来做事儿”的学会。

2015 年年底，中国公路学会在短短的两周内按时完成了《党中央、国务院及有关部门大众创业万众创新政策汇编》（1—10 册）的整理、编辑、校对、印刷任务，得到国家发改委、中国科协领导的高度肯定。

【中国公路学会第八次全国会员代表大会】 1 月 8 日，中国公路学会第八次全国会员代表大会在江苏省南京市召开。350 多名会员代表参加了会议。

中国公路学会第八次全国会员代表大会

中国科协党组成员、书记处书记王春法，江苏省人大常委会副主任、党组副书记史和平，学会第七届理事会理事长胡希捷，原交通运输部党组副书记、副部长翁孟勇等到会致辞。

会议听取并审议通过了中国公路学会第七届理事会理事长胡希捷所作的七届理事会工作报告、秘书长刘文杰所作的财务报告、副理事长马建所作的《关于〈中国公路学会章程〉修改的说明》，选举产生了 239 名第八届理事会理事。会上表彰了 2015 年度中国公路青年科技奖获得者。

大会召开了八届一次理事会议，选举产生了常务理事、理事长、副理事长和秘书长等理事会领导机构。随后召开了八届一次常务理事会议。经过选举，翁孟勇当选为中国公路学会八届理事会理事长，周纪昌、郑健龙、孟凤朝、陈奋健、游庆仲、冯西宁、刘文杰、邓仁杰、马建、唐伯明、王民、张喜刚 12 人当选为副理事长，刘文杰当选为秘书长，刁厚枝等 73 人当选为第八届理事会常务理事。

【首届山区公路交通发展国际论坛】 5 月 16 日，由中国公路学会、国家山区公路工程技术研究中心主办，招商局重庆交通科研设计院有限公司承办的“山区公路交通发展国际论坛”在重庆市开幕，以“资源、环境、安全”为主旨，是国内首次举办的以“山区公路交通”为主题的国际性学术论坛。来自全国各地交通管理、科研、设计、施工等有关单位，以及日本、意大利、美国的嘉宾 200 余人参加论坛。

论坛由中国公路学会秘书长刘文杰主持。重庆市人民政府副秘书长艾扬、交通运输部总工程师周伟、科技部基础研究司司长马燕合、招商局集团副总裁邓仁杰等领导为论坛致辞。论坛邀请国内外专家、学者共同探讨新常态下山区公路交通基础设施建设技术发展和管理创新。

（撰稿人：康　茜）

中国航空学会

服务创新型国家和社会建设　由学会、中航工业、中国商飞等单位联合主办的 2015（第二届）中国航空科学技术大会于 2015 年 9 月 16—18 日在北京举办，来自航空工业、民航、部队、科研院所、高校等系统的 400 多名国内外代表参加了会议。学会理事长、中航工业董事长林左鸣出席大会并致辞，学会老领导和有关单位领导、专家出席大会。主旨发言分别邀请相关领导和专家结合各自工作和研究领域作大会报告，6 个专业分会场围绕航空的各主要技术领域开展专业交流。

根据中国科协的统一部署，学会 2015 年先后组织 10 多名专家随中国科协创新驱动助力工程专家团队赴湖北、鄂尔多斯、芜湖、襄阳、德阳 4 市进行调研对接。与当地的相关领导进行会谈，根据当地航空相关企业的需求，提供技术支持。

完成 2015 年度“中国航空学会科学技术奖”的评选工作，申报项目数量比往年有大幅增加，质量也有所提高，形式审查的合格率达到了 97.2%。共收到 109 个项目申报材料，通过评审共有 33 个项目获奖，其中一等奖 3 项、二等奖 10 项、三等奖 20 项。

2015 年，学会与中航工业检测与焊接认证管理中心合作，分别在四川德阳、广东珠海、浙江绍兴建立培训基地，开展相关专业技术培训与水平评价工作。6 月，与天津市科协开展民用航空飞行系列相关职称评定工作。

9 月和 12 月，学会两次受商务部委托，出具了两宗合营企业的反垄断调查意见，为有关部委的决策提供了咨询建议。

学会能力提升计划 中国科协于2015年开始启动新一轮学会能力提升重点工程，学会获评二等奖。

5月24日，在中国科协年会期间协助举办“广东省党政领导与院士专家座谈会”，邀请常务理事、沈阳航空航天大学校长杨凤田院士，代表学会作了专题发言，为地方创新驱动发展战略和产业转型升级建言献策。

学会建设 2015年，完成学会“九大”换届的相关后续工作。先后完成学会负责人备案和法人变更、各工作委员会组建，及时修订相关文件等。

新发展单位会员8个。牵头筹建航空企业科协创新联盟，整合资源促进产学研用共同发展。

各工作委员会均召开了九届理事会的第一次工作会议，明确了各自工作重点。完成了航空声学分会的重新设立以及成都会员工作站的组建，完成了机载武器试验与鉴定研究分会换届和航空声学分会的重新组建。

2015年，民政部启动新一轮的全国优秀社会组织评选，学会经中国科协评选后推荐被评为全国优秀社会组织。

根据中国科协事业发展“十三五”规划编制工作的统一部署以及学会事业发展的需要，2015年年初，学会启动了“十三五”规划的编制工作，编制工作历时5个多月，在规定的时间内完成初稿。8月底经再次广泛征求意见，修改完善后提请九届三次理事会审议通过，于2016年3月颁布实施。

举办了分支机构专题培训，召开了专业分会座谈会和3个新组建分会的成立大会。

科技期刊国际影响力提升计划 学会主办的*Chinese Journal of Aeronautics*采用在线校对稿件，使期刊编辑实现国际化。根据美国SCI 2015年6月的最新数据，影响因子达1.070，位居SCI学科第6名，在亚洲地区排名第1名，进入Q1区，已成为国际航空航天领域一流学术期刊。

学术期刊 《航空学报》以“精品化”为工作重点，加大约稿和组稿力度，组织了一批专刊、专栏和综述文章。组织召开了《航空学报》创刊50周年大会暨第九届编委会议，总结了第八届编委会的工作，表彰了50年来对期刊发展作出贡献的编委、审稿专家、作者及办刊人。举办了“第一届中国航空学会期刊联盟”交流研讨会，20家期刊参加了会议。根据中信所发布的数据,《航空学报》综合评价均位居航空航天类核心期刊第1名。经过精心准备，获得了2015年中国科协两项资助。连续14年荣获“2014年百种中国杰出学术期刊”奖项。《航空动力学报》在航空航天类核心期刊中继续保持领先地位，并利用新媒体的特点，出版电子期刊向有关读者推送。《航空材料学报》经过申报获得中国科协资助，承办了中国航空科技大会“航空材料分论坛”，扩大了期刊的影响力。《航空工程进展》按照三级审稿制度、责任编辑制度，确保了稿件学术质量。《航空知识》严把期刊质量，保持了期刊发行量的稳定。开辟微信平台，粉丝数量已达5万多人，荣获了国家新闻出版广电总局评选的“2015百强科技期刊”称号和“2015数字影响力百强科技期刊”称号。《航空模型》增加页码，开辟无人机版块，内容受到各方关注。

学科发展研究 继续承担第5期中国科协组织的航空科学技术学科发展研究工作，涉及9个专题。2015年6月17日，学会在北京召开了2014—2015航空科学技术学科发展研讨会，对研究报告初稿提出修改意见和建议。12月初，研究报告终稿提交中国科学技术出版社。

国际学术会议 2015年，学会在华举办国际交流活动7项，交流论文近500篇，参与人数超过1000人次，其中外籍代表220多人次。出版论文集5册。

4月21—22日，学会在上海市召开2015民用飞机航电国际论坛，来自国内外政府机构、行业协会、科研院所、大专院校和企业的共计350多名专家、学者参加了论坛。

9月10—11日，学会在江苏省镇江市举办第九届商用飞机复合材料应用国际论坛，来自中国、美国、荷兰、韩国、以色列等国家近200名代表参会。

10月21—22日，学会在南京市举办第二届民用飞机机电系统国际论坛。60多个国内航空企业、科研院所，以及国际知名企业的200多名专家和技术人员参会。

10月21—23日，学会在北京召开了首届国际可靠性系统工程大会及2015年故障预测与系统健康管理国际会议，国内外260多名代表前来参会。

国内主要学术会议 2015年学会共举办46项国内学术交流活动，有6837人次参加，交流论文4752

篇，评选优秀论文378篇，编辑论文集12部，光盘14种。

5月，学会与中国雷达行业协会在北京联合主办复杂电磁环境下提高雷达与通信装备作战效能专题研讨会，来自100多个单位的210多名代表出席会议。

10月，与中国兵工学会、中国宇航学会、中国造船工程学会联合主办2015全国毁伤评估技术学术研讨会，共有来自94家单位380多名专家、学者参加会议。

10月，在山东省烟台市召开了航空装备维修技术及应用研讨会，来自60多个单位的300多名代表参加会议。在主办方青岛市召开了第七届中国信息融合大会，邀请知名专家和有关专家出席了本次大会。

11月，在洛阳召开了第四届中国航空兵器大会，来自国内航空航天企业、高等院校、科研院所的专家、学者约100多人参加会议。

5月，学会在广东省广州市协助组织中国科协年会专题会议两岸四地科技合作论坛的“通航单元”，邀请业界人士参会交流，并作大会报告和专家研讨。

7月2日，在武汉举办2015全球华人航空产业论坛，邀请了来自我国大陆、台湾地区与美国的9名专家、学者与产业领导进行了报告交流。来自海内外150多位专家、学者参加论坛。

11月28日，在香港特别行政区举办首届绿色航空器设计与发展国际研讨会，会议由学会与香港理工大学联合主办，会议邀请了来自中国内地和香港特别行政区、英国、美国等地区和国家的有关专家围绕“绿色航空”进行了报告交流，共有50多名代表参会。

国际交往 学会组织出访团组3个，执行学术交流以及国际组织工作会议等任务，出访人员195名。

2月，组织中航工业系统内4名作者参加以色列航空航天学会2015年年会。2015年6月，组织中航工业代表10人参加美国航空航天学会2015年航空大会，在国内共征集论文100余篇，40余名代表赴美国参会。

4—8月，经认真准备，学会向ICAS秘书处分别提交了申办ICAS2020的书面申请和预申报书。9月，学会在ICAS程序委员会任职的5名专家出席了在波兰举办的年度工作会议经ICAS执行委员会讨论，最终投票确定中国/上海与意大利/米兰进入正式申办程序，计划于2016年5月在伦敦举办的执委会工作会上进行首轮陈述与辩论。

11月25—28日，2015亚太航空航天技术学术会议在澳大利亚举办。作为联合主办单位，学会共征集论文500余篇，组织120余人参会交流。

科普活动 10月29日—11月1日，在浙江省安吉县举办了“中航工业杯”第三届国际无人飞行器创新大奖赛暨安吉2015航空嘉年华活动。大奖赛以“创新+科普”为主题，宋庆龄基金会主席胡启立、全国人大常委会原副委员长路甬祥、中航工业董事长林左鸣等以及8万多名社会公众参加了现场活动。来自国内外102支队伍近600人参赛，300多人参加了高峰论坛，中央电视台进行直播和多次报道，40多家主流媒体进行全方位报道。

11月5—8日，在北航（全称）举办了“南阳杯——2015国际空中机器人大赛”，来自亚太地区的10支代表队参赛。

5月27—29日，在北京举办了“第七届SAMPE超轻复合材料机翼/桥梁学生竞赛”，共吸引清华、北航等19所院校70支队伍300多名学生参赛。

7月17—19日，在北京举办了“蓝天飞梦——2015全国青少年模拟飞行大赛”，来自12个省市中小学和大学的75支队伍近500名学生参加大赛。

围绕“阳光动力2号”首次环球飞行这一新闻热点，参与中国科协“阳光动力科普中国行”系列大型科普活动。4月26日，在江苏省南京市举办了“太阳能飞行器主题沙龙”，460余人参加活动，并主办“太阳能飞机小型座谈会”进行专业研讨，组织200多名航空爱好者进行现场参观。

学会与学会动力分会举办了为期6个月的“中国心·中国行——全国航空动力‘四个一’”系列科普活动，得到有关专家大力支持，通过微信推送36期航空动力科普知识，得到20万人次关注。活动期间，举办的全国航空动力科普知识网络大赛共有21个省市139个单位47383人次参加。

学会承办中国科协“2015青少年科学营沈阳航空专题营”活动。学会与其他单位联合主办首届中国研究生未来飞行器创新大赛、联合主办“中国科学星榜样”校园选拔活动等。

全年新增全国航空特色学校11所，省市航空特色学校30多所，新增科普教育基地2个，新增2个专业分会科学传播专家团队，与有关单位合作建设以科普和文化为特色的“航空中国”全信息化平台。

科普活动 由中国航空学会西安会员工作站、陕西省航空学会、西北工业大学共同主办的2015中国航空学会会员日活动周，活动走进了户县甘河镇中心学校等学校，反响热烈；贵州省航空学会组织学生会员观看科普宣传影碟，并通过发放期刊等方式进行航空科普宣传。

表彰举荐优秀科技工作者 1—2月，完成了2015年两院院士推选工作。

完成了第三届学会“冯如奖”评选工作，王永庆等9位航空科技专家获奖；第十三届中国航空学会青年科技奖经评选授予张卓然等10位航空青年科技人才，同时排名前4位获奖者推荐为“第十四届中国青年科技奖”候选人。推荐段海滨教授为2015年创新人才推进计划中青年科技创新领军人才候选人。

完成2015年中国科协“青年人才托举工程”推选工作，共有5名32岁以下的航空科技领域新秀成为学会的托举对象。

党建强会 2015年，学会党支部继续开展“十百千”党建强会特色活动，全年共开展“党建强会航空科普行”4次，联系专家100多人次、24个学会组织参与活动，举办航空科普报告8场、航模制作比赛4次、航模表演3场，直接惠及学生近12500人，捐赠航模3200架、图书3800册，直接促成3所中小学与3所航空高校结对。搭建党建强会服务平台，联合8家学会党组织、51名专家参与服务，组织科普报告11场，开展技术服务4场，受众超过9500人次，捐赠航模1800架、图书4800册、价值30000元的医疗器械。

会员服务 完成了高级会员确认及服务登记工作，在北京组织了通航制造业发展高级研修班、在陕西省西安市组织了企业运营信息化培训班，受到了会员的好评，累计培训人数超过3600人次。

中国科协会员日 学会确定2015年会员日活动的主题与中国科协一致：“家”的温馨节日的问候。在12月11—20日，全会广泛开展会员日活动，直接受众人数超过25000人次，效果显著，受到广泛欢迎。

学会共举办科技报告、科技展览等特色活动15次，受众人数超2000人次；免费开放科技场馆并组织会员参观科技场馆，参与人数430多学会组织科技工作者参观中国航空博物馆、南航航空馆、辽宁省科技馆，向学会常务理事会邮寄中国科协会员日赠票等。

结合会员日活动，开展面向学生群体的科普宣传活动，增强航空意识。由中国航空学会西安会员工作站、陕西省航空学会、西北工业大学共同主办的2015中国航空学会会员日活动周，活动走进了户县甘河镇中心学校等学校，反响热烈；贵州省航空学会组织学生会员观看科普宣传影碟，并通过发放期刊等方式进行航空科普宣传。

开展面向广大会员和航空科技工作者的多场次健康知识讲座，服务会员健康。例如，成都会员工作站邀请中华口腔医学会专家面向成都地区学会会员举办2场口腔健康讲座，为会员义诊。

会员日活动期间，学会制作第三届“冯如航空科技精英奖”和第十三届“中国航空学会青年科技奖”获奖者宣传短片，向全会各级组织发放，在各种主题活动前进行播放。并利用多种方式，通过中国航空报、学会官方网站及官方微信等渠道对获奖者进行广泛宣传。

广泛开展走访慰问、听取意见及交流研讨活动。学会办事机构各部及有关分支机构在深入活动一线参加活动外，走访多家会员单位，慰问有关专家和学会会员，并对学会工作需求进行调研，广泛听取意见建议。

【全国学会党建强会走进红寺堡活动】 2015年10月26—29日，“全国学会党建强会走进红寺堡”活动在宁夏回族自治区吴忠市红寺堡区举办。活动由中国科协学会服务中心指导，中国航空学会党支部牵头，中国农业工程学会党支部、中国粮油学会党支部、中国生物医学工程学会与中国免疫学会联合党支部、中国国土经济学会党支部联合开展。

10月27日，全国学会党建强会走进红寺堡活动启动仪式暨专家座谈会在红寺堡区召开。红寺堡区党委常委、常务副区长（提供姓名）以及农牧局、文化体育旅游局、发展改革局、教育局、卫计局和人民医院等部门有关负责人出席座谈会，与学会专家进行交流。

随后，在人民医院（全称）举行了捐赠仪式。5个学会党支部向当地图书馆和医院捐赠了大量图书与医疗器具。10月28日，在红寺堡回民中学、第三中学与第一小学和图书馆举办4场科普活动。学会专家分别前往上述学校作科普报告。

学会党员专家团一行参观了当地葡萄种植区、新建畜牧业基地、工业和农业园区。

【“中航工业杯”第三届国际无人飞行器创新大奖赛暨安吉 2015 航空嘉年华活动】“中航工业杯”第三届国际无人飞行器创新大奖赛暨安吉 2015 航空嘉年华活动于 10 月 29 日—11 月 1 日在浙江省安吉市举办了比赛和飞行表演活动。比赛期间，中国宋庆龄基金会主席胡启立，原全国人大常委会副委员长路甬祥，学会理事长、中航工业董事长林左鸣，学会名誉理事长刘高倬等院士、专家及 8 万余名社会公众到现场参与和观看比赛。

在 102 支参赛队伍中，共有 28 支队伍获奖，奖金总额 237 万元。其中，中航工业成都所凭借作品“跃龙”摘得竞技赛固定翼类大奖；南京航空航天大学天矢队凭借作品“暗流”勇夺创意赛大奖。此外，南京航空航天大学天马队作品“黄蜂一号”、新加坡国立大学 Aerolion 队作品“黑狮 168”、南京航空航天大学翔鹰队作品“翔鹰”扑翼机、聚龙模型队作品“MXSR”，分获固定翼赛、旋翼赛、创意赛和像真遥控模型表演赛一等奖，奖金各 10 万元。

活动期间，举办了主题为“无人机——蓝天舞者通航新锐”的“2015 国际无人机发展与通航产业高峰论坛”，共 300 多人参加；举办了 2015 无人机创新与投资对接会，近 300 人参加；举办 2015 国际航模大师秀，邀请英、德、意、俄、奥，中国大陆及特别行政区香港航模大师进行 8 场表演；举办以体验互动为特色航空嘉年华活动；举办了 2130 名青少年放飞竹蜻蜓创建世界纪录活动；现场举办“创新展”等。

【2015（第二届）中国航空科学技术大会】学会与中国航空工业集团公司、中国商用飞机有限责任公司等单位联合主办的 2015（第二届）中国航空科学技术大会于 9 月 16 日在北京国家会议中心开幕，本次会议与第十六届北京国际航空展同期举行，来自航空工业、民航、部队、科研院所、高校等系统的 400 多名国内外代表参加了会议。

学会理事长、中国航空工业集团公司董事长林左鸣出席开幕式并致辞。学会名誉理事长朱育理，中国科协学会学术部部长宋军，中国工程院院士王浚等出席开幕式。开幕式由学会秘书长吴松主持。

开幕式上举行了中国航空学会青年科技奖、中国航空学会科学技术奖以及“冯如”航空科技精英奖颁奖典礼。本届科技大会主旨发言部分由工业和信息化部原副部长杨学山主讲《“中国制造”与“互联网 +”》，深度解析中国科技制造领域发展与互联网产业对制造领域的推动作用；德国前国防部长 Rudolf Albert Schiarping 带来题为“德国工业 4.0 与中德合作新展望”的报告，以工业革命先驱国家的现状与未来发展预测，对未来中德合作领域、内容及相关问题进行了全新展望；中国航空学会副理事长、中国航空工业集团公司副总经理张新国，以“新一轮工业革命与航空工业发展”为题与参会嘉宾进行了深入探讨，对于航空工业对引领新工业革命中的重要作用以及发展趋势进行了深入剖析，分享中航工业面向产业转型、应对全球新工业浪潮的“两化”融合驱动战略；中国商用飞机有限责任公司副总经理吴光辉则结合目前民航的快速增长，对中国民机 2050 发展进行了展望。

在下午的大会中，中国社会科学院研究员罗仲伟，昂际航电总裁兼首席执行官 Alan Jones、西门子全球航空总经理 Juergen Nolde、GEMCOR 公司总裁 William Mangus、亚洲机组培训有限公司首席咨询师 Daniel Edmund Duggan、马达西奇公司副首席设计师 Valery Anatolevich Altukhow 深圳光启尖端技术有限公司总裁赵治亚结合各自工作和研究领域作大会报告。

本届科技大会会期 3 天，由主会场和 6 个专业分会场及其他相关活动组成，围绕航空的各主要技术领域开展专业交流。

【2015 全球华人航空产业论坛暨第六届田长霖论坛】 2015 年 7 月 2 日，2015 全球华人航空产业论坛暨第六届田长霖论坛在武汉东湖国际会议中心举行。会议由国务院侨办、中国航空学会、美华航太工程师协会、台湾地区“中华航太学会”、湖北省人民政府、武汉市人民政府共同主办，由湖北省人民政府外事侨务办公室、武汉市人民政府侨务办公室共同承办，美国田氏教育科学基金会、武汉市海外交流协会共同协办。

随着中国经济持续发展，低空领域开放进入试点，中国通用航空产业孕育着巨大的发展潜力和市场空间，成为国内外航空航天界关注的焦点。本届会议聚焦“中国通用航空产业发展与前景”，邀请国侨办、省市领导，以及来自中国航空学会、美国美华航太工程师协会、台湾地区“中华航太学会”的海内外华人航空专家、学者以及通用航空产业界人士和武汉通航企业代表们等 150 多名专家、学者参会，进行交流探讨，共谋发展。

学会秘书长吴松、武汉市常委冯记春、美国田氏教育科学基金会理事长田长焯出席开幕式并致辞。学会的常务理事张聚恩教授、美华航太工程师协会理事长柳建夏博士、台湾“中华航太学会”理事赖维祥分别作了题为“大陆通用航空发展现状与未来”“通用航空的过去、现在与未来”“从飞机发展史看两岸通用航空未来发展——从王助水上飞机先期角色谈起”的主旨报告，并就武汉地区通航产业发展提出了意见与建议。随后，6名学者与产业领导就通航产业发展的思考、政策、人才、基础设施以及两岸合作等内容进行了报告交流。

7月3日，在武汉市黄陂区召开了“黄陂专场论坛”。武汉市侨办与黄陂区领导、省市作协、社科联、博物馆与高校领导、作家与学者、黄陵区相关部门负责人以及美国、中国大陆和台湾地区通用航空产业界人士、区相关企业代表和《湖北日报》等19家新闻媒体人员出席。本次论坛旨在推介田长霖先生的事迹与著作，推进我国通用航空产业的建设与发展，加大产业对接力度。

7月1日下午，武汉市委常委、常务副市长贾耀斌，市委常委冯记春在东湖国际会议中心会见了参加全球华人航空产业论坛暨第六届田长霖论坛的重要嘉宾。

全球华人航空产业论坛前身为全球华人航空科技研讨会，已经举办5届。本届活动结合“2015华侨华人创业发展洽谈会”与“第六届田长霖论坛”共同举办，旨在促进海内外各方共同探讨如何将航空科学技术与武汉当地经济与产业发展相结合。

（撰稿人：聂　荣）

中国宇航学会

服务创新型国家和社会建设　2015年，学会派出材料、结构强度等专业专家赴宁夏回族自治区石嘴山市中色东方集团、德信恒通管业等知名企业进行技术指导和咨询，助力企业转型和产业升级换代，并建立了长期的沟通机制。

学会联合中国航空学会共同开展了航空航天类工程教育认证的试点申请工作，目前已完成认证专业范围、认证专家委员会人选和秘书处人选确定的相关工作。学会承接了中国科协职业资格认定等相关工作，已完成质量与可靠性职业资格认定工作的可行性论证报告。

2015年，学会出资由专委会开展了创新课题研究工作，针对未来火星、金星等地外天体的近距离探测任务、可重复使用运载火箭研制需求、先进重装精确投放任务等，对国内外减速着陆领域的关键技术进行调研，开展了我国减速着陆技术未来发展方向研究，提出了我国在减速着陆技术上的发展建议，为决策提供参考。系统梳理国内外各领域光学遥感产品，分析未来可能应用在空间遥感载荷领域上的新技术和先进技术，根据目前各新技术的发展状况和发展趋势，预测空间遥感技术未来20—30年的发展状态，并提出基于新技术和先进技术的发展技术路线。

学会继续承担科协调宣部和学会服务中心拟联合主办“2049年的中国：科技与社会愿景展望”项目。为完成好该课题，学会联合中国航天科技集团公司中国空间技术研究院北京空间科技信息研究所专家，就“航天科技与中国梦”这一题目开展调研工作，于10月28日召开了专家开题会，开始了为期一年的课题研究工作。

学会在北京组织召开了第三届中德、中荷航天企业对接会。来自中国国家航天局、中国航天科技集团公司、中国航天科工集团公司、德国宇航局、德国宇航企业、荷兰空间办公室、荷兰航天企业的200余名政府官员、企业高管和专家出席了会议，与会者提出了各自的合作意向，并进行了研讨和洽谈。对接会期间，中德、中荷航天企业通过主旨报告、产品推介等多种形式进行沟通和交流，德荷代表对中国航天科技集团公司、中国航天科工集团公司所属航天企业进行了参观和考察。“航天企业对接会”已形成长效机制，每年举办一次，轮流在中国、德国、荷兰召开。

学会能力提升计划　2015年，在第二期“全国学会创新和服务能力提升工程优秀科技社团建设项目”评选活动中，学会荣获优秀科技社团二等奖，并获连续3年奖补资金支持。

学会建设　2015年，学会新增单位会员4个，单位会员总数达到186个。

根据年初学会制定的交流计划，飞行器总体、空间遥感、液体火箭推进、空间控制、飞行器测控、固体火箭推进、特种装备、发射工程与地面设备、计算机应用、空气动力学与飞行力学、质量与可靠性、光电技术、深空探测技术等23个专业委员会分别召开了学术会议。

2015年，中国航天科技集团公司第二巡视组对学会进行了为期一个月的常规巡视，并于6月18日反馈了巡视结果。学会制定了整改方案，31条整改措施已经全部按计划完成。

学会不断深化局域网自动化办公系统的应用，重新设计制作了IAA中国研究中心网站，搭建了“2015年中国宇航学会·中国空间法学会学术年会”专题网站，实现了在线注册、论文收集、专家评审等功能，为学术会议提供信息化支撑。进一步完善了中国宇航学会微信公众平台，使学会的最新动态、通知公告等重要信息快速有效地传播，为会员提供信息服务。

学术期刊 2015年，《宇航学报》按期出版12期，再次获得“百种中国杰出学术期刊”“中国国际影响力优秀学术期刊”“中国科技核心期刊”等荣誉称号。《宇航学报》2009—2013年发表的文章中，有13篇成为2014年度“精品期刊顶尖论文平台——领跑者5000”项目（F5000）论文。

国际学术会议 学会本部共举办国际会议1次。11月10—11日，学会与国际宇航科学院在上海市联合主办了第六届航天技术创新国际会议。来自14个国家的150多名专家、学者出席了会议。本届会议包括主题报告、技术分组等。

国内主要学术会议 2015年，学会及分支机构共举办年会、研讨会、交流会等学术活动35次，提交学术论文3300余篇，与往年相比，参会人数、学术影响力均有所提高。

9月21—23日，中国宇航学会·中国空间法学会2015年学术年会在北京召开。年会以“创新、合作、发展”为主题，在会议期间召开了第三届中德航天企业对接会。

2015年，学会与中国兵工学会、中国电子学会、中国造船工程学会、中国航空学会联合主办了第三届小卫星技术交流会（2015），与中国腐蚀与防护学会联合主办了2015高端制造航空航天材料加工技术论坛，与中国核学会、中国绿色包装产业技术创新战略联盟联合主办了第四届军品防护与包装发展论坛暨成果展示会。学会支持深空探测技术专业委员会、航天医学工程与空间生物学专业委员会、飞行器测控专业委员会主办了深空探测技术专业委员会第十二届学术年会暨首届哈尔滨工业大学空间科学与技术国际学术研讨会、辐射生物发展战略研讨会、第四届全国空间数据系统学术交流会。

国际组织任职 截至2015年底，经宇航学会推荐到国际宇航联合会任职的中国专家已达到13名。3月，中国空间技术研究院副院长李明新增任职荣誉与奖项委员会委员。

国际交往 2015年，学会分别组团参加了在以色列耶路撒冷召开的第六十六届国际宇航大会、在法国巴黎召开的2015年IAF春季会议、在德国慕尼黑召开的2015年全球航天创新大会、在日本神户召开的第30届国际空间科学技术研讨会等国际会议，共服务、协调、组织了来自中国航天科技集团公司、中国航天科工集团公司、中国空间法学会等单位的70余名航天科技工作者参会。

科普活动 2015年，学会举办科普宣讲活动430次，受众15万人次，发放科普宣传资料1200份，230余名航天技术专家参加了科普宣传活动。

7月19—25日，学会举办了第21期“梦想航天、情系中华——航天科技夏令营”活动，组织来自港澳台地区以及新加坡、马来西亚华裔学校等70所学校的187位华裔师生进行了为期5天的夏令营活动，并走进央视演播厅录制了《芝麻开门》专题节目。

8月，学会组织第12期赴美国太空营训练夏令营活动。训练项目包括太空梭、模拟火星探险、水上救援训练和划艇训练等。营员在美国教官的指导下亲手制作了简易火箭并发射升空。在结业仪式上，美国太空营训练夏令营创始人Buckbee先生为团员们颁发了结业证书及多项个人及团队奖。

10月，学会围绕“世界空间周”主题“航天技术 为您指路”，以“航天科技在线”、科普报告会和发放世界空间周宣传海报的形式开展科普宣传活动。学会与搜狐网合作，同时学会网站开设“世界空间周”活动专题，结合当前世界航天发展现状，进行“世界空间周”宣传。该专题设置“世界空间周的由来”“历年世界空间周活动回顾”“中国科普活动”等16个板块，以及“探月工程电视新闻集锦”“中国航天50周年专题片”等9个视频宣传片。活动期间，“世界空间周”专题点击量达587690次，日最高点击量达到205500次，受到网友的广泛好评。

表彰举荐优秀科技工作者 2015年2月，学会召开推选两院院士候选人初审会，雷凡培董事长和高红卫董事长以及航天领域的19名院士出席会议。会上，推选专家委员会对9名候选人的材料进行了严格审议，经过推选专家委员会无记名投票，确定了4位候选人为学会推选两院院士候选人。2015年，学会先后推荐了6名“青年人才托举工程”人选和5名中国青年科技奖候选人。其中6名“青年人才托举工程”人选和1名中国青年科技奖候选人当选。学会联合中国自动化学会开展了第四届杨嘉墀科技奖的评选，共有5位航天自动控制领域的科技工作者获奖。

党建强会 2015年学会正式由党支部整建制调整为党总支。学会党总支以“三严三实”专题教育活动为抓手开展党员教育活动，并结合学会实际情况制定了《中国宇航学会建立健全教育、制度、监督并重的惩治和预防腐败体系的意见》《中国宇航学会党风廉政建设责任制考核管理办法》《中国宇航学会廉洁从业管理办法》《中国宇航学会信访举报和案件查处管理办法》4项管理制度，进一步明确了党风廉政建设的主体责任、监督责任和监管责任，落实了领导班子成员、党总支委员、部门负责人以及重要岗位工作人员在党风廉政建设中的各级职责和所负的责任。

【第六届航天技术创新国际会议】 11月10—11日，学会与国际宇航科学院在上海市联合主办了第六届航天技术创新国际会议。本届会议的主题为“先进航天技术惠及人类社会”。来自14个国家的150多名专家、学者参会。中国航天科技集团公司副总经理、本届会议地方组委会主席袁洁出席大会开幕式并代表集团公司董事长、本届大会主席雷凡培致辞，国际宇航科学院院士、本届大会国际程序委员会共同主席菲利普·格拉扎尼代表国际宇航科学院秘书长、本届大会主席米歇尔·康坦致辞。开幕式由学会副理事长兼秘书长、大会秘书长杨俊华主持。国际宇航科学院院士、意大利GAUSS公司总经理菲利普·格拉扎尼作题为“创新型多功能微小卫星”的报告，中国空间技术研究院508所高工刘勋作题为“空间技术发展的若干重大方向与关键技术”的报告，日本九州大学名誉教授八坂哲雄作题为“木星前哨战：揭秘宇宙的捷径”的报告，上海航天技术研究院总工程师陈杰作题为“气象和环境卫星的发展和应用”的报告，国际宇航联合会秘书处执行主任克里斯汀·费齐廷格作题为“第66届国际宇航大会最新技术成果”的报告，中国运载火箭技术研究院院长助理曾东作题为“创新——中国商业太空飞行之路”的报告，日本艾普斯龙火箭项目经理森田泰弘作题为“艾普斯龙火箭项目”的报告，中国航天科工集团公司空间工程总体部副主任贝超作题为“接入福星，联通世界”的报告。

【中国宇航学会·中国空间法学会2015年学术年会】 9月21—23日，中国宇航学会·中国空间法学会2015年学术年会在北京召开。学会名誉理事长、中国空间法学会名誉理事长、中国航天科技集团公司高级技术顾问王礼恒院士，学会副理事长、中国空间法学会副理事长杨长风，学会副理事长、北京理工大学校长胡海岩院士，中国航天科技集团公司副总经理刘石泉等出席会议。德国航天局执行理事格尔德·格鲁珀博士等16名德国航天企业代表以及来自中国航天科研院所、企事业单位、高等院校、部队等有关单位的320多名专家、学者出席会议。

中国宇航学会·中国空间法学会2015年学术年会

年会开幕式由学会副理事长兼秘书长杨俊华主持，王礼恒、杨长风、刘石泉、张宝红、格尔德·格鲁珀在开幕式致辞。本届年会“创新、合作、发展”为主题，旨在倡导航天科技界以合作促发展、以发展促创新。年会特别邀请德国专家参会并作主旨报告，并在会议期间召开了第三届中德航天企业对接会。年会共收到论文摘要358篇（含空间法律领域28篇），经大会技术委员会评审，共录取256篇，报名参加分会场交流的论文作者149人。

年会的9个主旨报告分别为智慧云制造（云制造2.0），空间站工程及未来发展、空间探测暗物质粒子、空间交通管理相关问题及中国的应对、高轨遥感技术进展、中国航天国际合作现状及展望、当前外空安全国际规则发展动态、加快立法进展建设法治航天、德国航天工业发展现状，所涉及均为当前航天热点问题。年会技术分组研讨空间技术、空间科学、空间应用和空间政策等相关领域。会议评选出优秀论文10篇，并给予表彰奖励。

中国宇航学会·中国空间法学会学术年会每年召开一次，已成为航天科技、空间法领域加强学术交流与研讨的重要平台。

【第三届中德航天企业对接会】 9月21日，在中国宇航学会、中国空间法学会2015年学术年会期间，

第三届中德航天企业对接会在北京召开。

中国国家航天局系统司副司长张宝红、中国航天科技集团公司国际合作部副部长郭建平、中国航天科工集团公司空间部部长张镝、学会副理事长兼秘书长杨俊华，德国宇航局执行理事格尔德·格鲁珀、德国航天工业协会空间防务部主任斯特凡·阿尔布雷希特·赫斯、德国驻华大使馆经济和工业参赞鲍大伟在对接会上致辞，表达了对近年来中德两国航天合作取得成就的赞许，以及对未来进一步加强各领域合作的期望。

会上，来自中国航天科技集团公司及所属中国运载火箭技术研究院、中国空间技术研究院、上海航天技术研究院、航天推进技术研究院、航天电子技术研究院、长城工业集团公司，中国航天科工集团公司及下属空间工程总体部、第三总体设计部、第九总体设计部等单位的50多名专家、学者，与来自德国宇航局和空客防务、洛克威尔科林斯德国公司、OHB系统公司、阿德列尔肖夫有限公司、通讯宇航有限公司、耶拿光电公司的15位高管和专家进行了交流，提出了各自的合作意向，并进行了研讨和洽谈。

会后，德国客人参观了中国运载火箭技术研究院、中国空间技术研究院、上海航天技术研究院、航天信息股份有限公司等单位，进一步加深了对中国航天的了解。

德国工业协会是德国航空航天领域的行业协会，有200多个企业会员，代表了德国航空航天工业系统的利益。中国宇航学会于2005年与其建立了联系，双方在2006年共同主办过中德航天企业研讨会。2013年9月北京第64届国际宇航大会期间，双方合作策划召开了中德航天企业对接会，促成了中德航天企业间的实质性合作，取得了良好效果。2014年双方签署合作协议，建立长期合作关系，并于当年5月德国柏林航空航天展览期间召开了第二届中德航天企业对接会。本届为双方合作召开的第三次企业对接会议。中德航天企业对接会已形成长效机制，每年举办一次，轮流在中国、德国召开。

【第三届中荷航天企业对接会】 10月27日，第三届中荷航天企业对接会在北京召开。会议由学会与荷兰航天企业联盟联合主办。来自中国国家航天局、中国航天科技集团公司、中国航天科工集团公司、荷兰空间办公室、荷兰驻华使馆、荷兰应用科学研究组织、荷兰ISIS公司、荷兰空客公司、和德（荷兰）公司等26家中荷企业近70名代表参加了本届对接会。中国国家航天局系统工程司副司长余琦、中国航天科技集团公司国际合作部副部长郭建平、中国航天科工集团公司空间工程部部长张镝到会并在开幕式上致辞。学会副理事长兼秘书长杨俊华主持开幕式，学会副秘书长龚金玉和荷兰航天企业联盟代表伊隆·罗特维尔主持圆桌会议。中国国家航天局系统工程司江辉调研员作了题为“中国航天的发展”的主旨报告，荷兰空间办公室主任盖尔钮保特作了题为“荷兰航天发展”的主旨报告。中荷双方参会企业在圆桌会议上分别作本单位相关产品、项目及合作意向介绍，并就后续合作意向和内容开展进一步商讨。荷兰航天企业联盟是荷兰航空航天领域的行业协会，有200多个企业会员，代表了荷兰航空航天工业系统的利益。中国宇航学会于2013年与其建立了联系，双方在2013年9月、2014年6月分别在北京和阿姆斯特丹共同举办过第一届和第二届中荷航天企业对接会。“对接会”已形成长效机制，每年举办一次，轮流在中国、荷兰召开。

（撰稿人：王续伯）

中国兵工学会

服务创新型国家和社会建设 学会继续开展和承接中国工程院重大咨询项目。2014—2015年度中国工程院重点咨询项目“我国科技奖励与科技成果评价若干问题研究”的3个分课题组的子咨询报告已完成初稿。2015年初，学会承接了2015—2016年度中国工程院重点咨询项目“军民融合深度发展战略研究”，截至12月底，共召开各类会议9次，包括院士、专家和学者在内的近百人次出席会议。项目组提出了“关于构建军民融合领导管理体制的建议”，并由中国工程院上报至中共中央、国务院和中央军委。

2015年，学会的兵器大学报学人数近1万人。学会进一步推进兵器类工程教育认证，组织完成《兵器类专业教学质量国家标准》编写。此外，牵头组建中国科协继续教育学会群，制定《中国科协继续教育学会群管理办法》及《工作管理办法》，开展中国科协继续教育培训体系调查研究课题，对中国科协所属学会开展继续教育工作的基本情况、基本数据、基本问题进行了摸底和分析，为中国科协研究制定改革方案提供了依据。

2015年，学会牵头并联合中国宇航学会、中国核学会、中国电子学会、中国航空学会、中国造船学会组建国防科技社团联盟。

学会能力提升计划 2015年，学会专门成立优秀科技社团建设工作组，并明确了负责完成的工作内容与相关责任人。

服务创新能力方面。以围绕创新驱动发展与军民融合战略打造的学术交流平台为主，实现了学术沙龙、高端学术论坛、专题学术交流、年会交叉举办的格局。以创新驱动助力工程为契机，先后结合江苏省的包装产业和云南省材料产业，开创了联合地方打造区域服务型学术交流的模式；以学术沙龙争鸣为平台，打造了学术交流成果与科普知识交叉面向科技界与社会宣传的模式；以高端学术交流为支点，配合兵器行业人才培养，开展两次高端人才培训，确定了交流与培训相结合的模式；以兵器科技创新发展的重点、热点和兵器学科发展的前沿问题为导向，结合《兵工学报》，在行业的影响力联合开展高层次学术交流3次，培育了学术交流依托核心期刊相辅相成的模式。

服务社会和政府能力方面。以开展"我国科技奖励与科技成果评价若干问题研究"和"军民融合深度战略研究"两大专项咨询项目为主，提出了深化我国科技奖励体系改革的建议，包括强化奖励的荣誉性和对人的激励、逐步完善推荐提名制、引导和规范社会力量设奖、鼓励社会力量设立科学技术奖等，提出了军民融合顶层领导机构设置、办事机构设置、重要工作机制建立等重大体制机制的相关建议。

服务科技工作者能力方面。以健全人才培养体系建设，完善人才举荐和高端人才培训为主，完成了院士推选、青年人才托举、优秀博士生论文评选三项重要人才推荐工作的制度建设；继续巩固兵器工程师进修大学的培训教育地位，围绕落实"互联网+"行动计划和提升广大学员学以致用本领两方面，服务科技工作者。

服务自身发展能力方面。以完善内部治理与信息化建设为主，建立了涵盖组织架构、战略管理、全面预算管理、资金管理、采购管理、资产管理、人力资源管理、销售管理等业务流程体系框架；开拓了信息化服务会员方式与手段，学会网站进行了改版，增加了会员互动专区、微信公众平台、微信群、《兵工学报》网站、《防务技术》网站、《兵器知识》在线读者服务部等的技术支持与管理，建立了学术会议、论文管理系统。

学会建设 学会召开了八届三次常务理事会、八届二次常务理事会通讯会议、八届二次理事会通讯会议和第34次工作会议。

学会成立了浙江省兵工学会，截至2015年年底，学会共有专委会43个，地方学会17个。学会普通会员数31962人，高级会员690人，会士47人。受总政治部《军队社会团体管理工作规定》和《关于搞好军队社团工作专项清理整治的通知》规定的影响，2015年学会会员总数比2014年缩减了283人。

学会重新制定了工作委员会管理办法，并设定了学会6个工作委员会委员。与财务处配合完成了分支机构财务管理制度改革。

学术期刊 《兵工学报》继续保持在兵器学科19种核心期刊中排名第一名，在全国1989种核心期刊中排名第28名。《兵工学报》获得中国科协精品科技期刊工程TOP50项目资助，资助周期为3年。

英文期刊*Defence Technology*国际化程度大幅提升，编委会由15人增加到19人，国际编委占67%；作者群来自20个国家，国际来稿占70%；审稿人员涵盖60个国家，国际审稿人员所占比例60%；读者群覆盖91个国家，国际读者占比92%。5月，*Defence Technology*被中国科学院的中国科技引文数据库核心版收录。2016年该刊计划出版周期由季刊改为双月刊。

2015年，《兵器知识》入选中国科协"精品科普期刊"项目。获得"2015期刊数字影响力100强（大众期刊类）"和"2015年度中文报刊海外发行最受海外读者欢迎TOP50"称号。

学科发展研究 "兵器科学技术学科发展报告（装甲兵器技术）"项目结题，形成了装甲兵器总体技术、装甲兵器推进技术、装甲兵器武器技术、装甲兵器防护技术、装甲兵器综合技术和装甲兵器基础技术6个领域的研究报告。

承接了中国科协"学科发展引领与综合集成"项目分项"兵器科学技术学科发展方向预测及技术发展路线图综合研究报告"。

国际学术会议 7月21—24日，学会维修专业委员会和电子科技大学联合主办的2015年质量、可靠性、风险、维修性及安全性工程国际学术会议暨第六届维修工程国际学术会议在北京召开。来自中国、美国、日本、韩国、新加坡等16个国家和地区的近200

名专家、学者、研究生与工业界代表参加会议，共收到投稿论文300余篇，遴选收录135篇。

9月16—18日，由中国兵工学会主办的“2015国际推进剂、炸药、烟火技术秋季研讨会”在山东省青岛市举办。此次会议代表共202人，分别来自中国、美国、英国、俄罗斯等16个国家。会议期间，11名学者作了大会报告，6名教授作了分会场特邀报告，50篇论文在分会场进行了口头交流，20篇论文进行了海报展示。

2015国际推进剂、炸药、烟火技术秋季研讨会

国内主要学术会议 学会及分支机构共举办年会、研讨会、报告会、论坛等学术活动32次，参会人数4100多人次，主题报告306篇，投稿论文2640篇，收录论文2519篇，评选出优秀论文334篇。国际交流2次，参加人数600人次，其中境外专家130人。

11月27日，学会与中国科学院技术科学部联合主办的中国科学院论坛——创新驱动兵器科技发展高峰论坛在北京召开，共13名院士、130多名专家和学者参加会议。论坛旨在宣传兵器工业科技创新成果，围绕我国兵器科技发展趋势和国家战略需求，研讨了武器装备发展的重点、难点和关键技术问题。对收集的168篇论文组织了审核校对，将收录的68篇论文出版了论文集。

9月16—18日，由中国兵工学会、北京理工大学、中国工程物理研究院化工材料研究所、南京理工大学、西安近代化学研究所、应用物理化学重点实验室（陕西应用物理化学研究所）、中北大学、湖北航天化学技术研究所、西安航天动力技术研究所、西南科技大学和青岛市科协联合主办，北京理工大学火炸药研究院和中国兵工学会火炸药专业委员会协办，爆炸科学与技术国家重点实验室（北京理工大学）和安全与防护协同创新中心共同承办的2015国际推进剂、炸药、烟火技术秋季研讨会在山东省青岛市举办。

此次会议代表共202人，分别来自中国、美国、英国、俄罗斯、白俄罗斯、加拿大、荷兰、以色列、意大利、印度、捷克、韩国、土耳其、新加坡、巴基斯坦、伊朗16个国家。会议由美国Karl Rink教授担任主席。中国科协副主席、北京理工大学火炸药研究院院长冯长根，国际弹道学会主席Clive R. Woodley博士，中国兵工学会原常务副秘书长许毅达，中北大学副校长肖忠良，西安近代化学研究所书记、副所长刘晓东，湖北航天化学技术研究所副所长庞爱民，爆炸科学与技术国家重点实验室主任张庆明，韩国Chang Ha Lee教授，意大利Luigi De Luca教授，俄罗斯Valery P. Sinditskii教授，荷兰Antoine van der Heijden研究员，土耳其Burhan Lemi Türker教授和捷克Svatopluk Zeman教授，以色列Michael Gozin教授，以及冯昊研究员、史宏斌研究员、胡双启教授、张庆华研究员等出席了研讨会开幕式。会议期间，Karl Rink教授等11名国际知名学者作了大会报告，Young Gyu Kim等6位教授作了分会场特邀报告，50篇论文在分会场进行了口头交流，20篇论文进行了海报展示。

9月23—24日，中国科协第108期新观点新学说学术沙龙在北京举行，主题为“无人机动平台技术未来发展趋势”。本期沙龙由中国科协主办，中国兵工学会承办，北京理工大学、兵器地面无人平台研发中心、中国北方车辆研究所、装甲兵工程学院协办。来自军队、科研院所、院校、企业的50多名专家、学者围绕主题展开讨论。

10月22日，“2015全国毁伤评估技术学术研讨会”在北京召开。共94个单位380多名专家代表参加了会议。会议主题是“聚焦实战要求，加大交流协作，研讨武器装备毁伤效能评估领域关键技术问题，推进我国毁伤评估技术进步和工程应用”。

科普活动 学会组织6名科普传播专家参加中国科协广东佛山科普系列报告会，5天共进行了12场报告。配合兵器工业集团公司党群工作部承接中国科协“徐特立兵器营”活动，组织100名高中生参观实践兵工企事业单位。学会牵头组织国防科技社团联盟开展“国防教育广西校园行”等活动。

表彰举荐优秀科技工作者 2月，学会向中国科协推选中国科学院和中国工程院院士2名，分别进入院士候选人遴选第一轮和第二轮。

8月，开展了创新人才推进计划推荐工作，并向中国科协推荐了2名优秀科技工作者和1个创新团队。

10月，完成了“科技盛典——中央电视台2015年度科技创新人物”候选推荐工作，并向中国科协推荐了1名优秀科技工作者。

12月，完成国防科技社团联盟“青年人才托举工程”候选人推荐工作，本年度工作由中国兵工学会牵头。共有5名候选人获得托举工程项目的资助。

12月，完成第十三届中国兵工学会青年科技奖和第十四届中国青年科技奖候选人工作，共评出了12名获奖者和4名青年科技奖候选人。向中国科协推荐了4名中国青年科技奖候选人。

党建强会 承接了中国科协“党建强会”特色活动，结合抗战胜利70周年，学会举办了3次“走进校园、爱我国防”党建强会主题教育活动，分别到5所大中专学校进行了国防科普知识报告、武器模型制作、公益捐赠和科普挂图宣传，共有4000余名学生参加活动。还承接了中国科协党建调研课题《科技工作者的“中国梦”以及实现“中国梦”的问卷研究》，被评选为优秀论文，并被中国科协推荐到全国党建研究会参评。

会员服务 2015年发展与更新会员2236人、更新4500余条人员变动信息。按照总政治部《军队社会团体管理工作规定》和《关于搞好军队社团工作专项清理整治的通知》的要求，学会办理了部分会员退会工作。截至12月底，共有30多个单位，283人退会。

2015年，在向会员发放《兵器知识》《兵工学报》《会讯》3本电子刊的基础上，继续改革会员资讯类服务手段，建立了中国兵工学会微信公众平台及微信群，每周发送学会各类活动动态。学会网站进行了改版，增加了会员互动专区、《兵工学报》网站、《防务技术》网站、读者服务部等。

中国兵工学会服务基层活动之“院士走基层活动”是学会服务广大会员的有力抓手。6月15日，学会在内蒙古第一机械集团举办了“弘扬国防精神，实现中国梦”的主题报告会。邀请了神舟飞船首任总设计师、国际宇航科学院院士、中国工程院院士戚发轫作报告，兵器一机集团公司、北重集团公司300名一线的科技人员在现场聆听报告。包头日报、包头新闻网等当地多个主流媒体做了报道和宣传。

中国科协会员日 12月，学会开展了2015年会员日系列活动。本次活动主题是“搭好桥梁、服务基层”，围绕主题共开展5项活动，其中国防教育主题日活动是此次会员日的主活动。12月18日，学会在北方国际射击场举办了国防教育主题日系列活动。来自中国科协、17个全国学会和4家中国兵工学会团体会员单位共70人参加了此次活动。此次活动包含3项内容：一是国防热点报告会，邀请了两位国防方面的专家作科普报告；二是组织参会人员参观了北方轻武器博物馆，该场馆是中国唯一的轻武器专业博物馆、是中国轻武器对外展示和交流的窗口；三是第三届“吴运铎杯”实弹射击赛。共有28支队伍60多名选手参加了本次比赛，共产生了1个团体第一、2个团体第二、3个团体第三和15个个人奖。

6月，学会获得中国科协授予的中国科协系统会员日优秀组织单位称号。自2012年已经连续三年获得该项奖励，国防热点报告会、吴运铎杯射击赛已经成为中国科协会员日的品牌性活动。

【创新驱动兵器科技发展高峰论坛】 11月27日，学会与中国科学院技术科学部联合主办，中国兵器人才学院承办的创新驱动兵器科技发展高峰论坛在北京召开。中国科协副主席冯长根、中国科学院、中国工程院10位院士以及出席论坛。论坛分别由中国科学院院士胡海岩、南京理工大学副校长钱林方、北京理工大学杨树兴、中国工程院院士王兴治主持。胡海岩院士作为论坛主席致开幕词。11位来自国防、军队、研究院所以及高校的专家应邀作大会主题报告。来自国防科技工业系统、军队系统及有关高等院校的领导、首席专家、教授、论文作者共130多人参加了论坛交流。

本次论坛以“创新驱动发展”和“军民融合式发展”两大国家战略为背景，重点研究如何以创新驱动发展和军民融合式发展的战略思维为指导，针对武器装备发展中的重点、难点和关键技术问题开展研究，通过交流和研讨，了解军事需求和国防、兵器科技发展动向，促进军地、军民优质资源有机结合，主动联合，深度融合，形成优势互补，资源共享，推动国防和兵器科技进步，真正实现创新驱动发展。

特邀主题报告围绕我国兵器科技发展趋势和国家战略需求，研讨了武器装备发展的重点、难点和关键技术问题，提出了有学术价值的观点和建议。

论坛面向军队、院校、科研院所以及企业等单位

征集论文，共征集论文166篇，经过专家评审，遴选出68篇论文收录在《创新驱动兵器科技发展高峰论坛论文集》中。

中国工程院王兴治院士为论坛作学术总结。他指出，当前中国兵器的发展很多已经达到世界水平，如制导武器、智能武器以及末端防御武器等。

本次论坛是中国科学院技术科学部和中国兵工学会继2013年举办“兵器科技发展”技术科学论坛之后，再次举办的兵器科学技术学科领域的高峰论坛。

【中国科协第108期新观点新学说学术沙龙】 9月23—24日，中国科协第108期新观点新学说学术沙龙在北京举行，主题为“无人机动平台技术未来发展趋势”。沙龙由中国科协主办，中国兵工学会承办，北京理工大学、兵器地面无人平台研发中心、中国北方车辆研究所、装甲兵工程学院协办。解放军军械工程学院教授刘尚合院士、北京理工大学教授陈慧岩、兵器地面无人平台研发中心常务副主任孟红、装甲兵工程学院研究员张兵志担任本期沙龙领衔专家，来自军队、科研院所、院校、企业的50余位专家、学者围绕主题展开讨论。

沙龙针对当前愈演愈烈的无人机动平台技术的迫切需求，结合现代国防科技和兵器工业研究的主要方向，围绕地面无人平台国内外研究进展与未来发展趋势、地面无人平台发展需求和应用前景、地面无人平台高机动行走系统、地面无人平台环境感知与传感器技术发展趋势4个中心议题展开了讨论和交流。

【组建国防科技社团联盟】 3月25日，由中国兵工学会牵头，航空学会、中国造船工程学会、中国核学会、中国宇航学会和中国电子学会六家全国学会共同发起并组建国防科技社团联盟。这是一个以服务国防工业和军队信息化建设为中心任务的非营利性、非法人联合体，六家军工国防领域的学会组成联盟有助于在科普活动中更好地开展活动，扩大影响力，增加公众的吸引力和热情；有助于在学术交流中，以同专业为依托，进行行业交叉、专业融合、业务借鉴，更广泛的促进学术交流和研究的深入与广泛；有助于在科技咨询、技术服务、科技评价、行业标准、人才流动等诸多方面互相促进、互通有无、集体进步。

联盟集聚了国防科技系统的应用研究、技术开发、装备制造、工程设计、基础研究等诸多资源，具有鲜明的跨学科、跨行业、跨地域特点，专业覆盖面更广，智力资源更丰富。联盟现有单位会员2024个，涵盖了国防科技系统绝大多数单位；个人会员145158人，其中两院院士260余人、具有正高级职称的专家30000人以上；专职工作人员260人。

联盟成立以来，已经在科普项目投标（科普信息化工程投标）、联合科普活动（广西科普校园行）、高端学术论坛等多方面取得一定效果。

（撰稿人：殷宏斌　陈雪蕾）

中国金属学会

服务创新型国家和社会建设　2015年，学会建立“冶金与新材料产学研协同创新服务平台”，整合科技资源，将科技成果转化成项目数据库，入库项目达180余项；建立钢铁工业绿色制造关键共性技术应用效果评价制度与服务平台，完成建设方案、软件开发方案、数据采集等工作，面向企业和会员提供公共服务。

学会组织国家科技支撑计划重点项目“高炉炼铁CO_2减排与利用关键技术开发”产学研合作项目的实施，落实课题验收和部分课题延期工作。

学会组织专家筛选行业自主研发的新技术成果，选出22项关键共性技术进行重点推广，包括烧结烟气综合治理技术、焦化废水深度处理技术、钢渣处理技术、滑板挡渣技术等。

学会对12项科技成果开展评价工作，包括鞍钢集团公司的“鞍钢精品线材生产线工艺开发及自主集成创新”、北京科技大学与上海宝钢不锈钢有限公司共同完成的“高表面质量304不锈钢BA板材生产关键技术”等。

学会举办专业技术人才培训班和技术讲座17次，培训人数3000余人次。

学会申请并承担人力资源和社会保障部专业技术人才知识更新工程2015年高级研修项目，于8月举办了大数据与钢铁工业智能制造高级研修班；申请并承担人力资源和社会保障部急需紧缺人才项目，于12月举办了京津冀冶金企业环境监督员培训班。

学会参与材料类专业工程教育认证，承担秘书处办公室工作。制定和完善8项工作制度，培训新专家37名、老专家20名，开展10个专业的认证工作，包括自评报告审阅、现场考查、结论审议等。

10月21—23日，在第十届中国钢铁年会暨第六届宝钢学术年会上举办第十八届上海国际冶金工业展览会，200 多家企业参展，展出面积约 20000 平方米，吸引国内外观众近 15000 人次。

第十八届上海国际冶金工业展览会

学会能力提升计划 学会服务于钢铁行业化解产能过剩和提质增效、智能制造、绿色发展等重大战略问题，围绕提高学术交流质量与国际影响力，建设高水平冶金与新材料领域科技智库，提高创新协同性和科技人才评价、举荐、表彰与培养等方面，提升学会能力，完成“学会创新和服务能力提升工程——优秀科技社团建设项目”第一阶段总结工作 29 个分项指标任务。

学会建设 2015 年，学会发展会员 901 人，其中高级会员 6 人，会员总数达 88580 人，单位会员总数 133 个。

学会和各专业（工作）委员会共组织各类学术、技术交流活动 80 次，学术论坛 3 个，参加人员 11133 人次，论文集收录论文 3545 篇。

学会第九届第八次通讯理事会议选举干勇为第九届理事会理事长，东北大学校长赵继为第九届理事会副理事长。

学会变更常务理事 4 人、理事 12 人。批准成立非晶合金、熔盐化学与技术、冶金固废资源利用 3 个专业分会，撤销金属粘接分会。

科技期刊国际影响力提升计划 学会主办的期刊《金属学报（英文版）》和《材料科学技术（英文版）》完成中国科协中国科技期刊国际影响力提升计划项目第一期项目总结。

《金属学报（英文版）》设立兼职编辑，采用国际化稿件评审模式；设立优秀论文奖和优秀审稿人奖，对优秀作者和审稿人进行奖励；购买德国斯普林格出版社（Springer）的专业化生产服务，提供论文数据网络链接。

《材料科学技术（英文版）》使用国际稿件在线处理平台 ScholarOne Manuscript 和出版平台 Science Direct Full Service，将各平台整合，形成统一网页，实现在自有网络平台上免费下载电子版全文。

学术期刊 《金属学报（中文版）》获中国科协精品科技期刊 TOP50 项目资助，周期 3 年;《钢铁》和《中国冶金》分别获中国科协学术质量提升项目及数字出版建设项目资助，周期 3 年。《金属学报》（中文版）被国家新闻出版广电总局评为“2015 年度百强科技期刊”。《材料科学技术（英文版）》影响因子为 1.909;《钢铁》核心影响因子为 0.642，均达历史新高。

学科发展研究 5 月 15 日，学会启动“钢铁前沿技术研讨”预备会，对钢铁前沿技术的含义、前沿理论与工程技术以及体制机制研究等问题进行研讨；初步提出“十三五”重点研发的前沿技术项目，明确中远期科技创新重点。

学会组织专家对《中国钢铁工业科技学技术发展指南》中的关键技术逐项进行说明，编辑出版《附录：〈2011—2020 年中国钢铁工业科学与技术发展指南〉关键技术说明》。

2015 年年底，学会启动“冶金工程技术学科方向预测和发展路线图”项目。研究分为两个阶段（至 2025 年、至 2050 年）的学科发展趋势，制定学科发展预测和技术路线图。

决策咨询 学会秘书长赵沛作为京津冀协同发展专家咨询委员成员，参与国家《京津冀协同发展战略规划》的一系列咨询、调研、编制工作；结合京津冀一体化进程，学会组织专家对承德地区钢铁和钒钛产业调研，明确承德地区钢铁钒钛产业的发展方向。学会参与中国科协“京津冀产业协同创新共同体试点建设规划”项目并提出意见和建议。

学会参与由中国工程院、工业和信息化部、国家质量监督检验检疫总局共同开展的重大咨询项目，如“中国工业强国战略研究”“中国工业绿色发展工程科技战略及对策”“中国工业强基战略研究”“中国制造 2025”等，提出钢铁领域重大工程建议；学会承接国家发展改革委《钒钛资源利用产业化》咨询任务，参与科技部“十三五”科技发展规划的编制工作。

国际学术会议 5 月 12—14 日，学会在北京举办第六届国际炼钢科技大会。22 个国家和地区的 600 余名专家、学者参会，交流论文 270 余篇。

8 月 17—19 日，学会与美国矿物、金属和材料学会（TMS）、中国科学院金属研究所在辽宁省沈阳市联合举办第一届材料计算设计与模拟国际会议。中国科学院院士李依依，美国科学院院士、英国皇家学会院士 Michele Parrinello 等出席会议。会议引导未来材料研究方法的变革，明确了计算材料学的发展方向，来自 23 个国家和地区的 200 多位专家、学者参会，交流论文 120 余篇。

11 月 11—13 日，学会联合中国工程院化工、冶金与材料工程学部在浙江省杭州市共同主办第七届低合金高强度钢国际会议、2015 年微合金化国际会议、2015 年海洋工程用钢国际会议。中国工程院院士翁宇庆致辞，来自中国、美国、韩国、德国、英国等国家的行业专家在会上作报告，300 多名专家、学者参加会议。

国内主要学术会议 3 月 30 日—4 月 1 日，学会在山东省济南市召开 2015 年全国转炉除尘系统排放达标综合技术研讨会，130 多名专家、学者参会。会议围绕转炉除尘与冶炼工艺的关系、转炉除尘工艺新进展、除尘工艺使用效果、自动控制技术的进展、转炉除尘系统发展方向等展开研讨，反映了我国转炉除尘技术的新进展。会议共收录文章 36 篇，特约交流报告 12 篇。

6 月 2—5 日，学会主办的 2015 年全国烧结生产技术研讨会在江苏省南京市召开。会议围绕着基于铁矿石冶金性能科学配矿和优化工艺、精细操作保证烧结矿质量和烧结生产效率，为高炉炼铁奠定基础，开展交流与互动讨论。80 多名专家、学者参加了会议。来自高校和钢铁企业的烧结领域专家作了关于“配好料、制好粒、布好料、点好火”的操作技术方面的专题讲座。

6 月 29 日至 7 月 2 日，学会与中国水利企业协会在山东省青岛市共同主办全国冶金用水节水与废水综合利用技术研讨会。会议围绕“改进冶金用水节水效率，加强污水深度处理技术，提高废水资源化水平”的主题，交流探讨了冶金废水处理、废水回用及海水淡化等技术问题。

7 月 7—10 日，学会在江苏省苏州市召开全国高品质特殊钢生产技术交流研讨会。围绕钢铁产品升级，会议邀请专家、学者从特殊钢生产工艺、钢材品种与质量、特殊钢应用三方面作报告。会议就企业存在的问题及特殊钢发展关注问题进行了讨论，呼吁我国特殊钢发展要增强自主研发能力，结合下游用户做好产品延伸加工，提高特殊钢生产质量，稳定特殊钢产品性能。

7 月 27—29 日，学会在天津市召开 2015 年全国炼钢 - 连铸过程协同优化学术研讨会。会议邀请 17 位专家作了专题报告，内容涉及炼钢 - 连铸过程的生产节奏与产量平衡、产品结构与产能的匹配、过程控制与调度的协同优化以及关键工序过程控制的精准性等问题。

10 月 21—23 日，学会与宝钢集团有限公司在上海联合举办第十届中国钢铁年会暨第六届宝钢学术年会。大会主旨报告聚焦产业结构调整和转型、冶金工业技术进步与创新、冶金生态文明等行业热点，以及行业转型发展的思考和实践、国内外的经验和案例。会议征集到 20 多个国家和地区的 1200 余篇论文，其中国外论文 110 余篇。

11 月 28 日，学会与中国工程院化工冶金与材料工程学部、攀西战略资源创新开发试验区领导小组联合在四川省攀枝花市举办了 2015 攀枝花钒钛资源综合利用院士行暨钒钛（国际）论坛。学会理事长、中国工程院院士干勇，中国工程院院士翁宇庆、余永富，学会秘书长赵沛，学会高级顾问洪及鄙等出席论坛，对综合利用攀西资源、保护稀缺资源等提出建议。

国际组织任职 学会秘书长赵沛继续担任国际矿业冶金和材料联合会理事会理事。

国际交往 3 月 14—18 日，学会秘书长赵沛赴美国参加美国矿物、金属和材料学会 2015 年年会，国际矿物、金属和材料联合会理事会议，第九届环太平洋先进材料和工艺国际会议组委会会议。赵沛代表学会与国际科技组织进行双边、多边合作交流，积极申办（或承办）国际高端学术会议。

8 月 26—28 日，学会与韩国材料和金属学会在韩国济州岛共同主办第七届中韩先进钢铁材料学术会议，学会组织炼铁、炼钢、轧钢、环保等方面的专家、学者到会进行学术交流。

11 月 10—14 日，学会秘书长赵沛和国际联络部主任助理赵欣赴德国参加德国钢铁学会 2015 年年会和国际钢铁学会秘书长联席会议。会上，学会提出申办 2020 年第六届国际钢铁热机械处理会议，获得通过。

科普活动 2015 年，学会举办科普展览 4 次，受众21000人次，发放科普宣传材料1500份，组织科普工作志愿者600余人次参与活动。被中国科协评为2015年度全国学会科普工作优秀单位。

5月，在西宁特殊钢集团有限责任公司举办“全国冶金科技周”活动，开展主题报告会、技术座谈活动、工厂参观交流、冶金科技成果展览、网上科普展览、赠送科普书籍等活动。

学会依托“金属材料学科”科学传播专家团队，在第六届国际炼钢科技大会、第十届中国钢铁年会暨第六届宝钢学术年会上设立分会场，对网络虚拟炼钢仿真平台开展体验和宣传活动。

6月，学会启动2015全国钢铁材料微观图像竞赛。竞赛共收到30多家单位的132份参赛作品。评审产生一等奖9项、二等奖19项、三等奖42项。

9月，学会联合河北省冶金学会、华北理工大学共同举办“3D打印科普展”宣传活动。展出26块展板，循环播放“3D打印科普展”视频，配有专人现场讲解，宣传和普及3D打印的历史、原理、应用及相关技术类型和产品，同期开展相关科普讲座。

经学会组织和推荐，武汉钢铁集团公司获得“2015年全国科普日特色活动组织单位”称号。

表彰举荐优秀科技工作者 学会与中国钢铁工业协会共同开展了“冶金科学技术奖”评选工作。78个项目获奖，其中一等奖12项、二等奖25项、三等奖41项。

学会评选出2015年度“冶金医学奖”，46项科技成果获奖，其中二等奖11项、三等奖35项。

学会推荐的周少雄、何安瑞分别入选“第十一届光华工程科技奖”工程奖候选人和青年奖候选人。

党建强会 学会总部实行党政领导班子联席会、秘书长办公会、全体员工会议制度。党政联席会按照民主集中制原则，研究决定学会有关改革、重要规章制度建立、机构调整、“三重一大”事项等重大问题。

2015年，学会获中国科协“党建强会”计划“十百千”特色活动项目资助，学会党总支被上级党委授予“先进基层党组织”称号。

会员服务 学会编写《2015年年报》，反映学会年度工作的综合信息；聘请专家编纂《国际钢铁技术内参》，每月出版一期，供会员参考。

学会依托学会工作站、院士专家企业行活动等，开展创新驱动助力工程工作，为单位会员提供技术咨询，探索为会员服务新模式。与天津市科协、天津市金属学会联合组织中国金属学会助力天津冶金企业转型发展合作协议仪式签署暨2015冶金产业转型与绿色发展高峰论坛，学会理事长干勇、天津市科协主席饶子和分别在协议上签字。5月18日和5月21日，学会分别组织专家为天津钢管公司和天铁公司开展对接服务，王国栋院士参加并作报告。6月9日，学会与日照钢铁公司签订技术合作协议，专家洪及鄙、康永林等前往日照钢铁公司了解我国首条ESP生产线技术问题。12月16日，学会常务副理事长王天义与河北金奥管业有限公司签署《中国金属学会助力工程专家工作站合作协议》并为工作站揭牌。学会获中国科协2015年度创新驱动助力工程优秀单位表彰。

学会建立微信平台，向会员发布会议通知，介绍学会工作动态，传播学会工作信息。

中国科协会员日 12月14—20日，学会举办2015年中国金属学会会员日活动。开展活动包括：走访慰问一线科技工作者，组织召开2016年度工作计划协调会，听取专家意见和建议，了解科技工作者诉求；举办“京津冀冶金企业环境监督员培训班”，为企业实际需求做好服务；开展“2015全国钢铁材料微观图像竞赛”评比活动；举办“网络会员日”活动。

【第十届中国钢铁年会暨第六届宝钢学术年会】 10月21—23日，学会主办的第十届中国钢铁年会暨第六届宝钢学术年会在上海市召开，大会的主题是“更好的钢铁、更好的生活”。中国工程院院士徐匡迪任大会主席，学会理事长、中国工程院院士干勇，学会副理事长、宝钢集团有限公司董事长徐乐江任大会执行主席，学会常务副理事长王天义任大会秘书长，学会秘书长赵沛任学术工作委员会主任。

第十届中国钢铁年会暨第六届宝钢学术年会

年会共收到20多个国家和地区的投稿1275篇，其中国外论文121篇，经年会学术委员会专家评审，论文集收录997篇论文。

在10月21日举行的开幕式上，学会和宝钢集团有限公司向全国钢铁企业发出《建设绿色钢铁倡议书》，倡议牢固树立环保意识，切实加强污染防治，打造绿色产业链，自觉接受社会监督。参会的专家、学者在《建设绿色钢铁倡议书》绿色展板上签名，作出承诺。

大会报告内容聚焦产业结构调整和转型、冶金工业技术进步与创新、冶金生态文明等行业热点。与会专家、学者分享了关于行业转型发展的思考和实践、国内外的经验和案例。

学会理事长干勇作了题为“互联网时代中国钢铁工业的转型思考”的大会报告。他提出，产能严重过剩，钢铁工业形势严峻。低增长、低价格、高压力、低效益，成为中国钢铁工业新常态。工业互联网下钢铁工业生产流程绿色化和智能化是转型的主线。

国际钢铁协会总干事Edwin Basson通过追踪调查1970年后全球钢铁工业的发展形势，总结出：钢铁行业的结构调整和重组是一直在延续并且不会停止的；结构调整是一个长期的过程，需要多年时间，并且要历经很多个阶段。

韩国国家科学院院士、韩国材料和金属学会主席禹宗秀通过介绍浦项的技术创新，提出目前钢铁市场处于冰河期，要通过革新带来增长和技术发展。过去，革新是从无到有的创造；在未来，革新是对已有万物的携手再创造。

年会设置16个分会场，有58场次、500人次进行论文发布，与会专家、学者围绕钢铁工艺、产品、用户使用及通用技术等主题作了交流。

【第六届国际炼钢科技大会】 5月12—14日，学会主办的第六届国际炼钢科技大会在北京召开。国际炼钢科技大会为国际炼钢领域最具权威性和最具影响力的系列学术会议，每三至四年在世界各大洲轮流召开，此次是首次在中国召开。来自全世界22个国家及地区的600余位专家、学者参加了会议，交流论文270余篇。会议交流内容覆盖工艺流程优化、铁水预处理、氧气炼钢、电炉炼钢、炉外精炼、钢液流动与凝固及其模拟、连铸铸坯质量控制、连铸保护渣、非金属夹杂物、炼钢过程机理研究、品种开发、环保及二次资源回收利用等。

学会理事长、中国工程院院士干勇致大会开幕词，他表示，世界钢铁工业，尤其是中国钢铁工业仍面临需求不足和产能过剩、产品同质化竞争加剧、行业盈利空间缩小、资源和环境压力增大等四大挑战。当前新一轮科技和产业革命正给世界范围的制造业带来颠覆性变化，这就是新型信息技术（网络化、数字化、智能化）与制造业的深度融合。中国钢铁工业将抓住这个机会，达到转型升级的目的。

来自中国、韩国、日本、德国、瑞典的5位国际炼钢领域专家、学者作大会特邀报告，题目分别为《中国炼钢工业面临的挑战与技术进步》《韩国炼钢工艺现状》《高功效钢渣及其创新回收技术的发展》《连铸：无限种选择的技术》《特殊钢冶炼技术的机遇与挑战》。

（撰稿人：曹莉霞）

中国有色金属学会

服务创新型国家和社会建设 学会建立了创新驱动助力工程项目库专家库，入库专家28名。截至2015年年底，与学会建立联系的有：内蒙古自治区鄂尔多斯市、安徽省铜陵市和辽宁省科协、湖北省科协等。

学会与有色行业科研机构和组织合作，推进有色金属专家参与创新驱动助力工程活动，促进有色金属行业产学研合作，搭建协同创新平台。2015年共建学会服务（工作）站4个（河南省焦作市、辽宁省朝阳市、安徽省芜湖市、河南省鹤壁市），与企业建立产研合作项目4个：北京有色金属研究总院国标（北京）检验认证有限公司与河南省焦作市万方铝业有限公司签订了金相检验人员培训协议，并已开班；北京有色金属研究总院生物冶金国家重点实验室与辽宁省朝阳市新都黄金集团就共同开展黄金选冶废水治理的预研工作已在进行中，整套治理方案确定后，正式签订技术服务协议；北京有色金属研究总院与河南省焦作市多氟多化工股份有限公司就电动汽车锂离子电池三元正极材料的工业化生产及优化技术经过企业与专家的多次交流形成了初步的技术服务方案；北京有色金属研究总院与河北省衡水市任远集团就石墨烯材料和石墨烯电池产学研联合开发项目正在洽谈中。特别是中国科学院过程工程研究所与朝阳新宏达钒钛有限公司关于“辽西超贫磁铁矿钛、钒、铁高效清洁利用新技术及中试示范”项目取得了实质性的进展，落地项目金额 600 万元。学会还与芜湖市的铜加工企业、鹤壁市的金属镁企业联系，派专家对企业提出的技术问题进行交流。

学会被中国科协评为“2015 年创新驱动助力工程考核优秀单位”。

2015 年，学会及学会所属分支机构共举办各种类型培训班、研修班 34 期，参加培训人员达 2050 人次，包括地质找矿培训班、安全生产和材料加工培训班等。学会安全学委会 2015 年共举办安全生产职业健康培训和安全法规、标准的宣贯等各类培训班期 28 期，培训总人数 1890 人次。

学会建设 2015 年，学会召开了六届七次常务理事会会议，审议通过了中国有色金属学会第六届理事会换届方案。学会秘书处成立了以理事长康义为组长的学会换届工作领导小组，开始筹备第七届理事会理事提名和学委会换届工作。

学会筹备第十届学术年会，会议共收到论文 138 篇，经评审，选取了 121 篇论文编印出版了《中国有色金属学会第世界十届学术年会论文集》。

学会向中国科协和科技部申报了党建强会、高端前沿学术活动、科技文献信息加工、青年人才依托工程、有色金属行业科技项目和成果评估等项目，获得批准，学会组织力量按时完成并通过了验收。

学会组织各学委会和地方学会共同举办综合性、交叉性、跨学科的学术交流活动。2015 年，学会各级组织共召开和参加国内外学术会议 42 次，参会人员 3438 人次，发表论文 2100 余篇，编辑出版论文集和会议资料 24 本。

学术期刊 学会主办学术期刊 9 种，主办技术期刊 1 种。

在 2015 年度中国科协精品科技期刊工程第四期项目评比中，学会主办的《中国有色金属学报（中文版）》入选精品科技期刊 TOP50 项目;《稀有金属（中文版）》和《稀有金属材料与工程（中文版）》入选学术质量提升项目。《中国有色金属学报（英文版）》《稀有金属（英文版）》《稀有金属材料与工程（英文版）》和新获刊号的《分析检测（英文刊）》获得中国科技期刊国际影响力提升计划项目资助。

国内主要学术会议 2015 年，学会及分支机构共组织召开国内学术交流会议36个，参会人员3268人次，发表论文2000余篇，编辑出版论文集和会议资料24本。

5 月 14—16 日，学会在辽宁省沈阳市召开中国铝业科学技术发展大会，260 余人参会。中国铝业公司首席工程师顾松青、中南大学校长助理李劼等专家、学者、企业代表就粉煤灰制备氧化铝、节能电解槽、铝电解工业互联网、烟气治理、智能化设备、型材加工、铝制品检测与研发等课题作大会专题报告。

5 月 18—22 日，学会在湖北省武汉市召开了第七届中国充填采矿技术与装备大会。来自 175 个矿业企业、设计研究单位、高等院校、设备制造商的 279 位专家、学者出席了会议。周爱民、吴爱祥等 29 位充填技术与设备专家作专题报告。会议特别邀请高谦、李向东、任贤等 12 位专家与参会的 100 多位专家、学者举行了矿山充填实践疑难问题咨询会。5 月 21 日，172 位与会专家、学者前往大冶有色铜山口铜矿、铜绿山铜矿和武钢程潮铁矿，实地考察矿山充填站的工艺流程与配套设备。

8 月 14—17 日，学会主办的第二届全国重有色金属冶金科学技术发展论坛在安徽省铜陵市召开，200 余人参会。学会理事长康义作题为“新常态下有色金属工业发展与对策”的报告，从新常态、新变化、机遇与挑战以及对策四个方面，引用 2015 年上半年的最新数据阐述了我国有色金属工业目前的发展形势。他提出，要应对目前有色金属工业的发展形势，必须以转型升级为主攻方向，提高自主创新能力，突出重点，在矿产资源勘查与综合利用、节能减排、新材料、重大装备及战略性新兴产业等领域，突破核心关键技术，增强产业核心竞争力，实现产业全面升级。铜陵有色金属集团股份有限公司副总经理周俊介绍了闪速吹炼技术的进展及其在铜陵有色的应用。中国瑞林工程技术有限公司副总工程师刘庆华在题为“短流程废杂铜再生及 NGL 技术进展”的报告中介绍了目前我国废杂铜冶炼技术与中国瑞林 NGL 技术在我国铜冶炼企业中的应用。东北大学的张廷安等 10 位专家、学者作关于铜渣处理、阳极泥有价金属回收、含砷物料砷脱除与固化等的专题报告。8 月 16 日，100 余位专家、学者赴铜陵有色金冠铜业分公司考察了闪速吹炼控制室、阳极炉、电解等内容，并进行了现场咨询。

10 月 28—30 日，学会在江西省德兴市召开首届全国尾矿工程与综合利用技术研讨会。180 多位专家、学者参加会议。中国恩菲工程技术有限公司的田文旗等 18 位专家、学者作大会学术报告。10 月 30 日上午，110 名会议代表前往江西铜业集团德兴铜矿四号尾矿

库考察。

11 月 25—27 日，学会在湖南省长沙市召开了中国有色金属冶金第二届学术会议，600 余人参会。学会理事长康义，中国工程院副院长徐德龙等 7 位中国工程院院士出席会议并作大会报告。冶金专家蒋开喜等 42 位专家、学者参加会议并作学术报告。

国际交往 2015 年学会组织参加 6 个国际学术会议，参会人数达 170 余人次，发表论文 102 篇。

6 月 15—18 日，国际铅锌学术会议在德国杜塞尔多夫市召开。学会理事长康义出席会议开幕式并致辞，介绍了中国有色金属学会和中国铅锌工业的现状和发展趋势。北京矿冶研究总院院长蒋开喜作为学会代表参加了该会议的国际组委会和技术委员会的工作，并被指派为会议共同主席，作了题为“中国锌冶金工业及锌冶金工艺改进研究”的大会特邀学术报告。会议讨论了接受学会作为共同组织方的提议。

9 月 20—24 日，第十三届中俄新工艺新材料研讨会在俄罗斯喀山市召开，由 75 位中国冶金材料界的专家和学者组成的学会代表团出席了会议。本届研讨会由俄方承办，出席会议的代表共 230 余人。

11 月 1—4 日，第十三届东亚资源循环利用国际会议在泰国帕蒂亚市召开，会议由中国大陆和台湾地区、日本、韩国和泰国共同组织。参会专家、学者 300 余人，大会收到论文 210 余篇，会议发表论文 24 篇。中方参会人员 36 人，提交论文 31 篇。会议主题涵盖资源综合利用的有关政策、工艺技术和管理等各方面。

【第十三届中俄新工艺新材料研讨会】 9 月 20—24 日，第十三届中俄新工艺新材料研讨会在俄罗斯喀山市召开，本届研讨会由俄方承办，230 余位专家、学者出席会议。以中俄双边新工艺新材料研讨会组委会中方主席、中国工程院院士孙传尧为团长，学会组织了 75 位中国冶金材料界的专家、学者组成代表团出席会议。俄方 4 位院士、中方 3 位院士参加会议。喀山大学的学生和研究生也参加了研讨会，聆听中俄专家的学术报告。会前出版了论文集，共收入中俄双方科技论文 212 篇，其中中方论文 30 篇。

开幕式上，俄方主席、俄罗斯科学院常务副院长松采夫·康斯坦丁·亚历山德罗维奇院士和中方主席孙传尧院士分别致辞。

会上，中俄两国专家各作了 10 个大会报告，分别介绍了近年来两国冶金材料界新工艺新材料的研究现状和最新进展。其中，中国工程院院士邱定蕃和周克菘分别作了题为“矿浆电解工艺技术”和“PS-PVD 工艺和应用前景”的大会报告；俄罗斯工程院院士 V. M. 依夫勒夫和 L. I. 莱昂特耶夫分别作了题为“铅基记忆合金——制备、构造、特性”和“俄罗斯科学院冶金技术研究最新进展”的大会报告。与会专家对大会报告的内容进行探讨和交流。

会议期间，以墙报的形式发表论文 153 篇，其中中方 28 篇。会议上发表的论文内容涉及金属材料、核工业材料、化工材料、建筑材料等。会议期间，两国专家广泛进行了接触，就双方感兴趣的问题进行了交流，各研究单位和企业根据自己的研究方向和研究领域提出了今后双方合作的研究课题。

会议期间，召开了第十四届中俄双边新工艺新材料研讨会组委会第一次会议，确定第十四届中俄双边新工艺新材料研讨会于 2017 年在中国举行。

【中国有色金属冶金第二届学术会议】 11 月 25—27 日，学会与中南大学、中国工程院冶金、化学与材料学部共同组织的中国有色金属冶金第二届学术会议在湖南省长沙市召开。来自全国各地有色冶金企业、大专院校、设计院所及设备供应单位的 600 余名专家、学者参加会议。学会理事长康义，中国工程院副院长、中国工程院院士徐德龙，中国工程院院士邱定蕃、刘业翔、何季麟、张文海、段宁、邱冠周，北京矿冶研究总院院长蒋开喜，昆明理工大学副校长王华，中国科学院过程工程研究所副所长齐涛，阳谷祥光铜业副总经理周松林等 42 位专家、学者参加会议并作学术报告。中南大学冶金与环境学院院长柴立元主持大会开幕式。中南大学副校长周科朝、徐德龙、学会秘书长张洪国分别致辞。

中国有色金属冶金第二届学术会议

大会学术报告总计7个阶段，分别由学会秘书长张洪国、昆明理工大学副校长王华、中南大学校长助理李劼、北京有色金属研究总院教授黄小卫、中国有色矿业集团科技部副部长刘凤琴、武汉科技大学资源与环境学院院长张一敏及东北大学材料与冶金学院教授张廷安主持。

徐德龙以“镁冶金技术进步”为题介绍了中国镁冶金技术现状、问题及研发对策，为做大金属镁产业、做镁冶金技术强国提供了技术路径。

康义以“新常态下我国有色金属发展与战略思考”为题作专题报告。他表示，在经济发展新常态下，我国有色金属矿山企业自主创新能力提高，技术取得重大突破；产业结构优化，转型升级加快；坚持绿色发展，节能减排成效显著；加大投入，矿产资源开发与利用取得了明显成效；产业集中度进一步提高；国际地位和影响力显著提升。但也面临着资源、环境制约因素短期内难以改变、产能严重过剩，市场价格持续低迷，企业融资难，环保、劳动力成本刚性上升、国际竞争加剧等新挑战。各企业要从全球布局、转型升级、国企改革、高端发展、创新驱动、绿色发展、资源保障、融合发展等方面积极谋划新对策。

邱定蕃、刘业翔、何季麟、张文海、段宁、邱冠周6位中国工程院院士分别介绍了金属二次资源循环利用、锂离子电池、金属铍材料研究、冶金水套、电解锌清洁生产、生物冶金等方面内容。

本届会议以“有色冶金与环境保护”为主题，通过邀请各个行业的学术带头人、企业管理者、行业大师作学术报告，总结了近年来国内外有色金属冶金清洁生产与环境保护方面取得的重大技术进步，展示了最新的技术成果。

【中国铝业科学技术发展大会】 5月14—16日，学会主办的中国铝业科学技术发展大会在辽宁省沈阳市召开，250余位专家、学者出席会议。

中国铝业科学技术发展大会

5月14日，由学会国内部主任周景琦主持召开了铝工业科研成果转化与技术需求座谈会高层座谈会，20多家企业、院所及10多位设备厂家代表近50人参加座谈，就当前中国的铝行业遇到的问题和技术需求展开讨论。

5月15日，大会正式开幕。学会理事长康义以“主动适应新常态，创新驱动促发展——新世纪以来铝工业发展成就及新战略”为题作专题报告，报告共分为新世纪以来我国铝工业发展成就辉煌、机遇与挑战，把握新常态，思考新战略三个阶段。康义表示，新世纪以来，电解铝工业依靠自主创新，走出了一条引领行业快速发展的道路。

中国有色金属加工工业协会原副会长马世光、中国铝业股份有限公司总工程师李旺兴、中国铝业股份有限公司首席工程师顾松青、中南大学校长助理李劼、中铝郑州有色金属院院长刘伟、东北大学材料与冶金学院院长张廷安、中国铝业沈阳铝镁设计研究院总工程师杨晓东、中国有色矿业集团教授刘凤琴、西南铝业副总工程师林林、东北大学材料与冶金学院副院长崔建忠等专家、学者、企事业代表就中国国内铝行业所遇到的工艺技术和理论问题，包括粉煤灰制备氧化铝、节能电解槽在电解铝行业所发挥的巨大作用、绿色环保、铝电解工业互联网、烟气治理、智能化设备、型材加工、铝制品检测与研发等作大会专题报告。

5月16日，会议组织60名专家、学者前往中国有色（沈阳）冶金机械有限公司参观考察。

（撰稿人：杨焕文）

中国稀土学会

服务创新型国家和社会建设 2015年，学会继续承担国家社会科学基金项目——“中国稀土交易定价机制改革与促进人民币国际化研究”咨询项目，学会主要负责中国稀土交易定价机制的改革对促进人民币国际化的研究，重点研究稀土期货品种上市的可行性。

学会承担的工业和信息化部稀土应用研究项目——“稀土行业发展趋势和技术路线研究”项目于5月20日完成验收答辩。研究报告共7章，约5.5万字。该项目对我国稀土采选冶及重点应用领域的技术现状及发展趋势进行了分析研究。

学会承担工业和信息化部课题“稀土在高端制造业中的应用现状与前景分析”项目，6月开始编写工作，9月份通过工业和信息化部的中期答辩，2015年年年底结题。

学会参与工业和信息化部《稀土产业“十三五”规划战略研究》编制工作，该课题于6月开始编写工作。学会参与工业和信息化部重点课题——新材料首批次应用风险补偿机制工作建议征集工作，征集工作于12月完成。

学会承担的环境保护部“2013—2015稀土资源开发生态环境成本核算技术与环境损失评估”项目于2015年年底结题。

3月，学会完成科技部“十三五”国家重点研发计划优先启动重点研发任务的建议工作。

7月，学会参与研究的项目咨询报告——《稀土资源可持续开发利用战略研究》正式出版，该项目是中国工程院2012—2014年的院士咨询项目。全书约60万字，对我国稀土资源绿色高效开发与深加工的现状和趋势进行了全面总结。

学会召集专家编写稀土科学技术丛书，丛书预计出版15本，覆盖稀土上中下游全产业链。截至2015年年底，已完成4本丛书的初稿编写工作。

学会建设 2015年，学会发展个人会员200人，个人会员总数3559人，团体会员总数78个。

2015年，学会召开了五届八次理事会议和五届十七、十八次常务理事会议。

2015年，学会及各专业委员会共召开14次学术会议，共有274篇论文进行了大会和分会交流，参加会议的专家、学者共计2100余人次。

学会编纂了《中国稀土学会年鉴（2014版）》。根据近几年国内外稀土资源、技术、应用和市场的变化，学会对年鉴的内容进行调整，着重记载稀土学术研究新方向，技术进步、专利、标准方面的新成果、新进展，并刊登各专业年度综述文章，介绍本专业的科技、产业、贸易与市场等方面的信息，计划2016年出版。

学会不定期印发《中国稀土学会简报》，展示学会近期工作，截至12月底共印发50期。

学会对网站进行了改版，加强继续教育和科普。在继续教育版块发布院士、教授、专家的视频课、课件资料。

学会被民政部评为4A级社会组织。

学术期刊 学会主办的学术期刊《中国稀土学报（中文版）》全年6期发表文章103篇，其中特约综述文章2篇;《中国稀土学报（英文版）》全年12期发表文章194篇，其中特约综述5篇。

2015年，学会主办的学术期刊《稀土》每期由104页增加到160页。截至12月共收到来稿302篇，全年6期发表论文145篇，共计170余万字。9月，学会组织有关专家举办了2015年《稀土》杂志优秀论文评选活动，共有7篇论文被评为年度优秀论文。《稀土》继续被美国《工程索引》（EI）收录，据中国科技信息所最近发布的2015年版《中国科技期刊引证报告》,《稀土》杂志影响因子由2014年版的0.548跃升为1.020，在26种材料类核心期刊中排名第2。

国内主要学术会议 2015年，学会及各专业委员会举办了2015稀土产业研讨会，2015稀土永磁材料表面防护技术研讨会，第三、第四届铸造工业新技术论坛暨中国稀土学会铸造合金专委会换届会议，2015年全国稀土金属冶金工程技术交流会，2015年第十五届全国稀土分析化学学术研讨会，第二十届全国稀土催化学术会议，第七届中国包头·稀土产业论坛，2015年中国功能新材料学术论坛，第四十五期中国科技论坛，稀土废水处理技术研讨会等学术活动。

4月8日，由学会和中国稀土行业协会主办的2015稀土产业研讨会在上海市召开。会议邀请国内外专家分别就稀土应用新趋势、新技术以及国内稀土生产与市场情况进行了研讨交流。中国稀土行业协会会长、学会理事长干勇致辞。中国稀土行业协会秘书长马荣璋、学会秘书长林东鲁，中国稀土行业协会副秘书长王晓铁分别主持研讨发言。

4月9日，由学会和中国稀土行业协会、宁波市科技局、中国科学院宁波材料技术与工程研究所、中国钢研科技集团有限公司共同主办的2015稀土永磁材料表面防护技术研讨会在上海市召开。来自稀土永磁材料行业的160余位专家、学者出席会议。会议探讨了稀土永磁材料表面防护技术的发展与现状、稀土永磁材料的腐蚀行为及机理研究、表面防护技术的多样性及应用前景等问题，交流了稀土永磁材料表面防护的前沿成果和生产经验。

7月2—4日，学会联合中国有色金属学会、包头稀土研究院、江西理工大学主办的2015年全国稀土金属冶金工程技术交流会在内蒙古自治区包头市召开，190余位专家、学者出席大会。

8月7—9日，由学会催化专业委员会主办的第二十届全国稀土催化学术会议在江苏省南京市召开。会议的主题为“产业升级下稀土催化面临的机遇与挑战”，来自全国57家高校、研究院所及企业的150名专家、学者参会。会议就稀土催化剂在环境治理、能源生产以及化学品制造等领域的基础及应用研究进行了交流和探讨。大会共收到论文100余篇、主题报告10个、口头报告24个、墙报40个。会议评选出年度催化专业优秀口头报告和墙报，并为获奖者颁奖。

8月8日，学会与内蒙古自治区政府、中国稀土行业协会、中国工程院联合主办的第七届中国包头·稀土产业论坛在内蒙古自治区包头市召开。包头市被确定为“国家稀土产业转型升级试点城市”。论坛上，同时举行揭牌仪式和项目签约仪式。

8月19—22日，学会固体科学与新材料专业委员会联合中国金属学会材料科学分会和功能材料分会主办的2015年中国功能新材料学术论坛暨第四届全国电磁材料及器件学术会议在湖北省宜昌市举办。140余名专家、学者参加会议，会议交流大会报告14篇，分会场报告22篇。

11月20日，由中国科协主办、学会承办的第四十五期中国科技论坛在北京召开。本次论坛以“科技引领中国稀土未来”为主题，来自政府部门、稀土科研院所、高等院校和生产企业的90余位专家、学者参加论坛。论坛采取4位召集人的组织形式，分为产、学、研、政4个板块，共邀请10位专家作专题报告。本期论坛旨在推动产学研用协同创新，促进重点稀土科技领域的研发、成果应用及转化。

科普活动 10月，就“阅兵蓝”与“雾霾天气”这2个热门话题，学会与中国科协共同举办媒体面对面——与专家聊雾霾天气的活动，邀请四川大学教授徐耀强、北京科技大学教授何洪、学会专家张安文以面对面访谈形式，畅谈雾霾成分、形成原因、影响因素、雾霾治理办法、国内外雾霾治理制度异同等内容。200余位学者及媒体工作人员就雾霾问题提问，与专家探讨。学会将活动制成视频发布在学会网站上进行科普宣传。

2015年．学会搭建了官方微信平台，建立了订阅号和服务号2个账号，微信发布的科普文章最高点击率达到1万余次。

表彰举荐优秀科技工作者 2015年，学会推荐了第十二届中国青年女科学家奖候选人和第十四届中国青年科技奖候选人。

作为新成立的新材料联合体的组成社团之一，学会参加“青年人才托举工程”项目。采用专家推荐、学会初选、联合体复选的形式，从13位候选人中推选出2位青年人才，接受联合体与学会的托举培养。

党建强会 2015年，学会组织开展了“党建强会计划”“十百千”特色活动。学会党支部以党建工作促进稀土技术交流，组织了3场有影响力的技术交流活动：第六届中国包头稀土产业论坛、中国功能新材料学术论坛暨第四届全国电磁材料及器件学术会议、第十五届全国稀土分析化学学术研讨会。

【第七届中国包头·稀土产业论坛】 8月8日，学会与内蒙古自治区政府、中国稀土行业协会、中国工程院联合主办的第七届中国包头·稀土产业论坛在内蒙古自治区包头市召开。内蒙古自治区党委常委、包头市委书记王中和，内蒙古自治区政府副主席王波，中国工程院副院长、中国工程院院士徐德龙，工业和信息化部副部长辛国斌先后在开幕式上致辞。

第七届中国包头·稀土产业论坛

论坛主题为“新常态下稀土产业转型升级”，设1个主会场和4个分会场，中国电子信息产业发展研究院副院长刘文强，包头市委常委、包头市副市长张世明，中国北方稀土集团董事长孟志泉在主会场作主旨演讲。分会场分别以“稀土科技创新”“稀土市场与电子商务”“中国科学院包头稀土研发中心”“稀土抛光材料”为主题进行专题交流探讨。

本届稀土论坛上，包头市被确定为“国家稀土产

业转型升级试点城市”，并举行了揭牌仪式和项目签约仪式。签约项目共计22个，涉及稀土永磁、储氢、发光、抛光、催化助剂五大产业链及终端应用产品领域，投资总计30.6亿元。

会议期间，来自稀土领域的企业举办了展会，展示了稀土最新的技术、成果。展示会包括稀土新（功能）材料展区、稀土终端应用产品展区、稀土深加工设备（配件）展区，以及稀土相关服务业展区（包括稀土交易所、稀土进出口贸易公司、金融机构、科技中介服务机构等）。

（撰稿人：王　勇）

中国腐蚀与防护学会

服务创新型国家和社会建设　2015年，学会先后举办了第24期、第25期、第26期防腐蚀工程师技术资格培训班，并为深圳燃气集团举办了1期培训班。4期培训班结业人数61人。

学会对50人进行了专业技术资格认证，其中研究员级高级工程师5人，高级工程师6人，工程师36人，助理工程师3人。

学会与美国防腐工程师协会（NACE）合作举办了5次NACE国际阴极保护技术（CP）培训班，其中CP1、CP3各开展一次培训，CP2开展3次培训。共94名学员参加了培训课程。

学会建设　截至2015年年底，学会有会员6000余名，团体会员单位178个。学会设有5个工作委员会、19个专业委员会、1个研究中心、1个标准化技术委员会，在北京、上海、辽宁等15个省市成立了地方学会。

学会参加的国际组织有：国际腐蚀理事会（International Corrosion Council）、亚太地区材料和腐蚀协会（Asian-Pacific Material & Corrosion Association）和世界腐蚀组织（World Corrosion Organization）。

学术期刊　《中国腐蚀与防护学报》2015年全年来稿数量约240篇，年发表论文82篇，退稿率为69%，与国内高水平期刊接近，符合核心期刊的要求。稿源来主要自于高等院校和科研院所，其中高校来稿占70%以上。第一作者以研究生为主（65%以上），博士及博士后的论文有所增加；发表文章的学科中，以电化学为主，还包括高温氧化、环境腐蚀、腐蚀疲劳、生物腐蚀等。《中国腐蚀与防护学报》的CJCR影响因子为0.541，被引频次达到718次。

《材料保护》全年共收稿564篇，比2014年有所增加。其中国际级基金项目共29篇，约占6%；国家级基金项目共109篇，约占20%；省部级基金项目135篇，约占23%；中国科学院项目4篇，约占0.8%。

国内主要学术会议　2015年，学会各专业委员会组织国内学术交流活动15次，1300多人次参加活动，交流论文1076篇。

11月15日，学会主办的第八届全国腐蚀大会在福建省厦门市召开，会议的主题是“腐蚀与防护，开拓与交融”。会上，为学会首次设立的肖纪美奖、师昌绪奖、张文奇奖和左景伊奖获奖者颁奖。

国际交往　3月，美国防腐工程师协会（NACE）2015年会及展览在美国德克萨斯州达拉斯市举办。学会首次组织企业理事会会员企业与国家材料环境腐蚀平台共同组成华人代表团参会。年会期间，学会副理事长兼秘书长李晓刚、副秘书长杜翠薇等与NACE负责人在美国得克萨斯州达拉斯会展中心进行了双边会议，就相互沟通交流合作等方面展开会谈。学会与国际华人腐蚀工程师协会（ACCE）共同举办的华人腐蚀研讨会在美国德克萨斯州达拉斯市举办，李晓刚在研讨会上宣布学会海外分会正式成立。

4月15—23日，李晓刚和学会理事董俊华组团对泰国腐蚀界同行进行了访问，并就中泰腐蚀研究合作达成共识。

科普活动　在腐蚀与防护科学传播专家团的带领与指导下，学会于2014年7月至2015年5月期间举办了材料腐蚀科普作品创作大赛。大赛借助新媒体的力量，通过网络动员广大公众、学生及科技工作者亲身参与、体验材料腐蚀科普创作，引起公众对腐蚀问题的关注，同时挖掘、发现优秀的腐蚀与防护科普作品，推动腐蚀与防护领域科普资源的开发，为后期的广泛宣传与推广积累素材。大赛主要征集日常生活、工作中的腐蚀影像及多媒体作品。此次大赛共征集来自团体及个人的参赛作品近500个，近千人参与活动，经过初评选，入围作品40个。经腐蚀与防护科学传播专家团专家评审，评选出团体一等奖及个人一、二、三等奖，并由学会颁发奖金，以资鼓励。获奖及部分优秀作品被编辑成画册印刷出版，并在中国腐蚀防护网上进行展示宣传。

2015年，学会举办腐蚀与防护科普知识微信平台有奖竞赛，共编录60道腐蚀科普题目，题目多为日常生活中的腐蚀及防护小知识。活动通过“中国腐蚀与防护网”微信公众平台、纸媒、互联网媒体等多渠道进行动员和宣传，与“材料人”及“热处理生态圈”微信公众平台合作，与“材料与测试”网、“新材料在线”官方网站合作进行媒体宣传。活动共12期，为提升科普宣传的趣味性和公众参与的积极性，每期活动均设有奖项。

4月，学会举办“世界腐蚀日”纪念活动，以“材料腐蚀科普创作走进校园”为主要内容，与高校学生联手共同呼吁：关注腐蚀问题，保护人类家园。活动在中国腐蚀防护网站及微信平台、《腐蚀防护报》《腐蚀防护之友》杂志上进行了专题宣传。学会与北京科技大学、北京航空航天大学、中国地质大学、北京信息科技大学学生会联合在校园里开展了科普创作推广活动。

2015年，学会编纂并出版《材料延寿与可持续发展》系列高级科普丛书9册，该系列丛书共计30册。

表彰举荐优秀科技工作者 为纪念我国腐蚀与防护科学技术的开拓者和奠基人，学会首次设立肖纪美奖、师昌绪奖、张文奇奖和左景伊奖。经过提名推荐、文献检索和科技奖励专家委员会遴选，最终确定获奖名单，并在第八届全国腐蚀大会上举行了颁奖仪式。中国科学院院士曹楚南获中国腐蚀与防护最高学术成就奖（肖纪美奖）；中国工程院院士柯伟、程玉峰获中国腐蚀与防护最高学科建设成就奖（师昌绪奖）；中国工程院院士侯保荣获中国腐蚀与防护最高工程成就奖（张文奇奖）；宋影伟、刘智勇、董超芳、张涛、王鹏获中国腐蚀与防护杰出青年学术奖（左景伊奖）。

【学会设立四大最高科技奖励】 为纪念我国腐蚀与防护科学技术的开拓者和奠基人肖纪美、师昌绪、张文奇和左景伊，继承、开拓和发展他们在腐蚀科技领域开创的事业，弘扬他们治学严谨、勇于创新、奋力开拓和重视选拔新秀的精神，鼓励广大科技人员热爱腐蚀科学事业，勇攀科学高峰，作出新贡献，根据他们的遗愿及广大腐蚀科技工作者的意愿，学会于2015年首次设立肖纪美奖、师昌绪奖、张文奇奖和左景伊奖。

中国腐蚀与防护最高学术成就奖（肖纪美奖）是学会颁发的最高学术奖励，奖励在腐蚀与防护科学与技术研究中作出原创性成果，对中国腐蚀与防护学科的学术发展发展作出重大贡献的腐蚀科学工作者。

中国腐蚀与防护最高学科建设成就奖（师昌绪奖）是学会颁发的最高学科建设成就奖励，奖励对中国腐蚀与防护学科发展和人才培养作出重大贡献的腐蚀科技工作者。

中国腐蚀与防护最高工程成就奖（张文奇奖）是学会颁发的最高工程成就奖励，奖励在腐蚀与防护工程技术领域作出原创性成果，并对国家重大工程项目或国防工程作出重大贡献的腐蚀科技工作者。

中国腐蚀与防护杰出青年学术奖（左景伊奖）是学会为杰出青年学者（40岁以下，含40岁）颁发的最高学术奖励，奖励在腐蚀与防护科学与技术研究中作出原创性成果，对中国腐与防护学科的发展作出重大贡献的青年腐蚀科学工作者。

【第八届全国腐蚀大会】 11月15日，学会主办的第八届全国腐蚀大会在福建省厦门市召开，会议的主题是“腐蚀与防护，开拓与交融”。来自全国各地800多位专家、学者出席了大会。

大会开幕式由厦门大学“千人学者”宋光铃主持，学会理事长王福会致欢迎词并宣布大会开幕。厦门市政协副主席潘世建、台湾地区腐蚀学会秘书长吴兴练、美国防腐工程师协会副主席Sandy Williamson分别致辞。中国工程院院士侯保荣、宋君强、金翔龙、徐滨士，学会荣誉理事长陈光章、左禹，学会副理事长兼秘书长李晓刚，学会监事长乔利杰、副监事长王佳，学会副理事长吴建华、林昌健、林安、郭兴蓬、张三平、张盾员、刘建华、宫声凯、张启富、李劲，企业理事会副理事长付洪田、毕士君、赵相月、张子超、高学奎等出席会议。

会上，为学会首次设立的肖纪美奖、师昌绪奖、张文奇奖和左景伊奖获奖者颁奖；为荣获2014年度学会科学技术奖的22个奖项颁发奖牌；为50篇荣获2015年度优秀论文奖的论文作者颁奖。

侯保荣、Sandy Williamson、复旦大学教授李劲、加拿大卡尔加里大学教授程玉峰、中国科学院海洋研究所研究员张盾、北京航空航天大学教授宫声凯、中国海洋大学教授王佳、北京航空航天大学教授刘建华、冶金工业信息标准研究院冶金标准化研究所副所长侯捷、厦门产业技术研究院副院长林志坚分别作题为“中国腐蚀状况调查及其控制战略研究”、*Managing Risk in Oil and Gas Facilities Through a*

Properly Designed Asset Integrity Management Program、“不锈钢局部腐蚀评价方法及应用”“电化学原子力显微镜研究金属早期腐蚀特征”“海水环境微生物腐蚀机理研究进展”“燃气涡轮发动机叶片热障涂层研究现状与发展趋势”“腐蚀过程电化学阻抗谱等效电路模型解析方法的讨论”“铝合金表面阳极氧化技术及氧化膜形成规律研究”“腐蚀标准现状分析与展望”“厦门材料产业联盟概况”的主题报告。

此次大会设11个分会场，分别就腐蚀电化学与腐蚀监检测、高温腐蚀与防护、力学化学腐蚀与防护、自然环境腐蚀与防护、多相流腐蚀与防护、耐蚀新材料、阴极保护、涂料与涂装、金属表面处理、缓蚀剂、NACE标准技术等方面进行了探讨。大会共有12项主要议题进行了分组报告。

（撰稿人：张小红）

中国化工学会

服务创新型国家和社会建设　截至2015年年底，学会与河北、四川、辽宁3个省级科协，保定、德阳、濮阳、鄂尔多斯、营口、苏州、鹤壁、菏泽、宿迁、马鞍山等10个地市级政府和科协进行了合作对接，组织专家40多人次，调研企业20余家，签订合作协议6个，形成合作意向约50项，助力地方经济发展。

学会与河北（保定）晨阳集团联合创建了“中国水性涂料产业战略联盟”，并初步组建“水性涂料联合研究院”，为中国水漆健康发展搭建了合作交流、联合攻关的探索性平台。与四川省科协、德阳市政府联合举办中国（德阳）磷钛化工绿色发展高端论坛，以学术活动落地地方的形式，扶持地方经济发展和企业自主创新。

4月16—18日，学会与江苏省科协、中国化工环保协会、江苏省化工行业协会在江苏省南京市共同举办2015全国化工污染防治技术与清洁生产展览会暨第二届全国化工行业污水综合治理报告会，来自国内外的两百多家企业参展，2000多名行业内专家参观展会，为化工行业与环保行业构筑了合作平台。

4月27日，商务部反垄断局发函，就“纳尔科公司收购江海环保股份有限公司股权案经营者集中反垄断”一案咨询学会意见。学会经调研，5月11日正式复函商务部反垄断局，反馈意见得到商务部重视并复函。

8月22—24日，学会与中国化工教育协会、教育部高等学校化工类专业教学指导分委员会在天津市共同主办第九届全国大学生化工设计竞赛总决赛。本届比赛共920支团队提交作品，48个代表队参加全国总决赛，8支队伍获得特等奖，40支队伍获得一等奖。

9月17—18日，学会橡胶专业委员会联合华南理工大学、北京化工大学、青岛科技大学、广东省化工学会橡胶专业委员会主办的“百年梦想百年创业——中国橡胶工业百年”纪念大会在广东省广州市召开。第十届全国人大常委会副委员长、原化学工业部部长顾秀莲，原化学工业部副部长李士忠，原化学工业部副部长、中国石油与化学工业联合会原会长李勇武，中国工程院院士曹湘洪、周福林、瞿金平，原化学工业部橡胶司副司长于清溪、鞠洪振等出席纪念大会，行业内的专家、学者、工程技术人员和企业管理者共500余人参加了会议。

学会举办专业技术人才培训班和技术讲座40次，培训人数1506余人次。

学会完成了双钱集团股份有限公司等单位“EB（电子束）预硫化装置及其在全钢子午线轮胎中的应用技术”和浙江大学等单位“1000吨/年POE生产技术工艺设计包”2项科技成果的鉴定工作。

学会能力提升计划　学会被评为中国科协“学会创新和服务能力提升工程优秀科技社团建设项目”三类优秀科技社团。2015年，学会引进专职人员4名，制定和部署了学会能力提升三年规划和工作任务，为全面提升自身能力打基础。

学会建设　2015年，学会根据中央文件要求变更理事长、副理事长各1人，按章程履行民主程序，增补常务理事2人、理事9人，调整理事1人。调整后常务理事65名，理事239名。

截至2015年年底，学会个人会员1200名，比2014年增加230名。

精细化工、化工机械、染料等3个专业委员会进行了换届。新增设水性技术应用、混合与搅拌、橡塑产品绿色制造3个专业委员会。学会下属专业委员会由原来的23个增加为26个。

5月，学会参加民政部组织的全国社团评估，被评为5A等级全国性学术类社团。

科技期刊国际影响力提升计划　学会主办的《中国化学工程学报（英文版）》继续被SCI、EI等国际检索系统收录，继续入选中国科协优秀国际科技期刊推广项目。2015年，期刊编委会换届，增加了国外编委数量和国外稿源数量，进一步提高了国际化水平。

中国化学工程学报（英）编辑部采用Elsevier出版社的发布平台，并将后期的编辑、排版工作转移到国外，提高了报道的时效性。采用Elsevier出版社的EVISE稿件处理系统，按专业配备了副主编负责相关专业稿件的审理。

学术期刊 学会主办的期刊《化工学报》《化工进展》入选“中国精品科技期刊”。2015年，两刊获得第八届全国石油和化工行业优秀期刊一等奖，影响因子等期刊计量指标在化工类期刊中位于前列。《化工学报》保持被EI等国际检索系统收录，2015年入选中国“百强科技期刊”“2015期刊数字影响力100强”，入选中国科协精品科技期刊工程TOP50项目；《化工进展》继续入选中国科协精品科技期刊工程学术质量提升项目，编辑部通过组织专业学术会议，发挥了连接产、学、研的桥梁作用。2015年学会新主办期刊《储能科学与技术》。

国际学术会议 学会及其下属专业委员会全年共举办国际会议8次，共计参会人数915人次，交流论文454篇。

10月15—16日，由学会和美国化学工程师协会主办的第八届中美化学工程学术会议在上海市召开。中国工程院院士曹湘洪、钱旭红，中国科学院外籍院士、美国工程院院士黎念之等500多位专家、学者参会，收录630篇论文摘要。会议围绕“化工新纪元”的主题，面向空气分离与净化、生物工程与生物技术、催化和反应工程、能源食品与制药技术、绿色科技、材料及纳米技术、膜法水处理技术等15个方面的议题，分14个分会场进行了研讨、交流。

10月16—18日，由学会和日本化学工学会主办的第七届中日化工学术研讨会在北京召开。本次研讨会的主题为“绿色与可持续创新的化学工程与工业”，会议邀请清华大学化工系教授赵劲松、中国科学院过程工程研究所教授苏志国、北京三聚环保新材料股份有限公司董事、副总裁任相坤、日本早稻田大学教授松方正彦、日本北九州市立大学教授上江洲一也、日本朝日玻璃有限公司的南川忠男分别就化工安全、生物化工、新功能材料等方面作特邀报告，分会场主题为“绿色可持续生物与环境化工”“先进材料化工与过程安全”，共进行了33个口头报告和7个墙报交流。来自中日两国的100余位化工科技工作者展开了交流与讨论。

国内主要学术会议 2015年，学会及其下属专业委员会共举办国内会议62个，共计参会人数11925人次，交流论文3739篇。

8月12—13日，学会主办的2015中国煤化工产业精细化发展高层论坛在山东省青岛市举行。会议交流特约报告25篇，150位专家、学者参会，对我国煤化工产业精细化发展的环保政策及产业链构建、示范项目及精细化技术路线、先进技术突破以及先进水处理解决方案等方面进行了研讨。

9月14—15日，学会和中国化工信息中心联合主办的2015中国芳烃产业链发展大会在北京召开。近200位业内专家、学者参加会议，探讨了芳烃产业链上下游的发展战略、安全生产、技术创新、市场趋势等议题。

10月16—18日，学会主办的中国化工学会年会在北京召开。会议以“创新驱动　绿色发展”为主题，来自海内外及全国化工学术、科技、产业界的1600余位专家、学者参加会议，会议收录论文近800篇。

国际交往 12月2日，学会常务理事、高级顾问洪定一在北京会见了美国化学工程师协会（The American Institute of Chemical Engineers，AIChE）2016届主席Gregory Stephanopoulos、执行主任June C. Wispelwey和Shaw Xiao一行。双方对于各自的机构历史、组织架构、工作内容、主要项目等情况进行了沟通，对于中美双方在化学工程领域的共同点和差异交换了意见。双方均表示愿意开展实质性的合作，并达成以下合作共识：推进双方期刊论文的信息交流与互换；共享会议活动信息，探讨参与AIChE化学能汽车竞赛，并进一步讨论在中国发起该活动的可能性；加强培训方面的合作，尤其是在线课程的培训；增强各自地方分会的参与度，积极开发学生分会。

学会与德国阿赫玛展览公司的修林博士两次会谈，商议2016年春季在北京举办的第十届阿赫玛亚洲展事项。

科普活动 2015年，学会共举办科普讲座2次，科普宣传活动6次，受众1242人次，发放科普宣传材料2000份。

学会编写《碧水蓝天雾霾治理——炼油工业在行动》科普读物，印发3000本。设置“碧水蓝天雾霾治理”科普公益展览，在2015中国国际石化大

会、2015 中国化工学会年会等重大行业或学术会议中展示。

学会常务理事、高级顾问洪定一作为专家参与录制了凤凰卫视在 3 月 21 日播出的《一虎一席谈》“保新政能否破解环境之殇”，解答了关于化工和油品对环境的影响等方面问题。

“8・12”天津危险化学品爆炸事故发生后，学会根据中国科协要求第一时间响应社会热点问题，在微信平台发布科普文章 3 篇，分别是《关于危险品，我们应该弄清楚什么》《总理问：“我闻到的是什么”，天津爆炸现场气味为何物？》《天津港爆炸事故中危化品都有哪些？》，总阅读量超过 1 万人次。

表彰举荐优秀科技工作者 学会开展了第七届“侯德榜化工科学技术奖”的评奖工作，评选出“侯德榜化工科学技术奖”成就奖获得者 3 名、创新奖获得者 9 名、青年奖获得者 26 名。

党建强会 学会加强党建活动，结合业务工作，组织专家撰写科普图书《能源化工成就强国富民之梦》，获得中国科协“党建强会”计划“十百千”特色活动的项目资助。

会员服务 学会每月发送《中国化工学会通讯》（电子版月刊），向理事、会员等传播学会工作信息。学会建立微信平台，向会员发布会议通知，介绍学会工作动态，传播学会工作信息。

【2015 中国化工学会年会】 10 月 16—18 日，由学会主办，清华大学和北京化工研究院承办的中国化工学会年会在北京召开。会议以“创新驱动　绿色发展”为主题，来自海内外及全国化工学术、科技、产业界的 1600 余位专家、学者参加会议，会议收录论文近 800 篇。

2015 年中国化工学会年会

中国科协党组成员、书记处书记王春法，中国石油和化学工业联合会会长李寿生，中国石油化工股份有限公司董事、高级副总裁、学会理事长戴厚良出席了会议并讲话。石油化工界老领导潘连生、闫三忠，中国工程院院士袁晴棠、谭天伟，中国科学院院士费维扬、何鸣元，科研工作者、企业界人士参加会议。

大会特邀 4 篇学术报告。美国工程院院士、普林斯顿大学荣誉教授韦潜光作题为“全球化学工程的机遇与挑战”的报告，中国工程院院士、北京化工大学化工学院院长、教育部超重力工程研究中心主任陈建峰作题为“化工反应强化的理论挑战与工业实践”的报告，中国科学院院士、中国科学院过程工程研究所所长张锁江作题为“离子液体与绿色工程”的报告，清华大学化学工程联合国家重点实验室主任骆广生作题为“微化工技术：面向‘中国制造 2050’”的报告。

大会设立了 13 个专题分会场，进行了 330 篇学术汇报，主题涵盖化学工程、石油化工催化剂、橡塑助剂与功能新材料、生物化工、现代煤化工、新型石油化工新材料、离子液体、化工过程安全、储能科学、介尺度机制、磷矿 / 磷肥及磷化工、纳米材料、混合技术等领域。

【第九届全国大学生化工设计竞赛】 8 月 22—24 日，由学会、中国化工教育协会、教育部高等学校化工类专业教学指导委员会主办的第九届全国大学生化工设计竞赛总决赛在天津市举办。

第九届全国大学生化工设计竞赛总决赛开幕式

本项赛事以多方面培养大学生的创新思维和工程技能、培养团队协作精神，增强大学生的工程实践能力，实践“卓越工程师教学培养计划”为宗旨，自 2007 年第一届竞赛开始，至今已是第九届，参赛队伍从最初的 8 所高校参赛发展到 7 个赛区 257 所高校。

本届比赛共有1563支团队报名参赛，最终912支团队提交作品。7个赛区决出48个代表队参加全国总决赛。经过两天的角逐，天津大学、浙江大学、华东理工大学等8支队伍获得特等奖，合肥工业大学等40支队伍获得一等奖。

本届竞赛增加了设计文档质量的专项评审，并在评分指标中增加了安全设计的内容，均邀请工程设计公司的专家参与打分和点评，使全国大学生化工设计竞赛不仅仅是高校的赛事，还成为了企业选拔化工人才的衡量指标。

（撰稿人：王　燕）

中国核学会

服务创新型国家和社会建设　5月，学会组织中国科学院院士王乃彦等4名核技术应用和核农学专家，到贵州省贵阳市开展“助推贵州产业发展的科技帮扶之行”活动。9月，与绵阳市政府和中国工程物理研究院共同主办了核技术在医学领域应用高端论坛；与德阳市政府共同主办了中国核电装备高峰论坛，并签订了《关于助力德阳核工业装备及核应用产业发展合作协议》。

12月2日，受国防科技工业局委托，学会邀请13位院士、专家在北京召开论证会，形成题为“重水堆在中国核燃料闭式循环中的作用与定位”的论证报告并上报。

学会完成中国科协2015年度“科技文献信息加工”项目，获得中国科协以奖代补A类奖励。项目完成标引国外专利文献1250篇，组建156名专家服务团，构建科技成果库。其中重大科技成果50项，民品转化成果60项，重要科技论文1211篇，推送给50余家企事业单位。

学会承担全国科学技术名词审定委员会《核科学技术名词》审定工作，组织全部24个专业分会对所涉及专业的约1万个词条进行审定。

开展学会团体标准试点工作，组织专家制定《辐射加工用电子加速器装置运行维护管理通用规范》。

6月8—12日，举办中美核应急响应与安保一体化培训班。7月3—5日，与上海市核学会联合主办国内外典型核与辐射突发事件案例分析及其现场医学应急救援演练学习班。

学会建设　2015年，学会召开了第八届理事会第七次、第八次常务理事会议，第八届理事会第三次会议。

学会成立青年工作委员会，新增核工程力学分会。成立核工程专业类认证委员会，秘书处设在学会。

学会新增6个团体会员，6个联系会员，重新登记和新发展会员4000人。

学会及下属专业分会全年召开学术会议65次，6980人次参会，交流论文4056篇。

3月5日，在北京召开中国核学会第八届理事会妇女工作委员会第三次会议，确定承办2017年世界核妇女大会。

6月26日，推动山东省核学会在烟台市成立，中国电力投资集团公司山东核电有限公司为理事长和秘书长单位。

9月底中国核学会学术年会期间，学会对刘伟、兰晓莉、李楠等21名专业分会和地方学会的优秀学会工作者进行了表彰。

学会和中国兵工学会、中国航空学会等6家全国国防科技社团组成“国防科技社团联盟”和“中国科协军民融合学会联合体”，加强沟通合作，承接政府转移职能和开展重大项目。

学术期刊　《核科学与工程》与《核技术》获得“2015年度中国科协精品科技期刊工程科技期刊培育计划（学术质量提升项目）”支持。

《核科学与工程》继续入编北京大学《中文核心期刊要目总揽》和《中国科技期刊引证报告》2014年版之原子能技术类核心期刊。全年出版正刊4期，收录文章118篇，每期页码由144页增至192页。专家库收录445人，作者人数1532人。

学科发展研究　学会编写完成《2014—2015核科学技术学科发展研究报告》。报告共24.3万字，由1篇综合报告和21个专题报告组成，涉及25个分支学科，反映2014—2015年国内外核科学技术学科的发展现状、动态及趋势，提出本学科发展的保障措施与对策建议。报告首席科学家为中国工程院院士、学会理事长李冠兴。该报告计划于2016年3月出版。

首次发布《中国核技术仪器设备学科发展研究报告》。报告由学会核工业分会核技术核仪器设备专业委员会编写，反映中国核技术仪器领域60年来学科、产业和应用情况，重点反映中国核仪器设备与国外的差距及中国核仪器设备与国内应用需求的差距。报告于4月8日在上海市通过专家评审，11月在陕西省西

安市正式发布，计划 2016 年初出版。

学会组织编写完成《中国核电专利战略研究报告》。

决策咨询 分别受中国科协、国务院法制办公室和全国人民代表大会环境与资源保护委员会委托，组织院士、专家召开讨论会对《国家安全法》《原子能法》及《核安全法》征求意见稿的概念范畴、术语规范、责任划分等提出具体修改建议并上报。

3—6 月，学会承接北京市科学技术委员会科技创新战略研究及专家咨询专项——“北京核电技术服务业发展研究”课题。7 月 28 日，课题通过专家组验收。专家组认为该课题研究数据翔实、资料丰富、论据充分，具有一定的创新性。

9 月，受全国人民代表大会办公厅委托，学会承担郑砚国等 8 位人大代表关于加强核科普宣传议案的回复工作。

受环境和保护部委托，学会对《核与辐射安全科普宣传方案》提出意见，学会提出的举办“全国核科普日”的建议得到采纳。

受国家能源局委托，1—9 月，学会参与修订《核燃料技术发展战略总体规划》之“新技术预研”，为制定中国“十三五”能源发展规划提供科学依据。

12 月，学会支持山东省核学会编写《关于山东省未来十年核电发展及厂址布局的建议》，报山东省省长郭树清。

国际学术会议 学会及下属专业分会全年召开国际会议 11 次，1106 人次参会，交流论文 503 篇。

1 月 15 日，由学会联合世界核协会主办的世界核能聚焦研讨会在北京举行。来自海内外 100 余家单位的 200 余名专家、学者、工程技术人员参会，就世界核电发展形势、核电设备、法律法规、融资、核燃料循环、供应链等进行研讨。学会理事长李冠兴，副理事长雷增光，国家核电技术公司总工程师王中堂、环境保护部核与辐射安全中心总工程师柴国旱、中国工商银行总行专项融资部副经理沈敏，世界核协会主席 Jean-Jacques Gautrot，总干事 Agneta Rising，法国电力公司中国控股公司首席执行官宋旭丹，法国阿海珐集团高级执行副总裁欧道博等致辞或作报告。

11 月 3—5 日，学会与法国阿海珐集团在北京共同主办第二届中法核燃料循环后端研讨会。

国内主要学术会议 学会及下属专业分会全年召开国内学术会议 54 次，5880 人次参会，交流论文 3553 篇。会议包括首届反应堆应用技术学术交流会、首届中国氚科学技术学术交流会、第十届全国采矿学术会议、第四届军品防护与包装发展论坛暨成果展示等。

4 月 8—10 日，第三届中国（国际）核电仪控技术大会在上海市举办。

9 月 21—24 日，中国核学会 2015 年学术年会在四川省绵阳市召开。

两岸交流 6 月底，由学会核技术工业应用分会和台湾地区“中华核能学会”共同主办的第二届海峡两岸非动力核技术应用学术研讨会在台湾地区宜兰市召开。华中科技大学、中国科学院、中国原子能科学研究院等 12 家单位赴台湾地区参会，约 120 位大陆与台湾地区的专家、学者参加研讨。

国际组织任职 学会副秘书长申立新在第二十届太平洋地区核理事会担任公众沟通专委会委员。

国际交往 学会接待来访的国外团体有：美国核学会、美国机械工程学会、太平洋核理事会、国际青年核理事会、法国核学会、法国原子能委员会、日本机械师工程学会、美国驻华使馆商务处等。学会与美国西屋公司、法国阿海珐集团、法国电力公司、特雷克斯公司等企业保持联络。

5 月 4 日，来自 36 个国家和地区的 39 家核学会在法国尼斯市举行的国际核电站进展国际会议（ICAPP）上签署联合声明，将共同致力于推动核能发展，应对气候变化。中国工程院院士、学会理事长李冠兴代表学会签署上述声明。

5 月 17—22 日，由学会、日本机械工程师学会、美国机械工程师学会主办的第 23 届国际核工程大会在日本千叶市举行。学会副理事长雷增光作大会报告，学会副秘书长张志俭致贺词，学会副秘书长申立新代表主办方颁奖。本次会议共收录论文 585 篇，其中中国论文 192 篇；口头技术报告 114 个，其中中国报告 36 个。中国论文数量比往届有较大幅度增长。

8 月 24—28 日，第 23 届世界核妇女组织大会在国际原子能机构（IAEA）总部意大利维也纳市召开。学会妇女工作委员会代表参加会议。

科普活动 学会全年举办科普活动 150 余场次，直接参与人数 50 余万人次。学会连续第三年获得中国科协年度“全国学会科普工作优秀单位”称号，首次获得“全国科普日北京主场优秀活动组织单位”称号。经学会推荐，中国科学院院士王乃彦获得 2015 年度“十大科学传播人”称号。

学会开展系列核科普活动：5月，在四川举办“核”我探秘核科学技术展览、核科普工作座谈会以及“核电”“核装备”“核军事”和“核聚变”4场专题日活动，约67830人次参观了展览；4—7月，举办第三届“魅力之光”杯全国中学生核电科普知识竞赛及夏令营活动；7月，承办首届全国“核科普公众开放周”活动；6月，组织“院士行”活动走进山东，组织钱绍钧、胡思得、张金麟、陈念念、夏佳文等院士为山东涉核海军某基地、烟台大学、山东核电公司等单位作报告。

10月25—31日，由学会主办的首期全国核科普讲师培训班在北京举办。中国科学院院士、学会荣誉理事长王乃彦，联合国“卡林加奖”获得者李象益，中国科技馆副馆长隗京花，清华大学工程物理系副教授俞冀阳，中国科学技术大学教授周荣庭，北京理工大学人文学院教授翟杰全，中国科普研究所科学素质研究室原主任翟立原，法国电力中国投资有限公司能源市场预测总监方德义，果壳网科学人主编吴欧等13位专家为学员讲课并交流科普工作经验。来自全国40家核工业单位、科研机构和政府部门的60余人参加培训并取得结业证书。

学会组织“华龙一号”模型参加中国科协主办的第一届中国创新科技成果交流会、全国科普日北京主场科普展、2015年全国“大众创业万众创新”活动周等。

学会推荐辽宁核电科普展厅、三门核电公众展厅获得“2015—2019年度全国科普教育基地”认证。

学会编著《“核”我探秘——我们身边的核科学技术》《走近核科学技术》(第二版)等科普书籍。

学会完成中国科协组织的科普中国百科科学词条编写与应用工作，共编写核能发电、核燃料循环、核辐射与防护、核农学、核医学、核安全保障、核技术应用等热点领域的1600个词条，上传到百度百科。获百度“2015年度公益科普奖”。

表彰举荐优秀科技工作者 2月12日，学会召开推选中国科学院和中国工程院院士候选人专家委员会会议。李冠兴、潘自强、王乃彦等15位院士参会，共推选出6位两院院士候选人上报中国科协，其中5人通过中国科协评审报送两院。

12月12日，学会召开“青年人才托举工程”评审会，5名托举对象得到连续3年的科研经费支持及个性化培养方案。

学会推荐清华大学王学武与核工业地质研究院陈亮参选“第十四届中国青年科技奖”。推荐“华龙一号”总设计师邢继参评“光华科技奖”。

学会创新发展 学会积极推进“‘互联网+’科普”工作，学会网站全年发布新闻396条。全国主流媒体原创报道学会活动新闻120篇，新媒体（微信）报道41篇。“中国核学会”微信公众号累计发表学会动态、核科普知识等信息300余条，订阅人数超过2700人。7月荣登科普中国微信公众号潜力榜，并成为中国科协科普部首批择优资助的科学传播专家团队优秀项目，是首批开通微信辟谣平台的全国学会之一。

党建强会 学会秘书处党支部开展“三严三实”专题教育工作，支部书记申立新讲党课，党支部为每位党员配发了《习近平谈治国理政》。以核工业创建60年为契机，学会策划开展“党旗飘飘，‘核’我走过60年——核能公众开放日党建强会活动”，并获得中国科协“党建强会”项目资助。

会员服务 《中国核学会会刊》2015年出版会刊4期，印发4000余册。

中国科协会员日 中国科协会员日期间，学会秘书处先后拜访学会荣誉理事长——中国工程院院士彭士禄、中国科学院院士王乃彦，拜访全国政协委员、核工业西南物理研究院院长刘永，中国原子能科学研究院原院长赵志祥等老科学家，送上节日的问候与祝福，征求学会发展方面的建议和意见。

11月28—29日，学会党支部组织10位会员参加第六届中国科协会员日乒乓球赛，获得优秀组织奖和2项个人组别第三名。

12月14日，学会在北京举办了会员日“青年会员沙龙”活动，学会青年工作委员会委员及部分青年会员约30人参与，就“学会如何发挥青年人才培养作用”进行探讨。

12月18日，学会参与了在北京举办的国防科技联盟“国防主题教育日”活动，在第三届“吴运铎杯”实弹射击赛中获得团体季军，并获得个人组第二、第三名。

【中国核学会2015年学术年会】 9月21—24日，中国核学会2015年学术年会在四川省绵阳市召开，大会由中国工程物理研究院和绵阳市政府承办，学会理事长李冠兴致开幕词，中国科协党组副书记、副主

席、书记处书记张勤，中国工程院党组成员、中国工程院院士赵宪庚，中国工程物理研究院院长刘仓理，绵阳市委书记彭宇行，环境和保护部、国家能源局有关负责人到会祝贺并致辞。20余名院士和来自政府部门、科研院所、核相关企事业单位的领导、专家、学者1300余人参会。

中国核学会2015年学术年会

年会设置12个分会场，24个专业分会，共有1336篇论文进行了口头报告交流。

年会评选和发布“2013—2015年度中国十大核科技进展”。展示了中国从2013年6月30日至2015年6月30日在核科学领域取得的自主创新重大成果，涉及核物理、核能发电、装备技术、铀矿采冶、燃料元件、医用航天等多个学科。

会议期间，学会联合24个专业分会和22个省级核学会代表共同签署《关于积极推进中国核电建设的倡议书》，并公开发布，表达对推动核电建设的决心。

首次举办以女性为主题的核妇女工作论坛，对妇女在核科技发展中的作用和地位进行展示和研讨。

在青年论坛上，中国科学院院士陈佳洱介绍自己的学术人生，中国工程院院士欧阳晓平讲解创新思维。会上，正式聘任宋代勇等11位青年工作委员会委员，讨论了青年工作委员会下一步的重点工作，为2016年召开的国际核青年大会（IYNC）作准备。

【第三届中国（国际）核电仪控技术大会】 4月8—10日，学会与中国仪器仪表学会联合在上海主办第三届中国（国际）核电仪控技术大会。中国工程院院士叶奇蓁、中国机械工业联合会总工程师隋永滨作大会报告。来自国际原子能机构、国家原子能机构、国家核安全局等单位的300余位专家、学者参会，其中国外参会学者18人，共收到学术论文近180篇、口头报告近70篇。

与会代表通过发言和研讨，达成共识：中国核电市场全数字化仪控时代已经来临，核电业界必须对其给予更高关注，以期在新一轮的核电竞争中掌握技术主动，成为核电强国。

【第二届中法核燃料循环后端研讨会】 11月3—5日，由学会与法国阿海珐集团共同主办的第二届中法核燃料循环后端研讨会在北京举行。研讨会以“共同打造先进的后端产业”为主题，150余位中法两国核燃料循环后端领域的专家、学者参会，就核燃料循环后端技术各个层面的相关问题进行交流与探讨，帮助公众和媒体更好地了解核燃料后端技术的发展。

中国工程院院士、学会理事长李冠兴作题为“迎接中国核工业发展的第二个春天”的报告。他强调，经过几十年的发展，中国已经跻身世界核电发展的第一方阵，中国将逐步成为世界核电发展的产业中心，实现从核电大国到核电强国的历史跨越。

【四川“‘核’我探秘”系列科普活动】 5月1—31日，学会在四川省开展了为期一个月的“1+1+4”核科普系列活动，即“一场展览——‘核’我探秘核科学技术展览”“一场座谈会——核科普工作座谈会”，以及“核电”“核装备”“核军事”和“核聚变”4场专题日活动等。

展览在四川省科技馆举办，展厅面积1200平方米，展览内容包括9个主题，涵盖核科学基础知识及能源利用、辐射安全与防护、核技术应用、核科技发展前景等各领域的权威知识。“小型核电站AP1000”“核燃料组件”“重离子治癌装置”“农业辐照消毒保鲜产品”“嫦娥三号月球车”等首次集中面向观众展出。展览利用了“五一”假期，吸引67830人次参观。

中国工程院院士、中国工程物理研究院原院长胡思得，中国工程物理研究院激光聚变研究中心主任朱少平，四川省核学会名誉理事长杨岐，核工业西南物理研究院院长刘永，国家科技部中国国际核聚变能源计划执行中心技术总监潘传红作专题日讲座，每场讲座听众超过200人次。

“军事”“装备”“核电”和“聚变”作为四川省核工业体系的四大方面和特点，通过4家实力强、专业的研究机构和企业介绍给观众，增进了学生和公众对四川省核工业的认识。

核科普工作座谈会上，与会的领导、专家对核科学技术展览和核科普工作面临的问题，以及如何更好地为中国核工业发展创造良好的社会环境进行讨论。

本次活动由中国科协、中国核工业集团公司牵头指导，学会与中国科技馆、中国核能电力股份有限公司、四川省科协联合主办，四川省核学会、四川科技馆承办。

【第三届“魅力之光”杯全国中学生核电科普知识竞赛及夏令营】 由国家能源局、国家核安全局、国防科工局指导，学会与中国核能电力股份有限公司主办，福建福清核电有限公司承办，各核电集团支持。

竞赛于4月22日在北京启动，总参赛人数达251821万人，涵盖全国32个省、自治区、直辖市。新浪网、腾讯网、知力网、科普中国、未来网、中学生报网和微博“魅力之光”阅读量达3168.9万人次。

7月27日，核电科普夏令营在福清核电站开营。中国工程院院士、学会理事长李冠兴，中国核动力院原院长杨岐为中学生作科普讲座。在为期5天的夏令营活动期间，来自全国18个省的30名营员参观了福清核电站、福州环保厅应急中心、厦门科技馆、厦门大学、陈嘉庚故里等，参加录制了“一站到底”核电科普知识竞赛电视节目。环境和保护部副部长、国家核安全局局长李干杰为“魅力之光”活动作出批示：要继续大力支持“魅力之光”活动，对活动品牌进行固化和推广。国家能源局核电司司长刘宝华评价：“魅力之光”活动经验非常值得肯定。

（撰稿人：王　笑）

中国石油学会

服务创新型国家和社会建设 2015年，学会组织院士、专家为全国人民代表大会常务委员会法制工作委员会《中华人民共和国大气污染防治法（修订草案）》提出5条修改建议，非常规油气专业委员会开展《煤层气地质选区评价方法》《煤层气压裂作业规范》《煤层气排采技术规范》等8项现行行业标准宣传贯彻培训，并承担国家能源局《煤层气发展战略研究》软课题研究，其成果为编制中国煤层气“十三五”规划提供决策依据。

学会举办第五届全国研究生创新实践系列主题活动暨全国石油工程设计大赛和首届全国大学生测井技能大赛，培养输送符合企业、社会需要的创新型工程技术人才。

开展石油石化企业战略规划研修、水处理与注水新技术等培训。举办油气勘探新技术高级研修班、石油通信信息技术应用培训班、全国螺纹检测人员资格鉴定与认证培训班，获得人力资源和社会保障部“国家专业技术人才知识更新工程”证书。

学会分别与中国石油华北油田公司、石油工业出版社有限公司签订战略合作协议，合作促进科技进步、成果转化和石油科技知识传播。学会承担塔里木油田公司重点勘探研究项目“塔中地区奥陶系碳酸盐岩层序划分及控储作用研究”、华北油田公司“文安斜坡下古生界至中上元古界层序格架下有利储层发育特征研究及预测”等科研课题，为油田企业的勘探生产提供技术支持。学会与河北省保定市科协联合实施创新驱动助力工程，为河北锐迅水射流技术开发有限公司完成4项科技助力工作任务。学会与山东省日照市、四川省德阳市、山西省晋中市、河南省南阳市、甘肃省庆阳市、湖南省岳阳市等地的科协及企业对接调研，为地方经济建设和企业创新发展提供科技与人才支撑。

学会建设 年内，学会发展171名个人会员，筹备成立石油环保专业委员会和青年工作委员会2个分支机构。

学会组织召开理事会议2次、常务理事会议2次、秘书长办公会议3次、秘书处办公例会12次和年度工作通讯会议1次。学会申请提前换届，获得中国科协批准，开展人选推荐、材料准备等大会组织筹备工作。

学会研究制定《中国石油学会项目经费管理办法（试行）》等制度。编制学会工作岗位目录，签订全员年度考核绩效合同，进行学会全员年度考核与民主测评。学会邀请民政部、中国科协有关负责人授课，举办学会秘书处及基层学会秘书长业务培训班，推进学会工作者职业化建设。

学会评选表彰分支机构和地方学会年度优秀秘书长18名、优秀学会领导21名、先进集体21个。

学术期刊 《石油学报》由双月刊改为月刊，全年发表论文173篇，其中国家重大专项、“973”项目、“863”项目、国家自然科学基金项目、省部级科研项目研究论文170篇，占比提升至98.3%，比上年增加4.1%。出版增刊2期：《华北油田非常规油气勘探与开发论文专辑》发表论文12篇，《油气门限控藏研究论文专辑》发表论文18篇。《石油学报》完成300人约稿专家库建设，开通期刊专用微博、微信。根据《2015年版中国科技期刊引证报告》（核心版）统计，在全国2383种核心科技期刊中，《石油学报》影响因子为2.451，排名第6名，比上年排位上升1位，总被引频次继续名列能源科学技术类期刊第一名。《石油学报》获得中国科协精品期刊工程项目第4期（2015—2017年）TOP50项目资助，继续被评为中国最具国际影响力学术期刊，并获第八届全国石油和化工行业优秀报刊一等奖。

《石油学报（石油加工）》全年出版6期正刊，发表稿件194篇。其中省部级以上科研项目研究论文160篇，占比降至82.5%，下降3.8%。根据清华同方CNKI出版的《中国学术期刊影响因子年报》数据显示，《石油学报（石油加工）》影响因子为0.722，比上年提高0.103，总被引频次1309，比上年增加300。在石油下游（石油加工和石油化工）领域期刊中排名继续保持第3名，获得中国石油和化工联合会优秀期刊一等奖。

《石油知识》全年出版6期正刊，发表文章233篇，约54万字和389幅图片，出版增刊2期，刊出专项论文81篇，约28万字。

《石油学报（石油加工）》《石油知识》分别召开创刊30周年座谈会，并编辑出版纪念刊。学会向国家新闻出版广电总局提交创办自主版权英文期刊申请。

学科发展研究　学会组织中国工程院院士赵文智、胡见义，中国科学院院士戴金星、金之钧等22名专家组成研究小组，编写《深层油气地质学学科发展报告》，由中国科学技术出版社出版，完成中国科协《2014—2015年深层油气地质学发展研究》项目。

国际学术会议　4月27—28日，学会与中国石油天然气集团公司、美国石油学会（API）在陕西省西安市联合举办油气输送管道高强度管线钢研究与应用技术国际研习会。中国工程院院士李鹤林、中国石油天然气集团公司总经理助理汪世宏、美国石油学会副总裁Gerardo Uria，以及来自美国、意大利、日本、加拿大、澳大利亚、挪威、巴西和中国的油气管道公司、管材制造企业、管道建设施工单位、知名研究机构、高等院校的180余名专家、学者参加会议。会议征集论文102篇，28位国内外专家、学者围绕油气输送管道高性能管线钢开发、基于应变设计、断裂控制等内容作学术报告。

10月20—21日，学会与日本石油能源技术中心、韩国石油管理院在北京召开第八届中日韩炼油技术研讨会。中国工程院院士曹湘洪、李大东，日本石油能源技术中心专务理事中野贤行，韩国石油管理院理事长金东源，以及来自中、日、韩三国的97位专家、学者（中国66人、日本19人、韩国12人）参加会议。会议主题为“石油加工与环境保护”。会上宣讲19篇报告（中国8篇、日本6篇、韩国5篇），内容涵盖炼油工业面临问题与对策、能源政策与节能减排形势、炼油技术、油品质量、炼厂先进管理技术等。中方偏重于提高原油利用率和油品清洁化的石油加工工艺，日方注重炼厂管理及环保对油品重要指标要求，韩方关注汽车用油品质、对排放影响以及未来替代情况。

国内主要学术会议　2015年，学会及分支机构共组织召开各类学术会议94次，参加人数21024人次，交流学术论文3949篇，出版论文集12部。

1月13—15日，学会在福建省福州市召开第二届中国石油石化节能减排技术交流大会暨节能减排新技术新装备展示会。大会主题是“持续推进节能减排，大力倡导绿色低碳发展”。国家能源局、环境保护部、国内各大石油公司、有关高校、科研院所、民营企业的480余位专家、学者参会。大会征集论文300余篇，围绕节能减排技术发展、能源管理和环保技术进展等内容交流论文36篇。

4月22—24日，学会腐蚀与防护专业委员会、石油储运专业委员会、石油炼制分会等学会分支机构在浙江省杭州市共同主办中国石油石化腐蚀与防护技术交流大会。大会主题是“突出石油石化腐蚀与防护特色，倡导绿色低碳与科技创新防腐”。中国工程院院士柯伟等500余位专家、学者参加大会。大会征集论文292篇，论文集收录论文228篇，交流论文62篇，针对原油装置、石化设备、油气管道的腐蚀控制与监检测技术，石化设备失效分析技术，腐蚀风险及可靠性评估技术，油田和化工防腐药剂研发技术现状和发展等内容进行了研讨。

5月23—24日，在第十七届中国科协年会期间，学会及海洋石油分会、广东省石油学会等联合举办南海深水油气勘探开发技术研讨会作为年会第9分会场。31位专家、学者围绕南海深水盆地成因机制、演化及生烃作用，沉积、成岩作用与储层，油气成藏特征，地球物理进展与勘探技术，油气成藏、勘探技术，钻完井、测试技术，油气开发与工程技术等内容作特邀报告。包括中国工程院院士邱中建在内的135位专家、学者参加会议。

6月25—27日，学会在宁夏回族自治区银川市召开以“突出降本增效，提升油气田地面工程建设水平”为主题的第二届油气田地面工程技术交流大会。

400余名油气地面工程专家和技术人员参会，围绕油气田地面工程标准化设计、模块化建设、数字化管理、市场化运作、实现安全绿色低成本高效益生产等内容交流论文40篇。大会征集论文380篇，论文集收录论文294篇。24家企业展示了油气田地面工程技术与设备。

10月31日至11月1日，学会在山东省青岛市召开以“青年开创石油科技未来”为主题的第九届青年学术年会。中国工程院院士王德民等4位专家作大会报告，全国石油石化单位40岁以下的180多位青年科技工作者参会。230多篇论文按油气地质与勘探、油气开发工程（含储运）、石油炼制与化工和石油经济管理四大学科，分别在8个分会场进行报告交流。经学术委员会委员现场打分评比，共评选出优秀论文一等奖43篇、二等奖70篇，并收录至论文集。

11月4—6日，学会在浙江省宁波市召开以“加强安全生产，强化职业健康，提高环境质量”为主题的第二届中国石油石化健康、安全与环保（HSE）技术交流大会暨展示会。来自国家安全生产监督管理总局、环境保护部、国家安全生产应急救援指挥中心和国内石油石化企业、高等院校、科研院所、技术服务与装备制造厂商的代表近500人参加大会。国家安监总局政策法规司副司长邬燕云解读了国家新《安全生产法》。围绕贯彻落实国家新《安全生产法》和《环境保护法》，完善石油石化企业HSE体系建设，提升行业HSE风险防控能力与管理水平，推广健康安全环保新技术、新材料应用，60多篇报告在主会场和分会场进行交流研讨。大会征集论文403篇，论文集收录308篇。37家厂商进行技术、设备展览展示。大会特设酸性气超净排放技术专题研讨会。

国际交往 4月29日，学会副理事长周抚生在陕西省西安市会见美国石油学会（API）副总裁Gerardo Uria一行，对共同合作举办认证、培训等工作进行交流。

7月10日，学会在北京与美国腐蚀工程师协会（NACE International）年度主席Jim Feather、副主席Sandy Williamson、首席执行官Bob Chalker、前任主席Harvey Hack等座谈。双方就进一步加强石油石化和腐蚀领域的学术交流与技术合作、资格培训及互认、NACE国际标准制修订和推广等工作交换意见，初步达成联合举办学术活动、开展资格培训、相互支持并参与对方标准制修订等合作意向。

10月14—16日，学会非常规油气专业委员会主办的煤层气国际标准化技术研讨会在波兰卡托维茨市召开。中国、德国、波兰等国学者和联合国欧洲经济委员会（UNECE）煤层气专家组专家、全球甲烷减排组织（GMI）观察员共28人参加会议，研讨煤层气领域国际标准提案。

学会非常规油气专业委员会作为国际标准化组织ISO/TC 263秘书处单位，组织专家为中非阳光能源有限公司津巴布韦煤层气业务和哈萨克斯坦国家天然气输气公司煤层气勘探等海外煤层气项目提供了咨询服务。

科普活动 2015年，学会及分支机构和地方学会组织科技讲座106次、科普展览41次、知识竞赛15次、科技夏令营7次，科普活动受众人数11万多人次。学会被评为中国科协“2015年全国科普日特色活动组织单位”。

学会组织撰写的《学会科普工作现状与对策》等2篇论文入选《全国科普理论研讨会论文集》，创作的“石油工业开发流程三维动画”入围2015科普信息化建设工程移动端科普融合创作项目，石油物探首席科学传播专家李培明题为《如何更精确地探知地下世界》的论文和石油通信首席科学传播专家张金权题为《首席科学家的责任与担当》的论文获中国科协“中国梦·科技梦——首席科学传播专家责任与担当”优秀主题征文奖。

学会完成第一批6个科普教育基地授牌和第二批7个基地考察调研，到北京、河北、四川等地的7家单位开展知识讲座。中国工程院院士、石油地质首席科学传播专家胡见义在中国石油勘探开发研究院研究生培训班上作题为“天然气是能源洁净化的桥梁”的科普报告，石油测井科学传播专家楚泽涵为西安石油大学、广东省轻工职业技术学院师生作科普讲座。

学会在黑龙江省牡丹江大学举办科技活动周启动仪式及科普展览，在华北油田举办“石油院士走基层，科技传播进厂矿”大型科普报告会系列活动暨科普日活动启动仪式，组织实施了全国“科技周”“科普日”等系列科普活动。

学会石油工程专业委员会在中海油研究总院组织“海洋石油工业基本知识普及暨管理人员走入现场培训”和“井控宣传周”活动等。

表彰举荐优秀科技工作者 学会研究制定《中国石油学会推选院士候选人工作实施细则（试行）》，组织推选8名候选人通过中国科协评选，进入两院候选。

学会创新发展 学会按照“一大会（中国石油石

化科技大会）、两大奖（中国石油石化青年科技奖、中国石油石化科技成果奖）、三双活动［每两年举办的中国石油学会百篇优秀（会议）论文、全国石油石化优秀科技工作者、中国石油石化科技创新十大进展评选活动］工作部署，编制了“中国石油石化科技创新十大进展”“中国石油石化青年科技奖”评选办法和工作方案。研究起草《中国石油学会“十三五”发展规划（建议稿）》，明确学会创建全国示范学会发展目标。评选出“南海深水油气勘探开发技术研讨会”等第二批 8 个品牌学术活动，在活动组织和经费上给予支持。学会申报中国科协学会创新和服务能力提升工程优秀科技社团建设项目，并入围前 60 名。

党建强会 学会党支部定期召开领导干部民主生活会和全体党员组织生活会，逐级签订党风廉政建设责任书，开展党的群众路线教育实践活动回头看、“三严三实”专题教育，举办“学习在学会，每日‘悦’读十分钟”全员读书活动和树立学会“专业专注、依法依章、公开公正、创新创优、善作善成”良好形象学习大讨论活动。学会 1 名党员被中国科协评为优秀党建通讯员。

组织实施中国科协“党建强会”计划“十百千”特色活动项目，学会举办的“石油院士走基层、科技传播进厂矿”院士专家科普报告会获得中国科协“党建强会特色活动组织奖”。

会员服务 2015 年，学会及分支机构和地方学会组织会员专业培训和继续教育 73 场次，培训会员近 7000 人次。试运行学会会员管理服务系统，补充采集新会员个人信息 313 条。

中国科协会员日 12 月 18 日，学会在北京召开“中国科协会员日”系列活动座谈会。组织 50 余名京津冀地区的分支机构、地方学会和部分会员及科技工作者代表，学习中国科协等单位联合印发的《发表学术论文“五不准”》，收集《中国石油学会“十三五”发展规划（讨论稿）》修改意见，征求对学会工作及未来发展的建议。

中国科协会员日期间，学会组织近百名在京理事和会员代表参观中国科技馆；与会员单位签署战略联盟合作协议，开展学术交流、期刊合作、科普宣传等服务；组队参加 2015 年（第六届）中国科协会员日乒乓球赛，荣获团体组织奖、团体赛亚军和全国学会领导人员单打季军。

【中国非常规油气论坛】 在克拉玛依油田发现 60 周年之际，由学会与新疆科协、克拉玛依市政府主办，中国石油新疆油田分公司、学会非常规油气专业委员会、新疆石油学会承办的中国非常规油气论坛于 8 月 31 日—9 月 1 日在新疆克拉玛依市举行。中国科学院院士贾承造，中国工程院院士罗平亚、赵文智等 270 多位专家、学者出席论坛。

学会副秘书长钱基主持论坛开幕式，副理事长周抚生致开幕词。贾承造、罗平亚、赵文智，国土资源部矿产资源评审中心主任张大伟，中国石油勘探开发研究院副院长邹才能，长庆油田公司总工程师朱天寿，塔里木油田公司总地质师王招明，中国石油煤层气公司副总经理胡爱梅，华北油田公司副总经理赵贤正，新疆油田公司副总经理刘明高，煤层气国家“973”项目首席科学家宋岩等 33 位专家作特邀报告，重点围绕中国致密油、致密气和煤层气的地质评价、钻完井工程、储层改造增产技术、经济高效开发关键技术与管理经验，以及国家和地方相关产业扶持政策等进行交流讨论。

论坛报告结束后，贾承造主持召开专家讨论会，邀请 60 多位专家针对新疆致密油气和煤层气开发中的具体问题，特别是新疆油田吉木萨尔致密油地质研究和开发工程中的实际问题进行专题研讨，为科学高效可持续开发新疆致密油气和煤层气建言献策。

该论坛得到中国科协高端前沿学术项目重点支持。

【第六届中国石油地质年会】 6 月 15—18 日，学会石油地质专业委员会、中国地质学会石油地质专业委员会主办的第六届中国石油地质年会在北京召开。年会主题为“更深、更广、更复杂——油气勘探新领域与新技术”。国家有关部委、石油企业、科研院所、高等院校相关负责人、专家、学者、科研人员近千人参加年会。

第六届中国石油地质年会

学会石油地质专业委员会主任赵文智、中国地质学会石油地质专业委员会主任金之钧，以及孙枢、李廷栋、邱中建、贾承造、胡文瑞、孙龙德、翟光明、李德生、童晓光、胡见义、戴金星、曹耀峰、马永生、康玉柱、周守为、王铁冠18位中国工程院和中国科学院院士出席开幕式和主会场活动。中国石油天然气股份有限公司副总经理赵政璋，中国石化股份公司高级副总裁王志刚，中国海洋石油总公司董事长杨华，中国中化集团公司总地质师李丕龙等作大会报告。

年会主会场按照“战略论坛”“勘探进展”和“专家论坛”三部分进行大会报告。年会开设深水、深层、非常规、碳酸盐岩、成熟盆地、基础与前沿理论以及青年地质家7个专题分会场，并以“深水”和“非常规”为主要内容举办两次学术沙龙活动。

年会征集论文688篇，大会报告交流27篇，分会场交流156篇，展板展示215篇，集中展现了当前中国石油地质理论与勘探实践的最新进展。

【中国石油炼制科技大会】 11月17—19日，学会石油炼制分会、中国石油化工信息学会主办，中国石化石油化工科学研究院承办的中国石油炼制科技大会在北京召开。9位中国科学院、中国工程院院士，以及国家发展改革委、有关企业、高校的416位专家、学者参会。学会副理事长周抚生主持开幕式，中国工程院院士、石油炼制分会主任、大会主席李大东致开幕词。

中国石油炼制科技大会

大会以“炼油工业：市场变化与技术对策”为主题，围绕当前世界石油产品需求增长依然疲弱，中国经济新常态下炼油工业面临生产能力过剩、油品结构调整、燃料质量升级、环保法规趋严的压力，以及替代燃料发展带来的多元化竞争等新形势新问题，15位专家作大会主旨报告。

中国工程院院士王基铭在《中国石化产业面临的挑战及对策建议》报告中提出，要发挥科技创新引领作用，建设以企业为主体、以市场为导向、产学研用相结合的技术创新体系，研发具有自主知识产权的核心技术和主导产品，促进中国石化产业由主要依靠规模扩张、消耗能源资源的粗放发展向注重效率和质量的可持续发展方向转变。

中国科学院院士贾承造以“石油天然气生产现状与资源前景”为题，对世界和中国的油气生产及资源状况进行了分析，提出重质油与轻质油在未来原油产量中的占比将会上升，并以美国依靠水平井、体积压裂和工厂化作业技术成功开发页岩气的实例，阐述了如何依靠技术创新和管理创新实现剩余资源的低成本开发。

中国工程院院士曹湘洪在题为“中国车用燃料清洁化的趋势与对策”的报告里，提出中国炼油行业的应对策略：一要加大科研投入，研究开发可支持实施更高清洁燃油标准的炼油催化剂和工艺技术；二要积极采用新技术，调整炼油装置结构，增产优质汽油和柴油调和组分；三要深入开展汽柴油质量对汽车尾气中PM2.5、氮氧化物等排放的研究，为科学制定更清洁的汽柴油技术标准提供依据。

大会征集论文326篇，论文集收录182篇，106篇论文在大会设立的炼油工艺与工程、催化剂与催化材料、保护环境与节约能源以及石油产品分析与设备信息技术4个分会场交流。

大会期间，杜邦、KBC、凯洛格·布朗·路特等公司展示了各自的研究成果和技术产品。

（撰稿人：邹　刚）

中国煤炭学会

服务创新型国家和社会建设 2015年，学会被认定为中国科协承接政府职能特色学会。学会与中国煤炭工业协会共同组织中国煤炭工业科学技术奖评审工作，共评选出312个奖项，其中特等奖2项、一等奖30项、二等奖119项、三等奖161项。根据《中国煤炭学会科技成果鉴定办法》，组织完成“神华集团矿井冲击地压危险性评价及风险预控技术”“综采智能高效大流量供液系统”等13项科技成果鉴定。

学会开采损害技术鉴定工作委员会的工作成为中国科协推进学会有序承接政府转移职能试点培育项目之一。受山西省朔州市国土资源局、重庆市中级法院等政府部门和司法机构委托，学会对7个开采损害技术鉴定项目进行现场检测和鉴定工作。学会完善煤矿开采损害技术鉴定体系和制度建设，建立72名专家组成的开采损害技术鉴定专家库。

完成行业标准《煤矿开采沉陷预测方法》的编制与审查，报行业标准管理部门审批。启动《煤矿开采沉陷区地基稳定性评价标准》的编制工作。接受国家煤矿安全监察局科技装备司的委托，开展科学采矿等标准的调查研究。

年内，学会举办土地复垦技术与方案编制、煤矿爆破作业等专业培训和技术讲座10期，受众约2000人次。学会申请并承担人力资源与社会保障部专业技术人才知识更新工程2015年项目，11月在内蒙古自治区准格尔旗举办露天采矿前沿技术岗位培训。

学会是中国科协认定的创新驱动助力工程13个示范学会之一。2015年与鄂尔多斯市政府、保定市科协签署合作协议，与咸阳、庆阳、石嘴山、晋中、焦作、乌鲁木齐等多个城市建立合作关系，与河北锐迅水射流技术有限公司等4家企业签署专家服务协议。建立学会工作站、学会专家服务站3个，形成全国采矿学术会议、内蒙古自治区伊金霍洛旗商品煤标准研究等合作项目5项。学会被评为2015年度中国科协创新驱动助力工程优秀单位。

学会完成中国煤炭工业协会委托的“煤炭科学开采支撑技术体系与政策研究”和“煤炭企业生态文明建设评价指标体系研究”2项课题。

学会完成行业委托的“中国洁净煤技术体系研究”项目，对中国煤炭从生产-加工-提质-转化-高级利用的技术进行系统分析，提出中国煤炭清洁化、高效利用的发展方向，确定中国洁净煤技术体系新内涵。

学会建设 2015年，学会发展个人会员153人，会员总数50032人。煤化工、系统工程等5个专业委员会换届，成立学术期刊工作委员会和钻探工程专业委员会。编制发送了《2015年会员服务指南》，建立学会微信平台和手机报。

9月8日，学会第七届理事会第三次会议在内蒙古自治区鄂尔多斯市举办。鄂尔多斯市委常委、副市长王挺，中国煤炭学会副理事长田会、刘峰、刘建功，中国科学院院士宋振骐、何满潮，中国工程院院士彭苏萍、蔡美峰出席会议。到会理事及会员代表250人。会上，学会与鄂尔多斯市政府签署了创新驱动助力工程战略合作协议。会议对科技部中青年科技领军人才、全国煤炭青年科学技术奖、第十届全国采矿学术会议煤炭行业优秀论文进行了表彰。

4月21日，学会2015年分支机构业务培训与重点工作交流会在河北省保定市召开。各省级煤炭学会理事长、秘书长，学会各分支机构主任、秘书长和各部室负责人60余人参加会议。中国科协学会学术部有关负责人解读近期民政部与中国科协相继出台的关于加强社会团体分支机构管理的政策和法规，学会会员综合部主任岳燕京解读《中国煤炭学会分支机构管理条例》。

学会获得民政部社会组织评估5A级评定。

科技期刊国际影响力提升计划 学会主办的《国际煤炭科学技术学报（英文）》（*International Journal of Coal Science & Technology*，以下简称JCST）继续获得中国科协“学会能力提升专项优秀国际科技期刊奖”资助。

JCST编辑部实现编委和审稿专家队伍国际化，海外编委占45%；在澳大利亚成立海外编辑部，聘请澳大利亚采矿界知名专家Shuxing Li博士担任负责人，配备2名编辑。截至2015年年底，JCST有审稿专家近300人，基本覆盖世界主要产煤国，80%的稿件由国际审稿专家参与评审。

JCST的稿件审查和稿件组织工作由主编、副主编和编委组成的专家团队完成，先后采用国际通用的ScholarOne和Springer EM采编平台。JCST与国际出版商施普林格合作，开放获取（OA）全部论文。

学术期刊 根据科技部中国科学技术信息研究所发布的2015年中国科技期刊论文统计结果，《煤炭学报》核心总被引频次达6419次，核心影响因子达1.701，较2014年发布的数据分别提高27%和10%。扩展总被引频次达10288次，扩展影响因子达2.485。

《煤炭学报》刊登的2篇论文入选“2014年中国百篇最具影响国内学术论文”。22篇论文入选中国科学技术信息研究所评选的“领跑者5000——中国精品期刊顶尖学术论文（F5000）”。《煤炭学报》再次获得“百种中国杰出学术期刊”称号，获“2015期刊数字影响力100强”称号。

学科发展研究 学会编制完成《中国煤炭学会学

科（学术）十年发展规划》，启动各专业委员会的学科评价工作。全年提出13个学科发展报告及学科新进展，涵盖煤炭地质、井巷工程、露天开采、地下开采、矿山安全、洁净煤技术、矿山机电一体化、矿山测量、土地复垦、选煤、岩石力学与支护等煤炭主要专业。

决策咨询 开展煤炭工业“十三五”科技发展规划研究，组织专家召开论证会，对基础理论、重大技术攻关、科技示范工程和先进适用技术中的备选内容进行研讨论证；采用问卷调查的形式向有关领导、专家和单位广泛征求意见。在此基础上，编制《煤炭工业“十三五”科技发展规划》，明确“十三五”时期中国煤炭科技发展的指导思想、基本原则和发展目标。

受中国科协委托，对《大气污染防治法（草案）》提出意见和建议。

国际学术会议 10月19—20日，学会与河南理工大学、美国西弗吉尼亚大学、中国矿业大学联合主办的34届国际采矿岩层控制会议（中国）在河南省焦作市召开。学会副理事长兼秘书长刘峰出席开幕式并致辞。会议以“煤矿岩层控制理论与技术进展”为主题，来自国内外高等院校、政府机关、科研院所、大型煤炭企业集团的200余名专家、学者参会，其中包括18位外国学者。会议进行了22场大会特邀报告和29场大会主题学术报告，共收到来自中国、美国、日本、澳大利亚、德国等8个国家的论文129篇，出版论文集。

34届国际采矿岩层控制会议（中国·2015）

国内主要学术会议 2015年，学会和各专业（工作）委员会组织国内学术会议29次，出席人数4200人次，交流学术论文1784篇，编辑出版论文集15本。

7月13—14日，2015现代煤化工技术与产业发展高层论坛在新疆维吾尔自治区乌鲁木齐市举办。论坛由学会与第12届中国新疆国际煤炭工业博览会组委会、煤炭工业洁净煤工程技术研究中心等单位主办，100余名专家、学者参加论坛。新疆维吾尔自治区经济和信息化委员会副主任斯拉因·司马义作题为“关于新疆煤化工产业发展与规划”的报告。20余位专家作学术报告，解析现代煤化工在新技术开发、核心装备突破、产业规划和布局、示范工程建设和运行等方面取得的进展。

9月15—16日，学会和中国煤炭工业协会联合举办的“2015岩土锚固注浆矿山岩层控制技术新进展暨2015全国煤矿安全、高效、洁净开采与支护技术新进展学术会议”在黑龙江省哈尔滨市召开，187位专家、学者参会。中国工程院院士康红普作题为“煤矿巷道锚固与注浆加固技术及应用”的学术报告，29位报告人就煤炭资源科学绿色开采理论、锚固与注浆新设备及工艺、深部及困难条件下的巷道支护技术、安全高效开采技术与装备、冲击地压灾害发生机理及防治技术等作专题报告，反映中国当前煤矿岩层控制及支护技术研究的最新成果。会议期间，学会岩石力学与支护专业委员会组织部分高校、煤炭设计单位和煤炭企业的专家、学者召开煤矿深部开采灾害调研讨论会，就煤矿深部开采面临的问题和挑战进行研讨。

9月15—17日，学会与学会煤层气专业委员会联合举办的2015年煤层气学术研讨会在山东省青岛市召开，来自高校、科研院所、国内外企业的270人参会。大会举行学术报告29个，内容涉及煤层气地质特征和富集规律、开发潜力评价、水平井钻完井技术、排采工程技术、三维地震勘探技术、煤矿区煤层气抽采等方面。会议征集学术论文51篇，由《煤炭科学技术》和《中国煤层气》杂志刊发。

国际组织任职 学会成为国际矿山测量学会（International Society For Mine Surveying，简称ISM）的团体会员。10月17日，国际矿山测量学会主席团会议在北京市召开，学会常务理事邹友峰、学会矿山测量专业委员会负责人黄乐亭当选为国际矿山测量学会主席团成员。

学会理事长王显政继续担任世界采矿大会（World Mining Congress）国际组委会副主席。

科普活动 学会组建煤炭行业科普专家团队，聘请中国工程院院士、学会副理事长袁亮等98名专家，组成安全生产、科技支撑、职业健康、管理教育、医疗生活5个专业团队。推荐中国煤炭博物馆继续被认

定为“全国科普教育基地”。

学会先后举办采矿技术与装备成果展、煤炭科普展等展览活动，展出面积超过3500平方米。

学会主办的《当代矿工》杂志以普及煤炭科学知识为主要内容。该杂志创办了“当代矿工微信公众平台”和“当代矿工微博平台”，扩大科普受众面。

表彰举荐优秀科技工作者 学会开展全国煤炭青年科学技术奖评审奖励工作，从基层推荐的84名候选人中选拔出28名获奖者，并宣传他们取得的成绩。推荐中国青年科技奖候选人3名，推荐中青年科技创新领军人才候选人2名，选拔确定托举青年人才2名。

党建强会 2015年，学会党支部在中国科协“党建强会计划”特色活动项目中，申报并开展了“爱国奉献 创新 努力实现煤炭工业科技梦”征文和宣传活动。该活动共征集来自全国42个矿区的162篇稿件，在数十万煤炭科技工作者中挖掘煤炭职工身边的先进人物和创新团队，并在刊物和学会网站上宣传，展示煤矿生产一线优秀科技工作者和创新团队的先进事迹。

【第十届全国采矿学术会议】 9月9—11日，以“绿色开发、科学利用、创新发展”为主题的第十届全国采矿学术会议在内蒙古自治区鄂尔多斯市召开。学会作为轮值主席单位，与中国工程院能源与矿业工程学部、中国金属学会、中国有色金属学会、中国化工学会、中国硅酸盐学会、中国矿业联合会、中国黄金协会、中国核学会、中国岩石力学与工程学会联合主办大会，大会由鄂尔多斯市政府协办，中国科协、国土资源部、国家安全生产监督管理总局、国家煤矿安全监察局、中国煤炭工业协会、神华集团公司等单位予以支持。煤炭、金属、有色金属、黄金、建材、化工、核工业等行业的400多家企事业单位的900余位专家、学者参会。

第十届全国采矿学术会议

中国科协党组书记、常务副主席、书记处第一书记尚勇，内蒙古自治区副主席王波，国家煤矿安全监察局副局长桂来保出席会议并讲话。学会理事长王显政作大会主题报告，中国工程院院士谢克昌、张玉卓作专题演讲。在同期举行的第40次中国科技论坛——能源与矿业发展高层论坛上，中国工程院院士彭苏萍、蔡美峰、金涌、裴荣富，中国科学院院士宋振骐、金之钧、何满潮等11位专家作学术报告。

大会专业分论坛包括能源与矿业发展高层论坛、绿色安全智能采矿、矿业装备制造2025、“一带一路”与矿业国际化、矿业物联网与电子商务、矿业学术期刊主编圆桌会议等6个论坛，54位行业专家作学术报告。大会共收到论文402篇，评选出80篇优秀论文，编辑论文集2本。

大会同期举办采矿技术与装备成果展，展出面积3000平方米，50余家采矿服务企业展示最新设备、技术和专利百余项。

【中国矿业科技发展鄂尔多斯共识】 学会与中国工程院能源与矿业工程学部、中国金属学会等10家单位联合主办第十届全国采矿学术会议。会议筹备期间，学会提议利用多家学会的专家优势，延伸会议的决策咨询作用，撰写有关中国矿业科技发展的建议，提交给政府部门。由学会常务理事、中国工程院院士刘炯天领衔，成立建议撰写组，形成建议初稿。经过10余名院士和近百名专家、学者对初稿进行研讨、总结、提炼和修改，最终提交第十届全国采矿学术会议讨论通过，形成《中国矿业科技发展鄂尔多斯共识》。

《中国矿业科技发展鄂尔多斯共识》在矿产资源精细高效勘探、智慧矿山技术与装备、生态矿山建设与资源节约、矿山资源绿色选冶、大宗矿产开发与保障、战略稀缺资源开发、煤炭提质与综合利用、典型二次资源循环再生8个方面提出政策建议。该建议被提交到国土资源部、工业与信息化部、国家安全监督管理总局、国家煤炭安全监察局等政府部门。

【中国煤炭学会学术期刊工作委员会成立大会暨矿业学术期刊主编圆桌会议】 学会组建煤炭行业学术期刊联合组织，成立了学会第一届学术期刊工作委员会，委员由来自行业44个期刊编辑部的52人组成，具有广泛的代表性。该工作委员会成为煤炭行业促进科学技术传播的重要阵地，以及煤炭行业数十种科技期刊互相交流的平台。

9月10日，中国煤炭学会学术期刊工作委员会成立大会暨矿业学术期刊主编圆桌会议在内蒙古自治区鄂尔多斯市举行。学会副理事长兼秘书长刘峰，国家新闻出版广电总局新闻报刊司副司长赵秀玲，学术期刊工作委员会主任委员宁宇，《中国学术期刊（光盘版）》电子杂志社有限公司副总经理、中国科学文献计量评价研究中心主任肖宏等出席会议。来自煤炭行业50余种矿业学术期刊的主编到会。

刘峰宣布学术期刊工作委员会成立，并宣读工作委员会组成人员名单。宁宇表示，学会成立学术期刊工作委员会的目的是团结广大科技期刊编辑工作者，通过研究科技期刊编辑出版的理论、技术和方法，交流经验、提升办刊水平。目标是培育打造一批精品学术期刊，促进矿业类学术期刊的健康可持续发展，努力提高行业整体期刊的学术质量及经营管理水平。

赵秀玲希望学会能促进行业学术期刊的整合重组工作，进一步加快期刊集约化、集团化、规模化发展的步伐，为煤炭行业期刊探索出一条可持续发展之路。

肖宏作题为“基于CNKI大数据的矿业期刊发展和创新分析”的报告，煤炭科学研究总院出版传媒集团总经理朱拴成介绍了煤炭科学研究总院所属期刊集群化数字出版与服务平台建设情况，知网（北京）技术有限公司周永讲述学术出版二次转型与协同创新的有关内容。

会议围绕“学术期刊工作委员会未来的工作思路”“学术期刊集群化发展模式探讨”两大主题开展专题讨论。

（撰稿人：岳燕京）

中国可再生能源学会

服务创新型国家和社会建设 2015年，学会及各专业委员会开展专题研究与咨询10余项。学会主持的研究课题报告《中国太阳能发展路线图研究（2020年、2030年、2050年）》获评国家能源局“能源软科学研究优秀成果”。该报告从中国全局视角出发，用近中远期的发展眼光，总结太阳能发展过程中的经验和问题，分析未来不同时间节点上太阳能的技术、产业、市场等要素特征，提出太阳能发展路径，为政府规划、产业进步、学界创新、企业发展、金融投资、媒体宣传提供参考，为建立“自主、自立、清洁、可持续”的能源体系提供可行性支撑和依据。

由学会太阳能建筑专委会牵头组织的“863”计划先进能源技术领域重大项目“大型光伏（并网、微网）系统设计集成技术研究示范及装备研制”的“建材型光伏构件制造与测试关键技术及装备”课题通过验收。课题以共性技术研究为重点，瞄准世界光伏建筑技术发展前沿，在国家先进能源技术领域实现自主创新，填补国内建材型光伏构件生产、检测的空白，促进建材型光伏构件的集成应用和产业化。

在中国科协“创新驱动助力工程”的引导和支持下，学会与浙江省嘉兴市科协、嘉兴光伏高新产业园区等单位沟通交流。11月，学会组织专家赴嘉兴市开展企业调研和对接服务，举行交流会。对接服务涉及嘉兴市在光伏领域的17单位近50项合作需求，内容涉及光伏产业技术发展路线、发展规划，新型光伏电池技术、工艺与装备，高效发电与智能微网，以及光伏金融创新等。专家为调研的企业和嘉兴高技术产业园未来发展提出建议。学会批准嘉兴光伏高新技术产业园为学会光伏产业示范基地，并筹划设立院士专家服务站。

学会承担中国科协第十三届全国博士生年会新能源专题交流的组织工作。经评选入围的论文包括：生物质能7篇，风能8篇，太阳能光伏及光热21篇，可再生能源发电并网14篇，共计50篇。实际到会交流47篇，其中口头交流22篇，墙报交流25篇。有5篇论文获得本届博士生年会优秀论文奖。

在10月召开的2015北京国际风能大会期间，学会风能专委会组织2015年风能摄影大赛，收到参赛者投稿作品500余幅，评选出一等奖2名、二等奖5名、三等奖10名、优秀奖30名、手机摄影优秀奖10名。获奖作品在大会展示。

2015年，联合国开发计划署（UNDP）和科技部21世纪中心启动推动对非洲技术转移的相关工作，学会承担搭建技术转移网络平台的专家组织和技术咨询等工作，包括遴选对非技术转移的适用技术和产品，打造技术转移所需软环境和能力建设。

学会风能专委会组织实施中国风电社会经济效益研究项目课题研究，通过建模和产业链分析的方式，定量分析评估大规模风电/光伏发电的社会经济效益，使其与传统化石能源电力的比较优势得以显现，并建议将其广泛应用于项目经济性与风险性评估中。从经济性角度出发，阐述风电/光伏发电全产业链对社会经济的贡献，引导社会认知。

学会氢能专委会与北京根炬科技发展有限公司签订战略合作协议，为其提供氢能源技术咨询服务，促进氢能燃料电池技术市场化进程；为台湾工业研究院氢能项目浙江省义乌市落地推介咨询，与台湾工业研究院氢能项目负责人一起到义乌市现场考察燃料电池助力车项目义乌落地的环境、资源等可行性，促进海峡两岸氢能技术交流与推广。

学会太阳能建筑专委会组织国内和青海省开发、设计、施工、监理及太阳能技术单位、科研机构等，就改善农牧区人居环境，实现农牧民安居乐业，新农村新牧区建设，推进城乡一体化健康发展等内容进行研讨，并考察青海省低能耗农牧民定居示范项目。

学会建设 2015 年，学会和各专业委员会组织学术和技术交流活动 40 余次、论坛近 20 个，参加会议和参观展览人员超过 10 万人次，收到论文近 1500 篇。

学会组建专家服务团推动科技成果转化，截至 2015 年年底邀请到专家 62 名，包括 3 位院士，专业领域涉及光伏、风能、生物质能、氢能、海洋能、储能、太阳能热利用及可再生能源发电并网等，并通过开展组织专题技术交流会、赴企业调研及技术对接服务等活动，为 40 多家企业提供专家技术服务。

4 月，学会光伏专委会在上海市举办 2015 年光伏团体联席会议，来自浙江省太阳能行业协会、江苏省光伏产业协会、云南省太阳能行业协会、深圳市太阳能学会、上海市太阳能学会、常州市光伏行业协会、嘉兴市光伏行业协会、宁波市电子行业协会、中国机电产品进出口商会、国际铜业协会等光伏协（学）会负责人参加会议，交流 2014 年工作经验和下半年活动计划，针对各地光伏行业团体联动合作机制和模式进行探讨。

学术期刊 《太阳能学报》年内发表文章 480 篇，共计 2587 页，约合 246 万字，比 2014 年多发表论文 70 篇。从 2015 年起，每期发表论文篇数增加到 40 篇。在学报网站展示写作模板，指导新论文作者，规范稿件格式。

《太阳能》杂志每期由原 64 页扩展至 80 页，发表周期为6—8个月，年内出版12期，发表文章281篇。

学科发展研究 由学会和学会光伏专委会共同完成的《2015 年中国光伏技术发展报告》填补国内年度光伏科学技术公开资讯空白，与光伏产业年度报告共同形成光伏行业全景年度公报。

学会组织编写《2015 中国可再生能源学会年鉴》，反映中国新能源和可再生能源技术和产业的发展现状、最新政策信息、发展规划及投资热点等。

决策咨询 学会太阳能建筑专委会先后承担和参与第 24 届冬季奥运会能源规划研究、河北张家口可再生能源应用综合创新示范特区建设规划研究、江苏常州天合智慧低碳技术产业集聚区概念规划研究工作。

学会氢能专委会为山东省淄博市政府氢能发展规划提供咨询服务，实地考察淄博氢能的生产、使用企业情况及未来对氢的需求情况，宣传氢在未来城市中减少环境污染实现可持续发展中的作用。

国际学术会议 4 月 28—30 日，学会参与主办了 SNEC 第九届（2015）国际太阳能产业及光伏工程（上海）展览会暨论坛。

9 月 23—25 日，2015 年度中国国际光电建筑论坛暨展览会在上海市举行，学会太阳能建筑专委会首次参与主办。论坛就当前光电建筑市场概况及政策展开探讨，与会专家围绕光伏标准及户用光伏系统建筑集成应用方面进行演讲。展示区展示最新太阳能建筑产品、技术及解决方案。

6 月 25 日，学会风能专委会与丹麦大使馆在江苏省大丰市举办 2015 中丹海上风电开发国际论坛，风能专委会名誉主任贺德馨致欢迎词，近 200 名中丹双方专家、学者参加会议。

10 月 21—23 日，由学会支持，学会生物质能专委会参与主办的 2015 国际生物质能（上海）展览暨亚洲生物质能大会在上海市召开。大会收到来自 45 个国家的 200 多篇论文和摘要，来自亚洲、欧洲、美洲等 30 多个国家的 300 多名生物质能行业专家、学者参会，其中国外专家、学者 130 余人。会议围绕最新科研成果、行业发展、政策完善、资源配置和商业合作展开交流研讨，为生物质能行业建立国际化战略交流渠道，并提供商业机遇。

7 月 22—23 日，学会热利用专业委员会和国际能源署太阳能供热制冷委员会（IEA SHC）共同主办的 2015 国际太阳能供热制冷技术峰会（IEA SHC Summit China 2015）暨中国可再生能源学会热利用专业委员会学术年会召开，130 余位行业内负责人、专家、学者出席会议。会议以“新挑战、新视野、新机遇”为主题，与会专家围绕太阳能供热制冷、工业利用、标准认证、与建筑结合、大型系统区域供热制冷、季节蓄热、太阳能在超低能耗等方面进行大会报告。

国内主要学术会议 1月31日，学会风能专委会在北京举办2015年中国风能新春茶话会。来自政府有关部门、风能企业及科研机构的300多人参加。会议围绕着能源革命、协调发展、技术创新、质量效益四大版块展开讨论。会上，学会风能专委会公布了2014年中国风电装机初步统计数据。

5月23—24日，由学会光化学专委会主办的第二届新型太阳能电池学术研讨会在北京举行。会议收到论文摘要210余篇，来自中国大陆24个省、自治区、直辖市和台湾地区、香港特别行政区，日本、澳大利亚的121个单位的600多名专家、学者参加会议，其中研究生400余人。中国科学院院士李灿作大会特邀报告，10位专家、学者作大会报告，50位专家、学者作会议邀请报告。报告展示了中国在新型太阳能电池研究领域的最新进展和目前存在的问题。

两岸交流 11月28—29日，学会氢能专委会主办的第16届全国氢能大会暨第8届两岸三地氢能研讨会在江苏省镇江市举行。300多名从事氢能基础研究、应用研究、仪器开发以及产业界的专家、学者与会交流和展示最新研究成果，讨论学科的前沿和基础问题，探索如何进一步推动氢能科学和技术的发展及应用。会议收录论文216篇，分设“可再生能源制氢、化学制氢及其他制氢技术与应用”“氢的储存、输运和加氢站”“燃料电池电催化；燃料电池技术及应用”“氢能汽车、备用基站、热电联供及其他氢能应用，氢安全及标准规范”“互联网+产业+金融”5个分会场，安排19个分会场邀请报告、105个口头报告、95个墙报、1个企业家报告专场。会议在参会论文中评审出20篇优秀论文。

国际组织任职 学会副理事长、金风科技董事长武钢当选为世界风能协会副主席。

国际交往 2015年，学会接待国际机构、组织来访百余人次，包括国际可再生能源机构（IRENA）、国际能源机构（IEA）、德国能源署、瑞典可持续增长研究署、瑞典皇家工程学院、德国Fraunhofer协会、德国电气工程师协会（VDE）、挪威创新署等。

学会氢能专委会向科技部提交《关于申请加入国际能源署氢能实施协议（IEA-HIA）的报告》，获得科技部批准。学会氢能专委会推荐具有国际竞争力的研发团队加入IEA-HIA各研究任务，加强与国外高水平研发团队的交流与合作。

科普活动 2015年，学会及专委会开展科普活动10余项，超过3000人次参与。

3—5月，学会参与举办“阳光动力科普中国行”活动。

【SNEC第九届（2015）国际太阳能产业及光伏工程（上海）展览会暨论坛】 4月28—30日，学会与中国资源综合利用协会可再生能源专业委员会、上海市经济团体联合会等15家单位联合主办的SNEC第九届（2015）国际太阳能产业及光伏工程（上海）展览会暨论坛在上海市举行。展览会展出面积约18万平方米，参展商约1500家，参观人次达20万人次。论坛主要活动及会议包括亚洲光伏产业日（APVIA DAY）、全球光伏产业协会会议、全球光伏领袖对话、光伏科学家大会、全球光伏金融峰会、全球智能光伏与储能峰会等。

全球光伏领袖对话活动探讨光伏产业在欧、亚、美三大光伏市场的合作发展策略。光伏科学家大会邀请全球光伏产业权威科学家演讲。同期举办科学家与产业界CTO（技术主管）峰会，共同探讨太阳能光伏前沿技术及发展。全球光伏金融峰会主要探索光伏领域关于项目融资和风险缓释的未来趋势，讨论如何实现分化和银行贴现的策略，帮助企业在光伏新时代实现长期可持续发展。

【2015中国光伏大会暨展览会】 10月13—15日，2015中国光伏大会暨展览会在北京召开。大会由学会和中国光伏行业协会、国家可再生能源中心、中国循环经济协会可再生能源专业委员会等合作主办，主题为“阳光造就未来，光伏引领世界！”。

工业和信息化副部长怀进鹏参观2015中国光伏大会暨展览会

工业和信息化部副部长、党组成员怀进鹏出席会议并致辞。他认为，在经历了前期阶段性困境后，自2015年以来，中国光伏产业持续回暖，1—9月，中国多晶硅产量10.7万吨，同比增长9.1%；电池组件产量31 GW，同比增长32%；新增并网光伏装机量约10.5 GW，累计装机量超过38 GW；中国在产的18家多晶硅企业中有10家实现满产，前10家组件企业平均毛利率超过15%。在行业生产经营情况渐趋好转的同时，光伏行业发展仍面临以下问题：一是产业结构仍需优化，电池、组件等环节的产业集中度亟须进一步提高，化解低端产能过剩对产业发展带来的冲击。二是技术研发投入不足，技术路线单一，新技术、新产品储备欠缺，为后续发展埋下较多隐患。三是行业融资困难，受前期亏损影响，去产能过程中企业债务负担较重，银行惜贷限贷现象普遍，导致企业融资成本高。四是光伏发电并网、电价补贴等体制机制仍需进一步研究完善，应尽快理顺应用端问题，为光伏产业发展营造良好市场环境。

大会秉承学术交流为主的宗旨，在总结、交流技术革新和科研创新性学术成果同时，加强与企业的联系，为行业技术进步提供支撑，并开拓国际合作空间。

【阳光动力科普中国行】 3—5月，学会根据《中国科协关于加强科普信息化建设的意见》精神，在太阳能飞机——瑞士“阳光动力2号”开展首次昼夜连续飞行飞越中国期间，与中国科协、瑞士大使馆、瑞士阳光动力共同举办“阳光动力科普中国行”活动。

此项科普活动具有信息化、国际化和各种媒体资源联动的特点，利用互联网平台和移动新媒体技术，配合以电视、广播、期刊等传统传播媒介，面向公众开展新能源、新材料、航空飞行及其协同创新的多学科知识协同科普宣传，推动新能源、新材料在航空飞行器中的应用研究与实践。

学会的“可再生能源科学传播专家团队”及“首席科普传播专家”在此项科普活动中发挥作用。学会组织拍摄的科普纪实电视专题片，利用太阳能飞机环球飞行这一热点事件，普及推广新能源（尤其是光伏）、航空、新材料等先进科学技术知识，宣传节能环保理念。

（撰稿人：梁　媛）

中国能源研究会

服务创新型国家和社会建设 2015年，研究会在世界银行中国可再生能源规模化发展项目办公室资助下，开展关于完善促进风电光伏等可再生能源并网消纳法律法规内容的课题研究；受世界银行组织委托，开展能源体制革命课题研究，形成《中国能源体制革命的总体框架与“十三五”改革重点》专题报告，报送给相关部门供决策参考。

在亚洲开发银行资助下，研究会开展“能源预测模型构建及中国能源展望2030”项目研究，该项目分煤炭篇、石油篇、天然气篇、可再生能源篇、展望篇、模型构建篇。

受国务院参事室委托，研究会开展健全与社会主义市场经济相适应的能源管理体制研究，组织有关专家调研。

受杭州凯达电力建设有限公司委托，研究会开展“余杭农电安全和谐共管机制创新研究与实践”项目研究。

研究会开展3.3 GHz无线电频率资源在能源领域的应用、《电力业务许可证管理规定》实施情况评估及完善建议、售电企业电力业务许可管理研究、长江经济带框架下华东区域创新能源发展策略研究等课题研究和技术咨询。

7月11日，研究会在北京召开“能源价格机制国际比较与借鉴”课题研讨会。从欧美能源价格的形成机制和改革历程着手，讨论火电、可再生能源、分布式能源电价定价机制、价格补贴问题，在对欧美和中国进行比较研究后，对于中国能源价格改革提出建议。在横向比较研究的基础上，以中国的电力体制改革、能源价格体系改革作为能源改革的基础，就如何理顺价格体系，提高能源信息透明度，建立公平、合理的价格机制，改革中国能源体系，提出专家意见。

10月，研究会发布《中国能源发展报告（2015）》，以图表为例，反映上一年中国能源发展的总体情况，为政府有关部门能源决策提供参考依据。

研究会编写完成《中国能效投资进展报告（2013）》。报告主要对中国能效投资状况进行分析与综合评价，凸显能效投资对中国的节能减排，以及社会经济可持续发展的重要意义和作用。研究会编写完成《中国能效投资进展报告（2014）》，计划2016年初出版。

研究会天然气中心参与的国务院发展研究中心资源与环境研究所“十三五”大幅提高天然气比重的途径及对策研究，于12月获得国家能源局颁发的“2014年度能源软科学研究优秀成果奖”三等奖。

研究会建设中国能源智库网，并通过微博、微信发布能源资讯、专家观点等，为会员和能源企业提供服务。

按照《国家能源局关于印发〈电力安全培训监督管理办法〉的通知》要求，研究会在贵州省遵义市举办发电企业安全管理人员培训。贵州省内相关发电企业总经理、副总经理和总工程师，以及企业安全生产管理机构负责人等100多人参加培训。

研究会编发内部资料《能源研究参考》（月刊），寄送给有关部委和省、直辖市主管能源工作的负责人和部门，能源央企和地方主要能源企业。

决策咨询 5月14日，研究会地热专业委员会和《地源热泵》杂志编辑部组织召开全国浅层地温能规划研究专家咨询会，会议发布了《全国浅层地热能开发利用产业发展研究报告（初稿）》。会后根据专家提出的意见及建议对发布的报告初稿进行修改完善，于6月形成正式稿上报给国家能源局新能源司。

学会建设 12月15日，中国能源研究会第七次会员代表大会在北京召开。国家发展改革委原副主任、国家能源局原局长吴新雄当选为研究会第七届理事会理事长。

研究会能源监管专业委员会成立。

研究会及所属专委会全年举办国内外学术交流活动22次，其中国内学术活动15次，国际学术交流活动7次。

学术期刊 《中外能源》杂志全年发表论文324篇，创新性文章增多。7月,《中外能源》杂志被中国石油和化学工业联合会评为第八届“全国石油和化工行业优秀期刊”一等奖。

国际学术会议 3月25—27日，由国家能源局和上海市政府支持，由APEC（亚太经济合作组织）清洁化石能源工作组主办，研究会承办的APEC提高燃煤火电效率创新技术论坛在上海市召开。此次论坛讨论在APEC成员国家、地区和世界范围内，燃煤火电节能减排和在气候变化、减少碳排放等方面的创新技术、路线和商务模式；交流了提高燃煤火电效率、清洁利用煤炭等方面的创新技术和经验，探讨火电厂创新理论，研究燃煤电厂发展方向。论坛筹备期间，通过征集和专家评审，选出近30篇报告和论文汇编成册，在论坛上交流。

4月11日，借国际能源署（IEA）首席经济学家、候任署长法蒂·比罗（Fatih Birol）博士访华之际，研究会在北京举办以“全球能源：新格局、新机遇”为主题的交流会，邀请法蒂·比罗为主讲嘉宾。法蒂·比罗就目前全球能源形势发表了看法，与参会者就共同关心的热点能源话题展开讨论。研究会常务副理事长周大地、特邀副理事长石定寰等30余人出席会议。

4月28日，研究会和阿美亚洲公司在北京联合举办“能源与可持续发展：沙特视角研讨会”，来自中国和沙特阿拉伯王国的近100名专家、学者参会。沙特阿拉伯王国石油和矿产大臣阿里·纳伊米（AliAl-Naimi）作题为“合作的力量”的主旨发言。与会专家就两国在能源与可持续发展领域所面临的共同挑战、中沙能源合作潜力与机制等话题进行交流。

5月27—29日，研究会和美国全美亚洲研究局联合在北京主办第六届（2015年）太平洋能源峰会。

国内主要学术会议 1月16日，研究会在北京组织召开拥有自主知识产权的竹缠绕复合压力管节能技术推广研讨会。会议邀请相关部委、行业协会、大专院校、科研院所、节能服务公司等各方负责人、专家、学者50余人参加，主要围绕竹缠绕复合压力管节能技术的背景、行业状况、节能效果、产业发展潜力、相关政策建议等进行讨论与分析。

4月22日，研究会在北京召开中国能效投资进展研讨会。会议邀请国家发展改革委能源研究所、能源基金会、中国节能协会、中国化工协会以及部分融资担保公司、租赁公司、信托公司、银行等相关单位的专家20余人参加。会议主要围绕2014年中国能效投资总体状况、各地区能效投资状况评价，“十二五”以来中国能效投资的规模、来源、用途、效果，各地级市能效投资状况评价等内容，对存在问题与政策建议进行分析和总结。

6月27日，为配合有关研究部门充分吸纳中国油气行业从业者的意见和建议，研究会联合中国能源网举办建言中国油气改革研讨会。60多名中国油气行业从业者与会，从各角度对中国油气改革提出建议。

7月10日，研究会在北京举办主题为“能源互联网在中国的发展前景”的专家大讲堂，特邀信达证券能源互联网首席研究员曹寅就能源互联网的背景、内涵、具体落实方案和长期发展愿景作介绍。150多名来自国内外研究机构的专家、学者参加会议。

9月7—9日，研究会地热专业委员会和国际地源热泵协会中国区委员会在山东省济南市主办中瑞新能源·2015第七届中国地源热泵行业高层论坛。来自

地源热泵企业、政府部门、行业协会、大专院校、房地产开发商、设计院、监理单位以及关注地源热泵行业未来发展的400余位专家、学者参会，并参观同期举办的第二届中国地源热泵行业产品与技术博览会。论坛以“新常态　新思路　新发展”为主题，有28场政策与技术主题报告演讲，31位代表发言。

11月4日，中国科协调宣部和中国科协学会服务中心联合主办，研究会承办了“中国能源结构调整与能源革命”高端沙龙。能源领域专家和相关政策部门的一线决策者受邀参与沙龙，围绕“能源革命”战略目前存在的主要问题、能源结构调整与能源革命的基本关系、“十三五”能源结构调整面临的瓶颈和相关政策建议等问题进行讨论交流。沙龙结束后，研究会根据专家意见对初稿进行修改，形成政策建议上报有关部门，为国家能源发展建言献策。

国际交往　4月19—24日，研究会地热专业委员会组织汪集暘、多吉、郑克棪、庞忠和、朱家玲等10多名专家、学者，前往澳大利亚墨尔本市参加由国际地热协会主办的2015世界地热大会（World Geothermal Congress 2015）。

5月31日，加拿大国家工程院前院长、能源专家Marc A.Rosen来研究会进行学术交流，作题为“清洁能源发展前景：全球视野”的学术报告。研究会副理事长、国家能源局原副局长吴吟出席报告会。

6月27日，美国哈佛大学学者Henry Lee与研究会相关专家进行学术交流，研究会第六届理事会副理事长徐锭明与Henry Lee就未来全球能源发展路径与方向，中美能源安全问题以及环境对能源的约束进行交流，对储能技术以及新能源的发展前景进行探讨。

【第六届太平洋能源峰会】　5月27—29日，经中国科协批准，研究会与美国全美亚洲研究局在北京联合召开第六届太平洋能源峰会。

峰会为闭门高层会议，定向邀请环太平洋地区国家能源与环境领域政府和相关组织、研究机构、企业的高层人员与会，美国、澳大利亚、东盟成员国、印度及蒙古等国政府有关负责人出席峰会。会议规模180人，其中外方100人，中方80人。全国政协常委、全国政协经济委员会副主任、国家发展改革委原副主任、国家能源局原局长吴新雄，国家能源局总监谭荣尧，研究会理事长、国家电力监管委员会原主席柴松岳，美国全美亚洲研究局主席、美国国家情报委员会原总监、太平洋舰队司令丹尼布莱恩上将，美国、新加坡、加拿大等国驻华使馆有关官员应邀出席峰会开幕式。研究会副理事长、国家能源专家咨询委员会副主任周大地与美国全美亚洲研究局主席丹尼布莱恩共同主持开幕式。

峰会根据查塔姆大厦规则（Chatham House Rule）运行，主题为“巩固亚太市场，确保全球能源和环境安全”，分别设置中国能源改革和亚太市场、发展更加一体化的亚洲天然气市场、亚太地区核能发展、风能和太阳能的规模化发展、风能和太阳能的规模化发展、通过清洁空气政策，改善健康与社会环境、实现全球碳减排目标、实现全球碳减排目标等专题，重点围绕中国与亚太地区能源转型、能源供应安全、加强能源与环境合作等话题进行趋势分析与对话，探讨创新解决方案。

周大地表示，中国能源需要进行两方面的探索，一是发挥市场在配置能源资源方面的作用，二是解决能源系统最优化问题。

【中国能源研究会第七次会员代表大会】　12月15日，中国能源研究会第七次会员代表大会在北京召开。来自政府机构、相关组织、能源企业、科研院所，以及热心能源事业的会员代表223人参加大会，其中正式代表173人，列席代表50人。全国政协副主席陈元，中国科协党组书记、常务副主席、书记处第一书记尚勇，国家能源局副局长郑栅洁到会祝贺并讲话。

大会审议通过研究会第六届理事会工作报告、财务报告和修改后的学会章程。会议采用无记名投票选举的方式，173名会员代表参与投票，选举产生新一届理事会理事、常务理事、理事长、副理事长和秘书长。全国政协经济委员会副主任、国家发展改革委原副主任、国家能源局原局长吴新雄当选为中国能源研究会第七届理事会理事长。

国务院原副总理曾培炎对会议作出批示：祝贺中国能源研究会会员大会召开，研究会近年来取得了一系列研究成果，发挥了积极作用，希望今后继续围绕推动能源生产和消费革命，进一步提供高质量的智力支持。

国家发展改革委主任徐绍史作出批示：希望研究会在新一届理事会的带领下，认真贯彻落实中央财经领导小组第6、第9次会议和新一届国家能源委员会首次会议精神，坚持“创新、协调、绿色、开放、共享”五大发展理念，围绕能源发展改革、特别是

“十三五”时期能源发展中的一些关键问题，深入调查研究，多提建设性意见，当好参谋助手，为促进中国能源持续健康发展、保障经济社会平稳健康发展作出新的贡献！

第六届理事会理事长柴松岳总结上届理事会的主要工作。第七届理事会理事长吴新雄发表讲话，明确新一届理事会的工作思路：一个宗旨、四个定位、六个服务。以“全面贯彻落实党中央、国务院能源战略思想和战略方针”为工作主线，以“研究、咨询、服务、交流”为基本定位，以“围绕中心、服务大局”为根本宗旨，认真做好“六个服务”。

【能源革命与绿色发展专题报告会】 12 月 15 日，能源革命与绿色发展专题报告会在北京举行。报告会由研究会主办，研究会下属机构中能智库承办，研究会理事长吴新雄。研究会副理事长曹培玺、陈进行、李庆奎等 200 多名专家、学者参加报告会。

报告会的主题是“能源革命与绿色发展”，分为 3 个专题：中国能源绿色转型的制度安排、能源形势分析与能源发展、绿色发展与气候变化。

研究会常务理事范必，研究会常务副理事长周大地，国家气候变化专家委员会副主任、清华大学原常务副校长何建坤等分别演讲，研究会常务副理事长史玉波主持报告会。

（撰稿人：刘淑琴）

中国硅酸盐学会

服务创新型国家和社会建设 2015 年，学会举办专业培训 8 期、技术讲座 13 场，受众 980 人次，承担或参与国家标准、行业标准编写和修订工作 8 项。

学会测试技术分会完成的国际标准 ISO18558《精细陶瓷（高性能陶瓷，高技术陶瓷）– 陶瓷管材或环材弹性模量和强度试验方法》在国际标准化组织 ISO 总部正式出版。国际标准《陶瓷厚涂层高温弹性模量测试方法》进行到委员会草案（CD）阶段。《在固定振幅条件下陶瓷粘结界面拉伸和剪切疲劳性能试验方法》进行到项目提案（PWI）阶段。

学会混凝土与水泥制品分会主持召开研讨会，调研 JC/T 412《纤维水泥平板》、JC/T 564《纤维增强硅酸钙板》、JC/T 980《纤维水泥电缆管及其接头》《纤维增强水泥管道铺设指南》《纤维增强水泥井管道施工指南》《纤维增强水泥井管》行业标准实施以来的实际生产、应用及技术创新等情况，并对标准工作组讨论稿征求意见，提出新的修改意见和建议，制订进一步补充试验验证的计划。

学会建设 3 月 31 日，学会第八届理事会第七次常务理事会议在北京召开，审议通过关于玻璃钢分会、环境保护分会、测试技术分会、非金属矿分会和玻璃纤维分会的换届结果。

截至 2015 年年底，学会新发展个人会员 185 人，个人会员总数达 20440 人，团体会员总数达 50 个。学会和各分支机构全年举办学术会议 29 个、学术论坛 6 个，7100 人次参加学术交流，收到论文 1964 篇。

学术期刊 据《中国科技期刊引证报告（核心版）》（2015 年版）统计，《硅酸盐学报》的总被引频次为 2417，影响因子为 0.677，第 12 次被评为“百种中国杰出学术期刊”，入选“第 3 届中国精品科技期刊”，第 4 次被评为“中国最具国际影响力学术期刊”。

《硅酸盐学报》刊发的 2 篇论文入选 2015 年度“领跑者 5000——中国精品科技期刊顶尖学术论文”，7 篇论文被列为候选论文。

国际学术会议 学会全年举办国际学术会议 2 个，1660 人次参加，收到论文 1045 篇。

10 月 13—16 日，由学会和中国建筑材料科学研究总院共同主办的第 14 届国际水泥化学大会（ICCC）在北京召开。

11 月 4—7 日，由学会主办，学会特种陶瓷分会、清华大学新型陶瓷与精细工艺国家重点实验室、桂林理工大学材料学院、桂林电子科技大学材料学院联合承办的第九届先进陶瓷国际会议在广西壮族自治区桂林市举行。来自 15 个国家和地区的 574 位专家、学者参加会议，其中境外 80 人、境内 494 人。会议收到论文摘要 600 余篇，安排 4 个大会报告、66 个邀请报告、139 个口头报告，另有 200 余篇论文在会议期间展示。会议组织委员会分别与航天材料与工艺研究所、中国科学院上海硅酸盐研究所、广东工业大学、清华大学等单位合作举办超高温陶瓷、新一代核能用陶瓷材料、无铅压电陶瓷 3 个专题研讨会。

国内主要学术会议 3 月 27 日，学会测试技术分会在北京主办既有建筑幕墙安全检测与风险评估技术交流展示会，筹备成立建筑幕墙与风险检测技术委员会。来自全国 30 多个单位的 60 余名专家和企业负责人出席会议。

4 月 24—26 日，学会主办的 2015 年全国玻璃科

学技术年会暨宿迁玻璃产业创新发展研讨会在江苏省宿迁市召开，308 位专家、学者参加，会议收到论文 68 篇（含特邀报告 13 篇），会议论文入选中文核心期刊《硅酸盐通报》增刊。

8 月 1—2 日，由学会主办、学会固废分会与中国矿业大学共同承办的学会固废分会成立大会暨第一届全国固废处理与生态环境材料制备与应用学术交流会在北京召开。

8 月 20—23 日，由学会和国家自然科学基金委员会共同主办的无机非金属材料高层论坛暨第七届无机非金属材料专题——先进电子材料研讨会在江苏省无锡市召开。287 名专家、学者参加会议，其中包括 67 名国家杰出自然科学基金获得者、35 名国家优秀青年自然科学基金获得者。会议围绕先进电子材料（功能薄膜、多铁性、热电、光电、电磁及新能源等材料）设计、制备、结构性能及应用技术等开展研讨。会议交流报告 139 篇，其中大会报告 12 篇、邀请报告 16 篇、学术报告 57 篇、展讲报告 54 篇。

12 月 10 日，由学会科普工作委员会、建筑材料工业技术情报研究所主办的 2015 年第十二届全国商品混凝土“转型与升级”交流大会在广东省广州市召开。近 1500 人参会，是 2015 年度混凝土行业参会人数最多的一次会议，参会对象覆盖了商品混凝土生态产业链。会议论文集收录论文 70 篇。除主题报告，大会还举办了 2015 中国商品混凝土发展论坛，围绕“水泥混凝土行业如何突破困境、转型升级”进行交流。

科普活动 4 月 7 日，学会固态离子学分会理事长温兆银为上海老年干部大学约 40 位学员作题为“智能电网与储能技术”的科普讲座，介绍智能电网的背景，经济价值，各种储能体系的特点，重点介绍锂离子电池、钠电池等化学储能技术的基本原理和发展状况。

12 月 18 日，学会邀请中国工程院院士陈立泉在中国建筑材料科学研究总院作题为“电动汽车为中国赢未来”的科普报告。报告从德国大众汽车“欺诈门”事件及其警示、中国为什么要发展电动汽车和发展什么电动汽车、锂电池发展路线图和什么是电动车终极电池、电动汽车与能源互联网 4 个部分，介绍电动汽车的发展史，中国发展电动汽车的必要性、紧迫性及发展方向，电动汽车电池发展动态及趋势，能源互联网在促进电动汽车发展方面的巨大作用等内容。

表彰举荐优秀科技工作者 9 位青年科技工作者被授予学会青年科技奖，5 人获得提名奖。中国硅酸盐学会青年科技奖两年评选一次。

中国科协会员日 12 月 18 日，学会会员日暨第十一届学会青年科技奖颁奖活动在北京举行。活动由学会、中国建筑材料科学研究总院共同主办，学会会员及中国硅酸盐学会青年科技奖获得者等 100 余人参加活动。

【第 26 届中国国际玻璃工业技术展览会】 5 月 20—23 日，学会主办的第 26 届中国国际玻璃工业技术展览会在北京举办。该展会展出面积达 10.7 万平方米，来自 28 个国家的 911 家厂商参展，来自 70 个国家的 22450 名专业观众（外国观众 2728 名）进行技术交流和贸易洽谈。除在展出现场参展商与观众的交流、洽谈外，本届展会期间还举办了 10 场技术讲座，共有 551 人参加。

第 26 届中国国际玻璃工业技术展览会

本届展会展出内容涵盖玻璃生产的各个领域，除传统的玻璃生产加工技术、设备和玻璃制品外，新型玻璃和特种玻璃及其加工技术设备，特别是低碳经济、节能减排、新能源技术和与绿色建材相关的新技术、新产品和新设备等受到关注。

【第 14 届国际水泥化学大会】 10 月 13—16 日，第 14 届国际水泥化学大会（ICCC）在北京举办。大会由学会和中国建筑材料科学研究总院共同主办，来自 46 个国家和地区的 1058 名专家、学者参会，其中境外专家、学者 431 名。本届大会是自 1918 年国际水泥化学大会首次举办以来参会人数最多的一届。

大会设有 8 个主会场，24 个分会会场。25 名专家作主题报告，24 名专家作邀请报告，报告总结了自 2011 年第 13 届国际水泥化学大会以来的行业内研究进展及发展趋势。另有 198 个口头报告和 453 篇墙报反映了水泥和混凝土近年来取得的研究成果。

第 14 届国际水泥化学大会

会期期间，主办方组织境外专家、学者到中国建材研究总院、北京水泥厂和三峡集团北京总部参观，展示我国的水泥混凝土生产、研究和应用水平。会议同期有 5 个国际材料与结构研究实验联合会（RILEM）的技术委员会会议举办，学术期刊 *Cement and Concert Research* 和 *Journal of Sustainable Cement-based Materials* 召开了编委会会议。

【中国硅酸盐学会固废分会成立大会暨第一届全国固废处理与生态环境材料制备与应用学术交流会】 8 月 1—2 日，学会固废分会成立大会暨第一届全国固废处理与生态环境材料制备与应用学术交流会在北京召开。会议由学会主办、学会固废分会与中国矿业大学共同承办。中国工程院院士、中国工程院副院长徐德龙，中国矿业大学（北京）校长杨仁树，国务院发展研究中心资源与环境研究所副所长谷树忠，学会理事长徐永模、秘书长晋占平等出席会议。

会议选举产生学会固废分会理事会，产生了理事会理事、常务理事、副理事长、理事长和秘书长组成人选。中国矿业大学（北京）成为学会固废分会理事长单位，中国矿业大学（北京）混凝土与环境材料研究所所长王栋民当选为学会固废分会首届理事会理事长。

研讨会设综合分会场，冶金渣分会场，煤矸石与粉煤灰分会场，工业副产石膏 / 矿山充填材料分会场，水泥、混凝土与外加剂分会场，新技术、新产品发布专场以及研究生论坛专场等。68 个报告在大会及分会场进行了交流。

徐德龙从行业协同、技术创新、基础研究与应用研究相结合等多个方面综合论证了大宗固体废弃物资源化高效利用关键技术与发展方向，其中包括冶金渣、煤矸石、粉煤灰、赤泥、尾矿、建筑垃圾、生活垃圾等方面。

王栋民认为，“以高新技术改造传统产业”的方向，具体就是以精细化学品的微量应用（千分之一到万分之一量）来改造提升水泥、混凝土和大宗固废的应用效率和应用水平，真正达到所谓“变废为宝、点渣成金”的目标。

（撰稿人：孙睿哲）

中国建筑学会

服务创新型国家和社会建设 2015 年，梁思成建筑奖评选被中国科协继续列为学会承接政府转移职能工作试点项目。经请示中国科协、住房和城乡建设部有关部门，听取学会相关专家意见，并与国际建筑师协会沟通后，学会拟将梁思成建筑奖评选国际化，学会在保证奖项水平和评选工作总体框架不变的情况下，对《梁思成建筑奖评选条例》相关内容进行修改。

受甘肃省敦煌市政府委托，学会在北京中国建筑设计研究院组织召开评审会，审议通过《敦煌市城乡风貌规划及重点地段城市设计》成果。

受海南中海三帮友房地产开发公司委托，学会组织三亚世界手工艺国际交流中心概念规划设计方案征集工作，邀请到中国建筑科学研究院、清华大学建筑设计、同济大学建筑设计院、天津华汇工程建筑设计有限公司等设计机构参与设计。9 月和 11 月分别进行项目方案的中期评议和最终评审，确定最终方案。

全年针对不同层面的技术人员的需求举办各专业相关新规范、新标准培训班 32 个，参加培训人员 978 人次。

学会建设 经报中国科协与住房和城乡建设部批准，经学会理事会投票表决，学会理事长变更为修龙。

全年新增个人会员 151 名，新增团体会员 6 个，认定 137 人为学会资深会员。

学会修订《中国建筑学会科普教育工作委员会管理办法》《中国建筑学会科普教育基地认定办法》。

学会网站发表或转载近 16 万篇文章，制作 40 个专题，上线全部 715 名学会资深会员的相关内容。学会继续完善《中国当代著名建筑师》微刊。

学会与分支机构全年举办学术活动 77 次，14600 人次参与活动，出版论文集 37 册。

学会能力提升计划 学会与中国科协签订“学会

创新和服务能力提升工程——优秀科技社团建设”项目合同书。按照中国科协全面深化改革实施方案要求，围绕提高学会服务创新、服务社会和政府、服务广大建筑科技工作者以及自我发展的能力开展工作，逐步完善学会治理结构、健全运行机制，建立健全适应政社分开和新常态形势要求的组织体制和工作机制。

学会探索开展团体标准化工作的模式。7月，学会“团体标准《混凝土用镍铁渣微粉》的制定”研究项目由中国科协正式立项，计划于2016年初完成。

学术期刊 学会及直属分会公开出版和内部发行的刊物16种，全年累计发行60余万本。其中《建筑学报》获得国家新闻出版广电总局信息中心颁发的“2015期刊数字影响100强”奖项。

学会承担青海省玉树藏族自治州地震灾后重建相关组织协调工作，2015年，重点工程相继竣工。《建筑学报》编辑出版《玉树灾后重建重点工程建筑设计》一书（中英文版本），梳理和总结青海玉树灾后重建的设计成果。

国内主要学术会议 5月8日，学会在陕西省西安市举办“张锦秋星”命名仪式和“继承与创新”学术座谈会。与会专家就中国传统建筑文化、理念在当代的应用，传统与现代的结合进行理论探索。

5月22日，学会在江苏省南京市召开南京博物院改扩建工程学术交流会，20多名业内专家、学者参会。会议围绕如何传承建筑的历史文化，延续南京博物院的场所精神，以及博物馆建筑的发展趋势等座谈交流。

两岸交流 10月15—17日，由学会和台湾地区“中华全球建筑学人交流协会”共同主办的第十七届海峡两岸建筑学术交流会在四川省成都市举行。学会副理事长周畅、常务副秘书长张百平，来自大陆和台湾地区设计单位、高等院校的100余位专家、学者参加会议。15位专家围绕会议主题“乡土建筑”作学术报告，与会专家、学者就执业合作政策、经验等开展交流。

11月30日至12月6日，学会和台湾地区“中华全球建筑学人交流协会”在广东省广州市联合主办第四届海峡两岸建筑院校学生交流工作坊活动。

国际组织任职 学会资深会员、清华大学建筑学院院长庄惟敏连任国际建筑师协会理事、国际建筑师协会职业实践委员会联席主任。学会常务副秘书长张百平连任国际建筑师协会副理事。学会资深会员刘克成连任国际建筑师协会遗产委员会联席主任。

国际交往 2015年，学会接待来访团组6个，组织出境团组8个。

2月12—13日，学会资深会员、国际建筑师协会第四区理事、国际建筑师协会职业实践委员会联席主席、清华大学建筑学院院长庄惟敏参加在法国巴黎举行的国际建筑师协会第126次理事会议。

6月1—5日，学会代表团一行6人赴朝鲜开展建筑科技发展交流友好访问。

6月15—22日，学会代表团一行4人赴英国参加英国皇家建筑师学会国际峰会，并赴法国与国际建筑师协会进行交流。

11月4—10日，学会常务副秘书长张百平出席在秘鲁举行的国际建筑师协会第127次理事会议，并介绍学会梁思成建筑奖国际化的具体安排。

11月10—16日，学会代表团赴泰国大城府参加由泰国建筑师学会主办的亚洲建协第36届理事会和第18次论坛，论坛的主题为“过去的未来”。

5月29日，学会副理事长兼秘书长周畅在北京会见了来访的美国建筑师学会主席伊丽莎白·楚·里希特（Elizabeth Chu Richter）一行3人，双方回顾中美建筑师交流合作的历史，交流在建筑教育、执业注册、继续教育等方面的信息，对下一阶段的合作进行展望。两会领导续签了《关于建筑师职业主义的合作谅解备忘录》。

9月25日，法国.archi域名公司首席执行官戈德弗鲁瓦·乔丹（Godefroy Jordan）一行2人访问学会，学会常务副秘书长张百平，学会国际部副主任、建筑教育评估分会副秘书长王晓京参加会见。双方就建筑师和设计单位使用.archi网站域名等问题进行讨论。

科普活动 4月23日，“中国建筑梦·中国好建筑”科普主题活动在广东省广州市举行，来自城市规划、建设部门、设计公司及建筑装饰企业的100余人参加活动。

5月、7月、9月，学会分别在北京市、四川省成都市、广东省广州市举办中国建筑科普讲堂活动。

10月31日至11月2日，在上海世界城市日博览会上，学会为2014年首批认定的科普基地及2015年学会年度科普活动进行集中展示。

表彰举荐优秀科技工作者 根据《中国建筑学会科技进步奖评选办法》，经个人申报、学会各专业分会初评及中国建筑学会科技进步奖评选专家委员会终评，2014年度中国建筑学会科技进步奖评选出一等奖获奖项目24项，评选结果于3月10—17日公示，12月发放获奖证书。

党建强会 4月24日，学会全体党员开展“党建强会”植树活动。

6月25日，学会党员建筑师西部巡讲暨广西规划建筑学会2015年年会在广西壮族自治区南宁市举办。

6月30日，学会党支部召开“严以修身”专题组织生活会。7月6日，举办“我说我的事”主题党日活动，主题活动后进行“三严三实”第二阶段专题教育活动。

会员服务 全年出版会讯28期，发行6000册，共30万字。学会继续完善会员之家微信平台，发布各类专业信息近300条，浏览量12万多人次，主要浏览群体是会员和业内人士。

【中国建筑科普讲堂】 学会主办的中国建筑科普讲堂活动于5月正式启动。

5月24日，首次活动在北京交通大学举办。7月4日，第二次活动在西南交通大学举办。9月18日，第三次活动在华南理工大学何镜堂院士工作室举办，“中国建筑科普讲堂”更名为“中国建筑大家科普讲堂”。活动邀请到包括院士、材料大师、新锐青年建筑师在内的10位行业学者担任主讲嘉宾，每期活动参与人数为100—120人，包括所在地区各设计院青年建筑师，建筑院校学生，热爱建筑的中学生等。学会录制活动视频，并组织视频剪辑工作，计划在学会网站上线。

第三次中国建筑大家科普讲堂活动

中国建筑科普讲堂是学会创新科普工作方式的探索，创新点在于打破传统的单行业、单领域仅限于学术的论坛形式，对内通过对行业青年人才职业素养与态度的培养与渗透，解决行业中存在的问题，梳理正确的从业价值观和态度。对外以建筑行业为基础，通过邀请与行业相关的多领域专家、学者、优秀青年领军人物担任主讲嘉宾，为行业发展提供新的思路，并为行业间的合作与发展奠定基础。

【党员建筑师西部巡讲活动】 6月25日，学会党员建筑师西部巡讲暨广西规划建筑学会2015年年会在广西壮族自治区南宁市举办。本次巡讲的主题是“新建筑与建筑创作”，350余人参加活动。

党员建筑师西部巡讲活动

中国工程院院士崔愷作题为“‘本土设计’的思考与实践”的报告。他在报告中提出“建筑应该属于那片土地而不是自己”。他认为，本土设计是以自然和人文环境资源之土为本的建筑设计策划，它是一种文化价值观，是“和谐”这一中国当今社会核心的文化理念在建筑中的具体体现。他分享了作为城市记忆的建筑——德胜尚城、国家的门脸儿——中国驻南非大使馆、嵌入山体的台地——北京谷泉会议中心等案例，阐述了本土设计强调尊重本土文化，强调建筑与自然环境的和谐；本土实践应该面向现实生活，体现时代精神；本土设计提倡节俭设计，以适宜的材料和技术达到节能环保；本土设计应善待乡土，保护田园的理念。

山东大卫国际建筑设计有限公司董事长、总建筑师申作伟作题为“中国建筑的传承与创新——新中式建筑设计的探索与实践”的报告，分享新中式建筑创作体会，呼吁当代中国建筑师有责任把适应这个时代的中国建筑文化发扬光大。

河北建筑设计研究院有限责任公司总建筑师、副院长郭卫兵作题为“文化与自我——设计的立场”的报告。他认为，建筑师的职业特点决定了其有着强烈的自我意识，在多元化的今天，建筑创作在某种程度上是不断试错的过程，也是对文化进行反思的过程。因此，建筑设计也许与经典无关、与时尚无关，也许更应是建筑师的内心感受。

【第四届海峡两岸建筑院校学生交流工作坊】 11月30日—12月6日在广东省广州市举办。活动由学会和台湾地区“中华全球建筑学人交流协会”主办，华南理工大学建筑学院承办。

第四届海峡两岸建筑院校学生交流工作坊活动

本次工作坊有来自海峡两岸16所建筑院校的100多名师生参加，参与师生混合编成8个小组，围绕工作坊的主题“历史，我们共同写就”，对广州市琶洲西区珠江啤酒厂及周边地块具有历史文价值的旧工业区进行更新利用的概念设计。

12月6日，由中国工程院院士何镜堂、崔愷等专家组成的评审团对工作坊设计成果进行了答辩评图并授予奖项。学会理事长修龙出席活动，并拜访何镜堂院士工作室。

工作坊期间举办了系列学术交流活动：12月1—3日，分别举办3场青年建筑师论坛，邀请海峡两岸知名青年建筑师作演讲；12月4日，台湾地区建筑师黄声远、吴光庭以“活出场所”为题，举办一对一论坛；12月5日，中国工程院院士何镜堂、崔愷作主题学术报告。参与活动的院校指导老师在工作坊期间进行教学研讨和交流，并举办学术报告会。

（撰稿人：李　佳）

中国土木工程学会

服务创新型国家和社会建设 2015年，学会被列入国家团体标准研制试点单位。学会组织专家评审出以“‘互联网+’土木工程”为代表的13项团体标准作为首批编制项目，内容涵盖建筑信息化、轨道交通、路桥、隧道、结构新材料、地基基础等领域，其中2项标准于年内完成送审稿。

受住房和城乡建设部委托，学会与相关单位一起负责绿色施工科技示范工程的日常组织和监督管理工作。该项工作对立项评审、中期检查、项目验收等各阶段制定实施细则和评价指标，指导项目评估工作，被正式纳入住房和城乡建设部项目管理系统执行。为实现示范工程技术成果的推广应用，学会研究制定绿色施工领域技术公告、推广应用目录、技术指南。

经国家质量监督检验检疫总局授权，学会组织科技人员开展燃气行业以及石化、冶金、规划、交通、化工等行业的压力管道设计、制造单位的企业资质鉴定评审认证工作，组织专家针对燃气行业的相关标准规范以及评审工作开展培训。

7月，受科技部委托，学会协助国家科技奖励工作办公室组织开展2015年度国家科技进步奖土木建筑组和2015年度国家技术发明奖工程建设组初评通过项目的行业咨询工作。

学会先后举办APEC（亚太经济合作组织）核心工程和北京谷泉会议中心创新技术交流暨现场观摩会、地铁设计规范培训、港珠澳大桥现场观摩技术交流培训等培训讲座共计11次，培训700余人次。

学会分支机构防护工程分会、市政分会、隧道分会、工程风险与保险研究分会等分会开展有针对性的技术培训，如“伪装技术及发展前沿”宣贯讲座、“战场复杂电磁环境对信息化武器装备的影响”宣贯讲座、BIM技术学习交流、“地铁工程风险管控与预警”专题讲座、防水技术讲座等。

学会建设 2015年，学会增加单位会员41个，个人会员近200人。学会召开九届五次常务理事会议、九届六次常务理事会议、九届四次理事会议，组织召开地方学会工作会议及专业分会工作会议。

学会分支机构土力学及岩土工程分会、住宅工程指导工作委员会、混凝土及预应力混凝土分会、城市公共交通分会、标准与出版工作委员会、学术工作委员会完成换届改选工作，部分分会增设或筹备成立了新的专业学组。

学会及学会分支机构全年举办学术会议70余次，参会人数1.58万人次，提交论文1312余篇，出版论文集20余部。

为学习国外社团标准的管理经验，学会与有关国家的民间团体标准管理机构建立联系，推动中国社团标准管理和应用的国际化发展。学会改变以往与加入的7个国际学术组织的联系方式，由总会直接与国际学术组织秘书处联系，并向相关分会转达国际学术组织的学术活动安排。

学会实现工作人员的专职化，对新进人员采用聘用制管理办法，进一步明确岗位职责，改进考核和奖励办法。学会面向社会公开招聘5名工作人员。

学会重新梳理现有网站内容，结合各业务部门的需求搭建新门户网站；建设协同办公系统，打造学会及分会的交流平台，用信息化手段提高整体工作效率。

学术期刊 《土木工程学报》结合第十二届全国土力学及岩土工程学术大会，出版2期增刊，发表土力学方面的优秀论文118篇。《土木工程学报》荣获新闻出版广电总局颁发的“百强报刊”称号，并获得首批学术期刊认定A类；获得中国科协精品科技期刊资助项目。

8月，《土木工程学报》召开编委会会议，对2016年工作进行规划，提出设立院士大师论坛栏目。

国际学术会议 9月19日，学会和海外华人土木工程协会在北京主办第二届中美土木工程行业交流报告会，学会秘书长张玉平、海外华人土木工程协会会长肖强分别致辞，中美土木工程界的专家、学者与会交流。

10月14—15日，学会参与主办的2015（第二届）城市防洪排涝国际论坛在广东省广州市召开，350余位专家、学者参加会议。

11月19—20日，学会在北京举办“互联互通 合作共赢——‘一带一路’土木工程国际论坛”，探讨“一带一路”相关国家工程建设合作方式。

国内主要学术会议 围绕桥梁与隧道工程学科，学会组织召开第22届全国桥梁学术会议、2016年国际桥协广州学术会议、运营安全与节能环保的隧道及地下空间暨交通基础设施建设第六届全国学术研讨会、2015绿色生态隧道建设与管理论坛暨中国土木工程学会隧道及地下工程分会建设管理与青年工作专业委员会2015年会、学会隧道及地下工程分会防水排水专业委员会第十七届学术交流会等活动。

围绕工程安全与防灾减灾技术，学会单独或与有关单位联合举办了2015（第四届）土木工程安全与防灾学术论坛、第九届全国减震控制学术会议、全国第一届消防给水及灭火设施学术会议、《建设工程保险投保指南》编制讨论会、首届全国工程质量检测鉴定加固学术交流会等学术会议。

2015（第四届）土木工程安全与防灾学术论坛

围绕民生热点问题，学会先后召开了2015中国燃气运营与安全研讨会、“‘互联网+’燃气助力智慧城市发展”第九届燃气分会年会、第五届中国水业院士论坛暨水安全管理与合理利用高峰论坛、全国住宅产业化发展高峰论坛等学术会议。

围绕“公交优先”战略，学会举办了第五届全球新能源汽车大会、纯电动在线充公交车推广经验交流会、新能源公共汽车发展高峰论坛、第四届（2015）混合动力和电动汽车技术高峰会议、中等城市优先发展公交战略研讨会、中等城市公交企业文化和科技融合发展研讨会等活动。

围绕土木工程技术创新与进步及新技术推广，学会召开了第十二届全国土力学及岩土工程学术大会、2015全国毁伤评估技术学术研讨会、电磁防护与电磁兼容技术研讨会、第四届全军国防工程智能化技术研讨会、第六届全国特种混凝土技术（高性能混凝土专题）学术交流会、第十二届全国建设工程无损检测技术学术交流会、第十七届全国混凝土及预应力混凝土学术会议暨第十三届预应力学术交流会、第十四届全国实验力学学术会议、第十七届全国结构风工程学术会议等学术会议。

围绕地下工程空间开发及利用，学会召开了城市地下交通空间技术研讨会、第三届岩土本构关系高层论坛、第十二届全国土力学及岩土工程学术大会主题报告和特邀报告论坛、城市地下空间开发利用前沿论坛、第九届全国青年岩土力学与工程会议、第27届全国土工测试学术研讨会等学术会议。

7月1日，学会和东南大学等单位联合主办2015

年土木工程院士知名专家系列讲座暨第六届全国研究生暑期学校。

国际交往 学会加强与有关国际学术组织的联系，通过各种渠道搜集整理了100多个国家的学术组织联系方式，并重点与30多个国家的学术组织联系。

学会受邀成为亚太城市建设实务论坛的区域主办单位。学会成功申办2016年国际桥协广州学术会议、2016国际城市低影响开发学术大会等。

学会组织专家参加在加拿大蒙特利尔召开的第13届国际岩石力学大会、国际航运协会（PIANC）在阿根廷布宜诺斯艾利斯召开的第七次智能河流会议等国际会议。

科普活动 学会编制《中国土木工程学会科普信息化建设“十三五”规划》，组建“公共交通科学传播专家团队”并在中国科协备案。

表彰奖励举荐优秀科技工作者 继续开展第十三届詹天佑奖评选表彰工作，根据《詹天佑奖评选条例》有关规定，秉承“精益求精、宁缺毋滥”的评选原则，按照“推荐申报—资格审核—专业预审—评审大会评审—詹天佑奖指导委员会和詹天佑基金会审核—公示”的程序，经层层筛选、严格把关，北京国际会都APEC项目核心岛工程、武汉天兴洲公铁两用长江大桥正桥工程、南京长江隧道、上海青草沙水源地原水工程等38项土木工程获得表彰。

经学会推荐，由天津大学教授郑刚主持完成的“深大长基坑安全精细控制与节约型基坑支护新技术及应用”项目获评2015年度国家科技进步奖二等奖。

学会制定《中国土木工程学会推选院士候选人工作实施细则（试行）》和《中国土木工程学会2015年推选院士候选人工作方案》，成立推选院士候选人工作小组、推选专家委员会、材料审核小组，向中国科协推荐院士候选人8人。

学会推荐3名中国青年科技奖候选人；推荐3名科技部2015年“创新人才推进计划”之“中青年科技创新领军人才”候选人，其中2人获得答辩资格。推荐2015年度教育部青年科学奖候选人1名。

学会向住房和城乡建设部推荐“科技部国家科技专家库专家”34名。

【互联互通 合作共赢——“一带一路”土木工程国际论坛】 11月19—20日，互联互通 合作共赢——“一带一路”土木工程国际论坛在北京举办。论坛由住房和城乡建设部、国务院参事室、中国科协指导，由学会和中国国学研究与交流中心共同主办。来美国、英国、加拿大、柬埔寨、乌兹别克斯坦、蒙古、哥伦比亚、黑山、马其顿、意大利、阿尔及利亚、突尼斯、中国大陆和香港特别行政区等10多个国家或地区的专家、学者参加论坛。学会理事长、住房和城乡建设部原副部长郭允冲，中国工程院院士何华武、杜彦良、肖绪文，住房和城乡建设部、国务院参事室、中国科协、中国铁路总公司（原铁道部）等有关单位负责人，以及各行业学、协会和企业负责人400多人出席论坛开幕式。

“一带一路”土木工程国际论坛

国家发展改革委西部开发司巡视员、《推进共建“一带一路”愿景与行动》的主要起草者欧晓理以“写意到工笔：‘一带一路的愿景与践行’”为题作报告，讲解了中国“一带一路”国家发展战略指导思想的形成的时代背景、指导原则、框架思路、合作重点领域以及中国实施“一带一路”取得的成果和发展展望。

会议围绕“‘一带一路’建设与土木工程的发展机遇”主题进行交流研讨，与会的各国学术组织代表共同签署了由学会提出的《国际土木工程科技发展与合作倡议书》。

郭允冲表示，推动“一带一路”建设，不仅是政府和企业的工作，科技社团作为联系政府、企业、行业专家的桥梁与纽带，可以而且应该发挥重要作用。学会要在加强工程建设科技的交流与合作、提高工程建设领域创新能力建设、工程建设领域后备人才的培养和交流等方面与有关国家开展广泛合作。

【2015（第二届）城市防洪排涝国际论坛】 10月14—15日，2015（第二届）城市防洪排涝国际论坛在广东省广州市举办。论坛由学会与中国工程院土木、水利与建筑工程学部、中国水利学会等单位联合主办，350余位专家、学者、相关企业负责人参加论坛。本届论坛以“科学建设城市防洪排涝系统”为主

题，分析各重大城市的防洪排涝系统，涵盖了设计、规划、高性能材料及设备等方面的多项核心技术。

中国工程院院士王浩就新形势下我国城市洪涝问题作分析报告，中国工程院院士张建云对城市洪涝与防治标准研究进行讲解，尼泊尔灾害管理中心主席 Meen B. Poudyal Chhetri 分析尼泊尔城市洪水问题如何解决。国内外有关专家、学者和相关机构负责人在论坛上发表主题报告。

大会分为主论坛、分论坛和专题研讨会几大版块。主论坛以国内外防洪排涝实例进行主旨研讨；两个分论坛防洪排涝专题论坛和雨洪及信息化专题论坛，就海绵城市建设和雨洪管理的关系、洪涝灾害的预警预报方法等问题进行讨论；海绵城市专题研讨会上，与会专家以“海绵城市，如何让城市会‘呼吸’，让水更有‘弹性’”展开研讨。

【2015 年土木工程院士知名专家系列讲座暨第六届全国研究生暑期学校】 7 月 1 日，2015 年土木工程院士知名专家系列讲座暨第六届全国研究生暑期学校在江苏省南京市开幕。有关单位负责人及来自全国 70 所“985”工程、“211”工程高校的 540 多位博士生、硕士生、大三本科生和部分企事业单位的工程师参加开幕式。活动由学会与国家预应力工程技术研究中心、混凝土及预应力混凝土结构教育部重点实验室、江苏省新型建筑工业化协同创新中心联合主办，旨在推动研究生教育改革与发展，建立全国研究生学术交流平台。

本期暑期学校分设结构与防灾、桥梁与岩土、工程管理与房地产、力学 4 个专题班，由包括中国工程院院士谢礼立、中国科学院院士翟婉明、中国工程院院士吕志涛 3 位院士在内的 45 位来自美国、新加坡、中国大陆和香港特别行政区的专家、学者授课。暑期学校延续举办全英文网络课程，由远在美国的桥梁专家直接授课，与学员远程互动。

开幕式结束后，谢礼立作题为“土木工程灾害及其防御”的报告，翟婉明作题为“我的学术路与铁路梦”的报告。

（撰稿人：张　君）

中国生物工程学会

服务创新型国家和社会建设　2015 年，学会继续承担中国工程院“十三五”战略性新兴产业发展规划咨询项目，跟踪研究“十二五”生物产业领域的发展，分析其机遇与挑战，提出未来中国生物产业的发展思路、发展目标、重点任务、关键技术路线图。为国家“十三五”战略性新兴产业规划编制提供咨询。该课题选择生物医药、生物医学工程、生物农业、生物制造 4 个领域为重点研究对象，研究国内外生物产业发展总体情况、产业规模和发展趋势，定量描述医药卫生、生物制造对中国经济的贡献，借鉴国外生物制造产业发展模式与政策，分析中国发展的规律和障碍。

学会利用专家优势，为安徽省合肥市编制《合肥市生物产业发展规划》，主要涉及：产业发展现状与发展模式分析、重点产业链分析、战略定位玉发展目标解析、发展重点与空间布局、主要任务和重点专项、配套政策与保障措施研究六个方面。

6 月，学会承接政府转移职能扩大试点项目——编写《中国生物产业发展报告 2014》，作为生物产业年度报告，为政府、企业、大专院校等从事生物技术的专业人士提供借鉴与参考。

9 月，学会受中国大百科全书出版社委托，编写生物学生物工程分支的条目工作。编纂完成生物工程领域相关条目近 2300 个。

学会建设　截至 2015 年年底，学会理事会有 127 人，其中常务理事 39 人，女性理事 10 人。个人会员 2119 人，团体会员单位 129 个。

11 月 7 日，经学会第六届常务理事会第一次会议讨论，同意计算生物学与生物信息学专业委员会和转化医学专业委员会 2 个专业委员会正式挂牌成立。学会分支机构数量达到 13 个。

学术期刊　学会会刊《中国生物工程杂志》每月出版一期，2015 年印制 20000 册，发表论文 236 篇。

学会与中国化工学会共同主办《生物产业技术杂志》，该杂志为双月刊，2015 年印制 9000 册，发表论文 150 篇。

国内主要学术会议　学会全年举办国内学术会议 9 次，参会人数 2210 人次，其中企业工作者约 451 人次，交流论文 355 篇。

1 月 29 日，农作物生物育种产业化高层研讨会·2015 在北京举办，会议由学会和中国植物生理与分子生物学学会、中国作物学会、中国植物保护学会、中国农业生物技术学会联合发起。来自政府管理部门、科研院校、种子企业、主流媒体的 200 多名专

家、学者参加会议。

4月15—17日，学会在北京举办第二届计算生物学与生物信息学学术会议，来自科研院所和高校的240多名专家、学者参会。会议分别以高通量测序与组学研究、生物信息学与生物大数据挖掘、非编码RNA的研究进展、系统生物学和高性能计算及转化生物信息学应用为重点，设立5个小型论坛。为鼓励计算生物学与生物信息学领域的青年科研人员，会议评选出“青年优秀论文奖”2名。

5月7—9日，学会在江苏省徐州市举办首届全国秸秆工业化利用学术研讨会，110多名专家、学者参会。会议就秸秆作为重要生物质资源的工业化利用、碳排放价值、技术进展和相关标准问题进行交流，为科学利用秸秆和减少焚烧提供理论和技术依据。

7月16—18日，学会与化学工业出版社联合主办的第九届生物产业技术研讨会在四川省成都市召开，100多名专家、学者参加研讨会。会议的主题是“生物反应器与生物制药”。

8月19日，学会在青海省西宁市召开“十三五”战略性新兴产业发展规划专家研讨会，50多名专家、学者参会，其中企业科技工作者4人。

8月22日，学会糖生物工程专业委员会联合中国微生物学会酶工程专业委员会和镇江东方生物工程有限公司在江苏省镇江市举办2015年中国酶工程与糖生物工程学术研讨会，来自72家科研院所、高校及企业的380多名专家、学者参加会议。大会进行了首届“张树政糖科学奖”颁奖仪式。

9月8—9日，学会联合通用电气中国医疗集团、上海市生物工程学会在上海市举办从新药创制走向精准医疗学术研讨会。会议邀请行业内院士、专家、企业负责人探讨精准医疗在中国面临的机遇与挑战，分享精准医疗在全球及中国的实施状况和案例。300多名专家、学者参会，其中企业科技工作者180余人。

11月6—8日，中国生物工程学会第六次全国会员代表大会暨第九届学术年会在上海市举办。

12月11—12日，学会与中国科学院科技促进发展局在天津市举办第八届中国工业生物技术发展高峰论坛。

两岸交流 6月25—27日，应台湾科技大学邀请，中国科学院院士、学会副理事长高福参加在台湾地区台北市召开的生物技术暨生物工程国际研讨会，并作题为“病毒宿主跃迁和抗体治疗（*Virus Host jump and Antibody therapy*）”的大会主旨报告。

科普活动 学会全年在上海、北京、江苏省南京市、安徽省合肥市等地举办转基因科普宣讲活动10次，其中院士科普报告会1次；宣讲活动受众1560人次，参与的科技人员102人次，包括专家82人次。学会获得中国科协评选的2015年度全国学会科普工作先进单位称号。

表彰举荐优秀科技工作者 2015年，学会向中国科协报送两院院士候选人1名，推荐第十四届中国青年科技奖候选人2名。学会推荐的32岁以下青年科技工作者4人加入生命科学学会联合体的“青年人才托举工程”，并获得中国科协的项目支持。

【中国生物工程学会第六次全国会员代表大会暨第九届学术年会】 11月6—8日，中国生物工程学会第六次全国会员代表大会暨第九届学术年会在上海市举行。

中国科协党组成员、书记处书记王春法，中国工程院院士、学会理事长欧阳平凯，中国科学院院士、中国疾病预防控制中心副主任高福，中国工程院院士、北京化工大学校长谭天伟，中国科学院院士、上海生命科学研究院植物生理生态研究所研究员赵国屏，中国科学院院士、中国科学院南海海洋研究所研究员张偲，中国科学院微生物研究所所长刘双江，华东理工大学校长曲景平，台湾科技大学教授李振纲，会员单位代表近500人参加会议。

中国生物工程学会第六次全国会员代表大会暨第九届学术年会

王春法在开幕式上致辞，肯定了学会在推动学术交流、促进学科发展、传播科学知识、服务会员、服务社会、服务产业等方面所做的工作。

大会审议通过了学会副理事长兼秘书长马树恒所

作的第五届理事会工作报告、财务报告；审议通过了学会《关于修改章程的说明》和《关于个人会员、团体会员会费调整的说明》。

会议审议通过了学会新章程，以无记名投票方式选举产生学会第六届理事会，共127名理事。高福当选为学会第六届理事会理事长，马树恒任副理事长兼秘书长。

赵国屏、高福分别作题为“合成生物学与生物工程”和“精确医疗与抗原选择（*Precision Medicine and Antigen Selection*）”的大会报告。

同期举行的主题为“生物医药与健康产业”的中国生物工程学会第九届学术年会，安排了分会场学术报告会，分别是生物技术与转化医学研讨会、工业与环境生物技术学术研讨会、计算生物学与生物信息学研讨会、农业生物技术学术研讨会、全国生物技术职业教育年会、药食同源专题研讨会、转基因科学沙龙等。会上颁发了2015年学会“GE生命科学”青年优秀论文奖，共有12人获奖，其中包括特等奖1人。

【编制《中国生物产业发展报告2014》】 6月，学会承担中国科协政府转移职能扩大试点项目，编制《中国生物产业发展报告2014》一书。学会建立撰稿人专家库，制定项目规范的工作流程，建立健全学会承接政府转移职能机制，探索承接政府转移职能的工作流程和方法。

该项目由学会副理事长兼产业促进工作委员会主任马延和领导，工作小组多次调研并召开项目讨论和协调会，听取有关部门和专家的意见，形成报告框架的内容，进行顶层设计。

《中国生物产业发展报告2014》主要针对2014年中国生物产业的政策、现状等进行分析，提出中国生物产业未来的发展方向。该书从中国生物产业发展战略与政策、生物技术发展前沿与热点、生物产业发展现状与趋势、生物技术专利分析、生物产业投资情况等多角度对中国生物产业各领域发展状况进行分析，对20多个国家生物产业基地发展状况进行总结，对2014年度生物产业发展热点进行重点分析和探讨，对中国生物产业发展战略进行讨论。

【第八届中国工业生物技术发展高峰论坛】 12月11—12日，第八届中国工业生物技术发展高峰论坛在天津市举办，论坛由学会和中国科学院科技促进发展局主办，以“新生物学·新工业·新e+代”为主题，围绕产业领域在新形势下的研发新点、双创热点、融资难点等问题，组织了“技术与金融”“技术与装备”和“技术与前沿”三大版块内容，以及“创新·发展”——企业自强发展分论坛、“分子·细胞·系统”——新生物学与工业生物技术研究热点分论坛和“e+时代·依势带”——工业生物技术产业“互联网+”分论坛3个分论坛活动，发布了《中国工业生物技术白皮书2015》。

合成生物学是此次论坛着重探讨的前沿领域，中国工程院院士、学会名誉理事长欧阳平凯提出，合成生物学将为我国生物制造提供技术支撑，通过合成生物学设计生物机器，实现生物机器低成本、高精度的自主组装可以大幅度提高生物催化效率，能够解决医药、农药、工业存在的问题。

金融元素的加入是本届论坛的一大亮点，论坛首次组织了来自滨海新区、科研院所的创新创业项目、具有产业化潜力的科技成果进行路演，吸引金融投资机构关注。论坛以“双创”主题为引线，邀请行业内优秀企业和中小微企业相互交流，分享企业在创业、创新、发展过程中的经验与感想，探讨新工业企业自强发展之路。

【编写《中国大百科全书》第三版生物学科生物工程分支条目】 9月，受中国大百科全书出版社委托，学会承担《中国大百科全书》第三版生物学科中的生物工程分支的编纂任务。学会副理事长兼秘书长马树恒主抓该项工作，协调领域内的专家参与编写。根据工作量确定设立10个工作小组，每一个小组均指定1—2名专家负责。编纂领域分为7个：生化工程、酶工程、发酵工程、细胞工程、基因工程、蛋白质工程、生物技术方法。

截至2015年年底，学会收集到2300余条条目，并进行了各领域间的条目查重和条目整理工作。

（撰稿人：蒋玉清）

中国纺织工程学会

服务创新型国家和社会建设 学会制定《中国纺织工程学会创新助力工程实施意见》等9个文件，与8个省级科协和25个地市级科协对接，组织专家100多人次调研了68家企业，与52家企业及地方科协形成合作意向，签订学会服务站合作共建协议等30个，建立22个学会服务站和9个专家对接交流微信群，线上线下为企业提供决策咨询、技术攻关等多种形式服

务。学会向中国科协提交 9 篇大事记和简报以及数据统计和典型案例等材料。

学会与中国产业用纺织品行业协会、全国卫生产业企业管理协会共同成立全国医疗卫生用纺织品科技推广中心。“单向导湿”“视觉遮蔽”两项技术完成省部级科技鉴定，得到“国际先进”鉴定结果。

学会与中国昆仑工程公司达成合作框架协议，合作期限 3 年。与中国恒天集团签订共同开展“高新纤维材料发展战略调研”课题研究的合作协议。

学会开展专利信息数据库建设，服务企业需求。分析并筛选纺织行业重点专利词条 2798 条；提炼行业关键词 112 个，建立中英文关键词手册；汇总整理参与技术服务专家信息，入库 65 人；收集整理纺织类科技成果 34 项；与中国化学纤维工业协会合作，从聚氧乙烯、聚烯烃、光导纤维三个方向的相关专利中，结合企业需求形成新专利。

学会贴近企业生产实际组织举办技术培训班，160 多人次参加培训，合格学员获得由人力资源社会保障部统一编制的《国家专业技术人才知识更新工程培训证书》。

学会开展纺织类工程教育专业认证工作，完成《工程教育认证标准纺织类专业补充标准》初稿，编写“工程教育认证与学会发展”课题研究报告等。

学会能力提升计划 学会获得中国科协“学会创新和服务能力提升工程优秀科技社团建设三类”第二期项目资助。

打造高端品牌学术交流平台。10 月 15 日在上海市召开 2015 中国纺织学术年会。

建设纺织跨行业团体标准体系。12 月 2 日，设立学会标准化技术委员会，制定《中国纺织工程学会团体标准管理办法（试行）》。开展“生态纺织品前处理助剂”和“生态纺织品后整理助剂”2 个团体标准的研制工作。

提升学会服务科技工作者能力。加强纺织行业继续教育培训体系建设，承担国家开放大学学分银行“培训证书与开放教育本专科学历教育之间成果转换探索”项目。

学会完成中国纺织工程学会“十三五”事业发展规划编制工作。

12 月 18—20 日，2015 年全国纺织工程学会秘书长沙龙在成都举行。19 个地方学会的秘书长作主题发言，就会员发展与服务、学会能力提升与地方学会之间如何协同发展、学术交流、社会科技奖励、科普、创新助力工程等方面工作展开研讨。

学会建设 学会新增会员 4381 人、团体会员 15 个。

学会召开第二十四届常务理事会第十次、第十一次扩大会议，第二十五届理事会第一次会议，第二十五届常务理事会议。

10 月 14 日，中国纺织工程学会第 25 次全国会员代表大会在上海市召开，选举产生第 25 届理事会，由 192 名理事组成，孙瑞哲连任理事长。

学会新组建学会技术研发中心 12 个，总数达 85 个。学会对 26 个技术研发中心进行了实地考察与技术咨询。1 月 21 日，学会在北京召开学会技术研发中心工作会议。编制《中国纺织工程学会纺织技术研发中心科技成果汇编》。建立了技术研发中心 QQ 服务群。

学术期刊 学会主办的《纺织学报》入选第三届中国精品科技期刊，全年出版 12 期，刊发 356 篇文章，300 多万字，所有文章均匹配了 DOI 文献标识码。已刊发文章在线发布，以提高引用率。开展数字优先出版工作，2 批文章进入中国知网和万方数据库检索。《纺织学报》获得第四期中国科协精品科技期刊工程项目（2015—2017 年）资助和 2015—2016 年度 RCCSE 中国权威学术期刊（A+）称号。

学会主办的《毛纺科技》全年出版 12 期，刊发论文 193 篇、产品展示 25 款，新增“唯尔佳”优秀新产品获奖产品介绍内容。学会重建毛纺科技网站，采用中国知网期刊协同采编系统，实施在线投稿和编辑管理。

筹备出版《电磁辐射与纺织品》等纺织科普刊物。

国内主要学术会议 2015 年，学会举办国内学术会议 21 次，近 3000 人次参加，出版论文集 7 部，发表论文 508 篇。

4 月 22 日，主题为“分离膜技术与应用”的第 7 期“纺织科技新见解”学术沙龙暨第二届津膜论坛在天津市召开，活动由学会主办，中国工程院院士高从堦、蹇锡高、姚穆等专家、学者 40 余人参加研讨。

4 月 28—29 日，学会主办的第十届全国染整前处理学术研讨会在浙江省绍兴市召开，140 多名专家、学者参加会议。会议主要围绕染整前处理新的技术、设备、工艺和助剂等板块进行研讨，并就实施中国科协创新驱动助力工程，打造会企联盟建设工作进行交流。论文专集收录了 61 篇研究报告和论文。

10月15日，主题为“需求导向，中国智造”的2015中国纺织学术年会在上海市召开。

国际组织任职 11月3—6日，在澳大利亚吉朗市召开的第13届亚洲纺织学会联盟理事会议上，学会执行副理事长江建明和副理事长龚进礼担任亚洲纺织学会联盟理事会理事。

国际交往 11月3—6日，学会理事长孙瑞哲率团参加了在澳大利亚亚吉朗市举行的第13届亚洲纺织会议（ATC-13）及第13届亚洲纺织学会联盟理事会议。

7月28日至8月3日，学会副理事长龚进礼一行14人赴日本访问，到东伸工业株式会社、仓敷纤维加工株式会社早岛工厂、仓敷商工会议所等企业及纺织类社团组织进行调研考察及交流活动。与东伸工业株式会社进行座谈，实地考察东伸工业的数码印花设备，并就目前最新型的数码印花机器人设备进行交流。

科普活动 学会开设纺织科普类公众微信号“纺织科普博览”，将相关科普信息整体转移到该公众号发布，内容以纺织、服装领域的科学知识传播为主，涵盖纺织纤维材料、加工技术、面料功能以及服装应用等方面。

学会编辑出版以“电磁辐射与纺织品”为主要内容的科普类图书，对43篇关于辐射程度与辐射防护的相关文献摘要、测试方式、限值要求与测试标准等内容进行整理。

配合中国科协开展防灾减灾科普宣传工作，学会围绕“科学减灾 依法应对”主题展开纺织科普宣传工作。在宣传周期间选取《水上救生用品——救生衣》《家庭防火关注重点》等5篇文章作为防灾减灾类科普文章在“纺织科普博览”微信公众号平台推送。

“纺织科普博览”微信号获得中国科协科普微信辟谣平台建设项目支持，通过该微信号发布了《孕妇服防电磁辐射的认识误区》等辟谣信息。

表彰举荐优秀科技工作者 学会开展2015中国纺织学术大奖、学术带头人、技术带头人和中国纺织青年科技奖的评选工作。其中，蒋高明、周华堂2人获得“2015中国纺织学术大奖”，蔡再生、陈南梁、葛明桥、郭玉海、李鑫、孟婥、任家智、王朝生8人获得“2015中国纺织学术带头人”称号，陈超、邓传东、龚杜弟、汪少朋、周晔珺5人获得“2015中国纺织技术带头人”称号，丛洪莲、王栋、邢铁玲3人获得“2015中国纺织青年科技奖”。

学会向中国科协推荐2人为2015年中国青年科技创新领军人才候选人、2人为第十四届中国青年科技奖候选人、2人为第十一届光华工程科技奖候选人。

党建强会 学会获得中国科协“党建强会”计划“十百千”特色活动项目资助，学会党支部把“发挥学会党组织优势，推动创新创业人才培养”作为特色活动的主题，整合科研院所、高等院校、企业、地方科协的党员专家资源，调动学会党组织和广大党员专家的积极性和创造性，为行业培养创新创业人才。

为纪念中国人民抗日战争暨世界反法西斯战争胜利70周年，学会党支部于8月6日组织全体党员及中层以上干部参观中国人民抗日战争纪念馆，对党员和骨干人员进行革命传统教育和历史文化知识教育。

会员服务 学会组织专家为设立学会会员工作站提供技术咨询服务。

学会通过网站和微信平台向理事和会员发送中国科协关于学会工作的重要精神和学会有关工作安排等信息。

中国科协会员日 12月19—20日，学会先后开展走访慰问基层一线科技工作者，倾听科技工作者心声活动。

12月19日，学会副理事长龚进礼、秘书长尹耐冬等一行6人走访团体会员单位成都纺织高等专科学校，看望在校的学会会员，并与会员和教师们进行座谈。

12月19日，在全国纺织工程学会秘书长沙龙期间，学会组织与会各省市学会秘书长进行中国科协会员日座谈交流。就会员发展与服务，学会能力提升与学会之间协同发展，学术交流、研发中心建设、社会科技奖励与科普等工作，创新助力工程及其他热点问题展开讨论。

12月20日，学会染整专业委员会名誉主任谭凯及委员一行走访四川南地纺织品染整有限公司，与工作在基层一线的科技工作者座谈，了解团体会员单位发展情况以及科技工作者的科研、工作和生活状况，听取一线科技工作者们对学会工作的建议和意见。

通过网站、微信公众号和《纺织动态信息》等多种途径宣传表彰优秀科技工作者，组织会员参加中国科协会员日乒乓球赛等一系列活动。

【中国纺织工程学会第二十五次全国会员代表大会】 10月14日，中国纺织工程学会第二十五次全国会员代表大会在上海市召开。中国纺织工业联合会会长王天凯，中国工程院院士李培根、郁铭芳、周翔、孙晋良、蒋士成、姚穆、俞建勇，280余名代表和嘉

宾参加大会。学会执行副理事长江建明代表学会第二十四届理事会作工作报告，学会秘书长尹耐冬作关于修改章程的说明和第二十四届理事会财务报告。会议审议通过上述3个报告。会议选举产生第二十五届理事会，共192名理事。

中国纺织工程学会第二十五次全国会员代表大会

第二十五届理事会第一次会议选举产生了常务理事及新一届领导机构负责人，孙瑞哲连任中国纺织工程学会第二十五届理事会理事长。江建明、伏广伟等17人担任副理事长，尹耐冬任秘书长。

第二十五届常务理事会第一次会议审议通过2015中国纺织学术大奖、学术带头人及技术带头人评审结果，“富丽达”2015中国纺织青年科技奖评审结果，向中国科协申报“青年人才托举工程”项目的说明，中国纺织工程学会“十三五”事业发展规划（2016—2020），学会第二十五届理事会顾问和工作机构及其负责人提名等议题。表决通过了毛纺专业委员会更名为毛纺织专业委员会等议题。

【2015中国纺织学术年会】 10月15日，2015中国纺织学术年会在上海市召开。来自国内外的专家、学者500余人参加会议，中国工程院院士李培根、郁铭芳、周翔、孙晋良、蒋士成、姚穆、俞建勇出席大会。

2015中国纺织学术年会

学会理事长孙瑞哲、中国工程院院士李培根、东华大学校长蒋昌俊、天津工业大学教授肖长发分别作题为“需求导向——中国智造”“‘中国制造2025’浅释”“‘互联网+’推动纺织服装产业升级”“高性能聚合物中空纤维膜制备技术进展”的大会报告。

本届年会的主题为“需求导向，中国智造”，围绕高新技术纤维材料、先进纺织工艺和产品开发技术、高性能产业用纺织品、节能减排和资源循环利用技术、智能纺织、“‘互联网+’纺织”等热点问题进行跨领域、跨学科的学术交流。除主会场外，年会设置带头人大讲堂、现代纺织技术论坛、高性能纤维及制品、聚乳酸纤维新材料开发与应用、第8期纺织科技新见解学术沙龙—电磁屏蔽技术及其产品研发等5个学术分会场，第十九届全国花式纱线及其织物技术进步研讨会、2015全国染整可持续发展技术交流会等2个技术分会场，同期召开纺织科学技术名词审定委员会会议。

【第7期纺织科技新见解学术沙龙暨第二届津膜论坛】 4月22日，第7期纺织科技新见解学术沙龙暨第二届津膜论坛在天津市举办。活动由中国纺织工程学会主办，《纺织学报》编辑委员会、省部共建分离膜与膜过程国家重点实验室和天津膜天膜科技股份有限公司共同承办。中国工程院院士高从堦、蹇锡高、姚穆，总后勤部军需装备研究所教授级高级工程师施楣梧，天津工业大学教授肖长发，天津膜天膜科技股份有限公司研究员徐平共同担任本期沙龙领衔科学家，肖长发主持会议。天津工业大学副校长程博闻、学会秘书长尹耐冬、施楣梧为沙龙致辞。来自高校、科研单位、应用企业的40多名专家、科研人员、青年学者参加研讨。

本期活动的主题为“分离膜技术与应用”。高从堦院士从理念创新、材料创新、技术创新、设备创新、工艺创新、集成技术和应用创新几方面介绍了膜产业的发展；清华大学教授李继定提出渗透汽化膜技术在成本、效果方面的优势以及在废水处理上的巨大应用前景；天津大学教授王世昌介绍美国在海水淡化和膜技术方面的政策支持，提出国家政策的引导作用；蹇锡高院士就其团队发明的新型杂环系列高性能树脂及其深加工产品的应用作了阐述；东华大学教授王依民介绍了高性能聚芳酯良好的力学性能、热性能，探讨其用于膜材料的可行性；浙江理工大学教授郭玉海就微孔材料在国内外的生产研究的基本现状，材料加工的关键技术和微孔材料在平板膜和管式膜方面的应用作报告。

姚穆院士从宏观角度对沙龙作总结，认为膜技术在最终应用和最终市场上面已经开始取得比较好的效果。从当前中国实际情况出发，水过滤和空气过滤有着巨大的市场潜力，这方面的工作要成为中国在“一带一路”环境下的扩大生存空间的重要任务。

《纺织学报》编辑部围绕会议主题向与会专家特约论文，并将会议讨论内容整理成综合报道，发表在2015年第9期《纺织学报》上。

（撰稿人：郭建伟）

中国造纸学会

服务创新型国家和社会建设 根据9月巴黎气候会议上习近平主席向国际社会对中国碳排放的承诺，学会向国家发展改革委有关部门提出建议，建立关于造纸行业碳排放的实施方案，并由学会组织培训。

8月25—27日，学会在浙江省衢州市举办造纸企业中高级专业技术人员和管理人员参加的特种纸实用技术培训班，邀请7位有最新研究成果的专家进行为期两天的授课，使参训人员及时了解特种纸研究成果、市场需求及实用技术的最新进展。

学会建设 截至2015年年底，学会有团体会员203个、个人会员17552人，学会建立的“中国造纸学会专家库”入库专家近200人。学会召开1次理事会议和2次常务理事会议。

学会撰写《中国造纸学会“十三五”发展规划》，制定学会“十三五”发展总体思路及主要任务。

学会秘书处对有关规章制度进行梳理，新修订4项工作条例和规章制度，新制定10项规章制度。

4月24日，学会理事长陈学忠因病去世。学会常务副理事长曹振雷接替主持理事会工作。

11月，学会成立纳米纤维素及材料专业委员会。

学会编纂出版了《中国造纸年鉴》2015卷，《中国造纸年鉴》2014卷获得综合评价优秀奖。

学术期刊 学会主办的学术期刊《中国造纸学报》、技术期刊《中国造纸》、科普期刊《纸和造纸》，以介绍国际新理论、新技术为主的科技期刊《国际造纸》和以信息为主的《造纸信息》期刊等，共刊载学术论文500多篇。其中《中国造纸学报》《中国造纸》获得中国科协精品科技期刊工程项目的资助。2016年《国际造纸》期刊改为英文版。

国际学术会议 9月17日，学会在北京举办中国国际造纸技术展会（China International Paper Technology Exhibition，CIPTE）2015国际造纸技术报告会。来自中国、芬兰、德国、挪威、意大利、印度尼西亚、印度、韩国、日本的204名专家、学者参加会议。

国内主要学术会议 2015年，学会组织了3次国内学术会议，分支机构举办国内学术会议4次，参加会议的科技工作者1064人次，其中境外专家35人次，交流论文161篇。与2014年相比，论文数减少了39篇，参会专家、学者增加了192人次。

10月17—18日，学会在浙江省衢州市举办第十届全国特种纸技术交流会，共有来自中国、美国、法国、韩国、日本、奥地利、加拿大、德国、中国台湾地区和香港特别行政区的近200个企业的350多名专家、学者参加会议。年会收录论文及Post 57篇，评出优秀论文10篇，出版论文集1部。

2015全国特种纸技术交流会

11月6日，学会在北京召开“造纸工业‘互联网+’论坛”。来自制浆造纸企业、机械设备公司、高等院校和科研设计院所80多名专家、学者参加论坛。8名专家就互联网与造纸工业的融合作主题演讲，参会专家、学者针对大数据时代造纸企业如何实现自动化和信息化与演讲嘉宾互动交流。本次论坛收录8篇论文，出版论文集1部。

造纸工业“互联网+”论坛

11月7日，学会纳米纤维素及材料专业委员会成立大会暨学术报告会在北京召开。学会秘书长曹春昱和学会副理事长刘忠主持学术报告会。来自中国科学院、中国制浆造纸研究院、华南理工大学和东北林业大学等单位的9名报告人就纳米纤维素的国内外研究现状与进展、纳米微晶纤维素的制备与产业化、纳米纤维素在制浆造纸行业及生物医用领域等的应用作报告。

国际交往 4月18—30日，由学会特种纸专业委员会组团，学会秘书长曹春昱带队，国内造纸行业科研院所、高校、协会和相关企业22家单位的专家、教授、企业负责人和技术负责人32人前往美国参加美国纸浆与造纸工业技术协会（TAPPI）百年庆典学术交流活动，访问考察多家制浆造纸企业。

6月8日，学会秘书长曹春昱、常务副秘书长杜荣荣、学术部副主任雷煌等接待了日本日惠得造纸器材（上海）贸易有限公司专务铃木淳一一行来访。

8月11日，美国矿物技术有限公司（Minerals Technologies Inc.，简称MTI）亚太区副总裁黄启光一行4人对学会进行访问。学会常务副理事长曹振雷、常务副秘书长杜荣荣接待来宾。

科普活动 5月4日，学会在北京举行纪念蔡伦发明造纸术1910周年征文启动仪式，50多位专家、学者、大专院校志愿者参加活动。

表彰举荐优秀科技工作者 6月，学会启动第二届中国造纸蔡伦科技奖、中国造纸蔡伦青年科技奖的推荐评选工作，评选出第二届中国造纸蔡伦科技奖获奖者：宋明信（山东泉林纸业有限责任公司）、张美云（陕西科技大学）、郑丽萍（杭州市化工研究院）；第二届中国造纸蔡伦青年科技奖的获奖者：陈劲（中国轻工业长沙工程有限公司）、李晓亮（山东华泰纸业股份有限公司）、李继庚（华南理工大学轻工与食品学院）。

中国科协会员日 11月28—29日，学会组织会员参加中国科协会员日乒乓球赛，获得优秀组织奖。

12月4日、12月16日、12月17日，学会分别看望我国造纸行业资深专家、学会资深专家顾问委员会中的余贻骥、潘锡五、胡宗渊、顾民达、杨懋暹、邝仕均等，向他们介绍学会一年来开展的工作和2016年的活动计划。

会员日期间，学会走访了在京的多家会员单位和地方学会。

【2015国际造纸技术报告会】 9月17日，CIPTE 2015国际造纸技术报告会在北京召开，报告会由学会与芬兰造纸工程师协会、中国制浆造纸研究院联合主办，中国造纸杂志社承办。来自国内外制浆造纸及相关企业、高等院校、科研院所的204名专家、学者参加报告会，其中来自芬兰、德国、挪威、意大利、印尼、印度、韩国和日本8个国家的外籍专家35名。会议收录11篇论文，出版论文集1部。

为期1天的报告会分别由学会副理事长何北海和学会学术交流工作委员会副主任靳福明主持，来自中国、芬兰、美国的11位造纸行业专家就造纸行业市场发展、原材料供应、行业发展趋势、新技术应用等方面作专题演讲。

2015国际造纸技术报告会

在技术报告会讨论环节，与会专家分别就其感兴趣的话题与演讲嘉宾进行讨论和交流。学会秘书长曹春昱在会议总结发言中表示，中国造纸工业在经历了规模扩张、技术装备水平提升的两个阶段后，目前正处于转型升级、增强核心竞争力的发展新阶段。在此过程中，节能减排、满足新需求是造纸工业可持续发展的关键。为此，高水平的技术交流和信息传播以及新理念的探讨非常重要。

【纸基功能材料高层次区域交流服务活动】 8月25日，由学会主办，学会特种纸专业委员会、浙江省特种纸公共创新服务平台、浙江省衢州市龙游县造纸行业协会承办的纸基新功能材料制造与节能减排技术培训班在浙江省衢州市龙游县举办。来自全国各地40余家企事业单位的近100人参加培训。

学会在衢州市专门成立纸基功能材料高层次区域交流服务项目专家工作站，工作站设立在中国制浆造纸研究院衢州分院，在工作站揭牌仪式上，向首批入站专家代表刘文、刘金刚颁发了聘书。

（撰稿人：齐晓东）

中国文物保护技术协会

服务创新型国家和社会建设 2015年，协会承接并完成中国科协和国家文物局委托的政府职能转移试点项目——可移动文物保护修复组织管理工作。通过项目实施，优化了协会组织架构与工作流程，建立起一套有效承接各级政府职能工作的办法、制度。

学会建设 2015年，协会发展会员57人，个人会员数达到1250人。

协会本年度新设立专业委员会4个。

国内主要学术会议 协会和协会各专业（工作）委员会全年举办学术会议5次、博览会1次。

10月23日，由协会主办、协会文物保护技术专业委员会承办的中国文物科技保护重点方向与任务讨论会在湖北省钟祥市召开，30名专家、学者参加会议，对未来文物科技保护的发展趋势、重点方向与任务以及湖北省当地文物保护实践进行讨论交流。

国际组织任职 学会顾问马家郁担任东亚文化遗产保护学会新一届理事会会长。

国际交往 经过两年时间筹备，8月27—29日，由协会协办的2015东亚文化遗产保护国际学术研讨会暨东亚文化遗产保护学会第四次学术研讨会在日本古都奈良召开。来自中国、日本、韩国的260余位专家、学者参加会议。

研讨会上，24位专家作学术演讲。其中，彩画、壁画保护，X-探伤、CT扫描、3D数字转换等现代技术在文物保护上的应用研究、振动对文物的影响，传统技术、传统材料的研究，考古现场的文物保护、实验室考古等成为本次会议的重点。会议期间，有2个展厅展示近百个研究海报。

会议改选了东亚文化遗产保护学会理事会，学会顾问、中国文物保护专家马家郁担任新一届理事会会长。

【2015国际建筑遗产保护博览会】 8月28—30日，由协会与中国古遗址保护学会联合主办的国际建筑遗产保护博览会在上海市举办，主题为与近代建筑紧密相关的“砖石建筑的保护与利用”。

来自世界各地的60余个相关高校、研究单位、设计单位、施工单位和设备材料供应商参加博览会，博览会同期组织4场学术论坛，主题分别为“优秀建筑保护利用案例新探”“建筑遗产保护中高新技术应用”“砖石类建筑保护技术系列1”“砖石类建筑保护技术系列2”，29位专家、学者就建筑遗产保护的理念、原则与方法作学术讲座。

（撰稿人：曲　亮）

中国印刷技术协会

服务创新型国家和社会建设 受国家新闻出版广电总局印刷发行司委托，协会承担国家印刷示范企业评审认定工作，编制完成并发布了《国家印刷示范企业可持续发展指数报告》。该报告为发挥这一群体对产业转型的示范引领作用提供数据支持。

受国家发改委、环境保护部、工业和信息化部委托，协会承担并制定了《印刷行业清洁生产评价指标体系》，交由国家发改委会同环境保护部、工业和信息化部联合发布。《印刷行业清洁生产评价指标体系》作为我国印刷企业实施清洁生产的技术依据，成为印刷行业实施清洁生产审核的评价指标，有助于推动行业环境保护、清洁生产水平的全面提升。

协会参与中国科协创新驱动助力工程，组织专家13人次与6家地方科协进行项目对接，与河北省保定市、安徽省芜湖市的3家企业签订合作框架协议，在安徽省芜湖市设立专家工作站。协会获得中国科协创新驱动助力工程“点”类试点工作资格和奖补资金。

根据商务部信用办和国资委协会办联合发布的《关于进一步做好行业信用评价工作的意见》（商信用字〔2015〕1号），年内，协会开展印刷行业信用等级评价组织工作，按照印刷行业企业信用等级评价标准和评价指标体系，经过地方印刷协会初审、第三方机构评审、专家委员评审等程序，最终评出6家AAA等级企业、2家AA等级企业和1家A等级企业。

结合信用等级评价工作，协会编制完成了《印刷业诚信自律调研报告》。

5月，协会成为中国科协首批开展团体标准试点的社会团体，成为印刷领域团体标准的制定发布机构。协会成立团体标准工作委员会，在第一届一次会议上，通过首项协会团体标准《绿色印刷材料分类方法及确认原则》。

8月11—16日，协会组织参加在巴西圣保罗举办的第43届世界职业技能大赛，中国印刷行业代表团参赛选手、上海出版印刷高等专科学校学生张淑萍获

得印刷媒体技术项目银牌。

10月21—23日，协会和网印及制像分会在上海市主办2015中国国际网印及数字化印刷展/中国数码印刷展/亚太网印制像展。展览面积近25000平方米，汇集400余家国内外顶尖供应商，吸引来自全球100多个国家和地区的专业观众16000余人次。

11月3日，在第五个“绿色印刷宣传周”期间，协会发布了《2015中国绿色印刷企业年度调查报告》。

协会完成中国科协资助的2个科学传播专家团队项目——绿色印刷与美好生活同行科普动漫作品创作、绿色印刷知识冲关大挑战科普游戏开发。

2015年，协会举办3次数字印刷和按需出版融合发展培训班、1次远程合版印刷服务培训班，参加培训人数近200人次。

全国印刷标准化技术委员会进行印刷标准化基地的建设，新增深圳劲嘉彩印集团股份有限公司成为全国绿色包装印刷标准化技术研发与推广基地、上海出版印刷高等专科学校成为全国印刷标准化教育培训推广基地，并与雅昌文化集团续签全国印刷标准化（胶印）技术应用研究与推广基地协议。截至2015年年底，全国印刷标准化基地包括印刷工艺及产品的检验和试验、印刷标准的研究扩展、教育培训和推广等三大类共18家。

9月，协会在山东省召开第二届基地建设研讨会，探索发挥基地单位示范和引领作用的方式、方法。2015年全部在制定中的标准项目均有基地单位参与，其中约80%均为基地单位主导。

学会建设 6月24—25日，中国印刷技术协会第八次全国会员代表大会在北京召开，会上进行理事会、常务理事会改选，选举产生第八届理事会理事411人，常务理事137人。王岩镔当选为理事长。

年内，协会新增30家团体会员。新增团体标准工作委员会。

按照财务实行统一管理的要求，协会承接了网印分会、信息分会、票据分会、柔印分会的财务管理工作。

协会建立手机客户端和协会微信公众号，为会员发送行业、协会举行重大活动的信息。

学科发展研究 协会承担中国印刷工程学科史研究、印刷电子关键技术及产业发展学术研讨会、团体标准研制等7个中国科协学术交流、国际民间科技组织交流和改革发展项目。

国际学术会议 10月22日，协会在上海市主办以“新机遇 新梦想”为主题的欧亚网印及数码印刷未来发展高峰论坛，国内外业界专家、企业家300人出席论坛。

国内主要学术会议 10月20—21日，中国印刷科学技术研究院与协会数字印刷分会在广东省珠海市共同主办以“借数字动力 赢未来市场”为主题的2015“数字印刷在中国”技术高峰论坛，来自全国各地的数字印刷领域专家、印刷企业、院校、供应商200余人参加论坛。协会副理事长兼秘书长、数字印刷分会理事长、中国印刷科学技术研究院院长陈彦出席论坛并作报告。

11月27日，协会在浙江省杭州市主办第五届绿色印刷技术交流会。来自全国各地印刷企业、供应商、检验机构的150余人参会。

12月4日，协会与北京印刷学院、全国印刷电子产业技术创新联盟、常州印刷电子产业研究院在江苏省常州市联合主办印刷电子关键技术及产业发展学术研讨会。来自政府机构、产业联盟、科研院所、高校、企业以及国外机构的专家、学者140余人参加会议。

两岸交流 10月，协会与澳门印刷业商会、香港印刷业商会、台湾地区印刷暨机器材料工业同业公会在澳门特别行政区共同主办以“印向绿色·创意·工业4.0”为主题的第十三届两岸四地印刷业交流联谊会，为两岸四地业界人士分享经验、探讨趋势、交流各地发展情况提供了平台。

国际组织任职 2014年11月14—20日，在北京召开的国际标准化组织/印刷技术委员会第28届秋季工作组会议及全会上，协会副理事长、北京印刷学院副校长蒲嘉陵教授当选为国际标准化组织/印刷技术委员会主席，任职时间从2015年1月起。

10月20日，在上海市召开的亚太网印及制像协会理事会上，协会网印及制像分会理事长沈春燕当选为亚太网印及制像协会主席。

国际交往 5月，国际标准化组织印刷技术委员会（英文简称ISO/TC 130）主席、协会副理事长、北京印刷学院副校长蒲嘉陵教授，协会副秘书长、全国印刷标准化技术委员会秘书长胡桂绵等8位中国专家参加在意大利博洛尼亚召开的ISO/TC 130第29届春季工作组会议。

6月，世界印刷与传播论坛会议在葡萄牙举行，来自23个国家的50多人参加，协会副理事长杨斌代表中国出席会议，并在大会上作了题为“关于中国经济与中国印刷行业”的报告。

8月，第十五届亚太印刷论坛在马来西亚首都吉隆坡举行，来自澳大利亚、中国、日本、韩国、印度及菲律宾等国家和地区的印刷协会出席论坛。协会副理事长兼秘书长陈彦代表中国参加论坛，作了题为“中国印刷业的亮点——绿色化、网络化、数字化和功能化”的演讲。

11月，ISO/TC 130主席、协会副理事长、北京印刷学院副校长蒲嘉陵教授率团参加在韩国首尔召开的ISO/TC 130第29届秋季工作组会议及全体成员国会议。

科普活动 全国科技活动周期间，协会在本会科普教育基地——深圳力嘉文化创意产业园组织举办了第四届绿色印刷科普周活动，重点开展了“绿色印刷装点美好生活”科普游园会、“中华印刷之光”及绿色印刷科技产品展、绿色印刷与绿色家园现场科技体验活动、科学传播专家科普报告进校园进社区活动，参加活动社会公众、中小学学生、科技与文化工作者20000余人次。

6月，协会全程指导的深圳力嘉文化创意产业园申报全国科普教育基地获得中国科协认定。

8月1日，由协会、富士胶片（中国）投资有限公司、中国印刷杂志社共同组织的“行业共建绿色印刷林”公益植树活动在内蒙古自治区科尔沁左翼后旗举行。来自印刷行业的60多名环保志愿者参加活动，此项活动是2015年绿色印刷宣传活动的重要组成部分。

9月，在全国科普日期间，协会组织分主题活动，承担完成科学传播专家团队科普项目——绿色印刷冲关大挑战科普游戏。

表彰举荐优秀科技工作者 根据中国科协工作部署，协会组织开展了国际民间科技组织后备专家的推荐工作，推荐协会常务理事、武汉大学教授万晓霞作为国际标准化组织印刷技术委员会的后备专家。

协会完成第十三届毕昇印刷技术奖评选工作，评选出毕昇印刷杰出成就奖6名，毕昇印刷优秀新人奖11名。

党建强会 2015年，协会党支部召开多次党员大会，传达学习习近平总书记系列重要讲话精神，学习贯彻党中央和国家新闻出版广电总局有关廉政建设工作部署。学习贯彻新修订的《中国共产党廉洁自律准则》和《中国共产党纪律处分条例》。

协会党支部年内发展新党员1名。11月，协会党支部完成换届改选工作。

会员服务 建立中国印刷协会会员QQ群，360多个单位会员使用QQ联系。协助会员单位申请、申报各种奖项、职称评定、企业信用等级评价评审等。为会员企业之间的合作搭建平台。组织会员参加行业相关的学术交流活动，参与会员企业活动。

【中国印刷技术协会第八次全国会员代表大会暨八届一次理事会】 6月24日，协会第八次全国会员代表大会在北京召开。460位会员出席大会。

协会第七届理事会理事长于永湛致开幕词。国家新闻出版广电总局副局长阎晓宏，中国科协党组成员、书记处书记王春法，民政部民间组织管理局副巡视员赵泳分别致辞。

大会选举产生协会第八届理事会和监事会，于小帆等411人当选为协会第八届理事会理事，毛士彤等5人当选为协会第八届监事会监事，张根祥当选为监事长。大会以投票表决的方式通过新修订的《中国印刷技术协会章程》《中国印刷技术协会监事会条例》《中国印刷技术协会会费标准》。

在协会第八届理事会第一次全体会议上，武文祥、陈堃銶当选为第八届理事会名誉理事长。王岩镔当选为理事长。万捷、马五一、王冰、朱敏、乔鲁予、任玉成、刘杰、祁和亮、许文才、李莉、李新立、杨斌、肖建国、张培武、陈均、陈忠民、陈彦、陈斌、费屹立、贾春琳、钱薇、郭全、梁成林（常务副理事长）、蒲嘉陵、管政明、黎雪、滕方迁等当选为副理事长。陈彦当选为秘书长（兼）。

【印刷业国家标准和行业标准制修订】 2015年，全国印刷标准化技术委员会（SAC/TC 170，全国标准化管理委员会下设的第170号技术委员会）获得国家新闻出版广电总局批准立项的22项新闻出版行业标准，启动标准11项，获批颁布实施标准6项。

年内，召开各类标准制修订工作会议43次，参会人员约500人次，其中召开全国印刷标准化技术委员会书刊印刷分技术委员会会议3次。3月，在北京举办了印刷标准化基础知识培训班；5月，在广东省深圳市举办了绿色印刷标准宣贯讲师培训班；7月，在广东省深圳市举办了第一期绿色印刷标准培训班，

在青海省西宁市举办了装订标准培训班；10月在北京举办了第二期绿色印刷标准培训班。总计220余人次参加培训。2015年度已颁布实施4项“绿色印刷”新闻出版行业标准，制定中的重点标准项目12个，包括“胶印数字化过程控制”国家标准10个和“绿色印刷”行业标准2个。

协会承担国际标准化组织印刷技术委员会（英文简称ISO/TC 130）8个处于正常工作状态的工作组、6个联合工作组和1个任务组的日常工作，参与相关标准的制修订工作，已颁布实施的国际标准82项，正在制修订的国际标准21项。

（撰稿人：张　宣）

中国材料研究学会

服务创新型国家和社会建设　学会承担中国大百科全书出版社委托《中国大百科全书》（第三版）材料学科的撰写工作，该工作于2015年4月启动。在学科领域上共包括：综合部分、材料科学基础、金属材料、无机非材料、高分子材料、复合材料、信息材料、能源材料、生物医用材料、特种功能材料、天然材料、纳米材料等12个子领域，条目数预计6640条。学科框架设计、词条设定和样条试写已经完成。

学会参加中国科协组织科技创新驱动助力工程项目，组织专家赴内蒙古自治区鄂尔多斯市、吉林省四平市、安徽省芜湖市、贵州省贵阳市、山东省青岛市、山东省日照市、宁夏回族自治区石嘴山市、湖北省襄阳市、重庆市永川区、江苏省苏州市和淮安市等地，每地委派3—4名专家参与调研工作，每名专家至少考察当地3个企业，了解企业新需求，帮助解决技术难题。

学会组建以理事为主的专家团队，与地方政府、科协建立联系，组织开展院士专家企业行和建立院士专家工作站。与浙江省宁波市合作成立中国材料研究学会宁波工作站。与企业对接，解决企业技术创新难题，特别是行业的共性问题，促进科技成果转化。

在学会网站发布企业技术需求，为科研人员与企业搭建供需平台。

学会建设　2015年，学会会员总数达到5102人，团体会员单位总数达到163个。

学会网站进行了改版、升级，在首页中增加了“科普与产业”“科技动态”等栏目。完善学会专家库，扩大了专家资源。

学会开展“中国材料研究学会年会——中国材料大会2015”优秀组织奖的评选活动，对在年会学术交流组织工作中表现优秀的分会场进行表彰，表彰优秀组织奖7个（共计38人）。

科技期刊国际影响力提升计划　学会和国际材料联合会联合主办的英文期刊*Progress in Natural Science：Materials International*，入围“中国科技期刊国际影响力提升计划C类”，获得“中国科技期刊国际影响力提升计划”的资助。

学术期刊　学会期刊*Progress in Natural Science：Materials International*全年发表文章96篇，影响因子为1.873，期刊论文被SCI全部检索，检索率达100%。期刊得到国内外材料科学家关注，境外投稿率达到60%以上。稿源质量提升，期刊拒稿率达到70%以上。2015年成立了新一届的编委会，吸收了十余位在材料研究领域取得显著成绩的青年科学家充实编委队伍，进一步明确编委的职责。

2015年，*Progress in Natural Science：Materials International*设立师昌绪论文奖，对在本刊发表的优秀论文作者给予奖励。6月，首届师昌绪论文奖授予中国香港城市大学教授刘锦川。

2015年学会及二级分会主办科技期刊共11种，其中中文学术期刊7种，科普期刊1种，英文学术期刊3种。期刊年度总印数101552册，其中中文学术期刊年度总印数90800册，英文学术期刊年度总印数10500册。年度发表论文共1876篇，其中英文期刊发表论文共343篇。

学科发展研究　学会与铁道出版社共同组织编写《中国战略性新兴产业——新材料》丛书，编辑委员会由学会理事长、副理事长和材料领域的资深学者和专家组成。围绕国务院《关于加快培育和发展战略性新兴产业的决定》的总体规划和目标，完成涉及新型功能材料、高性能结构材料和高性能纤维及复合材料三大领域的18部专著，该丛书被列入国家“十二五”规划重点图书。

学会历时4年，完成了《材料大辞典》（第二版）编写工作。该书词条总数8500多条，与第一版相比，词条更新率约40%。学会组织了近150名专家参加编写工作（最终在录的编写人员数为258名）。该书被列入“2014—2025年国家辞书编纂出版规划”。该书的修订和编写工作从2012年2月启动。修订版在领域划分上兼顾学科和应用，分为材料科学基础、金属材料、无机非材料、高分子材料、复合材料、信息材料、能源材料、生物医用材料、特种功能材料、天然材料、纳米材料等 11 个子领域。2015 年完成了全书的协调、查重和定稿工作。

决策咨询 2015 年，学会承接中国科协的“学会有序承接政府转移职能扩大试点工作”——编制《2015 新材料产业发展报告》。该项目的总体目标是发挥学会人才、资源和信息优势，围绕国家发展战略性新兴产业的总体目标，开展新材料产业的决策咨询服务。计划完成 15—20 篇专题报告，共计 35—40 万字，内容包括国内外发展最新动向，国家对发展新材料产业的战略需求，国内外发展现状及主要问题，以及有针对性的对策和建议等。其余各篇章按战略性新兴产业发展总体布局，安排编写包括新能源、生物、新一代信息、现代交通及节能环保等重点领域的新材料产业。

学会承接中国科协决策咨询资助计划——“2049 展望”系列之“材料科技与未来材料”项目。学会邀请了 14 个分领域的 23 名专家参与，学会理事长黄伯云担任指导小组组长，学会副理事长兼秘书长韩雅芳、常务理事翁端教授担任课题组组长。项目自 1 月开始，召开启动会、专家研讨会、中期讨论会等专项会议 6 次，开展大规模问卷调查 2 次，头脑风暴 1 次。项目报告内容涵盖 6 个新材料领域，分别是新能源材料（主要包括太阳能、氢能、储能）、节能环保材料（主要包括固态照明材料、绿色建筑材料、生态文明与环境协调材料）、电子信息材料（主要包括微电子材料、存储材料、信息材料）、生物医用材料（主要包括介入性材料、组织再生、肿瘤治疗、仿生材料）、智能材料（主要包括超材料、智能材料、碳材料）、材料基因工程（主要包括材料设计与模拟），完成报告初稿 34 余万字，于 10 月份通过了中国科协的中期检查评审。

6 月—11 月，学会承接中国科协全国学术决策咨询高端沙龙第四期项目——新材料在构建智能社会中的机遇和挑战。学会组成了 7 人指导小组，学会理事长黄伯云担任指导小组组长，16 人组成课题组，学会副理事长徐坚担任课题组负责人。学会开展多次调研，召开 3 次研讨会，项目报告易稿 5 次，形成了最终报告。

国内主要学术会议 5 月 15—16 日，2015 新材料发展趋势研讨会暨海峡两岸新材料发展论坛在浙江省宁波市召开。论坛是由学会与中国材料科学学会共同发起并主办的两岸三地新材料高层论坛，每逢单年在大陆召开，邀请大陆、香港特别行政区、台湾地区的资深材料专家进行研讨。科技部、工信部、自然基金委有关负责人，海峡两岸三地新材料领域的专家、学者等 150 余人参加论坛。16 位来自两岸三地的知名材料科学家作了专题报告。会议期间，讨论了两岸材料领域合作交流事宜。

7 月 10—14 日，中国材料大会 2015 在贵州省贵阳市召开。大会由学会和贵阳市会展经济促进办公室联合主办。大会设 30 个分会场，包括 4 个国际分会场和 26 个国内分会场，会议收到论文摘要 2700 余篇，参会人数 3200 余人。

30 个分会的 1562 个口头报告分为 32 个分会场进行了交流。会议同期举行了墙报交流，近 1200 篇墙报进行了展示，评选出 24 篇优秀墙报。

国际组织任职 学会副理事长兼秘书长韩雅芳任国际材料研究学会联盟（International Union of Materials Research Societies，IUMRS）第二副主席和出版委员会主任。

国际交往 6 月 28 日至 7 月 2 日，学会副理事长兼秘书长韩雅芳赴新加坡出席国际材联亚洲材料大会 2015 和国际材联执委会非正式会议。国际材联亚洲材料大会 2015 由新加坡材料研究学会承办，会议规模近 2000 人，中国大陆 200 多人参会。作为国际材联出版委员会主任、国际材联第二副主席，韩雅芳在会上通报了国际材联和学会联合主办的期刊 PNS-MI 的情况，并代表学会陈述了国际材联第五次材料峰会的初步计划。

10 月 23—29 日，学会副理事长兼秘书长韩雅芳等四人赴韩国济州岛出席国际材联第 17 届先进材料大会（IUMRS-ICAM2015）、国际材联执委会会议（EC meeting）和全体会议（GA meeting）。国际材联第 17 届先进材料大会由韩国材料研究学会承办，会议规模 1500 多人，中国大陆 200 多人参会。

表彰举荐优秀科技工作者 学会完成 2015 年两院院士推荐工作。推荐 3 名候选人，1 名为中国工程院院士候选人，2 名为中国科学院院士候选人。

11 月底，完成中央组织部、人力资源社会保障部、中国科协第十四届中国青年科技奖候选人的推荐与评选工作。

12月，学会组织中国科协“青年人才托举工程”推选工作。

2015年中国材料研究学会科学技术奖评选活动，共评选出一等奖2项、二等奖2项，奖励科技工作者40人。

会员服务 2015年，学会将电子版材料刊物发布在中国科协所属个人会员管理系统和学会网站上，共24期（每月两期），供学会会员浏览和下载。

学会为会员印制发放2016年工作月历、新年贺卡以及学会期刊。

【2015年第七届新材料发展趋势研讨会暨海峡两岸新材料发展论坛】 5月15—16日，由学会和中国材料科学学会共同主办的2015年第七届新材料发展趋势研讨会暨海峡两岸新材料发展论坛在浙江省宁波市召开。本届论坛由浙江大学，宁波市高新区管委会承办，中国科学院宁波材料技术与工程研究所协办。科技部、工信部、自然基金委有关负责人，宁波市科技及产业有关负责人，海峡两岸三地新材料领域的专家、学者150余人参加了研讨会。学会理事长黄伯云，副理事长邱勇、谢建新、徐坚、杨锐、周少雄、韩雅芳，中国材料学学会副理事长简朝和、秘书长洪健龙，工信部原材料工业司副司长苗治民等出席会议。邱勇、刘锦川、陈力俊等16位来自两岸三地的知名材料科学家做了专题报告。会议期间，讨论了两岸材料领域合作交流事宜。

【中国材料大会2015】 7月10—14日，中国材料大会2015在贵州省贵阳市召开。大会由学会和贵阳市会展经济促进办公室联合主办。

贵州省副省长何力，国际材联第一副主席、韩国材料研究学会理事长Soo Wohn Lee教授，学会理事长黄伯云，副理事长高瑞平、韩雅芳、李元元、李光宪、魏炳波、谢建新、徐坚等出席开幕式和大会报告会。

何力致开幕词。上海交通大学教授邓涛、中国科学院化学所研究员宋延林、贵州大学校长郑强分别作题为“仿生热能材料研究”“纳米材料绿色印刷技术”“填充类高分子复杂体系的流变学研究”的大会报告。

大会设30个分会场，包括4个国际分会场和26个国内分会场，会议收到论文摘要2700余篇，内容涵盖能源与环境材料、新型功能材料、陶瓷和高分子材料、高性能结构材料、材料设计、制备与评价等材料领域。实际参会人数3200余人，是历届年会中参会人数最多的一届。

30个分会的1562个口头报告分为32个分会场进行了交流。会议同期还举行了墙报交流，近1200篇墙报进行了展示。经过分会主席推荐和大会评奖委员会委员的评审，评选出优秀墙报24篇，大会学术委员会为获奖者颁发了奖励证书和奖金。

大会期间，举办了材料教育论坛、材料期刊论坛、新材料企业和专家对接会，以及新材料、新工艺和材料实验室设备展览会。

（撰稿人：张艳红）

中国食品科学技术学会

服务创新型国家和社会建设 2015年，学会承接国家食品药品监督管理总局、卫生和计划生育委员会、工业和信息化部、中国科协等委托的项目33项。

学会开展食品安全风险解析工作，组织业界55位专家（85人次）完成国内外27个食品安全热点问题的科学解读。2015年食品安全舆情关注热点呈现五个特征：一是微生物污染连续两年位列第一；二是违规、超范围添加仍是顽疾，但对食品添加剂的认知逐渐趋于理性；三是乳品安全仍受到公众普遍关心；四是对食物营养健康评价的关注度提高；五是一些已成定论的问题仍被反复炒作。

12月，国家质量监督检验检疫总局进出口食品安全局与学会签署合作协议，委托学会承担关于进出口食品安全热点解析工作。

学会牵头完成工业和信息化部组织出版的《食品工业发展报告（2014年度）》（以下简称《报告》），《报告》以四大形势分析与四大趋势研判为重点，以政策建议为主要落脚点。以宏观视角系统总结、客观评价食品工业发展状况，展示成果，剖析问题，为政府部门决策提供科学依据，引导和促进食品工业稳定、健康发展。

12月3日，学会在北京组织召开“十三五”食品工业与科技发展研讨会，来自科技部、工业和信息化部、农业部等政府部门及食品领域的专家、企业人士围绕中国食品工业现状，面临的主要问题和未来5—10年的发展趋势，中国食品工业的特色和优势与产业创新的着力点、中国食品工业与科技应如何发展4个主题进行讨论，建言献策。

学会开展专业技术人员专业水平评价工作，建立网络申报、管理平台，与学会专家库系统对接。在6

个考区进行专业考试，并对资深（正高级）申请人进行面试，最终3人取得食品专业高级工程师（教授级）资格、22人取得高级工程师资格、32人取得工程师资格、12人取得助理工程师资格。

12月4日，学会与食品类专业认证试点工作组在北京联合召开会议，通过2015年专业认证结论，研讨修订食品类专业认证补充标准。

受全国食品科学技术名词审定委员会委托，学会组织专家承担食品科学技术名词审定项目，年内完成了第一阶段工作。

学会承接《中国大百科全书》第三版食品学科的编纂工作，项目实施周期三年。8月12日，在吉林省长春市召开项目第一次工作会议，10月21日在辽宁省大连市召开项目第二次工作会议。

学会牵头制修订《冲调谷物制品》《食品加工用植物蛋白》《胶原蛋白》3项食品安全国家标准，其中前两项标准已通过审评。

学会举办"食品安全可追溯体系建设""食品生产经营过程的微生物安全控制""感官评定及最新进展""中美两国食品安全相关法律法规"继续教育培训班4个，邀请20余位国内外专家授课，300余人次参加培训。

学会组织业界百余名专家完成对"袋装方便面全自动包装线"等11项科技成果的技术鉴定/鉴评。

2015年，学会成为中国科协创新驱动助力工程试点单位，全年服务1个省和4个市，现场调研企业20家，参与专家27人，形成合作意向30项，签署合作协议3个，开展咨询活动6项。被中国科协授予"2015年度中国科协创新驱动助力工程优秀单位"称号。

学会能力提升计划 学会再次获得中国科协学会创新和服务能力提升工程优秀科技社团项目三等奖。学会以10项工作为抓手，通过实施科技创新工程，提升学会服务创新能力；通过实施科技思想库建设工程和交互式科普体系建设工程，提升服务社会和政府能力；通过实施人才梯队建设工程，提升服务科技工作者能力；通过实施体制创新工程，提升自身发展能力。

学会建设 学会发展高级会员19人，团体会员15个，直接联系的高级会员总数达到557人，团体会员总数达到149个。

截至2015年年底，学会微信公众号（cifst1980）的关注人数达到2700人。

学术期刊 《中国食品学报》推选12篇优秀论文入选中国科学技术信息研究所"领跑者5000——中国精品科技期刊顶尖学术论文平台（F5000）"，相比2014年的2篇，入选率提升了5倍，并被荷兰《文摘与引文数据库》收录，同时获"中国科协精品期刊"称号。

国际学术会议 4月22—23日，学会与国际食品科技联盟、国家食品安全风险评估中心在北京共同主办2015年国际食品安全大会，来自国内外政府部门、科技界、工业界和媒体界的500多名专家、学者参会。大会包括8个大会报告、60多个专题报告。

5月28—29日，学会在上海市主办第十届乳酸菌与健康国际研讨会。会议包括12个大会报告、3个专题研讨会以及消费者课堂和交流与互动环节。内容涉及乳酸菌创新领域的最新动态及行业发展未来趋势，益生菌与婴幼儿胃肠道健康成为会议的研讨热点。

国内主要学术会议 学会主办4次国内学术研讨会，总计2500余人参会，征集论文450余篇，其中27篇论文获奖。

9月7—8日，学会在北京主办第十五届中国方便食品大会。来自科技界与产业界的600多名专家、学者参加会议，围绕"行业创新及价值提升"等主题进行交流、探讨。

9月16日，学会在黑龙江省哈尔滨市主办以"中荷乳业丝绸之路"为主题的第二届中荷乳品产业链安全研讨会，来自国家乳品安全监管机构和业界专家、学者100余人参会，围绕中荷两国乳业产业链现状和趋势、乳制品风险管理和标准、荷兰乳业模式和质量保证体系的借鉴意义以及中荷乳业深化合作的机遇和方向等专题进行了分析、分享和讨论。

10月21—22日，学会在辽宁省大连市组织召开了第十二届年会暨第八届中美食品业高层论坛。来自120多所国内外高校、70多家科研院所以及国内外企业的1400多名专家、学者参会。

两岸交流 6月22日，学会与台湾食品工业发展研究所主办的第七届两岸食品产业合作及交流会议在台湾地区台北市召开。两岸食品界的专家、学者、企业家围绕"两岸食品产业未来发展及合作""两岸食品追溯追踪与产业链运作""两岸科技发展与产业升级转型"等议题开展研讨。工业和信息化部总工程师王黎明、台湾地区"经济部"次长沈荣津出席会议并致辞。

国际任职　学会副理事长饶平凡任国际传统与补充医学学会（International Association of Traditional and Complementary Medicine）候任主席，任国际食品科技联盟董事会成员。学会常务理事陈峰被增补为国际欧亚科学院中国科学中心副秘书长。

国际交往　7月10—16日，应美国食品科技学会（IFT）邀请，学会组团赴美国芝加哥参加美国食品科技学会年会暨展览会。会议期间，学会副理事长饶平凡和秘书长邵薇与美国食品科技学会进行正式会面，双方针对未来合作进行探讨。

11月9—13日，学会组织青年科技工作者赴荷兰考察荷兰乳业及“从农场到餐桌”全产业链安全的现状，针对原料奶质量保证、产品物流、质量监测体系及产品创新等，与荷兰乳品企业、科技界人士进行交流。

11月13—18日，应欧洲卫生工程与设计组织（EHEDG）主席劳伦森先生的邀请，学会理事长孟素荷率团访问了位于德国法兰克福的EHEDG总部，并考察了1个检测中心和3个关联企业，针对卫生设计理念在食品产业链各环节的应用及其对食品安全的重要贡献进行探讨。

11月24日，学会组团参加了在日本召开的世界方便面协会（WINA）食品安全大会，中国数十家方便面企业参会，旨在吸取国外方便食品行业生产、管理的先进经验，把控未来行业发展新趋势，寻找中国方便食品行业未来的增长点和发展方向。

12月6—8日，学会副理事长饶平凡、刘秀梅赴美国马里兰州访问美国官定分析化学家协会（Association of Official Agricultural Chemists，AOAC）总部，探讨双方未来在食品安全等领域的合作。

科普活动　1月13日，学会举办以“关注食品安全与公众科普”为主题的食品安全热点科学解读媒体沟通会。据统计，截至1月19日，关于此次活动的报道共有新闻6874条，博客45篇，论坛213，微博17780条。

4月22日，学会举办以“构建安全与健康的食品产业链”为主题的中外科学家与媒体面对面活动。陈君石院士、孙宝国院士等10位国内外知名科学家出席活动，60余家媒体参会。

在2015年全国食品安全宣传周期间，学会于6月19日承办中国科协主题日活动。国家食品药品监督管理总局、中国科技馆、中国农业大学、国家食品安全风险评估中心、天津科技大学等科研院所的专家、业界人士、媒体人员及消费者300余人参加了本次活动。借助“互联网+”的优势，学会在本次活动中实施了三个创新举措，即学会与1号店合作开展“食行天下，食者无忧——科普中国食品安全万里行”活动，以在线电子商务平台为载体公益传播科普知识；与北京青年报合作，创建并发布“食今不昧”微信公众号，借助专家力量，向公众传播与食品安全及营养相关的科普知识；与《知识就是力量》杂志社、科普中国微平台共同承办“科学沙龙”活动，为公众解惑。

学会出版《乳酸菌与健康》《果汁的营养与安全》两本科普读物，创作的《揭开食品添加剂的神秘面纱》微视频登陆北广传媒；制作《厨房安全五要点》《舌尖上的化学》等5部科普动画，与北京工商大学联合制作了方便面、速冻水饺生产工艺的3D动画，与中央电视台合作制作了《杂粮的营养与健康》《海产品是否安全》等科普宣传片。

2015年，学会获得中国科协“全国科普工作优秀单位”称号。学会与腾讯公司合作，对微信平台中有关食品安全和营养健康的谣言进行监测与辟谣，获得“优秀微信科普辟谣单位”称号。学会参与中国科协科普中国百科科学词条项目，获得“百度2015年度公益科普奖”称号。

表彰举荐优秀科技工作者　2015年，经严格的推荐和评审，朱蓓薇等13位科学家荣获“中国食品科学技术学会科技创新奖——突出贡献奖”，王君等12位青年科技工作者荣获“中国食品科学技术学会科技创新奖——杰出青年奖”。同时，评选出优秀论文27篇，其中一等奖8篇、二等奖9篇、三等奖10篇。

4月，在2015年国际食品安全大会上，学会向帕特里克·沃尔、刘秀梅、大卫·艾奇逊等3位中外科学家授予“科学精神奖”，向国家食品安全风险评估中心风险交流部和中国食品安全报授予“科学传播奖”。

学会推荐的北京大学教授马冠生获“2015年十大科学传播人”称号。

学会创新发展　2015年，学会继续携手杜邦营养与健康、福建盼盼食品集团和李锦记（中国）销售有限公司3家食品企业，推进学生创新大赛。首次将活动延伸至国外，于中国食品科学技术学会第十二届年会期间成功举办中美学生创新竞赛。

【中国食品科学技术学会第十二届年会暨第八届中美食品业高层论坛】　10月21—22日，中国食品科学技术学会第十二届年会暨第八届中美食品业高层论坛在辽宁省大连市召开，会议包括 2 场权威报告、10 个论坛 / 研讨会、4 个技术专题会、2 个专业培训班、1 个研究生论坛。来自中外食品界的 1400 多名专家、学者出席会议，提交学术论文 377 篇。学会理事长孟素荷、科技部农村科技司巡视员王喆、美国食品科技学会执行副主席 Christie Tarantino 等中外专家在开幕式上致辞。

与会专家指出，中国食品工业发展面临的关键和共性问题是食品科学开展研究的重点方向。提升中国食品工业科技水平，需要找准创新着力点，尤其是要开拓新视野，与国外先进技术多碰撞、多融汇，在原料、技术、工艺、设备等核心要素方面加大自主创新力度，注重不同学科交叉，推动中国食品行业整体进步。

【2015 年国际食品安全大会】 4 月 22—23 日，学会与国际食品科技联盟、国家食品安全风险评估在北京共同主办以“构建安全与健康的食品产业链”为主题的 2015 年国际食品安全大会。国家食品药品监督管理总局副局长王明珠，中国轻工业联合会副会长钱桂敬，中国工程院院士陈君石、孙宝国，美国农业部前副部长任筑山，美国科学促进会前主席妮娜 · 费多罗夫，欧洲食品安全局前主席、爱尔兰都柏林大学教授帕特里克 · 沃尔，美国农业部经济研究局经济学家肖恩 · 有田出席会议。来自政府部门、科技界、企业界和媒体界的中外专家、学者 500 余人参会。

大会针对食品安全的热点和难点分别设置了 6 个专题研讨会，包括食品安全标准与检测技术、食品安全风险交流案例分析、食品掺假与最新检测技术分享、食品安全风险预警与监控、食品安全可追溯体系建设、食品产业链安全与控制等。

60 余位国内外专家剖析了中国食品安全的现状、隐忧与破解之道，形成对当前中国食品安全问题的 8 个基本共识：①中国食品安全主要面临四大挑战——原料污染、造假、外源性风险加大、科普欠缺；②“全球共治”是解决食品安全问题的有效途径；③风险交流是全球食品安全的难题，国家需尽早搭建科学的评估风险与公众感知风险的桥梁；④工业界需要将风险管理提升到“预防”层次；⑤产业链安全管控的重点是源头；⑥食品安全可追溯体系的运行，依赖于监管部门的执法和企业内部的质量安全控制；⑦科学家有责任帮助消费者重塑消费信心；⑧食品真伪鉴别技术在中国逐渐受到重视。

大会提出应对中国食品安全挑战的 5 个建议：①监管模式需从抽样检测向过程监管过渡；②食品安全风险交流工作应做到未雨绸缪；③企业应该成为追溯系统建设的主体，政府应该起到主导作用；④风险预警应进行分级，并建立在相对完善的预警系统之上运转；⑤预防危机的投入远远小于危机爆发产生的损失，应加大风险预防的力度。

【食品安全热点科学解读媒体沟通会】 1 月 13 日，在中国科协和国家食品药品监督管理总局的支持下，学会在北京组织召开了食品安全热点科学解读媒体沟通会。会议邀请陈君石、孙宝国、庞国芳、朱蓓薇 4 位中国工程院院士，国家食品安全风险评估中心技术顾问、学会副理事长刘秀梅，中国农业科学院研究员黄大昉，中国农业大学教授罗云波，北京大学教授陈峰，北京食品科学研究院院长王守伟等 10 位专家，从科学的视角对微生物、食品添加剂、重金属、转基因、福喜事件等 12 个食品安全热点关键词进行了解读，找出共性问题，给予科学、准确、专业的回应。中央电视台、新华网、凤凰网、《光明日报》《中国食品报》等数十家媒体的记者参加会议并与专家进行了交流讨论。

专家指出，当前影响中国食品安全的主要因素——由于环境污染引发的中国产品原料污染等问题尚未有效化解。而原料污染必然传导到食品工业，且这种困局短期内难以有效化解。食品安全应下工夫从产业链前端发力，从优质原料入手。与此同时，食品掺假则是影响中国食品工业健康发展的“毒瘤”。陈君石院士认为，“食品掺假，国际上亦称为食品欺诈，不论是否会影响消费者健康，只要是影响消费者信心的，都属于食品安全问题”。

学会理事长孟素荷指出，学会在对 2011—2014 年食品安全热点的追踪中发现，媒体对食品安全的关注点发生了变化，2011 年关注方便食品与非法添加，2012 年关注标准与过程控制，2013 年关注原料污染与恶意造假，2014 年关注微生物污染与原料安全。食品安全关注热点的变化，显示了舆论监督的视角与中国食品安全从危机应对到风险预防的变化相对应，是中国食品安全工作的重要推进力量。

【第十五届中国方便食品大会】 9 月 7—8 日，学会主办的第十五届中国方便食品大会在北京召开。国家食品药品监督管理总局、工业和信息化部、卫生

和计划生育委员会、中国轻工业联合会等行业主管部门相关负责人出席开幕式。会议包括6个大会报告、5个专题研讨会、1个行业论坛。国内方便食品行业中的企业家、科学家等600余人出席，共同交流及探讨行业关注的话题。

与会专家表示，中国方便食品行业从无到有地形成了一个以方便面、速冻食品为主体，并派生出咸味香精调味料等不断增长壮大，且具有强烈民族特征的、强大的产业群，对中国经济发展作出了重要贡献。方便食品是用工业化方式解决农业问题的成功领域，如方便食品使河南从小麦大省跨入面制品强省，使畜禽产品骨头的被利用率超过40%，使中国天然香辛原料的价值成倍提升，使数十万农民“离土不离乡”地解决了就业问题。

学会孟素荷理事长表示，安全、科普、创新、装备与信息化对接、战略联盟、互联网购物将是中国方便食品行业未来五年需要关注的重点。

（撰稿人：莫英杰）

中国粮油学会

服务创新型国家和社会建设 学会承担国家粮食局委托的全国粮食系统第三方科技评价工作，鉴定项目成果30个。

学会的科技成果转移产业化工作得到国家粮食局的支持，粮油科技成果转移产业化专项列入了财政部2015—2017年滚动财政规划。

学会对山东龙大植物油有限公司等近10家企业的获奖产品进行监制，为上海佳格食品有限公司等10多家企业提出改进意见。帮助企业完善项目成果的推广应用，受理并促成粮油科技成果转移产业化项目30多项。

配合国家粮食局开展2015年度国家粮食局自然科学研究系列、工程系列高级专业技术职务任职资格评审工作。

2015年，学会申报中国科协支持项目15个，各项目均已结题。

11月，学会主办了第二届川渝（遂宁）精品粮油展示展销会暨粮油产销衔接会、中国宏观经济走势分析论坛。参展参会企业500多个，现场签约或达成意向协议316单（件），现场展销及签约金额达到59亿元人民币。同时确定四川省遂宁市为展会的固定举办地。

学会组织各分会针对不同需求改革创新，举办了各种形式的继续教育专业技术培训班。如发酵面食分会利用举办第四届安琪酵母杯中华发酵面食大赛的机会开展技术培训，在北京、台湾地区台北市等11个城市进行预选赛，最后在广东省广州市举行总决赛；在上海市等6地举办139场次专业面点加工技术培训班，培训人数达2600人次。玉米深加工分会组织专家开展“济宁市食品工业专题培训班”和“河南息县‘中国生态主食厨房’主导产业人才培训班”的授课工作，并举办了4次玉米淀粉实用技术培训班。信息与自动化分会承办了2015全国绿色储粮新技术高级研修班。

学会为安徽省、青海省、江苏省苏州市、云南省昆明市编制《“十三五”粮食粮食流通发展规划》。

学会评选出2015年度中国粮油学会科学技术奖获奖项目19项，其中一等奖4项、二等奖6项、三等奖9项。学会推荐《氮气气调储粮技术应用工程》参评2015年国家科学技术奖。

学会评审、表彰“中国粮油学会第二届全国粮油优秀科技创新型企业奖”46个。

学会能力提升专项 学会完成中国科协“学会能力提升专项第一期”项目全部任务，并通过验收。

学会建设 学会个人会员达到11650人，团体会员1396个，分别比上年增加41%、7%。学会所属分会13个，专门工作委员会3个，年内有4个分会进行了换届工作。10月，成立了面条制品分会。

学会开展了中国粮油学会第三届优秀团体会员奖的评审、表彰活动，97个团体会员获奖。

学会网站进行了改版升级，建设了科技奖励网络平台，实现网络推荐、网络公示、专家网络初评、评审结果查询等目标。

学术期刊 在中国科学技术信息研究所发布的期刊指标中，《中国粮油学报》在食品科学技术类22种期刊中排名第2名，总被引频次为2097，核心影响因子为0.766，基金论文比为0.71。

《中国粮油学报》进行了扩版，并且扩大稿件的优先数字出版工作，制定了优秀编委评选办法，评选出了30篇优秀论文、20名优秀审稿专家、10名优秀编委，并向获奖者颁发了证书和奖金。

学科发展研究 10月，学会首席专家王瑞元、姚惠源领衔《2014—2015年粮油科学技术学科发展报告》（以下简称《报告》）的首席科学家，完成

《2014—2015 年粮油科学技术学科发展报告》(以下简称《报告》)的撰写工作。140 多位专家参加了调研、撰写、审改工作，学会组织了 20 多次研讨会,《报告》送国家粮食局为制定行业“十三五”发展规划提供依据。

《报告》包括综合报告和粮食储藏、粮食加工、油脂加工、粮油质量安全、粮食物流、粮油营养、饲料加工、发酵面食、粮油信息与自动化 9 个专题，总结了“十二五”期间粮油科学技术学科的发展概况，展示新理论、新技术、新成果、新贡献，研究了国外粮油科学技术的发展前沿，剖析了国内粮油科学技术与世界同行先进水平的差距及原因，探讨了粮油科学技术学科如何适应我国经济发展新常态下的战略需求，提出了“十三五”期间粮油科学技术学科的发展方向和研发重点。

决策咨询 学会完成国家粮食局委托编写上报财政部的《粮食仓储设施新技术提升项目建议书》等 3 个报告。完成国家粮食局课题“十三五”粮油仓储设施建设相关问题研究报告。参与国家粮食局财政预算评审，为国家粮食局的决策提供技术支持和咨询服务。

国际学术会议 学会在境内举办国际学术交流会议 11 次。11 月，学会与国际谷物科技协会（ICC）在广西壮族自治区北海市联合举办第二届全谷物食品与健康国际研讨会。

国内主要学术会议 学会召开学术交流会议 33 次，参会人数 7620 人次，提交论文 597 篇，产生学术新观点 72 项。

学会举办 2015 年粮油食品新技术与新装备科技论坛暨行业发展峰会，设立了资深科学家主题报告会、企业家论坛、中青年学者论坛，进行多层次的交流。峰会期间，学会与辽宁省阜新市科协合作，组织相关粮食加工专家和阜新市粮食企业进行座谈，与会专家结合自身的技术专长为企业分析相关技术现状与发展趋势，提出建议。

国际交往 3 月，学会秘书长胡承淼率团赴巴西参加国际谷物科技协会（ICC）60 周年大会暨第 3 届拉丁美洲谷物科技会议，并与 ICC 新任秘书长 Michaela Pichler 女士进行交流，就发挥我国粮油生产大国、消费大国在 1CC 的重要作用进行沟通。期间组织召开了 ICC 亚太区工作会。

3 月，学会与加拿大杂豆协会正式签署了中加杂豆利用项目合同，已完成第一批合作项目，开发出营养健康的杂豆面条、馒头、饼干等产品。

10 月，学会举办中国政府－世界粮食计划署（WFP）南南合作农作物生产及产后减损培训班，接待非洲代表团，编写了中英文培训教材。

科普活动 按照中国科协和国家粮食局的统一部署，学会以“爱粮节粮”“厉行节约”“营养健康”作为科普的中心工作，开展各类科普活动 80 余次，400 多名专家参加了现场讲解，受众人数达 30 余万人次。

在中国科协和国家粮食局的领导和支持下，学会组织 50 多名粮油科技专家，编著并出版发行了《粮油食品安全与营养健康知识问答》科普读物，在社会各界产生了良好的反响。该书分为稻米篇、小麦篇、油脂篇、杂粮篇、玉米篇、储藏篇六部分近 20 万字，知识问答题 244 个，内容包括粮油主食品种分类、营养价值、加工方法、卫生安全、产品质量、包装储存、保质期限、市场准入、选购方法、科学食用与健康养生等关注度高的问题。

表彰举荐优秀科技工作者 经学会推荐，学会副理事长、中粮集团有限公司总工程师岳国君，当选为中国工程院院士。

学会与国家粮食局共同举荐武汉轻工大学教授刘玉兰和河南工业大学教授何丽君为第十四届中国青年科技奖候选人。

学会开展了中国粮油学会第三届全国粮油优秀科技工作者奖评审、表彰活动。

党建强会 3 月，学会党支部承接了中国科协学会党建研究会“建立多种形式的学会党建活动阵地和窗口研究”的研究课题，研究报告被评为中国科协学会党建研究会优秀调研报告。

5 月，学会理事长张桂凤带领秘书处全体党员职工与发酵面食分会联合举办了“学习先进典型，爱粮节粮从我做起”主题活动。

10 月，学会参加了中国科协在宁夏回族自治区吴忠市红寺堡区组织开展的“爱粮节粮从我做起”为主题“党建强会”特色活动，直接参与该项活动的学生 280 人，间接参与学生近 4000 人。学会向红寺堡区政府捐赠粮油科普图书 2000 册、节粮图册与器具 100 套。

学会党支部组织了纪念中国人民抗日战争胜利 70 周年系列活动、“家庭助廉”“恒爱行动”百万家庭亲情一线牵活动。

根据国家粮食局机关党委的统一安排，学会党支部组织全体党员干部进行“三严三实”专题学习10余次，征集学习体会10篇，在学会专题宣传栏统一展示。组织青年同志参加“守纪律、讲规矩、促成长”主题征文活动。学会青年党员参加了国家粮食局召开的青年干部“三严三实”专题教育交流会。

会员服务 学会组织整理了中国、美国、日本、韩国及欧洲，在焙烤食品、禽肉鱼类加工、乳制品、食用油或脂肪、饲料五大类粮油食品行业授权专利信息600余条，发送给会员单位。学会组织专家赴哈尔滨市等5个城市，为33家企业解读专利信息，提供技术服务。

学会利用会员微信群、QQ群开展会员日宣传活动，共享行业资讯。建立“粮油与营养”微信公众平台，搭建科普知识传播平台。在中华面点网开辟发酵面食专栏，为会员服务，并进行优秀版主和会员的评选。

【中国粮油学会第八届学术年会】 7月16—17日，学会在北京举办主题为“创新驱动、科技兴粮、服务国家粮食安全”的中国粮油学会第八届学术年会，来自学会所属12个分会和上海市、天津市粮油学会、湖南省粮油科技经济学会的专家、学者380余人参加大会。中国科协和国家粮食局的领导到会指导。

学会理事长张桂凤致开幕词，国家粮食局副局长卢景波作大会讲话。会上颁发了中国科协第六届全国优秀科技工作者奖、中国粮油学会2014年度科学技术奖、中国粮油学会第三届全国粮油优秀科技工作者奖、中国粮油学会第三届优秀团体会员奖、中国粮油学会第二届全国粮油优秀科技创新型企业奖。

大会特邀中国科协常委、学会与学术工作专门委员会副主任、书记处原书记沈爱民，中国工程院院士、北京工商大学校长孙宝国，国家粮食局总工程师何毅，中国粮油学会首席专家王瑞元分别作了题为“科技创新与科技团体的改革发展”“中国传统食品现代化之管见”“关于编制‘十三五’行业发展规划工作情况的介绍”“粮油科学技术学科发展现状与前景”的报告。会议设立了11个分会场，采用展板对获奖科技成果和优秀企业风采进行展示，印发了《中国粮油学会第八届学术年会论文集（67篇）》《2014年度中国粮油学会科学技术奖获奖项目汇编》。会议期间，粮油营养分会、玉米深加工分会召开了换届大会。

【配合国家粮食局开展职称评审工作】 学会开展2015年度国家粮食局自然科学研究系列、工程系列高级专业技术职务任职资格评审工作，承担报送评审方案、印发评审通知、申报材料的形式审查、提报评审专家委员会名单、评审会议的资料准备等工作。12月19—21日，学会在北京召开了2015年度国家粮食局自然科学研究系列、工程系列高级专业技术职务任职资格评审会议。

评审工作按照油脂加工、粮食加工、粮食储藏物流与质检、机械电子与工民建4个专业分组，评审委员根据评审工作实施细则及评审标准实施评审工作，评出研究员（含享受研究员待遇的高级工程师）17人、副研究员（含高级工程师）15人。

【第二届川渝（遂宁）精品粮油展示展销会】 11月，应四川省粮食局、遂宁市人民政府、四川省粮食行业协会（学会）的委托，学会在四川省遂宁市主办了第二届川渝（遂宁）精品粮油展示展销会暨粮油产销衔接会、中国宏观经济走势分析论坛。学会理事长张桂凤主持论坛，国家粮食局原局长聂振邦、学会首席专家王瑞元做主旨演讲。来自马来西亚、日本、新加坡、泰国的4家企业，国内24个省区（包括台湾地区）的503家企业参会，现场签约或达成意向性协议316单（件），现场展销及签约金额达到59亿元人民币。展会对保障地方粮食安全，建设引粮入川平台作出了贡献，受到当地政府的赞誉。

12月10日，学会、四川省粮食局、遂宁市人民政府三方签订了合作协议，确定遂宁市为展会的固定举办地，扩大本项展会区域。从2016年起举办西部金穗粮油产品科技创新与产销衔接会，发挥学会、四川省粮食局、遂宁市人民政府三方各自的优势，形成经济新常态下促进粮油流通产业发展新的合作模式，保障我国西部地区的粮食安全和粮油产品科技创新产业升级。

（撰稿人：魏　然　张　勇）

中国职业安全健康协会

服务创新型国家和社会建设 受国家安全监管总局委托，协会全年评定安全社区137家，其中新评84家、复评53家。截至2015年年底，全国已正式命名全国安全社区591家，基本完成“十二五”规划命名600家全国安全社区的目标。

受国家煤矿监察局委托，协会完成《煤矿尘肺病危害及防治措施现状调研报告》，完成神华集团煤矿粉尘限值调研课题。

受国家安全监管总局委托，协会完成建设项目职业病防护设施竣工验收、控制效果评价报告评审16项。完成了16家企业提交的安全生产标准化一级企业的自评报告及申报材料的评审工作。协会完成安全类专业认证学校申请的评审，6所高校通过认证。

协会举办培训班7期，培训人员1000多人次，其中安全社区培训班3期、职业卫生执法培训班2期、职业卫生机构培训班2期。

协会防尘防毒分技术委员会完成对往年30项归口管理行业标准报批稿的再审核工作，30项标准已批准发布。协会完成2015年安全生产行业标准制修订项目的立项申报工作，经国家安全监管总局审核，共有10项标准获得批准立项。按照国家安全监管总局的要求，协会提交了防尘防毒分技术委员会关于《"十三五"技术标准专项规划》编制建议，参与了《安全生产标准"十三五"建设发展规划》中《职业健康子规划》的编制准备工作。

12月2—4日，协会工业防尘专业委员会在上海市举办第十四届上海国际袋式除尘技术与设备展览会。来自法国、意大利、日本、韩国、瑞典、美国及中国等国家的83家企业和33家国内专业媒体参加了展会。

学会建设 3月31日，中国职业安全健康协会第六次会员代表大会在北京召开。大会选举产生了协会第六届理事会，理事214人，常务理事87人。国家安全生产监督管理总局原党组副书记、副局长王德学当选为协会第六届理事长。

截至2015年年底，协会团体会员数达到2996个，个人会员数达到1944人。协会分支机构27个，包括3个工作委员会、14个专业委员会、10个分会。

7月28日，协会职业心理健康专业委员会在北京召开成立大会暨第一届委员会全体委员会议。

9月10日，协会在北京召开2015年分支机构工作会议，协会理事长王德学出席会议。协会副理事长贺黎光宣读了贯彻落实《民政部、财政部、人民银行关于加强社会团体分支（代表）机构财务管理的通知》，协会副理事长伊烈宣读并组织讨论了分支机构管理办法（讨论稿），各分支机构负责人结合各自工作的实际情况，对分支机构管理办法提出了修改意见。

协会网站全年发布信息300余条，整理上传了2015年安全图书目录。专家答疑栏目为会员提供服务。及时更新理事、会员及分支机构信息。收集、整理、发布安全健康科普知识。

学术期刊 协会主办的《中国安全科学学报》再次入选中国科学引文数据库（CSCD核心期刊）（2015—2016），并在2015年度中国科协科技期刊审读报告中编校质量总体评价为优。在《中国学术期刊影响因子年报（自然科学与工程技术2015版）》的统计中,《中国安全科学学报》的技术研究类影响因子在安全类的7种期刊中排名第一名。

国际学术会议 8月24—25日，协会在上海市举办第三届行为安全与安全管理国际研讨会。

国内主要学术会议 3月3日，由协会主办，美国3M公司协办的第三届工作场所噪声危害和听力防护高峰论坛在北京召开。协会副理事长、北京市科学技术研究院院长丁辉做了大会主旨发言，上海疾病控制中心主任医师章敏华作了《职业性噪声聋诊断标准》解读。来自3M公司的资深技术专家、听觉学博士Lauraine Wells女士作了"全球噪声聋诊断标准"和"听力保护领域的新技术、新趋势及立法"的学术报告。论坛还邀请了阿科玛（中国）投资有限公司亚太地区环境健康安全总监周纪标先生，分享了生产企业在听力保护中的实践经验。

11月28日，由协会与协会行为安全专业委员会主办、珠海长园共创电力安全技术股份有限公司承办的2015供电安全技术及管理高峰论坛在北京师范大学（珠海）国际交流中心举行。

两岸交流 8月21日，协会理事长王德学在北京会见了台湾地区"中国劳工安全卫生管理学会"理事长张振平一行。王德学表示，双方应在签署的合作意向框架协议下，尽快启动开展具有实际效果的交流与合作项目，细化合作内容，将职业健康工作纳入合作计划。张振平赞同中国职业安全健康协会关于加强落实双方合作项目的建议，希望开展系列交流活动，促进大陆和台湾地区职业健康工作的进一步合作。

11月3—5日，协会副理事长兼秘书长马骏、副理事长伊烈、副秘书长李文军率代表团赴台湾地区出席第23届两岸四地职业安全健康研讨会。研讨会由台湾地区"中华安全卫生协会"主办，主题是"坚持安健、一以贯之"。马骏、伊烈、李文军先后发表主题演讲并主持相关专题会议。会议期间，代表团还与台

湾地区“中华安全卫生协会”、香港职业安全健康局、澳门劳工事务局等机构的负责人进行了交流。代表团访问了台湾中钢集团、高雄第一科技大学、台湾南区毒灾应变中心、“中华安全卫生协会”及高雄职业训练中心等单位，就安全培训、安全专业人才培养、化学品事故应急处置等议题与访问单位进行了交流与探讨。

国际交往 5月29日至6月3日，应美国工业卫生协会邀请，协会副秘书长冯志斌、李文军参加了美国工业卫生协会在盐湖城举办的美国工业卫生协会年会暨展览会（AIHce）。会议期间，双方就两国政府之前签署的合作备忘录中相关条款进行了讨论，为寻求合作进行了会谈，同时了解了美国工业卫生师（CIH）认证方面的管理体制及工作流程。

6月3—10日，应亚太地区职业安全健康组织和日本中央灾害防治协会的邀请，协会理事长王德学率团赴韩国首尔出席第三十届亚太地区职业安全健康组织会议（APOSHO30），访问日本中央灾害防治协会、日本煤炭能源中心，实地考察了大阪职业健康教育中心和大阪职业健康综合服务中心，就中日加强安全生产与职业健康、职业健康领域技术合作及开展安全培训等方面进行了探讨交流。

6月7—12日，应美国安全工程师学会（ASSE）邀请，协会综合办公室（会员工作部）主任刘岩赴美国达拉斯参加了美国安全工程师学会年会暨展览会。会议期间，双方进行了会谈交流，刘岩向美方介绍了协会理事会的工作情况，表达了进一步加强合作的意愿。

11月22—26日，协会安全社区部主任陈文涛、副主任刘岩，科技交流部主任张超出席了在泰国南府召开的第22届国际安全社区大会。会议由瑞典社区安全促进合作中心、国际安全社区认证中心主办。会议主题为“安全促进——从基层实践迈向国际视野的第一步”，围绕基层安全社区如何开展建设，社区事故伤害预防、社会建设等展开研讨。会上，协会代表团与有关国家代表商谈了2016年亚洲安全社区大会事宜，大会同意2016年10月在中国广东省深圳市举办第八届亚洲安全社区会议。

表彰举荐优秀科技工作者 根据科协要求，协会制定了中国职业安全健康协会推荐（提名）院士候选人工作实施细则，经表决，决定推选华北科技学院教授何学秋为协会推选院士候选人。协会开展了第十一届光华工程科技奖候选人推荐工作，钟茂华获得第十一届光华工程科技奖青年奖。

【中国职业安全健康协会第六次会员代表大会】 3月31日，中国职业安全健康协会第六次会员代表大会在北京召开。国家安全监管总局党组成员、副局长李兆前出席大会并讲话。协会理事长张宝明代表第五届理事会作工作报告，大会审议了第五届理事会工作报告和学会财务报告，通过了《中国职业安全健康协会章程》（修改草案）。选举产生了中国职业安全健康协会第六届理事会，理事214人，常务理事87人，理事长、副理事长32人。国家安全监管总局原党组副书记、副局长王德学当选为第六届理事长。国家安全监管总局、国家煤矿安监局、国家安全生产应急救援指挥中心、全国总工会，中国煤炭工业协会、中国安全生产协会以及台湾劳工安全卫生管理学会等有关负责人，国家安全监管总局直属事业单位有关负责人，中国职业安全健康协会会员单位代表300多人参加会议。

【国际安全社区命名仪式暨安全社区建设论坛】 7月21—23日，协会组织的国际安全社区命名仪式暨安全社区建设论坛在山东省青岛市举行，青岛市市南区等12家社区成为国际安全社区和亚洲安全社区网络成员。北京市朝阳区八里庄街道等7个具有5年网络成员资历的社区再获认证。国务院安委办副主任、国家安全监管总局党组成员、副局长李兆前，协会理事长王德学出席论坛。世界卫生组织（WHO）社区安全促进合作中心总干事谷尔邦先生、香港职业安全健康局总干事游雯女士，国家安全监管总局有关司局负责人，19个省区市及4个计划单列市安全生产监督管理局的负责人，安全社区地区支持中心负责人及从事安全社区建设、获得认证命名的国际安全社区有关人员300多人参加了会议。

谷尔邦先生宣读国际安全社区命名决定，并代表WHO社区安全促进合作中心与获得命名的社区签署协议，向获得命名的社区授牌、授旗。游雯女士代表亚洲安全网络成员秘书处向获得命名的社区颁发亚洲安全社区网络成员证书。青岛市南区等18个单位作了大会交流发言。与会人员现场考察了青岛市南区八大关、珠海路、湛山等街道安全社区建设情况。

【中国职业安全健康协会2015年学术年会】 12月10—11日，中国职业安全健康协会2015年学术年会暨2015年度“中煤能源杯”中国职业安全健康协会科学技术颁奖大会在安徽省合肥市举行。国家安全监管总局党组成员、副局长李兆前，协会理事长王德学出席会议并讲话，协会原理事长张宝明、国家煤矿安全监察局副局长桂来保，中国工程院院士、中石化集团公司副总经理曹耀峰，安徽煤矿安全监察局党组书记、局长卜庆林出席会议。安徽省安全生产监督管理局副局长汪黎明、中煤能源股份有限公司总裁高建军分别致辞。

曹耀峰院士，协会副理事长、北京科学技术研究院院长丁辉分别作了题为“中石化上游高风险特大型工程建设安全管理实践”“安全风险管理与一岗双责”的学术报告。清华大学教授钟茂华、北京大学教授何丽华、中国矿业大学（北京）教授傅贵等38人分别作了大会学术交流。

中国矿业大学（北京）等78家单位获得2015年“中煤能源杯”中国职业安全健康协会科技奖。

国家安全监管总局、国家煤矿安全监察局有关司局负责人，安徽省人民政府有关部门的负责人，协会各分支机构、会员单位的负责人，全国安全生产领域各高等院校、科研院所的专家、学者，有关企事业单位分管安全生产的负责人200余人参加了会议。

（撰稿人：李亚南）

中国烟草学会

服务创新型国家和社会建设 1月，学会建成“CNKI烟草发展创新知识服务平台”，实现优秀学术资源网络化、电子化，为公众检索提供服务便利。

7—9月，为有效整合烟草行业培训课程资源，学会教育培训专业委员会开展行业自主开发培训课程征集活动，面向行业各直属单位征集各类岗位的网络培训课件，内容涉及烟叶生产、烟草物流、烟机设备等方面，包括SCORM标准课件、微课、音视频等多种形式，共征集课件1287个，评选出优秀课件184个，其中一等奖20个、二等奖40个、三等奖60个、专家推荐奖43个、学员人气奖21个。

7—10月，学会联合中国烟草博物馆进行第一次全国烟草文物普查，协助进行文物征集联络员队伍建设，协调对河北省、福建省、贵州省、广东省等省区市近20家单位的烟草文物进行普查、征集工作，为行业留史存志、传承文化作出努力。

学会建设 2015年，学会依据章程组织召开七届二次、三次理事会议，完成部分理事、负责人的增补、上报、备案以及专业委员会主任委员的调整工作。5月，学会在北京召开学会工作会暨七届三次理事会议，会议总结了学会2014年工作，贯彻落实全国烟草工作会精神，部署2015年工作。会议期间，召开了秘书长工作座谈会，各省区市烟草学会秘书长32人参加会议。上海市、浙江省、云南省、湖南省烟草学会的秘书长作交流发言。

10月，结合行业和社会组织改革发展新形势，学会举办省级学会秘书长培训班，规范和增强了省级学会服务能力。

学术期刊 2015年《中国烟草学报》影响因子为1.155，继续保持在1以上，在全国轻工纺织类科技期刊中排名第一，论文被引频次2633，再次入选《中文核心期刊要目总览》。学会探索新媒体办刊模式，建立烟草学术期刊微信平台。为湖南省、山东省、福建省、贵州省、河北省等省区市的400多名科技人员培训科技论文撰写基本要求。2015年《中国烟草学报》增加版面并出版一期增刊。

11月，学会在广东省深圳市召开2015年《中国烟草学报》编委会会议，国家烟草专卖局副局长、学会理事长赵洪顺出席会议并讲话。赵洪顺在讲话中指出，《中国烟草学报》作为代表中国烟草最高水平的学术期刊，要努力成为中国烟草走向世界的名片，体现中国烟草在世界烟草中的地位和学术影响力。会议听取了《中国烟草学报》编辑部2015年度工作汇报，审议通过新增4位编委，并就新形势下《中国烟草学报》围绕中心、服务大局、加强调研组稿和提高影响力等议题进行了讨论，《中国烟草学报》编委及有关专家近50人参加会议。

学科发展研究 3月，学会梳理烟草学科30年的发展脉络和成果经验，联合行业主要科研单位在河南省郑州市召开《中国烟草科学技术与学科发展30年》撰写研讨会，启动编写工作，讨论写作大纲并进行编写工作分工。会上邀请中国科学院科技史研究所教授罗兴波作题为“关于如何撰写科技史”的学术报告。5月，为进一步提高编撰工作质量，建立了资料共享平台供编写人员参考使用。

国际学术会议 2015年，学会组织行业优秀科技工作者34人（次）参加烟草科学研究合作中心（CORESTA）等国际组织学术交流，5篇入选CORESTA

大会墙报论文，向国际同行展示了行业科技创新的最新成果。在浙江省杭州市承办 CORESTA 分学组 2015 年上半年会议，来自 11 个国家的 100 多位烟草界专家和研究人员参加会议。学会推动郑州烟草研究院、上海烟草、浙江中烟等单位参与 CORESTA 课题研究。

国内学术会议 2015 年，学会及所属分支机构共举办学术会议 14 次，专题报告 29 个，征集论文近千篇。

7 月，学会教育培训专业委员会在北京召开教育培训专业委员会课题研究成果汇报交流会，会议围绕“培训机构标准化建设”“培训工作学分制管理”“培训课程开发”“师资库建设”“行业统一网络培训平台建设与推广”5 个课题成果进行交流，80 余名相关课题组成员参加会议。

12 月，2015 年中国烟草学会学术年会在北京召开，主题为“顺应新常态，创新谋发展”，150 余名烟草行业科技工作者参加会议。

国际组织任职 学会副理事长、中国烟草总公司郑州烟草研究院院长谢剑平继续担任 CORESTA 理事会理事。中国烟草总公司青州烟草研究所烟草功能基因组创新团队首席科学家郭永峰继续担任 CORESTA 科学委员会委员。

科普活动 学会联合云南省烟草学会完成了《蚜茧蜂生物病虫害防治》科普宣传片的制作。学会开通官方微博、微信订阅号，并与“百度百科”建立百科词条合作，借助学会专家优势，全年发布科普宣传内容 300 余条，计 12 万余字。

9 月 8 日，学会与中国烟叶公司、中国农业科学院烟草研究所及潍坊烟草有限公司诸城市分公司联合主办的 2015 年中国烟草学会全国科普日活动——烟草病虫害绿色防控技术培训会在山东省诸城市举行，为 300 余名烟技员和烟农现场答疑解惑。活动紧扣“科普惠农”主题，内容覆盖了烟草病虫害绿色防控技术体系构建、管理模式探索、主推技术的应用、防控效果和劳动力成本比较、烟叶品质的提升、环境安全效应提高等方面，通过课堂式专题报告、病虫害识别标本模型、室内与田间示范展示等多种形式，开展技术培训与现场示范。烟草行业学科带头人、中国农业科学院烟草研究所烟草病虫害防控创新团队首席科学家王凤龙研究员应邀作主题报告。

8—9 月，学会工业专业委员会以全国科普日活动为契机，结合举办郑州烟草研究院 2015 全国大学生夏令营，组织开展科普活动。学会副理事长、郑州烟草研究院副院长谢剑平作题为“烟草研究的科学基础”的科普讲座，围绕烟草科技，着重从烟草科技生物学基础、化学物质基础方面阐述了烟草研究的理论基础。通过参观郑州烟草研究院、河南省科技馆，举行专题讲座等活动，使烟草行业学生及科技工作者了解烟草科研现状，普及烟草科技知识。

表彰举荐优秀科技工作者 按照《中共中央组织部、人力资源社会保障部、中国科协关于开展第十四届中国青年科技奖候选人推荐与评选工作的通知》（科协发组〔2015〕81 号）文件要求，学会组织开展候选人推荐工作。11 月，在北京组织召开了第十四届中国青年科技奖候选人推荐会，经集体评议后投票评选出郑州烟草研究院李斌和云南省烟草农业科学研究院黄昌军为候选人。

党建强会 学会办事机构认真学习领会党的十八届四中、五中全会和习近平同志系列讲话精神，落实国家烟草专卖局党组各项指示要求和“三严三实”教育活动安排，坚持党员集体学习和党支部“三会一课”制度，开展“三严三实”主题教育，组织召开组织生活会与民主生活会，确保党建工作扎实推进。

会员服务 学会开展在册个人会员重新登记和新会员发展工作，截至 2015 年年底，重新登记个人会员 6541 人，发展新会员近千人。学会重新修订通讯录，发给省级学会、专业委员会 300 余份。

中国科协会员日 根据中国科协办公厅《关于举办 2015 年中国科协会员日活动的通知》精神，学会走访慰问烟草行业学科带头人、北京卷烟厂周骏等科技工作者，向他们送上节日的祝福，倾听他们对学会工作的意见和建议，向他们赠送科技场馆票、科技图书。学会上门慰问金茂先、关政林等学会老领导。

【中国烟草学会 2015 年学术年会】 12 月 21 日，以“顺应新常态，创新谋发展”为主题的中国烟草学会 2015 年学术年会在北京举行。国家烟草专卖局副局长、学会理事长赵洪顺出席会议并讲话。他指出，作为行业内联系广大科技工作者的群众性学术团体组织，烟草学会在行业创新驱动发展中肩负着重要任务和责任。学会工作者和广大科技人员要顺应经济发展新常态，增强服务行业创新发展的自觉性主动性。他强调，要抓好学术交流重点工作，提高服务行业创新发展的能力和水平，以搞好学术交流工作为抓手，苦练内功，打造国内国际两个学术交流平台，充分发挥两个学术交流平台作用，提高国内国际学术交流的质量和水平。他要求，要充分发挥省级学会和专业委员会在学术交流中的主体作用，提高服务行业创新发展的针对性和有效性。各专业委员会要充分发挥本专业人才聚集优势，针对专卖专营制度的本质要求、“互联网+”在烟草行业的应用、卷烟流通网络建设的基本经验、新型烟草制品的市场展望等方面开展专题研究。

会上，9位专家、学者和优秀论文作者代表作了专题报告。

会议通报了中国烟草学会2015年度优秀论文获奖情况，评选出一、二、三等奖论文279篇。

学会专业委员会主任委员、秘书长，省级烟草学会理事长、秘书长，学术年会优秀论文作者代表及年度优秀论文作者代表等约150人参加了会议。

【烟草科学合作研究中心分学组联合会议】 4月，学会联合浙江中烟工业公司在浙江省杭州市举办烟草科学合作研究中心（CORESTA）分学组联合会议，来自中国、美国、英国、韩国等11个国家的100余名烟草界专家和研究人员参加会议。会议由4个分学组会议组成，分别是常规分析化学分学组会议（RAC）、无烟气烟草分学组会议（STS）、物理检测方法分学组会议（PTM）和特种分析物分学组会议（SPA），各分学组对共同实验研究的结果进行汇报讨论，以期完善实验方案，确定下一步研究计划。

【CNKI烟草发展创新知识服务平台】 1月，学会委托中国知网建成“CNKI烟草发展创新知识服务平台”。在平台的开发建设中，学会征求了烟草行业信息管理部门、企业以及学术期刊代表的意见，以“一网四库”（战略新闻网，战略实务知识库、产业技术知识库、经营管理知识库、学习园地知识库）为框架，满足决策层、技术人员、管理人员、基层骨干的知识需求。平台整合了中国知网的海量知识资源，涵盖了烟草行业所涉及的期刊、博硕论文、会议论文、报纸、年鉴、工具书、专利、标准、科技成果、政策法规等专业资源45万篇，平台致力于构建具有完整性和系统性的一站式烟草知识服务窗口。

（撰稿人：王文静）

中国系统仿真学会

学会建设 2015年，学会召开了4次理事长办公会议、2次常务理事会议和1次理事会议。7月，在黑龙江省哈尔滨市召开第七届第二次理事会议，会上向学会第一任理事长文传源教授和第二任理事长王行仁教授颁发中国系统仿真学会终身成就奖，汇报2015年学会工作及2016年学会重点工作。个人会员数累计达6546人。

学术期刊 在学会和北京仿真中心的指导与支持下，学报编辑部于7月27日在黑龙江省哈尔滨市组织召开了第四届《系统仿真学报》编委会大会。学报编辑部全年共出版正刊12期、文集1期，刊发文章459篇。

国际杂志 *International Journal of Modeling, Simulation, and Scientific Computing*（IJMSSC）2015年收稿量近200篇，在出版4个正刊之外，组织出版了“IC-MSQUARE 2013会议”专刊、亚洲仿真会议ASIASIM 2013专刊。

国际交往 2015年学会组织学者先后参加了多次国际会议，包括2015国际建模仿真学会春季仿真会议、2015国际建模仿真学会夏季仿真会议、2015欧洲仿真会议、2015年亚洲仿真会议等。

6月，佐治亚理工大学教授Richard Fujimoto来华进行学术交流，访问期间围绕分布仿真、智能仿真技术为北航师生作了两场学术报告。

6月，新加坡国立大学教授Gary Tan来华进行学术交流，访问期间围绕交通仿真、GPU仿真技术为北航师生作了两场学术报告。针对交通仿真系统并行执行问题，与北航仿真中心课题组的教师、研究生共同探讨复杂分布式仿真系统领域的MPI、OpenMP、CUDA等并行编程模型。其间与前任理事长李伯虎院士、常务副理事长张霖教授、佐治亚理工大学教授Richard Fujimoto一起讨论了与新加坡仿真与游戏学会合作举办国际仿真大会的一些展望和细节。

11月4—7日，在2015年亚洲仿真会议期间，德国联邦国防军大学教授Axel Lehmann与张霖教授共同修改、完善了计划于2016年2月底举办的中德论坛申请书，并于11月中旬提交国家自然科学基金委员会中德科学中心。计划将有8名德国智能制造和仿真专家、14名国内专家、1名国际专家（B. P. Zeigler）参加此次学术论坛。

表彰举荐优秀科技工作者 学会组织进行了中国系统仿真学会“2015年优秀科技工作者”“2015年优秀论文”两个奖项，以及CASS优秀博士学位论文奖的评奖工作。经过评审，12人获得“2015年优秀科技工作者”称号，6篇论文获得“2015年优秀论文”奖，

3 人荣获“2015 年度 CASS 优秀博士学位论文”奖。

会员服务 学会向会员发放了 6000 份《为会员服务工作满意度及会员需求问卷调查表》，回收有效问卷 5000 余份，广泛征询会员意见和建议，为学会提高为会员服务质量作参考，为学会领导决策提供依据。

中国科协会员日 12 月 1 日，2015 年中国系统仿真学会会员日活动举行，来自高校、科研院所、企事业单位、学会各分支机构及《系统仿真学报》编辑部的会员 40 余人参加活动。活动除进行表彰、奖励、宣传优秀科技工作者外，还举办了学术报告会及参观活动。北京理工大学副教授翁冬冬作了题为“面向未来网络的虚拟现实用户体验及需求”的报告，中国科学院计算技术研究所研究员夏时洪作了题为“人体运动仿真研究”的报告。组织参观了中国航天员科研训练中心。

12 月 14 日，学会理事长赵沁平院士、副理事长兼秘书长吴云洁教授及办公室工作人员，看望了中国系统仿真学会创始人、学会荣誉理事长文传源先生，向其汇报了 2015 年学会的工作情况，并征求对学会发展方向的建议。12 月 18 日，学会理事长赵沁平院士、前任理事长李伯虎院士、常务副理事长张霖教授及办公室工作人员代表学会看望学会老领导、老专家肖田元教授。

【现代建模与仿真技术及应用进展暨 2015 年中国仿真大会】 7 月 24—26 日，学会在黑龙江省哈尔滨市召开了现代建模与仿真技术及应用进展暨 2015 年中国仿真大会。中国工程院副院长陈左宁院士出席论坛并致开幕词，学会理事长赵沁平院士、空军哈尔滨飞行学院院长吴惠明分别致辞，李伯虎院士主持开幕式。6 位中国工程院院士及国内仿真领域的专家、学者 260 余人参加此次论坛。论坛主席由赵沁平院士担任。

会上，围绕“现代建模与仿真技术及应用进展”主题，陈左宁院士作了题为“面向复杂系统模拟仿真的高性能计算机研究”的大会报告，中国工程院院士、哈尔滨工业大学教授王子才院士作了题为“空间环境仿真”的大会报告，赵沁平院士作了题为“虚拟人体：虚拟现实的终极目标”的大会报告，李伯虎院士作了题为“智能制造中的建模与仿真技术研究”的大会报告，中国工程院院士任南琪作了题为“中国城市水可持续发展对策”的大会报告，哈尔滨工程大学教授姚郁作了题为“飞行器末制导及其仿真中的几个研究热点与挑战”的大会报告，国防科技大学教授邱晓刚作了题为“面向社会性突发事件的建模与仿真平台研究”的报告。

大会设置 4 个分会场，36 位专家、学者作了论文交流，会议共评出 8 篇优秀论文。大会组织与会代表参观了空军哈尔滨飞行学院重点实验室。

大会共征集论文 312 篇，录用 219 篇，其中 97 篇推荐到期刊。

【中国科协第 292 次青年科学家论坛】 11 月 9—10 日，由中国科协主办，学会承办的中国科协第 292 次青年科学家论坛在北京召开。本次论坛的主题是“复杂系统仿真方法和应用”。中国科学院计算技术研究所研究员夏时洪、中南大学教授刘圣军、北京理工大学副教授郭百巍、浙江大学副教授刘飞担任本次会议执行主席。

论坛邀请了来自清华大学、北京大学、北京航空航天大学、北京理工大学、北京林业大学、装甲兵工程学院等 50 余家高校和科研院所的 80 余名正式代表及 30 余名列席代表参加。包括国家杰出青年基金获得者、国家优秀青年基金获得者、中国科学院“百人计划”获得者在内的共 32 名青年专家在论坛上作了主题报告。

本次论坛从多学科交叉的立体化视角分析了仿真方法和系统的前沿理论方法、国内外研究热点和技术瓶颈问题，并通过对工业、军事和农业等领域多个典型应用案例的深度剖析，研讨凝练关键科学问题和未来发展方向，探索多学科深度交叉融合发展模式，促进青年科学家以更加开放的姿态共同聚焦解决社会复杂系统的理论和应用难题。

【2015 年全国大学生“西门子杯”工业自动化挑战赛】 8 月 22—25 日，由教育部高等学校自动化类专业教学指导委员会、西门子（中国）有限公司和中国系统仿真学会联合主办的全国大学生“西门子杯”工业自动化挑战赛在北京举行。2015 年全国大学生西门子杯工业自动化挑战赛根据教育部卓越工程师计划对不同人才的培养目标，竞赛内容共设 3 类：设计开发、工程应用、工程创新，分 5 个项目组：ITEM1 设计开发、ITEM2 逻辑控制、ITEM3 运动控制、ITEM4 工程创新、试运行赛项 ITEM5 硬件研发。

初赛在全国共设 9 个赛区。报名参赛队伍 1502 个，比 2015 年度增加近 50%，分别来自全国近 230 所高校，覆盖 28 个省、自治区、直辖市。

来自28个省、自治区、直辖市的1000多位教师和同学参加了“西门子杯”工业自动化挑战赛其中四大赛项（设计开发、逻辑控制、运动控制、工程创新）全国总决赛。经过4天的紧张激烈角逐，共产生特等奖25项、一等奖58项。

（撰稿人：赵　罡）

中国电影电视技术学会

服务创新型国家和社会建设　学会与中国电子学会联合开展广播电视行业电子信息专业工程师资格认证，有105名新经济组织的基层影视科技工作者申报了初级、中级和高级工程师。根据评审标准和程序，10人被授予高级工程师职称，15人被授予中级工程师职称，21人被授予助理工程师职称。

承担技术标准的研究制定，完成广电总局《电影电视用LED灯具技术要求和测量方法》行业标准研究。该项目经两年研究，现已通过专家预审，报广电总局标委会审批。

学会与中央电视台、上海电视台、江苏电视台、湖南电视台、国家新闻出版广电总局广播电视规划院组建项目组完成了《高清晰度电视节目录制规范》编写，经专家审定作为团体标准颁布，并被国家新闻出版广电总局作为行业标准立项。

联合电视台用户和企业专家，积极推进团体标准《演播室LED显示屏技术要求和测量方法》标准研究。

学会成立工作组启动了《广电信息系统运维服务标准》研究。

学会制定了《中国电影电视技术学会科学技术项目评价管理办法》，规定了科技项目评价的基本程序、评价专家遴选和评价监督等要求。对《三网融合用户终端综合数据采集规范研究》《台网融合架构下北京电视台新媒体平台》《湖南卫视高清频道上行系统》《AVS+配套标准和测试码流集》等30余项科技成果开展了评估鉴定。

3月22—24日，网络视频专业委员会在北京举办网络电视台暨IPTV平台运维规范与实践研讨会。国家新闻出版广电总局监管中心安全播出管理处处长杜国柱博士就《广播电视安全播出管理规定》新媒体部分进行解读，专家围绕网络电视台和IPTV平台运维管理进行了专题演讲。

3月27日，学会在北京举办《电影电视用白光LED灯具技术要求和测试方法》标准制定的汇报宣讲会。

5月7日，学会与中国电子工业信息标准化协会联合主办，标准与测试专业委员会、网络视频专业委员会承办的广电行业国家信息技术服务标准应用研讨会在江苏省南京市举行。其目的是为促进广电行业信息化建设与系统维护的发展，提高电视台运维管理水平，将国家信息技术服务标准ITSS更好地在广电行业内进行应用推广。

8月19—21日，学会照明专委会协办第二十四届中国国际专业音响、灯光、乐器及技术展览会，在中国国际展览中心组织多场次交流论坛。

8月27日，学会图像专业委员会在北京国际展览中心主办了以“4K技术、IP化制播及‘电视+’”为主题的BIRTV 2015中国视觉效果峰会电视产业论坛。围绕“4K春晚制作实践”“IP化过渡的思考”“4K的完美影像呈现”“‘电视+’和‘演播室+’”等视觉效果制播新技术开展了交流与探讨。

9月17日，学会声音专委会和标准与测试专委会在青海省西宁市主办《广播电视响度标准应用及技术推广》研讨会。邀请国内外相关专家，就我国及国际广播电视声音响度控制技术的发展与应用展开学术讨论和技术交流，进一步推广广播电视节目制作及播出的响度控制技术。

10月20—21日，学会广播技术专委会在江苏省南京市召开年会和技术交流会，讨论了《广播电台融合媒体平台建设技术白皮书》。

12月15—18日，学会在成都举办电视安全播出研修班，为各广播电视台一线技术骨干搭建以安全播出为主题的交流平台，共80余人参加。

学会建设　2015年有12个影视单位申请加入学会，团体会员单位达133个。成立新技术推进专业委员会、节能技术专业委员会、广播影视数字版权管理分会等，分支机构增加到17个。个人会员3050人。

学会理事会和常务理事会于5月23日和11月25日召开全体会议听取秘书处工作汇报，审议学会组织和学术建设的重要问题，指导秘书处开展学会创新发展工作。由学会各副理事长分工牵头，成立科技评价、学术、组织、科普、监督、国际合作工作委员会。

3月，举办“分支机构网站CMS系统培训班”。协助分支机构建立网页或网站链接。

召开分支机构负责人工作会议，推广中国科协倡导的分支机构工作“六个一”达标要求。

国际学术会议 6月17日，学会联合中央电视台在北京举办了“科技推动智慧媒体”为主题的2015年北京国际电视技术研讨会（ITTC）。参会人员500人。研讨会设广播电视科技发展创新和电视媒体的新技术融合两个分会场开展专题报告。

12月6—11日，学会和北京电影学院在北京联合举办“AIS China 北京国际先进影像大会暨先进影像内容制作体验展”。来自影视行业的企事业单位，各大院校等1000余人参加。AIS China 是一个专注于先进影像，特别是VR影像内容制作的大型会议，国际先进影像协会主席JIM出席并发表演讲。同期在北京电影学院一号摄影棚举办了先进影像内容制作体验展。

国内主要学术会议 3月24—28日，学会在北京举办了电视节目技术质量控制培训。全国各电视台80余名技术骨干参加。对电视节目技术指标、前期采录及后期制作系统设备调整，节目图像和声音质量控制、灯光对节目质量的影响等进行了详细分析和经典案例讲解。

4月8—10日，学会摄影摄像专业委员会在中国农业电影电视中心举办演播室摄像机调整培训班。为期三天的课程包括演播室摄像机的理论知识和实际操作。

4月21—27日，学会标准与测试专委会、国家新闻出版广电总局广播电视规划院、中国传媒大学和德国 Fraunhofer IIS 研究所联合在北京举办了音频编码技术及相关测试评估技术研讨会。邀请德国 Nadja Schinkel Bielefeld 博士作为主讲。标准与测试、声音专业分会、中央电视台等音频领域的60多位专家参加了研讨会。

4月26—28日，学会声音专业委员会在广东省广州市举办影视录音应用技术交流研讨会暨2014年度“声音制作优秀作品奖”颁奖典礼。广东广播电视台高级录音师、德国专家 Volker Schmitt 介绍影视录音实践经验和最新的无线话筒应用技巧。

5月23日，学会承办了第十七届中国科协年会的媒体融合发展论坛分会场。论坛邀请了有关院士、行业主管部门、广电与传媒机构的专家介绍了最新前沿技术、网络发展趋势。全国各地的广电与传媒从业者300余人参加了论坛。

6月24—26日，学会城市电视台技术分会第27届年会在内蒙古自治区呼和浩特市举办，年会安排了18场次技术交流，设置了30个展台，组织颁发了2014年中国城市电视台技术协会科技创新优秀论文奖。来自全国102个电视台及43家广电行业厂商、媒体单位等共382人参会。

7月6—10日，学会节目制作与传输专业委员会第27届年会在新疆生产建设兵团第十师北屯市举行。学会理事长何宗就作了题为“推进西部广播电视技术体系转型变革，不断提高西部广播电视技术水平”的主题报告。会议期间召开了专委会工作会议，开展了节目技术质量奖、电视节目安全播出（发射）奖、电视节目安全播出传输奖和工程与技术论文奖评审，200余人参会。

7月22日，学会与松下（中国）公司在青海省西宁市联合举办了主题为“超高清时代4K制作体验”的高清电视应用峰会。

11月1日，学会化妆委员会在北京主办影视化妆技术论坛。杨树栋、陈敏正等多位中国影视创作一线的著名化妆师，分别从影视整体造型、饰品制作、特效化妆、影视作品人物造型解析等领域进行专题讲座。

11月3—6日，学会声音专委会在四川省成都市举行了2015年度影视录音应用技术交流研讨会，同时开展了2015年声音制作优秀作品奖评审。分别就中央电视台大型拖挂式环绕声录音车项目、9·3阅兵千人军乐团拾音与混录等内容进行交流。

科普活动 9月，学会与北京电视台合作举办了“走进网络电视，感受新媒体”科普活动。组织清华附中学生到北京网络电视台，了解电视节目制作流程，安排节目编辑制作实际操作，感受新媒体传播方式给人们生活带来的变化。

10月，学会开展了“科普支教”活动。经张北地区教委推荐，组织“索尼探梦”科普馆到较为贫困的大黄庄小学做科普演示，启发学生的科学兴趣。同时购置电脑、摄像机和投影机捐赠给学校，帮助学校建立了科普电视制作演示系统。

10月，学会在北京举行“中国电影电视技术学会——索尼探梦科普基地授牌仪式”。

表彰举荐优秀科技工作者 2015年学会举行“全国杰出和优秀影视科技工作者”评选活动，共收到全国广电系统各单位推荐的32名候选人的评审材料，评选出“全国优秀影视科技工作者”29名，又从29名“全国优秀影视科技工作者”中评选出10名“全国杰出影视科技工作者”。

2015年学会开展第八届中国电影电视技术学会科学技术奖评奖工作，全国各广播影视单位申报参评项目114个，评选出特等奖1个、一等奖9个、二等奖18个、三等奖30个。奖励个人538人次，奖励单位99个次。

开展电视节目技术质量奖（金帆奖）评审，对各推荐单位报送的522个节目进行评审，获得一等奖的节目53个、二等奖131个、三等奖182个，获奖节目共366个。

开展广播节目技术质量奖（金鹿奖）评审，从各单位推荐的324个节目中评选出一等奖31个、二等奖81个、三等奖116个。

开展第四届立体（3D）影视作品奖评审，共收到20部作品，评出电视专题类优秀奖4名，电视综艺类最佳奖2名，电视体育类最佳奖1名，电影故事类最佳奖2名、优秀奖3名，电影短片类最佳奖1名、优秀奖3名。

开展影视科技优秀论文奖评审，共收到参评论文558篇，经过初审、终审及学术不端查重，评出一等奖33篇、二等奖84篇、三等奖110篇。

党建强会 中央电视台机关党委对学会上报的《关于申请在中国电影电视技术学会成立党组织的报告》作出批复，同意在学会秘书处成立党支部。11月20日，学会党支部召开会议，明确了与中央电视台技术管理中心的隶属关系，选举了支部领导，明确了党组织在社团工作中的地位和作用。

会员服务 学会七届常务理事会议通过了《学会团体会员管理和服务办法》，进一步明确了为会员服务的宗旨和具体内容。9月，秘书处召开2015年联络员工作会议，近百名学会团体会员单位的联络员参加，学习和贯彻学会理事会2015年工作精神和联络员工作条例。讲解了个人会员网上入会申请流程，由联络员协助本单位会员网上申请入会。

学会网站改版，开放影视技术成果库，方便会员浏览开展学术交流。开始建立会员、专家和杰出影视科技工作者信息库。

利用学会微信公众号，向会员发布会议通知，介绍影视科技发展动态，传播学会工作信息。

【首届“世界电视日”中国电视大会】 11月21—22日，学会与中国电视艺术家协会媒体融合推进委员会、北京国际广播电影电视展览会（BIRTV）组委会、中国传媒大学、北京电视台、凤凰卫视在北京共同举办了首届“世界电视日”中国电视大会。

中国科协党组成员、书记处书记王春法，学会理事长何宗就，中国电视艺术家协会主席赵化勇到会发表演讲。全国各地广播电视和新媒体技术与运营相关行业从业人员约1800人次参加了大会。大会设立以“电视连接你我TA”为主题的主题演讲、16场专题论坛和异彩纷呈的电视娱乐体验——电视嘉年华活动。

与会专家、学者特别围绕习近平总书记关于电视等传统媒体与新兴媒体的融合发展的指示精神，共同探讨了未来电视技术和行业战略规划，以应对新媒体的挑战。强调要遵循新闻传播规律和新兴媒体发展规律，强化互联网思维，坚持传统媒体和新兴媒体优势互补、一体发展，坚持先进技术为支撑、内容建设为根本，推动传统媒体和新兴媒体在内容、渠道、平台、经营、管理等方面的深度融合。媒体正处在一个变革的时代，影视科技工作者使命光荣、任务艰巨、责任重大，这成为与会者普遍认识。

（撰稿人：陈　默　李慧芳）

中国振动工程学会

服务创新型国家和社会建设 2015年，由学会动态信号分析专业委员会组织，在北京、武汉等地分别举办4次关于机器状态监测诊断技术初、中级和机械测试与信号分析技术培训讲座，总计140多人次参加培训。

学会振动与噪声控制专业委员会分别于1月、6月、8月和9月在北京举办了有关铁路桥检、模态试验、机械振动噪声和土木桥梁测试等方面的专业技术培训，共计200多人次的工程人员和青年科研工作者参加培训。

学会建设 6月27日，学会在江苏省南京市召开了常务理事会七届七次扩大会议。会议讨论通过了学会第八届理事会理事候选人名单和第八届常务理事会候选人初步名单、学会《分支机构/期刊编委会管理办法》。会议决定，2015年11月5—7日在北京召开学会第八次会员代表大会，进行了理事会、常务理事会改选，选举产生了由133人组成的第八届理事会和由35人组成的第八届常务理事会；同期举办第十一届全国振动理论及应用学术会议，由清华大学和北京航空航天大学联合承办。学会主办的第七届振动工程国际学术会议于2015年9月在上海市举行，由上海交通

大学承办；同意成立“冲击及防护工程专业委员会”。

11月4日，学会在北京召开了七届常务理事会第八次会议，审议通过了学会第八次会员代表大会、第八届理事会第一次全体会议和第十一届全国振动理论及应用学术会议等相关议程。

11月6日，学会冲击及防护工程专业委员会在北京召开了成立大会。有21名委员参加了会议。学会秘书长陈国平向专业委员会成员颁发了聘书。

学术期刊 2015年,《振动工程学报》出版6期。年收稿量603篇，发表论文126篇。根据中国学术期刊影响因子年报（2015版),《振动工程学报》2014年复合影响因子为0.92，在力学类19种期刊中排名第4，在工程技术类52种期刊中排名第8，基金论文比为0.92。

2015年,《振动与冲击》出版24期，年收稿量2800篇，发表论文869篇。有20篇论文入选“2015年中国精品科技期刊顶尖学术论文（F5000)”。根据中国学术期刊影响因子年报（2015版),《振动与冲击》2014年他引总被引频次为4657，他引影响因子0.64，影响力指数1404.537，在工程技术类52种期刊中排名第1位。

国际学术会议 9月18—20日，学会在上海市举办了第七届振动工程国际学术会议（The 7th International Conference on Vibration Engineering，ICVE2015)。近200位专家、学者出席会议，其中美国、俄罗斯、波兰、新西兰、新加坡、英国、印度、伊朗等国家的专家、学者40余人，会议收录学术论文180余篇。

10月15—17日，学会随机振动专业委员会等单位联合承办的工程系统可靠性国际学术会议（International Symposium on Reliability of Engineering System）在浙江省杭州市举行。会议由国际结构安全性与可靠性协会（IASSAR)、同济大学和浙江大学联合主办，来自14个国家和地区的180多名代表参加了会议。会上，进行了9个大会主题报告和128个分组报告的学术交流。会议交流了土木工程、海洋工程和机械与航空航天工程等多个领域中结构与工程系统可靠性问题的国内外最新研究内容。

国内主要学术会议 1月11日，学会振动与噪声控制专业委员会在北京召开第26届全国振动与噪声应用学术会议，来自外高校、研究所及产业界的共60多名专家、学者参会。会议出版《现代振动与噪声技术》(第11卷）论文集，收录论文57篇，由航空工业出版社出版。

4月17—19日，学会振动利用工程专业委员会在河南省焦作市召开了第六届全国振动利用工程学术会议，来自20多个国内高校和科研院所的80多名代表与会，交流学术论文27篇。会议收录学术论文40余篇，编印了会议论文集。

5月8—10日，学会非线性振动专业委员会与中国力学学会动力学与控制专业委员会在湖南省长沙市共同主办了第十五届全国非线性振动暨第十二届全国非线性动力学和运动稳定性学术会议，来自高等院校、科研院所和企事业单位的560多名参会代表进行了广泛交流。本次会议共征集学术论文388篇，其中特邀报告10场，分会场报告205场。学会非线性振动专业委员会还分别于3月29日和9月20日在西安交通大学和石家庄铁道大学举办了2次青年学者论坛，共计60名青年学者参加了会议。论坛为非线性振动研究领域青年学者提供了学习交流平台，增强了青年学者之间的学术交流与合作。

8月8—9日，学会机械动力学专业委员会在江西省新余市召开了国际功能制造与机械动力学学术大会，与代表170多人。翟婉明院士等4名专家作大会学术报告。学术交流在“机械动力学”“在线检测与智能诊断技术”和“高端装备与智能制造技术”3个分会场同时进行。15人应邀作主题报告。本次会议共录用学术论文142篇，并推荐到具有全文EI检索的国际权威刊物上发表。会议期间，有近30位作者宣讲论文，并进行了广泛交流。

8月16—18日，学会动态测试专业委员会在宁夏回族自治区银川市召开2015年学术年会，来自高校和科研机构的80多名代表出席会议。会议围绕自动测试技术研究、教学和实践工作进行了学术讨论和交流，听取了包括机器人的人机交互控制方法、机电系统测试诊断与控制综合实验平台、红外热波技术及应用等7个主题学术报告。

11月5—7日，学会联合兄弟学会在北京主办了第十一届全国振动理论及应用学术会议。

两岸交流 8月13—17日，由厦门大学和学会结构抗振控制与健康监测专业委员会举办的“第六届（2015）两岸四地高校师生土木工程监测与控制研讨会”在福建省厦门市举行。大会主席由厦门大学建筑与土木工程学院教授雷鹰和学会结构抗振控制与健康监测委员会主任、哈尔滨工业大学教授李惠共同担任。来自中国大陆、台湾地区、香港特别行政区18所知名高校近150名师生参会，会议邀请15位在结构抗振控制与健康监测领域的知名学者作了15场高水平大会学术报告。在为期4天的会议中，与会专家、学者就结构健康监测、监测与控制领域的新理论和新方法等主题，在8个分会场进行了系列的学术报告与交流，共同探讨该学科领域的理论前沿、应用实践等问题。大会还进行了研究生学术论文竞赛，评出了一、二、三等研究生学术竞赛奖。会议部分优秀论文，计划在学术期刊 *Structural Monitoring and Maintenance*（《结构监测和维护》）和 *Structural Design of Tall and Special Buildings*（《高层和特殊建筑结构设计》）专刊发表。

表彰举荐优秀科技工作者 1—2月，学会第七届常务理事会召开了2次通讯扩大会议。制定了学会《2015年推选院士候选人工作方案》，通过了学会《推选院士候选人实施细则（试行）》。后经学会“推选专家委员会”进行评审和投票表决，推荐了1名中国工程院院士候选人。该候选人经中国科协评审推荐为中国工程院院士有效候选人。

11月，学会组织开展了第十四届中国青年科技奖候选人的推荐工作。学会推荐2人为第十四届中国青年科技奖候选人并上报中国科协。

【第十一届全国振动理论及应用学术会议】 11月5—7日，学会联合兄弟学会在北京主办了第十一届全国振动理论及应用学术会议。学会第七届理事长欧进萍院士致开幕词，清华大学副校长薛其坤院士代表会议承办单位致欢迎词，学会第七届副理事长苏义脑院士主持开幕式。学会名誉理事长闻邦椿院士、刘人怀院士出席会议致贺，北京理工大学校长胡海岩院士，西南交通大学教授翟婉明院士出席会议致贺。中国宇航学会等兄弟学会发来贺信致贺。来自全国各地的代表500多人参会。会议由清华大学和北京航空航天大学承办。

会议期间，航空航天、高速铁路、武器装备、建筑工程等领域的8位专家应邀作大会学术报告。中国科学院院士胡海岩教授作题为“具有时变特征的航天器结构动力学”的报告，中国科学院院士闻邦椿教授作题为“社会经济领域的振动规律及其应用”的报告，中国工程院院士欧进萍教授作题为“土木工程结构振动控制：进展、挑战与展望”的报告，中国科学院院士翟婉明教授作题为“中国高速铁路及其大系统动力学研究与实践”的报告，北京宇航系统工程研究所研究员潘忠文作题为“基于承载减振一体的星箭界面隔振技术”的报告，上海交通大学教授华宏星作题为“水下航行器的激励、振动传递和声辐射研究进展”的报告，同济大学教授李杰作题为“概率密度演化理论的研究进展及其应用”的报告，清华大学教授褚福磊作题为“旋转机械典型故障的动力学特征与诊断方法”的报告。此外，在22个分会场举行了123个专题学术报告。会议收录学术论文192篇，编印了会议论文摘要集，编制了全文电子版文集。会议评出优秀论文16篇，还组织了3天国际振动设备展览。

【中国振动工程学会第八次会员代表大会】 11月5—6日，学会在北京召开了第八次会员代表大会。在11月5日开幕式上，举行了首场大会学术报告。学会第七届理事长欧进萍院士主持大会。学会第七届理事长副理事长兼秘书长陈国平代表学会第七届理事会作工作报告、财务报告。学会第七届理事长副理事长杨绍普教授代表学会第七届理事会作关于修订学会章程的说明。与会会员代表审议通过了学会第七届理事会工作报告、财务报告；审议通过了《中国振动工程学会章程》。根据学会章程，会员代表通过了学会第八届理事会选举办法，选举产生了由133人组成的第八届理事会。会议表决通过了学会的会费标准。

11月6日下午举行了第八届理事会第一次全体会议，苏义脑院士主持会议。会议通过了第八届常务理事会选举办法，通过了监票人、计票人名单。会议采用无记名投票方式，选举产生了由35人组成的第八届常务理事会。会议选举中国工程院院士苏义脑任学会第八届理事会理事长，选举南京航空航天大学陈国平教授任学会第八届理事会秘书长，选举褚福磊（清华大学教授）、华宏星（上海交通大学教授）、李杰（同济大学教授）、孟光（上海航天技术研究院副院长、教授）、王永亮（南京航空航天大学副校长、教授）、邢誉峰（北京航空航天大学教授）、杨绍普（石家庄铁道大学副校长、教授）、翟婉明（中国科学院院士、西南交通大学教授）等8人为副理事长。

（撰稿人：刘　红　孙久厚）

中国颗粒学会

服务创新性国家和社会建设 10月28日，由学会、上海颗粒学会、北京粉体技术协会共同主办的

2015 年颗粒测试与表征技术培训班在上海举办，共有 120 余人参加培训班。

10 月 27—30 日，由学会、纽伦堡会展服务（上海）有限公司主办的第十三届中国（上海）国际粉体工业 / 散装技术展览会暨会议将在上海市举办。展会面积 4000 多平方米，展商数量 146 家，其中国内商家 111 家，国外商家 35 家，参展人数达 7000 多人次。

学会期刊　2015 年《颗粒学报》已有的 6 个 SCI 影响因子最新数据为 2.110，在 134 种 SCI 化工类期刊中排位 47（35%）。

2015 年《中国粉体技术》再次成为中国科技核心期刊、全国中文核心期刊，先后荣获“2014 年中国高校技术类科技期刊优秀团队奖”“2015 年中国高校技术类优秀期刊”和“2015 年中国高校技术类期刊优秀栏目（粉体纳米技术）”奖。

国际学术会议　8 月 26—29 日，由学会和北京大学联合主办的第六届国际等离子体纳米科学会议在北京召开。国内外参会代表共计 93 人参加会议。会议安排了 40 个口头报告，其中国外学者的报告 18 个，国内学者的报告 22 个。会议的主题是“等离子体在纳米结构物质合成以及在纳米科学上的应用”，涉及等离子体物理、等离子体化学、纳米科学、功能材料、生物检测、环境科学等领域。

国内主要学术会议　10 月 16—18 日，由学会能源颗粒材料专业委员会承办得 2015 年全国化工年会纳米材料分会暨第五届全国能源颗粒材料学术研讨会（EnerParticle 2015）在北京召开。会议共收到论文及摘要 52 篇，设置了 8 个特邀报告，25 个口头报告，以及 10 份墙报。会议选出了 5 名最佳口头报告及 1 名优秀墙报。会议探讨了近年来纳米能源颗粒的结构基础、表征以及在锂电池、超级电容器、太阳能电池、核能、机械储能、相变储能、能源催化转化等领域的进展，认识到基于能源颗粒材料的高效储能和转化是促进当代社会可持续发展的关键。

9 月 10—12 日，由学会颗粒测试专业委员会主办的第十届全国颗粒测试学术会议暨中国颗粒测试三十年纪念大会在辽宁省丹东市召开。来自国内外 100 余名从事颗粒测试技术研究的专家、学者交流了颗粒测试的最新研究成果，展望了颗粒测试下一步的发展前景。同期还举行了 CNAS T0787 能力验证计划总结会和 2015 全国颗粒标准化分技术委员会年会。

10 月 23—26 日，由学会颗粒制备与处理专业委员会举办的第十二届全国颗粒制备与处理学术研讨会在安徽省合肥市召开，共 98 位代表参会。会议期间共进行了 12 个大会报告、20 个会议论文报告，内容涉及纳米材料、二维纳米材料以及颗粒制备、表征、应用、粉体设备等多个方面。会议收到会议论文 44 篇。同期召开了颗粒测试专业委员会会议。

10 月 28—29 日，学会联合河北晨阳工贸集团有限公司及优美特（北京）环境材料科技股份公司在上海市举办了第一届绿色涂层与纳米技术应用高层论坛。论坛分别围绕涂料的“绿色化”及纳米颗粒和纳米技术在涂层技术中的应用等安排了 11 个报告，共有 80 余人参加。

11 月 19—21 日，由学会流态化专业委员会主办、中南大学承办的第八届全国流态化会议暨颗粒技术会议在湖南省长沙市召开。来自国内流态化领域暨颗粒技术领域的专家、学者 150 余人参会。为期 2 天的学术交流设立了 5 个大会特邀报告、4 个分会场、68 个口头报告。与会代表共同总结和交流了我国流态化领域和颗粒技术领域的最新进展，探讨了颗粒学研究中的前沿热点问题。

11 月 22—24 日，由学会气溶胶专业委员会主办的第八届全国大气细及超细粒子技术研讨会在湖北省召开，研讨会邀请了国内 PM2.5 研究领域知名科学家与参会者分享了 PM2.5 源谱、空气污染及其控制技术的最新研究成果。

12 月 5—7 日，第二届全国生物颗粒学术研讨会暨 2015 年第一届岭南国际药学大会在广东省广州市举办。研讨会的主题为“生物颗粒 / 制备技术与产业化应用”，会议召集了药剂学、中药加工、食品加工、畜牧、粉体加工、机械技术、药用辅料等方面的专家、学者进行交流。

两岸交流　8 月 2—5 日，由学会超微颗粒专业委员会主办的“第九届海峡两岸超微颗粒学术研讨会暨中国颗粒学会超微颗粒专委会 2015 年会”在浙江省宁波市召开。会议被宁波市科协列为重点项目进行了支持，65 位代表参会，来自大陆与台湾地区 15 个单位的 21 名学者或研究生作了会议报告。

10 月 22—25 日，第十二届全国气溶胶会议暨第十三届海峡两岸气溶胶技术研讨会在重庆市召开。会议由学会气溶胶专业委员会、“台湾气溶胶学会”主办。来自中国、美国、日本、瑞士、斯洛文尼亚，以及香港特别行政区、台湾地区等 400 多位代表参加。

会议安排了3个专题培训、13个大会报告、122个分会报告，13家展商参与了仪器展览。会议期间举行了海峡两岸气溶胶研究座谈会。

【第十二届全国气溶胶会议暨第十三届海峡两岸气溶胶技术研讨会】 10月22—25日，第十二届全国气溶胶会议暨第十三届海峡两岸气溶胶技术研讨会在重庆市召开。会议由学会气溶胶专业委员会、“台湾气溶胶学会”主办。来自中国、美国、日本、瑞士、斯洛文尼亚，以及香港特别行政区、台湾地区等400多位代表参加。

会议安排了3个专题培训、13个大会报告、122个分会报告，13家展商参与了仪器展览。

会议期间举行了海峡两岸气溶胶研究座谈会，香港理工大学教授李顺诚、中国科学院大气物理所研究员韩志伟、中国科学院地球环境研究所黄宇研究员担任气溶胶专题培训授课老师，分别就PM2.5采样和分析、气象因素对PM2.5的影响及纳米光催化大气污染控制技术理论和应用进行授课，100余人参加培训。会议邀请到多名国内外气溶胶研究著名学者作大会报告。

会议研讨专题涵盖气溶胶物理化学特性及源解析、气溶胶测量与仪器分析、气溶胶污染及监测技术、PM2.5与灰霾、气溶胶与人体健康、气溶胶的气候与环境效应、气溶胶与环境污染控制技术等。

会议分别颁发了第四届中国气溶胶青年科学家奖、第一届中国气溶胶技术创新奖、大会优秀论文奖、大会优秀POSTER奖及年会赞助商特别贡献奖。

（撰稿人：韩秀芝）

中国照明学会

服务创新型国家和社会建设 4月24日，学会主办的2015中国（北京）国际照明展览会暨中国（北京）国际半导体照明产业博览会2015北京智能家居展在北京开幕。296家中外商家参展，整体展示面积达到3万平方米，近29814人次到场参观，较上届增加了9%。

2015年，由国家人力资源和社会保障部批准、中国照明学会承担的照明设计师职业资格培训在北京、上海市、广东省、湖南省、安徽省等地共举办初、中、高级培训班17期，培训学员764人，培训人数创新高。

学会与广东省广州市政府合作，主办2015年广州国际灯光节，成为学会的品牌活动之一。

2015年中国照明学会展开科技成果鉴定18项。

学会建设 2015年，学会召开了2次常务理事会议和1次理事会议，增补理事9人、常务理事1人，理事会员数达到181人。发展团体会员38个，发展高级会员13人。截至2015年年底，学会团体会员885个，普通个人会员3000多人，高级个人会员576人。

学术期刊 2015年,《照明工程学报》共出版6期、英文期刊1期,《照明工程学报》被多家收录机构收录。

2015年，学会编写了《中国照明工程年鉴（2015)》，已正式出版。

国际学术会议 6月18日，学会交通运输照明和光信号专业委员会、复旦大学电光源研究所和先进照明技术教育部工程研究中心联合主办的第三届中国国际汽车照明论坛在上海市召开，来自15个国家的汽车照明技术与标准化组织和相关跨国企业专家参加论坛。

国内主要学术会议 2015年，学会及所属分支机构共举办国内照明学术会议30多次，与2014年相比增加17次，参加人数共计3850人次，共交流论文310篇。

5月，学会在上海市举办了第三届全国现代农业照明及智能控制技术研讨会，100多名代表参加。8月，学会举办了首届中国舞台电影电视照明论坛，180多位设计师、专家参加。9月学会举办的2015年中国照明论坛——LED照明产品设计、应用与创新，吸引了400多名业内学者、企业、媒体代表出席。10月，学会召开了照明设计师交流中心大会，300多名照明设计师出席。12月，学会在江苏省无锡市召开全国紫外线光源及装置技术研讨会，90多名代表出席会议。

两岸交流 3月，学会组团20余人赴台湾地区参加台北照明展，促进两岸照明厂商的交流。9月20—21日，由中国科协主办，学会承办，“台湾区照明灯具输出业同业公会”、台湾科技大学电机工程系、台湾科技大学色彩与照明研究中心、台湾地区LED照明产业联盟、学会光生物与光化学专业委员会协办的海峡两岸光生物与光化学应用研究论坛在台湾地区台北市召开。来自海峡两岸光生物与光化学应用研究领域的高等院校、科研机构、照明产品生产企业、照明工程与设计单位的100多名专家、学者到会交流研讨。

11 月 18—20 日，学会与“台湾区照明灯具输出业同业公会”在广东省中山市共同举办了海峡两岸第二十二届照明科技与营销研讨会。海峡两岸照明界的专家、企业代表 150 余人参加了此次盛会，会议共征集论文 70 余篇。

科普活动 2015 年学会将工作重点放在科普信息化的数据搜集、整理等基础工作上学会编辑再版了《绿色照明 200 问》(第二版)。

表彰举荐优秀科技工作者 9 月 12 日，中国照明学会第十届“中照照明奖”颁奖典礼在江苏省南京市举行。500 多位照明领域的专家、学者出席颁奖典礼。第十届“中照照明奖”的申报活动于 2014 年 9 月启动，共设四大类奖项，分别是中照照明奖科技创新奖、中照照明奖教育与学术贡献奖、中照照明奖城市照明建设奖和中照照明奖照明工程设计共收到申报项目 195 项。本届“中照照明奖”共评出科技创新奖一等奖 3 项、二等奖 5 项、三等奖 3 项，工程设计奖一等奖 16 项、二等奖 26 项、三等奖 32 项，教育与学术贡献奖二等奖 2 项、三等奖 1 项，城市照明建设奖一等奖 2 项、优秀奖 3 项、进步奖 2 项。比 2014 年奖项设置增加了科技创新奖和教育与学术贡献奖。申报项目总数比 2014 年增加 100 多项。

【2015 中国照明论坛】 9 月 11—12 日，由学会主办的 2015 中国照明论坛在江苏省南京市召开。来自全国各地的照明行业专家、学者以及设计师等 400 多人出席论坛。论坛主题为“LED 照明产品设计、应用与创新”，共设立 1 个主论坛和 2 个分论坛，议题包括城市智慧照明、LED 技术创新、光特性分析研究、照明市场分析、典型照明工程与设计案例分析等。论坛期间，学会以讲座、座谈会、互动问答等多种形式开展行业研讨，围绕 LED 照明光源与灯具设计、LED 灯具控制系统、LED 产品标准检测、LED 照明控制系统与物联网、互联网技术融合、工程应用等热点、难点内容展开探究。

【第二届中国国际汽车照明论坛】 6 月 18—20 日，由复旦大学电光源研究所、学会交通照明与光信号委员会和先进照明技术教育部工程研究中心联合主办的第二届中国国际汽车照明论坛在上海市召开。来自 15 个国家的汽车照明技术与标准化组织和相关跨国企业专家，我国车灯制造企业、检测机构、科研单位等 320 多位专家、学者参加论坛。

联合国灯光与信号法规部（GRE）主席 Marcin Gorzkowski 作了题为“汽车和高级驾驶辅助系统中的照明与信号”的研究报告。论坛以“安全、可靠、智能、标准”为主题，突出了车辆照明和光信号主要技术领域的科研进展、标规需求和协调、创新概念、领先技术，在汽车照明的设计、应用、质量检测与标准上提供了权威意见。本次论坛的召开，形成了汽车照明领域学术和产业界交流的高端平台，也是继德国的国际汽车照明研讨会（ISAL）之后，第二个被联合国官方认可的高端的汽车照明领域的学术平台。

（撰稿人：王海霞）

中国动力工程学会

服务创新型国家和社会建设 2015 年受中国机械设备工程股份有限公司的委托，组织专家对出口某电站扩建 350MW 褐煤机组除灰渣系统选型和出口某电厂联合循环热电联产机组燃机选型及设备匹配的研究进行了技术咨询。计划 2016 年一季度完成咨询报告。

2015 年，学会在北京（两次）、华东地区、广东省深圳市和安徽省合肥市开展了 5 次燃气轮机现场调研。其中包括对具有最新技术水平的三家 9FA 级、一家 GT13E2、一家刚投运的 6FA 燃机电厂调研，具有世界先进水平的一家燃机叶片制造厂和区域性分布式燃机设备中外合资厂以及一批已投运 10 年左右的燃机电厂运行现状的调研，以及对中科合肥微小型燃气轮机研究院微小型燃机的调研，涵盖了燃机容量从单机 100 千瓦到 30 万千瓦的全系列产品，了解我国燃机发展的最新情况，开展技术交流和讨论，提出有针对性的相关建议。

4 月 29 日，学会组织由中国工程院院士陈勇等 7 人组成的专家组对浙江大学委托的“燃烧过程的场参数实时检测、在线诊断和优化控制技术”项目进程了成果鉴定。

9 月 8—10 日，学会和中国电工技术学会等共同承办了由中国机械工业联合会和中国能源协会主办的 2015 中国国际核电装备展览会和 2015 中国国际燃气轮机装备与技术展览会，同期举办了 2015 核电可持续发展高峰论坛和 2015 中国国际燃气轮机技术装备高峰论坛。

学会建设 1 月 12—20 日，学会以通讯方式召开了十届一次常务理事会议，审议通过了《中国动力工程学会推选院士候选人工作实施细则》、学会 2015

年推选两院院士候选人工作方案、学会两院院士候选人推选专家委员会名单、学会两院院士候选人材料审核小组名单。

学会完成了十届理事会的备案，分别召开年度秘书长工作会议、京沪两地迎春团拜会和新春工作会议。接纳宁波枫林绿色能源开发有限公司、杭州新世纪能源环保工程股份有限公司、山东恒涛节能环保有限公司、合肥皖化电机技术开发有限责任公司4个单位为团体会员。

11月22—23日，学会十届二次理事会议在黑龙江省哈尔滨市举行，113位理事或代表出席会议，会议由学会理事长黄迪南主持。会议传达学习了中央群团工作会议精神，听取了2015年度学会工作报告、2015年度学会财务状况、哈电集团技术发展情况报告，部分分支机构作了工作交流。会议还邀请专家作了题为“中国清洁能源发电的创新与发展”“‘中国制造2025’与制造企业转型升级的战略机遇”“燃煤机组弹性运行控制”的报告。会议审议通过了《中国动力工程学会理事会议事规则》。

11月21日，召开了学会十届二次常务理事会议，讨论通过了学会十届二次理事会议的各项议程和会议安排。

学术期刊 截至2015年12月底，《动力工程学报》编辑部共收到作者投稿近580篇，录用论文169篇，录用率约为29%。在已发表的论文中，由国家自然科学基金及国家重点项目基金项等资助的论文占发表论文总数的51%，由国家其他基金项目和省、市级重要基金项目资助的论文占发表论文总数的27%。

根据中国学术期刊（光盘版）电子杂志社有限公司和中国科学文献计量评价中心的《中国学术期刊影响因子年报》（自然科学与工程技术·2015版）报告统计，2015年《动力工程学报》在能源与动力工程类44种期刊中排名第三，影响因子为1.143，他引影响因子为0.911，5年影响因子为1.301，基金论文比为0.7，被列为中文工程类核心期刊。

国内主要学术会议 2015年，学会及所属各分支机构举办的国内学术会议10余次，1000多人次参加会议，入选论文500多篇，出版《2015年透平学术年会论文集》《2015锅炉学术研讨会论文集》《清洁能源热工自动化信息化专题研讨会论文集》《第二届燃煤电厂“超低排放”新技术交流研讨会论文集》《亚洲垃圾（生物质）转能源技术与装备大会论文集》5册部文集。

表彰举荐优秀科技工作者 12月7日，中国工程院和中国科学院分别公布了2015年院士增选结果，学会推荐的学会副理事长、华北电力大学校长刘吉臻教授当选中国工程院院士；学会理事、西安交通大学能源与动力工程学院何雅玲教授当选中国科学院院士。

【组团参加2015国际动力工程会议】 11月30日—12月5日，由日本机械学会（JSME）主办，中国动力工程学会（CSPE）、美国机械工程师学会（ASME）协办的2015国际动力工程会议（ICOPE-2015）在日本横滨举行。

学会筹组了自ICOPE会议举办以来赴国外参会最大规模的代表团，来自国内30个高校、企业和研究机构共139位专家、学者参会。

大会共宣读论文224篇，包括4个大会特邀报告。浙江大学教授王智化代表中方作了“中国煤燃烧面临的挑战和污染物控制技术的发展状况”的大会报告。会议交流内容涉及发电系统、分布式能源系统、燃料的生产和利用、先进燃烧技术、锅炉、汽轮机、燃气轮机、发电机、运行和维护、能源系统的新材料、环境保护、可再生能源、能量存储和负荷水平、热泵系统、制氢和燃料电池、经济性和环境、安全性、实验和测量技术、高效发电、热力学和数值模拟（CFD）等专题。在各分会场，共有近30名中国学者被邀请担任分会主席，115篇中国学者的论文在大会上进行交流。

会议期间，学会副理事长倪明江等代表中国动力工程学会参加了ICOPE-2015会议国际顾问委员会（IAC）会议，就今后国际能源动力领域的发展方向、国际动力工程学术会议重大事项进行了研讨。会议商定，下一届国际动力工程会议（ICOPE-2017）由美国机械工程师学会主办、中国动力工程学会和日本机械工程学会协办，于2017年6月4—9日在美国北卡罗来纳州夏洛特与美国ASME2017年能源动力会议联合举办。

会议期间，参会代表参观了矶子火力发电厂和东京海洋大学。

（撰稿人：朱月祥）

中国惯性技术学会

服务创新型国家和社会建设 2015年，按照中国科协科技工作者调查工作总体框架及要求，学会启动

开展了国内惯性技术领域科技工作者的调查工作，全面了解目前国内该领域科技工作者的基本情况，包括工作现状、保障、动态和呼声等，掌握国内从业单位专业技术发展规划、综合技术能力、技术力量分布层次，形成调研报告，为国内惯性技术后续发展规划制定、把握技术发展趋势提供基础的、真实的研究数据和参考意见。截至2015年年底，学会已组织专家进行了调查问卷的编写工作，经过几轮讨论和修改，形成120道题的终稿。并编写问卷答题程序，发布在学会官方网站和各涉密会员单位的内网，以方便会员有效答题。已完成5000个答题账号分配工作。

2015年，学会举办技术培训及科普讲座15次，受众达700余人次。

学会建设 2015年，学会增选了一名常务理事，发展会员213人，审议批准了20名资深会员，接纳团体会员单位1个。2015年，学会会员总人数为3915人，其中女性会员833人、资深会员193人、学生会员457人。团体会员为143个。

2015年，学会召开了常务理事会议2次，理事会议1次，秘书长与联络员工作会议1次。

2015年，学会对官方网站进行了改版重建工作，新增图片新闻、科普小知识、交流互动等6个版块内容。截至2015年年底，新版官方网站已经上线试运行。

学术期刊 3月27日，由美国《工程索引》EI官方公布的检索目录中,《中国惯性技术学报》继2010年入选后再次名列其中。

2015年,《中国惯性技术学报》按计划出版了6期，发表论文154篇76万字。10月19日，学会编辑部召开了六届二次编委会工作会议，对2014—2015年度的工作进行了总结。

国际学术会议 5月6—7日，学会惯性仪表与元件专业委员会在北京召开了第四届国际光纤传感技术及应用研讨会。会议邀请了来自澳大利亚新南威尔士大学、新加坡国立大学、香港理工大学、北京大学等国内外光纤传感领域近40余名专家、学者进行学术演讲。国内外300余名代表参加了研讨，基本涵盖了国内外光纤传感领域的国防单位、研究院所及龙头企业。

2015年，学会国际学术交流部积极筹备将于2016年11月召开的国际学术交流会（五年一次）。已完成策划方案，开始进行论文征稿。

国内主要学术会议 2015年，学会及其下属专业委员会、地方学会共举办年会、研讨会、高端论坛等学术活动8次，征集论文300余篇，交流论文110余篇，评选表彰优秀论文50余篇，560余人次参加学术交流活动。

10月20—21日，学会在湖北省武汉市召开了主题为“新型惯性测量技术与发展”的第七届学术年会。会议邀请了5位院士、专家作学术报告，并在会上交流了26篇会议论文。来自中国航天、中国船舶、中国航空、中国电子等所属重点研究院所及制造单位，有关高校、军兵种及相关企业等40家单位的130余位科技工作者参加年会。

9月22日，学会技术咨询部主办的原子陀螺高端前沿学术论坛在北京召开。丁衡高、包为民、汪顺亭、冯培德、王巍5位院士以及来自总装备政治部、总装军兵种部、清华大学、北京大学、北京航空航天大学、浙江大学、国防科技大学、中国科学院武汉物理数学研究所、航天13所、航天33所、电子26所等科研院所和高校的专家、学者近90余人参加本次论坛。会上，中国科学院院士房建成、清华大学教授冯焱颖等分别作了题为“原子陀螺技术发展现状及展望”“原子干涉与惯性测量”的学术报告，全面反映了国内原子陀螺技术发展现状，明确了现阶段需要解决的实际问题，并对该项技术的后续发展前景进行了理性的分析和判断，对促进原子陀螺技术后续发展具有重要的参考意义。此次论坛还邀请了中国科学院武汉物理数学研究所、华东师范大学、北京大学等高校的物理学、数学专家、学者参会，突出了“参会人员范围广，专业多”的特点，对于尚处于起步研制阶段的原子陀螺来说，具有形成国内技术合力共同研发的重要意义。

8月12—14日，由学会惯性系统与测量专业委员会、洛阳惯性技术学会、西安惯性技术学会联合举办的“2015年度学术交流会（暨洛阳惯性技术学会第27次学术交流会）”在河南省信阳市召开。来自中航工业洛阳电光设备研究所、中国空空导弹研究院、海军工程大学、空军一航院等24个单位的50多名专家、学者参加了学术交流会。17位参会代表就惯导、组合导航系统，惯性/火控技术，无人机着陆技术等作了专题演讲。

8月20—22日，学会测试专业委员会在北京召开第十四次学术交流会。国防科学技术大学、哈尔滨工程大学、哈尔滨工业大学、北京信息科技大学，以及中国船舶、中国航空相关院所的40余名代表参加了会议。国防科学技术大学教授吴美平作了题为“高精度惯性测量技术对精密测试技术的需求”的学术报告。会上交流论文15篇，涉及惯性测试技术、测试方法、测试设备等不同研究领域、方向的研究成果。

国际交往 5月23—29日，由学会秘书长王岩带队，学会各会员单位一行19人赴俄罗斯圣彼得堡参加“第二十二届圣彼得堡组合导航国际学术会议”。出访前，学会共征集到参会论文28篇，24篇被大会录取，其中5篇作为大会主要报告在会议现场进行了发言和交流。

其间，学会代表团与俄罗斯导航与运动控制学会主席、圣彼得堡组合导航国际学术会议主席别山霍诺夫·弗拉基米尔院士、副主席斯捷帕诺夫·弗拉基米尔进行了会面，双方拟定、讨论了中俄双方“合作备忘录”的条款。截至2015年年底，双方已经签署《合作谅解备忘录》，并将在该备忘录框架范围内开展合作。

科普活动 在国家自然科学基金科普专项支持下，学会科普部于2015年出版了惯性技术科普图书——《神奇的惯性世界》。为加强惯性技术的普及推广工作，图书作者（学会副理事长付梦印、学会科普部副主任邓志红、学会资深会员许国祯）将稿费捐赠给科普部，科普部自购图书2000册进行免费赠阅活动。目前，已赠送给北京金融街社区、中国人民大学附属中学、北京101中学、南京理工大学附属中学、南京理工大学附属小学等中小学校，开展惯性技术科普图书进校园活动。

学会主办科普期刊《海陆空天惯性世界》在2015年完成了12期正刊、2期增刊的编辑、出版和发行工作，刊登各类文章120余篇，文字250多万字，图片5000余幅。全年共印发18余万册。4月，《海陆空天惯性世界》加入中国航天期刊平台。

2015年，学会科普部分别举办了名为“惯性技术在测绘领域的应用及关键问题”“基于光子晶体的新型光纤陀螺技术”“高精度绝对重力测量仪器与应用”的3次科普讲座。来自40多家单位的150余名青年科技工作者及科普爱好者参加了讲座。

7月27—30日，学会在北京举办了以“神奇的指路魔杖”为主题的青少年科普夏令营暨科普联展活动。近30名师生参加了此次夏令营活动。

中国科协会员日期间，学会“陆海空天惯性技术科普展厅”面向社会开放。活动期间，共接待近300余人次参观。其中，北京青少年宫和北京信息科技大学组织100余名青少年和学生到展厅参观。

表彰举荐优秀科技工作者 2015年，学会老领导、中国科学院院士、中国工程院院士陆元九先生向学会捐赠50万元人民币，用作“创新优秀论文奖”的奖励基金。学会制定了《惯性技术创新优秀论文奖奖励基金管理办法》和《惯性技术创新优秀论文奖评选办法》，并成立以理事长包为民院士为组长的9人专家评审组，完成了第一届惯性技术优秀论文奖的评选。

会员服务 2015年，学会坚持全年向资深会员赠送主办的两本杂志——学术期刊《中国惯性技术学报》、科普期刊《海陆空天惯性世界》，累计赠送3000余册。

5月30日，学会会员活动日“友谊杯”乒乓球赛在会员单位中国航天科工三院职工活动中心拉开帷幕。来自京津地区各会员单位的100余名会员参加了此次活动。

【中国惯性技术学会第七届学术年会】 10月20—21日，中国惯性技术学会第七届学术年会在湖北省武汉市召开。来自中国航天、中国船舶、中国航空、中国电子等所属重点研究院所及制造单位，有关高校、军兵种及相关企业等40家单位的140余名科技工作者参加了年会。学会理事长包为民院士在大会上致辞。会议由学会秘书长王岩主持。

会议邀请中国工程院院士冯培德、中国科学院院士院士王巍、中国科学院院士房建成、中国航天科工三院研究员郑辛、中船重工707所研究员赵小明分别作了题为“谈混合式惯性导航系统”“远程导弹武器用惯性制导系统发展趋势与思考”“原子陀螺技术及其研究进展”“国内惯性技术发展现状及趋势”“水中无人系统及惯性导航技术”的学术报告。会议筛选录用70余篇论文，汇编了年会论文集，在会上交流26篇。会议评选出9篇优秀论文，分别获得一、二、三等奖，并进行了表彰。

（撰稿人：励小妹）

中国风景园林学会

服务创新型国家和社会建设 2015年，学会继续推进风景园林师执业制度筹备工作，在初步编制完成

了考试大纲和部分教材的基础上，再次修订了风景园林师职业制度指导委员会名单（建议稿）和指导委员会办公室名单（建议稿），与人力资源和社会保障部、住房和城乡建设部等部门进行了汇报沟通，计划根据国家政策调整情况适时推进后续工作。

2015 年，学会承接的全国科学技术名词审定委员会风景园林学名词审定工作取得阶段性成果。对 2014 年完成的《风景园林学名词》（初稿）进行了完善、补充和查重。8 月 23 日，在北京召开了审定委员会第一次审定会议，确定了调整原则和要求，并分组对书稿进行了修改。

2015 年，学会继续与中国园林博物馆合作，举办中国优秀风景园林规划设计获奖作品展，展出了 2015 年度获“中国风景园林学会优秀规划设计奖”的优秀作品共 91 个，集中展示了近两年我国风景园林规划设计领域的发展成就和优秀项目。

学会建设 3 月，学会在北京召开五届四次常务理事会议，传达并学习了中国科协八届七次全委员会议精神，讨论并通过了《中国风景园林学会 2014 年工作总结和 2015 年工作计划》，听取了中国风景园林学会 2015 年会方案。会上，还对加强分支机构管理等进行了讨论。

10 月，学会在北京召开第五届第三次理事会议暨五届五次常务理事会议，审议通过了《中国风景园林学会“十三五”事业发展规划》，审议通过增补强健为学会副理事长，听取了学会 2015 年度工作汇报、学会 2015 年度评奖工作汇报和学会 2015 年会筹备工作汇报，并就常务理事、理事和部分分支机构负责人员增补和变更进行了讨论。

4 月，按照学会章程和《分支机构管理办法》的要求，学会指导城市绿化专业委员会和花卉盆景赏石分会进行了换届工作。为推进生态园林城市工作，7 月，学会组建成立了生态园林城市建设研究会。10 月，学会在北京召开了全国部分省级风景园林学（协）会理事长联谊会，就组建地方工作委员会进行了讨论。

2015 年，学会吸收单位会员 125 个，个人会员 1019 人。截至 2015 年年底，累计完成中国科协统一换证登记的单位会员 921 个，个人会员 7508 人。

2015 年，学会参加了民政部组织的社会组织评估，被民政部评定为 3A 等级。通过评估，对学会以往工作进行了梳理，发现了差距和不足，秘书处针对存在问题拟定了整改措施。

学术期刊 12 月，《中国园林》创刊 30 周年座谈会在北京举办，40 多名业界知名人士参加座谈，回顾了刊物 30 年的发展历程，讨论了当前办刊面临的形势和问题，对未来刊物发展和办刊机构的建设提出了建议。

决策咨询 学会受住房和城乡建设部城市建设司委托，开展了生态园林城市创建专题调研，并提交了《关于尽快启动“国家生态园林城市”审核命名工作的建议报告》《国家生态园林城市创建工作调研报告》，分析了现有标准考核评价指标体系存在问题，提出了完善建议。

7 月，学会组织成立生态园林城市建设研究会，配合住房和城乡建设部完成生态园林城市建设过程中的理论与实践的研究及培训指导工作，为省、市提供地方所需的专业咨询服务。

国际学术会议 5 月 16—17 日，由学会教育工作委员会和北京林业大学共同主办，在北京举办了世界风景园林师高峰讲坛，风景园林行业教育、科研、实践及行业媒体代表等 800 人参加了会议，400 人通过视频转播全程观看了讲坛全过程。讲坛的主题为“风景园林的多样性”，来自不同国家和地区的 16 名专家、学者、设计师和媒体主编，结合自身所研究领域，对在全球化背景下，风景园林多样性的内涵和外延进行了交流和探讨，提出了见解和意见。

国内主要学术会议 2015 年，学会分支机构共举办各类专业论坛 10 个，与 2014 年数量持平。1 月，园林工程分会在浙江省宁波市召开了面向优秀项目经理的技术讲座。5 月，规划设计分会在杭州举办了第 16 届中国风景园林规划设计交流会。6 月，园林植物专业委员会在北京举办了风景园林植物与人居环境建设论坛。同月，植物保护专业委员会在漠河举办了第二十四次学术研讨会。7 月，城市绿化专业委员会在北京召开了学术年会。9 月，教育工作委员会在重庆举办了风景园林教育年会。10 月，菊花分会在河南省开封市召开了新常态下探索中国菊花节会发展新模式座谈会。

国际交往 6 月，学会组团参加了在俄罗斯圣彼得堡召开的第五十二届国际风景园林师联合会（IFLA）世界大会，并对俄罗斯圣彼得堡等部分城市的风景园林进行了考察。会上，学会代表团与现任 IFLA 主席凯瑟琳·摩尔（Kathryn Moore）进行交流。

科普活动 学会继续举办“风景园林月”系列

学术科普活动，主题为“风景园林在身边”。活动内容包括：在北方工业大学、浙江农林大学、四川音乐学院举办3场主题学术报告会，在北京植物园、北京清华同衡规划设计研究院举办“说园”和“大学生走进企业”两个沙龙活动、优秀风景园林项目网络展览和川派盆景展览。作为“风景园林月”活动的一项内容，学会继续举办了主题为“寻景——发现·纪录·感悟”中国风景园林主题摄影作品比赛，面向全国风景园林工作者和社会公众征集优秀的风景园林摄影作品，并进行优秀作品评选。

表彰举荐优秀科技工作者 2015年，学会继续开展了“中国风景园林奖”相关奖项评选，评出终身成就奖6人，科技进步奖22项、优秀管理奖54个、优秀规划设计项目114项、优秀园林工程229项。终身成就奖获得者为任春秀、刘管平、吴劲章、陈威、周在春、檀馨6人。获科技进步一等奖的科技成果为“应对空气PM2.5污染的北京绿化造林关键技术研究与示范”“中国园林博物馆展陈系统和相关技术的研究与应用”“城镇绿地生态建设综合技术研究与示范工程建设”“玉簪新品种的选育、繁殖和应用技术研究”。

会员服务 学会与《中国建设报》合作，在风景园林版开辟女风景园林师专栏，目前已刊登了6名学会推荐的女风景园林师的专题文章。

中国科协会员日 根据中国科协会员日活动安排，12月，学会在湖北省武汉市举办了第七届会员日活动。140多名会员代表参加活动，围绕“风景园林企业在海绵城市建设中的机遇与挑战”等相关话题进行沟通、交流和探讨。

【中国风景园林学会2015年年会】 10月31日—11月2日，中国风景园林学会2015年年会在北京举办，会议由中国风景园林学会主办，北京林业大学园林学院、北京园林学会、中国园林博物馆、中国城市规划设计研究院、中国城市建设研究院共同承办。

会议主题为“全球化背景下的本土风景园林”，1600多名国内外专家、学者、在校学生参会。国际风景园林师联合会（IFLA）会长特别代表致辞，住房和城乡建设部城建司副司长章林伟和中国科协学会学术部副部长范唯到会并讲话。学会理事长陈晓丽主持开幕式。

会议进行了8个主旨报告。孟兆祯以“人民呼唤青山绿水”为题，阐述了山水在中国古代生活中的作用及其文化意义，强调保护青山绿水在当今的重要性，风景园林应通过切实的设计和营造，使山更青，水更绿，造福世代。崔愷以“融入风景的建筑”为题，阐述了风景与建筑的关系和对本土建筑设计的理解，结合具体案例，阐述了融入、消隐、分形等8个本土建筑设计策略。马克平以“生物多样性与风景园林”为题，阐述了当前生物多样性的现状和问题，生物多样性保护的框架体系等，指出了风景区、城市绿地和公园等在生物保护中的重要作用。强健以“北京市建设集雨型绿地的研究与实践”为题，阐述了北京市在集雨型绿地建设方面的政策、研究、实践成果和技术难点，分析了集雨型绿地纳入海绵城市建设的可行性，并从政策、管理、标准、研究等角度，提出若干建议。张松以“传统村落的整体性保护”为题，阐述了乡村的形式，国外传统村落保护理论的演进与我国传统村落保护的现状和问题，强调乡村保护是生态文明建设的重要内容。象伟宁以“如何做（更）有智慧的规划景观：规划师的生态智慧与角色定位”为题，引用了生态蒙昧和生态智慧两个概念并结合案例解释了生态智慧的行为，指出在生态智慧和生态蒙昧的博弈当中，规划师要推崇“温故知新，转昧成智，知行合一”。车伍以“从流域关系看风景园林对海绵城市的支撑作用”为题，介绍了当前海绵城市建设的形势、要点和目标等，指出流域水文关系是决定城市雨洪问题的原因，调蓄是海绵城市建设的核心。王向荣以“自然与文化视野下的中国本土风景园林”为题，强调了中国自然景观的多样性及其在城市化进程中面临的威胁，指出维护中国风景园林独特性的基础与途径主要为景观的保护、修复与创造，呼吁风景园林师作为中国风景园林多样性最重要的保护者和实践者。

会议设“绿色基础设施”“城市风景园林”“乡村风景园林”和“工程与管理”4个分会场，交流了55个学术报告，内容涉及当前生态建设形势、风景园林学科和行业发展、风景园林多样性、中国风景园林特色保持和传承等。会议还组织了青年沙龙，12名青年学者在沙龙中发言，分享了各自的研究成果。

在年会闭幕式上，颁发了中国风景园林学会2015年会优秀论文奖、2015中国风景园林学会大学生设计竞赛奖和2015年度中国风景园林学会奖等奖项。

本届年会收到投稿论文近500篇，收录99篇，出版《中国风景园林学会2015年会论文集》，并评出优

秀论文 17 篇，其中一等奖 1 篇、二等奖 2 篇、三等奖 3 篇、佳作奖 11 篇。

年会同期举办大学生设计竞赛，设本科生和研究生两个组。竞赛收到有效参赛作品 146 份，评出获奖作品 33 份，其中，本科组一等奖 1 名、二等奖 3 名、三等奖 6 名，研究生组一等奖 1 名、二等奖 2 名、三等奖 2 名、鼓励奖 7 名。

（撰稿人：付彦荣）

中国电源学会

服务创新性国家和社会建设 6 月 28 日，受浙江大学委托，学会在浙江省杭州市主持召开了“高电能质量节能型大功率不间断电源系统关键技术与产业化”项目鉴定会，鉴定委员会由 7 名专家组成，邀请臧克茂院士担任主任委员。经鉴定，该项目达到国际先进水平，通过鉴定。

学会与相关单位合作共建了行业门户网站，发布行业信息，开设网上交流、网上会员注册、网上招聘、展示优质产品、推广先进成果等。每天访问独立 IP 超过一万个，已有广泛的社会影响。

学会建设 学会建立和完善了包括学会民主决策机制、财务管理及预决算机制、会员管理制度、《中国电源学会人事管理制度》《中国电源学会财务管理制度》《中国电源学会分支机构业绩考核及财务管理办法》《中国电源学会员工守则》《中国电源学会员工业务学习和培训制度》《中国电源学会差旅费报销制度》《中国电源学会保密管理制度》《中国电源学会印章档案管理制度》等管理制度，促进学会规范化管理运作。

学会召开了七届四次、七届五次常务理事会和七届三次全体理事会，学会的民主办会和议事能力明显加强。

2015 年学会编辑出版的《中国电源行业年鉴》在内容方面扩充了行业要闻和企业新闻的数量，原有会员企业介绍按照地区分类索引的基础上增加了按照产品进行索引，使读者能够更加全面的了解上一年度行业全貌。

2015 年学会召开综合性学术年会 1 次，各类专题研讨会 9 次，共计有 3160 人次参加，内容涉及电力电子技术、数据中心供电技术、变频电源、功率器件、电能质量、无线电能传输、新能源以及面向青年科技人员的论坛活动。

学术期刊 2015 年《电源学报》出版 6 期，其中组织专辑 2 期，共计发表论文 113 篇，发行 11000 册。为扩大学报传播，2015 年增加制作学报电子刊，共计制作两期。制作《电源学报》英文网站，增加学术不端查询功能。

学会与斯普林格出版集团达成合作，启动 CPSS-Spring 电力电子英文丛书出版计划，计划未来三年每年出版 3 本英文专著。

国际学术会议 2015 国际电力电子技术创新论坛于 3 月 17—19 日在上海新国际博览中心举办。会议设置电源技术、可再生能源——海上风电、变频技术及电机驱动控制 3 个主题分会场。会议共计安排演讲 23 场，参会人数 616 人，其中可再生能源 - 海上风电专题特邀欧洲风电物流研究所、荷兰 AMC 研究中心 4 位国外专家作报告。

2015 年无线电能传送国际研讨会（WPT，2015），于 8 月 24—26 日在湖北省武汉市召开，会议邀请 5 名国际专家作报告，50 多人参会。

国内主要学术会议 中国电源学会第二十一届学术年会于 2015 年 11 月 6—9 日在广东省深圳市召开，1200 多名电源科技工作者参加会议，创会议规模纪录，成为亚太地区本领域规模最大的电源及电力电子专业会议。年会录用论文 412 篇，举办特邀大会报告 9 场、专题讲座 7 场，45 个企业参加同期展览活动。

4 月 18 日，由中国高校电力电子与电力传动学术年会（SPEED）组委会、中国电源学会青年工作委员会主办，北京交通大学承办的“青椒沙龙”在北京召开，会议面向青年电源科技人员，60 多名代表参会。会议围绕高校与企业的合理分工、校企合作模式与平台、交流机制与信息互动等方面开展讨论。5 月 29 日，2015 第五届数据中心基础设施技术年会在北京举行，近 500 人参会。会议设置 4 场大会报告和 2 个分主题论坛，就数据中心行业发展、关键技术及解决方案等内容进行了交流和研讨。2015 电力电子与变频电源新技术学术论坛于 7 月 3—5 日在江苏省苏州市召开，会议设置 6 场高水平技术报告，共有 200 多人参会。固态高功率开关器件研讨会于 7 月 10—13 日在湖南省株洲市召开，会议设置 5 场专题报告，近 100 人参加会议。第四届全国电能质量学术会议暨电能质量行业发展论坛于 8 月 20—23 日在山东省济南市召开。会议收录论文 140 余篇，设置 10 场大会报告，3个主题分会场，同时举办电能质量行业发展论坛，300多名代表参加会议。中国电源学会新能源电能变换技术专委会第二届年会暨新能源产业创新发展研讨会于12月12日在安徽省合肥市召开，近200人参加会议。

表彰举荐优秀科技工作者 2015年学会开展了第三届中国电源学会科学技术奖申报评选工作。经过函审初评和会评两个阶段评审，评选出22个获奖项目，其中特等奖2项、一等奖6项、二等奖10项、优秀产品创新奖4项，以及个人类杰出贡献奖1人、青年奖3人。11月7日，在学术年会期间举行了颁奖仪式，并在年会现场设立专区对获奖成果进行了展示。

第三届中国电源学会科学技术奖颁奖仪式

学会积极推荐优秀电源科技人员参与国家科技奖励评选，推荐一个项目参加国家科学及技术奖评奖，推荐1人参加国家中青年创新领军人才评选，推荐一个科研团队参加重点领域创新团队评选。

国际交往 3月15—24日，学会理事长徐德鸿率领中国电源学会17人代表团赴美国参加APEC2015国际会议，并与美国电源制造商协会（PSMA）、IEEE-电力电子学会（PELS）进行了会谈。学会副理事长章进法代表学会在美国电源制造商协会年会上就中国电源行业发展情况向美国电源界作了专题介绍。代表团参观了位于北卡罗来纳大学夏洛特分校的能源生产和基础设施中心（EPIC），与中心人员进行交流。

学会于3月和11月与IEEE-PELS及PSMA分别举行两次工作会议，就双方合作进行会谈。两个国际组织的主席受邀参加学会第二十一届学术年会并发表主题报告。

科普活动 学会科普工作委员会组织专家开展校园电源科普活动。3月24日在上海市实验学校举办“节电与用电”科普讲座，从电的发明和产生过程入手，讲述了从发电到最终使用过程中产生的损耗，以及因为发电造成的污染，太阳能、风能等新能源发电带来的好处。活动专门讲述了身边常见用电设备的节电方法以及如何挑选节能电器，并向学校赠送了6台太阳能模型车。4月21日，学会联合合肥工业大学、英飞凌科技公司到安徽省滁州来安县为郑楼小学，以讲座、宣传海报形式进行太阳能科普，并现场指导学生动手制作太阳能模型车，进行模型车比赛。向学校赠送30本《光伏发电环境友好》图书。

会员服务 学会秘书处设置一名专职人员负责个人会员信息维护及联络工作，同时对学会网站进行改版，开通个人会员申请、管理、更新、缴费功能，进一步方便会员加入学会。

充分利用没技术手段，加强与会员的沟通交流，及时发布学会及行业信息。学会于4月30日正式开通官方微信公众账号。微信公众号内容以学会通知、动态、行业资讯、技术信息等内容为主，向会员及时传递行业资讯。提高了《中国电源行业年鉴》《中国电源学会通讯》的编辑质量。

【中国电源学会第二十一届学术年会】 2015年11月6—9日，由中国电源学会主办的中国电源学会第二十一届学术年会在广东省深圳市召开。

中国电源学会第二十一届学术年会

中国电源学会学术年会至今已有30多年历史，本届年会国内外电源学术界、产业界和政府部门人士以及电源相关专业在校研究生等1200多人参会，录用论文412篇，参会人数及论文数均创历届最高。同时会议特邀9场大会报告、7场技术讲座、40个主题分会场、2个墙报交流时段、评选出20篇优秀论文及8家会议特别贡献企业。

11月6日会议正式开幕前，组委会特邀3名长江

学者南京航空航天大学教授阮新波、浙江大学教授盛况、西安交通大学教授刘进军以及香港理工大学教授黄思聪、南京航空航天大学教授陈乾宏、福州大学教授陈为、布雷斯特大学教授 Mohamed Benbouzid、法国海军学院教授 J.F.Charpentier、上海海事大学教授汤天浩、浙江大学教授李武华共 10 位专家就热门技术进行了 7 场专题技术讲座。

大会报告环节，中国工程院院士、清华大学教授韩英铎，中国工程院院士、装甲兵工程学院教授臧克茂，IEEE 电力电子学会 Braham Ferreira 教授、美国工程院院士 Kaushik Rajashekara，美国电源制造商协会主席 Ernie Parker 先生，学会理事长、浙江大学教授徐德鸿，深圳市禾望电气股份有限公司郑大鹏博士，富士电机株式会社藤平龙彦博士，三菱电机马先奎先生等专家受邀作报告。

会议设置 40 个主题分会场交流活动，内容涉及新颖开关电源，直流变换技术，功率因数校正技术，新能源电能变换技术，电动汽车，无线电能传输技术，特种电源，信息系统供电技术，UPS、直流供电、电池管理，照明电源与消费电子相关技术，逆变器及其控制技术，电机驱动控制，SiC、GaN 器件、新型功率器件及其应用，变换器相关技术，电磁兼容技术，电能质量技术、分布式系统、智能电网与微型电网，高频磁元件和集成磁技术，可靠性相关技术等，同时还进行了 2 个时段的墙报交流。

会议同期组织了电源新产品、新成果展览，共有 45 个企业参加。为加强青年电源科技人员交流，会议专门组织了青年沙龙活动，活动采用晚餐会的形式，有 90 多名青年学生参与，同时特邀业内知名专家与青年学生进行面对面交流。

【第三届中国电源学会科学技术奖】 第三届中国电源学会科学技术奖通过网络函审初评、评审委员会会评，面向社会公示，并报中国电源学会六届九次常务理事会审议通过，共评出获奖项目 21 项，其中特等奖 2 项、一等奖 5 项、二等奖 10 项。为了鼓励企业创新、服务国家创新驱动发展，本届评奖专门设立面向企业技术创新的奖项，优秀产品创新奖，得到了企业的积极参与，评出获奖项目 4 项。同时本届评奖还评选出 3 名青年奖获奖人和 1 名杰出贡献奖获奖人。2015 年 11 月 7 日，第三届中国电源学会科学技术奖颁奖仪式在广东省深圳市举行，共计 1200 多人参加。

由浙江大学、厦门科华恒盛股份有限公司完成的“高电能质量节能型大功率不间断电源系统关键技术与产业化”项目、株洲南车时代电气股份有限公司完成的“高压高功率密度 IGBT 芯片研发及其应用”项目获得第三届电源科技奖项目类特等奖。

中国工程院院士、清华大学韩英铎教授获得第三届电源科技奖杰出贡献奖，华中科技大学胡家兵、深圳青铜剑科技股份有限公司汪之涵、浙江大学张军明获得青年奖。

中国科学院核能安全技术研究所等单位完成的“强流氘氚聚变中子源加速器用 350 kV 大功率高压直流开关电源”、英飞特电子（杭州）股份有限公司完成的“高效、高可靠性大功率 LED 驱动电源”、江苏宏微科技股份有限公司完成的“一种新型大功率 NPT IGBT 芯片和模块的开发及产业化”等 5 个项目获得一等奖。

中兴通讯股份有限公司完成的“ZXDH880 高效高功率密度模块电源”、深圳可立克科技股份有限公司完成的“高输入电压 230 W LED 路灯智能驱动电源”、广州金升阳科技有限公司完成的“高可靠性无电解 AC/DC 电源模块系列”、深圳市英威腾电源有限公司完成的“绿色高效节能模块化不间断电源系统”4 个项目获得优秀产品创新奖。

经过前两届的评选培育与发展，中国电源学会科学技术奖逐步得到了电源行业的认可与好评，奖项影响力有较大幅度的提高。本届评选在申报数量及质量方面均取得了提高。

【首届高校电力电子应用设计大赛】 为加强国内高校电力电子及相关专业学生的相互交流，培养学生理论联系实际及工程实践的能力，激励更多优秀学生进行电力电子应用技术工程领域的创新，学会发起举办高校电力电子应用设计大赛，由中国电源学会科普工作委员会、浙江大学电气工程学院、浙江省电源学会具体承办。首届竞赛以高性能 LED 驱动电源设计为主题，共有来自 15 所高校的 16 支队伍参赛。决赛于 10 月 24—25 日在浙江大学举行，11 支队伍参加。决赛现场对各参赛队伍作品的主要完成尺寸、电气性能指标、电磁兼容和绝缘耐压进行了现场测试，并根据测试结果由专家进行评议，评选出一等奖作品 1 个、二等奖作品 2 个、三等奖作品 3 个、优秀工程设计奖作品 5 个、创意奖作品 2 个。10 月 25 日，举行颁奖仪式，向获奖队伍颁发了获奖证书和奖金。在学术年会期间设立了展示区对获奖作品进行了展示。

（撰稿人：张　磊）

中国复合材料学会

服务创新型国家和社会建设 2015年，学会承接多项政府转移职能，包括团体标准制定、科技人才评价、科技示范基地评价、工程教育认证等。

在团体标准制定方面，学会成立团体标准工作委员会（筹），制定《中国复合材料学会团体标准管理办法（试行）》，同时面向全行业发布立项申请的通知，并在3家企业开展试点工作，目前已完成一项标准初稿。在科技人才评价方面，学会成立评价工作委员会（筹），制定《中国复合材料学会专业技术人员专业水平评价管理办法（试行）》，并与两家企业签订合作协议。在科技示范基地评价方面，学会组织专家赴日照、泉州、芜湖、德州等多个城市进行调研，走访十多家复合材料企业，根据企业目前发展状况以及技术需求，制定科技示范基地的评价标准。在工程教育认证方面，学会推荐12名认证专家加入中国工程教育材料类专业认证委员会。

学会举办3期复合材料继续教育培训，内容涉及复合材料力学性能标准化测试、复合材料结构设计、复合材料成型工艺，共有174名学员结业。

9月21—23日，学会在江苏省镇江市举办了第一届中国复合材料产业创新成果技术展，共有60多家复合材料企业参展，观众近2000人次。此次展览为复合材料领域科研院所和企业提供了创新科技成果交流的平台，旨在促进复合材料新产品的工程化、产业化。

学会作为中国科协“创新驱动助力工程”试点学会，调研了保定、四平、鄂尔多斯、镇江、苏州等15个城市，建立保定工作站、日照工作站、镇江工作站等6个学会工作站，与25个地方科协对接，签订合作协议125个，落地项目9个。学会获得2015年度中国科协创新驱动助力工程优秀单位。

为了推动复合材料学科知识的普及，学会自主编写了“复合材料工程技术指导丛书”，填补复合材料领域图解指导手册空白。首批出版发行的《先进复合材料力学性能测试标准图解》和《先进复合材料成型工艺图解》两本教材，以图解的形式，形象化、图像化地展示了复合材料力学性能及制备工艺知识，使读者能够清晰地、简明易懂地进行实验操作。

学会建设 2015年，学会发展个人会员321人，理事单位1个，会员单位7个。截至2015年底，学会个人会员3848人，团体会员60个。学会新增理事2人，目前理事人数为197人。学会新增2个专业委员会和2个工作委员会，目前共有专业委员会14个、工作委员会7个。

按《中国复合材料学会章程》规定，学会召开了两次常务理事会议、两次理事长工作会及一次理事会议。

学会网站2015年全年浏览量达133434人次，微信公众号关注人数达13550人。学会定期对微信阅读点击率、文章内容性质进行分析，发现并公众关注的热点。

年初，学会与网络公司合作策划开发了“企会宝”APP平台，并于4月11日举行了启动仪式。

学术期刊 据CNKI发布的2015年《中国学术期刊影响因子年报》显示,《复合材料学报》的影响因子为1.196；中国科技信息所2015年《中国科技期刊引证报告》统计，为0.903（扩展版），0.790（核心版）。

学科发展研究 11月，学会申请并承担了中国科协“学科方向预测及技术路线图”项目，计划通过深入调研当前复合材料发展态势和国家重大需求，邀请复合材料相关领域的专家制定复合材料学科发展的技术路线图，确定复合材料学科的重点研究课题，集中全国优势力量，力争在关键技术上取得突破，使我国进入复合材料技术强国行列。学会成立了项目执行机构，主要包含工作组、编写组、行业专家组，并于12月7日召开第一次工作会议。

国际学术会议 学会在江苏省镇江市举办了第二届中国国际复合材料科技大会，大会共设有六大方向43个主题学术交流分会场和4个主题国际会场，共有1562人参会，其中11位专家分别作了大会报告，口头报告682个，收录论文767篇。

国内主要学术会议 学会举办了10场高端前沿学术会议，参会人数807人次，交流论文90篇。深入讨论了“交通领域能为轻量化复合材料支付的成本”“复合材料在交通领域广泛应用的时机”等热点问题。

国际交往 2月4—6日，第七届亚欧增强高分子工艺与性能会议在西班牙马德里举行，学会微纳米复合材料专业委员会5名专家参会。

5月11—15日，学会在上海举办的“第三期全国复合材料工程技术继续教育培训班——力学性能培训”活动中，邀请了ISO标委会委员Helmut

Fahrenholz 对复合材料力学性能测试原理、案例、标准进行了详细的讲解。

7 月 19—24 日，第二十届国际复合材料大会在丹麦哥本哈根召开，学会组织 100 名专家、学者参会，学会常务理事冷劲松担任大会国际学术委员会委员。会议期间，学会理事长杜善义院士被国际复合材料委员会授予“Word Fellow”称号，成为首位获得该荣誉的中国科学家。

7 月 27—31 日，学会在北京举办的“第四期全国复合材料工程技术继续教育培训班——结构设计”活动中，邀请了达索系统 CATIA 多专业工程用户体验总监 Philippe SAVIGNARD，为学员从复合材料在航空、汽车、风车叶片等主要应用领域结构设计特点，复合材料一体化设计及实践等方面进行系统讲解和操作指导。

科普活动　10 月 23 日，学会推荐高级会员水江澜教授做客北京人民广播电台《照亮新闻深处》节目，就“习近平主席参观英国曼彻斯特大学国家石墨烯研究院”这一热点新闻，对石墨烯的相关知识进行了科学普及。

学会推荐 6 名专家参与了中国科协《新科技干部必读》一书新材料章节中隐身材料、石墨烯、高分子材料、特种金属等专题的撰写工作。

学会于 12 月获得中国科协“2015 年度全国学会科普工作优秀单位”。

表彰举荐优秀科技工作者　学会推荐中国工程院院士候选人 2 名，其中 1 名通过中国科协审议；推荐第十四届中国青年科技奖候选人 1 名。

为表彰对我国复合材料发展作出突出贡献的青年科技工作者，学会评选出第一届“中国复合材料青年科学家奖”获得者 5 名和“中国复合材料杰出青年工程师奖”3 名，并于 9 月举行了颁奖典礼。

学会创新发展　截至 12 月底，学会微信公众号的关注人数已达 13000 余人。针对学会的品牌会议——中国国际复合材料科技大会（CCCM），微信平台“学会活动”栏目中设置了“CCCM”版块，订阅人可以通过微信方便快捷地了解 CCCM 会议的最新动态。微信平台实现了企业在线发布（匿名）技术需求，输入《复合材料学报》投稿文章编号可查阅文章审稿进展等功能。

学会把品牌会议 CCCM 的论文摘要集等资料发布在了学会网站上供下载。

党建强会　学会与中国图学学会、中国系统仿真学会组成的北航全国学会联合党支部参与了中国科协学会党建研究会调研课题和“党建强会计划”“十百千”特色活动等项目，并获得了“2015 年学会青年会员建家交友联谊活动优秀组织奖”。

11 月，学会联合中国图学学会等 6 家学会党员干部赴北京太阳村献爱心，为服刑人员子女送去了米、面、油等日常用品。

会员服务　学会继续为参加继续教育培训活动、研究生学术交流活动、学术沙龙、产学研、学术会议、科技奖励的会员积分；完善会员服务 VI 系统，为会员发送生日和节日祝福；向会员赠送学会制作的效率工作手册，为会员减免会议注册费，举办“研究生学术峰会”，提高复合材料专业研究生学术创新能力；开展“青年人才托举”工作，扶持青年人才成长；推荐会员参评各类奖项，参加各类国内外学术会议。

为完善对团体会员的服务，学会组织专家团队赴山东省德州市为中大贝莱特集团、德州中立新能源科技有限公司、山东鼎晟复合材料科技股份有限公司等企业提供技术指导；为河北恒润集团、惠柏新材料科技（上海）有限公司梳理技术路线，提供人才评价服务；在学会网站为企业发布招聘信息；开发“企会宝”APP，实现了专家与企业的线上合作。

中国科协会员日　中国科协会员日期间，学会走访了哈尔滨飞机工业集团有限责任公司、河北省多基复合材料产业技术研究院有限公司、黑龙江省科学院石油化学研究院等单位，看望基层一线科技工作者、慰问学会会员及资深专家，就学科及产业发展、学会能力提升工作与后续工作计划展开深入交流，征集科技工作者对学会工作的建议。

学会组织会员、复合材料专业研究生参观了国内最大的航空复合材料产品生产基地——哈尔滨飞机工业集团有限责任公司及哈工大机器人集团复合材料装备有限公司、黑龙江工程学院先进复合材料重点实验室等行业产业示范基地、重点实验室。向在京会员，尤其是青年科技工作者及学生会员分发、寄送科协下发的中国科学技术馆、北京汽车博物馆、北京天文馆、北京铁道博物馆免费参观门票，并号召分支机构结合学科特性多参与科普活动。

【第二届中国国际复合材料科技大会】 9 月 21—23 日，学会召开了第二届中国国际复合材料科技大会，共接待来自美、法、德、英、俄、日、韩等16个国家的专家、学者125名，港澳台地区专家、学者5名，推动了复合材料领域的国际交流与合作。

【第一届全国介电高分子复合材料与应用学术会议】 11月6—8日，由学会介电高分子复合材料与应用专业委员会（筹）主办的第一届全国介电高分子复合材料与应用学术会议在陕西省西安市举行。80多名专家、学者参会，交流论文28篇、专题报告15个、口头报告10个。会议内容涉及储能介电高分子材料、电卡效应介电高分子材料、机电转换介电高分子材料、多功能介电高分子材料，以及介电高分子材料的制备、加工和结构与性能关系等方面，对提升我国介电高分子复合材料在国际上的学术影响有重要作用。

（撰稿人：叶金蕊　王艳艳）

中国消防协会

服务创新型国家和社会建设 协会开展了第五批（2015年度）企业信用等级评价初评、第三批（2013年度）和第四批（2014年度）企业信用评价复评工作。

第五批参加信用等级评价初评的企业共44家，其中，32家生产型企业，有15家获AAA级、13家获AA级、3家获A级，有1家企业因产品不合格被取消信用等级评级资格；12家安装施工型企业，有8家获AAA级、2家获AA级、1家获A级，1家因拖欠工程款被取消信用等级评级资格。

2013年度获评A级以上信用等级参加复评的企业共12家，其中，10家维持原有级别，1家进入下调级别，1家因产品不合格被取消信用等级资格。2014年度获评A级以上信用等级参加复评的企业共33家，其中：32家维持原有级别，1家因产品不合格被取消信用等级资格。

学会建设 中国消防协会第六次全国会员代表大会于2015年9月29日在北京召开。公安部党委委员、副部长李伟出席会议并讲话，公安部消防局局长于建华、民政部民间组织管理局副局长廖鸿在会上讲话。公安部消防局政委王沁林、中国科协学会学术部副部长王晓彬出席了会议。会议审议并通过了《中国消防协会第五届理事会工作报告》，选举产生了新一届理事会和理事会领导成员。180名会议代表出席了大会。

大会选举产生了由121名理事组成的第六届理事会。六届一次理事会议选举产生常务理事41名，选举陈伟明为中国消防协会第六届理事会会长。王铁民、谢模乾、杨建民、李引擎、陈飞、朱力平、尹俊士、张荣昌、许兆亭、冷俐为中国消防协会第六届理事会副会长，高伟为中国消防协会第六届理事会秘书长。陈伟明代表第六届理事会在中国消防协会第六次全国会员代表大会上做了闭幕讲话。

为规范中国消防协会聘用人员管理，保障用人单位和聘用人员的合法权益，根据《劳动合同法》《社会团体登记管理条例》等法律法规和政策，结合本会实际，起草制定了《中国消防协会聘用人员管理办法》。

5月20日，协会领导在京会见了香港消防处新任处长黎文轩率领的代表团一行，双方回顾了中国消防协会与香港消防处多年来的友好交往历史和今后继续开展合作交流的前景。

应协会邀请，香港消防处、澳门消防局、中国香港消防协会及台湾地区中华消防协会均组团来京参加了10月20—23日在北京举办的第十六届国际消防设备技术交流展览会及其他交流活动。协会领导分别会见了各代表团，大家表示，一定坚持这种交流与合作，推进两地、两岸之间的消防事业共同发展。

学术期刊 2015年《中国消防》编辑部编辑、出版24期，收到各类稿件2万多篇；开设30多个栏目，策划专题24个，刊发各类稿件2400余篇。其中要闻类稿件200篇，消防科普类稿件90余篇，反映消防部队抢险救援类稿件300余篇，消防基层建设类稿件90篇，全年印刷发行123.6万册。5月，开通了中国消防杂志社微信公众号，每天推出3—4条内容，在天津港爆炸事故、第十六届国际消防设备技术展览会、西藏成立50周年期间发挥了较好的作用。截至2015年底已发布文字微信453条、视频微信88条。

《消防技术与产品信息》全年编辑出版了12期正刊、1期增刊。共收到论文813篇，检测合格530篇，刊登463篇。全年印刷发行7万册。

《消防科学与技术》全年编辑出版12期正刊、2期增刊。收到消防科技论文1800多篇，录用777篇，全年印刷发行8.4万册。出版《消防科学与技术》中英文摘要国际交流版汇编一册，摘选文章96篇，共9.6万字。2015年《消防科学与技术》连续第三次收录入《中文核心期刊要目总览》，再次被评为“天津市一级期刊”“天津市第十一届优秀期刊”。

国内主要学术会议 协会组织完成了2015中国消防协会科学技术年会论文征集评审和出版工作。共征集论文714篇，经评审委员会评审，有220篇论文获“优秀论文奖”，其中一等奖32篇、二等奖65篇、三等奖124篇。同时，对广东省消防协会等6个在论文征集工作中作出突出贡献的单位，授予优秀组织奖。10月，编辑出版了《2015中国消防协会科学技术年会论文集》。作者围绕消防新技术、火灾危险性分析、消防安全评估方法、预防灭火救援伤亡事故的对策、物联网技术在城市火灾防控中的应用等方面进行了研究和探讨。

协会所属分支机构，结合实际工作需要，积极开展不同形式的学术交流活动。学术工作委员会、火因调查专业委员会、电气防火专业委员会、石油化工防火专业委员会、灭火救援技术专业委员会、森林消防专业委员会、建筑防火专业委员会和防火材料分会、固定灭火系统分会等分别召开了2015年年会和学术研讨会，共有606人次参加会议，共征集论文755篇，入选论文集483篇，出版论文集7本，出版《防火防爆工程学》《小学消防科普教育辅导教材》《消防常识歌》等书籍。

国际交往 5月3—8日，协会派员前往马来西亚，出席了在吉隆坡召开的国际消防协会联盟执委会议和亚洲分会全体会议，并参观了由马来西亚消防与救援局主办、英国消防工程师协会马来西亚分会和马来西亚消防协会协办的2015马来西亚国际消防交流与展览会。

11月9日，协会代表团赴日本出席了中日两国消防协会第三十一次协议会，双方进行了业务交流，并就两国消防协会第三十二次协议会、日本消防协会第三十次友好访华团、协会派遣消防业务骨干赴日研修等事项进行了协商，达成了一致意见。协会代表团还出席了中日韩三国消防协会第七次联席会议，会上交流了各自的工作情况，并就下一次联席会议召开事项进行了协商。

10月19日，协会领导会见了来华参加第16届国际消防设备技术交流展览会的美国消防协会总裁吉姆·波利一行，双方就各自的工作情况及今后的合作进行了交流。

8月17—24日，日本消防协会第二十九次友好访华团来访，并在北京和内蒙古自治区参观考察。通过实地考察交流，日本客人对内蒙古自治区防火工作的特点表示赞赏，尤其对草原“119”马背消防队的设想及其发挥出的重要作用给予了称赞。

科普活动 3月，协会科普教育工作委员会与公安部上海消防研究所信息部等相关科研人员共同完成消防装备全息互动平台。该平台主要应用于教育、培训与宣传领域，利用数字幻影空间成像技术、虚拟现实、视觉及现代艺术、人体感应技术，利用立体视觉、人机交互、虚实联动的先进手段研发了此项装置，可用于各种互动培训操作场合。该平台2015年11月3—7日在中国工博会（上海）展区展出，吸引众多参观者观摩。

6月编写完成由化学工业出版社出版的《防火防爆工程学》，参与编写的有全国各地的消防科普委员。该教材首次被中国地质大学（北京）、北京公安大学等大学作为教学用书。

“119”期间，中国消防协会科学普及教育工作委员会在江苏、宁夏、浙江、河北、福建、上海等消防协会的支持下，有针对性地向这些地区的幼儿园和小学赠送消防科普贴图3万多份。“119”期间，协会与公安部上海消防研究所信息部的研究人员赴上海市区的相关的中小学开展“小学消防科普教材研究”课题调查研究，并针对性的进行小学消防科普知识传播、教学要求、小学灭火器具了解需求等问卷调查，并向这些学校赠送了1.5万多份消防宣传贴贴图。

【中国消防协会第六次全国会员代表大会】 2015年9月29日，中国消防协会第六次全国会员代表大会在北京举行。公安部党委委员、副部长李伟，公安部消防局局长于建华，民政部民间组织管理局副局长廖鸿出席会议并讲话。公安部消防局政委王沁林、中国科协学会学术部副部长王晓彬，以及中国消防协会第六次全国会员代表大会代表180人出席了大会。

中国消防协会第六次全国会员代表大会

李伟在讲话中指出，中国消防协会作为全国性的消防社团和行业组织，是公安消防部门与消防行业沟通联系的重要桥梁和纽带，各项工作必须紧紧围绕消防工作的中心任务来展开，始终把促进消防工作发展、推动火灾防控能力提升作为协会全部工作的出发点和落脚点。要紧紧围绕消防工作面临的难点、重点问题，紧盯基础性、前瞻性、关键性消防安全课题，搭建高层次的消防学术交流平台，开展高质量的消防学术交流活动，在推动消防学科建设、基础研究、高新技术研发应用以及消防科学知识普及等方面发挥更突出的作用。

李伟强调，当前我国的消防科学研究水平还不太高，许多先进的消防技术产品和消防装备器材依赖国外进口。中国消防协会要以国家宏观经济政策为指引，以推动行业科技进步为抓手，引导开展尖端的消防科技创新，加速消防技术革新和产业升级换代，提升整个消防行业的科技水平，为消防现实斗争提供有力的科技支撑。要认真贯彻国家中长期人才发展规划纲要，建立健全消防科技人才评价激励机制，培养一大批充满朝气、勇于创新的消防科技人才，为消防领域科学发展增添后劲。

李伟要求，中国消防协会要进一步加强自身建设，坚持依法办会、民主办会，加强法人治理结构建设，进一步发挥好理事会在重大决策中的作用，大力推进协会办事机构职业化建设，依法依规开展工作，严格自律，不断增强协会服务政府、服务科技工作者、服务科学普及的能力和水平。

会议审议并通过了中国消防协会第五届理事会常务副会长王铁民所作的《中国消防协会第五届理事会工作报告》《中国消防协会第五届理事会财务工作报告》，审议通过了中国消防协会第五届理事会秘书长高伟所做的《〈中国消防协会章程〉修改说明》和《中国消防协会会费缴纳标准及缴费办法》《中国消防协会第六届理事会理事选举办法》。

会议指出，中国消防协会第五届理事会以“三服务一加强”为宗旨，以“提供服务、反映诉求、规范行为”为指针，在公安部、中国科协的领导下，开拓创新，锐意进取，各项工作取得了显著成绩：积极开展学术交流和科技奖励工作；开展了形式多样的消防科普宣传活动；大力推进实施了职业技能鉴定工作；成功举办了十至十五届国际消防设备技术交流展览会；消防行业信用等级评价工作深入开展；圆满完成了学会能力提升专项任务；加强了国际及港澳台民间消防交流；《中国消防》杂志社社会效益、经济效益取得明显进展；协会自设建设得到了进一步加强。

会议要求，进一步提高协会正规化、职业化、专业化和信息化水平，努力提高服务社会、服务消防科技工作者和消防工程技术人员的能力和水平。

会议选举产生了121名中国消防协会第六届理事会理事，并产生了新一届理事会常务理事41名。会议选举陈伟明为中国消防协会第六届理事会会长，王铁民、谢模乾、杨建民、李引擎、陈飞、朱力平、尹俊士、张荣昌、许兆亭、冷俐为中国消防协会第六届理事会副会长，高伟为中国消防协会第六届理事会秘书长。

陈伟明代表第六届理事会在中国消防协会第六次全国会员代表大会上做了闭幕讲话。陈伟明表示，协会要按照公安部、中国科协、部局的工作部署和民政部关于社团组织建设的要求，加强和改进工作，增强自觉性、主动性，把握机遇、迎接挑战，努力提升协会的服务、管理能力和水平。

【第十六届国际消防设备技术交流展览会】 由中国消防协会主办并承办的第十六届国际消防设备技术交流展览会于10月20—23日在北京中国国际展览中心（新馆）举行。

10月20日上午，第十六届国际消防设备技术交流展览会开幕式举行。公安部党委委员、副部长李伟，公安部消防局局长于建华，协会会长陈伟明及其他协会领导，各省、自治区、直辖市消防总队、消防协会负责人出席了开幕式。塞内加尔共和国消防总队、国际消防协会联盟、国际消防协会联盟亚洲分会、美国消防协会、台湾地区中华消防协会、香港消防处、中国香港消防协会、澳门消防局、美国RJA集团公司等单位负责人应邀出席了开幕式。开幕式由协会副会长王铁民主持，陈伟明致开幕词。

本届展览会共有来自20个国家和地区的601家企业和科研、认证、检测机构参展。其中，建筑防火类厂商325家，消防装备类厂商276家，各类灭火、抢险救援车230多辆。展出面积85000平方米，展位946个。展会期间，开展了经贸和技贸洽谈活动，举办了技术交流活动及消防器材现场演示。

位于中国国际展览中心新馆数万平方米的展览馆内，各类消防抢险救援车和多用途职能升降器、便携式红外侦察热像采集传输系统、无线音频生命探测

仪、吸气式感烟火灾探测器、单车式远程供水系统、无人机指挥系统等成为观众关注的热点。展馆东广场上展出了数百辆消防登高车、云梯车和其他特种救援车辆。

消防设备现场演示区，逼真的着火现场，消防队员精湛的灭火救援技术吸引了观众。20场涉及前沿消防科技命题的学术研讨会、报告会座无虚席。在《中国消防》杂志社举办的小学生漫画作品颁奖及现场创作活动中，小学生通过画笔展示出参观后的感受。

据统计，四天的展会，观众达到4万多人次。

本届展览会引起了中央、市属新闻媒体的关注，中央电视台《新闻联播》、中央人民广播电台当天都播发了新闻。《中国科技报》《人民公安报（消防周刊）》《中国安全生产报》《新京报》等新闻媒体对此次展览会都给予了及时报道。《中国消防》杂志微信公众平台、中国消防协会官方微博等也及时报道了展览会信息。《中国消防》《消防安全与技术》《消防技术与产品信息》《现代职业安全》等杂志策划了展览会宣传专栏。

国际消防设备技术交流展览会自1986年举办第一届以来，已成功举办了16届，成为国内外消防行业普遍关注的大型消防专业展会之一。2008年以来多次被商务部有关机构评为百强专业展览会。

【全国消防特有工种职业技能鉴定工作】 2015年全国报名参加建（构）筑物消防员和灭火救援员职业技能鉴定人数突破65万人，取得初级、中级建（构）筑物消防员国家职业资格证书的人数突破40万人，取得高级建（构）筑物消防员国家职业资格证书的人数已有78人，取得初级灭火救援员国家职业资格证书的已有3930人。按照公安部消防局“一省一站”和“一站多点”的消防行业特有工种职业技能鉴定站布局原则，协会在全国建成了31个消防行业特有工种职业技能鉴定站和32个鉴定点，初、中级建（构）筑物消防员和初级灭火救援员职业技能鉴定工作深入展开，高级建（构）筑物消防员职业技能鉴定试点工种也开始启动。

协会经公安部消防局和人力资源社会保障部职业能力建设司批准，协会于1月18日、4月15日、7月19日、10月18日分四期组织消防行业特有工种职业技能鉴定理论知识全国统考，共有31个省、自治区、直辖市的173654名社会消防从业人员报名参加了初、中级建（构）筑物消防员和初级灭火救援员职业技能鉴定，其中156723人报名参加初级建（构）筑物消防员鉴定，14621人报名参加中级建（构）筑物消防员鉴定，1710人报名参加初级灭火救援员鉴定。

协会组织了对新建消防行业特有工种职业技能鉴定站和鉴定点的资格条件审查验收。对新疆、广西、云南、四川等8个鉴定点进行现场验收；对青海省消防协会承建的消防行业特有工种职业技能鉴定（青海）站进行现场条件审查。

协会组织了2015年度消防行业特有工种职业技能鉴定督导员资格培训工作。1月27—31日，协会与人力资源和社会保障部职业技能鉴定中心共同在重庆市消防总队培训基地举办了第四期全国建（构）筑物消防员职业技能督导员资格培训班。26个省、自治区、直辖市选派的45名消防管理人员参加了培训。截至2015年年底，全国消防行业特有工种职业技能鉴定质量督导员已达到172人。

协会组织了2015年度的消防行业特有工种职业技能鉴定考评员资格培训工作。6月7—13日、8月17—21日协会与人力资源和社会保障部职业技能鉴定中心共同在浙江省消防总队培训基地、黑龙江省哈尔滨职业技术学院举办了第十、十一期全国建（构）筑物消防员职业技能鉴定考评员资格培训班，29个省、自治区、直辖市选派的258名消防专业技术人员参加了培训。截至2015年年底，全国消防行业特有工种职业技能鉴定考评员已达到1386人。

按照人社部对职业技能鉴定工作质量管理的要求，7月，协会正式向27个已取得国家鉴定许可的消防行业特有工种职业技能鉴定站发文通知年检自查，在各省鉴定站自查基础上组成3个工作组，分别对贵州等12个省区鉴定站进行现场检查评估。

4月，协会在云南省昆明市组织了对现有建（构）筑物消防员初、中、高级职业培训鉴定教材和题库的修改和审定工作。

1月至10月，协会出版发行了6万册消防职业技能鉴定统编教材和考试指导手册，制作核发了11万本消防行业特有工种国家职业资格证书，其中初级9万本，中级2万本。为安徽等18个消防行业特有工种职业技能鉴定站在人社部重新核发了《国家职业鉴定许可证》，目前经人社部批准的全国27个消防行业特有工种职业技能鉴定站均具备“建（构）筑物消防员”“灭火救援员”鉴定资格。

【注册消防工程师资格认证工作】 协会配合公安部消防局补充完善注册消防工程师资格考试专家名

单，制定了“专家信息登记表”。初步完成了注册消防工程师专家库建设。开展资格考试研究，制定命题工作相关规则制度。

根据公安部消防局要求，协会走访人社部考试中心等3个单位进行调研。起草制定了11项制度文件，主要包括《注册消防工程师资格考试命题工作方案》《注册消防工程师资格考试命题专家工作规则》《注册消防工程师资格考试命题专家保密规程》《保密责任书》《注册消防工程师资格考试命题技术要求》《命题细目表草案》等基础文件及相关制度措施，并经协会和公安部消防局领导批准实施。按照公安部消防局授权和协会领导要求，完成了第一阶段命题和初审工作，购置相关设备35件套。签订协议，明确工作任务和保密要求，制定统一规则。对21名专家进行分组，由专家组组长组织开展工作，完成了命题。按照人社部考试中心和公安部消防局要求，于9月17—24日完成了第二阶段2套注册消防工程师资格考试试题试卷的终审和1套试卷的审校工作。根据公安部、人社部关于一级注册消防工程师资格考试工作安排，2015年12月19—20日进行了首次考试，全国各考场共有44万人参加考试。

（撰稿人：贺德华）

中国图象图形学学会

学会建设 学会发展个人会员200人，新增团体会员3个。截至2015年年底，学会个人会员人数达2200人。

4月，学会图象视频处理与通信专业委员会成立。吉林省图像图形学会正式成立。

国际学术会议 8月13—17日，学会与天津图象图形学学会、微软中国研究院、天津市科协共同主办的第八届国际图象图形学学术会议在天津市召开，400多名专家、学者参会，参会人数超过历届。会议进行专题报告10个，征集论文400篇，录用170多篇。

国内主要学术会议 3月17—19日，学会在上海举办Vision China 2015（上海）机器视觉国际展览会暨机器视觉技术及工业应用研讨会。本届展览会吸引了包括众多国际知名厂商的120多家视觉企业参展，来自全国各地的参会代表600多人。观众初步统计达到9万人次，为历届展会之最。

7月1—3日，学会在广东省深圳市举办第十届中国（深圳）机器视觉展览会暨机器视觉技术及工业应用研讨会。来自全国各地的参会代表400多人，包括生产企业的工程技术人员，研究院所及高校的专家、学者和观众，初步统计达到2万多人。

10月14日，第十二届中国（北京）国际机器视觉展览会暨工业应用研讨会Vision China（Beijing）在北京开幕。约600名专家、学者、厂商代表前来参会，国际知名厂商凌云、大恒、三宝兴业（微视凌志）、嘉恒中自、微视新纪元、加拿大Point Grey等40多家视觉企业参展。

4月10日，学会在湖北省武汉市召开大数据时代的视频新技术学术研讨会，100多名专家、学者参会。会议安排了《智慧城市中的时空大数据》《视频大数据的挑战与出路》《移动环境下的场景理解》等学术报告。

8月14日，学会第十届青年科学家论坛在天津市召开。11位委员和30多名代表参加了论坛，5名专家作现场报告。论坛旨在为从事图象图形学科的青年科学家提供一个充分交流的平台。

10月22日，第二届军事与农业图象图形技术高峰论坛在陕西省西安市召开。100多名专家、学者出席会议。会议特邀3名专家作主旨报告。下午专家、学者分组进行了报告和讨论。军事专题内容包括军事多传感器图象获取及融合，图象透雾增强，高动态图象获取与显示，光场相机技术进展，合成视景显示，军用图象目标智能检测、跟踪、识别，军用图象数据深度学习理论，军用大数据挖掘。农业专题内容包括农业物质资源图象分析与检测，基于高光谱/多光谱的作物长势、病害识别与诊断，基于视频分析的动物高级行为识别与理解，智能农业装备导航，植物生长模型与三维场重建等。会议邀请了部分图象图形厂家和院所进行产品展示。

两岸交流 9月18—20日，2015海峡两岸可穿戴技术与设计研讨会在北京举行。300名专家、学者参加了会议。大会邀请到海峡两岸28名在可穿戴技术领域有突出成就的专家、学者作专题报告，其中有9名是台湾地区专家。研讨会旨在加强海峡两岸青年科学家的密切合作与交流，探索具有创新性、适应性、稳定性、扩展性的产品和技术（传感与定位、外观设计、人机接口、远程通信等）。会议还就可穿戴技术服务模式、盈利空间、产业链、硬件与软件及其在专业应用领域和特殊应用人群（老年人，残疾人，

儿童和女性）等研究领域展开学术讨论。

科普活动 学会为大学生、中学学生举办图象图形科普讲座6次，开展虚拟现实技术、动画仿真技术等图象图形研讨会和培训班3次，受众2000多人次。

党建强会 学会组织开展“三严三实”等教育活动，并获得了中国科协“党建强会”计划“十百千”特色活动和党建研究会调研项目的资助。7月，学会党支部组织部分党员、群众到西藏边远山区进行调研、考察，掌握基层一线科技工作者的生活及工作相关情况。

会员服务 学会创办的《中国图象图形学学会通讯》（电子版）每季度一期免费发放给会员；组织专家、学者参观有关研究所，了解前沿技术，搭建企业与学会之间的桥梁；了解基层科技工作者的生活和工作诉求，通过学会平台积极解决诉求。

中国科协会员日 中国科协会员日期间，学会邀请在北京的30名会员参观中国科学技术馆。

12月18日，学会调研、走访、慰问北京林业大学一线科技人员，与科技人员座谈，了解科技工作者的工作和生活方面的诉求，并征求科技工作者对学会的期望和服务要求。会议期间，向北京林业大学的科技人员宣传中国科协会员日，向科技人员表示节日祝贺。

【第八届国际图象图形学学术会议】 8月13—17日，第八届国际图象图形学学术会议在天津市召开。本届会议由中国图象图形学学会、微软中国研究院和天津市科协主办，天津图象图形学学会承办。学会理事长徐冠华致欢迎词。天津市科协党组书记、常务副主席杨鑫传代表天津市科协致欢迎词。

近400名来自高等院校、科研院所和相关企业的科技工作者与会，提交学术论文400余篇，录用170余篇。工信部副部长怀进鹏院士、西安交通大学教授徐宗本院士等6位院士参会并作大会邀请报告。

会议分10个系列专家论坛进行学术交流。

（撰稿人：骆岩峰）

中国人工智能学会

服务创新型国家和社会建设 年内，学会承接中国科协创新驱动助力工程项目，联合杭州市科协、杭州市科技咨询中心和杭州人工智能学会组成共同体，项目前期，学会在浙江省杭州市举办京沪杭高科技产业交流会暨大数据与人工智能高峰论坛，旨在促进京沪杭三地智能科技学术与产业界的交流，李德毅院士、谭建荣院士等专家、学者参加论坛并作报告。项目中期，学会在浙江省杭州市举办科技成果转化对接会，邀请清华大学、浙江大学、北京邮电大学、浙江工业大学、浙大宁波理工学院等高校的科研团队介绍科研成果，搭建产业与科研的交汇平台，实现京沪杭三地产业与学术在供需上的融合。项目后期，在“政、产、学、研、用”研讨的基础上，完成了《2015年中国智慧医疗健康技术发展报告》和《2015年智能机器人产业发展研究报告》。

学会推进落实“大众创业、万众创新”，举办了17项竞赛活动，其中首次举办竞赛活动6项。产生较大影响的博耳杯首届全国大学生创客大赛活动以“智能改变生活”为主题，以打造出可以改变或颠覆未来生活的全新产品或技术方案为目标，面向全国高校在校大学本科生、硕士生、博士生广泛征集与智能生活相关的作品与方案。活动覆盖华北、华中、华南区域，与学会特色活动“CAAI校园行”有效结合，形成“CAAI校园行——大赛进校园”主题系列活动，先后在北京科技大学、北京理工大学、中国科学院大学、北京航空航天大学、首都师范大学、同济大学等12所高校进行面对面宣讲与交流，同时邀请学术界和业界有影响力的10位专家作报告，吸引师生2000多人次参与。

11—12月，学会在清华大学先后组织了MES等先进制造技术系列讲座3次，分别邀请西门子、ABB、罗克韦尔等自动化领域国际知名公司的专家介绍了MES、“工业4.0”、智能制造等先进制造技术及相关应用案例，60余人参加讲座。

11月30日—12月3日，学会联合浙江省人民政府于在义乌市举行了第五届中国智能博览会。参展单位百余家，总展出面积达1万平方米，观众人数超过3万人次。博览会以“智能、绿色、环保”为突出点，以实施“中国制造2025”和“互联网+”战略为契机，围绕“智能制造”装备重点领域，重点突出展示国内外装备制造业先进技术和智能产品。博览会设展览展示、贸易洽谈、颁奖活动、会议论坛、新品发布五大板块，并展出了数百台各类机器人、无人驾驶的智能车、无人机及3D打印技术设备。博览会集中展示了相关院校和企业数十年来在人工智能领域研发制造的成果，普及了人工智能的基本概念及前沿技术，推动了智能产业和智能产品的广泛应用和发展，打造了“政、产、学、研、用”的交流平台。

学会建设 2015年，学会新增设了会员服务中心，配备专职工作人员。更新、完善会员管理系统，提供会员咨询与服务。2015年学会注册会员数达到15600人，新增会员3600余人，团体会员新增10个，交纳会费会员新增3000余人。

学会修订了《中国人工智能学会分支机构管理办法》，成立智慧医疗专委会、智能农业专委会，离散数学专委会更名为智能系统专委会。机器学习专委会完成主任换届。

截至2015年，专委会会员总数达到12829人，举办学术活动164场次，其中学术会议/竞赛132场次，工作会议32场次。学会7月在北京、8月在上海市、12月在福建省福州市召开三次专委会工作会议，在4月和12月组织了两次分支机构秘书长沙龙。

学术期刊 2015年,《智能系统学报》获得了国家自然科学基金项目支持，不仅被多家国外数据库收录，而且成为中国科技核心期刊、中文核心期刊，并被中国科学引文数据库（CSCD）收录。影响因子达到了0.691，在同类18种核心期刊中排名第四。

CAAI Transactions on Intelligence Technology（《智能技术学报》）筹备工作进展顺利，计划于2016年1月由Elsevier出版社正式出版。

学科发展研究 2015年，学会编写完成第一批人工智能白皮书，内容包括机器学习、模式识别、智能机器人、智能驾驶、自然语言处理5个专题。学会编撰《2015年中国智能机器人发展年鉴》，旨在反映我国智能机器人及相关领域近几年的科技水平和产业发展状况。

2015年学会联合国内出版机构联合推出“机器人与人工智能”书系，成立专家委员会，由学会理事长李德毅院士担任委员会主席。年内已出版的图书包括米格尔·尼科莱利斯的《脑机穿越》、乔治·戴森的《图灵的大教堂》。该书系在中央电视台《对话》栏目中以“人工智能时代的大未来”为主题专设对话讨论。12月2日，与该书系配套的系列机器人与人工智能高端沙龙和高峰论坛在北京举行，此次沙龙以“与机器人共舞”为背景，以“人工智能时代的大未来”为主题，邀请机器人领域的专家、学者和业界人士共同研讨人工智能与机器人的未来发展。

国际学术会议 2015年，学会参与16次国际学术会议，开展了11次国际交流合作。

10月26—29日，学会在日本札幌市举办第十届自然语言处理与知识工程国际学术会议（NLP-KE'15），40余位自然语言处理的专家、学者参加会议，会议交流了学术论文28篇。

国内主要学术会议 2015年，学会举办学术会议26次、专题学术会议40次。

8月15—16日，学会在上海市举办第五届中国智能产业高峰论坛，国内高校、科研院所、AI业界及资本投资者近2000人参加论坛。此次论坛以“中国制造2025”的主攻方向“智能制造”为主题，围绕产业智慧化、智慧产业化等主题开展讨论与交流。论坛分为大会主题与专题论坛研讨两种形式。学会理事长李德毅院士，副理事长谭铁牛院士、卢秉恒院士，工信部软件司司长陈伟，香港科技大学教授杨强等，就智能产业发展方向、技术趋势、国家政策开展交流与探讨，内容涵盖了大数据认知、智能制造与智能机床、从“互联网+”到人工智能等热点话题。论坛同期还举办了6个专题论坛。

10月21—23日，学会在辽宁省大连市举行第十一届中国智能机器人学术会议，参加人数250人，会议收录100多篇论文，其中10篇论文被评为优秀论文。

11月21—22日，学会在北京大学召开专委会学术沙龙，旨在依据“科学的本质是批判，交流的本质是质疑”，充分发挥学术交流作为原始创新的源头之一的作用。李德毅院士、倪光南院士、徐冠华院士、赵沁平院士出席并作学术报告，人工智能领域的专家、学者约50人参加沙龙。

6月26—27日，学会在天津市经济技术开发区举办类脑智能创新论坛，美国科学院院士蒲慕明，郑南宁院士、谭铁牛院士，美国密歇根大学，佐治亚摄政大学的人工智能和神经科学专家参加论坛，此次论坛对于促进脑科学与信息科学的交叉融合，共同推进中国脑计划具有重要意义。

11月13—15日，学会模式识别专委会在天津市滨海新区举办第十届中国生物识别学术大会，近300人参会。

科普活动 学会全年开展主题科普活动59次，其中科普讲座21次、科普展览17次、其他形式科普宣传6次，受众人数7880人次，获得中国科协颁发的“2015年度全国学会科普工作优秀单位”和“2015年

全国科普日北京主场优秀活动组织单位”两个奖项。

学会理事长李德毅院士、副理事长谭铁牛院士和学会专家张钹院士领衔分别组建了3支科学传播专家团队。李德毅院士领衔“智能机器人团队”，成员由来自清华大学、同济大学等高等院校的10名教授组成，主要负责领域为人工智能、无人驾驶、机器人等。谭铁牛院士领衔“智能感知与计算团队”，由来自中国科学院自动化研究所的11名教授组成，主要负责领域为计算机视觉、机器学习、模式识别等。张钹院士领衔“人工智能及其应用团队”，由来自清华大学计算机科学与技术系的10名教授组成，主要负责领域为人工智能、信息检索、图像理解等领域的科普传播、创作和社会动员等工作。

9月19—25日，全国科普日期间，学会以“老来伴”养老辅助智能机器人为主题举办了主题展。中国科协为学会发来感谢信，并颁发了“2015年全国科普日北京主场优秀活动组织单位”的荣誉证书。

学会举办的第一届中国人工智能科普论坛、平行智慧——“互联网+”的今生与来世、导师进校园——开学第一课、3D打印、软件领域的发展近况、计算机/软件领域的大师及其贡献、整合创新推动产业升级、服务设计牵引模式创新、中国的创造法——可拓创新方法等活动传播范围大，社会反响良好。

作为学会特色的“大赛进校园”开展了系列主题活动，举办了包括中国智能产业创新创业大赛、首届全国青年人工智能创新创业大会、首届全国智能产品创新设计大赛、第一届“光谷杯”机器人设计技能大赛等14场创新竞赛活动。

表彰奖励优秀科技工作者　11月30日，学会在浙江省义乌市举行2015年度第五届“吴文俊人工智能科学技术奖”颁奖仪式。中国人工智能学会副理事长、北京理工大学计算机学院院长黄河燕宣读了《奖励决定》。清华大学孙富春教授、南京大学张旭苹教授等主持的23项科研成果获奖，其中创新奖11项、进步奖12项。

【全国智能机器人创新联盟成立】　1月23日，全国智能机器人创新联盟成立，获得7个国家级学会支持，有40多个顶尖创新团队参与。学会理事长李德毅院士被选举为联盟理事长。

11月10日，联盟在山东省济南市举办首届全国青年人工智能创新创业大会。李德毅院士，德国弗朗霍夫协会、瑞士ABB、德国KUKA的专家、学者参加大会并作报告。大会举办了5场辅导，参赛团队40个，其中24个团队进入大会创业辅导环节，最终9个团队获特等奖，9个团队获一等奖。

【首届中国人工智能大会】　7月26—27日，学会在中国科协、科技部和中国科学院的支持下，在北京举办了首届中国人工智能大会。

学会理事长李德毅院士，副理事长谭铁牛院士、徐扬生院士，微软全球执行副总裁沈向洋，科大讯飞董事长刘庆峰，合肥工业大学教授、国家“千人计划”特聘专家吴信东，IBM中国研究院大数据及认知计算研究总监苏中等专家、学者和业内人士1000余人参加大会。与会人员围绕智能控制、模式识别和计算机视觉、机器学习与数据挖掘、智能信息检索、语音识别等主题开展交流研讨。大会同期举办4个主题论坛，近40位国内外专家和业界人士作大会嘉宾发言。

（撰稿人：陈　峰）

中国体视学学会

服务创新型国家和社会建设　11月13—15日，学会在广西壮族自治区北海市举办工业CT标准制定模式研讨会，学会理事长康克军等近40位专家参加研讨会。专家认为，工业CT的发展促使标准工作的推进，开展CT工业标准工作既要考虑使用者要求，又要考虑生产者达到水平、社会允许程度等。

12月18日，学会在清华大学承办中国科协第八期中国科协科技期刊主编（社长）沙龙。中国科协党组成员、书记处书记王春法，中国科学院院士、中国科技期刊编辑学会理事长朱邦芬，学会理事长康克军，以及来自有关学会、科研、出版机构的专家和科技期刊主编、社长、编辑部主任等40余人参加沙龙活动。学会副理事长、副主编赵忠明，副秘书长、副主编彭瑞云先后主持沙龙。

学会建设　9月17日，学会第六届理事会第三次会议在贵州省贵阳市召开，会上通报了学会及6个专业分会近期工作开展情况，并就学会期刊发展、增设学会科技奖青年奖等事宜进行讨论。

10月29日，学会召开理事长、秘书长办公会，决定实行理事长分工负责制，明确理事长、副理事长的分工及职责。

11月，学会通过了《中国体视学学会团体标准管理办法（试行）》。

12 月，学会成立了标准化技术委员会，负责学会的标准化工作。

学术期刊 《中国体视学与图像分析》年内刊发论文 57 篇。

10 月 29 日，学会编辑出版工作会议在清华大学召开，会议研究了《中国体视学与图像分析》20 周年纪念专刊筹备工作。

国内主要学术会议 2015 年，学会组织各类学术、技术交流活动 18 次，参加人员约 2000 人次，交流论文约 1200 篇。

5 月 8—9 日，由学会主办，学会 CT 理论与应用分会、中国计量科学研究院与北京固鸿科技有限公司承办的北京地区工业 CT 技术专题研讨会在中国计量科学研究院昌平实验基地召开。北京地区从事工业 CT 研究的专家、学者近 30 人参加了会议。会议研讨了数字成像、CT 技术发展方向及相关成果转化。

7 月 3—5 日，学会与中国系统仿真学会在江苏省连云港市联合举办 2015 年全国环境建模与仿真技术学术交流会，与会专家、学者就环境建模技术、实体建模技术、分布式仿真技术、虚拟现实技术等技术领域的研究成果与心得进行交流，学会理事长顾问刘国权受邀参会并作大会报告。会议收到交流论文 26 篇，评选出优秀论文 4 篇。

9 月 16—18 日，第十四届中国体视学与图像分析学术会议在贵州省贵阳市召开。

11 月 12—14 日，学会在广西壮族自治区北海市举办能谱 CT 成像技术学术研讨会，美国犹他大学 Frederic Noo 教授和美国哈佛大学医学院 Quanzheng Li 教授作特邀报告。学会理事长康克军，张朋、牟轩沁、卢虹冰教授等先后主持研讨会。来自高校、科研院所及企业的 30 余位专家、学者参加会议。

国际交往 7 月 7—10 日，第十四届国际体视学与图像分析会议在比利时召开，学会副理事长申洪带队参加会议并作交流报告。

科普活动 学会开展社区及校园科普活动 17 次，受众人数约 3000 人次。

7 月 26—28 日，学会在四川省成都市举办了第三届蔡司·金相学会杯高校大学生金相比赛暨首届大学生材料综合技能大赛，73 所高校派队参赛，近 300 名选手参加比赛。比赛根据材料专业大学生基本技能培养的要求，开创了“综合技能比赛”，从而使得比赛更加契合材料专业大学生能力培养。

9 月 16 日，体视学科普高校行活动在贵州理工学院举行，学会理事长顾问刘国权、学会副秘书长彭瑞云为到会的 300 多名师生作了体视学科普报告，活动得到了中国科协“党建强会计划”资助支持。

表彰举荐优秀科技工作者 9 月 17 日，学会在贵州省贵阳市举行第二届中国体视学学会科学技术奖颁奖仪式，4 个研究项目获奖，其中一等奖和二等奖各 2 项。

学会第六届理事会第三次会议讨论通过了增设“中国体视学学会青年科学技术奖”和增加评选学会学术年会“青年优秀论文”的决定。

【第十四届中国体视学与图像分析学术会议】 9 月 16—18 日，第十四届中国体视学与图像分析学术会议在贵州省贵阳市召开。学会理事长康克军、贵州理工学院院长龙奋杰先后致辞。国际体视学会前主席、丹麦奥胡斯大学因加德教授，来自全国各地的 170 多位专家学者和科技工作者参加会议。会议收到论文 115 篇，交流论文 101 篇。会议评选出了 9 篇优秀学术论文和 3 篇青年优秀学术论文。

因加德教授、北京工业大学教授宋晓艳、川北医学院教授杨正伟、北京航空航天大学教授谢凤英、学会理事长、清华大学教授康克军、西北工业大学教授张艳宁、首都师范大学教授张朋作大会特邀报告。专家们从材料、生物医学、图像、CT 理论与应用等不同角度，阐述了近年来体视学领域研究最新进展和体视学应用领域所取得的重要成果。

会议还设立了体视学图像、CT 与仿真技术、材料体视学、生物医学体视学 3 个专题分会场，分别交流了体视学在不同领域所取得的最新进展和研究成果。

会议期间，举行了第二届中国体视学学会科学技术奖颁奖仪式，学会副理事长赵忠明主持颁奖仪式，并宣读了《关于颁布 2014 年中国体视学学会科学技术奖的决定》，4 个获奖项目分别为：“针刺脑机制的功能影像学研究”（自然科学奖一等奖，完成单位：中国科学院自动化研究所、首都医科大学附属天坛医院、北京中医药大学）、“口腔锥束 CT 的关键技术研究和系统产业化”（技术发明奖一等奖，完成单位：清华大学工程物理系、北京朗视仪器有限公司）、“SiCf/Ti 基复合材料的界面反应及其对性能的影响”（自然科学奖二等奖，完成单位：西北工业大学）、“高附加值冷轧冲压钢板组织结构的体视学分析及产品开发”（科技进步奖二等奖，完成单位：内蒙古科技大

学）。学会理事长康克军向获奖项目单位颁发了获奖证书和奖金。颁奖前，获奖项目专家分别作了项目介绍。

会议期间，召开了学会第六届理事会第三次会议，会议通报了总会及6个专业分会工作情况，并就学会期刊发展、增设学会科技奖青年奖等事宜进行了讨论。

（撰稿人：胡　蓓　刘克音）

中国工程机械学会

服务创新型国家和社会建设　2015年，学会完成汉意、意汉工程机械辞典的编写工作，港口机械卷、桩工机械卷、混凝土机械卷完成了审稿工作。

11月2—4日，学会和江苏省徐州市政府共同举办了第三届徐州市工程机械交易会，参加展览的企业数量较往届有所增加，参展面积比上年第二届交易会增加了近一倍，展会期间开展学术交流会。

学会建设　9月18日，学会在陕西省西安市召开了第四届理事会第五次全体会议和常务理事会议，出席会议的理事100人。会议听取了学会秘书长刘钊关于第五届工程机械和车辆工程研究新进展国际会议和第七届全国机械工程学科在读博士生论坛组织情况汇报，交流了总会和各分会2015年活动情况，讨论了总会召开第五届会员代表大会的相关事宜。

国际学术会议　9月17—28日，学会在陕西省西安市举办了第五届工程机械与车辆工程研究新进展国际研讨会（2015），国内外工程机械行业的专家、学者以及长安大学博士、硕士研究生近300人参加会议。150篇论文分别在主会场和6个分会场宣读。

国内主要学术会议　4月23—25日，学会在湖北省武汉市举办首届全国大型起重运输设备变频与节能技术暨第五届全国港口装卸机械新技术研讨会，研讨内容包括：发展现代港口物流、推进“一带一路”建设、港迪高性能起重机专业变频器在港口的可靠性应用、能量回馈系统在港口应用中的节能分析。学会名誉理事长、监事长石来德教授参加会议并作报告。业内专家、学者80余人参加会议。

9月23—25日，学会工程起重机械分会在北京BTCES2015第13届中国北京国际工程机械、建材机械及矿山机械展览会期间，召开了第十七届年会，会议就落实《中国制造2025》，围绕互联网与起重机械的融合创新、行业在新常态下发展策略、“一带一路”带来的机遇与挑战及行业专利分析报告等进行了交流与研讨。会后，工程机械维修杂志社出版《论文专辑》。学会名誉理事长、监事长石来德参加会议并作报告。

10月23—25日，学会在上海市召开第三届理事会第三次会议暨中国港口机械论坛。会议听取了理事会2015年工作报告，并进行讨论。论坛报告内容包括：中国港机发展历程与集装箱堆场自动化、现代港口节能环保新技术研究与应用、特大运量带式输送机技术现状与发展、散货抓斗20年发展综述等。行业专家、学者80余人参加会议。

11月8—9日，学会在湖南省长沙市工程机械零配件博览会上举办了学术高峰论坛，学会副理事长冯培恩作题为“关于机械工程学科发展路线图”的报告，杨华勇院士作题为“数字液压及最新进展”的报告。会议围绕“中国制造2025”、湖南制造2025、IBM物联网技术、IBM物联网管理、“SAP与工业4.0”、北斗系统及应用、3D打印最新进展以及工程机械行业和企业研发体系、新商业模式等议题进行研讨和交流。学会名誉理事长和监事长石来德作总结发言。

12月5—7日，学会在广西壮族自治区柳州工程机械厂举办学会第七届全国机械工程博士生论坛，来自全国30多所高校的49名博士生提交论文50篇，分3个会场宣读论文。经专家评审，评选出一等奖3人、二等奖6人、三等奖9人。会上，中国工程院士杜彦良介绍了中国高铁建设的发展历程及工程机械在高铁建设中的作用。学会名誉理事长、监事长石来德介绍了中国先进制造业“2025”发展规划，并作解读。柳州工程机械集团董事长曾光安介绍企业发展历程和创新发展的思路。

党建强会　2015年，学会党支部承担中国科协“党建强会”特色活动和中国科协党建研究会调研课题的两个项目的资助。党支部书记周小珍获得2015年度全国学会优秀党建通讯员称号，学会党支部获得了全国学会“党建强会”特色活动组织奖。

4月23—26日，学会党支部在武汉理工大学开展基层分会党支部进行党建工作的调研活动。该活动由学会党支部书记周小珍主持，主题是加强分支机构的党建工作、弘扬社会主义核心价值观。学会副理事长兼港口机械分会理事长、分会党支部书记陶德馨作了重点发言。

6月25—28日，学会党支部组织党员赴井冈山大学开展缅怀先烈和赠书活动。党支部书记周小珍、学会监事长、党支部成员石来德，以及工程起重机械分会和测试技术分会党员参加活动。

8月12—14日，学会党支部在黑龙江省哈尔滨市开展对基层分会党小组党建工作的调研活动。学会党支部书记周小珍，学会监事长、党支部成员石来德、环卫与环保机械分会理事长黄兴华、秘书长盛金良、东北农业大学教授胡宝忠、上海市绿化和市容管理局钱杰等分会理事参加活动。

9月18日，学会党支部在陕西省西安市长安大学召开了学会理事会党建活动。学会秘书长刘钊主持。学会党支部书记周小珍，各分会理事长、秘书长、学会监事长、党支部成员石来德及部分党员理事60余人参加活动。

10月23—27日，学会党支部在上海市青浦区开展对基层分会党支部进行党建工作的调研活动。活动与学会港口机械分会2015年年会暨“2015·港口机械论坛”同期进行。80余人参加活动。

12月5—7日，学会党支部在广西柳工集团有限公司举行第五次全国机械工程博士生党建活动。活动邀请中国工程院院士杜彦良作了题为“我国高速铁路发展成就与展望”的专题讲座。学会副理事长马世宁，秘书长刘钊，学会监事长、党支部成员石来德，高校博士生以及广西柳工集团有限公司人员等40余人参加活动。活动得到了中国科协党建强会计划“十百千”特色活动项目的资助。

学术期刊 2015年,《中国工程机械学报》被北京大学图书馆评为中文核心期刊，被武汉大学图书馆和中国学术评价中心评为RCCSE中国核心期刊。

【第五届工程机械与车辆工程研究新进展国际研讨会】 9月17—28日，学会在陕西省西安市举办了第五届工程机械与车辆工程研究新进展国际研讨会（2015），来自6个国家工程机械行业的专家、学者以及长安大学博士、硕士研究生近300人参加会议。150篇论文分别在主会场和6个分会场宣读。

会议由学会主办，长安大学机械学院、本会液压技术分会和路面及压实机械分会、长安大学学报杂志社共同承办。学会名誉理事长、监事长、同济大学教授石来德在致辞中介绍了德国的“工业4.0”、美国奥巴马政府2011—2013年为加强先进制造业所制定的一系列法案和措施，我国政府制定的2015—2045关于先进制造业发展远景规划设想和2015—2025的十年发展规划。

（撰稿人：石来德　周小珍）

中国遥感应用协会

服务创新型国家和社会建设 协会参与了《航天法》《国家民用空间基础设施遥感数据管理办法》《高分辨率对地观测系统重大专项卫星遥感数据管理暂行办法》《高分辨率对地观测系统重大专项地面系统运行管理暂行办法》等法律、法规、政策的研究和编写工作，为政府部门提供决策依据。

协会完成了“全国生态环境十年变化（2000—2010年）遥感调查与评估”“环境污染事故航空遥感应急监测关键技术研究与应用”等科技成果的鉴定评价工作。

5月28日，协会环境遥感分会在北京举办了2015国产卫星遥感应用科普高层培训班，介绍国产卫星的进展，探讨遥感卫星产业化发展，50余名专家、企事业单位有关人员参加培训。

9月10日，协会与中国卫星全球服务联盟共同参加2015中阿博览会高新技术与装备展，组织会员单位借助该博览会展示我国在遥感方面的高新技术成果，为我国遥感服务阿拉伯地区进行宣传。

10月21日，协会专家委员会、环境遥感分会和中国宇航学会卫星应用专业委员会联合举办了国土普查卫星成功发射30周年纪念会，来自80多个单位的140余人参加会议。会议举行10个学术报告，从不同领域总结30年来我国遥感应用技术在国土普查领域的应用和发展，为做好遥感卫星在国土资源普查领域的应用建言献策。

11月19—20日，在工信部组织与指导下，协会组织20多家会员单位参加了在河北省石家庄市举行的2015京津冀产业转移系列对接活动。并与河北省工业和信息化委员会联合举办了高分辨率对地观测系统数据应用暨空间信息产业专题对接活动，研讨自主遥感数据在京津冀协同发展中的应用前景和应用模式，推进以遥感数据为代表的新型大数据交易和新型信息消费。

12月7—13日，协会参与并支持河北省廊坊市政府举办大数据宣传活动周。其间，组织协会相关单位举办了中国遥感应用协会遥感应用展，宣传遥感应

用成果，并组织有关专家举行了“廊坊‘大数据+’应用大讲台”的航天遥感应用专场活动。组织制作出版了《京津冀主要城市高分辨率对地观测遥感图集》。

协会举办中国陆地观测卫星用户交流与数据服务CRS培训会、国产高分辨率对地观测卫星数据应用培训会和专题讲座5次，培训人数近千人次。

协会完成2015年度中国遥感领域十大事件评选活动，《国家民用空间基础设施中长期发展规划（2015—2025年）》发布等10个事件入选。

学会建设 5月，协会被中国科协正式接纳为中国科协团体会员（科协函学字〔2015〕123号）。

2015年，协会新增会员单位32个，新增个人会员109人，调整和增选副理事长4人、常务理事3人、理事25人。协会成立了标准化分会。光学遥感专业委员会召开第五届换届会，调整了主任委员、委员。

3月，协会召开五届一次常务理事会议，审议通过《中国遥感应用协会章程》《中国遥感应用协会会员管理办法》《中国遥感应用协会会费管理办法》等规章制度，形成由综合、人事、财务、资产、公共管理五大类33项规章制度组成的规章制度体系。完善秘书处的组织架构，设立了综合管理部、组织发展部、科技宣传部、应用推广部和国际合作部，并聘用5位副秘书长。

协会制作了《中国遥感应用协会宣传册》，向社会介绍协会情况，加强宣传，扩大影响力。

学术期刊 协会主办期刊《红外》，在国内外公开发行，主要介绍现代红外光电子高新技术成果和发展动向、外光电探测技术硬件趋势、红外光谱分析、红外医学检测与医疗技术等。该刊收录于中国期刊网中国学术期刊（光盘版）全文数据库和中国学术期刊综合评价数据库（CNKI）。

学科发展研究 协会组织研究我国遥感行业发展动态，编写了《中国遥感行业发展蓝皮书（2014年度）》，内容涵盖全球遥感行业发展综述、国内遥感行业发展综述、遥感行业产业链发展现状、遥感行业应用领域分析、遥感行业重点区域发展简况、遥感行业重点企业分析、遥感行业发展新特点与趋势等，为研究我国遥感行业发展特点与规律奠定了基础。

决策咨询 1月，协会组织完成空间遥感技术应用发展战略研究，向中国工程院提交《空间遥感技术应用发展战略研究报告》，提出了提高我国遥感技术应用效能的措施和建议。

受国防科工局委托，协会开展我国空间技术服务“一带一路”战略研究，组织外交部、中科院、国家气象局、海洋局等部门专家进行研讨，形成了《我国空间技术服务“一带一路”战略研究报告》，在空间技术开发、空间基础设施建设、空间技术应用服务示范、教育与培训、国际合作政策与机制五方面提炼出23项重点任务，并提出了组织实施建议。

国内主要学术会议 5月14日，协会与海南省工业和信息化厅组织召开国产卫星遥感技术应用座谈会，相关部委、海南省政府和企事业单位的专家、学者100余人参会，研讨国产卫星在海南省各领域的技术应用。

9月20—21日，协会专家委员会在江苏省扬州市举办“十三五”遥感应用创新驱动的新思路、新途径、新方法专题研讨会，50余位专家、学者参会。会议安排6个特邀学术报告，与会者围绕主题展开讨论，有25位专家提出了开拓性的建议。

5月8日，协会灾害遥感分会在第六届国家综合防灾减灾与可持续发展论坛上举办了防灾减灾科技应用与产业发展分论坛。6月，在东亚峰会空间信息技术在重大自然灾害监测评估中的应用研讨会中组织了先进遥感技术在减灾领域的应用专题会议，研讨了遥感卫星在防灾减灾中的应用成果。

国际交往 7月26—31日，由美国IEEE地理科学与遥感协会举办的第25届国际地球科学与遥感大会（IGARSS）在意大利米兰市举办，会议的主题是发挥遥感在自然灾害评估监测和风险管理的应用。协会副理事长李传荣率队参加会议，并在会上进行了论文交流。

科普活动 5月15日—6月1日，在国防科工局与海南省政府联合举办的“九天揽月——中国探月工程展（海口站）”上，协会主办中国遥感应用展，展区面积1380平方米，展出140块展板、26件实物及模型，通过图文并茂、科普互动的方式向观众普及遥感定义、平台、卫星分类，以及遥感影像的幅宽、分辨率等基础遥感应用知识，参观人数近10万人次。

6月12—16日，在国防科工局与云南省政府联合举办的“九天揽月 精彩南博——中国探月工程展（昆明站）”上，协会结合国家重大工程展示，探索普及宣传遥感应用知识的新模式。

9月1日至10月31日，协会与湖南省常德市人民政府联合主办了中国（常德）航天科普暨遥感应用展。9月26日至11月26日，学会与湖南省科技厅、经济和信息化委员会和长沙市人民政府联合主办了2015年湖南长沙航天主题嘉年华暨遥感技术应用展。两个科普展览将观众互动、寓教于乐方式相结合，更具趣味性地普及遥感知识，累计接待参观人数超过30万人次。

协会专家委员会组织编写了《国产卫星进展与应用实例》，12月发行。

党建强会 协会根据《关于加强社会组织党的建设工作的意见（试行）》，在中国科协学会服务中心和国防科工局指导下，加强党建工作。协会秘书处成立了党支部。

会员服务 出版《中遥通讯》，介绍协会上半年和下半年的主要活动与工作情况，使会员及时了解协会工作动态，并设立专栏展示协会分支机构、会员单位等特色活动，为会员提供交流渠道。

协会网站发布遥感行业最新动态，协会分支机构和会员单位工作情况等信息，为会员服务。

（撰稿人：卫　征　许夏妃）

中国指挥与控制学会

服务创新型国家和社会建设 学会在第三届指挥控制大会期间，举办首届中国军民融合技术装备博览会。本届博览会以“推动军民融合协同创新，促进科技助力跨越发展”为主题，重点展示社会科技力量作为国家创新体系重要组成部分的最新科技产业成果，参展单位100多个，布展面积达1.1万平方米，参观人数超过2万人次。内容涵盖自主可控平台、指挥信息系统、数字化士兵、网络信息安全、无人系统、北斗位置服务、红外夜视装备、应急救援系统、边防监控指挥系统、虚拟现实技术等多项军民两用高新技术成果。其中，由李德毅院士团队研发、已荣获国家多项奖励的智能驾驶车辆，兵器工业202所首次发布的液压驱动型外穿戴式骨骼助力系统，中科曙光公司开发的拥有自主知识产权、完全自主可控的国产信息化系统，长源动力公司展示的应急救援无人化装备，中地航星公司展示的空空导弹等展品，受到了专业人士、新闻媒体和军事发烧友的广泛关注。展览同期举办的军民融合创新发展高层论坛，从国家军民融合政策、国内外军民融合发展路线、我国军民融合发展特点规律及重点难点、政府企业及学术团体在军民融合发展战略中的作用、军民融合国家战略对我国科技创新和经济建设的影响五个方面进行分析，开创了展览与论坛互为补充的立体交流模式，提升了跨界融合成果的应用推广质量，促进了基础设施和重要领域的军民深度融合，扩大了学会知名度。本届军民融合技术装备博览会吸引国内外多家媒体报道，人民网以“首届中国军民融合技术装备博览会在京举行”为题，环球网以“军民融合技术装备博览会，中国兵器重磅参展”为题，网易新闻则以“VIULUX亮相2015中国军民融合技术装备博览会”为题，分别进行了报道，媒体共发布各类新闻93篇。

7月27—31日，学会在北京理工大学举办了第二届不确定性人工智能培训班，参加培训学员60人，均是来自指挥控制领域的科技工作者。授课讲师是以李德毅院士为首的8位专家、学者，授课内容是“不确定性人工智能理论与方法”。

学会能力提升计划 学会与人工智能学会、自动化学会联合成立的技术创新联合体，参加中国科协“青年人才托举工程”项目的申报。学会推荐的青年学者入选首批青年人才托举工程计划。

学会建设 学会组织召开了一次理事会议、两次常务理事会议，完成了7名理事的增补工作。

学会批准设立教育与培训、军民融合2个工作委员会；批复了“空中管制”“认知与行为”“航天指挥与控制”“预警与情报”“复杂网络科学与工程”5个专业委员会的筹备申请。

1月22日，中国指挥与控制学会一届六次常务理事会在北京召开，会议由学会理事长戴浩院士主持。会议听取了秦继荣秘书长关于2014年工作总结及2015年工作计划的报告；审议通过了院士候选人推选工作报告及实施细则；审议通过了学会分支机构财务管理暂行办法；审议批准了学会拟设立分支机构的报告；审议通过了提名邓宏彬博士为学会副秘书长的报告。

7月7日，中国指挥与控制学会一届四次理事会在北京召开，会议由学会理事长戴浩院士主持。会议听取了秦继荣秘书长关于学会2015年上半年工作的报告；审议批准了学会拟设立分支机构的报告；审议通过了增补学会一届理事会理事的报告。

9月17日，学会教育与培训工作委员会成立大会在北京理工大学举行。会议选举产生了专业委员会主任委员、副主任委员及总干事。

12 月 24 日，中国指挥与控制学会一届七次常务理事会在北京召开，会议由学会理事长戴浩院士主持。会议听取了秦继荣秘书长关于 2015 年工作总结及 2016 年工作计划的报告；审议批准了学会拟设立分支机构的报告；审议通过了增补学会一届理事会理事、常务理事的报告；审议通过了提名李聪颖为学会副秘书长的报告。

学术期刊 4 月 24 日,《指挥与控制学报》正式出版，以季刊形式发行。2015 年出版的 3 期中，学报主编王飞跃教授撰写的《指控 5.0：平行时代的智能指挥与控制体系》、海军航空工程学院李聪颖撰写的《再入反舰导弹多弹协同饱和攻击突防最优弹道研究》等文章受到海内外学界广泛关注。

学科发展研究 1 月，完成了《2014—2015 指挥与控制学科发展报告》提纲审定，明确了综合报告和 7 个专题报告编写方向。12 月，学科发展报告定稿。计划在 2016 年 2 月前完成全部编写工作。该学科报告编写期间，在首席科学家戴浩院士的带领下，专家编写团队深入研究指挥与控制概念，厘清了指挥与控制的内涵，归纳出基础理论、关键技术、军事应用、民事应用 4 个构成要素，并深入分析了指挥与控制的发展趋势，为学科的深度研究奠定了基础。

决策咨询 11 月，学会通过原总装备部“全军武器装备采购信息网”资质认证，具备了开展项目需求对接等相关工作的资格。学会针对国防知识产权科研项目，与原总装备部国防知识产权局进行对接，组织开展了军民协同创新知识产权、“民参军”知识产权的技术转化和政策机制研究，编译、研究国外军用技术知识产权政策制度、转化机制等科研项目的论证和投标工作。这些科研项目为我国军民融合技术的知识产权相关工作提出政策建议和措施办法，促进了我国军民协同创新的知识产权政策机制的完善与发展。

国际学术会议 学会电磁频谱安全与控制专业委员会主任委员姚富强研究团队继 2014 年代表中国向国际电信联盟（ITU）提交“改善短波天波通信环境技术与规则”国际提案并被接受后，4 月，该提案修改稿经 ITU-R 第五工作组和研究组讨论通过。10 月 27 日，姚富强在瑞士日内瓦出席了 ITU 无线电全会，“改善短波天波通信环境”提案无争议通过，由 ITU 以多种语言版本发布。

国内主要学术会议 1 月 10 日，学会在北京举办以“指挥控制理论与方法应用到社会管理”为主题的应急管理与指挥控制学术沙龙，参加沙龙的有 80 多人，8 名专家作了专题报告。

1 月 25 日，学会在北京举办 2015 空天安全控制与决策学术论坛，论坛内容涵盖了太空交通管理与控制、空间目标监视技术发展、空间主被动安全威胁及缓解、本体建模与空间目标自动识别、航空安全监控技术现状与发展趋势 5 个方面，参会人 100 多人，征集学术论文 11 篇，有 11 名专家作了专题报告。

4 月 21 日，学会在北京举办以“深化应用、持续发展——把握我国信息化装备电磁兼容和微波技术发展时代脉搏”为主题的中国信息化装备复杂电磁环境测控技术大会，450 名专家、学者参加大会，征集学术论文 26 篇，有 8 名专家作了专题报告。

4 月 24 日，学会以“指挥与控制科技发展、理论创新”为主题，在北京举办首届智能指挥与控制论坛，80 名专家、学者参加了论坛，5 名专家作了专题报告。

7 月 7—9 日，学会在北京举办以“军民融合、自主可控、安全可信、高效可用”为主题的第三届中国指挥控制大会，参会人数超过 2500 人，有 10 名专家作大会专题报告，征集学术论文 204 篇，评出优秀论文 26 篇。大会期间，学会举办了 8 个分论坛，分别是中国 C4ISR 理论与技术高峰论坛、中国信息系统建模与仿真论坛、中国无人系统发展论坛、中国富媒体指挥信息系统论坛、中国大数据高峰论坛、大数据与军队院校数字化建设高端论坛、北斗定位导航与控制论坛、中国网络安全与自主可控技术创新论坛，参加分论坛人数 1000 多人次，报告人数近 50 人。

8 月，学会在山东省烟台市召开以“空天安全的发展”为主题的首届中国空天安全会议，参会人数达 130 人，报告专家 50 人，征集学术论文 112 篇，评出优秀论文 12 篇。

9 月 25—26 日，学会在江苏省南京市举办第三届中国指挥与控制青年科学家论坛，论坛以“卫星通信与指挥控制”为主题，参加人数超过 200 人，有 9 名专家作了专题报告。

11 月 20—23 日，学会在河南省洛阳市举办了火力指挥控制年会，年会以“信息时代的火力控制与指挥”为主题，参会代表 200 多人，14 名专家作了专题报告，征集学术论文 91 篇，评出优秀论文 15 篇。

11月27—28日，学会在北京举办第十届中国系统建模与仿真技术高层论坛，参会代表100多人，围绕“系统创新推动建模与仿真科技转化生产力”主题，进行了广泛深入的研讨与交流。11名专家作了专题报告，征集学术论文115篇。

学会创新发展 学会以智能驾驶应用于军民两用市场为切入点，与中国自动化学会、中国人工智能学会、中国北方车辆研究所联合成立了“中国无人系统院士专家工作站”。工作站成立伊始，便坚持致力于研究无人系统“颠覆性技术”，在李德毅院士智能驾驶联合课题组带领下，2015年举办了三次智能驾驶技术研讨会，并开展了智能车辆驾驶测试与无人系统发展战略研究工作，促进了研发企业的技术创新。同时，为贯彻落实中国科协创新驱动助力工程以及《关于组织实施2014年中国科协“企会协作创新计划”试点工作的通知》，学会筹备启动了该计划试点工作。4月24日，学会与中国北方车辆研究所在北京联合举办首届智能指挥与控制论坛，对信息时代指挥控制理论与技术在无人地面平台技术领域的应用进行了深入探讨。

会员服务 学会按照不同会员类别及需求，将服务项目逐一列出，便于会员查阅；开发全新会员管理系统，满足会员注册、缴费、通知等基本功能，会员登录后，可以获取学会各类资料、信息；推进学会网站改版，会员可以通过网站报名参加学会活动、关注学会动态等；建立微信公众信息平台，宣传学会活动、展现学会风采，撰写、收集并发布防务技术、战略前沿、军工热点、创新科技、DARPA研究等指挥与控制领域热点文章，已吸引7000多名专家、学者的关注与点击。

【中国指挥与控制学会富媒体指挥信息系统专业委员会筹备成立大会】 7月9日，由中国电子系统工程公司研究所发起的富媒体指挥信息系统专业委员会筹备成立大会在北京举行。李德毅院士、邓中翰院士、高文院士到会祝贺并致辞。

（撰稿人：段劲峰）

中国农学会

服务创新型国家和社会建设 2015年，学会完成了上级部门下达的农产品质量安全风险评估、农田生态与环境修复技术、现代兽医生物技术、农业科研杰出人才及其创新团队等高级研修班教育培训任务，组织了全国农产品质量安全监管项目和农业技术推广项目相关培训工作。举办各类专业技术人员教育培训班近30期，培训学员3000余人次。

学会完成了农业部系统专业技术职务任职资格评审工作，共有268人获得专业技术职务晋升资格；牵头组建了由中国科协所属16家农业科技社团组成的“农科科技社团联合体”；获得中国科协“青年人才托举工程”项目，选拔推荐了30位优秀青年人才进行为期3年的培养。

学会新编制了6项国家职业技能标准、3套培训教材和6个职业试题库；加强鉴定工作人员队伍建设，组织举办了28期培训班，共培训质量督导员、考评员4200多人次；开展了全国新型职业农民技能竞赛和全国农业技术指导员（渔业）职业技能大赛，50名获奖选手中有2人获得“全国五一劳动奖章”、3人获得“全国技术能手”称号；建立了在线考务管理系统，实现考务管理网络化运行，强化了鉴定数据的统计和分析功能。2015年全年通过鉴定人数40.03万人次。

学会组织院士、专家300多人次对农业部部属三院（中国农业科学院、中国水产科学研究院、中国热带农业科学院）、省级农科院、农业大学、涉农企业的30多项成果进行了评价，并出具了评价意见；受国家奖励办委托，组织专家对29项国家奖初评通过的农业项目进行了行业咨询评议，并提出了评议意见。

学会进一步完善全国农业科技成果转化交易平台功能，对平台部分模块进行了完善升级，增强了平台的稳定性和和可操作性。2015年，新征集入库专家1000多人，审核发布新成果信息300多条，平台访问量超过8.6万人次。

学会承担完成了上级部门下达的高层次农业科技创新人才培养机制研究、高层次外向型农业企业人才队伍建设研究、兽医职业资格制度建设研究等多项课题研究任务，提交了20多万字的研究（调研）报告；在组织专家充分调研的基础上，完成了农业领域创新创业政策措施落实情况评估、京津冀绿色产业协同创新共同体构建研究、广东省农业农村人才队伍建设规划（2016—2020）编制、南繁科技服务模式研究等决策咨询工作；举办了全国农业企业院士专家工作站经验交流报告会，组织了“院士专家服务团赴百色老区开展咨询服务”活动。

2015 年，学会组织实施了国家外国专家局下达的引进国外技术、管理人才项目和示范推广项目 38 项，全年共引进外国专家 70 多人次，引进关键技术 9 项、种质资源 11 项，累计培训专业技术人员 3500 多人次，示范推广面积达 6000 多万亩。

按照中央关于出国（境）培训的新规定新要求，学会重新修订了培训管理工作流程，全年完成国家外国专家局下达的出国（境）培训项目 45 项，共计 236 人次参加了出国（境）培训。

学会能力提升计划 2015 年，学会再次获得中国科协“学会创新和服务能力提升工程优秀科技社团项目一类项目建设单位”。项目下达后，学会围绕项目确定的工作思路、发展重点和资金使用方向，强化组织领导，细化责任分工，明确进度安排，加强督促检查，严格进行考察考核，高质量完成了学术交流、决策咨询、科学普及、科技评价、人才评价等工作。

学会建设 2015 年，学会召开了学会十届四次、五次理事会议，审议调整了学会部分领导职务，对《中国农学会“十三五”事业发展规划》进行了研究。学会召开了学会十届九次常务理事会议，审议通过了《中国农学会推选院士候选人工作实施细则》和《中国农学会 2015 年推选院士候选人工作方案》等事项。

学会规范了分支机构管理，按要求向中国科协和民政部报送了学会及 35 个分支机构年检资料，顺利通过民政部年度审核；指导高新技术农业应用专业委员会、教育专业委员会、耕作制度分会、棉花分会等分支机构进行了换届选举；对分支机构工作情况开展了专题调研，召开了分支机构负责人座谈会，对分支机构运行现状进行了全面梳理，健全了加强分支机构管理相关措施。

8 月 26—28 日，学会在广西壮族自治区百色市举办了 2015 年中国农学会系统信息员培训班，90 多位信息员参加了此次培训。培训班就信息员队伍建设与能力提升途径、技术创新方法研究与培训进展、农业园区走出去理论与实践、院士专家服务农业企业、中国农学会信息网信息报送系统技术方法等内容开展了业务培训和座谈。学会系统信息员还在田阳县的广西现代特色农业核心示范区、广西百色国家农业科技园区、中国东盟现代农业合作示范区及入园企业、那满镇露美村等开展了现场交流和学习活动。

学术期刊 2015 年，学会主办的《中国农学通报》和《农学学报》继续入选中国科技核心期刊。学会对 2013—2015 年出版的《中国农学通报》和《农学学报》刊载的论文在网络平台上进行了刊发，拓宽了已发表文章的传播范围。

学会申请获得了中国科协期刊集群（联盟）建设和期刊数字出版建设项目，召开了期刊集群建设研讨会，完成了相关调研、实施方案确定、技术团队组建等项目实施基础工作。

学科发展研究 2015 年，学会组织开展了 2014—2015 年度基础农学学科发展研究工作。项目由中国工程院院士刘旭担任首席科学家，许世卫等 6 名专家牵头分别围绕农业信息、生物技术等基础农学学科中最为活跃和前沿的分支学科进行了重点研究，完成了《2014—2015 年度基础农学学科发展研究报告》，发布了农业生物技术和农业信息技术最新研究进展。

国内主要学术会议 2015 年，学会组织召开了现代农业、都市农业、农业环境、农业园区、农业气象、耕作制度、农业产业化、葡萄科技创新、棉花产业发展、农产品加工等 60 多次国内外学术研讨活动，6000 多名代表参加了研讨交流。

11 月 19—21 日，学会在北京举办了 2015 中国现代农业发展论坛，论坛回顾了“十二五”期间我国农业科技创新成就及经验，研讨了“十三五”期间加快农业科技创新的重点和方向，11 名院士、专家作了大会报告和专题交流，300 多名代表参加了论坛活动。

8 月 27—28 日，学会在广西壮族自治区百色市召开了第十五届中国农业园区研讨会。会议以“中国农业园区（企业）走出去”为主题，重点围绕走出农业园区与新型农业经营主体有效对接、走出国门建好中国农业园区等内容进行了研讨交流。200 多名代表参加了研讨交流。中国农学会、农业部人力资源开发中心、中国农业科学院、农业部对外经济合作中心、广西壮族自治区区农业厅、百色市田阳县人民政府等单位的专家和领导出席了会议并作专题报告，中国农业科学院、中国农业大学的专家结合主题讲授了相关理论与实践探索，百色国家农业科技园区、田东县现代农业示范区等有关农业园区及相关农业企业介绍了在国内外建设农业园区的经验和体会。与会代表赴广西现代特色农业核心示范区、广西百色国家农业科技园区、中国东盟现代农业合作示范区与入园企业有关人员进行了现场交流。

9月17—18日，学会联合上海交通大学在上海市举办了2015全国都市农业发展研讨会，来自科研机构、教学单位、管理层和企业界代表250多人参加了研讨活动，共同探索了城市群、区域经济与都市农业协同发展路径。

12月3—4日，学会联合山东省农业科学院举办了2015中国农业产业化研讨会。会议回顾了我国农业产业化经营实践和研究成果，讨论了龙头企业转型升级之路，展望了农业产业化未来发展方向。200多人参加研讨交流。

科普活动 2015年，学会组织开展了农村妇女科学素质建设工作调研和“十三五”农民科学素质行动发展研究，出版了《农民科学素质行动发展研究报告（2011—2015年）》，编制了《“十三五”农民科学素质行动工作实施方案》；编制发放了《农民科学素质读本》《西藏地区科学养殖实用技术系列丛书》和《农村致富新技术》电子刊物、农民科学素质系列动漫，遴选并发布了全国《2015年农业主导品种和主推技术》。

1月24日，学会参加了在江西省寻乌县开展的“全国文化科技卫生三下乡”集中服务活动，向当地农民捐赠了价值4万余元的科普图书和科普挂图，并深入村镇进行了调研访谈，了解了农村基层干部群众的科技与科普需求。

5月16—24日，学会组织专家团队参加全国科技周暨北京科技周主场活动，共设置、投入了西瓜家族3D影片、百年葡萄树三维虚拟体验、葡萄虚拟驾驶小游戏和葡萄从田间到餐桌4个科普动画项目。

6—11月，学会举办了3期农村妇女致富带头人培训班，近1200人接受了政策法规、科学生产、科学经营、科学生活等四大模块的科普培训。

7月1日—9月30日，学会承办了全国农民科学素质网络知识竞赛活动，活动得到了相关部门的大力支持和广大农民的广泛响应，共有415.92万人次完成答题。

9月24日，学会与河北省承德县科协共同组织了“种养殖新技术与互联网经营”现场培训，组织专家为农民开展农业实用技术讲座和网上农家书屋使用方法讲解，并深入苹果园讲解示范病虫害防治、剪枝修枝等技术。

表彰举荐优秀科技工作者 2015年，学会完成了第五届中华农业英才奖评选工作，评选产生了第五届中华农业英才奖获得者10名；完成了两院院士候选人、创新人才推进计划候选人、国家百千万人才工程人选、中国青年科技奖候选人、光华工程科技奖候选人等7项人才举荐任务。

3—8月，学会开展了2014—2015年度中华农业科技奖评审工作，组织专家对资格审查合格的459项科研类成果、50项优秀创新团队类成果和39项科普类成果进行了评审，评选产生获奖科学研究类成果149项、优秀创新团队奖成果25项、科普奖成果10项，向获奖成果完成人发放奖励证书3339份，向优秀创新团队发放奖牌36个。经过专家评审把关，学会向国家奖励办遴选推荐了3项成果参加国家奖评审，有1项成果获得了国家发明奖。

2014—2015年度中华农业科技奖评审会

党建强会 学会完成了办事机构党委、纪委和各支部换届工作，为做好党建工作提供了组织保证；研究制定了《2015年党建、纪检工作要点》，落实党建工作责任制，全年召开了6次副处以上干部参加的理论中心组学会活动和落实廉政建设“两个责任”专题培训。研究制定了在处级以上干部中开展“三严三实”专题教育的实施方案，组织了4次领导班子成员为全体干部职工讲专题党课活动和3次副处以上干部专题研讨活动。

会员服务 2015年，学会完成了学会会员管理信息系统开发并正式上线运行，召开了由分支机构相关人员参加的信息系统使用培训班，并将会员相关信息录入管理系统，初步实现了会员的信息化管理；对学会信息网的栏目结构进行优化，增加了为会员服务的相关功能，丰富了信息内容，加快了信息更新频率；编制发送了10多期《中国农学会会讯》，向会员宣传农业相关政策，通报学会工作情况；利用微信群、QQ群等，加强了与会员的即时沟通和互动交流。

学会创新发展 2015年，学会充分利用信息化技术，以科普传播方式创新为引领，盯住公众特别是农民的需求，在科普传播渠道、表现形式和内容方面开展探索。

在拓展科普传播渠道方面，学会与光明网等传媒机构合作，建设了《科技名家风采录》等在线视频栏目，宣传著名农业科技专家的先进事迹与科研成就。与同方知网合作在全国范围内开展了农民科学素质网络知识竞赛活动，并在微博、微信等社交平台与公众互动，合计有2268.02万人次的农民参与答题。在中国农学会信息网开设了科普专栏，发布《农业主导品种与主推技术》《农村致富新技术》等电子刊物，上线内容115万字。开通了“科普三农”微信公众号，发送了54期81篇助力农民增产增收、脱贫致富的图文信息，拓宽了科普工作受众面。

在探索科普表现方式方面，学会与农业部药检所共同编创了《走近植物生长调节剂》科普漫画小册子，与专业动漫公司合作制作完成50集农民科学素质系列科普动漫，利用网络视频举办了“2015年全国科普讲解大赛预赛”，制作了农作物3D影片、葡萄虚拟驾驶小游戏等三维虚拟体验作品，进一步丰富了现代科普表现方式。

在创新科普内容方面，学会与新华网等合作，邀请知名专家开展转基因技术在线网络视频科普，指导编制科学认知转基因科普漫画，促进了社会理性看待转基因技术和转基因产品；针对农村留守妇女、边疆少数民族农牧民，编创了《农村妇女科学素质提升行动科普丛书》《西藏地区科学养殖实用技术系列丛书（藏汉双语版）》等图文并茂、通俗易懂的科普制品；为加快新型职业农民培养，编创了《农民科学素质读本》，通过“一问一答一测”的形式并配有100余幅插图及照片，让农民在轻松式阅读中走近科学，学习掌握现代科学知识和必要的常识，提高科学生产生活能力。

【2015中国现代农业发展论坛】 11月20—21日，学会在北京召开了2015中国现代农业发展论坛。论坛以“依靠创新驱动促进农业发展方式转变”为主题，聚焦农业科技“十三五”规划，就依靠科技推进农业发展方式转变的关键领域和重点任务展开了研讨交流。农业部副部长、学会会长张桃林出席论坛并作主旨报告。

张桃林在报告中强调，“十三五”时期，我国的农业科技发展必须立足国情农情，抓住国家实施创新驱动发展战略和推进“大众创业、万众创新”的重大机遇，贯彻落实中央科技管理改 革的战略部署，调整农业科技发展的方向重点，着力提升农业科技创新效率。

张桃林指出，“十二五”期间，我国现代农业建设加快推进，主要农作物特别是粮食作物良种基本实现全覆盖，主要农作物耕种收综合机械化水平超过61%，农业科技进步贡献率达到56%，农业科技已成为现代农业发展的决定力量，但是我国农业发展依然面临着诸多挑战，内外环境也正在发生深刻调整，发展条件、比较优势、组织方式等都出现重大变化，这对农业科技创新提出了新的更高要求。

张桃林强调，“十三五”时期，我国农业科技发展要加快实现从偏重土地产出率向土地产出率、劳动生产率和资源利用率相结合转变，要从偏重粮食农业向粮食农业与粮经饲及大食物农业研究相结合转变，从偏重产中研究向产地、产中和产品质量安全及产后储运加工的全过程覆盖研究转变，还要探索从“农业”向“农业+”的方式转变。除调整农业科技发展方向重点外，还要拓展农业科技创新领域、优化农业科技资源布局、完善农业科技管理、壮大农业科技力量，同时要构建现代农业科技创新推广体系、强化农业科技协同创新、提高农业技术转化应用水平、加快农业科技人才队伍建设、营造良好发展环境。

2015中国现代农业发展论坛

中国工程院副院长刘旭、科技部农村科技司副司长蒋丹平、农业部农村经济研究中心主任宋洪远分别作了题为“在国际化绿色化背景下国家粮食安全与可持续的思考”“‘十三五’农业农村科技创新规划思路与举措”“转变农业发展方式　加快发展现代农业”

的主旨报告。农业部科技教育司司长唐珂和中国农业科学院副院长吴孔明等八位院士、专家和领导围绕农业科技创新、农业绿色发展和美丽乡村建设等专题作了大会报告和专题交流。来自全国29个省份的农业科研院校和企业的300多名代表参加了本次论坛活动。

【2015全国都市农业发展研讨会】 9月17—18日，学会与上海交通大学在上海市联合举办了2015全国都市农业发展研讨会。农业部信息中心主任张兴旺、美国农业部原副部长任筑山等出席会议并作大会报告，来自科研机构、教学单位、管理层和企业界代表300多人参加了研讨，共同探索城市群、区域经济与都市农业协同发展路径。

与会专家认为，都市农业作为现代农业的重要形式，具有优化农业生产力布局、保障大中城市农产品有效供给、改善城市生态人居环境、促进农民就业增收等多种功能，是推进农业发展方式转变、促进产业转型升级、提升农业综合效益的有力抓手。

专家指出，当前农业现代化步伐加快为都市现代农业提供了重要机遇，国家战略布局为都市现代农业发展创造了新的空间，全面深化农村改革为都市现代农业发展注入了新的活力，城市转型升级为都市现代农业发展提出了新的需求。各地要紧紧抓住“十三五”重要发展机遇，进一步增强改革、创新、发展意识，加强顶层设计，拓展农业多元功能，加快区域协同发展，深度融合一、二、三产业，创新都市现代农业发展方式，实现都市现代农业跨越式发展。

专家建议，要以顶层设计为引领，统筹规划全国都市现代农业发展路径，探索实施评估标准和体系建设，建立健全都市现代农业政策支撑体系，分区域分阶段统筹推进，提升都市现代农业发展质量；要以“菜篮子”工程建设为重点，严格落实好“菜篮子”市长保障供给责任、质量安全责任、应急保障责任和市场调控责任，确保菜地面积基本稳定、提升生产能力建设、强化质量安全监管、完善市场流通体系和调控保障机制，强化都市现代农业基础功能；要以示范园区建设为抓手，探索都市现代农业生产、生活、生态示范园建设，形成业态丰富、功能多样、环境友好、特色鲜明的现代农业产业体系；要以研讨会为契机，打造都市现代农业交流平台，更好地宣传和引导社会各界共同关注和推动都市现代农业发展，使其成为农业现代化的“先行者”和“排头兵”。

【2015中国农业产业化研讨会】 12月3—4日，学会联合农业部人力资源开发中心、山东省农业科学院在山东省济南市召开了2015中国农业产业化研讨会。会议以“农产品销售战略与企业做强做大”为主题，重点围绕传统销售与现代销售模式、“龙头企业+互联网”等内容开展了交流研讨。近200名代表参加了研讨交流。中国农学会、农业部人力资源开发中心、农业部农村经济研究中心、中国农业科学院、山东省农业科学院等单位的专家和领导出席会议并作专题报告，对我国农业产业化经营实践、理论研究、政策支持进行了回顾，对农业产业化未来发展与龙头企业转型升级建言献策。人民日报经济部原主任艾丰、农业部农业产业化办公室原主任李惠安重温了20年前我国农业产业化经营起步的经过，辽宁省农业科学院、江西省农业科学院、湖北省农业科学院、武汉市农科院等负责人围绕科研与科技产业化作了专题报告，并在山东省农业科学院就科技与经济结合相关内容进行了专题座谈。汇源集团、浪潮集团、上海孙桥现代农业联合发展有限公司、江西大忙人实业集团、山东商氏集团、北京志起未来营销咨询集团的企业家介绍了农产品销售模式与企业做强做大方面的经验和体会。与会代表赴浪潮集团云计算创新中心，山东省农业科学院信息研究所物联网研究室、科技成果展室、现代农业展室、智能温室等进行了参观学习、现场交流和供需对接，参观了“农产品加工技术成果（济南）交易会”。

（撰稿人：李兆双　顾玉红）

中国林学会

服务创新型国家和社会建设　作为中国科协创新助力工程试点学会之一，学会组织专家下基层，攻克技术难题，开展试验示范，在木材加工、速丰林生产、经济林、珍贵树种培育等领域开展示范推广。与云南、福建、浙江等省对接，签署了木材干燥等10项合作意向。在浙江省宁波市建立了“中国林学会宁波服务站”，在宁夏回族自治区石嘴山市、贵州省丹寨县等地开展了科技服务工作，签订了科技服务协议。针对当前实践中林下经济的快速发展，成立林下经济创新团队，开展学科集群研究。与东北林业大学联合成立协同创新中心，举办了第二届中国林下经济发展高端论坛、林农复合经营与林下经济发展学术研讨会等学术交流活动，并组织团队成员赴新疆、浙江、黑

龙江等地开展专题调研。

11 月 8—9 日，第三届中国（郯城）银杏节暨银杏产品交易会在山东省郯城县举办。本届银杏节由学会、山东省林业厅、临沂市人民政府主办，学会银杏分会、临沂市林业局、郯城县人民政府承办。山东省政协副主席张传林，林业部原副部长刘于鹤，全国工商联副主席何俊明，学会副理事长兼秘书长陈幸良，学会副理事长、南京林业大学校长曹福亮，山东省政协副秘书长燕翔，山东省林业厅厅长刘均刚，山东省林业厅副巡视员李登开，临沂市委书记林峰海等出席开幕式。

开幕式上，刘均刚为“山东郯城国家银杏公园”授牌，马福义为“山东郯城省级花木交易市场”授牌，曹福亮为郯城银杏书画大赛获奖选手颁奖，礼仪小姐为“银杏情怀，最美人生”十佳和谐金婚老人献鲜花。本届银杏节以“弘扬银杏文化，促进产业发展”为主题，期间举行了全国第二十一次银杏学术研讨会、第三届中国（郯城）银杏产品交易会、第三届中国（郯城）银杏苗木交易会、产业招商大会、银杏文化与民俗展、银杏美食展等一系列活动。

学会建设 2015 年，学会荣获全国优秀科技社团称号，进入“全国科技社团五十强”；获得中国科协学科发展群引领项目资助；荣获全国科普工作优秀单位称号。

学会研究起草了《中国林学会“十三五”发展规划》，并召开座谈会征求了国家林业局和中国科协有关领导、专家的意见。学会研究并提交了学会拟承接政府转移职能报告及清单，稳步推进学会运行机制改革，制定了《处室量化目标责任考核办法》《财务管理规定》等多项制度。初步完成了学会网站改版升级的重建工作，基本完成了会员管理系统的网站开发，申请开通了中国林学会、中国林下经济、林业科学等微信公众号，建成并运行了林业科普信息化综合服务平台，基本完成了学会数字化档案库建设。

学术期刊 学会主办期刊《林业科学》全年收稿 873 篇，发稿 248 篇。2015 年再次入选中国科协全国精品期刊项目。2015 年 12 月获通知自 2016 年 1 月起《林业科学》被 Ei Compendex 数据库收录。召开了《林业科学》创刊六十周年纪念座谈会、第五届全国林业科技期刊发展座谈会。学会携手中国绿化基金会率先开展科技期刊绿色公益活动，支持“幸福家园——西部绿化行动”生态公益项目，即《林业科学》每接收一篇论文，编辑部将向中国绿化基金会捐赠 5 元，用于支持“幸福家园——西部绿化行动”生态公益项目。

学科发展研究 完成了《林学名词》（第二版）编写，组织了由院士领衔、30 多名跨界专家参加的“农林复合经营与林下经济”学科研究。编写了《2015 年度中国林业优秀学术报告》，启动了 2015 年学科发展进展研究，完成了中国科协绿皮书等重点任务。

决策咨询 学会 2015 年全年提供决策咨询报告 14 篇，举办决策咨询活动 9 次，参加活动专家人数约 450 人次，提交科技工作者建议 5 条，其中 3 条获得上级领导批示。启动了中国林业智库建设，学会作为发起人和依托单位。首批专家团队由林业、农业、环境、水利、生态领域的 14 名院士和 50 多名专家组成。组成由唐守正等 3 名院士参加的专家咨询组，组织开展了天然林全面保育的科学内涵、风险与对策研究项目调研及桉树发展对策研究。承担中国科协学会改革创新和能力建设交流与研究项目，完成了中国科协科技工作者状况调查工作，并获好评。

国际学术会议 2015 年，学会举办境内国际交流 3 次，参加人数 100 多人次，境外专家、学者 60 多人次，交流论文 120 篇。与国际林联联合主办了国际桉树大会，近百名外国专家来华参会。这是国际林联在中国首次召开的桉树国际学术大会。国际林联主席会后专门写信给学会理事长赵树丛，充分肯定桉树国际学术大会的圆满成功和为推进桉树发展发挥的重要作用，并希望今后要紧密与学会的合作。与德国专家合作开展了天然林示范区栎类经营示范项目，在此基础上召开了中国天然林示范区栎类经营讨论会。

国内主要学术会议 2015 年学会及各分会共举办综合性和专题性国内学术交流 48 次，参会人数达 7200 余人，交流论文 4000 余篇。组织了全国森林培育学术研讨会、第十一届中国竹业学术大会、竹业创新发展与“一带一路”建设高层学术研讨会等有重大影响的学术会议，促进了学科建设和生态林业民生林业发展。树木木材形成分子基础学术研讨会、预防与控制生物灾害分析研讨会，造林学、树木学、生态学、森林昆虫、森林病理、森林公园、银杏等分支机构结合学科发展前沿和重点领域召开了学术年会。举办了中国林业青年科技创新学术研讨会，为林业青年科技工作者搭建了综合性、高层次、多学科的学术交流平台。围绕林下经济、珍贵树种、古树名木等举办的天然林保护与林下经济发展学术论坛、珍贵树种分会成立大会暨首届中国珍贵树种学术研讨会、中国林下经济发展高端论坛等活动，促进了新兴领域的发展。

10月21—23日，第十一届中国竹业学术大会在湖南省桃江县召开。会议由学会、湖南省桃江县人民政府联合主办，学会竹子分会、中国林科院亚热带林业研究所、桃江县林业局、湖南省林科院竹类研究所共同承办。学会竹子分会主任委员、浙江省政协农业与农村工作委员会主任楼国华，学会副秘书长刘合胜，桃江县委副书记、县长何军田、中国林科院亚热带林业研究所所长王浩杰等出席会议并讲话。会议代表和特邀嘉宾共计270多人参加了会议。会议开幕式由学会竹子分会副主任委员、浙江省林业厅总工蓝晓光主持。

中国林科院木材工业研究所研究员于文吉、国家林业局竹子研究开发中心研究员陈玉和、浙江农林大学教授姜培坤分别作特邀报告《新型竹质重组材料：性能与功能、产品与市场》《电热地板的现状及发展前景》《竹类植物植硅体碳研究》，来自湖南省林科院、台湾省"中央研究院"农业生物科技研究中心、国际竹藤中心、中国林科院亚热带林业研究所、南京林业大学、丽水学院、浙江农林大学、湖南省吉祥天生物科技有限公司和四川省长宁县君竹竹木制品有限公司等单位的9名专家、学者、企业家作了专题报告。

大会共收到竹子分子育种、生理、生态、栽培、加工以及竹文化、竹业生产与管理等领域学术论文86篇，其中34篇论文在大会上进行了交流。

两岸交流 8月，学会成功举办了"2015两岸林业论坛"，服务了对台工作，密切了两岸林业关系，建立了两岸定期轮流举办论坛的交流机制。

12月5—6日，第十五届全国森林培育学术研讨会在广东省广州市召开。会议由学会造林分会主办，华南农业大学承办，广东省林学会、广州市林学会、广东省龙眼洞林场共同协办。中国工程院院士沈国舫、国家林业局造林司司长王祝雄、中国林科院院长张守攻、华南农业大学校长陈晓阳、学会学术部主任曾祥谓等出席会议并致辞。来自全国各林业高校、科研院所和有关企业等近300名代表参加了研讨会。大会开幕式由学会造林分会秘书长马履一主持。

开幕式上，沈国舫为获得第五、第六届"沈国舫森林培育奖励基金"获得者颁发了证书和奖金。

会议期间，中国工程院院士沈国舫、国家林业局造林司司长王祝雄、中国林业科学研究院院长张守攻、北京林业大学教授翟明普、西北农林科技大学常务副校长赵忠、华南农业大学林学与风景园林学院院长李吉跃分别作了题为"中欧三国林业考察后的思考""我国森林培育工作的形势、任务及展望""多功能森林培育的理论与思考""森林培育学教材建设探究""黄土高原人工林健康经营的理论与技术""人工林与水资源问题"的大会特邀报告。中国林科院林业所研究员张建国、西藏大学农牧学院教授赵垦田、北京林业大学教授马履一等20多位专家、学者分别作了学术报告。

本次研讨会以"森林培育与木材资源安全"为主题，围绕用材林生产力提高的理论与实践、木材战略储备基地建设实践、主要速生丰产林及珍贵用材树种培育理论与实践以及多功能森林培育的理论与实践等议题开展研讨。21名高校、科研院所、基层单位的代表从种苗生产、造林技术、抚育技术、木材战略储备基地建设等方面介绍了各自最新的研究成果。

会议在充分讨论酝酿的基础上，提出《森林培育广州共识》，向政府和社会呼吁：中国的木材资源安全必须依靠森林的高效培育来解决，无论是人工林还是天然林都需要科学的抚育经营。

国际交往 学会执行中澳林业交流项目，组团出席了澳大利亚、新西兰林学会2015年年会。完成中国科协资助国际组织任职项目。

科普活动 2015年，学会及各分会举办科普宣讲活动78次，受众人数达14900人次，参加活动科技人员325人次，其中专家269人次。初步建成了林业科学传播公众服务平台，包括"梁希科普奖申报评奖系统""全国林业科普基地管理与服务信息系统"、会议管理信息系统和林学夏令营、梁希科普奖展示、王康聊植物、全国林业科普基地展示等版块。举办了中小学生植物识别越野赛，开展了青少年八达岭森林体验科普活动。组建了全国科普教育基地（林业）联盟，开展了相关培训和观摩活动。

7月21日，由学会主办，中国林科院沙林中心协办的第三十一届林学夏令营暨2015年暑期青少年沙漠生态科学实践活动在内蒙古自治区磴口县开营，学

会副秘书长沈贵、中国林科院副院长黄坚出席了开幕式。

第三十一届林学夏令营暨2015年暑期青少年沙漠生态科学实践活动

本次夏令营为期5天，来自北京二中、四中、八中和东直门中学的百余名学生深入中国林业科学研究院沙漠林业实验中心，观察流动沙丘形状、不同区域沙粒大小分布规律，分析形成原因，了解主要固沙树种和工程固沙方法。在沙林中心第二试验场，学生们分组测量株高和胸径等基本参数。在内蒙古磴口荒漠生态系统定位研究站，学生们开展了地温、气温、空气湿度观测，收集降尘、降水等活动；在沙旱生植物园，学生们学会识别常见沙旱生植物，了解其特点、适应性、种类和作用。

央视少儿频道、《中国绿色时报》《少年科学画报》等新闻媒体全程报道。

表彰举荐优秀科技工作者 首次组织开展了林业系统两院院士候选人的评选推荐工作，推荐了6名候选人。组织开展了第六届梁希林业科学技术奖、第五届梁希优秀学子奖、第五届梁希科普奖、第十三届林业青年科技奖评选及第十四届中国青年科技奖获选人推荐工作，共表彰项目（作品）80项、个人65人。组织实施了中国科协青年人才托举工程，选拔了3名重点培养对象，制定了培养方案。与光明日报社联合开展了“森林中国·2015中国生态英雄”评选活动，评选出10名“中国生态英雄”。参加了国家科技奖励工作办公室社会力量设奖第三方评价。

【2015两岸林业论坛】 8月7日，2015两岸林业论坛在黑龙江省哈尔滨市举办。学会理事长赵树丛、台湾两岸渔业合作发展金会董事长沙志一分别在论坛开幕式上致辞。来自海峡两岸的近90名专家、学者围绕“林业发展与生态文明”主题进行了深入探讨。

2015两岸林业论坛现场

本届论坛由中国林学会、台湾地区“中华林学会”联合发起主办。赵树丛在致辞中说，经过长期不懈的努力，大陆已经实现了森林资源的持续增长，目前森林面积31.2亿亩，森林覆盖率21.63%，森林蓄积量151亿立方米；湿地面积8亿亩，自然湿地保护率45.33%；沙化土地由上世纪末年均扩展3436平方公里转变为目前年均缩减1717平方公里。希望能持续办好两岸林业论坛，不断深化两岸林业合作内容，不断拓展两岸林业合作范围。沙志一在致辞中说，近年来，两岸林业部门交流的强度与频度都已增加，透过交流，彼此在林业的发展及相关的议题上，都有一定共识。期待在双方共同的努力下，探讨更广泛的议题，促进海峡两岸林业及生态保育之交流与合作。

学会常务理事封加平在论坛上作题为“保护天然林与维护生态安全”的主旨报告，台湾地区“中华林学会”黄丽萍代表该学会顾问李桃生作了题为“森林经营与世代正义”的主旨报告。论坛期间，来自中国林学会、中国林业经济学会、中国生态文化协会、东北林业大学、浙江农林大学、昆明勘察设计院，以及台湾林业试验所、台湾大学等单位的专家，围绕林业改革与民生、绿色发展与生态文化、生态保护技术与政策3项议题进行了广泛的交流和互动。

【2015’现代林业发展高层论坛】 11月26日，2015’现代林业发展高层论坛在北京召开。论坛由中国林学会主办，主题为“新常态新路径：‘十三五’林业新发展”。国家林业局党组书记、局长张建龙，中央财经领导小组办公室副主任、农村工作领导小组办公室副主任韩俊，全国绿化委员会副主任、学会理事长赵树丛，中国科协党组成员、书记处书记王春法，国家林业局党组成员、副局长彭有冬，国家林业局党

组成员、人事司司长谭光明等出席论坛。论坛开幕式由学会副理事长兼秘书长陈幸良主持。

2015' 现代林业发展高层论坛

张建龙介绍了我国林业发展的形势和任务，以及"十三五"时期我国林业改革发展的重点工作，并指出加快推进林业现代化建设，不断提升林业发展水平，要重点抓好以下五个方面的工作：一是着力推进改革创新；二是着力加强生态保护；三是着力加快国土绿化；四是着力提升质量效益；五是着力夯实基础保障。

赵树丛作了题为"加快生态林业民生林业发展，共享更多更好林业发展成果"的报告。他说，十八届五中全会提出的"五大新理念"为"十三五"林业新发展拓展了新空间、丰富了新内涵。王春法充分肯定了学会近年来取得的成绩，希望学会在新形势下，关注世界林业科学发展前沿和技术发展趋势，关注国家重点发展领域和难点问题，关注林业科技工作者的学术需求，以丰富多彩的学术交流活动吸引科技工作者、成就科技工作者。

中国科学院院士傅伯杰、清华大学国情研究院院长胡鞍钢、北京大学国家发展研究院副院长徐晋涛、北京大学中国持续发展研究中心主任叶文虎、国务院发展研究中心社会发展部室主任周宏春、学会副理事长兼秘书长陈幸良、北京林业大学校长宋维明等分别作了特邀报告和专题报告，内容涉及中国绿色发展与"十三五"规划、对外开放与林业全球化、生态系统服务与生态文明建设、加快林业税费改革、生态文明理论与实践、转型中的林业发展、生态保护背景下林下经济发展等议题。与会代表围绕论坛主题，针对国家林业"十三五"发展规划，研究探讨绿色发展和生态建设中的重点问题，提出促进林业治理体系和治理能力现代化的新路径、新举措。

论坛开幕式颁发了第六届梁希林业科学技术奖、第五届梁希科普奖并举行了中国林业智库建设启动仪式。与会代表及媒体记者250多人参加论坛。

【桉树国际学术研讨会】 10月21日，2015桉树国际学术研讨会在广东省湛江市开幕，主题为"科学栽培与绿色发展：可持续的桉树商品林"。会议由国际林业研究组织联合会（IUFRO）发起，学会与中国林科院联合主办。这是国际林联在中国首次召开的桉树国际学术大会。开幕式由国家林业局副局长、林学会副理事长彭有冬主持，全国绿化委员会副主任、学会理事长赵树丛和国际林联主席迈克·温菲尔德分别致辞。

本次会议围绕桉树商品林可持续发展设置了生态与社会效益评价、遗传育种及良种繁育新技术、栽培和经营管理、森林健康4个议题，中外专家、学者在为期4天的研讨会上作了5个主旨报告和56个专题报告，就桉树培育、产业发展问题进行广泛研讨和深入交流，分享国际桉树研究的最新成果。

会上，颁发了2015年中国桉树发展突出贡献奖，董汉明、徐大平等7人获奖。会议收到论文118篇，5个企业展示了新技术和新产品。来自24个国家的桉树培育、经营和加工利用领域的专家、学者及管理者360多人参加会议。

【中国林业智库建设】 11月26日，在2015'现代林业发展高层论坛开幕式上，中国林业智库建设正式启动。该智库由学会作为发起人和依托单位，国家林业局经济发展研究中心、中国林业科学研究院、北京林业大学、国家林业科学数据中心、国家林业局调查规划设计院、北京中广群星至盛文化传播有限公司等作为共同发起和核心支持单位，共同建设中国特色新型林业智库。

启动仪式上，学会副理事长兼秘书长陈幸良与各共同发起单位领导共同按下启动球，宣布中国林业智库组建正式启动。

中国林业智库着力构建决策咨询理论政策研究平台、技术服务创新驱动平台、科技评价公共服务平台、信息数据集成共享平台、生态文化传播教育平台（生态公益子智库）5个工作平台。围绕国家和地方林业改革发展中的重点难点问题，开展有针对性的调查研究；围绕科技成果转化提供咨询服务、技术支持和技术培训；发挥科技社团在科技评价中独立第三方的作用，建立科学、完整的评估技术体系，开展事前、

事中及事后论证与评估，提供专项咨询建议；运用现代信息技术，整合、挖掘、加工与集成现有林业科技信息，建成综合、全面、权威的林业科技信息共享平台；致力生态文化的宣传与普及，大力传播普及生态文明理念和生态文化知识，为提高全社会生态保护意识、生态文明意识和绿色发展意识提供强有力的理论和实践支持；定期编辑《林业专家建议》，目前已报送10期。首批专家团队由林业、农业、环境、水利、生态领域的14名院士和50多名知名、资深专家组成，为建设生态文明和美丽中国提供智力支撑。

【《林业科学》创刊六十周年纪念座谈会】 7月21日，《林业科学》创刊六十周年纪念座谈会在北京召开。全国绿化委员会副主任、学会理事长赵树丛，全国政协人口资源环境委员会副主任、学会名誉理事长江泽慧，中国科协党组成员、书记处书记王春法，国家林业局党组成员、学会副理事长彭有冬，中国工程院原副院长、《林业科学》原主编沈国舫，国家林业局党组成员、学会副理事长谭光明，学会副理事长、《林业科学》主编尹伟伦等出席会议。座谈会由彭有冬主持。

赵树丛在讲话中强调，60年来，《林业科学》始终秉承正确的办刊宗旨，坚持以林业建设为中心，全面反映我国林业科学研究的最新进展，瞄准科学前沿，刊发了大批名家和新秀的高水平论著，学术质量不断提高，影响力越来越大，充分发挥了学术期刊在林业建设和林业科技发展中的重要作用。

江泽慧在致辞中说，《林业科学》今后要把吸引高质量的学术论文放在期刊工作的重要位置，反映有突破性、创造性、建树性的学术新观点、新理论、新成就，保证出版质量。要树立精品意识，采取积极有效的措施，扩大优秀作者群，依靠编委会力量，坚持科学、民主办刊，争创国内外一流科技期刊，促进我国林业和生态文明事业的发展。

王春法在讲话中指出，《林业科学》是中国科协系统和国内有重要影响的中文学术期刊，特别是近年来在实施中国科协精品期刊工程项目中取得了显著成绩。希望《林业科学》充分依托精品期刊工程这一平台，进一步发挥自身优势，在提高学术质量、培养优良学风、促进人才成长等方面继续探索新思路、新方法，推动办刊工作上新台阶。

沈国舫在致辞中结合自己从读者、作者到多年担任主编的经历，表达了他对《林业科学》的深厚感情，回顾了期刊工作取得的成绩和经验，分析了期刊工作面临的问题和挑战并提出了期望。

尹伟伦在讲话中表示，要以纪念《林业科学》创刊六十周年为契机，进一步发挥编委会的作用，团结带领各方面办刊力量，使《林业科学》越办越好。

会上，赵树丛向第十届《林业科学》编委会名誉主任江泽慧、名誉主编沈国舫、主编尹伟伦颁发了聘书。作者代表、审稿人代表、兄弟期刊代表在会上发言。

【话剧《梁希》剧本座谈会】 10月30日，话剧《梁希》剧本座谈会在北京举行。围绕《梁希》剧本修改、话剧编排等主题，多位戏剧界艺术家和梁希史料研究专家提出意见。全国绿化委员会副主任、学会理事长赵树丛，国家林业局副局长、学会副理事长彭有冬在座谈会上讲话。

赵树丛说，编写和演出话剧《梁希》，是对梁希所承载的爱国担当、民生情怀的挖掘、塑造过程。一个艺术典型意义的梁希，既是对梁希本人奋斗工作形象的再现，也是对那一个时代林业人集体群像的讴歌。

彭有冬说，把梁希的故事以话剧的艺术形式进行展示很有必要，是一个很好的创意。希望学会把话剧《梁希》的宣传排演作为学会成立一百周年纪念活动的主要内容抓实抓好，使话剧尽早与观众见面。

话剧《梁希》的编剧为中央电视台戏曲音乐部导演何颖哲。学会与央视戏曲频道编导合作，经过多次的研讨、实地采风和人物专访，初步编成了120分钟的话剧剧本。

【2015中国林业青年科技创新学术研讨会】 7月22—24日，2015中国林业青年科技创新学术研讨会暨中国林学会青年工作委员会二届三次常委扩大会议在湖北省宜昌市召开。会议由学会主办，学会青年工作委员会、中国林科院森林生态环境与保护研究所、湖北省林学会联合承办。学会第二届青年工作委员会主任委员、国家林业局速丰办副主任尹发权，北京林业大学副校长骆有庆及来自科研、教学、管理和企业单位从事森林保护相关专业的120余名林业青年科技工作者参加了研讨会。会议开幕式由学会第二届青年工作委员会副主任委员、浙江省丽水市农科院院长金爱武主持。

国家林业局速丰办副主任尹发权、湖北省林学会副秘书长史玉虎、宜昌市林学会理事长张惠琴致辞。

北京林业大学副校长骆有庆、林木遗传育种国家重点实验室主任卢孟柱、中国农科院植物保护研究所研究员陆宴辉、中国林科院科技处副处长尹昌君分别作了题为"昆虫十大优秀品格与森保青年人才成长""杨树抗虫代谢产物的分析鉴定""关于如何提升农田系统生物控害功能的思考"和"我国科技计划改革与应对策略"的特邀报告。

会议组织的12个交流报告涉及树木抗病虫育种、古昆虫学、气候变化、外来有害生物、分子昆虫学、天敌昆虫、森林火灾等方面，覆盖面广，同时兼顾学科交叉。

【中国林学会珍贵树种分会成立大会暨首届中国珍贵树种学术研讨会】 9月15—17日，中国林学会珍贵树种分会成立大会暨首届中国珍贵树种学术研讨会在广东省广州市召开。会议由学会与中国林科院联合主办，中国林科院热带林业研究所、广东省林学会共同承办。学会副理事长兼秘书长陈幸良、华南农业大学校长陈晓阳、中国林科院副院长孟平等出席会议并讲话。从事珍贵树种管理、科研、教学和生产实践的领导、专家、科技人员、企业家200多人参加会议。会议开幕式由华南农业大学校长陈晓阳主持。

会议期间，中国林科院热林所研究员徐大平、华南农业大学教授陈晓阳、南京林业大学教授方升佐、中国林科院林业研究所研究员王军辉分别作了题为"发展珍贵树种、促进林业产业转型升级——以降香黄檀、檀香、沉香为例""华南地区优质速生树种种质资源研究""珍贵树种青钱柳的研究进展与展望""珍贵树种楸树育种策略及研究进展"的特邀报告。16位专家围绕珍贵树种主题作了专题报告，专家们从各自的研究领域出发，先后对20世纪我国热带珍贵树种研究发展回顾，崖柏（属）研究进展、国内外柚木资源现状与发展趋势，西南桦和红椎木材机械加工性能，特有濒危种血皮槭生长状况及遗传多样性分析，西南桦人工林修枝研究，西南桦、光皮桦优良无性系快速繁育与利用，黑木相思组培快繁与无性系选育，珍贵树种毛红椿天然群体遗传多样性取样策略研究等方面进行了论述。

会议期间召开了学会珍贵树种分行成立大会，选举产生了学会珍贵树种分会第一届委员会。成立大会由陈晓阳主持，徐大平宣读了学会关于成立珍贵树种分会的批复。会议选举产生了珍贵树种分会第一届委员会，徐大平任分会第一届委员会主任委员，选举产生常务委员19人，委员25人。分会挂靠在中国林科院热带林业研究所。

【中国天然林示范区栎类经营讨论会】 11月3日，学会和国家林业局天然林保护工程管理中心在北京举办中国天然林示范区栎类经营讨论会。会上，来自德国、法国的多位栎类经营专家和国内关注天然林保护及栎类资源经营的专家、学者进行了深入交流。专家们一致认为，重视、保护和发展栎类优势资源势在必行。

栎类，也叫柞树、橡树，包括5个属的约120个种，是我国分布最广、面积最大的重要森林资源，且多为高大乔木。我国天然栎类乔木林面积和蓄积分别占全国天然林面积、蓄积的13.66%和10.45%。栎类具有保障木材安全、维护生态环境并获得较高经济价值、文化价值和社会效益的特性。但目前我国的栎类资源多为林分质量堪忧的天然次生林，中幼龄林超过62%，而且，人们对栎类的价值并不十分了解，一度忽视了栎类经营的巨大潜力，经营栎类的理念更是远远落后于欧洲。

德国弗莱堡大学森林生长研究所所长海因里希·斯匹克和约翰尼斯科鲁兹林务局负责人布克哈德·斯代克在会上介绍说，德国历来重视栎类资源的经营利用，德国人熟知栎类的生物学特性和相应的经营技巧，并有详细的经营方案。他们认为，中国的栎类资源种类和数量都很丰富，中国应重视栎类资源的经营。栎类资源经营必须要有明确的目标，然后依据目标制定相应的经营措施。科学经营可以提高木材价值，并保持林分健康。

中国林科院研究员侯元兆呼吁，"栎类是中国的第一大树种，但由于生长周期长、价值没有被充分认识等原因，我国的栎类资源成了'被遗忘的孩子'"。天然林保护绝对不等于把天然林扔给大自然。栎类是我国的一大优势资源，它们浑身都是宝，并最具适应气候变化的能力。出于国家利益，尤其是结合国家木材战略储备考虑，我国应借鉴欧洲的经验，重新认识并有效利用栎类资源。

中国林科院研究员盛炜彤表示，很多栎类木材为珍贵用材，具有很高的经济价值。他建议，我国应对现有的栎类天然次生林进行一次全面的调查研究，了解其特点、种类、面积等基本信息，然后在此基础上划分次生林类型，针对不同类型采取不同的经营措施。

学会副理事长兼秘书长陈幸良认为，中国的天然林保育需要综合施策。保育不是狭义上的保护，而是在天然林不同的演替阶段施以不同措施以促进其进展演替，建立健康稳定的天然林生态系统。科学的天然林保育技术是天然林的封禁性保护、生态性培育、持续性经营三部分的有机结合。对天然林要实行分级分类经营，建立天然林保育试验区，完善资源管理政策，严格资源监督。

专家们指出，栎类树种的生长规律比较特殊，一般的经营规程没有涵盖，因此，应根据栎类的生态学特性制定相应的经营方案。而对栎类天然林的科学保护，是近自然经营。栎类是我国天然林的重要组成部分，栎类资源的保护性经营自然也在天然林保护的框架之下。

此次讨论会前，学会与国家林业局天然林保护工程管理中心组织德法专家赴陕西省丹凤县和甘肃省小陇山，对20多个不同类型的栎类资源与经营样地进行为期9天的考察与调研，对当地栎类保护与经营提出了指导建议。

【中国林下经济发展高端论坛】 11月1—2日，中国林下经济发展高端论坛在浙江省义乌市举办。论坛由学会主办，中国义乌国际森林产品博览会组委会办公室、学会林下经济分会、浙江省林学会、浙江农林大学联合承办。学会副理事长兼秘书长、林下经济分会常务副主任委员陈幸良，学会副理事长、东北林业大学校长、林下经济分会副主任委员杨传平，浙江省林业厅巡视员、浙江省林学会理事长吴鸿，国家林业局国有林场和林木种苗工作总站副总站长杨连清等出席会议并致辞。从事林下经济管理、科研、教学和生产实践的领导、专家、科技人员、企业家代表等共计130多人参加了会议。大会开幕式杨传平主持。

会议期间，共有6名专家分别作了题为“黑龙江省林下经济产业发展的必要性及战略”“森林可持续经营与林下经济发展”“我国森林公园及森林旅游发展现状与趋势”“既要金山银山，也要绿水青山——林下经济迎来重大发展机遇期”“林果型农业文化遗产的保护与发展”“铁皮石斛产业化关键技术研究与应用进展”的特邀报告。10名学者作专题报告。

论坛开幕前，与会人员参加了第八届中国义乌国际森林产品博览会开幕式并参观了森博会林下经济产品展区，了解了林下经济产品种类及价格等情况。

【竹业创新发展与“一带一路”建设高层学术研讨会】 10月16—18日，竹业创新发展与“一带一路”建设高层学术研讨会在浙江省杭州市召开。会议由学会与中国林业科学研究院、国际竹藤中心联合主办，国家林业局竹子研究开发中心、学会竹藤资源利用分会共同承办。科技部人才中心副主任郝强，国家林业局科技司副司长杜纪山，学会副理事长兼秘书长陈幸良，国际竹藤中心党委书记刘世荣，浙江省林业厅巡视员、省林学会理事长吴鸿，中国林科院副院长李岩泉等出席会议并讲话。从事竹类科研、教学、管理和生产实践的科技人员、管理者、企业家代表、研究生等270多人参加了会议。

会议期间，中国工程院院士张齐生、科技部人才中心研究员郝强、国际竹藤中心研究员刘世荣、国家林业局竹子研究开发中心研究员陈玉和、中国林科院亚热带林业研究所首席科学家萧江华、国家林业局北京林业机械研究所研究员傅万四分别作了题为“农林生物质气化多联产技术的集成与应用”“科技人才服务‘一带一路’建设峰会情况”“发挥中国竹业优势支撑‘一带一路’国家发展战略”“木竹家居装饰与功能材料研究”“创新完善高效可持续经营的竹林资源体系”“发展竹工机械，促进产业发展”的特邀报告。来自中国林科院、南京林业大学、浙江农林大学、国际竹藤中心、云南省林科院、浙江省林科院、安吉竹子博览园有限责任公司、浙江大庄实业集团有限公司、浙江永裕竹业股份有限公司等单位的13名专家、学者、企业家，围绕竹业创新发展作了主题报告。专家们从竹类培育、竹类遗传育种、品种选育等基础研究领域以及竹材加工利用、竹炭资源开发、竹产业发展规划等应用研究领域进行了论述与探讨。

【天然林保护与林下经济发展学术论坛】 7月6日上午，天然林保护与林下经济发展学术论坛在东北林业大学校召开。来自黑龙江省林业系统的专家、学者、和学生参加了论坛。

学术论坛由学会、黑龙江省林业厅、黑龙江省森工总局和东北林业大学共同主办，黑龙江省林学会、黑龙江省林下经济协同创新中心、学会林下经济分会联合承办。

学会副理事长兼秘书长陈幸良作题为“林下经济的学科研究与实践意义”的报告。报告分析了林下经济的概念与发展现状，阐述了发展林下经济的重大意义，发展林下经济是实施天然林全面保护的重大战略选择，林下经济有望发展成为新兴学科。

东北林业大学校长杨传平以“发展林下经济的战略对策”为题，阐述了生态保护和经济发展之间的关系，分析了发展林下经济对林区经济发展的重要意义，并从林下经济发展的战略布局角度出发，提出了发展的对策和手段，为新常态下的林区生态、经济、文化、社会和谐发展提供了有益参考。

黑龙江省森工总局局长魏殿生以“总结、完善、发展”为题，指出保生态必须保民生，森工林区要充分发挥市场配置资源与政府的作用，调整产业结构，优化生产关系，创新制度体系，实现林区生产生活方式的彻底转变。

（撰稿人：郭丽萍）

中国土壤学会

服务创新型国家和社会建设 2015年，学会土壤质量标准化工作委员共向国家标准委申请了3项土壤质量国家标准并获得立项。原有的23个已立项土壤质量国家标准中，《田间土壤描述》等11项标准通过审查，已经进入出版阶段；《耕地质量等级》标准已完成了技术审查，形成了报批稿；《根茎类蔬菜产地的土壤重金属（Cd、Hg、As、Pb、Cr）食品安全阈值》标准完成了征求意见稿，目前正在向社会各方征求意见；另外10项标准也基本完成工作组讨论稿，即将进入征求意见阶段。

9月20—22日，土壤组学的全链条创新技术培训班在江苏省南京市召开。来自8个国家和地区的50多名专家、学者参加了会议。学会不仅为青年科研人员提供了与世界著名科学家面对面交流、了解国际微生物学及相关领域最前瞻科学思想和新兴学科领域的机会，更促进了先进技术在中国土壤微生物相关领域的应用。

10月14—16日，第四期污染场地土壤与地下水风险评估技术HERA软件培训班在江苏省南京市举办。培训班邀请到了业内权威专家授课，有关大专院校、科研院所和环保企业（含台湾地区）近150人参加了研讨和培训。培训专家就“健康风险评估的基本理论”“环境中污染物的归趋与迁移”“毒理参数的概念与收集”“HERA软件的入门及计算”“污染土壤生态风险评估：案例分析”“污染场地土壤与地下水修复目标建立的基本框架”“制定污染场地土壤与地下水筛选值和修复目标的常用模型”等进行了授课和报告。培训班为学员安排了针对性的案例分析，对一系列技术问题进行了探讨和研究，并辅导学员作了相关课程练习。

学会建设 为纪念中国土壤学会成立70周年，学会于12月在学会成立地重庆市北碚区召开了纪念大会，会前制作了《中国土壤学会成立70周年——土壤科学的传承与发展》光盘，时长30分钟，回顾了学会走过的七十年光辉历程。

4月26日，中国土壤学会土壤修复专业委员会成立大会在湖南省长沙市召开。该专业委员会挂靠在中国科学院南京土壤研究所，由39人组成。中国科学院南京土壤研究所研究员陈梦舫担任主任。该专业委员会的成立旨在有效推动我国土壤修复领域的健康、快速发展，促进土壤污染修复行业的合作与技术融合。

12月4日，2015年中国土壤学会常务理事扩大会议在重庆市北碚区召开。会议审议并通过了《中国土壤学会第十三届理事会换届方案》，修订了《中国土壤学会分支机构管理条例》，增设了中国土壤学会土壤工程工作委员会（名称待定），听取了2016年第十三次全国会员代表大会的筹备情况，并确定了2016年常务理事扩大会议及第十三次全国会员代表大会的召开时间、地点。

学术期刊 学会主办或合办《土壤通报》《土壤学报》《土壤圈》（英文版）、《水土保持学报》《干旱区研究》5种期刊，2015年刊出文章共计1005篇，发行量共计29700册。

《土壤学报》2015年继续获得中国科协“精品科技期刊工程”项目资助。在中国（武汉）期刊交易博览会组委会、国家新闻出版广电总局信息中心和中国期刊协会数字分会联合举办的评选活动中，《土壤学报》荣获“2015期刊数字影响力100强”称号。

2015年6月18日，Thomson Reuters发布的2014年度SCI期刊引证报告，《土壤圈》（英文版）2014年度的影响因子上升至1.500（5年影响因子为1.911），在全球土壤学科（Soil Science）34种SCI期刊中排名第16，首次进入Q2区。《土壤圈》（英文版）再次入选全国“百强科技期刊”，被江苏省新闻出版局评为“十强科技期刊”，自2012年起连续四次被评为“中国最具国际影响力学术期刊”，位列全国前TOP1%。《土壤学报》和《水土保持学报》再次被评为“中国国际影响力优秀学术期刊”。

国际学术会议 学会及其专业委员会全年共举办国际会议4次：第十二届东亚及东南亚土壤科学联合会国际会议，第三届污染场地政策、环境管理与修复技术国际研讨会，第四届土壤近地传感国际会议，第二十届国际土壤与耕作研究组织大会。参会人数共计1100人次，其中国外专家、学者约350人次，交流论文400多篇。

4月26—29日，第三届污染场地政策、环境管理与修复技术国际研讨会在湖南省长沙市召开。本次会议的宗旨是“促进我国污染场地环境管理制度及政策法规、调查监测及修复技术研发与工程实践等的进一步完善，加快我国土壤及场地污染修复行业的健康发展”。来自国内外100多个单位的专家、学者及企业代表近500人参加了会议，来自学术界、企业及政府部门的34名行业内专家作了报告。

5月13—15日，第四届土壤近地传感国际会议在浙江省杭州市举办。来自中国、美国、加拿大、德国、澳大利亚等10多个国家的100多名专家、学者出席会议，分别就土壤传感采样设计、土壤近地传感研究进展、土壤功能传感、传感数据分析、田间传感光谱等主题作了报告。

9月14—18日，第二十届国际土壤与耕作研究组织大会在江苏省南京市召开。参加会议的国内外专家、学者130多人，其中国外专家87人，分别来自35个国家。国际土壤学会主席Rainer Horn教授、国际土壤年FAO特别大使Claire Chenu教授和美国宾州州立大学教授Henry Lin等10多名专家作了大会报告。8个分会场共有80人作了口头报告，同时展示了36份墙报。

国内主要学术会议 2015年，学会及专业（工作）委员会共举办17次学术会议，参会人数3500多人次，报告近700个，收录论文（摘要）820多篇。

8月1—3日，由学会土壤物理专业委员会主办、青岛大学承办的2015年全国土壤物理学进展与水土资源保护学术研讨会在山东省青岛市举办。来自全国81家单位以及海外2所高校的306名专家、学者参加了会议。会议共设置了7个研讨专题，组织了6个精彩的大会报告和104个专题学术报告。

8月5—7日，学会土壤环境专业委员会第十八次会议暨农田土壤污染与修复研讨会在山西省太原市举办。260名专家、学者参会。会议安排特邀报告20个、大会报告16个、专题报告21个。

8月10—12日，学会土壤遥感与信息专业委员会和土壤发生、分类与土壤地理专业委员会2015年学术研讨会在江西农业大学召开。会议的主题为“现代农业建设的土壤资源利用与保护”，来自国内55个单位的300多名专家、学者参加了研讨会。会议共收到论文或摘要86篇，其中78人分别作了大会主题报告和分会报告。

8月30日—9月1日，2015年中国土壤学会土壤化学专业委员会学术研讨会在辽宁省沈阳市召开，会议主题为“现代土壤化学发展与土壤生态系统功能”。来自41个单位的200多名专家、学者参加了会议。会议共安排了6个主题报告、20个专题报告、22个研究生专场报告。

10月16—19日，第八次全国土壤生物与生物化学学术研讨会、第三次全国土壤健康学术研讨会暨第二届国际有机农业发展与健康高峰论坛在广东省河源市召开。会议由学会土壤生物与生物化学专业委员会、土壤生态专业委员会和广东盆地一号生物产业有限公司、香港生巴达有机农业集团联合主办，主题为“土壤健康与食品安全”。70余个科研、教学、管理与生产单位的200多名专家、学者、研究生和企业代表出席了会议，大会共收到论文（摘要）58篇并汇编了《论文（摘要）集》。45人分别作了相关报告。

11月23—26日，2015年生物质炭与农业可持续发展学术研讨会在浙江省杭州市召开。本次会议由学会土壤化学专业委员会主办、浙江农林大学等单位承办，来自中国科学院、浙江大学等70余家科研、教学、管理与生产单位的260余名专家、学者、研究生和企业代表出席了会议。中国工程院院士张齐生等64位专家，围绕“生物炭生产工艺及设备”“生物炭与温室气体减排”“生物炭与土壤改良”“生物炭环境效应及风险评价”等内容作了学术报告。大会收到论文（摘要）63篇并汇编了《论文摘要集》。

国际交往 学会组织召开第十二届东亚及东南亚土壤科学联合会（ESAFS）工作会议，评选韩国土壤与肥料学会推荐的Jae Yang教授为第五届ESAFS奖获得者；一致通过了朝鲜、蒙古和尼泊尔3个学会成为ESAFS成员学会的申请。ESAFS成员学会增加至15个。

3月9—14日，学会理事长沈仁芳访问韩国土壤学会，参加了在韩国召开的表层土壤价值和土壤侵蚀：科学、技术及政策国际研讨会，并作大会报告。

9月13—19日，学会常务理事张甘霖应联合国粮农组织（FAO）土壤与水分部邀请，前往意大利参加了政府间土壤技术委员会土壤会议。政府间土壤技术工作组是FAO成立的旨在商定全球与土壤相关的重要议题的国际学术小组，由全球五大洲土壤科学家组成。此次会议上商定了未来一段时间FAO的重要土壤资源管理与研究议题。参加此次会议对及时掌握全球重要土壤议题、促进相关研究计划实施、进一步巩固中国土壤学会的地位有重要意义。

10月17—23日，学会理事长沈仁芳作为国际酸性土壤－低pH组织科学委员会委员赴克罗地亚参加了第九届酸性土壤－低pH会议并作大会报告，与国际同行们探讨研究领域新问题、项目及相关研究方法进展等事宜。

科普活动 2015年，向公众开放中国科学院南京土壤研究所土壤标本馆、中国水稻田和水稻土起源陈列馆、中国农业博物馆土壤标本陈列馆等科普基地，共接待观众1.5万人次。

2015年是第68届联合国大会确定的“国际土壤年（International Year of Soils，IYS）”。为此，学会于2月发出了宣传“世界土壤日”和“国际土壤年”的倡议活动，得到专业（工作）委员会及省级土壤（肥料）学会的回应，积极开展相关主题活动。

学会组织写作的科普类书籍《寂静的土壤》于11月由科学出版社发行。作者中国科学院南京土壤研究所龚子同、陈鸿昭、张甘霖3名研究员围绕“国际土壤年”活动宗旨，根据自己对土壤科学的看法、反思和感悟，写就了这本原创性科普读物。该书以自然—社会—土壤复合体为对象，用30万字、164幅精美照片和图表，图文并茂地显示了土壤学的发展史和土壤文化。全书分土壤的前世今生、土壤学的历史文化、我们的土壤梦三部分。

7月13—17日，“寻最美土壤，圆你我梦想”第三届大学生夏令营在江苏省南京市召开，来自全国50所高校的70多名优秀大学生参加了夏令营。夏令营安排了开营仪式、学术报告、海外归国学者交流会、专业分组学术研讨会、所内参观、野外科考、参观历史遗迹、闭营仪式等多项内容。闭营仪式上，组织者为营员们颁发了夏令营结业证书。

7月17—19日，“2015青少年高校科学营——土壤专题营”在江苏省南京市举办。青少年科学营的举办旨在让处于高中阶段的学生对土壤科学有更加全面、科学的认识。来自广西、安徽、云南、湖南、香港特别行政区、江苏的100名同学和20名带队老师参与了此项活动。通过老师们的报告和科学与实践结合的相关活动，使营员对土壤科学有了更为深入的认识，同时也培养了对自然科学的兴趣。他们表示，此次科学营活动获益匪浅。

12月1—5日，首届全国大学生土壤技能竞赛在重庆市北碚区举办。来自全国高校的16个团队（每团队由1名教练和4名学生选手组成）参加了竞赛。

表彰举荐优秀科技工作者 学会向中国科协推荐了中国科学院院士候选人1人次、中国工程院院士候选人2人次，第十四届中国青年科技奖候选人1人次，国际民间科技组织后备专家2人次，高层次人才库人才8人次，青年人才托举工程2人次等。

2015年，学会开展了第十届中国土壤学会科技奖的表彰奖励活动，评选出学会科技奖一等奖1个、二等奖2个，共表彰奖励26人次、单位3个。

【土壤科学的传承与发展学术研讨会】 12月4—6日，土壤科学的传承与发展学术研讨会在重庆市北碚区召开。来自全国各地科研、教学、管理或生产单位的专家、学者600多人参加了会议。会前编印了论文摘要集，收集论文摘要82篇。

土壤科学的传承与发展学术研讨会现场

12月5日上午，开幕式在西南大学大礼堂举行。学会副理事长、南京农业大学副校长胡锋主持了开幕式，学会理事长、中国科学院南京土壤研究所所长沈仁芳致开幕辞，西南大学副校长丁忠民致欢迎词。中国科学院院士赵其国、朱兆良出席了会议。

围绕“土壤科学的传承与发展”主题，有22名专家和22名青年学者分别在大会报告和青年论坛上作了精彩的报告，展示了土壤科学多方面的研究进展和最新成果。

闭幕式上，沈仁芳作了会议总结。他表示，我们应该为过去所取得的成就感到骄傲和自豪，但是更应

该为未来中国土壤科学乃至世界土壤科学事业发展而担负起更加重要的责任。希望大家能以学会成立70周年作为新起点，面对新形势，紧密团结，围绕发展中国土壤（肥料）事业这个中心任务辛勤工作、不辱使命，尤其要加强对年轻人的培养和提携，做好我国土壤科学的传承与发展。

【“土壤与生态环境安全——国际土壤年在中国”战略与决策高层论坛】 为积极响应“国际土壤年”这一全球性活动，7月11—12日，“土壤与生态环境安全——国际土壤年在中国”战略与决策高层论坛在北京中国科技会堂举办。中国科协党组书记、常务副主席、书记处第一书记尚勇发表书面致辞，联合国环境规划署驻华代表、联合国驻华系统气候变化和环境专题委员会主席张世钢到会致辞。论坛由中国科学院党组副书记方新主持。

方新在主持论坛时说，土壤是农业发展和粮食安全的基础，在维护粮食安全、水安全、能源安全以及保护生物多样性和应对气候变化等方面都起着重要的作用。2013年12月第68届联合国大会将2015年定为国际土壤年，并已在全球范围内举办了一系列活动。党中央、国务院历来高度重视我国的土壤保护工作，习近平总书记2015年5月对耕地保护工作专门作出重要批示，强调耕地是我国最为宝贵的资源，必须要把关系十几亿人吃饭大事的耕地保护好，要运用最严格的耕地保护制度，像保护大熊猫一样保护耕地。举办这次论坛就是为了结合国际土壤年组织相关活动，让全社会进一步全面了解和深刻认识土壤在我国粮食安全和生态环境建设中的重要作用。

中国科学院副院长张亚平、农业部副部长张桃林、环境保护部副部长李干杰、中国科学院院士赵其国、学会理事长沈仁芳作了大会报告。在11日下午举行的高端对话会上，来自国家发改委、中国科学院、环保部、农业部、高校和企业的管理者、专家学者、企业家通过点题发言、思想碰撞、互动问答等多种形式深入探讨了促进土壤资源可持续利用的相关政策及土壤环境保护法规体系、土壤污染防治技术成果、土壤修复产业的资金来源和商业模式等问题，全面系统地阐释了土壤环境保护的现状和未来趋势，并为解决土壤污染治理领域所面临的重要问题出谋划策。

论坛还邀请了十余位来自全国各领域的土壤保护专家、土壤修复产业一线的企业分享了其最新的科研、技术成果和产业化实践经验。

这次论坛从多个层面进一步强调了土壤及发展土壤科学在国民经济建设中的重要作用，明确了当前我国土壤安全存在的主要问题，指出了我国土壤环境保护的战略指导思想、工作重点和保障措施。央视新闻频道、人民网、新华网、凤凰网等多家媒体分别对论坛的活动进行了跟踪报道。

【第十二届东亚及东南亚土壤科学联合会国际会议】 9月18—21日，由东亚与东南亚土壤学联合会、中国土壤学会和中国科学院南京土壤研究所共同主办的第十二届东亚及东南亚土壤科学联合会国际会议在江苏省南京市召开。国际土壤科学联合会（IUSS）主席Rainer Horn，IUSS前主席Jae Yang，联合国粮农组织亚太地区办公室（FAO-RAP）土地管理官员Yuji Niino，学会荣誉理事长、中国科学院南京分院院长周健民，来自21个国家（或地区）的约300名代表参加了会议。

会议的主题为“可持续发展下的土壤资源合理利用”。Rainer Horn教授，Jae Yang教授，日本土壤与植物营养学会副理事长、日本千叶大学Inubushi Kazuyuki教授，韩国土壤与肥料学会代表、韩国环境研究院Yun Sung Kim研究员，以及学会代表、中国科学院南京土壤研究所研究员史学正分别作了大会报告。

在9个主题的分组研讨会上，78名代表展示了自己的科研成果，其间还分9个主题展示了100篇墙报。

【传承土壤科学，提高实践技能——首届全国大学生土壤技能竞赛】 12月1—5日，由学会主办的首届全国大学生土壤技能竞赛在重庆市北碚区举行。来自全国高校的16个团队（每团队由1名教练和4名学生选手组成）参加了竞赛。学会土壤发生分类与土壤地理专业委员会主任王秋兵介绍了本次技能比赛背景，具体说明了比赛行程、安排与赛制，并提出比赛要求。西南大学资源与环境学院院长谢德体对各参赛团队进行了重庆土壤知识的室内培训。

首届全国大学生土壤技能竞赛实地培训

12月3—4日，本次技能竞赛的实地培训和比赛在重庆市江津区举行。由10人组成的专家组对各参赛队进行了包括土壤形态、土壤剖面特征、点位特征、土壤分类、应用解释5个部分内容的实地培训，并对比赛结果进行了评定。最终评出团体奖7个，其中一等奖1个、二等奖2个、三等奖4个；个人奖16人，其中一等奖2人、二等奖4人、三等奖10人。

颁奖仪式上，学会副理事长胡锋宣读了获奖团队和个人名单，学会理事长沈仁芳向获奖团队和获奖个人颁发了获奖证书。沈仁芳表示，在全国大学生中开展这项竞赛，开创了中国土壤科学发展史上一个新的里程碑，这既是与国际土壤科学接轨，为中国土壤科学走向世界创造条件，也是通过这种竞赛方式来推进我国土壤学教育教学改革。本次竞赛内容涉及土壤学的方方面面，是对同学们土壤学基础理论和实践操作技能的全面检验，激发了学生对土壤科学的兴趣，必将对中国土壤科学发展产生深刻影响。

（撰稿人：蒋宇霞）

中国水产学会

服务创新型国家和社会建设 2015年，中国科协实施有序承接政府转移职能扩大试点项目，学会成功申报“社会科技奖励”“与省级学会合作开展水产科技创新示范基地评价”两个子项目。在现有中国水产学会范蠡科技奖评审工作基础上，增加中国水产学会青年科技奖评审工作，增加水产科技创新示范基地命名工作，改革范蠡奖评审管理办法等规章制度，组建动态评审专家数据库，设立监督委员会，推动中国水产学会会员单位在职称评审过程中认可学会设立的奖项。

2015年，学会圆满完成了2014年年报数据汇总工作，组织专家对2014年年报数据进行集中汇总、审核，编印出版《2015年中国渔业统计年鉴》《2014年全国渔业统计手册》、2014年全国渔业主要统计数据卡片及《分省份主要渔业统计指标情况手册》。

1月27—28日，学会在海南省海口市组织召开了渔业统计工作研讨会。会议对全国31个省、自治区、直辖市2014年渔业统计工作的主要做法、经验、体会与存在问题进行集中研讨，并进行归纳汇总。

2015年，学会开展新一轮渔民家庭收支调查工作，进行全国渔民家庭收支调查系统日常维护，根据渔民家庭收支调查系统样本户轮换情况及时更新渔民家庭收支调查系统的信息。解决系统填报过程中的各种问题，并完成渔民家庭收支半年报汇总工作。

9月14—16日，在吉林省长春市举办了2015年度新一轮渔民家庭收支调查样本县调查员培训班，来自21个省（区、市）的104名渔业统计人员参加了学习。9月22—24日，在甘肃省兰州市举办了2015年全国渔业统计人员培训班，来自北京、天津等26个省（区、市）的109名渔业统计人员参加了培训。

在广泛调研的基础上，学会于10月15—16日在天津市召开了2015年前三季度全国渔业生产形势分析会。会议总结了当前渔业发展情况，科学研判2015年全年渔业生产形势，深入分析存在的困难和问题。会后，根据前期调研及会议研讨，完成《2015年前三季度渔业经济形势分析及全年生产形势预判》，并上报农业部渔业渔政管理局。

2015年，学会完成水产品市场信息采集工作，数据采集质量稳步提升。学会每天对上报的数据进行检查和校正，对于波动较大的数据及时与信息员沟通。每月完成水产品市场信息简报和水产品批发市场月度数据报表，每季度完成一篇水产品季度分析报告。截至10月底，共收集水产品市场价格信息19878次，比上年同期增加1.82%；价格信息条目326740条，比上年同期增加1.36%；月成交额和成交量信息802次，比上年同期增加7.31%；市场月度分析文章985篇，比上年同期增加4.01%。

为保证信息采集报送质量，学会于4月23日在云南省昆明市举办了全国水产品批发市场信息员培训班。来自全国各地水产品信息采集定点批发市场的信息员和部分水产品市场信息分析专家组成员近80人参加。国家统计局农村司韦革、新华社高级记者郭爱民、中国海洋大学教授李吉方，分别就国家统计局农产品价格采集工作、价格监测稿件撰写、水产品品种识别技巧进行了专业全面的讲解。

学会召开了市场形势分析会商会，分析全国水产市场运行态势。为准确判断上半年全国水产品批发价格走势情况，预测下半年国内水产品市场价格走势，7月16日在四川省广元市召开了上半年全国水产品市场形势分析会。各省（区、市）水产市场分析专家共计45人出席会议，与会专家就上半年水产市场运行情况进行了深入分析，并总结了造成上半年水产品价格下降的三方面主要原因。同时，对下半年走势进行了分析预测。

针对2015年以来市场价格降幅较大，市场运行情况低迷的状况，学会加大了对各地批发市场的调研工作，通过走访批发市场和渔业生产基地以及与生产经营者交流座谈等方式，实地调研询问市场商户经营品种、销售渠道、批发价格、交易量额、经济效益、市场压力等情况，把握市场运行规律和波动成因，并及时发布动态信息，有效引导渔业生产和市场交易行为。

2015年，学会组织专家跟踪研究水产品国际贸易，为政府决策提供前瞻性建议。3月，组织全国渔业贸易跟踪专家组成员讨论2015年度渔业国际贸易重点研究内容和研究计划，共设立“金融危机后全球对虾贸易分析”等9个课题，并与专家签订课题研究合同。

学会持续开展水产品贸易监测预警，及时发布渔业贸易动态信息。每月制作一份全国水产品进出口情况数据汇总，其中包含一月至当月水产品进出口情况以及不同贸易方式、主要市场、主要品种、主要省份等出口情况。2015年，共提交了8份数据汇总，每季度提交一份水产品贸易监测预警分析报告。5月，完成《2015中国农产品贸易发展报告》中“水产品”部分的撰写。

8月20日，学会在青海省西宁市召开2015上半年水产品对外贸易形势分析座谈会。会上，渔业国际贸易跟踪研究专家以及来自13个渔业大省的渔业主管部门专家分析我国上半年水产品进出口贸易波动原因，预测今后水产品贸易走势，提出进一步促进水产品贸易发展的有效建议。

6月，学会就黄埔海关查获31亿元特大走私进口冻水产品案，及时组织专家对当前我国水产品行业走私情况开展研究，并形成《当前我国水产品行业走私情况探析》报告。8月12—14日，学会组织人员赴浙江省宁波市开展调研，了解当前金枪鱼加工贸易的现状、问题、原因及发展前景，并撰写了《宁波市金枪鱼加工贸易现状调研报告》。

学会完成《国际渔业研究报告（2014）》《全国水产品对外贸易形势分析报告汇编（2014）》《中国水产品进出口贸易统计年鉴（2014）》的编辑、印制工作，加强了业内信息资源共享。

学会能力提升计划 经过申报、答辩、评审等程序，学会成功申报中国科协学会创新和服务能力提升工程优秀科技社团建设项目。依托该项目，学会实施为期三年的学会创新与服务能力提升工程。通过机制创新、市场引领、品牌带动，推动学术活动精品化、科普活动品牌化、服务科技创新优质化、日常工作信息化、学会秘书处队伍建设专业化、职业化，力争实现学会服务科技创新能力、服务社会能力、服务科技工作者能力、服务自身发展能力“四个能力”的全面提升。

学会建设 1月23日，学会九届六次常务理事会议审议通过了《中国水产学会2014年度工作总结》《中国水产学会2015年度工作计划》《中国水产学会推选院士候选人工作实施细则》《2015年中国水产学会推荐院士候选人工作方案》《中国水产学会分支机构管理办法（修订版）》和部分理事、常务理事任免、变更议案。

11月5日，学会九届四次理事会议审议通过了《中国水产学会2015年工作报告》《中国水产学会2016年重点工作》，审议通过了设立“中国水产青年科技奖”和成立“中国水产学会海洋牧场研究会”议题。

12月17日，学会九届七次常务理事会议审议通过了《中国水产学会2015年工作报告》《中国水产学会2016年重点工作》《中国水产科技创新示范基地评定命名管理办法（试行）》《中国水产青年科技奖奖励办法（试行）》，审议通过了3项分支机构挂靠单位、负责人的议案和部分理事、常务理事人选变更的议案。

截至2015年年底，学会九届理事会成员168人，其中常务理事59人，女性理事11人。学会共有淡水渔业专业委员会等19个分支机构。个人会员20186人，其中资深会员438个，团体会员227个。

学术期刊 学会主办的学术期刊《水产学报》荣获2015年中国“百强科技期刊”称号。学会创办的英文版水产学术期刊 *Aquaculture and Fisheries*（《渔业学报》）于11月11日通过国家新闻出版广电总局审批，标志着全国第一个英文版水产学术期刊诞生。

国际学术会议 4月14日，学会与海洋管理委员会（MSC）合作，在北京组织召开了渔业可持续发展专家研讨会。来自世界自然基金会（WWF）、保尔森基金会、MSC等组织的22位专家、学者，就当前中国渔业标准的制定与MSC渔业标准要求的异同点、适用性等开展了研讨。

10月22—26日，由学会水产动物营养与饲料专业委员会主办的第十届世界华人鱼虾营养学术研讨会在湖北省武汉市召开。本次会议规模盛大，约1350人参会，收到会议论文摘要516篇、大会口头报告128个、特邀报告10个、墙报展示292篇。会议以“优质、安全、精确”为主题，大会口头报告分为“营养需求与营养素利用”“蛋白源利用”“能量物质代谢”“添加剂与动物健康”“环境与产品品质”“摄食与调控”“饲料与应用”“仔稚鱼营养与添加剂”“营养与基因调控”8个议题，针对各个议题均展开了全面系统的交流和讨论。大会还设立了研究生论坛和企业论坛。论坛上，国内外著名饲料企业负责人、知名研发项目管理专家、知名学者以及青年学子就研究过程和企业技术创新过程中遇到的难题和热点问题展开热烈讨论。

10月14—17日，2015大河流域渔业资源管理与环境保护高级研修班在湖北省武汉市举办。学会理事长贾晓平，美国水产学会会长Donna Parrish，学会副理事长、中国科学院院士、中国科学院水生生物研究所所长赵进东出席开幕式并致辞。研修班以“长江—密西西比河渔业资源管理与环境保护”为主题，150名中美专家、学者就两国境内大河流域渔业资源管理与环境保护相关展开了研讨和交流。

国内主要学术会议 5月24日，学会鱼类工业化养殖研究会成立大会暨第一届学术研讨会在山东省青岛市召开。该研究会挂靠在中国水产科学研究院黄海水产研究所，中国工程院院士雷霁霖担任主任委员。会上，围绕研究会确定的陆基工业化养殖、海基工业化养殖、休闲渔业产业规划与现代渔业园区建设、工业化养鱼经济与产业文化发展战略4个研究主题进行了大会学术报告，来自全国各地的100多名专家、学者、企业代表参加了研讨。

9月16—18日，由学会渔业资源与环境分会、农业部南海渔业资源开发利用重点实验室主办的中国水产学会渔业资源与环境分会2015年学术年会在甘肃省兰州市召开，100多名专家、学者参加了主题为“新常态下的渔业资源养护和环境保护”的学术年会。大会共安排了4个主题报告和32个专题报告。

10月8—10日，学会鱼病专业委员会主办的2015年鱼病学学术研讨会在华中农业大学举行。研讨会由华中农业大学和武汉市水产研究所共同承办，主题为“水生动物病害与健康养殖”，600多人参加了会议，13位专家作了大会报告。

10月25—26日，由学会渔业装备技术委员会和中国水产科学研究院渔业装备与工程委员会主办的渔业装备发展及海洋牧场构建技术研讨会议在福建省莆田市召开。会上，12位专家作了专题报告，2位企业代表做了交流发言。会议围绕渔业装备发展和海洋牧场构建两个主题开展了2场集中研讨，与会专家就渔业装备及海洋牧场相关研究过程中的工作思路、研究成果和重要案例展开了深入交流，总结了渔业装备发展和海洋牧场构建现存的问题与不足，提出了“十三五”的工作思路和目标。

11月16—17日，由学会海水养殖分会、广东水产学会、农业部海洋渔业可持续发展学科群主办的2015年全国海水养殖学术研讨会在广东省广州市举行。会议围绕“建设水产养殖强国”主题，分别在浅海、池塘、滩涂、陆基工厂化及深水网箱等综合养殖技术、养殖模式、养殖环境与生态保护、病害防治、营养与饲料、海水养殖设施与养殖工程、水产品质量安全与标准化以及海水养殖发展战略等相关领域进行了研讨与交流。参加会议的代表340多人，有40多个企业参加，会议期间还成立了“企业联盟”。会议收到各种论文、报告170多篇。会上，中国水产科学研究院南海水产研究所研究员江世贵、中国水产科学研究院黄海水产研究所研究员李健等11位水产养殖专家作大会主旨报告。另有70多篇文章在3个分会场进行了交流。

12月9—11日，2015年中国水产学会水产品加工与综合利用分会学术年会在浙江省舟山市召开，来自全国水产品加工与综合利用领域相关的近400名代表参加了会议。与会代表围绕“加快水产品研发，保证蓝色粮仓安全”主题，就水产品研发和水产食品安全等相关学科领域的挑战、问题、新成就和进展进行了深入的交流和探讨。会议安排了“水产品保鲜加工与物流技术”和“水产资源综合利用与质量安全”为主题的两个分会场，共有28位来自全国各高校和科研院所的专家作了报告。此外，还专门安排了研究生专场报告，为与会者搭建了全方位的交流平台。

国际交往 9月23—27日，学会常务理事、亚洲水产学会理事长黄硕琳与上海海洋大学教授钟俊生、戴小杰代表中国水产学会赴日本东北大学参加了以“东亚渔业资源研究现状”为主题的第三届中日韩三国水产学会联合论坛。会上，3位教授分别作学术报告，针对东亚渔业资源与日韩同行进行了深入交流。

7月，学会组织专家和企业代表赴俄罗斯和匈牙利，首次与俄罗斯联邦育种中心建立了合作交流，与匈牙利签署了学术及科普合作协议。

学会分别与总部在英国的海洋管理委员会和美国大自然保护协会建立了合作关系。与海洋管理委员会签署了《中国水产学会与海洋管理委员会关于共同在中国开展促进可持续渔业技术交流的协议》，按协议在福建省东山县开展试点项目。

6月，学会接待了韩国水产学会理事长一行，协商了共同举办好第七次世界渔业大会事宜。

科普活动 2015年，学会开通了中国水产学会微信公众号，入驻“科普中国”微平台系统，成为科普中国微平台“移动互联科学传播响应机制”成员之一。在中国科协科普部支持下，学会参与了腾讯公司开展的微信辟谣工作。针对网络世界里经常出现的“水产品含重金属、病毒、抗生素”等谣言，学会组织专家撰写了《水产养殖的海鲜还能吃吗》等文章辟谣，为净化网络空间、宣传水产品安全贡献了力量。

9月12—19日在中国科协主办的“感·触科学——前沿科技魅力主题展”上，学会与中国水产科学研究院东海水产研究所联合参展的“微海洋馆——观赏水母、海马、小丑鱼养殖技术”项目得到中国科协领导的赞赏以及数万观众的欢迎。后经中国科协推荐，“人工养殖水母”项目入选2015年“全国大众创业万众创新活动周”主会场主题展示。

党建强会 7月2日，学会党支部在江西省鄱阳县开展了“党建强会”计划“十百千”特色活动，活动主题为“强化党员服务水平，提升学会辐射能力”。鄱阳县及周边县市水产养殖专业技术人员、水产养殖大户代表共100多人参加，其中绝大多数是党员和入党积极分子，目的是强化党员的专业能力和服务、带动意识，提高责任感。

学会党支部在江西省鄱阳县开展的“党建强会”特色活动

学会结合当地养殖品种及模式特点，向当地赠送水产养殖系列丛书、病害防治挂图及农村实用图书等1000余册（张），将最新水产养殖技术推介给当地渔民，带动渔民增产增收。水产骨干技术培训班上，邀请了华中农业大学水产学院教授陈昌福和南昌大学生命科学院副教授赵大显，就健康养殖和鱼病防治进行理论讲解，与养殖户开展互动，现场解答养殖户在养殖过程中遇到的实际问题。现场指导中，前往鄱阳县科协“水产120”，为“鱼病检测及诊治示范服务站”带去科技图书，拓展学会党支部服务渔民的平台，帮助当地养殖户开展“测水施药”，科学防治鱼病，提高养殖水产品的质量安全水平。

人才举荐 通过遴选，学会推荐了3位中国工程院院士候选人、1位中国青年科技奖候选人，完成了第三届中国水产学会范蠡科技奖的初评，学会九届四次理事会议通过了增设“中国水产学会青年科技奖”的决议。

【2015年中国水产学会学术年会】 11月5—6日，2015年中国水产学会学术年会在浙江省杭州市召开，600多名水产科技工作者参加了会议。

2015年中国水产学会学术年会在浙江省杭州市召开

中国工程院院士、中山大学教授林浩然，中国科学院水生生物研究所研究员聂品，集美大学水产学院教授王志勇，湖南文理学院教授杨品红作大会主题报告。美国、日本、韩国水产学会的会长参加了本次学术年会。会议期间，举办了《科学养鱼》创刊三十周年座谈会、中国水产期刊协作网研讨会、中国水产科技成果转化研讨会。学会理事长贾晓平会见了专程来华参加本次年会的美国、日本和韩国水产学会会长并进行了交流。会议还安排韩国水产学会为2016年5月在韩国釜山举办的第七次世界渔业大会进行了宣传。

【水产科技活动周】 2015年水产科技活动周主题为“渔业创新创业 水产科技惠民”。水产科技活动周已经连续举办8届，已成为我国水产科普的品牌活动，受到了渔业科技工作者和广大渔民的热烈欢迎。5月14日，由学会和中国水产科学研究院联合主办的2015年水产科技活动周启动仪式在江苏中洋集团举行。水产科技周启动仪式后，代表们参观了全国科普教育基地、长江珍稀鱼类繁养殖基地——中洋河豚庄园。在科技周期间，各省级水产学会，学会各单位会员、分支机构、学生会员工作站、科普教育基地等在本地因地制宜，开展形式多样的相关活动。利用自己的技术、队伍和智力优势，推广健康养殖技术，普及安全生产知识，推介优良品种，深入塘边地头，帮助农（渔）民排忧解难，用实际行动，扎实推进现代渔业建设。

由学会主办的水产科学传播专家培训班，作为2015水产科技周重点活动之一，于5月14日在水产科技周主会场江苏中洋集团举行，培训班围绕科技创新创业主题，邀请了中国科学院心理研究所心理健康促进中心主任高文斌等4位专家作专题讲座。

（撰稿人：李利冬）

中国园艺学会

服务创新型国家和社会建设 2015年，学会组织专家参加中国科协专家组赴山西晋中、河南南阳进行调研和座谈，通过了解企业真实的技术需求，针对果树和花卉生产技术、产业发展等问题，提出意见和建议。学会分别与山西省农科院果树研究所、南阳市科协开展创新驱动工程并建立了学会工作站。

3月31日，学会作为主办单位之一，在北京举行了中国北京国际设施农业及园艺资材及国际灌溉技术展览会，为我国设施农业的现代化发展提供创新思路及科技创新理念。展会以“倡导科学节能灌溉、推进高效设施农业”为主题，旨在提高农村灌溉用水效率，使农业发展朝着低成本、集约化、节能型方向发展。展会集中展示了节水灌溉、温室园艺资材、信息化农业等众多领域的最新技术与产品，吸引了美国、德国、以色列等国家参展。同期举办了“第三届中国北京国际设施园艺产业发展论坛”。

学会建设 2015年，由学会和专业委员会（分会）组织各类学术交流、技术推广和新品种展示等活动40余次，编辑出版会议论文和汇编17册，收集论文2189篇。国内参会人数5291人次。

学术期刊 2015年，学会主办的期刊《园艺学报》继续获得中国科协精品科技期刊项目的资助。由中国科协主管，中国园艺学会等共同主办的《园艺学报》英文版 *Horticultural Plant Journal* 获国家新闻出版广电总局批准创刊（新广出审〔2014〕1447号），2015年1月得到国际标准连续出版物ISSN号为2095—9885。3月，成立编委会，编委83人（其中中国编委52人，外国编委31人）。7月，与国际出版商Elsvier合作建立网络出版平台并正式出版。

学科发展研究 学会承担并完成了中国科协《2014—2015园艺学学科发展报告》编撰工作。研究报告分果树、蔬菜、西甜瓜和观赏园艺4个专题和综合报告部分，中国工程院院士方智远担任首席科学家。

国内主要学术会议 10月19—21日，2015年中国园艺学会学术年会在福建省厦门市召开。来自31个省、自治区、直辖市的科研院所、大专院校和农业推广部门从事果树、蔬菜、西甜瓜和观赏园艺的栽培、育种、种质资源、产品贮藏加工、生物技术应用及园艺产品流通和园林规划设计的专家、学者1100余人参加了会议。会议主题为“资源高效利用与园艺可持续发展”。会议期间，与会代表按照果树、蔬菜、西甜瓜、观赏园艺4个专业进行分组交流，136人在分组会发言，内容涵盖了园艺产业和园艺科学技术的各个方面，包括育种、种质、果品、土壤、水肥、栽培、抗性、病虫害、休闲农业、产业化等。大会共收录论文摘要226篇，编印出版了《园艺学报》会议论文摘要集。

学会理事长杜永臣在中国园艺学会2015年学术会议上作大会报告

6月27—29日，由学会与学会果树专业委员会主办的现代果业标准化示范区创建暨果树优质高效生产技术交流会在山东省烟台市召开，来自各省科研、教学单位、农技推广中心等单位的322名代表参加了会议。会议旨在促进我国水果产业发展和科技创新，交流果树节本、优质、高效、安全栽培技术，推动果园标准化建设和老果园更新改造，切实提高水果产品质量、增强产业竞争力、促进农民持续增收。

9月18—20日，由学会果树专业委员主办的第五届全国果树分子生物学学术研讨会在陕西省杨凌农业高新技术产业示范区召开，600多名代表参加会议。10位著名专家作了特邀报告，24位专家进行了专题发言。会议收到论文摘要117篇。与会专家围绕“果树逆境与发育分子生物学”会议主题，就未来果树分子生物学研究方向、果树抗逆与品质研究、果实发育与采后分子生物学机制研究、新技术在果树产业的应用等内容进行了交流。

5月18—20日，学会与山东省果树技术创新技术体系联合在山东省聊城市召开了全国现代大樱桃产业提质增效研讨会，307名代表参加了会议。大会共有32名代表作报告，内容主要涵盖优良甜樱桃砧木的培育及示范推广，各地甜樱桃产业发展现状及存在问题的探讨，甜樱桃遗传育种及生物技术研究进展，采后处理、标准化生产的新进展等。会议评选出11篇优秀论文进行表彰。

8月30日至9月1日，学会与农业部苹果产业技术体系联合在山东省青岛市举办现代苹果育种技术研讨会暨全国第七届苹果育种协作组工作会，90多名代表参加会议。4位专家分别作了题为“植物抗低温的分子机制研究”“DNA技术在果树产业中的应用”“果树基因组育种欧盟框架计划介绍和参与桃资源遗传多样性进展”“苹果、梨新品种选育及配套栽培技术研究进展”的专题报告。会议期间，岗位专家和综合试验站站长分别介绍了本课题组的苹果育种研究进展。

11月5—6日，第八届全国水生蔬菜学术及产业化研讨会在山东省济南市召开，267名专家、学者参加了会议。7位专家作了大会主题报告，25位代表作了大会专题学术交流。会议收录论文77篇。

科普活动 学会于6月、7月、10月分别在西藏、山西、贵州等地组织专家为基层会员开展了设施蔬菜、花卉、果树栽培技术培训，培训人数达到3000人次以上。学会通过网络、电话接受生产单位的技术咨询350人次。

组织专家到南阳月季园调研

表彰举荐优秀科技工作者 学会开展了第十四届中国青年科技奖候选人推荐工作。

经学会推选，沈阳农业大学副校长李天来教授2015年当选中国工程院院士。

党建强会 依据中国科协关于组织开展“党建强会特色活动”的指导意见，学会于5月17—18日和11月2—3日邀请学会的3名党员专家分别在湖南农业大学园艺园林学院和西北农林科技大学园艺学院举行“党建强会——党员专家引领高校育人报告会”，为在校博士生、研究生作了题为“在党旗下前进——我的瓜类育种事业35年”“献身我国瓜类研究30年与国内外西瓜甜瓜发展”“园艺学论文选题与写作问题分析”专题报告。通过专家讲述自身追求科学精神、加强道德修养、为园艺科技与农业现代化发展作贡献的经历，引导高校青年学子感悟人生、坚定献身园艺科技和农业现代化志向、增强国家与个人前途相结合的理想信念。2015年，学会获得中国科协“党建强会”计划“十百千”特色活动的项目资助。

会员服务 学会依托学会工作站为单位会员提供咨询服务。学会建立网络平台，介绍学会工作动态，向会员及时发布会议通知和学会工作信息等。

（撰稿人：张　彦）

中国畜牧兽医学会

服务创新型国家和社会建设 2015年，学会承担农业部畜牧业司《全国饲料工业“十三五”规划》部分专题研究，承担河南省畜牧局《河南省畜牧业“十三五”规划》部分专题研究。

3月，学会配合中国科协创新驱动助力工程，与保定市科协合作，在学会养羊学分会配合下，组织专家赴保定养羊企业、养殖户开展了健康养羊技术指导、技术培训等咨询服务。

学会建设 学会于5月在云南省腾冲市召开了十三届五次理事会议和2015年全国秘书长会议，12月在北京召开了十三届八次常务理事（扩大）会议，深入学习贯彻党的十八大和十八届三中、四中、五中全会精神、研究讨论增补理事、发展团体会员、审批年度活动计划以及审批新申请成立学科分会等有关事宜，交流了学会（分会）创新发展经验。

学会增补常务理事1人、理事6人，新增1个团体会员，新成立养兔学分会、动物福利与健康养殖分会。

学会调整了学科分会的组织机构，养牛学分会、兽医内科与临床诊疗学分会、动物毒物学分会、兽医外科学分会、养猪学分会、兽医药理毒理学分会、口蹄疫学分会、兽医产科学分会、兽医食品卫生学分会等9个学科分会完成了理事会换届改选工作。

2015年，改版学会网站，增加相关栏目，加大了学会、分会、省学会活动报道信息量。

科技期刊国际影响力提升计划 被中国科技期刊国际影响力提升计划项目列为C类支持项目的英文期刊 *Journal of Animal Science and Biotechnology*（《畜牧与生物技术杂志》）于2014年初被SCI（科学引文索引）正式收录之后，2015年6月获得第一个影响因子1.68，在全球55种动物科学、生物技术与奶牛技术的同类期刊中排名第9，被中国学术文献国际评价研究中心等期刊评价机构评为“2015年中国最具国际影响力学术期刊”。

2015年JASB编委会逐渐扩大并更加国际化，本年度编委会共增加国外编委3人，目前编委会共有成员72人，其中国外编委48人。来稿量从2012年的135篇上升到2015年的576篇，稿件来源从原来集中于中国、美国、印度、伊朗，增加到来自40个以上国家。

学术期刊 学会共主办期刊6种，合作主办期刊2种。主办期刊中的 *Animal Nutrition*（《动物营养》）为新获得中国科协和国家新闻出版广电总局批准的英文期刊，2015年3月正式创刊。《中国畜牧杂志》2015年首次借助微信等新媒体，扩大杂志影响力。《畜牧兽医学报》为推动学报国际化水平，连续第7年出版英文增刊。《动物营养学报》举办3次研究生投稿培训，吸纳丰富优质稿件，并荣获2014年畜牧兽医类中国科技核心期刊综合评价总分第一名（2015年10月21日《2015年版中国科技期刊引证报告（核心版）》报道）。

学科发展研究 2015年，学会完成了中国科协组织的2014—2015年畜牧学科发展研究项目。5月9日，中国畜牧兽医学会2014—2015学科发展研讨会在云南省腾冲市召开，学会负责人和理事、省学会和分会秘书长以及编写组专家150余人参加了研讨。在以学会副理事长、中国科学院院士黄路生为首席科学家，常务副理事长阎汉平、秘书长杨汉春、副秘书长刘琳为项目负责人的具体组织下，通过动物遗传育种学、动物繁殖学、动物营养学、家畜环境卫生学、家畜生态学等相关分会和专家的参与，该项目已于2015年10月底顺利结题，按期向中国科协上报了学科发展报告。

决策咨询 1月，学会继续与中国植保学会等4个学会合作，组织专家调研撰写一年一度的《预防与控制生物灾害咨询报告》。2015年，学会为农业部生猪等畜禽产品信息统计监测预警系统提供信息决策服务，为农业部生鲜乳质量安全监管提供信息决策服务，为全国饲料工作办公室提供专项的饲料原料的市场研究及风险评估研究。

国内主要学术会议 2015年，学会及所属各分支机构举办各类学术年会、研讨会、交流会、报告会和学术论坛等共42次，征集交流论文3710篇，15562人次参加了交流活动。

5月，学会联合中华预防医学会、中国工作犬管理协会、世界动物卫生组织在湖北省武汉市举办了2015年中国狂犬病年会暨狂犬病区域学术研讨会。9月，在福建省厦门市召开了2015中国猪业科技大会暨中国畜牧兽医学会2015年学术年会、2015猪业博览会。2015年还举办了贴近生产实践的“2015中国氨基酸与饲料原料应用研讨会”“第四届动物早期营养与健康应用技术研讨会”“第十届中国维生素产业发展高层论坛”等。

国际学术会议 10月13—14日，由学会主办、马学分会承办的2015中国（北京）国际马科技大会在北京召开。来自9个国家的150多名专家、学者参会。22名国内外专家学者从遗传育种、繁殖生理与技术、营养保健、训练与运动、产品生产、疾病防控及马文

化与产业等七个方面进行了现场交流。会议收到论文98篇，经评选，其中10篇优秀论文获得了“千里马”奖、12篇论文获得了“国际友谊”奖，同时还评选出单位和个人“特别贡献”奖6个。

国际交往 学会于5月、7月、8月分别派人参加了欧洲和美国的家禽科学大会，在会议上大力宣传了将于2016年北京召开的第25届世界家禽大会。

科普活动 2015年，学会组织专家参与了“全国科技周”“全国科普日”“全国会员日”和科技下乡、科技服务等活动，举办畜牧兽医实用技术培训31次，受训人员达3700余人次。举办继续教育培训9次，650余人结业。举办科普宣讲活动32次，受众达14100多人次。

学会科普部联合农民日报社，开展了“2015寻找中国美丽猪场”大型公益活动。继续开展了“健康养猪增效行动中国行大讲堂”公益培训活动。2015年累计开展了6期，受训规模猪场场长和技术人员1500多人次。

表彰举荐优秀科技工作者 9月19日，2015中国猪业科技大会暨中国畜牧兽医学会2015年学术年会上经专家现场评审，评选出了中国畜牧兽医学会奖（优秀论文奖）8个、优秀论文提名奖20个，并在现场进行了颁奖。会议上还给获得2015年中国猪蓝耳病研究进步奖和猪圆环病毒进步奖的6名获奖者颁奖。11月，学会评选出6名2015年度优秀青年奶牛兽医工作者及5名优秀青年牛病科研工作者。

会员服务 学会编辑2015年《会讯》，每季度印制一期，免费发给学会高级会员和相关单位。《会讯》反映学会、学科分会、省学会季度工作的综合信息。

组织专家8次深入企业团体会员单位走访，为20多家企业团体会员进行技术咨询和企业内训。

【2015中国猪业科技大会暨中国畜牧兽医学会2015年学术年会】 9月18—20日，2015中国猪业科技大会暨中国畜牧兽医学会2015年学术年会在福建省厦门市举行。来自全国的畜牧兽医科技工作者、青年学者、企业管理者等2000多名专家、学者参加会议，是学会近年来举办的学术年会中人数最多的一次。

农业部副部长于康震、首席兽医师张仲秋、总畜牧师王智才出席会议，于康震在开幕式上讲话。

学会理事长、中国工程院院士陈焕春在2015中国猪业科技大会暨中国畜牧兽医学会2015年学术年会上作大会报告

“生态、质量、效率”为大会的主题，中国工程院院士李德发，中国科学院院士黄路生等国内著名专家，美国明尼苏达大学教授 Michael Murtaugh、“中德畜牧业发展合作项目”高级咨询师 Krapoth 等分别围绕“我国猪病防治现状、问题与对策”“中国种猪遗传改良：成就、挑战、建议”“猪饲料原料数据库的建设与应用”“猪肉加工业发展概况及产业科技进展”“猪繁殖与呼吸综合征病毒的免疫学及其控制进展”“德国乃至欧洲生猪环保及福利化养殖”作了大会报告；100多名专家、学者、青年科技工作者，紧紧围绕猪的“育种与遗传资源”“营养与饲料”“疫病防治与兽医临床”“饲养工艺与设备”以及“猪业经济与产业发展”作了分会场专题报告。同期举办了青年与企业家互动论坛、养猪学分会会员代表大会、全国猪联合育种协作组年会、后抗生素时代猪业科技创新论坛、勃林格殷格翰动物保健卫星会、海峡猪业科技研讨会等形式多样、内容丰富的专题交流活动。

本次大会，共征集论文315篇，录用291篇，其中有173篇论文作了专题报告或壁报交流，论文交流率近60%。大会资助近150名在读硕（博）士研究生免费参会交流。

大会期间，举行了颁奖仪式，8篇论文获得“中国畜牧兽医学会奖”——优秀论文奖，20篇论文获得优秀论文提名奖；同时颁发了勃林格殷格翰2015年度“中国猪蓝耳病研究进步奖”“中国猪圆环病毒研究进步奖”等。

【2015年中国狂犬病年会】 4月16—17日，学会与中华预防医学会、中国工作犬管理协会、世界动物卫生组织主办的2015年中国狂犬病年会暨狂犬病区域学术研讨会在湖北省武汉市举行。来自世界动物

卫生组织、美国、法国、英国、加拿大、越南、泰国、尼泊尔、菲律宾、印度尼西亚、不丹等国，以及中国大陆、台湾地区、澳门特别行政区在内的国内公共卫生、畜牧兽医、工作犬管理等领域的专业技术人员360多人参加了会议。学会副理事长、农业部国家首席兽医师、世界动物卫生组织亚太区委员会主席张仲秋，学会副理事长、中国动物疫病预防控制中心副主任时建忠等出席并讲话。

参加2015年中国狂犬病年会的部分专家

本次年会以“共同努力，加速消除狂犬病”为主题，设置了“全球狂犬病预防与控制”“亚洲狂犬病的流行、监测及控制措施”“狂犬疫苗及疫苗接种”“犬的生态及数量控制”“狂犬病诊断的技术进展”“中国和亚洲的狂犬病预防和控制的管理与实践”等专题交流。在世界动物卫生组织亚太区委员会的大力支持下，会议邀请了来自亚洲太平洋地区的10多名专家、学者介绍了全球及亚洲狂犬病防控策略以及防控经验，与会20多名国内专家也从多方面、多角度介绍了我国狂犬病防治工作进展情况。中国动物疫病预防控制中心的狂犬病防控培训班与年会同期举办。

【2015猪业博览会】 9月19—21日，学会在福建省厦门市举办了2015猪业博览会。本次博览会是国内首次以猪业为核心的综合性展会，吸引了来自国内以及美国、丹麦、德国、英国、法国、荷兰等国的160多家企业参展，在1.3万平方米的展览大厅中展示了猪业产业链从育种养殖到后期屠宰加工等各个环节先进的生产和管理理念、完善的科学技术、前沿产品，近1万人次参加博览会并洽谈业务。

【“2015寻找中国美丽猪场”大型公益活动】 2015年，学会联合农民日报社开展了“2015寻找中国美丽猪场”大型公益活动。活动自年初在京启动后，分别在黑龙江、重庆、山东、广西、河南、广东6个赛区举办活动8场，评选出中国美丽猪场50家、魅力人物20人、模式创新奖3人（家）、活动组织奖6家、伯乐奖6人、特别贡献奖2家。在9月中旬召开的厦门猪业博览会上举行了颁奖典礼。本次活动吸引了2890多个规模猪场参与，发放养猪资料8400余份，企业公益捐赠猪场物资170余万元，媒体报道1440篇。活动得到了各地政府主管部门及青麦田科技公司、安佑集团、中牧实业股份、牧羊集团、托佩克、兴嘉生物、爱绿生物等企业和相关媒体的大力支持。

（撰稿人：石　娟）

中国植物病理学会

学会建设 7月22日，学会在海南大学召开了第十届二次全体理事会议，会议由理事长彭友良主持，理事会审议通过了学会2014年的工作总结和2015年工作计划以及执行情况；理事会还对学会和植物病理专家在提高国家科技创新中发挥更大作用，并进一步提高植病学科的国际影响力等问题进行商讨。

2015年，学会常务理事会采用通讯的方式审议确定了中国植物病理学会两院院士候选人推荐办法、实施细则及工作方案，审议确定了中国植物病理学会会士评选办法、青年科学家奖励办法、优秀论文奖励办法、终身成就奖励办法及中国植物病理学会首批会士名单，审议确定学会向中国科协推荐第十二届中国青年女科学家奖候选人、中国青年科技奖候选人、2015年创新人才推进计划候选人及青年人才托举工程项目候选人等工作。

国际学术会议 8月1—3日，学会参与组织的第四届“植物—生物互作国际会议”在江苏省南京市举行。来自美国、英国、德国、澳大利亚等15个国家以及我国高校、研究机构的共928名专家、学者参加了会议，其中国外学者221名。参会学者中包括美国、欧洲和中国科学院院士10余人以及 *Plant Cell* 与 *PLoS Pathogens* 等期刊主编和编辑40余人。学会理事长彭友良、副理事长王宗华和中国农业大学副校长王涛参加了会议。参会人数为历届最多。会议设立了“植物与细菌互作”“植物与真菌和卵菌互作”“植物与病毒互作”“植物与线虫和昆虫互作”“益生菌和共生菌”“植物抗性基础和利用”6个专题。美国科学院院士 Xin-Nian Dong 等15位专家、学者作大会特邀

报告，70 名国际知名专家作了专题报告，另有 150 份墙报展示，收录摘要 235 份。美国科学院院士 Sheng-Yang He 主持会议闭幕式。他高度评价了本次会议的组织工作。

国内主要学术会议 5 月 28—29 日，中国植物病理学会病毒与生物技术专业委员会 2015 年学术年会在江苏省南京市召开。大会开幕式由学会生物技术专业委员会主任、北京大学教授李毅主持，江苏省农业科学院副院长周建农和中国科学院院士方荣祥致开幕词。美国马里兰大学著名植物病毒学专家教授 Anne Simon 作特邀报告，北京大学教授李毅、中国农业科学院植保所教授周雪平、华中农业大学教授姜道宏等 24 名植物病毒学专家和青年学者作大会报告，就当今植物病毒病害流行防控、病毒—寄主植物—介体互作、植物的抗病毒免疫机制、病毒复制机制、病毒生物信息学等学术热点问题开展学术研讨。来自全国近 50 所高等院校、科研院所的 200 多名植物病毒学专家、学者和研究生出席会议。会议收录论文摘要 42 篇。

中国植物病理学会病毒与生物技术专业委员会 2015 年学术年会

8 月 7—9 日，由学会植病流行专业委员会、抗病育种专业委员会、西北工作委员会等联合主办的第四次全国植物抗病虫和病害流行与控制学术研讨会暨 2015 年西北植物病理学会学术年会在甘肃省兰州市召开。来自中国农业科学院、中国科学院、中国热带作物研究院、中国农业大学及西北农林科技大学等全国 19 个省、自治区、直辖市的科研单位和高等院校 170 名代表出席了会议。中国农业科学院麻类研究所所长陈万权作题为“我国小麦条锈病综合治理的成效与挑战”的报告、西北农林科技大学教授康振生作题为“小麦条锈病毒性变异研究进展”的报告、河北农业大学教授董金皋作题为“我国玉米有害生物发生现状与控制新途径探讨”的报告，15 名专家代表作了专题报告。会议就植物抗病虫性及抗病虫育种研究进展、重要有害生物发生规律及监测预警研究进展以及西北地区植物病害发生与防治研究现状进行交流。

8 月 9—11 日，由学会植病生防专业委员会主办的第九届中国植物病害生物防治研讨会在辽宁省沈阳市召开，特邀《中国植物保护百科全书. 生物防治卷》全体编委参加。会议由中国工程院院士朱有勇主持，重点商讨确定了《中国植物保护百科全书. 生物防治卷》词条。朱有勇等专家作学术报告，研讨了有害生物的生物防治研究、技术和产品的新进展。

两岸交流 2015 年 5 月 18—23 日，学会理事长彭友良一行 15 人参加了在我国台湾地区举办的 2015 年海峡两岸植物病理学术研讨会，会议主题主题为“两岸重大植物病害之防检疫及其近代科研进展”。学会理事长彭友良、台湾地区“中华植物病理学会”理事长詹富智分别致辞。学术交流共分为 7 个单元，内容涵盖病原菌族群、特性及基因分析、致病机制、病原与寄主之交互作用、病害防治策略等。两岸 30 位植物病理专家作了学术报告，近百人参加学术研讨会。会议编辑出版了《2015 年海峡两岸植物病理学术研讨会论文集》。会议决定，2017 年在大陆举行海峡两岸植物病理学术研讨会。

国际组织任职 学会一直注重对外交流工作，发展至今具有广泛的国际联系。目前学会是国际植物病理学会（International Society for Plant Pathology，ISPP）重要团体会员，有两位会员曾担任 ISPP 执委会副主席，一位现任 ISPP 植物检疫和生物安全专业委员会主席，一位是上任植物致病细菌专业委员会主席，七位为 ISPP 理事，理事人数仅次于本学科实力最强的美国植物病理学会。学会还是亚洲植物病理学协会（Asian Association of Societies for Plant Pathology，AASPP）发起单位和常设秘书处，在亚洲具有举足轻重的作用。AASPP 第一任主席为中国植物病理学会会员，秘书长一直由中国植物病理学会会员担任。

除了在国际组织中任职外，学会会员还在一些有重要国际影响力的学术刊物担任编委。*Annual Review of Phytopathology*（《植物病理学年评》）是公认的国际植物病理学领域顶尖期刊，每年一卷，该期刊收录的论文不仅精辟地反映了本领域近年的主要研究成就，而且其所展示的观点将引领今后若干年的研究。*Annual Review of Phytopathology* 最新的 5 年平均影响因子为 14.284。学会现任理事长彭友良 2011—2015

年任该刊编委。2015 年，学会常务理事、中国农业科学院植物保护研究所所长周雪平应 *Annual Reviews* 总主编 Richard Gallagher 博士的邀请，担任该期刊编委，任期 5 年（2016—2020）。此外，学会还有会员担任 *PLoS Pathogens*、*Molecular Plant-Microbe Interactions*、*Molecular Plant* 等国际著名学术刊物的副主编和编委。能在本学科两大最高国际组织和最有影响力的学术刊物中担任重要职务，体现了学会及会员在国际植物病理学界的重要地位，是学会长期重视对外交流工作的结果，也为今后的进一步发展奠定了重要基础。

科普活动　2015 年，学会共举办科普宣传活动 13 次、实用培训技术 23 次。参加活动科技人员数 230 人次，受众人数 4146 人次，活动覆盖 107 个村镇。

【中国植物病理学会 2015 年学术年会】　7 月 21—24 日，中国植物病理学会 2015 年学术年会在海南省海口市召开。会议主题为“协同创新，绿色健康，开启植物病理学的新未来”。来自全国的 1200 多名专家、学者参会，参会单位涉及 153 个高校、科研院所。还有来自美国、法国的该领域专家。会前由中国农业出版社正式编辑出版了《中国植物病理学会 2015 年学术年会论文集》，收录 492 篇论文及论文摘要。大会邀请贵州大学教授宋宝安、美国佛罗里达大学教授 Nian Wang、中国科技大学教授吴清发、中国科学院研究员唐威华、美国加利福尼亚州立大学教授 Alejandro Calder ó n-Urrea、美国罗格斯大学副教授狄榕和 Michael Lawton、中国农业科学研究院研究员张增艳、中国热带农业科学院研究员易克贤、海南大学教授缪卫国、中国农业大学教授刘俊锋、西北农林科技大学教授孙丽英、华中农业大学教授罗朝喜分别作专题报告，内容涵盖病原物鉴定技术、致病机理、抗病机制和防控研究等植物病理学各个方面。大会设七个分会场进行分组专题研讨，内容包括：植物病原真菌学、植物病毒学、植物病原细菌学、植物病原线虫学、植物抗病性与抗病育种、植物病害防治、产后病理学，共计 215 名代表作了口头报告。大会期间，展示了 74 份科研进展、研究成果墙报。会议组委会组织专家评出了分组报告优秀奖 18 名，优秀墙报一等奖 2 名、优秀墙报二等奖 6 名。

【中国植物病理学会第十二届青年学术研讨会】　10 月 22—25 日，由学会青年委员会主办，山东农业大学植物保护学院、山东植物病理学会共同承办的中国植物病理学会第十二届青年学术研讨会在山东省泰安市召开。会议主题是“青年植病工作者与科技创新”，来自全国各地的 335 位植物病理学科技工作者出席会议。会前由中国农业大学出版社正式出版了论文集《植物病理学研究进展》，其中共收录 135 篇论文和论文摘要。

大会开幕式由山东农业大学植物保护学院教授李向东主持。山东农业大学副校长高东升、学会理事长彭友良等先后致辞。

中国植物病理学会第十二届青年学术研讨会颁发优秀论文奖

学会理事长彭友良、华中农业大学教授姜道宏、山东农业大学教授李向东、中国农业大学教授孙文献、福建农林大学教授魏太云、南京农业大学教授张正光、浙江大学教授马忠华、中国农业科学院植物保护研究所研究员刘文德作了特邀报告。会议期间，共有 59 位代表分别就卵菌、真菌、病毒、细菌、线虫及其所致病害和防控等方面作了分组学术交流报告。根据提交的会议论文、摘要以及展示的学术交流报告，会议评选出优秀论文奖 2 篇、优秀学术交流报告奖 19 人。

会议期间，召开了学会青年委员会委员会议，对委员进行了增选提名。会议确定，学会第十三届青年学术研讨会将于 2017 年在江苏省扬州市召开。

（撰稿人：邹菊华）

中国植物保护学会

学会建设　2015 年，学会新增个人会员 150 人，会员总数达到 22150 人。组织召开常务理事会议共 3 次，其中以通讯方式召开常务理事会议 2 次。召开理事会议 1 次。对学会官网进行重新改版，完善了学术会议管理系统、科技奖励评审系统、会员管理系统的

信息化建设、提高了为会员服务的效率。

4月22—24日，学会2015年工作会议暨十一届六次常务理事会在陕西省西安市举行，80多人参会。会议传达了中国科协八届七次全委会主要精神，与会专家针对学会2014年工作报告和2015年工作计划、学会“十三五”事业发展规划提纲、2015年学术年会大会主题和大会报告内容及专家人选等事宜进行了讨论并提出了建议。

9月10日，学会第十一届理事会第三次会议在吉林省长春市召开，110名理事参会，会议由学会理事长陈万权主持。会议传达了中央党的群团工作会议和中国科协群团工作会议精神，总结汇报了2015年主要工作，讨论了2016年工作要点，审议了《中国植物保护学会奖励条例暂行办法》。

学术期刊 学会主办的《植物保护学报》和《植物保护》期刊获得中国科协精品期刊工程项目的资助。《植物保护学报》在完成全年出版任务的前提下，组稿出版了“玉米病虫害防治”“烟粉虱防治”2期专刊。根据CJCR 2015年度引证报告，《植物保护学报》的影响因子为1.046，总被引频次为1569，分别比2014年提高了22.63%和19.13%。《植物保护》的影响因子为0.748，总被引频次2077，分别比2014年提高了39.55%和17.88%。

由学会与中国农业科学院植物保护研究所主编的《中国农作物病虫害》第三版，经过全国植物保护领域200多个单位的700多位作者的共同努力，历时4年完成了第三版的编撰任务，于5月由中国农业出版社出版发行。全书分上、中、下3册，有24个单元，共10905千字，涉及1665种农业病虫草鼠害对象，其中病害775种、害虫739种、杂草109种、害鼠42种，是一部兼具科学性、先进性、专业性、实用性的植物保护领域百科巨著，已被纳入“十二五”国家重点图书。

学科发展研究 围绕植物保护学科发展问题，10月21—23日，学会在江苏省无锡市主办了植物保护学科发展战略研讨会，邀请全国植物保护学科不同专业领域的首席科学家等50多人参加研讨。与会专家以“农业可持续发展与有害生物可持续控制”为主题，就植物保护学科主要分支学科“十二五”研究进展和“十三五”发展趋势及发展策略进行研讨，并确定了编制《2016—2017植物保护学科发展报告》的提纲。会前编印了《植物保护学科发展战略研讨会论文、摘要集》。

决策咨询 学会作为牵头单位，于1月27—29日，在北京组织农业、林业、水产、畜牧兽医、气象领域的院士、专家51人，召开了2015年中国科协预防与控制生物灾害分析研讨会，编写了《2014年生物灾害状况和2015年预防与控制生物灾害的报告》，经中国科协上报国务院。

针对近年来海南等省农区鼠害发生与危害严重的状况，学会组织专家于1月26—30日对海南省部分农区鼠害发生与危害情况进行实地调查，形成了《海南鼠害形势严峻，亟待加强防控》的科技工作者建议，经中国科协报送国务院办公厅，得到有关部门重视。

国际学术会议 9月10—12日，学会主办的新时期植物保护国际合作与发展学术研讨会——“一带一路”植保国际联盟（筹）及重大国际合作项目发展研讨会在吉林省长春市召开。来自中国、俄罗斯、巴基斯坦等13个国家的143名专家、学者参会，其中国外专家25人。会议以“‘一带一路’绿色可持续农业、粮食安全、生物和生态安全”为主题，邀请国内外6名知名植保专家、农业经济、农业政策学家作了中国农业科学技术创新与国际合作现状、中国植物保护的科技创新：成就与展望、“一带一路”愿景与行动、“一带一路”植保国际联盟筹备建议、“一带一路”植保重大国际合作项目发展建议等学术报告。会议交流论文80多篇。

中国植物保护学会理事长陈万权在2015年学术年会国际分会场作大会报告

国内主要学术会议 学会及分支机构共举办18次，参会人数4500多人次，交流论文500篇，出版论文集2部，编印3部，评选表彰优秀报告12篇、优秀论文15篇、优秀杂草摄影作品10幅。与往年相比，参会人数、学术水平和社会影响力均有提高。

3月26—27日，学会植保产品推广委员会在山东省青岛市召开了第二届杀菌剂发展与推广应用交流会，260名专家、学者参会。会议就杀菌剂发展、研究与开发、推广与应用、营销与推介等进行交流与研讨。

4月29日—5月1日，学会生物安全专业委员会在广东省深圳市举办了转基因水稻环境安全评价技术研讨会，40名专家、学者参会。会议交流了转基因生物安全领域研究取得的重大进展，探讨了Bt基因资源保护和利用方面所面临的问题。

5月15—16日学会与其他单位在北京联合召开了“一带一路”植保国际联盟（筹）及重大国际合作项目发展磋商研讨会，参会专家130人。会议围绕“一带一路”重大国际植保项目发展计划与行动方案等问题进行了研讨。

6月27—29日，学会植保产品推广工作委员会在山东省泰安市与国家玉米产业技术体系病虫害防控研究室等单位联合主办了第二届全国玉米有害生物控制技术学术研讨会，200名专家、学者参会，交流论文63篇。会议研讨了新形势下玉米有害生物发生的新特点和玉米有害生物控制技术、耕作制度变化对玉米有害生物发生规律的影响与演替趋势、玉米有害生物防控技术现状、存在问题和对策以及“十三五”玉米有害生物防控技术研究重点。

8月3—7日，学会青年工作委员会与其他单位在新疆维吾尔自治区乌鲁木齐市联合举办了第十届全国青年植保科技创新学术研讨会，210人参会。大会围绕“立青年志向，话植保前沿”主题，进行了大会报告和分会场交流，并就如何加强植保国际合作、植保技术示范推广进行讨论。会议期间，举办了“一带一路”植保青年论坛。会议交流论文144篇，编辑出版《中国青年植保科技创新》论文集。

8月5—7日，学会杂草分会在山西省太原市举办了第十二届全国杂草科学大会，223人参会。会议对杂草生物学、生态学、外来杂草和寄生性杂草、杂草抗药性与治理、除草剂研究开发及应用技术等方面进行了交流研讨，交流论文99篇。

8月7—9日，学会植物抗病虫专业委员会和系统工程专业委员会在甘肃省兰州市联合召开了第四次全国植物抗病虫和病害流行与控制学术研讨会，100多人参会。会议对重大生物灾害、粮食安全与西北植物病理学科的发展展开了交流讨论，交流论文21篇。

9月9—12日，学会在吉林省长春市主办了中国植物保护学会2015年学术年会，1000多人参会，大会主题为“病虫害绿色防控与农产品质量安全”。会议包括大会报告、分会场专题报告、墙报展览等内容。

11月28—29日，由学会葡萄病虫害防治专业委员会主办的第十一届全国葡萄病虫害防治技术与经验研讨会在广西壮族自治区省桂林市召开，有458人参会，其中包括国家葡萄产业技术体系9位岗位专家、15位试验站站长、10位企业代表。会议围绕着“葡萄病虫害防控与葡萄园生态环境改善”主题，以特邀报告、专题报告、技术报告与经验交流、植保机械与绿色防控技术展览及卫星会议等形式进行了广泛的交流。学会理事长陈万权等学会领导、广西特色作物研究院院长邓崇岭等当地承办单位领导出席了本次大会。

会议邀请了贵州大学宋宝安院士等7位专家分别就“双减下农药创新发展的调整与机遇”“‘一带一路’愿景与行动：国际植保合作与发展的契机”“2015年葡萄销售现象带来的思考”“农药喷雾质量与检测”“葡萄园养分管理与葡萄园土壤健康”“葡萄产品市场动态与形式分析”“葡萄霜霉研究进展”作了大会特邀报告。

研讨会期间，还召开了“全国葡萄病虫害防治协作网物质供应委员会2015年总结及优秀网员表彰会”；“第十一届全国葡萄病虫害防治技术与经验研讨会预备会”“葡萄园农药化肥减施论坛”和“优质葡萄生产与农超对接论坛”等卫星会议。举办了葡萄园喷药机械现场演示活动；设立了葡萄病虫害绿色防控技术展区，开展了昆虫激素诱集、趋避、色板诱集等绿色防控技术展览。

10月27—30日，学会植物化感作用专业委员会在云南省昆明市主办了第七届中国植物化感作用学术研讨会，148人参会。会议针对“化感物质和生态功能分子的奥秘”主题进行了研讨。

10月29—31日，学会热带作物病虫害防治专业委员会在贵州省贵阳市召开了中国植保学会热作病虫防治专委会暨全国热带农业科技协作网植保专委会2015年年会，70人参会。会议研讨了新时期如何加快热带植保科技创新，推进科技大联合与大协作。

11月16—19日，学会植保信息技术专业委员会

与挂靠单位联合主办的昆虫雷达技术发展研讨会在四川省绵阳市召开。来自科研、教学、管理部门和雷达研制和生产专业公司的30多名专家、学者参会。与会专家总结了“十二五”昆虫雷达及迁飞性昆虫研究进展，就如何推动昆虫雷达在我国的广泛应用进行了广泛的交流和讨论。

国际组织任职 经推荐，学会常务理事周雪平代表学会出席了8月24日在德国召开的国际植保协会的理事会换届大会，并当选为第十八届国际植物保护协会理事会执委会委员并担任第九区——中亚地区的协调人。

国际交往 第十八届国际植保大会于8月24—27日在德国柏林召开。学会组织20多名会员参会，以口头发言或墙报展示的形式分别在分组会上进行学术交流，在国际植保协会新任职的周雪平教授作了有关中国粮食安全与植物保护的学术报告，宣传和展示了中国植保科学领域的研究成果。

科普活动 创建新的科普宣传和传播方式2个，与有关单位联合举办技术培训班11个，编著科普图书和挂图各1种，科技下乡1次，青少年科技教育1次。学会被中国科协评为2015年度全国学会科普工作优秀单位。

4月，学会与中农问科技（北京）有限公司合作创建一款专业手机农业专家问答软件——“农医生”，并首先将学会科学传播团队专家纳入“农医生”手机终端交流平台，通过互联网实现农作物病虫害远程诊断，病虫害发生和预报信息的及时发布，为广大农民防治病虫害提供技术指导。8月，学会启动了“中国植物保护学会官方微信公众号”，到年末已推送科普文章60多篇。

科普培训活动及出版科普图书和挂图。学会科学普及、病虫害测报、鼠害防治、葡萄病虫害防治专业委员会等分支机构分别在南京、重庆、昆明、山西太原、乌鲁木齐、柳州、郑州等地先后举办了“全国农作物病虫测报技术培训班”“南方、北方病虫害绿色防控技术培训班”“现代新型测报工具研发与应用技术高级培训班”“新疆棉花病虫调查和技术培训”“北方、南方葡萄病虫害防控知识继续教育培训班”“植保机械使用技术与维修技术培训”“农区鼠害监测与防控技术培训班”等11次，培训学员16515人次。与挂靠单位联合编印《中国主要农作物有害生物分布区划》图书5000册、《农业鼠害防控技术及杀鼠科学使用指南》挂图3500册，免费发放给基层科技人员和农民。

4—6月，学会植保系统工程专业委员会和信息技术等专业委员会组织专家对四川、湖北、陕西、河南等省小麦病虫害流行和发生情况进行调研，并开展有关小麦病虫害绿色防控技术的实地科普宣讲活动，受众人数5000人次。

11月28日，学会生物入侵分会在北京召开2015年生物入侵科学知识讲座与普及活动，有103名中、小学生参加，活动内容为向中小学生讲解我国的外来入侵物种的基本信息及其危害的严重性，提高他们对生物入侵的认识。

表彰举荐优秀科技工作者 学会向中国科协等有关部门推荐中国科学院和中国工程院院士、第十一届光华工程科技奖、第十四届中国青年科技奖、“青年人才托举工程”“科普惠农兴村计划”评审专家等候选人共计23人次。

中国科协会员日 5月8日和11月28—29日，学会分别组织部分会员参加了中国科协2015春季学会青年会员联谊活动和中国科协2015年会员日乒乓球赛（第六届）活动。会员日期间，学会向在京理事发放了中国科协会员日博物馆4联参观券。学会理事长、秘书长带领学会秘书处工作人员走访慰问了学会部分老专家、老领导，送去节日的问候，并听取他们的意见和建议。

【中国植物保护学会2015年学术年会】 9月9—12日，中国植物保护学会2015年学术年会在吉林省长春市召开，年会主题是“病虫害绿色防控与农产品质量安全”。本次年会由学会主办，吉林省植物保护学会、吉林省农业科学院、吉林农业大学、吉林大学、吉林省农业技术推广总站承办。来自全国31个省、自治区、直辖市植物保护领域的1000多名科技工作者参加会议，交流论文307篇，正式出版论文集1部。年会期间，召开了中国植物保护学会第十一届理事会第三次全体理事会议。

大会开幕式由学会副理事长顾宝根主持，吉林省农科院院长吴兴宏和吉林省农委副主任包维国致欢迎词。学会理事长陈万权致开幕词，他回顾了1—9月以来学会开展的重点工作和成绩，简要介绍了学会今后的工作重点和发展规划。学会挂靠单位中国农业科学院植物保护研究所所长周雪平为植保领域百科巨著《中国农作物病虫害（第三版）》出版致贺词。向“农医生”首批特聘植保专家颁发了聘书。

吉林农业大学李玉院士、浙江省农科院陈剑平院士、贵州大学宋宝安院士、中国农业科学院研究员梅旭荣、以色列特拉维夫大学教授 Dan Gerling、华南农业大学教授兰玉彬、中国农业科学院植物保护研究所教授周雪平、万方浩研究员、湖北省生物农药工程研究中心研究员杨自文、浙江大学教授张传溪、中农闵科技（北京）有限公司总裁王兆勇分别作了题为“基于墨尔本大会菌物分类学所面临的机遇与挑战”“新长态下重塑植保科技创新与服务体系的思考”“病毒调控的绿色农药创新与应用”“农业科技创新驱动与改革发展”“2015 年以色列的植保发展及实施趋势”“精准农业航空技术现状及未来展望”“双生病毒种类鉴定、分子变异及致病机理研究”“‘一带一路’框架下的植保国际合作与发展契机”“生物农药与健康植保”“褐飞虱功能基因组及其在害虫防治上的潜在应用价值”“如何利用移动互联网推进现代植保健康发展”的大会特邀报告。

年会分会场涉及新时期植物保护国际合作与发展学术研讨会、农业昆虫与绿色防控技术研究、植物病害与绿色防控技术研究、植物和昆虫病原线虫研究和生物防治技术研究 5 个方面，共有 165 人在分会场作学术报告，并附设学术论文墙报展示区。会议对 12 个优秀学术报告进行了表彰奖励。来自国外 13 个国家的 25 名专家参加了“新时期植物保护国际合作与发展学术研讨会”分会场的学术交流。

【葡萄病虫害防控知识继续教育培训活动】 针对我国葡萄产业健康发展的技术需求和科技人员对职业知识再教育培训的迫切需求，学会主办了 2 期葡萄病虫害防控知识继续教育培训班。第一期于 9 月 21—22 日在新疆维吾尔自治区乌鲁木齐市举行，由学会葡萄病虫害防治专业委员会和新疆植物保护学会承办。来自新疆、甘肃、宁夏植物保护学会，国家葡萄产业技术体系南疆、北疆、贺兰山东麓和兰州综合试验站推荐的葡萄产区科研人员、技术人员及葡萄种植大户等 85 位学员参加培训。第二期于 10 月 24—26 日在广西壮族自治区柳州市举行，由学会葡萄病虫害防治专业委员会和广西农科院及柳州市农业局承办。来自上海、云南、贵州、广东、广西等地的葡萄产区科研人员、技术人员及葡萄种植大户等 186 人参加培训。

培训班课程分葡萄健康栽培、自然灾害预防与救灾、葡萄有害生物防控技术三部分。葡萄健康栽培部分，邀请上海交通大学教授王世平、中国农业科学院农业资源与农业区划研究所研究员杨俐苹、中国农业科学院郑州果树研究所副所长刘崇怀，就“葡萄根域限制的原理及应用技术”“葡萄园土壤管理与平衡施肥技术”“葡萄种质资源与葡萄品种”等主题授课。自然灾害预防与救灾部分，邀请新疆农科院园艺所研究员暨国家葡萄产业体系栽培岗位科学家潘明启、中国农业科学院郑州果树研究所研究员刘崇怀、广西农业科学院研究员白先进就“西北葡萄抗逆栽培技术”“葡萄生产的自然限制因素与防灾减灾”“两收葡萄的发展、存在问题与前景”等主题授课。葡萄有害生物防控技术部分，邀请中国农业科学院果树研究所研究员董雅凤和仇贵生、中国农业科学院植物保护研究所研究员袁会珠和王忠跃分别就“葡萄病毒病防控及无病毒苗木体系建设”“葡萄虫害及防控技术”“葡萄园农药的科学实用”“葡萄病害与防控技术”“葡萄园病虫害综合防控技术”等主题作学术报告。

此外，还组织学员们在田间和实验室显微镜下进行了葡萄主要病虫害病原物及危害症状的观察、病虫害标本的辨认，以提高学员的实践和操作能力。培训结束后，对学员进行考核，考试合格的学员，颁发中国植物保护学会的继续教育结业证书。本次继续教育培训活动得到了中国科协继续教育项目支持。

（撰稿人：文丽萍　倪汉祥）

中国作物学会

服务创新型国家和社会建设　4 月 29 日，受教育部、财政部等认定的作物基因资源研究协同创新中心委托，学会作为第三方评估机构，在北京组织召开了“作物基因资源研究协同创新中心”第三方评估会议。学会成立了由中国工程院副院长刘旭院士、中国工程院院士傅廷栋、盖钧镒等 8 位专家组成的评估专家组，审议了作物基因资源研究协同创新中心创新团队工作业绩，并给出评价意见。

学会参加了中国科协组织的创新助力工程。3 月 28 日，学会黎麦分会与河北省馆陶县人民政府签订了“糖尿病人专用黑小麦产品开发”合同。帮助当地企业进行糖尿病人专用黑小麦系列登录器研发。

5 月 5—7 日，应内蒙古自治区鄂尔多斯市科协邀请，学会组织作物耕作栽培专家，在该市达拉特旗就黄河沿岸盐碱地改良与可持续利用现状及技术需

求，进行了系统深入的专题调研。对生产上存在的技术问题，进行了实地指导。

10月12日，学会黎麦分会与云南省红河州元阳县粮食局签订了“红米系列产品开发”的合同。帮助地方研发元阳红米高能营养养生系列产品。

12月23—25日，学会组织专家参加了中国科协在福建省福州市召开的2015年创新驱动助力工程调研座谈活动。会后赴龙岩农科所、天湖山生态农业基地、坤雅农业观光园、兴华生态农业科普示范基地考察，了解当地农科所及企业对农作物产业开发利用的认识，对生产上存在的技术问题，进行了实地指导。

学会推荐的《玉米田间种植手册与挂图》荣获2015年度国家科技进步（科普类）二等奖。

学会推荐的“绿豆优异基因资源挖掘与创新利用”“中国小麦种植生态区划研究与应用”两项科技成果分别荣获中华农业科技奖一等奖、三等奖。

学会能力提升计划 2015年，学会按计划完成了全年的预期目标。在学术交流、科学普及、“精品期刊”计划，建设产学研用协同创新服务平台，开展面向企业、行业和地方需求的决策咨询工作，创新科普活动，开展重点专业科技人才培养，建立完善会员管理系统，加强网站建设等方面取得了成效。

为加强作物科学学术界和业界的交流与合作，搭建科技社团与业界知名企业的创新发展平台，学会与大北农集团于6月16日签署了战略合作协议。

学会建设 2015年，学会及分会、专业委员会共组织召开学术会议33次，其中，国际学术会议3次，参加人数13798人次，交流论文1803篇。学术会议次数与上年持平，参会人数比上年增加56.2%，会议交流论文数比上年增加119.6%。

6月10日，中国作物学会一网三平台应用培训会暨2015年秘书长联席会在贵州省贵阳市召开。来自全国19个省、自治区、直辖市作物学会以及12个专业委员会（分会）的秘书长或代表共51人参加会议。

学会建设了中国作物学会一网三平台信息化管理系统，一网即中国作物学会协同管理网；三平台即协同工作平台（OA系统）、会员管理平台、会议管理平台。通过建设一网三平台，一方面提升了学会管理水平和协同工作效率，增强了与省市级学会之间的沟通协作通道；另一方面加强了学会会员管理能力和服务时效，提升了学会会议服务水平。

3月26日，学会藜麦分会成立大会暨第一届理事会会议于在北京召开。会议选举产生了中国作物学会藜麦分会第一届领导机构，讨论通过了分会组织细则，并对分会未来5年工作的开展及长期发展进行了讨论和规划。

10月8日，学会粟类作物专业委员会第七届全国会员代表大会在河北省石家庄市召开。会上，第六届主任委员程汝宏作工作报告。会议投票选举产生了第七届中国作物学会粟类作物专业委员会主任委员、副主任委员、秘书长、各学组组长和委员。

2015年，学会新增会员700人左右，进一步壮大了会员队伍。

科技期刊国际影响力提升计划 2015年，学会主办的*The Crop Journal*（《作物学报》英文版）编委会人数增加至94人，其中国际编委51人（占54%）。2013—2015年的全部投稿来自32个国家，接受发表论文来自18个国家，稿件录用率为24.8%。来自中国的投稿占52.4%，

2015年11月，*The Crop Journal*被汤森路透的Emerging Sources Citation Index（ESCI）数据库收录。汤森路透2015年11月发布的ESCI是Web of Science核心合集（Web of Science Core Collection）中的一个新子集，收录符合汤森路透选刊标准、正在被SCI评估的高质量同行评议期刊。

目前已加入的国内、外数据库有ESCI、Chemical Abstracts（美国化学文摘）、CABI（英国国际农业与生物科学研究中心文摘）、Food Science and Technology Abstracts（英国食品科学与技术文摘）、AGRIS（FAO）（联合国粮农组织的AGRIS数据库）、DOAJ（Directory of Open Access Journals）、Ulrich's Periodicals Directory（乌利希国际期刊指南）、中国科学引文数据库（CSCD）核心库来源期刊、中国知网、万方数据、中国科技论文在线、中国科技期刊开放获取平台（COAJ）。目前，正在评估*The Crop Journal*的数据库有SCI、Scopus、PubMed Central。

学术期刊 2015年，学会主办的《作物学报》获得了8项资助、奖励和荣誉：①获中国科协精品科技期刊工程项目“TOP50项目”资助；②第2次荣获国家新闻出版广电总局“百强报刊”奖；③被中国科技信息研究所评为“2014年百种中国杰出学术期刊”，这是第14次蝉联这一称号；④第4次被中国知网、清华大学图书馆和中国学术文献评价研究中心评为“中国最具国际影响力学术期刊”；⑤被中国期刊协会评

为“2015年期刊数字影响力100强”；⑥据2015年出版的北京大学图书馆等编著的2014年版《中文核心期刊要目总览》登载,《作物学报》继续排名“农学、农作物”类核心期刊的第一位；⑦被武汉大学中国科学评价研究中心评为“中国权威学术期刊（A+）”；⑧荣获科学出版社“期刊出版质量优秀奖”。

近年来《作物学报》的学术影响力稳步提高。据2015年10月21日中国科学技术信息研究所发布的2015年版《中国科技期刊引证报告（核心版）》登载,《作物学报》的总被引频次为6276，影响因子为1.540，排名列“农艺学类”期刊的第一名；“综合评价总分”为95.4分，在1989种中国科技核心期刊中排名第4位。

2015年，学会主办的《作物杂志》重点打造精品栏目，提高了综述类文章比例，实现了技术类向学术类的平稳过渡。期刊评价指标稳中有升，2015年中国知网发布的复合影响因子为0.888，比上一年的0.827增长7.4%。万方发布的扩展版影响因子为0.821，比上一年的0.788增长3.4%。中国知网发布的被引频次2448，比上一年的1850增长32.3%；万方数据为1799，比上一年的1537增长17.1%。

学会与西北农林科技大学联合主办的《麦类作物学报》2015年12月荣获教育部2014年度中国科技论文在线优秀科技期刊一等奖，2015年12月该刊编辑部荣获第二届中国高校农业期刊“先进集体”。该刊的学术影响力稳中有升，据2015年10月21日中国科学技术信息研究所发布的2015年版《中国科技期刊引证报告（核心版）》登载,《麦类作物学报》影响因子为0.820，比上年的0.740提高10.8%；总被引频次为2052，比上年的1666提高23.2%。在19种农作物类核心期刊中分别排名第3和第5。

学科发展研究 学会承担了中国科协《2014—2015作物学学科发展报告》编撰工作。学会专门成立了96人的专家撰写组，分别于1月30日和8月20日在东北农业大学召开了《2014—2015作物学学科发展报告》工作会及研讨会，对进度安排、编写要点及已完成的《2014—2015作物学学科发展报告》初稿进行研讨，征求修改意见，最终形成《2014—2015作物学学科发展研究报告》，包括两个主要的二级学科作物遗传育种学和作物栽培与生理学专题报告以及水稻、玉米、小麦等作物共17个专题报告，全文35万字，基本覆盖了作物科技发展的主要领域，重点突出。

2014—2015作物学学科发展报告研讨会

决策咨询 学会甘蔗专委会为广西壮族自治区党委、政府提供政策咨询，撰写了《当前广西糖料产业困境与对策建议》报告及相关背景材料文稿6篇，就当前国内甘蔗生产形势，面临的困境与挑战等问题建言献策。学会甘蔗专委会名誉理事长陈如凯带领专家4次参加国家发改委、农业部研讨，并形成《中国糖料与食糖产业发展及竞争力研究》报告呈报国家发改委。

学会大豆专委会向农业部等有关部门和地方政府提交相关调研报告、政策建议等共40余份。

学会油料专委会先后向农业部、科技部、地方政府和有关油料企业提供决策咨询报告30余份。

国际学术会议 7月28—30日，由学会马铃薯专业委员会协办的第九届世界马铃薯大会在北京召开。来自全球40多个国家的3000多名马铃薯领域专家、产业代表参加会议。此次大会呈现了一届“四会合一”的薯业盛会，即世界马铃薯大会、中国国际薯业博览会、中国马铃薯大会、马铃薯主食产品及产业开发国际研讨会同期举行，共同谋划马铃薯产业的发展。会议期间，58名马铃薯业界的中外专家进行了学术发言，135篇学术论文、54篇海报进行了集中展示。

第九届世界马铃薯大会开幕现场

9月17—18日，由学会粟类作物专业委员会等单位联合主办的第二届世界小米起源与发展国际会议

暨内蒙古谷子（小米）产业技术创新战略联盟成立大会在内蒙古自治区赤峰市召开。120多名专家、学者与会，共21位专家、学者分别围绕小米原料特性与加工技术、谷子的传播历史、谷子的鉴定、粟文化发掘、小米的发展等主题作报告。

11月5—8日，由学会栽培专委会协办的2015年度亚洲谷物科学国际学术会议在江苏省扬州市召开。来自10个国家和地区、50余所科研院校和企业的200余人参加了会议。会议围绕主要谷物品质性状遗传改良及功能特性、谷物加工及食品行业应用等议题，邀请了英国、美国、澳大利亚、中国的18位专家作特邀报告，同时安排了专题报告和墙报展示，交流谷物科学近年来的最新进展。

国内主要学术会议 8月20—21日，学会主办的2015年中国作物学会学术年会在黑龙江哈尔滨东北农业大学举办。来自全国各地的作物专家、学者以及澳大利亚、日本、韩国的学者共1032人与会。大会以“现代作物科学与可持续发展”为主题，13名国内外专家做大会报告。在生物技术、作物遗传育种与种质资源、作物栽培与耕作三个会场，来自国内的57名专家作了学术报告。17名研究生通过研究生论坛进行了学术交流，50名青年科技工作者及研究生通过墙报展示了研究进展与最新成果。闭幕式上，大会还对表现突出的沈秋芳、孙雪芳、周福来、杨玉花四位研究生颁发了优秀学术报告奖，对王艳、冯帆、王艳杰三名研究生颁发了优秀墙报奖。

8月17—19日，学会主办的第六届全国小麦基因组学及分子育种大会在陕西省杨凌农业高新技术示范区召开。来自80多所大学、科研院所和8家企业的459名代表围绕小麦基因组学和分子育种两个主要领域进行研讨，33名专家作主题报告。大会共收录论文摘要129篇，墙报33篇。

10月10—12日，学会与中国植物生理与植物分子生物学学会等联合主办的2015全国植物生物学大会在吉林省长春市召开。来自全国的1500余名代表参加了会议，大会主题为“植物科学与粮食安全”。会议邀请了百余名近年来涌现出的中青年学者作报告，介绍了他们的最新研究成果和发展动态。

4月17—19日，学会青年工作委员会主办的第二届玉米科技青年论坛在吉林省长春市召开。会议主题为“创新驱动产业发展”，参会的玉米界的青年科技工作者240多人，12名不同研究领域的中青年专家分别作了大会报告。大会安排专题报告32个、学术墙报40个，展现了青年科技人员的研究能力、水平和创新意识。大会组委会评选出第二届玉米科技青年论坛“吉农杯”优秀学术报告一等奖3名、二等奖6名、优秀墙报奖6名。

国际交往 9月18日，巴西佩洛塔斯联邦大学教授、国际作物学会主席 Antonio Costa de Oliveira 应邀访问中国作物学会，商讨第七届国际作物科学大会筹备事宜。Costa de Oliveira 教授听取了大会筹备委员会关于第七届国际作物科学大会的筹备工作报告，就大会报告人邀请、资金筹措及吸引国际代表参会等方面提出了建议，并表示将在大会学术和其他相关方面提供帮助。

10月17—21日，国际作物学会顾问委员 Jerry Nelson 访问中国作物学会，共同讨论了第七届国际作物科学大会筹备情况。

科普活动 2015年，学会的科普传播专家团队采用生产技术科技培训班，新品种、新技术、新产品示范观摩会等形式，培训各类农技人员，培训、指导种粮大户等形式普及农业科技知识。

科技活动周期间，学会邀请了玉米专家李少昆、崔彦宏为125名农业技术人员、农民朋友作玉米高产种植技术讲座。专家们就农业技术人员、种植户所提问题做了现场答疑，并给予科学建议。学会为到场的农业技术人员、农民朋友们赠送了科技图书《玉米抗逆减灾栽培》《玉米高产高效栽培模式》以及科普挂图等500余份。本次活动还组织了参加活动的领导、玉米专家、科技人员和种植大户等参观了平泉县玉米田，专家们进行了现场技术指导和技术交流。

全国科普日期间，学会邀请了玉米产业体系岗位科学家李少昆研究员为在场的农业技术人员作了玉米高产种植技术讲座。学会还向参加活动的技术人员和农户赠送了《西北玉米田间种植手册》《新疆中晚熟玉米生产技术挂图》《西北玉米田间生长异常诊断挂图》等500余份。

学会被中国科协评为2015年全国科普日特色活动组织单位、2015年度全国学会科普工作优秀单位。

表彰举荐优秀科技工作者 学会于2015年设立了中国作物学会青年科技奖，并于10月开展了第一届中国作物学会青年科技奖申报评审工作。第一届中国作物学会青年科技奖共有江丽华、刘斌、王瑞英、秦峰、陈锋5名青年科技工作者获奖。并推荐刘斌、王瑞英、江丽华为第十四届中国青年科技奖候选人。

经学会推荐，郭刚刚、胡兆荣获得中国科协青年人才托举工程项目资助，持续稳定支持三年。

党建强会 2015年，学会党支部围绕“激发学会党组织活力，发挥桥梁纽带作用”主题，以促进基层党组织和广大党员更好地联系科技工作者、服务科技工作者为根本任务，开展了“科技服务基层，促党建能力提升”系列党建强会活动。2015年，学会获得中国科协“党建强会”计划“十百千”特色活动的项目资助。

中国科协会员日 会员日期间，学会及各专业委员会、省级作物学会发挥学科和地域特色，开展了形式多样的会员日活动。学会甜菜专业委员会组织与科技人员面谈，征求科技工作者对学会工作的意见和建议；学会马铃薯专委会联合其他几家单位共同主办了2015南方马铃薯大会，并负责专业论坛。

【2015年中国作物学会学术年会】 8月20—21日，由学会主办，东北农业大学、黑龙江省作物学会、中国作物学会马铃薯专业委员会协办的2015年中国作物学会学术年会在黑龙江哈尔滨东北农业大学举办。来自全国各地的作物专家、学者以及澳大利亚、日本、韩国的专家、学者共1032人参加了大会。

2015年中国作物学会学术年会

大会以“现代作物科学与可持续发展”为主题，傅廷栋、程顺和、万建民、张献龙、Tony Fischer、KuniyukiSaito（斎籐邦行）、Hee-Jong Koh等13位国内外专家作了大会报告。在生物技术、作物遗传育种与种质资源、作物栽培与耕作3个会场，来自国内的57名专家作了学术报告，交流与探讨了各领域内的新进展、新成果、新技术。17名研究生通过研究生论坛进行了学术交流，50名青年科技工作者及研究生通过墙报展示了研究进展与最新成果。闭幕式上，大会对表现突出的沈秋芳、孙雪芳、周福来、杨玉花4名研究生颁发了优秀学术报告奖，对王艳、冯帆、王艳杰3名研究生颁发了优秀墙报奖。

（撰稿人：杜　娟）

中国热带作物学会

学会建设 学会于2015年10月20—23日在海南省海口市召开了第九次全国会员代表大会，进行了换届改选。新一届理事会共有理事185名，其中常务理事61名。

学会加强制度建设，制定了《中国热带作物学会分支机构管理办法》《中国热带作物学会财务管理办法》《中国热带作物学会会议费管理办法》《中国热带作物学会先进集体和先进工作者评选办法》《中国热带作物学会会费管理办法》5个管理办法。8月5—7日，在贵州省贵阳市举办2015年管理工作培训班，组织各分支机构就管理办法进行集中培训。

学会举办2015年管理工作培训班

学会园艺专业委员会于5月15日举行了第五届换届选举。福建省热作学会召开了第九次会员代表大会，选举产生了第九届理事会。

2015年制作了3期工作简报并发送给理事和会员单位。

学术期刊 2015年，学会主办的《热带作物学报》影响因子为0.962，进入“中文核心期刊”2014版。全年共出版12期，载文370篇，总页数2316页。

国内主要学术会议 2015年，学会及所属分支机构共举办年会、研讨会等学术活动14次，征集论文或论文摘要300多篇。

5月6—8日，学会南药专业委员会在云南省文山市组织召开了中国热带作物学会南药专业委员会2015年学术交流会，来自科研机构、院校和生产企业的60多名专家、学者参加了交流会，交流论文23篇。

为总结我国南药产业发展成就和科技创新成果，加强南药学术交流与研讨，推动南药产业科学、健康、有序发展，会议围绕我国南药产业创新发展进行了交流与研讨。

6月8—9日，云南省热带作物学会与云南省德宏热带农业科学研究所合作，在云南省瑞丽市组织召开了瑞丽景颇咖啡母树保护与开发研讨会，来自科研机构、大学、生产企业及相关村寨的专家、学者、历史人物后裔共85人参加了研讨会。会议研讨了瑞丽咖啡母树的历史，并对云南咖啡的起源地进行考证，交流了云南咖啡种质资源收集、保存、评价及利用情况。

8月22日，学会遗传育种专业委员会与海南省植物学会联合召开了2015年学术研讨会，来自广东、广西、云南、海南等省（区）16家科研机构、院校的96名专家参加了会议。大会以"挖掘热区生物资源，提升生物产业水平"为主题，旨在促进作物遗传育种和植物学学科的发展。会上，专委会主任彭明作了题为"木薯响应干旱胁迫的分子机制"的专题报告，中国热带农业科学院环境与植物保护研究所研究员黄俊生、中国农业科学院深圳农业基因组研究所研究员阮珏等12位专家先后作了专题报告，涉及作物遗传育种、植物天然产物化学、植物基因组学、植物生理生化、植物病原微生物学、生物安全等多个研究方向多个领域。会议展示了热带生物资源与基因资源挖掘与综合利用、热带特色植物和微生物资源研究与利用等领域的最新成果，为全国热区各科研院校学术交流提供了平台，为热区大农业的资源共享与合作奠定了基础。

国际交往　12月11日，学会副理事长刘国道在海南省海口市会见了来访的中英可持续农业创新协作网（SAIN）秘书长吕悦来一行，双方就合作开展农业可持续集约化技术与政策研究、农业技术转移、农业科研创新及成果转化利用、共建国际科研平台、申报国际合作项目等方面达成一致，并签订了合作协议。

科普活动　2015年，学会各专业委员会和省级学会全年开展各类科技培训60多期，1万多人次参加培训；结合当地科技活动月活动开展大型科技咨询活动3场，电话及上门咨询近2万次；赠送科普小册子3万多册，赠送种苗4万多株、肥料30多吨。

表彰举荐优秀科技工作者　学会向第十四届中国青年科技奖、中国科协高层次人才库、青年人才托举工程等推荐科技工作者共计23人次。

【中国热带作物学会第九次全国会员代表大会暨2015年学术年会】　10月20—23日，中国热带作物学会第九次全国会员代表大会暨2015年学术年会在海南省海口市召开。学会第八届理事会成员、第九届理事会理事候选人以及来自科研机构、高等院校、企业等单位的科技工作者近400人参加了会议。

在学会第九次全国会员代表大会上，学会常务副理事长张凤桐代表学会第八届理事会作工作报告，学会副理事长兼秘书长吴金玉作学会第八届理事会财务报告和《章程》修订报告。会议审议通过了学会新的章程。代表们以无记名投票方式选举产生了第九届理事会，共185名理事。

中国热带作物学会第九次全国会员代表大会暨2015年学术年会开幕式

10月22日，学会第九届理事会第一次全体会议召开，常务副理事长张凤桐主持会议。经选举，吕飞杰任第九届理事会名誉理事长，李尚兰任理事长，符月华、郭安平、吴金玉、刘波、张治礼、刘国道、胡新文、范源洪、吕林汉、陈东奎、钟广炎担任副理事长，刘国道（兼）任秘书长。会议还审议通过了学会副秘书长人选。

同期举行的学会学术年会主题是"发展高端热作创新驱动转型升级"，共收到论文摘要91篇。

会议特邀中国科学院院士谢华安，农业部农垦局处长彭艳，中国农业科学院生物防治研究所研究员万方浩，中国科学院昆明植物研究所教授龙春林，中国热带农业科学院研究员彭明、黄贵修、戴好富7位专家分别作题为"科技创新与粮食安全""转变热作发展方式、培育高端热作产业""'一带一路'愿景行动与植保国际合作和发展契机""东亚栽培植物的多样性""木薯响应逆境胁迫的分子调控机制""抢抓机遇，积极推进‘一带一路’国家橡胶植保科技合作与发展”“海南黎药资源研究与创新利用”的大会报告。

会议设置了6个分会场，来自全国各地的61名科技工作者在分会场作学术报告。会议评选出3个优秀分会场组织奖和15个优秀分会场学术报告奖。

会议期间，举行了热带作物科学领域杰出科学家事迹报告会，邀请中国热带农业科学院橡胶研究所所长黄华孙和学会副理事长王文壮分别介绍农业部原部长何康、中国工程院院士黄宗道的事迹，向与会代表宣讲他们的创业历程和杰出成就，传承和弘扬老一辈科学家潜心研究、艰苦创业、无私奉献、勇于创新的科学精神。

【2015海南（儋州）热带农业成果博览会】 12月10—11日，由学会、中国热带农业科学院、海南省农业科学院、海南大学、海南省海洋与渔业科学院、海南省林业科学研究所、海南儋州国家农业科技园区管委会、广物地产等单位共同主办的2015年海南（儋州）热带农业成果博览会（以下简称“热博会”）在海南省儋州市召开。海南省儋州市市长张耕、海南大学党委书记刘康德、海南省工信厅厅长韩勇、海南省农科院党委书记钟鸣明出席开幕式，学会理事长李尚兰致辞。

本届热博会以“展示与转化科技成果、发展热带特色高效农业”为主题，举行了投资洽谈、项目签约、成果论坛、评选表彰、参观考察等一系列活动。热博会共展示热带农业新技术76项、新方法45个、新品种86个、新产品98个。

来自哥伦比亚、阿根廷、巴西、泰国等国的专家，云南、广西、广东、浙江、福建等省区的科研机构、院校和行业协会的专家学者，国内客商，海南省内市县农业部门、农业生产经营企业代表，儋州市相关部门、各镇政府、农民专业合作社、种养殖大户、农民代表等近万人参加本届热博会。

（撰稿人：唐　弼　杨礼富）

中国蚕学会

服务创新型国家和社会建设　11月27—29日，学会教育与科普工作委员会组织召开全国蚕学本科教学研讨会，全国9所蚕学本科培养任务的高等学校40余名负责蚕学本科教育的专家、学者参会，会议研讨新形势下蚕学本科教学工作。会议认为蚕学专业教学需要契合社会需求和行业发展，要创新培养模式和课程设置，明晰专业核心能力的培养，加强学生综合素质培养和学生创新创业教育等。

学会建设　年内学会召开了常务理事会、理事会、常务理事会通讯会议各1次。

3月21日，在黑龙江省哈尔滨市召开学会九届五次常务理事会。会议传达中国科协关于全国学会改革与发展的最新精神和中央领导同志有关讲话精神。学会理事长鲁成总结2014年中国蚕学会工作，介绍学会2015年工作框架。各专委会介绍各自2014年工作以及2015年活动安排。会议审议并通过《中国蚕学会“中国果桑之乡”认定管理办法（试行）》。

指派常务副秘书长参加中国科协举办的全国学会理事长、秘书长培训班。

学术期刊　学会主办的《蚕业科学》年内出版6期，1192个版面，刊登论文171篇。被收录为中国科技核心期刊、中文核心期刊和中国农业核心期刊，继续被美国化学文摘（CA）收录。选派编辑参加国家新闻出版总署主办的教育培训1人次。

国内主要学术会议　学会举办3次国内学术会议，参会人数270人次，提交会议论文50篇，编印论文集1册。

4月13—15日，在四川省凉山州举办现代蚕桑生产模式现场会。来自全国各主要蚕业生产区、有关科研院所、高等院校和企业的专家、学者72人参加会议。与会人员观摩宁南县华弹镇现代农业10万亩优质蚕桑基地，葫芦口镇银厂村现代蚕业家庭农场、“6215”桑园高效套种模式示范片及宁南茧丝绸工业集中发展区。会上开展产学研对接活动，有关科研院所和高等院校提供20多项科研成果与企业对接、与生产需求对接，会议认为，要优化蚕业产业布局，通过集中打造，精心培育一批规模大、品质优的现代蚕桑基地，推动蚕桑产业向生态旅游、食用养生领域发展。

6月9日，学会在河北省滦县召开了全国沙地条墩桑现场会，来自全国20多个省（区、市）的31位专家、学者参加会议。条墩桑是一种优良的农林间灌木，桑叶用来养蚕，桑条用来编织，其庞大根系对于防风固沙起着重要作用。承德医学院蚕业研究所所长、河北省高校特产蚕桑应用技术研发中心主任杨贵明介绍了冀东地区自然环境条件、冀东条墩桑及其栽

培历史、冀东条墩桑品种及其栽植形式、冀东条墩桑利用情况以及存在问题。与会者就各地生态桑、桑产业研究进展进行学术研讨。

7月29—30日，“一带一路”战略与蚕桑丝绸行业发展研讨会在新疆维吾尔自治区乌鲁木齐市召开。来自商务部、农业部行业领导以及全国20多个省（区、市）的蚕桑行业专家、学者，茧丝绸企业管理人员、技术人员等167人参会。大会报告和交流围绕“一带一路”国家战略下蚕桑丝绸行业发展目标与发展策略、蚕桑丝绸产业链创新、蚕丝文化与国际交流等展开。

科普活动 学会秘书处在江苏省扬州市和镇江市面向中小学生、幼儿园师生开展蚕桑主题科普活动“蚕桑科普进校园”，参加科普活动的专家20多人次，受众师生4000人次。

【“一带一路”战略与蚕桑丝绸行业发展研讨会】 7月29日，由学会、国家蚕桑科技专家工作委员会、江苏科技大学主办，新疆维吾尔自治区农业厅承办的“一带一路”战略与蚕桑丝绸行业发展研讨会，在新疆维吾尔自治区乌鲁木齐市召开。新疆维吾尔自治区农业厅总农艺师方侠致辞。十届全国人大农业与农村委员会副主任委员，江西省原省委书记舒惠国、十一届全国人大农业与农村委员会委员，国防大学原副政委李殿仁、中国工程院院士向仲怀、江苏科技大学党委书记王济干等出席会议并作报告。

“一带一路”战略与蚕桑丝绸行业发展研讨会

会议由学会理事长鲁成、江苏科技大学党委副书记郭锡杰、学会秘书长李龙主持。来自商务部、农业部行业领导以及全国20多个省（区、市）的蚕桑行业科研、教育、推广、管理专家学者，茧丝绸企业管理人员、技术人员等167人参会。

会议选录50篇论文出版论文集，大会报告和大会交流20人次。大会报告和交流围绕“一带一路”国家战略下蚕桑丝绸行业发展目标与发展策略、蚕桑丝绸产业链的创新、蚕丝文化与国际交流等展开。

（撰稿人：刘　挺）

中国水土保持学会

服务创新型国家和社会建设 2015年，学会受理220家水土保持方案编制单位和监测单位证书变更申请，其中水土保持方案编制证书单位210家，水土保持监测证书单位10家。

1月，学会印发《生产建设项目水土保持监测单位水平评价管理办法（试行）》。根据新发布的管理办法，学会对持有水利部颁发的水土保持监测资质证书单位完成换发和延续工作。年内93家甲级单位、335家乙级单位获得中国水土保持学会颁发的水平评价证书。

4月，学会进行水土保持方案编制甲级持证单位延续工作，24家水土保持方案编制甲级持证单位申请延续，经过专家评审进行延续，1家甲级持证单位降级延续，2家甲级持证单位因不符合管理办法要求未予延续。

11月，学会组织专家召开《生产建设项目水土保持方案编制资质管理办法》《生产建设项目水土保持方案监测单位水平评价证书管理办法（试行）》制定和修订专家咨询会，就生产建设项目水土保持技术服务单位水平评价管理办法制定和修订思路进行咨询讨论。12月，学会组织专家召开管理办法制定和修订研讨会。

启动“生产建设项目水土保持技术服务单位水平评价管理系统”开发工作。该系统可实现评价单位信息自动数量化、根据评价标准和评价方法自动评价等级功能，信息查询以及监督举报等功能。

4月，学会召开第一次《水土保持行业从业人员培训系列丛书》主编工作会，会议确定丛书编写范围为基础理论与法规标准、调查与规划、治理与开发、预防与监督、监测与评价、施工与监理、信息管理、廉政与风险防控8大类，计17册。6月，学会召开《水土保持行业从业人员培训系列丛书》大纲专家审定会，《水土保持概论》《水土保持监督管理》《生产建设项目水土保持方案编制指南》和《水土保持规划与设计》年底已完成初稿。

1月26—29日，受水利部委托，针对2014年学会向水利部推荐的52家国家级生产建设项目水土保持设施验收技术评估单位技术人员，学会在广西壮族自治区南宁市举办生产建设项目水土保持设施验收技术评估培训班，培训学员300余人。

9月10—16日，学会根据人力资源和社会保障部“2015年度专业人才知识更新急需人才培训项目和岗位培训项目”要求，面向社会水土保持技术服务人员，在四川省成都市举办生产建设项目水土保持设施验收技术评估研修班，培训学员400余人。

10月和12月，学会分别在陕西省西安市和湖北省武汉市举办水土保持工程设计规范培训班，培训学员500余人。

4月9—11日，黄河专委会在陕西省杨凌市举办黄土高原典型小流域原型观测技术培训班，培训学员50余人。

10月16—20日，泥石流滑坡防治专委会在四川省成都市举办地震灾区地震次生灾害预警及防治技术高级研修班。研修班特邀10名专家、120名学员参加研修。

12月14—18日，防护林专委会在河南省济源市举办长江流域等防护林体系工程建设技术培训班，培训学员82人。

学会建设 年内学会申报中国科协项目14项，获批9项，获项目资助137万元。

学会获得中国科协计划财务部“2014年度全国学会财务决算工作先进单位”荣誉称号。

学会网站改版，优化网站栏目，提高信息发布便捷程度和宣传效率，新版网站于2015年12月底正式上线。

学会选派人员参加中国科协、民政部、中国科学院和国家新闻出版广电总局等举办的各级各类研修与培训班，提升学会工作人员的专业水平、业务能力和综合素质。

4月17—18日，在江西水土保持生态科技示范园召开秘书长工作会议。14个专委会、29个省级学会的秘书长，尚未成立省级学会的3个省份主管水土保持工作的领导和学会秘书处人员72人参加会议。

城市水土保持生态建设专业委员会、预防监督专业委员会、水土保持规划设计专业委员会三个专委会完成换届选举工作。

学术期刊 经学会四届九次常务理事会会议审议通过，学会聘任周心澄、朱清科分别为《中国水土保持科学》主编和副主编。

年内学会会刊《中国水土保持科学》出版正刊6期，总印数6000册，收到来稿423篇，刊出文章128篇。充实期刊英文网站的内容，实现发表文章全文在线免费阅读和下载。

2015年,《中国水土保持科学》入选北京大学《中文核心期刊要目总览》。

国际学术会议 10月16—18日，学会与世界水土保持学会共同主办的首届国际水土保持青年论坛在江西省南昌市召开。会议主题为“青年——水土保持的未来”。来自20个国家和地区的150名专家、学者出席论坛，中国、英国、美国等15名知名专家、学者作了特邀报告，22位青年学者进行了学术交流。论坛评选出10篇国际水土保持优秀青年论文奖。

3月20日，学会与北京林学会、美国森林趋势等单位联合举办的大都市饮用水源地保护基金研讨会在北京召开。会议主题为“大都市饮用水源地保护：水源地保护基金的机遇”。来自环境保护部、美国K&A咨询公司、中国达能饮料等在内的约65名政府机构、社会团体和知名企业的相关领导和专家出席研讨会，与会代表分3个小组就水源地基金建立的策略、机制和科学三个方面展开讨论，讨论结果向大会作汇报。

5月31日—6月4日，以学会副理事长刘震为团长的一行5人参加了在美国德克萨斯州埃尔帕索召开的第18届国际土壤保持组织学术研讨会。会议主题为“在全球变化的背景下通过水土保持实现水土资源的可持续利用”。来自22个国家的86位专家、学者参加会议，学会3名专家进行学术交流。会后，代表团与国际土壤保持组织举行洽谈，双方初步形成合作意愿与框架协议。

泥石流滑坡专委会赴尼泊尔加德满都参加中国科学院–美国航天局联合举办兴都库什–喜马拉雅地区冰川及其灾害对地观测学术研讨会，赴日本筑波参加第六届国际泥石流防治学术研讨会，并接待美国密西根州立大学教授张伟和瑞典隆德大学的张铁林教授。

国内主要学术会议 12月12—13日，学会与教育部自然保护与环境生态类教学指导委员联合主办的水土保持人才培养、科学研究与生态文明建设论坛在北京召开，论坛主题为“研讨新形势下水土保持与荒漠化防治学科建设目标及方向、人才培养体系及模

式、科研发展方向和重点任务”。来自全国47家大专院校及科研院所130余名专家、学者出席论坛，28名专家、学者作主旨发言和学术交流。

9月25日，学会主办的首届水土保持青年（博士）学术论坛在北京召开，论坛主题为“水土保持、荒漠化防治与生态环境建设”。来自全国20家大专院校与科研院所的60余名专家、学者参加论坛，27位学者作学术报告。论坛收到论文42篇，12篇论文获优秀论文奖。

9月22—23日，学会协办的第五届中国湖泊论坛在吉林省长春市召开，论坛主题为“湖泊湿地与绿色发展”。中国湖泊论坛是中国科协设立的全国性的学术品牌活动，论坛征集论文136篇，精选辑录97篇论文汇编成集，由吉林人民出版社出版发行。论坛形成《关于东北粮食主产区松嫩—三江平原湖泊与湿地水安全保障及合理开发利用的对策建议》。

5月22—23日，经学会推荐，中国科学院成都山地灾害与环境研究所的“震后大规模泥石流防治技术”作为环保技术类60项创新成果之一，参加第一届中国创新科技成果交流会。

生态修复专委会分别于6月15日和9月28日在北京师范大学和北京林业大学举办第四届和第五届水土保持生态修复沙龙，100余人次与会。

9月18日，科技协作工作委员会2015年年会在陕西省杨凌市召开。会议主题为“水土保持实用技术与效益评价”。有关高等院校、科研院所和各大流域机构、重点省（自治区、直辖市）水土保持主管部门等80多个委员单位参加会议并进行交流。

10月8—10日，城市水土保持生态建设专业委员会2015年年会暨学术研讨会在陕西省西安市召开。会议主题为“城市水土保持的传承与创新”。与会专家围绕“一带一路”建设与水土保持，城市水土保持监督管理等议题开展了广泛的交流和讨论，评选出20篇优秀论文。会上，对专委会举办以“生态城市，美丽水土”为主题的首届城市水土保持摄影大赛评选出的39组（幅）作品获奖者和获得优秀论文作者进行表彰。

11月17—18日，预防监督专业委员会第九次会议暨学术研讨会在海南省海口市召开，会议主题为“新时期水土保持预防监督工作面临的形势和要求”。来自全国各地水土保持监督管理部门以及技术服务单位的200余人参加会议，20余位专家、学者进行大会交流。会议评选出16篇优秀论文并进行表彰。

12月3—5日，水土保持规划设计专业委员会2015年年会暨换届选举和学术研讨会在云南省昆明市召开，会议主题为“水土保持与景观生态规划设计”。来自全国水土保持规划专家、学者169人参加会议，会议论文集收录论文70篇，12篇被评为优秀论文。会上，对2014—2015年度优秀会员单位和先进个人进行表彰。

12月6日，工程绿化专业委员会2015年工作年会在北京召开，专委会主任委员、副主任委员等17人参加会议。会议对专委会2015年工作进行总结，对2016年年会、换届选举以及专委会工作机制进行研讨，对《水土保持设计手册——边坡绿化篇》工作分工进行布置。

两岸交流 9月1—3日，学会与台湾中华水土保持学会在山西省太原市主办海峡两岸水土保持学术研讨会。会议主题是：水土保持与生态文明建设。来自大陆和台湾地区的200余名专家、学者参加会议，9位专家作主题报告，84位专家、学者进行专题交流，108篇学术论文汇编成集，其中37篇论文被评为优秀论文。

7月10—16日，学会协办的第十六届海峡两岸三地环境资源与生态保育学术研讨会在台湾地区台北市召开。会议主题是“环境资源、生态保育与人文发展的和谐共荣”。来自大陆和台湾地区的130余名专家、学者参加了会议，48名专家、学者作学术报告。

10月13—17日，水土保持规划设计专委会组织代表团赴台湾地区开展了两岸水土保持规划设计学术交流。内容包括水土保持规划编制、泥石流防治、小流域治理等新技术、新方法。

科普活动 6月，学会和北京水土保持学会在北京九十四中学朝阳新城分校共同开展“水土保持法进校园”主题活动。北京九十四中校长、书记、教师代表和180多名中学生参加活动。

7月，结合《水土保持法》宣传月活动，学会与宁夏回族自治区水土保持学会联合推进《水土保持读本（小学版）》进校园活动，赠发读本1万册。

城市水土保持生态建设专委会利用周末及法定节假日，在深圳市水土保持科技示范园开展形式多样科普宣讲和青少年教育社会实践活动，举办多场水土保持专题展览，受众人数超过1000人次。

表彰举荐优秀科技工作者 学会评选第七届中国

水土保持学会科学技术奖9项，其中一等奖2项、二等奖3项、三等奖4项。

学会推荐中国水利水电科学研究院秦伟为中国科协青年人才托举工程项目人选。

推荐北京林业大学牛健植、中国水利水电科学研究院张晓明、中国水利水电科学研究院秦伟等3人为中国青年科技奖候选人。

水土保持规划设计专业委员会举办“水土保持与生态景观设计”评奖活动，主题为“水清岸绿　美丽中国”，评选获奖作品21部，在水土保持规划设计专委会2015年年会暨换届选举和学术研讨会上进行了表彰。

（撰稿人：郑　慧）

中国茶叶学会

服务创新型国家和社会建设　2015年，学会以“学企合作”方式，与福建佳友茶叶机械智能科技股份有限公司、福建省安溪县韵和机械有限公司、湖北宜施壮农业科技有限公司、广西梧州茂圣茶业有限公司、东莞市精丽制罐有限公司、成都奥特光波科技有限公司6家企业签订技术成果推广协议，开展技术交流与合作。年内命名学会科技示范基地6家，签订技术推广协议，以示范方式传播茶叶科技信息以及先进管理方法。

7月和10月，学会举办第十一届“中茶杯”全国名优茶品质鉴定活动，收到19个产茶省（区）市选送的茶叶样品880个，其中绿茶405个，红茶269个，乌龙茶74个，白茶38个，黑茶45个，黄茶21个，特种茶28个。评出特等奖105个，获奖比例14.77%；一等奖322个，获奖比例45.29%。

举办首届茶艺师资培训班，从理论及实践两方面系统设置茶叶专业知识、茶艺技能操作、茶文化知识、茶会策划组织、茶德师德、培训技能及人文艺术修养等课程，年内举办5期40余天集中面授，邀请韩国、马来西亚和我国台湾地区及大陆的专家和名师授课。年内学会举办5期专业技术人才研修班，第四届龙井茶评鉴研修班、首届香花在茶艺中应用研修班、第三届茶业经营管理研修班、茶艺培训师培训班、首届普洱茶品质评鉴研修班，参加学员265人次。

7月9—10日，学会组织茶叶专家团赴广西壮族自治区柳州市送科技下乡。活动联合国家茶产业工程技术研究中心，邀请7位专家进行现场指导。三江县农业系统全体人员、茶叶企业代表以及政府主管部门130余人参加活动。活动内容包括茶园机械化应用示范现场会、茶叶机械化应用等两方面专题讲座，针对柳州市茶产业实际情况，就解决茶园的机械化生产与劳动力紧缺和机械化采摘中茶园建设、机械装备配套加工技术等问题进行讲解与指导。

11月3—6日，由学会主办、云南农业大学龙润普洱茶学院协办的首届普洱茶品质评鉴研修班在云南省昆明市举办，来自安徽、广东、浙江等17个省（区、市）的52名学员参加研修班。研修班邀请云南农业大学龙润普洱茶学院院长吕才有介绍“普洱茶发展现状与加工”，邵宛芳作了题为“普洱茶保健功效研究进展”的报告，研究员汪云刚作了题为“云南茶树种质资源研究的进展及其对茶叶产业的贡献”的报告，周红杰担任“普洱茶品质评鉴”主讲老师。学员们学习普洱茶品种、加工、审评等理论知识，对100多个普洱茶样进行审评。

6月26—27日，全国21个茶叶科研院所、高校及农业主管部门的24位专家在学会理事长江用文率领下，走进海南省五指山市茶区，为茶农排忧解难。专家团先后考察海南农垦乌石农场茶园、岭头茶叶加工厂、金江农场茶园和五指山茶叶加工厂，审评、品鉴多款海南茶叶产品，为海南茶产业发展建言献策。

学会在年内推出两项人才培养举措：培养茶艺师资，借助专家优势，每年培训一批茶艺师资，2015年第一期茶艺师资培训班学员39人，经过5个阶段的集中学习，于12月11日结业。建立职业技能人才培训点，在全国建立培训点，与浙江省金华市、江西省九江市、北京市、江苏省无锡市的4家单位签订协议，由当地组织学员，学会派遣师资上课，进行统一指导与管理，部分理论课通过远程教育完成，2015年派遣师资15人次，培训学员122人。

学会面向全国开展茶叶及相关科学技术成果第三方评价工作。对学会原有的《科技成果鉴定管理办法》进行修改，修改后的《科技成果评价管理办法》提交学会九届七次常务理事会审议通过。现已接受农业部南京农业机械化研究所、山东农业大学、广西茂圣茶业有限公司等3家单位的科技成果评价委托申请，11月中旬，对符合要求的项目进行了评价。

学会能力提升计划　9月7日，学会获中国科协“学会创新和服务能力提升工程”三类优秀科技社团。

学会按照中国科协要求，立足服务于国家茶产业发展，积极开展提升茶叶学术水平和学会国际影响力、做好人才举荐和智力支撑、承接政府转移职能、建设茶叶科普传播平台、打造《茶叶科学》精品期刊、完善学会治理机构等工作，不断提升服务创新能力、服务社会和政府能力、服务科技工作者能力和自主发展能力等四个方面能力。

学会建设 学会发展单位会员53个，个人会员321人。组织开展系列学术交流活动。录用论文77篇，1515人次参加会议。

学会被中国科协评为“全国学会科普工作优秀单位”，被腾讯评为“科普新媒体传播飞跃奖”。学会召开九届六次、七次常务理事会议和九届四次理事会议。

10月，开展第二批学会茶叶科普教育基地申报工作。中华茶文化博览园等4家单位被命名为“中国茶叶学会科普教育基地”。

学术期刊 《茶叶科学》来稿320篇，录用77篇，编辑出版期刊6期，约86万字。完成3期网络版合作。向中国知网、科学引文数据库等提供排版电子文档和样刊，向万方数据提供《茶叶科学》各期文摘。《茶叶科学》再次获中国科协精品科技期刊工程项目资助。《茶叶科学》被中国科学引文数据库核心库收录。

国内主要学术会议 2015年，学会及所属分支机构组织举办5项学术活动：“十三五”茶科技与产业发展战略学术研讨会、第三届茶叶感官审评学术沙龙、全国茶叶机械标准化专题研讨会、2015有机茶生产者贸易者合作会议、全国少儿茶艺教学研讨会。

7月30—31日，由学会感官审评与检验专业委员会、漳州科技学院、国家产业体系加工研究室联合承办的第三届茶叶感官审评研究学术沙龙，在福建省漳浦县举办，来自全国5个省（区市）的主管部门、7个专业研究所、13所高校及企业75人参加。中国科协常委沈爱民出席沙龙，感官与审评专业委员会主任张定主持学术沙龙。来自浙江大学、《中国葡萄酒》杂志社、四川省食品药品检验检测院、星巴克管理中国有限公司和中国农业科学院茶叶研究所的5位专家分别就茶叶感官审评标准应用，葡萄酒、白酒及咖啡审评，审评用水对茶叶品质影响等专题展开讨论。沙龙以不同品种、不同工艺和不同产地茶叶为专题进行审评交流，审评了代表性的27个福建省、台湾地区等地乌龙茶样品。

11月29—30日，由学会和上海市茶叶学会主办，上海市黄浦区青少年艺术活动中心承办的全国少儿茶艺教学研讨会在上海市黄浦区青少年艺术活动中心召开。来自全国10多个省市的中小学校、少年宫、茶艺培训中心的100多位老师参加会议。会议开幕式由学会常务副秘书长周智修主持。黄浦区青少年艺术活动中心主任郑瑾致欢迎词。上海市科协第六、七届副主席胡家伦，中国茶叶学会副理事长黄政讲话。本次教学研讨会共收到来自全国少儿茶艺教学研究的相关论文35篇，并整理编撰成论文集。本次教学研讨会共举行9个报告交流，观摩两所中小学校茶艺教学，观看少儿茶操、越剧咏茶等形式创新的少儿茶艺表演。探讨转化社会资源服务茶文化教育的创新形式，提出组建全国少儿茶艺教学专业团队，搭建中小学与中高职衔接的一贯制学习体系，建立可共享的少儿茶艺公益资源平台等倡议。

科普活动 4月20日，学会组织第七届全民饮茶日活动，活动主题为“茶为国饮、品味生活”。浙江省杭州市、北京市、上海市、四川省成都市、广东省广州市等73个城市开展全民饮茶日活动，全国500多家单位共同参与主办，近300万人次参与。江苏省仪征市为活动启动主会场，学会编印5万余份《茶知识100问》科普小册子，向全国各举办城市免费发放。4月20—24日，学会官方微信上推出“全民饮茶日——茶知识有奖竞答”活动，10142人次参与答题。

11月19日，由茶艺专业工作委员会主办的“百家茶汤品赏会·青岛”在山东省青岛市举行。茶会以“静、雅、和”为主题，45位来自海内外知名茶道演示者，结合现场音乐演奏，通过强调茶汤质量、专注泡茶形式，倡导全民饮茶。

6月16—18日，学会专家团走进广西壮族自治区灵山县，举办广西茶叶感官审评沙龙、广西红茶高级研修班（高峰论坛）、广西茶业企业生产技术培训等系列活动，指导茶农、茶企如何将科技应用于茶叶生产实践，搭建企业间学习交流平台，400余人次参与各类科普讲座和培训。

表彰和举荐优秀科技工作者 3月，学会启动第四届“中国茶叶学会科学技术奖”评选活动，收到申报项目17个。“茶叶中农药残留安全评价及应对”项目获特等奖，“保靖黄金茶1号、黄金茶2号茶树新品种选育与示范推广”“普洱茶功能成分与保健功效研究”获一等奖，“绿茶提高肉鸡和蛋鸡产品品质的饲用化技术及其应”等3个项目获二等奖，“优质高效生态茶园栽培关键技术集成与应用”等4个项目获三等奖。

【“十三五”茶科技与产业发展战略学术研讨会】 9月23—25日，学会与中国农业科学院茶叶研究所联合主办“十三五”茶科技与产业发展战略学术研讨会在福建省福安市召开。会议由福建省农业科学院茶叶研究所、学术工作委员会、产业经济研究专业委员会共同承办。会议就我国茶叶学科发展、茶区产业规划与技术需求展开研讨。中国工程院院士、中国茶叶学会名誉理事长陈宗懋，中国茶界元老张天福，国内涉茶高校、科研院所负责人，以及来自浙江省、安徽省、湖南省等16个省（区市）的20个涉茶科研院所、16所高校的专家、学者，生产主管部门专家，茶叶龙头企业代表等230余人参会。中国工程院院士陈宗懋、中国农业科学院茶叶研究所所长杨亚军，分别总结“十二五”期间我国茶产业发展现状及世界茶叶科技研究进展。对比我国与日本、印度、斯里兰卡等国家之间的差距，剖析我国茶产业发展中面临的新需求、新任务，展望“十三五”期间我国茶产业发展趋势。

专家就茶树种质资源、遗传育种、土壤营养、有害生物防治、茶叶生物化学、初制加工、深加工、产业经济等领域研究进展，提出未来科研方向——加强茶树全基因组、茶树生长发育规律与调控机制、茶叶品质形成机理、逆境响应机制研究。重视风险元素和化学污染在鲜叶—成品茶—茶汤中迁移规律研究。加深茶叶功能性成分保健机理研究，以消费需求为导向，引领产品创新和结构调整，建设高效生态茶园、研发茶园作业机械化、茶业加工自动化关键技术与装备，推进加工规模化标准化连续化清洁化，探索茶叶生产信息化管理技术、绿色高效栽培技术，质量安全风险评估与检测技术，加大资源全价、多元化利用等方式，实现茶业倍增式发展。浙江省、湖南省、贵州省、四川省、福建省农业主管部门负责人与茶学专家就“十三五”茶产业发展思路与目标及对科技需求进行交流，提出要加强科技服务，推进“机器换人”，优化品种结构，执行标准化生产，加强精深加工，高度重视茶叶质量安全问题，打造科技示范县，培育龙头企业，做强企业品牌，有效利用“互联网+”新模式，提升产业经济效益。

【中国茶叶学会微信公众平台】 2月，学会开通官方微信平台。平台定位于茶行业内最新新闻及资讯整合传播、茶叶专业知识传播普及，以及最新茶叶研究进展和技术成果的集成共享，即茶叶资讯、茶叶科普、茶叶科技三块内容。其中茶叶科普依靠学会科普专家团体资源，以“跟着×××专家学××”的形式，从学评鉴、识品种、学植保、辨识有机茶、听茶故事、看茶历史、读茶书、习茶艺、讲茶俗等10余个方向，向大众普及茶叶科学知识。茶叶科技根据最新茶叶科技动态，不定时发布茶叶最新研究进展，如“茶叶儿茶素组分调控研究”“茶树次生代谢途径基因在不同组织部位的表达调控研究”“茶树抗寒机理研究”“茶树高密度遗传图谱构建”等方面取得的新进展。9月，学会微信公众号入驻“科普中国”微平台，实现科普信息联动发布。截至2015年12月31日，有粉丝7318人，发布微文176篇，总点击阅读量达234035次。

【2015中国茶叶科技年会】 11月19—20日，由学会主办，青岛市茶叶协会、黄岛区人民政府承办的2015中国茶业科技年会在青岛市召开，年会以“创新驱动·转型升级”为主题，来自全国23个省（区市）以及香港特别行政区、台湾地区的科研院所、高等院校、茶叶管理部门、茶叶企业、茶叶社团共1000余人参加会议。开幕式颁发“中国茶叶学会科学技术奖”“中国茶叶学会青年科技奖”、第十一届“中茶杯”全国名优茶评比金奖、特等奖，为新命名的中国茶叶学会茶叶科技示范基地、科普教育基地授牌，学会与黄岛区人民政府签订战略合作协议、与日照市茶叶科学研究所签订专家工作站合作协议及授牌。

会议邀请中国工程院院士、中国茶叶学会名誉理事长陈宗懋、中国农业科学院副院长唐华俊两位专家做主会场特邀报告。会议设置茶叶科技、茶叶经济、茶文化3个分会场，邀请19位专家、学者围绕机械化生产、茶叶流通渠道变革和商业模式创新、科学泡饮与艺术呈现等3个议题16个论点进行报告。科技年会上还举办了茶学毕业生人才信息交流会和创新科技成果交流会，搭建综合性产学研用交流平台。

“2016届毕业生人才信息交流会”收集全国22所高等院校、700余份茶学应届毕业生简历参与人才信息交流发布，为茶学毕业生和茶企间搭建公益性招聘信息平台。展示了创新科技成果交流会、中国农业科学院茶叶研究所——茶叶中农药残留安全评价及应对等10个学会科学技术奖获奖项目以及11位优秀茶叶人才，发布展示安徽农业大学等15家单位选送的

44项最新茶叶科技成果。首次举办“百家茶汤品赏会·青岛”，从专业的角度普及冲泡方法、倡导科学饮茶。国内外45位著名茶道大师参加品赏会，邀请225位品茗者现场体验。

（撰稿人：段文华）

中国草学会

服务创新型国家和社会建设 2015年，学会举办和参加全国范围培训班5次，组织专家20余人次参与技术培训，组织专家专题调研6次，培训专业技术人员、研究生、农牧民150余人。学会联合中国农业科学院植物保护研究所、国家牧草产业技术体系在锡林郭勒草原有害生物科学观测实验站组织召开草地有害生物防控技术培训班，培训相关技术人员40余人。

7月16—20日，学会组织专家和学生20人深入宁夏回族自治区中宁县和同心县农牧户，对该地区草原生态补奖实施效果进行实地调查。调查采用入户访谈和问卷调查相结合方式进行。8月，对调查作总结。9月，参加在青海省西宁市召开的草原生态补助奖励机制政策实施效果调查报告会，向农业部副部长于康震以及农业部畜牧业司和全国畜牧总站领导汇报调查工作，并提交调查报告。

7月20—28日，学会草地植保专业委员会在内蒙古自治区锡林浩特市召开2015年草原生态系统生物观测学术研讨会。委员会鼠害组专家王勇、刘晓辉、郭聪、宛新荣及其他草原有害生物控制专家在内蒙古锡林郭勒盟草原进行草原生物调查方法与技术培训，组织相关学术交流及产学研合作模式研讨等，为草原有害生物治理产学研结合探讨最佳模式。7月30—31日，委员会鼠害组专家王勇、刘晓辉、郭聪、宛新荣、王登等参加第一届全国鼠类生态与防治学术研讨会，围绕鼠类生态学及管理措施研究进展进行报告，讨论我国啮齿动物研究与管理面临问题及应采取的相应对策。

学会建设 2015年，学会应国际植物学大会组委会邀请，成为第十九届国际植物学大会合作学会，并加入由中国农学会发起成立的农科科技社团联盟。学会草地生态专业委员会和饲料生产专业委员会完成换届选举工作。兰州大学教授沈禹颖当选草地生态专业委员会主任委员，兰州大学教授侯扶江当选委员会秘书长（兼任），甘肃农业大学教授张德罡等30人当选委员会常务理事。饲料生产专业委员会新一届理事会由59名理事组成，其中常务理事27名，南京农业大学教授沈益任主任委员，中国农业科学院北京畜牧兽医研究所研究员万里强任秘书长。

3月27—28日，学会在北京召开2015年度理事会议。学会秘书长王堃作2014年度工作报告，汇报下一步工作计划。学会理事长马启智作会议讲话。中国农业大学教授王德成和内蒙古农业大学教授贾玉山分别就成立“中国草学会草业机械专业委员会”和“中国草学会草营养与加工专业委员会”向大会提交申请，并作相关介绍。理事会决定分支机构负责人称呼为主任委员，成立分支机构时个人会员和单位会员总数不得少于100。5月下旬召开关于“草牧业”解读的高层座谈会，成立中国草学会草业机械专业委员会和中国草学会草营养与加工专业委员会。

7月23日，学会草原火专业委员会在东北师范大学召开部分常务理事会和理事会，总结、交流、研究和探讨开展草原火专业委员会工作的经验和存在问题，制定和部署今后工作计划等事宜。

11月16日，由中国农业机械化科学研究院呼和浩特分院承办的学会草业机械专业委员会的工作会议在内蒙古自治区呼和浩特市举行。会议确定委员会理事会的组成机构和名单，包括理事69人，其中常务理事29人。

学术期刊 由学会主办的期刊《草业学报》和《草业科学》入编《中文核心期刊要目总览（2014年版）》。《草业学报》自2015年由双月刊改版为单月刊出版发行，并由新闻出版广电总局推荐为“百强报刊”，成为“2015—2016”中国科学引文数据库（CSCD）来源期刊。《草业学报》2014年的核心总引频次和核心影响因子分别为3100和2.443，较2013年有所上升。《草业科学》期刊获得第四期（2015—2017）中国科协精品科技期刊工程学术质量提升项目资助，在第四届《中国学术期刊评价研究报告（武大版）（2015—2016）》中，被评为“RCCSE中国权威学术期刊（A+）”。

国际学术会议 6月22—27日，学会作为协办单位与兰州大学草地农业科技学院共同组织第八届国际草种子大会。来自世界13个国家的170名专家、学者参加会议。会议围绕草类种子的遗传和育种，草种子生产，高产与环境可持续，禾草内生真菌利用和草类植物病虫害防治，草种子质量，从田间到储藏，发展中国家的种子生产，种子技术的推广、转化和培训5个专题进行交流讨论。

10月24—27日，学会作为支持单位参与在安徽省蚌埠市举办的第六届中国苜蓿发展大会暨国际苜蓿会议。学会秘书长王堃出席会议，参加高层访谈环节。大会以“创新、交流、合作、共赢”为主题，围绕国内外苜蓿产业现状，向国内外展示和宣传以“秋实草业－现代牧业”为代表的“种养一体化”先进模式，总结苜蓿生产存在的问题、加工利用特点、国内外市场贸易及产业发展模式进行讨论。

国内主要学术会议 2015年，学会及分支机构举办研讨会、论坛等学术活动10余次，提交学术交流论文300余篇，1500余人次参加学术交流。

1月9日，学会草地植保专业委员会在北京组织召开2015年度草地植保学术研讨会，来自高校、研究所、各省区草原站（治蝗办）以及企业单位50余人出席会议。中国农业科学院植物保护研究所书记张步江代表专业委员会依托单位表示，将大力支持草地植保事业的发展，推动相关研究平台的建设工作，希望草地植保相关研究人员和推广部门团结协作，取得更好的成果。草地植保委员会主任张泽华报告了草地植保专业委员会2014年度工作情况。全国畜牧总站副站长贠旭江通报2014年全国草原鼠虫害防治工作情况，提出要将草地植保工作提高到生态文明建设的高度，准确定位，以保护生态环境为最终目标。农业部畜牧业司草原处处长李维薇介绍我国草原畜牧业的发展战略规划，农业部畜牧业司行业发展与科技处处长罗健就新形势下如何围绕生态环境保护做好项目规划、促进行业发展等方面提出具体建议。与会专家围绕我国草地植保面临的问题和挑战，草地植保学科未来发展规划以及如何更好发挥草地植保委员会作用等方面进行讨论。

4月6—9日，学会饲料生产专业委员会第九次代表大会暨第十八次学术研讨会在江苏省泰州市举行。会议由学会饲料生产专业委员会主办，南京农业大学和江苏省农业科学院承办。来自全国25个省（区、市）的38个科研、教学单位和管理部门，以及4个企业单位的130余位专家、学者参加会议，会议收到论文42篇，内容涉及专题与综述、饲草生产与管理、饲草调制与加工、饲草转化与利用等方面。

中国农业科学院草原所、南京农业大学、甘肃农业大学等单位与会人员分别就苜蓿秋眠性评价与应用、紫花苜蓿季节性栽培技术以及不同氯化钠浓度对紫花苜蓿生长及生理特性的影响、苜蓿种子内根瘤菌及其应用开发等内容做学术研讨报告，提出国内苜蓿品种审定登记缺乏秋眠性及耐寒性的数量化指标，苜蓿秋眠性与耐寒性的不一致性。通过国内外苜蓿品种的比较，提出国内品种具有耐粗放抗寒耐旱，适应性强等特点，而国外品种具有高秋眠、高产量和高风险（冻害）等特点，国外品种要求精细的栽培管理措施等。紫花苜蓿季节性栽培研究指出：我国东南农区利用冬闲田和其他季节性非耕地资源进行紫花苜蓿季节性栽培可获得较高的饲草产量，具有很大的发展潜力。选用植株高、基生分枝多的半秋眠和非秋眠品种，10月播种，合理施肥和低刈割可提高季节性栽培紫花苜蓿的饲草产量。兰州大学、东北师范大学、甘肃农业大学等单位参会人员分别就冬小麦粮饲兼用权衡饲草和籽粒产量的研究、甘肃省小黑麦研究概况、西藏人工草地的发展现状、存在问题及解决途径等内容做学术交流，提出晚熟小麦品种适宜粮饲兼用以及特殊气候条件（西藏）对特殊黑麦品种的需求，分析国内小黑麦资源遗传多样性以及明确特定地区小黑麦的适宜播种期及刈割期。在牧草的青贮技术、青贮品质及牧草对动物生长性能等影响等方面进行交流。

5月9日，南方草牧业发展论坛暨2014年度“王栋奖学金”颁奖典礼在南京农业大学举行。学会理事长马启智、中国工程院院士任继周、中国农业科学院草原研究所所长侯向阳、内蒙古草原学会理事长兼蒙草公司研发中心主任纪大才等来自全国草业科学界20多位专家、学者参加会议。农业部草原监理中心副主任刘加文、中国农科院北京畜牧兽医研究所研究员李向林、江苏农业科学院畜牧研究所所长顾洪如、云南省草地动物科学研究院草地研究所所长薛世明4位专家分别作了题为“对南方草牧业的再认识”“南方草牧业发展模式与潜力”“南方过渡区域的牧草育种”和“云南草牧业发展的理念与实践”的专家报告，从多个角度就发展南方草牧业、改善生态环境、促进农民增收等问题进行阐述。期间召开草业科学研究生学术论坛，论坛由南京农业大学教授沈益新主持，获得2014年度“王栋奖学金”的研究生分别作了专题学术报告。

5月30日，学会草牧业解读高层研讨会在北京举办。会议由学会秘书长王堃主持，学会理事长马启智、中国工程院院士任继周等来自高校、研究机构、行政单位、企业等30余名专家、学者参加会议。与会专家、学者围绕会议议题作了发言。中国工程院院士任继周认为要推动草牧业的发展，就要推动耕地农业向草地农业转型，即进行农业结构改革，草牧业的发展可促进农业结构改革。建议先设立草业办公室或工作组。农业部草原监理中心信息处处长李兵认为应从政策、技术、法律、管理这四个方面来讨论草牧业的问题，草牧业的发展要找准定位，从理论和实践方面都应有自己系统的阐述。学会理事长马启智作总结发言，认为草牧业的发展要找准定位，它是现代农业的一部分，在中国一定要遵循中国的国情。

8月21—23日，学会牧草育种专业委员会第十三次学术研讨会在贵州省贵阳市召开。大会由学会牧草育种专业委员会主办，贵州大学和贵州省草业研究所共同承办，贵州省草地技术试验推广站、贵州香根草业生态治理科技有限责任公司、贵州阳光草业科技有限责任公司、贵州众智恒生态科技有限公司等四家单位协办。会议主题为“草育种与良种繁育”。来自全国的专家、学者、研究生、行业管理部门和相关企事业单位的300余名科技工作者参加会议。大会专题报告29篇，收到会议论文30余篇，中国农业大学副校长王涛、北京林业大学教授卢欣石、贵州大学副校长赵德刚、全国畜牧总站高级畜牧师陈志宏，分别就“十三五”牧草育种目标与研究方向、草产业发展新形势下育种与繁育的现实问题、草种产业方面的新政策及现代生物技术在牧草育种中的应用等方面作报告。

8月25—27日，第六届中国草原论坛在内蒙古自治区锡林浩特市召开。会议由学会和农业部草原监理中心共同主办，内蒙古草产业发展协会和内蒙古草都饲草研究院承办。来自全国各省和地方草原站、草原监理站、研究所、高校、企业等270余名专家、学者参加论坛。

11月12—15日，学会草地生态专业委员第七届全国代表大会及学术研讨会暨第五届全国草业科学研究生论坛在重庆市举行。来自全国高等院校、科研院所及行业管理部门的260余名专家、学者参加会议。会议收到论文85篇，来自全国高等院校及科研院所的46名研究生做了学术报告，评选了5篇优秀博士论文、10篇优秀硕士论文奖。

农业部草原监理中心副主任刘加文对我国草原生态保护建设面临的形势与任务作了分析和解读，杰出青年基金获得者、中国科学院百人计划获得者、中国科学院北京植物所研究员白永飞作了题为“草原生物多样性与生态系统功能的维持机理”的特邀报告，中国科学院百人计划入选者、中国科学院地理科学与资源研究所研究员张扬建介绍了青藏高原草地生态系统对全球变化响应格局及环境效应，加拿大农业部教授Walter Willms、英国农业食品与生物科学研究院研究员阎天海分别介绍了草地空间异质性和草畜界面温室气体排放的热点研究。

国际组织任职 中国工程院院士、学会名誉理事长南志标任国际草地大会（International Grassland Congress）连续委员会委员，学会常务理事、中国农业大学教授张英俊任国际草原大会（International Rangeland Congress）执行委员会委员，学会副理事长、中国农业科学院草原所所长侯向阳任国际草原大会连续委员会委员。

国际交往 2015年，学会邀请日本山口大学农学部教授山本晴彦、日本北海道大学农学部副教授王秀峰、美国田纳西大学教授庄杰来华进行学术交流和合作研究，并组织会员到日本京都大学、山口大学、东京大学进行学术交流和野外考察；邀请美国、澳大利亚、俄罗斯、蒙古国等国内外专家、学者30余名参观国家牧草中期库和多年生牧草圃。

5月5日—6月8日，邀请美国Illinois State University教授Douglas Whitman到中国农业科学院植物保护研究所开展飞蝗滞育及其地理分布关系研究。8月31日—9月6日，派遣1名专家前往意大利开展生物防治研究与技术交流。

9月27日—10月3日，学会牧草病害团队成员李春杰、李彦忠、田沛、张兴旭赴澳大利亚墨尔本出席由澳大利亚维多利亚农业生物研究中心主办的第九届国际禾草内生真菌大会（The 9th International Symposium of Fungal Endophyte of Grasses，ISFEG）。李春杰作大会特邀报告*Epichloë endophyte discovery related to native grasses in western China*，并主持了第四主题“内生真菌发掘”大会交流。

11月19—24日，学会副理事长王明玖等一行20余人赴印度新德里参加第二十三届国际草地大会，学会牧草病害研究团队成员段廷玉作大会特邀报告*Enhancing grassland productivity through disease management of grass and forage species*。

科普活动 2015年，学会在吉林省白城市等地举办农业干旱与草原火灾等主要气象灾害防灾减灾知识与技术培训与讲解，参加群众200人次。宣传《草原防火条例》和《全国草原火灾应急预案》，在北方牧区内蒙古呼伦贝尔（陈巴尔虎旗境内）、锡林郭勒（东乌珠穆沁旗境内）和松嫩草原（长岭县内）建设3个科研试验示范、业务转化基地，开展牧区雪灾、火灾、旱灾、蝗灾等重大自然灾害风险评估、监测预警、防灾减灾、试验与教学等科学研究。

5月12日，学会联合吉林省减灾中心在吉林省长春市举办草原火灾等防灾减灾宣传活动，讲解草原防灾减灾等知识，提供宣传展板，并进行防灾减灾技能培训，介绍和展示了2014年草原防火最新科研成果。参加科普活动的科技工作者约50人，受众人数约150人。协助农业部草原监理中心草原防火处做好《草原防火条例》《全国草原火灾应急预案》宣传工作。

表彰举荐优秀科技工作者 2015年，经学会推荐，草业领域各研究方向的8名专家进入中国科协高层次人才库专家，中国工程院院士南志标成为全国科学技术名词审定委员会第七届全国委员会委员；12月8日，参加了全国科技名词审定委员会第七届全国委员会全体会议。

5月9日，2014年度“王栋奖学金”颁奖典礼在南京农业大学举行。学会秘书长王堃主持颁奖典礼。中国农业大学教授张英俊宣读《关于表彰2014年度“王栋奖学金”获得者的决定》，兰州大学、海南大学、华南农业大学、宁夏大学、四川农业大学、中国科学院水土保持研究所和中国农科院的6名博士研究生和4名硕士研究生获奖励，兰州大学博士研究生章武代表获奖者发言。

12月19—20日，学会在北京召开2014—2015年度草业科学技术奖评审会议，11位专家、学者对参评项目进行评审，评出16个获奖项目：一等奖2名、二等奖7名、三等奖7名。

会员服务 学会以“会员之家”工作站为联络点，为会员及会员单位提供咨询服务，探索为会员服务的新模式，广泛征集会员及会员单位对学会和分支机构管理的意见和建议。2015年，学会主办的杂志《草原与草坪》优先出版中国草学会教育专业委员会第十三次草学专业教育与教学研讨会（2014年）优秀教改论文5篇。组织优秀草业生物技术研究论文的评选活动，选出中国农业科学院生物技术研究所、中国科学院植物研究所、兰州大学、吉林农业大学、内蒙古农业大学、甘肃农业大学等来自全国各大专院校、科研院所、企事业单位的15篇优秀论文，并分别在《草业科学》刊出。

中国科协会员日 中国科协会员日期间，学会邀请在北京的50名会员参观中国科技馆、北京天文馆，参加“2015中国科协会员日乒乓球赛（第六届）”，获“团体组织奖”。

【第六届中国草原论坛】 8月25—27日，第六届中国草原论坛在内蒙古自治区锡林浩特市召开。论坛以“加强草原保护，建设生态文明”为主题。会议由学会和农业部草原监理中心共同主办，内蒙古草产业发展协会和内蒙古草都饲草研究院承办。论坛开幕式由农业部畜牧业司司长马有祥主持，来自全国各省和地方草原站、草原监理站、研究所、高校、企业等的270余名专家学者参加论坛。论坛分为两个分会场，第一分会场主题为“草原生态保护与可持续发展”，10位专家、学者作报告；第二分会场主题为“草原文化与牧区发展”，9位专家、学者作报告。

农业部副部长于康震作了题为“继往开来、乘势而上：推进草原保护建设再上新台阶”的大会主旨报告。内蒙古自治区人大常委会原副主任郝益东、北京大学教授李文军分别作了题为“游牧变迁与草原文化走向”“城镇化背景下草场管理的制度创新”的大会报告。学会秘书长王堃、中国农科院草原所所长侯向阳、北京林业大学教授卢欣石等30余位专家、学者，围绕草原文化、草场管理制度创新、草业人才建设、草原生产力挖掘、政策创设、草原资产负债表、“互联网+”草业等进行了演讲交流。

（撰稿人：陈力玉　邓　波）

中国植物营养与肥料学会

服务创新型国家和社会建设 2月，依据学会《科技成果鉴定暂行管理办法》，完成对广西壮族自治区农业科学院甘蔗研究所和农业资源与环境研究所共同承担的“甘蔗节水灌溉及高效施肥关键技术参数研究与示范”项目和中国科学院南京土壤研究所、江西农业大学、广西壮族自治区农业科学院等联合完成的“广西红壤肥力与生态功能协同演变机制与调控”项目的科技成果鉴定。

5月，学会与会员企业——山东农大肥业科技有限公司联合，在山东省泰安市举办肥料产业发展论

坛，为会员企业提供咨询服务。

学会建设 年内学会召开2次常务理事会、1次理事会。

5月15日，学会八届五次常务理事会在山东省肥城市召开。学会常务理事40多人与会，学会常务理事、中国农业科学院农业资源与农业区划研究所副所长徐明岗、理事长白由路等列席会议。会议由学会秘书长赵秉强主持。会议讨论通过《中国植物营养与肥料学会推选院士候选人实施细则》(试行)、《中国植物营养与肥料学会分支机构管理条例》。会议探讨了学会秘书处起草的《中国植物营养与肥料学会个人会员管理办法》《中国植物营养与肥料学会秘书处工作办法》。

9月22日，学会八届六次常务理事会在河南省郑州市召开。学会常务理事、顾问等20多人与会。会议由学会秘书长赵秉强主持。会议讨论通过学会八届四次理事会暨2015年学术年会日程，启动《中国植物营养与肥料学会优秀博士论文奖评选管理办法》。

9月23日，学会八届四次理事会暨2015年学术年会在河南省郑州市召开。学会秘书长赵秉强代表学会八届理事会作工作报告，汇报自八届三次理事扩大会以来学会工作及学会下一步工作重点。

学会秘书处编写《中国植物营养与肥料学会简介》，完成《中国植物营养与肥料学会历程30年》初稿编撰。

学术期刊 学会主办《植物营养与肥料学报》《中国土壤与肥料》两种期刊。2015年《中国植物营养与肥料学报》出刊6期，刊发论文188篇，印刷6050册，被列为“中国科协2015年精品科技期刊”培育计划中期刊学术质量提升项目，获中国科协连续三年经费支持。

2015年《中国土壤与肥料》出刊6期，刊发论文134篇，印刷10330册。根据《中国科技期刊引证报告》的结果，《中国土壤与肥料》影响因子为0.747，在农学类期刊中排名第12位。

国内主要学术会议 4月17—20日，学会施肥技术专业委员会在湖北省武汉市召开专业委员会2015年度学术研讨会。

4月28—30日，由学会新型肥料专业委员会主办，山东金谷农业发展有限公司承办的第六届全国新型肥料学术研讨会在山东省济南市召开，包括新型肥料专业委员会委员和来自全国各地科研院所、大专院校、新型肥料生产和销售企业、农技推广等单位和部门的180余人参加研讨会。会议以“创新、高效、环保”为宗旨，以“提质增效，全面提升作物营养”为主题，围绕我国新型肥料技术创新与突破、新产品研发及产业化技术发展、新型肥料应用与化肥减量增效等方面展开研讨。

6月12—13日，学会农化测试分会、中国农学会农业分析测试分会、国家化肥质量监督检查中心（北京）在湖南省长沙市联合举办农业部第三期肥料登记标准宣传贯彻会议。湖南省农业厅土肥站有关领导以及来自国内外百余家肥料企业的170多人参加了会议。会议就肥料登记目录及管理要求、产品标准解读和肥料登记申请、检验合同和符合性判定、肥料和土壤调理剂检验要求概况、方法标准及计量检验、肥料登记效果试验和评价、肥料登记标签管理规范、肥料登记程序和常见问题8个专题展开。

8月25日，生物与有机肥料专业委员会在江苏省江阴市召开全元生物有机肥专家讨论会，来自全国12名从事土壤微生物和生物有机肥研究与生产的专家和技术人员，对现行的菌剂、复合微生物肥、生物有机肥、有机肥无机复混肥等产品标准进行讨论，一致认为可以对上述这些产品进行调整，制定出一个能够同时促进当季作物生长、培肥土壤、抑制土壤酸化、防控土传病害的全元生物有机肥产品标准。

10月25—27日，第二届新型肥料研究开发与新产品、新工艺、新设备研讨会在湖北省武汉市举行。会议由肥料工艺与设备专业委员会主任、华南农业大学教授樊小林主持，来自50多个单位的近200名专家、学者与企业代表参加会议。会议围绕“零增长时代化肥新技术新工艺新设备与企业新机遇”主题，就新型肥料关键技术、工艺、肥料标准以及已有研究结果梳理和科研成果申报等进行专题报告和讨论。

科普活动 6月3日，为贯彻落实《全民科学素质行动计划纲要实施方案》，加强科普基础设施建设、推动科普社会化、鼓励社会各界参与和支持科普工作，学会开展科普示范基地申报和认定工作。

9月24日，学会联合河南农业大学举办“院士专家校园行”活动。学会荣誉理事长朱兆良、白由路，副理事长杨少海、周卫，秘书长赵秉强等10余位院士专家走进河南农业大学校园，通过主题演讲、讲座、座谈会等形式，讲述土壤、植物营养等学科的研究动态和知识，与学生分享自己人生、求学、研究经历。

表彰举荐优秀科技工作者 2014年，经学会全国优秀科技工作者推荐人选评审委员会评审推荐，黑龙江农科院土壤肥料与环境资源研究所魏丹研究员获得第六届“全国优秀科技工作者”荣誉称号。

会员服务 4月29日，学会联合山东金谷农业发展有限公司、山东瓮福金谷化肥有限公司共同发起成立中国中微量元素肥料研究院，专注于中微量元素肥料研发、应用与推广的综合性服务平台，依托专家库为会员单位遇到的技术难题进行答疑。

学会建立微信平台，向会员发布会议通知，介绍学会工作动态，传播学会工作信息。

【中国植物营养与肥料学会八届四次理事会暨2015年学术年会】 9月23—25日，由学会主办，河南农业大学资源与环境学院、河南省土壤肥料站、河南省农业科学院植物营养与资源环境研究所等单位承办，河南省土壤学会、河南省肥料协会协办的中国植物营养与肥料学会八届四次理事会暨2015年学术年会在河南省郑州市召开。有关大专院校、科研院所、肥料企业的植物营养与肥料方面的专家、学者300余人参加会议。

中国科学院院士、学会荣誉理事长朱兆良，农业部种植业管理司、中国农业科学院农业资源与农业区划研究所、河南农业大学、河南省农业厅、河南省农业科学院、河南省科协相关领导出席大会开幕式。

会议围绕“粮食增产与环境保护双重压力下植物营养与肥料发展”主题，研讨目前植物营养与肥料领域研究热点及进展。17位专家学者作学术报告。农业部种植业司宁鸣辉作了题为“推进肥料高效利用，实现减量增效、生态安全”的报告；中国农业大学教授李保国在其报告“土壤退化与农田地力提升”中，指出土地及水资源对粮食安全的关键作用，提出加大农田地力提升，提高粮食产量；针对化肥减施增效，增施有机肥举措，中国农业科学研究院区域规划所研究员徐明岗作了题为“有机肥利用效率及化肥有机替代率的原理与方法”的报告，全国农技推广中心博士高祥照在“施肥方式变革与肥料行业机遇”报告中重点介绍了水肥一体化这一提高水肥利用率的施肥方式，吉林省农业科学院研究员王立春介绍了东北黑土区玉米水肥资源高效利用技术，中国氮肥工业协会苏建英研究员向大家介绍了“十三五”期间无论是传统氮肥产品还是新型肥料产品的发展方向等。

（撰稿人：宋震震）

中华医学会

服务创新型国家和社会建设 根据国务院要求，上半年，中华医学会组织21个专科分会数百位专家对我国城乡居民大病医疗全覆盖问题进行了费用测算和可行性研究，完成了《实施我国城乡居民大病医保基本全覆盖的测算和可行性研究报告》，制定、修订了145种“大病”的临床路径。5月17日，学会收到国务院副总理刘延东对此项工作的批示，对学会工作给予肯定。学会配合中国农工民主党、中国药学会等完成了《“大病”基本用药及其谈判机制研究报告》，正式出版的报告为国务院“大病”医保方案决策提供了政策支撑。

为贯彻落实《国务院办公厅关于全面推开县级公立医院综合改革的实施意见》，推动县级医院医疗技术人才培养和医学科技发展，学会自筹资金，建立培训基地，组织专家编写培训教材，于6月正式启动了“县级医院人才培养计划”大型公益项目，以学会各专科分会为核心执行团队，通过“走下去－医务人员专业培训”“请上来－基层医生进修计划”“建纽带－搭建医疗信息平台”等多种方式，定期培训县级医院医生，并支持部分县级医院医生到三甲医院进行学术交流或进修，加强县级医院人才、技术、学科建设，提升县级医院医疗技术水平和医疗服务能力。2015年，学会选择泌尿外科领域开展“中华医学会县级医院医疗技术人员培训项目”专项，以北京、上海、云南等12个省、直辖市作为首批试点地区，在此基础上总结经验和模式，在其他各专业领域内及学会其他专科分会推广。

学会年内组织5次共百余人次的专家赴贵州省贵阳市等地区开展中华医学会专家基层行、西部行活动。在基层医疗机构开展技术培训、学术讲座、查房会诊、手术示范等活动，直接受益的医务人员和患者近万人次。学会在开展继续教育活动中扩大对基层医院的招生宣传，为中西部地区及基层医院的学员提供继续教育的机会，全年共举办继续教育项目162期次，涉及学员171776人次，平均每期继续教育项目超过1000人次。26期次继续教育项目免收学员注册费或培训费，惠及38215人次。

年内举办162期次继续医学培训项目，培训学员17万人次。学会重症医学专科资质培训和专科会员队

伍建设项目年内培训学员 2940 人次，1997 人次通过考核。

学会共收到各地高级人民法院和省卫生计生行政部门商请委托的医疗事故技术鉴定案例 107 例，经专家论证完成鉴定 14 例。组织医疗事故技术预审会、抽签会、鉴定会等各项会议 122 次，组织医学专家 310 余人次参加鉴定活动。实现了鉴定程序规范、鉴定结论准确的目标，鉴定质量得到了委托单位和社会各界的普遍认可。

学会收集 2014 年鉴定结论为医方承担完全责任的重大医疗事故鉴定书，针对其中反映出的问题展开培训，对鉴定质量、鉴定书书写、意见防范医疗事故等方面进行讨论，提出建设性意见。为提高地方医学会医疗事故鉴定能力，组织专家 70 余人次，参与各地医学会预防接种鉴定工作 12 次。采取多种形式为疑难复杂的事故鉴定提供技术支持，妥善解决鉴定困难。6 月，在河南省郑州市举办预防接种异常反应鉴定培训会，17 个省级医学会参加，培训会对鉴定意见、调查诊断结论差异、鉴定涉及的信访等问题进行分析，提出规范鉴定结论的方法和意见。

学会与其他 10 家学会共同承担了中国科协所属学会有序承接国家科技奖励推荐等政府转移职能扩大试点工作，梳理了一批可复制可推广的经验模式，形成《中国科协所属学会国家科技奖励推荐运行管理规范》等文件上报中国科协。

学会建设 12 月 14—15 日，中华医学会第 25 次全国会员代表大会暨成立 100 周年纪念活动在北京举行，中共中央政治局委员、国务院副总理刘延东出席并讲话，强调要贯彻党中央、国务院决策部署，组织广大医疗卫生工作者投身健康中国建设，为全面建成小康社会、实现中国梦作出新贡献。来自各省、自治区、直辖市，新疆生产建设兵团的 700 余名会员代表参加了大会。会议选举产生学会第 25 届理事会，选出理事 253 人，常务理事 60 人，国家卫生和计划生育委员会副主任马晓伟当选为中华医学会第 25 届会长。同时，学会利用成立 100 周年的契机，以“百年魂 中国梦”为主题，弘扬大医精诚精神，践行医务界核心价值观，举办了系列纪念活动。

学会年内完成肾脏病学分会、计划生育学分会和医学信息学分会等 34 个专科分会的换届改选工作，19 个专科分会完成了青年委员会的组建或换届工作，16 个专科分会完成了 82 个专业学组的换届或组建工作。

学会网络信息平台年内完成 475 个会级和国家级继续医学教育项目的网上年度申报、评审和公布；对备案的 474 个学会邮箱进行统计，接收邮件总数为 97 万多封，发送邮件总数近 47 万封。学会综合办公系统完成流转公文数量 3916 件，远程审稿系统为 145 种系列期刊提供了在线审稿服务，全年审稿 56585 篇。

学术期刊 学会现有纸质杂志 132 种，电子版杂志 43 种。全年系列杂志总计出版超过 1387 期。办刊地点在办事机构内的 22 种学术类期刊的收到论文 25313 篇，刊出论文 5940 篇。在中国科协精品科技期刊工程项目的资助下，3 种英文新刊年内正式出版。《中华皮肤科杂志》等 4 种期刊被国家新闻出版广电总局推荐为“百强科技期刊”。2015 年,《中华流行病学杂志》等 25 种期刊被评为中国科协精品科技期刊，7 种获得中国科协精品科技期刊 TOP50 项目资助。18 种系列杂志入围中国科技信息研究所发布的“百种杰出学术期刊”。

学会完成系列杂志网刊群建设，收录 132 种期刊论文的全文数据近 60 万篇，初步形成“中华医学全文数据库”，其中全文结构化数据 6000 余篇，实现论文的高级检索和图表内容的检索，被国家新闻出版广电总局授予“期刊数字化出版转型示范单位”。

中华医学电子音像出版社年内共编辑出版电子音像出版物 84 种、中华医学会电子版系列杂志 43 种、图书 43 种。15 种电子期刊被收录为中国科技核心期刊，其中《中华医学超声杂志（电子版）》和《中华乳腺病杂志（电子版）》2015 年被中国科学引文数据库（CSCD）收录。《医学影像学放射诊断全集——基础篇》在 2015 年中国出版协会第五届中华优秀出版物评选中荣获“提名奖”。

《中华医学杂志》（英文版）在中华医学会系列杂志编辑出版质量评比中获得三等奖，并获得多个单项的优胜奖，连续获得中国最具国际影响力的学术期刊称号。SCI 影响因子提高至 1.053。平均出版时滞缩短至 164 天。

《中华创伤杂志英文版》《世界耳鼻咽喉头颈外科杂志（英文）》《慢性疾病与转化医学（英文）》等初创刊杂志与爱思唯尔出版集团（Elsevier）开展在线出版合作，完善杂志国际著作权、伦理道德条款，规范国际单位与书写的标准，在爱思唯尔出版集团首页上建设期刊专属主页。

决策咨询 受国家卫生和计划生育委员会委托，

学会组织近百名专家参与了《"十三五"健康中国建设规划》的平行研究。与北京协和医学院等院校合作，开展"现代医院管理制度"系列研究。

年内，学会开展了医疗卫生全行业管理、《基本医疗卫生法》起草调研、"基层公共医疗卫生设施、使用和管理政策措施落实情况"的第三方评估调研。针对甲状腺疾病治疗方法、精准医学卒中防控技术、2015版《抗菌药物临床应用指导原则》等进行了临床技术论证，起草了《医疗技术临床应用管理负面清单》。

国际学术会议 学会主办或承办了第三十届亚太眼科学会年会、第十三届亚洲泌尿外科学会年会（UAA2015）、第9届亚太地区航空航天医学大会等7个国际学术会议。

9月3—6日，由亚洲泌尿外科学会主办，中华医学会泌尿外科分会承办的第十三届亚洲泌尿外科学会年会在上海举办。来自23个国家和地区的5000余名泌尿外科专家、学者参会。大会设有15个专题分会场，展示了亚洲泌尿外科学者在技术、器械、术式、科学研究等方面的发明创造和研究成果。

国内主要学术会议 学会全年举办近300个学术年会或研讨会，为各级医学科技工作者提供了约12.5万人次的学术交流服务。

11月，第17届京港医学交流大会在重庆举办。7月7日，与澳门科技大学合作召开世界医学峰会2015，全国人大常委会副委员长、中华医学会会长陈竺出席峰会开幕式。

国际交往 学会组织出国16批37人次，分别参加世界医学会200次理事会及世界皮肤科大会等国际多边会议，出席了澳大利亚医学会年会、美国骨科年会等双边会议。接待来访境外代表团3批7人次。协助眼科学分会、检验学分会等4个专科学分会申办、举办国际学术会议。在全国30个省、自治区、直辖市90家医院实施并督导了由欧盟第七框架特殊国际间协作计划（SICA）支持的国际合作项目——"将人工流产后计划生育服务与中国现有的医院内人工流产医疗服务相结合"。

科普活动 2015年，学会围绕全国科技活动周、全国科普日和国家卫生和计划生育委员会重点科普工作，联合社会其他科普力量，开展科普主题公益活动100余次。6月，在贵阳开展以"携手基层医生、防治呼吸疾病"为主题的"中华医学会百年华诞院士、专家下基层进社区送健康"大型公益活动，中国工程院院士钟南山、王辰等60多位专家参加活动。糖尿病防治指南走遍中国公益推广计划参与专家达数百人次，覆盖20多个省份，免费培训医务人员10000多人。连续6年推进的"中国糖化血红蛋白教育计划"，培训全科、内科、内分泌科和检验科基层医务人员近30000人次，覆盖糖尿病患者和大众近10万人次。

表彰举荐优秀科技工作者 1月，2014年中华医学科技奖颁奖大会在江苏省泰州市召开。大会为85项医学科研成果及1项卫生政策奖颁发了证书。2015年中华医学科技奖经过推荐、形式审查、初审、公示及终审，评选出医学科研成果79项，卫生管理奖和科普奖各2项。2015年中华医学科技奖首次采用了网络评审及网络投票系统。

作为国家科学技术奖直接推荐单位，学会择优推荐国家科技进步奖7项，其中2项获得国家科技进步奖，1项获得国家技术发明奖。受中国科协委托，完成了"2016年度世界杰出女科学家成就奖""第十二届中国青年女科学家"及"十四届中国青年科技奖"候选人推荐工作。受科技部委托，完成了"2015年中青年科技创新领军人才"候选人的推荐。

学会创新发展 学会新组建全国性继续医学教育委员会办公室，承担全国性继续医学教育学术性、技术性、行业性和操作性的工作，推进全国继续医学教育工作。全国继续医学教育管理信息库采集完毕，全国性继续医学教育委员会办公室文件印发、经费管理等工作流程开始运转。公布并组织实施2015年国家级继续医学教育项目，制定并印发《关于加强继续医学教育学分证书管理的通知》，制定了《国家级继续医学教育项目申报指南》（2016年版）。

党建强会 1月28日，学会领导班子召开以"严格党内生活，严守党的纪律，深化作风建设"为主题的民主生活会。5月27日，召开"三严三实"专题党课暨动员部署会，发放专题教育学习用书，制定学会"三严三实"专题教育日程，明确自学和集中学习研讨计划，制作了宣传栏，在学会内网设立了"三严三实"专题教育专栏并同步更新学习内容，完成了3个专题学习研讨。

学会纪委结合工作实际，把党风廉政建设和反腐败工作固化在学会的日常业务工作中，起草《中华医学会纪委关于落实党风廉政建设监督责任的具体措

施》，完成了《中华医学会党纪处分工作程序》，起草《中华医学会2015年党风廉政建设和反腐败工作分工意见表》并发布实施。

会员服务 学会从会员信息整合、会员服务与管理框架、会员发展模式三个方面入手，建立了会员管理的组织框架，完成了会员基础库架构。通过对各业务平台专家信息资源查重、整理和数据分析，形成基础信息的基础数据库，年度增加会员数据约3万人次。落实专人对有效数据信息进行维护，维护会员数据约4.8万条。正式开通相应查询检索权限，通过对专家数据信息的动态管理，实现了学会内外部信息系统数据的整合利用。

【中华医学会第二十五次全国会员代表大会暨一百周年纪念大会】 12月14日，中华医学会第二十五次全国会员代表大会暨一百周年纪念活动在北京举行。

中共中央政治局委员、国务院副总理刘延东出席大会并讲话。刘延东在讲话中强调，要贯彻党中央、国务院决策部署，组织广大医疗卫生工作者投身健康中国建设，为全面建成小康社会、实现中国梦作出新贡献。刘延东指出，中华医学会成立百年，见证了中国从缺医少药到病有所医、从“东亚病夫”走向健康中国的历史进程。新中国成立和改革开放以来，广大医卫工作者秉持爱国情怀，报国为民，救死扶伤，积极参与医疗卫生事业发展，为维护人民健康、促进经济社会发展作出了重要贡献。

中华医学会第二十五次全国会员代表大会暨一百周年纪念大会

刘延东强调，深化医改、推进卫生事业发展、建设健康中国，对医疗卫生类社会组织赋予了新机遇新使命。希望中华医学会肩负使命、不负重托，做健康中国建设的推动者。着眼人民健康需求，发挥组织优势，做中国特色医疗卫生服务体系的践行者。充分调动广大医疗卫生人员积极性，推动医疗、医药、医保三医联动改革，做深化医改的探索者。加强重点领域科研攻关，做医学科技进步的参与者。大力弘扬优良医德医风，推动卫生扶贫攻坚，做促进社会和谐的引领者。加强国际交流合作，做促进人类健康与世界和平发展的贡献者。要加强自身建设，努力打造国家级卫生政策智库。

全国人大常委会副委员长、中华医学会会长陈竺主持会议。全国政协副主席、中国科协主席、中华医学会名誉会长韩启德，中国科协党组书记、常务副主席、书记处第一书记尚勇等领导，中华医学会会员代表，相关学会、协会和国际组织代表共计700人出席会议。

大会选举产生了中华医学会第二十五届会长、副会长、秘书长、常务理事，通过了第二十四届理事会的工作报告和关于修改《中华医学会章程》等各项决议。国家卫生和计划生育委员会副主任马晓伟当选中华医学会第二十五届会长。

在中华医学会成立百年之际，学会授予巴德年等30位资深医学科学工作者“中华医学会百年纪念荣誉状”，获得者（按音序排序）为巴德年、陈灏珠、陈洪铎、陈可冀、邓铁涛、方圻、顾玉东、郭应禄、侯云德、胡亚美、刘玉清、卢世璧、罗爱伦、毛江森、秦伯益、沈自尹、盛志勇、汤钊猷、屠呦呦、王永炎、王振义、王正国、吴孟超、吴天一、吴蔚然、吴咸中、张金哲、赵铠、钟南山、庄辉。

【中华医学会与中国医师协会签署战略合作意向】 1月26日，学会与中国医师协会在北京签署战略合作意向书，标志着我国医药卫生领域两大重要的科技社团组织将更加紧密地联系与合作，共同为推动我国医学科技事业的发展和人才培养而努力。学会副会长兼秘书长刘雁飞和中国医师协会会长张雁灵分别代表中华医学会和中国医师协会在战略合作意向书上签字。

双方经友好协商，达成以下6点意向：①带领全国广大医学科技工作者积极投身我国医药卫生体制改革的实践，为破解体制和机制难题提出建议，协助政府推动医改各项工作的落实；②根据当前医师队伍的执业状况，开展相关政策研究，为国家卫生计生委制定政策提供有力的支持；③协助国家卫生计生委加强医师职业精神教育，践行《中国医师宣言》《医疗机构从业人员行为规范》和《中国医师道德准则》，引导医师自觉担当社会赋予的增进人类健康的崇高职责；④开展遵守行为规范、抵制不良风气、净化学术环境，弘扬大医精神的相关活动；⑤在学会、协会的组织建设和二级机构的管理方面开展交流和学习，提高自身管理水平，更好地为会员和广大医务工作者服务；⑥双方在医学科普、健康教育等方面联手开展有影响力的科普宣传活动，彰显社会公益责任。

【中国科协全国糖尿病学科科学传播专家团队组建工作】 2月5日，中国科协全国糖尿病学科科学传播专家团启动会在四川省成都市召开，标志着中华医学会正式启动中国科协科学传播专家团工作。学会糖尿病学分会及部分其他相关分会的专家出席会议，共同探讨科学传播工作。

启动会上，全体团员就科学传播的内涵和外延、组建科学传播专家团的目的和意义、科学传播专家团的职责和定位、科学传播专家团队示范章程、分会及专家在科学传播中的责任与担当进行了研讨和交流，对科学传播专家团的工作机制、平台和网站建设、定位和目标、经费来源、难点与建议进行了讨论，同时还对2015科学传播专家团的工作任务等问题进行了规划。

（撰稿人：杨　凯）

中华中医药学会

服务创新型国家和社会建设　2015年，学会参与中国科协组织实施的“创新驱动助力工程”，与河北金木药业集团有限公司开展合作，举办了“金木国际产业园暨河北省中药材产业技术研究院”工程奠基仪式。参与中国科协推动日照“创新驱动示范市建设”项目，与日照市中医院签订了合作协议。发挥学会在全国中医药创新驱动发展中的作用，建立学会服务站，推动京津冀协同发展。同时，在河北省保定市、河南省南阳市、广东省广州市建立创新驱动服务基地，为地方经济发展和企业创新升级提供专家技术支持。

开展了中药大品种培育策略与路径、中药上市后重点品种遴选原则与监测规范等多项研究，成立了中药大品种联盟，为企业发展提供技术支持。举办了首届“互联网+”中医药创新论坛，为促进中医药发展与互联网企业合作搭建交流平台。与北京康仁堂药业有限公司共建“中华中医药学会中医药文化教育基地”，举办各类中医药文化教育活动500余场，覆盖3万名临床中医医生。开展了国医大师高级研修班、中医经方学术教育研讨等多个培训项目，其中中医在线教育项目，注册人数超过11万名。在山东博山集团万杰医院建立了中华中医药学会中药特色剂型传承创新推广基地。

与马应龙药业集团股份有限公司共同发起和实施了“中国肛肠疾病流行病学调查”。调查活动历时两年半，深入全国31个省、自治区、直辖市的乡村和社区，对18周岁以上（含）的城乡居民进行调查，获得有效样本68906例，在全国范围内开展肛肠疾病流行病学调查。联合无限极集团开展了“每天行走一万步，健康人生无限极”养生行走日活动，已在全国20个城市举办了20场活动，超过6万人次参加了活动。

全年完成国家级继续教育项目36项，培训人员3万余人次，建立了继续教育网络平台及证书查询系统。

开展了“大师传承”品牌系列活动，邀请“国医大师”路志正、唐祖宣、吕景山、张大宁、石学敏以及著名中医药专家结合自身经历、学术研究及临床经验，为全国各地的中医药医务工作者授课、答疑解惑，受众达3000余人次。举办了路志正、金世元、唐祖宣、吕景山、王琦、李士懋等6位“国医大师”学术思想研修班，2000余位中医药工作者参加研修班。召开了著名中医药学家丁甘仁、萧龙友、任应秋、董德懋、赵金铎、谢海洲和国医大师路志正、颜正华、王琦学术思想研讨会。

11月6—7日，由学会主办的首届“中药大品种+”论坛在北京举行。论坛上，由学会发起的中药大品种联盟成立，众生药业、同仁堂等58家机构成为首批联盟成员。联盟以培育中药大品种为目标，着力构建中药大品种孵化、成果转化、科技协同创新的平台，针对中药企业的全产业链需求，集聚金融、人才、技术、营销、信息等大品种培育的核心要素，进行有效链接；联合临床、科研优势单位，构建科技创新协作网络，打造中药大品种临床研究、技术提升、产业转化的高地；建立有效的技术成果、产品供需交流机制，组织联盟成员开展科技成果转化与产品交易；发起与制定联盟内中药大品种培育相关的团体标准。广东众生药业股份有限公司总经理陈永红任联盟第一届理事长，中药大品种培育策略与路径课题组组长杨洪军任秘书长。

学会能力提升计划　学会荣获中国科协“学会创新和服务能力提升工程”一类优秀科技社团，自2015年至2017年，连续3年获得每年300万元的奖建经费，

首次进入中国科协所属204家学会前10名行列。学会未来3年将实施“高端、前沿学术交流平台与学术会议质量评价体系建设项目”等11个具体项目，旨在提升学会服务创新、服务社会和政府、服务科技工作者、服务自身建设四个方面的能力。

学会7项工作列入2015年度中国科协有序推进学会承接政府转移职能扩大试点项目，分别是国家标准化管理委员会“团体标准研制试点”，科技部“科技奖励推荐、创新人才推进推荐计划”，国家中医药管理局“中央部门预算中医医院项目预算专家论证评审”，国家中医药管理局主管报纸、期刊、图书审读工作，国家中医药管理局“政策研究项目成果奖励，技术标准推广”。

学会配合国家中医药管理局医政司完成了国家重点专科评审工作和妇儿专科非专利药品、急（抢）救药品直接挂网采购示范药品（中成药和民族医药部分）的遴选工作。承办了中国科协第五期科技期刊主编（社长）沙龙。首次承担了国家发改委“中药临床疗效和安全性评价国家工程实验室”第三方论证工作。承接并完成了国务院办公厅及中国科协委托的“对基层公共医疗设施建设、使用和管理政策措施有关情况”进行第三方评估工作。《中医药基层服务能力建设评估报告》作为第8份报告，由中国科协上报国务院办公厅。

学会建设 学会召开3次常务理事会，先后审议通过了《中华中医药学会秘书处干部在本会系列期刊兼职（任职）的管理办法》《中华中医药学会系列杂志管理办法》等内容。学会秘书处增设了人事与纪检监察办公室、研究与评价办公室、标准化办公室、会员服务部、期刊管理办公室和财务部，形成“四室七部”格局。首次召开全国中医药学会工作会议，就新形势下学会创新发展思路进行了探讨。建立了中华中医药学会微信公共平台、秘书处工作微信群、全国中医药学会工作微信群、专科分会工作微信群、主办系列期刊微信群。

修订了《中华中医药学会分会管理办法》，制定了《中华中医药学会分支机构财务管理办法》，印发了《关于加强分会财务管理有关事项的通知》。组织召开分支机构设置与运行机制建设专家研讨会。成立了学术委员会，肝胆病分会、中药制药工程分会、中药资源分会、心身医学分会、综合医院中医药工作委员会、介入心脏病学分会。完成了络病、养生康复、外科等10个分会的换届选举，举办理事、分会主任委员培训班，实行主任委员竞争机制和退出机制。

学术期刊 学会制定了《中华中医药学会系列期刊管理办法》，启动了中医药科技期刊集群化建设项目、“蒲公英人才培育计划”，举办科技期刊微信平台培训班。

《中医杂志》《中华中医药杂志》《世界中西医结合杂志》《新中医》4本杂志获“2015年度中国科协精品科技期刊工程项目”学术质量提升项目资助。《中华中医药杂志》《中医杂志》等13本期刊成功入选“中国科技核心期刊”（中国科技论文统计源期刊）。

国际学术会议 8月9日，由学会和澳大利亚中医学会合作共同举办的2015年澳中传统医药国际论坛在澳大利亚悉尼市召开，论坛主题为“传统医学对人类健康的贡献”，包括17位中国著名中医专家、学者在内的200多名中医药专家、学者参会。会议期间，学会与澳大利亚中医学会签署了友好合作协议。

11月21—23日，国际中医药临床研究学术会议——歧轩医学专题会议在河北省易县召开。来自美国，香港特别行政区以及内地的专家、学者120余人参加了本次论坛。论坛的主题是易医学，针对易医学研究、伤寒论解析、体光医学——中医可视化医学等内容进行了研讨。会议还进行了“中华中医药学会创新驱动保定服务基地”授牌仪式。

12月4日，学会和韩国大韩医师协会主办的中韩共同寻求感染性疾病对策研讨会在韩国首尔召开。40余位韩国医师代表参加了本次会议。卫生部中日友好医院中医肺病科主任张纾难教授和北京中医药大学东方医院呼吸热病科主任史利卿教授分别作了题为“中医药治疗SARS的若干临床问题”和“呼吸道病毒感染与外感热病”的学术报告。韩国釜山大学韩方医院崔峻墉教授作了“韩医学与感染性疾病”的报告。与会人员一致认为，传统医学在防治传染和感染性疾病方面具有独特的优势，中国的中医在这方面走在了前面，其参与防治感染与传染性疾病的经验值得韩方学习与借鉴。

国内主要学术会议 2015年，学会共召开国内学术会议98个，参加人员29000人次，交流论文8500篇。

5月8日，由学会和诺贝尔奖得主、国际科学交流协会、哈佛大学医学院MGH肿瘤中心共同主办的第二届诺贝尔奖获得者医学峰会暨院士论坛在北京举行，1000余人参会。2009年诺贝尔医学生理学奖获得者杰克·绍斯塔克、2013年诺贝尔医学生理学奖获得者托马斯·苏德霍夫、2006年诺贝尔医学生理学奖获得者克雷格·梅洛、2005年诺贝尔医学生理学奖获得者巴里·马歇尔、1993年诺贝尔医学生理学奖获得者理查·罗伯茨5位诺贝尔奖获得者，美国艺术与科学学院院士丹尼尔·哈伯、卡尔·琼，美国科学院院士布莱恩·德鲁克、史蒂夫·卡伊，中国科学院院士陈凯先、刘新垣、尚永丰、吴祖泽、曾益新，中国工程院院士张伯礼、程书均、韩德民、于金明、俞梦孙、甄永苏，美国外科学院院士、法国外科科学院院士顾晋，国际欧亚科学院院士马俊如、张大宁，美国流行病学院院士游伟程等19位中美院士出席论坛并作交流。

7月26日，以“中医基层梦，春播在行动”为主题的“春播行动”高峰论坛在北京人民大会堂举行，来自全国31个省、自治区、直辖市的6000余名基层医生代表参加论坛。3月，学会联合亚宝药业集团股份有限公司在全国范围内开展了以“走基层、送技术、惠民生”为主题的春播行动全国巡诊活动。截至6月底，40多名中医药专家先后在25个省（区、市）的基层诊所开展了52场次巡诊活动，与3160名基层医生进行面对面技术交流与指导，为5000多名患者进行了诊治。

8月15—17日，学会联合中国中医科学院基础理论研究所、英国剑桥大学李约瑟研究所在北京召开了2015年中国科协学术交流项目综合交叉交流活动——历史上主要科学体系的认知模式及影响研讨会。23位中外学者作大会报告，来自英国、美国、法国、印度等国家和地区，以及国内的近300位专家、学者参加会议。

9月12日，学会与吉林省中医药管理局主办的2015中国长白山健康养生文化论坛暨首届长白山健康养生文化节在吉林省长白山保护开发区池北区召开。论坛以“深耕、跨界、融合”为主题，来自全国各地的中医药工作者、中医药养生保健专家学者，中国专业人才库全国教育考评中心、全国各市县卫计委有关负责人，学会等社会团体及养生堂馆负责人共500多人参加会议。

10月24—26日，由学会主办、学会中药资源学分会承办的中药资源与大健康产业峰会——首届西部中医药论坛暨中华中医药学会分会成立大会在贵州省贵阳市举行，600余人参会，大会共收到论文183篇

两岸交流 8月28—31日，由学会主办，台湾中华海峡两岸中医药合作发展交流协会、台湾中华药用植物学会以及湖北省中医中药学会协办的第二届海峡两岸地道药材临床应用论坛暨神农架地道药材寻根之旅活动在湖北省武汉市召开。本次活动旨在通过海峡两岸对地道药材临床应用的经验交流和地道药材寻根之旅活动，加强两岸纯正中药材临床应用的交流与合作，增进海峡两岸中医药学者对地道药材产地的认同。

国际交往 9月24日，日本东洋医学会会长佐藤弘教授一行5人访问中华中医药学会。学会副会长兼秘书长曹正逵、副秘书长谢钟和国际部主任孙永章等会见了来访的佐藤弘会长一行。双方介绍了各自学会的基本情况并就合作进行了交流探讨。

科普活动 学会召开了“十二五”国家科技支撑计划子课题——公众安全合理用药知识筛选和评价及临床常用大品种药物综合评价专题研讨会，对北京市、浙江省、河北省、山东省青岛市等地开展了安全合理用药评估工作。组建了以28位首席健康科普专家为引领、170位科普专家为保障、1182位科普骨干为中坚力量、6055位科普志愿者的强大中医药科普专家团队，开展了“健康中国·东北行”等系列科普活动。出版了《安全合理用药科普骨干培训教材》15册，完成了科普著作《全民健康十万个为什么（用药有道篇）》——中医药分册的编写工作，举办了11场科普骨干培训活动。

表彰举荐优秀科技工作者 学会启动首届岐黄国际奖推荐评审工作，天士力控股集团有限公司孙鹤（美国）和香港大学中医药学院劳力行（美国）获奖。年内共评出科学技术奖72项、李时珍医药创新奖4项、政策研究奖4项、学术著作奖41项及中青年创新人才4名、优秀管理人才5名。

经学会直接推荐，中国中医科学院西苑医院刘建勋教授等完成的“源于中医临床的中药药效学评价体系的构建与应用”、广东药学院郭姣教授等完成的“调肝启枢化浊法防治糖脂代谢紊乱性疾病基础与应用研究”荣获国家科学技术进步奖二等奖。

学会为中国科协高层次人才库、光华工程科技奖、第十二届中国青年女科学家奖、中青年科技创新领军人才、中国青年科技奖、中央电视台2015年度科技创新人物推荐了候选专家。

党建强会 健全党支部、党小组和“三会一课”制度，扎实开展群众路线教育实践活动、“三严三实”专题教育活动和党建强会活动。配合国家中医药管理局第一巡视组对学会的巡视工作，基本完成了整改任务。强化了领导班子“两个责任”（“两个责任”是指党的十八届三中全会提出的落实党风廉政建设责任制，党委负主体责任，纪委负监督责任，制定实施切实可行的责任追究制度），提高了党支部凝聚力、战斗力。

9月16—30日，学会党支部组织开展了“爱党爱国爱会”主题征文暨演讲比赛活动。本次征文活动以“爱党爱国爱会”为主题，活动共收到主题征文16篇，学会干部职工通过原创诗词和散文弘扬党的优良传统和作风，展现青春正能量，进一步营造了风清气正、积极向上的学会工作氛围，推动了学会党支部工作的深入开展。

会员服务 学会发展个人会员3229人，通过联络站发展10407人，同比增长8.3倍。团体会员26家，同比增长1.4倍。

通过联络站开展会员入会宣传和会员信息整理工作，开展会员服务工作，进一步提升会员服务的可及性与有效性。

【第三届岐黄论坛】 7月18日，第三届岐黄论坛在北京召开。论坛坚持以“继承、创新、发展”为基本宗旨，以“学术性、权威性、包容性、有效性”为总体要求，以“落实国家战略，发展健康服务”为主题，旨在立足传统，面向未来，促进岐黄之学薪火相传，推动岐黄之术革故鼎新。中医药医疗、保健、教育、科研、管理、文化、产业相关领域的专家、学者1200余人参加论坛。开幕式由中华中医药学会副会长、山东省政协副主席王新陆主持。

国家中医药管理局副局长、中华中医药学会副会长马建中在开幕式上讲话，对发展中医药健康服务业提出了三点意见：一是要加快构建中医药健康服务体系，加快发展社会办医，建立和完善中医药健康服务体系，提高服务可及性；二是要积极发展中医药健康服务新业态，联合相关部门出台推进医疗卫生与养老服务相结合的文件，做好中医药与养老服务结合试点；三是要加快中医药健康服务支撑体系发展，支持搭建中医药协同创新平台、技术创新平台、成果转化平台，逐步推进中医药重大科研基础设施、大型科研仪器和专利基础信息资源等向社会开放，加快中医药健康服务技术产品的研发和服务项目的设计，加快成果转移转化步伐。

国家科学技术奖励工作办公室主任邹大挺谈到，近年来，中医药科技创新不断推进，学术水平不断提升，中医药项目在2012—2014年连续三年获得国家科技进步一等奖。中华中医药学会近3年来，学会推荐的6项成果有5项获得国家科技进步奖，获奖率达到83.3%。

中国科协党组成员、书记处书记王春法在讲话中希望学会能够积极推进治理结构和治理模式的改革，更广泛地团结中医药科技工作者，探索新方法、拓展新道路，为中医药的传承创新谱写灿烂的新篇章，为保障全民健康作出不可替代的新贡献！

中华中医药学会副会长、北京市中医药管理局局长屠志涛宣读了《关于设立中华中医药学会学术委员会的决定》。

中国中西医结合学会会长、中国工程院院士陈香美教授作了题为“中西医结合的思考：问题与机遇”的报告。国家科技部发展战略研究院副院长、研究员王宏广教授作了题为“汲取科技新成就，再创中医新辉煌——中医外行的‘中医梦’”的报告。国医大师、安徽中医药大学徐经世教授作了题为“矢志岐黄坚信念，熟读经典勤临证——谈中医内科临床思路与方法”的报告。中华中医药学会副会长、中国中医科学院院长、天津中医药大学校长、中国工程院院士张伯礼教授作了题为“中医药现代化研究进展”的报告。广州中医药大学第一附属医院院长冼绍祥教授作了题为“中医药治疗登革热及对防治重大传染病的启示”的报告。中国中医科学院广安门医院肿瘤科主任林洪生作了题为“寻求中西医结合治疗肿瘤的最佳途径——中医肿瘤指南解读古老的传统辨证分型规范”的报告。第三届岐黄论坛还同时举办了中医养生康复论坛、妇科炎症中医药防治论坛、肿瘤中医药防治论坛、中医经典传承创新论坛、心脑疾病中医药防治论坛、中医药标准化工作论坛、中药传承创新应用论坛、眼科疾病中医药防治论坛8个分论坛。

【第十一届国际络病学大会】 5月30日，由中国工程院医药卫生学部、中华中医药学会、中国中西医结合学会、世界中医药学会联合会、中国农村卫生协会、石家庄市人民政府共同主办的第十一届国际络病学大会在河北省石家庄市开幕，国家卫生和计划生育委员会副主任、国家中医药管理局局长兼中华中医药学会会长王国强，石家庄市委书记孙瑞彬，中国科学院院士陈凯先，中国工程院院士樊代明、钟南山、杨胜利、张伯礼、张运、李春岩、丛斌、吴以岭等近20位院士，以及来自英国、荷兰、加拿大等国家，澳门特别行政区和台湾地区的专家、学者共2000余人参会。大会在各省（区、市）设立了近380个视频分会场，向全国近35000名医生进行了直播。

在院士论坛单元，中国工程院院士钟南山作了题为“从流感的治疗看中医防治疾病的特色”的学术报告，通过基础实验与临床研究充分肯定了连花清瘟胶囊在急性呼吸系统传染病中发挥的重要防治作用。中国工程院院士张运作了题为“易损斑块与炎症性血管形成及干预研究”的学术报告，通过搜集我国中医药治疗心血管疾病的RCT研究，建立严格的RCT研究审查和筛选标准，经过分析后发现，以通心络为代表的中药具有与西药相似的抗心绞痛作用，且安全性优于西药。中国工程院院士吴以岭作了“络病研究与转化医学”的学术报告，他指出，络病研究是历史留给当代的重大课题，在建立“络病证治”理论体系的基础上，构建气络学说和脉络学说，并指导临床重大疾病防治及新药研发。

在国家“973”计划项目专题论坛上，中国医学科学院阜外心血管病医院杨跃进教授的《心梗介入后无复流及再灌注损伤：现状与出路》；武汉大学人民医院黄从新教授的《从抗律到调律——心律失常药物治疗新策略》；复旦大学华山医院董强教授的《缺血性卒中的微血管损伤与干预策略》；南京医科大学第一附属医院李新立教授的《心力衰竭治疗新策略——芪苈强心胶囊基础与临床研究证据》；河北医科大学附属以岭医院贾振华教授的《脉络学说构建及其指导血管病变防治研究》，这些报告分别就国家“973”计划项目取得的进展成果进行了介绍：系统构建脉络学说首次形成指导血管病变的系统理论，提高临床疗效，促进创新中药。会议还设立了动脉粥样硬化与冠心病论坛、肿瘤学论坛、脑血管病论坛、糖尿病论坛、心律失常论坛、呼吸论坛、心力衰竭论坛等7个分论坛。

【中华中医药学会第五次科技成果峰会暨2015年度科技成果、优秀人才奖励大会】 12月10日，由学会主办的学会第五次科技成果峰会暨2015年度科技成果、优秀人才奖励大会在广东省广州市举行。国家中医药管理局副局长、中华中医药学会副会长马建中，国家科学技术奖励工作办公室主任邹大挺，广东省人民政府副秘书长李贻伟，中国工程院院士陈香美等，以及10余所中医药高校负责人，10余位国家科学技术奖获得者和国家中医药管理局、广东省科技厅、广东省教育厅、广东省中医药局相关处室负责人等共500余人出席会议。峰会由学会副会长兼秘书长曹正逵主持。

会议以中医药传承与创新、成果转化与应用为主题，旨在深入贯彻李克强总理对屠呦呦教授获得诺贝尔奖的重要指示精神，号召广大中医药科技工作者向屠呦呦教授学习，进一步提升中医药科技创新能力。广东药学院校长郭姣教授代表承办单位致辞。学会副会长、广东省中医院院长陈达灿宣读了《关于2015年度中华中医药学会科技成果、优秀人才奖的奖励决定》。举行了2015年度中华中医药学会岐黄国际奖（2人）、科学技术奖（72项）、李时珍医药创新奖（4项）、政策研究奖（4项）、学术著作奖（41项）、中青年创新人才及优秀管理人才奖（9人）的颁奖仪式。

（撰稿人：庄乾竹　余珍珍）

中国中西医结合学会

服务创新型国家和社会建设　2015年，学会举办中西医结合继续教育项目40项（其中15项是国家中医药管理局批准的继续教育项目），参加培训共12000余人次。培训内容涉及肾病、大肠肛门、呼吸、医学美容、影像、营养、耳鼻咽喉等相关领域的新成就、新进展和新方法。

从2010年开始，为配合国家职业分类大典修订工作委员会对《中华人民共和国职业分类大典》的修订工作，学会开展了职业调研等多项工作。7月29日，2015版《中华人民共和国职业分类大典》审议通过并颁布，将中西医结合医师细分为中西医结合内科医师、中西医结合外科医师、中西医结合妇科医师、中西医结合儿科医师、中西医结合骨伤科医师、中西医结合肛肠科医师、中西医结合皮肤科医师。

7月，学会申报中国科协“学会社会化公共服务品牌孵化试点”的“团体标准研制”课题，对中西医结合团体标准的体系框架和共性技术进行研究。12月，完成《中西医结合标准化工作指南》的6个标准化文件。

4月，学会2015年度科技奖励工作启动，对91

项科技成果进行了形式审查、初审、终审，评出获奖项目43项，其中一等奖4项、特别贡献奖1项、二等奖13项、三等奖21项、科普奖4项。

国家科技奖励工作办公室决定，自2016年起，中国中西医结合学会成为国家科学技术奖直接推荐单位。

学会传染病专业委员会部分委员在浙江省建德市乾潭中心卫生院开展了“一带一路”创新驱动助力工程活动，邀请专家为基层医护人员提供定期培训及医疗服务。学会和卫生院双方签订了项目合作协议书。

学会建设 1月24日，学会第七次全国会员代表大会在北京召开。会议审议通过了学会第六届理事会工作报告和《关于章程修改报告的决议》，批准了学会新章程和《第六届理事会财务报告》。大会选举产生了学会第七届理事会，召开了学会七届一次理事会议，选举了会长、常务副会长、副会长、秘书长等，聘任了名誉会长和名誉理事。

年内成立了第七届理事会的组织、学术、科普与宣传、青年、科研院所、教育、编辑等工作委员会。

5月8—9日，学会七届二次常务理事会议暨专业委员会工作会议在北京召开。会议审议通过了《中国中西医结合学会专业委员会管理办法（修订稿）》《中国中西医结合学会分支机构（专业委员会）财务管理暂行办法》和《专业委员会学术管理和考核办法》等文件，针对专业委员会人员设置、委员认定及任期等内容做了补充调整。

组织任期届满的虚证与老年医学、微循环、诊断、风湿类疾病、血液学、普通外科、儿科、肾脏疾病、烧伤、传染病、循证医学、时间生物医学、信息等13个专业委员会进行了改选换届工作，各专业委员会的新任主任委员、副主任委员和秘书长均通过专业委员会常委会议民主选举并经组织工作委员会审议通过，并征求常务理事意见，保证了二级分支机构的新老交替和有效运转。

组织心血管疾病、肝病、消化系统疾病、骨伤科、基础理论研究、大肠肛门病、脑心同治、心身医学、男科、变态反应、骨科微创、麻醉、检验医学、生殖医学、神经外科、营养学等16个专业委员会增补了委员。

学术期刊 学会主办的《中国中西医结合杂志》《中国骨伤》《中国中西医结合急救杂志》获得中国科协精品科技期刊工程第四期（2015—2017年）项目资助。

10月，中国科技信息研究所公布最新中国科技论文统计结果。《中国中西医结合杂志》获得2014年“百种杰出学术期刊”荣誉称号，这是该刊第12次获此荣誉称号。该刊22篇文章入选“领跑者5000——中国精品科技期刊顶尖学术论文”。

12月，*Chinese Journal of Integrative Medicine* 与《中国中西医结合杂志》再次入选“中国最具国际影响力学术期刊”。中国学术期刊（光盘版）电子杂志社、清华大学图书馆发布的数据显示，*Chinese Journal of Integrative Medicine* 国际影响力指数CI为101.710，国际他引总被引频次为704，国际他引影响因子为1.027。《中国中西医结合杂志》国际影响力指数CI为79.389，国际他引总引频次为1025，国际他引影响因子为0.140。

学科发展研究 学会2014年承担中国科协资助项目《2014—2015中西医结合学科发展研究（消化系统疾病）》。6月15日，学会在北京召开了项目第二次工作会议。11月22日，学会召开了课题研讨会暨审稿会，对所有稿件进行了审核。

决策咨询 4月13日，学会教育工作委员会向国务院学位委员会提交了《关于中西医结合临床专业单独设立学位类别的报告》，申请独立设置中西医结合临床硕士、博士专业学位类别，完善中西医结合人才培养体系。

10月23日，国家中医药管理局政策法规与监督司召开《中医药发展战略规划纲要（2016—2030年）》制定座谈会，邀请学会代表参加，专门针对中西医结合的有关论述征求意见。会后学会提交了关于发展中西医结合的政策建议的书面材料。

在本年度《中华人民共和国中医药法（草案）》的制定和征求意见阶段，学会有关人员多次针对中西医结合的条目提出了意见和建议。

国际学术会议 学会共召开国际会议4次，第一届国际脑心同治高峰论坛、第四届民族传统医学与现代医学国际学术大会、第三届国际中西医血管病学大会、国际中西医结合内分泌代谢病学术研讨会。

4月10—12日，第一届国际脑心同治高峰论坛在广西壮族自治区南宁市召开，国外专家20余人参会。论坛共收到国内论文投稿108篇，国外论文10篇。

国内主要学术会议 2015年，学会及各专业（工作）委员会共举办学术会议53次，参会人员26800余人次，交流学术论文16850余篇。

7月31日至8月2日，由医学美容专业委员会主办的2015年全国中西医结合医学美容学术会议在陕西省西安市召开，1000多人参会，200多位专家学者作了中西医结合美容以及经营管理、咨询论坛等内容的演讲。

4月10—12日，耳鼻咽喉科专业委员会主办的第14届中国中西医结合学会耳鼻喉科专业委员会全国年会暨江苏省中西医结合学会耳鼻喉科年会在江苏省昆山市开幕，来自全国各省、自治区、直辖市的900多位专家、学者参加了会议。会议为江苏省中西医结合耳鼻喉科学会的年会设立了专场，共有21名江苏省的耳鼻喉科专家进行了现场演讲。

【中国中西医结合学会第七次全国会员代表大会】 1月24日，学会第七次全国会员代表大会在北京隆重召开。来自各省、自治区、直辖市以及香港特别行政区的360余名会员代表出席大会。

全国人大常委会副委员长陈竺院士，国家卫生和计划生育委员会副主任、国家中医药管理局局长王国强，中国科协党组成员、书记处书记沈爱民，学会名誉会长、中国工程院士陈可冀，学会会长、中国工程院院士陈凯先，中国中医科学院院长、中国工程院院士张伯礼，解放军总医院全军肾脏病研究所主任、中国工程院院士陈香美，河北省中西医结合研究院院长、中国工程院院士吴以岭等出席大会开幕式。

陈凯先代表学会第六届理事会作工作报告。学会副会长李显筑作《关于〈中国中西医结合学会章程〉修改的报告》，学会秘书长穆大伟作《第六届理事会财务报告》。

经无记名投票，会议选举产生了218名理事组成的学会第七届理事会。下午，召开了学会七届一次理事会议，选举产生由73人组成的第七届常务理事会。陈香美当选为第七届理事会会长，范吉平当选常务副会长，王文健、李显筑、吴以岭、姚树坤、郭姣、唐旭东、高思华、凌昌全、崔乃强、黄光英、蒋健当选副会长。吕文良任秘书长，马晓昌、孔令青、冯哲、黄璐琦、施建蓉为副秘书长。会议一致同意聘任吴咸中院士、陈可冀院士、陈凯先院士、张伯礼院士为第七届理事会名誉会长。

会议审议通过了第六届理事会工作报告和关于章程修改的决议，批准了学会新章程和《第六届理事会财务报告》。大会还举行了2014年度中国中西医结合学会科学技术奖颁奖典礼。

会后召开了第七届理事会第一次常务理事会议，审议通过了学会2015年度学术会议计划和继续教育项目计划，制定了第七届理事会五年工作规划。

（撰稿人：史冬云　孔令青）

中国药学会

服务创新型国家和社会建设　年度内，学会承担国家部委、中国科协、世界卫生组织等的课题研究，形成了药品应急体系、医药产业政策、基本药物政策、药学学术、药学科普等5个系列的研究成果。主要有：完成“十二五”国家科技支撑计划课题——安全合理用药评价和干预技术研究与应用。承担工业和信息化部“十三五”规划专题“中国药品市场专题研究”，国家卫生和计划生育委员会“基本药物制度实施效果监测研究”“短缺品种监测研究”“肝癌和乳腺癌治疗药物及可替代品种目录研究”，国家食品药品监督管理总局“限制类和鼓励类药品目录研究”“药物研发及其临床试验管理现状分析与决策建议工作研究”，中国农工民主党中央“医疗卫生机构核心用药目录研究”“健康中国‘十三五’建设规划编制建议”药物政策专题研究等。参与工业和信息化部医药工业“十三五规划”的编制工作。征集关于医疗机构如何处理麻醉药品废贴的建议。

学会完成国家级继续医学教育项目9项，学会继续药学教育项目28项。“一线药师培训”首次举办“中国药学会药学网络大讲堂”活动，全年共培训13600人次。

全国医药经济信息网新增入网医院92家，网员单位数量1189家，举办39场培训班，累计参训人员3351人次。连续3年为国家卫生和计划生育委员会提供“国家基本药物制度实施效果监测研究”定期检索服务、为中国社科院《中国药品流通行业发展报告（2015）》提供所需数据。2015年自主研发了“医院药剂科微云平台”，已在4家医院开通运行，共发送、转发药品健康普及信息约12万条，通过药师在线问答窗口提问、浏览、解答总数量3万余条，进行药品资讯查询的数量44.3万次。

学会能力提升计划　9月，学会荣获中国科协“学会创新和服务能力提升工程”二类优秀科技社团，自2015年至2017年，连续3年获得每年200万元的经费支持。在工程实施过程中，学会探索和创新学会

发展模式，将课题研究纳入学会能力提升和发展规划之中，顺应改革发展新形势，积极承接政府职能转移项目，承担国家科技奖励推荐试点项目——国家食药监总局“限制类和鼓励类药品目录”，针对全国药学类本科专业认证与评估工作开展了专项课题研究。

学会建设 2015 年学会被民政部全国性社会组织评估委员会评定为 5A 等级。新制定学会制度 6 项，修订完善了各项制度共 13 项。发展高级会员 100 名，为方便管理和使用，对会员管理系统各项功能进行深入和广泛调研，提出系统更新项目的需求和方向，使系统更好为会员服务。完成学会网站改版升级。

学会召开理事会 1 次，常务理事会 10 次，理事长办公会 7 次，秘书长办公会 7 次，组织工作委员会会议 6 次，研究、商议和决策学会重要事项，解决学会发展中存在的问题。加强分支机构建设和管理，完成中药和天然药物等 15 个专业委员会换届改选工作。

学术期刊 11 月，*Acta Pharmaceutica Sinica B*（《药学学报》英文版）被美国国家生物技术信息中心 Pub Med Central（PMC）全文数据库收录，该刊同时被汤森路透核心合集的新子集 Emerging Sources Citation Index（ESCI）收录并成为该公司科学引文索引扩展版（Science Citation Index Expanded™，SCI-E）数据库的候选期刊之一。

6 月 5 日，中国科协精品科技期刊工程第四期项目评审结果公布,《中国中药杂志》《药学学报》《中草药》《中国药物化学杂志》和《中国药学杂志》5 本刊物获得中国科协精品科技期刊 TOP50 项目资助,《药物分析杂志》和《国际药学研究》获得学术质量提升项目资助,《中国现代应用药学》获得期刊数字出版建设项目资助，中国药学会主办期刊群获得了期刊集群（联盟）建设项目资助。

学科发展 学会依托所属 28 个专业委员会，跟踪药学学科发展前沿，年度内编写、修订专业书籍 21 部，其中修订的《新编药物学》已出版 17 版。编撰《我国创新药物研发战略研究》报告，完成 23 万字的研究报告，包括化学药物、生物技术药物、中药、药物制剂、医药知识产权及相关政策，为推进我国创新药物研发提供了重要翔实材料。

国际学术会议 4 月 6—9 日，纳米药物及纳米生物技术国际学术大会在浙江省杭州市召开，500 多位专家、学者参会，会议主题为“纳米药物的临床转化”。8 月 23—26 日，第五届中英药物化学学术会议在甘肃省兰州市召开，800 人与会，会议主题为手性科学方法与技术、手性科学与生物医药等。9 月 11—12 日，第四届国际用药安全高峰论坛在北京举办，400 多人参加会议，会议主题为“探讨如何在医疗机构中构建用药安全的持续监测、评价和改进体系，特别是如何发挥药师的作用”，会议开设了用药错误案例分享等分论坛。

国内主要学术会议 2015 年，学会共召开学术会议 31 个，16000 人次参会。

11 月 6—8 日，2015 年中国药学大会暨第十五届中国药师周在天津市召开，大会主题为“中医药理论、文化与创新”。医药学及相关领域专家、学者 3000 余人参加，大会征集论文 551 篇，28 个专业委员会推荐的 30 余位专家和 20 多个候选优秀论文代表在分会场作报告。

年度内，学会举办了 2015 年中国药物制剂大会、学会药物临床评价研究专业委员会 2015 年学术年会，学会生化与生物技术药物专业委员会 2015 年学术年会暨抗体药物研发高峰论坛等学术会议。

两岸交流 11 月 9 日，3 名台湾药学专家受邀参加学会主办的药学品管圈国际研讨会并分别作“品管圈在经营管理中的定位及实际应用”“专设品管药师之制度建立各药事品管指标”“品质改善手法于药事作业之应用”主题报告。

国际交往 2 月，学会理事长、中国工程院院士桑国卫率团出席第 75 届世界药学大会，与国际药学联合会（FIP）高层举行会谈，就学会如何在国际药学领域及 FIP 组织中发挥更大的作用等共同关心的问题交换了意见，达成共识。

学会与韩国药协会（KPA）签署合作备忘录，与欧洲药物化学联盟（EFMC）签订合作备忘录。学会被正式接纳为国际用药安全协作网（IMSN）成员，获准承办 2017 年国际用药安全协作网年会。

科普活动 开展“药品安全网络知识竞赛”“药师在您身边”安全用药科普大讲堂、“汇聚药师爱的力量”安全用药科普骨干培训等线上和线下科普活动 8 项，覆盖人群超过 6800 万人次。

举办“科海扬帆　梦想启航”中国药学会校园科普公益活动 3 次，600 余名科普志愿者参加。在“科技活动周”活动期间，承办国家食药监总局“食品药品安全知识大讲堂”和“食品药品安全知识现场宣传”活动，覆盖全国 31 个省（区、市）及新疆生产建设兵团，参与单位5702个、近120万人次参与。官方微博“药葫芦娃”拥有粉丝52万余名，发表博文1200余条，浏览量超过1900万人次。科普微信公众号“宝葫芦娃”发布微信1146条，通过“今日头条”“科普中国”等媒体转发，浏览量达180万人次。“药葫芦娃”微博入围中国科协第一批“科普中国”品牌认定，是唯一获得认定的科普微博。

“科海扬帆　梦想启航”中国药学会校园科普公益活动

表彰举荐优秀科技工作者　经推荐评选，评选出中国药学会科学技术奖一等奖3项，二等奖3项，三等奖5项。授予孙昊鹏等5位青年学者第18届中国药学会－施维雅青年药物化学奖，授予甘茂罗等8位青年学者2015年中国药学会—赛诺菲青年生物药物奖，6人获得2015年中国药学会—中恒青年药剂学奖。经学会推荐，2人获得第16届“吴阶平医学研究奖—保罗·杨森药学研究奖”。

学会向国家知识产权局推荐专利审查技术专家人选50名。通过国家食品药品监督管理总局向科技部推荐战略咨询与综合评审委员会委员1名。通过中国科协向科技部“2015年创新人才推进计划”推荐“中青年科技创新领军人才”2名，“重点领域创新团队”1个。

会员服务　学会调整和规范了会员入会条件及职业道德条款等，优化会员管理制度。改进升级会员管理系统，对会员的需求进行调研，通过邮件或电话等方式解答会员提出的问题，多渠道为会员服务。

党建强会　承担中国科协学会党建研究会2015年度调研课题项目。5月22日，以“强基础、重基层，让党旗飘扬在药学服务最前沿”为活动主题的学会“党建强会”特色活动在安徽省寿县县医院启动。

在“三严三实”专题教育活动中，学会党支部首先树起旗帜。党支部书记率先给大家上党课，深入解读“三严三实”主题教育的精神实质。两位党支部委员结合“三严三实”主题教育要求和加强党风廉政建设学习的重点，以“德”为主题讲专题党课。

【2015年中国药学大会暨第十五届中国药师周】
11月6—8日，2015年中国药学大会暨第十五届中国药师周在天津市召开，大会主题是“中医药理论、文化与创新”。国家卫生和计划生育委员会、国家食品药品监督管理总局、解放军总后勤部卫生部、国家中医药管理局、中国科协、国际药学联合会，各省、自治区、直辖市食品药品监督管理局及中国药学会有关领导，科研院所、高等院校、医疗机构、医药企业专家、学者3000余人参加大会。

大会开幕式上表彰了2015年中国药学会优秀药师71人，2015年中国药学会—施维雅青年医院药学奖获奖者8人，2015年中国药学会—赛诺菲青年生物药物奖获奖者8人，2015年中国药学会—中恒青年药剂学奖获奖者6人，中国药学会—施维雅青年药化奖获奖者5人。颁发了2015年中国药学会科学技术奖11项，其中一等奖3项，二等奖3项，三等奖5项。

大会邀请8位院士、专家作大会报告。设立11个分会场，举办专家及论文报告240个。评选出获奖优秀论文70篇，其中一等奖6篇、二等奖22篇、三等奖42篇。

大会期间召开了学会23届理事会第五次会议，2015年全国医药经济信息网工作会议。举办了中国药学会药学教育专业委员会成立大会。2015年中国药学会科普公益活动走进天津中医药大学，在校大学生响应倡议成为中国药学会科普志愿者。

大会号召学会全体会员和广大药学工作者，以屠呦呦研究员为榜样，切实立足本职岗位，锐意进取，开拓创新，为全面实现“两个一百年”宏伟目标、实现中华民族伟大复兴的中国梦而努力奋斗！

（撰稿人：梁　毅　李亚娟）

中华护理学会

服务创新型国家和社会建设　2015年，学会完成国家卫生和计划生育委员会“专科护士培养体系模式的研究”课题，起草《专科护士培训基地评审标准及完善培训大纲》《临床护士规范化培养细则》等文件。继续教育培训项目成功申办“中国科协学会改革创新项目——全国姑息护理师资培训”项目。

学会完成专科护士及助产专业护士培训等项目6

个，专题性培训项目5个，完成经外周静脉置入中心静脉导管技术培训项目2个，培训累计2200余人次，通过考核，专科护士培训合格人员1182人。培训重症专科护士教学基地师资骨干80名。举办首届全国姑息护理课程师资培训班，培训从事安宁疗护相关科室工作，具有执业护士资质护理人员200人。

承接政府转移职能，积极申请资助项目。中国科协学会学术部资助多个项目，其中包括护理课程培训班项目、提升中华护理学会科技奖的权威性和影响力项目、学会承接政府转移职能的准入和监督评价标准体系构建项目、科研诚信档案建设项目等。

在学会第七届全国自然灾害护理研讨会暨首届国际护士会（ICN）灾害护理课程培训班上，发布李秀华理事长主编的新书《灾害护理学》，由人民卫生出版社出版。

针对年度内发生的多起暴力伤医、伤护事件，学会与中国医师协会联合共同发出了《关于谴责暴力伤医的联合声明》，敦促各地方政府的公安、司法机关认真领会贯彻《关于依法惩处涉医违法犯罪维护正常医疗秩序的意见》。

学会能力提升计划 9月，学会荣获中国科协“学会创新和服务能力提升工程”二类优秀科技社团，自2015年至2017年，连续3年获得每年200万元的经费支持。学会制定了工作计划、工作创新、工作增长点及改革发展目标。

2015年，召开科研工作委员会扩大会议，修改了《中华护理学会科研课题管理办法》《中华护理学会科研课题基金申请指南》、2015—2016年度中华护理学会科研课题申报方向及具体事宜。确定计划立项课题14项，委托课题6项。

召开《新入职护士培训大纲（征求意见稿）》专家研讨会，根据专家意见修订了《新入职护士培训大纲（征求意见稿）》。

围绕提升学会服务科技工作者的能力，举办“青年护理骨干培训班”，22个护理专业委员成立第一批青年学组，共吸纳606名青年护理骨干加入。首部中华护理学会版《临床护理指南》已撰写完成《临床护理技术操作规范》《临床疾病护理指南》的初稿。

根据中国科协《关于申报中国科协“学会改革创新和能力建设交流与研究”项目的通知》，学会递交了《学会承接政府转移职能的准入和监督评价标准体系构建》申报书，制定了项目实施过程和任务：调研目前国内护理学会承接政府转移职能的项目类型、执行情况以及在执行过程中遇到的问题；探索护理学会为更好地争取并完成政府转移职能所具备的内外部条件以及护理学会与政府合作发展意向情况；在全国范围内，实地进行护理学会能力情况调查，面对面征求各地护理学会理事长及秘书长意见，为方便获取有效信息，学会开发调研软件，录入全国各省、自治区、直辖市护理学会负责人信息，对回收问卷及访谈内容的数据进行了初步分析。

截至12月底，学会共完成中国科协“学会创新和服务能力提升工程”任务指标17项。

学会建设 截至6月，学会共发展会员1798人，其中资深会员789人，普通会员1009人。会员总数为103101人，其中，资深会员3684人，普通会员99417人，团体会员31个。

学会制定了青年学组委员标准，21个专业委员会成立青年学组，学组委员达517人。学会建立青年专家库，完成青年专家入库工作。

学会专家库共有成员2042人，其中，新成立造口、伤口、失禁护理专业委员会32人；灾害护理专业委员会由原先的28人增加至44人；教育工作委员会原先90人，新增补63人。

提升学会为会员主动服务的能力。2015年11月24—27日，学会赴陕西省宝鸡市、延安市，开展“中华护理学会陕西行——学会能力提升会员培训”系列活动。为提高陕北革命老区护理管理者的能力与水平，向边远地区会员输送急需专业知识。

学术期刊 《中华护理杂志》《中华护理教育》、*International Journal of Nursing Sciences* 实现通过网站平台投稿、审稿和网上缴费。

为提高护理科研设计与论文写作水平，中华护理杂志社举办3期全国护理科研设计与论文写作培训，召开了2015年中国护理科研高峰论坛暨系列期刊编委工作会议。

学科发展研究 学会关于中国护理理论体系的研究建设取得初步成效。本研究着重于护理理论框架的研究与构成，从实践经验中提炼护理学四个基本概念内涵，梳理、分析、研究国内外相关东方传统文化下人、环境、健康、护理作为基本概念的护理理论，凝练出护理理论构架。通过资料收集、理论精析、实例解析等研究方法，形成可验证的护理理论框架，作为进一步理论完善的基础。构建了中国传统文化下的和谐护理理论框架。

学会为期五年的研究课题“全国护士人力资源现状、护理服务质量及护士工作满意度研究”在本年度结题。本研究共分九大部分。2010 年，卫生部开展“优质护理服务示范工程”活动以来，护士的人力资源状况、护理服务质量及护士满意度均发生了不同程度的变化。国内一线护理工作者针对护理服务质量及工作满意度从不同的角度进行了相关研究。为了全面了解“优质护理服务示范工程”活动开展以来，各级各类医院中护理人员的配置和工作状况、对临床护理人员工作积极性产生何种影响、开展优质护理服务的实际效果等情况，学会特设立专项课题，通过对医疗机构、护士及患者进行全国性随机抽样的大样本调研，了解我国护士的人力资源现状、护理服务质量及护士满意度，以期为各级医疗机构及卫生行政部门的决策提供新的科学的依据，为护理人才队伍的建设提供有益的借鉴。研究结果如下：①优质护理开展以来我国护士队伍明显改善；②护士首次成为患者最为满意的医护人员；③护理队伍中存在的问题不可小觑，如护士年轻化趋势明显、护士的压力程度较高、大多护士处于亚健康状况、护士的职业风险大、护士自身的工作满意度差、有离职意愿的护士比例较高；④建议规范护理教育和培训、提升护理服务水平，重视护士职业发展、降低离职率、减少护理人才的流失。本研究得到卫生部领导的高度肯定。

决策咨询　学会理事长、全国政协委员李秀华通过对 61424 名护士调查，结果显示 92% 的护士希望通过国家完善相关护理法律法规，提高法律保障力度来进一步保障护士的人格尊严和人身安全，保障护士的合法权益。学会理事长李秀华在 2015 年两会中建议将《护士法》制定工作列入国家卫计委“十三五”立法规划中。

国内主要学术会议　学会共举办学术会议 30 个，13748 人次出席，会议投稿 18635 篇。其中，1000 人以上规模的会议 3 个，500 人以上规模的会议 9 个。论文投稿数比 2014 年增加 29.32%，参会人数增加 18.58%。

4 月，全国护理管理改革创新高层论坛（第一期）在四川省成都市举行，1000 多人参会。会议围绕质量安全、优质护理、延伸护理、护理信息、护理教育等议题进行学术交流，交流论文 1654 篇。

5 月，第十九届全国手术室护理学术交流会议在湖北省武汉市举行，会议主题为“构建安全文化，提升护理品质，呵护患者生命”，近 3000 人参会，会议论文投稿 2907 篇，会议特别设立了男护士论坛分会场。

6 月，全国外科护理学术交流会议在四川省成都市举行，近 600 人参会。会议围绕主题“循证、规范、创新、发展”交流论文 1059 篇。

8 月，第七届全国自然灾害护理研讨会在上海举行，600 人参会，会议围绕主题“护士，应急救援的重要力量”，论文交流 372 篇。

10 月，第十二届全国造口、伤口、失禁护理学术会议在内蒙古自治区呼和浩特市举行，700 多人参会，围绕主题“创新合作发展　彰显专科本色”进行学术交流。

11 月，第十一届全国消毒供应中心发展论坛在云南省昆明市举行，800 多人参会，论文交流 488 篇。会议围绕主题“专科专业促发展、精细精准创安全”进行学术交流。

国际交往　1 月，在中加护理管理者领导力培训班期间，学会与安大略护士协会主席 Doris Grinspun 进行了项目合作洽谈，根据《中华护理学会与加拿大护士会合作备忘录》，作罢了第一个合作项目。

2 月 9 日，学会与瑞典驻中国大使馆参赞 Lennart Nilsson、瑞典公司中国区项目经理 Andrea Staxberg 会面，达成中瑞两国卫生事业发展合作意向。

2 月 15—18 日，学会代表团出席了 2015 年世界卫生创新峰会（WISH），与国际护士会主席 Judith 就护理立法等内容进行了交流。

4 月，学会理事长李秀华与德国护士会 Christel Bienstein 主席会谈，签署谅解备忘录，希望加强两国在养老护理等领域的合作。

6 月，学会理事长李秀华会见美国中华医学会主席 Lincoln Chen，双方就开展高级护理实践领域合作等进行了交流。

10 月学会理事长李秀华、国际部副主任吴道志出席了在俄罗斯圣彼得堡举办的俄罗斯护理年会（All-Russia Nursing Congress）。会议期间，李秀华向国际护士会主席 Judith Shamian 介绍了中国在护理领域所取得的成绩，同时就国际护理发展趋势及学会与国际护理机构的拓展合作等进行了展望和磋商，就全民健康覆盖、卫生人力资源、护士法的推动等议题进行了交流。在国际护士会的框架下，学会与巴西、俄罗斯、印度、南非 4 国护理学会主席一致同意，建立金砖五

国护理联盟。

两岸交流 8月，学会秘书长应岚率50余位护理专家赴台湾地区参加第31次护理研究论文发表会暨两岸护理学术交流会，学会代表团作大会报告25篇，海报张贴论文2篇。

科普活动 学会举办科普宣讲52次，受众2140人次；举办培训17次，覆盖村、社区11个，培训人数530人次。举办科普展览28次。

科普工作委员会在福建省福安市穆阳镇畲族乡举办了为期2天的“健康动力科普中国行”活动。科普工作委员会负责人张洪君作“创新发展，全面科普行动”的报告。闽东医院、宁德市医院、宁德市人民医院、宁德市中医院等22所地方医院的200余位护理人员参加。医疗护理专家义诊患者315人次。

表彰举荐优秀科技工作者 截至5月31日，学会第四届科技奖共收到27个省、自治区、直辖市及解放军护理学会的申报材料共计116份，其中有效申报材料113份。经评委会初评和终评，评出一等奖1项、二等奖12项、三等奖30项，共计43项。

党建强会 学会把党建与学会内部人员能力提升相结合，4月和11月，学会全体党员和积极分子到天津市、陕西省延安市进行了职业能力培训和爱国主义教育。与当地医院护理部工作人员对创新管理体制机制、加强内部管理、改善服务等方面进行了交流和讨论。

会员服务 学会向资深会员赠送《中华护理杂志》《中华护理教育》共14840册。

11月22—25日，学会在陕西省延安市、宝鸡市开展中华护理学会——陕西学会能力提升会员培训系列活动，1400余人次参加培训。学会通过各个专业委员会为会员提供咨询服务，探索了为会员服务的新模式。学会通过网络平台，向会员发布会议通知，传播学会学术信息。

【中华护理学会第七届全国自然灾害护理研讨会】 8月，学会第七届全国自然灾害护理研讨会暨首届国际护士会（ICN）灾害护理课程培训班在上海市举办。国家卫生和计划生育委员会医疗管理服务指导中心主任赵明钢、中国医学救援协会副会长李宗浩、上海市护理学会理事长翁素珍，日本东邦大学医学部护理学科小林寅吉教授、香港东华学院校长资深顾问兼医疗管理学教授冯玉娟女士等专家出席研讨会开幕式。灾害护理相关领域的700位医务工作者参加会议及培训。

会议发布了由学会组织编写、由人民卫生出版社出版的《灾害护理学》。这是我国第一部着手于护理人员作为救援一线人员的灾害护理书籍，目的是适应国际灾害学科的迅速崛起，提升医务人员应对灾害的救援能力，从而推动我国灾害护理学的发展。该书以《灾害医学》作为蓝本，以灾害学及灾害医学概念和救援理念作为框架，从备灾、救援、后送伤员、医院救护到灾后检疫、心理疏导等方面扩展了灾害救援的范围，并从灾害救援中护士的作用、专业角色、核心胜任力、灾害专业知识及现场救援技能等方面对灾害护理学进行了系统、全面的讲解和描述。既有对灾害理论的阐述，也有对救援现场中分检伤、各种不同场景下的救援技术实践的具体说明和表述。

在大会交流中，应急救援专家和护理学专家、学者围绕“护士，应急救援的重要力量”的主题进行了交流和研讨，并围绕“大数据、评价、提升能力”“应急救援，护士必备的综合能力”“救援医学理论与实践”“护理在灾害事件的统筹角色”“平战结合提高医院护理灾害应急管理能力”等内容作报告，探讨了护理人员如何应对灾害等问题，系统讲解了我国卫生应急体系及联动机制、现场救援时疏散和避难原则、现场救援中检伤分类的方法等应急救援相关知识。

（撰稿人：吴淑华）

中国生理学会

服务创新型国家和社会建设 受全国名词审定委员会委托，2014年学会启动《生理学名词》（第二版）编撰工作。年度内，学会名词审定工作委员会围绕细胞生理学、神经生理学、血液及其他体液生理学、心血管生理学、呼吸生理学、消化和吸收生理学、肾脏和泌尿生理学、能量代谢和体温、内分泌和生殖生理学、特殊环境、比较、应用和运动生理学等专题，召开了专场审议讨论会。名词审定工作委员会在尊重和继承第一版名词的基础上，根据系统性、简明性、国际性等原则，收录使用频繁且相对稳定的生理学新名词，以反映生理学学科发展为基点，对词条释义的科学性、准确性进行审核，确保生理学名词具有科学性、权威性和前瞻性。修改稿已提交全国名词审定委员会审核。

学会16个专业委员会承担了《生理学》《实验血液学》《运动生理学》《百姓养生堂——一味中药止痛治痛》等不同专业领域教材编写工作。

学会举办培训班3次。在安徽省合肥市举办的中国生理学会新型生理学实验技术平台培训班，培训内容包括了动物行为学实验方法与技术，不同类型心律失常模型的复制等。培训班采用新的实验方法、技术和教学法进行了多项实验教学和演示。

学会建设 学会发展新会员554名，会员总人数达3123人。

学会召开了2次常务理事会议，完成了16个专业委员会的换届工作，成立了疼痛转化研究、体适能研究和基质生物学3个专业委员会。重新组建了肾脏生理学、血液生理学和消化与营养生理学3个专业委员会。

学会重新修订了《中国生理学会专业委员会管理办法》，制定了《中国生理学会分支机构财务管理实施细则》，对专业委员会的管理更加细化与规范。对专业委员会主任委员的任职期限进行了改革，由4年任期改为“前任、现任和候任主任委员”组织架构，各任期2年。这样的任职形式，使前任、现任和候任之间工作有平行和交叉，便于熟悉工作与衔接，有利于专业委员会学科发展。

学会完成了网站重新建设工作，提高了信息系统等级保护安全要求，重新布局设定栏目。完善会员管理系统，完善会议投稿和缴费系统等，与相关业务信息管理数据实现了同步。

学术期刊 5月,《生理学报》荣获2015年度科学出版社“期刊出版质量优秀奖”。12月，荣获由中国学术期刊（光盘版）电子杂志社、清华大学图书馆、中国学术文献国际评价研究中心联合发布的“2015中国国际影响力优秀学术期刊”，这是《生理学报》连续第四次入选“中国国际影响力优秀学术期刊”。

国际学术会议 10月22—25日，国际肾脏学会2015年度前沿高峰论坛在广东省深圳市举办，论坛的主题为“心肾功能的免疫调节：心肾器官对话中的病理生理和免疫机制”。来自世界各地的200余位肾脏生理与疾病机制研究的科学家与会研讨。

12月11—13日，第一届全球华人肾脏病学学术大会在香港特别行政区召开。学会肾脏专业委员会作为本次会议的协办学会之一，参与了从策划到大会召开的全部组织过程。近百位由学会肾脏专业委员会组织和推荐的科研工作者参与了本次会议的研讨。

国内主要学术会议 学会举办各类学术会议12个，交流论文1374篇，2706人次参会。

5月8—10日，学会肾脏生理专业委员会年会在湖北省武汉市召开，来自肾脏领域的基础研究工作者和临床医生200余人参加了会议。此次高峰论坛分设基础与临床两大部分，并特别设立了临床病例讨论环节。

8月6—8日，学会首届全国生理学教研室主任论坛在湖南省长沙市召开。来自全国44所高校的70余名专家、学者及教师参加了论坛。《生理学报》主编王建军就我国生理学教学及教学改革现状和方向作主旨演讲。论坛研讨了目前我国高校教学研究的趋势和热点，交流了各高等学校生理学工作者近年来在学科建设、教学、科研、师资培养等方面的新理念、新技术和新经验。

9月19—20日，学会运动生理学专业委员会会议暨运动与心血管保护学术会议在陕西省西安市举行。来自全国60多所院校、科研机构的160余位专家、学者出席了会议。会议举办了2个大会特邀报告、4个特邀主题报告、32个主题报告和口头报告以及67个墙报交流。会议围绕“运动与心脏信号调节，运动与心血管功能及监控，运动与缺血心脏保护，运动与血管保护，运动与心脏生物学基础与应用，运动与高血压、动脉粥样硬化，运动与糖、脂代谢，特殊环境、运动与心血管适应”等进行了讨论和交流。

9月23日，学会血液生理学专业委员会成立大会暨首届学术会议在天津市召开，来自全国血液学基础研究和临床转化领域的300多位专家、学者参加了会议。大会特别邀请中国工程院院士阮长耿、刘德培，中华医学会血液学分会主任委员黄晓军教授作特邀报告。在专题报告中，与会专家分别就造血发育、造血干细胞的调控和扩增、免疫细胞治疗在血液病中的应用及恶性血液疾病的机制和对策4个专题作报告。

10月25日，学会第十一届全国青年生理学工作者学术会议在湖北省武汉市召开，近90人参会。会议收到论文58篇，经评选，6篇报告获优秀报告奖，4篇获优秀墙报奖。

11月1—4日，学会内分泌代谢专业委员会2015年学术会议在江西省井冈山市举行。来自全国10个省（区、市）综合大学、医学院校、研究机构50位专家、学者出席会议。会议共作4个专题报告，宣读12篇论文。

11月13—16日，学会中医药学术发展与创新态势研讨——2015学术研讨会在江西省南昌市召开，60

余人参会，收到论文70余篇。其中《多信息融合关键技术与数据支撑的四诊合参数据集与设备的实现》《关于中医院校生理学教学与科研工作的几点思考》《新世纪中西医结合生理学教学模式创新与实践研究》等报告受到与会人员关注。

12月4—7日，学会心血管生理学学术会议在江苏省苏州市召开。会议共收到论文摘要102篇，30余家机构的110位专家、学者参加会议。北京大学医学部唐朝枢教授出席会议，就生理学和病理生理学的研究热点做大会特邀报告。会议安排21场专题报告，15位青年学者作论文交流报告。

国际交往 11月11—13日，第一届全球华人肾脏病学学术大会在香港特别行政区举办。来自世界各地1500余位专家、学者出席会议。经学会肾脏专业委员会推荐，近100位中国专家、学者参会，10余位专家、学者作报告。由复旦大学推荐的关熠、深圳大学推荐的张晓燕、同济大学推荐的刘娜等青年学者论文获得优秀论文奖。复旦大学推荐的关熠、东南大学推荐的吕林莉获得大会青年研究者奖。

11月22—25日，亚太地区生理学会联合会（FAOPS）第八届学术大会会议在泰国曼谷召开，800多人参会，其中中国生理学工作者40余位。中国学者在大会上组织和主持了5个专题分会场，主题包括血液动力学和血管稳态、神经内脏与动力、突触与回路、疼痛的情绪与认知调控、和水盐转运核受体等，15位中国学者作报告。

国际组织任职 11月22—25日，在亚太地区生理学会联合会（FAOPS）第八届会议上，经FAOPS秘书长、我国生理学界杨雄里院士推荐，学会理事长、首都医科大学副校长王晓民当选第九届亚太地区生理学会联合会（FAOPS）主席（2015—2018）。

亚太地区生理学会联合会（FAOPS）第八届学术大会会议

科普活动 5月16日，在北京龙潭公园广场，学会与北京市东城区科协、有关全国学会共同举办了以“创新创业·科技惠民”为主题的2015年全国科技活动周活动。学会印制了高血压、骨关节炎、骨质疏松、冠心病、老年痴呆、老年性便秘、糖尿病、心脑血管疾病等老年人常见疾病预防和保健等内容的科普宣传挂图，分别从吃、穿、住、用、行等方面倡导低碳家庭绿色生活。发放科普知识问答600份，开展了夺飞镖科普趣味问答活动，飞镖趣味问答60余人次，参观科普知识挂图200余人次，活动直接受益群众达600余人次。

表彰举荐优秀科技工作者 按照《中国科协关于实施学会创新和服务能力提升工程的意见》的要求，学会从张锡钧基金会全国青年优秀生理学学术会议获奖者中推荐6人申报中国科协“青年人才托举工程”项目，经中国科协生命科学学会联合体专家评审，王春炅、丛馨、刘持、孙倩、李伟广5位青年生理科学工作者获得“青年人才托举工程”资助。

10月24日，学会张锡钧基金会第十三届全国青年优秀生理学学术论文交流会在湖北省武汉市召开。本次全国各省（区、市）推荐的论文47篇，经过专家审阅，选出21篇进行大会交流。学会常务理事作为评委对论文内容、学术水平、图表制作和语言表达能力等4个方面打分。根据综合评分排名，现场评选出一等奖1名、二等奖2名、三等奖3名，最佳表达奖、最佳答辩奖及最佳图表奖各1名。

会员服务 学会会员电子信息和纸制会员表全部存档，进一步完善了会员的个人信息，更新了现有的会员数据库。统一使用中国科协规定的11位会员编码，为会员颁发了新的会员证，更科学化、规范化的进行会员管理。

在建立网络版《生理通讯》（双月刊）的同时，为满足不同会员读者的需求，继续坚持印刷纸质版，免费向会员邮寄，邮寄工作已坚持了33年。

【国际肾脏学会2015年度前沿高峰论坛】 10月22—25日，国际肾脏学会2015年度前沿高峰论坛在广东省深圳市召开。国际肾脏学会（International Society of Nephrology，ISN）年度前沿论坛是其主导的高峰前沿论坛，会议邀请在肾脏专业领域成绩突出的科学家和青年工作者参与研讨。学会肾脏专业委员会获得2015年度前沿高峰论坛的举办权，这是该论坛首次在中国举办。

学会肾脏专业委员会副主任委员阮雄中教授主持开幕式，主任委员管又飞教授代表肾脏专业委员会致欢迎词，论坛主席 Kai-Uwe Eckardt 教授和 Robert Unwin 教授对会议的召开表示祝贺。

论坛的主题为“心肾功能的免疫调节：心肾器官对话中的病理生理和免疫机制”。来自世界各地 200 余位肾脏生理与疾病机制研究的科学家出席会议。瑞典皇家学院教授 Bernard Rossier 作了题为“从进化论的视角看当今医学：全球性快速增长的高血压”（*Evolutionary medicine*：*The hypertension pandemic*）的主题报告。中国科学院院士、南方医科大学附属南方医院肾内科主任侯凡凡，中国工程院院士、国家肾脏疾病临床医学研究中心主任刘志红担任大会共同主席及专题报告“转录组学、基因组学和表观遗传学”的主席。会议设立转录组学、基因组学和表观遗传学，固有免疫、获得性免疫与肾脏病理，免疫与代谢的对话 - 医学研究的新兴前沿领域，肠道微生物与机体免疫和功能，遗传与自身免疫和炎症，代谢及免疫与高血压发病，机体水盐稳态调节机制的新进展，免疫与动脉粥样硬化和血管功能障碍 8 个专题，在专题演讲及讨论中，与会专家、学者还就肾脏基础研究的现状、面临的主要问题、发展动态和趋势等问题进行了研讨。

【第一届全球华人肾脏病学学术大会】 12 月 11—13 日，第一届全球华人肾脏病学学术大会在香港特别行政区召开。来自世界各地 1500 余名从事肾脏基础和临床研究的专家、学者出席大会。

全球华人肾脏病学学术大会是在两岸四地肾脏病学术会议的基础上，顺应当前肾脏届华人基础与临床研究发展需求而举办的。会议由香港肾科协会主办，香港大学、香港中文大学、中华肾脏病学会、中国生理学会肾脏专业委员会、美洲华人肾脏病协会、台湾肾脏病学会、澳门肾脏病学会等学会及单位参与协办。本次大会根据华人的肾病发病特点设立了“糖尿病肾病”“IgA 肾病”“高血压肾病”“狼疮肾病”4 个主题。

学会肾脏专业委员会作为本次会议的协办学会之一，参与了从策划到大会召开的全部组织过程。作为一个肾脏领域年轻的学术团体，近百位由学会肾脏专业委员会组织和推荐的科研工作者参与了本次会议的研讨，10 余位委员出席会议，管又飞、阮雄中、蓝辉耀、杨天新、郝传明等多位委员作专题报告。专委会推荐的 36 位青年工作者获得大会资助，复旦大学推荐的关熠、深圳大学推荐的张晓燕、同济大学推荐的刘娜等青年工作者的论文获得本次大会学术组优秀论文奖，复旦大学推荐的关熠、东南大学推荐的吕林莉获本次大会青年研究者奖。

（撰稿人：肖 玲）

中国解剖学会

服务创新型国家和社会建设 为落实教育部《关于加强高校信息化建设的意见》和教育部《关于创建虚拟仿真实验教学中心》的文件精神，满足人体解剖学教学在信息网络化时代的发展需要，推动医学教育改革和数字医学事业的发展，学会常务理事会议审定通过了由山东易创公司创建的《数字解剖实验室建设规范（暂行）》，并在学会网站上公布。

为鼓励我国青年学者创造性地开展高水平的解剖学研究，学会第十五届二次常务理事会会议决定，为 45 岁以下的解剖学工作者设立“中国青年解剖科学家奖”，每年一次，每次最多可选出 5 名。

学会在第三十一届学术年会暨科学传播研究交流会期间召开了海峡两岸解剖学名词委员会联谊会，这是海峡两岸解剖学名词对照与统一工作的首次启动会。会议确定，将以全国科技名词审定委员会公布并出版的第二版《人体解剖学名词》《组织学与胚胎学名词》和台湾盒记图书出版社出版的《组织学与胚胎学词汇》、利平科特·威廉斯·威尔金斯出版公司（Lippincott Williams & Wilkins）出版的《解剖学词汇》为基础，参考相关文献及出版物，在全国科技名词审定委员会立项和指导下，编撰大陆及台湾地区医学界、科技界、教育界、出版界通用的《海峡两岸人体解剖学名词对照词典》和《海峡两岸组织学与胚胎学名词对照词典》，编写方案将在全国科技名词审定委员会批准后予以制定。

学会在中国科协牵头实施的“老科学家学术成长资料采集工程项目”中，第二次承担了老科学家——中国科学院院士吴新智的采集工作。

学会建设 学会发展全国会员 254 名，会员总数达 3572 人；发展团体会员 3 家，团体会员总数达 8 家。

学会召开常务理事（扩大）会议 2 次和理事会议 1 次。成立了人脑库研究分会、护理解剖学分会。至此，学会分支机构（工作委员会和学术分会）增至 21 个。

学术期刊 学会所属的7种科技期刊，2015年共发表论文1231篇，发行量为34800册。

国内主要学术会议 8月8—9日，学会第三十一届学术年会暨科学传播研究交流会在青海省西宁市举办。本次年会由学会与中国科普研究所联合举办，是学会第一次联合有关科技社团举办的学术会议。来自祖国大陆、香港特别行政区和台湾地区的专家、学者共600余人出席会议。会议收到论文摘要570余篇，收录论文文摘541篇。

学会各分支机构共举办国内学术交流活动十余次，共2000余人次出席，提交论文摘要1000余篇。

两岸交流 学会在第三十一届学术年会暨科学传播研究交流会期间，举办了海峡两岸解剖学学术交流会。台湾解剖学会理事长马国兴、台湾阳明大学傅毓秀教授作大会报告。台湾辅仁大学王嘉铨教授、台湾成功大学郭余民教授、台湾大学李立仁教授、台湾马偕医学院周逸鹏教授、北京大学医学部张卫光教授、第三军医大学吴毅教授分别作学术报告。学会理事长张绍祥与马国兴约定，第二届两岸解剖学学术交流会将于2017年在台湾地区举办。

国际交往 9月2—6日，第二十四届国际形态学科学大会土耳其伊斯坦布尔举办。大会共设10场学术演讲、11场专题报告会和20场自由投稿报告会。有45个国家和学术团体参加。学会理事长张绍祥教授率学会代表团25人出席大会。会议期间，中国解剖学会冠名举办了3场专题报告会。在国际形态学科学委员会会议上，学会副理事长李云庆作了第二十五届形态学科学大会申办报告。会议决定，第二十五届形态学科学大会将于2017年7月在中国陕西省西安市举办，李云庆教授担任第二十五届国际形态学科学大会主席。

科普活动 2015年，学会探索自媒体科普传播途径，广东医学院解剖学教师李哲在以"李哲教你学解剖"为名的微博、微信中，利用专业身份宣传解剖学科普知识，利用互联网自媒体时代，科普传播辐射范围广、速度快的优势，让解剖学不再神秘，更贴近公众的生活。

12月，学会科普教育基地成都馆设立，实现了大连金石滩馆、苏州周庄馆和成都馆的解剖学科普三馆联动。同时，生命奥秘博物馆在辽宁省和江苏省分别被授予省、市、区科普教育基地。6月，中国科协正式认定生命奥秘博物馆为"全国科普教育基地"。除生物塑化主题博物馆，学会还先后与上海科技馆、北京自然博物馆、内蒙古博物馆、大连自然博物馆等通过合作办展的方式举办公益性展览，进一步增加解剖学科普的社会效益。

表彰举荐优秀科技工作者 8月8日，学会评审委员会召开了第一届"中国青年解剖科学家奖"评选会议，经无记名投票，黄文华、董玉琳、梁春敏、雷蕾4人荣获第一届"中国青年解剖科学家奖"，马超、孙晋浩、李七渝、姜美花、贺桂琼、黄飞等获得提名奖。

【中国解剖学会第三十一届学术年会暨科学传播研究交流会】 8月8—9日，中国解剖学会第三十一届学术年会暨科学传播研究交流会在青海省西宁市召开。来自中国内地和香港特别行政区、台湾地区的专家、学者600余人出席开幕式。

大会邀请美国维克森林大学的杰姆斯·刘（James J. Yoo）教授作了题为"组织工程研究现状与展望"的报告。报告从组织工程技术和细胞治疗两方面，详细阐述了膀胱和尿道研究领域中临床转化研究成果。台湾解剖学会马国兴教授介绍了活体神经造影的评估与应用，分享了多年从事科学研究的心得与经验。台湾阳明大学的傅毓秀教授针对人类脐带间叶干细胞的多分化潜能，阐述了其在肝纤维化、脑缺血、脊髓损伤、帕金森氏症、Ⅰ型糖尿病等小鼠模型中的科研成果，并提出了自己的见解。清华大学李正风教授作了题为"科学文化建设纲要研究"的报告。香港大学的金淑子（Sookja K. Chung）教授介绍了在神经组织中与糖尿病相关的代谢缺陷的分子机制。复旦大学上海医学院的李瑞锡教授将光遗传与重组酶技术相结合，阐述了其在解析特异的功能性神经环路中的应用。年会还举办了18场专题报告会，围绕神经解剖学、人类学、医学发育生物学、人体解剖学与数字学、再生医学、组织胚胎学、临床解剖学、断层影像解剖学、人脑组织库、干细胞转化医学、解剖教学等进行了学术交流。

会议期间，学会科普工作委员会与中国科普研究所会共同主办了专场科普传媒学术报告会。中国科普研究所副研究员张志敏、南京医科大学丁炯教授、大连医科大学隋鸿锦教授分别作了题为"科研机构和高校的青少年科技教育活动""论中国医学院校在遗体捐献工作中的角色作用""微传播时代的人体科学普及""生物塑化技术在医学科普中的应用"的报告。

本届年会举办了海峡两岸解剖学学术交流会。台湾辅仁大学王嘉铨教授、台湾成功大学郭余民教授、台湾大学李立仁教授、马偕医学院周逸鹏教授、北京大学医学部张卫光教授、第三军医大学吴毅教授作学术报告。中国解剖学会、台湾解剖学会约定，2017年在台湾地区举办第二届两岸解剖学学术交流会。

8月9日，大会闭幕式上颁发了第一届“中国青年解剖科学家”奖。南方医科大学黄文华、第四军医大学董玉琳、复旦大学上海医学院梁春敏、哈尔滨医科大学雷蕾荣获第一届“中国青年解剖科学家”奖，北京协和医学院马超、第三军医大学李七渝、山东大学医学院孙晋浩、中山大学医学院姜美花、重庆医科大学贺桂琼、滨州医学院黄飞获提名奖。

（撰稿人：房桂珍）

中国生物医学工程学会

服务创新型国家和社会建设 2015年，学会承担国家食品药品监督管理总局（CFDA）创新医疗器械审评专家咨询工作，共完成166项创新医疗器械审评专家咨询工作。

完成国家食品药品监督管理总局4期《医疗器械科技前沿》撰写、编印工作，为政府部门从整体上把握目前医疗器械研究领域的前沿动态，对当前国内外医疗器械研究进展与前沿技术提供决策支持。

学会举办继续教育培训班26次，各类培训人数2890人次，比2014年培训人数提高了37%。

学会能力提升计划 学会完成了“学会能力提升专项优秀科技社团三等奖项目”第一期总结工作，完成规定的各项任务并实现了相应的预期考核指标，学会服务创新的能力、服务社会和政府的能力、服务科技工作者的能力、自我发展的能力均不同程度地得到提升。

9月，学会获得中国科协“学会创新和服务能力提升工程”三类优秀科技社团，自2015年至2017年，连续3年获得每年100万元的经费支持。

学会建设 截至2015年年底，学会个人会员新增4412人，个人会员总数达11350人，单位会员21个，会费收缴率达100%。

4月22日，学会八届六次常务理事会在深圳召开，会议通过了第九次会员代表大会组织文件，通过《中国生物医学工程学会分支机构管理办法（修订稿）》。同意成立医用机器人工程与临床应用分会、医用光子学分会。首次采用听取筹建分支机构代表汇报、答疑，通过无记名投票方式同意筹建康复工程分会、医学纳米技术分会、透析移植分会，精确放疗技术分会4个分会。

12月4—6日，学会第九次会员代表大会暨2015年学术大会在北京召开，来自全国各地的500名学会代表参加会议。会议审议了学会工作报告、财务报告、章程修改报告，以无记名投票方式通过了学会理事会工作报告、会费标准说明。会议选举产生了由150人组成的学会第九届理事会以及由51人组成的第九届常务理事会。中国工程院院士、中国医学科学院院长曹雪涛当选第九届理事会理事长，中国工程院院士、中国医学科学院阜外心血管病医院院长胡盛寿当选为候任理事长。

学术期刊 《中国生物医学工程学报》中文版在《中国科技期刊引证报告》（CJCR）中的影响因子由2014年的0.403提升至0.437。《中国心脏起搏与心电生理杂志》入选中国科学引文数据库（CSCD）和《中国科技期刊引证报告》（CJCR），荣获第九届湖北省优秀精品期刊奖。

学科发展研究 年度内，由学会首席科学家陶祖莱教授担任组长的学科发展报告专家组完成了《2014—2015生物医学工程学科发展报告》，回顾、总结并科学评价了近年我国生物医学工程学科的新观点、新理论以及新方法、新技术、新成果等发展状况，记述了国际上这一领域最新研究热点、前沿和趋势，提出了我国生物医学工程学科未来5年的发展趋势及发展战略。

决策咨询 5月24日，学会理事长樊瑜波教授出席在广东省广州市举办的第十七届中国科协年会——广东省党政领导与院士专家座谈会，就“十三五”期间广东省生物医学工程和医疗器械产业发展作专题汇报，为广东省创新驱动发展战略和产业转型升级建言献策。

8月，学会开展关于生物医学工程及医疗器械领域推动“大众创业、万众创新”政策措施落实情况评估工作。学会以三大产业聚集区域为主采集样本，围绕创新创业型人才培养、创新转化平台新模式、科技成果转化等挖掘典型事例。通过文献理论研究，典型人物访谈，典型案例分析，以及问卷调查等形式调研创新创业中涌现的新业态、新模式和新的经济增长点，以及制约科技成果转化的困难和障碍，形成评估

报告提交中国科协和政府有关部门。

下半年，受国家食品药品监督管理总局注册管理司委托，开展了“含纳米银医疗器械安全性评价”项目，完成《纳米银医疗器械安全性评价与管理报告》，建立纳米银标准样品标准研究机制。学会对建立社会团体标准管理工作机制和管理办法进行了探索。

12月，学会承接完成北京市食品药品监督局不良反应监测中心“北京市心脏起搏器不良事件监测”课题调研工作。

国际学术会议 学会及所属分支机构主办或联合主办国际学术交流活动2次，参会近千人次，交流论文300篇。

7月23—25日，国际生物经济论坛在天津市召开。论坛以“聚焦生物经济、共谋创新创业”为主题，由科技部、天津市人民政府共同主办。学会承办了论坛第6分会场医疗器械趋势与变革分会场。分会场围绕主题“国内外医疗器械领域最新技术发展趋势及产业发展态势”，以当前国内外生物医学工程——医疗器械前沿领域及先进技术的产学研结合、发展现状及趋势为切入点，就新型生物医用材料、体外诊断、高端医学影像等医疗器械重点领域发展的机遇与挑战等内容进行研讨。15位专家、学者作专题报告，150余人出席分会场。

10月21日，由学会临床医学工程分会、国际医学与生物工程联合会联合主办的2015首届国际临床工程与医疗技术管理大会在浙江省杭州市召开，来自23个国家的50位专家、学者出席大会，400余名国内临床工程师、医疗技术管理人员参会，大会主题为“技术创新提升医疗服务”。大会主席团将10月21日定为国际临床工程师节，形成注册临床工程师执业决议案并递交国际劳工组织（ILO）。

国内主要学术会议 2015年，学会及所属分会共举办国内学术交流活动51次，参会13944人次，交流论文2281余篇。

3月27日，第七届生物医学工程与医疗器械论坛在北京举行，论坛主题为“健康物联网”。中国工程院院士、学会名誉理事长俞梦孙作《健康医学模式的社会化——健康物联网》的主题报告。7位学术报告专家从学科发展、对健康物联网的理解、健康物联网在家庭和社区的实践介绍、健康物联网与可穿戴技术及产品介绍，多角度探讨了健康物联网的发展，350人次参会。

4月23—25日，2015深圳可穿戴大会在广东省深圳市举办。会议由中国科学院深圳先进技术研究院、中国生物医学工程学会和中国计算机学会共同发起。大会以“可穿戴与医学变革”主题，深化“穿戴计算，贴身智能”的大众理念，强调可穿戴与生物医学工程、计算机科学等多学科的交叉、注重产学研结合，参会近1000人次。

10月16—19日，中国生物医学工程联合学术年会在江苏省南京市召开，700多人参会。中国工程院院士韦钰，学会前任理事长、中国工程院院士刘德培，中国科学院生物物理研究所研究员张先恩、哈佛大学医学院彭仲康教授为大会作特邀报告。

国际组织任职 7月，经学会推荐，青年委员廖鸿恩教授当选为亚太国际医学和生物工程联合会（IFMBE）组织秘书长。

国际交往 6月，学会组织30名青年学者赴加拿大出席世界医学物理与生物医学工程大会。

科普活动 学会共有科学传播专家团队共26个，首席科学传播专家26名，比2014年增加6个团队。举办科普报告2场，创新成果科普展2次。制作科普视频4个，展板20块。开发月宫一号科学小游戏1套，挂图11幅，科普宣传手册1册。组织专家撰写科普文章36篇。科普报告听众达千余人次，科普展现场直接互动累计超过万人次。

9月19日，学会参加了在中国科学技术馆举办的第十二届全国科普日北京主场活动。以“3D——透视未来医疗”为主题，展示了三维影像智能医疗领域的最新研究成果。中国科协党组书记、常务副主席、书记处第一书记尚勇在参观展览时谈到，展览以耳目一新的方式深入浅出地普及科学，能够快速地激发调动孩子们对其中的原理与作用的好奇心和求知欲，在青少年的心中播撒下“前沿创新”和“魅力科学”的种子。

10月19日，全国大众创业万众创新活动周在北京举办，学会“脑起搏器科学传播团队”作为创新成果的典型入选。团队首席科学家李路明教授为中共中央政治局常委、国务院总理李克强介绍了脑起搏器的研发和应用情况。

表彰举荐优秀科技工作者 12月，学会推荐的4名优秀青年会员入选中国科协“青年人才托举工程”。

学会创新发展 学会成立由30人组成的创新驱动助力专家团，分别赴安徽省芜湖市、江苏省苏州市、浙江省绍兴市等地，对10余家企业技术难题进行调研，在决策咨询、创新合作机制、人才培养等方面提供技术支持。

9月，在浙江省绍兴市建立学会服务站，对当地健康产业发展提供技术支持。10月，在石家庄亿生堂医用品有限公司建立院士专家工作站，在院士专家工作站设立博士后流动站，为企业输入先进科研成果和人才。

党建强会 学会党支部以“激发学会党组织活力，发挥桥梁纽带作用——激发分支机构党建活力，发挥桥梁纽带作用”为党建强会主题，开展特色活动。

8月，体外循环分会在陕西省西安市召开学术会议期间，开展了“加强学会党建工作”的学风道德宣讲活动。9月，军事医学工程与卫生装备研究分会举办换届会的同时，开展了学风道德宣讲活动。通过宣讲、网上宣传等多种形式，扩大党建工作覆盖面。

10月，学会对党建工作优秀分会体外循环分会和军事医学工程与卫生装备分会进行了“优秀党建工作小组”表彰。

12月，学会党支部联系中国航空学会、中国农业工程学会、中国粮油学会、中国兵工学会等多家学会共同开展面向宁夏贫困偏远地区的科普活动。

会员服务 学会开通微信互动平台，向会员发布学会动态、科普信息、生物医学工程最新科技动态等，累计发送微信300余条。目前，5000余位科技工作者通过微信平台关注学会，实现互动交流。

【中国生物医学工程学会第九次会员代表大会】 12月4—6日，学会第九次会员代表大会暨2015年学术大会在北京召开，庆祝学会成立35周年，500余名代表参加了会议。大会开幕式上还举行了首届“黄家驷生物医学工程奖”颁奖仪式。

中国生物医学工程学会第九次会员代表大会

学会第八届理事会理事长樊瑜波代表第八届理事会作工作报告。大会对工作报告、财务报告、章程修改报告进行审议，以无记名投票方式通过了学会理事会工作报告、会费标准说明。

会议选举产生了由150人组成的学会第九届理事会，由51人组成的第九届常务理事会。中国工程院院士、中国医学科学院院长曹雪涛当选第九届理事会理事长，中国工程院院士、中国医学科学院阜外心血管病医院院长胡盛寿当选为候任理事长。

曹雪涛院士在讲话中指出，生物医学工程涵义广泛，政府职能对接点多，特别是近年来在学术界、政府、行业及金融资本等各界的高度关注和参与中发展迅猛。学会下一步发展要将“强能力、增内涵、建机制”作为着力点，突出“创新性、引领性、国际化与规范化”，将坚持学术为先，深化学科内涵建设，从学术影响、国际影响上打造学会品牌；将着力提升能力，全面组织学会力量，在承接政府职能转移方面有所作为；将进一步扩大学会会员规模，并着力提升服务会员的能力。

学术大会邀请中国工程院院士曹雪涛、俞梦孙、刘德培，北京航空航天大学樊瑜波教授、第四军医大学董秀珍教授分别作了题为“中国医学科学发展现状”“医学变革与健康工程”“生活方式与健康促进”“生物力学与生物力学工程”及“关于BME科研与产业创新”的大会报告。

大会设立专题分会场，与会者分别就“健康工程与中医药工程”“图像信息与控制”“生物医学传感技术与测量”“体外循环”“生物材料、组织工程与再生医学”“军事医学工程与装备”“体外反搏”等主题作报告并进行交流。为鼓励青年学者交流，大会对青年优秀论文进行了评选。

大会授予中国科学院力学研究所教授、学会原副理事长陶祖莱“中国生物医学工程终身贡献奖”，颁发了2014—2015年度（首届）黄家驷生物医学工程奖。

会议期间播放了学会发展35周年的历程视频，回顾了学会及学科取得的成绩。

【医用机器人产业发展与未来战略论坛】 11月23—25日，由中国科协、工业和信息化部和北京市政府主办的以“协同融合共赢、引领智能社会”为主题的2015世界机器人大会在北京召开。11月24日，学会承办了大会第8分论坛——医用机器人产业发展与未来战略论坛。学会理事长樊瑜波教授和意大利圣安娜大学生物机器人研究所主任Paolo Dario分别担任论坛的中方、外方主席。本次论坛共邀请了20位来自国内外医用机器人领域专家作特邀报告，并参加圆桌讨论，400多人参会。

北京航空航天大学王田苗教授、天津大学王树新教授、中国科学院沈阳自动化研究所韩建达教授、哈尔滨工业大学杜志江教授、中国食品药品检定研究院医疗器械标准管理研究所李静莉所长、北京天智航医疗科技股份有限公司张送根、日本神户大学自然科学系先端融合研究院罗志伟教授、国家康复辅具研究中心樊瑜波教授、国家康复辅具研究中心附属康复医院孔繁军教授、苏州大学孙立宁教授、北京大学王启宁教授、中国科学院深圳先进技术研究院李光林教授、中国科学院自动化研究所侯增广教授、上海交通大学蓝宁教授和北京航空航天大学李德玉教授分别从“手术机器人”和“康复机器人”这两个方面探讨了医用与康复机器人的创新发展、标准化和产业化。

3位国外专家、5位国内专家分别作特邀主旨报告。8个特邀主旨报告和圆桌讨论分别分析和探讨了医用机器人技术发展、临床应用问题、趋势产业化、创新创业化等。专家们认为：随着世界范围的老龄化到来和人们对健康快乐生活的追求，医疗机器人产业将迎来爆发点，医疗外科手术机器人、智能假肢与康复机器人、医用服务机器人都将获得快速发展。

【“飞越驼峰——2015 HTM中国行”医疗器械管理与实践系列巡讲】 在庆祝反法西斯战争胜利70周年之际，由学会主办，临床医学工程分会承办的“飞越驼峰——2015 HTM中国行”医疗器械管理与实践系列巡讲于5月、7月、9月在重庆、广州、济南、温州、哈尔滨、上海、乌鲁木齐、武汉、南京、北京10个城市开展，活动旨在进一步规范医疗技术的管理，减少因医疗器械原因造成的伤害。

医疗技术管理，是一个从医疗器械管理的策略和组织、计划和预算、采购和调试、高效运营、设备维护和财务管理六个方面的医疗设备全生命周期管理理念和实践的体系，需要工程技术、临床医学、财务管理、行政管理等多学科人员共同参与。10站巡讲共计有近800家三级及二甲医院逾1000人次参与。

【黄家驷生物医学工程奖】 12月5日，首届黄家驷生物医学工程奖颁奖仪式在北京举行，共有5个项目获奖。来自清华大学李路明团队的“脑起搏器研制及产业化”项目获得一等奖。中国科学院广州生物医院与健康研究院的“间质－上皮细胞转换与细胞命运调控研究”、西南交通大学的“氧化钛复合涂层技术在药物洗脱支架上的研究与应用”及国家纳米科学中心的“微纳米尺度的生物医学工程”的研究成果获得二等奖，西南交通大学“生物医用高分子复合材料的形状记忆功能调控及其应用”研究成果获得三等奖。

“黄家驷生物医学工程奖”是中国生物医学工程学会设立，面向全国生物医学工程领域的最高科技奖项，每两年颁发一次。该奖以学会第一任理事长黄家驷先生命名，旨在秉承黄家驷先生的学术思想，坚持走医工交叉融合的学科发展之路，奖励在生物医学工程领域基础研究、技术发明和科技进步方面所取得的杰出成果，致力于促进我国生物医学工程科技与产业的发展。

（撰稿人：康亚文）

中国病理生理学会

学会建设 截至2015年年底，学会交费会员4865人，终身会员143人，会员总人数5008人。

经学会常务理事会批准，机能实验教学工作委员会宣布成立。

大中专专业委员会、动脉粥样硬化专业委员会、微循环专业委员会、中医专业委员会完成换届改选工作。

11月，学会第十届会员代表大会在天津举办。北京大学第三医院血管医学研究所张幼怡教授当选为第十届理事会理事长。经理事会讨论通过，批准成立学会第一届青年委员会、血管医学专业委员会。

学术期刊 学会主办的3种科技期刊全年共出版37600册，发表论文861篇。

中国科协精品科技期刊工程第四期项目（2015—2017年）评审结果公布,《中国病理生理杂志》获得期刊学术质量提升项目资助。根据“中国知网”2015年统计，杂志机构用户总计3371个，分布13个国家和地区。10月，中国科学技术信息研究所根据2014年度中国科技论文与引文数据库（CSTPCD）的统计结果，授予《中国病理生理杂志》2014年“百种中国杰出学术期刊”称号。这是该刊第7次获得这一殊荣。《中国病理生理杂志》于5月22日开通了微信平台。

《中国实验血液学杂志》2015年按规定出版了6期（双月刊），刊发论文337篇，其中论著227篇，综述60篇，文章的全文，通过美国EBSCO大型文献库以PDF格式发行到全世界。

《中国动脉硬化杂志》根据“中国知网”2015年统计数据显示，2014年度期刊个人读者分布在35个国家和地区。期刊网站总浏览量已超过332万人次。根据汤普森路透社的数据，2015年期刊综合影响因子由2014年的0.604提高到2015年的0.718，5年影响因子达到0.905，基金论文比由0.62增加到0.65。2015年荣获湖南省科技期刊编辑学会先进集体。

国际学术会议 学会实验血液学专业委员会举办国际淋巴瘤转化医学论坛，约250人次参会。

国内主要学术会议 学会组织多学科、多层次、多领域的学术交流活动12次，参会约4500人次，交流论文1600余篇。

2015年学会举办了学会第十届全国会员代表大会暨学术会议、中国科协第296次“精准医学”支撑体系建设青年科学家论坛、卢兴、杨继声教授学术思想研讨会暨病理生理学高端论坛、第十五届全国实验血液学学术会议、第五届中法危重病医学论坛、第十三次全国动脉硬化性疾病学术会议暨会员代表大会、中国畜牧兽医学会兽医病理学分会第二十一次学术研讨会暨中国病理生理学会动物病理生理专业委员会第二十次学术研讨会、2015消化与代谢病理生理研讨会、大中专教育工作委员会第八届代表大会暨第一次学术研讨会、2015全国机能学科实验教学平台建设研讨及新实验方法技术培训、全国机能实验教学研讨会暨机能实验教学工作委员会第二次会议、第九届“明湖论坛”中西医结合学术交流会共12次学术会议。

【中国病理生理学会第十届全国会员代表大会暨学术会议】 11月7日，学会第十届全国会员代表大会暨学术会议开幕式在天津市举办，679位会员代表参加会议。学会理事长吴立玲，天津医科大学党委书记姚智，中国科学院院士、中国科学院生物物理研究所陈润生，国家自然科学基金委员会医学科学部副主任孙瑞娟等出席大会开幕式。

中国病理生理学会第十届全国会员代表大会暨学术会议

姚智代表天津医科大学向中国病理生理学科建立60周年，中国病理生理学会成立55周年表示祝贺。开幕式后举行了全体会员大表大会和中国病理生理学科建立60周年纪念讲座。

吴立玲代表学会第九届理事会向全国会员代表大会做理事会工作报告，报告总结了学会第九届理事会的工作。大会审议通过了对《中国病理生理学会章程》的修改，对《中国病理生理学会关于专业委员会管理的规定》的说明。

全体会员代表通过学会第十届理事会理事选举办法、推举了总监票人和监票人。全体会员代表以无记名投票的方式选举了第十届理事会。随后召开的第十届第一次理事会议以无记名投票的方式选举了学会第十届常务理事，北京大学第三医院血管医学研究所张幼怡教授当选第十届理事会理事长。

会议讨论并决定了第十届理事长、副理事长工作分工及各工作组组长。会议明确了各专业委员会换届程序，换届前需先报请常务理事会同意，在换届前1年向中国科协上报换届申请，换届前2个月须将具体候选人名单上报学会办公室，以便进行会员资格审查。

大会共收到384篇摘要并在《中国病理生理杂志》发表。会议期间举办了7场特邀报告，6场大会报告，66场专题报告，44场青年论文报告，以及200多个壁报展示。其中16人获得青年优秀论文奖，20个壁报被评为优秀。

微循环专业委员会、中医专业委员会同期召开了专委会换届会议，韩晶岩任微循环专业委员会新一届主任委员，李萍任中医专业委员会新一届主任委员。

经学会第十届一次常务理事会讨论，批准成立血管医学专业委员会，董尔丹任主任委员，并按照中国科协《关于全国学会分支机构、代表机构登记审批有关问题的通知》[科协学函字（2014）第36号]要求在中国科协备案。

11月7日，学会首届青年委员会在天津市成立。经过学会全体到会理事投票选举，确定了首届青年工作委员会15位委员。

【中国科协第296次“精准医学”支撑体系建设青年科学家论坛】 11月28—29日，中国科协第296次“精准医学”支撑体系建设青年科学家论坛在北京召开。会议由中国科协主办，学会与北京大学第三医院承办。

全国政协副主席、中国科协主席韩启德院士出席论坛。他鼓励青年科学家以论坛为平台进行充分交流，介绍原创成果，让思想碰撞出新的火花。他希望能够建立有中国特色的精准医学研究体系，不局限于以基因组、蛋白质组等组学技术为基础的精准医疗策略。

来自北京大学，华中科技大学，浙江大学，中国科学院等30余所高等院校、科研院所及企业的100余位青年学者参会。论坛围绕“心血管疾病精准医学”这一主题，分别从大数据与心血管疾病、新方法和新技术、基础研究的热点问题、临床治疗4个方面进行了讨论。

论坛达成共识，即按照国际标准统一临床信息，搭建共享共赢的公共平台。

【卢兴、杨继声教授学术思想研讨会暨病理生理学高端论坛】 11月14日，卢兴、杨继声教授学术思想研讨会暨病理生理学高端论坛在陕西省西安市召开。全国政协副主席、中国科协主席韩启德，陕西省人大常委会副主任、西安交通大学党委书记张迈曾，陕西省政协副主席、西北农林科技大学校长孙其信，学会理事长张幼怡教授，卢兴教授、杨继声教授的学生以及西安交通大学医学部师生代表参加了会议。

作为西安交通大学医学部病理生理学教授卢兴，卢兴教授的学生，韩启德回忆了与恩师相遇、学习的快乐时光。他说，虽然只跟随老师学习3年，但自己却获益终身。尊师重教是中华民族的传统美德，这个传统不能丢。

韩启德与大家分享了他对卢兴、杨继声教授学术思想的三点体会：一是有垦荒精神。他说，“当年研究条件非常困难，只有一个生理记录仪，但在卢老师、杨老师的带领下，他们关注前沿，从零做起。现在医学条件良好，我们实在没有理由不把工作做好”。二是简朴踏实，大道至简。他提到，“两位老师做事认真，要求严格，在科学研究上踏踏实实，一步一个脚印，这种作风也对我们产生了深远的影响。”三是教书育人。他表示，“卢兴老师不仅教会自己知识，更多的是做人的道理，即做人要厚道，待人要宽厚，待己要严格。他并没有用过多的言语教导我，但却用实际行动影响着我”。

卢兴教授的学生、澳大利亚Monash大学医学部教授杜晓军对卢兴、杨继声的学术思想作了介绍。他说，两位教授把教学科研作为神圣的使命，淡泊名利，悉心育人，无私奉献，树立了榜样。

会上播放了卢兴、杨继声教授的纪念短片，从“尚医尚德、求是求新”“硕果累累”“甘为人梯，桃李满天下”等方面展现了两位教授的学术成绩和育人故事。

（撰稿人：张幼怡　余晓星）

中国营养学会

服务创新型国家和社会建设　2015年度内，学会承担的“十二五”国家科技支撑计划课题“平衡膳食体育健身预防慢性病技术研究与应用”结题。学会与各合作单位结合课题任务书中的考核指标对课题任务完成情况进行梳理，对未完成的任务进行收尾总结。该课题对建立平衡膳食科学运动干预“三高”IT技术平台进行干预试验，完成《全民健康十万个为什么（平衡膳食篇）》《中国上班族膳食营养指导》等科普读物的编写，通过官方微信平台发布营养科学知识和科普信息200余篇。

学会继续推动营养立法工作，立法起草组策划了营养立法的《宣传方案》，撰写《营养改善条例》相关研究报告、起草说明和法条释义等配套文件，向人大代表和政协委员继续宣传营养立法的重要性和迫切性。全年召开10多次编写工作会议和6次研讨会，征求意见与修改，对《营养改善条例》（草案）进行了10次修改。

6月23日，召开中国食品工业减盐指南专家研讨会。与会专家根据国情提出了适合于我国食品工业的减盐建议，并和企业界人士共同就减盐中需要采取的具体措施、减盐目标等进行了交流和讨论。工作组根据专家意见对《中国食品工业减盐指南（草案）》进行了进一步修改和完善。

12月，学会发布了《7—24月龄婴幼儿喂养指南》。

2015年度学会两个科研项目基金共资助200多万元，其中中国营养学会帝斯曼专项基金受资助项目9个，资助基金135万元，优选课题方向为老年人群营养研究（不含产品开发性研究），包括维生素、Omega-3脂肪酸和植物化学物对中国老年人群健康效应的实验性研究、老年饮食障碍等改善老年特殊人群营养状况的研究3个方向。中国营养学会伊利营养科研基金资助“牛奶摄入——乳糖酶基因交互作用与人体乳糖酶表达及代谢性疾病关系的研究”等4个项目，资助金额110万元。

9月13日，健康医疗产业顾问聘任大会在宁夏回族自治区吴忠市召开，大会聘任中国工程院院士陈君石、中国营养学会理事长杨月欣等专家、学者和企业界人士共22人担任吴忠健康医疗产业顾问。吴忠市人民政府与学会签订了健康产业发展战略合作框架协议，共同促进吴忠市健康医疗产业的发展。

学会2015年举办实践技能继续教育培训班3个，培训人数431人次。

学会能力提升计划 7月，中国科协“学会能力提升专项”优秀科技社团奖项目第一期正式结束。自项目实施以来，学会将项目任务和自身发展紧密结合，合理安排，严格管理，认真实施，完成了项目目标。3年推出2本《营养学科发展报告白皮书》；举办包括“全国营养科学大会”品牌学术会议、“亚洲营养领导人高峰论坛”在内的多项国内国际学术交流活动；积极开展营养科技评价，召开专家咨询评估会议10余场；主动参与和促进有关营养法规及标准的建立和制定。开展“中国营养学会科学技术奖”“青年科技奖”等评奖活动，鼓励学术创新和为学会建设作出贡献的学者；推动会员之家建设，大力发展营养相关专业的新会员，拓宽服务会员的渠道。坚持民主办会，建立健全学会规章制度，推动学会组织建设，加强学会专职队伍和信息化建设水平，促进办事机构职业化改革。

9月，学会荣获中国科协“学会创新和服务能力提升工程”三类优秀科技社团，自2015—2017年，连续3年获得每年100万元的奖建经费。计划用于四个方面的建设：①提升服务创新能力；②提升服务社会和政府能力；③提升服务科技工作者能力；④提升自我发展能力。

学会开展了“营养科技评价办法研究”。研究计划建立营养科技评价体系，完善营养科技评价制度建设，研究和探索社会需求，创新营养科技评价模式，将科技评价理论研究应用于实践。通过查找、收集、比较国内与国际在科技评价方面的制度建设资料，已完成《中国营养学会科技评价办法》初稿。

学会建设 5月16日，学会举办成立七十周年纪念大会，通过学科成就总结、先进表彰、历史回忆和精神传承等系列活动纪念学会成立70周年。

全年发展个人会员1004名，会员总数18912名；单位会员新增4家，总数为36家。

全年召开1次理事会和3次常务理事会，以及11次理事长办公会。8月2日，召开第三次全国营养学会理事长联席会。

成立医学食品与营养支持分会、营养大数据和健康管理分会。筹备组建营养与转化医学分会、运动营养分会、食物营养分会。

8月，学会在浙江省杭州市举办为期3天的秘书处专职人员培训班。为配合业务工作的开展，学会秘书处新成立培训部和国际事务部。

学术期刊 《营养学报》全年收稿405篇，退稿251篇，稿件采用率38%。全年共发稿154篇，期均载文量25篇；国内总发行量1.26万册，国外发行和交换114余册。

学科发展研究 受中国科协委托，学会完成了《2014—2015营养学学科发展报告》，由中国科学技术出版社出版。本报告介绍了中国营养学科研究发展的现状，阐释了营养学科的特点，特别就公共营养、临床营养、妇幼营养、老年营养、特殊营养、微量元素营养、食物营养、营养与代谢、营养与慢性疾病控制等分支学科领域的最新研究进展和主要成就进行了综合描述，并对营养学科国内外研究情况进行了比较，分析和总结了美国、加拿大、澳大利亚、法国和德国的科技投入和投入方向，应用文献计量学对营养学领域的前沿进展、近5年权威国际会议的讨论议题、权威资助机构近5年最新资助立项课题等进行综合分析，梳理了营养学科领域理论研究和实践应用的热点和前沿主题，探究了学科未来的发展趋势。

决策咨询 受国家食品药品监督管理总局（CFDA）委托，开展了“保健食品备案纳入标准和相关原料要求研究”课题。撰写了《保健食品原料和评价研究报告》，建立了保健食品备案原则及可声称功能的食品分类和声称分类框架，建立了29种营养素及9种其他膳食成分的保健食品标签参考值，确定了22种营养素和9种其他膳食成分的原料来源、功能声称和用量要求。目前国家食品药品监督管理总局已接受并纳入标准管理中。

学会完成《“十三五”营养与健康科技创新战略研究报告》初稿，该报告关注了营养与健康科技领域的基础理论、关键技术、重大实际解决方案和产品研发等方面的关键问题。

学会召开了3次中国注册营养师资格认证（上海试点）研讨会。制定了《中国注册营养师资格认证（上海试点）暂行规定（讨论稿）》《中国注册营养师

资格考试（上海试点）暂行细则（讨论稿）》。确定了《中国注册营养师资格（上海试点）考试大纲（讨论稿）》中所涉及的考试学科、学科分布、学科占比等内容。

国际学术会议 4月，学会与北美华人营养学会共同主办国际EB大会（The international Forum at Experimental Biology 2015）中国分会场，数位学会专家就中国营养学的最新进展作专题报告。

国际组织任职 学会理事长杨月欣当选亚洲营养联合会执委（任期四年）、国际食物政策研究所（IFPRI）2025协定技术专家组委会委员。

国际交往 1月，学会专家组参加了马来西亚亚太临床营养大会（APCCN 2015）。经申办，学会获得2019年第十一届亚太临床营养大会的举办权。

5月，学会专家组参加了在日本东京举办的第十二届亚洲营养大会，经申办，获得2023年第十四届亚洲营养大会的主办权。亚洲营养大会由亚洲营养学会联合会（Federation of Asian Nutrition Societies，FANS）主办，每4年举行一次。

12月3—4日，意大利营养学会第36届年会“国际纵览膳食指南和公共卫生研讨会”在意大利佛罗伦萨举行。学会派专家出席，在研讨会上展示了中国居民膳食指南的修订历史、修订过程和最新内容，与各国专家代表进行探讨和交流。

学会专家组还分别参加了葡萄牙第三十七届欧洲临床营养与代谢大会、新加坡第四次亚洲FOP专题研讨会、马来西亚2015国际棕榈油会议、2015美国乳品协会乳清蛋白专家年会等会议，在会上作了专题报告。

5月22—27日，学会与国际营养科学联合会（IUNS）合作培训项目，第五期营养领导才能培训班（Chinese Nutrition Leadership Program，CNLP）在广东省广州市召开，招收学员40名，平均年龄38岁。

8月，学会与德国莱茵公司启动战略合作。学会理事长杨月欣和莱茵大中华区总裁兼首席执行官薛勒分别代表双方签订战略合作协议。协议约定，双方在食品安全检测、食物营养和食品标签（FOP）信息等领域进行合作。

由学会与马来西亚棕榈油局共同合作开展的中国甘肃省农村地区学龄儿童维生素A干预项目于2014年12月在甘肃省陇西和西固地区开始实施。项目旨在帮助贫困地区家庭的学龄儿童改善维生素A摄入不足的状况。项目选取了6所农村学校的2000名7—13岁学龄儿童通过膳食给予维生素A强化干预。项目现场干预已于8月正式结束。

11月，选择国际基金会（Choices International Foundation）国际事务经理Rutger Schilpzand先生为FOP（食品标签）研究工作组成员，进行了为期两天的培训，对制定符合我国国情的FOP标准进行了指导，并提出建议。

11月19日，学会理事长杨月欣受邀作为2025协定技术专家组委会委员，出席国际食物政策研究所（IFPRI）在美国华盛顿举办的《2025协定》。《2025协定》旨在通过全球协作，在2025年消除饥饿和营养不良。

11月20—24日，学会组织代表团赴美国与哈佛大学、塔夫茨大学以及美国营养师协会（American Academy of Nutrition and Dietetics）进行交流和学习。代表团在波士顿与美国专家学者交流了美国居民膳食指南最新版的修订过程和主要内容，就双方关注的营养问题进行了讨论。与美国营养师协会，就中国和美国新版膳食指南、营养师系统进行了交流。

2015年，意大利大使馆、美国开心果学会、美国巴达木学会、美国甜叶菊学会、加拿大菜籽油学会等机构访问学会，就交流与合作等事项进行了探讨。

国内主要学术会议 学会全年共召开国内学术会议58次，参加人数共9850人次，其中企业科技工作者612人次，交流论文1139篇。

5月16—18日，学会第十二次全国营养科学大会在北京国家会议中心召开。本次大会主题为“营养与健康”。来自国内外营养研究、食品科学、农业等领域的科技工作者2200多人参会。

5月23—24日，第十七届中国科协年会第12分会场——“新时代下的大营养观”国际论坛在广东省广州市召开，来自澳大利亚、奥地利、美国3个国家的12位营养学国际专家介绍了他们在营养学上的科研工作进展。来自全国22个省（区、市）的150余位专家、学者参会。

8月1日，由雀巢营养科学院协同雀巢旗下惠氏营养品与学会在北京共同举办“优养千日　优护一生　让每一位宝宝都获得母乳保护”专题研讨会。150位母乳喂养领域的专家出席会议，交流报告4篇。会议发布了《0—6月龄婴儿喂养指南》。全国28个省（区、市）营养学会的理事长联名支持母乳喂养，以提高母乳喂养率为目标，呼吁整个社会行动起来。

科普活动 5月17—23日，学会、中国疾病预防控制中心营养与健康所、国家食物与营养咨询委员会共同举办了2015首届全民营养周活动。活动以“天天好营养，一生享健康”为主题，将每年的5月17—23日定义为“全民营养周”。北京主会场举办了启动仪式、5000米健康跑、消费者实践活动（超市、广场、公园等）。28个省（区、市）近200家机构累计7000余位营养工作者参与了“全民营养周”活动，累计传播人次近1.8亿，发放宣传资料约100万份。

9月19日，学会受邀参加在北京自然博物馆举办的主题为“万众创新，拥抱智慧生活”北京市东城区全国科普日主场活动。学会开展了现场咨询、派发宣传材料、展示“中国居民平衡膳食宝塔”实体拼图等宣传活动，6000余人次参加活动。

在北京市8所中、小学开展“雏鹰”计划营养教育活动。设置了两套运动与营养相关的体验性、探究性课程和教案。经验及成果入选“北京市首届青少年创意市集”，荣获“优秀成果奖”。

《知识就是力量》杂志社与学会共同举办2015年全国“科学星榜样”校园选拔活动。该活动依托于中国科协“科普中国微平台”，以用户原创（UGC）模式参与，以“移动‘互联网+’校园科普评选”模式进行评审。

学会创建“中国营养界”和“中国好营养”官方微信公众号，开展科普工作。“中国好营养”入选中国科协微信辟谣公众平台项目，荣获2015年度微信科普辟谣工作优秀奖及科普工作优秀单位。

表彰举荐优秀科技工作者 5月16日，学会成立七十周年之际，举办了“中国营养学会优秀团队和个人奖”颁奖仪式，共颁发11个奖项，293名科技工作者获奖。

学会创新发展 5月28日，由学会、中国农业科学院农产品加工研究所、科技部中国农技中心联合成立“国家食物与营养健康产业技术创新战略联盟”。联盟通过政府和行业协会引导，结合高校和研究院所的科研优势资源，以企业为主体，构建行业产学研融合的技术创新体系，提升自主创新能力。学会理事长杨月欣当选为盟长。

会员服务 学会简化会员入会程序。学会网站改版后，建立新会员系统，会员证变更为会员卡，卡内嵌会员基本信息、会费缴纳情况、入会途径，方便会员的使用与管理。

建立单位会员信息库备案。开展会员活动日，搭建专家及企业之间平台。受邀派专家出席单位会员重大活动及产品鉴评会等。

建立会员之家个人会员入会系统，建立营养专家库、文献库，为会员提供免费下载服务。

【第十二届全国营养科学大会】 5月16—18日，第十二届全国营养科学大会（CNSC）在北京召开。来自国内外营养研究、食品科学、农业等领域的2200名专家、学者参加大会。

第十二届全国营养科学大会

中国科协党组成员、书记处书记王春法，中国营养学会名誉理事长、中国工程院院士王陇德，国际营养科学联合会（IUNS）主席Anna Lartey教授，美国营养学会理事长Patrick Stover教授，以及国家自然科学基金委员会、国家卫生和计划生育委员会、农业部、全国妇联、国家食品药品监督管理总局，世界卫生组织、联合国粮食与农业组织、联合国儿童基金会，中国生理学会、中华预防医学会等部门和机构的专家及有关人员出席会议。

大会主题为“天天好营养，一生享健康”。“天天好营养”包含两层含义，一是合理营养，二是长久坚持。合理营养是指每天从食物中摄入的能量和各种营养素的量及其相互间的比例能满足不同生理阶段、不同劳动强度下的需要，并使机体处于良好的健康状态。持久的均衡营养能够使机体保持正常的生理功能，促进生长发育，提高机体劳动力、抵抗力和免疫力，有利于某些疾病的预防和治疗。“一生享健康”是指健康不仅仅是没有疾病或虚弱状态，而且是个体在身体上、心理上和社会适应三个方面的良好状态。

共有250多名专家在大会和分会场作报告。大会收到800余篇学术论文和250余个大会报告，其中400余篇被收入大会论文汇编。

大会分别召开了39个专题研讨会，提供了板报交流和口头报告等多种交流方式。设立了“营养学科发展报告”“院士论坛：新时代下大营养观”“营养与疾病：关注营养与最新健康证据”等主题论坛。此外还有针对公共营养研究的“公共营养与政策发展”“中国居民营养与健康状况监测”，针对不同人群营养研究的“女性营养与健康研讨峰会”“婴幼儿喂养与营养科学实践”“儿童营养与健康”“中老年营养与健康”“营养与成功老龄化”等论坛，针对目前营养学热点问题与前沿的“营养基因组学研究与应用”“营养大数据与健康管理”“热点关注胆固醇”“益生菌与健康”“特殊医学食品和临床营养支持”“膳食补充食品科学与法规研究”等专题论坛，备受与会人员的关注。与世界卫生组织专家委员会、美国营养学会、韩国食品科学会、北美华人营养学会、台湾营养师工会联合会、北京营养师协会等6个学术组织共同主办或承办的“WHO－中国：全球主要营养问题和策略”“临床营养治疗肥胖和慢性疾病”“2015中韩植物营养素国际学术研讨会”“全球体重控制：营养与运动干预措施”“营养师发展与国际趋势”“营养关照病例演示”等专题论坛，吸引了大批专家、学者参会。

【中国营养学会成立七十周年纪念大会】 5月16日，学会成立七十周年纪念大会在北京举办。

中国科协党组成员、书记处书记王春法，中国营养学会名誉理事长、中国工程院院士王陇德，以及国家自然科学基金委员会、国家卫生和计划生育委员会、农业部、全国妇联、国家食品药品监督管理总局，世界卫生组织、联合国粮食与农业组织、联合国儿童基金会，中国生理学会、中华预防医学会，国际营养科学联合会、美国营养学会等部门和机构的专家和有关人员出席会议。

学会理事长杨月欣代表学会第八届理事会作了题为“责任和使命：中国营养学科发展和成就回顾”的主旨报告，对中国营养学界70年成就和社会贡献进行了总结。

本次大会还举行了“中国营养学会优秀团队和个人奖”颁奖仪式。与会领导及嘉宾为“终身成就奖（8名）、特殊贡献奖（19名）、国际友人贡献奖（3名）、杰出贡献奖（10名）、杰出青年奖（10名）、营养促进贡献奖（15个）、营养科学传播奖（10名）、优秀团队奖（12个）、优秀科研团队奖（10个）及全国营养行业先进工作者（100名）”等11个奖项的获奖者及获奖代表进行颁奖。

学会制作《中国营养学会七十年》纪念专题片。专题片通过“因梦想而起航、因责任而汇聚、因奋斗而辉煌”等3个篇章，介绍了重点营养大事件，对学会的发展历史、学科的发展史、营养科学工作者的重要贡献进行了全面的回顾。

制作《中国营养学会七十周年》历史画册，画册以“营养科学——我们共同的事业”为题，汇总展示了学会自1945年成立至今的珍贵照片并配以文字介绍，汇总了学会发展70年来取得的成就，画册共印刷2200册。

学会与《科学家》杂志社合作，出版“庆祝中国营养学会成立七十周年”专刊。对中国营养学会发展历史、学会工作开展情况、各专科分会工作开展情况等内容进行全方位展示。专刊共发行1500册。《营养学报》作为学会唯一刊物，特别策划七十周年单行本，刊登各个学科的总结和发展报告，共印刷1800册。

学会与《生命时报》《健康报》《健康时报》《北京青年报》《中国食品报》合作出版专刊，宣传营养学成就和社会作用。

学会设计制作了3种纪念品，纪念邮折封面以“风华七十载，携手赢未来”为题，内有纪念珍藏邮票及首日封，共制作2200套；设计制作70周年纪念笔记本和大会用笔；设计制作纪念U盘，并在其中保存大会学术论文集。

1945年我国著名生物化学家吴宪、万昕、郑集等学者在重庆发起并成立中国营养学会，成立至今已走过70年历程，学会组织了以学科成就总结、先进表彰、历史回忆和精神传承为主线的70周年系列活动。

【首届“全民营养周”启动】 5月16日，2015年首届“全民营养周”启动仪式在北京举办。活动以“天天好营养，一生享健康”为主题，于5月17—23日开展了一系列活动。

“全民营养周”由学会、中国疾病预防控制中心营养与健康所、国家食物与营养咨询委员会共同发起，确定每年5月第三周为“全民营养周”。

学会名誉理事长、中国工程院院士王陇德，学会理事长杨月欣，以及国家卫生和计划生育委员会、全国妇联、中国疾病预防控制中心、中国科协、农业部、中国科学院上海生命科学研究院有关领导，全国各省市营养学会理事长、秘书长出席启动仪式。

此次“全民营养周”活动分为北京主会场活动、各省（区、市）的分会场活动，以及媒体传播活动。

5月17日，“首届全民营养周启动之5公里健康跑”在北京奥林匹克森林公园举办。

5月19日，学会与家乐福中国食品安全基金会签署全面合作备忘录，共同致力于引领中国消费者建立营养健康的生活方式。家乐福在全国235家门店和200余个合作社开展营养周宣传活动，活动覆盖近亿人次。

据不完全统计，28个省（区、市）从事营养研究、医院临床营养、疾病预防控制、食品科学、农业等领域的200多家单位，参与了“全民营养周”活动，覆盖人群近2亿人次。

中央电视台新闻中心、北京电视台分别在“新闻直播间”“北京您早”播出了2分钟的视频新闻。广西电视台、浙江电视台播发了当地营养周活动的新闻。《生命时报》《北京青年报》《人民日报》及各省市的20余家媒体参与报道，《生命时报》以“营养失衡成社会负担”为题，整版刊登宣传首届“全民营养周”。搜狐网、新浪网、百度网、39健康网、凤凰网、新华网6家互联网媒体健康专栏进行了报道。搜狐网建立专题页面，经其他媒体转载，专题信息发布数量10万余次。“营养达人”“营养健康自测”“倡议书”等移动平台参与活动并转发信息93000余次。学会微信公众号“中国营养界”转发推送文章，文章转发万余次。

（撰稿人：李耕华）

中国药理学会

服务创新型国家和社会建设 学会副理事长张永祥教授参与了国家卫生和计划生育委员会科技教育司主持的重大新药创制科技重大专项“十三五”战略研究和计划编制工作。中国工程院院士、学会副理事长丁健负责国家自然科学基金委员会药理学“十三五”发展战略研究及规划的制定。学会专家参与了新药审评和咨询工作，对《中药非临床有效性研究技术指导原则》提供了意见。

学会承担了科技部科技重大专项管理工作课题“医药产业竞争情报分析及对策研究”。课题系统分析了辉瑞制药有限公司、诺华制药有限公司、赛诺菲制药有限公司、默克制药公司、罗氏制药等国际医药企业、美国国立卫生研究院等研究机构的产业布局、研发动态和竞争格局，开展了国内企业、机构的对比分析，为推动“重大新药创制”等国家科技重大专项实施提供参考和借鉴。

学会建设 学会新发展个人会员1114人，会员总数达到8758人，全部纳入中国科协所属学会个人会员管理系统。

成立中国药理学会北美分会，由美国内华达州立大学段大跃教授担任主任委员，组织北美地区的华裔药理学家回国进行学术交流，通过学术研讨促进国内科学研究发展，帮助华裔药理学家在国内进行职业发展。

科技期刊国际影响力提升计划 《中国药理学报》（英文）入选2015中国“百强科技期刊”。

根据汤森路透公布期刊引用年度报告，《中国药理学报》（*Acta Pharmacologica Sinica*）影响因子由2013年的2.496提升至2014年的2.912，总被引用频次6417。

10月，科技部中国科学技术信息研究所中国科技期刊引证指标数据显示，《中国药理学通报》3项主要指标名列中国科技核心期刊统计源期刊中的药理学学科第1名。

《中国药理学报》编辑部参加国内外学术活动和学术会议，推介刊物，发放宣传品和样刊。杂志与美国心血管华人科学家学会（ACRE）达成长期合作协议，在美国基础心血管科学理事会（BCVS）年会期间举办美国心血管华人科学家学会——中国药理学报（ACRE-APS）学术研讨会，每年合作举办学术会议并给优秀青年科学家颁奖。

学术期刊 10月，科技部中国科学技术信息研究所中国科技期刊引证指标数据显示：《医药导报》在入选的41种药学核心期刊中，总被引频次2220次（在药学类核心期刊中排第8位），影响因子0.568（排第15位），综合评价总分40.40分（排第13位），他引率0.87。

学科发展研究 学会出版了《药理学进展》《中药药理与临床研究进展》《药理学科发展研究报告》《中国医学科技发展报告》《麻醉药理学进展》等反映药理学及各专业领域进展的系列丛书和报告。学会在

《中国药理学通报》上发表了《2014年中美药理学发展研究比较》等多篇研究报告。

国际学术会议 5月23—25日，由学会与国际基础与临床药理学联合会（IUPHAR）共同主办的新药研发关键药理学问题国际专题研讨会在陕西省西安市召开。本次会议邀请了IUPHAR全体执委、学会常务理事、药理学专家及企业主管新药研发的专家，以及来自全国各省、自治区、直辖市的150余位药理科技工作者参加会议。与会专家围绕新药研发中临床前药理学研究及临床试验的思路、方法及国际注册要求作了报告，国内专家针对新药研发所遇到的药理学问题进行了专题介绍，结合国际新药注册要求及我国新药研发尤其是中药研发所遇到的问题进行了探讨。

国内主要学术会议 学会及所属分支机构共举办国内学术会议20余次，交流论文2000余篇。

11月2—5日，学会第十三次暨成立三十周年全国学术大会在北京召开，1000余人参会。本次会议主题为“创新转化，推动支撑临床治疗的药理学研究”，大会共收到论文摘要500余篇。大会邀请4位院士、2位国外药理学家以及6位华裔药理学家作大会特邀报告，100多名参会代表进行了壁报交流。会议开设了10个专题分会场，内容涉及心脑血管药理、网络药理及中药与天然产物药理学、新药发现与筛选、神经药理与睡眠药理、分子药理、抗炎免疫药理、临床药理、肾脏药理、药理学前沿与交叉等方面研究。本次会议是我国药理学家的又一次盛会，为提高我国药物研发水平和指导临床合理用药起到了积极的推动作用。

9月17—19日，第五届全国治疗药物监测学术年会在北京召开，500多人参会。

两岸交流 10月24—25日，由学会、山西大学和台湾长庚科技大学联合举办的第三届国际代谢组学论坛与研讨会在台湾地区长庚科技大学召开。

学会理事长杜冠华，荷兰莱顿大学Robert Verpoorte教授和Young Hae Choi副教授、美国路易斯维尔大学张翔教授（山西省“百人计划人才”）、中国药科大学阿基业教授、山西大学秦雪梅教授、台湾长庚科技大学鲍力恒教授，台湾各高等院校的专家、学者受邀出席会议。杜冠华作了题为“代谢组学与药物成药性评价”的大会报告。

国际交往 7月22—24日，第三届世界天然药物与传统药物药理学大会在新加坡举行。本次会议由国际基础与临床药理学联合会（IUPHAR）天然药物药理学分会主办，新加坡国立大学、中国药理学会中药与天然药物药理专业委员会共同承办。本次大会是学会副理事长张永祥教授连任IUPHAR天然药物药理学分会主席后的第一次大会。

科普活动 9月，学会抗衰老及老年痴呆专业委员会主办的科普活动“2015年世界老年痴呆日”在北京宣武医院举行，20余位临床专家进行了义诊，共有300余位患者咨询和就诊。

表彰举荐优秀科技工作者 学会与法国施维雅（SERVIER）研究院联合设立的“中国药理学会-Servier青年药理学家奖”和“中国药理学会青年药理学家奖”已举办了19届奖励活动。2015年，经专家评审，8人获得“中国药理学会-Servier青年药理学家奖”，7人获得“中国药理学会优秀青年药理学家”。10月，学会第十三次暨成立三十周年全国学术大会向评选出的15名青年药理学工作者颁奖。

【中国药理学会第十三次暨成立三十周年全国学术大会】 11月2—5日，学会第十三次暨成立三十周年全国学术大会在北京召开。来自全国各地的1000余位专家、学者、药理学工作者参加了会议。

国际基础与临床药理学联合会（IUPHAR）副主席Lino教授、前主席Vanhoutte教授，新加坡药理学会理事长Fred教授等出席大会开幕式并致辞。学会理事长杜冠华作主题报告《中国药理学会三十年回顾与展望》，系统回顾梳理了中国药理学三十年发展历史和学会成长历程。

会议通过大会报告、分会场交流以及壁报展示等形式交流了中国30年来药理学的进展。邀请中国工程院院士詹启敏、樊代明、秦伯益、张伯礼分别作了“精准医学发展的需求和重点任务”“医学与科学”“基础医学纵横谈”“中药现代化研究进展”的报告。

大会开设了药理学前沿论坛，来自境外的6位华裔教授报告了北美药理学的最新进展，论坛后还举行了中国药理学会北美分会成立仪式。

会议举办了网络药理学及中药与天然药物药理学、心脑血管药理学、临床药理、神经药理与睡眠药理、分子药理、抗炎免疫药理、肾脏药理、新药发现与筛选、青年英文报告、药理学前沿与交叉等10个分会场，分别就其领域的最新进展进行了学术交流和讨论。

大会闭幕式颁发了“中国药理学会 -Servier 青年药理学家奖”“中国药理学会优秀青年药理学家”，对学会作出突出贡献的老专家进行了表彰。

【新药研发关键药理学问题国际专题研讨会】 5月24日，新药研发关键药理学问题国际专题研讨会在陕西省西安市召开。本次研讨会由学会与国际基础与临床药理学联合会（IUPHAR）共同主办。IUPHAR 全体执委、中国药理学会常务理事，学会会员及国内药理学相关从业人员等共 200 余人参会。

本次研讨会在 2015 年 IUPHAR 执委会会议期间举行。来自美国、法国、英国、德国、日本、芬兰、澳大利亚、以色列、印度和中国的 16 位 IUPHAR 执委和工作人员参加了研讨会。

会议围绕新药研发的基础与临床药理学问题，设立 7 个专题报告，按照临床前药理学问题和临床药理学问题 / 药物研发两大板块进行学术交流。IUPHAR 主席 S. J. Enna 教授担任临床前药理学问题部分的主持人，学会前理事长林志彬教授、学会副理事长兼秘书长张永祥教授共同担任临床药理学问题 / 药物研发部分的主持人。

IUPHAR 秘书长 Michael Spedding 教授，IUPHAR 执委 James Barrett 教授，IUPHAR 临床药理学分会主席 Darrell Abernethy 教授，IUPHAR 临床药理学分会副主席 David J. Webb 教授，学会理事长杜冠华教授，天士力控股集团有限公司副总裁孙鹤博士，贝达药业股份有限公司总裁兼首席科学家王印祥博士作专题报告。

【第三届世界天然药物与传统药物药理学大会】 7月22—24日，第三届世界天然药物与传统药物药理学大会在新加坡举行。会议由国际基础与临床药理学联合会（IUPHAR）天然药物药理学分会主办，新加坡国立大学、中国药理学会中药与天然药物药理专业委员会共同承办。

论坛报告按照内容分为 5 个板块，分别为植物化学与植物药、天然产物临床前药理研究、天然产物临床前药理研究Ⅱ、天然产物临床药理学、天然药物研究中的新技术。来自我国及新加坡、美国、法国、日本、韩国、印度、马来西亚、泰国等国家的 29 位药理学家同与会专家、学者交流了研究成果。

会议安排了 10 个青年报告，为青年学生和研究人员提供了一个交流和锻炼的平台。

（撰稿人：穆　鑫）

中国针灸学会

服务创新性国家和社会建设　受中国科协委托，学会完成“中医针灸科研项目第三方评估体系建立可行性调研”项目，召开中医针灸科研项目第三方评估体系建立可行性调研座谈会，形成《关于建立中医针灸科研项目第三方评估体系的建议》提案初稿，提交中国科协。

首次承接中国科协“企会协作创新计划”试点项目，6月19日，学会在江苏省南京市召开了 2014 年中国科协“企会协作创新计划”试点项目现场调研及专家咨询论证会，与会专家讨论了组织和技术环节中的关键问题，从不同层面给予了技术咨询和项目实施的管理指导。

完成科技部中医药“十三五”科技发展规划中《针灸大科学研究计划》《针灸标准化行动计划》，世界卫生组织（WHO）《针灸临床实践规范》的起草工作。

完成中国科协试点项目“中国针灸学会承接政府转移职能试点培育项目社会团体标准研制工作”科研总结，向中国科协申报了“中国针灸学会开展团体标准研制的优势、特色和规范研究”课题，并完成了该课题。

完成了《循证针灸临床实践指南　神经根型颈椎病》等 9 项针灸临床实践指南的统稿、报送、修改及发布。4月至5月，举办了国际标准化综合知识、科技成果转化为技术标准、社会团体、联盟标准知识及编写方法等 3 批培训班。参加中国科协举办的团体标准化论坛，对《学会团体标准工作群构建和运行方案》提出建议。

年度内，学会协助全国针灸标准化技术委员会将《针灸技术操作规范通则》《针灸异常情况处理》《穴位贴敷用药规范》《针灸门诊基本服务规范》等 4 项国家标准送审稿报送国家中医药管理局，并征求意见，将意见反馈至各标准起草组。协助全国针灸标准化技术委员会完成已颁布针灸国家标准的复审工作，协助开展“十三五”针灸技术标准研制重点征集工作。学会还与全国针灸标准化技术委员会共同编撰了《针灸国家标准及其应用指南》，协助全国针灸标准化技术委员会完成了 ISO 针灸国际标准提案建议工作，协助国际标准化组织 / 中医药技术委员会 / 第三工作组

（ISO/TC249/WG3）完成了 WG3 工作范围扩展和名称修改。

举办培训班、学习班、研修班 30 期，培训学员 1000 余人次。举办各类针灸特色疗法培训班 44 期，培训学员 2727 人次。

学会能力提升计划 9 月，学会荣获中国科协“学会创新和服务能力提升工程”三类优秀科技社团，自 2015 年至 2017 年，连续 3 年获得每年 100 万元的奖建经费。学会计划在 3 年时间内，通过“互联网 +”针灸会员服务平台与大众服务平台，提升学会自身服务学术交流、继续教育与会员发展的效率、能力与水平；通过创新机制，搭建技术支撑平台，建立技术评估机制等，整合国内外针灸研究资源，全面提升我国针灸临床研究的质量与水平；充分利用新媒体、调动分支机构与省市学会积极性，加强针灸科普宣传，组织开展针灸下社区、下农村、进入临床各科等活动，大幅度提升针灸对医改的贡献度；采用更加有效的组织方式，发挥专家优势，制定出我国针灸未来 10 年发展的战略、大科学计划、带动中医走出去等研究，发挥智库作用；借助世界针灸学会联合会的特殊地位与“一带一路”战略机遇，通过不同方式强化我国在国际针灸中引领作用，提升学会国际知名度和影响力。发挥我国针灸标准化工作优势，培养人才，积极组织，将我国的针灸标准转换为国际组织或国际标准，以标准化推动针灸国际化。

学会建设 2015 年，学会发展个人会员 4169 人，会员总数达 14125 人。召开常务理事会 2 次，全国秘书长工作会议 1 次。

成立穴位贴敷专业委员会、减肥与美容专业委员会、针灸技术评估工作委员会等 3 个分支机构。针灸器材专业委员会、针推结合专业委员会完成换届工作。学会学科与学术工作委员会提出了分支机构建设规划的初步设想，修改完善分支机构建设。

学会网站年度发布通知公告、新闻动态、继续教育、学术交流等信息 300 余条。注册学会微信公众号，入住中国科协科普公众微平台。

建立了“互联网 +”针灸会员与科技工作者服务平台、针灸临床研究注册网、针灸病例登记注册平台。

学术期刊 10 月，根据中国科学技术信息研究所发布的期刊引证报告,《中国针灸》杂志核心影响因子已达到 1.062，总被引频次、影响因子及影响力均在针灸骨伤类期刊排名第一；其综合评价总分达到 80.40 分，首次获得 2015 年“百种中国杰出学术期刊”称号。入选“2015 年度中文报刊海外发行最受海外读者欢迎排行榜五十强”，获得 2015 年“中国医药卫生最美期刊奖”。

根据中国知网（CNKI）2015 年中国学术期刊影响因子报告,《针刺研究》复合影响因子 1.871，在中国医学类杂志中排名第一。《世界针灸杂志》的期刊复合影响因子 0.463，较上年度的 0.302 提高 53.3%。而综合影响因子 0.276，较上年度的 0.140 提高 97%，被收入《中国科学引文数据库（核心库）》。

国内主要学术会议 2015 年，学会及所属分支机构举办全国性学术交流活动 6 次，参会 2200 余人次，编印论文集 3 部，收录学术论文 954 篇。

8 月，2015 中国针灸学会年会在上海召开，来自全国 20 个省、自治区、直辖市，香港特别行政区、台湾地区，以及日本、韩国的 1500 余位针灸工作者参会。会议围绕“发挥针灸优势，推动健康服务业发展”这一主题，邀请中国工程院院士石学敏等 6 位专家作大会主题报告。设立针灸基础研究、针灸临床应用研究、针灸教育与产业发展等 3 个分会场，举办灸法等 8 场专题论坛，会议期间交流学术论文 725 篇，共有 103 名专家进行了高水平的学术报告交流，有 71 篇壁报展示、14 家企业参展。

国际交往 5 月，2015 俄罗斯伊尔库茨克首届贝加尔湖国际传统医学研讨会在俄罗斯伊尔库茨克城召开，学会作为大会协办单位，派代表团参加此次会议。学会会长刘保延在大会上作了“中医针灸的过去、现在和未来”的主题报告。与会专家、学者们围绕“针灸和传统医学在疾病预防、治疗及康复等热点问题”，分别就针灸机理研究、针灸教育标准、针灸临床应用研究及临床实践未来方向与策略，针灸标准与政策安全，针灸教育和培训等专题进行了为期两天的交流。

9 月，2015 国际针灸学术研讨会在加拿大多伦多召开，学会作为协办单位派代表团参加了本次大会。与会专家、学者围绕会议主题分别就针灸机理研究、针灸教育标准、针灸立法发展、针灸临床研究以及针灸的安全性、有效性评价和针灸美容、老年医学、预防养生等内容进行了演讲和交流，举办了针灸新技术、新产品展览展示。会议期间召开了世界针联第八届执委会第三次会议，执委麻颖和司库杨金生向执委会汇报了 2014—2015 年度针联秘书处工作总结和财务报告，讨论了世界针联下一步发展和工作计划。

科普活动 学会及所属分支机构全年共开展义诊174次，直接受众14650人次；科普讲座574次，直接受众51530人次；技术培训215次，培训14953人次；科普展览67次；电视广播64次，总时长1749分钟；出版科普书籍24种；发表科普文章78篇；印制科普光盘2种；建立新媒体15个，粉丝总数达37万人。

由学会组织，成都中医药大学申报的“针灸经穴效应特异性研究”参加了“感触科学——2015年前沿科技魅力主题展”，展示了国家科学技术进步二等奖——“经穴效应特异性循证评价及生物学基础研究”的成果。展览会现场展示了项目研究成果壁报、视频，配备了针刺训练模型、针刺手法训练系统、电子针疗仪等仪器。

为纪念“中医针灸”被联合国教科文组织入选《人类非物质文化遗产代表作名录》5周年，展现“中医针灸”在国内外发展的情况和民间接受程度，学会与世界针灸学会在3月举办了主题为“针灸传扬，与我同行”的大型中医针灸随手拍国际摄影比赛，活动共征集作品1570幅，其中一等奖1幅、二等奖2幅、三等奖6幅、优秀奖37幅。获奖作品在加拿大多伦多、北京中国中医科学院展出。

黑龙江中医药科学院、重庆针灸学会、长春生修堂中医院3个学会科普基地完成挂牌，上海中经堂、北京薄氏腹针研究院通过科普基地审批。

表彰举荐优秀科技工作者 8月，第五届中国针灸学会科学技术奖颁奖大会在上海市召开。大会对获得第五届中国针灸学会科学技术奖的11个项目单位和个人进行了表彰，“经皮穴位电刺激在全麻行控制性降压中的调控保护作用及其机制研究”和“（电）针刺治疗乳腺增生病的临床疗效与规范化方案及相关机理研究”获得中国针灸学会科学技术奖一等奖。

会员服务 在学会全国秘书长工作会上，对响应学会号召发展会员的单位和个人进行了奖励。通过电话、邮件，对发展会员工作中存在的问题进行调研。

【中医针灸申遗保护和世界针灸周系列活动】 学会按期完成上年度文化部“中医针灸保护专项”结题验收工作。撰写项目申报书，申报文化部2016年非物质文化遗产保护项目并获得批准。出版《中医针灸传承集粹》，开展了第五批国家级代表性传承人的推荐工作。

纪念“中医针灸”申遗成功5周年暨世界针灸周传承保护系列活动

11月15日，在“中医针灸”正式成为世界非物质文化遗产5周年之际，学会与中国中医科学院针灸研究所在北京举办了“中医针灸”申遗成功5周年暨世界针灸周中医针灸传承保护座谈会，来自文化部非物质文化遗产司、对外文化联络局、中国非物质文化遗产保护中心、中国艺术研究院等单位的20多位专家、学者出席了会议。

中医针灸非物质文化遗产保护单位在《近5年中医针灸非遗保护工作》的汇报中，系统回顾了5年来中医针灸非物质文化遗产保护的工作，同时提出了存在的问题和建议，中医针灸非物质文化遗产保护项目各传承人代表汇报了传承工作。

座谈会期间还举行了联合国教科文组织人类非物质文化遗产代表作名录《中医针灸传承集粹》新书首发式。

11月，学会与浙江省针灸学会，浙江省衢州市衢江区委、区政府共同主办了2015世界针灸周暨杨继洲纪念活动。来自中国工程院、世界中医药学会联合会、中国针灸学会等机构的专家，浙江省针灸学会青年理事会成员，衢州市医务工作者等100多人参加了活动。衢州市是著名针灸学家杨继洲的故里，在世界针灸周系列学术活动上，举行了向杨继洲塑像行祭拜礼的仪式，学会副会长王华宣读祭文。中国工程院院士石学敏作了“针灸是如何走向世界”的报告，浙江省针灸学会会长方剑乔作了“针灸镇痛的机理与临床”的报告。针灸专家还开展了义诊活动，举办了健康养生讲座。

【首届全国针灸推拿专业建设院长论坛】 12月11—13日，由学会与北京中医药大学共同主办的首届全国针灸推拿专业建设院长论坛在北京召开，来自全国24所高校针灸相关专业的院长、学科专家70余人

参加了大会。

学会会长刘保延教授在讲话中回顾了针灸推拿学科 30 多年的发展历程，谈到了新形势下针灸学科建设面临的困难与挑战。

与会专家、学者分别就推进针灸推拿学专业一级学科建设、针灸推拿学院专业设置研讨、关于 2016 年全国针灸推拿技能大赛相关事宜等 5 个议题进行了讨论。专家们认为，针灸推拿学科具备建设一级学科的前提条件，时机已经成熟。但学科层次的提升不仅需统一思想，还需脚踏实地，认真做好相关各项工作。

基于针灸学科在“十三五”中的总体目标和发展思路，与会人员探讨了针推学科专业设置的现状及问题，讨论了以针灸为核心特色，推拿、康复、气功等多专业兼顾的专业设置思路。专家们还就针灸推拿课程的教学方法进行了讨论，提出了充分运用新媒体，借鉴其他学科经验，创新针灸学科的教学方法。

【2015 年针灸高峰研讨会】 7 月 17—19 日，由学会与中国中医科学院针灸研究所主办的 2015 年针灸高峰研讨会在陕西省中医院召开，来自全国针灸界及相关领域的专家、学者 200 多人参加大会。

大会以“促进学科交叉，服务针灸发展”为主题，以学术报告、开放讨论的形式，转化针灸研究成果为临床疗效，达到重构针灸理论、开创针灸研究、提高针灸疗效的目标。

会议主会场设立院士论坛、权威专家专题报告、提问讨论等。

中国科学院院士韩济生、学会会长刘保延、学会副会长朱兵及国医大师郭诚杰分别作主题演讲报告。

【2015“针灸治未病”高峰论坛】 10 月 22—24 日，2015“针灸治未病”高峰论坛在湖北省武汉市召开。

针灸治未病湖北省协同创新中心主任王华介绍了针灸治未病湖北省协同创新中心的基本情况。学会会长刘保延谈到，针灸是中医治未病体系中重要组成部分，协同是创新的重要方式。

学会会长刘保延、学会副会长朱兵、华中科技大学王伟教授、西京医院王强教授、学会副会长王华教授分别作了题为“大数据时代针灸治未病的发展与机遇”“针灸的双向调节”“针感和人格因素影响针刺治疗效果”“针灸预处理的脑保护机制及临床转化”“针灸治未病研究”的主题演讲。中国中医科学院针灸研究所常务副所长喻晓春教授、南京中医药大学朱冰梅教授、张国军教授、李铁浪教授、中国中医科学院针灸研究所赵宏教授分别作了题为“针灸预治疗的心脏保护作用”“针灸治未病的表观遗传学机制”“纳米针灸传感针的构建与应用”“穴位组织细胞化学变化的动态特征”“背俞功能带捏脊拔罐法对 CFS 患者临床疗效及血浆 Trp 的影响”“针灸治未病标准研究的现状及存在的问题”的专题学术报告。专家们对针灸治未病理论体系的构建、研究方法的创新与多学科融合、针灸治未病标准化、临床转化等方面进行了讨论。

（撰稿人：吴 远）

中国防痨协会

服务创新型国家和社会建设 9 月 21—26 日，国家卫生和计划生育委员会疾病预防控制局通过定向委托的方式，委托协会对全国重点省结核病防治规划进行督查。协会副理事长袁政安、钟球、洪峰、秘书长成诗明带领专家组，赴河南省、山西省、甘肃省和河北省对当地结核病防治规划进行现场督查。督导内容包括：结核病防治服务体系情况，传染病网络直报系统肺结核疫情报告和结核病管理信息系统患者登记录入情况，肺结核患者转诊、追踪和到位情况，涂阳肺结核患者发现，实验室痰涂片检查及质量控制情况和耐多药肺结核可疑者筛查工作情况。10 月 9 日，督导组向国家卫生和计划生育委员会疾病预防控制局汇报了现场督查工作，递交了督查报告。

2015 年 12 月，国家卫生和计划生育委员会疾病预防控制局提出了 2016 年委托工作任务，主要包括 2016 年全国结核病防治交叉督查工作，全国结核病聚集性疫情处置能力提高班培训以及“3.24 世界防治结核病日”宣传活动的有关准备工作等。协会定期参加国家卫生和计划生育委员会组织的各项会议，与其建立了密切联系。

5 月 11—15 日，现代结核病控制理论与实践品牌培训班在北京举办，来自北京、天津、河北、辽宁、吉林、黑龙江、江苏、山东、河南、湖北、广东、广西、四川、贵州、陕西、甘肃、青海等 17 个省、自治区、直辖市疾病预防控中心、结核病防治所、定点医院、综合医院、监狱医院从事结核病防治、临床工作的医务人员共 168 人参加培训。10 位专家授课，授课内容包括：全球结核病疫情特征与控制策略，我国结核病防治策略，肺结核病人的大发现治疗、管理，结核病检测新技术和人文关怀等。

10月24—26日，协会在新疆维吾尔自治区乌鲁木齐市举办了结核病外科诊疗新进展培训。来自全国各地从事结核病防治和临床工作的108位医务人员参加了培训。大会对国内外肺结核外科治疗及胸部微创外科治疗的最新进展进行了展示。

协会组织编写的《耐多药结核病治疗指南（2015年版）》《实验室检测规程》等由人民卫生出版社出版。

学会建设 协会发展单位会员21个，单位会员总数达83个；发展个人会员1893人，个人会员总数达8358人。

8月25日，协会第十一次全国会员代表大会在北京召开。来自全国31个省、自治区、直辖市，香港特别行政区、澳门特别行政区的237位代表参加了会议。会议选举产生了协会第十一届理事会理事145人，常务理事45人。刘剑君当选协会理事长，许绍发、洪峰、王黎霞、王栩冬、张宗德、钟球、袁政安当选副理事长，成诗明任秘书长。会议审议通过《关于第十届理事会工作报告的决议》《关于中国防痨协会章程修改的决议》《关于中国防痨协会各类会员会费标准的决议》。

10月10日，协会第一次常务理事会讨论通过成立11个分支机构，将原专业委员会更名为专业分会。11个分支机构中，包括5个专业分会、5个工作委员会和1个青年理事会，分别为：协会结核病控制专业分会、协会结核病临床专业分会、协会结核病基础专业分会、协会结核病健康促进专业分会和协会结核病转化医学专业分会；协会结核病学术工作委员会、协会国际交流工作委员会、协会组织工作委员会、协会编辑工作委员会和协会监督工作委员会以及协会青年理事会。会议同意组建中国防痨联合体，由协会、各省防痨协会、各团体会员单位、企业和其他社会组织自愿参加。同意将具有20余届历史的“西部结核病论坛”，提升为“中国防痨协会结核病西部论坛”品牌。会议审议通过了分支机构管理办法，协会未来5年工作规划以及2016年全国学术大会召开的时间、地点等议题。

11月，协会完成网站升级改造。主页面包括协会新闻、学术交流、科学普及、会员之家、下载专区、专家智库、联系我们、学会期刊、表彰奖励等10个版块、栏目。设置了协会“互联网+”会员管理系统、“互联网+”结核病防治知识竞赛、“互联网+”中国防痨协会智库、“互联网+”学术会议系统，可满足学术会议在线注册、缴费、会议投稿、酒店预订等功能。

11月25日，协会在北京召开了第十一届第一次理事长会议。讨论通过了分支机构主任委员、副主任委员、秘书长拟任人选。通过了协会《中国防痨杂志》期刊社负责人，《中国防痨杂志》《结核病与肺部健康》主编、副主编人选以及两刊杂志改选时间、地点和主要内容等。

12月6日，协会组织在北京召开了拟任分支机构主任委员和秘书长工作会议，启动分支机构换届改选工作。12月12日和15日，协会结核病健康促进专业分会和结核病基础专业分会分别在广东省广州市和贵州省遵义市完成换届选举。

12月11日，协会在广州市组织召开了首次全国防痨协会理事长和秘书长会议，讨论建立全国防痨联合体方案和合作机制及5年工作计划。

学术期刊 协会主办的《中国防痨杂志》（月刊）和《结核病与肺部健康杂志》（季刊）（简称“两刊”）。年度内，两刊分别出版12期和4期，刊出专题重点号12期。其中，《中国防痨杂志》10期，《结核病与肺部健康杂志》2期，载文量分别为248篇和60篇。

《中国防痨杂志》期刊社对2014年在《中国防痨杂志》上刊出的论文进行了优秀论文评选活动，评选出优秀论文13篇，其中一等奖2篇、二等奖4篇、三等奖7篇。

2015年，《中国防痨杂志》再次入选“中国科协精品科技期刊工程项目”。2015年中国科学技术信息研究所公布《中国防痨杂志》核心影响因子达到了1.659，在全部2382种科技核心期刊中排名第48位；总被引频次为1739，在全部2382种期刊中排名第443位。2015年公布的《结核病与肺部健康杂志》扩展总被引频次为881，扩展影响因子为1.795。

12月20日，协会《中国防痨杂志》期刊社在广东省深圳市完成两刊编委会换届，召开了《中国防痨杂志》第九届编辑委员会第一次全体（工作）会议，《结核病与肺部健康杂志》第二届编辑委员会第一次全体（工作）会议。

协会作为第二主办单位对《中国肺癌杂志》（月刊）履行相应的管理工作。

国内主要学术会议 5月27—31日，全国结核

病防治新技术新进展研讨会在山东省青岛市召开。来自25个省、自治区、直辖市的48家机构的262名医护人员参加。研讨会主题为“骨关节结核的诊断与治疗新技术与新进展”。大会邀请结核病诊治领域和骨关节结核专家作报告，同时邀请来自边疆的少数民族专家授课。

7月2—5日，结核病影像学诊疗新进展研讨班在湖北省武汉市召开，200多人参加。研讨内容涵盖了结核病影像学诊断及成像新技术等内容，普及了影像学诊断新技术在结核病诊断中的应用。

12月19日—21日，协会与同济大学附属上海市肺科医院在广东省深圳市联合承办了全国耐药结核病防控、诊断新进展研讨会。来自全国27个省、自治区、直辖市的300余名结核病防治专业人员参加了会议。会议围绕耐药结核病的流行调查、耐药机制的最新探讨、耐药结核病最新治疗指南及耐药结核病临床诊治问题、耐药结核病耐药及免疫机制、免疫治疗的探索等进行了讨论。

国际交往 11月30日—12月7日，第46届国际防痨联盟学术大会暨亚太区学术大会在南非开普敦召开，本次会议主题是“动员全社会，终止结核病”。协会前任秘书长万利亚、常务理事邱林西等参加了大会，会上进行了壁报展示和交流。万利亚、邱林西等还出席了世界卫生组织亚太区会议等，向国际专家、学者展示了中国结核病防治规划取得的成就和突破。

科普活动 9月1日—10月31日，由中国科协科普部资助，中国防痨协会、中国疾病预防控制中心结核病预防控制中心和广东省结核病控制中心联合开发了手机APP游戏“挑战结核病”——结核病防治知识冲关游戏，游戏受到社会公众的关注。

11月9日，协会开展全国结核病防治优秀科普作品评选活动，对2013—2015年完成的科普作品进行评选颁奖，收入协会网站的中国防痨协会科普作品资源库。

12月15日，首届结核病防治知识网络竞赛启动，通过网络在线答题方式，在网站、微信、APP等多个平台上开展，竞赛设优秀组织奖、个人优秀奖和个人组织贡献奖等三大类。仅15天时间，就有24000余人次参赛，答题人次数达62000余次。

会员服务 协会通过中国科协会员管理系统，对会员信息进行了核实、确认和增补。

6月，协会微信公众号“结核联盟”上线，内容包括工作动态、会员管理、学术会议等版块，结合民生热点和公众关注焦点，定期推送相关消息。

向团体会员赠送5套全年12期《中国防痨杂志》和《结核病与肺部健康杂志》，为会员提供杂志实时电子版。

【中国防痨协会第十一次全国会员代表大会】 8月25日，协会第十一次全国会员代表大会在北京召开。来自全国31个省、自治区、直辖市，香港特别行政区、澳门特别行政区以及部队代表共237人参加了会议。

协会理事长王撷秀作《第十届理事会工作报告》。协会副理事长许绍发作《第十一届理事候选人产生过程及理事候选人资格审查报告》，协会副理事长刘志敏作《〈中国防痨协会章程〉修改说明》报告，协会副理事长洪峰作《第十届理事会财务和会费报告》。

会议审议并通过了《关于第十届理事会工作报告的决议》《关于中国防痨协会章程修改的决议》和《关于中国防痨协会各类会员会费标准的决议》。

经投票，大会选举产生了协会第十一届理事会，刘剑君当选为协会理事长，许绍发、洪峰、王黎霞、王栩冬、张宗德、钟球、袁政安当选为副理事长，成诗明任秘书长。

刘剑君在讲话提出了七点要求：一是要按照中国科协《科协系统全面深化改革实施方案》的要求，推动民主办会，突出会员在协会中的主体地位，强化协会为会员服务意识；二是建立健全分权制衡的组织体制和工作机制，深化协会治理结构的改革；三是设置协会分支机构及扩展数量适度的专项工作机构；四是完善秘书处工作结构，推进协会办事机构实体化建设；五是探索新形势下与全国地方防痨协会相互支持促进的工作机制，计划由协会牵头成立“中国防痨联合体”，促进成员之间的信息交流与资源共享，承接政府转移职能，形成新的工作合力；六是协会要更加广泛的开展国际交流与合作，要与国际肺部疾病联合会、亚太区联合会及各国专业协会保持密切交往，与国际上其他研究机构、基金会、产品研发机构等开展多种形式合作；七是在严格遵守国家法规前提下，树立经营协会理念和市场竞争意识。

大会向“第六届全国优秀科技工作者”获得者许绍发颁发了证书。

（撰稿人：成诗明　樊海英）

中国麻风防治协会

服务创新型国家和社会建设 协会会长张国成率专家分赴山东、四川、贵州、江西、湖南等省调研，形成《麻风院、村现状调查》和《全国麻风防治管理信息系统应用情况调查》两篇调研报告，提交国家卫生和计划生育委员会疾病预防控制局。

举办国家级继续医学教育项目全国麻风皮肤病学术年会暨国内外麻风皮肤病新进展培训班，培训学员529名。承担中国科协《精准医学在麻风皮肤病防治工作中的初步实践培训班》暨2015年度人力资源和社会保障部专业技术人才知识更新工程急需紧缺人才培养培训项目，107人参加培训。

8月，中国科协前沿高端学术活动——实施以基因信息为数据基础的精准医疗以预防不良反应的发生在山东省青岛市举办，中国工程院院士谢立信等6位专家作报告，全国麻风研究、防治专业人员近40人与会。

1月23日，由国家卫生和计划生育委员会、中国红十字会总会、中国残疾人联合会、中国麻风防治协会、马海德基金会、广西壮族自治区人民政府、自治区卫生和计划生育委员会、自治区民政厅、自治区残疾人联合会、自治区红十字会等部门组成的慰问团到广西亭凉医院麻风病区开展宣传慰问活动，看望和慰问麻风休养员、病人及医务人员。协会会长张国成和麻风学科学传播团队专家在该院开展了义诊活动。

学会建设 6月，协会第七届全国会员代表大会在云南省昆明市召开。会议选举产生了由134人组成的协会第七届理事会和由44人组成的常务理事会。

第七届理事会第二、第三次常务理事会议通过了“中国麻风防治青年科技奖”“中国麻风防治突出贡献奖”和“中国麻风防治终身成就奖”奖励条例。

为尝试学术社团改革的新方法，建立新模式，探索有利于本会自律、自强、自主发展的组织体制，结合本会实际，协会申请了中国科协“学会治理结构与职业化建设项目”。第一，从协会办事机构改革入手，向国家卫生和计划生育委员会提出解除挂靠的申请；第二，加强会员管理与服务，在服务满意的基础上，依照《中国麻风防治协会会费收取标准、收取办法及会费使用、管理办法》，至2015年年底，会费收缴率达到80%以上；第三，协会队伍职业化建设改革，实行秘书长聘任制，将懂管理、会经营，协调能力强，具有超前思想、创新意识的工作人员聘用到关键岗位；第四，建立健全了理事责任制和淘汰制。改革初见成效。

国际交往 1月9日，国际麻风协会主席马科斯博士与秘书长史密斯博士在北京与协会会长张国成等就第19届国际麻风大会有关事宜进行会谈，并达成协议。会议定于2016年9月18—21日在北京召开，大会论文摘要截止日期为2016年2月15日，大会网站由中方根据国际麻风协会要求进行设计和建设。

科普活动 1月25日，在第62届世界防治麻风日暨第28届中国麻风节当天，协会以“加速行动，消除麻风危害”为主题开展了系列科普宣传活动。

1月26日，协会与北京市热带医学研究所、马海德基金会共同在北京友谊医院门诊楼内大厅开展了麻风防治知识科普宣传活动，并开展了“麻风防治知识知晓率调查”。“麻风学科学传播专家团队”的成员温艳、申鹏章等专家，热研所麻风研究室尤元钢博士、陈小华大夫、潘春枝秘书长等参加了宣传活动。

1月30日，协会社会心理康复学科学传播专家团队在广州市麻风村与康复者举办篝火晚会；1月31日在广州市永旺大型超市开展了宣传活动，麻风康复者现场为游人撰写春联赠公众，真正体会了回归社会的价值。

5月16日，协会参加了2015年北京市东城科技周主场活动，发放了麻风防治知识折页、皮肤病防治知识宣传品等共计4000余张。

2015年全国科普日期间，协会性病学科学传播专家团队在广东省中山大学大学城校区举办的促进安全套使用工作坊为在校学生介绍了性传播疾病健康教育知识；在广东省南方医科大学及广州药学院开展性传播知识宣教活动；制作了性传播疾病相关宣传板（7张）。地方病学科学传播团队在首席专家格鹏飞带领下，于9月19—25日结合地方病防治知识传播健康教育、防治效果等方面开展了科普宣传活动2次。银屑病学科学传播团队与中华医学会皮肤性病学分会银屑病学组、全国多家皮肤病治疗单位联合开展“消除‘银’影，快乐生活”活动，银屑病患者生活质量影响因素调研、患者教育讲座以及义诊、咨询等活动。皮肤病学科学传播专家团队在山东省皮肤性病防治研究所开展了以“精准用药，保障安全健康”为主题的专题讲座，发放了宣传材料。皮肤美容学科学传播专

家团队与四川卫视合作，制作了一期《新型午休式美容：果酸换肤》节目。

5月25日是我国“全国护肤日”，2015年的主题是“健康护肤，合理使用护肤品”。协会皮肤病学首席科学传播专家张福仁、皮肤美容学首席专家熊俊浩、银屑病学首席专家宋顺鹏及性病学科学首席专家杨斌分别率科学传播专家团队在山东省济南市、广东省广州市、四川省成都市、辽宁省大连市开展了系列公益活动。

10月29日是“世界银屑病日”，2015年的主题是“希望、行动和改变”。协会银屑病学科学传播团队将10月定为关爱银屑病月，从10月1日开始开展了多项活动，团队邀请中国医科大学附属第一医院，大连医科大学附属第一、第二医院，上海华山医院、南方医科大学医院、北京中医院等医院的专科医师，在辽宁省大连市皮肤病医院开展了义诊、公益讲座和免费咨询活动。

地方病学科学传播专家团队结合“5·15”碘缺乏病宣传日、“4·26”疟疾宣传日，利用媒体、宣传展板、墙体标语、宣传单等开展克山病、大骨节病、氟中毒、碘缺乏病、寄生虫病、麻风病等地方病防治知识的科普宣传活动，团队专家参加活动共300余人次，6万余人次受益。

党建强会 5月21日，协会在广东省广州市举办“党建强会——迪赛杯‘我为麻防献青春’演讲比赛”，庆祝协会恢复成立30周年。来自13个省份的17位选手参赛。江西省丰城市皮肤病防治院熊燕的《用爱点燃爱》，讲述了从事麻风防治工作30余年、“全国五一劳动奖章”获得者杜根发的事迹，获得一等奖。黑龙江省牡丹江市皮肤病防治所王作伦的《消除麻风，两代人的守望》、广西皮肤病防治研究所李铮的《深山里默默奉献的麻防战士》荣获二等奖。浙江德清县疾控中心汪思思的《在希望的原野上》、云南文山州皮肤病防治所李家玲的《爱与生命同在》、广东省珠海市慢性病防治中心黄弦《微笑》获得三等奖。

【中国麻风防治协会第七届全国会员代表大会】 6月18日，协会第七届全国会员代表大会在云南省昆明市召开，302位会员代表参加会议。协会会长张国成主持会议。

大会审议通过了协会第六届理事会作工作报告、财务报告、修改章程的报告，以及中国麻风防治协会会费管理办法。

大会原则通过了《中国麻风防治协会章程》（修改草案），通过了《中国麻风防治协会会费收取标准、收取办法及会费使用、管理办法》。大会无记名投票等额选举产生了由万卫斌等134名理事组成的协会第七届理事会。

第七届理事会第一次全体会议经无记名投票选举出由万筱明等44人组成的第七届理事会常务理事，选举张国成为第七届理事会会长，潘春枝为专职副会长，冯清华、宁湧、严丽英、严良斌、吴建中、张连华、张锡宝、李伟、李延庆、李俊华、杨军、郑道城、格鹏飞为副会长，聘任王红为秘书长。

会议通过了《麻风捐款的募集及管理暂行办法》《中国麻风防治协会会员管理办法》。会议决定设立麻风防治终身成就奖，青年科技奖和突出贡献奖。会议决定成立麻风专家委员会、青年专家委员会和女专家委员会。

大会决定聘请中国佛教协会副会长圣辉大和尚、中国天主教爱国会副主席李山主教担任中国麻风防治协会名誉会长。

开幕式上播放了《中国麻风防治协会恢复成立30周年》视频，简要回顾了协会从1926年2月在上海创立（原名中华麻风救济会），自1985年3月协会恢复成立以来几十年的发展历程和取得的成绩，回溯了习仲勋、邓颖超、王震等老一辈革命家及卫生部原顾问马海德博士，全国人大常委会原副委员长傅铁山对中国麻风防治事业的关怀与支持。

协会向全国从事麻风防治工作年满30周年的人员颁发了“荣誉证书”，对全国麻风防治先进工作者进行了表彰，向李桓英等2343位从事麻风防治工作满30年的同志颁发荣誉证书。授予蒋辽远等143位同志“全国麻风防治先进工作者”称号并颁发奖状。

（撰稿人：潘春枝）

中国心理卫生协会

服务创新型国家和社会建设 协会承担的科技部“公众健康知识及技术筛选与评价研究——社区慢性非传染性疾病患者的健康管理及科普教育技术规范研究与应用”研究项目，历时3年，于2015年结题。项目研发了社区心理健康服务专业人员培训与继续教育平台和社区心理健康服务宣传平台，开展培训并编写了《全民健康十万个为什么》中的《心理健康与疾病》和17本心理健康图书。

8月12日，天津港爆炸事件发生后，协会副理事长张金钟亲临现场组织开展心理救援，常务理事赵旭东、樊富珉、李林英等赶赴天津，开展危机干预培训工作。

学会建设 8月20日，协会成立30周年纪念活动在北京举办，中国科协、国家卫生和计划生育委员会、北京市卫生和计划生育委员会有关领导出席大会并讲话。

协会官网进行了改版升级。新版网站提供了会员网上注册系统、会议注册系统，实现了在线支付等功能。

国内主要学术会议 8月20—22日，第八次全国心理卫生学术大会在北京召开。来自国内外的150多位心理学家出席会议并作报告，70多位心理卫生领域工作者参加会议。

科普活动 协会将2015年确定为“心理卫生宣传年”，以“让我们远离抑郁”为核心，开展了多种形式的宣传活动。活动对象从儿童、学生、老年到企业员工、特殊职业工作者和残疾人，活动以科普讲座为主，兼顾电视访谈、义诊、网络论坛等多种形式。

【第八次全国心理卫生学术大会】 8月20—22日，第八次全国心理卫生学术大会在北京召开。国内外150多位心理学家出席会议并作演讲，700多位心理卫生领域工作者参加了会议。

会议由协会主办，协会下属18个专委会、3个行业分会、4个杂志社和北京市西城区中北心理咨询师职业技能培训学校联合协办。

本次大会主题为“心理健康促进社会进步”。会议期间，安排了特邀报告2个、主题报告3个、会中工作坊8个、主题论坛2个、机构论坛1个以及20场分会场交流，内容涉及护理心理、儿童心理、青少年心理、大学生心理、老年心理、特殊职业群体、残疾人心理、妇女健康与发展、团体心理治疗与心理咨询、森田疗法、心身医学、心理评估、危机干预、临终关怀、精神分析、职业心理健康促进等方面，涵盖交通、石油、煤炭等多个行业。

会议期间，专家学者们结合社会老龄化的现状，对老年人心理健康、睡眠障碍、老年期抑郁、临终关怀等内容进行了讲解；结合妇女家庭和职场压力这一社会热点问题，对妇女心理健康状况、婚姻家庭、妇女自我认知、职场压力等内容进行了剖析。会议还引入了音乐治疗、美术治疗、心理剧等多种心理治疗方式，在为代表传授实操技巧的同时丰富了学术交流的形式和内容。

大会共收到论文400余篇，内容从儿童行为管理、高考生区域化心理指导到大学生心理健康服务，从员工情绪、企业幸福指数到心理剧、艺术治疗，乃至对近期天津港爆炸事件的心理援助，涵盖了不同年龄段和社会生活的各个方面。经专家评审，共评选大会优秀论文10篇。

【中国心理卫生协会成立30周年纪念活动】 8月20日上午，中国心理卫生协会成立30周年纪念活动在北京举办，中国科协、国家卫生和计划生育委员会、北京市卫生和计划生育委员会有关领导出席大会并讲话。

协会理事长马辛在致辞中回顾了中国心理卫生协会30年的发展历程。她谈到，中国心理卫生工作在20世纪30年代已经萌芽，五六十年代，精神病学家和心理学家联合快速综合治疗神经症带领学科复兴。1985年中国心理卫生协会正式成立，中国的心理卫生工作开始向着职业化和规模化发展。此后，中国卫生部将设立临床心理科作为医院等级评审的指标写进了文件，更加有力地推动了心理卫生工作在中国的普及，也为中国心理卫生协会的发展提供了更加广阔的空间。

马辛说，新世纪以来协会担当了更多的社会工作，参与科普宣传，推动学术交流，同时也在各种突发事件、自然灾害中承担了更多地责任。天津塘沽爆炸、汶川地震、玉树地震以及印尼海啸、非洲埃博拉疫区等国内、国际的突发性灾难性事件现场，都有中国心理卫生协会会员的身影，他们跨越国界，到灾难深重的最前线，履行自己神圣的职责。

为配合此次纪念活动，协会制作了纪念画册和纪念视频。纪念画册涵盖了25个分支机构和28个地方协会，集中凸显了30年协会所属各专业领域和各地方协会的丰硕成果。纪念视频全长近8分钟，对协会从创立到目前的社会影响力进行了全方位的回顾和展示。

在中国心理卫生协会成立30周年纪念活动中，蔡焯基等13名同志被授予“终身成就奖”、陈素坤等61名同志被授予“突出贡献奖”、曹枫林等46名同志被授予“青年英才奖”、大学生心理咨询专业委员会等5个单位荣获“优秀集体奖”。

（撰稿人：姜婧怡）

中国抗癌协会

服务创新型国家和社会建设 2015年，协会承担的“民政部贫困地区癌症患者救助”项目，依托江西省抗癌协会等单位，对江西赣州、瑞金、遂川、新余等地的适龄妇女开展乳腺癌和宫颈癌的免费筛查、确诊及救助活动，免费普查群众4000人，救助贫困癌症患者34人。组织肿瘤专家对当地卫生技术人员开展讲座培训、疑难病例会诊、带教查房、手术示范、资助进修、帮扶建设肿瘤学科等工作。

协会实施国家级继续医学教育项目20项、累计教育学分140分，培训学员2400余人。肺癌、胃癌、乳腺癌、大肠癌、食管癌、妇科肿瘤、泌尿肿瘤、肿瘤化疗、肿瘤营养、肿瘤心理、肿瘤内镜、肿瘤麻醉、肿瘤流行病学等专委会开展各专业领域肿瘤规范的专家巡讲活动。

学会能力提升计划 9月，协会荣获中国科协“学会创新和服务能力提升工程”优秀科技社团奖，自2015年至2017年，连续3年获得每年100万元的经费支持。年度内，协会依托项目，举办了2015诺贝尔奖获得者医学峰会暨国际肿瘤研究高峰论坛等一批学术活动。在项目实施期间，计划向中国科协和政府主管部门提交我国癌症防控策略决策咨询报告，为卫生主管部门制定政策建言献策；开展学会科技评价与奖励工作，提升科技奖质量和水平，打造行业品牌；开展协会贫困地区癌症救助项目，提升服务社会和政府能力；实施青年高端人才国际培训项目，提升服务科技工作者能力。通过以上几方面的工作，在综合能力建设上取得阶段性进展，向“成为具有中国特色的现代科技社团”的目标迈进。

学会建设 协会现有省（区、市）抗癌协会有31个，专业委员会44个，协会团体会员单位46个，共有个人会员40109人。协会老年肿瘤、肿瘤护理、肿瘤核医学等3个专业委员会成立。肿瘤微创治疗、肿瘤介入学、肿瘤病因学、肿瘤流行病学、血液肿瘤、神经肿瘤、淋巴瘤和肿瘤麻醉与镇痛等12个专业委员会完成换届，撤销了临床肿瘤学协作专业委员会。接收郑州大学第一附属医院和邢台市肿瘤医院为团体会员单位。

协会大肠癌、肿瘤临床化疗、肿瘤病因学、淋巴瘤、肿瘤病理、癌症康复与姑息治疗、肿瘤营养与支持治疗、乳腺癌、肝癌等专业委员会被评为“2015年度先进专业委员会”，山东省、广东省广州市、上海市、江西省、河北省、浙江省6省市抗癌协会被评为“2015年度先进省市抗癌协会”。

学术期刊 协会主办的《中国肿瘤临床》《癌症康复》《中国肿瘤生物治疗杂志》获得中国科协第四期精品科技期刊工程项目资助。期刊出版部获得“期刊集群（联盟）建设项目”连续三年的项目资助。

协会开展“中国抗癌协会系列期刊”重新注册（申请）登记工作,《中国肿瘤临床》《中国肿瘤生物治疗杂志》《肿瘤防治研究》等一批肿瘤领域符合条件的优秀期刊，成为中国抗癌协会系列期刊。年内由协会主办的7种期刊共出版68期73110册，刊登论文1099篇。

决策咨询 协会在既往中国癌症防控策略研究工作基础上，邀请专家，经过多次调研、座谈论证，撰写《中国癌症防控策略研究报告》，提出了《关于在2030年实现癌症发病率和死亡率双下降的建议》（以下简称《建议》),《建议》被中国科协《科技工作者建议》专刊采纳，并上报中央有关领导同志，为政府相关部门制定政策提供决策咨询。

国际学术会议 协会共举办国际学术会议33场，参会17000余人次，交流论文1400余篇。

5月9—10日，2015诺贝尔奖获得者医学峰会暨国际肿瘤研究高峰论坛在天津市举办，主题为“肿瘤研究的前沿和方向”，由协会、哈佛大学医学院麻省总医院肿瘤研究中心、诺贝尔奖得主、国际科学交流协会共同主办。杰克·邵思达克等5位诺贝尔奖获得者、10余位中美两国院士为1500余名参会者作报告。大会设立胃癌、乳腺癌、肺癌与生物治疗、肿瘤治疗新技术4个分会场，100多位国内外专家在分会场上作学术报告。

10月16日，与首都医科大学在北京联合举办2015年首都国际癌症论坛，主题为“加强肿瘤整体治疗，提高患者生存质量”。设立院士论坛和10个分会场，1700余名中外相关领域的专家、学者参会。

11月12—15日，在上海市协办了美国癌症研究学会（AACR）的2015癌症研究新视野肿瘤学术会议。会议主题是“癌症新发现，为患者服务”（*Bringing Cancer Discoveries to Patients*）。美国耶鲁肿瘤中心、范德堡大学医学中心、威尔康奈尔医学院等国外专家及国内的专家、学者出席会议并作学术报告，国内外

500余名肿瘤专家、学者参会。

国内主要学术会议 协会全年举办国内学术会议200余场，参会10万人次，交流论文13000余篇。

两岸交流 5月2—3日，与台湾临床肿瘤医学会在台湾地区台北市共同举办第十四届海峡两岸肿瘤学术会议，主题为“迈向癌症全人医疗新纪元——创造医病双赢”。海峡两岸百余名肿瘤研究专家、学者参加。协会肺癌、大肠癌、肿瘤微创治疗专业委员会的专家们出席会议并作学术报告。两地学者就肿瘤防治研究的最新进展及癌症发病趋势进行了讨论。

国际组织任职 季加孚副理事长任国际胃癌学会（IGCA）候任主席；协会多位专家在国际组织中担任重要职务。

国际交往 8月19—23日，协会理事长郝希山率团参加在印度尼西亚巴厘岛举行的第23届世界抗癌大会，应邀作学术报告《中国的癌症防控》，并主持学术论坛。协会5位专家分别在分会场上发言，16篇论文被遴选为壁报交流。

10月2日，协会秘书长王瑛率团参加了在美国波士顿召开的美中中西医结合肿瘤学与支持疗法学术研讨会，4位协会专家作学术报告。

6月4—6日，协会胃癌专业委员会在巴西圣保罗召开的第11届国际胃癌大会上，成功获得第12届国际胃癌大会的申办权。第12届国际胃癌大会将于2017年在中国举办。

9月7日，协会癌症康复工作委员会承办的第18届全球乳癌患者支持大会在北京召开。大会主题为“我们一起更强大”。来自27个国家和地区的610位专家、学者参加会议。

科普活动 继续开展世界癌症日和第二十一届肿瘤防治宣传周两大品牌活动。1月30日，世界癌症日启动仪式在浙江省杭州市举行。活动的主题是“癌症防控目标，实现并不遥远”。各地100余个单位开展科普和早诊早治筛查等活动300余场，发放科普资料10万份，参与活动的专家和医务工作者2000余名。协会临床肿瘤学各领域多位专家撰写科普解读文章，由协会制作成《2015世界癌症日科普宣教手册》《科学抗癌关爱生命》，面向公众及癌症患者公益发放。

4月12日，第二十一届全国肿瘤防治宣传周启动仪式在上海市举办。活动的主题是“抗击癌症，从了解开始”。启动仪式后举办了媒体见面会、科普讲座，义诊咨询、健康长跑和科普手册发放活动。全国450余家单位举办各类科普活动1000余场，发放科普资料30余万份，参与的专家、医务工作者7000余名，直接受益群众60万人次。

第二十一届全国肿瘤防治宣传周启动仪式

开展科普信息化建设，建立官方网站、微信、微博“三位一体”科普平台，建设“癌症知多少”科普专栏。与搜狐网健康频道共建肿瘤自媒体平台，多渠道广泛传递肿瘤防治科普信息，为我国公众提供权威、实用的科普信息。

由协会科普传播专家牵头，开展了多项患者癌症关爱项目。

表彰举荐优秀科技工作者 协会第四届科技奖推荐评审工作，完善科技奖评审专家库遴选、实施了对特定地区评审奖励的扶植政策。受理推荐项目69项，45个项目入围，含特定地区项目4个。

学会创新发展 协会与国际抗癌联盟（UICC）合作，联合开展肿瘤专业人员培训项目，开拓青年高端人才国际培训新思路。9月7日，在北京国家会议中心召开了培训项目新闻发布会。第一批青年专家分赴美国和加拿大参加培训，获取专业领域新知识、新技能，助力其职业发展。

3月，协会在天津市召开2015年度重点工作推动会。向各分支机构传达上级机构关于社团工作的政策法规要求，对重点工作进行部署和交流。11月召开秘书长工作会议，会议期间建立了“中国抗癌协会”微信工作群，实现总会和各地方工作沟通的无缝对接，更高效地开展协会各项工作。

党建强会 结合协会主体工作，开展“中国科协所属全国学会党组织设置方式和活动方式”调研，课题论文获得中国科协调研课题优秀奖。

会员服务 协会网站全年发布信息400余篇，访问量达110余万次。出版4期《中国抗癌协会通讯》，方便会员及时了解协会工作动态、会议信息和前沿学

术成果。中国科协综合信息服务平台试点项目共发布协会动态及肿瘤科普知识200余篇。肺癌、胃癌、淋巴瘤、肿瘤护理、肿瘤心理、姑息治疗等专业委员会，浙江、湖北等省市抗癌协会开通了微信公共平台。

中国科协会员日 协会在江西省南昌市举办了“2015年中国科协会员日——中国抗癌协会南昌行”系列活动，包括召开协会常务理事会、理事长办公会，评选表彰先进集体，举办2016年世界癌症日启动仪式、媒体见面会和科普讲座，与科技工作者代表座谈，举办《医学与科学》院士专题报告会，组织科技工作者参观科技场馆等。

【2015诺贝尔奖获得者医学峰会暨国际肿瘤研究高峰论坛】 5月9—10日，2015诺贝尔奖获得者医学峰会暨国际肿瘤研究高峰论坛在天津市举办。中国科学院院士、中国科协副主席沈岩，天津市副市长曹小红等领导出席会议。

本届大会由协会、哈佛大学医学院麻省总医院肿瘤研究中心、诺贝尔奖得主、国际科学交流协会共同主办，大会主题为“肿瘤研究的前沿和方向”。2009年诺贝尔医学生理学奖获得者Jack W. Szostak和Thomas C. Südhof等5位诺贝尔奖获得者，10位中美两国院士，1500余名国内外专家、学者参加会议。

会议设立了大会特邀报告及胃癌、肺癌与生物治疗、乳腺癌、肿瘤治疗新技术等4个分会场，百余名国内外专家作学术报告，与会专家针对肿瘤基础研究、临床诊疗技术的发展等各个方面举办讲座并进行讨论。

麻省总医院遗传学教授Jack W. Szostak在《端粒和端粒酶对癌症和老化的作用》报告中，介绍了端粒酶疗法这个癌症治疗新方向。麻省总医院分子医学教授Craig C.Mello探讨了有机体如何使用搜索机制生成基因表达程序以及保护繁殖下一代的生命延续基因，从而解开生命之谜并加速新药物的发现，引发分子遗传学领域的革命。中国工程院院士詹启敏通过食管癌的基因组和细胞生物学研究，结合临床信息，发现8个在食管癌发生发展中有显著突变意义的基因。这些研究对于探讨食管癌的分子标志物和肿瘤药靶具有理论和临床意义。

【中国抗癌协会贫困地区癌症救助项目】 协会贫困地区癌症救助试点项目开展实施。本项目是协会承接的民政部中央财政支持社会组织参与社会服务项目，2015年是开展的第3年。协会依托地方医疗机构，对江西省赣州、瑞金、遂川、新余等革命老区的适龄妇女开展乳腺癌及宫颈癌免费筛查、确诊及救助活动，每年免费普查群众4000人。同时组织全国肿瘤专家，对当地卫生技术人员开展培训讲座、疑难病例会诊、带教查房、手术示范、资助进修、帮扶建设肿瘤学科等工作。

5月25—30日，协会专家组一行20余人行程1000多公里，远赴江西赣州、瑞金、遂川、新余等地指导乳腺癌和宫颈癌的普查工作，开展义诊咨询、疑难病例会诊和乳腺癌、宫颈癌两癌宣教等活动以及医师培训工作。在赣州市肿瘤医院、瑞金市妇幼保健院、遂川县妇幼保健院等地，专家们通过典型病例解析等形式，把多年经验分享给当地医师。疑难病例会诊时，专家们手把手教操作、传经验。

对癌症贫困患者的全方位救助是项目开展的一个亮点。由于癌症治疗总体费用较高，对患者家庭往往会造成一定的经济压力。协会秘书长王瑛，江西省抗癌协会理事长钭方芳、副理事长李隆玉等专家在赣州、瑞金、遂川等地对当地贫困癌症患者进行了探望慰问，指导后续的康复和治疗，并送去了治疗救助金，帮助患者和家庭走出病困阴影，满怀信心开始新的生活。

【肿瘤专业人员联合培训项目】 协会与国际抗癌联盟（UICC）合作，联合开展肿瘤专业人员培训项目。内容涉及临床诊治、基础研究、组织管理3个领域。采取“请进来，走出去”的方式，既在国内举办行政管理人员培训班，又选派临床、基础专业技术人员到国外培训。对45周岁以下，具有副高级及以上职称，临床方向硕士及以上学历，基础研究方向博士学历的中青年肿瘤专业技术人员进行考核和筛选。2015年，第一期肿瘤临床和基础研究外派项目共收到申请32份，经国内外专家委员会评审，最终确定5名培训者。其中2名培训12个月，3名培训3个月，分赴美国安德森肿瘤中心、美国弗雷德哈钦森肿瘤中心、加拿大玛格丽特皇后医院培训。9月7日，在北京召开了第一期培训项目新闻发布会，5名肿瘤专业技术人员进行了临行前述职。

【中国抗癌协会推荐科技奖项目荣获国家科技进步奖二等奖】 1月9日，国家科学技术奖励大会在北京举行。中国抗癌协会推荐的“多功能分子成像肿瘤诊疗关键技术及应用”项目荣获2014年度国家科技进步奖二等奖，项目完成人和推荐单位代表参加了颁奖大会。该项目由哈尔滨医科大学等4个单位，申宝忠等10位完成人共同完成，曾获2011年度中国抗癌协会科技奖一等奖。该项目在国家及省部委课题支持下，围绕着肿瘤分子水平诊疗的关键问题展开了多功能系统性分子成像技术及其应用研究。项目首次提出了“肿瘤系统分子成像”新理念，创建了一系列肿瘤诊疗多功能分子成像新技术新方法，并研发了一系列肿瘤分子诊疗新产品。发表国际期刊论文及中国核心期刊论文309篇，其中SCI收录146篇，总IF合计617.488，他引2857次；获国内外授权发明22项。出版中英文专著及教材11部，获得省部级科技奖一等奖2项、二等奖5项。在国际学术会议上作特邀大会报告62次。连续举办6届中美分子影像学高峰论坛，38次继教学习班。培养硕士及博士研究生244人、博士后32人、技术员及进修生343人。研究成果在国内外68家研究及医疗机构进行推广应用，应用于938例临床肿瘤患者。

该项目是协会直接向国家科学技术奖励工作办公室推荐的第二个获奖项目。

（撰稿人：刘　齐）

中国体育科学学会

服务创新型国家和社会建设　2015年，学会承担国家体育总局转移职能，举办了国家体育总局国家队集中采购运动营养食品入围采购目录公开招标大会，确定了49项国产产品。学会严格执行国家体育总局反兴奋剂工作的有关规定，共为50多个国家队采购了价值1890余万元安全有效的运动营养食品。承接了国家体育总局体育科技成果登记与统计工作，向科技部上报了74项体育科技成果的统计表及统计分析报告。

学会承担了中国科协“科普中国百科科学词条编写与应用工作项目”，全年共组织编辑上传词条1625条，配置成功词条1459条。该项目荣获了“史记2015暨百度百科开放论坛”年度公益科普奖。学会和中国营养学会共同承担了科技部“十二五”国家科技计划社会发展科技领域项目“公众健康知识及技术筛选与评价研究”的子课题“平衡膳食体育健身预防慢性病技术研究与应用”的研究，课题已完成结题验收工作。

学会能力提升计划　学会承担了中国科协“学会创新和服务能力提升工程特色学会建设”项目，并获得60万元的经费支持。学会以与体育改革发展和社会组织治理改革需求相适应为目标，充分发挥学会学科优势、人才优势、组织优势，发挥广泛认可的学术影响力和专业权威性，在体育科技奖励与统计、运动营养品采购、体育决策咨询、体育标准和技术规范制定等方面积极稳妥地推进承接政府转移职能工作，不断完善学会工作的运行机制、约束机制、公开制度和服务机制，着力增强学会的学术影响力、会员凝聚力、社会公信力和社会服务能力，推动学会成为政府体育决策的参谋助手、职能转移的有效载体和体育事业发展的有力推手。

学会建设　学会新发展个人会员1255人，单位会员13个。学会个人会员总数为5658人，单位会员总数为132个。

学会荣获中国科协“2015年度全国学会科普工作优秀单位”称号。

3月19日，学会接受了民政部社会组织评估专家组实地考察和评估，获得社会组织评估4A等级。

7月6日，学会七届十次常务理事会会议（通讯）审议通过了《中国体育科学学会分支机构财务管理办法》，将分支机构的资金收支纳入学会财务统一核算和管理，同时，聘请专职财务人员管理学会及分支机构财务工作。

学会开通微信公众号，用于发布学会的通知新闻，拓宽学会的影响力和信息传播面。

学术期刊　年度内，《体育科学》入选中国科协精品科技期刊工程第四期项目（2015—2017年）——精品科技期刊TOP50项目。被中国知网（CNKI）评选为“中国最具国际影响力学术期刊”。根据中国知网发布的《中国学术期刊影响因子年报（人文社会科学2015）》，《体育科学》的复合影响因子为2.226。《体育科学》2015年发行12期，共43200册，发表论文140篇。

《中国运动医学杂志》在中国知网发布的《中国学术期刊影响因子年报（自然科学与工程技术2015）》上的复合影响因子为0.78，在国内军事医学与特种医学同类学术期刊中排名第8。《中国运动医学杂志》2015年发行12期共21600册，发表论文240篇。

学科发展研究　学会承担了中国科协委托的“2014—2015年学科发展研究项目”。组织运动训练学、运动医学、体育信息、体育计算机应用等10个学科领域的92名专家和学者，编制完成《2014—2015

体育科学学科发展报告》，约23.3万字，由中国科学技术出版社出版发行。

学会组织了16个分会专家编制完成了《2014—2015体育科学学科发展研究报告》，共58万字。

国际学术会议 学会及分会举办国际学术会议4次，参加人数800余人次。

11月4—9日，国际体育学术交流会暨首届中北欧体育学术论坛在浙江省杭州市举办。论坛邀请英国、德国、丹麦、芬兰、日本、韩国等国家的18位专家，与国内专家、学者围绕国际体育前沿问题进行了交流。

4月23—25日，学会和中国乒乓球协会、第53届世界乒乓球锦标赛组委会在江苏省苏州市联合主办了第14届国际乒联科学大会。中国、英国、德国、西班牙、日本、韩国、法国等20多个国家专家、学者的192篇论文参加了交流。内容涵盖了乒乓球运动的教学、比赛、技术、文化、市场等领域。

5月，学会体育产业分会在上海市主办了职业足球（上海）国际论坛，论坛主题是“改革创新与足球梦”。论坛紧紧围绕“职业足球的发展特点与趋势、职业足球俱乐部的经营与管理、中国职业足球的发展与改革”等3个主要议题进行主题演讲和互动。

5月12—14日，学会运动生理与生物化学分会在北京主办了第五届国际高原/低氧训练论坛。本次会议邀请了来自英国布莱顿大学体育与运动科学系Yannis Pitsiladis教授、美国加利福尼亚大学圣地亚哥分校医学院Peter Wagner教授、澳大利亚体育学院生理部主任Christopher Gore教授、奥地利因斯布鲁克大学体育科学研究所主任Martin Burtscher教授、瑞士苏黎世大学生理学研究所Carsten Lundby教授、维多利亚大学健身与运动生理学系Robert Aughley副教授以及Will G. Hopkins教授出席论坛，并交流与座谈。

国内主要学术会议 学会及分会共举办会议29次，5200余人次参会，交流论文4600余篇。主要学术会议包括第十届全国体育科学大会、第八届全国老年体育科学大会和2015年中国体育产业与体育用品业发展论坛等。

11月4—9日，第十届全国体育科学大会在浙江省杭州市举办。大会主题为“科学引领、创新发展”。来自全国各体育科研单位和高等院校的近2000名体育科技工作者参会。大会邀请中国社会科学院副院长、党组成员李培林，中国工程院院士、中国工程物理研究院原总工程师徐志磊作大会主报告。

4月28—30日，学会和中国老年人体育协会在云南省大理市联合举办了第八届全国老年体育科学大会，大会的主题是“全民健身战略与老年体育”。来自全国各地相关领域专家、学者和论文作者200余人参会。会议共设置了8个专题研讨。

5月8—10日，学会和中国体育用品业联合会在福建省福州市联合举办2015年中国体育产业与体育用品业发展论坛。会议主题是“发展体育产业　促进体育消费”，来自全国各高校和体育科学研究机构的100余名青年体育学者参加了本次会议。大会邀请了国家体育总局体育科学研究所社科中心鲍明晓研究员，广东体育职业技术学院教授李豪杰，《中国企业家》杂志社会议品牌副总监苏娜，深圳市赛银远古投资咨询有限公司苏建峰总经理作大会专题报告。

两岸交流 10月27日，学会运动医学分会和国家体育总局运动医学研究所、中国奥委会医学委员会在北京联合举办了两岸四地运动医学研讨会。来自祖国大陆，香港特别行政区、澳门特别行政区和台湾地区的运动医学专家30余人，以及相关领域科技工作者150人参加研讨会。

国际交往 8月24—28日，国家体育总局体育科学研究所所长张良、学会体育社会科学分会秘书长黄亚玲教授赴日本参加了日本体育教育、健康和体育科学学会第66届学术年会。与日方就加强中日两国体育科学学会的合作、促进学术交流进行了磋商。

9月3—10日，以学会副理事长祝莉为团长的学会代表团一行3人访问法国和奥地利，分别与法国尼斯大学体育科学学院和奥地利体育医学与科学研究所负责人及专家、学者进行了座谈并观摩了实验室等设施。

5月20日，学会副理事长祝莉在国家体育总局体育科研所会见了来访的法国尼斯大学体育科研中心副主任Jean-Marie Garbarino教授一行3人，双方就建立双边合作关系、开展合作科研项目、体育科技人才培养和科普丛书出版等进行了商谈。

11月12—17日，学会运动医学分会主任委员、亚洲运动医学联合会（AFSM）主席李国平教授，学会秘书长、亚洲运动医学联合会教育与科学委员会委员詹晖博士应邀参加了在沙特阿拉伯利雅得市举办的亚洲运动医学联合会执委会议和培训课程。

6月24—27日，以学会运动医学分会副主任委员马云为团长的中国运动医学代表团参加了在美国密苏里州圣路易斯市举办的第66届美国运动防护师协会（National Athletic Trainers' Association，NATA）年会。年会期间，与NATA和世界运动伤害防护与治疗组织（WFATT）领导层进行了会谈，就进一步加强合作与交流达成初步意向。

8月10—14日，学会体育史分会组织21名中国体育史学者参加了在韩国釜山举行第11届东北亚体育运动史学会学术研讨会。

科普活动 学会依托河北省、黑龙江省、安徽省、江西省、湖北省、广东省、四川省、西藏自治区、陕西省和新疆维吾尔自治区体育科学学会等10家地方学会，在全国科技活动周、全民健身日和全国科普日期间开展了以科学健身讲座和国民体质检测及咨询为主要形式的“科学健身志愿服务神州行”活动，以“形式简、重质量、广覆盖、强宣传”为宗旨，在全国22个城市组织开展活动共计26次，惠及群众约30000人次。

7月5—11日、8月10—14日，学会分别在黑龙江省哈尔滨市和宁夏回族自治区银川市举办了第五期和第六期“全国科学健身指导志愿者培训班”。两期培训班共培训21个省、自治区、直辖市的志愿者350余人。

学会搭建的科学健身网络平台于8月1日启动，12月31日建成。

党建强会 学会同中国农业工程学会、中国铁道学会、中国公路学会、中国实验动物学会共同承担了“中国科学技术协会‘党建强会计划’之‘建家交友’系列活动平台建设项目”。

会员服务 学会为会员制作电子会员证，开通了网站在线缴费功能。会员参加学会举办的各类学术会议均提供注册费优惠。

【第十届全国体育科学大会】 11月4—9日，由学会主办、浙江大学承办的第十届全国体育科学大会在浙江省杭州市举办。中国体育科学学会理事长段世杰，国家体育总局党组成员、局长助理李颖川，中国社会科学院副院长、党组成员李培林，中国工程院院士、原中国工程物理研究院总工程师徐志磊等嘉宾，国家体育总局相关单位、中国体育科学学会负责人，国内外体育科技专家出席了会议。来自全国各体育科研单位和高等院校的近2000名体育科技工作者，围绕我国体育发展中的热点、难点和重大问题进行了交流和研讨。

本次大会共收到来自733个单位6236名作者的7628篇论文，大会录取3523篇。大会以“科学引领、创新发展”为主题，共设大会主报告2个、专题主报告57个、专题报告727个、国际学术交流会学术报告10个、专题研讨会2个、专题论坛1个、企业说明会3个、墙报交流985篇。

大会邀请韩国、日本、德国、芬兰、丹麦等国家的专家、学者参加同期举办的国际体育学术交流会暨首届中北欧体育学术论坛。大会还同期举办了体育科技产品展，邀请国内外体育科技产品、仪器器材、运动营养品等领域的企业参与交流。

【2014年中国体育科学学会科学技术奖】 2014年学会科技奖奖励工作于2013年12月启动，2015年完成。学会共收到申报项目75项。其中，体育行政管理系统及科研机构的申报数为22项，占29.3%；体育院校的申报数为44项，占58.7%；普通高校的申报数为8项，占10.7%；其他单位的申报数为1项，占1.3%。

经奖励办公室初审，65项成果进入评审。

1月26—27日，奖励办公室在北京召开了专业评审会，20名专业组评审专家和10名评审委员会委员参加。经评审委员会严肃、认真的评审，根据《中国体育科学学会科学技术奖奖励章程》和《中国体育科学学会科学技术奖奖励章程实施细则》，评选出获奖推荐项目24项，其中，一等奖2项、二等奖10项、三等奖12项。一等奖获奖项目分别是北京大学第三医院推荐的“关节软骨损伤修复的基础与临床研究”和国家体育总局体育科学研究所推荐的“中国国民体力活动和体育锻炼能量消耗常模的建立”。

“关节软骨损伤修复的基础与临床研究”极大提高了我国在关节软骨损伤与修复方面的基础研究和临床诊治水平，开发出新型关节软骨组织工程用支架，促进了微创软骨修复技术的推广与应用，明显提升了我国国际学术地位，对于保障我国竞技体育运动和奥运争光计划以及全民健身运动的健康发展起到重要作用。

“中国国民体力活动和体育锻炼能量消耗常模的建立”从不同维度反映了我国群众体力活动水平的现状，为体育总局实施的6—69岁人群体育健身活动状况的年度调查制度提供了科学依据。建立的“步行、

跑步、骑车、登楼梯、擦地板、乒乓球、太极拳”等7种日常体力活动和体育锻炼项目的能量消耗常模，在体育总局推行的建立国家、省、市三级“体质测定与运动健身指导站”网络工作中发挥了重要作用。仅在2012—2013年期间的全国试点工作中，为4万余名健身群众进行了体力活动的能量消耗测定，据此提供个性化运动健身指导方案，有效地促进了各省（区、市）全民健身工作的开展。研究成果的应用对完善和补充我国全民健身公共服务体系，研究和制定2016—2020年“全民健身计划”提供重要的科技支撑。

1月30日，奖励办公室发布了《2014年中国体育科学学会科学技术奖评审委员会公告》，对复审结果进行为期30天的公示。3月17日，奖励办公室以邮件形式向全部28位常务理事发出终审意见函。3月31日，超过2/3的常务理事回函通过了复审结果，完成了终审工作。

（撰稿人：高利君）

中国毒理学会

服务创新型国家和社会建设　学会举办继续教育培训班2次，参加培训共计382人次。

6月27日—7月2日，学会在北京举办了第七期“现代毒理学基础与进展”继续教育高级研修班。共有来自全国各地的82名毒理学工作者参加。南京医科大学教授周建伟、广州医科大学教授蒋义国、山西医科大学教授牛侨等担任主讲教师，中国工程院院士、国家食品安全风险评估中心研究员陈君石，国家食品药品监督管理局新药审评中心部长王庆利等专家作了专题讲座。

10月25日，学会在武汉大学医学院开展了第七次毒理学资格认证考试。来自全国各地的39名考生报名参加了由中国毒理学会资格认证委员会组织的考试。

2月28日，中国毒理学会第二届毒理学资格认证工作委员会第四次会议在北京召开，会议对2014年毒理学培训、资格认证与再认证工作进行了总结；确定2014年毒理学资格认证考试通过率及通过人员名单，27人通过了此次考试；讨论通过2014年度毒理学资格再认证人员名单。通过资格审查和书面考试，35人获得了再认证资格。

学会建设　2015年，学会新发展会员1318人，会员总数达11083人。新增单位会员22个，单位会员总数153个。

学会及所属专业委员会共开展学术活动14次，参加人数3966人次，收到论文1384篇。

毒理学史专业委员会、药物毒理与安全性评价专业委员会完成了换届改选工作。

为了规范学会科技奖励，制定了中国毒理学杰出贡献奖制度文件。学会奖励委员会审议通过了《中国毒理学会科技奖励章程》和《中国毒理学杰出贡献奖实施细则》，根据章程和实施细则，奖励办公室制定了《贡献奖函审工作程序和要求》《贡献奖会审工作程序》《回避制度》《保密制度》等多个工作文件。

中国毒理学会第六届四次常务理事会议决定成立毒性病理学专业委员会，并于4月10—12日在广东省广州市召开中国毒理学会毒性病理学专业委员会成立大会暨首届学术交流会，经民主选举产生了中国毒理学会第一届毒性病理学专业委员会委员。

经中国毒理学会第六届六次常务理事会议审议通过，“中国毒理学会中药与天然药物毒理专业委员会”正式成立。10月26—27日，在湖北省武汉市召开中药与天然药物专业委员会成立大会。

学术期刊　学会与英国皇家化学会（RSC）合作创办的 *Toxicology Research*（《毒理研究》英文版）于2015年共出版6期。6月19日，汤森路透JCR（Journal Citation Reports）公布了该刊2014年度期刊科学引文索引的影响因子为3.98，目前在国际毒理学领域杂志排名第6。

决策咨询　2015年，学会环境与生态毒理学专业委员会获得中国科协资助的决策咨询项目，组织完成了《我国水环境基准与生态风险评估建议》。制定了《化学物潜在致癌性科学评估实施细则》。

国际学术会议　学会及其下属专业委员会全年共举办国际会议4个：化妆品风险评估暨替代方法研究国际研讨会、健康与环境风险评估高层国际论坛、化学物质环境风险评估与基准/标准国际学术研讨会、2015毒性测试替代方法与转化毒理学（国际）学术研讨会。共计参会人数980人次，交流论文278篇。

7月26—29日，2015毒性测试替代方法与转化毒理学（国际）学术研讨会在陕西省西安市召开。会议规模500人，其中，国外参会代表30人、中国学者 470 人。会议就 21 世纪毒性测试策略（TT21C）及其进展、有害结局路径（AOP）框架与健康风险评估、毒理学替代法的发展与应用以及转化毒理学研究前沿 4 个专题进行了交流与探讨。共收到学术交流论文 166 篇，12 篇论文荣获“2015 毒性测试替代方法与转化毒理学（国际）学术研讨会优秀青年论文奖”。

国内主要学术会议 学会及分支机构共举办年会、研讨会、报告会、论坛等学术活动 10 多次，提交学术交流论文 1100 多篇。与往年相比，参与人数、学术水平和社会影响力均有提高。

6 月 29 日—7 月 1 日，由学会生殖毒理专业委员会、药物毒理与安全性评价专业委员会共同主办的 2015 年（第五届）药物毒理学年会在海南省海口市举行。会议以“关注药物安全、促进人类健康”为主题，来自全国良好实验室规范机构、国家药审及药检部门、大学科研机构、制药企业的专家、学者 646 人出席会议。

本届大会分别设立了 6 个分会场，有 66 名专家、学者和经验丰富的一线科研人员作了专题报告。报告内容主要涉及一般毒理与局部毒性研究，中药与天然药物毒理学研究，生殖、发育、致癌与遗传毒性研究，质量保证与毒性病理，安全药理与毒代动力学、毒性机制研究等。这些报告全面展现了我国药物毒理学不同研究领域近年来的新进展，为来自不同地区和领域的专业人员提供了交流的平台。

10 月 9—12 日，由学会生物毒素毒理专业委员会、中国生物化学与分子生物学会天然毒素专业委员会联合主办，延安大学和陕西省区域生物资源保育与利用工程技术研究中心承办的第 12 届生物毒素研究及医药应用学术大会在陕西省延安市举行。会议以“生物毒素——创新医药与技术”为主题，来自法国、中国各高校、科研院所的 170 多名专家、学者参加了会议。

会议交流内容涉及生物毒素的毒素组学、生物毒素与通道和受体相互作用、生物毒素与人类疾病、生物毒素与药物研发、生物毒素与生物安全、生物毒素与食品安全、生物毒素生态与生物合成、生物毒素研究的技术与方法 8 个议题。

两岸交流 10 月 27—28 日，由中国毒理学会和台湾毒物学会联合举办、并由中国毒理学会承办的 2015 第八届海峡两岸毒理学研讨会，于 2015 年 10 月 27—28 日在湖北省武汉市举行。来自海峡两岸科研院所的专家、学者 130 多人参加了研讨会。两岸毒理学者围绕“食品药品毒理与安全性评估、环境污染的毒理作用、毒理学机制和毒性作用的预防与治疗”内容进行多种形式的交流。会议期间共进行了 20 个大会专题报告，30 个墙报进行展示。

国际交往 3 月 22—26 日，学会组织会员代表赴美国参加了美国毒理学会 54 届年会暨毒理学展览会。会议期间，华人毒理学家进行了多场活动，包括美国华人毒理协会组织的“在美毒理学家职业生涯研讨会：毒理学家在中国的机遇”。中国疾病预防控制中心副研究员段化伟和中国医学科学院副研究员靳洪涛荣获本次美国毒理学年会资助的旅行奖。

6 月 23—26 日，学会组织中国毒理学界 27 人赴韩国参加了第七届国际毒理学大会。本届大会主要包括 2 个专题研讨会和 15 个分会场报告，以及 8 个短期培训和 2 个联合专题研讨会。内容涉及计算毒理学、生物建模、遗传毒理学、流行病学、细胞死亡和凋亡、肝模型等多个方面。来自中国的 9 名毒理学者作了口头报告。

11 月 7—10 日，第九届发展中国家毒理学大会在巴西纳塔尔会议中心举行。此次大会的目的是讨论毒理学最新趋势和突破性进展，交流的内容覆盖毒理学所有领域。来自南美洲、中美洲和北美洲、非洲、亚洲和欧洲的 600 多名毒理学者注册参加此次盛会，与会者就毒理机制、环境与生态毒理、生殖与发育毒理、分析毒理和风险评估等最新技术与理念进行了交流。中国环境科学研究院的刘征涛研究员荣获第九届发展中国家毒理学大会旅行奖。

科普活动 2015 年，学会共举办科普活动 11 场次，受众 14960 人次，编著科技图书种数 4 种，总印数 14000 册。

根据《中国科协办公厅关于组建科学传播专家团队的通知》的要求，学会从本学科领域科技工作者中遴选具有较高学术造诣和科普能力的专家组建第二批学科科学传播专家团队。第二批科普专家团队由临床毒理专业委员会主任委员曹立亚担任首席科学家，由 12 位专家组成。

由中国毒理学会首席科普专家带领毒理学科普专家申请的科普专题片《电磁辐射的健康影响与防护》于 2015 年完成，全片共分为四部分——第一部分《无处不在的电磁辐射》、第二部分《电磁辐射的卫生标准》、第三部分《电磁辐射的健康影响》、第四部分

《电磁辐射的医学防护》，时长19分钟。专题片力求以客观、公正、严谨的科学态度，通俗易懂、诙谐幽默的讲解方式，大量图片、动画和影视资料的表现方式，将极低频电磁场、微波电磁辐射的健康影响问题及医学防护知识进行较全面、详细介绍，呈现给观众一部轻松、快乐的科普教育片。

为加强合理补充钙剂及维生素D的科普宣传工作，学会临床毒理专业委员会联合解放军总医院海南分院、三亚农垦医院、三亚市人民医院开展了为期两个月的海南省维生素D营养状态调查及合理用药进社区工作。通过健康宣教，编印发放骨质疏松症科普手册2000份，走进社区开展科普宣传活动。为600名绝经后妇女免费进行了维生素D测定及骨密度筛查，并给予合理补充维生素D及钙剂以及骨骼健康的建议。

表彰举荐优秀科技工作者 孟伟、阮迪云、王心如、吴永宁、赵宇亮、周宗灿6名学者获得2015年首届“中国毒理学杰出贡献奖”。于10月26日中国毒理学会第七次全国毒理学大会开幕式上颁奖。

党建强会 2015年，学会成立党支部。以“打造服务平台，送医送药送温暖（三送）到基层”为活动主题，先后在（海南省、昆明市、武汉市、北京市）举办了5次特色活动，送医送药送温暖到基层，广泛普及健康和食品安全等科普知识，大力宣传先进典型，不断增强学会党员的爱国热情和为民服务的意识，促进支部建设，逐步扩大学会影响。本次党建活动获得中国科协“十百千”活动资助，通过开展“党建强会”活动，学会荣获中国科协“党建强会计划”“建家交友”系列活动平台2015年学会青年会员建家交友联谊活动优秀组织奖。

会员服务 学会开通了中国毒理学会微信平台，为会员提供学会的学术活动和其他活动资讯、最新专业信息和动态共200多篇，其中科普文章100多篇。

利用微信公众平台和微信群，及时发布学会通知及毒理学相关科普知识。

学会在“现代毒理学基础与进展”继续教育高级研修班结束之前，就培训方式、培训时间、课程设置等进行了问卷调查，得到了第一手的资料，为改善继续教育工作提供了借鉴。

中国科协会员日 会员日期间，学会理事长周平坤、秘书长付立杰与学会秘书处工作人员结合工作，走访了军事医学科学院毒物药物研究所，举行座谈会，征求意见建议，了解会员需求。12月20日，组织北京地区国家纳米科学中心、中国农业大学、杜邦公司、默克公司和军事医学科学院等单位的30多名会员参观了北京天文馆。

【中国毒理学会第七次全国毒理学大会暨第八届湖北科技论坛】 10月25—28日，中国毒理学会第七次全国毒理学大会暨第八届湖北科技论坛在湖北省武汉市召开，大会主题为“协同创新、驱动毒理学发展”。来自全国各地的毒理学界及相关领域的专家、学者、科技和教育工作者、管理人员、研究生以及相关企业专业技术研发人员，以及来自美国、英国、意大利等国家的专家、学者1500余人参加了会议。在开幕式上，举行了首届中国毒理学杰出贡献奖的颁奖仪式。孟伟、阮迪云、王心如、吴永宁、赵宇亮、周宗灿6名学者被授予中国毒理学杰出贡献奖。

中国毒理学会第七次全国毒理学大会

开幕式后，张学敏院士、威廉·斯里克（William Slikker）博士分别作了关于炎症与肿瘤、3D细胞模型和微生理系统在药物和化学物安全性评价中的应用展望的主旨报告。7名国内外知名专家、学者就毒理学领域的最新研究进展、国际动态与发展趋势、学科前沿和高新技术以及各自的学术研究成果作了大会特邀报告。这些报告既有国际水平的尖端性基础研究成果，也有与国计民生密切相关的应用性研究，体现了毒理学的学科重要性。

这次大会共收到投稿750篇。这些稿件集中反映了海内外毒理学工作者在毒理学的各个分支领域的最新研究进展。大会安排了18个分会场，129名专家、学者和一线科研人员作了报告。这些报告全面展现了我国毒理学不同研究领域近年来的新进展，为参会代表提供了交流的平台。此外，有348份壁报在会议期间交流。在大会交流的348篇壁报中，有296篇申请参加优秀论文评选。通过大会学术委员会专家组评审，从口头报告和壁报中选出了21篇优秀论文，其中15篇优秀论文由中国毒理学会授奖、6篇优秀论文由英国皇家化学会出版社授奖。

10月25日，大会开幕前组织举办了两个继续教育培训班，分别是21世纪的风险评估的实践框架和青年成才之路论坛，免费向全体参会者开放。

会议期间，召开了中国毒理学会六届七次理事会议，分别就2015年度学会工作与2016年度工作计划、七次全国毒理学大会筹备工作情况、增补常务理事和理事等事宜进行了报告或表决。

【成立社会服务部】 根据党的十八大精神和国家有关法律法规，中国毒理学会第六届五次常务理事会议决议正式成立中国毒理学会社会服务部。社会服务部在学会常务理事会的领导下，具体承担承接政府转移职能和社会化服务工作的组织实施。

【*Toxicology Research*（《毒理研究》英文版）影响因子上升】 6月19日，汤森路透公布了2014年度期刊科学引文索引的影响因子，由中国毒理学会与英国毒理学会合办、英国皇家化学会（RSC）出版社出版发行的 *Toxicology Research*（《毒理研究》英文版）影响因子上升至3.98，目前在国际毒理学领域杂志排名第6，中国学者在该杂志发表的论文占全部论文的1/4左右，这是中国毒理学领域的研究成果得到世界认可的最好佐证。

《毒理研究》创办之时，定位国际毒理学领域的顶尖学术刊物，首刊在2012年7月发行，目前杂志已经刊出20期，共发表了237篇文章。《毒理研究》的杂志主编是来自英国帝国理工大学的奈吉尔·古德汉（Nigel J. Gooderham）教授，副主编2名，编委6名。学会理事长、军事医学科学院教授周平坤任副主编，学会副秘书长、中山大学教授陈雯任编委。主编古德汉教授特地向中国毒理学会和英国毒理学会发来祝贺和致谢信，感谢中英两学会的共同合作以及编委会、编辑部全体团队对该杂志的支持和辛勤付出，并鼓励同道继续支持和踊跃投稿。

（撰稿人：王　琪）

中国康复医学会

服务创新型国家和社会建设 3月，学会参加了国家卫生和计划生育委员会主办的康复医疗医保项目座谈会，提出了建议纳入医保支付的康复医疗项目，为政府主管部门调整康复医学工作的顶层设计思路提供了决策依据。

6月，国家发改委启动《战略性新兴产业“十三五”发展规划》编制工作。学会承担了康复产业部分的编制任务。11月16日，《2016康复产业发展白皮书》在深圳高交会上发布。

7月，根据《社会保障“十三五”规划纲要》关于加强工伤康复示范平台建设的要求和《关于开展第一批区域性工伤康复示范平台评估遴选工作的通知》，受人社部委托，学会推荐21名专家，开展第一批区域性工伤康复示范平台评估活动。

9月，国办发〔2015〕36号《国务院办公厅关于深化高等学校创新创业教育改革的实施意见》出台后，根据教育部的要求，学会组织专家修订了《中国物理治疗学专业本科教育标准》《中国作业治疗学专业本科教育标准》《中国听力与言语康复学专业本科教育标准》《中国康复治疗学专业教育标准》，增加了创新创业教育的内容。

学会建设 学会新增个人会员948人。截至2015年年底，学会个人会员总数为17252人，团体会员6个。

学会授予长期担任学会领导职务的邓开叔、侯树勋、王茂斌3位专家“终身成就奖”；授予于长隆教授“特殊贡献奖”；授予贝维斯女士、李瑞炎教授“特别荣誉奖”。分别授予运动疗法专业委员会等11个专委会和江苏省康复医学会等11个地方学会“优秀专业委员会”和“优秀地方学会”荣誉称号。

12月，学会在江苏省无锡市召开了物理治疗师资质认证考核专家委员会/督导专家委员第六次工作会议。会议总结了物理治疗师资质认证考核工作，考核题库建设的进度及问题，资质认证考核报名的通知及具体流程，具体考核细则及考务管理问题，为即将启动的康复治疗师规范化培训和行业认证奠定了基础。

学术期刊 学会主办专业学术期刊共7种。《中国组织工程研究》获2015期刊数字影响力100强期刊、2015中国医药卫生媒体最佳实践创新奖。中国科技论文统计源期刊最新数据显示该刊在全部2383种中国科技核心期刊中排名第11，核心影响因子0.552，核心他引率0.80，基金论文比0.49，平均引文数35.18。核心综合评价总分58.0，在生物工程类期刊中排名第1。2015年版中国学术期刊影响因子年报（自然科学与工程技术）最新数据显示，影响力指数796.989，期刊复

合总被引 21144 次，在“基础医学”期刊中列第 1 位。《中国神经再生研究（英文版）》为 2015 年国家百强期刊、2015 中国国际影响力优秀学术期刊。

《中国康复医学杂志》为国际物理医学与康复医学学会（ISPRM）合作杂志，影响因子居国内同类期刊之首。12 月完成了新一届编委会换届，新一届主编为国际物理医学与康复学学会现任主席、美国医学科学院外籍院士励建安教授。

《中国修复重建外科杂志》获得 2015 中国国际影响力优秀学术期刊。

国际学术会议 8 月 20—23 日，由 ISPRM 主办、学会协办的国际物理医学与康复学发展中国家峰会在江苏省苏州市召开。本次峰会共设 1 个大会主旨报告、24 个分论坛、1 个培训班。来自 10 个国家的 1086 名代表参加会议，成为 2015 年度康复会议中参会代表最多的一次国际峰会。大会积极响应世界卫生组织残疾人行动纲领，提出了“促进发展中国家的残疾人重获健康”的口号。

世界卫生组织和国际红十字会项目官员应邀出席峰会。学会与相关国际学术组织就深入开展国际康复医学领域的交流与合作交换了意见。

国际交往 10 月，美国南加州大学陈氏基金 OT 教育项目组一行十人访问学会，就国内康复医学教育现状及相关合作办学问题进行讨论和咨询。双方在人才培养方面的合作进行了会谈，达成初步意向。

国内主要学术会议 学会共举办全国性学术交流活动 15 次，参加会议总人数为 6865 人次，其中境外学者 92 次人，交流论文 4456 篇。

9 月 18—20 日，第十三届运动疗法学术大会在河南省安阳市召开，1300 余名代表参加会议，大会规模及参加人数创历届会议新高。福建中医药大学校长陈立典教授，美国脊髓损伤协会（ASIA）疼痛分会主席 Thomas N. Bryce 教授，北京大学第三医院运动医学研究所前任所长于长隆教授，中国康复医学会运动疗法专业委员会前任主委何成奇教授，现任主委、大会主席周谋望教授作大会主题报告。共设 9 个分会场，进行了 49 场专题讲座。“我为康复代言”总决赛，吸引了会场 300 多人参与及场外 8 万余人的点击量；开放性论坛“疼痛江湖”调动了与会者与专家互动，成为本次大会的两大创新和亮点。

10 月 23—25 日，第十二届全国脊柱脊髓学术会议在江苏省苏州市举办，会议共收到稿件 2638 篇，正式注册参会代表 1705 人，实际参会人数超过 2000 人。大会首次在会前一天与国际著名脊柱外科学术组织 AO Spine 联合举办脊柱退变与畸形争议病例高峰论坛。

12 月 14 日，中国康复医学会 2015’康复医学创新与发展论坛在北京举行，全国各地近 50 名专家进行了学术讲座，700 多名代表参会。论坛共分为 8 个主题，学科建设与管理、康复医院建设与医养结合、康复医学教育、中医康复、康复产业、骨科康复、神经康复及儿童康复，全方位展示了 2015 年国内外康复医学研究成果与前沿进展和热点问题。其中“康复产业”论坛介绍了美国、欧洲、日本、以色列等国先进的康复器械制造业。“康复医院建设与医养结合”论坛探讨了人口老龄化、国内外养老现状、医养融合、现代康复医学手段等多方面问题，认为康复医院在康复服务体系中承担承上启下的桥梁作用，引导出以康复医院为核心建立综合医院、康复医院和社区卫生服务机构之间的分工协作机制，实现分层级、分阶段康复医联体是我国康复医疗体系建设的重点。

科普活动 学会科普部专设科普工作人员 1 人，建立了 3 个科普微信公众平台。

4 月，学会首席科学传播专家团队获得中国科协重点项目资助，开通了康复科普官方微信平台，向公众推送了 150 余篇专业实用的科普文章、图文海报等。截至 2015 年年底，该微信平台粉丝数 4700 余人，总阅读量近 10 万人次，其中，文章《我们是治疗师》点击率达 43409 次，总转载 / 收藏量为 3575 人次。

9 月，学会获得中国科协微信公众平台辟谣项目资助，开启了微信辟谣专区，邀请科学传播专家团队及科普专家团成员就公众热议的“什么是康复医学”“什么是康复治疗师”“如何缓解颈肩腰腿痛”“深蹲练习真的能减肥吗”“爬楼运动的真相”等健康话题进行科普宣传，共发出科普（辟谣）文章近百篇，阅读量超 10 万人次，转发 / 收藏量 1 万人次。

2 月、10 月，学会分别建立了运动疗法专委会微信公众平台及康复汇微信公众平台，旨在针对不同专业医务工作者及时传播专业及科普信息。同时，学会还参与举办了“医代天骄”及“我为康复代言”两场线上微信推广及线下比赛活动。将康复科普的概念与方法融入专业工作中，用公众容易接受和参与的方式进行康复全民科普。

截至 2015 年年底，运动疗法专委会微信公众平台共有粉丝数 2000 余人，推送专业文章及会议信息等共 18 篇，阅读量近 3 万余人次，转发 / 收藏量近 2000 人次。

康复汇微信平台共有粉丝 20000 余名，发送康复专业文章及相关学术信息 100 篇，阅读量达到 350000 余人次，转发量近 32000 人次。其中，文章《中国康复医疗服务现状、基于和挑战》单篇转发量超过 10000 人次。

学会听力康复专业委员会与四川大学华西医院耳鼻咽喉—头颈外科听力中心、天津听力障碍康复培训中心等单位，在四川省成都市举办以“健康养生与爱耳护耳”“新生儿听力筛查家长培训班”为主题的公益活动。吸引了 1000 余名患者及家属参加。通过专家演讲、听力测评、助听器适配与选择、现场互动、免费发放科普资料等方式，向社会普及听力障碍、耳聋耳鸣的预防及康复知识。

表彰举荐优秀科技工作者 为表彰对学会建设与学科发展作出突出成就的先进集体和个人，学会第六次全国会员代表大会分别授予贝维斯女士、李瑞炎教授“特别荣誉奖”；分别授予王于领等 10 位康复治疗师、孟玲等 10 位康复护士“十佳康复治疗师”和“十佳康复护士”荣誉称号。

会员服务 2014 年，学会网站全面升级，建立会员工作体系，安排专人管理会员数据库，实时接收会员的动态信息并及时反馈，改善了学会与会员的信息沟通和联系。

【中国康复医学会第六次全国会员代表大会】 12 月 16 日，中国康复医学会第六次全国会员代表大会在北京召开。来自 30 个省、自治区、直辖市康复医学及相关领域科技工作者共 800 余人出席了会议。

中共中央政治局委员、国务院副总理刘延东就加快发展我国康复医学事业以及学会在国家医疗卫生改革和健康中国建设，实现“两个一百年”和“中国梦”宏伟蓝图中的地位、作用和任务作出重要批示，并对广大康复医学工作者提出了殷切希望。全国人大常委会副委员长陈竺，全国政协副主席、中国科协主席韩启德分别为大会发来贺信。

大会执行主席、中国康复医学会第五届常务副会长兼秘书长励建安教授主持了大会开幕式，学会副会长邓开叔致开幕词。国家卫生计生委医政医管局副局长、监察专员周军宣读了国家卫计委副主任马晓伟的书面讲话，中国科协学会学术部副部长苏小军、解放军总后勤部卫生部副部长周先志、原卫生部部长张文康、解放军总后勤部原副部长秦银河、中日友好医院院长王辰院士等应邀出席大会并讲话。

大会听取和审议了五届理事会工作报告和学会财务报告，通过了《中国康复医学会章程》（修改草案）及其他有关决议，选举产生了中国康复医学会第六届理事会、常务理事会及学会领导机构，同期举办了 2015’康复医学创新与发展论坛、中国康复医学历史回顾展、中国康复医学会第二届摄影艺术展、“康复汇”网络平台启动仪式等系列活动。

大会选举总后卫生部原副部长方国恩为中国康复医学会第六届理事会会长，励建安为执行会长，牛恩喜、王喜太、陈立典、李建军、周谋望、岳寿伟、黄晓琳、彭明强、燕铁斌（按姓氏笔画为序）为副会长，王跃进为秘书长。

（撰稿人：张　霞　王跃进）

中国免疫学会

服务创新型国家和社会建设 6 月 5—7 日，受中华人民共和国人力资源和社会保障部委托，学会参与组织、邀请国内外 60 多位肿瘤免疫专家召开 2015 年国家百千万人才工程创新讲坛“肿瘤免疫基础与临床”。本次讲坛围绕肿瘤免疫当前的核心问题和热点，设置 11 个主题进行报告及研讨，分析了肿瘤免疫基础与临床的过去、现在和未来。

7 月 3—12 日在北京举办的 2015 年第四届中国免疫学会博士研究生暑期学校以肿瘤免疫研究进展为主题，由学会常务理事推荐的 54 名在校博士生和少数西部院校青年教师参加，16 名国内顶尖专家为学员授课。

8 月 2—4 日，中国免疫学会第四届全国免疫学博士生论坛在安徽省合肥市举行，主题为“免疫调节与疾病机理”。30 名博士生代表结合各自的工作作了学术报告并展开讨论，既展现相关领域的前沿热点，又开拓了研究思路。

学会利用专业分会领域优势，加快推进领域重大疾病、相关治疗和诊断技术的行业标准、规范和指南的制定，承接政府职能转移。2015 年，学会神经免疫分会发布的《中国视神经脊髓炎谱系疾病诊断与治疗指南》《中国 NMO 诊治指南》完成定稿。学会临床免疫分会组织发布了《自身抗体临床应用专家共

识》《自身抗体检测在自身免疫病中的临床应用专家建议》，完成并发表了“全国风湿免疫病自身抗体谱检测现状调查”。

2015 年，学会参与组建生命科学学会联合体，依托青年人才托举工程（2015—2017）项目探索构建中国生物医学的人才培养体系，作为联合体的年度责任学会做好了项目申请、审批、人才评选的各项工作。学会共有 6 位青年学者入选“青年人才托举工程”项目。

11 月 21—22 日，学会感染免疫分会与全军传染病学专业委员会共同主办全军第八期传染病培训班。本次培训班由解放军第三〇二医院承办，解放军第三〇二医院王福生主持了大会。特邀李太生、张文宏、孙永涛、潘卫庆、汪茂荣、王仲元等 15 位感染病学领域的著名专家作报告，100 多人参加了培训班。

学会能力提升计划 学会完成了“学会创新和服务能力提升工程——优秀科技社团项目建设一类单位”第一期项目组织及总结工作，共计完成 35 项任务指标，实现了学会能力提升的预期目标。

学会建设 学会会员数量保持每年约 8% 的增长速度。2015 年年底，会员人数 8647 人，超过了美国免疫学会（7600 人），成为了世界会员人数最多的免疫学会。

中国免疫学会第七届二次常务理事会审议通过了《中国免疫学会财务管理制度》《中国免疫学会分支机构管理办法》《中国免疫学会分支机构财务管理办法》《中国免疫学会科技工作者科学道德规范》。

科技期刊国际影响力提升计划 《中国免疫学杂志（英文版）》杂志（*Cellular & Molecular Immunology*）2012—2015 年连续获得“中国科协学会能力提升专项——优秀国际科技期刊奖二等奖”项目的资助。

《中国免疫学杂志（英文版）》杂志已成为我国免疫学领域优秀的 SCI 源刊物，2015 年 ISI 公布 CMI 期刊的 2014 年 SCI 影响因子为 4.112，进入国际免疫学期刊 Q1 区；在我国所办的 173 种 SCI 期刊中排名第 6 名，在医学期刊中排名第 1 名。

学术期刊 2015 年，学会主办的期刊《中国免疫学杂志》获得了中国科协“精品科技期刊 TOP50 项目”资助，2015 年被评为“RCCSE 中国核心学术期刊（A）”。《中国肿瘤生物治疗杂志》获得了中国科协“期刊学术质量提升项目”项目的资助。

《中国免疫学杂志》2015 年组建第八届编委会，现有编委 80 人，额外增设 1 名学术指导委员会委员，海外编委增加至 11 人，编委中共有院士 10 人。

《中国肿瘤生物治疗杂志》2015 年完成了编委会的换届改选。新一届编委会中，编委数量由上届的 66 人增至 120 人，其中院士 15 人、国家重点实验室主任 6 人、国家重点临床专科主任 2 人、外籍科学家 9 人；临床专家所占比例由上届的 1/4 增至近 1/2，中青年专家所占比例接近 40%。2015 年,《中国肿瘤生物治疗杂志》第二次被评为“RCCSE 中国权威学术期刊”，被中国科学引文数据库（CSCD）评为核心期刊、连续第三次被《中国中文核心期刊要目总览（2014 年版）》评为中文核心期刊，在肿瘤学核心期刊（共 9 种）表中排序名次由前两版的第六名、第五名上升至第三名。

学科发展研究 学会承接了中国科协《2014—2015 免疫学学科发展报告》项目。初稿的撰写，稿件的专家互审、编委修改和主编通读程序、项目专题研讨会（2015 年 8 月 15 日），形成了由 1 个综合报告、17 个专题报告、2 个附录组成的总字数超过 30 万字的免疫学学科发展报告终稿。《2014—2015 免疫学学科发展报告》计划于 2016 年 4 月正式出版。

决策咨询 学会常务副秘书长黄波教授“肿瘤囊泡治疗癌性胸水技术”项目，参加 2015 年 5 月 21—23 日由中国科协和广州市人民政府联合主办的第一届创新科技成果交流会。会后向中国科协提交的情况简报反映了我国生物制剂研究、生产、审批等环节中存在的困难和问题，得到了中国科协有关领导的重视，已经上报相关政府管理部门。

国际学术会议 4 月 25—26 日，由中国医学科学院主办，中国免疫学会承办的第三届中国医学科学院—牛津免疫学转化医学中心研讨会在济南召开。会议邀请了 36 位来自中英两国 10 余家医学院校、科研机构的专家出席大会，其中包括英国皇家学会院士 2 人、中国科学院院士 3 人、中国工程院院士 1 人。

5 月 9 日，学会在 2015 美国免疫学会年会上主办 AAI 中国免疫学会分会场，这是学会第 8 次在 AAI 组织分会场，围绕 Differentiation and Regulation of Lymphocytes 主题，以学会理事长田志刚教授为代表的中国免疫学家作了主题报告。8 月 29—30 日，学会临床免疫分会与北京大学医学部共同主办的第七届类风湿关节炎国际论坛（IFRA）在北京召开，由栗占国教授、K. Yamamoto 教授、L. Klareskog 教授作为大会主席，邀请包括欧洲风湿病联盟（EULAR）主席 Cutolo M、候任主席 G. Burmester、APLAR 主席 K.D. Pile 等来自意大利、德国、美国、日本、英国、澳大利亚、瑞典、中国等国的基础免疫及临床免疫学界专家出席，参会人数 500 多人。与会专家、学者围绕类风湿关节炎的基础与临床展开话题，探讨类风湿关节炎诊治的最新进展。

9 月 19—21 日，学会主办的第四届中日韩免疫学研讨会在苏州举办。28 名由中国、日本和韩国的免疫学会派出的代表，围绕免疫学前沿和最新进展进行了学术研讨。中日韩免疫学峰会由中国免疫学会发起的，此次是中方主办的第二次会议。

10 月 29—30 日，由《柳叶刀》杂志和中国医学科学院主办，中国免疫学会协办的柳叶刀——中国医学科学院健康峰会在北京举办。会议特邀了英国牛津大学医学统计学与流行病学教授 Richard Peto 爵士、钟南山院士、曹雪涛院士、上海市内分泌代谢病临床医学中心宁光院士等国内外知名学者作大会特邀报告。会议共 32 个口头报告、100 个壁报交流，设置了《柳叶刀》中国推广专场。《柳叶刀》杂志主编 Richard Horton 教授和高级执行主编 Bill Summerskill 博士与代表进行了互动交流。

11 月 10—13 日，学会主办的第四届中德免疫学研讨会在成都召开。由中德两国免疫学会推荐的 26 位免疫学家围绕肿瘤免疫的基础、微环境及临床的会议主题作了专题报告。此次会议标志着中德两国免疫学会的合作进入到了第二阶段，两国科学家的合作从探讨共同兴趣点转入到更为明确和实质性的科研课题合作开展。

第四届中德免疫学研讨会

国内学术会议 5 月 15—17 日，由学会肿瘤免疫与生物治疗分会和中国抗癌协会肿瘤生物治疗专业委员会联合主办、中国人民解放军第 307 医院全军造血干细胞研究所承办、《中国肿瘤生物治疗杂志》协办的“第十四届全国肿瘤生物治疗大会”在北京召开。此次会议共收到论文稿件 222 篇，其中特邀大会报告 22 篇。7 名国际知名学者均作大会报告。此次会议特邀美国斯坦福大学 Irv Weissman 院士、中国医学科学院曹雪涛院士、林东昕院士、四川大学魏于全院士出席，900 多名专家、学者参加了会议。

8 月 10—13 日，中国免疫学会女科学家工作委员会及基础免疫分会 2015 年免疫学高峰论坛在内蒙古自治区呼和浩特市召开。来自 32 所“985”“211”高等院校和科研院所的 46 名免疫学专家、学者，内蒙古自治区免疫学会理事及相关研究人员共计近 100 人出席。

8 月 14—16 日，中国免疫学会第五届免疫学新进展研讨会在郑州大学召开。会议邀请了 27 名国内外著名免疫学家为来自全国各地的 400 多名学员做高水平的学术报告，并特设了“2015 年美国免疫学会年会（AAI）中国免疫学会分会场”专场报告。

9 月 4—6 日，学会生殖免疫分会主办、第三军医大学第一附属医院妇产科生殖医学中心承办的 2015 年中国生殖免疫学会年会在重庆市召开。来自 22 个省市 70 多个单位的专家、学者近 200 人参加了会议。美国耶鲁大学医学院妇产科与生殖科学系教授 GiL Mor，德国席勒大学、美国生殖免疫学协会主席 Udo R. Markert，阿根廷国立 Arturo Jauretche 医学院教授 Federico Jensen，及国内知名专家学会副理事长吴玉章，复旦大学附属妇产科医院、中国免疫学会生殖免疫分会主任委员李大金等应邀参会，分享他们的最新研究成果。本次大会共收集 41 篇论文摘要，其中 9 篇优秀论文的作者在大会上作论文交流，为广大青年学者提供了一个共同交流学习的机会。

11 月 14—17 日，第十届中国免疫学会全国免疫学学术大会在北京召开。本次大会注册代表 1800 多人，收到论文摘要 971 篇，参加科技产品展示 50 家。

两岸交流 10 月 17—18 日，由中国免疫学会主办，山东大学药学院承办的第五届海峡两岸四地免疫学高峰论坛在济南市召开。会议邀请了来自香港大学、香港中文大学、台湾大学、成功大学、阳明大学、中国科学院、北京大学、北京协和医院、第三军医大学等单位的 24 位免疫学家分别对天然免疫识别、天然免疫信号传导通路、T 细胞的功能、TFH 分化发

育的转录因子等研究热点作报告。此次会议是由中国免疫学会发起的系列高峰论坛。

国际组织任职 学会副理事长何维担任 IUIS 执委，学会临床免疫学分会委员张煊担任 IUIS 临床委员会委员，学会秘书长曹雪涛院士担任 IUIS 性别平等与职业发展委员会委员，学会常务副秘书长黄波担任 IUIS 教育委员会委员，学会前任副理事长金伯泉担任 IUIS 命名委员会 CD 分子分委会委员。

2015 年 6 月 30 日至 7 月 3 日在新加坡召开的“第 6 届亚洲—大洋洲免疫学联盟（FIMSA）理事会”上，学会秘书长曹雪涛院士继 FIMSA 理事长之后当选为新一届 FIMSA 秘书长，学会理事长田志刚教授当选为新一届执委。

国际交往 学会有关负责人先后赴奥地利维也纳参加第十七届 2019 年国际免疫学大会组委会特别会议、赴哥伦比亚麦德林国际免疫学联盟执委会会议、赴新加坡参加亚洲 - 大洋洲免疫学联盟执委会。学会接待国际免疫学联盟代表团考察第十七届 2019 年国际免疫学大会场馆及协商大会筹备事宜。

科普活动 学会组织科普工作委员会委员开始撰写科普丛书之一《免疫与健康》，完成了选题以及部分文字稿的撰写并开始进行书稿的设计。

8 月 26 日，学会组织专家参加北京电视台《健康到家》栏目的录制。科普工作委员会副主任委员、中国医学科学院副主任黄波和第四军医大学免疫学教研室副主任陈丽华参与制作了一期“免疫平衡　百病不侵”的免疫学科普专题节目，通过浅显易懂的事例和通俗的语言解答群众在生活中遇到的与免疫相关的问题，让大家获得对“免疫力”这一概念有更为全面、准确的认识。

表彰举荐优秀科技工作者 中国免疫学会第五届学术奖评选工作完成，共颁发终身成就奖、杰出学者奖、青年学者奖三个奖项，表彰 23 名免疫学科技工作者。为了提升学会学术奖的国际影响力，设立“国际青年学者奖”，本年度资助了来自美国、英国、德国、日本、澳大利亚、法国、印度、巴西共 8 个国家的 11 名国外优秀青年参加中国免疫学会学术大会。

党建强会 学会持续开展党建强会工作并取得阶段性进展，中国生物医学工程学会—中国免疫学会联合党支部被评为中国科协“2015 年四星党支部”。

会员服务 学会依托各种现代科技手段和中国科协所属学会个人会员管理系统，逐步构建和完善了个人会员服务平台，建立、健全了学会与会员之间的有效联系；利用学会中英文网站实时发布学术、组织等各项信息，开通短信服务平台，建立了快捷、实时的会员沟通机制；开通网上会员缴费平台，为会员提供个人会员入会服务；开通中英文会议平台，为代表提供参会服务。通过在全国学术大会（全称）期间设立“会员服务中心”展位，展示学会风采、采集并反馈会员需求，加强了学会与会员之间的联系与交流。

【第十届全国免疫学学术大会】 11 月 14—17 日，中国免疫学会主办的第十届全国免疫学学术大会在北京召开。大会开幕式由学会秘书长曹雪涛院士主持，学会理事长田志刚致开幕词。IUIS 副主席 / 候任主席 Alberto Mantovani 教授、IUIS 司库 Nickolas King 教授、学会副理事长何维、学会副理事长马大龙、学会副理事长王小宁、学会副理事长吴玉章、学会副理事长孙兵出席开幕式。

美国科学院院士、澳大利亚墨尔本大学的 Jacques Miller 教授在第十届全国免疫学学术大会上作主题报告

在学术大会期间，特邀 IUIS 代表团参会，考察国家会议中心并进行双边会晤。2015 年 11 月 15 日上午，第十届全国免疫学学术大会开幕式上，学会理事长田志刚、IUIS 副主席 / 候任主席 Alberto Mantovani 教授分别代表两家机构正式签署了 2019 年北京举办第 17 届国际免疫学大会（ICI）的合同书。本届大会通过高水平的特邀报告人及特设国际青年学者论坛等工作体现了加速学术大会国际化进程的办会理念，并呈现出了以下特点：

一是为了适应免疫学相关领域快速发展以及对学术交流的需要，理事会决定将学术大会从两年一届改为一年一届。作为调整后的首次年会，大会显示出了强劲的影响力和学术号召力。参加本次大会的正式注册代表1469人。大会收到论文摘要971篇。

二是特邀大会报告的国际学术影响力高。本次大会特邀了美国科学院院士、哈佛大学教授Frederick Alt，美国科学院院士、澳大利亚墨尔本大学教授Jacques Miller，美国科学院院士、美国西南医学中心教授Zhijian Chen，美国医学科学院院士、美国国立卫生研究院教授Ronald Germain，德国科学院院士、德国柏林风湿研究中心教授Andreas Radbruch等15位国际著名免疫学家与会。中国工程院院士曹雪涛、厦门大学生命科学院韩家淮院士等19位中国免疫学研究的著名学者也展示了自己的前沿研究成果，分别就抗体基因突变机制、胸腺萎缩退化、DNA诱导免疫应答及自身免疫反应、宿主免疫防御的可视化、天然免疫与炎症的调控模式、抑制性受体TIGIT介导的NK细胞衰竭等免疫学相关领域研究热点和发展趋势作了大会报告。

三是学术研讨领域广泛，学术交流深入，论坛形式创新。本次大会设立了免疫细胞的分化发育、T/B细胞免疫应答的分子机制、天然免疫应答的识别与调控、免疫调节与免疫耐受机制、肿瘤免疫与肿瘤免疫治疗、感染免疫、自身免疫病、临床免疫学技术及其应用、免疫缺陷病及过敏性疾病、血液免疫与神经内分泌免疫调节、中医中药与免疫调节等21个分会场，交流论文284篇。本届大会特设了“国际学术期刊”专场，邀请了《欧洲免疫学杂志（EJI）》和《肿瘤免疫研究》（*Cancer Immunol Res*）的主编与代表现场交流，鼓励更多的中国免疫学新进展在国际舞台上进行展示。

四是大会设立“国际青年学者论坛”成为常态，本届大会选拔并资助了来自美国、英国、德国、日本、法国、澳大利亚、印度、巴西共8个国家的11名青年学者来华交流。这一举措扩大了中国免疫学的国际影响力，为中外青年学者提供互相了解、交流、长期合作的平台。

（撰稿人：姚　婕）

中华预防医学会

服务创新型国家和社会建设　2015年，国家卫生计生委、财政部、民政部联合发文，正式建立社会组织参与艾滋病防治基金，将办公室设在学会。这是学会第一次承接政府职能转移的任务。现已完成全国535家机构907个项目申请书的“两审三公示”，其中467家实施单位的754个项目得到资助。

学会承担“十二五”国家科技支撑项目“常见传染病预防普及技术研究和应用”课题。学会的工作进入实施、成果总结和评估阶段，完成预期目标。传染病防治动画视频、《全民健康十万个为什么》（免疫与接种）系列丛书等科研成果，将陆续向社会推荐和传播。

学会履行国家卫生计生委突发事件卫生应急专家咨询委员会秘书处工作职责，为国家卫生应急事业建言献策。

学会共开展国家级培训项目50余项、学会级项目51项、参加培训人员共计20490人次；新受理国家级项目申请79项、学会级项目申请103项。

学会能力提升计划　2015年，学会荣获中国科协学会创新与服务能力提升工程——优秀科技社团奖三等奖。

2015—2016年度计划开展重点工作10项已全部启动，其中，计划2015年完成的重点工作5项已全部完成，计划2016年完成的重点工作5项已完成阶段总结；预期考核指标12项已全部完成。

完成了办事机构职业化建设、科技信息共享平台建设、提供科技工作者建议、开展科技奖评价机制研究、探索系列期刊经营与管理、探索科普信息化服务机制、实施青年人才托举项目等10项工作；产出《内部机构改革工作报告》《职工内部培训工作报告》《经营管理体系政策梳理工作报告》等14份研究报告。

学会建设　为加强分支机构组织建设，2015年完成了10个分会的换届工作，选举产生了3个新的分支机构，受理了包括全球卫生分会、健康传播分会在内的11个新的分支机构的申请。同时，学会加强了分支机构学术活动的计划和执行管理，将分支机构学术活动的财务管理纳入学会统一管理。

继续深入开展信息化建设，“中华预防医学会业务信息管理系统”完成了开发并进入试运行阶段。2015年4月，召开“中华预防医学会业务信息管理系统项目”（一期）方案评审会。2015年10月，申请到2015中国科协综合信息网络服务平台项目，新版“中华预防医学会学会门户网站”上线试运行，“中华预防医学会会议服务平台”（“中华预防医学会会议管理系统”）投入试运行。2015年12月，“中华预防医学会会员管

理系统”开发完成并投入试运行，与会议系统实现信息共享。学会继续医学教育项目管理系统完成建设并于2015年投入试运行，初步实现了继续教育项目的信息化管理。

开展科研诚信档案建设—科研诚信档案内容编制研究。完成了前期相关材料的收集、检索、研究方案的制定、调查问卷的设计等工作。

在2015年继续医学教育项目的管理中，进一步完善《学会继教项目管理制度》，规范了管理程序，加强了过程管理，使管理工作落实到项目申报、形式审查、专家审评、执行监督和学分证书发放等各个环节。

学术期刊 中华预防医学会系列杂志共有期刊69种，报纸1种，学会系列杂志已经成为我国科技期刊具有代表性的重要刊群。

2015年，学会对69种系列杂志及其运行的基本状况进行了调研。针对系列杂志的工作现状和遇到的问题，起草了《关于进一步加强和完善学会系列杂志服务与管理的几点意见》，对系列杂志的工作重点进行了规划，并拟于2016年筹备设立系列杂志发展基金、启动开发学会系列杂志统一的投稿审稿平台、建立中华预防医学会系列杂志编委会及专家库、开展集团化经营尝试等工作。

学会还对与系列杂志各期刊签署的委托承办杂志协议进行了修订，尝试建立学会系列杂志加入和退出机制。

2015年度，学会继续坚持开展系列杂志的审读工作，评选了优秀期刊并进行了表彰奖励。

学会系列杂志配合国家卫生计生委做好了相关宣传工作。如为配合控烟宣传和健康教育活动，60余种系列杂志设计、刊登了控烟知识及控烟宣传海报。

学会系列杂志也取得了一些成绩。《中华医院感染学杂志》《中国学校卫生》入选中国科协精品科技期刊工程，分别获得了30万元、15万元的资金支持。《中国血吸虫病防治杂志》《中国公共卫生》《中国寄生虫学与寄生虫病杂志》入选了“2015中国国际影响力优秀学术期刊”。

国内主要学术会议 2015年，学会共举办学术活动53场次，其中分会及学组举办学术活动30多场次，参会人员近3万人次。

2015年6月，中华预防医学会第24次全国医院感染学术年会暨第11届上海国际医院感染控制论坛（SIFIC）联合会议吸引了来自全国各地的感染防控、医务、护理、质控、院办、检验、药剂、手术室、抗菌药物管理、CSSD、重症监护室、内镜室等重点部门、相关临床科室及疾控中心、卫生监督所和卫生计生委3000多位代表参会。2015年12月，第二届全国卫生应急学术论坛以“提升卫生应急能力，保障公共卫生安全”为主题，800余人参加会议，有11位专家作大会报告，32位专家作分论坛报告。另外，2015年中国狂犬病年会、2015年中国慢性病大会已成为颇具影响力的跨学科、跨部门品牌会议。

两岸交流 2015年6月，学会和台湾地区欧巴尼纪念基金会联合主办的2015海峡两岸健康与传染病防控研讨会暨第二届医疗卫生产业交流会在福建省厦门市召开。学会杨维中秘书长在开幕式中回顾了海峡两岸疾病防控合作工作的历史，同时介绍当前我国健康和传染病防治形势。来自中国疾控中心、卫生部老年医学研究所、福建、广东等地方疾控中心、台湾疾病管制署、台湾师范大学等相关机构专家代表两岸学者作了7个专题报告。本次交流会编辑了海峡两岸健康与传染病防治研讨会暨第二届医疗卫生产业交流会论文汇编及专题报告汇编。共交流论文56篇，其中台方代表交流论文9篇。

台湾欧巴尼纪念基金会专家于2015年6月赴广东省疾控中心学习登革热防控工作经验。双方就两岸近年登革热监测、现场防控与病原学检测等相关工作情况进行了交流。

国际组织任职 2015年，杨维中秘书长继续担任世界公共卫生联盟执委和亚太区联络办公室主任。

李黎副秘书长从2015年3月起正式担任国际免疫规划管理者联盟（IAIM）执委。

国际交往 2015年9月，学会赴瑞士参加第9届欧洲热带病医学与国际卫生大会。杨维中秘书长应邀就“中国消除疟疾监测与响应的成就与挑战”作主题报告。同时代表团还应邀访问了世界卫生组织及世界公共卫生联盟，探讨WHO如何与国家级非政府组织合作及牵头成立亚太区联络办公室等事宜。

2015年10月，学会接待了国际免疫规划管理者联盟（IAIM）秘书长Peter先生一行来访，通过全面了解我国免疫规划工作，尤其是实地考察“互联网+”预防接种工作模式，国际免疫规划管理者联盟对中国的免疫规划管理工作给予高度评价，正式确定与学会明年共同召开“IAIM”亚太区和东南亚地区大会。并确定明年在华举办“IAIM”地区大会。

为发挥学会优势，配合国家“一带一路”战略实施，2015年6月，学会召开医学社团服务“一带一路”战略座谈会，并组织开展“一带一路”沿线国家疾病谱文献研究工作；2015年9月，学会参与主办中阿卫生合作论坛传染病防控高峰会议。

2015年5月及10月，澳大利亚公共卫生学会主席 Heather Yeatman 女士和全球华人公共卫生学会秘书长陈士华先生分别访问学会，就世界公共卫生联盟成立50周年及第15届世界公共卫生大会和第10届全球华人公共卫生协会周年大会筹备事宜与学会充分交换了意见。

科普活动 2015年，学会组织制作了3部传染病科普动漫宣传片，编写了《全民健康十万个为什么（免疫接种篇）》，围绕世界肝炎日和联合国糖尿病日，开展了科普宣传。

完成了学会网站改版，建立了中华预防医学会、营养与疾病预防、疫苗与免疫、慢性病防治4个微信公众号，提升了科普宣传教育的能力。

学会针对埃博拉出血热、中东呼吸综合征、艾滋病等重大疫情和疾病防控工作，组织疾病预防控制、临床诊治等领域专家，并与腾讯网、科普中国微平台、新华网等媒体合作，通过微信、视频和科普文章等形式进行疾病防控知识传播。

表彰举荐优秀科技工作者 2015年，中华预防医学会科学技术奖共收到全国72个单位推荐的96项科研成果，经形式审查、初评、公示、终评，最终评选出获奖项目23项，其中一等奖2项、二等奖8项、三等奖13项。

【社会组织参与艾滋病防治基金正式建立】 2015年7月，经国务院批准，国家卫生计生委、财政部、民政部联合印发了《关于建立社会组织参与艾滋病防治基金的通知》，标志着社会组织参与艾滋病防治基金（China AIDS Fund For Non-Profit Organizations，CAFNPO）的正式建立。社会组织防艾基金为全国性公益专项基金。主要支持社会组织根据国家和当地艾滋病防治规划和政策，开展高危行为人群的宣传教育、预防干预、检测咨询以及感染者和病人关怀救助等工作。

为做好社会组织防艾基金管理，社会组织防艾基金成立了管理委员会，并制定了《社会组织参与艾滋病防治基金管理办法（暂行）》，明确了社会组织参与艾滋病防治基金的筹资方式、管理机构职责、支持的主要工作内容和对象，并对资助项目的申请、确定和实施作出相应规定。社会组织防艾基金管理委员会办公室设在中华预防医学会，负责社会组织防艾基金的具体管理工作。

社会组织防艾基金采取多元化筹资方式，来源有：中央财政拨款；国内外企事业单位、社会组织和个人的捐款；国际组织、外国政府的无偿援助；其他合法方式募集的资金。基金实行项目管理，采取公布项目申请指南、受理申请、评审和审核的办法确定支持项目。

【中华预防医学会编纂《2013—2015公共卫生与预防医学学科发展报告》】 继2007—2008年、2009—2010年、2011—2011年编纂公共卫生与预防医学学科发展报告之后，中华预防医学会在中国科协学会学术部的指导下，第4次承担2013—2015年学科发展研究。为做好报告研究和编撰工作，学会成立了以会长王陇德院士为首席科学家、7名院士和10多名知名专家组成的专家组，组织了以分会主任委员为负责人和由相关专家组成的人数达60多人的编写组。经过前期众多专家、学者的参与，2015年12月编撰完成《2014—2015公共卫生与预防医学学科发展研究报告》。

本报告所涵盖的时期是我国深化医改的重要时期，也是实现国家2020年建成基本医疗卫生制度医改目标的关键时期。公共卫生和预防医学领域的人员在医改实施和评价中作出了重要贡献，包括基本公共卫生服务均等化和重大公共卫生项目的制度设计、实施和评价。

本报告分为综合报告和专题报告两篇。综合报告全面系统总结了2013—2015年我国公共卫生与预防医学学科最新研究进展，重点概括了14个专业领域的研究进展；同时对本学科国内外研究进展进行比较，并提出本学科发展趋势及展望。专题报告围绕我国卫生事业的重点和社会关注的热点，开展了卫生管理学、流行病学、环境卫生学、营养与食品卫生学、职业卫生与职业病学、传染病学、媒介生物学、卫生法学、慢性病预防与控制、出生缺陷预防与控制等专业方面的研究。

【2015年中国狂犬病年会暨亚洲狂犬病区域学术研讨会】 狂犬病仍然是严重危害我国人民健康的重要人畜共患传染病。为推动我国狂犬病防控工作，加

强多学科、跨部门的学术交流，自2012年起，中华预防医学会、中国畜牧兽医学会和中国工作犬管理协会共同建立每年举办中国狂犬病年会制度。

2015年中国狂犬病年会暨亚洲狂犬病区域学术研讨会于2015年4月16—17日在湖北省武汉市召开，本次会议得到了世界动物卫生组织的大力支持。来自世界动物卫生组织，法国、泰国、尼泊尔、菲律宾、印度尼西亚等国以及包括中国台湾地区、澳门特别行政区在内的国内公共卫生、畜牧兽医、工作犬管理等领域的专业技术人员360余人参加会议。

本次会议以“共同努力，加速消除狂犬病”为主题，设置了全球狂犬病预防与控制，亚洲狂犬病的流行、监测及控制措施，狂犬疫苗及疫苗接种、犬的生态及数量控制，狂犬病诊断的技术进展，中国和亚洲的狂犬病预防和控制管理与实践等专题进行交流。本次会议通过特邀报告和优秀论文征集的方式安排大会交流。

【2015年中国慢性病大会】 由中华预防医学会、中华医学会、中国疾病预防控制中心、国家心血管病中心、国家癌症中心共同主办的2015年中国慢性病大会于2015年11月27日在北京召开。本届会议围绕“公共卫生与预防医学整合—回顾与展望”主题，系统总结我国“十二五”期间慢性病防治工作成绩、展望“十三五”期间慢性病防治工作发展，来自卫生计生行政部门、疾病预防控制中心以及临床机构等的1500专业人员参加会议。

国家卫生计生委副主任、国家中医药管理局局长王国强，中华预防医学会会长王陇德院士出席会议并讲话。国家卫生计生委体改司司长梁万年、疾控局监察专员常继乐等领导，陈君石院士、金力院士、王辰院士等专家以及中华预防医学会、中华医学会、中国疾病预防控制中心、国家心血管病中心、国家癌症中心等主办单位以及其他兄弟单位的领导作大会报告和嘉宾访谈。嘉宾访谈以“分级诊疗推进慢性病防治结合”为主题，围绕引导优质医疗资源下沉、引导科学合理的就医秩序、保障分级诊疗在基层落地等热点问题进行交流与探讨。本次会议还设立了慢性病与移动医疗、慢性病心理辅助治疗等11个专题会议，共100余名权威专家作学术报告。

经过3年的发展，中国慢性病大会报告的数量不断增加，大会报告的内容宏观、高端、前沿；分论坛的数量成倍增长，涉及的专业领域不断拓展，交流的内容热点突出。该会议已成为我国加强公共卫生与临床医学整合，推进多学科交叉融合、并具有一定影响力和号召力的综合性品牌会议。

【第二届全国卫生应急学术论坛】 2015年12月9—10日，由中华预防医学会主办、中国疾控中心技术支持的第二届全国卫生应急学术论坛在北京召开。来自国家卫生计生委应急办、疾控局、宣传司、医政医管局、体改司、人民卫生出版社、中国疾控中心、军事医学科学院、国家卫生计生委突发事件卫生应急专家咨询委员会有关领导和专家，以及27个省、自治区、直辖市和各地市、县卫生计生委、疾控中心、卫生监督所、有关医院的代表800余人参加会议。

本届论坛的主题是“提升卫生应急能力，保障公共卫生安全”。有11位专家作大会报告，32位专家作分论坛报告。“十三五”期间，卫生应急工作将落实习近平总书记、李克强总理重要批示精神，切实做好传染病防控和突发公共卫生事件应对，不断完善联防联控工作机制，以推进卫生应急体系的规范化、专业化、信息化、协同化、国际化建设，加强卫生应急学科发展以及实力、能力的提升为目标，制定好、落实好突发急性传染病防治、突发事件紧急医学救援专项规划，为建设健康中国作出新的贡献。

【“寻找最美接种医生”公益活动】 “寻找最美接种医生”公益活动于11月2日在福建古田正式启动。国家卫生计生委疾病预防控制专家委员会副主任委员赵铠院士、国家卫生计生委疾控局副局长雷正龙、中国医学科学院党委书记李立明、中华预防医学会副会长兼秘书长杨维中、中国疾病预防控制中心副主任冯子健、光明网总裁杨谷等出席启动仪式。该活动由中华预防医学会、中国疾病预防控制中心、光明网联合主办。

本次活动旨在通过寻找、发掘预防接种领域的典型代表，呼吁全社会关怀广大接种医生，关心预防接种事业，关注亿万儿童的健康成长。

“寻找最美接种医生”活动2015年11月2日启动，将于2016年4月25日结束，包括各省、自治区、直辖市推荐、网友投票、专家评审、结果发布等环节，最终将推选出10名专业过硬、深受公众认可的优秀接种医生。

（撰稿人：牛霏霏）

中国法医学会

服务创新型国家和社会建设 为贯彻落实公安部党委大力加强能力素质建设，下好先手棋、打好主动仗的要求，在公安部刑侦局领导的重视和指导下，5月至10月学会先后举办了6期全国疑难命案侦办能力提高培训班，共培训学员2000多人次。

学会培训部在调研的基础上，结合往年培训班学员反馈信息，在全国范围内遴选著名刑侦和法医专家，安排授课老师和调整授课内容。培训内容包括：新常态下公安机关提升打击犯罪能力与水平的途径；透视侦查破案成败的关键问题；在新常态下开展重大疑难命案侦破工作的实践与思考；大要案件的侦查思路与技巧；严打暴恐犯罪，维护社会稳定——谈暴恐犯罪的由来、特点及其打与防；命案侦查的突破口；在侦办疑难凶杀案件中应该注意的损伤问题；犯罪现场血迹勘查与分析；杀人案件犯罪嫌疑人的刻画；对犯罪嫌疑人的讯问策略；命案成为难案、悬案及系列案件的成因分析；命案鉴定结论如何应对质疑；信息应用技战法；火案的现场勘查与分析；涉爆凶杀案件的现场勘查与分析；视频侦查技术实用战法；声像、电子证据检验技术在刑事侦查中的应用；侦破有广泛社会影响案件对侦查模式的比较和思考；跨境走私贩毒案补充侦查得失谈；杀亲案件的侦办思路；刑侦实战应用基础知识；银行账户资源在电信诈骗案件侦察中的应用；强化命案管理进一步提高执法规范及证据可信度；建立情报侦查一体化机制开拓打击犯罪创新之路；如何利用多种技术手段服务侦查；关于打击防范电信诈骗犯罪的对策与实务；命案侦破及命案诉讼活动中科学证据应用原则；利用信息化手段实施情报导侦进行精确打击；非致命伤、死后伤的行为目的与命案侦破；命案专案侦查的组织与指挥大数据背景下的刑侦信息化；疑难案件中DNA信息的获取及正确应用；合成侦查新机制在多发性侵财案件中的应用；刑事技术在处置重大灾害事故中的应用。

教育工作委员会与教育部高等学校法医学教学指导委员会合作，遴选出多个高校法医学本科教学优秀教师共同录制并上线视频公开课《法医学导论》。课程旨在为公众提供网上普及的法医学教学资源，同时也为法医学专业本科在线教学作出示范，为高校法医学专业教师教学提供指导，上线后已播放2000多次。

学会教育工作委员会与教育部高等学校法医学教学指导委员会合作，2015年组织各个高校相关专家对《法医学专业本科教学质量国家标准（初稿）》进行了修订与调整，并根据教育部相关规定进行了修改，于2015年9月形成了《法医学专业本科教学质量国家标准（报批稿）》，并提交教育部。教育部审查返修后，最终稿已于12月再次提交教育部。

学会能力提升 公安部表示将公安系统法医的专业技能培训和继续教育培训委托学会承办。法医临床学专业委员会、法医精神病学专业委员会先后就完善法医相关司法鉴定标准，召开了学术会议，进行研讨。

学会建设 学会共有个人会员6678人，团体会员2个，其中2015年新批准个人会员13人，团体会员1个。

学会各专业委员会召开各类学术、技术和工作会议12次，参加人员近700人次。

学术期刊 2015年，《中国法医学杂志》着力建设编审队伍，大力充实、调整审稿专家，提升编审水平。7月29—30日，在陕西省延安市召开了五届一次编审工作会议。执行主编翟恒利主持会议，主编刘耀院士报告2005—2015年工作情况和今后发展思路。与会代表为做好编审工作献策建言。

《中国法医学杂志》全年编辑出刊6期，共刊发稿件287篇，杂志增至110页左右，并且在版面设计、印刷质量等方面进行了创新和改进。

召开五届一次编审会，研究提高《中国法医学杂志》质量和影响力。

国内主要学术会议 学会法医临床学专业委员会于8月19—22日，在广东省珠海市举办了全国法医临床学第十八届学术研讨会，重点围绕着《人体损伤程度鉴定标准》实施过程中的标准化、规范化问题进行了切磋与探讨。学会法医物证学专业委员会于2015年10月25—27日，在北京召开了全国首届新一代测序技术在法庭科学中的应用学术研讨会。会议安排美国北德克萨斯大学健康科学中心（UNTHSC）应用遗传学研究所执行主任Bruce Budowle博士，公安部物证鉴定中心、辽宁省公安厅、中国科学院北京基因组研究所、复旦大学等法医科研机构的专家，就新一代测序技术的科研进展和在法庭科学领域的应用作专题报告，160多名与会代表共同探讨新一代测序技术在法庭科学领域里的应用问题及未来发展方向。

首届新一代测序技术研讨会

学会法医精神病学专业委员会于10月27—30日在江苏省南京市举办了五届一次学术交流会，会议针对当前法医精神病学鉴定方面存在的突出问题，重点分析我国近年在法医精神病学诊断与鉴定方面所面临的难点、热点问题，探讨对策。与会代表对当前法医精神病学面临突出问题所应坚持的主要鉴定原则，形成了可供鉴定机构及其鉴定人操作的专家共识。

学会秘书处2015年上半年经过策划，向全国法医科技工作者发出拟召开全国第10次法医学术交流会通知，就法医病理学、法医现场学、法医临床学、法医物证学、法医毒物学、法医人类学、法医精神病学、法医医疗损害鉴定、法医学教育等专业进行征文。

【法医精神病学专业委员会五届一次学术交流会】

学会法医精神病学专业委员会于10月27—30日在江苏省南京市举行了2015年度的学术交流会议，此次会议共有来自全国各地40多家鉴定机构的117名代表参加了会议。中国法医学会秘书处赵丽娜副秘书长，司法部及江苏省公、检、法、司部门的相关领导应邀出席了会议。

本次会议共分为“刑事责任能力与司法精神鉴定”“精神损伤与伤残鉴定”“强制医疗相关问题”“毒品所致精神障碍的法律能力评定”“法医精神病学科发展相关问题”5个主题进行研讨。

在“刑事责任能力与司法精神鉴定”的主题中，由纪术茂、铁常乐、赵虎、李学武等专家分别作了“整整精神鉴定中的若干问题”“人格责任论结合动机理论对刑事责任能力分析”“病理性无动机在刑事责任能力评定中的作用”“辨认和控制能力的分析要点”等专题发言。

在“精神损伤与伤残鉴定”的专题中，由韩臣柏、赵虎、吴鉴明及袁尚贤等专家分别作了“颅脑损伤所致精神障碍司法中的若干问题”“精神损伤与精神伤残评定”“精神损伤与伤残鉴定中存在的主题问题与应对”“法医学精神损伤鉴定中的几个问题—附相关鉴定案例分析”的专题讲座。

在“强制医疗相关问题”主题中，由史天涛、马斌方、朱建彪、王健、高北陵、强品泽6位讲者先后作了“当前我国强制医疗执行中存在的主要问题与应对”“杭州安康医院强制医疗执行的现状”“精神卫生机构如何处置应对肇事肇祸精神病人”“强制医疗的解除”“强制医疗的危险性评估相关问题”“刑事强制医疗程序实践困境与出路”的专题发言。

在“毒品所致精神障碍的法律能力评定”的主题中，由胡纪念、刘小林、李学武、高北陵4位讲者分别作了“毒品所致精神障碍涉罪行为的刑事责任能力评定”“毒品所致精神障碍者刑事责任能力评定若干问题”“毒品所致精神障碍的司法鉴定及法庭判决追踪”“司法精神医学鉴定伦理学的基本原则”专题发言。

围绕着“法医精神病学科发展相关问题”主题，由浙江省司法厅司法鉴定管理处的潘广俊处长为与会代表作了“依法治国背景下的法医精神病鉴定工作”的报告。

科普活动 2015年儿童节，会长、中国工程院院士刘耀在中国工程院与北京市科协一道，邀请来自北京市回民学校的同学与院士面对面。刘耀院士向同学们介绍自己做“柯南”的经历，讲授题为“法庭科学和破案”讲座。

党建强会 学会按照中国科协和公安部、五局党委的部署，根据学会实际情况，组织学习党的十八届四中、五中全会精神，将党性和爱国教育融入学会工作，策划组织开展了具有中国法医特色的党建强会活动。结合庆祝中国共产党建党94周年、中国人民抗日战争暨世界反法西斯战争胜利70周年，于7月28—30日在革命圣地延安召开了主题为“党旗引路　深入基层　答疑解惑　规范鉴定”的会议。会议期间，安排参观了枣园革命旧址、杨家岭革命旧址、王家坪革命旧址和延安革命纪念馆，使全国近百名法医骨干现场接受了党性和革命传统教育。同时，全国著名法医专家就正确理解《人体损伤程度鉴定标准》、规范开展法医学检验鉴定作专题讲座，并安排专家和基层法医互动交流与答疑，将“党建强会、法医鉴定与依法治国”有机联系，在一定程度上解决了基层法医办案过程中遇到的问题。

会员服务 2015年，学会编写简报《中国法医》8期，及时向会员包括理事、常务理事通报学会工作、法医学现状、会议信息、表彰推荐公告、党的建设等方面情况。

学会接待到访会员上百人次，并通过问卷调查、座谈等多种渠道了解会员需求、听取会员意见。在此基础上，2015年年底制定了下一步服务会员的工作要点和服务形式。

【中国法医学会编辑专业委员会五届一次编审工作会议】 7月29—30日，在陕西省延安市召开了五届一次编审工作会议。执行主编翟恒利主持会议，主编刘耀院士报告2005—2015年工作情况和今后发展思路。经过与会编审人员研讨，充分肯定了《中国法医学杂志》学术地位和在“服务破案”、培养法医科技人才方面发挥的积极作用，也确定了今后一个时期工作重点：面对新常态下多媒体融合考验，《中国法医学杂志》要从当前编审队伍老化的实际情况出发，重新整理审稿人员专业方向等信息；尽快遴选学术水平高、实践经验丰富的审稿人员，补充和更换审稿人员；建立审稿专家库；编辑部对稿件送审要专业对口，符合专家的研究方向，以提高审稿质量；尽快开发编审平台的编审功能，以确保审稿人员对稿件提出详细的审稿意见；在目前兼顾理论性与应用性的同时，在栏目设置上还可以增加法医学史、著名法医专家介绍等栏目，2016年突出宣传宋慈、林几等法医专家，以配合宋慈、林几诞辰纪念日等相关事件；《中国法医学杂志》英文部分的扩增可以分期分步进行，从扩展英文摘要逐渐过渡至每期重点文章刊发英文全文，同时应注意英文摘要的精准表达，减少字词、语法等错误；编辑部要有目的、有计划地进行专题约稿，邀请权威专家撰写综述、述评类文章，以提高《中国法医学杂志》的地位和理论水平；尽快考虑申请《中国法医学杂志》电子版，增加《中国法医学杂志》容量，缩短出版周期；加强与美国《医学文摘》收录相关机构的沟通，力争早日完成《中国法医学杂志》被美国《医学文摘》检索系统收录的工作。

【全国法医临床学第十八届学术研讨会】 8月19—22日，学会法医临床专业委员会在广东省珠海市举办了全国法医临床学第十八届学术研讨会和中国法医学会临床专业委员会第五届第六次工作会议。来自全国公安、检察、法院、司法、全国知名院校和全国司法鉴定所150多名法医学专家、学者参加了此次会议。学会第五届临床专业委员会主任、公安部物证鉴定中心主任法医师张继宗，司法部上海司法鉴定科学技术研究所教授夏文涛，最高检司法鉴定中心法医室谷建平，广东省公安厅余彦耿出席了开幕式并致辞。

会上，专家、学者就《人体损伤程度鉴定标准》在实际应用中出现的问题进行了为期三天的学术研讨。司法部上海司法鉴定研究所教授夏文涛、中国医科大学法医学系教授刘技辉、西安交通大学法医学系教授陈腾、四川大学华西基础医学与法医学院教授邓振华参加会议并主持了部分专业的研讨。

研讨会上，专家对参会法医提出的专业技术问题进行了现场解答。

【首届新一代测序技术在法庭科学中的应用学术研讨会】 10月25—27日，由学会法医物证学专业委员会联合美国赛默飞世尔科技旗下的Applied Biosystems，在北京举办了首届新一代测序技术在法庭科学中的应用学术研讨会。来自美国北德克萨斯大学健康科学中心（UNTHSC）应用遗传学研究所执行主任Bruce Budowle博士、公安部物证鉴定中心、辽宁省公安厅等公安机关、司法鉴定科学技术研究所、中国科学院北京基因组研究所、复旦大学等研究机构的专家与会作了专题报告，来自各级公安机关及大学法医学院的160多位专家，共同探讨新一代测序技术在法庭科学领域里的应用及未来发展方向。

研讨会就个体识别SNP及始祖推断、mtDNA全基因组测序和STR等遗传标记在新一代测序技术平台上目前的应用、遇到的问题及未来发展方向等前沿问题进行了讨论研究。

（撰稿人：赵丽娜）

中华口腔医学会

服务创新型国家和社会建设 2月9日，受国家卫生和计划生育委员会委托，学会在上海市召开口腔医疗技术负面清单目录研讨会，完成9项口腔医疗技术负面清单技术规范制定。

3月，学会组织召开临床重点专科建设信息沟通会，收集各专委会临床重点专科建设方向意见16篇，上报国家卫生和计划生育委员会。

根据国家卫生和计划生育委员会要求，上报住院医师规范化培训口腔专业委员会名单、住院医师规范化培训口腔专业评估专家名单、遴选口腔住院医师规范化培训师资培训基地，制定完成中华口腔医学会专培试点方案和13个口腔专科医师培训标准、基地标准。

6月，学会参与国家卫生和计划生育委员会关于《限制临床应用的医疗技术（2015版）》中医疗技术管理规范的制定和修订工作。

9月，学会召开《口腔医学行业标准规范及指南》新书发布会。

12月17—18日，受国家卫生和计划生育委员会委托，学会组织编写的《临床诊疗指南》《临床技术操作规范》口腔医学分册修订定稿会在福建省厦门市召开。

6月，学会申报"公益性行业科研专项——第四次全国口腔健康流行病学调查"项目获国家卫生和计划生育委员会科教司批复立项，项目经费3864万元。8月初开展预调查，就不同年龄组进行临床检查和相应问卷调查，对四次流调的实施方案进行讨论和修订。9月召开全国启动培训会，10月举办六大片区技术培训会，组建国家级领导组、专家指导委员会、技术组、项目办、督导组。各省组建相应工作组和流调队伍，截至2015年12月31日，完成包括西藏在内25个省份的国家级督导。

学会受国家卫生和计划生育委员会疾控局委托，继续承担中央转移支付地方全国儿童口腔疾病综合干预项目的管理工作。完成对2777个医疗机构26347名人员的培训工作，对8个省开展国家级督导，口腔健康教育覆盖1026万人，为209万学龄儿童进行口腔健康检查，为128万儿童的375万颗牙齿进行了窝沟封闭，为63万学龄前儿童进行口腔健康检查，其中49万名儿童实施局部用氟。

对"中华口腔医学会继续教育平台"进行升级改版。新平台分为继教项目管理平台和远程教育两大模块。通过平台，学会在2015年主办继续教育项目162项，培训口腔医务工作者6万人次。其中"根管治疗及牙体修复的理论与实践培训班"获2015年"中国科协会员知识更新工程"支持。启动"口腔临床实用技术规范化培训系列继续教育项目"，在全国多个城市进行标准化课程推广，开设网络公益课程，在全国七大区分别进行地区操作展评，评选出优秀医生进入全国展评。这一项目现场课程累计培训学员3000余人，在线课程累计培训学员1200余人，学员累计在线学习时长超过56000分钟。

学会能力提升计划 7—9月，学会申报中国科协"学会创新和服务能力提升工程优秀科技社团项目"，经过材料申报、评审和现场答辩，被评为二等奖，并获每年200万元连续三年的资助。

学会建设 2015年学会新发展会员15711人，会员总人数达46000人。

学会召开全体理事会议1次，常务理事会议5次，审议并通过议题49项，通报学会工作14项。

4月13日，学会在浙江省温州市召开第七次专业委员会（分会）工作会议。12月1日，学会在安徽省合肥市召开第五次省级口腔医学会秘书长联席工作会议。

学会被评为中国科协"2015年度全国学会科普工作优秀单位""2015卷中国科协年鉴优秀组织单位"。

学术期刊 学会主办专业学术期刊5种。《中华口腔医学杂志》2015年发表182篇文章，出版12期，发行量7.5万册。《中华口腔正畸学杂志》，2015年发表53篇文章，出版4期，发行量1.7万册。《中国口腔颌面外科杂志》2015年发表118篇文章，出版6期，发行量1.2万册。《中国口腔医学继续教育杂志》2015年发表55篇文章，出版6期，发行量17.53万册，免费赠阅会员。《中国牙科研究杂志》（英文）为中国科协优秀国际科技期刊三等奖——新创办英文科技期刊奖，2015年由半年刊变更为季刊，2015年发表27篇文章，出版4期，发行量1.0万册。

2015年学会创建"期刊新媒体融合出版平台"。完成手机与平板电脑端应用程序（APP）的开发。

学科发展研究 学会从2015年起连续三年举办数字化口腔医学主题年会，组织多个专委会专家编写《中国数字化口腔医学概览》，推进数字化口腔医学技术在我国的普及应用和创新。

决策咨询 2015年，学会向国家卫生和计划生育委员会等部门提供专业技术咨询63篇，提供决策咨询专家数1274人次。

国内主要学术会议 2015年，学会举办口腔专业学术会议48次，其中全国性学术会议41次，交叉学科学术会议（论坛）12次，参加者7万人次，交流论文5028篇。

6月9—12日，学会与国家卫生和计划生育委员会国际交流与合作中心、北京大学口腔医学院联合举办第二十届中国国际口腔设备材料展览会，观众超过9万人次，参加继续教育培训班超过3000人次。

“数字化口腔医学”主题学术年会

9月24—27日，学会在上海市举办“数字化口腔医学”主题学术年会，设计和安排125场以数字化口腔医学为主题的学术会议和118场现场操作示教培训活动，589位国际国内知名专家在年会期间做学术演讲和技术操作演示。同期展览面积超过3万平方米。参加年会的口腔从业人员达5.6万人次。

9月22—23日，学会申报承办的中国科协第291次青年科学家论坛“口腔颌面组织再生前沿研究”在上海市召开。本次论坛来自国内21个省（区、市）的27家单位和科研院所的100余名青年学者参加论坛，45位青年科学家在论坛上作主题报告。

两岸交流 9月24—25日，由中国科协主办、学会和“台湾中华医管学会”承办的海峡两岸数字化口腔技术交流研讨会在上海市召开。本次研讨会是中国科协2015海峡两岸青年科学家学术活动月内容之一，邀请25位海峡两岸的口腔专家进行学术报告及交流。两岸口腔院校、诊所及企业的专家、学者近300人次到会交流研讨。

国际组织任职 9月22—25日，学会在世界牙科联盟年会上推荐北京大学口腔医学院刘怡、杭州博凡口腔卢海平和上海交通大学第九人民医院蒋欣泉竞聘世界牙科联盟三个委员会委员职务，卢海平获聘执业牙医委员会委员。

国际交往 4月，学会参加在新加坡举办亚太牙科联盟大会。

9月22—25日，学会参加在泰国举办的世界牙科联盟年会。学会同美国、日本、韩国、德国牙医学会达成双方长期合作意向。

科普活动 2015年，学会科普部举办主题科普活动16次，科普讲座53场，科普展览1场，开展科普项目3项，参与科普活动的口腔医务工作者1000余人次，受众2万余人次。

3月20日，学会针对“世界口腔健康日”，举办主题为“笑迎生活”个性化爱牙海报制作活动，近万人参与。3月21日，学会与北京市海淀区妇幼保健院口腔科联合举办口腔义诊活动，活动包括免费口腔咨询、口腔检查、口腔健康宣传，发放口腔保健手册及儿童保健牙刷、儿童含氟牙膏，为200余人提供口腔健康咨询及口腔健康宣传，为100余人提供口腔检查。

学会设立“口腔健康教育规范化研究”项目，针对6个年龄组（孕妇、学龄前儿童、小学生、中学生、成年人、老年人），设计相应的口腔健康教育材料，开展有针对性的口腔健康教育活动。

9月18—19日，学会主办的“9·20全国爱牙日”主题宣传活动——“定期口腔检查，远离口腔疾病”在北京海淀公园举办，来自北京大学口腔医学院和海淀医院的口腔专家为在场群众进行口腔健康咨询义诊。

表彰举荐优秀科技工作者 2015年，学会向中国科协推荐工程院院士候选人1名。学会在第17次全国口腔医学学术会议（2015年会）中组织中华口腔医学会新星讲坛——口腔新锐专场及口腔新秀专场，通过学术交流、病例展评的形式，奖励优秀硕士、博士研究生及青年口腔医师37人。年会期间还举办技能竞赛2项，分别为中国口腔跨学科病例大赛，第三届全国护理技能展评，81人获奖。2015年学会新设两项科研资助项目：一是首次面向综合医院口腔科设立的科研专项基金资助——口腔疾病与全身疾病关系研究项目，立项16项，其中“自主创新”类7项，“预探索”类9项；二是面向牙体牙髓、口腔修复、口腔正畸3个专业年轻医师设立的牙科粘接剂青年医师研究项目，立项10项。

12月，学会申报中国科协“青年人才托举工程”项目，获两个资助名额（15万元/年/人，连续3年）。12月15日，学会在北京召开人才项目答辩评审会，来自全国有关院校的11名青年医师进行现场答辩，评选出“青年人才托举工程”获资助培养人员。

党建强会 学会申报中国科协学会2015年度“党建强会”计划“硬件建设”项目，获8万元经费资助，更新学会“党员之家”活动场所。

学会申报中国科协学会党建研究会“2015年度重点调研课题——积极探索新形势下各具特色、行之有效的学会党组织设置方式和活动方式研究”，并获3万元调研经费资助，结题报告获2015年度学会党建调

研课题优秀论文奖。

3 月 24 日，中国科协学会服务中心主任、党委书记李志刚，党委副书记吴晓琦走访调研学会党支部。

“西部行送健康”党建活动

12 月 2—3 日，学会党支部在中国科协“党建强会”项目资助下，在云南省第二人民医院举办“西部行送健康”系列党建活动，现场发放科普宣传资料、牙齿保健用品 700 余份，义诊群众 600 余人次，培训基层口腔医生 300 余人。

会员服务 2015 年，学会投入专项资金，改版“中华口腔医学会会员服务网”，升级完善会员管理系统。学会制作《会员服务指南》，举办“会员管理系统及会员服务网使用语音视频培训会”，对专业委员会（分会）及省口腔医学会负责会员工作的人员进行网络平台操作演示和讲解。学会会员人数由 2014 年 12 月 31 日的 30289 人，增长至 2015 年 12 月 31 日的 46000 人。

学会投入专项资金开发建立学术会议数字化网络注册管理系统平台和数字化学术会议，首次使用微信实现学术会议提前注册、缴费、绿色通道入场，2015 年有 3438 人通过微信实现快速入场，节省 80% 的过程时间。2015 年有 34 场学术会议和操作培训采用微信会议评议，收到 5035 条评议意见，1367 人通过微信获继续教育学分证书。学会采用信息化手段增进演讲专家和听众的交流互动，在学术会议会场设立“微信墙”，实现提问实时显示，问答讨论即刻进行，提高听众参与度。

中国科协会员日 2015 年中国科协会员日活动期间，学会以“走进西部”为主题，在云南省、广西壮族自治区开展形式多样，面向各口腔专业领域医务工作者的免费培训项目，内容包括基础技能培训、科普教育、志愿者帮扶、面向群众的口腔义诊等。

学会与中国航空学会共建会员日，12 月在四川省成都市为中航工业成都飞机工业有限公司、成都飞机设计研究所、成都发动机集团公司、成都飞机工业有限公司医院等单位举办两场口腔健康保健主题报告和一场专业对接交流会，同时为广大航空科技工作者开展义诊。12 月 22 日，学会与中国国土经济学会共建会员日，为会员举办一场口腔健康保健主题报告。

12 月 18 日，学会参加由国防科技社团联盟主办、中国兵工学会承办的中国科协会员日——国防科技社团联盟国防教育主题日活动。

【中华口腔医学会第 17 次全国口腔医学学术会议（2015 年会）】 9 月 24—27 日，中华口腔医学会第 17 次全国口腔医学学术会议（2015 年会）在上海市的国家会展中心召开。年会围绕“数字化口腔医学”主题举办多种形式学术演讲活动，589 位国内外专家在年会期间做学术演讲和技术操作演示。参展企业超过 500 家，1500 多个展位数，展览面积 3 万多平方米，5.6 万人次口腔医务工作者参与其中。

围绕“数字化口腔医学”年会主题，学会发挥学术高度、学术深度和学科交叉三大优势，以学术引领、交叉综合和继续教育为特色，精心设计、安排以数字化口腔医学为主题的学术会议和现场活动。年会的主题会场邀请 7 位国际、国内知名专家介绍数字化口腔医学，内容涵盖数字化正畸诊断和治疗、数字化口腔医学影像诊断、数字化牙体牙髓治疗、数字化为口腔修复领域带来的变革、数字化口腔颌面外科治疗和数字化口腔种植治疗等方向。如以口腔种植为侧重的数字化全程多点种植手术展示及研讨论坛，全程高清转发来自三个地区的种植手术现场展示并加以专家点评，以口腔全科为侧重的数字化口腔医学综合专题会场等，涉及正畸、种植、影像、修复、管理、教学各个方面。

2015（上海）国际口腔设备器材博览会与中华口腔医学会第 17 次全国口腔医学学术会议（2015 年会）同期举办，500 余家国内外知名企业参展，展览面积增至三万平方米。学会在展会现场举办形式多样的现场操作演示、体验和培训，包括数字化口腔种植现场手术直播、数字化口腔美学修复现场操作演示、牙体牙髓治疗热牙胶充填操作演示及多品牌现场体验、学会精品品牌活动“一步一步做好牙体预备”等，设置多个国内外品牌的数字化 CAD/CAM 产品体验区。年会期间，口腔颌面外科专委会、口腔颌面修复专委会、口腔医学计算机专委会和口腔美学专委会4个二级专委会的学术年会同期召开。“新星讲坛”“新锐讲坛”“全国口腔护理技能展评”“走进西部——西部口腔医学发展论坛”等系列学会品牌会议同期召开。

【“口腔健康促进与口腔医学发展西部行”公益活动】 2015年，“口腔健康促进与口腔医学发展西部行”公益活动在西部地区开展并不断创新活动内容。10月，四川省成为“口腔健康促进与口腔医学发展西部行”公益活动开展的第十一个地区，在山东大学口腔医院、吉林大学口腔医院两家常务理事单位及有关企业的支持下，学会向仪陇县人民医院、邻水县人民医院等7家目标地区医院捐助牙科综合治疗机、牙科X光机、种植牙椅等一批口腔医疗设备，举办牙周规范化治疗技术培训班一期。

截至2015年12月31日，学会在“西部行”继续教育基地举办口腔各专业临床技术培训班21期。来自北京大学口腔医院、四川大学华西口腔医院、武汉大学口腔医院等9家国家临床重点专科建设单位14个专科及相关单位的90名专家赴西部地区授课，6000余名基层口腔医生接受培训。

学会安排12名西部医生到全国知名口腔医学院校免费进修学习，辐射40余名西部基层口腔医生省内进修。组织48名志愿者医生赴10个省份基层医院进行为期1—3个月免费帮扶，其中副高以上职称志愿者由2014年的52%增长为66%，与中华志愿者协会达成合作意向。南京市口腔医院与呼和浩特市口腔医院、第四军医大学口腔医院与银川市口腔医院签署结成对口支援单位。

学会设立的“中国西部地区口腔医学临床科研基金”，2015年完成2013年项目结题9项、延期结题1项，2014年项目中期审查12项，2015年新立项12项，并实行导师制，保证项目实施质量。

在学会与香港牙医学会签署学术交流基金的资助下，来自西部省区22名专家、学者赴香港参加香港国际牙科研讨会，学会会长王兴受邀在论坛上做了题为“中国大陆老年口腔医学面临的机遇与挑战”的主题报告。

“西部行”项目资助100名西部地区口腔医生赴上海参加中华口腔医学会学术年会，并组织召开“第二次西部口腔医学发展论坛”，西部A基层口腔医生代表与全国知名口腔医学院校领导、国家临床重点专科负责人、企业界代表等就“西部行”公益活动的创新和深化，展开交流和探讨，搭建起中东部与西部地区口腔医学发展的交流平台。

（撰稿人：王　瞳）

中国医学救援协会

服务创新型国家和社会建设 2015年，先后发生尼泊尔地震、湖北沉船事件、中东呼吸综合征、天津8.12化学爆炸事件等一系列重大灾害，协会科普专业委员会和专家传播团结合相关灾难事件，组织相关专家，结合民众和社会关注的焦点和热点问题，有针对性地开展相应的科普工作，帮助民众进行科学分析、提出建议，进行正确引导。

在尼泊尔地震和湖北沉船事件救援过程中，协会科普和传播专家团负责人李宗浩先后多次赶赴中央电视台“焦点访谈”“新闻直播间”、国际频道分别就地震和水系灾害的特点，灾难来临时民众的自我保护、自救互救，科学救治的基本原则、注意事项，不同时间段的救治理念和救治方法等一系列问题进行科学分析、建议和指导，对民众进行相关知识的科学普及工作。

10月26日，协会在北京市平谷区举办综合应急救援队骨干专题研修班，主要围绕应急救援队建设和灾害救援现场知识等重点展开培训。

学会能力提升计划 协会急救、复苏、灾害医学救援传播专家团向中国科协申报“地震灾害中应急避险和急救知识的社区普及”项目，选择北京和义街道办事处、长辛店街道和成公社区为试点单位，筛选辖区为城乡结合部，人员密集，人口流动性大，房屋建筑陈旧，部分房屋为平房，存在安全隐患，人员层次复杂，商贩摊点较多，遇到地震等突发情况更容易出现安全隐患。专家团对两个社区人员进行应急避险技巧和相关知识讲座并进行现场演练指导，开展心肺复苏、创伤救护、伤员转运等基础急救知识和基本技能的训练，现场示范，学员实际操作，编制视频资料学习与实际操作联系相结合的模式进行讲授。向居民发送视频影像、文字科普资料，社区居民146人参与了两次活动。

学会建设 8月28日，协会灾害救援分会第一届全体会员代表大会暨第一届一次理事会议在北京召开。

11月29日，协会装备分会成立大会暨第一届一次理事会员在天津市召开。大会由分会挂靠单位军事医学科学院卫生装备研究所主办，来自全国60多个单位的112人参加会议。

科普活动 2015年是中国科普事业的先驱和奠基人高士其先生诞辰110周年，协会常务副会长兼秘书长李宗浩撰写并由湖南出版社出版《永远的高士其》一书，该书作者回忆与高士其先生32年的师生情及高士其的精神和生活、创作态度，鼓励当前的科普工作者向先驱们努力学习。

10月31日，协会联合中国健康促进与教育协会、《健康报》社在北京举办纪念永远的科普大家——高士其诞辰110周年座谈会。李宗浩教授表示，在信息化多媒体时代，繁荣科普创作，提高公众科学素养是一项非常重要的工作。高士其被疾病瘫痪缠绕60多年，他用常人难以想象的超人毅力，创作出《菌儿自传》《生命的起源》《天的进行曲》《生命进行曲》等数百万字的优秀科普作品。原卫生部副部长殷大奎，国家卫生和计划生育委员会宣传司副司长宋树立，全国政协委员、著名作家梁晓声等在座谈会上谈了自己的感受。

参与科技部2015年全国优秀科普作品推荐活动，协会常务副会长李宗浩所著《首席专家李宗浩谈急救》作品获科技奖。协会被中国科协评为“2015年度全国学会科普工作优秀单位”。

学术期刊 协会主办的期刊《中国急救复苏与灾害医学杂志》2015年影响因子为0.458。

国际学术会议 6月26—30日，由协会、中国灾害防御协会、中国急救复苏与灾害医学杂志社、国际SOS救援中心共同主办，国务院应急管理办公室、国家卫生和计划生育委员会应急办公室、国家卫生和计划生育委员会医政医管局、民政部救灾司、国家安全生产监督管理总局联合指导，徐州医学院承办的2015年中国·国际第十三届现代救援医学论坛在江苏省徐州市召开。来自全国医学救援领域1000余名专家、学者和世界灾害急救医学协会、国际SOS、美国心脏协会（AHA）、美国加州大学欧文医学院、芬兰卫生部、挪威Laerdal公司以及日本、荷兰的专家学者交流研讨现代救援医学。

国内主要学术会议 3月27—29日，首届钱江国际急救学术论坛暨第八届浙江急救高级论坛在浙江省杭州市召开。

7月15日，长江中游城市群院前医疗急救联盟在湖北省武汉市召开空中急救合作研讨会。

国际交往 4月26日，协会团体会员单位武警总医院10名中国国际救援队医疗分队赴尼泊尔地震灾区执行医疗救援任务。该医疗队的人员配备和技术力量具有野战医院的规模和功能，具备全天候和各种地形条件下的紧急救援能力，可以在灾区完成三级甲等医院急救中心所有的急救和手术任务。

（撰稿人：吴　慧）

中国女医师协会

学会建设 2015年，学会新成立视光学、抗衰老、肛肠、精准微创医疗、检验医学5个专业委员会，主任委员分别由谢培英、苗懿德、杨巍、王娟、石玉玲担任。学会现有29个专业委员会。新发展个人会员396名，截至2015年12月31日，协会个人会员数为34661人，团体会员15个。协会召开四届第八次常务理事会议。

7月25日，协会召开第四届第四次理事会，讨论通过“2015中国最美女医师评选”及相关活动。

协会向全国妇女联合会推荐的玛依努尔．尼牙孜和中国工程院院士陈香美获全国妇女联合会颁发的“全国三八红旗手”称号。

10月29日，协会秘书长于冬参加中央国家机关工委组织部召开的脱钩试点行业协会商会座谈会，协会被确定为国家卫生与计划生育委员会的首批脱钩试点单位。11月12日，中央国家机关工委副书记姚志平、国家卫生与计划生育委员会副主任崔丽到协会进行脱钩调研工作。协会成立脱钩工作组，何界生任组长，于冬任副组长，李小鹰任监事，成员有：陈晓枫、韩陆、任在晋、曲沛邦、周子华、周芯羽。

协会遵循“态度积极、按照规定、稳妥进行”和“五分离、五规范”的原则，即机构分离，规范综合监督关系；职能分离，规范行政委托和职责分工；资产财务分离，规范财产关系；人员管理分离，规范用人关系；党建、外事分离，规范管理关系的原则。12月31日已将脱钩方案报国家卫生与计划生育委员会。

国际学术会议 4月1日，医院建设管理专委会主办2015亚洲医院建设新格局高峰论坛（中国站）在北京举行。国内112家大型公立医院、外资医院、合资医院、民营医院的专家、学者，46家亚洲、港澳台及欧美等国家及地区的医院建设专家，以及30余名国际医院规划设计机构代表等共400余人参加会议。会议围绕“绿色医院建筑技术、医院节能技术”“信息化、数据化与智慧医院”“养老与医疗”“医院建设管理与评价”4个专题进行。会议从设计理念、建造技术、信息化、养老和政策措施等方面就我国医疗设施建设应如何适应新时期的新需求进行研讨。

4月12日，药学专业委员会在北京召开第一届学术会议——临床合理用药与用药安全，约200位国内外药师、医师参加会议。第二炮兵总医院姜合作了题为“当下中国药学文化管理的痛定思考”报告，南京鼓楼医院葛卫红作了题为“药师职业面临的危机与契机”的报告，美国杜克大学医学院及坎贝尔药学与健康科学学院副教授Roy Alton Pleasants介绍了“美国药师通过评估肾功能调整临床药物剂量”，加拿大温尼伯地区卫生局区域用药安全药剂师Barbara Anna Sproll介绍了“加拿大医疗保健系统中安全文化的建设”，朝阳医院李淑娟作了题为“美国医生的培养模式、工作量和医患关系”的报告，朝阳医院于晓佳介绍了“英国药师在患者用药安全中的作用”，北京大学第三附属医院张弨以介绍了北京大学第三附属医院“药剂科临床药师的工作模式及合理用药管理经验”，复旦大学附属肿瘤医院翟青作了题为“如何开展抗肿瘤药物合理应用和药学服务”的报告，长沙市第三医院李昕介绍“临床药师通过抗菌药物治疗药物监测（TDM）可以最大化发挥抗菌药物的疗效”，华中科技大学附属同济医院张杨作了题为“临床药师在危重真菌感染治疗中的作用”的报告。

6月27日，肿瘤专委会在北京国际会议中心召开第三届复发转移乳腺癌的管理和综合治疗进展学习班（CABC3）暨第三届阳光长城肿瘤学术会议，推广和学习中国进展期乳腺癌共识指南（CABC 2015）。200多位国内外专家到会。北京大学常务副校长柯杨参加会议并致辞。北京大学附属肿瘤医院李惠平作了题为“CABC 2015的学习和推广”的报告，复旦大学附属肿瘤医院邵志敏作了题为“精准医学在乳腺肿瘤研究中的应用”的报告，中山大学孙逸仙纪念医院宋尔卫做了题为“乳腺癌内分泌治疗耐受机制转化研究”的报告，美国加州大学San Francisco分校（UCSF）Helen Diller肿瘤中心乳腺内科Hope S.Rugo教授作了题为“如何减少及逆转ER阳性晚期乳腺癌患者内分泌耐药问题”的报告，307医院王涛和北京肿瘤医院的邵彬分别就临床靶向联合治疗作报告，新加坡黄醒荣作了题为“HER2阳性、阳性进展乳腺癌的全程管理”的报告，台湾大学医学院卢彦伸作了题为“进展期乳腺癌化疗中的关键问题探讨”的报告，北京肿瘤医院宋国红作了题为“晚期乳腺癌化疗的演变历程”的报告，香港特别行政区周永昌作了题为“乳腺癌骨转移和内脏转移治疗原则”的报告。

国内主要学术会议 年内协会组织学术交流活动33次，参加人数4960人次，参加人数增加2780人次。

围绕着女性的生理病理特征和临床需求，12月11日肾脏病与血液净化专业委员会在辽宁省大连市举办研讨会，对林洪丽草拟的《女性尿路感染诊疗共识（2014修订版）》进行修改。

6月19日，视光学专业委员会在广东省深圳市召开会议，就我国角膜塑形中的问题进行讨论，全国近百位医师出席会议。美国纽约州立大学视光学院教授段昌敏参加会议并发言，她介绍了美国视光学专业发展状况。

8月8日，心脏与血管专委会借助2015北京中国心脏大会，举办以“女性心脏病”为主题的学术活动，讨论女性患者VTE风险和防治、女性高血压特点、女性心血管疾病的心理处方以及老年女性心血管疾病的特点等。

10月17—18日，协会在北京大学新闻与传播学院主办“气与气的运动规律”的主题研讨会。北京市、台湾地区、澳门特别行政区、云南省、山东省、广西壮族自治区、杭州市等地的150余名不同学科、不同专业的专家、学者出席研讨会。云南中医研究院的研究员张震，台湾大学教授李嗣涔，中国科学院高能物理研究所研究员谢一岗，德国教授张长琳，《易经》研究学者李守力，北京中医学院教授陈瑞祥，北京同仁堂药师张学著，中医医师李定忠、兰吉瑞、周波，中医科学院研究员张维波、中国国家航天局研究员常远，北京大学刘丰，新闻人陈天威，西医医师高也陶等发言，讨论了“气”、X信息的传导、人体潜能、经络、N维空间、医疗框架等热门话题。会议认为中医用针、用药都在于调气，中医基础理论的研究重点应在于对“气”的深入研究。要用开放、包容的态度探索未知。

围绕着中医的文化与振兴，协会还在北京举办多学科多角度中医“感悟”沙龙、“五运六气”沙龙，探

讨张仲景《伤寒论》临床应用。协会与云南省中医院在云南省昆明市举办中医整体量化指标的现代研究研讨会。

12 月 10 日，肾脏病与血液净化专业委员会在云南省腾冲县召开年会，就“我国腹膜透析患者贫血治疗现状”“EPO 治疗肾性贫血近 5 年最新临床研究进展”“12000 单位 EPO 在腹膜透析的应用前景”等议题进行研讨。

科普活动 截至 2015 年 12 月 31 日，协会共组建 27 个科学传播专家团队。利用妇女节、儿童节、母亲节等纪念日，开展咨询义诊、讲座 222 次，参加活动 814 人次，受众 15545 人次。现场发放各种宣传品 4716 份。

4 月，眼科专业委员会 21 名眼科专家及志愿者奔赴西藏自治区拉萨市，开展义诊义治，完成门诊及手术 1150 例，向藏区基层医院赠送眼科专著、药品及耗材。

5 月 6—11 日，妇产科专委会在北京、上海、广州、杭州、乌鲁木齐和南京 6 个城市组织“关爱女性健康，母亲节献礼”的大型公益活动。围绕女性尿失禁、更年期保健、宫颈癌筛查和预防等，进行讲座和咨询，近千人次参加。

5 月 15 日，协会联合中国妇女儿童基金会共同发起“智慧母亲，健康家庭”大型公益健康教育活动在北京、广州、昆明、石家庄和上海同时启动。五个城市同时向社会人群宣讲了“女性健康教育三十条”和生活方式疾病的预防与管理 6 个专题讲座，发放 1800 份宣传彩页。

5 月 25 日“护肤日”，皮肤病专委会号召全国部分三甲医院皮肤科开展科学护肤大型科普知识宣传：举办科学护肤讲座、进行皮肤性质测定，全国 6000 余人参加。

6 月 26 日，中医专委会组织内科、骨伤、针灸、眼科、皮肤、妇科、耳鼻喉等学科中医专家，慰问河北冀中监狱零五印刷厂的警官和亲属。开展心脑血管病、糖尿病、脾胃病、颈肩腰腿以及心理科普讲堂，诊治 200 人，发放科普资料 300 份。

心脏与血管专委会进行了“服用降脂药物的注意事项”“降脂药物的用药和管理”“和您谈谈冠心病的临床用药”“高血压患者教育”“从指南更新看 DPP4 抑制剂在糖尿病合并心脑血管高危患者中的优选地位”和“认识老年高血压特点，走出降压治疗误区”6 次科普讲座，参加约 400 人次。

协会鼓励委员们开展或参加各种医学科普活动。病理专委会付丽为北戴河休假团的 40 位院士作了题为“乳腺癌的防治”的讲座。康复专委会谢欲晓做客北京电视台“养生堂”栏目，宣传老年痴呆和认知功能减退等知识。

协会鼓励利用新媒体宣传医学科普知识。皮肤病专业委员会委员们拥有公共微博的占 80%，其中大 V 占 20%，拥有 20 余万粉丝。专家们宣传正确的护肤观念，正确的皮肤病诊疗和皮肤病诊治最新进展，最高一条被转发 10 万余次，点击量超过 100 万次。

康复专委会的“欲晓康复”栏目，2015 年累计发布 50 余期。儿科专委会建立了“肾宝宝乐园”微信平台。

心脏与血管专委会李一石主任委员主编出版《大众科学用药丛书·高血压病》。康复专委会副主委王彤编著出版《中风自我保健康复上上策》。疼痛专委会编辑出版《疼痛防治靠自己万问丛书》的《三叉神经疼痛防治靠自己》《腰椎手术后疼痛综合征防治靠自己》2 个分册。

【第四届中国女医师协会五洲女子科技奖】 7 月 25 日，第四届中国女医师协会五洲女子科技奖颁奖大会在人民大会堂召开。第十届全国人大常委会副委员长、中国关心下一代工作委员会主任顾秀莲，协会会长何界生，全国妇联妇女发展部部长崔卫燕，中国科协学会学术部副部长范唯等出席大会并发言。全国卫生系统的代表及获奖者近 300 人参加颁奖活动。黄倩、雷群英、孙爱军、李莉获“基础医学科研创新奖”，范理宏、邓惠鸿、吴群红、吴凡、张铭志获“医务（卫生）科研创新奖”，李南方、林洪丽、孙铁英、张宏、王卫庆、古洁若、马辛、赵敏、赵扬玉、杨慧霞、华克勤、吴欣怡、杨森、王旭、韦曦、卢传坚获“临床医学科研创新奖”。

会上还颁发了由 2014 年全国妇联授予的“全国巾帼文明岗”和“全国巾帼建功标兵”奖。

【评选 2015 中国最美女医师】 7 月 25 日，协会联合《瞭望中国》杂志社共同发起“2015 中国最美女医师评选活动”，成立 34 人评选委员会。从各省市、各专业委员会和社会基层推荐的 121 名候选人中，经网上公示、差额投票推选出 20 名：贵州省人民医院张湘燕、武警西藏总队医院第一门诊部尼玛卓玛、北京首都医科大学附属北京中医医院陈彤云、青海省互助县中医院李萍、上海交通大学医学院附属瑞金医院赵维莅、山东省青岛大学附属医院张默道、苏州市第五人民医院苏州大学附属传染病医院孙颐、中国人民解放军总医院陈韵岱、河北省人民医院李莉、哈尔滨医科大学附属第二学院田家玮、石家庄市第一医院乞国艳、广西中医药大学第一附属医院吴西西、湖南省中南大学湘雅三医院薛敏、云南普洱市中医医院刘丽春、安徽医科大学第一附属医院杨森、山西省儿童医院刘彩霞、首都医科大学宣武医院魏嘉平、广州市第一人民医院于力、上海交通大学医学院附属上海儿童医学中心陈静、江西省妇幼保健院雷钧。

（撰稿人：任在晋）

中国研究型医院学会

服务创新型国家和社会建设　学会承接1项政府职能转移项目，按照国家卫生与计划生育委员会的要求，起草《制定现代化医院评价标准体系实施方案》，向国家卫生与计划生育委员会医疗服务管理指导中心汇报。

开展国家继续教育项目第九届关节镜技术新进展及其冲击波复合疗法治疗骨肌疾病学术会议。

12月11—13日，由学会主办、学会心肺复苏专业委员会组织多家相关学术团体承办的国家继续教育项目“首期中国腹部心肺复苏技术高级救护师培训班”在北京武警总医院举办，400余人参加培训。

11月14—15日，学会与解放军总医院肿瘤内科联合举办2015年度肿瘤学继续教育学习班。来自全国100余家医院500余名肿瘤领域专家及医师参加培训，培训分别设置了肺癌、消化道肿瘤、乳腺妇科肿瘤和泌尿系统肿瘤、恶黑4个专场以及肿瘤并发症处理、肿瘤姑息治疗两场卫星会，融合影像学科、病理科、放疗科、肿瘤外科、护理学等多学科联合诊疗。40余位国内知名专家到场授课，讲解各专业领域诊疗规范、解读学科发展前沿动态、分享恶性肿瘤临床实践策略。

学会建设　6月5日，学会在江西省南昌市召开常务理事会议，会议传达民政部《关于开展部管社会组织专项监督检查的通知》精神、通报学会年度工作情况和2014年度财务工作情况、审议通过学会分支机构财务管理办法、修改《中国研究型医院学会章程》的说明、调整学会部分任职名单。增补名誉会长2名、副会长5名、常务理事29名、理事56名。

截至2015年12月31日，拥有会员单位242家、二级机构36家。学会网站更新46期，出版学会内部刊物《通讯》2期，免费向会员发放。

召开三次高层管理例会，就学会组织框架、二级机构建设、拟设奖项、学会杂志等问题进行研讨与部署，制定《学会三年发展规划》。

学术期刊　《中国研究型医院》杂志截至2015年12月15日出刊7期，处理234篇稿件，录用122篇，约73.8万字。

学科发展研究　编辑出版《研究型医院管理学》专著。全书分为总论、谋划、领导、医疗、科研、学科、人才、转化、教学、护理、质量、服务、信息、保障、后勤、医德、文化和安全18个章节共计120万字。

成立全国36家心肺复苏教研基地和腹部心肺复苏应用转化基地，建设全国第一家中国腹部心肺复苏培训中心及首个中国腹部心肺复苏技术培训发展中心。

国内主要学术会议　由学会主办和联合主办的活动有2015中国研究型医院高峰论坛、2015中国研究型医院人文建设峰会、第十届细胞治疗研讨会、中国工程科技论坛第209场——智慧医疗与医疗资源优化配置、现代化医院评价与评估高峰论坛、第二届灾害医学救援新进展学术交流会、第四届中国医院临床专科建设与发展论坛·2015首届中国医生论坛、住院患者VTE单病种管理课程、医界跨界——引领未来医院领军者大会。

专业委员会组织的学术会议有首届中国医院QSHE管理学术论坛、普通外科学专业委员会第一次学术会、消化道肿瘤专业委员会首届学术研讨会、全国整形外科学术会议、心理与精神病学专业委员会第一届学术年会、甲状腺疾病专业委员会首届高峰论坛、天津第12届神经内外科进展报告会、第二届消化内镜分子影像学高峰论坛、第二届器官移植学科建设研讨会暨第五届中国器官捐献与移植论坛、超微病理学首届高端学术论坛、“研究型医院后勤发展与展望”研讨会、营养与慢性病高峰论坛、烧创伤修复重建与康复学术年会、现代化医院评价与评估高峰论坛、首届中国急救医学产业创新发展高峰论坛、2015灾害卫生应急学高端论坛、首届中国疾病生物治疗大会、第二届中国眩晕医学论坛等。

6月，冲击波专业委员会在北京召开体外冲击波及其关节镜复合疗法治疗骨关节炎及骨坏死高峰论坛，

会议期间修订《骨肌疾病体外冲击波疗法专家共识》。

11 月 13—15 日，第二届中国眩晕医学论坛在江苏省徐州市召开，700 余人参加会议，论坛开展了关于眩晕的知识交流、病例分享。

表彰举荐优秀科技工作者 根据中国科协通知要求，学会推荐中国工程院“光华奖”“青年奖”和“中国青年女科学家奖”候选人各 1 名。

会员服务 2015 年，学会编纂年报，反映学会年度工作的综合信息，向会员免费提供《中国研究型医院》杂志版面，刊登优秀论文。向会员单位免费提供学会组编的《研究型医院管理学》。学会网站每周搜集医学新观点、新理论，为会员提供资讯。

【2015 中国研究型医院高峰论坛】 6 月 5—7 日，由学会主办，南昌大学第二附属医院、江西省研究型医院学会承办，解放军第九四医院、健康界传媒协办的 2015 中国研究型医院高峰论坛在江西省南昌市举行。学会名誉会长、国家卫生和计划生育委员会副主任刘谦，名誉会长、解放军总后勤部原副部长秦银河，名誉会长、解放军总后勤部副部长李书章，中国科学院、中国工程院曾益新、付小兵、郑静晨院士，以及民政部、中国科协、江西省、南昌大学等有关单位和部门的领导、专家出席开幕式并讲话。学会会长王发强在开幕式上致辞。论坛主题为“新常态、新思路、新模式——探讨研究型医院快速发展之路”。论坛邀请多名国内医学界领导、专家、学者及企业家参加，通过主题演讲、专题研讨、参观见学等形式，围绕研究型医院认识论方法论、精准医疗、移动医疗和转化医学等重点热点问题进行研讨交流。来自全国地方和军队、武警部队数百家医院的院长、专家、学者、管理干部及医药企业的 1200 余人参加论坛。

【2015 中国研究型医院人文建设峰会】 10 月 9—11 日，由学会和健康界传媒共同主办的 2015 中国研究型医院人文建设峰会在山东省青岛市举行。来自全国地方和军队、武警部队 100 余家医院的党委书记、政委以及从事医院思想文化和人文建设工作机关领导、专职干部 300 余人参加会议。会议主题为“凝聚正能量、推动新发展”。会议围绕人文理念、医院人文、企业文化、医院危机管理和新常态下研究型医院思想文化建设遇到的挑战及问题、如何增强医院思想文化建设生机与活力、研究型医院的核心价值观等专题，邀请解放军总后勤部原政委张文台作报告。

（撰稿人：王雅捷）

中国自然辩证法研究会

服务创新性国家和社会建设 2015 年，研究会承担了“中国科技人员科技伦理意识调查研究”“提升精品期刊和工作通讯建设，开展道德宣讲活动”“完善学会组织建设，提升学会服务能力”“自然辩证法名词审定”等项目或课题。

研究会召开 2 次自然辩证法名词审定工作会议。6 月 30 日，第二届自然辩证法名词审定委员会第三次名词审定工作会议在北京召开。审定委员会顾问、委员 30 余人参加会议。会议听取了 8 个小组的汇报，讨论了名词收录原则、审议了各小组名词列表，并对小组间的名词重复问题进行了协调处理。12 月 13 日，第二届自然辩证法名词审定委员会第四次名词审定工作会议在北京召开。审定委员会顾问、委员 30 余人参加会议。会议审定了《自然辩证法名词》（第二版）的部分名词。

研究会开展了 2 次科学道德宣讲活动。10 月 25 日，研究会在西安建筑科技大学举办科学道德宣讲活动，研究会副理事长兼秘书长尚智丛作了题为“公共决策中的知识民主”的报告，西安建筑科技大学 300 余名青年教师和研究生参加报告会。11 月 7 日，研究会在西南石油大学开展科学道德宣讲活动。活动特邀教育部“马工程”首席专家、北京师范大学教授刘孝廷为西南石油大学 500 余名青年教师和学生作了题为“博物与实践——关于当代科技道德基础与规范的反思”的报告。

研究会地学哲学专业委员会完成了《就矿找矿理论与实践》课题研究报告的撰写，并通过了由中国国土资源经济研究院组织的专家评审。报告论述了“就矿找矿”哲学理论基础的地质理论基础，阐述了“就矿找矿”的自然条件及“就矿找矿”的客观依据，内生金属矿床成矿模型及成矿预测，为“就矿找矿”确立了总的指导原则。

研究会技术经济咨询工作委员会主任张明国先后赴内蒙古自治区通辽市、宁夏回族自治区银川市寰球公司分公司、河北省唐山市开滦煤矿等单位进行了“我国化工企业技术创新与知识管理”专题调研。

研究会科技创新专业委员会组织部分理事和会员先后赴吉林省通榆县、河北省罗平县、云南省梁河县、广东省大埔县等地进行生态文明建设调研，组织部分理事赴浙江省湖州市进行“绿水青山就是金山银山”理念实地调研。

11月，研究会地学哲学委员会组织专家组赴内蒙古自治区乌海市，就开展“阶梯式发展理论在乌海市的实践”的课题进行调研。调研走访了乌海市转型后的大型煤化工企业，听取了乌海市发改委关于阶梯式发展理论在乌海市实践的工作汇报，并进行了研讨。

学会建设 2015年，研究会共召开4次理事长会议、2次常务理事会议、1次理事会议、1次全国工作会议。全年发展个人会员70余名。

在研究会七届四次理事会议上，按照章程增选21名理事和14名常务理事。

在研究会七届七次常务理事会议上，对42个二级机构进行了年度考核，最终确定40个二级机构合格，2个专业委员会不合格，并责令不合格者进行整改。会议审议并通过了成立物理学哲学专业委员会、科学技术与公共政策专业委员会的决定。按照中国科协相关规定，研究会就筹建的10个专业委员会和新成立的2个专业委员会向中国科协进行了报备。

研究会组织专家积极谋划并制定了研究会“十三五”发展规划，研究会七届八次常务理事会议审议并通过了《中国自然辩证法研究会“十三五”发展规划纲要》。

研究会秘书处编订了《中国自然辩证法研究会历史资料汇编》(第二版)，将研究会七届理事会以来的重要历史资料收入其中，并发放给每位理事。

学术期刊 研究会主办的《自然辩证法研究》《医学与哲学》，以及委托主办的《科学技术哲学研究》杂志，2015年均按期出刊。其中,《自然辩证法研究》2015年的复合影响因子为0.4940，综合影响因子为0.2900。内部刊物《工作通讯》出版12期，汇聚了2015年工作委员会、专业委员会、省级研究会，以及各博士点、硕士点的基本情况，并对国内外学术动态、重点研究成果、代表性著作的出版、重大课题研究等方面内容进行了综述。

国际学术会议 6月4—7日，第十届世界怀特海大会暨第9届生态文明国际论坛在美国加利福尼亚州克莱蒙市波莫纳学院举办。会议由研究会未来哲学与发展战略专业委员会、美国过程研究中心、中美后现代发展研究院等多家组织共同主办。近2000名专家、学者参加会议。研究会副理事长刘孝廷组织了主题为“中国与生态文明”的分论坛，围绕生态文明与中国社会的建设等问题进行了探讨，研讨内容涉及宏观规划和具体案例，从理论和实践两方面为中国的生态文明建设提出建议。

6月30日—7月1日，研究会学术工作委员会、青年工作委员会与中国人民大学哲学院在北京举办中美西荷国际技术哲学高峰论坛。来自美国的兰登·温纳教授、卡尔·米切姆教授，西班牙的何塞·安东尼奥·洛佩兹·塞雷佐教授，荷兰的皮特·克罗斯教授等专家以及国内高校的40余名专家、学者参加会议。

7月3—5日，第19届国际技术哲学大会在辽宁省沈阳市召开。会议由研究会技术哲学专业委员会主办，东北大学科技哲学研究中心、东北大学马克思主义学院承办。会议的主题是“技术与创新”。现任国际技术哲学协会主席Peter Paul Verbek、下届国际技术哲学会议主席Shannon Vallor以及来自多个国家的150余名专家、学者参加会议。

10月31日—11月2日，研究会与北京师范大学哲学学院、国际有机宇宙论学会联合主办的第十届国际有机宇宙论坛在北京举行。会议的主题为“亚洲自然主义发展的有机哲学视域及其当代问题”。来自美国、俄罗斯、韩国、日本以及我国的专家、学者130余人参加会议。

国内主要学术会议 2015年，研究会及其下属委员会共举办年会、研讨会、报告会、论坛、暑期读书班等学术活动40余次。

4月24—25日，由研究会主办，广西壮族自治区自然辩证法研究会、广西民族大学承办的自主创新、科技进步与全面建成小康社会学术研讨会在广西壮族自治区南宁市举办。来自高校的70余名教师、研究生参加会议。

8月15—16日，研究会科学哲学专业委员会与华东师范大学哲学系、复旦大学哲学学院、上海社会科学院哲学所共同主办的第17届全国科学哲学学术会议在上海市召开。会议征集论文150余篇。

8月22日，研究会与中国马克思恩格斯研究会在北京联合举办纪念《自然辩证法》发表90周年学术研讨会。会议的主题是“恩格斯自然辩证法思想及其当代意义”。来自高校和研究机构的专家、学者30余人围绕会议主题进行了交流与讨论。

10月17—18日，研究会与研究会教育与普及工作委员会主办，东北大学马克思主义学院科技哲学研究中心承办的2015年全国研究生思想政治理论课自然辩证法教育教学研讨会在辽宁省沈阳市召开。会议旨在推进研究生思想政治理论课《自然辩证法概论》和《中国马克思主义与当代》教育教学改革，进一步提高研究生思想政治理论课教育教学水平。会议就《自然辩证法概论》教学方法改革的创新性（教学理念、教学原则、教学方式、教学模式以及考试方式等）、《自然辩证法概论》教学方法改革的理论性与应用性、《自然辩证法概论》课程教学重点和难点及其他问题、《中国马克思主义与当代》相关课程教学方法改革等有关问题、自然辩证法教育与普及相关问题5个议题展开交流研讨。50余名专家、学者参加会议，分享了在教育教学中的心得体会，并对研究生思想政治理论课的教育教学改革提出了建议。

10月31日，研究会地学哲学专业委员会在北京召开第十五届学术年会暨“地学文化日”学术报告会。会议主题为“深化地学哲学研究，推进生态文明建设”。地学哲学专业委员会名誉理事长朱训出席会议。70多名专家、学者参加年会。大会共收到论文26篇。

10月31日—11月1日，研究会科技文化专业委员会、科学技术与工程伦理专业委员会联合主办的第12届全国科技文化与社会现代化学术研讨会暨第五届全国科学技术与工程伦理学术研讨会在河南省郑州市召开。来自高校和研究机构的120余名专家、学者参加会议。会议征集到科技伦理方面论文60篇。会议举办了研究生论坛，对研究生的学术报告进行了评议。

11月7日，研究会与研究会保卫科学精神工作委员会、四川省自然辩证法研究会、西南石油大学联合主办的全国“地域文化变迁与科技发展”学术研讨会在四川省成都市举办。来自全国研究机构和高校的专家、学者以及西南石油大学马克思主义学院研究生100余人参加研讨会。

全国“地域文化变迁与科技发展”学术研讨会

国际交往 7月，研究会科学技术与工程伦理专业委员会组织部分常务理事参加了在辽宁省沈阳市举办的第四届3TU-5TU科技伦理学术研讨会。研讨会由荷兰3所理工科大学（代尔夫特理工大学、埃因霍温理工大学、特温特大学）组成的3TU科技伦理研究中心和中国5所理工科大学（大连理工大学、北京理工大学、东北大学、东南大学和华南理工大学）组成的5TU科技伦理研究联盟联合主办。会议交流了有关中国—荷兰港口和高新园区“负责任创新”比较研究以及科技伦理教育的新成果，决定将我国国内5所理工科大学科技伦理研究联盟“5TU”扩展为“8TU”（清华大学、浙江大学、华南理工大学加入），并确定2016年第五届3TU-8TU科技伦理学术研讨会在荷兰举办。

科普活动 全国科普日活动，研究会利用文理学科交叉的优势，组织开展了科普进校园活动。7月7日，中国自然辩证法研究会科普进校园系列活动第一讲在河北省廊坊市安次区码头镇西安庄小学举行。活动特邀北京师范大学哲学学院教授董春雨作了题为“从逻辑谈学生理性思维方式的培养”的报告。来自码头镇辖区10所小学的校长和教师共计230余人听取报告。10月10日，研究会在河北省廊坊市第六小学开展科普进校园活动。活动特邀北京师范大学哲学学院教授董春雨作了题为“关于创新教育的哲学思考”的讲座。廊坊市第六小学和第十八小学的近200名教师参加讲座。

4月22日，研究会地学哲学委员会作为协办单位参加了第46个“世界地球日”主题科普宣传活动，共同呼吁“珍惜地球资源，转变发展方式——提高资源利用效益”，并向现场群众发放科普宣传资料1500份，发放了《朱训论文选》、地学哲学委员会学术论文集等。

会员服务 研究会每月定期向会员邮寄杂志，全年共向会员发放12000多本《自然辩证法研究》和10000多本《工作通讯》。

【中国自然辩证法研究会七届四次理事会议暨2015年学术年会】 3月28—29日，中国自然辩证法研究会七届四次理事会议暨2015年学术年会在北京召开。研究会理事及参加学术年会的专家、学者和研究生共200余人出席会议。会议主题为“自然辩证法与中国梦”。

研究会七届四次理事会议传达了中国科协八届七

次全委会议精神和2015年工作要点，听取和审议了研究会理事长吴启迪所作的工作报告，按照章程增选了21名理事和14名常务理事。

学术年会分主题报告和分会场交流两个单元。研究会副理事长吴彤主持大会主题报告单元。中国人民大学哲学院教授刘晓力和美国加州州立大学北岭分校哲学系教授孙卫民分别作了题为“认知科学对哲学的挑战——从‘意识难题’看”和“科学实在论：回顾与展望”的主题报告。学术年会设自然哲学与科学哲学、技术与工程哲学、科学技术与社会、科技思想史4个分会场。会议共收到论文135篇，经学术委员会审查后，录用131篇，59位论文作者在会上作了报告。

【参与编写国家重点教材《科学技术哲学》】 研究会自然辩证法史专业委员会参与了国家重点教材《科学技术哲学》的编写工作，研究会副理事长、自然辩证法史专业委员会主任刘大椿担任首席专家，研究会理事刘劲杨担任编写组秘书，研究会多位专家直接参与了教材的撰写。自然辩证法史专业委员会和编写组在北京召开多次工作会议，部署编写和修改任务。9月定稿后，交高等教育出版社出版。

（撰稿人：赵月刚）

中国管理现代化研究会

服务创新型国家和社会建设 2015年，研究会信息管理专业委员会主任委员陈国青等参与承担了教育部信息管理与信息系统学科专业质量国家标准的制定工作。研究会管理案例研究专业委员会副主任委员毛基业担任了《中国大百科全书》（第三版）信息系统卷的主编工作。

10月23日，清华大学公共管理学院召开国务院公共管理学科评议组会议，会议决定成立《公共管理百科全书》编纂委员会，启动《公共管理百科全书》编纂工作。研究会公共管理专业委员会主任委员薛澜担任百科全书编纂委员会主任。

研究会管理案例研究专业委员会与全国工商管理专业学位研究生教育指导委员会、中国管理案例共享中心、中国管理案例中心联盟联合主办了第三届全国管理案例精英赛。大赛分为校园突围赛、分赛区晋级赛和全国总决赛三个阶段：4—5月，各院校自行组织校园突围赛。6—7月，进入分赛区晋级赛阶段，全国共分8个赛区。全国总决赛由北京交通大学承办，北京航空航天大学代表队获得第三届大赛全国总冠军，南开大学、哈尔滨工业大学、南京大学获得亚军，另有12所院校的代表队获得季军。

4月30日，由研究会决策模拟专业委员会、全国MBA教育指导委员会、高等学校国家级实验教学示范中心联席会联合主办，北京大学光华管理学院、北京大学经济管理实验教学中心、全国企业竞争模拟大赛组委会承办的2015年全国企业竞争模拟大赛结束。2015年全国企业竞争模拟大赛分为MBA培养院校组和高等院校组，两个赛组分别有来自全国66所MBA院校的310支代表队和来自全国160所院校的2570支代表队参加，总参赛代表队数较2014年增长约27%，是历年来规模最大的一次。大赛在全国范围内进行，分为初赛、复赛、半决赛、总决赛，经过近3个月的角逐，16支MBA培养院校队伍和40支高等院校队伍进入决赛。截至2015年5月，全国MBA培养院校企业竞争模拟比赛已举办14届，全国高校企业竞争模拟比赛举办6届。

7月25—30日，研究会决策模拟专业委员会与高等院校国家级实验教学师范中心联席会共同主办、四川师范大学承办的第17届决策模拟教学研讨会暨西部地区高校师资教学研讨会在四川省成都市召开。40多人参加此次决策模拟师资教学培训。

7月17—23日，研究会廉政建设与治理研究专业委员会在广东省广州市举办第五届全国大学生廉洁领袖夏令营。来自17个省（自治区、直辖市）以及香港特别行政区的36所大学的58名廉洁大使和廉洁骨干以及廉政分会的6名辅导老师参加活动。

8月27—29日，研究会廉政建设与治理研究专业委员会在北京举办2015年廉洁教育课程师资培训班。来自29所高校的32名教师通过了报名遴选，并参加了培训。培训班重点培训案例教学方式和研讨式教学方法，分享各院校开设廉洁教育课程的经验。有26名老师通过考核获得培训结业证书。

10月17—18日，研究会国际商务谈判专业委员会在北京举办未来商务（英语）谈判精英赛，来自部分高校的师生，包括外国在华留学生近200人参加比赛。11月21—22日在北京举办未来商务谈判精英赛（全中文），16所高校代表队近200名师生参加比赛。

12月6日，研究会政府战略与公共政策研究专业委员会与中央财经大学政府管理学院等单位联合主办的第五届全国高校模拟市长大赛校际总决赛在北京举行。来自 7 所高校的 9 支代表队从近 100 支代表队中胜出，进入决赛。最终中央财经大学代表队、山东大学代表队获得大赛一等奖，南开大学代表队获得最佳文本奖，中国人民公安大学代表队获得最佳团队风采奖。“最佳市长”由中国人民大学代表队的雷昀夺得。

学会建设　5 月 16 日，研究会在北京举行 2015 年度分支机构负责人会议，廉政建设与治理研究专业委员会主任委员任建明分享了分支机构建设的工作经验。各分支机构汇报了 2015 年度工作计划，并对《研究会分支机构管理制度（试用）》提出了修改意见和建议。

11 月 6 日，研究会第五届理事会第五次会议在安徽省合肥市举行。会议审议批准成立中国管理现代化研究会期刊工作委员会，这标志着中国管理学期刊联盟组织正式诞生。从 2011 年开始，研究会在每年的中国管理学年会上设立中国管理学期刊负责人论坛。2013 年 9 月，首届中国管理学学术期刊年会在天津市举行，与会期刊负责人达成了组建中国管理学期刊平台组织的共识。2015 年 10 月，第二届中国管理学学术期刊年会在安徽省蚌埠市举行，会议就研究会期刊工作委员会管理制度、结构及使命等问题进行了探讨。截至 2015 年年底，申请加入期刊工作委员会的期刊有《管理世界》《南开管理评论》《管理科学》等 50 多家。期刊工作委员会秘书处设在《南开管理评论》编辑部，李维安担任工作委员会主任委员。

国际学术会议　6 月 27—28 日，研究会信息管理专业委员会在安徽省合肥市举行第九届国际信息管理中国夏季研讨会（CSWIM2015）。会议的主题是“面向商业分析的数据科学”。多个国家和地区信息管理与信息系统领域的 200 多名专家、学者参加会议。会议设置了 2 个主题报告、3 个专题研讨、17 个分组交流。

12 月 19—20 日，研究会金融管理专业委员会在天津市召开第七届行为运筹学与行为运营管理国际研讨会。120 名专家、学者参加会议。会议共设 5 个大会报告、10 个分会场。约 50 篇论文进行了会议交流。与会专家探讨了行为科学对社会经济系统运行的影响，以及相应的研究方法和理论研究进展。

9 月 5—6 日，研究会公司治理专业委员会在天津市举行第八届公司治理国际研讨会暨 2015 中国上市公司治理指数发布会。大会发布了 2015 中国上市公司治理指数。从 2003 年起，已连续 13 年对上市公司治理指数进行发布，累计对 21552 家样本公司开展了治理评价。本届大会设立了董事会治理与战略管理、集团与家族企业治理、金融机构治理、经理层治理与高管激励、利益相关者治理与社会责任、公司治理与创新等 12 个主题。大会共收到海内外论文 300 余篇。

国内主要学术会议　4 月 23—24 日，由研究会管理案例研究专业委员会与全国工商管理专业学位研究生教育指导委员会、中国管理案例共享中心联合主办，西安工业大学经济管理学院承办的第六届中国管理案例学术年会（2015）在陕西省西安市召开。来自国内外 157 所院校的近 500 名专家、学者参加会议。大会设 6 个主题报告和 4 个分论坛，分论坛主题分别为中国企业国际化战略进程分析、中国企业自主创新能力建设研讨、案例教学研究与方法交流、博士生案例研究成果汇报交流。会议还安排了与会专家与管理学期刊主编的对话会议。会议共收到 63 所高校的 160 篇论文，包括案例研究论文 73 篇、案例教学与研究方法论文 6 篇、教学案例 81 篇。大会评选出 2 篇大会优秀论文和 8 篇博士生优秀论文。

6 月 6—7 日，研究会企业组织与战略专业委员会协办的第五届中国战略管理学者高端论坛在浙江省杭州市召开。会议共设 18 个大会报告，20 篇论文进行了会议交流。与会专家、学者研讨了“互联网 +”背景下中国战略管理研究的前沿问题、方法、挑战与行动，并讨论了“互联网 +”时代中国战略研究的机遇、使命、内容与方法。

7 月 4 日，研究会风险投资研究专业委员会与中国科学院虚拟经济与数据科学研究中心等单位共同主办的首届中国风险投资学术年会在广东省深圳市召开。来自清华大学、北京大学、香港中文大学、天则经济研究所等高校及研究机构的专家、学者 100 多人参加会议，分享最新研究成果、解读最新学术动态、行业发展方向。会议设置学术报告和 2 个专题论坛。会上，举行了研究会风险投资管理专业委员会揭牌仪式。

7 月 17—18 日，研究会运作管理专业委员会在上海市召开第 17 届全国 MBA 生产运作管理教学和学术研讨会。127 名专家、学者参加会议。会议共设 4 个大会报告和生产运作管理教学、高水平论文发表等 4 个分会场。

8 月 15—17 日，研究会管理与决策科学专业委员会在湖南省长沙市召开第七届中国决策科学学术年会。来自38个单位的90多名专家、学者参加会议。会议共设8个主题演讲。会议举办了“管理决策领域期刊编辑面对面”，邀请《管理科学学报》《中国管理科学》《系统工程理论与实践》等期刊编辑就如何提高采稿率、扩大期刊的学科影响力等问题进行了交流。会议举办了“首届中国决策科学青年科技奖”、优秀会议论文答辩与评审等。

10月17—18日，研究会组织与战略管理专业委员会在浙江省杭州市召开“管理学在中国”2015年会（第八届），约160名专家、学者参加会议。会议共设15个大会报告，安排了管理理论与政策分析、公司治理与创新、组织行为与领导研究、战略分析与企业决策4个分会场，52篇论文参与了会议交流。“管理学在中国”年会旨在从中国管理现实问题出发，对政府、企业和非营利机构关心的管理热点与难点问题进行研讨，探索适用的管理模式和管理工具，促进中国管理理论的创立、发展与传播，推动中国管理研究与实践的进步。本次年会围绕“新常态下的管理新挑战”的主题，结合“一带一路”等国家战略，从当前中国管理实践的新情境出发探讨中国管理问题。

10月23—25日，研究会信息管理专业委员会在山东省济南市举办国际信息系统协会中国分会第六届全国大会（CNAIS 2015）。会议的主题为“信息系统的影响——变革与融合”。来自国内外信息系统领域的400多名专家、学者出席会议。会议共设9个大会主题报告和7个分论坛，大会分论坛针对智慧养老与智慧医疗，IS/IT（信息系统/信息技术）战略，IS价值与IT经济学，社交媒体与社会化商务，电子商务、移动商务与电子政务，新兴网络、顾客洞察与营销策略，管理信息系统课程中的科研与教学相长7个主题展开了讨论和交流。大会期间，举办了信息系统学科院长/系主任论坛、中国信息系统学术期刊论坛。

10月25日，首届中国公共管理学术年会暨青年学者论坛在北京举办。年会的主题是“公共管理质量与国家治理能力建设”。此次会议是清华大学公共管理学院15周年院庆的主要活动之一，由研究会公共管理专业委员会和青年工作委员会共同主办，清华大学公共管理学院和创新治理协同创新中心承办。会议征集学术论文220篇，评审出来自40多所高校和科研院所的110篇论文参加论坛交流。会议设3个分论坛，作了22场学术报告，分论坛的主题包括中国行政体制改革与政府转型、廉政治理的制度建设、大数据时代的政府治理等。青年学者还参加了公共管理领域期刊主编沙龙活动，就公共管理研究与论文发表等问题进行了互动交流。

11月27—29日，研究会组织行为与人力资源管理专业委员会在广东省广州市举办第四届中国人力资源管理论坛。来自南京大学、华南理工大学、南开大学、台湾高雄大学等50多所高校和研究机构的500多名专家、学者参加会议。论坛共收到论文187篇，近60名学者分别在大数据与行为科学、全战略人力资源管理研究、领导行为研究、积极工作行为研究等14个分论坛上作了报告。

5月7日，研究会公共管理专业委员会在清华大学公共管理学院举行清华两岸论坛（第2期）。论坛主题为“东亚政治发展与两岸治理研究之进展”。来自清华大学公共管理学院、社科学院、法学院的教师、博士后、研究生和本科生30余名参加论坛，并与主讲人和评论人进行了问答交流。

表彰举荐优秀科技工作者 研究会于2014年12月正式启动院士推选工作。研究会制定了《中国管理现代化研究会推荐（提名）院士候选人工作实施细则（试行）》和具体工作实施方案，并以通讯会议的形式，征求研究会理事会意见建议并审议通过后，于2015年1月20日正式颁布试行。研究会成立了院士推选工作委员会、材料审核小组和院士推选工作日常工作小组。经评审推荐程序，研究会通过中国科协推荐中国工程院院士候选人1名。

2015年中国管理学青年奖评选工作于4月正式启动。研究会14个专业委员会共提名21位学者参与评奖。申报奖项的21名学者被随机分为4组，邀请48名专家对申奖人进行匿名评审。经初审，9人进入第二轮评审程序。7月13日，2015中国管理学青年奖学术委员会评审会议在北京召开。中国科学院数学与系统科学院研究员顾基发担任评审会议主席。第二轮评审以第一轮专家匿名评审的结果和排名作为重要参考依据，同时综合考虑申奖人的学科分布，经投票表决，有5人进入主席团评审程序。经青年奖评审主席团评审确认并向社会公示，路江涌、文凤华、陈曦3人获得2015年中国管理学青年奖。

【中国管理现代化研究会第六次全国会员代表大会】 11月7日，研究会第六次全国会员代表大会在安徽省合肥市举行。会议审议并通过了研究会第五届理事会工作报告、财务工作报告、关于修改研究会章

程的说明、关于换届工作的说明，并选举产生了研究会新一届理事会，当选新一届理事会的理事共160人。在随后召开的第六届理事会第一次会议上，选举产生了研究会常务理事会及研究会负责人，选举产生了第六届理事会常务理事76人。研究会决定实行联职理事长制度，石勇（2016年）、李维安（2017年）、杨善林（2018年）、席酉民（2019年）、张维（2020年）5人当选为研究会联职理事长。会议选举赵纯均为研究会名誉理事长、石勇为研究会法人代表、赵景华为研究会秘书长。

【第十届（2015）中国管理学年会】 11月6—8日，第十届（2015）中国管理学年会在安徽省合肥市举行。来自全国管理学界和产业界的1000多名专家、学者、研究生参加会议，共同探讨互联时代的产业变革和管理创新问题。年会由研究会与复旦管理学奖励基金会主办，合肥工业大学承办，年会的主题为“互联时代的产业变革和管理创新”。

随着云计算、互联网、大数据等新兴信息技术与各行各业的深度融合，对国家的产业政策、行业的管理规范、企业的运营管理产生了深刻的影响，加快产业变革和管理创新正面临着前所未有的机遇和挑战。本届年会通过搭建高水平学术和高层次人才的交流平台，围绕互联时代的产业变革和管理创新等相关管理问题开展跨学科、跨行业、跨地区的学术研讨，推动我国管理学科发展，并为国家社会经济发展和产业转型升级提出新的管理学理论及方法。

中国工程院院士、合肥工业大学教授杨善林，美国堪萨斯大学讲座教授游伯龙，国务院发展研究中心研究员李善同，江汽集团原董事长左延安分别作了题为“互联网与大数据的资源观”“突破习惯领域与创新创造价值”“‘十三五’时期中国发展的前景分析”“坚持系统创新，实现企业持续健康发展”的大会报告。大会围绕组织与战略、人力资源管理与组织行为、财务与会计、金融管理、运作管理、市场营销、管理与决策科学、信息管理、公共管理、中小企业管理、技术与创新管理、城市与区域管理、政府战略与公共政策研究等20多个专题，举办了300多场学术报告和学术交流活动。

大会期间，举办了2015年中国管理学青年奖颁奖典礼、院长论坛、女管理学家论坛、管理学期刊负责人论坛、企业家论坛、高层次人才招聘会等系列活动。

第十届（2015）中国管理学年会院长论坛

【第二十四届中外管理官产学恳谈会】 11月7—9日，《中外管理》杂志社主办的第二十四届中外管理官产学恳谈会在北京举行。会议的主题是“转型进行时”。政府相关机构负责人、企业家、专家、学者等近1000人参加会议。

财政部副部长朱光耀、经济学家李稻葵等围绕中国宏观经济及产业经济2016年的走势进行了分析和展望。会议邀请了一批互联网时代在商业模式创新上取得突破的大企业，如海尔集团、万科集团、依文服饰、红领集团、沈阳机床、博洛尼等企业创始人或高管作了管理变革及经营转型的演讲。会议还邀请照明、门窗、家居等行业领域的企业决策人，围绕“聚焦战略”等企业经营管理基本规律进行了探讨。会议采取了更符合广大企业家实践需求的私董会模式，结合国家倡导的“双创”战略，请年轻的创业者走上讲台，展示他们的锐气与创新精神。

（撰稿人：石谷山）

中国技术经济学会

学会建设 2015年，学会进一步完善学会制度体系建设，编印了《中国技术经济学会规章制度汇编》。筹备第六次全国会员代表大会，组织召开五届十一次、五届十二次常务理事会议，研究讨论学会换届事宜。发展个人会员31人，团体会员2个，个人会员达到7248人，团体会员达到210个。

10月31日至11月1日，学会农业技术经济分会2015年会暨换届会议在河南省郑州市召开。100多名专家、学者出席会议。12名专家、学者围绕“‘互联网+’与现代农业”的会议主题从理论、实践及政策层面作了学术报告。科技部相关专家解读了我国科技体制改革的最新进展及未来的改革方向，提出到2017年底我国将基本完成新一轮的科技体制改革。腾讯网社会责任部总监陈圆圆以贵州黎平县铜关村为例，就互联网如何助推西部农村发展作大会报告。会议选举产生了农业技术经济分会第四届理事会，中国农业科学院农业经济与发展研究所研究员赵芝俊当选为理事长。

学术期刊 学会主办期刊《技术经济》《科学技术与工程》入编第七版《中文核心期刊要目总览》核心期刊，其中《技术经济》是首次入选。3种主办期刊全年发表论文2244篇，其中《技术经济》发表论文216篇，《科学技术与工程》发表论文1683篇，《科技和产业》发表论文345篇。

国际学术会议 12月13日，学会与清华大学技术创新研究中心、北京航空航天大学经济管理学院联合主办的主题为“创新多样化：技术与产业创新机遇及其社会文化差异与创新政策”的中德国际研讨会在清华大学召开。来自德国、美国、奥地利及国内的技术创新领域的专家、学者进行互动交流及学术探讨。东西方学者相互学习不同历史、文化、社会背景下的技术创新过程，尤其是结合工业4.0和中国制造业2025战略。

国内主要学术会议 2015年，学会及分支机构共开展大型学术交流活动7次，交流学术论文500多篇。

8月9日，由学会林业技术经济专业委员会、中国林业经济学会技术经济专业委员会等单位联合主办的第九届中国林业技术经济理论与实践论坛在内蒙古自治区呼和浩特市召开。本届论坛主题为“绿色化与林业改革发展”，70多名林业技术经济领域的专家、学者出席会议。

10月31日—11月1日，中国技术经济论坛2015在江苏省南京市召开。来自高校、科研院所和企事业单位的100多名专家、学者出席会议。中国社会科学院数量经济与技术经济研究所所长李平、清华大学教授雷家骕分别作了题为“‘互联网+’、技术革命与技术——经济范式转换”和“‘互联网+’下的创新创业”的主题演讲。

中国技术经济论坛 2015

表彰举荐优秀科技工作者 组织评选首届中国技术经济学会技术经济奖，评出终身成就奖3名、杰出贡献奖4名、青年创新奖5名。

评出中国技术经济学会2014年度优秀论文16篇、第十二届中国技术管理（MOT）学术年会优秀论文23篇，并对获奖论文作者予以表彰，颁发荣誉证书和奖金。

中国科协会员日 围绕“家的温馨，节日的问候”活动主题开展赠送科技馆联票、专题研讨会、走访慰问科技工作者等会员日活动。

【第十二届中国技术管理（MOT）学术年会】 4月18—19日，第十二届中国技术管理（MOT）学术年会在安徽省合肥市召开。年会的主题是“创新驱动与创新创业管理”。中国科学技术大学副校长朱长飞，合肥市政府副市长王翔，中国科学技术大学管理学院执行院长余玉刚，学会常务副理事长、清华大学经济管理学院教授吴贵生在开幕式上致辞。来自全国各地的专家、学者200多人出席会议。

安徽省科技厅副厅长夏辑就合芜蚌自主创新综合试验区建设有关情况作大会报告，对试验区的建设经验总结为：破除传统的科技计划审批模式，着力构建企业主导产业技术研发机制；破除科技创新孤岛现象，探索构建围绕产业链部署创新链的机制；破除国有公立研发机构运行模式，探索建立新型研发实体；破除利益分配的体制障碍，让科技人员在创新中获得应得的财富收益；破除科技与金融结合难题，让多层次资本市场为科技成果转化提供支撑。

清华大学教授陈劲在报告中提出，目前中国企业创新遇到的瓶颈主要在于对创新的认识和管理能力的提升，普遍缺乏技术管理的完整体系。通过对中集集团的案例分析，陈劲认为，一个企业要创新成功并获得持续发展，关键问题就是要提高技术管理能力，而随着创新发展，创新范式存在的六大变迁也对技术管理研究提出了新的挑战，应该开发面向原始创新、开放创新等新范式的管理技术，合理和适度的技术内外部平衡是技术管理重要的发展方向。

中国科学技术大学教授刘志迎对众创兴起、创新模式的演进升级路径以及众创理论溯源进行了详细的阐述，并将这种新型的基于互联网的大众创新模式界定为“众创空间”。他认为，来自企业的竞争因素、来自个体的能力及动机因素、来自顾客的需求因素等都作为众创出现的前提条件而长期存在，但只有互联

网技术带来的知识环境的变化才是最终促使众创模式出现和不断发展的根本原因。

上海交通大学教授谢富纪、中国科学技术大学工商管理系主任洪进、山东大学教授杨蕙馨分别作了题为“青年视角下科技创新与就业”“政府资助与高技术产业创新效率”“新常态下中国经济增长的源泉”的主题报告。

年会设置5个分会场，分别以创新驱动、技术创新与商业模式、创业管理、创新体系与创新政策、金融服务与相关问题为主题进行了交流和研讨。

本届会议由学会与中国科学技术大学管理学院联合主办，中国科学技术大学管理学院工商管理创新研究中心承办。根据会议决议，下届会议由河南财经政法大学承办。

【第六届中国技术未来分析论坛】 1月9日，第六届中国技术未来分析论坛——面向企业创新的大数据与新兴技术未来分析在北京召开。论坛由学会与北京工业大学经济与管理学院等单位共同主办。近200名专家、学者出席会议，共同探讨大数据环境下的企业创新和技术未来分析问题。

北京工业大学教授黄鲁成在题为“技术未来分析新框架：以远程医疗技术为例”的报告中提出了企业技术未来分析的思路与客观分析方法，特别阐述了技术未来分析的内容、原因以及如何进行企业技术未来分析。

中国科学院大学教授石勇作了题为“大数据及数据科学前沿问题”的报告，中国人民大学教授王刊良作了题为“大数据环境下的管理学发展”的报告，清华大学教授朱文武作了题为“社会媒体行为分析与预测模型”的报告，北京现代信息有限公司总经理李志勇作了题为“大数据在汽车企业中的应用”的报告，西安交通大学教授高山行作了题为“大数据法律保护基本原则的几点思考”的报告，IBM架构师何裕涛介绍了IBM的大数据解决方案，北京市技术情报研究所研究员李梦辉作了题为“科学家是否追踪热点”的报告，北京工业大学教授张永安、翟东升、吴菲菲、刘晓燕分别作了题为“大数据在司法决策中的应用”“大数据场景下创新生态网络测度问题”“3D生物打印技术现状与前沿的客观分析方法”“大数据环境下的城市基础设施管理体系”的报告。

论坛围绕大数据发展与应用难题与重点，大数据的采集和存储、管理和安全，大数据与技术预测，大数据与新兴技术未来分析，大数据在研发活动中的应用，大数据与企业技术创新，大数据与小趋势，大数据在不同领域应用等内容进行了研讨。论坛从宏观到微观、从企业到产业、从技术领域到法律领域、从管理理论到管理实践等方面探讨了大数据的未来应用。

【第六届复杂科学管理国际研讨会】 11月24日，第六届复杂科学管理国际研讨会在广西壮族自治区南宁市召开。论坛由学会与武汉大学复杂科学管理研究中心、多伦多大学中国风险管理研究中心等单位共同主办。60多名专家、学者出席会议。

会议设置了主题报告、“徐绪松复杂科学管理奖”颁奖仪式、分组讨论、大会总结等环节。吉林大学管理学院李北伟教授团队获得“徐绪松复杂科学管理奖”一等奖。

学会常务理事、武汉大学经济与管理学院教授、大会主席徐绪松，中国科学院大学教授吴德胜，华北电力大学教授牛东晓，大连理工大学教授夏昊翔，华电南宁新能源有限公司总经理赵伟东分别作了题为“论复杂科学管理的前瞻性、时代性”“市场情感、波动率及收益分析”“智能电网与能源互联网发展的复杂科学管理”“社会网络中的群体行为动力学分析”“广西新能源发展的思考：复杂科学管理视角”的主题报告。在小组讨论环节，与会专家、学者围绕复杂科学管理的基本理论与研究方法、复杂经济和金融系统、复杂管理系统、复杂社会系统与“一带一路”4个主题展开了研讨。

（撰稿人：张小珍）

中国未来研究会

服务创新型国家和社会建设 2015年，研究会教育培训中心与清华大学深圳研究生院联合举办高级工商管理课程、新资本之道落地实战班、领导者演讲口才与管理等培训11期，累计培训550人次。

1月17—18日，研究会教育培训中心在云南省昆明市举办第8届中国企业卓越领导人高峰论坛暨中国经济新常态下中国企业的机遇与挑战。论坛邀请郎咸平和1号店副总裁韩军等作演讲，800多名企业家出席活动。

学会建设 2015年，研究会召开理事会议1次，常务理事会议2次。全年发展会员15人。六届十次常务理事会议审议通过了第七届理事会理事长、副理事长、秘书长候选人人选。

国内主要学术会议 举办第十二届中国科学家论坛、中国未来研究会2015年学术年会、第十二届中国教育家大会等主要学术会议7次，参加人员2000余人。

2015年，科幻作家、《三体》作者刘慈欣获得国际大奖“雨果奖”，成为第一位获此荣誉的亚洲人。为繁荣中国科幻事业，研究会以科幻为主题召开了3次研讨会。

科幻人谈科幻片专题研讨会

2月1日，科幻人谈科幻片专题研讨会在北京举行。导演沈悦、《变形金刚4》中方宣传发行负责人、《小灵通漫游未来》影视改编项目制片人、《三体》编剧，以及来自优酷网和一些特效团队的专家参加会议。与会专家对科幻片的未来发展进行了探讨。神舟传媒公司副理事长张健认为，目前的经济形势和科技发展，都已经能支持国产科幻片的创作，前景看好。中国金鸡百花电影节学院奖得主林天强认为，电影不一定拍科幻，但科幻天生就是电影，因为它们都要通过假定性完成艺术创作。苏州太极七龙传媒公司总裁邱钧财认为，科幻片其实分许多亚类型，如科幻动作片、科幻灾难片等，影视人应该更专注于这些具体类型。电影视觉艺术家董承光认为，科幻片还可以结合哲学、心理学这些人文内容来拍摄，这样能突出科幻片的文化色彩。来自优酷出品的张栋、北京灵通世纪影视文化传媒的阎安认为，不应该只关注科幻大制作，也应该关注百万元成本上下的小制作。

4月18日，研究会举办了新希望——国内科幻影视后备力量研讨会。来自各影视公司和媒体的专家50多人参加会议。导演沈悦、北京大学软件与微电子学院数字艺术设计系主任王伟、华尚天成（北京）文化传媒有限公司董事长徐丹、盛悦国际文化发展有限公司的薛松等在会上展示了他们的科幻短片。与会专家表示，从会议上看到了中国科幻片的后备技术力量，相信中国电影人已经在技术环节上为国产科幻片的制作做好了准备。

9月19—20日，研究会承办的中国科协第107期新观点、新学说学术沙龙在北京举行，沙龙的主题是“科幻艺术与传统文化的冲突”。来自科幻界、影视界、学术界的50多名专家、学者，围绕科学——推崇或批评、进步——赞扬或质疑、艺术——分歧或融合、科幻作家的社会责任等议题进行了研讨。研究会副理事长阎耀军在发言中特别强调了科幻与未来学的关系。

7月5日是于光远先生诞辰100周年，为了缅怀于光远先生对我国经济社会发展作出的卓越贡献，学习于光远先生持之一生、勤以治学的精神，研究会与中国国土经济学会、中国自然辩证法研究会、中国技术经济学会等12家单位在北京共同组织召开了于光远学术思想研讨会。于光远先生的夫人孟苏，国务院发展研究中心原副主任吴明喻，孙冶方经济科学基金会荣誉理事长、中国社会科学院学部委员张卓元，中国科学院院士何祚庥以及于光远先生的家人、学生以及有关专家、学者160多人参加会议。

与会专家、学者从不同角度回顾了于光远先生生前的学习、工作和生活，不同学科领域的专家分别介绍了于光远先生在国土经济、自然辩证法、技术经济、发展战略、区域经济、社会主义市场经济、生产力经济、太平洋经济、教育思想、休闲思想、党史研究等学科方面所作出的重要贡献。研究会顾问高恒、常务理事邓寿鹏代表学会作了发言。

学术期刊 会刊《未来与发展》出刊12期，截至2015年11月，收到稿件902篇，发表学术论文249篇，用稿率27.6%，其中，基金项目250项，基金文章164篇，基金文章占发表文章的比例为66%。杂志影响因子比上年增加19.59%，省部级以上基金文章增加9.33%，省部级以下基金文章增加12.77%，高影响作者文章增加25.84%。2015年杂志有1篇文章被香港中文大学用于课程教材，有2篇文章被《新华文摘》转载。

论文全部纳入“中国期刊全文数据库”和“中国核心期刊遴选数据库”，入网“万方数据——数字化

期刊群”，是 RCCSE 中国核心学术期刊（扩展版）、中国人民大学书报资料中心“复印报刊资料”重要转载来源期刊。

研究会与北京国际交流协会联合主办的《发现》杂志，全年出版 12 期，发行量 10 万册。研究会编辑出版了《推动中国的领军人物》一书。

科普活动 7 月 5 日，研究会医学委员会与有关单位在广西壮族自治区南宁市联合开展了“公益图书（医学百科）”活动。200 多人参加活动。医学委员会为贫困和偏远地区捐赠了医学百科类等图书。

党建强会 11 月 10 日，研究会党支部与中国技术经济研究会党支部和中国光学会、中国期刊编辑学会、中国科教电影电视学会联合党支部召开了“缅怀革命先烈　继承革命传统”座谈会。3 个支部的党员、入党积极分子和工作人员 20 余人参加座谈会。研究会常务理事曲琪玉为与会党员干部上了党课。

【第十二届中国科学家论坛】 10 月 24 日，研究会与中国高科技产业化研究会、发现杂志社共同主办的第十二届中国科学家论坛在北京开幕。论坛的主题为“大众创业 万众创新”插上科技与资本的翅膀。全国政协教科文卫体委员会、科技部、农业部、中国科协、中国科学院、中国工程院、国家自然科学基金委员会等部门有关负责人、院士、专家、学者、企业家 1200 多人出席会议。

第十一届全国人大常委会副委员长陈至立、第十一届全国政协副主席厉无畏出席开幕式。研究会理事长张文范代表主办单位致辞，第十届全国人大常委会副委员长顾秀莲讲话。全国政协常委、外事委员会主任、中国工程院原常务副院长潘云鹤，北京航空航天大学原校长沈士团分别作了题为“智能城市的三个理念”“中国科技高速发展与人才”的主旨报告。

同期举行了 2015 中国优秀科技成果展览展演活动，科技创新创业资本论坛，科技创新创业大讲坛，科学家、管理学家、企业家科技创新智库论坛，2015 科技成果转化与专利技术交易合作对接洽谈会，科技成果与新项目推介发布会等活动。600 多项高新技术、优秀科技成果参加展演。

【中国未来研究会 2015 年学术年会】 11 月 29 日，中国未来研究会 2015 年学术年会在北京召开。年会主题为“大数据与中国未来研究”。研究会理事长张文范致开幕词。80 多名专家、学者出席会议。

研究会副理事长、清华大学教授顾朝林作了题为“中国城镇化 2015 SD 模型：发展机制与过程模拟”的报告。通过中国城市化的 2050 系统动力学模型的预测分析，对研究进展的情景模拟、中国城市化系统动力学的模型构建、2015—2050 年中国城市化的过程模拟进行了阐述，并就国家对实现小康的城镇化目标，中国城镇化的水平，推进和约束城镇化的要素，数据库模拟采集，GDP 的增长率与人口的增长率关系，城镇化中新农村新农民的农业现代化建设，人口的政策对城镇化的影响等对我国未来城市发展的研究作了分析和解读。

中国科学技术大学计算机学院教授、国家杰出青年基金获得者陈恩红作了题为“大数据与中国未来”的报告。从大数据的技术性、大数据的连接性、数据化身份的识别、数据的类型复杂性、大数据的价值、数据的采集 / 存储管理 / 计算 / 隐私等方面作了介绍，并对数据的选择纠结心理、大数据时代数据的理解与样本的需求、国家安全中大数据的重要性、“工业 4.0”创新型战略与大数据的关系、搜索引擎的大数据分析及产业链作了解读。

研究会副理事长、天津工业大学教授阎耀军作了题为“大数据与社会预测”的报告。就大数据的社会预测性带来的新突破等方面介绍了大数据在犯罪预测预防中成功运用的案例，对社会预测如何以全面准确的数据信息为基础进行了分析。

【第十二届中国教育家大会】 12 月 5 日，研究会教育分会与中国管理科学研究院教育科学研究所共同主办的第十二届中国教育家大会在北京开幕。大会的主题是“深化创新创业教育改革　推进学校管理向教育家办学转变”。全国政协副主席张榕明、科技部原部长朱丽兰、全国政协常委何丕洁、教育部教育发展研究中心主任张力、教育部原副部长张天保等出席大会。研究会理事长张文范在开幕式上致辞。

第十二届中国教育家大会

国家督学、中国教育学会副会长袁振国，CCTV“百家讲坛”栏目主讲人、中央民族大学历史文化学院副教授蒙曼分别作了题为“从就业者到创业者的转变”“我心目中的教育家”的特邀报告。

国内外10多名教育家、企业家就“教育——用什么重新点燃精神火焰”“深化改革，提高质量，办人民满意教育”“学校文化建构力与校长文化领导力”“发现动感课堂的DNA”“‘十三五’时期教育改革发展的政策要点”“‘十三五’规划与我国继续教育的振兴”“互联网教育的话语权势与博弈”等方面内容发表主题演讲，展开对话交流。

来自全国的400多名教育工作者围绕中国现阶段创新创业教育的必要性、紧迫性、重要性，如何将创新创业成为教育家办学、管理者办学、教师教学、学生求学的理性认知与行动自觉，创新创业教育体制改革、考试招生制度改革、办学体制改革、管理体制改革、扩大教育开放、加快教育信息化进程、推进依法治教、加强组织领导等方面的问题进行研讨。

（撰稿人：夏　震）

中国科学技术史学会

服务创新型国家和社会建设　1月，学会承担了中国科协调研宣传部中国现代科学家宣传人选推荐工作。学会秘书处拟定了《中国科学技术史学会关于遴选科学家宣传名单的工作方案》，确定了宣传名单的遴选原则、遴选人数和遴选程序。经中国科协、教育部及学会推荐专家进行评议，21名科学家入选推荐宣传科学家名单。

10月，学会承担“科技工作者来信来访材料收集及回复”项目，组织工作人员对收集到的科技工作者来信来访材料进行汇总、分类，定期邀请专家讨论材料内容并予回复。组织小型主题讨论会，分析总结科技工作者工作动态，为相关政策的制定和实施提供支撑和依据。

学会建设　12月25—28日，由学会主办、中国科学院大学人文学院承办的中国科学技术史学会第九届全国会员代表大会在北京举行。

学科发展研究　6—7月，学会完成中国科协学会学术部“学科方向预测及技术路线图项目”——《科学技术史学科方向预测及技术路线图》，对科学技术史学科未来的发展方向作出预测，并制定出学科发展的中短期和中长期两级技术路线图。

国际学术会议　1月22—24日，由学会医学史专业委员会与韩国医学史学会共同主办，南京中医药大学承办的第五届中韩国际医学史会议在江苏省南京市召开。来自中韩两国多所医学院校的40多名专家、学者参加会议。会议主题为“全球视野下的医学现代化进程”。专家学者们就东亚的疾病史与社会史研究、医学技术的社会文化影响、现代医疗保健体系中传统医学的价值与贡献、中医思想史、中医文化传播史等议题进行了交流。会议决定第六届中韩医学史会议将于2017年6月在韩国延世大学举办。

4月20—22日，学会主办的“牛顿研究在中国”国际学术研讨会在北京举行。会议议题有牛顿数学、力学和光学研究，牛顿炼金术与神学研究，牛顿手稿和著作翻译与研究，牛顿手稿数字化编辑与出版等。中国科学院自然科学史研究所、英国牛津大学、中国科学院大学、中共中央党校等研究机构科研人员参加会议并进行会议报告。

5月22—25日，由中国农业历史学会、日本农业历史学会、韩国农业历史学会主办，中华农业文明研究院、学会农学史专业委员会承办的第十三届东亚农业史国际学术研讨会暨第三届中华农耕文化研讨会在江苏省南京市召开。研讨会的主题为“全球视野下的东亚农业文明”。来自中国、日本、韩国的70多所高校与科研机构的150多名专家、学者，围绕东亚农业文明的形成、发展、交流，东亚农业科学与技术史体系等问题作报告，并展开讨论和交流。

10月17—18日，学会建筑史专业委员会、中国建筑学会建筑史学分会、英国剑桥大学李约瑟研究所联合主办，湖南大学建筑学院承办的2015建筑历史研究与城乡建筑遗产保护国际学术研讨会在湖南省长沙市召开。来自英国、法国、德国、意大利、奥地利、瑞士、捷克、日本、韩国、中国的专家、学者近200人参加会议。会议以“建筑历史研究与城乡建筑遗产保护”为主题，设置了建筑历史与历史教学研究、城乡建筑文化遗产保护研究两个分议题。会议收录了近100篇相关领域的研究论文，有40名专家、学者在会议中发表了最新的研究成果。

12月13—16日，天文丝绸之路：中国与中亚的天文考古交流国际学术研讨会在新疆维吾尔自治区乌鲁木齐市举办。会议主题为“丝绸之路上的天文学以及中国与中亚的天文考古交流”。会议议题分别为天

文遗迹考古，星图、天文仪器和天文台，天文知识的流传，中国、中亚以及西方，东西方天文学与西域文明，西域古代天文文献，新疆少数民族天文学名词术语等。来自巴黎天文台、亚美尼亚天文台、希腊国立研究基金会、中国科学院大学、新疆天文台、中国科学技术大学、国家天文台等研究机构的30余名专家、学者参加会议。

12月10—11日，丝绸之路上的科技与文明国际学术研讨会在北京召开。会议由联合国教科文组织、国际哲学与人文科学理事会、国际科学技术史学会、世界人文大会等联合主办，中国社会科学院民族文学研究所、中国科学院大学人文学院、中国科学技术史学会联合承办。来自美国、英国、法国、比利时、瑞士、希腊、葡萄牙、土耳其、巴西、亚美尼亚、印度等国家的50余名专家、学者参加会议。联合国教科文组织历史记忆与对话部门负责人默赛耶·阿里出席并致辞。会议围绕天文丝绸之路——横跨欧亚大陆的天文学，文学、艺术、农业与地图学，科学与宗教，认知的途径——古代文明中的科学理性，考古学及人类学5个议题展开研讨。与会专家就理解和促进丝绸之路上不同文明间的交流作了报告和讨论。

国内主要学术会议 4月10—12日，第一届李淳风岐山论坛：天文学史与天文科普教育在陕西省岐山县举办。会议的议题包含天文学史与天文教育：大学天文学通识教育，天文科普与科学精神：天文学传统、进展及传播，天文学史与天文考古：李淳风天文学思想和天文遗迹探讨。来自国家天文台、中国科学院大学、中国社会科学院考古研究所、北京天文台等多家科研机构的30多名专家、学者参加会议并作了报告。

8月10—11日，由内蒙古自治区教育厅资助、学会与内蒙古师范大学科学技术史研究院联合主办的首届全国科学技术史博士生论坛在内蒙古自治区呼和浩特市召开。来自中国科学院自然科学史研究所、清华大学、北京大学、中国科技大学、上海交通大学、南京农业大学、山西大学、浙江工商大学、首都师范大学、内蒙古师范大学等10个单位的50多名师生参加会议。报告论文涉及农学史、数学史、物理史、化学史、技术史、医学史、传播与交流史、科技政策史等议题。

8月7—9日，学会物理学史专业委员会第18届学术研讨会在内蒙古自治区呼和浩特市举行。来自全国20多个科研教学、出版机构的60多名专家、学者参加会议。会议收到论文摘要34篇，论文内容涉及物理学思想溯源、物理学史教育、物理学实验、物理学史教学创新研究等。

9月24—26日，第四届中国技术史论坛在北京召开。论坛由学会农学史专业委员会、技术史专业委员会、金属史专业委员会、传统工艺研究分会、少数民族科技史专业委员会、物理学史专业委员会、综合史专业委员会，中国机械工程学会机械史分会、中国造船工程学会船史研究会共同主办，北京科技大学科技史与文化遗产研究院承办。来自中国科学院、中国社会科学院和北京大学、清华大学、中国科学技术大学、哈尔滨工业大学、复旦大学、南京农业大学等高校和科研院所的专家、学者160余人参加会议。论坛特邀美国技术史学会主席、英国爱丁堡大学教授白馥兰和奥地利维也纳艺术大学教授 Manfred Schreiner 等国外学者参加会议。

北京科技大学科技史与文化遗产研究院院长潜伟主持开幕式。北京科技大学党委常委、科学技术与文明研究中心主任权良柱，学会副理事长、北京大学教授吴国盛，中国科学院自然科学史研究所所长张柏春，英国李约瑟研究所所长、大会组委会执行主席梅建军分别致辞。

分会场报告包括技术史、农业史、金属史、纺织史、交通史、军事技术史、医药技术史、综合史、物理学史、传统工艺、文物保护等专题。

10月9—12日，由全国数学史学会（中国数学会数学史分会、中国科学技术史学会数学史专业委员会）与中山大学逻辑与认知研究所共同主办的第九届全国数学史学会年会暨第六届数学史与数学教育研讨会在广东省广州市召开。170余名从事数学史、数学教育工作的专家、学者、教师参加会议。美国科学史学者程贞一、法国学者 Karine Chemla 参加会议并作大会报告。会议共收到学术论文94篇，安排了16场大会报告，内容主要涉及数学社会史与数学交流史、中国传统数学中的专门问题、传统数学与天文历法及音乐的关系、HPM 的理论与实践、中国数理逻辑学发展史、数学编史学、数学史的数学文化传播与科普功能等。

11月14—15日，学会科技史教学专业委员会与北京大学科学史与科学哲学研究中心共同举办的首届全国科技编史学论坛在北京举行。来自北京大学、清华大学、中国科学院大学、哈尔滨工业大学、北京师范大学、上海交通大学、北京科技大学等高校和科研机构的20多名专家、学者作了学术报告。来自多所高校的150名师生参加会议。会议就设置的科学编史学、技术编史学、中国科技史、专科专门史、医学史与博物学史、进化思想史、另类编史学、古典与近代早期8个主题进行了研讨。

11月20—23日，由学会主办、咸阳师范学院承办的中国科学技术史学会第九届青年科技史学术研讨会在陕西省咸阳市举办。来自上海交通大学、中国科学技术大学、西北大学、北京大学等高校、科研机构的青年科技史工作者、硕士生、博士生等22人参加会议并作报告。会议论文内容涉及数学史、科技考古、博物学、天文学史、生物学史、化学史、医学史、科学传播、科学社会学等多个学科。会议评出一等奖论文1名，二等奖2名，三等奖、优秀奖各5名。

国际组织任职 学会医学史专业委员会主任张大庆2015年担任国际医学史学会科学委员会成员，中国国家代表，并在2015年7月举行的第8届国际医学史大会上成功申办2017年第9届国际医学史大会。

国际交往 1月23日，国际哲学与人文科学理事会副主席兼秘书长路易兹·奥斯特毕克教授访问学会，作了题为 *Rock Art and the Assessment of Cognitive Notions of Space*, *Time and Cause*（《岩画艺术与时间、空间及因果性的认知观念的推测》）的报告，并与相关人员进行工作交流。

4月22日，学会与英国牛津大学牛顿项目签署学术合作及交换项目协议。协议提出，双方将共同就牛顿研究相关问题组织工作组、研讨班及会议，互邀学者讲学，鼓励和促进科学史和牛顿研究的联合研究项目等。

12月12日，由国际科学技术史学会主办，学会承办的国际科学技术史学会执行局2015年度会议在北京召开。会议内容主要包括秘书长年度工作报告、司库年度工作报告、检查与其他国际组织合作项目进展情况等。学会理事长孙小淳作为国际科学技术史学会执委参加会议，并参与会议讨论及决策。

7月6—10日，第14届国际东亚科技史会议在法国社会科学高等研究院举行。会议的主题为“史料、在地和全球史：东亚的科学、技术与医学”。来自中国、日本、韩国等22个国家和地区的385名专家、学者参加会议。学会副理事长，国际东亚科学、技术和医学史学会主席，李约瑟研究所所长梅建军出席并致辞。

表彰举荐优秀科技工作者 学会制定了《中国科学技术史学会推选院士候选人工作实施办法（试行）》，并组织开展了推荐（提名）院士候选人工作。

【中国科学技术史学会第九届全国会员代表大会】 12月25—28日，中国科学技术史学会第九届全国会员代表大会在北京召开。来自学会各专业委员会、科学技术史教学研究机构等单位的代表107人参加会议。

会议审议并通过了题为“抓住机遇，凝聚共识，促进学术，开创新局面”的学会第八届理事会工作报告。报告从组织落实重大科研项目，提升学术研究水平；举办各种学术会议和学术活动，深化学术交流；积极推荐国际组织任职，加强国际合作与交流；科普、社会服务和职能转变工作、期刊工作；学术评价与奖励；学会的组织与管理工作、学会工作展望等方面对2008年至2015年间学会工作进行了总结。会议还审议通过了《中国科学技术史学会章程修改报告》《中国科学技术史学会第八届理事会换届审计报告》。

大会选举产生学会第九届理事会理事75人。在学会第九届理事会第一次会议上选举出常务理事25人。孙小淳当选为学会第九届理事会理事长，胡化凯、关增建、梅建军、张大庆、曲安京任副理事长，鲁大龙任秘书长。

学会常务理事、中国科学院大学教授、“老科学家学术成长资料采集工程”项目办公室负责人张藜作了题为“老科学家学术成长资料采集工程（2010—2015）工作总结报告”，《中国科技史杂志》副主编艾素珍作了题为“中国科技史杂志”的工作报告。大会同时邀请来自北京大学、上海交通大学、北京科技大学、中国科学院大学、南京信息工程大学、首都师范大学、南京农业大学、河北大学等研究机构的9名专家、学者作了大会学术报告，报告内容涉及科学通史、计量史、科技考古、物理学史、农学史等学科方向。

【国际哲学与人文科学理事会（CIPSH）第32届大会】 12月7—9日，学会与中国社会科学院民族文学研究所、中国科学院大学人文学院共同主办的国际哲学与人文科学理事会（CIPSH）第32届大会在北京举行。中国科协党组副书记、副主席、书记处书记张勤，联合国教科文组织社会与人文科学部助理干事长

阿勒－纳西夫·纳达、国际哲学与人文科学理事会前任主席阿达玛·萨马赛扣、现任主席朝戈金、副主席罗萨琳德·哈克特、理事会秘书长路易兹·奥斯特毕克，以及理事会执委和成员组织代表共30多名专家、学者参加大会。学会理事长、中国科学院大学人文学院执行院长孙小淳作为国际哲学与人文科学理事会执委参加会议。

开幕式上，张勤代表中国科协对国际哲学与人文科学理事会第32届大会在中国召开表示祝贺。他在致辞中指出，进入21世纪，经济全球化深入发展、资本市场高度统合、环境变化以各种形态出现的宗教、族群、国家和文化冲突令人担忧，应对各类社会问题的研究在学术界越来越受到重视。在哲学与人文学科正面临严峻现实挑战的背景下，重新强调哲学与人文科学在解决全球性问题中的作用具有重大意义。他表示，国际哲学与人文科学理事会当前的活动覆盖和联合了世界上几百个哲学、人文科学领域的学会，这些卓有成效的工作都将成为反思哲学与人文科学使命、呼吁国际社会调整政策、加强相关领域研究的强大推动力。希望与会专家以此次大会为契机，相互交流，共同切磋，求同存异，携手发展，为世界哲学与人文科学事业的整体发展作出贡献。

阿勒－纳西夫·纳达（Al-Nashif Nada）在会上对社会转型与人文学科的关系进行了阐述。她认为，人文学科与社会转型有着非常密切的联系，而人文学科却在当下的转型中缺席或偶然存在。社会转型是一场阐释性的挑战，如果人文学科缺席，将无法完成阐释和再阐释的任务。纳达对人文学科的角色定位进行了阐释，她认为，人文学科在公众讨论中需要扮演这样的角色：富有启发但又不颐指气使，严谨细致但又不超然物外，密切相关但又不刻意迎合。人文学科应该帮助人们理解这个世界，而不仅仅是描述这个世界。在这一过程中，人文学科没有牺牲自己的尊严或严密性，而是在实现自己的重要性。

（撰稿人：朝安婕）

中国科学技术情报学会

服务创新型国家和社会建设　4月16—17日，学会竞争情报分会在江苏省苏州市举办2015企业最佳竞争情报实践现场交流活动。来自企业、科研院所、咨询公司等行业的专家、学者、竞争情报人员近40人出席活动。11名专家从不同行业和层面交流了企业竞争情报工作的实践经验。

6月18日，学会竞争情报分会与中国化工信息中心在北京联合举办"'一带一路'战略环境下竞争情报的机遇和挑战"公益培训。竞争情报分会会员140多人参加培训。分会副理事长、中国化工信息中心副主任李中作了主题报告。北京化工大学教授蔡中华等专家、学者、企业家围绕情报工作如何服务于企业"走出去"战略、把握一个新兴国家的机遇与风险——企业家的情报指引、"一带一路"战略下中国专利对外申请现状及对策分析、"走出去"与国内外舆情研判、新一代企业智慧情报平台构建、"一带一路"沿线国家风险评估、中国企业跨境并购过程中的商业信息收集分析和利用等内容作了培训和交流，探讨了竞争情报搜集、分析、应用、体系建设和平台搭建及其在企业创新决策中的应用。与会人员共同探讨了"走出去"的中国企业如何开展情报研究工作。

学会建设　11月11—13日，学会科技查新专业委员会进行换届选举，朱礼军当选为专业委员会主任委员，并提名选举出副主任委员8名、委员42名。

12月3日，学会科技出版与科技声像专业委员会换届会议暨业务交流会在广西壮族自治区北海市召开。来自科技信息系统的18个会员单位的科技声像工作负责人共52人参加会议。会议表决通过了专业委员会副主任单位和副主任委员。与会人员就业务发展中遇到的问题与挑战、现阶段开展的业务情况以及未来的发展思路等进行了讨论。

3月16日，学会竞争情报分会开通了"中国竞争情报"微信公众号平台，推送情报学术研究成果和行业动态，报道分会各项活动和竞争情报信息，向国内外展示科技情报与竞争情报事业的重要事件。

学术期刊　通过网络投稿系统和专题约稿等方式，学会会刊《情报学报》完成了2015年的出版工作，入选"2015年中国最具国际影响力学术期刊"。2015年，《情报学报》首次获得中国科协期刊出版人才培养项目资助，通过3年的项目建设，情报学报编辑部将在编辑与学术两个方向各培养1名专业人才，并在现代期刊运营方向培养或引进1名领军型人才，形成一个技能与业务结构更加合理、期刊经营更具竞争力的期刊运营团队。

9月20日，学会与中国科学技术信息研究所在北京联合召开2015年《情报学报》编委会会议。经会议审定，新增编委11人，增补后，《情报学报》编委会成员共有33人，编委覆盖的机构包括国家级科技情报专业机构和绝大部分具有情报学博士点的高校。

国内主要学术会议 3月27日，学会竞争情报分会与上海科技情报研究所《竞争情报》编辑部、上海大学竞争情报工作室在上海市联合举办以“技术竞争情报助力科技创新”为主题的2015“春之声”竞争情报沙龙活动。沙龙以专家主旨发言、自由讨论和微信互动相结合的形式进行。上海科技情报研究所信息咨询与研究中心主任杨荣斌、上海宝钢研究院情报中心主任卢斌、上海汽车集团股份有限公司朱盛镭、中国商飞档案中心主任万剑锋、上海宝钢研究院情报中心谷俊博士、上海大学竞争情报工作室教授李国秋等专家分别作了主题发言。主办方对沙龙活动进行了微信图文直播和互动，使更多无法现场参会的会员参与了嘉宾的经验交流，并分享了自己的观点。

8月27—28日，学会竞争情报分会与北京科学技术情报学会在广西壮族自治区北海市联合举办第五届技术竞争情报与科技创新专题研讨会。与会专家研讨了技术竞争情报的最新发展和趋势，大数据环境下国内外技术竞争情报新方法新工具，技术竞争情报支撑科技创新服务模式，技术竞争情报支撑科技创新案例分析，“技术预警机制：系统、体系与构建”五个方面的问题。中国科学院上海生命科学信息中心主任于建荣、北京林业大学经济管理学院教授李艳、国家知识产权局专利局专利文献部知识产权图书馆馆长田春虎等专家、学者分别作了主题发言。

10月17日，学会情报研究与咨询专业委员会与中国人民大学信息资源管理学院、《情报学报》等单位联合主办的第五届全国情报学博士生论坛暨2015中国信息资源管理论坛在北京举行，120多名专家、学者参加论坛。论坛以“情报学的创新与发展——大数据与互联网背景下的情报学发展”为主题，围绕互联网与大数据背景下情报学理论与方法、信息组织、信息检索、信息分析、信息咨询、信息生态建设、竞争情报等内容进行了研讨。

11月4日，学会信息技术专业委员会在湖北省武汉市举办第28届全国计算机信息管理学术交流会。来自科研院所和高校的70多名专家、学者参加会议。大会分为专题报告和学术研讨两个环节。来自国防科技信息中心、中国科技信息研究所、中国科学院文献情报中心、航空工业发展研究中心、北京大学、北京师范大学、南京大学等单位的专家、学者介绍了知识服务领域相关新技术的主要应用特征、相关工作及其关键技术和架构，以及大数据环境下的科技信息服务的新模式。与会专家认为，大数据环境下科技信息工作的进步和发展还有待落实数据科学家培养计划、建设数据资产交易的法规、平台和环境等基础性工作的开展。专家们就科技信息技术应用创新、科技信息服务工作的发展方向、科技信息素养的提升等问题提出了建议，就信息技术发展对科技决策的支持和科技管理服务的促进达成共识。

11月11—13日，学会科技查新专业委员会主办的2015年全国科技查新工作交流会在陕西省西安市召开。来自28个省、自治区、直辖市的80余家情报院（所）、高校图书馆、综合性公共图书馆、军队查新系统和企业的近200人参加会议。大会设置了工作交流主体发言和分组讨论环节。来自中国科学技术信息研究所、上海图书馆（上海科学技术情报研究所）、军事医学科学院卫生勤务与医学情报研究所、陕西省科学技术情报研究所、清华大学图书馆、吉林省科学技术信息研究所、万方数据有限公司7家单位的专家、学者，就科技查新技术规范关键突破及未来影响、科技查新与前沿技术评价管理探索、查新馆员的业务拓展及今后展望、专利查新标准化战略思考、众创时代下科技查新创新服务模式思考、代表性查新机构业务概述和发展等进行主题发言，针对新时期科技查新工作面临的问题，结合自身查新机构特点，提出了查新业务内涵的拓展、在新常态下构建新型数字业务发展平台等查新业务创新探索的思路和举措。在分组讨论环节，与会人员围绕双创环境下科技查新工作的新思路、《科技查新技术规范》的宣贯与培训、科技查新专委会建设与发展等议题进行了讨论。

12月14日，学会与中国科学技术信息研究所、国家科技图书文献中心在北京联合主办第六届全国知识组织与知识链接学术交流会。中国科学技术信息研究所副所长张新民出席会议并致辞。来自北京大学、中国人民大学、中国科学院、武汉大学、南京大学、南开大学等近100所科研院所、高校的221名专家、学者参加会议。武汉大学教授马费成、陈传夫，中国科学技术信息研究所研究馆员曾建勋，中国科学院计算技术研究所研究员程学旗，南京大学教授朱庆华，中国科学院文献情报中心研究馆员张智雄，中国农业科学院信息研究所研究员周国民，山西大学教授贾君

枝，哈尔滨工商大学教授姜永常 9 名专家作了主题报告，报告内容涉及知识组织与知识链接领域的基本理论以及相关环境的研究，知识组织与知识链接领域的新知识新技术的具体应用以及相关实践等。

【中国科学技术情报学会第八次全国会员代表大会】 7 月 10 日，中国科学技术情报学会第八次全国会员代表大会在四川省成都市召开。大会审议并通过了学会第七届理事会工作报告、财务工作报告和修改后的学会章程，选举产生了由 174 名理事组成的学会第八届理事会。在随后召开的学会第八届理事会第一次会议上，选举产生了由 54 名常务理事组成的第八届理事会常务理事会，中国科学技术信息研究所所长戴国强当选为学会第八届理事会理事长，中国科学技术信息研究所原党委书记邢宪力当选为常务副理事长，马费成、代涛、叶缘民、刘林山、陈超当选为副理事长，潘云涛当选为秘书长兼法定代表人。会议还审议通过了 5 个工作委员会和 8 个专业委员会主任委员名单。

【大数据环境下的情报服务与创新学术研讨会】 7 月 8—10 日，学会主办的大数据环境下的情报服务与创新学术研讨会在四川省成都市召开。学会会员，各省、自治区、直辖市科技情报（信息）研究所的专家、学者近 200 人参加会议。中国社会科学院学部委员黄长著、中国科学技术信息研究所所长戴国强、中国科学院文献情报中心主任张志强、中国国防信息中心主任刘林山、华东师范大学教授夏立新、武汉大学教授马费成、中山大学教授曹树金、中国社会科学评价中心主任荆林波、北京科技信息研究所副所长吴晨生、福建社会科学院历史研究所所长刘传标分别作《深阅读 vs 浅阅读》《众创时代科技情报服务创新的新思考》《学科信息学的发展与情报研究》《大数据助推国防科技信息工作创新发展》《科技报告中的知识发现》《大数据环境下用户需求信息组织》《浅谈网络情报学》《信息技术对社会科学研究的挑战》《“互联网 +”大数据情报的情报 3.0》《构建与地方社会科学院相匹配的文献情报服务体系》大会报告。大会邀请专家对征集到的论文进行了优秀论文评选。

【第 21 届中国竞争情报年会】 11 月 4—7 日，学会竞争情报分会与北方科技信息研究所联合举办的第 21 届中国竞争情报年会在陕西省西安市召开。年会主题是“‘一带一路’战略与竞争情报：机遇、挑战与新的方向”。来自高等院校、科研院所、政府部门的专家、学者、管理者和企业家 200 多人出席会议。

第 21 届中国竞争情报年会

会议通过特邀报告、主题报告、互动分论坛、业界专家演说、高峰对话、征文颁奖和联谊活动等形式，交流研讨竞争情报实践经验，探讨中国竞争情报业的未来发展。

在主题报告单元，陕西省社会科学院学术委员会研究员张宝通、北京大学信息管理系教授王继民、北京华通人商用信息有限公司总经理白欢朋、东方锐眼风险管理公司执行董事郑刚、上海图书馆上海科学技术情报研究所竞争情报部主编张左之、澳门理工学院教授曾忠禄等专家、学者分别作《“一带一路”战略与丝绸之路沿线省区和国家发展定位》《“一带一路”沿线国家互联互通指数研究》《“一带一路”下的产业机遇》《“一带一路”战略下的情报眼——以拼图巴基斯坦为例》等报告。

在高峰对话环节，南方电网科学研究院技术情报研究所主任周育忠、上海飞机客户服务有限公司李雪萍、中车集团永济新时速电机电器有限责任公司主任李红梅、宝山钢铁股份有限公司上海宝钢研究院主任周群芳分享与交流了企业竞争情报工作体会与实践经验。

年会收到学术论文 57 篇，其中 46 篇入选评奖论文，论文内容涉及竞争情报的基本理论与实践、竞争情报未来趋势、战略情报等。

（撰稿人：赵筱媛　许晓阳）

中国图书馆学会

服务创新型国家和社会建设　按照中国科协和文化部要求，开展有序承接文化部政府转移职能扩大试点工作。发挥学会专业优势，修订评估标准，开发评估定级管理信息系统，使县以上公共图书馆评估定级工作和中国图书馆年会组织工作体现出学会承接政府转移职能的特色。此外，受文化部公共文化司委托开展全国公共文化巡讲项目。

2015年，学会在江西省、浙江省和吉林省组织开展“网络书香·数字图书馆建设与服务宣传推广项目”系列活动。活动由文化部公共文化司指导，学会与国家图书馆、相关省文化厅（局）主办。各级公共图书馆、部分高校图书馆馆长及业务骨干共650余人参加活动，数字图书馆体验区和展览共接待参观人数6000余人次。

学会于11月5—6日、11月10—12日分别在海南省海口市和黑龙江省哈尔滨市举办了“全国图书馆未成年人服务提升计划”巡讲活动，来自全国各市（州）、县（市、区）图书馆、少儿图书馆、中小学图书馆和绘本馆，出版界、媒体、图书馆相关技术的学员近500人参加培训。

策划组织了中国图书馆分类法（未成年人图书馆版）（第四版）、公共文化机构法人治理、现代图书馆与科技融合、构建现代公共图书馆服务体系、图书馆员在职专业培训等继续教育课程，培训各级各类图书馆馆长和业务骨干1000余人次。

学会组织专家就《中华人民共和国公共文化服务保障法》《中华人民共和国网络安全法》《全民阅读促进条例》《中华人民共和国公共图书馆法》等法律法规草案提出咨询意见，并向有关部门反馈意见。

编辑出版《中国图书馆年鉴》（2015卷），编辑《全国公共图书馆评估上等级图书馆全集（第五次）》。

学会能力提升计划　2015年，学会被中国科协列入学会创新和服务能力提升工程优秀科技社团项目建设名单，学会发挥学术交流和行业协调的双重功能，以网络信息化平台建设、县以上公共图书馆评估定级和馆长轮训等项目为抓手，进一步提升繁荣学术和服务创新能力、服务政府和社会能力、服务科技工作者能力和服务自身发展能力，不断探索发展路径，加快建设进程，实现学会整体转型升级。

学会建设　全年召开3次学会负责人工作会议、1次理事会议、3次常务理事会议，举办中国图书馆学会2015年秘书长联席会议。编辑出版《中国图书馆学会年会论文集》（2015卷）。

“中国图书馆学会会员管理与服务平台”上线。完成学会网站改版，开通中国图书馆学会微信公众号，收集、发布和传递行业信息资源。

学科发展研究　开展中国科协“2014—2015年图书馆学学科发展研究项目”研究和编制工作。这是学会继2011年和2012年两次承担中国科协学科发展研究项目和学科史研究项目后，又一次承担学科发展研究项目。

国内主要学术会议　举办全国图书馆少年儿童经典阅读推广研讨会、2015年中国高校图书馆发展论坛、第27届全国十五城市公共图书馆工作研讨会、历史与未来——中国图书馆事业建设与发展高层论坛、第四届全国文献编目工作研讨会、信息技术助推图书馆社会化研讨会等系列品牌学术活动31次，参会人数共计7823人次，征集论文1747篇。

国际交往　全年接待美国、德国、新加坡和韩国等图书馆界同行26人来访。

学会为我国图书馆界代表参加2015年美国图书馆协会年会及2015年国际图联大会提供专业信息咨询与服务，包括翻译相关会议文件、申请邀请函等相关工作。

10月20—24日，应韩国图书馆协会邀请，学会秘书长霍瑞娟，学会未成年人图书馆服务专业委员会委员、国家图书馆少年儿童馆馆长王志庚等一行3人赴韩国参加第52届韩国图书馆协会大会暨协会成立七十周年庆祝活动，并进行业务交流。

科普活动　在“4·23世界读书日”和“文化遗产日”期间，学会协调指导全国各级各类图书馆开展全民阅读活动。创新全民阅读活动组织形式，联合社会力量举办了经典与中国文化座谈会暨《论经典》新书发布会、西南四城市“风·雅·颂——国学经典诵读”、2015年阅读推广峰会（秋季）暨中国图书馆学会阅读推广委员会成立十周年学术研讨会等活动。

3月26—27日，“2015全国少年儿童阅读年”系列活动启动仪式暨全国图书馆少年儿童经典阅读推广培训班在天津市举办。活动以“经典阅读——弘扬优秀传统文化”为主题，安排了15项主旨活动。学会协调动员全国各地少年儿童图书馆、公共图书馆、中小学图书馆联合行动，按照统一策划、规范组织、总分结合、上下互动的组织原则全面开展活动，以期在广大少年儿童和青少年中形成“多读书、读好书”的社会风尚。

会员服务　组织2015年度韦棣华助学金评审工作，评定34名学生获得韦棣华助学金。评出1名馆员获得“李炳穆交流合作奖”。授予28个单位“全民阅读示范基地”称号、14个单位“全民阅读优秀组织奖”、69个单位“全民阅读先进单位奖”。

【中国图书馆学会第九次全国会员代表大会】 4月9日，中国图书馆学会第九次全国会员代表大会在北京召开。中国科协党组成员、书记处书记徐延豪，文化部公共文化司副司长陈彬斌出席大会并讲话，学会第八届理事会理事长韩永进致开幕词。大会主席团成员、学会顾问、特邀的第八届理事会常务理事，以及来自文化部、国家图书馆、中国图书馆学会各分支机构和各省、自治区、直辖市图书馆学会正式代表、列席代表和特邀嘉宾，共400余人出席大会。

徐延豪在讲话中肯定了学会八大以来的各项工作，并希望学会抓住全面深化改革机遇，着力发挥学会的生力军作用，着力提升学术交流实效，着力承接政府转移职能，着力提高科普阅读工作成效，着力拓宽人才发展途径，着力提高决策咨询水平，创新和拓展学会工作，服务创新驱动发展战略，进一步调动全国图书馆工作者的积极性和创造性，推动图书馆事业全面发展。

陈彬斌在讲话中希望学会不断创新工作思路，拓展业务范围，进一步调动全国图书馆专家、学者和工作者的积极性和创造性，共同推动我国图书馆事业实现新的跨越和发展。

大会审议通过了《继往开来　开拓创新　努力促进我国图书馆事业全面发展——中国图书馆学会第八届理事会工作报告》《中国图书馆学会第八届理事会财务收支情况报告》和修订后的《中国图书馆学会章程》《中国图书馆学会会员会费标准及管理办法》。

大会选举产生了由175名理事组成的第九届理事会。在随后召开的九届一次理事会上，选举产生了55名常务理事和10名学会负责人。国家图书馆馆长、党委书记韩永进当选为理事长，武汉大学信息管理学院院长方卿、北京大学图书馆馆长朱强等当选为副理事长，霍瑞娟当选为秘书长。会议决定聘请吴慰慈、彭斐章、詹福瑞为学会顾问，决定授予万群华等16人为学会名誉理事。

【2015年中国图书馆年会】 12月16—17日，2015年中国图书馆年会——中国图书馆学会年会·中国图书馆展览会在广东省广州市召开。年会由文化部主办，广州市人民政府、中国图书馆学会、国家图书馆等单位共同承办。以“图书馆：社会进步的力量”为主题，围绕学术会议、工作会议和展览会三个板块展开，集中展示图书馆事业发展成就，促进业界交流合作，实现文化产业与文化事业互促共赢。

开幕式上，为获得“2015年最美基层图书馆”的10个单位和荣获“2015年中国图书馆榜样人物”的10名图书馆工作者进行颁奖。

2015年中国图书馆榜样人物颁奖仪式

作为整个年会的重要组成和依托，学术会议本着将理论研究与实践工作相结合的思路，组织了嘉宾演讲、主题论坛、学术分会场、卫星会议等活动。共有3000余名专家、学者通过中国图书馆学会会员管理与服务平台报名参加学术会议。

【中国图书馆学会第五届百县馆长论坛】 5月21—22日，由学会和福建省晋江市人民政府主办、福建省图书馆学会和晋江市图书馆承办的中国图书馆学会第五届百县馆长论坛在福建省晋江市召开。各省、自治区、直辖市县级图书馆馆长，媒体，图书馆相关技术企业人员等共300余人出席开幕活动。论坛主题为“县级图书馆在构建现代公共文化服务体系中的地位和作用”。围绕论坛主题，学会面向全国图书馆界开展了案例征集活动。经过专家委员会评审，共有45个案例获奖。论坛设置了专题发言、分会场和专家报告等环节，通过优秀案例获奖单位代表发言、专家点评和专家报告，围绕“以县级图书馆为中心的总分馆制建设”“基层图书馆的阅读推广”和“贫困地区基层图书馆发展”等内容进行了研讨和交流，形成并发布了《中国图书馆学会第五届百县馆长论坛晋江共识》。

【“文化遗产日——我与中华古籍”摄影大赛及优秀摄影作品巡展】 2月9日—4月9日，学会与国家古籍保护中心联合各省、自治区、直辖市文化厅（局）面向全国举办2015年“我与中华古籍”摄影大赛。各级各类图书馆及相关行业摄影爱好者和关注古籍保护工作的公众通过大赛官方报名平台共提交作品2803张。经过初评和终评，最终选出专业组一等奖4名、二等奖6名、三等奖10名、优秀奖20名，大众组一等奖10名、二等奖20名、三等奖30名、优秀奖50名。

6月13日“文化遗产日”期间，国家古籍保护中心、中国图书馆学会和中国古籍保护协会联合省、自治区、直辖市文化厅（局）开展了2015年“我与中华古籍”摄影大赛优秀摄影作品巡展活动，展出了包含获奖作品在内的200余幅摄影作品。在全国共举办了30站活动，在458家图书馆进行了巡展，共约249万人次参观展览。

【“民国时期文献保护计划”宣传推广活动】 为了加强民国时期文献保护工作宣传，推动保护工作进一步开展，学会与国家图书馆联合主办了“民国时期文献保护计划”宣传推广活动。推广活动采取讲座、展览、培训班等形式，并以省为单元进行面向全省图书馆的巡展和巡讲，将推广活动深入基层。

4月15—16日，“民国时期文献保护计划”宣传推广项目江苏站系列活动在江苏省南京市举行。学会副理事长、国家图书馆副馆长陈力，江苏省文化厅党组成员、南京图书馆党委书记、江苏省图书馆学会理事长方标军等出席仪式。来自江苏省公共图书馆、高校图书馆和科研图书馆等单位的110名学员参加活动。

8月25—27日，“民国时期文献保护计划”宣传推广项目贵州站系列活动在贵州省贵阳市举行。学会副理事长、国家图书馆副馆长陈力，贵州省文化厅党组成员、副厅长黎盛翔等出席开幕式。来自贵州图书馆界的专家、学者及贵州省公共图书馆、高校图书馆、博物馆等相关单位80名学员参加主题活动。

10月28—29日，“民国时期文献保护计划”宣传推广项目广西站系列活动在广西壮族自治区南宁市举行。学会副理事长、国家图书馆副馆长陈力，广西壮族自治区文化厅党组成员李晓泉等出席开幕式。来自自治区各类图书馆及相关机构的110名学员参加活动。

【全国数字图书馆建设与服务联席会议第十六次会议】 6月17日，全国数字图书馆建设与服务联席会议第十六次会议在上海市崇明县召开。

全国数字图书馆建设与服务联席会议第十六次会议

会议研讨了全国各系统图书馆数字图书馆“十三五”规划情况，重点讨论数字图书馆在资源、平台、服务等方面所面临的问题和挑战，数字图书馆在数字阅读推广方面的实践经验及成效，数字阅读在移动环境下的推广策略与品牌塑造等。上海图书馆副馆长刘炜以“把握机遇促进转型：上海图书馆‘十三五’信息化思考”为题，国家图书馆馆长助理孙一钢以“立足‘互联网+’战略规划，推动我国数字图书馆的协同创新”为题，北京大学CALIS管理中心秘书长姚晓霞以“CALIS‘十三五’建设发展规划思路”为题，文化部全国公共文化发展中心副主任陈胜利以“文化共享工程‘十三五’规划与资源建设面临的挑战”为题，中央党校图书馆副馆长刘俊瑞以“让理论学习插上科技的翅膀——中央党校中国干部学习网研发‘学习中国’APP情况”为题，国防大学图书馆馆长于代军以“积极推进‘十三五’军队院校图书馆建设和发展”为题，中国科学院文献情报中心副主任刘细文以“支撑科技创新的文献情报服务模式的思考”为题分别进行专题发言。

会议审议了《数字图书馆安全管理指南（修订版）》。上海图书馆系统网络中心副主任赵亮解读了《数字图书馆安全管理指南（修订版）》，介绍了《数字图书馆安全管理指南》的修订情况。与会人员对《数字图书馆安全管理指南（修订版）》进行了审议，并提出了修改意见和建议。

（撰稿人：马　骏）

中国城市科学研究会

服务创新型国家和社会建设 研究会组织开展国家社科基金重大项目“马克思主义理论研究和建设工程”2015年度重大项目“生态文明背景下的绿色城镇化研究”。

开展“十二五”国家科技支撑计划“智慧城市管理公共信息平台关键技术研究与应用示范”项目研究，完成智慧城市管理公共信息平台研究开发及规模应用示范、面向城市管理的地理信息数据仓库建设关键技术研究及应用示范、城市停车诱导和泊位管理便民服务系统与应用示范、城市居民时空行为分析关键技术与智慧出行服务应用示范、智慧社区服务管理创新关键技术研究与应用示范、公共住房公平分配数字化管理技术与应用示范、智慧街道关键技术集成与应

用示范 7 个课题的验收。

完成国家科技支撑计划“智慧城镇综合管理技术集成与应用示范”开题报告并获批。

开展“城市内涝预警与雨水径流综合管控平台研究与示范——镇江示范”课题，“地表空间特征识别和数字解析技术研究”子课题、“城市供水智能化平台与城市公共信息服务集成技术研究”子课题、“基于遥感数据的水体水质评估研究”子课题研究以及住房和城乡建设部水专项信息管理系统开发和维护工作。

完成“十二五”国家科技支撑计划子课题“绿色建筑评价标准与绿色商场建筑评价标准研究”“绿色建筑标识项目评价指标性能研究”的主要研究任务和全部考核指标。

组织开展“十二五”绿色建筑规划预评估与诊断技术研究课题，组织专家对示范工程——无锡中瑞低碳生态城和深圳湾科技生态园示范工程进行现场专项检查。

开展“十二五”国家科技支撑项目“绿色建筑标准体系与不同气候区不同类型建筑标准规范研究”“绿色建筑评价指标体系与综合评价方法研究”。

开展建筑碳排放计算研究及案例分析。对澳大利亚、日本等国家和地区的建筑碳排放计算经验进行调研，探索建筑碳排放计算关键环节，为建立中国建筑碳排放计算方法提供借鉴。开展 Trnsys、PKPM 和 DeST 三种民用建筑能耗计算分析软件，在定性和定量的基础上计算建筑能耗的差异性的研究，为建筑碳排放计算选用模拟软件提供参考。

围绕住房和城乡建设部中心工作，研究会组织开展有关课题研究。组织完成建筑节能与科学技术司“中德建筑节能领域激励政策比较研究”项目，借鉴德国的先进经验，并从法律保障体系、规范标准体系、经济激励体系三方面梳理德国建筑节能领域发展的相关激励政策。

组织开展村镇司“特色小城镇案例、政策和评价标准研究”等项目。完成规划司“生态城市规划技术导则”研究项目。

完成城市发展规划建设与评价指标体系、生态城市规划方法研究及规划实践等领域的咨询项目，主要包括“内蒙古自治区阿尔山市中芬生态城生态规划”“广东省珠海市建设国际宜居城市指标体系研究”“河北省怀来县燕山文化新城生态规划”“江苏省南京市红花机场地区海绵城市专项规划”“贵州省贵阳市花溪国际生态城方案优化及控规修编”“江苏省淮安高新区中德生态城建设咨询服务”“广东省珠海市前山河绿色建筑示范区改造项目”“江苏省南京市南部新城中芬生态城申报与生态规划”“山东省东营市中美清洁能源合作产业园生态规划”“广东省珠海市海绵城市总体规划”等项目。

开展贵州省安顺市生态文明视角下新型城镇化绿地系统专题研究、湖北省荆门市生态诊断及“生态立市”战略研究等市域总体规划层面的生态专项项目。开展北京市金融街、北京市新首钢高端产业综合服务区、河南省洛阳市高新区、江苏省镇江市官塘新城绿色生态示范区等生态规划项目。合作开展北京市中关村生命科学园、中关村门头沟园、中关村丰台园，河南省洛阳市生态城市规划项目。完成北京市绿色生态示范区指标体系评价导则，完成北京市绿色生态示范区指标体系实施与评价。

研究会绿色建筑研究中心继续推进绿色建筑标识评价工作，全年共举行 31 次绿色建筑标识评审会议，举办 21 次绿色建筑标识在线评审。全年共完成 332 个绿色建筑项目评审。

研究会绿色建筑研究中心参与并完成《绿色建筑评价标准（香港版）》《绿色建筑评价标准（澳门版）》的编制修订工作，相关标准目前已在香港特别行政区和澳门特别行政区进行推广实施。负责绿色建筑专项标准《既有建筑绿色改造评价标准》“给水排水”章节的编写，并参与《〈既有建筑绿色改造评价标准〉实施指南》条文、专题论述和案例介绍部分的撰写。参与绿色建筑专项标准《绿色商店建筑评价标准》的条文编写，及其实施指南中条文和案例介绍部分的撰写。参与住房和城乡建设部标准定额司“绿色建筑标准体系”课题研究，承担了国家标准与地方标准的对比研究、绿色建筑发展现状与配套政策研究，撰写了绿色建筑发展历程研究报告。

研究会绿色建筑专业委员会发布了研究会标准《CSUS/GB 06—2015　绿色小城镇评价标准》，用于指导绿色小城镇的建设和评价工作。召开 3 次工作会议，研讨国家标准《绿色校园评价标准》编撰工作，完成送审稿。主编国家标准《绿色生态城区评价标准》，完成送审稿。

研究会数字城市工程研究中心承接住房和城乡建设部城市建设司委托项目“数字化城市管理相关标准研究”，项目同时被批准为中国科协所属学会承接政府转移职能扩大试点项目。

研究会县镇工作部对接住房和城乡建设部村镇司重点工作，推进绿色智慧小城镇管理与评价、农村生活垃圾处理、乡村数字博物馆等潜在承接政府转移职能项目的前期工作。

配合住房和城乡建设部科技司推进智慧城市试点示范创建和组织评定工作，研究会数字工程中心先后组织召开智慧城市 2014 年度专项试点综合评审会、智慧城市 2014 年度试点现场答辩会、智慧城市专项试点座谈会，并配合撰写发布了《国家智慧城市试点 2014 年度工作总结报告》《国家智慧城市专项试点暂行管理办法（征求意见稿）》等文件。

12 月 2 日，国务院总理李克强主持召开经济工作专家座谈会，研究会理事长仇保兴参加座谈会，从消化房地产库存的角度提出了对供给侧改革的意见建议。

1 月 20 日，研究会理事长仇保兴参加全国政协主席俞正声主持的经济形势分析座谈会并发言。

学会建设　研究会完成研究会换届筹备工作。完成理事、常务理事推荐、推选工作，召开换届筹备工作组工作会议，讨论并形成换届工作方案。

召开研究会五届八次理事工作会议，总结研究会主要工作进展，讨论拟成立机构的情况，审议院士推选组织实施方案，研究学会年度工作计划及重点工作部署。

修订《会员管理办法》等相关制度文件，对个人会员、团体会员设置不同类型和级别，根据相应的会员级别提供相应的细化服务内容。制定会员分级管理及会费收缴标准制度，计划在换届代表大会提请审议。

对研究会网站进行改造，使各部门、专业委员会等下属机构现有网站与学会官网实现有效链接，部门核心成员履历、研究成果上线，网站内容及时更新。

各部门、专业委员会建立微信工作平台、微信群，进行工作信息发布，部分条件成熟的机构建立微信公众号，定期推送相关学术动态、学术观点等。研究会对下属部门的微信公众平台进行内部测评，从订阅量、原创文章及首发学术文章数量、互动及反馈情况等方面对部门运营的公众号进行评测，评出前三名并给予相应的奖励。

学术期刊　《城市发展研究》出刊 12 期，发表文章 224 篇。抓住城市科学研究的重点和热点问题，特别关注京津冀协同发展、多规合一、智慧城市、旧城更新、深度城镇化、城镇群空间结构等问题。《城市发展研究》获得了人民大学复印报刊资料重要来源期刊证书、中国人文社会科学综合评价 AMI 核心期刊证书、RCCSE 中国核心学术期刊 A 刊证书（排名由 2013 年的 12 位上升到 2015 年的第 9 位）、中国学术期刊影响因子年报统计刊源证书，继续入选最具国际影响力优秀期刊榜。其中一篇文章获得 2015 年金经昌城市规划论文二等奖，一篇获得提名奖。

开通了“城市发展研究”微信公众平台，利用新媒体扩大期刊影响力。

学科发展研究　编写完成 5 本学科年度报告。

《绿色建筑 2015》系统总结我国绿色建筑的研究成果与实践经验，指导我国绿色建筑的规划、设计、建设、评价、使用及维护，在更大范围内推动绿色建筑发展与实践。

《中国城市规划发展报告（2014—2015）》以“生态智慧，‘一带一路’，绿色发展”为报告的内涵基础，联系现阶段我国城市规划工作的重点领域和焦点、热点问题，分综合篇、技术篇和管理篇三部分，汇总了一年来国内有关新型城镇化、城市规划技术和城市规划管理等方面的理论与实践研究成果，分层次、多维度地分析了推进新型城镇化健康发展的模式与政策、区域协同发展（如京津冀协同发展规划、城市群规划）与城市规划改革策略，探讨了“三规合一”与多规融合的政策，城市发展边界与用地规划条件管控、弹性城市规划、存量与减量规划、智慧城市、控制性详细规划制度建设，以期对各地城市规划管理制度建设和城市规划技术创新和应用提供参考。

《中国低碳生态城市发展报告 2015》结合城镇化的历程以及“一带一路”的机遇与挑战，分析了城市转型发展的路径、城乡融合方法，梳理了生态文明语境下的低碳生态城市发展模式，展现了中国特色新型城镇化的深化。通过技术集成与案例应用，从生态导向的城乡规划、生态诊断、绿色交通、能源管理、水资源管理、既有建筑改造等 11 个方面探讨低碳生态技术在新型城镇化建设中的应用，重点把握与信息化、绿色化建设相关的低碳技术。关注 8 个绿色生态示范城市（区）的低碳生态城市总体建设与技术政策的最新进展，以及目前 27 个新申请的绿色生态示范区规划案例。

《中国城市交通规划发展报告 2014》对城市交通

规划在理念、技术和政策三个方面进行探索，重点关注新型城镇化与城市交通的发展、城市交通与空间布局、城际与区域交通以及公共交通规划、多模式交通的转换与交通枢纽、城市非机动化交通、停车规划与管理、交通需求与管理等议题，为城市交通规划开启新的视野和方向。

《中国小城镇和村庄建设发展报告 2014—2015》系统总结了我国小城镇和村庄的发展情况和存在的问题。按照综合、建设、规划和管理等四个方面，收录优秀文章和实践经验 36 篇，并对 2014—2015 年我国村镇规划建设领域发生的重大事件、中央领导讲话摘要、相关政策法规的索引进行了汇编，并对未来工作方向进行了展望。

决策咨询 研究会理事长仇保兴撰写的《简政放权需要创新监督机制》《深度城镇化——"十三五"期间的若干政策建议》《我国下半年经济工作的几点建议》《建议召开全国城市工作会议和企业家表彰大会》《地方政府视角的政策建议》《对 TPP 的因应之策》6 篇报告上报国务院，均获国务院总理李克强的批示。

国际学术会议 全年共主办 3 次大型国际学术交流大会，与会人数 4000 多人次，交流论文约 600 篇，参与演讲的专家、学者约 700 人次。

3 月 24—25 日，第十一届国际绿色建筑与建筑节能大会暨新技术与产品博览会在北京召开。来自国内外建筑领域的专家、学者、企业家在研讨会上交流了绿色建筑与建筑节能的最新科技成果、发展趋势、成功案例。同期召开的国际绿色建筑与建筑节能新技术与产品博览会，展示内容涉及建筑节能、生态环保、智能建筑、绿色照明、绿色施工、绿色房地产新型绿色建材等方面的新技术和新产品。

7 月 22—23 日，2015 城市发展与规划大会在广东省广州市召开。大会以"生态智慧 · 一带一路 · 绿色发展"为主题，围绕国内外城市规划与可持续发展、新型城镇化与城市发展模式转型、智慧城市、数字化城市管理、生态城市、绿色交通、生态环境建设、绿色建筑社区、低碳生态城市的规划与设计、碳减排技术、清洁能源与生态城市建设实践、城市总体规划先进案例与控制性详规编制办法、历史文化名城保护与更新、海绵城市、生态城市的水系统规划与水生态修复、城市综合管廊、地下管线规划建设、城市创新理论与实践、"三规合一"实施与管理、国际航空枢纽周边地区规划建设、高铁经济带发展理论与实践、自贸试验区和城市新区的发展与建设、国际滨水城市发展与滨水区规划等相关议题进行专题学术研讨。

11 月 4—5 日，2015 中国城镇水务大会在广东省珠海市召开。大会以"贯彻水十条，修复水生态，推进水文明"为主题，围绕海绵城市、智慧水务，供水设施、净水工艺、水质达标与二次供水的技术与案例，城市黑臭河水体、污水污泥的综合处理，再生水、非传统水源的利用与漏损控制，水系统规划与水景观设计，水环境保护与水生态修复的技术及理念等专题展开研讨和交流。同期举办的给排水新技术与设备博览会覆盖了水行业全产业链，交流国内外水处理工艺和管理模式，汇集国内外智慧水务、海绵城市相关技术与设备、水处理技术设备、给排水管网系统技术设备、膜与膜分离技术设备、污泥处理新技术和新设备，集中展示国内外供水、节水和污水处理技术、设备、典型工艺及工程实例。

两岸交流 9 月 7 日，研究会与台湾都市计划学会联合主办的第二十二届海峡两岸城市发展研讨会在江苏省苏州市召开。来自海峡两岸的 150 多位专家、学者，围绕"新型城镇化：理想与实践"主题，就城乡发展、制度创新，空间发展、模式实践，智慧城乡、统筹发展，弹性城市、韧性发展 4 个议题展开交流，共同探索城市发展中所面临的各种现实问题的解决之道，为引导城镇化健康发展提供经验。

国际交往 研究会承担了中欧低碳生态城市合作项目（Europe-China Eco Cities Link）的项目管理工作。遴选 2 个综合试点城市（广东省珠海市、河南省洛阳市）和 8 个专项试点城市（山东省威海市、江苏省常州市、广西壮族自治区桂林市、安徽省合肥市、广西壮族自治区柳州市、山东省青岛市、湖南省株洲市、陕西省西咸新区），针对紧凑城市发展、绿色建筑、绿色交通、清洁能源利用、水资源与水系统、固废处理、旧城更新与历史文化、投融资机制、绿色产业 9 个专项领域进行合作。

与德国能源署签订战略合作谅解备忘录，双方就在中国推进生态城市工作达成一致意见。在此框架下，中德双方与江苏省淮安市、吉林省吉林市、四川省江油市、河南省郑州市、宁夏回族自治区银川市、江西省萍乡市、湖北省荆州市、甘肃省白银市 8 个城市签署了三方合作协议，并签署规划合同，共同推进 8 个城市建设中德合作框架下的生态城市典范。

根据“中国－芬兰国际合作项目”的要求，制定中芬生态城市试点申报的流程和要求，推进对陕西省榆林市、内蒙古自治区阿尔山市、江苏省南京市等试点城市的规划咨询工作。

研究会数字城市工程研究中心搭建科技交流平台，邀请世界地理联合会主席 Vladimir Kolosov 来访，并作题为“基于金砖四国和‘一带一路’的视野看待欧洲和世界的前景”的学术报告；邀请芬兰国家技术创新局高级研究员 Janne Peltonen 来访并作学术报告；邀请英国纽卡斯尔大学全球城市研究所所长 Ali Madanipour 来访，并作“关于辨析城市设计”的报告。

研究会生态城市研究专业委员会与荷兰代尔夫特大学签订合作备忘录。双方共同完成低碳生态城区 PPP 模式和产业投融资等研究课题。

科普活动 研究会组织开展全国大学生、高中生绿色建筑知识竞赛，215 名学生注册参加竞赛。

8 月 15—21 日，在江苏省南京市和浙江省长兴县举办全国青年绿色建筑夏令营。来自重庆大学、浙江大学城市学院、安徽建筑大学、天津城建大学、广西大学、山东建筑大学等 11 所高校和浙江省大田中学的学生参加了夏令营活动。

联合地方绿色建筑机构和有关单位，在 6 个省、市组织开展 8 场全国青少年绿色科普教育巡回课堂——做地球绿色使者活动。近 2000 名师生参加活动。

研究会依托绿色建筑基地，推进地区性绿色建筑科普工作。华东地区绿色建筑基地编制并发布了《华东地区绿色建筑地图》，详细介绍基地绿色建筑示范项目信息，帮助参观者合理规划参观路线，更加便捷地了解基地绿色建筑项目特点，向社会各界展示华东地区绿色建筑示范项目和技术产品。

西南地区绿色建筑基地发布了首批 6 个绿色建筑示范工程相关信息，宣传绿色建筑示范项目，供业内参观学习。

北方地区绿色建筑基地选出 12 个有特色的绿色建筑示范项目，编制相关技术信息文集，规划参观路线。

南方地区绿色建筑基地利用现有厂房进行的绿色改造项目和集装箱居住建筑群成为示范项目展示中心，接待参观人数 4.6 万人次。

党建强会 研究会积极参加中国科协组织的党建特色活动，以党课形式进行专题民主生活会。结合《中国共产党廉洁自律准则》和《中国共产党纪律处分条例》，举办践行“三严三实”党课，对党员进行专题教育。

（撰稿人：周兰兰）

中国科学学与科技政策研究会

学术期刊 研究会主办的《科学学研究》《科研管理》《科学学与科学技术管理》被中国科学引文数据库（CSCD）、中国科技论文统计与引文分析数据库（CSTPC&CSTPI）、中文社会科学引文索引（CSSCI）等多家数据库定为统计源期刊，被国家自然科学基金委员会管理科学学部遴选为重要期刊。通过建立完善期刊数字化平台，实现了期刊编审网络化和学术论文网上开放存取。改善办刊手段和条件，加强编辑人员队伍建设，2015 年,《科学学研究》《科研管理》《科学学与科学技术管理》同时入选“中国科协科技期刊精品工程”。

国际学术会议 5 月 22 日，由中国科协和广东省政府共同主办、研究会承办的基于实证的科技政策与评估论坛在广东省广州市举行。中国科协副主席、党组副书记、书记处书记张勤出席论坛并致辞。来自中国国家科技评估中心、中国科学院科技政策与管理科学研究所、中国科学技术发展战略研究院、美国科促会、英国皇家学会、美国马里兰大学、日本科技振兴机构、韩国科技评估与规划研究院、缅甸工程师学会等机构的 80 多位专家、学者参加论坛。

与会专家围绕产业技术变革与优先项目遴选、国立科研机构绩效评估、高层次科技人才政策评估 3 个主题进行了研讨。7 位专家作了特邀报告。

中国科学技术发展战略研究院科技预测与评价研究所副所长王革关于《中国的技术预见》的研究回顾了中国技术预见活动的历史及其演变，对当前技术预见研究的组织实施特点、结论及其意义作了系统的总结。来自日本科技振兴机构的学者 Tateo Arimoto 就日本科技创新政策制定、技术预见、优先项目遴选和评价体系的最新发展趋势进行了讲解。美国桑迪亚国家实验室前技术组成员 Gretchen Jordan 以美国能源部实验室为例，讲述了美国政府研究机构和改革项目评价的最新实践和实施情况。韩国科技评价与规划研究院副研究员 Jaeho Shin 就韩国基于目标的国家研究和发展评价体系的绩效谈了自己的观点。英国皇家学会的 Donna Lammie 女士谈了英国皇家学会对科学家早期职

业生涯管理方面的研究成果。国家科技评估中心科技评估学术委员会主任方衍以南京“321”人才计划为案例，介绍了创新创业人才政策评价。中国科学院科技政策与管理科学研究所研究员周建中报告了科技人才政策评价的方法论研究，并以中国博士后政策为例进行了探讨。

国内主要学术会议 4月12日，研究会在北京组织召开了中国科技体制改革30周年纪念座谈会。中国科学院党组副书记、研究会理事长方新，参与1985年《中共中央关于科技体制改革的决定》研究起草工作的老同志，以及研究会部分常务理事共20余人参加座谈会。座谈会围绕1985年《中共中央关于科技体制改革的决定》研究起草和出台过程中的重大争议问题、专家和领导人在文件起草过程中各自发挥的作用，以及文件出台后产生了哪些影响三个方面展开研讨。

6月，由研究会技术创新专业委员会主办、武汉科技促进发展研究中心承办的第五届技术创新圆桌会议在湖北省武汉市举行。会议主题为“实施创新驱动战略与深化科技体制改革的重点”。

8月22—23日，由研究会主办，上海交通大学国际与公共事务学院和研究会青年工作委员会共同承办的第七届中国青年创新论坛在上海市召开。来自中国科学院科技政策与管理研究所、清华大学、中国人民大学、上海交通大学、复旦大学、浙江大学、西安交通大学等50多所院校的100多名专家、学者参加会议。会议以“创新驱动发展与治理现代化”为主题，通过9个大会报告、15个分论坛及70余篇论文进行交流。

北京理工大学党委书记张炜，中国人民大学公共管理学院教授、长江学者蓝志勇，清华大学教授、长江学者苏峻，上海交通大学安泰经济与管理学院执行院长、长江学者李垣，中国科学院大学研究员穆荣平，西南交通大学公共管理学院院长陈光，浙江大学发展战略研究院副院长魏江，北京科技大学科学技术与文明研究中心主任潜伟，上海交通大学国际与公共事务学院常务副院长吴建南作了大会报告。

10月18日，第十一届中国科技政策与管理学术年会在北京举办。300多名专家、学者出席会议。与会专家就自主创新、科技研发、大数据、创业生态系统、科技政策、创新治理、技术转移、创新驱动发展、有责任的创新、全球科技创新中心建设等主题作了大会报告。年会设立科学学与科学计量学、科技体制改革、合作创新、科技与区域发展、创新与创业政策、企业技术战略与创新管理、创新绩效评价、知识产权保护、“互联网+”科技创新、科学社会学与教育等10个分会场。会议收到学术论文114篇，为9位优秀论文作者颁发了证书。

10月19日，第十届全国技术预见学术研讨会在北京召开。会议由研究会技术预见专业委员会与中国科学技术发展战略研究院、中国科学院科技政策与管理科学研究所、上海市科学学研究所共同主办。会议的主题为“开展技术预见，推动创新驱动发展战略的全面实施”。来自政府机构、高等院校、科研院所和产业界的100多名专家、学者参加会议。

10月31日—11月1日，第十五届全国科技评价学术研讨会在陕西省西安市召开。研讨会由研究会与《科研管理》编辑部主办，长安大学和中国科学院管理创新与评估研究中心承办。会议的主题为“第三方评价”。来自政府机构、高等院校、科研院所和产业界的400多名专家、学者，围绕科技政策评价、科研成果评价、科研项目评价、科研机构评价、科技人才及科技团队评价、协同创新评价、企业创新能力评价与企业管理创新、区域创新与创新网络评价等议题展开交流。

两岸交流 研究会组织了海峡两岸区域发展论坛、海峡两岸科技政策与管理博士生论坛等系列交流活动。

12月19—20日，由研究会与台湾东海大学主办、上海科技管理干部学院承办的2015第六届海峡两岸区域发展论坛在上海市召开。论坛以“‘一带一路’视阈下的创新驱动+可持续发展”为主题，7位专家、学者分别作了主旨报告，15位专家、学者作了专题报告，12位专家、学者在圆桌会议上作了专题发言。来自海峡两岸高校、研究机构、社会团体、企业等单位的100多名专家参加论坛。

【中国科学学与科技政策研究会第七次全国会员代表大会】 10月17日，中国科学学与科技政策研究会第七次全国会员代表大会暨第十一届中国科技政策与管理学术年会在北京举行。300多名研究会会员、专家、学者参加会议。

大会审议通过了研究会第六届理事会工作报告、财务工作报告，选举产生了183名第七届理事会理事。在随后召开的七届一次理事会议上，选举产生了理事长、副理事长、常务理事、秘书长。穆荣平当选为理事长，李光等当选为副理事长，陈光当选为秘书长。

与会专家学者在年会上就自主创新、科技研发、大数据、创业生态系统、科技政策、创新治理、技术转移、创新驱动发展、有责任的创新、全球科技创新中心建设等方面内容作了专题报告。年会还设立了科学学与科学计量学、科技体制改革、合作创新、科技与区域发展、创新与创业政策、企业技术战略与创新管理、创新绩效评价、知识产权保护、"互联网+"科技创新、科学社会学与教育等分论坛。

（撰稿人：张　悦）

中国农村专业技术协会

服务创新型国家和社会建设　为进一步落实中国科协、农业部《关于支持农村专业技术协会开展农技社会化服务的意见》，协会召开3次座谈会推动该意见落实。协会分别抽样选取云南省、江苏省、广东省、重庆市、广西壮族自治区、海南省、贵州省、四川省、福建省等17个省份，了解各地落实意见的情况。所有抽样省份均转发意见到各级科协、农技协，湖南省、重庆市、甘肃省、福建省等地与当地农业厅、农委等部门会商共同起草实施细则。

组织全国农技协进行"中国农技协龙头协会"和"中国农技协优秀乡土人才"评选，表彰了526个"中国农技协龙头协会"和523名"中国农技协优秀乡土人才"。组织推荐农技协开展农技服务典型经验做法、遴选基层农技协先进实用技术、开展在乡镇农技站成立农技协改革试点工作等。

学会建设　协会个人会员总数1001名，团体会员125个。新成立技术交流中心2个，技术交流中心总数达38个。

对协会网站进行改版，增加了国务院"三农"政策宣传、各地推广技术的典型事迹、金融贷款担保知识及协会风采等内容，协会网站全年累计发布工作动态、各地典型实例、调研成果等400余篇（条），年点击率超过18万次。

两岸交流　6月14—15日，由中国农技协、福建省科协、台湾农技协主办，福建省农技协承办的2015海峡科技专家论坛分会场·海峡两岸现代休闲农业发展研讨会在福建省厦门市召开。协会理事长吕飞杰参加开幕式并讲话。海峡两岸企业和社团签订了3个休闲农业交流合作项目。

科普活动　8月27日，协会选派人员为江苏省泰州市全市基层农技协领办人培训班进行授课。

会员服务　协会推荐江苏省宿迁市宿豫区亲耕田农业专业技术协会参加了全国大众创业万众创新活动周主场展示。

协会推荐的广州市农业科学研究院、上海青浦枇杷教育基地、北京中农富通园艺有限公司3家单位被评为"2015—2019年度全国科普教育基地"。

协会根据《中国科学技术协会统计年鉴2015》发布的数据，首次建立并发布了《全国农村专业技术协会发展排行榜2015》，对全国各省、自治区、直辖市的农技协发展的数量、登记注册情况及获得国家政策资金支持的数量情况进行排序。

协会编印《中国农村能人》图书，收录全国51名基层农技带头人事迹，充分发挥其榜样示范作用。

【全国推进"银会合作"工作现场会】7月20—21日，全国推进"银会合作"工作现场会在四川省眉山市召开。中国邮政储蓄银行行长吕家进，四川省委常委、省总工会主席李登菊，协会理事长吕飞杰等出席会议。

会后印发了《中国科协　中国邮政储蓄银行关于加快推进"银会合作"的通知》，推动全国近12万个基层农技协获得授信500亿元额度。

（撰稿人：王健豪）

中国工业设计协会

服务创新型国家和社会建设　受国务院、国家发展改革委、工业和信息化部、中国科协、中国轻工业联合会等相关部门委托，协会参与《中国制造2025》、"十三五"规划纲要等国家战略规划和政策的编制、修定、咨询等工作。组织召开工业设计发展研讨会10余次，通过专题研讨、地方调研等形式听取行业建议，向有关部委提出工业设计行业的发展方向、实施路径和发展重点等建议。

10月26日，受财政部、工业和信息化部委托，协会承担的"互联网经济与大数据时代的工业设计发展战略研究""设计服务与制造业融合发展的路径及政策研究"专项课题通过评审验收。

11月，受工业和信息化部委托，协会作为评审工

作委员会成员单位，参与2015年国家级工业设计中心认定工作。协会协助工业和信息化部制定国家级工业设计中心评审标准、提供评审专家资源、参与调研和评审。

12月，协会承办的“国家企业经营管理人才素质提升工程”——工业和信息化部企业经营管理领军人才工业设计高级研修班2015年培训项目结束，项目为期10个月，共举办了6期培训。

4月11日，中国工业设计协会—德稻创新学院正式发布“首席设计官”（CDO）项目。“首席设计官”（CDO）课程主要面向中小制造企业领导者、大中型企业高级管理人员和企业接班人招收学员，整个CDO项目历时1年半，为学员提供定制化的课程服务。

10月，协会与浙江省杭州市余杭区人民政府签署战略合作协议。根据协议，双方将共同建设中国工业设计协会产业研究院、国际设计创新创业教育中心、中国原创设计奖（中国原创设计博物馆）、意大利金圆规设计奖、院士教授工作站5个项目。

12月27日，协会与辽宁省沈阳市人民政府、沈阳市经济和信息化委员会共建的中国装备制造工业设计中心正式启动。该中心以整合设计机构、科研院所、高等院校等创新服务资源，组织全国性专业培训、成果展示、作品评选、技术发布、新品体验、研究论坛等活动，打造全国优质项目、技术、产品的装备制造业设计创业创新公共服务平台。

人才培训中心、消费者行为研究及用户体验中心、大数据公共服务平台等正式入驻协会和上海市经信委联合发起的“中国工业设计研究院”，并陆续开展相关业务服务。

11月19日，中国设计红星奖颁奖典礼在北京举行。来自18个国家1566家企业的6025件产品参加红星奖评选。参评企业中，初创企业约占10%，京津冀地区企业约占20%。经两轮评审，共有176家企业的289件产品获奖。联想集团YOGA3 Pro笔记本电脑获得至尊金奖。红星奖委员会主席、协会原会长朱焘表示，2015红星奖参评产品呈现出四个特点：体现尖端科技、高端制造的重器，体现“互联网+”的前沿趋势，凸显大众创业、万众创新的趋势以及产品国际化影响力大幅度提升。

协会以联合主办、协办、支持等形式，举办了“长江杯”“太湖奖”“金勾奖”“合丰奖”“醒狮杯”“市长杯”“芙蓉杯”“东莞杯”“鄞州杯”“卡萨帝创艺大赛”“国际体验设计大会”“设计教育再设计国际论坛”“大连设计节”“海尔3D打印大赛”“华帝工业设计大赛”“2014年全国大学生工业设计大赛”等活动。

学会建设 中国工业设计协会第五次全国会员代表大会召开，选举产生新一届理事会。6月16日，协会被评为2014年度全国性行业协会商会4A等级。

从7月开始，根据中共中央办公厅、国务院办公厅印发的《行业协会商会与行政机关脱钩总体方案》和《民政部 国家发展改革委关于做好全国性行业协会商会与行政机关脱钩试点工作的通知》要求，协会成为中国科协系统唯一的首批脱钩试点单位。在中国科协总体安排和指导下，协会按照总体方案提出的总体要求和基本原则，结合实际、精心组织、分步稳妥地开展脱钩改革工作。

会刊《设计通讯》以专题报道形式，聚焦行业发展趋势，报道具有引领性并取得创新成果的先进会员，以此带动行业发展。该刊“重塑专业”“装备设计”“服务设计”“工业设计十佳大奖”等专题受到业界关注。

由协会官方网站、微信和微博组成的协会互联网服务平台，综合提供会员服务、资讯传播等功能。官方微信日均新增关注50余人，总关注人数近4.2万人；微信平台发布的活动赛事、展览展会、专业思考、观点论述、设计资讯及分享等信息日均阅读数8000次；开通了以互动、参与、阅读为核心的功能板块，可快速注册、支付成为协会会员。会员可以查询协会和产业相关单位的项目活动信息，阅读已储存的每日新闻、《设计通讯》和《设计》杂志等内容。

学术期刊 2015年，协会主办的《设计》期刊从月刊变更为半月刊，全年策划18个设计热点专题，报道国际知名工业设计类大奖10余项，报道国际知名设计节/设计活动10余项。杂志社不断挖掘国内外设计资源，稿源和作者数量逐渐扩大，论文稿件来源超过200所院校，所刊载论文的转载率增长一倍。

国内主要学术会议 12月5日，协会主办的中国原创设计与产业发展研讨会在江苏省南京市召开。会议以“中国工业设计的未来可持续发展路径”为主题，对“中国原创设计”的真正含义和发展路径展开研讨，探讨新形势下设计创新与产业融合发展道路，研究如何营造更合理的产业发展环境，促进设计产业健康可持续发展。会议对协会2016年的工作进行部署，决定以“中国原创设计与产业发展”为核心，打造“中国原创设计”系列工程，包括奖项赛事、人才培养、交易与保护、行业标准、咨询合作、孵化生产等工作，该项工作旨在逐步建立符合中国设计和社会发展需要的评判体系。

12月11日，协会主办的2015年全国工业设计行业组织工作研讨会在广东省深圳市召开。来自21个省、自治区、直辖市的50家工业设计行业组织的会长、秘书长等近100人出席会议。会议探讨建立全国工业设计行业联动工作机制，搭建行业信息数据服务平台，共创协同工作新格局。41个地方工业设计行业组织申请设立“中国工业设计协会工作代表处”，协会对此进行了调研和评估。

5月16日，协会与广东省深圳市经济贸易和信息化委员会共同主办的2015全国青年设计师工作会议在广东省深圳市召开，300多名青年设计师参加会议。会议以“众创时代，设计创新的新机遇、新发展”为主题，邀请产学研领域的10多名专家交流经验，探索设计创新、创业发展模式。

国际交往 为落实中德两国领导人2015年关于在标准研究、工业设计、智能制造、人才培养等方面的联合声明和共识，工业和信息化部产业政策司与中国工业设计协会共同组织代表团，出访德国和意大利。6月24日，协会与德国TUV-NORD签订《中德工业设计战略合作协议》。根据协议，双方将逐步建立常态对接机制，在人才培训、资质认定、评测标准、服务咨询、共建中德设计中心等方面开展深度合作。6月28日，协会与意大利全国工业设计协会（ADI）签订战略合作暨首期国际合作项目协议。协会决定首先在浙江省杭州市余杭区共建“中意设计中心”，打造以设计知识产权、金圆规国际奖、人才培训、设计咨询与服务、展示与推广为核心内容的总部计划。

【中国工业设计协会第五次全国会员代表大会】 10月11日，协会第五次全国会员代表大会在北京召开。中国轻工业联合会会长步正发，工业和信息化部原党组成员、总工程师朱宏任，中国工业设计协会第四届理事会会长朱焘，中国科协学会学术部部长宋军等出席大会。来自全国的300多名会员代表参加会议。

朱焘代表第四届理事会作了题为“为把我国建成制造强国，实现可持续发展做贡献”的工作报告。大会审议通过了协会第四届理事会工作报告、财务工作报告、修改后的协会章程、会费调整决定等内容，并听取了关于中国工业设计协会参加国务院要求的100家首批协会商会与行政机关脱钩的情况报告。

大会选举产生了第五届理事会及常务理事会。刘宁当选为协会会长，应放天当选为专职副会长兼秘书长，赵卫国为专职副会长。选举中国商飞、海尔集团、联想集团、华为、腾讯等企业以及上海工业设计协会、北京工业设计促进中心、广东省工业设计协会、清华大学美术学院、同济大学设计创意学院等机构为副会长单位。

【第十届中国工业设计周】 12月11—20日，第十届中国工业设计周暨第九届中国（深圳）国际工业设计周在广东省深圳市举办。协会会长刘宁等出席活动。

本届设计周以“聚·变”为主题，举办了2015中国工业设计十佳获奖发布会、设计与产业交流对接会、全国工业设计行业组织工作研讨会、两岸四地设计与商业模式创新峰会、深圳工业设计精品展、深圳市工业设计职业技能竞赛颁奖典礼等系列活动，为促进工业设计在产业转型升级过程中的应用和发展搭建沟通和交流的平台。

中国工业设计十佳大奖颁奖典礼

在2015年中国工业设计十佳大奖颁奖典礼上，颁发了十佳创新型企业、十佳设计公司、十佳杰出设计师、十佳推广杰出人物、十佳教育工作者5项大奖。该奖项自2011年由协会创办以来，已吸引1000余家机构和700余位个人参评，成为协会服务国家战略，促进创新驱动的重点示范平台。

（撰稿人：田文苗）

中国工艺美术学会

服务创新型国家和社会建设 学会与中国轻工业联合会、中国轻工珠宝首饰中心联合组织开展了2015

年中国工艺美术“百花奖”评选。评选活动吸引了来自广东省、江西省、福建省、浙江省等18个省、自治区、直辖市的6800多件作品报名参评，作品涵盖玉雕、石雕、陶瓷、木雕、紫砂等13大类工艺品。4月15日，经过初评，2500多件作品入围，第十届（莆田）海峡工艺品博览会期间共展出入围作品2450多件。4月28日，来自中央美术学院、中国工艺美术馆、中国珠宝中心等单位的11位专家组成评审组，分木雕、石雕、玉雕、陶瓷和综合工艺五类进行评选。5月1日，评选结果揭晓，评出金奖作品275件、银奖作品283件、铜奖作品238件。

3月13—17日，学会与辽宁省大连市政府共同主办的第十三届全国工艺品、旅游品、礼品暨国际珠宝、古玩、书画艺术品博览会在大连市举行。

8月28—31日，学会与有关部门在广东省广州市联合举办2015中国（广州）国际珠宝玉器交易博览会、2015中国岭南茶文化精品博览会。博览会共设3个展厅，展出面积3万平方米。

学会建设 12月16日，学会四届三次常务理事会议在北京召开。学会理事长陶小年主持会议。会议审议增补了第四届理事会副理事长，常务副理事长赵之硕总结了2015年度工作情况以及存在的问题，副理事长马佩提出了2016年度工作建议，对学会工作进行了安排部署。

中国工艺美术学会第四届三次常务理事会议

2015年，学会注册会员增加，学会个人会员达到4500人，团体会员5个。

6月28日，学会书画专业委员会第四次全国会员代表大会在北京召开。与会委员、艺术家、工艺美术大师共100余人参加会议。会议选举产生了第四届委员会领导班子，中国艺术研究院画家邓远坡当选为专业委员会主任委员，韩美林当选为专业委员会名誉主任。学会常务副理事长赵之硕回顾了学会成立三十八年来的重要历程，邓远坡作了工作报告，提出了新一届专业委员会在学术建设、专业培训、交流展览、编辑出版、多媒体宣传及与地方专业组织交流协作等方面的工作思路。

7月10日，学会木、竹雕刻艺术专业委员会成立大会在福建省莆田市召开。学会常务副理事长赵之硕，以及会员代表等200余人出席大会。福建省工艺美术大师李凤荣当选为专业委员会主任。

6月6日，学会玉、石雕刻艺术专业委员会第一次全国会员代表大会召开。来自全国的玉、石雕刻艺术专业的专家182人参加大会。中国工艺美术馆副馆长王辉当选第一届玉、石雕刻艺术专业委员会主任。

国内主要学术会议 学会及所属分支机构全年举办国内学术会议10次，1357人次参加会议，其中企业科技工作者219人次，交流论文113篇。

科普活动 学会织锦专业委员会主任委员、江苏南京云锦研究所所长王宝林在南京师范大学开展了博物馆日活动暨云锦专题讲座。高级工艺美术师郭俊在南京江宁织造博物馆作了题为“云锦向何处去”的公益讲座，从云锦发展的历程、当代云锦的设计方向、历代经典云锦作品赏析、云锦设计与工艺等方面作了讲述。

【首届“为宅雕塑”大赛颁奖仪式暨首届“为宅艺术”论坛】 6月19日，学会与中央美术学院、中国职业艺术教育学会、国家大剧院联合主办的首届“为宅雕塑”大赛颁奖仪式暨首届“为宅艺术”论坛在北京举办。

首届“为宅雕塑”展览是由中央美术学院、中国工艺美术学会、中国职业艺术教育学会于2014年策划、2015年实施的一项国际雕塑展览和大赛。“为宅雕塑”的核心是“让艺术进入生活，让雕塑进入家庭”。

首届“为宅艺术”论坛以“家庭：雕塑的第三空间”为主题，邀请中国美术学院雕塑系教授孙振华和中央美术学院教授殷双喜担任论坛主持，从学理层面剖析“为宅雕塑”的价值和意义，揭示家庭空间在未来雕塑创作中的重要地位。

（撰稿人：张　赫）

中国科普作家协会

服务创新型国家和社会建设 中国科普作家演讲团与北京科普作家协会联合举办了第2期科普演讲培

训班。经过3天的学习，审查通过一批新团员加入中国科普作家演讲团。

12月2—4日，协会与中国青少年科技辅导员协会、北京科学技术普及创作协会等单位联合主办科普演讲精品课程研讨会。该研讨会面向中国科普作家演讲团全体成员，其他演讲团、讲师团、报告团的成员和愿意加入科普演讲队伍的科普演讲人员、科技人员，旨在提高科普演讲者的演讲水平，交流科普演讲经验，不断发掘优秀科普演讲精品课程资源，服务会员，服务社会，为提升全民科学素质助力。

协会与中国科学院老干部局联合举办第六届老科学家科普创作培训班。约50人参加培训。

学会建设　2015年，协会召开3次理事会议、2次常务理事会议、1次分支机构工作会议、3次理事长工作会议。

为进一步摸清协会会员情况，掌握会员信息，完善队伍建设，更好地为会员服务，协会2015年正式启动了对会员的全面调查工作。协会共有在册会员3200余人，截至年底，初步完成了1000名会员的信息登记工作。全年发展个人会员102人，新发展的会员趋于年轻化，绝大多数为本科以上学历。

协会海洋科普专业委员会、数字科普教育专业委员会、食品科普教育委员会揭牌成立。

海洋科普专业委员会作为中国科普作家协会的埠外分支机构，由中国海洋大学倡导发起。首届专业委员会成员包括中国海洋大学、浙江海洋学院、南通航运职业技术学院、国家海洋局宣传教育中心、国家海洋局第一海洋研究所、中国科学院海洋研究所等涉海高校和科研机构。其宗旨是整合全国涉海高校与科研机构的海洋学术资源与人才队伍，创作出更多高质量的海洋科普作品，为全社会尤其是青少年提供更多高质量的海洋科普读物；积极开展海洋科普宣传教育活动，营造宣传海洋知识、增强海洋意识的良好氛围。

11月7日，协会数字科普教育专业委员会成立大会在北京召开。数字科普教育专业委员会的成员包括科普教育专家、信息技术专家、动漫产品策划和制作专家、青少年科普节目制片人、中央少儿电视科普节目主持人、科普图书出版工作者等。其主要任务是：繁荣数字出版领域的科普创作，培养壮大本领域的科普创作队伍，致力于创建数字出版及其文化产品的品牌形象，推动本领域的科技创新能力，提高社会公众在本领域的科学素养与创造能力，顺应知识经济和文化产业发展的需要。

2月7日，协会食品科普教育专业委员会成立大会在北京召开。该专业委员会承接中国科协课题1项，完成项目专报1份。专报建议将每年10月11日设立为“中国食育日”，并针对我国食育现状提出将全民实施食育战略列为国策、制定《食育法》、强化食育教材和相关宣传品的编写工作等系列针对性建议。食育是指对公众进行饮食安全、饮食营养的知识和技能教育。

协会就《优秀科普作品条例》的完善和修订召开系列工作会议，征询专家意见。评奖办公室根据专家意见，完成了对评奖文件的修订，修订内容涉及奖项的申报、奖励类别、奖励等级、评审程序等方面，并在此基础上形成了第四届全国优秀科普作品奖评选工作系列工作文件。9月，评奖办公室正式向社会发布了评奖通知。

为记录老科普作家献身科普创作的事迹，丰富协会发展史料，2014年在对7位老科普作家进行访谈的基础上，2015年继续开展对协会老科普作家的史料采集工作。通过走访、摄影、录像、实物搜集等方式，对6位老科普作家的史料进行了采集，记录为繁荣我国科普创作事业发展作出突出贡献的老科普作家的创作经历、对协会发展历程的见证以及对协会发展的建议等。后期对采访内容进行了编辑整理，编档收存。

学术期刊　《科技与企业》和《生物技术世界》均与中国知网合作，进行期刊出版数字化准备工作。《科技与企业》全年出刊24期，发表文章5500余篇，总字数约2200万字；《生物技术世界》全年出刊12期，发表文章1500余篇，总字数约350万字。

《科普创作通讯》全年出刊4期，发表文章230多篇、动态图片和消息200多条（幅）。

国内主要学术会议　10月17—18日，协会与中国科普研究所联合举办第22届科普理论研讨会，并负责“数字阅读时代的科普创作”分论坛的组织筹备和主持工作。来自国内外近200位科学普及与传播理论和实践研究领域的专家、学者参加会议。研讨会设有大数据与科普信息化、中国特色科普理论的建构等6个分论坛，探讨了新时期不同社会语境下的科学普及与传播的新理念、新方式、新机制，交流了提升公民科学素质建设的新经验、新思路和新趋势。

9月，全国科普日期间，协会与中国水力发电工

程学会主办、中国水利水电出版社承办的小水电的生态作用科普论坛在北京举行。与会专家、学者就小水电的历史作用与现实担当、发展小水电提升绿色能源影响力等主题与媒体记者进行了沟通和交流。

11 月，协会少儿科普专业委员会在广东省广州市召开 2015 年少儿科普年会。年会学习传达了李源潮副主席关于繁荣科普科幻创作，为实现中国梦注人科学正能量的指示精神，研讨交流了少儿科普创作、出版及活动信息等。

协会与中国科普研究所、科学普及出版社联合举办了甘本被先生科普作品研讨会暨甘本祓科普作品展。甘本祓先生著有《生活在电波之中》《茫茫宇宙觅知音》等科普作品，曾任《知识就是力量》编委和重要撰稿人、多套电子类科普图书的主要策划人和组织者。上世纪 80 年代中期，前往美国硅谷工作 20 余年。2009 年退休后，重执科普创作之笔撰成力作《航母来了》，由科学普及出版社出版。研讨会对甘本祓先生数十年的创作历程进行了总结和回顾。

两岸交流 8 月 31 日—9 月 2 日，协会与山东省科协、福建省科协、台湾元智大学等单位在山东省日照市联合举办第八届海峡两岸科普研讨会。来自海峡两岸的 200 余位专家、学者参加会议，其中，台湾地区专家、学者 50 余人。会议围绕数字时代的科普信息化建设等 5 个专题展开研讨。

第八届海峡两岸科普研讨会

科普活动 协会完成中国科协年会科普活动演讲任务，承担了中国科协“大手拉小手科普报告希望行”湖南省、新疆生产建设兵团、甘肃省、内蒙古自治区、贵州省、海南省等 7 个省、自治区的科普演讲任务。协会科普演讲团到北京市、天津市、浙江省、河南省、福建省、山东省等省、自治区、直辖市，为青少年举办科普演讲。截至 11 月 1 日，协会科普演讲团派出 110 多人次，分别为 15 个省、自治区、直辖市的 100 多个城市的大学、中学、小学举办科普演讲 800 余场，听众达几十万人次。协会组织系列科普活动，包括分赴地方开展科幻巡讲活动，与北京市海淀区教委合作开展“科普进校园”科普讲座等。

协会与车语传媒（考拉 FM）合作开展音频科普节目录制。协会开设了“防务焦点”和“啃果皮”2 个科普广播节目。“防务焦点”制作节目 100 余期，听众近 90 万人次，其中长期关注者达 1 万多人次。“啃果皮”栏目以“科学辟谣”为宗旨，澄清日常生活中流传的谣言，共制作节目 37 期。

协会与清华紫光教育机构合作开展第二届“全国中小学科普科幻征文”活动。活动覆盖 20 个省份、42 个城市，参加人数近 2000 人次，收到作文 2300 篇。8 月，该活动以科学夏令营形式举办了征文活动决赛。征文活动共评出 213 名获奖者，其中一等奖 45 名、二等奖 64 名、三等奖 67 名、优秀奖 24 名、最佳创意奖 13 名。启动了第三届征文活动。

协会与中国青少年科技辅导员协会合作开展第三届全国科学表演大赛，收到来自 23 个省、自治区、直辖市 200 多所机构的 379 份作品，其中微剧本 256 个，科普剧表演视频 101 个，科学秀表演视频 22 个。在公众投票阶段，共收集投票 17432 票，页面浏览次数达 90853 次。大赛最终评选出科普剧本一等奖 5 名、二等奖 10 名、三等奖 15 名、优秀奖 20 名，青少年组科普剧一等奖 2 名、二等奖 5 名、三等奖 13 名、优秀奖 15 名，成人组科普剧一等奖 1 名、二等奖 2 名、三等奖 4 名、优秀奖 3 名，科学秀一等奖 1 名、二等奖 1 名、三等奖 2 名、优秀奖 3 名。

协会与全国大学生科幻联盟合作开展第四届“全国大学生科普科幻征文”活动。将第二届和第三届获奖征文进行整理，出版了《最后的雪国》和《末日英雄》两部文集。

协会国防科普委员会与中国战略学研究会国防战略专业委员会、中国兵工学会联合 50 多个省、市国防教育办公室、新闻出版单位、网络媒体共同举办“强我国防、兴我中华”金海杯第八次全国国防教育系列活动，包括“维护海洋权益　共建强大国防”主题征文、中国海洋国土和防卫政策知识书面和网络竞赛、国防科普系列讲座等内容。主题征文收到稿件 14 万余篇，评出一等奖 25 篇、二等奖 51 篇、三等奖 120 篇；书面知识竞赛回收答卷 360 余万份，评出一等奖 46

名、二等奖397名、三等奖1134名；网络知识竞赛点击量达到3亿多人次，评出优胜奖2000名。科普报告团分赴52个市、县开展国防科普讲座230余场，听众达10.5万人次。

协会科普美术委员会、科学摄影委员会与内蒙古科技报刊社联合举办“草原小画家”展览活动。活动征集到少年儿童的科学幻想美术作品1000余幅，最终评选出200余幅作品参加展览。4月，展览在北京天文馆举行，协会理事长刘嘉麒出席展览。

【弘扬高士其精神　繁荣科普创作座谈会】 2015年是高士其先生诞辰110周年。为缅怀高士其先生对我国科普事业所作的历史性贡献，学习他坚忍不拔传播科学的博爱胸襟，弘扬他严谨崇高的科学精神，12月7日，协会与中国科普研究所、中国医学救援协会联合举办弘扬高士其精神　繁荣科普创作座谈会。座谈会在回顾高士其先生科普创作历程的基础上，重点座谈高士其先生的创作思想和创作特点，分析科普创作现状以及遇到的问题，促进科学与文学有机结合，繁荣科普创作，激励原创作品的产生。协会协助中国科普研究所及中央电视台“大家”栏目摄制组拍摄的高士其人物纪录片在座谈会上进行播放。该片已于11月初在中央电视台“大家”栏目播出。

（撰稿人：孟　雄　谢丹杨）

中国自然科学博物馆协会

服务创新型国家和社会建设　2015年，协会科技馆专业委员会组织有关人员针对科技馆体系对展教人才的要求，教育活动开发与实施对展教人员素质和技能的要求，展教人才队伍建设、培训与培养，科技馆教育人员职业发展路径等方面开展调研，完成了《科技馆展教人才队伍建设研究报告》《科学技术馆科技辅导员从业资格管理办法（中国科技馆试行版）》《科学技术馆科技辅导员职业标准（中国科技馆试行版）》《科学技术馆教育人员专业技术职务任职资格评审条件（中国科技馆试行版）》，基本完成“科技辅导员从业资格（中国科技馆试行版）基础知识考试题库（3000道）”的创编任务。开展了首次科技辅导员职业现状调查。

6月8—9日，协会科技馆专业委员会主办的第四届全国科技馆辅导员大赛决赛在浙江省杭州市举行。400人出席大赛开幕式。本届大赛参赛场馆数为历届最多，从内容和形式上对科技馆教育活动进行创新，借助网络平台开展了系列配套的线上线下活动。

协会秘书处作为全国科技馆免费开放工作办公室，完成了全国科技馆免费开放情况汇总、信息收集、协助核算资金等工作，并初步开展免费开放试点科技馆实地核查和绩效考核。5月16日，科协系统内部92家科技馆试点免费开放。11月底至12月初，协会秘书处在中国科协指导下，组织35位专家，分成16个组，赴28个省、自治区、直辖市开展全国科技馆免费开放运行情况实地调研，摸清免费开放科技馆具体情况，为科技馆免费开放工作理顺思路。

协会科普与教育工作委员会在中国科协科学技术普及部支持下，推进“全国自然科学类博物馆人才队伍培养方案实践研究”项目实施。先后在北京市、上海市等地多次组织召开项目研讨会。7月，协会发布了《全国自然科学类博物馆人才继续教育工作指南》。

6—8月，协会湿地博物馆专业委员会以“博物馆致力于社会可持续发展”为主题，开展论文征集活动。征文活动收到全国各地近100篇论文。对评选出的优秀论文进行编辑整理，出版了《实践、融合、创新——湿地博物馆专委会2015年学术研讨会论文集》。

协会国土资源博物馆专业委员会组织中国地质博物馆、湖南省地质博物馆、河南省地质博物馆、新疆地质矿产博物馆开展中国矿物宝石博物馆联展，共有62件矿物宝石、古生物化石标本参展。

5月11—14日，由协会水族馆专业委员会主办、国际动物训练员协会—香港海洋公园协办，成都海昌极地海洋世界承办的动物训练员培训班在四川省成都市举办。来自中国大陆、台湾地区、香港特别行政区的30家海洋馆的70名工作人员参加培训。

学会建设　9月22日，协会六届三次常务理事会议在浙江省杭州市召开。会议总结了六届二次常务理事会议以来协会的工作落实情况，安排部署了下一步的工作，研究讨论了关于协会更名及章程修改的相关事宜，以及协会人员变更的有关事项。

协会召开多次常务理事通讯会议和理事通讯会议，对协会重大事务进行决策。

7月17—19日，协会在黑龙江省大庆市组织召

开地方自然科学博物馆协会2015年工作会议。协会理事长程东红、副理事长赵有利出席会议。10余个地方自然科学博物馆协会理事长、秘书长参加会议。会议就自然科学博物馆协会在地方科普场馆建设、科普活动、科普惠民中发挥的作用进行了探讨，研讨了亚太科技中心协会2016年会（ASPAC2016）、全国科技馆试点免费开放等工作。

黑龙江省、广西壮族自治区等地方自然科学博物馆协会成立。协会全年发展单位会员46个、个人会员33人，在册单位会员达574个。全年收缴会费41万元。

3月，根据专委会推荐，协会评选表彰了协会2014年度优秀联络员44人。

根据《中国自然科学博物馆协会优秀集体及优秀个人评选表彰办法》，由各专业委员会提名推荐优秀集体，各单位会员推荐优秀工作者，经过评选，并经协会理事长办公会议审批，12月公布了协会2015年度优秀集体和优秀工作者表彰决定，共评选表彰优秀集体55家、优秀工作者179名。

协会对网站进行了全面改版，增设了互动功能和用户服务入口，新版网站于10月正式运行。

为实现会员管理信息化，以协会新版网站为平台，设立会员管理系统，逐步实现会员入会、登记、管理工作的全程信息化操作，并在此基础上建立会员数据库。7—10月，对会员信息进行重新登记，进一步完善了会员数据库。

学术期刊 创办协会学术期刊《自然科学博物馆研究》。协会对多家学术期刊编辑机构进行调研，完成期刊创办相关的文件起草与准备，召开相关工作会议和研讨会，与科普出版社、中国科技馆签署关于学术期刊的合作协议。4月底，协会向国家新闻出版广电总局提交了关于创办期刊的申请文件。7月，获得国家新闻出版广电总局的批准。10月16日，召开期刊编委会第一次会议。期刊编辑部设在中国科技馆，并启动学术论文征集工作。

学科发展研究 协会开展了《中国科普场馆年鉴（2015卷）》的编辑工作。4月，完成年鉴2015卷大纲和工作方案。5月，向各专委会、地方自然科学博物馆协会、会员发出了年鉴资料征集通知。《中国科普场馆年鉴（2015卷）》在收集单位会员基础数据的基础上，加入我国自然科学类博物馆发展研究报告、地方自然科学博物馆协会、自然科学博物馆相关企业等新的信息门类。

决策咨询 协会起草并向中国科协提交《关于开展全国科普基础设施评估定级工作的建议》，建议先期开展自然科学类科普场馆评估定级工作。此项政策建议得到中国科协党组的批示。协会办公室按照中国科协党组的批示，开展了评级工作预研究，从科技馆、天文馆着手开展评级指标体系制定工作。

国内主要学术会议 11月，协会科技馆专业委员会在河南省郑州市召开2015年全国科技馆发展论坛。论坛主题为“科技馆教育活动”。论坛征集教育活动案例177篇（含研究生论坛），评出119篇案例入选论文集、50篇“最佳案例奖”，邀请39名优秀案例作者进行现场研讨发言。

5月22日，协会国土资源博物馆专业委员会年会在湖南省郴州市召开。全国国土资源博物馆界的60余位专家、学者参加会议。5位专家进行报告交流，介绍了在博物馆新馆建设、布展、科研、科普、人才培养等方面的经验。

4月，协会科普场馆特效影院专业委员会学术年会召开。行业专家作了学术报告。会后，将征集的优秀论文进行整理，向《科技馆》杂志推荐，出版了专刊。

11月9—12日，由协会水族馆专业委员会主办、海底世界（湖南）有限公司承办的水族馆专业委员会2015年年会暨第一届水族相关产业展示会在湖南省长沙市召开。来自87家海洋馆及40家相关企业的375名专家、学者、企业家参加大会。共有39篇报告在会上进行交流。

8月15—18日，协会天文馆专业委员会在青海省德令哈市召开研讨会。研讨会以“天文馆与天文教育”为主题，36家单位的56名专家、学者出席会议。12篇论文在会上进行交流。

两岸交流 协会自然保护区专业委员会于7月和12月分别在贵州省和台湾地区举行海峡两岸自然保护区交流研讨会。组织大陆保护区和台湾地区相关行业开展交流活动。

国际组织任职 协会副理事长、天文馆专业委员会主任朱进在国际天文馆学会（IPS）担任理事。

国际交往 协会与美国科学技术中心协会（ASTC）合作，将其代表性刊物《维度》引进中国，翻译发行了《维度》中文版。全年翻译印发《维度》中文版第2期至7期，印制2000余册。

表彰举荐优秀科技工作者 协会参与了第十四届中国青年科技奖候选人推荐工作。

会员服务 6月10—11日，协会科技馆专业委员会在浙江省杭州市举办第五届全国科技馆馆长培训班。来自全国73家单位的108名馆长或相关人员参加培训。

协会科普场馆特效影院专业委员会开展影片联合采购，在一定程度上降低科普场馆影片租赁成本、丰富影片资源。

中国科协会员日 12月起，协会利用自身科普场馆资源，承担了中国科协印刷四馆联票，并向在北京的中国科协会员寄送的任务，共发放参观券3000余份。

【中国自然科学博物馆协会2015年年会】 9月23—24日，中国自然科学博物馆协会2015年年会暨动物艺术研讨会在浙江省杭州市召开。协会理事长、中国科协副主席程东红致辞，浙江省政协副主席陈艳华致欢迎词。大会开幕式由协会常务副理事长、中国科协党组成员、中国科技馆馆长束为主持。协会名誉理事长李象益、徐善衍等出席开幕式。来自全国自然科学博物馆领域的专家、学者近400人参加会议。

中国自然科学博物馆协会2015年年会

年会开幕式上，颁发了"青年学者优秀论文奖"。评出一等奖论文10篇、二等奖论文19篇。

本届年会以"融合与创新——自然科学博物馆在生态文明建设中的社会责任"为主题，就我国当前自然科学博物馆跨界融合、博物馆教育、新技术的挑战、管理与创新等方面展开交流。中国科协副主席、中国工程院院士赵沁平作了题为"'虚拟现实+'文化保护与利用"的主旨报告，故宫博物院院长单霁翔作了题为"数字故宫——以故宫博物院为例"的主旨报告，台湾自然科学博物馆馆长孙维新作了题为"在自然中看见科学·用科学来理解自然——谈博物馆在翻转教育中扮演的角色"的主旨报告，果壳网首席执行官嵇晓华作了题为"一个互联网创业者的科学传播和自然科学博物馆情结"的报告，北京汽车博物馆馆长杨蕊作了题为"北京汽车博物馆管理运行的创新与实践"的报告，浙江自然博物馆馆长严洪明作了题为"探求自然与人文跨界合展展览的新途径"的报告。

年会设立7个分会场，进行48个分会场报告，设立2个圆桌会议，以及论文海报张贴。

【自然科学类博物馆管理技能、策略与实务培训班】 11月22—29日，由协会主办，辽宁省科学技术馆、协会科普与教育工作委员会承办的自然科学类博物馆管理技能、策略与实务培训班在辽宁省沈阳市举办。来自27个省、自治区、直辖市的80多名自然科学类博物馆中层干部参加培训。本次培训是协会面向各类单位会员举办的综合管理类培训，获得了人力资源和社会保障部"专业技术人才知识更新工程岗位培训项目"备案和中国科协"学会改革创新项目"支持。

培训班课程设置围绕"管理"这一中心主题，邀请来自管理部门、高校、研究机构以及国内科普领域的9位专家，进行11个项目的课程培训。培训内容涉及场馆管理政策法规分析与解读，博物馆传播学理论与实例解析、经验分享，场馆活动设计，新技术应用等。培训合格的学员获得了由人力资源和社会保障部认证的合格证书。

（撰稿人：王　青）

中国可持续发展研究会

服务创新型国家和社会建设 研究会理事、国际科学理事会（ICSU）科学计划与评估委员会委员吕永龙牵头组成特别工作组，在分析科学评估报告的基础上，提出国际科技界应考虑的有关实施联合国可持续发展目标（SDGs）的主要科学问题，并在2015年4月23日出版的*Nature*上发表文章*Five priorities for the UN Sustainable Development Goals*。基于国际科学理事会（ICSU）对联合国可持续发展目标（SDGs）科学评估的结果，文章提出实施联合国可持续发展目标的关键在于过程监测与评估，并提出国际科学界参与到这个过程中的5项优先工作等。

受外交部委托，研究会副秘书长彭斯震、学术工

作委员会副主任孙新章承担了《中国实施千年发展目标报告（2000—2015）》的编写工作，报告介绍了过去15年中国实施千年发展目标的情况，总结了中国的发展经验和做法，并就中国未来的发展进行展望。

为全面总结中国实施联合国千年发展目标的成就与经验，研究会开展了“2015年后发展议程”对中国的影响与战略对策的研究，并将研究建议上报科技部、中国科协等有关部门。

受中国科协委托，研究会承担中国科协八大代表调研课题，组织专家开展提升学会国际学术影响力的策略研究，旨在明确学会国际学术影响力的因素及其作用机制，为学会提升国际学术影响力提出策略。4月8日，研究会在北京召开提升学会国际学术影响力的策略研究专题座谈会，邀请20余位专家、学者参加会议，围绕学会国际学术影响力的涵义、体现方式、评价指标、影响因素四个方面进行研讨。调研报告已提交中国科协。

学会建设 截至2015年12月，研究会个人会员2045名，新增单位会员10个，单位会员总数达74个。

学术期刊 研究会会刊《中国人口·资源与环境》，中文版受理稿件5076篇，出版12期，全年总印数24000册，刊发文章223篇；英文版受理稿件117篇，出版4期，全年总印数1200册，刊发文章45篇。

据《2015年版中国科技期刊引证报告（核心版）》数据显示，《中国人口·资源与环境》2014年度综合评价总分61.1，在2383种核心期刊中排名第233名，比2013年度的排名第455名上升了222个名次；核心影响因子为1.037，排名第206名。在分类评价中，《中国人口·资源与环境》被列入环境与资源科学技术类，综合排名第8名，该类期刊共33种。

据武汉大学中国科学评价研究中心、武汉大学图书馆、中国科教评价网共同发布的第4版《RCCSE中国学术期刊评价研究报告——权威、核心学术期刊排行榜》数据显示，《中国人口·资源与环境》在资源和环境科学技术类期刊中的排名，由第3版的第六名上升为第四名。

中国知网发布的《2015中国学术期刊国际、国内影响力研究报告》显示，《中国人口·资源与环境》（中文刊）的期刊影响因子为1.779，复合影响因子为2.802，在69种环境科学技术类期刊中排名首位。《中国人口·资源与环境》（英文刊）2014年用户达到2267个，全文下载量为8156次，比2013年增加82.8%。

决策咨询 研究会发挥专家智库优势，为国家、地方和企业开展不同层面的决策咨询，提供决策咨询报告10篇，其中获上级领导批示的报告6篇。研究会向中国科协提交了题为“提升学会国际学术影响力的策略研究”“低碳约束下中国核电发展及其规模分析”“新常态下的创新驱动”“‘2015年后发展议程’对中国的影响与战略对策”的4篇报告。

研究会常务理事、中国环境科学院院长孟伟，研究会常务理事、中国科学院科技政策与管理科学研究所所长王毅，单位会员黄山市多维生物集团董事长陈光辉，在2015年全国“两会”期间，分别提交了《“两会蓝”是空气质量向好的开始》《关于科学制定和实施国家“十三五”碳排放总量控制目标的建议》《借助大循环农业探索“三农”问题新思路》的提案。研究会理事安伯平向山东省日照市政府提交了《山东暨日照参与“一带一路”建设研究》的报告，获得山东省副省长夏耕的批示。研究会理事谭秋成向北京市政府提交了题为《基层公共文化设施建设、使用和管理存在的问题及政策建议》的报告。

2月初，研究会组织国务院参事室等部门的专家，在北京召开了节能减排与低碳技术成果专家咨询座谈会，对3项绿色技术提供咨询服务。

国际学术会议 5月23—24日，中国科协与广东省政府主办，研究会承办的第十七届中国科协年会第15分会场——新兴绿色产业的科技创新与投融资国际论坛在广东省广州市召开。论坛主题为“新兴绿色产业的科技创新与投融资”。来自17个省、自治区、直辖市的162名专家、学者以及来自瑞典、芬兰、法国、美国、韩国等国的14名专家、学者参加会议。会议征集学术论文58篇，其中英文论文31篇、中文论文27篇。

新兴绿色产业的科技创新与投融资国际论坛

论坛由专题学术报告、产业研讨和项目对接三部分组成。中国工程院院士、清华大学教授金涌，中国工程院院士、第二炮兵后勤科学技术研究所所长侯立安，瑞典环境研究所副所长 Osten Ekengren，芬兰经济战略研究院首席科学家 Anttti-Jussi Tahvanainen 作了学术报告。

国内外企业、投融资机构及科研机构的 25 位专家，从可持续发展战略与投融资、新材料与绿色建筑、污水固废处理与收集、现代农业及新能源等方面进行了产业研讨。

项目对接活动现场，以展板的形式展示了 11 个有代表性的国内外企业的核心技术及项目，并结合会议编印了《新兴绿色产业科技成果转化项目手册》，开展对接洽谈。

会后，研究会向中国科协提交了《低碳约束下中国核电发展及其规模分析》报告。

国内主要学术会议 10 月 23 日，研究会在北京召开联合国“2015 年后发展议程”对中国的影响与战略对策研讨会。来自国家发改委、科技部、中国科学院、中国社会科学院等 10 多个机构的专家、学者，以及地方政府工作人员、企业家等近 80 人参加会议。会议征集学术论文 25 篇。会议设置了中国实施联合国千年发展目标（MDGs）进展及落实 2015 年后发展议程（SDGs）重点领域目标的战略思路、2015 年后发展议程实施中的企业与地方参与两个议题，内容涵盖 2015 年后发展议程对中国可持续发展的可能影响，中国实现人居、减灾、环境、农业、饮水、减贫、生物多样性保护等目标的战略思路等。会议研究成果上报外交部、科技部、中国科协等部门。

11 月 7 日，研究会减灾专业委员会与中国灾害防御协会等部门在浙江省台州市举办第二届中国防灾减灾之路学术研讨会——研究学习习近平有关防灾减灾的重要论述。会议交流学术论文 62 篇，其中 54 篇论文编入《2015 中国防灾减灾之路》一书，由气象出版社出版。

两岸交流 1 月 14—21 日，研究会组织人居建筑专业领域、城镇规划建设领域的专家、学者、企业家，赴台湾地区考察交流，并与“中华两岸世纪发展协会”共同召开海峡两岸人居环境可持续发展交流座谈会。来自两岸人居环境领域的 30 名专家、学者、企业家参加会议。双方就现代农村与人居环境的可持续发展，土地开发与设计、建筑间的协调，农村与城市间住宅的建筑与景观设计等方面展开交流，分享了在人居环境领域的学术思想和经验成果，探讨了现状与问题，并对未来发展提出展望。

代表团实地走访了台湾地区宜兰县、嘉义市、台中市、高雄市、台北市的部分社区、农业精品区等，就台湾地区农村居住环境和各县市特色小区的环境营造和精细管理进行了调研。

国际交往 研究会理事何建清参与了“国际能源机构太阳能空调制冷项目”研究第 51 号项目——太阳能在城市规划中的应用及全球环境基金赠款项目：中国城市建筑节能和可再生能源利用项目。

4 月 14—16 日，研究会人居环境专业委员会派代表团赴肯尼亚首都内罗毕，参加第三届联合国住房与城市可持续发展大会第二次筹备会。会议期间，研究会代表团向联合国人类住区规划署代表介绍了研究会近年来在中国保障性住房研究、灾后重建、新农村建设以及健康住宅等方面的主要工作和成果，汇报了参与第三届联合国住房与城市可持续发展大会的计划，与大会主办方厄瓜多尔代表就具体细节进行了沟通并交换了看法。研究会代表团与世界卫生组织等国际机构代表、非洲机构代表以及非政府组织代表、印度尼西亚代表等进行了交流。

科普活动 研究会举办科普宣讲活动 8 次，受众人数共约 1500 人次。其中，开展院士科普报告会 3 次，研究会副理事长、中国工程院院士王浩作了 3 场关于“中国水环境形势及应对策略”的科普报告，受众人数共约 600 人次；开展科技咨询 5 次，受众人数共约 900 人次。研究会理事吴永常 4 月在山西省长治市作农业园区规划与管理讲座，200 多人参加；4 月在新疆维吾尔自治区乌鲁木齐市作关于农业规划与管理的报告，约 200 人参加；6 月 17 日在贵州省铜仁市学习大讲堂作“国家农业科技园区发展现状及其展望”专题讲座，铜仁市政府及下属单位干部 200 多人参加；10 月 16 日在河北省威县作“空间农业规划与智慧城市”专题讲座，100 多人参加；10 月在四川省成都市作关于农业规划与管理讲座，约 200 人参加。

9 月 24 日，研究会与中国灾害防御协会、浙江省科协等单位联合主办防灾减灾进校园走进德清科普活动。来自德清县 10 所中小学的师生代表 300 余人参加启动仪式。主办方向 10 所学校的学生代表赠送防灾减灾科普教材以及防灾减灾易拉宝、挂图等资料 700 余份。研究会邀请 4 位专家分别走进德清县千秋外国语

学校和德清县洛舍中心学校，为两校300余名师生分别作了题为“海城、唐山大地震的中期预报”“从多灾到天堂——浙江减灾之路”“面对灾害，我们可以做什么”“气象观测的相关知识”的校园防灾减灾辅导讲座。专家们围绕台风、地震、洪涝、赤潮等浙江易发多发灾害，向同学们普及、讲解相关灾害的防范与自救知识，并与同学们进行互动交流。

3月，由研究会和中国建筑学会共同主办，研究会单位会员中国建筑学会室内设计分会策划并承办的第五届中国“设计再造”创意展活动正式启动。活动共征集作品341件，评出一等奖作品1件、二等奖作品2件、三等奖作品6件、入围奖作品84件、优秀导师奖2名、最佳导师奖3名、导师奖4名、最佳组织奖6所院校。获奖作品在甘肃省兰州市展出并颁奖。

会员服务 4月24日，研究会在北京召开2015加强会员管理与服务工作座谈会之PPP模式专题研讨会，约50位会员参加座谈会。

6月24—25日，研究会邀请研究会理事、中央党校哲学部教授赵建军，中国农业科学院农业资源环境经济与政策创新团队首席科学家朱立志，北京新型材料建筑设计研究院院长薛孔宽，为研究会会员单位组织的江西省乡（镇）领导干部生态文明建设专题培训班授课。

中国科协会员日 为祭念唐山地震四十周年，了解河北省唐山市抗震重建和生态治理恢复成果，进一步加强会员对城市公共安全的重视及对资源可持续利用的认识，12月19日，研究会联合减灾专业委员会等单位在河北省唐山市开展以“安全：可持续发展的基石”为主题的会员日活动。研究会名誉理事长甘师俊等35名会员参加活动。会员们先后参观了唐山地震遗址纪念公园、开滦国家矿山公园，并在唐山市规划建筑设计研究院进行座谈交流。

【实施创新驱动助力工程 建立研究会南陵服务站】 研究会根据《中国科协关于实施创新驱动助力工程的意见》，发挥研究会人才、技术和信息优势，先后组织专家赴四川省德阳市、内蒙古自治区鄂尔多斯市、安徽省芜湖市等地进行调研，助力当地经济社会发展。

3月11日，研究会组织专家前往内蒙古自治区鄂尔多斯市中国科学院生态环境研究中心鄂尔多斯固体废弃物资源化工程技术研究所和城市矿山开发公司进行调研。专家组与鄂尔多斯固体废弃物资源化工程技术研究所，就固体废弃物行业的国内外发展形势及相互之间可能的合作展开了交流。专家组对鄂尔多斯市现有资源进行评估，给予新的发展思路和建议。

3月16日，研究会专家组赴安徽省芜湖市调研。芜湖市环保局副局长张书贵介绍了芜湖的总体情况及面临的问题，芜湖市企业代表介绍了中小企业在创新发展中存在的技术、人才、资金、产品定位等方面的问题和困惑。专家组从调整芜湖市产业结构、提高高耗能重污染企业的成本、加大高校和企业对环保人才培养力度等方面提出了建议和解决方案。

4月16日，研究会副秘书长周海林带领专家组赴四川省德阳市调研，与德阳市相关企业就企业技术难题、企业管理、行业定位、科技成果转化、行业标准制定、专利技术和产业转型升级等内容展开讨论。专家组从德阳市中长期发展战略规划、科技成果产业化等方面提出建议，并就生态农业、垃圾分类及处理、污水处理、绿色低碳城市、可持续发展战略等方面提供专业咨询服务。

7月，研究会与安徽省芜湖市科协共建中国可持续发展研究会南陵服务站。服务站为芜湖地区经济发展提供决策咨询，帮助该地区企业解决关键性技术问题，并通过建立产学研联合创新平台，促进该地区科技成果和专利技术推广应用，从而提高芜湖地区企业自主创新能力，促进地方经济转型升级。

中国可持续发展研究会南陵服务站揭牌仪式

（撰稿人：姜 艺）

中国青少年科技辅导员协会

服务创新型国家和社会建设 协会组织科技教育专家深入各地开展“送培到基层”活动。协会组建了一支由50余名专家组成的专家队伍，根据基层科技辅导员的需求，组织专家到新疆维吾尔自治区、宁夏回族自治区、湖南省、贵州省、内蒙古自治区、海南省、新疆生产建设兵团等地开展巡回培训，共培训科技辅导员近3000人次，培训内容涉及青少年科技创新活动的设计与组织实施，指导学生开展科学研究项目的策略与案例分析，科普剧创作与表演，科学DV制作等。

协会指导并依托广东省、江苏省、广西壮族自治区、云南省、山东省等地方的理事单位会员开展地方骨干科技辅导员培训和校长培训，培训人数4000人次。

协会依靠中国科协“做中学”科学教育改革实验项目教学中心（东南大学）等培训基地和上海市青少年科普促进会等具有较好专家和培训课程资源的理事单位会员开展全国骨干科技辅导员培训，以及具有特色的《设计与发现》和STEM（科学、技术、工程和数学教育）课程培训，培训人数达1000人次。邀请国内外科学教育专家，以理论讲解、深度研讨、动手实践、实地参观的方式，提升骨干科技教师的能力和水平，并带动辐射更多的科技教师。培训内容注重反映国内外科技教育研究和实践的最新进展。

协会委托《中国科技教育》杂志社和江苏汉博教育培训中心完成了《设计与发现》和《STEM项目研究手册》两门免费慕课（MOOC）课程的3次在线培训。《设计与发现》课程培训在线注册科技辅导员超过500人。

学会建设 9月12日，中国青少年科技辅导员协会第七次全国会员代表大会在北京举行，选举产生了新一届理事会。

全年发展个人会员308人、单位会员41个。截至2015年年底，协会共有普通个人会员6934人、单位会员509个。

截至2015年年底，共有102个全国学会组建科学传播专家团队341个，团队专家3400多人。

协会下发了《关于开展“优秀个人会员”“优秀单位会员”表彰工作的通知》，表彰了91名优秀个人会员、36个优秀单位会员和14个优秀理事单位会员。

为了加强协会管理，依据协会《章程》，并结合协会实际，制定实施了《关于重大事项决策、重要人事任免、重大项目安排和大额度资金使用的规定》。协会秘书处制定或修订了《秘书处会议制度》《秘书处工作职责与规范》《财务管理办法》《财务工作制度》《合同管理办法》等一系列工作制度，编印了《制度汇编》，加强对日常工作管理和项目经费执行的科学化、规范化、制度化。

学术期刊 由协会主办的《中国科技教育》杂志2015年继续与美国科学教师协会合作，翻译刊发了22篇美国优秀科技教育案例。为丰富稿件内容，邀请国际作者、科技专家、一线科技辅导员和学生为杂志撰稿。围绕国内外科技教育热点话题，组织了12个专题。全年印制发行杂志10万余册，共发表论文235篇。

国际学术会议 6月8—10日，协会主办的2015科学教育国际论坛在江苏省南京市开幕，论坛的主题为“基于探究的科学教育”。协会理事长、中国科协副主席、中国工程院院士陈赛娟出席论坛并致辞。来自中国、美国、英国、加拿大的科学教育专家、学者、科技教师等120余人参加论坛。

论坛邀请21位专家、学者作了交流发言。在论坛主报告环节，南京师范大学教授顾建军阐述了科学教育与技术教育融合的路径；美国的休伯特·迪亚斯详细介绍了探究式科学教育在小学课堂中的模样以及评测的方式；美国的雅各布·佛斯特介绍了美国新一代科学教育标准与原有标准的变化；英国的乔伊·帕文分享了英国产业教育协作中心目前正在使用的模型，介绍怎样利用产业中的具体情境来支持中小学科学教育；英国的德里克·贝尔揭示了探究式科学教育中高质量教学资源支持的重要性；加拿大的大卫·安德森分享了有效利用科技馆进行科学素质教育的策略；美国的戴耘结合丰富的案例作了题为“通过学生的探究和研究活动培养科学人才”的报告。

分论坛围绕科学教育与技术教育的融合、探究式科学教育的资源支持、科学探究技能三方面议题分享了国内外STEM教育发展状况和新的研究成果，探讨了STEM教育新方式和新思路，交流了STEM教学经验。

两岸交流 7月，海峡两岸中小学科技与教育交流会在北京举行。来自台湾地区台南市、云林县等地小学、教育局等26家单位的交流访问团一行33人，与北京校内外骨干科技教师代表作了科技教育经验交流。

科普活动 协会组织中国科学院老科学家报告团、中国老教授协会老教授报告团、中国科普作家协会报告团的老科技工作者以及中国兵工学会、中国心理卫生学会、中国宇航学会、中国营养学会等学会的科技工作者、科普专家58人，分别赴广东省、湖南省、宁夏回族自治区、辽宁省、甘肃省、青海省、贵州省、海南省、新疆生产建设兵团等，在机关、社区、高等院校和中小学校开展了305场“大手拉小

手”——科普报告希望行活动，内容涉及生态环保、天文、航空航天、心理卫生、新能源等方面，直接听众达10余万人次。

中国科协“大手拉小手”——科普报告甘肃希望行活动

协会承担了第30届全国青少年科技创新大赛科技辅导员活动板块的组织实施工作。全国共有652项科技辅导员创新作品入围初评，104项作品入围终评决赛。共评出科技辅导员科技创新项目一等奖32项、二等奖72项以及“十佳优秀科技辅导员”。大赛期间，协会与英特尔公司共同举办了科技教育论坛，邀请中国大陆和香港特别行政区曾获“十佳优秀科技辅导员”的4位科技教师与参赛科技辅导员进行交流。

5—7月，协会与中国科普作家协会等单位共同主办第三届全国科学表演大赛，共收到23个省、自治区、直辖市推送的作品379份，其中微剧本256个、科普剧101个、科学秀22个。来自15个省、自治区、直辖市的27支科技馆、学校代表队的31部作品在北京参加了决赛。作品内容涉及光与色彩、生命健康、环境保护及科学原理解析等方面。

第三届全国科学表演大赛表演类作品现场决赛颁奖典礼

在中国科协青少年科技中心的指导下，协会全年共资助山西省、贵州省、青海省、内蒙古自治区、黑龙江省、云南省、新疆维吾尔自治区、宁夏回族自治区、辽宁省、广西壮族自治区、甘肃省、山东省、新疆生产建设兵团等地的27个青少年科技工作室的内容建设。为推动青少年科学工作室的可持续发展，协会完成了《青少年科学工作室工作指南》编写工作，对工作室的科技辅导员进行培训和交流，为工作室提供科技教育指导用书、活动资源包等资源支持和服务，提升工作室组织开展科技活动的能力和水平。

协会秘书处继续承担中国科协科学传播专家团队数据库建设管理、活动简报搜集与日常联络及活动组织策划等工作。组织召开了3次全国学会和科学传播专家团队资助评审验收会，组织了1次以“微信科普”为主题的沙龙活动，邀请腾讯公司为学会工作人员和团队专家讲解运用手机微信做科普的方法、技巧、经验及注意事项。

会员服务　5—7月，协会面向全国中小学和校外机构的广大科技辅导员，开展了第23届全国青少年科技辅导员论文征集活动。征文主题为“信息技术应用与科学教育创新”。论文征集活动共有19个理事单位会员、8个单位会员报送推荐论文478篇。经协会理论工作委员会组建的评委会评审，评选出一等奖论文10篇、二等奖论文53篇、三等奖论文95篇。

协会向单位会员赠送《STEM教育活动资源》及《中国科技教育》期刊共计3532册，向新入会个人会员赠阅《青少年科技辅导员学习指南》245册。会员登录《中国科技教育》杂志网站可阅读杂志电子版。为会员开展培训。

协会完善科技教育信息推送平台，建立官网、微博、微信等多终端信息发布渠道，为科技辅导员提供更加快捷方便的科教信息获取方式。

【中国青少年科技辅导员协会第七次全国会员代表大会】9月12日，协会第七次全国会员代表大会在北京召开。协会第六届理事会理事长、中国科协副主席、中国工程院院士陈赛娟，中国科协党组成员、书记处书记徐延豪出席大会。来自中国科协、教育部、共青团中央、全国妇联、国家体育总局和各省、自治区、直辖市的186名会员代表和40余名特邀代表参加会议。

大会审议通过了协会第六届理事会工作报告《加强科技辅导员队伍建设　努力提高青少年科学素质》，通过了协会第六届理事会《财务工作报告》和修改后的协会章程，对协会优秀个人会员、单位会员和理事单位会员进行了表彰。

在协会第七届理事会第一次会议上，陈赛娟当选为第七届理事会理事长，李晓亮当选为常务副理事长。会议通过了各分支机构负责人和副秘书长人选，以及聘请李晓亮为《中国科技教育》杂志社社长等决定。

（撰稿人：于　波）

中国科教电影电视协会

服务创新型国家和社会建设　协会承接了中国科协学会部关于“学会创新和服务能力提升工程优秀科技社团建设项目申报评审工作”项目的会务工作。承担中国科协“中国科教影视协会科普影视创作能力建设”项目，中国科协学会服务中心“学会能力提升——拍摄十个优秀学会影视资料”项目。

2015 年协会承接了国家新闻出版广电总局电影局 3 部可在全国公映的科教影片的制作任务。其中两部已制作完成并通过国家新闻出版广电总局电影局审查，取得了“龙标”。另一部制作完成，已送审广电总局电影局。

学会建设　2015 年协会个人会员 568 人，团体会员 46 个。

国内主要学术会议　协会作为行业学术指导单位主导召开了国内学术会议 1 次，200 多名影视工作者参加了学术交流和研讨活动。

由国家发改委和中国气象局支持，中国科教电影电视协会和中国广播电视协会纪录片工作委员会任行业学术指导单位，深圳市科协、中央新影集团、华风气象传媒集团、深圳市气象台联合主办的 2015 中国（深圳）国际气候影视大会于 9 月 19—20 日在广东省深圳市召开，这是全国首个以应对气候变化为主题的公益影视活动。大会向全球征集有关应对气候变化、环保题材的各类科普影视作品，共收到了来自 93 个国家和地区的 1245 部作品。经过国内外专家、学者组成的评审团三轮评审，共有 49 部作品入围。

2015 中国（深圳）国际气候影视大会活动现场

科普活动　协会在全国科技周期间，从上届“科蕾奖”获奖影片中挑选符合本届科技周主题的科普作品 8 部，从地方科协和各地方电视台挑选了 70 个单位，通过邮寄方式发放展播通知，最终确认参与展播单位 22 个，其中有地方电视台 4 个。从 5 月 18 日开始，中国教育电视台在每晚 7:30 空中课堂栏目，连续播出一周。贵州广播电视台于 5 月在晚上 8 点左右科教健康频道播映 4 次。青海广播电视台将于 6 月在安多卫视进行展播。地方科协通过科普大篷车、中国流动科技馆、华数有线电视等方式进行播映。其中大连市科协利用大连至长海县 24 条航道，每天发出 25 艘船的优势，在船上全年播放展播片目。

协会推介“中国龙奖”和“科蕾奖”获奖作品和其他优秀科普影视作品参加了 2015 中国（深圳）国际气候影视大会评优及展映，挑选气候、环境主题的影片于 7 月起进行了近百场公益展映活动。公益展映地点包括深圳市科学馆、深圳少年儿童图书馆、深圳市工业展览馆、深圳大学、深圳国际低碳城、东门街道办和嘉之华影城 7 个地点，展映来自中国、美国、法国、英国、乌克兰、俄罗斯、巴西、塞尔维亚 8 个国家的 25 部科普短片、9 部科普纪录片。

党建强会　协会深入学习习近平总书记提倡的反腐倡廉精神，减少了日常办公经费，提倡勤俭节约。协会积极培养年轻同志向党组织靠拢，一名年青同志已成为预备党员。

会员服务　协会每月定期向会员单位寄送《摄影与摄像杂志》。协会做到会员来电来信有求必应，积极开拓为会员解决影视职称评定的渠道。

中国科协会员日　12 月，协会向部分会员送上电子贺卡，通过电子邮件的方式向会员报告一年的主要工作情况。

【2015 中国科教电影电视协会“科蕾奖”评选】 本届“科蕾奖”不收取任何参评费用，参评作品数量首次超过 200 部。本次评选类别首次设置了“科普微视频”类别，吸引了 20 部作品参评。

1 月份正式启动评选工作，1 月中旬完成“科蕾奖”征片通知定稿，确定“科蕾奖”征集类别为科普短片、科普长片（40 分钟以上含 40 分钟）、科普电视栏目（单期）、科普动漫和科普微视频。

1 月下旬，通过电子邮件和邮寄方式将 400 份“科蕾奖”评选正式通知发放到理事、常务理事、团体会员、地方电视台、动漫公司，以及往届参评单位等。

除第一轮征片通知寄送外，还进行了电子版、纸质“科蕾奖”征片通知的补发工作和电话征片。截至9月30日，报送结束共收到57个单位报送的236部作品，其中科普短片类109部，科普长片类36部，科普动漫类14部，科普栏目类57部，科普微视频20部。

初评于11月5—6日进行，共有94部作品进入终评，入围率为39.8%。终评于11月26日进行，评选出中央电视台、中国核工业集团的《中华之核》、北京科学教育电影制片厂的《小鸭快跑》、中国气象局公共气象服务中心中国气象频道的《深海危机》等8部作品获得一等奖，中国农业电影电视中心科技苑栏目的《科技苑——长在海水里的稻子》等12部作品获得二等奖，北京市农林科学院农业科技信息研究所的《赵老根的科技梦》等24部作品获得三等奖。共计44部作品分别获得一、二、三等奖，获奖率18%。获奖名单公布在协会网站。

（撰稿人：刘　畅）

中国科学技术期刊编辑学会

服务创新型国家和社会建设　学会共举办各种类型培训班5期，其中3期编辑业务培训班、1期英文编辑培训班、1期主编岗位培训班，共培训学员645人次，通过授课、学习，参加培训的学员考试合格后，取得了由国家新闻出版广电总局颁发的《继续教育证书》或《主编岗位证书》。

学会建设　学会通过组织各种活动加强与会员的联系，吸引更多的编辑部加入到学会组织中。截至2015年底团体会员数达到1083个，个人会员达到7581人。

8月5日，学会第6次全国会员代表大会在北京召开。大会审议通过了第5届理事会工作报告、财务工作报告以及修改章程报告。通过了收取会费的标准。全体代表以无记名投票的方式，选举出第6届理事会理事共160人，选举出41人组成的第6届常务理事会，朱邦芬院士当选为理事长。

学术期刊　《编辑学报》继续入选2014年版中文核心期刊要目总览和2015年中国社会科学核心期刊，且均排名第一名。继续入选南京大学中国社会科学统计源期刊。《编辑学报》是中国科技信息所评选的中国科技核心期刊。据《2015年版中国科技期刊引证报告（核心版）》报告，《编辑学报》以核心影响因子0.973、核心总被引频次1375和综合评价总分59.4分别在新闻学与传播学类期刊中排名第一、第二和第一名；在打破期刊学科界限评出并对不同类期刊具有可比性的综合评价总分排名中，在397种中国科技核心期刊（社会科学）排名第70名。

国内主要学术会议　学会召开了4次学术会议：第15届中国科技期刊青年编辑学术研讨会，以“弘扬践行核心价值观　推动精品期刊繁荣发展”为主题的第13届全国核心期刊与期刊国际化、网络化研讨会，第7届科技期刊发展创新研讨会，全国科技期刊数字培训班。参会人员达到1030人次，交流论文187余篇，出版论文集1部、《编辑学报》增刊2期。

会员服务　学会国际交流工作委员会继续向国际重要检索系统推荐国内科技期刊，利用网络建立国际交流信息传播平台。

中国科协会员日　12月20日，学会以“提升服务品质，推动学会发展”为主题的会员日活动在北京中国科技会堂举行。学会理事长朱邦芬，副理事长杨亚政、任胜利、栗延文、汪新红等，以及部分工作委员会的主任、委员、会员代表共75人出席会议。与会代表本着如何将家里的事做得更好的心态，提出了想法和建议。

【中国科学技术期刊编辑学会第六次全国会员代表大会】　8月4—6日，学会第六次全国会员代表大会暨学术报告会在北京举行，260多名代表出席会议。中国科协学会学术部部长宋军，中宣部出版局副局长刘建生，国家新闻出版广电总局规划发展司副司长李建臣，中国科协学会服务中心副主任梁华等出席会议并讲话。

大会由学会副理事长王亨君主持。她说，第五届理事会始终站在时代的高起点，不断解放思想，开拓创新，引领我国广大科技期刊编辑工作者，为促进我国科学技术繁荣，充分发挥科技期刊在国家创新体系中的作用等方面起到了积极作用，作出了应有的贡献，即将完成它的历史使命。相信新一届理事会在理事长带领下，必将取得更大的成就。

学会副理事长陈浩元代表理事会作题为“开创学会建设崭新局面、促进科技期刊繁荣发展”的第五届理事会工作报告。学会副理事长李军作《关于修改〈中国科学技术期刊编辑学会章程〉的报告》，学会秘书长姚希彤作《第五届理事会财务工作报告》，并就第五届理事会换届筹备工作情况进行了介绍。全体代表审议通过了上述3个报告，并通过了第六届理事会收取会费的标准。

全体代表以无记名投票的方式，选举出第六届理事会理事，共160人，来自全国31个省、自治区、直辖市。

姚希彤主持六届一次理事会，以无记名投票的方式，选举出41人组成的第六届常务理事会，朱邦芬院士当选为理事长，栗延文、彭斌、饶子和、任胜利、宋培元、汪新红、杨亚政、颜帅8名同志当选副理事长。

学会理事长朱邦芬院士发表讲话表示，新一届理事会责任重大，应在过去的基础上把工作做得更好，为会员做好服务，提高会员业务水准，推动科技期刊在促进科技交流、科研发展、科学普及等方面发挥重要作用。

8月5日下午举行学术报告会。学会理事长朱邦芬报告题目为“天下兴亡　匹夫有责——维护科研诚信是科技期刊的神圣使命”，学会副理事长汪新红报告题目为“‘域出版＋学习通’新一代的出版工具——数字时代的纸张”，学会副理事长任胜利报告题目为“有关我国科技期刊国际化发展的思考”，中国科学院文献情报中心研究员刘筱敏报告题目为“理性认识期刊评价”。

【第十五届中国科技期刊青年编辑学术研讨会】 7月15—17日，第十五届中国科技期刊青年编辑学术研讨会在山东省济南市召开。本次会议以“媒体融合与创新”为主题，来自全国的近100名青年编辑参与了这一话题的学习与交流。会议收到论文36篇，评选出优秀论文一等奖5篇、二等奖9篇，论文以《编辑学报》增刊形式出版。

中宣部出版局副局长刘建生和国家新闻出版广电总局规划司副司长李建臣应邀作大会报告。刘建生在题为“关于媒体融合”的报告中，从什么是创新思维、什么是融合发展、期刊编辑应注重哪些新理念3个方面进行了阐述，提出媒体融合发展环境下期刊编辑应注重新概念，包括平台意识——云服务，资源集成——大数据，虚拟经济、实体经济接驳——物联网，多元多维——移动互联，跨界合作——产业链重组，碎片化、结构化、图表化、音视频融入，众筹出版，轻阅读、深阅读。

李建臣在《数字时代科技期刊发展趋势与战略》报告中对数字时代科技期刊发展从宏观到微观进行了详细阐述：目前的数字技术，只有想不到的，没有做不到的；纸介质出版物的传播内容与多媒体传播形式，壁垒已经彻底打通，融合是数字时代的主色调；科技期刊的发展之路要做到5个融合——要与上游做好融合、要与数字技术融合、要与金融融合、要与同业媒体做好融合、要与市场做好融合。

本次研讨会还特设了“全媒体面对面”的访谈环节，通过“简体报告＋嘉宾访谈＋微信提问＋现场互动＋场外互动＋微信直播”的形式，参会代表以及场外同行进行了深入的互动交流。

【2015年第七届科技期刊发展创新研讨会】 8月25—28日，2015年第七届科技期刊发展创新研讨会在宁夏回族自治区银川市举行，来自国内外和各出版单位的学者、专家、编辑人员162人出席。本次会议收到论文67篇，评选出优秀论文一等奖7篇、二等奖13篇，并以《编辑学报》增刊形式出版，其中有6篇文章转入《编辑学报》正刊出版。学会理事长朱邦芬院士出席会议并作大会报告。

研讨会报告部分分为提升影响力、编辑业务、数字出版三个专题。

提升影响力专题主要内容为学术诚信是科研期刊的生命、以JIPB为例讲解如何提升期刊的学术影响力、介绍*Science*办刊理念及启示。

编辑业务专题主要内容为：讲述科技期刊国际化的概念及方法、探讨“互联网＋”下“期刊域出版”战略、介绍全球开放存取出版最新研究进展与发展动态、阐明数字出版产业发展现状与趋势、探讨稿件公开评审的机制。

数字出版专题主要内容为介绍数字编辑职业资格认证相关信息、以赛先生为例讲述如何利用新媒体传播科学、阐述科技期刊与“互联网＋”的关系、探讨数字环境下开放研究者与贡献者身份识别码ORCID、CNKI期刊协同创新平台。

【第十三届（2015）全国核心期刊与期刊国际化、网络化研讨会】 9月11—14日，第十三届（2015）全国核心期刊与期刊国际化、网络化研讨会在福建省厦门市召开，来自全国各地近500名期刊出版行业的编辑、出版人员、专家参会。

本届大会以“媒体融合促发展　合作共赢创伟业”为主题，探索适用未来发展的期刊模式与机制，解读新媒体冲击下传统媒体的突破发展之路，加强期刊编辑队伍能力建设，扩大国内期刊与国际期刊深入

的交流与合作，提升期刊的国际传播力与影响力，助推期刊出版单位在“互联网 +”的新生态下开拓进取等方面的深度交流和研讨。

大会共征集论文 85 篇，均通过北京万方数据股份有限公司研发的论文相似性检测服务（PSDS）检测，再经过专家评审，共评出一等奖 11 篇、二等奖 23 篇、三等奖 37 篇。

学会理事长朱邦芬作了题为“网络时代的学术诚信和科技期刊的责任”的专题报告，报告重点讲述了网络时代维护学术诚信和科技期刊的责任，详细分析了学术不端行为如何界定，强调了学术诚信在科研行为中的重要性，更强调了在科研行为中人格的重要性。

（撰稿人：张　霞）

中国流行色协会

服务创新型国家和社会建设　协会开展色彩搭配师国家职业四级和三级培训和考评工作。建立和完善色彩搭配师国家职业四级和三级培训与考评体系，丰富和完善四级理论知识及专业能力题库和考核方法，编写印制《色彩搭配师四级单元练习》，完善《色彩搭配师四级配色练习》《色彩搭配师四级考前集训》，并由中国劳动和社会保障出版社出版《色彩搭配师四级》职业教材（12.4 万字）。整理出 CNCSCOLOR 色调对照图，研发并生产《CNCSCOLOR 配色磁力贴片》《CNCSCOLR 塑封片（68 张）》《CNCSCOLOR 色相环》等教具。4 月 27—28 日协会在北京举办第三期国家职业色彩搭配师考评员培训，共培训考评员 23 名。11 月 24—27 日，协会在北京举办色彩搭配师四级讲师培训班，来自北京、上海、广州、深圳、佛山、西安、沈阳、长沙、青岛和淄博等 11 个城市的 22 人参加培训。协会统一了色彩搭配师四级培训授课课件，举办色彩搭配师国家职业四级和三级培训。全年共举办 48 期色彩搭配师国家职业四级和三级培训，培训来自工业、服装、建筑环境、汽车、室内装饰、形象设计、平面设计人员及高校师生共 1000 多人次；开展 12 期形式多样的企业内训色彩搭配师技能培训，培训人数 1000 多人次。协会与辽宁、广东、上海、陕西、湖南、河南等地 15 家职业院校合作建立色彩搭配师国家新职业中国流行色协会培训基地。协会举办“色彩与品位的联动体系理论及实践”高端课程 2 期、室内陈设软装色彩艺术设计高级研修班 2 期。

协会参加女童保护基金项目活动，为北京市的中小学生做女童保护知识讲座活动，参与协助中国人民大学附小“女童保护的防性侵”课堂，200 多名同学受益；组织专家主讲北京太阳宫大象之家幼儿园、史家小学、张自忠小学的“爱护我们的身体”课堂，共有 400 多名同学受益。

学会建设　协会吸纳各行业中色彩应用优秀的企业和个人共 19 人进入协会的组织机构，推举并报理事会审议通过，产生了两名副秘书长。

国际学术会议　12 月 4—6 日，协会在上海市举办主题为“色彩·跨界联动”的 2015 中国国际时尚创意论坛。来自国内外的 200 名代表参加论坛，来自法国、意大利、日本、中国的专家、学者分享了最新研究成果。会议为协会会员提供了流行色资讯及相关咨询、技术服务。

国内主要学术会议　协会共举办国内学术会议 4 次，录用论文 47 篇，参会总人数 376 人次。

9 月 26 日，协会在上海市举办主题为“色彩趋势”“新材料”的 2015 服装新材料与色彩创新研讨会，邀请 64 名国内色彩、设计专家，材料学领域专家，以及色彩及时尚产业界的色彩应用专家和科技工作者出席会议，会议在明确国内院校学者的科研工作以及国内企业的创新研发方向方面发挥了重要作用。

国际交往　4 月，协会赴米兰 Unindustria Como 协会、英国纺织时尚协会、佛罗伦萨 Roberto Cavalli 公司、英国 SDC 公司等机构与公司进行考察交流，就纺织面料的流行色彩趋势、颜色展示厅和色彩实验室、色彩设计、色彩应用等方面进行洽谈并达成部分合作意向。

协会接待了日本、韩国、泰国、法国、芬兰、意大利、美国、新加坡等国家相关色彩公司和机构的专家、学者来访，就色彩应用、设计等相关专业领域的内容开展交流和会谈，并与部分机构和公司达成了合作意向。

协会两次派代表参加国际流行色委员会会议，提交了 2017 年春夏季中国色彩提案和主题及 2017/2018 年秋冬季中国色彩提案和主题，并带回了日本、韩国、泰国、英国、法国、美国、意大利、德国、瑞士、芬兰、西班牙、匈牙利、土耳其、葡萄牙 14 个成员国的色彩提案和国际定案，出版国际报告，将最新的色彩信息传达给协会会员。

科普活动 协会在企业、院校、公众中开展色彩基础知识、色彩心理、色彩搭配和流行色成因的科普活动。在全国5个省份开展了11场“色彩搭配技术科普讲座”活动，讲授色彩的影响力、色彩心理、服饰色彩搭配、流行趋势、影响配色效果的因素、色彩搭配技巧、色彩定位、色彩管理和色彩规划色彩基础知识，受众达3000人次。协会在在少年宫、科技馆、早教中心和幼儿园小学等地开展色彩知识普及十多场，围绕协会出版的色彩科普启蒙读物《玩转色彩》的内容，以成语、绘画、剪纸、手工制作等形式，组织青少年儿童进行色彩知识的学习，通过学习使他们了解色彩知识的乐趣和重要性。7月，协会整合各方资源，参加了为期16天的2015年城市科学节展览展示。展会期间，协会设立了光与色彩的体验馆，协会邀请了英国专家授课，以教具和现场体验的形式，帮助青少年构建对色彩的认知及色彩的重要性。协会制作以网页浏览方式的色彩科普光盘，创建具有公益性质、传播色彩科普知识、促进公众了解色彩文化并运用色彩科学丰富多彩人生的色彩科学传播平台。通过时尚、直观、趣味、多样的网站风格，向公众展示色彩科学的魅力、吸引力以及与生活周遭所存在的密切联系。色彩科普光盘包括“光与色彩”“色彩评价”“色彩呈现”“色彩心理”“色彩搭配”“色彩文化”“流行色”等，含色彩类科普文章9万字，图片300个，协会计划出版配套的图书，并且上传到协会网站，让公众从书店和网络等各种渠道，查阅色彩方方面面的知识。协会与玩具厂商共同研发的12套色彩教玩具，通过多种材质木、超轻黏土、纽扣、亮片等，让孩子亲自动手，制作各种色彩玩具，学习色彩科学理论。以这套DIY玩具为核心，协会组织了十几场趣味色彩课堂，通过青少年喜闻乐见的方式帮助他们学会用科学的方法去使用色彩，提高色彩知识，提升审美能力。协会获得中国科协2015年度优秀科普单位称号。

表彰举荐优秀科技工作者 协会推动优秀的色彩专业人才参加各种交流、奖励活动。协会推荐九牧厨卫股份有限公司设计中心总经理董平莉为“设计业中国十大杰出青年”候选人，推荐副会长单位海尔集团技术研发中心负责人吴剑作为第十四届中国青年科技奖候选人。

党建强会 协会党支部组织协会党员积极开展“三严三实”内容专题学习实践活动，开展了“‘党建强会’实现美丽中国梦——构建色彩搭配师技能人才队伍，促进色彩搭配师职业技能发展”活动，印制《党建问答知识手册》，组织支部党员参观中国抗日战争纪念馆。

会员服务 搭建全媒体会员服务平台。依托协会网站信息化建设，创新会员服务模式，在协会网站开辟“会员服务专区”，会员可在线阅览《流行色》电子资讯，新增全新的服务形式。通过协会网站、微信、会刊等传播渠道宣传会员色彩应用的新理念、新产品，学术成果等内容，宣传会员企业的研发创新及品牌建设，展示会员风采。

打造会员信息化管理平台。全面实现会员信息化管理，实行网上注册入会，从会员服务权限激活、会员后台系统维护，到信息分类下载，建立会员档案，设立会员编号，统计会员数据等，确保每名会员每个会员单位及时享受专业服务。协会网站设置咨询服务平台、会员建议与诉求平台，建立会员咨询QQ群，促使会员管理与服务规范化，会员服务专业化。

建立专业咨询服务平台。协会为会员提供《2016/17秋冬国际色彩报告》《2017春夏国际色彩报告》《2017/18秋冬国际色彩报告》《国际纺织品流行趋势》《流行色》杂志电子版等专业报告。协会全新改版《国际色彩报告》，新增了“色彩趋势配色应用案例”，为会员提供实用性参考。协会将最新的国际流行趋势资讯第一时间与会员分享并指导会员企业运用到企业新产品研发与设计中。

2015年，协会面向会员举办色彩搭配设计师三级专业能力培训。

【2015中国国际时尚创意论坛】 2015中国国际时尚创意论坛于12月4—6日在上海市举行，来自海内外的行业领导、专家、设计师、企业代表等200多人参加论坛。论坛以“色彩·跨界联动”为主题，来自中国、法国、意大利、日本色彩研究、设计、应用、管理、营销领域的专家分别介绍了最新研究成果。

2015中国国际时尚创意论坛

中国美术学院宋建明教授的《色彩设计与营造管理》报告，由玄妙的中式哲理再到现实案例的延展，展示出色彩设计与营造管理的艺术。清华大学美术学院染织服装艺术设计系副教授张宝华带来的《传统文化艺术与现代纺织设计的转化》，让与会者领略了中国传统色彩、纹理的继承与创新，对纺织服装行业中具体的色彩设计、应用给出新思路、新措施。协会副秘书长招霞演讲的《室内色彩流行趋势》，详述了色彩与形态的关系，并发布了2016/17室内流行趋势。中国台湾利鸿国际设计有限公司创办人伍大忠的《成色与诚色》演讲，为与会者介绍了工业产品色彩设计全案，让与会者清晰知道色彩设计背后的诸多复杂思考。日本资深商品MD专家、上海适销数据服务有限公司高级顾问北岡峰幸和与会者一起回顾了40—60年代香奈儿、LV等国际品牌的发展史。CC上海的创办人及管理合伙人Louis Houdart先生分享了《如何结合当季流行色彩替你的系列说故事》。他表示，品牌故事要简约但不简单，其深意是理解、透明、以人为本、创新和有效的传播，同时也意味着品牌与消费者的互动更有优势。意大利独立设计师Laura March的演讲，对2016/17秋冬季的服装流行趋势，从流行色彩到风格、款式、材质都进行了一一解读。意大利制造学院院长Simone Callegari从全球视角出发，以“时尚的演绎变化与时尚的创新发展方向”为题，系统介绍国际色彩时尚的演变和未来创新发展的方向。

中国国际时尚创意论坛通过深入挖掘色彩本源，跨界研讨色彩在中国经济各领域的应用，促进中国自主品牌的建设和发展，推动中国色彩产业的发展，并为协会会员提供流行色资讯及相关咨询、技术服务。

【2015中国国际拼布邀请赛暨拼布手工艺术展】 10月14日，由中国流行色协会拼布色彩艺术研究专业委员会举办的2015中国国际拼布邀请赛暨拼布手工艺术展在北京中国国际展览中心开幕。10月14—16日，来自国内外的11名著名拼布艺术家、专家和1万多名相关从业人员及爱好者参与，为拼布手工艺术提供了一个传播、交流、学习的平台。

这是北京首次举办大规模的国际拼布艺术展，同期还举办了首届中国国际拼布邀请赛，来自美国、加拿大、澳大利亚、新加坡、韩国、日本、中国的拼布艺术家们组成评审团面对78幅壁饰和小物类的作品展开评审。经过评审，来自北京的拼布作者巩彦葛与来自黑龙江的佟贤分别获得壁饰类与小物类的金奖。协会执行副会长朱莎、文化部公共文化司巡视员孙凌平等为获奖选手颁发了奖金、奖品等。

国际拼布名师和学者们不仅对参赛作品加以评审和点评，更带来了大师作品和精彩课程，与中国拼布爱好者们分享拼布手工艺术领域的研究成果和应用技巧。包括金媛善、苏·丹尼斯、德西蕾·沃恩、金美植、陈淑贞、玛丽·帕尔、帕特丽夏·古尔德、林幸珍等在内的各国拼布大师出席本次活动，带来121幅美国、加拿大、澳大利亚、韩国、新加坡等国家的拼布精品在现场展出，吸引了来自全国乃至世界各地的拼布艺术爱好者来观展。

另外，协会组织国际专家在展会期间为中国拼布爱好者和从业人员带来专业的拼布培训课程。7场拼布培训中，各国专家讲授了最新鲜、独特的拼布创作理念与技法。

（撰稿人：秦爱梅）

中国国土经济学会

服务创新型国家和社会建设 2015年，学会立足专业优势，为中小城市经济和社会发展编制实施国土空间规划、大力推进国土综合整治、建设生态国土等提供智力支撑。河南省博爱县、福建省将乐县、河南省信阳航空学院、海南省呀诺达雨林文化区等通过各种渠道与学会联络，相继加入实验区共建工程行列。

学会理事长、第十届全国政协副主席张怀西，学会专家委员会副主任、地矿部原副部长陈洲其，环境保护部原副部长周建，科技部原副部长刘燕华，学会副理事长兼秘书长柳忠勤与120多人次的专家、学者到鹤壁、四平、临沧、黔江、梁园、安乡、特克斯、晋江、将乐、钟山区、新宾、庄河、旅顺、宽甸、兴隆，以及山东钢铁集团、海南呀诺达雨林文化旅游区等学会实验区、实验区创建单位考察调研，了解情况，帮助地方解决实际问题，谋划发展思路。

学会和中国测绘科学研究院、国家发展和改革委员会国土开发与地区经济研究所签署了关于开展中国城市群健康发展研究的战略合作协议，共同研究城市群战略。

6月7日，《鹤壁市优化国土空间开发格局规划（纲要）》评审论证会在北京召开。学会组织16个国家部委、科研教学单位工作的常务理事、专家委员，河南省国土资源厅副厅长苗玉林、鹤壁市市长范修芳等省、市领导、业务部门负责人近30人参加会议。会议评审通过了全国第一个区域空间优化规划纲要——《鹤壁市优化国土空间开发格局规划纲要》（以下简称《规划》）。

与会专家指出《规划》思路清晰、理念先进、体系比较完整、内容丰富、要件齐备、有地方特色，具有一定的创新性、开拓性和示范性，符合十八大提出的“优化国土空间开发格局”的精神，符合河南未来国土资源管理的发展方向，符合鹤壁发展实际需要。作为全国首个国土空间优化发展实验区，在积极探索市级层面“多规融合”的思路和模式等方面具有一定的推广和示范带动作用。

会议原则通过了该《规划》，与会专家、学者分别从各自的专业领域对《规划》文本中需要深化的内容提出了建设性的意见或建议。

学会建设 2015年，学会召开了1次理事会、2次常务理事会议、4次秘书长办公会议，新发展会员单位9个，新增个人会员500多人。学会新增空间规划、生态文学、国土与文化资源、航空经济4个专业委员会。

决策咨询 学会通过“三个实验区共建工程”，经考察调研，以为中小城市政府决策提供咨询服务作为工作主线，为中小城市经济社会的可持续发展做贡献。6月7日，学会为河南省鹤壁市推出了全国第一个五规合一空间优化规划。

国际学术会议 12月15日，学会与联合国教科文组织、故宫博物院等单位共同主办“善行旅游——有效促进遗产保护与人的发展”座谈会。

国内主要学术会议 2015年，学会单独举办、承办、与有关单位合办的学术论坛12次。2月8日，在北京举办了以“展望‘十三五’”为主题的第八届中国国土区域城市经济学家新春论坛；4月17日，学会与洛阳师范学院在北京国际会议中心共同举办2015自贸区专家座谈会；4月18日，在北京梅地亚中心举办以“深呼吸　大健康”为主题的第三届中国国土经济论坛；7月18—19日，在北京举办第100期新观点新学说学术沙龙，主题为“国土信息安全与异地容灾备份”；8月24日，学会联合北京民泰环保、环境之友、中国环境科学学会环境审计专委会、深圳帕客低碳生活促进中心等单位举办“两山”微论坛，主题是：延庆冬奥和燕山绿廊的生态未来；10月17—18日，在通州湾江海联动开发示范区召开绿色城镇化与智慧城市发展论坛；学会参与协办了第四届山地城镇可持续发展专家论坛、第五届中国湖泊论坛等。

绿色城镇化与智慧城市发展论坛

科普活动 学会开办“国土知识大讲堂”，进行国土知识科普讲座。同时，继续推进“全国绿色国土行”公益科普活动。3月14日，学会组织国务院发展研究中心资源与环境政策研究所副所长谷树忠、中国科学技术发展战略研究院副院长王宏广到湖南省常德市安乡县，分别以“中国资源环境形势及其分析与应对”和“关于经济与科技形势的思考”为题，为安乡县委、县政府直属局、委、乡镇主要领导110多人进行科普讲座。

党建强会 建立学习制度，将“三严三实”专题教育融入支部学习整个过程，共安排学习3项，参加反腐倡廉基地学习、观看教育影片2次，组织了学习《中国共产党廉洁自律准则》和《中国共产党纪律处分条例》等活动。

高效完成“十百千”党建特色活动。2015年，支部紧密结合我会和实验区发展的需要，深入调查研究，广泛听取意见，认真评估、选择切入点，采取多种措施，努力把老品牌作出新亮点。10月14日，学会秘书处党支部邀请学会专家委员会常务副主任、国务院参事、科技部原副部长刘燕华专程赴云南省临沧市双江县勐库镇考察调研，提议整合茶叶资源，推动勐库打造产业品牌。10月21日，学会党支部书记柳忠勤带队来到振兴新区出席重阳文化活动，整合文化资源，帮助振兴新区打造旅游品牌。3 月 14 日，学会党支部书记柳忠勤陪同国务院发展研究中心资源与环境政策研究所副所长谷树忠、科技部发展战略研究院副院长王宏广来到安乡县开展科普讲座，推动安乡打造科普品牌。

中国科协会员日 12 月 22 日，中国国土经济学会会员日活动在北京举行。学会副理事长兼秘书长柳忠勤、学会秘书处部分成员，来自北京的 36 名学会会员参加了会员日活动。

此次会员日活动通过与会员的沟通和交流，发挥各自所长，与学会携手推进学术交流、科学普及，以及 3 个实验区和百佳深呼吸小城共建等工作。

会上，柳忠勤向大家介绍了学会 2015 年的主要工作和取得的成就。与会会员围绕学会的生态环境、低碳国土、空间优化三个实验区共建工程以及学术交流活动，发表意见，建言献策。与会会员对学会提出更加侧重学术性研究并拓宽研究领域，积极为国家迈向小康扶贫经济落后地区多做实事等建议；建议尽快建立并多开展线上和线下的交流和学习活动；希望学会多给年轻会员搭建学习和交流平台，以便他们将自己所学的理论知识更好地运用到实验区的建设中去。同时，希望青年会员能有更多的实验区调研和考察机会。

【第八届中国国土区域城市经济学家新春论坛】 2 月 8 日，由中国国土经济学会主办，中国区域经济学会、中国城市经济学会、中国区域科学协会、全国经济地理研究会联合主办的第八届中国国土区域城市经济学家新春论坛在北京召开，主题为“谋划‘十三五’”。国务院参事、国家能源局原局长徐锭明，中国社科院荣誉学部委员陈栋生以及来自 5 个学会的专家、学者 80 多人出席。

该论坛自 2008 年起已经举办过 8 届，每届一个主题。2015 年是“十三五”之年，“十三五”规划的制定直接关系到 2020 年全面建成小康社会各项指标的实现，关系到国家的远景发展，因此，2015 年的会议主题是“谋划‘十三五’”。

论坛由首席科学家、中国国土经济学会副秘书长、专家委员会副主任、国家发改委国土开发与地区经济研究所所长肖金成主持。专家学者们围绕“谋划‘十三五’：国土区域城市”的会议主题展开讨论，交流最新的学术观点。专家提出：一要加强学科融合、服务“十三五”规划，要打破现在的发展格局、要突破现在的发展速度，不能靠原来的单学科的发展，而要依靠交叉学科或者说国土经济学科这一类的交叉学科；二要聚焦三农和土地制度改革，要把工业化、城镇化边界尽可能的推向农村，推向中西部地区；三要推动“一路一带”、京津冀协同发展、长江经济带战略的协调发展；四要考虑经济发展与资源环境约束机制。

【第三届国土经济论坛】 4 月 18 日，学会组织了以“深呼吸大健康”为主题的第三届中国国土经济论坛，第十届全国政协副主席、学会理事长张怀西，环境保护部原副部长周建，国务院参事、科技部原副部长刘燕华，中国科协原副主席刘恕、中国国土经济学会副理事长兼秘书长柳忠勤以及来自全国的专家、学者，45 个市、区、县领导、企事业单位代表，新华社、人民日报社等新闻媒体代表共 150 多人参加论坛。

2014 年 5 月，学会严格按照森林与植被覆盖率高、历史年度空气质量优良天数比率高、旅居活动区域空气负氧离子含量高、主要景观区绿色度舒适度美感度高、生态文明建设与低碳发展推动力度高及全境范围灰霾灾害天气影响低的“五高一低”生态标准，评选出了百佳深呼吸小城。

本次论坛由周建主持。专家、学者从不同角度，论述说中国深呼吸小城建设与发展大计。

要建立集约型深呼吸小城战略空间格局。紧紧围绕构建和优化科学合理的城乡体系格局、产城融合发展格局、开发区功能格局、三次产业合理发展格局，生态安全格局，优化城镇空间发展预景和土地利用空间布局，建立一个集约型的深呼吸小城战略空间格局。

与会专家呼吁：必须注重深呼吸小城建设的理论研究和战略规划。要推动旅游产业发展，特别是要深入研究中国气候旅游资源优化利用、空间优化格局、产业优化开发问题，以及避暑、避寒、避霾旅游等重要功能与国土空间的规划、规制、利用、保护、整治、改造以及市场发展中的经济因素、经济现象和经济规律问题，以促进国土气候旅游科学发展。使旅游经济发展注入更多绿色、低碳、环保、生态、休闲、度假、康疗、养生、养老、教育、会展等时代元素，为人类提供高品质健康生活环境。同时，还要努力发展深呼吸小城旅游产业，促进地方经济转型，提升城市品牌国内、国际的竞争力。

云南省临沧市就如何打造深呼吸“恒春之都”品牌、黑龙江农垦集团红兴隆管理局就如何开展“一场一品一特”品牌化建设作了经验交流。

【推动新疆特克斯县签约6个友好县、区】 9月11日，由联合国教科文组织支持，中国国土经济学会与新疆特克斯县在新疆伊犁哈萨克自治州特克斯县共同主办首届“善行旅游”现场考察和经验交流会，经学会积极推动，新疆特克斯县政府与重庆市黔江区、河南省商丘市梁园区、河北省秦皇岛市青龙县、河南省睢县、内蒙古鄂尔多斯市恩格贝示范区、河南省焦作市博爱县6个县、区签署了友好县区协议书。

合作内容包括：一是提供旅游管理人才和智力支持，每年可以互派2—3名不同层次岗位管理者，相互学习和指导。二是促进旅游资源共享，包括引导旅游服务机构将游客推荐到对方旅游景区、开展联合宣传产品促销、加强文化交流，挖掘特色文化资源。三是组织邀请旅游业界考察团互访调研、考察、研讨、交流，及时总结旅游协作的经验，不断扩大旅游协作内容。四是建立完善互访协商机制，适时组团或派员进行互访考察，及时交流情况、互通信息，协商解决联合协作中的具体事宜和问题。五是倡导所辖部门、企事业单位和群众团体建立对口协作关系，力促以企业直接联系为基础的横向经济联合，鼓励各自企业进行多种形式的协作。

（撰稿人：杨巧英）

中国土地学会

服务创新型国家和社会建设 2015年，学会完成第一批土地规划甲级机构资质的年检工作，共有225家机构通过了年检。

7月和11月，学会分两期在福建省厦门市和广东省珠海市举办2015年度土地整治专业技术人员培训班，培训内容涉及土地整治工作的新形势和新要求，土地整治相关理论、政策和技术等，邀请国土资源部土地整治中心专家授课，约500人参加了培训，培训结束后颁发了《继续教育证书》。

11月23—25日，学会在海南省海口市举办法治国土建设培训班，培训内容涉及当前法治国土建设重点任务、不动产统一登记法律制度、行政审批制度改革、国土资源行政复议与行政诉讼等，邀请国土资源部有关专家授课，约300人参加了培训，培训结束后颁发了《继续教育证书》。

按照国土资源部《关于开展2015年度国土资源科学技术奖推荐工作的通知》要求，学会开展国土资源科学技术奖推荐工作，经学会推荐共有5项成果分获一、二等奖。

学会建设 5月13日，学会在北京召开六届八次常务理事会议，学会理事长、国土资源部副部长王世元出席会议并讲话。王世元在讲话中肯定了2014年学会工作，并就做好2015年工作提出要求：学会要主动适应新常态，准确把握学会发展面临的机遇和挑战。当前，国土资源形势正在发生深刻变化，学会工作要更多地关注土地管理中面临的一些亟待破解的难题，紧跟国土资源管理实践需求，为新常态下国土资源事业改革发展贡献智慧和力量。王世元强调，做好2015年学会工作，要着力四个强化：一是强化学习领会，把全体会员的思想和学会工作部署真正引领到党中央、国务院决策部署、中国科协和国土资源部重点工作上来。二是强化创新意识，认真探索新形势下做好学会工作的新思路和新路径。三是强化统筹谋划，做好“十三五”学会工作的总体安排。四是强化责任担当，进一步拓展学会社会服务工作范畴。具体来说，要突出学科学术引领作用，以更高的站位和更加开放的姿态做好学术研讨交流工作；要突出交流平台作用，进一步扩大合作交流；要突出科普阵地和会刊的作用，强化公民土地科学素质教育；要顺应改革大趋势，探索创新学会治理结构和运行机制；要着眼长远发展，认真谋划“十三五”发展规划。

会议审议并通过了学会2014年工作总结和财务工作总结，讨论并确定了2015年学术年会主题，部署了2015年工作。学会副理事长、常务理事出席会议，学会各分支机构秘书长列席会议。

学术期刊 《中国土地科学》结合土地学科建设任务和国土资源管理重点热点工作，全年收稿1000多篇，发稿144篇，出刊12期。《土地科学动态》全年共编辑选稿300多篇，刊发105篇，出刊6期。《中国土地科学》和《土地科学动态》全年开展7项“土地热点问题”专题研究，形成了7组专题研究成果，以专题和专栏的形式，摘要发表在《土地科学动态》和中国土地科学网上。2015年，《中国土地科学》在连续三年入选“中国国际影响力优秀学术期刊”排

名前 10%（TOP10%）的基础上，首次入选“中国最具国际影响力学术期刊”，成为国内学术期刊国际影响力排名前 5%（TOP5%）期刊。2015 年,《中国土地科学》期刊影响因子达到 2.564，再次入选中文核心期刊。

《中国土地科学》编辑部获得 2015—2017 年“中国科协精品科技期刊工程学术质量提升”项目，中国科协将连续 3 年资助《中国土地科学》开展学术质量提升活动经费。截至 12 月底，已按照项目合同书的要求，完成了 2015 年度工作任务，包括改进外审工作、举办专题研讨会和外审研讨会、成果出版等。

经过一年多的准备和论证，学会期刊编辑部完成了中国土地科学网站和数字编辑出版系统的开发工作，实现了《中国土地科学》由纸质定期出版向电子即时出版的转变、期刊发布向内容交互的转变。

12 月 17 日，学会学术工作委员会在江苏省南京市召开扩大会议，主要议题为“学科建设与学术交流”。会议以举手表决的方式，一致通过由起草小组起草的《中国土地学会优秀博士学位论文评选条例（送审稿）》。会议建议成立中国土地学会土地生态分会。

学科发展研究 学会与中国土地勘测规划院等单位合作，继续开展年度土地科学学科发展专题研究，系统总结土地科学 2014 年的最新进展情况，完成了年度《土地科学学科发展蓝皮书》的编写工作。

学会期刊编辑部自主组织开展了“土地科学学科体系研究与建设”公益性研究项目，出版了近 50 万字的《中国土地科学学科建设研究》专著和 25 万字的《土地科学学科独立性级学科体系研究框架》专著。

学会完成了《国土资源年鉴》“土地科学研究”词条撰写工作，2014 年度词条共 3 万多字，从土地调查与评价研究、土地利用与规划研究、土地经济与土地资产管理研究、土地信息与遥感技术研究、土地科学基础研究等方面，对 2014 年土地科学研究取得的成果进行了系统的梳理和总结。

国内主要学术会议 学会在江苏省南京市主办了 2015 年中国土地学会学术年会，先后召开了以“农村集体经营性建设用地入市后的制度建设”“运用依法治国理念解决土地利用和管理中的矛盾”“推进依宪修改完善《土地管理法》”“土地利用冲突与‘多规融合’”“经济新常态下产业转型与土地利用管理改革”“经济新常态下农村宅基地退出机制”“经济新常态下土地利用方式转变与建设用地减量化”等为议题的专题研讨会。

国际交往 中国土地学会会员通过“直接入会途径”加入英国皇家特许测量师学会工作取得新突破，制定了推荐标准，签署了工作方案。学会组团赴保加利亚参加 FIG2015 年度工作周会议，学会推荐的 3 篇论文在会议上交流。学会邀请相关高校教授，接待荷兰屯特大学工作来访和座谈，围绕土地领域课程合作、硕博联合培养、学术交流、联合项目研究等问题深入交换了意见。学会协办并组织专家参加第四届中德空间规划论坛。

科普活动 学会积极参与“4 · 22”世界地球日科普活动，通过学会网站开通专栏，宣传资源国情、倡导资源保护和生态文明建设。学会组织开展“6 · 25”全国土地日宣传周系列活动。按照国土资源部办公厅统一部署，借助国土资源网、中国土地学会网、中国土地勘测规划网，组织 20 名专家举办网上论坛，加强国情国策宣传；与国土资源部地籍司（不动产登记局）合作，邀请有关领导和专家召开专题座谈会，围绕“加强不动产统一登记制度建设”主题进行座谈，并将有关建议提供给相关单位做决策参考。学会开展土地国情进校园活动。与国土资源部宣教中心合作，组织中国土地勘测规划院高级工程师何欢乐、中国农业科学院研究员陈世宝、北京师范大学教授赵烨等 3 名专家，分别在清华大学附小、中国人民大学附小、北京师范大学附小，就不动产统一登记、土地污染等问题开展科普讲座。按照中国科协科普部要求，学会推荐中国土地勘测规划院高级工程师许实参加第十七届中国科协年会院士专家科普报告活动，宣传普及第二次土地调查成果。学会与其他 5 家学会共同组织了“生态文明，我知我行——首届资源与环境网络知识大赛暨‘战略决策，情报支撑’主题征文活动”。国土领域共有 3000 多人参与了网络答题，学会共获得征文 30 余篇，其中 9 篇获奖，4 个国土单位获优秀组织二等奖。

【2015 年海峡两岸土地学术交流会】 8 月 27—28 日，2015 年海峡两岸土地学术交流会在安徽省合肥市召开，主题为“土地政策与经济社会发展”。学会理事长、国土资源部副部长王世元，安徽省副省长方春明出席会议并致辞，学会秘书长郑凌志主持会议。

2015 年海峡两岸土地学术交流会

中国农业大学教授朱道林、台湾政治大学教授边泰明、安徽农业大学教授於忠祥分别作大会主题报告《土地储备投资与地方政府债务风险防控研究》《21 世纪城市资源的共有、共享与共治》《基于新型城镇化背景下的耕地利用与保护研究》。会议举行了 1 场大会报告和 4 场专题交流，33 人参与会上交流。

会议提出，新形势下完善土地政策，应客观认识土地政策的历史作用、现实基础，立足土地资源特殊情况和发展阶段研究问题；应注重地方实践探索；应坚持问题导向，勇于探索担当。同时，深化改革需要完善政策制度，还需要借鉴不同国家和地区的先进经验。当前大陆正处于“三期叠加”和工业化、信息化、城镇化、农业现代化协同发展的新阶段，新情况、新问题对改革完善土地政策、加强改进土地管理提出了新的更高要求。目前，中国大陆在不断深化国有土地使用权有偿使用制度的同时，已完成了农村土地制度改革试点的顶层设计，部署开展了农村土地征收、集体经营性建设用地入市、宅基地改革试点工作。在这种情况下，海峡两岸学者共同探索土地政策完善话题恰逢其时，意义重大。

会议强调，海峡两岸学者要抓住难得的历史机遇，以土地政策完善为重点，加强联手、协同创新，共同推动两岸土地管理理论和实践持续发展。一要围绕 2009 年达成的土地学术交流与合作的“五项共识”，制定具体可操作的行动方案；二要以土地政策完善为重点，深入开展学术交流研讨；三要以服务经济社会发展为目标，加快成果转化；四要以完善机制为保障，不断巩固海峡两岸学术交流平台。

会议共收到论文 102 篇，其中 89 篇入选会议论文集。海峡两岸科研机构、高等院校、管理部门、各省（自治区、直辖市）土地学会及台湾地区土地问题研究专家 200 多人出席会议。学会副理事长、正副秘书长，各分支机构负责人以及有关老领导、老专家和老土地学会工作者应邀参会。

【2015 年中国土地学会学术年会】 12 月 17—18 日，2015 年中国土地学会学术年会在江苏省南京市召开，主题为“土地利用与生态文明建设”。学会理事长、国土资源部副部长王世元出席会议并讲话，江苏省省委常委、副省长徐鸣出席会议并致辞，学会秘书长高延利主持会议。近 300 人参加会议。

2015 年中国土地学会学术年会

中国科学院地理科学与资源研究所研究员刘纪远、中国科学院生态环境研究中心研究员欧阳志云、南京大学教授黄贤金等应邀作大会主题报告。年会设置 4 个分会场、2 个专题会场，30 多人参与会上交流。

与会专家认为，国土资源是绿色发展的物质基础和重要载体，全面节约、高效利用国土资源是绿色发展的核心要素，推进国土综合整治修复保护是绿色发展的内在要求，要认真把握新形势新要求，充分认识以绿色发展引领国土资源科学管理的重要意义。

会议强调，认真落实党中央提出的生态文明建设要求和绿色发展理念，就要切实转变观念，以绿色发展引领国土资源调查、规划管理、保护与合理利用等各个环节，坚持节约优先、保护优先、高效利用、自然恢复为主的方针，以改革创新为动力，以“源头保护、利用节约、有效修复”为重点，强化国土综合整治，不断优化国土空间开发利用格局，充分发挥国土资源在生态文明建设中的基础支撑作用。一是以形成适应绿色发展的空间格局为目标，优化国土资源配置。进一步强化土地用途管制，合理调控开发强度，优化国土资源开发空间格局和形态，探索完善覆盖全部国土空间的动态监测监管体系。二是以从源头倒逼绿色发展为导向，按照“严控增量、盘活存量、调整结构、提高效率”的原则，全面推进节约高效利用土地资源。三是以修复提升绿色发展的国土功能为方向，进一步拓展土地整治空间和范围，紧密围绕山水林田湖的统筹保护和系统修复为目标，大力推进国土综合整治。

会议提出，要以服务绿色发展推进生态文明建设为核心，充分发挥学会科普宣传和学术交流的平台作用，引导社会公众增强绿色发展意识。同时，适应改革要求，通过积极开展学术交流、完善有序承接科技类公共服务职能的体制机制、更加紧密联系土地科技工作者、深化学会治理结构和治理方式改革等措施，发展壮大学会力量。

会议共收到论文 130 多篇，其中 108 篇入选年会论文集，17 篇荣获“2015 年中国土地学会学术年会优秀论文奖”，3 人荣获“2015 年中国土地学会学术年会优秀交流奖”。

（撰稿人：许　坚）

中国科技新闻学会

服务创新型国家和社会建设　学会组织有关专家编制学会“十三五”事业发展规划。

11 月 5 日，中国工程院、浙江省人民政府在浙江省杭州市共同举办以“创新设计，引领未来”为主题的国际工程科技发展战略高端论坛，13 位院士参与论坛。学会组织人民日报、中央电视台、经济日报、工人日报、科技日报、中国科学报、光明网等媒体参与报道，中央电视台“朝闻天下”对会议进行报道，光明网记者对参会的路甬祥、潘云鹤等 9 位院士进行专访。

与中央电视台“大家”栏目、《中华英才》杂志社和《十月》杂志社联系，落实宣传我国优秀科技人物和团队创新精神和业绩工作，“大家”栏目制作播出节目 27 期，宣传 30 位优秀科技人物。《中华英才》开设“科技英才谱”栏目，重点宣传“第六届十佳全国优秀科技工作者”。《十月》杂志在“科技工作者纪事”栏目刊出 5 位优秀科技工作者的先进事迹。

针对 2015 年中国科协的重点工作和重大活动，组织媒体开展宣传策划、采访报道，学会组织参与中国科协舆情监测项目、“共和国的脊梁”主题晚会、第 17 届中国科协年会宣传、创新力量——优秀企业基层科技工作者推选宣传活动、“科技梦·中国梦——中国现代科学家主题展”全国巡展、共和国的脊梁——科学大师名校宣传工程汇演活动、双创周活动、2015 世界机器人大会、第三十届全国青少年科技创新大赛、第一届中国创新科技成果交流会等活动的报道。

在全国科普日期间，与中央电视台合作，策划推出一期“焦点访谈”。

学会被中国科协科普部评为“2015 年度全国学会科普工作优秀单位”。

学术期刊　学会主办的《科学家》杂志社所属的《电子竞技》，获中国科协第四期精品科技期刊工程（精品科普期刊）连续三年项目经费支持。

学科发展研究　2015 年完成研究课题“加大科学家与媒体面对面品牌科普活动支持力度研究”“学会能力提升专项宣传策略研究”及“中国科协所属全国学会品牌及传播评价研究”。其中“中国科协所属全国学会品牌及传播评价研究”课题，被中国科协评为优秀调研报告。新立项正在研究的课题有“发挥群团作用促进科技传播研究”“中国科学传播能力评估方法研究”。

国际学术会议　11 月 29 日，由学会和《环球科学》杂志社共同主办 2015 年国际科技期刊高峰论坛在北京召开。本次论坛邀请国际知名科技期刊主编、数字战略负责人来华，与中国科技期刊和中国科技界代表围绕“科技期刊国际化传播”进行研讨，参加论坛专家、学者约 150 人，主要是来自科技期刊界的负责人、编辑、记者。

国内主要学术会议　5 月 29 日，由学会和湖北省科协联合主办，湖北省科技新闻学会、华中科技大学新闻与信息传播学院联合承办的中国科技传播论坛——新媒体和农村科普分论坛在华中科技大学举行。来自 10 余家科技报社的负责人，20 多位省内资深新闻传播学专家，及 80 多位来自全省从事新媒体和农村科普的专家、学者和相关企业代表参加论坛。

国际交往　6 月 8—12 日，第九届世界科学记者大会在韩国首尔举行，大会主题为“扩大我们的视野”，来自 43 个国家的 1000 多名编辑、记者、科学家等相关人士与会。学会组织科技记者赴韩国参加第九届世界科学记者大会。学会积极组织我国科技记者常务理事伍刚在韩国第九届世界科技记者联盟大会分组研讨会上作报告。

科普活动　在中国科协开展的科普信息化招投标

工作中，学会单位会员山西科技新闻出版传媒集团中标“科普中国·实用技术助你成才”项目。学会科技报分会与山西科技新闻出版传媒集团联合，协调全国面向农村发行的科技报刊联合举办“科普中国·实用技术助你成才”有奖征文竞赛活动。在光明网科技频道开设“i科学”栏目。针对社会热点焦点问题，开展线上线下科普活动。

会员服务 开展科技报系统优秀作品评选奖励工作。8月1—3日，第二十八届（2014年度）科技报系统优秀作品评选暨科技报刊数字转型工作研讨会在内蒙古自治区满洲里市举办。来自全国20余家科技报（刊）社的社长、总编等30余人参加会议。从各报刊社推荐的212篇（幅）作品中评选出一等奖24篇、二等奖29篇、三等奖35篇、好标题3个，91篇（幅）作品获奖。

【2015年中国科技传播论坛】 11月27日，由学会主办的2015年中国科技传播论坛在北京召开，主题为“科技传播与媒体融合”。中国科协党组成员、书记处书记王春法出席并致辞。中国记协党组书记翟惠生，中央网信办网络新闻信息传播局副局长孙凯，《光明日报》副总编辑沈卫星，科大讯飞副总裁江涛分别作大会报告。开幕式由中国科技新闻学会理事长宋南平主持。

中国科协有关机关部门、直属事业单位，国家新闻出版广电总局、科技部新闻办、中国科学院科学传播局、兄弟学会等有关单位的领导与来自科研院所、新闻媒体的代表参加开幕式。

论坛下设“新信息环境下的科技传播”和“‘互联网+’全球科技创新传播网络强国战略”两个分论坛。

【主办“i科学”栏目】 与中国科学院科学传播局、光明网合作，在光明网科技频道开设“i科学”栏目。截至11月1日，2015年“i科学”栏目上线发布22期主题，其中线下科学沙龙4期，科学门诊13期，“科学+”5期。

2015年的“i科学”，内容涵盖了透明计算、航空飞行安全、中东呼吸综合征、冷冻卵子等科学热点主题。得到人民日报、科技日报、中国科学报等主流媒体的支持与传播；人民网、中新网、新浪网、搜狐网等60余家网站对主题内容进行转载。邀请牛文元、陈同斌等20多位嘉宾参加沙龙，现场进行主题发言和探讨。2015年累计约930万网友参与BBS社区“i科学”主题互动，22期主题页面与文章总浏览量8637万次，平均每期页面总访问量393万次。网友参与互动约40万人次。

【创办“科技传播奖”】 为表彰奖励科技新闻领域在科技传播工作中作出突出贡献的优秀代表，激励更多的科技工作者和社会人士从事科技传播，推动我国科技传播事业发展，学会创办“科技传播奖”。

经候选人申报、材料审核、聘请评审专家、网上初评、会议复评、网上公示等严格评审程序，产生首届“科技传播奖”获得者。中央电视台科教频道“走近科学”栏目等4个优秀团体，赵致真、孙宝寅、李斌等8位优秀个人（其中2名获得突出成就奖），并在2015年中国科技传播论坛大会上举行颁奖仪式，理事长宋南平等领导给优秀团体、优秀个人进行颁奖。人民日报记者蒋建科代表获奖者发表获奖感言。

（撰稿人：杜　梦）

中国老科学技术工作者协会

服务创新型国家和社会建设 11月2日—12月3日，在会长陈至立，副会长陈小娅、冯长根、杨继平带领下，中国老科协调研组分别赴上海市、广东省、湖南省、辽宁省、山东省等地开展老科协工作调研，召开调研座谈会交流老科协特色工作和经验做法，了解工作中遇到的问题与困难，听取各地老科协对中国老科协的意见建议。调研组初步了解16个省、直辖市老科协和19个省会城市老科协工作情况。

年内完成3个课题调研报告。协会资源与环境工作委员会2014年度完成的《关于加强我国公益林建设》的调研报告，4月7日获国务院总理李克强批示，4月3日获国务院副总理汪洋批示，国家林业局有关领导做了相应批示。

7月14—16日，协会组织首都知名老医疗专家赴黑龙江省七台河市开展医疗义诊活动，诊治患者130余人次。9月14—16日，组织著名医院6名老医疗专家赴吉林省白城市开展医疗义诊活动，为551人做诊治，与当地医务工作者座谈，传授临床经验。

学会建设 10月20日，协会第六次全国会员代表大会在北京召开。中共中央政治局委员、国家副主席李源潮出席大会开幕式并讲话。全国政协副主席、中国科协主席韩启德，第十一届全国人大常委会副委员长陈至立，中国科协党组书记、常务副主席、书记

处第一书记尚勇，人力资源和社会保障部副部长汤涛，中国科协党组成员、书记处书记王春法、吴海鹰出席大会开幕式。来自30个省（区、市）老科协、17个中国老科协分会和22个企事业单位老科协的219人出席大会。大会审议通过《中国老科协第五届理事会工作报告》《中国老科协章程修改草案》《中国老科协第五届理事会财务工作报告》等文件，选举产生第六届理事会和常务理事会。大会选举十一届全国人大常委会副委员长、原国务委员陈至立为中国老科协第六届理事会会长，陈小娅、冯长根、杨继平、仲跻权、蔡力峰、张国梁为副会长。会上授予程连昌名誉会长，授予张春园、叶文虎、白玉龙、刘于鹤、何永年、宋南平、李天文、肖作福、袁正中、蔡庆华荣誉理事职务。陈至立在大会闭幕式上讲话。

学会期刊 年内，协会《今日科苑》公开发行量达14500册。内部刊物《中国老科协通讯》订阅量较2014年增加。

科普工作 协会科学报告团组织30余名院士、专家在15个省（区、市）开展科普报告60场，听众超过57000人次。11月5日，协会科普部召开评审会，组织专家评选出2014年度“万名科技专家讲科普活动”优秀老专家科普报告团36个，其中一等奖6个、二等奖12个、三等奖14个。

（撰稿人：胡　末）

中国科学探险协会

服务创新型国家和社会建设 9月23日，协会与中国科学院寒区旱区环境与工程研究所协商，协会敦煌基地在中国科学院寒区旱区环境与工程研究所敦煌站正式挂牌。中国科学院院士、协会主席秦大河，敦煌市有关领导及有关专家、学者出席挂牌仪式并为基地揭牌。

特种探险考察专业委员邀请澳大利亚相关单位派人来华洽谈合作开发事宜，年内完成项目设计，

青少年科学考察工作委员会与香港乐施会洽谈在贵州继续合作开展扶贫教育项目，双方经过多次洽谈和赴贵州实地考察，确定项目并签署合作协议。

3月，协会应邀派人赴神农架洽谈合作事宜，与神农架林区政府相关部门考察部分景区，对开展项目合作进行探讨，达成合作意向。

4月，协会秘书长王维、副秘书长王新民应邀赴上海参加由中国纺织商业协会户外用纺织品专业委员会组织的企业家联谊活动，就野外科学考察所需用品与相关制造企业进行座谈与沟通，探讨为企业提供野外极端条件下科学考察所需劳保产品。

学会建设 2015年协会新发展会员216人。完成协会换届筹备工作。2月召开协会第五次会员代表大会，选举产生新一届理事会、常务理事会和领导团队。完成对协会和《中国科学探险》杂志社法定代表人的离任审计工作。

完成2015年协会年审材料和更换法定代表人材料上报工作。

9月，完成协会官方网站重建工作。设立网站专管员，并建立协会微信公众号。

科普活动 科学探险普及宣传中心筹拍“中国当代探险家”系列专题片。“中国当代探险家”拟拍摄100集，每集30分钟，分为“登山篇”“极地篇”“航天篇”“漂流篇”“海洋篇”“沙漠篇”“丛林篇”“高原篇”“洞穴篇”以及“潮流篇”（酷跑、溯溪、热气球、滑翔等时尚探险），1集介绍1位探险家，用人物梳理中国探险历史。第一期“登山篇”和“极地篇”的拍摄正在进行中。

科学探险普及宣传中心与企业合作，组织科学家进行南极科普博物馆的筹建工作。南极科普博物馆是以南极为主题的专业博物馆，中心组织1次巴丹吉林沙漠穿越活动。

8月，特种探险考察专业委员会对张掖丹霞地貌、“七一”冰川、老虎沟冰川、敦煌雅丹地貌等区域进行项目前期踏勘。

9月19日，由协会参与主办的2015“全国科学星榜样”校园选拔活动启动仪式于2015年全国科普日在北京奥林匹克公园启动。中国科学院院士、协会主席秦大河作为活动顾问团专家到会并讲话。

2015年协会开展多次极地科普活动。1月，会员活动部组织会员赴南极半岛开展科普考察活动，116名会员参加活动。协会理事井哲帆为随队科学家。井哲帆为会员进行专题科普讲座。

6月，会员活动部组织11名会员赴北极点开展科普考察活动并抵达北极点，参加活动的会员对沿途高纬度北极地区海冰及野生动植物情况进行实地考察。

7月，会员活动部组织会员赴北极斯瓦尔巴德群岛开展科普考察活动，78名会员参加。活动主要前往

北极斯瓦尔巴德群岛地区进行科普考察，前往北极黄河站参观考察。协会常务理事张文敬为活动随队科学家。张文敬为会员进行专题科普讲座并带领会员进行实地考察。

9月，会员活动部组织北极斯瓦尔巴德群岛、格陵兰岛、冰岛科普考察活动，会员对北纬66° 至78° 北极地区的自然环境、极地动植物、北极黄河站进行实地考察。

2015年，会员活动部在上海、杭州、南京、广州等城市与各地会员不定期进行10余次科普交流活动。

9月，特殊地区探险专业委员组织专家会员12人，对距北京市区100千米外的怀柔区琉璃庙镇杨树地下村的北京怀柔圆金梦国家矿山公园进行科普考察。活动考察该公园过去作为黄金矿山的黄金开采情况和现在开展旅游的黄金淘金乐园，对其范围内的京北第一峰——黑砣山进行考察。

10月20—23日，特殊地区探险专业委员会在第17届中国国际矿业大会上设展位，根据地质、矿山的野外特点，对协会以及协会未来将开展的科考科普项目进行宣传。

11月2—11日，为开辟“穿越三江并流科普活动路线”，特殊地区探险专业委员会专门组织探路预察。在协会常务副秘书长李杰的带领下，一行8人沿途经由昆明、丽江、大理、怒江、保山等地州，以徒步、驾车、溜索方式穿越三江（长江、澜沧江、怒江）和两山（老君山、高黎贡山）。

10月2日，由协会陨石科学考察专业委员会和中国（广州）国际珠宝玉器交易博览会组委会联合主办的陨石科普知识讲座在广东省广州市中森食博汇举行，给广大市民上了一堂陨石科普课。

10月15日，陨石科学考察专业委员会组织部分会员在专委会专家组组长张宝林的指导下，开展寻找陨石科普实践活动，对天上五彩城景区陨石群、火烧山进行实地考察。

表彰举荐优秀科技工作者 2月，按照中国科协工作部署，协会开展中国工程院、中国科学院院士候选人遴选推荐工作。协会成立两院院士候选人推选工作小组，起草《中国科学探险协会推选院士候选人工作实施细则（试行）》与《中国科学探险协会关于推选院士候选人工作方案》，成立推选专家委员会、材料审查小组。

8月，根据《中国科协关于开展第十二届中国青年女科学家奖候选人推荐工作的通知》，协会成立评审委员会，面向全协会征集候选人，推荐中国科学院寒区旱区环境与工程研究所副教授杨建平为候选人。

10月，根据《中共中央组织部、人力资源社会保障部、中国科协关于开展第十四届中国青年科技奖候选人推荐与评选工作的通知》，协会成立评审委员会，面向全协会征集候选人，推荐中国科学院寒区旱区环境与工程研究所研究员徐建中为候选人。

党建强会 按照中国科协对所属全国学会关于贯彻党建工作的有关要求，协会开展“党建强会”活动，秘书长王维作为协会“党建联络员”按时参加中国科协党建工作会议。

（撰稿人：霍翠萍）

中国城市规划学会

服务创新型国家和社会建设 年内，学会制定《中国城市规划学会推选院士候选人工作实施细则》《2015年中国城市规划学会推选院士候选人工作方案》等，建立院士候选人推选工作长效机制，推选的1名中国工程院院士候选人通过中国科协推荐委员会评审成为院士有效候选人。

向科技部推荐40名专家参与“十三五”科技发展规划技术预测，提交247份对我国未来5—10年“城镇化与城市发展”领域具有重大意义的关键技术，为“十三五”科技发展规划编制和科技计划的实施提供重要支撑。

向第三届联合国住房和可持续城市发展会议大会秘书处推荐6位专家参与国家城市、城市生态和弹性、住房、地方财税等6个政策小组，在“探讨可持续的城市化和我们现有城市的未来”的主题下，代表中国参与相关研讨和政策制定，传达发展中国家呼声。

组织承担城市工业遗产保护名录、湖北红安总体规划专题研究、湖南省新型城镇化空间格局及优化研究、澳门总体规划技术指引、低碳生态城市详细规划实施管理指引、城市能耗和环境排放评估模型研究，组织苏州平江历史文化街区东南地块修建性详细规划方案征集等工作。

承担《城乡规划基本术语》《城市综合防灾规划编制办法》《风景名胜区类标准》《城市园林绿化类标准》的立项、起草和制定工作，启动学会团体标准工作。

出版国际规划学会年刊（ISOCARP Review 11）、《南京城墙内外：生活　网络　体验》《乡村规划案例》《中国城乡规划实施理论与前沿实践1》《中国城乡规划实施研究2》等，参与制定联合国人居署《国际城市与区域规划准则（IGUTP）》。

推进西部规划师培训，在“规划师西部行”总体部署下，对重庆和贵阳的城市规划师举办山地城市综合防灾培训班。

学会能力提升计划　年内，围绕国家发展战略，选择能力提升的重点领域。学会智库建设成效明显，在新型城镇化、“一带一路”等国家战略贯彻落实中发挥着重要的作用，在农民工就业、万众创新以及城市雾霾、城市内涝、城市灾害等社会热点方面发挥作用。优化整合学科资源，发挥知识传播平台作用。发挥自身知识集成、项目组织、学术传播优势，科技开放和交流水平提高。学会融入国际科技界，引领中国规划走出国门，让规划同行在国际学术舞台发出声音。依托学会青年托举工程，推荐青年人才参与国际组织工作、国际学术交流和国际重大科研活动，并为青年人才成果转化鉴定提供帮助。推进体制机制改革，加强学会职业化建设。强调工作团队的年轻化、专业化和创新意识。

学会建设　学会年内新增单位会员4个，普通会员1320人。组织召开全国城市规划学会工作会议、理事会、常务理事会，筹备第五届理事会换届，召开秘书长工作会议。完善组织机构，批准成立乡村规划与建设、城乡治理与政策研究等学术委员会，完成城市规划新技术应用、工程规划、居住区规划等委员会换届工作。

学术期刊　学会会刊《城市规划》和 *China City Planning Review*（城市规划英文版）、《城市交通》《凤凰品城市》《城镇化》2015年总发行53.4万册。承接住房与城乡建设部和联合国人居署合作出版的《人类居住》，年内改版出版2期，发行1.3万册。

《城市规划》杂志复合影响因子2.471、综合影响因子1.161，2011年至今总被引用频次一直学科排名第一，入选国家新闻出版广电总局2015“百强报刊”，被评为“中国最具国际影响力学术期刊”。*China City Planning Review* 作为目前中国城市规划领域唯一的全英文学术期刊被中国科学引文数据库收录。

学科发展研究　组织编写《城乡规划学科史》、编撰《城乡规划学名词》，梳理一年来城市规划领域的学术动态和职业实践，参与编写《中国大百科全书》第三版人居环境科学学科卷，对城镇化等重点学科问题进行梳理。开展学科拓展性工作，成立城乡规划治理与政策研究学术委员会。

决策咨询　学会提供决策咨询报告45篇，参与决策咨询专家290人次。

参与中国科协高端科技创新智库建设，从“众创空间”角度调研并撰写《中国科协关于“推进大众创业、万众创新”的第三方评估报告》。

4月15—17日，学会组织专家参加中国科协赴四川省德阳市调研创新驱动助力工程调研，就德阳市及各县市规划情况与问题，针对中心城区产业转型升级、寻找支柱产业提高中心城区凝聚力、多规合一、地下空间开发利用规划、城市综合交通规划等一系列规划课题提出专业咨询意见。

6月24日，配合住房与城乡建设部制定《城市设计管理办法》《城市设计编制技术导则》，召开城市设计控制与城市规划管理研讨会。专家就起草过程中需要应对的如何认识城市设计与城市规划、如何认识城市设计管理办法、如何规定城市设计的编制、如何实现城市设计的实施、如何认识全面开展城市设计工作五大核心问题建言献策。12月7日，《城市设计编制技术导则》通过。

10月，学会承担“湖南省推进新型城镇化的空间布局和优化研究”专题研究，在对湖南省14个地级市（州）进行深入调研基础上，对湖南省城镇化空间发展现状和问题进行全面分析，提出总体发展思路、结构和分类指导实施对策。

2015中国城市规划年会提炼31篇政策建言，通过年会官网、学会官方微信以及学会微博、年会微博、城市规划杂志微博等传播，部分政策建言在《城市规划》杂志刊登，并提交住房与城乡建设部决策参考。

国际学术会议　召开境内国际学术会议8次，参会人数1840人次，交流论文134篇。

1月26—27日，低碳生态城市规划教学国际学术研讨会在天津大学举办，围绕中国低碳生态城市规划教育改革议题进行交流和讨论。

4月10—11日，第一届城市与社会国际学术论坛在同济大学召开，会议邀请美国布朗大学社会学系空间社会科学结构中心主任 John Logan、美国纽约市立大学布鲁克林学院与研究生中心教授 Sharon Zukin

等参与讨论，搭建跨学科对话及交叉学科合作平台，这是国内首次在城乡规划学和社会学之间的学科跨界交流。

10月30—31日，第六届“21世纪城市发展”国际会议在湖北省武汉市召开。会议主题为“新型城乡，人本规划”。会议邀请香港大学院士叶嘉安、意大利都灵理工大学教授 Giuseppe Cina、美国华盛顿大学教授 Anne Vernez Moudon、巴基斯坦迈赫兰大学教授 Lmtiaz Ahmed Chandio 等做主题报告。

国内主要学术会议 举办国内学术会议44次（108场），参加会议人数12702人次，较2014年增加356人次，交流论文4430篇，较上年增加2027篇。编辑出版论文集4部，印刷出版10000余册。

1月10日，学会成立乡村规划与建设学术委员会并举行乡村发展与乡村规划学术研讨会，针对乡村规划研究、乡村规划策略、乡村社会治理进行讨论，并举行乡村规划实践案例展。与会专家们认为全国各地村庄在经济水平、历史文化、区位特征、资源条件以及规模等方面的差异很大，需要规划师深入了解农民生产生活需求，因地制宜开展村庄规划。

3月14—15日，第七届规划理论年会在北京举行。中央美术学院雕塑系教授秦璞确定“城市的原型与推演”作为未来研究主题之一。会议讨论了“城市人”相关研究。

5月8日，学会城市总体规划学术委员会在广东省东莞市召开城市总体规划改革与创新主题会议，发起《关于加快城市总体规划改革与创新的倡议书》，加快推动城市总体规划的改革，以适应我国的新型城镇化发展。

5月16—17日，第7届城市规划历史与理论高级学术研讨会暨中国城市规划学会城市规划历史与理论学术委员会年会在浙江省宁波市举行，会议围绕“开埠城市与城市变迁”的主题展开交流与研讨。

5月21日，学会风景环境规划设计学术委员会在重庆市奉节县召开以“风景园林与文化自信”为主题的年度学术会议，奉节县20余位市管和县管干部参加培训。

5月23—24日，由学会等9家单位联合举办的第十七届中国科协年会16分会场“大数据与城乡治理”研讨会在广东省广州市召开，围绕中国科协年会“创新驱动先行”的主题，以大数据为切入点，以城乡治理为导向，交流大数据在区域规划、市域空间结构、城市交通、城市建设用地、灾后重建、就业居住空间关系、城市不同人群的识别、城市生活圈等方面应用和实践，从理论和技术层面探讨大数据和城乡治理有关问题。

6月27日，第二届城市规划·长安论坛会议在西安建筑科技大学建筑学院召开。会议主题为“新技术支撑下的城乡规划编制方法变革”，来自全国30多个单位的450余人与会。

6月27—28日，开发区转型与城市创新发展学术研讨会在江苏省苏州市举行，与会人员围绕开发区转型与城市的创新互动、创新型城市与区域创新体系构建及众创空间与境外开发区建设等问题进行学术研讨。

8月1—2日，学会城市规划历史与理论学术委员会专题论坛暨第一届“早期聚落与城市”学术论坛在陕西省神木县召开。全国城乡规划、考古、建筑、地理等多领域的著名专家、学者对石峁遗址以及国家历史文化名镇——高家堡古镇进行深入调研和跨界讨论。

8月13—14日，第四届山地城镇可持续发展专家论坛在新疆维吾尔自治区伊宁市召开，论坛主题为“‘一带一路’战略与山地城镇交通规划建设”。中国科协学会学术部部长宋军，新疆维吾尔自治区住房与城乡建设厅、新疆生产建设兵团科协及伊宁市人民政府有关领导出席大会并致辞。论坛围绕“‘一带一路’战略与山地城镇交通规划策略与方法”和“‘一带一路’战略与山地城镇交通设施建设”两个议题展开研讨，来自城乡规划、经济学、生态环境、交通、区域城镇化等学术领域240余位专家、学者参加论坛。

国际组织任职 学会副理事长兼秘书长石楠担任国际城市与区域规划师学会（ISOCARP）副主席，换届选举产生王凯、马向明、王红扬、陈小卉、应盛5人为国际城市与区域规划师学会中国理事。

国际交往 学会派出参加国外科技活动13人次，接待俄罗斯、乌兹别克斯坦等规划管理人员25人，落实“国家‘一带一路’”战略，提出规划先行构想。学会副理事长兼秘书长石楠两次在海牙参加国际城市与区域规划师学会主席团会议，并作工作报告。

5月4—9日，学会组织代表团赴比利时参加第20届信息社会下的城市规划和区域发展国际会议。

5月11—16日，受乌兹别克斯坦国家建设委员会邀请，以学会副理事长兼秘书长石楠为团长，学会

副理事长、清华大学教授尹稚，学会学术工作委员会主任、同济大学教授孙施文，学会生态委员会委员、北京市规划院副主任何永一行4人赴乌兹别克斯坦进行学术交流与调研。学会赴乌兹别克斯坦国家建筑建设委员会交流，与乌兹别克斯坦国家建筑规划设计总公司研究院、塔什干建筑规划设计研究总院同行进行交流，代表团向对方介绍我国城市规划立法与行政、城市总体规划、开发控制以及中国生态城市建设的经验，并详细了解乌兹别克斯坦实行城市总建筑师制度情况。代表团还为塔什干建工学院和国立撒马尔罕建工学院举办专题讲座，推广我国改革开放30年城市建设规划先行的理念。双方确定重点合作领域并推动若干重点地区开展合作。

5月19日，接待由乌兹别克斯坦建筑和建设委员会的建筑和城市建设管理部专家、乌兹别克斯坦各主要州和城市的总建筑师组成乌兹别克斯坦城市规划专家代表团。住房与城乡建设部城乡规划司司长孙安军致辞并介绍住房与城乡建设部城市规划主要职能。中国工程院院士、学会名誉理事长邹德慈参加会见并讲话。

7月7—8日，学会专家代表团赴泰国曼谷参加联合国人居署和联合国亚太经社理事会联合举办的亚太地区城市可持续发展合作伙伴专题研讨会。

11月15—19日，学会副理事长兼秘书长石楠赴西班牙巴萨罗那，与意大利规划学会负责人Pietro Garau联合主持召开联合国第三届联合国住房和城市可持续发展大会第六政策小组专家会议。

科普活动 学会举办科普宣讲活动25次，举办乡村规划实践案例展、《城影相间》摄影展、2015城市规划专业六校联合毕业设计成果展览及第三届“西部之光”暑期大学生规划设计竞赛优秀作品展等展览，受众15000余人次。

以规划事件为着力点，开展规划科普工作，推进线上科普平台建设，学会官网、微博、微信等信息平台协同普及规划知识，开辟学会声音、规划周刊等栏目，围绕历史文化遗产保护、“一带一路”国家战略、上海自贸区、中央城市工作会议等主题，为公众梳理城乡规划行业重大新闻事件，解读城乡治理中的问题。承办及改版《人类居住》杂志，定位为面向公众的科普读物。

表彰和举荐优秀科技工作者 学会向中国科协推荐第十四届中国青年科技奖候选人1名，表彰“第二届中国城市规划青年科技奖”“中国城市规划学会杰出工作者”“2015中国城市规划年会优秀组织奖”获得者，奖励“第八届中国城市规划青年论文竞赛”“首届青年工程规划师论文竞赛”“第四届青年规划师演讲比赛”的获奖者。

党建强会 换届选举新一届学会党支部。围绕“三严三实”教育活动、党风廉政建设和加强党建工作等议题，召开支部会议或专题民主生活会，参加住房和城乡建设部和挂靠单位党委组织的会议10余次，挂靠单位授予“优秀党支部”称号。

会员服务 学会编印《学会简讯》（*UPSC Newsletter*）纸质版及电子杂志12期，面向全体学会会员，聚焦城乡治理体制改革和学会发展前沿，传递学会及下属二级组织最新工作动态。改进网站“会员服务”功能，突出资源特色。

【2015世界城市日论坛】 10月31日，2015世界城市日论坛在上海市举行。论坛主题为“城市设计，共创宜居”（Designed to Live Together），重点研讨城市规划设计、建设、管理等方面议题以及我国与“一带一路”沿线及相关国家开展有关领域国际合作的途径。专家、学者200人参会，其中外方专家50人。论坛由住房与城乡建设部、联合国人居署、上海市人民政府共同举办，中国城市规划学会、上海市城乡建设和管理委员会、上海市规划和国土资源管理局承办。住房和城乡建设部部长陈政高、上海市市长杨雄、联合国人居署代表Alioune Badiane、新加坡国家发展部生态城办公室高级司长邓德荣等出席论坛并致辞，住房和城乡建设部副部长易军主持开幕式。

学会副理事长兼秘书长石楠主持“城市设计与城市活力”论坛，上海市规划和国土资源管理局局长庄少勤，学会常务理事、同济大学建筑与城市规划学院教授唐子来，日本东京都都市整备局都市建设政策部都市政策科长长尾肇太，分别围绕上海的城市更新和日本东京城市更新设计项目进行交流。专家认为，城市更新需要探索四个维度：经济维度要通过植入新兴功能促进地区功能转型和升级，社会维度要关注社会弱势群体、体现包容性发展的理念，文化维度要保存历史脉络、使之成为地区发展的独特资源，形态维度要做好全球性流动空间和地方性场所空间的营造，既链接全球网络、又塑造地方特质，这是城市更新成功的关键。

【2015中国城市规划年会】 9月19—21日，2015

中国城市规划年会在贵州省贵阳市召开，来自全国各地城乡规划相关领域的专家、学者7000余人参会，会议围绕“新常态：传承与变革”的主题进行研讨，18000余名规划师通过网络参与会议。

住房与城乡建设部城乡规划司副司长俞滨洋，中共贵州省委常委、省人民政府副省长慕德贵，贵阳市人民政府常务副市长陈少荣在开幕式上致辞。大会开幕式对学会杰出工作者、系列学术和公益活动的获奖者以及优秀组织单位进行表彰。

会议邀请国务院参事、学会理事长仇保兴，中共贵州省委常委、贵阳市委书记陈刚，新华社《瞭望》新闻周刊副总编辑王军，深圳市规划和国土资源委员会巡视员、中国工程院院士郭仁忠，中山大学中国城市与地方治理研究中心主任何艳玲，清华大学社会学系教授罗家德，国务院发展研究中心学术委员会副秘书长刘守英，以及学会常务理事、中国城市规划设计研究院副院长杨保军等来自经济、社会、公共管理、城乡规划等领域的8位专家作大会主旨报告，对大会主题进行多维度解读。

中国科学院院士、中国工程院院士、学会名誉理事长、清华大学教授吴良镛以同步视频方式参加“美丽人居与和谐社区营建”自由论坛。吴良镛谈到，城市是一个复杂系统，包含政治、经济、社会、文化、生态五位一体的多重要素，只能有限求解。他认为，社会要发展，涉及人与自然的协调发展和城乡统筹、协同发展等，城市如何发展仍然很关键。

本次年会设立46个平行会议，包括24个专题会议、18个自由论坛、2个特别论坛、1个主题论坛和1个工作会议，内容涵盖城乡规划及相关领域最新研究和实践成果，涉及城乡规划界关注的众多热点和难点问题。收到2856篇投稿论文，经评选1200篇论文人选论文集。206篇论文作者与特邀的40余位专家就规划设计、对话城镇化、多规融合、存量规划、城市更新与功能提升、工业遗产、轨道都市、区域规划与城市经济、城乡历史文化保护、乡村规划、城市安全与防灾、低碳生态、交通变革、小城镇发展与规划、住房发展的新趋势、总规的改革与探索、山地城乡规划等方面在专题会议上做宣讲和特约报告，会后形成31份政策建议。

【创新学会信息化建设】 年内，学会建成新版官方网站，创新网络平台、搭建数据库，形成学会的“互联网+”，微信群、微博群、网站群。开通以中国城市规划学会为龙头，以城市规划杂志、规划年会、城市规划英文版等为子品牌的微博群，建立中国城市规划网、城市规划、规划学会咨询等微信群建设，及时准确地发布学会各项信息，定期向用户推送学会动态、行业资讯、学术论文等信息，并与用户进行互动沟通。学会官方网站（www.planning.org.cn）改版上线，包含学会、资讯、资源、教育、专题五大板块30余项子板块。创新品牌栏目：学会声音、规划动态、规划会客厅、深度报道、规划资源库、微信集萃、专题推荐等20多个品牌栏目，强调专业信息的权威性，聚焦规划行业发展前景及所面临的问题，学会官网日平均访客数（UV）为3759，超出行业平均值275.9%，日平均网页浏览数（PV）为7613，超出行业平均值117.5%，实现与学会会员服务系统、年会投审稿系统、年会报名专用系统等无缝对接。年会官网改版实现由单一信息展示到智能化会议平台的转变，开发年会注册系统、酒店管理系统、短信平台系统、专业考察系统、及时信息发布系统、手机移动客户端等多个智能化平台。

手机终端开通半年，关注数超过67634台，保持每天130台左右增长速度。

【启动“青年托举工程”】 2015中国城市规划年会上启动“青年托举工程”，并设计标识。按照“学会搭台、青年唱戏、专家助阵”的思路，在2015中国城市规划年会设7个青年专场，包含乡村发展与规划、城市更新与转型、城市调查与研究、新常态下城市转型研究、西部之光大学生暑期规划设计竞赛获奖作品讲评、中国城市规划学会青年论文竞赛获奖论文讲评以及港澳青年规划师对香港城市保育议题的反思及期望特别论坛，每个专场有4—5位资深专家做嘉宾参与点评及讲评，学会青年工作委员会参与策划、组织实施，通过“青年托举工程”，学会搭建青年规划师与权威专家相互交流平台，围绕主题展开研讨和互动。颁发第二届中国城市规划青年科技奖、中国城市规划学会青年论文奖、第三届“西部之光”大学生暑期规划设计竞赛优胜奖，年会期间展出第三届“西部之光”大学生暑期规划设计竞赛优胜作品。指导开展2015城市规划专业六校联合毕业设计、中国城市规划青年城市规划论文竞赛、第四届青年规划师演讲比赛、首届全国青年工程规划师论文竞赛、城市规划论文撰写系列讲座等。

（撰稿人：曲长虹　杨映雪）

中国产学研合作促进会

服务创新型国家和社会建设 2015年，促进会与北京理工大学完成中国科协“高校科技成果转化驱动地方经济建设发展”研究课题，到杭州市、宁波市、昆明市、深圳市、南京市等地企业及高校进行调研，承接中国科协“学会创新与服务能力提升专项”“企会协作创新计划”“创新驱动助力工程”等项目研究计划。

促进会以产学研联盟为抓手构建协同创新体系，发挥联盟汇集资源集成创新的优势，把推进产业技术联盟建设作为重点任务之一。2015年支持构建了校企合作、石墨烯国际标准检测认证、营养餐、富硒农业、虚拟现实与可视化、成长企业创新、个人护理品化妆品、国际新能源应急、智能光伏、泌尿与生殖诊疗、国际大学创新创业、生态修复、生物检测监测、大数据金融、微能源网、现代职业智慧众创空间等产业技术创新战略联盟，促进会构建联盟科技经济合作平台，指导推动联盟之间交流活动开展。校企协同联盟以中关村软件园为依托，搭建高校与企业之间对接平台，举办创新创业IT人才培养新模式高峰论坛，促进会会长路甬祥到会作了题为“创新设计与中国制造”的主题报告。疼痛康复联盟与产学研投融资联盟共同举办2015年中国疼痛诊疗康复产学研论坛暨第一届中国疼痛康复技术与产品博览会。招商银行授信50亿元支持联盟建设，标准化联盟协助石墨烯、干细胞等联盟制定行业标准，云体系、农业科技园、产学研投融资、建筑节能减排、大学生电商联盟、绿色能源产业、现代诊疗技术、美藤果等10家产学研创新联盟与福建省平潭市综合实验区管委会签订战略合作协议，反侵权假冒联盟受全国双打办委托，编撰出版《2015年中国反侵权假冒白皮书》。

2015年，研究会评选出半导体照明、产学研投融资、低碳高端智慧园区、反侵权假冒、健康管理、快堆产业、美藤果、农业科技园、疼痛康复、肿瘤微创治疗10家优秀产学研联盟。

2015年，促进会把创新要素向最需要的基层集聚、推动县域经济和村镇经济发展作为工作重点。促进会领导赴山东省青岛市、河北省保定市、福建省福州市、澳门特别行政区、上海市、湖南省长沙市、广东省东莞市、江苏省泰州市、山东省德州市、广东省惠州市、河南省驻马店市等地调研，走访当地科技园区、企业和高校院所，通过参观、举办专题研讨会及专题讲座等形式，掌握全国产学研合作的最新动态和进展。

与人力资源和社会保障部教育培训中心合作举办4期科技（研）经费管理师岗位能力和科技项目管理师岗位培训，500余名学员经过培训和考核获得岗位证书。

学会能力提升计划 进行全国产学研合作创新示范基地和示范企业试点工作，发挥示范单位集聚和辐射作用。组织专家对广东省东莞市清溪镇、浙江省绍兴市上虞区、四川省成都市武侯区、辽宁省凤城市、江苏省海安县、中国科学院北京国家技术转移中心、佛山国家高新技术区、沈阳金谷科技园、新疆昌吉国家农业科技园区、江苏启东经济开发区、江苏国家数字出版基地、北京中关村软件园和中关村科技园区丰台园、上地信息产业基地、黄淮学院、天津鼎泰丰企业孵化器等地和园区、企业进行考察评审，推动建立区域、园区和产业集群等不同特色的产学研示范基地和示范企业。

2015年，促进会在对产学研示范企业和示范基地的调研中，遴选出北京理工大学雷科公司、中关村软件园、宁波新材料产业城、北京实创集团公司、中国科学院北京国家技术转移中心、上海国宝企业发展中心、安徽同福碗粥、湖北黑旋风锯业公司、浙江科技学院、东莞市清溪镇、广东创显光电公司、中国营养餐产业联盟等10余个“中国产学研合作好案例”，从中选编部分好案例在《中国科技产业》杂志上进行宣传，总结推广不同模式不同类型的产学研合作好成果、好经验。

促进会向中央领导专报《2015年度中国产学研合作工作报告》，针对行业领域的产学研合作，进行态势分析，提出具体政策建议，受到中央领导同志高度关注。

学会建设 改版升级促进会官方网站，新增“会员动态”“产学研联盟”“产学研基地”“产学研示范企业”“产学研合创新与促进奖”“创新人才”“项目对接”等栏目，开通微信公众号并入驻中国科协科普中国微平台，建立信息联络员队伍。2015年，完成国有资产监督管理委员会、民政部的备案手续，年检合格。接受民政部指定会计师事务所审计，审计报告执行规范，控制制度完善。接受国有资产监督管理委员会财务普查工作，在专项审计和综合调查中，促进会各项指标均符合要求。

加强产学研合作工作宣传与培训。发挥《中国科技产业》期刊、中国产学研合作促进网、中国科技产业网“一刊二网”的展示作用，完成对2015年全国两会及国家重大科技活动、产学研合作好案例的宣传报道工作。参与由中央宣传部、科技部、中国科协等部门组织的科技周、双创周、科博会、高交会等大型科技活动，如参与“科技列车丹东行”宣传报道活动，推动边疆地区农业科技进步。注重与主流媒体开展合作，举办中国产学研创新与促进奖新闻发布会，通过《人民日报》《经济日报》《光明日报》《科技日报》《中国科学报》、人民网、新华网、中国网等媒体进行报道，及时对我国产学研合作的创新经验和成果等进行宣传。

12月11日，促进会第二届三次理事会在云南省昆明市举行。来自全国的政产学研领导嘉宾、各理事单位负责人、产学研联盟等400余人出席会议。促进会执行副会长、秘书长王建华主持会议。会长路甬祥作了讲话。会议审议通过了促进会2015年工作总结和2016年工作计划报告，2015年会费收支情况报告，2015年中国产学研合作创新奖、促进奖、成果奖、突出贡献奖评审情况报告，2015年中国产学研合作示范基地、示范企业认定情况报告，2015年中国产学研技术创新战略联盟建设情况报告，关于2015年促进会增补理事、常务理事、副会长的报告。

2015年促进会新增补常务理事单位20家、理事49名，新增产学研合作示范基地18个、产学研合作示范36家、产学研协同创新联盟38家。

国际学术会议 5月15—17日，由促进会个人护理与化妆品联盟秘书长单位国药励展主办的全球健康产业领袖峰会和科技部、中国科学院主办的第528次香山科学会议在上海市举行。来自全球大健康领域的产学研界专家、学者，探讨精准医学前景，促进医疗资源共享。

10月28—30日，由促进会中国石墨烯产业技术创新战略联盟与青岛国家高新区联合主办的2015中国国际石墨烯创新大会在青岛举行。科技部、工信部等相关领导，以及诺贝尔物理学奖获得者、英国曼彻斯特大学教授Andre Geim出席大会并作报告。来自全球21个国家和地区的1500名专家、学者参加会议，就石墨烯在不同领域的产业化应用研究进行探讨和交流。

国内主要学术会议 3月14日，由促进会干细胞标准化产业联盟参与，中国科学院北京生命科学研究院、中国医药生物技术协会主办的第十届细胞治疗研讨会、第四届干细胞转化医学研讨会暨第二届亚洲医药创新性技术及产业论坛在北京举行。海内外300余位医学专家、学者围绕“全面推进细胞治疗转化研究与应用”的会议主题进行交流，促进国内细胞治疗发展规范化建设。

4月和10月，由促进会支持、中国可穿戴计算产业联盟主办的2015中国可穿戴计算产业论坛分别在北京市、广东省深圳市举行。来自可穿戴领域的产学研界专家、学者500余人出席会议。会上发布了《2015中国可穿戴计算产业发展研究报告》和可穿戴行业标准体系，展示了可穿戴的最新技术和产品。

5月8日，由国家卫生和计划生育委员会脑卒中防治工程委员会、促进会中国心脑血管病诊疗产业技术创新战略联盟主办的2015心脑血管病诊疗产业战略发展论坛在北京举行。中国工程院院士、卫生部脑卒中防治工程委员会副主任王陇德等产学研相关专家、企业家等200余人出席会议，就加强政产学研用的深度融合、提升我国心脑血管病的诊疗技术及产业化进行交流。

6月5—7日，由山东省人民政府主办、促进会支持和参与的2015山东省产学研展洽会在山东省烟台市举行。360余家企业参会，95所高校与山东企业合作参展。会上推出最新产学研合作创新成果1914项，达成项目合同协议130项，成交金额45.6亿元。

7月8日，由促进会与中国企业联合会、平潭综合实验区管委会、福建省企业与企业家联合会、福建省产学研合作促进会联合主办的2015中国平潭·企业家科学家创新论坛在福建省平潭市举行。600余位专家、学者、企业家参加会议。会上，促进会与福建自贸区签订了战略合作协议。

9月18—20日，由北京宣武医院，促进会中国疼痛康复产业技术创新战略联盟、中国产学研投融资联盟等单位联合主办的2015中国疼痛诊疗康复产学研论坛暨第九届全国临床疼痛学术会议在北京举行。来自全国各地的1000余名疼痛康复学科专家、学者，40多家医疗企业及金融机构代表就如何通过医产研金相互融合、创新医疗新模式、促进疼痛康复产业发展进行交流探讨。

11月1—3日，由促进会主办，广东省人民政府

支持、惠州市人民政府承办的第四届中国（惠州）物联网·云计算技术应用博览会（简称云博会）在广东省惠州市举行。云博会达成合作协议306个，金额36476万元，促成35个相关产业项目签约，总金额达128亿元。

两岸交流 2月3—4日，由中国科协、澳门特别行政区政府主办，澳门科技协进会承办，中国产学研合作促进会、香港产学研合作促进会、台湾玉山科技协会协办的“协同创新澳门论坛”在澳门特别行政区举行。来自两岸四地及海外的科学家和天使投资人、私募基金合伙人，澳门特别行政区政府特首崔世安、中国科协党组副书记张勤出席会议。会议启动建立两岸四地协同创新联盟，并决定在澳门特别行政区每两年举行一次协同创新澳门论坛。

4月16日，由促进会支持、闽台经济合作促进委员会等单位主办的闽台企业家交流座谈会在福建省福州市举行。福建省企业与企业家联合会会长李川、中国企业联合会副会长李明星、促进会执行副会长王建华与台湾三三企业交流会会长江丙坤及海峡两岸的100余名产学研界专家、学者出席会议。

5月24日，由中国科协、广东省政府和广州市政府主办，促进会、广州市科协等参与承办的第十七届中国科协年会“两岸四地科技合作论坛”在广东省广州市举行。两岸四地500余名政产学研领导嘉宾出席此次活动，围绕科技金融、互联网、生物医药和通用航空四个专题开展深入研讨和对话，并进行了两岸四地之间的签约，共同促进两岸四地更全面、更紧密、更深入的科技合作。

8月17日，由中国科协、深圳市人民政府、深圳产学研合作促进会、深圳市科协、深圳市科技创新委员会等联合主办的2015两岸四地机器人协同创新论坛在广东省深圳市举办。两岸四地机器人领域300余人在论坛上进行互动交流。

表彰举荐优秀科技工作者 开展中国产学研合作创新与促进奖评选工作，以及国家科技奖推荐工作。经科技部和国家科技奖励办批准，促进会设立中国产学研合作创新奖、促进奖、成果奖和突出贡献奖。依据《国家科学技术奖励条例》的相关细则，评出中国产学研合作创新与促进奖1600余项，其中产学研合作突出贡献奖50名、产学研合作创新奖近600项、产学研合作促进奖580余项、产学研合作成果奖450余项。产学研合作奖励表彰工作备受产学研各界关注。2015年，经专家评审，评选出产学研创新奖、成果奖、促进奖360余项，在12月12日举行的第九届产学研合作创新大会开幕式上，对获奖单位及个人进行了表彰和颁奖。

2015年，促进会被列为承接政府职能转移的创新人才推进计划推荐试点单位，获得科技部“国家科技进步奖”“创新人才推进计划”，中国科协“全国优秀科技工作者”“中国青年女科学家奖”“国际民间科技组织后备专家”“第十四届中国青年科技奖”，中国工程院“第十一届光华工程科技奖”等奖项的推荐资格，推荐南昌大学“益生菌发酵果蔬关键技术研发及产业化应用”项目申报国家科技进步奖，推荐江南大学教授毛健、北京科技大学教授刘雪峰、创维集团研发总部软件院研究院院长王志国申报“创新人才推进计划”中的“青年领军人才”，推荐中国矿业大学教授秦波涛申报“第十四届中国青年科技奖”。

会员服务 11月30日，促进会在北京举办产学研协同创新联盟培训班，36家新成立的联盟负责人参加培训。促进会执行副会长王建华传达路甬祥会长在会长会上的讲话精神，并就如何规范联盟日常工作提出建议和要求。

【2015年中国产学研协同创新座谈会暨中国产学研合作促进会会长扩大会】 11月29日，2015年中国产学研协同创新座谈会暨中国产学研合作促进会会长扩大会在北京举行。促进会会长路甬祥，环保部副部长吴晓青，中国科协副主席、党组副书记张勤，国家自然科学基金委员会副主任高瑞平，十二届全国政协常委会经济委员会副主任石军，中央党校副校长赵长茂，北京理工大学党委书记张炜，促进会执行副会长、秘书长王建华等领导到会并讲话。全国教科文卫体委员会副主任、促进会常务副会长陈小娅主持会议。

路甬祥就促进会下一步各项工作的开展提出要求：一是要把握产学研协同创新发展的新机遇，强化企业在技术与产业创新中主体地位和主导作用，推动跨区域、跨行业的协同创新，促进科技成果的资本化、产业化，着力提高发展的质量和效益。二是认真筹备和组织好中国产学研合作创新大会，推动产学研协同创新工作迈上新台阶。三是不断加强促进会自身建设，努力建立一支勇于创新、乐于奉献、团结敬业、务实精干的工作队伍，坚持依法办事、依规办会。

北京理工大学副校长杨树兴介绍了学校的产学研

合作创新发展经验。

【第九届中国产学研合作创新大会】 12月12日，促进会与云南省人民政府共同主办的第九届中国产学研合作创新大会在云南省昆明市举行。全国政协教科文卫体委员会副主任、促进会常务副会长陈小娅主持会议。中共云南省委书记李纪恒致欢迎词，全国人大常委会原副委员长、中国产学研合作促进会会长路甬祥作大会主旨报告，全国政协原副主席白立忱出席。中国人民解放军上将、总装备部原副部长李安东上将，科技部副部长李萌，环保部副部长吴晓青，农业部副部长李家洋到会讲话。中国科学院院士、工业和信息化部副部长怀进鹏作了题为“中国制造2025”的主旨报告，中国入世谈判首席代表、原博鳌亚洲论坛秘书长龙永图作了“一带一路”专题演讲。阿里巴巴总裁金建杭、华为技术有限公司副总裁李刚、华大基因董事长汪建、科大讯飞股份有限公司董事长刘庆峰等企业家进行了演讲，介绍各自企业的创新发展经验。来自全国“产学研、政金介、商媒用”各界的专家、学者1000余人参加大会。与会嘉宾围绕“创新驱动　开放合作　转型升级”的大会主题，就如何推动经济科技深度融合、加强产学研结合、发挥科技创新在全面创新中的引领作用、加速科技成果产业化进行交流和探讨。

全国人大常委会原副委员长、促进会会长路甬祥在会上发表讲话。

国家科技奖励办副主任陈志敏宣读了中国产学研合作创新与促进奖颁奖决定。大会还为2015年新认定的38家产学研协同创新战略联盟、18家产学研合作创新示范基地和36家产学研合作创新示范企业进行授牌。会议通过了《云南宣言》。

大会设置“‘一带一路’与产业发展论坛”“生态建设与环境保护论坛”“生物医药与大健康产业论坛”“校企双创人才与国际企业孵化器建设论坛”“众创、众包、众扶、众筹与成长企业创新论坛”“生物检测监测产业创新论坛”6个分会场，60位专家、学者在各分会场发表演讲。

（撰稿人：蒋向利）

中国知识产权研究会

服务创新型国家和社会建设　2015年，研究会组织开展“一带一路”有关国家和地区知识产权环境以及拉美地区知识产权环境课题研究工作，更新“俄罗斯知识产权环境研究报告”，并继续承担“各行业专利技术发展趋势”等3大课题研究工作，以及河北省5家重点企业与国家知识产权局专利分析人才合作研究项目对接工作。

研究会组织《中国知识产权发展报告2015》（蓝皮书）编撰工作。

10月22—23日，研究会与世界知识产权组织（WIPO）中国办事处在北京联合举办“WIPO服务体系有效运用培训研讨班”，来自全国各地的知识产权服务型企业和制造业企业尤其是北京高新科技园区的企业150余人参加了研讨班。研讨班上，世界知识产权组织（WIPO）中国办事处主任陈宏兵介绍了世界知识产权组织的服务功能，副主任吕国良介绍了外观设计国际注册海牙协定及其运用。来自WIPO中国办事处的张俊琴和国家知识产权局及国家工商总局商标局的专家，就如何利用“海牙协定”向外国申请外观设计专利和借助国际商标注册马德里体系在国外注册商标进行了讲解。联想集团和华为公司的企业代表就利用海牙和马德里两大国际知识产权服务体系的经验以实际案例进行解读，两家知识产权代理服务机构就如何服务于企业并与其“联姻”谈了各自的体会。

1月28日，研究会在北京召开2014年度课题研究总结表彰会暨2015年度课题研究动员会，国家知识产权局副局长、研究会常务副理事长甘绍宁出席会议并致辞。国家知识产权局专利局审查业务管理部、承担课题的7个实审部门和实用新型部领导及各课题组70余人参加了会议。会议由研究会副秘书长马秀山主持。

9月29日，国家知识产权局规划发展司和研究会共同组织召开“一带一路”有关国家或地区知识产权环境研究课题评审会。国家知识产权局副局长甘绍宁，规划发展司司长龚亚麟、副司长刘菊芳，研究会秘书长张云才等评审专家出席了会议。会议由规划发展司司长龚亚麟主持。

10月14日，国家知识产权局规划发展司和研究会共同组织召开拉美地区知识产权环境研究课题评审会。规划发展司副司长刘菊芳、研究会秘书长张云才、课题组成员及局内外评审专家出席了会议。会议由张云才秘书长主持。张云才介绍了该课题的立项背景及研究会组织课题研究的总体情况。

11月，研究会组织的2015年度“各行业专利技

术现状及其发展趋势报告”和“重点领域专利技术分析”两大课题，经专家评审结题。

12月，研究会举行新常态下万众创新与知识产权研讨会，研究会第六届理事会副理事长、常务理事，研究会学术顾问委员会、网络知识产权委员会以及《知识产权》杂志理事会的成员，研究会团体会员、国家知识产权局理事及其有关部门人员等160余人参加会议。研究会理事长田力普出席会议并作主旨发言。

学会建设 2015年，研究会新发展团体会员165个。截至2015年12月31日，研究会团体会员总数490个，个人会员总数390人。

12月，在北京召开研究会第六届四次常务理事会，总结研究会2015年主要工作，对2016年工作任务进行部署；大会审议通过第六届理事会部分成员调整事宜。

研究会新聘14名中青年知识产权学术理论人才为第二批学术顾问委员会委员。截至2015年12月31日，研究会学术顾问委员会委员达30人。确定4名副主任委员及41名委员名单。研究会副理事长吕国强等5名理事会成员入选全国知识产权保护最具影响力人物，占10名上榜人数的二分之一。

为会员及企业举办专利、商标、版权等知识产权实务培训班19期，参加学员超3000人次。出刊《知识产权竞争动态》《中国知识产权研究会通讯》20余期。利用研究会网站和微信公众平台，发布最新知识产权信息和研究会主要工作情况。

学术期刊 2015年，《知识产权》杂志出刊12期，发表论文204篇。9月，由北京大学图书馆组织的“中国中文法律类核心期刊”评选工作揭晓，《知识产权》杂志再次入选2014年版之法律类核心期刊。12月，根据国家新闻出版广电总局《关于国家知识产权局首批学术期刊认定及整改意见的函》（新出报刊司〔2015〕590号），《知识产权》杂志入选国家新闻出版广电总局首批A类学术期刊。杂志结合知识产权热点问题，策划“纪念中国专利法实施30周年”“微信案商标理论探讨”“知识产权与民法典”等多个专题。

国内主要学术会议 3月25日，研究会召开纪念中国专利法实施30周年座谈会，总结专利法实施实践，剖析专利法实施中存在问题，对专利法实施未来走向建言献策。研究会理事长田力普出席会议并讲话，中国科协副主席、研究会副理事长、学术顾问委员会主任委员张勤主持座谈。会议由国家知识产权局副局长、研究会常务副理事长甘绍宁主持。研究会学术顾问委员会专家学者，研究会副理事长，国家知识产权局有关部门负责人，企业、中介机构以及知识产权杂志理事单位、研究会会员单位近百人参加会议。

11月3日，研究会在广东省深圳市召开《知识产权》杂志理事会2015年年会暨知识产权学术热点问题研讨会。杂志理事单位30余人参加会议。与会学者围绕知识产权学术热点问题“著作权行政执法”和“体育赛事节目著作权保护”进行研讨。

国际交往 研究会开展与世界知识产权组织（WIPO）中国办事处合作。4月，与世界知识产权组织中国办事处联合举办知识产权保护与互联网未来发展研讨会，就“‘互联网+’创新与知识产权保护”“互联网知识产权侵权谁是受害者”两个主题做专题研讨，研究会理事长田力普、国务院打击侵犯知识产权和制售假冒伪劣商品工作领导小组办公室（简称“双打办”）常务副主任柴海涛、世界知识产权组织中国办事处副主任吕国良出席会议并做主旨发言。10月，与世界知识产权组织中国办事处联合举办WIPO知识产权服务体系有效运用培训研讨班，讲解工业品外观设计海牙协定和国际商标马德里体系，为企业实施“走出去”战略提供指导。

3月17日，研究会理事长田力普拜会世界知识产权组织（WIPO）中国办事处（中国办），并同世界知识产权组织中国办事处副主任吕国良等会晤，探讨研究会与世界知识产权组织（WIPO）中国办事处之间就知识产权的合作与交流事宜。研究会秘书长张云才、副秘书长马秀山、焦刚和网络知识产权委员会秘书长刘芳等陪同参加拜会。

5月25—29日，研究会接待美国知识产权法律协会（AIPLA）代表团一行19人来访，研究会负责接待安排美国知识产权法律协会访华代表团在北京和广州的公务活动。代表团访问了国家知识产权局、最高人民法院、国家工商总局商标局、北京知识产权法院、中国外商投资企业协会优质品牌保护委员会、全国律师协会、AIPPI中国分会、中华全国专利代理人协会、广东省知识产权局、广东省公安厅、广州知识产权法院、广州市律师协会等10余个部门和单位。

12月，研究会副理事长李顺德率研究会代表团赴日本东京参加知识产权国际研讨会。

5月8日，英国《知识产权管理》杂志（MIP）执行编辑Simon Crompton先生和Iris Tang女士到研究会拜访，研究会副秘书长马秀山等接待来访客人。双方就相关合作议题交换意见，并就联合举办知识产权国际论坛事宜进行研讨。双方确定在论坛中增加非洲知识产权保护、俄罗斯知识产权保护和东南亚知识产权保护等新议题，并对筹备论坛的具体细节达成一致意见。

表彰举荐优秀科技工作者 2015年，研究会从理事会成员、学术顾问委员会委员、团体会员单位、杂志理事单位中推荐人选，参加第二批国家知识产权专家库专家评选工作。研究会推荐的20人中有15人入选，占推荐名额75%，占当选总人数9.7%。

学会创新发展 4月，研究会网络知识产权委员会在北京举办知识产权保护与互联网未来发展研讨会；7月，参加在北京举办的中国互联网大会，并组织知识产权分论坛；11月，在北京举办互联网时代软件保护研讨会；12月，在江苏省苏州市举办互联网知识产权论坛。此外，开展互联网与知识产权有关课题研究工作，完成“专利确权维权程序中互联网证据问题研究”“‘互联网+’新商业模式的知识产权保护研究”两项课题，并通过专家评审。

党建强会 1月，研究会召开全体员工大会，传达学习国家知识产权局党组扩大会议精神，传达知识产权局党组扩大会关于国家知识产权局努力推进新形势下党风廉政建设和反腐败工作精神。

12月，研究会召开“三严三实”专题民主生活会，会议通报研究会2015年“三严三实”专题教育工作开展情况。研究会多次开展“三严三实”专题教育活动、讲党课等学习活动。

会员服务 研究会开展知识产权实务培训，为会员举办专利、商标、版权等知识产权实务培训班19期，向会员提供知识产权信息服务，赠送《知识产权》杂志12期，《知识产权竞争动态》《中国知识产权研究会通讯》20余期。

2015年，研究会创新会员服务内容，提高服务水平，多次组织会员参加知识产权研讨交流活动，包括“专利司法保护”“企业知识产权战略运用”等5期知识产权宏观政策研讨培训班，与有关单位联合举办学术交流活动。1月，与北京三友代理有限公司联合举办专利侵权诉讼国际研讨会。3月，与高卢麟基金会联合举办集成电路布图设计专有权保护高层研讨会。5月，与美国飞翰律师事务所联合举办美国知识产权近期热点问题研讨会。9月，与专利复审委员会联合举办中日韩复审无效制度和程序论坛。12月，与湖南知识产权研究会联合举办互联网知识产权研讨会。

2015年，有3家研究会会员单位入选第二批国家专利运营试点企业，有多家会员单位在国家知识产权局公布的第十七届中国专利奖获奖名单中榜上有名，其中，7家入选中国专利金奖，1家入选中国外观设计金奖，7家入选中国外观设计优秀奖，多家会员单位入选中国专利优秀奖，有17家会员单位入选国家知识产权示范企业，多家会员单位名列2015年度国家知识产权优势企业名单。

【第六届四次常务理事会暨新常态下万众创新与知识产权研讨会】 12月23日，研究会第六届四次常务理事会暨新常态下万众创新与知识产权研讨会在北京举行。研究会理事长田力普出席会议并做主旨发言，国家知识产权局副局长、研究会常务副理事长甘绍宁主持会议，研究会秘书长张云才在会上作工作报告。研究会第六届理事会副理事长、常务理事，研究会学术顾问委员会、网络知识产权委员会以及《知识产权》杂志理事会的代表，研究会团体会员、国家知识产权局理事及其有关部门人员等160余人参加会议。与会人员围绕“新常态下万众创新与知识产权”开展研讨。

大会审议通过第六届理事会部分成员调整的事宜，增补副理事长1名、理事6名，递补常务理事3名。研究会第六届理事会成员共340人。

【纪念中国专利法实施30周年座谈会】 3月25日，由研究会、中国知识产权研究会学术顾问委员会主办的纪念中国专利法实施30周年座谈会在北京举行。研究会理事长田力普出席会议并讲话，中国科协副主席、研究会副理事长、学术顾问委员会主任委员张勤主持座谈。会议由国家知识产权局副局长、研究会常务副理事长甘绍宁主持。研究会学术顾问委员会专家学者，研究会副理事长，国家知识产权局有关部门负责人，企业、中介机构相关人员以及知识产权杂志理事单位、研究会会员单位近百人参加会议。大唐电信科技产业集团法律与知识产权管理部总经理张雪红、贸促会专利商标事务所所长马浩、北京知识产

权法院副院长陈锦川、中国人民大学知识产权学院副院长郭禾、北京强国知识产权研究院院长杨旭日、中南财经政法大学原校长吴汉东、中国科学院大学法律系主任李顺德在会上作了专题发言。西南政法大学知识产权学院名誉院长张玉敏、北京大学法学院知识产权学院常务副院长张平、最高人民法院民四庭庭长罗东川、北京务实知识产权发展中心主任程永顺等学术顾问委员会委员，海信集团有限公司副总裁郭庆存，上海市知识产权局局长吕国强等进行自由发言。

会上，研究会秘书长张云才宣布学术顾问委员会第二批14位委员名单，研究会理事长田力普为新任委员颁发聘书。

【知识产权保护与互联网未来发展研讨会】 4月15日，由世界知识产权组织（WIPO）中国办事处和研究会联合主办的知识产权保护与互联网未来发展研讨会在北京召开。研究会理事长田力普、国务院打击侵犯知识产权和制售假冒伪劣商品工作领导小组办公室常务副主任柴海涛、世界知识产权组织（WIPO）中国办事处副主任吕国良出席会议并做主旨发言。会议还就"'互联网+'创新与知识产权保护""互联网知识产权侵权谁是受害者"两个主题做专题研讨。

在主题研讨阶段，国家知识产权局电学审查部部长李永红、北京知识产权法院副院长宋鱼水、中国科学院研究生院教授李顺德、华东政法大学教授王迁、百度在线总监苏静、阿里巴巴安全部总监倪良、苏泊尔法务部经理赵冠群、北京同立钧成知识产权代理有限公司合伙人刘芳等从互联网产业与传统产业的比较、"互联网+"模式对传统产业的冲击和变革、互联网技术快速发展与法律实践滞后矛盾等方面为互联网产业发展出谋划策。

会上宣布中国知识产权研究会网络知识产权委员会委员名单，来自政府部门、法院、高等院校、企业120余人参加了研讨会。

【专利侵权诉讼国际研讨会】 1月26日，由研究会主办、北京三友知识产权代理有限公司承办的专利侵权诉讼国际研讨会在北京举行，研究会秘书长张云才出席会议并致辞。来自全国各地的企业、科研单位、高校140余人参加了会议，会议由研究会副秘书长马秀山主持。

研讨会演讲人由编写《全球专利侵权诉讼》一书的律师团队组成。研讨会上，来自美国、英国、德国、法国、日本、韩国和中国等7个国家的资深律师详细介绍了各自国家的专利诉讼制度和程序，通过重要数据和实践经验剖析如何有效利用各国诉讼制度保护自身合法权益，如何战略性地选择诉讼地，如何应对专利侵权诉讼，以及各国法院对专利权人和被控侵权人的优势和劣势。七国律师从不同视角对专利侵权诉讼问题进行分析和解读。

（撰稿人：杨　丹）

中国发明协会

服务创新型国家和社会建设 2015年，协会在北京市、河北省廊坊市、浙江省永康市、辽宁省大连市、安徽省芜湖市、山东省济宁市、江西省景德镇市等地举办8期创新与知识产权培训班，680人参加培训。

协会在北京举办新产品研发高级专业人才能力提升研修班、企业走出去知识产权战略研修班，190人参加培训。研修班以企业研发主管及技术研发人员为主要培训对象，根据企业知识产权创造及技术创新的需求设置培训内容。

国内主要学术会议 4月23日，协会主办的第九届发明家论坛在北京举办。论坛设立4个分论坛，邀请专家分别就创新创业、国家政策解读、科技与金融结合、创新方法教育、创客以及创新与知识产权保护等方面进行研讨。来自全国400余人参加论坛，收集与会人员92篇材料形成会刊。

国际交往 2015年协会组织6次出国参展，组织105项发明成果参加第114届巴黎国际发明展、第67届纽伦堡国际发明展、2015美国匹兹堡发明展、2015日内瓦发明展、第8届韩国国际女子发明展、2015泰国"发明者日"展览、2015澳门国际创新发明展，在参展中获得45块金牌，22块银牌，18块铜牌。

协会加大与国际组织的合作，除继续维护与世界知识组织（WIPO）的合作关系，还增加与联合国亚太经社会（ESCAP）合作。协会与近40个国家的发明组织建立合作关系。

科普活动 10月24日，协会在浙江省永康市举办第21届全国发明展览会，近2000个发明项目参展，近2万人次参观展览。

表彰举荐优秀科技工作者 协会开展第九届"发明创业奖·人物奖"评选，表彰宣传98位获奖者优秀事迹。

协会推荐3个项目参加国家科技奖励，所推荐项目通过形式审查，在国家奖励办网上公示。

协会受国家知识产权局国际司委托组织拥有欧洲专利的我国发明人申报“欧洲发明奖”。协会征集15个优秀发明项目并按要求将材料报送欧专局欧洲发明奖主办小组。

【第21届全国发明展览会】 10月24日，由协会、浙江省永康市人民政府主办，永康市科技局、浙江中国科技五金城集团有限公司承办的第21届全国发明展览会在浙江省永康市举办。展览会以“大众创业、万众创新”为主题，国家知识产权局副局长廖涛出席开幕式并致辞。各省、自治区、直辖市、港澳台及行业协会、解放军等单位组团参展。参展项目1100个，展馆面积7800平方米，标准展位360个。展会还设立创客专区、知识产权咨询台。同期还举办创客论坛、项目对接会等活动。近2000个发明项目参展，近2万人次参观展览。

【第九届中国发明家论坛】 4月23日，由协会与国家科学技术奖励工作办公室、科技日报社、中国知识产权报社主办的第九届中国发明家论坛在北京举行，论坛主题是“大众创业、万众创新”。全国人大常委会原副委员长路甬祥、科技部党组书记王志刚出席会议并讲话，论坛由科技部原部长、协会理事长朱丽兰主持。协会副理事长兼秘书长鹿大汉宣读了《关于推动“大众创业，万众创新”，建设“众创服务平台”倡议书》，提出要建立线上线下“众创交流平台”，设立“发明创业基金”。鹿大汉介绍了协会2015年工作安排，包括组团参加日内瓦、巴黎、纽伦堡、匹兹堡4大国际发明展。会议期间召开协会年度理事扩大会议，增补余华荣为协会副秘书长。论坛设立“创业经验交流论坛”“创客交流论坛”“创业计划交流论坛”“发明方法交流论坛”4个分论坛，中华全国总工会，国家科技奖励工作办公室，科技日报社，中国知识产权报社的负责人以及来自全国各行业发明家近300人参加了论坛。

（撰稿人：史春明）

中国认知科学学会

服务创新型国家和社会建设 1月15日，学会与中日友好医院联合举办MCI（轻度认知障碍）相关神经心理学量表操作培训班。培训面向临床医生，推动建立精神疾病鉴别诊断新方法。

8月和12月，学会与美国、德国医疗机构合作举办第12、13届功能磁共振影像（fMRI）培训班。培训邀请国内外影像学领域著名专家系统介绍不同模态神经影像新技术和新方法的基本原理、实验设计和数据分析等基本知识以及多模态影像技术在认知和临床脑疾病研究中的应用。

1月，按照《中国科协关于“印发中国科协推荐（提名）院士候选人工作实施办法（试行）”的通知》要求，学会拟定《中国认知科学学会推选院士候选人工作实施细则（试行）》《中国认知科学学会2015年推选院士候选人工作方案》和《中国认知科学学会2015年推选工作组织机构》等，由常务理事会审议通过。按照院士标准和条件推选3名中国科学院院士、1名中国工程院院士候选人至中国科协，其中3名通过中国科协评审，推荐至中国科学院、中国工程院。

学会建设 2015年，学会会员总数517人，单位会员总数25个。与辽宁省、四川省省级认知科学学会保持合作联系。

学会组织培训活动3项，开设校园科普校本课程活动1项，修改完善学会分支机构成立办法（试行）。

10月15日，中国科协生命科学学会联合体在北京成立。12月学会第二批加入联合体。12月14日，学会理事长陈霖出席联合体主席团二次会议。

建立学会建设视频会议系统，为理事会、常务理事会沟通交流提供技术保障。

学会在分支机构设立遴选，按照通用划分的认知科学分支学科组织学术分支机构，分会设置需反映认知科学的各个分支学科或领域。专业委员会设置围绕涉及认知科学各个层次的国家重大需求。

科普活动 5月，学会与中国科学院京区科协合作，在牛栏山中学开展校本课程“脑与认知科学”，学会选派4名会员，围绕“视觉认知及脑成像、静息态大脑的功能磁共振成像、TALEN和CRISPR/CAS9实验技术工作原理和应用、磁场看得见吗”四个主题，开展两个月授课。

表彰举荐优秀科技工作者 1月，学会向中国科协推选院士候选人4名，其中3名通过中国科协推荐至中国科学院、中国工程院。

12月，学会向中国科协推荐4项研究成果，谢灿教授的“一个全新的磁受体蛋白（MagR）”入选2015年度生命科学十大进展。

会员服务 学会开通支付宝在线支付会费功能。及时将相关会议信息，上级公文推送给会员，传达学会工作精神。学会面向临床医生的培训班，侧重解决实际问题，将认知科学和脑成像国际前沿动态带给临床医生，安排实习课程。

（撰稿人：周　馨）

中国生物材料学会

学会建设 学会的挂靠单位四川大学给学会 2 人专职人员编制。学会现有专职工作人员 2 人，兼职人员 3 人。

学会建立工作委员会 7 个，包括组织工作委员会、学术委员会、评奖委员会、产学研委员会、青年委员会、外事工作委员会及科普委员会，确定工作委员会的任务及目标，完善其机构建设，着实推进学会的工作。成立骨修复材料与器械分会、生物材料生物学评价分会、纳米生物材料分会、医用高分子材料分会、生物医用金属材料分会、心血管材料分会、再生医学材料分会、生物材料先进制造分会 8 个分会，在生物材料各细分领域开展活动。加强学会制度建设，建立学会财务制度、分支（代表）机构管理制度等。

学会建立数据库平台，完善学会学术年会数字系统。通过邮件平台、短信平台，加强与会员的沟通与交流。

2015 年，学会召开常务理事会 3 次，全体理事会 1 次。1 月，召开第一届常务理事会第七次会议，讨论学会推荐（提名）院士候选人相关办法。6 月，召开第一届常务理事会第八次会议，讨论学会筹备会员代表大会、理事会换届、年会筹备等相关事宜。11 月，举行第三次会员代表大会、第二届理事会第一次会议、第二届常务理事会第一次会议，完成理事会换届相关工作，产生第二届理事会理事 112 人、常务理事 37 人、理事长 1 人、副理事长 6 人、秘书长 1 人、常务副秘书 1 人、副秘书长 2 人。

截至 2015 年 12 月 31 日，学会个人会员 1969 人。

学术期刊 学会会刊 *Regenerative Biomaterials* 是涵盖多学科的综合性国际期刊。主要覆盖生物材料的制备、表征和评价的相关原创性研究；材料在生理环境下的化学、物理、毒理学和力学行为；血液、组织与生物材料的相互作用等。目前以季刊形式出版，2015 年出版 4 期，发表论文 30 篇。

国际学术会议 4 月，由学会与欧洲生物材料学会发起主办的第五次中欧生物材料大会（The 5th China-Europe Symposium on Biomaterials in Regenerative Medicine，CESB2015）在浙江省杭州市召开。300 余名国内外专家、学者参加会议。设大会报告 4 个、主题报告 31 个、邀请报告 21 个、口头报告 81 个、墙报 69 篇。大会以“再生医学生物材料”为主题，覆盖生物制造、智能体系、天然生物材料、生物高分子、生物降解材料、生物材料的表界面、纳米生物材料、软组织再生、骨组织工程等。

11 月，由学会与美国生物材料学会联合主办的中美生物材料学会第三次专题论坛——标准、国际化和创新在海南省海口市举行。会议首次在中国举办。来自美国的 Nicholas A. Peppas、Cato T. Laurencin 等 9 位生物材料界知名院士参加大会，中国工程院院士、四川大学教授张兴栋，中国工程院院士、解放军总医院基础医学研究所所长付小兵，中国工程院国际合作局局长康金城，国家食品药品监督管理局医疗器械监管司专员王兰明以及来自中美各界的知名学者、企业家等 500 余人参加了会议。本次专题研讨会讨论当今中美医疗器械产品审评及市场准入标准、生物材料产业热点、医疗器械监管机制等话题。

国内主要学术会议 8 月，2015 全国骨材料与器械产学研医管交流会在四川省成都市举办。国家相关部委有关领导、临床专家、科研院校专家及业内企业 300 余人参加会议。会议就骨组织工程及骨再生的国内外发展现状及相关新技术新产品、骨固定和修复材料、骨与口腔修复中的临床待解决问题及产品需求、医疗器械临床试验和技术审评等相关法规解读及案例分析等方面展开交流，并展示骨材料与器械的新技术、新产品。

11 月，由学会、中国生物医学工程学会生物材料分会主办的 2015 中国生物材料大会在海南省海口市举办。1400 余人参加会议。来自中国美国的 12 位院士，海南省人民政府副秘书长种润之，省教育厅厅长曹献坤，国际生物材料科学与工程学会联合会主席 Nicholas A.Peppas 教授，韩国生物材料学会主席 Dong June Chung 教授，中国生物材料学会主席、中国工程院院士、美国国家工程院外籍院士张兴栋教授出席本次大会。大会以“先进生物材料与成果转化”为主题，涵盖骨 / 软骨修复材料、心血管生物材料及器械、医学影像材料及分子探针、生物材料生物学评价、组织工程与干细胞等23个专题，就各领域的最新进展、研究热点、进一步发展的重点，特别是成果转化等进行交流和研讨。举行大会报告4场、大会报告9个、口头报告89场、核心报告56个、邀请报告40个、一般口头报告466个、大会研讨会5场、墙报450个。

国际组织任职 8月，国际生物材料科学与工程学会联合会（International Union of Societies for Biomaterials Science and Engineering，IUSBSE）年度委员会在波兰克拉科夫市召开，来自联合会各组成学会的专家、学者出席会议，选举产生了联合会下一届（2016—2020）主席及秘书长。中国工程院院士、四川大学教授、学会理事长、美国工程院外籍院士张兴栋当选为联合会下一届主席。

科普活动 举行“生物医学工程学科海外名师报告年”活动，特别邀请国际杰出生物材料专家来华讲学。2015年邀请了两位美国工程院院士——美国德州大学奥斯汀分校 Nicholas A. Peppas 教授和美国哥伦比亚大学 Kam W. Leong 教授分别于3月和5月来华访问和讲学，为青年学者带来了17场生物材料专题报告，3000余人次听取了报告。

6月，学会首个科普活动基地在湖北省武汉市国家生物产业基地 Biolake 光谷生物城挂牌成立，学会理事长张兴栋代表学会向武汉市国家生物产业基地管理办公室副主任钱德平授牌。湖北省科技厅副厅长杜耘，学会副理事长奚廷斐、崔福斋，学会副秘书长兼科普工作委员会主任委员张胜民等出席活动。活动举行期间适逢2015国际再生医学材料大会召开，出席会议的国际生物材料学会联合会秘书长 Keith McLeen、美国生物材料学会主席 A.G.Mikos、韩国生物材料学会副理事长 In-Seop Lee 及200余位参会嘉宾参加成立活动。

表彰举荐优秀科技工作者 学会根据《中国科协办公厅关于中国科协组织推选中国科学院和中国工程院院士候选人的通知》，经常务理事会议审核通过，成立推选专家委员会、材料审核小组、推选院士候选人工作小组，负责推荐（提名）工作，制定《中国生物材料学会推荐（提名）院士候选人工作实施细则》《中国生物材料学会2015年推荐（提名）院士候选人工作组织机构》《中国生物材料学会2015年推选两院院士候选人工作方案》。

学会通过网站公告、邮件等方式公开发布《中国生物材料学会关于推荐（提名）院士候选人的通知》，向学会各分会、会员单位广泛征集中国科学院、中国工程院院士候选人提名。这是学会成立以来首次组织院士候选人推选工作。

2015年，学会在全国范围内组织评选，向联合会推荐10人参加生物材料科学与工程 Fellow 称号评选，10人获联合会投票通过，在2016年6月第10次世界生物材料大会上，将向新获生物材料科学与工程 Fellow 称号的10位学者颁发证书。

会员服务 学会每季度末向会员免费提供资讯材料《中国生物材料学会简讯》，内容涵盖学会新闻、技术专题、技术新闻、产业新闻、政策法规及会员资讯、会员新闻等多个方面，汇总整理生物材料科学与产业发展动态，分享会员在科研、学习、产业、管理等方面的经验、收获与感悟。简讯为季刊，每季度末发行，以电子版形式定期发送会员邮箱。简讯于2014年创建，截至2015年12月31日已发行8期。

（撰稿人：许秀娟）

中国密码学会

服务创新型国家和社会建设 12月10—12日，学会在北京主办了2015年全国商用密码展览会，主题为“商用密码与信息安全”，共设置商用密码发展总体情况、行业应用、产业和未来展望4个展区，参展单位211家，展览总面积17500平方米，参观人数累计2.3万多人次。

11月22—26日，学会在北京举办了密码学高端系列培训之四——公钥密码高端培训，130多名密码科技工作者及在校生参加。培训邀请密码界7位知名专家授课，分别从不同方面对可证明安全理论及其应用进行系统讲解。

学会建设 2015年，学会召开4次常务理事会议、1次理事会议、2次理事长会议，成立混沌保密通信专委会，完成学会第三届理事会换届筹备工作。

制定完成《中国密码学会事业发展“十三五”规划》，制定完善《中国密码学会财务管理规定（试行）》《中国密码学会分支机构财务管理办法（试行）》《中国密码学会财务业务办理细则（试行）》《中国密码学会推选院士候选人工作实施细则（试行）》等制度。

2015年，学会发展个人会员319人，单位会员9

个。学会会员总数为：2340 名个人会员，113 个单位会员。

学术期刊 2015 年《密码学报》出版 6 期，发表论文 48 篇，被中国科学引文数据库 2015—2016 年度收录。《密码学报》增加北京信息科学技术研究院为第二主办方。

学科发展研究 完成中国科协“2014—2015 密码学学科发展报告”项目。该项目由学会副理事长冯登国担任首席科学家、总负责人，52 名密码专家、学者组成项目专家组，历时 1 年开展了对称密码、公钥密码、基于复杂性理论的安全协议、安全协议的形式化分析技术和工具、电子认证技术、量子密码、全同态密码、密码标准、旁路攻击和防护技术、密码应用等 10 个专题研究。其间，学会分别于 6 月 6 日、8 月 23—24 日在北京组织召开《2014—2015 密码学学科发展报告》研讨会，先后邀请蔡吉人、魏正耀、郑建华院士及我国密码界知名专家、学者和工程技术人员 170 多人参与专题交流研讨，征求意见建议。

国际学术会议 11 月 1—3 日，学会与信息安全国家重点实验室在北京市联合主办第十一届信息安全与密码学国际会议（INSCRYPT 2015），来自美国等 8 个国家的 70 多名专家、学者参加会议。

会议安排 3 个特邀报告、29 个专题报告。特邀报告为哥伦比亚大学教授 Moti Yung 的 *The Mobile Adversary Paradigm in Secure Distributed Computation and System*（《安全分布式计算和系统中的移动敌手范例》），介绍分布式计算环境下敌手出现的新状态、对安全防护的新挑战；新加坡信息通信研究所教授 Jianying Zhou 的 *How to Protect My Data in the Cloud*（《如何包含云中数据》），分析了云服务安全问题并介绍新的细粒度访问控制机制；印第安纳大学的教授 Xiaofeng Wang 的 *Destructive Research on Mobile Security：Rethinking Security by Construction*（《移动安全的破坏性研究：重新思考构建安全问题》），探讨了移动终端安全，展示新发现系列移动终端系统漏洞和设计安全问题。

会议录用论文 29 篇，论文作者分别在哈希函数、签名机制、对称加密、非对称加密、Web 与应用安全、云计算安全、密钥管理、零知识证明、安全计算、软件与移动安全等领域对最新的研究成果进行了报告。会议论文集由 Springer 出版。

国内主要学术会议 2015 年，学会主办国内学术会议 14 次，交流学术论文 250 多篇，累计 2300 多人次参加，出版《2015 密码学发展报告》等论文集 5 部。

5 月 9—10 日，由学会密码算法专委会主办、南京师范大学承办的中国密码学会 2015 年密码算法学术会议在江苏省南京市召开，300 多名专家、学者和在校生参加会议。会议安排 6 个特邀报告、10 个专题报告，内容涉及云安全、属性基加密、全同态加密、密钥交换协议、轻量级 WG-8 流密码等领域，从不同角度展示了密码算法的最新研究进展。闭幕式上，向会议最佳论文作者颁发了最佳论文证书。

9 月 19 日，学会教育与科普工作委员会主办、西安邮电大学承办的 2015 年第七届全国密码学与信息安全教学研讨会在陕西省西安市召开。来自国内 40 多所科研院校的专家、学者 80 多人参加了会议。

会议举行了密码学优秀教研论文颁奖仪式，为特等奖、一等奖、二等奖和三等奖获得者颁发了证书；会议安排了 5 个特邀报告，并设教研交流研讨，5 名特、一、二等奖获得者报告了他们在密码学教学工作中的经验与成果。

10 月 23—24 日，学会主办、上海交通大学承办的中国密码学会 2015 年会（ChinaCrypt'2015）在上海市召开，800 多名专家、学者和在校生参加了会议。

中国密码学会 2015 年会

开幕式上，向“中国密码学会杰出贡献奖”“中国密码学会优秀青年奖”“中国密码学会先进集体奖”“中国密码学会先进工作者”“中国密码学会优秀会员奖”获得者或单位颁发证书。

本次年会围绕对称密码、公钥密码、序列密码、量子密码、密码协议、密码系统安全、密码电路安全等主题，安排了 9 个特邀报告和 19 个专题报告，年会设有自由论坛、密码技术论坛，20 名报名代表参加了自由讨论发言，6 个技术报告从多个领域展现了密码应用的关键技术。会议收到论文 60 余篇，收录论文 19

篇并出版《密码学进展——中国密码学会2015年会论文集》。

闭幕式上，向《基于硬件电路路径差异的故障攻击探究》《缺陷光源下参考系无关量子密钥分发》的论文作者颁发了优秀论文证书。

11月12—13日，学会主办、量子密码专委会承办的全国量子密码技术标准规划与建设研讨会2015在河北省固安县召开，会议安排7个特邀报告，44名与会专家、学者围绕推进量子密码标准化深入研讨。12月28—29日，“全国量子密码技术标准规划与建设第二次研讨会2015”在北京召开，会议安排6个特邀报告，约40名与会专家、学者围绕量子密码标准制定和产业推进等交流研讨。学会将2次研讨会意见整理形成项目建议书。

科普活动 2015年，学会举办密码科普讲座2次，约800人参加；在北京交通台做密码科普访谈节目一次。学会组织翻译的科普图书《密码的奥秘》出版。

会员服务 2015年，学会开展会员日活动1次，160多人参加。组织“产学研用”座谈会1次，30多人参加。编辑制作《中国密码学会通讯》6期，免费赠送单位会员及部分个人会员。学会网站向会员提供《密码学报》《中国密码学会通讯》电子版免费下载。

【2015年全国商用密码展览会】 12月10—12日，学会在北京主办2015年全国商用密码展览会，主题为“商用密码与信息安全”，设置商用密码发展总体情况、行业应用、产业和未来展望4个展区。展览会集中展示了商用密码发展历程及发展现状，展品包括密码芯片、密码模块、密码板卡、密码机、密码中间件和密码系统等，集中展现了商用密码在金融、海关、电力、交通、社保等重要领域和行业的应用。

2015年全国商用密码展览会开幕式

展会期间举办商用密码创新与发展论坛，论坛分设高峰论坛、金融领域应用、“互联网+”商用密码、创新与展望4个专题，包括41场专题报告会和1场沙龙讨论。中国科学院院士郑建华，中国工程院院士沈昌祥、蔡吉人、柴洪峰，以及中央网信办、工业和信息化部、公安部、人民银行、国家密码管理局等单位有关部门领导，密码应用部门和产业单位共计46人发表了演讲。

本次展会参展单位211个，展览总面积17500平方米，参观人数累计2.3万多人次。

【2015年第一届全国密码技术竞赛】 8—12月，由学会主办、学会教育和科普工作委员会承办的“2015年第一届全国密码技术竞赛”在天津市津南区举行，大赛宗旨为“提高密码意识、普及密码知识、实践密码技术、发现密码人才”。比赛分初赛、复赛和决赛，共有39所高等院校、110个团队、330名学生参加。经过初赛、复赛，进入决赛的共有49个团队。

12月26日，49个参赛团队分成3组进行决赛，每组评审由7名专家组成。每队经过竞赛作品讲解、作品演示和专家质询环节，最后由专家独立评审打分。评出一等奖6名、二等奖9名、三等奖15名、优胜奖19名。

12月27日，大会举行颁奖仪式，国家密码管理局副局长何良生、天津市密码管理局局长刘金刚，天津市津南区副区长吴爱民、学会副理事长徐茂智出席仪式并致辞。有关领导分别向一、二、三等奖团队颁发了奖杯、证书和奖金，向优胜奖团队颁发了证书。

（撰稿人：陈　灏）

中国睡眠研究会

服务创新型国家和社会建设 2015年，学会承接的中国科协“学会社会化公共服务品牌孵化试点——建立睡眠酒店的专业标准”项目启动。该项目将建立“睡眠酒店”的团体标准，包括《睡眠环境建设标准》和《睡眠服务建立标准》。研究会的团体会员单位维也纳酒店集团、慕思寝具集团等，在学会专家的协助下，建立睡眠中心实验室，并在新落成酒店中实施示范标准。

在项目启动会议上组建了编制工作小组，确定工作小组不同领域的工作范围、工作计划。在汇总睡眠酒店相关的现有标准、政策制度基础上，已制定《睡

眠酒店标准制定章程（草案）》《睡眠酒店标准制定组织机构组成及工作职责（草案）》《睡眠酒店标准技术要素》《睡眠酒店标准制定程序》《睡眠酒店标准编写规则》《睡眠酒店标准知识产权管理》《睡眠环境学实验室工作流程及规范》。

学会建设 11月7日，研究会在北京召开第四次全国会员代表大会。会议听取并审议、通过了第四届理事会工作报告、修改章程报告、中国睡眠研究会财务审计报告、中国睡眠研究会会费管理办法。会议进行了理事会、常务理事会的改选，选举产生第五届理事会理事76人、常务理事25人。

中国睡眠研究会第四次全国会员代表大会

研究会睡眠与心理卫生专业委员会换届选举大会于11月20日在广东省广州市举行，本次会议选举产生专委会委员83人、常委30人。

11月6—8日，第六届中国睡眠医学论坛暨中国睡眠研究会睡眠障碍专业委员会成立十周年大会在北京召开。研究会理事长韩芳出席并致贺词，睡眠障碍专业委员会前任、现任、后任主任委员王玉平、赵忠新、刘春风等分别在开幕式上讲话。会议嘉奖了突出贡献专家、最佳论坛组织者、优秀中青年专家及优秀团体。

2015年，研究会增加了东莞市慕思寝室用品有限公司等10个企业会员单位，新增个人会员336人，其中女会员190人，截至2015年12月31日，中国睡眠研究会共有团体会员59个，个人会员2516人。

研究会召开常务理事会议5次，召开理事会议2次。筹建睡眠医学教育专委会和睡眠生物医学工程专委会。

学科发展研究 3月，中医药“枣安”项目启动，在第六届世界睡眠大会期间，研究会召开了有关枣仁安神口服液治疗失眠症临床研究方案的专家论证会。

10月，中医药项目“失眠临床诊治指南项目”启动。该项目由中国医药集团和中国睡眠研究会共同注资启动、编写与推广，由研究会青年工作委员会负责。已召开2次工作会议，对专家提交的中国失眠障碍诊断和治疗指南稿件进行集体讨论，完善各版块内容。

为引导国内学者敏锐把握国际睡眠医学热点，开展前沿研究，研究会建立全国主要睡眠疾病研究网。发布了唐向东教授主持的与香港合作失眠项目，黄志力、胡志安主持的生理与药理基础项目，王玉平教授的临床不宁腿相关项目，陈宝元教授的OSAHS抗氧化干预项目和徐樱教授的国际生物节律夏令营项目。

国际学术会议 9月7—9日，2015北京国际睡眠论坛在北京举办，本次论坛由研究会与美国宾夕法尼亚大学睡眠中心联合主办。论坛以“实景远程睡眠医学”为主题，针对实景医学、远程医疗、P4医学、实施科学等前沿理念进行了重点阐述，并就促进中美合作睡眠研究工作达成共识。来自德国、日本、美国、中国的睡眠医学专家、学者200多人参会。

国内主要学术会议 学会及各专委会共举办年会、研讨会、论坛、工作坊等学术会议十余次，与往年相比，参与人数、学术水平和社会影响力均有提高。

11月6—8日，第六届中国睡眠医学论坛在北京召开。大会设置了大会主题发言、分论坛及工作坊三大板块，从不同角度多领域、全方位进行了睡眠障碍及睡眠相关疾病研究进展交流。来自全国各地近600人参加此次大会，交流论文120篇。

3月13—14日，京津冀地区睡眠疾病诊断及规范化治疗学术研讨会在北京科技会堂举办，会议内容涉及睡眠基础和临床研究等众多话题，除主会场外，还设置了脑卒中与睡眠、失眠障碍的诊断与治疗、神经精神疾病与睡眠3个分论坛以及多个病例讨论环节。来自京津冀地区的医生、学者约450人参会，交流论文34篇。

6月26—28日，国家级继续教育项目“中医对睡眠疾病的机理探讨和辨证论治新进展”学习班在浙江省宁波市召开，分别从基础理论、科研设计与方法、动物模型的研究与应用等多角度、多学科作了专题报告。200名医学专业人员参加了学习班，交流论文40篇。

8月12—16日，2015年全国睡眠呼吸学术年会在宁夏回族自治区银川市召开。会议共进行了35个专题报告和讲座，内容涉及成人、老年、儿童睡眠呼吸障碍的诊断和治疗，睡眠呼吸障碍的临床和基础研究，睡眠呼吸障碍与多系统的关系等。对睡眠呼吸障碍领域的热点问题、最新进展、最新指南等进行了面对面的探讨和交流。来自全国各省、自治区、直辖市的500多名专家、学者参加了会议。

8月7—9日，第二届中国西部睡眠医学大会在甘肃省兰州市举办。本次大会上，各学科专家分别从不同角度对睡眠医学新进展进行了阐述。来自西部9个省、自治区、直辖市的共计500多名专家、学者参加本次大会。

10月10—11日，第三届睡眠生理、药理暨中药神经精神药理学术会议在黑龙江省哈尔滨市举行，会议讨论的主题为睡眠发生与生物节律调控的神经生物学机制，睡眠功能的研究进展，中药神经精神药理学研究的新思路、新方法、新技术与研究进展和发展趋势。

11月27—28日，第二届中国睡眠研究会青年学术论坛暨第四次四川省医学会睡眠医学年会在四川省成都市召开，180多名专家、学者参加了此次会议。

两岸交流 11月20—22日，全国心理科建设与发展暨两岸四地睡眠医学高峰论坛第五届大会在广东省广州市召开，大会围绕整合医学从专业技能、人才培养、科室建设、学科发展、医院管理，以及人文医学、医患沟通等方面进行探讨。来自20多个省、自治区、直辖市和香港特别行政区、台湾地区300余人参加了本次大会。

国际组织任职 中国睡眠研究会作为发起成员主导和参与了亚洲睡眠医学会（Asian Society of Sleep Medicine，ASSM）的筹建，研究会理事长韩芳当选为ASSM副主席，研究会副理事长黄志力、张希龙当选为ASSM常务理事。在2014年中国睡眠研究会年会期间在北京组织了ASSM的成立筹备会。

国际交往 中澳互派青年学者交流项目继续执行。研究会青年委员，南京医科大学第一附属医院呼吸科医师丁宁通过了中国睡眠研究会委员会的考核，获得2015年度“澳大利亚睡眠学会/中国睡眠研究会青年发展基金”全额奖金，于10月22—25日代表中国睡眠研究会参加了澳大利亚“Sleep DownUnder 2015”年会，并在会上作题为*Elimination of central sleep apnea by cardiac valve replacemen*的研究报告。澳大利亚睡眠学会的Michelle Short教授获得该基金资助，于11月6—9日来北京参加第六届中国睡眠医学论坛并作学术报告。

3月21—25日，由世界睡眠医学联合会（WASM）主办的第6届世界睡眠医学大会（6th World Congress on Sleep Medicine）在韩国首尔举行。我国有60多名睡眠医学专家、学者参加大会，研究会理事长韩芳，研究会副理事长黄自力、张希龙、叶京英和唐向东作为国际学术委员会委员参与了会议组织工作。

科普活动 3月13日，研究会在北京召开睡眠日主题新闻发布会。中国科协党组成员、书记处书记徐延豪出席会议并讲话。研究会理事长韩芳宣布2015年世界睡眠日中国主题为“健康心理，良好睡眠”。中国睡眠医学科学传播首席专家陈贵海教授向与会者介绍世界睡眠日由来，研究会副理事长贾福军对主题进行了阐述。大型科普宣传活动随之启动，中央电视台、新华社、《人民日报》等近50家媒体的记者参加启动仪式，并对活动作了采访报道和宣传。

在世界睡眠日大型科普活动中，研究会会员、团体单位、各省市睡眠研究组织积极响应，围绕主题开展义诊、宣传、发放科普资料，深入大专院校、机关、居民社区开展科普活动。统计显示，开展科普宣讲活动81次，受众人数10059人次，播放科技广播影视节目620分钟；参加活动的科技人员305人次，其中专家人数188人次。

5月16日，围绕2015年全国科技活动周“创新创业 科技惠民”主题，研究会组织专家在北京市东城区龙潭公园参加北京市东城区科协组织的大型科普活动。现场散发宣传材料2000多份，做易拉宝科普宣传，放映录像视频，实物展示呼吸机。公众可以通过手机扫描二维码关注学会，参与互动。

研究会创建了微信公众号、服务号，并完成认证。微信关注总人数达5000余人，发送科普知识几百条，每篇阅读人数在1000余次。研究会的微信服务号获得首届科普中国“最有潜力奖”。

研究会主办的科技网站2015年点击量达到446512人次，并实现与微信的互联。

2015年学会入围中国科协科普信息化建设工程移动端科普融合创作项目2项：“失眠后工作效率降低，谁是元凶？”和“智能手环那些事”。

完成中国睡眠研究会睡眠科学传播系列丛书之一《睡眠与睡眠呼吸障碍》的撰写、编辑及出版印刷。

党建强会 学会临时党支部申请中国科协党建强会计划“十百千”特色活动资助项目和“党建强会”特色活动项目，以“弘扬社会主义核心价值观 奋力实现睡眠科技梦”为主题开展宣讲活动。

研究会共评选出10名优秀共产党员，并为他们制作了事迹介绍视频。在中国睡眠研究会第四次全国会员代表大会上颁发表彰证书。

会员服务 在原有会刊、邮件等服务基础上，中国睡眠研究会依托微信交流平台，开通学会和个人会员的互动与联系，既方便学会了解会员的需求，又可直接向会员，特别是企业类单位会员推广健康睡眠相关的新技术、新成果，形成服务会员的新形式。

【中国睡眠研究会第四届全国会员代表大会】 11月7日，中国睡眠研究会第四次全国会员代表大会在北京召开，153名会员代表参加了会议。

会议由研究会副理事长王玉平主持。代表们听取、审议、通过了研究会理事长韩芳代表第四届理事会作的工作报告，听取和审议、通过了研究会副理事长贾福军关于修改章程的报告，听取审议了研究会秘书长高雪梅所作的财务工作报告，审议并通过了中国睡眠研究会会费管理办法。

代表们以无记名投票方式选举产生中国睡眠研究会第五届理事会76名理事。第五届理事会第一次会议投票选举产生中国睡眠研究会第五届25名常务理事，选举韩芳为第五届中国睡眠研究会理事长，叶京英、张希龙、汪卫东、胡志安、赵忠新、唐向东、徐建、高雪梅为副理事长，左和鸣为秘书长。

中国科协学会学术部学会管理处处长张春程代表中国科协致辞，他希望中国睡眠研究会第五届理事会引领全国睡眠专家和科普专家团队，努力提高我国睡眠科学的学术水平，更快更好地将睡眠医学发扬光大，在睡眠科学研究和应用领域取得新的更大的成果。

【2015年世界睡眠日中国主题“健康心理，良好睡眠”发布】 3月13日，2015年世界睡眠日中国主题“健康心理，良好睡眠”在中国科技会堂向国内50多家媒体进行发布。中国科协党组成员、书记处书记徐延豪出席会议并讲话，他表示，中国睡眠研究会在每年“3·21”世界睡眠日期间都发布当年中国主题，并围绕主题在全国范围内组织开展学术交流、科普讲座、义诊咨询等大型主题科普活动，已经成为具有较大影响力的科普品牌，推动了睡眠科技事业的进步和睡眠产业的健康发展。他希望中国睡眠研究会在今后的工作中抓住机遇，趁势而上，不断提升科普服务能力和传播能力，为提高全民科学素质作出更大贡献。中国科协学会学术部、中华医学会科普部、中国科协、中国科协调研宣传部、中国睡眠研究会有关负责人、专家出席发布会。中央电视台、新华社、人民日报等近50家媒体的记者参加启动仪式，并对活动作了采访报道和宣传。

在世界睡眠日大型科普活动中，研究会各理事、会员单位，各省市睡眠研究组织积极响应，围绕主题开展义诊、宣传、发放科普资料，深入大专院校、机关、居民社区开展科普活动。统计显示，开展科普宣讲活动81次、受众人数达到10059人次，播放科技广播影视节目620分钟，参加活动的科技人员总数达到305人次，其中专家人数188人次。3月15日，研究会副理事长徐建带领上海市中医医院中医睡眠疾病研究所全体人员和研究生，以及上海市中医医院南丁格尔志愿者服务队队员共同在上海市中医医院门诊大厅开展了世界睡眠日义诊咨询活动，对100多名咨询者逐一进行了《失眠患者睡眠相关因素问卷》和睡眠量表调查，进行咨询指导和中医治疗，以及耳穴埋豆、敷贴、温灸、督灸、走罐、刮痧、足浴等体验，同时赠送了失眠症治未病十二讲健康宣教资料。

【中医睡眠继续教育学习班】 6月26—28日，由中国睡眠研究会中医睡眠医学专业委员会、上海中医药大学附属市中医医院、国家中医药管理局中医药优势学科继续教育基地全国名老中医王翘楚传承工作室主办，浙江省宁波市北仑区中医院承办的国家级继续教育项目“中医对睡眠疾病的机理探讨和辨证论治新进展”学习班在浙江省宁波市举办。

全国名老中医王彦恒，上海市中医医院院长、研究会中医睡眠医学专业委员会主任委员徐建，北仑区卫生和计划生育局局长胡峰印等出席了学习班开幕式并致辞。本次学习班共收到学术论文40篇，来自全国各地从事睡眠疾病及相关学科的中医、中西医结合和基础研究专家、学者等近200人参加学习班。

【第五届全国临床心理科建设与发展高峰论坛暨两岸四地睡眠医学高峰论坛】 11月20—22日，第五届全国临床心理科建设与发展高峰论坛暨两岸四地睡眠医学高峰论坛在广东省广州市召开，来自20多个省、自治区、直辖市和香港特别行政区、台湾地区的300多名专家、学者参加了本次大会。大会以“整合、人文、管理”为主题，面对变化的时代对精神卫生的广泛需求以及医学模式从生物医学向生物—心理—社会模式转型的迫切需要，探讨不同学科的医生如何掌握人文、心理、精神卫生知识和技能；精神卫生专科从业人员如何抓住机遇提升自身的专业能力，主动融入主流医学；精神卫生学科如何提升管理水平，满足学科迅速发展的需要。

大会围绕“整合医学”这一核心，从专业技能、人才培养、科室建设、学科发展、医院管理以及人文医学、医患沟通的角度，展开学术成果交流、中外比较、综合与专科医院“院长—主任”对话。两岸四地睡眠医学高峰论坛上跨学科睡眠医学专家以“睡眠与精神障碍、心理卫生”为主线，展示和研讨临床新技能和研究成果，提供了华人睡眠学家学术交流平台。

【启动制定中国失眠障碍诊断和治疗指南】 2015年，经研究会常务理事会议讨论决定，设立和启动我国失眠临床诊治指南项目，由中国医药集团注资38万元支持。该项目由中国睡眠研究会青年工作委员会负责实施。

11月7日，研究会在北京召开中国失眠障碍诊断和治疗指南编委会第一次会议，会议统一了制定指南的原则框架，确定各版块的执笔专家、审校人，确定指南将以“高标准、接地气、显特色”为特点进行制定。

研究会计划根据实际情况修订、更新和补充指南，出版新版本的指南以指导临床实践。

（撰稿人：潘继红）

中国高科技产业化研究会

服务创新型国家和社会建设 2015年，研究会开展高科技产业技术成果转化和项目推广工作，组织专家团队赴地方科技园区实地考察75次，结合实际情况为园区规划，可持续发展方案等方面提出建议，促进企业之间合作。举办技术类培训班22次，参加活动专家共约40人次，受众人数约322人次。

参加山西晋中创新驱动工程对接洽谈会。与晋中6家液压产品企业座谈交流，对晋中企业提出的5个技术难题开展了交流。

在中国科协年会期间，研究会在河北省人才项目洽谈对接会上提出3个项目，重点是“洁能高热值清洁燃气系统”推介。

9月12日，研究会与香港悟破习集团有限公司、新加坡All Events Group PTE Ltd在新加坡联合主办以“共商创新产业合作，共建金融投资未来”为主题的2015亚洲创新产业投资峰会。

10月27日，研究会在北京举办主题为“构建基于大数据和云计算的电子支付安全体系”的2015“互联网+”金融支付安全高峰论坛。来自政府机构、银行系统、高校、电信运营商、互联网公司、相关软硬件企业的专家、学者、企业人士150多人参加会议。

12月，研究会促成神州巨电科技公司与安徽省合肥市新能源企业签约，共同在合肥开发区投资建设20亿安时产业化厂区。

研究会建立中国卫星全球服务联盟，与有关企业以民间合作方式，在国内外推广中国卫星应用服务工作，与一些国外政府和机构签署了包括卫星系统运营、应用服务、地面设施建设等方面的合作协议。该联盟组织举办了第二届中国卫星全球服务国际合作商洽会、2015中阿博览会高新技术与装备展－中国卫星展区、中国－东盟航天遥感应用商业发展论坛暨“一带一路”空间信息走廊工程产业发展研讨会，受到业内及社会各界关注。

研究会受国家科技奖励办公室委托，成为第二批科技成果评价试点单位。截至2015年年底，研究会完成190项科技成果评价，这些科技成果直接列入国家统计局、科技部科技成果库。

研究会协助30余家企业完善专家团队，提升自主创新能力，申请到国家发改委国家企业技术中心项目1个、国家发改委国家重点节能低碳技术推广目录项目2个、2015年火炬计划项目7个。

国际学术会议 2015年，研究会主办国际应用光学与光子技术交流会、2015国际太赫兹技术及应用研讨会、2015光电子与微电子国际学术会议等系列光电领域学术会议等国际学术会议5次，交流论文930篇，参会人数1500人次，其中来自国外的参会者25人次。

10月9—11日，研究会在北京举办2015中国（北京）国际3D虚拟现实展暨第十届中国虚拟现实产业峰会。会议发表9篇主题报告，探讨当前国内外虚拟现实技术与产业的发展趋势，展示虚拟现实技术的行业应用和最新产品。出席会议的专家、学者、企业人士288人。

虚拟现实产业峰会是研究会的品牌会议，本届峰会首次以展览与会议结合的形式举行，展览面积5000

平方米，参展商200多个，专业观众2万多人次。

国内主要学术会议 2015年，研究会主办学术会议18次，参会人数2489人次，交流论文1300篇。本年度的学术会议注重了科研院所、高等院校的学术成果与企业技术创新相结合、会上的学术交流与会后的成果转化相结合、国内与国外的学术交流相结合。

5月5日，研究会在北京举办第三届智能电网技术及应用研讨会，中国工程院院士余贻鑫、王巍院，来自高校、科研院所、企业的专家、学者、业内人士200余人参加会议，围绕未来配电网形态、配电网新技术新应用、智能配电网与分布式电源、配电自动化在城市电网中应用、智能配电与能效管理、配电网供电可靠性等热点议题展开交流，交流论文22篇。

10月18—21日，研究会主办的第九届全国信号和智能信息处理与应用学术会议在浙江省嘉兴市召开，专家、学者40人参会，提交论文102篇，全部在中文核心期刊《计算机工程与应用》出版。

11月28—30日，研究会在广东省江门市举办推进航天育种服务现代农业发展研讨会，来自科研单位、企业、地方政府机构的专家、学者、业内人士43人参会。会议发表论文24篇，探讨了航天育种产业化进程中需解决的问题及解决措施。

科普活动 研究会在全国各地举办5场航天新成就科普展，合计占地面积10200平方米，合计展出130天，参观人数20.5万人次。

在福建省南安市、晋江市、泉州市、山东省济南市、浙江省温州市、广东省湛江市分别举办科普航天展。展览合计占地面积16400平方米，合计展出132天，参观人数22万人次。其间，举办航天科普讲座2场，由运载火箭总设计师龙乐豪院士主讲《中国航天中国火箭》。

【2015亚洲创新产业投资峰会】 9月12日，研究会与香港悟破刁集团有限公司、新加坡All Events Group PTE Ltd在新加坡联合主办以“共商创新产业合作，共建金融投资未来”为主题的2015亚洲创新产业投资峰会。出席会议的有来自埃及、哥斯达黎加、巴西、柬埔寨、智利、斯里兰卡、马来西亚、芬兰、土耳其等国驻新加坡的大使、专员，30余家外国企业和银行、金融机构代表，参会人数近700人。

会议围绕现代农业、卫星服务、文化产业、科技与金融结合的国际合作创新模式、战略新兴产业与金融的创新和发展、企业转型及科技成果转化对接等热点话题进行探讨，投资大师吉姆·罗杰斯（Jim Rogers）先生到会并作主题演讲。

大会主席、中国高科技产业化研究会特聘副理事长，中国国务院发展研究中心原局长邓寿鹏到会致辞并作题为“‘互联网+’时代的创新投资”的主题演讲。中央财经领导小组办公室宏观组原负责人、中国人民银行研究局原副局长，中国建设银行董事景学成作题为“新常态下金融投资对产业发展的支持”、农业部国家农产品质量安全风险评估专家委员会副主任委员章力建作题为“加强亚洲农业基础建设，促进区域农业协作发展”、中国—东盟投资咨询有限公司董事总经理Mike Nikkel作题为“‘一带一路’概念及中国－东盟投资合作基金”、中国世界贸易组织研究会副秘书长宋春峰作题为“金融产业创新与金融文化贸易共赢”、中国卫星全球服务联盟副秘书长陈凌作题为“架设天基丝绸之路的商业机会初步探讨”、Alpen Baruch Bank首席运营官梁鸿基作题为“‘银行私隐担保’离岸银行服务”的主题发言。

我国台湾地区拉薇儿生技有限公司董事长许良荣、甘肃省酒泉市农丰农业开发公司总经理翟治国等介绍企业创新型项目。

（撰稿人：凌　芸）

中国微量元素科学研究会

学会建设 3月21—23日，中国微量元素科学研究会第四届会员代表大会在江苏省南京市召开，选举产生了新一届理事会，朱志国当选新一届理事会的理事长。大会审议并通过了《中国微量元素科学研究会章程》。

3月23日，研究会召开四届一次常务理事会及理事会议，研究会朱志国理事长主持会议。会议通过了新的理事守则及会员会费的收取标准等事宜。

9月19日，研究会四届二次常务理事会议在吉林省吉林市召开。会议传达学习了中央党的群团工作会议精神和有关会议精神，学习了经民政部修改后的《中国微量元素科学研究会章程》。

学术期刊 2015年，研究会期刊《世界元素医学》发表论文126篇。

国内主要学术会议 3月21—22日，中国微量元素科学研究会第14届学术研讨会在江苏省南京市召开，专家、学者128人参加会议。大会共收到论文摘要36篇，收录到《中国微量元素科学研究会第十四届学术研讨会汇编》中。

【中国微量元素科学研究会第四届会员代表大会】 3月21—23日，中国微量元素科学研究会第四届会员代表大会暨第十四届学术研讨会在江苏省南京市召开。3月21日，研究会128位会员代表参加大会。研究会理事陈祥友代表研究会第三届理事会作工作报告，研究会秘书长陈岳作了关于修改章程的说明的报告。会议审议通过了研究会新的会章。代表们以无记名投票方式选举产生了研究会第四届理事会，共60位理事。

3月22日，研究会第四届理事会第一次会议召开，朱志国主持会议。经选举，朱志国任理事长，赵春杰、范广勤、周欣欣任副理事长，陈岳任秘书长。

（撰稿人：陈　岳）

中国国际经济技术合作促进会

服务创新型国家和社会建设　促进会理事长杨春光带队赴山东省青岛市、潍坊市，浙江省宁波市，新疆生产建设兵团，宁夏回族自治区石嘴山市，围绕各地经济社会发展重点，对“一带一路”建设项目进行重点对接考察。促进会副理事长陈凯慧代表中国光大兴陇信托公司与宁夏回族自治区金融办签订了合作框架协议，与新疆生产建设兵团签署了《新疆生产建设兵团与中国国际经济技术合作促进会“一带一路”建设战略合作框架协议》。

5月5—8日，理事长杨春光同志带队赴青岛，围绕“国家海洋战略、扩大对外开放与‘一带一路’建设”进行项目对接考察。

山东省委常委、青岛市委书记李群，市委常委、秘书长王鲁明，市政府副秘书长张军，以及市发改委、商务局、金融办等有关部门的负责同志会见考察组并进行座谈。

在青岛期间，促进会根据其对外经济依存度高，国际合作多，产业集群外向度高的特点，重点对蓝色硅谷开发区，青岛红岛经济开发区，西海开发区及海信、海尔等企业进行考察。促进会副理事长、中国广大兴陇信托常务副总裁陈凯慧与蓝色硅谷开发区就投融资项目达成初步协议。常务理事、北京宏福集团董事长黄福水也对养老地产等领域进行重点考察。

6月15—18日，促进会理事长杨春光带队，副理事长李勇、陈凯慧、王志宗、宋和平、任树平等一行赴浙江省宁波市，以“面向国家海洋战略，‘一带一路’中‘走出去’的优秀传统文化与民族工业”为主题，进行了项目对接考察。

浙江省委常委、宁波市委书记刘奇，宁波市委常委、秘书长王剑波，宁波市副市长李关定，宁波市委副秘书长、政研室主任朱金茂，市委政研室、市发改委、市商务委、市金融办、市经合办、市口岸办等有关部门以及余姚市、慈溪市、奉化市等市县的负责人围绕助力“走出去”中的资本运作、企业并购、资格认证、人员培训、文化交流等与考察组进行座谈。考察组对宁波职业技术学院、宁波保税区、梅山保税港区、北仑港区、围海集团、象山产业园区、丝路航船博物馆进行重点考察，并就多个项目与当地展开对接，达成了初步协议。同时，通过座谈考察，增进了促进会与地方的双向了解。余姚市、奉化市等地负责人表示，希望促进会能够再次对相关项目进行对接考察，以深化合作。

6月26日，促进会理事长杨春光带领副理事长王志宗、任树平，与国务院推进“一带一路”工作领导小组办公室负责人、国家发改委西部开发司司长田锦尘，就学会在“一带一路”建设中发挥职能作用进行会谈，达成合作意向。

8月13—21日，理事长杨春光同志带队，副理事长王志宗、李勇、任树平等一行赴新疆生产建设兵团，以“‘一带一路’建设助力新疆兵团行”为主题，进行了项目对接考察。

在新疆期间，考察团重点对兵团第二师、第三师、第四师和第十二师的部分团场及生产企业，以及可克达拉市、霍尔果斯口岸、中哈合作区、霍尔果斯经济开发区兵团分区、喀什综保区、喀什经济开发区兵团分区、草湖工业园区、伊尔克什坦口岸、吐尔尕特口岸、图木舒克市工业园区、铁门关市工业园区等进行了考察。与兵团党委常委王世江、副秘书长帕尔哈德·赛义德，党委研究室、发展改革委、外事局、对口援疆办、商务局等有关部门负责人以“在新形势下，如何加强兵团与中国经济技术合作促进会合作，共同开拓丝绸之路经济带建设新局面”为主题，就双方在“一带一路”建设中开展全方位、多层次互利合作进行深入座谈，签署了《新疆生产建设兵团与中国国际经济技术合作促进会“一带一路”建设战略合作框架协议》，为深化合作打下了良好基础。

9月9—11日，促进会借参加大连达沃斯论坛之际，参与国际经济技术交流，考察智能化机械制造先进企业；12月5日，促进会借参加海南“互联网+”论坛与新型城镇化之际，参与了城镇化推进研究。促进会到中国科协所属中国仪器仪表学会、中国计算机学会座谈，学习优秀学会的经验做法，围绕国家战略，寻求合作共赢。

学会建设 3月29日召开常务理事会议，同意促进会原理事长郑树山辞职，选举杨春光为继任理事长。

6月7日，中国国际经济技术合作促进会第五次会员代表大会在北京召开，大会审议通过了第四届理事会工作报告、第四届理事会财务工作报告、大会选举办法、第五届理事会理事名单（170人）、《中国国际经济技术合作促进会章程（修订）》。在随后召开的第五届会员代表大会第一次理事会议，选举产生杨春光为理事长。

7月10日，促进会理事长杨春光在北京主持召开理事长扩大会议，研究决定撤销秘书处，由综合办公处代行秘书处职责，组建设立党的工作处、综合办公处、宣传工作处、金融运作处、科研推广处、法律法规处、咨询服务处。

改版促进会网站，增加栏目设置和会员服务窗口。

党建强会 促进会多次召开理事长专题会议，学习贯彻党中央、国务院、中国科协、民政部关于学会建设的法规文件和会议精神，集中进行了“三严三实”和学党章，学法规，对照警醒提高的教育活动。

4月18日，促进会举办《习近平谈治国理政》专门培训班，领学其重要篇章《依靠学习走向未来》，传达《中共中央组织部关于规范退（离）休领导干部在社会团体兼职问题的通知》（中组发〔2014〕11号）和《关于加强社会组织反腐倡廉工作的意见》（民发〔2014〕227号）文件。进一步强调退（离）休领导干部在社会团体兼任职务的各项规定，加强对健全社会组织民主机制，加强社会组织财务管理，规范社会组织商业行为，实行社会组织信息公开制度，强化社会组织审计和执法监督，加强社会组织廉洁自律教育的学习，促进会副理事长王志宗、宋和平进行教育和现场督导。

6月30日，促进会举办“迎七一”党日活动，理事长杨春光主持并讲授题为“对党魂军魂民族魂集一身的伟人毛泽东的随想”的党课，要求全体同志要学好党的历史，致力于“两个一百年”奋斗目标和伟大复兴中国梦。刘敬桢、宋和平、任树平等副理事长在会上作了交流发言。

9月7日，促进会召开第五届二次理事会会议，传达了中央党的群团工作会议精神工作会议和中国科协所属学会有序承接政府转移职能扩大试点工作座谈会精神，邀请副理事长陈凯慧、刘敬桢分别作了题为“‘一带一路’建设·国际金融走势与当前资本运作”和“‘一带一路’战略中的优秀装备制造业‘走出去’”的讲座。

【宁夏“一带一路”建设项目对接】 4月21—24日，促进会理事长杨春光带队赴宁夏，对自治区“一带一路”建设项目进行重点对接考察，并围绕助力宁夏中阿博览会事宜进行了座谈。

宁夏自治区党委书记李建华，自治区政府主席刘慧，党委常委、宣传部长蔡国英，党委常委、常务副主席张超超，副主席王和山，秘书长王紫云以及自治区宣传部、发改委、科技厅、商务厅、文化厅、项目办等有关部门的负责人会见考察组一行并深入交谈。

在宁夏期间，考察组召开了宁夏“一带一路”建设项目对接座谈会，宣传文化项目对接座谈会，并深入银川阅海湾中央商务区、银川IBI育成中心等进行重点考察。促进会副理事长陈凯慧代表中国光大兴陇信托公司与宁夏回族自治区金融办签订了合作框架协议。促进会常务理事、华永集团董事局主席李勇应邀对宁夏养老、汽车配件制造等产业进行了重点考察，达成了投资意向。促进会理事、中国机械工业集团有限公司副总经理兼中国海洋航空集团公司董事长、中国机械工业建设集团有限公司董事长刘敬桢，常务理事、北京宏福集团董事长黄福水，常务理事、中央电视台节目总监岑传理等也对各自关心的领域进行重点考察。

【中国国际经济技术合作促进会第五次会员代表大会】 6月7日，中国国际经济技术合作促进会第五次会员代表大会在北京召开，第十一届全国人大常委会副委员长、党组成员司马义·铁力瓦尔地发来贺信。中国科协党组成员、书记处书记王春法，国家民政部民间组织管理局副局长刘振国出席会议并讲话。中组部、全国政协、中国文联、解放军报社有关负责人出席了会议，中国国际经济技术合作促进会会员代表约150人参加了会议。

会上，会员代表按照《中国国际经济技术合作促进会章程》和会议程序，审议并通过了第四届理事会工作报告、财务工作报告和审计工作报告、会议选举办法、中国国际经济技术合作促进会章程（修改草案），选举出中国国际经济技术合作促进会第五届理事会理事、常务理事和理事会成员，并选举杨春光为中国国际经济技术合作促进会第五届理事会理事长。王志宗等17人当选为副理事长。

（撰稿人：李　鑫）

中国基本建设优化研究会

服务创新型国家和社会建设　1月11日，中国基本建设优化研究会联合江西省农业科学院、中国老年学学会老年医学委员会、中国老年学学会营养与食品专业委员会等14家单位成立中国芦笋大健康产业联盟，并举办首届中国芦笋大健康产业战略优化发展论坛暨芦笋大健康产业博览会。会议确立联盟为“民办非企”运作模式，确立联盟理事会架构，中国基本建设优化研究会为理事长单位。采用PPP模式在全国适当省区市设立芦笋产城融合联动示范县，建立芦笋产业园，构建一二三产联动，生态与经济协调发展模式。

首届中国芦笋大健康产业战略优化发展论坛旨在打造行业知名品牌，通过建立网站等信息化手段，与产业联盟各单位形成紧密联系，共同推动芦笋产业的全面发展。

在“绿色新政”——《关于加快推动我国绿色建筑发展的实施意见》《绿色建筑发展行动方案》的推动下，研究会开展“高品质地产的技术创新之路”全国技术研讨活动，旨在通过“有效整合技术资源，创新优化合作模式”，促进相关绿色技术与产品在房地产领域中广泛的应用，破解有关的技术难题，推动和提升绿色建筑质量。2—12月，研究会在北京市、上海市、辽宁省沈阳市、湖北省武汉市、江苏省南京市、安徽省合肥市、四川省成都市、陕西省西安市、天津市、湖南省长沙市10个城市开展了10次技术研讨活动。

9月19日，研究会在江苏省南京市江苏建华总公司开展“室结构加固中的植筋技术”科技咨询。研究会在江苏省南通市南通理工学院建筑举办实用技术培训，推广新技术新品种4项。来自研究会建设工程与环境优化技术专业委员会、中国未来研究会江苏分会、南通市土木建筑学会、南通理工大学学生会科协的专家、学者86人参加培训。

11月2—4日，研究会受河北省秦皇岛市青龙满族自治县邀请，组织专家考察调研该县蚕业状况。通过实地参观、听取汇报、询问了解、相互交流、走访印证等方式，初步摸清了当地蚕业的基本情况，掌握了地方企业旭隆蚕丝有限公司的经营情况，征求了当地政府及农民合作组织的意见意向，了解了当地蚕业的产业基础、发展现状、存在问题和未来潜力。此次调研形成了《河北省青龙满族自治县蚕产业调研报告》，并提交给河北省有关部门。

11月7日，研究会与中国生产力促进中心协会联合在北京举办中国好技术新闻发布会。专家、学者和媒体人士约100人参会，活动以全国200多个生产力促进中心为开展单位，向各类企业、机构和个人征集贴近生活、惠及民生、面向需求、创造消费的好技术、好产品、好项目，旨在将深藏在民间的好技术变成好产品推向国内外市场，产生经济效益和社会效益。

12月7—20日，研究会组织国内农业、水利、城镇化建设、银行金融等机构专家12人赴江西省、山东省、山西省、河南省的13个乡镇（街道办事处）调研考察“建设三农优化实验区、就地实现新型城镇化”项目。实地考察调研了13个乡镇的现代农业生产基地、农业科技示范基地、有机农业公司、绿色农业山庄、工业园区、电子商务园区、商贸物流园区、畜牧养殖园区、果蔬产业项目区、食品工业园区及特色养生项目、富硒特色农业产业项目等各类园区和特色产业项目。通过听取介绍、仔细询问、探讨交流，初步摸清了当地的人口规模、地形地貌、乡村建设、农业现状、产业支撑、生态环境、发展潜力、合作意向等基本情况，为“建设三农优化实验区、就地实现新型城镇化”综合项目及早进入实质落地阶段奠定了基础。最后形成4份调研报告反馈给四省有关政府部门。

研究会与海淀区紫竹院社区、新起点嘉园社区联系，向社区群众提供法律咨询服务。讲课4次，提供法律咨询30余次。

学会建设　研究会与中国党政干部学习网合作开展党的十八届四中全会和“十三五”规划培训讲座4次。邀请中国人民大学、政法大学等高校名教师，就依法治国、环境保护、土地资源利用等课题进行培训。

决策咨询　研究会联合知识产权代理机构，向科技企业、科研单位提供知识产权法律服务。提供商

标咨询 50 余次，提供商标处理意见 5 件。

5 月 16 日，研究会在江苏省南京市南京工业大学开展“劲性深层搅拌桩技术”科技咨询。

8 月 15 日，研究会在北京举办民用建筑框架结构论证会，约有 80 人参加论证会。

9 月 19 日，研究会在江苏省南京市江苏建华总公司开展“室结构加固中的植筋技术”科技咨询。

10 月 15 日，研究会在贵州省贵阳市针对温泉开发举办咨询会，约有 50 人参加。

国际学术会议 5 月 30—31 日，研究会在广东省广州市举办 2015 年可持续能源和环境保护国际学术会议（ICSEEP 2015）。会议围绕能源工程和能源技术、环境科学和环境工程、电力供应系统、探索 / 利用资源和可持续发展等议题展开研讨，旨在为能源资源与环境工程领域的专家、学者和企业人士提供一个分享研究成果、讨论存在的问题和挑战、探索前沿科技的国际性合作交流平台。

10 月 29 日，研究会与中国生态政策补偿中心在北京联合举办以“以生态补偿促进生态文明：社会和市场的参与”为主题的 2015 中国生态补偿国际研讨会。国内外生态补偿领域的政策制定者、实践者和专家、学者约 120 人参加会议。会议认为，要建立私营部门以及生态保护利益相关方广泛参与的生态补偿机制。与会者分享和交流了生态补偿领域的知识和经验。

国内主要学术会议 4 月 21—23 日，研究会在北京举办以“能源互联网：前沿科学问题与关键技术”为主题的学术讨论会。多学科跨领域的专家、学者参会，围绕、能源互联网的运营机制与市场模式、能源互联网的规划与运行、能源互联网的关键设备与支撑技术等议题进行研讨。

5 月 6 日，研究会与中国生产力促进中心协会联合举办以“大众创业、万众创新”为主题的中国生产力创新创业发展论坛。政、产、学、研、专家、学者和业内知名人士 200 余人参会，探讨新的经济形势下，新的产业业态和经济增长点。

5 月 15 日，研究会在江苏省南京市南京工业大学举办“关于工程鉴定加固技术创新”学术沙龙活动，专家、学者、企业人士 42 人参加活动，交流论文 3 篇。

7 月 10 日，研究会在江苏省南京市江苏建华总公司就“房屋维修改造与加固行业发展前景”主题举办研讨会，专家、学者、企业人士 40 余人参加会议，交流论文 1 篇。

8 月 2—3 日，研究会联合北京市齐致律师事务所、北京亿律网络科技有限公司在北京举办法律服务互联网化研讨会。法律专家、法律工作者、互联网运营商、学者、媒体从业者等 120 人参加研讨会。与会者对现今运用互联网向公众提供快捷、高质量法律服务的可行性进行了研讨，以大数据、案例分析等形式得出通过互联网提供法律服务将是对传统律师行业的深度变革。北京亿律网络科技有限公司介绍了专业法律服务 APP“亿律”。

2015 年 10 月 23 日，研究会在东南大学举办主题为“预应力技术在结构消能减震和震后复位中的应用”的学术沙龙，专家、学者、企业人士 58 人参加沙龙，交流论文 5 篇。

12 月 27 日，研究会在北京举办第八届全国房地产总工年会。房地产领域专家、学者和企业科技工作者 500 余人参会，交流论文 20 余篇。

科普活动 8 月 16 日，研究会在北京开展“法律服务就在你身边——未成年人如何自我保护”青少年科普宣讲活动，针对未成年人，尤其是未成年少女频繁遭受侵害进行宣传教育，讲解如何及时保护自己免遭危害或降低危害程度，在遭受侵害后如何运用法律手段维权。40 名中学生参加活动。

（撰稿人：佟艳杰）

中国科技馆发展基金会

服务创新型国家和社会建设 6 月，基金会与中国科学技术馆、河北工业大学、创新方法研究会共同承担的科技部“基于科技馆平台的创新方法培训研究与实践”创新方法项目通过验收。项目组就如何将发明问题解决理论等创新方法融入展品设计与展教活动等方面进行探索，先后举办两期培训班。第一期培训班共有来自科技馆业界和企业科研人员 202 人参加，40 名学员获得科技部二级创新工程师资格，3 名学员获得一级创新工程师资格。学员开发出创新展品 11 件，申请专利 20 项，其中 6 项已获得授权。第二期培训班有 46 名青少年学生参加，全部通过了培训考核。项目组初步建立了面积为 180 余平方米的“青少年创新培训基地”。

基金会联合中国科技馆、上海科技馆、清华大学新闻与传播学院完成“全国科技馆展教人员状况调查”课题。该课题历时两年，面向全国 95 家科技场馆的一线展教队伍的基本情况、存在问题及意见建议等相关问题进行调研。经过汇总各项专题报告、分报告、典型案例以及结题报告，正式出版15万字的《全国科技馆展教人员状况调查报告》。

基金会围绕中国特色现代科技馆体系建设的大局，进一步提升农村科普公共服务能力，扩大农村中学科技馆项目的覆盖面。2015年，新增捐资建立农村中学科技馆20所，向已建成的100所农村中学科技馆捐赠3D打印机。农村中学科技馆项目自实施以来，已完成171所科技馆的建设，涉及29个省、自治区、直辖市和新疆生产建设兵团，累计受益公众达100余万人次。基金会召开农村中学科技馆项目年度工作交流会，来自全国各省、自治区、直辖市和新疆生产建设兵团科协、科技馆负责农村中学科技馆的有关负责人，各试点中学等单位的有关负责人150余人出席会议。基金会联合省科协为中学科技教师开展交流培训活动3次，近300人参加。

2015年，基金会捐赠400万元，完成了对天津市、河北省、云南省、贵州省的8所大学共计900名贫困大学生的资助工作。

基金会严格按照《合展励学金工作实施方案》《合展励学金公益项目工作流程》等相关规定，对年度资助计划提出严格要求，对各校资助学生的名额分配、评定条件、评审程序、公示情况、管理费用等执行情况进行检查和监督。5月，基金会联合北京中正天通会计师事务所对天津市两所高校的资助情况进行了检查，走访近100名受助大学生。

学会建设 9月15日，基金会召开四届12次理事会暨换届大会。会议审议通过了第四届理事会工作报告和财务报告。选举产生第五届理事会理事6人，监事3人。随后在召开的五届一次理事会上，中国科技馆党委书记、副馆长殷皓当选为第五届理事会理事长。

12月2日，基金会召开五届二次理事会议。会议通过了新增1个理事单位和2名理事。依据相关规定调整专家评审委员会委员名单。通过了《中国科技馆发展基金会章程》修订稿。

12月，完成第五届理事会理事、监事的备案工作，《中国科技馆发展基金会章程》修订稿由民政部核准通过。

表彰举荐优秀科技工作者 2015年，基金会评选并颁发了科技馆发展奖“辅导奖”和“展品奖”。

12月17日，2015年度科技馆发展奖颁奖典礼在全国科技馆工作会开幕式上隆重举行。中国科协党组书记、常务副主席、书记处第一书记尚勇，全国政协常委、教科文卫体委员会副主任、中国科技馆发展基金会名誉理事长邓楠，中国工程院院士、中国科协副主席赵沁平，中国科协党组成员、书记处书记徐延豪，中国科协党组成员、中国科技馆馆长束为等参加了颁奖典礼。基金会理事长殷皓宣读了颁奖决定。王田浩等9名个人（团队）获得2015年度科技馆发展奖“辅导奖”；“物联网创客－比特实验室”等3个展项获得2015年度科技馆发展奖“展品奖”；刘晓蕾等11名个人获得2015年度科技馆发展奖“辅导奖提名奖”；“魔方机器人”等3个展项获得2015年度科技馆发展奖“展品奖提名奖”。

【中国科技馆发展基金会第四届十二次理事会暨换届大会】 9月15日，基金会召开第四届十二次理事会暨换届大会。中国科协党组书记、常务副主席、书记处第一书记尚勇，全国政协常委、教科文卫体委员会副主任、中国科技馆发展基金会名誉理事长邓楠，中国科协党组成员、书记处书记徐延豪，以及中国科协组织人事部、学会学术部、科学技术普及部等有关部门负责人出席会议。会议由基金会第四届理事会理事长谢克昌主持。会议审议通过了工作报告和财务报告。选举产生中国科技馆发展基金会第五届理事会理事6人、监事3人。随后在召开的五届一次理事会上，中国科技馆党委书记、副馆长殷皓当选为中国科技馆发展基金会第五届理事会理事长，初学基当选为秘书长。会议决定授予中国科技馆发展基金会第四届理事会理事长谢克昌为中国科技馆发展基金会名誉理事长，授予中国科技馆发展基金会第四届理事会理事张玉卓为中国科技馆发展基金会荣誉理事。会议决定聘请全国政协人口资源环境委员会副主任、中国科协决策咨询委员会主任齐让，中国科技馆发展基金会第四届理事会副理事长屠海令，国务院参事室特约研究员鲍红为中国科技馆发展基金会第五届理事会顾问。

（撰稿人：吴冬梅　范家旭）

中国生物多样性保护与绿色发展基金会

服务创新型国家和社会建设 2015年，基金会提交两会提案《加强中小学绿色教育提案建议》和《落实环境公益诉讼制度十分重要》。召开《野生动物保护法》修订案研讨会，推动《生物多样性保护法》的设立。

基金会提起环境公益诉讼案件43起，其中已立案26起，占全国环境公益诉讼案件的一半以上。案件类型涉及海洋、湿地、沙漠、草原、土壤、大气、水源地等方面。基金会的环境公益诉讼主体资格得到最高人民法院终审确认。

基金会在每次案件提起前都召开专家研讨会，邀请法律、技术专家和媒体参会。截至2015年11月底，共召开27次环境公益诉讼专家研讨会。其中与联合国开发计划署（UNDP）合作关于生态环境修复专项基金项目专家研讨会召开2次，形成专家意见20余条，集中体现在基金会向全国人大、最高人民法院的立法及司法建议中。

鉴于基金会在腾格里沙漠污染案中的突出表现，由司法部、全国普法办、中央电视台主办，全国人大常委会、最高人民法院、最高人民检察院、公安部协办的“2015 CCTV年度法治人物”评选将此荣誉授予基金会以及为之共同奋斗的律师、媒体人士。与此同时，中国古村大会为表彰基金会对保护马固村不可移动文物所做的工作，颁予基金会“中国古村卫士”称号。

基金会开展大型公益活动24项。5月22日，在第22个国际生物多样性日期间，基金会和中国战略与管理研究会共同主办生态文明与绿色经济发展暨麋鹿回归三十周年纪念活动。9月25—27日，基金会主办中国·大连第一届国际观鸟大赛，全国人大常委会原副委员长李铁映以及世界自然保护联盟（International Union for Conservation of Nature，IUCN）代表、立陶宛共和国和孟加拉人民共和国驻华大使馆代表出席现场活动，共同见证了大连市不断改良的自然环境与生态文明。

10月，基金会与厦门大学签订协议，开展自然生态保护项目——中国沿海海洋濒危物种生态调查与数据库建设。项目包括海龟非法贸易调查与执法能力建设、海龟放生活动、卫星跟踪与保护宣传教育、海龟卫星跟踪与生物学研究、西沙海龟与濒危物种保护与渔民生计与可持续渔业研究、海龟与海洋濒危物种信息网络建设等。

10月19—21日，基金会在内蒙古自治区达拉特旗举办纪念钱学森归国60周年座谈会暨学术研讨会。专家、学者围绕学习钱学森同志第六次产业革命论述了20年践行沙产业、草产业成就等内容展开研讨，为阿拉善盟发展沙产业提供了可借鉴的经验。

基金会协助恩格贝沙漠科学馆，筹建了钱学森图书室、宋平图书室、专家图书室，用来宣传荒漠开发利用的方向、展示沙产业实践者的成果。年内先后在上海市、内蒙古自治区、北京等地组织了《第六次产业革命创新内涵及沙产业》专题学术报告。

10月27日，基金会与国家行政学院音像出版社正式签订《“大学生村官”战略合作协议》，设立并管理大学生村官培训公益公募基金、大学生村官产业基金等，为大学生村官培训网（www.dxscgpx.com.cn）及手机APP融入公益属性，以大学生村官培训网为基础，为大学生村官群体建立第三方评估体系、信用体系，服务于大学生村官再就业、创业、转型等方面展开合作。设立并管理大学生村官产业基金，联合其他社会力量和组织为大学生村官创业提供资金及技术服务支持。

11月11日，基金会与安徽省芜湖市科学技术协会签订协议，开展创新驱动助力工程合作，建立迁地保护区、生态保护基地，并配套开展养老、养生、生态旅游等活动，帮助当地在保护中促发展。

11月11—14日，基金会与植物园工作委员会在中国科学院西双版纳热带植物园举办了植物园培训班，来自全国植物园系统、科研院所、企业等100余人参加培训班。

12月4日，基金会在北京举办首届圈养鲸豚生存报告分享会暨媒体沙龙。香港海豚保育学会、台湾地区黑潮海洋文教基金会、台湾地区动物社会研究会、美国动物福利组织、中国海洋大学法政学院的专家、学者参加活动，分享圈养鲸豚的观点。会上发布了圈养鲸豚的生存报告。通过活动呼吁更多民众关注圈养鲸豚保护。

基金会举办以“宣传美丽中国、中国生物多样性保护”为主题的美丽中国生物多样性保护图片校园巡展。活动从以往举办过七届的生物多样性摄影展中挑选图片100幅，利用巡展走进校园（大学、中学、小学），每月在一所学校展出，每年不少于10所学校，并在图片巡展的基础上，在有条件的学校结合科技课安排中国生态摄影协会专业老师开展生态摄影讲座，同时在校内播放生物多样性保护主题的微电影。

2015年，基金会开展多项科研项目，包括兴安盟GEP研究、五小叶槭迁地保护两大基地、“守望地球”

科学考察等7项重点科研项目。

学会建设 年内，基金会召开了第四届第二十八次、二十九次理事长办公会议，第四届第十一次理事会议。

基金会新建立兴安盟生态研究院、中国星空会、中国观鸟会等8个二级机构。基金会增设国际部、NGO伙伴关系协作部等内设机构。

基金会新增黄才华等75位专家为基金会专家库成员，基金会专家库专家总数已逾百名，包括环境保护相关领域十余名院士。

2月28日，基金会与自然大学发起人冯永锋签订《中国生物多样性保护与绿色发展基金会“濒危物种基金”合作协议》，成立濒危物种基金，开展了穿山甲保护、江豚保护、表演动物保护等活动。根据协议，基金会成立保护穿山甲国际工作组。

基金会新增设7个专项基金，分别涉及生态修复、低碳出行、自然生态保护、大都市饮用水源地保护、草原生态保护等方面。5月29日，基金会与企业家联合发起成立绿色未来科技发展专项基金。8月28日，基金会联合北京林学会、世界自然保护联盟（IUCN）共同发起成立大都市饮用水源地保护专项基金。10月9日，基金会与“古村之友”创办人汤敏合作成立中国生物多样性保护与绿色发展基金会古村之友工作委员会（简称中国古村之友会），并设立古村保护专项基金。11月18日，基金会与《狼图腾》作者姜戎先生、中国作家协会副主席张抗抗女士等联合发起成立了狼图腾草原保护专项基金。

基金会通过基金会网站、微博、微信平台，以及电视、广播、互联网等各类媒体宣传基金会活动情况，提高工作透明度。

国内主要学术会议 10月19—21日，基金会在内蒙古自治区达拉特旗举办纪念钱学森归国60周年座谈会暨学术研讨会。40多位国内专家、学者参会，共同研究探讨促进沙草产业发展。

11月11—14日，基金会与基金会植物园工作委员会在中国科学院西双版纳热带植物园联合举办2015年中国植物园学术年会，年会主题包括：植物园与生物多样性保护、植物园与植物资源可持续利用、全球变化与植物园物种保育、植物园环境教育、植物园园艺技术与城市园林绿化、保护型植物园的建设与展望。来自全国62个植物园（树木园）、26所科研院所（大学）、24个国际国内学术组织和政府部门等112家单位的410余名专家、学者参加会议。同期还举办了植物园培训班，国际植物园协会前主席、南京中山植物园名誉主任贺善安教授，中科院植物园工作委员会原主任许再富教授，基金会副理事长、北京植物园顾问张佐双，新疆吐鲁番植物园名誉主任潘伯荣教授等国内植物园界的专家为来自全国植物园系统、科研院所、企业等100余人授课。

国际交往 1月17日，基金会正式加入世界自然保护联盟（IUCN），与其在GEP项目试点、跨境生物多样性保护、大都市饮用水源地保护、世界生态治理论坛等方面进行合作。

5月，基金会与尼泊尔蓝毗尼发展协会、绿色企业会员深圳我有爱文化传播有限公司共同发起“我心有爱——绿色公益万里行”活动。活动途经广东省深圳市、海南省、我国台湾地区等地。基金会还与IUCN尼泊尔办公室、尼泊尔蓝毗尼经济开发委员会等建立了友好联系。

6月13日，联合国全球契约组织接受基金会的申请，同意基金会成为其成员。基金会承诺与其他成员一起支持联合国全球契约组织有关人权、劳工、环境和反腐败等十项原则。基金会每两年提交一份进展情况通报，履行对利益相关者和契约组织的义务。

7月24—25日，基金会在北京举办中美空气净化研讨会，与世界环保领域有影响力人士、诺贝尔和平奖获得者、美国前副总统戈尔共同探讨大气治理与空气净化的解决方案。

11月17日，受英国菲利普亲王邀请，基金会派人参加了在英国兰贝斯宫召开的大自然保护协会与世界宗教环境保护联盟研讨会，并与菲利普亲王、世界宗教与环境保护基金会（ARC）秘书长彭马田（Martin Palmer）商谈开展宗教与生物多样性保护合作。

年内，基金会与联合国开发计划署（United Nations Development Programme，UNDP）举办了2次专家研讨会、1次案发地考察，国内外30余位专家参与，通过撰写生态环境修复专项基金报告，形成立法及司法建议，推进相关法律及政策修改完善。

科普活动 基金会举办以“宣传美丽中国、中国生物多样性保护”为主题的美丽中国生物多样性保护图片校园巡展。在图片巡展的基础上，在有条件的学校结合科技课安排中国生态摄影协会专业老师开展生态摄影讲座，同时在校内播放生物多样性保护主题的微电影。

8月4日，基金会与守望地球野外科学考察机构正式签署战略合作协议，以野外科学考察等形式开展生物多样性保护工作，推动社会公众关注地球环境并直接参与到濒危野生动植物保护、全球气候变化和生态环境保护等方面的实际行动中来。

基金会在官网发布《56种保护生物多样性的形式》，通过支持拍摄电影《奇妙的朋友之萌爱2016》，引导电影增加科普和生物多样性保护内容。借助媒体力量，向社会征集志愿者、征集"绿丝带"标识设计，为全社会了解生物多样性保护进行科普和宣传教育。

基金会递交的微电影剧本《016号麋鹿》荣获首届中国公益微电影节最佳原创剧本奖。

【麋鹿回归三十周年暨中国生物多样性保护与绿色发展基金会成立三十周年纪念活动】 5月22日，在第22个国际生物多样性日期间，基金会和中国战略与管理研究会在北京举办生态文明与绿色经济发展暨麋鹿回归三十周年纪念活动。

环境保护部副部长李干杰，联合国助理秘书长、《生物多样性公约》执行秘书迪亚斯，IUCN主席章新胜出席会议并讲话。基金会理事长胡德平致辞，执行理事长胡昭广主持会议。英国乌邦寺庄园第十五世贝福特公爵安德鲁·拉塞尔先生发来视频祝贺。

江苏大丰麋鹿国家级自然保护区向基金会无偿捐赠麋鹿30头，以配合基金会在各地建立迁地保护中心。

纪念活动包括：11月16日，基金会举办麋鹿与生物多样性保护国际学术研讨会；11月19日，在湖北石首麋鹿国家级自然保护区举行聘请专家仪式暨麋鹿保护学术研讨会。

【中国·大连第一届国际观鸟大赛】 9月25—27日，由基金会与辽宁省大连市人民政府、大连野生动植物保护协会、中国观鸟会共同筹划，国家林业局参与并主办的中国·大连第一届国际观鸟大赛在辽宁省大连市旅顺口区举行。

全国人大常委会原副委员长李铁映、第十一届全国政协副主席张梅颖、国家林业局副局长陈凤学、大连市市长肖盛峰等出席开幕式，IUCN驻华代表朱春全博士代表IUCN主席章新胜、立陶宛共和国驻华大使馆、孟加拉人民共和国驻华大使馆代表参加活动。

来自全国15个省、自治区和英国、美国、俄罗斯、加拿大、新加坡、芬兰、孟加拉、吉尔吉斯斯坦等国家的50余支队伍200余位鸟友参加大赛活动。大赛期间，有鸟友观察到在大连当地二十余年未有观测记录的细纹苇莺，见证了大连近年来不断改良的自然环境与生态文明。

（撰稿人：王　静）

中国反邪教协会

服务创新型国家和社会建设　制定了《中国反邪教协会2015年宣传资源创作指南》，重点开发《大学生反邪教宣传教材》《农村党员干部反邪教宣传教育主题片》《依法治理邪教挂图展板》《揭穿"世界末日"谣言科普专题片》，支持各地协会结合实际，开发科学反邪、文化反邪、法律反邪三个方面的图书、展板、专题片、动漫、微电影、公益广告等各种媒体宣传资源项目共计13项。在《科学与无神论》《科学世界》等媒体开办"邪教问题研究""破迷辨伪"栏目，全年发表文章12篇共计10余万字。

2015年年初，印发了《中国反邪教协会2015年度课题研究指南》，提出了理论研究工作中5类重点研究方向，36个重点研究任务，增强了理论研究工作导向性和针对性。对课题研究的评审方式和程序进行了规范，制定了《中国反邪教协会课题评审办法》，成立了课题专家评审组，评审批准34个研究课题。

5月，完成了中国科协"十三五"规划A系列课题《封建迷信、伪科学及迷惑现象传播现状及对策研究》，并于9月召开了专家评审会。研究报告共6万余字，包括1篇总报告、5篇分报告，对领导干部、青少年、农民不同人群和国外、网络不同领域中存在的封建迷信、伪科学及神秘现象进行了全面梳理，分析了产生原因，提出了工作对策。评审专家对课题研究成果给予了高度评价，建议对课题成果进一步提炼后报送有关领导。

6月，向全国各级反邪教协会印发了《关于开展全国反邪教协会组织建设和工作情况调查的通知》。调查以省、市、县三级分别填报相应调查问卷方式开展，历时4个月，收回问卷近2000份，采集各类数据20多万个。

动员各地协会开展全国优秀反邪教文艺节目征集评选活动，用两个多月时间，对各地协会上报的598个文艺节目，组织文艺界的专家进行节目评审，共评出一、二、三等奖节目89个，优秀节目300个。开展全国“培育和践行社会主义核心价值观反邪教主题征文活动”，共收到征文1700多篇。

全年以建好“反邪教警示教育资源库”为重点，年初，中国反邪教网正式上线运行，通过逐级授权的方式，向各地基层反邪教组织进行共建共享服务，提供图书、展板、挂图、专题片、文艺作品、微视频、讲座、动漫、论文、广告、短信、彩信等14类资源，5000多个资源产品。举办全国资源库管理员培训班，推动资源库使用，全年下载量1万多次，浏览量33万多次，上传资源近7000个。

学会建设 召开1次理事会议、2次常务理事会议，通报情况，研究问题，讨论全年计划和年终总结，发挥理事会、常务理事会建言献策作用。

2015年，把提高协会秘书长工作能力和水平，作为加强协会干部队伍建设的关键，分别于3月和10月举办了全国反邪教协会秘书长培训班和地市级反邪教协会秘书长培训班。

3月至5月，对中国反邪教网站进行改版工作，优化栏目设计，拓展网站内容，提高页面吸引力，努力打造网站的专业性、权威性。12月初，召开全国反邪教网站通讯员会议，对各地通讯员进行培训，不断提高供稿质量和水平。截至2015年，全国各级反邪教协会建立网站119个，开设微信公众号76个，开设微博23个，开设博客17个，网络反邪教工作阵地初步形成。

学术期刊 对《中国反邪教通讯》进行了改版，明确其对反邪教协会系统的工作指导作用。全年编印12期，约100万字，每期印发3000册。

科普活动 利用“全国党员干部远程教育网”教育平台，对党员干部开展反邪教教育宣传，共报送《警钟——全能神》《揭开全能神的真面目（上、下）》《警钟——门徒会》等展播专题教育片18个、材料39份。支持各地反邪教协会借助“科普日”“科技周”“三下乡”“大篷车”等科普平台，将反邪教警示宣传同科学普及有机结合，针对不同人群，在城市街道、社区、农村、高校等重点区域，举办警示教育和科普宣传活动1000多场，参与人数达300多万人次。

【全国反邪教协会组织建设现场经验交流会】 11月27日，全国反邪教协会组织建设现场经验交流会在大连召开。协会理事长欧阳自远及协会理事，各省区市反邪教协会分管领导及秘书长，部分市、县协会典型代表150余人参加会议。会上发布了全国反邪教协会组织建设和工作情况调查结果。辽宁、天津等11个组织建设工作开展较好的地方协会作了经验交流。与会代表现场参观考察了大连市有关街道和社区反邪教协会工作情况。

（撰稿人：孙　倩）

国际粉体检测与控制联合会

学会建设 截至2015年年底，学会个人会员335人，外籍会员32人。会员分布在美国、日本、韩国、澳大利亚、德国、英国、意大利、荷兰、阿塞拜疆、中国等国家。学会共有理事23人，常务理事会成员5人。

国际交往 3月16—18日，联合会工业应用委员会与韩国粉体工业技术协会在韩国釜山举办了第一届韩中粉体技术交流与新产品开发恳谈会，就中韩粉体技术进步和新产品开发进行交流。联合会工业应用委员会负责人、清华大学粉体研究中心主任盖国胜和韩国粉体工业技术协会会长崔嵎植担任联合主席。联合会常务副秘书长金智贤担任大会秘书长。双方签署了《韩中粉体工业技术协会互助合作和共同开发新产品的备忘录》，旨在促进东北亚地区粉体技术的发展，助力各自国家产业的稳定发展。

3月18日，联合会常务副秘书长金智贤访问了韩国庆尚大学、蔚山大学、釜山大学和庆星大学，并在庆尚大学作题为“中国粉体工业发展现状”的学术报告，与学会理事、韩国庆尚大学新材料学院教授安仁燮、林水根商讨2016年在韩国举办“第十一届国际粉体检测与控制学术会议”事宜。

国际学术会议 4月13—15日，联合会工业应用委员会等单位主办的2015长兴国际粉体加工技术与应用论坛在浙江省长兴市举办。来自各企业和研究部门的技术人员75人参加。与会专家就我国粉体技术与产业现状分析、重质碳酸钙最新粉磨装备与工艺探讨、高性能聚氨酯材料在粉体加工设备中的应用及前景、湿法超细搅拌磨机介绍、惰性气体保护气流粉碎技术及应用、科技创新的困境与出路、各行业专家及企业代表就各自的研究成果和产品作了专题汇报。

7月15—17日，联合会工业应用委员会在四川省雅安市举行了2015雅安国际粉体加工技术与应用论坛。来自企业和研究部门技术人员共68人参加。论坛围绕粉体加工技术与产业现状分析、粉体技术标准化

建设工作介绍、功能性材料研究与开发、蒸汽动力磨在矿物超细加工中的应用、高填充低密度塑料制品开发对填料的要求、大型机械设备故障诊断与工况分析等进行研讨。

联合会工业应用委员会于9月15—17日在山东省淄博市举行了2015淄博国际粉体加工技术与应用论坛，218名专家、学者参加。论坛分为微纳米复合、表面改性、高纯超细、颗粒整形、生物粉体、工艺优化、第二代水泥材料等7个分论坛。

国内主要学术会议 11月11日，联合会在辽宁省沈阳市举办了“2015粉体检测与控制高端学术研讨会”。研讨会围绕粉体材料所有特性参数的检测与计量，粉体原材料的开采、粉碎、运输、筛分、浮选、精选等工艺过程参数测量与控制，检测和控制上述所有参数的传感器及控制系统的研究，所有粉体、颗粒、浆（液）料测量与控制的理论研究和实际应用等进行研讨。国际粉尘爆炸防护的知名德国专家S. Radandt教授、Albrecht Vogl博士和Jianye Shi高级工程师在报告中介绍了国际上最先进的粉尘爆炸实验系统演示爆炸的实验过程和重要研究成果，揭示了粉尘爆炸的重大危害和防护的重要意义。中国颗粒学会副理事长、上海理工大学颗粒与双相流测量研究所所长蔡小舒介绍了颗粒在线测量的理论研究和科研成果。联合会工业应用委员会负责人、清华大学粉体工程研究室主任盖国胜作了关于粉体加工技术对产业和经济发展重要影响的报告。东北大学工业爆炸与防护研究所所长、全国安全生产标准化技术委员会粉尘防爆分技术委员会委员钟圣俊博士作了关于粉尘爆炸点火温度测试机理的研究报告。

11月13日，联合会在北京市举办了可燃粉体加工过程中粉尘爆炸防控技术报告会，25名专家、学者参会。报告会特邀德国防爆防控专家S. Radandt和国家安全生产专家组冶金工贸行业防火防爆综合组副组长、东北大学安全工程研究所所长李刚就粉尘爆炸防护及系统安全作专业技术报告。

【第四届国际粉体检测与控制联合会会员代表大会】 11月12日，学会秘书处在辽宁省沈阳市组织召开了第四届国际粉体检测与控制联合会会员代表大会。140多名代表参加会议。联合会理事长谢植致开幕词，秘书长李新光作第三届理事会工作报告。代表们审议了新一届理事会理事候选人，以无记名方式选举产生了第四届理事会23名理事。东北大学仪表研究所所长谢植当选为联合会第四届理事会理事长，澳大利亚Newcastle大学机械工程学院院长Mark Jones教授、日本京都大学化学工程系主任Shuji Matsusaka教授、德国FSA总裁Siegfreid Radandt教授和韩国国立庆尚大学材料工程研究所所长In Shup Ahn教授当选为副理事长。李新光当选为秘书长，东北大学仪表研究所副教授次英当选为常务副秘书长，主持秘书处工作。代表大会还通过了关于联合会章程修改报告和关于会员交纳会费的决定。

（撰稿人：金智贤）

国际数字地球学会

学会建设 2015年，学会发展会员33人、终身会员16人，会员总数488人；变更常务理事2人、理事2人。学会举办学术会议6个，600人次参加了学术交流，共收到论文200余篇。

学会组织成立“青年科学家委员会”，探索人才培养机制，增进青年科学家间沟通交流，推动学科发展。

学术期刊 据美国汤姆森路透（Thomson Reuters）发布的2014年《SCI期刊引证报告》,《国际数字地球学报》(*International Journal of Digital Earth*)（以下简称《学报》）的影响因子为3.291，在全球28个国际遥感领域期刊中排名第4名，在全球46个地理学期刊中排名第7名，在以上两个学科类别中均跻身Q1区。同时，在SCI收录的173个中国期刊中,《学报》排名第11名，在我国地球科学和信息科学类别期刊中排名第一位。

学科发展研究 学会组织集中国内外优秀科技人才，围绕数字地球的科学内涵、技术现状、典型实践及发展前景，编辑撰写《数字地球手册》，旨在推动全球数字地球学科的发展。

国际学术会议 10月5—9日，学会在加拿大哈利法克斯市组织召开了以“生活在共同的蓝色星球”为主题的第九届国际数字地球会议（ISDE 9）。会议旨在以传播数字地球理念、交流数字地球技术、实践数字地球应用为指导，为全球数字地球领域的科教机构、社会团体、行业公司等提供国际交流平台。来自28个国家的300余位数字地球领域的专家、学者参加会议。

会议共组织了10个大会特邀报告、37个分会场、155个学术报告、5场专题讨论。与会者就数字地球理论和技术、地球模型和对地观测、图像融合、海洋信息管理、全球离散格网、灾害风险等30余个主题开展研讨。如加拿大和美国宇航员的专题报告会，用生动的画面和特征语言介绍了他们执行的对地观测使命及其与数字地球的关系；在关于数字地球发展的专题讨论会上，专家们讨论了数字地球战略发展的阶段特色；关于数字地球伦理问题，专家们通过研讨及互动提出数字地球发展中伦理研究的重要性。会议期间，20余个数字地球领域的机构与公司参加了展会交流。

会议宣布了大会最佳口头报告和最佳论文，来自保加利亚的 Kristina Kehayova 的视频作品“数字地球探索世界”获得学会“数字地球视频比赛”冠军。会议闭幕式上宣布第10届国际数字地球会议将于2017年在澳大利亚悉尼举办，并举行了会旗交接仪式。

11月25—27日，学会联合中国科学院遥感研究地球所、海南省三亚市人民政府及多个国际组织共同主办的“海上丝绸之路空间认知国际会议”在海南省三亚市开幕。此次大会以“空间观测助力海上丝绸之路建设”为主题，来自中国、印度尼西亚、泰国、柬埔寨、缅甸、老挝、菲律宾、斯里兰卡、澳大利亚、荷兰、加拿大、英国等28个国家的300余名代表参加了会议。

会议组织了9个大会特邀报告、6场分会专题报告、2场圆桌会议、1场专题讨论会。议题内容涵盖数字地球和空间信息基础设施、对地观测与海岸带和海洋生态系统、对地观测与资源环境监测和评估、对地观测与港口和港口城市发展、空间技术在降低灾害风险中的应用、对地观测与自然文化遗产保护和旅游等。

国内主要学术会议 9月23—26日，由学会中国国家委员会（要求写明全称）联合西北工业大学、中国科学院遥感地球研究所共同主办的第三届全国成像光谱对地观测学术研讨会在陕西省西安市召开。来自国内外45家单位的220余位专家、学者参加了大会。本届会议设置了11个大会报告和108个分会报告。

大会针对仪器测量与预处理、图像分类、目标检测、特征提取与解混、机器学习与压缩、图像融合、高光谱数据的应用等专题设置了3个分会场、12场分组报告进行研讨，共6家单位进行了成果、产品展示。

10月23—25日，国际数学地球学会中国国家委员会在上海市组织召开了第三届全国激光雷达大会。来自科研院所、高等院校和相关企业等104家单位近400名专家、学者参加会议。会议对激光雷达硬件系统研究现状、数据处理及行业应用等方面进行了总结和回顾。针对激光雷达基本理论、系统研制、数据获取、大气环境激光雷达、数据处理与系统开发、激光雷达应用等方面的热点问题，大会组织了18个专题分会、121个口头报告（含34个特邀报告）。12个企业进行了激光雷达新技术装备和应用系统的展示。

12月18日，国际数学地球学会中国国家委员会与北京大学数字中国研究院、人民日报社《民生周刊》杂志社、中国人民武装警察部队警种学院联合举办了“第十二届数字中国发展高层论坛暨信息主管峰会（DCDF2015）”和第六届两岸四地卫星应用学术与产业高层研讨会。会议旨在探讨“数字（智慧）中国”领域的新技术、新成果和新进展，推动空间信息技术、大数据、物联网、云计算等技术的创新与应用，促进数字（智慧）中国产业的健康发展。

本届论坛主题为“智慧中国、服务民生”，来自海内外近300名专家、学者，政府部门、科研院所和知名企业家参加了本届论坛。

国际交往 学会与全球空间数据基础设施协会（GSDI）签订合作谅解备忘录。学会向国际科学理事会（ICSU）提交加入国际科学联合会成员的申请。

会员服务 学会通过网站、会讯等途径为科技工作者搭建资料共享平台。学会向发展中国家科学院（TWAS）推荐我国青年科学家陈方成功当选TWAS青年通讯院士；学会向政府间国际机构—地球观测组织（GEO）秘书处举荐科学工作者参与其组织的活动。

（撰稿人：王长林　刘婧娜）

国际动物学会

服务创新型国家和社会建设 学会承担的全球变化生物学效应（BCGC）科学研究国际计划项目，在2012年被国际生物科学联合会（IUBS）确认继续支持后，2015年为该项目的二期结束年。根据项目过去6年运行效果，学会适时提出了向国际生物科学联合会继续项目延期的申请。

项目领导人、学会主席张知彬研究员代表项目，在德国柏林召开的第32届IUBS会员大会上，向大会进行了项目报告。同时，学会在本次会议上以“全球变化生物学效应”为主题，组织了由来自中国、挪威、日本、法国、以色列、德国、俄罗斯等国家的13

名科学家发言的国际研讨会，得到了与会者的高度评价，向与会者充分展示了学会BCGC项目过去6年所取得的重要成就与科研成果。

BCGC国际科学计划项目于2008年由学会发起，同年被中国科学院列为国际合作重点项目。2009年，该计划被国际科学生物联合会接受为国际研究项目；2012年，被评估为IUBS核心国际研究计划。截至2015年年底，BCGC计划项目已覆盖亚洲、非洲、欧洲、美洲、澳洲等10多个国家；出版3期BCGC成果专刊，发表论文30多篇；在中、俄、蒙古、以色列、法、德等国家举办国际研讨会8次；举办培训班4次；人员互访交流40多人次。通过BCGC计划项目，组织专家撰写了题为"应加强对全球变化生物学效应研究的支持"的学术成果报告，并被中国科协调研宣传部作为《调研动态》总第488期发表，报送中国科协主席、副主席、党组成员、书记处书记。

由于学会的突出成绩与优秀表现，BCGC国际科学计划项目得到出席IUBS会员大会国际科学家的高度赞扬与支持。经评审，BCGC国际科学计划被IUBS继续列为该联合会2016—2019年度国际科学研究项目，继续给予经费支持。

为推动我国生物圈保护区网络野生动物监测研究工作健康发展，掌握我国关键区域野生动物物种多样性及其种群变化以及影响其变化的驱动因子，遏制野生动物多样性丧失，加强生物圈保护区生态保护，促进区域性土地利用规划和资源的可持续管理，增进信息交流和加强培训及保护区能力建设，摸索国际合作典型经验，学会联合国人与生物圈（中国）委员会，于2015年开始组织实施野生动物红外相机监测计划项目。为推动实施该监测计划项目，学会分别在湖北神农架和江西井冈山自然保护区，就计划项目内容和野生动物红外相机监测，进行了实地推介与培训。

学会建设　截至2015年12月31日，学会共有团体会员119个，覆盖各类科技人员3万多人，分布在36个国家；个人会员1243人，分布在73个国家和地区。团体会员和个人会员数量分别比2014年同期增加1.7%和6.1%。

科技期刊国际影响力提升计划　2015年，学会编辑出版的学术期刊*Integrative Zoology*（《整合动物学》）继续获得"中国科技期刊国际影响力提升计划"资助。

为加快文章发表速度，缩短出版周期，*Integrative Zoology*由季刊变为双月刊。编辑部在业务流程等方面进行了优化调整、资源整合，使期刊编辑工作效率大幅提升。论文平均发表周期已从2014年的一年左右缩短到6个月。

2015年，*Integrative Zoology*的SCI影响因子为1.904，在JCR全球153种动物学期刊中排名第35，进入JCR动物学期刊前25%（Q1区）。目前，该期刊被引总频次达469次，5年影响因子1.695；近三年引用半衰期（Half-life）分别为2.4年、3.2年、3.8年，呈逐年增长良好趋势。

根据Wiley-Blackwell（2014）年报，全球共有5767个单位可看到*Integrative Zoology*。其中，文章下载量前5名的国家和地区分别为美国（27%）、欧洲（20%）、英国（10%）、中国（9%）、澳新地区（5%）。2014年正式订购*Integrative Zoology*单位总数为33个，比2013年同期增长3.13%。2014年期刊年收入4.97万澳元（折合人民币24.06万元），净利润3.30万澳元（折合人民币19.99万元），分别比2013年同期增长17.8%和26.4%。*Integrative Zoology*学术水平和影响力在得到国际同行认可的同时，发行量逐年增长。

国内主要学术会议　2015年7月2日，学会联合内蒙古自治区锡林郭勒盟草原工作站和农业部草原有害生物观测实验站，在内蒙古自治区锡林浩特市组织召开了2015草原生态系统生物观测学术研讨会。会议邀请国内有关部门领导、相关科学家、科研人员及学生围绕国家"一带一路"战略、促进和探讨内蒙古草原生态系统关键生物类群监测方法、推进学科融合交叉和数据共享、开展观测技术和实验技能培训、提升平台建设及管理服务保障能力、促进国内合作交流、搭建国际合作平台、面向"一带一路"探讨学会及期刊发展战略等内容进行了研讨。

会议邀请中国科学院副院长、中国科学院院士张亚平，中国科学院动物研究所所长、中国科学院院士康乐出席会议。

国际交往　为配合我国"一带一路"战略，学会组织了由学会主席张知彬、秘书长韩春绪和中国科学院动物研究所研究员何宏轩组成的代表团出席了于2015年9月8日在蒙古乌兰巴托举行的"中亚生态系统国际会议"。

学会主席张知彬代表学会在大会开幕式上致辞，并在专题分会上以"全球变化对布氏田鼠种群影响"

为题，针对在典型草原地区连续放牧条件下对布氏田鼠种群影响的大型实验及其成果，作了学术报告。何宏轩就目前野生动物疫病的科学研究和合作，与蒙古当地的相关科研人员进行了交流与探讨。韩春绪就学会的发展与影响、我国“一带一路”战略等方面，与学会当地团体及个人会员进行了交流座谈。

【中越边境地区森林入侵害虫物种联合调查】 2015年4月，学会组织中、美、越三国科学家和联合国粮农组织（FAO）有关人员，在中越边境地区，联合实施了中越边境地区森林入侵害虫物种联合调查。调查分别由美国林务局、中国林业局资助，越南林业研究院、中国科学院动物研究所支持，国际动物学会负责协调实施。目的是摸清跨中越两国地区蠹虫生物学意义上的生命周期、物种分类、携带菌种复合体等科学内容，从而为探寻生物学防控备选方案，评估目前管控措施，并在其他成员国地区推广提供科学依据。

调查活动于2015年4月12日首先在越南展开。科学家们对靠近越南北部 Tuyen Quang、Yen Bai、Lao Cai 地区的受害森林和树种进行了实地考察，标本扑捉和实验室分析。4月19日，考察队转移至我国云南昆明地区。先后对昆明市区翠湖公园和东环路等地区受害严重的森林和树种，开展了实地考察、标本捕捉和实验室研究活动。整个调查活动持续到4月26日结束。

通过对上述跨边界地区的实地调查与实验室分析，参加调查的科学家初步认为，生存于中越两国边界地区的目标森林害虫为同一物种（小圆胸小蠹）。该物种为国际重大入侵害虫，且已成功侵入我国云南及越南北部地区，对寄主树木造成严重危害。

调查活动完成后，学会特向国家林业局专门提供了调查活动报告。并在此基础上，协助国家林业局专门发布了《林业有害生物警示通报》（警示通报〔2015〕2号）。2015年6月，在美国华盛顿举行的第七轮中美战略与经济对话框架下战略对话中，该项目内容被特别列入《对话具体成果清单》。

【第七届整合动物学国际研讨会】 2015年8月25—28日，第七届整合动物学国际研讨会在陕西师范大学召开。会议由学会主办，陕西省动物学会、陕西师范大学生命科学学院、西北大学生命科学学院、陕西省动物研究所承办。会议得到了中国科学院动物研究所、中国科学院动物研究所农业虫害鼠害综合治理研究国家重点实验室、国际生物科学联合会中国全国委员会（CCIUBS）、中国科学院国际合作局、中国科协国际联络部、国家自然基金委生命科学部、国际生物科学联合会（IUBS）、亚太森林入侵物种网络（APFISN）等单位的支持。

出席会议的部分代表合影

来自16个国家的150多名科学家和科研人员及大专院校学生出席会议。国际科学联合会（ICSU）执行委员会委员、澳大利亚墨尔本皇家理工大学教授 John Buckeridge，国际生物科学联合会（IUBS）主席、奥斯陆大学教授 Nils Chr. Stenseth，国际生物科学联合会秘书长、日本东京大学教授 Hiroyuki Takeda，国际生物科学联合会（IUBS）执行主任 Nathalie Fomproix 博士，国际动物学会副主席、以色列海法大学教授 Abraham Haim，国际动物学会副主席、日本爱媛大学教授长滨嘉孝，法国斯特拉斯堡大学教授 Yvon LE MAHO，美国加利福尼亚大学教授 Marcel Holyoak，比利时安特卫普大学教授 Herwig Leirs，美国佛罗里达大学教授 Rebecca A. Butcher 等出席会议。

开幕式由学会主席、国际生物科学联合会副主席、中国科学院动物研究所研究员张知彬主持。国际科学联合会执行委员会委员 John Buckeridge、中科院西安分院副院长兼陕西省动物学会理事长李保国、陕西师范大学副校长杨祖培、陕西师范大学生命科学学院院长夏海滨致辞。国家自然基金委生命科学部、中国科学院动物研究所、美国农业部动植物检疫司有关领导应邀出席。

会议以“全球变化下的动物监测与数据收集”为主题，围绕“整合动物学”开展学术交流。其中包括大会报告9个、分会8个、墙报12个。

会议的举办促进了我国与国际同行之间的交流与合作，促进了整合动物学的发展，获得国内外同行的充分肯定和好评。同时，在提升我国科研人员参与国际学术活动、交流能力等方面，起到了积极作用。正在形成学会的基本学术活动品牌。

（撰稿人：熊文华　韩春绪）

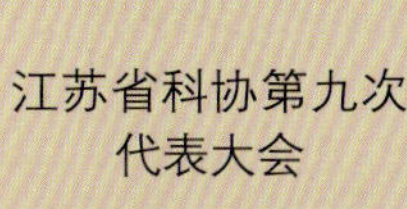
江苏省科协第九次代表大会

西藏自治区科协第六次代表大会

天津市科协与中国金属学会签署合作协议

内蒙古自治区科协与中国邮政储蓄银行内蒙古分行战略合作协议签约仪式

院士专家援黔——万峰林行动

浙江省科协创新驱动助力工程推进会

江苏省科协所属学会有序承接政府转移职能扩大试点工作座谈会

2015 年首都创新驱动发展展示交流活动

2015 海峡科技专家论坛

第十二届长三角科技论坛

第五届皖台科技论坛

河南创新人才队伍建设院士专家智库论坛

2015 年湖南科技论坛

第六届中国—东盟工程项目合作与发展论坛

山西省“数控一代”机械产品创新应用示范工程推进会

第二届河北省科协年会

第二届重庆（国际）青年科学家论坛

第十届新疆青年学术年会暨
第四届新疆青年博士论坛

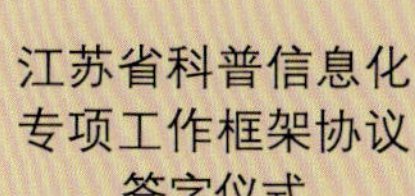
江苏省科普信息化专项工作框架协议签字仪式

重庆科技馆免费开放仪式

2015 年广西青少年科技创新大赛开幕式

贵州省首届"青少年科技节"开幕式

2015 年青少年高校科学营北京营开营仪式

2015 年宁夏科协会员日暨首届"塞上情·科技梦——最美科技人"颁奖仪式

省、自治区、直辖市科协，新疆生产建设兵团科协简况

北京市科学技术协会

服务经济社会发展 开展决策咨询工作，汇集科技企业、协会等优质资源单位作为思想库支撑单位。开展对主流舆情网站、科研机构和高校网站等近300家科技信息网站的不间断跟踪和信息汇集。将决策咨询沙龙、优秀调研成果等24册5181篇材料转换成电子版，方便决策部门查寻和使用。接受中国科协委托，对“大众创业、万众创新”“基层公共医疗设施建设、使用和管理”两个方面的国务院重大政策措施在北京市落实情况开展第三方评估。组织开展“促进京津冀科技成果转移与产业化的政策研究”等3项创新发展专题调研，完成“京津冀地区重点大气颗粒物污染源空间分布监测研究”等23个思想库调研课题。征集科技工作者建议83项，上报市委市政府、中国科协16项，其中海淀区科协报送的《关于合理推进北京市出租车管理体制改革的建议》得到北京市副市长张延昆的批示。《关于在我市建设“科学公园”的建议》的团体提案获得2015年优秀提案奖。同北京市社科联共同举办主题为“科技与文化融合创新——协同助推首都城市战略发展”的高峰论坛，为首都城市战略发展建言献策。与市政协科技委共同举办“推动大众创业，万众创新，建设全国科技创新中心”专题座谈会，邀请市政府领导直接听取科技工作者的意见和建议。

推动京津冀三地科协协同创新，签署京津冀科协科技成果转化平台合作协议，组织京津冀三地学会围绕京津冀协同发展，联合开展学术交流活动。举办首届科技成果转化平台优质项目推介发布会等3个大型项目发布会，集中向京津冀辽地区推介优质科技项目70项，现场收到科技成果转化合作意向155份，对接河北地区企业需求77项，促成京津冀地区高校、科研机构与企业签署合作协议9个，其中北京膜学会提供的技术核心重大项目——“新能源微电网”项目已落地房山区韩村河。

组织实施2015年“基层科普行动计划”，奖补农村专业技术协会22个、农村科普示范基地24个、农村科普致富带头人9名、农业科技服务专家9名、专业技术指导员15名。16个社区获“全国科普示范社区”称号，8名个人获“全国科普惠农兴村带头人”称号，4个基地获“全国科普惠农兴村先进单位”称号。

“科技套餐工程”支持科技社团开展科技服务项目205个。开展“银会合作”，与中国邮政储蓄北京分行达成合作意向，支持农村专业合作组织发展。组织北京和台湾地区专家交流探讨都市型现代农业的发展问题，签署京台两地农业科技合作意向协议。举办农民职业技能培训班，为60名农民颁发职业技能鉴定证书。联合市园林绿化局开展乡土专家培训，对全市471名乡土专家进行全面考核，首批认定104名市级乡土专家。

新建中国电力工程顾问集团公司等20家院士专家工作站，建站总数达100家，院士专家服务中心10家。引进院士148位、专家378位，进行中的合作研发项目292项。新建5家企业创新服务站，推送国外专利信息服务企业由70家增加到273家。举办创新方法培训班6期，来自140多家企业的700多人次科技工作者接受培训。举办第九届“北京—意大利”科技经贸周活动，中意双方在创新成果、人才、信息和资源等方面交流与合作的参与单位较上年增加一倍，达到485家。举办第四届创新链接——国际生物医药与医疗大数据专题研讨会，围绕一体化经济和大数据时代给生物医药和医疗健康产业带来的发展机遇，推动产业对接与成果转化。组织首都53家企业210个项目参加首届全国科技创新成果博览会，李源潮同志参观展区，对首都企业创新成果给予肯定。

2015年，54个科技社团同北京市“成果转化平台”签订共建协议，50多名由学会推荐的科技工作者经培训成为科技成果转化评估师，一批由学会推荐的成果转化项目进入落地程序。

举办第四届首都大学生科技创新作品与专利成果展示推介会，面向社会展示推介京津冀54所高校大学生的601件科技创新作品，其中20项科技创新作品通过绿色通道申请专利，3项成果与企业在现场签订合作协议。

《科学素质纲要》实施及科普工作 全年开展科普活动13821次，受众875万人次；举办实用技术培训2253次，培训15.2万人次，推广新技术、新品种591项。参加活动科技人员总数85399人次。

组织实施2015年区、县公民科学素质抽样调查，检查共建指标完成情况。在第九次中国公民科学素质调查中，北京市公民具备基本科学素质的比例达到17.56%，超额完成市委、市政府《关于深化科技体制改革加快首都创新体系建设的意见》所确定的2015年“公众科学素质达标率超过12%”的目标，以及中国科协和市政府签署的《落实全民科学素质行动计划纲要共建协议》所确定的13.04%的目标。

围绕"创新创业，科技惠民"主题组织科技周活动，举办大型标志性活动12项、重点活动76项，基层活动2000多项，受益人数逾186万人次。第五届北京科学嘉年华活动纳入中国科协全国科普日北京主场活动，汇集境外21个国家的37个国际科普组织以及中国的130多家机构的科普项目，组织开展活动300余项，观众达10.2万人次。第十七届北京科普之春暨第三届北京农业嘉年华活动在13个郊区县同期开展，助力都市型现代农业发展。以互动展览为主要形式的第三届"科普超市行"开展6站常态化民生科普活动，覆盖人群6万余人次。科学健康人项目开展郊区巡诊等活动，直接受益群众达2万余人次。组织实施百村农民科学素质提升行动，在平谷等13个区、县开展39场讲座，培训农民7800余名。承办中国科协"科技梦·中国梦—中国现代科学家主题展"，完成全国16个城市的巡展，参展人数达51.2万人次。

科普资源联盟新增成员单位75家（累计176家），整合科普资源14余万件。科普创作专项资金资助13个选题，加大了对原创科普作品的支持力度。召开第三届北京国际科学节圆桌会议和2015年国际科普方法研讨会，科普国际化合作机制进一步完善。

蝌蚪五线谱网站日点击量突破13万次，官方微博粉丝数达38万，微信公众号及自媒体传播平台关注人数达25万。打造每月"科学"流言榜，全年发布12期117条信息。北京继续教育网加强对公务员群体科技培训的针对性，340万人次公务员在网上参加学习培训。"蝌蚪找真相"辟谣团队关于"草莓有毒"的辟谣行动得到国家互联网信息办公室领导肯定，中央电视台进行跟踪报道。"蝌蚪五线谱"网站获腾讯2015"'互联网+'科普"峰会评选的十大科普影响力机构自媒体第一名。

全年举办青少年科普宣讲活动1913次，受众117.2万人次。播放青少年广播、影视节目1486分钟。举办青少年科技竞赛271项，127.9万人次参加，30453人次获奖。组织青少年参加国际及港澳台科技交流活动12次，参赛人数132人次。举办青少年科学营24次，参加人数9846人次。编印青少年科技教育资料99种，总印数160.9万册。举办青少年科技教育培训255次，培训52277人次。举办第35届北京青少年科技创新大赛，30余万学生的1859项优秀竞赛作品参加，来自13个国家和港澳台地区的34个项目与北京选手同台竞技。同期举办第15届北京青少年机器人竞赛、第13届北京青少年科技创新市长奖评选活动，10人获得由王安顺市长签名的证书和奖牌。

学术交流 举办国内学术会议1230次，参加人数40.7万人次，交流论文19526篇；举办境内国际学术会议76次，14509人次参会，其中境外专家、学者参会489人次，交流学术论文2217篇；举办港、澳、台地区学术会议11次，参加人数995人次。市级学会全年开展各类学术交流活动近千项。

举办以"创新驱动，协同发展"为主题的第18届北京科技交流学术月活动，集中举办各类学术活动100余项，立项支持130家科技社团开展学术交流活动388项。立项支持市级学会开展青年学术交流活动94项，资助青年学者编辑出版学术专著12本，资助青年科技工作者参加国际学术交流53人次。举办第十六届北京青年学术演讲比赛和第十三届北京青年优秀科技论文评选活动。承办首都高校科学道德和学风建设宣讲教育报告会，组织北京地区5450名新入学研究生参加。举办北京市科学道德和学风建设宣讲教育报告会，资助市级学会举办12场报告会。出版《著名科学家科研诚信和学术风范故事集》《科学道德和学风建设宣讲教育简明读本》，编写《科学道德和学风建设失范案例集》。

召开有市领导参加的北京科技社团有序承接政府转移职能工作推进会、北京科技社团有序承接政府转移职能工作部署会，科技社团承接政府转移职能成为全市全面深化改革的一项试点，赋予市科协"组织推进本市科技社团承接政府转移职能、参与政府购买服务工作"职责。2015年，19个委办局与市科协签署科技社团承接政府转移职能工作合作协议，32家科技社团承接了83项政府转移职能及相关任务，有38家科技社团上报拟承接职能85项。

服务科技工作者 市科协与华夏银行签署战略合作协议，探索银会支持科技工作者创新创业的合作模式。

在《北京科技报》集中宣传19位优秀青年科学家成长成才事迹。向中国科协推选北京地区工程院院士候选人5名，推荐第十二届中国青年女科学家奖、第十四届中国青年科技奖等奖项候选人16人，向市科技奖励办推荐2015年度北京市科学技术奖候选项目1个。组织评选出15名第十八届茅以升北京青年科技奖获奖者。组织开展科协会员日活动，深入基层一线看

望慰问科技工作者。

面向企业科协开展建家活动，通过申报和评审，命名10家企业科协为“先进科技工作者之家”。

自身建设 新建北京日化协会等5个学会党支部，11个党建工作小组。资助25个党建工作小组和党支部开展党建项目。召开社会组织党建工作沙龙，提高党建工作小组工作能力。

全年邀请国外及港澳台、海外华人科技组织团组82个345人次来京交流，组织出访团组21个共132人次。迄今已和48个国家和地区（含港澳台地区）的科技组织建立合作联系，并与其中85家科技组织签署了长期合作协议或备忘录。

落实党组主体责任、纪委监督责任，签订责任书，抓好党风廉政建设。将提升党员意识和发挥“五个表率”作用融入“三严三实”专题教育之中，在深入学习的基础上，广泛听取意见，找准查实“不严不实”问题，召开专题民主生活会和组织生活会，制定整改落实措施，增强领导班子践行“三严三实”的思想自觉和行动自觉。

区县科协基层组织 截至2015年年底，北京市有区科协14个，县科协2个，街道科普协会136个，乡镇科普协会155个，农技协307个。

东城区科协举办科普工作者培训班，80余名科技工作者参加培训。西城区科协举办“走进自然感受春天”科普参观活动。丰台区科协开展科技“三下乡”活动，发放各类科技读物、科普手册、科普资料6000余份。石景山区科协开通官方微信平台。通州区科协举办领导干部和公务员科普知识讲座。房山区科协开展了以“提高科学素质，乐享科技生活”为主题的全家一起学科学知识竞赛活动。大兴区科协与保定市清苑区开展农业发展对接活动。密云县科协举办“‘互联网+’密云”发展主题论坛活动。延庆县科协开展2015年延庆县“儿童科普乐”科普下乡行动。

市属学会、企业科协、高校科协 截至2015年年底，北京市有市级学会178个、会员25.1万人，比2014年增加了10730人。

新批准成立企业科协17家，高校科协6家，企业科协总数达389家，高校科协达19家。

北京环境科学学会举办北京市生态文明建设高级论坛。北京图像图形学学会举办第四届生物电子学和生物信息学国际论坛，来自美国、加拿大、澳大利亚、马来西亚、法国、挪威、日本、中国等10余个国家和地区的100余位专家、学者参会。京津冀三地医学会签署《京津冀医学会协同发展战略合作意向书》。北京食品学会名誉理事长金宗濂、常务理事廖小军在中国食品科学技术学会第12届年会暨第8届中美食品业高层论坛上，获得中国食品科学技术学会科技创新奖。

【京津冀科协科技成果转化平台合作协议】 5月13日，京津冀3地科协在北京签署《科技成果转化平台合作协议》。

京津冀科协科技成果转化平台合作协议签约仪式

根据协议，京津冀科协将分别建立科技成果转化平台，通过联网建立数据库、专家库、评价体系、服务规范，实现资源共建共享；依托中关村天合科技成果转化促进中心已经建立的科技成果市场成熟度转化评价体系（T-CAM），对科技成果进行评价转化，推动科技社团参与到以企业为主体、市场为导向、产学研结合的技术创新体系建设；开展培训、评选、竞赛等活动，培养科技企业创新人才；运用所属科技社团已有的科技成果转化专项基金、孵化器等资源，与华夏银行等金融机构合作，为科技成果转化提供金融支持。

【与华夏银行签署战略合作协议】 6月2日，北京市科协与华夏银行签署战略合作协议，就共同搭建投融资平台，携手促进科技成果转化和产业化达成一致，为在大学生创新创业、专利成果转化、科技专家资源服务和科技项目资源共享等方面开展投融资合作，促进科技成果转化和推动科技金融业发展奠定工作基础。

根据协议，双方本着平等互利、优势互补、共同发展的合作原则，发挥各自优势，建立全面、长期的战略合作关系，实现科技创新与金融创新相互促进、科技产业与金融产业共赢发展，为广大科技工作者谋事创业搭建平台，共同为促进科技成果转化，推动全国科技创新中心建设，服务国家创新驱动发展战略作贡献。

北京市科协与华夏银行合作协议签约仪式

【第四届创新链接——国际生物医药与医疗大数据专题研讨会】 由市科协、北京海外学人中心、欧洲华人生物医药联合会、美国华人医药科学家协会主办，九三学社北京市委医药卫生委员会、天津市科协、河北省科协协办的第四届创新链接——国际生物医药与医疗大数据专题研讨会于7月3日在北京举办。来自美国、德国、荷兰、新加坡等国的科学家，国家“千人计划”和北京市“海聚工程”专家，以及京津冀地区的科技专家和企业家30余人作为发言代表参加研讨。

国际生物医药与医疗大数据专题研讨会

会议围绕转化医学和药物靶点、医疗器械和医学影像、生物医药技术成果转化，以及大数据在医疗、临床、基本药物等领域的应用，通过主旨报告、专题研讨、项目展示、产业对接等方式，为链接海内外科技人才、创新项目、服务机构，乃至科技金融资本搭建交流平台。

与历届活动相比，本次活动具有三大亮点：一是京津冀合作，共建科技成果转化平台；二是链接创新要素，助力京津冀三地创新发展；三是关注民生，发挥学术交流对产业发展的引领。

研讨会重点推动学术交流与首都科技民生建设需求的结合，引导海内外专家、学者围绕大数据与医疗卫生结合这一关系国计民生的热点、难点问题开展学术交流。专家普遍认为：大数据与医疗卫生领域的结合将带来医药研发和医疗行为的变革，不仅有利于加快新药研发，提高临床研究水平和诊断质量，还有助于优化医疗流程和医疗资源配置，同时还能对政府的公共卫生决策以及实现精准监管起到支撑作用，最终让病人受益，百姓满意，民生实事落地开花。

【2015北京市科协综合性论坛：宜居之都与新型城镇化】 11月7日，由市科协主办的“2015北京市科协综合性论坛：宜居之都与新型城镇化”在中国农业大学举行，来自首都高校和科研机构的60多位专家、学者和研究生就“宜居之都与城市治理”“新型城镇化与京津冀一体化发展”“生态文明与社会治理”等问题进行跨学科研讨，30多位专家、学者发言。

会议形成的主要观点有：宜居之都的建立要考虑生态环境的持续发展，一定要抓住生态文明绿色发展这个纲；宜居城市的发展方向是新型小城镇化，面对大城市出现的一系列问题，让人们认识到“重生产、轻生活”理念的错误性，应从加强基础设施建设、公共服务水平、市场性服务及社区服务条件入手，建立宜居城市；当前和今后，中国的城市规划与可持续发展，一定要在科学功能区划和重视经济发展的基础上，真正回归到对大众的人文关怀这个层面，应当以“人居舒适度”为方向。低碳城市创新体系的建设对于宜居城市发展至关重要。

京津冀的协同发展，必须“尊重自然、顺应自然、保护自然”，走出一条生态文明为核心的发展道路；京津冀一体化需要改变传统的政府为主的管理方式，向全方位高度协同的社会治理方式转变；京津冀协同发展，要按照新的城市规划理念来指导城市建设，通过合理的布局，差异化的定位，强化城市间、区域间分工协作，提升参与全球竞争能力；京津冀一体化战略实施的重点在于引领示范和协同发展，通过非首都功能的适当转移和技术创新扩散实现京津冀区域的包容性发展，“绿色经济”是京津冀一体化发展的主要选项；以城市群发展理论指导京津冀一体化协同发展，要加大城市群制度创新的力度，积极探索实现城市群发展的多元化目标的途径，建立一个与综合国力相匹配的国家城市群体系。

【2015北京国际民间友好论坛】 11月12—13日，由市科协、市人民对外友好协会、西城区政府共同主办的以“促进民间友好交流，聚话城市和谐发展”为主题的2015北京国际民间友好论坛在北京举办，近300位中外专家、学者参加论坛活动。

主论坛上，中国人民对外友好协会副会长谢元，日本明治大学教授、前东京都副知事青山佾，国务院参事、北京画院院长王明明，匈牙利中国友好协会副主席凯瑟琳，西城区区长王少峰，巴基斯坦驻华参赞泽米尔阿万，美国社会学家马克·勒文等分别从民间友好、城市建设、艺术交流、民心相通、“一带一路”机遇、跨文化交流等方面作主旨发言，介绍经验体会，提出建设性意见。

主题为“城市建设和管理——历史文化名城保护”的分论坛于11月12日举办。城市建设和管理领域的中外专家、学者，北京各委办局及首都科技团体代表近100人出席会议。清华大学建筑学院党委书记边兰春、布鲁塞尔地区信息中心运营主任范·沃伦·帕特里克、日本熊本大学名誉教授两角光男、北京工业大学建筑与城市规划学院院长戴俭等11位专家作演讲。边兰春认为，应该将政府主导与公众参与相结合。城市历史保护应当反思“革故鼎新”，不断加强“传承延续”。范·沃伦·帕特里克从信息化角度介绍了布鲁塞尔目前在城市建设方面使用的技术平台，着力打造一个全民参与的“智能布鲁塞尔”。两角光男从熊本古城堡改建的经验出发，介绍了如何在保留历史古迹的同时推动城市现代化。

澳大利亚维多利亚州经济发展、就业、交通与资源部资产战略经理、澳中友好协会理事艾米·陈在论坛结束后表示，在未来的城市建设中，民众应发挥主导性作用。政府作为政策制定者，需成为城市建设与管理的指挥棒而非操控杆。在政府的支持下，民间团体可运用各自之长，为历史文化名城的改造作出贡献。

【2015两界联席会议高峰论坛】 11月18日，2015北京自然科学界和社会科学界联席会议高峰论坛在北京举行。论坛由市科协党组书记夏强主持，市社科联党组书记韩凯致辞。首都自然科学界和社会科学界的专家、学者、媒体代表近100人参加论坛。

论坛以“科技与文化融合创新——协同助推首都城市战略发展”为主题。北京市人大常委、民盟北京市委专职副主委宋慰祖，北京大学教授周程，中国人民大学国家发展与战略研究院研究员、中国人民大学教授金元浦，中国创意产业研究中心研究员张京成，北京生态修复学会理事长刘俊国，北京市交通信息中心副主任刘浩6位专家分别从创新驱动发展，建设全国科技创新中心，“互联网+”“文化+”与创客时代，首都文化创意产业发展，北京城市水资源短缺与缓解策略，首都绿色交通与民生物流等不同层面作主题报告。

会议重点组织开展“高校科研人员创新、创业论坛”等4项学科交叉活动和“治理视野下的首都公共文化资源配置效率研究”“北京提升创客与众创空间发展环境建设研究”等10项两界协同研究。

【中国人民大学科学技术协会成立】 12月8日，中国人民大学科学技术协会成立大会暨首届“科学大讲堂”在中国人民大学举行。北京市科协党组书记、常务副主席夏强，中国人民大学党委书记靳诺、副校长查显友等出席成立大会。大会选举产生中国人民大学科协第一届委员会成员，召开中国人民大学科协一届一次委员会会议，选举解思深为主席、杜小勇为副主席。

首届“科学大讲堂”上，中国科学院院士、南开大学原校长饶子和作题为“科学与艺术”的讲座，围绕其团队最新成果，展示与重大疾病或重要生理功能相关的蛋白质三维结构，讲述从选题、开展实验到最终得到结果的完整科研经历，阐释科学研究中所必需的坚忍不拔、一以贯之精神。讲座结束后，饶子和与在场师生进行互动问答。

（撰稿人：石　军）

天津市科学技术协会

服务经济社会发展　市科协邀请中国科协为2015年“中国·天津投资贸易洽谈会暨PECC国际贸易投资博览会”（以下简称津洽会）主办单位之一，组织11个全国学会参会，交流展示42项科技合作和技术服务项目；组织专家开展“‘互联网+’京津冀环境保护”专题研讨和“助力天津冶金产业创新发展”技术服务活动，中国科学院院士饶子和、姚建铨，中国工程院院士干勇、王国栋，以及110名科技专家参加活动。中国金属学会与天津市科协签订共同推动天津冶金及装备制造产业技术创新和产业升级的合作协议。

市科协印发《天津市科协创新驱动助力工程实施方案》。滨海新区、北辰区和宝坻区启动试点工作，完成阶段性任务目标，滨海新区成为中国科协创新驱动助力工程示范区。组织中国航空学会、中国纺织学会等 18 个全国学会来天津开展助力服务。

在天津市高端制造、信息技术、生物医药、化工农药企业建站 34 个，柔性引进两院院士 31 名，英国皇家工程院院士 1 名，实现引进院士和累计建站总数“双破百”的目标。建站企业共实施技术产品研发、科技成果产业化、人才智力引进项目 53 项。推进“讲理想、比贡献”活动，企业科协全年开展群众性技术创新活动 1000 多项，其中实现经济效益 50 万元以上的项目 600 项，活动中提出合理化建议 7000 多项，产生经济效益 30 多亿元。申报中国科协科技信息推广应用“一站式”服务（A 类）、一线创新工程师培养、知识产权战略巡讲项目并中标。通过项目实施，为全市 209 个企业单位安装专利信息检索系统，举办企业专利应用工程师培训 24 场次，培训科技人员 1214 名。

组织专家围绕天津市区县重点产业及产业集群发展、“中国制造 2025”“互联网 +”京津冀环境保护等课题进行专项调研，开展战略选题和研讨，形成专题报告和项目指南 110 余万字。完成 7 个产业链重大项目策划，编制 40 个项目目录，形成专题报告报送市委、市政府和有关部门，被《天津市“十三五”国民经济和社会发展规划》采纳。与北京市科协、河北省科协合作完成京津冀协同创新研究项目总报告。在 2015 年天津市优秀决策咨询项目评选中，市科协有 4 项成果获奖。联合市政府办公厅等有关部门开展“推动大众创业、万众创新政策落实情况”调研，形成调研报告，受到市领导的重视和肯定。

《科学素质纲要》实施及科普工作　与东丽、武清和宝坻区政府签署会区合作协议，合力推动全民科学素质提升。推荐津南区、东丽区、和平区、南开区为 2016—2020 年度全国科普示范区。组织 2015 年第九次中国公民科学素质天津地区抽样调查，结果显示，天津市具备基本科学素质的公民比例达到 12%，居全国第三。实施“基层科普行动计划”，推荐 40 个单位和个人获全国“基层科普行动计划”奖补。组织种植养殖状元和能手、科学文明家庭评选，认定种养状元 7 名、能手 50 名、科学文明家庭 100 户。天津科技馆等 25 个单位被认定为全国科普教育基地，天津市全国科普教育基地总数上升到 33 个。

以“创新创业　科技惠民”为主题，举办第 29 届天津市科技周活动。组织全国科普日天津活动。参加天津港“8·12”事故救援工作，与滨海新区科协共同组织 14 个学会、3 个科研院所的 40 余名专家编印应急科普宣传资料，撰写科普文章，设计制作科普宣传展板，开辟科普专栏，开展心理咨询干预工作。开展反邪教警示教育“赶大集”、优秀反邪教文艺作品征集、宣传等活动。

组织“‘互联网 +’现场”科普论坛活动，采取网上报名、视频直播、微信墙互动等形式，现场收到观众留言 600 余条，5000 余人观看网络直播。依托“天津公众科技网”及“天津科普说”微信平台，开设“2015 年天津市全国科普日活动”专题，举办“互联网 +”科普竞赛活动，采用网络投票模式评选“最佳人气奖”。

天津科技馆组织开展科学实验课、天文培训班、青春期主题巡展、“身边的科学”主题表演等活动，获中国自然科学博物馆协会 2015 年度优秀集体称号。实施青少年科技教育援藏项目，帮助昌都地区 2 所学校建设“航模教育实验室”和“3D 设计及创客实验室”。

学术交流　举办第十届天津科技论坛、第十三届天津科技交流学术月等重点学术交流活动，153 家市级学会举办 759 项学术研讨活动，包括绿色·智能制造高峰论坛、中国创新（走进天津）论坛、2015 诺贝尔奖获得者医学峰会暨国际肿瘤研究高峰论坛、京津冀一体化轨道交通协同发展论坛、机电装备设计创新与产业发展高峰论坛、第七届全球华人化工学者研讨会、第八届国际图象图形学学术会等，中国工程院院长周济、中国工程院院士陈予恕、卢秉恒、徐冠华等百余名国内外院士专家出席研讨活动。

实施市科协高端人才服务项目。举办申泮文院士百岁华诞纪念活动、刘昌孝院士从事药学研究 50 周年活动、姚建铨院士从教 50 周年活动等，支持饶子和、余贻鑫等 11 位在津院士举办中国工程院国际工程技术论坛等 13 项学术活动。支持 11 个市级学会、7 个区县科协举办 30 次大型学术研讨活动，包括 2015 年全国药学大会暨药师周活动、第 201 场中国工程科技论坛、第七届全球华人化工学者研讨会等。邀请 100 余专家围绕天津市智能电网未来发展、作物生产系统转型创新、畜牧企业发展、创伤急救水平提升开展科技交流，提供咨询服务。支持沈中阳、刘育、李忠献等 15 位天津市杰出科技人才举办器官移植手术技巧及移植免疫系列高级论坛、第四届国际葫芦脲研讨会（ICCB2015）、滨海土木工程结构与安全研讨会等近 20 次科技活动。

举办“北京—意大利”科技经贸周天津科技交流会，组织天津节能环保、生物医药、智慧城市、电子信息、航空航天企业与意大利企业、高校和科研院所现场交流、项目对接。邀请美国、新加坡等国科技专家来津讲学，面向企业介绍国际技术创新的新理念和新途径。

服务科技工作者 成立天津市科协院士专家工作部，制定《天津市2015年推选院士候选人工作方案》和《天津市推选院士候选人工作实施细则（试行）》，组建专家评审委员会进行院士候选人评审和推荐，推选17名专家成为有效院士候选人，其中5人进入第二轮评审。

举办在津两院院士座谈会，组织院士专家献计天津发展。实施市科协高端人才服务项目，开展科技人才和学术著作资助工作。12部科技著作获得天津市自然科学学术著作出版资助；经南开大学和天津大学推荐和评审，245名在校本科生获得中国科协合展励学金资助。在南开大学举办天津市科学道德和学风建设宣讲报告会。

组织市级学会及有关单位参加第十八届“中国科协求是杰出青年奖”申报推荐工作，天津大学电气与自动化工程学院教授贾宏杰、天津市救援医学学会秘书长樊毫军分别获得“成果转化奖”和“实用工程奖”。开展第十三届天津青年科技奖评选和第十四届中国青年科技奖候选人推荐工作，评选出20名天津青年科技奖入选者，择优推荐8人作为中国青年科技奖天津市候选人。

制作《力量——群星璀璨的天津科学家》专题宣传片。完成吴咸中、余国琮、沈家祥、曹楚生、李正名五位老科学家学术成长采集工程项目。天津大学、南开大学排演中国科协“共和国的脊梁——科学大师名校宣传工程”话剧《侯德榜》《杨石先》，并被列为候选项目。与天津电视台、《今晚报》和《技术市场报》等合作，对天津市优秀科技工作者、“两会”科技界代表、老科学家、优秀科协组织宣传报道。推荐天津海鸥手表厂总工程师赵国望为中国科协“创新力量”——优秀企业基层科技工作者重点宣传人物。

为科技工作者创新创业提供特色服务。打造线上线下相结合、市区两级的服务体系。建立互联网服务平台，建成专家、企业、服务机构、政策、成果供需6个数据资源库，定期进行政策解读和创新创业信息推送。在静海、宁河、和平区以及开发区、空港经济区等分别建立分中心，构建市区两级的创新创业服务网络，面向大学生创业者、科技工作者和科技型中小企业，围绕创新创业政策咨询、成果转化、新技术推广等专题，举办培训研讨活动10余次，培训人数近1000人。举办创新工程师培训班、天津市大学生创新方法应用大赛、工业工程案例分享及经验交流会、3D打印创新培训会、知识产权战略专题宣讲等活动。与北京中关村天合成果转促中心合作，建立创新创业网络平台，形成了T-CAM成果评价系统共享机制。与北京市和河北省科协签署《京津冀三地科协科技成果转化平台合作协议》，明确合作的宗旨、内容和方法。

自身建设 召开市科协系统工作研讨会。向各级科协组织印发《天津市科协关于贯彻落实中央和市委加强和改进党的群团工作意见的实施意见》。开展天津市科协事业发展“十三五”规划的编制工作。

承接并完成天津自然科学研究系列生物医药高、中级技术职称评审工作。“天津科技工作者之家”投入运营，天津海运职业学院国际化办学取得新进展。开展“三严三实”专题教育。

继续推动市科协与各区、县政府签约工作，继津南区、南开区、宁河县、西青区之后，东丽区、武清区政府与市科协签署合作协议。双方在启动全民科学素质监测、举办主题科技节、建设社区科普体验馆、实施社区科普益民计划、促进科普基础设施建设、促进企业科协组织建设、促进学术交流活动、服务科技工作者创新创业、开展决策咨询服务等方面展开合作。例如，宁河县政府与市科协共同开展科普大拜年、农技专家基层行等活动，南开区政府与市科协联合举办了科技创新创业博览会，武清区有关部门与市科协共同举办“送科技入户　助农民增收”农业实用技术培训对接活动。

区、县及基层科协组织 各区县科协启动创新创业培训工程。和平区科协创建工作新模式，即根据人力资源市场用工信息，确定市场需求紧缺程度的培训项目（工种），组织社会各类培训机构，对失业人员、下岗职工开展再就业培训，最后由政府出资购买培训成果的城镇劳动人口科学素质提升工作。南开区科协举办“大众创业　万众创新”大学生创新创业论坛，邀请创业导师及科技、金融、知识产权、人力资源服务等机构对青年创业者进行指导、开展对接。河西区科协在科技周开幕式上，邀请大学生创业人才和企业家分享创业经验。红桥区科协与天津商业大学、河北工业大学联合组织“大学生走进众创空间”活动。

市级学会、企业科协、高校科协 市医学会、计算机学会、图学学会等34个学会承接了医疗事故鉴定、计算机信息系统集成企业资质认定、CAD认证等55项政府转移职能，其中政府委托31项、政府授权18项、联合开展2项、自行组织4项。

市级学会与各区县合作，围绕天津市经济结构调整与转型发展趋势以及行业需求开展交流研讨。市技术市场学会、金属学会、照明学会等组织科技专家337人次到344家企业开展技术服务，帮助企业解决技术难题820项，对接科技项目近1000项，实现项目合作166项。市设计学学会、市纺织工程学会相继与滨海新区科协共同主办工业设计与协同创新学术会议、2015中国纺织规划发展论坛。市电机工程学会与北辰区政府联合主办“绿色·智能制造高峰论坛”，与高校、北辰科技园相关企业开展制造培训合作。天津市17个学会参加了在保定市举行的第二届河北省科协年会，在智能制造、制药、汽车、电镀、检测、环保、建筑、材料、食品、新能源、造纸等领域与京、冀相关企业和部门达成14项合作意向。

各市学会开展多种形式的决策咨询和建言献策活动。市水产学会“天津沿海主要渔业经济品种的资源生物学研究”课题从实际出发，对天津市海洋捕捞渔业的基本情况、天津海域主要渔业捕捞资源现状进行研究，提出有针对性的建议。市护理学会《阿尔茨海默病患者医院—社区—家庭延续护理模式的构建研究》《社区养老服务体系下社区护理规范化培训模式的构建》等课题研究报告围绕当前社会老龄化问题提出解决方案和应对措施。

天津斯坦姆生物科技有限公司、天津美德太平洋科技有限公司等22家企业成立科协组织。市科协联合市教委印发了《关于贯彻〈中国科协、教育部关于加强高等学校科协工作的意见〉的实施方案》，提出在天津市全日制普通高等院校全面建立科协组织的目标。天津中医药大学、天津医科大学等4所大学筹备成立科协组织。

【天津科技工作者之家】 天津科技工作者之家是天津市“十二五”规划建设项目之一，是天津科技文化事业的组成部分。该项目选址在海河教育园高职园内海运职业学院西侧的三角地块，占地面积约3.6万平方米，地上建筑面积约2万平方米，建设有功能完整、科学合理的服务系统，为国内外科学家来津开展学术交流提供了符合科学家特点，集交流、休闲、餐饮、住宿于一体的综合配套场所。项目于2010年立项启动，于2015年6月建成并投入使用，是天津市重要科技活动场所。天津科技工作者之家目前主要承担的工作职能包括学术交流功能、科学家活动功能以及综合配套功能。

天津科技工作者之家

【“‘互联网+’京津冀环境保护”高峰论坛】 5月16日在天津市召开。论坛由市科协、市环保局联合主办，是2015年“津洽会”会中会重点活动之一。市政府办公厅副秘书长穆怀国，中国科学院院士、市科协主席饶子和出席论坛并致辞。

中国科学院院士姚建铨、天津市政府参事包景岭、环境和保护部信息中心专家魏斌以“破解环境问题的几点思考”“京津冀一体化环境保护工作的几点建议”“环境信息化与环境管理创新”为题发言。

京津冀三地科协共同发出《京津冀环保协同行动倡议》，倡导京津冀协同一致治理生态环境、加强环保信息化建设，推广环保创新技术成果，多方合力应对生态环境挑战。

与会专家围绕相关问题，通过院士专家沙龙、政府信息发布、科研成果交流和企业案例分析等方式，探讨环保信息化规划建设、发展趋势、工作设想，以及有效控制雾霾的建议，推动环保信息科技成果产业化。京津冀三地的环境保护和信息领域专家、学者80余人参加论坛活动。

【第八届国际图象图形学学术会议】 8月14日，由市科协与中国图象图形学学会、微软亚州研究院联合主办，天津市图象图形学学会承办的第八届国际图象图形学学术会议在天津市召开。中国科学院院士、科技部原部长、中国图象图形学学会理事长徐冠华，市科协党组书记、常务副主席杨鑫传出席会议并致

辞。来自全国各高校、科研院所、有关企业和市级学会的 300 余名专家、学者参加会议。

中国科学院院士、工业和信息化部副部长怀进鹏，中国工程院院士、西安交通大学教授徐宗本，中国工程院院士、航天科工集团科技委顾问刘永才，美国德克萨斯州立大学教授 Alan Conrad Bovik 等作主题报告。报告围绕中国科技文化创新领域以及经济社会发展中的图象图形学热点、难点问题，结合企业实际需求和行业共性技术问题，探讨大数据和“互联网 +”背景下图象图形学的最新理论和应用进展。

第八届国际图象图形学学术会议

会议收到论文 400 余篇，录用 170 余篇，分 10 个系列专家论坛进行学术交流，讨论了文化遗产数字化保护中的图象图形学新技术、视频大数据智能分析和编码中的新方法、智慧城市建设中的大数据问题、大数据对计算范式带来的变革和新的机遇、高阶压缩感知的理论和应用等热点问题。

【绿色 · 智能制造高峰论坛】 6月1日，由市科协、北辰区政府联合主办的第十届天津科技论坛主论坛之“绿色 · 智能制造高峰论坛”在天津市北辰区举办。

论坛邀请中国工程院院士、西安交通大学教授卢秉恒，中国机械工程学会监事长宋天虎，“中国制造 2015”纲要执笔人之一、中国机械科学研究总院原副院长屈贤明，中国机械工业技术发展基金会秘书长、机械工业节能与资源利用中心主任侯睿等国内机械制造领域专家，围绕智能制造和绿色制造主题作学术报告。

卢秉恒在题为“智能制造与增材制造”的报告中，阐述了中国在机器人、智能机床、增材制造等技术领域的科技成果。提出传感器、大数据与软件是智能机床发展的三大基础的观点，强调在“中国制造 2025”重点任务中，积极推进数字化、网络化、智能化制造，强化工业基础能力，大力推进重点领域突破发展，积极发展服务型制造产业。

【中国创新论坛之走进天津】 6 月 27 日，由市科协与中国机械工程学会联合主办的第十届天津科技论坛主论坛“中国创新论坛之走进天津”活动在天津市举行。

第十届天津科技论坛主论坛“中国创新论坛之走进天津”

中国工程院院士卢秉恒、李培根、林忠钦、钟志华，中国科学院院士雒建斌，西北工业大学校长汪劲松、东北大学校长赵继，天津市、中国科协、国家质量监督检验检疫总局有关负责人等出席论坛。中国科学院院士、市科协主席饶子和主持论坛。周济、中国工程院院士陈予恕、市工业和信息化委员会主任李朝兴作主旨报告。

中国机械工程学会常务理事会成员、监事会成员，全国各省市机械工程学会有关负责人，市有关部门分管负责人，以及来自天津市部分高校、科研院所、有关企业和市级学会 500 余名科技工作者与会。

【与中国金属学会签署合作协议】 5 月 16 日，2015 年中国 · 天津投资贸易洽谈会暨 PECC 国际贸易投资博览会重要活动之一，中国金属学会助力天津冶金产业创新发展系列活动启动仪式暨 2015 冶金产业转型与绿色发展高峰论坛举行。本次活动由市科协、中国金属学会主办，市金属学会承办。中国工程院原副院长、中国工程院院士、中国金属学会理事长干勇，中国科学院院士、市政协原副主席、市科协主席饶子和出席活动并致辞，市科协党组书记、常务副主席杨鑫传主持启动仪式，北京市、河北省科协有关负责人及天津市冶金行业科技工作者代表 200 余人参加活动。

中国金属学会、天津市科协签约仪式

启动仪式上，饶子和、干勇分别代表市科协与中国金属学会签署合作协议，根据协议，中国金属学会继续加大对天津市的支持力度，帮助引进更多的高层次冶金人才和先进技术，激发天津冶金科技工作者的活力与创意，促进天津冶金行业发展。

【2015 年天津市全国科普日】 9 月 19 日，2015 年全国科普日天津市主会场活动启动，市人大常委会副主任荀利军出席科普文艺汇演，并为科普艺术展演活动获奖者颁奖。市有关部门负责人、科技工作者和社会各界代表参加。

本次全国科普日主题是“万众创新，拥抱智慧生活”，全市各区县，各有关部门、单位围绕“创新引领新常态”“创新成就我梦想”“创新助我智慧生活”“科学减灾，理性应对”等活动内容，通过科普日主场活动、网络在线活动及科普日系列联合行动等活动形式，开展创新科普活动，重点宣传大众创新创业成为新常态下经济发展的新动力，集中阐述大数据、云计算、物联网等新技术带来的巨大影响，科学讲解重大安全事故中抢险救援、卫生防护、饮食安全、心理救援等应急科普工作。通过线上线下相结合，推动科普活动信息化、网络化，打造聚焦创新、激发兴趣的科普活动集成平台。

【第 29 届天津市科技周活动】 5 月 16 日，第 29 届天津市科技周主场活动暨南开科技创新创业博览会在天津大学举行。天津市委市政府有关领导出席活动。

展会以“创新点亮生活　创业改变你我”为主题，设有未来科技展区、智能教育和体验展区、智慧娱乐生活展区和高端主题论坛 4 个版块活动集中展示信息技术、节能环保、新能源、新材料、生物医药和高端制造等领域的新技术、新成果。

第 29 届天津市科技周主场活动

本届科技周活动突出“创新创业　科技惠民”主题，举办了包括科技周主场活动在内的 8 项市级重点活动，同时在各区县、街道、乡镇开展促进创新创业科学普及活动，节约能源资源、保护生态环境活动，保障安全与健康活动三大系列 470 余项基层活动。

【天津核电制造业发展报告会】 10 月 21 日，市科协高端人才工作资助项目——推动天津核电制造业发展报告会召开。中国工程院院士、核工业理化研究院研究员陈念念出席并作报告。天津市数十家与核电建设相关的钢管、阀门、电缆等装备制造企业和电力建设企业的负责人和科技工作者，以及有关高校、科研院所的专家近 200 人参加会议。

陈念念、市核学会秘书长高振镛、市环境和保护局高级工程师高建政分别以“核电与核燃料循环”“压水堆核电站核岛主要设备”“核级认证程序”为题作报告，为企业和科研人员讲解核电发展趋势、中国核电发展规划、核电装备制造业重要机遇以及成为核电建设供应商的途径等问题。天津钢管公司以“我们的核电工作”为题，介绍本企业加入核电建设领域，初步取得 10 余亿销售收入的成功经验。

会上通过了《关于加速发展我市核电装备制造业的倡议书》。

【2015 年天津市科学道德和学风建设宣讲报告会】 11 月 5 日，市科协与市委教育工委、市教委联合主办的 2015 年天津市科学道德和学风建设宣讲报告会在南开大学举行。中国工程院院士、中国工程院副院长樊代明为天津市 18 所高校的 600 余名研究生作报告。市科学道德和学风建设宣讲教育领导小组有关负责人出席报告会。

樊代明在报告《从医学发展史看科学道德与学风建设》中，介绍了世界医学发展史中各个阶段的主要

成就，并结合自身的人生理念和价值追求，阐释了维护良好学术风气，坚守科研诚信的重要意义。

（撰稿人：傅　彧）

河北省科学技术协会

服务经济社会发展　围绕京津冀协同发展问题，省科协组织专家开展调查研究，形成《优化科技创新环境　促进创新驱动发展》和《以科技协同创新促进京津冀协同发展》2篇建议，分别在河北省政协常委会议和科协全委会议上作典型发言。与河北师范大学合作完成《河北省科技成果转化问题研究》，形成相关调研报告、政策建议和《促进科技成果转化政策法规选编》三大成果。开展国务院推进“大众创业、万众创新”相关政策措施在河北省落实情况第三方评估。河北科技报社提出《我省应发展菊芋产业的建议》，省委副书记赵勇指示相关政府部门研究推广；《河北科技报》刊出《土地，该流转给谁？》，省委副书记赵勇指示有关部门对土地流转进一步规范；《河北科技报》推出《奏响科技扶贫最强音》系列报道，省委副书记赵勇、副省长沈小平作出批示。

保定市成为创新驱动发展示范市。

实施全国基层科普行动计划，争取中国科协和财政部支持，分两批对河北省85个农技协、24个农村科普示范基地、26名农村科普带头人、1个少数民族科普工作队和37个科普示范社区进行奖补。实施河北省基层科普行动计划，省级财政安排资金对全省14个农技协、23个农村科普示范基地、10名农村科普带头人和20个科普示范社区进行奖补。

建立院士工作站35个，院士专家服务中心6个，科技专家工作站32个。组织开展“院士专家企业行”活动，服务企业100多家，签订合作协议80多项。组织开展科技信息推广应用、一线创新工程师培养，服务企业236个，培训专利应用工程师1050人，取得科技成果706项。举办创新方法培训班7期，1136名企业创新人才参加培训。编印《国家鼓励科技创新优惠政策汇编》3000册，召开京津冀大气污染机理研究高端论坛，推动成立京津冀辐流送风产学研创新联盟，命名众创空间15个。

省科协与北京市科协、天津市科协联合签署了《科技成果转化平台合作协议》。联合举办京津冀科协科技成果转化平台项目发布和推介会，面向京津冀地区推介优质科技项目30个。河北省参会的75家企业与中国科学院、中国医学科学院、清华大学等科研院所高等院校，以及汉能集团等高新技术企业达成合作意向。

促进国际科技创新与产业合作。推进河北朝日光电科技有限公司在匈牙利合资建设LED生产企业，并投入生产。邀请美国代表团参加河北省“5·18”经贸洽谈会，省科协与美国燕赵科技商务促进会签署《建立硅谷河北人才工作站合作协议》，双方与河北中医学院、石药集团河北唐威药业有限公司等签署《中医药教育国际合作协议》《关于开展中成药国际贸易合作框架协议》等5项合作协议。促成沧州宏伟食品有限公司与加拿大永广企业达成红枣贸易长期合作意向，首批出口红枣20吨；促成美国中药联商会与青龙县政府签署中药产业国际合作协议；达成了在渤海新区投资建设中药加工厂合作意向。邀请以色列专家在固安县举办以色列温室蔬菜技术和土壤管理培训班。

《科学素质纲要》实施及科普工作　推进领导干部和公务员科学素质教育进党校工作，全省11个设区市和直管县（市）均与当地市委党校签订合作协议，将领导干部和公务员科学素质教育纳入培训大纲，开设相关课程。全年开设课程480余课时，16000多人次领导干部和公务员接受科学素质培训。完成《领导干部和公务员科学素质教育读本》编校工作。以购买服务方式，面向领导干部和公务员举办了《科技体制改革与创新驱动发展的关键问题》《加快推进园区建设　打造经济发展新引擎》《现代农业发展中的科技问题》等科普报告会。

推进农民科学素质行动，组织开展“科普惠农兴村计划”十年巡礼。开展社区居民科学素质教育读本编写工作。

举办第30届河北省青少年科技创新大赛、青少年机器人竞赛、青少年科学调查体验、青少年高校科学营、燕赵少儿科普行、雅培家庭教育等科普活动，全省近50万人次青少年接受科技教育。

组织开展全国科普日、为少数民族和民族地区送科技、科技周、防灾减灾日、食品安全周、大学生农村环保科普行动和第四届河北省大学生海洋知识竞赛等系列科普活动。2015年全省23辆科普大篷车深入市县居民社区、中小学校、矿区及偏远地区开展科普活动80余场次，受益公众80余万人次。流动科技馆在邯郸、邢台、保定、衡水、沧州、唐山、张家口、承德等地展出 18 站，受益群众近 40 万人次。

组成专项检查组对部分市“十二五”全民科学素质行动计划纲要实施情况进行督导检查，形成《河北省“十二五”全民科学素质工作报告》。起草《河北省全民科学素质行动计划纲要（2016—2020 年）实施方案（草案）》，印发到各地各成员单位征求意见。

举办河北省科普信息化工作培训班。资助社会力量开发推广河北省科普信息化平台网络终端，为全省 50 个县（市、区）科协配备了网络终端。省科技馆新馆建设被列入河北省委省政府“十三五”期间支持省会建设重点项目。开展第二批河北省科技馆体系建设成员单位评审工作，河北医科大学人体科学馆等 7 个单位被命名为第二批河北省科技馆体系成员单位。河北科技馆、张家口市科技馆免费向社会开放，公众参观人数大幅增加，省科技馆全年开展各种科普教育活动 100 余场，接待观众超过 30 万人次。完成省科技馆基础设施升级改造。河北省 12 家单位被中国科协认定为 2015—2019 年度全国科普教育基地。2015 年申请配发流动科技馆 4 套，河北省流动科技馆存量达到 8 套。为平泉县、张家口经济技术开发区、三河市科协配发了科普大篷车。

学术交流 开展河北省科协 2015 年度学会重点项目评选，评选出燕赵高层科技论坛项目 8 项、重点活动项目 33 项。这些项目包括河北省精神心理疾病会诊—联络平台建设项目、省粘接涂料学会举办水性工业漆专用树脂高峰论坛和北方粘接涂料展等。

在保定市举办以“创新驱动，协调发展”为主题的第二届河北省科协年会。

服务科技工作者 省科协成立以院士为主体的评审委员会，制定《河北省科协推选中国工程院院士候选人工作实施细则》《河北省科协推选中国工程院院士候选人工作方案》等工作文件，推选出 3 名中国工程院院士候选人，被中国科协推荐提名。

联合省委组织部、省人社厅开展第十二届河北省青年科技奖评选工作，评出获奖者 20 人。修订《河北省科普事业贡献奖奖励办法（试行）》，增加了表彰名额，并同省人社厅、省总工会联合开展了第六届河北省科普事业贡献奖评选表彰活动，评出获奖者 60 名。

在全省设立 16 个省级科技工作者状况调查站点，举办站点工作培训班。组织开展了科技工作者交流联谊、河北省科学道德和学风建设宣讲教育和 2015 年中国科协会员日活动。开展“科技梦·中国梦——中国现代科学家主题展”，展览历时 14 天，累计接待省会高校师生、科研院所及社会各界观众 3 万多人次。

自身建设 举办 2015 年省科协系统干部培训班、科普人才培训班，对新任县级科协领导、设区市科协中层干部和省科协新进干部及科普带头人进行系统培训。制定印发《河北省科协政务网站管理办法》，以省级学会组织信息管理系统开发建设为标志启动河北省科协核心业务系统建设。

组织有关专家、学者完成中国科协“十三五”科协组织服务创新驱动发展战略课题研究。推动学会改革创新，起草《河北省科协所属学会有序承接政府转移职能试点工作实施方案》，河北省委深化改革领导小组第九次会议审议通过该方案，并由河北省委省政府两办印发。确定 6 个省级学会承接 5 个省直厅局的 5 项职能。

省科协美丽乡村建设驻冀州市北安阳城村工作组被评为全省美丽乡村建设优秀工作组。省科协驻盐山县志门韩村扶贫工作组完成扶贫任务。2015 年年底，在《河北日报》用一个专版全面宣传省科协的年度亮点工作。

地市县及基层科协组织 截至 2015 年年底，河北省共有设区市科协 11 个、省直管县科协 2 个、县级科协 171 个、街道（社区）科协 517 个、乡镇科协 1825 个、农技协 3815 个。

邯郸市科协成立“邯郸市众创科技园有限公司”；邢台市科协成立“邢台众创空间”和“邢台大学生创业联盟”，并举办首届京津冀青年“互联网 +”创业大赛；秦皇岛市科协成立国内首家健康管理科学联盟和秦皇岛产学研协同发展联盟；唐山市科协与有关科技集团签署了《创建众创空间合作协议》。张家口、唐山、衡水等地邀请中国科学院、中国科技馆和省内知名科普专家为各类公务人员做科普报告；邯郸、张家口编印领导干部和公务员科学素质教育手册。

石家庄市科协正式运行微信公众号“科普石家庄”和“石家庄科协”APP，开辟微视频、微电影、微讲堂科普“三微”新渠道；秦皇岛市科协依托东北大学秦皇岛分校开展云科普，建立终端网络，推进秦皇岛经济技术开发区云科普体验中心建设；邯郸市科协创建“邯信科普”并构建了“互联网 +”四位一体科普信息化新模式。唐山市新科技馆准备开工建设，石家庄市新建社区科技馆 10 家。承德市科协出台《科技工作者建议征集管理办法》。滦平、兴隆、丰宁满

族自治县科协参与撰写环首都现代农业示范带发展规划，同北京市有关单位、企业建立合作项目 14 项。

省级学会、企业科协、高校科协 截至 2015 年年底，河北省共有省级学会 135 个。当年新成立省级学会 7 个，23 个省级学会完成换届改选，35 个省级学会办理变更手续，2 个省级学会被河北省民政厅新评为 5A 级和 4A 级社会组织。企业科协 711 个，会员 171683 人。高校科协 29 个，11 个国家级园区已全部建立科协组织。沧州、衡水、邯郸市所有省级园区全部建立了科协组织。

2015 年，省级学会共完成政府委托职能项目近 200 项。如河北省环境科学学会承担了河北省环境保护地方标准项目 9 项，环保部、省环保厅课题 5 个和“清洁生产审核评估验收”“清洁生产污染防治对标验收”工作。

省医学会申请 2016 年继续教育项目 70 项（省级项目 39 项、国家级项目 31 项），数量创历年最高，并承担医用设备使用人员业务能力河北考区新生考评、医学技术鉴定、项目评估审议等工作。省中医药学会申报继续教育项目 9 项，组织开展河北省中医药学会科学技术奖评审。省护理学会组织开展全省护理技能大赛，完成继续教育项目 26 项。省心理卫生学会完成继续医学教育项目 5 项。省创造创新学会接受委托开发了“高校毕业生职业化就业技能提升培训课程”。省煤炭学会组织开展河北省煤炭行业科技成果评价。省水力发电工程学会完成了农村水电安全生产管理标准化二、三级评审工作、农村水电增效扩容改造项目技术咨询和河北省农村水电发展“十三五”规划编制。

【第二届河北省科协年会】 10 月 15 日，在中国科协、北京市科协和天津市科协的支持下，由河北省科协和保定市政府联合举办的第二届河北省科协年会在保定市举办，年会以“创新驱动，协调发展”为主题，主要内容包括开幕式暨大会特邀报告会、保定市党政领导与院士专家座谈会、全国学会及京津冀学会与河北企业人才项目洽谈对接会等五大版块。

中国科协党组成员、书记处书记吴海鹰，河北省有关领导出席年会相关活动。省直有关部门、保定市有关负责人及 200 多名院士、专家，省内 202 家企业的代表，100 名众创空间代表共计 600 多人参加年会。年会发布人才技术项目成果 318 项，达成合作意向 77 项，签署合作协议 14 项，其中 6 个项目在年会上举行了签约仪式，中国工程院院士、中国工程院副院长樊代明等专家到河北大学、河北农业大学作科普报告。

【河北省科协八届四次全委会议】 1 月 30 日，河北省科协八届四次全委会议在石家庄市召开。省委副书记赵勇出席会议并讲话，省政协副主席、省科协主席段惠军出席并主持会议。省科协领导和八届委员会委员 88 人出席会议。部分省科协所属省级学会理事长、秘书长，直管县科协主要负责人列席会议。

赵勇代表河北省委、省政府对省科协过去一年的工作给予肯定，对科协做好新一年的工作，从四个方面提出要求：一是要认真贯彻中央要求，坚定做好科协工作的信心和决心；二是要着力推进以科技创新为核心的创新发展，提高科技进步在绿色崛起中的贡献率；三是要动员广大的科技工作者在传统产业的改造升级、在经济结构调整、在科技的支撑当中，发挥应有的作用；四是按照从严治党的要求，加强科协的自身建设。

会议传达了中央书记处关于科协工作的几点意见。审议通过李宗民代表常委会所作的工作报告。对获得“十佳全国优秀科技工作者提名奖”的燕山大学研究生院杜凤山和 22 名获得第六届“全国优秀科技工作者”、91 名获得第八届“全省优秀科技工作者”荣誉称号的获奖者进行表彰。

【保定市创新驱动发展示范市建设】 把保定市建设府签订战略合作协议的重要内容之一。省科协高度重视，积极配合中国科协做好示范市建设，取得一定成果。

截至 2015 年年底，保定市与 59 个全国学会建立联系，与 159 个国家开放实验室、300 多名院士专家进行对接，签署各类合作协议 94 项，其中包括落地项目和技术合作协议 20 余个、建立学会工作站 47 家、国家级企业技术联盟 7 家、成立联合实验室 2 个、建立中试基地和创新基地 2 个。

中国科协党组书记、常务副主席、书记处第一书记尚勇，河北省委、省政府领导，先后到保定视察指导示范市工作并给予肯定。

【创新驱动发展示范县试点工作】 根据省委领导指示，学习借鉴中国科协做法，省科协每位班子成员分别选择任丘市、渤海新区、涞水县、定州市、固安县 5 个县（市、区）作为创新驱动示范县试点。通过建设创新驱动发展示范县（市、区），推动以实体产业为主体、以技术创新为先导、以促进经济发展为目标的县域经济创新驱动发展之路，探索总结出可复制、可推广的创新驱动发展经验，在全省推广。

省科协与任丘市政府签约仪式

在经过调研、召开座谈会征求意见、学会专家与企业进行对接的基础上，省科协同任丘市、涞水县、定州市和固安县签订了战略合作协议。定州市、任丘市、涞水县出台创新驱动发展示范县（市、区）建设的相关文件，定州市和任丘市政府提供了配套经费。全国和省级有关学会同任丘、涞水相关企业和园区签订合作协议，在任丘建立了“河北省科协创新人才培训基地”和“河北省科协任丘众创空间”，涞水县建立的众创空间有 60 多家企业和创客入驻。唐山市科协在丰润区、张家口市科协在崇礼县开展了创新驱动示范县试点工作。

【科技型中小企业帮扶创建活动】 按照省委省政府的决策部署和省委领导的指示精神，确定河北省科协系统 2015 年帮扶创建 300 家科技型中小企业的任务目标。

为做好帮扶创建工作，省科协成立领导小组，对任务目标进行分解，全省各级科协和所属学会分别对所承担的任务目标开展工作。在前期工作的基础上，10 月 25 日，召开了省科协帮扶创建科技型中小企业

省科协帮扶创建科技型中小企业工作座谈会

工作座谈会，邀请省科技厅、省工业和信息化厅、省人力资源和社会保障厅等有关部门负责人就如何做好帮扶创建工作作专题辅导报告。

截至 2015 年年底，全省科协组织帮扶创建科技型中小企业 376 家，完成了帮扶创建任务。

（撰稿人：姚 琳）

山西省科学技术协会

服务经济社会发展 12 月 9 日，促成中国科协与山西省政府签署战略合作协议。紧密联系山西实际，充分发挥中国科协优势，引导人才、技术、信息、项目等高端科技资源向山西集聚，开展多层次、多形式科技合作，促进山西转型升级和科技创新。中国科协党组书记、常务副主席、书记处第一书记尚勇和山西省政府省长李小鹏代表双方在协议书上签字。

实施创新驱动助力工程。晋中市被中国科协确定为“创新驱动示范市”，晋中市政府与中国科协科技成果转化服务中心签订合作协议，共建创新驱动科技成果转化服务中心晋中市分中心；有 14 家企业的 37 个项目与有关院士专家签订合作协议或达成合作意向。以太原通泽重工有限公司、长钢（集团）锻压机械制造有限公司两家企业为试点，推进“数控一代”机械产品创新应用示范工程，组织院士专家开展科技服务，推动数控技术、智能技术与机电设备渗透融合，促进产品升级换代。11 月，召开“数控一代”机械产品创新应用示范工程推进会，中国工程院院长、中国机械工程学会理事长周济携 10 位院士专家与相关企业对接；会上还出版发行了《“数控一代”案例集（山西卷）》；周济应邀为山西省委中心组（扩大）学习作了题为“中国制造 2025”的专题报告。深入开展“讲理想、比贡献”活动，1600 余条合理化建议被采纳。开展企业技术创新方法推广应用，为试点企业培养 100 名创新骨干，解决技术难题 92 项；实施并完成企业产学研对接、成果转化“金桥工程”项目 52 项。

推进科普惠农计划。承担了中国科协“科普中国 · 实用技术助你成才项目”，着力打造“农村专业技术协会 2.0 升级版”。科普惠农中心服务站试点建设覆盖全省 11 个市；建成 100 个科普惠农服务站、100 个科普惠农骨干企业、100 个优质农产品示范基地；

96110三农热线、96365健康热线服务群众3万人次，组织专家开展科普服务100场次；为全省1万多名大学生村官编发科技手机报156期。

建设科技创新智库。开展“大众创业、万众创新”政策落实情况评估，举办了新型智库建设推进会和第二届山西科技·人才·创新论坛，组织了山西省科技成果转化现状调研等15个调研课题研究，得到有关决策部门的采纳或重点关注。

《科学素质纲要》实施及科普工作 强化科学素质纲要实施工作，进一步健全全民科学素质建设考核机制，组织了10项特色公众科学素质活动。开展了山西省2015年“全国科普日”暨第12届“科普三晋”系列活动，重点策划组织了省会主场活动、第四届中国科普摄影大赛等活动。全省各级科协共举办科普报告、科普剧展演、科普培训、科普展览、科技咨询、网络活动等706项，受众100余万人次，山西有11家基层科协被中国科协评为优秀组织单位。省科技馆全年对外免费开放257天，科学实验演示993场，科普电影播放1045场，共接待观众70.63万人次。流动科技馆和科普大篷车深入40多个县区开展活动，受众53万人次。“山西科学讲坛”举办46场。

推进“科普益民计划”。培育建成全国、省级优秀科普示范社区24个；建成社区科普屏媒100个。举办了“‘互联网+’食品安全”“科学与艺术——融合创新”“春耕备耕话农资”“科学用眼 健康生活”“关注风湿病”等10场专家与媒体面对面活动。实施公交楼宇电视“科普每一天”工程，编播科普宣传片48期，覆盖太原3600多辆公交车和1500多个公共场所。

推进科普助教计划。深入开展了全省青少年科技创新大赛、青少年机器人竞赛、宋庆龄少年儿童发明奖、青少年高校科学营、青少年科学调查体验、青少年科学影像节、助力科学梦等一系列丰富多彩的活动，近1200所学校、42万人次青少年参加，极大地激发了广大青少年崇尚科学、勇于探索的兴趣和活力。举办山西省首届大学生科学文化作品创新创意大赛活动，征集作品288件，评选出一等奖4名、二等奖8名、三等奖12名。

加强科普资源建设。全年开发原创性科普图书、挂图、影视、动漫等优质资源100套（件），编辑、出版、配送全民科学素质读本16.3万册（本）；山西科技手机报群开发运营20种手机报，全年编发8800多期；微信、微博群用户稳定在300万人以上；中科云媒全年发布信息3000余条，山西科普网、农科110网、科普惠农网、科学导报网等17个网站，总点击量3000多万次；山西科普资源库数据存储量突破1000G。

学术交流 组织开展了全国算子理论和算子代数会议、首届山西科技传播论坛等高端学术活动20多项，参与科技人员1万余人次。组织省级学会围绕学科发展的难点和经济发展的热点，开展高层次学术活动，全年共组织学术活动35项。

省科协联合省科技厅、省人社厅、省财政厅共同组织了第十七届山西省优秀学术论文评选工作，近5000名科技工作者撰写的1035篇论文，内容涵盖数理、地质、建筑、工业、农业、管理、教育、卫生、科技等诸多领域，最终评出特等奖3篇、一等奖50篇、二等奖245篇、三等奖298篇。

服务科技工作者 表彰举荐优秀科技工作者。开展了第八届“山西省优秀科技工作者”评选，表彰了78名作出显著成绩的基层一线优秀科技工作者。开展了中国工程院院士候选人、中国青年科技奖等奖项的遴选举荐工作，积极举荐高层次人才，山西焦煤集团总经理、省科协副主席金智新当选中国工程院工程管理学部院士。

加大科技人物宣传力度。在《科学导报》《山西科技报》《山西科协》开设科技人物宣传专版，编印《创新·奉献——山西省优秀科技工作者事迹选编》《山西专家学者》等专刊，精心组织了“科技梦·中国梦——中国现代科学家主题展”“创新力量·筑梦山西——山西优秀科技工作者风采展”等展览。

开展建家交友活动。组织召开中国科协八大代表座谈会、科技工作者座谈会，学习传达中央和省委重要精神，听取科技工作者的意见和建议。组织开展中国科协会员日活动，全省各级科协深入基层开展多种形式的科技工作者走访慰问活动。举办知识产权报告会，提供法律咨询。举办科学道德和学风建设宣讲报告会5场。开通“山西科协”“专家大院”微信，着力建设“山西省科协科技人才库”“山西省科技工作者之家平台”和“山西省科技工作者线上协同创新平台”，用先进信息技术手段为科技工作者提供优质服务。

自身建设 认真学习贯彻十八届三中、四中、五中全会精神和省委十届六次、七次全会精神，及时下发文件，组织党组中心组学习，举办研讨会、报告会和培训班。组织中心组学习27次，选派干部赴党校、高校学习50人次。面向省科协、市县科协、省级学会、企业科协等广大干部，先后举办了5期培训班，共计1000余人参加。持续推进“双化建设”，重点强化科协干部八项基本素质、九项基本能力。在科协系统深入开展为期半年的“机关化、行政化、贵族化、娱乐化”问题教育整顿，改进工作方式方法，进一步转变工作作风，增强和保持科协组织的政治性、先进性和群众性。

扎实开展“三严三实”专题教育活动，加强组织领导，成立活动领导组，出台了实施方案，明确任务分工和进度安排；党组书记带头讲党课，开展专题学习研讨，编印学习资料，不断加深学习效果；广泛征求意见，深入剖析反思，深刻对照检查“不严不实”问题。

加强党风廉政建设，严格贯彻执行中央八项规定和省委一系列实施办法，坚决抵制“四风”。深入基层开展调研，组织完成了全省11个市、119个县科协基本情况调研，将调研成果向省委做了汇报，提出了加强和改进科协工作的意见。

严格落实“两个责任”和“一岗双责”，把反腐倡廉工作与科协业务工作全部纳入目标责任考核指标体系，同规划、同部署、同实施、同考核，全程跟踪问效问责。开展廉政文化进机关活动，依托山西省科协网、科协OA系统、科协干部在线学习平台，开辟廉政教育专题，发放廉政教育资料，观看廉政教育警示片，举办廉政征文活动。全面推进“六权治本”，出台了一系列规章制度，规范部门工作职责、工作流程，制定权力清单，并将运行程序和结果在门户网站公示，加强信息公开，形成按制度办事、靠制度管人的良性机制。

市、县（市、区）及基层科协组织 全省现有市级科协11个、县（市、区）科协119个，乡镇、街道等基层科协组织不断壮大。

太原市科协深入推进科普益民计划，在社区建设“科普屏媒”，安装完成科普LED屏120块，覆盖110个小区；在有活动室的社区开办科普大学，累计建立社区科普大学45所，参加人数3000余人，为100多个社区图书室配备了科普图书。

大同市科协加强对市级学会管理和服务，牵头市中西医结合学会、市中医药学会联合举办了4期“中医文化大讲堂”，探讨健康养生理念，传播健康保健知识。对学会组织进行管理整顿，集中清理了26个学会，现有所属学会32个。评选表彰“大同市优秀科技工作者”183名。

阳泉市科协推进社区科普大学建设工作，在矿区平潭街道办事处东山社区举行了阳泉市社区科普大学挂牌成立仪式，在全市各县（区）设分校，在各街道或社区建立教学点。截至年底，已建社区科普大学38所，其中矿区7所、城区30所、郊区1所，拥有学员2500多人，开设课程有营养保健、家庭自救、电脑入门、节能常识等20余种。

长治市科协推动学会创新发展，召开了2015年度学会工作座谈会，推进13个市属学会按时改选换届，新批准成立了市心理健康服务协会；对第十一批星级学会进行了命名，开展了第十二届优秀学术论文评选工作，组织市属学会开展多形式、精品化的学术交流活动，一年来全市共组织学术交流150余次。

晋城市科协精心打造“晋城科普大讲堂”品牌活动，与中科院老科学家科普演讲团签订了科普教育基地共建协议，组织开展了“晋城科普大讲堂”走进校园、走进县（市、区）巡回报告活动，邀请15名中国科学院老科学家，走进全市百余所中小学校和社区，开展科普报告会120余场，受众8万余人次。

省级学会、企业科协、高校科协 12月，省科协举办“山西省学会干部学习班”，各省级学会的理事长、秘书长以及各市科协学会工作负责人共150余人参加培训。学会干部围绕深入学习贯彻中央和省委群团工作会议精神、推进科技社团改革创新、谋划“十三五”学会工作等进行了学习研讨。

省科协支持众多省级学会开展不同层次、不同类型的精品学术活动。省数学会举办了山西省数学会2015年学术年会；省环境诱变剂学会承办了全国环境与健康风险评估年会；省护理学会承办了第17届全国骨科护理学术会议；省气象学会举办了山西省气象学会2015年学术年会；省化学会举办了青年科技论坛活动；省生物化学与分子生物学会举办了新观点新学说学术沙龙活动；省硅酸盐学会举办了赤泥－固硫灰加气混凝土砌块的制备研究会议；省连锁经营协会举办了智能社区便民生活服务平台的商业未来研讨会等；省水利学会举办了第十二届青年优秀水利科技论文交流活动，有28篇论文获奖。

2015年，全省企业科协总计365个，其中非国有企业科协100个；高新区、经开区等园区科协3个，

高校科协 7 个。

太原市科协本着以企业为主体、需求为基础、项目为核心、实效为根本的宗旨，持续稳妥地推进院士工作站建设。根据有关单位的建站申请，经过材料审核、现场考察，在严格把关的基础上，在山西省干细胞基因工程有限公司等 8 个单位建立了院士工作站。截至年底，累计建立院士工作站 35 家，引进两院院士 43 名、院士团队专家 201 名，与院士专家团队共签订合作项目 130 余项。此外，还帮助太原市冶金机械厂院士工作站组织了“2015 年全国堆焊再制造技术学术会议”。

【中国科协与山西省政府签署战略合作协议】 12 月 9 日，中国科协与山西省政府在太原签署战略合作协议。中国科协党组书记、常务副主席、书记处第一书记尚勇，党组成员、计财部部长兼机关党委书记王延祜，山西省委有关领导，省科协党组书记、常务副主席杨伟民，省科协主席侯晋川等出席签约仪式。尚勇和李小鹏代表双方在协议书上签字。

根据协议，双方将本着“优势互补、重点突出、务实高效、共同发展”的原则，充分发挥中国科协独特优势，紧密结合山西转型创新需求，从实施创新驱动发展战略、加强全民科学素质建设、提升地方科协服务经济社会发展能力等三大领域 13 个方面开展多形式、多层次的合作。双方表示将以合作协议签订为契机，坚持创新引领，加强工作对接，抓好措施落实，不断扩大合作广度和深度，推动建立长效持久的合作机制，为山西经济社会发展注入新动力。

【尚勇在山西调研科技扶贫、创新驱动助力工程等工作】 12 月 7—9 日，中国科协党组书记、常务副主席、书记处第一书记尚勇到山西调研工作。

2015 年是中国科协在吕梁地区科技扶贫的第 30 个年头。自 1985 年以来，中国科协共选派 4 届讲师团、19 届科技扶贫团、147 名干部在吕梁地区挂职开展科技扶贫工作，辐射带动了近 100 万户贫困人口走上了脱贫增收的道路。尚勇先后到临县城庄镇王家庄村、岚县普明镇陶家沟村走访慰问了贫困户，在临县千山食用菌基地、岚县康农薯业有限公司调研了科技帮扶工作；代表中国科协党组向临县、岚县有关中学捐赠了农村中学科技馆和科普图书，向贫困学生捐赠了爱心助学款，并观摩了中国流动科技馆山西巡展岚县站活动；出席了科技扶贫工作座谈会；考察了科普中国农村 e 站建设情况。

尚勇赴晋中市的祁县天波制泵股份有限公司、太重集团榆次液压工业有限公司就创新驱动助力工程实施情况进行了实地调研，还赴山西科技传媒集团、山西省科技馆进行了调研，到省科协机关看望和慰问了广大干部职工。

【山西省“数控一代”机械产品创新应用示范工程推进会】 11 月 13 日，山西省“数控一代”机械产品创新应用示范工程推进会在太原市召开。会议由山西省科协联合中国机械工程学会、山西省科技厅主办，山西省机械工程协会承办。中国工程院院长、中国机械工程学会理事长周济，山西省委有关领导出席会议并讲话。中国工程院院士卢秉桓、胡正寰、王一德、关杰、丁荣军，中国机械工程学会监事长宋天虎，国家数控工程中心副主任彭芳瑜等院士专家出席会议。山西省内相关高校、科研院所、企业的负责人等 300 余人参加了会议。

山西省“数控一代”机械产品创新应用示范工程推进会

周济介绍了“数控一代”的提出背景，简要概述了“数控一代”在“十二五”期间取得的进展和未来十年的发展规划。

院士专家就各自领域研究成果作了专题学术报告，并与参会的企业、高校、科研院所相关工作人员和科技工作者进行了现场交流互动。卢秉桓就国内外 3D 打印产业的发展情况和未来规划作了详细介绍；丁荣军重点阐述了我国轨道交通装备的发展和未来；彭芳瑜通过具体案例解读了国家“数控一代”创新应用示范工程规划及实施情况；胡正寰就北京科技大学近期的研究成果和与山西太重集团的合作项目情况作了说明。关杰就重型机械制造和冶金行业目前存在的问题和解决途径等内容进行了探讨。此外，山西省科技厅相关负责人从政策方面介绍了山西实施“数控一代”的具体做法、取得的成效和今后的规划。

会上举行了《“数控一代”案例集（山西卷）》的首发仪式。周济为太重、太钢、太原理工大、中北大学等企业高校共13家单位代表赠书。

【山西省2015年全民科学素质纲要实施工作电视电话会议】 5月12日，山西省2015年全民科学素质纲要实施工作电视电话会议在太原市召开。会议总结交流了2014年工作，对2015年山西省全民科学素质工作进行了全面部署。省全民科学素质工作领导小组各成员单位负责人及全民科学素质工作部门负责人，各市、县分管副市长、副县长，各市、县全民科学素质工作领导小组成员单位负责人及全民科学素质工作部门的负责人分别在主会场和分会场参加了会议。省科协党组书记、省全民科学素质工作领导小组副组长杨伟民主持会议。

省政府副秘书长郭立代表省政府讲话。省科协主席、省全民科学素质工作领导小组副组长侯晋川传达了刘延东副总理听取《全民科学素质行动计划纲要》实施情况汇报会的讲话和全国2015年全民科学素质纲要实施工作会精神，并作了《全民科学素质行动计划纲要》实施工作报告，省委宣传部副巡视员李泽顺代表省文明办传达了中宣部、中央文明办关于将科学素质行动列入《培育和践行社会主义核心价值观行动方案》有关精神，省气象局、太原市、潞城市代表在会上作了典型发言。

【首届山西科技传播论坛】 12月16日，以“大数据时代的数字出版”为主题的首届山西科技传播论坛在太原市举行。论坛今后将每年举办一次。本届论坛由山西省科协、山西省新闻出版广电局主办，山西省期刊协会、山西省科技期刊编辑协会协办，山西科技新闻出版传媒集团、太原科技战略研究院承办。来自省内报刊出版传媒界代表共200余人出席了论坛。

论坛宗旨是适应经济发展新常态，以全面深化改革、创新驱动发展为主线，深化科技体制改革和出版体制改革，推动山西科技创新发展和学术繁荣，树立“互联网+”思维，助力传统出版与新兴出版融合发展，探索科技期刊现代传播体系建设，增强科技期刊可持续发展能力和服务科技创新能力，为建设创新型山西服务。

论坛采用主旨报告和专家高端对话的形式进行，特邀中国新闻出版研究院副院长张立、苏州大学新媒体研究院院长胡守文和国家自然科学基金委《中国科学基金》副主编任胜利分别作了题为“出版业有大数据吗？”“‘互联网+’：出版的危机？生机？”和“科技期刊的出版与传播”的主题报告。高端对话环节，三位专家分别就数字出版的转型之路、互联网时代报刊出版行业如何运用大数据促进企业发展、互联网时代传统出版企业盈利模式如何改变、如何打破大型期刊平台的技术和营销垄断、如何提升期刊学术质量和声誉、中央对中小型期刊社扶持政策的解读与分析等多个话题进行了高端对话，并与现场代表展开深入交流。

（撰稿人：王继龙）

内蒙古自治区科学技术协会

服务经济社会发展 开展决策咨询。贯彻中共中央《关于加强中国特色新型智库建设的意见》和《中国科协关于建设高水平科技创新智库的意见》，举办内蒙古科协系统智库建设研讨班。针对自治区省级干部联系38个国贫、区贫旗（县）的举措，组织智囊团赴基层开展科技咨询。组成两个评估组赴8个盟市开展“大众创业、万众创新”政策措施落实情况调研评估并形成评估报告上报。配合中国科协在鄂尔多斯市举办创建中国科协创新驱动助力工程示范市动员大会，把中国科协的人才优势和鄂尔多斯市的资源优势结合起来，努力突破关键核心技术，助推转型发展。成立内蒙古科协所属学会有序承接政府转移职能协调小组及办公室，协调自治区党委办公厅、政府办公厅出台《内蒙古科协所属学会有序承接政府转移职能试点工作实施方案》。开展内蒙古科协所属学会有序承接政府转移职能试点工作。商请有关部门，确定学会拟承接政府转移职能清单（第一批）。

实施“科普惠农兴村计划”。2015年，自治区有55个单位和34名个人被中国科协、财政部评为全国科普惠农兴村先进单位、全国科普示范社区、全国科普惠农兴村带头人，获奖补资金资助。自治区科协、财政厅投入专项资金，奖补自治区23个基层科普组织和7名个人。贯彻中国科协、农业部《关于支持农村专业技术协会开展农技社会化服务的意见》，内蒙古科协与中国邮政储蓄银行内蒙古分行举行战略合作协议签约仪式，加强“银会合作”。

开展扶贫帮扶工作。组织蒙医专家和畜牧专家进村入户，为帮扶村捐赠蒙药，向自治区交通厅争取资

助，为帮扶村修路等。

开展“讲理想、比贡献”活动。针对自治区实际，柔性引进70个院士专家团队，2015年，在15个单位建立20家院士专家工作站，院士专家工作站达到50个。深化企业“讲理想、比贡献”内容，坚持技术创新的市场导向，多层次开展群众性创新活动。参与中国科协“创新力量”——优秀企业基层科技工作者推选活动。发挥中国科协海智基地引领示范作用，在安徽省芜湖市举办现代农业示范园区（基地）——中国科协海智计划示范项目学习班。

《科学素质纲要》实施及科普工作 编制《自治区全民科学素质行动“十三五”规划》。围绕“科技成就梦想，拥抱智慧生活”主题，开展“全国科普日”系列活动130多项。动员学会、高校、科研院所、企业等社会力量，参与“科技活动周”、文化科技卫生“三下乡”等科普活动。在呼和浩特市新城区老缸房社区举行2015年全国食品安全宣传周社区科普讲座。承办“科技梦·中国梦——中国现代科学家主题展”呼和浩特站巡展活动。

举办自治区青少年科技创新大赛，并开展大赛三十周年纪念活动。承办第十五届中国青少年机器人竞赛，来自30个省、自治区、直辖市、新疆生产建设兵团和澳门特别行政区的502支代表队约1500名选手参加比赛。组织青少年高校科学营活动，选拔300名青少年和35名教师参加12所高校常规营活动和4个专题营活动。开展自治区青少年科学调查体验活动、“雅培家庭科教项目”活动、“大手拉小手——科普报告内蒙古草原希望行”活动，实施联合国儿童基金会非正规教育项目、英特尔求知计划项目、青少年科学工作室项目，承办全国青少年科学工作室科技辅导员交流活动。

第十五届中国青少年机器人竞赛

自治区建有科协系统所属实体科技馆13座，其中自治区级1座、盟市级6座、旗县级6座。科普大篷车现配备量为45辆，其中自治区级1辆，地市级12辆，旗县（市、区）级32辆。内蒙古科技馆、鄂尔多斯市科技馆、满洲里市扎赉诺尔区儿童科技馆被中国科协、中宣部、财政部纳入2015年全国科技馆免费开放试点单位。赤峰市巴林右旗大板第四中学被中国科协列为2015年度农村中学科技馆试点。

建立“内蒙古科普之窗”等一批科普网站，实施“‘互联网+’科普”行动，推进科普信息化建设。与中国知网合作打造“科普内蒙古服务平台”。联合有关单位共同举办“童爱青城”内蒙古首届儿童博览会和内蒙古第二届国家网络安全宣传周系列主题活动。提高蒙文《身边科学》和《内蒙古科技报》办报质量，实施“科普报刊村村通”工程。

学术交流 10月13日，组织召开中蒙俄草原生态保护与建设国际学术研讨会。6月9日，在内蒙古自治区满洲里市举办中俄科技交流合作研讨会，邀请俄罗斯伊尔库茨克科工联、乌兰乌德布里亚特科学中心以及俄罗斯“艾米生产研发中心”的专家、学者进行专题演讲，与会专家就中俄两地间医疗、农业以及高新技术投资等领域的发展进行交流。9月8—9日，组织召开2015年呼和浩特海峡两岸食用菌产业研讨会，并就两岸食用菌产业发展达成合作意向。

自治区科协联合自治区党委、教育厅、科技厅、人社厅编辑出版《第十届内蒙古自治区自然科学学术年会优秀论文集》，31家自治区学会举办第十届内蒙古自治区自然科学学术年会分会场，全年对24项重点学术交流项目、24项金秋学术月活动进行资助。

服务科技工作者 与自治区党委组织部共同启动“草原英才”工程，负责入选团队、基地和个人动态评估工作。组织实施自治区院士候选人推选工作。开展第十届内蒙古自治区青年科技奖和第十四届中国青年科技奖候选人评选与推荐工作。

组织中国科协八大（内蒙古）代表及自治区部分科技工作者赴发达省区交流座谈，学习经验。继续为中国科协八大（内蒙古）代表免费赠阅《科协论坛》《身边科学》等报刊杂志。

自身建设 编制《内蒙古科协事业“十三五”发展规划》。

举办“三严三实”专题教育工作部署暨深入学习贯彻习近平总书记系列重要讲话精神培训会，制定

《内蒙古科协“三严三实”专题教育实施方案》以及学习计划安排。

组织开展“尽责圆梦、服务担当”系列主题活动、学雷锋志愿服务、参观爱国主义教育基地、科普服务基层和环保志愿服务等活动。举办志愿者科技惠民“春天行动”暨呼市科协2015年科普惠农助春耕活动月系列活动等。

地市县及基层科协组织 自治区共有盟市科协（含计划单列市）14个，县级科协102个。

鄂尔多斯市科协被中国科协确定为创新驱动助力工程首批示范市。包头市科协组织专家编写《包头市公民科学素质读本》，并出版2万册。巴彦淖尔市成立5个专项组推动全民科学素质纲要工作实施。乌兰察布市科协投资在社区建立科普活动场所、科普书屋、画廊等。通辽市科协重点扶持的通辽市医学会现有入库专家470人，全年受理医疗纠纷30余例、鉴定30余例。

省级学会、企业科协、高校科协 自治区科协所属省级学会共101个，2015年6个学会成为科协团体会员，10个学会完成换届工作。企业科协132家，1所高校成立了科协组织。

承接科技厅科技成果鉴定工作，成立了内蒙古科技鉴定评估公司。支持内蒙古农学会、测绘学会等若干学会设置科技奖项。8月，在天津市举办内蒙古科协所属学会承接政府转移职能秘书长培训班。内蒙古医学会、蒙医药学会、牧草产业发展协会等8家内蒙古科协所属学会承接了部分政府转移职能，得到有关政府部门的肯定。内蒙古心理咨询师协会承接了民政厅社区阳光工程任务，先后在呼和浩特市各大社区开展主题讲座10余场。

召开学会提升创新和服务能力研讨会，加强科技社团、科技中介服务机构建设。全年资助实施学会服务提升专项的学会达到25个。

【中蒙俄草原生态保护与建设国际学术研讨会】 10月12—14日，内蒙古科协主办的中蒙俄草原生态保护与建设国际学术研讨会在内蒙古自治区二连浩特市召开。来自中国、蒙古、俄罗斯的70余名专家、学者出席会议。内蒙古科协党组书记、副主席马强出席开幕式并讲话。俄罗斯科学院西伯利亚分院院士元登·扎不亚诺维奇作了题为“气候变化对贝加尔地区自然环境的影响”的主题报告。

与会专家围绕“草原生态保护与建设”这一主题，针对资源开发与生态环境、草原生态环境保护现状、游牧文化草原生态等问题进行研讨。会上作了14场主题报告，围绕草原蝗虫防治、草原群落恢复演替、人类对自然环境的影响、中蒙跨境地区自然灾害风险评估、新型家庭牧场管理模式探索、水氮控制对荒漠草原的影响、游牧社会文化等方面进行了交流。

【内蒙古科协与中国邮政储蓄银行内蒙古分行签署合作协议】 10月21日，内蒙古科协与中国邮政储蓄银行内蒙古分行举行战略合作协议签约仪式。内蒙古科协党组书记、副主席马强，中国邮政储蓄银行内蒙古分行副行长巩连华出席仪式，并分别代表双方签署协议。

根据协议，内蒙古各级科协为邮储银行推荐会员客户，邮储银行对融资对象、信贷产品、担保方式、优惠政策、申报材料和流程等关键信息进行宣传并审核，未来三年内向自治区各级农技协带动的农牧户及新型农业经营主体提供科技贷款，用以提高农牧业生产经营专业化、标准化、规模化、集约化水平，形成科技与金融共同引导、推进“三农三牧”良好发展。

双方就建立健全沟通协调、联席会议、联合调研等制度，坚持“试点先行、先易后难”的原则，打造“科协＋邮储”自主品牌等方面达成一致意见。

【内蒙古首家海智专家工作站落户呼和浩特市】 12月12日，内蒙古呼和浩特市海智专家工作站启动仪式暨海智工作座谈会在呼和浩特市召开。中国科协海智专家、比利时金海农业集团公司总裁高继明，内蒙古科协党组成员、副主席耿晓旭，呼和浩特市科协党组书记、主席李开元共同为工作站揭牌。内蒙古科协相关部门负责人、呼和浩特市及部分辖区科协领导班子成员、呼和浩特市有关农业生产基地负责人参加座谈会。

作为自治区首家海智专家工作站，呼和浩特市海智专家工作站以和林（盛乐）现代农业科普示范基地、新城区敕勒林海基地、赛罕区百岁园果蔬种植基地、托克托县云中现代农业示范园区和清水河蒙宏现代农业综合服务中心为依托，开展都市观光农业、休闲农业和生态农业的新品种引进、新技术引进、试验、示范和推广，充分发挥海智专家人力、智力优势开展海智项目工作。

（撰稿人：吴欣倩）

辽宁省科学技术协会

服务经济社会发展 扎实推进科技思想库建设。积极参与国务院委托中国科协开展的"'大众创业、万众创新'相关政策落实情况"第三方评估工作，形成辽宁省评估报告。加强与辽宁省委、省人大、省政府、省政协的政策研究部门合作，畅通建言献策渠道。全省科协系统共完成决策咨询成果162个，专报党委、政府的咨询建议20余篇，部分建议获批转决策参考。省通信学会提报的《加快在辽宁省高速宽带网络建设，推进网络提速降费的实施办法》获副省长刘强的批示。

实施"科普惠农兴村计划"。联合省财政厅实施"科普惠农兴村计划"，有66个先进集体和个人获国家或省级表彰，奖补资金875万元。继续开展以"科普惠农服务站"为载体、以农村专业技术协会为依托、以"科普视频"为主要方式的农村科普信息化建设，支持农技协开展社会化服务，培育龙头协会37个，辐射带动农民40万户。举办了第28届辽宁省暨铁岭市"科普之冬——2015年科普惠农、农超对接"启动仪式，105个农村专业技术协会和科普示范基地组织260多种农产品参加展销，签订联营协议6项，实现营业额300万元。

全面实施辽宁创新驱动助力工程。积极参与京津冀协同创新服务，与北京市科协签署科技成果转化平台合作协议，与中国邮政储蓄银行辽宁分行签署合作备忘录。依托省科协院士专家工作站服务中心成立了中关村天合科技成果转化辽宁促进中心入驻沈阳国际软件园，推动创新与创投要素整合，促进科技成果转化应用。组织近百位专家深入企业开展调研、咨询和对接，签订合作协议46项。辽宁省化工学会为朝阳市朝阳县编制精细化工产业发展规划，辽宁省有色金属学会促成铁岭矿药剂有限公司与广州有色金属研究院建立产业技术创新战略联盟。

加强院士专家工作站立项申报和运行服务工作，新建工作站20个，累计建站161个，柔性引进"两院"院士498人次，承担430个重大专项和重点科研项目，培养带动一线科技人才2150人，推荐13个工作站获国家自然科学基金和博士启动资金的资助。深化"讲比"三级联创工作，建立年初立项、中期调度、年底验收制度。"科技文献检索服务平台"检索文献348万次，培训知识产权应用工程师400人。成立辽宁省创新方法研究会，开展首届大学生创新方法大赛。建立专利推广应用平台150个，培育专利9项，实现经济效益1910万元。

《科学素质纲要》实施及科普工作 扎实做好《科学素质纲要》（以下简称《纲要》）组织协调和督办通报工作。积极推动省政府与中国科协签署的《纲要》共建协议的落实，推动省委省政府《纲要》共建项目意见的落实。开展辽宁省"十二五"《纲要》实施情况督查，编制了辽宁省"十三五"《纲要》规划。2015年辽宁省将《纲要》实施工作纳入《辽宁省科技创新驱动发展实施方案》和《中共辽宁省委关于制定国民经济和社会发展第十三个五年规划的建议》。据第九次中国公民科学素质调查结果显示，"十二五"末辽宁省公民具备基本科学素质的比例达到5.71%，完成了达到5%的目标任务。

举办第30届辽宁省青少年科技创新大赛和第12届辽宁省青少年机器人大赛，共有1200余名师生参赛，省科协被评为全国青少年机器人大赛优秀组织单位。举办"青少年高校科学营——辽宁分营"活动，来自江苏、安徽、内蒙古自治区等8个省、自治区，及省内的660名高中生参加活动。省科协获全国青少年高校科学营优秀组织单位。举办"大手拉小手—科普报告进校园"系列活动，全年举办科普报告105场，听众达4万余人次。1月，辽宁省科技馆开始试运行，4月29日正式开馆运行。省流动科技馆和科普大篷车巡展全年共接待观众25万人次。

实施"社区科普益民计划"，23个项目获国家级表彰，奖补资金460万元。17个项目获省级表彰，奖补资金170万元。以"社区科普大学"为载体，推进科普益民服务站、科普设施、科普资源和科普队伍建设，全年新建社区科普大学355所，累积创办社区科普大学2078所；新建"科普益民服务站"218个，累积创建"科普益民服务站"1802个，社区覆盖率为46%。全年举办5场"名家讲科普"报告会，近3000人次参加。打造公众科普品牌，全年制作"科普与生活"和"科技致富"电视栏目104期3120分钟。制作"身边有科学"电视节目28期，在辽宁电视台移动频道和沈阳市2500辆公交车上滚动播出，日受众超过120万人次，荣获全国优秀科教栏目奖。编发《食品安全知识》《室内污染物》《肉类食品安全》等科普挂图6套18万张。

学术交流 第九届学术年会暨2015年辽宁（阜新）农产品加工产业发展论坛，汇聚国家和省级学会的科技优势，依靠地方政府的行政推动优势，发挥省、市科协的组织协调优势，邀请400多名专家、学者和企业家出席论坛，组织60余名院士专家深入园区、企业围绕农产品深加工把脉支招，促成了辽宁阜新市政府与中国农学会、中国农科院农产品加工研究所签署合作协议，有4个科研团队与10家企业开展了17项技术合作。联合省发改委、省财政厅、省农委、省农业科学院、沈阳农业大学举办了主题为“转方式，调结构，促振兴”的第六届辽宁现代农业发展论坛，邀请中国工程院院士罗锡文等27名专家、学者围绕转变农业生产方式开展学术交流和技术对接。继续开展省自然科学学术成果奖评审工作，征集论文3051项，评出特等奖2项、一等奖140项、二等奖316项、三等奖762项，一等奖以上论文刊登在国内外核心期刊的比例占89.7%，同比增长51%。

资助48个省级学会承办国际、国家或区域等重点学术活动。省细胞生物学学会承办的“2015国际脑功能与健康研讨会暨第五届国际神经再生高峰论坛”，邀请诺贝尔生理学/医学奖得主约翰·戈登做主旨报告；省电工技术学会承办的第47期中国科技论坛在国内学术界产生积极影响。支持省级学会开展11项软科学课题研究，编制9份行业科技发展报告。实施中青年科技工作者国（境）外交流提升计划，56位学者获资助在重大国际学术会议上崭露头角。

服务科技工作者 第十届“辽宁青年科技奖”评选工作，突出向基层一线倾斜，43名优秀青年科技工作者获奖。其中，10人荣获“辽宁青年科技奖十大英才”称号。发挥优秀科技工作者举荐通道作用，经省科协推荐，中国科学院大连化学物理研究所研究员张丽华荣获第十二届中国青年女科学家奖。资助出版《机器人技术发展路线图——理论与实践》《常见恶性肿瘤多学科综合诊断与治疗丛书》等优秀自然科学著作26部。

开展中国科协会员日活动。12月16—20日，邀请省内1782名科技工作者参观省科技馆。全省举办各类会员日活动289场次，参与科技工作者达3.3万余人次。表彰优秀科技工作者443人次，走访慰问科技工作者1626人次。首次评选省土木建筑学会等10个省级学会和阜新市科协等10个市级科协为“2015年中国科协会员日活动优秀组织单位”。

开展做精神文明表率活动和寻找“最美工程师”“最美乡村科技工作者”推选宣传活动，推荐阜新矿业有限公司煤矸石热电厂工程师马宽同志入选中国科协企业一线创新力量重点报道，事迹在《科技日报》专版刊载。推荐沈阳机床集团作为“中国制造2025”典型代表，事迹在中国科协和中央电视台联合录制的《创新强国》中播出。组织实施“老科学家学术成长资料采集工程”。加强省科协网站的建设与管理，办好《辽宁科技界》期刊，切实发挥网站和期刊宣传科协工作的窗口、普及科学知识的阵地和交流工作经验平台作用。

加强科技工作者状况调查站点体系建设，新增省级站点34个，遴选上报信息70篇。

自身建设 2月5日，省科协在沈阳市召开八届三次全委会，省委副书记许卫国出席会议并讲话。12月21日，省科协在沈阳市召开八届四次全委会，省委副书记曾维出席会议并讲话。10月26—29日，举办全省科协系统干部培训班，中国科协八大部分辽宁代表、部分省级学会秘书长、市科协部分班子成员和中层干部、部分县（市、区）科协负责人以及省科协机关和直属事业单位部分干部共计160余人参加培训班。

扎实推进机关党建工作，深入开展党的群众路线教育实践活动“回头看”，全面启动“三严三实”专题教育，加强了党组班子建设，锤炼干部队伍素质，推动反对“四风”和改进作风的制度化、规范化和常态化。11月19日，召开省科协党组中心组扩大会议，传达国务院关于加强科技服务业发展若干意见和省委“三严三实”专题教育会议精神。集中学习新修订的《中国共产党纪律处分条例》和《中国共产党廉洁自律准则》。组织在职党员进社区赠送万部科普图书活动。

推动学会规范化建设，制定《辽宁省科协主管省级学会组织通则》和《辽宁省科协业务主管省级学会组织管理报备工作办理指南》，明确省级学会成立、接纳、变更、退出的组织流程及省级学会领导机构、办事机构、分支机构的组织管理等规则。8月29日，在沈阳市召开省级学会能力提升研讨会，全省100余个省级学会秘书长参加会议。省民政厅民间组织管理局副局长谷正贤、省社会组织发展促进会副秘书长张雅娴分别就新形势下科技类社团发展与政策支持、科技类社团组织评估指标体系及学会评估主要环节关键问题与操作程序进行了专门的解读、指导。中国科协

学会学术部相关负责人对社会团体承接政府转移职能的相关文件进行了解读。高层次专家库建设收录省内专家2043人。

贯彻落实省科协、省供销社《关于联合开展协同服务行动促进农民合作组织发展的意见》，推动基层农村专业技术协会与农民合作社深度融合、一体化发展，目前发展农村专业技术协会5868个。

严格执行经费管理办法，强化了对专项奖励经费执行情况的考评和监管。深入开展“三型”党支部创建活动，组织开展在职党员进社区活动，加强机关内涵建设，提升机关整体形象。做好科协系统对口援藏援疆工作。开展以“抓党建促扶贫”为主线的定点扶贫工作，辽宁省委书记李希到葫芦岛市建昌县调研扶贫工作时看望了省科协驻村工作队员，对省科协实施精准扶贫的做法给予了肯定。2015年，省科协再次荣获“辽宁省定点扶贫工作先进单位”，获“辽宁省文明单位”称号，辽宁省科技馆荣获省直机关“五一劳动奖章”。

地市县及基层科协组织 辽宁省共有省辖市（地）科协14个，县（市、区）科协100个，乡镇、街道（社区）科协1861个。地市县科协全年组织举办科普宣讲活动17233次，举办实用技术培训11113场次，推广新技术、新品种8840项，参加活动科技人员总数达5.95万人次，受众人数超过289万人次。组织国内学术会议202场次，境内国际学术会议11场次，参加学术会议的科技工作者超过4.6万人次。

沈阳市科协承办中国沈阳海智创新创业大赛，争取金融、保险、基金等投资机构支持，已有两个项目获融资1500万元。大连市科协推动企业将“讲比”立项同技术攻关一并奖励。本溪市科协成立大众创业科技专家服务团，营口市科协开展千企转型升级行动，阜新市科协荣获中国科协“服务企业技术创新示范中心”称号。鞍山市科协新建企业院士工作站10个，促进了新技术的转化应用。葫芦岛市科协被中国科协评为2A级优秀调查站点。辽阳市科协依托科技馆举办青少年科技节，朝阳市科技馆打造“科普体验中心”，丰富了公众的科普生活。丹东市科协开展首届企业科技创新领军人才评选活动。铁岭市科协开展民营企业科技人员职称申报初评工作，目前已有30余人通过了职称评审，其中，2015年共有14人获得了中级职称资格，通过率超过60%。盘锦市开展了“科技工作者服务中心企业行”系列活动。昌图县科协组织农民网络竞赛活动，答题总量1643090人次，占辽宁省答题量1803253人次的91.1%，位居全国2000多个县第一名。

省级学会、企业科协、高校科协 全省共有省级学会126个，全年新加入个人会员2208人，个人会员总数达33万人；团体会员增加89个，团体会员总数达4558个。全省累计成立企业科协509个，高校科协45个。省级学会全年举办国内学术会议323场次，主办科技期刊33种，发表论文10849篇，印制期刊62.9万余册。2015年，在全省社会组织评估中，省通信学会荣获5A等级，省土木建筑学会荣获4A等级。

【辽宁省科技馆开馆运行】 4月29日，占地面积69100平方米、建筑面积102508平方米的辽宁省科学技术馆正式面向公众开放，标志辽宁省科普事业进入了一个新的发展阶段。

辽宁省科技馆正式面向公众开放首日

省科技馆所有展示内容创意设计均采取国际招标的形式，共有15个国际顶级展品设计公司投标，来自德国、美国、加拿大、荷兰等国家和我国台湾地区的6个公司中标，首席设计师领衔创意设计，最终优选出761件展品投入制作，涵盖知识点近千个，互动展项达到95%。

作为一座集科普教育、科技交流、休闲旅游为一体的综合性科技馆，辽宁省科技馆共设有参与体验探索发现、创造实践、工业摇篮、科技生活4个常设展厅和儿童科学乐园（主要为3—8岁儿童设置），以及IMAX巨幕影院、4D影院、梦幻剧场，700余件科普展品涉及基础科学、技术科学和应用科学等内容。

5月16日，常设展厅免费开放。开馆以来，累计接待观众百万余人次，参观团次650个，科技馆业界来访考察100余次，举办了“全国青少年科学调查体验”“第十一届‘振兴杯’全国青年职业技能大赛闭幕式”“相聚梦立方，欢乐科学日”庆六一科学体验活动、“扬科普新帆，促辽宁振兴”等大型系列科普活动。承接省科协八届三次、四次全委会及中国自然科学博物馆协会管理技能培训等各类会议40余次。开馆以来，十一届全国人大常委会副委员长陈至立，省委副书记许卫国、曾维，省委常委、秘书长谭作钧，省人大副主任李峰，副省长刘强，省政协主席夏德仁，副主席滕卫平，中国科协党组副书记、副主席、书记处书记张勤，中国科协党组成员、中国科技馆馆长束为等到省科技馆视察指导工作，对省科技馆的建设与运行管理给予了肯定。

【参与国务院委托中国科协开展的第三方评估工作】 7—8月，国务院委托中国科协对推进“大众创业、万众创新”政策措施落实情况开展第三方评估。按照中国科协要求，省科协参与了辽宁省评估工作，由26名专家组成的评估组，并根据评估内容、要求及调研工作需要成立了4个工作组，制定了《评估工作方案》。工作组深入国有及民营企业、产业园区、高校、科研院所等开展调研，发放科技工作者及创业者调查问卷等，掌握了基础资料。在配合完成中国科协任务的同时，评估组坚持问题导向，深入查找和分析问题，赴北京实地调研，与发达地区“双创”政策比对，形成了辽宁省的评估报告。省长陈求发、常务副省长周忠轩对报告作出批示，在省政府常务会议上作专题汇报，部分建议由省政府督查室督办落实。中国科协党组书记、常务副主席、书记处第一书记尚勇指示有关部门总结推广辽宁省做法。11月7日，省长陈求发主持召开省政府第63次常务会议，听取省科协关于辽宁省“大众创业、万众创新”政策措施落实情况评估的专题汇报。会后，省政府督查室着手对报告所提建议进行任务分解及督办落实。省科协参与开展的“基层公共医疗设施建设、使用和管理政策措施落实情况”第三方评估，组建了由相关公共卫生专家组织的评估专家组，制定了工作方案，通过各县区科协下发调查问卷5000余份，并形成了辽宁省的评估报告。

【辽宁省科协科技成果转化合作签约】 12月19日，省科协科技成果转化合作签约仪式在沈阳市举行。省科协党组书记、副主席康捷，省科技厅、中国科学院沈阳分院、中国邮储银行辽宁省分行、中关村天合科技成果转化促进中心、沈阳国际软件园等相关领导出席签约仪式。部分省级学会、市科协、高校、企业从事科技成果转化相关工作的科技工作者共150人参加活动。省科协与邮储银行辽宁分行签署合作备忘录，辽宁省院士专家工作站服务中心分别与中关村天合科技成果转化促进中心、沈阳国际软件园签署合作协议。中关村天合科技成果转化辽宁促进中心正式揭牌。

中关村天合科技成果转化辽宁促进中心的成立实现了辽宁省科技资源与中国科协、北京市科协系统各类科技资源的共享，与北京中关村范围内500余个核心会员企业和159个挂牌国家级科研机构科技资源共享，推动辽宁省与北京地区在人才、智力、资金、成果方面的共享。

省科协依托全省高校和科研院所，全国学会、省级学会及其会员单位，了解并掌握最新科技成果。依靠市县科协、高校科协、企业科协和园区科协了解科技成果需求，依托北京中关村天合科技成果转化促进中心科技成果转化力量，通过大数据库、智库、T-CAM评价、基金辅助等手段，为科技成果转化过程提供专业化、职业化、全方位、全周期的市场化服务。

根据合作备忘录，中国邮储银行辽宁分行为辽宁省科技型企业提供不少于10亿元的信贷支持，为成果转化提供科技金融支持。

【辽宁省第九届学术年会】 9月17—18日，省科协联合中国农学会、阜新市委、市政府以“强化科技引领支撑，推动农产品加工业做大做强”为主题，举办辽宁省第九届学术年会。省市两级科协联合阜新市人才工作办公室、阜新市科技局、阜新市经济和信息化委员会深挖阜新市农产品加工方向的科技需求，收集整理企业需求70余项，走访国内20余高校院所，组织中国农学会、中国食品科学技术学会以及省营养学会、沈阳农业大学、沈阳师范大学等机构的60余位专家与阜新小东北食品有限公司等15家企业对接，就农产品深加工领域技术问题进行洽谈合作，在畜产品循环利用、农产品检测、农产品深度开发等方面开展技术合作。

专家组与阜新市10余户重点农产品加工企业签订合作协议或达成合作意向，已有17个合作意向正在推进。积极促成阜新市政府与中国农学会、中国农业科学院农产品加工所签订合作协议，为阜新市农产品加工产业发展提供长期智力支持，推动科技创新资源和成果与经济发展深度对接。

省科协主席、中国工程院院士王天然出席并致开幕词。阜新市市长杨忠林，中国农学会副秘书长胡义

萍分别在开幕式上致辞。省科协党组书记、副主席康捷主持开幕式。来自全国各地的知名专家、企业家，省级学会，阜新市科技工作者代表等400余人参加了会议。

【2015年辽宁省全国科普日】 9月21日，全国科普日——辽宁·沈阳主场活动在省科技馆举办，省委副书记、沈阳市委书记曾维出席活动。本次活动由省科协、省委宣传部、省教育厅、省科技厅、省社科联、中国科学院沈阳分院、沈阳市全民科学素质工作领导小组主办，省科技馆、省青少年科技活动中心、沈阳市科协承办，主题是“万众创新 智慧生活”。主场活动分创玩科学、智慧家庭、创业空间、创客体验、炫彩机器人、科学秀表演和创新科普展7大版块共9个展区。

2015年全省科普日分主场活动和基层活动两条线。在主场活动举办期间，全省各市科协及学会发挥基层科协、科普教育基地及有关单位的能动性，动员基层单位开展科普日活动。按着省科协的统一部署，围绕“万众创新 智慧生活”的活动主题，以公民需求为导向，结合社会热点，组织开展“互联网+”科技论坛、“名家讲科普——科学最强音”“情系基层——科普同行”“科技小明星——未来领跑者”、全省科普日网络在线5大系列活动，共有4600多个基层科协组织，近百万人次参加科普日活动。

【第十届辽宁青年科技奖评选】 省科协联合省委组织部、省人社厅、省科技厅反复论证，共同研究完善《辽宁青年科技奖评选办法》，6月24日印发省级学会和各市，同时印发《关于开展第十届辽宁青年科技奖评选工作的通知》。申报工作采取限额推荐方式，经各市和省级学会初评推荐共上报候选人141人，经评选领导小组办公室审查，有效候选人为133人，比上届有效候选人多3人。其中14个市共上报64人，42个省级学会共上报69人。根据评选办法重新制定《辽宁青年科技奖评审工作细则》，使评审更加合理、客观、公平。组建专家评审组和评审委员会，经专家组和评委会评选，评选出第十届辽宁青年科技奖43名，包含辽宁青年科技奖十大英才，其中男性34名，女性9名，全部来自科研教学生产一线。省科协对荣获辽宁青年科技奖的获奖者（不含十大英才），每名奖励1万元，对荣获辽宁青年科技奖十大英才的获奖者，每人奖励2万元，共计53万元。

（撰稿人：周英男）

吉林省科学技术协会

服务经济社会发展 围绕创新驱动发展，开展创新驱动助力工程。确定通化、双阳、敦化建立省级创新驱动助力示范区，将吉林国家经济技术开发区纳入省级创新驱动助力工程体系，推进全省科技工作者及科研成果与地方政府、重点企业的创新协作。四平市成为全国创新驱动助力工程试点城市，9个全国学会35名专家组成的专家团队先后3次赴四平市，推动国家有关技术成果与当地企业合作落地。

组织院士专家服务地方经济，促进企业创新能力提升。先后组织包括中国科学院、中国工程院院士在内的45位专家对35个企业进行技术咨询指导，解决企业技术需求112项，11个企业与28位专家签订了技术合作协议。全年新建院士工作站3个、科技专家工作站5个。全省院士工作站已达11个，进站院士11名，专家工作站31个，进站专家146人。

面向企业和高校开展创新方法培训15场次，累计培训2000人次。举办科技信息服务与专利应用工程师培训班6期，200个企业的500名技术人员参加培训，为150个企业安装了专利信息检索系统，20个企业实现经济效益，受到中国科技咨询服务中心的通报表扬。

以决策咨询为抓手，着力发挥科协科技创新智库作用。组织开展决策咨询课题研究，《加强吉林省“十三五”期间科技创新工作的建议》得到省委书记巴音朝鲁批示，《以长吉图开发开放先导区建设为契机推进东北亚“一带一路”合作共生发展的研究报告》《进一步加强大气污染防治工作的调研报告》《建设珲春国际合作科技企业孵化加速器的建议》得到时任副省长陈伟根批示。组织省科学技术与工程咨询委员会（以下简称省科咨委）委员承担省政府办公厅调研课题2项，相关高校、科研院所承担省科协决策咨询研究课题22项。6名省科咨委委员被省政府办公厅评为优秀决策咨询委员，省科咨委秘书处被评为先进秘书处。

探索开展第三方评估，为党委政府科学民主决策提供依据。2015年，国务院委托中国科协对推进“大众创业、万众创新”“基层公共卫生医疗设施建设、使用和管理”等政策措施落实情况开展第三方评估，中国科协委托吉林省科协对吉林省落实情况进行评估。省科协认真组织开展评估工作，形成评估报告上报中国科协和省委、省政府，真实、客观、科学地反映吉林省“双创”业绩及基层公共卫生医疗设施情况，相关工作得到中国科协和省委省政府的肯定，为今后全面开展第三方评估工作积累了经验、锻炼了队伍，打下了良好基础。

承接政府转移职能，着力推动学会治理能力提升。召开座谈会，贯彻落实中共中央办公厅、国务院办公厅印发的《中国科协所属学会有序承接政府转移职能扩大试点工作实施方案》精神，探索如何提升学会自身能力、有序承接政府转移职能。组织实施中国科协引领地方学会能力提升项目，围绕提升省级学会服务社会管理创新、科技创新、自我发展和省科协服务学会发展能力等4个方面任务，与38个省级学会签约，通过以奖促建，资助一批重点项目，建设一批服务品牌，引导和带动省级学会实现能力提升、水平提高和活力增强。组织开展中国科协会员日活动，省科协荣获中国科协会员日活动优秀组织单位。

深入实施“基层科普行动计划”，提高基层科普服务能力。完成2015年国家级“科普惠农兴村计划”“社区科普益民计划”项目推荐申报工作，吉林省有47个惠农优秀典型和13个示范社区受到奖励资助，共获得国家奖补资金765万元。组织开展省级“科普惠农兴村计划”“社区科普益民计划”先进典型创建工作，与省财政厅联合评审出79个惠农先进单位和带头人、40个示范社区，省财政厅列支100万元专项资金给予奖励资助。实施“科普富民兴边计划”，为6个地区申请了中国科协配发的科普大篷车。与中国邮储银行吉林省分行共同开展“银协合作”，为农村专业技术协会会员及带动农户提供融资服务，2015年授信额度达13亿元。

《科学素质纲要》实施及科普工作　全面贯彻实施《科学素质纲要》，提升全民科学素质。认真履行《科学素质纲要》实施工作牵头部门职责，组织开展群众性、社会性、经常性科普活动。制定《2015年吉林省全民科学素质纲要实施工作要点》，指导各成员单位和各级科协开展《科学素质纲要》实施工作。迎接国家《科学素质纲要》办督查组对吉林省“十二五”期间《科学素质纲要》工作进行督查，各项工作得到国家督查组的肯定和好评。据中国科协2015年9月公布的第九次中国公民科学素质调查数据，2015年，吉林省公众具备基本科学素质的比例达到5.97%，在全国排名第九位，比2010年的3.9%提高了53.08%，超额完成了省政府与中国科协签订的到“十二五”末吉林省公民具备基本科学素质的比例达到5%的目标。中国科协向省政府发来感谢信，感谢省委省政府对全民科学素质建设的重视和支持。

打造重点品牌活动，积极创新科普工作载体。以围绕“万众创新，拥抱智慧生活”为主题的2015年全国科普日暨吉林省第十三届科普周活动在延吉市举办，省科协被中国科协评为科普日特色活动组织单位。组织开展科技专家边疆行、西部行、科技之冬、科普大集等传统送科技下乡活动，集中展示最新农业科技成果，围绕农民群众普遍关注的技术热点难点问题举办讲座。创新科普工作载体，探索创建科普旅游示范景区，分别与省旅游局、省林业厅联合下发《加快发展吉林省科普旅游业的意见》《加快发展生态科普旅游的意见》，并已开展试点工作。积极开展流动科技馆巡展工作，全年在长春、吉林、松原三市的10个县区巡展，接待公众50万人次，中小学生覆盖率平均达到90%。科普大篷车先后开进长春、辽源、延边等10个地区的20余个县城及偏远乡镇学校，行驶里程超过8000公里，参观的学生和群众累计达2万人次。

2015年全国科普日暨吉林省第十三届科普周活动

加强青少年科技后备人才培养，不断夯实人才成长基础。举办第30届吉林省青少年科技创新大赛、第23届吉林省青少年科技艺术大赛等活动，参与总人数达万余人次，参赛作品近2万项。顺利开展海峡两岸中学生科学营活动、青少年科学调查体验活动。举办吉林省科技教师培训班，提升科技辅导员专业水平。

借助信息化技术手段，丰富科普工作的内容和形式。继续推进宽带科普终端进村工程项目，省财政专项支持500万元，地方财政配套200万元，为2150个

行政村安装了宽带科普终端机，现全省网络终端已达4300个，覆盖全省46%的行政村。继续办好吉林手机报e点科普栏目和吉林科普微窗微信公众平台，e点科普栏目播出220期，吉林科普微窗拥有稳定关注粉丝近2万人。

推进科普基础条件建设，实现科普资源公平普惠。投资近3亿元的吉林省科技馆新馆于2015年12月初投入试运行。持续推进全省科普画廊、科普宣传墙建设，2015年共资助项目17个，资助资金71万元，新建科普画廊近千米、科普宣传墙近万米。完成6期科普挂图制作与配送工作，共发放24种挂图4万余张。制作科普系列动画、科普微视频、科普公益广告60余部。编印了《从六十岁开始》《老年健康新说》《当代热点科技词条图解集萃》《老年快乐指南》等科普书籍。

学术交流 发挥学术团体在协同创新和原始创新中的积极作用，坚持把开展学术交流作为服务创新驱动发展的主要抓手，搭建不同层次、形式多样的学术交流平台。承办由中国科协和吉林省人民政府主办的中国科协第五届湖泊论坛，形成了《东北粮食主产区湖泊与湿地水安全保障及合理开发利用的对策建议》。举办了17期青年科学家论坛、7期科技论坛、2期研究生论坛和多期专题论坛。2015年自然科学学术成果奖评选圆满结束，共有360项学术成果获奖。邀请俄罗斯、韩国的专家到吉林省进行学术交流研讨，促成创新项目对接。组织省林学会学术交流访问团赴台参加第六届海峡两岸森林保育经营学术论坛，组织考察交流团赴韩考察城市垃圾回收处理技术和医疗院校人才交流合作事项。

服务科技工作者 大力举荐优秀科技工作者，积极开展科技人才评价工作。组织推选院士候选人、中国青年科技奖候选人。开展2015年度省科协工程系列专业技术资格评审，共有352人取得专业技术职务任职资格。与省人才办、省农委共同组织开展全省新型职业农民专业技术能力评定，成立了领导机构和评审机构，制定了评定办法和实施方案。

发挥科技工作者状况调查站点作用，指导、督促各调查站点上报站点信息，各站点共上报站点信息46条，其中有效信息31条。

加强科学道德和学风建设宣讲教育，营造学风端正的学术氛围。印发了《吉林省科学道德和学风建设宣讲教育2015年工作要点》。在延边大学举办2015年吉林省科学道德和学风建设宣讲报告会，邀请中国科学院院士王家骐、长春工业大学原校长张德江作报告。省内21所高校共举办宣讲活动230场次，参与的专家、学者、教师、研究生、本科生等近8万人次。

自身建设 强化宣传引导，营造有利于科技事业发展和科技人才成长的良好社会氛围。围绕科协主要工作、重大活动进行宣传，吉林电视台播发科协新闻7条，吉林日报刊发科协活动报道61篇，省内其他媒体报道科协活动发稿22篇。在中国科协网刊发省科协工作信息175篇，吉林科技网刊载科协信息5002篇。

加强干部队伍建设，不断提升科协干部队伍的凝聚力和创造力。对机关和直属事业单位的处级干部进行了充实调整，推进了干部队伍年轻化。组织开展“永远跟党走——吉林省科协庆祝建党94周年文艺汇演”“五四”主题团日系列活动、“科协青年论坛——科技辩论厅”等党团活动。开展职工读书活动，建设了科协图书室，新购置了1300多本图书。

强化组织体系建设，不断夯实科协系统的组织基础。组织召开省科协八届七次、八次常委会议、八届四次全委会议。

地市县及基层科协组织 长春市科协在“服务三农行动计划”中，邀请吉林农业大学、省蔬菜花卉研究所等单位的博士专家在春耕备耕的时间节点，走进二道区、九台区、农安县等多个种植、养殖协会，开展15场“送技术、送信息、解难题”科技培训活动。在双阳区太平镇成立了坚果科普示范基地，引领当地500户农户发展坚果种植产业，种植面积1500公顷。

吉林市科协开展百日社区科普行活动。采用购买社会服务方式与吉林视新科普传媒有限公司合作在15个社区开展了科普进社区活动。与市环保局、市气象局等单位联合开展防灾减灾宣传周活动，举办科普知识讲座5场，7个社区近300居民参加活动。与市环保局、市消防支队等单位联合开展市第十五届科普周活动。

四平市科协开展“百名专家咨询服务”活动。建立专家库，针对打造“五个强市”开展咨询服务、建言献策，全市各级科协、学会（协会）提出建议1300余条，采纳300余条。发挥老科技工作者余热，提出的《关于农村养殖业畜禽废弃物的高效处理及其资源化利用开发的建议》得到时任常务副省长马俊清和主管农业副省长王守臣的批示，并立项实施。

辽源市科协颁发第二届“青少年科技创新市长奖”，该奖项是全市青少年科技创新最高荣誉奖项，活动共征集物理、化学、生物等方面作品47件，10人获得“青少年科技创新市长奖”。

通化市科协举办了“发挥学科优势　服务通化经济发展”学术交流大会。大会评选出优秀科技论文38篇，其中优秀论文一等奖12篇、二等奖26篇，优秀组织单位5个。6名获论文一等奖的作者在会上进行了学术交流。18个市级学会理事长、秘书长及部分获奖论文作者参加了学术交流大会。

白山市靖宇县科协开展第七届“放飞梦想”科技创新竞赛。全县各中小学生有20支代表队，2000多名中小学生及教师参加了开幕式。长白县科协开展科普展品进学校巡展活动及互动体验活动。在全县中、小学校展出青少年书法、绘画作品100多幅。

白城市科协重点在推进农业产业化、发展特色农业方面开展了“新型农民培训乡下行”活动。围绕种植业和养殖业以及农业产业化发展中遇到的实际问题，聘请省级农业专家，开展科技服务和实用技术培训，使培训对象成为“有文化、懂技术、会经营”的新型农民。此次活动，全市共举办各类培训班60次，培训农民2万人次，培训农村党员干部2000人次。发放科普资料3万份，技术手册5000册，宣传介绍农业新品种、新技术20个，专家现场咨询1500多人次。

延边朝鲜族自治州科技馆于9月3日正式开馆运营，总投资4000万元，总建筑面积3300平方米。

松原市组织贯彻落实《全民科学素质纲要》培训活动。围绕计算机知识应用、电工、农机修理、宾馆服务、餐饮、家政等有针对性地开展了培训活动，全市共培训就业人员5800人次，农民工培训达4060人次，培训公务员500人次。

长白山保护开发区科协结合各节假日，开展丰富多彩的科普宣传活动，进一步提高辖区居民科学意识。如结合春节假日，开展宣传烟花爆竹禁放工作；结合“3·15”消费者活动日，开展法律咨询服务；结合“六·一”儿童节，开展青少年科普知识讲座等等。

省级学会、企业科协、高校科协　2015年，省科协所属省级学会129个，企业科协225个、高校科协24个。

年度内，省生物质资源利用研究会等4个学会召开第一次会员代表大会，省农特产品加工协会等12个学会完成了换届选举工作，吉林华康药业股份有限公司等8家企业和吉林经济技术开发区、通化医药高新区等2个开发区成立科协组织，长春工程学院等3所高校成立科协组织。

【国家《科学素质纲要》办到吉林督查调研】　10月14—16日，以国家《全民科学素质行动计划纲要》实施工作办公室主任、中国科协党组成员、书记处书记徐延豪为组长，由中国科协、人力资源社会保障部、工业和信息化部等单位有关人员共6人组成的督查组，对吉林省“十二五”期间《科学素质纲要》实施工作进行了实地督促检查。

吉林省副省长马俊清会见督查组一行，就《科学素质纲要》实施工作与督查组进行了沟通。

督查组一行首先实地考察了吉林省市县两级《科学素质纲要》实施工作情况，考察了敦化市红旗社区、林源社区及吉林市南山社区，考察了敦化市黄泥河食用菌协会和吉林市果树协会及吉林市“江城科普画廊”、吉林市船营区第一小学、吉林市消防科普教育馆等，通过听取工作汇报、查阅相关资料、现场考察交流等方式，从《科学素质纲要》的实施保障、科普活动、重点人群和基础工程4个方面，按照组织、落实、政策、规划等15条进行了调研督查。

吉林省政府副秘书长杨安娣主持召开吉林省《科学素质纲要》实施工作汇报会议。督查组一行、省《科学素质纲要》办31家成员单位的分管领导及省《科学素质纲要》办全体人员参加会议。省科协党组书记、副主席、省《科学素质纲要》实施工作办公室主任李景涛汇报了吉林省《科学素质纲要》实施工作情况。省教育厅、省新闻出版广电局、省农委、省地震局、省中医药管理局等单位就本部门“十二五”期间实施《科学素质纲要》工作情况作汇报发言。

徐延豪说，吉林省在落实《科学素质纲要》中组织领导得力、工作完善、措施扎实，工作深入，大胆实践、勇于创新。吉林省委、省政府重视纲要实施工作，成员单位协同配合发挥自身优势，广泛深入开展各类科普活动，社会公众广泛参与，纲要实施取得显著成效。就做好“十三五”期间《科学素质纲要》实施工作，督查组建议吉林省委、省政府进一步加强对工作的领导，加大对纲要实施工作的投入；进一步加大科普基础设施工程建设力度；进一步加强对薄弱地区和重点人群的科学素质工作。

9月，第九次中国公民科学素质抽样调查显示，2015年吉林省公民具备基本科学素质的比例为5.97%，

在全国排名第九位，是全国13个超过5%的省份之一，比2010年的3.9%提高了53.08%，超额完成了省政府与国家《科学素质纲要》办公室签订的到“十二五”末吉林省公民具备基本科学素质的比例达到5%的发展目标。9月28日，中国科协给省政府发来感谢信，对吉林省完成公民科学素质建设“十二五”目标表示感谢，并希望吉林省在“十三五”期间，进一步加强全民科学素质工作，推动公民科学素质建设水平不断攀升，为建设创新型国家、全面建成小康社会作出新的更大的贡献。

【第五届中国湖泊论坛】 9月22—23日，以“湖泊湿地与绿色发展”为主题的第五届中国湖泊论坛在长春市举行。本届中国湖泊论坛由中国科协和吉林省人民政府联合主办，省科协、省水利厅、省环境保护厅、省林业厅、中国科学院东北地理与农业生态研究所共同承办。9月22日上午，中国科协党组成员、书记处书记王春法，吉林省副省长隋忠诚出席开幕式并致辞。吉林省科协主席、中科院院士冯守华主持开幕式。来自全国的相关科技工作者300余人参加论坛。

中国水利水电科学研究院教授级高级工程师王芳作了题为“中国水生态现状与未来挑战”的主题报告，从自然条件变化和人为因素等方面分析了中国水生态的现状，并就如何应对未来的挑战提出相应对策。美国南佛罗里达州水资源管理署高级专家古滨河博士作了题为“浅水湖泊的保护和治理：以美国佛罗里达的阿珀卡湖为例”的主题报告，介绍了阿珀卡湖管理的成功经验以及对中国流域水体治理的借鉴作用。中国环境科学研究院副院长郑丙辉研究员作了题为“太湖流域环境问题与防治策略”的主题报告，介绍了太湖流域治理方面的成功经验和取得的成效。中国科学院东北地理与农业生态研究所副所长张平宇研究员作了题为“吉林西部水土资源优化配置与生态经济发展”的主题报告，提出了东北地区农业土地资源潜力综合评价应用模型和农业水资源可持续利用评价指标体系，构建了农业水土匹配系数，提出了东北地区商品粮基地建设布局和农业水土资源优化配置的初步方案。

9月22日下午，与会专家、学者围绕湖泊与湿地流域生态环境管理、湖泊与湿地水污染防治理论与技术、湖泊与湿地生态环境恢复与保护、河湖水系连通与流域水资源优化配置理论与技术4个专题，进行了跨学科、跨行业、综合性的交流和研讨。论坛邀请部分专家针对吉林省西部河湖连通工程座谈交流，为举办地服务。

论坛共征集论文136篇，经专家评审，辑录了97篇论文汇编成集，由吉林人民出版社出版发行。论坛形成了《东北粮食主产区湖泊与湿地水安全保障及合理开发利用的对策建议》，经论坛全体代表讨论修改后报送有关部门，供决策参考。

【扎实开展第三方评估】 2015年，国务院委托中国科协对推进“大众创业、万众创新”“基层公共卫生医疗设施建设、使用和管理”等政策措施落实情况开展第三方评估，中国科协委托吉林省科协评估吉林省落实情况。

为全面了解各地方落实情况，7月29日，由中国科协党组成员、书记处书记王春法，中国科协发展研究中心副主任朱文辉，中国科学院大学管理学院副院长柳卸林等7位专家组成的调研组到吉林省调研“大众创业、万众创新”政策措施落实情况。

在7月29日召开的落实国务院推进“大众创业、万众创新”政策措施情况评估调研座谈会上，科技人员、大学生和农民工代表介绍了他们在创新创业过程中得到政策上的支持、遇到的实际问题及解决的建议。省科技厅、省人社厅、省发改委、省工信厅、省教育厅等10家省直部门负责人参加座谈会，并结合工作实际汇报了各部门“大众创业、万众创新”政策落实情况及相关工作进展。

10月27日，按照中国科协要求，由吉林大学公共卫生学院副院长于洗河，吉林大学医学部副研究员姜春明，省科协组宣部、省卫计委基层卫生处有关人员等8人组成的评估调研组，对长春市双阳区太平镇中心卫生院和长春市南关区新春社区卫生服务中心开展“基层公共卫生医疗设施建设、使用和管理”政策措施落实情况的实地考察和座谈。

通过开展第三方评估，真实、客观、科学地反映了吉林省“双创”业绩及基层公共卫生医疗设施情况，形成的评估报告上报中国科协和省委省政府相关工作，得到中国科协和省委省政府的肯定，为今后全面开展第三方评估工作积累了经验、锻炼了队伍，打下了良好基础。

【四平市成为中国科协创新驱动助力工程示范市】 2月10日，中国科协办公厅就吉林省科协《关于申报我省四平市为中国科协创新驱动助力工程示范市的请示》进行了复函，同意将吉林省四平市作为中国科协创新驱动助力示范市，四平市正式成为全国10个示范市之一。

3月，中国科协创新驱动助力工程专家团队赴吉林省四平市进行调研，召开中国科协创新驱动助力工程四平市启动暨洽谈会。调研团队由来自中国国土经济学会、中国汽车工程学会、中国自动化学会、中国仪器仪表学会、中国纺织工程学会、中国材料研究学会、中国复合材料学会、中国农学会、中国机械学会等9个全国学会的23名专家组成。本次调研活动直接推动了前期有初步合作意向的全国学会与当地企业合作项目的落地，并促成了新的合作意向。调研活动后，全国学会与地方科协分头落实合作事宜。

6月12—14日，中国国土经济学会专家委员会常务副主任、国务院参事刘燕华一行到四平市考察调研中国国土经济学会创新助力四平市国土空间优化发展情况。考察组考察调研“四梨同城化”规划和建设情况，召开中国国土经济学会四平考察调研座谈会。实地考察四平到梨树段一级公路沿线、梨树县城、梨树开发区、十家堡镇有关情况，考察了四平东南生态新城规划和建设情况，在四平市规划局听取四平市总体规划情况汇报。考察组表示，围绕四平市的“一核三带”富民优先战略布局和“三大主导产业”（装备制造业、绿色食品产业、能源产业）、“五大优势产业”（建筑建材产业、医药化工产业、商贸物流产业、文化旅游产业、光电等新兴产业）的产业布局，中国国土经济学会将充分利用学会资源，针对“长吉平经济带”发展战略升级等重点项目方面提供咨询服务，在生活、生产、生态空间国土资源优化配置的需求方面提供智力支持，对新能源等新兴产业的技术需求开展科技服务，共同推进相关产业转型升级，合力打造四平经济升级版。

8月29—30日，中国国土经济学会理事长、全国实验区指导委员会主任张怀西带领中国国土经济学会考察组到四平市，就四平市生态环境建设工作情况进行考察。考察组召开座谈会，中国国土经济学会副理事长陈洲其主持会议。四平市委副书记赵守信汇报了四平市生态环境建设实验区、国土空间优化发展等有关情况，与会人员进行了座谈交流。省科协副主席韩宇鸿与中国国土经济学会副理事长兼秘书长柳忠勤签订了创新驱动助力工程“链状延伸”合作协议。

（撰稿人：徐　帅）

黑龙江省科学技术协会

服务经济社会发展　2015年，省科协以科技思想库试点建设为核心，推进决策咨询工作系统化进程，围绕龙江陆海丝绸之路经济带建设、农业防灾减灾、新材料产业发展等主题召开决策咨询类论坛10次，形成专家建议15篇，其中《关于2015年黑龙江省农业自然灾害分析预测及防御对策的报告》得到黑龙江省委副书记陈润儿及副省长孙尧的批示，《关于以建设龙江陆海丝绸之路经济带为契机促进产业结构调整的建议》得到黑龙江省副省长胡亚枫、副省长孙尧的批示，《关于“中蒙俄经济走廊”龙江陆海丝绸之路经济带相关发展建议的报告》《关于推进龙江陆海丝绸之路经济带框架下对俄农业合作建议》《关于在我省重点发展与2机3D有关的新材料产业的建议》得到了黑龙江省副省长孙尧的批示。完善科技思想库选题体系，2015年面向全省各级科协系统征集了包括科技工作者状况调查类、政策研究类、科协自身建设类等3大类17个调研题目，其中9个选题入选2015年省科协科技思想库研究范围。

组织实施2015年度“基层科普行动计划”。12个农村专业技术协会、5个农村科普示范基地获“全国基层科普行动计划先进单位”称号、27名农村科普带头人获“全国农村科普带头人”称号、16个社区获“全国科普示范社区”称号。与黑龙江省财政厅共同组织实施了“省级科普惠农兴村计划”评选表彰工作，经过申报、评审、公示等环节，16个农村专业技术协会、6个农村科普示范基地获得2015年省级“科普惠农兴村计划”表彰奖补。

开展“院士专家企乡行”系列活动，组织院士、专家深入七台河、大兴安岭、伊春等地针对当地的肉牛养殖及疾病预防、食用菌养殖、创新能力等问题开展了科技培训，推动了当地经济发展。

《科学素质纲要》实施及科普工作　组织召开黑龙江省科学素质纲要实施工作会议，副省长、省科学素质纲要实施工作联席会议总召集人孙尧出席会议并讲话。省科协汇报了2014年全省科学素质纲要实施工作情况，研究部署了2015年工作计划和具体任务。截至2015年，黑龙江省公众具备基本科学素质的比例已达到5.07%，完成了“十二五”末5%的目标。

举办黑龙江省青少年科技创新大赛，共有970所

中小学，近2万名师生参加。在全国第三十届青少年科技创新大赛中，黑龙江省共有83个创新项目入围，取得4金、4银、44铜的成绩。全省青少年机器人竞赛，共有122名青少年组成的31支队伍入围省赛，10支队伍入围全国大赛，最终取得一枚金牌、三枚银牌、一枚铜牌的成绩。全国中学生学科竞赛（黑龙江赛区）选拔考试中，共有来自全省近4000名中学生参与。

2015年，立足公众需求和社会热点，设计制作了公共安全应急、健康养生、科学生活、自然灾害预防挂图等百余种，编印了《舌尖上的安全》《中央一号文件解读》《农村法律百事通》《公民科学素质指标七问》等科普读物10余种。

2015年，省科协共资助建设4个市级科技馆、10个县级科技馆，在18个边境县、100个乡镇、1900个行政村建设2190个科普宣传栏，投入建设专项资金近3100万元。截至2015年年底，黑龙江省共有国家级科普教育基地33个，省级科普教育基地225个，县（市）级科普场馆127个，乡、村级科普宣传栏2960个，总长度23800米，县（市）级青少年科学工作室52个，乡、村级科普惠农工作站400个。

黑龙江省科技馆5月16日起面向社会公众免费开放，全年累计开放300多天，共接待公众110万人次。球幕影院共放映437场次，4D影院共放映1044场次，观影人数6万余人次。完成14个市县的中国流动科技馆巡展任务，受益公众60万人次，馆网和数字科技馆点击量900万次，受益公众近千万人次。

2015年，黑龙江省科普大篷车总计行程近8000公里，深入城镇社区、乡镇村屯、偏远林区、中小学校，围绕“四大重点人群”共开展科普宣传活动51次，受教育人数近5万人次。组织科技专家服务团共开展农技培训74堂课，现场技术指导122次，邀请农业专家近60人次，发放各类农技教材4万套，直接受益农民达8万人次。截至2015年年底，黑龙江省共有科普大篷车31辆，共设立科普活动站52所。

不断创新科普传播模式，探索龙江科普信息化的新路子。按照“内容为王、定制科普、精准推送”的原则，与新浪网黑龙江频道签署了“‘互联网+’科普”战略合作协议，搭建了“一网三平台”，即与新浪网黑龙江频道合作建立“科普龙江”网络频道，与黑龙江省广播电视台合作搭建“科普惠农云服务”平台，与北京科技报社合作搭建“龙江科普”微信平台，与新晚报合作搭建“唠科”大学生科普微信平台。

学术交流 承办了由黑龙江省人民政府、中国科协、俄罗斯工贸部、俄罗斯教育科技部共同主办的第二届中俄博览会－中俄高层工程技术合作会议。中俄新材料、船舶与海洋工程等相关领域的专家、学者，有关企业和高校代表共160余人参加会议，俄罗斯和乌克兰专家代表共计40人参加会议。

2015年，黑龙江省研究生培养单位开展不同形式的宣讲教育活动近140场次，共计65425人次参加。其中，2014年新入学博士研究生3302人，新入学的硕士研究生18658人，其他年级在校博士生5352人次、硕士生38113人次参加，实现了在校研究生的全覆盖，并且扩大了宣讲教育对象的范围，高年级的本科生近两万人，新上岗研究生导师860余人次，新入职教师600余人次也接受了宣讲教育。

服务科技工作者 完成了中国工程院院士候选人推荐工作，这是院士遴选和管理体制改革后，开展的首次院士推选工作。省科协向中国科协推荐的3名候选人，经过中国科协复评后，吴效科、孙殿军2人被推荐到中国工程院。

开展了黑龙江省第十二届省青年科技奖的推荐及评选表彰工作，经黑龙江省青年科技奖专家评审工作委员会评审，黑龙江省青年科技奖领导工作委员会审议通过，共评选出31名获奖者。截至2015年年底，黑龙江省青年科技奖共有394人获奖，其中21人经推荐获得中国青年科技奖。完成了“求是成果转化奖”和第12届中国青年女科学家推荐工作。

经省科协推荐，黑龙江省通用青少年科技体育活动中心秘书长李光荣获2015年度“十大科学传播人”称号。

加强科技工作者状况调查站点建设与管理，全年报送信息98条，有效信息67条，齐齐哈尔市科协上报的《各市级学会承接政府职能存在的问题》被中国科协采用。

开展2015年老科学家学术成长采集工程项目申报工作，哈尔滨工业大学李圭白院士、王子才院士、王仲奇院士、哈尔滨医科大学夏求明教授的采集工作组均已进入实质阶段，将在2017年完成项目申报。通过声像资料、文字资料、学术成果等多方面的采集，宣传老科学家的学术经历，为更多的科技工作者成长成才提供舞台。

自身建设 黑龙江省共有农村专业技术协会6000个，会员60万人。建立完善的黑龙江省科普惠农专家库，367名农村乡土科普人才被纳入专家库，建立了黑龙江省社区科普益民计划项目库。

启动黑龙江省科协“OA系统”及“中国科协公文发布系统”，全省各级科协系统通过应用“OA系统”的管理、公共信息、资源共享等模块实现办公自动化功能。

市（地）县（区）及基层科协组织 截至2015年年底，黑龙江省共有市（地）科协13个，省直管县科协2个，县级科协125个。

大庆市科协组织开展第二十五届自然科学技术学术成果奖评审工作，评出一等奖34项、二等奖43项、三等奖57项。

2015年，绥化市科协被列为第三批国家级科技思想库建设试点单位并组建了科技思想库建设领导小组和专家委员会，组织科技工作者开展了决策咨询、课题研究等系列活动。与绥化学院签署了决策咨询成果提炼委托协议，在绥化市科协网站开辟了科技思想库专栏，配套建设调查站点15个。

大兴安岭地区科协组织召开2015年“防灾减灾”学术研讨会暨学术成果发布会。组织气象、林业、农业、畜牧、水利、疾病预防等7个方面的专家学者，对2015年大兴安岭地区气象灾害、森林火灾、农牧业年景、汛情旱情、森林生物灾害、传染性疾病防治等方面进行综合分析与预测，提出了防御灾害，减少灾害损失的对策与建议。

伊春市科协开展了“科普进敬老院”和关爱特教学生志愿活动。为老年人和特教的学生送去了科普挂图、书籍、科普试验箱等科普资料和设备，组织特教学生开展了“走进科技馆，感受科技魅力”社会实践活动。组织科普志愿者带领学生参观了数学厅、物理厅、化学厅、数字技术厅、信息技术厅、机器人厅等12个展厅的展品，并在科普影视厅观看了动画片。通过科普志愿服务活动的开展，进一步推动了科普宣传教育群众化、常态化。

绥化市望奎县科协把完善马铃薯、玉米等主要农作物的氮、磷、钾最佳配方和施用量作为科技服务的突破口，不断加强常规技术普及培训，积极引导农户使用农家肥。2015年开展培训50多期，培训果农、菜农3.5万人次，现场技术指导4.2万人次，发放测土配方施肥技术资料20余万份，惠及农户近10万户，减少化肥施用量1000多吨，改善了土壤养分结构，提高了耕地质量，使农业生态环境趋于良性循环。

省级学会、企业科协、高校科协 全省共有省级学会203个，会员191742人，2015年共吸引562人加入学会；企业科协共203家，会员83242人。

2015年，大庆医学高等专科学校，哈尔滨医科大学大庆校区、黑龙江八一农垦大学成立了高校科协。截至2015年，黑龙江省共有13家高校科协在省科协完成了登记备案工作。

省科协指导省络病学会、省农业工程学会、省声学学会、省花卉协会、省药学会、省化学学会、省物理学会7个学会进行了换届工作。

黑龙江省力学学会组织开展第十届全国周培源大学生力学竞赛（黑龙江赛区），在校大学生共898人报名参赛。经评比，黑龙江省2人获国家特等奖、4人获一等奖、10人获二等奖。哈尔滨工业大学代表队、哈尔滨工程大学代表队在“理论设计与操作”中获得团体赛优秀奖，在“基础力学与实验”中分别获得团体赛全国一等奖和优秀奖。

黑龙江省中西医结合学会开展“共铸中国心·脑心同治走基层——心系老区·情暖东发乡”大型公益义诊活动。邀请黑龙江中医药大学附属第一医院、哈尔滨医科大学附属第二医院、哈尔滨医科大学附属第四医院的多名专家教授以及黑龙江省医务志愿者70余人进行义诊，800多人参加义诊。

黑龙江省糖尿病教育学会与龙江网络（元申广电）合作的健康管理平台“糖尿病管家”电视端服务平台建成，使广大糖尿病（慢病）群体足不出户就能在家里的电视上查找到自己健康信息，获得健康知识，并通过无线传输的方式，将自己的指标能够上传到平台的健康档案里。在平台里，还能得到医生、健康管理师、糖尿病教育者等提供的健康管理服务，真正实现了糖尿病（慢病）健康管理的互联远程化。

【尚勇在黑龙江调研全民科学素质计划纲要实施工作】 9月7—8日，中国科协党组书记、常务副主席、书记处第一书记尚勇一行到黑龙江省哈尔滨市、齐齐哈尔市等地基层一线，访企业、进高校、看社区，就《全民科学素质计划纲要》实施工作开展督查调研。

黑龙江省委书记、省人大常委会主任王宪魁，省委副书记、省长陆昊，省委常委、秘书长李海涛分别会见了尚勇一行。

尚勇一行先后考察了齐齐哈尔工程学院汽车博览

中心、智谷科技园，齐齐哈尔中学栾恩杰航天航空实验室、通用技术实验室，齐齐哈尔轨道交通装备有限责任公司货车组装车间等科普教育基地和企业，实地走访了哈尔滨市南岗区繁荣社区、哈尔滨工业大学复合材料与结构研究所、省科学与艺术活动研究示范单位功能复合材料实验室、黑龙江省科技馆等单位，对黑龙江省《科学素质纲要》实施工作给予了充分肯定，并提出具体要求。

尚勇对黑龙江省全民科学素质工作提出了四点希望：一是要从国家和省级层面把全民科学素质工作与经济社会的总体规划相融合，把人民群众对美好生活的向往作为提高全民科学素质的奋斗目标，把满足人民群众对科技的需求作为提高全民科学素质的重点；二是要继续坚持部门联动、团结协作，各部门要把提高全民科学素质工作与主体业务结合，使这项工作成为自觉行动，科协要发挥好参谋、助手的作用，提供服务、搭建平台；三是要不断创新科技传播与普及的方法和手段，通过互联网与信息技术使科技传播与普及更加生动活泼；四是科技部门要发挥好引领、支撑和服务作用。

黑龙江省委副书记陈润儿在讲话中指出，黑龙江省全民科学素质工作要从三个方面抓落实：一是要在领导重视上下工夫，各级党委、政府把提高全民科学素质工作摆上位置、抓在手中、落到实处；二是要在力量整合上下工夫，相关部门要密切配合、大力合作，将为大局负责和本职负责结合起来；三是要在突出重点上下工夫，提高全民科学素质工作要立足群众需求，进一步梳理好群众在生产、生活实践中的期盼，使全民科学素质工作落到实处、见到实效。

黑龙江省科协主席马淑洁、省政府副省长、省全民科学素质纲要工作联席会议总召集人孙尧出席座谈会。中国科协办公厅、科学技术普及部、学会学术部有关人员一同参加调研。

【第二届中俄博览会——中俄高层工程技术合作会议】 10月13日，由黑龙江省人民政府、中国科协、俄罗斯工贸部、俄罗斯教育科技部共同主办，黑龙江省科协、省科学院、哈尔滨工程大学承办的第二届中俄博览会——中俄高层工程技术合作会议在黑龙江省哈尔滨市召开。黑龙江省副省长胡亚枫，中国科协党组成员、机关党委书记、计财部部长王延祜，俄罗斯工贸部战略发展和项目管理司副司长韩日那·尤利娅·巴利索夫娜出席会议并致辞，中俄有关新材料、船舶与海洋工程的专家、学者，有关企业和高校代表共160余人参加会议，其中院士2名，俄罗斯和乌克兰专家代表共计40人。

第二届中俄博览会——中俄高层工程技术合作会议

哈工大机器人研究所副所长李瑞峰教授，俄罗斯科学院合成聚合物材料研究所所长奥泽林·亚历山大·尼基弗福罗维奇院士等7位中俄两国专家围绕中国机器人技术发展及产业、不同用途新型复合材料等问题作大会主题报告。

本次会议是第二届中国——俄罗斯博览会的重要活动之一，旨在促进中俄两国在新材料、船舶与海洋等工程技术领域的深层交流。会议设有新材料、船舶与海洋以及高校、企业洽谈对接3个分会场，中俄双方在9个项目方面进行了深化和对接。

【七届五次全委会议】 4月17日，省科协七届五次全委会议在哈尔滨市召开，省委副书记陈润儿出席会议并讲话，省科协主席马淑洁代表常委会作工作报告。

陈润儿对过去一年省科协的工作给予充分肯定。他强调，经济社会发展进入新常态，为科协工作赋予了新使命，带来了新挑战，搭建了新舞台。黑龙江省各级科协组织要贯彻落实“四个全面”的战略部署，学习好、领会好习近平总书记的重要讲话精神，紧贴中心，把握大局，服务科技创新驱动战略，助推龙江经济转型发展。要把实施科技创新驱动战略作为一条主线贯穿始终，在“协调”上做文章，组织各类学会、科协组织更好地实施科技创新；在“会同”上谋新路，会同各个主管部门，实施好国家创新战略，提供服务，建立支撑。要把促进科技成果推广应用作为重点抓住不放，各级科协组织要成为科技转化、推广、应用的主力军，为实现科技第一生产力的目标作出努力。要把提高科普服务能力作为一项主业切实抓好，广泛开展群众喜闻乐见的科普宣传活动，动员更多社会力量参与搭建科普服务平台，全力打造社会化科普工作大格局。

马淑洁在工作报告中要求黑龙江省各级科协组织围绕黑龙江省“五大规划”实施和“中蒙俄经济走廊”龙江陆海丝绸之路经济带建设发展战略，切实推进学术交流、科学普及、决策咨询、人才举荐、自身建设工作，在促进科技创新和经济社会发展上发挥更大作用。

会议传达了中央书记处对科协工作的重要指示精神，审议并通过了关于拟调整省科协七届委员会委员的报告。

【“中蒙俄经济走廊”龙江陆海丝绸之路经济带建设决策咨询研讨会】 1月8日，由省科协主办，省区域经济学会、省现场统计研究会承办的“中蒙俄经济走廊”龙江陆海丝绸之路经济带建设决策咨询研讨会在哈尔滨市召开，30余位专家参加研讨会。

会议围绕如何加快建设龙江陆海丝绸之路经济带建设，就促进产业结构的调整、推进对俄农业合作、哈尔滨打造“东部丝路”核心支点的基本取向和路径、中蒙俄经济带与东部丝绸之路的关系、东部丝路与西伯利亚大铁路的关系等几个重点议题，通过深入分析国内外政治、经济形势，国家战略带给我省的发展契机等，展开了充分探讨和研究，会后形成《关于以建设龙江陆海丝绸之路经济带为契机促进产业结构调整的建议》，黑龙江省副省长胡亚枫作出批示：省科协专家的建议从黑龙江省建设实施“中蒙俄经济走廊”龙江丝路带这一重大战略规划切入，所提出的促进产业结构调整和优化升级等四条建议很有针对性，相关部门应重视和认真思考，请孙坤、廷双同志阅研。

【“引领新常态，助力创新发展”决策咨询研讨会——“十三五”省新材料产业发展暨创新助力需求征集会】 3月22日，由省科协主办，省新材料产业协会、省金属学会承办的“引领新常态，助力创新发展”决策咨询研讨会——“十三五”省新材料产业发展暨创新助力需求征集会在哈尔滨市召开，40余位专家、学者参加会议，就新材料产业的战略地位、发展现状、优势及存在问题进行了分析，指出了黑龙江省未来新材料产业发展的方向和重点，并就新材料“十三五”规划提出了建议。会后形成了《关于我省“十三五”新材料产业发展的建议》等4篇专家建议。其中，《关于在我省重点发展与2机3D有关的新材料产业的建议》得到了黑龙江省副省长孙尧的批示。

【黑龙江省现代化大农业科技支撑体系战略研讨会】 12月15日，由省科协主办、省农业经济学会承办的黑龙江省现代化大农业科技支撑体系战略研讨会在哈尔滨市召开。农业部农村经济研究中心彭超博士、黑龙江省委党校姜国忠教授、省农科院总经济师矫江研究员、省社科院刘小宁研究员、东北农大杜国明副教授针对黑龙江省农业科技与现代农业发展作了专题报告。来自科研院所、高校和农委系统的50位专家、学者围绕当前农业科技发展的现状、制约因素、农业科技支持现代农业发展等问题进行了深入研讨，并就黑龙江省如何构建新型农业科技支撑体系提出了建议。

【“科技梦·中国梦——中国现代科学家主题展”全国巡展（哈尔滨站）】 9月29日，“科技梦·中国梦——中国现代科学家主题展”全国巡展（哈尔滨站）在黑龙江省科技馆开幕。省科协主席马淑洁，中国工程院院士马建章，中国科协调宣部副部长章丰出席开幕式。黑龙江省将省委宣传部和省委党校纳入了协办单位中，由省委宣传部组织省直主要新闻媒体宣传报道巡展活动，进一步提高了巡展宣传工作的效果和层次。由省委党校组织在校参加学习的领导干部分批次参观展览，让领导干部在参观中受启发、受教育，对于弘扬以爱国主义为核心的民族精神和以改革创新为核心的时代精神具有重要意义。

【2015年黑龙江省科普大集】 3月30日，由省科协、省委宣传部、省科技厅、省财政厅联合主办，以“科普与绿色食品同行”为主题的大型科普活动在哈尔滨市尚志市启动。此次科普大集采取两项新举措，一是投资建设了一座小型“趣味科学探究工作室”，为尚志市中小学生留下了一个永久的科普宣传阵地；二是与龙广乡村台联合开通了“科普惠农云服务平台”，这是省科协、省广播电视台在大数据、“互联网+”时代联合打造的一个龙江科普信息化服务品牌，整合涉农专家资源，成立全省惠农专家智库和科普惠农专家服务团，通过微信、短信、热线电话、线上线下互动等方式，针对农民、农村的实际需要进行农科新技术的精准推送，彻底解决农科技术“最后一公里”问题。

【“‘互联网+’科普”战略合作启动仪式】 5月17日，省科协与新浪黑龙江“‘互联网+’科普”战

略合作启动仪式举行。2015 年，省科协着眼于移动互联网发展趋势，提出“内容为王、定制科普、精准推送”的理念，积极探索科技传播新模式，运用新媒体信息技术，致力于推动科技知识在移动互联网中的流行，打造黑龙江省“‘互联网 +’科普”的网络服务大平台。规划“一网三平台”的筹建工作，与黑龙江省广播电视台合作搭建“科普惠农云服务”平台，与北京科技报社合作搭建“龙江科普”微信平台，与新晚报合作搭建“唠科”大学生科普微信平台，与新浪黑龙江合作建立“科普龙江”网络频道。

（撰稿人：谢　婷）

上海市科学技术协会

服务经济社会发展　积极开展决策咨询工作。围绕上海科技创新中心建设，组织院士专家及科技工作者，调查研究、建言献策。市工程师学会受中国科协委托开展的全国企业科技工作者职称状况调查，有关建言专报经中国科协报送中央，获得中共中央政治局委员、国家副主席李源潮等领导的批示。围绕市委、市政府重点工作，在课题研究基础上，向市委、市政府报送建言专报，多次获得市领导的重要批示。聚焦科创中心建设，在《解放日报》《文汇报》《新民晚报》等媒体发表《要有领跑者的自信，不要总追热点》《在全社会大力倡导“三个尊重”》等建言。

推进市区联动服务科创中心建设。围绕市委、市政府工作中心和大局，实施服务区县及基层创新的项目，与闸北、金山等区政府签署《市区联动合作框架协议》，实施“科技创新驱动助力工程”“科普产品创新基地”“科普公园”等合作项目。32 个市级学会组织专家前往区县和园区，围绕一线需求，开展 100 多个项目的科技转化对接活动。

推进院士专家工作站建设。联合市委组织部、市发改委、市经信委、市科委、市国资委等委办和各区县政府，大力推进院士专家工作站建设。建立院士专家工作站科益达投资基金，为推进院士专家工作站项目服务。目前，上海市院士专家工作站（含服务中心）共建成 185 家，其中工作站 162 家、服务中心 23 家，70% 以上的工作站设在民营企业。进站工作的院士专家 853 名，其中进站院士 115 名。院士专家工作站项目服务覆盖中小微企业 1 万多家，全年产学研合作项目累计投入研发经费近 30 亿元，帮助企业开发关键技术 1400 余项，申请专利 4500 余项，获得国家级、省部级科技奖 97 个。成立院士专家工作站创新创业指导团，更好地为中小微企业和青年创业者服务。

联合市社会团体管理局发布“推进科技类社会组织在上海建设科技创新中心中发挥重要作用”的 10 条措施，支持学会稳妥有序承接政府转移的社会化服务职能。市船舶与海洋工程学会、市医学会、市老科协、市中西医结合学会、市纺织工程学会等 54 个学会承接了 99 项社会化职能，市核学会、市物理学会、市抗癌协会等学会开展科技工作者学术交流或公益服务活动。

《科学素质纲要》实施及科普工作　做好公民科学素质工作。协同上海市公民科学素质工作领导小组各成员单位和有关社会组织，贯彻实施《全民科学素质行动计划纲要》。实施“科普进地铁三年行动计划”，实现“科普号”列车 14 条地铁线路全覆盖；闵行区、宝山区、长宁区、青浦区成功创建首批“2016—2020 年度全国科普示范区”，开展公民科学素质“百家示范单位和百个示范项目”创建活动，推进社区科普大学建设，开展“大众科学奖”和“科协创新奖”评选工作；组织 2015 年上海市“全国科普日”等各类科普活动，崇明科普之家、静安科学 in 生活氧吧、普陀赛复科技夏令营、松江辰山奇妙夜科普夏令营等活动各具特色。在市委、市政府及市公民科学素质工作领导小组的领导下，上海公民科学素质工作紧紧围绕科技创新中心建设，坚持“全员、全程、全时空”，坚持“贴近群众、贴近民生、贴近实际”，全市共同努力，多方积极参与。据第九次中国公民科学素质调查结果显示，2015 年上海市公民具备基本科学素质比例为 18.71%，位列全国各省市第一，圆满完成中国科协与上海市政府《落实全民科学素质行动计划纲要共建协议》确定的共建目标。

举办国际科学与艺术展、国际科普产品博览会。以“融合·创新”为主题，会同市文联、中国科学院上海分院、上海对外友协等，举办 2015 上海国际科学与艺术展，服务市民科学文化素质提升，观众达 13 万余人次。会同市文化广播影视管理局、市科学技术委员会、上海科技馆等，在上海展览中心举办第二届上海国际科普产品博览会，聚焦“大众创业、万众创新”，凸显国际化、专业化、规模化，展会面积达 2 万平方米，数十个国家和地区 350 多个企业和机构

3500 件产品参展，4 天展期观众超过 10 万人次，交易金额 2 亿多元。

积极发挥新媒体作用。发挥各类社会媒体和新媒体的作用，积极做好科技传播工作。与新浪、百度等新媒体合作，开展 2015 公民科学素质知识竞赛，5000 多万人次关注，近 250 万人次参与网络答题。办好《十万个为什么》《科普新说》等大型电视科普节目，在国内 80 多家省市及地区电视台播放。加强“上海科协”微信公众号建设，开展“上海十大科普微信公众号”评选，网络点击量近千万。建好“上海科协 MOOC（慕课）”，完善“科普产品 e 联盟”平台，运用微博、微信、公共场所大屏幕、地铁公交移动终端、楼宇电视、社区电子显示屏等传播渠道，形成“e 科普”多元化科学传播的格局。

学术交流　开展学术交流活动。会同市委宣传部、《科学》杂志社等举办中国科学社和《科学》杂志创办一百周年纪念会，中国科学院院长白春礼作主旨报告。联合上海交通大学举办李政道科学与艺术作品展、引力与广义相对论国际科学研讨会。会同施普林格 · 自然集团、中国科学院上海分院和文汇报社举办 2015 科研 · 创新 · 创业国际研讨会。办好科协大讲坛，邀请美国、德国等国家的诺贝尔奖获得者以及国内外院士专家在上海科学会堂作报告。围绕“推进科学技术与‘大众创业、万众创新’的深度融合”，举办上海市科协第十三届学术年会。以“迈向‘十三五’：上海深化创新发展的路径”为主题，举办第十七届中国国际工业博览会院士圆桌会议。虹口区、黄浦区、杨浦区、徐汇区四区科协联合举办第十届“蓝色浦江”学术年会。

服务科技工作者　做好科技人才服务工作。根据中国科协相关人才计划要求，在市委组织部、市人才办、市人保局的指导下，与上海自由贸易试验区管理委员会、浦东新区等共同创建中国（上海）自贸试验区海外人才离岸创新创业基地，启动自贸区外高桥、张江、陆家嘴片区的首批 3 个离岸众创空间。做好中国工程院院士候选人推选工作，坚持和突出学术导向，注重候选人的学术水准和业界影响力。

开展第十四届上海市科技精英评选，经市科协九届九次常委会议审议通过，决定授予孙兴怀、肖建如、吴志强、何祖华、沈柏用、陆卫、赵振堂、耿美玉（女）、徐国良、唐勇 10 人“第十四届上海市科技精英”称号，授予王军、王慧（女）、朱健强、刘洪来、李青峰、宋志坚、陈立东、周忆、黄震、谢少荣（女）10 人“第十四届上海市科技精英提名奖获得者”称号。

做好“晨光计划”“飞翔计划”“牛顿基金（上海）”等人才资助和培训项目。举办科学道德与学风建设宣讲教育报告会，促进科技工作者的良好学风建设。做好新经济组织科技工作者职称申报受理服务工作，受理服务点达到 42 个，覆盖全市 15 个区县 4 万多家企业及新经济组织 58 万科技工作者。

深入学习贯彻中央党的群团工作会议精神。深入学习宣传、贯彻落实中央和上海市委党的群团工作会议精神，保持和增强科协工作和科协组织的政治性、先进性和群众性。协助市委、市政府相关部门做好《关于进一步加强新时期科协工作的意见》修订工作，组织编制市科协事业发展“十三五”规划；加强思想政治工作，把党和政府的决策部署变成科技工作者的自觉行动；建好科技工作者之家，当好科技工作者之友。

自身建设　建好科技工作者之家。建成并运营上海科技影城，以“科技、科幻、科普”为特色，定期向市民开放科技电影公益专场，为科技工作者免费播放科技资料片。会同市委组织部、市科技党委、中国科学院上海分院等，举办科学会堂草坪音乐会，邀请科学家与音乐家同台交流演出，王振义、叶叔华等 60 多位中国科学院院士和中国工程院院士，以及部分科技工作者参加活动。加强院士风采馆建设，弘扬科学家的创新精神、进取精神、奉献精神，全国各地 500 多批观众近 10 万人次观摩。

加强科技社团能力建设。支持科技社团提升服务能力，实施学会发展推进项目，促进科技社团做到“有人理事、有钱办事、有制度管事、有内容做事、有能力成事”，初步形成以学会为主体的科协工作格局。开展首届科技社团优秀秘书长评选，提升学会服务创新的能力。

扎实推进“三严三实”专题教育活动，做好“党建工作责任制”和“党风廉政工作责任制”的自查自纠工作，进一步落实领导干部“一岗双责”。坚持“三重一大”事项必须经党组会议民主集中决策；对重大项目实施绩效评估及财务审计；实施会计委派制，规范直属单位的财务核算与管理，防控财务风险。搭建科协“比选”平台，拓宽选人、用人的视野和范围，积极打造“想干事、能干事、干成事、善共事、不出事”的干部队伍，不断增强市科协广大干部职工的凝聚力和向心力。

区县及基层科协组织　截至2015年年底，上海市共有区县科协16个，区级学会459个，街道、社区科协88个，乡镇科协114个，农技协25个。区县科协全年共举办科普宣讲活动9000多次，受众325万人次；开展实用技术培训3300多场，培训科技人员19.4万人次；播放科技广播、影视节目2600多小时。

浦东新区科协开展浦东市民科普行活动，组织近4000位市民进入科普场馆现场体验科普。黄浦区科协在热门商圈的大型户外电子屏开展“科普宣传闪亮南京路、淮海路”科普大联播活动，营造“大众创业，万众创新”良好氛围。徐汇区科协加强“人文科普”品牌建设，引导扶持名家科普工作室积极开展科普工作，推动科学传播与普及。长宁区科协借助于信息化建设的先发优势，形成以数字科普活动中心、社区综合信息服务屏、“智慧长宁”频道、智慧高地体验应用中心、3D科普馆、科普网、微博、微信六位一体的数字科普宣传网络。静安区科协开展“青少年科普大篷车”系列活动，“智能四旋翼”飞行器、电子百拼实验、迷你屋建筑模型等项目深受青少年喜爱。普陀区科协编印《科普四季风》季刊，免费赠送社区居民家庭。闸北区科协结合闸北科普生态圈建设，积极筹建“科普产品创新基地”，打造集研发、生产、展示、交易为一体的创新科普产品平台。虹口区科协建立了专家与教师联手、科技与教育联动的区域科技教育机制，有效地推进科技教育进教材、进课题、进课堂。杨浦区科协举办第六届“赛复创智杯”上海市青少年科技创意设计评选活动。闵行区科协编创“科普微电子画刊”“科普微动漫”等作品，通过网络平台播放。宝山区科协优化“宝山i科普”微信公众号、宝山科普微博以及“掌上梦之园”手机APP建设等新媒体平台，满足了互联网时代公众碎片化学习的需求。嘉定区科协以实施“科普惠农兴村计划”为抓手，强化新型农民职业证书培训工作，持续开展职业农民、农业从业人员技能培训等。奉贤区科协精心挑选科普名家，以菜单形式提供医疗、卫生、养殖等领域的57项科普讲座内容。松江区科协充分利用“松江科普”微信号，在科技活动周、全国科普日期间开展了“科普知识大闯关”“秀出你的科普足迹”“微信游览科普教育基地”等一系列活动。金山区科协建设金山郊野科普公园，使科普展示与郊野风情、休闲旅游融为一体。青浦区科协成立全市首家社区科普大学，提供科学生活宣讲菜单，包括“食品安全”“信息安全”“科学生活”等18个专题100个讲座。崇明县科协以“科普早市”“走百村，讲百课”“科普之家”等特色科普活动为平台，普及农业生产生活知识和技能。

市级学会、企业科协、高校科协　截至2015年年底，上海市科协所属学会共195个，个人会员25.6万人、团体会员1.6万个，年内共吸引1.4万余人、300余个单位加入学会；企业科协106个、园区科协32个、高校科协2个。

市科协组织实施创新驱动助力工程，推进市科协及所属科技社团积极发挥人才荟萃和组织网络优势，助推上海区域科技创新和经济社会发展。市公路学会根据奉贤区道路交通需求，组织开展海绵城区试验研究、环保绿色路桥建设养护管理技术等科技攻关，扩大交流协作，加速科技成果转化。市标准化协会编写航空发动机清洁度标准，相关指标达到国际先进标准。市电影电视技术学会开展上海北区（原闸北）影视多媒体产业发展的战略研究，形成《关于建设上海北区（原闸北区）影视多媒体产业基地的建议书》。市工程图学学会举办识图技能竞赛，提升企业一线技术工人的识图技能水平。市核学会助力上海广电电气（集团）股份有限公司等企业，提高其在核设备制造方面技术水平，达到核电国家标准和相关国际标准。市机械工程学会起草并申报上海市制造业零件清洁度标准，助推上海国际智能制造中心建设。市建筑学会开发上海市建筑艺术“众创平台”，吸纳国内外建筑与公共艺术领域创新设计团队与个人，并提供技术支撑、市场经营、法律咨询、财务管理、互联网协同与后勤保障六大支持。市微生物学会在奉贤区建立了面向企业的孵化器研究与培训基地，为生物制造企业提供技术服务，助力企业技术发展。市园艺学会利用学会的人才和技术优势，选取金山区的上海施泉葡萄专业合作社和奉贤区的上海口之缘蜜桃种植专业合作社，作为试点基地进行科技帮扶和指导合作社技术创新，提高果品质量，增加生产效益，促进产业健康发展。

2015年，市科协重点加强与区县科协、有关行业协会的合作，推进企业科协组织建设。组织召开了由各区县科协分管领导参加的基层科协组织建设现场推进会，通过典型经验交流、现场观摩等形式，加强对科协组织成立报批和成立程序规范性指导。同时，编制了《上海市企业科协建设工作手册》《上海市高校科协建设工作手册》，详细介绍企业（高校）科协性质、主要任务、成立程序，并宣传市科协在学术交流、创新服务和人才举荐等方面的具体工作内容，使基层更好地了解科协工作，寻找企业工作和科协工作的结合点。全年共成立17家企业科协、3家园区科协、1家高校科协。

【上海市委副书记应勇赴市科协调研指导工作】 2月5日，中共上海市委副书记应勇、副市长周波、市委副秘书长彭沉雷等赴上海市科协调研指导工作，听取市科协2014年主要工作和2015年工作要点的汇报。应勇和周波分别讲话。市科技党委书记吴信宝、市科委主任寿子琪、市委研究室副主任周志军参加会议。市科协党组书记、副主席杨建荣代表科协领导班子汇报工作。

应勇指出，上海的科协组织是全国最早成立的。科学会堂由新中国成立后第一任市长陈毅元帅题词。老一辈革命家当时就把最好的地方给科协，本身就体现了党和政府对科协组织和科协工作的重视、对科技人才的尊重。特别是市科协近两年的工作，在履行“三服务一加强”职能上取得成效，市委是充分肯定的。他强调，2015年市科协工作要紧紧围绕建设具有全球影响力的科技创新中心这个核心任务，在“聚焦中心、科普惠民、服务人才、强化自身”上下工夫。

一是聚焦中心。要学习贯彻落实2015年中央下发的《关于加强和改进党的群团工作的意见》《关于加强社会主义协商民主建设的意见》。科协姓“科”，所以要在“科”字上下工夫，在“群”字上下工夫，在“协”字上下工夫。一要聚焦党和政府中心工作，突出科协的科技特色和群团优势，发挥好群团组织的政治引领和枢纽作用。二要聚焦科技创新中心建设和创新驱动发展战略，促进科技产学研用相结合，发挥好院士专家工作站作用。三要聚焦上海经济社会发展和重大科技专项，搭建决策咨询平台，发挥好建言专报的作用。

二是科普惠民。科学普及关系人的全面发展，关乎城市未来。要继续办好科博会、科艺展等活动，以不同载体和形式承担起科普任务，让科学技术更好地在全社会得到普及，避免“自娱自乐”。要发挥科协学会多、专家多、覆盖学科广的优势，回应社会和市民的关注热点，以市民喜闻乐见的方式发出积极主动而又科学权威的声音。同时还要发挥好新媒体等科普平台的作用。

三是服务人才。科协是科技工作者的组织，科学会堂是科技工作者活动的场所。要按照“凝聚科技社团、凝聚科技工作者、凝聚科协干部群众”的工作理念，要通过加强科学会堂软硬件建设、院士专家工作站建设、建家交友等工作，联系服务好广大科技工作者。一要在服务中体现思想引领、政治引领，把党的决策部署变成科技工作者的自觉行动。二要服务好科技工作者成长成才，特别是要关心帮助处于成长期的科技工作者，营造有利于科技人才成长的氛围和环境。三要做好科技工作者举荐工作，特别是参与中国工程院院士推选，要圆满完成好这项新任务。

四是强化自身。不仅要强化领导班子建设、干部队伍建设，还要强化“家”和“友”的建设，切实把科协建设成为科技工作者之家，当好科技工作者之友，使科协工作覆盖面更广、活力更足、能力更高。

周波指出，市科协一年来在履行“三服务一加强”职能上取得成效，开展工作有声有色、可圈可点，总体工作积极主动。主要表现在三个方面：一是在服务科技工作者、科普宣传、内部自身建设以及完成市里交办的任务等方面取得进展；二是在举办科博会、“科普进地铁”活动等方面实现突破；三是通过微信等新媒体加强做好科学普及工作有所创新。周波对做好2015年科协工作提出四方面要求：一是加强学习、提升能力；二是虚实结合、做好谋划；三是做实工作、持续推进；四是加强队伍建设。

【上海市科协九届五次全委会议】 2月26日，市科协九届五次全委会议在上海科学会堂举行，会议动员号召广大科技工作者、科技社团向上海建设科技创新中心进军。市委副书记应勇出席会议并讲话，副市长周波、市委副秘书长彭沉雷、市科技党委书记吴信宝出席会议。

市科协主席、中国科学院院士陈凯先作工作报告。市科协党组书记、副主席杨建荣传达了中央书记处关于科协工作的指示精神以及中国科协八届七次全委会精神。市科协副主席王建宇主持会议。

应勇对上海市各级科协组织围绕中心、服务大局，认真履行“三服务一加强”工作职能，坚持“三个凝聚”和“四个聚焦”的工作理念，在促进科技创新服务、科技普及推广、科技决策咨询、科技人才成长等方面开展的工作给予充分肯定。

应勇要求市科协要坚持党的领导，坚定正确的政治方向。最近中央出台了《关于加强和改进党的群团工作的意见》等两个与科协密切相关的重要文件，为科协新形势下开展工作提供了重要遵循，市科协要把准定位、发挥作用，重点在三个字上下工夫：科协要姓“科”，科协要姓“群”，科协要姓“协”。

应勇在讲话中指出，市科协要坚持服务为本，进一步提升工作水平。一要围绕大局抓服务。当前上海正在努力向建设具有全球有影响力的科技创新中心进军，科协作为科技创新体系中的重要方面军，责无旁贷，理应率先作为、奋发有为。要充分发挥科技思想库作用，大力推动产学研用结合，积极承接政府转移职能。二要创新科普方式抓服务。建设科技创新中心，离不开开放包容的创新生态环境，而公民科学素质就是最基础的社会文化土壤。要大力推进科普信息化，要及时回应社会关切。三要贴近人才需求抓服务。上海要建科技创新中心，最紧缺的就是人才，最紧迫的就是激发人的创新创造活力。服务科技工作者是科协的天职和传统，要大力举荐科技人才，真诚关心科技人才。

应勇在讲话中强调，要坚持强化自身，进一步增强工作本领。科协要在经济社会发展中发挥更大作用，关键在于不断提高能力水平。市科协必须把自身建设摆在突出位置，要广覆盖、强能力、转作风，以改革创新的精神，建好科技工作者之家、当好科技工作者之友。

【第30届上海市青少年科技创新大赛】 3月21—22日，由市科协、市教委、市科委等10多家单位联合主办的第30届上海市青少年科技创新大赛举行，主题是“创新·体验·成长”。开幕式在上海市松江二中举行，市科协党组书记、副主席杨建荣宣布大赛开幕，中国科协青少年科技中心主任李晓亮、上海科技馆馆长王小明、松江区副区长龙婉丽、大赛组委会常务副主任钱之广、上海市教委副主任王平等领导出席。

本届大赛在原有的“青少年科技创新成果”“科技辅导员科教创新成果”“青少年科技实践成果”“少年儿童科学幻想绘画”和“优秀组织奖”等5个板块基础上，增设“青少年科技创意”板块，为广大青少年提供了充分发挥想象力、创造力和科学思维能力的平台。

大赛的“STEM综合素质测评系统”，利用市科协所属60余家学会资源，设计了10000余道题目，范围涉及生命科学、物质科学、技术与设计、地球与空间、社会与行为学5大领域16个子学科，共有4600名参赛师生参与了测评，累计在线测试16551次，科普时间24826小时。

据统计，大赛吸引了17个区县30多万师生积极参与，评选出青少年科技创新成果一等奖356项、专项奖640项，科技辅导员科教创新成果一等奖30项；展示板块评选出少年儿童科学幻想画一等奖45幅，青少年科技实践活动特等奖20名，优秀组织奖19个。大赛还在青少年科技创新成果一等奖排名居前的项目中，根据学科分布、年龄分布等要求，推荐了24项具有较好创新性、竞争力的青少年科技创新成果和30项优秀科技创意参加第30届全国青少年科技创新大赛。

【诺贝尔物理学奖得主冯·克利钦作客上海科协大讲坛】 克劳斯·冯·克利钦因发现量子霍尔效应，在物理学的一个新分支——低维凝聚态物理方面作出了举世瞩目的贡献而获得1985年度的诺贝尔物理学奖。当时他年仅43岁，是历届诺贝尔物理学奖获得者中最年轻的一位。5月4日，以“对话诺奖大师——一米究竟有多长”为主题的上海科协大讲坛在上海科学会堂举行。市科协党组书记、副主席杨建荣为冯·克利钦颁发了上海科协大讲坛荣誉证书，市科协副主席陆檩、秘书长王凡立出席活动。

霍尔效应是1879年美国物理学家霍尔研究载流导体在磁场中导电的性质时发现的一种电磁效应，广泛地用于半导体。百年后的1980年，冯·克利钦从金属氧化物半导体场效应电晶体中发现了量子霍尔效应。作为微观电子世界的量子行为在宏观尺度上的体现，量子霍尔效应一直在凝聚态物理研究中占据重要地位，是继1962年约瑟夫森效应发现之后又一个对基本物理常数有重大意义的固体量子效应，其发现对物理学、化学甚至生物学等几乎所有自然科学领域都有着重大的影响和推动。此外，量子霍尔效应也是纳米电子工程的出发点，通过它可以研究比今天的微电子学小得多的半导体元件的物理特性。

作为马普学会固体物理研究所的终身所长，冯·克利钦还可以在现在的岗位上再干几年。他的理想是排除由诺奖带来的外界干扰，继续传递知识、突破研究，为年轻的科研人员创造更好的研究条件和氛围。说起在德国和中国遇到的青年学子的差别，他认为，中国学生勤奋听话，但过于尊敬、服从权威，不善于表达自己的观点，思想缺乏独立性。“虽然他们对我表现得很恭敬，但这并不是我想要的，我宁愿他们活跃地反对我。”冯·克利钦感到，这不只是中国一个国家年轻人的状况，他在日本和韩国也有类似的感觉，可能是东方文化共同的影响。

【上海市科协与闸北区政府签订合作协议 助力科技创新】 为贯彻习近平总书记对上海“加快向建设具有全球影响力的科技创新中心进军”的要求，以“科学发展、优势互补、资源共享、合作共赢”为原则，5月7日，市科协与闸北区政府签署了《市区联动合作框架协议》，市科协党组书记、副主席杨建荣，闸北区区委书记、区长安路生出席签约仪式。

以深入实施“科技创新驱动助力工程”为契机，双方将围绕闸北区科技创新发展与经济转型升级的实际需求，依托市科协所属市级科技社团，在发展规划、产业布局、政策制定等方面为闸北区政府部门提供决策咨询服务。一方面，聚焦闸北科技产业，围绕闸北科技园区国产基础软件、云计算、大数据等重点先导产业，组织协调市级科技社团及专家团队开展对接，通过科研项目合作、组建产业联盟等形式，集聚创新资源，助力闸北区科技企业创新发展；另一方面，助推闸北科技社团发展，利用上海人力资源服务产业园区品牌优势，协同推进市区科技社团等科技类社会组织开展联合联动，打造高端智力交流平台和人才集聚平台。

双方还在合力推进“院士专家工作站”建设、培育建设海智计划上海（闸北）工作基地、共同推动“科普产品创新基地”建设、稳步推进公民科学素质建设、筹建闸北“大宁科普公园”等方面形成合作意向。

杨建荣说，市科协将按照闸北区科技发展的新战略，更好地集成科技创新资源、积极配合闸北的科技成果转化、配合闸北区搭建开放创新平台，积极营造大众创业、万众创新的良好环境。同时，充分发挥市科协300多家市级科技社团的作用，通过院士、专家、科技精英等智力优势，积极支持和服务闸北的创新驱动发展。

市科协副主席李虹鸣与闸北区副区长吴斌签署了《市区联动合作框架协议》，市科协副主席王智勇与闸北区政协主席陈永弟为科普产品创新基地揭牌。

【上海科学会堂草坪音乐会服务科技人才】 为更好地团结和凝聚上海科技人才，5月8日晚，市科协联合市委组织部、市科技党委，共同举办2015上海科学会堂草坪音乐会。中国科协副主席陈赛娟，市科协荣誉委员、国家最高科学技术奖获得者王振义，市科协荣誉委员、著名天文学家叶叔华，市科协副主席褚君浩、金东寒等40多位两院院士出席音乐会。

市委组织部副部长、市公务员局局长陈皓，市科技党委书记吴信宝，市科协党组书记、副主席杨建荣，市科协副主席王智勇、蔡永莲，市科协顾问和常委，中国科协上海地区八大代表，中央和在沪千人计划专家，上海市科技精英，上海青年科技英才，科技社团负责人，上海高新技术企业负责人等，以及普通市民近400人参加了本次音乐会。

国家一级指挥曹鹏执棒，与上海城市交响乐团给观众带来了《雷电波尔卡》《一步之遥》《保卫黄河》等精彩的交响乐曲目，演出从疾风、暴雨和雷电，到气势恢宏磅礴的黄河咆哮；从缠绵悱恻的《梁祝》到诙谐风趣的童话交响诗《小巫师》，展现了经典作品经久不衰的生命力。

【上海科技影城亮相第十八届上海国际电影节】 6月14日，由市科协与上海电影集团共同建设的上海科技影城落成开业，同时拉开了第十八届上海国际电影节科技电影展映周的帷幕。市科协荣誉委员、中国科学院院士叶叔华，市科协荣誉委员、国家最高科技奖获得者、中国科学院院士吴孟超，市科协主席、中国科学院院士陈凯先，上海电影集团董事长任仲伦，市科协党组书记、副主席杨建荣，江苏省科协党组书记、副主席陈惠娟等共同为影城开幕剪彩。

开幕当晚，加拿大纪录片《飓风》在科技影城举行全球首映式。影片结束后，叶叔华院士以及影片主创人员还与现场观众进行了交流互动。

将科普融入时尚、流行的电影商业之中，让科学变得有趣、生动，这是上海科技影城兴建的目的所在。科普电影是一种观众喜闻乐见的科学传播形式，综合调动视觉、听觉、感觉，与科学好奇心一道探知奇幻的科学世界，是提高公民科学素养的常用手段。杨建荣说，针对国内科技影院数量不够、科普影片放映不足的现状，上海市科协与上影集团积极谋划，决定将科学会堂思南楼三楼学术报告厅改建成科技影城，突破国内科技影院的“空白”。科技影城从2015年年初的正式立项到开业，仅仅用了80多天。在这家国内首打“科技牌”的影院中，市民不仅可以欣赏到

同步上映的热门科幻、科技、科普影片，还有机会品味一番科学家们的科普讲解。更为重要的是，科技影城将传承与发展上海科学会堂的科学文化内涵，丰富服务科技工作者手段，助推上海科创中心建设。

【上海自贸试验区海外人才离岸创新创业基地揭牌】 8月12日，中国科协党组书记、常务副主席、书记处第一书记尚勇，上海市委副书记应勇在上海浦东国际人才城，共同为上海自贸试验区海外人才离岸创新创业基地揭牌。这是全国首个在自贸试验区内试点设立的离岸创新创业基地。上海市委常委、浦东新区区委书记沈晓明，副市长周波，市委副秘书长陈寅，市政府副秘书长徐逸波，市政府副秘书长、浦东新区区长孙继伟等出席。

上海自贸试验区海外人才离岸创新创业基地（以下简称基地）由市科协、上海自贸试验区管委会、浦东新区政府等单位协同推进建设，既是中国科协海智计划落地上海自贸试验区的重大举措，也是上海市《关于加快建设具有全球影响力的科技创新中心的意见》提出的重点内容。基地通过探索“区内注册、海内外经营”的离岸模式，开发和培育专业服务能力，通过模式创新和政策支持，促进海外优质创新资源集聚。在创业孵化方面，离岸基地将对有意向在上海自贸试验区创业的海外人才进行政策、知识产权、技术、投资对接等整体前置服务，通过“海外预孵化”，使海外人才在海外完善创业团队或创业项目，显著提高海外人才落地创业的成功率，减少海外人才来华创业的顾虑。对于基地内注册的企业，基地将导入优质服务机构，为人才创新创业提供全方位的托管式服务，对海外创业项目，协助其注册企业后进行正式孵化，形成灵活便利的创业模式。

揭牌仪式后，基地的协调管理机构浦东科技创业中心与首批3个空间的运营机构和全欧华人专业协会联合会、澳华科学技术协会签署了共同建设基地的合作备忘录。

【上海市科协助力奉贤区建设创新驱动工程示范区】 9月7日，市科协与奉贤区人民政府签署了《市区联动建设创新驱动助力工程示范区》协议。双方将有效集成科技创新资源，助力奉贤中小企业科技创新活力区建设。市科协主席、中国科学院院士陈凯先，市科协党组书记、副主席杨建荣，市科协副主席李虹鸣、秘书长王凡立，奉贤区区委书记周平、副区长陈华文等领导出席签约仪式。中国科学院院士褚君浩代表进站院士发言。

签约仪式上，双方共同签署《市区联动建设创新驱动助力工程示范区框架协议》，并为“院士专家工作站”“院士专家工作中心”及“助力工程示范区”揭牌。按照协议内容，市科协将围绕城乡建设、智能电网、新能源、新材料、生物医药等重点先导产业，组织市级学会及专家团队与相关单位开展资源对接，并充分发挥市科协院士专家资源，联合企业成立7家院士专家工作站与1家院士专家服务中心。

《市区联动建设创新驱动助力工程示范区框架协议》的签署，标志着奉贤区创新驱动助力工程示范区的建设正式进入实施阶段。面对经济发展的新常态，实施创新驱动助力工程，可以推进奉贤区与各学会、院士专家的深度合作，打通与高层次人才合作的渠道，进一步破解发展瓶颈，增创奉贤区科学发展的新优势、新途径、新动力，对推进全区的科技创新和产业转型升级，加快建设中小企业科技创新活力区有着积极的推动作用。

杨建荣说，借助此次签约，双方将有效集成科技创新资源，从推动市级学会服务奉贤产业发展、推进院士专家进企业工程、实施科技信息进企业工程等方面，助力奉贤中小企业科技创新活力区建设。

周平表示，借助于这个助力工程的推进和实施，奉贤区要积极地引进人才、引进技术，真正地助推地方经济、助推企业活力的提升。下一步，奉贤区将根据产业发展需求，鼓励区内创新能力强、科技攻关需求突出、对提升创新资源有迫切需求的园区和企业建立院士专家工作中心（站）。对于非公企业科技工作者，市科协将进行指导，开展科技人员职称相关培训和申报服务等工作。

【2015年上海市全国科普日】 9月20日，2015年上海市全国科普日活动启动仪式在上海科学会堂举行。市委副书记应勇宣布2015年上海市全国科普日活动启动，副市长、市公民科学素质工作领导小组组长周波公布第九次中国公民科学素质抽样调查上海地区调查结果。会议为上海市“推进公民科学素质百家示范单位”和“推进公民科学素质百个示范项目”获奖代表颁奖，并启动了中美欧创客大赛。

本次全国科普日活动以“万众创新　拥抱智慧生活”为主题，市区联动共组织809个科普项目，将科普大餐送到每一个市民的身边。带着微博玩科学活动，依托新浪微博裂变式传播的特点，线下实地体验、线上宣传互动，吸引更多的年轻人走进科普场馆，形成人人参与、随时随地科普的良好氛围；地铁人民广场站以“万众创新 拥抱智慧生活”为主题的15块大型灯箱向市民展示科技如何改变生活，科普日期间，“科普号”列车新覆盖五条线路，12号线宁国路地铁站推出“院士风采长廊”专题展览；未成年人科学教育推广日活动集中推出的三大版块、21个子活动，从线上到线下，10多万师生和社会公众参加，其中“创客大暴走”活动，以“未来智慧城市”为主题，吸引了沪上来自复旦大学、上海交通大学、上海纽约大学等近百名青少年创客参与挑战和展示；深入基层的社区科普大学通过“四位一体”学习平台的打造，实现了线上、线下、开放、弹性的学习方式；科普日期间，“推进公民科学素质百家示范单位”和“推进公民科学素质百个示范项目”在全市范围集中宣传，充分发挥示范单位和示范项目在纲要实施和科普工作中的引领、带动作用。

全市科普教育基地还组织策划了丰富精彩的科普体验活动，科研机构和大学的科研实验设施敞开大门和市民零距离接触。

【上海市科协第十三届学术年会】 10月21日，中国科学社和《科学》杂志创办100周年纪念活动暨上海市科协第十三届学术年会开幕式在上海科学会堂举行。第十四届上海市科技精英同时颁发。

中国科学院院长、《科学》杂志编委会主编、中国科学院院士白春礼作开幕式主旨报告。上海市委副书记应勇出席并讲话。开幕式由市科协主席陈凯先主持。

白春礼、应勇等向孙兴怀、陆卫等10位上海市科技精英以及王军、宋志坚等10位上海市科技精英提名奖得主颁奖。

白春礼在题为“科学精神 百年弘扬”主旨报告中谈到，“求真”是“科学”和“科学精神”必须遵循的铁律，对这一真谛的认知和昭示在中国始于《科学》创刊号。一百年来，《科学》始终坚持“以传播世界最新科学知识为帜志”，不断注入“弘扬科学精神”的灵魂，为国家发展、社会进步和民族复兴提供科学精神和动力源泉。他指出，“科学的思维方式”，不仅是科学家必须具备的基本素质，也是新时代国民应当具备的思维能力。我们要珍视科学文化的价值传承，并注入新时代的科学与人文内涵，从而构建起符合科学规律、具有中国特色的现代科学文化，承担起当代科技工作者义不容辞的责任。科普工作既是社会和时代的要求，也是科学家自身的社会责任与义务，百年《科学》应该再接再厉、继续有所作为，每一位科学家都应当身体力行、主动热情投入。

《科学》杂志编委、上海市科协荣誉委员叶叔华院士，上海市科协党组书记、副主席杨建荣等国内科技界、教育界、出版界的专家学者和中国科学社早期社员的后裔等分别进行了交流发言。

年会期间，共举办6项综合分论坛和40多项专题学术交流活动，吸引了学会、区县科协和基层科协等50余家单位和近3万科技工作者参与。综合性学术活动如“上海城市与交通科技发展论坛”“完善科技成果转移转化机制，提升成果转化能力——科技成果‘三权’改革研讨会”“第十届上海工程师论坛”、申江健康论坛、“超级细菌的现状与对策”综合学术研讨会和第十届“蓝色浦江”学术年会等，不仅提供了科学的思想方法和解决问题的依据，而且反映了上海科技工作者在上海科技创新中心建设中的担当和作为。

【牛顿苹果树亮相上海科学会堂】 10月21日，牛顿基金（上海）颁证暨“牛顿苹果树”揭幕仪式在上海科学会堂举行。中国科学院院士杨福家，市科协党组书记、副主席杨建荣，英国驻上海总领事馆文化教育领事马旭宁出席仪式。

2014年夏天，以杨福家院士为代表的科学家们向市科协发出引种牛顿苹果树的倡议“把牛顿苹果树引种到科学会堂，传递科学创新精神”。2015年3月，市科协正式赴英国剪枝。3月8日，枝条从上海浦东机场入关。当晚，枝条成功嫁接，种植于上海辰山植物园国家级隔离试种基地。这株苹果树也是国内第一株拥有两张证书的牛顿苹果树，一张是英国方面开具的“出身证”，另一张是国家林业局颁发的“身份证”。牛顿苹果树培育成功后将落户上海科学会堂，为这座科学圣殿再添科学、艺术和人文的气息。

同时，旨在提高本地科研人员国际化能力和水平的牛顿基金（上海）培训项目也落地上海。牛顿基金是2013年由中英两国共同设立的以英国科学家牛顿命名的中英联合科学创新基金。牛顿基金（上海）培训项目由上海市科协与英国驻华大使馆文化教育处共同负责组织实施，通过短期高端培训，增强国内科研人员的国际科研合作能力，提高其国际交流水平。牛顿基金（上海）项目启动以来，全市有253名35岁以

下的青年科技工作者提交了申请，其中博士学位候选人 166 人，国家级科研奖项获得者 95 人，“扬帆”“晨光”“飞翔”计划获得者 29 人。经单位推荐和专家评审，最终首期培训名额被来自高校、科研院所的 20 名青年才俊获得。

仪式上，杨福家院士为牛顿苹果树揭幕。杨福家、杨建荣、马旭宁共同为牛顿基金（上海）获选者颁发了证书。

【上海市科学道德和学风建设宣讲教育报告会】 11 月 5 日，由市科协和市教委联合主办的上海市科学道德和学风建设宣讲教育报告会在上海大学体育馆举行。中国工程院院士、市科协副主席、上海大学复合材料研究中心主任孙晋良，中国科学院院士、中国科学院合成生物学重点实验室主任赵国屏分别作了题为“祖国的需要就是我的专业”“为了生命科学的人生”的报告。市科协主席、中国科学院院士陈凯先致辞，并为报告人颁发“上海市科学道德和学风建设宣讲教育”专家聘书，向上海市高校和科研单位代表赠送《学术诚信教育案例读本》。

学生代表听完两位科学家的报告后，承诺要以老一辈科学家为榜样，学习传承他们的爱国情怀、优良学风与品质，增强社会责任感，做良好科学道德的践行者和优良学风的维护者。从我做起，从现在做起，弘扬科学精神，坚守学术诚信，为上海建设具有全球影响力的科技创新中心而贡献青春和力量。

来自复旦大学、同济大学、上海交通大学等 40 多所高校和科研单位的青年教师、青年科技工作者、研究生和本科生代表，以及市科协部分学会负责人 3000 余人参加宣讲报告会。

（撰稿人：金哲亮）

江苏省科学技术协会

服务经济社会发展 省科协围绕省委省政府年度重大课题开展建言献策和决策咨询，形成《江苏省科技工作者建议》13 项，得到省领导批示 10 次。新建 10 家省级科技思想库基地。全省科协系统形成决策咨询建议 583 项，同比增长 31%；党委政府采纳 233 项，同比增长 39.5%。

承担并开展“大众创业 万众创新政策措施落实情况”和“基层公共医疗设施建设”第三方评估，形成报告提交中国科协和省政府。

实施学会服务能力提升计划，建成省级综合示范学会 32 家。引导省级学会进军经济建设主战场，评选认定协同创新服务示范基地 10 个、科技服务站 100 家，选派首席专家 100 名。实现科技成果转让 232 项、开展规划论证 146 项、制定企业标准 186 个。

开展“银会合作”，全省各级农技协落实了与邮储银行的科技贷款。

深入实施“基层科普行动计划”，13 家农技协、8 个农村科普示范基地、12 个农村科普带头人、31 个科普示范社区受到中国科协、财政部奖补支持。评选命名 76 个省级科普示范县（市、区）。苏南苏中基本实现社区科普大学全覆盖。

推动学会承接政府转移职能。扎实开展省双创人才（团队）评审等首批 21 项政府转移职能试点项目。推动省委办公厅、省政府办公厅出台关于印发《江苏省科协所属学会有序承接政府转移职能扩大试点工作方案》的通知。省委、省政府召开学会有序承接政府转移职能扩大试点工作座谈会，35 家省级学会新承接 17 个政府部门 53 个职能试点项目，其中 42 项已经完成。全省 56 家省级学会和 391 家市县学会分别承接政府职能项目 152 项、836 项。

研究制定《江苏省科协关于服务大众创业万众创新的实施意见》，实施“十百千万”计划。在常熟市召开省科协系统服务创新创业现场会，举办科技创新创业公益培训班，全省共培训 6.6 万人次。

开展科技扶持苏北行动，持续推进淮安市创新发展对接活动。在徐州市举办长三角科技论坛，对接科技合作项目 213 个。

推进会企协作 483 项、金桥工程 179 项、“讲、比”竞赛活动 8900 余项，提出合理化建议 2.4 万条，万名科技专家兴农富民工程落实 2000 多个对接项目。持续推送发达国家专利信息，基本实现县（市、区）全覆盖。培训专利应用工程师 1841 人次，新增注册运用企业 1232 家，形成典型案例 104 个。

实施海智计划。先后举办江苏省创新创业大赛海智分赛、两岸四地青年创新创业训练营、中国（江苏）国际科技与人才合作大会等海智专题活动，参加企业 528 家，参会人数 5000 余人。新建省级海智基地 9 家，累计达 39 家。全年举办海智活动 140 场，接待海外人才 3400 多人，引进海外创新创业人才 725 人，落地科技项目 118 个。省科协被中国科协评为“2015 年度海智计划工作先进单位”。

9月23日，省科协事业发展“十三五”规划专家咨询汇报会在北京召开。中国科协党组成员、书记处书记王春法，中国科协机关和事业单位有关负责人出席会议。省科协党组书记、常务副主席陈惠娟主持会议。王春法就规划的制定作了讲话。他强调，做好规划，首先要分析科协工作面临的机遇和挑战，明确战略定位；二要明确指导思想和主要目标；三要把握战略重点，搭建平台，充分发挥科协的组织优势和在创新创业大局中的积极作用。

《科学素质纲要》实施及科普工作 4月9日，召开江苏省全民科学素质工作领导小组会议，江苏省副省长、领导小组组长徐南平出席会议并讲话。开展“十二五”《科学素质纲要》专项督查，2015年全省公民具备基本科学素质比例达8.25%，首次跃居全国省份第一。

9月19日，以“万众创新 拥抱智慧生活”为主题，由省科协、省教育厅、省科技厅等单位主办的2015年全国科普日江苏主场活动在南京市举行。副省长徐南平出席活动，并启动“科普江苏”科普信息化传播平台、江苏省首届大型公益性金融知识竞赛。省政府副秘书长王志忠出席活动并开通江苏科普云信息服务系统。科普日期间，省市县三级联动，打造1387项系列精品科普活动，其中，主场活动择优选取66个项目、1000余件展品集中展示推介。举办了“转基因生物育种发展与安全保障”“免疫与健康”“中国的霍金——高士其的故事”3场科普报告。

建立“PPP模式”，运用社会资本合作建设江苏省科普云信息服务平台。与《扬子晚报》共建“科普江苏”网络平台，最高阅读量突破15万人次。与江苏城市频道合作打造科普访谈精品节目“科学会客厅”，邀请科技人物接受专访，全年制作、播出52期，每期12分钟。与江苏综艺频道合作推出“科学生活”栏目，全年播出156期，每期10分钟。5部科普作品被科技部评为2015年全国优秀科普微视频作品，全省7个市开辟《科普动视》。新建科普微信微博账号877个，同比增长248%；新建科普专栏8046个，同比增长10.3%。

加强科普基础设施建设。积极争取江苏科学中心立项、选址和规划工作。全省新建成综合性科普场馆17个，规划建设中的有5个。全年开发配送流动科技馆11套，在苏北地市全覆盖基础上，实现淮安县市流动科技馆全覆盖。评选命名160家2015—2019年江苏省科普教育基地。新建社区科普大屏3004块，同比增长56.3%，南京市社区覆盖率达50%以上。

强化科普资源共建共享。组织举办全省科普宣传周等主题科普活动，举办流动科技馆互动体验、高端科普报告会、中美国际科普连线等2663项系列活动。“阳光动力科普中国行”南京站系列科普活动被评为2015“十大科学传播事件”。创建100所省科学教育特色学校，举办“金钥匙”科技竞赛、省青少年科技创新大赛，分别吸引120多万人和30多万人次参加。联合开展“江苏省优秀科普作品”和“江苏省科普产品研发基地”评选，20部优秀科普作品被纳入“江苏书香”全民阅读书目。

第27届全国中小学生（江苏地区）“金钥匙”科技竞赛团体赛颁奖仪式

强化科普人才队伍建设。深入开展“三百行动”等特色科普活动，组织145名首席科技传播专家到207所学校、118个科技传播服务团到89个县区、101个科普志愿者服务团到100村（社区）开展科普服务。组织市县科普部长、城镇社区科普员、中小学科技辅导员等专题培训，培训科普干部250人次、社区科普员2300人次、学校科技辅导员2191人次。全省注册科普志愿者超50万人。

落实对口援藏援疆部署，援建新疆维吾尔自治区伊犁哈萨克自治州、克孜勒苏柯尔克孜自治州LED科普大屏、社区科普馆和新疆生产建设兵团学校青少年科学工作室，举办新疆科协系统干部培训班，赴西藏自治区、新疆维吾尔自治区开展送科技、送学术、送科普活动。

学术交流 围绕“‘互联网+’与江苏经济转型升级”等主题，开展学术交流和软科学研究。持续打造江苏科技论坛、长三角科技论坛、自然科学学术活动月等品牌。全省举办国际国内高端学术活动737场次，形成各类优质论文3.2万篇。

服务科技工作者 组织开展中国工程院院士增选江苏省候选人推荐工作。新聘7位院士为江苏省科协事业发展顾问。沈立获得第十八届求是杰出青年成果转化奖，郭旺珍获"中国青年女科学家奖"。加强对优秀科技工作者的宣传，宣传创新创业的时代典型，对60多人在省级以上媒体进行宣传。以"家的温馨　节日的问候"为主题，开展中国科协会员日系列活动1000多场次，表彰奖励优秀科技工作者2100多人。

自身建设 召开省科协第九次代表大会。省科协与省人力资源和社会保障厅联合表彰省科协系统60个先进集体、10名先进工作者和190名先进个人。

研究制定《中国科学技术协会章程实施细则》《关于贯彻落实省委群团工作部署　加强和改进科协工作的意见》等制度。建立健全目标责任、过程控制、督查考核、绩效评估等机制，提升工作制度化、规范化和系统化水平。以市场化理念、法治化思维、项目化机制不断创新科协工作方式方法，健全事业单位创新发展机制，公共事务项目竞争性采购比例达57%。

强化干部能力建设。以市县科协主席、省级学会秘书长、机关部门、事业单位主要负责人为主体，组织开展系统的政治、思想、业务能力素质培训，强化干事创业导向，持续拓展公共服务功能，提升事业单位发展能力。

推动学会创新发展，鼓励学会依法、依章独立自主办会，66个省级学会实现秘书长专职化。鼓励发展新会员，特别是吸收高端人才、学生会员入会，会员数动态增长5.7%。健全学会监督机制，32家省级学会新建监事会。全省新增学会120家，同比增长5.62%。

实施县级科协创新发展能力提升计划，评选资助常熟市科协等20家县级科协示范典型，引导其强化基层基础建设，评选推广50个基层创新案例，进一步激发创新活力。新成立企业科协430个、农技协619个，同比分别增长33.5%和22%。高校科协发挥服务创新创业作用，为大学生创新创业提供常态化服务。

召开院士座谈会，在全社会弘扬新当选院士报国为民的理想追求、不懈创新的科学精神、淡泊名利的品德风范和严谨求实的工作态度。联合省教育厅等4部门开展科学道德和学风建设宣讲教育活动，引导高校科协举办各类报告会120多场，11万名研究生、高年级本科生和青年学者接受教育。

地市县及基层科协组织 截至2015年年底，江苏共有省辖市科协13个，县（市、区）级科协99个；1336个乡镇、街道全部成立乡镇（街道）科协；成立村（社区）科协19389个，覆盖率达98%；全省有农技协5416个，注册科普志愿者50万人。

南京市科协推广"科普闻道"和"科普南京"等微平台，社区科普阅览屏覆盖面超过50%。无锡市科协在地铁、公交移动频道上开通"身边的科学"科普栏目，以每周一期、每天12次、每小时2分钟的频次循环播出。常州市科协推出"科普月月游、资源人人享"为主题的科普旅游线路12条，每周发两辆旅游车。苏州市科协已建成各类专题基层科普场馆375个，公众享受"点对点"科普服务。连云港市科协与酷歌动漫合作，研发4款科普动漫宣传产品，投放至主城区电子大屏。淮安市科协开展网络科普知识竞赛，吸引56万人次参与。扬州市科技馆于2015年10月正式建成开放，参观人数超过3万人次。

南京市鼓楼区科协创新科普志愿者管理模式，试行科普志愿者V积分制度。南通市通州区将全民科学素质和科普设施建设纳入"十三五"规划。苏州市太仓市科协打造"社区科普直通车"，每天发布科普微信。泰州市高港区科协建成县级中国数字科技馆二级子站。镇江市扬中市科协，运用"一镇一主题，一校一特色"共建模式，建成多个主题性科技馆，拓展科普平台。

省级学会、企业科协、高校科协 截至2015年年底，江苏省级科技社团主要包括学会（协会、研究会、促进会）141家、企业科协2759个，高校科协60家（含江苏境内11所211高校），拥有个人会员41万人、团体会员5868个，覆盖全省330万科技工作者。113家学会参加了民政部门的等级评估，有44家学会获得5A等级，18家学会获得4A等级，16家学会获得3A等级。

省级学会全年建立创新创业中介机构（平台）15个，省力学学会、省硅酸盐学会、省预防医学会、省汽车工程学会等普遍开展培训，建有创新创业基地或中介机构。省预防医学会获全国先进社会组织荣誉称号。省化学化工学会实行无挂靠运行。南京航空航天大学科协独立建制，并建立航空特色科技创新基地，为大学生创新创业提供常态化服务。

【江苏省科协第九次代表大会】 6月12日，省科协第九次代表大会在南京市开幕。中国科协党组书记、常务副主席、书记处第一书记尚勇，江苏省委书记罗志军出席开幕式并讲话。省长李学勇，省政协主席张连珍出席大会。省科协八届委员会主席、中国工程院院士欧阳平凯致开幕词。省总工会主席邢春宁代表省各人民团体致贺词。省科协党组书记、常务副主席陈惠娟主持大会开幕式。

尚勇在讲话中希望江苏省科协紧密围绕“四个全面”战略布局，准确定位新时期科协工作，全面提升科协围绕党和国家事业大局谋划工作的能力；搭建产学研协同创新平台，对接创新资源融入产业链，助力企业技术创新主体建设，在科技创新和经济建设主战场更加奋发有为；深深根植于广大科技工作者和人民中间，建立起与科技改革发展和国家创新治理现代化相适应的学会治理方式和运行机制，在走中国特色群团道路上走在前列；与时俱进，不断创新工作方式，打造平台型科协，优化科协工作和服务流程，使服务更加贴近科技工作者、更加贴近公众；加强自身建设不放松，团结更多的力量奏响江苏创新驱动发展的宏伟交响。

罗志军在讲话中肯定了省科协第八次代表大会以来江苏省科技事业取得的成果。他说，五年来，全省各级科协组织紧扣中心、服务大局，着眼全面小康和现代化建设，推动科技攻关，加强科技服务，组织学术交流，开展科普活动，为促进经济社会发展和科技事业进步作出了贡献。他要求，省科协要以换届为契机，加强自身建设，为经济社会发展提供有效服务，建设科技工作者之家，努力提升全民科学素质。各级党委、政府要加强和改进对科协工作的领导，为科协工作提供良好条件。要高度重视科技人才队伍建设，让更多青年才俊在实践中成长进步，让更多科技领军人物脱颖而出，让更多海内外高层次人才扎根江苏。

会议选举产生了省科协新一届领导机构。陈骏当选为省科协第九届委员会主席，陈惠娟等18人当选为副主席，徐春生当选为秘书长（兼）。会议审议通过了《关于省科协第八届委员会工作报告的决议》和《关于江苏省科协实施〈中国科学技术协会章程〉细则的决议》。会议对全省科协系统先进集体和先进工作者进行表彰。

【中国科协和江苏省政府签署合作协议】 6月11日，中国科协与江苏省政府在南京市举行深入实施创新驱动发展战略合作协议签字仪式。中国科协党组书记、常务副主席、书记处第一书记尚勇，江苏省省长李学勇签署协议并讲话。副省长徐南平主持签字仪式。

尚勇在致辞中表示，中国科协将积极动员科技工作者为江苏的传统产业转型升级服务，积极对接中小企业，将先进技术转移到江苏，与企业开展多种形式的对接活动，搭建更多的平台，让更多的人才和科研机构到江苏创业，并促进海内外智力向江苏聚集。在全民科学素质提高方面，将通过现代信息化手段和平台，加强科学技术的普及，促进五大类人群的科学素质提升。同时，还将通过丰富的学会资源打造科技智库，为江苏各级党委政府决策提供咨询与帮助。

李学勇强调，江苏省政府将进一步强化科协服务职能，策应中国科协创新驱动助力工程，深化服务机制和模式改革创新，鼓励支持科技工作者深入基层、企业开展创新和服务；坚持不懈抓好全民科学素质建设，完善科普工作机制，深入实施《全民科学素质纲要》；努力为广大科技工作者提供优质服务，搭建形式多样的学术交流平台，加大对创新人才的培养举荐和宣传表彰力度；加强和改进对科协工作的领导，支持加强干部队伍建设、基层组织建设和科普阵地建设，启动建设江苏科学中心，努力为科协组织开展工作、发挥作用创造良好条件。

【江苏省科协所属学会有序承接政府转移职能扩大试点座谈会】 10月8日，省科协所属学会有序承接政府转移职能扩大试点工作座谈会在南京市召开。江苏省委常委、宣传部长王燕文出席会议并讲话，省委副秘书长水家跃主持会议，省政府副秘书长王志忠出席会议。省科协党组书记、副主席陈惠娟作了省科协所属学会有序承接政府转移职能首批试点工作情况汇报。省委有关部门、省有关办厅局、省有关直属单位、省市两级科协、首批试点学会和扩大试点学会相关负责人出席会议。

王燕文在讲话中强调，做好扩大试点工作，要强化责任意识、创新意识、协同意识，打造改革品牌，探索可复制可推广的经验模式，建立可负责可问责的职能转接机制。她要求，各单位要以高度负责的精神、创新务实的举措、马上就办的作风，齐心协力推进省科协所属学会承接政府转移职能扩大试点工作。

会上，来自省科技厅、省质量技术监督局、省土木建筑学会、省化学化工学会、省预防医学会的政府委托部门和省级学会代表围绕省科协所属学会有序承

接政府转移职能扩大试点工作作了交流发言。

【推动服务“大众创业　万众创新”工作】 7月22日，省科协印发《省科协关于服务大众创业万众创新的实施意见》，对科协组织服务大众创业万众创新的指导思想、工作目标、重点任务、保障机制等作出部署。《意见》确定的工作目标是：大力实施省科协服务大众创业万众创新“十百千万”计划，培育发展大学生等青年创业者、学会科技人员创业者、留学归国创业者、科技企业高管为代表的创业“新四军”。鼓励引导省级学会、高校科协与地方各类产业园区进行合作，为科技创客提供众创空间，联合建立50个创新创业服务基地；推动创新创业服务平台建设，在省级学会、高校科协和科协事业单位，发展100个科技中介服务机构，建立健全省科协创新创业服务体系；加强创新创业导师、产业教授队伍建设，组建1000名的创业教育师资队伍；构建创新创业培训辅导、技术评估评价、金融创投风投、创业孵化转化等一条龙服务体系，每年培育1万名科技创新创业人才进入孵化平台。

江苏省科协系统服务大众创业万众创新现场会

10月29—30日，2015年省科协系统服务大众创业万众创新现场会在江苏省常熟市召开。省科协党组书记、副主席陈惠娟出席会议并讲话。会议为2015年提升学会服务科技创新能力计划项目、2015年省海智基地项目授牌，常熟市科协、泰州市科协、淮安市科协、江苏省力学学会、南京航空航天大学科协、江苏科技报社作了交流发言。

【2015中国（江苏）国际科技与人才合作大会】 11月30日，由中国科协海智计划办公室和江苏省科协共同主办的2015中国（江苏）国际科技与人才合作大会在南京市开幕。大会以“集聚海外智力，助力创新创业”为主题。中国科协党组副书记、副主席、书记处书记张勤，江苏省委组织部副部长、省人才办主任胡金波出席会议并讲话。省科协党组书记、副主席陈惠娟致欢迎词，中德“工业4.0”联盟会长周向前，欧洲商业与创新联盟国际部部长罗伯特·桑德斯，中国旅美科技工作者协会华盛顿分会会长薄智泉致辞。省人力资源和社会保障厅、省人才办、省科协等有关单位负责人，以及来自欧洲、美国、日本和中国台湾地区科技社团的代表共计500余人参加大会。

会上，中德产业技术合作中心、中美生物医药技术合作中心、数字艺术创新实业中心等8个合作项目现场签约。东南大学教授、移动通信国家重点实验室主任、信息科学与工程学院院长尤肖虎，德国SAP高级副总裁、SAP中国研究院院长李瑞成分别作了题为“新一代通讯技术的创新发展”“数字经济时代的产业机遇”的报告。海智企业创业路演、中国旅美科技协会创新创业大赛优秀项目推介会、中德“工业4.0”创新发展论坛、中欧科技企业交流洽谈会等活动同期举行。大会设立8个分会场，分会场结合当地自身发展优势，围绕创客路演、电子信息材料、“互联网+”协同制造、智能装备制造等主题开展了系列洽谈对接活动。

【2015江苏省科协·淮安市创新发展对接活动暨专题报告会】 10月20日，2015江苏省科协·淮安市创新发展对接活动暨专题报告会在江苏省淮安市举行。省科协党组书记、副主席陈惠娟出席会议并致辞。淮安市委书记、市人大主任姚晓东致欢迎辞，淮安市长曲福田主持会议。江苏联创科技股份有限公司董事长、省科协副主席孙力斌，中国国际技术转移中心主任黄平，分别作了题为“‘互联网+’时代的科技创业与创新”和“技术转移与开放创新”的主题报告。现场举行了省科协流动科技馆赠送仪式，服务淮安企会合作平台开通仪式，并为海外工作站授牌，省级学会、高校科协和海智项目与淮安市园区、企业等相关单位签订合作协议，近300人参加会议。

与会人员参加了参观考察咨询活动，重点考察了淮安市创新创业公共服务平台建设运行及产业发展情况，政策环境推介宣传，并开展了专家咨询、对接洽谈等。

【第十二届长三角科技论坛】 10月22日，由省科协、上海市科协、浙江省科协、中共徐州市委、徐州市人民政府共同主办的第十二届长三角科技论坛在徐州市举办。省科协党组书记、副主席陈惠娟主持会议，上海市科协党组书记、副主席杨建荣致辞，浙江省科协党组书记、副主席李德忠出席会议。8位院士和多位专家，以及来自江苏省、浙江省、上海市及其辖市、区科协，部分省级学会、高新技术企业和各分论坛代表，徐州市有关部门、单位和县、市、区党政主要负责人，共340余人参加论坛。论坛期间，近4000名科技工作者参与活动。

本届论坛以“大众创业、万众创新与产城融合”为主题，设立论坛开幕式暨主题报告会、院士专家建言献策座谈会、专利应用工程师培训、服务徐州企业转型发展对接签约仪式和18个专题分论坛活动。会上，省科协向浙江省科协交接长三角科技论坛会旗，徐州市委、市政府向院士专家颁发了科技顾问聘书。院士专家参加了建言献策座谈会。

【第十一次江苏科技论坛】 11月26日，省科协主办的第十一次江苏科技论坛在南京市举行。省科协党组书记、常务副主席陈惠娟出席会议并致辞，中国工程院院士、华中科技大学原校长李培根，浙江大学网新创建科技有限公司总裁张旭光作主题报告。约300人参加论坛。

互联网时代下的继续工程教育发展，智慧城市与大数据应用互联网时代下中医药资源发展，“互联网+”纺织家纺产业转型升级，发展众创空间推动大众创业万众创新等分论坛同期举办。

（撰稿人：杨红梅）

浙江省科学技术协会

服务经济社会发展 2015年，全省各级科协以院士专家工作站为切入点，参与“院士智力集聚工程”，新建市级以上工作站96家，签约建站院士37位。“十二五”期间全省建站518家（其中省级站114家），签约建站院士311位。围绕省重点发展产业开展院士行活动11次、技术交流会9场，邀请22位院士及150多位包括国家千人计划在内的省内外专家举行了83场次学术报告。中国科学院智慧城市课题组等3个国家级战略研究课题组应邀到义乌、舟山等实地调研。与中国工程院医药卫生学部等3个学部合作举办活动，形成了院士对接与技术研讨良性运行机制。全省典型示范引领工作有效推进了工作站提质升级，依托工作站培养创新人才工作获得中国科协企业创新专项资助，入选中国科协2015年院士专家工作站建设示范单位。

第二届中国科协海智计划创新创业论坛、第一届中欧生命科学论坛、第十届海外英才杭州项目对接会、中国·台州国际人才合作大会等一批重点海外引智活动在浙江省举行。新西兰科学家高益槐教授团队成功加盟浙江生物科技企业，新增设立浙江阿凡柯达海智计划示范项目。美国、德国、比利时、英国、意大利、西班牙等地海智业务渠道得到拓展，全年共选派了21名科技骨干赴美国、德国等地深造，接收了21名国外大学生到浙江省学习。

《科学素质纲要》实施及科普工作 省委省政府重视《科学素质纲要》实施工作，省委副书记王辉忠批示指出，提升全民科学素质“功在当代、利在千秋”。省政协以全民科学素质工作为主题召开民生论坛。省“两办”连续7年印发《科学素质纲要》工作方案，组织开展全省《科学素质纲要》实施情况督促检查。省科协以《科学素质纲要》实施为平台，重点抓好青少年科技创新大赛、千万农民素质提升工程、社区科普益民计划等活动，积极营造社会化大科普工作格局。与有关部门联合开展“粮食科普进家庭进学校”专题、“计量科普达人挑战赛”等活动，组织学会参加“科技活动周”“全国科普日”等主题科普活动，开展科技、文化、卫生“三下乡”、科普报告团、博士生服务团等活动，为服务基层搭建平台。2015年，全省各地共组织开展各类科普活动1000余项，其中青少年科学嘉年华活动、浙大博士生科技服务等省级单位重点活动38项，发放各类科普资料100余万份（册），播出科普宣传视频4700余分钟，活动覆盖850余万人次。

“基层科普行动计划”全省共有33个集体、7名个人被中国科协和财政部评选为先进集体和个人，11个全国科普示范县创建接受中国科协的现场检查，全省7家科技馆作为国家首批试点单位免费开放工作有序进行。

第九次公民科学素质调查显示，浙江省公民具备基本科学素质比例为8.21%，圆满完成浙江省“十二五”建设目标。

学术交流 继续实施中国科协引领地方学会能力提升项目和省科协学会服务科技创新专项，制定专项资金管理办法，建立省科协项目申报管理系统，引导学会参与竞争性分配和购买服务，立项资助159项服务科技创新专项，优先资助64项跨区域、跨学科、综合性重点学术活动。2015中俄工程技术论坛、第二届世界互联网大会专家研讨会、第八届浙江中西部科技论坛等一批区域性、国际性学术交流活动相继召开，各级学会全年开展学术交流活动1800余项，其中省级学会1000余项。学术交流活动和软课题研究成果得到有效转化利用，中国工程院院士卢秉恒结合课题为浙江省3D产业发展提出建议，省老科协向省领导呈送11篇建言报告，获得李强、王辉忠等省领导15人次批示。学会服务创新能力得到进一步提升，省级学科群（专家组）增至14个，新增入库专家500余名。省科协服务新农村建设专家组和部分省级学会深入泰顺、鄞州、岱山等地开展科技帮扶40余场次。

承接政府转移职能试点工作稳步推进，新增省林学会等6家省级学会开展承接政府转移职能试点，省科协所属48家学会目前承担了100余项社会化服务职能，11个设区市科协所属126家学会已承接200余项职能，15家省级学会被新列入承接政府转移职能和购买服务推荐性目录。

服务科技工作者 省科协首次承担了推选中国工程院院士候选人工作，完成了中国青年科技奖、中国青年女科学家奖、求是杰出青年成果转化奖、中青年科技创新领军人才候选人等奖项的推荐工作。深入实施“育才工程”，资助47名青年科技工作者参加国际学术会议和著书立说，在仙居、泰顺、岱山等地开展“希望之光”计划活动，支持边远地区人才开发，助推基层一线科技人员成长成才。在全省高校开展各类科学道德和学风建设宣讲教育活动392场次，9.7万人次师生参加学习。顺利完成省“大众创业、万众创新”第三方评估工作和第三次浙江省科技工作者状况调查。组织政协科协界别组委员开展“产业技术创新联盟建设”集体协商。宣传科技工作者的能力进一步加强，新华网浙江频道集中宣传了10个优秀院士专家团队,《科技金融时报》专门报道了16位基层一线优秀科技工作者，与《科技日报》、中国科技网、大众科技网等多个媒体平台形成合作宣传。

自身建设 省科协组织设区市以上科协领导参加省委群团工作专题培训，举办全省科协领导干部读书会、学会秘书长培训班，在《浙江科协简报》《浙江科协》杂志、大众科技网站开设专栏（专题），使学习实现了全覆盖。通过调查研究、基层走访、“三严三实”教育活动，狠抓中央、省委和中国科协关于加强和改进党的群团工作的相关文件精神的落实，在全省科协系统大调研、大讨论，形成《新形势下制约科协组织作用发挥的主要问题及对策建议》，提交省委文件起草组参阅。广泛开展“进万家门、访万家情、结万家亲”大走访活动，对照“四化”和“五个不适应”，找准原因、认清症结、摸清“家底”。

省科协积极开展“三严三实”专题教育，组织广大党员干部参加专题学习和讨论，查找不严不实的问题，加强党性、党纪、党规教育和纪律作风建设。制定了省科协2015年度党风廉政建设和反腐败工作组织领导和责任分工书，学习《廉政准则》和《党纪处分条例》，抓好党员领导干部“一岗双责”责任的落实。支持学会完善内部治理结构，加强学会秘书处建设，继续通过学会服务办对17家省级学会提供财务托管、会务承办等服务，推动省预防医学会等2家学会开展“科技工作者之家”试点创建。继续做好推进高校科协组织建设，成立浙江科技学院科协组织。

地市县及基层科协组织 截至2015年年底，浙江省共有市级科协11个、县级科协92个、街道（社区）科协485个、乡镇科协900个。市县级科协共举办科普活动1.09万次，开展实用技术培训9640场次，参加科技人员9.8万人次，受众人数606万人次。组织学会学术活动677场次，参与科技工作者达9万人次。

杭州市成立科技传播学会，支持打造“科学松果会”品牌栏目，启动“‘互联网+’农家网店”培训项目，推进科普信息化。宁波市科协组织开展11期“全国学会宁波行”活动，组织中国材料学会等8家全国学会的200余名专家深入全市各地企业开展实地考察、对接，新建学会服务站9家。温州市科协组织了“百场科普活动助推文化礼堂建设”，在全市各文化礼堂举办科普活动102场。湖州市科协首次引入第三方机构对22家已建院士专家工作站进行评价，全年工作站学历职称获得提升人数349人，形成发展战略决策咨询报告166篇。嘉兴市科协开展“嘉兴院士大型系列专访活动”，院士智力回归工作采访完成48位院士，正式出版《嘉兴院士》。绍兴市科协设立创新驱动助力工程经费，全年组织20多个国家级省级学会300多人次专家与500多家科技型企业进行对接洽谈。金华市科协注重公众科普需求开展精准化科普，开展百场老科学家科普报告会、百场科普讲师团科普讲座、百场科普电影活动，推进科普进社区、进农村、进学校、进企业、进军营。衢州市科协举办“龙游特种纸新材料新技术交流峰会”，编写《衢州市产学研协同创新促进会专家库》，精准服务产业优化升级。舟山市科协围绕群岛新区发展召开江海直达船舶对接会、第二届浙江省船舶产业协同发展高峰论坛，推动开展船舶工业发展战略研讨。台州市科协征集海外专家参加“500精英计划”，召开2015中国·台州国际人才合作洽谈大会，推进“海智计划”基地良性运转。丽水市科协推出“绿谷新秀（丽水三宝）”品牌活动，助推基层一线科技人员成长成才。

省级学会、企业科协、高校科协 截至2015年，全省共有省级学会170个，会员21.9万人；企业科协1535家，会员14.3万人；全省共有42所高校成立科协组织。

省级学会注重学术交流活动。浙江省18个省级学会参与承办第十二届长三角科技论坛专题分论坛活动。省智慧城市促进会承办第二届世界互联网大会专家研讨会，省海洋学会举办浙江省海上丝绸之路研讨会，省创造学研究会举办“工业4.0与浙江省重大战略产业智能化”中德学术研讨会，省林学会承办华东六省市林学会学术年会，省原子能农学会承办全国核素示踪技术农业应用研讨会，省粘接技术协会举办“浙江省粘接材料技术创新与行业发展论坛”，省针灸学会举办世界针灸周暨杨继洲纪念活动等。

省级学会不断提升科普能力。主动参与“科技活动周”“全国科普日”等大型主题科普活动。省医学会、省核学会、省现代设计法研究会、省智慧城市促进会、省气象学会、省通信学会、省绿色科技文化促进会等开展清洁能源、智慧城市、健康卫生、生态环保等方面宣传，推动百姓科学文明生活方式的形成。认真开展世界性专题日科普活动，省抗癌协会、省消防协会、省预防医学会、省心理卫生协会、省健康会促进与教育协会、省针灸学会等举办肿瘤防治、火灾应急、母乳喂养、健康心理等系列科普活动。省医学会、省心理卫生协会、省营养学会、省生态学会、省茶叶学会等学会的专家通过科技、文化、卫生“三下乡”、“科学+”报告团、博士生服务团等活动载体下基层为三农服务。此外，省环境科学学会、省地质学会、省生物信息工程学会等10余家学会加入科普微信矩阵群，开辟移动网络媒体宣传新阵地，省现代设计法研究会、省科普作家协会、省创造学研究会等积极开发科普图书、科普挂图、科普视频，开展科普宣传。

【创新驱动助力工程】 2015年，根据中国科协批复，浙江省为省级创新驱动助力工程试点工作重点支持省，绍兴市为中国科协创新驱动示范市，宁波市为中国科协创新驱动助力工程试点框架协议城市。省科协、绍兴市科协相继制定了试点工作实施方案，成立了企业工作办公室，逐步构建“2+10+ X ”的试点工作格局，抓好助力工程服务站、创新驿站和科技帮扶项目建设，全年批复同意10个县域的高新园区、产业集聚区、工业设计基地或特色小镇为省级试点单位。

全年共有36个全国学会、39个省级学会在浙江对接服务，建立了19个全国学会服务站。各学会通过站点挂牌、签订协议、定期会议、常驻人员等形式服务园区和企业，形成合作意向102项，签订合作协议81项，常年有近1000名科技工作者服务于助力工程试点单位。

全省各地创新驱动助力工程得到有力推进，杭州市出台了实施创新驱动助力工程三年行动计划；宁波市出台了大力推进学会服务站建设的实施意见；绍兴市委印发方案明确实施“十百千万”工程；衢州市建立产学研协同创新促进会，服务中小企业科技创新；浦江县联合省纺织工程学会推进“四个全面”战略布局试点建设；鹿城、长兴、柯城等地纷纷响应“大众创业，万众创新”号召，以建立梦创汇创客俱乐部、举办政产学研合作大会、开展“三百三服务”专项行动等形式服务协同创新。

浙江省科协稳步推进实施创新驱动助力工程，受到了中国科协和省委省政府的高度重视，中国科协常务副主席、书记处第一书记尚勇，省委副书记王辉忠，常务副省长袁家军和省人大常委会副主任毛光烈等多次指示和批示予以肯定，并提供专门经费支持，省科协、杭州市科协被中国科协评为地方科协服务企业科技创新示范单位，绍兴市科协被评为“中国科协创新驱动助力工程优秀单位”。

【科普信息化建设】 2015年，省科协以乌镇世界互联网大会为契机，在桐乡开展“互联网+”科普试点工作，推动互联网主题场馆建设，促进传统科普与信息化的深度融合。

“科学+”品牌利用纸质媒体、网络媒体和自媒体实行全方位互动，全年举办了43期具有网络时代感的科学传播活动，受众上千万人次，诺贝尔物理奖得主弗兰克·维尔切克教授等60余位国内外知名科学家以此为平台来浙江传播科学知识。与腾讯合作建立全国首个科普微信矩阵，全方位构建的省级学会、市县科协、省级科普教育基地等科普微信公众号集群。实施“融媒体”传播策略，打造华数数字电视科普频道

专区“最强科学 +”，覆盖浙江省 350 万互动电视家庭用户；开通了地铁电视科普内容播放，并对电视和地铁电视实行大数据监测。与浙江新闻客户端、腾讯大浙网等新媒体合作，尝试开办“小菜知道”栏目、推出科普“新闻课”、开发“科学训练营”、制作“好奇实验室”系列视频等，并成功举办第四届“菠萝科学奖”，推出《科学 24 小时》互联网特刊，实现了线上线下活动的全面推进。

此外，上城区科协通过“四化四社”推进科普教育数字化，温岭市科协打造“智慧科普”，义乌市科协主攻农村电子商务培训，临海市科协推动农技协“‘互联网 +’消费金融”合作，科普信息化探索在各地迈出了新步伐。

【浙江省科协首次参加省委党的群团工作会议和专题研修班】 9 月 15 日，浙江省委党的群团工作会议在杭州市举行，省委书记夏宝龙出席会议并讲话，省委副书记王辉忠主持会议。

9 月 15—17 日，全省工青妇工作专题研讨班在省委党校举办。省委副书记王辉忠出席开班式并作专题报告，省委常委、组织部部长、省委党校校长廖国勋主持开班式。研讨班旨在重点学习《中共中央关于加强和改进党的群团工作的意见》、中央党的群团工作会议和习近平总书记在中央党的群团工作会议上的重要讲话精神，学习研讨夏宝龙书记在省委党的群团工作会议上的讲话精神，征求对省委《实施意见》的意见，研讨当前省群团工作面临的形势任务和推动改革创新的对策措施。

省、市、县三级工会、团委、妇联及省、市科协主要负责人参加省委党的群团工作会议及专题研讨班。

【浙江省公民科学素质水平为 8.21%】 9 月 19 日，中国科协发布第九次中国公民科学素质调查结果。2015 年我国公民具备基本科学素质的比例为 6.20%，圆满完成了“十二五”时期目标任务。浙江省公民具备基本科学素质的比例为 8.21%，高于全国总体水平，继续居全国省区前列。

调查表明，浙江公民具备基本科学素质的比例为 8.21%，比 2010 年的 5.61% 提高了 2.6 个百分点，提升了 46%。浙江省公民科学素质水平进入了快速提升阶段，为建设创新型省份奠定了坚实的基础。

【2015 中俄工程技术论坛】 10 月 9—10 日，2015 中俄工程技术论坛在杭州市举行。中国科协党组副书记、副主席张勤，俄罗斯科学工程学会联合会主席、俄罗斯科学院院士尤里·瓦西里耶维奇·古利亚耶夫，杭州市副市长张耕出席开幕式。

论坛上，古利亚耶夫主席，沃尔科夫院士，浙江大学计算机学院教授、杭州市信息安全协会会长张森，中国工程院院士、浙江大学现代控制工程研究所所长、浙江大学工业自动化国家工程研究中心主任孙优贤教授等受邀围绕大会主题，以“物理场与人体辐射：非侵入性医疗诊断新方法”“中俄经济和金融合作热点问题探讨”“信息安全的挑战与对策”“工业信息物理融合系统”等为题作大会报告。中俄工程技术专家还按专业举办了“‘互联网 +’与信息安全”和“自动化生产、机器人与创新电子技术”两场分会，10 多位中俄专家、教授作了专题发言。

此外，围绕省科协与俄罗斯联邦造船工程学会签署的合作协议，论坛组织了省造船工程学会、省船舶检验局、杭州现代船舶设计有限公司、国营海东造船厂等相关专家与俄罗斯“第 51 船舶维修中央工艺设计研究所”股份公司、俄罗斯普罗姆复合材料有限责任公司等俄方代表就船舶设计与制造、技术合作、商务合作等方面举行了闭门会议。

俄罗斯代表团一行由 28 名院士、专家和科技人员组成。中国、俄罗斯专家、学者和科技人员共 300 余人参加了本次论坛。

【第 16 届亚洲物理学奥林匹克竞赛】 5 月 4—10 日，第 16 届亚洲物理学奥林匹克竞赛在浙江大学紫金港校区开幕。来自 25 个国家和地区的 26 个参赛队共 186 名中学生参加本届比赛。全国政协副主席、中国科协主席韩启德，中国科协书记处书记徐延豪，浙江省政协副主席、浙江省科协主席姚克，浙江大学校长吴朝晖等领导出席开幕式。中国科协党组副书记、副主席、书记处书记、第 16 届亚洲物理学奥林匹克竞赛组委会副主席张勤，亚洲物理学奥林匹克竞赛主席、台湾师范大学教授林明瑞等领导、专家出席闭幕式并为获奖选手颁奖。

竞赛共产生金牌 43 枚，银牌 23 枚，铜牌 20 枚以及获得荣誉奖 24 人。中国派出两支代表队共 16 名选手，其中浙江选手占 4 名。本届竞赛中国代表队选手全部获得金牌，并囊括前三名。

【省政协以全民科学素质工作为主题召开民生论坛】 12 月 14 日，省政协举行第 17 次“浙江政协·民生论坛”，围绕“树立创新、协调、绿色、开放、共享的发展理念，提高全民科学素养”协商讨论、建言献策。省政协主席乔传秀主持会议。30位省政协委员和10位界别群众代表参加本次论坛。省政府副省长郑继伟到会听取意见并讲话。省政协副主席张泽熙出席会议。省科协、省科技厅、省教育厅、省人力社保厅等省《科学素质纲要》实施工作成员单位负责人作回应发言。

委员们和界别群众代表建议，要树立创新、协调、绿色、开放、共享的发展理念，加强自然科学和社会科学普及的结合，倡导科学思想，弘扬科学精神；加强思想道德建设，完善科学教育与培训体系，组织开展核电、国防、普法、应急等重点科普宣传活动；增强大众传媒科技传播能力，提升媒介素养，提高博物馆、图书馆等科普基础设施的服务能力，壮大科普人才队伍，增加公民提高科学素质的机会与途径；完善资源共享机制，实现公益性科普事业与经营性科普产业并举；强化工作合力，落实保障措施，建立科学素质评估体系。

省政协以全民科学素质工作为主题，由科技教育委员会牵头，以对口协商座谈的形式，召开第17次民生论坛，并在委员和群众提出意见建议的基础上，形成综合报告，报省委、省政府办公厅，这在全国各省（区、市）《科学素质纲要》实施工作中尚属首创之举。

【第四届菠萝科学奖】 4月11日，由省科协支持、浙江省科技馆与果壳网共同打造的第四届菠萝科学奖在浙江省科技馆月球大厅正式揭晓。2006年诺贝尔物理奖得主乔治·斯穆特，浙江省政协副主席、省科协主席姚克，中国科协党组成员、中国科技馆馆长束为，中国科协原副主席、党组副书记、书记处书记徐善衍，卡琳加奖获得者李象益等领导嘉宾出席颁奖晚会。

第四届菠萝科学奖颁奖晚会

除了幻想奖首次空缺，数学、化学、语言学、心理学、医学生物、物理学、发明、菠萝ME和菠萝U奖，共计九个奖项全部揭晓。

菠萝科学奖还公布了2015好奇心指数城市排名，前10个城市分别是北京、上海、天津、重庆、南京、深圳、西安、武汉、沈阳、杭州。

【数字电视“最强科学+”科普频道专区】 省科协与杭州华数传媒网络有限公司以“新科学、新知识、新视界”为目标，合作打造“最强科学+”科普频道专区，于5月15日在华数互动电视杭州本网上线，6月18日在华数互动电视省网上线，实现全省9个高清站点和21个标清站点全覆盖，覆盖浙江省350万互动电视家庭用户，实现免费点播。

“最强科学+”栏目下设6个子栏目，分别为“科学前沿”“科学足迹”“星云触角”“地球家园”“火星人类”和“科普快递”。2015年共播放十期线上专题内容，累计访问用户达17.4万户，累计浏览量达50.74万次；开展线下科普亲子活动4次，100多户家庭参与，活动日匀浏览量达3万多户。同时，华数电视还开通了杭州地铁电视科普内容播放，每天滚动播出精彩科普内容5次，其中高峰时段播出3次，每次时长3分钟，每天有60万地铁乘客收看科普短片，全球收视调查公司尼尔森对华数字电视和地铁电视进行大数据监测。

（撰稿人：王　科）

安徽省科学技术协会

服务经济社会发展　以科技思想库建设为核心，完善决策咨询服务体系。开展对全省“大众创业、万众创新”政策措施落实情况的第三方评估，形成《安徽省A县科协发挥职能作用调研报告》《合肥区域科技人才与产业匹配情况调查研究》《高校科协组织建设调研报告》等调研成果。

实施创新驱动助力工程。芜湖市成为首批中国科协创新驱动助力示范市，宣城、滁州市成为首批安徽省科协创新驱动助力工程示范市。制定《安徽省科协创新驱动助力工程实施办法》，与省财政厅联合印发《安徽省创新驱动助力工程专项经费管理办法》，开设创新驱动助力工程专题网站，打造网上对接平台。邀请40多个全国学会的50多位专家，组织60多批次省级学会的100多位专家到企业开展创新驱动助力

工程，举办科技专家与企业集中对接活动15场次，帮助140多家企业解决技术难题186项，转化技术成果76项，提供咨询建议355项，开展技术培训7670人次。建立全国学会服务站5个、省级学会服务站29个、院士专家工作站5个、企会协作创新联盟8个、产学研联合创新平台8个、企业科协25个。34个成效显著的创新驱动助力工程项目获得安徽省科协奖补。

全省26个农村专业技术协会、11个农村科普示范基地、17名农村科普带头人、19个科普示范社区受全国基层科普行动计划表彰。37个农村专业技术协会、25个农村科普示范基地、33名农村科普带头人受安徽省科普惠农兴村计划表彰。

“海智计划”全年引进25个高科技项目、62名高层次人才。国际华人科技工商协会与安徽省4个市开展高科技项目洽谈合作。安庆市获批为安徽省第6个中国科协海智基地，合肥、芜湖、滁州等地的3个海智基地受到中国科协海智计划办公室表彰。安徽海智农业基地“农业推广与技术转移合作”项目列入中美优先合作领域。新增49名海外专家进入安徽海智人才库。

《科学素质纲要》实施及科普工作 履行牵头单位职责，对各地各部门“十二五”期间《科学素质纲要》实施工作进行督查。开展安徽省“十二五”《科学素质纲要》实施工作先进集体和先进个人评选推荐工作。配合中国科普研究所在16个市开展公民科学素质调查，2015年安徽省公民具备基本科学素质的比例达5.94%。

全年开展科普活动242次，参加活动的科技人员总数372人次，受众人数165万人次。与九三学社安徽省委共同开展“百名科技专家进乡村学堂讲科普”活动，受益中小学生4万多人次。安徽省科技馆与中国科学院合肥物质研究院联合举办“科学家与你面对面”科普讲堂。组织30多个县（市、区）开展中国流动科技馆巡展活动，参与公众200余万人次。开展科普大篷车进校园、进社区、进农村活动400余次，受众50万人次。组织农民参加全国农民科学素质网络竞赛活动，省科协等5家单位被评为优秀组织单位。与省邮储银行共同推进“银会合作”，农技协及其会员获得贷款3349万元。会同省农委出台《关于支持农村专业技术协会开展农技社会化服务的实施意见》。

启动集安徽特色科普资源展示、科普传播体验、科普创意创新交流于一体的“科普安徽”平台建设。面向安徽省科普产品研发与科普创作示范团队征集数字化科普资源。支持8个市开设中国科协“科普大篷车”电视栏目。引导科普教育基地、科技馆、社区科普活动室等加强科普信息化建设，逐步完善线上线下相结合的科普工作模式。

18个县（市、区）被命名为全国科普示范县（市、区），命名首批50个安徽省科普示范县（市、区）。18个单位被命名为2015—2019年全国科普教育基地，安徽省的全国科普教育基地总数达36个，省级科普教育基地107个，农村科普示范基地160个。与安徽省地震局等部门联合命名6个省防震减灾科普教育基地、51所省防震减灾科普示范学校、13个省地震安全示范社区。

举办科学调查体验、高校科学营、英才计划等青少年科技教育活动。举办第六届安徽省百所高校百万大学生科普创意创新大赛，72所高校近1.3万人参赛。开展科学道德与学风建设宣讲教育活动，2000余人参加。举办安徽省青少年科技创新大赛、第十届安徽省青少年机器人竞赛、全省五学科竞赛等科技竞赛活动，30多万人次中小学生参与。

推进省市科技馆建设。财政部下达2015年科技馆免费开放补助资金，安徽省科技馆、合肥市科技馆、芜湖市科技馆、蚌埠市科技馆、安庆市科技馆、池州市科技馆、铜陵市科技馆7家科技馆获国家专项补助资金。蚌埠市科技馆的地震科普展厅、安庆市科技馆的“海绵城市”主题馆建成开放。六安、宣城、宿州等市科技馆项目在建或已批准立项。

学术交流 安徽省科协入选2015年度学会创新与服务能力提升引领奖励项目。制定并实施《安徽省科协关于学会创新和服务能力提升的实施意见》，引导学会加强综合能力建设，聚焦学术技术交流、创新驱动助力、承接政府转移职能、科学技术普及、学会发展基础培育等重点领域，形成“1+5”的学会工作格局。实施提能力强学会行动计划、开展学会等级评估等工作，提升省级学会的综合能力。省级学会中已有5A级学会5个、4A级学会7个、3A级学会15个；23个省级学会承担了51项政府转移职能。

建立省级学会重点学术会议项目库，择优支持60个省级学会学术会议。承办中国科协前沿高端学术交流活动项目——核能安全技术高峰论坛。联合安徽省台办、滁州市政府等举办第五届皖台科技论坛，4 个合作项目、8 个招商项目签约，协议金额 15 亿元。

与省科技厅、省人社厅联合开展第八届安徽省自然科学优秀学术论文评选，评选出优秀论文 1768 篇。

主办科技期刊 51 种，发表学术论文 1.2 万余篇。

服务科技工作者 省科协推荐的中国科大物理学院教授彭新华获第十二届“中国青年女科学家奖”。省科协联合省委组织部、省人社厅开展第十六届安徽青年科技奖表彰奖励活动，20 名科技人员获奖，其中女性科技工作者 1 名、40 岁以下科技工作者 19 名。

举办“科技梦·中国梦——中国现代科学家主题展”合肥站巡展，4.5 万人次参观。推荐安徽省基层先进典型参加中国科协“作精神文明表率”活动和“创新力量”——优秀企业基层科技工作者宣传活动。在《安徽科技报》开设“科技之星”和“科普带头人”宣传专栏，全年宣传科技工作者 64 人。

通过 17 个全国科技工作者状况调查站点，报送科技工作者建议 58 篇。启动省科协科技创新智库建设决策咨询专家库遴选工作。

自身建设 制定《安徽省科协关于贯彻落实省委群团工作部署 加强和改进科协工作的实施意见》。

开展“三严三实”专题教育。开展党支部“评先评优”活动。修订《省科协内部审计办法》，实现省科协直属单位内部审计全覆盖。

以整治“庸懒散浮拖”作风顽疾为重点，开展效能建设。省科协建立工作督办制度，全年督办各类事项 633 件。制定《2015 年度省科协机关部室目标责任制考核办法》，省科协机关重要岗位轮岗率达 90% 以上。

继续实施省科协常委联系点制度，常委到联系点调研指导 60 人次；省科协驻会负责人分别带队，集中到 24 个县（市、区）走访基层科技工作者并征求意见建议；省科协处级以上干部全年累计深入基层调研 361 次。

地市县及科协基层组织 截至年底，安徽共有省辖市科协 16 个，县级科协 106 个，街道（社区）科协 563 个，乡镇科协 1277 个，农技协 3745 个。地市县级科协 2015 年共举办科普宣讲活动 4561 次，开展实用技术培训 3006 场次，推广新技术新品种 1548 项，参加活动的科技人员数量达 8.3 万余人次，受众逾 317 万人次。

黄山市科协向市委提交《关于科协群团工作的调研报告》。滁州、宿州、安庆等市科协召开代表大会，完成换届工作。合肥市科协举办中国—合肥科学家企业家讲坛。六安市举办公民科学素质知识竞赛活动。安庆、黄山、芜湖、滁州等市成立社区科普大学总校。淮北市科协举办科技创新创意与创业教授专家青少年面对面交流活动。蚌埠市科协主管的《中国学校卫生》入选中国科协精品科技期刊工程项目。铜陵市科协开展首届优秀科技工作者评选活动。六安市开展六安青年科技奖评选活动。亳州市科协成立市科技工作者维权服务中心。

长丰、宿松等县出台《关于加强新时期科协工作的意见》。全省近 40 个县级科协换届。广德县将科协工作纳入乡镇目标管理考核体系。马鞍山市雨山区科协举办社区科普节。濉溪等县科协开展科技创新县长奖评奖活动。黄山市徽州区科协建成“科普百米漫画长廊”。灵璧县聘请大学生村官兼任农村科普宣传员。凤阳县科协荣获 2015 年第四届中国科普摄影大赛优秀组织单位奖。休宁县科协实施常委联系点制度、委员联系科技工作者和科技干部服务科技工作者制度。

省级学会、企业科协、高校科协 截至年底，全省有省级学会 160 个，会员 199478 人。新成立省土木建筑学会，21 个省级学会完成换届，32 个省级学会调整充实理事会。新增企业科协 86 家，企业科协达 348 家，会员 83664 人。新增高校科协 8 所，全省有 17 所高校成立科协组织，个人会员 16278 人。

省航空科普协会举办“纪念中国人民抗日战争暨世界反法西斯战争胜利 70 周年”展览。省医学会、省气象学会、省制冷学会等开展优秀科技工作者表彰奖励活动。省循环经济研究会《多功能大循环农业》等研究成果，得到中央领导和省委、省政府主要领导的批示；省茶叶学会《关于严厉打击茶叶加工中掺糖违法行为的建议》得到省政府领导批示。

安庆市委出台《关于在全市各级园区建立科学技术协会的意见》，滁州经济技术开发区科协、黄山市黄山区工业园区科协等园区科协成立。安徽中医药大学科协、河海大学文天学院科协等高校科协成立，马鞍山市实现市属高校科协组织建设全覆盖。滁州学院科协承办 2015 全国通信软件学术会议。

【省委、省政府领导对省科协工作作出批示】 2 月，时任安徽省委书记张宝顺对省科协工作作出批示：“过去的一年，全省各级科协组织围绕中心，服务大局，组织动员广大科技工作者积极投身创新型安

徽建设，在加快科技进步、促进人才成长、繁荣学术交流、提高公众科学素质等方面取得了可喜成绩。新的一年，要深入学习贯彻习近平总书记系列重要讲话精神特别是关于科技创新的重要论述，贯彻中央加强和改进群团工作的部署，贯彻李源潮同志讲话和中国科协八届七次全委会议精神，主动适应经济发展新常态，围绕提高经济发展质量和效益，突出科协的科技特色和群团优势，更好履行‘三服务一加强’工作职责，在促进科技创新和经济建设主战场上发挥更大作用。”

安徽省省长、时任安徽省委副书记李锦斌对省科协工作批示：“过去的一年，全省各级科协组织按照中央和省委部署要求，大力实施‘科技创新助力计划’等五项行动计划，团结带领广大科技工作者，为推动全省经济社会发展作出了积极贡献。希望认真贯彻落实宝顺书记重要批示精神，抓住加强和改进群团工作的重大机遇，大力宣传普及科学知识，积极培育凝聚科技人才，着力提升服务创新驱动发展能力，为打造‘三个强省’、建设美好安徽作出新的更大贡献。”

【安徽省委副书记李国英到省科协调研指导】 9月2日，安徽省委副书记李国英到省科协调研和指导工作。省政协副主席、省科协主席赵韩主持座谈会。李国英对省科协工作给予肯定。他指出，省科协围绕“建设创新安徽、推动转型发展”，团结组织全省各级科协组织和广大科技工作者，大力实施科技创新助力计划、公众科学素质提升计划、科技人才成长服务计划、提能力强学会行动计划、抓组织建家园工作计划“五项行动计划”，定位准确、有特色，科协工作开展得有声有色，特别是在实施创新驱动助力工程、海智计划、人才举荐、青少年机器人竞赛、科技馆免费开放等方面成绩斐然。他强调，经济社会发展越来越依靠科技创新，企业、公众对科技的需求越来越多，科协责任重大、任务很重，要化压力为动力。要按照“简政放权、放管结合、优化服务”的要求，做好学会有序承接政府转移职能工作，引导学会为社会提供优质服务，主动接受社会的监督，积极配合政府部门加强对学会的监管。要着眼于把科协建成“科技工作者之家”，深入实施抓组织建家园工作计划，汇聚天下英才、汇聚天下科技信息，推动安徽省经济社会发展，努力把科协组织打造成为科技工作者感受党和政府温暖、关怀的港湾。

【2015年安徽省全国科普日】 9月19日，安徽省科协、省教育厅、省科技厅、省经济和信息化委员会、中国科学院合肥物质科学研究院、合肥市政府共同主办以“科技成就梦想，拥抱智慧生活”为主题的2015年全国科普日安徽省暨合肥市主场活动。

省政协副主席、省科协主席赵韩等与青少年学生、社区居民2000余人一同参加活动。赵韩一行参观了大型主题科普展览和创客风采展示，同创客们进行交流；实地观看科学表演秀、科技动手做、机器人表演、机器人比赛等，对安徽省近年来机器人研发取得的成果以及在全国青少年机器人大赛中取得的成绩给予肯定。

全国科普日期间，安徽省各地围绕活动主题举办主场联合行动、科普开放日活动、科技知识竞赛、科技馆进校园、科技创新成果体验、科普大篷车巡展、网络在线科普传播、社区科普益民行动、农村科普惠农行动等180多场科普活动。

【“科学家与你面对面”科普讲堂】 “科学家与你面对面”科普讲堂是省科协与中国科学院合肥物质研究院联合举办的公益性科普活动，旨在发挥科学家及科技专家在科学传播中的引领带头作用，搭建科学家与公众交流互动的平台，传播科学知识，弘扬科学精神。

“科学家与你面对面”科普讲堂暨全省科学传播业务骨干与科普志愿者培训班

自3月20日启动以来，已在合肥市蜀山区、包河区等地举办3场活动，邀请中国工程院院士刘文清等专家面向党政机关工作人员和社会公众作关于大气环境污染等内容的科普讲座，受众近600人次；邀请台中自然科学博物馆馆长孙维新、复旦大学文物与博物馆学系教授陆建松等专家，面向全省科学传播业务骨干、科普志愿者、科普企业员工、中国科技大学师生及新闻媒体记者200余人开展培训。

【第五届皖台科技论坛】 9月20—22日，由省科协、省台办、滁州市政府和台湾地区科技产业协会等单位共同主办的第五届皖台科技论坛在滁州市举办。论坛以“区域科技经济合作与发展”为主题，设立汽车发展与产业链建设、科技传播、青少年科技3个分论坛，交流学术论文近百篇；4个合作项目、8个招商项目在论坛开幕式上签约；举办两岸青少年仿生机器人友谊赛，来自皖、台两地的19支代表队约100名中小学生参赛。

台湾中小企业发展协进会、台湾“中华青年企业家协会”、台湾“中华创意发展协会”、台湾东吴大学、台湾成功大学、台湾明志科技大学、台湾师范大学、台中教育大学、台中自然科学博物馆、台湾新北市忠孝中学等25家台湾地区单位代表与省科协系统、中国科技大学、合肥通用机械研究院的专家、学者300余人参加论坛。

【《安徽省科协关于贯彻落实省委群团工作部署 加强和改进科协工作的实施意见》】 11月,《安徽省科协关于贯彻落实省委群团工作部署　加强和改进科协工作的实施意见》(以下简称《意见》)印发并实施。《意见》要求，充分认识新形势下加强和改进科协工作的重要意义，坚定不移地走中国特色社会主义群团发展道路。提出了扎实推进“科技创新助力计划”，服务创新型省份建设；扎实推进“公众科学素质提升计划”，促进安徽省由人口大省向人力资源强省迈进；扎实推进“科技人才成长服务计划”，为科技工作者创新创业搭建平台；扎实推进“提能力强学会行动计划”，服务治理体系和治理能力现代化；扎实推进“抓组织建家园工作计划”，进一步密切与科技工作者的联系；凝聚和弘扬科技界正能量，致力于践行社会主义核心价值观建设；积极参与政治协商，致力于社会主义民主政治建设；进一步引领团结服务好科技工作者，致力于和谐社会，在服务美好安徽建设中更加奋发有为。倡导坚持创新、协调、绿色、开放、共享发展理念，全面推进学会深化改革和发展，创新科协组织工作理念和工作方法，探索和开拓科协工作新空间，加强科协自身改革创新，全面推进科协事业发展。

【2015年安徽省科学道德与学风建设宣讲报告会】 12月11日，省科协与省教育厅、合肥物质研究院联合举办的2015年科学道德与学风建设宣讲报告会在合肥市举行，中国科学技术大学副校长张淑林致辞，安徽省学位委员会师资队伍与学术道德建设专委会主任、安徽医科大学党委书记李俊就专委会参与组织科学道德与学风建设作报告。中国科学院院士李曙光作题为“科学家的名声问题——从另一个角度谈科学研究职业道德”的专题报告。中科院合肥物质研究院等10家研究生培养单位的分管负责人、相关职能部门负责人、新晋研究生导师、在读研究生代表550人参加主会场报告活动。

2015年安徽省科学道德与学风建设宣讲报告会

合肥以外开设12个分会场，1500余人通过网络直播集中收看宣讲教育报告活动。

【安徽省科协创新驱动助力工程洽谈对接会】 3月31日，省科协召开创新驱动助力工程洽谈对接会。46个省级学会(协会、研究会)负责人，中国科学技术大学、中国科学院合肥物质科学研究院、合肥工业大学、安徽大学等7所在肥高校和科研院所科技处负责人和部分专家，与16个市科协、2个省直管县科协进行现场交流对接。会上共发布各类技术需求366项，推介应用型成果158项，达成部分初步意向。

(撰稿人：席　蕾)

福建省科学技术协会

服务经济社会发展　2015年，省科协出台《福建省科技思想库研究项目管理暂行规定和成果评价办法》，提升项目层次和完善项目经费配套。提交关于推动社会力量举办养老事业政策研究对策建议等福建省政协提案23项，立项资助电子商务学科发展研究报告等21个福建省自然学科发展报告，研究成果发表于2016年1月《海峡科学》专刊。通过举办学术沙龙和研讨会，形成《省科协专题报告》3个、《科技工作者建议》3期。开展福建省科技工作者职称状况调查，形成报告及对策建议获省领导批示，被省政府作为《福建信息》报送国务院办公厅。与省政协科协界开展“关于将福州市花海公园规划建设为生态科普公园”专题协商，形成相关报告。省委《八闽快讯》、省政府《今日要讯》刊载科协信息21篇。省科协设立《新常态下的福建省茶产业发展思路》等重点项目35项，一般项目61项。

邀请36位院士、专家到三明市开展杂交水稻育种技术调研，建立院士工作站，提出建设“中国稻种基地”建议，被省政府采纳，出台《关于支持三明建设“中国稻种基地”的六条措施》。

泉州市被设为创新驱动助力工程示范市。开展“泉州制造2015行动计划”制定工作，引进17个高校科研平台、600多位高层次人才，确定“数控一代”示范产品85个，推动具有自主芯片知识产权的京微雅格科技有限公司与泉州市5家企业开展项目对接，并共建泉州智造工程与应用创新园。

6月，省政府与中国科协签署实施创新驱动助力工程合作协议。全省科协建立会企协作创新联盟5个，学会协同创新基地3个，全国学会服务站11家。9月，确定闽清、同安、长泰、鲤城、永安、城厢、浦城、漳平、福安9个县（市、区）为首批省级创新驱动助力工程示范区。省科协先后在泉州、莆田、三明、漳州、南平、福州等地举办创新驱动助力工程对接会，协调24家全国学会、436人次院士专家深入500多家企业开展对接交流，签订项目合作协议和意向181项，落地项目33项，总投资58亿元。

2015年，福建省41个农技协、10个农村科普示范基地、14个社区和15名农村科普带头人获中国科协、财政部2015年基层科普行动计划先进单位和个人联合表彰。省科协联合省财政厅表彰了30个农技协、24个农村科普示范基地、25名农村科普带头人和16个社区。全省14个县（市区）被中国科协命名为2016—2020年度全国科普示范县（市区）。

省农函大开展农业五新技术培训，举办培训班3177次；与省邮储分行签署“银会合作”合作框架协议。申报中国农技协龙头协会15个，优秀乡土人才15人，实用技术9项，典型案例9个。

全省2395个企业参加“讲理想、比贡献”活动，参与活动的科技工作者2.7万人次，立项2983项，提出合理化建议4734条。

截至2015年年底，新建授牌院士专家工作站16家，全省院士专家工作站达145家，进站院士133名、院士团队专家929名，开展合作项目513项，总投资280多亿元。

组织院士215人次、专家1686人次赴76个市、县的320家企业举办农林牧渔专场路演和送服务到基层活动，开展项目对接194项、项目合作48项，签约金额10.9亿元。

省科协组织科技工作者参与国际科技合作44项，参加国外科技活动287人次，接待国外专家、学者511人次。省科协与全欧华人专业协会联合会签署《合作开展海外智力为闽服务协议书》，牵头引进刘明博士等3位“千人计划”专家，参与建设泉州制造工程与应用创新园。签约海马养殖及精深加工、高端有机茶种植、离心分配色谱技术、污水膜处理等项目。邀请意大利、德国医学专家与福建医科大学、省心理卫生协会开展交流合作。组织专家赴匈牙利、巴西、阿根廷，协商福建省食用菌企业在欧洲、南美设厂加工及科技馆管理等项目合作。

组织科技工作者参加港澳台科技活动590人次，接待港澳台专家、学者1320人次。邀请25家台湾科技社团、87人次台湾地区专家对接交流，签订合作协议28项；邀请35人次海外专家签约20项。省科协与省港澳办联合举办香港大学生海上丝绸之路科学营活动。省科协被中国科协评为海智计划工作先进单位。

《科学素质纲要》实施及科普工作　全省科协系统全年组织开展1777项科普活动，参与群众940万人次。持续开展“万名科技人员服务百万公众”活动，面向青少年、社区居民等群体，举办海西科普大讲坛30多场，举办海西少年科学家俱乐部15期、科普夏令营（冬令营）30个。组织编印并出版发行农村和城市科普挂图1万多套。省科协及基层20家单位被中国科协评为2015年全国科普日优秀组织单位、特色活动组织单位。各地科协配置科普大篷车15辆，年受益公众58万人次。

省科协牵头启动《福建省全民科学素质行动计划纲要实施方案（2016—2020年）》制定工作。推动省政府建立省全民科学素质工作联席会议制度，推进公民科学素质提升体制机制，搭建全省科普工作“跟踪问效”信息平台、“福建科普”微信公众号和省、市、县三级科普电视栏目等科普信息化平台。

省科协在福建电视台导视频道开设《科普之窗》

栏目，持续播出新版《科普新说》系列节目23000分钟。制作以“大众创业、万众创新，拥抱智慧生活”为主题的科普公益宣传片，在福建电视台综合频道和东南卫视黄金时段播出。

全省新启动或在建的科技馆、科普专业馆15个，新建社区青少年科学工作室23个。福建省科技馆老馆全年接待参观和活动人数40多万人次，福建省科技馆新馆建筑主体结构封顶，获得绿色建筑设计三星标识，总面积91127平方米。福建省数字科技馆年浏览量410多万人次，连续第四次被中国科技馆评为2014年度中国数字科技馆优秀二级子站点称号。开通“科普盒子”系列科普游戏，登录苹果和安卓手机平台。举办第二届福建省青少年科学素养网络竞赛，21万名中小学生参与网络竞答。7家科技馆被列入2015年全国科技馆免费开放试点单位。增配龙岩老区科普大篷车3辆，农村中学科技馆1个，帮助基层规划设计23个青少年科学工作室新站点。福建省流动科技馆在29个县市区巡展，受益群众58万人次。

在龙岩市举办第30届福建省青少年科技创新大赛，在闽侯县举办第13届福建省青少年机器人竞赛，在厦门大学开展中学生英才计划等活动。省科协牵头，海峡两岸有关单位在福州市举办第十四届海峡两岸大学生辩论赛，两岸各8支代表队参赛。

学术交流 省科协承办中国及亚太地区城镇化协同设计国际研讨会，与中国工程院、中国膜工业协会联办海峡两岸膜法水处理工程论坛，与中国工程院联办昆虫不育技术发展与运用国际高端论坛、腐蚀控制策略与工程安全论坛，与清华大学、厦门大学联办宿主防御的细胞信号网络国际学术研讨会等。

9月16日至11月16日，举办第十五届福建省科协年会。

服务科技工作者 实施“科技人才成长服务计划”。出台《中国工程院院士福建候选人评审工作细则》，推选福建省院士候选人1名。联合省委组织部、省人社厅、省科技厅评选表彰第十三届福建青年科技奖获奖者30名，第二十二届福建运盛青年科技奖获得者10名，第七届紫金科技创新奖10名。推荐第十四届中国青年科技奖、第十二届中国青年女科学家候选人、第十九届求是杰出青年成果转化奖福建候选人，推荐科技项目2项参加福建省科学技术奖评审，其中《重要经济作物害虫（螨）天敌资源发掘、利用与创新》项目通过初评并公示。

在《福建日报》开辟“科技工作者之家”专栏，宣传省优秀科技工作者先进事迹。编印《第四届福建省优秀科技工作事迹材料汇编》《福建科技精英风采录》等书籍，协助海峡文艺出版社出版反映福建籍和在福建工作的院士事迹丛书。

与省直有关部门联合，组织中国工程院院士郭孔辉等院士、专家3人进高校开展科学道德与学风建设院士巡讲活动，受众600多人次。

组织非公组织科技人员462人开展职称评审。联合省总工会组织科技教育界30位劳动模范赴吉林松花湖考察疗养。全年组织走访慰问院士310人次，组织科协“委员之家”活动1次。

自身建设 实施“党建推动科建计划”，开展“三严三实”专题教育。省科协机关干部下基层，驻会主席与省委督查室联合组队，分赴全省14县市区科协，对贯彻落实《省委、省政府关于进一步加强新时期科协工作的意见》（闽委〔2010〕30号）情况进行专项督查。

召开庆祝建党94周年大会，省科协机关和直属单位6个先进基层党组织、23名优秀党员和5名优秀党务工作者受到表彰。

开展机关党建分类指导和面对面帮带活动。省科协与新疆昌吉回族自治州科协举行“闽昌对口援助工作协议”签约仪式，开展援疆援藏和对口扶贫。

省科协组织省级学会召开承接政府转移职能专题研讨会，完成《福建省科协所属学会承接政府转移职能调研报告》，制定《福建省科协所属学会承接政府转移职能扩大试点工作实施方案》，确定省水利学会、省食品科学技术学会、省家具协会、省医学会为福建省承接职能第一批试点学会。省科协资助55个省级学会、高校科协开展重点学术交流活动。开展第七届福建省优秀科技期刊评选活动。

福建省农村科普服务中心完成机构设置，省咨询中心改制为二类公益事业单位。

省科协、省科技馆、三明市科协被评为福建省文明单位。省科协机关工会被评为“福建省模范职工之家”。省科技咨询服务中心被中国科协评为2015年地方科协服务企业科技创新示范单位和2015年园区科协组织建设示范单位。

地市县及基层科协组织 新成立乡镇农技协136个，基层专业农技协397个。

厦门市思明区科协投资建设嘉莲街道科普体验中

心，在鹭江街道双莲池社区建设全市首家“科普示范楼苑”，形成科普微循环。

福州市科协编制《专家建言》19期，其中《稳步推进罗源湾养殖拆迁的对策建议》得到省领导批示。推进福州市与福州大学的战略合作，围绕福州自贸区建设、人才引进、人才培养以及推进产学研合作深度融合等方面达成了合作计划。推进罗源县与福州大学的战略合作并签订战略合作协议。

湄洲岛科协举办“四小证”和船员职务技术培训600多人次，实现渔业总产值1.23亿，同比增长18%。

漳州市科协承接中国工程院第六届科学道德建设委员会第四次会议，借助11位院士集聚漳州的机遇，举办“院士专家八闽行——漳州行”活动。

泉州市科协引进京微雅格服务泉州产业升级，助力“泉州制造2025”，解决泉州“数控一代”“芯在外”问题，得到市委书记郑新聪的肯定。福建省设区市首部《泉州市科协志》正式出版。

三明市科协推动中国工程院“院士专家八闽行——三明生态文明行”活动举办，活动期间，达成9个产学研项目合作。促成中国工程院与福建省联合成功打造国家级杂交水稻育种基地——福建（三明）“中国稻谷基地”。

省级学会、企业科协 2015年全省有省级学会152个，新成立企业科协62个，企业科协总数为2395个，全年新增企业科协会员1694人。

全年省级学会共召开各类国内学术会议442场，交流论文12485篇；主办或承办国际学术会议41场，主办港澳台学术会议32场，交流论文1308篇。省级学会主办科技期刊51种，印发68万册。

省气象学会组织以“探索气象防灾科学，普及产品个性化应用”为主题的第七届海峡论坛·两岸民生气象论坛活动，出版全国首套卡通气象科普图书《气象百问》全5册，建设完成全国首创的气象科普动漫馆，创新性地完成第一届全国青运会科普宣传工作。

省土木建筑学会与福建工程学院女科协智能化分会、福建数字生活科技有限公司共同举办主题为“智能社区发展”的展览。

省电机工程学会首次评选出2015年“福建电网多维智能可视监控系统研究及示范应用”等11项福建电机工程科技奖（项目奖）。

全年组织企业科协科技信息服务项目推广与专利应用工程师、创新方法、知识产权巡讲培训会24场，建立福州、泉州、漳州、莆田等5个创新服务站。

【第十五届福建省科协年会】 9月16日—11月16日，省科协主办的第十五届福建省科协年会在全省各地举行。设置了福建“中国稻谷”基地建设学术沙龙、自贸区物流学术沙龙、光伏产业学术沙龙、创新视域下中国船政文化发展学术沙龙、高端装备制造业发展学术沙龙、林下经济产业发展学术沙龙、福建省饮用水源地保护与生态修复学术沙龙、生物科技国际高层学术讲坛、助推县域经济发展战略咨询等分会场59个，院士专家科技创新大讲堂、学术进校园等活动4项。年会期间，邀请省内外专家为福建省经济发展建言献策。开展创新驱动助力工程项目对接、海峡两岸科技交流，交流学术论文5000多篇，22000多人次科技人员参加。

9月16日，第十五届省科协年会主场活动在福州大学举行，会议由中科院院士、省科协副主席田中群主持。省领导出席并讲话，省人大、省政协、省科技厅、省发改委、省科协、福州大学等有关部门负责人，部分省科协八届委员会委员，省级学会、高校科协和设区市科协代表，福州大学师生约600人出席开幕式。

中国工程院院士、华中科技大学原校长李培根，国家信息中心信息化研究部副主任单志广，中国科学院院士、福建省农业科学院研究员谢华安，新西兰皇家科学院生物活性研究中心首席科学家高益槐，国家海洋食品工程技术研究中心副主任辛丘岩，中国工程院院士、吉林大学汽车工程学院名誉院长郭孔辉，福建师范大学激光与光电子技术研究所所长谢树森作专题报告。

会上，颁发了第二十二届福建运盛青年科技奖、第七届紫金科技创新奖，举办全国学会、科研院所与企业11个创新驱动助力工程项目合作的现场签约。

主会场外，同步举办福建科技成果展，19个省级学会开展科普活动。

【第十三届中国海峡项目成果交易会】 6月18日，省科协邀请50位院士、180位专家参加省委、省政府组织的第十三届中国海峡项目成果交易会（简称“6·18”）和“创新驱动助力工程暨院士专家项目签约授牌仪式”。中国科协党组书记、常务副主席、书记处第一书记尚勇，中国工程院院长周济，副省长洪捷序等出席活动，国家发展改革委、省委组织部、省科协、省科技厅、省财政厅等部门负责人，19名院士、50多位专家，各设区市有关部门负责人、企业代表、媒体记者等300多人参加签约授牌仪式。

与会领导为福建省海洋预报台院士专家工作站等16家第五批联合授牌省级院士专家工作站、福建省公安厅刑事技术总队院士工作站等10家2014年度福建省院士专家示范工作站授牌。

现场签订25个院士专家项目合作协议，总投资额6.2亿元。其中，创新驱动助力工程9个项目，院士项目13个，海外专家项目3个。项目主要分布在石化、机械制造、海洋渔业、现代农业、新材料与新能源、生物医药、纺织、信息技术等领域。首次组织40多位院士及其团队送技术到“6·18”展位，开展院士巡馆活动，现场与企业管理和科技人员交流、互动，提供科技服务与指导。

6月18—20日，第十三届“6·18”期间，共对接项目49项，总投资10.3亿元，年产值35亿元。安排50人次院士、专家到三明、泉州、厦门、龙岩、福州等设区市开展送服务到基层活动，进行技术指导和战略咨询。举办3个高峰论坛、2场科普报告、63场技术交流活动，超过1万人次参加。

【2015年福建省全国科普日】 9月19日，以“大众创业　万众创新　拥抱智慧生活”为主题的2015年福建省全国科普日主场活动在福州市举行。省人大常委会副主任刘群英、省政协副主席陈绍军等出席，省全民科学素质工作领导小组成员单位有关负责人、各界专家、科技工作者、社区居民共3000余人参加主场活动。

2015年福建省全国科普日主场活动

主场活动由众创空间、智慧世界、炫彩科普、感触科学、科学大观园5大板块组成，包括无人机展示、机器人、科学魔幻表演、青少年科学体验、古典益智游戏、机器人竞赛、微信照片打印机、科普大篷车、3D打印展示、高校大学生创业园、气象科普动漫玩偶、科技创新型企业智能产品、学会咨询服务等15项重点活动。

2015年福建省全国科普日活动突出万众创新、智慧生活、“‘互联网+’科普”、公众参与等特点，让市民群众在参与中体会科技创新对生活带来的便利及对未来产生的重大影响。科普日期间，福建省各级全民科学素质工作领导小组、省学会及各企事业单位组织开展科普文艺汇演、科技咨询、科普讲座、科普宣传、科普展览等活动400多项，全省各类高校、科普教育基地在科普日期间免费向公众开放。

活动前夕，福建省科协制作的2015年福建省全国科普日公益宣传片在福建电视台等省级媒体播出，“福建科普”微信公众号、福建数字科技馆网站开设了“2015年福建省全国科普日活动”专栏，通过大众传媒和新媒体吸引了大批公众关注和参与全国科普日活动。

【第七届海峡论坛·2015海峡科技专家论坛】 由中国科协主办、省科协承办的第七届海峡论坛·2015海峡科技专家论坛的主会场和11个分会场的活动，分别于6月6—18日在厦门市、福州市、德化县、沙县等举行，其中主会场活动6月14日在厦门市开幕。

2015海峡科技专家论坛

本届科技专家论坛主题为“海峡两岸协同创新新机遇”。围绕论坛主题，分会场主题有11个，议题有几十个。论坛紧扣海峡两岸关系新的重要节点，围绕建设新福建，突出经济新常态，谋求两岸科技新合作。论坛第一分会场将邀请两岸科技人才、科技企业共同研讨“一带一路”和自贸试验区战略下的两岸经

贸科技合作与协同发展等相关问题。

本届论坛参会的科技界代表来自多领域、多学科、多专业，参会的台湾代表有400多名；有近30个两岸科技、经济合作项目签约。

（撰稿人：邱雪如）

江西省科学技术协会

服务经济社会发展 开展决策咨询。省科协参与了国务院办公厅委托中国科协开展“推动大众创业、万众创新政策措施落实情况”第三方评估的相关工作。开展中国科协国家级科技思想库试点工作。开展决策咨询课题10项，编辑《决策咨询专报》8期呈送省委省政府。其中，《关于铀矿大基地建设》的建议获副省长李贻煌、郑为文批示，省国防科学技术工业办公室将相关内容列入部门“十三五”规划。与九三学社江西主委围绕“推进江西科技创新与成果转化”“促进农业可持续发展”开展专题研讨和调研，形成《关于提升我省企业科技创新能力的建议》，得到省委、省政府主要领导肯定。

实施基层科普行动计划。全省共有20个农村专业技术协会、14个农村科普示范基地、13个农村科普带头人和18个科普示范社区获得中国科协、财政部奖补金额1105万元。实施江西省基层科普行动计划，8个农村专业技术协会、12个农村科普示范基地和20个科普示范社区获得省科协、省财政厅奖补金额520万元，辐射带动当地农民平均年增收3000元。

开展“讲理想、比贡献”活动。全省开展“讲、比”活动的企业、园区科协106家，参与活动的科技工作者约15500人，“讲、比”活动立项约2200项，提出合理化建议约3100条，被采纳建议约2200条。全年新建国家级园区科协2家、省级园区科协12家。面向企业科技工作者举办企业科普重点活动23次，参与活动人员3000余人次。申报实施中国科学技术咨询服务中心《科技信息推广应用“一站式”服务》项目2项，服务企业300余家。全年新建省级院士工作站26个，柔性引进院士31人、院士团队人才200余人，签订合作项目60项。目前，全省共建立院士工作站76个，柔性引进院士103人、院士团队专家800余人。深入实施“海智计划”，柔性引进海外人才，新增“海智工作站”7个，一次性给予每个建站单位10万元经费支持。

《科学素质纲要》实施及科普工作 2015年，江西省完成“十二五”公民科学素质建设目标。中国科协和全民科学素质纲要实施工作办公室发布的第九次中国公民科学素质抽样调查结果显示，2015年江西省公民具备基本科学素质的比例为5.1%，比2010年的2.33%增长了119%，超过了全国增幅（90%）。

组织开展“全国科普日”活动，展出科普展板50余块，科教展品100余件，免费发放各种科普资料1000余份，各地市开展各具特色的科普活动158项。组织科普志愿者9364名，专家、学者2069名，在全省100个县（市、区），开展社区科普活动423场，农村科普活动562场，学校科普活动435场，参加活动的社区居民达190336人次，农村居民246605人次，学生118291人次，解决实际问题2857件。开展“百场科普报告进社区”活动，在11个设区市、100个县（市、区）的社区面向公众举办科普报告120场，其中院士科普报告会1次。举办科技培训4600次，参与科技工作者4269人次，受众385000人次。编写科普期刊2种共28000册，编写系列科普读物4套，制作《科普挂图资源包》科普光盘6套。举办科普展览27次。创建科普示范县32个，命名11个省级“党员科普致富示范村”。命名36个精品农技协、61个优秀科普示范基地和61个优秀科普示范社区。经2015年江西省科普公共财政项目评选，18个科普教育基地特色科普活动项目，6个科普创新项目，31个互动科普电子终端项目，21个重大科普活动及科普报告项目，14个互联网及移动通信终端科技传播项目，12个科普资源开发、共享项目共获得经费资助795万元。

科普大篷车共行程6000多千米，受益公众2万余人次。在24个县（区、市）开展了中国流动科技馆江西巡展活动，受众120200余人次。开展以“变废为宝 从我做起”为主题的青少年科学调查体验活动，8万多名青少年参加。组织160名优秀高中生参加全国青少年高校科学营活动。举办各类青少年科技竞赛17次，参赛365230人次，1500余人获奖，获得各类国家奖项60余项。组织开展英特尔求知计划活动，培训学生1200余名。实施第六届雅培家庭科教公益项目，受益师生及家长600余人。全省各级农函大共举办各类实用技术培训班4600余班次，累计培训农民38万余人次。开展“百户家庭农场科技帮扶”，全程提供技术指导560余次。

推进“‘互联网+’科普”，大力搭建科普云平台。

省科协协办首届中国青年APP大赛，省委书记强卫出席颁奖仪式。与江西卫视合作举办科普电视大赛节目《顶级对决》，在全国产生反响。与团省委联合主办“江西省首届大学生科普动漫大赛”，繁荣了互联网科普创作。深入实施科普信息化“四大工程”，开启江西省科普工作大数据时代。创办公益科普微信“科普江西”“江西省科协微讯”。建立江西科普云平台系统，服务器内存储容量为800G，科普资讯和内容每日更新。开通江西手机报“科协微科普”栏目，面向400万用户一年推送“科协微科普”信息超过10亿人次。

学术交流 共举办学术会议21次，参加人数1600余人次。其中国际学术会议3次，境外专家学者45人参会，交流学术论文200余篇。指导全省各级学会开展各类学术活动428次，参加人数47113人次，交流论文14064篇。举办直接服务县域经济发展的江西科协学术沙龙12期。与省委组织部共同实施“远航工程”，资助优秀青年科技人才赴国外开展学术交流和业务进修。2015年有97位优秀中青年科技人才获得项目资助，资助金额460万元。

服务科技工作者 经省科协推荐，江西农业大学作物栽培学与耕作学专业硕士研究生导师、优秀教师曾勇军副教授荣获第十八届中国科协求是杰出青年成果转化奖。年度内新设立江西省科技工作者状况调查站点13个，全年共报送100余条信息，其中4篇被《中国科协科技工作者状况调查站点信息》采用刊发。在德兴市召开江西省科技工作者状况调查站点工作会议，全省26个全国和省级调查站点负责人、调查员参加会议。经省科协推荐，吴永忠等3人入选中国科协“创新力量”——优秀企业基层科技工作者推选宣传活动。根据中国科协《关于报送开展“作精神文明表率”活动有关情况的通知》，推荐第六届“全国优秀科技工作者”、省农业科学院陈大洲作为本地区科技工作者中体现“六个表率”（即坚定理想信念的表率、践行社会主义核心价值观的表率、为国创新奉献的表率、思想道德建设的表率、尊法守法的表率、科学文化建设的表率）的重大典型上报中国科协。全年出版12期《江西科协》，宣传优秀科技人才20余名。

自身建设 3月16日，省科协召开机关全体及直属单位副处以上干部大会。省委组织部常务副部长赵力平宣布省委关于省科协党组主要负责同志职务调整的决定，罗莹同志任省科协党组书记，提名为省科协常务副主席候选人。

出台贯彻中央和省委关于群团工作的实施意见。12月，经省政府批准，省科技馆从省科技厅成建制划转至省科协管理。扎实开展省科协“三严三实”专题教育。获省直机关第十一届文明单位、2014年度省直机关党的工作优秀奖单位。开展党员到社区报到开展志愿服务工作。组织5个支部共60余名党员到南昌市青山湖塘山镇上坊路社区开展志愿服务。举办全省市县科协主席培训班、全省学会（院校科协）干部学习研讨班。开通省科协办公自动化OA系统。加强科协基层组织建设。全省农村专业技术协会数量达到2682个，会员总人数达到47万余人。

大力推进学会能力建设。省科协实施学会科普能力提升计划，省财政专项投入310万元，同时，争取中国科协2015年度引领地方学会能力提升专项100万元，用于支持学会能力建设。其中，支持省医学会医疗事故技术鉴定能力提升建设等10项承接政府转移职能项目。省级学会新承接省公路学会江西公路优秀工程师评选等8项政府转移职能。制定出台省科协学会能力建设考核办法与考核指标，推进学会能力评价体系建设。大力推动学会工作创新。运用微信、学会工作QQ群等互联网手段开展学会管理与服务工作。制定江西省创客空间管理办法。由7个工科类会组建首个学会联盟。

地市县及基层科协组织 截至2015年年底，省科协系统现有11个设区市科协，100个县（市、区、局）科协，农村乡镇、企业、院校、街道社区科协等2300余个。南昌市科协加强决策咨询服务，引导科技工作者围绕适应经济发展新常态、推动发展升级等重大问题、热点难点问题，大力开展决策咨询。组织相关学会围绕优化城乡生态、园林生态修复、生态环境保等方面确定调研课题，开展调研，形成调研报告，为南昌城市发展建言献策，经市、县领导签批的决策咨询专报40余篇。九江市科协院士工作站成效显著。2015年，新建院士工作站5个，引进中国科学院院士桂建芳，中国工程院院士马克俭、王超、叶声华等院士专家团队，签订合作项目5项。九江市已建立院士工作站19个（11个被批准为省级院士工作站），柔性引进19名院士及100多位专家。通过走访建站企业，开展院士工作站工作经验交流活动，推进建站企业与进站专家开展项目研发合作、成果转化、人才培养、战略咨询等活动。建站单位已与院士及专家团队签订联合开发项目68项，解决生产经营技术难题、瓶颈96个，培养企业科研人才132人。景德镇市科协尝试金融科普的融合创新，首次与市金融学会合作，开通了“科普大篷车”电视栏目，利用全市金融系统视频网络，在各银行营业网点播映科普知识光碟，市中行、农行和农商行先后在城区68个网点进行播放，全年累计播放光碟26盘。萍乡市科协园区科协建设迈出新步伐，在萍乡经济开发区建立科协组织，为实现全市主要工业园区科协组织建立起到示范带头作用。新余市科协努力打造青少年科普工作品牌，举办“科技馆杯”全市青少年航空航天、航海建筑模型锦标赛和青少年车辆模型锦标赛。实行青少年科学工作室的免费开放，一年来，免费接待青少年学生近2000人次。鹰潭市科协将科普融入道教文化、公园文化中，建设完成“上善若水”科普文化广场。滨江公园LED科普显示屏每天为市民播放各类科普视频5小时，受到群众欢迎。赣州市科协建立地方科协科技信息服务站，开展专利信息推广应用服务，实施“科技信息推广应用‘一站式’服务”。召开2015年科技信息推广服务企业培训会，邀请中国科学技术咨询服务中心主任盛小列、科技评估处处长刘倩就科技信息推广服务企业作专题辅导，市委常委、副市长彭业明出席会议并讲话，举办企业科技创新方法报告会和企业科技信息转化应用工作推进会。制定《关于服务企业发展的若干措施》。宜春市科协突出“新社区、新农村、新生活”科普行动计划系列科普品牌，深入袁州、奉新、铜鼓、上高等县市区的乡镇、社区开展多形式、多主题科普活动50多场，发放资料10万多份，免费赠送价值3万余元的皮肤病药品，惠及群众逾10万人次。上饶市科协开展“科普短信”服务。在每周的周六、周日或节假日期间，向市直机关科级以上干部发送1至2条科普短信，内容包含科学养生、饮食误区、生活技巧、传统文化、历史故事及社会时政等科普知识，累计发送科普短信5万多条。吉安市科协将市森林博物馆科普观光游视频作为2015年“全国科普日”活动当地特色活动优秀视频，在中国科协北京主场活动现场播放。抚州市科协不断拓展宣传阵地，创新宣传方式。开通“抚州科协微科普”，打造科普陈列室、抚州科协网站、移动手机科普短信平台、抚州科协微博、《抚州科技》期刊、抚州日报科教专版栏目、抚州电视台《科普大篷车》栏目等阵地，科普宣传工作全面进入网络和媒体，实现线上线下良性互联互动，取得全方位、深层次、多角度、大覆盖的宣传效果。

省级学会、企业科协、高校科协 截至2015年底，江西省省级学会有（协会、研究会）123个，会员38万余人。2015年，开展各类学术活动428次，参加47113人次，交流论文14064篇。先后邀请中国科学院院院士孙钧、孙鸿烈、赵其国，中国工程院院士陈毓川、陈鲸，加拿大皇家科学院院士、工程院院士吴柯教授、加拿大工程院院士陈志璋教授等多位院士、专家到江西进行学术交流、技术指导和讲学。

现有企业科协58个，国家级园区科协12个，省级园区科协41个，会员4万余人。2015年，新建国家级园区科协2个、省级园区科协12个。

2015年，新成立江西农业大学、江西中医药大学等8所高校科协。

【“五四三二一”重点工作部署得到省委书记强卫肯定】 为深入贯彻落实中央和省委关于加强和改进党的群团工作的意见并谋划好今后5年的科协工作，省科协提出“五四三二一”重点工作部署。一是当好党管人才助手，更高举起“五面红旗”。即做实院士工作站，创新“百人远航工程”工作思路，加大“海智工作站”建设力度，大力实施农村人才培训计划，依托各类科技馆等科普设施拓展“育苗行动”。二是发挥科协特色和优势，实施助力创新驱动“四大工程”。即实施学会活动、学术活动和决策咨询品质提升工程，实施“银会合作”工程，实施企业专利应用及成果转化工程，实施国家级学会进江西工程。三是突出问题导向，实现深化改革“三大转变”。即实现科协工作着重点面向经济建设主战场的转变，实现“‘互联网+’科协”工作方式的转变，实现科协经费使用方式的转变。四是根据经济发展新常态的要求，突出科协特色“二大方向”。即突出学术理论创新和科技成果转化，突出高端人才培养和人才高地打造。五是贯彻好中央和省委群团意见，强化实现“一个目标”。即建好科技工作者之家，充分发挥好科协组织对科技工作者的团结引领作用。“五四三二一”重点工作部署获得江西省委书记强卫的肯定。

【中国科协“女科学家走基层——江西行”活动在吉安举行】 4月14—17日，中国科协“女科学家走基层——江西行”活动在江西省吉安市举办。十一届全国政协副主席、中国女科技工作者协会会长王志珍，中国科协副主席、中国科协常委会女科技工作者专门委员会主任程东红，中国科协党组成员、办公厅主任吴海鹰，江西省政协副主席、省科协主席李华栋出席活动。来自中国科学院、中国工程院、中国农业科学院、北京大学、兰州大学、时代集团等单位近20名女科学家代表和专家在当地举办了一系列专题科技讲座、科普报告等服务实践与考察学习活动，受到当地党政部门和干部群众欢迎，取得了很好的反响。吉安市委书记王萍特意向学习服务团赠送了“情系井冈播撒科普花，真诚服务盛结科技果”的锦旗。

中国科协“女科学家走基层——江西行”活动在吉安举行

在吉安市永新县，组织召开了中国科协“女科学家走基层——江西行”女科技工作者座谈会，王志珍、程东红、吴海鹰以及部分女科学家代表与永新县30名女干部、女科技人员代表进行了座谈。与会代表结合自身工作，围绕成长成才中的困难和障碍，如何处理工作、家庭和个人成长的关系，面临的主要问题和诉求，以及如何更好发挥基层女科技工作者的作用等方面畅谈了自己的想法，分享了经验。王志珍指出，女性科技人员要进一步树立自信心，坚持自强、自励、自律的精神，发挥独特优势，把自己融入时代发展之中，在推进社会进步中作出自己应有的贡献。大家表示，希望在中国科协、中国女科技工作者协会等相关组织的帮助下不断提高、奋发有为，为科技进步和经济社会发展尽自己的一份力量。王志珍一行还到永新县农业科技示范园及白茶科普基地、江西普正药业有限公司、江西生物制品研究所和江西航盛电子科技有限公司等企业进行了考察。

在吉安市，举办了以农业发展战略为主题的院士专家报告会，特邀中国工程院副院长、中国工程院院士刘旭，农业部发展计划司副司长张辉分别作了题为“中国农业发展与现代农业”和“转型中的中国农业”的报告。吉安市近500名领导干部和科技人员聆听了报告。同时，活动针对当地电子信息产业、医疗技术、农业技术等方面需求，特邀时代集团总裁王小兰，北京大学第一医院妇产科副主任尹玲等专家和青年女科学家代表开展了医学医疗技术讲座、医学科普讲座、农业技术讲座和电子信息产业发展报告会等服务基层活动，600余名科技人员参加。这些专业、实用、前沿的科技专题报告或讲座，切合当地实际需求，大家感到信息量大、理念新，增长了知识、开阔了视野，受益匪浅。

在井冈山中学，中国科学院心理研究所研究员杨玉芳为150名教师作了题为“心理学与生活”的心理学科普报告。第十三届中国青年科技奖获奖者、上海市针灸经络研究所党支部书记刘慧荣，第十二届中国青年科技奖获奖者、中国兵器科学研究院宁波分院研究员赵红梅，第九届中国青年女科学家奖获奖者、兰州大学教授勾晓华分别以“小银针，大梦想”“出彩人生　实现理想”“做个女科学家有多美”为题，结合自身成长历程和女性的独特视角，为500名学生上了一堂生动的励志课，鼓励学生们努力学习，勇攀科学高峰，激发了学生们树立远大理想并为之脚踏实地、不懈努力的决心和信心，活动现场气氛热烈。

江西省科协党组书记罗莹，中国科协发展研究中心、中国女科技工作者协会、江西省科协有关负责人参加活动。

【江西省科协启动“银会合作”】 9月14日，省科协与中国邮政储蓄银行江西省分行就实施江西省“银会合作”项目签署合作协议。根据协议，省科协与邮储银行将利用各自有效资源，在江西省范围内通力合作，搭建“银会合作”平台，以服务“三农”为重点，推动江西省现代农业加快发展。全省科协系统择优向邮储银行江西省分行及各分支机构推荐一批信誉好、能力强、规模经营且有融资需求的农技协会员（含新型农业经营主体、小微企业、农业高新园区），邮储银行江西省分行及各分支机构为科协基层农技协会员提供全方位金融服务。在未来3年内，邮储银行江西省分行将向全省农技协会员（含新型农业经营主体、小微企业、农业高新园区）授信金额不低于12亿元。

【2015年江西省“中国科协会员日”活动】 12月14日，2015年江西省“中国科协会员日”活动启动仪式在吉安市举行。2015年“中国科协会员日”的主题是“‘家’的温馨，节日的问候”。活动的主要内容是走访慰问基层一线科技工作者、表彰奖励优秀科技工作者、宣传优秀科技工作者的先进事迹、展示优秀科技工作者的形象风采，活动时间为12月14—20日。

省科协党组书记、常务副主席罗莹在启动仪式上讲话并宣布2015年江西省“中国科协会员日”活动启动。省科协副主席孙卫民主持启动仪式。吉安市委副书记肖洪波致辞，吉安市人民政府副市长左继生、市政协副主席黄少峰等主要负责同志出席。启动仪式上，罗莹书记为“江西省科普志愿者服务队”授旗。来自科研、生产、教学一线的科技工作者代表，吉安职业技术学院的师生，社区科普志愿者以及省科协、吉安市有关部门的同志共计600余人参加了启动仪式。

启动仪式结束后，罗莹、肖洪波一行还走访慰问了吉安市部分一线科技工作者，带给他们节日的祝福并送上慰问金。

（撰稿人：刘　平　刘海平）

山东省科学技术协会

服务经济社会发展　2015年，山东煤炭学会、山东省医学会等8个省级学会承担了22项政府转移职能。省科协在调查摸底基础上，提出了《山东省科协所属学会有序承接政府转移职能试点工作实施方案（征求意见稿）》，向省委常委会作了汇报。成立了省委副书记龚正同志担任组长的试点工作协调小组，小组办事机构设在省科协，增加了省科协“组织推进山东省科技社团承接政府转移职能、参与政府购买服务工作”的职责。扎实推动科技思想库建设，服务科学决策。组织开展了13项课题研究，举办了10期智慧沙龙，征集了310篇科技建议，有9篇决策建议得到省领导批示。根据中国科协部署，成功组织了山东省第三方评估工作。新吸纳一批决策咨询专家，新命名14个国家级科技思想库研究基地，初步形成了“小核心、大外围”的组织体系。

围绕创新驱动发展大局，搭建创新创业服务平台。在全国率先启动学会助力地方创新驱动发展工程，首批选取昌乐等7个示范区对接山东汽车工程学会等7个牵头学会。建立了创新服务站94个，组织开展技术服务414项，签订合作协议83项，其中落地37项，提出对策建议68项，赢得地方政府和企业赞誉。日照市被中国科协确定为全国“创新驱动示范市”。中国科协党组书记、常务副主席、书记处第一书记尚勇对山东助驱工程给予高度肯定，作出重要批示。启动了首批“山东省创客之家”的培育评定工作，评出“浪潮集团众创空间”等15家“山东省创客之家”，被中国科协作为典型在全国推广。持续开展“百名专家企业行”活动，2015年，新建院士专家工作站19家，全省总数已达74家。营造创新创业良好环境，举办“众创空间的理念与操作模式高级研修班”，探索提炼众创空间的运营模式和作用发挥机制。瞄准创新创业需求，组织学会开展品牌学术交流活动。

开展有序承接政府转移职能试点。省科协专门成立了所属学会有序承接政府转移职能试点工作调研组，采取外出调研、重点走访、座谈研讨等方式深入调研。先后到10多家省直单位进行沟通协商，了解省直厅局的意见和建议。7月13日，省科协印发了《关于进一步加强学会工作的意见》等指导性文件。积极组织学会参与省民政厅开展的社会组织评估，在首批社会组织评估工作中，省科协所属学会共有2家被评为5A等级，6家被评为4A等级，11家被评为3A等级。积极实施项目引导，2013年以来，省科协立项实施了“省级学会能力提升计划”。目前已有63个省级学会承担过社会职能152项，其中，2015年共有8家学会承接22项职能。2015年实施了助力地方创新驱动发展工程，组织7家学会对接服务7个产业聚集区，在进军科技创新和经济建设主战场中锻炼提升学会能力。顺应“大众创业、万众创新”的形势，联合省发改委、科技厅等相关部门开展了双创教育研讨会等系列活动，启动了首批“山东省创客之家”的申报和认定工作。12月26日，省科协向省委常委会作了《关于中国科协所属学会有序承接政府转移职能扩大试点工作座谈会精神及贯彻意见的汇报》。省委常委会研究确定了推进省科协所属学会有序承接政府转移职能试点工作的有关事项。省编办确定增加省科协“组织推进山东省科技社团承接政府转移职能、参与政府购买服务工作”职责。省财政同意建立健全多元化的资金投入机制，通过以奖代补和政府购买服务等方式，支持学会提高承接能力。

《科学素质纲要》实施及科普工作 认真履行全民科学素质领导小组办公室职能，建立完善工作机制，推行年度工作项目化管理，构建考核工作体系，全民科学素质工作实现“十二五”规划“双超”目标。据第九次全国公民科学素质调查统计，2015年山东省公民具备基本科学素质的比例为6.76%，较2010年的3.13%提高了115%，超过全国6.20%的平均水平，也超额完成了“十二五”末超过5%的任务目标。联合省委政策研究室、省社科联开展了《加快提升全省公众科学素质》课题调研，副省长王书坚对《调研报告》作重要批示。以“数字科普工程”为龙头推动科普信息化。山东省数字科普工程已安装终端1万台，储备科普节目20万分钟。实现了省市总分控对接与各级协同管理，构建起了全省数字科普总体框架。各市科协积极开展数字科普社会化运营试点，取得初步成效。发挥资源优势，组织开展“全国科普日”“科技活动周”等重点活动以及第八届海峡两岸科普论坛，加强科普专家团建设，青少年科普报告百校行、希望行全年开展科普报告680场，受益青少年达34万余人次。成功举办省青少年科技创新大赛等11项竞赛，组织开展了青少年高校科学营、“中学生英才计划”等青少年科普公益活动，探索培养创新后备人才的运行和保障机制。提升基层科普能力，持续推进“科普基础设施拓展工程”，评选命名31个五星级山东省科普教育基地。实施“山东省基层科普行动计划”，2015年共有76个农技协、23个基地、27名个人和33个社区获国家表彰，17个农技协、6个基地、13名个人和18个社区获省级表彰。开展全国科普示范县创建工作，参加创建的19个县全部通过检查验收。积极推进省科技馆新馆建设，强化县域流动科技馆、校园科技馆、科普大篷车、流动科普影院及社区科普大学建设。开展全国科技馆免费开放试点工作，山东省共有6家科技馆进入免费开放试点范围，获得中央财政奖补。目前，全省共建成开放市级科技馆7家，县市区级科技馆17家，已经立项建设的市级科技馆7家，初步形成了现代科技场馆体系。

学术交流 精心搭建泰山学术沙龙、泰山科技论坛、重点学术课题研究、大学生科技节4个学术交流及科技传播平台，共同引领全省学术繁荣和创新活力。举办泰山学术沙龙5期，泰山科技论坛27期，开展30项重点课题研究，进一步丰富了大学生科技节内容。举办了28项科技竞赛，评选表彰了77个优秀大学生科技社团和88个优秀大学生科技社团干部。省级学会和各市科协学术交流活动蓬勃开展，山东应用统计学会举办“创新驱动发展与经济社会转型沙龙”，山东海洋学科群举办“青岛西海岸新区蓝色经济发展展望论坛”，山东省食品科学技术学会承办全国农产品冷链流通技术与信息交流会，潍坊市科协开设“鸢都科技论坛”，济宁市科协与中国科学院济宁计算机分所联合举办“顶级学者济宁行”科技论坛等。

服务科技工作者 做好两院院士推选的联系服务工作。2015年，省科协首次全面负责中国工程院院士候选人推荐工作。按照中国科协和省委组织部要求，研究制定山东省推选工作实施方案和细则，成立了推选专家委员会以及工作小组，共产生3位有效候选人，宋微波、王恩东分别当选为两院院士。按照省人才工作领导小组部署，牵头制定了《关于加快智库高端人才队伍建设的实施意见》，作为联席会议办公室所在单位，承担起智库高端人才队伍建设日常组织工作。开展山东省青年科技奖评选表彰及中国青年科技奖候选人、中国科协求是杰出青年成果转化奖候选人推荐等工作。实施“海智计划”和“扬帆行动”，新建省级海智工作基地1个、海外工作站2个，初步建立起山东省国际技术转移中心。“扬帆行动”资助了11个国际学术交流活动类项目，8个出国（境）参加国际会议项目。加强科学文化建设，优化人才成长环境。开展科技工作者状况调查，认真实施中国科协老科学家采集工程，率先启动省级老科学家学术成长资料采集工作。不断加强科技人物宣传，广泛开展“创新力量”主题宣传活动。省老科协在《中国经济参要》发表特稿，宣传老科协会员的服务奉献精神。

自身建设 深入学习贯彻党的群团工作会议精神，做好推进改革的基础性工作。推进“建家强会”计划，全面开展省、市、县三级学会调研，召开省级学会工作务虚会，举办学会能力提升培训班，筹划成立学会法律援助和财务结算中心。推动山东大学等4家高校、山东省地矿局等单位成立科协组织。农技协组织开展“科普惠农联盟”培训；省科协探索与省邮储银行联合开展“银会合作”，增强了社会影响力。科学搭建青少年科技辅导员服务体系，联合省教育厅共同实施科技教育素质提升项目，全年参与各项

培训的辅导员达到3000多名。加强作风建设，深入开展“三严三实”专题教育，认真查找“不严不实”问题，开展专项整改。以密切与科技工作者的血肉联系为核心，改进工作作风。健全省科协领导基层联系点制度。加强党风廉政建设，开展“好干部”标准大讨论，激发了党员干部干事创业的热情。深入推进学习型党组织和学习型机关建设。广泛开展理论学习和业务学习，开展“新常态下的科协工作”主题征文，加强省科协机关和事业单位管理，加强领导班子和干部队伍建设，举办县级科协主席培训班，提高干部队伍素质，机关作风和政治生态明显转变。

地市县以及基层科协组织　截至2015年年底，山东省共有市级科协17个，县级科协137个，81%的乡镇、街道办事处建有科协组织。

繁荣学术交流。济南市科协举办济南市第七届学术年会。潍坊市科协开设了“鸢都科技论坛”，举办了6场高水平的学术交流活动。济宁市科协与中国科学院济宁计算机分所联合举办了每月一期的“顶级学者济宁行”科技论坛。日照市科协探索成立了民办非企业机构日照市科技服务中心，建成开通了日照科技成果转化网。滨州市科协启动实施了“重点学术活动助力计划”，有效活跃了学会学术活动，推动了学术交流。

营造创新创业环境。开展“百名专家企业行”活动，在泰安开展两次对接活动，参与院士专家30余人，帮助企业引进紧缺人才15名，新建院士专家工作站10个。济南市科协成立科技协同创新联盟、基地、工作站35家；青岛市科协发挥院士专家工作站引领创新作用，新建企业工作站7家；潍坊市科协新建院士专家工作站4家；聊城市科协立足群众健康、疾病预防，建立疾控预防院士工作站，实现了新的突破。淄博市科协开展了有47000多名科技人员参加的“科助企业”活动；烟台市科协积极为机器人产业发展搭建服务平台，组织科技人员参加了世界机器人大会；泰安市科协借助中国科协专利数据信息库，在70余家企业开展科技信息服务应用工作。

广泛开展科普活动。济南市科协建立10处科普体验中心，总面积达到2000平方米；枣庄市科协开展了“百会联百村”科普惠农行动；聊城市科协启动实施了“造蓝护绿”大型科普宣传教育行动；东营市科协举办了“万众创新　拥抱智慧生活　建设美丽幸福新东营”主题科普活动等10余项，受益人群达20多万人次；滨州市科协编印了科普读物《身边的科学》，免费向公众发放1万套，有效传播了科学知识。

省级学会、企业科协、高校科协　截至2015年年底，山东省共有各级学会2680个（其中省级学会142个、会员60.3万余人）、老科协826个、农技协1.4万个。2015年共举办学术活动799次，参会人员11.4万余人次，交流论文3.6万余篇；国际会议42次，参会人员4947人次，交流论文1477篇。

服务创新能力。泰山学术沙龙项目共受理申报项目25项，并最终确定工业互联网时代的机器人新技术及智能制造等5个入选项目，编印了《山东省科协泰山学术沙龙文集》。泰山科技论坛围绕新形势下公众关注的重大科技问题、科协组织发展与建设、学会管理和发展等内容，共设立27期，有162名院士专家作专题报告，现场参与人数1万余人。

服务社会和政府能力。启动实施了助力地方创新驱动发展工程，省财政专项支持，建立学会服务站（基地）92个，入库技术项目104个，入库专家411名。全年共收到省级学会和市科协撰写的科技工作者建议231篇。2015年省级学会共举办各类大型科技会展10余场。山东省机器人研究会与中国消费电子博览会组委会合作，举办了“2015山东国际机器人会展”，吸引了国内外60多家从事机器人研发、生产及销售的科研机构、企业、高等学校及社会培训教育机构参展，参观人数超过8万人次。

服务科技工作者能力。7月，山东省科协开展了“山东省创客之家”培育认定工作，首批评出“海尔海汇创业孵化平台”“山东大学创客空间”等15家“山东省创客之家”。

自我发展能力。省科协印发了《关于进一步加强学会工作的意见》，强化科协对学会工作的指导和服务。指导省级学会依法办理审查、审批事项。对所属省级学会工作进行调研摸底，梳理了无法联系或长期不开展学会活动、不参与科协工作的13个省级学会，对其给予警告，探索推进“能进、能退”制度。

截至2015年底，山东省共有各级企事业科协1730个。

省科协与省教育厅联合印发了《山东省高校科协组织通则（试行）》，转发了《中国科协　教育部关于加强高等学校科协工作的意见》。重点联系推动山东大学等“985”高校和具有代表性省属高校的科协工作。2015年，新成立高校科协组织5个，目前全省高校科协组织达到34家。省科协组织相关单位发起成立了山东省工程师协会，2月6日，召开成立大会。

服务企业科技创新工作。围绕"节能、降耗、减排、增效"的工作重点，深化"讲理想、比贡献"活动。推进院士专家工作站建设，新建院士专家工作站10个。实施"百名专家企业行"活动，推动产学研用相结合，帮助企业实质性引进紧缺急需的科技人才15名。

【智库高端人才队伍建设】 智库高端人才队伍建设工作是山东省人才工作领导小组贯彻中央和山东省委关于加强新型智库建设的部署要求，交由山东省科协牵头实施的一项重点人才工程。山东省科协联合12个省直部门下发了《关于加快智库高端人才队伍建设的实施意见》（以下简称《意见》）。《意见》提出要用3—5年时间，围绕经济、政治、文化、社会、生态文明和党的建设6大领域，面向海内外公开选拔300多名智库高端人才，建成服务党委政府决策的人才储备库。分领域遴选30多名首席专家，确定为"泰山学者特聘专家"；遴选100多名岗位专家，可优先选拔为"省有突出贡献中青年专家"。还将以"首席专家+团队"的开发模式，打造30多个智库高端人才团队。《意见》明确了支持智库高端人才的专门政策。支持智库高端人才开展前瞻性、针对性、储备性政策研究，并在研究经费使用上给予政策优惠；支持智库高端人才参加培训交流、开展基层调研、参与国际交流合作；通过将智库研究成果纳入政府购买服务目录、加大智库研究成果评价权重、对重大成果采取"后奖励"、在社科优秀成果奖中设立智库研究成果奖专项等方式，鼓励智库高端人才多出高水平成果。为推动工作制度机制创新，《意见》就智库高端人才柔性流动、评价激励、权益保障、决策参与、信息共享、成果宣介等，作出了顶层设计。还就建立由山东省委组织部等15个部门参与的联席会议制度、发挥省科协牵头抓总作用、各相关部门支持智库高端人才工作等，提出了明确要求。日前，已完成了智库高端人才工作任务分工，梳理出26项重点任务，并对未来5年的工作任务进行了细化分解。研究制定了《智库高端人才储备库建设方案》《智库高端人才联席会议工作规则》等工作文件。

【山东省科协助力地方创新驱动发展工程】 2015年，省科协启动实施了助力地方创新驱动发展工程，山东省财政专项支持，确定了机械工程、汽车、电子信息、水产养殖、林果种植、农业机械、化学化工等7个行业，组织山东机械工程学会等7个实力较强的省级学会对应服务滕州市等7个县级示范区，积极开展技术和人才服务，形成了项目攻关、企会合作、人才培养、智库服务、基地共建、信息集成、会展推介、产业联盟等多种服务模式。7组参与单位共深入示范区企业调研上百次，建立学会服务站（基地）92个，入库技术项目104个，入库专家411名，组织院士专家开展技术咨询、项目对接、技术培训等各种形式的技术服务活动414项，签订合作协议83项，已落地37项，围绕各示范区的产业战略布局和发展共提出对策建议68项，取得了良好的经济效益。为确保工程实效，省科协先后出台了《山东省科协关于实施助力地方创新驱动发展工程意见》《山东省科协关于实施助力地方创新驱动发展工程实施方案》《关于严格工程经费管理使用的通知》等，将工程纳入了规范化、制度化管理轨道；同时，注重资源整合，做好工程与科协班子成员县级联系点工作、与学会挂靠单位工作、与科协其他工作的结合文章，形成了工作合力。

【国家级科技思想库建设试点】 省科协国家级科技思想库建设试点工作经过3年探索，建立起了科技思想库工作体系，形成了一批有价值的决策咨询成果，为新型科技智库建设奠定了基础。建立了一支决策咨询人才队伍，选聘了13位高层次智库专家，组成了顾问委员会；两批共遴选了360名决策咨询专家，组建了专家团；与省内高水平决策咨询机构合作，建立了14个国家级科技思想库研究基地；不断深化科技工作者状况调查工作，发展了43人的调查员队伍。建成了由顾问委员会、决策咨询专家、决策咨询团队、站点调查员组成的决策咨询人才队伍。搭建了多形式的决策咨询平台，围绕经济社会发展中与科技相关的问题，组织开展课题研究和科技工作者状况调查；为发挥高层次专家在决策咨询中的作用，组织开展院士专家访谈、举办智慧沙龙活动；为集聚科技工作者的个体智慧，开展优秀科技建议评选、支持学术成果提炼咨询建议。建立健全了有关的规章制度，为推动工作的规范化、制度化，先后出台了《科技思想库建设的意见》《调研课题管理办法》《科技建议征集评选办法》《智慧沙龙管理办法》《调查站点管理办法》等工作文件，保障了试点工作有章可循、规范推进。积极引导科协系统科技思想库建设，推动地方科协建省级科技思想库分库、省级学会建专业科技思想库，两批发展了28个省级试点单位。2015年，决策成果质量

有了新的提升，上报《院士建议直通车》2 项、《科技工作者建议》16 项、第三方评估报告 2 篇，省领导批示 12 项、16 人次，部分成果纳入全省“十三五”规划或进入决策程序。

【泰山科技论坛】 省科协、齐鲁晚报、大众网共同主办了泰山科技论坛。论坛以充分活跃学术思想、启迪创新思维、促进知识生产、推出原创成果为宗旨，全年共举办 27 期，162 名国内外院士专家作论坛报告，现场参与人数 1 万余人次，有效搭建起高端、权威的学术交流与科技传播平台，受到科技工作者和社会公众的广泛赞誉。目前，泰山科技论坛与省科协学术年会、重点学术活动项目等传统品牌学术工作互为补充，各显优势，形成了多层次、多元化、高水准的学术交流体系，为引领全省学术繁荣、推动自主创新发挥了积极作用。论坛选题涵盖理、工、农、医及综合交叉学科等自然科学的各个领域，一部分紧紧围绕党委政府高度关注的焦点问题，如汽车产业绿色发展之路、转化医学与生物医药产业发展、水处理与生态修复、智能电网发展技术等主题；一部分围绕学科行业发展和科技前沿的热点问题，如食品科技进步与行业发展、妇科肿瘤与微创新进展、化学实验教学改革及实验室建设研讨与展望等主题；还有一部分是为了满足公众对科学知识的渴求而设立的热点专题，如静脉输液与安全、微量营养素与儿童健康、脑血管病防治新进展等主题。参与论坛报告的专家除省内顶尖专家外，还有部分来自省外、国外的行业或学科领军人才，部分院士出席论坛并作主旨报告，吸引了大批科技工作者的积极参与，普遍达到数百人的参与规模。为确保论坛的效果，省科协从 52 个申报单位中，筛选出实力较强、工作扎实的 23 个省级学会、3 个市科协和 1 个高校科协，具体承担论坛项目。

泰山科技论坛

【山东省数字科普工程】 2015 年，山东省数字科普工程完成了 2200 台数字终端的采购、安装、调试任务。总控中心建设进一步完善，数字科普资源库储备各类科普节目时长达到 20 万分钟。目前，已完成 1 万台数字终端的安装任务，实现省市总分控对接与各级协同管理。为实现数字科普工程的持续发展，盘活社会科普资源，经过深入调研，广泛征求意见，省科协从建有市级分控平台、工作基础较好、具备社会化运营基本条件的地级市中，选择潍坊、德州、临沂、济宁、菏泽开展市级自主播控与运营试点。省科协积极为试点单位提供技术支撑和人才支持，组织技术力量赴试点市进行技术会诊和环境检测，实地解决问题，组织试点市工作人员到省总控中心进行业务培训。省科协提前谋划，在资源库建设工作中，细化资源的使用范围、时限要求，实现一次收集、广泛使用，使数字科普资源能在全省科协的数字终端、科普网站、微信、微博、APP 等平台中使用。2015 年是数字科普“十二五”规划的最后一年，省科协积极与海信集团磋商数字终端的保修问题，将 2013 年、2014 年安装的数字终端保修期限统一延长至 2018 年。

【山东省科技馆免费开放试点】 自 2015 年 5 月 16 日起，全国科协系统首批 92 家科技馆，进行了面向社会免费开放试点工作。山东省 6 家科技馆参加试点工作，分别是：省科技馆、东营市科技馆、潍坊市科技馆、济宁市科技馆、威海市科技馆、临沂市科技馆。省科协高度重视，积极与省财政厅加强联系，搞好指导和调度，各参与试点单位周密准备，采取有力措施，完善紧急疏散等应急预案，实行“免费不免票”，科学测算最大接待能力，团体预约，适时限流，确保在免费开放日当天，各试点单位如期开馆运行。为进一步了解科技馆免费开放试点工作运行情况，摸清免费开放工作规律，省科协经与省财政厅商定，对全省 6 个试点科技馆进行了一次免费开放试点工作专题调研。6、7 月份，省科协领导带队，赴免费开放试点的 6 家科技馆开展调研。调研中，查阅了各馆的相关资质报告、年度预决算、相关账目，实地察看了场馆情况，全面掌握免费开放工作具体实施情况。2015 年 12 月，中国科协科普部组织科技馆免费开放调研组到山东省进行调研，调研组一行先后赴山东省科技馆、潍坊市科技馆、临沂市科技馆、济宁市科技馆进行了实地调研，与东营市科技馆、威海市科技馆进行了座谈，并赴曹县科技馆进行了业务指导。

【《加快提升全民科学素质》专题调研】 2015年3月，省科协联合省委政策研究室和省社科联组成《加快提升全省公民科学素质》课题组开展专题研究。针对山东省实际，课题组多方查阅资料，先后赴济南、潍坊、临沂等市和部分省直单位进行了实地调研，于2015年11月形成《关于加快提升全民科学素质 支撑创新驱动发展的调研报告》（以下简称《调研报告》）。《调研报告》同时为《山东省全民科学素质行动计划纲要实施方案（2016—2020）》的编制提供了重要支撑，并以省委政研室《参阅件》的形式报送省领导。12月16日，副省长、省全民科学素质工作领导小组组长王书坚同志对《调研报告》作了重要批示，并要求将《调研报告》发省全民科学素质领导小组各成员单位参阅。

【升级“海智强鲁计划”】 2015年，新增省级海智基地1个，申报国家级海智基地2个，新建海外工作站2个，新增海智专家60人；开展国际视频连线6次，入库企业需求150项；网上数字平台和海智体系建设继续完善，人才和技术交流同步发展，“海智强鲁计划”步入2.0版。省科协被评为2015年中国科协海智工作先进单位，济南和青岛入选全国先进工作基地。与日本日荣国际专利事务所合作，挂牌成立日本工作站；与加拿大曼尼托巴省华裔教授协会合作，建立加拿大工作站。通过国际科技扬帆计划，全年遴选海智专家20人；通过对外合作，聘请了中组部千人计划特聘专家蒋宇静博士等40位专家加入专家库，海外项目库、需求库、案例库也得到不断充实。完善网上服务平台，成立“中国海智协同创新联盟”微信群，吸纳海外人员与国内相关机构代表，搭建平台，促成多项合作。开展国际视频连线，与欧洲创新联盟、无锡中欧国际等先后举办了6次中外视频连线活动，引入了德国、芬兰、英国、西班牙、加拿大的国际科技资源与基地平台对接。2015年，各基地共精选人才和技术需求信息150项，通过海智强鲁计划平台，与国外科技社团、科技工作者进行信息对接。6月份，发布了35位海外专家的合作项目，与各海智基地达成多个合作意向；8月份，与来鲁参加中国科协海智专家联席会的50多位海外专家进行了项目对接。围绕省级海智基地的升级发展，专题向中国科协海智办领导作汇报，对临沂、菏泽、烟台等地的海智工作发展进行分类指导，有序协同推进。

（撰稿人：王国晖）

河南省科学技术协会

服务经济社会发展 组织决策咨询。围绕“互联网+”时代河南现代服务业发展、河南创新人才队伍建设等主题，举办了“聚焦中原”院士专家智库论坛活动。受中国科协委托，与相关智库机构和专业力量协作，承担开展了“大众创业、万众创新政策措施落实情况和基层公共医疗设施建设、使用和管理政策措施落实情况”第三方评估工作。组织开展河南省核技术农业应用创新发展研究、河南省农作物病虫害测报调查研究等7项重点决策咨询研究项目，形成专题研究报告和科技工作者建议。围绕美丽乡村建设和现代农业创新发展，邀请农业科技专家赴相关市县，为党政干部和基层群众作专题报告。

实施“科普惠农兴村计划”。修订完善项目实施办法，加大专项资金使用监管力度，评选出40个省级先进农技协、40个省级先进农村科普示范基地、60个省级先进农村科普带头人。全省65个农技协、22个农村科普示范基地、26个农村科普带头人获得全国科普惠农先进单位和个人称号。

开展“讲理想、比贡献”活动。全省1506家企业、6.6万名科技工作者参加活动，9000多条合理化建议获采纳，建立院士专家工作站和专家服务基地60个，进站服务和参加服务团队的院士、专家3650多人次。

推荐鹤壁市申报成为全国创新驱动助力工程示范市，与中国国土经济学会等全国学会加强战略咨询、技术成果转化等方面的合作。中国科协创新驱动助力工程专家服务团赴焦作市，与风神轮胎股份有限公司进行对接洽谈。南阳、焦作、濮阳等市与中国有色金属学会、中国汽车工程学会等8家全国学会达成合作协议，开展产业技术创新合作。中国化工学会、中国药学会等14个全国学会到河南省进行对接洽谈。省机械工程学会、省电子学会、省纺织工程学会等22家省级学会与许昌、信阳、邓州等市县产业集聚区、企业签订合作协议，开展学会服务站建设、产学研用协同创新、技术人才培训等对接洽谈，开展决策咨询活动116项，已有淡水养殖海鱼项目、光电产业联盟项目和柴胡喷雾制剂项目等 26 个项目落地。获得中国科协“科技信息推广应用一站式服务”（A 类）项目和“一线创新工程师培养”项目专项经费支持，在南阳市、商丘市、洛阳市等地开展群众性创新方法宣讲和创新小组深度培训，培训专利应用工程师近 700 名，新增服务科技信息应用企业 225 家，培育科技信息应用成果 71 项。举办八期“创业公益大讲堂”，搭建创业项目与资本互信对接平台，助力科技型民营企业发展。开展“科普进园区”活动，邀请院士专家赴郑州市、开封市、洛阳市、新乡市、漯河市、商丘市、驻马店市、信阳市、汝州市等地产业集聚区和产业园区，围绕“中国制造 2025”、智慧城市与大数据、“互联网 +”战略等主题作 13 场专题报告。举办首届“寻找小麦种植王”活动，组织现代农业大讲堂巡讲，组织专家面向基层传播农业科技，促进现代农业发展。

《科学素质纲要》实施及科普工作 召开 2015 年全民科学素质工作会议，对 10 个省辖市《科学素质纲要》实施情况进行督查。第九次中国公民科学素质调查结果显示，2015 年河南省具备基本科学素质的公民比例从 2010 年的 2.30% 提升到 5.59%，由同期全国第 22 位上升至第 12 位，超额完成“十二五”河南省公民科学素质水平超过 3.78% 的目标。与中国科普研究所合作，开展了全省公民科学素质状况调查。

组织实施社区科普益民计划，25 个科普示范社区获省级奖补资金资助，21 个科普示范社区获中国科协、财政部表彰奖励。推进科普信息化进程，建设河南科普政务群、科普河南微平台等，河南科协微信被腾讯公司评为“2015 年中国十大科普机构影响力自媒体”，河南科技报微信入选“科普中国移动端融合创作项目团队”，省科技馆微信公众号入驻科普中国微平台。承担建设中国数字科技馆二级子站项目，举办河南省首届科普微电影大赛，合作开发了“科普河南”电子显示屏。

组织了以“科技成就梦想 拥抱智慧生活”为主题的河南省全国科普日系列活动，开展重点活动 700 多项。改造提升省科技馆老馆，利用中国科技馆展品展项，开展“古代科技文明展”，逐步恢复其科普展教功能。争取中央财政专项资金，支持郑州市、洛阳市、焦作市、济源市、永城市科技馆免费开放。改革创新流动科技馆巡展组织方式，利用 13 套展品，完成 36 个县站巡展任务，220 余万人次参观。开展了科普示范县（市、区）、科普示范乡镇和科普教育基地创建工作。联合郑州大学、河南师范大学，推进河南省“中学生英才计划”试点工作，促进科技创新后备人才培养。组织举办了青少年科技创新大赛、青少年机器人竞赛、高校科学营、青少年科技知识网络竞赛、院士专家报告会、反邪教警示宣传教育、科技文化卫生“三下乡”、河南科协讲坛、流动科技馆巡展、科普大篷车进乡村进校园等科普活动。

学术交流 全省共举办学术会议 1159 场次，17.36 万人次科技工作者参与，交流论文 3.3 万篇。组织实施重点学术活动项目，确定第七届全国小麦遗传育种学术研讨会、2015 年中国采矿岩层控制学术研讨会等 25 项学术活动项目列入省科协 2015 年度重点学术活动项目，建立河南省科协重点学术活动项目库。组织实施重点学科建设发布项目，鼓励全省学会积极开展学科建设调查、分析和规划工作，在全省学会申报的基础上评审出“河南省城乡规划学科建设发展报告”“河南省铸造学科与产业发展报告”2 个学科建设发布项目。

服务科技工作者 开展河南省第三届自然科学学术奖评审活动，共有 57 所高等院校、18 个省辖市科协、52 个省级学会及省科学院共 128 个单位参与，收到参评作品 5401 项，评出优秀学术论文奖一等奖 238 篇、优秀决策研究成果奖一等奖 5 项、优秀学术著作奖一等奖 23 部。完成第十二届河南省青年科技奖评选工作，组织了河南省科普成果奖评选表彰，共表彰奖励科技工作者 2779 人次，其中女性科技工作者 1045 人次，40 岁以下青年科技工作者 1305 人次。

组织开展中国工程院院士增选河南省候选人推荐工作，张新友、王复明、任辉启 3 人当选中国工程院院士。建成河南院士风采馆，并面向公众开放。完成《河南科协蓝皮书 · 科技人物卷》编撰和中国科协老科学家学术成长资料采集工程项目推荐，利用媒体平台广泛宣传奋斗在创新一线的优秀科技工作者。省科协与省教育厅等部门联合举办 2015 年河南省科学道德和学风建设宣讲教育报告会，邀请院士专家为 15 所高校 500 余名师生作了科研诚信与学术道德专题报告。积极推进河南科技工作者状况调查工作，完成了面向全省科技工作者的问卷调查回收工作，形成初步调查统计分析结果。围绕“家的温馨节日的问候”主题，开展了中国科协会员日活动，《河南日报》专版宣传了全省优秀科技工作者代表的先进事迹。

自身建设 开展“三严三实”专题教育，引导干部职工弘扬“严”和“实”的作风。坚持把纪律和规矩挺在法律前面，抓好党风廉政建设，认真落实“两个责任”，积极推进四项基础制度和两项机制建设。组织举办全省科协系统学习贯彻中央和省委党的群团工作会议精神读书班，部分省级学会、协会、研究会秘书长，各省辖市、省直管县（市）科协主要负责人，省科协机关及直属事业单位干部职工参加读书班学习。开展青年大讲堂、微型党课比赛、志愿服务等活动，深化精神文明建设工作，通过省级文明单位年度复查验收。

推动省科协直属事业单位改革发展，委托会计事务所对直属事业单位和直属学会进行内部审计，推动直属事业单位和学会加强内控机制建设。探索推进自收自支事业单位市场化、企业化改革，激发创新发展的内生动力。

继续开展五星学会创建活动，省汽车工程学会、省畜牧兽医学会等10家省级学会荣获2015年度河南省五星学会称号。在中国科协组织的全国学会创新与服务能力提升引领工程评审中，河南省科协被评为全国10家荣获奖励的地方科协之一。经省科协常委会议审议通过，接纳省医学会、省农学会等16家省级学会为省科协团体会员。在民政部门注册的农技协增加302个，新发展会员3万余人。

地市县及基层科协组织 截至2015年年底，河南省共有省辖市科协18个，县级科协158个，街道（社区）科协797个，乡镇科协1925个。地市县级科协全年共举办科普宣讲活动15405次，开展实用技术培训6400多场次，推广新技术新品种3380项，参加活动的科技人员数量达15万多人次，受众人数超过1100多万人次；组织学会学术活动600多场次，参与科技工作者达8万人次。

郑州市科协推进院士专家企业行活动，邀请多名院士到河南鸽瑞材料股份有限公司等企业进行产学研用对接。洛阳市科协实施创新驱动助力企业计划，组织市机械工程学会、市材料与检验学会等市级学会与相关企业签订科技结对服务协议。安阳市科协邀请以中国工程院副院长徐德龙为组长的院士专家组，到安阳市考察调研并作学术报告，为该市水泥行业发展建言献策。鹤壁市创建“中国科协创新驱动助力工程示范市”后，市科协积极主动服务企业与学会精准对接，推动创新驱动助力工程取得实效。濮阳市科协邀请中国科学院院士出席化工产业转型升级高峰论坛，就相关项目进行调研论证和洽谈。许昌市科协开展“千名科技专家服务三农”活动，对接项目212项，举办实用技术培训5万人次。漯河市科协首次承接国家自然科学基金调研课题，邀请华中农业大学教授带队进行专题调研，对该市生猪养殖业发展和畜产品安全提出针对性建议。三门峡市科协实施“厂会协作”活动，促进电力、焊接等学会与企业对接，联合实施科技协作与科技攻关。商丘市梁园区科协与中国国土经济学会共建创新驱动助力工程学会链接示范单位，针对该区资源配置、产业结构优化等问题开展调研咨询活动。南阳市科协积极推进科技馆布展。平顶山市科协大力推动科技馆建设前期工作。济源市科协建成大型科普电子屏并启动科普济源在线平台试点工作。

巩义市科协组织企业填报科技需求，积极与省级学会开展对接。汝州市科协在全市建设科普一条街、反邪教警示教育一条街达20余条。滑县科协组织动员农业、林业、畜牧、农机部门的161名专家，深入161个村开展科技精准扶贫。鹿邑县科协组织科技专家到168个村开展“科普惠农百村行”活动。新蔡县科协建成科普网站并与电台电视台合作开办科普栏目。

省级学会、企业科协、高校科协 截至2015年年底，河南共有省级学会141个，企业科协738个，高校科协13个。省级学会个人会员达26.7万人，团体会员5212个，主办科技期刊29种，发表论文数6939篇，总印数达50.2万册。

河南省小麦研究会承办第七届全国小麦遗传育种学术研讨会；省植物保护学会主办河南省植保高端论坛；省城市科学研究会主办河南省生态城市与绿色建筑2015高峰论坛；省科学技术史学会承办中原古代丝绸之路与大运河学术研讨会；省化学会主办中国河南—韩国釜山化工应用国际交流会议，承办2015年中国化学会晶态材料化学前沿论坛；省免疫学会等承办中国免疫学会第五届新进展研讨会和第七届二次常务理事扩大会议；省土木建筑学会、省机械工程学会分别完成河南省城乡规划学科发展报告和河南省铸造学科发展报告。

【河南省科技馆新馆获批立项建设】 省科技馆新馆建设连续两年列入省政府工作报告。省科协坚持把省科技馆新馆建设作为各项工作的重中之重，加强与各相关单位的密切协作，扎实有序推进新馆建设。省政府第58次常务会议研究确定了新馆建设理念、建设资金来源等重大事项，省发展改革委批复同意立项建设省科技馆新馆，项目选址郑东新区白沙象湖规划区，规划建设规模10万平方米，新馆建设步入正式筹建阶段。省委副书记邓凯带队赴北京市、上海市、浙江省、广东省等地科技馆调研，省科协与联席会议成员单位参加场馆调研和交流，召开展陈总体构想专家论证会和总体规划专家论证咨询会，听取专家意见建议。起草编制新馆展教工程总体规划纲要，拟定展教规划理念，并对常设展览和展教功能区进行了总体规划。组建科技馆新馆建设专家指导委员会，聘请业界专家全过程指导新馆规划与建设，委托专业机构编制可行性研究报告。协调解决新馆建设用地面积与性质问题，确定了规划设计控制性指标。起草新馆项目建设招标文件，做好工程概念设计招标启动准备工作。制定新馆建设组织保障体系、目标任务体系和人力资源体系（草案）。

【河南省科协八届二次全委会议】 3月2日，省科协八届二次全委会议在河南省郑州市召开。省科协党组书记蔡永礼主持会议并作总结讲话。省科协主席霍金花代表常委会作了题为“围绕中心　服务大局　主动作为　创新发展”的工作报告。会议传达学习了中国科协八届七次全委会议和地方科协党组书记年度工作研讨会精神，传达学习了省委副书记邓凯对科协工作的批示精神，审议通过了省科协常委会工作报告，表彰了2014年度河南省优秀科普示范暨公民科学素质建设先进县（市、区）和河南省五星学会。

【“聚焦中原”院士专家智库论坛】 8月6日，省科协与省社会科学界联合会在郑州市举办院士专家智库论坛。中国工程院院士、解放军信息工程大学教授、省科协特邀顾问邬江兴出席论坛并作主旨发言。省科协主席霍金花、省社会科学界联合会主席李庚香出席会议并致辞。中国科技发展战略研究院科技投资研究所所长、中国科技金融促进会秘书长郭戎，省政府研究室副主任王作成，省科学院副院长张占仓，河南财经政法大学副校长司林胜，省民航办副主任康省桢等30多位专家参加会议，为“互联网+”时代河南现代服务业发展建言献策。

10月21日，由省科协发起并组织，省人才工作领导小组主办的第六期“聚焦中原”院士专家智库论坛在北京举办。与会专家围绕河南省创新驱动发展与人才队伍建设献智建言。省委副书记邓凯，全国人大常委会委员、中国科协副主席冯长根，中国工程院院士、中国工程院党组成员赵宪庚出席论坛并致辞。来自中国科学院、中国工程院的12位院士应邀出席会议。与会院士专家围绕河南省完善科技创新政策环境、引进和培育科技领军人才、创新科研投入模式、加大产学研结合等发言，提出了意见和建议。

河南创新人才队伍建设院士专家智库论坛

【中国古代科技展暨河南院士风采馆开幕】 7月29日，中国古代科技展暨河南院士风采馆开幕式在河南省郑州市举办。省委副书记邓凯，省政府原副省长、省科协名誉主席张涛，中国工程院院士樊会涛出席仪式并共同启动开幕电光球。

中国古代科技展在河南展览半年，通过文物复制品、互动模型等展示我国古代卓越的科技成就和科技思想。河南院士风采馆以“全省科技蓬勃发展和科学家们的卓越贡献”为主题，集中展现在河南工作的院士和河南籍院士的人生历程、科研成就、崇高品格和爱国奉献精神。

【科普进党校、进园区活动】 4月16—17日，由省科协主办的“科普进党校”活动在红旗渠干部学院、濮阳市委党校举行。中国工程院院士、中国工程院原副院长、国家气候变化专家委员会主任、国家能源委员会专家咨询委员会副主任杜祥琬，中国科学院院士、中国科普作家协会理事长刘嘉麒，应邀分别作题为“创新发展途径、经济环境双赢”“自然灾害与人类生存”的科普报告。安阳、濮阳市县领导干部和红旗渠干部学院、濮阳市委党校学员共900余人听取报告。濮阳市委、市政府聘请杜祥琬、刘嘉麒为科技顾问，红旗渠干部学院、濮阳市委党校聘请杜祥琬、刘嘉麒为特聘教授。

5月21—29日，省科协“科普进园区”系列活动在全省多地举行。中国工程院院士、解放军信息工程大学教授王家耀，中国科学院院士、西安交通大学原副校长徐宗本等院士专家赴郑州市、开封市、新乡市、商丘市、驻马店市等地产业园区，为园区企业负责人、工程技术人员、园区管理人员、公务员等作科普报告。王家耀在郑州高新技术开发区作了题为“智慧城市与大数据”的报告，徐宗本在郑州经济技术开发区作了题为“大数据，大智慧——大数据分析与处理所面临的挑战与机遇”的报告，省科学院副院长张占仓作了题为“‘互联网+’战略实施与对策”的报告。郑州大学工业物联网研究所所长赵华东、郑州大学教授张建华、中原工学院教授李克兢、腾讯大豫网技术总监张帆等也分别围绕工业物联网、“互联网+”、工业信息化等内容作了专题报告，共1600多人次听取报告。

（撰稿人：马玉宝　朱振超）

湖北省科学技术协会

服务经济社会发展　2015年，省科协组织广大科技工作者积极参与民主政治建设，在全省“两会”期间许多人大科技界代表、政协科协界委员围绕群众普遍关心的科技问题，提交了一批议案和提案。组织编撰湖北省减轻自然灾害《白皮书》、投资环境《蓝皮书》发给人大代表和政协委员。与省高级人民法院联合开展知识产权审判专家库建设，首批推荐18位专家参与公正司法实践。

深入推进国家级科技思想库湖北分库建设，组织动员广大科技工作者围绕省产业结构优化升级和“一元多层次”战略体系深入实施中的热点、难点问题，开展课题研究和建言献策活动，形成了一批有影响的决策咨询成果，信息专报有17篇得到省领导批示和省委、省政府内刊转载刊用。

积极发挥各级科技项目对经济发展的服务支撑作用，继续实施中国科协、财政部“基层科普行动计划”，全省共有55个农村专业技术协会、14个农村科普示范基地、13个农村科普带头人、22个科普示范社区获国家表彰；深入实施湖北省科协、省财政厅“基层科普服务行动计划”，全省共有76个农业科普示范基地、83个科普示范社区、51个科普示范企业获得表彰。大力推进院士专家工作站建设，推动高端科技人才引领企业技术创新。全年新建院士专家工作站115个，总数达到402个，站点覆盖全省市县和一批传统产业、战略性新兴产业，共有省内外118位院士、302位专家与省402家企事业单位进行了技术对接，签订合作协议410多项。积极搭建服务基层企业和科技工作者的产学研结合平台，组织全省1748家企业的近百万科技工作者开展“讲理想、比贡献”活动，实施金桥工程重点项目112项，在襄阳、黄石、宜昌等市高新园区建立“企业科技信息服务推广应用平台”，运用国内外专利技术为园区370多家企业服务，为企业新增利润11亿元。启动实施“创新驱动助力工程”，首批5个学会与市、区合作，在高新区、企业建立了5个协同创新示范基地、会企创新协作基地，推广科技成果、研发先进技术、培养企业创新人才，推动襄阳成为首批全国“创新驱动助力示范市”，5个全国学会的16位知名专家赴襄阳进行了技术对接，达成合作意向24项，签订合作协议3项。

适应全面深化改革、创新社会管理的新形势，积极鼓励和支持所属学会拓展职能范围，开展承接政府职能转移改革试点，上报16家学会承接政府38项职能试点方案，已有11家学会先行先试，完成了省委、省政府交办的工作任务。在中国科协统一组织下，积极开展湖北省“推进大众创业、万众创新的政策措施落实情况”“基层公共医疗设施建设、使用和管理政策落实情况”第三方评估，圆满完成了工作任务，得到了中国科协的充分肯定。

学术交流　围绕新技术开发和战略性新兴产业发展，组织146家学会（协会、研究会）开展学术交流活动280场次，3万多人次参加，交流学术论文1万多篇。组织国际学术交流活动10场次，组织出访4次，接待来访7次。深入实施“晨光计划”，46位优秀青年学者获资助出国进修。实施中国科协学会提升能力专项和湖北省“科技创新源泉工程”，评选表彰了10个创新示范学会、5个能力提升示范学会、50名创新创业人才、5个优秀科技期刊、20名优秀科技期刊编辑。

《科学素质纲要》实施及科普工作　根据全国第九次公民科学素质调查显示，2015年湖北省公民具备基本科学素质比例达到5.47%，完成了“十二五”时期国家下达的目标任务，《科学素质纲要》实施工作继续走在中部地区前列。全省各级科协积极组织开展湖北省全国科普日等大型主题科普活动，参与公众达660万人次。全年举办各类科普报告会120场，举办

科普展览 120 场，组织全省各地农业科技专家、科普志愿者送科技下乡 210 场，组织 120 万青少年参加科技创新大赛等一系列科技活动。联合省委宣传部在麻城开展科技、文化、卫生“三下乡”集中服务活动，中国科协书记处书记徐延豪出席。大力建设社区科普大学，50% 的市州已建立总校，一批县（市、区）建立了分校和社区教学点，各地根据居民需要，打造了一系列提升居民科学生活质量、服务下岗职工创业就业、促进青少年群体身心健康的教学亮点。稳步推进科普信息化建设，联合省委组织部，依托党员干部现代远程教育网络系统平台和终端站点，开展农村科普和农村科技培训，运用各级科普网站及时发布与科技热点、民众生活、网民需求密切相关的科普信息，运用微信、微博、短信等移动端信息平台定期发布科普图文信息。积极开展科普示范县（市、区）创建活动，43 个省级科普示范县（市、区）已正式命名，首批 20 个全国科普示范县（市、区）获中国科协命名表彰。

服务科技工作者 认真履行党委、政府联系科技工作者的桥梁纽带职责，努力为科技工作者提供优质高效的服务。积极探索维护科技工作者权益的新机制，全年受理科技工作者来信、来电、来访 98 人次，全部得到妥善解决。建立健全院士专家走访慰问和联系服务机制，走访慰问了一大批院士专家。编印《科技工作者状况调查站点信息要报》20 期，10 篇被中国科协内刊转载刊用。全面推进湖北省老科学家学术成长资料采集工程，与省政府门户网站合作开设“践行社会主义核心价值观 展现湖北科技工作者风采”专栏，集中宣传报道优秀科技工作者的先进事迹。

自身建设 省科协认真贯彻落实中央和省委党的群团工作会议精神，及时传达有关会议精神，深入学会、高校科协开展工作调研，有效掌握了科协基层组织发展现状，组织专题研讨活动，共同谋划贯彻落实具体举措，作出工作部署，为做好新时期科协工作打牢基础。

继续巩固和深化作风建设成果，认真开展“三严三实”专项教育，针对 7 类 31 个突出问题开展专项整改。认真履行党风廉政建设主体责任和从严治党要求，加大从严治党、严格执纪力度，取得了显著成效，科协机关作风和政治生态明显好转。全面做好“四创建一考评”“三万”活动等各项工作，机关自身建设取得了新的突破，被省委、省政府评为全省“万名干部进万村惠万民”活动先进单位，并连续多年保持省级文明单位、全省社会管理综合治理优胜单位、档案管理省特级单位、全省党建工作先进单位等荣誉称号。

地市县及基层科协组织 全省科协系统现有 17 个市（州、直管市、林区）级科协。全省市州科协共有干部职工 501 人。2015 年，各地科协充分发挥科普工作主要社会力量的作用，共举办科普宣讲活动 1720 次，受众人数 177 万人次；充分发挥学术交流主渠道的作用，共组织所属学会举办学术交流活动 170 多场，近 2 万人次参加活动，交流论文 4000 多篇；充分发挥国家级科技思想库湖北分库的作用，共举办决策咨询活动 38 次，参加活动专家 386 人次，提供决策咨询报告 285 篇，其中上级领导批示 43 篇；反映科技工作者建议 327 条，其中获得上级领导批示 77 条，答复人大、政协代表（委员）提案 11 件；走访看望、慰问院士专家 391 人次，宣传高层次科技人才 220 人次，表彰奖励科技工作者 508 人次。

全省现有 104 个县（市、区）级科协。县级科协干部职工达 954 人，其中机关人员 708 人、直属单位人员 246 人。各县级科协充分发挥贴近基层、贴近群众、贴近实际的优势，扎实做好基层科协工作，共举办科普宣讲活动 5400 次，受众人数 600 万人次；播放科技广播及影视节目 1 万小时，举办实用技术培训 5500 次，135 万人次接受培训；推广新技术新品种 1300 项，参加各类科普活动的科技人员 5.2 万人次，各类科普活动覆盖行政村 1.46 万个，其中科普日进村 4919 个，科技周进村 3826 个，日常科普活动进村 5857 个；覆盖社区 3167 个，其中科普日进社区 1098 个，科技周进社区 838 个，日常科普活动进社区 1231 个。

全省共有乡镇科协（科普）组织 660 个、村级科协（科普）组织 20000 个，分别占乡镇、村总数的 70%。全省共有各级各类农村专业技术协会 4917 个，会员总人数达 69.63 万人，已形成了以省农技协为龙头，市州农技协为骨干，县、乡、村农技协为主力的五级组织架构，服务涵盖蔬菜标准化栽培、畜禽综合养殖、特种水产和茶叶果树科技等多个产业。

省级学会、企业科协、高校科协 省科协共有所属学会 146 个，个人会员达 16.03 万人，团体会员 5408 个，学会从业人员 730 人，其中专职学会工作人员为 140 人。2015 年，学会共开展了 280 场学术交流活动，3 万余人次参加活动，交流学术论文 1 万多篇。

截至2015年，全省国有大中型企业和混合所有制股份公司建有科协组织1100个，占总数近20%，企业科协个人会员达14万人。一年来，这些企业科协组织12万多名企业科技工作者参与“讲理想、比贡献”活动。实施“金桥工程”重点项目200多项，组织企业科技人员开展技术咨询、技术服务、技术改造和技术开发。面向企业普通员工普及科技知识，提高职工的科技水平。及时反映企业科技工作者的建议、意见和诉求，维护企业科技工作者的合法权益。

全省现有22所高校建立科协，个人会员1.08万人，专兼职工作人员46名。广泛组织科技工作者开展科技活动，推动高校与企业的科技成果对接、高校间的科技合作及协同创新，积极搭建平台开展国内外学术交流和友好交往，促进学科繁荣和人才成长。大力弘扬科学道德和加强学风建设，积极宣传科技工作者中的先进典型人物，表彰奖励了一大批优秀科技工作者。

【中国（武汉）海外科技人才离岸创新创业中心建立】 建立中国（武汉）海外科技人才离岸创新创业中心，在全国率先探索更加开放、更加便利、更加灵活的招才引智新路，共签署框架协议并设立离岸中心海外节点5处，引进海外项目（团队）8个，建立中国科协海智计划工作基地4个。湖北省科协被评为全国海智工作先进单位。

中国（武汉）海外科技人才离岸创新创业中心揭牌仪式

【第七次全国毒理学大会暨第八届湖北科技论坛】 10月25—28日，第七次全国毒理学大会暨第八届湖北科技论坛举行，全国政协人口资源环境委员会副主任、中国科协原党组副书记齐让，湖北省副省长、省科协主席郭生练出席活动。论坛围绕“环境与健康”主题，3位院士以及来自美国、英国和国内知名高校、科研院所的近1300名科技工作者共同开展了专题研讨、学术交流、建言献策活动，形成学术交流、咨询建议成果，汇编《“环境与健康”研究报告及政策建议书》报送省领导作决策参考。

【2015年湖北省全国科普日】 围绕“万众创新 拥抱智慧生活”主题，成功举办2015年湖北省全国科普日活动，中国科协副主席程东红、湖北省委常委梁惠玲出席启动式。科普日期间，全省各级科协组织1万多名科技专家、科普工作者、科普志愿者深入基层，广泛开展科普讲座、报告、展示、演出、竞赛等活动750多场（次），现场发放科普挂图、科普知识小折页、科普手册等资料18万多份，直接参与公众达450多万人次。

【“一大十中百小多专”科技馆体系】 紧密结合湖北实际，全面推进“一大十中百小多专”科技馆体系建设，按照省委、省政府提出建设“国内一流、中部领先”核心大馆的要求，省科技馆新馆（“一大”）已全面开工兴建，桩基工程基本完成，展陈内容建设正在稳步推进；市（州）一批中型科技馆（“十中”）已建成开馆或正在加紧建设，其中武汉市科技馆二馆区已于2015年底开馆，襄阳市科技馆新馆已完成主体工程，天门市科技馆以PPP模式加紧建设，咸宁市、孝感市科技新馆已开工兴建；半数县级科技馆（“百小”）已投入使用，并以产业化推进的方式同步进行升级改造；一批高校科技馆（“多专”）已经开始投入运营并面向社会开放，全省科技馆常年为近3000万人次社会公众提供科普展教服务。

【湖北省科学道德和学风建设宣讲报告会】 9月28日，由省科协、省教育厅、中国科学院武汉分院、省社会科学院联合主办的2015年湖北省科学道德和学风建设宣讲报告会在武汉理工大学举行。国家自然科学基金委员会主任、中国科学院院士杨卫应邀作题为“为学有道，为人有德”的报告。1100名在武汉28所高校、科研机构千余名研究生代表、新入职青年教师、新上岗研究生导师聆听报告。

（撰稿人：彭居毅）

湖南省科学技术协会

服务经济社会发展 实施创新驱动助力工程。出台《湖南省科协关于实施创新驱动助力工程的意见》，选取岳阳市、长沙高新区2个市（园区）作为首批创

新驱动助力工程试点。出台《湖南省科协创建海智计划工作基地试点实施方案》，在宁乡经济开发区、湘潭经济开发区、株洲高新区动力谷建立3个海智基地。联合省发改委、省科技厅等举办首届“创客湖南”科技产品及项目展示会。建立9个市级创新服务站。开展“加强企业科协组织建设，全面提升企业自主创新能力”专项调研，编辑印发《企业科协与自主创新》工作手册。建成石化和新材料两家产业创新联盟。省科协被中国科协评为“2015年地方科协服务企业科技创新示范单位”。

促进科技成果转化。与中兴通讯公司合作建设“科技成果转化服务平台”。与省科技厅联合制定了《湖南省院士专家工作站认定办法（试行）》，在湖南杉杉、华曙高科等13家单位新建省级“院士专家工作站”。向1269家中小微企业推广专利信息2000多万条，培养一线创新工程师107人。省科协科技咨询中心承担的科技信息推广应用服务项目，以综合评分排名全国第二的成绩获得中国科协A类奖励。

启动科技智库建设。制定《湖南省科协科技思想库建设实施方案》。征集到1260名湖南省科技专家基本信息。进一步加强决策咨询工作，组织开展决策咨询课题征集与评议，共评选8个项目，编印《三湘科技工作者建议》两期，向省委、省政府、省人大、省政协及有关部门反映，为推进湖南“三量齐升”和“四化两型”建设献智献策。

开展第三方评估。根据相关部署和要求，省科协对全省“双创”工作情况进行深入调研，形成了《湖南省推进“大众创业 万众创新”政策措施落实情况评估报告》并呈报给省委、省政府，引起了省领导的高度关注。副省长李友志对该报告给予充分肯定，并作出批示。10月，中国科协党组成员、书记处书记王春法率专家组到湖南，开展“基层公共医疗设施建设、使用和管理政策措施落实情况”评估调研。由评估调研组专家撰写的《湖南省基层公共医疗设施建设、使用和管理政策措施落实情况评估报告》，受到中国科协领导和专家组高度评价，呈报国务院后，李克强总理予以充分肯定。

实施“援藏、援疆科技增效工程”。与省委统战部联合制定出台《湖南省援藏科技增效工程实施方案》。与省委统战部联合组织有关专家，于7月到西藏山南地区实地调研考察，了解项目需求，对接相关工作。11月，举办为期10天的西藏、新疆科协干部培训班，组织21名西藏山南地区和新疆吐鲁番市科协干部到湖南学习考察。

《全民科学素质行动计划纲要》实施及科普工作　发挥省科协在全省《科学素质纲要》（以下简称《纲要》）实施工作中的牵头作用，建立健全了湖南省纲要办，成员单位由23个增加到31个。

开展《纲要》实施省级督查。牵头组织“省纲要办”有关成员单位，开展了全省《纲要》实施工作实地督查。督查组分赴省委宣传部、省教育厅等6个省纲要办成员单位，长沙、娄底等9个市州和宁乡县、武陵区等5个全国科普示范县（市、区）创建单位进行了实地督查，并形成了督查报告上报省政府。

完成《纲要》迎国检工作。组织召开“2015年湖南省科协科普工作会议”“湖南省《全民科学素质行动计划纲要》实施推进工作会”等重要会议8次。9月14—17日，国家《纲要》实施工作督查组组长、中国科协副主席、党组副书记程东红率相关部委一行10人，到湖南进行了实地督促检查。2015年湖南全民具备基本科学素质比例达到5.14%，比2010年提高136%。

湖南省《全民科学素质行动计划纲要》实施推进工作会议

开展主题科普活动。围绕“创新创业 科技惠民”主题，与省科技厅、省委宣传部、省教育厅联合举办2015年湖南科技活动周。围绕“科学减灾 依法应对”主题，开展防灾减灾科普宣传活动。与省委宣传部等部门联合开展“三下乡”活动。全省各级科协共组织1万余人次科技专家、科普工作者、科普志愿者参与各项活动，共发放科普书籍50万余册，悬挂宣传标语1000余条，展出展板2000余块，放映宣传片40场次，举行消防、地震等安全演练30场次，受益群众120万余人次。举办以“万众创新，拥抱智慧生活”为主题的2015年全国科普日湖南（长沙）主场活动，吸引1万余名公众参与。全国科普日活动期间，全省科协系统和有关部门单位上下联动，组织开展了科普进校园、科普进社区、科普惠农、科普开放日等科普活动200多项。同时，还举办了全省青少年机器人演示互动体验活动。

开展青少年科技教育。4月17—19日，第36届湖南省青少年科技创新大赛在岳阳市东升小学举行。省科协、省教育厅、省科技厅、省环保厅、团省委、省自然科学基金委、岳阳市人民政府等主办单位领导出席了开幕式。全省14个市州的164名学生代表，30名科技辅导员教师和科技工作者代表参加了开幕式。大赛共收到作品823项，内容涉及工程学、生物学及社会科学等13个学科。最终评出学生优秀创新项目一等奖45项、学生优秀创意项目一等奖7项、教师优秀创新项目一等奖18项、优秀科技实践活动一等奖33项。本届创新大赛首次增设青少年科技创意比赛；首次对评审结论采用定性与定量相结合的评价标准。5月15—17日，第八届湖南省青少年机器人竞赛在衡阳市成章实验中学举行。省科协、省教育厅、省科技厅、衡阳市人民政府等主办单位有关领导出席开幕式。全省14个市州的350支队伍、860余名选手，参加了FLL机器人工程、VEX机器人工程、机器人创意等六大类项目竞赛。共有76支队伍获得金牌。2015年，湖南省学子参加国际五项学科奥林匹克竞赛获得4枚金牌、2枚银牌，竞赛成绩位居全国第一。长沙市长郡中学潘登同学以世界第三的优异成绩勇夺第46届世界物理奥赛金牌。长沙市雅礼中学贺嘉帆、谢昌志分获国际数学奥赛金银牌。长沙市一中陈展鸿同学荣获第26届国际生物奥林匹克竞赛（IBO）金牌。长沙一中彭路遥同学获第47届国际化学奥林匹克竞赛金牌。长沙市雅礼中学刘研绎获第27届国际信息学奥林匹克竞赛（IOI2015）银牌。

科普公共服务能力建设取得新进展。出台全省科普惠农、科普益民项目管理办法，清理49个“科普惠农兴村计划”奖补对象，强化后续管理。全省各级获得国家和省级“基层科普行动计划”奖补。科普主题公园建设纳入《湖南省经济社会发展“十三五”规划》。省科技馆和岳阳市科技馆获准列入全国首批科技馆免费开放试点单位。组织7套流动科技馆深入9个市州、20个县市区开展了巡展活动，接待观众109.4万人次；组织23台科普大篷车深入12个学校和社区开展了科普宣传活动，受众3.35万人次。向中国科协推荐全国科普示范县18个。中南大学人体形态学科技馆等13个基地被认定批准为全国科普教育基地。协同省农信社推进“银会合作”，重点支持农技协等基层科普和致富带头人产业化发展。自2014年以来，已安排“银会合作”项目216个。同时，与中国邮储银行湖南省分行签订合作协议，落实了2016年项目。与省农委联合印发《关于推进农村专业技术协会开展农技社会化服务的实施意见》，将农技协纳入基层农技推广体系建设范畴，实行双边认同、双边认证。

开展科技扶贫、驻村帮扶。出台《关于动员和组织全省科技工作者投身科技扶贫攻坚战的实施意见》。选派2名干部进驻涟源市杨市镇蓉峰村开展帮扶工作。研究制定《湖南省科协三年扶贫规划》和责任清单，落实扶贫项目资金，组织学会专家进行产业发展调研指导。通过修建道路、维修山塘、改建农家科普网络书屋、建设科普文化健身休闲广场，较好地改善了公共设施，丰富了村民的精神文化生活。在2015年度的扶贫工作考核中，省考核组给予省科协满分的评价。

学术交流 全省各级科协及省级学会共举办学术交流活动1220次，参加学术交流活动人数17.6万余人次，交流学术论文3.17万篇。举办国内学术会议1134次，高端前沿学术会议219次，综合交叉学术会议409次，学术服务活动506次。举办国际学术会议76次，香港、澳门、台湾地区学术会议10次。举办以2015年湖南科技论坛为代表的品牌学术活动，论坛以“科技创新与转型升级”为主题，由主会场报告会及2015中国（湖南）国际机械装备博览会和4个专题分论坛组成。承办了以“全球科学教育改革背景下的馆校结合”为主题的中国科协第七届“馆校结合·科学教育”论坛，中国科协党组成员、书记处书记徐延豪出席论坛，并作了题为“优先发展STEM教育 增强国家未来竞争力”的主旨报告。5月邀请中国科协副主席、党组副书记程东红等领导和专家参加第三届中国（湖南）国际矿物宝石博览会。10月举办2015年“童梦圆”青少年发展论坛湖南分论坛。

服务科技工作者 广泛开展“双联”工作。出台《湖南省科协工作人员联系省科协常委、常委联系基层科协组织工作办法（试行）》，建立以省科协常委会5个专门委员会为基础的机关干部和直属企事业单位部分班子成员联系省科协常委、常委联系科协基层组织的制度。省科协名誉主席、部分院士、42名省科协常委，开展“双联”活动超过100次。

全面开展全省科技工作者状况调查和科协组织建设状况调查工作。开展近10年来最为全面的湖南省科技工作者状况调查及科协组织状况调查工作，并撰写调查报告。

精心做好院士推荐（提名）工作。2015年，湖南新增院士7名，是全省新增院士最多的一次。组织开展"第十二届中国青年女科学家奖""第十四届中国青年科技奖"候选人推荐工作，共向中国科协推荐12名优秀科技工作者。牵头组织召开"湘企——长沙东尤喜获'全球人居环境绿色技术最佳范例'奖"新闻发布会，宣传科学精神和科技创新创业人物，推广湖南科技创新成就。全省各级科协组织和学会宣传科技工作者2062人，表彰奖励科技工作者1.06万人次。开展科学道德与学风建设宣讲活动16次，走访看望（慰问）科技工作者4429人次，反映科技工作者建议2670条，答复人大、政协代表（委员）提案324件。

自身建设 切实加强"科技工作者之家"硬件和软件建设。一方面拟建成"科技工作者之家"、科学传播中心和科学文化建设阵地，并着手启动省展览馆的提质改造。另一方面加强"虚拟之家"建设，探索建立为科技工作者服务的"一站式服务"平台和全省智库服务平台，通过互联网为科技工作者提供方便快捷的服务。

大力加强党建工作。扎实开展"三严三实"专题教育。认真落实群众路线教育实践活动、巡视组反馈意见、2014年度党组民主生活会、审计组反馈意见整改工作，健全长效机制。落实党风廉政主体责任和监督责任、领导干部"一岗双责"责任，推进惩防体系建设。开展基层党支部标准化建设，全面实行党支部书记党建工作述职。

持续加强干部培训。2015年5月和8月分别在湖南师范大学和省委党校举办了为期各1周的湖南省科协系统干部培训班。省科协机关干部、直属单位和市州科协班子成员、全省县级科协主席基本轮训完毕。

着力优化科协发展环境。省科协就《中共湖南省委关于加强和改进党的群团工作的实施意见》《湖南省经济社会发展"十三五"规划》以及构建现代公共文化体系、加快科技服务业发展、加强新型智库建设、"双创"实施方案等涉及科协事业发展的文件，提出修改意见和建议，尽可能将科协工作纳入其中，努力增加科协工作抓手，拓展科协工作平台。

地市县及基层科协组织 湖南省现有各级科协组织137个，其中市州科协14个，县市区科协122个，街道（社区）科协676个，乡镇科协1938个，农村专业技术协会4485个。全年组织举办科普宣讲活动1.65万次、青少年科普宣讲活动1228次、实用技术培训2.32万场次，推广新技术、新品种3196项，参加活动科技人员总数达6.8万人次，受众人数超过430万人次。

长沙市科协开展院士专家长沙行活动。围绕宁乡锂电新材料产业发展，邀请全国该领域知名院士专家22人，到宁乡高新区考察指导、洽谈合作，举办锂电新材料高峰论坛和新能源新材料产业对接会，促成7个项目签约。

岳阳市科协与河北保定市科协签署战略合作协议，正在筹建北京中关村天合科技成果转化促进中心岳阳分中心。

长沙市浏阳市科协通过开展"科普进屋场"活动。围绕科普服务，打造秀美、人文、和谐屋场。以科普荣誉评比、夯实科普基础、开展科普活动促屋场建设。9月14日，中国科协党组成员、书记处书记徐延豪到该市调研，充分肯定了"科普进屋场"活动。

省级学会、企业科协、高校科协 现有省级学会129个，省级学会个人会员41.1万余人，团体会员7712个，省级学会从业人员608人。在44个省级学会实施"学会服务能力提升计划"。全省共有20个省级学会在专业技术职称评定、执业资格认证、技术标准及规范制定、安全事故鉴定、科技奖励、科技成果评定、科技培训等方面承接了相关政府部门转移职能。加强学会党建工作，编印《省级学会党建工作手册》，全省已有102个省级学会建立了党支部。省科协社会组织党委被中共湖南省社会组织党工委评为先进党组织。

湖南省护理学会举办第三届两岸四地护理质量与安全管理学术论坛，邀请香港特别行政区、台湾地区、澳门特别行政区及省内知名专家围绕"护理质量与安全管理"主题作专题报告，全省各大医院护理学科代表200余人参加论坛。省航空学会以"聚焦航空发动机最新项目"为主题举办中国航空推进技术高峰论坛。国内外知名航空制造企业代表、知名航空院校专家围绕"航空推进技术的变革与创新"等话题进行了探讨。

现有高校科协23个。2015年全省高校科协共承办、协办各类学术交流活动50多场次。中南大学科协与佛山市南海区政府签订协议共建中南大学（国家）技术转移中心南海分中心。湘潭大学科协与湘潭高新区联合开展“专家企业行”产学研对接。

现有企业科协99个，园区科协11个。8月召开全省企业科协联合会第四次会员代表大会，成立湖南省企业科协联合会创新联盟，创新联盟获得中国科协重点项目支持。中国石化长岭炼化公司科协与省石油学会联合，举办以“科技创新与效益提升”为主题的科技论坛。论坛与“院士专家企业行”相结合，围绕企业的生产经营发展需求开展学术技术交流与重点难点课题攻关服务，成为2015年中国科协石化行业创新联盟示范课题。

【2015首届“创客·湖南”科技产品及项目展示会】 9月18—20日，由省科协、省科技厅、省人社厅、省经信委、省教育厅、团省委、长沙国家高新技术产业开发区共同主办的“创客·湖南”科技产品及项目展示会在省展览馆举办。展会秉承“大众创业、万众创新”主题，致力于打造一个科学技术普及、智慧引领未来、创意创作融合、创新创业扶持的互动交流平台。展会现场分为“智见未来”高端智能硬件展演区、“生态E家”智慧生活交互体验区、“创在云端”新型智能软件首秀区、“青少年乐创汇”“专利产品展示区”“高新人才招聘区”六大板块，通过举办创客项目路演会、高新人才招聘会、“创新时代，智造未来”青年创客主题讲座、民间创新发明成果演绎等四大主题活动，形成“看、玩、学、讲、赢”一体化的展会形式。

【2015年湖南科技论坛】 10月15日上午，2015年湖南科技论坛主会场开幕式暨主题报告会，在湖南国际会展中心举行。全国人大常委、中国工程院院士、中国科协副主席、湖南省科协主席黄伯云出席大会并致辞。湖南省政协原副主席、中国工程机械工业协会副会长、省科协副主席龙国键主持大会开幕式暨主题报告会。省机械工程学会理事单位、省内部分高校、省会科技界代表共计300余人出席大会。中国工程院制造业研究室主任屈贤明以“中国制造2025——走向制造强国的纲领”为主题作报告；刘友梅院士结合轨道交通发展的历程和发展的最新动态，提出了轨道交通装备发展的战略思考；许小曙博士介绍了增材制造应用领域发展现状和最新趋势，用案例诠释了3D打印的广泛应用前景。开幕式现场还举办了2015年中国（湖南）国际机械装备博览会，吸引大批与会代表参观。论坛还征集了多篇论文，精选辑录36篇汇编成论文集，供大会讨论参考。本届论坛由主会场报告会及2015中国（湖南）国际机械装备博览会和4个专题分论坛组成，分别由湖南省机械工程学会、湖南省石油学会、湖南省水产学会、湖南省计算机学会、南华大学、衡阳市科协等单位牵头承办，系列活动持续到11月底。

【2015年湖南省全国科普日】 9月19日上午，由省科协、省教育厅、省科技厅、省经信委、长沙市人民政府联合主办的，以“万众创新，拥抱智慧生活”为主题的2015年全国科普日湖南（长沙）主场活动在湖南省科技馆举行。活动主要包括启动式和主场系列活动。科普日主场活动重点围绕大数据、云技术、人工智能、物联网等智能信息新技术开展科普活动，重点展示企业和个人为提升公众生活质量方面的创新产品。湖南省政协副主席、九三学社中央常委、湖南省委主委张大方，中国科协副主席、中国工程院院士、湖南省科协主席黄伯云以及省科协、省教育厅、省科技厅、省经信委、省财政厅、省社科院、省气象局等单位领导出席开幕式。主场系列活动包括智慧生活“家”展览、星城科学讲堂、“科普湖南”“长沙科普”等微科普平台宣传推介及互动活动、科普文化展示交流、湖南省科技场馆免费开放及科学体验活动等。“全国科普日”活动期间，全省科协系统和有关部门单位上下联动，组织开展200多项科普进校园、进社区、科普惠农活动、科普开放日活动等系列活动。8个项目获评“优秀特色活动”。

【“激情五月·青春飞扬——青年科学家进校园”巡回演讲】 2015年“激情五月·青春飞扬——青年科学家进校园”巡回演讲活动分别于5月15—16日在怀化辰溪县、新晃县和益阳桃江县、安化县举行。5名青年科技奖获得者——彭立总工程师、刘中华教授、王金斌教授、张德咏研究员和张世辉研究员，结合自己的亲身经历，言传身教，向怀化辰溪县和新晃县，益阳桃江县、安化县五所学校的青少年学生讲述了科学探索、刻苦钻研、学会读书的重要意义。2015年，湖南科协“激情五月·青春飞扬——青年科学家进校园”被纳入了全省精神文明建设工作承诺项目，省科协出色完成了这一工作并得到了省文明委的肯定。

（撰稿人：谢　群）

广东省科学技术协会

服务经济社会发展 2015年，省科协深入实施“千会万企金桥工程”，年度内建立“院士专家企业工作站”15家，工作站总数达133家。建立“学会科技服务站”54个，服务站总数达225个。

推进实施广东版“海智计划”。“南粤海智网”正式上线，新建立了4个海外“海智工作站”，新建立了1个中国科协海智基地和1个中国科协海智示范基地。新增引进海外创新团队1个、高科技项目4个，海外高层次人才4人次。

实施“基层科普行动计划”和“千会服务千村”行动。2015年全省有66个先进集体和21名个人分别获得国家和省级的表彰奖励，发放奖补资金1360万元，中国科协、财政部分配给广东省“全国科普示范社区”的推荐名额连续4年位列全国第一。获“全国科普示范社区”表彰数量连续4年名列全国第一。

推进广东科技思想库建设。开展2015年广东省科技思想库研究课题评审工作，评审确定了10个立项资助项目和5个立项项目。

按照省委、省政府扶贫开发“规划到户、责任到人”工作要求，依托科技人才资源优势做好扶贫开发工作。省科协投入资金59万元，帮助河源市东源县鹤塘村建立经济发展平台，发展水晶梨、蜜蜂等特色种养产业，推进村容村貌整治、基础设施建设，全村脱贫率达100%，全面完成帮扶工作目标任务。

努力推进援藏援疆工作。牵头组织省微生物研究所等五家科研单位专家教授到西藏林芝地区开展科技服务活动，助力教育、医疗、科普等民生项目建设，投入40多万元援助林芝地区科协；深入新疆喀什地区调研对接，积极争取省对口支援西藏新疆工作领导小组办公室和前方指挥部支持，签订了《科协系统对口援疆协议书》。

《科学素质纲要》实施及科普工作 2015年广东省公民具备基本科学素质的比例达到6.91%，比2010年的3.29%增加了3.62个百分点，位列全国第六，超额完成了“十二五”广东省公民具备基本科学素质的比例要达到5.05%的目标任务。

省科协组织开展了“2016—2020年全国科普示范县（市、区）”和广东省“科普示范县（市、区）、镇”的创建活动，完成对19个申报单位的考核验收工作。

开展主题科普活动。组织开展全国“科技活动周、防灾减灾日、食品安全宣传周、科普日”和全省“科技进步活动月、环保宣传月、网络安全宣传周”等群众性科普活动，完成重大科普活动项目5600多项，参与人员达3000多万人次。组织开展第十七届中国科协年会系列科普活动1239项。组织开展“千乡万村科普惠农行动”“科普大篷车”巡展活动、广东省“中国流动科技馆”巡展活动。

推进重点人群科学素质提高。组织开展全省青少年科技创新大赛、机器人竞赛、科技实践能力挑战赛和虚拟机器人竞赛、科学调查体验活动、高校科学营和广东省中学生英才计划等全省示范性科技创新活动。在第30届全国青少年科技创新大赛中，广东省共获一等奖16项、二等奖34项、三等奖23项和各类专项奖9项。

加强科普资源开发和科普条件建设。编印《公民科学素质读本》丛书、科普口袋书16万册，各类科普挂图或海报、科普折页等35万张。组织地方科技馆开展免费开放工作，广东省有5家科技馆获得中央财政免费开放补助资金765万元。启动“公众科学素质教育体验馆（科普书吧）”试点建设，在全省建立体验馆51座。组织全国和省级科普教育基地的考核和认定工作，新建省级科普教育基地16家。省科协在全省国家级（省级）科普示范社区、科学教育特色学校、青少年科技实践基地等场所，牵头开展公众科学素质教育体验馆（科普书吧）试点建设。联合48家单位共建了51座公众科学素质教育体验馆（科普书吧）。2015年，公众科学素质教育体验馆（科普书吧）工程注册登记的漂流图书已达10万多册。

提升科普信息化水平。建设“广东微科普传播平台”，开展微博、微信配送，微视直播、在线访谈。开展“四走”［走进科普画廊（宣传栏）、走进科普教育基地、走进科学素质教育体验馆、走进全国科普日］等线上线下活动和第二届“科普随手拍”微信摄影大赛，做好“科普中国”平台的推广使用工作，对岭南科普网进行了改版。

学术交流 2015年，省科协及所属学会共组织了960场次学术活动，其中国内860场次、国际（境外）100场次，有20万人次科技人员参加，3万多篇论文出版印刷。

举办第十三届广东省科协学术活动周、广东科协论坛5期和广东院士讲坛5场。支持英国机械工程师学会香港分部在华南理工大学广州学院举办第四届大中华设计比赛。组织有关地市科协与台湾玉山科技协会、台湾科技产业协会等台湾地区科技团体开展官产学研方面的交流。承办中国科协第一届中欧（深圳、中山）生命科学论坛，促成海外专家带来项目且找到对接单位。与香港京港学术交流中心联合举办第11届泛珠三角区域科协与科技团体联席会议暨科技园区创新驱动发展论坛。与比利时、意大利、俄罗斯、瑞士、芬兰等国家有关科技团体、机构签订了战略合作框架协议。

服务科技工作者 做好联络维权服务工作。举办在广东省工作的院士迎春座谈会，做好院士专家“直通车”工作。走访慰问了20位在广东省工作的院士。进一步落实解决院士就医绿色通道等事宜，协助解决院士日常就医等工作。组织院士考察团赴汕头休养考察，组织青年科学家到阳江市学习考察，为当地经济社会发展和创新驱动发展建言献策。做好省科协特邀委员（香港、澳门）的聘任工作，2015年共聘任省科协港澳特邀委员24名。

宣传表彰和推荐优秀科技工作者。组织省科协所属省级学会、协会、研究会和高校科协、企业科协推选中国工程院院士候选人，做好中国科协求是杰出青年成果转化奖候选人、第十四届中国青年科技奖的推荐工作。完成第十三届广东省丁颖科技奖评审表彰工作，共表彰20名广东省丁颖科技奖获奖者。开展了第二届省级学会优秀决策调研成果评选活动。

自身建设 加强制度、条件和干部队伍建设。认真执行《中共广东省科协党组会议制度》《广东省科协机关行政办公会议制度》。制定《第十七届中国科协年会经费管理细则》。组织开展2016—2018年省级部门中期财政规划编制工作。加强对省科协干部队伍的培养、使用和管理，优化了干部队伍结构。

加快直属单位改革发展。推进广东科技报社转企改制工作，协调好工商、财政等部门，为报社转企改制提供帮助。5月，广东科技报社完成了企业工商登记，领取了“广东科技报社有限责任公司”营业执照，使报社走出了既非企业也非事业单位的困境。

地市县及基层科协组织 珠海市科协积极实施“创新驱动助推计划”，以“一会三创”（科技人创新大会、创想梦、创融桥、创新术）活动为载体，助推科技人员创新创业。

广州市科协以“万众创新，共建智慧广州”为主题，组织大型科普嘉年华活动，开通“科普穗道”，打造一个“去行政化”、市民喜闻乐见的公益性网络科普平台。

汕头、潮州、揭阳三市科协联合开展“第九届潮汕星河国瑞科技奖”评选工作，形成良好的区域影响力。

深圳市科协完成科技部国家资源平台13批次共195个国际科技合作项目在深圳的推荐与对接。

东莞市科协开展了“科技东莞”工程项目评审工作，完成2014年东莞市专利奖、2015年东莞市重大科技专项等重大项目的评审工作。

省级学会、企业科协、高校科协 在科技工作者密集的科技型企业、高新技术开发区、科技园等建立科协基层组织，全省已建立企业科协1000多家。

在华南农业大学、深圳大学2所大学成立高校科协。

广东干细胞与再生医学协会和广东省医师协会2个社会团体成为广东省科协团体会员。

实施“学会能力提升计划”，推进省科协所属学会有序承接政府转移职能工作，省级学会已承接了72项政府转移职能，向政府购买服务事项165项，有40个学会提出了126项的承担任务意向清单。

开展2014—2015年度省级学会先进集体和优秀秘书长评选活动，共评选出省级学会先进集体20个、优秀秘书长39人。

【承办第十七届中国科协年会】 由中国科协和广东省政府联合主办、省科协承办的第十七届中国科协年会于5月23—25日在广东省广州市举办，本届年会以“创新驱动先行”为主题。中共中央政治局委员、国家副主席李源潮，中共中央政治局委员、广东省委书记胡春华，全国政协副主席、中国科协主席韩启德致辞。全国政协副主席、科技部部长万钢，十一届全国政协副主席王志珍等党和国家领导人，省委副书记、省长朱小丹，省人大常委会主任黄龙云，省政协主席王荣，省委常委、统战部长林雄，省委常委、常务副省长徐少华，省委常委、省委秘书长林木声，省委常委、广州市委书记任学锋，副省长陈云贤等省领导，6位诺贝尔奖等世界科学大奖获奖者，115位两院院士，62位副部级以上领导，284位港澳台代表，16个国家36个国外科技组织的74位外国专家、学者和国内3900多名科技工作者参加了年会。

年会期间举行了开幕式暨大会特邀报告会、学术交流、科普活动、咨询服务、广东省党政领导与院士专家座谈会、专项活动等五大板块的活动2000多项。16个分会场分别由国家、省级学会等联合举办，围绕学科发展中的前沿交叉问题和广东经济社会发展，结合生物技术、机器人及高端装备制造、物联网、新材料以及海上丝绸之路、新能源汽车、清洁新能源、北斗卫星应用、广东省经济社会发展重点领域的科学问题进行交流和研讨。其中，474篇论文编入年会《论文集》。形成了23个专题调研报告，组织开展系列社会科普活动1239项。

在第一届创新科技成果交流会上，共有26项总金额达45亿的成果签约落地，100多个项目达成合作意向。其中，省级学会共推荐项目31个，省机械工程学会、省食品学会推荐的项目参加了签约仪式，达成了合作意向。

中共中央政治局委员、国家副主席李源潮同志称赞："第十七届中国科协年会办得很好、很成功、很精彩，各方面都很满意。"中共中央政治局委员、省委书记胡春华同志作出重要批示："年会组织得很好，小单位办大会，办了一件大事，希望继续努力，在创新驱动发展中发挥积极的作用。"省长朱小丹同志批示："肯定成绩，总结经验，用好成果，促进工作。"省委常委林雄、副省长陈云贤也给予了充分肯定。年会期间，人民日报、新华社、中央电视台等中央主要媒体关于年会的报道，质量和数量都是历届年会之最；南方日报、广东电视台、广州日报等地方媒体围绕年会展开了高密度、深层次、全方位的宣传报道。

【学会科技服务站】 2015年，省科协推进学会科技服务站建设，根据学会学科专业、服务领域、工作对象的不同，组织专题调研，先行试点，总结经验，厘清了建站思路，探索出多种建站模式。

根据服务主体的不同分为省级学会单独建站、省市学会联合建站、市级学会单独建站3类。目前共有省食品学会、省机械工程学会、省养蜂学会、省营养学会等25个省级学会创建了80个学会科技服务站；14个地市科协开展创建学会科技服务站工作，市级学会共建立站点145个；学会科技服务站总数达225个。近5年来已为地方政府、企业等提供科技服务7900多次，提供技术攻关和开发新产品710项，帮助企业、专业镇和农民新增经济效益20.6亿元。

（撰稿人：刘泽周）

广西壮族自治区科学技术协会

服务经济社会发展 开展决策咨询。广西科技创新智库建设被纳入广西特色新型智库体系，全年向自治区党委、政府和中国科协报送《广西科技工作者建议》6期，报送《科技思想库成果专报》10期，其中4期获自治区领导批示；向自治区政协提交提案6篇。开展2015年度广西科协建言献策专题调研项目申报、调查研究课题申报、资助高校青年教师及研究生专项课题申报工作。开展了2015年度广西科协优秀科技工作者建议征集和调研课题选题征集活动。编辑出版《2015年自然灾害白皮书》《广西科技工作者科学道德和学风建设状况调查研究报告》《广西科技人才政策效益实证分析研究》等科技思想库丛书。

实施"会市发展协同创新活动"。广西科协与崇左市政府联合开展会市协作助力创新驱动试点，多次组织学会专家深入崇左市开展调研，举办专利申请知识培训班等活动，在崇左市推动成立广西首家院士专家服务中心。2015年，全自治区共建立院士专家工作站6家，比2014年新增1家。探索开展会企合作新模式，广西轻工学会、农学会、机械工程学会、养蜂学会等分别与相关企业签署技术合作协议，建立4家会企合作示范基地。启动国家创新方法工作柳州欧维姆项目，柳州欧维姆公司被确定为"国家创新方法专项工作项目基地"。全年举办创新方法进企业巡讲活动12场和萃智理论（TRIZ）师资培训班3期，培训科技人员2600多人次，帮助中小企业培养创新型科技人才，破解企业发展难题。

实施全国"基层科普行动计划"。有50个农技协、26个科普示范基地、20名农村科普带头人、1个少数民族科普工作队和9个科普益民示范社区获得中国科协、财政部奖补资金资助。实施"广西科普惠农兴村计划"，表彰先进单位和个人72个。实施"五个一"农村适用技术培训工程，15万人次农民参加培训，表彰奖励140名先进单位和个人。

12月4日，由广西科协、广西财政厅主办，南方科技报社、广西科技馆承办的2015年广西"科普惠农兴村计划"成果交流活动在广西科技馆启动。来自全自治区各地200多家农技协、科普示范基地的1600多种优质农产品集中展出，大型超市、农产品批发市场、电商和农村经纪人参加交流活动，寻找商机。

实施"银会合作"计划。12月23日，广西科协和中国邮政储蓄银行广西分行联合召开全自治区“银会合作”工作推进会，广西科协副主席何求和中国邮政储蓄银行广西分行行长史军保分别代表双方签署《广西科协与中国邮政储蓄银行广西分行合作框架协议》。根据协议，双方合作搭建服务“三农”、服务“小微”的“银会合作”平台，未来三年邮储银行广西分行将为广西各地农技协、农业技术推广示范基地等“银会合作”项目提供授信额度16亿元，支持广西特色农业发展和农业新技术推广。

开展科技扶贫工作。2015年选派1名处级干部挂职融安县委常委、副县长、融安“美丽广西”乡村建设（扶贫）工作队队长，增加资金投入，助力当地经济建设。选派2名干部到平果县马头镇古念村、塘莲村担任扶贫第一书记，抽调6名干部到平果县开展为期三个月的精准扶贫识别工作。

《科学素质纲要》实施及科普工作 健全全民科学素质纲要实施工作机制，加强与成员单位协调联系，强化督促检查工作，落实目标责任。全年创建15个全国科普示范县、10个自治区科普示范县。完成2015年广西科普教育基地认定与命名，新建自治区科普教育基地23个，自治区科普教育基地发展到124个。制定并印发《广西壮族自治区2015年全民科学素质行动工作要点》，组织专家对2013—2014年全民素质工作创新案例和调研论文进行评审，编印全民素质工作创新案例集与全民素质工作论文集，总结、集成、推广《科学素质纲要》实施工作中好的做法和案例。中国科协发布的第九次中国公民科学素质抽样调查结果显示，2015年广西具备基本科学素质的公民比例达4.25%，比2010年的1.39%增长了205.76%，比原定“十二五”2.56%的目标提高了1.69个百分点，全国排名从2010年的27位上升至24位。

联合自治区各级科协组织和全民科学素质工作领导小组成员单位，开展形式多样的主题科普活动，服务和参与生态乡村建设。6月5日，为纪念“世界环境日”，与自治区环境保护厅等单位联合举办自治区“美丽广西·生态乡村”百场生态乡村建设主题科普活动启动仪式，自治区各级科协联动组织开展相关主题活动100多场。9—12月，组织开展以“万众创新，拥抱智慧生活”为主题的全国科普日活动暨广西“十月科普大行动”，自治区各地、各有关单位和部门共组织开展主题科普活动300多项，参与和受益人数达400多万人次。组织开展2015年度“广西科技活动周”“全国科技周广西活动”“防灾减灾宣传周”“全国食品安全宣传周”等活动，推动科普宣传进农村、进企业、进校园、进社区。开展科普大篷车“月月行”活动，分别在北流市、西林县、金秀县、灵山县等地举办了13场活动。

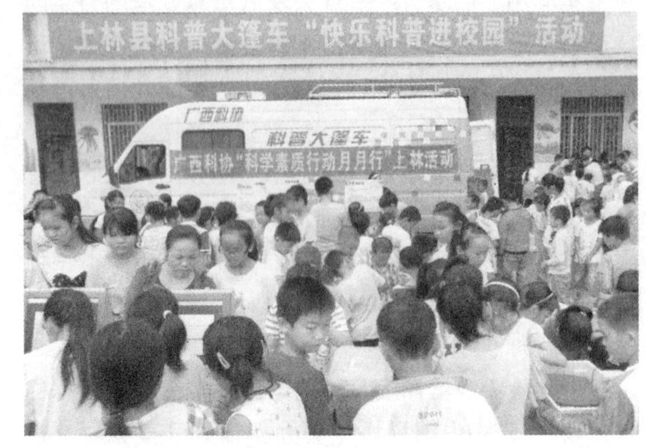

科普大篷车进校园活动

广西教育厅、科技厅、文明办、共青团、科协等部门联合出台《关于进一步加强青少年科技教育工作的意见》。3月30日，自治区政府办公厅向全自治区印发《广西壮族自治区人民政府办公厅转发教育厅等部门关于进一步加强青少年科技教育工作意见的通知》，这是广西首次出台青少年科技教育工作政策性指导文件。

9月23日，由广西科协、文明办、教育厅、科技厅、团区委等共同主办的第三届广西青少年科学节在南宁市开幕。自治区副主席黄日波及主办单位有关负责人出席活动，并为第三届广西青少年科技创新奖5个获奖项目颁奖。科学节期间，全自治区联动开展系列科普活动200多场次，超过100万人次青少年参加活动。

3月27—29日，2015年广西青少年科技创新大赛、第四届广西青少年科普剧竞赛同期举办。大赛吸引了全自治区约100万青少年参加，共收到作品1051项，比2014年增加208个项目。共评出各类奖项一等奖176项、二等奖272项、三等奖412项，优秀组织奖54个、科技教育创新优秀学校10所。

11月9—13日，由中国科协青少年科技中心和广西科协主办的第六届全国青少年科学影像节展映展评活动在南宁市举行。广西约4万名青少年学生和教师参加活动，并向科学影像节申报作品123件，10件作品入围展映展评活动，其中《藤蔓植物是怎样找到

攀援物的？》获得“科学万花筒最佳编导奖”，《探究生熟大蒜杀菌作用》等5件作品获得“科学万花筒提名奖”，《林湖公园的“茎界”》获得CECTV中国少年科普创意奖。广西青少年科技中心荣获优秀组织单位奖。

组织开展机器人竞赛、中小学生发明创造示范单位建设等系列青少年科技教育创新活动。推动广西科技馆、防城港市科技馆、柳州市科技馆3个科技馆常设科普展厅自2015年5月16日起全面免费开放，广西科技馆常设科普展厅全年免费接待观众超过66万人次，同比增长83.3%。在浦北县、上思县、柳城县、环江县等14个站点开展流动科技馆巡展活动，参观人数约105万人次，其中青少年超过80万人次。实现“青少年科技教育创新四个100万巩固提升”目标：科技馆实体场馆年参观人数达129万人次、科学节年参与人数超过100万人次、流动科技馆巡展惠及群众超过100万人次、青少年科技创新活动年参加人数超过100万人次。

青少年机器人竞赛活动

加强“科普信息数字传递工程”建设，新建百色市右江区、东兴市、桂平市、崇州市江洲区4块科普信息LED彩屏。南方科技报社推出“科普广西”和“广西食药监管”微信公众平台，其中“科普广西”入驻“科普中国”微平台。小博士报社建构运行“小博士网”并推出微信公众号。广西科技馆官方微信上线运行，广西数字科技馆建设连续四年（2011—2014年）获中国数字科技馆优秀二级子站奖。

开展科技“三下乡”活动。向桂林市龙胜各族自治县赠送项目资金、支持经费和有关物资，发放科普书籍20多种、1500多册，报纸杂志1800多份，资料3000多份。

学术交流 自治区各级科协、学会全年共举办学术交流活动近500场（次），其中组织各地市科协、学会、高校科协参加第四届广西学术活动月，举办学术交流活动166场。支持各级学会、科协举办各类专家论坛、高峰论坛等学术交流活动160多场，其中有院士参加的学术活动24场、区域性活动17场、全国性学术活动10场、国际性学术活动4场，52名院士参加相关活动。

举办首届广西糖业发展高端论坛、第五届全国中西医结合脑心同治学术交流会暨第一届国际脑心同治高峰论坛、2015年全国防灾减灾日（广西）学术宣讲活动周、2015年中西部地区无机化学化工学术研讨会等系列专题学术交流会。组织有关人员参加2015年世界机器人大会、石墨烯论坛、中国科协年会等活动。

加强民间科技交流与合作，举办第六届中国—东盟工程项目合作与发展论坛，与泰国国家科学馆、日本科学中心签订加强交流合作协议。

服务科技工作者 开展中国工程院院士候选人、中国科协求是杰出青年成果转化奖候选人推荐工作。开展第十三届广西青年科技奖评审暨推荐第十四届中国青年科技奖广西候选人评审推荐工作，评出广西青年科技奖获得者30名，并向中国科协推荐6名候选人，角逐中国青年科技奖。

通过召开座谈会、组织参加培训班和深入代表工作地调研慰问等形式，强化与中国科协八大代表、广西科协七大代表的联系服务。开展2015广西自然科学优秀论文推荐评选工作，共计收到理科、工科、农科、医科、交叉学科学术论文997篇。

加强对科技英才的宣传，举办“八桂科技英才风采展”，在自治区主要媒体宣传30位八桂科技英才风采，在《科技日报》“创新力量”专栏宣传广西优秀企业基层科技工作者的先进事迹。

举办科学道德和学风建设集中宣讲教育报告会，邀请中国工程院院士邱贵兴作专题报告，1000名青年教师、本科生、研究生参加报告会。开展深入研究，发布《广西科技工作者科学道德与学风建设调查研究报告》。

做好科技工作者状况调查研究工作。优化调整科技工作者状况调查站点布局，全国调查站点总数保持16个；省级调查站点总数由81个调整成80个。充分发挥站点作用，积极反映科技工作者意见、建议和呼声，全年编发《站点信息摘报》48期。依托站点开展了第二次广西科技工作者状况调查，并与9个市科协合作开展地域性科技工作者状况调查，完成中国科协下达的系列科技工作者专项调查任务。

自身建设 加强制度和干部队伍建设。制定并印发了《广西科协党组落实党风廉政建设党组主体责任和纪委监督责任的实施办法（试行）》，起草制定了《广西科协党风廉政建设责任制实施细则》和《广西科协领导干部廉洁自律规定》，建立健全自治区科协反腐倡廉的惩防体系。制定了《2015年广西科协党组中心组理论学习计划》《广西科协完善党员干部直接联系群众制度的实施方案》。修改完善了《广西科协党组中心组学习管理制度》《广西科协党内组织生活制度》《广西科协党员教育管理制度》《广西科协党的基层工作责任制》和《广西科协党内激励、关怀、帮扶机制》等规章制度。贯彻执行中央《党政领导干部选拔任用条例》，加强对科协干部队伍的培养、使用和管理，调整充实部分部室干部，优化干部队伍结构。

加强事业单位改革建设。广西科技馆获得第四届全国文明单位称号。加强对“两报一刊”的资源整合，成立广西科学技术普及传播中心，统筹推进自治区科协的科普宣传和科学传播工作。《南方科技报》成为2015年广西唯一进入国家新闻出版广电总局“农家书屋”目录重点推荐的报纸，被自治区新闻出版广电局列为第一批广西数字出版转型示范单位。《小博士报》被国家新闻出版广电总局推荐为全国优秀少儿报刊。《家庭医药》杂志社数字化建设取得进展，进入龙源数字阅读影响力期刊TOP100名单。广西咨询中心以企业发展为导向，组织科技人员进行科技论证、决策咨询和技术服务工作。加强广西科协网等网络媒体的建设，完善全自治区各级科协组织协同办公的网络平台，推进全自治区科协系统办公自动化。

地市县及基层科协组织 南宁市科协积极抓好“海智计划”工作基地建设，在5家企业授牌建立5家南宁首批海智基地工作站；承办第二届南宁市海外高层次人才与项目对接会；与瑞士中国学人生命科学协会签署《共建南宁市（瑞士）海外引智工作站合作协议》。柳州市科协全年共邀请国内外专家30多人到柳州市讲学，组织学术交流会议50多场。桂林市科协以“万众创新，拥抱智慧生活”为主题举办“十月科普大行动”，参加活动人员达3000余人次，发放各种科普资料5.8万余份、科技书籍2900多册、展出各种科普展板120块。梧州市科协积极适应新常态推进学会工作创新，大力加强园区科协建设。北海市科协打造滨海特色青少年科普活动，与北海市红树林关爱与发展研究会共同举办“关爱家园，走进红树林”学术报告会，近500人参加报告会。百色市科协结合自身特色，打造右江河谷品牌科普、山区品牌科普、边境品牌科普、少数民族品牌科普、扶贫品牌科普等5个系列品牌科普，推动全民科学素质提升。防城港市科协积极探索开辟网络科普主战场。钦州市科协扎实推进公园社区科普橱窗建设。贵港市科协大力加强科技思想库试点建设。崇左市科协实施“会市协作”创新工程为全市发展提供科技支撑。

省级学会、企业科协、高校科协 全自治区各级科协所属学会（协会、研究会）发展到1865个，其中自治区级学会（协会、研究会）115个，企业科协179个，大专院校科协32个，园区科协13个。全自治区新成立园区科协4家，企业科协39家，高校科协1家。象州县工业园区科协成为广西首家县域级园区科协。广西土地学会、水利学会、保健养生学会被评为示范性学会，全自治区示范性学会增加到8个。加强承接政府转移职能状况调研，全自治区有28个学会承接89项政府转移职能。与自治区相关厅局对接，研究出台《自治区级学会承接政府转移职能试点方案》和《自治区科协所属学会承接政府委托科技评估职能工作规则》，为开展科技第三方评估做好准备。

自治区级学会结合实际开展形式多样的特色工作。广西土地学会围绕自治区党委、政府关心的热点问题进行调研，提交了《数量较大　成因复杂　处置困难——关于当前我区土地闲置情况调研》的报告，得到自治区党委领导批示。广西农学会积极加强会企合作，为“广西茉莉花”产业创新发展助力。广西机械工程学会承办2015年中国机械工程学会年会。广西中西医结合学会协办第五届全国中西医结合脑心同治学术交流会议暨第一届国际脑心同治高峰论坛，4位院士及来自美国波士顿塔夫茨大学、美国哈佛大学医学院的教授出席论坛并作报告。广西中国—东盟医疗保健养生协会结合广西健康养生产业发展优势，助推广西保健养生文化建设，组织制作《中国长寿之乡——广西》纪录片。广西气象学会搭建国际学术交流平台，承办第五届广西防灾减灾与可持续发展专家论坛。广西化学化工学会创造条件，承接政府职能转移，获自治区科技厅“广西科学技术奖励推荐单位”。

【第六届中国—东盟工程项目合作与发展论坛】9月19日，由广西科协、中国—东盟博览会秘书处、东盟工程科技院、广西科技大学、香港科技协进会、澳门土木及结构工程师学会共同主办的第六届中国—东盟工程项目合作与发展论坛在南宁市开幕。来自马来西亚、泰国、新加坡、缅甸、中国的专家、学者、企业家等200余人出席论坛。广西壮族自治区人大常委会副主任杨道喜，中国工程院院士、广西科协主席郑皆连出席论坛并致辞。

论坛以“船舶与海洋工程”为主题，围绕船舶及海洋工程装备产业、港口机械产业、海洋石化等产业，就海洋船舶工业、海洋工程建筑业、海洋交通运输业、海洋油气业、海洋砂矿业、海洋化工业、海洋电力和海水利用等问题进行交流。中国交通建设联合体港珠澳大桥工程岛隧项目总经理、总工程师林鸣，马来西亚拿督、马来西亚科学院高级院士、东盟工程科技院院长洪礼壁，中国造船工程学会理事长、中国船舶重工集团原总经理黄平涛，中国工程院院士、中国船舶重工集团第七一九研究所工程总设计师张金麟，缅甸工程学会副会长、东盟工程科技院院士查理森等10位专家、学者作专题报告。出席论坛的中外专家进行了工程项目经贸洽谈，有10个企业和团体与合作方达成了合作意向，其中4个企业和团体与合作方订立了项目合同，合作项目金额达6700万元。

【八桂科技英才风采展】5月16日，作为2015年全国科技活动周广西主场活动重大展览展示活动之一的“科技梦·中国梦——中国现代科学家主题展（南宁站）”暨“八桂科技英才风采展”在广西科技馆开幕。展览历时17天，8万多人次参观展览，20多家媒体进行了报道。

“科技梦·中国梦——中国现代科学家主题展（南宁站）”由中国科协主办，广西科协承办。展览按照20世纪中国社会发展的脉络，分为“让现代科学扎根中国”“动荡岁月里的科教人生”“新中国·新科学”“在科学的春天里”“走进新世纪”五个章节，运用个性化、可视化的历史资料以及近1000幅历史图片、百余件重要实物，再现了近700位中国科学家群体形成、演进的曲折历程，讲述了他们奋斗成才的科学人生，以及为国家民族复兴的奉献故事。

“八桂科技英才风采展”由广西科协与自治区党委组织部、文明办、人社厅、科技厅等单位联合举办，是广西历史上第一次以科技英才群体为主题的大型主题展览，集中展示了自治区近100位优秀科技英才代表的先进事迹。展出的科技英才代表既有中国工程院院士，中央联系高级专家、国家“千人计划”、国家“万人计划”、国家“杰出青年科学基金”“国家百千万人才工程”的入选者，也有广西“八桂学者”和“特聘专家”“全国优秀科技工作者”“广西优秀专家”以及来自科学研究、推广一线的科技英才代表。展览分为“科技·创新”“科技·创造”“科技·探索”“科技·远航”四个篇章，分别运用图片、文字、视频等资料向公众展示科技英才的风采。依托各市科协开展了“八桂科技英才风采展巡展”活动。

【首届广西糖业发展高端论坛】12月18日，首届广西糖业发展高端论坛——中国蔗糖产业转型升级战略与对策在广西壮族自治区崇左市举办。中国工程院院士、华南农业大学教授罗锡文，国务院办公厅国家科技教育领导小组办公室政策调研组组长、国务院参事室特约研究员胡和立，国际灌排委员会原主席、中国水利科学研究院总工程师高占义，长江学者、广西大学教授陈保善，八桂学者、中国农科院甘蔗研究中心主任李杨瑞，中国糖业协会副理事长、广西糖业协会理事长农光等14位专家围绕糖业发展作了主题演讲。专家们围绕做实做强蔗糖产业分别作了题为“农业现代化及信息化发展”“中国蔗糖产业现状及发展思路”“甘蔗高效节水的水利工程”等主题演讲，为广西蔗糖产业转型升级破解难题出谋划策。

本届论坛由广西科协、崇左市人民政府、广西大学、广西对外经济交流中心、广西糖业协会共同主办。区直有关部门科研院校、行政管理部门负责人和科研专家，自治区蔗糖产业基地、农技协和企业负责人，中国水利科学研究院、广西制糖学会、广西甘蔗学会、广西农学会、广西气象学会、广西水利学会的专家、学者共计200余人参加论坛。

（撰稿人：陈　磊　陈启浩）

海南省科学技术协会

服务经济社会发展　10月，省科协面向全省征集《海南省面制品中铝残留量的检测分析及现状调研》等10个课题。经专家评审，共评出《国际旅游岛建设对我省农村居民生活方式与价值观的影响研究》等6个课题作为2015年省科协调研课题。

省科协邀请美国、以色列等国家和我国台湾地区的专家、学者10批14人次，参加食品安全、农业等领域学术交流和研讨17场次。1月和8月，邀请黄龙病防治专家、台湾大学植物医学研究中心主任洪挺轩到海南省开展柑橘黄龙病防治交流和调研活动。8月，台湾地区屏东科技大学副校长、台湾休闲农业学会理事长段兆麟访问海南省，为文昌市休闲农业发展献计献策。10月，国际食品科学院院士、美国佐治亚大学食品科技学系终身教授黄耀文，荷兰乌特列支大学毒理学系终身教授巴斯·约翰·布莱奥鲍尔到海南省进行交流，并为海南省食品化学污染物风险评估技术培训班授课。11月，省科协举办以色列设施蔬菜种植技术培训班，以色列外交部温室种植蔬菜专家大卫·西佛曼，以色列南部农业推广服务部顾问阿姆拉姆·哈赞为培训班授课。

8月，组织海南大学、海南省创新创业研究院相关专家，成立海南省“推进大众创业、万众创新政策措施落实情况”第三方评估专题调研组，深入政府职能部门、高等院校和科研院所、企业和高新科技园区，发放调研问卷650份，组织召开26场专题座谈会和现场访谈，开展政策措施落实情况调研评估，并形成调研报告上报中国科协。

省科协与财政厅共同组织实施“科普惠农兴村计划”，评出省级农村科普示范基地8个、农村专业技术协会8个、科普示范社区8个、农村科普带头人5名。其中，6个社区获得全国科普示范社区称号，5个农村专业技术协会、2个科普示范基地、3名个人获得全国科普惠农先进单位或个人称号。全年共举办实用技术培训65次，培训农民1.2万余人次，免费发放科普资料4.9万余册，带动农户1.4万余户。海南省农函大组织专家深入白沙县、保亭县、昌江县等10个县（市）举办15期种养实用技术培训班，培训农民2000多人次。

省科协以创新方法培训项目和企会协作创新计划项目为载体，推动学会为企业服务，引领创新要素向企业聚集，促进企业科技创新和学会发展。省科技活动中心联合省科技厅、省知识产权局等部门为全省112家企业安装专利数据库，组织专家团队，针对企业技术难题提供咨询方案，为企业提供“一站式”服务。全年举办企业专利工程师培训10场，培训专利工程师500多人次，培育企业应用成果案例50家，组织专家“一帮一”重点帮扶科技信息应用企业70个。

《科学素质纲要》实施及科普工作 省科协做好海南省“十二五”《科学素质纲要》实施情况评估检查工作，配合中国科协完成了第九次公民科学素质入户调查工作，并对琼海市和琼中县公民科学素质进行抽样调查。“十二五”末，海南省公民具备基本科学素质比例为3.27%，超额完成公民科学素质既定考核指标。

9月19日，以“万众创新，拥抱智慧生活”为主题的2015年海南省“全国科普日”活动在海南省海口市开幕。在海口市主会场，展出主题科普展板100块，“创新在我身边”科学体验实验8项，车模、航模、机器人创意展示体验20项，发放科普资料1万余份（册），参加活动的专家和科普志愿者100多人。全省开展“科普日”重点活动68项，参与活动人数20余万人次。

开展社区科普益民计划培训讲座46次，参加人数2200多人次；举办科普展览19次，参加活动人数1.2万余人次。

省科协联合省电视台开发制作以海南的生态、自然环境等为主要内容的科普教育动漫片7集，在省电视台黄金时间播出。在《海南日报》开设《新知·探索》科普专栏，专栏内容包括解析当前热点科学现象、推介最新科技成果和科学技术、传递最新科技发现、宣传普及科学知识，每月1期，共12期，开设邮箱和微博，与读者进行互动。在海南广播电视总台综合频道开设“科普1分钟”栏目，全年播出365期，内容聚焦群众身边和关注的科普知识，并通过微信、微博、微话题讨论等平台进行互动宣传。7月，海南省反邪教协会与中国反邪教协会合作，制作一部30秒的反邪教动漫宣传片，在海口市和三亚市的700多台公交车多媒体平台上连续播放6个月，以提高公众识别和防范邪教的能力。组织发动全省基层科普工作者和广大农民，参与全民科学素质网络竞赛活动。开展“科普大篷车”和“中国流动科技馆”巡展活动2次，组织40多所学校9万多名学生参观体验。

5月7日，海南省第十一届科技活动月开幕式暨科普大集举行。科技活动月期间，省科协举办了“创新创业、科技惠民”科普图片展及第27届海南省青少年科技创新大赛作品展，共展出我国科技最新成果图片100张，青少年科技创新大赛作品120多件。围绕“创新创业、科技惠民”的活动主题，省科协在全省范围内开展系列科普活动15项。

11月20—22日，由省科协、省教育厅共同主办的第九届海南省“科普小先生”演讲比赛在海口市举办。比赛吸引了来自全省各市县和省直属学校的102名中小学生参加比赛。比赛共评出一等奖21项、二等奖29项、三等奖52项。

11月21日，海南省第二届青少年车辆模型暨海南省第一届青少年电子制作教育竞赛在琼海市举办。全省共有15个市县代表队，500多名选手参加12个项目的比赛。

12月26日，省科协、省教育厅共同主办的奥秘万千·海南省青少年科普知识大赛在海口市举行。来自全省27支代表队的81位科普小能手参加两场复赛和半决赛的角逐，最终选出6支代表队参加总决赛。总决赛定于2016年3月19日举办。

8月15日，组织青少年参加第十七届“飞向北京——飞向太空”全国青少年航空航天模型教育竞赛总决赛。海南代表队取得竞赛一等奖5项、二等奖3项、三等奖2项，摘得美嘉欣四轴计时项目金牌1枚、银牌1枚，铜牌1枚。米奇电动自由飞金牌1枚。

省科协全年共开展44场科技馆进校园大型活动，接待师生12万余人次。联合各市县20所中小学校开展“科普体验进课堂”活动，3000多名师生参与活动。开展周日科普体验活动41场，举办假期科普培训体验班34场，受益青少年学生5000多人次。5月，举办海南省第二届“绿色核电，美丽海南”科普知识校园行活动，海南核电科普团队在5所中学开展科普讲座、收集学生科普建言，宣传核电科普知识。7—8月，选拔80名在校高中生和8名带队老师，赴北京和上海市的5所高校参加全国青少年高校科学营活动。10月，组织全省50名师生参加青少年航天营活动，体验飞机模拟舱模拟、参观航天基地展览馆、航天育种基地等。10月，中国科协科普报告团“大手拉小手科普报告海南行”的6位专家，先后深入海口市、三亚市、定安县、琼海市、万宁市等5个市县的中小学校，为1万多名中小学校师生举办科普讲座。

学术交流 省级学会全年开展学术交流活动22场，参加人数3370人次。邀请中国科协海智特聘专家到海南省考察交流，为海南省28家农业企业负责人作了3场专题报告。承办以“学会创新和服务能力提升”为主题的中西南学会学研究第33届年会，130人参加会议，编印了会议论文集，60篇论文被收录。

服务科技工作者 省科协认真履行自然科学研究系列主管单位职责，做好2015年度自然科学研究系列职称评定申报材料的受理、审查工作，共申报助理研究员或研究实习员资格49人。

12月，中国科协“会员日”期间，省科协组织开展主题系列活动，在海口市、三亚市为高校师生、科研院所科技工作者举办2场海南省科学道德和学风建设宣讲教育报告会。

加强对全省12个科技工作者状况调查站点的指导，建立固定畅通的反映科技工作者状况的渠道及工作机制。

11月19日，海南省科协组织召开了青年科技英才创新计划项目综合评审会。48个学会推荐的245个申报项目中，共有87个项目入选综合评审会。经海南省科协青年科技英才创新计划项目综合评审委员会评审、省科协主席办公会议审核批准，2015年度海南省科协青年科技英才创新计划项目19项。

联合省电视总台在全省开展基层优秀科技工作者推选宣传活动。从各市县、企业科协、学会、科研院所上报的40多名基层优秀科技工作者中，评选出10名基层优秀科技工作者候选人；通过电视、网络电视、微信等媒介，利用点赞、投票等形式，评选出3名基层优秀科技工作者参加省电视台的访谈节目。

11—12月，举办2期2015年度科技人员创新能力提升培训班，加大科技人员创新能力提升培训。

自身建设 4月13日，省科协第五届委员会第二次全体会议在海口市召开。海南省人大常委会副主任、省科协主席康耀红出席会议并讲话，省科协党组书记、副主席胡月明代表省科协第五届常委会作了题为“凝智聚力 积极作为 为海南国际旅游岛建设作出新贡献”的工作报告。会议选举产生了海南医学院院长吕传柱为省科协第五届委员会副主席（兼职）。

海南省科协第五届委员会第二次全体会议

7月24日，省科协召开机关和直属事业单位全体干部职工大会，传达学习中央群团工作会议和海南省委六届八次全会精神。

3月和4月，省科协组织机关和直属事业单位、市县区科协有关负责人、省级学会秘书长等，分2批共77人，赴江西省井冈山进行党性教育培训，并召开专题研讨会，听取培训心得交流汇报。9月，省科协组成调研组，先后赴陕西省、甘肃省、江苏省、北京市等地进行学习调研，并与北京中关村天合科技成果转化促进中心、江苏省科协国际部等初步达成合作意向。12月，组织省科协机关及直属事业单位业务骨干、市县科协有关负责人、业务骨干及部分省级学会负责人共50人赴浙江大学继续教育学院参加提升干部履职能力培训。

5月28日，组织召开机关和直属事业单位全体党员干部大会，启动“三严三实”专题教育活动，对专题教育活动进行安排部署。省科协有关负责人先后深入市县科协、科普示范基地、科研院所和省级学会等进行调研，征求意见和建议，了解科技工作者、市县科协和学会干部的生活工作和思想状况，找准“不严不实”的问题，进一步改进科协机关工作作风。

深入开展党性党风党纪教育，认真组织学习习近平总书记关于反腐倡廉系列重要讲话、中央和省纪委重要会议精神，利用党内和身边案例开展警示教育。组织开展“从严治党、正风肃纪”专题教育月活动，筑牢机关党员干部拒腐防变的思想防线。组织全体党员干部观看警示教育专题片《偏离坐标的人生》《高墙悲歌》《作风建设永远在路上》等。

地市县及科协基层组织 截至2015年年底，海南省共有市县（区）科协22个，街道（社区）科协49个，乡镇科协170个。市县科协全年共举办科普宣讲活动1200次，开展实用技术培训1000多场次，推广新技术新品种242项，参加活动的科技人员数量达9800多人次，受众人数超过80多万人次。积极发挥各科普示范基地、农技协的作用，开展科普惠农、社区科普等科技服务活动。

海口市科协与海口市广播电视台联合开办《科普大篷车》电视专栏，在海口电视台新闻综合频道每天播出；与广播电视台旅游之声联合开办《非常科学》广播专栏，每周7期；与《海口晚报》联合开办《科普天地》专栏，每月两期；全年举办农业实用技术培训班20期，培训农民2000多人次。

白沙县科协与“白沙在线”合作，开通“科普白沙”微信公众号。

东方市科协加大科普设施建设，在感城镇、大田镇等地建设科普宣传栏8个、LED视频3个，在全市各公交站点张贴科普宣传画。

乐东县科协组织农业专家深入农村开展讲座110多次，培训种植户2200多人次，走访种植户4300多户。

儋州市科协在省蜂业协会和市农技中心的支持协助下，抓好蜜蜂授粉的示范推广工作，全年示范推广面积1.2万多亩，蜜蜂授粉服务覆盖儋州、昌江、东方、乐东、三亚等市县。

省级学会、企业科协、高校科协 全省共有省级学会70个，会员28418人，2015年共吸引3600多人加入学会；企业科协8家，会员2874人。

省级学会全年共举办国际、国内学术会议70次，5800多人次参加会议；开展学术年会及沙龙活动37次，2515人次参加会议；开展科普报告、讲座78次，6660人次参加会议；举办各类培训班106次，参加培训1.5万余人次，发放宣传材料8.3万余份。

5月，海南省生态学会承办的热带植物生态、进化与保育国际会议暨第六届全国热带森林生态学学术研讨会在海口市召开。来自美国、西班牙、澳大利亚，以及中国香港特别行政区等地的140多名专家、学者参加研讨会。与会专家探讨了热带森林与城市生态、热带植物生物多样性及保育、植物亲缘地理学与适应进化、岛屿植物的适应与进化等31个专题。会议倡议来自热带地区的专家共同组建热带地区生物保育联盟。

10月30日，省博士协会联合省科协科技活动中心，组织带领专家组一行10人，赴保亭黎族苗族自治县开展槟榔树黄化病防治、红毛丹保鲜技术以及益智、牛大力等南药资源深加工项目调研。

世界气象日活动期间，省气象学会组织气象科普工作者开展“上街头、下乡村、进学校、进社区”等活动，宣传气象科普和防灾减灾知识。

10月，海南省管理现代化研究会承办的第四十五次中国科技论坛在海口市召开。论坛的主题是“南海与21世纪海上丝绸之路”。4位专家作了主题报告，23位专家宣读了学术报告。

海南省植物保护学会全年共派出科技人员594人次，举办各类技术培训班和技术咨询以及技术指导共32期（次），发放口袋书、明白纸和科普丛书等技术

资料5700多份，培训和技术指导2588人次，累计技术辐射面积50多万亩，创造社会经济效益9000多万元。

海南省测绘学会建立了海南省测绘地理信息专家库，通过与有关部门积极商洽，承接了海南省“优秀测绘工程奖评比”“测绘技术职称评定和测绘地理信息行业技术工人职业资格考核鉴定”两项政府转移职能。

【海南省科协与中国邮政储蓄银行海南省分行签署金融战略合作协议】 9月15日，省科协与中国邮政储蓄银行海南省分行在海口市签署金融支持农村专业技术协会战略合作协议。省科协党组书记、副主席胡月明，邮政储蓄银行海南省分行党委书记、行长金春花出席签字仪式。省科协副主席陈民，邮政储蓄银行海南省分行副行长王正宗分别代表双方签署协议。省科协、邮储银行海南省分行有关负责人，各市县科协主席及邮储银行各市县行长参加签字仪式。

根据协议，海南省科协与邮储银行海南省分行将围绕农技协、企业科协和创新驱动助力经济发展的金融需求，破解农技协发展过程中的金融服务难题，共同探索金融支持农技协发展的具体措施和方法，创新融资模式和服务方式，降低成本，防控风险，提升力度。双方将按照“优势互补、合作共赢、突出重点、分步实施”的合作原则，共同探索创新贷款融资模式、风险防范机制和激励约束机制。

签约仪式后，邮储银行海南省分行对琼海罗非鱼协会会员、乐东哈密瓜技术协会会员和万宁槟榔协会会员分别进行现场授信。

【第27届海南省青少年科技创新大赛】 4月25—27日，由省科协和省教育厅共同主办的第27届海南省青少年科技创新大赛在海口市举办。全省24支代表队参加大赛和展示活动。省人大常委会副主任、省科协主席康耀红及有关单位的负责人和专家出席闭幕式。大赛共收到科技创新作品356件，科技创意作品30件，科学DV作品53件，少儿科幻绘画244幅，科技教师创新成果48项，青少年科技实践活动50项。

共评出青少年科技创新成果一等奖56项、二等奖126项、三等奖165项；科技辅导员科技创新成果一等奖20项、二等奖24项；科技实践活动一等奖10项、二等奖15项、三等奖25项；少儿科学幻想画一等奖30幅、二等奖65幅、三等奖69幅；科协主席奖6项；优秀科技辅导员10名；优秀组织单位13个。

【第七届海南省“七巧科技”竞赛】 7月13—14日，由省科协、省教育厅主办，澄迈县科协和县教育局协办的第七届海南省“七巧科技”竞赛在澄迈县举办。来自全省18个市县的200余名学生参加竞赛活动。

竞赛分为个人比赛、团体比赛、多幅组合创新作品比赛三个类别。个人比赛以试卷形式完成，内容为图形的组合分解和创新以及色彩运用设计。团体比赛以5人为一个小组组队，在组委会规定的10个主题中抽签选择本队的主题，围绕“海上丝绸之路”“我的航天梦”等主题在现场进行组拼和创作设计。多幅组合创新作品比赛则以电子作品报送的形式，围绕“变废为宝，从我做起”的主题完成作品，进行自由创作、创新，作品可以一人完成，也可以多人协作完成。

大赛共评出个人比赛一等奖37名、二等奖42名、三等奖58名；团体比赛一等奖7组、二等奖10组、三等奖11组；智力七巧板多幅组合创新作品一等奖10幅、二等奖19幅、三等奖24幅。

【海南省第二届青少年航空模型大赛】 7月19日，由省科协、省教育厅主办，省科技活动中心承办的海南省第二届青少年航空模型大赛暨首届青少年电子制作教育竞赛总决赛在海口市举行。来自海南省各市县19支队伍、712名航模竞技选手参加总决赛。

竞赛设仿真纸飞机航母着舰积分赛、“天驰”橡筋动力模型飞机竞时赛、遥控四轴飞行器计时赛、“神箭”火箭50米打靶赛、“梦想”号航空母舰模型制作航行赛等15项（含团体项目一个）。首届海南省青少年电子制作教育竞赛项目分模拟机器人、智能寻轨器、百拼趣味电子学习机、太空探测器等6项。

大赛评出优秀组织奖12个、团体总分奖12个、金牌30枚、银牌32枚、铜牌34枚。

【2015年海南省科协“中国科协会员日”活动】 12月23日，2015年海南省科协“中国科协会员日”活动启动仪式在海口市举行。省人大常委会副主任、省科协主席康耀红出席启动仪式并讲话。省科协党组书记、副主席胡月明，省科协五届委员会副主席吕传柱、史海涛、刘丹，以及中国科协（海南）八大代表、省科协常委、优秀科技工作者代表、市县科协主席180多人参加活动。省科协副主席林峰主持会议。

2015 年海南省科协“中国科协会员日”活动启动仪式

胡月明总结了 2015 年省科协工作，并对 2016 年工作进行部署。大会为海南省青年科技英才创新计划 19 名入选者颁发了证书，并通报了海南省基层优秀科技工作者 10 名候选人的情况。省科协特邀中共海南省委党校（省行政学院、社会主义学院）党委书记、省委党校常务副校长彭京宜就学习贯彻党的十八届五中全会精神作了专题报告。

会员日期间，省科协组成 5 个由领导带队的慰问小组，对老科技工作者代表、重点专家（国家“千人计划”入选者、中共中央组织部和省委组织部直接联系的专家）、科研院所（高新区）一线科技工作者、市县基层科技工作者进行看望和慰问。联合省电视总台在全省开展基层优秀科技工作者推选宣传活动，选出 10 名基层优秀科技工作者，从中评选出 3 名基层优秀科技工作者进行访谈。

（撰稿人：刘红军）

重庆市科学技术协会

服务经济社会发展 2015 年，市科协结合市委、市政府的要求和中国科协的部署，完成“十三五”规划编制工作。引导学会有序承接政府转移职能，支持市风景园林学会等 42 个市级学会承担了资质认定等 94 项政府转移职能。

用足自身资源，助力脱贫攻坚。支持建设潼南现代农业示范科普基地和巫溪科技馆，共建农村校园科技馆 12 个。与中国邮政储蓄银行重庆分行签订“合作协议”，推动“银会合作”政策落地，为 96 个农技协会员落实贷款。

积极服务党委政府科学决策。发挥科教体制改革专项小组成员单位作用，针对科技、教育方面的改革建议获有关部门采纳。开展重庆市“推进大众创业、万众创新政策措施落实情况”第三方评估，形成“1+7”政策报告上报中国科协。完成首次重庆市科技工作者状况调查，掌握了人才结构、分布等方面的基础信息，向中国科协报送《普通科技工作者在私营企业职业发展艰难》等有效调查信息 45 篇。实施《“十三五”机器人产业发展对策研究》等调研课题 10 个，提炼课题成果 15 篇，其中《关于我市发展油用牡丹产业的建议》等 5 篇报告获市领导批示。市工程师协会《直面问题，加快重庆环保产业发展》的要情反映获得黄奇帆等市领导批示。

推动院士专家工作站增效。成功申报中国科协院士专家工作站建设示范单位。新建院士专家工作站 5 家，获专项补助。试点在渝北区建成首家区县级院士专家工作站。27 家建站单位依托院士专家工作站，完成决策咨询 281 次、学术交流 175 次，获得专利 347 项，实现科技成果转化 190 个。

加快推进海智基地建设。新建海智工作站 3 家，发挥海外智力对接平台作用，其中，重庆轨道集团与韩国等 6 个国家的重要城市洽谈单轨技术输出合作。重庆海智基地荣获中国科协海智办“2015 年中国科协海智计划工作先进单位”称号。

开展科技信息推送服务和群众性创新活动。资助企业科协开展技术创新项目 20 个，成功实施企业科技成果及人才项目对接 14 项，完成对 366 家企业的数据库更新工作，新增 208 家企业使用数据库，培训专利应用工程师 538 名，该项工作被中国科协评为一等奖。组织专家“一帮一”重点对接科技信息应用企业 100 个，科技信息推送服务帮助企业申请专利 191 项。深入开展“讲理想、比贡献”活动，吸引 4.6 万科技人员参与，完成“讲、比”活动项目 3800 余项，提出合理化建议 1.3 万余条。

引导学会助力创新驱动。永川区被中国科协正式命名为创新驱动助力工程示范区，集中开展技术活动 6 次，举办产业发展和学术论坛 12 次，吸引国内外机器人及智能装备企业落户 51 家，被中国科协表彰为全国创新驱动助力工程年度考核 5 家优秀单位之一。推动全国学会与重庆企业对接，中国机械工程学会等 21 个全国学会来渝洽谈，签订《重庆涪陵页岩气压裂及钻井技术研究合作协议》等协议 23 个、合作意向书 51 项。动员重庆材料学会等 25 个市级学会参与创新驱动助力工程。创建市级学会知识产权审判技术咨

询平台，建立重庆市法院知识产权审判技术咨询专家库，首批入库专家20名。

《科学素质纲要》实施及科普工作 强化科普公共服务能力建设。组织开展新一轮全国科普教育基地申报和创建，永川区人口计生中心等9个单位被认定为2015—2019年全国科普教育基地。重庆科技馆面向全社会免费开放，全年开放307天，接待观众245万人次。资助重庆机器人世界二期工程、重庆兰花园等项目7个。新建高标准社区科普活动室84个，累计建成400个。联合全民科学素质实施工作办公室成员单位，举办第二届优秀科普文艺作品征集活动，征集作品275件；开展“科普60秒”微视频公益广告创作大赛、第四届科普摄影大赛；组团参加“全国农民科学素质网络竞赛”，获团体第五名。加强科普资源开发利用，完成《营养与食品卫生》等科普资源包建设项目，争取中国反邪教协会网上宣教资源库维护等项目3个，资助制作《科普伴我行》科普动漫24期、宣传标语及微视频150个。

提升重点人群科学素质。重庆公民具备基本科学素质的比例由2012年的2.5%上升到2015年的4.74%，在西部地区处于领先地位。大力实施基层科普行动计划，奖补农技协28个、农村科普示范基地39个、农村科普带头人21名、科普示范社区50个。新建科普工作室85个，科普示范点3个，评选科普示范村43个。加强社区科普大学教学管理，在25个区县共设立社区科普大学教学点388个，培训学员12.7万人次。组织第30届市青少年科技创新大赛，推选优秀项目参加全国大赛，举办第15届中国青少年机器人竞赛重庆赛区选拔赛和第26届重庆市青少年科技模型大赛。组织参加第15届明天小小科学家评选活动，市巴蜀中学许登钦与其他省市两名同学获此殊荣。组织400余名贫困区县学生开展夏令营科普体验活动，组织19辆科普大篷车开展渝州行活动，受众超过20万人次。

策划和组织科普活动。组织开展科技活动周、防灾减灾日、食品安全宣传周等科普活动。开展“阳光动力科普中国行”重庆站活动。组织“未来新能源飞行器”创意绘画大赛，精选近千幅优秀作品在重庆三峡博物馆等地巡回展出。组织“走近科技”系列主题科普活动，同步开展了慰问农技协会员、网络科普知识竞答等活动350余场次。组织中国流动科技馆到涪陵、石柱等8个区县巡展203天，接待观众23万人次。重庆科技馆开展各类主题科普活动576场次，参与市民近5万人次。创新开展重庆科技馆馆校结合综合实践活动，首批签约人和街小学等11所学校。

探索科普传播新途径。“重庆Q博士”等3个微博微信平台编发科普、政务信息3100条次，受众突破200万人，入选“科普中国·中国科普平台活力榜”。与电视台合作制作并播放科普宣传专题节目80余期。开通网络科普书屋3693个，点击量达424万次，下载资料305万篇。在人民网重庆视窗、大渝网录制并发布网络视频访谈“学会专家谈科技促民生”和“科协专家谈科普”6期，网络点击量达70余万人次。在轻轨上开展“科普伴我行”活动，播出科普动漫18个、科普视频5个，时长6570分钟，受众超过600万人次。重庆数字科技馆注册用户达32万，整合市内104家科普机构资源，完成432件（套）展品图文信息，筛选编录462个学习视频，被确定为“科普中国”品牌网站。直属企业天极传媒公司中标中国科协“科普中国”科普信息化项目。

学术交流 举办2015年“重庆市科协学术月”活动，市级学会围绕“科技创新与持续发展”主题举办活动20场。举办第二届重庆（国际）青年科学家论坛，22名院士专家，40余名“千人计划”等领军人才和2000多名一线的科技工作者参加论坛，交流学术论文700余篇，提出决策建议116条。

资助市级学会开展重点学术交流项目33项，资助举办纳米复合正渗透膜材料等国际学术会议10个、第三届中荷优秀工业设计等国际民间科技交流活动3个，支持市级学会开展学术研讨、决策咨询、技术咨询、新技术推广、联合攻关等活动100余项。

联合中国仪器仪表学会等全国学会，举办中国（重庆）国际智能制造技术装备博览会等3个高规格学术研讨活动。

服务科技工作者 举荐宣传优秀人才。积极开展院士推选工作，推荐候选人6名，被中国工程院确定为有效候选人4名。向中国科协推荐7名优秀青年科技工作者作为第十四届中国青年科技奖候选人。开展首届重庆市十佳科技青年奖评选，在重庆日报对10名获奖优秀青年科技工作者进行整版宣传。拍摄科技工作者微视频10部，在市级主流媒体集中宣传基层科技工作者32人。

引进紧缺人才。新成立的5家院士专家工作站，柔性引进院士14名、专家31名。8家建站单位依托海智工作站集聚人才，其中，中国科学院重庆绿色智能技术研究院工作站实施海外人才引进计划，聘请“海外人才招聘大使”，赴德国等国家举办“海外人才专场招聘宣讲会”6场，引进海外人才30名。

帮助人才成长。积极弘扬科学精神，扎实开展科学道德与学风建设宣讲工作，15所本科院校以及3所专科院校累计举办各种宣讲报告会169场，受教育师生达10万人次。组织中国科协会员日活动，围绕“‘家’的温馨、节日的问候”主题，先后开展活动50余项。举办一线创新工程师培训班两期，40余家企业的120余名技术骨干和管理人员参加培训。

自身建设 全面谋划科协系统改革。认真学习中央党的群团工作会议精神，召开党组专题会学习讨论，举办首届基层科协工作者培训班和科协系统干部职工领导力培训班2期，参训人员800余人。按照市委要求，扎实开展科协系统改革专题调研，起草形成科协系统改革初步方案。

扎实开展“三严三实”专题教育。制定《开展“三严三实”专题教育实施方案》，党组成员带头讲党课，严格按计划组织学习讨论，组织干部职工悼念先烈，开展学习征文活动、知识竞赛、机关作风建设大讨论和深入基层解难题等活动，扎实开展民主生活会，认真查找“不严不实”问题，建制度、立规矩。

加强科协组织建设。区县党委、政府越来越重视科协工作，区县科普经费均有较大幅度提高。积极推进学会改革与发展，对16个4A、5A学会能力提升进行资助，择优资助5个学会聘用专职工作人员，接收9个学会为重庆市科协主管学会，筹建学术性社团5个。新成立企事业科协组织45家、农技协84个。争取中国科协在江津区花椒协会设立中国农技协花椒技术交流中心，指导潼南等4个区县成立农技协联合会，联合重庆市农委出台《关于支持农村专业技术协会开展农技社会化服务的实施意见》。

密切科协系统的互动交流。承办中国科协办公室工作暨政务信息工作研讨会，中国科协、省级和副省级城市科协办公室的分管领导、办公室有关负责人130余人参会。召开直辖市科协党组书记联席会，畅谈科协改革，合力共谋发展；吉林等省级科协到重庆学习交流15次。

推动直属企事业单位发展壮大。重庆科技馆实施展览教育提升项目，在全国科技馆系统影响力进一步提升。重庆市科协科技服务中心有序运转，各项工作顺利推进。

区、县及基层科协组织 渝北区科协发挥科技资源优势，积极为区科技型企业破解生产难题，联合区委人才办、区财政局等8部门出台了《渝北区院士专家工作站建设管理办法》，为重庆再升科技股份有限公司引进了俞建勇院士，成功打造全市首个区级院士专家工作站。渝北区政府与重庆再升科技股份有限公司合作成立纤维研究设计院，支持俞建勇院士团队开展微玻纤及复合纤维制品应用和民用空气过滤市场产业化研究。

永川区科协争取中国科协支持，促成永川成功申报中国科协创新驱动助力工程示范区，11个全国学会和9个市级学会现场考察调研，助推永川产业集聚。签订创新驱动助力工程合作协议3个，建立学会服务站4个，组织开展技术咨询活动6次，达成技术合作项目8项，新建协同创新平台2个，参加了中国科协在北京国家会议中心举办的“2015世界机器人大会”、承办了专题论坛“机器人产业发展与政府公共服务论坛”，吸引了国内外50余家机器人及智能装备产业集聚，被中国科协表彰为创新驱动助力工程年度考核优秀单位。

璧山区科协采取成立企业科技信息推送服务站、建立企业科技信息服务QQ群、制定应用活动管理办法、出台支持应用活动的激励政策、开展应用活动培训和指导服务等系列有效措施，助推企业技术创新，组织73家企业参与企业科技信息数据库的应用活动，取得应用成果412项。

云阳县科协大力实施“科普惠农兴村计划”，获得中国科协和重庆市科协支持项目3个，发挥农技协联合会统筹作用，对同类农技协集中管理，成立牛羊养殖分会、水产养鱼分会，甄选乌天麻、山羊等科普示范点16个，新吸纳农技协会员5个，与重庆农产品集团合作，在沙坪坝区小龙坎农产品市场建立云阳县农技协产品专柜。

市级学会、企业科协、高校科协 2015年，市科协在实施学会能力提升计划，组织召开市级学会承接政府转移职能工作座谈会等基础上，针对性地加强了市级学会的工作指导力度。

重庆市桥梁协会将业务主管部门变更为重庆市科协，和重庆晨报联合主办了“发现重庆之美·重庆桥梁科技科普展暨最美桥梁评选”专题活动，汇集重庆市、全国和世界上各型桥梁资料达500余座，展出桥梁150余座，分为巡展和固定展，参观人数达到8万余人次，最美桥梁评选市民投票共计340余万票。编辑《重庆轨道交通2号线建设、运营及管理》专著书

籍，分为上下两册，上册为《工程土建篇》，下册为《车辆、设备及运营篇》，全书共计70余万字。

重庆市中医药学会新设立中医肝胆病、乳腺病、心病、脾胃病、医院药学、名医经验研究6个专业委员会，增加专业委员会委员300余名，学会专业委员会达36个，专业委员会委员总数达1500余人，新发展会员320人。举办学术会议35场次，完成继续医学教育项目32项，参加学习的卫生专业人员达4500人。开展中医药科普讲座、宣传及免费义诊咨询服务24场次，受教育的基层医务人员和群众2500人次，免费义诊服务群众4500人次，发放中医药文化科普资料15000份。

重庆长安工业公司科协开展了“节支降耗，提质增效”竞赛活动，上报“讲理想、比贡献”项目100多项，其中以“十项技术创新，百项工艺改进，百台重点设备提高生产效率”为主要载体活动24项，组织科技工作者们提合理化建议5500条。

重庆大学科协承办江西卫视全民科普知识电视大赛《顶级对决》重庆赛区战队成员选拔及战队组建活动，“重庆战队”问鼎全国并为重庆夺得“中国科普素质冠军城市”称号。设立“重庆大学青少年科技创新奖专项奖”，对7个创造发明和7个研究论文共14个项目进行专项资助。举办青少年“科普探究”活动——雏鹰计划、“全国青少年高校科学营重庆大学分营活动”“阳光行动”科普服务区县等系列活动。

【重庆科技馆面向社会免费开放仪式】 5月16日，重庆科技馆免费开放仪式主题活动在重庆科技馆A区三楼平台隆重举行。重庆市人大常委会副主任沈金强、市政府副市长吴刚出席仪式。重庆市委宣传部、市财政局、市教委、市科委、市科协等部门领导及部分机关干部代表、市民代表、中小学生代表、部分区县和市级科普教育基地负责人200余人参加仪式。仪式由重庆市科协党组书记、副主席黄明会主持。

重庆科技馆免费开放仪式

仪式上，沈金强为重庆科技馆及首批馆校结合合作单位重庆市巴蜀中学等学校现场授牌。重庆科技馆致力于打造中小学生第二课堂，精心组织编写了《馆校结合综合实践活动指南》，与重庆市巴蜀中学等11所学校结成了馆校结合合作单位。

现场展示了由市科协主办的第30届重庆市青少年科技创新大赛获奖作品，来自重庆市第一中学、重庆市巴蜀中学、重庆市人民小学等6所学校的20件作品参展。“世界最美童话”国际巡展展出了来自全国300多所中小学原创作品中评选出来的120幅作品。

仪式结束后，沈金强、吴刚参观了“世界最美童话”国际巡展、青少年科技创新大赛作品展、light on亲子活动等主题活动，并亲切地与活动现场的小朋友进行了交流。

【2015年重庆市全国科普日】 9月19日，以“万众创新　拥抱智慧生活”为主题的2015年重庆市全国科普日活动在重庆科技馆拉开序幕。重庆市人大常委会副主任沈金强出席启动仪式并讲话，市科协、市科委、市经信委、中科院绿色智能研究院等主办单位的负责人出席启动仪式。

2015年重庆市全国科普日启动仪式

启动仪式上，市领导及全国科普日主办单位领导为获得全国科普示范社区、新命名的全国科普教育基地以及2020重庆市科普示范工程项目授牌。

活动现场举办了“万众创新　智慧生活”主题科普展、科普大本营互动体验等活动，还举办了“科普60秒”首届重庆市科普微视频大赛获奖作品、重庆市第四届科普摄影大赛获奖作品数字展播，“定制科技馆”——科技馆主题导览参观、“码上答题　快乐闯关”“疯狂科普2+1”等科普竞答游戏、“我最喜爱的科普日展项评选”等线上线下互动活动。

首批“2020”重庆市科普示范工程项目重庆兰花园、潼南现代农业园区、重庆长寿国际农业科普馆等在全国科普日期间免费向市民开放。重庆科技馆、重庆中国三峡博物馆、南山植物园、园博园、绿瀚开心农场等16个科普教育基地面向市民全部或部分免费开放。重庆大学、西南大学等高校的11个科普场馆面向市民预约免费开放。

【第二届重庆（国际）青年科学家论坛】 10月16日，以“科技创新与历史责任”为主题的第二届重庆（国际）青年科学家论坛在悦来国际会议中心举行。重庆市人大常委会副主任沈金强、市政协副主席彭永辉，市级有关部门、高校和科研院所负责人，6名院士、长江学者、国家“青年千人计划”特聘专家、“973”首席科学家、两江学者以及工作在科研、生产、教学第一线的青年专家代表2000余人出席论坛。

开幕式上，沈金强对论坛的成功举办表示祝贺。市科技青年联合会主席钟宁为该会名誉主席、荣誉理事颁发了证书，青年科学家代表史浩飞宣读了论坛倡议书。中国科学院院士张景中、中国高科技产业化研究会副理事长刘延宁、台湾“中央研究院”院士钟正明、科技部中国科学技术发展战略研究院副院长王宏广、重庆邮电大学计算机科学与技术学院执行院长王国胤等5位院士专家应邀分别作专题报告《做研究工作的一些体会》《21世纪中国的时代责任》《皮毛之道：干细胞与体表器官的再生及演化》《迎接新的科技革命支撑民族伟大复兴》和《云计算环境中的大数据智能处理》。

论坛还设立了科技创新与城市转型发展、机器人与智能制造技术研讨、大数据技术与应用等12个分论坛，与会人员围绕各学科领域和产业发展的热点难点问题进行深入研讨。

【2015中韩新能源汽车技术创新论坛】 10月29日，2015中韩新能源汽车技术创新论坛举行。会议由中国科协国际联络部、韩中科学技术合作中心主办，中国国际科技交流中心、重庆市科学技术协会、韩国产业振兴技术协会承办。

开幕式上，中国国际科技会议中心主任纳翔、韩中科技合作中心首席代表尹大相、韩国产业技术振兴协会专门委员会申华龙先后致辞。

论坛中，中韩两国的专家分别就重庆汽车产业发展现状与招商引资政策、长安新能源汽车2025发展战略、韩中自动驾驶电动汽车合作方案和韩国现代起亚新能源汽车开发做了专题报告。来自韩国20家零部件企业的高管与30余家重庆汽车企业代表齐聚一堂，探讨了中韩新能源汽车发展现状和未来前景，并就今后中韩两国汽车产业之间的合作进行了深入的交流和洽谈。

韩国企业代表团分别前往两江新区管委会、重庆市外商投资促进中心、长安汽车研究院、重庆力帆实业（集团）股份有限公司、浦项（重庆）汽车配件制造有限公司进行交流访问。

（撰稿人：宋先超）

四川省科学技术协会

服务经济社会发展 助力“大众创业、万众创新”工作。开展创新创业服务活动，促进创新要素融合互动，推动科技成果加速转化。

全年四川省新增院士（专家）工作站47家，全省（院士）专家工作站总数达230个，引进院士21人、高层次专家167人。开展战略咨询484项，解决企业关键技术难题482项，推广转化科技成果493项。举办创新方法培训和师资培训13场，培训一线工程师、技术骨干1359人次，举办专利应用工程师培训会10场，培训企业478家，新发展科技信息应用企业273家，培训专利应用工程师727人。

深入开展“讲理性、比贡献”活动。全省参加“讲理性、比贡献”活动企业达859家，参与职工45.6万人次，其中科技人员达10.81万人次。完成“讲理想、比贡献”活动8982项，提出合理化建议5.68万条，被采纳建议3.48万条。推进“金桥工程”支撑平台建设，2015年登记备案项目301项，完成技术合同认定登记45项，合同交易总金额达9000万元。

开展科普惠民工程。发挥示范农技协、科普示范基地和科普带头人作用，提高科普惠农奖补资金使用效益，推动农业科技成果转化，促进农业增效及农民增收。评选表彰优秀农技协、农村科普示范基地、农村科普带头人、科普示范社区。开展2015年“基层科普行动计划”项目绩效评估工作，打造农技协2.0版，推进农技协开展农技社会化服务试点。向优秀农技协免费发放四川科技报《现代农业》专刊，全年四川省科协系统共培训农技协骨干、返乡农民工等农村劳动力100万人次。

开展“精准扶贫”工作。制定《四川省科协关于开展“精准扶贫”实施方案》，动员省级学会、市县科协组织投身扶贫攻坚事业。制定凉山州布拖县联系村扶贫方案，各类定点帮扶项目顺利推进。组织农业科技人员深入盐边县道角村开展技术培训等活动，组织基层干部和种植大户到成都、丽江等地学习调研，引进优良品种和新技术。

推进创新驱动助力工程。学会召开“中国科协创新驱动示范市”德阳启动仪式及对接洽谈会，举办对接洽谈活动17场，推动33个全国学会与德阳200多家企业对接洽谈，达成意向合作协议80余项，推动中国化工学会、中国航空学会等全国学会与德阳市属区县签署合作协议，联合举办“会展推介模式”高端论坛。

有序推进学会承接政府转移职能工作，制定《四川省科协所属学会有序承接政府转移职能试点实施方案》，梳理出首批省级学会拟承接政府转移职能清单。引导省级学会主动承接科技评价、标准制定、科技奖励、继续教育等职能，有24个省级学会承接政府转移社会化职能51项。整合多方资源加强10个藏区社会服务工作站建设，指导广元市、巴中市、达州市30个基层群团组织社会服务中心建设，安排项目经费支持藏区社会服务工作站工作。探索科协系统购买社会化服务的新模式，投入资金向社会组织购买农技推广社会化、防灾减灾科普宣传等科普服务。推荐211个项目入选群团组织社会服务中心公益项目库，联系15家社会组织、企业参与“协力公益伙伴计划”。

《科学素质纲要》实施及科普工作　2015年全省公民科学素质达到4.68%，完成“十二五”全省具备基本科学素质的公民比例应达4%的目标。组织对成都市、德阳市等市（州）“十二五”《纲要》实施工作实地督查，做好2015年中国公民科学素质抽样调查和四川省第三次公民科学素质调查。修订《四川省科普示范社区创建标准》，促进“社区科普益民计划”深入实施。制定《关于加强省级科普基地建设的意见》，四川科技馆、自贡恐龙博物馆等24家单位被认定为“2015—2019年全国科普教育基地”。推进“科普示范县”创建工作，25个县通过省级验收并报中国科协审核命名。

开展各类主题科普宣传活动。举办四川省第二届科普资源双年展，组织开展2015年全国科普日活动，全省举办重点活动500多个。举办“天府科普大讲堂”43期，受益观众达1.2万人次。组织开展“科技三下乡”、科技活动周等主题活动。组织开展第30届四川省青少年科技创新大赛、第13届四川省青少年机器人创新实践活动等各类科技竞赛，推进四川省“中学生英才计划”试点工作，举办“创新在我身边”青少年科学调查体验活动，南充市趣味机器人竞赛、眉山市科普进校园巡展、遂宁市科技传递关爱行动、甘孜州藏区青少年科普接力行动等特色活动。

提升科普公共服务水平。四川科技馆5月1日起向公众免费开放，实行免费不免票，并进行流量控制，保证适时在馆人数不超过3000人。据统计，在免费开馆后的“五一”小长假期间，科技馆共接待观众7.7万人次，其中常设展厅4.7万人次，临时展厅3万人次，全年接待观众达127.1万人次。开展中国流动科技馆四川巡展，全年完成51个站点巡展，服务公众356万余人次，累计巡展123个县（市、区）。加强数字科技馆建设，省科普中心等12家单位（公司）入选中国数字科技馆移动子站建设单位。达州市、内江市等启动市级科技馆建设，巴中市首家县级自建科技馆、凉山州首家学校微型科技馆建成开馆。“赛先生的背影”手机科普平台全年发布信息1.5万条、微信平台发布信息800余条。建成“天府农产品供销网”，在康巴卫视“云丹科普苑”播放科普节目52期，“科普大篷车”电视栏目开播数达200家，举办“科普四川与新媒体传播”主题沙龙。全年新建科普网络书屋200个，新增科普大篷车5台，拍摄制作“都江堰”等科普视频31部，录制播出“玩转科技馆”电视节目24期，出版《四川科技报》92期，编印“意外伤害预防”“飞机科普知识”等科普折页70万张、科普手册60万本、科普挂图4万套。支持省级学会开发科普资源，省康复医学会等6个省级学会得到项目经费支持。推动市（州）科协强化科普资源开发开放，成都市科协组织科普动漫作品参展成都动漫游戏文化节。

学术交流　提升学术交流实效。与内江市政府共同主办以“创新驱动与区域发展”为主题的第七届四川省中青年专家学术大会，举办四川省医药体制改革与医养结合模式探索研讨会等6场天府创新论坛。自贡市、乐山市举行优秀学术论文颁奖大会、省宏观经济学会举办航空物流发展研讨会、省医学会召开精神医学学术会议等。加强与国际以及中国港澳台科技交流与合作，接待5个科技交流团体，组织德阳市农技协联合会赴中国台湾地区进行农业考察交流。

第七届四川省中青年专家学术大会

服务科技工作者 加强举荐优秀科技人才。做好2015年中国工程院院士候选人、第12届中国青年女科学家奖候选人、中青年科技创新领军人才候选人、中国青年科技奖候选人推荐工作。组织专家完成"挑战杯"四川省大学生创新创业大赛科技作品评审。先后推荐"ICL地震预警技术系统及其示范应用"等5个项目参与2015年四川省科学技术进步奖、2015年四川省专利奖评选。

加强优秀科技人才表彰。联合开展第13届四川省青年科技奖评审工作，50名科技人才获得第十三届四川省青年科技奖表彰。推荐省营养学会、省计算机学会等7个社会组织、2名学会科技人员获得"四川省民政系统社会组织先进集体和先进个人"表彰。

完善科技工作者状况调查制度，拓展科技工作者状况调查站点功能，开展老科学家学术成长资料采集工作，为党委政府制定科技人才政策提供支撑。举办2015年科学道德和学风建设宣讲教育专题研究班和四川省科学道德和学风建设集中宣讲教育报告会，引导科技工作者和青年学子遵守学术规范、坚守学术诚信。积极参与实施高层次创新创业人才引进计划和"海智计划"，切实发挥联系海外人才的窗口作用。

自身建设 加强科协组织党的建设。坚持开展党组中心组学习、党支部书记培训、年轻党员干部培训班等学习培训活动，举办纪念建党94周年主题党课。强化机关精神文明建设。成立了省科协机关团委，开展"作精神文明表率"活动，评选表彰年度"文明处室"。

扎实开展"三严三实"专题教育，切实抓好整改方案落实，持续开展"走基层"活动，扎实开展督查督办工作，提高机关工作效能。落实"两个责任"，深入落实廉政谈话、述职述廉等制度，深入开展警示教育活动。

加强科协基层组织建设。深入实施学会能力提升专项，62个省级学会获得专项资金补助。制定《学会创新与服务能力提升项目管理办法》，举办社会组织评估培训班、学会工作交流会，指导20个省级学会通过学术类社团评估，评选出省地质学会等10个年度"十佳学会"。制定《关于加强高等学校科协工作的实施意见》，新建企事业及园区科协组织126家，全省企事业科协组织达到785家，联系服务科技工作者11万人。

市州县及基层科协组织 科技活动周期间，成都市科协启动成都科普3D互动服务平台，采用全新的三维互动模式，将成都地区的科普场馆推送到互联网上进行立体化展示，设有"科普地图""科普资讯""3D基地""品牌活动""成都创客"等互动体验板块，"科普地图"首次整合了成都全域科普基地分布情况，并集成多媒体信息，方便市民查询浏览。

5月14日，四川省成都市青羊区科协联合有关部门开展了2015年"科普进军营"主题科普活动。"科普进军营"活动以"军民共携手 科技促发展"为主题，将优质科普资源带入军营，向驻地官兵展示、讲解现代高科技成果以及悠久神奇的蜀汉文明，推进全民科学素质建设。

泸州市科协推出由自己开发推广，以服务创新、服务发展、服务民生为宗旨的科普工作信息化品牌"科普小松鼠"，主要信息内容包括科技前沿、健康咨询、身边科学、科技赶场、科普茶座、科技名词、科技热点、小哥白尼、科协要闻等栏目。

省级学会、企业科协、高校科协 5月23日，四川省高新技术国际交流促进会举办高校大数据人才培养与应用实践学术会议。西南石油大学、四川农业大学、四川大学锦城学院、中国电子科技集团58研究所等30余家高校和企业的专家、学者参加会议。会议围绕"高校大数据人才培养研究"和"大数据技术应用实践研究"两个主题，从大数据时代下的面向数据的软件体系结构、大数据最新技术——Spark及应用、公共安全大数据解决方案、深度学习在视觉中的应用等作了演讲，进行交流。

2月4—6日，四川省林学会牵头组织召开了四川省国有林区、国有林场大熊猫保护联盟项目管理技能培训暨第一届小额基金项目建议书编写、评选会。

四川省林业科学研究院、中国科学院成都生物研究所、四川农业大学等9个科研机构的专家，以及平武林业发展总公司、夹金山林业局等8家联盟成员单位有关人员参加会议。8家联盟成员单位陈述了项目方案，提出了各自的保护行动具体内容，专家组对8家成员单位的9份项目建议书进行现场评估，最终有8份项目建议书通过了第一届小额基金项目专家组的评审。

1月26日，四川新津工业园区科协成立大会召开，新津工业园区管委会及园区50余家企业代表参加成立大会。大会审议通过了《四川新津工业园区科学技术协会章程》，选举产生了第一届理事会领导机构。

3月23—25日，四川省科协创新方法推广应用培训班在中航工业成都飞机工业（集团）有限责任公司举办。有关专家为企业技术创新标兵等工程技术人员进行了创新方法培训。

【参与“大众创业、万众创新”活动周工作】 省科协积极参加首届全国“双创”活动周，大力推荐四川项目进入北京主会场参展。积极参与成都分会场活动，承办了创客智能硬件展示与互动体验暨创新创业科技会议，200多名创业者、企业家、大学生、科技工作者和投融资机构专家参与活动交流。举办首届四川省科技青年创新沙龙，中国青年科技奖获得者、四川省青年科技奖获得者、部分青年科技工作者代表参加沙龙活动。召开四川省农村乡土人才创新创业大赛新闻发布会，启动首届四川省农村乡土人才创新创业大赛，旨在发现一批在创新创业方面卓有成效的农村乡土人才，示范引领更多的农村乡土人才成为创业致富的领头人。四川省委常委李登菊、副省长刘捷等领导参加主会场活动。

【推进“银会合作”工作】 7月20—21日，全国推进“银会合作”工作现场会在四川省眉山市召开。中国邮政储蓄银行行长吕家进，四川省委常委、省总工会主席李登菊等出席会议。中国科协、中国邮政储蓄银行有关部门负责人，各省（自治区、直辖市）和新疆生产建设兵团科协、农技协以及邮政储蓄银行分行负责人共150人参加会议。四川省科协、邮政储蓄银行四川分行和眉山市委分别作交流发言。与会人员现场观摩眉山市彭山区观音镇果园村葡萄协会和洪雅县藤椒协会，了解“银会合作”的具体作法。中国科协与中国邮储银行分别召开全国科协系统“银会合作”工作座谈会和全国邮储银行三农金融年中会，具体落实“银会合作”下一步工作。

12月22日，四川省“银会合作”工作推进会在成都市召开。会议表彰了“银会合作”工作先进单位，签订“银会合作”授信和“学会＋协会”合作协议。省委常委、省总工会主席李登菊出席会议并讲话。李登菊强调，“银会合作”是开展“精准扶贫”的重要手段，是服务“三农”发展的重要载体。推进“银会合作”工作要坚持多元协同观念，实现金融资源、群团资源、政府资源的有机整合，拓宽其工作格局。要培育“三农”发展主体，支持和培育专业大户、家庭农场、农民合作社和农业企业的发展。要建立好多方联动机制、工作创新机制和工作评价机制，不断推动“银会合作”工作持续深化、农村科普工作科学发展。

【第七届四川省中青年专家学术大会】 9月25日，以“创新驱动与区域发展”为主题的四川省第七届中青年专家学术大会在四川省内江市举行。400余位专家参加会议。中国航天科技集团公司五院502所研究员、载人飞船副总设计师胡军作了题为“自觉创新提高航天技术水平”的主题报告。在分组讨论上，专家们分别围绕“创新驱动与新型城镇化融合发展”“智慧城市”“中小城市电子商务发展的机遇与挑战”“高新技术开发区在创新驱动中的引领作用”4个专题进行了学术交流。

四川省委常委、总工会主席李登菊强调，中青年专家是推进全省科技创新的中坚力量，四川近年来相继出台一系列支持大众创业、万众创新的措施，不断培养创新人才，以人才促创新，以创新促发展。她希望专家们能够勇于肩负时代赋予的重任，不断锤炼个人本领，争当创新驱动、转型发展的推动者。

会上，省科协与内江市人民政府签订了创新驱动发展战略合作协议。四川省高科技产业化协会与内江高新区、四川省食品科学技术学会与隆昌县人民政府签订了合作协议。

【四川省第二届科普资源双年展】 9月17日，2015年四川省全国科普日活动暨四川省第二届科普资源双年展在成都市举行。四川省全国科普日活动以“科技成就梦想，拥抱智慧生活”为主题，围绕“创新引领新常态、创新成就我梦想、创新助我智慧生活”的主要内容，开展了全国科普日联合行动、科普信息化创新活动、青少年科普活动、科普开放日活动、科普志愿行动、社区科普益民活动、农村科普惠农活动等重点活动。本届科普资源双年展共设立66个标准展位，省级学会、市（州）科协、科技型企业等36家单位参展，主要包括科普出版类，科普展览、展品开发制作类，科学艺术类，科普教育类，科普网站、科普游戏软件类，科普旅游及综合类，科普创新创意类，各类展品展项共有1400多项。

（撰稿人：关豪杰）

贵州省科学技术协会

服务经济社会发展 2015年，省科协成为中国科协国家级科技思想库平台建设单位。省科协重点围绕省委、省政府关注的热点问题，邀请院士、专家建言献策，编报《贵州省科协国家级科技思想库决策咨询专报》，得到省领导批示并转有关部门落实。

2015年年初，省科协研究制定《贵州省科协“服务创新驱动·助力同步小康·促进民族和谐”黔南州、黔东南州、黔西南州试点工作方案》。全年在3州举办“院士专家援黔行动”、省级学会负责人走进黔东南、省科协“常委、委员下基层”等大型引智和帮扶活动10余次，开展各类人才、技术培训等，支持3州项目80余个。

围绕重点热点问题，引进院士、专家100余人次开展常效服务。重点开展“院士专家援黔行动——金州行系列活动”“海内外专家助推贵州生物医药发展国际会议”“科学与中国”院士专家基层行等系列活动，举办座谈会20余次，签署合作协议30余个。为市州党政机关决策提供了智力支持，为省内企事业单位发展带来实际效益。

由贵州省委组织部牵头，省科协具体承担“黔归人才综合信息数据库”建设工作，将“黔归人才库”、十大产业科技思想库、海智计划贵州基地、科技信息服务企业项目专家库等载体的人才信息汇总整合，建设方便各责任单位录入、查询和咨询，方便与国家级大数据库对接的动态数据库。

省科协组织开展“推进大众创业、万众创新政策措施落实情况”和“基层公共医疗设施建设、使用和管理政策措施落实情况”第三方评估工作，先后呈报的《关于对“推进大众创业、万众创新政策措施落实情况”第三方评估报告》《贵州省“基层公共医疗设施建设、使用和管理政策措施落实情况”第三方评估报告》，获得省委、省政府领导的批示。

在省医学会、省体育学会、省药师协会、省档案学会、省防痨协会5家学会开展“省级学会承接政府转移职能”试点工作。起草《贵州省科协所属省级学会承接政府转移职能试点工作实施方案》并通过省委全面深化改革领导小组审议，以省委办公厅、省政府办公厅名义印发全省贯彻执行。

以服务贵州省科技进步、产业结构调整、产业技术升级、战略发展为切入点，搭建科协及所属学会服务企业科技创新的工作平台，制定下发《贵州省科协“百会千企万众创新行动”工作方案》，启动“百会千企万众创新行动”。

《科学素质纲要》实施及科普工作 对各市（州）开展公民科学素质基本情况进行抽样调查，组织对所有“公民科学素质先进县（市、区）”创建单位进行检查考核。完成“到2015年实现省公民具备基本科学素质的比例超过3%”的目标，达到了3.56%。根据第九次中国公民科学素质调查显示，相比“十二五”初期的1.54%，增长率达131%。

推进科技致富“二传手”培训工程、“全省优秀科普作品资助”、科技扶贫、科普大篷车等项目的申报和实施。贵州省36个农村专业技术协会、18个农村科普示范基地、17个农村科普带头人、9个科普示范社区获表彰。

组织开展全国科普日、文化科技卫生“三下乡”、科技活动周、科普大讲堂及专项科普活动等。组织“中国流动科技馆”巡展丹寨、沿河、六枝、榕江、松桃、水城、碧江、黎平等15个县区，据不完全统计，观众近50万人次。开展省级科普示范社区和省级科普教育基地创建、农村党员干部现代远程教育课件制作和培训工作。重点在各市州建设LCD科普宣传橱窗。

3月27日，举办首届贵州省“青少年科技节”活动和贵州省第30届青少年科技创新大赛。

以“互联网思维”推进“百万公众网络学习工程”，参加成效测试答题的总人数为287.1万人。

学术交流 结合基层工作需求和产业发展需要，按照“请进来、走出去”的原则，全年组织4个代表团分别赴朝鲜、瑞典、芬兰、法国、德国等国家和台湾地区开展“青少年科普教育培训”“海智工作交流及项目洽谈”“全民科学素质工作交流及项目洽谈”及“茶产业及休闲农业发展”等专项工作交流、洽谈，促进海内外民间科技交流。

6月24—28日，参与主办海内外专家助推贵州生物医药发展国际会议。

服务科技工作者 省科协与省委组织部、省人社厅组织开展第十三届贵州省青年科技奖推荐与评选工作，评选出第十三届贵州省青年科技奖获奖人员25名。推荐王兴恩、刘飞、刘婷婷、徐林、黄勇、覃成等6人作为贵州省第十四届“中国青年科技奖”推荐人选。

省科协聘请中国科学院院士欧阳自远、省政协副主席谢晓尧等12位专家组成宣讲团，作报告24场，1.5万名研究生代表、本科学生代表、新入职的教育科技工作者代表、新任研究生导师代表听取报告。

与贵州广播电视台联办电视栏目《智汇贵州》，宣传贵州省科技创新人才、科普惠农带头人、企业科技骨干的事迹。与贵州日报社合作开辟专栏，引导全省上下关注科技工作者，重视科技发展。

全省新增全国（省级）科技工作者状况调查站点6个，建立的科技工作者状况调查站点达12个。各站点完成科技工作者思想状况调查、“推动大众创业、万众创新政策措施落实情况”问卷调查、科技工作者流动状况调查、“科技工作者职称和收入分配激励状况”问卷调查等6次调查任务，并配合中国科协开展首批科技工作者调查样本推荐入库工作。4月8—11日，在贵阳市举办中国科协全国科技工作者状况调查站点培训班。

自身建设 省科协学习贯彻中央、省委党的群团工作会议精神。全年举办党组中心组学习5次15天，邀请专家作“三严三实”专题辅导报告4场。

开展了省科协机关“三严三实”专题教育，推动反对“四风”和改进作风的制度化、规范化和常态化。组织开展党风廉政警示教育大会、体验式警示教育活动、纪念抗日战争暨世界反法西斯战争胜利70周年主题教育活动等，推进党员到社区报到服务。完善党员活动室、图书阅览室、职工健身房等“职工之家”基础建设。

7月，在江西省井冈山市——井冈山红色文化教育学院举办2期贵州省科协系统干部综合能力提升培训班，170余人参加培训。10月，组织直属事业单位干部40余人到延安开展学习培训。

市、州、县及基层科协组织 贵阳市科协开展“会企协作创新计划”试点工作和“学会服务站”试点工作，组织学会在企业、乡镇、农村、社区及基层科协建立服务站，全年建立5家学会服务站。

安顺市科协创新组建由生产生活安全等各类科技专家组成的安顺市应急专家科普服务团。

铜仁市科协组织全市各区、县农村科普带头人、种植大户和科技示范户开展涵盖种植、养殖的农村实用技术培训班，合计培训396人次。

黔西南州科协举办“院士专家援黔——万峰林行动”。

省级学会、企业科协、高校科协 截至年底，省科协所属学会、协会、研究会（以下简称学会）129个，其中理科学会23个，工科学会38个，农科学会13个，医科学会23个，综合交叉学会32个。现有学会分支机构251个。省级学会及各地学会全年举办学术会议和专题活动180余次，参加人员3.5万余人次。省科协所属企事业科协有42家，园区科协8家，高校科协10家。

省医学会承办2015中华医学会呼吸病学年会暨第十六次全国呼吸病学学术会议，省公路学会主办2015年全国桥梁学术会议，省地理学会承办首届国际地学遗产大会和中国地理学会2015年学术年会西南片区会议，省抗癌协会承办第十届泛珠江区域放射肿瘤学学术大会等。

【“百万公众网络学习工程”活动】 2015年，“百万公众网络学习工程”活动官网在线学习平台访问人次达2673.3万，在线成效测试平台访问人次达2119.8万，均创历史新高。其中，在线成效测试平台访问人次比2014年净增1288.8万，增长率达155.09%。参加成效测试答题的总人数为287.1万人，答题总次数为524.3万人次，报纸答题达2.9万人，微信闯关答题71.7万人次。主要创新做法有：

一是活动紧紧围绕省委、省政府中心工作，紧扣百姓关注开展，各阶段主题明确。两个阶段分别以“保护身边环境·共建生态文明”“科学生活·拥抱健康”为主题。

二是与省内主流媒体通力合作，加强宣传力度，进一步扩大社会影响力。与贵州电视台签订协议，由贵州电视台委托各市（州）电视台为市（州）科协录制“百万公众网络学习工程”活动专题短片10部，并在贵州电视台科教健康频道《智汇贵州》栏目播出。与贵州日报社、多彩贵州网合作，通过报纸答题、微信闯关答题、电视大赛等形式扩大公众参与渠道，特别是微信闯关模式得到广大青年朋友的欢迎。围绕“百万公众网络学习工程”活动主题，11月7日“贵州省第二届全民科学素质知识电视大赛”总决赛在贵阳市举办，贵州省副省长何力出席活动并为第一名颁奖。

三是全省各级科协组织齐心协力形成强大合力，在做好常规宣传的同时，根据各阶段主题邀请专家作进社区、进校园作专题报告会。据统计，全省各级科协共组织专题报告会180余场，共计万余人次参加报告会。

四是创新活动模式，分阶段分主题展开。分阶段实施，一方面一定程度上缓解了测试系统的压力。另一方面通过对第一阶段活动情况的及时总结通报，督促各地加大宣传和组织实施力度。同时完善统计功能，实时反馈参与成效测试人数。通过10余次增补，将6700余家单位录入后台统计系统，并设置为在线查询，用户可以点击查询，随时了解全省各地组织参加成效测试人数情况，为做好工作调度提供参考。

五是加大资金投入，加强“百万公众网络学习工程”基础建设。实施以奖代补政策，充分调动各级科协开展活动的积极性，对活动开展优秀的市州科协予以奖励。

【首届贵州省“青少年科技节”暨第30届贵州省青少年科技创新大赛】 3月28日，由省科协、省教育厅、省科技厅、省环境保护厅、省体育局、团省委、省妇联共同主办，省青少年科技活动中心、省科技馆承办的贵州省首届“青少年科技节”暨第30届贵州省青少年科技创新大赛在贵阳市开幕。省委、省政府有关领导及来自全省9个市、州及仁怀市、威宁县的参赛选手600多人和贵阳市第六中学300余名师生参加开幕式。

贵州省首届“青少年科技节”暨第30届贵州省青少年科技创新大赛

本届“青少年科技节”集中展示了贵州省中小学生青少年科技创新大赛问辨、青少年机器人竞赛等各类科技创新活动成果，进行了科技实践活动和少年儿童科学幻想绘画展示、科技馆创作奖展示、青少年科学微电影展示、3D打印展示等，开展专家科普讲座、科技辅导员科技沙龙等活动。评出青少年科技创新成果竞赛项目一等奖48名、二等奖84名、三等奖150名；科技辅导员科教创新成果竞赛项目一等奖20名、二等奖36名、三等奖81名；科技实践活动一等奖10项、二等奖28项、三等奖50项；少年儿童科学幻想绘画一等奖30名、二等奖70名、三等奖108名；优秀组织奖20个。

省青少年机器人竞赛有300余名师生参赛，涵盖了小、初、高机器人综合技能比赛、机器人足球比赛、FLL机器人工程挑战赛等项目。增设了“科技馆创作奖”，15个优秀作品通过选拔在活动中展示。

【百会千企万众创新行动】 为贯彻落实中国科协《关于实施创新驱动助力工程的意见》，省科协以开展“百会千企万众创新行动”为抓手，动员各级科协和所属学会搭建服务创新驱动发展平台，促进产学研用相结合，提升科协及所属学会服务科技创新、服务社会和政府的能力，凸显科技团体在服务科技创新驱动发展中的作用。

据统计，“百会千企万众创新行动”启动以来，省、市、州科协及所属90家学会共组织专家进企业、园区2391人次，服务企业453家。其中37家学会与62家企业、园区签订产学研合作项目104项；11家学会为企业引进人才29名；各级学会为地方、企业、园区开展科技咨询、决策论证和技术支持113项；提供技术攻关或帮助新产品开发55项；提供成果鉴定7次；帮助引进科技成果、推广新技术29项；开展科技培训、讲座387场，共培训26691人次；承担参与制定科技计划（规划）、标准22项，开展专利咨询服务41项。

贵州省科协“百会千企万众创新行动”工作启动会

【院士专家援黔行动】 2015年，省科协组织国内外院士28人次，国外省外高精尖专家138人次赴贵州省开展相关活动。组织院士专家基层服务80余人次；组织院士报告15人次12场，专家报告6人次6场，受众13000余人次；组织培训专利应用工程师542名，培育专利应用重点企业30家；促成专家与园区、与各级企事业单位签署协议12个；初步促成相关单位引进海外高级人才2名。

4月13—16日，"院士专家援黔行动——万峰行"系列活动在黔西南州兴义市拉开序幕，邀请秦大河、饶子和、郑兰荪等12位中国科学院院士、中国工程院院士到黔西南州调研科普基地、走入大学与学生面对面交流。

8月26—29日，组织吴常信、汪忠镐、孙大文等中国科学院院士、中国工程院院士、欧洲两院院士、雅科夫等千人计划专家19人到黔西南州调研，与当地特色优势产业如薏米、茶叶、草业、畜牧、制药等相关企事业单位对接，提供人才、技术等多种智力支撑。

【黔归人才综合信息数据库（一期）建设】 2015年，由贵州省委组织部牵头，省科协具体承担"黔归人才综合信息数据库"建设工作。该系统旨在为未来接入全国性的人才系统以及服务贵州省"人才云"建设打下基础。数据库一期于8月建成并通过验收。

截至12月初，数据库已纳入有效人才数据10557条，临时数据2622条。初步梳理各责任单位数据12.6万条。12月1日，贵州省人才工作领导小组发文指出："贵州省科学技术协会等多家单位和市（州）创新工作思路、开拓工作格局，黔归人才工作成效较明显，工作方法和经验值得大家学习和借鉴"，对省科协所做工作给予肯定。

【海内外专家助推贵州生物医药发展国际会议】 6月24—28日，省科协与省委统战部、省人力资源和社会保障厅主办，省中国科学院天然产物化学重点室承办的海内外专家助推贵州生物医药发展国际会议在贵阳市召开。来自以色列、加拿大和中国的210位专家、学者、企业高层管理人员参会，对贵州生物医药产业走向国际市场作了探讨，为助推贵州省新医药与大健康产业快速发展提出意见和建议。贵州省委常委、统战部长刘晓凯和副省长何力莅临会议，会上签署合作协议8项，产生直接经济效益2亿元，间接经济效益5亿元。

海内外专家助推贵州生物医药发展国际会议授牌仪式

【贵州新医药产业发展论坛】 5月29日，由贵州省科协、贵阳市科协、贵州省药师协会、贵州省药学会、贵阳市药学会联合主办的贵州新医药产业发展论坛在贵阳市举行。200多位专家、学者、企业负责人和有关部门负责人参与，围绕"融合、创新"建言献策，为贵州大健康新医药产业发展"把脉开方"。

专家认为，随着大数据、互联网产业的发展，大健康医药产业正逐步呈现医疗服务与大数据产业结合，医药流通与信息产业结合，药食同源、健康养生与休闲旅游结合、与生态种植业相结合等产业链交叉融合的发展趋势，贵州省将把大健康医药产业建设成为全省新的支柱产业，从医药资源大省向医药产业大省转变。

（撰稿人：黄德远）

云南省科学技术协会

服务经济社会发展 举办了以"谋划乌蒙山片区跨越发展、促进长江经济带建设"为主题的第五届云南省科协学术年会暨乌蒙山片区发展论坛。论坛共征集论文128篇，形成了《关于建设"扶贫开发特区"，推进乌蒙山片区跨越发展的建议》（以下简称《专家建议》）。以《专家建议》为主要平台，组织科技工作者围绕云南经济社会发展的重大问题，积极开展建言献策活动，向省委、省政府和国家有关部委上报了5期《专家建议》。推进高原特色农业献智献策行动，择优支持省级学会和州市科协开展决策咨询、专题调研等14个项目，调研成果为省委、省政府决策提供了科学依据和政策咨询。

扎实推进基层科普行动计划。抓好农村专业技术协会、科普示范基地、科普带头人和科普工作队的项目培育与储备工作，80个农村专业技术协会、21个科普示范基地、50名科普带头人、1个科普工作队和9个科普示范社区得到中国科协和财政部表彰，获奖补资金2500万元。联合省财政厅出台新一轮省级科普惠农兴村计划实施方案，以普及实用技术为切入点，以服务产业为重点，以县级科协为主体，以行政村为对象，以“会、站、栏、员”为内容，创建省级科普惠农示范村100个，安排奖补资金1000万元。继续做大做强农村专业技术协会，推动农村专业技术协会联合体建设，同时推进云南省“银会合作”工作，切实帮助农村专业技术协会解决融资难、融资贵问题。深化“讲、比”活动，切实推进院士专家工作站建设。2015年新建院士工作站2个、科技专家服务站23个。开展了全省“讲理想比贡献、奋力实现中国梦”活动，并对全国和省级先进集体、创新团队、创新标兵进行了表彰。持续推进中国科协服务企业技术创新项目，重点选择70个科技信息应用企业建设地方科协科技成果转化试点基地。推进“海智”计划云南行动，邀请12个国家的专家、学者在云南省举办7次国际学术报告会和项目推介会，推介海外新技术项目50余项。召开省科协海外专家顾问团会议，对“海智”项目库、海外专家人才库进行了充实和完善，并促成美国、瑞典等国知名华人科学家在滇创办国际能源研究院和泛亚国际生态工程研究院。开展科技信息推广应用“一站式”服务，完成150家新增企业推送安装任务，培训专利应用工程师400人次。

《科学素质纲要》实施及科普工作　切实发挥省全民科学素质工作联席会议办公室作用，加强统筹协调，推动任务落实。继续推动将公民科学素质建设纳入省委、省政府2015年度综合考评工作；对各级各有关部门落实和完成“十二五”公民科学素质建设目标责任情况进行了督促检查，配合国家督查组完成对云南省“十二五”期间《科学素质纲要》实施工作的实地检查。开展全国科普日、科技活动周、文化科技卫生“三下乡”和科普大篷车、流动科技馆、青少年科技教育等活动。在全国率先开展宗教院校科普行活动，并持续推进科普进寺院、科普进藏区活动。围绕产业结构调整，有针对性地开展农函大培训工作，2015年共培训农民14万人次。在5个州、市开展了民族地区双语科普试点工作。全力推进省科技馆新馆建设，累计完成新馆建设投资3亿元。继续支持中小型科普类场馆展教能力建设，加大边境一线民族地区流动科技馆、科普大篷车配置力度，全省科普大篷车达到63辆，流动科技馆展品达到10套。《奥秘》画报全年发行100多万册，在全国青少年期刊中继续处于领先地位。编发《云南科坛》杂志12期3万册,《美丽云南科普专刊》24期96万份。加强反邪教工作，在全省15个州市成立了反邪教组织。

开展了2016—2020年度省级和全国科普示范县（市、区）创建工作，34个县（市、区）被命名为省级科普示范县（市、区），择优推荐15个县（市、区）参加全国科普示范县（市、区）创建。创建了9个全国科普示范社区和46个省级科普示范社区，有17个单位被命名为2015—2019年度全国科普教育基地，省科技馆被中国科协作为2015年度全国科技馆免费开放试点单位。

以“数字生活·智慧云南”为主题，举办首届昆明信息化科普产品博览会。“美丽云南微科普”共发布108期，在2015“‘互联网+’科普”峰会上被评为“2015年十大科普机构影响力自媒体”。“奥秘真相工厂”微杂志共发布54期，获得社会广泛好评。建成高原特色农业移动电商平台、产业基地远程在线服务系统和农民合作组织信息化APP集群。科普网络书屋覆盖全省129个县（市、区），年阅读量达到50万人次。

学术交流　以项目资助形式，择优支持省级学会围绕学科发展中的高端前沿问题、产业升级中的关键共性问题，开展学术交流、调研咨询、承接政府转移职能等32个项目，在学科领域和行业内产生了积极影响，促进了云南省学科发展、科技创新和人才成长。以东南亚、南亚为重点，开展多层次、宽领域的国际学术交流活动，组团赴新加坡、马来西亚参加了东南亚测绘协会第56、57次理事会议和第13届东南亚测量学术大会，主办了东南亚测绘协会第58次理事会议。与越南老街省建立了互访交流机制，签署了战略合作协议。深化与香港特别行政区、澳门特别行政区和台湾地区交流合作，参加了第11届泛珠区域科协和科技团体合作联席会议暨科技园区创新驱动发展论坛、第14届海峡两岸大学生辩论赛等。

服务科技工作者　加强科技领军人才服务工作。在省科协成立了省院士专家科技兴滇办公室（处级单位），为联系、服务和推荐院士候选人搭建工作平台。首次完成云南省中国工程院院士候选人推荐工作，共推荐4名候选人上报中国科协和相关部门。加大宣传

表彰力度。争取恢复了“云南青年科技奖”评选，新设立了“云南省科学技术普及奖”，并开展了第七届云南青年科技奖、首届云南省科普奖评选活动。10名优秀科技人才荣获云南青年科技奖，10个先进集体、20名先进个人荣获首届云南科普奖。加强调查站点建设。以高层次、高技能人才为重点，继续推进国家级和省级科技工作者状况调查站点建设，省科协和石林县科协分别被中国科协评定为全国优秀区域责任部门和全国优秀站点。

自身建设 完成“三严三实”和“忠诚干净担当”专题教育。出台了《省科协干部教育培训五年发展规划》，并按照“分级分类、全员培训”原则，在浙江大学举办了2期县级科协主席培训，在井冈山举办了1期省科协系统干部培训。全面落实党风廉政建设和党建工作责任制，坚持把党风廉政建设和党建工作与省科协重点工作同部署、同落实、同考核、同奖惩。开展了“跨越发展当先锋、机关党建走前头”活动、学习型组织创建活动和“爱读书、读好书、善读书”活动等。完成了专家人才库系统升级工作，并制定了数据采集工作方案。截至2015年，全省共有农技协6616个，会员近70万人。省级科普经费从年人均1元提高到年人均1.5元。有12个州（市）年人均科普经费达0.5元以上，110个县（市、区）年人均科普经费达0.3元以上。

地市县及基层科协组织 截至2015年，云南省共有省辖州（市）科协16个，县级科协129个，街道（社区）科协276个，乡镇科协1096个。州（市）、县科协全年共举办科普宣讲活动5879次，举办实用技术培训17437次，推广新技术、新品种978项，参加活动科技人员总数达72573人次。昆明市科协搭建科技孵化平台，先后引进18家科技型小微企业进园孵化。楚雄州科协组织开展农民专业合作组织示范创建活动，促进合作组织创新发展。大理白族自治州科协切实加强科普信息化建设，多措并举推进全民科学素质工作。德宏州科协实施“英才兴边”计划，聘请13位中国工程院院士担任德宏经济发展顾问，先后建立10个院士（博士）专家工作站。迪庆藏族自治州科协组织开展“科普进藏区”系列活动，促进迪庆藏族自治州跨越发展和长治久安示范区建设。红河哈尼族彝族自治州科协组建科普文化艺术团，并在屏边县举办了主题为“科普红河·美丽家园”的首场科普专题文艺演出。文山州科协着力营造全社会关心和支持科普的良好环境，全民科学素质工作取得新进展。普洱市科协与有关部门举办的《科普行动》电视栏目获得“云南省十佳栏目”称号。昭通市科协动员组织全市科技工作者，积极参与鲁甸“8.03”地震救灾和灾后重建工作。玉溪市科协在全省率先实施学会共建、社团评估等措施，支持学会提高服务创新能力和自主发展能力。

省级学会、企业科协、高校科协 截至2015年，云南省共有省级学会（协会、研究会）129个，个人会员18.5万人，团体会员10790个。新成立企业科协18个，企业科协总数达288个，个人会员2.7万人；新成立高校科协1个，高校科协总数为7个，个人会员6500多人。

实施学会能力提升行动，择优支持省级学会开展学术交流、调研咨询、承接政府转移职能等共32个项目。开展等级学会评价工作，建设示范学会群体，15个省级学会被评定为等级学会。完善省级学会目标管理考核，18个省级学会荣获“优秀学会”称号，10个省级学会荣获“学术交流先进学会”称号，15个省级学会荣获“特色创新先进学会”称号，1个省级学会荣获“决策咨询先进学会”称号。推进学会承接政府转移职能试点工作。2015年，省医学会、中医药学会、通信学会、环境科学学会、物流学会、物业管理行业协会、认证认可协会等7个省级学会共承接政府转移职能23项。与深圳市科协共同成立云南－深圳科技社团创新联盟，联合举办了2015深云名中医交流研讨会暨挺起民族的脊梁巡回科普活动。省科协和云南农业大学主办了滇型杂交水稻发展50周年学术研讨会，省畜牧兽医学会举办了云南畜牧业发展高层论坛，省中医药、中西医结合、针灸、民族民间医药等学会举办了第二届兰茂中医药发展学术论坛暨云南省中医药界2015学术年会，省互联网协会举办了云南省互联网大会，省动物学会承办了第四届中国西部动物学学术研讨会，省植物学会承办了中国第七届植物化感作用学术研讨会。2015年，省级学会共组织国内学术会议187次，境内国际学术会议12次，港澳台地区学术会议1次，交流论文9254篇。

依托云南省中小企业创新服务平台，专家服务团工作成效显著。目前，专家库成员共有226名，2015年共解答企业提问504条。

【《科学素质纲要》实施工作督查】 9月21—23日，由中国科协、国家民族事务委员会、农业部、国家质量监督检验检疫总局、中国社会科学院、国家食品药品监管局总局等单位组成的《全民科学素质行动计划纲要》(以下简称《科学素质纲要》)实施督查组，对云南省“十二五”期间实施《科学素质纲要》情况进行实地督查，走访检查了曲靖市麒麟区、昆明市盘龙区金江路社区等地开展科学素质工作的实际情况。

从实地督查情况来看，云南全民科学素质工作扎实推进，稳步发展。督查组从《科学素质纲要》的实施保障、科普活动、重点人群和基础工程等4个方面，对照组织落实、政策规划、投入保障等15条主要内容进行了检查。督查组认为，2010年以来，云南省在落实《科学素质纲要》工作中，领导重视，组织落实，工作机制逐步健全，纲要办认真履行职责、主动作为、加强联合，各组成单位积极配合，形成合力。省科协作为省纲要办牵头单位，认真履职，积极作为，各成员单位积极配合，形成了联合协作抓科学素质纲要实施工作的合力，公民科学素质建设稳步推进，工作有成效。

督查组认为，根据第九次全国公民科学素质调查情况，云南公民科学素质整体水平仍然偏低，目前距离原定2015年要达到的建设目标还有一点差距。为此，希望省委、省政府进一步加强对科学素质工作的领导，并提出以下几点建议：一是继续加大投入。云南省是西部地区人口大省，同时又是边疆地区和少数民族地区，基础条件较弱，工作成本高。从全国看，目前云南省的人均科普经费投入水平仍然比较低，有的州、市人均科普经费还不到0.3元(2013年，全国人均科普经费3.41元)，科技场馆等基础设施建设进展缓慢，希望云南省在目前投入水平基础上，进一步加大财政科普投入。二是进一步加强领导，强化机制保障。要将公民科学素质建设工作任务列入政府工作规划、计划，纳入党政目标考核，健全完善考核评价和反馈机制，切实发挥政府主导作用。三是进一步体现科学素质工作的全民性和普惠性。进一步关注全民、关注弱势，关注农村，将科学素质工作延伸到薄弱地区、偏远地区，用机会和机制来推动实现科技教育、传播、普及的公平普惠。四是加强科普信息化、实现精准服务。希望云南在原有工作基础上，加强科普方式探索创新，大力提升科普服务能力。

【第五届云南省科协学术年会】 11月2日，由省科协和昭通市人民政府联合主办的第五届云南省科协学术年会暨乌蒙山片区发展论坛在云南省昭通市举行。全国政协委员、海军原副政委王兆海，云南省政协副主席曾华等领导和专家、学者出席年会开幕式。300多位专家、学者和科技工作者参加年会，针对乌蒙山片区区域发展和扶贫攻坚的对策措施和方法途径进行了交流讨论。乌蒙山片区包括云、贵、川三省毗邻地区的38个县(市、区)，是国家新一轮扶贫攻坚主战场之一，是集革命老区、民族地区、边远地区和贫困地区于一体的连片特困地区。从战略位置上看，乌蒙山片区向西是连接我国面向南亚、东南亚和印度洋的重要“桥头堡”，向东是连接长江经济带内陆腹地，同时是沟通“一带一路”和“长江经济带”两大战略区的重要桥梁，对于我国推进两头开放战略具有重要意义。

年会设一个主会场和3个专题分论坛，邀请北京大军智库经济咨询公司研究员仲大军，美国异地希公司总裁及执行长张景平博士，和谐世界(北京)文化中心总干事、首席研究员罗扬分别作大会特邀报告《长江经济带中的乌蒙山片区社会发展与环境保护》《乌蒙山片区优势发展现代绿色生态农业服务长江经济带建设》《ATP生态链扶贫经济模型在推动乌蒙山区域扶贫攻坚和城乡发展中的作用》。3个专题分论坛分别以乌蒙山片区跨越发展的途径与方式、乌蒙山片区特色产业、长江上游重要生态安全屏障建设等为主题进行了学术交流。会议期间，围绕乌蒙山片区跨越发展和促进长江经济带建设召开了专家咨询座谈会，形成了《关于建设扶贫开发特区，推进乌蒙山片区跨越发展的建议》。

【2015首届昆明信息化科普产品博览会】 为满足人民群众不断增长的科普需求，引导更多的企事业单位、高校、科研院所积极参与科普产品的研发、生产，省科协于11月13—16日在省科技馆举办了2015首届昆明信息化科普产品博览会(以下简称“科博会”)。本届科博会以“数字生活·智慧云南”为主题，邀请90余家省内外科普产品(教具)厂家、教育机构、科研院所参展。科博会设创新科普、智慧生活、气象交通旅游等展区。创新科普区主要展示创客作品、最新科技成果、新式科普教具(科普教育基地、科技馆展教设备、科普出版)产品，智慧生活区以动漫、游戏、影视、演出等形式展现最新的科技传播技术，智慧健康、智慧气象、智慧交通等先进科技产品也逐一展出。举办了科普视频展演、亲子科普体验、COSPLAY科幻动漫表演等活动，云南省天文台和

天文协会组织了太阳观测和描绘活动。

（撰稿人：武绍华　黄剑平）

西藏自治区科学技术协会

服务经济社会发展　承接政府职能转移实现新突破。积极承担中国工程院院士候选人推选工作，制定《西藏自治区科协推选中国工程院院士候选人工作实施细则（试行）》，向中国科协推选候选人3名，其中1名被确定为中国工程院院士候选人。联合自治区卫计委等部门，完成中国科协委托的基层公共卫生医疗设施政策第三方评估工作。

实施西藏自治区级“基层科普行动计划”。落实奖补资金，对14个农村科普示范基地、1个科普示范社区、10名科普带头人进行奖补。申报全国“基层科普行动计划”项目，全区4个农技协、8个科普示范基地、2个科普示范社区、30名科普带头人获得奖补，扶持了一批有特色、上规模、能带动农牧区经济发展和农牧民致富的专业技术协会、基地、社区和带头人。

创先争优强基惠民活动稳步推进。紧紧围绕“五项任务”，帮助驻村厘清发展思路，努力寻找致富门路，积极为驻村解难事、办实事、做好事，改善基础设施条件、发展村集体经济、提高农民收入，活动取得显著成效。

《科学素质纲要》实施及科普工作　以提升服务能力为核心，以资源共建共享为抓手，以服务基层群众为着力点，扎实推进六大重点人群科学素质建设。2015年西藏自治区公民具备基本科学素质比例达到1.93%，比“十一五”末增长18.3倍。

深入宣传和落实《科普法》。配合自治区人大常委会开展《科普法》《自治区实施〈科普法〉办法》执法检查和跟踪督查，有力促进了“一法一办法”的实施。

科普基础条件不断改善。联合文化厅创建148个乡（镇）科普活动站，实现全区693个乡（镇）科普活动站全覆盖；启动寺庙科普活动站建设项目，在七地市建立7座寺庙科普活动站，把科普工作触角延伸到宗教场所；建立36个科普惠民服务站；落实12个县科普大篷车申报和配发工作；为各地市配备4套流动科技馆设施设备；建立农村中学科技馆32个；在全区58个农村中学科技馆建立了“科普阅读角”。

主题科普宣传活动不断深入。组织各地市、自治区级学会开展全国科普日、科普“六进”“五下乡”“雪域科普大讲堂”等各类科普活动，全年各级科协组织共开展活动170余场次，发放科普宣传资料12万份（册），受益人数达15万人次。全力支持科协系统“4·25”抗震救灾工作。区科协捐款捐物、开展科普宣传活动。在“西藏自治区2015年全国科普日活动暨阿里地区流动科技馆开馆仪式”上，为阿里地区科协配备了一套流动科技馆设备。9月19日晚，中共中央政治局常委、书记处书记刘云山在北京主会场与阿里科普日活动现场进行视频连线互动。

科普日活动现场视频连线互动

青少年科普工作扎实推进。选派102名优秀高中生赴北京、上海参加全国高校科学营活动；选派拉萨中学3名学生参加第三十届全国青少年科技创新大赛，获得科技创新项目二等奖；组织开展全国中学生数学、物理联赛西藏赛区竞赛活动；在第32届全国中学生物理竞赛“新星杯”全国决赛中，区学生代表荣获6枚铜牌；向全国中学生数学竞赛活动推荐4名学生参加12月在江西鹰台举行的全国决赛。为建立一支稳定的中学科技辅导员队伍，组织70名中学教师参加在浙江省杭州市举办的2015年西藏中学科技馆工作交流会暨科技教师培训班。

2015年西藏中学科技馆工作交流会暨科技教师培训班

科技知识工作宣传效果显著。《西藏科技报》全年发行量达到241.92万份（其中汉文报75.6万份，藏文报140.4万份），藏文报发行至各行政村及1500余个通邮寺庙，汉文报发行至各乡镇。中国科协2015年藏区青少年科普阅读行动在拉萨启动，为自治区通邮的学校、寺庙免费配发《知识就是力量（藏文）》杂志8万册。举办“中国科协2015年藏区青少年科普阅读行动”西藏科普阅读辅导讲座，8所中学和14名老师分别被评为2015藏族青少年科普阅读行动科普阅读示范学校和示范教师。实施了“西藏特色科普资源开发”项目，编译发行一批藏文科普图书和科普挂图。

学术交流 学术交流日趋活跃，学术品牌进一步凸显。联合那曲地区行署举办了以“生态文明与草牧科学发展”为主题的自治区科协第五届学术年会分会，征集论文43篇。支持西藏园艺学会等18个自治区级学会开展不同层次、学科交融的学术活动；成功举办畜牧兽医学会年会、水利学会西藏水资源保护与开发利用论坛、气象学会高原大气论坛、太阳能学会阳光论坛、西藏大学农牧学院科协周学术报告五个品牌学术活动；组织自治区专家、学者参加中国科协学术年会、国际科技组织任职研修、全国科学道德和学风建设宣讲教育专题研究班等国家级高层学术活动和专题研修；邀请国内知名的心脑血管临床专家在拉萨和那曲地区举办讲座6场；邀请香港建筑测量界30名资深专业人士与自治区建筑测量界15名专家座谈交流。

服务科技工作者 及时完成“中国青年女科学家奖”“中国青年科学家奖”“创新力量”优秀企业基层科技工作者等候选人推荐工作；委托西藏农牧学院举办科技工作者知识更新培训班，培训基层一线科技工作者100人；开展科技工作者状况调查站点调整工作，组织4个站点参加科技工作者状况调查培训。搭建表彰奖励平台。组织开展“12·15”中国科协会员日活动，邀请自治区领导看望慰问为自治区经济社会发展作出突出贡献的6位专家代表；召开自治区科协系统“4·25”抗震救灾先进集体和优秀科技工作者表彰座谈会，对在抗震救灾工作中表现突出的先进集体和优秀科技工作者进行表彰；举行以“建家交友 关爱会员 悦动冬季”为主题的西藏科协会员日乒乓球赛，加强了学会之间与会员之间的交流，扩大了科协会员日的影响。

自身建设 认真落实党建工作责任制，扎实推进“三严三实”专题教育，深入开展党风廉政建设，机关党建工作稳步推进，维稳工作进一步夯实，机关作风明显好转。召开自治区科协第六次代表大会，产生新一届领导机构和工作班子。各县召开科协第一次代表大会，县一级科协工作逐步进入正轨。全国科协系统对口支援工作取得新成效。

学会管理工作进一步加强，学会发展能力得到提升。召开学会秘书长会议，对学会能力提升和承接政府职能工作进行部署。实施自治区级学会能力提升计划，资助西藏气象学会等8个学会加强学会组织建设和服务能力建设；支持西藏唐卡文化艺术协会开展当代优秀唐卡作品数字化赏析活动；指导消防协会、水利学会、地质学会、农技推广协会等完成换届。在西藏职业技术学院、西藏月王生物技术股份有限公司、西藏医学解剖学会建立科协组织。

支持学会创新开展工作。资助10个学会开展专项调研咨询活动；指导电机工程学会等8个学会按章程进行换届；召开全国“讲理想、比贡献”活动表彰暨西藏月王生物技术有限公司科学技术协会成立大会。

地、市、县及基层科协组织 截至2015年，西藏共有地市级科协7个、县级科协74个，已实现全区693个乡镇科普活动站全覆盖，农村中学科技馆达到58个。全年共举办各类科普宣讲活动100余场次，发放科普图书20万册、光盘6万余张，受众人数达到15万人次。基层科协积极组织科技工作者，开展农牧民实用技术培训，展示科技成果，促进群众观念转变，推动了科协事业发展。

【西藏自治区科协第六次代表大会】 9月29—30日，自治区科协第六次代表大会在拉萨召开。自治区党委书记陈全国出席会议。中国科协党组副书记、副主席、书记处书记张勤，自治区党委常务副书记吴英杰出席开幕大会并讲话。自治区党委常委多托主持开幕大会。全国20多个省、自治区、直辖市科协向大会发来了贺信、贺电表示祝贺。中国工程院院士、自治区人大常委会副主任多吉继续聘为区科协名誉主席。会议选举产生自治区科协第六届委员会委员和常务委员会委员、主席、副主席。大会审议通过了《自治区科协第五届委员会工作报告》和《自治区科协贯彻区党委党的群团工作会议精神的实施方案》。大会表彰了2015年度全国“基层科普行动计划”奖补单位和个人、2011—2015年全区科协系统先进集体和先进工作者，并向全区七地市中学科技馆授牌。

【组织开展“4·25”抗震救灾工作】 4月25日，尼泊尔发生8.1级地震，强震波及自治区日喀则市和阿里地区，给灾区人民群众的生命财产造成了严重损失。西藏科协积极响应自治区党委、政府的号召，迅速行动，开展了一系列抗震救灾工作。一是联系中国科协紧急调运地震科普知识宣传资料，并联合日喀则市科协在灾区开展了以“科学减灾，依法应对”为主题的地震灾后重建科普宣传活动，编译发放“地震应急知识挂图”“震后次生灾害、气象灾害知识挂图”等科普宣传资料5万张。中国科协、区科协直接向灾区捐款捐物、开展科普宣传活动。二是动员各级科协组织积极开展抗震救灾工作，并在“12·15”中国科协会员日活动中，召开自治区科协系统“4·25”抗震救灾先进集体和优秀科技工作者表彰座谈会，对在抗震救灾工作中表现突出的5个先进集体和10名优秀科技工作者进行表彰。三是召开自治区科协全体干部职工动员大会，号召大家为灾区人民抗震救灾、重建家园奉献爱心，贡献力量。

【2015年西藏自治区全国科普日】 9月18—19日，2015年西藏自治区全国科普日活动暨中国流动科技馆阿里首展开馆仪式在阿里地区中学大礼堂成功举行。

9月19日晚，刘云山与阿里科普日活动现场的西藏科协领导、阿里地区的青少年代表、科技教师代表进行视频连线互动，西藏科协副主席林立介绍了阿里开展科普日活动的情况，地区中学的师生代表分享交流了参加科普日活动的收获和体会。刘云山表达了对西藏师生代表的亲切问候，同时指出，西藏要突出抓好面向青少年的科学普及，从学校抓起，从家庭抓起，发挥社会各方面积极性，更好激发青少年的科学兴趣和科学热情。

【中国科协2015年藏区青少年科普阅读行动】 6月8日，中国科协科普部与《知识就是力量》杂志社在拉萨启动中国科协2015年藏区青少年科普阅读行动。中国科协科普出版社副社长、《知识就是力量》杂志社社长郭晶，中国科协科普部基层处调研员张守慎，中国科普作家协会常务理事、副秘书长尹传红，《知识就是力量》杂志营销总监业雷，区科协党组成员、副主席林立等领导出席仪式，自治区初、高中老师共48人参加。《知识就是力量》杂志社为参会教师赠送了《“2015年藏区青少年科普阅读行动”科学阅读示范课教师培训资料》及《知识就是力量（藏文）》期刊，并听取了藏区师生阅读《知识就是力量（藏文）》期刊后的意见和建议。

6月8日，中国科协科普部与《知识就是力量》杂志社一行在西藏拉萨江苏实验中学，举办“中国科协2015年藏区青少年科普阅读行动”西藏科普阅读辅导讲座，中国科普作家协会常务理事、副秘书长尹传红为藏区学生们作了题为“走进科学、成就梦想”的学生专场科普阅读辅导讲座，近300名师生参与。

7月底，中国科协“2015年藏族青少年科普阅读行动”在北京举行，中国科学院大气物理研究所研究员、中国科学探险协会主席高登义，以及中国科学院植物研究所博士、北京植物园科普馆馆长王康，为西藏科协高校科学营的老师们和67名学生作了一场生动的科普讲座。

藏区青少年科普阅读行动在拉萨启动以来，为自治区通邮的学校、寺庙免费配发《知识就是力量（藏文）》杂志8万册。

（撰稿人：曾建勇）

陕西省科学技术协会

服务经济社会发展 动员和组织科技工作者建言献策。联合有关单位举办“陕西省智慧城市发展学术研讨会”“陕西省科技期刊发展论坛”“转基因食品安全与风险学术研讨会”等高端学术活动，组织专家起草了《关于加快推进我省智慧城市发展的专家建议》和《关于促进我省科技期刊创新发展的对策建议》等，上报的《关于依靠科技支撑保障我省粮食安全的建议》得到时任副省长祝列克的重视和批示。配合中国科协完成陕西省“大众创业、万众创新”政策实施和在陕西省基层公共医疗设施建设、使用和管理政策落实情况第三方评估工作，着力服务全面深化改革大局。

实施创新驱动助力工程，助力产业转型升级。择优支持学会开展“关中粮仓”高标准基本农田示范工程、食品工业科技关键技术成果转化、陕西制造2025与装备制造业转型升级调研等8项科技服务活动，助力产业转型升级。成功推荐咸阳市为中国科协创新驱动助力工程示范城市，协调7个全国学会20余名专家赴咸阳调研，为咸阳现代农业、能源化工、纺织、医药等产业发展提供智力支持和人才支撑。开展“助力创新驱动、服务地方经济”高校专家市县行系列活动，服务经济转型。

推动陕西“银会合作”，切实服务“三农”。按照《中国科协 中国邮政储蓄银行关于加快推进“银会合作”的通知》要求，组织开展了陕西省农技协状况调查摸底，与邮政储蓄银行陕西分行签署《战略合作协议》，通过“科技＋金融”模式共同促进农业科技成果的转化与利用。邮储银行支持基层农技协会员已达到7200余户。

开展科技咨询活动，推动企业技术创新。组织开展“讲理想、比贡献，奋力实现中国梦”技术创新、院士专家企业行、企业技术创新方法培训等活动，组织科技专家深入109家大中型科技企业开展科技创新服务，解决技术难题600多项；认定登记各类技术合同11项。在企业和高校成立省科协院士专家、院士工作站3个。

《科学素质纲要》实施及科普工作 组织召开全省全民科学素质纲要实施工作专题会议，陕西省副省长张道宏出席会议并对陕西省纲要工作提出具体要求。据2015年第九次中国公民科学素质调查结果显示，陕西省公民具备基本科学素质的比例达到5.51%，超额完成了“十二五”末4.63%的目标任务。组织开展“科技之春”“全国科普日”等主题科普活动。围绕“万众创新，拥抱智慧生活”主题，全省共组织省、市、县重点科普宣传活动394项。陕西省委有关领导出席全国科普日活动。省科协被中国科协评为全国科普日活动优秀组织单位。

4月11日，陕西省第23届“科技之春”宣传月活动举办。省委、省政府下发《通知》，围绕“科技改变生活、创新引领未来”主题，共开展县级以上各类科普活动1070余项，举办科技报告会、座谈会、研讨会、科普文艺演出、科普展览、科教影片放映达1432场次，举办实用技术培训5873期次，展出宣传展板2.36万块，发放各类科普宣传资料、图书320余万份（册），受益群众达600余万人次，10万余人次的科技人员和科普工作者参与活动。

实施国家“基层科普行动计划”和陕西省“科普惠农富民计划”“社区科普益民计划”，助力科普惠民。争取中国科协、财政部“基层科普行动计划”奖补资金，全省70个农村专业技术协会、21个农村科普示范基地、18名农村科普带头人和12个科普示范社区受到表彰。实施陕西省“科普惠农富民计划”和“社区科普益民计划”，表彰35个农村专业技术协会、20个农村科普示范基地、20名农村科普带头人、50个先进社区。组团参加第22届中国杨凌农业高新科技成果博览会，达成合作意向267项，省科协再次被授予“优秀组织奖”和“优秀展示奖”。

加强科普基础设施建设和科普资源共建共享，增强科普服务能力。向中国科协争取科普大篷车5辆及展品。建设电子科普画廊、少年科普馆各10个。陕西科技馆实现全面免费开放，获国家财政补助，常设展览、“流动科技馆”巡展、“科技馆活动进校园”活动累计接待观众107.43万人次。陕西科技报出版96期297.6万份，全年制作配送科普挂图3万套18万张。陕西省基层科普设施建设得到进一步加强，科普服务能力不断增强。

加强青少年科技教育，增强创新意识和实践能力。联合有关部门共同举办陕西省第30届青少年科技创新大赛、第15届青少年机器人竞赛、第20届陕西省少年儿童科学幻想绘画展评，并组织参加全国竞赛和“全国青少年高校科学营”陕西分营活动、“青少年科学影像节”“青少年科学调查体验活动”等获全国奖项125个。举办“大手拉小手，专家进校园”科普报告会19场次。实施中国科协与联合国儿童基金会非正规教育项目，举办项目课程培训24期。

学术交流 组织开展“学术金秋”系列活动，打造综合性高端学术交流平台。着眼学科发展趋势、产业竞争核心，突出科技前沿热点，开展学术交流活动141项。

实施“学会创新和服务能力提升工程”，推动学会创新发展。实施中国科协“地方科协学会服务能力提升工程”和省科协“学会创新和服务能力提升工程”，支持学会在学术交流、科学普及、科技服务、承接职能和办公信息化等方面打造品牌、提升能力。推荐咸阳市为全国“创新驱动示范市”，组织邀请全国学会专家，助力地方产业发展、转型升级。

开展民间国际科技交流与合作，加强海峡两岸民间科技交往。配合中国科协海智办组织“海智计划”海外专家调研。承办“第五届中日（陕西）水环境技术交流会”，推动水处理先进技术推广和应用，服务美丽陕西建设。组织陕西省高校师生参加“第六届海峡两岸青年学子科技交流团”赴台湾开展科技文化交流活动，邀请台湾神农科技发展协会一行到陕西开展农业科技交流活动，促进两岸科技文化交流。

服务科技工作者 履行桥梁纽带职责，竭诚为科技工作者服务，做好优秀科技工作者的举荐、表彰工

作，促进科技人才成长。推荐 1 人为第 18 届中国科协求是杰出青年成果转化奖候选人；推荐 1 人获第 12 届中国青年女科学家奖；推荐 10 名青年科技工作者作为第十四届中国青年科技奖候选人。

认真做好建家交友工作，积极开展科技工作者座谈和走访慰问等工作。开展科技工作者状况调查工作，向中国科协报送科技工作者状况调查站点信息 108 条，反映科技工作者建议 19 条。组织完成科技工作者流动状况调查和"大众创业、万众创新"应急调查问卷 1000 余份。推荐 990 名科技工作者加入首批科技工作者样本库，完善科技工作者状况调查制度。组织开展"中国科协会员日"陕西主场活动，邀请陕西省委副书记胡和平慰问优秀科技工作者。举办 2015 年陕西省科学道德和学风建设宣讲教育集中报告会，1000 多名新入学研究生和新入职科技工作者、研究生导师现场聆听了报告。举办继续教育活动 28 期，培训学员 3399 人次。

自身建设 深入推进科协工作改革创新。出台《陕西省科协关于贯彻落实中央和省委群团工作部署加强和改进科协工作的意见》。起草制定《陕西省科协事业发展规划（2016—2020）》,《陕西省科学技术协会全省代表大会代表任期制暂行办法》《陕西省科学技术协会第八届全省委员会委员变更、增补和撤销办法》。省科协机关设立企事业工作部，进一步加强基层组织建设，完成 112 个所属省级学会年检工作，指导 10 个省级学会完成换届。

抓住政府转移职能的良好机遇，推进学会有序承接政府转移职能。在深入调研基础上，积极配合省发改委、省编办等单位，列出《陕西省政府转移职能清单》（初稿），为开展省级学会承接政府转移职能试点打基础、做准备。召开省级学会承接政府转移职能专题座谈会，学习贯彻中国科协、陕西省关于承接政府转移职能工作有关文件精神，交流研讨承接政府职能转移工作中的问题和经验。

深入推进机关党建工作科学发展。深化开展"三严三实"专题教育，加强领导班子和干部队伍建设，实现教育培训全覆盖。强化反腐倡廉建设，深入落实中央八项规定精神。开展文明机关创建活动，建设积极向上的科协文化。陕西省科协机关被表彰为"先进职工之家"，荣获省直机关"全民健身日"趣味运动展示活动"团体第一名"、全省老干部系统宣传信息工作先进集体等荣誉。开展科普援藏工作。

地、市、县及科协基层组织 陕西省科协目前共有市级科协 11 个；县级科协 107 个；乡镇科协 1127 个，街道（社区）科协 429 个；全年新成立企业科协 119 个，累计达到 443 个，高校科协增加 6 个达 29 个；农村专业技术协会 4562 个。

市县科协事业不断发展。全年开展科普宣传活动 7322 次，播放科技广播、影视节目 22.28 万分钟，举办实用技术培训 8369 次，推广新品种 1418 项。编著印制科技图书、报纸、科普挂图总量达 139.02 万份（册 / 张），比 2014 年增加 77%。主办的 50 个科技网站浏览量达 147.73 万人次，增幅 18%。科普基础设施建设成效明显：科技馆建筑面积增加了 2.08 万平方米，达到 4.39 平方米；科普画廊展示面积 14.59 万平方米；科普大篷车新增 5 辆，达到 35 辆，全年下乡 708 次，行驶里程增加 19.34 万千米，达到 30.27 万千米。青少年科技教育态势良好，91.26 万人次参加各级青少年科技竞赛，2.64 万人次获奖；编印青少年科技教育资料 35.97 万册；组织 50.59 万人次青少年开展科技教育培训。全省共有 261 个市级学会、1956 个县级学会，全年开展学术交流活动 95 次。

省级学会、企业科协、高校科协 2015 年陕西省共有省级学会 139 个，较上一年度减少 5 个；团体会员增加了 209 个，达到 4220 个；个人会员达到 77.07 万人。

举办决策咨询活动 120 次，提供决策咨询报告 57 篇，其中 19 篇获上级领导批示。完成科技人才评价 46 项。开展 46 项科技评价。12 个省级学会加入国际民间科技组织，任职专家 20 人。参加国际科学计划 15 项，促成 24 项科技合作项目。接待国外专家、学者 716 人次。接待港澳台专家、学者 106 人次。

省级学会全年开展学术交流活动 466 次；参加人数 5.46 万人次；交流论文 1.28 万篇。主办科技期刊 50 种。举办科普宣讲活动 3629 场次，其中院士科普报告会 32 场次，青少年科普宣讲活动 212 场次；参加科普活动的省级学会达到 8496 个次、专家人数 39620 人次。

编著科技图书 49 种 10.43 万册，主办科技报纸 8 种，印数 8.17 万份，制作科普挂图 164 种，印数 18.47 万张，制作科技广播、影视节目 457 套，播放 1.31 万分钟，制作科技光盘 93 种 6.43 万张，制作 2 套科普动漫作品，主办科技网站 34 个，浏览人数达 3080.90 万人次。

【第十八届中国科协年会筹备】 第十八届中国科协年会确定在陕西举办后，在省委省政府的领导下，2015年6月26日成立了省科协年会筹委会，设立了10个专项工作组，启动前期基础工作。7月5日，省科协举办第十八届中国科协年会筹备工作座谈会，邀请中国科协学会学术部，近年成功举办过年会的河北、贵州、云南等省科协相关负责人座谈交流。10月18日，陕西省委省政府两办印发了通知（陕办〔2015〕87号），成立了由省委副书记、省长娄勤俭担任主任，省委副书记胡和平、副省长张道宏担任副主任的年会执委会，年会执委会办公室设在陕西省科协。同时省科协牵头就年会主题征选、经费预算、宣传预热等前期工作进行系统推进，并在此基础上，协助召开年会筹备工作会商会，邀请中国科协书记处书记王春法就年会框架、板块、沟通协调机制、大会特邀报告会、学术交流分会场、调研咨询服务课题、年会相关工作等事项达成共识，并就创新开展相关工作作出安排。

【科普资源管理信息化建设】 制定《陕西省科协关于加强科普信息化建设的实施方案》。组织参加“2015年全国农民科学素质网络知识竞赛”。鼓励广大科学传播专家利用信息化手段和公共网络平台开展科学普及，推荐姚斌、王燕和祁云枝申报中国科协科普达人。“陕西科普”微信年阅读量60万人次，微博年阅读量达2600万人次。承办全省“我最喜爱的反邪教文艺节目”展播评选活动。

【陕西省科协大众传媒科技传播计划】 与大众媒体联合实施“大众传媒科技传播计划”，合作打造品牌科普专栏。陕西广播电视台科普专栏《全民实验室》播出91期、《科普惠生活》播出135期、陕西日报科普专栏刊发《学点科学》55期、三秦都市报刊发《三秦科普》51期。媒体宣传优秀科技人物77人次。其中省委宣传部《新闻阅评》对三秦都市报《三秦科普》专栏进行分析阅评，省委领导批示予以表扬。陕西广播电视台科普专栏《全民实验室》收视率进入省台前三名。

【陕西省高校科协联合会】 积极推进陕西省高校科协联合会发展，推进高校科协创新发展。联合省教育厅下发《关于进一步加强陕西省高等学校科学技术协会工作的贯彻意见》，实现陕西省“985”“211”高校科协组织全覆盖。邀请全国有关高校科协代表来陕，举办陕西省高校科协工作研讨会。举办2015年陕西省高校科协联合会科学讲坛16场，启动实施陕西省高校科协青年人才托举计划。

【陕西省智慧城市发展学术研讨会】 10月28日，省科协联合陕西省测绘地理信息局，在西安举办陕西省智慧城市发展学术研讨会。研讨会上，ESRI中国（北京）有限公司副总裁蔡晓兵博士、咸阳市政府政务信息化管理办公室主任张鹏、中国测绘科学研究院地图学与地理信息系统研究所研究员印洁博士在研讨会上分别作主旨报告《城市智慧，让数据说话》《西部欠发达地区建设智慧城市的思考与实践》《智慧城市的探索与实践》，各方专家针对智慧城市建设方案、指南、评价指标体系，以及智慧城市建设国内外取得的成功经验及存在的问题进行了广泛的交流。来自电信、电子、计算机、规划、国土、建筑、测绘等行业的专家、学者，就智慧城市、智能建筑、智能家居、智慧家庭、智能制造等智慧城市建设技术、智慧城市建设成果和经验、智慧城市未来发展趋势等热点问题进行了深层次交流和探讨。与会专家学者集思广益，形成了向省委、省政府上报的《针对陕西省智慧城市建设和发展的专家建议》。

【陕西省科技期刊发展论坛研讨会】 9月15日，省科协会同省新闻出版广电局在西安举办陕西省科技期刊发展论坛研讨会。论坛主要围绕科技期刊的改革、国际化路径，以及互联网时代下科技期刊发展等主题展开。论坛指出，期刊的改革主要是改变期刊现行的管理体制，应用用户思维、融合思维与大数据思维三个方面进行转变。要让市场决定期刊的生存和发展，加快实现科技期刊自身形式的网络化，编辑运营的创新化，打造品牌科技期刊，努力提高科技期刊的质量，多途径提升科技期刊的影响力。

【转基因食品安全与风险评估研讨会】 10月17日，转基因食品安全与风险评估研讨会在第四军医大学召开。陕西省毒理学会副理事长尉亚辉教授作了题为“转基因植物及转基因植物食品的安全性”的报告。刘俊田教授介绍了转基因食品的利与弊，从转基因食品的分类、优缺点、安全性等方面，讲述了转基因食品发展历史和潜在风险。史峰作了题为“转基因农作物的科学争议与多元发展”的报告，从农业管理部门的角度，介绍了我国转基因作物的研究推广、存在问题和对策建议。陕西省毒理学会名誉理事长史志诚在总结发言中指出，转基因技术作为一种生物技术，在促进粮食增产、减少粮食病虫害方面具有独特的优势；但也存在致敏性风险、毒性风险、生态风险，还会引起信仰冲突和政治风险。来自第四军医大学、西安交大、西北大学、陕西师范大学、西北农林科技大学等单位的60名专家、学者参加了会议。

【20世纪60—90年代陕西经典建筑学术研讨会】 12月8日，由省科协联合省土木建筑学会等单位，举办了20世纪60—90年代陕西经典建筑学术研讨会。会议通过了《关于保护陕西优秀历史文化建筑的专家建议》(以下简称《建议》)，并上报省委省政府。《建议》提出尊重城市建设发展规律，以舆论宣传为导向，着力弘扬传统和现代相融合的城市建设理念；着力发掘和传承优秀历史文化建筑的精华，启动对优秀历史文化建筑的立法保护；以先进技术为支撑，着力促进和扩大优秀历史文化建筑的影响力，建议成立“陕西20世纪优秀建筑遗产保护工作委员会”，开展保护规划编制与城市设计工作。

(撰稿人：王晓利)

甘肃省科学技术协会

服务经济社会发展 2015年，省科协组织开展《制约甘肃创新发展体制机制研究》和《学会承接政府转移职能状况专题调查》等软课题研究，有针对性地提出对策建议，为省委省政府相关决策提供依据。

启动学会承接政府转移职能试点，会同省深化改革办公室起草了《甘肃省科协所属学会有序承接政府转移职能试点工作实施方案》，提出推进甘肃省试点工作的总体要求、主要原则、工作内容、制度和流程、保障措施等。组织完成“双创”第三方评估。

省科协联合省扶贫办实施“科技致富带头人精准培训”扶贫开发项目，组织186名专家对40个贫困村的5000名适龄劳动力进行种植养殖、测土配方施肥、农机使用维修等方面的技术培训，培养懂技术、善经营、会管理的科技致富带头人46人次，帮助每个村培育1项农业特色产业，建立1个科普服务站，培养1名电子商务服务员，组建1个农村专业技术协会。

与中国邮政储蓄银行甘肃分行签订合作协议，面向基层农技协及其会员、专业合作社、涉农企业提供低息贷款。截至年底，邮储银行已与基层农技协及其会员、涉农企业达成贷款意向5.6亿元，已发放贷款1.3亿元。争取中国科协、财政部“基层科普行动计划”项目72个；组织实施省级“基层科普行动计划”项目40个，直接受益农民1.4万户。在夏河县科才乡新组建养殖专业合作社5个，补助修建养殖暖棚30座，所联系的2个贫困村实现整体脱贫。

在企业成立院士专家工作站3个，在高新技术园区、开发区成立院士专家服务中心2个，帮助企业柔性引进中国科学院院士邓子新、兰州大学教授李发弟及其科研团队进站工作。征集高校、科研院所1849项科研成果向企业推介。在100家企业实施科技信息服务项目。

庆阳市成为中国科协“创新驱动助力工程”示范城市。

《科学素质纲要》实施及科普工作 根据中国科协发布的第九次公民科学素质抽样调查结果，2015年甘肃省具备基本科学素质的公众比例达3.95%，高于“十二五”末达到2.69%的预期目标，比2010年增长了211%。制定下发2015年全省公民科学素质行动工作要点，在白银市召开了全省《纲要》实施暨科普工作观摩推进会。

组织各级科协现有科普资源和广大科技工作者参与全国科普日、科技活动周和科技、文化、卫生“三下乡”活动，面向青少年、农民、城镇劳动者、社区居民、领导干部和公务员，举办科普展览展示、讲座报告、咨询义诊、科普大篷车互动体验、机器人表演等群众性科普宣传教育活动2300多场次，受众人数达300多万人次。其中，在全国科普日期间全省共举办各类科普活动210场次，受益群众3万人次；开展的“流动科技馆巡展”活动，先后到18个县区展出，参观人数100万人次；开展的“大学生暑期科普扶贫社会实践”活动，有8所高校的1.7万余名在校大学生参加，深入50多个县区的贫困村开展了科普宣讲、技术指导和培训等；在全国率先开展的“科普进寺院”活动，先后进入临夏、甘南的15座寺院，对4.2万名教职人员及信教群众进行了科普宣传；全省49辆科普大篷车常年面向基层群众开展科普宣传活动，总行程65万公里，活动覆盖全省82个县区。省科协邀请中国科学院院士欧阳自远作“反邪教警示教育”科普报告和“富民兴陇讲座”，全省2万余名领导干部通过视频系统聆听报告。

组织完成《食品药品安全》和《防震减灾》科普动漫视频的制作；开发研制电子科普语音平台系统，用以奖代补的形式配发基层科普组织；开通“甘肃科普”“甘肃科协信息”2个微信公众号。

以“体验·创新·成长”为主题，举办第三十届青少年科技创新大赛，全省30万中小学生参与，产生422项优秀作品参加全国比赛，获得各类奖项66项。以“快乐成长”为主题机器人竞赛，205支队伍、711名学生参加，从中产生19支队伍，78名优秀选手参加全国机器人竞赛，取得1金2银16铜。组织全省百余所中小学校，开展以“变废为宝·从我做起”为内容的青少年科学调查体验系列活动。组织全省320名在校高中生，在兰州大学进行全国青少年高校科学营甘肃分营活动。组织实施五项学科竞赛监督管理、英特尔求知计划、非正规教育项目以及英才计划等工作。

甘肃科技馆项目土建工程基本完工，展品展项设计和布展施工招标工作基本完成；协调完成项目概算调整，落实后续建设资金；制定运营管理方案，计划2016年10月开馆。

11月25日，成立甘肃省科普教育基地联盟并举办学术会议。

学术交流 以“协同创新与驱动发展”为主题举办省学术年会，中国工程院院士侯立安、夏佳文作主旨报告。年会设4个分会场，800多名专家、学者和高校师生参与，围绕“农业科技与扶贫攻坚”“科技创新与文化产业发展”“兰试验区创新生态建设”“新时期学会改革”等主题开展学术交流。举办第四届兰州生命科学论坛，中国工程院院士郝希山作主旨报告。全省各级科协举办论坛、沙龙等学术交流活动360余场次。

服务科技工作者 推荐中国青年科技奖候选人6名、中国青年女科学家奖候选人2名。推荐全国优秀基层科技工作者候选人3名，获奖1名。编印《全国院士名录》和《全国高层次专家名录》，收录4013名高端科技人才信息。邀请中国科学院院士杨乐、中国工程院院士刘人怀在天水市政府机关、天水师范学院和天水一中作“中国梦·科技梦”报告。邀请中国科学院院士薛其坤为甘肃省大专院校、科研院所2015届研究生新生作科学道德与学风建设宣讲报告。在中国科协会员日期间，全省科协系统普遍开展面向科技工作者的走访慰问、座谈交流、文体娱乐等活动。

面向中小微企业和基层一线科技工作者，以知识产权保护利用、TRIZ理论（发明问题解决理论）为主题，举办培训班5期，培训科技工作者近千人次。

自身建设 对97个省级学会进行等级评价，评定A级学会20个，B级学会35个，向C级以下学会提出整改建议。采取以评促建、以奖代补的形式，对开展学术活动、科普活动、创办期刊等成绩突出的学会和市州进行表彰奖励。

与省教育厅、省国有资产监督管理委员会联合，分别出台关于加强高等院校和国有企业科协组织建设的意见。

在全省科协系统部署开展“三严三实”大学习、大调研、大讨论。两次派出7个工作组，到14个市州50多个县区，就落实党的群团工作会议精神和“三严三实”要求、推动重点任务落实进行调研，征求基层科协和科技工作者的意见、建议150余条。建立2015年重点工作任务台账，在省科协网站公示，接受社会各界监督。

地市县及科协基层组织 截至2015年年底，甘肃共有省辖市科协14个，县级科协86个，街道（社区）科协312个，乡镇科协1529个，农技协3621个。此外14个市州、60个县区成立了反邪教协会，2个自治州和8个少数民族县成立了科普工作队。地市县级科协全年举办科普宣讲活动7800次，开展实用技术培训9360场次，受众人数逾400万人次。

市县两级科协围绕“精准扶贫”举办各类适用技术培训班1800多场次，培训农民9.6万人次，培养科技致富带头人2000余名。兰州、嘉峪关等市州设立本级“基层科普行动计划”配套项目。酒泉市、高台县、天祝县科技馆土建工程完工，临夏州科技馆正在建设，甘南藏族自治州等地将科技馆项目列入“十三五”规划。争取到中国流动科技馆展教品5套、“农村中学科技馆”项目4个、科普大篷车16辆。在600多个行政村落实了以“科普宣传栏、科普服务站、科普展教品”为主要内容的工作任务。兰州、天水、张掖、庆阳、金昌等市州科协利用手机短信、微博微信、智能公交、楼宇电视、电子书屋等现代传媒手段，搭建信息化科普宣传平台。庆阳市科协围绕“高校国企产学研一体化”建设，征集学术论文125篇，形成专家建议书3篇；天水市科协依托科技专家顾问团，累计向当地党和政府上报决策建议293期。

嘉峪关市30多个社区全部建立科协组织和反邪教协会。

省级学会、企业科协、高校科协 2015年，在甘肃农业大学、天水师院、河西学院等6所高校成立科协组织，在兰州高新技术开发区和13家企业成立科协

组织。截至年底，甘肃省有省级学会97个，市州级学会651个；县级学会1528个，企（事）业科协173个。

年内，全省各级学会共举办学术交流活动120余场次、学术讲座200余场次。

省电机工程学会、省项目管理协会等学会围绕转型发展、创新创业、学会建设等方面举办论坛、沙龙40余场次。

省心理咨询师学会实施少数民族流动儿童城市融入与专业支持示范项目，在兰州市少数民族聚居区设立流动儿童联合服务站5个，开展心理辅导25次、社区融合活动5次，为100名流动儿童提供物质、心理和社工服务，帮助850名流动儿童融入社会；实施“386199”群体帮扶工程项目，为540名农村留守妇女、留守儿童和空巢老人提供物质帮扶、精神慰藉等服务，探索学会服务社会管理创新的新模式。

【甘肃省科协七届二次全委会】 2月3日，甘肃省科协七届二次全委会在兰州市召开。副省长夏红民当选省科协主席并作总结讲话，中国工程院院士夏佳文出席会议。省科协党组书记、常务副主席杨新科主持会议并代表常委会作工作报告。

会议传达了中央书记处关于科协工作的重要指示和中国科协八届七次全委会精神，表彰了甘肃省“全国优秀科技工作者”和全国“讲、比”活动先进集体和先进个人获得者，审议通过常委会工作报告，增补夏红民、刘维民、赖远明、夏佳文、刘仲奎、张富仓为省科协第七届委员会常务委员会委员，补选夏红民为省科协第七届委员会主席。

甘肃省科协七届二次全委会

【2015年甘肃省学术年会】 9月29日，以“协同创新与驱动发展”为主题的2015年甘肃省学术年会在西北师范大学举行。副省长、省科协主席夏红民出席开幕式并讲话，中国工程院院士侯立安、夏佳文应邀出席开幕式并作主旨报告。开幕式由省科协党组书记、常务副主席杨新科主持。全省科技工作者代表、14个市州和省级学会代表以及西北师范大学师生600多人参加年会。

甘肃省学术年会

侯立安在主旨报告中表示，只有加强饮用水“从源头到龙头”的全流程保护，才能从根本上保障饮用水安全。他说，“兰州地处黄土高原，是水土流失敏感地区，生态系统较脆弱，其生态环境质量，直接影响黄河下游地区”，应建立完善的生态补偿机制，加大资金扶持力度，设立生态保护公益基金，“受水区向供水区提供补偿，保障供水区享有平等发展机会，体现生态补偿机制的公平性”。

夏佳文在主旨报告中称，兰州重离子加速器是亚洲最高能量重离子，质量精确测量处于国际领先地位，国际原子核质量评估系统已从法国转移至兰州近代物理所，首次由中国科学家进行核质量数据的权威发布，实现了中国在该领域的国际主导权，可以说原子核质量由中国说了算。

本次学术年会由省科协、省科技厅、省教育厅、省文化厅、省农牧厅共同主办。此前，主办单位围绕“协同创新与驱动发展”主题，组织省内外院士、专家和学者成立了9个课题组，立足甘肃省创新驱动、转型跨越的实际需求开展了深入的调查研究，撰写学术论文300余篇。

【甘肃省“银会合作”工作】 10月29日，甘肃省“银会合作”工作会议在兰州召开。甘肃省副省长夏红民，甘肃省科协党组书记、常务副主席杨新科，中国邮政储蓄银行甘肃省分行党组副书记、副行长张学峰出席会议并讲话。14个市州科协主席、科普部部长及邮储银行行长、邮储银行信贷部经理，40个县区科协主席和县邮储银行行长等150人参加会议。

杨新科和张学峰分别代表甘肃省科协与中国邮政储蓄银行甘肃省分行签署合作协议。协议商定从2015年下半年起每年邮储银行向全省各农技协所属会员及带动农户、涉农企业等经济实体的授信金额不低于10亿元；省科协方负责提供全省各市（州）农技协经营、融资等相关信息，各市（州）科协结合当地情况，择优推荐实力雄厚、运营良好的农技协、涉农企业等农村经济实体供邮储银行各级分支行对口重点联系。有条件的市州、县区科协积极争取财政资金给予风险补偿和贴息。至此，甘肃省"银会合作"工作全面启动。

【2015年甘肃省全国科普日】 9月19日，2015年"全国科普日"甘肃省主会场活动暨"中国流动科技馆"凉州区巡展启动仪式在武威市举行。省委常委、省委宣传部部长连辑出席启动仪式并宣布活动启动，副省长、省科协主席夏红民出席启动仪式并讲话。启动仪式由省科协党组书记、常务副主席杨新科主持。省政府、武威市委市政府有关领导，省科协、省教育厅、科技厅、文化厅、工业和信息化委员会、新闻出版广电局、旅游局、中国科学院兰州分院等单位负责人和14个市州科协负责人、武威市相关部门单位干部职工代表、学生代表、群众等3000多人参加启动仪式。

【"金张掖"杯第30届甘肃省青少年科技创新大赛暨第15届中国青少年机器人（甘肃赛区）竞赛】 4月18—20日，"金张掖"杯第30届甘肃省青少年科技创新大赛暨第15届中国青少年机器人（甘肃赛区）竞赛在张掖市举行。大赛由省科协、省教育厅、省科技厅、省发展改革委、省环保厅、省体育局、团省委、省妇联和张掖市政府联合主办，省青少年科技活动中心、张掖市科协承办。

第15届中国青少年机器人（甘肃赛区）竞赛

本次创新大赛主题为"体验·创新·成长"，全省参与人数达30万人次。在市州竞赛基础上，限额选拔各类作品1228项，其中学生科学竞赛项目410项，优秀科技实践活动94项，少年儿童科学幻想绘画411幅，青少年科学DV作品52项，科技辅导员创新项目70项，青少年科技辅导员方案150项。确定入围参加大赛终评展示活动项目422项。

本届机器人竞赛的主题为"快乐成长"。全省各市州有13支代表队、205支参赛队伍、711名参赛代表（其中参赛选手570人，领队、教练员141人）参加5类竞赛项目的角逐。

【"院士专家进校园"活动】 6月1—2日，由省科协主办、天水市科协承办的"院士专家进校园"活动在天水市举办。著名数学家、中国科学院院士杨乐，中国板壳结构理论与应用研究开拓者、中国工程院院士、暨南大学原校长刘人怀受邀参加活动。

两位院士先后来到天水师范学院、天水市一中与学生交流座谈，并先后在天水师范学院和天水市委党校作了专题报告。

【甘肃省陇药产业中小微企业能力提升培训班】 6月10—12日，由省科协主办，西北师范大学新农村发展研究院、甘肃省特色农产品产业联盟、甘肃省女科技工作者协会承办的甘肃省陇药产业中小微企业能力提升培训班暨第四届甘肃省女科技工作者"企业行"活动在西北师范大学举行。省科协、省科技厅、省教育厅、省工业和信息化委员会、省食品药品监督管理局等单位负责人出席开班仪式。西北师范大学副校长董晨钟致欢迎词。

培训针对陇药引种与科学布局、陇药规范化生产与贮藏加工、陇药提纯与产业链延伸、中药饮片生产加工的法规符合性、甘肃省道地中药材种植关键技术等陇药产业发展的瓶颈问题，集中开展课堂学习。

【第四届兰州生命科学论坛】 8月5日，第四届兰州生命科学论坛——精准医学与免疫细胞治疗大会在兰州市召开。中国工程院院士、肿瘤治疗专家郝希山，省科技厅、省科协、兰州大学有关负责人及20余名专家参加会议。

本届兰州生命科学论坛的主题是"生物治疗与转化医学"，旨在精准医疗的大环境、大形势下进一步提高兰州生命科学论坛的整体水平。论坛以倡导学科交叉融合为宗旨，以促进跨单位合作为目的，通过学

术交流达到提升科研水平的目标。

（撰稿人：李晓伟）

青海省科学技术协会

服务经济社会发展 2015年，省科协按照省委省政府的安排部署，结合工作实际，围绕中心工作，服务全省经济社会发展大局，为青海“三区”（建设国家循环经济发展先行区、全国生态文明建设先行区和民族团结进步示范区）建设提供智力支撑。不断深化国家级科技思想库建设试点工作，动员组织科技工作者为青海发展建言献策。2015年共资助实施了《以“一带一路”战略推动青海包容性发展研究》等10个决策咨询调研课题，完成了《调研报告》的提炼上报等工作。全年共编发《青海省科技工作者建言》12期。在调查研究的基础上，起草完成了《青海省万名科技工作者调查报告》，省政府副省长匡湧对报告作出批示：“报告全面反映了我省科技工作者工作、学习、生活情况，分析了存在的困难和问题，所提对策建议对制定和完善科技政策，深化科技体制改革具有很好的借鉴作用，请科技厅认真研究，使之尽快转化为促进我省科技创新，激发科技人员创新活动的具体政策措施”。完成了《青海省科协2011年—2014年国家级科技思想库建设优秀决策咨询成果汇编》（上、中、下册）的整理、审定、出版工作，内容涵盖了2011年—2014年省科协国家级科技思想库试点期间50个课题成果。同时，组织申报中国科协决策咨询调研课题，与青海师范大学合作申报的“科技工作者的社会公众形象调查”课题、“‘大众创业 万众创新’调查”课题获得中国科协批准实施，这是青海省科协首次成功申报中国科协决策咨询调研课题。

省科协全年争取中国科协、财政部“基层科普行动计划”项目23个，财政部“中央补助地方科技基础条件建设”项目1个，获得国家奖补资金2500余万元。

23个“基层科普行动计划”项目包括少数民族科普服务工作队1个、农村专业技术协会11个、农村科普示范基地4个、农村科普带头人4个、科普示范社区3个，奖补资金共计430万元。

组织申报了中国科协2015年度“科普大篷车”项目，为海东市化隆县、玉树藏族自治州称多县、果洛藏族自治州玛沁县配发科普大篷车，并获得了中国科协特别奖励的4套车载展品及14套科普活动资源包。截至2015年底，全省拥有中国科协配发的科普大篷车31辆，其中省科技馆1辆，省少数民族科普工作队2辆，市、自治州级科协8辆，县、市、区级科协20辆。

发挥引智优势，院士专家工作站建站工作稳步推进。中国水利水电第四工程局有限公司、青海红十字医院（青海回药研究会）、青海省生态环境遥感监测中心、海西蒙古族藏族自治州柴达木经济循环区、省环境科学研究设计院等5个机构成立院士专家工作站。9月29日《青海日报》第5版用整版篇幅对青海省院士专家工作站建设工作情况进行了专题报道。

服务企业、助力企业发展工作取得进展，开展了“科技信息推广应用一站式服务”。2015年，省科协为海西蒙古族藏族自治州、贵德县及西宁市城东经济开发区所属105家企业安装了专利信息检索系统，助推企业科技创新。为海西蒙古族藏族自治州近120个、海南藏族自治州近80个企业举办了专利信息技术培训班。

《科学素质纲要》实施及科普工作 2015年，全省各级科协组织认真落实《全民科学素质行动计划纲要》实施办公室的牵头责任，按照《青海省2015年全民科学素质工作要点》，结合实际做好五大重点人群的科学素质提升工作。8月，中国科协对各省、自治区、直辖市公民科学素质状况提高情况进行了调研，发布了各省、自治区、直辖市“十二五”期间公民科学素质状况的数据。数据显示：青海省公民具备基本科学素质的比例为3.24%，比“十一五”末的1.36%提升了1.88%，比中国科协与青海省人民政府签订的《落实全民科学素质行动计划纲要共建协议》规定的“十二五”末青海省公民具备基本科学素质比例要达到2.154%提高了50.4%，全省科学普及工作有了长足发展。9月，中国科协向省政府发来感谢信：“青海省公民科学素质总体水平大幅提升，为全国公民科学素质建设作出了重要贡献。”

围绕“推进生态文明建设”这一主题，开展形式多样的科普宣传活动。2015年，省科协落实省委、省政府建设生态文明先行区的战略部署，动员社会各界力量共同参与科普和生态文明建设，打造科普活动新亮点。先后在全省范围内组织开展了以科普与“三区”建设同行、全国科普日、科普环湖行调研等系列科普活动。举办了第三十届青海省青少年科技创新大赛和第十四届青海省青少年机器人竞赛。据不完全统计，2015 年全省各级科协组织、学会共举办各类科普活动 341 场（次），受益群众达 136 万余人次。

进一步推进科普信息化建设。2015 年，省科协创新思路，进一步加强全省科普信息化建设工作，推进科普工作网络化进程，不断拓展科普网络覆盖面。继续加大全媒体科普阅览屏的配送力度，全年为各市、自治州申报单位免费配送安装全媒体科普阅览屏 220 台；保障数字科技馆有效运转，发挥线上科普平台作用。做好网站日常维护和微信平台的及时更新。数字科技馆全年累计发布新闻资讯 226 篇，公众微信平台发布微信 166 篇，有效宣传推广了各项科普活动。青海藏文科技报社手机报投入运行，与青海移动公司合作，整合优势资源打造了移动智能终端媒体——科技生活手机报，以彩信版和短信版 WAP 网站模式向用户展现最新资讯。

创新科普工作思路，广泛开展科普“四进”活动［科普进社区、科普进乡村（牧委会）、科普进校园、科普进寺院］。在海南藏族自治州共和县石乃亥乡鲁色村鲁色寺、黄南藏族自治州尖扎县措周乡古哇寺和同仁县瓜什则乡瓜什则寺、海东市化隆县金源乡赛智寺和循化县城关清真寺 5 座寺院开展了“科普寺院行服务到藏区”活动。

青海省科技馆全年共接待观众 68 万余人次，其中青少年 44 万余人次，约占总人数的 65%，接待团体观众 1.8 万余人次。不断拓展“流动科技馆”的科普覆盖面。全年累计巡展海南藏族自治州、海西蒙古族藏族自治州、海北藏族自治州、玉树藏族自治州及海东市所属市、县、区共 12 个站点，行程 1.3 万多公里，参观受益群众达 16 万余人次。

学术交流 积极申报承办全国性的学术论坛、沙龙等活动。9 月 24—25 日，省科协与省文化和新闻出版厅联合承办的第十一届中国科技期刊发展论坛在西宁市举办，论坛主题为“融合发展：新常态下科技期刊的发展之路”，来自全国科技界和科技期刊工作者 400 余人参加了会议。省科协联合省级学会先后在西宁市承办了中国科协第 105 期“新观点新学说学术沙龙”、2015 年中国地理编辑出版年会、第八届海峡两岸创新方法（TRIZ）研讨会、2015·中国回医药文化与产业发展论坛暨第七届伊斯兰文化与人文医学论坛、西北地区第十七届测绘学术与科技信息交流会等学术交流活动。

7 月 2 日，省水力发电工程学会承办了第五次学会秘书长沙龙，组织省动物学会、省心理学会、省测绘学会、省农业技术推广协会、省医学会、省药学会、省电化教育学会、省学会研究会等 8 个省级学会秘书长参观了中电投西宁太阳能板公司，并就各自学会的工作及做法经验展开了讨论交流。

服务科技工作者 省科协按照中国科协“第十四届中国青年科技奖候选人”推荐工作要求，联合省委组织部和省人力资源和社会保障厅共同召开了推荐评审会。评审组专家按照学科分类对申报者的材料进行了审阅，并通过无记名投票的形式，推荐边红利等 4 人为第十四届中国青年科技奖候选人，并按组织程序上报中国科协。按照中国科协要求，经材料审核和评比，推荐青海大学附属医院冀林华作为第十二届中国青年女科学家奖候选人。

在 2015 年中国科协会员日暨青海省科协会员日活动期间，省科协党组成员带队看望慰问了一线科技工作者。组织召开一线科技工作者座谈会，并参观科普教育基地，宣传科技工作者先进事迹等活动，不断增强科协组织的凝聚力和感召力。

科学道德和学风建设工作不断加强。6 月 22 日，在青海师范大学举行了青海省科学道德和学风建设宣讲教育报告会，会议邀请全国人大常委会委员、中国科协副主席冯长根作了题为“我们今天如何作科研”的专题报告，省内高校及科研院所 200 余名师生及科技工作者参加报告会。10 月 19—23 日，邀请获得周光召基金气象科学奖的中国大气本底基准观象台德力格尔团队在青海大学、青海师范大学、青海民族大学开展了以“志在风云　无悔人生”为主题的 3 场科学道德和学风建设宣讲教育巡回报告会，近 5000 名师生参加。

自身建设 2015 年 7 月和 8 月，中央和省委先后召开党的群团工作会议之后，省科协认真学习贯彻中央和省委党的群团工作会议精神，及时就全省科协系统深入学习、贯彻落实两个会议精神进行了专题研究和部署。中央、省委作出在县处级以上领导干部中深入开展“三严三实”专题教育部署后，省科协党组高度重视，制定了《省科协关于深入开展“三严三实”专题教育实施方案》《“三严三实”专题教育集中学习研讨安排》和领导干部讲党课安排，及时引导党员迅速投入到专题教育当中去，针对查找出的不严不实问题，积极进行整改，在“严”和“实”上取得了实实在在的效果。12 月 1 日，省科协举办了“学习贯彻党

的十八届五中全会暨省委十二届十次全会精神宣讲报告会”。

1月16日，召开了省科协九届五次常委会和全委会。3月29日，组织全省科协系统30余名干部职工赴中国延安干部学院进行了为期5天的“青海省科协系统干部党性修养及能力提升培训班”专题学习，感悟先辈的革命精神，接受延安精神的熏陶，进一步坚定理想信念、加强作风建设。

完成了省科协OA办公自动化系统的安装推广和应用，目前已设置完成收发文等19项流程，尤其是手机OA客户端的应用，突破了地域办公的局限，进一步提高了工作流程的管理能力和电子协作环境，全面提升了科协各项工作效率。

表彰了2014年度省科协优秀公务员和先进工作者。8月24日，举办了“纪念抗日战争胜利70周年暨青海省科协第七届科普趣味运动会”。

纪念抗日战争胜利70周年暨青海省科协第七届科普趣味运动会

学会组织建设工作不断加强。为更好地开展新时期的学会工作，恢复科协对学会的凝聚力，省科协学会部启动了学会凝聚行动。一是实现了学会秘书长工作会议制度化、常态化，及时将中国科协、省科协对学会的要求和工作安排传达给学会，掌握各学会工作开展情况。二是根据中央关于创新社会管理、加快推进社会组织管理制度改革的要求，采取多种措施强化学会管理和指导工作。指导8个学会完成了理事会换届调整等审批、备案事项；接纳青海省技术创新方法学会等4个学会为团体会员；撤销省风景园林学会为青海省科学技术协会团体会员资格；省心理学会重新注册登记并恢复活动。三是在加强学会管理的同时，针对目前省科协所属一些省级学会存在的支撑单位对学会工作的支持能力有限、学会秘书处挂靠混乱等问题，进行集中处理。四是重构学会组织网络，重新对省科协所属学会（协会、研究会）进行学科编组编码调整。编辑学会动态、印发省级学会联系通讯录，促使省科协与各学会以及各学会之间信息通畅。

学会能力提升培训工作不断加强。12月10—11日，省科协学会能力提升培训班在青海油田基地举办。全省41个学会和部分市、州科协分管学会工作的领导及省科协相关工作人员共53人参加了培训。

年内，指导青海民族大学完成了成立科协的前期筹备等工作，计划在2016年举行成立大会。

市州县及基层科协组织 2月10日，海南藏族自治州科协召开了第八次代表大会。

西宁市科协创新科普传播载体，加快科普信息化建设步伐，开通了西宁科普“微信平台”。市民可通过西宁科普微信平台和全媒体科普阅览屏，及时了解最新的科普知识、科普动态、科普活动。不断加强青少年科普工作力度，举办了第一届西宁市青少年航空模型比赛、第四届青少年魔方速拧大赛、第二届航海模型比赛、第30届西宁市青少年科技创新大赛等活动，西宁市科协荣获全国基层赛事优秀组织单位。

海东市科协结合全市科普工作实际，不断加强农村科普工作。召开了海东市第一届农村专业技术协会会员代表大会，选举产生了海东市农技协第一届委员会委员、常务委员、理事长、常务副理事长、副理事长等人选。

海南藏族自治州科协按照“一个中心、二个支撑、三个重点、四个抓好”的总体工作思路，不断加强“三基”（基层组织、基础工作、基本能力）建设，积极扶持和培育企业科协，在青海现代草业有限公司建立了科协，明确了企业科协工作职责和任务，为企业自主创新和科技开发提供组织保障，增强示范辐射带动作用。

海西蒙古族藏族自治州科协深入全州各地区，紧紧围绕“创新创业　科技惠民”活动主题，分别在社区、学校、村社、乡镇开展了“科普进社区”“科普进校园”“科普进村社”“科普进乡镇”宣传活动。8月，西部地区第一座、全国第二座以天文为主题的群众性科普教育独立展示场馆——德令哈天文科普馆建成并对外开放，为青海省乃至周边区域的学生和社会公众提供了一个普及科学知识，感受科学魅力，探索天地自然之谜的科普活动场所，填补了青海省在天文学等自然科学领域科普场馆的空白。

黄南藏族自治州科协创新思路，开展了科普大篷车进寺院活动。7月份在尖扎县措周乡古哇寺和同仁县瓜什则乡瓜什则寺开展了“我与科学面对面——科普大篷车科普寺院行”系列科普活动，让地处偏远牧区的僧人及牧民群众亲身体会到了“科技的神奇”，受到僧人、广大牧民群众的欢迎。

省级学会、企业科协、高校科协 1月16日，省科协九届五次常委会通过决议接纳青海省技术创新方法学会为青海省科学技术协会团体会员。3月6日，在停止活动18年之后，青海省心理学会得以重新恢复，并召开了第六届会员代表大会。年内，省林学会、省护理学会等8个学会完成了理事会换届调整等审批、备案事项。

2015年，青海省3位南丁格尔奖获得者赵生秀、泽仁娜姆、索玉梅荣获中华护理学会终身荣誉奖。5月在广州召开的中国科协年会开幕式上，省气象学会德力格尔研究员及其研究团队荣获周光召基金会气象科学奖。5月25日，根据周光召基金会安排，德力格尔作为获奖团队代表，受邀参加了在清华大学举办的“周光召基金会获奖者清华论坛”，为清华师生作了报告。

年内，青海民族大学完成了成立科协的前期筹备等工作，计划在2016年举行成立大会。

【青海省科协九届五次常委会、全委会】 1月16日，省科协党组书记、主席石昆明主持召开了省科协九届五次常委会。会议审议并通过了省科协2014年工作报告、九届五次全委会议议程、省科协推荐中国工程院院士候选人组织机构名单及相关学会决议等议题。同日，召开了省科协九届五次全委会。九届全委会委员、机关及事业单位副处级以上干部、中国科协八大代表、州（市）、县（区）科协负责同志、学（协）会秘书长等160余人参加了会议。石昆明主席代表九届常委会作工作报告。会议还传达了中央书记处对科协工作的意见及中国科协八届七次全委会会议精神。海南藏族自治州科协、省医学会作了大会交流发言。会议表彰了第六届全国优秀科技工作者青海获奖者、中国科协“讲理想、比贡献”活动青海获奖单位和个人及青海省科协2014年五个“十佳”单位和个人。

【青海省院士专家工作站授牌仪式】 4月8日，中国水利水电第四工程局有限公司、青海红十字医院（青海回医药研究会）和青海省生态环境遥感监测中心院士专家工作站授牌仪式在省科技馆举行。

青海省副省长匡湧为三家建站单位授牌并讲话。他说，在青海省企业中建立院士专家工作站，其根本目的就是要加强青海省与中国科学院、中国工程院的合作，“柔性引进”高端人才，帮助青海省企业增强自主创新能力，促进产学研结合，推动青海省经济转型发展。他希望各相关单位牢牢把握科技创新的主攻方向和重点领域，下工夫建设好一批院士专家工作站，突出解决制约青海省产业发展的技术瓶颈，推进关键性技术和共性技术攻关，为全面增强产业集群市场竞争力提供科技支撑。

省科协党组书记、主席石昆明致辞，中国科学院院士、青海大学校长王光谦代表院士专家团队讲话。中国科学院院士、中国科学院地理科学与资源研究所副所长周成虎及院士专家团队和相关单位干部职工300余人出席授牌仪式。

（撰稿人：潘永胜）

宁夏回族自治区科学技术协会

服务经济社会发展 2015年，宁夏科协开展全区助力创新工程，征集256家企业697项技术创新需求，组织326位专家开展交流洽谈181场，技术服务讲座642场，达成合作意向77项、签订合作协议43项。在企业建立3个学会服务站、23个专家工作站、5个创新服务中心，为123家企业开展专利信息检索服务；建立500余名专家组成的助力创新工程专家库，宁夏科协被中国科协命名为服务企业创新示范单位。

组织开展“全国百名科技专家宁夏行”活动，举办农业新技术讲座、培训、座谈等478场次，培训县乡科技人员1500余人次，受益群众6万余人次。

开展宁夏大众创业、万众创新进展情况第三方评估工作，形成《关于对全区推进大众创业、万众创新政策措施落实情况的评估报告》，受到中国科协和自治区党委、政府肯定。

6月，组织开展中国科协海智专家来宁调研活动，举办座谈会5场，专题报告会4场，提出合理化建议30余条，形成“宁夏生态环境、水资源利用、设施农业、新能源等”方面调研报告，为相关产业发展提供参考。全年向各级党委政府报送工作专报12篇、提交调研报告和意见建议80余项，其中9次获党委政府领导批示；2次被批转各常委和人大、政协主要负责人参阅；6次转信息调研处摘编信息。

宁夏科协与邮储银行宁夏分行签署战略合作协议，量身打造特色小额贷款产品，确定在未来三年提供授信贷款额度不低于4亿元，主要用于支持农技协、农村科普基地发展。宁夏科协分别在固原市和银川市召开了工作推进会和现场观摩会。

《科学素质纲要》实施及科普工作 宁夏科协提出并牵头主办“提升公民科学素质”（民生计划为民办实事之一）项目。全年建成14个生态移民村科普活动站；培育12个农村专业技术协会、5个农村科普示范基地、3个科普示范社区；建成17个科普惠农服务站和3个社区科普益民服务站；宁夏科协与宁夏教育厅联合，培育并命名15所自治区科普示范学校；在城乡举办大众科学讲堂88场；编印系列科普图书34万册。

举办2015年宁夏科普讲解竞赛活动、2015年宁夏公民科学素质知识竞赛。策划并组织相关单位开展地球日、无烟日等90个主要纪念日科普宣传系列活动。先后举办了科技活动周、宁夏科普日、科普“七进”、科普大篷车联合行动、反邪教警示教育等主题科普活动，开展80项大型科普活动和400余项小型科技服务活动。

组织开展“大手拉小手 科普进校园”活动，到30所中小学开展科普讲座，近5万人次师生受益；选拔130名优秀高中生，分赴北京、上海等7所高校参加高校科学营活动；开展寒暑假“小博士”培训活动、青少年科学调查体验、明天小小科学家、科学影像节等活动。举办宁夏青少年科技创新大赛、机器人大赛、科普剧大赛等活动。

组织开展全国科普示范创建活动，命名7个自治区科普示范县（区），并向中国科协推荐5个全国科普示范县（区）；宁夏13家单位被命名为全国科普教育基地。

争取资金开展区市县三级科技场馆升级改造、科普信息化及基层科普设施建设等工作。宁夏科技馆向社会公众免费开放，2015年接待观众突破55万人次。

入驻“科普中国微平台”，通过宁夏微科普、科协手机报等形式，传播科普知识、传递科协声音。

学术交流 修改完善《宁夏科协学会能力建设工作实施方案》，对学会开展学术交流活动、建言献策、科学普及活动三个方面进行项目管理。支持17个区级学会承办了19项国家级学术交流活动和区级学术交流活动。

举办首届“塞上学术月”活动，18个区级学会在9—10月期间，集中举办23场专题学术交流活动，吸引8000余人次科技工作者参会。

举办第十届宁夏资深专家论坛和第十一届宁夏青年科学家论坛，围绕公共卫生、石化产业、信息技术等方面举办5个专题论坛，吸引近3000人次科技工作者参加，出版论文集一册。

开展第十三届宁夏自然科学优秀学术论文评选活动，收到论文1181篇，评选出获奖论文248篇。

结合宁夏科技发展实际和学会特点，组织30名科技工作者赴台湾地区学习考察；有针对性地组织全区学会开展本学科、本领域学术交流、业务培训、技术服务、科学普及等活动1200余场。

服务科技工作者 宁夏科协向中国科协推荐4名中国青年科技奖候选人和1名中国青年女科学家候选人。以第三方名义推荐21名国家百千万人才、自治区政府特贴和“313人才”候选人，9人最终入选。

6月和11月，分别在银川市和固原市开展“科技梦·中国梦——中国现代科学家主题展”巡展活动，设置“塞上英才”和“六盘英才”展区，吸引5万人次参观。

开展“塞上情·科技梦——最美科技人”推选活动，对11名获奖科技工作者进行宣传。开展学风道德宣讲活动，先后在4个高校开展5场次宣讲活动。

开展科技工作者调查站点工作。召开调查站点座谈会，修订《宁夏科协科技工作者状况调查站点管理办法（暂行）》。完成上报信息60条，有效信息47条，组织完成中国科协专题调研3次，3篇信息入选中国科协《站点信息》。

结合科协“会员日”活动，以表彰奖励、交流座谈、趣味运动会等形式，开展以“家的温馨 节日的问候”主题系列活动。

组织召开中国科协八大（宁夏）代表座谈会，征求对科协工作、加强自身建设方面的意见建议。

自身建设 开展全区科协系统基层调研工作，形成调研报告，向自治区党委、政府提交《关于我区科协系统现状分析及进一步加强和改进科协工作的对策建议》。

开展自治区文明单位创建、“星级服务型党组织创建”和“守纪律、讲规矩”“三严三实”等主题教育活动。开展机关干部“下基层”、扶贫帮困、因地制宜开展送政策、送科技、送信息、结对帮扶等活动。

市、县（区）及基层科协组织 截至年底，全区有市级科协5个，县（市、区）科协21个，乡镇、街道科协192个。市县科协全年组织举办科普宣讲活动3498次，举办实用技术培训2652场次，参加活动科技人员总数达1.5万人次，受众超过150万人次。

银川市科协促成永宁县闽宁镇原隆村光伏农业科技大棚并网发电项目，获得市委、政府“招商引资先进单位”“‘十二五’社会扶贫工作先进集体”等表彰奖励。

银川市所辖永宁县科协成立全区首家县级农技协联合会。金凤区科协积极争取社会资金开展科普共建活动，联系宁夏杰佳信息技术发展有限公司在金凤区嘉园小学投资建成科普探究室。灵武市科协组织编排科普文艺节目，深入乡村、社区开展百场巡演活动。兴庆区科协联系宁夏宝丰能源集团投资建立宁夏趣立方职业体验科技馆，成为宁夏乃至西北企业投资科普事业的亮点特色。

石嘴山市被列为全国创新驱动助力示范城市之一，举办助力创新工程石嘴山市洽谈对接会，邀请全国学会及区级学会80余名专家，与石嘴山市75家企业173项技术需求进行上百场对接，促成23家企业与全国学会专家建立了合作交流关系，签订合作协议16个。石嘴山市科协成立了石嘴山市学会服务中心、园区学会工作站；设立了中国科协创新驱动科技成果转化服务中心石嘴山分中心；依托市科技馆，每月开展一项主题科普活动。

吴忠市科协“科技工作者维权中心”，开展维护科技工作者合法权益工作，接受法律政策咨询22次，受理经济纠纷案件6起，帮助科技工作者及协会会员获得赔偿款。

固原市科协2015年建设了2个学校科普书屋、6个科学工作室；支持建立模联社和天文社科技社团；开展“科普报告希望行”活动。

中卫市科协举办市域经济创新发展学术论坛；开展基层农技协规范化建设，选取全市10家优秀农技协，录制拍摄专题宣传片，加强对基层优秀农技协、优秀科技工作者的宣传。

区级学会、企业科协、高校科协 截至年底，宁夏科协所属学会有98个，团体会员总数2495个，个人会员6000余人，分支机构300多个。全区累计成立企业科协95个、园区科协7家、高校科协2个。宁夏各区级学会全年召开国家级、区级学术活动1000余场，8万余人次科技工作者参加。宁夏各区级学会共承担科研项目评估、职称评审、技术鉴定、行业标准制定等44项政府转移职能。

宁夏护理学会举办中国西部地区护理管理改革高峰论坛；宁夏生态学会主办河套灌区农业面源污染防控与农业安全生产研讨会；宁夏机械工业学会承办第四十二期中国科技论坛——新技术引领装备制造业创新驱动发展论坛等。

宁夏水利学会在“世界水日”和“中国水周”开展“科技兴水　保障水安全”科普宣传；宁夏保健学会建立“扁鹊林网”网站和“扁鹊林”微信平台。

宁夏部分区级学会设立学科类科技奖项，包括宁夏护理科学技术奖、宁夏护理学会优秀论文奖、宁夏水利科技进步奖、宁夏标志性品牌奖、宁夏医学科技奖等。

【宁夏创新驱动助力工程】 宁夏科协落实自治区党委、政府工作部署和《中国科协关于实施创新驱动助力工程的意见》精神，按照“示范引领、机制先导、科协搭台、学会唱戏、地方主导、合作共赢、学会提能、集聚资源”的基本原则，组织全区科协系统推进全区助力创新工程。

2015年，通过宣传发动、调查走访、项目收集、双向对接等工作方式，共征集256个企业697项技术创新需求，组织、邀请17个全国学会和20个区级学会的326位专家，到企业、园区、地方开展交流洽谈181场，技术服务讲座642场，达成合作意向77项、签订合作协议43项；在企业中建立了3个学会服务站、23个专家工作站、5个创新服务中心，为123个企业开展了专利信息检索服务；建立500余名专家组成的助力创新工程专家库，宁夏科协被中国科协命名为服务企业创新示范单位。

4月，石嘴山市被列为全国创新驱动助力示范城市之一。5月13—14日，举办了助力创新工程石嘴山市洽谈对接会，邀请全国学会及区级学会80余名专家，与石嘴山市75个企业173项技术需求进行上百场对接，促成23个企业与全国学会专家建立合作交流关系，签订合作协议16个。洽谈对接会结束后，邀请中国工程院院士付小兵、王浩以及14个全国学会的40余名专家到石嘴山市考察调研，与80余个企业开展交流对接。争取中国科协和全国学会支持，促成在石嘴山市设立全国第二家创新驱动科技成果转化

服务分中心，促成多个全国学会与石嘴山市签订合作共建协议，提升石嘴山市在科技成果转化方面的层次和水平。

为在全区范围内更加有效推进助力创新工程，宁夏科协将银川市确定为助力创新工程区级示范城市，并确定10个企业为助力创新工程示范点。12月16—17日，宁夏科协与银川市政府联合举办银川市助力创新工程洽谈对接会，邀请81位院士专家与银川市76个企业111项技术需求进行对接，签订多项合作协议，成立银川市院士（专家）工作总站，促成中关村天合科技成果转化促进中心在银川市设立分中心。

【全国百名科技专家宁夏行】 5月7日，“全国百名科技专家宁夏行”科技服务活动在吴忠市启动，活动以“助力农业产业化”为主题，旨在针对宁夏特别是吴忠地区生产和生活中的科技需求，组织科技专家和致富能手深入开展科技服务活动，帮助宁夏农民群众提升科学素质，促进先进技术推广应用，提高科技成果转化和推广能力。

“全国百名科技专家宁夏行”科技服务活动启动仪式

在为期5天的时间里，来自全国各地养殖、食品、心理健康、纺织、互联网技术领域的35位专家以及宁夏各市县的100多名科技人员组成8支科技服务团，到吴忠市所辖5县区和金积工业园区、孙家滩科技园区，以科技帮扶、经验交流、现场指导和技术讲座等形式，开展集中科技服务，为农民送技术、传经验，搭建专家与农民直接交流和双方合作的平台。同期，举办了知名专家专题报告会，为宁夏领导干部、企业职工、社区居民普及科学技术知识。

活动通过科技帮扶、经验交流、现场指导和技术讲座等形式，以吴忠市为重点，覆盖全区各市和10个县区，举办农业新技术讲座、培训、座谈等478场次，培训县乡科技人员1500余名，受益群众6万余人次。

【2015年宁夏公民科学素质知识竞赛】 6月26日—9月19日，宁夏科协联合自治区有关部门和单位，以“节约能源资源、保护生态环境、保障安全健康、促进创新创造”为主题，以公众答题竞赛和组队竞赛两种形式，针对未成年人、农民、城镇劳动者、社区居民、领导干部和公务员等重点人群，举办了宁夏公民科学素质知识竞赛活动。

2015年宁夏公民科学素质知识竞赛

宁夏公民科学素质知识竞赛公众答题自6月26日开始，8月15日答题截止，采取答题抽奖的方式进行。100道试题刊登在6月26日的《宁夏日报》第7版，并附答题须知和答题卡。截至8月15日，共收到有效答题卡20148份。9月9日，举行了宁夏公民科学素质知识竞赛公众答题竞赛抽奖活动，经银川市国安公证处现场公证，在得分95分及以上的答题卡中抽出一、二、三等奖，并评出优秀组织奖，在宁夏大众科技网公布。9月19日，在2015年宁夏全国科普日活动启动仪式上，为获奖个人代表和优秀组织单位颁发了证书和奖金。

宁夏公民科学素质知识竞赛组队竞赛自7月31开始，8月26日结束。组队竞赛以现场竞答为主进行，每支参赛队由3名队员组成，经过初赛、复赛、决赛三个阶段，总共10支代表队进入决赛。8月26日，决赛举行，经过必答题、抢答题、风险题3个环节的比赛。银川市代表队获得一等奖，国资委系统代表队、吴忠市代表队、水利系统代表队获得二等奖，中卫市代表队、固原市代表队、民政系统代表队、环境保护系统代表队、宣传文化系统代表队、石嘴山市代表队获得三等奖。宁夏电视台进行了现场录制，制作《宁夏公民科学素质知识竞赛》，片长76分钟，并在宁夏电视台公共频道播出2次。

【《宁夏科技社团学术交流和人才合作实施办法》】

2015年年底，宁夏科协制定印发《宁夏科技社团学术交流和人才合作实施办法》(以下简称《办法》),《办法》旨在促进全区科技社团人才交流和素质能力提升，为科技社团有序承接政府职能转移提供支撑。该项工作由宁夏科协和宁夏人才工作协调小组办公室共同承担。

《办法》按照“统一领导、分工负责、统筹推进”的原则，在宁夏人才工作协调小组的统一领导下，由宁夏科协负责具体组织实施；各科技社团围绕经济社会发展中的热难点问题、科技领域的最新研究成果开展高端前沿学术交流以及自治区重点产业、大中型企业的创新需求和产业共性技术问题，向宁夏科协申报学术交流、技术服务与合作项目；宁夏科协对各单位申报的项目进行汇总和初次评审，并提交宁夏科协人才工作领导小组研究审批。

《办法》一方面引导科技社团开展经常性的学术交流，加强学术组织间的横向、纵向交流，进一步营造学术争鸣的良好环境，促进科技人才成长进步；另一方面引导科技社团做好应用型科技创新人才培养，当好“红娘”，牵线搭桥，联系科技专家和企业，帮助企业突破技术瓶颈和创新人才匮乏的难题，让科技成果与企业有机融合，转化成现实生产力，促进企业和科技人才的合作共赢。

【“塞上情·科技梦——最美科技人”推选】 5月，宁夏科协联合自治区党委宣传部、文明办启动宁夏首届“塞上情·科技梦——最美科技人”推选宣传活动。动员各市、县（区）党委宣传部、文明办、科协和全区学会（协会、研究会）、企业科协、高校科协对照推选条件推荐人选。各市、县（区）、各科技社团共推荐100余名候选人，涵盖科研院所、高等学校、医疗机构、国有企业、科普基地、农技协等多个领域，包括行业领军人物和一线普通科技人员。

宁夏科协秉承客观、公正原则，严格按照方案程序，组织专家对100名候选人进行筛选，筛选出的55名“最美科技人”候选人进行公众网络投票；组织理、工、农、医、交叉学科专家，分学科进行评审排序；按照公众投票占30%、专家评审占70%的比例，对候选人进行综合评分排名，多部门联合研究确定“最美科技人”授奖人员，并进行表彰、宣传。

宁夏科协与新闻媒体合作，通过《宁夏日报》、宁夏电视台、宁夏新闻网、宁夏大众科技网、宁夏微科普微信、宁夏科协手机报等媒介，报道活动进展情况、对候选人进行集中展示。宁夏电视台、宁夏日报、宁夏新闻网等区内主流媒体对11名“最美科技人”进行专访报道。

【宁夏首届“塞上学术月”活动】 10月17日，宁夏科协“塞上学术月”启动仪式暨特邀报告会在北方民族大学举行。报告会邀请中国工程院院士，科技部、国家自然科学基金委员会有关负责人和专家围绕我国科技体制改革、基金项目申报政策及发展方向等内容作专题报告。宁夏有关厅局负责人，以及区内有关大专院校、科研机构、企业的300余名科技工作者参会。

宁夏科协“塞上学术月”启动仪式暨特邀报告会

“塞上学术月”活动以“繁荣学术交流　服务创新发展”为主题，围绕新技术发展、工业与信息化融合、特色农业科技、人才培养等主题，18个全区学会在9月至10月期间，集中举办了23场专题学术交流活动，累计吸引8000余人次科技工作者参会。

（撰稿人：周艳梅）

新疆维吾尔自治区科学技术协会

服务经济社会发展　开展决策咨询工作。进一步完善国家级科技思想库建设运行和管理机制，面向广大科技工作者征集决策咨询课题78个，精选19个课题开展决策咨询研究。做好课题委托和成果提炼，通过决策咨询专报等方式向中央和新疆维吾尔自治区党委、政府报送决策咨询建议12份，其中6份得到新疆维吾尔自治区领导批示。持续开展“天山南北院士行”主题科技活动，组织100多位院士、专家围绕“丝绸之路经济带建设”等重大课题开展专题调研，形成《天山北坡经济带生态文明建设战略研究报告》等咨询建议，召开了新疆纺织服装产业研讨会。推动中国科学院国际合作局设立“塔城地区丝绸之路经济

带社会经济发展规划”项目。

推动学会承接政府转移职能，向新疆维吾尔自治区党委、政府报送了《关于自治区科协所属学会有序承接政府转移职能工作的意见》。新疆医学会、通信学会等28个自治区学会全年承接70项政府转移职能。首次承接第三方评估工作，完成“新疆开展大众创业、万众创新系列政策落实情况”和“新疆基层公共医疗设施建设、使用和管理政策措施落实情况”第三方评估。争取并实施创新驱动助力工程，哈密地区被确定为全国15个示范市（地区）之一，并达成加强哈密地区洁净能源研究院建设、成立学会联盟等框架协议。新疆清洁能源技术研究院、新疆煤炭交易所、哈密新疆级高新技术产业开发区挂牌成立，为哈密地区经济社会发展注入科技创新动力。

推动企业科协和企业院士专家工作站建设，新成立3家企业科协和3家企业院士专家工作站。与中国科技咨询服务中心签订“2015年企业科协科技服务——科技信息推广应用一站式服务”项目，举办全自治区企业科技信息平台推介会暨一线创新专利工程师培训，推广普及企业信息服务平台和数据库应用。

启动“银会合作”融资服务项目，与中国邮储银行新疆分行联合成立“银会合作”工作领导小组，下发《关于启动新疆“银会合作”工作的通知》，助力自治区农业生产经营专业化、标准化、规模化、集约化发展。

实施基层科普行动计划。全自治区99个集体和个人获得国家奖补资金资助，104个集体和个人获得自治区奖补资金资助。开展第26届“科技之冬”活动，全自治区共举办各类实用技术培训班3.5万期，培训各族农牧民370万人次。开展“百会万人下基层”科技服务活动，组织86个自治区学会开展科普宣传、咨询服务和培训活动173次，受益群众近7万人次。

推进“访惠聚”（即访民情、惠民生、聚民心）工作。按照新疆维吾尔自治区党委统一安排和部署，新疆科协选派17名干部赴和田地区民丰县安迪尔乡两个村开展“访民情、惠民生、聚民心”活动驻村工作，加强基础设施建设和专项资金投入，通过推广蔬菜大棚、林下养殖等项目，建设村民活动中心、户外LED科普宣传屏，实施环境治理项目，推进住村党支部“星级化”创建活动等举措，帮助和引导群众提高科技致富能力，改善乡容村貌，丰富村民业余文化生活，推动基层组织规范化管理。

《科学素质纲要》实施及科普工作 履行新疆全民科学素质工作领导小组办公室职责，召开领导小组2015年度工作会议，对全自治区“十二五”贯彻实施《科学素质纲要》情况开展自查并接受督查。据第九次中国公民科学素质抽样调查结果显示，新疆公民具备基本科学素质比例达到3.97%，超额完成自治区人民政府与中国科协签署的《落实全民科学素质行动计划纲要共建协议》中2.28%的目标任务。

按照新疆维吾尔自治区党委“正信挤压、文化对冲、法治约束、科学普及”四管齐下“去极端化”工作要求，新疆科协成立了“加强科学普及抵御宗教极端思想”工作领导小组，制定工作分工方案，举办专题培训班，并向新疆维吾尔自治区党委提交《关于加强科学普及抵御宗教极端思想的意见》，动员全自治区各级科协和广大科技工作者投入到科学普及抵御宗教极端思想工作中。

举办“新疆科学大讲堂”活动，在机关、学校、企业举办讲座94场，参与人数达4.2万人次。结合新疆“三下乡”服务示范活动，开展科普大篷车三级联动，惠及基层群众5万多人次。编译维吾尔、汉、哈萨克三种语言“科普大篷车”电视栏目208期、52个小时，“每周科普园地”教学课件122小时，“科普进万家”广播节目10小时。

实施“科普新疆”视窗工程，全年建成LED科普宣传屏近1000多平方米。改版新疆科协官方网站，“新疆科技在线”上线运行。完善科普官方微博、微信平台，上传科普视频资源724个。在“科普中国”网站开设维吾尔文科普专区。启动新疆科学传播中心建设，为科普大篷车增配移动宣传屏。加强科普信息化项目和产品研发，建成科普演播室，创办科普视频栏目“新闻周报”“科学面对面”网络图文直播节目，开发“科普新疆”公益行微视频200多个。联合中国电信新疆分公司向全自治区120万ITV网络电视用户推出“科普新疆”公益频道。在2015年全国科普信息化工作会议上，新疆科协作为全国科协系统两个典型之一，向中央领导作科普信息化专题汇报。

联合自治区党委宣传部等四部门举办第二届新疆科普微电影、动漫和舞台剧大赛，共征集科普文艺作品221部。开办“科学诗苑”栏目，通过广播、微信等途径展示科学诗歌经典之作，制作、推送科学诗歌MV100多期。以“乡村情·科技梦”为主题，组织创作10部宣传基层优秀科技工作者扎根农村、献身科技事业的科普微电影，在2015年“全国科普日”新疆主场播出后正式出版发行。召开全国科普知名专家学者和业内人士专业理论研讨会，对科学文艺进行理论研究和探索。

扎实开展主题科普活动。举办“崇尚科学、创新创业、抵御极端”主题全国科普日新疆系列科普活动启动仪式暨“新疆科普之夜”活动。开展中国科学院科技创新年度巡展（新疆站）活动，实现在西北地区首次展出。与中国科学院科学传播局签订《科普共建共享框架合作协议》，促进科普资源共建共享。

推动科普基础设施建设。对新疆科技馆展区展品展项进行改造升级，建设6所农村中学科技馆，打造实体馆、流动馆、数字馆、农村中学科技馆“四位一体”工作模式。新疆科技馆全年接待参观群众42万人次，完成14个地州市所辖县市区“流动科技馆”巡展活动，参观人数49万人次。新疆5家科技馆纳入全国科技馆免费开放试点单位。截至2015年年底，全自治区建成和在建科技馆29个，其中自治区1个、地州市3个、县（市、区）25个，已开放运营13个、在建13个、立项3个。开展国家、新疆科普示范县（市、区）联创工作，2015年确定伊宁市等23个县（市、区）为2016—2020年度新疆科普示范县（市、区），其中12个被命名为全国科普示范县（市、区）。

加强少数民族语言文字科普刊物开发共享。全年出版发行维吾尔文科普杂志《知识—力量》《科学与生活》18期55万册，汉文科普杂志《科普进行时》8期4万册，哈萨克文科普杂志《科学与技术》《学习与科普》10期2.6万册，免费或补助方式发放到所有乡村、社区、机关和宗教活动场所，实现维吾尔文科普杂志在全疆4048所维汉双语教学中小学全覆盖。汉文《科普进行时》、维吾尔文《科学与生活》《知识—力量》杂志实现在线阅览。

实施“双语科普挂图”工程。连续三年自主开发“双语科普挂图”1200幅、628万张，并建立科普挂图资源库，全部实现电子化。向全自治区“访惠聚”工作组免费赠送维吾尔、汉、哈萨克三种文字科普杂志、科普图书和实用技术手册4万册，双语科普挂图400幅、160万张。

推动青少年科技教育工作。举办第五届新疆青少年科技节，争取全国青少年科技场馆教育工作现场经验交流会在克拉玛依市召开，全自治区参与青少年科技竞赛和活动的青少年达100多万人次。开展第四届新疆青少年科技创新奖评选、2015年优秀科技辅导员评比表彰工作。建设机器人科学工作室等5个青少年科学活动场所。

学术交流 安排专项资金资助自治区学会重点学术交流活动、科技期刊项目86个。自治区学会全年主办、联办重点学术交流活动120余场次，1.7万余人才国内外科技工作者参与活动。主办第十届新疆青年学术年会暨第四届新疆青年博士论坛。

服务科技工作者 加大优秀科技工作者宣传力度，全年对外发稿316篇。继续实施“星光工程”，出版发行《我与新疆的科技事业》丛书第5辑，弘扬老一辈科学家献身边疆科学事业的崇高精神。根据院士遴选制度改革，首次承担并完成中国工程院院士新疆候选人推选工作。做好第十四届中国青年科技奖、第十二届中国青年女科学家奖候选人推荐工作。与自治区党委组织部、自治区政府人力资源和社会保障厅联合开展第二批新疆农牧民高级技师认定工作。开展科学道德和学风建设宣讲教育和科协会员日活动，邀请中国工程院院士戚发轫、陈一坚等专家分别在新疆大学、塔里木大学和新疆工程学院举办科学道德与学风建设报告会。加大对科技工作者状况调查站点建设力度，做好中国科协八大代表赴新疆考察调研活动。

自身建设 制定《新疆科协“三严三实”专题教育实施方案》，扎实开展“三严三实”专题教育活动。发布《新疆科协2015年度绩效考评工作的通知》《新疆科协2015年度绩效指标表》等系列考评文件，每月对各部门和事业单位绩效工作进展、绩效档案进行督查。组织开展公民道德建设月、民族团结教育月、宪法宣传月和纪念建党94周年大会等活动，利用官方网站、科普宣传屏、展板，营造精神文明创建氛围。

开展自治区学会评估工作，表彰了2014年度自治区先进学会、学会工作先进个人，取消7个学会新疆科协团体会员资格。

与新疆教育厅联合发布贯彻落实《关于加强高等学校科协工作的意见》的通知，深入9所高校对科协建设进行调研，并召开新疆高校科协建设工作会议。加强干部队伍培训，选派11名干部参加各级各类培训。

地市县及基层科协组织 截至2015年年底，新疆共有地州市科协14个，县级科协103个，地县少数民族科普工作队73个，农村专业技术协会2257个。地县科协全年共举办科普宣讲活动4000余次，开展实

用技术培训3万余场次，参加活动的科技人员数量达13万人次，受众逾400万人次。

乌鲁木齐市科协发挥“双语”科普专家团作用，深入社区、学校、农村开展科学普及“去极端化”宣传教育活动，对全市747座科普画廊改造升级，并制定了《户外电子科普画廊管理暂行办法》。乌鲁木齐市、塔城地区成立20所“社区科普大学”，拓展科普教育阵地。塔城地区科协在宗教场所、车站等地设置“科普一角”图书架300余个，以科普刊物为载体扩大科普宣传面。博尔塔拉蒙古自治州科协结合“访惠聚”工作，通过相声、小品等群众喜闻乐见的形式开展科学普及“去极端化”宣传。阿克苏地区科协以抓农牧民科学素质培训为重点，做好全民科学素质建设工作。石河子市科协健全全民科学素质工作奖励制度，制定《师市全民科学素质工作领导小组成员单位年度工作考核评估办法（暂行）》。和田地区科协开展“科学在我身边”流动科技馆巡展活动，解决科普宣传教育“最后一公里”问题。阿勒泰地区科协改版升级哈萨克文《科学与技术》杂志，全年免费发放8400册。伊犁哈萨克自治州科协全年出版维吾尔、汉、哈萨克三种文字《伊犁科普》杂志4期1.8万册，全部免费发放到基层农牧民手中。

省级学会、企业科协、高校科协　截至2015年年底，新疆共有自治区学会115个、会员14万余人。有企业和科技园区科协98个、6所高校科协及企业院士专家工作站19个。

新疆维吾尔自治区高校科协、企业科协工作会议

新疆药学会承办首届国际新丝绸之路经济带民族药研发高峰论坛，新疆电子学会、计算机学会、软件行业协会举办云计算大数据技术与应用学术论坛，新疆农学会举办“一带一路”农业科技合作研讨会，新疆植物学会举办新疆植物学科研究生论坛等学术交流活动。

【全国科协系统对口援疆工作会议】　7月27日，全国科协系统对口援疆工作会议在乌鲁木齐市召开。中国科协党组书记、常务副主席、书记处第一书记尚勇，自治区党委副书记、主席雪克来提·扎克尔出席会议并讲话。新疆维吾尔自治区党委常委、副主席艾尔肯·吐尼亚孜，自治区人大常委会党组副书记、副主任，科协主席王永明，新疆生产建设兵团党委副书记、司令员刘新齐，新疆生产建设兵团党委常委、副政委卢晓峰，中国科协党组成员、书记处书记徐延豪，中国科协党组成员、计划财务部部长王延祜出席会议。

会前，中共中央政治局委员、新疆维吾尔自治区党委书记张春贤会见尚勇，并进行座谈。

尚勇在会上指出，全国科协系统对口援疆工作要把提高新疆公民科学素质作为首要任务，为新疆社会稳定和长治久安筑牢思想基础；要围绕“一带一路”战略，助力新疆提升科技创新和成果转化能力；要着力改善民生、惠及当地，为新疆各族人民生产生活水平提高提供更好的服务；要支持新疆科技人才队伍建设，努力为创新型新疆提供智力支撑；要支持新疆科协部门加强自身建设，提升服务能力。科协系统各对口援疆部门和单位，要高度重视，加强组织领导，建立长效工作机制；要周密部署，建立援疆保障机制；要及时评估，建立考核评价机制；要对援疆科协增效项目跟踪和督促，确保取得实效。

雪克来提·扎克尔在讲话中表示，新疆将与中国科协和各援疆省市一道，共同贯彻落实好第二次中央新疆工作座谈会精神，共同推动新疆科协工作再上新水平。一是依托科协学科齐全、人才荟萃、智力密集、联系广泛的优势，推进丝绸之路经济带核心区建设。二是依托科普工作，在积极引导各族群众走向现代文明方面取得新成效。三是依托联系科技工作者的桥梁纽带作用，加大新疆科技人才培养力度。四是依托全国学会优势，为有序承接政府转移职能创造条件。

会上举行了科普大篷车交钥匙仪式。2015年，中国科协为新疆配发48辆科普大篷车，新疆科普大篷车总数达110辆，实现了地州市、县市区科普大篷车全覆盖。新疆科协、新疆生产建设兵团科协、中国科协科普部、中国科技馆、科学普及出版社、中国农学会、北京市科协、福建省科协代表在会上作了交流发言。中国农村专业技术服务中心与兵团科协、科学普及出版社与新疆科普杂志社、北京市科协与和田地区、辽宁省科协与塔城地区分别签署了援助项目协议。

中国科协办公厅、计财部、调宣部、学会部、科普部、国际部等部门和有关直属单位，中国农学会、中国电子学会等部分全国学会，北京市、辽宁省等19个对口援疆省市科协，新疆全民科学素质领导小组成员单位，各地州市分管领导及科协，新疆生产建设兵团各师科协等部门和单位的有关负责人近200人参加会议。

【第十届新疆青年学术年会暨第四届新疆青年博士论坛】 12月15日，第十届新疆青年学术年会暨第四届新疆青年博士论坛在乌鲁木齐市召开。自治区人大常委会副主任、党组副书记、科协主席兼年会指导委员会主任王永明出席大会并讲话，新疆政协副主席古丽夏提·阿布都卡德尔出席会议。新疆科协党组书记、第十届青年学术年会执委会副主任李春阳主持大会。新疆科协专兼职副主席、自治区党委人才办、政府人力资源和社会保障厅等有关部门负责人、新疆青年科技奖获得者代表、优秀学术论文获奖者代表，以及青年科技工作者代表等400余人出席年会开幕式。

年会由新疆科协主办，第十届新疆青年学术年会执行委员会和中国科学院新疆理化技术研究所承办。年会以“助力‘一带一路’青年创新担当”为主题，围绕新疆经济社会发展中的热点问题，举办了中亚有色金属矿产资源综合利用及新材料开发、2015年新疆云计算大数据技术与应用、“丝绸之路”上的“药物创制”等8个分论坛。

以“大众创业　万众创新”为主题的第四届新疆青年博士论坛实现金融与科技项目结合，共征集路演项目19个。创业团队通过演示创意思路、展示创业计划，金融、管理专家、投资机构提问答辩，现场签约8个项目、签约金额4280万元。由乌鲁木齐市高新区打造的新疆创新创业孵化公共服务平台，在第四届新疆青年博士论坛上正式启动上线，路演表现突出的项目，除得到金融机构的投资外，优先入驻新疆高端人才创新创业大厦及乌鲁木齐高新区各创业孵化平台。

【第五届新疆青少年科技节】 4月28日，以“创新·体验·成长——中国梦·科学梦·青春梦”为主题的第五届新疆青少年科技节在克拉玛依市开幕。来自国内外的1800余名青少年参加科技节各项活动。新疆科协副主席田文出席开幕式并讲话，中国科协党组成员、书记处书记徐延豪致辞。中国科学院院士、中国航空工业集团公司北京航空材料研究院研究员曹春晓，中国科学院院士、中国科学院量子信息重点实验室主任郭光灿，中国科协青少年科技中心、新疆人民政府办公厅、新疆财政厅、教育厅、科技厅、环保厅、体育局等单位负责人以及克拉玛依市委、人大、政府和有关部门负责人出席开幕式。

科技节上颁发了第四届新疆青少年科技创新奖，命名了第四批新疆科技活动特色学校。本届科技节增加了全国青少年科普场馆科技实践活动经验交流会、青少年科学讨论会、俄罗斯伊斯基季姆市与克拉玛依市联谊五周年科技交流活动、新疆科协科普刊物及科普挂图展览、全国首届科普“微电影”新疆获奖作品展播、中国大学生计算机设计大赛（新疆赛区）优秀作品展示，以及中国大陆和台湾地区科学教具厂家新成果、新技术展示互动等活动。除新疆、马兰地区和新疆生产建设兵团的代表队参加外，北京市、上海市、内蒙古自治区等8个省、自治区、直辖市也有选派选手、科技辅导员参加比赛和观摩。

第五届新疆青少年科技节开幕式

【2015年新疆全国科普日】 9月19日，2015年全国科普日新疆系列科普活动启动仪式暨“新疆科普之夜”活动在乌鲁木齐市举行。自治区党委常委、副主席，全民科学素质工作领导小组组长艾尔肯·吐尼亚孜出席启动仪式，并宣布全国科普日新疆系列科普活动启动。自治区人大常委会副主任、党组副书记、科协主席王永明讲话。自治区政协副主席巴代出席启动仪式。全国科普日新疆系列科普活动主办单位负责人，乌鲁木齐市科协、教育局等相关单位负责人，以及各族科技工作者、市民、教师、学生共400余人参加启动仪式。启动仪式由新疆科协党组书记李春阳

主持。

全国科普日北京主场与新疆现场进行了视频连线。中共中央政治局常委刘云山与新疆现场连线对话。李春阳向参加北京主场活动的中央领导汇报了全国科普日新疆系列科普活动整体情况，学生代表汇报了参加科普活动的体会和感受。

启动仪式上，新疆科协与中国电信新疆分公司签订了“科普新疆”视窗工程上线运行协议。启动仪式上表彰了2015年全国“基层科普行动计划”获奖集体和个人，对中国科协命名的全国科普教育基地授牌，表彰了第二届新疆科普微电影、动漫大赛获奖作者和优秀组织单位，表彰了新疆科技馆成立30周年系列科普活动竞赛获奖代表。启动仪式后，举办了以庆祝新疆科技馆成立30周年为主要内容的“新疆科普之夜”活动。

（撰稿人：杨运明）

新疆生产建设兵团科学技术协会

服务经济社会发展 兵团科协联合兵团财务局深入实施“科普惠农兴村计划”。兵团共有3个农技协、2个科普示范基地、18名农村科普带头人和3个科普示范社区获得中国科协、财政部表彰。组织实施兵团科普惠农兴村计划，全年新表彰奖励团场科普先进集体8个、科普带头人7名，表彰科普示范社区23个，培育了一批团场科普示范集体和科技示范户。在《兵团日报》等新闻媒体对获奖科普组织和科普带头人进行宣传。

提升学会创新和服务能力，组织兵团级学会认真学习《中国科协所属学会有序承接政府转移职能扩大试点工作实施方案》，在深化改革中提升创新和服务能力。开展第四届兵团优秀学会工作奖评选，评选表彰7个优秀学会。

《科学素质纲要》实施及科普工作 认真履行兵团全民科学素质纲要办公室职责，召开兵团全民科学素质工作领导小组第八次会议。分别对兵团五师双河市、八师石河子市、一师阿拉尔市《科学素质纲要》实施情况进行督查。接受国家《科学素质纲要》实施工作督查组对兵团“十二五”《科学素质纲要》工作的督促检查工作。中国科协发布的第九次中国公民科学素质抽样调查结果显示，2015年，兵团具备科学素质的公民比例达到4.42%，超额完成了“十二五”3.1%的目标。

11月18日，兵团科协、兵团科技局联合举办兵团首席科普传播专家培训班。院（校）科协、兵团级学会的研究员、教授、工程师、创新团队或承担重大项目的主持人、科协工作人员共30余位学员参加培训。

扎实开展主题科普活动。举办了全国科技活动周兵团主场活动，中国科学院科技创新年度巡展和“推进‘互联网+’加快经济转型升级”科普报告会，在八师石河子市举办全国科普日兵团系列活动，举行了中国现代科学家主题展、科普报告会和兵团科技创新成果展，参观人数近万人次。

联合兵团教育局、科技局、团委等部门开展了第十三届兵团青少年科技创新大赛、第七届兵团中小学生机器人大赛、第五届兵团航空航天模型锦标赛，第九届“挑战杯”兵团大学生课外学术科技作品决赛暨兵团首届大学生创新创业实训营等。组队参加第三十届全国青少年科技创新大赛，荣获一等奖20项、二等奖28项、三等奖19项。组队参加第十五届全国青少年机器人竞赛，荣获一等奖1项、二等奖6项、三等奖6项。组队参加全国青少年科学影像节等科技竞赛活动，荣获一等奖1项。组队参加第十七届全国青少年航空航天模型教育竞赛，荣获一等奖4项、二等奖11项、三等奖13项。参加第十五届“明天小小科学家”奖励申报等活动。开展2015年兵团青少年科学调查体验主题科普活动。

组织开展了2015年全国青少年高校科学营——兵团分营北京营和上海营启动仪式，选拔90名优秀高中生和9名科技辅导员赴北京和上海，参加青少年高校科学营系列活动。兵团所属石河子大学成功申报为高校科学营承办单位，成为全国第51所高校。

首次组织参加全国2015年科普讲解大赛。总结推广八师开展聘任大学生连官兼任科普宣传员试点工作。举办兵团科学影像、机器人及航空航天模型培训班，举行“青少年科普系列活动新疆行”“大手拉小手科普报告希望行”活动，举办各类报告会50多场次，培训科技辅导员750人次，发展壮大兵团科技辅导员队伍。

积极开展科普示范社区创建活动，以科普示范社区创建引领社区科普工作。8月1日，在石河子市举办了兵团科普社区建设推进会。表彰兵团科普示范社区23家。

加强科普基础设施建设。支持建设兵团社区科普活动室11个、兵团青少年科学工作室3个。2015年，中国科协为兵团配发科普大篷车2辆、流动科技馆2套、农村中学科技馆2个、认定全国科普教育基地4家。兵团科普大篷车总量达25辆，科普大篷车全年深入150多个团场、连队（社区）、学校和军营进行巡展，30万名学生、干部和群众参与活动。按照“中国流动科技馆”兵团巡展工作计划安排，在一师阿拉尔市、二师铁门关市、三师图木舒克市、四师可克达拉市、五师双河市81团、六师五家渠市、八师石河子市和十三师进行巡展活动。全年共举办流动科技馆启动仪式8场，覆盖中小学校100余所、街道社区50余个，参加启动仪式的学生、街道社区群众8000多人次，免费参观流动科技馆的学生、职工、群众达20多万人（次）。石河子科技馆免费开放，积极筹建一师阿拉尔市科技馆。

学术交流 支持学会围绕产业转型升级、提质增效开展学术交流和决策咨询活动。支持重点学术交流项目11个，承办了全国山地城镇化可持续发展论坛、第九届全国干果生产与科研进展学术研讨会、兵团水肥一体化理论研究会。

服务科技工作者 加大对优秀科技人才举荐、表彰力度。在兵团第一次科技工作者状况调查的基础上，形成《兵团第一次科技工作者状况调研报告》，报送到兵团分管领导及相关部门。按照中国科协部署，认真制定《新疆生产建设兵团科协推选中国工程院院士候选人工作实施细则（试行）》，并成立相关工作机构。联合兵团党委组织部、人力资源和社会保障局开展第五届兵团青年科技奖评选表彰活动，有10名科技工作者获得表彰。推荐3名科技工作者参加全国第十四届青年科技奖评选工作。加强调研，做好兵团优秀科技工作者评选表彰准备工作。

10月23日，由兵团科协、教育局、科技局联合主办的以“弘扬科学道德 践行‘三个倡导’奋力实现‘中国梦’”为主题的2015年兵团科学道德和学风建设集中宣讲教育报告会在塔里木大学举办。中国工程院院士戚发轫、陈学庚作了报告，400多名青年科技工作者、青年师生听取报告。

加强科普人才队伍建设。加大培训力度，举办兵团首席科普传播专家培训班，组建科普传播专家团队。认真做好兵团自然科学研究系列和实验系列高级职称评审工作。

自身建设 按照兵团党委的部署，扎实抓好兵团科协系统“三严三实”专题教育，认真对照检查，剖析思想根源，明确整改方向。切实加强科协自身建设，注重提升科协领导班子和干部素质能力，推动学习型、服务型、廉洁型、和谐型科协机关建设。发挥科协组织优势，积极选派干部参加“访惠聚”（访民情、惠民生、聚民心）工作。扎实开展建家交友活动，加强企业科协和高校科协组织建设，发挥院士工作站作用，助力企业创新发展。12月，兵团科协围绕“‘家’的温馨、节日的问候”主题，组织开展了中国科协会员日兵团活动，走访慰问兵团级学会和科技工作者。

中国科协在科技馆免费开放、科普能力建设、“基层科普行动计划”等方面不断加大支持力度。中国科协召开全国科协系统对口援疆工作会议，联合国家民委下发《关于组织实施“援疆科技增效工程”的意见》，为自治区和兵团举办科协主席培训班。各师（市）科协加强与援疆省市的对接，成效初显。

【兵团第八次全民科学素质纲要领导小组会议】 5月25日，兵团第八次全民科学素质纲要领导小组会议召开。兵团党委常委、副政委、兵团全民科学素质领导小组组长卢晓峰出席会议并讲话，22家成员单位分管领导参加会议。各牵头单位作了贯彻实施《科学素质纲要》亮点介绍，总结了兵团2014年全民科学素质实施工作，研究部署了2015年全民科学素质工作计划。会议审议通过了《2015兵团全民科学素质行动工作要点》。

【兵团2015年科技周】 5月16—24日，兵团科技局、党委宣传部、科协开展了以“创新创业 科技惠民”为主题的全国科技周兵团主场活动。在兵团机关举办兵团2015年全国科技活动周领导干部和公务员科普报告会，发放“‘互联网+’兵法”科普书籍200余本。在兵团机关开展中国科学院科技创新年度巡展（兵团站）。

2015年全国科技活动周兵团主场活动

【2015 年兵团全国科普日】 9 月 19—25 日，组织开展了以“万众创新　拥抱智慧生活”为主题的 2015 年全国科普日兵团主场活动。在八师石河子市举行了 2015 年全国科普日兵团主场系列活动启动仪式，兵团党委常委、八师石河子市党委书记、八师政委徐志新，全国人大常委、中国科协常委、中国科协八届常委会科技与人文专门委员会主任、中国科学院党组副书记方新出席启动仪式并讲话。邀请 3 位专家在八师石河子科技馆分别作了机器人、无人机和 3D 打印等方面的科普报告。举办了兵团科技成就展。

【第十三届兵团青少年科技创新大赛】 4 月 11—13 日，兵团科协与教育局、科技局、团委及八师石河子市人民政府联合在石河子科技馆举办第十三届兵团青少年科技创新大赛。兵团党委常委、副政委卢晓峰出席并讲话。兵团各师、兵直学校 15 支代表队的代表、评委、嘉宾共 300 余人参加大赛开幕暨开馆仪式。大赛共收到竞赛作品 461 项，展示作品 669 项，评出青少年科技竞赛项目一等奖 21 项、科幻画一等奖 60 项、优秀科技实践活动一等奖 12 项、辅导员创新项目一等奖 29 项。

（撰稿人：罗昌欧）

大事记

1月

1月4日　中国科协、教育部联合印发《关于加强高等学校科协工作的意见》。

1月7日　中国科协八届十二次常委会议在北京召开。会议由全国政协副主席、中国科协主席韩启德主持，尚勇传达了中央书记处对中国科协工作的指示精神。

1月8日　中国科协第八届全国委员会第七次会议在北京召开。中共中央政治局委员、国家副主席李源潮出席会议，并与中国科协全委会委员座谈。全国政协副主席、中国科协主席韩启德主持开幕式并作工作报告。会议选举尚勇为中国科协第八届全国委员会常务委员会委员、第八届全国委员会副主席（主持常务工作）。

1月9日　中国科协召开地方科协党组书记年度工作研讨会。中国科协党组、书记处领导，各省、自治区、直辖市、副省级城市科协和新疆生产建设兵团科协党组书记出席会议。

1月13日　中国科协2015年全国学会秘书长工作会议在北京召开。沈爱民出席会议并讲话。

1月15日　中共中央政治局委员、国家副主席李源潮主持召开座谈会，与共青团中央、全国妇联、中国科协、中国侨联领导班子成员一起研究如何贯彻落实中央群团工作意见。

1月16日　第十一届“中国青年女科学家奖”颁奖典礼在北京举行。全国人大常委会副委员长、全国妇联主席沈跃跃出席颁奖典礼并为获奖青年女科学家颁奖。宋秀岩、尚勇等出席颁奖典礼。

1月18日　中国卒中学会第一次全国会员代表大会在北京召开，赵继宗当选为学会第一届理事会会长。

1月24日　中国中西医结合学会第七次全国会员代表大会在北京召开。全国人大常委会副委员长陈竺，沈爱民同志出席会议。陈香美当选为学会第七届理事会会长。由中共中央宣传部、中国科协等9部门和江西省委、省政府联合主办的全国文化科技卫生“三下乡”集中服务活动在江西省寻乌县举办。

1月28日　中共中央政治局委员、国务院副总理刘延东主持召开会议，听取《全民科学素质行动计划纲要》实施情况汇报。国务院副秘书长江小涓及有关部门负责人出席会议。尚勇作2014年《全民科学素质行动计划纲要》实施情况和2015年工作安排汇报。

2月

2月1日　中国科学探险协会第五次全国会员代表大会在北京召开。沈爱民出席会议并讲话。秦大河当选为协会第五届理事会主席。

2月1—4日　张勤率代表团赴澳门特别行政区出席协同创新澳门论坛，并对香港特别行政区、澳门特别行政区相关科技机构进行工作访问。

2月3日　甘肃省科协第七届委员会第二次会议在甘肃省兰州市召开。甘肃省副省长夏红民当选甘肃省科协主席。

2月3—4日　由中国科协和澳门特别行政区政府联合主办、澳门科技协进会承办的协同创新澳门论坛在澳门科学馆举行。张勤应邀担任论坛主礼嘉宾并在开幕式上致辞。

2月5日　中国计量测试学会第七次全国会员代表大会在北京召开。蒲长城当选为学会第七届理事会理事长。

2月6日　中央第十巡视组专项巡视中国科协工作反馈会召开。全国政协副主席、中国科协主席韩启德出席会议并讲话，尚勇主持会议并讲话。中央第十巡视组组长叶冬松作反馈并提出意见和建议。

全国科学道德和学风建设宣讲教育领导小组2015年第一次工作会议在北京召开。张勤主持会议。全国宣讲教育领导小组副组长林蕙青、邓勇等出席会议。

2月9日	"未来地球计划"中国委员会在北京召开工作会议。全国政协副主席、中国科协主席、"未来地球计划"中国委员会指导委员会主席韩启德,"未来地球计划"中国委员会指导委员会委员陈宜瑜,"未来地球计划"中国委员会主席秦大河,"未来地球计划"中国委员会副主席吴国雄、张勤等出席会议。
2月10日	中国档案学会第八次全国会员代表大会在北京召开。吴海鹰出席会议并致辞。段东升当选为学会第八届理事会理事长。
2月13日	中国科协2015年科普工作会议在北京召开。尚勇出席会议并讲话，徐延豪、吴海鹰、束为出席会议。
2月25日	尚勇在《人民日报》发表署名文章《让创新成为驱动发展新引擎》。
2月26日	纪念王大珩先生百年诞辰座谈会在北京召开，尚勇出席座谈会。
2月28日	全民科学素质纲要实施工作办公室2015年第一次全体会议在北京召开。徐延豪、束为出席会议。

3月

3月3—4日	中国科协2015年宣传工作座谈会在北京召开。王春法出席并讲话。
3月4日	中共中央政治局常委、国务院副总理张高丽看望出席全国政协十二届三次会议的科协界、科技界委员并参加讨论。全国政协副主席韩启德、万钢、罗富和、刘晓峰参加讨论。尚勇参加会议。
3月6日	中国科协和广州市人民政府在北京签署《中国科学技术协会　广州市人民政府战略合作框架协议》。
3月10日	中央全面深化改革领导小组办公室常务副主任，国家发展和改革委员会副主任、党组成员穆虹一行到中国科协专题调研学会有序承接政府转移职能扩大和深化试点工作。尚勇主持调研会，沈爱民作专题汇报，王春法、吴海鹰出席调研会。
3月11日	中国科协事业发展"十三五"规划研究编制工作会议在北京召开。尚勇出席会议并讲话。王春法、沈爱民、吴海鹰、束为等出席会议。
3月21日	中国电工技术学会第八次全国会员代表大会在北京召开。杨庆新当选为学会第八届理事会理事长。
3月21—23日	中国微量元素科学研究会第四次全国会员代表大会暨第十五届学术研讨会在江苏省南京市召开。朱志国当选为研究会第四届理事会理事长。
3月23日	中国科协党组在北京召开理论学习中心组学习扩大会，传达学习2015年全国两会精神、李源潮副主席在与群团组织领导班子成员座谈会上的重要讲话精神。尚勇主持会议，张勤、徐延豪、王春法、沈爱民、吴海鹰、束为出席会议，机关各部门、各直属单位主要负责人参加会议。
3月25日	中国科协围绕科技成果转化中的若干政策与法律问题举办人民团体协商座谈会，征求科技界、产业界代表的意见与建议。全国政协副主席、中国科协主席韩启德出席会议并作总结讲话，全国人大教科文卫委员会主任委员柳斌杰出席会议并讲话，尚勇、王春法出席会议。
	中国科协印发《关于贯彻落实中央群团工作部署　加强和改进科协工作的意见》。
3月25—28日	尚勇赴江苏省、山东省围绕贯彻落实《中共中央关于加强和改进党的群团工作的意见》、实施创新驱动助力工程、海智计划和科普工作等进行调研。
3月26—27日	2015年全民科学素质纲要实施工作会议在北京召开。会议传达了刘延东副总理听取《全民科学素质行动计划纲要》实施情况汇报会的讲话。尚勇作书面讲话，徐延豪、束为出席会议。

3月31日　中国职业安全健康协会第六次全国会员代表大会在北京召开。王德学当选为协会第六届理事会理事长。

4月

4月1日　中国科协、财政部联合印发《关于组织实施2015年“基层科普行动计划”的通知》。

4月1—4日　中国细胞生物学学会第15次全国会员代表大会暨2015年全国学术大会在广东省深圳市举行。陈晔光当选为学会第十一届理事会理事长。

4月8日　2015年“科技梦·中国梦——中国现代科学家主题展”全国巡展首站——石家庄站巡展在河北师范大学开幕。中国科协副主席、中国科学院院士沈岩出席开幕式。

4月8—15日　应美国电气和电子工程师学会和日本科技振兴机构的邀请，尚勇率代表团赴美国、日本进行访问。

4月9日　中国图书馆学会第九次全国会员代表大会在北京召开。徐延豪出席大会并讲话。韩永进当选为学会第九届理事会理事长。

4月13日　中国科协、国资委联合印发《关于加强国有企业科协组织建设的意见》。

4月20日　由中国科协、教育部、共青团中央、中国科学院、中国工程院共同主办的2015年“共和国的脊梁——科学大师名校宣传工程”汇演活动在西安电子科技大学启动。

4月24日　尚勇赴天津市围绕贯彻落实《中共中央关于加强和改进党的群团工作的意见》、实施创新驱动助力工程等进行调研。

4月30日　中国科协与腾讯公司在北京签署“‘互联网+’科普”合作框架协议。

5月

5月4—10日　由中国科协、浙江省政府主办的第16届亚洲物理学奥林匹克竞赛在浙江省杭州市举行。全国政协副主席、中国科协主席韩启德出席开幕式并讲话。徐延豪出席开幕式。

5月6日　“SOLVE FOR TOMORROW探知未来2015年全国青年科普创新实验暨作品大赛”启动仪式在北京举行。

5月7日　由中国科协和宁夏回族自治区政府联合主办的“全国百名科技专家宁夏行”科技服务活动在宁夏回族自治区吴忠市启动。

5月9—10日　2015诺贝尔奖获得者医学峰会暨国际肿瘤研究高峰论坛在天津市召开。5位诺贝尔奖获得者，中国科协副主席、中国科学院院士沈岩等出席开幕式。

5月11日　中国科协与中国邮政储蓄银行在北京签署金融支持农村专业技术协会战略合作协议书。

5月12日　全国科技馆免费开放新闻发布会在北京召开。会议发布，2015年起我国科技馆将陆续推行免费开放。

5月21日　中国科协（深圳）海外人才离岸创新创业基地在广东省深圳市揭牌。尚勇，广东省委副书记、深圳市市委书记马兴瑞等出席揭牌仪式。

5月22日　中国科协八届十三次常委会议在广东省广州市召开。全国政协副主席、中国科协主席韩启德主持会议。会议表决通过，吴海鹰任中国科协第八届全国委员会常务委员会书记处书记，沈爱民不再担任中国科协书记处书记。

第十三届全国博士生学术年会开幕式暨特邀报告会在广东省广州市召开。

女科学家高层论坛在广东省广州市举行。十一届全国政协副主席、中国科学院院士王志珍出席论坛。

科学道德建设论坛在广东省广州市举行。全国政协副主席、中国科协主席韩启德出席论坛并致辞，十一届全国政协副主席、中国科学院院士王志珍出席论坛。

第一届创新科技成果交流会启动仪式在广东省广州市举办。全国政协副主席、中国科协主席韩启德出席启动仪式。

基于实证的科技政策与评估论坛在广东省广州市举办。张勤出席论坛并致辞。

5 月 23 日 中共中央政治局委员、国家副主席李源潮在广东省广州市会见了参加第十七届中国科协年会国际科学大师论坛的国际科学大师。中共中央政治局委员、广东省委书记胡春华一同会见。尚勇等参加会见。

智能社会科技专家论坛在广东省广州市举办。中共中央政治局委员、国家副主席李源潮出席论坛并会见了出席论坛的演讲嘉宾。尚勇等参加会见。

第十七届中国科协年会在广东省广州市开幕。中共中央政治局委员、国家副主席李源潮出席并讲话，中共中央政治局委员、广东省委书记胡春华出席会议。全国政协副主席、中国科协主席韩启德致辞。全国政协副主席、科技部部长万钢，十一届全国政协副主席王志珍，中央和国务院有关部委领导同志等 2500 余人出席大会开幕式。开幕式由尚勇主持。

地方科协党组书记贯彻落实中央群团工作意见座谈会在广东省广州市召开。尚勇主持座谈会，张勤、王春法、吴海鹰，各省、自治区、直辖市、副省级城市科协和新疆生产建设兵团科协党组书记和有关负责人出席会议。

韩启德主席与广州大学生见面会在华南师范大学举办。

女科学家进校园活动在广东省广州市举办。十一届全国政协副主席、中国科学院院士王志珍出席活动。

中国科协求是杰出青年奖获奖者座谈会在广东省广州市举行。中国科协副主席、中国科学院副院长李静海，王春法同志出席座谈会。

第十七届中国科协年会国际科学大师论坛在广东省广州市举办。张勤、冯长根等出席论坛。图灵奖获得者、清华大学高等研究中心教授姚期智主持论坛。

5 月 24 日 第十七届中国科协年会广东省党政领导与院士专家座谈会在广东省广州市举行。全国政协副主席、中国科协主席韩启德，广东省委副书记、省长朱小丹出席会议并讲话。尚勇、王春法、吴海鹰、沈爱民出席座谈会。

两岸四地科技合作论坛在广东省广州市举行。

5 月 26 日 中国科协召开干部会，宣布中共中央组织部关于中国科协党组、书记处领导同志的职务任免的通知，免去沈爱民中国科协党组成员职务，王延祜任中国科协党组成员。

6 月

6 月 7 日 中国国际经济技术合作促进会第五次全国会员代表大会在北京召开。第十一届全国人大常委会副委员长司马义・铁力瓦尔地向大会发来贺信。王春法出席会议并讲话。杨春光当选为促进会第五届理事会理事长。

6 月 8 日 2015 科学教育国际论坛在江苏省南京市开幕。中国科协副主席、中国工程院院士、中国青少年科技辅导员协会理事长陈赛娟出席论坛并致辞。

6 月 10 日 张勤会见香港工程师学会工业及制造分部专家代表团。香港工程师学会会长张志刚、香港工程师学会工业及制造分部主席何守昭等出席会见。

6 月 11 日 中国科协和江苏省签署《中国科学技术协会　江苏省人民政府关于深入实施创新驱动发展战略合作协议》。

6 月 12 日 江苏省科协第九次代表大会在江苏省南京市开幕。尚勇、江苏省委书记罗志军出席开幕式并讲话。陈骏当选为江苏省科协第九届委员会主席。

6 月 15 日 全国食品安全宣传周主场活动在北京启动。国务院副总理、国务院食品安全委员会副主任汪洋出席并讲话，尚勇、徐延豪及国家食品药品监督管理总局等有关部委负责人出席活动。

2015 年科普信息化建设工程项目实施座谈会暨集体签约仪式在北京召开。徐延豪出席并讲话。

6 月 16—25 日　张勤赴德国、法国、土耳其访问世界机器人大会相关组织，并出席国际工程联盟年会。

6 月 17 日　中国科协与福建省人民政府签署实施创新驱动助力工程合作协议。

6 月 18 日　中国麻风防治协会第七次全国会员代表大会在云南省昆明市召开。张国成当选为协会第七届理事会会长。

6 月 24 日　中国印刷技术协会第八次全国会员代表大会在北京召开。王春法出席会议并致辞。王岩镔当选为协会第八届理事会理事长。

6 月 30 日　中国水利学会第十次全国会员代表大会在北京召开。尚勇出席会议并讲话。胡四一当选为学会第十届理事会理事长。

7 月

7 月 8 日　中共中央政治局委员、国家副主席李源潮与共青团中央、全国妇联、中国科协、中国侨联领导班子座谈，要求认真学习领会习近平总书记重要讲话精神，全面贯彻中央党的群团工作会议部署，努力开创工作新局面。

中国科协召开党组会议，传达学习中央党的群团工作会议精神，研究部署贯彻落实工作。尚勇主持会议，张勤、徐延豪、王春法、吴海鹰、束为、王延祜出席会议。

7 月 8—10 日　中国科学技术情报学会第八次全国会员代表大会在四川省成都市召开。戴国强当选为学会第八届理事会理事长。

7 月 15 日　中国科协关于对“推动大众创业、万众创新政策措施落实情况”第三方评估工作启动会在北京召开。王春法出席会议并讲话。

7 月 16 日　中共中央办公厅、国务院办公厅印发《中国科协所属学会有序承接政府转移职能扩大试点工作实施方案》。

尚勇就《中国科协所属学会有序承接政府转移职能扩大试点工作实施方案》接受新华社书面专访，全面解读中国科协所属学会“承转”的意义及重点任务。

7 月 16—17 日　中国共产党中国科协机关第八次代表大会在北京召开。中央直属机关工委常务副书记张建平、尚勇同志出席开幕式并讲话。

7 月 20—21 日　全国推进“银会合作”工作现场会在四川省眉山市召开。中国邮政储蓄银行行长吕家进，四川省委常委、省总工会主席李登菊等出席会议。

7 月 22—25 日　第十五届中国青少年机器人竞赛在内蒙古自治区鄂尔多斯市举办。束为出席闭幕式并讲话。

7 月 23 日　中国科协所属学会有序承接政府转移职能扩大试点工作座谈会在北京召开。中共中央政治局委员、国家副主席李源潮出席会议并讲话。会议由全国政协副主席、中国科协主席韩启德主持。国务院副秘书长江小涓出席会议并讲话。22 个有关中央、国务院部门负责人，中国科协党组、书记处领导和有关部门负责人参加会议。

中国科协在北京举行工作会议，对在中国科协系统深入学习领会习近平总书记重要讲话精神、全面贯彻落实党的群团工作会议精神进行动员部署。中共中央政治局委员、国家副主席李源潮出席并讲话。全国政协副主席、中国科协主席韩启德出席会议。尚勇主持会议。

7 月 24 日　中国科协党组在北京召开理论学习中心组学习扩大会议，深入学习贯彻中央党的群团工作会议精神，研究全面深化改革工作。尚勇主持会议，张勤、徐延豪、王春法、吴海鹰、束为、王延祜出席会议。机关各部门、各直属单位主要负责人参加会议。

7月27日　全国科协系统对口援疆工作会议在乌鲁木齐市召开。尚勇，新疆维吾尔自治区党委副书记、自治区主席雪克来提·扎克尔，新疆维吾尔自治区党委常委、自治区副主席艾尔肯·吐尼亚孜等出席会议。

8月

8月4—6日　中国科学技术期刊编辑学会第六次全国会员代表大会在北京召开。朱邦芬当选为学会第六届理事会理事长。

8月14—16日　中国图学学会第七次全国会员代表大会暨第五届中国图学大会在北京召开。孙家广当选为学会第七届理事会理事长。

8月16日　中国科协创新评估指导委员会工作会议在北京召开。尚勇，中国科协创新评估指导委员会副主任齐让、赵沁平、李静海等出席会议。创新评估办公室主任王春法作工作汇报。

8月17日　2015两岸四地机器人协同创新论坛在广东省深圳市举办。张勤，深圳市委常委、统战部部长林洁，香港特别行政区政府行政长官创新及科技顾问杨伟雄出席论坛并致辞。

8月17—21日　应香港特别行政区政府中央政策组和澳门科技协进会的邀请，尚勇率中国科协高层代表团访问香港特别行政区和澳门特别行政区。

8月20日　第30届全国青少年科技创新大赛在香港特别行政区亚洲国际博览馆开幕。香港特别行政区行政长官梁振英，尚勇同志分别代表主办单位出席开幕式并致辞。

8月20—21日　由澳门科学技术协进会和两岸四地协同创新联盟秘书处联合主办的第二届两岸四地协同创新路演大赛在澳门特别行政区举行。

8月23日　第30届全国青少年科技创新大赛在香港特别行政区闭幕。全国政协副主席、中国科协主席韩启德等出席闭幕式暨颁奖典礼。

8月25日　中国防痨协会第十一次全国会员代表大会在北京召开。刘剑君当选为协会第十一届理事会理事长。

9月

9月7日　全国政协副主席、中国科协主席韩启德在北京会见日本学术会议（Science Council of Japan，SCJ）会长大西隆先生一行，双方签署了中国科协与日本学术会议合作备忘录。张勤一同会见。

9月7日—10月16日　中国科协督查组赴黑龙江省、湖南省、湖北省等地就《科学素质纲要》实施情况开展督查调研。

9月8日　全国政协人口资源环境委员会在北京召开“提高全民科学素质　促进创新驱动发展”座谈会。全国政协副主席马培华出席并讲话。

9月9日　中国科协2015年海智计划联席会议在山东省济南市召开。张勤出席会议并讲话。

9月10日　中国物理学会第十一次全国会员代表大会在吉林省长春市召开。詹文龙当选为学会第十一届理事会理事长。

9月12日　中国青少年科技辅导员协会第七次全国会员代表大会在北京召开。徐延豪出席大会。陈赛娟当选为协会第七届理事会理事长。

9月14日　中共中央政治局委员、国家副主席李源潮在北京与科普科幻创作者座谈。

9月15日　中国科技馆发展基金会换届大会在北京召开。尚勇、邓楠等出席大会。殷皓当选为基金会第五届理事会理事长。

9月16日　2015年首都高校科学道德和学风建设宣讲教育报告会在北京举行。全国政协副主席、中国科协主席韩启德致辞，尚勇主持报告会。中国科协发布了《在国际学术期刊发表论文的“五不”行为守则》。

9 月 19 日　中共中央政治局常委、中央书记处书记刘云山和刘奇葆、李源潮、郭金龙、韩启德等领导同志在北京奥林匹克公园参加全国科普日北京主场活动。

尚勇、张勤、徐延豪、王春法、吴海鹰、束为、王延祜到中国科技馆参加 2015 年全国科普日北京主场活动。

中国科协发布第九次中国公民科学素质调查结果。调查显示，2015 年我国具备科学素质的公民比例达到 6.20%，比 2010 年的 3.27% 提高了近 90%。

9 月 20—23 日　中国神经科学学会第十一届全国学术会议暨第六次全国会员代表大会在浙江省乌镇召开。段树民当选为学会第六届理事会理事长。

9 月 21—23 日　中国地震学会第九次全国会员代表大会暨第十五次学术大会在甘肃省兰州市召开。张培震当选为学会第九届理事会理事长。

9 月 25 日　由中国科协联合教育部、共青团中央、中国科学院、中国工程院主办的“共和国的脊梁”主题晚会在北京人民大会堂演出。全国政协副主席、科技部部长万钢，十一届全国人大常委会副委员长陈至立，尚勇同志，中国工程院院长周济等观看演出。

9 月 29 日　中国消防协会第六次全国会员代表大会在北京召开。陈伟明当选为协会第六届理事会会长。

9 月 29—30 日　西藏自治区科协第六次代表大会在西藏自治区拉萨市召开。西藏自治区党委书记陈全国出席会议。张勤，西藏自治区党委常务副书记吴英杰出席大会并讲话。李秀珍当选为西藏自治区科协主席。

10 月

10 月 8 日　科技界祝贺屠呦呦荣获诺贝尔医学奖座谈会在北京召开。第十一届全国政协副主席王志珍，屠呦呦及其科研团队代表参加座谈会。尚勇主持座谈会。

10 月 11 日　中国工业设计协会第五次全国会员代表大会在北京召开。刘宁当选为协会第五届理事会会长。

10 月 14 日　中国纺织工程学会第二十五次全国会员代表大会在上海市召开。孙瑞哲当选为学会第二十五届理事会理事长。

10 月 15 日　中国科协生命科学学会联合会成立大会在北京举行。尚勇出席大会并讲话。中国科学院院士、中国生物物理学会理事长饶子和当选为 2015—2016 年度轮值主席。

10 月 17—18 日　中国科学学与科技政策研究会第七次全国会员代表大会暨第十一届中国科技政策与管理学术年会在北京召开。穆荣平当选为研究会第七届理事会理事长。

10 月 19—25 日　首届全国大众创业万众创新活动周在北京举行。中共中央政治局常委、国务院总理李克强出席启动仪式并讲话。马凯、刘延东、李源潮分别出席相关活动。尚勇、王春法出席启动仪式。

中共中央政治局常委、国务院副总理张高丽出席在北京举办的 2015 年大众创业万众创新高峰论坛并讲话。尚勇出席论坛并作专题发言。

10 月 20 日　中国老科学技术工作者协会第六次全国会员代表大会在北京召开。中共中央政治局委员、国家副主席李源潮出席大会开幕式并讲话。韩启德、陈至立、尚勇出席开幕式。陈至立当选为协会第六届理事会会长。

10 月 21 日　中国计算机学会第十一次全国会员代表大会在安徽省合肥市召开。高文当选为学会第十一届理事会理事长。

10 月 21—22 日　中国热带作物学会第九次全国会员代表大会暨 2015 年学术年会在海南省海口市召开。李尚兰当选为学会第九届理事会理事长。

10 月 22 日　中国科协与中国邮政储蓄银行在北京签署合作备忘录。

10 月 23 日　尚勇在北京会见以色列理工学院材料科学系教授、2011 年诺贝尔化学奖得主丹·谢赫特曼（Dan Shechtman）教授。徐延豪一同会见。

10月25日　中国海洋学会第八次全国会员代表大会在北京召开。王春法出席会议。陈连增当选为学会第八届理事会理事长。

10月25—28日　中国科协党组成员、书记处书记王春法带队赴湖南省就国务院委托的“基层公共医疗设施建设、使用和管理”政策措施落实情况开展第三方评估调研。

10月26日　第15届“明天小小科学家”奖励活动颁奖典礼在北京举行。尚勇、徐延豪等出席颁奖典礼并为获奖选手颁奖。

张勤在北京会见澳大利亚工程师学会《华盛顿协议》认证专家罗宾·金（Robin King）教授。

10月30日　中国科协党组召开会议，专题学习贯彻党的十八届五中全会精神。尚勇传达全会精神，徐延豪、王春法、吴海鹰、束为、王延祜参加会议。

11月

11月2日　首届科协发展理论研讨会在广东省深圳市召开。

11月3日　中国科协、教育部、国家新闻出版广电总局、中国科学院、中国工程院联合印发《关于准确把握科技期刊在学术评价中作用的若干意见》。

11月5日　中国科协、国家民委印发《关于组织实施“援疆科技增效工程”的意见》。

11月5—7日　中国振动工程学会第八次全国会员代表大会暨第十一届全国振动理论及应用学术会议在北京召开。苏义脑当选为学会第八届理事会理事长。

11月5—14日　吴海鹰率团访问联合国总部，并赴巴西参加第十届互联网治理大会。

11月6—8日　中国生物工程学会第六次全国会员代表大会暨第九届学术年会在上海市举行。王春法出席大会开幕式并致辞。高福当选为学会第六届理事会理事长。

中国管理现代化研究会第六次全国会员代表大会在安徽省合肥市召开。石勇、李维安、杨善林、席酉民、张维当选为研究会第六届理事会联职理事长。

11月6—9日　中国病理生理学会第十届全国会员代表大会暨学术会议在天津市召开。张幼怡当选为学会第十届理事会理事长。

11月7日　中国睡眠研究会第四次全国会员代表大会在北京召开。韩芳当选为研究会第五届理事会理事长。

11月7—12日　张勤率中国科协高层代表团赴台湾地区进行工作访问，并出席第五届海峡两岸科学传播论坛。

11月9日　中国科协党组理论学习中心组召开扩大会议，专题学习习近平总书记在十八届五中全会上的重要讲话精神和《中共中央关于制定国民经济和社会发展第十三个五年规划的建议》，研究部署中国科协“十三五”重点工作。尚勇、徐延豪、王春法、束为、王延祜出席会议，机关各部门、各直属单位主要负责人参加会议。

11月16日　第八届谈家桢生命科学奖颁奖典礼在云南大学举行。张勤出席大会并致辞。

第十四次中国暨国际生物物理大会在云南省昆明市开幕。张勤，中国科协副主席、国家自然科学基金委副主任沈岩出席大会。

11月17日　中共中央政治局委员、国家副主席李源潮在北京调研科普信息化建设，并出席中国科协科普信息化工作座谈会。尚勇主持座谈会，徐延豪作工作汇报。

11月19日　中国生物材料学会第三次全国会员代表大会在海南省海口市召开。王迎军当选为学会第二届理事会理事长。

11月21日　中国数学会第十二次全国会员代表大会暨80周年纪念学术会议在北京召开。尚勇出席会议并讲话。袁亚湘当选为学会第十二届理事会理事长。

11 月 23 日　2015 世界机器人大会在北京开幕。国家主席习近平向大会致贺信，国务院总理李克强作出批示向大会召开表示祝贺，国家副主席李源潮在开幕式上致辞，大会开幕式由全国政协副主席、中国科协主席韩启德主持。

中国科协、教育部、科技部、卫生计生委、中国科学院、中国工程院、自然科学基金会印发《发表学术论文“五不准”》的通知。

11 月 24 日　中共中央政治局委员、国务院副总理刘延东参观 2015 世界机器人博览会并观摩 2015 世界青少年机器人邀请赛。尚勇等陪同参观。

中共中央政治局委员、国家副主席李源潮参观 2015 世界机器人大会博览会。尚勇等陪同参观。

11 月 28 日—12 月 4 日　在日本京都举行的世界工程师大会（WECC2015）暨世界工程组织联合会（WFEO）大会上，中国科协成功获得世界工程组织联合会创新专委会承办权。中国科协常委、南开大学校长龚克以专委会主席身份连任 WFEO 副主席，并获得 WFEO 杰出服务奖。中国电机工程学会原秘书长李若梅当选 WFEO 执委会成员（National Member 国家代表）。

11 月 30 日—12 月 11 日　第二十一届联合国气候变化框架公约缔约方大会（COP21）在巴黎召开。中国科协组团出席会议，并召开主题为“气候变化和恢复力：协同设计中国城镇化”边会。

12 月

12 月 3 日　2015 海外人才离岸创新创业国际研讨会暨中国海归创业联盟成立仪式在广东省深圳市举办。尚勇出席并致辞。

12 月 4—6 日　中国生物医学工程学会第九次会员代表大会暨 2015 年学术大会在北京召开。曹雪涛当选为学会第九届理事会理事长。

12 月 7—9 日　国际哲学与人文科学理事会第三十二届大会在北京召开。张勤出席会议。

12 月 9 日　中国科协和山西省签订《中国科学技术协会山西省人民政府战略合作协议》。

12 月 10 日　中国女药学家屠呦呦在瑞典斯德哥尔摩领取 2015 年诺贝尔生理学或医学奖，成为中国首位获得诺贝尔生理学或医学奖的科学家。

12 月 12 日　中国航海学会第八次全国会员代表大会在北京召开。黄有方当选为学会第八届理事会理事长。

12 月 14—15 日　中华医学会第 25 次全国会员代表大会暨成立 100 周年纪念活动在北京举行。中共中央政治局委员、国务院副总理刘延东出席并讲话。全国人大常委会副委员长、中华医学会会长陈竺主持会议，全国政协副主席、中国科协主席韩启德等出席会议。马晓伟当选为学会第二十五届理事会会长。

12 月 14—16 日　中国康复医学会第六次全国会员代表大会暨 2015 年康复医学创新与发展论坛在北京举行。方国恩当选为学会第六届理事会会长。

12 月 14—20 日　中国科协在全国举办 2015 年中国科协会员日活动。

12 月 15 日　中国能源研究会第七次全国会员代表大会在北京召开。全国政协副主席陈元，尚勇同志出席大会。吴新雄当选为学会第七届理事会理事长。

12 月 17—18 日　中国科技馆发展基金会 2015 年度科技馆发展奖颁奖典礼和全国科技馆工作会议在北京举行。尚勇、邓楠等出席活动。

12 月 22 日　第十二届“中国青年女科学家奖”颁奖典礼在北京举行。全国人大常委会副委员长、全国妇联主席沈跃跃出席颁奖典礼并为获奖者颁奖。宋秀岩、尚勇等出席颁奖典礼。

12 月 24 日　国家发展改革委、中国科协印发《关于共同推动大众创业万众创新工作的意见》。

12 月 29 日　中国科协党组召开“三严三实”专题民主生活会。尚勇主持会议，并代表党组汇报班子对照检查材料。张勤、徐延豪、王春法、吴海鹰、束为、王延祜参加会议。中组部、中央纪委、中直工委有关同志到会指导。

附　录

中国科学技术协会组织体系框图

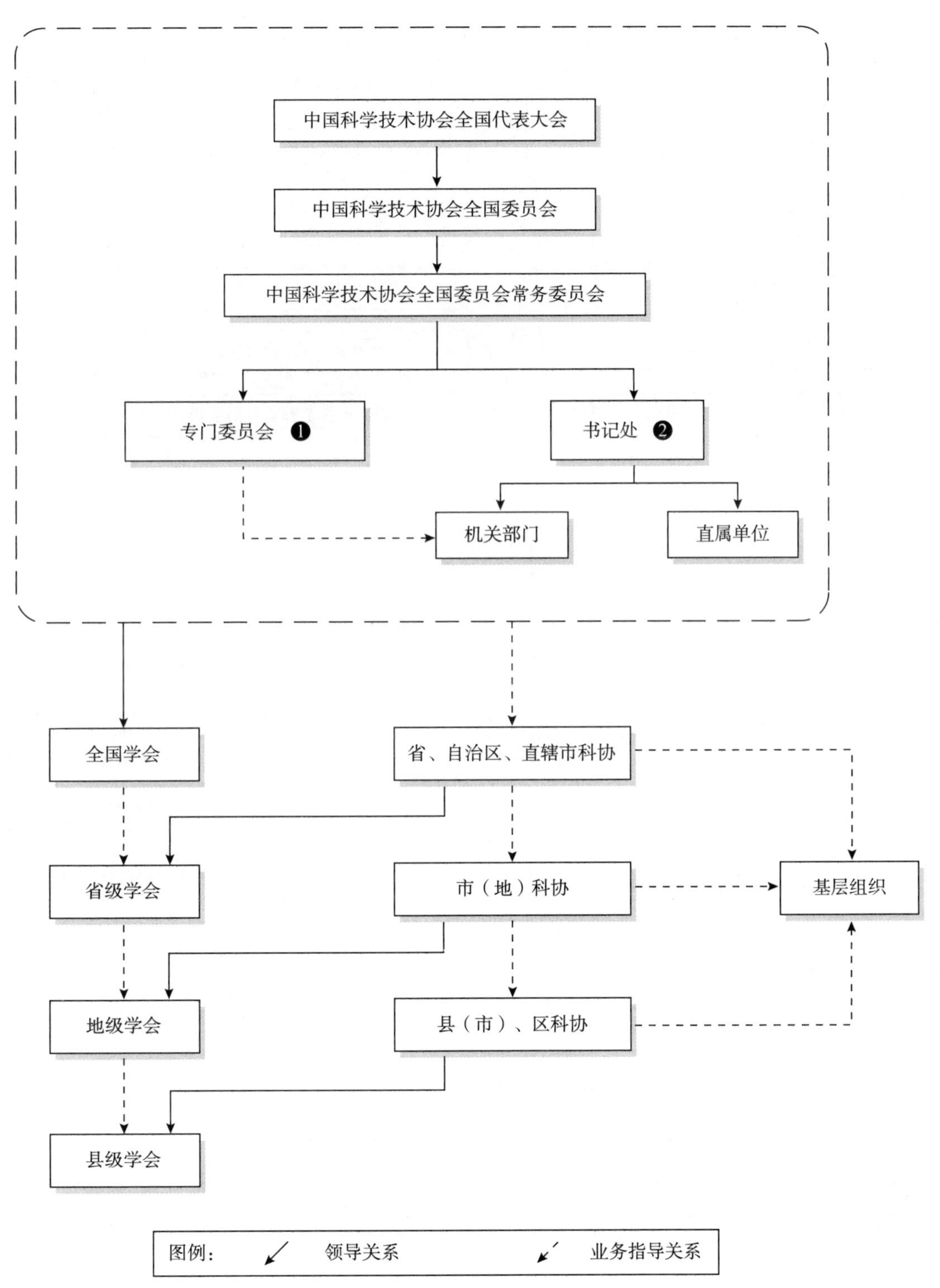

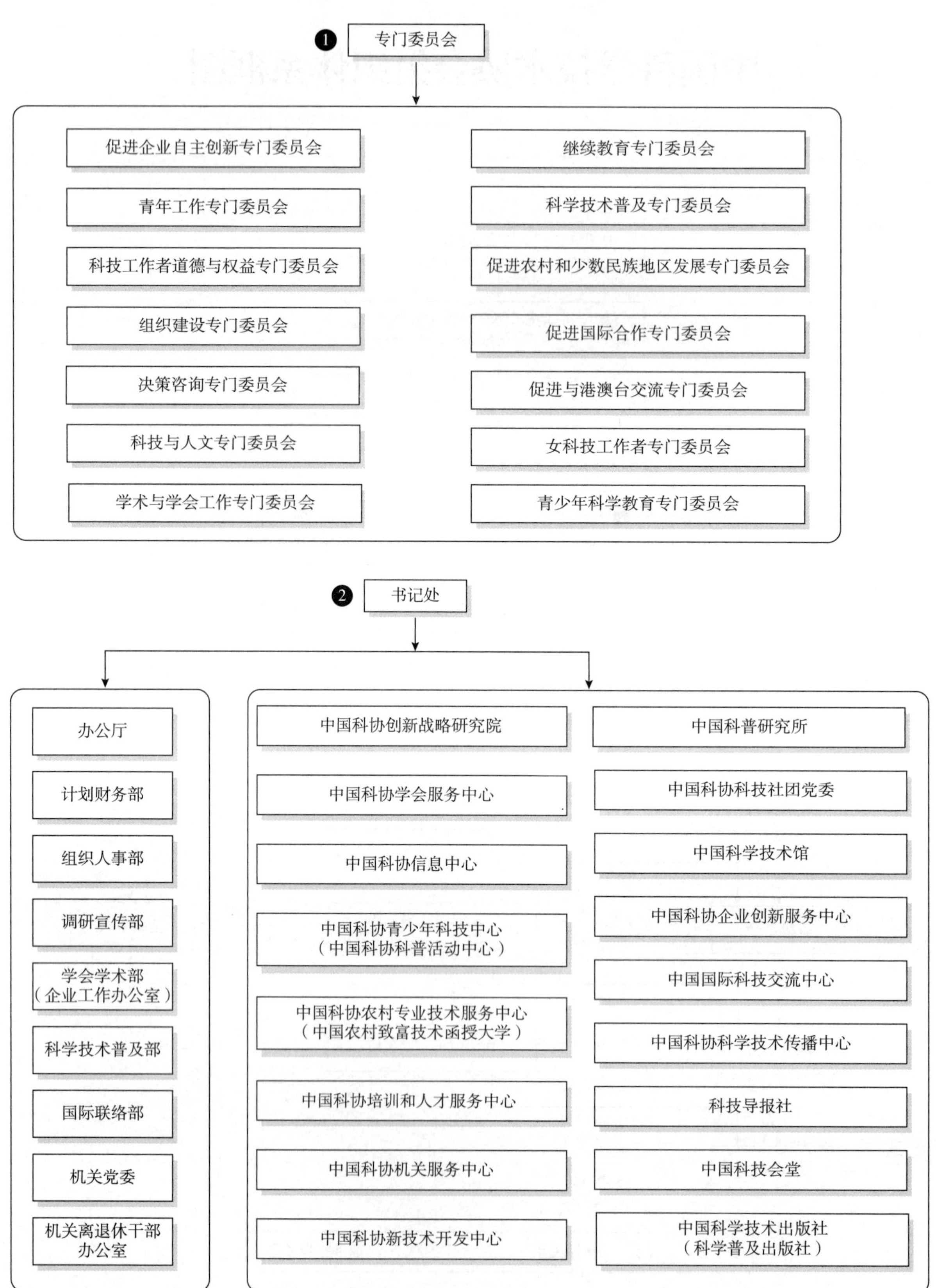
1 专门委员会
促进企业自主创新专门委员会
继续教育专门委员会
青年工作专门委员会
科学技术普及专门委员会
科技工作者道德与权益专门委员会
促进农村和少数民族地区发展专门委员会
组织建设专门委员会
促进国际合作专门委员会
决策咨询专门委员会
促进与港澳台交流专门委员会
科技与人文专门委员会
女科技工作者专门委员会
学术与学会工作专门委员会
青少年科学教育专门委员会
2 书记处
办公厅
计划财务部
组织人事部
调研宣传部
学会学术部
（企业工作办公室）
科学技术普及部
国际联络部
机关党委
机关离退休干部
办公室
中国科协创新战略研究院
中国科普研究所
中国科协学会服务中心
中国科协科技社团党委
中国科协信息中心
中国科学技术馆
中国科协青少年科技中心
（中国科协科普活动中心）
中国科协企业创新服务中心
中国国际科技交流中心
中国科协农村专业技术服务中心
（中国农村致富技术函授大学）
中国科协科学技术传播中心
中国科协培训和人才服务中心
科技导报社
中国科协机关服务中心
中国科技会堂
中国科协新技术开发中心
中国科学技术出版社
（科学普及出版社）

中国科学技术协会名誉主席、荣誉委员

1986年6月27日中国科协三届一次全委会议通过

名誉主席 周培源 严济慈 茅以升

荣誉委员（以姓氏笔画为序）

王顺桐 王淦昌 许 杰 苏步青 汪德昭 沈 鸿 陈世骧 杨显东 金善宝
高士其 谈家桢 黄汲清 董纯才 裴丽生

1987年3月中国科学技术协会三届二次全委会议通过

荣誉委员 袁翰青 沈其益

1991年5月27日中国科学技术协会四届一次全委会议通过

名誉主席 钱学森 钱三强

荣誉委员（以姓氏笔画为序）

王大珩 卢嘉锡 刘东生 李国豪 吴仲华 沈 元 张 维 陆 达
唐敖庆 曹天钦 裘维蕃

1996年5月31日中国科学技术协会五届一次全委会议通过

名誉主席 朱光亚 卢嘉锡 吴阶平

荣誉委员 何 康 林兰英（女） 强巴赤列（藏族） 胡亚美（女） 高景德

2001年6月24日中国科学技术协会六届一次全委会议通过

荣誉委员 干福熹 王连铮 石元春 叶叔华（女） 母国光 朱高峰 庄逢甘 孙大涌
李振声 杨 乐 闵桂荣 张存浩 陈可冀 陈佳洱 施莫邦 聂 力（女）
顾方舟 高 潮 龚育之

2006年5月25日中国科学技术协会七届一次全委会议通过

名誉主席 周光召

荣誉委员 左铁镛 旭日干（蒙古族） 刘 恕（女） 江泽慧（女） 苏纪兰 李依依（女）
张玉台 国 林 胡启恒（女） 钱 易（女） 徐善衍 郭孔辉 曾庆存

2011年5月29日中国科学技术协会八届一次全委会议通过

荣誉委员 马国馨 王永炎 王震西 韦 钰（女，壮族） 邓 楠（女） 艾国祥 白春礼（满族） 齐 让 杜祥琬 杨福家 张开逊 张启发 陆延昌 陈运泰 赵忠贤 栾恩杰（满族） 高润霖 郭桂蓉 符淙斌 管华诗

已去世的名誉主席（8名）

卢嘉锡 朱光亚 吴阶平 周培源 严济慈 茅以升 钱三强 钱学森

已去世的荣誉委员（36名，以姓氏笔画为序）

王大珩 王顺桐 王淦昌 卢嘉锡 毋国光 刘东生 庄逢甘 旭日干 许 杰 吴仲华
张 维 李国豪 杨显东 汪德昭 沈 元 沈 鸿 沈其益 苏步青 陆 达 陈世骧
林兰英 金善宝 施蕴邦 唐敖庆 袁翰青 谈家桢 高 潮 高士其 高景德 曹天钦
黄汲清 龚育之 强巴赤列 董纯才 裘维蕃 裴丽生

中国科学技术协会顾问（41名）

1993年5月31日中国科协五届一次常委会议通过

王春正 李荣融 韦 钰 惠永正 陈达植 范宝俊 谢旭人 徐颂陶

2001年6月24日中国科学技术协会六届一次常委会议通过

王春正 王万宾 赵沁平 马颂德 张华祝 张佑才 舒惠国 陈宜瑜 江蓝生 朱高峰 陈佳洱

2006年5月25日中国科学技术协会七届一次常委会议通过

张晓强 赵沁平 刘燕华 孙来燕 张少春 王晓初 邵 宁 李静海 朱佳木 杜祥琬 陈宜瑜

2011年5月29日中国科学技术协会八届一次常委会议通过

张晓强 杜占元 王志刚 杨学山 张少春 王晓初 黄丹华 李家洋 朱佳木 潘云鹤 陈宜瑜

中国科学技术协会所属全国学会、协会、研究会及受委托管理的学会

序码	学会名称	理事长	秘书长
A-01	中国数学会	王诗宬	张立群
A-02	中国物理学会	詹文龙	王玉鹏
A-03	中国力学学会	杨　卫	杨亚政
A-04	中国光学学会	郭光灿	龚旗煌
A-05	中国声学学会	王小民	张春华
A-06	中国化学会	姚建年	杨国强
A-07	中国天文学会	武向平	杨　戟
A-08	中国气象学会	王会军	翟盘茂
A-09	中国空间科学学会	顾逸东	邱　理
A-10	中国地质学会	徐绍史	朱立新
A-11	中国地理学会	傅伯杰	刘　毅
A-12	中国地球物理学会	陈　颙	郭　建
A-13	中国矿物岩石地球化学学会	胡瑞忠	李世杰
A-14	中国古生物学会	杨　群	王永栋
A-15	中国海洋湖沼学会	孙　松	杨红生
A-16	中国海洋学会	王曙光	雷　波
A-17	中国地震学会	陈运泰	郝记川
A-18	中国动物学会	孟安明	王德华
A-19	中国植物学会	武维华	葛　颂
A-20	中国昆虫学会	康　乐	黄大卫
A-21	中国微生物学会	邓子新	东秀珠
A-22	中国生物化学与分子生物学会	李　林	刘小龙
A-23	中国细胞生物学学会	裴　钢	丁小燕
A-24	中国植物生理与植物分子生物学学会	陈晓亚	唐威华
A-25	中国生物物理学会	饶子和	阎锡蕴
A-26	中国遗传学会	张亚平	薛勇彪
A-27	中国心理学会	沈模卫	傅小兰
A-28	中国生态学学会	刘世荣	陈利顶
A-29	中国环境科学学会	王玉庆	任官平
A-30	中国自然资源学会	成升魁	沈　镭
A-31	中国感光学会	蒲嘉陵	黄　勇
A-32	中国优选法统筹法与经济数学研究会	池　宏	李建平
A-33	中国岩石力学与工程学会	冯夏庭　钱七虎	刘大安
A-34	中国野生动物保护协会	赵学敏	臧春林
A-35	中国系统工程学会	汪寿阳	杨晓光
A-36	中国实验动物学会	秦　川	赵宏旭
A-37	中国青藏高原研究会	姚檀栋	欧阳华

序码	学会名称	理事长	秘书长
A-38	中国环境诱变剂学会	柯　杨	郝卫东
A-39	中国运筹学会	胡旭东	刘　克
A-40	中国菌物学会	王成树	白逢彦
A-41	中国晶体学会	高　松	王哲明
A-42	中国神经科学学会	段树民	何士刚
B-01	中国机械工程学会	周　济	张彦敏
B-02	中国汽车工程学会	付于武	张进华
B-03	中国农业机械学会	罗锡文	张咸胜
B-04	中国农业工程学会	朱　明	管小冬
B-05	中国电机工程学会	郑宝森	谢明亮
B-06	中国电工技术学会	孙昌基	裴相精
B-07	中国水力发电工程学会	张基尧	李菊根
B-08	中国水利学会	敬正书	李赞堂
B-09	中国内燃机学会	张小虞	阳树毅
B-10	中国工程热物理学会	金红光	杜建一
B-11	中国空气动力学会	邓小刚	范召林
B-12	中国制冷学会	田元兰	金嘉玮
B-13	中国真空学会	许宁生	郭海明
B-14	中国自动化学会	郑南宁	王飞跃
B-15	中国仪器仪表学会	李天初	朱险峰
B-16	中国计量测试学会	王秦平	马爱文
B-17	中国标准化协会	纪正昆	高建忠
B-18	中国图学学会	孙家广	李　华
B-19	中国电子学会	娄勤俭	徐晓兰
B-20	中国计算机学会	郑纬民	杜子德
B-21	中国通信学会	尚　冰	张新生
B-22	中国中文信息学会	李　生	孙　乐
B-23	中国测绘地理信息学会	李维森	彭震中
B-24	中国造船工程学会	黄平涛	罗季燕
B-25	中国航海学会	徐祖远	赵东野
B-26	中国铁道学会	孙永福	瞿建明
B-27	中国公路学会	胡希捷	刘文杰
B-28	中国航空学会	林左鸣	吴　松
B-29	中国宇航学会	许达哲	杨俊华
B-30	中国兵工学会	尹家绪	于小虎
B-31	中国金属学会	徐匡迪	赵　沛
B-32	中国有色金属学会	康　义	张洪国
B-33	中国稀土学会	干　勇	林东鲁
B-34	中国腐蚀与防护学会	王福会	李晓刚
B-35	中国化工学会		杨元一
B-36	中国核学会	李冠兴	
B-37	中国石油学会	曾玉康	方朝亮

序码	学会名称	理事长	秘书长
B-38	中国煤炭学会	王显政	刘 峰
B-39	中国可再生能源学会	石定寰	李宝山
B-40	中国能源研究会	柴松岳	于新阳
B-41	中国硅酸盐学会	徐永模	晋占平
B-42	中国建筑学会	车书剑	周 畅
B-43	中国土木工程学会	郭允冲	张玉平
B-44	中国生物工程学会	欧阳平凯	马树恒
B-45	中国纺织工程学会	孙瑞哲	尹耐冬
B-46	中国造纸学会	陈学忠	曹春昱
B-47	中国文物保护技术协会	李化元	王时伟
B-48	中国印刷技术协会	于永湛	曲德森
B-49	中国材料研究学会	黄伯云	韩雅芳
B-50	中国食品科学技术学会	孟素荷	邵 薇
B-51	中国粮油学会	张桂凤	胡承淼
B-52	中国职业安全健康协会	张宝明	肖克源
B-53	中国烟草学会	赵洪顺	王建雪
B-54	中国系统仿真学会	赵沁平	吴云洁
B-55	中国电影电视技术学会	何宗就	黄平刚
B-56	中国振动工程学会	欧进萍	陈国平
B-57	中国颗粒学会	陈运法	白蕴如
B-58	中国照明学会	徐 淮	窦林平
B-59	中国动力工程学会	黄迪南	张树林
B-60	中国惯性技术学会	包为民	王 岩
B-61	中国风景园林学会	陈晓丽	陈 重
B-62	中国电源学会	徐德鸿	韩家新
B-63	中国复合材料学会	杜善义	张博明
B-64	中国消防协会	孙 伦	高 伟
B-65	中国图象图形学学会	徐冠华	刘凯龙
B-66	中国人工智能学会	李德毅	王卫宁
B-67	中国体视学学会	康克军	王 忠
B-68	中国工程机械学会	郑惠强	刘 钊
B-69	中国海洋工程咨询协会	孙志辉	屈 强
B-70	中国遥感应用协会	罗 格	徐 文
B-72	中国光学工程学会	张广军	赵雪燕
B-73	中国微米纳米技术学会	尤 政	王晓浩
B-74	中国密码学会	裴定一	于艳萍
C-01	中国农学会	张桃林	赵方田
C-02	中国林学会	赵树丛	陈幸良
C-03	中国土壤学会	沈仁芳	蒋 新
C-04	中国水产学会	贾晓平	司徒建通
C-05	中国园艺学会	杜永臣	孙日飞
C-06	中国畜牧兽医学会	陈焕春	杨汉春

序码	学会名称	理事长	秘书长
C-07	中国植物病理学会	彭友良	韩成贵
C-08	中国植物保护学会	陈万权	王振营
C-09	中国作物学会	翟虎渠	万建民
C-10	中国热带作物学会	吕飞杰	吴金玉
C-11	中国蚕学会	鲁　成	李　龙
C-12	中国水土保持学会	刘　宁	吴　斌
C-13	中国茶叶学会	江用文	阮建云
C-14	中国草学会	马启智	王　堃
C-15	中国植物营养与肥料学会	白由路	赵秉强
D-01	中华医学会	陈　竺	刘雁飞
D-02	中华中医药学会	王国强	曹正逵
D-03	中国中西医结合学会	陈凯先	穆大伟
D-04	中国药学会	桑国卫	丁丽霞
D-05	中华护理学会	李秀华	应　岚
D-06	中国生理学会	王晓民	王　韵
D-07	中国解剖学会	张绍祥	周长满
D-08	中国生物医学工程学会	樊瑜波	李德玉
D-09	中国病理生理学会	吴立玲	张幼怡
D-10	中国营养学会	杨月欣	郭红卫
D-11	中国药理学会	杜冠华	张永祥
D-12	中国针灸学会	刘保延	杨金生
D-13	中国防痨协会	王撷秀	万利亚
D-14	中国麻风防治协会	张国成	潘春枝
D-15	中国心理卫生协会	马　辛	王　刚
D-16	中国抗癌协会	郝希山	王　瑛
D-17	中国体育科学学会	段世杰	田　野
D-18	中国毒理学会	周平坤	付立杰
D-19	中国康复医学会	马晓伟	励建安
D-20	中国免疫学会	田志刚	曹雪涛
D-21	中华预防医学会	王陇德	杨维中
D-22	中国法医学会	刘　耀	翟恒利
D-23	中华口腔医学会	王　兴	王　渤
D-24	中国医学救援协会	马晓伟	李宗浩
D-25	中国女医师协会	何界生	于　冬
D-26	中国研究型医院学会	王发强	刘希华
E-01	中国自然辩证法研究会	吴启迪	尚智丛
E-02	中国管理现代化研究会	赵纯均	石　勇
E-03	中国技术经济学会	孙晓郁	郑　琦
E-04	中国现场统计研究会	耿　直	程维虎
E-05	中国未来研究会	张文范	夏　震
E-06	中国科学技术史学会	廖育群	鲁大龙
E-07	中国科学技术情报学会	石定寰	郑彦宁
E-08	中国图书馆学会	韩永进	霍瑞娟

序码	学会名称	理事长	秘书长
E-09	中国城市科学研究会	仇保兴	李 迅
E-10	中国科学学与科技政策研究会	方 新	吕敬华
E-11	中国农村专业技术协会	吕飞杰	李彦捷
E-12	中国工业设计协会	朱 焘	刘 宁
E-13	中国工艺美术学会	陶小年	孙金瑞
E-14	中国科普作家协会	刘嘉麒	石顺科
E-15	中国自然科学博物馆协会	程东红	陈洪庆
E-16	中国可持续发展研究会	邓 楠	郭日生
E-17	中国青少年科技辅导员协会	陈赛娟	赵建龙
E-18	中国科教电影电视协会	高 峰	刘通海
E-19	中国科学技术期刊编辑学会	丁乃刚	姚希彤
E-20	中国流行色协会	梁 勇	贺显伟
E-21	中国档案学会	李和平	方 鸣
E-22	中国国土经济学会	张怀西	柳忠勤
E-23	中国土地学会	王世元	郑凌志
E-24	中国科技新闻学会	宋南平	许 英
E-25	中国老科技工作者协会	程连昌	陈秀保
E-26	中国科学探险协会	高登义	王 维
E-27	中国城市规划学会	仇保兴	石 楠
E-28	中国产学研合作促进会	路甬祥	王建华
E-29	中国知识产权研究会	田力普	张云才
E-30	中国发明协会	朱丽兰	鹿大汉
E-31	中国高新技术产业开发区协会	张景安	张序国
W-01	中国认知科学学会	陈 霖	马原野
W-02	中国农业历史学会	滕久明	胡泽学
W-03	中国生物材料学会	张兴栋	艾 华
W-04	中国指挥与控制学会	戴 浩	秦继荣
W-05	中国微循环学会	詹启敏	刘乃丰
W-06	中国创造学会	裴 钢	蒋昌俊
W-07	中国密码学会	裴定一	于艳萍
W-08	中国经济科技开发国际交流协会	李振声	周 杨
W-09	中国睡眠研究会	韩 芳	高雪梅
W-10	中国高科技产业化研究会	许达哲	巴 蕉
W-11	中国微量元素科学研究会	陈祥友	陈 岳
W-12	中国国际经济技术合作促进会	郑树山	田来福
W-13	中国基本建设优化研究会	厉无畏	付文军
W-14	中国科技馆发展基金会	谢克昌	田 英
W-15	中国生物多样性保护与绿色发展基金会	胡德平	方运河
W-16	中国反邪教协会	欧阳自远	王慧梅
W-17	中国卒中学会	赵继宗	张 苗
W-18	国际粉体检测与控制联合会	谢 植	李新光
W-20	国际数字地球协会	John Richards	郭华东
W-21	国际动物学会	张知彬	韩春绪

中国科学技术协会机关各部门及主要负责人

办公厅　　**主　任**　任福君　　**副主任**　于小晗　张晓梅

下设：综合处（信访办公室）、秘书处（督查室）、委员工作处、文档处（值班室）、信息处（代表联络处）

计划财务部　　**部　长**　杨文志　　**副部长**　周文标　王江宏

下设：综合处、规划发展处、预算管理处、财务处、经费资产监督处

组织人事部　　**部　长**　王守东　　**副部长**　刘亚东　解　欣

下设：综合处（干部监督处）、干部处（干部教育培训处）、事业单位人事管理处、人才工作处、组织处

调研宣传部　　**部　长**　郭　哲　　**副部长**　王　挺　郑　凯

下设：综合处、改革协调处、政策研究处、调查研究处、宣传处

学会学术部　　**部　长**　宋　军（兼）　**副部长**　苏小军　魏军锋　　**副巡视员**　王晓彬

下设：综合处、学会管理处、改革发展处、学术交流处、期刊出版处、企业工作处

（企业工作办公室）　**主　任**　宋　军（兼）　**副主任**　郑浩峻

科学技术普及部　　**部　长**　白　希　　**副部长**　钱　岩　周世文　刘　阳（兼）

下设：综合处、资源办（联络处）、基层处、传播处、科普信息化处

国际联络部　　**部　长**　张建生　　**副部长**　王庆林

下设：综合处、国际组织处、双边合作处、港澳台交流处、"海智计划"办公室

机关党委　　**常务副书记、机关纪委书记**　苏　青　　**副书记、机关纪委副书记**　许向阳

巡视员　孙　铭　公坤后　　**副巡视员**　徐　斌

下设：办公室、党风监督室、纪律检查室（审计室）、机关工会

机关离退办　　**主　任**　王志舜

下设：服务一处、服务二处、办公室综合处

中国科学技术协会直属单位及主要负责人

中国科协创新战略研究院　院　长　罗　晖　副院长　周大亚　阮　草　张　藜（挂）

中国科普研究所　所　长　王康友　副所长　颜　实　王玉平　赵立新

中国科协学会服务中心　党委书记　李志刚　主任、党委副书记　刘兴平
副主任　楼　伟　朱文辉　徐　强
纪委书记　冯继谦

中国科协科技社团党委　党委书记　李志刚（兼）　党委副书记　刘桂荣
纪委书记　冯继谦（兼）

中国科协信息中心　主　任　高　勘　副主任　杨秀萍

中国科学技术馆　副馆长、党委书记　殷　皓
副馆长　欧建成　隗京花　庞晓东
纪委书记　蒋志明

中国科协青少年科技中心（中国科协科普活动中心）　主　任　刘　阳　副主任　张振威　单长勇　刘会强

中国科协企业创新服务中心　主　任　郑浩峻　副主任　郭　昊　冯师斌　乔云（挂）

中国科协农村专业技术服务中心（中国农村致富技术函授大学）　主　任　师　铎　副主任　王　诚　杨利军

中国国际科技交流中心　主　任　陈　剑　副主任　刘　莉　秦久怡

中国科协科学技术传播中心　主　任　王进展　副主任　梁　华　毛大庆（挂）

中国科协培训和人才服务中心　主　任　范　唯　副主任　邓　芳

科技导报社　主　编　项昌乐（兼）　社长、副主编　秦德继
副社长　史永超

中国科协机关服务中心　主　任　顾　斌　副主任　白元平

中国科技会堂　总经理、党委书记　余建坤
副总经理、党委副书记　杨　亮　杨绍丽　副总经理　吴海洋

中国科协新技术开发中心　主　任　陈　剑（兼）

中国科学技术出版社（科学普及出版社）　社长、党委副书记　秦德继　党委书记、副社长　辛　兵
副社长、总编辑　吕建华
党委副书记、纪委书记　林　立　副社长　郭　晶

中国科协主管科技期刊目录

截至 2016 年 12 月（共 479 种）

序号	中文刊名	联系电话 / 传真	主办单位
1	数学进展	010–62751805	中国数学会
2	数学通报	010–58807753	中国数学会，北京师范大学
3	数学学报（英文版）	010–62551910	中国数学会
4	应用概率统计	021–54345267	中国数学会概率统计学会
5	中学生数学	010–68902486	中国数学会，北京数学会，首都师范大学
6	大学物理	010–58808024	中国物理学会
7	电子显微学报	010–82671519	中国物理学会
8	化学物理学报（英文版）	0551–63601122	中国物理学会
9	物理教学	021–62232813	中国物理学会
10	物理学进展	025–83592484	中国物理学会
11	工程力学	010–62788648	中国力学学会
12	固体力学学报	027–87543737	中国力学学会
13	固体力学学报（英文版）	027–87543737	中国力学学会
14	力学学报（英文版）	010–62536271	中国力学学会，中国科学院力学研究所
15	实验力学	0551–63601246	中国力学学会，中国科学技术大学
16	光谱学与光谱分析	010–62181070	中国光学学会
17	光学学报	021–69918427	中国光学学会，中国科学院上海光学精密机械研究所
18	中国激光医学杂志	010–66937194	中国光学学会
19	噪声与振动控制	021–62932221	中国声学学会
20	电化学	0592–2181469	中国化学会
21	分子科学学报	0431–85099521	中国化学会，东北师范大学
22	高分子科学（英文版）	010–82625102	中国化学会，中国科学院化学研究所
23	高分子通报	010–62588926	中国化学会，中国科学院化学研究所
24	化学教育	010–58807875	中国化学会，北京师范大学
25	色谱	0411–84379021	中国化学会，中国科学院大连化学物理研究所
26	无机化学学报	025–83592307	中国化学会
27	物理化学学报	010–62751724	中国化学会，北京大学
28	中国化学（英文版）	021–54925243–13	中国化学会，中国科学院上海有机化学研究所
29	中国化学快报（英文版）	010–63165638	中国化学会，中国医学科学院药物研究所
30	天文爱好者	010–51583027	中国天文学会，北京天文馆

续表

序号	中文刊名	联系电话 / 传真	主办单位
31	气象学报（英文版）	010–68407634	中国气象学会
32	地质论评	010–68999804	中国地质学会
33	地质学报	010–68999025	中国地质学会
34	地质学报（英文版）	010–68999023	中国地质学会
35	矿床地质	010–68327284	中国地质学会矿床地质专业委员会，中国地质科学院矿产资源研究所
36	岩矿测试	010–68999562	中国地质学会岩矿测试技术专业委员会，国家地质实验测试中心
37	岩石矿物学杂志	010–68328475	中国地质学会矿物学专业委员会，中国地质学会岩石学专业委员会，中国地质科学院矿产资源研究所，中国地质科学院地质研究所
38	地理学报（英文版）	010–64889293	中国地理学会，中国科学院地理科学与资源研究所
39	经济地理	0731–85584716	中国地理学会，湖南省经济地理研究所
40	世界地理研究	021–62233749	中国地理学会
41	应用地球物理（英文版）	010–64266649	中国地球物理学会
42	矿物岩石地球化学通报	0851–85893143	中国矿物岩石地球化学学会，中国科学院地球化学研究所
43	海洋与湖沼	0532–82898791	中国海洋湖沼学会
44	中国海洋湖沼学报（英文版）	0532–82898754	中国海洋湖沼学会
45	海洋工程	025–85829332	中国海洋学会，南京水利科学研究院
46	海洋世界	010–62100962	中国海洋学会
47	海洋学报	010–62179976	中国海洋学会
48	海洋学报（英文版）	010–62179976	中国海洋学会
49	中国海洋工程（英文版）	025–85829388	中国海洋学会
50	地震学报	010–68729330	中国地震学会，中国地震局地球物理研究所
51	地震学报（英文版）	010–68729344	中国地震学会，中国地震局地球物理研究所
52	国际地震动态	010–68729339	中国地震学会，中国地震局地球物理研究所
53	生物学通报	010–58807645	中国动物学会，中国植物学会，北京师范大学
54	兽类学报	0971–6143617	中国科学院西北高原生物研究所，中国动物学会兽类学分会
55	植物生态学报（英文版）	010–62836667	中国植物学会，中国科学院植物研究所，中国科技出版传媒股份有限公司
56	昆虫科学（英文）	010–64807095	中国昆虫学会，中国科学院动物研究所
57	病毒学报	010–63536460	中国微生物学会
58	中国人兽共患病学报	0591–87552018	中国微生物学会
59	生命的化学	021–54921091	中国生物化学与分子生物学会

续表

序号	中文刊名	联系电话 / 传真	主办单位
60	中国生物化学与分子生物学报	010-82801416	中国生物化学与分子生物学会，北京大学
61	植物生理学报	021-54922836	中国植物生理与植物分子生物学学会，中国科学院上海生命科学研究院植物生理生态研究所
62	生物物理学报	010-64888458	中国生物物理学会，中国科学院生物物理研究所
63	激光生物学报	0731-88872208	中国遗传学会
64	心理科学	021-62232236	中国心理学会
65	生态学报	010-62941099	中国生态学学会，中国科学院生态环境研究中心
66	生态学杂志	024-83970394	中国生态学学会，中国科学院沈阳应用生态研究所
67	环境与生活	010-67080443	中国环境科学学会
68	中国花卉盆景	010-64050797	中国环境科学学会
69	中国环境科学	010-62215145	中国环境科学学会
70	应用基础与工程科学学报	010-62753153	中国自然资源学会
71	自然资源学报	010-64889771	中国自然资源学会，中国科学院地理科学与资源研究所
72	数理天地（初中版）	010-69795937-1	中国优选法统筹法与经济数学研究会
73	数理天地（高中版）	010-69795937-1	中国优选法统筹法与经济数学研究会
74	岩石力学与工程学报	027-87199250	中国岩石力学与工程学会
75	交通运输系统工程与信息	010-51684836	中国系统工程学会
76	系统工程理论与实践	010-62541828	中国系统工程学会
77	系统工程学报	022-27403197	中国系统工程学会
78	系统科学与系统工程学报（英文版）	010-62789928	中国系统工程学会
79	系统科学与信息学报（英文）	010-62541828	中国系统工程学会，中国科技出版传媒股份有限公司
80	中国比较医学杂志	010-67779337	中国实验动物学会，中国医学科学院医学实验动物研究所
81	中国实验动物学报	010-67779337	中国实验动物学会，中国医学科学院医学实验动物研究所
82	癌变 · 畸变 · 突变	0754-88900267	中国环境诱变剂学会
83	运筹学学报	021-66137605	中国运筹学会
84	运筹与管理	0551-62901503	中国运筹学会
85	中国运筹学会会刊（英文）	010-62541695	中国运筹学会，中国科技出版传媒股份有限公司
86	材料热处理学报	010-62914115	中国机械工程学会
87	粉末冶金技术	010-67621317	中国机械工程学会，中国金属学会，中国有色金属学会，北京科技大学

续表

序号	中 文 刊 名	联系电话 / 传真	主 办 单 位
88	焊接学报	0451-86323218	中国机械工程学会，中国机械工程学会焊接分会，机械科学研究院哈尔滨焊接研究所
89	机床与液压	020-32385312	中国机械工程学会，广州机械科学研究院有限公司
90	机械工程学报	010-88379907	中国机械工程学会
91	机械设计	022-27343427	中国机械工程学会，天津市机械工程学会，天津市机电工业科技信息研究所
92	流体机械	0551-65335505	中国机械工程学会
93	汽车知识	010-59476671	中国机械工程学会，中国汽车工业经济技术信息研究所
94	润滑与密封	020-32385313	中国机械工程学会，广州机械科学研究院有限公司
95	设备管理与维修	010-64014125	中国机械工程学会，北京卓众出版有限公司
96	塑性工程学报	010-62912592	中国机械工程学会
97	特种铸造及有色合金	027-85358206	中国机械工程学会铸造分会，武汉机械工艺研究所有限责任公司
98	无损检测	021-65556775-225	中国机械工程学会，上海材料研究所
99	压力容器	0551-65335515	中国机械工程学会压力容器分会
100	制造技术与机床	010-64739683	中国机械工程学会，北京机床研究所
101	中国表面工程	010-66719325	中国机械工程学会
102	中国机械工程	027-59750772	中国机械工程学会
103	中国机械工程学报	010-88379907	中国机械工程学会
104	中国铸造装备与技术	0531-87979297	中国机械工程学会，济南铸造锻压机械研究所有限公司
105	组合机床与自动化加工技术	0411-86645290	中国机械工程学会生产工程分会，大连组合机床研究所
106	汽车工程	010-50950106	中国汽车工程学会
107	农业机械学报	010-64882610	中国农业机械学会，中国农业机械化科学研究院
108	农业工程学报	010-65929430	中国农业工程学会
109	农村电气化	010-63123088	中国电机工程学会
110	农电管理	010-63123088	中国电机工程学会
111	中国电机工程学报	010-82812535	中国电机工程学会
112	中国电机工程学会电力与能源系统学报（英文）	010-63416544	中国电机工程学会
113	电工技术学报	010-68595056	中国电工技术学会
114	电气技术	010-68595026	中国电工技术学会

续表

序号	中 文 刊 名	联系电话 / 传真	主 办 单 位
115	水力发电学报	010–62783813	中国水力发电工程学会
116	泥沙研究	010–68786628	中国水利学会
117	水利学报	010–68786238	中国水利学会
118	岩土工程学报	025–85829534	中国水利学会，中国土木工程学会，中国力学学会，中国建筑学会，中国水力发电工程学会，中国振动工程学会
119	中国防汛抗旱	010–68532207	中国水利学会
120	内燃机工程	021–25079814	中国内燃机学会
121	内燃机学报	022–27406812	中国内燃机学会
122	实验流体力学	010–82317341	中国空气动力学会
123	制冷学报	010–68711412	中国制冷学会
124	真空科学与技术学报	010–58206280	中国真空学会
125	模式识别与人工智能	0551–65591176	中国自动化学会，国家智能计算机研究开发中心，中国科学院合肥智能机械研究所
126	自动化博览	010–57116299	中国自动化学会
127	自动化学报（英文版）	010–82544459	中国自动化学会，中国科学院自动化研究所，中国科技出版传媒股份有限公司
128	办公自动化	010–65947653	中国仪器仪表学会
129	光学仪器	021–55270110	中国仪器仪表学会，上海光学仪器研究所，中国光学学会工程光学专业委员会
130	化学传感器	0523–88819706	中国仪器仪表学会
131	气象水文海洋仪器	0431–85515135	中国仪器仪表学会气象水文海洋仪器分会，长春气象仪器研究所
132	仪器仪表学报	010–64007711–886	中国仪器仪表学会
133	仪器仪表学报（英文版）	010–64007711–813	中国仪器仪表学会
134	自动化仪表	021–64368984	中国仪器仪表学会，上海工业自动化仪表研究院
135	计算机辅助绘图设计与制造（英文版）	010–82317091	中国图学学会
136	图学学报	010–82317091	中国图学学会
137	土木建筑工程信息技术	010–64517910	中国图学学会
138	电波科学学报	0373–3712411	中国电子学会
139	电子测量与仪器学报	010–64007711–868	中国电子学会
140	电子技术与软件工程	010–68278572	中国电子学会
141	电子商务	010–83221751	中国电子学会，中国信息产业商会，北京思得易咨询中心
142	电子世界	010–68278572	中国电子学会

续表

序号	中文刊名	联系电话 / 传真	主办单位
143	电子学报	010–68285082	中国电子学会
144	软件	022–23352257	中国电子学会，天津电子学会
145	数据采集与处理	025–84892742	中国电子学会，信号处理学会，中国仪器仪表学会，中国物理学会，微弱信号检测学会，南京航空航天大学
146	网友世界	010–68278572	中国电子学会
147	微波学报	025–51821076	中国电子学会
148	信号处理	010–64010656	中国电子学会
149	电子学报（英文）	010–68279116	中国电子学会
150	计算机辅助设计与图形学学报	010–62562491	中国计算机学会，北京中科期刊出版有限公司
151	电信科学	010–81055476	中国通信学会，人民邮电出版社
152	通信学报	010–81055478	中国通信学会
153	现代通信	010–81055333	中国通信学会，人民邮电出版社
154	中国电信业	010–64812778	中国通信学会，人民邮电报社
155	中国通信（英文版）	010–64553845	中国通信学会
156	中文信息学报	010–62562916	中国中文信息学会，中国科学院软件研究所
157	测绘学报	010–68531192	中国测绘地理信息学会
158	航海技术	021–38284907	中国航海学会，上海海事大学
159	中国航海	021–38284906	中国航海学会
160	铁道工程学报	010–51878339	中国铁道学会，中国铁路工程总公司，中国中铁股份有限公司
161	铁道学报	010–51892393	中国铁道学会
162	铁道知识	010–51845521	中国铁道学会
163	中国公路学报	029–82334387	中国公路学会
164	航空材料学报	010–62496277	中国航空学会
165	航空模型	010–82328057	中国航空学会，中国航空运动协会
166	航空学报	010–82314519	中国航空学会，北京航空航天大学
167	航空知识	010–82317823	中国航空学会
168	中国航空学报（英文版）	010–82317032	中国航空学会，北京航空航天大学
169	太空探索	010–68767130	中国宇航学会
170	宇航学报	010–68768614	中国宇航学会
171	爆破器材	025–84315530	中国兵工学会
172	兵工学报	010–68962718	中国兵工学会
173	兵器材料科学与工程	0574–87902254	中国兵工学会，中国兵器工业集团第五二研究所

续表

序号	中文刊名	联系电话 / 传真	主办单位
174	兵器知识	010-68962716	中国兵工学会
175	车辆与动力技术	010-68911172	中国兵工学会
176	弹道学报	025-84315487	中国兵工学会
177	弹箭与制导学报	029-88293167	中国兵工学会
178	防务技术（英文）	010-68964830	中国兵工学会
179	火炮发射与控制学报	029-33787828	中国兵工学会
180	火炸药学报	029-88291297	中国兵工学会，中国兵器第二〇四研究所
181	材料科学技术（英文版）	024-83978208	中国金属学会，中国材料研究学会，中国科学院国际材料物理中心
182	钢铁	010-62182345	中国金属学会，钢铁研究总院，北京钢研柏苑出版有限责任公司
183	金属世界	010-62332773	中国金属学会，中国有色金属学会，北京科技大学
184	金属学报	024-23971286	中国金属学会
185	金属学报（英文版）	024-83978879	中国金属学会
186	连铸	010-62183313	中国金属学会，北京钢研柏苑出版有限责任公司
187	中国冶金	010-62182341	中国金属学会，北京钢研柏苑出版有限责任公司
188	分析试验室	010-82013328	中国有色金属学会，北京有色金属研究总院
189	稀有金属	010-82241917	中国有色金属学会，北京有色金属研究总院
190	稀有金属（英文版）	010-82240869	中国有色金属学会，北京有色金属研究总院
191	稀有金属材料与工程	029-86231117-802	西北有色金属研究院，中国有色金属学会，中国材料研究学会
192	稀有金属材料与工程（英文版）	029-86269273	中国有色金属学会，西北有色金属研究院，中国科技出版传媒股份有限公司
193	中国有色金属学报	0731-88876765	中国有色金属学会
194	中国有色金属学报（英文版）	0731-88830949	中国有色金属学会
195	分析检测（英文）	010-82013328	中国有色金属学会，北京有色金属研究总院
196	稀土学报（英文版）	010-82241916	中国稀土学会，北京有色金属研究总院
197	中国稀土学报	010-82241916	中国稀土学会，北京有色金属研究总院
198	中国腐蚀与防护学报	024-23971819	中国腐蚀与防护学会，中国科学院金属研究所
199	化工进展	010-64519466	中国化工学会，化学工业出版社
200	化工学报	010-64519451	中国化工学会，化学工业出版社
201	中国化学工程学报（英文版）	010-64519484	中国化工学会，化学工业出版社
202	核科学与工程	010-68462973	中国核学会
203	计算物理	010-59872547	中国核学会

续表

序号	中 文 刊 名	联系电话 / 传真	主 办 单 位
204	石油学报	010-62067130	中国石油学会，北京陆海丰科技咨询服务中心
205	石油学报（石油加工）	010-62310752	中国石油学会
206	石油知识	010-62069406	中国石油学会
207	石油研究（英文）	010-62067139	中国石油学会，石油工业出版社有限公司
208	当代矿工	010-84657942	中国煤炭学会，煤炭信息研究院
209	国际煤炭科学技术学报（英文）	010-84262174	中国煤炭学会
210	煤炭学报	010-84262930	中国煤炭学会
211	太阳能	010-62001037	中国可再生能源学会
212	太阳能学报	010-62001037	中国可再生能源学会
213	中外能源	010-64294988	中国能源研究会
214	硅酸盐通报	010-65492963	中国硅酸盐学会，中材人工晶体研究院有限公司
215	硅酸盐学报	010-57811253	中国硅酸盐学会
216	硅酸盐学报（英文版）	010-57811253	中国硅酸盐学会
217	建筑结构学报	010-58933734	中国建筑学会
218	建筑热能通风空调	027-87822050	中国建筑学会
219	建筑学报	010-58933628	中国建筑学会
220	城市公共交通	010-68729968	中国土木工程学会，北京市公共交通控股（集团）有限公司
221	纺织学报	010-65917740	中国纺织工程学会
222	纸和造纸	010-64778756	中国造纸学会
223	中国造纸学报	010-64778756	中国造纸学会
224	自然科学进展·国际材料（英文版）	010-68475052	中国材料研究学会
225	中国食品学报	010-65223596	中国食品科学技术学会
226	中国粮油学报	010-68357810	中国粮油学会
227	中国安全科学学报	010-64464782	中国职业安全健康协会
228	中国烟草学报	010-63605769	中国烟草学会
229	振动工程学报	025-84895885	中国振动工程学会
230	振动与冲击	010-62821366	中国振动工程学会
231	颗粒学报	010-62647657	中国颗粒学会，中国科学院过程工程研究所
232	照明工程学报	010-65830997	中国照明学会
233	海陆空天惯性世界	010-68018962	中国惯性技术学会
234	中国惯性技术学报	022-26032791	中国惯性技术学会
235	中国园林	010-68348041	中国风景园林学会

续表

序号	中文刊名	联系电话 / 传真	主办单位
236	中国体视学与图像分析	010–62776336	中国体视学学会
237	中国工程机械学报	021–65985015	中国工程机械学会
238	棉花学报	0372–2525369	中国农学会
239	农学学报	010–59194480	中国农学会
240	农业科研经济管理	010–82109632	中国农学会
241	中国农学通报	010–59194480	中国农学会
242	林业科学	010–62889820	中国林学会
243	土壤通报	024–88487213	中国土壤学会
244	淡水渔业	027–81780185	中国水产学会，中国水产科学研究院长江水产研究所，中国水产科学研究院淡水渔业研究中心
245	海洋渔业	021–65680116	中国水产学会，中国水产科学研究院东海水产研究所，中国科技出版传媒股份有限公司
246	科学养鱼	0510–85550198	中国水产学会，中国水产科学研究院淡水渔业研究中心，全国水产技术推广总站
247	水产学报	021–61900228	中国水产学会
248	渔业学报（英文）	021–61900230	中国水产学会，上海海洋大学，中国科技出版传媒股份有限公司
249	园艺学报	010–82109523	中国园艺学会，中国农业科学院蔬菜花卉研究所
250	园艺学报（英文）	010–82109523	中国园艺学会，中国农业科学院蔬菜花卉研究所，中国农业科学技术出版社
251	中国葡萄酒	010–64455742	中国园艺学会，中国农业大学
252	动物营养学报	010–62817823	中国畜牧兽医学会
253	动物营养（英文版）	010–62817823	中国畜牧兽医学会
254	畜牧兽医学报	010–62815987	中国畜牧兽医学会
255	畜牧与生物技术杂志（英文版）	010–62734403	中国畜牧兽医学会
256	中国畜牧杂志	010–62732723	中国畜牧兽医学会
257	中国兽医杂志	010–62733040	中国畜牧兽医学会
258	植物病理学报	010–62732364	中国植物病理学会
259	植物保护	010–62819059	中国植物保护学会，中国农业科学院植物保护研究所
260	植物保护学报	010–62732528	中国植物保护学会，中国农业大学
261	作物学报	010–82108548	中国作物学会，中国农业科学院作物科学研究所，中国科技出版传媒股份有限公司
262	作物学报（英文版）	010–82108548	中国作物学会，中国农业科学院作物科学研究所，中国科技出版传媒股份有限公司
263	作物杂志	010–82108790	中国作物学会，中国农业科学院作物科学研究所

续表

序号	中文刊名	联系电话 / 传真	主办单位
264	热带作物学报	0898–66988986	中国热带作物学会
265	蚕业科学	0511–85616835	中国蚕学会，中国农业科学院蚕业研究所
266	中国水土保持科学	010–62338031	中国水土保持学会
267	茶叶科学	0571–86651902	中国茶叶学会
268	草地学报	010–62733894	中国草学会
269	草业科学	0931–8912486	中国草学会，兰州大学草地农业科技学院
270	草业学报	0931–8913494	中国草学会，兰州大学
271	健康世界	010–88324245	中华医学会
272	慢性疾病与转化医学（英文）	010–85158176	中华医学会
273	世界耳鼻咽喉头颈外科杂志（英文）	010–85158176	中华医学会
274	药物不良反应杂志	010–83198246	中华医学会
275	英国医学杂志（中文版）	010–85158315	中华医学会
276	中华病理学杂志	010–85158243	中华医学会
277	中华超声影像学杂志	0311–86266994	中华医学会
278	中华传染病杂志	021–62670744	中华医学会
279	中华创伤骨科杂志	020–61641748	中华医学会
280	中华创伤杂志	023–68757482	中华医学会
281	中华创伤杂志（英文版）	023–68757483	中华医学会
282	中华儿科杂志	010–85158220	中华医学会
283	中华耳鼻咽喉头颈外科杂志	010–85158191	中华医学会
284	中华放射学杂志	010–85158384	中华医学会
285	中华放射医学与防护杂志	010–62389620	中华医学会
286	中华放射肿瘤学杂志	010–67700737	中华医学会
287	中华风湿病学杂志	0351–7553295	中华医学会
288	中华妇产科杂志	010–85158215	中华医学会
289	中华肝胆外科杂志	010–66936223	中华医学会
290	中华肝脏病杂志	023–63727251	中华医学会
291	中华骨科杂志	022–28334734	中华医学会
292	中华航海医学与高气压医学杂志	021–81883312	中华医学会
293	中华航空航天医学杂志	010–52737182	中华医学会
294	中华核医学与分子影像杂志	0510–82731904	中华医学会
295	中华急诊医学杂志	0571–87783951	中华医学会
296	中华检验医学杂志	010–85158273	中华医学会

续表

序号	中文刊名	联系电话/传真	主办单位
297	中华健康管理学杂志	010-85158217	中华医学会
298	中华结核和呼吸杂志	010-85158252	中华医学会
299	中华解剖与临床杂志	0552-3062505	中华医学会
300	中华精神科杂志	010-85158210	中华医学会
301	中华口腔医学杂志	010-85158254	中华医学会
302	中华口腔正畸学杂志	010-82195350	中华医学会
303	中华劳动卫生职业病杂志	022-24333581	中华医学会
304	中华老年医学杂志	010-64012981-8001	中华医学会
305	中华临床感染病杂志	010-85158174	中华医学会
306	中华临床营养杂志	010-65105895	中华医学会，中国医学科学院
307	中华流行病学杂志	010-58900730	中华医学会
308	中华麻醉学杂志	0311-85989620	中华医学会
309	中华泌尿外科杂志	010-65223499	中华医学会
310	中华内分泌代谢杂志	021-64315587	中华医学会
311	中华内分泌外科杂志	023-89012705	中华医学会
312	中华内科杂志	010-85158280	中华医学会
313	中华皮肤科杂志	025-85478124	中华医学会
314	中华普通外科杂志	010-66124704	中华医学会
315	中华器官移植杂志	027-82806143	中华医学会
316	中华全科医师杂志	010-85158309	中华医学会
317	中华烧伤杂志	023-65460278	中华医学会
318	中华神经科杂志	010-85158263	中华医学会
319	中华神经外科杂志	010-65113169	中华医学会
320	中华神经外科杂志（英文）	010-67096523	中华医学会
321	中华神经医学杂志	020-61643273	中华医学会
322	中华肾脏病杂志	020-87331532	中华医学会
323	中华生物医学工程杂志	020-81340157	中华医学会，广州医科大学
324	中华实验和临床病毒学杂志	010-63540009	中华医学会
325	中华实验外科杂志	027-87893475	中华医学会
326	中华实验眼科杂志	0371-65580904	中华医学会
327	中华实用儿科临床杂志	0373-3831456	中华医学会
328	中华手外科杂志	021-52888215	中华医学会
329	中华糖尿病杂志	010-85158310	中华医学会

续表

序号	中文刊名	联系电话 / 传真	主办单位
330	中华外科杂志	010-85158247	中华医学会
331	中华微生物学和免疫学杂志	010-52245168	中华医学会
332	中华围产医学杂志	010-66513519-802	中华医学会
333	中华胃肠外科杂志	020-38254094	中华医学会，中山大学
334	中华物理医学与康复杂志	027-83662874	中华医学会，华中科技大学同济医学院
335	中华显微外科杂志	020-87330683	中华医学会
336	中华现代护理杂志	010-83191170	中华医学会
337	中华消化内镜杂志	025-83472831	中华医学会
338	中华消化外科杂志	023-68754655	中华医学会
339	中华消化杂志	021-62531885	中华医学会
340	中华小儿外科杂志	027-82846835	中华医学会
341	中华心律失常学杂志	010-68330771	中华医学会
342	中华心血管病杂志	010-85158281	中华医学会
343	中华胸心血管外科杂志	010-64456425	中华医学会
344	中华血液学杂志	022-27304167	中华医学会
345	中华眼底病杂志	028-85422535	中华医学会
346	中华眼科杂志	010-85158241	中华医学会
347	中华眼视光学与视觉科学杂志	0577-86699366	中华医学会
348	中华眼外伤职业眼病杂志	0371-66993497	中华医学会
349	中华医史杂志	010-64014411-3217	中华医学会
350	中华医学教育探索杂志	023-68485014	中华医学会
351	中华医学教育杂志	010-82801578	中华医学会
352	中华医学科研管理杂志	010-82802696	中华医学会
353	中华医学美学美容杂志	010-66352462	中华医学会
354	中华医学信息导报	010-85158609	中华医学会
355	中华医学遗传学杂志	028-85501165	中华医学会
356	中华医学杂志	010-85158196	中华医学会
357	中华医学杂志（英文版）	010-85158264	中华医学会
358	中华医院管理杂志	010-65257767	中华医学会
359	中华胰腺病杂志	021-31161362	中华医学会
360	中华预防医学杂志	010-85158365	中华医学会
361	中华整形外科杂志	010-88772126	中华医学会
362	中华肿瘤杂志	010-67788231	中华医学会

续表

序号	中文刊名	联系电话/传真	主办单位
363	中华血管外科杂志	020-28823189	中华医学会
364	贫困所致传染病（英文）	021-54562376	中华医学会
365	中华生殖与避孕杂志	021-64438975	中华医学会，上海市计划生育科学研究院，复旦大学附属妇产科医院
366	生殖与发育医学（英文）	021-64438975	中华医学会，上海市计划生育科学研究院，复旦大学附属妇产科医院
367	中华新生儿科杂志（中英文）	010-66181701	中华医学会
368	实用疼痛学杂志	0311-86095279	中华医学会，河北医科大学第四医院
369	中华心力衰竭和心肌病杂志（中英文）		中华医学会
370	中华心血管病杂志（网络版）	010-85158281	中华医学会
371	风湿病与关节炎	010-64822337	中华中医药学会
372	世界中西医结合杂志	010-64822253	中华中医药学会
373	糖尿病天地	010-51260912	中华中医药学会
374	中国中医骨伤科杂志	027-87409653	中华中医药学会，湖北省中医院
375	中华中医药杂志	010-64216650	中华中医药学会
376	中医临床研究	010-59420369	中华中医药学会
377	中国中西医结合耳鼻咽喉科杂志	0556-5519852	中国中西医结合学会
378	中国中西医结合急救杂志	022-23306917	中国中西医结合学会，中国中医科学院，天津市第一中心医院，天津中医药大学
379	中国中西医结合皮肤性病学杂志	022-27283090	中国中西医结合学会，天津市中西医结合皮肤病研究所
380	中国中西医结合肾病杂志	0351-4639609	中国中西医结合学会
381	中国中西医结合外科杂志	022-27420471	中国中西医结合学会，天津市中西医结合急腹症研究所
382	中国中西医结合影像学杂志	0531-68616919	中国中西医结合学会，山东中医药大学附属医院
383	中国中西医结合杂志	010-62886827	中国中西医结合学会
384	药物分析杂志	010-67095201	中国药学会
385	药学学报	010-63035116	中国药学会，中国医学科学院药物研究所
386	药学学报（英文）	010-63035116	中国药学会，中国医学科学院药物研究所
387	中国海洋药物	0532-82031949	中国药学会
388	中国临床药理学杂志	010-82802540	中国药学会
389	中国临床药学杂志	021-54237256	中国药学会
390	中国现代应用药学	0571-87297398	中国药学会

续表

序号	中 文 刊 名	联系电话 / 传真	主 办 单 位
391	中国新药与临床杂志	021-64511836	中国药学会，上海市食品药品监督管理局科技情报研究所
392	中国药学（英文版）	010-82801713	中国药学会
393	中国药学杂志	010-58691633	中国药学会
394	中国医院药学杂志	027-82809190	中国药学会
395	中国中药杂志	010-64087488	中国药学会
396	中华护理教育	010-53779541	中华护理学会
397	中华护理杂志	010-53779541	中华护理学会
398	国际护理科学（英文）	010-53779541	中华护理学会
399	生理科学进展	010-82802443	中国生理学会，北京大学
400	解剖科学进展	024-31939627	中国解剖学会
401	解剖学报	010-82802969	中国解剖学会
402	解剖学杂志	021-81870955	中国解剖学会
403	中国临床解剖学杂志	020-61648203	中国解剖学会
404	中国组织化学与细胞化学杂志	027-83692949	中国解剖学会，华中科技大学同济医学院
405	中国生物医学工程学报	010-65248786	中国生物医学工程学会
406	中国生物医学工程学报（英文版）	022-88326305	中国生物医学工程学会
407	中国心脏起搏与心电生理杂志	027-88075495	中国生物医学工程学会，武汉大学人民医院
408	中国血液流变学杂志	0512-67780961	苏州大学，中国生物医学工程学会
409	中国病理生理杂志	020-85220269	中国病理生理学会
410	中国动脉硬化杂志	0734-8160765	中国病理生理学会，南华大学
411	中国实验血液学杂志	010-66930873	中国病理生理学会
412	中国临床药理学与治疗学	0553-5738350	中国药理学会
413	中国药理学报（英文版）	021-54922822	中国药理学会，中国科学院上海药物研究所
414	中国药理学通报	0551-65161222	中国药理学会
415	中国针灸	010-84014607	中国针灸学会，中国中医科学院针灸研究所
416	结核病与肺部健康杂志	010-62257257	中国防痨协会
417	中国防痨杂志	010-62257257	中国防痨协会
418	中国麻风皮肤病杂志	0531-87298860	中国麻风防治协会，山东省皮肤病性病防治研究所
419	心理与健康	010-62389483	中国心理卫生协会
420	中国健康心理学杂志	0315-2245110	中国心理卫生协会
421	中国心理卫生杂志	010-62010890	中国心理卫生协会

续表

序号	中 文 刊 名	联系电话 / 传真	主 办 单 位
422	癌症康复	010–88196152	中国抗癌协会，北京市肿瘤防治办公室，北京大学临床肿瘤学院
423	癌症生物学与医学（英文版）	022–23522919	中国抗癌协会
424	中国癌症研究（英文版）	010–88196612	中国抗癌协会
425	中国肺癌杂志	022–27219219	中国抗癌协会，中国防痨协会，天津医科大学总医院
426	中国肿瘤临床	022–23527053	中国抗癌协会
427	中国免疫学杂志	0431–88925027	中国免疫学会，吉林省医学期刊社
428	中国免疫学杂志（英文版）	0551–63600844	中国免疫学会，中国科学技术大学
429	中国肿瘤生物治疗杂志	021–81871002–22	中国免疫学会，中国抗癌协会
430	中国牙科研究杂志（英文）	010–82195785	中华口腔医学会
431	医学与哲学	0411–86110141	中国自然辩证法研究会
432	自然辩证法研究	010–68598471	中国自然辩证法研究会
433	管理现代化	010–64249510	中国管理现代化研究会
434	中外管理	010–88232780	中国管理现代化研究会，中国中小企业国际合作协会，北京中外企业管理培训中心
435	技术经济	010–62174221	中国技术经济学会
436	科技和产业	010–62174221	中国技术经济学会
437	科学技术与工程	010–62118920	中国技术经济学会
438	数理统计与管理	010–67392433	中国现场统计研究会
439	发现	010–84024966	中国未来研究会，北京国际交流协会
440	未来与发展	010–62103296	中国未来研究会
441	中国科技史杂志	010–57552528	中国科学技术史学会，中国科学院自然科学史研究所
442	情报工程	010–58882075	中国科学技术情报学会，中国科学技术信息研究所
443	情报学报	010–68598273	中国科学技术情报学会，中国科学技术信息研究所
444	城市发展研究	010–58933424	中国城市科学研究会
445	设计	010–65815864	中国工业设计协会
446	科技与企业	010–62103259	中国科普作家协会
447	生物技术世界	010–62103259	中国科普作家协会
448	大自然	010–67020595	中国自然科学博物馆协会，中国野生动物保护协会，北京自然博物馆
449	自然科学博物馆研究	010–59041303	中国自然科学博物馆协会，科学普及出版社，中国科学技术馆

续表

序号	中文刊名	联系电话 / 传真	主办单位
450	中国科技教育	010–62178764	中国青少年科技辅导员协会
451	科技尚品	010–64097589	中国科教电影电视协会，摄影与摄像杂志社
452	摄影与摄像	010–64097589	中国科教电影电视协会
453	编辑学报	010–63577685	中国科学技术期刊编辑学会
454	流行色	010–85229560	中国流行色协会
455	档案学研究	010–63018706	中国档案学会
456	今日国土	010–87557760	中国国土经济学会
457	中国土地科学	010–66562683	中国土地学会，中国土地勘测规划院
458	电子竞技	010–65681316	中国科技新闻学会
459	科幻画报	010–88568630	中国科技新闻学会
460	科技传播	010–65681316	中国科技新闻学会
461	科技创新与品牌	010–68457597	中国科技新闻学会
462	科学家	010–65681316	中国科技新闻学会
463	科学中国人	010–51601954	中国科技新闻学会
464	新媒体研究	010–65681316	中国科技新闻学会
465	中国科技信息	010–68003056	中国科技新闻学会
466	今日科苑	010–62170582	中国老科学技术工作者协会
467	中国科学探险	010–65545137	中国科学探险协会，电脑爱好者杂志社
468	密码学报	010–81033101	中国密码学会，科学普及出版社（中国科学技术出版社）
469	地球大数据（英文）	010–82178196	国际数字地球学会、中国科学院遥感与数字地球研究所、中国科技出版传媒股份有限公司
470	科技导报	010–62138113	中国科学技术协会
471	科普研究	010–62103285	中国科普研究所
472	科协论坛	027–87811722	中国科学技术协会普及部
473	科学大观园	010–62103350	科学普及出版社
474	数码影像时代	010–64823035	中国科学技术投资有限公司
475	知识就是力量	010–62103117	科学普及出版社
476	中国动物保健	010–62819395	中国乡镇企业协会，北京中美欧畜牧科学研究院有限公司，中国动物保健品协会
477	中国学术期刊文摘	010–62172009	科技导报社
478	中国学术期刊文摘（英文版）	010–62172009	科技导报社
479	中国总会计师	010–63381767	中国总会计师协会

全国学会、协会、研究会简介

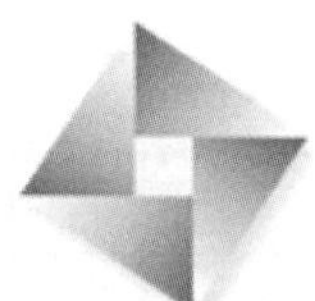

中国数学会
Chinese Mathematical Society (CMS)

地址：北京市海淀区中关村南四街甲 1 号
邮政编码：100190
电子信箱：cms@math.ac.cn
主页网址：http://www.cms.org.cn
电话：010-82541197/82541448
理事长：袁亚湘
副理事长：王跃飞　高小山　陈　敏　田　刚　扶　磊
　　　　　程　晋　罗懋康　叶向东　韦　维　王万义
秘书长：陈大岳

中国物理学会
Chinese Physical Society (CPS)

地址：北京市海淀区中关村南三街 8 号中国科学院物理研究所内
邮政编码：100190
电子信箱：cps@iphy.ac.cn
主页网址：http://www.cps-net.org.cn
电话：010-82649019
传真：010-82649019
理事长：詹文龙
副理事长：王玉鹏　朱少平　朱邦芬　陈和生　龚旗煌
秘书长：方　忠

中国力学学会
The Chinese Society of Theoretical and Applied Mechanics (CSTAM)

地址：北京市海淀区北四环西路 15 号
邮政编码：100190
电子信箱：office@cstam.org.cn
主页网址：http://www.cstam.org.cn
电话：010-62559588/62559209
传真：010-62559588
理事长：杨　卫
副理事长：戴兰宏　樊　菁　方岱宁　韩杰才　申长雨
　　　　　袁　驷　翟婉明　郑晓静　周哲玮
秘书长：杨亚政

中国光学学会
The Chinese Optical Society (COS)

地址：北京市海淀区学院南路 86 号
邮政编码：100081
电子信箱：cos@cast.org.cn
主页网址：http://www.cncos.org
电话：010-62103292/62103275
传真：010-62103275
理事长：郭光灿
副理事长：刘　旭　李儒新　郁道银　倪国强　龚旗煌
秘书长：龚旗煌（兼）

中国声学学会
Acoustical Society of China (ASC)

地址：北京市海淀区北四环西路 21 号
邮政编码：100190
电子信箱：asc@mail.ioa.ac.cn
主页网址：http://www.aschina.org
电话：010–82547910
传真：010–82547909
理事长：王小民
副理事长：李 琪 毛东兴 邱小军 谢菠荪 张春华
秘书长：张春华（兼）

中国化学会
Chinese Chemical Society (CCS)

地址：北京市海淀区中关村北一街 2 号
邮政编码：100190
电子信箱：spzheng@iccas.ac.cn
主页网址：http://www.chemsoc.org.cn
电话：010–62625584
传真：010–62568157
理事长：姚建年
副理事长：包信和 戴厚良 丁奎岭 董孝利 洪茂椿 侯建国 黄 维 江桂斌 李 彬 沈殿成 万立骏 张 希 周其凤 周其林
秘书长：杨国强

中国天文学会
Chinese Astronomical Society (CAS)

地址：江苏省南京市鼓楼区北京西路 2 号
邮政编码：210008
电子信箱：cas.nj@pmo.ac.cn
主页网址：http://astronomy.pmo.cas.cn
电话：025–83332036
传真：025–83332036
理事长：武向平
副理事长：刘晓为 沈志强 郑晓年 戴子高
秘书长：杨 戟

中国气象学会
Chinese Meteorological Society (CMS)

地址：北京市海淀区中关村南大街 46 号
邮政编码：100081
电子信箱：cms@cms1924.org
主页网址：http://www.cms1924.org
电话：010–68409840
传真：010–68406821
理事长：王会军
副理事长：宇如聪 费建芳 钱泽宏 端义宏 杨修群 胡永云 李廉水
秘书长：翟盘茂

中国空间科学学会
Chinese Society of Space Research (CSSR)

地址：北京市海淀区中关村南二条 1 号
邮政编码：100190
电子信箱：cssr@nssc.ac.cn
主页网址：http://cssr.org.cn
电话：010–62559882
传真：010–62582961
理事长：顾逸东
副理事长：吴 季 叶培建 王家骐 廖小罕 陈善广 王建宇 李春来
秘书长：邱 理

中国地质学会
Geological Society of China (GSC)

地址：北京市西城区百万庄大街 26 号
邮政编码：100037
电子信箱：cgdzxh@cags.ac.cn
主页网址：http://www.geosociety.org.cn
电话：010–68999605
传真：010–68995305
理事长：徐绍史

副理事长：孟宪来（常务） 王京彬 马永生 邓 军 刘玉辰 朱伟林 李丕龙 李金发 杜金虎 邱建刚 范蔚茗 孙升林 琚宜太
秘书长：朱立新

中国地理学会
The Geographical Society of China (GSC)

地址：北京市朝阳区大屯路甲 11 号
邮政编码：100101
电子信箱：gsc@igsnrr.ac.cn
主页网址：http://www.gsc.org.cn
电话：010-64870663/64889598
传真：010-64889598
理事长：傅伯杰
副理事长：陈发虎 崔 鹏 葛全胜 宫辉力 冷疏影 刘宝元 刘 毅 陶 澍 薛德升 杨桂山 俞立中 张国友
秘书长：刘 毅（兼）

中国地球物理学会
Chinese Geophysical Society (CGS)

地址：北京市海淀区民族学院南路 5 号
邮政编码：100081
电子信箱：cgs@cgs.org.cn
主页网址：http://cgs.org.cn
电话：010-68729347/82998257
传真：010-82998257
理事长：陈 颙
副理事长：常 旭 陈晓非 曲寿利 王小牧 吴秋云 熊盛青
秘书长：郭 建

中国矿物岩石地球化学学会
Chinese Society for Mineralogy Petrology and Geochemistry (CSMPG)

地址：贵州省贵阳市观山湖区林城西路 99 号
邮政编码：550081
电子信箱：csmpg@vip.skleg.cn
主页网址：http://www.csmpg.org.cn
http://csmpg.gyig.cas.cn
电话：0851-5895823
传真：0851-5895823
理事长：胡瑞忠
副理事长：邓 军 高 山 倪师军 翟明国 周卫健 徐义刚 王世杰 朱立新 邹才能
秘书长：李世杰

中国古生物学会
Palaeontological Society of China (PSC)

地址：江苏省南京市玄武区北京东路 39 号
邮政编码：210008
电子信箱：psc@nigpas.ac.cn
主页网址：http://www.china-psc.org.cn
电话：025-83282138
传真：025-83357026
理事长：杨 群
副理事长：童金南 孙 革 邓 涛 姚建新
秘书长：王永栋

中国海洋湖沼学会
Chinese Society for Oceanology and Limnology (CSOL)

地址：山东省青岛市市南区南海路 7 号
邮政编码：266071
电子信箱：csol@qdio.ac.cn
主页网址：http://csol.qdio.ac.cn
电话：0532-82898636
传真：0532-82868636
理事长：孙 松
副理事长：丁平兴 桂建芳 焦念志 马德毅 沈 吉 吴德星 杨红生 张海生
秘书长：杨红生（兼）

中国海洋学会

Chinese Society for Oceanography (CSO)

地址：北京市丰台区莲宝中路马官营家园 3 号楼
邮政编码：100161
电子信箱：csoxhb@163.com
主页网址：http://www.cso.org.cn
电话：010- 68047614
传真：010- 68567980
理事长：陈连增
副理事长：于志刚　孙　松　张海文　潘德炉　罗季燕　周守为　蒋兴伟　雷　波　窦希萍　戴民汉
秘书长：雷　波（兼）

中国地震学会

Seismological Society of China (SSC)

地址：北京市海淀区民族大学南路 5 号
邮政编码：100081
电子信箱：zgdzxh@sina.com
主页网址：http://www.ssoc.org.cn
电话：010-68729352
传真：010-68417858
理事长：张培震
副理事长：陈晓非　吴忠良　孙柏涛　高孟潭
秘书长：李小军

中国动物学会

China Zoological Society (CZS)

地址：北京市朝阳区北辰西路 1 号院 5 号
邮政编码：100101
电子信箱：czs@ioz.ac.cn
主页网址：http://www.czs.ioz.cas.cn
电话：010-64807051
传真：010-64807051
名誉理事长：陈宜瑜
理事长：孟安明
副理事长：张知彬（常务）　王德华　冯　江　孙青原　李保国　宋微波　张正旺　张希武　桂建芳　魏辅文
秘书长：王德华（兼）

中国植物学会

Botanical Society of China (BSC)

地址：北京市海淀区香山南路南辛村 20 号
邮政编码：100093
电子信箱：bsc@ibcas.ac.c
主页网址：http://www.botany.org.cn/
电话：010-62836505
传真：010-82599636
理事长：武维华
副理事长：安黎哲　种　康　葛　颂　黄宏文　李德铢　朱玉贤
秘书长：葛　颂（兼）

中国昆虫学会

The Entomological Society of China (ESC)

地址：北京市朝阳区北辰西路 1 号院 5 号中国科学院动物研究所内
邮政编码：100101
电子信箱：entsoc@ioz.ac.cn
主页网址：http://entsoc.ioz.ac.cn/
电话：010-64807135
传真：010-64807135
理事长：康　乐
副理事长：黄大卫　乔格侠　戈　峰　王　韧　陈生斗　张永安　高希武　吴孔明　黄勇平　张雅林　刘树生　洪晓月　郭明昉　金道超
秘书长：黄大卫（兼）

中国微生物学会

Chinese Society for Microbiology (CSM)

地址：北京市朝阳区北辰西路 1 号院 3 号
邮政编码：100101
电子信箱：csm@im.ac.cn

主页网址：http://csm.im.ac.cn
电话：010-64807200
传真：010-64807950
理事长：邓子新
副理事长：黄　力　曲音波　陈焕春　张先恩　盛　军
　　　　邵一鸣　徐志凯　杨瑞馥
秘书长：东秀珠

中国生物化学与分子生物学会
The Chinese Society of Biochemistry and Molecular Biology (CSBMB)

地址：上海市徐汇区岳阳路 320 号
邮政编码：200031
电子信箱：csbmb@sibs.ac.cn
主页网址：http://www.csbmb.org.cn
电话：021-54921088/54922818/54921090
传真：021-54922818
理事长：李　林
副理事长：昌增益　焦炳华　林圣彩　刘小龙　隋森芳
　　　　汤其群　许瑞明
秘书长：刘小龙（兼）

中国细胞生物学学会
Chinese Society for Cell Biology (CSCB)

地址：上海市徐汇区岳阳路 320 号
邮政编码：200031
电子信箱：cscb@sibs.ac.cn
主页网址：http://www.cscb.org.cn
电话：021-54922879
传真：021-54922891
理事长：陈晔光
副理事长：丁小燕　韩家淮　李朝军　宋纯鹏　张　旭
　　　　周　琪
秘书长：王　纲

中国植物生理与植物分子生物学学会
Chinese Society for Plant Biology (CSPB)

地址：上海市徐汇区岳阳路 319 号 31 楼 A211
邮政编码：200031
电子信箱：cspb@sibs.ac.cn
主页网址：http://www.cspb.org.cn
电话：021-54922859/54920737
传真：021-54922859
理事长：陈晓亚
副理事长：韩　斌　何祖华　宋纯鹏　夏光敏　赵德刚
　　　　赵进东
秘书长：唐威华

中国生物物理学会
The Biophysical Society of China (BSC)

地址：北京市朝阳区大屯路 15 号
邮政编码：100101
电子信箱：wangyue@ibp.ac.cn
主页网址：http://www.bsc.org.cn
电话：010-64889894/64887226
传真：010-64889892
理事长：饶子和
副理事长：程和平　丁建平　高　福　雷　鸣
　　　　哈木拉提 · 吾甫尔　隋森芳　徐　涛
　　　　许瑞明　阎锡蕴
秘书长：阎锡蕴（兼）

中国遗传学会
Genetics Society of China (GSC)

地址：北京市朝阳区北辰西路 1 号院 2 号中国遗传学会
邮政编码：100101
电子信箱：geneticssociety@163.com
主页网址：http://www.gsc.ac.cn
电话：010-64806529
传真：010-64806636

理事长：张亚平

副理事长：贺　林　薛勇彪　杨　晓　杨焕明　孟安明
　　　　　沈　岩　谭华荣　韩　斌　金　力　周天鸿

秘书长：薛勇彪（兼）

中国心理学会
Chinese Psychological Society (CPS)

地址：北京市朝阳区林萃路 16 号院中国科学院心理研究所内

邮政编码：100101

电子信箱：cps@psych.ac.cn

主页网址：http://www.cpsbeijing.org

电话：010-64888946

传真：010-64855830

理事长：游旭群　白学军（候任）

副理事长：金盛华　李　红　王登峰　张建新　周晓林
　　　　　卢家楣

秘书长：傅小兰

中国生态学学会
Ecological Society of China (ESC)

地址：北京市海淀区双清路 18 号

邮政编码：100085

电子信箱：esc@rcees.ac.cn

主页网址：http://www.esc.org.cn

电话：010-62849101

传真：010-62849113

理事长：刘世荣

副理事长：安黎哲　董　鸣　吕永龙　闵庆文
　　　　　欧阳志云　彭少麟　王克林　魏辅文
　　　　　吴文良　薛建辉

秘书长：陈利顶

中国环境科学学会
Chinese Society for Environmental Sciences (CSES)

地址：北京市海淀区红联南村 54 号

邮政编码：100082

电子信箱：hybcses@163.com

主页网址：http://www.chinacses.org

电话：010-62210708

传真：010-62210728

理事长：王玉庆

副理事长：丁仲礼　王灿发　宁　吉　任官平　任南琪
　　　　　曲久辉　张远航　杨朝飞　陆新元　陈吉宁
　　　　　孟　伟　赵英民　郝吉明

秘书长：任官平（兼）

中国自然资源学会
China Society of Natural Resources (CSNR)

地址：北京市朝阳区大屯路甲 11 号

邮政编码：100101

电子信箱：csnr@igsnrr.ac.cn

主页网址：http://www.csnr.org

电话：010-64861455/64889806

传真：010-64861455

理事长：成升魁

副理事长：王仰麟　王艳芬　江　源　吴文良　沈　镭
　　　　　陈　曦　陈发虎　林家彬　封志明　夏　军
　　　　　高　峻　濮励杰

秘书长：沈　镭（兼）

中国感光学会
Chinese Society for Imaging Science and Technology (CSIST)

地址：北京市海淀区中关村东路 29 号

邮政编码：100190

电子信箱：xh@csist.org.cn

主页网址：http://www.csist.org.cn

电话：010-82543686/82543687

传真：010-82543687

理事长：蒲嘉陵

副理事长：张丽萍（常务）　马礼谦　薛　唯　杨　斌
　　　　　魏　杰　周秉锋　杨建文

秘书长：黄　勇

中国优选法统筹法与经济数学研究会

Chinese Society of Optimization, Overall Planning and Economic Mathematics (CSOOPEM)

地址：北京市海淀区中关村东路 55 号中国科学院思源楼 1201 室（北京 8712 信箱）
邮政编码：100190
电子信箱：shuangfa@casipm.ac.cn
主页网址：http://www.scope.org.cn
电话：010-62542629
传真：010-62542629
理事长：池　宏
副理事长：马超群　杨善林　范　英　周　勇　高自友　徐玖平　梁　樑　黄海军　魏一鸣
秘书长：李建平

中国岩石力学与工程学会

Chinese Society for Rock Mechanics and Engineering (CSRME)

地址：北京市朝阳区北土城西路 19 号（北京 9825 信箱）
邮政编码：100029
电子信箱：office@csrme.com
主页网址：http://www.csrme.com
电话：010-82998163/82998164/82998165/82998528
传真：010-62007351/82998163
理事长：冯夏庭　钱七虎
副理事长：蔡美峰　樊启祥　龚晓南　郭熙灵　何满潮　李　宁　李术才　潘一山　宋胜武　王明洋　王金华　朱合华　杨　强　袁　亮　郑炳旭
秘书长：刘大安

中国野生动物保护协会

China Wildlife Conservation Association (CWCA)

地址：北京市东城区和平里东街 18 号
邮政编码：100714
电子信箱：cwca@cwca.org.cn
主页网址：http://www.cwca.org.cn
电话：010-84239015/84239556
传真：010-64238030
理事长：赵学敏
副理事长：白景富　牛　盾　王玉庆　刘燕华　龚　正　李家洋　陈建功　孙冰川　卓榕生　姚昌恬　陈建伟　陈润生
秘书长：臧春林

中国系统工程学会

Systems Engineering Society of China (SESC)

地址：北京市海淀区中关村东路 55 号思源楼
邮政编码：100190
电子信箱：sesc@iss.ac.cn
主页网址：http://www.sesc.org.cn
电话：010-82541431
传真：010-82626697
理事长：汪寿阳
副理事长：陈国青　狄增如　高自友　黄海军　李一军　凌　文　王红卫　杨新民　张纪峰　朱桂龙
秘书长：杨晓光

中国实验动物学会

Chinese Association for Laboratory Animal Sciences (CALAS)

地址：北京市朝阳区潘家园南里 5 号
邮政编码：100021
电子信箱：calas@calas.org.cn
主页网址：http://www.calas.org.cn
电话：010-67781534
传真：010-67776816
理事长：秦　川
副理事长：曾　林　高　诚　黄　韧　李根平　卢金星　曲连东　王佑春
秘书长：赵宏旭

中国青藏高原研究会
The China Society on Tibetan Plateau (CSTP)

地址：北京市朝阳区大屯路甲 11 号
邮政编码：100101
电子信箱：qingzang@igsnrr.ac.cn
主页网址：http://www.cstp.org.cn
电话：010-64889819
传真：010-64889769
理事长：姚檀栋
副理事长：邓本太（藏） 岗 青（藏） 侯增谦
洛桑·灵智多杰（藏） 于贵瑞 张人禾
朱立平
秘书长：欧阳华

中国环境诱变剂学会
Chinese Environmental Mutagen Society (CEMS)

地址：北京市海淀区学院路 38 号北京大学医学部公共卫生学院 236 室
邮政编码：100191
电子信箱：iaems_cn@163.com
主页网址：http://www.cems.org.cn
电话：010-82335754
传真：010-82335754
理事长：柯 扬
副理事长：曹 佳 石刚刚 孙长颢 郝卫东
浦跃朴 张天宝
秘书长：郝卫东（兼）

中国运筹学会
Operations Research Society of China (ORSC)

地址：北京市海淀区中关村东路 55 号
邮政编码：100190
电子信箱：orsc@amt.ac.cn
主页网址：http://www.orsc.org.cn
电话：010-62541695
传真：010-62620394
理事长：胡旭东
副理事长：杨新民 张汉勤 杨晓光 修乃华 孙小玲
陈国庆 李 勇
秘书长：刘 克

中国菌物学会
Mycological Society of China (MSC)

地址：北京市朝阳区北辰西路 1 号院 3 号中国科学院微生物所 B410
邮政编码：100101
电子信箱：msc@im.ac.cn
主页网址：http://www.mscfungi.org.cn
电话：010-64807455
传真：010-64807455
理事长：王成树
副理事长：车永胜 陈双林 李泰辉 刘维达 谭 琦
杨祝良 文华安 张修国
秘书长：白逢彦

中国晶体学会
Chinese Crystallographic Society (CCrS)

地址：北京市海淀区北京大学陈守仁国际研究中心伟利楼 207 室
邮政编码：100871
电子信箱：ccrs@pku.edu.cn
主页网址：http://www.ccrs.net.cn
电话：010-62757857
传真：010-62767969
荣誉理事长：林建华
理事长：高 松
副理事长：陈小明 吕 扬 牛立文 彭练矛 苏晓东
吴以成 郑伟涛
秘书长：王哲明

中国神经科学学会

The Chinese Neuroscience Society (CNS)

地址：上海市徐汇区岳阳路 319 号 31A 楼 211 室
邮政编码：200031
电子信箱：cns@sibs.ac.cn
主页网址：http://www.cns.org.cn
电话：021-54922854/54922893
传真：021-54922893
理事长：段树民
副理事长：陈生弟　高天明　何士刚　王以政　谢俊霞　徐如祥　于常海　张　旭　张玉秋
秘书长：何　成

中国机械工程学会

Chinese Mechanical Engineering Society (CMES)

地址：北京市海淀区首体南路 9 号主语国际 4 号楼 11 层
邮政编码：100048
电子信箱：headquarters@cmes.org
主页网址：http://www.cmes.org
电话：010-68799009
传真：010-68799050
理事长：周　济
副理事长：卢秉恒　包起帆　任洪斌　李培根　李新亚　杨海成　张彦敏　陈　钢　林忠钦　钟志华　郭东明　蔡惟慈　谭建荣
秘书长：张彦敏（兼）

中国汽车工程学会

Society of Automotive Engineers of China (SAM-China)

地址：北京市西城区莲花池东路 102 号天莲大厦 4 层、10 层
邮政编码：100055
电子信箱：office@sae-china.org
主页网址：http://www.sae-china.org
电话：010-50950000
传真：010-50950095
理事长：付于武
副理事长：张进华　丁宏祥　姚一鸣　任晓常　刘卫东　孙逢春　朱华荣　严　刚　余卓平　吴绍明　李书福　李立忠　李庆文　程惊雷　欧阳明高　范　仲　赵　航　钟志华　高卫民　董　扬　管　欣
秘书长：张进华（兼）

中国农业机械学会

Chinese Society for Agricultural Machinery (CSAM)

地址：北京市朝阳区德胜门外北沙滩 1 号
邮政编码：100083
电子信箱：csam@caams.org.cn
主页网址：http://www.agro-csam.org
电话：010-64882291/64882232
传真：010-64882291
理事长：罗锡文
副理事长：李树君（常务）　方宪法　王金富　王桂民　刘　宪　刘　敏　朱　明　佟　金　应义斌　陈学庚　姜卫东　胡乐鸣　赵春江　赵剡水　袁寿其　韩鲁佳
秘书长：张咸胜

中国农业工程学会

Chinese Society of Agricultural Engineering (CSAE)

地址：北京市朝阳区麦子店街 41 号 502 室
邮政编码：100125
电子信箱：hqcsae@agri.gov.cn
主页网址：http://www.csae.org.cn
电话：010-65910066 转 2502/3502
传真：010-65929450
理事长：朱　明
副理事长：罗锡文（常务）　王铁良　包　军　杜瑞成　李畅游　李树君　李瑞川　佟　金　应义斌

汪　春　张全国　陆华忠　赵春江　郧文聚
袁寿其　崔　明　康绍忠　韩鲁佳

秘书长：管小冬

中国电机工程学会

Chinese Society for Electrical Engineering (CSEE)

地址：北京市西城区白广路二条 1 号
邮政编码：100761
电子信箱：csee@csee.org.cn
主页网址：http://www.csee.org.cn
电话：010-63414320
传真：010-63414319
理事长：郑宝森
副理事长：帅军庆　谢明亮　王良友　刘国跃　金耀华
邓建玲　米树华　苏　力　张　诚　王树民
王　斌　赵　洁　刘吉臻　宋永华　陈　斌
秘书长：谢明亮（兼）

中国电工技术学会

China Electrotechnical Society (CES)

地址：北京市西城区三里河路 46 号
邮政编码：100823
电子信箱：esintl@public.bta.net.cn
主页网址：http://www.ces.org.cn
电话：010-68595357
传真：010-68511242
理事长：杨庆新
副理事长：尹天文　叶向东　刘　杰　孙逢春　孙鹤旭
朱元巢　宋永华　宋晓刚　张文亮　肖立业
苗立杰　姚为正　荣命哲　郝玉成　徐殿国
秦汉军　郭嵋俊　梁曦东　黄　瓯　管瑞良
裴相精　裴振江
秘书长：裴相精（兼）

中国水力发电工程学会

China Society for Hydropower Engineering (CSHE)

地址：北京市海淀区车公庄西路 22 号院 A 座 11 层
邮政编码：100044
电子信箱：b07@cast.org.cn　leidy5378@126.com
主页网址：http://www.hydropower.org.cn
电话：010-58381747/58382515
传真：010-63547632
理事长：张基尧
副理事长：李菊根（常务）丁焰章　么　虹　王　琳
王　森　王光谦　匡尚富　朱跃龙　刘国跃
孙玉才　吴贵辉　邱希亮　张建云　岳　曦
周创兵　郑声安　施洪祥　贺建华　夏　忠
晏志勇　高　嵩　喻新强　程念高　樊海斌
秘书长：李菊根（兼）

中国水利学会

Chinese Hydraulic Engineering Society (CHEC)

地址：北京市西城区白广路二条 16 号
邮政编码：100053
电子信箱：ches@ches.org.cn
主页网址：http://www.ches.org.cn
电话：010-63204863
传真：010-63202154
理事长：胡四一
副理事长：顾　浩（常务）匡尚富　张建云　马建华
薛松贵　李新军　殷保合　徐　辉　陈永灿
吴　澎
秘书长：于琪洋

中国内燃机学会

Chinese Society for Internal Combustion Engines (CSICE)

地址：上海市杨浦区军工路 2500 号

邮政编码：200438
电子信箱：zhuweijin66@126.com
主页网址：http://www.csice.org.cn
电话：021–65745323
传真：021–65745323
理事长：金东寒
副理事长：阳树毅（常务） 马童立 孙少军 李 骏 李树生 张树勇 沈 捷 苏万华 欧阳明高 黄 松 黄佐华
秘书长：阳树毅（兼）

中国工程热物理学会
Chinese Society of Engineering Thermophysics (CSET)

地址：北京市海淀区北四环西路 11 号
邮政编码：100190
电子信箱：cset@iet.cn
主页网址：http://www.cset.org.cn
电话：010–82543040/82543037
传真：010–82543037
理事长：金红光
副理事长：陈 勇 李应红 朱俊强 杨勇平 姚春德 郭烈锦 张 兴
秘书长：杜建一

中国空气动力学会
Chinese Aerodynamics Research Society (CARS)

地址：北京市海淀区学院路 37 号国家计算流体力学实验室
邮政编码：100191
电子信箱：carsqdxh@gmail.com
主页网址：http://www.cars.org.cn
电话：010–82317341
传真：010–82317341
理事长：邓小刚
副理事长：施岳定 任玉新 桂业伟 孙 茂 高正红 姜宗林 赵 宁 唐志共 赵 波
秘书长：范召林

中国制冷学会
Chinese Association of Refrigeration (CAR)

地址：北京市海淀区阜成路 67 号银都大厦 10 层
邮政编码：100142
电子信箱：car@car.org.cn
主页网址：http://www.car.org.cn
电话：010–68719985/68719984
传真：010–68434679
理事长：田元兰
副理事长：孟庆国 吴剑峰 陈学东 肖大海 王祥雨 徐 伟 刘 挺 穆传江 李增群 黄 辉 王如竹 李先庭
秘书长：金嘉玮（兼）

中国真空学会
Chinese Vacuum Society (CVS)

地址：北京市朝阳区建国路 93 号万达广场 9 号楼 6 层 612 室
邮政编码：100022
电子信箱：cvs@chinesevacuum.com
主页网址：http://www.chinesevacuum.com
电话：010–58208908/58208985
传真：010–58207735
理事长：许宁生
副理事长：高鸿钧 李言荣 巴德纯 雷震霖 彭练矛 王西龙 董振超 于天化 李得天 苏 原
秘书长：郭海明

中国自动化学会
Chinese Association of Automation (CAA)

地址：北京市海淀区中关村东路 95 号自动化大厦 509
邮政编码：100190
电子信箱：caa@ia.ac.cn
主页网址：http://www.caa.org.cn
电话：010–82544542
传真：010–62522248
理事长：郑南宁

副理事长：王飞跃　柴天佑　张剑武　张纪峰　陈　杰
杨孟飞　于海斌　李少远　周东华　桂卫华
王成红

秘书长：王飞跃（兼）

中国仪器仪表学会

China Instrument & Control Society (CIS)

地址：北京市海淀区知春路6号锦秋国际大厦A座23层

邮政编码：100088

电子信箱：info@cis.org.cn

主页网址：http://www.cis.org.cn

电话：010-82800755

传真：010-82800879

名誉理事长：包叙定　金国藩　庄松林

名誉副理事长：陆廷杰　孙优贤　龚惠兴　王雨生
周兆英　张开逊　张钟华　薛一平
向晓波

理事长：李天初

副理事长：尤　政　张广军　胡小唐　史红民　吴　朋
许大庆　高明璋　王　健　宣瑞国　吴幼华

秘书长：朱险峰

中国计量测试学会

Chinese Society for Measurement (CSM)

地址：北京市朝阳区育慧南路3号西单元5层

邮政编码：100029

电子信箱：csm_cn@126.com

主页网址：http://www.china-csm.org

电话：010-57520569

传真：010-84639822

理事长：蒲长城

副理事长：丁雪梅　于化东　马爱文　张广军　林建忠
方　向　钟新明　欧阳证　王　巍　万立骏

秘书长：马爱文（兼）

中国标准化协会

China Association for Standardization (CAS)

地址：北京市海淀区增光路33号中国标协写字楼

邮政编码：100048

电子信箱：cas@china-cas.org

主页网址：http://www.china-cas.org

电话：010-68482899

传真：010-68486228

名誉理事长：袁宝华　李忠海

理事长：纪正昆

副理事长：孙晓康　杜　江　王光辉　周　平　朱　恺
徐素华　马林聪　陈　刚　吴江徽　陈建明
王　晔　陶宏芝　高建忠

秘书长：高建忠（兼）

中国图学学会

China Graphics Society (CGS)

地址：北京市海淀区知春路1号学院国际大厦1006室

邮政编码：100191

电子信箱：cgs@cgn.net.cn

主页网址：http://www.cgn.net.cn

电话：010-62165983

传真：010-62165987

理事长：孙家广

副理事长：许杰峰　孙林夫　李　华　杨海成　陈锦昌
韩宝玲　强　毅　魏小鹏

秘书长：赵　罡

中国电子学会

Chinese Institute of Electronics (CIE)

地址：北京市海淀区玉渊潭南路普惠南里13号楼（北京市165信箱）

邮政编码：100036

电子信箱：liujing@cie-info.org.cn

主页网址：http://www.cie-info.org.cn

电话：010-68277281

传真：010-68233917

理事长：怀进鹏
副理事长：刘汝林　邬贺铨　李　未　芮晓武　周子学
　　　　　徐晓兰　梅　宏　熊群力
秘书长：徐晓兰（兼）

中国计算机学会
China Computer Federation (CCF)

地址：北京市海淀区中关村科学院南路6号
邮政编码：100190
电子信箱：ccf@ccf.org.cn
主页网址：http://www.ccf.org.cn
电话：010-62562503
传真：010-62527485
理事长：高　文
副理事长：孙凝晖　吕　建　王巨宏
秘书长：杜子德

中国通信学会
China Institute of Communications (CIC)

地址：北京市海淀区万寿路27号院8号楼
邮政编码：100846
电子信箱：xuzhijun@china-cic.cn
主页网址：http://www.china-cic.org.cn/
电话：010-68209078
传真：010-68209074
理事长：尚　冰
副理事长：王效杰　邬贺铨　张钧安　张继平　张新生
　　　　　李正茂　杨　震　魏茂洪　曹淑敏
秘书长：张新生（兼）

中国中文信息学会
Chinese Information Processing Society of China (CIPSC)

地址：北京市海淀区中关村南四街4号中国科学院软件园7号楼201房间
邮政编码：100190
电子信箱：cips@iscas.ac.cn
主页网址：http://www.cipsc.org.cn
电话：010-62562916
传真：010-62562916
理事长：李　生
副理事长：黄河燕　刘庆峰　刘迎建　施水才　孙　乐
　　　　　孙茂松　吾守尔·斯拉木　徐　波　张桂平
秘书长：孙　乐（兼）

中国测绘地理信息学会
Chinese Society for Geodesy Photogrammetry and Cartography (CSGPC)

地址：北京市海淀区莲花池西路28号中国测绘创新基地14层
邮政编码：100830
电子信箱：cssmg1401@163.com
主页网址：http://www.csgpc.org/
电话：010-63881401/63881402/63881406
传真：010-63881410
理事长：李维森
副理事长：彭震中　王　瑞　申慧群　孙和平　朱　光
　　　　　李志刚　吴劲风　张继贤　张文若　张卫强
　　　　　邹熹光　杨宝峰　周成虎　宫辉力　郭华东
　　　　　高延利　倪庆华　龚健雅　翟跃欢　陈　军
　　　　　刘耀林　程鹏飞
秘书长：彭震中（兼）

中国造船工程学会
The Chinese Society of Naval Architects and Marine Engineers (CSNAME)

地址：北京市西城区月坛北街5号
邮政编码：100861
电子信箱：msc@csname.org.cn
主页网址：http://www.csname.org.cn
电话：010-59517926
传真：010-59517928
理事长：黄平涛
副理事长：李国安　路小彦　金才宽　张相木　李长江

李科浚　李建红　林建清　周守为　刘海胜
何生厚　苏　明　刘志刚　方书甲　刘郑国
吴永杰

秘书长：罗季燕

中国航海学会

China Institute of Navigation (CIN)

地址：北京市东城区和平里东街 10 号院 1–401
邮政编码：100013
电子信箱：cinnet@163.com
主页网址：http://www.cinnet.cn
电话：010–65299790/65299791/65299792/65299839
传真：010–65299796
理事长：黄有方
副理事长：余世成（常务）丁　农　丁小岗　尹　勇
苏新刚　李　甄　余世成　曹　迪
秘书长：王　群

中国铁道学会

China Railway Society (CRS)

地址：北京市海淀区复兴路 10 号
邮政编码：100844
电子信箱：crstdxh@sohu.com
主页网址：http://www.crs.org.cn
电话：010–51841782/51842251
传真：010–51847402
理事长：孙永福
副理事长：何华武　赵占平　余邦利　耿志修　杨建兴
瞿建明　吕长清　康维韬　徐啸明
秘书长：马福海

中国公路学会

China Highway and Transportation Society (CHTS)

地址：北京市朝阳区安华西里三区中国公路学会办公楼（甲 6 号楼对面）
邮政编码：100011
电子信箱：glxh@chinahighway.com
主页网址：http://www.chts.chinahighway.com
电话：010–84256719
传真：010–84256719
理事长：翁孟勇
副理事长：周纪昌　郑健龙　孟凤朝　陈奋健　游庆仲
冯西宁　刘文杰　邓仁杰　马　建　唐伯明
王　民　张喜刚
秘书长：刘文杰

中国航空学会

Chinese Society of Aeronautics and Astronautics (CSAA)

地址：北京市朝阳区安外北苑 2 号院
邮政编码：100012
电子信箱：csaazhb@126.com
主页网址：http://www.csaa.org.cn
电话：010–84924375
传真：010–84923942
理事长：林左鸣
副理事长：王　政　张新国　汪劲松　罗荣怀　徐惠彬
聂　宏　高建设
秘书长：吴　松

中国宇航学会

Chinese Society of Astronautics (CSA)

地址：北京市海淀区阜成路 8 号
邮政编码：100048
电子信箱：cast_wangxb @126.com
主页网址：http://www.csaspace.org.cn
电话：010–68767281
传真：010–68768617
理事长：许达哲
副理事长：王树国　阴和俊　李　跃　怀进鹏　杨俊华
吴燕生　胡海岩　胡亚枫　姜澄宇　袁　洁
袁家军　高红卫　曹建国　曹健林　谢良贵
雷凡培
秘书长：杨俊华（兼）

中国兵工学会
China Ordnance Society

地址：北京市海淀区车道沟 10 号院 2431 信箱
邮政编码：100089
电子信箱：suggest@cos.org.cn
主页网址：http://www.cos.org.cn
电话：010-68963154/68963055
传真：010-68962962
理事长：尹家绪
副理事长：胡海岩　刘仓理　曾　毅　聂晓夫　邓智尤　王晓锋　于小虎
秘书长：于小虎（兼）

中国金属学会
The Chinese Society for Metals (CSM)

地址：北京市东城区东四西大街 46 号
邮政编码：100711
电子信箱：csmoffice@csm.org.cn
主页网址：http://www.csm.org.cn
电话：010-65133322/65270210
传真：010-65124122
理事长：干　勇
副理事长：王天义（常务）　徐乐江　张晓刚　马国强(候选)　靳　伟　才　让　杨　锐　张欣欣　赵　继　于　勇　沈文荣　刘　玠
秘书长：赵　沛

中国有色金属学会
The Nonferrous Metals Society of China (NFsoc)

地址：北京市海淀区复兴路乙 12 号
邮政编码：100814
电子信箱：nfsoc@163.com
主页网址：http://www.nfsoc.org.cn
电话：010-63971451
传真：010-63965399
理事长：康　义
副理事长：李静海　屠海令　熊维平　周中枢　余德辉　罗　涛　杨志强　李贻煌　何季麟　宋　鑫　周　荣　张洪国
秘书长：张洪国（兼）

中国稀土学会
The Chinese Society of Rare Earths (CSRE)

地址：北京市海淀区学院南路 76 号
邮政编码：100081
电子信箱：csre@cs-re.org.cn
主页网址：http://www.cs-re.org.cn
电话：010-62182748/62173497
传真：010-62173501
理事长：干　勇
副理事长：屠海令　张洪杰　丁海燕　张少明　任　福　李春龙　杨文浩　李　波　杨占峰　黄　康　魏　娜　龚　斌
秘书长：林东鲁

中国腐蚀与防护学会
Chinese Society for Corrosion and Protection (CSCP)

地址：北京市海淀区学院路 30 号
邮政编码：100083
电子信箱：mail@cscp.org.cn
主页网址：http://www.cscp.org.cn
电话：010-62320080
传真：010-82372305
理事长：王福会
副理事长：刘建华　孙明先　李　劲　李晓刚　吴建华　张　盾　张三平　张启富　张政军　张鉴清　林　安　林昌健　宫声凯　郭兴蓬　路民旭
秘书长：李晓刚（兼）

中国化工学会
The Chemical Industry and Engineering Society of China (CIESC)

地址：北京市朝阳区安定路 33 号化信大厦 B 座 7 层

邮政编码：100029
电子信箱：wangyan@ciesc.cn
主页网址：http://www.ciesc.cn
电话：010-64449479
传真：010-64411194
理事长：戴厚良
副理事长：李静海（常务） 蔺爱国（常务） 杨元一（专职） 曲景平 刘良炎 李 彬 吴秀章 张 勇 张积耀 范小森 周伟斌 郑长波 钱旭红 徐大刚 谭天伟
秘书长：杨元一（兼）

中国核学会
Chinese Nuclear Society (CNS)

地址：北京市西城区三里河南三巷1号
邮政编码：100822
电子信箱：cns@ns.org.cn
主页网址：http://www.ns.org.cn
电话：010-68576163/68555559
传真：010-68527188
理事长：李冠兴
副理事长：王 森 刘永德 孙汉虹 余剑锋 张廷克 张维岩 相 斌 贺 禹 赵 军 康克军 詹文龙 雷增光
秘书长：王德林

中国石油学会
Chinese Petroleum Society (CPS)

地址：北京市西城区六铺炕街6号
邮政编码：100724
电子信箱：syxhqn@126.com
主页网址：http://www.cps.org.cn/
电话：010-62067135
传真：010-62067135
理事长：曾玉康
副理事长：孙龙德 王道富 周抚生 王志纲 曹湘洪 周守为 朱伟林 李静海 彭齐鸣 柴育诚
秘书长：方朝亮

中国煤炭学会
China Coal Society (CCS)

地址：北京市朝阳区青年沟路5号
邮政编码：100013
电子信箱：b38tj@cast.org.cn
主页网址：http://www.chinacs.org.cn
电话：010-84262776/84262778
传真：010-84264526
理事长：王显政
副理事长：田 会 卜昌森 王 安 王金华 刘建功 刘 峰 张玉卓 张铁岗 武华太 袁 亮 谢和平 葛世荣
秘书长：刘 峰（兼）

中国可再生能源学会
Chinese Renewable Energy Society (CRES)

地址：北京市海淀区中关村北二条6号
邮政编码：100190
电子信箱：cres@mail.icc.ac.cn
主页网址：http://www.cres.org.cn/
电话：010-82547225
传真：010-82547220
理事长：石定寰
副理事长：孔 力 毛宗强 朱俊生 许洪华 李宝山 李俊峰 柳 地 仲继寿 吴创之 孟宪淦 武 钢 赵玉文 赵 颖 贺德馨 黄 鸣 喜文华 韩建功
秘书长：李宝山（兼）

中国能源研究会
China Energy Research Society (CERS)

地址：北京市西城区三里河路54号
邮政编码：100045
电子信箱：cers@mx.cei.gov.cn
主页网址：http://www.cers.org.cn
电话：010-56034651/56034652/56034653

传真：010–68513097
理事长：吴新雄
副理事长：于崇德　王　敏　王禹民　田　会　史玉波　李　东　李　辉　李庆奎　杨长利　吴　吟　吴伟章　沙先华　张　伟　陆启洲　陈进行　周大地　周俊卿　祖　斌　贺锡强　曹培玺　曹耀峰　喻宝才　谭建生
秘书长：郑玉平

中国硅酸盐学会
The Chinese Ceramic Society (CCS)

地址：北京市海淀区三里河路 11 号
邮政编码：100831
电子信箱：guisuanyanxuehui@ceramsoc.com
主页网址：http://www.ceramsoc.com
电话：010–57811248
传真：010–57811249
理事长：徐永模
副理事长：张联盟　李建保　李新华　陈立泉　周　玉　罗宏杰　南策文　姚　燕　徐德龙　晋占平　彭　寿
秘书长：晋占平（兼）

中国建筑学会
Architectural Society of China (ASC)

地址：北京市海淀区三里河路 9 号
邮政编码：100835
电子信箱：asczhb@126.com
主页网址：http://www.chinaasc.org
电话：010–88082227
传真：010–88082223
理事长：修　龙
副理事长：丁　建　李建飞　张　桦　杨焕彩　官　庆　欧进萍　林坚飞　周　岚　周　畅　徐宗威　程志毅　王　俊　刘　军　朱小地　朱文一　单霁翔
秘书长：张百平

中国土木工程学会
China Civil Engineering Society (CCES)

地址：北京市海淀区三里河路 9 号建设部内
邮政编码：100835
电子信箱：cceszhb@163.com
主页网址：http://www.cces.net.cn
电话：010–68311313
传真：010–58933953
理事长：郭允冲
副理事长：卢春房　冯正霖　刘士杰　袁　驷　李永盛　易　军　李长进　孟凤朝　刘起涛　王　俊
秘书长：张玉平

中国生物工程学会
Chinese Society of Biotechnology (CSBT)

地址：北京市朝阳区北辰西路 1 号院 3 号中国科学院微生物所 B 座 411 室
邮政编码：100101
电子信箱：csbt@im.ac.cn
主页网址：http://www.biotechchina.org
电话：010–64807678
传真：010–64807678
理事长：高　福
副理事长：陈惠鹏　林　敏　刘双江　马树恒　马延和　麦康森　谭天伟　岳国君　张　偲
秘书长：马树恒（兼）

中国纺织工程学会
China Textile Engineering Society (CTES)

地址：北京市朝阳区延静里中街 3 号
邮政编码：100025
电子信箱：ctes@public.bta.net.cn
主页网址：http://www.ctes.com.cn
电话：010–65016537
传真：010–65016538
理事长：孙瑞哲
副理事长：江建明　伏广伟　封亚培　徐卫林　俞建勇

胡 克 崔世忠 刘 迪 蒲宗耀 程博闻
夏志林 刘子斌 李鹏飞 高卫东 陈建勇
龚进礼 彭燕丽

秘书长：尹耐冬

中国造纸学会

China Technical Association of Paper Industry (CTAPI)

地址：北京市朝阳区望京启阳路 4 号院 B 座 10 层
邮政编码：100102
电子信箱：qxd@ctapi.org.cn
主页网址：http://www.ctapi.org.cn
电话：010-64778756/64778751/64778760/64778761/64778765/64778768
传真：010-64778757/64778759
理事长：陈学忠
副理事长：曹振雷（常务） 刘 忠 李 耀 李义民
李友生 何北海 张 辉 张美云 陈鄂生
陈嘉川 赵 伟 胡开堂 姜海斌
秘书长：曹春昱

中国文物保护技术协会

China Association for Conservation Technology of Cultural Heritage (CACTCH)

地址：北京市东城区景山前街 4 号故宫博物院内
邮政编码：100009
电子信箱：cactch@gmail.com
电话：010-85007412
传真：010-85007412
理事长：李化元
副理事长：付清远 龚 良 马清林 潘 路 王立平
王时伟 王旭东
秘书长：王时伟（兼）

中国印刷技术协会

The Printing Technology Association of China (PTAC)

地址：北京市西城区太平街 6 号富力摩根中心 E 座 818 室
邮政编码：100050
电子信箱：ptac_zhx@163.com
主页网址：http://www.chinaprint.org
电话：010-59361480
传真：010-59361489
理事长：王岩镔
副理事长：梁成林 陈 彦 马五一 万 捷 王 冰
朱 敏 乔鲁予 任玉成 刘 杰 祁和亮
许文才 李 莉 李新立 杨 斌 肖建国
张培武 陈 均 陈 斌 陈忠民 费屹立
贾春琳 钱 薇 郭 全 蒲嘉陵 管政明
黎 雪 滕方迁
秘书长：陈 彦（兼）

中国材料研究学会

Chinese Materials Research Society (CMRS)

地址：北京市海淀区紫竹院路 62 号 4102 室
邮政编码：100048
电子信箱：chinese_mrs@163.com
主页网址：http://www.c-mrs.org.cn
电话：010-68475052
传真：010-68722033
理事长：黄伯云
副理事长：高瑞平 韩高荣 韩雅芳 李光宪 李元元
罗宏杰 邱 勇 屠海令 魏炳波 谢建新
徐 坚 杨 锐 姚 燕 周少雄 周 玉
秘书长：韩雅芳（兼）

中国食品科学技术学会

Chinese Institute of Food Science and Technology (CIFST)

地址：北京市海淀区阜成路北三街 6 号轻苑大厦三层
邮政编码：100048
电子信箱：cifst@126.com
主页网址：http://www.cifst.org.cn
电话：010-65265375
传真：010-65264731
理事长：孟素荷

副理事长：陈　坚　潘迎捷　曹小红　李　琳　罗云波　胡小松　饶平凡　贾志忍　王延才　蔡木易　刘秀梅　蔡永峰　孙宝国　周光宏

秘书长：邵　薇

中国粮油学会
Chinese Cereals and Oils Association (CCOA)

地址：北京市西城区百万庄大街 11 号粮科大厦

邮政编码：100037

电子信箱：weiran@ccoaonline.com

主页网址：http://www.ccoaonline.com

电话：010-68357523

传真：010-68357522

理事长：张桂凤

副理事长：胡承森　杜　政　唐瑞明　唐民强　张　元　曾其林　鞠兴荣　金征宇　潘洪亮　岳国君　王　进　胡新民　丹志国　宫旭洲　俞学锋　谢松柏

秘书长：胡承森（兼）

中国职业安全健康协会
China Occupational Safety and Health Association (COSHA)

地址：北京市东城区和平里北街 21 号

邮政编码：100713

电子信箱：cosha@cosha.org.cn

主页网址：http://www.cosha.org.cn/

电话：010-64463210

传真：010-64463210

理事长：王德学

副理事长：杨宇栋　马　骏　伊　烈　贺黎光　孟斌成　周　彬　丁　辉　王金华　杨仁树　杨庚宇　刘　健　金耀华　高建军　刘汝臣　陈　克　严弟勇　魏山峰　曹耀峰　张光德　阚　兴　陈必成　韩有波　张文学　沈　浩　贺天才　尹志民　陈景河　张锦刚　张兴凯　高圣先　范京道

秘书长：马　骏（兼）

中国烟草学会
China Tobacco Society (CTS)

地址：北京市西城区月坛南街 55 号

邮政编码：100045

电子信箱：wang-wj@tobacco.gov.cn

主页网址：www.tobacco.org.cn

电话：010-63605829

传真：010-63605760

理事长：赵洪顺

副理事长：王建雪　张　虹　杨先杰　谢剑平　刘建福　杨　俊　王元英

秘书长：王建雪（兼）

中国系统仿真学会
Chinese Association for System Simulation (CASS)

地址：北京市海淀区学院路 37 号

邮政编码：100191

电子信箱：cassimul@vip.sina.com

主页网址：http://cass-sim.buaa.edu.cn

电话：010-82310612

传真：010-82317098

理事长：赵沁平

副理事长：戴　岳　范文慧　胡晓峰　纪志成　李国雄　刘　金　马世伟　邱晓刚　吴云洁　杨　明　张　霖　张志利　赵　民

秘书长：吴云洁（兼）

中国电影电视技术学会
China Society of Motion Picture and Television Engineers (CSMPTE)

地址：北京市西城区真武庙二条真武家园 4 号楼一层西区

邮政编码：100045

电子信箱：csmpte@163.com

主页网址：http://www.csmpte.com

电话：010-63983646
传真：010-63958027
理事长：何宗就
副理事长：丁文华　宋宜纯　田　方　王文堂　张建平
陈　飞　汪建强　王鸿海　姚　威　谢锦辉
高福安　姚　平　李金荣　高少君　林长海
周茂年　周　迈
秘书长：黄平刚

中国振动工程学会

Chinese Society for Vibration Engineering (CSVE)

地址：江苏省南京市秦淮区御道街 29 号
邮政编码：210016
电子信箱：csve@nuaa.edu.cn
主页网址：http://www.csve.org.cn
电话：025-84892135
传真：025-84892135
理事长：苏义脑
副理事长：褚福磊　华宏星　李　杰　孟　光　王永亮
邢誉峰　杨绍普　翟婉明
秘书长：陈国平

中国颗粒学会

Chinese Society of Particuology (CSP)

地址：北京市海淀区中关村北二条 1 号中国科学院过程工程研究所内
邮政编码：100190
电子信箱：klxh@home.ipe.ac.cn
主页网址：http://www.csp.org.cn
电话：010-62647657/62647647
传真：010-82629146
理事长：陈运法
副理事长：蔡小舒　曹军骥　陈建峰　马光辉　宋延林
魏　飞　张　忠　郑水林　朱庆山
秘书长：白蕴如

中国照明学会

China Illuminating Engineering Society (CIES)

地址：北京市朝阳区大北窑厂坡村甲 3 号南楼二层
邮政编码：100022
电子信箱：cies@lightingchina.com
主页网址：http://www.lightingchina.com.cn
电话：010-65815905/65836525
传真：010-65812194
理事长：邴树奎
副理事长：王立雄　刘世平　刘醒明　华树明　庄申安
汪　猛　官　勇　赵建平　郝洛西　姚梦明
徐　华　梁　毅　梁荣庆　崔一平
秘书长：窦林平

中国动力工程学会

Chinese Society of Power Engineering (CSPE)

地址：上海市闵行区剑川路 1115 号
邮政编码：200240
电子信箱：cspe@speri.com.cn
主页网址：http://www. cspe.cpeweb.com.cn
电话：021-54705106
传真：021-54705106
理事长：黄迪南
副理事长：刘吉臻　朱元巢　严宏强　苗立杰　胡寿根
倪明江　黄　瓯
秘书长：张树林

中国惯性技术学会

Chinese Society of Inertial Technology (CSIT)

地址：北京市西城区月坛北小街 2 号
邮政编码：100037
电子信箱：guanxing86627@163.com
主页网址：http://www.csit.org.cn
电话：010-68386627
传真：010-68386627
理事长：包为民

副理事长：谢良贵　王　巍　夏　刚　郑　辛　刘　飞
付梦印　万彦辉　宋科璞
秘书长：王　岩

中国风景园林学会
Chinese Society of Landscape Architecture (CHSLA)

地址：北京市海淀区三里河路 9 号
邮政编码：100835
电子信箱：chsla@vip.sina.com
主页网址：http://www.chsla.org.cn
电话：010-58933918/88082568
传真：010-58933918
理事长：陈晓丽
副理事长：方　岩　王　翔　王向荣　刘秀晨　吴桂昌
张　兵　张殿纯　陈　重　陈　敏　郑西平
郑淑玲　高　翅　董瑞龙　王磐岩　杜　挺
杨　锐
秘书长：陈　重（兼）

中国电源学会
China Power Supply Society (CPSS)

地址：天津市南开区黄河道 467 号大通大厦 16 层
邮政编码：300110
电子信箱：cpss@cpss.org.cn
主页网址：http://www.cpss.org.cn
电话：022-27680796
传真：022-27687886
理事长：徐德鸿
副理事长：刘进军　张　波　李占师　陈成辉　周雒维
徐殿国　曹仁贤　章进法
秘书长：韩家新

中国复合材料学会
Chinese Society for Composite Materials (CSCM)

地址：北京市海淀区学院路 37 号
邮政编码：100191
电子信箱：office@csfcm.org.cn
主页网址：http://www.csfcm.org.cn
电话：010-82317092/82338581
传真：010-82317092
理事长：杜善义
副理事长：成来飞　方岱宁　孙晋良　徐　坚　陈祥宝
徐惠彬　韩克岑　朱建勋　杨　旭　刘连元
秘书长：张博明

中国消防协会
China Fire Protection Association (CFPA)

地址：北京市朝阳区华威西里甲 19 号
邮政编码：100021
电子信箱：hedh@cfpa.cn
主页网址：http://www.cfpa.cn
电话：010-87789256/87792378
传真：010-87789252
会长：陈伟明
副会长：王铁民　谢模乾　杨建民　李引擎　陈　飞
朱力平　尹俊士　张荣昌　许兆亭　冷　俐
秘书长：高　伟

中国图象图形学学会
China Society of Image & Graphics (CSIG)

地址：北京市海淀区中关村东路 95 号东楼 307 室
邮政编码：100190
电子信箱：lyf-ok@163.com
主页网址：http://www.csig.org.cn
电话：010-82544676
传真：010-82544676
理事长：徐冠华
副理事长：吴一戎　余　轮　陈武凡　庄越挺　周明全
丁国辉　杨红雨　潘志庚　高　文
秘书长：刘凯龙

中国人工智能学会
Chinese Association for Artificial Intelligence (CAAI)

地址：北京市海淀区西土城路 10 号北京邮电大学院内
邮政编码：100876
电子信箱：caai@bupt.edu.cn
主页网址：http://www.caai.cn
电话：010-62281360
传真：010-62282983
理事长：李德毅
副理事长：杨放春　谭铁牛　焦李成　黄河燕　马少平　刘　宏　王国胤　蒋昌俊
秘书长：王卫宁

中国体视学学会
Chinese Society for Stereology (CSS)

地址：北京市海淀区清华大学工物系刘卿楼 211 室
邮政编码：100084
电子信箱：tscss@mail.tsinghua.edu.cn
主页网址：http://www.tscss.org/
电话：010-62776336
传真：010-62784659
理事长：康克军
副理事长：赵忠明　唐　勇　张　跃　左　良　申　洪
秘书长：王　忠

中国工程机械学会
China Construction Machinery Society (CCMS)

地址：上海市杨浦区四平路 1239 号同济大学机械学院机械南馆 303-305 室
邮政编码：200092
电子信箱：zxz@tongji.edu.cn
主页网址：http://ccms.tongji.edu.cn
电话：021-65985015
传真：021-65985015
理事长：郑惠强
副理事长：冯培恩　葛世荣　陶德馨　王安麟　马世宁　赵丁选　龙国键　焦生杰　高顺德　易小刚　陈　玲　何清华　李锁云
秘书长：刘　钊

中国海洋工程咨询协会
China Association of Oceanic Engineering (CAOE)

地址：北京市丰台区马官营家园 3 号院
邮政编码：100161
电子信箱：caoe@vip.163.com
主页网址：http://www.caoe.org.cn
电话：010-68046678
传真：010-68046678
名誉会长：周铁农　孙志辉
会长：周茂平
副会长：李春先　武广齐　郭立峰　刘修德　吴德星　谭建生　王海怀　靳　伟　逯　鹰　梁伟康　王永福　屈　强
秘书长：屈　强（兼）

中国遥感应用协会
China Association of Remote Sensing Application (CARSA)

地址：北京市海淀区永丰产业基地丰贤东路 5 号中国资源卫星应用中心 A 座三层
邮政编码：100094
电子信箱：ygxh@carsa.org.cn
主页网址：http://www.carsa.org.cn
电话：010-58937034
传真：010-57503347
理事长：罗　格
副理事长：王　桥　尹秋岩　左群声　田玉龙　李传荣　李国平　杨　军　杨保华　吴一戎　张　凯　范一大　贺晓江　顾行发　徐　文　徐振川　高　平　郭华东　龚健雅　蒋兴伟　童旭东　童旭东　谭克龙　潘旭东
秘书长：徐　文（兼）

中国指挥与控制学会
Chinese Institute of Command and Control (CICC)

地址：北京市海淀区车道沟紫竹院路10号院1号科技楼10层
邮政编码：100089
电子邮箱：cicc_file@163.com
主页网址：www.c2.org.cn
电话：010-68964096/68964721
传真：010-68964756
名誉理事长：李德毅　曾　毅
理事长：戴　浩
副理事长：丁全心　李定主　李恒邵　宋跃进　张有建　杨树兴
秘书长：秦继荣

中国光学工程学会
Chinese Society for Optical Engineering

地址：北京市丰台区海鹰路1号院6楼
邮政编码：100070
电子信箱：info@csoe.org.cn
主页网址：http://www.csoe.org.cn/
电话：010-63721158
传真：010-63723558
名誉理事长：金国藩　杜祥琬
理事长：张广军
副理事长：吕跃广　刘文清　王立军　王　巍　尤　政　范国滨　吴志新　马　晶　王　健　王恩东
秘书长：赵雪燕

中国微米纳米技术学会
Chinese Society of Micro-Nano Technology

地址：北京市海淀区清华大学精密仪器系3301室
邮政编码：100084
电子信箱：csmnt@mail.tsinghua.edu.cn
主页网址：http://www.csmnt.org.cn
电话：010-64807985/62772108
传真：010-62796707
理事长：尤　政
副理事长：蒋庄德　黄　如　王　琛　邱介山　王　政　许建中　王跃林　王晓浩
秘书长：王晓浩（兼）

中国密码学会
Chinese Association for Cryptologic Research (CACR)

地址：北京市丰台区靛厂路7号
邮政编码：100036
电子信箱：cacr@cacrnet.org.cn
主页网址：http://www.cacrnet.org.cn
电话：010-59703621
传真：010-59703621
理事长：裴定一
副理事长：冯登国　杨义先　徐茂智　王小云
秘书长：于艳萍

中国农学会
China Association of Agricultural Science Societies (CAASS)

地址：北京市朝阳区麦子店街22号楼
邮政编码：100125
电子信箱：59194203@163.com
主页网址：http://www.caass.org.cn
电话：010-59194203/59194204
传真：010-59194204
会长：张桃林
副会长：邓秀新　旭日干　刘　旭　孙其信　李　宁　吴孔明　张亚平　周光宏　赵方田　柯炳生　唐启升　唐　珂　喻树迅　曾一春
秘书长：邹瑞苍

中国林学会
Chinese Society of Forestry (CSF)

地址：北京市海淀区东小府2号

邮政编码：100091
电子信箱：glp8312@126.com
主页网址：http://www.csf.org.cn
电话：010–62889975
传真：010–62888312
理事长：赵树丛
副理事长：张建龙　陈章良　尹伟伦　彭有冬　谭光明　张守攻　吴　斌　杨传平　曹福亮　陈幸良　费本华
秘书长：陈幸良（兼）

中国土壤学会
Soil Science Society of China (SSSC)

地址：江苏省南京市玄武区北京东路 71 号
邮政编码：210008
电子信箱：sssc@issas.ac.cn
主页网址：http://www.csss.org.cn
电话：025–86881532
传真：025–86881538
理事长：沈仁芳
副理事长：邓良基　吴金水　张兴昌　张旭东　李保国　胡　锋　徐建明　徐明岗　谢建华
秘书长：蒋　新

中国水产学会
China Society of Fisheries (CSF)

地址：北京市朝阳区东三环南路 96 号农丰大厦
邮政编码：100122
电子信箱：csfish@csfish.org.cn
主页网址：http://www.csfish.org.cn
电话：010–59199605
传真：010–59199604
理事长：贾晓平
副理事长：赵进东　麦康森　司徒建通　张显良　孙　松　潘迎捷　魏宝振　吴厚刚
秘书长：司徒建通（兼）

中国园艺学会
Chinese Society for Horticultural Science (CSHS)

地址：北京市海淀区中关村南大街 12 号
邮政编码：100081
电子信箱：cshs@caas.cn
主页网址：http://www.cshs.org.cn
电话：010–82109528
传真：010–82109528
理事长：杜永臣
副理事长：王有年　韩振海　孙日飞　邹学校　包满珠　张启翔　刘君璞　张　显
秘书长：孙日飞（兼）

中国畜牧兽医学会
Chinese Association of Animal Science and Veterinary Medicine (CAAV)

地址：北京市朝阳区农展馆南路 9 号博雅园 1–106
邮政编码：100125
电子信箱：c06@cast.org.cn　caav001@163.com
主页网址：http://www.caav.org.cn
电话：010–85959009/85959010/85959006
传真：010–85959010
理事长：陈焕春
副理事长：阎汉平（常务）　于康震　张仲秋　陈伟生　才学鹏　冯忠武　孔宪刚　时建忠　张春新　邵根伙　秦贞奎　黄路生　李德发　汪　明　李　英　文心田　董常生　王金洛　秦贵信　王金宝　廖　明　李　明　焦新安
秘书长：杨汉春

中国植物病理学会
Chinese Society for Plant Pathology (CSPP)

地址：北京市海淀区圆明园西路 2 号
邮政编码：100093
电子信箱：office@cspp.org.cn

主页网址：http://www.cspp.org.cn
电话：010–62731025
传真：010–62813785
理事长：彭友良
副理事长：王宗华　王锡锋　王慧敏　朱有勇　吴元华　李宝笃　陈保善　陈剑平　郑小波　姜道宏　康振生　韩成贵
秘书长：韩成贵（兼）

中国植物保护学会
China Society of Plant Protection (CSPP)

地址：北京市海淀区圆明园西路 2 号中国农业科学院植物保护研究所院内
邮政编码：100193
电子信箱：cspp62@163.com
主页网址：http://www.ipmchina.net
电话：010–62815913/62811917
传真：010–62815913
理事长：陈万权
副理事长：万方浩　马　祁　马万杰　朱有勇　张青文　陈生斗　陈洪俊　周常勇　康　乐　顾宝根　喻大昭
秘书长：王振营

中国作物学会
The Crop Science Society of China (CSSC)

地址：北京市海淀区中关村南大街 12 号中国农业科学院作物科学研究所育种楼
邮政编码：100081
电子信箱：zwxh@caas.cn
主页网址：http://www.chinacrops.org/
电话：010–82108616
传真：010–82108785
理事长：翟虎渠
副理事长：万建民（常务）刘　旭　李召虎　李绍明　陈　刚　张爱民　潘文博
秘书长：万建民（兼）

中国热带作物学会
China Society of Tropical Crops (CSTC)

地址：海南省海口市龙华区城西学院路 4 号
邮政编码：571101
电子信箱：cstcorg@126.com
主页网址：http://www.cstcs.org.cn
电话：0898–66962928
传真：0898–66962954
理事长：李尚兰
副理事长：符月华　郭安平　吴金玉　刘　波　张治礼　刘国道　胡新文　范源洪　吕林汉　陈东奎　钟广炎
秘书长：刘国道（兼）

中国蚕学会
Chinese Society of Sericulture Science (CSSS)

地址：江苏省镇江市四摆渡中国农业科学院蚕业研究所
邮政编码：212018
电子信箱：liuting68@163.com
主页网址：http://www.sricaas.com
电话：0511–85616595/85616661
传真：0511–85622507
理事长：鲁　成
副理事长：张国政（常务）楼程富　陶文瑞　张道文　肖更生　宋国柱　刘文安　曾华明　祁广军　钱有清
秘书长：李　龙

中国水土保持学会
Chinese Society of Soil and Water Conservation (CSSWC)

地址：北京市海淀区清华东路 35 号北京林业大学 197 信箱
邮政编码：100083
电子信箱：zgsbxh@263.net
主页网址：http://www.sbxh.org
电话：010–62338045
传真：010–62338045

理事长：刘 宁
副理事长：刘 震 王祝雄 何才文 刘国彬 朱金兆
秘书长：吴 斌

中国茶叶学会
China Tea Science Society (CTSS)

地址：浙江省杭州市西湖区梅灵南路 9 号
邮政编码：310008
电子信箱：chinatss@mail.tricaas.com
主页网址：http://www.chinatss.cn
电话：0571-86650477/86653170
传真：0571-86775235
理事长：江用文
副理事长：王 云 毛祖法 刘仲华 张 定 夏 涛 黄 政 梁月荣
秘书长：阮建云

中国草学会
Chinese Grassland Society (CGS)

地址：北京市海淀区圆明园西路 2 号中国农业大学新动科楼 0118 室
邮政编码：100193
电子信箱：cgsoffice@163.com
主页网址：http://www.chinagrass.org.cn
电话：010-62732799/62731666
传真：010-62732799
理事长：马启智
副理事长：周 禾（常务） 刘永志 刘国道 朱进忠 侯向阳 王德利 高洪文 呼天明 王明玖 师尚礼 沈益新 李凌浩 马有祥 韩烈保 侯扶江
秘书长：王 堃

中国植物营养与肥料学会
Chinese Society of Plant Nutrition and Fertilizer Science (CSPNF)

地址：北京市海淀区中关村南大街 12 号中国农业科学院资源楼
邮政编码：100081
电子信箱：zwyyxh@caas.cn
主页网址：http://www.cspnf.org.cn
电话：010-82109093
传真：010-82109093
理事长：白由路
副理事长：栗铁申 周 卫 杨少海 刘宝存 王敬国 孙 波
秘书长：赵秉强

中华医学会
Chinese Medical Association (CMA)

地址：北京市东城区东四西大街 42 号
邮政编码：100710
电子信箱：cma@cma.org.cn
主页网址：http://www.cma.org.cn
电话：010-85158114
传真：010-85158028
会长：马晓伟
副会长：刘雁飞 刘德培 苏 志 李清杰 杨宝峰 张伯礼 陈赛娟 金大鹏 郑树森 柯 杨 饶克勤 贺福初 徐建光 高 福
秘书长：饶克勤（兼）

中华中医药学会
China Association of Chinese Medicine (CACM)

地址：北京市朝阳区樱花园东街甲 4 号
邮政编码：100029
电子信箱：xinxibu102@126.com
主页网址：http://www.cacm.org.cn
电话：010-84257895
传真：010-84255568
会长：王国强
副会长：马建中 王 辰 王 阶 王新陆 刘维忠 闫希军 李俊德 杨殿兴 吴以岭 吴勉华 张伯礼 陈达灿 陈凯先 徐安龙 萧 伟

曹正逵　屠志涛
秘书长：曹正逵（兼）

中国中西医结合学会
Chinese Association of Integrative Medicine (CAIM)

地址：北京市东城区东直门内南小街 16 号
邮政编码：100700
电子信箱：caim@caim.org.cn
主页网址：http://www.caim.org.cn
电话：010-64010688/64025672
传真：010-64010688/84035154
会长：陈香美
副会长：范吉平（常务）　王文健　李显筑　吴以岭　姚树坤　郭　姣　唐旭东　高思华　凌昌全　崔乃强　黄光英　蒋　健
秘书长：吕文良

中国药学会
Chinese Pharmaceutical Association (CPA)

地址：北京市朝阳区建外大街四号建外 SOHO 九号楼 18 层
邮政编码：100022
电子信箱：cpalyi@163.com
主页网址：http://www.cpa.org.cn
电话：010-58699270
传真：010-58699270
理事长：桑国卫
副理事长：陈凯先　陈志南　孙咸泽　王晓良　吴晓明　吴春福　黄璐琦　丁丽霞
秘书长：丁丽霞（兼）

中华护理学会
Chinese Nursing Association (CNA)

地址：北京市西城区西直门南大街 2 号
邮政编码：100027
电子信箱：chnu@263.net
主页网址：http://www.cna-cast.org.cn
电话：010-53779547
传真：010-53779547
理事长：李秀华
副理事长：刘华平　姜小鹰　吴欣娟　孙　红　郑一宁　张洪君　张利岩　成守珍　李继平　皮红英
秘书长：应　岚

中国生理学会
Chinese Association for Physiological Sciences (CAPS)

地址：北京市东城区东四西大街 42 号
邮政编码：100710
电子信箱：xiaoling3535@126.com
主页网址：http://www.caps-china.org
电话：010-65278802
传真：010-65278802
理事长：王晓民
副理事长：李葆明　陈应城　谢俊霞　马　兰　王　韵　王世强
秘书长：王　韵（兼）

中国解剖学会
Chinese Society for Anatomical Sciences (CSAS)

地址：北京市东城区东单三条九号
邮政编码：100005
电子信箱：d07@cast.org.cn
主页网址：http://www.csas.org.cn
电话：010-65273712/65296459
传真：010-69156459
理事长：张绍祥
副理事长：李云庆　赵春华　高福禄　刘树伟　丁文龙　刘厚奇
秘书长：刘树伟（代）

中国生物医学工程学会
Chinese Society of Biomedical Engineering (CSBME)

地址：北京市东城区东单三条 5 号

邮政编码：100005
电子信箱：swyxgch@126.com
主页网址：http://www.csbme.org
电话：010-65136537/65296448
传真：010-65265035
名誉理事长：俞梦孙 刘德培
理事长：曹雪涛
候任理事长：胡盛寿
副理事长：陈武凡 王智彪 赵大哲 李德玉 王广志 程 京 顾晓松 赵毅武 王国胜 尧德中 万遂人
秘书长：池 慧

中国病理生理学会
Chinese Association of Pathophysiology (CAP)

地址：北京市海淀区学院路38号北京大学医学部病理生理教研室
邮政编码：100191
电子信箱：pathophy@bjmu.edu.cn
主页网址：http://www.caop.ac.cn
电话：010-82802403
传真：010-82802403
理事长：张幼怡
副理事长：陈 琪 陆大祥 陈国强 朱 毅
秘书长：李 萍

中国营养学会
Chinese Nutrition Society (CNS)

地址：北京市西城区广安门内大街6号枫桦豪景A座5单元16层
邮政编码：100053
电子信箱：cns@cnsoc.org
主页网址：http://www.cnsoc.org
电话：010-83554781
传真：010-83554780
理事长：杨月欣
副理事长：翟凤英（常务） 严卫星 丁钢强 马爱国 马冠生 孙长颢 郭长江
秘书长：郭红卫

中国药理学会
Chinese Pharmacological Society (CNPHARS)

地址：北京市西城区先农坛街1号
邮政编码：100050
电子信箱：zhaoying@imm.ac.cn
主页网址：http://www.cnphars.org
电话：010-63165211
传真：010-63165211
理事长：杜冠华
副理事长：李学军 刘俊田 杨宝峰 张岫美 张永祥 陈建国 丁 健 魏 伟
秘书长：张永祥（兼）

中国针灸学会
China Association of Acupuncture and Moxibustion (CAAM)

地址：北京市东城区东直门内南小街16号
邮政编码：100700
电子信箱：caambgs@126.com
主页网址：http://www.caam.cn
电话：010-64030959/64030611/64014411 转 2274/3065/3063/3062
传真：010-64030959
理事长：刘保延
副理事长：方剑乔 王 华 王麟鹏 王 舒 王之虹 刘智斌 朱 兵 许能贵 吴富东 张 仁 沈志祥 陈立典 梁繁荣
秘书长：杨金生

中国防痨协会
Chinese Anti-Tuberculosis Association (CATA)

地址：北京市东城区东四西大街42号210室
邮政编码：100710
电子信箱：zglnxyx@163.com

主页网址：http://www.cata1933.cn
电话：010-65257475
传真：010-65257475/65257409
理事长：刘剑君
副理事长：许绍发　洪　峰　王黎霞　王栩东　张宗德　钟　球　袁政安
秘书长：成诗明

中国麻风防治协会

Chinese Association for Mental Health (CAMH)

地址：北京市丰台区角门北路甲 8 号 1 号楼 1107 室
邮政编码：100068
电子信箱：clabj@vip.163.com
主页网址：http://www.chinalep.org
电话：010-67522205
传真：010-67522206
会长：张国成
副会长：潘春枝　冯清华　宁　湧　严丽英　严良斌　吴建中　张连华　张锡宝　李　伟　李延庆　李俊华　杨　军　郑道城　格鹏飞
秘书长：王　红

中国心理卫生协会

Chinese Association for Mental Health (CAMH)

地址：北京市西城区德外安康胡同 5 号
邮政编码：100088
电子信箱：camh2006@sina.com
主页网址：http://www.camh.org.cn
电话：010-58303238/58303239/58303248
传真：010-82029354
理事长：马　辛
副理事长：王　刚　王向群　赵国秋　张建新　张金钟　武国城　谢　斌　杨甫德
秘书长：王　刚（兼）

中国抗癌协会

Chinese Anti-Cancer Association (CACA)

地址：天津市新技术产业园区兰苑路 5 号 A 座 10 楼
邮政编码：300384
电子信箱：bgs@caca.org.cn
主页网址：http://www.caca.org.cn
电话：022-23359958
传真：022-23526512
理事长：郝希山
副理事长：樊代明　曾益新　唐步坚　蒋国梁　高国兰　詹启敏　于金明　张岂凡　季加孚
秘书长：王　瑛

中国体育科学学会

China Sport Science Society (CSSS)

地址：北京市东城区体育馆路 11 号
邮政编码：100061
电子信箱：csssbgs@126.com
主页网址：http://www.csss.cn
电话：010-87182586/87182594
传真：010-87183928
理事长：段世杰
副理事长：田　野　王　清　祝　莉　张　剑　蒋志学　杨贵仁　李国平　吴侔天　杨　桦　赵　黎　敖英芳　高　岱　李　强　李晓西
秘书长：田　野（兼）

中国毒理学会

Chinese Society of Toxicology (CST)

地址：北京市海淀区太平路 27 号
邮政编码：100850
电子信箱：cst@chntox.org
主页网址：http://www.chntox.org
电话：010-66932387
传真：010-68183899
理事长：周平坤

副理事长：付立杰　江桂斌　郑玉新　孙祖越　杨杏芬
周建伟　廖明阳　彭双清　陈景元
秘书长：付立杰（兼）

中国康复医学会
Chinese Association of Rehabilitation Medicine (CARM)

地址：北京市朝阳区北三环东路甲 11 号维特写字楼 609 室
邮政编码：100013
电子信箱：zhangxia@carm.org.cn
主页网址：http://www.carm.org.cn
电话：010–64227280
会长：方国恩
副会长：牛恩喜　彭明强　李建军　陈立典　岳寿伟
周谋望　黄晓琳　燕铁斌
秘书长：王跃进

中国免疫学会
Chinese Society for Immunology (CSI)

地址：北京市东城区东单三条 5 号
邮政编码：100005
电子信箱：csi@pumc.edu.cn
主页网址：http://www.csi–cams.org.cn
电话：010–69156451
传真：010–69156451
理事长：田志刚
副理事长：何　维　马大龙　高　福　王小宁　孙　兵
吴玉章
秘书长：曹雪涛

中华预防医学会
Chinese Preventive Medicine Association (CPMA)

地址：北京市朝阳区劲松东口华泰宾馆 8006 房间
邮政编码：100021
电子信箱：cpma_zhxt@126.com
主页网址：http://www.cpma.org.cn
电话：010–84039879
传真：010–84039879
会长：王陇德
副会长：杨维中　王　宇　蔡纪明　王撷秀　孔灵芝
肖东楼　柯　杨　李兰娟　胡大一　张伯礼
秘书长：杨维中（兼）

中国法医学会
Chinese Forensic Medicine Association (CFMA)

地址：北京市西城区木樨地南里 17 号
邮政编码：100038
电子信箱：fyxh6626@sina.com
主页网址：http://www.fyxh.org
电话：010–66269250
传真：010–63495531
理事长：刘　耀
副理事长：丛　斌　吴少军　胡占山　翟恒利
秘书长：翟恒利（兼）

中华口腔医学会
Chinese Stomatological Association (CSA)

地址：北京市海淀区中关村南大街甲 18 号北京国际大厦 C 座 4 层
邮政编码：100081
电子信箱：csa@cndent.com
主页网址：http://www.cndent.com/
电话：010–62116665
传真：010–62110880
会长：王　兴
副会长：边　专　刘洪臣　孙　正　张　斌　张志愿
周　诺　周学东　赵铱民　俞光岩　徐　韬
黄洪章　章锦才　路振富
秘书长：王　渤

中国医学救援协会

China Association for Disaster & Emergency Rescue Medicine (CADERM)

地址：北京市海淀区永定路 69 号武警总医院行政楼 6 层 613 室
邮政编码：100039
电子信箱：caderm@163.com
主页网址：http://www.caderm.org
电话：010–57976109
传真：010–57976104
副会长：李宗浩（常务） 钱阳明 王明晓 徐卸古
秘书长：李宗浩（兼）

中国女医师协会

China Medical Women's Association (CMWA)

地址：北京市朝阳区秀水街 1 号建国门外交公寓 3–141
邮政编码：100600
电子信箱：nysh120@126.com
主页网址：http://www.cmwa.org.cn/
电话：010–88129685
传真：010–88129685
会长：何界生
副会长：丁 洁 于 冬 王香平 王捍峰 孙 斌 朱凤珍 李一石 杜克琳 杨蓉娅 陈晓枫 周绍明 尚 红 柯 杨 郭明华 韩 陆 魏丽惠
秘书长：于 冬（兼）

中国研究型医院学会

Chinese Research Hospital Association (CRHA)

地址：北京市海淀区永定路 69 号
邮政编码：100039
电子信箱：yjxyyxh@163.com
主页网址：http://www.crha.cn
电话：010–57975263
传真：010–57975262
会长：王发强
副会长：刘希华 丁义涛 马保根 王延军 王明晓 王深明 刘玉村 孙 虹 朱正纲 许树强 李为民 李景波 沈中阳 易学明 侯世科 郭启勇 郭渝成 高长青 温 浩 程晓曙 熊利泽 林嘉滨 何昆仑 王 辰 瞿介明 吕吉云 张抒扬
秘书长：刘希华

中国自然辩证法研究会

The Chinese Society for Dialetics of Nature Philosophy of Nature Science and Technology (CSDN PNST)

地址：北京市西城区三里河路 54 号
邮政编码：100045
电子信箱：zrbzhf@vip.sina.com
主页网址：http://www.chinasdn.org.cn
电话：010–62149306
传真：010–68598476
理事长：吴启迪
副理事长：瞿振元 程天权 王基铭 邓 勇 冯 俊 张彦英 郭贵春 刘大椿 颜泽贤 张体勤 陈 凡 吴 彤 张大庆 刘孝廷 尚智丛
秘书长：尚智丛（兼）

中国管理现代化研究会

Chinese Society for Management Modernization (CSMM)

地址：北京市海淀区中关村东路 80 号青年公寓 7 号楼
邮政编码：100190
电子信箱：csmm2011@163.com
主页网址：http://www.csmm.org.cn
电话：010–82680396
传真：010–82680396
理事长：石 勇 李维安 杨善林 席酉民 张 维（轮值）
副理事长：陈 剑 陈国青 陈晓红 杜越新 黄丽华 陆雄文 汪寿阳 薛 澜 曾 勇 赵曙明
秘书长：赵景华

中国技术经济学会
Chinese Society of Technology Economics (CSTE)

地址：北京市海淀区学院南路 86 号
邮政编码：100081
电子信箱：jishujingjixuehui@vip.163.com
主页网址：http://www.cste.org.cn
电话：010-62128485
传真：010-62128485
理事长：孙晓郁
副理事长：罗冰生　吴贵生（常务）　蔡　莉　张宗益　王祥明　吴季松　李志军　李　平　郑　琦
秘书长：郑　琦（兼）

中国现场统计研究会
Chinese Association for Applied Statistics (CAAS)

地址：北京市朝阳区平乐园 100 号北京工业大学应用数理学院（数理楼 2417 室）
邮政编码：100124
电子信箱：e04@cast.org.cn
主页网址：http://www.caas.org.cn
电话：010-67392433
传真：010-67392433
理事长：耿　直
副理事长：郭建华　黄　权　何书元　潘　璠　濮晓龙　吴耀华　王兆军　于　丹　杨　虎　张忠占　张建方
秘书长：程维虎

中国未来研究会
China Society for Futures Studies (CSFS)

地址：北京市海淀区学院南路 86 号
邮政编码：100081
电子信箱：e05@cast.org.cn　csfs3636@sina.com
主页网址：http://www.csfs.org.cn
电话：010-62103295/62103296/62103216
传真：010-62103294
理事长：张文范
副理事长：顾朝林　阎耀军
秘书长：夏　震

中国科学技术史学会
Chinese Society for the History of Science and Technology (CSHST)

地址：北京市海淀区中关村东路 55 号
邮政编码：100190
电子信箱：zgkjs_xuehui@163.com
主页网址：http://www.cshst.ihns.cas.cn/
电话：010-57552527
传真：010-57552567
理事长：孙小淳
副理事长：胡化凯　关增建　梅建军　张大庆　曲安京
秘书长：鲁大龙

中国科学技术情报学会
China Society for Scientific and Technical Information (CSSTI)

地址：北京市海淀区复兴路 15 号
邮政编码：100038
电子信箱：zhaozy@istic.ac.cn
主页网址：http://www.cssti.org.cn
电话：010-58882540
传真：010-58882550
理事长：戴国强
副理事长：邢宪力　马费成　代　涛　叶缘民　刘林山　陈超
秘书长：潘云涛

中国图书馆学会
Library Society of China (LSC)

地址：北京市海淀区中关村南大街 33 号
邮政编码：100081
电子信箱：ztxhmsc@nlc.gov.cn
主页网址：http://www.lsc.org.cn
电话：010-88545677
传真：010-68417815

名誉理事长：周和平
理事长：韩永进
副理事长：方　卿　朱　强　刘小琴　李广建　吴建中
　　　　　张晓林　陈　力　程焕文
秘书长：霍瑞娟

中国城市科学研究会
Chinese Society for Urban Studies (CSUS)

地址：北京市海淀区三里河路 9 号
邮政编码：100835
电子信箱：csus@263.net
主页网址：http://www.chinasus.org
电话：010–58933149/68317852
传真：010–68313149
理事长：仇保兴
副理事长：王玉庆　江　亿　李　兵　李家洋　陈　刚
　　　　　张鸿铭　武　寅　谭荣尧　潘云鹤
秘书长：李　迅

中国科学学与科技政策研究会
The Chinese Association of Science of Science and S&T Policy Research (CASSSP)

地址：北京市海淀区中关村东路 55 号思源楼 1209
邮政编码：100190
电子信箱：casssp@casipm.ac.cn
主页网址：http://www.casssp.org.cn
电话：010–62542615
传真：010–62542615
理事长：穆荣平
副理事长：李廉水　柳卸林　李　光　李　垣　魏　江
秘书长：陈　光

中国农村专业技术协会
China Rural Special Technology Association (CRSTA)

地址：北京市朝阳区白家庄东里 13 号楼 7 层
邮政编码：100026
电子信箱：zgnjx1995@163.com
主页网址：www.nongjixie.com
电话：010–62016372/82031105
传真：010–82031105
理事长：吕飞杰
副理事长：苑郑民　杨雄年　王　喆　徐小青　吴孔明
　　　　　傅泽田　翟晓斌　纳　翔　傅雪柳　王有年
　　　　　王乐义　卢怀玉　丁志用　谢华安　张晓军
秘书长：李彦捷

中国工业设计协会
China Industry Design Association (CIDA)

地址：北京市海淀区万寿路 27 号院 8 号楼 7 层
邮政编码：100036
电子信箱：cida@vip.163.com
主页网址：http://www.chinadesign.cn
电话：010–68209323
传真：010–68209323
会长：刘　宁
副会长：应放天　赵卫国
秘书长：应放天（兼）

中国工艺美术学会
China National Arts & Crafts Society (CNACS)

地址：北京市西城区阜外大街乙 22 号
邮政编码：100833
电子信箱：xuehuiwangzhan@126.com
主页网址：http://www.cnacs.org
电话：010–68396408
传真：010–68396408
理事长：陶小年
副理事长：赵之硕（常务）马　佩　岳芙蓉　王建中
　　　　　何炳钦　张玉蟲　张春雷　李　节　李幼梅
　　　　　杨明贤　沈国臣　邹本柱　黄宝庆
秘书长：孙金瑞

中国科普作家协会

China Science Writers Association (CSWA)

地址：北京市海淀区学院南路 86 号
邮政编码：100081
电子信箱：mengxiong@vip.sina.com
　　　　　ivydanyang@126.com
主页网址：http://www.cswa.org.cn
电话：010–62187884/62103258
传真：010–62103258
理事长：刘嘉麒
副理事长：卞毓麟　居云峰　李　欣　刘泽林　孙云晓
　　　　　王树国　张常银　周立军　罗　晖
秘书长：石顺科

中国自然科学博物馆协会

Chinese Association of Natural Science Museums (CANSM)

地址：北京市朝阳区北辰东路 5 号
邮政编码：100012
电子信箱：cansm@vip.sina.com
主页网址：http://www.cansm.org
电话：010–59041302
传真：010–59041331
理事长：程东红
副理事长：王小明　朱　进　齐继光　束　为　沈镇昭
　　　　　张希武　陈博君　孟庆金　赵有利　贾跃明
　　　　　董玉琴
秘书长：陈洪庆

中国可持续发展研究会

Chinese Society for Sustainable Development (CSSD)

地址：北京市海淀区玉渊潭南路 8 号
邮政编码：100038
电子信箱：cssd@acca21.org.cn
主页网址：http://www.kcxfz.org
电话：010–58884796/58884794
传真：010–58884795
理事长：邓　楠
副理事长：王伟中　王　浩　何建坤　曲久辉
秘书长：郭日生

中国青少年科技辅导员协会

China Association of Children's Science Instructors (CACSI)

地址：北京市海淀区复兴路 3 号中国科技会堂 C 座 302
邮政编码：100863
电子信箱：cacsi@cacsi.org.cn
主页网址：http://www.cacsi.org.cn
电话：010–68516005/68518719/68580512
传真：010–68516771
理事长：陈赛娟
副理事长：李晓亮（常务）王康友　刘　阳　林长春
　　　　　俞伟跃　欧建成
秘书长：林利琴

中国科教电影电视协会

China Science Film and Video Association (CSFVA)

地址：北京市海淀区学院南路 86 号西楼 414
邮政编码：100081
电子信箱：cicsep@cast.org.cn
主页网址：http://www.csfva.org.cn
电话：010–62113038
传真：010–62113038
理事长：高　峰
副理事长：石曙卫　刘天金　刘通海　齐建新　孙丽艳
　　　　　何苏六　张　健　陈　宏　金　越　殷　皓
　　　　　傅雪柳　谢九如
秘书长：刘通海

中国科学技术期刊编辑学会

China Editology Society of Science Periodicals (CESSP)

地址：北京市海淀区学院南路 86 号
邮政编码：100081

电子信箱：kxcessp@tom.com
主页网址：http://www.cessp.org.cn
电话：010-62147743
传真：010-62147743
理事长：朱邦芬
副理事长：任胜利　宋培元　杨亚政　汪新红　饶子和　栗延文　彭　斌　颜　帅
秘书长：任胜利（兼）

中国流行色协会
China Fashion & Color Association (CFCA)

地址：北京市东城区东长安街 12 号 522 室
邮政编码：100742
电子信箱：fashioncolor@fashioncolor.org.cn
主页网址：http://www.fashioncolor.org.cn
电话：010-85229522/85229531
传真：010-85229531
会长：梁　勇
副会长：朱　莎　于西蔓　李小白　姚映佳　徐海松　吴　剑　张志峰
秘书长：贺显伟

中国档案学会
The Society of Chinese Archives (SCA)

地址：北京市西城区永安路 106 号
邮政编码：100050
电子信箱：daxsw@263.net
主页网址：http://www.idangan.com
电话：010-63020081
传真：010-63018703
理事长：段东升
副理事长：丁志隆　吕和顺　张　斌　高大岭

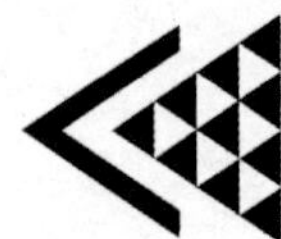

中国国土经济学会
China Society of Territorial Economists (CSOTE)

地址：北京市丰台区紫芳园六区 2 号楼 1 单元 213 室
邮政编码：100078
电子信箱：bj_jrgt@126.com
主页网址：http://www.csote.org
电话：010-87692301
传真：010-87699631
理事长：张怀西
副理事长：江泽慧　柳忠勤
秘书长：柳忠勤（兼）

中国土地学会
China Land Science Society (CLSS)

地址：北京西城区冠英园西区 37 号
邮政编码：100035
电子信箱：zgtdxh@vip.sina.com
主页网址：http://www.zgtdxh.org.cn
电话：010-66562607/66562609/66562613
010-66562671/66562610/66562651
传真：010-66562563
理事长：王世元
副理事长：王广华　曲福田　朱留华　安家盛　吴海洋　张凤荣　陈　军　郑凌志　胡存智　高向军　唐华俊　黄小虎　蒋亚平　韩海青　蔡运龙
秘书长：郑凌志（兼）

中国科技新闻学会
Chinese Society for Science and Technology Journalism (CSSTJ)

地址：北京市西城区三里河路 54 号
邮政编码：100045
电子信箱：kjxw@sina.com
主页网址：http://www.csstj.org.cn
电话：010-68598030/68598032
传真：010-68598473
理事长：宋南平
副理事长：马　利　李　挺　赵忠颖　陈　鹏　苏志武　周建强　郝建新　李立波　江巨源
秘书长：许　英

中国老科学技术工作者协会

China Association of Senior Scientists and Technicians (CASST)

地址：北京市海淀区学院南路 86 号
邮政编码：100081
电子信箱：zhglkx@cast.org.cn
主页网址：http://www.casst.org.cn
电话：010–62170582
传真：010–62170582
会长：陈至立
副会长：齐　让（常务）　申立国　冯长根　朱张才
　　　　仲跻权　李志刚　李　森　杨继平　张友君
　　　　张国梁　陈小娅　罗啸天　岳明生　蒋济雄
　　　　曾清华　蔡力峰
秘书长：李志刚

中国科学探险协会

China Association for Scientific Expeditions (CASE)

地址：北京市海淀区西小关中国科学院大气物理所铁塔分部内
邮政编码：100083
电子信箱：e26@cast.org.cn
主页网址：http://www.case.org.cn
电话：010–62378038
传真：010–62379818
名誉主席：宋　健　刘东生
主席：秦大河
副主席：王会军　张树义　邹　捍　马耀明　张百平
　　　　康世昌　郭　柯　吕茅利　王　维
秘书长：王　维（兼）

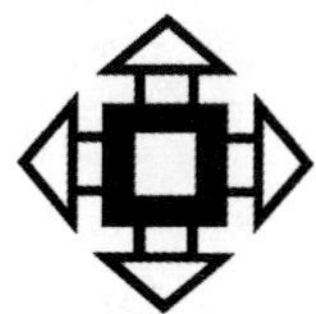

中国城市规划学会

Urban Planning Society of China (UPSC)

地址：北京市海淀区三里河路 9 号
邮政编码：100037
电子信箱：planning@planning.gov.cn
主页网址：http://www.planning.org.cn
电话：010–58323862/58323863/58323864/58323866
传真：010–58323850
理事长：仇保兴
副理事长：尹　稚　王静霞　石　楠　朱嘉广　吴志强
　　　　　张　泉　李晓江　唐　凯　樊　杰
秘书长：石　楠（兼）

中国产学研合作促进会

China Industry-University-Research Institute Collaboration Association (CIUR)

地址：北京市海淀区阜成路北三街 6 号轻苑大厦 10 层 11 信箱
邮政编码：100048
电子信箱：zgcxy06@163.com
主页网址：http://www.360cxy.cn
电话：010–68987182
传真：010–68986913
会长：路甬祥
副会长：陈小娅　王建华
秘书长：王建华（兼）

中国知识产权研究会

China Intellectual Property Society (CIPS)

地址：北京市西城区北三环中路乙 6 号伦洋大厦 601–603
邮政编码：100120
电子信箱：cips1985@126.com
主页网址：http://www.cnips.org
电话：010–58515222
传真：010–58515188
名誉理事长：路甬祥　姜　颖　任建新
理事长：田力普
副理事长：甘绍宁（常务）　于慈珂　马　浩　孔祥俊
　　　　　王　涛　王玉庆　王宏祥　刘春田　吕国强
　　　　　许瑞表　何训班　吴汉东　张　平　张　辉
　　　　　张　勤　张雪峰　李成钢　李明德　李顺德

杨铁军　单晓光　周渝波　孟庆丰　林　新
贺志辉　徐志武　郭庆存　高　峰　黄　峰
曾祥菱　宋晓明　真才基

秘书长：张云才

中国发明协会
China Association of Inventions (CAI)

地址：北京市复兴路 12 号恩菲科技大厦 A 座 515
邮政编码：100120
电子信箱：fmxhzlb@163.com
主页网址：http://www.cainet.org.cn
电话：010-63951008
传真：010-63951008
理事长：朱丽兰
副理事长：邢胜才　鹿大汉　王子纯　王永民　王瑞生
包起帆　刘彭芝　张　泽　李维德　汪金德
沈福昌　邹远东　贺军科　徐士龙　曹凤国
蔡　镭
秘书长：鹿大汉（兼）

中国检验检疫学会
China Society of Inspection and Quarantine

地址：北京市朝阳区惠新西街惠新里 241 号
邮政编码：100029
电子信箱：info@csiq.org
主页网址：http://www.csiq.org/main.html
电话：010-82261111
传真：010-82261122
名誉会长：白立忱　白春礼
会长：魏传忠
副会长：姜宗亮（执行）　武津生　李新实　张　明
徐金记　阎　震　李延辉　刘胜利　于凤琴
郭喜良　刘生明　于　桦　张超武　刘大旺
蒋新祺　卫　平　苏志刚　李　原　王力平
万　捷　陈立辉　黄宝庆　刘学景　卜基田
陈余义
秘书长：周　琦

中国认知科学学会
Chinese Society for Cognitive Science

地址：北京市朝阳区大屯路 15 号中国科学院生物物理研究所 7300 房间
邮政编码：100101
电子信箱：sec@cogsci.org.cn
主页网址：http://www.cogsci.org.cn
电话：010-64861049
传真：010-64861049
理事长：陈　霖
副理事长：韦　钰　郑南宁　段树民　郭爱克
秘书长：马原野

中国生物材料学会
Chinese Society for Biomaterials

地址：成都市望江路 29 号四川大学生物材料楼
邮政编码：610064
电子信箱：csbm@csbm.org.cn
主页网址：www.csbm.org.cn
电话：028-85415030
传真：028-85410246
理事长：王迎军
副理事长：曹谊林　付小兵　蒲忠杰　王云兵　奚廷斐
赵毅武
秘书长：艾　华

中国创造学会
China Creative Studies Institute(CCSI)

地址：上海市杨浦区四平路 1239 号同济大学 255 信箱
邮政编码：200092
电子信箱：ccsis@ccsis.org
主页网址：http://www.ccsis.org
电话：021-65983933
传真：021-65983933
理事长：裴　钢
副理事长：蒋昌俊　王书宁　谭　民　冯雪飞　周延波
魏　江　冷护基　张增常　樊建平

秘书长：蒋昌俊（兼）

中国睡眠研究会

Chinese Sleep Research Society (CSRS)

地址：北京市海淀区高梁桥斜街 40 号 B 座 902 室
邮政编码：100044
电子信箱：sleepcn@163.com
主页网址：www.csrs.bj.cn
电话：010-65230156
传真：010-65230156
理事长：韩　芳
副理事长：叶京英　张希龙　汪卫东　胡志安　赵忠新　唐向东　徐　建　高雪梅
秘书长：左和鸣

中国高科技产业化研究会

China High-Tech Industrialization Association (CHIA)

地址：北京市海淀区阜成路 8 号档案馆楼 315 室北京 849 信箱 62 分箱
邮政编码：100830
电子信箱：zghw10@163.com
主页网址：http://www.chia.org.cn
电话：010-68370413/68370784
传真：010-68370884
名誉理事长：王大衍　刘纪原
理事长：许达哲
副理事长：巴　蕉　方向明　王礼恒　吕新奎　季恒宽　邬贺铨　张新国　李国安　李临西　贺东风　真才基　强伯勤
秘书长：巴　蕉（兼）

中国微量元素科学研究会

Trace Elements Science Association of China

地址：江苏省南京市玄武区龙蟠中路 26 号
邮政编码：210016
电子信箱：3058553545@qq.com
主页网址：www.elementmedical.com
电话：025-86621959
传真：025-52309310
理事长：朱志国
副理事长：赵春杰　范广勤　周欣欣
秘书长：陈　岳

中国国际经济技术合作促进会

China Association for Promoting International Economic & Technical Cooperation

地址：北京市丰台区南四环西路 128 号院北京诺德中心 2 号楼 9 层
邮政编码：100070
电子信箱：13021218690@163.com
主页网址：http://www.capc.com.cn
电话：010-84208754
传真：010-84216337
理事长：杨春光
副理事长：王志宗　田继生　任树平　刘敬桢　何　巍　宋　旭　宋和平　张学记　李　勇　李长云　陈凯慧　胥和平　黄福水　彭　东　滕道阳　霍庆华

中国基本建设优化研究会

China Optimization Society of Capital Construction (COSOCC)

地址：北京市海淀区阜成路 73 号裕惠大厦 A 座 8 层
邮政编码：100142
电子信箱：cosocc123@126.com
主页网址：http://www.cosocc.org.cn
电话：010-62809310
传真：010-62809310
理事长：厉无畏
副理事长：徐小青　解思忠　卢中原　孙祁祥　石俊志　傅泽田
秘书长：孙晓洲

中国科技馆发展基金会

Foundation for the Development of Science and Technology Museums in China (FDSTMC)

地址：北京市朝阳区北辰东路 5 号
邮政编码：100012
电子信箱：fdstmc@cstm.org.cn
主页网址：http://www.fdstmc.org.cn
电话：010-59041573/59041576
传真：010-59041576
理事长：殷　皓
秘书长：初学基

中国生物多样性保护与绿色发展基金会

China Biodiversity Conservation and Green Development Foundation (CBCGDF)

地址：北京市海淀区西三环北路 27 号北科大厦 508 室
邮政编码：100089
电子信箱：v1@cbcgdf.org
主页网址：http://www.cbcgdf.org
电话：010-68485952
传真：010-68484230
理事长：胡德平
执行理事长：胡昭广
副理事长：王礼嫱　张佐双　吴稼祥　金亦石　刘海彬
秘书长：周晋峰

中国卒中学会

Chinese Stroke Association (CSA)

地址：北京市朝阳区广渠路 66 号院 22 号楼百环大厦 808 室
邮政编码：100022
电子信箱：sec@cogsci.org.cn
主页网址：http://www.chinastroke.net
电话：010-57986266
传真：010-57986256
名誉会长：王陇德
会长：赵继宗
副会长：谢　植
副理事长：王拥军（执行） 葛均波　纪立农　董　强　徐安定
秘书长：张　茁

国际粉体检测与控制联合会

International Federation of Measurement & Control of Granular Materials (IFMCGM)

地址：辽宁省沈阳市和平区文化路 3 号巷 11 号东北大学信息科学与工程学院科技楼 209 室
邮政编码：110004
电子信箱：mcgm2012@126.com
主页网址：http://www.ifmcgm.com
电话：024-83689395
传真：024-23891977
理事长：谢　植
副理事长：Mark Jones (Australia)
Shuji Matsusaka (Japan)
Siegfried Ranandt (Germany)
秘书长：李新光

国际数字地球学会

International Society for Digital Earth (ISDE)

地址：北京市海淀区邓庄南路 9 号
邮政编码：100094
电子信箱：isde@radi.ac.cn
主页网址：http://www.digitalearth-isde.org
电话：010-82178912
传真：010-82178916
主席：郭华东
副主席：Alessandro Annoni (EU)
John Townshend (USA)
秘书长：Mario Hernandez (Mexico)

国际动物学会

International Society of Zoological Sciences (ISZS)

地址：北京市朝阳区北辰西路 1 号院 5 号中国科学院

动物研究所 C506 室
邮政编码：100101
电子信箱：iszs@ioz.ac.cn
主页网址：http://www.globalzoology.org/
电话：010-64807295
传真：010-64807295

主席：张知彬
副主席：长滨嘉孝 (Japan)
A. Haim (Israel)
秘书长：韩春绪

省、自治区、直辖市科协，新疆生产建设兵团科协简介

北京市科学技术协会

地址：北京市朝阳区育慧里 4 号
邮政编码：100101
电子信箱：bastbgsh@126.com
主页网址：http://www.bast.net.cn
电话：010–84635008/84635009
传真：010–84655007
主席：顾秉林
副主席：王志珍　王恩哥　尹伟伦　田　文　任福君
华　炜　刘德培　许达哲　许健民　李彦宏
沈　岩　周立军　贺福初　夏　强　景晓东

天津市科学技术协会

地址：天津市和平区和平路 287 号
邮政编码：300041
电子信箱：tastbgs@163.com
主页网址：http://www.tast.org.cn/
电话：022–27120933
传真：022–27112792
主席：饶子和
副主席：姚建军

河北省科学技术协会

地址：河北省石家庄市西大街 73 号
邮政编码：050011
电子信箱：skxbgs2015@163.com
主页网址：http://www.hbast.org.cn
电话：0311–86049311
传真：0311–86049311
主席：段惠军
副主席：李宗民　杨金深　许顺斗　郑丽萍

山西省科学技术协会

地址：山西省太原市迎泽大街 366 号
邮政编码：030001
电子信箱：sxskx@163.com
主页网址：http://www.sxast.cn/
电话：0351–4041018
传真：0351–4068848
主席：侯晋川
副主席：杨伟民（常务）王德贵　崔　忠　郝建新
申瑞涛　刘四龙　刘惠民　张文栋　张卓玉
金智新　段志光　胡玉亭　赵世卫　高步文

内蒙古自治区科学技术协会

地址：内蒙古自治区呼和浩特市回民区新华大街 70 号
邮政编码：010020
电子信箱：nmgkxbgs@126.com
主页网址：http://www.nmgzkj.com
电话：0471-6290014
传真：0471-6939371
主席：牛广明
副主席：马　强　闫　伟　乌日吉图　耿晓旭

辽宁省科学技术协会

地址：辽宁省沈阳市浑南区智慧三街 159 号
邮政编码：110167
电子信箱：1092450683@qq.com
主页网址：http://www.lnast.net
电话：024-23221693/232276013
传真：024-23221693
主席：王天然
副主席：王元立　朱玉宏　孙　丹　李　天　杨路平　张晓芳　陈温福　赵　继　胡永康　袁　立　郭东明　黄其励　康　捷　韩恩厚　鲍振东

吉林省科学技术协会

地址：吉林省长春市人民大街 6255 号
邮政编码：130021
电子信箱：jlskxbgs@163.com
主页网址：http://www.jlstnet.net
电话：0431-85682405
传真：0431-85685244
主席：冯守华
副主席：李景涛　刘东华　曹　军　韩宇鸿　于化东　王之虹　王利祥　王家骐　刘益春　李　玉　李殿军　吴绍明　邹广田　张德江　陈　岗　秦贵信　夏咸柱　戴　昕

黑龙江省科学技术协会

地址：黑龙江省哈尔滨市南岗区中山路 204 号
邮政编码：150001
电子信箱：hljkx@sina.com
主页网址：http://www.hljkx.cn
电话：0451-82624293
传真：0451-82626403
主席：马淑洁
副主席：杨铭铎　陶福胜　苏凤仙　王树国　王德民　刘志刚　李己华　杨传平　杨宝峰　张政文　徐　梅　陶　然　韩贵清　潘　忠

上海市科学技术协会

地址：上海市南昌路 47 号
邮政编码：200020
电子信箱：zhuzhu@sast.gov.cn
主页网址：http://www.sast.gov.cn
电话：021-53838388
传真：021-53826013
主席：陈凯先
副主席：杨建荣　高小玫　王智勇　陆　樑　李虹鸣　蔡永莲

江苏省科学技术协会

地址：南京市北京西路 30 号宁海大厦 23-24 层
邮政编码：210024
电子信箱：jskx2412@163.com
主页网址：http://www.jskx.org.cn
电话：025-83323435
传真：025-83303700
主席：陈　骏
副主席：陈惠娟　刘志红　祝世宁　张建云　黄　维　缪昌文　王广基　朱怀诚　易中懿　胡敏强　尤肖虎　杨　辉　孙力斌　郁霞秋　任晋生　阮仁良　冯少东　徐春生

浙江省科学技术协会

地址：浙江省杭州市武林广场 8 号
邮政编码：310003
电子信箱：info@zast.org.cn
主页网址：http://www.zast.org.cn
电话：0571-85106947

传真：0571–85106947
主席：姚 克
副主席：李德忠 郑金平 罗建红 陆 锦 高从堦 严晓浪 张立彬 陈剑平 邱飞章 周海梦 聂秋华 薛安克 张海生 朱 军

安徽省科学技术协会

地址：安徽省合肥市花园街4号科技大厦
邮政编码：230001
电子信箱：ahkxxx@126.com
主页网址：http://www.ahpst.net.cn
电话：0551–2661725
传真：0551–2655031
主席：赵 韩
副主席：王 洵 王英俭 王海彦 王群京 朱长飞 刘庆峰 苏世怀 汪莹纯 宋 扬 张学军 陆建辉 陈学东 宛晓春 袁 亮 彭 寿 戴茂方 蔡士祥

福建省科学技术协会

地址：福建省福州市鼓楼区东大路73号省直机关东湖大院二号楼
邮政编码：350001
电子信箱：kx3031@qq.com
主页网址：http://www.fjkx.org
电话：0591–87520612/87532651
传真：0591–87532632/87557137
主席：郑兰荪
副主席：梁晋阳 吴瑞建 游建胜 林学理 洪茂椿 谢华安 付贤智 田中群 焦念志 陈元仲 孙世刚 郑金贵 刘 波 徐西鹏 黄汉升 尤民生 陈立典 苏文金

江西省科学技术协会

地址：江西省南昌市江西省政府大院北一路14号
邮政编码：330046
电子信箱：634456872@qq.com
主页网址：http://www.jxkx.gov.cn
电话：0791–86224288
传真：0791–86224288
主席：李华栋
党组书记：龚绍林
副主席：罗 莹（常务） 彭玲华 梁纯平 孙卫明

山东省科学技术协会

地址：山东省济南市杆南东街8号
邮政编码：250001
电子信箱：bgs@sdast.org.cn
主页网址：http://www.sdast.org.cn
电话：0531–82073209
传真：0531–82073209
主席：唐启升
副主席：王春秋 纪洪波 朱 明 秦维强 于洪文 万书波 王英龙 王金宝 张宏明 徐茂波 凌沛学 唐 波 韩圣浩 韩金祥 谢立信

河南省科学技术协会

地址：河南省郑州市花园路53号
邮政编码：450008
电子信箱：hnskxnba@163.com
主页网址：http://www.hast.net.cn
电话：0371–65707511
传真：0371–65707512
党组书记：曹 奎
主席：霍金花
副主席：李宝红 谈朗玉 冯 琦 童孟进 张占仓 张新友 刘炯天 张改平 陈祥恩 薛松贵

湖北省科学技术协会

地址：湖北省武汉市武昌区八一路9号
邮政编码：430071
电子邮箱：hubeikexie@163.com
主页网址：http://www.hbkx.org.cn
电话：027–87823704
传真：027–87823704
主席：郭生练
副主席：夏 航（常务） 马伟明 邓秀新 邓崎琳 田玉科 冯 芊 朱耀仲 刘经南 李晓红

李培根　秦顺全　徐菊明　曾宪计

湖南省科学技术协会

地址：湖南省长沙市东风路 17 号
邮政编码：410005
电子信箱：hnkxbgs@163.com
主页网址：http://www.hnast.org.cn
电话：0731-84884373
传真：0731-84884348
主席：黄伯云
副主席：毕　华　廖任强　刘晓河　彭华松

广东省科学技术协会

地址：广东省广州市连新路 171 号
邮政编码：510040
电子信箱：stainfo@sta.gd.cn
主页地址：http://www.sta.gd.cn
电话：020-83549091
传真：020-83549085
主席：黄达人
副主席：王迎军　冯日光　许宁生　吴焕泉　何　真　陈　新　陈晓阳　周克崧　黄小玲　许宁生　蒋宗勇　秦　伟　瞿金平

广西壮族自治区科学技术协会

地址：广西壮族自治区南宁市古城路 31 号
邮政编码：530022
电子信箱：gxkx123@126.com
主页网址：http://www.gxast.org.cn
电话：0771-2630589/2630595
传真：0771-2617248
主席：郑皆连
副主席：叶宗波　方　芳　朱　东　梁春花　钟夏平　李杨瑞　陈大克　白志繁

海南省科学技术协会

地址：海南省海口市国兴大道 69 号海南广场人大政协楼 7 层
邮政编码：570203
电子信箱：hnkxxcb@163.com
主页网址：http://www.hainanast.org.cn
电话：0898-65393360
传真：0898-65332244
主席：康耀红
副主席：胡月明　陈　民　林　峰　史海涛　刘　丹

重庆市科学技术协会

地址：重庆市渝中区双钢路 3 号科协大厦 16 楼
邮政编码：400013
电子信箱：cqkxbgs@yahoo.cn
主页网址：http://www.cqast.cn
电话：023-63003916
传真：023-63003916
副主席：方振东　付子堂　朱华荣　仲建华　刘加才　李志高　李银国　李儒冠　张卫国　张基荣　陈卫东　罗长坤　周泽扬　袁家虎　唐伯明　唐洪军　黄明会　梅玉军　程　伟　蒋　平　舒立春　雷　寒　熊　萍　潘复生

四川省科学技术协会

地址：四川省成都市武侯区人民南路 4 段 11 号
邮政编码：610041
电子信箱：bgs@sckx.org.cn
主页网址：http://www.sckx.org.cn
电话：028-85221933
传真：028-85222804
主席：谢和平
副主席：王为民　石　碧　刘　进　朱　颖　吴显奎　吴群刚　张维岩　李元峰　李安民　李言荣　侯水平　黄润秋　黄竞跃　赖　静　翟婉明

贵州省科学技术协会

地址：贵州省贵阳市瑞金南路 2 号
邮政编码：550002
电子信箱：gzskxbgs@126.com
主页网址：http://www.gzast.org
电话：0851-5832225

传真：0851-5832225
主席：谢庆生
副主席：张美圣　钱　斌　刘炳银　刘开树　马克俭
马建华　王凤友　伍鹏程　刘丛强　刘作易
何志旭　宋宝安　陈厚义　季　泳　胡瑞忠
高贵龙　潘继录

云南省科学技术协会

地址：云南省昆明市护国路26号
邮政编码：650021
电子信箱：ynast@163.com
主页网址：http://www.yunast.cn
电话：0871-3138614
传真：0871-3155032
主席：朱有勇
副主席：王　华　叶燎原　刘　强　孙　航　许　云
吴启明　张泽军　郑　进　侯树谦　唐　兵
徐文波　赖永良　戴陆园

西藏自治区科学技术协会

地址：西藏自治区拉萨市江苏大道曲林南路
邮政编码：850000
电子信箱：xzkx-006@163.com
电话：0891-6890529
传真：0891-6828576
主席：李秀珍
副主席：顿珠旦增　普　布　林　立　杜恩社

陕西省科学技术协会

地址：陕西省西安市新城省政府大院内
邮政编码：710006
主页网址：http://www.snast.org.cn
电话：029-87291601/87291507
传真：029-87291496
主席：蒋庄德
副主席：呼　燕（常务）　方光华　王前进　王跃进
孙　科　孙振霖　李　跃　杨效宏　郑晓静
赵　卫　赵铱民　郝　跃　党广录　翁志黔
程光旭　韩开兴　熊中元　蔡钊利　谭永华

甘肃省科学技术协会

地址：甘肃省兰州市城关区东岗西路486号兰州饭店迎宾楼
邮政编码：730000
电子邮箱：gsskxbgs@126.com
主页网址：http://www.gsast.org.cn
电话：0931-8821975
传真：0931-8881617
主席：夏红民
副主席：杨新科　陈富荣　陈炳东　李克平　张　炯

青海省科学技术协会

地址：青海省西宁市西川南路53号君庭国际4楼
邮政编码：810008
电子信箱：qhkxbjb@163.com
主页网址：http://www.qhkxw.com
电话：0971-6302839
传真：0971-6302839
主席：石昆明
副主席：徐东向　刘　青　马　玉

宁夏回族自治区科学技术协会

地址：宁夏回族自治区银川市金凤区人民广场西路宁夏科协综合楼
邮政编码：750011
电子信箱：nxkxbgsh@163.com
主页网址：http://www.nxdzkj.org.cn
电话：0951-5085100/5085150
传真：0951-5043588
主席：刘平和
副主席：陈国顺　张晓玲　何季麟　孙　涛　李　星
李　健　宿文军　彭　凡

新疆维吾尔自治区科学技术协会

地址：新疆维吾尔自治区乌鲁木齐市新医路686号
邮政编码：830054
电子信箱：xjqkxbgs@126.com
主页网址：http://www.xast.org.cn

电话：0991-6386011/6386038
传真：0991-6386012
主席：王永明
副主席：李春阳　阿布都艾尼·依干拜尔迪　陶　鹏
恰汗·合孜尔　谢国政　米　宁

新疆生产建设兵团科学技术协会

地址：新疆维吾尔自治区乌鲁木齐市光明路196号
邮政编码：830002
电子信箱：xjbtkx@126.com
电话：0991-2896193/2896127
传真：0991-2896163
主席：黄　斌
副主席：王红德　王晓严　周　霖　李保成　代　斌
张传辉

索　引

主题索引

编制说明

1. 本索引为主题索引，以年鉴内容述及的主题为索引对象，包括收入书名、机构名、会议名等专有名词。主题选取力求概括全面，突出重点，揭示特色内容，提供多方位检索。

2. 索引范围为全书正文及附录中的部分相关内容。

3. 索引排序按先汉语拼音音序，再阿拉伯数字、拉丁字母的次序排列。

4. 索引以“见”的形式，将非标引词指向标引词，例如：思想库建设见科技思想库建设；以“参见”，揭示相关条目之间的联系，例如：科普工作参见科普活动；再如，国际科技交流与合作参见各全国学会、省级科学技术协会。后一例指可参看年鉴中全国学会、省级科学技术协会条目下的相关内容。

5. 检索页码后的“a”为文献左栏，“b”为文献右栏。检索数字“D1.01”中“D”表示“大事记”，“1.01”表示1月1日的记录。连续页码只记录起始页。以“，”表示主标题的补充说明。文中表格于页码前以“（表）”注明，以便识别。

A

B

C

D

E

F

H

K

L

M

N

O

P

Q

R

S

T

W

Y

人名索引

本索引收入年鉴中的人名，先按汉语拼音音序排列中文人名，再按西文字母的次序排列其余人名。

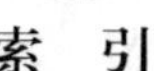

D

E

F

G

K

L

M

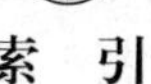

N

O

P

Q

R

S

X

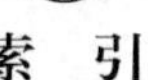

国际组织机构名称索引

本索引收入国际机构组织名称，先按中文译名的拼音排列，再按西文字母的次序排列。